Larousse

DICCIONARIO ENCICLOPÉDICO

de la

Gastronomía
Mexicana

© 2012 Ediciones Larousse, S.A. de C.V.
        Renacimiento 180
        Colonia San Juan Tlihuaca
        Delegación Azcapotzalco
        C. P. 02400, México, D.F.

ISBN: 978-607-21-0619-2
Primera edición - Quinta reimpresión

Larousse y el logotipo Larousse, son marcas registradas de Larousse, S.A.
21 rue du Montparnasse, 75298 Paris Cedex 06.

www.larousse.com.mx

En Hachette Livre México usamos
materias primas de procedencia
100% sustentable

Larousse

DICCIONARIO ENCICLOPÉDICO

de la

Gastronomía Mexicana

Ricardo Muñoz Zurita

LAROUSSE

DIRECTOR EDITORIAL
Tomás García Cerezo

EDITORA RESPONSABLE
Verónica Rico Mar

COORDINADOR DE CONTENIDOS
Gustavo Romero Ramírez

ASISTENCIA EDITORIAL
Montserrat Estremo Paredes
Alejandro González Dungla
Marahí López Pineda
Irving Sánchez Ruiz

DISEÑO Y FORMACIÓN
Visión Tipográfica Editores, S.A. de C.V. /
Rossana Treviño Tobías

COORDINACIÓN GRÁFICA
Ángel Rodríguez Brambila
Anne André Maréchal
con la colaboración de
Ileana Campos Espinosa

DISEÑO DE PORTADA
Ediciones Larousse, S.A. de C.V.,
con la colaboración de Píxel Arte Gráfico

COORDINACIÓN DE REVISIÓN TÉCNICA Y PREPRENSA
Jesús Garduño Lamadrid

FORMACIÓN
Javier Cadena Contreras
Argelia Luqueño Romero
Rafael Gómez Sánchez
José Landaverde Cárdenas

CORRECCIÓN
Alfredo Rivera Ayala
Joel Serrano Calzado
Graciela Iniesta Ramírez
Evelin Ferrer Rivera
Arturo Manzo Gamero

REVISIÓN TÉCNICA Y PREPRENSA
Héctor Rafael Garduño Lamadrid

REVISIÓN Y ADAPTACIÓN DE CONTENIDOS
Verónica Rico Mar
Gustavo Romero Ramírez
Gabriel Gutiérrez García
Montserrat Estremo Paredes
Alejandro González Dungla
Marahí López Pineda
Irving Sánchez Ruiz

REVISIÓN DE NOMBRES CIENTÍFICOS Y ALGUNOS NOMBRES COMUNES
Comisión Nacional para el Conocimiento y Uso de la Biodiversidad: Conabio.

COORDINADORA DE REVISIÓN
Elizabeth Torres Bahena

REVISIÓN Y COMENTARIOS
Sergio Díaz Martínez, Diana R. Hernández Robles, Susana Ocegueda Cruz, Martha Alicia Reséndiz López,
Mauricio Valdés De Anda, Oswaldo Oliveros Galindo, César Omar Albino García.
Visto bueno de los directores: Carlos Galindo Leal y Patricia Koleff Osorio.

FOTOGRAFÍAS
Archivo gráfico Larousse, Alejandro Vera, Bertha Herrera, Christine Elizabeth Potters, Carlos Porraz, Enrique Arechavala,
Federico Gil, Foto Disk, S.A., Francisco Palma Lagunas, JM Editorial, Joselyn d'Angelo Zadel, Jorge González, Juan José Morin, Leticia
Olvera, Ricardo Valenzuela, León Rafael, Mayra A. Martínez, Norma Díaz Duncan, Pablo Morales, Vivian Bibliowicz

INSTITUCIONES
Comisión Nacional para el Conocimiento y Uso de la Biodiversidad: Conabio/Aldo Antonio, Alejandro Kong, Altagracia Gutiérrez,
Carlos Galindo, Carlos Gandara, Carlos J. Navarro, Carlos Obregón, Carlos Sánchez, Christian Dreckmann, Francisco J. Monter,
Gerardo Ceballos, Guillermo Ibarra, Irving Rosas, Israel Sánchez, Iván Lira, Jaime Bonilla, Jimmy Argüelles, Joaquín Cifuentes,
Jorge Álvarez, Julio Lemos, Luis Felipe Lozano, Manfred Meiners, Marco Antonio Pineda, María del Rocío Rodiles, Miguel A. Sicilia,
Oswaldo Téllez, Victor H. Luja.
Comisión Nacional para el Desarrollo de los Pueblos Indígenas: CDI, Fototeca Nacho López / Miguel Bracho,
Graciela Iturbide, Fernando Rosales
Biblioteca Nacional de Antropología e Historia - México – Conaculta.
SINAFO-Fototeca Nacional del INAH: © 187, 958, 5629, 92286, 162996, 167399, 375841, 378216, 405697, 205, 4975, 375866, 375884,
375887. CONACULTA.INAH.SINAFO.FN.MEXICO.

AGENCIAS DE IMÁGENES
AFP/Notimex, AFP/AFP, Archivo Digital/age fotostock, Latin Stock, © 2011 Glow Images, © Shutterstock.com,
© 2010 Thinkstock. Todos los derechos reservados.

Introducción

Ricardo Muñoz Zurita es sin duda la persona que más ha investigado todos los aspectos que conforman eso que llamamos la gastronomía mexicana. Ha recorrido incansablemente el país, libreta en mano, para documentar ingredientes, preparaciones, usos, costumbres, recetas, oficios y tradiciones. Esta investigación monumental merece una enorme difusión por su importancia para la cultura nacional. Por eso consideramos que la obra que hoy ponemos en manos de nuestros lectores es todo un acontecimiento editorial y gastronómico. A partir de hoy estará al alcance de cualquier estudiante, profesional o aficionado a la cocina una obra cuya consulta será obligada.

La marca **Larousse** es conocida en muchos países del mundo por al menos dos de sus pilares, que son son los diccionarios y los libros de cocina. Aunque publicamos obras de referencia, infantiles, libros prácticos y libros de texto, cualquier persona tiene claro que al adquirir un diccionario **Larousse** se lleva consigo seriedad, profesionalismo, productos hechos con rigor, por expertos. Lo mismo ocurre con nuestros libros de cocina. Hemos creado el mayor acervo de este tipo de obras en México, y entre nuestros autores se encuentran los más reconocidos chefs del país. Hemos obtenido un sinnúmero de reconocimientos en México y el extranjero. Ahora, somos también pioneros en estos dos campos en el mundo digital.

Bajo esta perspectiva, para **Larousse** resultaba natural contar en su catálogo con una obra como el **Diccionario Enciclopédico de la Gastronomía Mexicana**. Aunque ya se había publicado una versión anterior, la cantidad de cambios y adiciones que sufrió el original lo convierten prácticamente en una novedad.

El autor ha invertido más de veinte años de su vida en la creación de este diccionario, viajando, recopilando información, sistematizándola. Debemos decir ahora que la edición de la obra ha sido, si no tan larga —cinco años—, igualmente compleja, ardua y llena de aprendizaje para todos. Los lectores jamás conocerán las largas horas de discusión entre editores para poder fijar un criterio, que apenas unos días después debía volver a revisarse. La compleja búsqueda de imágenes para ilustrar la obra o, aún más difícil, conseguir alguna hierba regional para fotografiarla. Asimismo, la unificación de estilos, las referencias cruzadas, la corrección de estilo y, en fin, todo aquello que forma parte de la labor del editor y que los lectores nunca ven, pero que hace posible la lectura o consulta de una obra como esta.

Aunque muchas personas intervinieron en la edición de esta obra desde distintas especialidades, es importante resaltar la labor que tuvieron, literalmente durante años, Verónica Rico, Gustavo Romero y Gabriel Gutiérrez. Sin su entrega y entusiasmo no habría sido posible concluir con éxito esta edición.

Por su extensión y complejidad, el **Diccionario Enciclopédico de la Gastronomía Mexicana** es la obra más completa y actualizada que sobre el tema se haya publicado en México. Ricardo Muñoz trascenderá como el gran investigador y promotor de la cocina mexicana, y esta obra será, sin duda, el mejor testimonio de su trabajo y la referencia obligada.

Tomás García Cerezo
Director Editorial
Larousse México y América Latina

Presentación

Publiqué el *Diccionario Enciclopédico de Gastronomía Mexicana* (Clío, 2000) después de 12 años de investigación permanente y me tomó reescribirlo otros 10 años, de modo que ahora lo considero más completo, aunque sigo pensando que puede crecer aún más.

Cabe aclarar que la presente versión del diccionario es enteramente nueva, y que mucha de su información original se aumentó o se reescribió, debido a los varios años que han transcurrido desde el manuscrito original; además, en todo este tiempo he viajado más por México y he aprendido mucho más sobre las cocinas regionales.

El diccionario ha crecido ampliamente en comida indígena, gracias a que en años recientes el Conaculta publicó una colección que me sirvió como guía para investigar más sobre el tema. Como resultado de mis viajes de investigación, también se amplía la información de estados ricos en gastronomía como Oaxaca, Veracruz y la península de Yucatán, sólo por mencionar algunos.

La parte botánica también se ha actualizado y aumentado, debido a que en los últimos años la Conabio, institución dedicada al estudio, preservación y difusión de la misma, ha publicado obras de gran importancia con temas específicos sobre la biodiversidad del país. Otras instituciones educativas como la UNAM, el Conacyt, la WWF, etc., también han coeditado libros que sirvieron como base de esta investigación.

Los platillos regionales se describen tal como los encontré en cada lugar, o en la forma como aparecen documentados en los recetarios regionales de cada estado. Esto es de especial importancia, dado que algunos platillos ya han desaparecido, otros están en vías de extinción y algunos más ya no se cocinan a la usanza antigua sino en versiones modernas, a veces muy alejadas del platillo clásico y de uno de los principales objetivos de este diccionario, a saber, preservar el modo de preparación más auténtico de un guiso o platillo y cómo se acostumbraba a finales del siglo XX y principios del XXI, con el ánimo de dejar un precedente para las generaciones posteriores.

Con frecuencia me preguntan cómo logré hacer una recopilación tan vasta de la gastronomía nacional. La realidad es que para buscar un platillo, un ingrediente o una cocinera, he viajado por todo el país, a veces a lugares muy recónditos, apartados e increíbles. Y aunque siempre es importante el apoyo de la investigación bibliográfica, la mayor parte de la información contenida aquí es resultado de investigación de campo, lo que incluye haber tenido en mis manos los ingredientes, haber degustado la comida y haber platicado con muchas cocineras regionales e investigadores, lo que en muchos casos dio para escribir sólo dos renglones o sobre un solo tema del diccionario.

Muchos ingredientes tienen varios nombres, por ejemplo el acuyo, que también se llama hoja santa, hierbasanta, momo, tlanepa, tlanepaquelite y otros más. En estos casos se utilizó el recurso de las referencias cruzadas, que remiten al lector, en el caso del acuyo, a buscar la entrada "hierba santa", que incluye todos los nombres mencionados.

Muchos platillos que son de origen indígena aparecen escritos en su lengua original o traducidos al español, de modo que un platillo puede estar escrito de varias formas, dependiendo de la fuente consultada. Es el caso, por ejemplo, del pescado tikin xik, que puede estar escrito *tikin xiik* o tikin chik; todas esas acepciones son correctas, debido a que pasaron del maya al español. Lo mismo sucede con otras lenguas indígenas como el náhuatl, el mixteco, el zapoteco, el purépecha, etc. También se consignan algunas palabras traducidas de otros idiomas como el inglés, o el francés, y que fueron adaptadas al español de acuerdo con los usos y costumbres de la gente que cocina los platillos en cuestión.

Es importante aclarar que las descripciones de los platillos, y de todo el diccionario en general, se exponen desde la perspectiva de la cocina mexicana, por lo que aquí no se consideran los casos de platillos con el mismo nombre que existen en otros países. Un ejemplo de esto es el ajiaco, que se describe apegado a las versiones mexicanas y no a la cubana o a la de otros países donde también existe este platillo. También hay casos de platillos con el mismo nombre pero que no tienen nada que ver con el origen del mismo, o de algún platillo que pudo venir de otro continente, como el estofado, que no tiene nada que ver con los estofados franceses y que, por lo tanto, son sólo meras coincidencias. Con el mismo criterio la redacción considera los ingredientes tal como se les conoce en México, por ejemplo el caso de los chícharos, que en otros países reciben el nombre de guisantes. Esto tiene el propósito de no confundir al lector y no mezclar nombres, técnicas ni platillos de otros países con la cocina mexicana; los casos en los que sí hay mezcla o influencia extranjera se describen con ese criterio y aclaración, según corresponda.

Como un hecho de gran trascendencia, en noviembre de 2010 la Unesco incluyó a la cocina tradicional mexicana en su lista del Patrimonio Inmaterial de la Humanidad, lo que nos llevó a hacer una revisión más profunda de la terminología utilizada en el diccionario.

En la aventura que significó esta revisión de toda una década, me acompañaron Nacxi Gaxiola, quien pacientemente transcribió todos mis apuntes del papel a la computadora, así como Minerva Vacío (q.e.p.d.), quien verificó el estilo de la redacción del manuscrito y revisó que estuviera completo. Gabriel Gutiérrez García, incansable colaborador, también participó en las dos etapas. A todos ellos muchas gracias.

Ricardo Muñoz Zurita

Estructura del libro

Un diccionario enciclopédico es una obra de consulta que contiene la información específica de algún área del conocimiento, con el objetivo de ofrecer una visión completa de la misma. Su estructura cambia según la temática que aborde, ya que de ella depende la organización del contenido. Por lo tanto, ningún diccionario enciclopédico es igual a otro, y los principales aspectos que los diferencian son la estructura de sus entradas o definiciones, sus apartados o capítulos, la simbología utilizada, los anexos y los recursos gráficos, entre muchos otros.

El diccionario enciclopédico que tiene en sus manos se ha organizado, como todo documento de su tipo, en orden alfabético. Dentro de esta sistematización de uso universal que facilita la búsqueda, consideramos pertinente ofrecerle categorías de ordenación alternas, para hacer más visibles ciertos aspectos que resultan útiles en el vasto y complejo mundo de la cocina mexicana.

La obra cuenta con un cuerpo de texto enriquecido con elementos gráficos y de diseño. Con el objetivo de facilitar al lector la búsqueda de la información, se han establecido ciertas regularidades a lo largo de este diccionario.

- En el extremo superior derecho de la página que da inicio a las definiciones de una letra del alfabeto, ésta aparece en un tamaño fácilmente identificable.

- En las páginas pares aparece el folio en el extremo inferior izquierdo, y en las páginas nones, aparecen en el extremo inferior derecho.

- En las cornisas de las páginas pares, aparece la primera palabra o término ahí definido, mientras que las cornisas de las páginas nones incluyen el último término que se define.

- Las entradas o definiciones están identificadas por el color de la tipografía y por el tipo de letra.

- Se han incluido tablas de ingredientes y preparaciones representativos que resumen su información, las cuales tienen la ventaja de unificar y sistematizar los datos. Estas son: Antojitos, Bebidas, Chiles, Dulces, Hongos, Moles, Panes, Peces, Quelites, Quesos y Tamales. Cada una está organizada internamente según sus particularidades. Estas tablas no son exhaustivas ni abarcan todas las variantes regionales, dado que su objetivo es únicamente mostrar una panorámica general.

Tipos de definiciones

La organización del amplio contenido de este diccionario responde a la practicidad que cualquier obra de consulta debe tener. Así las principales definiciones que forman el corpus de este diccionario pueden ser clasificadas en once apartados. Cada definición varía en contenido y amplitud de acuerdo con sus particularidades. Por lo tanto, usted encontrará siempre alguna de las siguientes:

Ingrediente. Nombre, descripción, origen, características, variedades y usos.

> **QUELITE DE VENADO**
> (*Peperomia lenticularis*)
> Planta de hojas verdes lisas, ligeramente acorazonadas. En Naupan, Puebla, se acostumbra comerlo fresco y crudo envuelto en tortillas de maíz con sal, chile serrano o alguna salsa picante.
> Conocido en otras lenguas como:
> ◦ *cuc´sazan* (totonaco, sierra Norte de Puebla)
> ◦ *tancharapo* (náhuatl, sierra Norte de Puebla)

Utensilio. Nombre, descripción, material del que está elaborado, el o los usos que se le otorgan y datos de interés.

> **MANCERINA**
> Utensilio compuesto por una taza y un plato unidos por la base de la taza, que se utilizó en la época colonial para beber chocolate. Se fabricaban con diversos metales o de cerámica. Su invención se atribuye al virrey Antonio Sebastián

Preparación. Nombre, descripción (ingredientes y proceso de elaboración), datos relevantes y variedades.

> **RABO DE MESTIZA**
> Forma tradicional de preparar los huevos para el almuerzo que se acostumbra en distintos estados de la república. Por lo regular se guisa una salsa de jitomate a la que se le añaden huevos estrellados para que se cuezan en ella; es común agregarle rajas de chile. En Puebla y San Luis Potosí se les pone queso fresco o ranchero y en ocasiones se sirven con crema fresca. En Yucatán, la salsa de jitomate contiene rajas de chile dulce o xcatic; los huevos se sirven espolvoreados con queso fresco o pepita de calabaza molida y se acostumbra prepararlos para los viernes de la cuaresma.

Oficio. Nombre y género, descripción e información de interés.

> **COMIDERA**
> En Oaxaca, máximo rango que una mujer puede alcanzar en la cocina. Este puesto es exclusivo para mujeres, es honorífico y prácticamente se otorga por elección popular. Muchas mujeres experimentadas desean ser comideras y nunca lo logran; este lugar se reserva para las mujeres adultas que tienen más experiencia. Deben tener un altísimo grado de organización, además del conocimiento de la cocina regional. Un fandango o boda en los Valles Centrales de Oaxaca y específicamente en Teotitlán del Valle, es imposible llevarlo a cabo sin la intervención de este persona-

Técnica. Nombre, descripción e información de interés.

> **AHUMAR**
> Técnica que consiste en exponer alimentos durante cierto tiempo al humo de una hoguera para eliminar la mayor cantidad posible de agua. Este proceso tiene como objetivo alargar la vida útil del alimento y cambiar su sabor. La técnica de ahumar en México es muy utilizada, sobre todo por los grupos indígenas del país que la han practicado desde tiempos ancestrales para conservar y saborizar los alimentos.

Establecimiento. Nombre, descripción y datos de interés.

TEPACHERÍA
Establecimiento donde se vende tepache. Fueron comunes durante los primeros años del siglo XX; actualmente se pueden encontrar algunos locales dedicados a la venta de esta bebida en los mercados populares del Distrito Federal.

Grupo originario o grupo étnico. Nombre, lugar del país donde se localiza, datos de interés e información culinaria.

KILIWA
Grupo étnico que se ubica en la parte norte de Baja California, específicamente en los municipios de Ensenada, Tecate y Mexicali. El clima de la región es seco y extremoso. En la costa la altitud va de 0 a 500 metros sobre el nivel del mar, en tanto que en la serranía llega hasta los 2 000 metros. El suelo es árido y semiárido con una vegetación en la que predominan los matorrales dispersos. En el Censo de Población y Vivienda 2010 se reportaron 46 hablantes de kiliwa, la mayoría de los cuales se encuentra en Baja California. Las activida-

Zona geográfica. Nombre, lugar del país donde se localiza, datos de interés e información culinaria.

AGUASCALIENTES
Entidad ubicada en el occidente del país. Colinda con Zacatecas al norte, este y noroeste, y con Jalisco al sur y sureste. Muchos platillos regionales los comparte con Jalisco, pues su actual territorio en el pasado formaba parte de esa entidad. Entre ellos podemos mencionar: birria, pozole, dulces de leche, menudo, puchero y barbacoa. Entre la comida popular, los antojitos, los guisos regionales y las comidas diarias se encuentran asado, carnitas, cocido de tres car-

Festividad. Nombre, lugar del país donde se realiza, datos de interés e información culinaria.

POSADA
Festividad mexicana que se celebra durante los nueve días anteriores a la Navidad. Fue introducida por los misioneros españoles durante el Virreinato, para enseñar a los indígenas la historia del nacimiento de Cristo, pues en las posadas se escenifica la peregrinación de la Sagrada Familia en busca de un

Término. Nombre, etimología (si corresponde), significado del término y ejemplos.

PACHICHE O PACHICHI
Del náhuatl *pahua-chichin*; de *pahuatl*, fruta y *chichina*, chupar, fruta chupada. Término con el que se identifica a las frutas y verduras que están pasadas, magulladas o golpeadas, secas y muy maduras; se utiliza sobre todo en el centro del país. Conocido también como pilinque, del náhuatl *pilinqui*, marchito.

Información general. En este apartado se encuentran todos aquellos datos que no pertenecen a ninguno de los anteriores, pero que son de relevancia para la culinaria en México.

SAN PASCUAL BAILÓN
Religioso franciscano originario de Zaragoza, España, que entre otras cosas cocinaba y repartía comida a los pobres. Es considerado santo patrón de los cocineros. Se dice que era tal su fervor que se la pasaba rezando, por lo que descuidaba los platillos que cocinaba y los ángeles terminaban los guisos por él. Existe la creencia de que cuando algo pasa en la cocina, hay que encomendarse a él con versos y frases como: "San Pascualito Bailón, báilame en este fogón. Tú me pones la sazón y yo te bailo un danzón".

Estructura de las definiciones

Cada definición puede contener uno o más de los siguientes elementos:

Entradas o definiciones

- Identificadas por el color de la tipografía, siempre inician con una letra mayúscula. Cuando dos o más términos son de uso común en el país, se enlistan después del más usual, dispuestos en orden alfabético y separados por comas.

RECADO ROJO O RECADO COLORADO

Mezcla elaborada con semillas de achiote, sal, ajo, pimientas negra y de Tabasco, clavo, canela, comino, orégano yucateco, semillas de cilantro y jugo de naranja agria. Se vende en los mercados de la península de Yucatán y algunas compañías lo distribuyen en el resto del país. Sirve para preparar platillos como el escabeche rojo, la cochinita pibil, los tamales colados y los tamales costeños.

Conocido también como:
- achiote
- pasta de achiote
- recado de cochinita pibil

Nombres científicos

- Cuando el término identifica a un organismo, ya sea animal, vegetal u hongo, se menciona la especie a la que pertenece inmediatamente después del nombre, entre paréntesis y con letras cursivas.

ZAPOTE BLANCO (*Casimiroa edulis*)

Fruto subgloboso de piel lisa y delgada, color verde; mide de 6 a 10 cm de diámetro. Su pulpa es blanca o algo amarillenta, de consistencia cremosa y sabor dulce y contiene 4 o 5 semillas. Se encuentra en varios estados del país donde se come fresco. Se conoció y cultivó desde tiempos prehispánicos. Los mexicas lo llamaron *iztactzapotl*, de *iztac*, blanco y *tzapotl*, zapote, y *cochitzapotl*, de *cochi*, dormir y *tzapotl*, zapote, esto es, zapote somnífero.

Conocido también como:
- matasano (debido a las propiedades tóxicas de sus semillas)
- zapote borracho

BARRACUDA

Pez grande, agresivo y voraz con forma de torpedo; es más peligroso que el tiburón. Se encuentra todo el año en el océano Pacífico y el Golfo de México, especialmente de diciembre a mayo. De joven forma cardúmenes y se encuentra en aguas poco profundas y fondos arenosos. Cuando es adulta se separa del grupo y se vuelve solitaria, pero en la temporada de desove se reúne otra vez. Su carne tiene textura firme, posee poca grasa y se consume fresca o ahumada. La variedad *Sphyraena barracuda* tiene el dorso verde grisáceo y el vientre y los costados blancos y plateados con tintes rojizos. Comúnmente mide 1.30 metros y pesa de 2 a 4 kg; su mandíbula inferior es prominente y posee afilados dientes. La *Sphyraena argentea* tiene coloración café con brillos azules, es plateada o amarilla a los lados, forma cardúmenes principalmente alrededor de las islas, se localiza en Baja California y puede medir hasta 1.20 metros y pesar 8 kg. También se consumen la barracuda de Cortés, *Sphyraena lucasana* y *Sphyraena ensis*.

Conocida también como:
- barracuda picuda
- barracuta
- buzo
- pescadilla
- picuda corsaria

- En caso de que el organismo involucre más de una especie, los nombres científicos se mencionan dentro de la definición.

Grafías

- Cuando un término se puede encontrar escrito de forma similar, encontrará antes de la definición la abreviatura GRAF., seguida de las diferentes maneras en las que es posible hallarlo. Tanto la abreviatura como las variantes se distinguen por el color de la tipografía.

ELOTE CAMAHUA
GRAF. elote camagua. Nombre que recibe en Guerrero el elote muy maduro, que es más firme y fuerte que el elote fresco común. Es un elote que empieza a convertirse en maíz más seco, sin que haya perdido toda su humedad. Con él se preparan algunas especialidades del estado y se le busca por su sabor particular, es indispensable para preparar el pozole de frijol y para una variedad de tlaxcales llamados tlaxcalecamahuas.
Conocido también como:
◇ elote chamagua o elote sazón
◇ sazón

Llamadas

- Un rombo con color indica que deberá referirse a ese término para encontrar la definición correspondiente.

GUSANO CUETLA ◆ cuetla

Acepciones

- Identificadas por un número, indican que para el término existe más de un significado.

NEVADO
1. Bebida alcohólica que resulta de mezclar licor de fruta y aguardiente de caña. Se consume en el Estado de México y Puebla, donde se producen una gran variedad de licores regionales. En el Estado de México llaman Nevado de Toluca a esta misma preparación pero con unas gotas de limón.
2. Tortilla de granos de elotes tiernos y suaves, mezclados con azúcar que se prepara en Chiapas.
→ pan nevado

Viñetas

- Una bala circular identifica variantes o regionalismos, ya sea de una especie, de una preparación o de un ingrediente, entre otros.

HONGO HONGORADO
Variedades de hongos que son de color café, dorado y morado. Hongorado es la contracción de las palabras hongo, dorado y morado.

Boletus erythropus

- *Boletus appendiculatus*
Hongo que puede llegar a medir hasta 20 cm. Tiene un sombrero de 5 a 14 cm de color amarillo rojizo y un pie cilíndrico de 4 a 8 cm de color café. Tiene olor a avellana y sabor dulce. Su carne es amarillenta con tintes rosados, que se vuelven azules al cortarlo.
- *Boletus erythropus*
Hongo de sombrero café, de forma hemisférica que mide hasta 20 cm de diámetro. Tiene un olor suave y un sabor dulce.
- *Boletus luridus*
Hongo de color café claro o rojizo con tubos amarillos o verdosos que se vuelven azules o morados al tocarlos o al rebanarlos. El pie es cilíndrico, adelgazado hacia la punta y rojo en la base. Se encuentra en Real del Monte, Hidalgo, y Río Frío, Puebla.

El hongo hongorado es conocido también como:
◇ hongo cemita (*Boletus luridus*)
◇ hongo galambo (*Boletus luridus*)
◇ hongo galambo bueno (*Boletus luridus*)
◇ hongo guarín (*Boletus appendiculatus*)
◇ hongo panadero de oyamel (*Boletus appendiculatus*)
◇ hongo pancita azul (*Boletus luridus*)

Sinónimos

- Cuando a un término se le conoce en más de una forma pero con diferente escritura, éstas se consignan mediante rombos que aparecen al final de la definición indicando, cuando corresponda, la región, la lengua o la especie en cuestión.

SARAMULLO, A (*Annona squamosa*)
GRAF. zaramullo. Fruto de la familia de las anonáceas, de forma globosa o codiforme, con la superficie tuberculada, pulpa blanca y comestible. La planta que la produce es un árbol que mide hasta 6 metros, tiene hojas alternas, lanceoladas u oblongas. Sus flores son amarillo verdosas, con una mancha rojiza en la base de los pétalos. Se cultiva en climas cálidos. Se consume como fruta fresca.
    Conocido en algunas regiones como:
        ◦ ahata (Jalisco)
        ◦ anona blanca (Chiapas)
    Conocido en otras lenguas como:
        ◦ *quauhtzapotl* (náhuatl)
        ◦ *texalpotl* (náhuatl)
        ◦ *tzalmuy* (maya)
→ anona

Llamadas

- Una flecha indica que se debe consultar la palabra o palabras a las que remite para ampliar o complementar la información del término consultado. Siempre aparece al final de la definición.

BANDERILLA
1. Pan de dulce que se elabora con pasta hojaldrada, a la que se le da forma de una barra larga y aplanada que se barniza con clara de huevo y azúcar, para que se caramelice durante el horneado.
2. Salchicha ensartada en un palillo y cubierta con una pasta de harina y agua que se fríe. Este término también se refiere a palillos con carne o mariscos.
→ bagre, hoja de queso

Imágenes

- Encontrará en toda la obra imágenes que ilustran la definición en la que se encuentran, y que pueden ser fotografías o imágenes de documentos. Cuando es necesario ampliar la información, por ejemplo indicar su procedencia, aquello que representa o alguna fecha, se añade un pie de imagen explicativo.

atole se concibe como una bebida espesa caliente y dulce, existen algunas excepciones que no contienen endulzante o azúcar; pueden ser de sabor agrio, salados y picantes, pero en todos los casos son líquidos, espesos y se sirven calientes. Los atoles salados y picantes que no son totalmente líquidos son considerados más cercanos a un guiso. Entre los más conocidos están los chileatoles, debido a que existen innumerables variedades preparadas con diversos chiles, verduras y carnes. Estos chileatoles pueden ser el desayuno, la merienda o la cena del día. Para los habitantes de las comunidades rurales e indígenas de todo el país, el atole a veces puede ser el único alimento que consumen a lo largo

Mujeres comiendo tamales y atole en un puesto de Guanajuato, 1955

A

A LA
Término gastronómico que significa "a la manera" o "al estilo de" en un platillo o alimento. Por lo general hace referencia a las características o ingredientes de una región o país de donde toma su nombre. En México existen diversos platillos que se nombran bajo este término como "a la antigua", "a la mexicana", "a la ranchera", "a la talla", entre otros.

A-AGL ◆ ojite

ABADEJO
Pez carnívoro de agua salada, cuerpo alargado, color marrón claro con manchas oscuras y manchas bronceadas en la cabeza, que mide en promedio 70 cm de largo y pesa aproximadamente 26 kg.

• *Mycteroperca bonaci*
Tiene abundante carne blanca, firme y jugosa con espinas grandes fáciles de desprender; por esto se le llama "el buey de los días de vigilia". Habita en fondos rocosos y coralinos del Golfo de México y el Caribe. Se prepara al mojo de ajo, frito, asado y de varias formas regionales. En algunas zonas se confunde con la cherna, una variedad de mero.

Conocido también como:

◇ aguaji
◇ bonaci
◇ cabrilla
◇ gato
◇ mero
◇ mero negro
◇ negrillo

• *Mycteroperca xenarcha*
Presenta un color gris uniforme, algunos ejemplares tienen pequeñas manchas café o verde claro. Pesa en promedio 45 kg.

ABARROTES
Artículos alimenticios que se venden enlatados o envasados como conservas y encurtidos, salsas, mayonesas, chiles, etc. Estos productos pueden comprarse al menudeo en las típicas y pequeñas tiendas de abarrotes ubicadas en los barrios, colonias y pueblos. Otro tipo de tienda muy antigua son los tendajones, también se podía comprar petróleo, hojas de

Tienda de abarrotes, ca. 1940

tabaco, dulces y otros productos. Actualmente han sido casi desplazadas por las denominadas tiendas de conveniencia, y en algunos casos las han llevado casi a la extinción. Dentro de los grandes supermercados existe la sección de abarrotes.

ABEJA
Insecto productor de miel. En México existen 8 familias agrupadas en 153 géneros y 1 589 especies. Las 3 más importantes son la abeja europea, la abeja pipiola y la mosquilla.

• Abeja europea o abeja mielera (*Apis mellifera*)
Especie más conocida e importante en el país como productora de miel. Diversos estados del país se dedican cada vez más a su explotación comercial lo que ha resultado en el aumento de la producción de miel orgánica, principalmente para su exportación. La producción melífera en México es abundante debido a que el clima, en general templado y cálido, permite producir

miel casi todo el año, que es ampliamente utilizada como endulzante en diversos tipos de alimentos. Esta abeja fue introducida a México por los primeros españoles, y fue acogida rápidamente por los indígenas como abeja mielera debido a su adaptabilidad y productividad. De esta manera se fue reemplazando paulatinamente a la abeja pipiola, la cual ya era ampliamente conocida y utilizada en la producción de miel. Así, desde principios del siglo XX la apicultura se ha desarrollado ampliamente en el país.

Conocida también como:
◇ abeja de miel
◇ abeja de la miel

• Abeja pipiola o abeja sin aguijón (*Melipona beecheii*)
Insecto que los mexicas conocieron como pipiola y los mayas como *xunan kab*. Tiene un aguijón muy reducido, por lo que algunos la llaman "desarmada" o abeja sin aguijón. Es una especie nativa de México y Centroamérica que produce cera y miel, la cual se recoge de troncos ahuecados llamados jobones, hechos de diferentes árboles. La miel es húmeda y escasa, de modo que tiene un alto costo. Fue domesticada por los antiguos mayas, quienes la conocían con los nombres de *xunan kab, bo'ol, ko'lel kab, yilk'il kab, yurnil kab* y *yunil kab*. Durante la época prehispánica la comercializaron

ampliamente en la península de Yucatán, y también se enviaba a Guatemala y Honduras desde la frontera de Campeche y Tabasco. Igualmente era un producto importante en el mercado de Tenochtitlan. La miel se empleaba para endulzar alimentos y bebidas como el chocolate y el balché. La cera se utilizaba para fabricar velas y un adhesivo llamado cera de Campeche, práctica que se conserva en la actualidad.

Conocida también como:
- ◇ abeja alazana
- ◇ abeja melipona
- ◇ pipiolli
- ◇ *pipiyolli* (náhuatl)

Conocida en algunas regiones como:
- ◇ abeja chica (Estado de México)
- ◇ abeja guaricha (Guerrero, Michoacán)

- **Mosquilla** (*Trigona spp.*)

Variedad de abeja sin aguijón nativa de México que habita en las áreas tropicales y subtropicales de América. De ella se consume la miel que produce. Se encuentra en varios estados de la república mexicana, principalmente en localidades de Guerrero y en la región de Los Tuxtlas, en Veracruz.

ABEJA SIN AGUIJÓN ◆ abeja pipiola

ABULÓN

Nombre genérico de moluscos univalvos que se alimentan de algas marinas. Su callo es muy apreciado y alcanza un costo elevado. Se venden frescos, enteros, en cubos y recortes; un alto porcentaje se enlata. En los mercados formales sólo se venden abulones adultos desarrollados de cuatro a cinco años. Vivos y en su concha se conservan hasta una semana en el refrigerador cubiertos con un trapo húmedo. No deben sumergirse en agua, congelarse ni entrar en contacto con hielo. En México existen los abulones amarillo, negro, rojo y verde; todos se preparan de manera similar. El abulón tiene la carne más dura de todos los moluscos, por lo que tradicionalmente se golpea contra una superficie firme antes de cocinarlo, para ablandarlo.

Es común el error de cocerlo por dos o tres horas para suavizarlo, lo que hace que la carne pierda propiedades nutrimentales. La mejor forma de prepararlo fresco es en rebanadas delgadas cortadas contra el hilo o fibra de la carne. Puede consumirse crudo o cocinado brevemente para que la carne no endurezca. Regionalmente se prepara rebozado, empanizado, salteado, en cocteles y con salsas de diferentes tipos, como cualquier otro marisco. La sobreexplotación que hubo de este molusco casi lo llevó a la extinción. A pesar de ello, la producción principal de estos moluscos aún se encuentra en las cercanías de Ensenada, Baja California, y se extiende prácticamente a todo lo largo de la península en el océano Pacífico. En Ensenada se encuentran los principales comercializadores y empacadores de abulón, quienes lo envían principalmente al resto del mundo y a restaurantes especializados de México. El abulón ha dejado de ser un alimento popular en esas regiones; actualmente es escaso, caro y difícil de encontrar. En la región de la Isla de Cedros se consume de manera casi exclusiva entre diciembre y junio. En esta última región y en Ensenada aún se prepara el chorizo de abulón.

- **Abulón amarillo** (*Haliotis corrugata*)

Tiene concha circular gruesa, con superficie externa corrugada, color verde claro a rojo oscuro; su parte interna es rosada con iridiscencias amarillas. Cuando está vivo su cuerpo es color amarillo mostaza. Comúnmente mide entre 11 y 14 cm de diámetro, aunque puede alcanzar hasta 25 cm. Se le encuentra en la península de Baja California, en aguas templadas de alta concentración salina. De los abulones que se capturan, el amarillo representa de 60 al 90 por ciento, por lo que se considera el más importante. También es conocido como abulón rosa. Se consume fresco o enlatado.

- **Abulón azul** (*Haliotis fulgens*)

También llamado abulón verde, mide en promedio de 17 a 20 cm, de concha oval y muy gruesa. No se encuentra con frecuencia en el mercado formal. Se consume fresco o enlatado.

- **Abulón chino** (*Haliotis sorenseni*)

De concha delgada y ovalada color café, el callo es de color amarillo y áspero. Puede medir hasta 16 cm. Se consume enlatado y fresco.

- **Abulón negro** (*Haliotis cracherodii*)

Tiene concha lisa de color azul oscuro o negro verdoso, con interior blanco brillante aperlado e iridiscencias de varios colores; por el tono oscuro de su callo se le llama negro. Comúnmente mide unos 12 cm, se captura en las aguas limpias de la parte media del litoral occidental de Baja California hasta Cabo San Lucas. Se consume fresco y enlatado.

- **Abulón rojo o colorado** (*Haliotis rufescens*)

De concha circular y corrugada, rojiza, similar a la del abulón amarillo. Esta variedad generalmente mide de 16 a 17 cm, aunque puede alcanzar 27 cm. Se le encuentra en el norte de la península de Baja California, desde la porción central de Santo Tomás hasta Punta Baja. Se le encuentra enlatado o fresco fileteado.

ABULÓN DE LA INDIA ◆ concha lapa

ACÁCHUL (*Parathesis serrulata*)

GRAF. acachul. Fruto comestible de la familia de las mirsináceas, de forma globosa, semejante a un capulín o cereza, y color negruzco que mide aproximadamente 8 mm de diámetro. Su nombre proviene del náhuatl *acatl*, caña y *xochitl*, flor. Se come fresco o se macera en aguardiente de caña para preparar licor. La mayor parte de la producción es de los estados de Hidalgo (Acaxochitlán, principalmente) y Puebla, y se destina para preparar licor.

ACACIA

Árbol de la familia de las leguminosas, cuyos frutos tienen un uso similar. De consumo regional, sobre todo en los estados de Oaxaca, Puebla, Chiapas y Morelos. Varios frutos de estos árboles son consumidos como guajes, secos o frescos; también en forma de ejotes y sus hojas como quelites. En ocasiones se muelen sus semillas para elaborar harina o para hacer rendir el café. En diversas regiones del país se encuentran diversas especies, como se enlistan a continuación:

• *Acacia acatlensis*

Se consumen sus flores cocidas y frutos como guajes, que son de hasta 13 cm de largo y 2 cm de ancho, con semillas aplanadas, rectas y verdes cuando son inmaduras y amarillas cuando están secas. En Oaxaca se le llama *chindata* y *tiñu*; en Puebla, borrego, chondata, guajillo, huitlache; en Michoacán, guayalote, guayote; en Morelos se comen sus hojas tiernas llamadas yopalquelite borrego. Se registra el uso de sus flores cocidas añadidas a caldos y sopas, así como a frijoles, asadas, fritas y como verdura en guisos.

• *Acacia bilimekii*

Mushel espinoso, tehuistle (o tehuiztle) en Puebla.

• *Acacia constricta*

Sus frutos son unas vainas de color rojizo, delgados, y las semillas amarillentas. Se consumen como guajes y se les llama también guajillo (o huajillo) en Tehuacán, Puebla; largorcillo en Chihuahua; chaparro prieto, gigantillo o vara prieta en Durango, y huizache en Zacatecas y Coahuila.

• *Acacia cornigera*

También llamada espino blanco en Chiapas; cornizuelo (o cornezuelo) en Puebla; árbol del cuerno (o cuernitos) en Veracruz; cornezuelo en Tabasco, y cuernitos, cuerno de toro o toritos en Oaxaca. Se consumen sus guajes.

• *Acacia coulteri*

Árbol de 3 a 10 metros de alto, con hojas semejantes a plumas divididas, flores blanquecinas comestibles y una vaina plana, comestible, que mide unos 15 cm de largo por 2 cm de ancho. En Jalisco, los retoños y las flores de este árbol se comen como quelites: se hierven en agua con sal y se utilizan como relleno de quesadillas. También se cocinan en caldillo de jitomate, cebolla y sal. Los huicholes de Nayarit las preparan cocidas con agua y sal y las aderezan con cebollas picadas o rebanadas, chile picado, sal y limón y se comen con tortillas. Conocido como guaje blanco en Puebla; guajillo (o guajilla) en Tamaulipas, tepeguaje en Durango y temachaca en Nayarit y Jalisco.

• *Acacia farnesiana*

Huizache (o güizache) es el nombre más común en todo el país; espino (o espino blanco) en Oaxaca.

• *Acacia hindsii*

Huizache costeño en Michoacán y Guerrero; cornezuelo, escanol o palo espinoso en Puebla; se consume su ejote o guaje.

ACAHPATA

Bollo de maíz cocido a las brasas, que se consume entre los purépechas.

ACAHUAL BLANCO ◆ mozote

ACAMAYA (*Macrobrachium acanthurus*)

GRAF. acamalla. Crustáceo de forma similar al camarón, su cuerpo es más robusto, de color amarillo pálido con tonalidades azules y pequeños puntos rojos antes de cocerse y de tonalidad roja cuando se cuece. Sin considerar las tenazas, por lo general su cuerpo mide aproximadamente 8 cm de largo, aunque los machos alcanzan 18 cm y las hembras 15 cm. Abunda en época de lluvias y se consigue todo el año en

aguas dulces o salobres en las desembocaduras de los ríos en el Golfo de México. Muchas de las acamayas que se venden comercialmente son cultivadas, pero las que crecen en forma natural en los ríos son más apreciadas y buscadas, y son generadoras de las costumbres gastronómicas regionales que existen alrededor de la acamaya. Su consumo siempre se considera especial o ligado a algún tipo de festejo. Los establecimientos o restaurantes especializados en las acamayas generalmente se ubican en las orillas del río donde se capturan, como en los de Tabasco y Chiapas, donde se encuentra otra variedad de crustáceo muy similar al que llaman pigua. Sus principales preparaciones son: al mojo de ajo, enchipocladas y en salsa verde; otras preparaciones son: fritas, a la plancha, en sopas de mariscos, chilpachole, cocteles, cebiches, o simplemente cocidas para pelar. Por lo general se acompañan con frijoles negros refritos, plátanos machos maduros fritos, arroz blanco o rojo y tortillas de maíz. Aunque existen las órdenes, la forma más común de venta es por kilogramo, así se presentan enormes platones en las mesas bañadas con mucha salsa, ya que las acamayas son motivo de reunión familiar o de festejos entre amigos. Nunca se preparan o sirven peladas debido a que los caparazones aportan sabor a la salsa, la cual es muy importante. Cuando se terminan las acamayas, la salsa se come con cuchara o se levanta con un pedazo de tortilla para llevarla a la boca. Es importante aclarar que en las costumbres mexicanas no es mal visto usar las manos para chupar los caparazones del cuerpo o tenazas, en especial porque, generalmente, se hace en el ambiente de alguna convivencia familiar. En las costas de Oaxaca se hacen en adobo con chile guajillo, chile ancho, laurel, jugo de naranja, comino, ajo y orégano. En el estado de Veracruz existen varios lugares famosos como: San Rafael, Coatepec, Cempoala, Jalcomulco y Cuitláhuac (cerca de Orizaba), de los que estos dos últimos sobresalen por la calidad de sus preparaciones, por ejemplo el pipián de acamayas. En la región norte del estado de Veracruz los nahuas elaboran huatape con ellas. En Cuetzalán, Puebla, el día de mercado los indígenas las venden por docenas ensartadas en una vara, cocidas o asadas, listas para comer. Estas acamayas son más pequeñas que las de otras regiones, su cuerpo mide entre 4 y 5 cm. En los pequeños restaurantes del pueblo se preparan de forma muy similar a las descritas en Veracruz. En México la acamaya se ha consumido desde la época prehispánica. Es importante no confundir las acamayas con el verdadero camarón de río o langostino, ya que en ocasiones se les llama igual a ambos animales. Su nombre proviene del náhuatl *acatl*, caña, y *mayatl*, mayate o escarabajo, esto es "escarabajo de las cañas" o "que vive entre cañas", seguramente porque vive entre las piedras y carrizos cercanos a las orillas del río. Otro probable origen es: yaca-ma, de *yacatl*, nariz o punta de algo y *maite*, mano.

Conocida también como:
◇ camarón chacal
◇ camarón de río
◇ camarón prieto
◇ chacal
◇ langostino chico

3

◇ langostino de río

◇ pigua

Conocida en algunas regiones como:

◇ camaya (Alvarado y Tlacotalpan, Veracruz)

→ mayacaste

ACAMOYOTE ◆ apompo

ACATOTE ◆ jinicuil

ACEDERA

→ agrios, lengua de vaca

ACEDERILLA O ACEDORILLA

Con este nombre se conoce a dos tipos de plantas: *Oxalis latifolia*, también conocida como agrio, y *Rumex acetosella*. Esta última es de origen euroasiático, naturalizada en todo el país, sobre todo en lugares húmedos. Su nombre hace referencia a su sabor ácido. De igual manera se encuentra esta relación con su nombre científico que deriva del latín *aceto*, ácido.

Conocida también como:

◇ vinagrerita

◇ vinagrita

→ agrios, lengua de vaca, xocoyol

ACEDILLO (*Arthrostema ciliatum*)

Planta herbácea perenne, erecta, arqueada o trepadora, con ramas suculentas y quebradizas de 2 a 4 mm de grosor y hojas con pecíolos glabros de hasta 32 cm de largo. Se desarrolla en las márgenes del bosque mesófilo de montaña, en taludes de arroyos, así como en sitios perturbados o transicionales. Es abundante en muchas partes del este y sureste del país, como en Chiapas, donde sus hojas se usan como quelites. En Tuxtla y Zapotitlán se utiliza para preparar el *paxnikak*. Es colectada en flor y/o fruto de febrero a septiembre en otras regiones de Chiapas. En algunas partes de Centroamérica la cocción de las hojas se usa a manera de refresco. Los tallos y las hojas se mastican también para estimular la secreción de saliva y para mitigar la sed.

Conocida también como:

◇ caña agria

◇ xoxoco o xococov

Conocido en otras lenguas como:

◇ *itsan an tuthub* (huasteco)

◇ *quiwixcutni* (totonaco)

◇ *xocoyoli* (náhuatl)

ACEITE

Grasa que se obtiene de un vegetal, semilla o grano, fluida a temperatura ambiente. Las grasas no eran tan utilizadas

en el México prehispánico, aunque algunos investigadores señalan el uso de la grasa del manatí. Fue hasta la llegada de los españoles cuando empezaron a emplearse aceites y manteca de cerdo para freír. Aunque antiguamente la manteca era muy utilizada, desde principios de la década de 1970 empezó a usarse más el aceite, en sustitución de la manteca, no obstante ésta

sigue presente en varios platillos regionales como los tamales. En México se utilizan principalmente el aceite de maíz, cártamo, girasol, oliva y, en fechas recientes, el de soya.

ACEITE DE AGUACATE

Aceite color verde olivo considerado de alta calidad, sólo se encuentra en tiendas especializadas. Se extrae del mismo fruto y se emplea principalmente como aderezo para ensaladas o para darle sabor a un platillo, pero no se debe cocinar con él. Como resultado de la extracción de este nuevo producto, inventado a inicios del siglo XXI, también se puede obtener el polvo de aguacate; ambos productos usados para mejorar el sabor de cualquier preparado que sepa a aguacate.

ACEITE DE MAÍZ

Aceite que se obtiene del maíz, que alcanza temperaturas de hasta 200 °C y es el más utilizado en la cocina mexicana. Para su extracción se deja germinar el grano y se prensa; el de mejor calidad es el de la primera extracción en frío.

ACEITE DE OLIVA

Aceite que se obtiene al prensar las aceitunas que maduran en el árbol; principalmente utilizado en los países del Mediterráneo. Durante el virreinato se plantaron en México olivos que introdujo el franciscano fray Martín de Valencia en 1524. Los cultivos se extendieron luego a Chalco, Celaya, Tzintzuntzan y continuaron su viaje a Sonora y las misiones de Baja California, hasta que el rey Carlos III sintió una amenaza de competencia en la producción de aceite de la Nueva España, por lo que en una Cédula Real de 1777 ordenó arrancar las plantaciones de olivo. Este hecho detuvo la producción y utilización del aceite de oliva en nuestro territorio, por lo que nunca se arraigó en la cultura popular. La única excepción fueron algunas misiones y conventos que siguieron produciendo el aceite de manera limitada, sólo para los actos litúrgicos. Aunque de aquella época quedaron unos cuantos árboles, fue hasta después de la independencia cuando se promovió otra vez su cultivo, el cual se reafirmó en 1950 al crearse la Comisión Nacional del Olivo para incrementar la producción de las aceitunas y el aceite. Durante muchos años el aceite se importó de Europa en barcos que llegaban a los puertos mexicanos del golfo y el Caribe, razón por la que siempre fue muy caro. Aunque se produce en el país, suelen preferirse los importados. Hoy en día es importante la producción de aceite de oliva en Baja California. En los otros lugares mencionados solamente existen los viejos árboles como registro histórico y algunos nombres de colonias o calles en el Distrito Federal dan cuenta de su importancia, como el Olivar del Conde o el Olivar de los Padres. En la cocina mexicana actual no es muy utilizado, salvo en los casos de algunos platillos de Veracruz, Michoacán y Yucatán, donde existen raíces mediterráneas.

ACEITE DE PEPITA DE CALABAZA

Aceite de una variedad de semillas de calabaza pequeñas a las que en Yucatán llaman chinchillas, las cuales se pelan, tuestan, muelen y rehidratan con agua saborizada con epazote; luego se amasan poco a poco con las manos y se aprietan fuertemente hasta que empieza a salir su grasa natural. No se obtiene gran cantidad de ella: de una taza de pepitas se obtienen una o dos cucharadas, como máximo. Una vez extraído el aceite, con las pepitas molidas se hace la salsa para los papadzules. Esta técnica de extraer el aceite a las pepitas es propia de Yucatán, donde se utiliza específicamente para rociar los mencionados papadzules, aunque para muchos cocineros resulta muy tedioso y difícil extraer el aceite de la pepita y con frecuencia omiten este paso, por lo que no debe extrañar que se sirvan sin él.

ACEITILLA ◆ mozote

ACEITUNA (*Olea europaea*)

Fruto del olivo, de la familia de las oleáceas. Tiene forma ovoide y color verde amarillento que, al madurar, se torna morado, aunque algunas variedades son purpúreas. Su hueso es grande y duro. A pesar de que es originaria del Mediterráneo oriental, en México se utiliza más la clasificación por su tamaño que por su forma, de modo que se distingue entre aceituna chica, mediana, grande, extragrande y gigante. Actualmente se cultiva en los estados de Aguascalientes, Baja California, Coahuila, Chihuahua, Durango, Guanajuato, Hidalgo, Jalisco, Michoacán, Querétaro, Sonora y Morelos. En el sur del Distrito Federal existieron plantíos de olivos que comerciantes locales cultivaban y vendían en los mercados populares de Xochimilco, Tláhuac, Tulyehualco y Milpa Alta. La tradición de la venta continúa, sin embargo las aceitunas en México proceden de Baja California. Independientemente de esto, siempre se han importado de España y es común encontrar en los mercados la aceituna española. Se explican los tamaños y clasificaciones españolas que se venden en México porque sus nombres se utilizan en los supermercados cuando las aceitunas se venden a granel o en frasco. Todas invariablemente se consumen encurtidas y en aceite de oliva, como botana o rellenas de pimiento morrón, anchoa o ajo cuando están deshuesadas. En la cocina mexicana se utilizan siempre aceitunas verdes, que tienen un papel importante en guisos como picadillo, huachinango a la veracruzana, bacalao a la vizcaína, mechados y adobos. La aceituna negra tradicionalmente no se emplea, excepto en los tamales de aceituna que se elaboran en Tláhuac, Distrito Federal, durante la vigilia. El tono morado o negro de la aceituna representa el luto y las lágrimas de la Virgen.

• La aceituna de la reina es la de mayor tamaño y calidad; se llama también extragrande o gigante en México.

• La aceituna manzanilla o aceituna común es la más pequeña de todas, de color verde, muy fácil de encontrar tanto en frasco como a granel.

• La aceituna picudilla es de tamaño similar a la anterior y fácilmente reconocible por ser puntiaguda.

• La aceituna gordal, popularmente llamada aceituna grande, tiene mayor tamaño que la aceituna común; es una de las que más se venden a granel, sobre todo en los supermercados.

ACELGA (*Beta vulgaris*)

Hoja comestible de la familia de las quenopodiáceas; es una variedad de la planta del betabel. La variedad que se encuentra en México es una hoja grande, ovalada, color ver-

de oscuro con nervaduras blancas, que se emplea en sopas con verduras, sopas de pasta y diversos guisados con chorizo, carne de cerdo o pollo. Se vende en manojos, por kilo o en las verduras cortadas para hacer sopa que se ofrecen, generalmente empacadas en bolsas, en los mercados populares.

ACEMITE

Salvado revuelto con una porción de harina de trigo. La cemita es un pan elaborado con esta mezcla.

ACHEGUADO

GRAF. achiguado. Nombre que en Tabasco se le da al maíz, cuando está demasiado blando debido al exceso de cocción.

ACHICALADA ◆ chiquita

ACHICALADITOS

Plátanos deshidratados cocidos en miel de piloncillo; el proceso de cocción permite comerlos con todo y su cáscara. Son típicos de Acahuato, Michoacán, y forman parte de las celebraciones del 2 de febrero, día de la Candelaria.
→ achicalar, camote achicalado

ACHICALAR

Acción de bañar con miel de azúcar de caña o piloncillo un fruto previamente horneado en su propio jugo, de tal manera que el fruto cocido y un poco deshidratado absorba algo de la miel. Es una preparación común en Querétaro y otros estados del centro del país.

→ camote achicalado

ACHIOTE (*Bixa orellana*)

Fruto de la familia de las bixáceas, cuyas semillas se ocupan como condimento y colorante; es muy importante en las cocinas del sureste del país. Del náhuatl *achiotl* que significa tintura roja. Tradicionalmente el fruto se deja madurar y secar en el árbol hasta que adquiere un tono café y textura leñosa. El fruto se puede guardar por mucho tiempo sin necesidad de sacarle las semillas. Se le encuentra con facilidad en todos los mercados del país, aunque es más común en forma de pasta que como semilla. En Tabasco se hace la pasta de achiote más pura, ya que no contiene otro ingrediente más que agua; se obtiene remojando las semillas en ella para que suelten todo el polvo que contienen. Tradicionalmente sólo se utiliza el polvo y nunca se muelen las semillas para incluirlas en la pasta. El pigmento se hierve y se deja reducir por varias horas hasta lograr una pasta muy suave con textura de barro húmedo con la que se hacen bolitas de aproximadamente 3 cm de diámetro, que se envuelven en hojas de maíz para dejar secar por mucho tiempo hasta que endurezcan. Generalmente, no se utiliza recién hecho, y se acostumbra emplear el achiote de años anteriores debido a que la pasta se puede conservar durante mucho tiempo en excelente estado. Durante enero y febrero, meses de la cosecha, las pastas recién hechas se encuentran en los mercados de Tabasco y el sur de Veracruz; se venden en pequeños pedazos para almacenarlos. También se compran secas el resto del año. Es normal observar que la superficie de la pasta

5

adquiera un tono grisáceo o negro que desaparece con la cocción. En Tehuantepec, Oaxaca, de acuerdo con las mujeres encargadas de vender achiote (que también es conocido como achote), es preparado en los mercados del sur de Veracruz. Las pastas que expenden pueden pigmentar los alimentos en un tono amarillo o rojizo porque existen dos variedades de semillas, pero siempre son más buscadas las pastas rojas. El pigmento se prepara igual que el achiote tabasqueño, pero en Oaxaca suele hacerse la pasta tres veces al año, porque se procura utilizarla suave, ya que así es más fácil diluirla en los guisos. Es común verla en los mercados populares en forma de piezas rectangulares. En la región de Tuxtepec también se produce achiote que se emplea para colorear diferentes guisos regionales. En Yucatán el achiote es llamado comúnmente recado rojo. Las semillas se remojan para obtener el pigmento y se mezclan con orégano, clavo, comino y pimienta, entre otros ingredientes; también se muele la semilla entera para incluirla en la pasta, lo que de acuerdo con las tradiciones yucatecas aporta más sabor. Este tipo de achiote, de consistencia suave, es tal vez el más conocido y utilizado en México; de hecho, cuando se habla de achiote suele tratarse de la pasta de achiote de Yucatán, ya que se encuentra en todo el país distribuida por diferentes compañías. El achiote es fundamental en la comida yucateca, ingrediente esencial de la cochinita pibil, el kabik, los tamales de masa colada, chorizos, longanizas, escabeches, tiquinxic y muchos otros platillos. Para utilizarlo, se remoja y frota la pasta en una cuchara con una cantidad pequeña de caldo o agua para que se diluya y suelte su color; con él se colorean y definen los sabores de los caldos de gallina o pollo, tamales, maneas de pejelagarto, tortuga en sangre, arroz rojo y otros guisos tabasqueños. En el sur de Veracruz se utilizan ampliamente por la influencia tabasqueña y oaxaqueña propia de esta área; en Chinameca se utiliza para la carne de chinameca. En Chiapas se utiliza en una bebida llamada tascalate. El uso del achiote no siempre ha sido el mismo; antes del descubrimiento de América los indígenas ya utilizaban la semilla, la cual trituraban y hervían con agua para obtener su color. Fue utilizado como pigmento para teñir el cuerpo y el rostro. También se le atribuian propiedades afrodisíacas, de ahí que los dioses de la fecundidad, Xochipilli y Xipe Totec, fueron pintados en códices y muros con este pigmento. Se utilizó poco en la gastronomía por considerarse una planta sagrada, ya que su color rojo se relacionaba con la sangre. En contraste, los mayas lo mezclaron con el cacao para elaborar una bebida espumosa ritual, así como una mezcla ceremonial que contenía masa de maíz, semillas de calabaza, chile, miel y frijol negro; también se sabe que preparaban guisos coloridos y un sinnúmero de salsas a base de jitomate, tomate, diversas variedades de chiles y hierbas aromáticas como el epazote. Después del descubrimiento de América, se llevó a Europa y Asia, donde un ciudadano francés de apellido Rochefort lo introdujo en 1659 y lo llamó rocou, tomando como referencia el nombre que le daban los indígenas del Caribe. Posteriormente fue empleado en Europa para teñir pieles, lana, seda, algodón, lacas, plumas, huesos y marfil. El achiote y la grana cochinilla dieron color a varios alimentos europeos como quesos, mantequillas, margarinas y pescados ahumados. Actualmente, en Tabasco, Campeche y Yucatán es donde más se cultiva y utiliza, pero no es menos importante en Chiapas y Quintana Roo; en menor cantidad se produce en Oaxaca, Sinaloa y Morelos.

ACHOCOL

Bebida hecha a base de maíz y piloncillo diluido en agua. Se acostumbra beber en Hidalgo.

ACHOCOTE

GRAF. axocote. Del náhuatl xococ, el término hace referencia a su fermentación y sabor agrio. El achocote es una bebida de origen ritual que los nahuas del norte de Veracruz acostumbran durante la siembra del chile y el maíz entre los meses de junio a septiembre. Se trata de una bebida de nixtamal que se deja fermentar y se endulza con panela. Esta preparación puede o no llevar hierba dulce. En el área de Chicontepec, Veracruz, durante mayo y el tiempo de calor se le añaden algunas frutas. En Huejutla de Reyes, Hidalgo suele venderse los domingos, día de mercado.

ACHOQUE DE AGUA ◆ ajolote

ACHOTE ◆ achiote

ACHUCHUTL

Su nombre proviene del totonaco chuchutl, que significa agua o caldo. Es un guiso a base de frijol negro en caldo que contiene orejitas de pipián y diferentes verduras que varían dependiendo de la temporada del año y de las costumbres familiares. Las "orejitas" o bolitas de pipián que lo caracterizan se hacen moliendo las pepitas para que suelten su grasa y se pueda formar una pasta que se agrega al caldo sustancioso que los totonacas toman como plato principal en las comidas del mediodía en el área de Papantla, Veracruz. Puede contener trozos de chayote, rodajas de chile jalapeño, cebollinas, tomate de milpa, cilantro y epazote. A veces incluye quelites locales, hojas tiernas de chile chiltepín y ajonjolí molido para espesar el caldo. Otra variante puede contener los productos de la milpa local, generalmente calabaza y elote. Este platillo se utiliza también como forma de pago durante la jornada laboral de las épocas de siembra o cosecha. En temporadas de frío o nortes adquiere importancia por considerarse un alimento caliente debido a que contiene grandes cantidades de chile jalapeño.

Conocido también como:
◇ frijoles en achuchutl
◇ frijoles en agua

ACITRÓN

Dulce de biznaga confitada. Tradicionalmente las biznagas se recolectan en el campo, se pelan, se remojan en cal, se enjuagan, se asolean y se cuecen en agua; luego se desecha el líquido y se repite la cocción con agua y azúcar. Se vende en forma de cubo o de barra en los mercados populares y dulcerías; de sabor neutro y dulce, al mezclarse con otros ingredientes resalta sus sabores y texturas. Puede guardarse por

varios meses en un lugar fresco y seco, aunque se vuelve granuloso y se reseca. No se refrigera, porque el azúcar que contiene lo hace duro, aunque puede hervirse para recuperar la textura original. Algunos cubos de acitrón son más pálidos que otros; esto no significa que los de tono más fuerte tengan más sabor, sino que se tiñen con colorante artificial.

El acitrón es de un tono blanco translúcido, a excepción del acitrón de San Luis Potosí, que es de color amarillento, semitransparente y de consistencia jugosa. El origen de esta golosina se remonta a la época prehispánica. La biznaga se cocía para que el azúcar de su propia pulpa se concentrara; al igual que la calabaza y los chilacayotes, se cocía en una miel obtenida al hervir por mucho tiempo el aguamiel. Estos dulces se vendían como golosina en el mercado de Tlatelolco. Después de la conquista se utilizó azúcar de caña para confitarla, trabajo que quedó en gran parte a cargo de los conventos virreinales, donde tomó la forma que tiene actualmente. En un principio se llamaba acitrón a cualquier fruta confitada, hasta que la biznaga ganó terreno en México al desplazar a las demás frutas, y desde el siglo XIX el acitrón se ha hecho exclusivamente con ella. Se emplea en rellenos de carne, picadillos (especialmente en el de chile en nogada), tamales dulces, panes de dulce, postres, como adorno en roscas de reyes y como golosina. En Zacatecas se utiliza para decorar cemitas. Conocido en Todos Santos, Baja California Sur, como dulce de biznaga. Hoy en día, el consumo de ciertas especies de biznaga está penado por la ley.

ACITRÓN DE NARANJA

Dulce de cáscaras de naranja confitadas con azúcar y semillas de anís, que se dejan cocer por varias horas hasta formar una pasta. Es típico del estado de Hidalgo.

ACITRONAR

Técnica de freír cebolla o ajo en manteca de cerdo o aceite hasta que toma un tono translúcido. Su nombre se debe a que la cebolla adquiere el color original del acitrón. En la cocina mexicana la preparación de diversos guisos se comienza acitronando ajo y cebolla para después añadir el resto de los ingredientes que lo componen.

ACOCIL (Cambarellus montezumae)

Crustáceo de agua dulce de la familia de los cambáridos; los géneros de la familia cambaridae que hay en el país son Cambarellus y Procambarus. Su nombre proviene del náhuatl acuitzilli, de atl, agua y cuitzilli o coitzilli, que se retuerce. Similar a un camarón chico, cuando está crudo su color es como el del camarón y al cocerse enrojece. Actualmente se pueden encontrar cocidos en canastas; se comen cocidos y asados en tacos, solos o acompañados con aguacate y cilantro, o cuando se bebe tequila, ya que en los últimos años se ha vuelto una sofisticada botana, de manera similar a los chapulines. Los antiguos mexicanos lo utilizaban como alimento en las ceremonias del decimoctavo mes del año, izcalli. Con él se preparaba un guiso denominado chalmulmulli, que se acompañaba con tamales. La especie Cambarellus montezumae, muy consumida en toda la cuenca del río Lerma, es la más abundante. Los estados con mayor diversidad de especies son Puebla y Veracruz. En el Distrito Federal se encuentran en el mercado Hidalgo, de la delegación Cuauhtémoc, y en los mercados de Xochimilco y Tulyehualco. En Toluca, Estado de México, se venden en el tianguis que se instala los sábados junto a la Central de Abasto. Si se consiguen crudos suelen tostarse.

Conocido en las Huastecas hidalguense y veracruzana como:

◇ chacal o chacalín
◇ langosta de río
◇ langostín
◇ macaxitl

Conocido en Chiapas como:
◇ masan o mazan

ACOCOTE (Lagenaria siceraria)

Planta rastrera de la familia de las cucurbitáceas, de hojas ovado-acorazadas, reniformes o anguladas y flores monopétalas. Su fruto es de formas variadas y se utiliza como vasija. El acocote se hace a partir de una calabaza o guaje alargado que mide hasta un metro de largo; se agujera por ambos extremos y, una vez vaciadas la pulpa y las semillas, se deja secar para convertirse en el instrumento que utiliza el tlachiquero para extraer por succión el aguamiel del centro del maguey. Esta palabra proviene del náhuatl acocotl, de acocui, levantar, y de octli, vino o pulque, esto es, "el que levanta el vino"; otro posible origen deriva de los vocablos atl, agua y cocotli, gaznate o esófago, es decir, "el que contiene el agua". Conocido también como alacate.

ACONTOPE, ACOTOPE O ACOTOPILLO ◆ jinicuil

ACORAZADITO ◆ armadillo

ACOYO

Especie de pan de maíz saborizado con hojas de acoyo, chiles, cebolla, ajo, sal y comino, que se consume tradicionalmente en la Sierra Gorda de Querétaro.

ACÚMARA (Algansea lacustris)

GRAF. akúmara. Especie de juile. Pescado de agua dulce que mide unos 35 cm y pesa 400 gramos. Es un animal omnívoro que presenta cierta tendencia a ingerir algas. Se encuentra en el lago de Pátzcuaro, Michoacán, aunque también se cultiva artificialmente, pues registra una importante demanda, tanto para el consumo humano, como para servir de pez forrajero a otras especies. Con él se hace el caldo de acúmara.

ACUYO ◆ hierba santa

ADELAIDA

Pan de dulce en forma de cuadro grande, esponjado, dorado en horno y decorado con coco rallado. Es tradicional en las panaderías del Distrito Federal, aunque cada vez es más difícil encontrarlo. Conocido también como cuadro de coco.

ADOBAR

Cocinar una carne en algún adobo. Existen cuatro procedimientos básicos para realizar esta técnica. a) La carne se cuece, después se dora y pasa por un largo proceso de cocción a fuego lento dentro de la salsa, directamente al fuego o al horno. b) La carne cruda se fríe o dora para después cocerse en la salsa. c) La carne cruda se marina en la salsa de adobo por varias horas y después se hornea en la misma salsa. d) La carne se unta con salsa o pasta de adobo para asarse

Cerdo adobado

o freírse; normalmente se trata de cortes delgados de carne como bisteces. En particular a este último método se le llama adobado o carne adobada, pues la carne se unta con la salsa de chiles sólo para darle sabor, y aunque puede servir para conservarla, no es éste su propósito. Generalmente las carnes no se sirven con salsa de adobo, es decir solamente quedan enchiladas o con el sabor del guiso.

ADOBO

Salsa espesa de diferentes chiles secos, especias y vinagre en la cual se marina carne durante varias horas para después cocinarla lentamente durante un tiempo prolongado. La carne de cerdo es la que más se utiliza, seguida por la de pollo, res y pescado. Los principales chiles secos que se usan son guajillo, ancho y pasilla, los cuales se tuestan, cuecen y muelen con jitomate, cebolla y especias como pimienta, clavo, canela, tomillo, orégano, comino y ajo. El color de la salsa depende directamente de los chiles utilizados: los hay en diferentes tonos de rojo hasta llegar al negro. El vinagre es el ingrediente que diferencia el adobo de otras salsas. Es común que los adobos se sirvan con cebollas curtidas en limón y se acompañan de frijoles o arroz y, a veces, con papas cocidas. Al igual que ocurre con el mole, existen muchos tipos de adobo. Los del centro del país son distintos de los del sureste, y a su vez éstos se distinguen de los de las huastecas y otras regiones de México. Existen algunos guisos de cerdo regionales que en sentido estricto son adobos, como el chilorio de Sinaloa o los bisteces enchilados; sin embargo, no se les llama adobos. En las zonas no urbanas de los estados del centro del país suele hacerse el adobo de conejo, el cual puede guisarse como el cerdo o untados con la salsa y asados. El adobo de iguana se acostumbra en Guerrero, Oaxaca, Veracruz y otros estados. El adobo de pollo o gallina se consume en comunidades rurales donde el cerdo es caro o difícil de conseguir. En muchos lugares se prepara el adobo de ternera por considerarse más saludable que el cerdo. También existen guisos como el *epatlaxtli* en adobo o las lentejas en adobo.

ADOBO DE CERDO

Guiso de carne de cerdo y adobo, considerado muy sabroso y, por ello, el más común de los adobos, del que existe un sinnúmero de recetas regionales. En Campeche, la salsa contiene vinagre, achiote, ajo, orégano, pimienta y comino. Por el achiote se le llama adobo rojo o colorado. En el área de Chilapa, Guerrero, es de carne maciza frita en manteca de cerdo con chile guajillo, chile ancho, pimienta, clavo, comino, canela, orégano, ajo, jitomate y laurel. Se sirve con cebollas desflemadas y suele acompañarse con arroz y frijoles. En Jalisco se hace el lomo de cerdo adobado; la pieza completa se unta con una salsa espesa de chile colorado, ajo, pimienta, clavo, canela, laurel, mejorana, ajonjolí, sal y vinagre; se hornea, se deja enfriar y se rebana para comerla fría o en tortas. En Guadalajara son famosas las tortas del santuario hechas con este relleno. En Oaxaca se prefiere hacer el adobo de pierna con una salsa roja oscura, casi negra, de chile ancho, chile pasilla oaxaqueño o chile pasilla, cebolla, vinagre de manzana, ajo, tomillo, clavo, comino, orégano, naranja agria, canela y pimienta. Se marina la carne

por lo menos seis horas antes de hornearla. En la ciudad de Puebla el adobo es una salsa roja oscura y tersa, hecha con chile ancho, ajo, cebolla, comino y jitomate. Recetas muy similares se preparan en la región de la sierra del mismo estado. En la Huasteca veracruzana los chiles más importantes para el adobo son el guajillo y el chile ancho o chile chino; de color rojo intenso propio de las comunidades indígenas, hecho de costillas de cerdo con marcado sabor a comino y especias. Ocasionalmente se sirve con cebollas curtidas en limón. Se encuentra fácilmente en Tantoyuca o Chicontepec, y se hace con ligeras diferencias en las huastecas de Hidalgo, San Luis Potosí y Tamaulipas. En Zacatecas la base de la salsa es chile ancho con pimienta y hierbas de olor. Dependiendo de lo picoso que se desee, puede incluir chile chipotle, cascabel, guajillo o de árbol, generalmente con espinazo o agujas de cerdo.

Conocido también como:
◇ cerdo en adobo

Conocido en algunas regiones como:
◇ adobo colorado (Campeche)
◇ adobo rojo (Campeche)
◇ puerco en adobo (Puebla)

ADOBO DE CONEJO

Guiso de carne de conejo y adobo. El adobo de conejo que se hace en las comunidades de los estados del centro del país (especialmente en Hidalgo) contiene chiles y especias, y se puede hacer de dos formas. *a)* Puede estar cocido u horneado en abundante salsa, como si fuera un adobo de cerdo o pollo. *b)* Puede estar asado a las brasas; para ello, se unta la carne con el adobo para que se marine. Otra forma de hacer el adobo de conejo es la que se acostumbra en el área de Tuxtepec, Oaxaca. El conejo o la liebre se cuece en agua con hojas de laurel, hojas de guayaba, ajo, cebolla blanca y un poco de cerveza. Cuando la carne está cocida y firme se retira del caldo y se unta con una pasta de ajo, jugo de limón y sal. El adobo se hace con chiles guajillo, ancho y jalapeño seco, pimienta negra, comino, ajo y cebolla. La carne se cocina en esta salsa espesa.

ADOBO DE PESCADO

Guiso que se hace con pescado combinado con algún adobo. Existen diversas variantes, según la región en la que los preparen. En Hidalgo, este adobo se hace generalmente de bagre: el pescado se cuece en agua, vinagre y cenizas (que facilitan la operación de quitar la piel) y la salsa se prepara con cebolla, chile morita, laurel, tomillo y mejorana. Se sirve frío o caliente con jugo de limón y col rebanada. En la costa de Oaxaca se hace el pescado adobado costeño con robalo en rebanadas y salsa de chile ancho, vinagre de piña, ajo, orégano, pimienta negra y hierbas de olor; los ingredientes se fríen en aceite de oliva. El preparado se puede conservar durante varios días y se sirve con lechuga y rebanadas de cebolla cruda. En Tampico y la costa sur de Tamaulipas, el pescado se cuece u hornea en una salsa de chile ancho, jitomate, cebolla, ajo, orégano, comino y jugo de naranja o vinagre; el pescado que más se utiliza es el huachinango. En la región de Tamiahua, Veracruz, existen preparaciones similares con el nombre de pescado enchilado.

ADOBO DE POLLO

Guiso preparado con pollo y algún adobo. Prácticamente se elabora en todos los estados del país donde también se prepara el adobo de cerdo y su preparación es la misma. En las comunidades indígenas y rurales suele hacerse este adobo por ser el pollo una carne más económica; de hecho, muchos crían sus propias aves porque la carne de cerdo puede ser escasa. En las ciudades se hace de pollo para evitar el cerdo, debido a que se considera menos saludable. En La Trinitaria, Chiapas, se prepara el pollo adobado de pasitas que incluye, además de pollo, un adobo licuado con pasitas, consomé de pollo, sal, ajo y cebolla. En Tamaulipas se prepara el adobo huasteco de pollo, el cual contiene además de pollo, un adobo de chile ancho, ajo, comino, clavo y ajonjolí. Conocido también como pollo en adobo.

ADOBO DE TEMPESQUISTLES

Adobo que consiste en tempesquistles cocidos en agua con ceniza y trozos de olote. Los tempesquistles ya cocidos se cortan en trozos y se guisan con huevo. Este guiso se termina de cocinar en una salsa de chiles anchos, serranos, jitomate, cebolla, ajo, pimienta, comino y canela. En Zongolica, Veracruz, forma parte de los 12 platillos ofrecidos a los actores que representan a los apóstoles durante la celebración de la Pasión de Cristo en Semana Santa.

→ comida de los apóstoles

AFRICANO

Panecillo dulce de masa de harina, huevo y azúcar, horneado en moldes pequeños. Son típicos de los municipios La Trinitaria y Comitán, en el estado de Chiapas.

AGA-LE ◆ flor de cocohuite

AGALLA DE ENCINO ◆ encino

AGAPOTE ◆ jinicuil

AGARROSO

Término para designar algo de sabor agrio o ácido. Generalmente es aplicado para los cítricos y algunas frutas.

AGAVE O MAGUEY

Nombre genérico para un grupo de plantas de origen mexicano, robustas, de tronco nulo o reducido, hojas arrosetadas, carnosas, fibrosas y terminadas en púa, con bordes provistos de espinas rectas o en forma de gancho. Su nombre proviene del griego y significa "ilustre, admirable o noble". Se conocen 200 especies, de las cuales más de la mitad se encuentran exclusivamente en territorio mexicano. Viven entre 5 y 70 años, dependiendo de la especie. Florecen una sola vez para reproducirse

Plantío de agaves en Jalisco

a través de la polinización por insectos, aves y animales, dando origen a otras plantas. Algunos agaves dan origen a hijuelos, plantas idénticas a las que las produjeron. Las especies que más se utilizan en la elaboración de mezcales son: *Agave americana, Agave americana. var. oaxacensis, Agave angustifolia, Agave cupreata, Agave durangensis, Agave inaequidens, Agave karwinskii, Agave lechuguilla, Agave maximiliana, Agave palmeri, Agave potatorum, Agave rhodacantha, Agave salmiana, Agave tequilana*. Con los agaves se elaboran diversos destilados alcohólicos en México llamados genéricamen-

te mezcales, aunque cada uno recibe un nombre específico y algunos cuentan ya con la denominación de origen, lo que implica exclusividad por sus características. Con ellos también se elabora aguamiel, que da origen al pulque. Además, a la planta se le da un uso integral: sus hojas sirven para elaborar material para construir techos en las comunidades indígenas y para obtener fibras; sus flores y quiote son comestibles; las pencas albergan gusanos de maguey rojos y blancos; con la epidermis de las hojas se obtiene el mixiote que se emplea en el guiso que lleva su nombre y las pencas se emplean para envolver la carne de la barbacoa. Los españoles lo llamaron *maguey* porque lo conocieron en las Antillas y de esta forma se le nombraba en esa zona. *Metl* era el nombre genérico en lengua náhuatl. Los grupos que habitaron el territorio nacional contribuyeron a su diversificación. Su linaje data de unos 8 millones de años.

Conocido en otras lenguas como:

◇ *akamba* (purépecha)
◇ *al-mal* (chontal)
◇ *cachro* (popoloca)
◇ *cuu'u* (mayo)
◇ *doba* (zapoteco)
◇ *guarú* (mazahua)
◇ *haamxö* (seri)
◇ *hepe* (zoque)
◇ *huue* (triqui)
◇ *ki* (maya)
◇ *mai* (huichol)
◇ *metl* (náhuatl)
◇ *muaíj* (cora)
◇ *natsu* (mazateco)
◇ *top* (huave)
◇ *tzaatz* (mixe)
◇ *tzihim* (huasteco)
◇ *uadá* (otomí)
◇ *xuni* (matlatzinca)
◇ *yavi* (mixteco)
◇ *yi va* (cuicateco)
◇ *yu' wa* (tlapaneco)

Las especies *Agave angustifolia* y *Agave palmeri* conocidas también como:

◇ *chelem* (maya)
◇ *doba-yey* (zapoteco)
◇ espadilla
◇ espadín
◇ *hamoc* (seri)
◇ maguey de campo
◇ maguey de flor
◇ mezcal

Las especies *Agave cupreata* y *Agave potatorum* conocidas como:

◇ maguey ancho
◇ maguey cimarrón
◇ maguey de campo
◇ maguey de mezcal
◇ maguey papalote
◇ maguey tobalá
◇ *papalometl* (del náhuatl *papalotl*, mariposa, y *metl*, maguey)

La especie *Agave maximiliana* conocida también como:

◇ maguey manso
◇ maguey tecolote

Las especies *Agave maximiliana, Agave lechuguilla, Agave inaequidens* conocidas también como:

◇ lechuguilla

La especie *Agave salmiana* conocida también como:

◇ maguey aguamielero
◇ maguey bronco
◇ maguey cimarrón
◇ maguey manso
◇ maguey verde

→ aguamiel, bacanora, lechuguilla, mezcal, pulque, tuchi

AGOTOPE ◆ jinicuil

AGRILLA ◆ lengua de vaca

AGRIOS

Reciben este nombre diferentes tipos de quelites de sabor agrio. Puede tratarse de distintos quelites, aunque se encuentren en la misma región, y de manera genérica se les llama agritos, jocoyoles o xocoyoli. En su mayoría pertenecen al género *Oxalis* y *Begonia*, entre los que se encuentran:

• *Begonia heracleifolia*

Este quelite se conoce como *xocoyol, xocoyoli* o *xocoyolin* en náhuatl, y *stalangaxcutni* en totonaco. Sus tallos verdes, que a simple vista parecen popotillos o ejotes, son altamente apreciados como verdura: se cortan en trocitos para cocerlos y añadirlos a los frijoles enchilados.

• *Begonia manicata*

Este quelite es muy similar al anterior en forma, color y sabor, aunque más alargado. Los totonacas lo reconocen como *stalangaxcutni* y los nahuas como *tecosxocoyoli*. Lo emplean en la salsa con agrios.

• *Oxalis corniculata*

Planta herbácea con hojas trifoliadas, los foliolos ovados y lobulados de 8 a 10 mm, fruto cilíndrico capsular de 12 mm y pecíolo agudo. Es una hierba blanca de tallo rojizo, ramosa y filosa, con hojas ácidas de sabor agrio. Es una maleza que florece de julio a septiembre desde el Valle de México hasta Michoacán, Durango y Chihuahua. Por su sabor se conoce también como acedera, acederilla, agritos de maceta, jocoyol, jocoyoli, socoyol, socoyoli o xocoyol. Se emplea de forma similar al xoconostle, pues su sabor es parecido. El tallo molido se agrega al mole de olla, y las hojas completas se agregan en el último hervor. En el área de Cuetzalan, Puebla, las varas se cuecen con cal o ceniza para suavizarlas y después añadirlas a los frijoles.

• *Oxalis latifolia*

Planta de color verde claro de hojas radicales digitado-trifoliadas y con largo pecíolo que, a simple vista, luce como un trébol silvestre. También se conoce como acederilla, agritos; *elel, suts'keyen, suts'keymil, yalachel, yalaelel, yalel, yahelel; scokat* (totonaco); *xocoyoli* (náhuatl); *zuttskeyem* (Yucatán). En Tuxtla y Naupan, Puebla, se come fresco y crudo como relleno de tacos de tortillas de maíz y sal, condimentados con chile piquín seco y molido o salsa picante. También se utiliza para acompañar otros alimentos como frijoles enchilados e itacates que se llevan al campo para almorzar.

→ xocoyol

AGRITOS O AGRITOS DE MACETA ◆ agrios

AGUA CHILE ◆ agua de gallo

AGUA DE AZAHAR

Infusión que originalmente era un concentrado de flores de cítricos, especialmente naranja o limón, y se utilizaba para aromatizar y saborizar preparaciones como galletas, pasteles, almíbares y rompopes. Hoy en día se vende envasada con ingredientes artificiales. De cualquier manera, la utilización del agua de azahar en la cocina ha disminuido considerablemente; de hecho, se considera más un producto cosmético que alimenticio, aunque su uso es necesario en preparaciones tradicionales como el pan de muerto y la rosca de reyes.

AGUA DE FRUTA ◆ aguas frescas

AGUA DE GALLO

Caldo que en Sonora se utiliza para curar la cruda causada por una borrachera. Se elabora con agua, ajo machacado, sal, orégano y chiles chiltepines. Conocida también como agua chile.

→ caldillo macho

AGUA DE ROSAS

Agua aromatizada con pétalos de rosas frescas o deshidratadas hervidos en agua. Aunque se puede preparar en casa, es común el uso de agua de rosa embotellada que contiene mayor cantidad de extracto de la flor. Se utiliza para aromatizar bebidas, jarabes, mieles, galletas, pasteles, gelatinas y helados. El líquido es incoloro, pero los alimentos que se preparan con esta agua suelen teñirse de color vegetal rosa. También se conoce como agua de pétalos de rosa; es común que a los preparados, como helados y salsas, que contienen este ingrediente se les añada a su nombre "de pétalos de rosa".

AGUA DE SABOR ◆ aguas frescas

AGUA DE TEQUESQUITE ASENTADA

Agua hervida con tequesquite que se deja enfriar y asentar para después colarla. Se usa para cocer nopales, maíz, frijol y otras verduras. También se usa para elaborar los tamales, ya que funciona como levadura y ayuda a que esponjen.

AGUA DEL PASTOR

Sopa fría que se prepara con agua, jugo de limón, rajas de chiles pasilla de Oaxaca, huevo cocido cortado en trozos, rajas de chile de agua y cebollas de rabo. Hay quienes gustan de sopearla con tortillas. Esta preparación suele encontrarse en Teotitlán del Valle, Oaxaca, en la zona de los Valles Centrales.

AGUACAMOLE

Aguacates rebanados, bañados con una salsa de jitomates maduros y chiles jalapeños previamente asados, pelados y molidos en vinagre; se adornan y condimentan con cebolla picada, aceite, aceitunas y orégano. Se consume en los estados del centro del país.

AGUÁCATA

Tamal de masa de maíz relleno o mezclado con frijol que se acostumbra consumir en festividades, en especial el 2 de febrero, día de la Candelaria. Esta fecha coincide con la preparación de las tierras para la siembra, por lo que la aguácata adquiere carácter ceremonial. También se acostumbra para los festejos de Semana Santa. En Nahuatzen, Michoacán, puede encontrarse como un cilindro envuelto en hoja de maíz, aunque para los indígenas de la región del lago, de donde es originario, en realidad es una corunda de frijol. El término purépecha *khurhund jauákata* se traduce como tamal de frijol, nombre que derivó en lo que ahora se conoce como corunda y aguácata. Conocida también como auákata.

AGUÁCATA DE PILONCILLO

Pan de dulce color café oscuro que se elabora en las panaderías del Distrito Federal, del cual existen dos variedades: uno de forma oval, gruesa y de apariencia pesada, adornado con una figura en forma de caracol o espiral 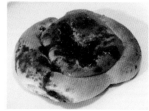 hecha de harina y azúcar, y el otro de forma redonda, consistencia maciza y esponjada; su superficie se decora con trocitos de piloncillo que quedan incrustados en el pan durante el horneado. El origen de su nombre no es claro, aunque probablemente se deba a que una de sus formas se asemeja al aguacate. En la actualidad puede resultar difícil encontrarlo.

AGUACATE (*Persea americana*)

Fruto de forma oval, redondo o periforme, muy utilizado en todo el país y del que existen muchas variedades. Su nombre deriva del náhuatl *ahuacatl*, testículo, y hace referencia a su semejanza con dicha parte del cuerpo, de donde deriva la creencia y su uso como afrodisiaco. El fruto es de pulpa color verde pálido o amarillento y textura suave. Crece en el árbol del mismo nombre, de tallo leñoso y corteza aromática, susceptible de ser atacado por unos insectos llamados toritos, que se comen en algunas comunidades rurales. Pertenece a la familia de las lauráceas. La maduración del fruto se acelera si se envuelven en papel periódico a temperatura ambiente; posteriormente se pueden conservar en el refrigerador por varios días. Una vez cortado y expuesto al ambiente, tiende a ennegrecerse debido a la oxidación, por lo cual es re-

comendable partir el aguacate justo antes de servirlo o, en su defecto, barnizarlo con unas gotas de limón. Es falsa la creencia que mantener el hueso dentro del guacamole evita su oxidación; el método más seguro es preservar los aguacates en el refrigerador. Para evitar su rápida oxidación, se deben pelar y dejar en agua con hielo durante media hora o en agua mineral gaseosa fría durante 10 minutos antes de machacarlos o cortarlos. Tiene múltiples usos en la cocina mexicana: como guacamole, servido en rebanadas para acompañar prácticamente cualquier alimento, empleado en cremas frías, ensaladas, aderezos, guarniciones, salsas, rellenos, tortas, cebiches, cocteles de mariscos, pozoles, y para acompañar carnes asadas y comerse sobre el arroz y tortillas. En algunas regiones el aguacate se parte por la mitad, se le retira el hueso y se rellena de pescado o mariscos. En Pátzcuaro, Michoacán, se prepara el aguacate relleno de jaiba. Las hojas de aguacate se utilizan como hierba aromática en tamales y en diversos guisos. Cultivado hacia el 7000 a.C., se sabe que ha existido por más de 50 mil años en las laderas volcánicas de Centroamérica y parte de lo que hoy es México. Utilizado ampliamente como alimento por las culturas prehispánicas, después de la conquista fue llevado al resto del mundo. Parte de su gran éxito se debió a que ganó reputación como afrodisiaco. El fruto está clasificado por su procedencia y características.

- Aguacate antillano
Es el más grande de todos; ovoide o periforme, de piel verde o negra, madura tempranamente. En México se denomina pagua o pahua, derivado del náhuatl *pahuatl*, fruta.

- Aguacate Atlixco
Variedad originaria de Atlixco, Puebla. Pequeño, periforme, muy ancho, de piel granulosa y color verde oscuro con manchas violetas y hueso relativamente grande. Fue introducido en 1911 a California, Estados Unidos, donde existen extensos cultivos de esta variedad.

- Aguacate Chiapas
Se cultiva en Tabasco, Campeche y Chiapas. Es grande, casi del tamaño de un melón chico, ovoide, color verde, con hueso muy grande y pulpa firme de color amarillento que al morderse produce una sensación acuosa. Existen dos variedades de aguacate en Chiapas: uno de forma oval, de cáscara lisa, gruesa y quebradiza, y otro periforme con piel lisa delgada, que se separa fácilmente de la pulpa. Ambos son similares en sabor. De venta regional.

- Aguacate criollo
Este nombre denomina a cualquier aguacate que crece de forma natural y no son híbridos ni injertos. En varias regiones del país existen aguacates criollos locales. También se llama aguacate de cáscara, y debe consumirse cuando está totalmente negro, porque de lo contrario la piel puede tener un gusto amargo. Su sabor es anisado.

- Aguacate fuerte
Híbrido obtenido en Atlixco y seleccionado en California, una de las variedades que más se cultivan en México; periforme, de tamaño mediano, color verde, cáscara granulosa y delgada, pulpa rica en grasa; su nombre se debe tal vez a que el árbol es vigoroso y resiste las temperaturas bajas.

- Aguacate guajillo
De color morado oscuro, casi negro, es el más pequeño de todos. De éste existe una variedad chica, que suele ser como de 5 cm de largo y 3 de ancho en su parte más gruesa; la otra variedad es grande y puede medir hasta 10 cm de largo y 6 cm de grueso. Su piel es muy delgada por lo que no se acostumbra pelar, suele comerse con todo y cáscara y sus huesos son más grandes que el contenido de su pulpa. Es conocido también como aguacatillo, aquacatito, aguacate de cáscara, aguacate morado, aguacate silvestre, aguacate hebrudo y maltrateño. Este último nombre se debe a que se cultiva en Maltrata, Veracruz y se vende en los mercados de la región de Córdoba y Orizaba; sin embargo, no existen grandes cultivos de él. A diferencia de otras variedades, se vende por montones y no por kilo. No es recomendable para guacamoles, ya que la pulpa tiende a ser grisácea y fibrosa y la piel puede resultar amarga. Su sabor es anisado. Es un aguacate de clima frío que se encuentra en los estados del centro del país.

- Aguacate guatemalteco
De forma globosa, ovoide y periforme, piel verde o negra, epidermis dura, granulosa, quebradiza y con pulpa fibrosa.

- Aguacate Hass
Variedad híbrida de California, donde se obtuvo por primera vez en 1935. De tamaño mediano, oval con tendencia periforme; piel rugosa, áspera, color verde brillante que al madurar se vuelve negra y es rico en grasa. Gracias a su gruesa piel puede enviarse a lugares distantes y tarda mucho en madurar, por lo que es el aguacate más comercializado. Los mayores cultivos se encuentran en la región de Uruapan, Michoacán.

- Aguacate mexicano
Es el más pequeño de todos; periforme, oval o ligeramente globoso, el color de su cáscara cambia de una variedad a otra: verde en varios matices, morada o negra. Piel delgada y lisa; su pulpa suele tener fibras. Tiene sabor anisado y en algunas variedades su piel es tan delgada que se come. De él surgen un sinnúmero de variedades de consumo estrictamente regional.

11

• **Aguacate Puebla**
Originario de Atlixco, Puebla, está considerado entre los más finos. De tamaño mediano, color morado oscuro con puntos rojizos, piel lisa muy delgada, pulpa consistente y semilla grande, su contenido graso es ligeramente alto.

• **Aguacate rincón**
Periforme, mediano, de color verde y semilla grande.

• **Aguacate Sinaloa**
Chico, de cáscara áspera y color verde, oval con tendencia periforme.

→ aceite de aguacate, chinín, polvo de aguacate

AGUACHILE

Cebiche de camarón crudo mezclado con jugo de limón, cebolla morada, pimienta, pepino, chile piquín o chile verde picado (chile serrano o chile jalapeño). Es una botana o entremés típico de las costas de Sinaloa que se acompaña con cerveza o tequila. La peculiaridad de este cebiche consiste en no dejar marinar por mucho tiempo el camarón, es decir, el limón debe añadirse al momento de servir. Es una exigencia regional que el camarón nunca haya sido congelado y sea fresco, porque la textura cambia y no es agradable. El nombre proviene de su preparación, ya que el chile verde se muele con un poco de agua, es decir, es un agua de chile con la que se marina el camarón.

AGUAJÍ ◆ abadejo

AGUAMA (*Bromelia karatas*)

Planta sin tallo, hojas en roseta de hasta dos metros de largo por 5 cm de ancho con espinas ganchudas, inflorescencia sesil y fruto fusiforme de 5 a 8 cm, de color rojo algo violáceo y sabor ácido que puede comerse con o sin cáscara. Forma parte de la familia de las bromeliáceas. En Sinaloa se preparan enmieladas en agua con piloncillo y canela. También se prepara en agua.

Conocida en algunas regiones como:
◇ aguama cazuela (Sinaloa)
◇ aguava (Guerrero, Oaxaca)
◇ bichicol (Guerrero, Oaxaca)
◇ cardo (Veracruz)
◇ chuqui (Tabasco)
◇ guapillo o guapilla (Tabasco, Veracruz)
◇ huapillo o huapilla (Veracruz)
◇ jocuistle (Jalisco)
◇ jocoitze (Jalisco)
◇ socoiztle (Sinaloa)
◇ tasuchi (San Luis Potosí)
◇ timbiriche o tumbiriche (Michoacán)

Conocida en otras lenguas como:
◇ *bóthuch* (huasteco)
◇ *ch'am* (maya)
◇ *ch'om* (maya)
◇ *guámara* (cora)
◇ *piñuela* (zoque)
◇ *tzicuitz* (zoque)

AGUAMIEL

Jugo translúcido de sabor dulce y textura melosa extraído del corazón del maguey, que al fermentarlo se convierte en pulque. El maguey puede producir aguamiel a partir de los seis años; las variedades más utilizadas en el centro del país para ello son: *Agave salmiana, Agave mapisaga, Agave macroculmis y Agave hookeri*. La planta se capa quitándole

unas pencas para poder llegar al centro o cogollo, el cual se retira para crear un agujero grande. El interior agujerado, denominado cajete, se raspa y se le agregan hierbas, paja y tepozol hasta que se pudran. Pasados unos diez días, el cajete debe adquirir un tono amarillo por dentro, entonces se le sacan las hierbas, se limpia y se raspa para que el maguey empiece a producir aguamiel; su interior se debe raspar todos los días para que la producción no baje o se detenga. A partir de los veinte días se empieza a producir el mejor aguamiel para elaborar pulque. La planta puede producir varios litros diarios durante seis meses y rendir hasta 2 500 litros, aproximadamente. El tlachiquero extrae el aguamiel con un acocote dos o tres veces al día. En la actualidad se acostumbra beber el aguamiel en todos los sitios productores de pulque. Debe tomarse en el lugar mismo donde se obtiene, ya que fermenta rápidamente, lo cual no es malo, pero cambia su sabor. Es común encontrarlo en Zacatecas, San Luis Potosí, Hidalgo, Estado de México, Puebla, Tlaxcala, Michoacán y Distrito Federal. Ocasionalmente se mezcla con otros ingredientes para hacer bebidas como el aguamiel curado o el atole de aguamiel. Desde la época prehispánica el jugo se aprovechó también como una miel, hirviéndolo y reduciéndolo hasta obtener un producto muy dulce y espeso como jarabe, conocido como miel de maguey. Con él se endulzan frutas cocidas como los dulces de tejocotes, masas para tamales dulces y el *necuatolli* —atole con miel—, hecho de maíz blanco y aguamiel. También se hacían golosinas con palomitas de maíz —semejantes a un muégano— y, con el amaranto, alegrías. Después de la conquista española fue desplazado principalmente por el piloncillo, aunque todavía se sigue utilizando, ya que se le considera muy nutritivo al grado de formar esporádicamente parte de la dieta infantil. Ocasionalmente, en tiendas especializadas se puede encontrar miel de aguamiel.

Conocido también como:
◇ clachique
◇ tlachique (del náhuatl *tlahchiqui*, raspar una cosa)

Conocida en otras lenguas como:
◇ *urapi* (purépecha)

→ tinacal

AGUAMIEL CURADO

Bebida preparada con el aguamiel natural, mezclado o curado con otros ingredientes. En Michoacán se mezcla el aguamiel con cebolla picada, chile de árbol, chile serrano, naranja y sal. En Hidalgo se hace de forma similar al de Michoacán, aunque a veces lleva chile molido. No debe confundirse esta preparación con el pulque curado.

AGUARDIENTE

Alcohol potable que resulta de un proceso de destilación que inicialmente se destinó para uso terapéutico hasta el siglo XVIII, cuando se generalizó su empleo en la gastronomía. Aunque muchas veces se trata de limitar el uso de la palabra aguardiente, es un término genérico que en el español de México se utiliza de diferentes formas. En todo caso, se trata de una bebida con alta graduación de alcohol. Originalmente se llamó aguardiente al alcohol de vino con graduación menor a 70°, y con el tiempo se popularizó el término para designar así a todos los productos destilados. El whisky, el coñac, el vodka, la ginebra y el tequila, entre otros, son denominados aguardientes ya que pueden estar hechos de caña, grano o fruta. No debe extrañar que vino, licor, trago, tequila o mezcal se ocupen de manera regional como sinónimos. Cabe aclarar que cuando sólo se dice aguardiente y no se especifica algo más, se refiere al aguardiente de caña, que se obtiene de los jugos y melados fermentados de la caña de azúcar.

Conocido también como:

◇ licor
◇ mezcal
◇ tequila
◇ trago
◇ vino

AGUARDIENTE DE CAÑA

Bebida destilada que se obtiene de los jugos y melados de la caña de azúcar, previamente fermentados. Se empezó a consumir desde principios de la Colonia entre la población negra que laboraba en las haciendas productoras de azúcar. Los negros bebían aguardiente de caña, los españoles vino y los indígenas pulque. Al igual que otros aguardientes, el de caña de azúcar estuvo controlado por España durante la Colonia; de hecho, su producción se prohibió en México, por lo que se hacía de manera clandestina. Después de la Independencia, el contrabando y consumo local continuó, especialmente en las haciendas azucareras, ya que se aprovechaba el bagazo de caña sobrante para preparar alcohol. Al progresar las técnicas azucareras también se especializó la producción de alcohol. Entre 1878 y 1893 se produjeron 14 millones de litros de aguardiente de caña; desde entonces se dedicaron plantaciones y beneficios a la producción industrial de aguardiente, hasta que se generalizó su consumo. El aguardiente de caña se bebe entre las comunidades indígenas y rurales de México, quienes a partir de él producen una rica variedad de licores regionales, que se hacen macerando frutas, hierbas y especias en el aguardiente. En Chiapas se producen varios aguardientes de caña que cambian de nombre según la región o las personas que lo preparan, como rufino o zorro, chinguirito o chinguirito, chucho con rabia, *nick*, *pox* o comiteco. En Guerrero, Morelos y Oaxaca se produce un aguardiente de jugo de caña de azúcar fermentado y destilado llamado zacualpan. En Michoacán se acostumbra la charanda. En San Luis Potosí, la sangre de conejo. En Veracruz los totonacas de la costa producen varias formas de aguardiente macerando diversos frutos, raíces y plantas a los cuales denominan compuestos.

AGUARDIENTILLO ◆ hormiguillo

AGUAS FRESCAS

Con este nombre se conoce una gran cantidad de bebidas refrescantes sin alcohol que se preparan en todo el país con la mezcla de agua con azúcar y pulpa de frutas. Por lo general se sirven frías, pero no heladas; la abundante utilización de hielo y la bebida a muy baja temperatura es más reciente, pues entre los mexicanos no se acostumbra llenar o poner muchos hielos al vaso donde se sirve la bebida. Por esta cualidad son llamadas frescas. Cabe enfatizar que el término fresca consiste en que la temperatura de la bebida esté unos cuantos grados debajo de la temperatura ambiente, por ello era costumbre poner las aguas en ollas de barro, para man-

tenerlas frescas. En Oaxaca, antes de que el hielo se produjera de manera artificial, metían las ollas de barro en cajones de tierra húmeda. Sobre la tierra se distribuían semillas de chía que después servirían como adorno para el cajón cuando la semilla se convirtiera en una planta pequeñita. Como parte de la economía familiar, las amas de casa suelen hacer agua de alguna fruta barata o muy madura. Cons-

Agua de alfalfa con limón

tituyen la bebida tradicional que acompaña la comida del mediodía en los hogares y en las fondas. Sin embargo, en los últimos años el consumo de bebidas embotelladas ha desplazado a las aguas frescas. De éstas, las que con mayor frecuencia se preparan son las de guanábana, guayaba, Jamaica, limón, mango, melón, naranja, papaya, sandía y tamarindo, y varían de acuerdo con la región y la temporada. En Guerrero se llama así a un ponche de frutas con papaya, piña, sandía, jugo de naranja y azúcar. En Chiapas se le llama frutada refrescante y suele contener guayaba, fresa, durazno y azúcar. En el Distrito Federal es muy común para la comida del mediodía encontrar en cafeterías y restaurantes un tipo de agua preparada con recortes de fruta sobrantes del desayuno; por lo regular contiene sandía, melón y papaya, aunque se pueden encontrar de muy diversos sabores como limón, Jamaica, tamarindo, etc. Los totonacas de la costa norte de Veracruz, preparan diversas aguas; mezclan la fruta con agua, la endulzan con azúcar y le añaden hielo; las elaboran de anona, capulín agrio, ciruela, jobo, chaya, huapilla, coco, coyol, tamarindo, pitahaya, guayaba, plátano martajado con vainilla tostada y molida, entre otros. Muchos de estos sabores son comunes también en otras partes de la república.

En el sureste del país las aguas frescas suelen llamarse refrescos. Así, el término aguas de frutas puede ser sinónimo de aguas frescas; en algunas regiones puede referirse a cualquier agua hecha de alguna fruta o una mezcla de varias, generalmente licuadas, martajadas, coladas o no. En Oaxaca, Casilda Flores, hija de Luisa Morales y nieta de Petrona Contreras, inició la venta de aguas frescas en el mercado Juárez. Su fama proviene del hecho de que utilizan productos regionales en óptima calidad y refrescan la bebida en ollas de barro que provienen de Atzompa. Los sabores más populares son: zapote negro, durazno en almíbar, limón rallado, chilacayota, horchata con tuna, ciruela criolla, sandía, piña, chicozapote y melón, entre otros. Por su calidad y variedad se conocen como las "Aguas de Casilda". La visita a este puesto es casi obligada por los amantes de la gastronomía que visitan Oaxaca; de hecho, han acudido a probar las famosas aguas prácticamente todos los personajes importantes que han visitado la ciudad. Pese a la gran popularidad de las aguas frescas, existen también muchas compañías que producen concentrados artificiales en polvo o líquidos para hacer aguas de forma instantánea. Conocidas también como aguas o aguas de sabor.

• El agua de alfalfa licuada con azúcar, y en ocasiones con pingüica y piña, es común en los puestos de aguas frescas.

• El agua de almendra de mamey se hace en la región mixteca de Puebla; se prepara raspando el hueso de la fruta, la cual se agrega al agua previamente endulzada.

• El agua de avena con chocolate que se prepara en Tabasco y partes de Chiapas, es tan densa como el agua de horchata. Se considera muy nutritiva.

• El agua de betabel se prepara en Tlaxcala con betabeles cocidos y licuados en agua con jugo de naranja y azúcar. También es tradicional en Guanajuato, Querétaro y Zacatecas en las festividades de la virgen de Dolores como parte de los llamados altares de Dolores; incluye trocitos de plátano Tabasco, lechuga, naranja, cacahuate y manzana. Un agua de betabel muy peculiar llamada ensalada de agua se prepara en Zacatecas; el color de la bebida se relaciona con el luto judeocristiano.

• El agua de cebada se hace con cebada remojada o en polvo, azúcar, agua y canela, y en ocasiones leche de vaca; es de consistencia similar al agua de horchata y se vende en puestos de aguas frescas o de antojitos durante el verano en Sinaloa y Nayarit. En Campeche cuecen la cebada, la cuelan y, en ocasiones, le agregan leche y la endulzan con azúcar.

• La cacahuada se prepara en Tabasco con la pulpa que cubre los granos frescos del cacao, mezclada con agua y azúcar.

• El agua de chaya se hace en Quintana Roo con hojas de chaya molidas, jugo de limón, miel de abeja o azúcar y a veces piña. Con ligeras variantes también se hace en Yucatán, Campeche, Tabasco y partes de Chiapas; además de su agradable sabor, se ha encontrado en ella la propiedad de disminuir los niveles de colesterol.

• El agua de chía se prepara de diferentes formas. Casi siempre es agua de limón con semillas de chía hidratadas que flotan en la bebida. En Chiapas, en el área de Cacahoatán y Tapachula, se hace únicamente con agua, azúcar y chía; es típica en la Semana Santa, y la chía simboliza las lágrimas de la Virgen.

• El agua de chilacayota es tradicional de Oaxaca. El chilacayote se cuece con piloncillo, canela y piña. El agua contiene trozos de frutas y las hebras centrales del chilacayote, llamadas cabellos de ángel debido a su color dorado; se necesita una cuchara para comer la fruta después de tomar el líquido. Se aromatiza con canela y cáscaras de limón verde. Es un agua muy popular que se vende en mercados y puestos callejeros. Es difícil decidir si esta agua es una bebida refrescante o un postre líquido, pues es bastante dulce.

• El agua de duraznos en almíbar es una receta de Casilda Flores, de Oaxaca. Se elabora con duraznos en almíbar, agua, azúcar y limón verde rallado.

• El agua de guanábana es agua saborizada con pulpa de guanábana y azúcar. En muchos lugares de Tierra Caliente no es raro que la bebida se presente con la pulpa entera o las semillas negras de la fruta; en ocasiones también puede contener leche. En Oaxaca la receta de Casilda Flores contiene guanábana y almendra.

• El agua de horchata, al igual que las de Jamaica, limón y tamarindo, es de las más populares en todo el país. Se puede encontrar casi en cualquier fonda, taquería o negocio de comida rápida. A diferencia de la mayoría, la de horchata no se prepara con fruta, sino con arroz (u otros granos, nueces o cereales) que se remoja en agua toda una noche para que suelte su almidón. Posteriormente se licua el agua almidonada y el arroz con azúcar y, en algunos casos, con almendras; se cuela y se le añade leche fresca o condensada y canela en polvo. Es una bebida muy refrescante y nutritiva.

• El agua de Jamaica es una bebida diurética de color rojo, muy popular en todo el país. Las flores de Jamaica se remojan y se hierven para lograr un concentrado que luego se diluye en agua. Algunos sólo la endulzan y otros le adicionan jugo de limón.

• El agua de jobo se hace tallando el jobo o ciruela para obtener la poca pulpa que contiene, ya que su hueso es muy grande. La pulpa se diluye en agua fría con azúcar. Tradicionalmente se incluyen algunas semillas en el agua. Es típica de Tantoyuca, Veracruz y, en general, de las huastecas, donde se vende en las refresquerías y paleterías.

• El agua de lima se prepara en Guanajuato con el jugo de lima, agua y azúcar, pues el fruto abunda en la región de Silao y La Purísima del Rincón. También es común encontrarla en Puerto Vallarta, Jalisco.

• Al agua de limón, en el Distrito Federal suelen agregarle semillas de chía, que se remojan en agua durante dos o tres horas para que esponjen y suelten el mucílago que vuelve viscosa la bebida, o trozos de limón y, en ocasiones, se le adiciona color vegetal para realzar el verde. En Morelos se prepara con hojas del mismo árbol, que se muelen en metate o en licuadora, se agregan al agua batiendo vigorosamente y se cuela; se acostumbra servirla en la peonada, es decir en el trabajo de tequio o comunitario que se hace en el campo. En Oaxaca se acostumbra añadiendo las ralladuras muy finas de la cáscara del limón verde que se dejan reposar en agua, se cuelan y exprimen para sacar el mayor zumo posible; la bebida se endulza con azúcar. No se utiliza el jugo de los limones y se le denomina agua de ralladuras de limón, que puede encontrarse en el puesto de aguas frescas de Casilda Flores, del mercado Juárez de la ciudad de Oaxaca. Existe otra agua de ralladura de limón, que se acostumbra en la costa de Oaxaca y que llaman agua de chipiona o chipiona. En Querétaro el agua de limón con chía se obsequia a los peregrinos que visitan los altares de Dolores.

• El agua de hojas de limón se hace en Oaxaca con las hojas molidas del árbol del limón diluidas en agua. Posteriormente el agua se cuela y se endulza.

• El agua de matalí se acostumbra en Tabasco; las hojas de matalí se machacan en agua y se agregan azúcar y jugo de limón. Se encuentra también en algunas localidades de Chiapas.

• El agua de melón es una de las más comunes en todo el país. La pulpa de la fruta se licua con agua y azúcar, se cuela y se sirve muy fría. En algunas regiones se incluyen las semillas al licuar la pulpa para dar más sabor al agua.

• El agua de nanche se hace en Nayarit con nanches maduros, machacados sin romper la semilla para obtener la pulpa, y mezclados con agua y azúcar.

• El agua de naranja es una bebida muy común en la que se diluye jugo de naranja y azúcar en agua. En ocasiones puede denominarse naranjada. También se prepara el agua de naranja agria hecha con el jugo de esta variedad; se recomienda pelar antes de exprimir, pues su sabor puede resultar amargo.

• El agua de naranja agria es típica en algunas comunidades del norte de Veracruz, Tabasco y Chiapas. También en el sureste del país se hacen aguas de toronja y lima.

• El agua de pingüica es tradicional del centro del país.

• El agua de polvillo se acostumbra en Tabasco y Chiapas.

• El agua de pozol es una bebida muy importante en los estados del sureste del país donde se encuentran muchas de sus variedades; es más conocida como pozol.

• El agua de sandía se hace con la misma técnica que cualquier otra agua. En Veracruz se prefiere machacar la sandía en lugar de licuarla y la llaman machacado de sandía; tiene la ventaja de que pueden paladearse los trozos de fruta y las semillas no se muelen ni se quiebran, como sucede con las aguas licuadas.

• El agua de tamarindo, acostumbrada en todo el país, puede ser de tamarindo crudo o cocido. El crudo tiene más sabor, pero presenta el riesgo de provocar diarrea, por lo que el cocido es el más común. En ambos casos se remoja el tamarindo en agua, se le retiran las semillas y se licua. En muchos lugares de México se venden las bolas de pulpa de la fruta con azúcar listas para diluir en agua.

• El agua de tuna está hecha de tunas licuadas, coladas, diluidas en agua y endulzadas con azúcar; ocasionalmente se le agrega jugo de limón. Se acostumbra en los estados del centro del país, en especial en el Distrito Federal y en Michoacán.

• El agua de xoconostle se acostumbra en Guanajuato pelando y retirando las semillas del fruto para licuarlo con agua y azúcar.

• El agua de zapote negro se toma en el centro del país y en áreas donde se produce el zapote negro. Se acostumbra utilizar la pulpa mezclada con jugo de naranja, azúcar y agua. En ocasiones se le añade jugo de naranja o mandarina según la temporada. Su consistencia puede ser líquida o en ocasiones muy espesa. En Oaxaca, Casilda Flores la prepara con pulpa de zapote negro, jugo de naranja, vino, jerez y canela molida.

AGUASCALIENTES

Entidad ubicada en el occidente del país. Colinda con Zacatecas al norte, este y noroeste, y con Jalisco al sur y sureste. Muchos platillos regionales los comparte con Jalisco, pues su actual territorio en el pasado formaba parte de esa entidad. Entre ellos podemos mencionar: birria, pozole, dulces de leche, menudo, puchero y barbacoa. Entre la comida popular, los antojitos, los guisos regionales y las comidas diarias se encuentran asado, carnitas, cocido de tres car-

nes, cueritos, chiles rellenos, enchiladas rojas y verdes, gorditas, yescas y tacos mineros. En algunos restaurantes de lujo de la ciudad de Aguascalientes suelen adornar algunos platillos de pollo o cerdo con uvas y hojas de parra; sin que sea una costumbre, se hace en recuerdo de los plantíos de vid que existieron en el estado en décadas pasadas. Dulces, postres y bebidas tradicionales son capirotada, charamuscas, fruta de horno, jericalla, marquesote, trompadas, atole de pinole, colonche, tesgüino y uvate.

Catedral de Aguascalientes

AGUATE

Del náhuatl *ahuatl*, espina. Se trata de una espina pequeña y puntiaguda que, como un vello, cubre algunas plantas como la caña de azúcar, la mayoría de las cactáceas y ciertos tipos de frutos, como tunas o nopales.

AGUATOPE ◆ jinicuil

AGUATOSA ◆ alache

AGUAUCLE ◆ ahuautle

AGUAVA ◆ aguama

AGUAYÓN

Corte popular de carne de res que se encuentra al inicio de la pierna, cerca del glúteo. Se emplea en diferentes formas y guisos, cortado en trozos o bisteces. Después del filete, es una de las partes más suaves.

AGUILILLA ◆ hongo codorniz

AGUJA

Costillas o chuletas delanteras de un cuadrúpedo como res, cerdo o ternera, utilizadas en múltiples guisos; una forma popular de consumirlas es asadas con frijoles, tortillas y guacamole. Las agujas al carbón son de res asadas al carbón acompañadas con papas guisadas o al horno. Se trata de un corte muy popular en los restaurantes de carnes en Nuevo León que, igual que las carnes asadas del estado, se acompañan con salsa mexicana, frijoles charros y tortillas de harina.

→ alambre

AGUTÍ

Mamífero roedor del cual se reconocen dos especies: Dasyprocta mexicana y Dasyprocta punctata. El agutí es del tamaño de una liebre, de piernas delgadas, cabeza rectangular con orejas y cola pequeñas. Mide de 45 a 52 cm y pesa aproximadamente 2 kg. Es de

color café rojizo o negro, su pelaje es uniforme en el lomo y los costados. Solitario y de hábitos diurnos, se alimenta de plantas verdes, raíces, cortezas, granos y frutas y se caza en bosques lluviosos y tropicales del sur de Veracruz, Oaxaca, Chiapas, la península de Yucatán y ocasionalmente en los bosques secos de los mismos estados. Desde la época prehispánica se utilizó como alimento y su carne se considera deliciosa. Actualmente, su caza está controlada.

Conocido también como:
◇ cereque o sereque
◇ cerete o serete
◇ cuautuza (del náhuatl *cuauhtozan*, tuza de monte)
◇ guaqueque
◇ *tsub* o *tzub*
◇ uco

→ tepezcuintle

AHOGADO

Término gastronómico que designa un alimento sumergido o cubierto con salsa para darle un último hervor o conferirle un sabor final diferente a un platillo. Algunos ejemplos son los huevos ahogados y las tortas ahogadas.

Huevos ahogados

AHUASMOLE

Sopa o caldo de habas con nopales, jitomate y chile, tradicional de Milpa Alta, Distrito Federal, zona reconocida por su alta producción de nopal. Conocido también como ahuaxmolli.

AHUAUTLE

GRAF. aguatle, aguaucle, ahuacle, ahuahutle o ahuauhtli. Así se denomina a los huevecillos, las ninfas y los adultos de varios insectos comestibles del orden de los hemípteros. Su nombre deriva del náhuatl *atl*, agua, y *huauhtli*, bledo. Los insectos depositan grandes cantidades de estos huevecillos en los juncales y las malezas lacustres de la mesa central. Las "moscas" que los producen fueron denominados genéricamente con el nombre de *axayacatl*. Caro y difícil de conseguir, se vende seco y tiene la apariencia del desecho que deja la polilla, que es color café claro. Es rico en tiamina, fósforo y potasio. Algunos pobladores destacan sus propiedades reconstituyentes. Las tortitas de camarón que se comen con romeritos, antiguamente se hacían con ahuautle, que se sustituyó por el camarón seco debido a que éste recuerda su sabor. En la actualidad se preparan en tortitas o con huazontles o calabacitas. En la época prehispánica estos huevecillos abundaban en la superficie de los lagos de lo que hoy es el Distrito Federal, de donde eran recolectados con redes o mantas finas, pues para los mexicas era un alimento importante. En la época prehispánica se secaba al sol y se comía revuelto con huevos de aves nativas. También se amasaba para formar una especie de torta llamada por extensión igualmente ahuautle. En el lago de Texcoco y las aguas de Xochimilco se comía guisado de muchas maneras, y los españoles lo llegaron a comparar con el caviar, aunque después de la Conquista fue perdiendo importancia. En las décadas de 1950 y 1960 su producción en las aguas de los lagos del Valle de México todavía era abundante; hoy en día es casi inexistente, debido a que los lagos desaparecieron y han dado cabida al crecimiento poblacional en el Distrito Federal. A pesar de esto, una pequeñísima cantidad se sigue recolectando en los canales de Xochimilco y Mixquic,

así como en Chimalhuacán, Chalco, lago de Texcoco, Chiconcuac, Zumpango y Atenco, en el Estado de México. Conocido también como caviar mexicano.

→ mosco de agua

AHUEVADO ◆ hongo tecomate

AHUILOTE ◆ uvalama

AHUMADO

Adjetivo que se añade al nombre de los ingredientes o productos que han sido sometidos a la técnica de ahumar. En cada región el ahumado varía, así como el tipo de alimento y los productos que se utilizan para ahumar y saborizar. En términos generales, los alimentos se colocan sobre una especie de red a una altura lo suficientemente alta para poder encender el fuego y el ingrediente logre ahumarse a través del contacto del humo sin llegar a quemarse. Estas prácticas pueden hacerse al aire libre o en un lugar cerrado. Algunos productos ahumados son chiles como el chipotle y el pasilla oaxaqueño, carne de res conocida como carne ahumada, algunos pescados y el cerdo. Los totonacas de la región de la costa veracruzana utilizan la leña de guacima; en el área de Los Tuxtlas, en el mismo estado, se utiliza la leña de guayabo para ahumar la llamada carne de chango. Pueden ser ahumados también una serie de utensilios para distintas actividades, como las jícaras que se utilizan para beber en Tabasco.

AHUMAR

Técnica que consiste en exponer alimentos durante cierto tiempo al humo de una hoguera para eliminar la mayor cantidad posible de agua. Este proceso tiene como objetivo alargar la vida útil del alimento y cambiar su sabor. La técnica de ahumar en México es muy utilizada, sobre todo por los grupos indígenas del país que la han practicado desde tiempos ancestrales para conservar y saborizar los alimentos.

AIUCA ◆ hongo tuza

AJASH ◆ ojite

AJENJO ◆ hierba maestra

AJIACO

Guiso de ajo, carne y vísceras del que existen diferentes versiones. Su nombre proviene de la voz de origen antillano que da nombre a este guiso; aunque según la versión tabasqueña, el nombre proviene del hecho de que contiene abundante ajo para contrarrestar el olor desagradable de las vísceras. No se sabe con certeza el origen del ajiaco que conocemos en la actualidad; algunos piensan que es cubano, ya que el ajiaco habanero (plato nacional de Cuba) es uno de los guisos más antiguos de que se tiene registro en América, aunque es un derivado del ajiaco que hacían los españoles en la isla. De cualquier manera, los ajiacos cubanos antiguos y contemporáneos son muy diferentes de los mexicanos, que son casi siempre guisos de vísceras. En Guerrero, algunas recetas familiares describen el ajiaco de pollo o de otra ave preparada con ajo, longaniza, aceituna, chiles en vinagre, pasas, hierbas de olor, pimienta gorda y jitomate; la carne

Ajiaco de camarón

se dora en manteca de cerdo y luego se cuece con todos los ingredientes. En Michoacán se hace con diferentes partes del cerdo: asadura, hígado, corazón y pescuezo, cocidos con sal, hierbas de olor, cebolla, jitomate, ajo y huevo. En Tabasco es similar a un menudo: panza de res guisada con ajo, jitomate, achiote, pimienta de Tabasco, orégano y garbanzos. En el preparado también se incluyen plátano macho maduro, calabaza de Castilla, yuca, camote, y en ocasiones chaya; esta versión es la que más se asemeja a los ajiacos antiguos. En Yucatán, es un guiso caldoso con lomo o pierna de cerdo o camarones, cebolla, jitomate, chile dulce, ajo asado, chile xcatik asado entero, azafrán, jugo de lima, una mezcla de vinagre, canela, clavo, y recado de bistec, además de verduras en trozos, como calabaza, chayote, zanahoria, plátano macho maduro y papas.

AJILLO, AL

Combinación de ajos picados y tiras de chile guajillo fritas en aceite que se utiliza como mojo de ajo. En los restaurantes del centro del país son comunes los camarones, pescados, pollo o cerdo al ajillo. Los alimentos se fríen o cocinan en el aceite donde previamente se frieron el ajo y el chile, los cuales se sirven como adorno sobre el alimento.

AJO (*Allium sativum*)

Planta de la familia de las aliáceas, según la clasificación de Dahlgren, Clifford & Yeo, 1985, con flores pequeñas y blancas cuyo bulbo se emplea en la cocina. Al bulbo entero se le conoce comúnmente como cabeza de ajo y a cada una de sus partes o bulbillos como dientes de ajo. Esta planta fue traída a México por los españoles y en la actualidad es uno de los ingredientes más utilizados en la cocina mexicana. Las diferentes variedades de ajo se utilizan frescas, enteras o picadas para aromatizar y dar sabor a todo tipo de guisos. Su utilización es muy vasta: se incluye en arroces, salsas, guisos de cerdo, pollo, gallina, res, conejo, pato, pescados y mariscos; también forma parte de adobos, moles y pipianes. Existen muchas preparaciones a base de ajo, como ajiaco, mojo de ajo, ajillo y ajocomino. En los mercados populares se pueden encontrar ajos de diferentes colores y tamaños que se venden por cabeza, en montoncitos, en bolsitas de plástico o por kilo. Los que venden los campesinos en los mercados populares por lo general tienen las hojas trenzadas y conservan sus raíces.

• El ajo blanco es el más común y se considera de alta calidad. La cabeza mide en promedio 5 cm de diámetro; se le puede encontrar más grande pero suele ser un poco insípido comparado con el de tamaño normal.

• El ajo macho está íntimamente ligado a la superstición y a las creencias del pueblo mexicano, por considerarse que tiene atributos útiles en la magia o hechicería. No se acostumbra comerlo en casa, pero en los restaurantes de alto consumo suele emplearse en lugar del ajo blanco o morado, ya que es más fácil de pelar y picar. Su cabeza consta de un solo diente de gran tamaño que fácilmente rebasa los 3 cm de diámetro.

• El ajo morado alcanza diferentes tonalidades de rosa a morado. Generalmente tiene el mismo tamaño que el ajo blanco, aunque existe también una variedad muy pequeña, de dientes muy jugosos y con mucho sabor. Se dice que el ajo morado tiene más sabor que el blanco; sin embargo, en los mercados populares al morado se le considera de inferior calidad.

AJOCOMINO

Platillo que incluye cantidades considerables de ajo y cominos. La salsa es parecida a un adobo de chile ancho, chile morita o chile pasilla. La preparación puede incluir vinagre, migajón de pan, cebolla, orégano y clavo. Esta preparación es común en varios estados del país, en cada uno con variantes locales. Un ejemplo es Hidalgo, donde se prepara una salsa tersa de ajo, comino, chiles ancho y pasilla, que se acompaña con carnes de aves, principalmente gallina, huilota o chachalaca.

AJOJOTE ◆ rejalgar

AJOLOTE

Ajolote es el nombre genérico que se da a los anfibios del género *Ambystoma* que alcanzan su madurez sexual en estado larvario. Comúnmente sólo se conoce como ajolote al *Ambystoma mexicanum*, ya que éste es el espécimen que mayor difusión ha tenido. Sin embargo, ajolote es cualquiera de las cinco especies arriba mencionadas, o algún espécimen de *Ambystoma* que se encuentre en fase larvaria. Incluso con este nombre se puede encontrar en ciertas localidades algún tipo

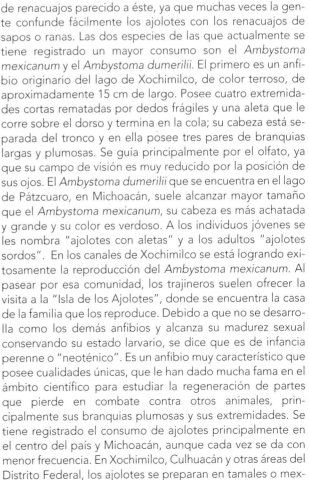

de renacuajos parecido a éste, ya que muchas veces la gente confunde fácilmente los ajolotes con los renacuajos de sapos o ranas. Las dos especies de las que actualmente se tiene registrado un mayor consumo son el *Ambystoma mexicanum* y el *Ambystoma dumerilii*. El primero es un anfibio originario del lago de Xochimilco, de color terroso, de aproximadamente 15 cm de largo. Posee cuatro extremidades cortas rematadas por dedos frágiles y una aleta que le corre sobre el dorso y termina en la cola; su cabeza está separada del tronco y en ella posee tres pares de branquias largas y plumosas. Se guía principalmente por el olfato, ya que su campo de visión es muy reducido por la posición de sus ojos. El *Ambystoma dumerilii* que se encuentra en el lago de Pátzcuaro, en Michoacán, suele alcanzar mayor tamaño que el *Ambystoma mexicanum*, su cabeza es más achatada y grande y su color es verdoso. A los individuos jóvenes se les nombra "ajolotes con aletas" y a los adultos "ajolotes sordos". En los canales de Xochimilco se está logrando exitosamente la reproducción del *Ambystoma mexicanum*. Al pasear por esa comunidad, los trajineros suelen ofrecer la visita a la "Isla de los Ajolotes", donde se encuentra la casa de la familia que los reproduce. Debido a que no se desarrolla como los demás anfibios y alcanza su madurez sexual conservando su estado larvario, se dice que es de infancia perenne o "neoténico". Es un anfibio muy característico que posee cualidades únicas, que le han dado mucha fama en el ámbito científico para estudiar la regeneración de partes que pierde en combate contra otros animales, principalmente sus branquias plumosas y sus extremidades. Se tiene registrado el consumo de ajolotes principalmente en el centro del país y Michoacán, aunque cada vez se da con menor frecuencia. En Xochimilco, Culhuacán y otras áreas del Distrito Federal, los ajolotes se preparan en tamales o mex-

Ajolote. *Códice Florentino, libro XI, fo. 68 r.*

tlapiques, es decir, varias capas de hojas de totomoxtle o maíz que envuelven a los ajolotes, y que se cuecen sobre un comal dándole vueltas periódicamente hasta quemar la hoja exterior del envoltorio. Es común que este mextlapique de ajolotes se prepare también con nopales precocidos, tomate, chile verde, epazote y cebolla. Cuando era más abundante la pesca, en las mayordomías de Xochimilco se hacían mextlapiques que podían incluir ajolotes, ranas, carpas y acociles. Una variante de mextlapique incluye ajolotes, jitomate, cebolla, cilantro y chile pasilla. Esta preparación se realiza igualmente en el Estado de México. En Xochimilco también se preparan en michmole, el cual se hace con tomate, chile verde y cebolla asados; posteriormente se muelen con epazote cilantro y agua, y una vez cocido, se agrega el ajolote para que se cueza durante algunos minutos. La preparación puede incluir también pescado, ranas y acociles. También se preparan en una salsa molcajeteada con chile serrano, jitomate de milpa y cilantro; a medida que se van integrando los ajolotes se retiran los huesos o cartílagos grandes. En Michoacán se prepara la especie *Ambystoma dumerilii* de diversas maneras; la más común es en caldo, que incluye varios ingredientes dependiendo de la región como zanahoria, col, papa, cilantro, chayote, jitomate, calabaza, flor de calabaza, cebolla y ajo; el caldo puede ser blanco y aromatizado con cilantro, o rojo hecho con chile guajillo, acompañado con corundas. También se prepara asado al comal con limón y servido con salsa de molcajete. Una preparación más es en torreznos, que se hacen con los ajolotes cocidos con piel, desmenuzados y mezclados con harina y huevo. Se fríen en tortitas o "torreznos" y se sirven con un caldillo espeso hecho con jitomate, chile pasilla y chile ancho con una guarnición de jitomate, zanahoria, calabaza, chícharos y chayote. En Hidalgo se desfleman en agua con cal y después en agua con jugo de limón para prepararlos en un caldillo de jitomate, chile jalapeño, cebolla y perejil. También se pueden utilizar para cocinarlos envueltos en pencas de maguey. En Jilotepec se acostumbran los ajolotes en mole de pasilla, la salsa contiene chiles pasilla y guajillo, cebollas cambray, jitomate, ajo, pimienta gorda, chinicuiles o gusanos de maguey, todos molidos y fritos; el guiso incluye trocitos de nopales, epazote y hojas de quelites. Envueltos en hojas de ximbó se acostumbran preparar fritos y guisados en salsa de ciruela agria y chiles serranos. En Morelos se preparan de diversas formas. Una de ellas es en caldillo de jitomate con chile serrano y ajo. Otra más es en mextlapiques: los ajolotes se bañan con una salsa de ciruela agria y chiles serranos molidos en molcajete con ajo y epazote; se envuelven en hojas de totomoxtle y se cuecen sobre el comal. Tanto en Tlaxcala como en Michoacán se hace un caldo sencillo de ajolotes cocidos en agua con epazote y chiles serranos picados. Generalmente se consumen sin piel y sin vísceras (aunque hay excepciones). Para

retirar la piel existen dos procesos: el primero, acostumbrado en el Distrito Federal y zonas aledañas, es echar a las cenizas del carbón o al rescoldo los ajolotes vivos; el segundo, acostumbrado en Michoacán, es hacer un pequeño corte por debajo de la cabeza y tirar de la piel hacia la cola, y así aprovechar esta última para preparar infusiones o jarabes, ya que se dice que poseen propiedades medicinales. Otras veces no se retira la piel y sólo son lavados con agua con cal. Posteriormente se retiran las vísceras. En general se recomienda hervir o cocinar por poco tiempo a los ajolotes, ya que su carne es tan delicada que se desbarata. Pese a todas sus cualidades, su alta cantidad de proteínas y su glorioso pasado cultural, es visto con desprecio por la gran mayoría de los mexicanos actuales. Antes de la conquista, los mexicas lo comían y consideraban su carne de sabor exquisito. Fray Bernardino de Sahagún registra en su *Historia general de las cosas de Nueva España* un guiso llamado *axolotl chilcuzyo*, que significa ajolotes con chile amarillo. Su consumo continuó durante varios siglos. Clavijero cuenta que en el siglo XVIII los indios lo vendían mucho en los tianguis. En el *Nuevo cocinero mexicano* de 1888 se encuentran varias recetas como ajolotes fritos y guisados en chile verde y en clemole, lo que muestra la importancia que todavía tenía en esas fechas. En la última mitad del siglo XX la tradición de cocinar ajolote se fue perdiendo; de hecho, es muy difícil conseguir ajolotes para su consumo, pues debido a la importante reducción de su hábitat y a la contaminación de las aguas, este anfibio se encuentra en peligro de extinción. Sin embargo, la continuidad cultural en las formas de prepararlo perdura, ya que en la actualidad la mayoría de los guisos registrados incluyen casi exclusivamente ingredientes y técnicas de origen prehispánico; ahí radica su importancia como elemento cultural y alimenticio. Sin embargo, es más buscado por las supuestas propiedades medicinales que posee. Su nombre deriva del náhuatl *atl*, agua, y *xolotl*, monstruo o perro. En la mitología mexica, el dios Xólotl era el hermano gemelo de Quetzalcóatl y, según el mito del Quinto Sol, Xólotl se transformó repetidas ocasiones (una de ellas en axólotl) para evadir a la muerte. Así, al ajolote se le relacionaba con Quetzalcóatl, tanto por el mito del Quinto Sol como por su apariencia de "serpiente emplumada". Otras especies de ajolote son *Ambystoma andersoni*, *Ambystoma taylori* y *Ambystoma tigrinum*.

Conocido también como:
◇ achoque o achoqui (*Ambystoma dumerilii*)
◇ achoque de agua (*Ambystoma dumerilii*)
◇ ajolote de la laguna (*Ambystoma dumerilii*)
◇ axolote (*Ambystoma mexicanum*)
◇ axoque o axoqui (*Ambystoma dumerilii*)
◇ juguete de agua (*Ambystoma mexicanum*)

Conocido en algunas lenguas como:
◇ achojki (*purépecha, Ambystoma dumerilii*)
◇ axolotl (*náhuatl, Ambystoma mexicanum*)

AJONJOLÍ (*Sesamum indicum*)

Semilla pequeña de color pajizo de la familia de las pedaliáceas. Es un ingrediente que se produce fácilmente y en abundancia, importante en guisos como mole poblano, mole negro, encacahuatados y pipianes. En las huastecas y en varias regiones del estado de Veracruz, se hace el famoso pascal y las enchiladas de ajonjolí. Es también adorno

de diversos panes como cocoles. Generalmente el ajonjolí se vende crudo y debe tostarse, de lo contrario provoca malestar estomacal. En la región de Totonacapan, Veracruz, se preparan varios platillos, como malvarón con ajonjolí, chayotes con ajonjolí, frijoles con ajonjolí y ejotes con ajonjolí, entre otros. Esta planta fue traída a América por los esclavos africanos, quienes le llamaban semilla de *benne*.

AJONJOLITORIA
Dulce elaborado con semillas de ajonjolí y, generalmente, miel de piloncillo. Es común que se le añada otras semillas como pepitas de calabaza.

→ pepitoria

AJOPUERROS
Planta de la familia de las liliáceas, muy parecida a la cebolla, con flores violáceas. Sus bulbos se comen en ensalada y en Comitán, Chiapas, se guisan con frijoles o revueltos con huevo en tortilla.

AKGALUKUT ◆ flor de izote

AKÚMARA ◆ acúmara

AKÚSHIRRA
Nombre que recibe una planta similar a la alfalfa que se cuece en pequeños trocitos para formar parte del preparado huichol *hakútsixa*.

AL-A-JU ◆ chipil

ALABATO ◆ lenguado

ALACATE
Instrumento que utiliza el tlachiquero para raspar el maguey y obtener el aguamiel que dará lugar al pulque. Su nombre deriva probablemente del náhuatl *atl*, agua, y *acatl*, caña.

→ acocote

ALACENA
Mueble o armario instalado generalmente sobre la pared donde se almacenan o guardan las provisiones de la cocina como cereales, comidas enlatadas y productos secos.

ALACHE (*Anoda cristata*)
GRAF. halache. Quelite velloso, de hojas subtriangulares y flores moradas que crece como maleza en los cultivos de las regiones cálidas y semicálidas de todo el país. De la familia de las malváceas, de esta planta se aprovechan los tallos tiernos, hojas y flores. Se prepara de forma similar a todos los quelites. Se vende en manojos en los mercados del centro del país durante la época de lluvia, de mayo a septiembre. En la zona de la Mixteca poblana se acostumbran en caldo junto con calabacitas y ejotes tiernos. En Morelos se cuecen en agua con tequesquite, junto con calabacitas y/o habas verdes; una vez cocidos se baten hasta desbaratarse y se añaden cebolla, ajo y chile serrano picados; se acostumbra servirlo en la mesa con un poco de jugo de limón.

Conocido también como:
◇ aguatosa
◇ halache
◇ violeta del campo

ALAMAR
Pan de dulce que se acostumbra en el centro del país, en forma de moño sencillo, de consistencia crujiente y decorado con granos gruesos de azúcar. El nombre deriva del árabe *al-amar*, que significa lazo trenzado. En el siglo pasado este panecillo se acostumbraba mucho en la merienda, pero hoy es casi desconocido, aunque en Tláhuac, Xochimilco y Milpa Alta, en el Distrito Federal, aún se le puede encontrar decorado con azúcar roja para el día de Muertos. También existen alamares decorados con piedritas de azúcar blanca.

ALAMBIQUE
Aparato de metal que sirve para destilar. Con él se separan diversas sustancias haciéndolas volátiles para luego enfriarlas y volverlas nuevamente líquidas. Cuenta con una caldera para calentar, un serpentín y una desembocadura externa donde cae nuevamente el líquido, en este caso, alcoholes destilados como los mezcales.

ALAMBRE
Trozos de carnes, mariscos o verduras ensartados en una aguja y asados, ocasionalmente envueltos en tocino. En algunos casos los alimentos se marinan y en otros se cocinan al natural. Se le llama también brocheta o aguja; alambre por herencia árabe, brocheta por influencia francesa, y aguja por la similitud que tiene con una aguja de costura. Aunque no es una regla, generalmente la brocheta y la aguja no sobrepasan los 30 cm, mientras que el alambre tiende a ser más largo. En las costas predominan los alambres de camarón y otros mariscos con vegetales; cuando se combinan con carne se les denomina "mar y tierra". En el norte del país se hace un alambre de cabrito llamado alambre norteño. En algunos estados del sur predomina la carne de res, aunque existen también los de pollo y cerdo. Las verduras más utilizadas son cebolla, pimiento morrón, champiñones y calabacitas. Actualmente en muchas taquerías y restaurantes se ofrecen alambres en los que sólo se presentan al comensal los ingredientes preparados sin la brocheta metálica. Son muy solicitados los tacos de alambre que suelen llevar carne, tocino, pimiento morrón y cebolla, además de queso derretido. En Nuevo León se acostumbran mucho en los restaurantes de carnes y en las parrilladas que se hacen al aire libre; casi siempre son cubos de carne de res ensartados alternadamente con cuadros de pimiento morrón y trozos de cebolla y tocino, que se salpimentan y se asan al carbón.

ALBACORA (*Thunnus alalunga*)

Nombre genérico aplicado a varios pescados que se conocen comúnmente como atún. De dorso oscuro metálico, vientre y costados plateados, posee escamas pequeñas; por lo general mide un metro y pesa 34 kg. Durante su infancia se alimenta de crustáceos pequeños y cuando es adulto come peces, calamares y crustáceos de mayor tamaño. Su carne es grasosa, firme y se considera de gran calidad. De todos los tipos de peces a los que se les denomina atún, la albacora o atún blanco es el más importante por su carne blanca. Se desplaza a gran velocidad y se encuentra entre 30 y 200 metros de profundidad en todo el Pacífico, desde Baja California hasta Chiapas y las Islas Revillagigedo; el estado de Colima es un importante productor. La mejor temporada para su captura es de junio a noviembre, ya que durante el verano nadan cerca de la superficie. Se vende principalmente enlatado.

Conocido también como:
◇ atún de aletas largas
◇ fabil

→ barrilete

ALBÓNDIGA

Bola de carne molida o desmenuzada de res, pollo, cerdo, pescado o mariscos, mezclada con huevo, pan, especias y otros ingredientes. Miden 5 cm de diámetro, aproximadamente. Por lo general se cuecen en caldillo de jitomate y se acompañan con arroz, frijoles, chayote o papas en trozos. Se trata de una comida principal del mediodía que se sirve cualquier día de la semana en las casas, fondas y cantinas. De este platillo se ha creado un sinnúmero de preparaciones en diferentes salsas, aunque cuando se mencionan se sobrentiende que son albóndigas de res en salsa de jitomate o tomate y chile chipotle. A veces se hacen albóndigas de cerdo, sobre todo en el centro del país donde existe la tendencia de mezclarlas con carne de res en cantidades iguales; en el sureste se mezclan varias carnes, aunque se prefiere hacerlas de res. Se puede mezclar la carne con arroz o rellenar la albóndiga con huevo duro. En cualquiera de las preparaciones mencio-nadas es muy usual la salsa roja hecha con jitomate; el color de la salsa cambia dependiendo del chile

Albóndigas de cerdo

que se utilice. En ocasiones menos frecuentes se hacen en salsa verde. La palabra viene del árabe *al-bunduqa*, que significa nuez o bolita. En México se conocen las albóndigas por los españoles, y ellos a su vez las conocieron por los árabes. En Baja California Sur se hacen de atún, cabrilla o marlín, que es muy apreciado; además pueden tener arroz cocido, orégano, papa en trozos y zanahoria. En Chiapas se preparan mezclando carne de res y cerdo molidas con arroz cocido, huevo, harina, sal, cebolla, ajo, jitomate y hierbabuena; el caldo se hace con huesos de res al que se le agregan verduras como chayote, papa, zanahoria, cueza y elote. En Coahuila y Nuevo León se acostumbran especialmente para la Semana Santa; en esos estados se trata de un preparado muy similar a las tortitas de camarón del centro del país que se sirven con el revoltijo.

Éstas se sirven en un caldillo de frijoles bayos previamente condimentado con rabos de cebolla, cilantro, especias y jitomate. En Arechuyvo y Uniachic, Chihuahua, se hacen albóndigas con carne molida de venado mezclada con pimienta, sal, comino, huevo y masa de maíz; a veces incluyen papa en trozos y cilantro. Se sirven en caldillo de jitomate. En Durango y Sonora la carne de res se mezcla con huevo, harina, arroz y hierbabuena; el caldillo está condimentado a veces con chile, cilantro y almendras. En el Estado de México, a las albóndigas de res a veces se les incorpora chicharrón de cerdo finamente molido, huevo, cilantro, ajo y cebolla. En el centro del país las albóndigas en chipotle o enchipotladas es la receta más típica de albóndigas que se encuentra en hogares, fondas y en la sección de comidas preparadas para llevar, en los supermercados. Se trata de albóndigas de carne de res o cerdo en salsa de jitomate con chile chipotle. En Nayarit se hacen también las albóndigas de camarón, uno de los platillos más representativos de la isla de Mexcaltitán. El camarón se mezcla

Albóndigas de chicharrón

con huevo y se cuece en un guiso similar al taxtihuili y se sirven en plato hondo como sopa. Existen variaciones en el estado, ya que pueden ser camarones molidos mezclados con huevo, en forma de bola, fritos en aceite e integrados a una salsa de chile guajillo, ajo, comino, cebolla, cilantro y caldo de camarón. En Ejutla, Oaxaca, la carne de res se mezcla con comino, clavo, pimienta gorda, pimienta negra, ajo, menta o hierbabuena, huevo y pan molido. Se rellenan con huevo duro. La salsa se hace con chile guajillo y chile pasilla oaxaqueño, ajo y miltomates. En otras regiones predominan la salsa de chile pasilla oaxaqueño. En Sinaloa, por lo regular la albóndiga se hace con camarón crudo molido junto con ajo, semillas de cilantro, huevo, cilantro picado y a veces masa de maíz; se cuece en un caldillo ligero de jitomate, cebolla y chiles verdes picados; casi siempre incluye zanahoria, papa y/o ejotes. El guiso es comida principal del mediodía en las poblaciones costeras y se sirve en restaurantes como especialidad acompañado de cilantro picado y orégano. En Sonora, los yaquis del sur preparan albóndigas de liebre y de res, y las cuecen juntas. Acostumbran prepararlas con arroz. En Tamaulipas y el norte de Veracruz las albóndigas de camarón se preparan con camarones molidos o picados, guisadas en caldillo de jitomate con verduras en trozos como papa o chayote. También se acostumbran en las costas del Pacífico, en especial en Mazatlán, Topolobampo y áreas circunvecinas de Sinaloa; el camarón se pica finamente y se mezcla con cebolla, yema de huevo, harina, orégano y tomate picado; el caldillo lleva rajas de chile poblano. Las albóndigas de pescado se comen principalmente en el norte de Veracruz y Tamaulipas; son bolitas de pescado desmenuzado con pan, ajo, cebolla, perejil, huevo y leche.

Albóndigas de camarón

También se cuecen en caldillo de jitomate. Los pescados más usados son peto, dorado, carpa, robalo y sierra. En Yucatán existen al menos dos versiones de albóndigas. Las primeras son las albóndigas comunes o albóndigas rojas de carne de cerdo molida, mezcladas con recado colorado y rellenas con huevo; su salsa contiene jitomate, cebolla y chile dulce, y se acompañan con arroz blanco o frijoles colados. Las segundas, llamadas albóndigas negras o albóndigas en chiltomate, son de carne de cerdo molida mezclada con recado negro y recado colorado, rellenas de huevo; su salsa es un chilmole hecho con jitomate, cebolla y recado negro, y se acompañan con arroz blanco, jugo de limón y tortillas de maíz. En Zacatecas las albóndigas de garbanzo se hacen con pasta de garbanzos cocidos y molidos con comino, ajo, cebolla, jitomate, azafrán y huevo. Las bolitas se fríen y se comen solas o en caldillo. Son tradicionales como parte de las comidas diarias y en cuaresma.

ALBONDIGÓN

Carne molida extendida y enrollada en forma cilíndrica con algún relleno en su interior. Se llama albondigón por su semejanza con una gran albóndiga. Existen textos del siglo XIX que describen varias recetas según las cuales se envuelve el albondigón en papel con manteca de cerdo para freírlo en cazuela. En la cocina tradicional actual estas técnicas parecen haber desaparecido, pues en libros contemporáneos existen recetas de albondigones con otro sistema de cocción. Existen diversas recetas regionales con varios nombres. En Campeche la carne de res se extiende sobre tela u hojas de plátano, se enrolla con un relleno de huevo cocido, alcaparras, aceitunas y pasitas, se cuece al vapor y se sirve en rebanadas acompañado con una mezcla de jitomate y rajas de chile poblano o chile dulce encima de la carne. En Chihuahua es una mezcla de chorizo con carne de res molida, carne de pollo y aceitunas, envuelta en un paño y cocida en agua con vinagre, laurel, tomillo, mejorana y orégano. Se sirve rebanado con salsa y frijoles. En el área de Chilapa, Guerrero, se hace un albondigón de carne de res y cerdo relleno con huevo cocido rebanado, tocino, papas, zanahorias, pasas, almendras y chile jalapeño, que se envuelve en tela de manta de cielo, se cuece en agua y se sirve rebanado con caldillo de jitomate. En San Luis Potosí se hace de carne de res molida enrollada, a veces se rellena con rajas de chile poblano, y se sirve en caldillo de jitomate. En Tabasco se hace de carne de res y se rellena con pasitas, alcaparras, aceitunas y huevo cocido. Se envuelve en un trapo, se cuece en agua y se sirve frío o caliente en rebanadas, solo o con salsa de jitomate. Se acompaña principalmente con arroz blanco. En Yucatán se hace de manera similar al tabasqueño, con ciertas variantes; en ocasiones incluye hojas de chaya. En Campeche y Yucatán estas preparaciones se llaman brazos, porque el albondigón tiene la forma y el tamaño de un brazo.

Conocido en algunas regiones como:

◇ brazo de carne (Campeche)

◇ brazo de gitana o brazo de gitano (Yucatán)

◇ brazo de reina (Campeche)

◇ carne en brazo (Campeche)

◇ niño envuelto (Tabasco)

ALCACHOFA (*Cynara scolymus*)

Planta cultivada de raíz gruesa, hojas anchas y espinosas, tallo de hasta 1 metro de altura y flores en cabecillas grandes comestibles. Forma parte de la familia de las asteráceas. Existe un platillo llamado alcachofas de la hacienda que al pare-

cer es de las pocas recetas de cocina mexicana mestiza que se registra. En general las alcachofas casi no son utilizadas en la cocina tradicional de México, sin embargo, se ven con mucha frecuencia en los mercados tradicionales porque se utilizan para otros tipos de comida como la española, la italiana o la francesa.

ALCACHOFA CIMARRONA ◆ chapulquelite

ALCACHOFAS DE LA HACIENDA

Alcachofas cocidas, aderezadas con una mezcla de huevo duro picado, cebolla, mayonesa, mostaza, vinagre, aceite de oliva, perejil, sal y pimienta. Es una receta del siglo XIX, y ya desde aquella época era platillo típico de Guanajuato. Se servía con frecuencia en la mesa del conde de la Valenciana, quien fuera propietario de la mayor mina de plata de México.

ALCAHUETE

Utensilio de madera en forma de abrecartas que sirve para mezclar el tradicional chocolate-atole de Oaxaca. El comensal mezcla la espuma del cacao que se pone encima del chocolate; el alcahuete entra y sale en forma diagonal para integrar la espuma con el líquido mientras se bebe; éste hace la función de una cuchara pues hay quienes con él se llevan la espuma de la bebida a la boca y después beben el atole. El alcahuete original tiene el puño o agarradera labrado con diferentes figuras, especialmente animales; no está pintado, es de color madera natural y, sobre todo, no tiene punta o forma de cuchillo. En la ciudad de Oaxaca los turistas los compran como abrecartas; los artesanos se dieron cuenta de eso y ahora fabrican muchos más abrecartas que alcahuetes; de hecho los alcahuetes sin pintar y sin punta ya son difíciles de encontrar, por lo que curiosamente se vende más como artesanía que como utensilio de cocina.

ALCAPARRA (*Capparis spinosa*)

Flor en botón del alcaparro; su tamaño es aproximado al de un grano de maíz, de color verde oscuro. Es de la familia de las caparidáceas. Originaria del Mediterráneo y Asia occidental, se encurte o se aliña de forma similar a las aceitunas, pero adquiere un sabor ácido debido a la presencia del ácido cáprico. En nuestra cocina se utiliza con frecuencia en guisos como picadillos, rellenos, bacalao a la vizcaína, preparaciones a la veracruzana, cuetes mechados y, por supuesto, alcaparrados.

ALCAPARRADO

Guiso de carne de cerdo y pollo preparado en una salsa de miltomate, alcaparras, orégano, clavo, pimienta, canela, cebolla, ajo, azúcar y sal. El guiso incluye pasas y aceitunas. Se suele servir con chiles güeros en vinagre, y es una forma tradicional de consumirlo en Oaxaca. En Campeche, el pollo alcaparrado, un guiso muy antiguo, se cocina en una salsa de jitomate con cebolla, ajo, pimiento dulce, vinagre, clavo, pimienta de Castilla molida, chile xcatic entero, orégano, comino, canela, semillas de cilantro, aceitunas, pasitas y alcaparras. Tradicionalmente se vende el recado de alcaparrado para preparar carne de venado, pollo, cerdo o res. En Yucatán se hace de forma muy similar y se acompaña de arroz blanco y/o puré de papa. En Tabasco es un platillo festivo tradicional preparado con pollo, gallina o, con menos frecuencia, pescado (de preferencia robalo). Las carnes se cuecen en una salsa de su mismo caldo con alcaparras, almendras, perejil, ajo, cebolla y pan. Se acostumbra principalmente en bautizos, cumpleaños y Semana Santa. Por tratarse de un guiso muy antiguo, es difícil encontrarlo en la actualidad.

ALCARRAZA

Tinaja de cuello alto de arcilla porosa, vidriada por dentro, que antiguamente era muy común en Chiapas para curtir jocotes. Esta vasija tiene la característica de absorber algo del líquido que contiene y, al mismo tiempo, refrescar o enfriar los alimentos que se encuentran dentro. Una vez retirados los frutos se conserva en ésta el aguardiente saborizado que deja la fruta, denominado mistela. En los últimos años las alcarrazas se han sustituido por vitroleros de vidrio o botes de plástico.

ALCATRAZ BLANCO (*Pelecanus erythrorhynchos*)

Nombre con el que se conocía al pelícano blanco que antiguamente se comía en las regiones lacustres del estado de Michoacán.

ALCATRAZ DE CANELA

Pan de dulce aplanado al que se le da forma de alcatraz; es de color café oscuro y tiene dos manchones amarillentos de pasta del pan llamado tapado; se espolvorea con azúcar horneada.

ALCOHOL MARRANILLA ◆ marranilla

ALDILLA ◆ falda

ALEGRÍA

Dulce de amaranto tostado, mezclado con miel de abeja, de azúcar o de piloncillo, y en ocasiones con nueces, pasas y cacahuates. La mezcla caliente se vacía en moldes, se presiona y se coloca en bastidores para dejarla secar; una vez fría se desmolda y se corta en diversas formas que pueden ser ruedas, cuadros o rectángulos y se envuelve en papel celofán transparente para su venta. Es considerado el dulce más antiguo de México. En la época prehispánica, cuando no se conocía el azúcar de caña, se empleaba para su elaboración miel  de maguey o miel de la hormiga mielera. Este dulce tuvo un alto sentido religioso, utilizado en ceremonias y rituales en forma de galletas o panecillos. Con la mezcla también se formaban grandes esculturas de los dioses Huitzilopochtli y Chicomecóatl, que se mezclaban con sangre o miel de aguamiel. Estas figuras les parecieron horrorizantes y demoniacas a los españoles, quienes prohibieron su cultivo, pues vieron en ellas una manera de comunión que se oponía a la religión católica. En fechas posteriores a la Conquista, en el siglo XVI, fray Martín de Valencia tuvo la idea de mezclar la miel de abeja con las semillas de amaranto. Así se volvió a comer este dulce al que se llamó alegría, por el sentimiento que provocó a los antiguos habitantes de México comerlo nuevamente. Muy popular en el Distrito Federal y estados circunvecinos; los matlatzincas del Estado de México las hacen aún de forma artesanal y se dice que ellos hacen las mejores. En náhuatl el dulce se llamaba *tzoalli* o *tzoualli*, palabra que se españolizó como *suale*. Estos son nombres olvidados por la pérdida de la lengua náhuatl, la prohibición del cultivo del amaranto y el paso del tiempo.

ALELUYA

Dulce antiguo de origen conventual, también llamado aleluya del señor. En los conventos del siglo XIX preparaban este dulce con almendras molidas, de varias formas similares a un mazapán. Las monjas hacían este dulce especialmente para regalarlo en la Pascua de Resurrección o el Sábado de Gloria. En la actualidad, este dulce se sigue elaborando en los conventos para su venta, pero ya no son tan comunes como antaño. Tiene su origen en España, donde es un dulce de leche en forma de tortita con la palabra aleluya realzada encima.

ALFAFOR

Preparación dulce de maíz cocido en agua con cal, secado al sol, tostado y molido en metate; al cual se le añade panela y hoja de pimienta molidas. Se extienden, se cortan y se revuelcan en más polvo de panela y hojas de pimienta. Es típico entre los nahuas del norte de Veracruz.

ALFAJOR

Dulce antiguo de origen mozárabe, arraigado en México a partir del siglo XVIII, del cual existen muchas variaciones. Los alfajores que hoy en día se preparan, no guardan una relación estrecha con los que se hicieron hace varios siglos bajo la influencia española. En la actualidad el término es un poco vago porque puede referirse a un postre de platón similar a un ante, a un dulce, a una golosina o a una cocada. En las costas del Pacífico del país suele ser un dulce de coco, llamado alfajor de coco. En cada región se prepara de formas diferentes.

• En Colima el nombre se aplica a una masa o pasta dulce de fruta con bizcocho, huevo y almendras, similar a un ante. El alfajor de maíz es una mezcla de harina de maíz que contiene pimienta, piloncillo y agua; en otras versiones se incluye pimienta negra y ajonjolí. La cocada de alfajor o alfajor de coco consiste en rebanadas de picones o bizcochos rociadas con  aguardiente o algún licor y cubiertas con pasta de dulce de coco preparada con yemas de huevo; se hacen varias capas acomodadas en un molde y se decoran con almendras y pasitas. También puede ser una pasta de dulce de coco con azúcar, canela, agua y yemas de huevo, de color natural o pintada, enmoldada y forrada con obleas.

• En las costas de Guerrero el alfajor es básicamente un dulce de coco rallado y cocido en una miel de azúcar; este dulce suele dejarse de color natural o pintarse por un costado de rosa mexicano, por lo que se puede encontrar blanco, rosa o bicolor. Es común cortarlo en cuadros o rectángulos y cubrirle un lado con oblea.

• En Michoacán el alfajor de coco se prepara con coco rallado, leche y azúcar.

• En Puebla hay diferentes dulces bajo este nombre, todos con características similares, pues en ese estado existe una gran herencia dulcera de la época conventual. Son pastas firmes cortadas en rombos o triángulos. Uno de los tantos alfajores antiguos que existen está compuesto de leche, azúcar, canela y almendras molidas; su sabor y consistencia recuerdan el dulce de leche. Otro está compuesto de almíbar de azúcar, canela, clavo, almendras molidas, bizcocho en polvo, piñones y nueces; su masa se forja con obleas.

• En Yucatán es un dulce horneado romboidal hecho con la masa del pan de manteca mezclada con pinole colorado, miel de abeja y agua. Conocido también como cocada.

→ cocada

ALFALFA (*Medicago sativa*)

Planta herbácea de la familia de las leguminosas que mide entre 40 y 60 cm, tiene hojas verdes trifoliadas y ovadas y flores amarillas. De bajo costo, se vende por manojos; en su gran mayoría se destina para alimento de animales como conejos o burros, por lo que no existe un verdadero aprecio de ella para consumo humano, con la excepción de los puestos de aguas frescas del Distrito Federal, donde se puede observar con mucha frecuencia la famosa agua de alfalfa que, a gusto del consumidor, puede llevar entre otros ingredientes piña, pingüica, guayaba, limón y azúcar.

ALFARERÍA

Arte de fabricar vasijas de arcilla, arena, yeso o diferentes barros. Los objetos se hornean a altas temperaturas con o sin barniz. Sin piezas de alfarería como cazuelas y ollas, la cocina antigua nunca hubiera progresado. En la actualidad, las ollas de barro están siendo sustituidas por las metálicas; no obstante, se siguen utilizando ampliamente en las comunidades indígenas y rurales porque imprimen un sabor especial a los alimentos. Éstas no se deben utilizar cuando presenten fracturas, raspaduras, barniz desgastado, pedazos rotos o despostillados. Tampoco se deben usar cucharas metálicas porque raspan el barniz. Siempre deben curarse las ollas y cazuelas para que no salgan los líquidos de los alimentos y no quede sabor de barro; de no ser así, el plomo que éste contiene se puede transmitir a los alimentos.

ALFEÑIQUE

Dulces coloridos de azúcar caramelizada que en muchas regiones del país se elaboran de forma artesanal. La receta original es arábigo-andaluza, que se prepara con almendras. Sin embargo, en la actualidad el término se refiere a dulces hechos de pasta de azúcar, a la que se le da diversos colores y formas. Las recetas del siglo XIX señalan que estos dulces eran una pasta de azúcar cocida y estirada en barras delgadas y retorcidas como las trompadas, charamuscas o melcochas de ahora. En Guanajuato hay dos variedades de alfeñiques: alfeñique suave y alfeñique duro, elaborados con agua y clara de huevo, respectivamente. Ambas clases se moldean en forma de esqueletos y calaveras para festejar el día de Muertos y el de Todos los Santos; también se hacen en forma de frutas, vegetales, platillos tradicionales como mole o enchiladas, utensilios de cocina, angelitos, cochinitos y toda clase de animales. En todos los casos se trata de dulces pequeños o miniaturas que generalmente se venden en las calles. En Salamanca, durante la celebración del día de Muertos se elaboran calaveras, esqueletos y otras figuras relacionadas con la muerte, además de frutos y animales, con una pasta de camote seco, clara de huevo, azúcar y jugo de limón, aglutinados con los bulbos secos de la flor de las ánimas. En otros estados del centro del país se realizan tra-

bajos similares. En Toluca, Estado de México, los últimos días del mes de octubre se lleva a cabo una feria del alfeñique en los famosos portales de la ciudad, donde existen muchas dulcerías que expenden gran cantidad de dulces de alfeñique con forma de calaveras, ataúdes, etc. En Campeche se hacen flores o figuritas de agua, azúcar, clara de huevo y jugo de limón, a las que puede agregarse alguna esencia y colorante al gusto. En Oaxaca, los panes de yema que hacen la función de pan de muerto llevan una decoración de figuritas de azúcar amasadas con aceite de almendras, que por lo general son rostros masculinos y femeninos, que hacen de imagen del alma del difunto que es ofrendado. En Querétaro el dulce se hace con azúcar pulverizada, jugo de limón, chautle (tipo de bulbo de orquídea), y colores vegetales. Primero el chautle se lava, se rebana y se pone a secar, se muele para obtener una harina, se mezcla con los demás ingredientes, y se envuelve en hojas de calabaza o chilacayote para que no se reseque y se pueda trabajar cuando esté suave, después se hacen las figuras. La receta y la técnica son originarias de Guanajuato. En Yucatán es un dulce seco de clara de huevo, aceite de almendras dulces y azúcar, que se encuentra en diferentes formas, como borreguitos, palomitas o muñecos. Es una tradición antigua del estado ya casi desaparecida en la actualidad. En Todos Santos, Baja California Sur, el alfeñique es diferente a los del resto del país; para su elaboración se hierve el jugo de caña formando piloncillo hasta que alcanza la temperatura deseada, luego se estira y trabaja como una melcocha. Cuando se pone de color gris blanquecino, se corta en pedacitos que se enrollan y se dejan enfriar para que terminen de endurecerse. Estos dulces tienen forma de caracol marino y miden aproximadamente 5 cm de largo.

ALGA ESPIRULINA (*Spirulina maxima*)

Alga microscópica unicelular de color verde azul. Se desarrolla en abundancia en medios altamente salinos. En la época prehispánica se le conoció como *tecuitlatl* y *tecuitate*. La primera acepción deriva de *tetl*, piedra, y *cuitlatl*, excremento o suciedad, es decir, "excremento de piedra". Desde tiempos antiguos se ha producido y consumido en los alrededores del lago de Texcoco. Los mexicas la recogían con redes finas, la apelmazaban y formaban unas especies de tortas. Su sabor es algo salado. Los españoles la bautizaron con el nombre de queso de tierra o pan de *tecuitlatl*. Actualmente se han desarrollado cultivos en los que se ha demostrado la facilidad de adaptación y crecimiento que tiene. Conocida también como espirulina o spirulina.

ALGARROBA ♦ mezquite

ALGAS

Organismos acuáticos, generalmente de color verde, aunque a veces tienen otros colores que las camuflan. Del latín *alga*. Son vegetales clorofílicos sin raíces ni vasos, que viven en el agua salada o dulce, o en ambientes húmedos. Su uso gastronómico en México data de la época prehispánica, cuando se comía el alga espirulina, el amoxtle o el cuculito del agua, algas que fueron muy aprovechadas como alimento. Actualmente su uso en la cocina es poco frecuente.

ALGODÓN DE AZÚCAR

Dulce típico del centro del país, de variados colores; aunque el más común es de color rosa mexicano, el verde agua, el morado y el azul son otros colores vegetales con los que se tiñe el azúcar que, ligeramente calentada, hace que se formen hilos, que a su vez forman dulces en forma de pequeños algodones, delicia de niños y adultos. Si bien no es un dulce mexicano, es común verlo al lado de palomitas, manzanas caramelizadas y otros dulces más que forman parte de la dulcería tradicional de ferias y tradiciones mexicanas.

ALGODONCILLO ◆ jinicuil

ALIÑAR

1. Sazonar ciertos alimentos con ingredientes que los complementen, los mejoren o les den un sabor agradable; también se utiliza como sinónimo de encurtir o marinar.
2. Cortar en pedazos un animal y limpiarlo, en algunas zonas del sureste del país. Aliñar un pollo o alguna otra ave significa quitarle las últimas plumas, cortarlo en piezas, retirarle las vísceras y limpiarlo. También se aliñan las tortugas y otros animales.

ALMEJA

Molusco bivalvo abundante en ambas costas del país. Miden entre 6 y 10 cm de longitud. Sus conchas son blancas, de color beige o café oscuro; según la variedad y el lugar donde crezcan adquieren diferentes tamaños y características. Se clasifican por su concha dura o suave.

Conocida en otras lenguas como:

◇ *atzcalti* (náhuatl)
◇ *box* (maya)
◇ *jor* (huave)
◇ *tapachtli* (náhuatl)
◇ *xixim* (maya)

Las variedades más comunes en México son las siguientes:

• Almeja catarina (*Hinnites multirugosus*)
Se encuentra desde Punta Abreojos, Baja California Sur, hasta isla Reina Carlota, Columbia Británica, Canadá. Los ejemplares miden 12 cm en promedio y alcanzan hasta 25 cm de diámetro; se capturan por buceo desprendiéndolos de las rocas con barreta o espátula, en los meses de abril a noviembre.

• Almeja chirla (*Chamelea gallina*)
Tiene concha gruesa de color crema con tintes grises azulados. Su interior es blanco y su carne blanca y suave. Mide entre 5 y 7 cm, aproximadamente; es de bajo costo y la más común en los supermercados del Distrito Federal. Se consume cocida, en arroz, cocteles, sopas y varios guisos.

• Almeja chocolata (*Megapitaria aurantiaca*)
También conocida como almeja de Zihuatanejo o roja de Zihuatanejo, es una variedad de almeja de entre 10 y 15 cm de ancho. De concha lisa y plana, color café anaranjado; interior blanco, con charnela naranja, vino y púrpura; su cuerpo está pegado a la concha. Se encuentra todo el año en arenas gruesas o lodos arenosos cercanos a las costas. Habita desde el Golfo de California hasta el litoral de Chiapas. Son muy co-

nocidas las que se venden en Zihuatanejo. Principalmente se vende fresca con o sin concha, aunque un alto porcentaje se destina para enlatarse. Una de las formas más tradicionales de comerlas es a la orilla del mar, donde las abren frente al comensal, les retiran la parte negra y café y les ponen jugo de limón, chile y sal. También se hacen en almejada. La gran mayoría de estas almejas se consumen así y casi no se envían a ninguna parte del país.

• Almeja gallito (*Rangia cuneata*)
Pequeña y de concha blanquecina con cubierta café verdosa. El interior de la concha es blanco brillante y lustroso, y el cuerpo blando es ligeramente amarillo. Generalmente mide 5 cm y llega a pesar entre 20 y 40 gramos; se encuentra en fondos arenosos, principalmente en las desembocaduras de los mares, aunque también hay de agua dulce y son muy apreciadas. Se recolectan principalmente en el norte del Golfo de México. Se venden frescas con o sin concha para comerlas crudas acompañadas con chile, sal y limón, pero también se utilizan para enlatarlas o ahumarlas. Se incluyen en diversas sopas y cremas. Es necesario lavarlas con escobetilla al chorro de agua antes de cocerlas.

• Almeja pismo (*Tivela stultorum*)
De concha color café pálido o chocolate, con líneas verticales muy oscuras. Existen también otras que tienen tres líneas color pajizo pálido hacia los márgenes de la concha. Estas líneas desaparecen al crecer, por lo que fácilmente pueden distinguirse las almejas adultas de las jóvenes. El interior de la concha es blanco. Miden en promedio 12 cm y pesan entre 350 y 500 gramos con todo y concha. Se encuentran todo el año en la península de Baja California, en especial cuando baja la marea, en el fondo de playas abiertas, rocosas y arenosas expuestas al oleaje. La captura de esta almeja está controlada por el artículo 49 de la Ley Federal para el Fomento de la Pesca en México. Se venden frescas, enlatadas, ahumadas o sólo su pulpa. Su callo es duro, blanco o color rosa. Para su cocción se hierven en agua con cebolla hasta que abran. Se utilizan en cocteles, cebiches, sopas, cremas o para cocerlas al vapor. Son muy apreciadas en los estados ubicados en el Pacífico norte y el Mar de Cortés. En Ensenada es famoso el coctel de almeja que se vende en carretas de mariscos por las calles de la ciudad. También se acostumbra comerla cruda en su concha con jugo de limón y salsa picante.

• Almeja rayada (*Chione californiensis*)
Variedad de almeja muy poco aprovechada, distribuida desde la parte central de California, EU, hasta Panamá; puede llegar a medir hasta 8 cm. El color de su concha es café amarillento.

• Almeja roñosa (*Chione undatella*)
También llamada lodera de concha blanca con manchas, se encuentra en zonas muy turbias, de donde deriva su nombre; en Baja California se consume mucho.

• Almeja voladora (*Pecten diegensis*)
De concha con contorno rectangular con proyecciones laterales, la valva superior es convexa de color amarillo; puede medir hasta 12 cm. Su producción se enlata.

ALMEJA ASADA

Almejas grandes servidas en su concha con salsa mexicana y queso holandés o amarillo, envueltas en papel aluminio y asadas al carbón o a la parrilla. En la mesa se acompañan con jugo de limón. En distintos restaurantes de mariscos esta misma preparación puede estar hecha únicamente con la salsa o queso.

ALMEJADA

Preparación festiva de almeja chocolata, famosa en comunidades pesqueras de Loreto y otras partes de Baja California Sur, donde también se conoce como almejas tatemadas. Se escoge un lugar en la playa, se acomodan las almejas en la arena y se cubren totalmente con piedras pequeñas. Las piedras se tapan con ramas y pedazos de arbustos que se queman hasta que las ramas se vuelvan cenizas; entonces se retiran cuidadosamente las cenizas y las piedras y se recogen las almejas cocidas y con las conchas abiertas. En algunas ocasiones el guiso es ligeramente más complejo: las almejas se condimentan con orégano y comino. En ambos casos pueden acompañarse con salsa de chile embotellada, cilantro, limón, sal y tortillas.

ALMEJAS EN ESCABECHE

Almejas cocidas y preparadas en un escabeche de vinagre, aceite de oliva, laurel, orégano, pimienta, chiles güeros, zanahoria y calabacita. Se acostumbra en Baja California Sur.

ALMEJAS EN SU CONCHA

Almejas grandes recién capturadas servidas limpias y abiertas en su concha. El comensal pone jugo de limón y salsa picante de frasco a su gusto. Es un platillo muy arraigado en los estados del Pacífico norte. En Baja California es común consumir la almeja pismo, en Baja California Sur la almeja reina, y en Guerrero la almeja chocolata. Todas se comen como botana, entremés o antojito y en ocasiones pueden servir para el desayuno.

ALMENDRA (*Amygdalus communis*)

Fruta seca que alberga la semilla del fruto del almendro, similar a un durazno. Es de la familia de las rosáceas. Originaria de Asia Central, fue introducida a México durante la Colonia y desde entonces se utiliza principalmente en postres de influencia española, como antes, arequipas, besitos, cubiletes, pastas, alfajores, huevos reales, jamoncillos, mazapanes, flanes, natillas y pasteles. También se emplea en picadillos, claveteados y salsas, como el famoso almendrado, y en bebidas como el chocolate y la horchata; en Jalisco se manufactura el tequila almendrado. Cuando la salsa de mole se hace con una cantidad muy generosa de almendras, se le llama almendrado. También se acostumbran en México dulces como pastas, pasteles, alfajores, turrones y merengues con un alto contenido de almendras. En Comitán, Chiapas, se preparan las manzanitas de almendra.
→ almendra tropical

ALMENDRA DE GUAJE ◆ guaje

ALMENDRA DE MAMEY ◆ pixtle

ALMENDRA TROPICAL (*Terminalia catappa*)

Fruto tropical de la familia de las combretáceas, en forma de drupa que cuando madura es de color rojo oscuro; la semilla alberga una almendra amarga que no se aprovecha como fruta seca, aunque el fruto se consume como fruta fresca, y se usa en preparaciones dulces. Originario del sureste de Asia, el árbol de esta almendra crece en los terrenos de las casas particulares, en banquetas y arriates de las avenidas en las ciudades de los estados del sur y el Golfo de México, donde llaman al fruto simplemente almendra.

ALMENDRADO

Guiso hecho con almendras o que incluye una gran cantidad de éstas. Los guisos almendrados están preferentemente hechos con carne de aves, y por lo general la salsa tiene una textura similar al pipián, con abundantes almendras molidas, chiles, jitomate y especias que varían de acuerdo con la región. Antaño fueron comunes la lengua de res, huilotas, chichiculotas y pichones almendrados. Los almendrados son comunes en los estados de Puebla, Oaxaca, Coahuila y el centro del país. Generalmente se sirven en fiestas, bautizos, bodas, quince años o cumpleaños, como sustitutos del mole. El almendrado oaxaqueño es un platillo de pollo guisado en salsa de chile ancho con almendras, jitomate, ajo, cebolla, pimienta negra, clavo, canela y bolillo. Todos los ingredientes de la salsa se muelen y quedan con consistencia de mole. Se suele adornar con almendras y aceitunas y acompañarse con arroz blanco. Para muchos el almendrado es también un mole.
→ siete moles oaxaqueños

ALMÍBAR

Concentrado de azúcar en agua, que se hace en frío o en caliente, y se utiliza en la elaboración de confituras, helados, pastelería y conservas. En la cocina clásica europea existen varios tipos de almíbares densos y ligeros, algunos de frutos o flores y otros aromatizados con especias. Algunos libros de gastronomía sustituyen la palabra almíbar por miel o

Flores de izote en almíbar

jarabe. Estos últimos son muy similares a los almíbares; se dice que un jarabe se prepara con frutas rojas, mientras que almíbar es el término general destinado a la mezcla reducida de agua, azúcar y alguna especia para cocer frutas en ella. En México el almíbar básico está hecho de azúcar o piloncillo, agua y canela. Según sea el caso se pueden añadir semillas de anís, clavos, pimienta gorda, ralladuras de naranja u hojas de higo, que lo perfuman de forma muy especial. Las frutas en almíbar más comunes en México son los duraznos, higos, guayabas y mangos. En Yucatán el término genérico de dulces en almíbar puede designar prácticamente a cualquier fruta cocida en agua con piloncillo, canela y a veces hojas de higo para aromatizar. Son dulces caseros en los que se ocupan frutas regionales como calabaza de Castilla, ciricote, ciruela, coyol, grosella, guanábana, higo, limón, marañón, naranja, nanche, papaya, piña o icaco. Todos ellos tienen la característica de servirse con bastante almíbar en el que fueron cocidos.

ALMIDÓN DE MAÍZ ◆ fécula de maíz

ALMORADUZ ◆ mejorana

ALMUD

Palabra que proviene del árabe *al-mudd*. Unidad de medida antigua que consiste en un cuadro de madera cuya capacidad es generalmente de 5 litros; se llena con granos de frijol, arroz y habas, entre otros. Esto sirve en los mercados regionales para tener una medida para el precio de los granos y no tener una báscula; la cuarta parte de un almud es el cuartillo, por si el comprador desea adquirir menor cantidad. En diferentes regiones del país toma distintas medidas. En Coahuila es de 4 litros; en Chiapas hay de 7 y hasta de 20 litros; en Guerrero entre 12 y 20 litros; en Hidalgo usualmente es de 20 litros; en Jalisco de 4 litros; en Michoacán de 8 litros; en Nuevo León, 8 litros; en Oaxaca los hay desde 3 hasta 16 litros; en San Luis Potosí de entre 5 y 10 litros; en Sonora 10 litros; en Veracruz entre 7 y 20 litros, y en Yucatán entre 3 y 5 litros. El almud cobra vital importancia en los mercados populares, sobre todo entre los indígenas, donde aún sigue siendo la medida oficial.

ALMUERZO

Del árabe *al* y el latín *morsus*, que significa mordisco. Antiguamente esta palabra se utilizaba para decir desayuno, por lo que en muchos lugares del país desayuno y almuerzo se usan como sinónimos. En sentido más estricto, el término almuerzo designa un desayuno muy sustancioso que se hace avanzada la mañana, entre las 10 y las 12 del día, y que obliga a omitir la comida del mediodía; también cuando se hace un desayuno muy temprano (entre las 5 y 8 de la

mañana), que consiste en café o atole y pan o algo muy sencillo, obliga a la persona hacer un almuerzo antes de la comida del mediodía, que a su vez se hace pasadas las dos de la tarde.

ALTARES DE DOLORES

Altares dedicados a la virgen de Dolores elaborados con lienzos de tela o papel picado en tonos morados y varios elementos vegetales. Se acostumbran en los estados del centro del país durante la Semana Santa, especialmente en Guanajuato, Zacatecas, Querétaro y San Luis Potosí. Muchos colocan estos altares en sus patios, salas y portones para que sus vecinos los visiten; es costumbre regalar agua fresca a los visitantes en esos días tan calurosos. Son famosas entre ellas las de chía, horchata y betabel; de esta última existen muchas variedades y es quizá la más importante porque el color del agua representa el luto de la virgen.

ALTARES DE MUERTOS

Altares que se elaboran durante las festividades del día de Muertos en muchas regiones del país. En México existe una tradición muy arraigada que está íntimamente ligada a creencias y tradiciones sobre la muerte, resultado del encuentro de las religiones del México prehispánico y el catolicismo

de España. Existe la creencia en que el 1 y 2 de noviembre los muertos regresan del más allá para convivir con los vivos. Los familiares preparan los platillos que gustaban a sus parientes muertos y los colocan en los altares. La puesta de la ofrenda consiste en hacer un altar, que puede ser tan sencillo como una mesa, o

hasta complicados retablos, donde se colocan platones llenos de toda clase de alimentos, frutas y bebidas regionales. A cierta hora del día (dependiendo de la región), toda la comida se pone en el altar y no se puede tocar hasta el día siguiente o hasta la hora en que la familia crea que las almas ya han comido. Además de la comida, la ofrenda se adorna con flores, papel picado, veladoras, imágenes de santos, retratos y objetos personales de los difuntos. Para ahuyentar a los malos espíritus se pinta a veces una cruz blanca con cal o se esconde un machete debajo de las ofrendas. Predominan los alimentos de color amarillo como naranjas, tejocotes o mandarinas, ya que se tiene la creencia de que, por su color intenso, guían a las almas en su camino de regreso al hogar. El agua y la sal son para purificar las almas y la comida para calmarles el hambre y complacerlos. Los guisos que aparecen en casi todas las regiones son los tamales, el pan de muerto, los moles y los dulces de calabaza. En Oaxaca se colocan imágenes religiosas, velas, copal, flores, agua, pan, fruta, bebidas y alimentos como tejocotes en miel, barritas de chocolate, pan de muerto, nicuatole, mole, tamales, quesillos, chocolate y marquesotes. En Yucatán y estados vecinos se llama *hanal pixan*. Son muy famosos los altares que se hacen en Michoacán, Oaxaca, Estado de México y en la Huasteca.

ALTURA

Término que se utiliza para designar el café que se produce en plantaciones que están a muchos metros sobre el nivel del mar, es decir, en las montañas y en climas templados. La altitud provoca que los cafés desarrolle buen aroma, acidez y cuerpo. Son famosos los cafés de altura de Coatepec, Orizaba, Huatusco y Zongolica en Veracruz, y el pluma de Oaxaca, considerados como los mejores que se producen en el país. En muy pocos lugares del mundo se logra encontrar climas idóneos para la plantación del café por arriba del nivel del mar; en México todo el café de altura crece en la sombra, por lo que se considera de mayor calidad y es muy apreciado en los mercados internacionales.

ALUBIA (*Phaseolus vulgaris*)

Frijol de tonos claros, color champaña o totalmente blanco. Existen la alubia grande, la alubia chica y la carita. Se utiliza de forma similar al frijol. Se conoce también como frijol blanco.

ALVERJÓN

GRAF. alberjón. Chícharo maduro y seco de color marfil o amarillo. En las comunidades de Tulyehualco y Xochimilco, en el Distrito Federal, se cuece igual que el frijol y se acostumbra en sopas, en pasta y para relleno de tlacoyos y tamales. En Puebla se utiliza como sustituto del frijol amarillo para hacer tlatlapas. En Hidalgo se cocina con nopalitos. En Tlaxcala se hace la empedrada y una sopa de alverjones que se prepara igual que el caldo de habas. En Veracruz, en el área de Altotonga, se guisa en salsa de chile seco durante la vigilia; suele comerse con pescado frito o algún otro preparado. En Oaxaca se utiliza para un platillo tradicional el día de vigilia, llamado caldillo de nopales. También se tuesta, muele y se hace polvo para hacer sopas. Otro uso es para elaborar tortillas

Conocido también como:
◇ alverja o alverjita
◇ arveja, arvejo o arvejón

AMAMASHTLATL O AMAMASTLA ◆ lengua de vaca

AMANTECADO ◆ mantecado

AMAPA ◆ hormiguillo

AMARANTO (*Amaranthus spp.*)

Planta herbácea de la familia de las amarantáceas, también llamada alegría. Tiene hojas largas comestibles que son genéricamente llamadas quelites. La parte más importante de la planta son las semillas, que forman en la punta de la planta una espiga o ramillete conocido como moco de pavo por su semejanza con la formación dérmica del mismo color de  la cabeza de los guajolotes. Cada moco produce unas 50 mil semillas, que se ponen a secar. Alcanza 1.5 metros de altura. Por sus propiedades, la planta fue designada con el nombre científico de *Amaranthus*, que viene del griego *arnárantos*, inmarcesible, es decir, que no se puede marchitar. Existen muchas variedades de amaranto que producen flores de colores verde, rosa, rojo o púrpura; sin embargo, la semilla es pálida en todos los casos, excepto en una variedad roja utilizada en Comalcatepec, Oaxaca, a la que llaman quiltonil. Entre las variedades más conocidas encontramos al *Amaranthus blitoides*, *Amaranthus caudatus*, *Amaranthus hybridus*, *Amaranthus hypochondriacus*, *Amaranthus leucocarpus*, *Amaranthus palmeri* y *Amaranthus spinosus*. En la actualidad el amaranto se sigue consumiendo en México de forma muy similar a como se hacía en la época prehispánica: en atoles, en harina para la chapata michoacana y en alegrías. De la planta de amaranto también se consumen las hojas tiernas como quelites, las cuales son conocidas como quintoniles. La flor púrpura es utilizada para adornar las ofrendas de día de Muertos. Para los yaquis es una planta muy apreciada por su variados usos alimenticios. La especie *Amaranthus cruentus* tiene una antigüedad de 6 500 años y sus semillas fueron halladas en grietas de la cueva de Coxcatlán, en Tehuacán, Puebla. Las muestras arqueobotánicas del *Amaranthus hypochondriacus*, otra variedad de amaranto, son de 500 años antes del descubrimiento de América. Es muy probable que especies de estas plantas originarias de América se cultivaran en una zona mucho más extensa que abarcó desde los actuales estados de Arizona y Nuevo México hasta Perú, región en la que prospera el género *Amaranthus caudatus*. Desde tiempos prehispánicos las hojas tiernas y las semillas se han utilizado como alimento. Para los mexicas fue tan importante como el frijol y el maíz; además de lo que producían en el valle de México, el emperador azteca Moctezuma recibía anualmente unas cuatro mil toneladas como tributo de otros pueblos. Ellos creían que comer el amaranto, que llamaban *tzoalli*, les daba una fuerza sobrenatural. En cultos muy importantes, como las ceremonias del dios Huitzilopochtli, mezclaban las semillas con miel oscura de maguey (que algunos investigadores suponen que era sangre) para lograr una pasta que también llamaban *tzoalli*, con la que se hacían figu-

Amaranto. Códice Florentino, libro XI, fo. 133 v.

ras a semejanza de sus dioses. Los españoles lo consideraron abominable, pues daban por hecho una forma de comunión. Como parte de la estrategia de Hernán Cortés para anular la cultura religiosa mexica, se prohibió el cultivo del amaranto bajo pena de muerte.

Conocido también como:

◇ alegría
◇ bledo
◇ epazote de mula (*Amaranthus spinosus*)
◇ flor de seda (*Amaranthus caudatus*)
◇ guaute (*Amaranthus leucocarpus*)
◇ huacle
◇ huaquilitl (*Amaranthus leucocarpus*)
◇ huate
◇ huaute o huautli (*Amaranthus leucocarpus*)
◇ huauhtli o huautle
◇ huee´e (*Amaranthus blitoides*)
◇ moco de pavo (*Amaranthus caudatus*)
◇ quelite blanco (*Amaranthus hybridus*, *Amaranthus hypochondriacus*, *Amaranthus spinosus*)
◇ quelite de agua (*Amaranthus blitoides*)
◇ quelite de cochino (*Amaranthus hybridus*)
◇ quiltonil (*Amaranthus hypochondriacus*)
◇ quintonil (*Amaranthus hypochondriacus*, *Amaranthus hybridus*)
◇ uauhquilitl (náhuatl)
◇ uautli

Las especies *Amaranthus hybridus* y *Amaranthus hypochondriacus* son conocidas en otras lenguas como:

◇ ca'ca (totonaco)
◇ cani (otomí)
◇ chacua (purépecha)
◇ saua-sacaca (totonaco)
◇ saua-shasoco (totonaco)
◇ shacua (purépecha)
◇ tsaua (totonaco)

AMARGO

Bebida a base de alcohol, en el que se maceran hierbas como malva, hinojo, manrubio y azahar; se hace en Donato Guerra, Estado de México, como remedio estomacal. En el área de Chilpancingo, Guerrero, se hace de mezcal, en el que se maceran ramas de damiana, hinojo, hueso de aguacate, cáscaras de naranja agria, ruda y trocitos de guaco. Se deja reposar por varias semanas. Se bebe como el mezcal y se recomienda para los sustos. Se conoce también como amarguito. En el estado de Oaxaca los chocholtecos hacen uno con piña o cáscara de piña y otro con hierba maestra, ruda o macerando frutas como piña, tejocote, manzana o lima y especias como anís. En Querétaro se hace con aguardiente de caña, frutas aromáticas y cedrón o prodigiosa. En la sierra de Michoacán, por dos o tres días se maceran en alcohol, canela, azúcar, jugo y cáscaras de limón; la bebida se utiliza como medicina rural para curar enfermedades como la bilis, la reuma y los espantos.

AMARILLITO ◆ mole amarillo

AMARILLO ◆ hongo amarillo, hongo corneta, hongo tecomate, mole amarillo

AMARRADITOS DE EJOTE

Preparaciones que se elaboran con ejotes, flores de calabaza y otros vegetales, que se preparan sobre todo en el área central de Veracruz. Recuerdan a los que en otras partes, sobre todo del centro del país, se denominan indias vestidas o envueltos. Se trata de vegetales cocidos que envuelven pedazos de queso fresco, los cuales se amarran, se enharinan y capean.

AMASAR

Sobar y revolver con las manos harina con agua u otros elementos hasta lograr una mezcla lisa y homogénea. En México se amasan principalmente tres tipos de masas: de maíz, de harina de trigo y las masas para hacer pan. *a)* La masa de maíz se hace mezclando el maíz molido cocido previamente con agua y sal. También se suelen añadir pequeñas porciones de harina de trigo. Se usa para hacer tortillas y antojitos. La masa puede incluir elementos como hierbas, flores, chiles, etc., principalmente para hacer tortillas. Del mismo modo se hacen bolitas de masa. *b)* También se hace masa de harina de trigo para hacer tortillas de harina. Se mezclan agua, harina y manteca de cerdo, y se deja reposar, luego se bolea y se palotea para formar las tortillas. *c)* Las masas de trigo para pan de dulce y de sal se dejan fermentar y se vuelven a amasar antes de hacer las figuras del pan.

→ bolear, palotear

AMAXITO ◆ chile amaxito

AMAXOCÓATL

Agitador de madera parecido a un molinillo, utilizado desde tiempos prehispánicos para batir bebidas como el chocolate. En la actualidad se sigue empleando en Oaxaca. De acuerdo con algunos investigadores es el primer antecedente del molinillo.

AMBIGÚ

Voz francesa que en el sur y sureste del país se aplica a la merienda o cena informal, o a la comida que se ofrece en fiestas pequeñas en las que, por lo regular, todos los platos se sirven a un solo tiempo. Entre los jóvenes se dice "vamos a hacer un ambigú", es decir, una reunión o convivencia donde la mayoría de los invitados llevan un platillo como sándwiches o botanas. Cuando el anfitrión provee toda la comida, generalmente se ofrece un bocadillo como un volován o un sándwich pequeño, y luego se sirve algo más formal.

AMERENGADO

Postre de textura pastosa y suave. Su nombre proviene del hecho de que todos los ingredientes se baten para lograr una textura similar a la de un merengue suave, aunque más bien se trata de un dulce de queso crema, azúcar, leche y vainilla. A esta mezcla se le agregan otros ingredientes que definen su sabor, como chocolate, cacahuate, menta, almendras, nuez, limón o café. Estos postres son preparaciones muy antiguas que se acostumbran en el Distrito Federal, Estado de México, Hidalgo, San Luis Potosí, Zacatecas, Aguascalientes, Guanajuato y Querétaro.

AMEZQUITE ◆ mezquite

AMILOTE

Pescado blanco que recibe este nombre antiguo de origen prehispánico en Jalisco. Durante algún tiempo fue común en el lago de Chapala, el nombre y el uso se han perdido en el tiempo, porque el pescado ya no se consigue. Es el mismo pescado blanco que todavía hay en Pátzcuaro, Michoacán.

AMOLE ◆ jabonera

AMONTONADO ◆ hongo clavito

ANACAHUITE (*Cordia boissieri*)

Arbusto cuyo fruto es comestible aunque algunas fuentes sostienen que puede ser tóxico y producir mareos. En Michoacán es conocido como cuerazo, y en Tamaulipas como trompillo. Distintas variedades de *Cordia* de la cual existen alrededor de 500 se consumen en otros estados de la república como en Oaxaca el gulabere y en Chiapas el *matzú* y el ciricote. La flor que produce este árbol es representativa del estado de Nuevo León.

→ matzú

ANACAHUITE DEL ISTMO ◆ hormiguillo

ANAFRE

Hornillo o infiernillo portátil que hace la función de los quemadores de una estufa. Generalmente se alimenta de carbón o leña. En la actualidad el más común es el de lámina, aunque todavía existen los de barro.  Sobre él se puede colocar una parrilla para asar carnes, un comal para hacer tortillas o tostar cualquier grano, o un comal hondo para freír empanadas o antojitos. Para encender la lumbre se coloca carbón dentro del anafre y se le prende fuego con ocote o papel. En cuanto prende no se debe dejar de alimentar de aire con un soplador o aventador hasta ver los carbones rojos. Es normal que produzca mucho humo mientras el combustible se enciende. Normalmente se añade más carbón poco a poco para cocinar alimentos que tardan muchas horas en cocerse.

ANCAS DE RANA

Las ancas (cadera y piernas) son las partes comestible de la rana. Antes de prepararlas se suelen marinar en leche por una hora para quitarles el olor a humedad; su textura suave, tierna y sutil recuerda al pollo. En la actualidad se comen fritas, empanizadas y en un sinnúmero de salsas de chiles y adobos. En las zonas rurales del Estado de México es muy común capear y freír las ancas de rana y servirlas en salsa verde, roja o de algún chile seco como pasilla. En San Antonio y Tula, Hidalgo, se prepara un platillo festivo de ancas de rana capeadas y servidas en una salsa verde de tomate. En Culhuacán, Distrito Federal, se preparan las ancas de rana en una salsa caldosa de tomate, chile verde, nopales, epazote y cebolla. En Jalisco, aunque ya no es común, se preparan las ancas capeadas o empanizadas, que se sirven acompañadas de arroz blanco y mayonesa. Desde tiempos prehispánicos los indígenas de lo que hoy es el Valle de México las consumían y todavía existen recetas antiguas, como las ancas de ranas a la Lerma, que sirven como testimonio de la gastronomía de aquella época.

ANCHOVETA (*Engraulis mordax*)

Pez pequeño de cuerpo grueso redondo, como la sardina; no debe confundirse con la anchoa europea. De dorso azul verdoso metálico, costados y vientre plateados, mide entre 13 y 17 cm, aproximadamente. Se alimenta de peces, crustáceos, larvas y otros organismos pequeños. De día vive en aguas marinas profundas y durante la noche sale a las regiones superiores en enormes cardúmenes. Todo el año se puede ver en el Pacífico mexicano, sobre todo de marzo a octubre. Las especies *Anchovia macrolepidota* y *Anchoa ischana* son también conocidas como anchoveta escamulada y anchoa chicotera, respectivamente. Las de mejor sabor son las anchovetas medianas. De carne oscura color azul, grasosa, de textura suave; sus espinas cortas y suaves también pueden comerse. Para su consumo no siempre es necesario cocerlas. Se considera un pescado fino y se prepara aderezado con limón y cebolla, frita, capeada, en escabeche, como relleno de sándwiches y en tostadas. Es común hallarla enlatada a manera de sardina. Conocida también como anchoa del Pacífico.

ANENEZTLI

Nombre genérico que reciben varias larvas de insectos de los órdenes coleóptera y odonata. En siglos pasados se consumió en el Valle de México, y actualmente casi ha desaparecido por la desecación de los lagos de la región. Actualmente se consume sobre todo en el Estado de México, en las riberas de los lagos y lagunas. Para consumirlos, se mezclan con huevo batido y se forman tortitas que se fríen.

Conocida también como:

◇ cigarrilla
◇ chambalé
◇ chicharra
◇ cucaracha de agua
◇ mariposa de agua
◇ túlix

ANGARIPOLA

Antiguo platillo cuya característica fue la utilización de chorizo y longaniza, además de, casi siempre, la mezcla de dos o más tipos de carne; todos los ingredientes del platillo se colocaban dentro de una cazuela y se acomodaban a manera de pastel por capas. En desuso actualmente, se acostumbró en el siglo XIX, y prácticamente no aparece en ningún libro del México contemporáneo. De acuerdo con *El cocinero mexicano*, existieron varios tipos de angaripolas, las gallinas con angaripola elaboradas con manitas de puerco, jamón y gallina; todos los ingradientes se freían y se adornaban con rebanadas de jitomate; otros ingredientes utilizados eran pimienta, canela, semillas de cilantro, pasas, almendras, piñones, cebolla y perejil. La angaripola con pies de puerco contenía lomo, pulpa y chorizo de cerdo, gallina y manteca de cerdo; adornado con rodajas de jitomate, ajo, perejil, alcaparras, chilitos y aceitunas; la mezcla contenía azafrán, pimienta, clavo y semillas de cilantro molidas.

ANGELITO (*Prionotus evolans*)

Pez de dorso color rojizo o café, vientre pálido, carne blanca, grasosa, firme y de sabor suave; mide aproximadamente 30 cm. Habita en las profundidades del Golfo de México. La mayoría se considera desperdicio, pues sólo los especímenes grandes se consumen como alimento. Se vende fresco, para carnada o para prepararlo frito, asado o a la parrilla;

también se utiliza en forma de harina como alimento para animales y como fertilizante.

ANGELOTE (*Squatina californica*)

Pez de aspecto semejante a la raya, de cuerpo deprimido y cabeza grande, dorso color gris plomizo con manchas negras y vientre blanco. Se encuentra en Cabo San Lucas y en el Golfo de California. Vive en fondos arenosos o fangosos y se alimenta de peces, moluscos y crustáceos. Es familiar de los tiburones. En algunas localidades del noroeste del país tiene gran importancia comercial, se vende en filete y su carne es muy apreciada. En Ensenada se consume fileteado.

Conocido también como:

◇ tiburón ángel
◇ tiburón angelito

ANÍS (*Pimpinella anisum*)

Del catalán *anís* y del latín *anisum*. Semilla pequeña, con la apariencia de una coma, de color café verdoso. Contiene un aceite incoloro que le da su aroma y sabor característicos. Originaria del Medio Oriente. En México se emplea principalmente para saborizar almíbares para buñuelos o frutas, masas de pan, moles, pipianes, dulces de caramelo y algunos licores regionales como el anís de Guerrero o el verde de Xico, en Veracruz. Se le conoce al menos desde 1500 años antes de Cristo, y fue cultivado por los egipcios y los griegos.

→ hinojo

ANÍS DE CAMPO ◆ anisillo

ANISILLO (*Tagetes spp.*)

Nombre vulgar que se da a unas cuatro especies de plantas de la familia de las asteráceas, que producen flores similares entre sí que, por su sabor y aroma, recuerdan al anís. Son plantas de hojas pequeñas y flores de color amarillo intenso, que abundan en prados y caminos. Todas las especies se utilizan de forma similar y reciben diferentes nombres regionales. Las especies más comunes son *Tagetes lucida*, *Tagetes micrantha* y *Tagetes filifolia*. Son de la misma familia de lo que en el centro del país se conoce como flores de muerto. En muchos estados se utiliza para hacer infusión. En Chiapas se emplea en un atole llamado *pozonque* o puzunque. En Guerrero se usa en el pozole de elote fresco. En Hidalgo, Michoacán y Tlaxcala se usa para dar color a algunos atoles y para cocer las mazorcas de elotes.

Conocido también como:

◇ anís de campo
◇ hierbanís
◇ pericón

ANONA

Las anonáceas son frutos que comparten ciertas características generales, por lo que se agrupan en una misma familia. Por sus particularidades son conocidas por diferentes nombres genéricos y regionales. Las anonas más conocidas son de forma acorazonada, pulpa blanca, aromáticas y muy dulces, semillas negras y piel verde con apariencia escamosa; por cada escama hay una semilla. Las anonas se comen principalmente frescas como postre, aunque con ellas también se preparan aguas, mermeladas, nieves y helados. Los árboles son grandes y abundan en regiones cálidas de la república mexicana; producen desde los tres años y durante 20 años o más. Al inicio de la temporada (febrero y marzo) son muy grandes y sobrepasan los dos kilos de peso, mientras que las últimas de la temporada son, por lo general, de talla pequeña. En México existen 12 especies registradas que crecen de manera espontánea; sin embargo, los dos frutos más buscados y conocidos por su buen sabor y abundancia son las llamadas anona blanca (*Annona squamosa*) y anona amarilla (*Annona lutescens*). A esta familia también pertenecen los frutos conocidos como chirimoya, guanábana, saramullo y el ilama. Son consumidas también las variedades *Annona diversifolia, Annona glabra* y *Annona muricata*; en Chiapas *Annona purpurea,* que se conoce como chincuya o *Annona reticulata* y *Annona cherimola.* En el sureste del país se encuentran también anonas con piel rosa, roja o púrpura; su pulpa es blanca y puede manchar la ropa. En el México prehispánico fue conocida como *texaltzápotl,* que en náhuatl significa fruta carnosa que crece en terrenos pedregosos. Fue una de las primeras frutas que impresionaron a los españoles a su llegada al continente americano, por lo que se refiere en muchas crónicas de la época.

Conocida por su color como:

◇ anona colorada (*Annona reticulata*)
◇ anona morada (*Annona purpurea, Annona reticulata*)
◇ anona rosa

→ chirimoya, guanábana, ilama, saramullo

ANQUERA

Nombre con que se designa en Oaxaca a la pulpa o carne maciza de res.

ÁNSAR

Nombre común de varias aves palmípedas que viven en nuestro país.

• Ánsar azul

Ave del tamaño del ganso doméstico común, se encuentra a lo largo de la costa del golfo, llegando por el sur hasta el Istmo de Tehuantepec. Antes de la Conquista se solía comer en las regiones lacustres del actual estado de Michoacán.

• Ánsar blanco

Ganso del tamaño del ánzar azul; tiene el plumaje enteramente blanco, excepto en la punta de las alas donde es negro; inverna regularmente en el centro y sur del país.

ANTE

Antiguo platillo hecho de pan (bizcocho o marquesote) bañado con una mezcla de almíbar de azúcar y pulpa de fru-

tas, y adornado con frutas secas o trozos de la misma fruta con que se elaboró. Su origen se remonta varios siglos en España, pero no se sabe con exactitud desde cuándo se prepara. En los siglos XVI y XVII se hacían en los conventos mexicanos ciertas preparaciones dulces que se acostumbraban antes de la comida; por eso se llamaban "antes". En ocasiones incluían pechuga de pollo molida. El gusto y la tradición cambiaron al paso del tiempo, y en la segunda mitad del siglo XIX ya se servían después de la comida, como postre. Se conservó su nombre y la mayoría de sus ingredientes, ya que se hacían principalmente de frutas tal como los conocemos actualmente. Los antes dulces para postre se consideran de origen mexicano, porque aquí sufrieron muchos cambios y se utilizaron frutos tropicales propios de estas tierras. El ante fue un postre muy popular en Oaxaca durante el siglo XIX e inicios del XX, pero actualmente la tradición se está extinguiendo. Por lo general son marquesotes o mamones remojados en almíbar de canela, jerez seco y agua de azahar, colocados en capas alternadas con alguna pasta suave hecha de ingredientes variados que le dan nombre. El ante de almendra contiene una pasta de almendras, leche y azúcar. La pasta del ante de coco contiene leche, azúcar, coco rallado y canela. Para hacer el ante de mamey o de chicozapote, se muele la pulpa de la fruta con azúcar y agua. De forma análoga se hacen también los antes de mantequilla, natas y garbanzo, cuyas mezclas pueden incluir huevos y jerez seco. Todos estos antes se decoran con trozos de la misma fruta de la que están hechos o con algunos de sus ingredientes; también se adornan con almendras, piñones, pasitas y canela. De acuerdo con los historiadores oaxaqueños, el ante es un postre que deriva del *manjar real.* En Colima se hace una variedad de ante que casi se sale de la clasificación llamado *ante colimote.* En Nayarit se hace de pan de huevo y mantequilla, bañado con una crema pastelera de leche, yemas, fécula de maíz, azúcar y vainilla; se adorna con pasas y nueces. En el mes de septiembre lo sirven en cazuelitas de barro individuales con papel picado, como parte de las fiestas patrias. En Oaxaca, además de los antes antiguos ya descritos, actualmente se hace una variedad de ante más sencilla con rebanadas de pan de yema duro, ligeramente humedecidas con vino jerez y bañadas con un puré de pulpa de mango maduro, leche evaporada y condensada y vainilla; se coloca mango rebanado entre capas y se adorna con pasas. Esta versión contemporánea suele refrigerarse uno o dos días porque adquiere mejor sabor. Se sirve frío. Hoy son típicos los antes de Puebla y Oaxaca, aunque también se acostumbran en otros estados del país.

ANTE COLIMOTE

Postre sumamente festivo y profusamente decorado que se acostumbra en Colima. Es un ante al cual en las superficies se le forman flores, grecas y líneas con los ingredientes a utilizar que al final se aprecian como un enorme mosaico decorado. Entre ellos se emplean pasitas, piñones blancos y rosas y trocitos de biznaga confitada. La base de pan es harina, mantequilla, huevo, azúcar y levadura. La miel es de agua, ron, azúcar y en la parte del relleno y decorado se emplea piñón rosa, almendra, acitrón, cáscaras de limón y naranja, trocitos de piña confitada, pasitas, nuez de Castilla, coco rallado, chochitos de azúcar plateados y dorados. Antiguamente, el ante se colocaba en el centro de una especie de mesa portátil de carrizo de cuatro asas para poder sujetarlo y pasearlo por las calles del barrio antes de partirlo; era común que también se montara en una especie de jaula de carrizo muy decorada que servía como adorno y protección del ante mientras se paseaba.

ANTIGUA, A LA

Término que designa preparaciones basadas en una receta de antaño utilizando, si es posible, el metate o el molcajete para moler o martajar, en lugar de la licuadora o el procesador de alimentos. En los últimos años se ha vuelto una distinción preparar la comida de esta manera. Este término también se refiere a recetas muy antiguas en las que se procura no cambiar las técnicas ni los ingredientes originales.

Nombre	Ingredientes principales	Lugar de origen/consumo
ANTOJITOS		
bocol	masa de maíz, manteca de cerdo o res, chile verde molido, rellenos diversos	Hidalgo
	masa de maíz, manteca de cerdo, rellenos diversos	San Luis Potosí
	masa de maíz, manteca de res, frijoles refritos, queso, chorizo	Tamaulipas
	masa de maíz, queso, huevo, salsa de jitomate, manteca de cerdo	Veracruz
	de frijol: masa de maíz, manteca de cerdo, frijoles negros	Veracruz
	verde: masa de maíz, manteca de cerdo, epazote o cilantro y chile verde o chile poblano y queso añejo, rellenos diversos	Veracruz
bollito de plátano	plátano macho, frijoles refritos o queso	Nayarit
burrita	tortilla de harina, machaca de langosta	Baja California
	tortilla de harina, carne seca con chile colorado o carne deshebrada	Chihuahua
	tortilla de harina, chilorio o mochomos	Sinaloa
	tortilla de harina, machaca guisada o carne seca con chile colorado, salsa o huevo	Sonora
cazuelita	masa de maíz, rellenos diversos	Guerrero; Distrito Federal
	masa de maíz, papa, queso Chihuahua, rellenos diversos	Nuevo León
cemita	compuesta: pan cemita, quesillo, chile chipotle, papaloquelite, rellenos diversos	Puebla
chalupa	tortillas de maíz, frijoles refritos, queso Chihuahua, aguacate	Nuevo León
	masa de maíz, salsa, carne de cerdo, cebolla, queso	Puebla
	masa de maíz, rellenos diversos	todo el país
	chiapaneca: masa de maíz, frijoles negros refritos, lechuga, betabel, zanahoria, carne de cerdo, queso seco	Chiapas
chancla	harina de trigo, pulque, rellenos diversos	Puebla
chapandongos	tortillas de maíz, queso añejo, salsa de jitomate	Veracruz
chicharrón de queso	queso	todo el país
chilapa	masa de maíz, rellenos diversos	Guerrero
chivichanga	tortilla de harina, carne o machaca, frijoles, queso	Sonora
	tortilla de harina, chilorio, frijoles, queso	Sinaloa
codzito	tortilla de maíz, cazón asado frito, chiltomate	Campeche
	tortilla de maíz, picadillo de cerdo, salsa de jitomate, queso sopero o rellenos diversos	Península de Yucatán
doblada	masa de maíz, rellenos diversos	centro del país
empanada	frita con carne seca: harina de trigo, carne seca, especias	Chihuahua
	harina de trigo, manteca de cerdo, carne de res o picadillo de cerdo o chicharrón en salsa	Guanajuato
	tortilla de maíz, rellenos diversos	todo el país
	masa de harina de trigo o de maíz, rellenos diversos	todo el país
	masa de hojaldre, rellenos diversos	todo el país
	harina de trigo, picadillo de res, salsa de jitomate	Sola de Vega, Oaxaca
	de amarillo: masa de maíz, amarillo, pollo, cilantro	Valles Centrales, Oaxaca
	de camarón: harina de trigo, camarón fresco	Nayarit
	de camarón: camarón, jitomate, aceituna, alcaparra, perejil	Veracruz
	de cazón: cazón, jitomate, aceituna, alcaparra, perejil	Veracruz
	de flor de mayo: chile guajillo, jitomate, orégano, flores de mayo	La Esperanza, Santiago Comaltepec, Oaxaca

(continúa)

ANTOJITOS		
Nombre	Ingredientes principales	Lugar de origen/consumo
empanada *(continuación)*	de jaiba: jaiba, jitomate, aceituna, alcaparra, perejil	Veracruz
	de nanacates: hongo nanacate, quesillo	Oaxaca
	de pasta de hojaldre: pasta de hojaldre, picadillo de cerdo o rellenos varios	Yucatán
	de quelites: masa de maíz, quelites varios	Oaxaca
	de Santa Rita: harina de trigo, carne de cerdo, papa, especias, azúcar	Chihuahua
	de verde: masa de maíz, mole verde, carne de pollo o cerdo	Valles Centrales, Oaxaca
	de vigilia: masa de harina de trigo, manteca de cerdo, pescado guisado	Veracruz
	del Rayo: harina de trigo, picadillo	Parral, Chihuahua
empedrada	masa de maíz azul martajado, alverjones o garbanzos	Tlaxcala
esquites	elote, epazote, jugo de limón, chile en polvo, queso, mayonesa	centro del país
	granos de elote, epazote, chile loco	Tlaxcala
	borracho: granos de elote, pulque, chile serrano, epazote	sierra de Hidalgo
figadete	chicharrón, cebolla, chiles curtidos, especias	Jerez, Zacatecas
flauta	tortilla de maíz, rellenos diversos	norte y centro del país
garnacha	masa de maíz, carne de cerdo, queso añejo, repollo en vinagre	Juchitán, Oaxaca
	masa de maíz, frijoles, pollo, chayote, cilantro, cebollina, queso, salsa	nahuas de la región norte de Veracruz
	masa de maíz, carne de cerdo	Oaxaca
	masa de maíz, carne de cerdo, salsa verde	Puebla
	masa de maíz, carne molida de res, queso, col en vinagre, salsa picante	Salina Cruz, Tehuantepec, Oaxaca
	masa de maíz, frijoles negros, picadillo de res, queso rallado, tomachile	Tuxtla, Veracruz
	masa de maíz, frijoles colados, picadillo, salsa de jitomate, queso	Yucatán
	de Orizaba: masa de maíz, pollo, papa	Orizaba, Veracruz
	de Rinconada: masa de maíz, salsa, carne de cerdo, queso	Rinconada, Veracruz
gordita	masa de maíz, frijoles, salsa, queso rallado	Cholula, Puebla
	masa de maíz, frijoles, queso, rellenos diversos	Durango
	masa de maíz, anís, frijoles	Hidalgo
	masa de maíz, frijoles o requesón, rellenos diversos	Morelos
	de horno: masa de maíz martajado, leche agria, manteca de cerdo	Valle Allende, Chihuahua
	de maíz quebrado: masa de maíz quebrado, frijoles refritos, nopales, queso o flor de calabaza	Tierras Negras, Celaya, Guanajuato
	gordas estrelladas: masa de maíz, huevos estrellados, pepitas de calabaza, salsa verde, frijoles	Jalisco
	rellena: masa de maíz, manteca de cerdo, rellenos diversos	Monterrey, Nuevo León
	rellena: masa de maíz, queso o moronga guisada	Monterrey, Nuevo León
gringa	tortilla de maíz o trigo, carne al pastor, queso	Distrito Federal
guacamaya	bolillo, chicharrón, cueritos, salsa picante	León, Guanajuato
huarache	masa de maíz, salsa picante, ingredientes diversos, queso fresco	Distrito Federal
memela	masa de maíz, asientos de chicharrón, salsa picante, queso fresco	Oaxaca
	masa de maíz, carne de pollo o de res, queso	Hidalgo
	masa de maíz, rellenos diversos, salsa picante	Puebla
	masa de maíz, salsa verde, cebolla, queso fresco	Tlaxcala
	masa de maíz, salsa	Veracruz
	de frijol: masa de maíz, pasta de frijol negro	Chiapas

Nombre	Ingredientes principales	Lugar de origen/consumo
molote	masa de maíz, chile ancho, chorizo	norte de Veracruz
	masa de maíz, sardina o carne con papa, salsa de jitomate, col	Huatusco, Veracruz
	masa de maíz, manteca de cerdo, chorizo con papas, frijoles, queso fresco, rábanos	Oaxaca
	masa de maíz, rellenos diversos	Puebla; Tlaxcala; Veracruz
	masa de maíz, queso, pasitas, almendras, acitrón	San Luis Potosí
	masa de maíz, papa con queso o tinga	Tlaxcala
	de plátano: plátano macho, queso, crema	Juchitán, Oaxaca
negrito	masa de maíz, pasta de frijoles colados, manteca de cerdo, salsa, cebolla curtida	Campeche
pacharela	tortilla de maíz, tripas, chicharrón, nopales, salsa	Guanajuato
paloma	tortilla de harina, rellenos diversos	Nuevo León
pambazo	pan, frijol, mayonesa, jamón, pollo, chorizo, lechuga, chile chipotle	Veracruz
	pan, salsa de chile rojo, frijoles, papas con chorizo, lechuga, crema, queso fresco	Distrito Federal
	de pan negro: pan, carne de cerdo, chorizo	Durango
panucho	masa de maíz, frijoles colados, huevo cocido, pollo o guajolote en escabeche oriental, escabeche rojo o cochinita pibil, cebolla morada encurtida	Península de Yucatán
	campechano: masa de maíz, cazón, frijoles colados, cebolla curtida, salsa de jitomate	Campeche
	de cazón: masa de maíz, cazón, cebolla curtida, salsa de jitomate	Campeche
	tabasqueño: masa de maíz, harina de trigo, carne de res o atún, col rallada, salsa de jitomate	Tabasco
papadzul	tortilla de maíz, huevo cocido, salsa de pepita de calabaza, salsa de jitomate	península de Yucatán
	negro: tortilla de maíz, huevo cocido, frijoles colados	península de Yucatán
paste	harina de trigo, pulque, manteca de cerdo, leche y carne de res, papa, perejil, chile verde o rellenos diversos	Hidalgo
pellizcada	masa de maíz, asientos de chicharrón, salsa	Veracruz
pescadilla	tortilla de maíz, pescado guisado, salsa picante	costas del Pacífico
	de cazón: tortilla de maíz, cazón, jitomate, chile chipotle, hierbas de olor, zanahoria, mango, jícama, aguacate	Salina Cruz, Oaxaca
picada	masa de maíz, frijoles refritos, salsa de molcajete, queso, crema, cebolla	Puerto Marqués, Guerrero
	masa de maíz, salsa, queso fresco, pollo o carne de cerdo	Veracruz
	a caballo: masa de maíz, salsa, queso, huevo estrellado	Veracruz
piedrazo	pan, chile pasilla, papa, hierbas de olor, cebolla, ajo, vinagre de piña, chile pasilla, queso fresco	Oaxaca
pinto	masa de maíz, frijoles negros, manteca de cerdo, salsa de tomate, queso, cebolla	sierra de Puebla
polcán	masa de maíz, pepitas de calabaza, cebolla, ibes, chiltomate, repollo	Yucatán
quesadilla	tortilla de harina de trigo, queso Chihuahua, chile poblano, chorizo	Coahuila
	camarón guisado, chile ancho, salsa picante	Nayarit
	tortilla de harina de trigo, queso amarillo o Chihuahua	norte del país
	masa de maíz, rellenos diversos	centro del país
	masa de maíz, quesillo, chile, epazote, lechuga, rábano o col rallada y salsa picante	Oaxaca
	masa de maíz, harina de trigo, camarón, cazón o jaiba guisados, col rallada, salsa picante	Sotavento, Veracruz
	masa de maíz, harina de trigo, pejelagarto, atún o queso, col rallada y salsa roja	Tabasco
	masa de maíz, pescado o mariscos guisados, salsa picante	Tamaulipas
	masa de maíz, pasta de alverjón o pasta de frijoles, salsa picante	Tlayacapan, Morelos

(continúa)

ANTOJITOS		
Nombre	Ingredientes principales	Lugar de origen/consumo
quesadilla *(continuación)*	de camarón: masa de maíz, camarón, chiles en vinagre	Pátzcuaro, Michoacán
	de comal: masa de maíz, rellenos diversos	centro del país
	frita: masa de maíz, rellenos diversos	centro del país
	frita de cazón: masa de maíz, harina de trigo, cazón guisado	Quintana Roo
	potosina: masa de maíz, chile ancho, rellenos diversos, queso añejo, chorizo, lechuga, rábano, aguacate	San Luis Potosí
salbute	masa de maíz, jitomate, col, cebolla rallada, pollo, guajolote, venado o cerdo en escabeche rojo, oriental o pibil, salsa xnipec.	península de Yucatán
sapito	masa de maíz, frijol negro	Veracruz
sincronizada	tortilla de harina, jamón, queso	todo el país
sincronizado	masa de maíz, frijoles negros refritos, guajolote, cebolla morada o col curtida, chile habanero	Campeche
sope	masa de maíz, frijoles refritos, salsa picante, lechuga, cebolla, queso fresco, otros ingredientes diversos (chorizo, carne de res, pollo)	Distrito Federal
	masa de maíz, frijoles, picadillo, chorizo o papa, lechuga, queso	Jalisco
	masa de maíz, salsa de chile ancho, frijoles, papa, lechuga, queso, rábanos	Nayarit
sopito	masa de maíz, carne molida de cerdo y res, salsa picante	Colima
taco	acorazado: tortilla de maíz, guisados diversos, arroz rojo, salsa verde	Morelos
	ahogado: tortilla de maíz, salsas diversas de chiles secos, queso, carne de cerdo	San Luis Potosí
	al carbón: tortilla de maíz, carne de res o cerdo, cilantro, cebolla, salsa picante	todo el país
	al pastor: Tortilla de maíz, carne de cerdo condimentada, piña asada, cilantro, cebolla	todo el país
	árabe: pan árabe, carne de cerdo condimentada	Puebla
	caramelo: tortilla sobaquera, carne de res, queso, chile verde	Sonora
	chinaco: tortilla de maíz, frijoles negros molidos, leche, salsa de tomate, queso fresco, salsa de jitomate, rábano, lechuga	Pátzcuaro, Michoacán
	colorado: tortilla de maíz, salsa de chile colorado con salsa verde o crema o nata, queso fresco, chorizo, papa, zanahoria, ejote	Zacatecas; San Luis Potosí
	con jardín: tortilla de maíz, papa, carne de cerdo, lechuga, zanahoria, betabel	San Cristóbal de las Casas, Chiapas
	de asada: tortilla de maíz, carne de res, frijoles de la olla, col picada	Puerto Vallarta, Jalisco
	de barbacoa: tortilla de maíz, barbacoa, cilantro, cebolla	centro del país
	de cabeza de res: tortilla de maíz, cabeza de res, cilantro, cebolla	Bajío
	de camarón seco: salsa de tomate, salsa de jitomate, camarón seco o fresco, tortilla de maíz, queso añejo	Veracruz
	de Camila: tortilla de maíz, queso, salsa de jitomate, lechuga, papa, zanahoria, queso, cueritos, manitas de cerdo o chiles en vinagre	San Luis Potosí
	de canasta: tortilla de maíz, rellenos diversos, salsa picante	Distrito Federal
	de carnitas: tortilla de maíz, carnitas, salsa de chile pasilla, ajonjolí, papas fritas, lechuga, rábano	San Juan del Río, Querétaro
	de chicharrón: tortilla de maíz, chicharrón, cilantro, cebolla, aguacate, salsa picante, queso	centro del país
	de flor de calabaza: tortilla de maíz, flor de calabaza guisada, salsa de jitomate con leche y mantequilla, queso Chihuahua	Pátzcuaro, Michoacán
	de guisado: tortilla de maíz, guisados diversos	Distrito Federal

Nombre	Ingredientes principales	Lugar de origen/consumo
	ANTOJITOS	
	de manteca: tortilla de maíz, manteca de cerdo, sal	todo el país
	de nada: tortilla de maíz, salsa, queso, cebolla, col o lechuga	centro del país
	de nata: tortilla de maíz, pollo, queso o chile poblano, salsa de nata, queso asadero o panela, chiles en vinagre, lechuga, frijoles	Guanajuato; Jalisco; Querétaro
	de pescado: tortilla de maíz, pescado rebozado, col rallada, salsas diversas	península de Baja California
	de pollo: tortilla de maíz, pollo, crema, queso, salsa	todo el país
	de sal: tortilla de maíz, sal	todo el país
	de suadero: tortilla de maíz, suadero, cilantro, cebolla, salsa picante	centro del país
	dorado: tortilla de maíz, frijoles refritos, carne, caldillo de jitomate, lechuga	Sinaloa
taco *(continuación)*	lagunero: tortilla de maíz, cebolla, chile poblano, jitomate, crema, queso	Coahuila
	lorenza: tortilla de maíz, carne de res, frijoles, queso	Hermosillo, Sonora
	minero: tortilla de maíz, guisados diversos	Aguascalientes; Guanajuato; Hidalgo; Zacatecas
	placero: tortilla de maíz, rellenos diversos (acociles, barbacoa, chicharrón, queso panela, cecina, ensalada de nopales, frijoles, requesón, charales) y acompañantes diversos (cilantro, rábanos, papaloquelite, aguacate, salsa picante)	Distrito Federal; Estado de México; Tlaxcala
	potosino: tortilla de maíz, salsa de chile colorado o jitomate, pollo o queso, ejote, papa, zanahoria, queso, salsa picante, lechuga, jitomate, aguacate, crema	San Luis Potosí
	sudado: tortilla de maíz, rellenos diversos	centro del país
	viajero: tortilla de maíz, claras, chile ancho, comino.	Sierra Gorda de Querétaro
tesupo	tortilla de maíz, carne, verduras, salsa de chile pasilla oaxaqueño	Oaxaca
tetela	masa de maíz, frijoles, salsa picante	Mixtecas poblana y oaxaqueña
tlacoyo	masa de maíz, pasta de haba o alverjón o asientos de chicharrón o frijol o requesón, salsa picante, cilantro, cebolla, nopales, queso	centro del país
	masa de maíz, pasta de haba o ayocote o frijol amarillo o alverjón, chile ancho, chile chipotle, hoja de aguacate,	Tlaxcala
	masa de maíz, requesón o papa o chacales guisados, chile jalapeño	Zacualpan de Amilpas, Morelos
	masa de maíz, asientos de chicharrón, queso, frijoles refritos, tasajo o cecina o chorizo	Oaxaca
tlayuda	asientos de chicharrón, quesillo, frijoles, tasajo, cecina o chorizo	Oaxaca
torta	bolillo o telera, mayonesa, frijoles refritos, rellenos diversos	todo el país
	ahogada: birote, carnitas, salsa roja	Guadalajara, Jalisco
	compuesta: bolillo o telera, guiso de carne de res	Juchitán, Oaxaca
	cubana: telera, embutidos diversos, queso, milanesa, aguacate, cebolla, jitomate, chile jalapeño o chipotles adobados	Distrito Federal
	de bacalao a la vizcaína: bolillo o telera, bacalao a la vizcaína	Distrito Federal
	de jamón: bolillo o telera, aguacate, jitomate, cebolla, queso, lechuga, chiles en vinagre	todo el país
	de relleno: bolillo o telera, carne de cerdo con recaudo, papa, zanahoria, chícharo, cebolla, piña, pasitas, almendra, plátano macho	costas de Guerrero
	del Santuario: birote, frijoles, lomo adobado de cerdo o lengua de res, lechuga, rábano, cebolla, salsa dulce	Guadalajara, Jalisco
	hawaiana: bolillo o telera, jamón, queso, piña	Distrito Federal
	suiza: bolillo o telera, quesos diversos, pierna adobada, jitomate, cebolla	Distrito Federal

(continúa)

ANTOJITOS		
Nombre	Ingredientes principales	Lugar de origen/consumo
tostada	de carne molida: tostada, carne de res marinada	Comitán, Chiapas
	de chintextle: tlayuda, frijoles negros refritos, verduras en chintextle, queso, cebolla	Valles Centrales, Oaxaca
	de cueritos: tostada, col rallada, cueritos, jitomate, salsa roja	Guanajuato
	de marlín: tostada, mayonesa, crema, marlín	Tepic, Nayarit
	de pata: tostada, manitas de cerdo en escabeche, crema, lechuga o col, frijoles refritos, aguacate, queso	Distrito Federal
	de pollo: tostada, frijoles refritos, lechuga, pollo, cebolla, aguacate, jitomate, crema, queso, salsa picante	Jalisco
	turulas: tostadas, camarón seco con jitomate, cebolla, chile	Tonalá, Chiapas

ANTOJITOS

Nombre genérico de los bocadillos que se comen en ambientes informales o antes de la comida y que se venden, por lo general, en puestos improvisados. Casi siempre están hechos de tortilla o masa de maíz. En los restaurantes suelen servirse como entremés. Un antojito

Quesadillas

puede ser también la comida principal, el desayuno o la cena, y no sólo un alimento entre comidas. Cada región tiene sus antojitos típicos. Existen los que reciben el mismo nombre en varias regiones pero no son lo mismo, y otros con diferentes nombres y similares entre sí. Como antojitos se conocen los siguientes: quesadillas, tlacoyos, gorditas, molotes, tacos, garnachas, sopes, polcanes, panuchos, chalupas, piedrazos, tamales, empanadas, memelas, tortas, pambazos, sincronizados y gringas. En algunos lugares de México los antojitos se toman como tentempié, esto es, sola-

Pambazo

mente como un bocadillo para matar el hambre hasta la hora de la comida formal. En ocasiones el tentempié es tan abundante que puede mantener a la persona muy bien parada hasta el otro día sin tener que comer formalmente. En el breve desglose por estados que sigue sólo se mencionan los más representativos. En Aguascalientes se acostumbran tostadas de cueritos y gorditas de cuajada. En Baja California Sur, almejas pismo. En Colima, sopitos. En el Distrito Federal y sus alrededores, sopes, quesadillas, tlacoyos, tacos de guisado, sudados y de barbacoa, pambazos, tortas y tostadas.

En Hidalgo, pastes, molotes, quesos de tenate, enchiladas huastecas y tulancingueñas y tacos mineros. En Jalisco, tortas ahogadas y flautas. En Michoacán, corundas, quesadillas de sesos y uchepos. En Oaxaca, tlayudas, chapulines, piedrazos, empanadas, quesadillas, memelas, garnachas y molotes. En Puebla, cemitas, chalupas y molotes. En Tabasco, empanadas (quesadillas) de carne y queso, panuchos, tamales de chaya y de chipilín. En Tlaxcala, tlaxcales y empedradas. En Veracruz, gorditas, molotes, garnachas, empanadas, bocoles, pemoles y pellizcadas. En Yucatán, salbutes, panuchos, polcanes y codzitos.

ANTOJO DEL PAPA

Postre festivo tradicional de Tlacotalpan, Veracruz, similar al ante de almendra, hecho a base de marquesotes bañados y cubiertos de una mezcla pastosa de almendras, que se cuecen en miel de azúcar y yemas de huevo. Se adorna con ciruelas pasas.

AÑIL

Hongo comestible en forma de parasol o paraguas cuyo píleo o casquete mide de 5 a 15 cm de diámetro y es de color azul índigo con reflejo plateado; su estípite o tallo es de color azul y suele medir entre 2 y 6 cm de alto. Su carne es azul. Suele encontrarse en Amecameca, Estado de México y sus alrededores; aunque también se le ha encontrado en Tepoztlán, Morelos y en Tuxtepec y Huautla de Jiménez, Oaxaca. No confundirlo con el arbusto del mismo nombre, de cuyas hojas se extrae un colorante rojo natural que se usaba y se comerciaba igual que la grana cochinilla.

→ hongo azul

AÑILES

Platillo festivo del poblado de Culhuacán, Distrito Federal; son tortillas recién hechas, rellenas de salsa, manteca de cerdo y mucho queso añejo. Se sirven con frijoles en fiestas o reuniones.

APASTE

GRAF. apastle, apaxte, apazte o apaztle. Utensilio de cocina de origen prehispánico. Vasija honda de tamaño variable, hecha de barro pulido. En la actualidad puede tratarse de una palangana o cuenco para el agua. En Tabasco es muy parecido a un cajete. En Atzompa, Oaxaca, el apaste es de cerámica vidriada color verde, grande y de fondo plano; se utiliza como recipiente para el chocolate y el agua, especialmente en bodas y fiestas religiosas, por lo que forma parte de la llamada loza de compromiso. En otras partes de Oaxaca puede ser una vasija de barro sin vidriar de múltiples usos y formas. En Zacatecas son vasijas de barro vidriado en las que se ponen las aguas frescas de Jamaica, chía y horchata, y la ensalada de agua, que tradicionalmente regalan los dueños de las casas a los peregrinos que visitan los altares de la virgen de Dolores. El nombre proviene del náhuatl *apaztli*, que significa recipiente de agua y que se españolizó como apaste. Conocido también como tinapaste.

APAZOTE ◆ epazote

APERITIVO

Margarita de tuna

Bebida alcohólica servida al principio de una comida en un restaurante o durante una reunión especial para estimular el apetito. Su nombre proviene del latín *apeare*, que significa abrir. Entre los más importantes se encuentran el tequila y los cocteles que con él se preparan como la margarita. También se consume el mezcal. En Veracruz son populares los toritos, aunque son dulces, y en otros lugares se bebe simplemente una cerveza. Estas bebidas tienen la característica de ser secas, precisamente, para que estimulen el apetito. En las comidas familiares no se acostumbran las bebidas alcohólicas, de modo que tampoco se acostumbra tomar aperitivos.

APINOL

Bebida caliente y espesa como atole, elaborada a base de maíz y cacao tostados y molidos, hervidos con agua, canela y piloncillo. Es típica del área de San Andrés Tuxtla, Veracruz.

APISH ◆ malanga

APLANAR

Golpear una pieza de carne para adelgazarla uniformemente o estirarla. En las panaderías y pastelerías, aplanar significa también pasar el rodillo de madera sobre alguna masa. En el Distrito Federal es común que en los mercados populares las señoras pidan a los carniceros o polleros bisteces de res o de pechuga de pollo aplanados. En las costas del país donde se consume el caracol, éste se aplana también para suavizarlo. La sábana es un filete de carne de res aplanado. En el centro del país es muy común aplanar trozos de carne de res, cerdo y pollo para suavizarlas y hacer bisteces o milanesas grandes.

APOMPO (*Pachira aquatica*)

Fruto grande subgloboso de unos 20 a 30 cm de largo, de apariencia similar al zapote colorado o mamey. Al madurar el fruto se abre y suelta unas semillas comestibles de 3 cm. Forma parte de la familia de las bombacáceas. Se encuentra en los estados de Veracruz, Michoacán, Oaxaca y Chiapas. En algunas partes de Veracruz y Oaxaca se prepara mermelada con la pulpa. En el sur de Veracruz, con sus semillas molidas se elabora una bebida con cacao y canela; el polvillo resultante se deslíe en agua y se conoce como chocolate de apompo.

Conocido también como:
  ◇ acamoyote
  ◇ cabellos de ángel
  ◇ clavellina blanca
  ◇ guacta
  ◇ ojite
  ◇ palo de agua
  ◇ pitón

  ◇ tura o ture
  ◇ zapote bobo
Conocido en otras lenguas como:
  ◇ *litsokni* (totonaco)
  ◇ *quyche* (maya)
Conocido en algunas regiones como:
  ◇ *xcui-ché* (Tabasco)
  ◇ zapote de agua (Tabasco, Michoacán)
  ◇ zapote reventador (Chiapas)
  ◇ zapote reventón (Chiapas)
  ◇ zapotón (Michoacán)

APORREADO, A

Huevos con aporreado

Especialidad gastronómica que se acostumbra en la región denominada Tierra Caliente, que comparten los estados de Michoacán y Guerrero. Se trata de carne de res salada, desmenuzada, revuelta con huevo y guisada en salsa de chile. Es un platillo muy importante en el almuerzo. En Michoacán son famosas las de Huetamo y Apatzingán. Puede hacerse de carne de res seca y salada o cecina. Los chiles para la salsa pueden ser guajillo, serrano o de árbol. Se acompaña con arroz y frijoles en el desayuno o la cena. En Guerrero se hacía originalmente con carne de venado, pero ésta ha sido sustituida por carne de res desmenuzada y golpeada, revuelta con huevo y cocida en salsa de chile guajillo con ajo y cilantro. Por el color del preparado, a veces se le llama aporreado rojo. Su nombre se debe a que la carne se seca, se desmenuza y luego se golpea antes de prepararla. Conocida también como aporreadillo.

APOXCAHUADO

Del náhuatl *poxcauhqui*, mohoso. Término que se aplica a las frutas que por sobremaduras o por haber sido maltratadas se comienzan a fermentar o pudrir. Conocido también como poxco.

APOZOLE

Caldo o sopa de frijoles cocidos con elote; guisados con orégano, cebolla picada, chile de árbol y limón. Su consumo es común en la zona nahua de Guerrero.

APOZONQUE ◆ frijoles de la olla

APRETADO

1. Galleta redonda de piloncillo y pinole, típica del estado de Hidalgo.
2. Término aplicado al arroz cuando se cocina una gran cantidad en una olla pequeña y, al cocerse, el poco espacio impide que los granos esponjen adecuadamente. En estos casos, el arroz se considera mal preparado.

APURI (*Morus microphylla*)

Fruto de la familia de las moráceas, compuesto de drupas pequeñas y jugosas de color rojo a negro. Semejante a la zarzamora, se emplea de forma similar a ésta.

Conocido también como:
  ◇ *aputi* (tarahumara)
  ◇ mora

AQUICHE ◆ guacima

ARÁMICUA ◆ mafafa

ÁRBOL DE HIERRO ◆ palo fierro

ÁRBOL DEL BELLOTE ◆ árbol del pan, tepetaca

ÁRBOL DEL PAN

Árbol introducido a México desde Asia y Oceanía, se le encuentra en los estados de Veracruz, Tabasco, Puebla, Nayarit y Chiapas. Se reconocen dos variedades, ambas del género *Artocarpus*, de la familia de las moráceas. Se cultivan en los huertos familiares y son apreciados por sus frutos y por su madera.

• *Artocarpus altilis*
Árbol de 15 a 20 metros de altura. Produce frutos de forma ovalada, del tamaño de un melón que pueden o no contener semillas; el color de su pulpa puede variar del verde claro al amarillo. Se consume cocido, frito, asado, guisado en dulce y en conserva.

• *Artocarpus heterophyllus*
Su fruto es de forma globosa y puede llegar a pesar varios kilos. Sus semillas blancas están rodeadas por una pulpa amarilla. Se consume fresco, cocido, frito, asado, guisado en dulce y en conserva. En Tabasco y Chiapas sus semillas, llamadas castañas, se hierven y se comen con sal como golosina o se incluyen en pucheros. Durante mucho tiempo en estos estados las semillas se han tostado, molido y mezclado con el café para hacerlo rendir o como sustituto. Se usaban 2 tantos de semillas por 1 de café y se tostaba la mezcla para preparar la bebida; esto se debe a que antaño el café era escaso y caro. A esta variedad se le conoce también como bellota, castaña o castaño.

El árbol del pan es conocido también como:
◇ árbol del bellote
◇ jaca
◇ pan de pobre
◇ petaca
◇ pepetaca
◇ tepetaca
◇ yaca
→ tepetaca

ARCHABELITO, A ◆ jorobado

ARDILLA (*Sciurus spp.*)

Mamífero roedor terrestre, arbóreo o volador. Mide entre 19 y 24 cm; su cola mide entre 15 y 20 cm, su peso varía entre 100 y 500 gramos, dependiendo de la edad, y habita en los bosques y milpas de casi todo el país. Se alimenta de bellotas y semillas de pino, bayas, frutos, insectos, huevos de aves y pequeños reptiles. Algunas de las especies más comunes que existen son: *Sciurus aureogaster* (ardilla de vientre rojo); *Sciurus niger* (ardilla zorra); *Sciurus aberti* (ardilla de abert); *Sciurus nayaritensis* (ardilla nayarita). Su consumo como alimento fue importante en el pasado. En la actualidad la cazan y cocinan en poblaciones rurales de todo el país, generalmente asadas, fritas o en adobo. En Baja California, los indígenas kiliwas preparan con ella la ardilla en caldo. En Chiapas se caza y se acostumbra comer la ardilla asada directamente al fuego y también adobada con un recado de chile ancho, achiote, ajo, nuez moscada; se sirve con

salsa de jitomate en crudo. Se acostumbra también en barbacoa con tomate verde, chile morita, hierbas de olor y envuelta en hojas de mumu cocida en baño María. En Guerrero se guisa en clemole de epazote. En la región del Valle del Mezquital, en Hidalgo, se prepara en mole de olla y en mixiotes. En la Huasteca hidalguense se prepara en mixiote con chile guajillo, ajo, comino, pimienta y clavo. En Nayarit la preparan asada. En Quintana Roo y en general en toda la península de Yucatán, salvo ligeras variantes, acostumbran prepararla frita, macerando la carne en achiote, ajo, orégano y pimienta; en algunas ocasiones suele agregarse jugo de naranja a la mezcla donde se macera. Se acompaña de chile tamulado.

Conocida en algunas regiones como:
◇ chechalote (tepehuanes de Durango)
◇ cuaño (Costa Chica de Oaxaca)
◇ *tsimuaka* (Nayarit)

Conocida en otras lenguas como:
◇ *kunab* (maya)
◇ *kuu* (maya)
◇ *techalotl* (náhuatl)

ARDILLA DE TIERRA ◆ colitemblón

ARDILLA EN CALDO

Ardilla limpia y cocida en agua con sal, cebollines y maíz blanco molido. Este preparado es común entre los kiliwas del norte de Baja California.

AREPA

Galleta pequeña redonda, elaborada con masa de harina de maíz, manteca de cerdo, agua, azúcar y anís, espolvoreada con azúcar antes de hornear, que se acostumbra en Yucatán. Su nombre proviene de *erepa*, que significa maíz en lengua cumanagota de Venezuela. En Todos Santos, Baja California, son unas galletas oscuras en forma de estrella o redondas, hechas de la misma masa de harina con piloncillo con la que se hacen los marranitos del centro del país.

AREQUIPA

Antiguo postre de platón con consistencia de cajeta hecho de crema de leche, azúcar y algún otro ingrediente. Su preparación tradicional es algo que se ha perdido un poco, de modo que es difícil encontrarlo. Fue creado en el siglo XVIII en Arequipa, Perú, de donde tomó su nombre. En México adquirió un sinnúmero de variaciones. De acuerdo con el *Nuevo cocinero mexicano*, la arequipa peruana se hacía con un almíbar claro, almendras y pechugas de pollo molidas, todo hervido con leche hasta lograr una consistencia espesa como la cajeta. En México, estos dulces se comían mucho en el siglo XIX y se hacían de muchas formas, utilizando jugos de frutas, diferentes nueces y harina de arroz para espesar. En Querétaro antiguamente se hacía con leche, almidón, azúcar y agua de azahar. En la actualidad, puede saborizarse con almendras, piñones, nueces o piña, y tradicionalmente la mezcla se cuece en un cazo de cobre. En Puebla se hace con leche, jugo o pulpa de piña, mamey o limón. En Veracruz se prepara con jugo de piña y almendra y se adorna con almendras enteras. Conocido en Querétaro como ariquipa.

ARETE ◆ flor de arete

ARÍ

1. *Acacia angustissima*. Arbusto de la familia de las leguminosas, de hojas bipinadas con hojuelas, flores blancas en cabezuelas, numerosos estambres y fruto con forma de vaina aplanada de 5 cm. Los tepehuanes del norte de Durango consumen las semillas de su vaina molidas con chile piquín y

agua. En Sinaloa las hojas se muelen con chile para añadir o cubrir al yorique. Conocido también como cantemó.

2. Salsa de sabor agridulce y muy refrescante que preparan los tarahumaras.

ARMADA

Término que se aplica al nopal y a otras frutas o verduras de baja calidad. Estrictamente se llama armada o armadita al nopal deforme, es decir, al que creció torcido, grueso o con

apariencia irregular. Las frutas o verduras de segunda clase que se venden más baratas en los mercados populares también se llaman armada. Estos nopales se llevan a los mercados del Distrito Federal y alrededores, se limpian, se cortan en cuadritos o tiritas y se venden en bolsas o por kilo, de modo que el comprador nunca se entera de que era un nopal deforme. En primavera y verano generalmente se tira porque la producción es abundante; en otoño e invierno, cuando el nopal escasea, la armada se vende a bajo precio.

ARMADILLO (*Dasypus novemcinctus*)

Mamífero cubierto por un caparazón similar a una armadura flexible, compuesto por nueve anillos, dorso color negruzco con manchas blancas opacas y vientre blanco. La cola también tiene un armazón protector. Mide hasta 50 cm de largo y la cola hasta 38 cm; pesa de 3 a 7 kg. Posee cabeza alargada con orejas grandes, y se alimenta de insectos, lombrices, pequeños anfibios, larvas, reptiles y frutos. Es un animal de hábitos nocturnos que habita bosques templados y cálidos, húmedos y secos. Se trata de un alimento de alto consumo en las comunidades rurales e indígenas del sureste del país. Su carne es un poco oscura y posee un fuerte olor, por lo que siempre es necesario marinarla en naranja agria, vinagre o vino, o cocerla en agua con hierbas de olor. Después se cocina de muchas formas. En Chiapas, Campeche y Tabasco se

prepara asado con o sin caparazón y se come en tacos. En el área del Soconusco, Chiapas, se guisa en adobo, en una salsa de chiles ancho y chimborote, jitomate, cebolla, pimienta gorda, pimienta de Castilla, canela, vinagre y sal; también se cocina en ciguamonte con papas, epazote y tomate verde. El armadillo en escabeche se prepara cociendo la carne en agua con sal, hojas de laurel, ajo y pimienta gorda; luego se deshebra y se marina en jugo de naranja agria, ajo y pimienta y se vuelve a cocer por poco tiempo. Suele servirse caliente o a temperatura ambiente acompañado con tortillas de maíz. En el Estado de México se prepara al mojo de ajo; en Villa del Carbón se marina en ajo, se asa o se hornea y se acompaña con salsa picante. En Nayarit, la carne limpia se corta en trozos, se guisa con manteca de cerdo, cebolla y jitomate, y se acompaña con frijoles, salsa de molcajete y tortillas de colores. En Oaxaca, en el Istmo de Tehuantepec, se cuece con agua, achiote, ajo, chile guajillo, cebolla y sal, y se sirve acompañado con totopos y cilantro picado. El armadillo se macera en jugo de limones por cuatro horas, aproximadamente, previo a cocinarse. Los zapotecos lo cocinan en una salsa de guajillo, ajo, cebolla, jitomate, pimienta, clavo y achiote, y se cuece a fuego bajo u horneado. En Santiago Tuxtla, Veracruz, se sazona con hierba santa; en la zona norte de ese estado, la carne se ahúma antes de guisarse en salsa de chile pico de pájaro y ajo, espesada con masa de maíz. En Yucatán se adoba con achiote, y se cuece en horno de tierra envuelto en hojas de plátano.

Conocido en Chiapas, Tabasco y la península de Yucatán como:

◊ acorazadito
◊ armado
◊ armadillo de nueve bandas
◊ cusuco
◊ encubierto
◊ jueche
◊ mulita
◊ tochi

Conocido en Nayarit como:

◊ *xuye*

Conocido en otras lenguas como:

◊ *ayotochtli* (del náhuatl *ayotl*, tortuga, y *tochtli*, conejo)
◊ *ngupi* (zapoteco)
◊ *wech* (maya)

ARMADO (*Orthopristis chrysoptera*)

Pez de dorso color gris azulado claro y vientre plateado, de 30 a 46 cm de largo. Su cuerpo presenta una joroba. Habita en fondos arenosos y lodosos de las aguas costeras. Se pesca principalmente en el Golfo de México y especialmente en Yucatán, donde se vende fresco. En otros lugares no es muy conocido. Su carne es blanca, suave y de sabor especial. Suele prepararse al mojo de ajo, frito, con perejil picado, a la mantequilla y en caldos y sopas de pescado.

Conocido también como:

◊ burro
◊ corcovado
◊ corocoro armado

→ armadillo

ARRACHERA

Corte fino que se obtiene del vientre de la res, junto a las costillas. Mide aproximadamente 45 cm de largo y 1 cm de grueso. A veces la cortan delgada como un bistec. Es común en los estados del norte del país, sobre todo en Nuevo León, Durango y Sonora, donde se asa y se utiliza como relleno para tacos. La carne se unta con un poco de aceite, sal y pimienta, se asa con carbón de leña de mezquite y se sirve en un plato metálico caliente. Por lo general se acompaña con guacamole, salsas mexicanas y tortillas de maíz o trigo. La arrachera es un corte de carne muy vendido en los restaurantes del Distrito Federal y compite fuertemente con el filete, pues de una res se obtienen en promedio 6 kg de arrachera.

ARRAYÁN

Con este nombre se conocen diferentes plantas que se utilizan de distintas formas. Se le encuentra durante el mes de noviembre de Sinaloa a Durango, Oaxaca, Chiapas, Veracruz y Yucatán. Fresco es agridulce; se come solo o en dulce. En el Estado de México se prepara el atole de arrayán. En Nayarit se cuece con azúcar y se seca al sol para comerse como dulce. Conocido también como guayabillo.

• *Eugenia capuli*
Fruto subgloboso de unos 4 mm, color negro, común en los estados de Tamaulipas, Veracruz, San Luis Potosí y Oaxaca.

• *Gaultheria acuminata, Gaultheria odorata*
Árboles de los que se ocupan las hojas y las flores. Las primeras son muy utilizadas en la cocina de Chiapas; se emplean como laurel para condimentar guisos de cerdo, como el cochito al horno, y de pollo, como la olla tapada. A veces se incluyen en escabeches de chiles u hongos, y en embutidos como la butifarra y el queso de puerco. Las flores se emplean en Oaxaca y Chiapas para aromatizar bebidas como el chocolate y el agua de uso.

• *Myrtus ehrenbergii*
Fruto de aproximadamente 10 mm, de sabor agridulce, que suele hacerse en dulce en San Luis Potosí.

• *Psidium sartorianum*
Es un fruto subgloboso de 1.2 a 2 cm, color amarillo verdoso con varias semillas, semejante a su pariente la guayaba.

ARRAYÁN CUBIERTO

Tradicionalmente en Nayarit el arrayán se cuece con azúcar y se seca al sol, se considera dulce o golosina.

ARRIERA ◆ hormiga chicatana

ARROZ (*Oryza sativa*)

Grano nativo de la India, traído a México desde las Filipinas. Tradicionalmente se dora en aceite o manteca de cerdo con cebolla, ajo y sal antes de hervirlo. Existen muchas maneras de prepararlo, como el arroz blanco, rojo, negro, canario, a la poblana, a la jardinera y a la tumbada. De igual manera sirve de guarnición para diferentes guisos como asados, moles y adobos. El punto exacto de su cocción, textura y consistencia es una verdadera controversia en distintas familias y regiones. En el sureste del país es más común el blanco para servirse junto con el plato principal de la comida. En el Distrito Federal y otras partes del centro del país casi siempre se hace rojo y se sirve como sopa seca después de la sopa aguada y antes del plato fuerte. Se acostumbra agregarle un huevo estrellado, rebanadas de plátano Tabasco, frijoles de la olla e incluso salsa de mole. En otros lugares forma parte del platillo principal, como sucede con el arroz con pollo o con cerdo. En Oaxaca se acostumbra el arroz aromatizado con hojas secas de chepil. También se come con menudencias de pollo picadas, orégano, chile y perejil; es un arroz para fechas especiales. Otra preparación es el arroz guisado de fiesta: arroz rojo con costillas de cerdo en trozos, chile serrano, perejil, chícharos y orégano. En Veracruz se come también arroz blanco servido con rebanadas de plátano macho frito; es típico en toda la región del Sotavento. En todo el país se consume el arroz con leche.

ARROZ A LA JARDINERA

Arroz blanco o rojo preparado con una gran variedad de verduras picadas, como papa, zanahoria, calabacita, chícharos y col. En muchos lugares de México lo llaman simplemente arroz con verduras. En Guerrero suelen llamarlo arroz al esti-

lo costeño. Como su nombre lo indica, es un preparado que se acostumbra en las costas del estado.

ARROZ A LA MEXICANA

Es una de las formas más populares de preparar el arroz, también es conocido como arroz rojo. El arroz se fríe, se sazona y colorea con jitomate molido. Luego se le agrega agua o caldo de pollo con alguna hierba de olor; también puede incluir chícharos, zanahoria, chiles jalapeños o serranos enteros, papas, granos de elote y calabacitas. En Tabasco, partes de Chiapas y la península de Yucatán, se añade achiote al jitomate para darle más color y sabor. En Durango es común añadirle chícharos, trocitos de papa, rajas de chile, granos de elote y queso. Es la manera más común de comer el arroz en el centro del país. En las comidas corridas se considera un "tiempo", esto es, se acostumbra comerlo solo, con rebanadas de plátano Tabasco o con un huevo estrellado. Acompaña todo tipo de guisos, inclusive los festivos como el mole.

ARROZ A LA POBLANA

Preparaciones cuyos ingredientes principales son el arroz y el chile poblano. Puede tratarse de arroz blanco con rajas de chile poblano y granos de elote o arroz frito y coloreado con una mezcla de ingredientes verdes molidos, como epazote, chile poblano, cilantro y lechuga; algunos acostumbran servirlo con rajas de chile poblano, crema, queso panela o granos de elote. Es una receta casera de las familias del centro del país, que difícilmente se encuentra en fondas o restaurantes. También se le llama arroz verde.

ARROZ A LA TUMBADA

Guiso de arroz rojo caldoso, preparado con diferentes mariscos como camarón, pulpo, almeja, ostión, cangrejo, jaiba, langostino y calamar. Se colorea con jitomate y se saboriza principalmente con orégano, ajo y epazote. Es una especialidad gastronómica de la región del Sotavento de Veracruz. No se debe confundir con la paella de mariscos. Se toma como plato fuerte y suele acompañarse con frijoles negros y tortillas o pan. Tradicionalmente se lleva a la mesa en la misma cazuela en que se cocinó o se sirve en platos hondos.

ARROZ AL VAPOR

Arroz cocido en agua sin sal, también conocido como arroz chino (o al estilo chino), utilizado en la cocina de Baja California como guarnición. El origen asiático de esta receta se debe a la gran influencia de comida china que existe en el estado.

ARROZ BLANCO

Arroz frito en aceite o manteca de cerdo con ajo y cebolla y cocido en agua con alguna hierba de olor y sal. Aunque las técnicas varían ligeramente, siempre se calienta el aceite, se fríe el arroz y se añade ajo, cebolla y agua o caldo; se agrega alguna hierba aromática (por ejemplo, perejil) y sal, y se deja hervir. Después se tapa la olla y se espera a que se consuma el agua y el arroz quede cocido

a fuego lento. Para comerse se retira la hierba y se sirve el arroz, según se desee. Para que quede totalmente blanco, en algunas regiones se fríe poco (sin dorar), se añade sólo agua caliente en lugar de caldo de pollo y se agregan gotas de jugo de limón. Las hierbas aromáticas más usadas son cilantro, perejil y epazote. El ajo y la cebolla se usan de muchas formas: a veces se fríen en el aceite antes que el arroz para que suelten su sabor y se retiran; en otras ocasiones se fríen antes y se dejan en el preparado, pero no se sirven. También se suele freír primero el ajo, que puede retirarse o no; luego se fríe el arroz, se añade el agua y después la cebolla cruda en cuarterones. En los estados del centro del país se acostumbra remojar el arroz en agua caliente o fría, porque se cree que así se estira, se esponja y se cuece mejor. También se sustituye el agua por caldo de pollo recién hecho o en cubo o polvo. En el Distrito Federal el ajo y la cebolla se licuan en muy poca agua y se añaden al arroz cuando ya está frito, justo antes del agua. Se aromatiza con perejil o cilantro, y es común añadirle zanahorias en cubitos y chícharos; entonces se llama arroz blanco a la mexicana, porque lleva los colores de la bandera. En Jalisco se acostumbra durante los días de cuaresma para acompañar otros guisos. En Michoacán se prepara otro tipo de arroz blanco al que llaman morisqueta. En el Distrito Federal es común que se sirva acompañado de plátano Tabasco, plátano macho o aguacate. En Jalisco se acostumbra especialmente durante los días de cuaresma para acompañar otros guisos. En Veracruz se aromatiza con perejil o cilantro; se sirve solo o con rebanadas de plátano macho frito. En Tabasco también se utiliza como guarnición y se le agregan rebanadas de chile dulce y perejil ranchero, que le dan un aroma y sabor muy peculiares.

ARROZ CANARIO

Arroz color amarillo canario que se ofrece en las comidas corridas. El tono se obtiene de un colorante artificial o de azafrancillo, aunque originalmente se utilizaba azafrán. En ocasiones el arroz se fríe con mantequilla, en lugar de aceite, para ayudar a darle color.

ARROZ COLETO

Arroz blanco frito con cebolla y ajo, cocido con ejotes, zanahoria, chícharo, tomillo y canela. Los coletos de San Cristóbal de las Casas dicen que el secreto es taparlo con manta para que esponje perfectamente.

ARROZ CON AZAFRÁN

Se hace el arroz frito con ajo y cebolla cocido con caldo de pollo o res, sal y azafrán, y se acostumbra servir con rebanadas de huevo cocido. Se consume principalmente en la región de los Valles Centrales de Oaxaca.

ARROZ CON CALAMARES

Arroz guisado con jitomate, ajo, perejil, calamares y su tinta. Se acostumbra en la región del Sotavento, en Veracruz.

ARROZ CON CALDO DE FRIJOL ◆ arroz negro

ARROZ CON CAMARÓN

Arroz rojo o blanco cocido con camarón seco, que se prepara en muchas regiones del país, especialmente durante la cuaresma. En Nayarit es muy común el arroz a la mexicana con camarón seco. En Oaxaca es un arroz rojo como el que se prepara en el

Distrito Federal; son famosos los camarones secos del Istmo de Tehuantepec, que se utilizan en este platillo dentro y fuera del estado. En Veracruz se acostumbra igual que en otros lugares de México; en Xalapa es muy común durante la cuaresma y en Xico suele acompañar al mole negro. En Comitán, Chiapas, también se acostumbra durante la Semana Santa.

ARROZ CON CHEPIL

Preparación que técnicamente se elabora igual que el arroz blanco: se fríe en aceite o manteca de cerdo y se cuece con agua o caldo de pollo al que se le añade una cantidad sustanciosa de hojas de chepiles. A finales de la primavera y durante el verano (de abril a septiembre) se utiliza el chepil fresco debido a que en estos días llueve; el resto del año se emplea el chepil seco, que las cocineras guardan celosamente para los meses de sequía. Es una especialidad de los Valles Centrales de Oaxaca.

ARROZ CON ELOTE

Arroz preparado con granos de elote. Puede ser blanco o rojo al que se le añaden los granos frescos. Ésta es una de las formas de consumir el arroz y el elote juntos; las recetas varían debido a que es algo muy casero que también se sirve en fondas y restaurantes de toda la república.

ARROZ CON LECHE

Postre muy popular de origen español y profundamente arraigado en México, también llamado arroz de leche o leche de arroz. Consiste en arroz cocido en leche con azúcar, canela y pasas. Generalmente es espeso, y en muchas ocasiones se le añade leche condensada para espesarlo más. Los ingredientes y consistencia varían dependiendo de la región;

puede ser ligero o muy espeso, pero nunca seco. En el Distrito Federal es muy común en las comidas del mediodía y también se hace el atole de arroz con leche. En Valtierrilla, Guanajuato, el arroz con leche es muy tradicional en los altares de muertos, preparado con leche, arroz, canela, piloncillo y hojas de naranjo. En Jalisco se acostumbra especialmente durante los días de cuaresma. A veces la canela se sustituye por cáscara de limón o de naranja. En Oaxaca, especialmente durante la cuaresma, se acompaña con bocadillos de garbanzo o garbanzos en miel; en las recetas antiguas se utiliza crema o nata de leche, pero al contener este producto no debe refrigerarse porque se endurece el preparado. En ocasiones se esparce ralladura de limón como decoración. En Tabasco y Chiapas se acostumbra caliente en desayunos o cenas durante los días fríos. Se consume a todas horas en fondas, restaurantes y en casa, servido en copas o platos hondos y espolvoreado con canela molida; se prefiere frío, pero también se sirve a temperatura ambiente.

ARROZ CON LOMO

Arroz cocido en un licuado de jitomate, cebolla y achiote y caldo de res colado guarnicionado con la carne de palomilla (lomo de res) en cubitos y chiles enteros. Es común en Juchitán, Oaxaca.

ARROZ CON MARISCOS

Guiso en el que se utiliza una gran diversidad de productos del mar como camarones, trozos de pescado, pulpo, calamar, almeja, jaiba y cangrejo. El arroz se enrojece con jitomate y se le añade azafrán o achiote, según la región. Es propio de las regiones costeras del país.

→ arroz a la tumbada

ARROZ CON MENUDENCIAS

Arroz blanco con menudencias de pollo en trocitos. En Oaxaca se condimenta con orégano y contiene chile de agua. En Tabasco se llama arroz de novios, arroz de bodas, arroz de aniversario o arroz de casamiento, porque se hace en bodas para acompañar el mole o algún otro guiso. Se dice también que el arroz blanco es la novia y las menudencias son el novio que viste de negro. Cuando el pavo se mata en casa se utiliza también la sangre, el hígado y la papada. En Tlaxcala se prepara arroz rojo con hígados de pollo y zanahorias picadas para acompañar el mole. Este arroz se hace cuando hay fiesta y se recolectan partes de pavo o gallina para incluirlas en el guiso.

ARROZ CON PESCADO

Arroz blanco cocido con rebanadas o trozos de pescado previamente frito, generalmente robalo o chucumite. Es típico de la región del Sotavento de Veracruz, donde se consume como plato fuerte.

ARROZ CON PLÁTANO

Arroz blanco que se sirve con rebanadas de plátano macho maduro frito. Es típico de la región del Sotavento, Veracruz. En el Distrito Federal también se acostumbra agregarle al arroz rebanadas de plátano Tabasco.

ARROZ CON POLLO

Arroz frito y cocido con caldo de pollo, piezas de pollo y verduras cortadas en cuadritos, como papa y zanahoria, o chícharos. Tradicionalmente se sirve una abundante porción de arroz con piezas de pollo como plato principal. El arroz se colorea con jitomate; en el sureste del país se añade achiote al jitomate.

ARROZ DE LECHE ◆ arroz con leche

ARROZ GUISADO DE FIESTA

Preparación, como su nombre indica, para fiestas y días especiales. Es un arroz rojo condimentado con ajo y jitomate, que contiene costillas de cerdo cocidas y su caldo, chícharos, perejil, orégano y chiles serranos. Especialidad de la región de los Valles Centrales de Oaxaca.

ARROZ NEGRO

Arroz frito y cocido con caldo de frijol negro y aromatizado con hojas de aguacate, típico de Oaxaca. A veces servido con queso fresco y crema al mediodía. En la península de Yucatán se prepara con frijoles kabax y hojas de epazote. También se le llama arroz con caldo de frijol.

ARROZ ROJO

Arroz frito condimentado con jitomate licuado o cocido en agua o caldo de pollo y alguna hierba de olor; el ajo y la cebolla son los mismos que los del arroz blanco y su uso es semejante. En el Distrito Federal y en los estados del centro del país, frecuentemente lo llaman arroz a la mexicana. En Tabasco, algunas regiones de Chiapas y la península de Yucatán, añaden achiote al jitomate para darle más color y sabor. En Durango es común agregarle chícharos, trocitos de papa, rajas de chile, granos de elote y queso.

ARROZ VERDE

Arroz que se fríe y se colorea con una mezcla de ingredientes verdes molidos como epazote, chile poblano, cilantro y le-

chuga. Algunas familias acostumbran servirlo con rajas de chile poblano, crema, queso panela o granos de elote. Es una receta casera de las familias del centro del país, que difícilmente se encuentra en fondas o restaurantes. Se considera típico de Puebla porque se acostumbra en ese estado y porque lleva chile poblano.

→ arroz a la poblana

ARU ◆ guajolote

ARVEJA O ARVEJÓN ◆ alverjón

ASADERA ◆ queso asadero, queso panela

ASADO

Guiso de carne preparado con varios condimentos y verduras. No hay que confundirlo con la carne asada. Se hace en casi todas las regiones de México; son especialmente famosos los asados de Zacatecas, Durango, Coahuila y San Luis Potosí. Entre sus variantes están el asado de bodas, asado placero, asado de plátano, de pollo, de res, de ternera y de venado. En Comitán, Chiapas, el asado puede ser de pierna de cerdo sofrita en un licuado de chile ancho con pan molido al que se le agrega pimienta gorda y de Castilla, canela, tomillo y orégano. Para servirlo se adorna con lechuga y rábanos en rodajas. En Mazatlán, Sinaloa, el asado mazatleco es de cuete frito y cortado en cubos junto con papa; se guarniciona con lechuga, zanahoria, queso, rebanadas de aguacate y jugo de limón. Por separado se sirve un caldo de res fuertemente condimentado con cebolla, ajo, jitomate, orégano, pimienta y comino, que se vierte sobre la carne.

ASADO AL PASTOR

Carnero o cabrito abierto en canal, salado y bañado con vino tinto o mantequilla durante su cocción en las brasas. Tradicionalmente se acompaña con salsa borracha. Esta preparación es de origen español y se ha convertido en un plato típico de Hidalgo.

ASADO DE BODAS

Guiso festivo que principalmente se sirve en las bodas, de donde toma su nombre. Es un guiso de ranchos y comunidades rurales, que por su buen sabor también se acostumbra en las ciudades. En Durango y Coahuila es de carne de cerdo en salsa de chile ancho o colorado, tomate verde, ajo, bolillo seco, comino, chocolate, laurel, orégano y jugo de naranja; se acompaña con tortillas de maíz. En estos estados es tradicional servir en las bodas de rancho siete sopas diferentes antes del asado, que pueden ser aguadas o secas, como arroz, macarrones, coditos, estrellas, conchas de pasta, fideos en caldo y consomé de pollo. Después de las sopas se sirve el asado y luego la barbacoa de cordero y chicharrón. En Parras se hace con carne de cerdo untada con una pasta de vinagre de piña, ajo, comino, orégano, laurel, clavo y sal, y se deja reposar por una

noche. Al día siguiente se asa la carne y se termina de cocer en una salsa de chile guajillo, chile ancho y naranja. En San Luis Potosí la salsa o adobo se prepara principalmente con los chiles anchos o chile chino, mulatos y pasillas y la salsa es muy espesa o seca. Originalmente se servía para acompañar los cabuches y los nopales, pero ahora es un guiso de carne de cerdo. En Zacatecas también lo llaman asado de novias por la costumbre de servirlo en esas ocasiones, pero se sirve frecuentemente en los restaurantes del estado. Se elabora con carne de cerdo condimentada con chile colorado, chile negro o chile guajillo, laurel, mejorana, tomillo, chocolate y pan blanco. No se le añade agua mientras se cuece la carne, sino que ésta se cubre con la salsa y se deja al fuego con cáscaras de naranja hasta que todo se cueza; algunos le añaden vinagre. Se acompaña con arroz rojo o garbanzos guisados con azafrán. Una forma similar se acostumbra en San Luis Potosí.

ASADO DE CHILE COLORADO

Carne de cerdo guisada en un salsa de chiles colorados de la tierra, ajo, agua, laurel, orégano y canela. Guiso típico de la cocina norteña.

ASADO DE GODORNIZ

Albóndigas que preparan los mayos de Sonora con codorniz asada a las brasas, molida y mezclada con masa de nixtamal, cocidas en un caldo hecho con agua, cebolla, pimienta, ajo, tomate y sal. El pueblo mayo conoce al ave con que se prepara este guiso como godorniz.

ASADO DE LOMO DE CUERITO

Platillo hecho con lomo entero frito en aceite previamente untado con ajo molido, sal, pimienta y vinagre. La carne se baña en una salsa de jitomate, cebolla y caldo de la carne. Se acompaña con pepitas peladas, fritas y arroz blanco. Este platillo se acostumbra en el estado de Veracruz, donde con frecuencia se sirve para la cena.

ASADO DE PIERNA

Pierna de cerdo guisada en salsa y horneada. Existen muchas preparaciones similares en todo el país con diversos nombres. En Veracruz se marina la carne con jugo de limón, sal, pimienta y ajo, se cubre con salsa de chile ancho, morita o chipotle, ajo y pimienta gorda, y se hornea. En algunas regiones, como en Huatusco, se envuelve en hojas de plátano para hornearla, y se procura hacerlo un día antes para que tenga más sabor. En San Rafael, región central del mismo estado, se salpimenta la pierna, se fríe en manteca de cerdo y se cuece la carne a fuego lento con agua, hierbas de olor y papas.

ASADO DE PLÁTANO

Guiso antiguo hecho de carne de res asada y cocida en agua con tortilla frita bien dorada, molida, sal, pimienta, ajo y harina de trigo para espesar. Una vez cocida la carne, se agregan los plátanos machos fritos. Se acostumbra en el estado de Tabasco.

ASADO DE POLLO

Guiso de pollo en caldillo espeso de jitomate con verduras troceadas, como papa, zanahoria, ejotes y chícharos. Se acompaña con frijoles o arroz. Es tradicional en muchas regiones de México. También lo llaman estofado de pollo.

ASADO DE PUERCO

Guiso similar al asado de res que se prepara con caldillo de jitomate y verduras. Puede hacerse de alguna parte específica del animal, como el lomo o la pierna. En Chihuahua se prepara con espinazo en trozos cocido en agua con pilon-

cillo, orégano, laurel, tomillo, mejorana, cebolla y ajo, sazonado con chile colorado molido, canela y clavo. Se hace de forma similar en Durango, Coahuila y Nuevo León, aunque a veces se utiliza chile ancho. Es tradicional prepararlo el 25 de diciembre. En Coahuila y Nuevo León se acostumbra para las comidas diarias, pero también se sirve como parte del menú de las tornabodas y otras festividades. Los guisos son similares a los de otros estados; la salsa en que se cocina el cerdo puede incluir chile ancho y cascabel, orégano, tomillo, mejorana, laurel, hojas de aguacate, jugo de naranja, ajo y a veces chocolate. En estos estados se tiene registro de que antiguamente el guiso se ponía en ollas de barro, se tapaba y se colocaba bajo tierra para conservarlo en buen estado hasta por seis meses. En la parte oeste de Tamaulipas es similar al de Coahuila y Nuevo León; hacia la costa y el sur del estado puede ser un guiso de carne de cerdo con chile guajillo o cascabel, ajo, comino y vinagre. En San Luis Potosí puede ser un guiso similar al de sus estados vecinos, o bien un guiso cotidiano de la comida del mediodía, hecho de carne de cerdo preparada en chile ancho, ajo y orégano.

ASADO DE RES

Trozos de carne de res cocida y guisada en un caldillo espeso de jitomate con verduras, semejante al asado de pollo. Es un plato principal de las comidas del mediodía, muy frecuente en las fondas del Distrito Federal. En los estados del sur y sureste del país, se acostumbra como carne guisada y suele llamarse estofado de res.

ASADO DE TERNERA

Guiso de carne con ternera dorada y cocida en agua con hierbas de olor, zanahoria, sal y pimienta. Por separado se dora harina de trigo y se mezcla con jerez, sal y pimienta, y la carne se cuece en esta salsa hasta que espese. Se acompaña con papas cocidas, frijoles refritos y salsa. Es tradicional de Ahuacatlán, Nayarit, especialmente durante las fiestas de octubre.

ASADO DE VENADO

Guiso hecho generalmente de pierna de venado mechada con jamón, salpimentada y horneada. Se sirve con nata de leche o jocoque. Es tradicional de Durango. En Tuxtepec, Oaxaca, la carne se marina en una salsa de chile guajillo, chile ancho, cebolla blanca, ajo, pimienta negra, comino y cerveza; se asa a las brasas y se acompaña con una mezcla de cebollas blancas salteadas con alcaparras y jitomate. El platón se adorna con hojas de lechuga, aguacate, cebolla blanca y limones cortados.

ASADO PLACERO

Platillo de carne de res cocida y dorada con papas, chayote y zanahoria; se sirve con cebollas encurtidas, col cocida rebanada y lechuga, se acompaña con salsa de jitomate. Generalmente se hace de aguayón. Es un guiso de gran arraigo en Sinaloa, especialmente en Mazatlán, donde suelen llamarlo simplemente asado. Tradicionalmente se come por las noches y es común en las cenadurías.

ASADURA

Nombre que recibe el conjunto de vísceras formado por corazón, bazo, hígado y bofe de res, cerdo o cordero, que se comen fritas. En México la asadura más común es la de cerdo, aunque en general así se llama un guiso hecho de uno o varios tipos de vísceras de mamífero. La costumbre de prepararla proviene de ranchos o pueblos donde se matan animales para consumo propio y se dispone de todas las vísceras antes que se descompongan. En las ciudades, las asaduras fritas se pican y se venden en tacos; es un alimento popular que se acostumbra comer en la calle. En la región de Chinantla, Oaxaca, las vísceras están cocinadas con jitomate, pasitas, aceitunas, alcaparras, chiles jalapeños en escabeche y hojas de laurel, en un guiso caldoso. En Tuxtepec, la asadura de cerdo por lo general se prepara con hígado, corazón y panza, y puede acompañarse con una salsa condimentada con chiles anchos y guajillos. En Usila, en el mismo estado, también es un guiso caldoso que contiene carne de cerdo, y se condimenta con chiles anchos, jitomate, ajo, cebollines, orégano, cilantro y hierbabuena.

ASAR

Dorar carnes u otros alimentos sobre una parrilla, brasas o comal. Las que se asan con más frecuencia son las de res, cerdo y pollo, en particular los bisteces. En las comunidades rurales todavía se asan animales de caza, como armadillo y venado. En todos estos casos la técnica que más se aprecia es la que utiliza carbón o leña, ya que se disfruta el sabor ahumado o el perfume de la madera que sirve como combustible. De acuerdo con la región, las carnes pueden emplearse al natural o marinadas, sobre todo las que guardan olores o sabores fuertes como el armadillo o el jabalí. Entre las verduras más comunes para acompañar los alimentos asados están los elotes, los nopales y las cebollitas cambray.

ASH ◆ ojite

ASHENTÉ (*Witheringia meiantha*)

Planta que en Chiapas se come como quelite. Se consume cociendo sus hojas tiernas, lo mismo que en Tabasco, donde se le conoce como cuñá.

ASHISARRE

Guiso de pepita de calabaza tostada, molida y mezclada en agua y colada. Se fríe en manteca de cerdo con cebolla y se le añade un poco de sal. Este preparado es común entre los huicholes de Nayarit.

ASIENTO

Nombre que recibe en Oaxaca la grasa espesa y quemada que resulta de la fritura del chicharrón. Las tlayudas se calientan con algo de asiento y después se untan con frijoles refritos. También las bolitas de masa pueden tener asiento.
→ asiento de pulque, asientos de chicharrón

ASIENTO DE PULQUE

Residuo de pulque que queda en las tinajas donde se fermenta la bebida. Contiene levaduras concentradas y sirve para acelerar el proceso de fermentación del aguamiel y de las masas de harina de trigo que se ocupan en el pan de pulque. También se le llama madre.

ASIENTOS DE ATOLE ◆ chicastle

ASIENTOS DE CHICHARRÓN

Sobrantes que se obtienen de la fritura de las carnitas y el chicharrón. Son diminutos pedazos de carne con grasa, muy dorados. Cuando se separa la piel que se hará chicharrón del resto del animal, se corta con algo de grasa, y como el corte es imperfecto, ésta suele traer pedazos de carne. Después, a la piel se le retira toda la grasa, se mezcla con la carne y ambas se pican y se fríen. Generalmente se venden en los mercados populares del Distrito Federal, donde son muy buscados para rellenar gorditas y otros antojitos. Casi siempre se colocan dentro de una caja de cartón, envueltos en papel de estraza. No es difícil que algunos vendedores tengan también salsa y aguacate, porque muchas personas acostumbran comerlos en tacos ahí mismo con la tortilla que adquirieron en el mercado. En algunos mercados hay personas que se dedican únicamente a venderlos como relleno de tacos. En Morelos se emplean como relleno de tlacoyos. En Tabasco se agregan con frecuencia a la masa de la manea, tamales de frijol, y se prepara el totopaste con asientos de chicharrón. De forma similar se emplean también en Chiapas y Veracruz. Los asientos también son llamados borusas, chalitos, chicharroncitos, gorduritas, menudencias de chicharrón, mantequitas, migas, chalitos, soreape, tlalitos, tierritas, xalitos (en el Distrito Federal), mosmocho (Veracruz), migajas (Querétaro), jales, tlales, tlalitos, chish, chix, shish, six o xix de chicharrón (Tabasco), zorrapa, bachicha, biuces (Oaxaca), zurrapa (Zacatecas) o chacales (Morelos). Los asientos de chicharrón llegan a ser tan codiciados, que algunos vendedores quiebran el chicharrón para simularlos. También son sustituidos por el chicharrón prensado. En las chicharronerías generalmente se venden por separado.

Conocidos también como:
◇ jales
◇ sish
◇ six
◇ sorrapa
→ chalitos

ATÁPACUA O ATÁPAKUA

Platillo que consiste en una salsa muy espesa hecha de masa de maíz, chile guajillo o verde, tomate y cilantro o hierbabuena, en la que se guisa algún tipo de carne o verdura. Es de origen purépecha y común en el área de Paracho, Michoacán. La atápacua de carne de res lleva trozos de carne cocidos en agua con cebolla y ajo y luego se preparan con la salsa antes descrita. También así se pueden hacer con habas verdes, pescado, charales frescos o secos, nopales o carne de cerdo.

ATE

Pasta de frutas cocidas con azúcar que se toma como postre. La pulpa de la fruta hecha puré se cuece con azúcar hasta que espese y al enfriar se desmolda y se orea para que la pasta se torne firme. Puede conservarse de uno a dos años, aunque con el tiempo oscurece y se encoge ligeramente. Es originario del Medio Oriente y fue traído a México por los españoles, quienes a su vez lo conocieron de los árabes. Se puede hacer de varias frutas; los más comunes son los ates de guayaba, membrillo y tejocote. Tradicionalmente en Michoacán se cocinan en cazos de cobre; en otras regiones se utilizan cazuelas de barro u ollas gruesas. Algunos utilizan tejocotes y membrillos en pequeñas cantidades para hacer ates de otras frutas, debido a su alta propiedad

aglutinante, que ayuda a formar más fácilmente la pasta. En los mercados de México se venden por peso; los bloques se cortan en pedazos del tamaño que el cliente elija. Se come solo o con rebanadas de queso fresco o manchego. En Morelia se hacen ates muy famosos en todo el país. Se venden en bolsitas o en cajitas de plástico, enlatados o en canastas, en cubos o rollitos revolcados en azúcar. Generalmente vienen en cuatro colores: café claro y oscuro, verde y rojo, de distintos sabores. Normalmente los ates morelianos se compran como recuerdo o regalo. Aunque en casi todo el país se le conoce como ate, en Durango, Sonora, Chihuahua y otros estados del norte le llaman cajeta. En Coahuila la tradición de hacer ates es muy arraigada; son famosos los de membrillo y perón. Se acostumbran con queso como postre o para la merienda. En Chihuahua se utiliza el ate de membrillo en los chopos. En Valle de Allende se hacen también ates de camote. En Parral se hace la llamada cajeta cruda con membrillos cocidos, muy bien escurridos, licuados y colados, que se mezclan con azúcar pero no se cuecen con ella; después se enmolda el ate para que tome consistencia, se desmolda y se orea. Se conserva en el congelador. En Guanajuato se hacen ates de diversos sabores, entre los que sobresale el membrillate. El guayabate es el nombre que recibe el ate de guayaba en muchos lugares de México. Particularmente en Oaxaca se le suele llamar guayabate de panela. Se hace con piloncillo en lugar de azúcar. La pasta suele amasarse en bolitas antes de que se enfríe totalmente y después se revuelca en azúcar granulada. En Baja California Sur es común el ate de dátil. Los ates pueden nombrarse agregando la terminación -ate al nombre de la fruta con que está hecho, como en los casos del guayabate, mangate, membrillate, peronate, piñonate, almendrate y zapotate.

ATEPOCATE ◆ renacuajo

ATLAUILOME
Recipiente de barro para acarrear agua. Fue diseñado para llevarse en la espalda, amarrado con un *mecapal* que se sostiene en la cabeza, sujetado con la frente. Puede medir hasta 1 metro de altura. Sus orígenes se remontan a tiempos prehispánicos.

ATOL ◆ atole

ATOL DE GARBANZO
Preparación hecha con garbanzo cocido, secado al sol, tostado en cajete y molido en metate, agua, azúcar, piloncillo, canela y clavo. Es una bebida muy común entre los indígenas mayos del estado de Sonora.

ATOL DE HARINA
Bebida que preparan los mayos del estado de Sonora con harina de trigo, piloncillo o azúcar y agua aromatizada con clavo y canela.

ATOL DE JUX
Nombre con el que se conoce entre los Zoques de Chiapas, al atole de ceniza.

ATOL DE MAÍZ
Bebida de masa de nixtamal, agua y sal, que es muy acostumbrada por los mayos de Sonora.

ATOL DE PINOL DE TRIGO
Atole de trigo tostado y molido hervido en agua con azúcar o piloncillo. Es común entre los indígenas mayos del estado de Sonora.

ATOL DE SEMILLA DE ETCHO
Preparación a base de semillas de etcho molidas cocidas en agua con masa de maíz, azúcar y piloncillo. Lo mismo se le puede agregar al pozol, frijol y al garbanzo. Típico entre los indígenas mayos de Sonora.

ATOLE O ATOL
Bebida caliente y espesa hecha a base de maíz cocido, molido y desleído en agua. El agua y el maíz molido se colocan sobre el fuego dentro de una olla de barro o metal, sin dejar de mover hasta que la mezcla se cuece y espesa. El resultado se considera el atole original, también llamado atole blanco, atole de maíz o atole de masa. Aunque el blanco es un atole completo, también se emplea como base para otros

atoles: basta añadirle algún ingrediente para darle el nombre de la fruta o especia que contenga: atole de guayaba, atole de piña o atole de canela, por ejemplo. El atole es una de las bebidas más populares en todo el país. En cada región se prepara con diferentes ingredientes, de modo que es casi infinita la variedad de sabores de atoles. En algunos casos se endulza con azúcar, piloncillo o miel y la

"Feria del atole", Tarécuato, Michoacán

base puede ser agua y/o leche; en la mayoría de los casos la fruta que le aporta el sabor y nombre va molida. Aunque el atole se concibe como una bebida espesa caliente y dulce, existen algunas excepciones que no contienen endulzante o azúcar; pueden ser de sabor agrio, salados y picantes, pero en todos los casos son líquidos, espesos y se sirven calientes. Los atoles salados y picantes que no son totalmente líquidos son considerados más cercanos a un guiso. Entre los más conocidos están los chileatoles, debido a que existen innumerables variedades preparadas con diversos chiles, verduras y carnes. Estos chileatoles pueden ser el desayuno, la merienda o la cena del día. Para los habitantes de las comunidades rurales e indígenas de todo el país, el atole a veces puede ser el único alimento que consumen a lo largo

Mujeres comiendo tamales y atole en un puesto de Guanajuato, 1955

del día. En las ciudades, el atole es una bebida que forma parte del desayuno y es un buen acompañante de los tamales. Se consume por las mañanas en meriendas, reuniones, fiestas o en la cena. En algunos eventos religiosos como bautizos, primeras comuniones, rezos, velorios, fiestas patronales, mayordomías y posadas, se considera al atole una bebida indispensable. Es una bebida tan importante para los mexicanos, que además de ser valorada como alimento, también se utiliza con fines medicinales, ceremoniales y rituales. Entre los medicinales puede citarse el atole de sagú. Los indígenas totonacas preparan algunos para ayudar a la mujer que amamanta a producir más y mejor leche. Se elaboran de ajonjolí, coquitos, coyol, ojite y yuca. Entre los indígenas purépechas es común el consumo de aguamiel o pulque, con los mismos propósitos. Los atoles ceremoniales forman parte de tradiciones y celebraciones en casi todo el país. Dado que muchos se elaboran a base de maíz, en muchas comunidades indígenas se ofrecen para agradecer o pedir por las cosechas de esa planta. También suelen servirse en bodas, bautizos, comuniones y en infinidad de ceremonias religiosas y festividades anuales. Por lo general adoptan el nombre de la ceremonia como el atole de Reyes. Los atoles que se elaboran con fines rituales, igual que los de uso ceremonial, son acompañantes inseparables de muchas procesiones en todo el país. El origen de esta bebida es eminentemente prehispánico, e innumerables testimonios demuestran su consumo desde esa época. Entre los datos históricos disponibles del periodo prehispánico y de los primeros años de la Conquista, encontramos los de fray Bernardino de Sahagún, quien en 1565 registró cómo los indígenas vendían los atoles calientes y fríos, preparados con masa de maíz molido o tostado, a los que llamaban *atol* o *atolli*. La mayoría de los atoles que refieren los cronistas se siguen elaborando, aunque en algunos casos han perdido sus nombres originales. Se sabe que los antiguos mexicanos también denominaban los diferentes tipos de atoles de acuerdo con los ingredientes que contenían. El necuatolli se hacía con miel de maguey y se tomaba con chile verde para estimular el apetito sexual. El atole hecho con chile amarillo se llamaba *chilnecuatolli*. El *xocoatolli* era un atole agrio de masa de nixtamal que se dejaba fermentar para desleírla y después hervirla con más masa fresca; se tomaba con chile y sal. También se preparaba un atole con las partes suaves de los centros de tortillas gruesas, que machacaban con agua fría, al que llamaban *tlaxcalatolli*. El *chianatolli* se elaboraba con semillas de chía; el *hoauhatolli* con amaranto rojo y miel; el *izquiatolli* con maíz tostado, molido y hervido con chile, servía para quienes siempre estaban tristes o quienes poseían un corazón débil; el *huanexatolli* era un atole muy espeso, blanco y condimentado con tequesquite; con el atole con chile o *chillatolli* (hoy chileatole), al parecer curaban el catarro y se daba a beber a las mujeres después del parto. Por otra parte, en realidad no existen los atoles fríos; más bien son atoles que se toman a temperatura ambiente y otras bebidas refrescantes y alimenticias que se beben frías como el pozol del sureste del país y el taxcalate de Chiapas, los que ni siquiera

Atolera purépecha

se consideran atoles, pese a estar hechos a base de maíz. Desde sus orígenes la bebida se espesa con maíz cocido y molido o pinole, sin embargo, en algunos lugares se le añaden (o se le sustituyen) otros espesantes como arroz, fécula de maíz, pinole, elote, avena o cebada. Por ejemplo, el atole de arroz se hace con granos de arroz y fécula de maíz, que dan mayor consistencia a la bebida. Un caso especial es la bebida hecha a base de maíz tostado y molido o pinole, chocolate, piloncillo y agua; curiosamente no se llama atole de chocolate, sino que se prefiere denominarla champurrado, con lo que pierde el nombre de atole. En muchas ciudades se prepara también el atole de chocolate hecho de masa de maíz y/o fécula de maíz, azúcar de caña y chocolate. Puede prepararse con agua y/o leche de vaca. El maíz espesante del atole puede estar simplemente cocido en agua y después molido, aunque en muchos casos los granos pasan por un proceso de cocción especial llamado nixtamalización, que consiste en cocer el maíz en agua con cal o cenizas para ablandar el grano y facilitar la digestión. En el siguiente desglose por estados se enlistan los atoles más representativos de algunas entidades, aunque no todos, así como los más raros o únicos en su estilo. Cabe mencionar que muchos atoles se acostumbran beber en toda una región, por lo que muchos estados comparten las recetas; por ello, un mismo estilo de atole puede adquirir diferentes modalidades. Varios atoles antiguos conservan su nombre original, por ejemplo chileatole, chocolate-atole, champurrado, jocoatol, kamata y puzunque.

- En Aguascalientes se elabora el atole de pinole.

- En Baja California varios grupos indígenas llaman atole a algunas preparaciones semilíquidas, saladas o dulces, que no necesariamente contienen maíz, como el de bellota, de islaya, de pescado, de trigo gentil, de bellota amarga, de maíz con frijol, de frijol, de biznaga, de hongo de álamo con chile colorado, de piñón, de trigo, de dátil de palmilla, de semilla de quelite, de nuez de jojoba, de vaina de mezquite y de maíz blanco.

- En Chiapas al atole le llaman atol. Los tzotziles le dicen *ul*, y para ellos es indispensable durante los días festivos y ceremonias religiosas, así como en carnavales, Semana Santa y cuaresma. Existen el atole pulul y el pajal ul, así como diversas variedades de atole agrio y jocoatole. Otras comunidades preparan el de calabaza, el k'itom, el puzunque y el atolshuco.

- En Chihuahua se preparan los atoles de lentejas, de semillas de cilantro y de trigo.

- En Colima se elaboran los atoles de tamarindo, de nopal y de cascarilla, entre otros.

- En el Distrito Federal es enorme la variedad de atoles que se preparan, entre otras razones debido al flujo de personas provenientes de todas las regiones del país; sin embargo existen atoles muy antiguos y otros muy tradicionales como el de leche, de arroz con leche, de fresa, de guayaba, de cacahuate, de nuez, de cajeta y, por supuesto, el champurrado. Por lo general se venden en las mañanas, en puestos ambulantes fácilmente localizables en muchas esquinas, paradas de autobús o salidas del metro. Quienes los venden también ofrecen tamales. Otros atoles caseros y muy antiguos son el de maíz de teja, de frijol flor de mayo y de amaranto. No debe olvidarse que en la periferia del moderno Distrito Federal existen pueblos y comunidades rurales como Culhuacán, Milpa Alta, Tláhuac y Xochimilco, entre otros, donde el pasado prehispánico e indígena sigue muy presente. En la delegación Milpa Alta se encuentran atoles de pinole y miel de abeja, de amaranto, de capulín, de zarzamora, amarillo, de arroz, de elote, de chícharos y de granos de elote con canela.

• En el Estado de México se pueden encontrar todos los atoles tradicionales del Distrito Federal y algunos de Michoacán. Se distingue el atole de arrayán y el de aguamiel.

• En Guanajuato son típicos el de fresa, el de guayaba y el de puzcua.

• En Guerrero se acostumbran atoles especiales como el de ciruela, el de aguamiel y el de fiesta.

• En Hidalgo elaboran el atoliapule, ayojatoli, atole duro, atole de grano, atole de gualumbo, atole de puzcua, atole de piña, atole de aguamiel, atole de calabaza y atole agrio.

• En Jalisco se prepara el atole de cascarilla.

• En Michoacán los purépechas han desarrollado una gran variedad de atoles que se preparan en distintas épocas del año por motivos religiosos, algunos de alto valor nutricional. Existen tantos atoles en el estado que hay variedades y subvariedades de uno mismo. Entre ellos encontramos el agrio, el de anisillo, el de chaqueta o cascarilla, el prieto, el de puzcua, el de sagú, el de plátano y el de tamarindo. Muchos atoles de este estado conservan todavía su nombre original, por ejemplo el kamata, del cual existen muchas variedades.

Atole de plátano

• En Morelos encontramos los atoles de frijol, de calabaza recia, de maíz, de anís, de masa de canela, de masa, de tamarindo y el de calabaza con frijol.

• En Nuevo León se preparan diferentes atoles, entre ellos el de mezquite.

• En Oaxaca se acostumbra preparar una rica variedad, entre los que sobresalen el chinequaltole, chocolate-atole, atole de espuma, atole de cacahuate, atole de granillo y pozonque.

• En Puebla es especial el atole agrio o xocoatole y el de aguamiel, entre otros.

• En Querétaro muchos atoles son similares a los de sus estados vecinos, entre ellos sobresalen el de higo, el de maíz de teja, el de puzcua, el de aguamiel y el de cascarilla. En la Sierra Gorda de ese mismo estado se destacan el de guayabilla, el de maracuyá, el de teja y el de cacahuate.

• En San Luis Potosí se prepara el atole de elote tierno con granos de elote molidos, colados y cocidos en agua con piloncillo o azúcar y hojas de aguacate. En diferentes partes del estado es común encontrar el atole agrio, preparado con masa de maíz fermentada.

• En Sinaloa se preparan los atoles blanco, de guamúchil, de cacahuate, de mezquite, de igualama y de etcho, además del champurrado antiguo.

• En Sonora los mayos lo conocen simplemente como atol. Ahí preparan el de garbanzo, el de pinol de trigo, el de harina y el de semilla de etcho. Por su parte, los yaquis preparan los de barchata, de elote, de harina, de pechita, de calabaza, de bledo, de garambullo y de sayas.

• En Tlaxcala se elabora un atole de aguamiel y el atole de amaranto.

• En Veracruz, los nahuas del norte del estado preparan los atoles de elote, de semillas de girasol, agrio, de frijol negro, de masa martajada, de tempechkitles, de coyol, de masa, de coco, de tamarindo, de mango, de capulín y de camote malango. También se prepara un atole a base de cacahuates tostados y molidos, leche, azúcar, canela y fécula de maíz. Se encuentra en casi todas las partes frías del estado, como en Xalapa, Perote y áreas circunvecinas. El cuauhnexatol de Zongolica es un atole de agua y maíz blanco previamente cocido en ceniza, que sólo a veces se endulza. El atole de cucho de la Huasteca se prepara con agua, masa de maíz y jugo de naranja agria, que en la región se llama naranja de cucho. También existen un atole de ojite cocido, pelado y molido, hervido en agua y azúcar, y otro de raíz de tequexquelite pelada, cocida y molida. Ambos se acostumbran en Chicontepec y en algunos lugares de la Huasteca. Al norte del estado, los nahuas preparan varios atoles con frutos y productos de la región, por ejemplo los de semillas de girasol, de piña, de masa martajada, de coco, de frijol negro, de tempechkitles, de alegría, de camote malanga, de ciruela campechana, de mango, de capulín y de tamarindo. Los indígenas totonacas preparan varios atoles con frutas de la región. Por eso, según la temporada, podemos encontrar los de: guayaba, jobo, tamarindo, naranja de cucho, capulín, camote amarillo, piña, calabaza, plátano, zapote, limón, guapilla, elote tierno, cacahuate, ajonjolí, blanco, de maíz morado, de canela, de masa simple, de masa de maíz martajado, de masa de maíz tostado, champurrado, de tres frijoles y diversas variedades de chileatole. Otros más se describen por separado: atole agrio, atole de norte, atole de ojite, atole de reyes, atole de tortilla quemada y atole duro.

• En Yucatán también existen varios atoles tradicionales, cuya elaboración difiere ligeramente de la de los del centro del país. El atole chorreado se elabora con masa de maíz que se deslíe en agua, se cuela y luego se mezcla con el llamado chocolate de Ceilán (una variedad híbrida de cacao), pimienta de Tabasco, anís y azúcar.

→ kamata

ATOLE AGRIO

Preparado con masa de maíz fermentada desleída en agua y hervida hasta que espesa. En muchas regiones del país el atole agrio conserva varios nombres que provienen del náhuatl, por ejemplo *xocoatole*, *jocoatole*, *xucoatole*, *shucoatole*, *atolshuco*, *atolxuco* y otros similares; todos haciendo referencia al sabor agrio o acedo de la bebida: el vocablo náhuatl *xococ* o *xócotl* significa "agrio". El original atole agrio no contiene azúcar, pero a esta base se pueden añadir diferentes tipos de endulzantes, frutas molidas u otros ingredientes que le darán nombre y característica al atole agrio de cada región. En el atole de agua y maíz o masa de maíz fermentada, el nivel de fermentación depende de factores como

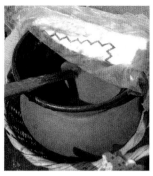

Atole agrio, Michoacán

la temperatura, el ambiente, el tiempo de fermentación y el gusto personal. Técnicamente existen dos formas de preparar este atole; la primera es dejar que el maíz o la masa de maíz fermente, después se deslíe en agua y finalmente se pone a cocer; la segunda es preparar el atole con masa fresca sin fermentar, se cuece el atole y se deja en un lugar tibio, por ejemplo cerca de los rescoldos de un fogón o comal caliente hasta que fermente. La fermentación de cualesquiera de los dos métodos puede ser desde unas cuantas horas hasta tres días, según la costumbre de quien lo prepara y del gusto por lo agrio y ácido de su sabor. En Tila y Sitalá, Chiapas, se elabora el atole de maíz tierno. Se muelen los granos de elote, se baten y se dejan reposar hasta agriarse; después se cuelan y se cuecen en agua con canela; al final se endulza con azúcar o piloncillo. Otro atole agrio es el atolshuco o shucoatole, que se prepara con maíz agrio durante la cosecha en Tapachula y Tonalá. El jocoatol es otra variedad característica de la región de Comitán. *Pajal ul* es el nombre que se le da en tzotzil al atole agrio, el cual forma parte de la ceremonia de petición de lluvias en Oxchuc. También es tradicional servirlo para la comida de los apóstoles, en las representaciones de la Pasión, en Semana Santa. En Hidalgo lo llaman xocoatole y en la Huasteca se le conoce como xocojatole. En realidad es un guiso de maíz con consistencia espesa que se sirve en platos hondos. Evoca un pozole con frijoles guisados con epazote y cilantro, puede contener trozos de chayotes y estar espolvoreado con chile molido, sal y salsa picante. Este es un ejemplo del tipo de atoles que son más que una bebida, dado que en este caso se puede considerar guisado o plato fuerte. En Michoacán el atole agrio es muy importante para los purépechas, quienes lo preparan con masa fermentada de maíz negro y le añaden gotas de jugo de limón. Se le agrega también chile guajillo o pasilla molido. En Nayarit, los huicholes lo conocen como *tsinari*, lo preparan con huitlacoche y es una preparación ritual. En La Joya Jacatepec, Oaxaca, los mazatecos lo preparan con masa de maíz, ajonjolí y chile seco. En el área de Jalpa de Díaz la receta cambia y se utiliza elote seco tierno y molido que se deja fermentar. En Huautla de Jiménez contiene masa de maíz, ajonjolí y semillas de chile chiltepec molidos en forma de pasta, así como frijoles ayocotes cocidos; estos dos elementos flotan en la superficie del atole que se sirve en frío. En Puebla se preparan al menos dos variedades de xocoatole, una con maíz negro y otra con maíz rojo. En San Luis Potosí el atole agrio es de maíz blanco quebrado que se deja fermentar toda la noche en un cántaro, se muele y se cuece con agua; suele endulzarse con piloncillo. En Tabasco se acostumbra un atole agrio con agua, masa de pozol blanco agrio y, si se desea endulzarlo, se le añade piloncillo. También se hace el jocoatole con cacao tostado y molido y pixtle. En Tlaxcala se prepara un atole agrio con masa de maíz morado remojado y martajado, que se deja agriar en poca agua durante una noche, después se disuelve con más agua y se hierve con olotes del mismo maíz para intensificar el color. Luego se cuela y se vuelve a hervir con canela y piloncillo. Por separado se cuecen ayocotes en agua y tequesquite, y se añaden al atole servido en un cajete. Entre la gente del campo este atole se considera una comida completa. En Veracruz se encuentran diferentes versiones: en San Miguel Aguasuelos se cocina el atole agrio con bolitas de pipián; en Chicontepec es de maíz blanco endulzado con piloncillo y ocasionalmente se le añaden también las mismas bolas de pipián, además de piloncillo, canela y agua o leche; para los nahuas del norte del estado sólo es de agua, maíz y piloncillo; en Zongolica y áreas cercanas se hace con agua y se acompaña con tamales o pan de dulce; entre los totonacas de la costa norte del estado se considera un atole muy reconstituyente, recomendado para los enfermos, que endulzan con piloncillo o azúcar y acostumbran llevarlo a la milpa para beberlo durante la jornada. La fermentación de este atole dura por lo general un día y se efectúa al rescoldo del fogón. Si no lleva endulzante se le conoce como atole agrio simple.

→ jocoatole

ATOLE AGRIO DE MAÍZ NUEVO
Bebida que se elabora con maíz sazón blanco o amarillo, que se muele en crudo y se disuelve en agua con sal. La mezcla se deja reposar durante una noche para que se agrie, se le añade más agua, se cuece y se endulza con miel de abeja o azúcar al gusto. Se acostumbra en Campeche.

ATOLE ALMENDRADO
Preparado de almendras tostadas y peladas molidas con arroz crudo, mezclado con nixtamal, azúcar, canela, leche y en algunos casos yemas de huevo. Se consume en varios estados de la república.

ATOLE AMARILLO
Bebida de masa de maíz diluida en agua, mezclada con una pasta de chile ancho y anís y endulzado con piloncillo. Este preparado es típico de Milpa Alta, Distrito Federal.

ATOLE BLANCO O ATOLE DE MASA
Bebida elaborada a base de maíz blanco cocido, molido y hervido en agua. Originalmente no contiene azúcar ni ningún otro ingrediente. Este atole se encuentra prácticamente en todo el país. En cada región adquiere modalidades distintas cuando se le agrega azúcar de caña o piloncillo. Aunque no es la costumbre, puede contener leche. El atole blanco se bebe solo y prácticamente es la base de todos los demás atoles que se preparan con frutas, las que se añaden molidas. En Michoacán los purépechas llaman al atole blanco *kamata urápiti*. En Durango los tepehuanos lo llaman *atulh*. En el municipio de Zihuateutla, Puebla, los totonacas lo hacen como bebida refrescante que acostumbran darlo a las mujeres embarazadas para ayudarles en la futura lactancia y para que el niño nazca sano. En Tlaxcala se prepara con masa de maíz, agua y/o leche. En Zongolica, Veracruz y sus alrededores, se prepara este atole con masa de maíz, panela, canela y agua. Se sirve acompañado de tamales y pan de dulce.

ATOLE CAHUAX KAMATA ◆ kamata, nurite

ATOLE CHAMPURRADO ◆ champurrado

ATOLE COLORADO
Atole festivo elaborado con granos de trigo y cacao tostados, canela asada, achiote, tlaciahual y azúcar, todo molido y diluido en agua. Es típico de la sierra de Juárez, en Oaxaca.

ATOLE CON CALABAZA RECIA
Preparación a base de chilacayote, agua de tequesquite y harina o masa de maíz azul, que se elabora en Morelos.

ATOLE DE AGUAMIEL

Bebida elaborada en los estados del centro del país donde la producción pulquera es importante, ya que para elaborarlo se utiliza el aguamiel antes de su fermentación. La forma más común de preparar esta variedad es mezclando atole blanco y aguamiel; ambos ingredientes se cuecen juntos para que hiervan. Además, en algunos estados existen variantes. Por ejemplo, en Guerrero se prepara con granos de elote tierno enteros o martajados; en Apan, Hidalgo, prevalece una enorme tradición pulquera y se prepara con atole blanco y aguamiel. Por su cercanía geográfica, comparten esta receta el Estado de México, Tlaxcala y Puebla. En Querétaro se prepara agregando el aguamiel al atole de puzcua. En la región semidesértica se elabora de aguamiel con masa de maíz. En Tlaxcala también se prepara otro atole blanco con aguamiel, cáscara de naranja y, ocasionalmente, leche.

ATOLE DE AJONJOLÍ

Bebida elaborada con masa de maíz, panela y ajonjolí, es típico de la región de Totonacapan, Veracruz.

ATOLE DE AMARANTO O ATOLE DE ALEGRÍA

Preparación con semilla de amaranto tostada y molida como una harina, que se mezcla con agua y/o leche, se endulza con piloncillo o azúcar y a veces contiene canela. Se acostumbra en el centro del país, como en el Distrito Federal, Tlaxcala, Estado de México, Puebla y norte de Veracruz. Con frecuencia es difícil hallarlo en las urbes, sin embargo es común en diferentes comunidades rurales e indígenas del centro del país.

→ atole de bledo

ATOLE DE ANÍS

Bebida que se elabora con masa de maíz, agua, piloncillo, anís y chile guajillo. Se acostumbra en Morelos.

ATOLE DE ANISILLO

Atole muy importante entre las comunidades indígenas de Michoacán. Puede prepararse con agua, granos de elote molidos y otros enteros y anisillo molido; se sirve con rodajas de chile perón. En Pátzcuaro se prepara un atole similar llamado atole de granillo, mientras que en Uruapan existe otra variedad llamada atole de grano.

ATOLE DE ARRAYÁN

Bebida tradicional del Estado de México. Se prepara con masa de maíz desleída en agua, mezclada con arrayán, piloncillo y canela.

ATOLE DE ARROZ O ATOLE DE ARROZ DE LECHE

Atole preparado en Oaxaca con arroz tostado y molido en metate hasta obtener una harina que se cuece con leche, canela y piloncillo. Es un buen acompañante de tamales. Es común que en el Distrito Federal los compradores pidan atole de arroz, cuando en realidad se refieren al atole de arroz con leche. Conocido también como atole de leche-arroz.

ATOLE DE ARROZ CON LECHE

Atole elaborado con arroz hervido en leche y azúcar, se aromatiza con canela y/o hojas o cáscaras de naranja, y se espe-

sa con fécula de maíz. No contiene masa y suele llamársele simplemente atole de arroz. Es un atole muy solicitado en los puestos ambulantes de tamales y atoles del Distrito Federal y zona conurbada. Conocido también como atole de leche-arroz.

ATOLE DE AVENA

Bebida preparada de diferentes formas en todo el país: de avena sola con agua; con agua y leche; únicamente con leche; con o sin azúcar, y muy líquido o muy espeso, que generalmente se aromatiza con canela. Se considera un alimento muy completo en el desayuno. Se consume en varios estados de la república, y por lo general se le conoce sólo como avena.

ATOLE DE BARCHATA

Preparado con pulpa de barchata cocida en agua hasta que espesa. Se acostumbra entre los yaquis del estado de Sonora.

ATOLE DE BELLOTA

Pasta con la consistencia de una gelatina, elaborada con bellota seca, agua y miel. Para preparar este atole es necesario que la bellota esté totalmente seca, si tiene apariencia rayada, se pela y extrae la semilla y se pone al sol; cuando está totalmente seca, se muele en el metate y se va colando en un sahuil (colador muy cerrado hecho con fibra de junco). Posteriormente, se retira la bellota con una cuchara de madera y se lava varias veces hasta quitarle el sabor amargo. Enseguida se coloca una olla grande y se disuelve la bellota con agua tibia poniéndola a cocer. Se le agrega miel al gusto y se deja en el fuego hasta que se seca; se deja enfriar y se corta en cuadros. Se puede acompañar con frijoles y carne, o con miel. Hasta hace poco era consumido como único alimento con un significado religioso por los cantores y danzantes de las comunidades originarias de Baja California. Ellos lo comían durante los 15 días que antecedían a la fecha de celebración de alguna de las ceremonias importantes. Sin embargo, en la mayor parte de las comunidades se toma durante las fiestas para acompañar los alimentos tradicionales; es muy especial para ellos. Se come con frijoles de la olla, acompañado de carne asada, con tortillas de harina y miel o con un trozo de queso. Algunos lo comen agregándole leche. Es uno de los alimentos más tradicionales de las comunidades yumanas, kumiai, paipai, kiliwa, cucapá y cochimí.

ATOLE DE BELLOTA AMARGA

Atole que suele tomarse con carne de conejo, espinazo de res o carne al gusto; también se acostumbra una versión dulce con miel y leche de vaca, lo que recuerda el sabor del chocolate. Para quitar lo amargo a las bellotas previamente molidas en metate, los kiliwas del norte de Baja California las ponen en una cazuela de tierra hecha en el suelo que contiene agua tibia; posteriormente levantan la bellota con una cuchara y la ponen a hervir por separado.

ATOLE DE BIZNAGA

Biznaga cocida y machacada mezclada con cebollines dorados en manteca de venado, agua y sal. Este atole es común entre los kiliwas del norte de Baja California.

ATOLE DE BLEDO

Atole elaborado con semillas de bledo o amaranto molidas, cocidas en leche con piloncillo. Es común entre los yaquis del estado de Sonora.

→ atole de amaranto

ATOLE DE BOLAS ◆ atole de norte

ATOLE DE CACAHUATE

Bebida elaborada con ca-
cahuates tostados y moli-
dos, leche, azúcar y fécula
de maíz, es uno de los que
más demanda registran en el
Distrito Federal, aunque encontrarlo no es tan fácil. También en Naupan, en la sierra
Norte de Puebla, los curanderos y la gente de la comunidad lo consumen mucho. En
la Sierra Gorda de Querétaro se aromatiza con canela.

ATOLE DE CAJETA

Atole con una mezcla de leche con cajeta; por su sabor goza
de enorme preferencia. En Pátzcuaro, Michoacán, se le agrega leche condensada, y al momento de servirlo, nuez molida.

ATOLE DE CALABAZA

Preparación muy común en varios estados de la república,
con sus distintas variantes. Por ejemplo, en Chiapas se elabora con pulpa de calabaza seca y hervida hasta que espesa;
se endulza con azúcar y se aromatiza con cáscaras de naranja. Es típico del área de Sabanilla. En Hidalgo se elabora con
agua, masa de maíz y piloncillo y se denomina ayojatoli; el
origen del nombre es náhuatl, de *ayotli*, calabaza, y *atolli*,
atole. En Quintana Roo está hecho de maíz hervido con calabacitas que se muelen y deslíen en agua; se deja espesar
antes de tomarlo y se endulza con azúcar o miel de abeja. En
Sonora los yaquis lo preparan con calabaza pelada y cocida,
nixtamal, agua y piloncillo. Los nahuas del norte de Veracruz
lo hacen con calabaza y lo saborizan con canela, panela y
leche.

ATOLE DE CAMOTE

Nombre que reciben diferentes variedades de atoles que
contienen camote. En Benito Juárez, Tabasco, se consume
un atole de camote con leche, agua y azúcar. En Quintana
Roo se elabora con maíz remojado, que se cuece junto con
el camote. Algunos prefieren moler el camote y desleírlo en
el agua con el maíz; una vez cocido, se cuela y deslíe para
volver a cocerlo; se prepara con agua, se endulza con azúcar,
y puede agregársele un poco de sal para intensificar el sabor, aunque es un atole esencialmente dulzón. Se acostumbra en ofrendas, novenas y fiestas religiosas.

ATOLE DE CAMOTE MALANGA

Atole preparado por los nahuas en la región norte de Veracruz a partir de camote malanga cocido en agua con canela,
que se deslíe en leche y se le agrega panela como endulzante. Se sirve caliente.

ATOLE DE CANELA

Bebida a base de maíz, canela molida y piloncillo. Se acostumbra en la región de Totonacapan, Veracruz.

ATOLE DE CAPULÍN

Preparación de masa de maíz, azúcar o panela, a la que se le
añade pulpa molida de capulín. Es elaborada en varios estados del centro del país y es muy común en el norte de Veracruz. En Hidalgo se le conoce como atoleapule o atoliapule.

ATOLE DE CASCARILLA O ATOLE DE CÁSCARA

Atole con la cáscara (o cascarilla) que envuelve la almendra
del cacao, la cual se tuesta y muele para darle sabor, color y

consistencia. Se consume en varios estados del país, donde
recibe diferentes nombres. En Colima se prepara a base de de
agua, masa de maíz, piloncillo y cascarilla; suele saborizarse
con clavo. Se acostumbra en las verbenas, fiestas populares y
novenarios. En Pátzcuaro y
Janitzio, Michoacán, lo llaman atole de chaqueta. Se
hace con agua, masa de maíz
prieto, piloncillo y cascarilla.
Es una bebida de tono ne-
gro. En Jalisco y Querétaro lo
conocen como atole de cáscara, y es similar al de Michoacán. Especialmente en
Zacoalco de Torres, Jalisco,
los nahuas lo acostumbran
como parte del desayuno en
las bodas tradicionales.

ATOLE DE CENIZA

Bebida de masa de maíz y ceniza fina de fogón desleídas en
agua y endulzada con azúcar o panela; esta ceniza se denomina *cuanextle* en náhuatl. Es preparada en varias regiones
del país. Es costumbre darla a las mujeres que recién han
parido o a los enfermos, aunque también se toma de forma
cotidiana. Los nahuas de la región de Zongolica, Veracruz, lo
llaman atole de conextli.

ATOLE DE CHAMPURRADO ◆ champurrado

ATOLE DE CHAQUETA ◆ atole de cascarilla

ATOLE DE CHÍA

Bebida preparada con maíz, semilla de chía tostada y molida, y a veces endulzada con piloncillo. Del náhuatl *chian*, chía,
y *atolli*, atole. Se consume en varios estados de la república.
Conocido tambien como chianatole.

ATOLE DE CHÍCHAROS

Preparación de masa de maíz diluida en agua, saborizada con
chiles de árbol o serranos molidos, epazote picado y chícharos enteros que quedan flotando. Es muy nutritiva y se puede
tomar sola o como sopa en la comida o en la merienda. Lo
acostumbran los nahuas de Milpa Alta, en el Distrito Federal.

ATOLE DE CHICOZAPOTE

Bebida de harina de maíz diluida en agua con canela, mezclada con leche, azúcar, pulpa de chicozapote y yemas de
huevo.

ATOLE DE CHOCOLATE

Atole cuyo principal ingrediente es el chocolate de tablilla,
del que existen dos variedades: el de chocolate que se prepara con agua y se espesa con masa de maíz, y el de chocolate
con leche que se espesa con fécula de maíz. Ambos contienen azúcar y canela. No confundir el atole de chocolate con
el chocolate caliente ni con el champurrado.

ATOLE DE CIRUELA

Atole con la ciruela de cáscara roja y pulpa amarilla y hueso
grande, que abunda en Tepecuacuilco, Guerrero; se hierve en
agua con azúcar hasta que la ciruela se rompe y suelta su
pulpa. El preparado adquiere un color amarillo mostaza. Por
separado se prepara un atole de agua, leche y masa, con el
que luego se combinan las ciruelas cocidas para hervir todo
junto. Se sirve con las ciruelas flotando en el atole. Es típico en
el desayuno. En Nayarit, los huicholes lo consumen preparado con la misma ciruela que en Guerrero, cuando se hace el

trabajo de la limpia del coamil (limpieza y preparación comunitaria del terreno para la siembra); además lo sirven en diversas fiestas como la del tambor. En el norte de Veracruz los nahuas hacen un atole muy parecido con una ciruela que llaman campechana, de forma ovalada y cáscara roja. El nombre obedece a que supuestamente las ciruelas vienen de Campeche, aunque en realidad pertenecen a esta localidad.

ATOLE DE COCO

Atole festivo colimense de masa de maíz, coco molido, azúcar o piloncillo, leche y canela; algunas veces lleva también piña. Es muy popular en las ferias y verbenas. En el norte de Veracruz los nahuas lo preparan con coco, masa, panela, canela leche y agua.

ATOLE DE CONEXTLI ◆ atole de ceniza

ATOLE DE COYOL

Bebida preparada por los nahuas del norte de Veracruz con coyol molido revuelto con masa de maíz que se deslíe en agua, se cuela, se añade leche, canela y panela, y todos los ingredientes se cuecen juntos.

ATOLE DE DÁTIL DE PALMILLA

Atole preparado con dátiles de palmilla secos molidos en molcajete, cocidos en agua y endulzado con miel. Lo acostumbran los kiliwas de Baja California.

ATOLE DE ELOTE

Preparado de granos de elote tierno, molidos o enteros y cocidos en agua o leche, a veces con algún saborizante como hierbas, hojas o especias y azúcar o piloncillo como endulzante. En Chiapas, la comunidad mochó lo llama *pulul pahan*. En Milpa Alta, Distrito Federal, se prepara con masa de maíz, granos de elotes tiernos, agua, epazote y chile serrano o de árbol. En Michoacán, los purépechas preparan un atole con granos tiernos de elote molidos con anisillo, que le aporta un tono verde y sabor anisado. A veces se le añade chile manzano rebanado o picado. En la versión mestiza le llaman atole de grano o atole de granillo porque el elote no se muele, de modo que quedan algunos granos enteros flotando. En ocasiones se llama también atole de anisillo y principalmente se vende por las tardes en Pátzcuaro para la merienda o cena. En Juchitán, Oaxaca, este atole contiene también canela y epazote y se acostumbra para desayunar cuando se levanta la cosecha de maíz. En la sierra Norte de Puebla, se elabora como parte de las ofrendas por la cosecha de maíz, con granos de elotes tiernos, agua, azúcar y, en ocasiones, chile seco en polvo. En Sonora los yaquis lo hacen simplemente con granos de elote tierno, leche, azúcar y agua. En Veracruz, los nahuas y los totonacas lo preparan moliendo los granos en agua, lo endulzan con panela y lo condimentan con epazote y chile piquín molido. Su sabor debe ser dulce y picoso a la vez. Aunque se parece al chileatole, no se le conoce con ese nombre.

ATOLE DE ESPUMA O NISIABA'BUPU

Atole preparado con maíz, cacao, piloncillo y flores secas, como el cacaloxochitl. Se considera festivo del Istmo de Tehuantepec, Oaxaca.

ATOLE DE ETCHO ◆ atole de semillas de etcho

ATOLE DE FIESTA

Bebida preparada en Ometepec, Guerrero, durante la Semana Santa. Se añade pixtle al atole blanco y así se vuelve una bebida especial, es decir, un atole de fiesta, que se sirve para acompañar varios tipos de tamales.

ATOLE DE FRESA

Atole elaborado con leche en el Distrito Federal. Frecuentemente se espesa con fécula de maíz y se le da sabor con fresa fresca molida y esencia de vainilla. Es tan popular que se vende comercialmente en polvo de preparación instantánea, igual que muchos otros atoles. En Guanajuato cobra especial importancia debido a que ese estado es de los mayores productores de fresas del país, especialmente Irapuato y sus alrededores. El atole contiene fresa licuada, leche, azúcar y fécula de maíz.

ATOLE DE FRIJOL

Atole con frijol tostado y cebollines silvestres sofritos en manteca de cerdo y agua, preparado por los kiliwas de Baja California. En Morelos se hace cociendo frijoles y masa de maíz en agua de tequesquite; se endulza con azúcar o piloncillo.

ATOLE DE FRIJOL CON GUAYABA

Bebida de masa de maíz para tortillas disuelta en agua y colada, mezclada con frijol cocido y molido, azúcar o piloncillo, canela y puré o pulpa de guayaba cocida, molida y colada; puede añadirse leche al momento de servirlo. También puede prepararse con jugo o puré de otra fruta de la región.

ATOLE DE FRIJOL FLOR DE MAYO

Preparación de frijoles flor de mayo tostados en un comal y molidos en un metate hasta conseguir una harina; cocinados con agua, piloncillo y un poco de masa de maíz para espesarla. Es tradicional de Culhuacán, Distrito Federal. En caso de no haber frijol flor de mayo, se sustituye por el frijol flor de junio o cualquier frijol bayo.

ATOLE DE FRIJOL NEGRO

Atole de frijol con elote, preparado en Chiapas por los motozintlecos, al que llaman *k'itom*. Los nahuas del norte de Veracruz lo preparan remojando los frijoles negros para pelarlos y desechar la cáscara; después los muelen y los cuecen en agua y panela. Se consume principalmente durante la Semana Santa y en los meses de frío, de diciembre a febrero. También se le conoce por su nombre náhuatl *etlatolli*, de *etl*, frijol y *atolli*, atole.

ATOLE DE GARAMBULLO

Preparado de garambullo cocido, molido y colado; se mezcla con agua hirviendo con azúcar y se cuece nuevamente hasta que espesa. Es común entre los yaquis de Sonora.

ATOLE DE GARBANZO

Garbanzo cocido, secado al sol y tostado en cajete, molido en metate y disuelto en agua con piloncillo, clavos y canela hasta obtener un atole o bebida espesa. Es típico entre los pueblos originarios de Sonora.

ATOLE DE GRANILLO

Bebida de maíz que se muele sólo un poco, de modo que la textura queda granulosa. En Chiapas se preparan varias versiones. En Sabanilla se hace con maíz grueso y blanco, leche, hojas de arrayán y azúcar. En San Cristóbal de las Casas se elabora con agua y maíz martajado. En Comitán se prepara con maíz blanco, azúcar, canela y cal. En Michoacán es muy popular en Pátzcuaro, donde se utiliza anisillo, hierba aromática que recuerda el sabor del hinojo. La bebida es color verde porque la hoja se muele en el atole. Hecho a base de agua y granos de elote molido, también contiene granos de elotes enteros que nadan en el preparado; su sabor es salado y suele acompañarse con chiles perones o serranos finamente picados. Es típica su venta como merienda o cena por las tardes a un costado de la plaza Gertrudis Bocanegra. En otras comunidades se preparan atoles muy parecidos bajo el nombre de atole de grano. En Oaxaca los chocholtecos lo hacen simplemente con maíz cocido en agua con canela, azúcar o panela. En las regiones de los Valles Centrales suele ser de maíz cocido en agua, molido en metate y colado; se endulza con panela y contiene leche y canela, y al final de la preparación se le añade algo del mismo maíz martajado. Aunque el original se prepara con maíz, también existen otras variedades en las que se emplea arroz. Los mazatecos de Huautla de Jiménez, Oaxaca, hacen el atole con maíz molido en grueso, por lo que le llaman granillo.

→ atole de grano

ATOLE DE GRANO

Preparación cuyo nombre refiere al hecho de que los granos de elote o maíz están enteros, y si se muelen, se procura que quede una textura granulosa. Existen muchas variedades. En Hidalgo contiene granos de elote cocidos en agua y se espesa con masa de maíz, canela y piloncillo; es típico de la sierra y en ocasiones contiene leche. En Uruapan, Michoacán, se prepara de agua con elote tierno molido con chile verde, anisillo y hojas o guías de calabaza, de lo que resulta una bebida color verde. Se vende y se bebe principalmente durante la Semana Santa. En Zitácuaro se elabora con elotes tiernos, anís, chile verde, masa de maíz y sal. En Pátzcuaro se prepara otra versión llamada atole de granillo. En Oaxaca lo preparan con maíz cocido en agua, molido en metate y mezclado con leche, piloncillo y canela, y es de consistencia espesa. De forma similar, se suele hacer con arroz. Se acostumbran durante el desayuno o el almuerzo y son acompañantes de los tamales.

ATOLE DE GRANOS DE ELOTE

Preparado con granos de elote cocidos en agua, canela, azúcar y masa de maíz. Lo acostumbran los nahuas de Milpa Alta, Distrito Federal.

ATOLE DE GUALUMBO

Bebida de flor de maguey, también conocida como gualumbo: la flor se cuece, se muele y se hierve en agua con piloncillo. Se acostumbra en la región del Valle del Mezquital, Hidalgo.

ATOLE DE GUAMÚCHIL

Preparado de guamúchil limpio de cáscara y semillas, molido en metate y hervido en agua con azúcar y piloncillo, canela y sal. Al final se espesa con un poco de harina de trigo. Se acostumbra en muchas regiones de Sinaloa.

ATOLE DE GUAYABA

Bebida de pulpa molida de guayaba y masa de maíz, desleídas en agua y piloncillo o azúcar; en ocasiones se le agrega

leche. Es uno de los más populares en los estados del centro del país, especialmente Guanajuato, Michoacán, Distrito Federal y estados vecinos. Otra variante contiene únicamente leche, azúcar y fécula de maíz. En Chiapas también se acostumbra en la región de Tzimol, donde utilizan guayabas, canela, azúcar, leche condensada, leche y fécula de maíz.

ATOLE DE GUAYABILLA

Bebida de guayabillas cocidas en agua y coladas para retirar las semillas. Se puede espesar con masa de maíz o con harina de trigo y se endulza con azúcar o piloncillo. Se acostumbra en la Sierra Gorda de Querétaro.

ATOLE DE HARINA

Preparado con harina de trigo disuelta en agua o leche con canela, clavos, y piloncillo. Es común entre los yaquis o mayos de Sonora.

ATOLE DE HOJA DE HIGO

Atole de masa de maíz, agua, hojas de higo, piloncillo y tequesquite. Las hojas de higo se pueden quebrar en pedazos grandes o muy molidas.

Conocido también como:
◇ atole de higuera
◇ atole de higo

ATOLE DE HONGO DE ÁLAMO CON CHILE COLORADO

Bebida elaborada con maíz blanco molido, cebollines fritos en manteca de cerdo, chiles colorados tostados y molidos y hongos de álamo previamente cocidos. Los kiliwas del norte de Baja California recolectan los hongos que crecen en los álamos viejos caídos durante el invierno, que es la estación de mayor humedad en la región, para elaborar esta bebida.

ATOLE DE IGUALAMA

Preparado con igualamas cocidas en leche con piloncillo, canela, sal y masa de maíz previamente batida. Es común en Sinaloa.

ATOLE DE IGUANA

Preparado que se acostumbra en la costa de Oaxaca. La iguana se pone amarrada y viva al fuego; una vez muerta y chamuscada se pela y se cuece la carne con pitiona y chile criollo costeño. El caldo se espesa con masa de maíz desleída en el mismo. Es costumbre tomar este atole como pago al tequio cuando se ponen o cambian las tejas de una casa en esa región.

ATOLE DE ISLAYA

Bebida de almendra de islaya molida, diluida en agua y endulzada con miel. Cuando es dulce se toma como bebida, y cuando es simple sirve para acompañar la comida. Se acostumbra mucho entre los kumiais del norte de Baja California.

ATOLE DE LECHE

Atole cuyo líquido principal es la leche que sustituye el agua de las recetas tradicionales. Estas preparaciones son típicas de las ciudades donde hay más recursos económicos para conseguir la leche. En realidad se trata de atoles modernos o de ciudades. A diferencia de las recetas de origen indígena, el atole se espesa con fécula de maíz y no con masa de maíz. Se consideran de gran sabor. Entre los que se preparan están los de arroz con leche, de fresa, de chocolate y de amaranto, entre otros.

ATOLE DE LECHE-ARROZ ♦ atole de arroz, atole de arroz con leche

ATOLE DE LENTEJAS
Preparación de harina de lenteja desleída en agua y endulzada con piloncillo. Incluye canela y clavo; el líquido puede ser agua y/o leche. Se prepara en Chihuahua. Es un atole cuyo origen y tradición son los mismos que el atole de semillas de cilantro.

ATOLE DE LOS CUARENTA DÍAS
Preparado por los pames de San Luis Potosí y Querétaro, quienes remojan maíz prieto por una noche para colarlo y cocerlo con agua y piloncillo. Se acostumbra dar a las mujeres que recién han parido.

ATOLE DE MAÍZ
Término que puede ser sinónimo de atole blanco, atole de masa e incluso atole de elote. En cualquiera de los casos puede o no contener azúcar. En Coahuila, los mascogos lo llaman *soske* y lo preparan con maíz quebrado, agua y azúcar. En Morelos es de masa de maíz, agua, piloncillo, anís y chile guajillo molido. En Nayarit los huicholes lo preparan mezclando ciruela pasa cocida a la masa y lo consumen casi cualquier día del año. En La Esperanza Comaltepec, Oaxaca, suele ser de maíz con agua y azúcar o panela. En Usila también suelen añadirle cacao. En San José Río Manso se hace con maíz tostado.
→ atole blanco

ATOLE DE MAÍZ BLANCO
Preparado de maíz blanco seco y molido, batido en agua y sazonado con sal. Cuando la sal se sustituye por miel suele usarse como bebida. Los kiliwas del norte de Baja California lo comen con carne asada o molida, utilizando la carne como cuchara para sopear el atole.

ATOLE DE MAÍZ CON FRIJOL
Bebida de maíz y frijol tostados en comal, enfriados y quebrados para quitarles el pellejo y molerlos. Se disuelven en agua y se añade sal al gusto. Los kiliwas lo sirven para acompañar carne asada o cocida.

ATOLE DE MAÍZ DE TEJA
Bebida de maíz de teja tostados y molido con tablillas de chocolate, piloncillo, canela, agua y/o leche. En Culhuacán, Distrito Federal, tradicionalmente las semillas se muelen en metate. En Querétaro se elabora con maíz, agua, canela, azúcar y maíz de teja. Se acostumbra en la Sierra Gorda y entre los pames. Este alimento es muy apreciado en las festividades de los "angelitos" en el mes de noviembre o en los velorios de un infante.
→ atole de teja

ATOLE DE MAÍZ MORADO
Preparado similar al atole agrio, sólo que éste contiene maíz morado y se endulza con piloncillo. Se elabora en la región totonaca de la costa veracruzana.

ATOLE DE MAÍZ NEGRO
Bebida que se prepara en varios lugares de la república, aunque en pocas ocasiones la receta consigna el nombre del maíz en cuestión. En este caso, negro se refiere al tono oscuro del maíz; debido a que crece en diferentes climas, se puede encontrar maíz de tonos grisáceos, verdes, morados o muy oscuros. En Colima se prepara una variedad de jocoatol a base de maíz negro. En Morelos se elabora con masa de maíz negro, cacao y piloncillo molidos. Tiene carácter religioso, pues también se elabora para ofrecerse a los santos en algunas festividades religiosas de las comunidades nahuas del estado. En el área central de Veracruz se elabora un atole con maíz negro cocido y molido; la mezcla se disuelve en agua y se endulza con piloncillo. Se conoce también como atole negro.

ATOLE DE MAÍZ NUEVO
Bebida de granos de mazorcas tiernas molidos y mezclados con agua, azúcar y sal, preparada en la península de Yucatán. Por lo complejo de la receta se elabora desde un día antes de tomarse, o muy temprano por la mañana. La masa de los granos molidos se cuela después de desleírse y haber reposado en agua caliente. Posteriormente se pone a cocer con azúcar y sal hasta que hierve. Se sirve en jícaras espolvoreada de chile rojo finamente molido. Este atole se ofrece por la cosecha a Chaac, dios de la lluvia; también es tradicional del día de Muertos.

ATOLE DE MAÍZ QUEMADO
Atole de maíz rojo que se tuesta hasta que queda muy dorado, se muele y se deslíe en agua, y posteriormente se agrega miel de panela para endulzar. Es de carácter ceremonial, se ofrece como alimento a quienes representan a los apóstoles en las festividades de Semana Santa de algunas comunidades de Zongolica, Veracruz. También es un preparado especial para bodas, bautizos y pedidas de mano. En náhuatl se le conoce como *tlatlakatol*.

ATOLE DE MAÍZ REMOJADO
Bebida de maíz remojado en agua durante una noche; al día siguiente se muele, se apartan las cascarillas, y se cuece hasta espesar. Es típico de las comunidades mayas en la península de Yucatán.

ATOLE DE MAÍZ SANCOCHADO
Preparado de maíz sancochado que se deja reposar durante toda la noche, para luego molerse y desleírse. Una vez cocido se sirve con un poco de pepita de calabaza tostada, molida y revuelta con sal. Se consume de forma cotidiana en la península de Yucatán, especialmente en Quintana Roo.

ATOLE DE MAÍZ TIERNO ♦ atole agrio

ATOLE DE MAÍZ Y COCO
Preparación a base de maíz sazón blanco, que se remoja durante 24 horas y se muele con coco. Se cuece a fuego lento y se sirve con un poco de canela en polvo. Es típico de Campeche.

ATOLE DE MANDARINA
Bebida de harina de maíz, agua, azúcar y jugo de mandarina.

ATOLE DE MANGO
Preparado de mangos cocoyos, masa de maíz, panela y agua, elaborado en el norte de Veracruz por los nahuas, y en la costa por los totonacas.

ATOLE DE MARACUYÁ
Bebida de masa de maíz saborizado con maracuyá y endulzado con azúcar; se le puede añadir bicarbonato de sodio para eliminar un poco la acidez de la fruta. Se acostumbra en la Sierra Gorda del estado de Querétaro.

ATOLE DE MARQUETA ◆ atole duro

ATOLE DE MASA ◆ atole blanco

ATOLE DE MASA CON EPAZOTE

Atole blanco con epazote picado que se da a los enfermos "de espanto". Se toma durante nueve días y, en caso de que sea muy grave, se toma también en las tardes. Es típico entre los pames de San Luis Potosí y Querétaro.

ATOLE DE MASA DE CANELA

Atole típico de Morelos preparado con masa de maíz, agua, piloncillo y canela.

ATOLE DE MASA MARTAJADA

Bebida elaborada con nixtamal martajado, que se revuelve con jugo de naranja de cucho o naranja agria, panela y agua; la mezcla se cuece y se acostumbra consumir caliente o fría. Es típica de la región nahua del norte de Veracruz.

ATOLE DE MASA Y FRIJOL

Preparado con masa de maíz disuelta en agua y colada, mezclado con frijol cocido y molido, canela, leche y azúcar.

ATOLE DE MEZQUITE

Bebida de maíz y agua mezclados con vainas de mezquite molidas. Lo consumen los otomíes del Valle del Mezquital, en Hidalgo. En Guanajuato también se prepara con leche y se le llama mezquitatole. Es muy apreciado en Zamora y Purépero, Michoacán. En Nuevo León el mezquite se seca al sol, después se cuece y se muele para prepararse con agua, azúcar y una pizca de sal. En San Luis Potosí y Querétaro los pames lo preparan con harina de mezquite. En Sonora los mayos lo llaman atole de pechita; también es tradicional en algunas partes de Sinaloa.

ATOLE DE MOLDE ◆ nicuatole

ATOLE DE NARANJA

Preparado con harina de maíz disuelta en agua y leche con canela, azúcar, bicarbonato, hojas de naranjo y jugo de naranja natural. En la región del Totonacapan se prepara con naranjas o limones con cáscara que se licuan por unos segundos para que no amarguen, se mezclan con agua, masa y azúcar, se cuelan y se ponen a cocer hasta espesar.

ATOLE DE NOPAL

Atole elaborado con masa de maíz, nopales licuados, canela, piloncillo y vainilla. Su consumo es típico de Colima.

ATOLE DE NORTE

Atole elaborado con masa de maíz, que incluye pequeñas bolas de masa de maíz revueltas con chile seco y epazote. Por esta razón también se conoce como atole de bolas. Puede ser dulce o salado, dependiendo del gusto de quien lo consuma. Es de gran importancia en la costa Norte de Veracruz entre los indígenas totonacas, pues tiene un origen ritual: se ofrece a la tierra para que proteja la siembra durante el invierno; con ese propósito, se dice que el atole deberá llevar 12 bolitas de maíz, para efectuar un rito de comunión con ella. Este atole también se recomienda para contrarrestar los efectos de la resaca; en tal caso no se prepara dulce, sino salado, y se le espolvorea un poco de chile seco molido.

ATOLE DE NUEZ

Atole elaborado con generosas cantidades de nuez pacana molida, leche, azúcar, vainilla y fécula de maíz. Esta preparación es totalmente casera. En los puestos ambulantes de tamales y atoles se elabora con polvo instantáneo sabor nuez. La nuez es muy apreciada en México, pero se debe aclarar que para hacer atole siempre se utiliza nuez pacana y no nuez de Castilla.

ATOLE DE NUEZ DE JOJOBA

Atole hecho con semillas de jojoba secas, peladas y remojadas para quitarles la piel. Se muelen lo más fino posible y se cuecen en agua endulzada con miel. Es común entre los kumiais del norte de Baja California.

ATOLE DE NURITE ◆ kamata

ATOLE DE OJITE

Bebida que se elabora cociendo el ojite en agua con ceniza. Una vez cocido, se muele el ojite en el metate, se vuelve a cocer en agua y se endulza con panela. Es consumido por los totonacas de la costa Norte de Veracruz.

ATOLE DE PANELA

Atole blanco endulzado con panela o piloncillo; se acostumbra en muchas regiones de México.

ATOLE DE PASCUA

Atole de masa de maíz que en otros estados se denomina atole de puzcua. Se consume principalmente en Querétaro.

ATOLE DE PECHITA ◆ atole de mezquite

ATOLE DE PEPITA

Nombre que se utiliza para designar a diversos atoles en diferentes regiones de la república. En Campeche se prepara con masa de maíz sazón, a la que se añaden pepitas de calabaza previamente remojadas en agua y lavadas en agua con ceniza para retirarles la cutícula verde. Esta masa se cuece en agua. El espesor depende de quien lo prepara, y se saboriza con canela, se endulza al gusto y se sirve  caliente. En Yucatán, el atole de pepita chica se prepara cociendo juntos en agua el maíz y la pepita, que luego se muelen, se cuelan, se ponen a hervir para que espesen y se endulzan con azúcar.

ATOLE DE PESCADO

Preparación salada de lisa desmenuzada que se asemeja más a un caldo o a una sopa; se le añade cilantro silvestre, sal y pimienta. Al parecer este atole no lleva maíz ni masa. Es común entre los cucapá, del norte de Baja California.

ATOLE DE PINOLE

Atole preparado de pinole, agua y piloncillo o azúcar. En muchas regiones de México le añaden canela. En Aguascalientes es un atole hecho de maíz blanco tostado, azúcar, canela y agua o leche; suele ser el único alimento de la mañana. En Chihuahua los rarámuri lo llaman *huatonali*; se prepara con agua, pinole, hierbas de la región y frutas. Suelen dárselo a los niños y a los enfermos. En Tlaxcala es de pinole, canela y azúcar hervidos en agua con leche.

ATOLE DE PINOLE CON MIEL DE ABEJA

Atole preparado con pinole endulzado con miel de abeja y perfumado con canela. Es típico entre los nahuas de Milpa Alta, Distrito Federal.

ATOLE DE PINOLE DE TRIGO

Preparación de pinole cocido en agua con piloncillo. Lo acostumbran los pueblos originarios de Sonora y en muchos lugares del norte del país.

ATOLE DE PIÑA

Bebida de agua o leche con masa de maíz y jugo o pulpa de piña. Generalmente se endulza con azúcar morena o piloncillo. En Colima se prepara con leche y también es base para hacer el atole de coco y piña o de almendra y piña. En la Huasteca hidalguense se prepara con agua y azúcar. En Nayarit, con agua y piloncillo. En Xalapa, Veracruz, suele tomarse durante las fiestas decembrinas; es de agua y se espesa con masa de maíz. De la misma forma lo preparan los nahuas del norte del estado, y en ambos casos se endulza con piloncillo. En la región de Tuxpan ocasionalmente se le agrega leche. Los totonacas le agregan trocitos de piña.

ATOLE DE PIÑÓN

Bebida semiespesa preparada con piñón seco molido, agua y miel. Lo acostumbran los kumiais del norte de Baja California.

ATOLE DE PIRUL

Atole de frutillas de pirul molidas; la mitad se cuece en agua y se cuela para utilizar sólo el agua y mezclarla con la otra mitad de pirul en crudo. Se cuela nuevamente y se mezcla con masa de maíz. Lo preparan los pames de Querétaro y San Luis Potosí; se come al día siguiente de su preparación, cuando toma una consistencia de budín. En La Piedad, Querétaro, se prepara remojando las bolitas del pirul en agua, las cuales después se retiran para mezclar el agua con masa de maíz y cocer el atole.

ATOLE DE PIXTLE

Nombre para designar a diversos atoles que tienen el pixtle como ingrediente básico. En Guerrero se prepara el de fiesta. En Tabasco se emplea en un tipo de pozol especial y en el atole agrio.

ATOLE DE PLÁTANO

Plátanos machos maduros que se muelen en metate junto con un poco de pimienta; se vierte la pasta en agua hirviendo y se le agrega agua y azúcar hasta que su consistencia quede espesa. Es de la región de Totonacapan, Veracruz, y no contiene maíz. En La Esperanza, Santiago Comaltepec, Oaxaca, se elabora de plátano de Castilla verde, molido, cocido en agua con azúcar o panela. Otra variedad se elabora en Colima con una base de atole blanco a la que se le añade plátano roatan, arrayán, guayaba, fresa y piloncillo o azúcar.

ATOLE DE PLÁTANO Y PIÑA

Bebida de harina de maíz disuelta en agua con azúcar y canela, mezclado con pulpa de plátano Tabasco y jugo de piña.

ATOLE DE PUZCUA O ATOLE DE PUSCUA

Preparado de maíz prieto cocido en cal, aunque actualmente es más común hacerlo con maíz blanco, de modo que cualquier atole blanco o de masa de maíz puede considerarse atole de puzcua. En Guanajuato se utiliza maíz blanco tostado y molido, cocido en agua con azúcar y canela; lo preparan especialmente para los niños. En Hidalgo es de maíz blanco, y se acostumbra comer con trocitos de piloncillo entre trago y tra-

go. En Michoacán es simplemente un atole blanco. En Querétaro es de maíz blanco hervido en agua y endulzado con azúcar. Suele beberse solo o con algún dulce y se utiliza como base para otros atoles, como el de aguamiel. Según los pames este atole cura la resaca, ya que provoca asco y, a veces, vómito.

Conocido también como:

◇ prieto
◇ puzcua o puscua (Querétaro)

→ puzcua

ATOLE DE REYES

Atole festivo que se elabora el día de Reyes para los niños. Se prepara con masa de maíz martajada y fermentada, a la que se le añade camote cocido. Su consumo es popular entre los totonacas de la costa Norte de Veracruz. También tiene un uso religioso y se ofrece como ofrenda a las parteras muertas, pues se dice que son ellas quienes protegen a los niños al momento de su nacimiento. Este ofrecimiento se hace también a la Tierra.

ATOLE DE SAGÚ

Bebida de harina de sagú desleída en agua y miel. Lo toman los niños pequeños, los enfermos y las mujeres después del parto. Este atole es típico entre los habitantes de la región purépecha de Michoacán.

ATOLE DE SAYAS

Preparado de raíces de saya molidas, amasadas con nixtamal y disueltas en leche. Es común entre los yaquis de Sonora. El nombre original del preparado es *sawa ban'naim*. Entre los mayos de Sonora también existe otro preparado que se denomina atole de saya o atole de raíz de saya, cuyo nombre original es *saaya naawa*. Contiene la raíz de saya, leche de vaca, azúcar y cal. Ambos casos son más que un atole y constituyen, en ocasiones, un alimento completo de cualquiera de las comidas del día.

ATOLE DE SEMILLAS DE CILANTRO

Bebida de masa de maíz desleída en agua con leche, semillas de cilantro, azúcar y sal. Se consume típicamente en Chihuahua. Es un atole antiguo de la región de Santa Bárbara, que bebían los rancheros y arrieros del siglo XIX que trabajaban en el campo y transportaban los metales de las minas, pues hacían viajes que duraban días o semanas y necesitaban de este alimento energético. No contenía azúcar porque era cara y difícil de conseguir. Otro atole con la misma utilización e historia es el de lentejas.

ATOLE DE SEMILLAS DE ETCHO

Preparado de semillas de etcho molidas y mezcladas con masa de maíz, disueltas y cocidas en agua con piloncillo. Es tradicional entre los pueblos originarios de Sonora.

ATOLE DE SEMILLAS DE GIRASOL

Bebida de semillas de girasol molidas, desleídas en leche, cocidas y endulzadas con panela o azúcar. Es tradicional entre los nahuas del norte de Veracruz; el girasol que utilizan lo cultivan en huertos familiares. Su época de recolección es de marzo a junio.

→ atole de maíz de teja, atole de teja

ATOLE DE SEMILLAS DE PATOL

Preparado de semillas de patol molidas con piloncillo y cocidas en agua con masa de maíz. Muy acostumbrado por los pames de San Luis Potosí y Querétaro.

ATOLE DE SEMILLAS DE QUELITE

Bebida de semillas de quelite molidas con agua y miel. Lo acostumbran los cucapás del norte de Baja California.

ATOLE DE SEMILLAS DE QUILTONIL

Preparado de semillas de quiltonil, agua, panela o azúcar. Se acostumbra en la comunidad de La Esperanza, Santiago Comaltepec, Oaxaca.

ATOLE DE TAMARINDO

Atole blanco al que se le añade pulpa de tamarindo y se endulza con piloncillo o azúcar. A partir de esta base se pueden encontrar variedades regionales. En Colima contiene masa de maíz, azúcar o piloncillo, canela, agua y pulpa de tamarindo. Se acostumbra diariamente y en festividades diversas. En Michoacán los purépechas lo preparan a base de agua, maíz, azúcar y tamarindo. Mientras se cuece la masa le añaden hojas de maíz de las variedades roja o negra para darle color. Suelen acompañarlo con pan y se acostumbra principalmente en la temporada de sequía, pues es una bebida muy refrescante. En Morelos se hace con maíz tostado con ceniza, tamarindo, canela y azúcar. Se suele acompañar con tamales de masa de maíz rellenos de carne de cerdo y salsa roja. En Veracruz los nahuas y los totonacas lo elaboran con masa de maíz y agua, y lo endulzan con panela.

ATOLE DE TANCHUCUÁ ◆ tanchucuá

ATOLE DE TEJA

Bebida de maíz de teja tostado, molido en metate y disuelto en agua, espesado con harina de trigo, endulzado con azúcar y aromatizado con canela. Se acostumbra en la Sierra Gorda de Querétaro.

→ atole de maíz de teja

ATOLE DE TEMPECHKITLES

Atole de elaboración compleja debido a que la fruta con la que se elabora es muy pegajosa. Los tempechkitles se cuecen en agua, se tamizan y se retiran las semillas. Luego se vuelve a cocer la pulpa con una masa de maíz, panela y hojas de naranja agria. Se acostumbra tomarlo frío o caliente, sobre todo en los meses de julio y agosto, tiempo de recolección de la fruta. Se prepara comúnmente en la región nahua del norte de Veracruz.

ATOLE DE TORTILLA QUEMADA

Preparado del polvo resultante de moler tortillas quemadas en el metate, que se deslíe en agua y se endulza con panela. Se elabora, sobre todo, para curar el empacho. Principalmente lo acostumbran los totonacas de la costa norte de Veracruz.

ATOLE DE TRES FRIJOLES

Atole de masa de maíz y masa de frijoles gordo, majayam y negro criollo, los cuales van cocidos y molidos. La mezcla se termina de cocer adicionando panela como endulzante. Es típico entre los totonacas de la costa de Veracruz.

ATOLE DE TRIGO

Atole de trigo tostado molido, agua y miel, preparado en Baja California por los paipai de Santa Catarina. En Chihuahua existen al menos dos variedades de este atole. En San Nicolás de Carretas se hace de trigo lavado, secado al sol, tostado, molido y desleído en agua con leche; se endulza con piloncillo y poca sal. Los tarahumaras hacen un atole muy similar a base de agua y pinole de trigo. En Oaxaca los chocholtecos lo preparan simplemente con trigo tostado y molido, canela y azúcar. En la región de la Mixteca el preparado es muy similar: contiene panela o piloncillo, canela, azúcar, trigo remojado en agua y molido; todos los ingredientes se cuecen en agua. Se acostumbra por las mañanas o por las noches. En La Esperanza, Santiago Comaltepec, los chinantecos lo preparan con trigo panela y agua.

ATOLE DE TRIGO GENTIL

Bebida elaborada de dos formas, una dulce y otra salada. En la primera, el trigo tostado y molido se diluye en agua y se endulza con miel, mientras que en la segunda, el trigo igualmente tostado y molido se cuece en agua y se sazona con cilantro silvestre y sal. Se acompaña con tortillas de harina. Es consumido tradicionalmente en Baja California por los cucapás del norte del estado.

ATOLE DE VAINA DE MEZQUITE

Bebida de vainas secas de mezquite molidas finamente y mezcladas con agua y miel. De igual manera se prepara un agua de vaina de mezquite, la cual no se cuece y se toma fría. Lo elaboran los cucapás del norte de Baja California.

ATOLE DE VAINILLA

Bebida preparada con masa de maíz, panela, leche y vainas de vainilla. Lo acostumbran los totonacas de la costa veracruzana.

ATOLE DE ZARZA

Atole con zarzas que se hierven ligeramente en agua con carbonato, se cuelan y se mezclan con harina de maíz. Al momento de hervir se le añade canela y piloncillo. Se puede tomar frío, pero en tal caso se deja espesar aún más. Se prepara en Pátzcuaro, Michoacán.

ATOLE DE ZARZAMORA

Bebida de zarzamoras cocidas, molidas y coladas que se añaden a una base de atole de masa. Así se prepara en Michoacán, Estado de México (aunque en este caso puede llevar leche), en Milpa Alta, Distrito Federal, y en el área de Xico y Teocelo, en Veracruz.

ATOLE DURO

Atole que se prepara tan espeso que al enfriarse cuaja, es decir, queda duro. En la Huasteca hidalguense se prepara con masa de maíz, que se mezcla con miel de piloncillo y jugo de piña; se deja espesar y se vacía en un molde que al cuajar corta en rebanadas. Se considera postre. Los totonacas de la costa norte de Veracruz llaman así a un preparado que se elabora a base de atole agrio que se hace más espeso que el de costumbre, con el fin de vaciarlo en moldes. De esta forma se cuaja y se come en rebanadas con café; se acostumbra en la época de siembra y cosecha del maíz. En otra variante, el atole se hace blanco muy espeso, se coloca en un traste, se deja cuajar, luego se corta en pedazos regulares y puede llegar a revolcarse en azúcar y canela. Cabe mencionar que en el país existen otros atoles dulces y duros que se conocen como nicuatoles.

Conocido también como:
◇ atole de marqueta
◇ atole de marquesote
◇ tortilla de atole (huastecos de Veracruz)

ATOLE KAMATA ◆ kamata

ATOLE K´ITOM

Atole que preparan los motlozintlecos o mochos del estado de Chiapas, a base de elote con frijol.

ATOLE MALARRABIA

Bebida de masa de maíz disuelta en agua con piloncillo y canela, mezclado con plátanos fritos en manteca de cerdo.

ATOLE NEGRO ◆ atole de maíz negro

ATOLE NURITE KAMATA

Atole blanco aromatizado con una infusión de nurite.

ATOLE PAJAL UL ◆ atole agrio

ATOLE PRIETO

Nombre que reciben en Michoacán los atoles oscuros, que con frecuencia se elaboran con maíz azul o negro, de los cuales existen variantes. Una variedad se hace de masa de maíz blanco o negro, leche y tablillas de chocolate. La otra se prepara con maíz negro, agua y piloncillo. Conocido también como puzcua.

→ atole de puzcua

ATOLE PULUL

Atole muy importante entre los motozintlecos de Chiapas, preparado con maíz maduro cocido en cal, lavado, molido y vuelto a hervir en agua hasta que espesa.

ATOLE POZUNQUE ◆ pozonque

ATOLE USUA

Atole de pasta de granos de elote molidos, reposado por 12 horas o una noche, colados y hervidos con canela y azúcar. Se acostumbra en Campeche. También conocido como usua.

ATOLE XOCO

Atole agrio típico de la región mixteca de Puebla. Se prepara con maíz colorado martajado que se deja reposar en agua durante una noche. Al día siguiente se muele fino y se deja reposar por otra noche. Al segundo día se cuela, se cuece y se deja enfriar. Se sirve frío con frijoles hervidos sin caldo. Es un alimento muy refrescante. Quienes lo preparan dicen que sólo el maíz colorado da los resultados requeridos. En Guerrero se elabora también con maíz rojo, y algunas veces se deja agriar por horas; otros grupos originarios lo dejan agriar por días, como los que habitan en la Mixteca; lo acompañan con pasta de pepita de calabaza o frijol ayocote.

ATOLEAPULE o ATOLIAPULE ◆ atole de capulín

ATOLERÍA

Lugar especializado en la producción de atoles, que se encontraba en las ciudades hasta la década de 1990, en especial en el Distrito Federal. Aunque es posible encontrarlas todavía, el cambio de costumbres ha hecho que desaparezcan poco a poco.

ATOLILLO

Nombre que reciben atoles muy ligeros rebajados con agua o leche.

ATOLILLO DE RES

Guiso a base de atole blanco colado al que se le añade granillo de maíz, grasa de res picada, una salsa de chiles guajillos y chiles puyas, hojas de aguacate y sal. Todo se coloca en una olla que se introduce en un horno de barbacoa; encima de la olla se coloca un envoltorio con una cabeza de res, hígado y bofe de res, de modo que los jugos producidos en la cocción caen en la olla. El cocimiento acostumbrado por lo general es de 12 horas. Es típico de la Mixteca poblana. Conocido también como *nuxi* (mixteco).

ATOLOCATES

Nombre genérico que reciben los ajolotes, las ranas y los sapos en estado larvario en algunas comunidades nahuas del estado de Morelos, mismos que se consumen guisados en caldos, salsas, tamales o mextlapiques.

→ caldo de atolocates

ATOLXUCO ◆ atole agrio

ATOTOPE ◆ jinicuil

ATROPELLADO

Dulce típico de Yucatán hecho con camote, coco, azúcar y canela cocidos en agua y molidos sin la canela, hasta que se forma una pasta de textura muy suave que se consume fría. Es una de las tantas versiones de dulce de camote que existen en el país.

ATÚN

Nombre genérico con que se agrupan algunas especies de peces que suelen enlatarse, aunque su carne es también deliciosa fresca o ahumada. Los atunes son migratorios, nadan a gran velocidad y habitan en las aguas profundas de los océanos. Forman grandes cardúmenes junto con mamíferos marinos como los delfines, con quienes realizan extensos viajes. En otros tiempos, la pesca indiscriminada del atún puso en peligro de extinción a los delfines, por lo que se han tenido que reglamentar los métodos de su captura. Actualmente los atunes pequeños, delfines y otras especies que caen en las redes son devueltos al mar. Las principales variedades existentes son: atún blanco *Thunnus alalunga*; atún aleta amarilla *Thunnus albacares*; atún aleta negra *Thunnus atlanticus*; atún aleta azul *Thunnus maccoyii* o *Thunnus thynnus*; atún patudo *Thunnus obesus*; atún tongol *Thunnus tonggol*; barrilete o bacoreta oriental *Euthynnus affinis*; barrilete o bacoreta *Euthynnus alletteratus*; barrilete o bacoreta negra *Euthynnus lineatus*. En la cocina mexicana, el atún enlatado se utiliza ampliamente por ser barato y de buen sabor; es quizá el pescado que se come con más frecuencia durante todo el año. Existe un sinnúmero de recetas regionales, por lo general muy sencillas: se utiliza como relleno de tortas, en ensaladas, tostadas, croquetas o tortitas, etc. El atún enlatado que casi siempre se encuentra en nuestro país se conserva en aceite o agua. Fresco es poco utilizado; puede encontrarse en los mercados, pero no tiene gran demanda. Las comunidades que lo pescan lo emplean como cualquier otro pescado fresco, es decir, lo fríen, asan, preparan al mojo de ajo, en adobo o en salsa roja de jitomate. Las especies más explotadas de atún son albacora, atún aleta amarilla, atún aleta azul, barrilete, patudo, bonita y bonito. Existe una verdadera pesca organizada para su explotación y representa una importante actividad económica en el país.

• Atún aleta amarilla
(*Thunnus albacares*)
Es considerado el más fino de todos los atunes, aunque la albacora es muy apreciada por su carne blanca y es la que más se enlata. De dorso azul oscuro, casi negro, región ventral plateada con manchas y bandas blancas transversales,

tiene aletas de color amarillo intenso, de donde toma su nombre. Sus escamas son frágiles y débiles, por lo que llega al mercado sin ellas. Pesa en promedio 50 kg y mide 1.5 metros. Se alimenta de peces y crustáceos. Prefiere las aguas cálidas y templadas del trópico; nada velozmente y a veces se aproxima a las costas en busca de alimento. Generalmente se le encuentra en aguas profundas todo el año, en especial de mayo a agosto y en diciembre. Dependiendo de la parte del cuerpo, el color de su carne va de beige a amarillo, e incluso alcanza tonos rosa claro y hasta rojo oscuro. Casi no existen recetas tradicionales, pero se utiliza en México para ciertos platillos finos y en restaurantes de comida japonesa, donde alcanza un alto costo debido a su gran calidad y a la abundancia y firmeza de su carne.

- Atún aleta azul (*Thunnus thynnus*)

Goza de una gran popularidad, sólo detrás del albacora y el aleta amarilla. Tiene dorso negruzco y vientre y costados color blanco plateado. Se le encuentra cerca de la costa y en el mar abierto. Los más grandes alcanzan 4.25 metros y 300 kg de peso, pero comúnmente miden 2 metros y pesan unos 135 kg. Igual que casi todos los atunes, se utiliza principalmente para consumirse enlatado, aunque se le puede conseguir fresco o congelado. En México abunda en el Pacífico y el Golfo de México entre mayo y agosto. De carne firme, compacta, muy espinosa y oscura (más que la del aleta amarilla y la albacora), tiene un alto contenido de grasa. Es perfecto para asados, platillos al horno, salsas rojas y cebiches.

- Atún patudo (*Thunnus obesus*)

Posee grandes ojos, de coloración azul metálico en el dorso y en los costados es violeta amarillento; puede medir hasta 1.93 metros de largo y puede pesar hasta 183 kg. Se consume fresco, ahumado o enlatado.

→ albacora, barrilete, bonito

AUÁKATA ◆ aguácata

AURARRA ◆ verdolaga

AVENA (*Avena sativa*)

Cereal de la familia de las poáceas (según la clasificación de Mobot, 2011), cuya planta puede medir hasta 90 cm de altura. Su grano se aprovecha para elaborar atoles, a los que también se les llama avena. También se toma con leche, como cereal. En Tabasco y Chiapas se toma la avena molida con chocolate, una mezcla de ambos ingredientes pulverizados y diluidos en agua fría para preparar una bebida refrescante. Asimismo, se utiliza para elaborar panes y galletas que, por lo general, se venden en tiendas naturistas.

→ atole de avena

AVENTADOR ◆ soplador

AVES

Animales vertebrados cubiertos de plumas, utilizados ampliamente en la cocina mexicana. Se aprovechan su carne y sus huevos para preparar diferentes platillos y especialidades regionales en toda la república. En la época prehispánica se consumían diferentes tipos como huilotas, chichicuilotes, patos silvestres y, por supuesto, guajolotes; estos últimos gozan de gran prestigio mundial en la actualidad. En el campo mexicano se consumen codornices, torcacitas, palomas y gallinas, principalmente. En México siempre ha existido un gran consumo de aves, de las que sobresale el pollo. Todos estos animales se cocinan horneados, en sopas y en guisos muy importantes en la gastronomía de nuestro país.

AVESTRUZ (*Struthio camelus*)

Ave de gran tamaño, que puede medir hasta 2 metros de altura y pesar hasta 150 kg. Es originaria de África. Recientemente ha cobrado auge la explotación de su carne para consumo humano en México, en especial sus piernas, muslos, costillas y lomo, que son las partes más tiernas. Sus huevos también se consumen, aunque se prefiere criar a los animales. Con su carne se suelen preparar hamburguesas. Desde hace algunos años existen en México criaderos especializados.

AVISPAS (*Polistes sp.*)

Insectos de la familia de los himenópteros que poseen un aguijón en la parte posterior de su cuerpo. Se consumen en varios estados de la república, sobre todo en Oaxaca, Guerrero, Chiapas, Puebla y el Estado de México. En Oaxaca existe una gran variedad, con nombres como zapatonas, huarachudas o *quetzalmiauatl*. En Jungapeo, Michoacán, se comen las avispas huevo de toro *Polybia occidentales*. En el mercado de Jalpa, Zacatecas, se venden panales de avispas comestibles. Algunas que carecen de aguijón o que no pican se cultivan para obtener su miel o sus crías como alimento, como los géneros *Trigona* y *Melipona*. Estos cultivos pueden encontrarse en Cuetzalan, Puebla y en algunas localidades del Estado de México. En Yucatán existe una avispa que en maya se conoce como *ek*, que habita en el tallo de la planta del maíz. Cuando están en estado larvario se comen tostadas en el comal. En Tenancingo, Estado de México, se llama huaricho y sus panales, panalitos o panales de la tierra. En la región Mixteca de Puebla los panales se cortan en rebanadas y se asan, cociéndose las larvas que hay en su interior; se acostumbran comer junto con arroz. En San Luis Potosí las avispas rojas o negras, según la región, se recogen con palos o picos en la tierra o sobre los árboles. Los hombres se encargan de esa tarea peligrosa, por lo que tapados con bolsas de hule "espantan" con un leño encendido a los insectos para poder quitarles el panal. Cuando el hombre lleva un panal a casa, la mujer se dedica a sacar las larvas —sin alas— mientras que los niños chupan la miel de cada pedacito de panal. Además de las zapatonas se consumen las avispas negritas, las ala blanca o trompeta, las rayadas y las culito amarillo, éstas últimas también llamadas cola amarilla o azafrán. En algunas comunidades oaxaqueñas se comen unos panales conocidos como tenaces. En Puerto Escondido, Oaxaca, el nido de avispas, llamado panal de gusanitos, se come tatemado en comal con todo y huevos, larvas y pupas. Se recolectan en el campo o los venden las mujeres que comercian camarones secos en las playas. Otros panales sólo se tuestan para sacar las larvas ligeramente doradas con las que se prepara una salsa con chile costeño, sal y agua, cuyo sabor recuerda al del ajonjolí. Los panales se suelen colocar en el altar de muertos en algunas regiones del país. Las avispas son también conocidas como jicotes.

AX ◆ ojite

AXAYACATL ◆ ahuautle

AXIAL ◆ mole de cacahuate

AXOCOTE ◆ achocote

AXOLOTE ◆ ajolote

Axoxoco

Planta silvestre cuyas hojas se utilizan para preparar el mole verde en Chilpancingo y Tixtla, en Guerrero.

Ayacote ◆ ayocote

Ayahual ◆ yagual

Ayamole ◆ ayomole

Ayatito (*Calochortus barbatus*)

Flores acampanadas de color amarillo que se localizan en bosques de encinos durante la época de lluvias, de junio a septiembre. Al igual que otras flores, se consumen capeadas, cocidas en guisos, revueltas con huevo o en tortitas.
Conocido también como:
◇ gallito
◇ lirio
◇ mariposa

Ayatitos de Juan Diego

Nombre que recibe un guiso hecho con ejotes tiernos cocidos al vapor, picados y envueltos en hojas de col. Se capean y se sirven en salsa de chile guajillo, jitomate asado, comino y ajo. Un ayatito es un ayate pequeño en forma de envoltorio, función que hace la col en el platillo. Es típico de Tlaxcala.

Ayocote (*Phaseolus coccineus*)

GRAF. ayacote, ayecote o ayocotli. Del náhuatl *ayecohtli*. Es el más grande de todos los frijoles de México, del que existen muchas variedades. Miden desde 2 cm de largo, y los hay de colores morado, café, rojo y pintos, según la región. La planta produce unas flores rojas comestibles que se venden en los mercados locales durante el mes de febrero. Casi todos los ayocotes adquieren un tono café oscuro y pierden su color original al cocerse. En el Distrito Federal generalmente son morados, pero se encuentran de muchos otros colores, separados o revueltos. Son muy consumidos en Xochimilco. Suelen cocinarse con tequesquite; aunque se pueden cocer como otros frijoles, se prefieren caldosos. En Xochimilco y Milpa Alta el mole se sirve con ayocotes y en ocasiones sin carne. En Chiapas la flor de bótil o ayocote se aprovecha cociéndola en agua y guisándola en caldillo de jitomate o sazonadas con cebolla y chile Simojovel. En Hidalgo los frijoles pueden estar guisados en salsa de mole con carne de cerdo, longaniza y chicharrón. En Oaxaca se produce una variedad de color negro muy grande, donde son comunes los ayocotes cocidos en mole coloradito, especialmente en vigilia. En Querétaro también los llaman ayecotes; los más comunes son morados, pero los hay también negros, blancos y pintos. Se cocinan con carne de cerdo y también se cuecen con piloncillo o azúcar en preparaciones dulces. Suelen comerse como plato principal en la comida del mediodía. En Tlaxcala se preparan en tlacoyos y con atole agrio. Los ayocotes con carne de cerdo se condimentan con chile guajillo y pasilla, pimienta, comino, clavos, ajo y hoja de laurel. Los que se sirven con mole o guisados, son un platillo especial que se prepara en el Distrito Federal, Hidalgo, Estado de México, Puebla y Morelos. Existen muchas variantes, pero en todos los casos los frijoles se sirven enteros. En Veracruz existe una variedad llamada elamajetl, que se utiliza para preparar tamales. La variedad llamada frijoles moros es la más grande de toda la familia y también la más cara. Se pueden cocinar frescos, como ejotes, pero la gran mayoría se deja secar como cualquier frijol. Sirven para acompañar cualquier comida; son la guarnición perfecta para el mole y, por su gran tamaño, se procura no molerlos ni hacerlos refritos, y aun-

que son buscados por su gran tamaño, muchos prefieren los más pequeños, porque se dice que entre más grande sean más dulces resultan. La raíz se denomina cimatl o cimate y se utiliza como condimento en algunos guisos y como potencializador del pulque.
Conocido también como:
◇ frijol ayocote
◇ frijolón

Conocido en otras lenguas como:
◇ *bénju ponju* (otomí)
◇ *limé-gui ba né* (chontal)
◇ *recómari* (tarahumara)
◇ *recamoli* (tarahumara)
Conocido en otras regiones como:
◇ bótil (Chiapas)
◇ frijol bótil (Chiapas)
◇ frijol tecómare (Chihuahua)
◇ patol (Chihuahua)
◇ yegua (Jalisco)

Ayocotes en coloradito

Ayocotes cocinados en mole coloradito, comunes en los Valles Centrales de Oaxaca. Aunque se trata de un guiso vegetariano, en otros días de la semana suele agregársele espinazo o codillo de cerdo. Se prepara especialmente para los días de vigilia, en la cuaresma católica. En Zaachila se prepara especialmente el Miércoles Santo.

Ayohxonotl ◆ hongo cazahuate

Ayojatoli ◆ atole de calabaza

Ayomole

Del náhuatl *ayotli*, calabaza, y *mulli*, mole. Se trata de un guiso espeso preparado a base de calabaza pipiana cocida. La pulpa y las hebras, llamadas tripas, se cuecen hasta deshacerse para dar consistencia a la salsa que se condimenta con chile guajillo, epazote y tomate verde. Suele servirse con gotas de jugo de limón y se puede acompañar con cecina o xumilines. Es un platillo tradicional de Guerrero, aunque su consumo también es común en otras partes del país. En el área de Chilapa es típico completar este guiso con jumiles vivos al momento de comerlo. En este lugar y en otras regiones el ayomole se acompaña también con frijoles hervidos con epazote. En la Mixteca poblana se elabora con calabacitas tiernas, que se cuecen en agua con comino y manteca de cerdo y una salsa de chile verde que se añaden al caldo y se guisa hasta que las calabazas se han desbaratado; el caldo consumido y el guiso quede completamente espeso. Conocido también como ayamole.

Ayote

Fruto de una planta cucurbitácea parecida a la calabaza que abunda en Motozintla, cerca de la Sierra Madre de Chiapas. Se acostumbra en dulce, igual que la calabaza y el camote.

Ayotli ◆ calabaza

Ayoyote ◆ rejalgar

Azafrán (*Crocus sativus*)

Planta de la familia de las iridáceas, de origen asiático. Se aprovechan los estigmas que produce su flor para dar color a los guisos, especialmente en platillos de origen español, como la paella. Los españoles aprendieron su uso de los árabes y luego llegó a México. En Chiapas existen familias de origen español que aún lo utilizan en guisos ya mexicanizados. Es común que se incluya en el arroz solo o con almejas u otros mariscos; también se hace el tamal de azafrán y sopa de pan, entre otras recetas. Es sumamente caro y se vende en sobres pequeños. Cabe mencionar que en los mercados populares también se venden con el nombre de azafrán otras hierbas que no tienen relación con el azafrán ni con el azafrancillo.

AZAFRANCILLO (*Ditaxis heterantha*)

Bulbo colorante de la familia de las euforbiáceas en forma de camotillo que produce un arbusto. Se utiliza para dar color a diferentes guisos como sustituto del azafrán español. No debe utilizarse en grandes cantidades en un platillo porque lo puede amargar. Sus semillas son comestibles y tienen sabor a nuez. Es de uso común en los estados de Jalisco, Sinaloa, Querétaro, Hidalgo y San Luis Potosí. Conocido en otras regiones como azafrán de bolita (Guanajuato).

AZAHAR (*Citrus sinensis*)

Del árabe hispánico *azzahár*. Flor aromática del naranjo, de la familia de las rutáceas, que se utiliza hervida, fresca o seca, para preparar una infusión. El agua de azahar es utilizada en muchas recetas tradicionales, como en algunos atoles de Michoacán; también se incluye en almíbares de frutas y en ciertos dulces como los limones rellenos de coco. En Pátzcuaro, Michoacán, se prepara el vino de azahar. Las flores se venden frescas en los mercados populares por montoncitos; suelen comprarse y guardarse para su uso posterior. El azahar ha caído en desuso, principalmente porque muchos preparados que se hacían con ella ya no se elaboran en casa.

AZQUIOTE

Bejuco que se acostumbra en la región del sur de Veracruz. Junto con otros ingredientes se utiliza para la elaboración del popo. Conocido también como axquiote.

AZÚCAR

Edulcorante natural que se obtiene de la caña de azúcar y de la remolacha azucarera; el más antiguo es el azúcar de caña. Fue un producto extremadamente caro en otros tiempos, al grado de que fue llamado "oro blanco" o "sal de la India". Se tienen noticias de este producto desde el siglo IV a.C. Se atribuye su origen a Arabia y fue llevado a España por los musulmanes. En sus inicios el

azúcar no era granulado ni cristalino; su forma era como la de un pan con tonalidades café, similar al piloncillo, del cual se rompían pedazos que se pulverizaban en un mortero. En el siglo XVI se utilizó en Europa y es hasta la segunda mitad del siglo XVII cuando se empieza a utilizar ampliamente en alimentos, entre los que sobresalieron las bebidas que para la época eran nuevas como el café, el té y el chocolate. En el México prehispánico se buscó el sabor dulce de la miel de abeja y de la hormiga mielera, o del néctar de flores y frutos. Además, se extrajo el aguamiel de maguey, que se hervía para hacer una miel oscura. La caña de azúcar llegó a América y se difundió rápidamente su cultivo, primero en el Caribe, y de Cuba pasó a México, San Andrés Tuxtla, Veracruz. Después de la llegada de la caña, el empleo del azúcar de caña empezó a ser común en México y hoy se utiliza más que las mieles tradicionales antiguas. Se dice que el primer ingenio azucarero estuvo en Coyoacán. A mediados siglo XVIII la utilización del azúcar morena y el piloncillo eran ya muy comunes. Es hasta el siglo XX cuando se crean ingenios azucareros modernos y empieza a ser común el consumo del azúcar blanca o refinada. Actualmente encontramos en los mercados populares de México azúcar blanca o refinada, morena clara y morena oscura. Por muchas décadas se utilizó el piloncillo para dulces y bebidas populares por ser más barato que el azúcar, pero en los últimos años ha encarecido, de modo que ahora el azúcar refinada es más barata y ya es muy común que el champurrado y el café de olla se elaboren con azúcar, en lugar de piloncillo.

AZÚCAR COLOREADA

Variedad de azúcar granulada teñida con colorantes de origen vegetal. Se utiliza para decorar panes tanto de uso común como festivo, en el que el color elegido por lo general es el rojo; o el rosa.

→ azúcar roja o azúcar rosa

AZÚCAR MORENA

Azúcar de color oscuro que no está refinada, de modo que conserva ciertas impurezas que le dan su color característico y que hace que el gránulo sea más grande.

AZÚCAR ROJA O AZÚCAR ROSA

Variedad de azúcar granulada de caña que, al mezclarse con colorante rojo vegetal, se vuelve color rojo o rosa intenso. Se utiliza principalmente para decorar panes y galletas de pueblo, como la hojaldra. Esta azúcar sustituyó a la grana cochinilla con la que antiguamente se daba color a panes y postres.

→ azúcar coloreada

AZUCENA

Pan de dulce, de masa de harina de trigo y manteca de cerdo, adornado con azúcar. Es típico de Oaxaca.

BA-LLAA ◆ quintonil

BABOSITO ◆ hongo cazahuate

BABOSO

Término que se aplica a cualquier alimento cuya consistencia es viscosa o tiene baba, como el nopal. En el México actual, los alimentos babosos no son bien vistos, lo que se manifiesta en expresiones como "tiene baba" o "está baboso" que, en tono despectivo, dan a entender que un alimento es desagradable aunque en realidad no sea así. Al nopal cocido se le retira la baba enjuagándolo varias veces; muchos le añaden tequesquite durante la cocción, porque ayuda a cortar la baba.

→ matzú

BACALAO (*Gadus morhua*)

Pez de piel color verde olivo, de cuerpo largo y comprimido. Mide en promedio 1 metro de largo y pesa unos 20 kg. Se pesca principalmente en las aguas frías del hemisferio norte; sobre todo en la costa este de Canadá, en Terranova, lugar donde las flotas pesqueras se concentran y obtienen la mayor parte de la producción mundial. Los principales países pesqueros son España, Portugal, Canadá, Francia y Rusia. En esas naciones se acostumbra comerlo fresco o seco y salado; en México invariablemente se consume seco y salado, casi nunca fresco. Los pescados llegan en piezas al mercado y se cortan en trozos al gusto del cliente; se venden con y sin espinas. La carne debe tener un tono gris blanquecino; no debe presentar tonalidades amarillas, excepto minúsculas partes oscuras de grasa. Cualquier otra variación en el tono es síntoma de mal estado o de que la carne es muy vieja. Goza de gran prestigio el bacalao noruego, considerado el más fino y, por ello, el más caro. De él se importan grandes cantidades para las cenas de Navidad y Año Nuevo; el comprador deberá adquirirlo en un lugar de prestigio o en una tienda especializada, porque existen muchas imitaciones; los pescados más utilizados para este fin son el bagre y la lisa, ambos de exquisito sabor. Para cocinarlo en cualquier receta, se debe lavar y remojar en agua por lo menos dos veces antes de prepararlo. Del cuidado del lavado dependerá el buen sabor del guiso, ya que pue-

Bacalao seco

de resultar muy salado si no se guisa bien. Algunas preparaciones en las que se utiliza son la sopa de bolitas de bacalao, el bacalao a la vizcaína y los baldados de pescado.

BACALAO A LA VERACRUZANA

Guiso veracruzano hecho con bacalao desmenuzado, jitomate molido con ajo y cebolla, perejil, aceitunas, alcaparras, pimienta, clavo molido, papas cocidas y cortadas en cuadros, pimiento morrón en tiras, chiles largos y vino blanco.

BACALAO A LA VIZCAÍNA

Guiso de origen español que se ha adaptado a las características de la cocina mexicana; de hecho, ese nombre ha quedado casi en el olvido y aquí es mejor conocido como "bacalao de Navidad" o simplemente "bacalao". Se prepara con bacalao desmenuzado en salsa de jitomate, ajo, cebolla, perejil, aceitunas, alcaparras y chiles güeros curtidos. Se ha convertido en una tradición para las cenas de Navidad y fin de año, así como para la época de la cuaresma y la Semana Santa. En el Distrito Federal a veces le añaden chile ancho molido para darle más color. Con este guiso, mucha gente acostumbra hacer las llamadas tortas de pescado. En Tabasco la preparación es similar, aunque muchos incluyen alcaparras y pasitas, además de papa y algunos ingredientes que se utilizan en otros estados. Se suele acompañar con arroz blanco. En Chiapas el bacalao se prepara con papas cambray que se cuecen con el agua donde se remoja el bacalao. Se procura hacer grandes cantidades para consumirlo el 25 de diciembre o el 1 de enero, ya que recalentado al día siguiente adquiere mejor sabor.

BACANORA

Bebida que se obtiene de una variante de *Agave angustifolia*, y de *Agave palmeri* en la costa y sur de Sonora. Se llama así por el municipio del mismo nombre, situado en la región este de la entidad, sobre las estribaciones de la Sierra Madre Occidental. La bebida cuenta con denominación de origen. Se pueden encontrar bacanoras jóvenes y añejos, almendrados, con nuez o con piñón.

El agave que lo produce también es conocido como:
- ◇ *chelem* (maya)
- ◇ *doba-yey* (zapoteco)
- ◇ espadilla

◇ espadín
◇ *hamoc* (seri)
◇ *juya cuu* (mayo)
◇ maguey de campo
◇ maguey de flor
◇ mezcal

BACHICHA ◆ asientos de chicharrón

BACORETA ◆ atún, bonito

BAGRE

Término que designa a un conjunto de peces que no poseen escamas, tienen la cabeza muy grande con barbas o bigotes en la mandíbula y son de los que más se utilizan en la gastronomía mexicana. De rápido crecimiento y fácil domesticación, adaptables a diversas condiciones climatológicas, se pueden alimentar artificialmente y se reproducen con facilidad. Los principales estados productores son Tamaulipas, Sinaloa, Michoacán, Baja California, Jalisco, Coahuila, Chiapas y Veracruz. Estos peces habitan en ríos y desembocaderos, por lo que algunos se capturan de forma incidental; de otros existe una explotación sistemática, como en los casos de bagre azul, bagre bandera, bagre canal y bagre marino. Difícilmente se podrían identificar y describir todas las variedades que existen, por lo que sólo se mencionan sus principales características, los lugares donde se capturan, la familia a la que pertenecen y su nombre científico. Los bagres del norte del país se reconocen fácilmente por ser los únicos que tienen ocho barbas. Generalmente son de color plateado y son los más grandes de todas las especies. Alcanzan hasta 1 metro de largo y llegan a pesar hasta 18 kg. El *Ictalurus mexicanus* se captura en el río Pánuco. El *Ictalurus dugesii* se encuentra en el río Lerma y el lago de Chapala. El *Ictalurus lupus* habita en las aguas de Durango y Chihuahua. El *Ictalurus meridionalis* abunda en la cuenca de los ríos Grijalva y Usumacinta. El *Ictalurus balsanus* habita en la cuenca del río Balsas. Existe otro grupo denominado de Tierra Caliente. Estos ejemplares miden en promedio 50 cm de largo y tienen cuatro o seis barbas. La variedad más importante es la *Rhamdia guatemalensis*, que se encuentra en el Golfo de México desde el río Papaloapan hasta la frontera con Guatemala, así como en el Istmo de Tehuantepec y en los cenotes de Yucatán. Algunos bagres de origen marino pueden vivir en los ríos. Por lo general son de gran tamaño, pesan hasta 10 kg y miden 1 metro de largo. En varias regiones se les conoce como coatetes, de *coatetl*, nombre náhuatl que aparece en crónicas de la Conquista. Forman un grupo de siete especies, de las cuales las dos variedades más importantes son *Sciades seemani*, que se captura en los litorales del Pacífico, y *Sciades felis*, abundante en el Golfo de México. El bagre que se pesca en el lago de Chapala es muy apreciado pero está casi extinto, por lo que el que se prepara actualmente proviene de granjas acuícolas. Un guiso muy particular de esta región consiste en cocer a fuego lento las rebanadas del pescado en una cazuela con cebolla, jitomate, laurel, tomillo y mejorana; antiguamente algunas cocineras embreaban la tapa de la cazuela con masa de maíz para que los jugos no escaparan. También se prepara el caldo michi, mextlapiques y caldos con su car-

ne, y un guiso que se llama inocentes, que es un mextlapique de bagre pero envuelto en hoja de plátano. Las diferentes especies de bagre se preparan fritas, al vapor, horneadas, a la plancha, en mixiote, en el famoso caldo michi de Michoacán, en el clemole de Hidalgo, en tamales en Morelos, en pipián en Yucatán, sopas y otros guisos. En los límites de Zacatecas y San Luis Potosí se prepara el bagre con una salsa de chile colorado o chile ancho similar a la de otros guisos de la región, como el adobo de cerdo. Se acostumbra principalmente durante la cuaresma.

De las especies que se citan a continuación existe una pesca organizada de importancia comercial, aunque también crecen en cultivo ya que se ha comprobado que esta carne posee mayor calidad.

● Bagre azul (*Ictalurus furcatus*)

Se denomina así por el color de su cuerpo; mide unos 46 cm y pesa en promedio 2 kg; se encuentra todo el año. Su carne es muy blanca, tiene pocas espinas, sabor suave y poca grasa; es excelente en cualquier preparación y es considerado el más fino de todos los de su familia. Se vende fresco o congelado.

● Bagre bandera o *box kay* (*Bagre marinus*)

Debe su nombre a la aleta pronunciada que posee en el lomo, más larga que la de otros bagres. De dorso verde azuláceo o café oscuro, tiene la cabeza más grande que los demás. Mide 50 cm de largo y pesa poco más de 2 kg. Se adapta fácilmente a las aguas de mar poco saladas. Las costas del Caribe y el Golfo de México son las principales productoras de este pez en nuestro país y es muy común en las costas y cenotes de la península de Yucatán; se le encuentra todo el año y abunda en abril, junio y noviembre. Su carne es escasa, grasosa, blanca, con muchas espinas y de sabor fuerte; la cabeza y el espinazo se hacen en caldos y suelen ser más apreciados que la carne. Con él se hacen varias especialidades de la península de Yucatán, como el bagre en pipián.

● Bagre de canal (*Ictalurus punctatus*)

Tiene la cabeza ancha y plana, dorso azul negruzco u oliva, costados plateados y vientre blanco, pesa de 2 a 3 kg y llega a medir 40 cm de largo. De joven se alimenta de plantas acuáticas, y cuando es adulto se vuelve omnívoro. Se distingue por sus dos largas barbas. Vive en lagos de aguas templadas, ríos y estanques; es abundante en los meses de febrero, marzo, julio, septiembre y diciembre. Por lo general, se consume fresco y congelado. Tiene carne blanca amarillenta con espinas fáciles de separar, con una materia viscosa que puede afectar estómagos delicados, de modo que es necesario frotarla o marinarla con limón por lo menos una hora antes de cocinarla. Se hace empanizado, capeado y frito, en albóndigas, cebiches y sopas; también es muy bueno para combinar con otros pescados.

● Bagre marino (*Bagre panamensis*)

Tiene el dorso gris brillante y el vientre blanco. Puede medir hasta 55 cm y pesar 4 kg; habita en aguas de mar poco profundas y cercanas a las costas y prefiere fondos lodosos o arenosos. Se pesca todo el año y abunda de noviembre a mayo. Tiene carne blanca, firme, grasosa y de sabor fuerte, con espinas fáciles de remover; se vende principalmente fresco.

El bagre es conocido también como:

◇ bagre cacumo (*Bagre marinus*)
◇ bagre de altamar (*Bagre panamensis*)
◇ bandera (*Ictalurus punctatus*)
◇ banderilla (*Bagre marinus*)
◇ barbado de río (*Ictalurus punctatus*)
◇ barbeta (*Ictalurus punctatus*)
◇ chihuil (*Sciades seemani, Sciades felis, Bagre marinus, Bagre panamensis, Ictalurus punctatus*)
◇ coatete (*Sciades seemani, Sciades* felis)
◇ collarca (*Ictalurus punctatus*)
◇ cuatete (*Bagre marinus*)
◇ juil (*Ictalurus punctatus*)
◇ pez gato (*Ictalurus punctatus*)
◇ tacazonte (*Bagre panamensis*)

BAGRE EN PIPIÁN

Postas de bagre cocinadas en una salsa de pepita de calabaza finamente molida con pimienta, ajo, tomate, epazote y achiote; la salsa se muele y se fríe en manteca de cerdo. Preparación típica de Campeche.

BAHA-KAN O BAHALKAN ◆ hierbamora

BAILA CON TU MUJER

Platillo de huevo revuelto con triángulos pequeños de tortilla frita, guisado en una salsa de jitomate, chile guajillo y ajo. Se acostumbra en el estado de Guerrero a la hora del almuerzo.

DAINORO (*Celtis iguanaea*)

GRAF. vainoro. Fruto silvestre de la familia de las urticáceas, según la clasificación de Crónquist, 1981, con un diámetro de entre 8 y 12 mm y que al madurar se vuelve color amarillo. Su temporada es en agosto y septiem-

bre; se cosecha desde Chihuahua y Baja California hasta el sur del país. Los tarahumaras lo recolectan para consumirlo como fruta fresca. El nombre científico deriva del hecho de que las iguanas comen esta fruta.

Conocido también como:

◇ cola de iguana (Guanajuato)
◇ cuerétaro (Guanajuato)
◇ *galaga* (tarahumara)
◇ garabato blanco
◇ granjena blanca
◇ granjeno
◇ granjero (Veracruz)
◇ *huipuy* (huasteco)
◇ nanchibejuco (Chiapas y Jalisco)
◇ tontu (Guanajuato)
◇ uña de gato (Guanajuato)
◇ zarza (Guanajuato)

BAIZANO

Tipo de gallina silvestre en la localidad de Juan José Ríos, municipio de Guasave, Sinaloa. Se le conoce en otras localidades de Sinaloa y en Chihuahua como faisán.

BAIZANO RELLENO

Preparación que consiste en un baizano limpio, entero, untado con vino blanco, salpimentado y relleno con chorizo de cerdo hecho en casa, zanahorias en cubos, chile morrón en rajas, cebollines, papas en cubos, aceitunas, pasas y manzana picada. Se hornea bañado con refresco de cola y laurel. Este preparado es común en algunas regiones de Sinaloa.

BAJA CALIFORNIA

Estado localizado al noroeste de la república mexicana, en la parte norte de la península del mismo nombre. Limita al norte con California y Arizona (EU), al noreste con Sonora, al sur con Baja California Sur, al oeste con el océano Pacífico y al este con el Mar de Cortés. El estado fue constituido el 31 de diciembre de 1951 y está dividido en cinco municipios: Mexicali, Tijuana, Ensenada, Tecate y Playas de Rosarito. Al norte del estado habitan los grupos indígenas cucapá, paipai, kiliwa, cochimí y kumiai, que actualmente los integran pocas personas. Estas comunidades se encuentran alejadas de las grandes ciudades y de los centros turísticos de Baja California, por lo que sus costumbres alimentarias no influyen directamente a las del estado. Las actividades económicas de la entidad se desarrollan principalmente en el sector de los servicios (comercio, hotelería, turismo y transporte), aunque ocupa los primeros lugares a nivel nacional en la producción de frambuesa, jitomate, aceituna, uva, cebolla y fresa, así como en la captura de especies marinas como sardina, erizo y atún. Posee un extenso litoral y, por ende, una de las más ricas y variadas cocinas basadas en pescados y mariscos que incluye abulón, atún, almeja, calamar, callo de hacha, camarón, cangrejo de roca, caracol, mejillón, pata de cabra, pulpo, raya y sardina, los cuales se encuentran con frecuencia en los restaurantes en preparaciones de cebiche, cocteles, empanizados, al mojo de ajo, a la plancha, a la diabla y en brochetas. Mención especial merecen los tacos de pescado y el caldo siete mares. No debe extrañar que en la dieta de los bajacalifornianos se coman pescados y mariscos en el desayuno; de hecho, los tacos de pescado, las almejas y los cocteles se acostumbran precisamente por la mañana. La langosta es muy importante en las costumbres alimentarias del norte del estado: una de las preparaciones más importantes es la langosta Puerto Nuevo, pero también se prepara a la plancha, a la parrilla, asada, en ensalada, en machaca o frita. Actualmente la almeja es el molusco de mayor consumo en coctel, en sopa, en su concha y en diferentes guisos de mariscos. El camarón también es muy apreciado, aunque es más caro; se prepara en tacos, en cebiche y en diversos guisos; en los mercados regionales se pueden ver frescos, acomodados sobre tablones formando enormes montañas, perfectamente seleccionados por su tamaño y calidad. Es común que en algunos establecimientos la orden de camarones guisados sea una ración abundante. En la entidad fue-

Ensenada

ron alguna vez muy famosas y comunes las preparaciones a base de caguama y abulón y hoy forman parte sólo del recuerdo gastronómico, pues su consumo es mínimo. La caguama, por estar en grave peligro de extinción, está prohibida para el consumo, por lo que ya no se sirve en los restaurantes de cocina regional y en los hogares ya no se prepara la sopa de caguama. Por otra parte el abulón, que en décadas pasadas fue abundante, hoy es escaso y muy caro; se consigue fresco y enlatado y se prepara de diferentes formas, como el chorizo de abulón típico de Ensenada, que se vende en el Mercado Negro. Existen también guisos tradicionales a base de otras carnes; muchos de ellos se preparan al estilo de los estados del norte del país, como el caldo de tépari, la carne asada, la carne seca, el colache, la ensalada de betabel, la fritada, el gallo pinto, el menudo, el puchero de res y las burritas. Se preparan también tamales de piña y tamales con atún, así como tortillas de maíz, con las que se acompañan los guisos a base de pescados y mariscos, y tortillas de harina que se utilizan para acompañar los guisos a base de carnes rojas. En la ciudad de Tijuana se inventó la mundialmente famosa ensalada César. La comida china se considera típica en Mexicali, capital del estado, y son famosos los restaurantes de la Chinesca o barrio chino, además de que en muchas áreas de la ciudad abundan restaurantes de comida china que se distinguen por su gran tamaño. En otros lugares como Tijuana y Ensenada también es fácil encontrar esta comida, la cual ha influido en la preparación de otros alimentos; por ejemplo, en algunos establecimientos los pescados y mariscos se aderezan con salsa de soya; en estos lugares también es común encontrar arroz al vapor o arroz al estilo chino. Baja California es el principal productor de vinos a nivel nacional: la vid se cultiva en el valle de Calafia, antes valle de Guadalupe, en el valle de San Antonio de las Minas, y en los valles de Santo Tomás y Tecate; con ella se elaboran magníficos vinos tintos y blancos. Es en estos valles donde se encuentran establecidas las casas vinícolas más importantes del país.

BAJA CALIFORNIA SUR

Estado situado al noroeste de la república mexicana, en la parte sur de la península de Baja California; colinda al norte con Baja California, al este con el Mar de Cortés y al sur y al oeste con el océano Pacífico. Junto con Quintana Roo, es la entidad más joven del país, ambas fundadas el 8 de octubre de 1974 y se divide en cinco municipios: La Paz (capital), Comondú, Mulegé, Los Cabos y Loreto. A nivel nacional es el primer productor de albahaca y de sal, y de captura pesquera de calamar, langosta, almeja y cabrilla. Su extenso litoral le permite tener una gastronomía muy variada a base de pescados y mariscos; entre sus guisos tradicionales encontramos las albóndigas de pescado hechas de atún, cabrilla o marlín, los camarones al tamarindo y en salsa de dátil, la ensalada de langosta, la machaca de pescado, las sopas de caguama y de pescado y los típicos tacos de calamar, de camarón, de mantarraya, de ostión y de pescado. La almeja es muy apreciada en el estado; se prepara asada, en almejada, cebiches, cocteles, ensaladas y escabeches. Los camarones y otros mariscos se cocinan a la diabla, al mojo de ajo, a la ranchera y empanizados, entre otras preparaciones. Algunos de los guisos regionales más representativos, que no están hechos con pescados o mariscos, son: la cecina, la ensalada de bodas, el filete de res en salsa de dátil, los frijoles borrachos, la machaca de res, el pozole, el pan francés, la sopa de garbanzo y los tamales de pollo con salsa verde. En las dos últimas décadas llegaron al estado campesinos oaxaqueños para trabajar en el cultivo de algodón, por lo que no es extraña una clara influencia de su cocina en preparaciones como: chorizo, frijoles con cerdo, pozole y tamales. El chile verde del norte es muy utilizado en la preparación de sopas; el chile pasilla se utiliza para dar color a guisos regionales como el chorizo, el pozole y el chile colorado, es decir, es común que el chile verde del norte maduro y deshidratado se utilice para condimentar guisos caseros como la carne con chile colorado, sea de cerdo o de res. El dátil es un fruto muy común, se come solo y se emplea para hacer ate, dulce de dátil y nuez, y salsas para platillos salados. Los dulces cobran gran importancia en el poblado de Todos Santos, localizado a la mitad del camino entre La Paz y cabo San Lucas; punto obligatorio para los viajeros golosos, donde pueden adquirir alfeñiques, arepas, buñuelos, capirotada, coyotas, chimangos, dulces de biznaga, de leche, de frijol y de papaya, empanaditas rellenas de mango, mangate, torlitos y zorrillo, entre otros. También se bebe la damiana en infusión y en licor.

BAJICOPO

Bebida similar a la horchata, hecha con trigo tierno, clavo, canela, azúcar y agua; el trigo se hierve, se seca y tuesta con canela y clavo, el polvo resultante se cuece en agua, se deja enfriar y se toma con hielo. Es una bebida tradicional entre las familias antiguas de Sonora, aunque hoy en día es bastante difícil de encontrar. También conocido como jipoko.

BALCHÉ

1. *Lonchocarpus longistylus*. Árbol de la familia de las leguminosas, de hojas alternas y pinadas, con flores moradas y fruto de vaina comprimida; su corteza se utiliza para preparar la bebida del mismo nombre. El origen de la palabra es maya, aunque también se le conoce en español como pitarrilla.
2. Bebida fermentada elaborada por los indígenas de Chiapas, Quintana Roo, Tabasco y Yucatán, muy apreciada por sus significados rituales. Con el tronco del árbol de balché se hace un gran recipiente llamado canoa, en el que se colocan trozos de su corteza que ayudan a que la fermentación sea más rápida, pues contienen una levadura natural. Se le añade agua y miel de abeja pipiola, se cubre con hojas de palma y se deja fermentar. Este proceso toma medio día, pero normalmente se espera hasta el día siguiente para sacarla de la canoa con jícaras, pasarla a ollas de barro, ofrecerla a los dioses y beberla. El balché tiene que empezar a prepararse con anticipación para que esté listo para la ceremonia correspondiente; una vez fermentado, no se puede guardar o conservar en botellas como otras bebidas, por lo que se

Cabo San Lucas

debe tomar tan pronto esté listo. Antiguamente, era una bebida ceremonial maya que se consideraba alimento de los dioses. Era consumida en los festejos relacionados con la agricultura. En las ceremonias del mes *pax*, los sacerdotes encargados de ofrendar al dios de la lluvia rompían ollas llenas de balché como símbolo de la abundancia que vendría con el ciclo venidero. El dios de esta bebida se llamaba Acán. Después de la Conquista, los frailes prohibieron la bebida, pero los mayas siguieron consumiéndola, ya que decían que no tomarla los enfermaba y que a pesar de ser embriagante, la bebida —que los hombres consumían más abiertamente que las mujeres— los mantenía saludables porque eliminaba todas sus impurezas materiales y espirituales cuando lo ingerían por la boca y por el recto en forma de enemas. Actualmente, entre los rituales que exige la bebida están la abstinencia sexual y el ayuno; de no seguirlos, se tiene la creencia que la bebida se amargará o no fermentará adecuadamente; esta creencia se observa todavía hoy en las comunidades lacandonas de Chiapas. Los chontales de Tabasco practican al principio y al final del ciclo agrícola rituales dirigidos por rezanderos que ofrecen la bebida en medio de oraciones. En Valladolid, Yucatán, las comunidades indígenas acostumbran rociar a las novias con balché, igual que el arroz en las bodas católicas, como signo de abundancia.

BALDADOS DE CUEZA

Trozos de cueza capeados con clara de huevo. Se unen dos de estos trozos y en medio se les coloca queso y chile rojo en escabeche, se baldan, o capean, y una vez fritos, se sirven con una salsa hecha de tomate, cebolla, ajo, pan molido, pimienta y tomillo. Se acostumbra en Comitán, Chiapas.

BALDADOS DE PESCADO

Preparación elaborada con trozos de pescado seco, de preferencia bacalao, que se deja remojar durante dos o tres días antes para quitarle el exceso de sal. Una vez desalados se baldan o capean. Suelen acompañarse con salsa a base de tomate, cebolla, ajo y pimienta de Castilla. Se acostumbra en Comitán, Chiapas.

BALDAR ◆ capear

BALILA ◆ sotol

BANDERA ESPAÑOLA

Preparación que se elabora con un lomo de cerdo entero que se abre por la mitad y luego se aplana para colocarle en medio una capa de huevo, otra de jamón y finalmente rajas de chile morrón. Se enrolla, se amarra y se cuece en una olla con agua, hierbas de olor y sal. Se acostumbra en Comitán, Chiapas.

BANDERILLA

1. Pan de dulce que se elabora con pasta hojaldrada, a la que se le da forma de una barra larga y aplanada que se barniza con clara de huevo y azúcar, para que se caramelice durante el horneado.
2. Salchicha ensartada en un palillo y cubierta con una pasta de harina y agua que se fríe. Este término también se refiere a palillos con carne o mariscos.

→ bagre, hoja de queso

BAQUETA (*Epinephelus acanthistius*)

Pez de dorso oscuro, vientre rojizo y piel escamosa; su carne es blanca y jugosa. Se alimenta de crustáceos y peces pequeños y mide 30 cm de largo, aproximadamente, aunque existen variedades más grandes y pesadas. Se le encuentra todo el año y abunda de enero a marzo, desde la porción oriental del Golfo de California hasta el litoral de Chiapas. Bajo el nombre genérico de baquetas, se pueden identificar, dependiendo de la región, a pescados que reciben el nombre común de cabrillas. Es ideal para freír, asar, hornear, guisar en albóndigas y al vapor. La cabeza es buena para preparar caldo y su carne es tan delicada que se le compara con el robalo; en cambio su piel es de sabor fuerte y debe retirarse durante la cocción.

BAQUETÉN ◆ huacavaque

BAQUI

Vocablo mayo que significa cocido. Generalmente se emplea como sufijo para denominar preparaciones como *huacabaqui* y *cuchubaqui*.

BARBACOA

Preparación de carne de borrego o de chivo envuelta en pencas de maguey y cocida en horno de tierra. El origen de la palabra, antillano, proviene del nombre que recibe la parrilla para asar pescados o carnes al aire libre. La barbacoa del centro del país, acostumbrada desde tiempos prehispánicos, encuentra sus orígenes en el *pib*, horno de tierra maya. Cuando se introdujeron en el país animales como borregos y chivos, se empezó a preparar la barbacoa tal y como hoy la conocemos. De gran arraigo en muchos estados, especialmente en Hidalgo, Tlaxcala, Querétaro, Puebla, Estado de México, Morelos y el Distrito Federal, donde se consume una gran cantidad de barbacoa que se prepara en los estados aledaños y en las delegaciones Tláhuac, Milpa Alta, Xochimilco y Magdalena Contreras, principalmente. La carne del animal se corta en canal y se cuelga para que se ventile, hasta que se le forma una especie de epidermis translúcida. El proceso toma varias horas, según la temperatura y la humedad del lugar. Los productores de barbacoa aseguran que es necesario orear la carne para que se ponga algo correosa y resista la cocción, porque de lo contrario resulta demasiado suave. Después de colgar la carne se recolectan las vísceras del animal, se lavan y se preparan con diferentes hierbas, chiles y especias. El estómago o pancita se lava para hacer la función de una bolsa en la que se meten las demás vísceras; enseguida se sutura y se deja listo para ponerlo encima de la carne, justo en el momento de meterla al horno. El estómago se prepara de forma distinta en cada estado, y comúnmente se le llama pancita de barbacoa, pancita de borrego u obispo. Mientras la carne se orea y se

prepara la pancita, se empieza a calentar el horno, que generalmente mide unos 60 cm de diámetro y 1 metro de profundidad, cuya pared interior está construida con tabique. En el fondo se coloca la leña y se le prende fuego; a medida que se va consumiendo se agrega más leña, para que la temperatura del horno se eleve aún más. Este proceso toma varias horas. Se sabe que el horno ya está lo suficientemente caliente cuando los ladrillos se ven al rojo vivo. La carne oreada se corta, se sala y se envuelve en pencas de maguey; puede ser una sola envoltura o varias pequeñas. Sobre ésta se pone la pancita preparada y todo se coloca en una gran olla, que cuenta con una rejilla para que la carne no toque el fondo; en el espacio que queda entre la olla y la carne se pone un poco de agua para que humedezca un poco la carne durante la cocción. En muchos lugares acostumbran poner garbanzos, zanahorias, pulque y chiles verdes junto con el agua, para obtener el consomé de barbacoa; después se mete la olla al horno de tierra, se tapa con una lámina, se cubre con barro fresco y se deja enterrada toda la noche hasta que se va a comer o vender. La carne no se desjuga; de hecho, la barbacoa es famosa por ser muy suave, jugosa y sabrosa que se deshebra fácilmente. Entre los verdaderos aficionados a la barbacoa, la comida empieza con el consomé, continúa con la pancita servida en tacos y termina con los tacos de barbacoa, hechos en tortilla de maíz.

En las taquerías de barbacoa existen dos tipos de tacos: suaves y dorados. Los primeros se preparan con tortillas frescas de maíz, carne deshebrada, cebolla y cilantro picados, y salsa borracha verde o roja. Los tacos dorados se fríen, se sirven con crema y queso fresco, y se acompañan con las mismas salsas. De manera similar se preparan flautas de barbacoa. La costumbre de comer estos tacos está muy arraigada entre los habitantes del centro del país, especialmente en los fines de semana, antes o después del futbol, la misa o las compras en el mercado. Es común que la familia entera llegue al puesto a comer la barbacoa, o que la lleve para comer en casa. En otros estados también se hacen carnes cocinadas en horno de tierra llamadas barbacoas, algunas de ellas condimentadas con salsas de chiles y especias, muy diferentes a la del centro del país.

• En Chiapas, en la región de La Frailesca, es típica la barbacoa horneada. En Villaflores la carne se condimenta con un recaudo de chile ancho y guajillo, jitomate, cebolla, ajo, pimientas negra y gorda, tomillo, orégano, sal, vinagre y ron; todo se coloca en un recipiente grueso de barro con forma de vasija ovalada, poniendo en el fondo varitas de hojas de plátano y hierba santa para recolectar el consomé de la carne, que se cubre con hojas de aguacate y se tapa bien. Luego se cuece en horno de leña. La carne se come con tortillas de maíz y el consomé se prepara con jugo de limón, chile picado y cilantro. En Ocosingo, además de la carne de borrego, la barbacoa se puede combinar con carne de cerdo, pollo o res; también incluye jitomate, tomate, tomillo, orégano, canela, clavos de olor, pimienta de Castilla, vino de Jerez, chiles anchos, ajo, vinagre, hierba santa y sal. Esta barbacoa se cuece en olla con tapesco o vaporera. En Comitán incluye los mismos ingredientes, sólo que usan hojas de aguacate encima del guisado y en el tapesco para que den sabor. Tanto la de Ocosingo como la de Comitán, se adornan con pasas, almendras cocidas y chile morrón. La barbacoa de cerdo se acostumbra en Pinola, Chiapas, durante las fiestas patronales de san Miguel Arcángel, el 8 de mayo.

• En Chihuahua las preparaciones son más sencillas: se acostumbran en el almuerzo y en algunos restaurantes son un platillo especial por las mañanas. Son típicos los carritos blancos que se encargan de venderla en diferentes localidades como Aldama, Parral y Altamirano. También acostumbran comerla en tortas (llamadas lonches) y en burritas. Puede estar hecha de cachete o pescuezo de res condimentado con pimienta, comino, laurel, vinagre, ajo y cebolla. Se cuece en vaporera y le llaman barbacoa jugosa. Existe otra variedad hecha de cabeza de res sin especias denominada barbacoa seca; ambas se acompañan con cebolla y cilantro picado y alguna salsa picante.

• En Coahuila es una preparación festiva que se guisa especialmente para las bodas que se hacen al mediodía. También se acostumbra en los festejos de Navidad y Año Nuevo. Se hace de ternera o res, con salsa de chile guajillo y tomate deshidratado; también se elabora de carnero o de pavo. La técnica es similar a la del centro del país; la carne se acompaña con salsa borracha de chile pasilla con pulque, queso añejo y cebolla picada.

• En Guanajuato, en algunos lugares, se prepara con carne de borrego o chivo, cortada en trozos y untada con una salsa de chile ancho, chile cascabel, ajo, cebolla, hojas de aguacate, pimienta y hierbas de olor. Se coloca todo en la vaporera envuelto con pencas de maguey, y encima de la carne se pone la panza rellena con vísceras preparada con un poco de la misma salsa de la carne para que se cueza. A esta panza rellena le llaman montalayo; es muy apreciada y se suele servir en tacos cuando se come la barbacoa.

• En Guerrero se elabora con diversos animales, de los cuales su carne se macera en salsa de diferentes chiles y especias; se envuelve y se hornea o se cuece al vapor. La barbacoa de pollo, que se acostumbra en Chilapa y otras regiones del estado, se prepara con piezas de pollo marinadas en una salsa de chile ancho, chile guajillo, pimienta, comino, orégano, canela, ajo y hojas de aguacate enteras; el preparado se envuelve en hojas de plátano, se cuece en horno o al vapor y puede servirse acompañado con rábanos, lechuga, rodajas de cebolla, aguacate y salsa al gusto. De forma similar se prepara la barbacoa de cerdo, de carpa y de armadillo, que antiguamente fue muy común. Otra barbacoa única en su estilo es la que se elabora en la región de la Costa Grande: es de lechón relleno con piña, plátano macho, papa y zanahoria, condimentado con clavo, comino, chile y vinagre, y envuelto en hojas de plátano para hornearse. La barbacoa de chivo que se elabora en el área de Chilpancingo contiene chile guajillo, cebolla, ajo, hojas de aguacate y pencas de maguey. En la región de Tierra Caliente, la barbacoa de chivo recibe el nombre de birria.

• En Hidalgo y el Estado de México, la barbacoa se prepara de forma similar. La barbacoa clásica es la de borrego, pero también se elabora con carne de chivo, conejo o pollo.

• En Oaxaca, en Ejutla de Crespo, la carne de borrego se mecha con almendras y aceitunas y se unta con un preparado de chile ancho, cebolla, ajo, clavo, pimienta, manteca de cerdo y sal; luego se cubre con hojas de plátano y de agua-

Barbacoa de pollo

cate, se coloca en un horno cubierto de hojas de maguey y se tapa con tierra y un petate. Otra versión es la de carne de chivo o cordero adobada y puesta entre dos capas de masa, tapada herméticamente y cocida al horno; se aromatiza con hojas de aguacate; el adobo incluye chiles anchos y chilcostles, ajo, orégano, ajonjolí, vinagre y canela. Se acompaña con frijoles refritos y chiles jalapeños en escabeche. En la Mixteca Alta se prepara para bodas y otras fiestas la barbacoa de chivo o carnero con un guiso de maíz llamado segueza. La carne se cubre con una pasta de chile guajillo, la panza se rellena con la sangre, las tripas y las menudencias revueltas con cebolla y la segueza se coloca aparte; todo se recubre con hojas de aguacate y se cuece en un horno de tierra toda la noche. Se come con tlayudas y salsa de chile verde y miltomate, y se acompaña con tepache de pulque, mezcal o cerveza. En los Valles Centrales de Oaxaca, en Zaachila, se hace de chivo adobado con chiles rojos y diferentes especias y se entierra junto con una botella de mezcal. También en la Mixteca, en Coixtlahuaca, se hace con chivo o borrego y se acompaña con otro preparado llamado pozole que se elabora a base de maíz y sangre del mismo animal. En Tezoatlán se prepara de forma similar con un pozole llamado *lligue*, colocado en una olla dentro de un horno de tierra; la olla se recubre con capas de hierba santa, masa de maíz y frijol molido, y sobre ésta se pone la carne de chivo envuelta en hojas de plátano; todo se tapa con pencas de maguey, petates y tierra para su cocción.

• En Querétaro existe un gran consumo; se elabora de forma similar a la de Hidalgo y se vende en tacos o por peso. Sobre la autopista México-Querétaro existen varios lugares estratégicos que expenden barbacoa desde muy temprano; entre los viajeros frecuentes de esta carretera hay conocedores que saben en qué lugar se vende la de mejor calidad. En Sinaloa se prepara la barbacoa de venado y barbacoa de chivo al estilo sinaloense; también se prepara con algunos animales de los que abundan en la región. En Tlaxcala se elabora de forma similar a la del Distrito Federal; la llaman barbacoa de hoyo, para diferenciarla de otras que se hacen en vaporeras y ollas. Con frecuencia se utiliza borrego o carnero; es muy consumido su consomé, que suele incluir zanahoria, garbanzo, arroz, orégano, laurel, tomillo, ajo y chile morita.

• En Veracruz existen varias formas; en Córdoba se prepara una con pollo marinado en salsa de chile ancho, chile mulato, ajo, cebolla, comino, clavo y pimienta gorda; envuelta como un tamal en hoja de plátano, hierba santa y hoja de aguacate, se cuece al vapor. En Acatlán se guisa con cerdo o pollo marinado en una salsa de chiles ancho y seco, jitoma-

te, ajo, clavo, comino y sal. Se cuece en una olla de barro untada de manteca de cerdo, cuyos bordes se sellan con masa. Se acompaña de arroz blanco o frijoles refritos y guacamole. En Altotonga se utiliza carne de borrego untada con salsa de chile guajillo, ajo, hoja de aguacate, comino, laurel, vinagre y sal. Se cuece dentro de una olla untada de manteca de cerdo y cubierta con hojas de aguacate; se sirve muy caliente y acompañada con tortillas. Los totonacas de la costa veracruzana preparan la barbacoa con carne de res, chile ancho, chipotle, vinagre, cominos y laurel. Este platillo se prepara generalmente para celebrar bodas o 15 años.

• En Zacatecas y San Luis Potosí la barbacoa suele hacerse como en los estados del centro del país; es muy famosa la barbacoa enchilada de carnero, chivo o incluso de res o guajolote. La carne se adoba con salsa de chiles rojos (como guajillo, ancho o puya), ajo y sal. Puede prepararse en horno de tierra con pencas de maguey o en horno convencional. En San Luis Potosí se acompaña casi siempre con salsa verde de chiles serranos y tomate, mientras que en Zacatecas se prepara con salsa brava.

→ horno de tierra, pancita de barbacoa, pollocoa, tatemado

BARBACOA DE IGUANA
Guiso con carne de iguana lavada con jugo de limón para que quede blanca, cocida con una salsa de chile guajillo, ajo, laurel, comino, pimienta y sal. Se acostumbra comer en Navidad y en fiestas tradicionales en el estado de Morelos.

BARBACOA DE LANGOSTINOS
Preparación de langostinos macerados en ajo y clavo, hojas de aguacate enteras y una salsa de chile ancho, jitomate, cebolla, ajo, pimienta, clavo, canela y comino. Los langostinos con su salsa se colocan sobre hierba santa y se cubren con la misma, esto se envuelve en hojas de plátano y se calienta en comal a fuego lento para que la hierba santa suelte su sabor. Los langostinos pueden sustituirse por camarones o pescado en trozos. Este platillo es común en la región de Sotavento, Veracruz.

BARBACOA DE LIEBRE
Preparación de carne de liebre destazada, limpia y sin piel, untada con manteca de cerdo y sazonada con ajo, jitomate, puré de tomate, cebolla, orégano, pimienta, chile pasilla, aceitunas, vinagre y sal. Se cuece todo junto en olla tapada a fuego bajo por una hora hasta que la liebre quede suave; se puede encontrar entre los yaquis del estado de Sonora.

BARBACOA DE VENADO
Guiso de carne de venado cocida con papas, zanahoria, aceitunas y pasitas en una salsa de chile ancho, agua, vinagre de manzana, sal y pimienta; se consume en algunas regiones de Sinaloa.

BARBIRRUBIA ◆ pargo

BARCHATA (*Ziziphus obtusifolia*)
Arbusto ramoso de la familia de las rhamnáceas, de 1 a 2 metros con las ramas blanquecinas y espinosas, hojas oblongas y ovadas de 5 a 25 mm delgadas y caedizas y flores con cinco pétalos. Produce un fruto de 6 a 8 mm de diámetro, negro y comestible, con el que los indígenas yaquis de Sonora preparan el atole de barchata.

BARCINA
Recipiente esférico de unos 20 cm de diámetro, hecho de tela de manta y cubierto de palma tejida y cosida con hilaza. Es originario de la isla de Mexcaltitán, Nayarit, donde se usa para guardar los camarones secos.

BARICOCA ◆ chupandilla

BARQUILLO

Preparación de masa de harina de trigo sin levadura, azúcar, miel y algún saborizante, moldeada en forma cónica. De consistencia crujiente, sirve como contenedor de las bolas de helado o nieve. Existe también el barquillo de harina de arroz, que generalmente se vende

en los carritos de nieves ambulantes. El barquillo de cajeta es una golosina infantil típica de Toluca, elaborada con un barquillo de masa de harina de arroz, relleno de cajeta con malvavisco.

BARRA VIEJA

Pequeño poblado de Guerrero, aledaño al puerto de Acapulco, muy famoso porque en él existen muchos restaurantes y palapas especializados en comida a base de pescados y mariscos, cuyo prestigio radica en la frescura de los alimentos propia de una población costera. Existe toda una tradición turística de ir a comer por lo menos un día a Barra Vieja, mientras se vacaciona en Acapulco, algo que es más importante aún para los buscadores de cocina regional porque, en contraste, los establecimientos de la zona hotelera de Acapulco se han preocupado más por la cocina internacional. Entre sus especialidades están el pescado fresco y frito, el coctel de camarón, el cebiche acapulqueño, el legendario pescado a la talla y, por supuesto, los camarones Barra Vieja.

BARRACUDA

Pez grande, agresivo y voraz con forma de torpedo; es más peligroso que el tiburón. Se encuentra todo el año en el océano Pacífico y el Golfo de México, especialmente de diciembre a mayo. De joven forma cardúmenes y se encuentra en aguas poco profundas y fondos arenosos. Cuando es adulta se separa del grupo y se vuelve solitaria, pero en la temporada de desove se reúne otra vez. Su carne tiene textura firme, posee poca grasa y se consume fresca o ahumada. La variedad *Sphyraena barracuda* tiene el dorso verde grisáceo y el vientre y los costados blancos y plateados con tintes rojizos. Comúnmente mide 1.30 metros y pesa de 2 a 4 kg; su mandíbula inferior es prominente y posee afilados dientes. La *Sphyraena argentea* tiene coloración café con brillos azules, es plateada o amarilla a los lados, forma cardúmenes principalmente alrededor de las islas, se localiza en Baja California y puede medir hasta 1.20 metros y pesar 8 kg. También se consumen la barracuda de Cortés, *Sphyraena lucasana* y *Sphyraena ensis*.

Conocida también como:

◇ barracuda picuda
◇ barracuta
◇ buzo
◇ pescadilla
◇ picuda corsaria

◇ picuda zorra
◇ tolete

BARRILETE

Nombre genérico que se aplica a varias especies de peces que se conocen comúnmente como atún.

• *Euthynnus lineatus*

Habita en el área de Baja California. Tiene su aleta en forma de media luna; su piel casi no posee escamas, se distingue por una serie de barras horizontales y por su coloración azul oscuro, llega a pesar hasta 5 kg y por lo general se consume fresco.

• *Katsuwonus pelamis*

Viaja en cardúmenes por aguas oceánicas, templadas y profundas, donde cerca de las costas se encuentran grandes poblaciones. Abunda todo el año, pero los mejores meses para su captura son de abril a noviembre en el Pacífico, y de marzo a septiembre en el Golfo de México; los estados más importantes donde se pesca son Baja California, Baja California Sur, Sinaloa, Oaxaca y Chiapas. Mide unos 80 cm y pesa 2.5 kg. Se vende congelado, fresco, salado y enlatado. Su carne es de tono grisáceo, con franjas oscuras; se considera de buena calidad y se utiliza igual que los otros atunes. En las playas de Oaxaca (Puerto Escondido, Puerto Ángel y otras) son famosas las quesadillas de barrilete.

El barrilete conocido también como:

◇ atún (*Katsuwonus pelamis, Euthynnus lineatus*)
◇ barrilete listado (*Katsuwonus pelamis*)
◇ barrilete negro (*Euthynnus lineatus*)
◇ cachurreta (*Katsuwonus pelamis*)
◇ listado (*Katsuwonus pelamis*)
◇ negra (*Katsuwonus pelamis*)

BARRIO CHINO

Barrio muy pequeño que abarca apenas una manzana, ubicado en la calle de Dolores, entre Independencia y Artículo 123, en el Centro Histórico de la Ciudad de México. En él se encuentran varios restaurantes de comida típica china y algunas tiendas con productos de ese país. Pese a su reducido tamaño, muchos capitalinos asisten aquí a comer comida china, especialmente los fines de semana. Por diferentes rumbos de la ciudad también existen muchos cafés de chinos, quienes por lo regular ofrecen comida mexicana, pan de dulce, café con leche y algunas especialidades de origen chino. Las porciones son generosas y los precios no son altos. En Mexicali, Baja California, es famoso el barrio chino conocido localmente como Chinesca. En Tijuana la comida china también es típica.

BARROSO ◆ espelón, hongo enchilado

BATARETE

Dulce elaborado con miel de piloncillo y pinole, que también se consume como bebida; para prepararla, los ingredientes se diluyen en agua. Cuando se consume como dulce, a veces se le añade queso añejo. Es tradicional en la época de moliendas, en el estado de Sonora.

BATE

Bebida indígena que se prepara con las semillas de chan o chía que se remojan en agua, se tuestan, se muelen y se endulzan con miel de abeja. Su consistencia es muy espesa, como un atole. En Nayarit se emplea a veces miel de piloncillo en vez de miel de abeja. Tradicionalmente se sirve en recipientes de barro o jícaras de guaje, pero en las ciudades se emplean copas de vidrio. Esta bebida se acostumbra en la zona costera de Jalisco, Colima y Nayarit. Además de ser una bebida refrescante tiene propiedades curativas, es desintoxicante, actúa como digestivo y ayuda a combatir los malestares estomacales.

BATIDO

Pan de dulce de huevo con forma oblonga que se acostumbra en San Cristóbal de las Casas, Chiapas.

BATIDOR DE CHOCOLATE ◆ molinillo

BATIDOS DE MIEL

Dulces típicos de Pinola, Chiapas, muy parecidos a los que se hacen en Tzimol, preparados a base de miel de caña y cacahuate molido. Pueden incluir anís, ralladura de limón o naranja.

BAYUSA ◆ flor de maguey

BAZO RELLENO

Bazo de res horneado, relleno de picadillo de carnes de cerdo y res, plátano macho, papa, huevo cocido, chile dulce, pasitas y aceitunas. Se consume en La Libertad, Chiapas.

BEBIDA

Término que se utiliza en Oaxaca para designar un desayuno muy ligero. Por lo general se trata de algún líquido como café, chocolate o atole.

BEBIDAS (BASE)					
Nombre	Ingredientes principales	Procedimiento	Variantes	Lugar de origen/consumo	Alcohólica
aguamiel	agave	extracción		Zacatecas; San Luis Potosí; Hidalgo; Estado de México; Puebla; Tlaxcala; Michoacán; Distrito Federal	no
aguardiente	granos, frutas	fermentación y destilación	tequila, mezcal, ron	todo el país	sí
aguardiente de caña	caña de azúcar	fermentación y destilación	zorro, chucho con rabia o pox, charanda, sangre de conejo, ron	todo el país	sí
amargo	aguardiente + hierbas y/o frutas	maceración		Guerrero; Oaxaca; Querétaro; Michoacán	sí
atole agrio	agua + maíz	fermentación y cocción	atoles agrios a base de diferentes variedades de maíz que pueden complementarse con cacao, especias, frutas, semillas y algún endulzante	todo el país	no
atole blanco, atole de masa	agua + maíz	cocción	atoles a base de semillas, granos, especias, frutas y hierbas; pueden ser endulzados	todo el país	no
bacanora	agave	fermentación y destilación		Sonora	sí
balché	corteza de balché + miel de abeja	fermentación		Chiapas; Quintana Roo; Tabasco; Yucatán	sí
bate	agua + semillas de chía + miel	tostado y molido		Colima; Jalisco; Nayarit	no
brandy	uva	destilación		todo el país	sí
cachol	maíz pinto + aguamiel	fermentación		sierra Norte de Puebla	sí
café	agua + granos de café	tostado e infusión	café de chícharo, de garbanzo, de olla, de trigo	todo el país	no

(continúa)

BEBIDAS (BASE)

Nombre	Ingredientes principales	Procedimiento	Variantes	Lugar de origen/consumo	Alcohólica
cerveza	agua + cebada + lúpulo	fermentación	cerveza de raíz	todo el país	sí
cervecita dulce	agua + azúcar + jengibre + ácido tartárico	fermentación		San Cristóbal de las Casas, Chiapas	sí
colonche	jugo de tuna cardona + aguardiente	fermentación		San Luis Potosí; Guanajuato; Zacatecas; Aguascalientes; Chihuahua; Sonora	sí
comiteco	agave	fermentación y destilación	de caña de azúcar	Comitán, Chiapas	sí
copalocle	pulque + copaljocote	fermentación		Tlaxcala	sí
charanda	caña de azúcar	fermentación y destilación		Michoacán	sí
chicha	maíz + piloncillo + especias	fermentación	de jugo de caña de azúcar, de pulque	Chiapas; Chihuahua; Guerrero; Oaxaca	sí
chocolate	cacao + agua + endulzante	desleído	a la mexicana, a la española, a la francesa	todo el país	no
chumiate	aguardiente de caña + hierbas	maceración		Estado de México	sí
damiana	aguardiente + hojas de damiana	maceración		Baja California Sur; Sinaloa	sí
garañona	aguardiente de caña + hierbas	maceración		Estado de México	sí
garapiña	agua + pulpa de piña + endulzante	fermentación		Estado de México	sí
guarapo	jugo de caña, cáscaras de piña	fermentación		Veracruz; Tabasco	sí
holcatzín	capulín + aguardiente de caña	maceración		Campeche; Yucatán	sí
lechuguilla	agave lechuguilla	fermentación y destilación		Chihuahua; Sonora	sí
licor, mistela y néctar	aguardiente + pulpa de fruta y/o hierbas	maceración	amargo, compuesto, chumiate, garañona, holcatzín, moscos, revoltijo, verde de xico, vino de coco, xtabentún	todo el país	sí
mezcal	agave	fermentación y destilación	bacanora, chichihualco, lechuguilla, petaquilla, raicilla, sotol	Durango; Guanajuato; Guerrero; Oaxaca; San Luis Potosí; Tamaulipas; Zacatecas	sí
moscos®	aguardiente + cáscaras de naranja	maceración	varias frutas	Toluca	sí
ostoche	caña de azúcar	fermentación		Puebla	sí
pasita	aguardiente + pasitas	maceración		Puebla	sí
pinole y piznate	harina de maíz tostada + endulzante	desleído en agua	de garbanzo, de trigo, de pepitas de calabaza, girasol, etcho, sandía	todo el país	no
pozol	agua + maíz blanco	cocción, desleído en agua	pozol blanco, pozol agrio, con cacao, con pixtle, con tiste, de nambimbo	Tabasco; Chiapas; Veracruz; Oaxaca; península de Yucatán	no
pulque	aguamiel	fermentación	pulque curado	todo el país	sí

Nombre	Ingredientes principales	Procedimiento	Variantes	Lugar de origen/consumo	Alcohólica
raicilla	lechuguilla	fermentación y destilación		Jalisco	sí
sidra	manzana	fermentación		todo el país	sí
sotol	agave	fermentación y destilación		Durango; Coahuila; Chihuahua	sí
taberna	jugo de palma del coyol	fermentación		San Cristóbal de las Casas, Chiapas; Istmo de Tehuantepec, Oaxaca	sí
tepache	agua + cáscara de piña + azúcar	fermentación	de maíz, con especias, de diferentes frutas	todo el país	sí
tequila	agave	fermentación y destilación		Jalisco; Nayarit; Guanajuato; Tamaulipas; Michoacán	sí
tesgüino y nawá	agua + maíz + avena	fermentación	de trigo, de frutas	Sonora; Chihuahua; Durango; Jalisco; Nayarit; Oaxaca; Colima	sí
tuba	palma de coco	fermentación	almendrada, compuesta, de maguey	Colima; Jalisco; Guerreo	sí
tuchi	agave tatemado	fermentación		Comunidades huicholes	sí
verde de xico	aguardiente + hierbas	maceración		Xico, Veracruz	sí
vino	uva	fermentación		todo el país	sí
vino de coco	salvia de la inflorescencia de coco	fermentación y destilación		Colima; Jalisco	sí
xtabentún	aguardiente de caña + anís + miel de abeja pipiola	maceración		Yucatán	sí

BEBIDAS (PREPARACIONES)

Nombre	Ingredientes principales	Ingredientes extras o variantes	Alcohólica	Lugar de origen/consumo
apinol	agua + maíz + cacao + canela + piloncillo		no	San Andrés Tuxtla, Veracruz
aguamiel curado	aguamiel natural	fruta, verdura, condimento	sí	
		cebolla, chile de árbol, chile serrano, naranja, sal	sí	Michoacán
		cebolla, chile molido, naranja y sal	sí	Hidalgo
bajicopo y jipoko	agua + trigo + clavo + canela + azúcar		no	Sonora
batarete	agua + piloncillo + pinole	queso añejo	no	Sonora
cacahuada	pulpa del cacao + agua + azúcar	agua de coco	no	Tabasco
cebadina	vinagre de piña + bicarbonato de calcio + Jamaica + tamarindo		no	Guanajuato
champurrado	pinole y/o masa de maíz + chocolate + piloncillo	canela, leche	no	todo el país

(continúa)

		BEBIDAS (PREPARACIONES)		
Nombre	Ingredientes principales	Ingredientes extras o variantes	Alcohólica	Lugar de origen/consumo
champurro	agua + piloncillo + harina de trigo + chocolate + canela + clavo		no	Sinaloa; Sonora
charape	pulque + piloncillo	pulque, piloncillo	sí	Guerrero
		tepache	sí	Michoacán
		raíz de zarzaparrilla o pasta de cacahuate, canela, anís	sí	Querétaro
chilate	agua + cacao + masa de maíz o arroz	canela, chile	no	Costa Chica de Guerrero
chileatole	atole + chile	nurite, chile cascabel, chile serrano, piloncillo, sal	no	Michoacán
		granos de elote, chile de árbol, piloncillo, epazote, sal	no	Oaxaca
chilocle	pulque curado	fruta, verdura, granos, semillas, hierbas	sí	Guerrero; Estado de México; Puebla; Tlaxcala; Guanajuato
chocolate	chocolate	canela, pimienta, vainilla, pinol, café	no	Tabasco, Chiapas
chocolate-atole, bu'pu	atole blanco + espuma de cacao + endulzante	maíz blanco, agua, cacao, pataxte, trigo, azúcar	no	Oaxaca
		piloncillo, flor de mayo, flor de istalsúchitl	no	Tehuantepec, Oaxaca
		flores secas, frescas de cacalosúchitl	no	Juchitán, Oaxaca
chorote	pozol + cacao	azúcar	no	Tabasco
chorreado	chocolate + endulzante	leche, aguardiente de caña	sí	Morelos; Distrito Federal; Guerrero
		arroz, agua, anís	no	Campeche
		huevo, mezcal, agua, leche	sí	Guerrero
coyote	pulque + miel + palo de timbre		sí	Puebla
crema de mezcal	mezcal	cacao, frutas, especias, hierbas, granos, semillas, leche	sí	todo el país
cuba	aguardiente + refresco de cola	ron, brandy	sí	todo el país
		jugo de limón, cáscaras de limón	sí	todo el país
		brandy, ron, refresco de cola, agua mineral, jugo de limón	sí	todo el país
cucaracha	tequila + licor de café		sí	todo el país
elisquiate	maíz tierno + agua + piloncillo + chile		no	norte del país
esmeralda	tequila + menta verde + refresco de limón		sí	todo el país
esmoloc	agua + huitlacoche		no	Chiapas
heriberta	aguardiente + ácido tartárico + ácido sulfúrico + colorantes y saborizantes artificiales		sí	Zacatecas

BEBIDAS (PREPARACIONES)

Nombre	Ingredientes principales	Ingredientes extras o variantes	Alcohólica	Lugar de origen/consumo
horchata	agua + granos o semillas + endulzante	leche, canela, coco	no	todo el país
		avena, canela, leche, huevo y vainilla	no	Tabasco
		arroz, almendra, canela, azúcar, cáscara de naranja	no	Colima
		arroz, semillas de melón, almendras, canela y azúcar	no	Chiapas
		arroz o almendra, jiotilla, cubos de melón, nuez moscada o nuez pacana	no	Oaxaca
jobito	aguardiente + pulpa de jobo	azúcar, piloncillo	sí	Veracruz; Hidalgo; San Luis Potosí
licuado	leche + azúcar	cacao, fruta, vainilla, canela	no	todo el país
margarita	tequila + triple sec + jugo de limón	pulpa de fruta	sí	todo el país
masa desleída	masa de maíz + agua + miel		no	Quintana Roo
mejengue	pulque + piloncillo + maíz prieto + piña + plátano + hojas de maíz + piloncillo + canela		sí	Querétaro
menyul	aguardiente + hierbabuena + endulzante	vermut, manzanilla, whiskey, amargo de angostura	sí	Veracruz
		aguardiente de caña, juego de frutas	sí	Huautla de Jiménez, Oaxaca
mezcal curado	mezcal	fruta, verdura, granos, semillas, especias	sí	todo el país
		chile verde, chile rojo, cebolla, sal, jitomate, queso	sí	Guerrero
		canela, pasas, jugo de naranja agria, manrubio, azúcar	sí	Michoacán
michelada	cerveza + jugo de limón + mezcla de salsas picantes + condimentos		sí	todo el país
mópet	tequila + refresco de limón		sí	todo el país
nevado	aguardiente + licor de fruta	jugo de limón	sí	Estado de México; Puebla
nochotle	pulque + tuna cardona		sí	Puebla, San Luis Potosí
polla	jugo de naranja + yemas de huevo + jerez dulce		sí	centro del país
	leche evaporada + chocolate en polvo + vainilla + licor de caña + licor de betabel + brandy + jerez dulce		sí	Campeche
polvillo	agua + maíz + cacao		no	Tabasco
ponche	agua + frutas + endulzante + canela	vainilla, anís, aguardiente	sí / no	todo el país

(continúa)

BEBIDAS (PREPARACIONES)

Nombre	Ingredientes principales	Ingredientes extras o variantes	Alcohólica	Lugar de origen/consumo
ponche	leche + huevo + canela + azúcar		no	Istmo de Tehuantepec
ponche de granada	agua + granada agria + aguardiente	canela, tequila	sí	Jalisco
		sal, chiles verdes en vinagre, nuez, piñones	sí	Colima
ponche de piña	agua + piña + especias + azúcar	marquesote, brandy	sí	Chiapas
ponche pineno	mezcal + granada roja + manzana + durazno esencia de grosella		sí	Zacatecas
popo	agua + cacao + maíz + endulzante	raíz de chupipe, azquiote, arroz, canela	no	Veracruz
		piloncillo, hojas de cocolmeca, arroz	no	Oaxaca
pozonque	agua + cacao tostado + maíz quebrado + bejuco espinoso + cocolmeca		no	Oaxaca
pulque curado	pulque blanco	fruta, verdura, granos, semillas, especias	sí	todo el país
pulque del mundial	jengibre + pulpa de tamarindo + jugo de limón		sí	San Cristóbal de las Casas, Chiapas
pulunche	agua + pulpa de cacao + azúcar		no	Soconusco, Chiapas
puzunque	harina de trigo + cacao + especias + hierbas + masa de maíz	jengibre, anís, pimienta, hierba bintuh y pericón	no	Chiapas
revoltijo	licor de tuna cardona + mezcal + cáscara de timbre		sí	San Luis Potosí; Tlaxcala
rompope	leche + yemas + aguardiente de caña	agua de azahar, especias, semillas y/o bicarbonato de sodio	sí	todo el país
saká	agua + maíz + miel		no	Yucatán; Quintana Roo
sangría	agua mineral + limón + vino tinto + endulzante	vodka, ron	sí	todo el país
		jugo de naranja, canela y clavo molidos	sí	Querétaro
sangrita	naranja + jarabe de granadina + chile + sal	jugo de tomate, jugo de limón, salsa inglesa, salsa Maggi®, salsa Tabasco®, sal de ajo, apio	no	todo el país
sendi	agua + maíz negro seco + piloncillo + chile		no	Donato Guerra, Estado de México
sendithä	pulque + maíz + chile	chile cascabel, chile negro	sí	Querétaro
tanchucuá	cacao + maíz blanco	anís	no	Yucatán; Tabasco
tascalate	agua + cacao + maíz + especias + tortilla tostada	achiote, canela, azúcar	no	Chiapas
tecui	ponche de frutas + endulzante + aguardiente	leche	sí	Estado de México; Morelos; Guerrero
tecuín, tecuino	agua+ piloncillo + maíz prieto		no	Sonora; Chihuahua
tejate	agua + maíz + cacao	pataxte, rositas de cacao, pixtle, coco	no	Oaxaca
		flor de cacao, nuez pacana	no	Teotitlán del Valle, Oaxaca

BEBIDAS (PREPARACIONES)				
Nombre	Ingredientes principales	Ingredientes extras o variantes	Alcohólica	Lugar de origen/consumo
tejuino	agua + piloncillo + masa de maíz + jugo de limón	nieve de limón + sal de grano	no	Jalisco
temperante	agua + endulzante + canela + colorante vegetal rojo		no	Comitán, Chiapas
torito	aguardiente + jugo de naranja + cebolla + chile en vinagre	aguardiente de caña, tequila	sí	Estado de México; Morelos
	aguardiente + fruta + leche evaporada + endulzante	azúcar, leche condensada	sí	Veracruz
toro	aguardiente de caña + queso + cebolla + chile serrano + cilantro		sí	Morelos
tuba almendrada	tuba + almendra + yemas de huevo + especias + mamón	nuez moscada, canela	sí	Colima
tuba compuesta	tuba + fruta	chile, cebolla, apio, canela	sí	Colima; Jalisco; Guerrero
verde de Tlaxcala	aguamiel + hierbabuena + jugo de limón + mezcal		sí	Tlaxcala
vino de fruta	fruta + aguardiente + azúcar	durazno, fresa, membrillo, mora, naranja	sí	Michoacán; Chiapas,
vino excelso	vino tinto + miel + clavo de olor + oporto + huevo		sí	Pátzcuaro, Michoacán
xochistle	agua + cacao tostado + achiote + azúcar		no	Tabasco
zendechó	germen de maíz amarillo fermentado+ piloncillo + pulque		sí	Estado de México; Michoacán

BEELA CHA'CHA ◆ carne suelta

BEJUCO DE AGUA O BEJUCO DE CAZADORES ◆ uva de monte

BELLADONA
Planta que también se conoce como hierba del tomate o *laapittoxi nocuana*; en algunas comunidades zapotecas se comen sus hojas. No debe confundirse con la planta medicinal europea del mismo nombre.

BELLOTA ◆ árbol del pan, tepetaca

BELLOTA DE ENCINO
Fruto ovoide del encino, de la familia de las fagáceas, cuyos consumidores principales son algunos grupos indígenas de diversas partes del país. Entre las variedades más comunes están las siguientes.

• *Quercus albocincta*
Produce una bellota rodeada por una envoltura escamosa llamada cúpula. Los tarahumaras recolectan esta bellota silvestre y la comen tostada. Cuando se da en abundancia, se vende localmente.

• *Quercus brandegeei*
Produce una bellota cónica aguda. Se encuentra generalmente en Baja California, con esta variedad los indígenas *kiliwa* preparan café.

• *Quercus chihuahuensis*
Produce una bellota con corteza gruesa y escamosa que crece en racimos. Los tarahumaras también la comen tostada y usan sus cáscaras quemadas y molidas como sustituto de la cal para el nixtamal.

• *Quercus rugosa*
Produce una bellota ovoide que mide 10 mm de diámetro y de 15 a 20 mm de largo. Se encuentra distribuida desde Chihuahua hasta Oaxaca. En San Luis Potosí se utiliza como sustituto del café.
La bellota de encino es conocida también como:
◇ *auacuahuitl* (náhuatl)
◇ cusi (Sonora, *Quercus albocincta*)
◇ encino de miel (*Quercus rugosa*)
◇ encino miscalme (Nayarit, *Quercus chihuahuensis*)
◇ encino negro (*Quercus albocincta*, *Quercus brandegeei*)
◇ encino roble (Sinaloa, *Quercus albocincta*)
◇ encino rosiri (*Quercus chihuahuensis*)
◇ hachuca (*Quercus albocincta*)
◇ jachucala (Chihuahua, *Quercus albocincta*)
◇ palo colorado (*Quercus rugosa*)
◇ sahuauó (Sonora, *Quercus chihuahuensis*)
◇ sajavó (Chihuahua, *Quercus chihuahuensis*)

BÉNJU PONJU ◆ ayocote

75

BERENJENA

Término para nombrar a diversas plantas de la familia sola-náceas, de las cuales la más conocida para efectos gastronó-micos es la *Solanum melongena*, originaria de Asia tropical.

Es una planta perenne, con tallos herbáceos y fuertes, ramificados, erectos o patentes, de 60 cm a 2.4 metros de altura, semejante a las plantas de los tomates. El fruto es una baya lustrosa de car-ne firme que contiene numerosas semillas. Puede ser ovoide, oblonga o en forma de salchicha de 10 a 30 cm de longitud, blanca o púrpura intenso según sus diferentes variedades. En varias regiones de México existen cultivos de berenjena de alta ca-lidad que se envían al extranjero. Las berenjenas en los mer-cados organizados no son extrañas; sin embargo, prácticamente no existen recetas tradicionales con berenje-na, con excepciones como la ensalada de berenjena que se prepara en Oaxaca. Con el nombre de berenjena también se identifica a otra especie diferente llamada tomate de palo.

Conocida en Jalisco como:

⋄ flor de huevo
⋄ nana

BERRO (*Rorippa nasturtium-aquaticum*)

Planta de tallos tiernos y hojas pequeñas redondeadas color verde oscuro que crece en regiones templadas y semicáli-das a la orilla de los riachuelos o la-

gunas de agua corriente. Alcanza un promedio de 50 cm de altura. En épocas de frío es normal que las hojas presenten tonalidades purpúreas. Fue introduci-da a México desde Eu-ropa. En las zonas rurales del centro del país se comen las hojas y los tallos tiernos como acompa-ñantes para tacos. En las ciudades se sirven normalmente en ensalada sencillas. En la sierra Norte de Puebla los indíge-nas totonacas y nahuas lo consumen como cualquier queli-te, y también preparan una ensalada muy sencilla con hojas de berro, rábanos, cebolla blanca y jitomates rebanados, aderezada con jugo de limón y sal. Debido a su gran deman-da en el centro del país, existen cultivos extensos en Cuau-tla, Morelos; en Xochimilco, Mixquic, El Zarco, Salazar y Cañada de Contreras, en el Valle de México. Conocido tam-bién como berro de agua.

BERRO DE PALMITA (*Berula erecta*)

Planta de la familia de las um-belíferas, según la clasificación de Crónquist, 1981, de hojas pinadas de 2 a 3 cm de largo, originaria de las regiones sub-tropicales del hemisferio norte. Crece de forma silvestre a ori-llas de canales y lagunas de las regiones templadas y semicáli-das de México. Se consume de forma rural como quelite en el centro del país, principalmente de enero a abril, y pocas veces se encuentra en los mercados populares de las ciuda-des. Conocido también como palmito de agua.

BERRUGATA O VERRUGATA

Nombre que se aplica a varias especies de peces de los géne-ros *Menticirrhus* y *Umbrina*. Las principales variedades son: berrugata aleta amarilla (*Umbrina roncador*), berrugata cali-forniana (*Menticirrhus undulatus*), berrugata chula (*Mentici-rrhus paitensis*), berrugata del Golfo (*Menticirrhus littoralis*), berrugata real (*Menticirrhus nasus*) y berrugata roncadora (*Umbrina xanti*).

• Berrugata del Golfo (*Menticirrhus littoralis*)

Pez de dorso oscuro lados plateados y vientre blanco. Algu-nas variedades presentan coloraciones un poco diferentes. Mide entre 30 y 40 cm de largo y se encuentra en la superfi-cie de aguas cercanas a las costas, en especial en fondos lodosos y arenosos del Pacífico. Se pesca incidentalmente y se vende fresco y salado. Su carne blanca amarillenta se uti-liza principalmente para freír.

Conocida también como:

⋄ berrugato
⋄ bocadulce
⋄ chano
⋄ congrio
⋄ corvina
⋄ guavina
⋄ gurrubata
⋄ morena
⋄ muchachita
⋄ rastreador
⋄ ratón
⋄ raya mariposa
⋄ zorra

→ corvina

BERZA ◆ col

BESITO

Dulce de leche, azúcar, yemas de huevo y vainilla; todo se cuece lentamente hasta que la mezcla toma consistencia es-pesa; entonces se retira del fuego y se deja enfriar. Tan pron-to se pueda trabajar con las manos, se hacen unas bolitas de aproximadamente 1 cm de diámetro y se revuelcan en nuez picada. El besito más común es el de nuez pacana, aunque con menos frecuencia se hacen también de almendra, cho-colate, piñón o avellana. Es típico del estado de Puebla.

BESO

Pan de dulce hecho a partir de dos medias esferas de masa tipo bizcocho, unidas con mermelada y cubiertas de mantequilla y azúcar glass. Su nombre se debe a la simula-ción de un beso entre panes. Es típico del centro del país.

BESO DEL DUQUE

Panecillo hecho a base de galleta molida, huevo y almíbar de azúcar; esto se mezcla y se hornea, para posteriormente cortarlo en cuadros que se bañan con almíbar de azúcar y jerez dulce y se adornan con ajonjolí, pasitas y almendras. Es típico de Tlacotalpan, Veracruz.

BESOS DE ÁNGEL

Dulces hechos a base de nuez picada mezclada con leche condensada y brandy, hasta formar una masa con la que se forman bolitas que se revuelcan en azúcar refinada y se colo-can en cestitas de papel. Son típicos del estado de Chiapas.

BESUGO (*Rhomboplites aurorubens*)

Pez de piel color bermellón con vientre pálido y las orillas de las aletas de color amarillo naranja. Mide en promedio 25 cm de largo. Su carne es blanca, fina y ligera; se le compara con la del huachinango, aunque es menos firme. Se encuentra todo el año en el Golfo de México, donde prefiere las profundidades medias de fondos rocosos cercanos a las costas. Cuando es joven forma enormes cardúmenes que nadan a poca profundidad. Normalmente se vende fresco y fileteado; es ideal para prepararse horneado, en caldos, guisados y salsas de sabor suave.

Conocido también como

◇ cotorro
◇ cunaro
◇ vermillón

BETABEL (*Beta vulgaris*)

Raíz gruesa, roja y comestible de una planta herbácea de la familia de las quenopodiáceas, con hojas radicales y nervaduras rojizas. Este tubérculo se come cocido o en ensalada, aunque también se utiliza para fabricar azúcar. En el Distrito Federal se consume la ensalada de betabel, y su jugo natural o en preparaciones como el vampiro. En Guanajuato y Querétaro se prepara el agua de betabel, bebida especial del viernes de Dolores, fecha en que se conmemora a la virgen de ese nombre; también forma parte de los altares que se hacen para esta ocasión. En Pátzcuaro, Michoacán, se prepara

una ensalada de betabel conocida como sangre de Cristo. En Tabasco, la ensalada de betabel se prepara con betabeles cocidos, rebanados y aderezados con jugo de limón y sal; se usa como guarnición, fría o a temperatura ambiente. Las hojas de una variedad de betabel se conocen como acelgas. Conocido también como remolacha.

BETÚN

Nombre que recibe en muchos lugares de México un merengue utilizado para decorar pasteles. Se hace con claras de huevo batidas y mezcladas con un almíbar caliente hecho con agua y azúcar; el betún suele incluir gotas de jugo de limón y ralladura de cáscara de limón verde.

BIAXIGUI

Guiso de carne de cerdo, preparado en una salsa de jitomate, chiles criollos del Istmo de Tehuantepec y plátano criollo; se acompaña con tamales blancos de masa fina de maíz. Es típico de Tehuantepec, Oaxaca.

BICHI ◆ cahuamanta

BICHICÑA BUUPU ◆ chocolate-atole

BICHICOL ◆ aguama

BICHICORIS

Trozos de calabacita, oreados y secados al sol (se pueden considerar en realidad como orejones de calabaza). Para hacerlos, la calabacita se cuece a medias y se cortan los trozos en forma de espiral para orearlos. Cuando están secos se almacenan, y para guisarlos se remojan y se les da un hervor para que recuperen su consistencia. Esta técnica indígena se practicaba en las haciendas, donde los orejones se colgaban en los techos de los corredores para que se secaran sin que les diera el sereno. Se acostumbran en Sonora, donde usualmente se guisan en una salsa de jitomates asados, chiles verdes, ajo y cebolla; a veces también llevan queso. En Coahuila los llaman simplemente orejones que, después de hidratar, capean con huevo. Se consumen sobre todo en la época de cuaresma.

BIENMESABE

Postre de origen conventual muy común antiguamente, y que hoy en día está casi olvidado. Como es obvio, el nombre proviene de la unión de "bien" y "me sabe". De acuerdo con el *Nuevo cocinero mexicano*, en el siglo pasado existieron muchas recetas de este postre, como el bienmesabe de pechuga, de leche sola, de yuca, de tamal, de huevo y almidón. En Campeche es un postre de platón hecho a partir de bizcotelas bañadas con una crema preparada con leche de coco, azúcar, yemas de huevo, almendras y vino; puede estar espolvoreado con canela molida. En el área de Chilapa, Guerrero, es un postre de platón hecho de marquesotes empapados con almíbar de azúcar, vino dulce o jerez, cubiertos con una salsa de yemas de huevo, azúcar y canela. Se adorna con pasas, piñones, almendras y nueces. En Puebla, algunos lo preparan como un ante, rebanadas de marquesote envinado bañadas con una especie de natilla de yema de huevo y decoradas con piñones, almendra y nuez. Actualmente también se preparan en México diferentes panes de dulce bajo este nombre.

BIGOTES DE BIENMESABE

Especie de natilla hecha con leche, azúcar, harina, almendras y yemas de huevo que al enfriarse toma una consistencia parecida al flan, se le da forma de bigotes y se capean con clara de huevo, se fríen y se espolvorean con azúcar y canela.

→ bienmesabe

BIIA ◆ mezquite

BIKOL

Jarro de barro de cuerpo voluminoso, cuello grande y una oreja, que sirve para acarrear agua.

BIROTE

Pan salado de masa densa y costra dura, elaborado con harina de trigo, agua, sal y levadura. Tiene forma similar al bolillo del centro del país, pero con consistencia correosa y sabor agrio, y de forma mucho más alargada; los hay desde 12 y hasta 50 cm. Son tradicionales de Jalisco. Una de las posibles explicaciones a su nombre es que fue producido inicialmente a principios del siglo XIX por unos panaderos franceses establecidos en Guadalajara de apellido Birot o Birrot. Otra versión refiere a otro francés de apellido Pirotte. Con este pan se preparan las tortas ahogadas, las tortas del santuario, los lonches bañados o la capirotada. También es acompañante de varios platillos del estado de Jalisco, e invariablemente este pan se asocia con la ciudad de Guadalajara.

Conocido también como:

◇ pan salado
◇ salado

BIRRIA

Barbacoa de carne de borrego o chivo, originalmente, aunque también se utilizan las carnes de cerdo, carnero, ternera, pescado y pollo, condimentada con chiles y especias, considerada uno de los platillos más representativos del estado de Jalisco, junto con el pozole y el menudo. Cabe mencionar que puede estar hecha con uno, dos o tres tipos distintos de carne; las más utilizadas son borrego y chivo, pero también se emplean ternera y cerdo. La técnica antigua de hacer la birria se asemeja en gran medida a la de la barbacoa: la carne se sala, se unta con la salsa de chiles y se deja reposar unas 12 horas; luego se envuelve en pencas de maguey con el resto de la marinada y se introduce en una olla que se tapa y se sella con masa de maíz para que no escapen los jugos. Se deja cocer cuatro horas, aproximadamente, hasta que alcance el punto exacto, es decir, cuando la carne esté muy suave y se haya desprendido del hueso. Ya cocida la carne se separa del jugo, que se mezcla con jitomate asado y molido y se deja cocer para que se integre bien el jitomate; se añade la carne y se sirve en tazones para sopa como los del pozole y se acompaña de cebolla picada y orégano. También puede separarse la carne para comerla en tacos con tortilla de maíz. En ocasiones se le añade jugo de limón y alguna salsa picante. En los recetarios de Jalisco también hay recetas hechas con pollo o pescado. Los chiles que más se emplean para hacer la salsa son ancho, chilacate, guajillo, pasilla, mirasol, morita y cascabel, los cuales se muelen con abundantes especias: pimienta negra, clavo, orégano, comino, canela, jengibre, tomillo, orégano, ajonjolí, tostado, laurel, vinagre blanco, sal, ajo y cebolla; algunas personas añaden cerveza o pulque. Además de los chiles que contienen los adobos donde se marina la carne, la salsa está compuesta con olores, en algunos casos ajonjolí y rara vez chocolate. Actualmente casi nadie ocupa las pencas de maguey para envolver la carne; además, ésta se cuece también al vapor, al horno o en olla de presión. En el Arenal, la carne de borrego macerada con una mezcla de chiles chilacates, flores de azahar, olores, ajonjolí, jitomate, vinagre y cebolla, se cuece al vapor en una olla sellada con masa de maíz. En Acatlán de Juárez se prepara con carne de chivo condimentada con chile chilacate, chile ancho, jengibre, comino, pimienta, clavo, vinagre de piña, para su cocción la olla se sella con masa de maíz; se sirve con chile verde, cebolla blanca picada y tortillas de maíz, y se acompaña con una salsa picante de chile de árbol con vinagre, pimienta, clavos y semillas de chiles. En Ameca, la birria tatemada es sinónimo de birria horneada, y es considerada de mayor calidad. Se prepara con carne de chivo marinada con salsa de chiles chilacates, vinagre, olores, ajonjolí y nuez moscada; ya cocida se acompaña de salsa de jitomate hecha con algo del caldo que soltó la carne. En ese estado algunas birrias incluyen en su preparación tablillas de chocolate. En Ciudad Guzmán, Jalisco, suele marinarse la carne con una mezcla de chiles pasilla y guajillo, pimienta, ajo, comino, orégano, mejorana, clavo, vinagre de piña y laurel. Se acompaña con salsa de chile de árbol. En Guadalajara la birria puede estar cocinada al vapor; los ingredientes para macerar la carne son similares al ejemplo anterior; la salsa picante para acompañar la birria se hace con los mismos condimentos del macerado, y se le agrega caldo de la misma carne, además de que se sirve con cebolla picada y limón. En Cocula suele ser de chivo, a veces mezclada con carne de cerdo; la carne se marina en una mezcla compuesta de ajos, almendras, clavo, comino, jengibre, ajonjolí, pimienta, laurel, tomillo, orégano, canela, chiles de árbol secos, chiles chilacates secos, vinagre, sal, jitomate y tostadas de maíz. Se acompaña de salsa picante de chile de árbol y cebolla blanca picada. También en Cocula se hace birria de carne de cerdo; la receta es muy parecida a la ya descrita. Otras versiones pueden estar preparadas con carne de chivo, ternera y cerdo. Las birrias de Cocula pueden servirse con dos tipos de salsa: caliente y fría; la primera contiene chiles y especias y se le denomina así porque se utiliza el caldo o consomé caliente obtenido de la carne; la salsa fría es generalmente de chile de árbol seco, jitomate, pimienta, mejorana, clavo, canela, orégano y vinagre de piña. Las birrias de cerdo se preparan con carne maciza, pierna o costillas de ese animal; en algunas ocasiones se pueden combinar la carne con pollo. Por su cercanía con Jalisco, también se acostumbra en Colima, donde se hace de cabrito, de carnero o de cerdo, condimentada con ajo, laurel, pimienta, comino y sal. En Michoacán se preparan otros tipos de birria que no son tan comunes, como la birria de pollo o de pescado. En Nayarit también se acostumbran de distintas modalidades. En Zacatecas está muy arraigada y es parte de las comidas en casi todas las ferias y fiestas regionales del estado. La carne de chivo o de carnero, o ambas, se hornean en un adobo rojo y espeso que puede incluir chile colorado, cascabel, morita, guajillo y puya; generalmente se condimenta con ajo, tomillo, orégano, comino, clavo, pimienta, canela y vinagre. Se sirve acompañada de salsa de chile colorado, cebolla en rodajas y tortillas de maíz. La preparación de la birria en general está íntimamente ligada a festividades como cumpleaños, bautizos y reuniones familiares, especialmente los domingos. En muchos casos se compra ya preparada. En Guadalajara algunos establecimientos venden la birria por las noches para comerla en tacos. Esta tradición se extiende a los estados de Zacatecas y Aguascalientes. Este guiso tiene todo el aspecto de un revoltijo, lo que probablemente contribuyó a que recibiera ese nombre.

→ barbacoa

Birria de chivo

BISTEC

Palabra proveniente del inglés *beef steak*. Se trata de un corte de carne en forma de lámina delgada, de unos 20 cm o más de diámetro. Por lo general es de carne de res, aunque también existen los bisteces de carne de cerdo. El bistec es la manera más común de comer carne en México, pues se obtiene de diferentes partes de la vaca: de bola, pierna, pulpa, aguayón, pero los más apreciados son los de lomo. Normalmente se corta a lo largo de la carne para obtenerlos grandes. En el centro del país suelen aplanar la carne para estirarla y hacerla más suave. Los bisteces forman parte de las comidas de todos los días en México y se acompañan con frijoles, arroz, papa, aguacate rebanado y tortillas de maíz. Los bisteces a la mexicana son una de las formas más comunes de prepararlos; se fríen en poco aceite y se mezclan con jitomate, chile y cebolla picados o rebanados. A veces contienen ajo picado o cilantro. Según la región y las costumbres familiares, a los bisteces se les añade la salsa ya cocida o se agregan los ingredientes picados en crudo y se dejan cocer junto con la carne hasta que se cueza la salsa. Los chiles más utilizados son el serrano y el jalapeño. En el sureste del país suelen cortarse los bisteces en cuadritos, mientras que en el centro del país se sirven enteros. Para hacer bisteces asados se pone la carne al natural o salpimentada sobre un asador, parrilla o sartén; a veces se unta también con ajo molido y gotas de vinagre, jugo de limón, cerveza o naranja agria. Los bisteces encebollados son una de las preparaciones más comunes en el país. Los bisteces enchilados se preparan untando la carne con una pasta de diversos chiles secos y especias, para luego asarlos o freírlos. Originalmente la carne se oreaba un poco, pero en muchos casos ya sólo se marina con la mezcla. Los bisteces en salsa se fríen por poco tiempo y se terminan de cocer con un sinnúmero de salsas, entre ellas de chile morita, pasilla, chipotle, tomate o jitomate. Los bisteces entomatados del centro de la república se hacen con salsa de tomate verde; en el sureste se preparan con jitomate en lugar de tomate verde. Los bisteces a la ranchera, también llamados bisteces rancheros, son bisteces cocinados en una salsa ranchera tersa, picada o martajada y en Sonora son un platillo campesino típico.

→ bisteces de carne molida, milanesa

BISTEC A LA CAZUELA

Guiso preparado en Campeche con bisteces en recado de achiote. La carne se coloca dentro de una cazuela y encima se añade una mezcla de papas, jitomate, pimiento rojo y chile xcatik. En Oaxaca se trata de un guiso preparado con bisteces de res mezclados con salsa de jitomate, clavo, pimienta, orégano, chile verde, ajo y cebolla; también llevan papas rebanadas y cilantro. Conocido también como bisteces con papas.

BISTECES ADOBADOS

Bisteces de res adobados con recado para bistec y recado colorado diluidos en jugo de naranja agria. Se cocinan con jitomate, papa, cebolla. Se acompañan con arroz blanco o frijoles colados. Este guiso se acostumbra en el estado de Yucatán.

BISTECES DE CARNE MOLIDA

Versión moderna de las pacholas preparadas con carne molida de res mezclada con huevo para que no se despedacen al momento de la cocción; pueden contener perejil, cebolla o ajo finamente picados. Se pone una bola de la carne preparada en la prensa de tortillas, o se trabaja con la mano para lograr una lámina muy fina, del mismo grueso y tamaño que un bistec común, y se cuecen en un sartén con muy poco aceite para que no se peguen. Algunos acostumbran hacerlos empanizados y los acompañan con puré de papa, ensalada de lechuga o cual-

quier guarnición sencilla, pues son preparaciones caseras que se comen al mediodía en muchas regiones de México.

→ milanesa

BISTECES DE METATE ◆ pacholas

BISTECES DE VUELTA Y VUELTA

Bisteces de carne de res, marinados con ajo asado, jugo de limón, pimienta molida y sal. Se cocinan en un sartén con poco aceite para que se doren de ambos lados. Es una comida casera del estado de Yucatán que se acompaña con arroz blanco, plátanos machos y/o papas fritas.

→ vire vira

BISTECES ENCEBOLLADOS

Bisteces fritos en poco aceite a los que se les añaden abundantes cantidades de cebolla rebanada muy dorada o ligeramente frita. A veces la preparación contiene ajo picado. Se elaboran en varios estados del centro del país y en muchas regiones de México. En Yucatán, los bisteces de lomo o palomilla se maceran en recado para bistec desleído en vinagre y se cocinan con ajo, cebolla o chiles serranos. Se acompañan con arroz blanco.

BISTECES RELLENOS DE PLÁTANO

Bisteces sazonados con ajo, pimienta y rebanadas de cebolla que se rellenan de tocino frito y plátano macho cocido para después cocerse en una salsa de tomate molido, chiles cuaresmeños o jalapeños, perejil, orégano y pimienta. Son típicos de la región de Los Tuxtlas, Veracruz.

BI-TACHE ◆ hierbamora

BIUCES ◆ asientos de chicharrón

BIZAÁ ◆ frijol

BIZCOCHO

Término que originalmente designaba a un pan sin levadura cocido dos veces para que se conservara mejor; hoy en día se usa para designar de manera genérica al pan de dulce, aunque siguen existiendo en el país preparaciones específicas con este nombre. En Chihuahua está elaborado a base de harina de trigo, canela, sal, azúcar y manteca de cerdo. En algunos lugares del estado, como Valle de Allende, cuando alguien muere se hacen bizcochitos para ponerlos sobre altares y regalarlos; en las rancherías y comunidades rurales se preparan bizcochos muy similares llamados rancheros. En Comitán, Chiapas, se preparan los bizcochos con pasas, hechos de leche, huevos, ralladura de limón, azúcar y vino tinto, y se adornan con uvas maceradas en vino. En Oaxaca se hacen los bizcochos envinados.

→ hongo amarillo

BIZCOCHOS ENVINADOS

Variedad de pan de dulce que se acostumbra preparar con una masa fina. Se baña con almíbar de azúcar, canela, vino de Jerez, ron, mezcal o algún aguardiente. Es tradicional en Oaxaca. varios preparados similares en otras regiones del país se llaman borrachitos.

BIZCOCHUELO

Marquesote rebanado y tostado, que se acostumbra en el Sotavento de Veracruz. Este nombre también se utiliza para elaborar otras clases de pan en diferentes partes de México.

Conocido también como:
◇ panetela (Yucatán)
◇ torpedero

BIZCOTELA

Panecillo de huevo, azúcar, harina, almendra, nuez moscada y anís. Para su preparación no se amasan los ingredientes de forma tradicional, sino que los huevos se baten y en el proceso se van incorporando los demás ingredientes. Luego se coloca en un molde la mezcla, se hornea, se corta en forma romboidal o rectangular y se vuelve a hornear a baja temperatura para que tome consistencia rígida y quebrajosa. En las panaderías a esta forma de hornear le llaman bizcochar, de donde deriva el nombre de este pan, que se consume en Yucatán. La bizcotela nevada está cubierta de merengue blanco o rosa. De la misma forma se preparan las roscas nevadas. Otros panes de masa similar son la panetela y el escotafí.

BIZNAGA

Nombre para designar a diversas cactáceas silvestres cuyos tallos verdes se utilizan principalmente para elaborar el acitrón. En Querétaro, al fruto se le llama huamishe. Con el nombre de biznaga se conocen a los géneros, *Echinocactus*, *Ferocactus* y *Melocactus*.

• *Echinocactus platyacanthus*
Son plantas de alturas diversas, gruesas, cilíndricas y con muchas costillas que por lo general rematan en una aureola de muchas espinas. Tienen flores amarillas y frutos cubiertos por una densa capa de pelusa espinosa. Sus botones comestibles se llaman cabuches. Los expertos ubican el origen de esta palabra en el náhuatl *vitznahua* o *visnahua*, que es corrupción de *huitznáhuac*, que significa "la rodeada de espinas". Entre las que más se utilizan está la *Echinocactus platyacanthus* que se encuentra en San Luis Potosí, Querétaro, Puebla e Hidalgo. Esta especie se encuentra protegida y es delito federal comerciar con ella.

• *Ferocactus latispinus*
Son globosas o cilíndricas, con frecuencia alargadas y con costillas gruesas y prominentes, de espinas grandes y rectas o algo curvas. Sus flores tienen matices blancos, rojos y amarillos, y sus frutos son más pequeños que las tunas cardonas. Se encuentran en las regiones áridas de México. Algunas de las más utilizadas son: *Ferocactus alamosanus*, cuyos tallos cocidos son utilizados por los tarahumaras para mezclar con la masa de maíz y para preparar tortillas, y *Ferocactus latispinus*, también conocida en Durango como biznaga de chilitos, pues sus frutos se llaman así. Los mayos de Sinaloa preparan las biznagas con miel de etcho, y en Zacatecas se utiliza para decorar cemitas.

BLANCO ◆ blanquillo

BLANCO DE OCOTE ◆ hongo blanco

BLANCO DE PINO ◆ hongo blanco

BLANDAS O BLANDITAS

Nombre que se da a una variedad de tortilla recién hecha en Oaxaca. Miden unos 30 cm de diámetro o más y son tan delgadas como la tortilla común; están hechas de maíz blan-

co, aunque en ocasiones se preparan con maíz amarillo o negro. En la ciudad de Oaxaca existen vendedoras que se especializan en la venta de la tortilla blanda; no es raro comprarlas tibias o calientes debido a que están recién hechas. Cabe insistir que el término "blandas" en esta entidad es muy importante, debido a que existe otra tortilla muy común de textura dura a la que llaman tlayuda. Entre los indígenas totonacas de la costa Norte de Veracruz, se denomina blanditas a las tortillas suaves recién hechas; también se les llama blanditas a las mismas tortillas recién hechas a las que se les agrega un poco de grasa animal (cerdo, res o pollo) y sal, además de chile seco.

Conocidas también como:
◇ tortillas blandas
◇ tortillas suaves

BLANQUILLO (*Caulolatilus princeps*)

1. Pez con piel de color que va de verde al café pálido. Puede medir hasta 53 cm y pesar hasta 10 kg. Se consume fresco. Habita en la zona de Baja California hasta San Francisco, California. Con este nombre también se pueden encontrar otras especies con características similares.

Conocido también como:
◇ blanco (*Caulolatilus princeps*)
◇ blanquillo fino (*Caulolatilus princeps*)
◇ blanquillo lucio (*Caulolatilus microps*)
◇ blanquillo ojo amarillo (*Caulolatilus chrysops*)
◇ blanquillo payaso (*Caulolatilus intermedius*)
◇ conejo (*Caulolatilus princeps*)
◇ pez blanco (*Caulolatilus princeps*)
◇ pierna (*Caulolatilus princeps*)
◇ verdillo (*Caulolatilus princeps*)

2. Nombre con el que se conoce al huevo en algunas regiones del país.

BLEDO ◆ amaranto, quintonil

BOBO

Con este nombre popular se conocen por lo menos dos peces diferentes, similares en apariencia a las lisas. Ambos son omnívoros, de agua dulce y pueden encontrarse desde el Istmo de Tehuantepec hasta Baja California. En Veracruz y Tabasco se capturan en los ríos Usumacinta y Grijalva. Su nombre se debe a la facilidad con que se deja capturar en la orilla de los ríos. En La Libertad, Chiapas, se prepara el bobo en verde: el pescado se cuece en una salsa de hojas de chaya, chipilín y chile verde. En Oaxaca se utiliza mucho seco y salado. Entre las diferentes preparaciones que se consumen tradicionalmente en la época de cuaresma están: asado, frito, relleno, en escabeche, en almendras, en nogada, en chileajo, en salsa de perejil, en aceite y vinagre o en caldo. En Tabasco es de uso común y se utiliza para hacer moné. El *Joturus pichardi* se captura en Veracruz, es rollizo, de carne blanca y tiene pocas escamas. El *Micropterus salmoides*, más conocido como lobina negra, es de piel negra y carne blanca, también con pocas escamas.

Conocido también como:
◇ jolote (Veracruz, *Joturus pichardi*)
◇ trucha de Tierra Caliente (Veracruz, Tabasco)
→ lobina negra

BOCA DE DAMA

Dulce de almendras y avellanas molidas con huevo y azúcar. La mezcla se cuece, se vacía en un platón y se cubre con azúcar o canela. Su consumo se acostumbra en el estado de Durango.

BOCA FUERTE ◆ pargo

BOCADILLO

Preparación salada o dulce que se caracteriza por servirse en porciones pequeñas y comerse en uno o dos bocados, de ahí su nombre. En Oaxaca y Veracruz se conoce con este mismo término una amplia gama de postres como el

bocadillo de coco, nuez, leche, pitahaya, almendra y piña. Actualmente casi todos son muy difíciles de encontrar, pero subsisten de manera sobresaliente los bocadillos de garbanzo. También existen bocadillos salados, entre los que encontramos los de camarón y de papa; en ambos casos se trata de tortitas. Bocadillo puede ser sinónimo de botana o puede referirse a un dulce. En las fiestas se reparten a los invitados bocadillos de diferentes tipos, como botanas, antojitos o sándwiches pequeños. A veces es el único alimento que se sirve en la reunión. Al final de una comida o cena pueden darse también bocadillos, que en este caso son dulces de leche, coco o camote cortados al tamaño de un bocado. Este uso del término se ha vuelto poco frecuente en las últimas décadas, pero las generaciones pasadas solían llamar con frecuencia bocadillos a esta clase de dulces; ahora la gente prefiere llamarlos simplemente dulces.

BOCADILLO DE CAMARÓN ◆ tortitas de camarón

BOCADILLO DE GARBANZO

Variedad de galleta o tortita dulce preparada con pasta de garbanzos cocidos mezclada con claras batidas a punto de turrón, pan tostado molido y queso rallado, sumergida en miel de piloncillo. Es un bocadillo típico de Oaxaca, donde se prepara especialmente para la época de cuaresma y se acompaña de arroz con leche.

BOCADILLO DE PAPA ◆ tortitas de papa

BOCADO DE DIOS ◆ lenguado

BOCOL

Gordita de masa de maíz mezclada con sal y tuétano o manteca de res o de cerdo que se cuece en el comal, se abre y se rellena; los tamaños y los rellenos cambian según el estado. Es un antojito que se prepara en Hidalgo, San Luis Potosí, Tamaulipas y Veracruz, en

especial en la región de la Huasteca. En Hidalgo la masa puede estar mezclada con manteca de cerdo y res, y algo de chile verde molido. Después de cocerse al comal o freírse pueden estar rellenas de queso fresco mezclado con chile chino. En la Huasteca se rellenan con huevo, pollo, carne de cerdo, queso o sólo con salsa. En San Luis Potosí es una gordita de unos 8 cm de diámetro que se rellena con picadillo, chorizo, papas, rajas, frijoles, nopalitos, chicharrón, moronga o huevo con chile colorado. En Tamaulipas se preparan con manteca de res y son más pequeños; se rellenan con frijoles refritos, queso y a veces chorizo. En Veracruz se elaboran rellenos de queso, huevo revuelto, salsa de jitomate, manteca de cerdo y sal, y de masa de maíz blanco mezclada con tuétano de res. Los bocoles de frijol, también conocidos como bocoles pintos, se preparan con frijoles negros mezclados

con la masa. Los bocoles verdes se hacen integrando epazote a la masa, el relleno puede ser con salsa picante o queso desmoronado. Hay otra variedad de bocol verde que no lleva relleno y la masa se mezcla con chile verde y cilantro, se prepara en la región de Totonacapan, Veracruz y se acostumbra acompañar con café caliente. Otra variedad es de chile poblano que contiene queso añejo, masa y manteca de cerdo; se acompaña con frijoles de olla y lechuga picada.

BODOQUES DE PLÁTANO

Bolitas preparadas con masa de maíz y plátano macho verde que se acostumbra agregar a un guiso caldoso de frijoles. Es común en el municipio de Totontepec, en la región mixe de Oaxaca. Con esta misma masa se hacen tortillas de plátano. Se conocen también como chochollones.

→ bolitas de masa

BOFE

Pulmones de res, de consistencia esponjosa y de color rosado; cada uno puede pesar entre 1 y 1.5 kg. Se venden picados, pero su consumo no es popular. Forma parte, junto con otras vísceras, de la asadura.

BOJILLO DE POPAL ◆ hoja de queso

BOJÓN ◆ hormiguillo

BOKIX O BÓQUIX

Guiso de maíz cocido sin sal, molido y mezclado con chile, cilantro y cebolla. Se acompaña con huevo duro y atole. Es una preparación que los hombres de San Pedro Chenalhó, Chiapas, comen por la mañana como parte de un rito esencial durante los días de la siembra para obtener buenas cosechas y que vuelven a comer al mediodía.

BOLA ◆ hongo ternerilla de llano, hongo trompa de venado

BOLAS DE HUEVO ◆ mazapán

BOLEAR

Acción de hacer bolas de masa de harina de trigo para tortillas, principalmente en los estados del norte del país. Una vez mezclada la harina con agua, sal y manteca vegetal o de cerdo, se amasa perfectamente, se deja reposar, se divide en porciones y se bolea, para después palotear y hacer las tortillas. Bolear la masa facilita darle forma redonda a la tortilla.

BOLILLO

Pan salado de trigo de forma similar a un rombo, con una hendidura en el frente. Es crujiente por fuera y suave y esponjoso por dentro. Es una de las formas más comunes del pan de sal.

BOLILLO FLEIMAN ◆ fleyman

BOLIM

GRAF. bolín. Tamal grande hecho de masa de maíz preparada con manteca de cerdo condimentada con clavo, ajo, pimienta negra y comino, y con relleno de pollo preparado en salsa de chile rojo cascabel o guajillo. Se envuelve en hojas de maíz y se cuece en olla. Otras versiones más austeras se rellenan con huevos cocidos en lugar del pollo. Es una especialidad que se acostumbra entre la comunidad pame de San Luis Potosí, así como en la Sierra Gorda de Querétaro, donde también se acostumbra envolverlo en hojas de plátano o papatla; el tamal es consagrado a los dioses de la fertilidad al inicio de la siembra y al final de la cosecha del maíz; se ofrece a los cuatro puntos cardinales y se colocan en las cuatro esquinas de la milpa. Después del ofrecimiento se comparte entre toda la comunidad indígena que va a sembrar o a cosechar. Conocido también como bolime.

→ patlache

BOLIS

Hielo saborizado que se consume principalmente en el sureste y áreas calurosas del país como dulce o para mitigar el calor. Los hay de muchos sabores que coinciden con los de las aguas frescas de cada región. Originalmente el líquido se coloca en una especie de empaque plástico de 4 cm de diámetro y hasta 30 cm de largo, de forma tubular. La idea es consumirlo mientras el hielo se va descongelando. En muchas regiones se venden a nivel casero y se empacan sencillamente en una bolsita de plástico, amarrada y rellena de agua. Se conoce en el centro del país como congelada.

BOLITA DE CONEJO, BOLITA DE HONGO O BOLITA DE SAN JUAN ◆ hongo trompa de venado

BOLITAS DE MASA

Bolitas hechas de masa de maíz, que se incluyen en los guisos y sopas tradicionales de muchos estados del país y toman diferentes nombres y formas. La masa de maíz generalmente se mezcla con manteca de cerdo y sal, y se hacen bolitas de unos 2.5 o 3 cm de diámetro que se presionan en el centro para obtener una especie de dona sin orificio. La masa puede contener alguna hierba aromática u otros ingredientes como asientos de chicharrón, o pueden incluso estar rellenas. Se añaden crudas a las sopas y salsas calientes para que se cuezan y den algo de consistencia al preparado, pues se desprenden partes minúsculas de masa. En Chiapas se agregan a la sopa de chipilín; se rellenan con queso y a veces se añade chipilín picado a la masa. Para los antiguos guisos de tortuga del área de Palenque se hacían las bolitas en forma de conchas cónicas: la masa se sujetaba con una mano fuertemente mientras se sumergía un dedo en ella, de modo que la mano servía de molde en forma de cucurucho. En Oaxaca, en algunas regiones como los Valles Centrales, la masa lleva asientos de chicharrón, sal y a veces ajo asado y molido, chepiles y cilantro picado. Se incluyen en la sopa de guías de calabaza, y en moles como el amarillo, el negro, el verde y el chichilo, entre otros guisos. En la región de la Mixteca Alta suelen tener forma ovalada y llevan hojas de aguacate secas y tostadas; se utilizan como espesante para diversos guisos caldosos como el ticondichi. En el área de Misantla, Veracruz, se añaden al caldo de frijol. En Tlaxcala y Puebla se añaden a caldos y sopas de pollo. En Los Tuxtlas, Veracruz se suele integrar a la masa un poco de mosmochos o quilaguacate.

Conocidas también como:
- ◇ chocholos
- ◇ chochollones o chochoyones (Oaxaca)
- ◇ chochollotes o chochoyotes (Oaxaca)
- ◇ jarochitos (Campeche)

- ◇ ombligos (Veracruz)
- ◇ orejas (Veracruz)
- ◇ pibitos (Yucatán)
- ◇ tesclales o texclales
- ◇ testales o textales (Puebla, Tlaxcala)
- ◇ textlales (Puebla, Tlaxcala)
- ◇ xoxolos (Veracruz)

→ bodoques de plátano

BOLLITO

Tamal redondo o antojito preparado en Veracruz. El tamal es de masa de maíz mezclada con levadura y panela, a la que se le añade una serie de ingredientes molidos en metate que darán la denominación al tamal: blancos de masa porosa, blancos dulces con panela molida, de elote tierno, de capulín, de anís y de elote recio o maduro. En los pueblos grandes o ciudades, la masa puede incluir mantequilla, leche, especias como canela, vainilla, jengibre o miel. Se envuelven en hojas de maíz o elote y se cuecen al vapor. Es común en las ofrendas del día de Muertos, y en los meses de frío se acostumbra comerlos acompañados de café. Existen variedades que incluyen algún elemento salado como el bollito de chicharrón de la sierra Norte de Veracruz, en cuya masa se mezcla el chicharrón picado antes de cocerlos. Suelen comerse con carne salada y frijoles refritos. Los bollitos de frijol son antojitos del área de Papantla hechos con bolitas fritas de pasta de frijol que acompañan el mole o el colorín con huevo. En algunos lugares del Golfo de México llaman bollitos a los tamales de elote. En Oaxaca es el nombre que recibe la espuma del chocolate-atole.

BOLLITOS DE PLÁTANO

Preparaciones hechas con pasta de plátano macho cocido y machacado, de forma oval y rellenas de frijoles refritos o queso y fritas; se sirven por lo general con crema, lechuga y rabanitos. Al gusto del comensal, se acompañan de alguna salsa picante de jitomate. Son tradicionales en San Blas, Nayarit y muchas comunidades de ese estado.

BOLO ◆ borracho

BOLONCHACO (*Odontophorus guttatus*)

Ave de la familia de las gallináceas, parecida a una codorniz grande, de color café oscuro con marcas blancas, con pico y patas negras; los machos tienen un copete naranja y las hembras café. Pesa en promedio 360 gramos y mide aproximadamente 25 cm de longitud. De carne blanca, se cría en corrales en las poblaciones rurales para consumo local. Se alimenta de larvas, semillas y raíces. Se les encuentra en los bosques tropicales de Campeche, Chiapas, Oaxaca, Quintana Roo, Tabasco y Veracruz.

Conocida también como:
- ◇ boloctoque
- ◇ bolonchanco
- ◇ buluk' tok'
- ◇ chaco
- ◇ cobán
- ◇ codorniz
- ◇ golonchaco
- ◇ totoloschosco

BOLSA DE MADROÑO

Huevera que pone la mariposa *Eucheira socialis* en un madroño especial; los gusanos que ahí crecen comen de noche hojas del madroño y de día duermen. Se recolectan en mayo, época en la que tienen el tamaño apropiado para su consumo. Los tepehuanes del sur de Chihuahua los cocinan en olla de barro para molerlos después en el metate.

BOLUDO ◆ trigo boludo

BOMBA ◆ concha

BOMBA REVENTADORA ◆ hongo trompa de venado

BOMBEAR

Acto para enfriar o mezclar líquidos. Se pasan de jícara en jícara o de bote en bote. También se dice trasegar.

BOMBÓN ◆ malvavisco

BONACI ◆ abadejo

BONETE

1. *Jacaratia mexicana.* Fruto del árbol silvestre del mismo nombre, de la familia de las caricáceas, con flores pequeñas color amarillo pálido. El fruto es amarillo al madurar y mide aproximadamente 15 cm de largo y de 3 a 10 cm de grueso. De forma irregular, puede ser ancho, alargado, redondo, delgado o retorcido; su pulpa es carnosa, de sabor dulce y color amarillo rojizo, es de la familia de las papayas, por lo que a veces se usa como la papaya común. Se come cocido, en ensalada, en dulce y en su jugo. Los nahuas del centro de Guerrero los cortan verdes y los dejan madurar para su consumo. En Colima se extrae un almidón del tronco del árbol para hacer una especie de tortilla. En Jalisco se usa como verdura en caldos y guisos; cuando está maduro se consume como fruta de temporada, aunque en la actualidad ha decaído su uso.

Conocido también como:
◊ cuahuayote (Colima)
◊ coalsuayote (Guerrero)
◊ kumché (Yucatán)
◊ oreja (Oaxaca)
◊ papaya orejona (Oaxaca)

2. Pan de dulce con forma oblonga, color café claro en el centro y café oscuro en las orillas a causa del horneado. También puede ser de forma circular y estar adornado con ajonjolí.

BONITO, A

Pez de la familia de los atunes (scómbridos), del cual existen diversas variedades que se consumen en México. Además de las especies a continuación descritas, con este nombre se les conoce a las variedades *Auxis rochei, Auxis thazard, Sarda orientalis* y *Sarda sarda.*

• *Euthynnus alletteratus*

Atún de dorso azul y vientre plateado que mide 70 cm y pesa de 2.25 a 3.6 kg. Nada en aguas templadas cercanas a las costas, aunque llega hasta las profundidades oceánicas. Los mejores meses para su pesca son julio y agosto en el Pacífico y diciembre, enero y febrero en el Golfo de México, siendo Baja California, Baja California Sur, Veracruz, Yucatán y Campeche los principales estados donde se captura. Su carne es oscura, grasosa y compacta, similar a la de otros atunes. Es bueno para freír, hornear, asar y preparar en escabeche; su sabor se enriquece con hierbas aromáticas. Se consigue fresco, congelado, salado y enlatado.

• *Sarda chiliensis*

Se captura en el área de Baja California, es de color azul oscuro en el dorso y plateado en el vientre. Puede medir 1 metro de largo y hasta 17 kg de peso.

El bonito es conocido también como:

◊ bacoreta (*Euthynnus alletteratus*)
◊ barrilete (*Auxis rochei*)
◊ bolito (*Auxis rochei*)
◊ bonita chilena (*Sarda chiliensis*)
◊ bonita oriental (*Sarda orientalis*)
◊ bonito mono (*Sarda orientalis*)
◊ cachorra (*Euthynnus alletteratus*)
◊ carachana pintada (*Euthynnus alletteratus*)
◊ chula (*Sarda sarda*)
◊ comevíveres (*Euthynnus alletteratus*)
◊ conejo (*Euthynnus alletteratus*)
◊ falso bonito (*Euthynnus alletteratus*)
◊ melva (*Auxis thazard*)
◊ melvera (*Auxis rochei*)
◊ merma (*Euthynnus alletteratus*)
◊ vaca (*Euthynnus alletteratus*)

BOÑIGA

GRAF. buñiga. Excremento de ganado vacuno. Se recolecta seca y se utiliza para prender el fuego para cocinar. Resulta un buen combustible porque enciende rápido y ayuda a prender la leña.

BOQUERÓN ◆ sardina

BÓQUIX ◆ bokix

BORRACHA ◆ hongo oreja de ratón

BORRACHITOS

1. Dulces pequeños, rectangulares, de varios colores y consistencia muy suave que recuerdan a las gomitas. Se consumen en Puebla y tienen un tenue sabor a alcohol.

2. Pan de harina de trigo, típico del Distrito Federal, en forma de vaso o cubilete que a veces lleva pasitas, y va empapado de almíbar de azúcar con ron o brandy. En Oaxaca puede ser un pastelillo rojo remojado en almíbar de azúcar mezclado con mezcal.

BORRACHO

Término que designa las preparaciones que en su elaboración llevan algún tipo de bebida alcohólica como pulque, ron o cerveza; así, existen la salsa borracha, los borrachitos, el caldo borracho, los frijoles borrachos, la gallina borracha, lomo de cerdo borracho, entre otros. Asimismo, sirve para identificar las frutas o flores demasiado maduras y que comienzan un proceso de fermentación natural como la caña, las chirimoyas o, en San Luis Potosí, los cabuches, cuyos pétalos se fermentan al calor del sol. Con este término se designa también a una persona embriagada por la bebida. En Chiapas y Tabasco se conocen también como bolo.

BORREGA ◆ hongo enchilado

BORREGO

1. *Ovis aries.* Mamífero rumiante introducido a México por los españoles, también conocido como carnero si es macho; oveja si es hembra, y cordero si es una cría. El macho se distingue por estar provisto de cuernos huecos, angulosos y arrugados. En la cocina mexicana es básico para elaborar platillos como barbacoa, birria, carnero en chilhuacle, fifia de carnero, carnero gambusino y cocido de tres carnes, entre otros.

2. Variedad de pan de dulce tradicional de Oaxaca que usualmente se elabora los domingos. Es típico de San Antonio y Ocotlán, comunidades ubicadas en la región de los Valles Centrales. Se prepara con harina de trigo que se mezcla con agua y se le da forma similar a un borrego; con esta misma masa se hacen otros panes como los cuernos y patitas. Cada nombre hace referencia a la forma o figura a la que se asemeja.

→ borrego cimarrón

BORREGO AL ATAÚD

Platillo elaborado con borrego condimentado y una salsa de chiles. Se elabora en una caja de madera con recubrimiento interior de metal y sobre una parrilla forrada de aluminio se coloca el borrego o carnero destazado, dejando fuera el costillar, ya que de acuerdo con sus características es más suave y requiere menos tiempo para su cocción. Luego se cubre con una charola de metal que servirá de tapa para sellar la caja sobre la cual se pone leña y se enciende. Aproximadamente a la hora y media de haberlo puesto a cocer, se quita con mucho cuidado la tapa, el borrego se unta de mantequilla con una brocha y se vuelve a tapar. Cada media hora, desde que empieza el cocimiento, se revisa el carnero y se voltea. Mientras dura el proceso en el que se absorbe la mantequilla, se prepara un aderezo que consiste en una mezcla de mostaza, condimentos (pimienta, sal, etc.) y vinagre para marinar el carnero. Este paso se efectuará a partir de las tres horas y media después de haber aplicado la mantequilla. Enseguida se elabora un preparado que consiste en la mezcla de chile colorado o cascabel y chile ancho (previamente hervido y molido) y vinagre. Este preparado se aplica igualmente con una brocha una hora y media después de realizado el proceso anterior. Por último se dejará por un lapso aproximado de hora y media para el término total de su cocción. La leña se utilizará por un periodo de cinco horas, después de lo cual se añade el costillar a la preparación, y si es necesario se añade carbón para terminar la cocción que dura aproximadamente ocho o nueve horas. Esta preparación se acostumbra entre los mascogos del estado de Coahuila.

BORREGO BLANCO ◆ hongo enchilado

BORREGO CIMARRÓN (*Ovis canadensis*)

Bóvido de cuernos enroscados y gruesos en los machos (las hembras tienen unas espigas delgadas y torcidas), cuerpo café pálido con la grupa blanca, igual que el hocico, las orejas y la rabadilla; la cola es corta y más oscura. Mide de 1.40 a 1.85 metros; las hembras pesan 75 kg y los machos de 100 a 150 kg. Habita en las zonas más desérticas del norte del país, en Baja California, Sonora, Chihuahua y Coahuila. Su consumo no está muy extendido  debido a su escasez, pero se prepara igual que el borrego común. Por su buena carne ha sido perseguido por cazadores, y hoy es una especie protegida debido a que está en riesgo de extinción.

Conocido también como:
◇ borrego del desierto
◇ borrego salvaje
◇ carnero salvaje
◇ tajé
◇ tenaztli

BORREGUITO

Dulce de azúcar glass amasada con jugo de limón; la pasta se trabaja y se moldea en forma de borreguitos. Se elabora en el Estado de México.

BORREQUE ◆ papayán

BORUSAS ◆ asientos de chicharrón

BOSTO

Pescado envuelto en hoja de plátano como un tamal; suele incluir también hierba santa. Tradicionalmente se asa en los rescoldos de las brasas. En Catazajá, Chiapas, se prepara el bosto de sardina, que son sardinas en salsa licuada de hierba santa, ajo, chaya, cebolla, masa y hojas de chile amaxito, envueltas en hojas de plátano y cocidas al vapor.

BOTA ◆ cochi, pez puerco

BOTANA

Término para designar a una gran variedad de alimentos, por lo general salados, que tienen la característica de servirse en pequeñas porciones y que se consumen principalmente mientras se platica en una reunión informal en casa, un bar o un restaurante, fiesta o reunión entre amigos, en muchos casos acompañado de bebidas alcohólicas como cerveza o tequila. Dependiendo de la situación y la hora, las botanas pueden cambiar de forma radical. En una comida formal debe tenerse cuidado con ellas, porque pueden acabar satisfaciendo el apetito. En un bar o cantina o en una reunión informal, la botana puede consistir en cacahuates enchilados, nueces de la India, pistaches, papas fritas o rebanadas de queso botanero. Según la categoría del establecimiento, la botana puede ser de tortitas de pierna, de jamón, de pollo, pambacitos con todo tipo de rellenos, albóndigas, rollitos de jamón o trozos de queso. Cabe aclarar que algunas cantinas se especializan en botanas, a tal grado que no sirven otro tipo de comida. Éstas son tan generosas que se reparten según la clientela pida rondas de bebidas, por ejemplo cervezas o cubas. En este aspecto se distinguen las cantinas tradicionales del Distrito Federal y las de Mérida, Yucatán, donde la variedad de botanas puede ser abrumadora. Se colocan en la mesa cualquier cantidad de platitos con todo tipo de alimentos a base de verduras o carnes en las que se distinguen las especialidades regionales. Hay

también otra familia de botanas que pueden incluir cualesquiera de los antojitos tradicionales como sopecitos, chalupas,
empanadas, quesadillas, etc., además de otros preparados
como tostaditas, trocitos de cecina o tasajo. A veces la botana puede confundir a los comensales, porque puede consistir en taquitos de barbacoa o carnitas que, por otra parte, se
consideran también comida principal. No es raro que en
México una fiesta dure muchas horas y se entretenga a los
invitados por mucho tiempo con botanas hasta que llega la
hora de la comida formal.

→ bocadillo

BOTE

Puchero que por lo general incluye carne de cerdo, res y
pollo, y a veces cola de res y tocino, verduras como calabacita, papa, zanahoria, chícharo, chayote, elote y col; se condimenta con chile pasilla, canela, comino, anís, pimienta,
laurel, tomillo, mejorana, orégano y pulque. Es un guiso festivo tradicional de Jalisco. En Tepatitlán, el día de san Lorenzo los campesinos se reúnen desde muy temprano para
encender el fuego e iniciar la cocción de todos los ingredientes en un bote; suelen servirlo en tazones grandes con
cilantro y cebolla picados, y chile de árbol seco y molido,
acompañado de tortillas de maíz y tequila o cerveza. De forma similar se prepara en las fiestas patronales de Cocula, El
Grullo, Tuxpan, Tala y San Juan de los Lagos. En Sayula se
cita a Herculano Anguiano Bobadilla como creador de este
guiso, a raíz de que cuando agasajaba a sus invitados, lo
elaboraba en un bote alcoholero, con carne maciza de borrego, res, espinazo de res, gallina entera, pierna y espinazo
de cerdo. Lleva salsa de jitomate licuado, tomatillo verde,
cebolla, y verduras como calabacitas, zanahorias, chayote,
elotes y chiles verdes serranos. Se condimenta con laurel,
pimienta negra, orégano, mejorana y albahaca, y al final de
la cocción se agregan chiles jalapeños, vino tinto y pulque.
En lugares como Ixtlahuacán del Río, el bote puede ser una
especie de caldo de frijol con gallina, patitas y huesos de
pierna de cerdo, zanahoria, nabo, poro, calabaza, ejote, col,
cebolla y ajo; todo se deja cocer hasta que las carnes estén
suaves y el caldo algo espeso. También en Michoacán se
elabora de forma similar con varias carnes y verduras.

BOTE DE RÍO

Guiso similar al bote en el que las carnes que se utilizan son
gallina, patitas y huesos de cerdo envueltas en una manta.
Al caldo también se le agregan frijoles, ejotes, nabos, poros, zanahorias, calabacitas, ajo, cebollas y col. Es típico de
Jalisco.

BOTETE (*Sphoeroides testudineus*)

Pez colorido con dorso café chocolate a negro y escamas
duras. Mide unos 20 cm de largo y su carne es amarilla y
dura, por lo que debe consumirse fresco y retirar sus vísceras tan pronto sea posible, para que el sabor de la carne se
conserve intacto. Habita en las orillas de los ríos y lagunas
costeras, principalmente en el Golfo de México; se le encuentra con abundancia en manglares, en aguas poco profundas con fondo arenoso y ocasionalmente en arrecifes.
Se consigue todo el año, pero abunda de diciembre a julio. Otras variedades conocidas como botete son: *Sphoeroides angusticeps*, *Sphoeroides annulatus* y *Sphoeroides
sechurae*. Todos son capturados en las costas del Pacífico.
Conocido también como:

◇ botete de cabeza angosta (*Sphoeroides angusticeps*)

◇ botete diana (*Sphoeroides annulatus*)
◇ botete peruano (*Sphoeroides sechurae*)
◇ botete sapo (*Sphoeroides testudineus*)
◇ corrotucho (*Sphoeroides testudineus*)
◇ mataperro (*Sphoeroides testudineus*)
◇ pez globo (*Sphoeroides testudineus*)
◇ sapo bruto (*Sphoeroides testudineus*)
◇ tambor (*Sphoeroides testudineus*)
◇ tamborín (*Sphoeroides testudineus*)

BÓTHUCH ◆ aguama

BOTIJA

Larva de un escarabajo del género *Scyphophorus* que se
consume principalmente en el Estado de México de forma
asada o frita en manquilla o aceite.

BÓTIL ◆ ayocote

BRANDY

Aguardiente producto de la destilación del vino. México es
un gran productor, consumidor e importador de brandy.
Casi no se acostumbra beberlo solo, por lo general se mezcla con refresco de cola y agua mineral, al que se le llama
cuba. La costumbre de beberlo con refresco de cola está tan
arraigada en nuestro país, que personas de alto nivel económico incluso preparan las cubas con los brandys más finos.

BRASAS, A LAS

Término que indica un asado de carne o vegetales sobre
una parrilla o directamente sobre carbón o leña incandes-
cente.

Pollo a las brasas

BRASIL (*Condalia obovata*)

GRAF. brazil. Fruto azul negruzco de la familia de las rhamnáceas, de 6 mm de largo y de pulpa dulce. Se come fresco y
se prepara en dulce con consistencia de mermelada. Conocido también en Nuevo León y Tamaulipas como capulín.

BRAZO DE CARNE O BRAZO DE GITANA ◆ albondigón

BRAZO DE MESTIZA O BRAZO DE INDIO

Tamal de la península de Yucatán que se prepara aplanando
la masa de maíz para formar un gran cuadro que puede medir unos 30 cm, y que se rellena con hojas de chaya o pepitas
de calabaza. Luego se enrolla, se envuelve en hojas de plátano o papel aluminio y se cuece al vapor. A veces se acompaña con salsa de jitomate y queso. Otra versión propia de
Campeche se prepara mezclando la chaya cocida y picada
con la masa; el brazo se rellena con huevo cocido, se sirve
rebanado bañado con salsa de chiltomate, espolvoreado
con pepita de calabaza molida.

BRAZO DE REINA

Tamal cilíndrico que, se supone, tiene la forma o dimensiones de un brazo. En Yucatán se prepara con masa de maíz, manteca de cerdo y sal, mezclada con hojas de chaya cocidas y picadas. Con esta mezcla se prepara una especie de tortilla gruesa que se rellena con huevo cocido y polvo de pepita de calabaza; se enrolla, se cuece al vapor en hojas de plátano, se sirve en rebanadas con salsa de chiltomate y polvo de pepita. En Campeche puede ser de carne de cerdo y res molida a manera de albondigón (no lleva masa de maíz) relleno de huevo cocido. Una vez cocinado al vapor, el exterior se dora en aceite, se rebana y se acompaña con salsa de chiltomate.

BRINCADORA ◆ uva de monte

BROCHETA ◆ alambre

BROCHETA DE ATÚN

Preparación elaborada con cubos de atún fresco y trozos de pimiento marinados en una salsa de vino blanco, limón, aceite de oliva, puré de tomate, ajo machacado, salvia, tomillo, sal y pimienta; se ensartan en ramas o varitas, trozos de cebolla, jitomate y calabacitas. Se asa al carbón. Su consumo es típico en el estado de Sonora.

BRUJA ◆ raya

BUCHE

Estómago del cerdo que principalmente se prepara en carnitas.

BUCOLICHE

Variedad de chileatole de masa de maíz que se prepara de varias formas. La masa se deslíe en agua y se sazona con epazote y chile de árbol, puede llevar trozos de papa cocidos. Existe otra forma de prepararlo, a base de masa cocida, papa picada, cebolla, pimienta, epazote y chile seco de árbol. Se sirve con huevos cocidos y picados, y en cualquier caso se acompañan con frijoles de olla. Se acostumbra en el estado de Chiapas.

BUDÍN

Pan horneado de origen inglés que se prepara en distintas regiones de México; su nombre proviene del inglés *pudding*. En los estados ubicados en el Golfo se hace recolectando diferentes panes de dulce de días anteriores para trocearlos con las manos, remojarlos en leche y mezclarlos con azúcar, mantequilla, huevos, canela y pasas. Todo se hornea en un molde, se corta en distintos tamaños y se come caliente, tibio o frío, con café o leche, en el desayuno, la merienda o la cena. En el Distrito Federal puede incluir acitrón, nuez o higos cristalizados. Otros tipo de preparaciones que también reciben el nombre de budín son saladas y sólo retoman el nombre del mismo; tal es el caso del budín azteca o el budín de cazón. Conocido en el Distrito Federal también como pan de pan.

→ torta de elote

BUDÍN AZTECA

Platillo que se prepara acomodando en un molde varias capas de tortilla de maíz empapadas con salsa, con algún relle-

no entre capa y capa; se suele adornar con crema, queso y rajas de chile poblano antes de hornearlo. Las tortillas pueden bañarse con salsa verde o roja e incluso con mole poblano. Los de salsa verde y roja suelen rellenarse con rajas

de chile poblano, granos de elote o cuitlacoche preparado, además de queso o crema. Otro relleno muy común es el de pollo cocido y deshebrado, solo o guisado en jitomate. Para comerlo se saca caliente del horno y se corta en cuadros o triángulos como un pastel. En Jalisco se trata de capas de tortillas alternadas de carne molida de res y cerdo. Se adorna al final con aguacates martajados, granos de granada roja y crema. Aunque en ocasiones se come al mediodía, es más bien un platillo para fiestas. A veces el relleno le da nombre al platillo; por ejemplo, cuando se hace con cuitlacoche se llama budín de cuitlacoche.

Conocido también como:

◇ budín de tortilla
◇ budín indio
◇ pastel azteca
◇ pastel de tortilla
◇ pastel indio
◇ torta azteca
◇ torta Cuauhtémoc
◇ torta Moctezuma

BUDÍN CAMPESINO

Preparación dulce que es similar a un arroz con leche, pero se cocina tres veces. Primero se cuece el arroz al vapor, posteriormente se vuelve a cocer en leche endulzada con azúcar durante media hora hasta que el arroz revienta y finalmente se cocina con una mezcla de huevo, yemas y crema espesa. En algunos casos puede llevar pasas y suele servirse con la forma del molde utilizado en frío o caliente. Puede encontrarse en Comitán, Chiapas, aunque se ha extendido a otras regiones del país.

BUDÍN DE CALABAZA

Platillo del centro del país hecho de calabacitas criollas o italianas ralladas o molidas y horneadas con una mezcla de harina de trigo, mantequilla, huevo y sal. También puede ser un postre si se le agrega azúcar; en este caso se come caliente o a temperatura ambiente. Su consumo se acostumbra en los estados de Veracruz y Tabasco. En el sureste, especialmente en Tabasco, se utiliza la calabaza de pulpa amarilla con cáscara gruesa típica de la región, además de azúcar y pasitas. En la Huasteca veracruzana se prepara del mismo modo pero se le agrega vainilla. En diferentes regiones del país se prepara de forma similar el budín de chayote.

BUDÍN DE CAZÓN

Guiso de cazón en trozos cocidos en agua con cebolla, ajo, hojas de laurel; al cazón cocido se le añade pan rallado y una salsa de jitomate, cebolla, ajo, perejil, rajas de chile verde, aceitunas, alcaparras y sal, y se hornea en un refractario rectangular. Se consume en Cosamaloapan, Veracruz.

BUDÍN DE CHICOZAPOTE

Postre oaxaqueño de pulpa de chicozapote con mantequilla, marquesote y huevos batidos. La mezcla se cuece en baño María, se coloca en un platón y se empapa con lechecilla.

BUDÍN DE CUITLACOCHE ◆ budín azteca

BUDÍN DE ELOTE

Budín preparado con granos de elote, leche, azúcar, harina de trigo, polvo para hornear, huevo, mantequilla, canela y sal. Se hornea y se come en rebanadas como cualquier pan; una variante se sirve con miel de piloncillo, jugo de naranja, canela, mezcal y leche. Se acostumbra en la región del istmo, en Oaxaca.

→ torta de elote

BUDÍN DE TAMAL ◆ tamal de cazuela

BUDÍN DE TORTILLA O BUDÍN INDIO ◆ budín azteca

BUDÍN TAPATÍO

Tipo de pastel de carne que se prepara con masa de maíz, a la que se le agrega mantequilla y azúcar; con esta mezcla se crea un fondo que se rellena de lomo de cerdo, acitrón, pasas y almendras, bañadas con una salsa de jitomates asados y despepitados. Se hornea para presentarse con rajas de chiles poblanos y rebanadas de huevo cocido. Se acostumbra en el estado de Jalisco.

BUDÍN TATA VASCO

Budín elaborado de papas y leche que se mezclan con queso rallado, huevos batidos, sal y pimienta. La pasta se hornea en un molde engrasado y espolvoreado con pan molido. Es un platillo que se acostumbra en Pátzcuaro, Michoacán.

BULE ◆ cajete, guaje

BUÑUELO

Fritura dulce que se come como dulce o antojito. Se prepara con una mezcla de harina de trigo, huevo, agua, sal y manteca de cerdo, que se deja reposar, se estira y se moldea. Posteriormente se fríe en manteca de cerdo o aceite y se espolvorea con azúcar o se baña con miel de abeja o piloncillo. En ciertas regiones se utiliza agua de cáscaras de tomate o tequesquite para fermentar la masa. Algunas mieles contienen frutas como tejocotes o guayabas; ingredientes como el anís y la canela se utilizan también en algunos lugares. Los buñuelos se consumen todo el año, en especial durante fiestas, ferias y en la Navidad. Aunque la palabra es de origen incierto, algunos consideran que surge del latín medieval *bungo,* que significa bulbo; en francés se conoce como *beignet,* que también significaba hinchazón, pues en cualquiera de sus formas se infla al freírse. Otros datos históricos indican que puede ser una preparación de origen árabe, llevada a Europa por los cruzados. Evidentemente las antiguas recetas que llegaron a México hace siglos no son las mismas de hoy, pues se les añadieron muchos ingredien-

tes propios de nuestro país. Antiguamente, era común que los buñuelos se extendieran con la ayuda de la rodilla cubierta con un trapo húmedo, por lo cual recibían el nombre de buñuelos de rodilla para distinguirlos de los buñuelos de molde; aunque esta práctica aún se realiza en algunas regiones, cada vez es menos común. Las principales variedades de buñuelos por región son:

• Los buñuelos de Pascua se elaboran con una masa más densa y tienen forma de bola u ovalada; la masa se deposita a cucharadas en el aceite caliente para lograr la forma. En ciertas regiones los llaman buñuelos de bola.

• Los buñuelos de molde, por su parte, se preparan con instumentos en forma de estrellas, flores, campanas o ángeles. La masa contiene básicamente los mismos ingredientes, aunque es más líquida. En ésta se sumerge el sello o molde de metal, se pasa al aceite caliente y cuando se cuece y dora, es muy fácil despegarlo. Se espolvorean con azúcar y canela molida.

• Los buñuelos en capirotada son una preparación casera en la cual el buñuelo se introduce en una olla con miel; también se conocen como buñuelos de aire y sopaipillas. Son típicos de algunos lugares de Guerrero, el Distrito Federal y Guanajuato

• En Baja California Sur es un postre típico durante la cuaresma, que se sirve con miel de piloncillo y guayaba.

• En Coahuila y Nuevo León son postres navideños; la masa se prepara con jugo de naranja y harina de trigo, el buñuelo se espolvorea con azúcar y canela; son pequeños, no mayores de 10 cm de diámetro. También son comunes los buñuelos de molde, que llaman buñuelos de viento.

• En Chihuahua se preparan buñuelos redondos de unos 25 cm de diámetro. Las masas pueden incluir queso Chihuahua. Se acostumbran sobre todo en Navidad, casi siempre se acompañan con café con leche y en raras ocasiones con chocolate.

• En Chiapas los llaman hojuelas, buñuelos o pañales de niño, en referencia a las fiestas navideñas y al Niño Dios; se bañan por lo regular en miel de abeja o azúcar en polvo y tienen un fuerte sabor a naranja, ya que la masa contiene jugo de esta fruta. Se distinguen por su forma rectangular o cuadrada que también se encuentra en el sur de Veracruz y en partes de Tabasco.

• En Jalisco se hacen los buñuelos de cuajada, en forma de roscas, elaborados con cuajada o requesón, huevo y harina; se conocen dos formas de cocción, una de ellas es pasar los buñuelos en agua y luego freírlo, de modo que quedan crujientes por fuera y suaves por dentro, la otra es freírla directamente, lo que los hace más grasosos.

• En Michoacán son semejantes a los del Distrito Federal, y existen principalmente dos formas: acaramelados, esto es, quebrados y bañados en miel, y los garritos, que se cocinan en su miel hasta que el buñuelo la absorba toda.

• En Oaxaca se preparan buñuelos rociados y remojados en forma de tortilla delgada, se fríen en manteca de cerdo, se rocían con miel de piloncillo y se espolvorean con azúcar roja; también pueden quedar completamente sumergidos en la miel. Se sirven en platos hondos de barro como tazones. Al terminar de comerlos existe la costumbre de quebrar el plato; esta tradición al parecer deriva de que en el siglo XIX hubo varias epidemias de cólera y el municipio ordenó tomar medidas para evitar contagios, persistiendo la tradición, en algunas fiestas, sobre todo en el Istmo de Tehuantepec donde suelen romperse los cántaros o los jarros como parte final de la fiesta. Actualmente los puestos que venden estos buñuelos abundan durante las fiestas de la Soledad, que es donde se cree que empezaron a prepararse estos buñuelos hace más de un siglo.

• En San Luis Potosí, durante las festividades de día de Muertos, los buñuelos se espolvorean con azúcar pintada de color rosa; también son tradicionales durante las festividades navideñas, pero se espolvorean con azúcar natural.

• En Sonora los buñuelos se preparan con miel de piloncillo, especialmente para la cuaresma, Navidad y Año Nuevo.

• En Tabasco y el sur de Veracruz se elaboran buñuelos llamados torrejas. La masa se estira y se corta en rectángulos de unos 20 cm de largo y 8 de ancho para espolvorearlos con azúcar. Son especiales para la Navidad.

• En otras partes de Veracruz se preparan buñuelos de diferentes formas y tamaños, típicos de fin de año. En Orizaba y sus alrededores se elabora un buñuelo en forma de disco de unos 30 cm de diámetro; suele ser delgado porque la harina se muele en metate para hacerla más fina y el metlapil logra romper los minúsculos grumos que, por lo general, quedan en el preparado. En el puerto de Veracruz, así como en otros lugares de la región del Sotavento, se preparan unos buñuelos semejantes a donas deformes y se bañan con miel de caña, la cual a veces contiene pequeños trozos de caña.

→ nido

BUÑUELOS DE ALMENDRA
Buñuelos de harina de trigo, almendras, crema, azúcar, huevo y jugo de naranja. Se fríen hasta que quedan crujientes y se espolvorean con azúcar glass. Es una preparación propia de Tlacotalpan, Veracruz.

BUÑUELOS DE ARROZ
Buñuelos de arroz molido finamente, cocido con manteca de cerdo y revuelto con huevo y anís. La pasta obtenida se fríe en porciones y se sirven con miel de piloncillo, azúcar y canela en polvo. Son típicos de Veracruz.

BUÑUELOS DE CALABAZA
Buñuelos elaborados con una pasta hecha de pulpa de calabaza de Castilla cocida a la que se le añade harina de trigo y huevos. Se elaboran con forma de pequeñas donas que se fríen en manteca de cerdo o aceite. Son típicos del Sotavento, Veracruz. En otra variante del estado, en Cosamaloapan, a la masa se le añade camote cocido en lugar de calabaza y se bañan con miel de panela; otras variantes pueden llevar yuca o malanga. En el norte del estado se acostumbran los llamados canelones con forma cilíndrica y espolvoreados con canela y azúcar.

BUÑUELOS DE CAMOTE
Buñuelos elaborados con huevo, harina, anís y camote cocido y molido. Se preparan en forma de tortitas que se fríen en aceite o manteca de cerdo. Se bañan con miel de caña, o se pueden agregar a la miel y dejarlos por varios días para consumirlos después. Es tradicional en la región del Sotavento, Veracruz.

BUÑUELOS DE CARRIZO
Preparación tradicional de buñuelos que se llaman de carrizo porque se fríen con la ayuda de carrizos largos. Se rocían con anisete, que es un preparado de jarabe de azúcar y anís. Se consumen en Veracruz.

BUÑUELOS DE JAIBA
Buñuelos preparados con carne de jaiba cocida, mantequilla, azúcar, bolillo molido, huevo, sal y pimienta. Después, con una pasta de harina, mantequilla y huevo se forman pequeños recipientes en forma de ollitas, dentro de los cuales se unta la pasta de jaiba y se tapa con otra capa de pasta para freírlos en aceite. En ocasiones, la jaiba se sustituye por camarones. Son típicos de Veracruz.

BUÑUELOS DE MASA
Buñuelos elaborados con masa, manteca de cerdo, huevo y anís; se pueden acompañar con un poco de miel de caña o miel preparada con azúcar o panela.

BUÑUELOS DE PIÑA
Buñuelos elaborados con masa que se extiende en forma de tortilla, rellena de piña macerada con ron añejo, picada, molida y revuelta con mamón horneado. Los buñuelos se fríen y después se rompen para servirlos espolvoreados con azúcar glass. Son preparados en Veracruz.

BUÑUELOS DE QUESO

Buñuelos preparados con queso blanco fresco y huevos molidos y mezclados con harina y sal. Se toman porciones de masa con una cuchara y se fríen en aceite. Se sirven bañados con un jarabe hecho con azúcar y canela.

BUÑUELOS DE YUCA
Buñuelos preparados con yuca desmenuzada a la que se le agrega huevo y anís, y se les da forma de tortitas. Se fríen en manteca de cerdo o aceite y se sirven calientes, bañados en miel de caña con canela. Esta preparación se acostumbra en la Huasteca veracruzana.

BUÑUELOS HERVIDOS
Buñuelos de harina de trigo, manteca de cerdo, sal y agua con anís que se cuecen y se baten durante el proceso para que no se apelmacen. Posteriormente, la masa se deja secar sobre una manta y se amasa con huevo para formar los buñuelos que se fríen en abundante manteca de cerdo. Se sirven con un almíbar de azúcar y canela en polvo. Ésta es una receta muy antigua que se registra en la actualidad en Veracruz.

BU'PU ◆ chocolate-atole

BURRITO, A
Alimento preparado, envuelto en una tortilla de harina enrollada, cuyas orillas se doblan hacia adentro para que todo el relleno quede encerrado dentro de la tortilla. El relleno de la burrita puede ser cualquier cosa, desde carne asada hasta frijoles refritos. Es un antojito típico de los estados del norte del país, muy acostumbrado también en la parte sur de Estados Unidos, que puede servirse como comida principal del mediodía o almuerzo, acompañada con frijoles, salsa, crema y guacamole. En cada estado del país se encuentran diferencias en los tamaños y rellenos. En Baja California son típicas las burritas de machaca de langosta, llamadas a veces

Burritas de chilorio

88

simplemente burritas de langosta. En Chihuahua es preparada una tortilla de harina para burritas que es más resistente que la tortilla de harina común que se vende en paquetes. En Sinaloa suelen prepararse burritas de chilorio o de mochomos. En Sonora se rellenan de machaca guisada en salsa o revuelta con huevo, o de carne seca con chile colorado; este último guiso también se acostumbra en Chihuahua, donde existe mucha similitud con las burritas de sus estados vecinos y una gran variedad de rellenos como carne deshebrada; aquí también se elaboran las burritas montadas, a las que se les agrega queso asadero o Chihuahua derretido. Entre las burritas sonorenses, una de las más típicas es la de chile: su relleno es un guiso de carne de res en chile colorado, muy similar a la carne con chile de la región; se supone que el relleno original se prepara con carne seca. Originalmente era una comida de obreros, campesinos y vaqueros que se acompañaba con café negro o refresco de soda. Conocido también como burro.

BURRITOS

Dulce de granos de maíz cacahuacentle tostados y reventados en comal y luego cocidos en miel de piloncillo con canela y anís, moviendo constantemente hasta que los granos quedan garapiñados. Se comen fríos y son muy acostumbrados en Hidalgo, Tlaxcala y Querétaro. En la Sierra Gorda de Querétaro se elaboran con maíz negro tostado y molido con canela. También son conocidos como burritos de maíz.

BURRITOS DE RÍO

Tipo de camarón de río que localmente recolectan los totonacas de la costa Norte de Veracruz. En la sierra Norte de Puebla denominan así a una variedad de langostinos con los que elaboran un caldo llamado burritos.

BURRO

Bajo este nombre común se conocen diversas especies de peces que se capturan en las costas del Pacífico y el Atlántico. Además de las especies descritas también se les conoce con este nombre a las variedades: *Anisotremus interruptus, Haemulon flaviguttatum, Haemulon maculicauda, Haemulon sexfasciatum, Orthopristis chalceus, Orthopristis reddingi.*

• *Anisotremus surinamensis*
De piel color verde plateado y unos 45 cm de largo; habita en fondos rocosos y arrecifes de aguas poco profundas. Su captura es incidental. Se encuentra en el Golfo de México todo el año, fresco o salado. Su carne es blanquecina y esponjosa, de consistencia firme y sabor muy suave, y casi no tiene espinas, por lo que es ideal para freír u hornear y para preparar en mantequilla, al mojo de ajo, en sopas, caldos y albóndigas.

• *Haemulon flaviguttatum*
Habita en el Pacífico, desde California hasta Colombia. Los adultos de esta especie tienen una mancha azul en el centro de cada escama, formando líneas que siguen las series de escamas.
El burro es conocido también como:
◇ borriquete
◇ burrito
◇ burrito corcovado (*Orthopristis chalceus*)
◇ burrito rayado (*Orthopristis reddingi*)
◇ burrito ronco (*Orthopristis chalceus*)
◇ burro almejero (*Haemulon sexfasciatum*)
◇ burro bacoco (*Anisotremus interruptus*)
◇ burro de Cortés (*Haemulon flaviguttatum*)
◇ burro frijol (*Haemulon flaviguttatum*)

◇ burro manchas amarillas (*Haemulon flaviguttatum*)
◇ burro rasposo (*Haemulon maculicauda*)
◇ burro roncador (*Haemulon flaviguttatum*)
◇ catalineta (*Anisotremus surinamensis*)
◇ chanita (*Haemulon flaviguttatum*)
◇ guzga (*Orthopristis chalceus*)
◇ jiníguaro (*Anisotremus surinamensis, Haemulon flaviguttatum*)
◇ mojarra (*Haemulon flaviguttatum*)
◇ mojarrón (*Anisotremus surinamensis, Haemulon flaviguttatum*)
◇ pompón (*Anisotremus surinamensis*)
◇ ronco chano (*Haemulon flaviguttatum*)
◇ roncocho (*Anisotremus surinamensis*)
◇ sargo (*Anisotremus surinamensis*)

BUSHNÁ (*Spathiphyllum friedrichsthalii*)

Planta de hojas de lámina ancha; su flor es una columna cilíndrica de 7 a 10 cm, blanquecina, protegida por una espata oval del mismo tono. Se conoce ampliamente como planta de ornato y es poco común como comestible; su uso se registra en otras áreas de América. Al igual que la mayoría de las flores en México, se come cocida, frita o en salsa, sobre todo en su estado joven. Sus flores cocidas y molidas se preparan en salsa en Chiapas.

Conocida en Chiapas como:
◇ chile de gato
◇ flor de chile
◇ gusano
◇ maicillo
◇ *nik uts*
◇ olotillo

BUT

GRAF. buut o buth. Palabra de origen maya que significa embutido o relleno. Con ella designan al picadillo con que se rellenan las aves que se utilizan en platillos como el relleno negro y relleno blanco, en la península de Yucatán. Existen diferentes tipos de *but*. El *but* blanco se prepara con carne de cerdo molida, condimentada con diferentes especias o recados que varían según el preparado en que vayan a utilizarse. Algunos de sus principales ingredientes son: carne de cerdo, pimienta gorda, clavo, canela, pimienta negra, jitomate, cebolla, chile dulce, pasitas, almendras, alcaparras, aceitunas y vinagre, todo mezclado con recado para bistec. Éste se puede servir en un platón e ir acompañado de frijoles colados al gusto o de *kool*; se pueden preparar tacos con tortillas de maíz. Este mismo preparado se utiliza para rellenar aves, y es más conocido como relleno blanco. El *but* para queso relleno es una preparación muy similar a la anterior. El *but* que se utiliza para el relleno negro se llama *box but*, de *box*, negro, y *but*, embutido. Todo se condimenta con recado negro o de chiltomate y recado colorado, epazote, jitomate. Se sirve en un platón adornado con yemas de huevo cocidas para comer en tacos con tortillas de maíz. En la isla de Holbox, Quintana Roo, se prepara el *but* negro de caracol que se guisa con huevo, cebolla, jitomate y chiles xcatik; finalmente se sancocha y pica. A esta mezcla se le agrega el recado negro para terminar de cocinarlo.

BUTIFARRA

Embutido de origen español, preparado a base de carne de cerdo. En México es famoso el de origen chiapaneco, que se acostumbra preparar con carne de lomo de cerdo con pimienta y nuez moscada, macerando la carne en vino blanco o vinagre de piña. Se acostumbra como botana bañada de jugo de limón. En Comitán, Chiapas, se prepara especialmente para las fiestas de agosto. En Campeche se prepara con carne de pierna de cerdo macerada en recaudo de anís, pimientas de Castilla y de Tabasco, clavo, canela y vino de jerez o moscatel. Con la mezcla se rellenan tripas delgadas de cerdo que se cocinan al vapor.

BUULIL UA

Tamalito de origen maya, de masa de maíz mezclada con manteca de cerdo y frijoles cocidos y pelados. Se prepara torteado en forma de pequeños rectángulos que se envuelven en hoja de boob u hojas de plátano y se cuece en olla o pib. Se acompaña con jitomate y cebolla frita en manteca de cerdo.

CA'ARA'I ◆ quintonil

CABAICUCHO

Nombre con el que se conoce a varios peces del género *Diplectrum* que se cocinan de manera similar a la mojarra, fritos o asados. El *Diplectrum pacificum* tiene dorso café rojizo y vientre plateado o amarillento y mide aproximadamente 25 cm de largo. Se alimenta principalmente de sardina, camarón y calamar. Se le encuentra en fondos arenosos y lodosos y se captura todo el año en las costas del Pacífico. Se vende fresco y su carne es blanca, firme y magra, con sabor suave. El *Diplectrum radiale* tiene el dorso gris y es ligeramente más grande que su pariente, presenta un tono que va de verdoso a café claro con dos rayas más oscuras a lo largo. Se captura en el Golfo de México y el Pacífico todo el año de manera ocasional y se vende fresco.

Conocido también como:

◇ bolo (*Diplectrum radiale*)
◇ extranjero (*Diplectrum radiale*)
◇ guabina (*Diplectrum pacificum*, *Diplectrum radiale*)
◇ horqueta (*Diplectrum pacificum*)
◇ jurel de Castilla (*Diplectrum pacificum*)
◇ monda (*Diplectrum pacificum*)
◇ pez ardilla (*Diplectrum pacificum*, *Diplectrum radiale*)
◇ serrano (*Diplectrum radiale*)

CABALLA ◆ charrito, jurel, macarela

CABALLERO ◆ pargo

CABALLERO POBRE

Postre elaborado con rebanadas de pan blanco capeadas y remojadas con un almíbar de azúcar. En ocasiones se decora con almendras y pasitas. Es típico de la península de Yucatán y muy similar a las torrejas del norte del país.

CABALLITA ◆ jorobado

CABALLITO

Vaso en el que tradicionalmente se sirve el tequila. Tiene forma de caña y los hay de 1 y 2 onzas. En la actualidad, y debido al valor y difusión que el tequila ha tenido en los últimos años, este recipiente sigue siendo el más usado para beber y

poder apreciar el tequila en su máxima expresión. Conocido también como vaso tequilero.

CABALLO ◆ charrito

CABAX ◆ kabax

CABELLOS DE ÁNGEL

Dulce de chilacayote de textura suave y firme, llamado así por las fibras rubias de la pulpa del fruto. Se prepara con chilacayotes pelados y remojados en agua con cal, que se enjuagan y se hierven en agua con azúcar hasta que ésta casi se evapora. Se dejan orear por una noche y se repite el proceso tres veces más. Dependiendo de la blancura que se desee, se utilizan distintos tipos de azúcar. Los chilacayotes pueden utilizarse en rebanadas o trozos, con o sin sus fibras interiores. Es un dulce típico de los estados del centro del país como Tlaxcala, Puebla, Estado de México, Distrito Federal y Querétaro, donde existe la peculiaridad de que el chilacayote se hierve en miel. En el Estado de México los cabellos de ángel se incluyen en el pastel de frutas navideño. En los estados del sur del país también se preparan con miel de azúcar o piloncillo, pero suelen ser más melosos y oscuros. Conocido también como dulce de chilacayote.

→ apompo

CABEZA

Parte superior o anterior del cuerpo de los animales que en México se utiliza para preparar diferentes platillos. Las cabezas más utilizadas son las de cerdo, borrego, res, pescado y camarón, estas últimas muy apreciadas por el sabor que dan a los caldos. Si bien no es muy común su consumo, también se utiliza la cabeza de pollo.

CABEZA DE BORREGO

Cabeza del animal con el que se prepara principalmente la barbacoa. Los vendedores colocan las cabezas sobre la carne para demostrar que es auténtica barbacoa de borrego y lo mismo hacen con las cabezas de chivo y carnero. Los aficionados a la barbacoa parten la cabeza por la mitad y preparan diferentes tacos con el contenido: de sesos, ojo, cachete y lengua.

CABEZA DE CERDO

Cabeza del animal que se utiliza para diferentes embutidos como el queso de cerdo, para rellenos de tamales y, en especial, para el pozole. En todos estos casos se prefiere porque aporta más sabor a los guisos que otras partes del animal.

CABEZA DE ILAMA ◆ ilama

CABEZA DE MAGUEY

Parte central de las plantas de agave que se cuece y tritura para dar lugar a la fermentación que, una vez que pasa por el proceso de destilación de alambique o autoclave, dará lugar al mezcal o tequila.

Conocida también como:

◇ corazón de maguey
◇ metzontete
◇ piña de maguey

CABEZA DE MAÍZ

Parte del grano de maíz que lo une con el olote. Tiene forma triangular o de punta de flecha y es muy dura. Ya que por lo general está pegada al grano, no se le cae al maíz cocido con cal, sino que se mezcla con todo lo demás al moler el grano. Si se elabora harina para tamales, ésta se cierne para retirar la mayor cantidad de cabezas de maíz. En el caso del maíz para pozole, siempre se pide descabezado, un proceso que se realiza a mano, grano por grano. El maíz descabezado florea más y produce un pozole de mejor calidad.

CABEZA DE NEGRO (*Dioscorea mexicana*)

Tubérculo perteneciente a la familia del ñame. La planta productora de éste es una trepadora con hojas en forma de corazón, la cual desarrolla un tubérculo irregular que alcanza una profundidad de 5 m y puede pesar hasta 30 kg. Los totonacas de la costa de Veracruz le dieron este nombre debido a su forma. Al igual que otros tipos de tubérculos, se emplea para preparar atoles y tortitas que se añaden a caldos y sopas.

Conocida también como:

◇ camote blanco
◇ huacamole

→ ilama

CABEZA DE POBRE

Guiso en el que primero se cuece la cabeza y la pierna del cerdo. Con un poco del caldo resultante se licuan chiles anchos, pimienta, jitomate, tomate y cebolla. Dicha preparación se agrega a la carne y se sazona con tomillo, orégano, laurel, cebolla, ajo y sal. Se deja al fuego hasta que el guiso se seque. Es un platillo tradicional de Comitán, Chiapas.

CABEZA DE RES

La parte más utilizada de la cabeza de res en la cocina mexicana es la lengua; con ella se elaboran diferentes guisos, además de tacos. Los sesos se utilizan para la elaboración de quesadillas y con lo demás se preparan tacos de cabeza. También se elabora un guiso llamado cabeza de res a la olla.

CABEZA DE RES A LA OLLA

Cabeza de res en trozos, cocida al vapor con ajo, especias y vinagre; se sirve caliente y se suele comer en tacos. Es un platillo tradicional de Durango, aunque también se consume en Sonora, donde se elabora de manera similar. Estos tacos de cabeza se pueden comer en el mercado municipal de Hermosillo.

CABEZONA ◆ hongo de encino, lisa

CABEZONCITA ◆ hongo de encino

CABEZUDA ◆ lisa

CABIC ◆ kabik

CABRA ◆ chivo

CABRILLA

Nombre con el que se conoce a varias especies de la familia *Serranidae*, también conocidas como baqueta. Las principales variedades que se capturan en México son: cabrilla cachete amarillo (*Paralabrax loro*), cabrilla cueruda (*Dermatolepis dermatolepis*), cabrilla de roca (*Paralabrax maculatofasciatus*), cabrilla extranjera (*Paralabrax auroguttatus*), cabrilla payaso (*Epinephelus adscensionis*), cabrilla piedrera (*Epinephelus labriformis*), cabrilla pinta (*Epinephelus analogus*), cabrilla plomada (*Mycteroperca xenarcha*), cabrilla sardinera (*Mycteroperca rosacea*) y cabrilla sargacera (*Paralabrax clathratus*).

• Cabrilla payaso (*Epinephelus adscensionis*)

Pez de dorso café oscuro con manchas grandes del mismo color en todo el cuerpo; se alimenta de peces, cangrejos y camarones. Vive en áreas rocosas, arrecifes de coral y aguas poco profundas. Se puede pescar todo el año en el Golfo de México pero es más abundante de marzo a agosto. Se vende fresco o congelado, en filetes o postas. Su carne es ligeramente rosada, firme, de sabor suave y algo grasosa; se come sobre todo en filetes fritos capeados, empanizados o empapelados, aunque también se utiliza en diversos guisos y cebiches.

• Cabrilla de roca (*Paralabrax maculacofasciatus*)

Habita en las rocas y los fondos lodosos y arenosos que están en zonas de poca profundidad, cubiertos de algas, de allí su nombre. Su cuerpo es color café olivo, con manchas negras o rojizas; llega a pesar 2.5 kg y mide 60 cm. Desde San Pedro, California, hasta Acapulco, Guerrero, se puede pescar todo el año. Se vende fresco o congelado, entero o en filetes. Su carne es de sabor suave y consistencia firme, grasosa y con espinas fáciles de desprender.

La cabrilla es conocida también como:

◇ cabrilla (*Paralabrax maculatofasciatus*)
◇ cabrilla de arena (*Paralabrax maculatofasciatus*)
◇ cabrilla de sargazo (*Paralabrax maculatofasciatus*)
◇ cabrilla mora (*Epinephelus adscensionis*)
◇ cabrilla pinta (*Epinephelus adscensionis, Paralabrax maculatofasciatus*)
◇ lucero (*Epinephelus adscensionis, Paralabrax auroguttatus, Paralabrax loro*)
◇ mero (*Epinephelus adscensionis*)
◇ mitán (*Mycteroperca rosacea*)
◇ verdillo (*Paralabrax clathratus*)

CABRITO

Cría de la cabra o chivo que se alimenta únicamente con leche; culinariamente se considera cabrito hasta los seis meses de nacido. Al dejar de alimentarse de leche se convierte en chivo hasta la edad en que puede procrear. La chiva tarda en gestar cinco meses y en casos óptimos se logran dos partos al año. Para los ganaderos es muy importante el parto, no tanto por la obtención del cabrito, sino porque la cabra de cría produce leche durante unos tres meses, la cual se aprovecha para la elaboración de quesos. La cabra puede tener uno o varios críos en un parto. Si es uno se le llama sencillo; si son dos, cuates; y si son tres o más, sanchos o sanchitos. El sencillo, si es hembra, se queda para criar; si es macho, se guarda para semental, aunque ambos se pueden usar para comer. Los cuates se emplean como carne de cabrito para hornear a los 25 días de nacidos. A los 45 días, la carne está lista para asar. En muchas ocasiones la hembra se guarda para la reproducción. Los sanchos se ocupan regularmente para hornear debido a que la cabra no los puede amamantar. La raza nubia se caracteriza por ser un animal grande y orejón, principalmente en Coahuila. En los estados de San Luis Potosí, Baja California, Chihuahua (donde se guisa en caldillo), Tamaulipas y Nuevo León se crían cabritos criollos y nubios, y hay un alto porcentaje de cruza. En Guanajuato y Michoacán se producen principalmente de la raza granadita, que es de baja estatura, negra o café oscura y gran productora de leche. Aunque en todos los estados de la república mexicana los cabritos suelen ser de buena calidad, no existe una comercialización masiva. Coahuila se distingue por la producción de animales bien logrados y de buen tamaño. Zacatecas cuenta con campos donde abundan las hierbas aromáticas y salitre con los que se alimentan los chivos, por lo que la carne de sus cabritos tienen un fino aroma y buena textura, muy apreciada por los conocedores e inadvertida por la mayoría de la gente.

CABRITO AL HORNO

Preparación elaborada con cabrito cortado en piezas y horneado con trozos de jitomate, cebolla en rodajas, ajo picado, laurel, sal, pimienta y vino blanco. Todos los ingredientes se acomodan en una charola y se meten al horno hasta que la carne se dora. También se puede hornear únicamente con las hierbas de olor, especias y vino. Con frecuencia se acompaña con arroz blanco, ensalada de lechuga y tortillas de harina de trigo. Éstas son formas tradicionales de cocinar el cabrito casero en Coahuila, Durango, Nuevo León y Tamaulipas, así como en otros estados del norte. En Guanajuato suelen untarle al cabrito una salsa de chile guajillo, lo rellenan con sus propias vísceras y se hornea con hierbas de olor. En Querétaro se prepara un cabrito adobado untando las piezas con una salsa de chile ancho o pasilla a la que en ocasiones se le añade pulque. Ambas preparaciones se elaboran de manera similar a la barbacoa, horneadas o al vapor. En San Luis Potosí y Zacatecas se acostumbra cocer la carne en agua con especias y hierbas de olor; después le untan salsa de chile colorado. De esta misma forma se prepara el cabrito al vapor, en lugar de hornearlo.

CABRITO AL PASTOR

Guiso elaborado con cabrito untado con una mezcla de ajo, cebolla, orégano, tomillo, sal, aceite y vinagre. La carne se deja marinar durante algunas horas y se asa a las brasas o se hornea. Es una preparación típica de Nuevo León, y al ser muy común puede incluir otros ingredientes como cerveza. Puede acompañarse con distintas salsas o frijoles.

CABRITO ASADO

Preparación que consiste en cabrito limpio y abierto en canal que se ensarta en una gran banderilla metálica y se pone a las brasas sin entrar en contacto con el carbón; se voltea constantemente de forma manual hasta que se cuece y luego se venden las diferentes partes del animal a petición del comensal. Por lo general, la carne se salpimienta y en ocasiones se unta con manteca de cerdo; también hay quienes le añaden ajo o jugo de naranja, esto depende del restaurante en el que lo preparen. Ya en la mesa se acostumbra acompañarlo con salsa de jitomate, tortillas de harina de trigo o maíz y frijoles charros. Es la forma más común de cocinar el cabrito en todos los estados del norte del país, aunque son especialmente famosos los de Nuevo León y Coahuila. Existe un gran arraigo en el consumo de este tipo de cabrito, pero no se prepara en casa porque es necesario tener un espacio muy amplio y el equipo para el carbón. En el Distrito Federal, por influencia de los estados del norte, existen muchos restaurantes famosos donde se sirve cabrito asado, por lo general acompañado con chiles serranos tatemados, guacamole, salsa roja de jitomate y tortillas de harina de trigo.

CABRITO EN CALDILLO

Preparación elaborada con cabrito cortado en trozos y frito en manteca de cerdo con perejil, ajo y cebolla; una vez cocinado se le añade jugo de naranja agria, vinagre, clavos, pimienta y orégano. El caldo resultante no se deja evaporar, sino que se toma como consomé, ya que casi no se le agrega agua. La carne puede quedar muy desmenuzada o muy picada, en pequeños trocitos machacados o incluso en tiritas. Se elabora en Coahuila y Nuevo León.

CABRITO EN SU SANGRE

Preparación que consiste en un cabrito entero cocido en agua, hierbas y especias, al que se le añade su sangre y posteriormente sus vísceras fritas. El resultado puede ser un guiso caldoso o casi seco. Se debe advertir que la sangre de un solo animal no es suficiente y por lo general se recolecta la de dos o más cabritos para cocinar un solo guiso. Es el guiso a base de cabrito más común que se prepara en los estados productores del mismo animal: Baja California, Coahuila, Chihuahua, Durango, Guanajuato, Michoacán, Nuevo León, San Luis Potosí, Sonora, Tamaulipas y Zacatecas. En Coahuila es un platillo de cabrito en trozos, cocido con ajo y cebolla y después guisado en una salsa de sangre cocida, molida y frita, a la que se le añade jitomate, chile ancho, pimienta, ajo y orégano; el guiso incluye chiles y zanahorias encurtidos en vinagre, y en

93

ocasiones se le añaden machitos elaborados con las tripas del cabrito. En Coahuila y Nuevo León es tradicional comerlo el 25 de diciembre. En Nuevo León, la salsa del guiso suele prepararse con la sangre del cabrito, cebolla, ajo, jitomate, orégano, comino y hierbabuena; a veces se adorna con rodajas de cebolla. En San Luis Potosí puede contener chiles jalapeños y poblanos (en rajas), jitomate, cebolla, ajo, orégano y la sangre del cabrito molida; a ésta se le añade la carne del cabrito cocida previamente en agua con ajo y sal.

Conocido también como:
◇ cabrito en sangre
◇ fritada
◇ fritada de cabrito

CABRITO ENCHILADO

Preparación elaborada con cabrito al que se le unta una salsa de chile con vinagre, sal, pimienta, ajo, jitomate y aceite que se hornea; en ocasiones se incluyen el hígado y los riñones previamente frotados con vinagre. Se sirve con frijoles de la olla y tortillas de maíz. Es una forma tradicional de preparar el cabrito en Coahuila. Se debe aclarar que dependiendo de la región el chile cambia, por lo que el platillo puede encontrarse como cabrito en chile ancho o cabrito en chile colorado. También es un guiso tradicional de Zacatecas que se come en fiestas, ferias patronales y otras ocasiones importantes. Ahí se acostumbra marinar la carne en vinagre con sal y después se fríe en manteca de cerdo para que se dore antes de incorporarlo a una salsa preparada con chiles anchos y guajillos, vinagre, pimienta negra, jitomate, laurel, tomillo, mejorana y ajo, en donde se deja cocer a fuego lento.

CABRITO GUISADO

Platillo elaborado con cabrito relleno con aceitunas, chícharos y diversas verduras; se cuece en su propia sangre con especias y chile colorado. Es tradicional en las fiestas navideñas de Cedral, San Luis Potosí. También se acostumbra comer en otras regiones del estado y en Zacatecas, donde se prepara con ligeras modificaciones.

CABUCHE

Botón floral comestible de la biznaga. Los cabuches miden 2.5 cm de largo y se recolectan en marzo y abril en los estados de San Luis Potosí, Coahuila, Zacatecas, Durango, Tamaulipas y Nuevo León. Han sido ancestralmente utilizados por los

Cabuches en conserva

pueblos indígenas como alimento, quienes los comen cocidos, al natural o en ensalada. En dichos estados se preparan en tortitas, y a nivel casero e industrial se preparan en conserva en salmuera o escabeche. Su sabor recuerda al del palmito. Se come solo, como botana, o se le añade a la ensalada de lechuga, jitomate y aguacate. En otras versiones también se cuecen en agua y se fríen con aceite, ajo y comino. En San Luis Potosí, especialmente en el Altiplano y el valle del Salado, los cabuches son muy apreciados; son parte de la dieta y se preparan de varias formas: cocidos y empanizados, con pan o galleta molida, se fríen para comerse solos o con alguna salsa o acompañados con ensalada de lechuga. Suelen servirse también como entrada o para acompañar carnes o pescados. Los cabuches en escabeche se preparan de forma similar a otros escabeches. También son cocidos y revueltos con huevo, o guisados en la salsa de

chile colorado típica de la región. Al igual que muchas flores comestibles, en el centro del país se capean o se preparan tortitas que se sirven en caldillo de jitomate.

CA'CA ◆ amaranto

CACA DE NIÑO ◆ zapote amarillo

CACAHUACENTLE O CACAHUACINTLE ◆ maíz cacahuacentle

CACAHUADA

Bebida que se prepara en Tabasco con la pulpa que cubre los granos frescos del cacao, mezclada con agua y azúcar. Dicha pulpa es blanca y de un sabor agridulce que recuerda al de la guanábana y sólo se puede elaborar durante la cosecha de cacao. Las semillas se tallan suavemente con las manos para desleír la pulpa blanca en agua y evitar así que el grano de cacao se rompa. En Comalcalco, algunas personas acostumbran utilizar agua de coco para elaborarla.

CACAHUANANCHE O CACAHUANANO ◆ flor de cocohuite

CACAHUATE (*Arachis hypogaea*)

Semilla de la familia de las leguminosas, de forma oblonga, que se desarrolla en una vaina abultada de superficie arrugada color café claro, la cual puede contener de dos a seis cacahuates, según la variedad. Del náhuatl tlalcacáhuatl, de tlalli, tierra, y cacahuatl, cacao: cacao de tierra. Originaria de América tropical y subtropical, actualmente se utiliza como ingrediente de varios guisos del centro del país, como los encacahuatados, pipianes, moles y salsas. Como botana se come salado, enchilado o al estilo japonés, que es una forma comercial en la que el cacahuate se prepara con una cubierta de harina salada. También se consume como golosina en forma de palanqueta, condumbio o garapiñado. La venta callejera del cacahuate tostado sin pelar es una tradición añeja que ha ido desapareciendo, aunque en algunas ciudades del país todavía existen los cacahuateros o pregoneros de cacahuate, quienes los venden utilizando latas vacías de diferentes tamaños como medidores. También se venden los cacahuates pelados, salados o enchilados, en pequeños conitos de papel o bolsitas de plástico, a los que suele añadírseles una porción extra de sal, chile en polvo y jugo de limón. Son una golosina que se come por las calles y que puede servirse en las cantinas como botana, siendo una de las formas en que más se consumen los cacahuates en México. Los mexicas lo comían tostado y en preparaciones saladas o dulces.

CACALA

Tortilla seca y oreada que se tuesta en comal y a veces se fríe para utilizarse como tostada o totopo. Se consume en Veracruz.

CACALACACAXTLI ◆ mafafa

CACALAS

Semillas secas y comestibles del guaje que generalmente se comen frescas, pero en algunos lugares se dejan secar y toman un tono café claro; su forma recuerda a una lenteja grande. Cacalas es un término utilizado en Morelos, en Zacualpan de Amilpas se acostumbra tostarlas en un comal con sal y jugo de limón y se comen como botana.

CACALOPINOLE ✦ pinole

CACALOSÚCHIL O CACALOXOCHITL ✦ flor de cacao, flor de mayo

CACAO (*Theobroma cacao*)

Árbol de la familia de las esterculiáceas de cuyo fruto se obtienen los granos con los que se produce el chocolate. Del náhuatl *cacahuatl*, y éste del maya *kakaw*, fruto rojo y fuerte. El fruto se denomina mazorca de cacao y puede medir hasta 30 cm de largo y unos 10 de grueso; tiene forma ovoide y su cáscara posee surcos y costillas longitudinales y rugosas color verde claro, amarillo, rojo o moreno rojizo, de ahí su nombre: "fruto rojo y fuerte"; esto último probablemente se debía a que su consumo fortalecía. A diferencia de otros frutos, éste se desarrolla en el tronco y las ramas principales del árbol. Cuando la mazorca se ha desarrollado totalmente, se corta y se abre para sacar las semillas frescas. Su origen se remonta unos 4 000 años en la América tropical y subtropical. *Theobroma angustifolia* DC, o cacao de Soconusco, es una especie que se cultiva especialmente en Tabasco, Chiapas y Oaxaca para la elaboración del chocolate-atole. Sus granos son de buena calidad y su uso es local y muy reducido. De la mazorca se utilizan los granos y la pulpa blanca que los recubre. Esta capa algodonosa, húmeda y suave, cuyo sabor agridulce recuerda al de la guanábana, se aprovecha para preparar una bebida local llamada cacahuada e igualmente se aprovecha en la fermentación de las semillas. Los granos se destinan a la elaboración de tabletas o barras de chocolate, a la bebida del mismo nombre y al pozol, para lo cual es necesaria la fermentación de los granos. Los granos frescos, con todo y su pulpa blanca, se colocan en tinas de madera a temperatura tropical ambiente, iniciando así el proceso de fermentación que toma unos siete días, siempre y cuando se trasieguen las semillas para no interrumpir la fermentación. Después se seleccionan por tamaño, se lavan, se secan al sol y se torrefactan, esto es, se tuestan al fuego. En muchas poblaciones se produce el chocolate de metate para hacer la bebida con agua o leche, y en otras se sigue utilizando el grano para hacer el popo, el pozol y el pulunche, entre otras bebidas. En el zócalo de Zacatenco, Tlaxcala, se vende una bebida fría y espumosa llamada cacao, hecha con haba seca, maíz y cacao tostados y molidos con canela y anís, desleídos en agua y endulzados con piloncillo. Las culturas que se establecieron en las cuencas del Amazonas y el Orinoco, en las selvas de Colombia y Panamá, ya conocían el fruto, del cual chupaban únicamente la capa blanca para luego tirar la almendra, que era devorada por aves, venados y ardillas. Los primeros registros de la domesticación y utilización de la semilla procesada para consumo indican que los responsables fueron los mayas, quienes hace unos 2 000 años lo utilizaron como alimento y moneda, por lo que era un símbolo de poder y riqueza. Ellos fueron los primeros en tostar el grano y quienes desarrollaron la técnica de molerlo para obtener un polvo que después batían fuertemente con un molinillo. Este conocimiento lo adquirieron los mexicas, quienes también le tuvieron gran estima, al grado de exigir cacao como impuesto a los pueblos que dominaban. Normalmente lo secaban, tostaban y molían cuatro o cinco veces, le agrega-

ban agua y formaban una pasta que al reposar adquiría mejor sabor y consistencia; luego, la guardaban por seis o más días, para después preparar el chocolate. Su consumo fue exclusivo de las clases privilegiadas, pues el grano tenía un valor muy elevado como moneda. El cacao fue tan importante en la época prehispánica, que en diferentes culturas mesoamericanas existieron varios mitos y cultos divinos relacionados con él. Siempre fue una bebida ritual y no una golosina. Fue de los pocos frutos que, por sus virtudes y sabor, fueron bien acogidos por los conquistadores y evangelizadores españoles, quienes hablaron de éste con aprecio, lo que no sucedió con otros productos americanos, muchos de los cuales incluso perdieron pronto su nombre original. En el México prehispánico existió una clasificación del cacao por su tamaño. Francisco Hernández reporta cinco variedades, las cuatro principales eran: *cuauhcacahuatl*, *mecacacahuatl*, *xochicacahuatl* y *tlalcacahuatl*; y aunque en la actualidad estas variedades no han podido ser identificadas con exactitud, se sabe que el *tlalcacahuatl*, llamado cacao de la tierra o cacao humilde, se utilizó más como alimento y los otros tres como moneda. La quinta variedad, *cuauhapetlachtli*, considerada la menor, se daba como limosna a los pobres. Fray Bernardino de Sahagún también reportó la utilización del cacao en distintas bebidas. Algunas de estas preparaciones prehispánicas se siguen encontrando en algunas comunidades indígenas. Después de la Conquista, los españoles adoptaron y difundieron en sus nuevos territorios el valor del cacao como alimento y, sobre todo, como moneda. Los indígenas continuaron tributando con cacao a las autoridades virreinales, quienes más tarde también tuvieron que pagarlo a la corona española. En esa época algunos religiosos auspiciaron su explotación y comercialización para costear su tarea evangelizadora y sustentar sus misiones y obras de caridad, esforzándose por ampliar estas plantaciones y mantenerlas en óptimas condiciones, ya que al beneficiar el cultivo se enriquecían. El cacao dejó de ser moneda circulante hasta 1536, fecha en que se estableció la primera

casa de moneda de América bajo el virrey Antonio de Mendoza, aunque después se regresó al viejo sistema y se utilizó como moneda en algunas partes del país todavía hasta 1850. Durante más de un siglo, las técnicas de cultivo estuvieron ocultas por los españoles: sólo ellos podían realizar nuevos plantíos, por lo que su comercio estuvo monopolizado. Las plantaciones, originadas en México, se extendieron a Venezuela, Ecuador, Brasil, Haití, Trinidad, Guatemala y El Salvador. Con el arribo de la leche y el azúcar de caña al Nuevo Mundo, la bebida prehispánica empezó a transformarse cada vez más: ahora se servía caliente y no fría, dulce y no amarga, hasta llegar a convertirse en lo que hoy conocemos como chocolate. Entonces cautivó el paladar europeo y provocó un incremento en la demanda del grano, que se volvió extremadamente codiciado, lo que propició que, tras el debilitamiento del imperio español, los piratas ingleses y holandeses traficaran con él. Al capturar naves provenientes de Venezuela y Ecuador, los piratas rompieron el monopolio español del cacao, a tal grado que, a mediados del siglo XVIII, los españoles lo tuvieron que adquirir en Amsterdam; ese fue el inicio de la tradición chocolate-

95

ra en Holanda. En 1882, el holandés Van Huten inventó una máquina que, además de moler el grano, lo presionaba para obtener manteca de cacao y un polvo que se denominó cocoa. En 1902, Rudolph Lindt creó el chocolate en tableta, basándose en la costumbre maya de moler y batir el cacao lo más posible para extraerle su mejor sabor. El cacao posee también propiedades medicinales: estimula el sistema nervioso central y tiene más efecto sobre el corazón que la cafeína. En comunidades rurales se utiliza como remedio para la angina de pecho, el sarampión, quemaduras, resequedad de la piel y mordeduras de víbora. En todo el país tiene un gran valor alimenticio, farmacéutico, industrial y económico.

→ pataxte

CACAO BLANCO ◆ pataxte

CACARIZO

Parte de la panza de res que también recibe el nombre de panal. Se cocina junto con el resto de la panza (toallita, libro, callo, cuajo) para perparar el platillo llamado panza de res, al que por lo general se le agrega chile guajillo y hierbas aromáticas, y se sirve acompañado de cebolla, orégano y rebanadas de limón.

CACATÉ (*Oecopetalum mexicanum*)

GRAF. kakaté. Fruto comestible producido por un árbol de 2 a 25 metros de altura, de hojas simples con forma elíptica, y flores blancas. El fruto tiene forma globosa y color verde que se torna café al madurar, mide de 2 a 3 cm de largo por 1 o 2 de ancho, su semilla es de sabor amargo y color café. Del maya *caj-caj*, amargo y *té*, árbol, su significado proviene del sabor de su almendra. Otro posible origen es el maya *kak*, fuego y *té*, árbol, debido a la resistencia que tiene su cáscara. Los frutos caídos que se aprovechan son de color café claro. Se dejan orear a la sombra y pueden llegar a conservarse hasta por 1 año debido a la resistencia de su cáscara. En Chiapas y Veracruz se consumen crudos, cocidos y, preferentemente, tostados con sal como botana. En la región de Misantla en Veracruz se les llama cachichineros; los nativos se encargan de recolectar el fruto.

Conocido en Chiapas como:
◇ cacaté de mayo
◇ tojancuquica

Conocido en Veracruz como:
◇ cachichín
◇ jamacuquiaca

CACAXTLE

GRAF. cacascle, cacaste, cacastle, cacaxcle o cacaxte. Armazón de madera, más grande que un huacal, en el que se transportan alimentos, aves, frutas o verduras. Del náhuatl *cacaxtli*, alacena portátil o armazón de madera. Además de su función para transportar, también se pueden colocar en él carnes o alimentos para que se ahúmen en la cocina, sobre todo en las cocinas de comunidades indígenas. A la medida que cabe en un cacaxtle se le llama por el mismo nombre o canastada.

CACAYA ◆ flor de maguey

CACHICHÍN ◆ cacaté

CACHOL

Bebida alcohólica preparada a base de maíz pinto molido que se deja fermentar durante 4 días. Suele añadírsele aguamiel de caña de azúcar y dejarse fermentar dentro de una olla de barro 5 días más. Se acostumbra tomar en la sierra Norte de Puebla durante las fiestas religiosas.

CACHORA O CACHORÓN

Generalmente se les nombra así a las lagartijas del desierto. En Baja California, los paipais y cucapás las comen asadas, en barbacoa y en caldo. Entre las variedades que se utilizan como alimento están:

• *Callisaurus draconoides*
De cuerpo plano, presentan una coloración muy llamativa, principalmente en el vientre, blanco con cuatro bandas obscuras y diagonales al eje principal del cuerpo.

• *Crotaphytus collaris*
Presenta un collar de coloración oscura sobre el fondo claro del cuerpo. Su cabeza es corta y voluminosa, su cola larga, sus patas delanteras son cortas y sus patas traseras son grandes y fuertes, por lo que al correr simplemente se apoya de las traseras levantando las delanteras. Conocida también como lagartija de collar.

• *Dipsosaurus dorsalis*
Mide de 12 a 15 cm de longitud y posee escamas pequeñas en el dorso que son ligeramente más grandes que las laterales; presenta tres o cuatro barras negruzcas en los hombros. Conocida también como iguana del desierto.

• *Gambelia wislizenii*
Tiene cuerpo aplanado, cabeza puntiaguda, brazos y patas más o menos iguales, cola corta y coloración pálida con rosetas, con pequeños puntos que le permiten mimetizarse con la arena.

• *Holbrookia maculata*
Tiene cuerpo aplanado de unos 10 cm de longitud, es la más pequeña de las cachoras; presenta coloración reticulada.

• *Sauromalus ater*
Es similar a una iguana, se caracteriza por tener un cuerpo de hasta 50 cm y una coloración oscura. Vive principalmente en Baja California y en las islas del Mar de Cortés. Conocido también como chucahuala.

CACHORA EN BARBACOA

Preparación hecha con una variedad de cachora del norte de Baja California en que se le unta manteca de cerdo con salitre, se deja reposar y se cuece en hoyo de tierra cubierto con pencas de maguey. Es similar a la barbacoa preparada con res o borrego. La comen los cucapá.

CACHORÓN ◆ cachora

CACHORRETA ◆ macarela

CACO ◆ icaco

CACOMITE ◆ flor de tigre

CAFÉ

1. *Coffea arabica*. Semilla del cafeto originario de Sudán y Etiopía, la cual, madura, seca, tostada y molida, se utiliza para elaborar una bebida del mismo nombre por medio de infusión. Los historiadores difieren ligeramen-

te en cuanto a la fecha de la llegada del café a México y los inicios de su cultivo; sin embargo, se puede concluir que en un principio se importaba el café tostado de Cuba. Los primeros granos llegaron quizá de España hacia 1790. El cultivo de las primeras matas fue en 1800, en Acayucan, Veracruz, y en Ahualulco, Oaxaca. La producción permitió que en 1802 se exportara a España y otros países un total de 622 quintales de granos. Las primeras referencias de la producción de café en México se deben a Mariano Contreras, quien en 1808 hablaba de la producción de Coatepec. En 1810 se plantaron los cafetales de las haciendas de San Diego de Barreto y Nuestra Señora del Rosario de Xuchimancas, cerca de Cuernavaca, ambas propiedad de Jaime Salvet. A don Antonio Gómez de Guevara, traficante de tabacos, también se le atribuye haber traído, hacia 1825, matas cubanas a Córdoba, de donde se llevaron después a Oaxaca, Chiapas y Tabasco. El independentista José Mariano Michelena, tras un viaje a Palestina y a la región de Moka, trajo cafetos a su hacienda La Parota en Ziracuarétiro, Michoacán; sólo se utilizó como planta de ornato porque el chocolate era la bebida tradicional. En 1828, Manuel Farías cultivó café en Uruapan, y para 1860, gracias a Miguel Treviño, se comercializó. El origen de gran parte del café de Chiapas es guatemalteco; en 1847 Jerónimo Manchineli importó 1 500 plantas de San Pedro, Guatemala, para la propiedad de La Chacra, en Tuxtla Chico, de ahí se dispersó al Soconusco y a Tabasco. Rápidamente los indígenas le dieron el nombre de *acoxcapolli* de *a'a'mo*, negación, *cochi*, dormir, y *capolli*, fruto pequeño, que quiere decir frutita madura que no deja dormir. Se sabe que a finales del siglo XVIII unos italianos fueron los primeros en vender la bebida oscura en el Distrito Federal por medio de pregones. En la actualidad el café es muy apreciado, tanto en las grandes ciudades como en las poblaciones rurales.

2. Establecimiento especializado en la venta de café y diversos alimentos. Hasta el siglo XIX se estableció la primera cafetería, el Café de Medina, por el apellido del empresario que lo estableció. Salvador Novo menciona en su libro *Cocina Mexicana o Historia gastronómica de la Ciudad de México* que el primer café capitalino se abrió en la calle de Tacuba, y que los meseros se paraban en la puerta e invitaban a la gente a entrar a tomar café con leche "al estilo de Francia". Novo menciona también El Cazador y el Café del Sur, establecidos en el Portal de Agustinos. Actualmente, en el Centro Histórico de la Ciudad de México existen cafeterías de gran tradición, como el Café Tacuba, ubicado en la calle de Tacuba, y La Blanca, en la calle de 5 de Mayo. Con el terremoto de 1985 se perdieron varios establecimientos que desde muy temprano y durante todo el día vendían grandes cantidades de café de todos tipos; uno de los más importantes fue el Súper Leche, situado en la esquina de

Meseras y cocineros en un café, ca. 1946

Victoria y Eje Central Lázaro Cárdenas. Muy famosos son los cafés de chinos, especializados en el servicio de café con leche y el pan de dulce que se encuentran por todo el Distrito Federal. Uno de los más tradicionales es el Café Rosales, ubicado en Rosales 12. En diferentes ciudades del país también hay cafés de chinos y otras cafeterías tradicionales. En los establecimientos se vende café americano, negro, de olla, express y con leche; en el puerto de Veracruz es muy famoso el Gran Café de la Parroquia.

→ café de chinos

CAFÉ AMERICANO ◆ café negro

CAFÉ CARGADO

Café de sabor muy fuerte o amargo; el término que se utiliza para designarlo proviene de que se le pone doble cantidad de café al prepararlo y se refiere tanto al café negro, como al café con leche.

CAFÉ CON LECHE

Bebida elaborada con café negro concentrado mezclado con leche caliente y azúcar al gusto. Su buen sabor consiste en la forma en que se obtiene el extracto: se muelen juntos café tostado oscuro y café tostado con azúcar; la mezcla se pone en agua hirviendo que se retira del fuego en el momento en el que se añade el café. El extracto también puede elaborarse sin azúcar. Luego se deja reposar hasta que los granos se hidratan y sueltan toda su tinta y sabor. El reposo dura varias horas; de hecho, se prefiere preparar de un día para otro, recalentarse y tenerse listo para poder preparar el café a la mañana siguiente. En el puerto de Veracruz y en muchas otras partes del estado se encuentra un tipo de café con leche llamado café lechero, que consiste en leche caliente mezclada con extracto de café oscuro. A gusto del comensal se vacía un poco de café en el vaso o taza y se añade una cantidad generosa de leche. De esta forma es servido en muchas cafeterías de la región, como en el famoso Gran Café de la Parroquia. En los cafés de chinos del Distrito Federal se elabora un café con leche que los capitalinos llaman café con leche de chinos, al igual que el café lechero se prepara con extracto de café negro servido con la cantidad de leche y azúcar que desee el comensal. Por lo regular se sirve en un vaso de vidrio.

CAFÉ CON PANELA ◆ café de olla

CAFÉ DE BELLOTA

Preparación que se utiliza como sustituto de café, en la cual la bellota de encino se pela y se le retira la cutícula para tostarla y molerla en metate, y elaborar una bebida que se endulza con miel. Es preparado por los kumiai y los kiliwas de Baja California.

CAFÉ DE CHÍCHARO

Bebida caliente endulzada con miel y elaborada con agua, chícharos pelados y secados al sol, tostados y molidos. Su consumo es común entre los kiliwas del norte de Baja California.

CAFÉ DE CHINOS

Establecimiento de alimentos y bebidas cuyos propietarios son de origen chino, en el que se venden platillos de aquel país, aunque irónicamente no es su especialidad. La fama de estos cafés se debe al pan de dulce y al café con leche que sirven por las mañanas como desayuno o por las noches para la cena. En la mayoría de ellos se sigue elaborando el pan de dulce con las técnicas antiguas que sabían los inmigrantes chinos que llegaron al país durante la primera mitad del siglo XX, preparando panes que ya no se venden en las panaderías tradicionales chinas. También sirven todo tipo de desayunos mexicanos con huevos, antojitos, enchiladas y chilaquiles durante todo el día. A la hora de la comida venden comida corrida y menús económicos. Es curioso observar que sólo una pequeña parte del menú es chino y que apenas un porcentaje muy pequeño de la clientela que asiste a estos lugares pide algo de comida china.

CAFÉ DE GRANO

Nombre que se le da al café auténtico para diferenciarlo del instantáneo. En México este término es importante, porque gran parte del café que se bebe es soluble. Los aficionados al café de grano tienen la costumbre de comprarlo entero o molido en el momento de la compra, y lo conservan en latas o frascos tapados para no que no pierda el aroma.

CAFÉ DE OLLA

Bebida preparada con café de grano molido, agua, canela y piloncillo. Los ingredientes se ponen juntos a hervir a fuego lento en una olla de barro, de ahí su nombre. Es el café típico de los estados del centro del país, se acostumbra tomar todo el año y en especial en invierno. Algunas variedades incluyen clavo y piel de naranja o limón. En algunas regiones de la costa veracruzana colocan los ingredientes (café, panela y canela) en un paño que cierran muy bien y cuando el agua está hirviendo echan el paño a la olla hasta que el café adquiere la consistencia deseada. En algunas regiones es común que se utilice café soluble en lugar de café de grano. Conocido en Oaxaca como café con panela.

CAFÉ DE TRIGO

Bebida que se elabora con granos de trigo secados al sol que se tuestan y muelen; se mezclan con azúcar morena y agua hasta que el líquido se torna café oscuro. Esta bebida suelen tomarla los yaquis del estado de Sonora.

CAFÉ LA PARROQUIA ◆ Gran Café de la Parroquia

CAFÉ LECHERO ◆ café con leche

CAFÉ NEGRO

Bebida que se prepara con café molido y agua, consumido por lo general en todas partes de México. Antiguamente se hacía sólo con café de grano, pero en las últimas décadas el café instantáneo ha ganado mucho terreno. Conocido también como café americano.

CAFÉ TACUBA

Establecimiento considerado como uno de los lugares más bellos y tradicionales para desayunar, comer y cenar platillos mexicanos. El lugar abrió sus puertas en 1912 y desde entonces la familia propietaria sigue siendo la misma, siendo la tercera generación la que actualmente administra el café, que se ubica en el número 28 de la calle de Tacuba, en el Centro Histórico de la Ciudad de México. En los desayunos se ofrece todo tipo de huevos, chilaquiles y tamales, además del tradicional café con leche. Al mediodía hay una exquisita

selección de platillos mexicanos y para la cena se pueden disfrutar enchiladas, tostadas y diversos platillos regionales. En abril de 1999 ocurrió un terrible incendio que dañó seriamente el mobiliario, las pinturas y el equipo de todo el establecimiento. Sin embargo, como es considerado por muchos un patrimonio gastronómico, se invirtió en su restauración y actualmente continua ofreciendo su servicio.

CAFÉ TOSTADO

Granos de café tostados de los cuales se distinguen tres variedades: tostado ligero, oscuro y con azúcar. El tostado ligero suele llamarse simplemente café tostado. El grano se tuesta hasta que queda de color café claro y es la forma en que más se consume el café de grano en el país. El café tostado oscuro se pide generalmente que se mezcle con otro tanto de café tostado ligero, pues casi nadie acostumbra tomar el café tan fuerte. Los que compran este tipo de café son por lo regular los restaurantes. El café tostado con azúcar es un café que se mezcla con azúcar mientras se tuesta. El azúcar se quema y, ya negra, se pone junto con el grano para que le aporte cierto amargor y color. Este café siempre es más barato que los otros por la

presencia del azúcar y porque generalmente se procura utilizar granos irregulares y pequeños que se pueden considerar de segunda clase; aunque no es un café de gran calidad, tiene un sabor muy distintivo. En cualquiera de los casos, casi siempre se compra el café en grano entero, se muele en el momento de la compra (ya que prácticamente no existe la costumbre de moler los granos en casa), y se pone en una bolsa o lata para usarse cuando sea necesario.

CAFIROLETA

Postre antiguo similar al ante elaborado con soletas, bizcochos o marquesotes bañados en salsa y acompañados con frutas. La salsa se prepara con almíbar y yemas de huevo; algunas variedades incluyen crema o leche. La fruta que puede llevar es camote, coco o almendra. En la actualidad es un postre muy difícil de encontrar, pues es una de tantas preparaciones que han desaparecido con el tiempo. Sus recetas aparecen en los libros de cocina del siglo XIX, aunque tal vez sea más antiguo. En Yucatán lo preparan con almendras molidas cocidas en almíbar de azúcar, con bizcotelas molidas y yemas de huevo. La mezcla se coloca en un platón y se espolvorea con canela molida. También se acostumbra comer en Nayarit.

CAGADA DE BURRO ◆ hongo trompa de venado

CAGALAR

Parte final del intestino grueso de la res. Este nombre fue muy utilizado en el siglo XIX para designar dichas vísceras que hoy se emplean principalmente para tacos sudados o preparar el clemole. Es un alimento que acostumbra comer la gente de origen humilde en el Distrito Federal y el Estado de México.

CAGUAMA

GRAF. cahuama. **1.** *Caretta caretta*. Tortuga marina de gran tamaño que existe en el Caribe mexicano cuyo nombre es de origen caribeño. En el Pacífico, a la tortuga golfina suele llamársele también caguama. Antaño, el consumo de esta tortuga fue abundante, especialmente en los estados de Oaxaca, Sinaloa, Sonora y ambas Californias, en donde existían varios guisos regionales que originalmente fueron platillos de pescadores, pero que por su exquisitez fueron llevados a las ciudades y a los menús de muchos restaurantes. Hoy su captura está en veda total, como medida de conservación de la especie, y su consumo está prohibido. Aunque muchos libros de cocina regional de los estados ubicados en el Pacífico hablan de estos guisos, actualmente no se consiguen y sólo forman parte del recuerdo gastronómico. En Baja California acostumbraban comer la sopa de caguama, la aleta de caguama en escabeche o rebozada con huevo, el estofado de caguama y la llamada caguama a la leña. En Baja California Sur existieron varias recetas como la sopa de aleta o de pecho de caguama. En Sinaloa los guisos de caguama fueron también muy importantes para los festejos.

2. En el Distrito Federal y en varias partes del país se denomina caguama a las botellas de cerveza con capacidad de 940 ml. En pocas ocasiones se requiere decir caguamas de cerveza porque es muy común este nombre, el cual se debe al gran tamaño del envase.

3. En ciertas regiones del país como Zongolica, Veracruz, caguama se refiere a las mazorcas de maíz tiernas que se emplean para elaborar tortillas.

CAGUAMANTA

GRAF. cahuamanta. Platillo caldoso típico de Sonora que se preparaba originalmente con carne de caguama y mantarraya; a partir de la veda de la caguama se comenzó a preparar únicamente con mantarraya. El caldo incluye carne de mantarraya cocida con zanahoria, ajo, jitomate en trozos, puré de tomate, chile verde, apio, pimienta, orégano y comino; se acompaña con col y cebolla morada finamente picada, además de una salsa de chile pico de pájaro, vinagre y ajo. El caldo se come solo o con la carne, esta última se puede comer en tacos con la salsa. De manera popular se acostumbra comer para curar la cruda. Según algunas versiones, el platillo es originario de Ciudad Obregón, Sonora, y se comenzó a preparar a finales del siglo XIX, aunque se acostumbra preparar por extensión en el norte de Sinaloa, especialmente en Los Mochis, con la diferencia de que el caldo lleva camarones además de mantarraya. En Sonora, si el caldo donde se coció la carne se sirve solo se le llama bichi, del yaqui *bichi*, que significa calvo o desnudo; si lleva un poco de carne de la manta entonces se le llama jugo y si lleva camarones se le llama chuqui, del cahíta *nachuqui*, que significa muy bueno.

CAGUAMÓN

Término con el que se nombra a la botella más grande de cerveza con capacidad de 1 200 ml.

CAHUAX KAMATA ◆ kamata

CAHUAYOTE

Del náhuatl *cuahuitl*, árbol y *ayohtli*, calabaza. Planta trepadora de la familia de las asclepiadáceas, de jugo lechoso, cuyo fruto ovoide es una especie de calabacilla de casi 3 cm de diámetro. Tiene cáscara verde con manchas cenizas y verdes en la superficie y su pulpa es blanca, firme, algo esponjosa y de sabor amargo. Es originaria de San Luis Potosí y el norte de Veracruz, aunque también existen en la costa del Pacífico (Michoacán, Guerrero, Oaxaca, Chiapas), diversas variedades de *Gonolobus* que generalmente se asan cuando están verdes. En Chiapas *Gonolobus tetragonus* se consume asada o en dulce; sus semillas, hervidas o asadas, se comen como botana. La especie *Gonolobus yucatanensis* tiene usos similares, especialmente en Tamaulipas, donde se utiliza regionalmente para la elaboración de guisos o dulces con azúcar o piloncillo. Los cahuayotes se deben pelar con cuidado porque tanto la cáscara como el líquido lechoso que suelta son corrosivos. Se pelan las puntas, se remojan por 30 minutos en agua para que pierdan su agresividad y se puedan pelar. Luego se parten por la mitad, se les retira la semilla, se cortan en cuadros grandes y se cuecen poco tiempo para que no pierdan su textura; ya cocidos, se pueden agregar a varios guisos. En Tantoyuca y el norte de Veracruz se cocinan en salsa de jitomate, condimentados con ajo, comino y cebolla; se sirven con arroz blanco. Los totonacas de la región de la costa de Veracruz preparan una conserva pelando el fruto, retirando la semilla y cociendo la pulpa en agua con panela. Este dulce se acostumbra para la ofrenda del día de Todos los Santos. En la región de la Mixteca de Puebla lo preparan en chilate, lo cortan en rodajas y lo cuecen en agua a la que se le agrega una salsa de chile costeño y una buena cantidad de epazote. En la zona norte del mismo estado, se comen la semillas como botana, en donde se conocen como viejitos.

Conocido también como:

◇ calabaza
◇ cuaguayote
◇ cuahuayotli
◇ falsa calabaza
◇ ocuaguayote
◇ pancolote
◇ pongololote
◇ pongolote

Conocido en algunas regiones como:

◇ cohuayote (*Gonolobus tetragonus*, huastecas veracruzana y potosina)
◇ condúa (*Gonolobus tetragonus*, Chiapas)
◇ cuahuayotli (*Gonolobus tetragonus*, huastecas veracruzana y potosina)
◇ papullo (*Gonolobus yucatanensis*, costa de Veracruz)

◇ papuyut (*Gonolobus yucatanensis*, costa de Veracruz)

◇ popuyo (*Gonolobus yucatanensis*, costa de Veracruz)

◇ talayote (*Gonolobus tetragonus*, Puebla; *Gonolobus yucatanensis*, Tamaulipas)

◇ viejito (Puebla)

Conocido en maya como:

◇ *boochin* (*Gonolobus yucatanensis*)

◇ *chan k'ek'en* (*Gonolobus yucatanensis*)

CAIMITO (*Chrysophyllum cainito*)

Fruto de la familia de las sapotáceas de cáscara morada, del tamaño y forma de una naranja pequeña; de pulpa blanca con manchas moradas, originario de América tropical. Su nombre es de origen antillano. Su consumo es sobre todo en Tabasco y en los estados vecinos por extensión. Se come como fruta fresca y en ocasiones se prepara en dulce. Cuando se come fresca deja un jugo lechoso alrededor de los labios que se puede retirar fácilmente pasando por encima el envés de la hoja del mismo árbol. A veces se emplea en los plantíos de cacao para cobijarlo con su sombra.

Conocido en Chiapas como:

◇ caimitillo

◇ caimito cimarrón

◇ cayumito

◇ chicle de monte

◇ chuni

◇ zapote caimito

◇ zapotillo

Conocido en Oaxaca como:

◇ canela

◇ palo de canela

CAJETA

Dulce de leche de cabra, de consistencia líquida y muy espesa, preparado con azúcar, bicarbonato de sodio y algún almidón como fécula de maíz. La leche mezclada con los demás ingredientes se hierve por varias horas en un cazo de cobre sin dejar de mover hasta que espesa y toma un color café claro. Sobre la base mencionada se añaden otros ingredientes como vainilla, canela o ron para resaltar el sabor; cuando la cantidad de estos saborizantes es generosa, entonces se convierte en una cajeta con sabor particular; por ejemplo, la cajeta de leche quemada: se deja quemar la leche para darle un fuerte sabor a quemado y así obtener un cajeta más dulce y oscura que la sencilla. La cajeta de vainilla es 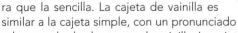 similar a la cajeta simple, con un pronunciado sabor que le da el extracto de vainilla. La cajeta envinada es cajeta común a la que se le añade ron o jerez. Es un dulce típico de varios estados del país y su origen se le atribuye a Celaya, Guanajuato; de hecho, en muchos lugares de México se conoce como cajeta de Celaya. En esa ciudad existen muchas fábricas artesanales e industriales que la producen y la envían a todo el país; es un dulce que gusta mucho en todo el territorio nacional. Hay que señalar, sin embargo, que en Michoacán, Jalisco, San Luis Potosí, Puebla, Querétaro y otras ciudades también la fabrican. Originalmente

este dulce se vendía en ferias y dulcerías regionales en cajitas de madera redondas u ovaladas llamadas cajetes, de donde tomó su nombre. Estas cajitas existen todavía, aunque actualmente la mayoría del producto se envasa en frascos de vidrio. En Chihuahua hierven la leche con azúcar, bicarbonato y canela hasta que espesa; cuando se enfría adquiere una textura pastosa y suelen ponerla en moldes forrados con obleas, y la adornan con nueces y pasitas; también la hacen en forma de rollo. La forma más común de comer esta golosina es a cucharadas, con el dedo o untada en pan. Con ella se elaboran otras preparaciones como atole, flan, gelatina, *hot cakes* y las famosas crepas de cajeta.

→ ate

CAJETA DE FRIJOL ◆ dulce de frijol

CAJETA DE MANGO

Dulce hecho con mangos Manila cocidos en almíbar con almendras o cacahuates. La preparan en Comitán, Chiapas, concretamente en las fiestas de agosto. Se sirve fría en un platón adornado con pasitas.

CAJETA DE REQUESÓN

Dulce de cajeta con requesón, azúcar, leche y almendras molidas, típico de Pátzcuaro, Michoacán.

CAJETE

Del náhuatl *caxitl*, escudilla, plato o vasija honda.

1. Cuenco fabricado con cáscara de calabaza o guaje, o hecho de barro o madera. Se utiliza principalmente en las comunidades indígenas para servir bebidas o sopas.

Conocido también como:

◇ bule

◇ guaje

◇ jícara

◇ tecomate

2. Caja pequeña de madera redonda u ovalada en la que se conservan postres, pastas de frutas o jaleas. De estas cajitas proviene el nombre de la famosa cajeta.

3. Horadación que se le hace al maguey pulquero para extraer el aguamiel.

CAJINICUIL ◆ jinicuil

CAJITA

Pan regional preparado con harina de maíz, mantequilla, huevo y queso. Recibe este nombre porque la mezcla se coloca en unas cajitas de papel antes de hornearse. Se elabora en Teololoapan, Guerrero.

CAJITA DE ARROZ

Pan preparado con harina de arroz y manteca de cerdo. La pasta se coloca en papel encerado y se le da forma de cajita colocando varillas de popotillo al momento de hornearlo. Se elabora en Morelos.

CAKE DE FESTEJO

Pastel elaborado con harina de trigo, mantequilla, azúcar, huevo, polvo para hornear, vainilla, leche y brandy o coñac; se rellena con una pasta de almendra y se decora con betún. Se acostumbra comer en Yucatán en celebraciones como primeras comuniones o bodas.

CAL

Nombre que se le da al óxido de calcio, sustancia alcalina blanca o grisácea que se emplea en la cocina mexicana. Para obtener la cal viva que se utiliza en la cocina se deben quemar las piedras de cal, apagarlas con agua, dejarlas secar y molerlas para usarlas posteriormente. La cal fue llamada en náhuatl *tenextli*, de *tetl*, piedra, y *nextli*, ceniza. Se sabe que los habitantes de Cholula y Huejotzingo, Puebla, llevaban a Moctezuma cargas de cal a manera de servicio, no como tributo; fue además, como actualmente, un importante material para la construcción. Para utilizar la cal, el polvo se diluye en el agua donde se colocarán los alimentos que se van a cocer. El uso más importante que se le da a la cal es para nixtamalizar el maíz. Se diluye la cal en agua, se agrega el maíz, se pone al fuego, se deja hervir, se retira del fuego, se deja reposar y luego se lavan los granos para molerlos. Por lo regular se emplean dos cucharadas de cal por cada kilo de maíz. La cal puede sustituirse por cenizas o tequesquite, pero entonces ya no se le puede llamar nixtamal. En los estados de Chiapas y Tabasco, algunas frutas verdes como la papaya se meten en agua de cal por unos segun-

dos para que se les forme una piel protectora que ayuda a que la fruta no se despedace cuando se cuece para preparar dulce. La cal desleída en agua se unta también sobre los comales nuevos de barro para que las tortillas no se peguen, y sobre el exterior de las cazuelas de barro para quitarles lo poroso y evitar que se trasmine su contenido por las paredes.

→ nixtamalización

CALABACITA (*Cucurbita pepo*)

Hortaliza de la cual se conocen dos tipos en México: la calabacita criolla y la calabacita italiana. La criolla es de color verde pálido con forma redonda. Mide de 4 a 6 cm de diámetro y se cultiva principalmente en el centro del país, donde se comen en abundancia por su buen sabor y se utilizan en muchos guisos, como las calabacitas rellenas. Muchos la consideran como la más fina de las dos. Su pulpa es color amarillo pálido y sus semillas tienen el mismo sabor que la pulpa; son pequeñas, suaves y agradables al paladar. La italiana tiene forma oblonga, mide de 6 a 12 cm de largo y puede alcanzar hasta 3 cm de diámetro; su piel es verde claro u oscuro. Se emplea de igual forma que la calabacita

Calabacitas italianas

criolla y también se le llama calabacita larga o calabacita cuarentena. Ambas variedades se utilizan tiernas en un sinnúmero de platillos regionales; por ejemplo, en Querétaro se le añaden a todo tipo de caldos o guisos de res, pollo o cerdo,

con crema o guisadas con salsas de diferentes chiles. En la comida tradicional mexicana son famosas las calabacitas con queso o carne de cerdo y las calabacitas rellenas. En la península de Yucatán se le conoce como *ts´ol* a una especie de calabacita verde chata de buen sabor.

CALABACITAS CON CARNE DE CERDO

Guiso casero similar a las calabacitas con queso al que se le añade carne de cerdo. Se prefiere utilizar costillas porque aportan más sabor al platillo. En la delegación Tláhuac, del Distrito Federal, se preparan en salsa verde.

CALABACITAS CON QUESO

Guiso que se prepara con calabacitas cortadas en trozos, cocidas con salsa picada de jitomate, ajo, cebolla y epazote a la que se le añade queso panela o queso fresco. Sobre esta base, al guiso también se le pueden añadir tiras de chile poblano o chile jalapeño, granitos de elote, papa en trozo y, si se desea, un poco de crema. Estos ingredientes varían de acuerdo con los gustos, costumbres y poder adquisitivo de las familias. La calabacita criolla se prefiere para este guiso porque, supuestamente, es la original para este preparado, pero también se puede usar la calabacita italiana. Es un plato principal que forma parte de las comidas cotidianas en los estados del centro del país. Para muchas familias es un platillo importante en la cuaresma para los viernes de vigilia. También para los vegetarianos es un alimento esencial y, en todos los casos, se suele acompañar con frijoles de la olla, arroz blanco o rojo y tortillas de maíz.

Conocido también como:

◇ calabacitas guisadas
◇ picadillo de calabaza (Tláhuac, Distrito Federal)

CALABACITAS RELLENAS

Preparación que se elabora con calabacitas criollas o italianas ahuecadas y después rellenas con picadillo o queso y cocidas en salsa de jitomate. Es un platillo principal en la comida del mediodía que se acostumbra en casi todos los estados del país,

por ello, existen muchas variantes. El tipo de calabacita depende de la región o las costumbres familiares. En el centro del país hay una notable preferencia por rellenar las calabacitas criollas. El picadillo es de carne de res o cerdo y puede ser tan variado como la imaginación del cocinero lo permita. Los quesos que con más frecuencia se emplean son el panela y el fresco. Los jitomates para la salsa pueden ir molidos, como se usan en el caldillo, o picados finamente. El platillo se acompaña con arroz rojo o blanco, frijoles y tortillas de maíz. Después de la carne y el queso, otro relleno muy recurrente son los granos de elote con queso. En Tabasco, especialmente las calabacitas italianas, se ahuecan en crudo y se rellenan con picadillo de carne de res para cocerlas dentro de la salsa de jitomate y servirlas con arroz blanco.

CALABAZA

Fruto de la familia de las cucurbitáceas con diferentes colores, tamaños y formas según la variedad a la que pertenezcan o su grado de desarrollo. En general son plantas rastreras o trepadoras con zarcillos ramificados y flores amarillas. Las calabazas que crecen en zonas de clima templado tienen hojas y tallo con pelos rígidos que las hacen ásperas al tacto; el fruto es de 20 a 40 cm de largo, verde pálido o grisáceo, de forma alargada (a veces subglobosa) y costillas poco prominentes. Su pulpa es blanca o anaranjada al madurar, y sus semillas, blancas, de 2 a 2.5 cm de largo por 1 a 1.5 cm de ancho, con la parte exterior gruesa y prominente. En la cocina mexicana, la calabaza es muy popular, siendo uno de los ingredientes base de la alimentación del mexicano desde la época prehispánica junto con el maíz y el chile. El fruto tierno o maduro se consume como verdura, y madura también se utiliza para elaborar dulces como el calabazate y la calabaza cristalizada. Además del fruto se aprovechan sus semillas, que se salan y tuestan en comal para comerse como botana, se emplean para producir aceite y para preparar salsas. También se comen sus flores, procurando escoger siempre las más pequeñas y delgadas para elaborar diferentes guisos o prepararlas rellenas, así como sus tallos tiernos, llamados guías. Las variedades más utilizadas son la calabacita criolla y la calabacita italiana (*Cucurbita pepo*); la calabaza de Castilla (*Cucurbita moschata, Cucurbita argyrosperma, Cucurbita maxima*) y la calabaza melón (*Cucurbita moschata*). Cada una tiene características específicas, aunque en esencia su uso es el mismo. En Tlaxcala es muy apreciada por sus semillas, con las que se prepara el pipián, y por el fruto grande y maduro que se come hervido o en un dulce llamado *xacualole*. En la región de los Valles Centrales, Oaxaca, existen varios tipos de calabaza: la güiche con la que se prepara la sopa de guías; la támala, de color verde pálido, de forma ovalada y alargada; la de Castilla; y la denominada alargada, conocida en otras regiones como calabacita italiana. El uso tanto del fruto como de las diferentes partes de la planta data de la época prehispánica, y algunos investigadores coinciden en que su domesticación fue en la actual península de Yucatán y que el interés por cultivarlas fue por las pepitas o semillas y no por la pulpa, debido a que éstas tienen un alto valor nutritivo y características que favorecen su conservación.

Conocida también como:
◇ *ayohtli* o *ayotli* (náhuatl)
◇ chicayote

CALABAZA CON CAMARONES

Platillo que se elabora con calabaza de Castilla cocida y molida, que se agrega a una salsa de tomate, cebolla, ajo, pimienta, comino, pepitas tostadas y chile verde. Se le añaden camarones secos y pelados, los cuales se fríen antes de incorporarlos al guiso. En ocasiones se le agrega semilla de cilantro y cilantro fresco. Es típico de la Huasteca veracruzana.

CALABAZA DE CASTILLA

Fruto de la familia de las cucurbitáceas. Las principales variedades cultivas en México son *Cucurbita maxima, Cucurbita moschata* y *Cucurbita argyrosperma*. Calabaza de gran tamaño, que puede llegar a alcanzar hasta 1 metro de largo, generalmente de forma elíptica, piriforme o subglobosa; tiene pulpa anaranjada y cáscara gruesa con surcos pronunciados. Su color varía de un verde negruzco a un naranja tostado. Se utiliza principalmente para preparar el famoso dulce de calabaza, que en cada región de México se encuentra en diferentes modalidades y bajo diversos nombres. En algunos lugares del país también se agrega picada a los caldos de carne de res o pucheros. Este tipo de calabaza produce las semillas o pepitas que son muy apreciadas para elaborar pipianes y pastas de dulces. En Chiapas sus semi-

llas se emplean para guisos regionales como el tasajo con pepita. Hervida, también se utiliza para preparar dulces de calabaza. En Guerrero se prepara en conserva, que suele acompañarse con atole blanco. En Oaxaca se utiliza como parte de los ingredientes del chilecaldo. En Xalapa, Veracruz, aunque se utiliza como verdura, lo que más se aprovecha son sus semillas, a las que se les conoce con el nombre de pipián y se emplean para preparar el guiso del mismo nombre. Se le conoce también como tamalayota, del náhuatl *tamalayohtli: tamalli*, tamal y *ayohtli*, calabaza, ya que su pulpa se asemeja a la masa de los tamales.

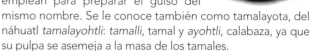

Conocida también como:
◇ tamalayote o tamalayota
◇ samalayota
Conocida en algunas regiones como:
◇ calabaza pipiana (Xalapa, Veracruz)
◇ calabaza samalayota (Chiapas)
◇ calabaza támala (Oaxaca)
◇ calabaza tamalayota (Guerrero)
Conocida en maya como:
◇ *xta* (Yucatán)

CALABAZA DE TODOS SANTOS, CALABAZA EN CONSERVA, CALABAZA EN DULCE O CALABAZA EN TACHA
◆ dulce de calabaza

CALABAZA GÜICHI (*Cucurbita pepo*)

Variedad de calabaza muy común en la región de los Valles Centrales, Oaxaca. El fruto es importante como verdura, sin embargo, la planta de esta variedad es muy socorrida porque se utiliza para elaborar la famosa sopa de guías.

CALABAZA MELÓN (*Cucurbita moschata*)

Fruto subgloboso de 20 a 30 cm de diámetro que en ocasiones es más ancho que largo. Posee una cáscara amarillenta o rojiza, costillas pronunciadas y pulpa amarilla. Es propia de climas templados y cálidos y se cultiva principalmente en la región norte de Veracruz. Rica en aroma y textura, se emplea para elaborar dulces especiales para las fiestas del día de Muertos. En ese mismo estado se utiliza en infinidad de preparaciones dulces y saladas, tanto molida y machacada, como cortada en trozos o en rebanadas. El fruto se emplea en sus diferentes etapas de maduración (tierna, verde, sazona y madura), casi siempre para comidas sencillas como caldos, sopas o salsas. Otras formas de prepararla es en tortitas dulces o saladas, capeadas, o simplemente hervidas o cocidas al rescoldo del fogón. Por su versatilidad se le puede integrar con diferentes tipos de carne como res, cerdo, pollo o camarones. Cuando se emplea para dulces se hierve con panela hasta obtener una miel y se puede mezclar con mantequilla, huevo y vainilla para obtener una rica variedad de dulces regionales como buñuelos de calabaza o tamales de calabaza. También se utiliza en budines, pasteles, adobos, dulces, empanadas, mermeladas, encurtidas y de muchas otras formas.

Conocida también en Veracruz como:
◇ melocotón
Conocida en maya como:
◇ *k'uum*

CALABAZA PIPIANA, CALABAZA SAMALAYOTA, CALABAZA TÁMALA O CALABAZA TAMALAYOTA ◆ calabaza de Castilla

CALABAZATE

Dulce de calabaza seco, cubierto o confitado. La calabaza con la que se prepara no tiene tantas hebras y es más compacta. En el siglo pasado gozaron de gran fama los calabazates de Guadalajara, y se ocupaba una calabaza que nombraron de la misma manera para la elaboración de este dulce. En Tlaxcala es un dulce de pulpa de calabaza cocida en almíbar, que se deja cristalizar para poder guardarlo y consumirlo en cualquier época del año, especialmente en el día de Muertos y durante las fiestas navideñas.

CALADA

Término que hace referencia a una incisión o hueco que se le hace a un fruto, generalmente grande, para comprobar que tenga el punto de maduración adecuado. En los mercados hay algunas frutas que no se compran si no están caladas, porque pueden no tener la maduración óptima o el color ideal. Muchos compradores piden su sandía calada, lo cual indica al dueño del local que tendrá que hacer un hueco en la fruta para que el cliente vea la madurez de la misma. Por ello, es común que la sandía se venda partida. Otro fruto que con frecuencia se vende calado es el mamey; en muchos puestos de mercados incluso se tienen ya los mameyes calados a la vista del comprador. A estos frutos se les hace una incisión en la cáscara para levantarla y apreciar tanto el color como la textura de la pulpa, para saber si está dulce o suave; si están pálidos tienden a estar simplones y hasta duros. En el Distrito Federal es extraño que se compren mameyes si no están calados. Conocido también como calado.

CALAMAR

Molusco marino de cuerpo alargado en forma de saco, posee 10 tentáculos con ventosas, dos de ellos más largos que los otros. Su nombre proviene del latín *calamarius*, de *calamus*, pluma para escribir, por el líquido negro que lanza para enturbiar el agua cuando está en peligro y que desde tiempos remotos fue utilizado como tinta para escribir. Son animales ricos en proteínas y fósforo, de precio moderadamente económico. Las dos variedades que se comen en México son:

• Calamar aleta larga (*Loligo pealei*), de color café rojizo más o menos oscuro, que es muy activo y viaja en grandes grupos. Es muy común en las profundidades del Golfo de México y el Caribe; durante el día permanece en el fondo y en la noche emerge para atrapar peces pequeños con sus tentáculos. Se puede capturar todo el año, especialmente de mayo a julio. El macho es siempre más grande que la hembra, comúnmente mide 20 cm de largo, y la hembra 12. Lo venden fresco, congelado o enlatado. Tiene múltiples usos, una vez removida la pluma y limpio se prepara asado, relleno, empanizado o con caldillo de jitomate; son famosos los calamares en su tinta y los calamares rellenos.

• Calamar gigante (*Dosidicus gigas*) va de color rosa pálido hasta púrpura. De gran tamaño, se han encontrado hasta de 4 metros de largo y 12 kg de peso, aunque comúnmente las hembras miden de 35 a 40 cm de largo y los machos 25 cm. Abunda en el Golfo de California y en la costa del Pacífico. Se puede capturar principalmente durante el verano y principios de otoño. Se corta en filetes y se prepara en milanesa, a la plancha, en cebiches, escabeches y otros guisos.

CALAMARES EN SU TINTA ◆ pulpo en su tinta

CALAMARES RELLENOS

Platillo elaborado con calamares rellenos de picadillo de carne o mariscos y servidos en caldillo de jitomate. El cuerpo del calamar generalmente se rellena de sus mismos tentáculos, camarón, jaiba, cangrejo, pescado, o una mezcla de varios de estos ingredientes cocinados con jitomate, cebolla, ajo, alcaparras, pasitas, aceitunas, papa en trocitos y arroz blanco. También es común que se rellenen con picadillo de carne de res o cerdo, preparados como se mencionó antes. Ya rellenos se cuecen en el caldillo de jitomate y se sirven con mucha salsa; tradicionalmente se acompañan con arroz blanco o frijoles negros. Es un guiso típico del Sotavento en Veracruz, aunque también se prepara en otros estados. En Tabasco se rellenan con picadillo de carne de cerdo y se sirven en salsa de jitomate o con la tinta del calamar. En Campeche se rellenan con una especie de picadillo de camarón y calamar guisados con ajo, chile dulce y jitomate; a veces la mezcla contiene también pulpo o caracol. Después de cocerlos se sirven en salsa de jitomate y se acompañan con arroz blanco. En Yucatán también suelen rellenar los calamares, pero no siempre se sirven en caldillo de jitomate. La salsa puede ser también de tinta de calamar y algunas personas acostumbran capearlos y acompañarlos con alguna ensalada de lechuga. Los rellenos varían, pero generalmente se utilizan sus tentáculos, mezclados con camarón, jamón y tocino.

CALANDRIA O CALANDRITA ◆ hongo canario

CALAVERA ◆ matzú

CALAVERA DE AZÚCAR

Dulce tradicional de azúcar en forma de calavera humana. Con azúcar blanca se hace un jarabe espeso que se coloca en moldes de diversos tamaños y se deja secar. Luego se desmolda y se decora con una pasta elaborada con clara de huevo, azúcar glass y colores vegetales que se pone en una duya para hacer adornos en forma de rizos, líneas o flores. En el centro de la frente de la calavera se coloca una pequeña cinta de papel brillante en la que se escribe el nombre de la persona a quien se le va a regalar o del difunto a quien se ofrenda. Las más tradicionales siempre han sido de azúcar, pero en las ultimas dos décadas se han popularizado también las de chocolate, amaranto, nuez o pepita de calabaza. Su forma, tamaños, decorados y uso continúan siendo los mismos. La razón principal para hacer estas calaveras es colocarlas en el altar de muertos. Para los mexicanos también es un regalo con el que la gente conmemora el día de Muertos. En los mercados populares de los estados del centro del país abundan los puestos de calaveritas de azúcar desde los últimos días de octubre hasta el 2 de noviembre. Conocida también como dulce de día de Muertos.

CALDILLO

1. Preparación ligera y de consistencia caldosa, resultado de la molienda y cocimiento de ciertos ingredientes. El caldillo de jitomate es una preparación elaborada con jitomate cocido y licuado, de textura muy tersa y consistencia ligera. Se utiliza para acompañar muchos alimentos, como chiles rellenos, coliflores capeadas y diferentes tipos de tortitas, entre

otros. Suele prepararse con variaciones en las diversas regiones del país. En los estados del centro, el jitomate crudo o cocido se licua con ajo y cebolla; esta mezcla se fríe en aceite y posteriormente se deja sazonar con agua. A veces se le ponen cebollas rebanadas o ramas de epazote, cilantro o perejil, según las costumbres de cada cocinero. Se procura que no sea una salsa muy condimentada ni picosa, pero puede enriquecerse con comino o con hierbas de olor como laurel o tomillo. En caso de que se le ponga chile, se añade solamente uno entero o molido. Siempre debe ser un caldillo con sabor a jitomate; el sabor de los chiles y demás ingredientes no debe predominar. Cuando el caldillo queda muy líquido, se le añade pan, fécula de maíz o harina, procurando siempre que no quede demasiado espeso. En Oaxaca el caldillo para chiles rellenos incluye jitomate, cebolla, ajo, caldo de carne, perejil, pimienta blanca y pan para espesar. En el sureste suele molerse el jitomate cocido con ajo y cebolla, luego se cuela y se regresa a la lumbre para que termine de cocerse y sazonarlo; a diferencia del anterior, no se fríe. En Coahuila y Nuevo León se acostumbran caldillos parecidos, aunque también se le llama caldillo en los estados del norte a los guisos muy caldosos. En Durango los caldillos gozan de especial renombre, tanto, que se consideran los platillos más característicos de la entidad. Cuentan que el caldillo fue el guiso preferido de Pancho Villa. Hoy existen muchas formas de preparar este platillo, aunque tienen mucho en común. En general son guisos caldosos con carne deshidratada, guisada con ajo, chile y jitomate cocidos en agua. Siempre se acompañan con tortillas de harina de trigo.

2. Término utilizado en el sureste para llamar al jugo o caldo que se obtiene de la cocción de una carne con aromáticos como verduras y especias.

CALDILLO DE CARNE SECA

Preparación elaborada con carne seca y diversos ingredientes aromáticos. En Nuevo León, se elabora con carne seca deshebrada, cebolla, ajo, manteca de cerdo, tomate verde, chile serrano, chile ancho, consomé de res y orégano. Se sirve con crema, chile piquín frito y rebanadas de aguacate. En Chihuahua, se trata de una sopa sustanciosa y sencilla elaborada con carne seca sazonada o frita con ajo, cebolla, chiles serranos y jitomate; todos los ingredientes se cuecen en agua. El jitomate no es imprescindible y el tipo de chile puede variar; con frecuencia se le agregan papas. De forma similar se prepara el caldillo de carne seca de venado.

CALDILLO DE JITOMATE ♦ caldillo

CALDILLO DE MACHACA

Preparación que consiste en machaca frita con cebolla y ajo a los que se le agregan tomates molidos, rajas de chile poblano y chile colorado picado. Es un platillo típico de Durango. En Sinaloa se llama simplemente caldillo, y se prepara con machaca, cebolla, ajo, jitomate, chiles verdes picados, cilantro, papas y suele añadírsele huevos para que se cuezan en el caldo.

CALDILLO DE NOPALES

Caldo elaborado con jitomate, cebolla rebanada y epazote, en el que se cuece camarón seco, nopales en tiras, alverjas y huevo batido; se prepara especialmente para los días de vigilia en la región de los Valles Centrales de Oaxaca. En otras épocas del año se hace con chícharos frescos.

Conocido también como:
- ◇ caldillo de nopales y camarón
- ◇ caldo de nopales

CALDILLO DE PUERCO

Guiso preparado con carne de cerdo dorada y salsa de tomates verdes, cebolla, ajo, chile colorado y orégano. Su consistencia es más espesa a la de otros caldillos, pues se utiliza harina de trigo para espesarlo. Es una preparación tradicional de Durango, muy similar a la carne con chile colorado de Chihuahua, y se sirve con arroz blanco y a veces con fideos.

CALDILLO DE VENADO

Platillo elaborado con machaca de carne de venado frita con jitomate, cebolla y chile ancho. Los ingredientes se cuecen en agua con papas y huevos, se espesa con masa de maíz y se sazona con cilantro fresco picado, semillas de cilantro secas molidas, sal y pimienta.

CALDILLO DE VIGILIA

Caldo de pescado seco sazonado con jitomate, cebolla y ajo; se le añaden papas, ejotes, chícharos, nopales y huevos que se rompen para que se cuezan en él. Es típico de la costa oaxaqueña.

CALDILLO DURANGUENSE

Platillo elaborado con carne seca de res deshebrada, guisada con salsa de tomate, cebolla, cilantro, ajo, chile colorado o ancho y comino.

CALDILLO MACHO

Caldo que se elabora con agua, ajo, sal, orégano, chiltepines reventados y machaca. En Sonora se acostumbra comer para curar la cruda.

→ agua de gallo

CALDO

Preparación líquida que se obtiene al cocer carnes y verduras en agua. En México se tiene una enorme tradición de todo tipo de caldos, los más comunes son los de res, de pollo, de gallina, de pescado y de camarón. Además del líquido puede hacer referencia a una sopa o guiso principal, es decir, no solamente es el líquido sino también es un platillo. En muchas comunidades indí-

genas el caldo es una preparación que contiene diferentes tipos de carnes y vegetales que se convierten en el plato principal. En las ciudades sucede el mismo fenómeno, entre ellos destacan el caldo tlalpeño, el caldo de res, el caldo de gallina y el caldo de pescado.

CALDO BORRACHO

Caldo elaborado con diversas carnes como cerdo, cabrito, res, cecina y chorizo; incluye también una gran variedad de verduras, hortalizas y frutas, como zanahoria, ejote, chícharo, calabaza, papa, chayote, col, perón, manzana, piña y plátano macho. Los condimentos principales son: jitomate molido, pimienta, clavo, canela, hierbas de olor y pulque, ingrediente al que debe su nombre. Es un platillo tradicional y festivo de la Huasteca potosina, específicamente de Ciudad del Maíz. Conocido también como guiso borracho.

CALDO CON ARROZ

Caldo de pollo con arroz rojo o arroz blanco que puede contener algunas verduras, según la región. En caso de añadirle piezas o carne de pollo le llaman caldo con pollo y arroz. Se acostumbra en el ámbito casero, en fondas y restaurantes, donde el comensal puede condimentarlo con jugo de limón, cebolla, cilantro y chile picado.

CALDO CON HIERBAMORA

Caldo chiapaneco preparado con hierbamora cocida en agua con jitomate, cebolla y sal. En el momento de servirse se le agregan chile verde, cilantro y limón al gusto.

CALDO CON MENUDENCIAS

Caldo de pollo con menudencias picadas y arroz o garbanzo. A veces puede contener verduras como zanahoria o calabaza. Este tipo de caldo tiene una clientela fiel en las fondas de los mercados populares; en el Distrito Federal es un guiso muy socorrido para el almuerzo o la comida. Es un platillo tradicional para la comida en prácticamente todo el país.

CALDO DE ACÚMARA

Sopa semiespesa preparada con acúmaras, chile ancho, cebolla, joconoles, cilantro y harina de trigo. Esta sopa es típica de Pátzcuaro, Michoacán.

CALDO DE ALACHES

Caldo preparado con alaches cocidos en agua con calabacitas, ejotes, cebolla, ajo y hierbabuena. Tradicional en el Estado de México, Puebla y Tlaxcala.

CALDO DE ATOLOCATES

Caldo preparado con atolocates y con una salsa frita en manteca de cerdo elaborada con chiles serranos, tomates y ajo. Se acostumbra comer en Cuentepec, Morelos.

CALDO DE CABEZAS DE PESCADO

Caldo preparado con las cabezas de pescados cocidas en agua y sazonadas con chile ancho molido, jitomate picado y aceitunas. Se acostumbra comer en Guerrero.

CALDO DE CAMARÓN

Caldo preparado con camarón fresco o seco. Existen dos tipos de caldo de camarón fresco: el caldo blanco de camarón y el caldo rojo o caldo de camarón. El caldo blanco se obtiene de la simple cocción de los camarones frescos en agua con sal, cebolla y ajo. Es un caldo casi transparente que se sirve sin camarones ni verduras. Al servirlo se le agrega limón y se torna lechoso. Este caldo es casero, pero también se sirve en marisquerías o coctelerías; difícilmente se en-

cuentra en restaurantes. El caldo rojo se prepara con un caldo blanco al que se le añade jitomate, ajo y cebolla licuados o picados y generalmente algún chile rojo seco. Suele aromatizarse con laurel y orégano. Puede contener también algunos camarones pequeños y cuadritos de papa y zanahoria, entre otras verduras. Cualquiera de las variantes de este caldo es más fácil de encontrar en establecimientos de comida que el caldo blanco. En Guanajuato al caldo de camarón le añaden xoconostle. En Chilpancingo y Tuxtla, Guerrero, emplean el camarón de Castilla; el caldo lo condimentan con chiles guajillo y puya, ajo, epazote y masa de maíz. Al momento de servirlo, cada comensal puede condimentar su plato con cebolla, chile verde y limón, y acompañarlo con tortillas de maíz. En Jalisco el caldo de camarón suele condimentarse con chiles cascabel y mulato y ajo; se sirve en porciones pequeñas con cilantro, cebolla picada y limón. En Nayarit, debido a la abundancia de camarón, el caldo, que se conoce con el nombre de jugo de camarón, es muy común en los restaurantes y en las casas; lo elaboran con camarones cocidos en agua con papa, jitomate, ajo, cebolla y laurel. Suelen espesar el caldo con masa de maíz y en ocasiones le añaden chile pasilla o ancho. En la costa de Oaxaca se prepara con camarones enteros y el caldillo se condimenta con ajo, jitomate cebolla, chiles chipotles y hojas de epazote; se sirve con cebolla blanca picada, chile jalapeño picado y gotas de jugo de limón. En la región del Sotavento y mayormente en Chachalacas, Veracruz, se prepara un caldo de camarón elaborado con chiles anchos, jitomate, cebolla, ajo, aceite, harina, chiles jalapeños, epazote, orégano y camarón crudo con cabeza. Se le puede añadir salsa de chile seco y limón; acostumbran acompañarlo con tortillas de maíz y cerveza fría. El caldo de camarón seco es muy común en todo el país. Casi siempre es un caldo rojo muy condimentado, un poco denso y muy sustancioso. Los camarones se remojan en agua, se enjuagan, se cuecen en agua con cebolla, ajo y hierbas de olor, y el caldo resultante se condimenta con chile ancho, guajillo u otro similar molido. El tipo de chiles que se emplean depende de la región y de las costumbres de cada cocinero. Es común que se le añadan verduras como papa y zanahoria, entre otras. Siempre tiende a ser una sopa salada y picosa, especial para los días de cuaresma. En casa se sirve en plato para sopa, en porciones a menudo generosas; en algunos casos es el plato principal de la comida del mediodía. En muchos restaurantes y cantinas del Distrito Federal se estila recibir a los comensales en la mesa con un caldo de camarón seco. La porción es muy pequeña, se sirve en unos vasos chicos de cristal cuya capacidad seguramente no rebasa el contenido de un cuarto de taza, pues sólo contiene dos o tres traguitos. También en la carta se encuentra una ración más generosa de este caldo que se cobra por separado. Para muchos, este caldo es un antídoto contra la resaca; para otros, sobre todo entre familias antiguas, sigue siendo una sopa tradicional de la cuaresma. En el Istmo de Tehuantepec, Oaxaca, se utilizan camarones secos en el caldo para enriquecerlo, además de jitoma-

te, cebolla, chipotle, epazote y hortalizas comunes como zanahoria y papa. En Michoacán, especialmente en Zitácuaro y sus alrededores, el caldo de camarón seco se condimenta con chile guajillo, jitomate y ajo, todo molido y frito previamente. Es un caldo rojo un poco denso al que se le añaden garbanzos, zanahorias y papas cortadas en cuadritos. En la mesa se le puede agregar cebolla picada y jugo de limón; se prepara también en cuaresma como plato fuerte, y en otras épocas del año, el caldo se puede enriquecer añadiéndole trozos de chamorro de cerdo. Conocido también como consomé de camarón.

CALDO DE CAVÍO

Caldo de carácter religioso-ceremonial hecho con trozos de carne de res ahumada que, una vez lavada, se cuece en agua con una salsa de chiles costeños rojos, hojas de hierba santa y sal. Al servirse se condimenta con jugo de limón y sal al gusto. Se prepara en grandes proporciones en la zona de la costa de Oaxaca y se sirve en las mayordomías de la zona. Conocido también como cabío.

CALDO DE CERDO

Caldo de carne y vísceras de cerdo que normalmente lleva espinazo, pierna, cabeza, hígado y pata cocidos con albahaca, cebollino, perejil, cilantro, chiles verdes y achiote. Es típico de Tila, Chiapas. Conocido también como *tzucom chitiam*.

CALDO DE CHACALES

Caldo que se elabora regularmente con jitomate, algún tipo de chile, cebolla, ajo y cilantro o perejil, en el que se hierven los chacales crudos o sofritos. En las recetas más antiguas recomiendan que las tenazas y patas del animal se muelan o trituren en el metate con todo y la carne que traen adentro, después se cuelan para agregarlas en el caldo, aportándole sabor y ayudándolo a espesar. Los chacales se utilizan mucho en sopas diversas, especialmente en el lugar donde los capturan. Se acostumbra acompañarlo con cubos de pan frito. Es un platillo tradicional de Colima.

CALDO DE CHIVO

Guiso que se prepara con carne de chivo, costilla, maciza o pierna, condimentada con chiltepec, cilantro, cebolla y ajo. Es un platillo que preparan los mazatecos de Huautla de Jiménez, Oaxaca.

CALDO DE ESCAMOLES

Caldo elaborado con escamoles cocidos en agua, al que se le agrega cebolla, ajo, chile verde, jitomate y hierbabuena; estos últimos ingredientes pueden estar finamente picados o molidos. Es una receta típica del Valle del Mezquital en Hidalgo.

CALDO DE GALLINA

Caldo que se prepara con gallina, cebolla, ajo y alguna hierba de olor. En casi todos los casos el comensal le añade limón y a veces cebolla, cilantro y algún chile picado, que puede ser serrano, piquín o puya. Este platillo es muy importante en varias regiones de México debido a que es uno de esos guisos auténticos de pueblo. Constantemente se elabora el caldo de pollo para diversos tipos de sopa, pero el de gallina suele considerarse de mejor sabor y por ello superior a éste. También suele llamársele caldo de gallina vieja, debido a que se utiliza una gallina madura de la cual resultará un caldo más sustancioso y de sabor intenso, prueba de ello es el dicho popular que reza "gallina vieja hace buen caldo". Los caldos de gallina recuerdan al Méxi-

co campirano, rural y de rancho, pues es en esos lugares donde existe un verdadero arraigo por este tipo de caldo, y donde también se crían las gallinas, especialmente para su consumo, aunque también en las ciudades se acostumbra mucho comerlo. Dependiendo de la región donde se prepare, este caldo toma distintas modalidades y generalmente contiene diferentes verduras y da la impresión de ser una especie de cocido o puchero que suele ser el plato fuerte de la comida del mediodía. Una costumbre muy arraigada es añadir huevo al caldo para que se cueza. En el centro del país es un caldo blanco al que se le añade arroz, garbanzos, zanahoria, papa, calabacita, entre otros ingredientes. Otra versión es un caldo elaborado con prácticamente los mismos ingredientes que el anterior y condimentado con jitomate y orégano. Ambos son caldos populares que se sirven en puestos de mercado, fondas y cenadurías. Para muchos mexicanos del centro del país es el almuerzo perfecto. Por lo menos en en el Distrito Federal existe un grupo grande de personas de todos los niveles sociales que gustan del caldo de gallina y abarrotan los lugares donde se vende. En Tabasco, al igual que en otros estados, el caldo de gallina es muy apreciado; tienen por costumbre que al momento de servirlo agregan un huevo crudo para que éste se cueza. En Oaxaca también es muy socorrido, pero suelen poner el huevo ya cocido en el caldo, que lleva menudencias y hierba santa.

CALDO DE GARBANZO

Sopa elaborada con polvo de garbanzo seco, agua, jitomate, cebolla y hierbabuena. En algunos casos se agregan huevos batidos y rebanadas de pan frito. Es un platillo especialmente importante en cuaresma o vigilia. Es tradicional en los Valles Centrales de Oaxaca, aunque en el estado de Puebla se prepara de manera similar.

CALDO DE GATO

Caldo que contiene abundante carne y verdura, tradicional de los Valles Centrales de Oaxaca; en este estado es un plato principal al que se le agrega espinazo de cerdo, cebolla, ajo, elotes, papa, zanahoria, arroz, col, chayote, ejote, calabacita y garbanzo. Se sirve con cebolla, jitomates y cilantro picados y suele acompañarse con salsa de chile pasilla oaxaqueño o simplemente con el chile entero. En Zaachila, prácticamente es la misma versión pero se utiliza carne de res. En ningún caso contiene carne de gato.

CALDO DE GUÍAS DE CALABAZA

Caldo preparado con guías de calabaza, habas verdes, granos de elote y cebolla cocidas en agua y sal al gusto. Se sirve con salsa verde o salsa de chile loco. Se acostumbra comer en Tlaxcala.

CALDO DE GUÍAS DE CHAYOTE

Caldo sencillo elaborado con guías tiernas de la planta de chayote, condimentada con chile canario y sal. Acostumbran comerlo los mazatecos de Huautla de Jiménez, Oaxaca.

CALDO DE HABAS

Caldo preparado con habas secas cocidas, cilantro picado, jitomate, ajo y en ocasiones se le añaden tiras de nopales. Las habas pueden estar algo troceadas en el caldo o molidas, de tal manera que queda una sopa espesa.

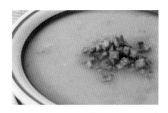

Se acostumbra comer al mediodía y es un guiso especialmente importante durante la cuaresma. Es común servirlo con un chorrito de aceite de oliva y en ocasiones con chile chipotle o chile meco tostado y desmoronado. Algunas personas mezclan garbanzos con las habas. En Hidalgo, al igual que en los demás estados del centro del país, el caldo de habas es muy común; las habas se cuecen en agua con ajo y cebolla, que por lo general se condimentan con jitomate, sal, cilantro y hierbabuena; sin embargo, existen además muchas otras recetas caseras. Se prepara en cualquier época del año, pero especialmente en la cuaresma, en días fríos y tiempo de lluvias. Ocasionalmente se condimenta con chile pasilla o cualquier otro tipo de chile, frito, en tiritas o triturado; o también se le agregan nopales en cuadros, trocitos de jitomate o queso añejo. En Querétaro las habas secas y peladas se cuecen en agua con jitomate, cebolla y cilantro. Dependiendo de quién prepare el caldo, puede ser caldoso o espeso con consistencia cremosa. Puede servirse con cubos o rebanadas de bolillo frito y gotas de aceite de oliva. De forma análoga se prepara en otros estados del centro; asimismo se hace la llamada sopa de alverjones y, con menos frecuencia, la sopa de habas verdes, cocidas en agua, peladas y molidas. En Tlaxcala casi siempre es una sopa espesa elaborada con habas secas que se cuecen en agua hasta que prácticamente se deshacen, se le agregan tiras o cuadritos de nopal, jitomate, hierbabuena y cilantro picados. En Zacatecas, las habas se condimentan con ajo, hierbabuena, azafrán y comino. Este caldo también se conoce con el nombre de sopa de habas en Puebla y muchos otros lugares, donde tienden a preparar sopas muy espesas con las habas en trozos que se deshacen en la cocción y las aromatizan con hierbabuena y cilantro.

CALDO DE IGUANA

Sopa preparada con iguana limpia, sin tripas ni cabeza, tatemada a las brasas, a la cual se le retira la piel quemada para cocerla en agua con cebolla, orégano, pimienta y sal. Esta es la forma en que los mayos de Sonora la preparan. En Cuentepec, Morelos, se elabora un caldo con carne de iguana, cebolla, ajo y sal que se acostumbra comer de manera cotidiana.

CALDO DE INDIO

Caldo de papas cocidas en agua con sal. Lo acostumbran comer los tepehuanes del sur de Chihuahua.

CALDO DE LENTEJAS ◆ sopa de lentejas

CALDO DE NOPALES ◆ caldillo de nopales

CALDO DE OLLA

Caldo de trozos de carne de res con hueso, ejotes, elote, col, nabo, yuca, plátano macho rebanado con cáscara y papas. Se adereza con jitomate, cebolla, ajo y un ramo de hierbas de olor que contiene hierbabuena, xonacates, perejil y cilantro.

Conocido también como:
◇ carne de olla
◇ carne mocha
◇ cocido
◇ olla podrida

CALDO DE OSO

1. Sopa sustanciosa elaborada con trozos de pescado o únicamente con cabezas que se cuecen en agua con ajo y cebolla, y se condimenta con jitomate, mejorana, tomillo y laurel. También puede incluir trocitos de zanahoria y papa. Es típico de Chihuahua. El origen de su nombre lo tiene en la construcción de la presa

La Boquilla, en Camargo. Se cuenta que los trabajadores que la construyeron comían un caldo preparado con los pescados que obtenían del río Conchos; lo comían tan frecuentemente que, en lugar de llamarlo caldo de pescado, lo empezaron a llamar caldo odioso, nombre que degeneró en el actual caldo de oso. Irónicamente, en la actualidad es un caldo muy apreciado. En Sinaloa también se conoce con ese nombre un caldo de camarón que se prepara con cebolla, jitomate, chile serrano picado, orégano, ajo, pimienta y sal.
2. Preparación a base de frutas y verduras (generalmente jícama) picadas, dispuestas en un vaso de plástico, se agrega vinagre de piña, limón, chile piquín en polvo, sal, cebolla picada finamente y queso fresco enchilado rallado. Se vende en puestos callejeros y se consume como golosina en León, Guanajuato.

CALDO DE PAISANO

Caldo de costillas de cerdo, condimentado con achiote, jitomate, chiles serranos molidos, hierbabuena, orégano, cilantro y cebollín. Se sirve con cebolla blanca picada, cilantro y jugo de limón. Es un plato principal para los días de boda en Tuxtepec, Oaxaca.

CALDO DE PANZA ◆ menudo

CALDO DE PESCADO

Caldo de pescado fresco cocido en agua con cebolla, ajo y laurel; generalmente se condimenta con jitomate licuado y alguna hierba de olor. En ocasiones se le agregan zanahorias y papas picadas. El pescado puede estar en trozos, postas o entero. Dependiendo de la región, este caldo puede ser el inicio de una comida o su plato principal. En Veracruz se le agrega epazote, además de los chiles que lo condimentan. En Tabasco suele contener jitomate y hierba santa. En Chapala, Jalisco, es muy famoso el caldo michi, y en Chihuahua, el caldo de oso. En las costas de Oaxaca, la sopa de pescado fresco sazonada con jitomate molido, chile ancho, cebolla y ajo, aromatizada con laurel, clavo, pimienta, orégano

no y sal, se sirve caliente y se le añade limón. El caldo de pescado seco se prepara con pescado seco salado y se cuece en agua. Éste se condimenta con chile guajillo, ajo y epazote. Así se prepara especialmente en Guerrero, aunque este mismo caldo se acostumbra preparar en muchas regiones de México con otros chiles, otras hierbas de olor y

107

quizá algún otro ingrediente como jitomate picado o molido. Son recetas caseras de la comida diaria y de la cuaresma. Las familias que viven en las costas lo comen con más frecuencia. Las personas que viven lejos de ellas buscan lugares especiales dónde comerlo, como puestos de mercado o marisquerías. Cuando viajan a las costas, comer este caldo u otro similar es una parte importante del plan de viaje.

→ caldo largo

CALDO DE PIEDRA

Caldo de origen prehispánico preparado con agua, rebanadas de jitomate, chile verde, cebolla en rebanadas, ajos machacados y hierba santa que se colocan en una jícara grande, para posteriormente agregar dos o tres piedras calientes al rojo vivo que estimulan la ebullición del agua. Una vez cocidas las verduras se le añaden trozos de pescado o camarones de río y se come en la misma jícara en la que fue elaborado. Este caldo subsiste hasta la actualidad en algunas comunidades indígenas del país, entre los chinantecos de Oaxaca y el sur de Veracruz. En Usila, Oaxaca, le agregan camarón, pescado, cilantro, epazote, ajo, tomate, cebollín y chile seco.

CALDO DE POLLO

Caldo hecho con carne de pollo, cebolla, ajo y algunas hierbas aromáticas que varían según la región y las costumbres. Las más utilizadas son cilantro, perejil, epazote y hierbabuena; generalmente se emplea una o dos de ellas. Éstas son las más comunes, pero hay quien le añade otras hierbas o especias como pimienta negra y hierbas como laurel o tomillo. El caldo de pollo presenta un sinnúmero de variantes. Puede ser únicamente el caldo o llevar algunas verduras como zanahoria, calabacitas, arroz, garbanzos y papa; de este mismo, derivan otras sopas que reciben diversos nombres y que conservan o modifican ligeramente los ingredientes del caldo de pollo básico como caldo con pollo, caldo con arroz, caldo con menudencias, caldo ranchero, caldo de pollo especial o caldo xóchitl. En casi todos los casos el comensal condimenta su sopa con jugo de limón, sal, cebolla, cilantro y chile picados. El caldo de pollo especial contiene pollo deshebrado o una pieza de pollo, arroz, verduras, garbanzo y rebanadas de aguacate, entre otros ingredientes. Con este tipo de caldo es común que en un restaurante el comensal pida la pieza de pollo que desee; el precio varía según la pieza. Siempre son porciones generosas, pues es el plato principal de un almuerzo o comida del mediodía. En todos los casos, se considera un platillo nutritivo y reconfortante, por lo que se recomienda siempre para la recuperación de enfermos. En Tlaxcala se prepara todos los días una sopa muy típica de caldo de pollo con zanahorias, flor de calabaza, epazote, calabacitas y salsa verde de tomate, llamada también caldo de pollo. Este caldo es quizá el que más se come en todo el país, porque sirve de base para diversos guisos y sopas, como la sopa de pasta o de verduras.

También conocido como:

◇ caldo de pollo sencillo
◇ consomé de pollo

CALDO DE QUESO ◆ sopa de queso

CALDO DE RES

Caldo elaborado con carne de res con hueso, pescuezo e incluso cola, y diversas verduras, garbanzos o arroz. Puede ser translúcido o rojo cuando se condimenta con diferentes chiles. El comensal añade a su gusto jugo de limón, sal, cebolla y cilantro. Por lo general es un plato principal de las comidas caseras del mediodía y suele venderse en puestos

del mercado. De él deriva el puchero o cocido. En Oaxaca, en La Esperanza, Santiago Comaltepec, los chinantecos lo preparan con carne maciza de res y hueso, col, hierbabuena, ajo, cebolla y cilantro; se sirve en grandes tazones y es comida especial para convites y fiestas patronales. Los zapotecos del Istmo de Tehuantepec preparan el caldo de res con hueso y chambarete, sazonan el caldo con achiote, ajo y cebolla; las hortalizas que más se acostumbra añadirle son papa, chayote, zanahoria, elote, ejote, calabacita, plátano macho, piña y garbanzo. Los mixes de Oaxaca lo preparan con carne seca, cilantro, hierbabuena, cebollina, chile de árbol, ajo y col; es una comida importante en fiestas y rituales. En la región del Istmo de Tehuantepec, el caldo de res oreada se elabora con costillas de res saladas y oreadas, cocidas en agua con cebolla, ajo, hierbabuena, cilantro y garbanzo; el caldo contiene calabacitas, zanahoria, repollo, chayote, papa y plátano macho. Tiene la apariencia de un puchero y es una comida tradicional que se acostumbra dar a las mujeres un día después de la fiesta de lavado de olla, que es la fiesta que acostumbra realizar después de una boda.

CALDO DE SHUTI

Caldo de shutis cocidos con epazote, chiles chimborotes, cebolla y jitomate, elaborado por los indígenas zoques de Palenque, Chiapas. Forma parte de la comida de los apóstoles.

Conocido también como:

◇ caldo de xote o caldo de xuti

→ comida de los apóstoles

CALDO DE TASHO

Caldo elaborado con hongos tashos cocidos en agua con jitomate, cebolla, chile verde y epazote. Se prepara en San Cristóbal de las Casas, Chiapas.

CALDO DE TÉPARI

Guiso casero elaborado con frijoles tépari cocidos con chambarete de res que se condimenta con jitomate, cebolla, cilantro, ajo y chile California o verde. Se acostumbra comer en Baja California.

CALDO DE TEPEZCUINTLE

Caldo preparado con tepezcuintle, condimentado con jitomate, acuyo, cebollín, chile y sal. Se puede preparar también con tejón, agutí, armadillo, mazate, venado o res. Es un platillo que preparan los chinantecos de Usila, Oaxaca.

→ mole de masa

CALDO DE TICHINDA

Caldo elaborado con tichinda, chile puya, ajo, candó y masa.

CALDO DE VIGILIA

Caldo preparado con jitomates, cebollas, ajo, trocitos de pescado ahumado y, en ocasiones, chícharos, ejotes, papa, tiras de nopales y epazote. Cuando el caldo está listo se revuelven huevos y se vierten en el caldo para que se cuezan en él. Este caldo sustancioso es un plato fuerte que se come a mediodía en vigilia y durante la Semana Santa en el Istmo de Tehuantepec, donde también existen versiones muy similares; una de ellas contiene camarón seco, esto debido a que en este lugar existe una importante industria de camarón seco y pescado ahumado que no sólo se come en la región, sino en todo el estado y además se manda a estados vecinos como Veracruz y el Distrito Federal, donde también se prepara comida oaxaqueña.

CALDO DE XOTE O CALDO DE XUTI ◆ caldo de shuti

CALDO HUASTECO ◆ caldo loco

CALDO LARGO

Caldo de pescado cocido en agua y condimentado con jitomate, epazote, perejil, laurel y chile chipotle o jalapeño; suele añadírsele verduras como zanahorias o papas, y se acostumbra agregar la cabeza del pescado para darle más sabor. Los pescados más utilizados son el huachinango y el robalo, pero también se prepara con mojarra o cualquier otro pescado. Se cree que el nombre viene del largo tiempo de cocción al que se somete el caldo, o a que se sirve en porciones muy generosas. Es una especialidad veracruzana y su origen se atribuye a Alvarado; en el Sotavento es tradicional y puede ser el plato principal de la comida del mediodía. El término caldo largo se usa poco en Veracruz, sin embargo, es un nombre muy utilizado fuera del estado para referirse al caldo de pescado que se hace en esa entidad.

CALDO LEVANTA MUERTOS

Caldo elaborado con lengua, cola y sesos de res y gallina o pollo. El caldo se condimenta con jitomate frito, cebolla, tomillo, orégano, ajo, achiote y chiles Simojovel molidos. Su nombre hace referencia a la propiedad que se le atribuye para disminuir los efectos de la llamada "cruda". Tradicional entre los coletos de San Cristóbal de las Casas.

→ caldo levantabolos

CALDO LEVANTABOLOS

Caldo preparado con pollo, jitomate, cebolla, chiles picados y hierbabuena. Al hervir se le agrega un huevo batido y en la mesa se le agregan gotas de limón. El nombre de este caldo de Socoltengo, Chiapas, alude al hecho de que se sirve a los trasnochados para aliviar la cruda o resaca, pues en esta región, bolo es sinónimo de borracho.

CALDO LOCO

Caldo elaborado con gallina, aunque puede incluir otras carnes, sazonado con jitomate molido, pimienta, clavo, canela y hierbas de olor; suele incluir diferentes verduras y frutas como zanahoria, ejote, chícharo, calabaza, papa, chayote, col, perón, manzana, piña y plátano macho. Se acompaña con alguna salsa picante. Es un guiso tradicional de la Huasteca potosina, aunque también se prepara en la Huasteca hidalguense, donde se elabora con costillas de res y se le añade una salsa de jitomate, cebolla, ajo y comino. También se le agregan chayote, jícama, plátano macho, manzana y piña en trozos. Su nombre se debe a que la combinación es extraña para muchos.

Conocido también como:
◇ caldo huasteco
◇ caldo loco huasteco

CALDO MATANCERO

Caldo de res que se prepara con retazo con hueso, patas, criadillas, ubre, bofe e hígado del animal. Las verduras que se utilizan son repollo, zanahoria, chayote, papas, garbanzo y rebanadas fritas de plátano macho; se sazona con achiote y cilantro. Este caldo, que se come en la zona del Istmo de Tehuantepec, Oaxaca, se ofrece a los que colaboran en la construcción de la enramada, que es un techo de palma donde tradicionalmente se llevan a cabo los matrimonios de la región. Conocido también como matancero.

CALDO MICHI

Del náhuatl *michin*, pescado. Caldo de pescado con verduras que se come como platillo único. Las verduras más comunes que se le agregan son calabacita, zanahoria, cebolla, col y jitomate; éstas se sofríen en aceite y se les añade agua y el pescado para dejarlos cocer. Se aromatiza con cilantro, orégano y chiles en vinagre, que le aportan un toque especial. El pescado que normalmente se utiliza es un bagre entero, pues la cabeza contiene una sustancia gelatinosa que hace más consistente el caldo. El bagre puede estar ligeramente frito en aceite o añadirse totalmente crudo al caldo. No debe extrañar que algunas personas utilicen caldo de pollo en lugar de agua. Al servirlo se espolvorea con cilantro picado u orégano y se acompaña con tortillas de maíz o tostadas. Este es el caldo de pescado más famoso de Jalisco, en especial de Chapala, y de algunos lagos de Michoacán como Pátzcuaro, donde antiguamente se preparaba con pescado blanco. En Yuriria, en Guanajuato, y algunas partes cercanas a Michoacán, se elabora con bagre, zanahorias, chayotes, calabacitas, col y apio picados. Se sirve con chiles güeros, orégano y cilantro también picado. Conocido también como michi.

CALDO MIXE

Caldo preparado con costilla de res salada o espaldilla de res fresca, cocidas en agua. Se sazona con cebolla, ajo, jitomate y chiles guajillos molidos, además se le añaden verduras como ejotes, zanahorias, chayotes y col. Se aromatiza con hojas de hierbabuena y cilantro y se sirve con chiles verdes o jalapeños picados, cebolla blanca picada y limones para que cada comensal añada a su gusto. Originalmente se preparaba únicamente con carne de guajolote, y aunque existen variantes, en general todas son preparaciones similares. Este platillo es tradicional de la región de La Sierra, Oaxaca, donde se acostumbra comer especialmente en las fiestas y las celebraciones importantes.

CALDO RANCHERO

Caldo de pollo que generalmente se prepara con pollo deshebrado, rebanadas de aguacate, arroz o tiras de tortilla frita y menudencias de pollo, entre otros ingredientes. Dependiendo del tamaño de la porción, puede ser un tiempo de la comida del mediodía o el plato principal. El comensal puede condimentarlo con jugo de limón, cebolla picada, cilantro, chile verde y sal. Se acostumbra comerlo en prácticamente todo el país. Cada región de México tiene su forma de preparar el caldo ranchero, por lo que existe una gran diversidad de recetas y diferencias entre regiones.

Conocido también como:
◇ consomé ranchero
◇ sopa ranchera

CALDO RANCHERO PAISANO

Caldo especial que se prepara con costillas y pierna de cerdo, chile seco, ajo, jitomate, menta o hierbabuena, cebollín, achiote y cilantro. Es típico de Ojotitlán, Oaxaca, y se come en días de fiesta o bodas.

CALDO SALPIMENTADO

Caldo de pollo condimentado con pimienta negra, clavo, orégano, ajo y comino, que se utiliza como base para hacer otras sopas y guisos. En los mercados populares se vende un recaudo que contiene las especias citadas para agregarlas al caldo de pollo. En Yucatán, con él se prepara la sopa de lima, aunque originalmente este caldo se obtenía de un tipo de puchero llamado salpimentado.

CALDO SIETE MARES

Caldo de mariscos que se elabora con siete diferentes productos del mar: camarón, almeja, callo de hacha, pescado, caracol, pulpo y manos de cangrejo. Se condimenta con jitomate, laurel, pimienta, cilantro y rajas de chile California o verde. Se sirve en porciones generosas, se le agrega jugo de limón y se acompaña con tortillas o tostaditas de maíz. Se come, principalmente, en Ensenada, Baja California. En el famoso Mercado Negro es fácil encontrar la combinación llamada también siete mares, en la que los mariscos mencionados están mezclados y se venden por kilo para preparar en casa y evitar la molestia al cliente de comprar los mariscos por separado. En el exterior de este mismo mercado se puede comer el caldo ya preparado en puestos que tienen el caldo caliente y bien condimentado, con todos los mariscos por separado, algunos crudos y otros cocidos, para prepararse en el momento en que se pide. Los vendedores afirman que es muy importante tener el pulpo y el caracol previamente cocidos, porque tardan mucho tiempo en suavizarse, además de que su caldo no puede aprovecharse porque no tiene buen sabor. Conocido también como caldo mixto.

CALDO TLALPEÑO

Caldo preparado con pollo cocido en agua, con ajo y cebolla, sazonado con jitomate picado o molido y chile chipotle entero o molido; también puede agregársele ejotes, calabacitas, zanahorias, papas, garbanzos y epazote. Se sirve en platos hondos o tazones grandes, y se acompaña con tortillas de maíz. El comensal añade jugo de limón, cebolla picada, aguacate, cubos de queso fresco y sal al gusto. La porción es muy generosa y se procura dar por lo menos una pieza de pollo a cada persona, por lo que sirve de plato principal en la comida del mediodía. El origen de este caldo, como su nombre lo indica, se atribuye al antiguo pueblo de Tlalpan, hoy parte del Distrito Federal; todavía a principios de este siglo existían en ese lugar muchas haciendas y comunidades rurales, hoy desaparecidas o incorporadas a la gran urbe. En otras regiones de México en ocasiones se puede encontrar una variante de este caldo preparado con carne de res.

CALDO XÓCHITL ◆ caldo de pollo

CALÉNDULA (*Calendula officinalis*)

Arbusto de aproximadamente 30 a 60 cm de altura. Sus hojas son ovadas y aserradas, sus flores son aromáticas, de color blanco, amarillo o rosado. Se preparan en tortitas con huevo y en sopa de verduras; su sabor puede ser ligeramente amargo. También se utiliza como parte del alimento para pollo, por esta razón, en los mercados populares éstos son más amarillo que en otros países.

Conocida también como:
◇ clavel de oro

Conocida en otras regiones como:
◇ amaranto (Yucatán)
◇ damiana (Sinaloa)
◇ marilópez (Oaxaca)
◇ peludilla (Chiapas)

CALLO DE HACHA

Molusco cuya concha es de forma similar a un hacha o abanico, su callo blanco es suave y muy apreciado. En México se encuentran dos especies.

• *Atrina rigida*

Posee concha café y borde interior aperlado, mide unos 20 cm de largo. La parte comestible es el callo que se encuentra en el interior, pequeño, blando, de consistencia y sabor suave. Se considera muy fino y se come crudo con gotas de limón, empanizado, en cocteles, cebiches y frito. Se le captura todo el año en el Golfo de México.

• *Pinna rugosa*

Es similar al anterior, de concha traslúcida color amarillo claro. En su superficie se ven siete costillas color pardo o gris oscuro. Su interior es café oscuro, lustroso y nacarado. Se le encuentra en el mar, barras, lagunas costeras y esteros. Son omnívoros y miden en promedio unos 30 cm de largo y 15 de ancho. Se capturan en las costas del oeste de Baja California Sur y el Golfo de California, hasta el centro sur del Pacífico, todo el año, especialmente de abril a noviembre. Se vende fresco con o sin concha y congelado. Su carne es algo fibrosa y correosa y su preparación es similar a la del anterior.

Conocido también como:
◇ concha hacha
◇ hacha china
◇ hacha larga
◇ pluma de mar

CALLO DE LOBINA

Tipo de cebiche preparado con trozos de filete crudo de lobina mezclados con pepino, cebolla morada, jugo de limón, chile piquín, salsa picante comercial, sal y pimienta; se acompaña con tortillas de maíz tostadas. La preparación es muy similar a otros cebiches de la región, pero es peculiar el tratamiento que le dan al pescado: a los trozos de filete se les pone sal, se mezclan con hielo, se dejan reposar una noche y se enjuagan en abundante agua antes de preparar el callo. Es muy socorrido en las carretas de mariscos y coctelerías de Culiacán, Sinaloa, de donde es típico.

CALLOS A LA OAXAQUEÑA ◆ menudo

CALOSTRO

Nombre que se le da a la primera leche que produce la vaca después del parto. Para los mexicanos que tienen acceso a ella es muy apreciada. Se hierve con agua, moviendo mientras se cuece para que no se pegue, y conforme se va cociendo se forman grumos que se separan del suero. Luego se exprime y se obtiene un producto con consistencia similar a la del requesón.

CALPIC

Salsa sencilla de jitomate con chile que se come con tortillas cuando no hay frijoles ni verduras. La preparan los motozintlecos de Chiapas.

CALPULTAMAL ◆ tamal de capulín

CALTUNIT ◆ quintonil

CALZONCILLO O CALZONERA ◆ hongo gachupín grande

CAMAHUA

GRAF. camagua. Del náhuatl *camahuac*, amarillear, madurar. Término que diversos pueblos indígenas nahuas utilizan para referirse a frutos inmaduros.

→ elote camahua, sazón

CAMARÓN

Crustáceo de agua salada o dulce, de tamaños diversos según la especie. Vivo o crudo es gris verdoso o azulado, pajizo o café claro y al momento de ser cocido se torna rojizo. En las aguas de los ríos y en ambas costas mexicanas los camarones habitan de forma natural, pero actualmente la mayoría de los que se comen crecen de manera artificial, tanto en el mar, como en esteros o granjas. Se producen y pescan diferentes tipos de camarones en México. Con los camarones se hacen un sinnúmero de platillos regionales: al mojo de ajo, al ajillo, a la diabla, enchipotlados, para pelar, en caldos y sopas de mariscos, huatapes, adobos, escabeches, cocteles y cebiches. Se recomienda comprarlos frescos, con la cabeza firmemente unida al resto del cuerpo, aunque la mayoría se venden congelados y sin cabeza (hay quien lo descongela para venderlo supuestamente como fresco). Para prepararlos se debe retirar la vena intestinal negra ubicada a lo largo del cuerpo y la cola del camarón. Resulta notorio que en recetas tradicionales el camarón se ocupa con su caparazón e incluso con la cabeza porque da más sabor al caldo o guiso. Cuando está seco, la cabeza y los caparazones se emplean para incrementar el sabor de los preparados. Del camarón seco existen un sinnúmero de recetas tradicionales. El camarón ha sido muy apreciado desde la época prehispánica y aunque no se sabe con certeza su nombre, se cree que los mexicas llamaron *chacalli* o *chacallin* a los grandes y *zoquichacalli* a los chicos. Su consumo se consideró exquisito como se describe en varias crónicas. Para los mexicanos actuales, el camarón es uno de los ingredientes favoritos. Su producción genera importantes divisas, inversiones y empleos en nuestro país. Su tamaño y características lo hacen competitivo en los mercados internacionales. Los principales estados productores son Sinaloa, Sonora, Campeche, Tamaulipas y Oaxaca. El 40% de la producción total organizada se consume en el país, y el 60% restante se destina a la exportación, aunque también existe un porcentaje que no se cuantifica, pues es el producto de la captura informal para consumo propio o local por pescadores de pequeñas comunidades; lo mismo ocurre con el camarón de ríos y riachuelos. En los mercados organizados se clasifican por el tamaño de las piezas; el más grande es el colosal, seguido del jumbo y el extralargo. En los supermercados lo clasifican con la letra U y algún número como 6, 12 o 15, para indicar el número de unidades por libra. Normalmente se venden en marquetas de cuatro libras. A continuación se mencionan algunos de los que más se consumen.

• El camarón café que habita en el Golfo de México, *Farfantepenaeus aztecus*, es de color pardo con cola ligeramente azulada. Cuando adultos son muy activos durante la noche y en el día se entierran en la arena; se encuentran cerca de las costas y hasta a 100 m de profundidad, donde existen lodos arenosos mezclados con fragmentos de concha. Los mejores meses de captura son de junio a septiembre, especialmente en la zona de Campeche. El macho alcanza 19 cm y la hembra 23, pero los más comunes son de 15 cm.

• El camarón café del Pacífico, *Farfantepenaeus californiensis*, es de color pardo o gris, aunque esto varía dependiendo del tamaño o del ambiente donde habita. Algunos de ellos por su tono más claro, como *Farfantepenaeus brevirostris*, son llamados camarón cristal en los supermercados y por los proveedores, siendo muy apreciados en el ambiente restaurantero. Gran parte se obtiene de cultivos en estanques costeros; su veda anual va del 15 de junio al 15 de septiembre, el resto del año se puede capturar. Generalmente mide unos 10 cm de largo y alcanza hasta los 24 cm.

• El término camarón pacotilla se aplica a camarones que no alcanzaron el tamaño de clasificación para la venta de calidad, aunque se trate de las mismas especies. Existen al menos dos tipos de camarón pacotilla: el grande, que puede medir hasta 7 cm de largo, y el chico, que es muy pequeño y no rebasa los 2 cm. Casi siempre se encuentran precocidos y pelados. Se utilizan principalmente para cocteles, cebiches y rellenos.

• El camarón de roca o de piedra, *Sicyonia disdorsalis* y *Sicyonia penicillata*, recibe este nombre porque para abrir su caparazón se debe golpear con una piedra o roca. Es un camarón que se considera de baja calidad pero, al igual que el pacotilla, es muy sabroso para cocteles y cebiches.

• El camarón reculador, *Austrocambarus llamasi,* se consume en Veracruz, sobre todo en Coatzacoalcos. Se utiliza para elaborar caldos, sopas, tamales y otros platillos.

En el Pacífico mexicano también se capturan las siguientes especies: el camarón azul, *Litopenaeus stylirostris* en Sonora y la parte alta del Golfo de California; el camarón blanco *Litopenaeus vannamei* en los estados de Sinaloa y Nayarit; el camarón blanco del sur, *Litopenaeus occidentalis* en las costas de Oaxaca y Chiapas.

111

También se consume el camarón moya, *Macrobrachium tenellum*, variedad de agua dulce que se utiliza en todo el país.

Conocido también como:

◇ camarón caqui (*Farfantepenaeus californiensis*)
◇ camarón de Campeche (*Farfantepenaeus aztecus*)
◇ camarón gigante (*Farfantepenaeus aztecus, Farfantepenaeus californiensis*)
◇ camarón grande (*Farfantepenaeus aztecus, Farfantepenaeus californiensis*)
◇ camarón moreno (*Farfantepenaeus aztecus*)
◇ camarón pardo (*Farfantepenaeus aztecus*)
◇ camarón pata amarilla (*Farfantepenaeus californiensis*)
◇ camarón restaurantero (*Farfantepenaeus aztecus, Farfantepenaeus californiensis*)
◇ camaronzote (*Farfantepenaeus aztecus, Farfantepenaeus californiensis*)
◇ langostino (*Macrobrachium tenellum*)

→ langostino

CAMARÓN CHACAL ◆ acamaya

CAMARÓN DE CASTILLA ◆ langostino

CAMARÓN DE RÍO

Camarón de agua dulce que es recolectado en ríos para venta y consumo personal. De tamaños irregulares, se preparan de la misma forma que cualquier tipo de camarón de agua salada en muchos estados del país. En la región nahua del norte de Veracruz se prepara en una sopa con calabacitas tiernas, tomate verde molido, ajo y comino.

→ acamaya

CAMARÓN MAYACASTE ◆ mayacaste

CAMARÓN PRIETO ◆ acamaya

CAMARÓN SECO

Camarones brevemente cocidos, salados y secados bajo el sol. Se venden con cabeza y barbas. Abundan durante la cuaresma, Semana Santa y Navidad debido a que en estas fechas son muy populares las tortitas de camarón que lleva el revoltijo. El resto del año se acostumbra añadirlos a diversos guisos como pipianes, tamales, arroz, mole, sopa, tortitas y frijoles blancos. También se

utilizan para preparar el famoso caldo de camarón o consomé de camarón que ofrecen en las cantinas como parte de la botana. Dependiendo de quién cocine, los camarones suelen no pelarse excepto cuando son grandes; por lo general se les arranca la cabeza y las partes que no se desean utilizar. También se pueden moler para hacer polvo especial para las tortitas o bien para preparar la base del caldo. Los camarones pueden remojarse en agua fría para facilitar su pelado. Cabe aclarar que los guisos preparados con camarón seco son salados y tienen un gusto particular. Son famosos los que se capturan en el Istmo de Tehuantepec, y son ingrediente indispensable cuando se hacen tamales, guisos, cebiche y tortitas de camarón.

→ gueta bi'nguí'

CAMARÓN SECO CON CAMOTE AMARILLO

Platillo preparado con achiote disuelto en vinagre y cebolla, ajo y comino licuados. Esta preparación se sofríe en aceite o manteca de cerdo y se le agrega camarón seco, camote amarillo partido en trocitos, jugo de naranja o limón y cabezas de camarón molidas. Los totonacas de la costa veracruzana acostumbran acompañarlo con arroz blanco.

CAMARONES A LA DIABLA

Preparación de camarones cocidos en agua, mantequilla o aceite que se añaden a una salsa generalmente elaborada con catsup, chiles chipotles adobados y jugo de naranja. Este guiso puede encontrarse sobre todo en las costas de Sinaloa y Sonora. Con esta base las variaciones son infinitas; a veces la catsup se reemplaza por puré de tomate, los chiles chipotles por chile ancho, mirasol de árbol, y el jugo de limón por vino blanco o cerveza. En algunos casos incluso pueden añadirle crema o leche.

CAMARONES ADOBADOS

Guiso de camarones en salsa de chile ancho o chipotle. Se acompaña con tortillas, tostadas o galletas, como cualquier coctel. En Tuxpan, Veracruz, se acostumbra comerlos como botana con hojas de lechuga y jitomate.

CAMARONES AL MOJO DE AJO

Platillo elaborado con camarones salteados en aceite de oliva con abundante ajo picado. Normalmente se sirven con bastante aceite de oliva, porque tiene mucho sabor, y es usual que los comensales remojen las tortillas o el pan con este aceite. No debe extrañar que los camarones se sirvan con todo y su caparazón. Ésta es una de las formas en que más se consumen los camarones, y con pequeñas variantes se pueden encontrar en cualquier parte del país.

CAMARONES AL TAMARINDO

Platillo elaborado con camarones salteados en mantequilla o aceite, bañados con una salsa elaborada con pulpa de tamarindo, cebolla, caldo de pollo o ternera, fécula de maíz y pimienta. Se preparan comúnmente en Baja California Sur, específicamente en La Paz, donde a la base mencionada suelen agregarle un poco de ron, brandy o chipotles adobados; en todos los casos resulta una salsa agridulce que, se dice, tiene influencia oriental, aunque la utilización de la salsa y el servicio pueden ser al estilo francés. Es una receta restaurantera, es decir, no se prepara de manera casera. De esta misma forma también se preparan medallones de filete de res en salsa de tamarindo. Estas formas de guisar se consideran típicas porque desde hace varios años se acostumbran en la ciudad.

CAMARONES AL TEQUILA

Platillo elaborado con camarones flameados con tequila y acompañados con alguna de las siguientes guarniciones: salsa verde de tomate, salsa roja de jitomate, chiles secos rojos, o frutas como el mango. Este platillo, de reciente creación en los restaurantes, se le atribuye a Jalisco por el uso del tequila.

CAMARONES BARRA VIEJA

Platillo hecho con camarones cocidos en una salsa preparada con chiles guajillo y chipotle, cebolla, ajo, jitomate, pimienta y caldo de pescado. Es una de las tantas formas típicas de encontrar los camarones en Barra Vieja, Guerrero.

CAMARONES EMPANIZADOS

Platillo hecho con camarones pelados, pasados por jugo de limón, harina, huevo y pan molido y, posteriormente, fritos. Generalmente se sirven como botana o plato fuerte, acompañados por una salsa de mesa tradicional y con arroz o ensalada de verduras. Es una de las formas más comunes de comer los camarones.

CAMARONES EN ACUYO

Guiso de camarones con salsa de acuyo, chile jalapeño, ajo y cebolla. Se sirven calientes y se acompañan con arroz blanco y tortillas. Se consumen principalmente en Alvarado, Veracruz.

CAMARONES EN AJONJOLÍ

Preparación elaborada con cabezas de camarones secas molidas con ajonjolí y chile chiltepín seco; el polvo resultante se fríe en manteca de cerdo, se le añade agua y el cuerpo de los camarones. Es un guiso típico de los totonacas de la costa norte de Veracruz.

CAMARONES EN ESCABECHE

Preparación elaborada con camarones cocidos en vinagre blanco, ajo, orégano y laurel, entre otros condimentos. Son típicos de Campeche, en donde se cocinan los pulpos y los ostiones de manera semejante. En Tuxpan y Tamiahua, Veracruz, así como en Tampico, Tamaulipas, se prepara una receta única en su estilo, ya que el escabeche no es claro como en el resto del país, sino que es una salsa roja y espesa de chile ancho, vinagre, pimienta, canela, clavo, comino, cebolla, ajo y laurel que recuerda a los adobos que se utilizan para la carne de cerdo del centro del país.

CAMARONES ENCHIPOTLADOS

Platillo elaborado con camarones guisados en una salsa preparada con chile chipotle, jitomate, cebolla, ajo, orégano, tomillo y laurel; es una salsa picosa y dulzona, de color rojo oscuro o café, según el tipo de chipotle que se utilice. Se sirven como entrada o plato fuerte, acompañados con arroz blanco. Son tradicionales en el Sotavento de Veracruz. Conocidos también como camarones en chipotle.

CAMARONES RELLENOS

Platillo elaborado con camarones gigantes abiertos a lo largo, rellenos de queso y envueltos en tocino; generalmente se acompañan con una ensalada de lechuga, jitomate, pepinos y rábanos. Es una especialidad que se encuentra en los restaurantes de pescados y mariscos de Mazatlán y las costas de Sinaloa. A veces los anuncian como camarones sinaloenses, aunque los rellenos pueden ser variados y los camarones estar capeados.

CAMARONES SECOS CON FRIJOLES BLANCOS

Guiso elaborado con camarones secos, frijoles blancos, cebolla, ajo, jitomate y hierba santa. Platillo de la región de la costa

de Oaxaca que toma diferentes modalidades en otras partes del estado, donde se acostumbra particularmente durante la cuaresma. También se acostumbra comer en Chiapas.

CAMARONES VERDES

Camarones dorados y guisados, primero en una pasta de ajo y sal, y después con una salsa de tomate verde de chile jalapeño, hierba santa y hoja de aguacate. Es un platillo típico de Veracruz que refleja mucho de la esencia de su gastronomía por el uso del marisco y los chiles jalapeños.

CAMATA ◆ kamata

CAMAYA ◆ acamaya

CAMICHÍN (*Ficus pertusa*)

Del náhuatl *cuamichin*, *cuáhuitl*, árbol y *michin*, pez. Fruto de la familia de las moráceas, del árbol del mismo nombre. Tiene forma globosa y es rojo o morado. Se consume en Jalisco.

CAMOTE (*Ipomoea batatas*)

Del náhuatl *camotli*. Tubérculo de la familia de las convolvuláceas, de la planta del mismo nombre. Éste se cultiva en climas cálidos y crece de 30 cm a 2 metros de alto; tiene tallos rastreros y trepadores y flores blancas o moradas. El tubérculo es irregular, voluminoso, alargado y puntiagudo en los extremos, de corteza parda, amarilla, morada o rosada, dependiendo de la variedad. Mide de 25 a 30 cm de largo. El tono más común de pulpa es blanco, aunque existen también variedades amarillas. Son de textura harinosa y sabor azucarado, ricos en almidón. Existen controversias sobre su origen. Una versión es la de Paul Rivet, quien dice que llegó en tiempos precolombinos de Oceanía a América y se domesticó en las cuencas del Orinoco y del Amazonas; después llegó a México, donde fue ampliamente cultivado y utilizado por las culturas mesoamericanas quienes lo consumían cocido, crudo y asado principalmente, en donde hoy se sitúan los estados de Querétaro y Puebla. Actualmente en todo el país existe un sinnúmero de preparaciones elaboradas con camote, especialmente como dulce. En muchos lugares se prepara dulce de camote en forma de papilla o pasta suave con azúcar o piloncillo, en ocasiones mezclado con otras frutas como guayaba, piña o coco; también buñuelos de camote. Desde la época virreinal los camotes poblanos han gozado de gran reputación. En Tabasco se cocinan todo tipo de dulces de camote, entre ellos la rabia. En Yucatán, en maya se le conoce como *iis* y se acostumbra prepararlo atropellado. En el Distrito Federal son famosos los camoteros que se anuncian con un silbido de vapor de agua producido por el carrito donde los transportan y venden. Los sirven en papel de estraza, generalmente bañados con miel o leche condensada. En Guerrero se come hervido o con piloncillo, como dulce o conserva. En Tabasco y Chiapas se rebana y fríe igual que la papa, y además se incluye en caldos y pucheros. En Chiapa de Corzo, el camote blanco se pone al sol de dos a tres días, luego se rocía con bastante azúcar y se mete al horno. En los estados de la costa del Pacífico, el camote en miel o en dulce se acostumbra en el desayuno acompañado con leche igual que la calabaza en dulce.

→ atropellado

113

CAMOTE ACHICALADO

Dulce de camotes cocidos en miel, originario de Querétaro, donde se prepara tradicionalmente cristalizando el camote blanco con miel de azúcar y limón, procedimiento que se repite durante tres días para después orearlos al sol. Es muy común comerlo en el desayuno acompañado con leche. En otra variante, los camotes se hornean tapados para que se cuezan parcialmente con su mismo jugo, después se bañan constantemente con miel que absorben lentamente hasta el final de la cocción; en la actualidad la miel más utilizada es la de piloncillo, y el camote más usado es el de pulpa blanca y piel morada. Suelen servirse en rebanadas o trozos bañados con su misma miel a manera de postre o dulce. Este dulce también se consume en todo el estado de Guanajuato, y son especialmente famosos los que se hacen en Tarandacua. En Colima y Nayarit se acostumbra servir como desayuno o cena y lo acompañan con un vaso de leche; mientras que en el resto del país se come más como dulce o golosina.

Conocido también como:

◇ achicaladitos
◇ camotes en miel
◇ camotes enmielados
◇ dulce de camote

CAMOTE BLANCO ◆ cabeza de negro

CAMOTE DE CERRO ◆ gualacamote, ñame

CAMOTE DE HUICHICATA ◆ mafafa

CAMOTE DE MALA MUJER

Dulce elaborado con el camote o raíz de la planta llamada mala mujer, cocido en agua con piloncillo hasta que se suaviza y se obtiene una consistencia de miel. Lo preparan los pames de Querétaro.

CAMOTE HORNEADO

Dulce que se prepara dejando asolear el camote durante cinco días para que concentre sus azúcares, para después guardarlo en la sombra otros tres antes de hornearlo. Es un postre originario de Villa de Acala, Chiapas, aunque también se acostumbra comer en Chiapa de Corzo. Se elabora principalmente de octubre a febrero, cuando se cosecha el camote.

CAMOTE MALANGA o CAMOTE MALANGO ◆ malanga

CAMOTE POBLANO

Dulce de pulpa de camote cocida en almíbar hasta que espesa. La pulpa de camote puede ir sola o mezclada con piña; en cualquier caso, los ingredientes se cuecen, se muelen y se cuelan; después, la mezcla se deja enfriar y se trabaja con las manos para formar una especie de puros que se dejan orear y asolear por lo menos un día. Después, se bañan con un almíbar espeso para que se les forme una ligera costra. Los camotes con sabor a fresa, limón, naranja, guayaba o piña pueden tener el jugo de la fruta correspondiente, aunque con frecuencia sólo llevan saborizante y color artificial. Se envuelven en papel encerado y se guardan para su venta en cajitas que contienen generalmente una o dos docenas de piezas. Muchos visitantes compran estos famosos camotes para llevar como regalo o recuerdo de la ciudad de Puebla. En este estado también se le llama camote de Santa Clara, nombre del convento donde supuestamente se inventó este dulce.

Conocido también como:

◇ camote
◇ camote de Santa Clara
◇ dulce de camote

CAMOTE TATEMADO

Dulce preparado con camote asoleado durante varios días para que la piel se reseque, que después es colocado sobre las brasas del horno de leña. Mientras se cuece, el camote suelta su propia azúcar. Este tipo de dulce se prepara en muchas partes del país y es muy tradicional en la región del valle de Apatzingán, Michoacán.

CAMOTE VOLADOR ◆ papa voladora

CAMPANAS DE NAVIDAD

Postre elaborado con harina, mantequilla, yemas de huevo, azúcar y almendra picada. Con los ingredientes se forma una masa que se extiende para cortar galletas con forma de campana. Se acostumbran en la temporada navideña en Veracruz.

CAMPANITA ◆ hongo campanita, hongo corneta

CAMPECHANA

Pan de dulce elaborado con masa de harina de trigo, azúcar, sal, agua y manteca vegetal o de cerdo, que después de trabajarla, aplanarla y cortarla, recuerda un poco a la pasta de hojaldre. Ya cortada se espolvorea con azúcar que al hornearse se carameliza y abrillanta el pan, el cual tiene la apariencia de una galleta aplanada, grande, crujiente y quebradiza. No es exactamente originaria de Campeche, pero se sabe que este tipo de pan se ha preparado desde hace muchas décadas en ese estado y también en Yucatán, desde donde se ha difundido a diferentes regiones del país; es un pan muy común en el centro de México. A veces se pueden encontrar campechanas redondas, cuadradas, rectangulares u ovaladas, pero siempre se trata de un pan hojaldrado muy crujiente.

CAMPECHANO

Término que significa que alguna preparación está combinada o mezclada. Entre ellas encontramos el coctel campechano, la cerveza campechana, la cuba campechana y los tacos campechanos.

CAMPECHE

Estado que junto con los estados de Quintana Roo y Yucatán conforman la península de Yucatán; colinda al norte con el estado de Yucatán, al este con Quintana Roo, al sur con Guatemala y Belice, al suroeste con Tabasco y al oeste con el Golfo de México. Campeche fue fundado como estado libre y soberano el 11 de diciembre de 1861; se divide en 11 municipios y su capital es la ciudad de Campeche. La civilización maya ocupó el territorio donde se encuentra actualmente la península de Yucatán. La base de su alimentación es el maíz, el cual se prepara de varias formas: en tortillas, atole, pozol y tamales. Se complementa con el cultivo de productos de la milpa y árboles frutales como: aguacate, chicozapote, anona, ciruela, papaya, nanche, entre otras.

Fuerte de San Miguel, Campeche

En la región habitan también comunidades jacaltecas, kanjobales y mames cuya alimentación base es similar a la maya. La principal actividad económica del estado es la minería, la cual aporta más del 50% de producto interno bruto (PIB) estatal; por su parte, el sector agropecuario representa poco más del 2%, sin embargo, Campeche es el primer productor a nivel nacional de miel y zapote, además de ocupar los primeros lugares en la captura de especies marinas como el jurel, el pulpo, el robalo, la sierra y la corvina. Dentro de las costumbres alimentarias campechanas ocupan un lugar importante las preparaciones a base de mariscos y pescados que se capturan en sus aguas; entre los mariscos que más consumen está el camarón, que se distingue por su calidad y sabor; de hecho, el camarón que se vende en los mercados regionales de los estados del sur y sureste del país se anuncia como "camarón de Campeche". Sirve como base para elaborar muchas especialidades regionales como los camarones en escabeche y el coctel de camarón; también se preparan empanizados, fritos, al mojo de ajo y de muchas otras maneras. No menos importantes son el pulpo y el calamar guisados en su tinta y en diversos escabeches. Los pescados son parte fundamental de un sinnúmero de platillos regionales; quizás el más representativo es el cazón, que se fríe o se asa y se utiliza como relleno de empanadas, salbutes, panuchos y del famoso pan de cazón. El pámpano se prepara empapelado, en verde y en escabeche, y cotidianamente se hace frito, al mojo de ajo y asado. Otras preparaciones a base de pescados y mariscos son: la cherna empanizada, los chiles *xcatik* rellenos de cazón (chiles rellenos), la cochinita de la mar en salpicón, la hueva de lisa, la manilla de sábalo, el macum, los bagres en pipián, el pámpano *poc chuc*, el pescado empapelado, el pescado en leche de coco o sere de pescado y el pescado en *tikin xik*. Algunas especialidades que se han desarrollado en el estado, no necesariamente a base de pescados y mariscos, son: el alcaparrado, el brazo de reina o albondigón, los calamares rellenos, el coctel campechano (coctel de mariscos), el hojaldre, los negritos, los panuchos, los sincronizados, los tamales colados, los tobiles, los tsaquitos y los volovanes. Es una tradición en Campeche que ciertos platillos se elaboren en días específicos de la semana, por ejemplo, los lunes se prepara puchero con recado blanco; los jueves se prefiere el bistec a la cazuela; los viernes se cocina el pescado fresco y los sábados se acostumbra el chocolomo. Algunos de los panes tradicionales son las campechanas, los cocotazos, los escotafís, las panetelas, los panes de agua, los panes de huevo, los panes de negros, los riñones y los suspiros. Con las frutas tropicales como el coco, el nanche, el marañón y el plátano se elaboran muchos dulces regionales, como el de nanche y el plátano evaporado, además de algunos licores como el de nanche y el de marañón. Debido al clima caluroso se preparan muchas bebidas refrescantes como el agua de cebada, el agua o refresco de chaya, la cuba campechana, la horchata de arroz y de coco, la polla, el refresco de marañón, así como nieves de todos sabores entre las que se distinguen el helado de crema morisca, el sorbete y el mantecado de cerdo. Debido a que los estados de Campeche y Yucatán comparten una historia cultural en común, la mayoría de los platillos que siempre se han considerado yucatecos también se preparan en Campeche. Por ello, conviene revisar los platillos de origen maya que se mencionan en la entrada correspondiente a Yucatán para completar este retrato de la cocina campechana. Es así que entre los principales antojitos y tamales campechanos encontramos: el brazo de mestiza, los codzitos, el *chay uah*, el *dzotobichay*, los joroches de cazón o tamales de cazón en hojas de maíz, el *muc bil* pollo, el papadzul, los panuchos campechanos, el pibipollo, los plátanos rellenos (empanadas de plátano), el queso relleno, los tamales al estilo Campeche, los tamales colados de gallina, de chaya, de pámpano, de pejelagarto, de cerdo en joloche, de venado pibil, los tamalitos de espelón y los tobiles. En la cocina de la península son importantes las salsas y recados (adobos) como el de adobo blanco o de puchero, de alcaparrado, de chilaquil, negro o de chilmole, rojo o colorado y el salpimentado; estos son base para la elaboración de cientos de platillos regionales, entre ellos encontramos el chiltomate o salsa de tomate colorado, el chulibul, el frijol *kabax*, el *ixguá*, el jolchoc o pico de gallo, el salpicón, la salsa *xnipec*, el *sikil pak* y el tomate tamulado. Existen varios platillos que se preparan con aves domésticas, animales de monte y carnes como: el adobo de cerdo, el armadillo en adobo de chile ancho, las butifarras, la cochinita pibil, el chilmole, los chorizos, el frijol con cerdo, la galantina, el *kab ik* de cerdo o venado, los *kivis*, el *kool* de pavo, el mondongo en *kab ik*, la morcilla, la paloma torcaza asada, el pastel de lujo, el pato con arroz, el pavo en escabeche, el pipián de venado pibil, el pollo pibil, el puchero de gallina, el *poc chuc*, el relleno blanco, el relleno negro, el salpimentado de pavo, el *tsik* de venado y el *tzanchac*. Algunos atoles y bebidas representativos del estado son: los atoles de maíz nuevo, de maíz remojado, de maíz tierno, de masa, de pepita gruesa y el atole usua, el chorreado, el holcatzín y la tanchucuá. Finalmente, existe también una variedad de dulces y postres como: alfeñiques, bienmesabes, ciruelas curtidas, dulces de ciricote, de icaco, de marañón, de nanche, de papaya verde, de pepita de calabaza y de tuxpana, huevos chimbos, manjar, nanches encurtidos, pasta de fruta, plátano evaporado y torta de plátano.

Centro Histórico de Campeche

115

CAMXÓCHITL (*Chiranthodendron pentadactylon*)
Árbol de hojas grandes, de forma ligeramente lobulada, de color verde oscuro en el envés y rojizas en el revés. Las hojas de camxóchitl se usan en Chiapas, y por extensión en Guatemala, para envolver ciertos tipos de tamal. Conocido también como árbol de las manitas.

CANAKE (*Quercus candicans*)
Árbol que mide hasta 20 metros de alto, con tronco y ramas gruesas. Sus hojas son redondeadas y de punta muy aguda, que jóvenes presenten mucho vello fino en el envés, y cuando maduran son de textura gruesa; estos pueden llegar a medir 20 cm de largo y hasta 20 cm de ancho. En Chiapas y Veracruz se registra su uso para envolver tamales en forma de cruz (una sobre otra).

Conocido también en Veracruz como:
◇ encino aguacatillo
◇ encino *ahuatl*
◇ encino blanco
◇ encino cenizo
◇ encino papatla

Conocido en otras lenguas como:
◇ *ahuahuaxtl* (Morelos)
◇ *canake* (mames; costa del Soconusco, Chiapas)
◇ *tamalahuatl* (Orizaba, Veracruz)

→ hoja de encino

CANANÉ ◆ tamal de sal

CANARIO ◆ hongo amarillo

CANATE
GRAF. canete. Ave de la familia de los patos que en invierno migra a México desde Florida, Estados Unidos. Se cocina como cualquier otro pato en la cuenca del río Papaloapan, Veracruz.

CANDÓ ◆ pitiona

CANELA (*Cinnamomum zeylanicum*)
Especia que se obtiene de la corteza de las ramas del canelo, árbol fragante, siempre verde, de florecillas amarillas y bayas púrpura, de la familia de las lauráceas, que crece en clima tropical húmedo. En estado silvestre alcanza 18 metros de altura, pero por razones comerciales se poda a 2 metros: así desarrolla más ramas que permiten obtener fácilmente una mayor cantidad de cortezas. Cada dos o tres años en la época de lluvias, cuando las ramas están flexibles, las de 4 cm o más de grosor son mutiladas desde la base para sustraer la corteza mediante incisiones longitudinales y transversales. Los trozos de corteza se ponen a secar durante un día para eliminar la parte externa, que es muy astringente; la capa interna se enrolla naturalmente. Los rollos, que adquieren un color café claro o pardo rojizo, se cortan en pedazos que se conocen como varas de canela o canela en ramas. La canela está íntimamente ligada a los sabores de México, pues es una de las especias más utilizadas en nuestra cocina y rebasa al mismísimo chile en versatilidad y formas de uso. Se emplea en preparaciones dulces, saladas y picantes, entre las cuales tenemos moles, adobos, pipianes, escabeches, guisos de carne de res, de pollo y de cerdo, caldillos, menudos del norte del país y todo tipo de picadillos para chiles rellenos.
Casi ningún postre de la cocina mexicana queda exento de canela: huevos reales, natillas, flanes, dulces de calabaza, guayaba y tejocote, arroz con leche, merengues y diversas frutas en almíbar. También en bebidas frías o calientes es un ingrediente muy importante; se añade al tradicional ponche de Navidad, al café de olla y a los atoles como el de piña o el champurrado; respecto a su uso en las bebidas frías, destaca la horchata. La preparación más sencilla es tal vez en infusiones, pero no la menos importante. Las abuelas y madres ofrecen todavía a los enfermos una dosis de esta preparación para el dolor de cabeza o de estómago, pues a esta infusión se le atribuyen todo tipo de propiedades medicinales. En nuestro país se cultiva en pequeña escala en los estados de Puebla, Veracruz y Chiapas; sin embargo, casi toda se importa, pues México es uno de los más grandes consumidores de canela en el mundo; algunas estadísticas señalan que se consume más de la mitad de la producción mundial, y hasta un 70% de la que produce Sri Lanka, nación de donde es originaria esta singular especia. En los puestos de los mercados populares de México se ven siempre grandes montones de canela.

→ caimito

CANELONES
Buñuelo de forma cilíndrica, hueco por dentro y espolvoreado con azúcar y canela. Es tradicional en el norte de Veracruz y los nahuas de esta región suelen acompañarlos con café. En el municipio de La Trinitaria, Chiapas, se hace de la misma forma pero se rellenan de manjar o crema pastelera.

CANETE ◆ canate

CANGREJO
Crustáceo del orden de los decápodos, que se acostumbra comer en diversos estados de la república mexicana. A continuación se describen algunas de las variedades más comunes.

• Cangrejo azul (*Callinectes arcuatus*)
Habita en costas tropicales y templadas, en aguas de bahías, lagunas costeras, esteros y desembocaduras de los ríos En los machos, las patas tienen un tono gris-azulado, y en las hembras las puntas de las patas son de tonalidad rojizo-anaranjada. Se preparan en caldo, cocidos o asados. Su hueva es muy apreciada y consumida; suele acompañarse con jugo de limón. Conocido en algunas regiones como jaiba.

• Cangrejo de roca moteado (*Cancer antennarius*)
Es de color café rojizo con manchas amarillas y rojas, de caparazón suave que llega a medir hasta 12.5 cm de largo, y que es fácil encontrar en cavidades de las rocas. Se consume fresco de manera local en Baja California.

• Cangrejo moro (*Menippe mercenaria*)
Tiene un caparazón oval y tenazas grandes y robustas. Adulto es color rojizo o café oscuro. Habita en las grietas y rocas hasta a unos 50 metros de profundidad y mide en promedio 12 cm, sin contar las tenazas. Se captura todo el año en el Golfo de México y el Caribe. Se vende fresco, entero o solo; sus tenazas son muy apreciadas por su carne fina y suave. De hecho, en muchas marisquerías sólo se venden las manos de cangrejo moro para pelarlas en la mesa y comerlas con limón, sal y salsa. Su carne se utiliza también en caldos de mariscos, cocteles y cebiches, y en muchos lugares se ocupa de manera similar a la jaiba.

→ jaiba

CANI ◆ amaranto, quintonil

CANILLA

Pan de dulce de textura crujiente. Su superficie lleva azúcar caramelizada y su forma es similar a una canilla. Es tradicional del puerto de Veracruz y suele servirse en El Gran Café de la Parroquia. En Oaxaca, en la región de los Valles Centrales, se puede encontrar otra variedad de pan de dulce con el mismo nombre, cuya forma también se asemeja a una canilla. Suele acompañarse con chocolate de agua.

CANTEMÓ ◆ arí

CANTINA

Establecimiento donde se venden bebidas y algunos alimentos. La palabra proviene del italiano y significa bodega o sótano, que es el lugar donde se guarda el vino para el consumo de la casa. Esta explicación nos acerca al origen de nuestras cantinas, pues está claro que no siempre fueron lugares tan establecidos como ahora y que en el pasado fueron pequeñas, escondidas y hasta clandestinas. En una cantina se vende todo tipo de bebidas alcohólicas, como whisky, ron, coñac, tequila y cerveza. En muchas cantinas también se tienen licores especiales. Aunque pueden llegar a vender cocteles, como la cuba, no son la especialidad. La cantina no es solamente un lugar dónde beber, pues una parte integral de estos establecimientos es también la comida; en ellas preparan muchos tipos de botanas, tortas, tostadas, guisos caseros, incluso cortes finos de carne de res, cabrito, criadillas y milanesas. Cuando llegan los clientes les sirven la primera ronda de bebidas y el mesero lleva a la mesa cacahuates tostados o alguna otra botana para picar. En el caso de que sea el mediodía o la hora de la comida, generalmente se sirve el menú del día, compuesto por algún caldo, un guiso y otros alimentos. Los caldos generalmente son de pollo, camarón o res, y por lo regular son picantes. Los guisos caseros suelen ser: albóndigas, asado de res, bisteces en salsa de chile pasilla o encebollados, que se acompañan con frijoles de la olla o refritos o con arroz rojo. En muchas cantinas los alimentos no se cobran, pues se sirven mientras se consumen las bebidas. Si el cliente desea pedir algo especial de la carta, como un corte de carne, criadillas, machitos o cabrito, entonces se le cobra por separado. No hace muchos años todavía en muchas cantinas se acostumbraba regar aserrín por el piso para absorber los líquidos de las bebidas y la grasa de la comida, costumbre que ha desaparecido casi por completo. De acuerdo con Salvador Novo, las cantinas y los bares formales empezaron a surgir durante el gobierno de Porfirio Díaz. Con la aparición de las cantinas, desaparecieron las antiguas vinaterías, que eran los lugares donde se vendía vino desde la época de la Colonia. Para los mexicanos de hoy, las cantinas son un lugar para relajarse y tomar la copa, platicar con los amigos, comer o jugar dominó. Tomando como referencia el Distrito Federal, se puede decir que existen cantinas para todo tipo de bolsillos, desde las más elegantes hasta las más populares. Aunque no existe una clasificación formal de los diferentes tipos de cantinas, aquí se explicará el estilo de algunas de ellas. Además de comer y beber, en las cantinas se juega con los amigos. En muchas de ellas hay mesas cuadradas con patas de madera muy gruesas; si se observa con cuidado, se puede ver que en cada pata hay una especie de repisa muy pequeña. Esta repisa se utiliza para colocar el vaso de la bebida mientras se juega, pues después de que se ha comido, los comensales continúan bebiendo y empiezan con el juego; para ello se retiran todos los platos, los vasos se colocan en sus repisas correspondientes y sobre la superficie de la mesa se juega dominó o cartas. El juego es sólo para pasar el tiempo y divertirse un rato, pues la mayoría de las veces sólo se juegan unos cuantos pesos. En algunas cantinas se presentan espectáculos de variedad, especialmente a la hora de la comida, que comienza hacia las dos de la tarde y se prolonga hasta las seis, aunque hay algunos clientes que se pueden quedar por más horas. Después llega otra oleada grande de clientes para la cena, quienes se quedan hasta la madrugada o hasta que cierra el establecimiento. Otro tipo de cantinas tienen dos tipos de salones; en uno entran únicamente varones, porque ahí hay juego y el ambiente suele ser pesado. En el otro entran mujeres solas o acompañadas de sus esposos, o grupos de compañeros de trabajo; el ambiente es más relajado, casi familiar. Algunas cantinas son de grandes proporciones y pueden albergar a varios cientos de clientes; de hecho, hay algunas que son hasta de dos pisos, que ocupan todo un edificio o casi una cuadra completa. En la parte antigua del Distrito Federal, en el Centro Histórico, existen cantinas de gran tradición, muchas de ellas datan desde principios del siglo XX. En ellas las barras son de madera tallada y hay sillas y mesas de madera. La decoración recuerda el gran esplendor que tuvieron hacia los años cincuenta. Las botanas y los alimentos suelen ser más especializados y el servicio de meseros más eficiente y relajado. Coloquialmente se denominan cantinas antiguas. En provincia existen cantinas de este tipo en las que se sirve normalmente la comida típica de la región. En diferentes pueblos y ciudades de las costas del Pacífico y el golfo existen cantinas cuya especialidad son los pescados y mariscos. En algunos casos pueden resultar verdaderos paraísos gastronómicos, pues sirven manos de cangrejo moro, chilpachole de jaiba, caldos de pescado, cebiches y cocteles de mariscos, entre muchos otros platillos.

→ cervecería, pulquería

CANUTO NEVADO

Cilindros de hojalata rellenos de nieve. Se preparaban sobre todo a principios del siglo XX en Oaxaca. Cuando se trataba de una ocasión especial como fiestas o bautizos se hacían en forma de peras o pirámides y se servían acompañados por carlitos, muéganos, turrones y roscas.

CAÑA (*Saccharum officinarum*)

Planta de la familia de las poáceas que mide de 4 a 5 metros de altura, su tallo es recto y cilíndrico y mide de 3 a 5 cm de diámetro. Se divide en cañutos o entrenudos separados por tabiques de fibra entrelazados. Del tallo se extrae el jugo que se emplea para la producción de azúcar mascabado, el piloncillo o panela, azúcar morena, blanca o refinada, cada una con usos diferentes. La caña es también muy apreciada como fruta y en todas las regiones de México la gente gusta de masticar trocitos de caña pelada por su dulzura. Incluso por las calles hay vendedores ambulantes que expenden bolsitas de caña pelada. En los estados del centro del país las cañas forman parte del relleno de las piñatas en las posadas de diciembre y no puede faltar en el ponche. También el jugo de caña se toma en las regiones tropicales de México e incluso en la capital se venden los vasos de jugo de caña con mucho hielo. Es una bebida verde oscura, casi café, muy dulce y refrescante. Los conquistadores españoles la introdujeron a México hacia 1523. El azúcar de caña modificó las costumbres alimenticias de los descendientes de los antiguos mexicanos, aunque en el México prehispánico existían endulzantes obtenidos de la abeja pipiola, las hormigas mieleras, el jugo de la caña de la planta del maíz y la miel del maguey; éstos se vieron fácilmente rebasados por la abundancia de azúcar que podía producir la caña. Con la caña se empezaron a elaborar muchos dulces de los que antes no se tenía noticia, así como el alcohol de caña, el ron y otras bebidas. Conocida también como caña de azúcar.

CAÑA AGRIA ◆ acedillo

CAÑA DE MAÍZ

Tallo principal de la planta del maíz. Se utiliza para preparar atole, para obtener azúcar, como forraje para animales de carga y como material de construcción para enramadas o bardas. Conocida en Sonora y el norte del país como cañajote.

CAÑAS ASADAS

Caña dulce asada y pelada que se corta en cuadros y se vende en bolsas como golosina durante la época de la zafra en Tepic, Nayarit.

CAPAR

Cercenar o podar ciertas partes anatómicas de animales o plantas para impedir su reproducción. Los agaves se capan para impedir que el quiote pueda sostener las flores que le permiten a la planta reproducirse. Lo anterior con el fin de conservar toda la energía, azúcares y proteínas en la piña de la planta para, de esa forma, poder producir mezcal.

CAPEADO DE PESCADO

Pescado capeado y bañado con un mole de chile guajillo, jitomate, cebolla, clavo, comino y pasas. Se acompaña con frijoles, salsa de chile canario o chile cera. Es un platillo típico de los nahuas de la región de Zongolica, Veracruz, que se ofrece en las fiestas de la mayordomía en Semana Santa.

CAPEAR O BALDAR

Cubrir un alimento con huevo batido para freírlo. Las claras de los huevos se separan y se baten hasta que forman picos suaves. Luego se añaden las yemas una a una sin dejar de batir, hasta que la mezcla queda amarilla y homogénea. Después se sumerge el alimento en el huevo batido para que quede totalmente cubierto y se fríe hasta que el huevo esté cocido y dorado. Casi siempre se sumerge enseguida en caldillo de jitomate o en alguna otra salsa o guiso. Algunos acostumbran agregar sal o azúcar mientras baten las claras de huevo; la sal es para los platillos salados y el azúcar para los postres. También suele añadirse harina al preparado para darle mayor consistencia a la capa; la mayoría de los cocineros lo ven como algo normal y otros no lo consideran apropiado. Muchos platillos mexicanos son capeados, como los chiles rellenos, los chiles en nogada y las tortitas, entre otros platillos salados, y postres como el caballero pobre o las torrejas.

Conocido en algunas regiones como:
◇ baldar (Chiapas, Istmo de Tehuantepec, Tabasco)
◇ lamprear (Chiapas, Tabasco)
◇ rebozar

CAPIRE O CAPIRI ◆ tempesquistle

CAPIROTADA

Postre preparado con rebanadas de pan fritas, empapadas en miel de piloncillo o leche y adornadas con diferentes frutas secas como almendras o pasas; a veces también contiene queso. A pesar de que es un postre muy antiguo, no se sabe con exactitud desde cuándo se prepara y la única similitud con las capirotadas españolas, que son aderezos salados con huevo y ajo, es la de empapar el alimento con el aderezo.

• En Baja California Sur es un budín de pan, queso, jitomate, cacahuate y pasitas.

• En Comitán, Chiapas, las capirotadas se adornan con cacahuates, nueces, pasas y queso rallado y son muy frecuentes en las celebraciones de Independencia en septiembre.

• En Chihuahua existen dos variedades importantes; la más común es similar a las que se elaboran en el resto del país, de pan rebanado, frito y bañado con jarabe de piloncillo. Incluye cacahuates, nueces, pasas, grageas y queso fresco, ranchero, añejo o menonita. En Valle de Allende y otras partes del estado se hace una capirotada especial de preparación similar, pero con buñuelos muy delgados o sopaipillas en lugar de las rebanadas de pan. A la miel de piloncillo se le añade clavo, canela y anís.

• En Coahuila, las rebanadas de bolillo se fríen en mantequilla y aceite y se bañan con miel de piloncillo, canela, clavo y trozos de queso fresco. La mezcla se sirve en el plato y se adorna con grageas de colores (chochitos), almendra o nuez. El pan no se hornea con la miel, solamente se mezcla y se sirve.

• En Colima existe una añeja tradición de preparar capirotada. Antaño, únicamente se hacían con un pan especial de agua y sal. En la capirotada tradicional, llamada capirotada de agua, el pan se dora, se fríe, se acomoda en capas dentro de una cazuela, se baña en miel de piloncillo y se espolvorea con queso, pasas y almendras para hornearla. Su peculiaridad consiste en que la miel contiene jitomate y cebolla picados o rebanados, previamente fritos o crudos, que se cuecen en ella. Para hacer la capirotada de leche, los bolillos se fríen, se colocan en capas y se adornan con pasas y almendras; todo se baña con una salsa cocida preparada con leche, azúcar, canela, yemas de huevo y vainilla, se deja reposar y se sirve.

• En Durango se cocina una capirotada que contiene cacahuate, queso añejo, coco y colación.

• En Jalisco la capirotada se parece mucho a las del centro del país; en términos generales son rebanadas de birote empapadas con jarabe de piloncillo, saborizados con canela, clavos y pimienta gorda, a los que se les añaden pasas, cacahuates, almendras y queso Cotija. En este estado se prepara típicamente durante la cuaresma. Otra capirotada es la llamada capirotada con jitomate, que se prepara con rebanadas de pan frito bañadas con almíbar de leche preparado con canela, pimienta negra, clavo, pasas, almendras, nuez, azúcar y piloncillo; entre capa y capa se acomodan los frutos secos con rebanadas de jitomate y se adorna con queso añejo o Cotija para después hornearse.

• En Michoacán existen muchos tipos de capirotada con más o menos ingredientes, pero siempre se trata de pan tostado o frito en manteca de cerdo, bañado con miel de piloncillo, pasas y queso. A partir de esta base puede incluir casi cualquier otro ingrediente. En este estado, al igual que en Nayarit, el Distrito Federal y otras entidades, las capirotadas se elaboran en una cazuela de barro que se forra por dentro con una capa de tortillas de maíz para que proteja las rebanadas de pan y no se quemen; la tortilla no se sirve.

• En Nayarit la capirotada de agua es de bolillo con plátano macho, jitomate, cebolla y queso, con almíbar de piloncillo, canela y clavo. En la capirotada de leche, la miel de piloncillo se sustituye por leche endulzada con azúcar, canela y en ocasiones yema de huevo. Puede incluir queso rallado, pasas y otros ingredientes como higos confitados, orejones, biznagas, fruta cubierta, ciruelas pasas, almendras y cacahuates. Algunas personas decoran la capirotada con un turrón de clara de huevo que se dora ligeramente en el horno. Algunas de estas capirotadas se hacen con un pan regional llamado picón.

• En Nuevo León, al igual que en otros estados, se acostumbra comer durante la cuaresma; se prepara con rebanadas de bolillos fritas en manteca de cerdo, salsa de piloncillo con pasas, cebolla, tomates y queso fresco de cabra.

• En los Valles Centrales de Oaxaca se hacía con marquesote, almíbar de panela, almendras, cacahuate, pollo, cebolla y jitomate picado, y se horneaba en una cazuela tapada la cual se cubría totalmente por arriba y abajo con rescoldos de carbón caliente. Actualmente esta técnica se perdió y ahora la capirotada de Oaxaca se parece mucho a las del resto del país, es decir; rebanadas de bolillo frito bañadas con miel de panela y frutos secos como cacahuates y almendras.

• En San Luis Potosí se prepara una capirotada con leche que a veces denominan capirotada blanca, que consiste en rebanadas de pan dulce suave embebidas en una salsa inglesa o mezcla cocida de leche, huevos y Maizena®, y que se decora con pasitas. También se acostumbra la capirotada de piloncillo, que es la común.

• En la Huasteca veracruzana, específicamente en Tantoyuca, se emplean rebanadas de bolillo frito, miel de piloncillo, y a veces frutas secas. No cuenta con todos los ingredientes con que se hace en otras regiones.

• En Zacatecas se elabora con pan blanco duro rebanado y frito en manteca de cerdo, que se coloca en capas alternadas con queso, cacahuate, pasas, almendras, biznaga cubierta, nueces y miel de piloncillo o leche y se adorna con grageas. Estas capirotadas de agua y de leche también se preparan en Jalisco. Una capirotada única en su estilo es la que lleva rebanadas de pan fritas bañadas con caldo de frijol, a la que se le añade queso y se espolvorea con orégano.

CAPITAS

Tamales hechos de una capa de maíz, una capa de masa de frijol negro y a veces una capa más de otro ingrediente como calabaza cocida o masa de maíz con panela. Su nombre proviene del hecho de que las capas de masa de diferentes sabores se enciman una sobre otra y se enrollan o doblan. Todas las versiones se cuecen al vapor. Es una preparación de origen veracruzano, donde en cada región presenta diferentes formas e incluye distintos ingredientes. En el norte de Veracruz, los nahuas preparan las llamadas capitas de frijol molido con una capa de masa de maíz, otra de frijol cocido y molido mezclado con hierbabuena, cebollina, chile verde y manteca de cerdo. Ambas capas se unen y se enrollan, luego se cortan en pequeños trozos y se envuelven en hojas de maíz. Los nahuas denominan a este preparado con el nombre genérico de tlacoyo. Entre los totonacas de la costa del mismo estado, las capitas son tamales de laboriosa preparación, porque se elaboran con una masa de frijol negro molido y panela; de manera alterna se prepara otra masa de maíz molido en seco con panela y a veces se le agrega anís. Ambas masas se extienden, se juntan y se enrollan para luego cortar trozos y envolverlos en hojas de totomoxtle. Algunas personas utilizan también hojas de plátano o de cacao para envolver el tamal y que quede más suave. En el área de San Andrés Tuxtla este tamal se hace con tres masas de maíz de diferentes sabores. Una de éstas se mezcla con frijoles cocidos y molidos, otra se hace con calabaza cocida y la última con piloncillo. Se preparan tortillas con cada una de ellas, se colocan una sobre otra, se doblan en cuatro y tradicionalmente se envuelven en hojas de árbol de canela. Se acompañan con café. Conocidos también como tamales de capita.

CAPOMO ◆ ojite

CAPÓN

Guiso preparado con xoconostles, tomate, cebolla, ajo, cilantro y chile pasilla o algún otro, al que se le añaden trozos de chicharrón, pollo o algún pescado como el bagre; aunque también puede ser un pico de gallo. Es tradicional del sur de Guanajuato.

→ chile capón

CAPOTE

1. Pan elaborado con masa de trigo mezclada con manteca de cerdo que suele acompañarse con chocolate de agua. Se elabora en la ciudad de Oaxaca.

2. Una de las partes de la panza de res.

→ mafafa

CAPOTE DE JARDÍN ◆ malanga

CAPULÍN

Del náhuatl *capolin* o *capulin*. Frutos de familias diferentes con similares características, entre los cuales se consumen las siguientes variedades.

• *Ardisia compressa*

Fruto globoso de color rojo a negro, de sabor ácido, de hasta 6 mm de diámetro, común en la región de Los Tuxtlas, Veracruz. Los frutos se comen frescos, o se utilizan para preparar dulces, paletas de hielo o una bebida fermentada.

• *Ardisia escallonioides*

Fruto que los totonacas lo hacen en agua y en Chiapas se consume como fruta.

• *Eugenia acapulcensis*

Lo produce un arbusto de hasta 15 m de alto, de hojas ovaladas. Sus flores son blancas; los frutos son redondos de color rojo o negro, de 8 a 15 mm. Se come como fruta madura, y a veces se le agrega sal.

• *Muntingia calabura*

Árbol o arbusto pequeño, de hasta 8 m de altura, de hojas simples, alternas, de forma oblongo-lanceoladas y flores blancas. El fruto es una baya carnosa, color rojizo oscuro, de pulpa jugosa y dulce, que llega a medir 1 cm de diámetro y contiene abundantes semillas. En el norte de Veracruz los nahuas preparan atole de capulín. También se come como fruta fresca y en mermeladas, y se producen jarabes, o se maceran en aguardiente.

• *Prunus serotina*

Fruto de la familia de las rosáceas que consiste en una baya rojiza o negra que recuerda a una cereza de 1 a 1.5 cm de diámetro. Tiene una sola semilla, su sabor es dulce y su temporada es de mayo a agosto. Es originario de los climas templados de México, el árbol mide entre 10 y 15 metros de altura. Sus flores blancas se agrupan en racimos colgantes. Este fruto fue domesticado por las culturas mesoamericanas. Cuando está fresco se come con cuidado de no morder su semilla. En muchas regiones del centro del país se cuecen con azúcar o piloncillo. En Pátzcuaro, Michoacán, los secan al sol como pasitas y los llaman cerezas granuladas; también se revuelcan en azúcar igual que los garambullos y se comen como golosina. El famoso vino o licor de capulín de Tenancingo, Estado de México, se hace macerando el fruto en alcohol. En los estados del centro del país se hace también el tamal de capulín o calpultamal. Las semillas secas del fruto se conocen como huesitos; se chupa primero y luego se quiebra para sacar la diminuta almendra que posee en su interior. También se rocían con agua salada y se tuestan en el comal para venderlos en los puestos de pepitas callejeros o se sazonan con sal, limón y chile molido.

• *Vitex pyramidata*

Fruto en forma de drupa de color negro con semilla color café. El fruto, de sabor dulce, se consume como fruta cuando está madura.

Otros frutos que se conocen con el nombre genérico de capulín son: *Clidemia petiolaris, Conostegia arborea, Conostegia xalapensis* y *Parathesis psychotrioides*. En Tabasco y los estados del Sureste se conoce también un fruto llamado capulín del sureste, capolín, capulín o capulín de mayo que se come como fruta fresca.

Conocido también como:

◇ capulín de pájaro (*Ardisia escallonioides*)
◇ capulincillo (*Muntingia calabura*)
◇ carecillo (*Muntingia calabura*)
◇ gababillo (*Eugenia acapulcensis*)
◇ guitumbillo o huitumbillo (*Ardisia escallonioides*)
◇ huztlán (*Muntingia calabura*)
◇ morita (*Ardisia escallonioides*)

Conocido en Guerrero como:

◇ charemba (*Ardisia compressa*)
◇ frutilla (*Ardisia compressa*)
◇ queremba o querembe (*Ardisia compressa*)
◇ querengue o querénguere (*Vitex pyramidata*)

Conocido en Sinaloa como:

◇ jupere (*Vitex pyramidata*)
◇ laurel (*Ardisia compressa*)
◇ laurel de la sierra (*Ardisia compressa*)
◇ laurelillo (*Ardisia compressa*)
◇ negrito (*Vitex pyramidata*)
◇ tescalama (*Vitex pyramidata*)

Conocido en Veracruz como:

◇ capulín de mayo (*Ardisia compressa*)
◇ capulín de tejón (*Ardisia compressa*)
◇ capulín silvestre (*Ardisia compressa*)
◇ capulín manso (*Muntingia calabura*, totonacas de Veracruz)
◇ capulincillo (*Ardisia compressa*)
◇ chugalupulín (*Ardisia compressa*, Los Tuxtlas, Veracruz)
◇ puyán (*Muntingia calabura*, totonacas de Veracruz)

Conocido en algunas regiones como:

◇ bisilana (*Muntingia calabura*, Oaxaca)
◇ cacanicua (*Muntingia calabura*, Michoacán)
◇ canelillo (*Vitex pyramidata*, Morelos)
◇ chasá (*Eugenia acapulcensis*, Chiapas)
◇ chico correoso (*Ardisia compressa*, Colima, Veracruz)
◇ guinda (*Muntingia calabura*, San Luis Potosí)
◇ huapari (*Vitex pyramidata*, Sonora)
◇ huitumbillo de montaña (*Ardisia compressa*, Chiapas)
◇ ingálan colorado (*Ardisia compressa*, Oaxaca)
◇ jonote (*Muntingia calabura*, Michoacán)
◇ jupari (*Vitex pyramidata*, Sonora)
◇ palman (*Muntingia calabura*, Puebla)
◇ pozolillo (*Ardisia compressa*, Oaxaca)
◇ pua o puan (*Muntingia calabura*, Puebla, San Luis Potosí, totonacas de Veracruz)
◇ pus (*Muntingia calabura*, San Luis Potosí)
◇ querenge (*Vitex pyramidata*, Morelos)
◇ uva cimarrona (*Ardisia compressa*, Chiapas)
◇ uvalama (*Vitex pyramidata*, Sonora)
◇ yagálan colorado (*Ardisia compressa*, Oaxaca)

Conocido en cora como:
◇ *bitsha* (*Vitex pyramidata*)
◇ *chuitsisha* (*Eugenia acapulcensis*)

CAPULTAMAL ◆ tamal de capulín

CARA ◆ semita

CARACOL (*Helix aspersa*)

Molusco terrestre que anida en rincones húmedos del campo y busca la sombra de las plantas. Pesa en promedio unos 25 gramos. Su consumo es típico de la región del Valle del Mezquital, Hidalgo. Se come su cuerpo de carne blanca y blanda; la cabeza y la concha se desechan. Antes de cocinarlos se deben purgar en agua salada. Su tamaño se reduce mucho al cocerse, por lo que se calculan hasta unos 50 por persona a la hora de guisar. En Hidalgo se recolectan todo el año, aunque los preparan especialmente para la cuaresma. Las formas más comunes de prepararlos son en ensalada y en vinagre.

CARACOL PANOCHA (*Astraea undosa*)
Caracol marino con forma de turbante, con una abertura opercular. Puede alcanzar hasta 14 cm de diámetro, tiene una capa delgada de color aperlado y su concha es de color café. Se le encuentra todo el año en las zonas rocosas y entre mareas, desde Bahía Magdalena, Baja California Sur, hasta Punta Concepción, en el estado de California, Estados Unidos. Generalmente se extrae con barreta o espátula cuando baja la marea. En México se comercializa principalmente en el área de Ensenada. Se consume su pie o callo, fresco, cocido o procesado, en rebanadas con jugo de limón o aceite de oliva, con salsas diversas o en cocteles.

CARACOL ROSADO O **CARACOL BURRO** (*Strombus gigas*)
Molusco marino de concha muy apreciada como objeto decorativo, de tonalidad blanca y textura áspera, con una abertura rosada, brillante y lisa con bordes amarillos. Se encuentra sobre lechos de hierbas y planicies arenosas a unos 30 metros de profundidad en el Mar Caribe y el sur del Golfo de México. Se vende principalmente fresco y su recolección no es muy abundante. Para cocinarlo se debe retirar la piel oscura que cubre la pulpa, así como un punto negro de su cuerpo. Tradicionalmente se recomienda golpearlo con un martillo o una aplanadora para ablandarlo, ya que su carne es dura y correosa. En Quintana Roo el caracol se cocina en diferentes formas. Casi siempre se cortan como bisteces que se cuecen en agua con ajo y cebolla, y cuando ya están suaves se preparan. El caracol empanizado a veces se acompaña con cebollas encurtidas. Para el cebiche, se corta el caracol cocido, se marina en jugo de limón y se mezcla con jitomate y chile habanero picado. También se prepara al mojo de ajo y en coctel con salsa catsup, cebolla picada y trocitos de aguacate. Todos estos platillos se pueden encontrar especialmente en los restaurantes o palapas de Cozumel, Isla Mujeres o alguna otra playa del Caribe mexicano.

CARACOLES EN VINAGRE
Preparación elaborada con caracoles fritos y cocidos, mezclados con zanahoria, chiles cuaresmeños, cebolla y ajo. Todo esto se cuece en vinagre con azúcar, clavo, orégano, tomillo y mejorana. Se comen como botana, acompañados con totopos fritos de maíz. Los preparan especialmente para la cuaresma en el Valle del Mezquital, Hidalgo.

CARACOLILLO ◆ hoja de queso

CARAMELO CON MIEL
Caramelos en forma de bolitas que se elaboran calentando azúcar, agua y miel a fuego lento; al hervir se toma un poco de la miel con una cuchara y se echa en agua fría; si se hace bolita es que está lista la preparación, entonces se saca del agua con una cuchara y se le da forma esférica. Son tradicionales en el municipio de La Trinitaria, Chiapas.

CARAMICUA ◆ mafafa

CARBÓN
Producto vegetal negro que se obtiene de la combustión incompleta de la leña. Se utiliza específicamente para alimentar el fogón. A pesar de que actualmente predomina el gas para cocinar, en muchas comunidades indígenas y en puestos ambulantes todavía se utiliza para calentar el comal o las ollas. El carbón y la leña son dos combustibles que siguen siendo muy apreciados, pero cada vez se emplean menos. Las cenizas que se obtienen de ellos sirven para cocer el maíz y poder hacer tortillas, técnica llamada nicuanextle; o bien, para tatemar chiles cuando todavía están calientes.

CARBÓN, AL
Preparación que consiste en asar algún alimento, generalmente carne, en una parilla calentada con carbón. En este tipo de preparaciones se aprecia el sabor ahumado que le da el carbón al platillo.

CARDA ◆ hongo tejamanilero

CARDO ◆ aguama, chinaca

CARDO BRONCO O **CARDO SANTO** ◆ chinaca

CARDÓN
Con este nombre se conocen muchas plantas de la familia de las cactáceas, entre las cuales se encuentran:

• *Pachycereus pecten-aboriginum*
Planta carnosa, espinosa y arborescente, que mide de 5 a 10 metros, con ramas erectas, de 10 a 11 costillas, con 8 a 12 espinas de 1 a 3 cm, flores blancas por dentro y moradas por fuera y fruto globoso de 6 a 7.5 cm. Crece generalmente en los estados del noroeste como Baja California, Sonora, Sinaloa y Chihuahua.

Conocida también como:
◇ cardón barbón
◇ cardón espinoso
◇ cardón hecho
◇ echo, etcho o hecho
◇ kardum

• *Pachycereus weberi*
Nombre que recibe en Oaxaca una variedad de cactus de color verde azulado de hasta 10 metros de altura, con ramas numerosas y erectas, dispuestas como candelabro; las flores aparecen a lo largo de las ramas y son comestibles al igual que el fruto. Con este último se prepara un tepache y una salsa en la región de La Cañada en el mismo estado; la harina de su semilla se mezcla con maíz para elaborar tortillas. Crece silvestre en los estados de Guerrero, Morelos, Oaxaca y Puebla.

121

CARLITOS

Pan elaborado con harina de trigo, azúcar y huevo. La masa se coloca en forma de pequeños volcanes en una charola para hornear; ya horneados, los carlitos se unen por su parte plana con una especie de dulce de coco. Su textura es suave y esponjosa. También los llaman carlitos de coco. En Oaxaca se comen tradicionalmente en los bautizos con nieve de sabores.

CARLOTA

Postre casero preparado con galletas Marías acomodadas en un molde y bañadas con una mezcla de leche condensada, leche evaporada y jugo de limón. Se refrigera antes de servir. Cabe mencionar que este postre es una preparación mexicana diferente a la carlota francesa. En Guadalajara se elabora la carlota rusa, se cree que fue modificado en esa ciudad por las maestras reposteras. Se prepara con una pasta de almendras, mantequilla y azúcar, la mezcla se divide en tres partes, una al natural, otra revuelta con cocoa y otra más teñida de rosa; las mezclas se revuelven con frutas cubiertas, luego se enmoldan y se refrigera por unas horas. A la que contiene jugo de limón a veces se le llaman carlota de limón, y se consume sobre todo en los lugares cálidos.

CARNE

Del latín *caro, carnis*. Nombre con el que se conoce la parte muscular del cuerpo de los animales, entre los que se incluyen aves, pescados, mariscos y otros. A pesar de ello, este término se utiliza sobre todo para los mamíferos. En la cocina mexicana se emplean muchos tipos de carnes. Entre las llamadas carnes rojas, la más utilizada es la de cerdo, seguida de la de res. Ambos tipos de carne se comen con todo tipo de salsas, en rellenos, en bisteces, frita, molida y de muchas otras formas, incluyendo los cortes específicos. Las vísceras de la res, el cerdo y del pollo, son muy utilizadas para hacer embutidos y diversos guisos. La carne de ave más común es la de pollo. En los últimos años, el pollo ha sustituido casi en su totalidad al guajolote y al pato, que en décadas pasadas fueron muy comunes. De hecho, muchos de los guisos que se hacen hoy con pollo, en el pasado se hacían únicamente con guajolote, como el mole. En el norte del país es especialmente famoso el cabrito. En todo el territorio nacional existen muchas carnes de animales silvestres que se comen de forma regional, entre ellos se pueden contar la codorniz, las palomas y el faisán. Algunas carnes como la de armadillo, venado, iguana o tortuga son muy apreciadas, pero son animales en peligro de extinción, por lo que actualmente su consumo es muy limitado o incluso en algunos casos prohibido. El país cuenta con dos líneas costeras y gran número de ríos y lagunas, que proveen gran diversidad de pescados y mariscos.

CARNE A LA TAMPIQUEÑA

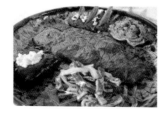

Preparación elaborada con tira de filete de res asada y acompañada con rajas de chile poblano, enchiladas verdes, queso panela asado, frijoles charros, a veces un tamalito y salsa mexicana servida por separado. En realidad, la receta no es originaria de Tampico, este platillo fue creado por José Inés Loredo, quien nació en Tamaulipas y fundó en 1941 el restaurante Tampico Club, ubicado en la Avenida Juárez, en el Distrito Federal. El platillo tiene influencia de la Huasteca tamaulipeca, pues en esa región se acostumbra acompañar la carne asada o la cecina con enchiladas y frijoles. Esta receta ha sido interpretada de muchas formas por otros restauranteros y ha sufrido muchos cambios. Actualmente en los restaurantes se sirve una tira de filete de res salpimentada, acompañada con algún tipo de enchilada roja, verde o de mole. Los frijoles son caldosos o refritos. Las rajas de chile poblano, solas o con crema, muchas veces las omiten. También complementan el platillo con guacamole y arroz rojo. Los mismos restaurantes Loredo han modificado ya la receta ligeramente. Antes la carne se marinaba brevemente en jugo de limón o de naranja agria, se salpimentaba y se asaba. Ahora sólo se salpimenta y se asa tal cual. Los frijoles tampoco son siempre charros, aunque han mantenido el queso asado y las rajas.

CARNE ADOBADA ◆ adobar

CARNE APACHE

Preparación elaborada con carne de res molida cruda, sazonada con jugo de limón, cebolla, jitomate, cilantro, chile manzano y aceitunas. Todos los ingredientes van finamente picados y se aderezan con aceite de oliva y pimienta. Se sirve sobre tostadas. Su venta es callejera en Zitácuaro y en toda la zona oriental de Michoacán.

CARNE ASADA

Corte de carne de res asado al carbón o a la plancha. Tradicionalmente se acompaña con alguna salsa picante, guacamole, frijoles y tortillas; estos complementos cambian dependiendo de la región del país. Ésta es una de las formas más comunes de comer carne en México, cuya calidad depende de quien la prepara. No hay un corte de carne específico, puede ser filete, bola, aguayón o algún otro. La carne asada, que se prepara en casa y restaurantes, es también un buen pretexto para hacer un día de campo o excursión. En Baja California puede ser cualquier corte de carne de res hecho bistec delgado o grueso. Se acompaña con tortillas de maíz, salsa picante, frijoles refritos o maneados y, de manera casi indispensable, con cerveza. Las familias acostumbran asar la carne en el jardín o patio de la casa para festejar cumpleaños y otras ocasiones, y es una buena forma de pasar el domingo con parientes y amigos. La carne asada es un verdadero acontecimiento social y familiar. En Coahuila suele acompañarse con frijoles charros o papas fritas. En Sonora, los restaurantes suelen servir bisteces grandes y gruesos, frecuentemente de palomilla, acompañados de frijoles maneados, papas fritas o al horno y una ensalada sencilla de lechuga con jitomate. En este estado la carne asada siempre ha sido un alimento muy importante. Conocido también como bistec asado.

CARNE ASADA UNTADA

Preparación elaborada con carne de res asada ligeramente y machacada con la piedra del molcajete para suavizarla más. Posteriormente se le pone unto y se asa de nuevo, hasta que queda al gusto del comensal. La carne debe tener como un centímetro y medio de grueso para que al machacarla no se despedace. Puede utilizarse filete, pulpa de palomilla, pulpa negra o lomo. Se acompaña con tortillas de maíz y salsa mexicana. Esta receta es tradicional en el estado de Tabasco, donde se prepara de la misma forma el hígado de res, la carne de cerdo y el pollo, que puede estar previamente cocido o no.

CARNE BLANCA ◆ carne de árbol, hongo cazahuate

CARNE CLAVETEADA

Preparación de carne de res mechada con almendras y tocino, bañada con una salsa de chile ancho, canela, tomillo, ajo, mejorana, orégano, pimienta, vinagre y papas. Es tradicional de Oaxaca y Tabasco. En Tabasco la carne de res (por lo general lomo, palomilla, pulpa negra) se clavetea con aceitunas, alcaparras, pasitas, almendras, zanahoria, jamón y pedacitos de tocino. Se unta con una mezcla de pimienta, clavo, orégano, sal y ajo. Primero se sella la carne, y posteriormente se cuece en una salsa molida, bastante líquida hecha con chile guajillo, cebolla y ajo. Ya cocida, se corta en pedazos pequeños y se termina de cocer durante poco tiempo en el horno hasta que la salsa espese y la carne se suavice. Se acompaña con arroz blanco. Conocido también como cuete mechado.

CARNE CON CHAYA

Preparación hecha con carne salada que se remoja para que se hidrate y se le retire el exceso de sal. Se cocina con abundante chaya cocida y picada. Es un platillo tabasqueño que nunca se hace con carne fresca. Se come como plato fuerte en el almuerzo o la comida del mediodía. Conocido también como carne salada con chaya.

CARNE CON CHILE COLORADO

Guiso elaborado con carne de cerdo y salsa de chile colorado, bastante común en Chihuahua, Coahuila y Sonora. En Chihuahua la salsa se prepara con chile colorado, ajo, comino y orégano, y suele espesarse con harina de trigo. En las variantes de Sonora se emplea también un poco de vinagre, y en algunas regiones del estado, como en el norte, el desierto y la sierra del Sur, se hace con carne de res. Se acostumbra comer sola como plato fuerte o en tacos o burritos y se acompaña con frijoles. En Coahuila la receta es muy similar a la de Chihuahua, pero suele espesarse con pan y en ocasiones incluye chocolate. En Baja California Sur se prepara con carne de cerdo dorada y una salsa de chile colorado, orégano, ajo, pimienta, jitomate y en ocasiones nopales. También puede hacerse con carne de res cocida con ajo, cebolla y chile verde, a la que se le añade una salsa de chiles colorados asados, cocidos y molidos con jitomate y pimienta. El guiso suele incluir garbanzos.

Conocido también como:
◇ carne de cerdo con chile colorado
◇ chile con carne

CARNE DE ÁRBOL

Nombre que se le da a los hongos o setas blancos que crecen en los árboles secos de chaca y jonote. Es empleado por los nahuas del norte de Veracruz que los recolectan en la época de lluvias. Se preparan con rajas de chile verde, epazote y sal, y se envuelven en hojas de plátano o papatla como si fueran tamales y se cuecen en un comal. Conocida también como carne blanca.

➜ hongo cazahuate

CARNE DE CHANGO

Platillo de carne ahumada de cerdo marinada en ajo, jugo de naranja y achiote. Para el ahumado se emplean ramas del árbol de guayaba, a las que se añaden trocitos de piloncillo para que humeen más. La carne debe quedar a unos 80 cm de distancia del fuego y voltearse constantemente; este proceso dura aproximadamente tres horas. Después se acostumbra comer frita, acompañada con pellizcadas y chile pastor. Este platillo tradicional de Catemaco, Veracruz, solía prepararse con carne de mono, animal del cual existió una gran población en esa región. Actualmente se hace exclusivamente con carne de cerdo. En otra versión, la carne de cerdo se corta en tiras que no se separan totalmente para que la carne quede alargada; ésta se sala y se seca al sol.

CARNE DE CHINAMECA

Guiso de carne de cerdo cortada en bisteces y untada con un adobo crudo elaborado con achiote, chile guajillo, vinagre, ajo y sal. Se deja reposar, se orea y se ahúma con leña de encino; la carne queda con un intenso color rojo. Esta manera de hacer la carne es muy típica de Chinameca, Veracruz, y también se vende en Coatzacoalcos y Minatitlán. Para guisarla solamente se fríe o asa, y se acompaña con arroz blanco y frijoles refritos. Es muy buscada por las amas de casa que acostumbran prepararla en la comida del mediodía. Existen vendedoras locales que se encargan de venderla a las puertas de las casas en diferentes localidades de la región.

CARNE DE PUERCO ◆ cerdo

CARNE DE PUERCO CON CIRUELA

Guiso de carne de cerdo en una salsa elaborada con jobo, tomate verde, chile serrano, ajo y cebolla; éstos ingredientes se muelen y se agregan a la carne frita en manteca de cerdo. Es un guiso típico de Morelos.

CARNE DE PUERCO CON QUINTONILES

Preparación de carne de cerdo guisada con una salsa que se elabora con jitomate, chiles serranos, cebolla, ajo y sal, a la que posteriormente se le añaden quintoniles. Se sirve caliente y se acompaña con tortillas. Este guiso de Naupan, en la sierra Norte de Puebla, también puede elaborarse con otro tipo de quelite como la lengua de vaca.

CARNE DE PUERCO CON UCHEPOS

Platillo hecho con carne de cerdo dorada en su manteca, guisada en una salsa elaborada con jitomate, chile serrano y ajo, que se acompaña con rebanadas de queso fresco, rajas de chile chilaca, crema y uchepos. Todos estos elementos forman parte importante del platillo y no son guarniciones. Es un platillo típico de Michoacán.

CARNE DE PUERCO CON VERDOLAGAS

Guiso elaborado con retazo o maciza de cerdo, verdolagas y salsa verde, aunque también puede estar preparado con salsa roja de jitomate. Todos los ingredientes se cuecen juntos y tradicionalmente se sirven los trozos de la carne con bastante salsa y verdolagas. En ocasiones el guiso puede incluir nopales o papas. Es un platillo muy común en el centro del país, se considera como uno de los más típicos. Se prepara con algunas variantes en Puebla, Tlaxcala, Hidalgo, Distrito Federal, Querétaro, Morelos y el Estado de México. En Jalisco, donde también es muy común, la salsa verde de tomate suele incluir chile de árbol y en ocasiones chile colorado.

CARNE DE TUZA FRITA

Carne de tuza cocida untada con sal, orégano, ajo y cebolla, y frita en manteca de cerdo. Este platillo es usual entre los nahuas de Milpa Alta, en el Distrito Federal.

CARNE EN BRAZO ◆ albondigón

CARNE EN CHILE

Preparación elaborada con tiras delgadas de bisteces de res que se guisan en una salsa preparada con jitomate, tomatillo, chiles serranos, cebolla y ajo. Se suele servir con tortillas y frijoles. Este guiso se acostumbra comer en Jalisco. Es común que con sus sobras se preparen refrigerios en birotes a los que se les unta frijol y se rellenan con los trozos de carne en chile.

CARNE EN PULQUE

Platillo que se prepara con carne de res o conejo, que se marina o guisa en pulque. Se acostumbra comer en varias regiones del país. En Jalisco, la pierna de cerdo se cocina en un recado de jitomate asado, cebolla y ajo, que se cuece y muele con pulque, chile pasilla y orégano. Se le añaden chayotes, papas y zanahorias. Se suele comer con tostadas de maíz.

CARNE EN QUILAGUACATE

Guiso de carne de res previamente asada y preparada con ajo, sal, hojas de aguacate tostadas y molidas, masa de maíz para espesar y chochoyotes. Se prepara en Veracruz, particularmente en San Andrés Tuxtla, donde se sirve caliente acompañado con chile pastor.

CARNE EN SU JUGO

Platillo elaborado con bisteces de res cortados de manera muy fina, macerados en una mezcla de jugo de limón, salsa de soya y consomé de pollo. Después se fríen tocino y cebollas cambray, y en la grasa que se produce se fríe la carne. Se sirve con caldo de frijoles de la olla con cebolla y cilantro picado y se acompaña con tortillas pasadas por aceite. Es un guiso típico de Guadalajara; su venta está muy extendida en diversos restaurantes, a nivel casero es muy consumida.

CARNE ENCHILADA

Bisteces de carne de res o de cerdo untado con una mezcla de chiles molidos, especias y vinagre; se procura prepararlos con varias horas o hasta días de anticipación para que la carne se impregne con el sabor de la mezcla. Los chiles  y las especias cambian según la región, pero en todos los casos se usan chiles rojos secos. Esta carne se puede comprar en los mercados populares. En el área de Chilapa, Guerrero, se prepara con bisteces delgados de res o de cerdo untados con una mezcla de chile guajillo y ancho, sal, pimienta, clavo, comino, canela, orégano, ajo, jitomate y vinagre. La carne se deja orear para luego asarla o freírla. En Veracruz se hacen bisteces de cerdo conservados en un unto color rojo intenso de chile ancho, ajo, pimienta, cebolla, sal, vino blanco o vinagre, orégano y canela. La carne se asa o se fríe y se

acompaña con frijoles y arroz. Esta receta es típica en Xalapa, Veracruz y se cree que es originaria de Naolinco, en el mismo estado. Conocida también como carne enchileanchada.

CARNE MACHACA ◆ machaca

CARNE MOLIDA

Carne de res o cerdo molida en crudo. En los mercados populares y supermercados los compradores indican qué tan molida la desean: molido grueso o fino. Esto depende del gusto personal. Hoy en día casi todos los picadillos de la cocina tradicional de México se preparan con carne molida, pero antiguamente se hacían cociendo la carne en trozos y luego picándola finamente a mano con cuchillo. Además, la carne molida se utiliza en muchos otros guisos, como las albóndigas, las pacholas, los albondigones y los bisteces de carne molida. En Tabasco llaman carne molida a un preparado muy sencillo de carne de res molida en crudo, frita en poco aceite y cocinada con ajo, cebolla y a veces jitomate picados. Ésta es la carne que se utiliza como relleno de las quesadillas (llamadas empanadas) y de los salbutes. También llaman con este nombre a otro preparado más complejo, empleado como relleno de enchiladas y chiles rellenos o como plato principal de las comidas familiares del mediodía.

CARNE REVOLCADA

Platillo preparado con bisteces o fajitas de carne de res sofritas en una salsa elaborada con tomate, cebolla, ajo, chiles anchos y pimienta gorda. También puede ser que la carne sin freír se cueza en la salsa. Es un guiso típico de Comitán, Chiapas.

CARNE ROSA

Tipo de brazo o albondigón elaborado con carne de cerdo y jamón, mezclados con huevo y pimienta negra. La mezcla se envuelve en manta de cielo y se cuece en agua junto con vinagre blanco y hierbas de olor. El albondigón se deja enfriar y se corta en rebanadas delgadas. Es una preparación festiva, típica de Jalisco.

CARNE SALADA

Carne de res secada al sol con sal gruesa. Para quitarle el exceso de sal se debe remojar. A pesar de no ser muy suave, después de cocerse por largo rato se suaviza sin llegar a deshebrarse finamente como la machaca. No se debe confundir con el tasajo o la cecina. Se utiliza mucho en Chiapas y Tabasco, para preparar la carne con chaya, el pulique y los frijoles con carne salada; también se come asada o frita, acompañada con frijoles, plátano macho y tortillas.

CARNE SECA

Carne que se obtiene untándola con sal y dejándola orear hasta que se deshidrate durante unos ocho días, para poder conservarla por largo tiempo. Se ocupa de diferentes formas en los estados del norte del país,  donde la carne más utilizada es la de res, pero antaño la de venado fue muy popular. Su técnica de preparación y utilización es muy similar a la de la machaca de res, la única diferencia que existe entre ellas es que la machaca está deshebrada. Suele remojarse antes de cocinarse para quitarle el exceso de sal, pero si no está muy salada este paso se omite. Casi siempre se pica finamente para mezclarla con otros alimentos. Se emplea para preparar la carne seca con huevo, guiso típico de Chihuahua que consiste en sofreír la carne en aceite con cebolla, mezclarla con huevo y bañarla con salsa para obtener un guiso caldoso; la salsa suele estar elaborada con tomate y chile cascabel, aunque esto puede variar, pudiéndose cocinar también en caldillo.

CARNE SUELTA

Platillo elaborado con falda de res, vísceras y moronga cocidas en una salsa que se elabora con cebolla, jitomate, ajo y achiote. En Juchitán, Oaxaca, se le conoce como *beela cha'cha* y se suele servir como desayuno en la labrada de la cera.

CARNERO ◆ borrego

CARNERO EN CHILHUACLE

Platillo elaborado con carne de carnero cocida, guisada con una salsa elaborada con chile chilhuacle negro y rojo, chile ancho, ajo, cebolla, orégano, pimienta y clavo. Se acompaña con papas cocidas y ensalada de rábanos y lechuga. Es un platillo oaxaqueño que también se puede preparar con res o cerdo.

CARNERO GAMBUSINO

Pierna de carnero en trozos, horneada con vino blanco, jamón y zanahoria picados. La carne se macera previamente en una mezcla preparada con cebolla, ajo, vinagre, pimienta, hojas de laurel, orégano, canela y sal. Es un guiso tradicional de Zacatecas, que se acostumbra acompañar con alubias.

CARNICERÍA

Puesto de mercado o establecimiento fijo que se dedica a vender únicamente carne. Tradicionalmente existen las carnicerías de carne de res y las de carne de cerdo, donde se vende todo tipo de cortes y vísceras de cada animal. En algunos lugares las carnicerías tienen carne de los dos tipos, pero no es lo más común. También existen las llamadas supercarnicerías, que venden ambas carnes, pollo y hasta otros animales. Estos son, por

Carnicería Modelo, ca. 1946

supuesto, establecimientos más grandes y casi nunca están dentro de los mercados populares. Lo importante de estos lugares es que los compradores pueden pedir a su gusto el corte, el grueso y la cantidad, escogiendo lo que haya a la vista para comprar, aunque a los clientes especiales el carnicero siempre les tiene una carne reservada. Es típico ver a la clientela de los mercados populares atravesar de un pasillo a otro, pues en un puesto compran la carne de res y en otro la de cerdo.

CARNITA ◆ hongo carnita

CARNITA CON CHILE

Platillo elaborado con bisteces de carne de res guisados con una salsa verde elaborada con tomate y chile de árbol. En Tequila y otros lugares de Jalisco se acostumbra comer a la hora del almuerzo.

CARNITA DE RES ◆ hongo carnita de res

CARNITAS

Platillo popular que consiste en cortes pequeños o pedazos de carne de cerdo fritos en su propia manteca de cerdo. Se consideran deliciosas por su gran sabor y por la suavidad de su carne. Carnitas es el nombre que se le da a cualquier parte de la carne del animal guisado, pero los aficionados piden

diferentes partes del animal que a su vez reciben distintos nombres como buche, nana, costilla, etc. Las costillas del cerdo, también llamadas costillitas, son muy socorridas por su suavidad y porque tienen mucho sabor. Son una de las partes más caras, junto con la maciza. El cuerito es la piel del cerdo que se fríe hasta que queda crujiente o a veces suave, siendo bastante solicitado por su sabor; muchas veces viene incluido con la maciza, y otras se pide aparte. El hígado es un poco duro y se considera corriente. La trompa y la oreja son partes muy buscadas por sus múltiples admiradores; se pican finamente para comerse en tacos. El corazón también se prepara en carnitas. La maciza es considerada la parte más fina, pues es sólo carne sin hueso del lomo o de la pierna. Pese a su calidad tiende a ser ligeramente seca, pues es una carne muy magra; de hecho, muchos la compran para mezclarla con otra carne más grasosa. Se llama surtida a una mezcla que hacen en los puestos de carnitas combinando diferentes partes como costillas, maciza, cueritos y falda, con el fin de ofrecer al comprador un poco de todas las carnes. Generalmente cuesta lo mismo que la maciza o es ligeramente más barata. Las carnitas, cuando se venden por kilo, por lo regular incluyen un poco de todas las partes del animal. Michoacán es considerado la tierra donde se inventaron y donde se hacen las mejores carnitas que tienen gran fama en los estados del centro del país, donde incluso se anuncian como carnitas michoacanas. En la entidad es muy fácil encontrar en pueblos y ciudades lugares donde se venden. La carne se cuece normalmente en agua con ajo y cebolla, después se fríe en manteca de cerdo con jugo de naranja y leche, hasta que los líquidos se evaporan; finalmente, la manteca dora la carne. Por supuesto que la técnica, los pasos y los ingredientes pueden variar, siendo lógico que existan muchas formas y secretos para hacer un platillo tan popular. Por lo general, los diferentes tipos de carnitas, solas o mezcladas, se comen en tacos con tortillas de maíz con alguna salsa picante y rebanadas de aguacate, pero en cada región o estado pueden añadirles algún producto local. En Puebla y algunas partes del Estado de México y en el Distrito Federal en ocasiones a los tacos de carnitas se les añade pipicha, papaloquelite, cilantro fresco o cebolla picada. En el Distrito Federal y prácticamente en todos los estados circunvecinos las carnitas tienen gran importancia los domingos. Muchas familias las compran por kilo y las llevan a casa para comerlas al mediodía como parte de la convivencia dominical. Es común que en el mismo lugar donde se compran las carnitas se regale o venda la salsa, y muy cerca del establecimiento se ubique normalmente una tortillería y vendedores de aguacates. Los que comen las carnitas en el

establecimiento pueden llevar sin ningún problema sus aguacates, queso fresco, tortillas y papaloquelite para completar sus tacos; incluso en algunos lugares existe el servicio de mandar a traer con un empleado las tortillas o algún otro ingrediente. Muchas veces estos expendios están en los mercados populares o junto a ellos. En prácticamente todos los municipios del Estado de México se acompañan con tortillas de maíz y guacamole. También son tradicionales en Guanajuato, Aguascalientes y Querétaro, en especial en San Juan del Río. Las carnitas también se pueden considerar un platillo festivo y prácticamente en todas las regiones del país se preparan para las grandes fiestas como bautizos, bodas o cumpleaños para dar de comer a los invitados. En este caso no se trata solamente de la comida por sí sola, ya que el hecho de hacer carnitas implica que los vecinos y amigos o los miembros de la comunidad en general participen en el sacrificio y descuartizamiento de los animales, así como en el encendido del fuego y en la preparación de las carnitas. En estas ocasiones se pueden reunir grupos chicos de 20 a 30 personas o hasta varios cientos de invitados.

→ tacos de carnitas

CARPA

Pez de agua dulce y de origen asiático, que se encuentra fresco, salado, seco, congelado y ahumado. Su carne blanca, magra y firme posee un ligero sabor a humedad muy característico que desaparece marinándola en jugo de limón o naranja agria. Si alguna parte de la carne presenta partes oscu-ras hay que retirarlas pues son fibrosas y de sabor desagradable. Se dice que es un pescado perfecto para asar, hornear y freír y para hacer albóndigas; las cabezas y colas se aprovechan para preparar caldos. En Jalisco la hueva de carpa es muy apreciada, en los restaurantes se conoce como caviar de Chapala. En Tlaxcala elaboran el caldo de carpas cocidas con chayotes, calabacitas, papas, jitomate y cebolla. En Guerrero la carpa se cocina adobada, y de ésta existen diferentes recetas, pero generalmente consiste en una carpa entera cocida en una salsa compuesta de chiles anchos, ajo, comino, vinagre, cebolla, chile chipotle, jitomate y orégano. También se prepara barbacoa de carpa. Fue el primer pez domesticado por el hombre. Los chinos iniciaron su cultivo hace 2 500 años y fueron traídas a México hace más de un siglo. De las diferentes variedades se encuentran en los lagos, lagunas, ríos y estanques del país, existen por lo menos tres importantes:

• Carpa común (*Cyprinus carpio communis*)
De dorso verde oliva y vientre amarillo, tiene el cuerpo cubierto por gruesas escamas y vive hasta 50 años. Tiene un crecimiento rápido; comúnmente mide entre 50 y 60 cm de largo y pesa unos 30 kg.

• Carpa de Israel (*Cyprinus carpio specularis*)
Es de dorso verdoso y vientre amarillo y tiene también escamas gruesas que cubren su piel. Posee bigotes en la comisura de los labios que le permiten escoger su alimento y limpiar la arena del fondo. Habita en las zonas cálidas y templadas de agua dulce. Se reproduce a partir de los cuatro meses de edad y desova hasta cuatro veces al año. No necesita de una alimentación especial, pues es omnívora. Comúnmente mide de 50 a 60 cm y pesa unos 32 kg. Es una de las especies que más se producen para el consumo humano.

• Carpa herbívora (*Ctenopharyngodon idella*)
Fue introducida en México en 1965. Es de color verde oliva claro, comúnmente mide 80 cm y pesa 30 kg. Se alimenta exclusivamente de plantas, por lo que controla el crecimiento de la maleza acuática. Es muy común en todo el país, especialmente en la presa Infiernillo, Chapala, Pátzcuaro y en más de 30 ríos que desembocan en ambas costas.

La carpa es conocida también como:

◇ amura blanca (*Ctenopharyngodon idella*)
◇ carpa escamuda (*Cyprinus carpio communis*)
◇ carpa espejo (*Cyprinus carpio communis, Cyprinus carpio specularis*)
◇ carpa lineada (*Cyprinus carpio specularis*)
◇ carpa royal (*Cyprinus carpio specularis*)
◇ carpa seleccionada (*Cyprinus carpio specularis*)
◇ carpa silvestre (*Cyprinus carpio communis*)
◇ hocicona (*Cyprinus carpio communis*)
◇ matolote (*Cyprinus carpio communis*)

CARRETA DE MARISCOS

Puesto ambulante de mariscos, casi siempre con ruedas para transportarlos, que va por las calles de las distintas ciudades de Sinaloa, Sonora, Nayarit, Baja California y Baja California Sur. En él se venden cocteles y cebiches de pescados y mariscos. Según el estado, cambian los mariscos y las especialidades, en Ensenada es distintivo el coctel de almeja; en Culiacán, el callo de lobina, y en Mazatlán, el cebiche de camarón y la machaca de pescado. La carreta juega un papel muy importante en la venta de mariscos, al ser la forma más popular en la que se acostumbra consumir estos alimentos. En algunas ciudades existen, desde luego, esquinas y carretas especialmente famosas. En particular en Mazatlán, a todo lo largo de la Avenida del Mar, la gente tiene sus carretas favoritas que identifica por algunas características de la calle o por sus nombres, como la célebre carreta El Torito, en la Calle Manuel Gutiérrez Nájera.

CARRIZO (*Arundo donax*)

Planta rizomatosa de la familia de las poáceas, de tallos huecos, nudosos y hojas espadiformes. Con él se elabora un cesto llamado taxcal. En Michoacán usan sus hojas, alargadas y en forma de espada, para envolver las corundas cuando escasean las hojas de maíz.

CASABE ◆ jurel

CASAMIENTO ◆ moros y cristianos

CASCABEL, CASCABEL DE VÍBORA O CASCABELILLO
◆ chipil

CASCABELA

Guiso preparado con calabaza cuya característica particular es cocer las verduras junto con carne de cerdo y hierbas de olor hasta que la calabaza se deshace. Se sirve con cilantro fresco y picado. Es tradicional de Los Tuxtlas, Veracruz.

CÁSCARA

Corteza o cubierta exterior de los vegetales que se utiliza para provocar la fermentación, enriquecer el sabor o conferir consistencia a bebidas, platillos salados o postres; entre las más utilizadas en la cocina mexicana están las siguientes:

• Limón

Se utiliza su ralladura para añadirla a las claras de huevo cuando se hace merengue para adornar pasteles o hacer postres, con el fin de aromatizar la preparación. En el centro del país son también muy comunes las cáscaras de limón rellenas de coco, conocidas como limones rellenos. También se venden enteras, ahuecadas y confitadas; suelen llamarlas limones cubiertos.

• Naranja

Se utiliza su ralladura en la masa de ciertos panes de dulce, como las mantecadas, la rosca de Reyes o el panqué de naranja. La cáscara entera, en trozos o en tiras se emplea para hacer infusión de cáscara de naranja, más conocida como té de naranja. Las cáscaras se añaden también a la leche del arroz con leche, la natilla y algunos otros postres. Algunos almíbares y licores regionales incluyen esta cáscara; en el centro del país son muy comunes las cáscaras de naranja confitadas o acitrón de naranja.

• Papa

Es el tubérculo más utilizado en México y como innumerables platillos la contienen pelada, normalmente sobra gran cantidad de cáscaras. Por ello es un alimento económico que se prepara de diferentes formas. La manera más

Tacos de cáscara de papa

común de consumirla es frita con ajo y cebolla, y en ocasiones chile verde picado, cilantro y jitomate. En la mayoría de los casos se utiliza para tacos de tortillas de maíz, que se acompañan con salsa picante. Las cascaritas fritas también se preparan con salsa, por lo regular de chile verde, igual que un guiso de carne. Muchos gustan de las cascaritas de papa revueltas con huevo. En Hidalgo se fríen ligeramente en aceite, se guisan con epazote y cebolla, se mezclan con huevo y se comen en tacos.

• Piña

Se utiliza especialmente para hacer tepache y vinagre de piña. Generalmente se sumerge en agua y se deja por un tiempo indeterminado para hacer estos productos.

• Tomate o miltomate

Se hierven en agua para hacer una infusión a la que suelen llamar agua de cáscaras de tomate. Este líquido se utiliza para ayudar a inflar o fermentar las masas de harina de trigo y de maíz. En Tlaxcala agregan agua de cáscara de tomate a la masa del maíz para hacer tamales de rajas y tamales de anís. También en el Estado de México y partes de Michoacán se utiliza mucho para preparar la masa de los tamales. En muchas regiones de México se utiliza el agua también para preparar la masa de harina de trigo para los buñuelos, sobre todo en recetas muy antiguas que todavía se acostumbran en Veracruz, Tlaxcala y otros estados. En el centro del país las cáscaras de tomate se añaden al agua en que se cuecen los nopales para quitarles la textura babosa.

CASCARITA DE CHICHARRÓN

Guiso que se prepara con una salsa elaborada con tomate verde, jitomates, pimiento morrón y sal; se pone a hervir y se le agrega chicharrón de cerdo. Es una preparación de Comitán, Chiapas.

CASPIROL (*Inga laurina*)

Árbol de hasta 12 m de altura. Su fruto es una vaina que llega a medir hasta 10 cm de largo. Pertenece a la misma familia que los guajes y el jinicuil (leguminosas). Conocido también en algunas regiones de Chiapas como nacaspirol.

CASQUITO

Pan de dulce o golosina que consiste en un merengue cubierto con coco sobre una galleta que tiene forma de concha. Se elabora en Oaxaca.

CASTAÑA

Recipiente grande de madera que se utiliza para transportar el tlachique o aguamiel recién extraído para llevarlo al lugar en donde se hará el pulque. Usualmente un tlachiquero puede acomodar unas cuatro castañas en un burro para transportarlas. Actualmente las castañas de madera están siendo sustituidas casi en su totalidad por recipientes plásticos.

→ árbol del pan, tepetaca

CASTAÑO ◆ árbol del pan, tepetaca

CATÁN ◆ pejelagarto

CATICÓN ◆ yahá

CATRÍN ◆ hongo gachupín negro

CAU

Nombre que los motozintlecos de Chiapas dan a unos tamales (*caw*) de masa de maíz, sin relleno ni condimento. Son de tamaño pequeño y los elaboran para las fiestas como sustituto de las tortillas cuando éstas se acaban, o simplemente por preferir el sabor del tamal. Una variedad llamada *caw momon* es elaborada con masa de maíz y envuelto en hojas de hierba santa.

CAUQUE ◆ langostino

CAVIAR CAMPECHANO ◆ hueva

CAVIAR DE CHAPALA

Platillo elaborado con hueva de carpa mezclada con salsa de jitomate y cocida al vapor; se come en tacos con cebolla, cilantro, chile serrano y jitomate picados. Con frecuencia los jitomates de la salsa se emplean verdes o inmaduros.

Conocido también como:
◇ caviar autóctono
◇ caviar de carpa

CAVIAR MEXICANO

1. Término restaurantero con el que se llama a los escamoles en el centro del país.
2. Nombre que se le da a la hueva de lisa en Tamaulipas y Campeche.
3. Término restaurantero con el que se llama al cuitlacoche.

CAXTILA

Variedad de tepache elaborado con jugo de caña, el cual se fermenta en una olla con aguamiel y manojos de raíz de palo de timbre durante cuatro días. Mientras más fermentado esté, su sabor es más fuerte. Se elabora en la región de Zongolica y, en específico, en el municipio de Texhuacán, Veracruz.

CAYUMITO ◆ caimito

CAZAHUATE ◆ hongo cazahuate

127

CAZÓN

Nombre con el que se le denomina a un tiburón pequeño, aunque también se usa para designar a cualquier especie de tiburón joven. Su apariencia es una réplica en miniatura de los tiburones grandes. En la isla de Holbox, Quintana Roo, se llama cazón de vientre a la cría de tiburón que se le extrae a la hembra cuando se caza. Con el hígado de la cría se prepara el *machuc*. La especie *Carcharhinus porosus* es la más común en México. Es gris pizarra con tintas rojizas, dorso azul grisáceo, vientre pálido y piel áspera sin escamas; comúnmente mide 90 cm; no sobrepasa 1.20 metros de largo. Su carne es firme, nutritiva y de sabor suave. Habita cerca de la costa en aguas poco profundas de entre 16 y 32 metros de profundidad. Prefiere los fondos lodosos y se encuentra

todo el año en el Golfo de México y en el Pacífico. Se vende fresco, seco y salado. En Yucatán y Chiapas es tradicional su uso; se puede preparar en salsas de jitomate, en rebanadas fritas, filetes y, sobre todo, en cebiches, pues la carne es dura y no se deshace al contacto con el jugo del limón. En Campeche se emplea en múltiples preparaciones como taquitos, panuchos, empanadas, joroches, tamalitos de cazón, tiquinpat, como relleno de empanadas, cocido, asado, frito y como relleno de chiles, además de ser el ingrediente principal del pan de cazón, una de las especialidades campechanas más famosas, para el cual se utiliza un tipo de cazón llamado jaquetón. En la península de Yucatán son comunes las tortas, caldos, joroches, tamales, rellenos, panuchos, salbutes y tostadas de cazón.

Conocido también como:
- ◇ cazón de ley
- ◇ chaspat
- ◇ jaquetón

CAZÓN ASADO FRITO

Guiso elaborado con cazón asado y posteriormente cocido en agua con epazote y sal. Una vez cocido, se desmenuza, sin piel ni espinas, y se fríe en manteca de cerdo con jitomate y cebolla a manera de picadillo. Al igual que un cazón frito, se utiliza para preparar tortas de cazón, joroches, pan de cazón, tamales y panuchos.

CAZÓN FRITO

Guiso elaborado con carne de cazón cocida y desmenuzada, guisada con jitomate, cebolla blanca, epazote y, en ocasiones, chile dulce. Se emplea como relleno de gran cantidad de antojitos, como los panuchos, especialmente en Campeche. Su nombre proviene del hecho de que el cazón puede estar asado o hervido y, cuando se guisa, se emplea manteca de cerdo o aceite para freír todo el preparado. Conocido también como cazón.

CAZUELA

1. Recipiente redondo de barro o de cobre, más ancho que profundo, que sirve para cocinar un buen número de guisos

tradicionales. La manufactura de las cazuelas de barro data de la época prehispánica. Existen, sin embargo, muchos tipos de cazuela, pero generalmente éstas tienen forma cónica recortada y miden 30 cm de diámetro y 15 o 20 cm de alto. A veces, por la forma, se puede saber de dónde es la cazuela y su uso específico. La cazuela de arroz que se hace en Michoacán suele tener forma de tambor con tapa. La cazuela de mole de Puebla es una olla muy grande cuyas proporciones pueden rebasar fácilmente el metro de diámetro y los 60 centímetros de alto, aunque las hay más grandes y más chicas, se caracterizan por tener dos largas asas y ser de fondo algo redondeado. Por su parte, las cazuelas de mole que se venden en Xochimilco y que al parecer se traen de Morelos, son llamadas cazuelas, ollas moleras o simplemente moleras, y sólo se ocupan para hacer mole. Las chicas y las medianas son ligeramente cónicas, pero las grandes, que llaman cazuelas de mole para mayordomía, sirven para hacer el mole para las grandes fiestas. Tienen forma de tambores ligeramente cónicos, con fondo redondeado, y se distinguen por tener cuatro asas grandes y gruesas, pues cuando la cazuela lleva el mole adentro, se vuelve tan pesada que se necesita más de una persona para moverla. De acuerdo con los vendedores del mercado se hacen ollas para 200, 600 o más personas. Las cazuelitas de barro se elaboran de la misma forma que las cazuelas grandes. Los tamaños varían, las hay desde 2 hasta 12 cm de diámetro. Se ocupan como saleros, para poner ingredientes de mesa como cebolla o chile picado, orégano o chile piquín, que se sirven con el pozole o la sopa de tortilla; también se emplean como plato botanero o como elementos decorativos para la cocina. La cazuela de cobre es una vasija de metal cuya forma recuerda a la cazuela de barro, también llamada cazo de cobre u olla de cobre. Se fabrican cazuelas de todos tamaños, pero las más importantes son las grandes cuyos diámetros pueden ir desde 1 hasta 3 metros y pueden tener hasta 50 cm de profundidad. Las cazuelas chicas y medianas se emplean para cocer verduras y son especialmente adecuadas para preparar dulces. Las más grandes son de uso casi exclusivo para las carnitas, pues es claro que se necesita una olla muy grande para freír un cerdo entero. Casi todas las ollas de cobre que circulan por el país se hacen en Santa Clara del Cobre, Michoacán. La manufactura de este utensilio de cocina data de la época prehispánica. Después de la Conquista, los artesanos que trabajaban el cobre recibieron gran impulso de Vasco de Quiroga, quien mandó fundar muchos talleres donde se perfeccionó la técnica del martillado para lograr las formas deseadas hasta llegar a lo que algunos califican como el gran imperio del cobre. Algunos lugares son populares por sus cazuelas y ollas de barro, como algunos pueblos de Michoacán, el Estado de México, Tlaxcala, Morelos, Puebla y Oaxaca, entre otros estados.

2. Término que indica que los alimentos han sido cocinados en una cazuela o que se sirven en ella, como la cazuela de mariscos o el tamal de cazuela.

3. Específicamente en Sonora, Sinaloa y Durango, es el nombre que reciben algunos guisos caseros de carne que se acostumbra comer al mediodía. En la parte norte de Sonora se utiliza para nombrar un caldo de carne de res seca con chile verde, papas, jitomate, cebolla, ajo y cilantro. Su apariencia recuerda al caldillo de Chihuahua. En Durango existen también cazuelas similares. En Sinaloa se elabora con carne de res para puchero. La carne se cuece en agua con ajo y hierbas de olor, y el caldo se condimenta con jitomate y cebolla. Las verduras que más utilizan son ejote, calabacita, elote y zanahoria.

CAZUELEJA

Pan de fiesta hecho con claras de huevo a punto de turrón, mezcladas con las yemas, harina de trigo, queso seco rallado, polvo para hornear y manteca de cerdo o mantequilla. Se caracteriza por estar reventado en la parte superior. Lo acostumbran comer los coletos de Chiapas en primeras comuniones, bodas, bautizos y los domingos, tanto por la mañana como por la noche, acompañándolo con café o chocolate.

CAZUELITA

1. Porción pequeña de alimento que se sirve en una cazuelita de barro para que los comensales se preparen tacos. Son famosas la cazuelita de chorizo (solo o con queso), la de hongos guisados con epazote, la de rajas de chile poblano salteadas en aceite con cebolla o a la crema y la de frijoles caldosos o de la olla, que sirven de guarnición para tacos y carnes asadas. La cazuelita de queso fundido, sin embargo, es tal vez la más común de todas. La auténtica cazuelita de queso fundido es la que se hace colocando el queso deshebrado dentro de la cazuelita, que se acerca al fuego, al comal o las brasas y se va removiendo hasta lograr que todo el queso este fundido. Esta cazuelita es muy socorrida en las taquerías del centro del país.

2. Antojito que consiste en masa o tortillas de maíz fritas que se moldean con la forma de una cazuelita de barro. Sirven como tostaditas y se rellenan con diversos ingredientes para comer como botana. En Guerrero estas cazuelitas se llaman chilapas, nombre del pueblo donde las hacen; son muy populares y también se venden en el Distrito Federal. En Nuevo León son un antojito que se prepara con masa de maíz mezclada con papa, queso chihuahua y sal; se amasa para formar tortillitas que deben quedar en forma de cazuelitas, se fríen en abundante aceite hasta que quedan doradas y firmes para agregarle chorizo, queso o calabacitas guisadas, entre otros rellenos. Antojito conocido también como chalupa.

CEBADINA

Bebida que antiguamente se elaboraba con cebada fermentada y bicarbonato. Actualmente se elabora con vinagre de piña mezclado con Jamaica y tamarindo que se deja reposar en barricas de roble durante unos cuantos días. Al servirse se le añade bicarbonato de calcio. Se acostumbra en el estado de Guanajuato.

CEBICHE O CEVICHE

Platillo preparado con trozos de pescado crudo, marinados en jugo de limón u otro líquido ácido y condimentado con otros ingredientes que varían según la región. La proteína del tejido de la carne del pescado se coagula o desnaturaliza debido a la alta acidez del líquido de marinación, de esta manera se dice popularmente que la carne se cuece cuando adquiere opacidad y firmeza. El cebiche clásico es de pescado, pero también se prepara con camarón, almeja, pulpo, jaiba o caracol. Es una especialidad de las costas del golfo y Pacífico de México, donde representa el entremés y la botana perfecta. De acuerdo con el *Gran Larousse de la Cocina*,

su origen pudo ser la Polinesia, desde donde se difundió hacia los países iberoamericanos. Es probable que el origen de nuestro cebiche se haya dado a partir de las rutas comerciales que abrieron los españoles entre México y Filipinas. Al mediodía por las calles de Colima aparecen los vendedores de cebiche preparado con pez vela, mero, pez chile y pez sierra. En las pescaderías del estado se vende el pescado ya cortado, porque es un alimento muy popular y común del que existen muchas formas de condimentarlo. Se marina en jugo de limón y se le agrega cebolla, jitomate, chile y cilantro finamente picado, también se le añade orégano, pimienta, sal y se acostumbra comerlo con tostadas y acompañarlo con gotas de salsa embotellada. En otra versión, el pescado se puede marinar con jugo de limón y se prepara con cebolla, jitomate, aceitunas, verduras en vinagre, perejil y orégano. En Guerrero goza de gran fama el llamado cebiche acapulqueño, del cual existen muchas variantes. La fama de este platillo se debe a la popularidad que tiene entre los turistas que llegan al puerto, cuyas recetas se preparan también en los restaurantes del Distrito Federal y el resto del país. El pescado suele estar al natural, marinado previamente con limón y mezclado con ajo, jitomate, cebolla, cilantro, salsa catsup, salsa picante, orégano, sal, pimienta, chiles serranos en escabeche y aceitunas. A veces, a esta versión se le llama cebiche rojo, y a otra versión se le llama cebiche blanco, cuya base es la misma que la anterior pero sin la salsa catsup. Como en todo cebiche, el pescado está previamente cocido en jugo de limón, cortado en trocitos, el cual a veces se escurre o enjuaga antes de agregarle el resto de los ingredientes. El pescado más común que se emplea es la sierra, pero también se puede utilizar el pargo, huachinango, atún dorado e incluso se recurre al camarón o al callo de hacha. En la región de Chilpancingo y Tixtla suelen ser de cazón curado en limón, preparado con salsa de tomate rojo, jitomate, salsa picante, chile jalapeño, aceite de oliva, cilantro, jugo de naranja, vinagre, aceitunas, chícharo, orégano y sal. Otro cebiche muy distinto es el que se hace en Zihuatanejo llamado tiritas de pescado. En todo Veracruz existe un gran arraigo por el consumo del cebiche, incluso en las ciudades sin costa como Xalapa, Córdoba y Orizaba donde existen coctelerías de renombre especializadas en preparar esta especialidad. En la región de Sotavento, y sobre todo en Alvarado, se elabora una variedad denominada cebiche blanco, con pescado, jitomate, cebolla, chile chipotle, pimienta, sal, cilantro y orégano. En otras regiones del estado, a esta base se le agrega salsa catsup y si se le integra camarón; se le llama cebiche mixto. El pescado favorito en Veracruz para preparar cebiche es la sierra y el peto.

CEBICHE DE ATÚN

Cebiche preparado con atún de lata, jitomate, chile serrano, jugo de limón, cilantro, cebolla, sal y pimienta.

CEBICHE DE CAMARÓN

Cebiche elaborado con camarones frescos, enteros, pelados, y preparados con cebolla morada y jitomate picado, cubos pequeños de pepino, jugo de limón, chile serrano picado o salsa verde, y en ocasiones se le agregan gotas de

129

salsa de soya. Su peculiaridad consiste en que la marinada de los camarones con el jugo de limón es casi instantánea o de unos cuantos minutos, porque no se dejan reposar hasta que se tornen blancos como ocurre con el cebiche de pescado. Se sirven como botana en porciones generosas con tostadas, casi siempre para compartir, y se acompañan con cerveza. En los estados del Pacífico norte como Nayarit, Sinaloa, Sonora, Baja California y Baja California Sur, este cebiche es el más popular. En el Golfo de México se prepara el cebiche de camarón de la misma forma que el de pescado. También se consume en Oaxaca.

Cebiche de camarón seco

Cebiche de camarones secos que se hidratan con jugo de limón y se mezclan con jitomate, cebolla, y chile. Es un coctel que se acostumbra dar en fiestas y bodas entre los moradores del Istmo de Tehuantepec, Oaxaca, y es uno de los primeros alimentos que se le sirven a los invitados.

Cebiche de carne

Platillo elaborado con carne de res molida finamente, preferiblemente la parte del pescuezo, a la cual se le añade jugo de limón, sal, pimienta y tequila blanco o aguardiente. Luego de un tiempo de reposo, se le agrega jitomate, cebolla, chile y cilantro, y se sirve en tostadas. Es un platillo chiapaneco, que recuerda mucho a la carne apache del centro de la República.

Cebiche de palmito

Cebiche preparado con palmito, vinagre, cilantro, limón, pimienta, aceite de oliva, chile serrano finamente picado, orégano, jitomates, aguacate en cubos pequeños, cebolla picada y aceitunas verdes. Se consume principalmente en Comitán, Chiapas.

Cebolla (*Allium cepa*)

Planta de la familia de las aliáceas con un bulbo compuesto por varias capas foliares engrosadas y carnosas, cubiertas por una fina piel cuyo color cambia según la variedad. Es originaria de Asia, fue introducida a México por los españoles, y hoy en día es ampliamente utilizada en nuestra cocina; de hecho, los platillos a la mexicana incluyen chile, jitomate y cebolla. La cebolla blanca es la más utilizada en todo el país, seguida por la cebolla morada, que se prefiere en los estados del sureste. Las cebollitas cambray, se comen asadas al carbón y en algunos escabeches y guisos. La cebolla cruda en rebanadas o picada se pone sobre tacos, tostadas, chilaquiles, enchiladas y todo tipo de antojitos. Encurtida en vinagre o curada en limón es más común sobre adobos o guisos regionales. Molida en crudo o cocida se emplea en un sinnúmero de salsas picosas y guisos. Asada tiene un gusto particular y forma parte de guisos como encacahuatados, moles y adobos.

Cebolla morada

(*Allium cepa*)

Variedad de cebolla muy apreciada en el sureste del país. Es el acompañamiento común de diversos adobos y antojitos yucatecos, ya sea encurtida en vinagre o curada en limón con diversas especies.

Cebollas asadas

Cebollas puestas en el comal para que se asen. Las partes que hacen contacto con el comal se ponen negras y las cebollas se cuecen con su propia humedad. La cebolla asada se utiliza mucho en platillos regionales del centro del país; se emplea en moles, pipianes, adobos y salsas cocidas y asadas, entre muchos otros. Por lo general, la cebolla que se prefiere para asar es la blanca.

→ cebollitas asadas

Cebollas curadas

Preparación elaborada con cebollas rebanadas y marinadas en jugo de limón y sal durante varias horas hasta que pierden su fuerte sabor. Algunas personas acostumbran hacerlas hasta con un par de días de anticipación. En muchos lugares de los estados del centro del país se utiliza la cebolla blanca. A veces se le añade orégano y se utiliza como adorno y complemento del adobo de cerdo o de pollo y de diversos guisos o antojitos. En Oaxaca las cebollas curadas se emplean para adornar guisos como el chichilo negro y el mole amarillo. En la Huasteca veracruzana la cebolla blanca curada en jugo de limón y sal se pone sobre los adobos. En la península de Yucatán la cebolla morada se rebana y se marina en jugo de naranja agria, limón o vinagre blanco, chile habanero picado y a veces orégano. Se añade a diversos tipos de antojitos como panuchos, salbutes y tacos de cochinita pibil, entre otros. En Colima, la cebolla morada rebanada y marinada con jugo de limón y sal se emplea para guisos como el tatemado de puerco.

Conocidas también como:

◊ cebollas curtidas
◊ cebollas encurtidas

Cebollas curtidas

Preparación elaborada con cebollas blancas o moradas, cortadas en cuadros, pasadas por agua hirviendo para que se desflemen y luego marinadas en jugo de naranja agria con sal. Se preparan en Mérida, Yucatán. En otra versión, las cebollas se rebanan y se cuecen brevemente en vinagre con dientes de ajo, orégano yucateco, comino, pimienta negra, laurel y chiles xcatik asados y enteros. Se utilizan como guarnición o complemento de muchos platillos yucatecos. Conocidas también como cebollas en escabeche.

→ cebollas curadas, desflemar

Cebollas encurtidas

Preparación elaborada con cebollas que se cuecen brevemente en vinagre con clavo, pimienta entera, orégano y ajo, entre otros ingredientes. Se guardan en un frasco por tiempo indefinido, para usarse después. Pueden estar en trozos o rebanadas si son grandes; las pequeñas suelen hacerse enteras. Pueden estar encurtidas solas o como parte de un gran encurtido de chiles o verduras. Conocidas también como cebollas en escabeche.

→ cebollas curadas

Cebollas rellenas

Platillo que consiste ahuecar, rellenar y capear cebollas, y servirlas con alguna salsa o caldillo de jitomate. En Hidalgo, en la región del Valle del Mezquital, se preparan las cebollas rellenas con tiras de nopales tiernos cocidos o asados y se sumergen en una salsa tersa de habas tostadas con chile verde. En Oaxaca se cocinan cebollas rellenas de picadillo y capeadas. Tradicionalmente se sirven sin caldillo, acompañadas por arroz con azafrán o de otro tipo. El picadillo se elabora con carne de cerdo o res, ajo, cebolla, pasas, alcaparras, aceitunas, almendras, plátano macho, perejil, clavo, pimienta, jitomate y orégano. En Veracruz se rellenan las cebollas con picadillo de carne de cerdo, se capean y se sirven en caldillo de jitomate. En algunas recetas antiguas de Tamiahua, el caldillo contiene alcaparras, aceitunas y chiles jalapeños en escabeche.

CEBOLLEJA ♦ cebollino

CEBOLLÍN ♦ cebollina

CEBOLLINA O CEBOLLÍN

Término que se refiere a algún tipo de planta bulbosa de la familia de las aliáceas.

• *Allium neapolitanum*
Variedad de cebolla nativa de México. Nombre que se le da al xonacate en el norte de Veracruz, el cual no se debe confundir con el cebollino.

Conocida en náhuatl como:
◇ *xonacatl*

• *Allium glandulosum*
Variedad de cebolla de uso común en Yucatán, Campeche y Tabasco. Se asemeja al cebollín y principalmente se utilizan las hojas verdes, delgadas y alargadas que pueden alcanzar hasta 40 cm de largo. En la sierra Norte de Puebla se le considera un tipo de quelite.

Conocida en algunas lenguas como:
◇ a'katzasna (totonaco)
◇ *xonacatl* (náhuatl)

→ xonacate

CEBOLLINO (*Allium schoemoprasum*)
Planta de la familia de las aliáceas con bulbo comestible tunicado, hojas cintiformes y flores en umbela. Conocido también como cebolleja.

CEBOLLITA DE CAMBRAY (*Allium cepa*)
Variedad de cebolla pequeña que mide hasta 3.5 cm de diámetro en su parte más ancha. Se vende en manojos con todo y sus hojas que llegan a medir hasta 15 cm. En México se consume asada y es el acompañante indispensable de los tacos y carnes asadas. También se preparan en vinagre.

CEBOLLITAS ASADAS
Cebollitas cambray asadas lentamente al carbón o a la plancha, típicas de las taquerías. Se asan solas o rociadas con jugo de limón, aceite y sal y, dependiendo del lugar, pueden o no asarse con rabo. Por lo general se sirven como guarnición con diferentes tacos.

CECINA
Carne de res ligeramente salada y oreada; se puede secar al sol o mediante ahumado. Del latín *siccina*, carne seca. Suele comerse asada o frita, y es muy común en los estados del centro del país, Chiapas, Oaxaca y Veracruz. Muchos aseguran que esta técnica de conservar la carne se realizaba en Mesoamérica desde la época prehispánica. Actualmente, en

casi en todos los estados de la parte central del país este término se refiere a la carne de res salada y oreada, aunque sufre ligeras modificaciones en cada región. En Morelos, Guerrero, Distrito Federal y Estado de México, la cecina es un corte de carne de res muy delgado curado en sal, con baja humedad. De un trozo grande de carne se cortan tiras largas que se acomodan una encima de la otra. Se vende por kilo y en algunos mercados la venden para comer ahí mismo. Morelos tiene un primerísimo lugar en la producción de cecina; de hecho, esta carne es tal vez su producto alimenticio más famoso fuera del estado y muchos consideran que de ahí es la cecina más fina de todas. Son grandes tiras de carne muy delgadas, saladas y algo translúcidas que únicamente deben ser asadas de manera breve o fritas en muy poco aceite. La cecina que se hace en Tetela y, especialmente, en Yecapixtla, es muy cotizada. En muchas ciudades del centro del país se anuncia incluso como cecina de Yecapixtla, y esto significa, invariablemente, que es de buena calidad. En el pasado se hacía con carne de res de la región pero, debido a la gran demanda, sólo existe un par de productores de cecina que siguen utilizando carne de res regional; la inmensa mayoría de esta carne se importa de Estados Unidos para procesarla. En Yecapixtla los productores aseguran que el microclima que tiene esta comunidad logra que la carne se convierta en una buena cecina. Cabe recalcar que el hecho de importar carne ha permitido que la cecina de Yecapixtla se convierta en una enorme industria regional. En Tepoztlán es típico ver en el tianguis la carne montada en grandes hojas de plátano que se corta según la medida y luego se pesa. Algunos puestos cuentan con un brasero y un comal para asar pequeños trozos que se ofrecen a los compradores. Tradicionalmente se come acompañada con tortillas de maíz, frijoles y rebanadas de aguacate; muchos acostumbran poner sobre cada bocado una cucharadita de la crema fresca que se produce en el estado. En Baja California Sur lleva chile piquín y ajo, y su textura es ligeramente chiclosa. Debido a que en el estado predominan los guisos preparados con pescados y mariscos, es muy apreciada como botana y no se acostumbra como plato fuerte, contrario al centro del país. En varios lugares del estado de Chiapas se prepara la cecina y se dice que la técnica de elaboración en esta entidad data de la época prehispánica, cuando se hacía con carne de venado. En Las Margaritas se prepara tradicionalmente con lomo de res cortado en tiras delgadas y marinado con jugo de naranja agria y sal, que se envuelve en piel de res y se deja reposar durante todo un día. Después se asolea para secarlo y se unta con tuétano de res. En algunos lugares del estado, como Teopisca y Chiapa de Corzo, a la cecina se le llama tasajo; se corta en tiras que al irse deshidratando se enrollan en sí mismas y toman apariencia de mecates o cordones de carne, pues los cuelgan y los amarran como tales. Es común que contenga franjas de grasa, pues sirven como conservador y dan un sabor especial a los guisos que se cocinan con ella. Suele ser bastante seca y dura, por lo que se hierve en agua para quitarle algo de sal y hacerla más suave antes de cocinarla. Normalmente se acompaña con alguna salsa, pero también hay guisos famosos en el estado preparados con esta carne como la pepita con tasajo. En la Huasteca veracruzana, en Tantoyuca y áreas aledañas, es típica la cecina de res con enchiladas rojas; la carne en este caso se corta más ancha y gruesa, tanto, que parece un bistec de carne de res. En la Huasteca potosina se prepara con res o con cerdo, adobada con chile ancho o cascabel, jugo de naranja agria, ajo, sal y pimienta. En Oaxaca a la cecina se le llama tasajo y también está cortada en tiras, pero suele ser una carne ligeramente más gruesa, salada y dura que la del centro del país. En este estado también se conoce el tasajo de hebra, que es una variedad más suave de textura y sabor. El tasajo oaxaqueño casi siempre es de carne de res, aunque en ocasiones se prepara con cerdo. Tradicionalmente se come en los almuerzos y suele acompañarse con entomatadas. La carne se pasa por agua caliente o se cuece antes de asarla o freírla. Hay que señalar que en este estado se llama cecina a la carne de cerdo enchilada o adobada, cortada en tiras delgadas y macerada en una pasta de chile ancho con ajo, pimienta y comino. Se procura dejar por varias horas o días la carne untada para que tome mejor sabor. Se cocina en sartén con unas gotas de manteca de cerdo o aceite. Este tipo de cecina de cerdo enchilada también se acostumbra comer en el área de Xicotepec de Juárez, Puebla. En Naolinco, Veracruz, se prepara una carne enchilada que es semejante; la pasta es muy similar, pero a veces se le añaden unos cuantos chiles guajillos.

→ cecina oaxaqueña

CECINA DE PESCADO

Filetes de pescado muy delgados, espolvoreados con sal y secados al sol durante varios días. Su preparación es similar a la cecina de res y se puede encontrar en la comunidad cucapá de El Mayor, en Baja California.

CECINA DE VENADO

Carne de venado fileteada de forma muy delgada que se sala y se deja secar en un tendedero. Su preparación es simliar a la cecina de res. Suele comerse cocida a las brasas y se acompaña con frijoles de la olla, tortillas de harina de trigo y salsa. Para todas las comunidades originarias de Baja California es la forma más común de comer la carne de venado.

CECINA ENCHILADA

Término que se aplica para la cecina, ya sea de res o de cerdo, que tiene una pasta de chiles y especias.

→ cecina oaxaqueña

CECINA OAXAQUEÑA

Cecina de carne de cerdo, rebanada y marinada en una mezcla que suele contener chiles guajillos, pimienta negra, pimienta gorda, clavo, canela, ajo, orégano, vinagre y sal, todo molido. Esta mezcla se unta a la carne que, generalmente, se asa al carbón. Cabe aclarar que, a diferencia de otras regiones del país en que la cecina es una carne muy delgada de res curada con sal, en Oaxaca la cecina es de cerdo y enchilada como se describe. En los Valles Centrales suele servirse un buen plato de cecina con cebollitas asadas, rebanadas de aguacate, rábanos, limón y tortillas. Conocida también como cecina enchilada.

CEDAZO

Utensilio formado generalmente por uno o dos aros metálicos y una tela de mallas de nailon o metal, que sirve para cernir cualquier tipo de harina o ingrediente seco.

CEDRÓN (*Aloysia triphyilla*)

Planta subherbácea de la familia de las verbenáceas, de hojas verticiladas que miden de 8 a 10 cm. Tiene aromas cítricos y se utiliza para aromatizar el mezcal y para elaborar infusiones.

CEIBA ◆ pochote

CEMITA

Pan blanco del que existen varias formas y texturas dependiendo de la región. En Puebla se prepara este pan de dos tamaños: las chicas miden unos 9 cm de diámetro por 3.5 cm de alto y son difíciles de encontrar; las regulares o grandes miden unos 12 cm de diámetro por 7 cm de alto, son las más comunes y con ellas se elaboran las llamadas cemitas compuestas. Este pan se conoce en Hidalgo como tapabocas. En la ciudad de Puebla son famosas las del puesto El As de Oros, en el Mercado Carranza, así como las del Mercado del Carmen. Las cemitas compuestas se rellenan como cualquier torta, añadiéndoles quesillo o queso de cabra, chile chipotle y papaloquelite. En Guerrero se venden cemitas rellenas de camote. En Coahuila la cemita es un pan regional semejante a las cemitas del centro del país, que se acostumbra vender en las ferias patronales; su masa se fermenta con pulque, por lo que el pan se conoce también como cemita de pulque. En Chihuahua es un pan de masa de harina de trigo, azúcar, anís, canela, trigo y manteca de cerdo, fermentado con tesgüino. En Colima las cemitas son muy populares y existen de muchos tipos; la llamada cemita de huevo se prepara con harina de trigo, manteca de cerdo, miel de piloncillo, levadura, huevo, sal y agua. Con esta base se elaboran otras como la cemita de tuba, que es similar a la anterior, pero sin huevo y se fermenta con tuba. En Oaxaca, en el Istmo de Tehuantepec, las cemitas se preparan con una masa de harina de trigo, panela, asientos de chicharrón, manteca de cerdo, levadura y sal. En Zacatecas es un pan de harina de trigo, leche, canela y azúcar; suelen estar decoradas con acitrón, coco, nuez o pasitas y espolvoreadas con azúcar; es un pan muy tradicional del estado, que antiguamente se vendía en todas sus panaderías. La masa puede contener también coco o nuez como parte del pan o como adorno.

→ hongo cemita, hongo hongorado, hongo pambazo, hongo pancita, hongo pegajoso, semita

CEMITA PEGAJOSO ◆ hongo pancita

CEMPASÚCHIL (*Tagetes erecta*)

GRAF. cempasóchil, cempaxúchil, cempoalxóchitl, zempoalxóchitl o xumpatsnchitl. Del náhuatl *cempoalli*, veinte, y *xochitl*, flor. Planta herbácea de hojas recortadas. Sus flores son grandes y muy aromáticas, de color naranja o amarillo que se comen crudas o hervidas en ensaladas. Recientemente se registra su uso para nieves y helados. Se produce en Veracruz, Estado de México, Distrito Fe-

deral, Tabasco, Chiapas, Hidalgo, Michoacán y Sinaloa, entre otros. Es la flor más utilizada para decorar los altares y tumbas en el día de Muertos.

Conocida también como:
◇ cempoal
◇ cimpual
◇ flor de muerto

CENADURÍA

Establecimiento en donde se cena, típico sobre todo en los alrededores del Distrito Federal. En las plazas principales se instalan puestos semifijos que fungen como cenadurías, en donde por lo general se venden antojitos típicos de la región correspondiente. Así, dependiendo del lugar se encontrarán molotes, quesadillas, pambazos, atoles, corundas, tlayudas, champurrados, memelas, tostadas, enchiladas, pozole y muchos otros. Aunque en ocasiones son locales establecidos, por lo general se trata de locales callejeros que se colocan en las entradas de las casas de los dueños, a partir de las 6 o 7 de la noche y no más allá de las 11. En estos lugares no se venden bebidas alcohólicas.

CENCOLOTE

GRAF. cincolote. Especie de caja o troje que se elabora con madera y que se usa sobre todo para guardar las mazorcas del maíz. Del náhuatl *centli*, mazorca y *colohtli*, canasto cónico. Es un término utilizado principalmente en el centro del país.

Conocido también como:
◇ chincolote
◇ colote

→ cuescomate

CENIZA

Residuo que queda de la combustión del carbón o la madera durante la cocción de los alimentos. La ceniza es ampliamente utilizada en la cocina mexicana desde la época prehispánica, existen preparaciones específicas que llevan esta palabra

en su nombre como el atole de ceniza o los tamales de ceniza. En la cocina, este producto cumple con diferentes funciones: para cocer el maíz sustituyendo a la cal o al tequesquite; ablandar ciertos ingredientes; retirar la piel de anfibios y peces; asar o tatemar; hacer digestibles ciertos productos y otorgar sabor y color a las preparaciones. Cuando se menciona la palabra rescoldo, se refiere también a las cenizas pero aún calientes, las cuales se aprovechan para cocer, asar o tatemar alimentos. Tanto el producto como el hecho de aprovechar el rescoldo no se limitan a ciertas zonas de México, sino que están presentes en todo el país.

Conocida también como:
◇ conextli
◇ *cuanextle* (náhuatl)
◇ *cuanestle*

CENTLI ◆ maíz

CEPA ◆ hongo cemita, hongo pambazo, hongo panadero, hongo pancita

CERCETA

Ave similar al pato, pero más pequeña, que se caracteriza por habitar en aguas poco profundas, arroyos, charcos y

pantanos. Se distinguen tres variedades: cerceta alioscura (*Anas crecca carolinensis*), cerceta aliazul clara (*Anas discors*) y cerceta aliazul café (*Anas cyanoptera*). Se preparan como cualquier pato, asadas o en salsa de chile o mole.

CERDO O PUERCO (*Sus scrofa domesticus*)

De *cerda*, pelo grueso. Mamífero doméstico de cabeza grande, cuerpo muy grueso, pies pequeños y cola corta. Se cría para utilizar prácticamente todos los ejemplares para consumo humano: sus diferentes partes como piezas de carne, su piel para el chicharrón, su grasa para la fritura, las vísceras para hacer moronga o chorizo, etc. De este animal se aprovechan diferentes partes. La espaldilla, carne suave que se encuentra entre la cabeza y la chuleta. La chuleta se encuentra entre el lomo y la espaldilla del animal y es muy popular en diferentes guisos. El lomo es de las piezas más suaves, por lo que es muy buscado para guisarlo de diferentes maneras. La pierna es una gran pieza que se ocupa para hornear; es famosa la pierna horneada sola o en tortas. El pecho, carne suave que se utiliza también de muchas formas. La falda se

obtiene del estómago o panza del animal; es un corte popular y muy buscado para preparar picadillos o carne deshebrada debido a su abundante carne y buena proporción de grasa. Las costillas se ubican en la parte lateral y central del animal; las partes más grandes se conocen como costillas grandes y las más chicas como costillitas. En alguna parte del costillar se encuentran también unas costillas que contienen mucha carne y por ello son muy buscadas; se les conoce como costillitas cargadas. Las manitas o patitas de cerdo se emplean principalmente para capear o en escabeche, son muy populares. La cabeza es una parte muy apreciada debido que tiene mucho sabor; con ella se prepara el caldo del pozole y después se pica para servirla en el mismo platillo. En muchas regiones de México se pica finamente junto con las orejas y la trompa, para incluirlas en la masa para tamales. Con la piel, parte muy cotizada, se preparan los cueritos y el chicharrón. La grasa, también llamada manteca de cerdo, se utiliza mucho para freír. La sangre se emplea para cocinar la rellena; las tripas, para hacer embutidos como longaniza y chorizo. Hígado, riñones y corazón se pican y fríen para tacos o preparar la chanfaína. Actualmente es la carne roja más utilizada para guisar, por lo que es prácticamente imposible listar todas las preparaciones y guisos que se hacen con este animal. Entre los más populares y de mayor renombre nacional están el adobo, las carnitas, el chorizo, el pozole y el chicharrón. Los cerdos, traídos a México durante la época de la Conquista, fueron los primeros animales que se introdujeron para la alimentación humana, pues los españoles eran grandes consumidores de su carne. Se sabe que los primeros cerdos que se trajeron al valle de Toluca fueron para producir chorizos, pues Hernán Cortés gustaba de ellos. Desde entonces se arraigó su consumo en nuestro país. Los antiguos mexicanos llamaron a este animal cochino, nombre que deriva del náhuatl *cochini*, dormilón, seguramente a causa de la conducta del animal.

Conocido también como:

◇ chancho
◇ coche, cochel o cochi
◇ cochichuino o cochino
◇ cuche, cuchel o cuchi
◇ cuino
◇ marrano

CERDO EN ADOBO ◆ adobo de cerdo

CERDO EN MOMO

Guiso de carne de cerdo preparado con cebolla, jitomate y chile verde picado. La mezcla se cuece en una olla que se recubre con manta y una capa de hojas de hierba santa; la carne se coloca en el centro para que se cueza al vapor y se tapa con hojas de plátano. Este platillo, típico de Tila, Chiapas, se acompaña con frijoles.

CERDO EN SALSA VERDE

Guiso de carne de cerdo guisada con salsa verde y ejotes, habas verdes, chícharos y papas. La salsa generalmente está hecha con tomate verde, cebolla, ajo y chiles serranos. Es típico de Puebla.

CERETE

Pequeño mamífero negro parecido al cerdo. Su carne es muy preciada entre los chinantecos de Oaxaca por su gran sabor, la cual se prepara asada o frita.

→ agutí

CERIMÁN ◆ piñanona

CERITA ◆ hongo oreja de ratón

CERVECERÍA

1. Fábrica en donde se elabora la cerveza.
2. Tienda que se dedica a vender exclusivamente cervezas al mayoreo o menudeo.
3. Establecimiento donde se consume cerveza. Las cervecerías como lugar de reunión son comercios sencillos. Tienen una barra donde se sirven diferentes marcas de cerveza, embotellada o de barril. Las botanas son sencillas, casi siempre cacahuates, chicharrones de harina de trigo o palomitas; aunque en muchas cervecerías no se ofrece nada. Los precios suelen ser módicos y el servicio sencillo. Los clientes piden las cervezas que vayan apeteciendo y el mesero registra su cuenta en una libreta o en un trozo de papel, que deposita en un vaso. Es común que los envases vacíos se dejen en el centro de la mesa, para que al final se cuenten las botellas en el momento de pagar la cuenta.

CERVECITA DULCE

Refresco artesanal a base de agua, azúcar y jengibre; estos ingredientes se hierven, se les agrega ácido tartárico y se dejan fermentar durante varios días; luego, la bebida resultante se cuela y se envasa de manera artesanal. Esta bebida refrescante, de sabor ligeramente amargo, fue creada en San Cristóbal de las Casas por Elvira y América Penagos Lara. Se conoce también como cerveza dulce.

CERVEZA

Bebida alcohólica elaborada a base de granos fermentados de cebada. La historia de la cerveza en México comienza en 1544, año en que Alfonso de Herrera pidió permiso para establecer una cervecería estilo europeo; se dice que para conseguir este permiso dio al rey Carlos V numerosos regalos. Herrera tuvo gran éxito en la venta de la cerveza que en aquellos tiempos se vendía en ocho reales la arroba, precio elevado que se justificaba por la escasez de los granos con los que se preparaba esta bebida: el trigo y la cebada. En 1825, algunos grupos de suizos, alemanes y alsacianos fundaron varias fábricas de cerveza en el Distrito Federal. Al final del siglo XIX se fundaron en Toluca, Orizaba y Guadalajara cervecerías que actualmente siguen funcionando, aunque las más importantes son las fundadas en el siglo XX. Actualmente México es un gran productor y consumidor de cerveza. Popularmente existen dos tipos: la cerveza clara y la oscura. La clara es la que tiene color amarillo, dorado o rubio; la oscura, en ocasiones es de tono café tostado, de un tono parecido al chocolate. La cerveza es, tal vez, la bebida alcohólica más popular en todo el país. Con ella se asocian varias actividades del mexicano, como las reuniones entre amigos y compañeros los fines de semana, el futbol, los viajes, los paseos, la playa y las fiestas. Se bebe fría, incluso muy fría, directamente de la botella, servida en vaso o tarro. No es común mezclarla con otros líquidos; tal vez las excepciones son la michelada o mezclada con jugo de tomate y almeja. La cerveza combina muy bien con la comida mexicana, por lo que se vende bastante en los restaurantes. En estos lugares es indispensable traer la cerveza en botella y servirla en un tarro o copa de cerveza que debe salir directamente del congelador o refrigerador; ningún restaurante que se considere de calidad la sirve en un tarro que no esté frío o directamente de la repisa.

CERVEZA DE PIÑA

Especie de tepache ligero que se acostumbra en el estado de Oaxaca.

CERVEZA DE RAÍZ

Bebida a base de zarzaparrilla que se comercializa de forma local en los mercados y suele servirse con agua gasificada. Conocida también como cerveza de zarzaparrilla.

CERVEZA DE ZARZAPARRILLA

Bebida fermentada, tonificante, que se vende sobre todo en las tiendas naturistas y que se recomienda como sudorífico y diurético. Su sabor recuerda vagamente al de la vainilla, ya que dependiendo de la receta puede contener esta especia. Puede contener también jarabes, melaza, entre otros.

→ cerveza de raíz, cocolmeca

CEVICHE ◆ cebiche

CHABELITA ◆ jorobado

CHAC COL

Del maya *chak*, cosa colorada, y *k'ol*, salsa espesada con masa de maíz. Guiso preparado con cualquier tipo de carne, generalmente de ave, en una salsa espesa de masa de maíz condimentada con jitomate, cebolla, epazote o hierbabuena y especias que varían según quien lo prepare; casi siempre incluye pimienta negra, pimienta gorda, orégano, clavo, achiote y chile seco. Suele servirse la salsa en el plato, luego la carne y finalmente unas gotas de la grasa del animal que se obtienen del caldo donde se coció la carne. Es originario de la península de Yucatán.

CHAC OP

Tostadas de masa de maíz color rojo, de origen maya, que se acostumbran en Yucatán; se sirven para acompañar el chocolomo. Su nombre deriva de *chak*, cosa colorada, y *op'*, tortilla tostada.

CHACA ◆ hongo cazahuate, quiote, xamue

CHACAJ ◆ quiote

CHACAL

Del náhuatl *chacallin*. Variedad de langostino chico que vive en los ríos; se le encuentra debajo de las rocas, y generalmente se prepara en adobo y en caldo. Se reconocen las variedades *Macrobachium carcinus* y *Macrobachium tenellum*. Se consume en Colima, Oaxaca, Puebla y Nayarit. En Cuetzalan, Puebla, los días de plaza venden los chacales cocidos, listos para pelar y comer solos o preparados en alguna salsa. Los vendedores los ensartan en varas delgadas, cada una con por los menos diez piezas. En este mismo estado, pero en la zona norte, se identifica así a una variedad de cangrejo que se utiliza también para hacer una sopa, con ajo, cebolla, chile colorado y a veces jitomate. Estos ingredientes pueden añadirse crudos a la sopa o previamente fritos en manteca de cerdo, se sirve caliente con queso Chihuahua o menonita. También se preparan en adobo de chiles guajillos remojados en vinagre y molidos con pimienta y jengibre. Este término puede asimismo referirse a camarones de agua dulce. Conocido en algunos lugares del centro del país como chacalín.

→ acamaya, acocil, asientos de chicharrón, mayacaste

CHACALES

Preparación hecha con elotes o sus granos cocidos sin sal y secados al sol. Es una técnica de preservación de origen tarahumara. Los elotes se desgranan para acelerar el secado, que toma cinco días, pues si los granos se dejan en la mazorca, ésta se debe colgar en tendederos y tardará más tiempo en secarse. Se conservan por tiempo indefinido. Para cocinarlos se deben quebrar y remojar en agua una noche antes de cocerlos para que se hidraten y suavicen, además de retirárseles la cascarilla del grano que sube a la

superficie. Entre la gente del campo, los chacales se consumen todo el año y en las ciudades es un alimento típico de la cuaresma, como los que se guisan con jitomate, ajo, chile colorado y camarones secos. Los guisos que se elaboran con los chacales por extensión se les nombra igual, y tienden a ser una especie de sopa condimentada muy espesa. En Michoacán se preparan con mazorcas de color rojo o negro secadas al sol y cocidas; cuando se van a utilizar, se remojan durante 24 horas, se vuelven a cocer en agua y después se hierven con piloncillo. A esta forma de prepararlos le llaman uachacatas, específicamente en Pátzcuaro. En Coahuila y Durango se preparan de forma similar a los de Chihuahua y con frecuencia se les añade comino. En Zacatecas, se elaboran de la misma forma que en Chihuahua,

Conocido en algunas regiones como:
◇ chacuales (Zacatecas)
◇ chicales (Michoacán, Coahuila)
◇ chuales (Durango)

→ chical, huachal, itacate, uachacata

CHACALÍN ◆ acocil, chacal

CHACÁMECUA ◆ chinaca

CHÁCATA ◆ mezquite

CHACHACA ◆ mezquite

CHACHAH ◆ quiote

CHACHALACA

Del náhuatl *chachalaca*, hablar mucho, gorjear o hacer ruido. Ave originaria de México, parecida a las aves de corral, de cola larga, patas fuertes y pico similar al de las gallinas. Su nombre proviene de la algarabía que

producen al amanecer y al volar. Su carne se considera muy sabrosa. En México existen seis especies, pero las más comunes son: chachalaca común o vetula (*Ortalis vetula*) y chachalaca pacífica o pálida (*Ortalis poliocephala*). En la Huasteca hidalguense se acostumbra el ajocomino de chachalaca. En el estado de Nayarit se guisa con manteca de cerdo y se agregan bolitas de masa de nixtamal. En el Istmo de Tehuantepec, los zapotecos la comen cocinada en un sancocho de jitomate y cebolla.

Conocida en algunas regiones como:
◇ cuichi (Sinaloa)
◇ kuitapi (Nayarit)
Conocida en zapoteco como:
◇ *beerexiga* (Istmo de Tehuantepec, Oaxaca)

CHACHAPAL ◆ chichapal

CHACINA

Cecina o cualquier carne adobada de cerdo que se destina para hacer chorizo o algún otro embutido.

CHACO ◆ pitahaya

CHACUA ◆ amaranto

CHACUALOLE

1. GRAF. xacualole. Del náhuatl *xacualolli* o *xacualoa*, amasar. Atole muy espeso elaborado con trozos de calabaza de Castilla cocida con piloncillo, anís, naranja, caña y guayaba en trozos. En ocasiones se elabora con menos líquido para hacer un dulce acostumbrado en los altares a los muertos. Es una preparación del Estado de México.

2. Pico de gallo de toronjas peladas y algo martajadas, con chile verde, sal y piloncillo. Se acostumbra como botana en Chilapa, Guerrero.

3. Pepitas de calabaza de Castilla con pulpa filamentosa que las cubre, cocidas en agua con epazote y picante al gusto. Es una preparación del estado de Morelos.

CHAGÜE
Del náhuatl *chiahuitl*, ciénaga. Tipo de maíz de riego o que se siembra en tierras muy húmedas.

CHAHUIZTLE
GRAF. chagüiscle, chagüiste, chagüistle, chahuiscle, chahuistle, chahuixtle, chahuiztle o chiahuiztle. Del náhuatl *chiahuiztle*. Variedad de hongos que plagan las gramíneas como el maíz o el trigo, haciéndolas inservibles.

CHAK WUAJ
Tamal preparado con masa de maíz relleno con kool, jitomate rebanado, epazote y pollo desmenuzado previamente cocido en agua con clavos de olor, achiote en grano, ajo y orégano. Se envuelve en hojas de plátano y se cuece al vapor a la manera tradicional en pib. Por lo general, se acompaña con chile tamulado en jugo de naranja agria y alguna bebida como atole o café. Su preparación y consumo son típicos de los mayas de Quintana Roo y Yucatán. Se prepara para ocasiones especiales como fin de año o día de Muertos y para ofrecerlo a los dioses del monte. Conocido también como *chak chak wah*.

→ vaporcitos

CHAKAH ◆ quiote

CHALAHUITE ◆ jinicuil

CHALAUITE (*Inga vera*)
Árbol que produce un fruto de color castaño en forma de vaina de 30 a 50 cm, ligeramente curva, que en su interior alberga semillas cubiertas de una pulpa blanca de sabor dulce. También se le conoce como jinicuil y jacanicuil, plantas de la misma familia. Al igual que éstos se consume como fruta y sus semillas se emplean secas y tostadas para botana.

→ jinicuil

CHALITOS
Del náhuatl *xalli*, arena. Trozos pequeños de chicharrón muy dorados que se acostumbran consumir en el Distrito Federal en tacos con tortillas de maíz, aguacate y salsa. Se obtienen cuando se separa la piel para preparar chicharrón que se corta con algo de grasa y pedazos de

carne; una vez retirada la grasa, la piel se pica, se fríe y se convierte en chalitos. Son ofrecidos por vendedores independientes dentro de una canasta o caja de cartón en los pasillos de los mercados populares. Los chalitos no se venden en las chicharronerías, ni en las carnicerías o puestos de carnitas.

Conocido también como:
◇ chales
◇ clalitos

◇ gorduritas de chicharrón
◇ tlalitos
Conocido en Morelos como:
◇ chacales

→ asientos de chicharrón, chacales

CHALUM ◆ jinicuil

CHALUPA

Antojito de masa de maíz en forma de pequeña tortilla gruesa, con o sin orilla, en forma de óvalo o de barquito, más concretamente de chalupa, de donde proviene su nombre. Generalmente se fríe y luego se rellena con diversos alimentos. El tamaño, la forma y los rellenos cambian según la región del país. Las chalupas originales comenzaron a hacerse en Puebla, en el Paseo de San Francisco, y son tradicionales las que se venden en el parque y a un lado de la iglesia del mismo nombre. La orilla de la chalupa se forma cuando está recién hecha: se pellizca todo el perímetro para formar un borde que sirve para contener la salsa, que generalmente es verde o roja. Ésta se pone primero, tanta como pueda sostener la chalupa; luego se añade carne deshebrada, la más común es la de cerdo, pero puede también ser de pollo o res; después se le añade cebolla picada y a veces queso espolvoreado, que puede ser fresco o de cabra. Se fríen cuidadosamente en poca manteca de cerdo, para que la salsa no se derrame, y se sirven inmediatamente. Las chalupas chiapanecas no tienen relación con las de los estados del centro del país, ya que son una especie de tostadas preparadas con tortillas de maíz fritas y untadas con frijoles negros refritos, lechuga picada, y betabel y zanahoria cocidos y cortados en cuadritos; llevan carne de cerdo y queso seco rallado. A veces el frijol refrito puede incluir plátano macho, y la carne de cerdo puede ser deshebrada y guisada con jitomate o lomo horneado y rebanado. En Nuevo León las chalupas son tostadas, semejantes a las de Chiapas. Las tortillas de maíz se fríen hasta quedar doradas, se untan con frijoles refritos, se les pone queso Chihuahua, se calientan para que el queso se funda y se decoran con rebanadas de aguacate. Conocida también como chalupita.

→ cazuelita

CH'AM ◆ aguama

CHAMAGUA ◆ elote camahua

CHAMAL (*Dioon edule*)
Planta de la familia de las zamiáceas con aspecto de palma, de 1 a 2 metros de alto con hojas de 1 a 1.5 metros, dan un fruto comestible, en forma de cono colgante, de 30 a 60 cm con semillas de 3 cm que son venenosas. Suelen colocarse sobre un petate para que sequen al sol o cocerse y molerse para elaborar una masa con la que se pueden preparar tortillas, tamales o atoles entre los pames que habitan en San Luis Potosí y Querétaro.

CHAMORRO
Pantorrilla del cerdo que se prepara en cocido u horneada, al natural o bañada con salsa de chile pasilla. Esta parte del cerdo también es muy apreciada como parte de las carnitas.

CHAMOY

Elaboración a base de salsa de chile, sal y azúcar en la que se preparan chabacanos. Su origen se ubica en Japón, sin embargo se arraigó en el gusto del mexicano, dando lugar al sabor chamoy, que se agrega en forma de salsa a mangos, naranjas, papas fritas, tamarindos, xoconostles y otras frutas ácidas. Da nombre a preparaciones como las chamoyadas.

CHAMOYADA

Preparación que se elabora con hielo raspado saborizado con pulpa o jarabe de mango o tamarindo al que se le vierte salsa de chamoy, polvo de chamoy y jugo de limón. Se puede encontrar en el Distrito Federal y en varias regiones cálidas del país.

CHAMPEADO ◆ hongo santiaguero

CHAMPIÑÓN

Del francés *champignon*. Hongo que se encuentra de forma silvestre (*Agaricus campestris*) o cultivado (*Agaricus bisporus*). Uno de los hongos más utilizados en la cocina mexicana. Se puede preparar en sopas, caldos, relleno para quesadillas, como guarnición de varios guisos, salteado, asado, entre otros. Su amplia producción y distribución lo han convertido en el hongo más común, desplazando en ciertas ocasiones a los hongos regionales.

Conocido también como:
◇ excremento de burro
◇ excremento de caballo
◇ hongo blanco
◇ llanerito
◇ llanero
◇ sanjuanero

Conocido en otras lenguas como:
◇ *kabai pbich* (tepehuán)
◇ *paj-tereko* (purépecha)
◇ *pbur pbich* (tepehuán)
◇ *sakerátare* (rarámuri)
◇ *sakilátare* (rarámuri)

→ hongo blanco

CHAMPIÑÓN DE BOSQUE ◆ hongo mazayel

CHAMPIÑÓN DE CAMPO ◆ hongo blanco

CHAMPIÑÓN GRANDE ◆ hongo blanco, hongo mazayel

CHAMPURRADO

Atole generalmente compuesto de pinole o masa de maíz desleída en agua con chocolate de metate, maíz tostado y molido y piloncillo. Existen variantes regionales, ya que no hay reglas exactas sobre cuáles deben ser los ingredientes de esta bebida, pues depende del gusto y costumbres de quien lo prepara. Tradicionalmente se prepara en una olla de barro y es un acompañante ideal de los tamales. Es un atole que se distingue del resto por estar elabora-

do con ingredientes que en el pasado fueron sumamente apreciados, por ello se considera una bebida especial para festejos importantes como bautizos y primeras comuniones. En los estados del centro del país se compone básicamente de agua, masa de maíz, chocolate y piloncillo, pero en ocasiones también incluye pinole, leche y canela. En todos los casos, incluye el llamado chocolate de metate. Actualmente se ocupa más el azúcar que el piloncillo ya que resulta más barata. En el Distrito Federal, las abuelas y los vendedores de atoles afirman que el auténtico champurrado se prepara con agua, piloncillo, canela y pinole. Se expende en puestos ambulantes de tamales y atoles que se ubican en esquinas, paradas de autobuses y salidas del metro. En Chihuahua se prepara con chocolate, piloncillo, canela y masa de maíz; se le suele poner también leche porque el estado es un importante productor. Es una bebida tradicional para las familias de Nuevo León y también se ofrece o vende en las ferias o fiestas patronales. Las antiguas recetas indican que se prepara con agua, canela, cáscara de naranja, azúcar, chocolate y fécula de maíz. En Chilpancingo y Tuxtla, Guerrero, se elabora con masa de maíz, azúcar, chocolate, leche y canela. En Oaxaca se prepara con masa de maíz sin nixtamalizar, agua, chocolate de metate, azúcar, canela y se bate con molinillo hasta obtener abundante espuma. En San José Río Manso, Oaxaca, los chinantecos preparan el champurrado con atole de masa al que le añaden canela, azúcar y chocolate. En la región de Totonacapan, en Veracruz, se acostumbra tomarlo en la época de invierno, cuando hace mucho frío. En Yucatán se ofrece en los bautizos, primeras comuniones y meriendas; se hace con atole blanco de maíz y chocolate. Es una bebida favorita en las cenadurías, y para muchos mexicanos el día comienza o termina con un champurrado, sobre todo en el invierno o en temporadas de frío.

Conocido como:
◇ atole champurrado
◇ atole de champurrado
◇ champurro

CHAMPURRADO ANTIGUO

Variedad de champurrado perfumado con clavos de olor y complementado con cocoa. Es un atole típico de Sinaloa.

CHAMPURRO

Atole compuesto de chocolate, agua, canela, clavo y piloncillo; se espesa con harina de trigo. Es una bebida de origen mayo que se acostumbra en Sinaloa y Sonora.

→ champurrado

CHAMUCO

Pan de dulce de forma redonda, elaborado con harina de trigo, piloncillo, levadura y carbonato. Es tradicional en Chilpancingo, Guerrero.

CHAMUSCAR

Acción de quemar algo por su parte externa. Principalmente se chamuscan las aves después de desplumarlas para eliminar las pequeñas plumas difíciles de ver e imposibles de sacar manualmente; esto se realiza exponiendo el ave sobre la flama para que se quemen dichas plumas y no se vean sobre la piel cuando se sirva en el plato. También se chamuscan chiles para preparar guisos como el chichilo negro o el chilmole.

CHAN (*Hyptis suaveolens*)

Planta de la familia de las labiadas, de la cual se obtienen semillas subovales de color moreno claro, aplanadas de 4 a 5 milímetros de largo, que se utilizan igual que las semillas de chía para preparar aguas frescas. Los tarahumaras las recolectan cuando están por madurar y hacen pinole con ellas. En Tepic, Nayarit, y en partes de Colima se emplean para preparar el bate.

Conocida también como:
◇ chía grande

Conocida en algunas regiones como:
◇ chana (Colima)
◇ chía de Colima (Jalisco)
◇ chía gorda (Colima)
◇ confitura o confiturilla (Sonora)
◇ conibare o conivaria (Sonora)

CHANA ◆ hongo pancita

CHANALETA ◆ jorobado

CHANCACA ◆ piloncillo

CHANCACADAS O CHANCACUDAS

Gorditas de maíz de aproximadamente 10 cm de diámetro y 0.5 cm de grueso, pellizcadas por los bordes, fritas en manteca de cerdo y untadas con piloncillo y queso. Se acostumbran en Chicontepec, Veracruz, donde se sirven frías durante las mañanas para acompañar el café. En el área del norte del mismo estado, estas gorditas van rellenas con trozos de panela que se derrite durante la cocción. Se les llama chancacudas cuando son una especie de panecillos que su cocción se realiza dentro de latas de atún.

CHANCAQUILLA

Dulce tradicional hecho de pepitas de calabaza y miel de piloncillo, canela y anís. Se realiza haciendo un caramelo, que cuando alcanza el punto de bola suave se le agregan pepitas de calabaza peladas y tostadas; enseguida se retira del fuego y con una cuchara se ponen pequeñas porciones sobre una tabla de madera para que tengan forma de ruedas. Al secar quedan crujientes como una palanqueta. Es típico de San Luis Potosí y Querétaro.

CHANCHAC

Del maya *ts'am*, remojar, y *chak*, cocer en agua. Con este término se conocen dos preparados yucatecos de origen maya que se consumen en la península de Yucatán. El sanchac o sanchaque, como también se conoce, es un cocido de carne de res fresca con verduras y sal, sin otro condimento. El otro preparado es un cocido de chaya al que se le añade pepita molida, limón y chile habanero al gusto; se acompaña con penchuques.

CHANCHAMITOS, CHANCHAMES O CHANCHAN

Del maya *chan chan*, bolita de pan o tortilla de masa rellena, cocida al comal. Tamales de masa de maíz de forma esférica u ovalada, rellenos de alguna carne. Se diferencian de otros tamales ya que se amarran ambos extremos de las hojas de maíz o plátano que envuelven el tamal. Se elaboran en los estados de Campeche, Yucatán, Tabasco y Veracruz, cada uno con diferencia en su modo de preparación y en su nombre. En Tabasco se prepara la masa con manteca de cerdo y caldo, se colorea con achiote y se rellena con carne de cerdo o gallina o pollo guisada con chile ancho, especias y epazote. En Yucatán son llamados chanchames; la masa de maíz se mezcla con manteca de cerdo, caldo de carne y recaudo

rojo, y se rellena con un guisado de carne de cerdo y pollo en salsa kool. Se envuelven en hojas de maíz. En Veracruz son llamados chanchan y se rellenan de carne de pollo y mole de la región.

CHANCHAYOTE ◆ chinchayote

CHANCHO ◆ cerdo

CHANCLA

Panecillo preparado con masa de harina de trigo fermentada con pulque, con forma de chancla o lengüeta. Su consistencia y textura recuerdan al pan árabe. Las chanclas tienen centro inflado, lo que permite abrirlas y rellenarlas. Con este nombre también se conoce al antojito elaborado con dicho pan relleno de lechuga, cebolla y aguacate, todos rebanados en fino, que se cubre con bastante salsa caliente elaborada con jitomate, chiles guajillo y chipotle, cebolla, ajo, longaniza y comino; fungen como el alimento principal de una cena tradicional. Aunque es un pan tradicional en la ciudad de Puebla, actualmente sólo unas cuantas panaderías poblanas lo elaboran. Existen de dos tamaños y ambos se ocupan de igual manera. Las chanclas chicas miden, en promedio, 9 cm de largo por 6.5 cm de ancho. Se hacen principalmente para reuniones y fiestas, a manera de bocadillos. Se venden por bolsa. Las chanclas grandes miden aproximadamente 17 cm de largo por 9 de ancho, y se venden por pieza.

→ jorobado

CHANCLACUDA

Galleta que los totonacas elaboran con harina de trigo, panela, huevo, manteca de cerdo y vainilla. La pasta resultante se coloca en una charola, se hornea y se corta en cuadros pequeños. Existe otro tipo de galleta con el mismo nombre, elaborada con masa de maíz, la cual se extiende en el comal con un olote largo y delgado; a esta masa se le rocía panela molida o un poco de sal dependiendo del gusto de quien la prepara. Estas dos preparaciones se consumen en la costa de Veracruz.

CHANCLETA

Especie de tamal elaborado con masa de maíz, con forma plana, relleno de salsa de mole amarillo preparada con chiles guajillo y ancho, jitomate, cebolla, ajo, pimienta y clavo; se envuelve en hoja de plátano y se cuece al vapor. Se acostumbra en San José Río Manso, Oaxaca. En Querétaro se prepara otra variedad rellena de salsa espesa de chile ancho o chile guajillo, que se envuelve en una hoja de maíz aplanada y rebasa un centímetro de grueso.

→ jorobado

CHANDUCATA

GRAF. xandukata. Guiso de carne en salsa preparada con caldo de carne, cilantro, hierbabuena, tomate, chile serrano y espesada con toqueras. La carne más frecuente que se emplea es la de res. Es un preparado de origen purépecha, acostumbrado en Michoacán.

CHANFAINA

Platillo preparado con vísceras frescas de res o cerdo, guisadas en una salsa espesa de chiles y especias, o en adobo. Las recetas varían según la región. Tradicionalmente se hace con hígado y bofe de carnero, manteca de cerdo, jamón y chorizo; el guiso incluye también bolillo duro, cebolla, ajo, jitomate, ajonjolí, epazote, clavo, alcaparras, aceitunas, azúcar, vinagre, sal, pimienta y caldo. Los ingredientes se cuecen a fuego lento hasta que el caldillo quede espeso. Existen muy pocas referencias históricas de la llegada de este platillo que trajeron los españoles. Es evidente que estos preparados se hacían cuando se sacrificaban los animales, y eran una de las mejores formas de aprovechar y conservar las vísceras para comer. En México se transformaron las recetas a través del tiempo pero siempre se hicieron principalmente con vísceras de cerdo o de res. Son guisos muy antiguos acostumbrados en muchos estados del país; se sabe que en Colima se han preparado por lo menos desde el siglo XVIII. Suele ser una preparación que se hace en comunidades rurales o pueblos pequeños, cuando se sacrifican animales para una fiesta grande utilizando la carne en el guiso principal y las vísceras en chanfaina, misma que se da de comer a los miembros de la familia, amigos y los vecinos de la comunidad que ayudan en los preparativos cuando alguien se casa o se festeja su cumpleaños. En Chiapas es un guiso de gran arraigo, sobre todo en lugares como Comitán, Soconusco, Tuxtla Gutiérrez, San Cristóbal de las Casas y Teopisca. En varias regiones se hace una chanfaina diferente, de consistencia seca o caldosa según el gusto del comensal. Se utilizan vísceras de carnero, res o cerdo con diferentes tipos de salsas; en todas destaca el sabor y color que les aporta el perejil. La chanfaina de borrego es típica del municipio de Bochil y se hace principalmente con hígado, riñones, corazón, panza y bofe. Una vez cocidas y picadas las vísceras, se fríen en manteca de cerdo o aceite y se les añade canela, jitomate, cebolla, ajo, chile ancho y rebanadas de pan de caja. Los zoques también acostumbran preparar una chanfaina de menudo de res, pepitas de calabaza y especias. En Guerrero, la chanfaina, o montalayo, se acostumbra guisar en caldo, o una salsa de adobo picante preparada con chiles secos y especias. En Zacatecas y San Luis Potosí las vísceras o asaduras del cabrito se fríen y condimentan con salsa de jitomate y chiles verdes.

Conocida también en las comunidades zoque como:

◇ pucaxé
◇ puxaxe
◇ putzaze

→ cabrito en su sangre

CHANGO ◆ mono

CHANGUNGA ◆ nanche

CHANO ◆ berrugata

CHANTÉ ◆ flor de cocohuite

CHANTÓ ◆ hoja de queso

CHANTOLO ◆ día de Muertos

CHAPAHUA O CHAPAHUATE ◆ papaloquelite

CHAPALOTE

Del náhuatl *tzapatl*, enano. Variedad de maíz que se caracteriza por tener una mazorca gruesa de grano duro. Es utilizado por los tarahumaras y por pueblos originarios de Sonora y Nayarit.

Conocido también como:

◇ malpache
◇ mayobachi

→ plátano

CHAPANDONGOS

Antojito hecho de tortillas dobladas en triángulo, rellenas con queso añejo y capeadas; se sirven bañadas con una salsa espesa de jitomate y chile ancho. Son tradicionales de Huatusco, Veracruz y áreas circunvecinas, en donde se acostumbran en el desayuno y la merienda.

CHAPATA

Tamal purépecha preparado con maíz negro o rojo endulzado con piloncillo; su característica principal consiste en tener una variedad de amaranto conocido regionalmente como chía. Es típico de Michoacán, donde tradicionalmente sólo se comen en los tiempos de la siembra del maíz. Se conoce también como chapata michoacana.

CHAPAYA (*Astrocaryum mexicanum*)

Palma de la familia de las arecáceas de 3 a 5 metros de alto, con espinas verticiladas y aplanadas de 5 cm y fruto comestible de forma ovoide, similar a un coco pequeño, de unos 15 cm de largo, cubierto de espinas cortas. En Chiapas se consumen sus retoños y flores cocidas en diversos guisos. El fruto se asa para pelarlo y eliminar sus espinas, se parte, se fríe y se mezcla con huevo batido para hacer tortitas que se sirven en caldillo de jitomate. Las flores de la palma se guisan en una salsa de pepitas de calabaza mezclada con yumí; también se consumen como la mayoría de las flores: con huevo, capeadas, en sopas y guisos.

Conocido en algunas regiones como:

◇ chicalito de Tuxtepec (Oaxaca)
◇ chichón (Tabasco, Veracruz)
◇ chips (Veracruz)
◇ güiscoyul (Oaxaca, Tabasco)
◇ palma chapay (Oaxaca)

Conocido en otras lenguas como:

◇ acté (lacandón; Chiapas)
◇ chapay (tseltal; El Real, Chiapas)
◇ tzitzún (zoque; Chiapas)

CHAPETA ◆ jorobado

CHAPORE

Tortilla gruesa de harina de trigo. Generalmente se elabora con la masa que sobra después de hacer las tortillas de trigo normales. Primero se cuece en el comal y después debajo de la ceniza o rescoldos. Se acostumbra entre los tarahumaras de Chihuahua.

CHAPOTE (*Diospyros palmeri*)

Fruto de la familia de las ebenáceas, de pulpa negra, de 2.5 a 4.5 cm de diámetro, que se consume como fruta fresca. Se acostumbra comer en Tamaulipas y San Luis Potosí.

CHAPULÍN

Del náhuatl *chapolin* o *chapulin*; saltamontes o langosta. Término que designa a varios insectos pertenecientes a los acrídidos, de los que existen alrededor de 66 especies del orden *Orthoptera*. Se consumen en estado de ninfa o adultos, estado en el que se les puede encontrar casi todo el año. Se encuentran en Oaxaca, el Estado de

139

México y Guerrero, y en ciudades como Jungapeo, Michoacán; Cuautla, Morelos, y Atlixco, Puebla. Los chapulines que se venden en los mercados de los Valles Centrales de Oaxaca son criados especialmente en terrenos de alfalfa; es común que las vendedoras traigan consigo tres canastas con diferentes tamaños de chapulines que despachan por medidas de cucharadas o latas pequeñas. Los pequeños, del tamaño de un arroz, se consideran los más finos y de sabor delicado. Los medianos y grandes, en los que se alcanza a ver la forma del chapulín, son considerados más como carne para hacer tacos; estos últimos son un poco más baratos que los pequeños. Para cocinarlos se lavan y hierven en agua con sal; una vez cocidos se venden en los mercados para comerse tostados o fritos, con sal y limón, al mojo de ajo, al ajillo, con totopos o en tacos acompañados de salsa de chile pasilla oaxaqueño o guacamole. Algunos restaurantes los sirven como entremés y en algunos bares o cantinas se pueden encontrar como botana. Conocido en maya como *sak'*.

CHAPUL-MAX ◆ chipil

CHAPULQUELITE

Planta del género cleome, de la cual se comen los tallos tiernos como quelite. Es consumida entre los mazatecos de Oaxaca, aunque también se le encuentra en Veracruz (zona de Los Tuxtlas) y en Chiapas. Conocida también en Chiapas como alcachofa cimarrona.

CHARAL

Nombre con que se designan varias especies de peces chicos de agua dulce del género *Chirostoma*, muy comunes en los lagos del Altiplano y Valle de México. En general son de cuerpo delgado y fusiforme. Algunas especies son translúcidas y otras con dorso azulado, grisáceo o verdoso, siempre con una banda longitudinal plateada. Miden máximo unos 10 cm de largo y sus espinas son comestibles. Existen varias especies que se desarrollan en regiones diferentes, de las cuales las más comunes son: *Chirostoma jordani*, en el Valle de México; *Chirostoma bartoni*, o charal prieto, en el lago de Pátzcuaro y Zirahuén, Michoacán; *Chirostoma patzcuaro*, o charal blanco, en el lago de Pátzcuaro, Michoacán; *Chirostoma chapalae*, en el lago de Chapala, Jalisco. Frescos sólo se encuentran en los lugares donde se pescan, pues como se deshidratan fácilmente, es normal que se sequen al sol y se conserven por varios meses. Se venden en los mercados populares del centro del país, junto con los camarones y el pescado seco. Los charales se han consumido desde la época prehispánica; son de sabor suave y ricos en proteínas. Cuando están frescos se asan o doran, y se acompañan con salsas mexicanas y guacamole. Secos se hacen en tortitas sumergidas en caldillo de jitomate o en salsas; son muy acostumbrados en los estados del centro del país, especialmente para la cuaresma. En el Estado de México y el Distrito Federal, además de las preparaciones mencionadas, también se utilizan para preparar mextlapiques, chilapazón, fritos en tacos o como relleno de tamales. En Michoacán los charales fritos se espolvorean con harina antes de capearlos y freírlos; se sirven calientes con rodajas de limón y salsa picante para comerse en tacos de tortillas de maíz. Se dice que cuando se les rocía el jugo de limón deben tronar, como prueba de que están

recién cocinados. Es una botana clásica de la isla de Janitzio. Tradicionalmente se sirven antes del pescado blanco. Además de los famosos tacos de charales fritos, también se acostumbran en tostaditas con guacamole y rabanitos, en sopas, o guisados en salsa. Otros peces con características similares en el país son los llamados topotes o topenes.

CHARAMUSCA

Figurillas hechas de caramelo, que originalmente tenían forma de un churro retorcido, pero el ingenio del mexicano ha logrado obtener diferentes formas. Se prepara con piloncillo hervido en agua; cuando éste alcanza su punto exacto de cocción, se retira del fuego y se trabaja estirándolo para lograr la forma deseada. En Guanajuato el dulce se trabaja y se estira para hacer figuras de muertos, momias o quijotes; algunas resultan ser verdaderas estatuillas o esculturas de caramelo, que los visitantes compran como recuerdo o curiosidad. En Salamanca, Guanajuato, es un dulce tradicional para los días de la Semana Santa. Las de Jalisco son similares a las de Guanajuato, pero las figuras son charros o mariachis con sarape de tela, que en muchas ocasiones se encuentran abrazando botellas de tequila. También se acostumbran en Aguascalientes, Zacatecas, San Luis Potosí y en el norte de Veracruz, donde a la mezcla de agua y piloncillo se la agrega canela.

CHARAMUSQUITA ◆ hongo gachupín negro, hongo oreja de ratón

CHARANDA

Tipo de aguardiente de caña de azúcar típico de Michoacán.

CHARAPE

Del purépecha *charapi*. Bebida alcohólica hecha con pulque, piloncillo y algún otro ingrediente. El pulque puede mezclarse con tepache o incluso sustituirse por tepache preparado con cebada fermentada. Es acostumbrada principalmente por los purépechas en Michoacán durante sus fiestas, pero no es el único lugar de consumo. En la región de Tierra Caliente, Guerrero, se prepara con pulque y piloncillo disuelto en agua. En la Sierra Gorda de Querétaro, específicamente en Pinal de Amoles, se prepara con pulque, piloncillo y raíz de zarzaparrilla. En el mismo estado pero en la comunidad de Sombrerete, ubicada en el semidesierto, se elabora con pulque, piloncillo, pasta de cacahuate, canela y a veces anís.

CHAREMBA ◆ capulín

CHARICURINDA

Tamal de frijol que contiene masa de maíz negro cocido en cenizas, el cual se mezcla con una pequeña cantidad de maíz blanco y se deja agriar ligeramente. La masa se extiende y sobre ella se coloca una capa de frijoles molidos y se enrolla antes de cortarla en rebanadas para hacer los tamales, que se envuelven en hojas de maíz. Los purépechas los consumen generalmente durante marzo.

CHARRITO

1. Variedad de peces que se consumen en el Golfo de México y en las costas del Pacífico.

• *Trachurus lathami*

Se distingue por su gran parecido con el pámpano. Se captura de forma incidental todo el año en el Golfo de México.

Mide unos 20 cm de largo y se vende principalmente fresco. Su carne es blanca, magra, firme y de buen sabor, con espinas fáciles de quitar, por lo que es ideal para cocer y freír. Conocido también como garretón.

• *Trachurus symmetricus*

Tiene el dorso verde y vientre plateado, mide por lo general 30 cm de largo y llega a pesar entre 2 y 3 kg. De carne fina, blanca y magra, con espinas fáciles de desprender, se puede cocinar entero o en pedazos para múltiples guisos. También se enlata.

Conocido también como:

◇ caballa o caballo
◇ cocinero
◇ macarela
◇ ojotón

2. Botana que se elabora con masa de maíz a la que se le da forma de churros delgados, éstos se fríen en aceite, posteriormente pueden ser escarchados con jugo de limón y sal, o jugo de limón, sal y chile en polvo; generalmente se comen con más jugo de limón y salsa de chile, en diferentes partes del país.

Charro negro

Coctel preparado con tequila mezclado con refresco de cola. Se ofrece en cantinas y bares.

Chasá ◆ capulín

Chatarra

Del vasco *txatarra*, lo viejo. Término que en México tomó varias acepciones, entre la que se encuentra la de pequeñas porciones de comida o sobrantes que se utilizan para hacer comida o un platillo como la pepena o la discada en el norte del país. El término comida chatarra se aplica a todos aquellos alimentos que no tienen valor nutricional, generalmente fritos, empaquetados, industrializados o con conservadores, de los que existen muchas marcas en el mercado.

Chatín

Gordita frita de plátano macho, mide 6 cm de diámetro y 1 cm de grueso. Se emplea para acompañar platillos salados como carnes, mariscos, frijoles o arroz blanco, y también se revuelcan en azúcar para acompañar el café. Son típicas de la región de Papantla, Veracruz.

Chavacanes

Galletas delgadas elaboradas a base de masa de maíz que se muelen y se dejan deshidratar para luego volverlas a moler y mezclarlas con manteca de cerdo, panela rallada y anís. Con esto se elaboran unas tortillas muy delgadas que se cuecen en un comal; los nahuas del norte de Veracruz las consumen con café. Los totonacas de la región de la costa del mismo estado las elaboran con masa de maíz recio, manteca de cerdo y sal, dándole forma de gordita que colocan en hojas de plátano y cuecen en un comal. También se acompañan con café. Se conocen también como totopo.

Chay-uah

Tamal preparado con masa de maíz revuelta con chaya picada, manteca de cerdo y frijol espelón; se envuelve en hoja de plátano y se sirve con salsa de tomate. Para su elaboración se prefiere usar masa de maíz tierno. Es típico de la península de Yucatán.

Chaya

Planta originaria de la península de Yucatán y la parte norte de Centroamérica; fue domesticada y utilizada por los antiguos mayas. La chaya es una hoja muy importante en las cocinas del sureste del país, ya que es base importante de muchos preparados; cruda se consume en ensalada y en agua, pero casi siempre se consume cocida y su sabor recuerda a la acelga. Las plantas crecen mejor si sólo se les arrancan las hojas que regeneran rápidamente. Es común que la gente le tenga un gran respeto a esta planta, por lo cual antes de cortar algunas hojas, le hablan y piden permiso; de no realizar este rito, se dice que la planta liberará sus pequeñas espinas y provocará urticaria a quien corte sus hojas sin permiso. Se emplea de muchas maneras, pero su mayor utilización es en los tamales de chaya, que se preparan en la región. En la península de Yucatán se emplea en dzotobichay, chay uah, chanchac, brazo de reina, pipián de chaya, puchero vaquero, tortas de huevo, albóndigas, con plátano o carne de cerdo, ensaladas, tacos, con arroz, cocida y frita, sancochada y espolvoreada con polvo de pepita de calabaza y brazo de indio o de mestiza, entre otros platillos. En Chiapas se prepara el espinazo de cerdo cocido con hojas de chaya y condimentado con achiote; es un guiso común en Tapachula. En Tabasco forma parte de los guisos denominados en verde; también se hacen los tamales de chaya, la carne con chaya y el agua de chaya y la chaya con huevo, que son huevos revueltos con chaya cocida, especiales para el desayuno o la comida en los días de vigilia. En Veracruz se consumen las flores con huevo, capeadas, en sopas y guisados. Aunque es una planta muy común en esta región, no se lleva a vender a otros mercados del país; en los mercados locales tiene un valor bajo, porque prácticamente cada familia tiene su propia planta. Existen dos especies:

• *Cnidoscolus aconitifolius*

Tiene hojas color verde oscuro que miden de 10 a 20 cm y tienen de 3 a 7 lóbulos. Se utilizan en la cocina de la península de Yucatán, Tabasco y partes de Chiapas; en todos estos lugares, es común encontrarla en las huertas familiares. Esta variedad tiene la particularidad de que al cultivarla se pierden los pelos urticantes que comúnmente tienen estos arbustos y que mantienen en estado silvestre.

Conocida también como:

◇ chay
◇ chaya mansa

• *Cnidoscolus chayamansa*

Tiene hojas grandes y consistentes con peciolo largo y cinco lóbulos; su corteza tiene algunos pelillos urticantes.

Chaya frita

Preparación que consiste en hojas de chaya cocidas y picadas, guisadas con aceite, jitomate, cebolla y sal. Se sirve con pepitas de calabaza molida, y a veces se le exprime naranja agria al preparado. Se consume en tacos, y también se puede acompañar con frijoles colados. Es un platillo típico de la península de Yucatán. Otra versión de esta misma chaya guisada se hace revuelta con huevo.

Chayocamote ◆ chinchayote

Chayote (*Sechium edule*)

Del náhuatl *chayotli*, que significa calabacita espinosa. Fruto carnoso, jugoso, con sabor tenue, de la familia de las cucurbitáceas. Tiene forma ovalada, y es generalmente de color

141

verde en diferentes tonos; posee una semilla que se considera deliciosa. Dependiendo de la variedad pesa entre 200 gramos y 2 kg. La planta en la que crece es una enredadera con guías que rebasan los 6 metros de largo; sus hojas son acorazonadas, angulosas y ásperas y miden entre 10 y 15 cm. La planta en general es parecida a la de la calabaza, pero a diferencia de ésta, se colocan estructuras de madera para que las guías se enreden allí y el fruto se desarrolle mejor y aumente su producción. Además del fruto, también se aprovechan sus guías, sus hojas y su raíz llamada chinchayote o cueza. Este fruto es originario del sur del país y el norte de Centroamérica. En los mercados del país se encuentran tres tipos de chayotes: el chayote común, el chayote erizo y el chayote blanco.

• El chayote blanco siempre es pequeño de color amarillo pálido que no rebasa los 12 cm de largo. Se vende cada vez con más frecuencia en los mercados del centro del país, pero no es muy utilizado en la cocina regional; muchos lo ven como algo curioso y no como un ingrediente común. Los chayotes son muy cultivados en casi todo Chiapas. En la costa suelen comerlo hervido o en caldos, pucheros y ensaladas. Especialmente en la región de Tuxtla Gutiérrez se prepara el chayote con huevo, que consiste en huevos revueltos con chayotes, cebolla y chile; las tortitas de chayote, que son chayotes rebanados, rellenos con queso, capeados y bañados en caldillo de jitomate; el chayote horneado, partido por la mitad, relleno de su misma pulpa mezclada con queso, y el chayote en ensalada, hervido con limón, sal y gotas de vinagre. En Orizaba, Veracruz, es típica la sopa de chayote, la cual se prepara con chayote cocido y molido con hojas de hierba santa, sofrito en aceite y cebolla. A este licuado se le añade caldo de pollo y se hierve hasta que espesa.

• El chayote común, es de color verde claro, de piel delgada comestible y carne verde blanquecina de sabor delicado y suave. Se le encuentra a lo largo del año en todo el territorio nacional y es ampliamente utilizado como verdura en guisos, caldos y todo tipo de preparaciones como los chayotes rellenos. Es el más usado de los tres. En el Distrito Federal y algunos estados del centro del país es muy común que estos chayotes se utilicen muy tiernos; es una exigencia regional que sean tan suaves que fácilmente se les entierren las uñas. En Tabasco y otros estados del Sureste, por el contrario, se prefieren chayotes recios, o de piel dura, más maduros. Se prefieren con esta consistencia porque se dice que su sabor es más fuerte, y por ello se incluyen en los caldos o cualquier preparado. Además, si se hacen rellenos, su cáscara es más resistente.

• El chayote erizo es de color verde oscuro, con piel gruesa cubierta de espinas en toda su superficie. Es de forma globosa, siempre más grande que el anterior; comúnmente rebasa los 500 gramos. Su carne es verde oscura, ligeramente más clara que la piel; su sabor, delicado, pero con más carácter que el del chayote común. Ambos se utilizan igual, sólo se cuecen en agua con sal y se comen como verdura. En la región del norte de Veracruz se consumen cocidos en una salsa de ajonjolí, chile chipotle, chile color y cilantro. Con sus raíces, semillas y guías se preparan sopas, ensaladas y tortitas. Se encuentran en muchas regiones de México, aunque es más frecuente en los estados del centro del país, llegándose a desconocer en otras regiones.

El chayote es conocido también como:
◇ chayote sin espinas (chayote común)
◇ chayotito blanco (chayote amarillo)
◇ erizo (chayote espino)
◇ espino (chayote espino)
◇ huisquil (Chiapas)

CHAYOTE CON AJONJOLÍ

Guiso preparado con pedazos pequeños de chayote hervidos que luego se fríen en manteca de cerdo junto con ajonjolí tostado, chiles ancho y chipotle, cilantro y sal. Se consume con tortillas calientes y se acostumbra en la región del Totonacapan, Veracruz.

CHAYOTE CON PIPIÁN

Guiso que contiene pepita de calabaza, chile verde, cebolla, cilantro, epazote, sal y chayotes en pequeños pedazos. Se consume, principalmente, en la región Totonacapan en Veracruz.

CHAYOTE SIN ESPINAS ◆ chayote

CHAYOTES CON RAJAS

Guiso preparado con rajas de chile poblano acitronadas, jitomate licuado con ajo y consomé concentrado; a esta salsa se le añaden chayotes, huevos y pimienta. Se consume en Comitán, Chiapas.

CHAYOTES RELLENOS

Preparaciones dulces o saladas a base de chayotes, que se comen como postres o que sirven de plato fuerte. En general los chayotes se cuecen con todo y piel, se parten por la mitad, luego se extrae un poco de la pulpa y se mezcla con los demás ingredientes del relleno que se coloca en el hueco del chayote. En seguida se hornea, a veces con pan o galleta molidos o con queso, para gratinar. Casi siempre se sirven calientes o tibios. El relleno dulce por el contrario, se prepara con pulpa de chayote, huevo, azúcar, pasas, mantequilla, crema y galleta o pan molido y se hornean. Son recetas caseras que varían ligeramente, pero que se hacen de forma muy similar en estados como Veracruz, Tlaxcala, Tabasco, Oaxaca, Chiapas y Puebla. De la misma manera se preparan los chayotes rellenos de carne. En Tabasco se rellenan los chayotes recios con su pulpa machacada y mezclada con pan molido, mantequilla y azúcar; puede añadirse algo más a esta base. Aunque son de sabor dulzón, no se usan como postre. Se sirven como acompañantes de los platillos de la comida del mediodía. En cuaresma o los Viernes Santos pueden ser el plato principal. En Orizaba son muy comunes los chayotes rellenos de carne, porque el fruto abunda en la región; la pulpa para el relleno se mezcla normalmente con picadillo de carne de res o cerdo, aunque también se emplea carne de pollo o chorizo. Pueden servirse solos o con caldillo de jitomate. Por supuesto, existen recetas muy similares en varios estados del país.

CHAYOTESTLE o CHAYOTEXTLE ◆ chinchayote

CHE´CHAK

GRAF. chechac. Platillo caldoso elaborado con pescado que se corta en postas y se sazona con pimienta, ajo y orégano molido. En lengua maya, este término significa cocer de un solo hervor la carne fresca. Se consume en Quintana Roo.

Conocido también como:
◇ chechac de carne
◇ chechac de pescado

CHECHALOTE ◆ ardilla

CHEGUA

1. Graf. chehua. *Allophorus robustus*. Pez de agua dulce que habita en los ríos Lerma y Ayuquila, en Guanajuato, y en el lago de Pátzcuaro, en Michoacán. Se utiliza para preparar un caldo que recibe el mismo nombre. Un dicho popular reza: "cada chegua es un chamaco", tal vez por el efecto afrodisíaco que se le atribuye al pescado o por la gran cantidad de energía que proporciona.

2. Nombre con que se le llama al maíz cocido y molido para hacer el pozol en Tabasco. Conocido en zoque como *matze*.

CHELA

Forma popular de referirse a la cerveza, sobre todo en el centro del país.

CHELEAR

Acción de beber chelas (cervezas).

CHELEL ◆ jinicuil

CHENGUA ◆ nanche

CHEPICHA O CHEPICHE ◆ pipicha

CHEPIL ◆ chipil

CHEREMECUA ◆ chinaca

CHERIMOLE ◆ chirimole

CHERNA (*Epinephelus*)

Pez de color pardo con 5 barras oblicuas, que habita en manglares cerca de las costas o en cuevas grandes. Comúnmente mide un metro y pesa en promedio 25 kilos. Su carne es blanca y firme. Es la especie más grande entre los meros y chernas, muy común en el Atlántico. Se pesca todo el año en el Golfo de México, pero abunda de julio a septiembre. Se consume principalmente fresco y se prepara de muchas formas. En Tabasco y los estados de la península de Yucatán se utiliza prácticamente en cualquier guiso a base de pescado.

    Conocido también como:

      ◇ cherna de vivero
      ◇ guasa

CHÍA (*Salvia hispanica*)

Semilla mucilaginosa y aceitosa, de 2 milímetros de largo por 1.5 de ancho, ovalada y lustrosa, color moreno grisáceo con manchas rojizas irregulares. Es originaria de México, donde se utiliza para preparar bebidas refrescantes. En el centro del país es famosa el agua de chía, que en realidad es un agua de limón a la que se le añaden las semillas de chía hidratadas, las cuales confieren una consistencia mucilaginosa. Se acostumbra principalmente en los días calurosos y durante la Semana Santa. En las casas donde aún existe la costumbre de tener el altar de la virgen de Dolores, se obsequia agua de chía a los concurrentes que participan en los rezos; en este caso, la chía simboliza las lágrimas de la virgen. En Comitán, Chiapas, el agua de chía o refresco de chía, es muy común durante las fiestas de Agos-

to. En Temalacacingo, Guerrero, se cosecha en junio y de ella se extrae un aceite que se utiliza en la decoración de jícaras y otros objetos. Los indígenas purépechas de Michoacán utilizan la chía silvestre para hacer unos tamales chiquitos, a los que llaman chapatas; además la llevan en sus viajes y las ponen en el altar de muertos. Los mexicas en la época prehispánica la molían para preparar pinole, atole y un aceite llamado *chiematl*. En la celebración de la veintena de *hueytozoztli* la planta se le ofrendaba a Chicomecóatl, diosa del maíz y los mantenimientos, y en la veintena ritual de *hueytecuilhuitl* se llenaba una canoa con harina de chía (llamada *chianpinolli*) y todos los asistentes tomaban una porción hasta vaciar la embarcación, sin desperdiciar un solo bocado. Preparaban también otra bebida llamada *chiantzozolatolli*, moliendo la chía con el maíz.

    Conocida también como:

      ◇ chan
      ◇ *chian* (náhuatl)

→ chapata

CHIABAL ◆ ciruela

CHIAMPINOLE O CHIANPINOLE ◆ pinole

CHIANATOLE ◆ atole de chía

CHIANTZOZOLATOLLI ◆ chía

CHIAPAS

Estado ubicado en el sur del país. Colinda al norte con Tabasco, al este con Guatemala, al sur con el océano Pacífico y al oeste con Veracruz y Oaxaca. Tuxtla Gutiérrez es la capital del estado, el cual se encuentra dividido en nueve regiones: Centro, Los Altos, Fronteriza, Frailesca, Norte, de la Selva, de la Sierra, el Soconusco e Istmo-costa. Chiapas es el segundo lugar nacional en términos de biodiversidad y posee siete de los nueve ecosistemas más representativos en el país. La población chiapaneca actual está constituida por grupos mestizos y por una importante presencia de pueblos originarios de familias lingüísticas maya, mixe-zoque-popoluca y otomangue. En el estado habitan los grupos tseltal, tzotzil, chol, tojolabal, zoque, chuj, kanjobal, mam, jacalteco, mochó, cakchiquel y lacandón o maya caribe. La dieta de estos grupos gira en torno al maíz, el cual se utiliza para la elaboración de tortillas, pozol, atole, pinole, tostadas y tamales; consumen también de manera cotidiana frijol, chile, calabaza, papas, hongos, café y algunas frutas; condimentan sus platillos, generalmente caldos o sopas, con sal, hierbabuena, cilantro y hierba santa. Se registra el consumo de hormigas arrieras, cigarras y caracoles, así como el de animales de caza, domésticos y pescados y también se consumen roedores, venado, armadillo, tlacuache, ardillas, cerdo, jabalí, res y guajolote o gallina. Por la diversidad de sus regiones, de sus ecosistemas, de su población y por su extensión territorial, la gastronomía de la entidad es rica y diversa; su cocina es única, aunque algunas de sus especialidades las comparte con sus estados vecinos, especialmente con Tabasco. Chiapas es el primer productor nacional de café y el segundo en cacao; también es segundo lugar en captura de tiburón, barrilete y bagre. Existen ingredientes nativos que se utilizan de forma única y otros que dan características propias a su comida, como arrayán, azafrán, chaya, chayote y chinchayote, ijar, armadillo (jueche), chiles Simojovel, chimborote y amaxito, gusano pexjol, hormigas chicatanas, macús, mujú, pataxete, pataxte, shutis y tasiagual, así como el

San Juan Chamula

queso bola de Ocosingo, el queso crema tropical y el queso de sal. Algunas comunidades preparan alimentos a base de maíz, así como tortillas únicas en su estilo: chinculhoa, chumiguá, guab, haguac, penchuque y pistón. Los tamales desempeñan un papel muy importante en la alimentación diaria y en el caso de las comunidades indígenas se consumen en ocasiones festivas y rituales. Algunos de ellos son de preparación sencilla y otros muy complejos, como el cau, los tamales cheneculhuah, de cuchunuc, de juacané (tamales de frijol), pitaúl y el pixque, así como los tamales colados, con arroz, con huevo, con mole, chiapanecos, de azafrán, de bola, de cambray, de coco, de canané largo, de chaya de chipilín, de chipilín con camarón, de elote (pictes), de frijol tierno, de hierba santa, de hoja milpa, de iguana, de manjar (padzito), de mumu (noloches), de pejelagarto, de queso, de verdura y untados, el xascul, el socuco y el zokpit. También hay salsas y condimentos como el calpic, el chilmol, el chilevinagre, el chojín, el pebre, el pilico, el polvojuan, el recado de pan blanco, la salsa de guajes, el tiste y el zaquil, importantes para acompañar diversos alimentos o como base de algunos guisos. Existen gran variedad de especialidades regionales, algunas de ellas son: ardilla preparada asada, en adobo y en barbacoa, armadillo preparado asado, en adobo y en escabeche, barbacoa, baldados de pescado, bandera española, bazo relleno, bobo en verde, bokix, bosto de sardina, bucoliche, cabeza de pobre, caldos de cerdo, de shuti, de zihuamut y el levantabolos, carne revolcada, cascarita de chicharrón, cebiches de carne y de palmito, cerdo en momo, cocido de res, crema de chipilín y de habas, chalupas, chanfaina de borrego, chayotes con rajas, chilmole, chumul, ciguamonte, ejotes con pepita, ensaladas de chojen, mixta y turula, escarabajos, espinazo de cerdo, estofado de pollo y de borrego, flores de izote capeadas, frijol blanco con camarón, frijoles con chipilín, con patas y con cerdo, hueso asado (cocido), hueva de lisa, iguana preparada con pepita, en estofado, en mole, en adobo y en entomatados, ijar con frijoles, lengua entomatada, lomo de cerdo en salsa de ciruela, mut memut, ningüijuti, olla podrida, olla tapada, pacaya baldada, pan compuesto, panza en verde, pato asado en chilmole, pavo prensado, pejelagarto en verde, pescado en escabeche, peshol asada o frita, picadillo de res y de menudo, pollo adobado de pasitas (adobo de pollo), al haragán y caminero, puchero, pulique, putznic, quijote, rollo de frijoles, salpicón de venado, sopas de café con tortilla, de gato, de gotas, de lentejas, de pollo y papas, de chipilín y de pan, tachilhuil, tortaditas, tortitas de pejelagarto, tostadas de carne molida y turulas, tzopo, xispola y zatz. En el estado existen comidas festivas y religiosas en las que se preparan alimentos especiales; por ejemplo, para la comida de los apóstoles se preparan el caldo de xote, el atole agrio, huevos con chilmole y las memelitas de frijol, entre otros platillos. Para la comida de vigilia se hacen preparaciones como el pito (colorín) con huevo y el arroz con camarón. Existe una comida festiva llamada comida grande, la cual consiste en preparar ciertos alimentos para celebrar ocasiones especiales, algunos de los platillos que se preparan son: el cochito al horno, nacapitú y pepita con tasajo. Las preparaciones que se acostumbran en Comitán para las fiestas de agosto son los huesos, los paquitos sudados, los pickles, el tepache y la cajeta de mango. De tiempos coloniales permanece la tradición de preparar alimentos embutidos como butifarras, chorizo y longaniza tipo español, jamones serranos, moronga, queso de cerdo, entre otros. Existen muchos postres y dulces regionales, algunos de ellos son: budín campesino, buñuelo, calabaza en conserva, camote horneado, canelones, capirotada, caramelo con miel, ciruelas curtidas, cocadas, cola de macho, crema de mango, delicia de plátanos, dulces de cacahuate, de ciricote, de coyol, de guapaque, de leche, de nanche, de papaya, de sandía y de tejocote, encurtidos de frutas (jagua, jocotes, nanches, mango), flan de frutas, frituras de manzana, jícama con leche, hojuelas de rosa, manzanitas de almendra, marquesotes, mejidos, melcochas, merengue de piña, mishcal, nanche o nandú, natilla de uvas, nuégados, pasteles de frijol, de manzana y de zanahoria, peras al tequila, piña ranchera, plátanos melados, evaporados y rellenos, puc paak, puxinú, suspiros, torrejas, trompadas y yuca en dulce. En diferentes regiones se hacen panes y galletas típicas como: africanos, batidos, bizcochos con pasas, cazuelejas, chimbos, galletas de ojo de buey, güeritas y rayadas, marranitos, pan de indio, panes de San Cristóbal, panitel, salvadillo, sheca y turuletes. El estado tiene gran variedad de bebidas naturales y de bebidas alcohólicas, en las refrescantes encontramos las aguas: de avena con chocolate, de chía, de lima y de polvillo; el chocolate expreso, la horchata de almendra y de pepita de melón, el esmoloc, la frutada refrescante (aguas frescas), el pulunche, el refresco de maíl (chilacayote) y el temperante; dentro de las bebidas alcohólicas: el aguardiente de caña, el balché, la cervecita dulce, el comiteco, la chicha, las mistelas, el nich, el ponche tropical, el pox, la taberna y rompope fácil (de almendra). También se consumen bebidas a base de maíz como atole agrio (atolxuco, jocoatole, pajal ul) atole de calabaza, de elote, de granillo y de guayaba, atole k'itom, atole pulul, kakapoté, pinole, pozol, puzunque y tascalate.

Cañón del Sumidero

CHIBEL ◆ flor de sábila

CHICAL

1. Del náhuatl *chicahua*, conservar. Término que designa al elote pasado o duro, cocido en agua y secado al sol, que se deja por días hasta que esté seco y pueda desgranarse. Ya desgranado se muele en el molino de carne para después pistolearse (sacudir para quitar la cascarilla); una vez limpio se cuece en una olla con agua hirviendo y una salsa preparada con chile colorado y ajo, así como cebolla en pequeños trozos y tomate cortado en pequeños cubos. Se consume en la región norte del país. Conocido también como chacal.

2. Jícara que se utiliza para guardar las tortillas. Es un término utilizado entre los mazatecos y algunos grupos indígenas de Oaxaca.

3. Nombre con el que se reconoce al huerto del chicozapote.

4. Término utilizado para referirse a una porción de comida en Querétaro y zonas aledañas. También puede referirse a un alimento sagrado que la comunidad comparte.

CHÍCALA ◆ hormiga chicatana

CHICALOTERA ◆ huilota

CHICASTLE

Del náhuatl *chicaxtli*. Término que designa a los residuos de maíz que sobran en el fondo de la olla cuando se hace atole. También se le conoce como heces de atole o asientos de atole.

CHICATANA ◆ hormiga chicatana

CHICAYOTE ◆ calabaza

CHICHA

Bebida fermentada, que en México adquiere diferentes características. Algunos autores establecen que la palabra chicha proviene del panameño *chichab*, que significa maíz. Sin embargo, según el aztequista Luis Cabrera, descendería del náhuatl *chichiatl*, agua fermentada, compuesto por el verbo *chicha*, agriar una bebida, y el prefijo *atl*, agua. Aunque se cree que tiene sus orígenes en Perú, es el nombre de una variedad de bebidas alcohólicas derivadas de la fermentación del maíz y otros granos originarios de América, pero también de frutas como manzanas y uvas. Son bebidas que existen en toda América Latina desde antes de la llegada de los españoles. Por lo general es una bebida suave, de pocos grados de alcohol. Originalmente, se obtenía al masticar y escupir los granos de maíz de la mazorca recién cosechada en un recipiente; las enzimas presentes en la saliva transformaban el almidón del maíz en azúcar que luego se fermentaba por acción de las bacterias. Una vez lleno el recipiente, éste se cerraba herméticamente y era puesto a reposar a la sombra por algunas semanas. Una vez fermentada la chicha se colaba y envasaba para su posterior consumo. El proceso de producción original aún se sigue practicando. Usualmente se utiliza maíz, aunque en algunos casos se prepara con cebada o piña, azúcar o panocha, clavo y canela. En Chiapas es una bebida indígena, de consumo cotidiano, que se obtiene fermentando el jugo de caña de azúcar. Se prepara para celebrar fiestas como el carnaval de Tenejapa. Basado en recientes investigaciones, se cree que un grupo zoque muy antiguo de habla *ore om* podría ser el inventor de esta bebida. En Valle de Allende, Chihuahua, se hace de maíz quebrado o tostado, remojado en agua con piloncillo, cane-

la, cáscara de naranja y clavo; todo se deja reposar 15 días para que fermente. En Tierra Caliente, Guerrero, se prepara con pulque, al que se le adicionan especias, cebada o arroz y piloncillo. En la costa de Oaxaca se compone de maíz fermentado con piloncillo.

CHICHAPAL

GRAF. chachapal. Del náhuatl *chachapatli*, olla de barro. Término utilizado en las huastecas para designar a las ollas grandes hechas de barro, sin asas, en donde se elaboran los diferentes guisos de esa región.

CHÍCHARO (*Pisum sativum*)

Del latín *cicera*. Planta de la familia de las leguminosas, originaria de Asia occidental de donde fue llevada al sur de Europa por los romanos. En México fue introducida por los españoles. Sus frutos contienen unas semillas redondas de color verde, que cuando maduran y se secan, se les llama arvejas, arverjones, alverjones. Se le encuentra todo el año en los mercados, donde se venden en su vaina o pelados y usualmente también en las bolsas preparadas de verduras que se utilizan para hacer sopas. Es el encargado de dar el color verde al arroz a la mexicana; se emplea también en diversos guisos de carne de res, cerdo y pollo así como en varios estofados, en los huevos motuleños y en la sopa de verduras del centro del país. En la zona de Zongolica, Veracruz, se registra un uso particularmente sobresaliente y muy apreciado; es empleado para preparar guisos como un cierto adobo de chícharos guisados en salsa de chile guajillo, chile ancho, jitomate y comino; el llamado tesmole de chícharos, los cuales se terminan de cocer en una salsa de chiles secos, cebolla, epazote, cilantro y jitomate espesada con masa de maíz que se suele acompañar con quelites y yerbamora hervidos y con rebanadas de chinín. Otros de los platillos tradicionales en esa zona elaborados con chícharos son el *etl tolontzi* y el *etepeya*. También en esa localidad, los chícharos se secan, se tuestan y se muelen para hacer rendir el café.

CHÍCHARO DE VACA ◆ espelón

CHÍCHARO GANDUL (*Cajanus cajan*)

Arbusto anual o perenne de la familia de las leguminosas que puede llegar a alcanzar entre 3 y 5 metros de altura. Las vainas contienen de 5 a 7 granos, de color verde en las primeras etapas y amarillentos en la maduración. Se consumen en la península de Yucatán donde fueron introducidos durante el periodo de la Conquista. También se registra su uso entre los totonacas de la costa norte de Veracruz. En ambas entidades se consumen al igual que el frijol, en caldos y como relleno de tamales. Su recolección es rural, y en pocas ocasiones se vende de manera comercial, aunque se cosecha casi todo el año, por lo que resulta muy práctico su consumo.

Conocido también como:

◇ chícharo
◇ frijol arveja

◇ frijol caballero
◇ frijol de árbol (totonacas de Veracruz)
◇ gandul
◇ lenteja
◇ xránteja de Yucatán

CHÍCHARO SECO ◆ alverjón

CHICHARRA (*Proarna sp.*)

Insecto volador del orden *Hemiptera* que tiene cuatro alas y ojos muy separados, mide entre 20 y 65 mm de largo y produce un sonido muy peculiar. En el Valle del Mezquital, Hidalgo, se hacen las chicharras con nopales horneados y en chile mora. En el primer caso, se mezclan nopales en tiras, chicharras, chile guajillo, chile verde, cebolla y ajo, todos picados y espolvoreados con orégano, comino y hierbabuena; se envuelven en pencas de maguey y se cuecen por una hora en horno de tierra; el guiso puede contener también carne de cerdo o pollo. Las chicharras en chile mora, se hacen en una salsa cocida de chile mora, ajo, cebolla y jitomate, todos picados y fritos antes de añadirles las chicharras molidas en molcajete. La mezcla se puede utilizar como salsa picante para distintos platillos o servir como base de otros guisos con nopales, carne de pollo o de cerdo. También conocido como cigarra o chicharra de huamúchil, pues habita en los árboles de huamúchil de la región zapoteca de Yalalag, Oaxaca. En Simojovel, Chiapas, se consume también la larva de una chicharra conocida como *zatz*. Conocida también como cigarra.

→ zatz

CHICHARRÓN

Piel de cerdo oreada y frita, de textura crujiente, muy acostumbrada en México. Para obtenerlo debe pasar por un proceso que toma varios días: primero se sacrifica el animal, se baña con agua caliente y se raspa para qui-  tarle las cerdas o pelos grandes. El agua no debe estar muy caliente, porque la piel se rompe, y además la carne se puede cocer. Las cerdas se retiran con unas espátulas metálicas con filo a las que comúnmente llaman campanas y raspa; la campana es algo curva y la raspa, recta. El cerdo se termina de pelar o rasurar con un cuchillo, que es el que hace el trabajo más fino. Después, el animal se corta en canal y se separa la piel de la carne. La piel queda con algo de grasa, que también se debe retirar para que quede limpia, excepto la parte de la barriga, que tiene un poco de carne que se deja a propósito porque los compradores solicitan el chicharrón solo o con carne. Ya limpia la piel, se raya con la punta del cuchillo, es decir, se le hacen pequeñas incisiones sin atravesarla, para que quede toda con un gran cuadriculado. Inmediatamente se sala y se pone a orear de dos a tres días, hasta que se haya deshidratado un poco. Después se lava en agua para retirar la sal y se sancocha, es decir, se pasa por manteca de cerdo no muy caliente para que se cueza a medias, sin freírse. Se saca entonces de la manteca y se cuelga para que se oree un día más. En este punto la piel se encoge, adquiere un color café rojizo, algo translúcido y se pone dura, con apariencia de plástico; a este chicharrón se le llama monguis o chicharrón encolado. Finalmente se vuelve a freír, esta vez en manteca muy caliente. La piel al freírse se estira y se convierte en el chicharrón crujiente y quebradizo.

Sin importar qué tan grande sea el pedazo de piel, este último paso toma apenas unos cuantos segundos. Dependiendo de la región puede ser delgado o grueso; el delgado generalmente es muy suave, crujiente y quebradizo, y el grueso tiende a ser más duro, porque tan pronto se sacrifica el animal se sala un poco y a veces se orea y se fríe para obtener chicharrón el mismo día, a diferencia del proceso que se acostumbra en los estados del centro del país, donde se prefiere delgado. Algunas personas agregan leche evaporada a la manteca para que el chicharrón adquiera color rosado y se suavice. El chicharrón de pavo, de pescado y de queso, al igual que los chicharrones de vieja, son diferentes al chicharrón de cerdo, pero se les ha dado este nombre porque su textura, y en ocasiones su sabor, recuerdan al chicharrón de cerdo. El chicharrón es casi parte de la dieta diaria de los mexicanos, la gran mayoría lo come por lo menos una vez a la semana, pues hay muchas formas de consumirlo: en tacos de chicharrón y tacos placeros, en salsa verde, prensado, en ensalada o con frijoles refritos; algunas masas para tamal, como la del tamal de frijol que puede incluir trocitos de chicharrón. De acuerdo con Salvador Novo, la palabra chicharrón proviene del verbo náhuatl *chichinoa*, arder o quemar, aunque esta etimología es un poco dudosa. En los mercados populares existen dos tipos de tiendas que lo venden de forma especializada: las chicharronerías, que se dedican únicamente a vender chicharrón, y los puestos de carnitas, que venden carnitas y chicharrón. También se vende en algunos puestos de carne de cerdo, carnicerías o incluso en supermercados.

Conocido en Zacatecas y San Luis Potosí como:

◇ cuero
◇ cuero duro

→ duritos de puerco

CHICHARRÓN DE HARINA

Botana elaborada a base de una pasta de harina, agua, carbonato y sal que se hierve y después se vacía en planchas de aluminio dándole la forma deseada para ser enfriados. Después se sacan al sol a orear y se voltean en repetidas ocasiones. Una vez secos, se fríen en bastante manteca de cerdo. Se acostumbran con salsa y jugo de limón.

CHICHARRÓN DE PAVO

Piel del pecho y parte del cuello del guajolote que se dora en el horno y luego se asa o se fríe ligeramente en el comal. Se pica en pequeños trocitos para consumirla sola o junto con la carne del pavo. Es un chicharrón muy crujiente que se utiliza como relleno de las tortas de chicharrón de pavo, especialmente las que se hacen en el restaurante El Rey del Pavo. Son muy populares entre los aficionados a las tortas que van de compras, trabajan o viven en el Centro Histórico de la Ciudad de México.

CHICHARRÓN DE PESCADO

Preparación que consiste en trocitos o recortes de pescado capeados con una mezcla de harina y huevo que se fríen hasta quedar muy dorados, crujientes, con color y textura similares a los del chicharrón de cerdo; se sirven como botana o como plato fuerte en tacos con tortillas de maíz, condimentados con jugo de limón y salsa picante. Se prefieren hacer de robalo, por lo que en las cartas lo anuncian normalmente como chicharrón de robalo. Es una receta tradicional en Tepic y otras partes de Nayarit; se encuentra en los restaurantes de pescados y mariscos, que son muy populares en esa entidad.

CHICHARRÓN DE QUESO

Especie de gran tortilla o rollo crujiente hecho únicamente de queso, cuya textura y color recuerdan al chicharrón de cerdo. Se prepara extendiendo una gran cantidad de queso manchego rallado sobre la superficie de una plancha caliente, según se desee el tamaño. La superficie que hace contacto con la plancha se va secando; la parte de arriba se derrite y finalmente se retira, para usarse en otra cosa (como queso fundido). Sobre el queso dorado queda pegada una gran cantidad de grasa que se absorbe con toallas de papel para que el chicharrón se termine de secar. Cuando está listo, el queso adquiere un color café claro y se separa de la plancha fácilmente con ayuda de un cuchillo; se le da la vuelta para hacer un rollo, que se mantiene unos instantes para que conserve la forma moldeada. Se lleva inmediatamente a la mesa, pues debe estar caliente al servirlo. Se consume como botana o antojito antes de los tacos, solo o con salsa al gusto. Actualmente se venden en tamaño grande y chico. El grande es el original, ya enrollado mide por lo regular 40 cm de largo y 10 de diámetro. El chico mide más o menos la mitad de largo y es ligeramente menos ancho. Es tradicional del Distrito Federal.

CHICHARRÓN DE RES

Piel de res oreada y frita que se consume de manera similar al chicharrón de cerdo, aunque con menos frecuencia. En las comunidades de la Sierra Gorda de Querétaro es típico y se hace sólo los sábados. Se debe comprar por las mañanas en las carnicerías locales, pues se acaba muy temprano ya que es muy solicitado. Se consume en San Luis Potosí y en Zacatecas, así como en los pueblos sonorenses ubicados en la sierra Norte, como Nacozari de García, Villa Hidalgo y Bavispe.

Conocido en Zacatecas y San Luis Potosí como:

◇ cuero
◇ cuero duro

CHICHARRÓN DE VÍSCERAS

Preparación elaborada con vísceras de cabrito, cerdo y res cocidas en sartén en su propia grasa con sal, hasta que se doran. Este preparado es común entre los mascogos de Coahuila.

CHICHARRÓN EN ESCABECHE

Platillo preparado con chicharrón en escabeche que se elabora de la misma forma que las verduras, cociéndolo en una mezcla de vinagre y agua, a la que se le añaden diversas hierbas de olor y especias. Se deja macerar por lo menos un día y suele acompañarse con rebanadas de aguacate. Es una receta poco común que se acostumbra en los estados del centro del país, particularmente en Puebla, el Distrito Federal y sus alrededores.

CHICHARRÓN EN NARANJA

Preparación a base de chicharrón de cerdo marinado en jugo de naranja hasta que suaviza, y luego se cocina en salsa de jitomate.

CHICHARRÓN EN SALSA

Platillo que consiste en chicharrón guisado en salsa verde o roja. Usualmente se emplean chicharrones que no son del mismo día, es decir que tienen textura correosa. Para los mexicanos del centro del país el chicha-

rrón fresco del mismo día es una exigencia categórica y nadie comerá un chicharrón que no sea crujiente. Cocinarlo así es una forma de aprovechar el que ha quedado del día anterior. El chicharrón en salsa verde, se prepara en una salsa cocida de chiles verdes y tomate, es el más común, de hecho en los menús se suele anunciar sólo como chicharrón en salsa, pues queda sobrentendido que la salsa es verde. También se prepara en salsa roja, con jitomates y chiles, que se hace con menos frecuencia. Este guiso es un plato fuerte en las comidas del mediodía; se acompaña con arroz o frijoles. Se prepara en las casas, en fondas o restaurantes económicos, y en las cantinas se sirve como botana.

CHICHARRÓN PRENSADO

Restos de fritura que se obtienen del fondo de las cazuelas donde se fríe el chicharrón, los cuales se fríen otra vez y luego se prensan un poco para compactarlos y sacarles algo más de grasa. Es de color café oscuro cuando ya está frito. Si se encuentra chicharrón prensado rojizo, esto se debe a que le ponen sal de nitro (nitrato de potasio). En el Distrito Federal es muy apreciado; con él se hacen las gorditas y quesadillas de chicharrón, que aunque no se mencione que son de chicharrón prensado, todo mundo sabe que se preparan con éste. No debe confundirse con los asientos de chicharrón, llamados también tlalitos.

CHICHARRONCITOS ◆ asientos de chicharrón

CHICHARRONES DE ARMADILLO

Preparación elaborada con armadillo cortado en trozos, y frito con una mezcla de agua, ajo y sal, hasta que la carne queda con textura semidorada o como chicharrón. Suelen comerse en tortillas de maíz, acompañados con salsa ranchera. Es un platillo típico de Sinaloa.

CHICHARRONES DE VIEJA

Frituras de diferentes partes del chivo. Fueron muy acostumbrados en Zacatecas en las décadas de 1940, 1950 y 1960. En esa época se aprovechaban la piel y las pezuñas de los animales para otros usos, y parte de la porción comestible se utilizó para hacer los chicharrones de vieja. Actualmente es una tradición casi perdida y se acostumbran en su lugar los chinchulines.

CHICHICAMOTE (*Dioscorea remotiflora*)

Planta trepadora de la familia de las discordáceas. Se acostumbra el consumo de la raíz hervida sin sal entre los rarámuris del oeste de Chihuahua que la recolectan entre agosto y octubre.

También conocido como:

◇ guichihuá
◇ rabo de iguana
◇ tlacocamote

CHICHICUILOTE

Del náhuatl *atzitzicuilotl*, que proviene de *atl*, agua, *tzitzicuiltic*, flaco, y *huilotl*, paloma, esto es, paloma flaca de agua. Ave migratoria de la que existen en México 11 especies pertenecientes a la familia *Scolopacidae* del orden de los caradriformes, según la A.O.U. Se trata de una ave zancuda, de pico alargado, que habita en las riberas de los lagos, ríos y mares donde se le caza ocasionalmente. Se mencionan a continuación algunas de las diferentes formas en que se prepara en Culhuacán y sitios cercanos como Xochimilco, Tláhuac, Texcoco y algunos lugares del Estado de México e Hidalgo. Para hacer chichicuilotes asados, las aves se limpian de plumas y entrañas, se asan en el comal con sal y se comen (principalmente la pechuga) en tacos. Para los chichicuilotes en chile verde, las aves limpias y cocidas en agua con ajo y cebolla se guisan en una salsa de chiles verdes, normalmente serranos, y tomates. Para prepararlos en salsa verde, en cambio, se fríen en su misma grasa y se cocinan en salsa de chile carricillo y ramas de epazote. Los chichicuilotes fritos en su grasa se hacen cociendo la carne en una cazuela con poca agua, que se consume y permite que el ave suelte su propia grasa y se fría en ella hasta quedar dorada. En la Huasteca hidalguense todavía los chichicuilotes se preparan guisados con hongos y rellenos con sus propios higaditos también guisados; aunque en esta caso la elaboración es más contemporánea ya que se utiliza vino blanco para cocerla y harina de trigo para espesarla. En el pasado fue un alimento muy importante; en la época prehispánica era muy común y su consumo como alimento continuó hasta mediados del siglo XX, cuando esta ave prácticamente se extinguió con la destrucción casi total de los canales de Xochimilco y el lago de Texcoco. Hoy es un animal desconocido para la gran mayoría de los habitantes del Distrito Federal y de las formas de prepararla sólo queda el recuerdo. Aún es posible encontrarlos en zonas del Distrito Federal como Xochimilco, Tláhuac y Chalco, así como en el tianguis de Iztapalapa y algunas partes del Estado de México. También conocido como pájaro de caña.

CHICHIHUALCO

Nombre de un poblado de Guerrero en el que se hace una variedad de mezcal que recibe el mismo nombre.

CHICHIHUITE ◆ chiquihuite

CHICHILO

Mole oaxaqueño también llamado chichilo negro, considerado uno de los célebres siete moles de Oaxaca, aunque tal vez el menos conocido. Se trata de una salsa oscura, de consistencia ligera, que incluye carne, verduras y a veces chochoyotes, que suele servirse con cebollas curtidas y rajas de chile de agua. Tradicionalmente el color de la salsa se obtiene de la mezcla de los chiles chilhuacle negro, pasilla, mulato y tortillas quemadas, aunque por la escasez del chilhuacle negro suele usarse en su lugar chile guajillo quemado y las semillas de los chiles quemados. Los otros ingredientes y especias que intervienen en la salsa son jitomate, miltomate, ajo, orégano, clavo, comino, pimienta y hojas de aguacate. Las verduras que con más frecuencia se utilizan son chayote, ejote, papa y calabacitas, cortadas en trozos; las carne más empleada es la de res y ocasionalmente la de cerdo. Uno de los ingredientes que le da un toque particular a esta salsa es la hoja de aguacate seca, asada y pulverizada; en algunas regiones las personas acostumbran hervir la carne de res con hojas de aguacate para que desde el principio la carne quede aromatizada. Para completar la comida se suele acompañar con frijoles de la olla y blandas.

→ siete moles oaxaqueños

CHICHILQUILIT ◆ quintonil

CHICHIMÁN ◆ hongo tecomate

CHICHIMAR

Técnica que consiste en retirar los granos del elote de la mazorca con la ayuda de un cuchillo. Este término se usa en algunas partes de Veracruz.

CHICHIMBRÉ

Especie de galletas en forma cuadrada o rectangular que se hacen con manteca de cerdo, harina de trigo, huevo, bicarbonato de sodio y miel de piloncillo, típicas de Tamaulipas.

CHICHIQUELITE ◆ hierbamora

CHICLE

Su nombre deriva del náhuatl *tzictli*, chicle. Resina masticable que se consume como golosina, por lo general aromatizada y saborizada, muy popular en México y el mundo. La resina lechosa es extraída del árbol del chicozapote. Los árboles que la producen se encuentran de manera principal en Campeche y Quintana Roo, así como en Guatemala. Su consumo es de origen prehispánico, y se industrializó gracias al empresario estadounidense Thomas Adams a partir de 1860. Actualmente la gran mayoría de los chicles a nivel mundial son resultado de mezclas químicas.

CHICLE DE MONTE ◆ caimito

CHICLOSO

1. Término que se aplica a alguna sustancia de consistencia pegajosa.
2. Dulce de leche sumamente pegajoso, que se vende envuelto de manera individual.

CHICO CORREOSO ◆ capulín

CHICOHUISTE ◆ quiote

CHICOL

Del náhuatl *chicolli*, gancho. Instrumento utilizado en el campo para la recolección de frutas. Se trata de una vara que en la punta tiene un gancho con el cual se corta la fruta de los árboles muy altos. En la Mixteca oaxaqueña se conoce también como chicole.

CHICOS

1. Nombre con el que se le conoce a los elotes tatemados o asados, desgranados y guisados con ajo, cebolla, jitomate, chiles verdes, chiles colorados y cilantro, servidos con jugo de naranja agria; se acostumbran en Coahuila durante la cuaresma. En Sonora es el nombre que recibe una variedad de maíz pequeño que se tatema, se resquebraja y se guisa con jitomate, cebolla, cilantro y chile colorado. Algunas personas al servirlo, le añaden gotas de jugo de naranja agria o limón; es, igual que el anterior, un platillo tradicional en la época de cuaresma, y en ocasiones también le agregan jugo de naranja agria o limón.
2. En la región mixteca del estado de Puebla se trata de un fruto globoso que está cubierto de largas y delgadas espinas amarillas. Al madurar, la cáscara se abre dejando al descubierto la pequeña pulpa esférica. Esta fruta se debe cosechar antes de que termine de abrir. Conocido en mixteco como *chikusa*.

CHICOZAPOTE (*Manilkara zapota*)

Fruto globoso u ovoide, de pulpa suave, color café rojizo y sabor muy dulce. Tiene en su interior varias se-

millas negras ovaladas y planas; la piel, más o menos del mismo color que la pulpa, puede ser áspera y suave. Es originario de la América tropical. Aunque a simple vista parecería que el nombre de chicozapote lo lleva por ser el fruto más pequeño de la familia de las sapotáceas, en realidad la palabra proviene del náhuatl *tzictzapotl*, de *tzictli*, chicle, y *tzapotl*, fruto dulce y carnoso, esto es, fruto dulce del chicle. Otro origen sugerido también del náhuatl es *xicotl*, jicote y *tzapotl*, zapote. Por su forma se distinguen dos variedades: el chicozapote criollo es el más pequeño; aunque su tamaño varía porque crece de forma silvestre, mide normalmente 6 cm de diámetro. Su pulpa a veces es ligeramente seca y con textura algo terrosa de tono rojizo. El chicozapote de injerto es más grande, pesado y jugoso; tiene forma ovoide y pulpa aterciopelada, de tono más claro; en general es de mejor calidad y su piel es tan delgada que se puede comer. Ambos se consideran deliciosos, y para los mexicanos es una de las frutas más exquisitas que existen. Principalmente se come como fruta fresca; en algunos lugares se hace también en nieve y a veces en dulce, pero se debe insistir en que la gran mayoría lo prefiere fresco. Para muchos, molerlo, cocerlo o mezclarlo con otro ingrediente significa echar a perder la naturaleza del fruto, por lo cual casi no hay postres elaborados a base de éste porque el chicozapote es considerado un postre por sí solo. Los mayas mencionan en el *Popol Vuh* que el árbol ya existía, para deleite del hombre, desde la creación de la Tierra. Tanto mayas como mexicas lo consumieron ampliamente; se sabe que lo preparaban en dulce. El árbol es también llamado árbol de chicle, porque de él se obtiene la resina con la que se hace la goma de mascar o chicle.

➡ chicle

CHIHUAHUA

Estado ubicado en la parte central de la frontera norte del país; es el de mayor extensión territorial. Colinda al norte con Texas y Nuevo México; al este con Coahuila, al sur con Durango, al suroeste con Sinaloa y al oeste con Sonora. Fue fundado el 6 de julio de 1824, se divide en 67 municipios y su capital es la ciudad de Chihuahua. Los habitantes originales de Chihuahua pertenecían a diferentes grupos nómadas y seminómadas como tepehuanes, tarahumaras, guarijíos, tobosos, pimas, jumiles, salineros, conchos, sumas-jumanos, entre otros; actualmente habitan en la zona guarijíos, pimas, tepehuanes y tarahumaras, siendo estos últimos los que tienen mayor representatividad. Debido a los climas extremos de la región los primeros pobladores se vieron en la necesidad de aprovechar los cortos periodos de cosecha para preservar y almacenar alimentos; es por ello que dentro de sus costumbres alimentarias está el deshidratar y secar los granos, los vegetales, las frutas e incluso las carnes. Las principales actividades económicas son el comercio y la industria manufacturera; en lo que se refiere a la agricultura, ocupa el

Paisaje cercano a las Barrancas del Cobre

primer lugar nacional en la producción de manzana, nuez, avena forrajera y cebolla. Chihuahua comparte con Sonora muchos platillos regionales. En su gastronomía destaca actualmente un consumo muy elevado de carne de res debido a la abundancia de la ganadería, pero sus guisos y platillos regionales se encuentran muy presentes en la cultura de los que viven en poblaciones pequeñas, además de que existe un gran arraigo de las comidas indígenas. La comunidad tarahumara o rarámuri ha hecho grandes aportaciones a la gastronomía del estado; con la sencillez de sus productos y sus escasos recursos han logrado crear su propia cocina, misma que en muchos casos ha servido de base para platillos mestizos. Entre sus bebidas y preparaciones más importantes están el atole de trigo, las chapore, el esquiate, el pinole, el satúmali (pinole), el sotol, la tortilla aleluya y el tesgüino, además de preparaciones a base de frijoles regionales como los frijoles azufrados, mantequilla, tecómare y blancos. En algunas comunidades la comida en la cuaresma es muy importante y se hacen platillos como los coritos y los

El Chepe

siete potajes: nopales en chile colorado, torrejas de camarón, capirotada, sopa de lentejas, habas guisadas, chacales y pipián. Otro grupo que habita la región y que ha influido la cocina del estado son los menonitas, originarios de Holanda y Alemania y procedentes de varios distritos canadienses, llegaron a Chihuahua en 1922 huyendo de las presiones que la Corona Inglesa ejercía para que prestaran el servicio militar. Actualmente habitan en aldeas y campos en los municipios de Namiquipa, Rivapalacio y Cuauhtémoc, que es la puerta de entrada a la sierra Tarahumara y donde se producen quesos y lácteos como mantequilla y crema. En las diferentes regiones del estado se producen alimentos o ingredientes característicos como los chiles colorado, macho, pasado y verde del norte; chorizos, machaca, manzanas, moronga, natas; quesos asadero, Chihuahua, menonita y ranchero; tortillas de harina y trompillos. Las preparaciones más representativas del estado son las albóndigas de venado, el albondigón, el asado de cerdo, la barbacoa, las burritas (las cuales se consumen como lonches), el cabrito en caldillo y en su sangre, el caldo de oso, el caldillo de carne seca, carne con chile colorado, la carne seca con huevo, las criadillas, el chile con queso, chile de queso, la crema de queso, la discada, las empanadas de carne seca, de Santa Rita y del Rayo, las enchiladas de doña Cuca y norteñas, los frijoles charros y maneados, las gorditas de horno, los gusanos cupiche, los huevos norteños, los mecuasare, el menudo, las migas, los mochomos, el puchero (cocido), los tamales norteños (de dulce y de chile colorado), chopos y de espinaca, las torrejas de frijol y el yorique. Las bebidas que se consumen regionalmente son los atoles de lentejas, de pinole y de semillas de cilantro, el colonche, el champurrado, la chicha, la lechuguilla, la margarita y el ponche. En el estado existen dulces, postres y panes muy tradicionales, como el ate o cajeta de camote y de membrillo, la cajeta, los jamoncillos, las manzanas caramelizadas, las nueces encarameladas, el rollo de nuez y dátil, los buñuelos, la capirotada, las islas flotantes (flan blanco), las empanadas de calabaza, las empanadas de orejones de calabaza, los nidos, las sopaipillas, las torrejas de manzana, de pan y de pinole, el postre de frijol (dulce de frijol), las manzanas de Nochebuena, las manzanas al horno, los suspiros, los bizcochos, las cemitas, las harinillas, el pan de nata, el pan menonita y las rayadas (o rayadas de Parral, de las que se dice, comió Pancho Villa).

CHIHUIL ◆ bagre

CHIHUILÍN

GRAF. chigüilín. Nombre regional que recibe en Colima un pez pequeño capturado en agua dulce, parecido a un charal. Con él se preparan los famosos tamales de chihuilín.

CHIKUSA ◆ chicos

CHILACA ◆ chile chilaca

CHILACAYOTE, A (*Cucurbita ficifolia*)

Del náhuatl *tzilacayotli*, de *tzilac*, liso, y *ayotli*, calabaza, es decir, calabaza lisa. Fruto de la familia de las cucurbitáceas, y por ende similar a éstas. Mientras que algunos especialistas ubican su origen y domesticación en México, otros lo ubican en Sudamérica o en ambas regiones. Dependiendo del grado de desarrollo del fruto sus características y formas de uso cambian. Cuando el fruto es tierno y mide de 6 a 12 cm, es redondo o ligeramente ovalado, de piel verde clara con manchas blancas; a simple vista parece una calabacita criolla. Su pulpa es suave y se utiliza sobre todo en las cocinas de los estados ubicados en el centro del país como verdura, que se incluye en caldos de carne de res o pollo. Forma parte del pepeto mexiquense y gusta mucho en ciertos guisos de cerdo y pollo. Cuando se incluye en el mole verde o el pipián se le menciona como un ingrediente importante y se llama al guiso mole verde con chilacayotes o pipián con chilacayotes. El fruto totalmente desarrollado es más ovalado y alcanza fácilmente de 20 a 25 cm; su corteza es lisa, verdosa o amarillenta con manchas blanquecinas y amarillas; su pulpa es jugosa, blanca y fibrosa, y sus semillas, negras. Principalmente se utiliza en varios dulces, como los cabellos de ángel y los chilacayotes cristalizados, que dependiendo de la región pueden ser secos o en almíbar. Para hacer agua o dulce de chilacayota, el fruto se cuece con piloncillo, canela y piña. Es una preparación ámbar que hace difícil saber si es postre o bebida. En Chiapas, al fruto se le hace una horadación para crear una tapa, la pulpa se saca, se pica y se revuelve con azúcar o pedacitos de piloncillo, se regresa dentro del chilacayote perforado, se tapa de nuevo y se deja fermentar durante varios días; el resultado es un líquido color rosa pálido con cierto grado de alcohol. En Comitán, Chiapas, se prepara un refresco hirviendo en una olla agua, azúcar, cáscara de naranja y anís, luego se le incorpora el chilacayote con todo y semillas; la bebida resultante, llamada refresco de maíl, se sirve fría o caliente. En Michoacán, los purépechas lo consumen todo el año, lo deshidratan exponiéndolo al sol sobre cenizas para que endurezca mientras madura, lo conservan por varios meses y después lo cuecen en agua; ya cocido lo prepararan de distintas formas, en dulces o en guisos salados. En los estados del centro del país son típicos los chilacayotes cristalizados. En la Mixteca poblana utilizan las semillas de la especie *Cucurbita foetidissima*. Conocida como calabacilla loca. En Querétaro se emplea como verdura en guisos y caldos, y se hace en un dulce llamado cabellos de ángel, que son las hebras del interior del fruto que al hervirlas en miel adquieren un tono dorado. En la época prehispánica fue muy apreciado y utilizado en la alimentación; en ocasiones se partían por la mitad y se les extraía la pulpa hasta vaciarlos para formar recipientes en donde se tomaba el pulque que ofrendaban a los dioses en ciertas ceremonias religiosas.

Conocida también como:

◇ calabaza melón

◇ meloncillo

Conocida en algunas regiones como:

◇ calabaza de agua (Oaxaca)

◇ maíl (Chiapas)

→ acitrón, aguas frescas, atole con calabaza recia

CHILAHUIL

Guiso de pollo preparado en una salsa de chile guajillo, ajo, hierbabuena y xonacates. Se acostumbra en la Huasteca hidalguense.

CHILAPA ◆ cazuelita

CHILAPAZÓN

Platillo elaborado con charales guisados en salsa de chile pasilla y chile ancho, sazonada con epazote, ajo, cebolla y masa de maíz para espesar; en el preparado se incluyen verduras como xoconostles y papas. Es un guiso acostumbrado en el Estado de México.

CHILAQUIL ◆ recado de chilaquil

CHILAQUILES

Platillo consistente en tortillas de maíz cortadas, fritas y cocinadas en salsa. En general, las tortillas se cortan en triángulos y se fríen; por separado se hace la salsa, en la que se sumergen las tortillas para que se empapen, luego se sirven en el plato y se decoran con cebolla rebanada, queso y crema; pueden contener carne de pollo o incluso bistec de res. El tipo de salsa, queso, crema y guarnición cambia según la región. El origen de la palabra es controvertido, algunos mencionan que proviene del náhuatl *chilli*, chile, y *quilitl*, yerba comestible, otro posible origen señalado por los expertos es de la pluralización del náhuatl, *chilli*, chile y *aquilli*, metido en, literalmente, metido en chile, otro origen probable de la palabra también derivado del náhuatl, indica *chilli*, chile, *atl*, agua, y *quilitl*, quelite. Los chilaquiles son un alimento muy importante en la dieta de los habitantes de casi todo el país, pues se acostumbran en el desayuno o la cena, según las costumbres familiares; los hay de varios colores, pero los dos más comunes son los verdes y los rojos. Los chilaquiles fueron originalmente un platillo muy sencillo, de extracción humilde, a veces acompañado de frijoles, en el que

Chilaquiles verdes

se aprovechaban las tortillas sobrantes que se guardaban día con día, para no desperdiciarlas. Actualmente, este guiso se ha refinado y en muchos casos ha perdido su sencillez. Generalmente se prepara en casa y es muy fá-

cil de encontrar en cafeterías y restaurantes con servicio de desayuno. En los estados del centro del país hay una marcada preferencia por los chilaquiles en salsa verde cocida, condimentada con cebolla, ajo, epazote y a veces cilantro.

• En el Distrito Federal, los chilaquiles existen en diversas modalidades. Casi siempre son verdes y se sirven con queso, crema y cebolla, solos o acompañados con huevos revueltos o estrellados, bistec de res o pollo deshebrado. Es un guiso estrella en el desayuno, y para un buen número de capitalinos el día comienza casi invariablemente con unos chilaquiles, pues se sirven en cualquier restaurante o cafetería.

• En Guanajuato suelen ser de color rojo muy intenso. La salsa está hecha con chile guajillo, tomate, cebolla y ajo; se sirven con queso Chihuahua u otro similar y cebolla picada, y pueden presentarse con un huevo estrellado o revuelto encima.

• En Tequila, Jalisco, entre las familias antiguas, las tortillas se bañan con salsa de chile colorado, se adornan con cebolla rebanada y queso añejo y se comen solas o como guarnición de carne asada para el almuerzo. Otra variante se hace con salsa de jitomate, cebolla, ajo y chile de árbol verdes. Las tortillas se fríen casi al punto de sobredorarse.

• En Michoacán se elabora una gran variedad de chilaquiles; muchos son parecidos a los que se guisan en sus estados vecinos. Comúnmente, las salsas incluyen epazote. A veces, los chilaquiles verdes se espolvorean con cilantro picado, además de la crema y el queso. Otros son de salsa asada de jitomate, la cual se termina de cocer sobre las tortillas fritas dentro de la olla; en este caso se adornan con cebolla, queso fresco y crema. Una forma única en su estilo son los de salsa verde cocida a la que se le añaden huevos crudos y batidos, para que se cuezan en ella y den consistencia a la salsa; luego se les agrega crema o natas.

• En Oaxaca, los chilaquiles rojos se hacen con una salsa de jitomate, ajo, cebolla, chile pasilla oaxaqueño y epazote; se sirven con queso fresco, perejil y cebolla rebanada. También se hacen otros chilaquiles rojos con salsa de chile guajillo, y los chilaquiles amarillos se hacen con la salsa del mole amarillo. Tradicionalmente se utilizan tlayudas en lugar de tortillas pequeñas de maíz.

• En Tabasco y en varios lugares del Sureste, los chilaquiles se preparan con salsa roja de jitomate aromatizada con cilantro o epazote. Se sirven con queso, crema y cebolla blanca o morada. El queso suele ser el llamado queso doble crema, muy común en Chiapas y Tabasco. A veces se sirven con frijoles negros caldosos o refritos.

• En Tamaulipas, algunas familias de Tampico los acostumbran con una salsa verde compuesta de tomate, epazote, cilantro y chile poblano; se sirven con cebolla rebanada, hojas de cilantro, huevo cocido rebanado y rabanitos.

CHILAQUILES DE SANTA ANITA

Especie de pastel preparado con capas alternadas de tortillas en pedazos fritos en manteca de cerdo, mextlapiques y queso rallado, bañadas con salsa de tomate verde, chile serrano, epazote y cilantro. Este guiso se cuece a fuego bajo

en una cazuela extendida untada con manteca y se adorna con queso rallado, cilantro y cebolla de rabo picados, huevo cocido y rábanos.

CHILAQUILES MEXICANOS

Platillo elaborado con tortillas fritas bañadas en salsa de chile ancho, chile piquín, jitomate, cebolla y ajo. Se adornan con carne de res deshebrada o pollo y queso desmoronado.

CHILAQUILES MOLDEADOS

Preparación elaborada con tortillas fritas bañadas con salsa de jitomate asado, cebolla y chiles poblanos, se cubren con queso rallado y bolitas de mantequilla, y se hornean en un molde enmantequillado y empanizado.

CHILAQUILES SINALOENSES

Platillo elaborado con tortillas fritas en manteca de cerdo, bañadas con una salsa de chile ancho espesada con harina y adornadas con queso mocorito.

CHILAR

Término con el que se nombra al sembradío de chiles.

CHILATE

1. La palabra viene del náhuatl *chilli*, chile, y *atl*, agua, que en traducción libre significa bebida de chile. Bebida que se elabora con cacao, masa de maíz, canela, piloncillo y agua. En la Costa Chica, Guerrero, se consume para mitigar la sed y se considera muy especial. Es habitual que las personas que lo venden lo batan con el fin de producir abundante espuma. Otra versión se compone de cacao, canela y arroz molido, a manera de horchata; otra, de maíz tostado, chile seco y cacao.

2. Guiso elaborado con carne de res, chivo, pollo o gallina que puede contener chile guajillo, cebolla, hierba santa y hierbabuena. En Guerrero también existe el chilate de pollo, guisado con cebolla, ajo, miltomate, epazote y espesado con masa. En la Mixteca, el pollo se cocina en una salsa de chile costeño, tomate verde, ajo, jitomate, manteca de cerdo, masa para espesar y epazote, se sirve con tortillas de maíz y cada comensal agrega cebolla picada y limón al gusto. En Oaxaca y por extensión la Mixteca Baja poblana se trata de un guiso que, básicamente, contiene chile costeño, tomate y alguna carne o verdura como ingrediente principal. También puede incluir jitomate, chile guajillo, masa de maíz como espesante y epazote que le da un gusto muy pronunciado. Se utiliza principalmente carne de pollo, también nopales, ejotes y cahuayotes. En la costa de Oaxaca, tradicionalmente se acostumbra para la comida del mediodía.

CHILATEQUILE

Guiso en el que se mezclan diferentes carnes y verduras. En general, la carnes de res (fresca y seca) y de cerdo se guisan en salsa tomate con chiles ancho y guajillo. El preparado incluye trozos de calabacita, ejotes y elote, y se sirve con cebollas rebanadas o picadas y jugo de limón. Es parte de las comidas diarias y suele acompañarse con morisqueta. Se acostumbra en Guerrero, principalmente en el área de Chilapa. En Chilpancingo suele contener espinazo y carne maciza de res, calabacitas, chayote, elote, ejote todo sazonado con chile guajillo, hierbabuena, cilantro, ajo y cebolla. Se acompaña con tamales de elote, llamados elotamales. Los nahuas del estado lo consideran un alimento divino, lo que denota el valor que ciertos grupos originarios le dan a dicho guiso.

CHILATOL O CHILATOLE ♦ chileatole

CHILAXTLE

Preparación de nopalitos y carne de cerdo en una salsa frita en manteca de cerdo, que contiene semillas de chile ancho y ajonjolí tostadas con canela, ajo y cebolla. Se acostumbra en Colima.

CHILAYO

Guiso de carne de cerdo, generalmente espinazo, cocido en una salsa tersa de chile guajillo, ancho o colorado, con ajo, tomate, comino y arroz remojado para dar consistencia. Suele acompañarse con verdolagas cocidas y morisqueta. Es tradicional en Colima y Jalisco. Algunas personas lo comparan con el mole de olla del centro del país, siendo las verdolagas el elemento ácido que suple al xoconostle en el mole de olla. Algunas familias en Colima ponen las cáscaras del tomate dentro del guiso porque aportan un sabor ácido, pero no se las comen. En Zacoalco, Jalisco, y en algunas partes de Michoacán, consiste también en un picadillo de carne de res y chile de árbol que se acostumbra en la comida de las bodas de las comunidades nahuas.

CHILCAJETE

Del náhuatl *chilli,* chile y *caxitl,* cajete. Pequeño mortero o molcajete especial para martajar o moler chiles, se emplea también para ofrecer la salsa resultante. Puede estar hecho de barro o piedra. Es un instrumento utilizado en la Huasteca hidalguense. Se conoce también como *chilcaxitl.*

CHILCALDO

GRAF. chilecaldo. Caldo propio de las fiestas de mayordomía y bodas en Zongolica, Veracruz. Se prepara con carne de borrego a la cual se le añade una salsa de chile verde y jitomate; se llega a preparar también con carne de res y, en ambos casos, se sirve con rebanadas de chile manzano y cebolla picada. Existen otras versiones de este caldo que se elaboran de manera cotidiana entre las que se incluye salsa de chile costeño y chiles secos, cebolla, pasitas, clavo y comino; Esta versión también se elabora con carne de pollo que se suele sazonar con cilantro y hierbabuena. Otra variante es la que se hace con caldo de res y salsa de chiles secos, la cual se sazona con xoxoco y suele acompañarse con tamales de ceniza.

→ chilecaldo

CHILCAXITL ♦ chilcajete

CHILCUAGUE ♦ chilcuán

CHILCUÁN *(Heliopsis longipes)*

Del náhuatl *chilli* y *mecatl,* mecate, aludiendo a la forma de las raíces. Raíz comestible de una planta rastrera de la familia de las asteráceas. Mide entre 20 y 70 cm, tiene hojas ovaladas y aserradas, la raíz es muy delgada y alcanza unos 30 cm; es fibrosa, de sabor amargo y picante, y al masticarla provoca abundante salivación. Se le encuentra en el norte de Querétaro, sobre todo en la Sierra Gorda, el sur de San Luis Potosí y en algunas partes de Guanajuato. En las zonas donde se consume, se compra en los mercados locales donde la venden por manojos. Se suele moler en molcajete para añadirla como condimento en guisos, por ejemplo en los nopales con chilicuagüe. Cuando se añade esta raíz a una salsa de jitoma-

te, resulta un sabor ligeramente picante que llega, incluso, a adormecer la lengua. También se utiliza para calmar el dolor de dientes. Esta raíz se acostumbra añadir a bebidas como el tequila y el aguardiente de caña, porque se dice que sirve para dormir bien y para que pase más rápido el trago. En la actualidad, si bien la especie no está en peligro de extinción, se le conoce poco y sus usos tienen riesgo de perderse.

Conocida también como:
◇ chilamagua (San Luis Potosí)
◇ chilcahue (Querétaro)
◇ chilcuague o chilicuahue (Querétaro)
◇ chilmécatl

CHILCULGUAJES ♦ chinculhoa

CHILE

Fruto picante originario de América, de la familia de las solanáceas del género *Capsicum,* del que existen variedades de muchos tamaños, formas y colores. De las especies que existen, en México se utilizan *Capsicum annuum, Capsicum chinense* y *Capsicum pubescens.* Es un ingrediente indispensable en los guisos de México; se dice que es el chile el que define, caracteriza y hace único el sabor de la cocina mexicana. Por ello, es también llamado el rey de la cocina mexicana. Se consumen frescos o secos y, dependiendo de su preparación, se emplean como verdura o condimento con usos gastronómicos notablemente diferentes; frescos tienen un nombre y secos otro. Está presentes en los guisos más representativos e importantes de México: base de todos los moles verdes, poblanos, rojos, amarillos y negros, además de adobos, salsas crudas y cocidas, pipianes, chileatoles, caldos, sopas, así como para pescado, mariscos y muchísimos otros. Por su sabor los chiles se clasifican como dulces o picosos, aunque los chiles dulces sólo son menos picantes. Algunos como el poblano se consideran suaves, pero en ocasiones pueden resultar tan picosos como un jalapeño o un serrano. Éstos, a su vez, ocasionalmente pueden no ser tan picantes, por lo que no se puede establecer una regla tajante acerca del picor, que depende en gran medida del clima y de la cantidad de sol y de agua que recibe la planta cuando crece. Los chiles pequeños son por lo general más picosos que los grandes. Entre los chiles frescos, los más picosos son el habanero y el manzano, seguidos del jalapeño, el serrano, el chile de árbol, el chile de agua y el chile chilaca; moderadamente picantes son el chile poblano y el chile verde del norte. Un chile que verdaderamente no pica e incluso tiene sabor dulce es el llamado chile dulce, que crece en el Sureste. Entre los secos, los más picosos son el chipotle, el mora, el morita, el chile de árbol, el pasilla de Oaxaca y el piquín; otros menos picantes son el pasilla y el cascabel. Los chiles que aportan gran sabor a los guisos y que normalmente no se consideran picosos, pero que pueden llegar a serlo, son el ancho, el mulato, el guajillo, el seco del norte y los chilhuacles. El chile poblano se convierte en ancho, el jalapeño en chipotle, la chilaca en pasilla y el bola en cascabel, por mencionar algunos ejemplos. Cada región de México se distingue por algún chile en su cocina e incluso algunos estados tienen un chile al que se le podría llamar representativo. En los estados del norte predominan el chile verde del norte, en sus formas

Chiles verdes

seco del norte, chile pasado y chile colorado. En Jalisco es típico el chile colorado, llamado chilacate. En los estados del centro del país se ocupan ampliamente los chiles poblano, ancho, chilaca, pasilla, jalapeño, chipotle, verde, de árbol y guajillo, aunque son comunes en una gran porción territorial que incluye estados que están al norte y al sur. Oaxaca es uno de los estados que más chiles únicos tiene, entre ellos los chilhuacles negro, rojo y amarillo, el chilcostle, el chile de agua y el pasilla oaxaqueño. En Chiapas, entre otros chiles típicos están el Simojovel y el pico de paloma. En Tabasco encontramos el chile amaxito; en Yucatán y otros estados de aquella península, los chiles habanero, xcatic, seco yucateco y el chile dulce. En el México prehispánico, el chile fue llamado *chilli* en náhuatl. Conjuntamente con el maíz, el frijol y la calabaza formó parte de la dieta diaria de los antiguos mexicanos. Rastros arqueológicos demuestran que el cultivo del chile fue anterior al del jitomate y el maíz. Desde entonces, México ha producido mayor volumen y variedad de chiles que cualquier otro país. Los antiguos mayas dieron nombre a una deidad cósmica que aludía al chile. Zak-Tzyis, de *ak*, hierba y *tzir*, picante; es decir, hierba picante. El chile es ampliamente mencionado en las mitologías y literaturas prehispánicas y en el Códice Mendocino se menciona la cantidad de chiles que algunas provincias debían pagar como tributo al pueblo mexica. La información que existe de aquella época, y que comprueba el gran uso y estima que tuvo el chile, es muy vasta. A su llegada, los españoles le llamaron ají (voz haitiana), pimiento y pimienta de las Indias; estos nombres los recibió el chile debido a que los españoles desconocían este fruto y su sabor picante lo relacionaban con el de la pimienta, además de que trataban de darle nombre castellano a todo lo que encontraban a su paso. Durante la Conquista y después de ella, muchos chiles fueron llevados de México

Puesto de chiles en el mercado de Oaxaca, Oaxaca

y del resto de América al Viejo Mundo y al Oriente, donde mutaron dando lugar a nuevas variedades. Hoy, en múltiples formas, es quizás el condimento más utilizado en el mundo, con una producción significativa en México, Centroamérica, Sudamérica y Asia. Para los mexicanos el chile no es tan sólo un ingrediente de la comida, sino también un símbolo de identidad nacional, un emblema fálico en el que están implícitos la virilidad, el machismo y la picardía de los mexicanos, íntimamente ligado a las tradiciones y creencias de México. De manera sorprendente, en la actualidad todavía se prohíbe a las mujeres que se acerquen y entren a los chilares, ya que se piensa que la presencia femenina produce maleficios irreparables en los plantíos. Así lo creen algunos sembradores de chile, principalmente en Veracruz, Puebla, Tlaxcala, México y Morelos. Otro ejemplo más de estas implicaciones culturales, es que un chile que no pica o no pica lo suficiente se le denomina chile joto. Cabe mencionar que los chiles

que se enlistan en este documento pertenecen a la variedad *C. annuum*, excepto en los casos del chile habanero y el chile manzano, donde se menciona su nombre científico.

→ pez chile

CHILE ACAPONETA ◆ chile cora

CHILE ACHILITO

Chile exclusivo de la región de La Cañada, Oaxaca. Crece por lo general asociado al chile chilhucale. Cuando fresco es verde, rojo al madurar y rojo intenso al deshidratarse. Mide 1.5 cm en promedio y con un rabo de entre 4 y 6 mm. Es un chile local y poco conocido fuera del área en la que se consume.

CHILE ACORCHADO ◆ chile jalapeño

CHILE AHUMADO ◆ chile chipotle

CHILE ALEGRÍA ◆ chile jalapeño

CHILE ALTAMIRA ◆ chile serrano

CHILE AMARILLENTO

Chile fresco, de color amarillo verdoso, de forma muy similar a un poblano pero de piel más delgada. Su uso es regional en Dolores Hidalgo, Guanajuato, donde se emplea para rellenar. A veces este chile lo llevan a los mercados populares del Distrito Federal y lo venden como chile cristal o chile güero, pues es un nombre genérico para los chiles de este color. Conocido también como chile amarillento para rellenar.

CHILE AMARILLO ◆ chile chilcostle

CHILE AMAXITO

GRAF. chile amachito o chile amashito. Del maya *mex*. Chile fresco de tamaño pequeño, en promedio mide de 1.5 a 2 cm, es de forma elíptica o redonda, de color verde cuando es inmaduro y rojo al madurar, aunque en el proceso de maduración ocasionalmente presenta manchas moradas o negras. Es picante, pues pertenece al grupo de los piquines. Considerado el chile de Tabasco por excelencia, no produce ardor estomacal ni intestinal como muchos otros chiles. Su picor es instantáneo, ya que su sabor desaparece en la boca en poco tiempo. Tradicionalmente sólo se come cuando está verde y fresco, machacado con jugo de limón y sal. Con esta especie de salsa se da picor al puchero, al caldo de gallina y a diversos guisos tabasqueños. También se consume en algunas partes de Chiapas, donde las hojas de la planta se muelen para dar color a salsas verdes o se utilizan en algunos guisos como la panza en verde y el bosto de sardinas. También se ocupa en el tamal de chaya, la manea y el mondongo.

Conocido también como:
◇ amaxito
◇ chile amash o chile amax
◇ chile machito
◇ chile macho
◇ chile max

→ chile piquín

CHILE ANAHEIM ◆ chile verde del norte

CHILE ANCHO

Chile seco de color café rojizo, que mide en promedio 12 cm de largo y 7 cm en su parte más ancha. Tiene forma triangular y su piel es de textura rugosa y brillante. Los mejores son flexibles al tacto y nunca tiesos.

153

CHILES FRESCOS		
Nombre	Sinónimos	Región de producción y/o consumo
chile amarillento	chile amarillento para rellenar	Guanajuato
chile amaxito	chile amachito chile amash chile amashito chile amax chile amaxito chile machito chile macho chile max	Chiapas, Tabasco
chile atekayote		Hidalgo
chile bola	chile bolita chile boludo chile trompita	Coahuila, Durango, San Luis Potosí
chile bravo	chile parado	Mixteca oaxaqueña
chile Caribe	chile caloro chile fresno chile húngaro	Bajío, norte y centro del país
chile carricillo	chile güero chile largo	Veracruz
chile cera		Veracruz, Zacatecas, Puebla, norte del país
chile chilaca	chilaca chile cuernillo chile para deshebrar	Jalisco, Michoacán, Nayarit, centro del país
chile chimborote	chile chamborote chile chilemborote chile chimborete	Chiapas
chile comapeño		Veracruz
chile costeño	chile bofo chile chiltepe chile colorado chile serrano	Chiapas, Distrito Federal, Guerrero
chile cuerudo		Oaxaca
chile de agua		Oaxaca
chile de árbol	chile bravo chile cola de rata	
chile de chorro	chile ancho chile verde	Guanajuato, Durango
chile dulce		Chiapas, península de Yucatán, Tabasco
chile habanero		Chiapas, península de Yucatán, Tabasco, Veracruz
chile jalapeño	chile acorchado chile alegría chile cuaresmeño chile espinalteco chile jarocho chile peludo chile pinalteco chile san Andrés	todo el país

CHILES FRESCOS		
Nombre	Sinónimos	Región de producción y/o consumo
chile manzano	chile canario chile Caribe chile cera chile perón	centro del país
chile milkahual		Huasteca hidalguense
chile mirasol	chile húngaro chile mira pa'l cielo chile miracielo chile parado chile puya chile real mirasol	Bajío, centro del país
chile pastor		Veracruz
chile pico de paloma		Chiapas, Tabasco
chile piquín	chile amachito chile amash chile amashito chile amax chile amaxito chile amomo chile amomom chile ansaucho chile Chiapas chile chigole chile chilpaya chile chiltepe chile chiltepec chile chiltepi chile chiltepín chile criollo chile de monte chile de perro chile diente de tlacuache chile enano chile gachupín chile machito chile macho chile max chile mosquito chile pájaro chile parado chile pico de pájaro chile pico de paloma chile pimiento chile pulga chile quimiche chile siete caldos chile silvestre chile tepín chile ticushi chile timpinchile chile totocuitlatl chile Tuxtla chile ululte chile xigole chilillo chilito chiltepec chiltepillo chiltepín chiltipiquín (Mixteca) cuachile guachile *juya kokori* (mayo) *kokoim* (yaqui) *kookol* (pima) milchilli piquín quimiche tempechile tempichile timpinchile tlilchilli	todo el país
chile poblano	chile ancho chile esmeralda chile gordo chile jaral chile joto chile miahuateco chile para rellenar chile pasilla fresco chile pasilla verde chile verdeño	todo el país

(continúa)

CHILES FRESCOS		
Nombre	Sinónimos	Región de producción y/o consumo
chile serrano	chile Altamira chile costeño chile Pánuco chile serrano tampiqueño chile tampiqueño chile verde	todo el país
chile Simojovel		Chiapas
chile solterito		Oaxaca
chile tabiche	chile taviche	Oaxaca
chile tuxta	chile tusta	Oaxaca
chile verde del norte	California *chili pepper* chile Anaheim chile California chile californian chile Magdalena chile verde	Colima, Jalisco, norte del país
chile verde yucateco	chile verde	península de Yucatán
chile xcatik	chile güero chile ixcatic chile ixcatik chile ixkatik chile x-cat-ik chile xkat-ik chile xkatik	península de Yucatán

Al remojarse adquieren un color rojo ladrillo, por ello es el encargado de colorear la gran mayoría de los guisos rojos. Es tal vez el chile más utilizado en formas diferentes. Fresco es el chile poblano. No se debe confundir el chile ancho con el chile mulato, que es más oscuro y grande. Para distinguirlos se deben abrir y mirar a contraluz: el ancho se ve color rojo y el mulato color café. Distinguirlos es muy importante, porque si se utiliza un chile por otro el resultado del sabor del guiso no será el esperado, ya que estos chiles en apariencia son muy similares, pero su color y sabor son totalmente distintos. Del chile ancho existen algunas variedades regionales, como la llamada chile chino, en San Luis Potosí y en las huastecas. Con el chile ancho se hacen todo tipo de moles, adobos, diferentes clases de salsas picantes y chiles rellenos, además de colorear caldos y sopas. En Zacatecas y San Luis Potosí se utiliza para guisos con carne de cerdo, como el adobo de cerdo, y en guisos de palmito, cabuches y nopalitos: en estos tres últimos casos se añaden cocidos a la salsa. En Michoacán a este chile se le conoce como chile pasilla y al pasilla derivado del chilaca se le conoce como chile negro. En Chiapas se acostumbra pronunciar y escribir como una sola palabra: chileancho, son chiles grandes y un poco más oscuros que los comunes. Los chiles anchos se venden clasificados por su tamaño y por el estado en que se encuentra: los de primera son los chiles más grandes y perfectos, miden en promedio 15 cm de largo y 8 de ancho, y para alcanzar la clasificación no deben presentar ninguna decoloración o rotura, además de que deben ser de color uniforme. Los chiles anchos de segunda miden unos 10 cm de largo y 5 de ancho; deben tener las mismas características que los de primera, aunque en ocasiones se les toleran ligeras decoloraciones y roturas. De hecho, los de primera averiados se llegan a vender también como de segunda. Los chiles anchos de tercera son de tamaños variados, de primera o de segunda, pero con manchas y decoloraciones, quebrados o dañados; se ocupan en pastas para moles comerciales. Por último, los de rezaga son chiles por lo general pequeños que presentan roturas o decoloraciones graves, y pueden incluso estar en pedazos; se destinan para salsas o moles industriales.

Conocido también como:

◇ chile ancho esmeralda
◇ chile ancho flor
◇ chile ancho flor de pabellón
◇ chile ancho verdeño
◇ chile chilhuacle (Chiapas)
◇ chile chilhuaque (Chiapas)
◇ chile chino (San Luis Potosí, huastecas)
◇ chile color (Golfo de México)
◇ chile colorado (Zacatecas)
◇ chile para guisar
◇ chile pasilla (Michoacán)
◇ chile pasilla rojo (Michoacán)
◇ chile pasilla seco (Colima)
◇ chileancho (Chiapas)
◇ chilhuacle
◇ chilhuaque

→ chile chino, chile Morelia, chile mulato

		CHILES SECOS	
Nombre	Sinónimos	Nombre fresco	Región de producción y/o consumo
chile ancho	chile ancho esmeralda chile ancho flor chile ancho flor de pabellón chile chino chile color chile colorado chile para guisar chile pasilla chile pasilla rojo chile pasilla seco chile verdeño chileancho chilhuacle chilhuaque	chile poblano	todo del país
chile cascabel	cascabelillo	chile bola	centro del país
chile catarina			Bajío, centro y norte del país, sur de Texas
chile cora	chile Acaponeta chile tequilita		Nayarit
chile chilcostle	chile amarillo chile chicoxle chile chilcoscle chile chilcoxle chile chilcoxtle chile coxle		Oaxaca
chile chilhuacle –amarillo –negro –rojo	chile guaque chile huache chile huaque		Oaxaca
chile chipotle	chile ahumado chile chilpocle chile chilpolcle chile chilpote chile chipocle chile chipoctle chile chipote chile de mole chipotle	chile jalapeño	todo el país
chile chino			Bajío, Huasteca
chile colorado	chile Anaheim chile chilacate chile colorado de la tierra chile de la tierra chile de sarta chile largo colorado chile Magdalena chile seco colorado chile seco del norte chile verde del norte	chile verde del norte	Colima, Jalisco, norte del país
chile comapeño			Veracruz

(Continúa)

157

CHILES SECOS			
Nombre	Sinónimos	Nombre fresco	Región de producción y/o consumo
chile costeño	chile bandeño		Guerrero
chile costeño –amarillo –rojo			Oaxaca
chile de árbol	chile bravo	chile de árbol	todo el país
chile de onza	chile onza amarillo		Oaxaca
chile guajillo	chile cascabel chile chilaca roja ancha chile cuachalero chile guajillo dulce chile guajillo que no pica chile guajío chile guajón chile mirasol chile travieso chile tres venas	chile mirasol	todo el país
chile meco	chile seco	chile jalapeño	todo el país
chile miahuateco			Puebla
chile mora	chipotle mora	chile jalapeño	Hidalgo, Puebla, Veracruz
chile Morelia		chile poblano	Querétaro, Michoacán
chile morita		chile jalapeño	centro del país, Puebla, Veracruz
chile mulato	chile ancho negro	chile poblano	centro del país, Chiapas, Oaxaca
chile pasilla	chile achocolatado chile negro chile pasilla de México chile pasilla mexicano chile prieto	chile chilaca	todo el país
chile pasilla oaxaqueño	chile pasilla de Oaxaca chile mixe		Oaxaca
chile pico de pájaro		chile serrano	Veracruz
chile piquín	chile amachito chile amash chile amashito chile amax chile amaxito chile amomo chile amomom chile ansaucho chile Chiapas chile chigole chile chilpaya chile chiltepe chile chiltepec chile chiltepi chile chiltepín chile criollo chile de monte chile de perro chile diente de tlacuache chile enano		todo el país

CHILES SECOS			
Nombre	Sinónimos	Nombre fresco	Región de producción y/o consumo
chile piquín	chile gachupín chile machito chile macho chile max chile mosquito chile pájaro chile parado chile pico de pájaro chile pico de paloma chile pimiento chile pulga chile quimiche chile siete caldos chile silvestre chile tepín chile ticushi chile timpinchile chile totocuitlatl chile Tuxtla chile ululte chile xigole chilillo chilito chiltepec chiltepillo chiltepín chiltipiquín (Mixteca) cuachile guachile *juya kokori* (mayo) *kokoim* (yaqui) *kookol* (pima) milchilli piquín quimiche tempechile tempichile timpinchile tlilchilli		todo el país
chile puya	chile colmillo de elefante chile guajillo puya chile guajillo del que pica		todo el país
chile xojchile	chile rayado		Huasteca hidalguense
chile seco yucateco	chile seco	chile verde de Yucatán	península de Yucatán
chile tabiche seco		chile tabiche	Oaxaca

CHILE ANCHO FLOR

Tipo de chile ancho que se distingue por ser el de mayor calidad, el más grande de todos, de color uniforme y sin roturas. Los anchos flor pueden encontrarse fácilmente en los puestos de chiles de los mercados donde se manejan chiles seleccionados de calidad, como en La Merced o la Central de Abasto en el Distrito Federal.

CHILE ANCHO NEGRO ◆ chile mulato

CHILE ATEKAYOTE

Chile fresco muy picante de cáscara delgada, es utilizado en la Huasteca hidalguense para preparar salsas. Se cultiva en Huautla y se vende en Atlapexco.

CHILE BANDFÑO ◆ chile costeño

CHILE BOLA

Chile fresco de forma esférica, es moderadamente picante y de color verde cuando está inmaduro y rojo al madurar. Se le

159

puede considerar un chile güero, pues su color es verde amarillento o verde limón. Fresco se utiliza en platillos como el texmole, pero se usa principalmente cuando está seco y su nombre cambia a chile cascabel.

Conocido en San Luis Potosí, Coahuila y Durango como:

◇ chile bolita
◇ chile boludo
◇ chile trompita

→ chile cascabel

CHILE BRAVO

1. Chile fresco muy picante, de color rojo o verde oscuro, muy pequeño y de forma puntiaguda que se cultiva en la región de la Mixteca, Oaxaca. Generalmente se vende por montoncitos en los mercados populares, donde también se le conoce como chile parado porque crece en la planta con la punta hacia arriba.
2. Salsa que se prepara con el chile del mismo nombre, que se acostumbra para acompañar muchos preparados, especialmente la sopa de guías de la Mixteca.
3. Término usado en San Luis Potosí para nombrar al chile de árbol por ser un chile muy picoso.
4. Nombre aplicado a cualquier chile que sea muy picoso.

CHILE CALIFORNIA ◆ chile verde del norte

CHILE CALORO ◆ chile Caribe

CHILE CANARIO ◆ chile manzano

CHILE CAPÓN

Preparación elaborada con chiles cuaresmeños cocidos y rellenos de queso fresco y cebolla en vinagre; se sirven como botana del cocido y del pozole blanco en la zona central de Guerrero.

CHILE CARIBE

1. Chile fresco de color amarillo, con superficie tersa y brillante. Tiene forma cónica alargada, mide unos 6 cm de largo y 3 en su parte más ancha, y es moderadamente picante. En Jalisco y los estados del norte se utiliza en encurtidos de verduras, guisos regionales y salsas. En Querétaro se conoce como chile güero y lo acostumbran preparar en escabeche, pues es bastante picoso.

Conocido también como:

◇ chile caloro (centro del país)
◇ chile fresno
◇ chile húngaro (Guanajuato, Jalisco, San Luis Potosí)

2. Chile fresco y perfumado, de color amarillo o verde limón, que al madurar se vuelve naranja; es de forma cónica y mide aproximadamente 5 cm de largo. Se cultiva en Aguascalientes.
3. Nombre usado en Hermosillo, Sonora, para nombrar al chile manzano o al chile habanero, que se emplean para hacer la famosa salsa güera.

CHILE CARRICILLO

Chile fresco de forma muy alargada con algunos pliegues, y frecuentemente torcido; su nombre proviene del hecho figurativo de que es tan delgado como un carrizo. Es de picor moderado, y de color amarillo pálido, a veces verdoso, mide aproximadamente 10 cm de largo y 2 de ancho en su parte más ancha. Casi siempre se prepara encurtido y se distribuye enlatado. Se usa mucho en la cocina de Veracruz, en el famoso huachinango a la veracruzana y en el bacalao a la vizcaína.

Conocido también como:

◇ chile güero
◇ chile largo

CHILE CASCABEL

Chile seco de forma casi esférica y color café rojizo. Mide en promedio unos 3 cm de diámetro, y tiene cáscara tersa y dura. Es moderadamente picante, y de sabor agradable que recuerda ligeramente a la nuez. Cuando se agita este chile, sus semillas suenan como una sonaja o un cascabel, de ahí su nombre. Cuando está fresco se llama chile bola. Su consumo se concentra en los estados del centro del país, aunque no existen muchas recetas tradicionales que contengan como base este tipo de chile. Se prepara en salsas picantes rojas con jitomate o combinado con tomate verde y en ocasiones se mezcla con otros tipos de chile para dar más consistencia. También se muele con jitomate y otras especies para guisos con cerdo, pollo o res. Conocido también como cascabelillo.

→ chile guajillo

CHILE CATARINA

Chile seco muy picante de forma ovalada con terminación en punta. Inmaduro es color verde; se torna rojo brillante al madurar y rojo sepia cuando está seco. Llega a medir entre 3 y 6 cm de largo y 3 de diámetro; su piel es delgada y proporciona color rojo a las salsas. Suena como el chile cascabel cuando se agita. Se produce en Aguascalientes y algunas partes del centro y norte del país, así como en el sur de Texas, donde se utiliza principalmente seco en guisos, adobos, sopas y salsas condimentadas.

CHILE CERA

Chile fresco de forma triangular alargada, color amarillo y textura cerosa. Por lo general, mide unos 7 cm de largo y 3 en la parte más ancha. Puede ser muy picoso. Crece por lo general en Zacatecas, Puebla y en el norte del país, y se registra también su uso en Veracruz. Se vende fresco pero una parte importante de su producción es para encurtido y enlatado.

→ chile manzano

CHILE CHAMBOROTE ◆ chile chimborote

CHILE CHIAPAS ◆ chile piquín

CHILE CHILACA

Chile fresco, color verde oscuro o negruzco, brillante, de forma alargada, algo plana y retorcida. Es carnoso y a veces muy picante. Generalmente mide entre 15 y 23 cm de largo y unos 2 o 3 de ancho. Cuando está seco se vuelve negro y se llama chile pasilla. Se cultiva principalmente en Jalisco, Nayarit y Michoacán. La chilaca se utiliza sobre todo en el centro del país, donde generalmente se asa y se pela antes de usarse. En el Distrito Federal es un chile bastante común y se prepara en rajas o se incluye picado en muchos guisos. En Michoacán comúnmente lo deshebran, para hacer tiras o rajas delgadas. Se utiliza en platillos regionales como la carne de cerdo con uchepos, o colocado sobre corundas.

Conocido en Michoacán como:

◇ chile cuernillo
◇ chile para deshebrar

CHILE CHILACA ROJA ANCHA ◆ chile guajillo

CHILE CHILACATE ◆ chile colorado

CHILE CHILAILE ◆ chile morita

CHILE CHILCHOTE ◆ chile jalapeño

CHILE CHILCOSTLE

GRAF. chile chilcoscle o chile chilcoxtle. Del náhuatl *chilli*, chile, y *coztic* o *costil*, amarillo; esto es, chile amarillo. Chile seco de color rojo oscuro y piel delgada. Mide entre 12 y 15 cm de largo y unos 3 de ancho. Su sabor recuerda al chilhuacle rojo pero más picante. Es de color verde oscuro cuando está fresco y de tono rojo oscuro a negro cuando se seca. Es un chile regional que se cultiva en el área de Cañada Chica, Oaxaca. Es difícil de conseguir en el mismo estado y fuera de éste no se comercializa. En esa entidad se emplea para dar algo de picor a salsas, adobos, guisos, moles y tamales. Se utiliza en Oaxaca para el mole colorado y para el mole amarillo.

Conocido también como:

◇ chile chicoxle
◇ chile coxcle

CHILE CHILEMBOROTE ◆ chile chimborote

CHILE CHILHUACLE

Del náhuatl *chilhuactli*, de *chilli*, chile y *huactli*, secado, que se traduce como chile viejo. Con este nombre se designan tres chiles secos de diferentes colores: el chilhuacle negro, el chilhuacle rojo y el chilhuacle amarillo. Comparten varias características: son oaxaqueños, sólo se cultivan en Cuicatlán en la región de Cañada Chica, son caros, escasos y difíciles de conseguir en Oaxaca y fuera del estado. Al secarse mantienen su forma original, no se fruncen o arrugan como otros, y su cáscara es tersa. Cada uno por su tonalidad es responsable de diferentes colores del mole, aunque por su escasez, actualmente se están sustituyendo por el chile guajillo. El chilhuacle negro tiene cáscara negra mate; es de forma voluminosa, por lo general mide unos 7 cm de diámetro y 8 de largo, es moderadamente picante, y sus aromas y sabores algo afrutados recuerdan los del tabaco, la ciruela pasa y el chocolate amargo. Por su color es un chile muy importante en la preparación del mole negro y el chichilo. Generalmente es el más caro de los tres aunque es el más fácil de encontrar. El chile guajillo suele sustituirlo; entonces se tuesta o se quema en el comal hasta que alcanza el tono negro. El chilhuacle amarillo, de tonalidad amarilla o naranja, mide 6 cm de diámetro en su parte más ancha y 9 de largo; su forma es más cónica que la del chilhuacle negro; es tal vez el más escaso de los tres, y por su color es indispensable en el mole amarillo. El chilhuacle rojo mide de 6 a 9 cm de largo y 6 de diámetro; posee un tono rojo oscuro, casi negruzco, de forma muy similar al chilhuacle amarillo, es moderadamente picoso y se ocupa en varios tipos de moles oaxaqueños.

Conocido también en Oaxaca como:

◇ chile guaque
◇ chile huache
◇ chile huaque

CHILE CHILPAYA, CHILE CHILTEPE, CHILE CHILTEPÍN O CHILE CHILTIPIQUÍN ◆ chile piquín

CHILE CHIMBOROTE

GRAF. chile chamborote o chile chimborete. Chile pequeño y picoso que crece en las regiones cálidas de Chiapas. Se utiliza para el caldo de shuti y salsas diversas. Conocido también como chile chilemborote

CHILE CHINO

Variedad de chile ancho o chile color. A simple vista se parece mucho al chile ancho, pero en realidad es un chile rojo claro, más chico y ligeramente arrugado, es decir, con textura china. Se utiliza en las huastecas, específicamente en Tantoyuca, Veracruz, y con él se preparan adobos, chorizos, salsas de color rojo intenso y en guisos de la región. Por ejemplo, los chiles chino y cascabel son los más importantes para sazonar el zacahuil, además de algunos adobos regionales. En Hidalgo se utiliza para preparar una variedad de pascal, además de otros guisos regionales. En los mercados populares siempre se le encuentra junto al chile ancho, pues son muy similares. Se le considera más fino y bonito que el chile ancho y es muy popular porque desarrolla cierto picor sin llegar a ser agresivo. Este mismo chile se encuentra en los mercados de San Luis Potosí, Zacatecas, Aguascalientes y Guanajuato.

CHILE CHIPOTLE O CHILE CHIPOCLE

GRAF. chile chilpocle, chile chilpote, chile chilpotle, chile chipocle o chile chipocle. Del náhuatl *chilli*, chile, y *poctli*, humo, o sea chile ahumado. Chile seco y ahumado de color café oscuro, y de textura arrugada. Es uno de los chiles secos más picosos. Mide en promedio 6 cm de largo y unos 2.5 en su parte más ancha. Cuando está fresco se llama chile jalapeño. La técnica de ahumarlos data de la época prehispánica. Al existir diferentes variedades de jalapeño, se producen por ende también diferentes tipos de chipotle, que se consideran chiles distintos, tal es el caso de los chiles mora y morita. En el Estado de México llaman chipotle tamarindo a una variedad que tiene color y textura acorchados, pues el chile del que se obtiene es venoso y muy rayado. El chipotle que se encuentra en los mercados de Xalapa tiende a ser café rojizo. En Oaxaca se usa el chipotle navideño, color rojo oscuro, que se distingue por ser más bien grande en comparación con los demás. Chile meco o chipotle meco es otro nombre que a veces se da al chipotle común, pero no hay que confundirlo con el chile meco, pues éste es un jalapeño seco sin ahumar; con este chipotle se hacen salsas picantes y guisos que a veces se llaman enchipotlados o enchipoclados. Se venden secos en los mercados populares para hacerlos en escabeche o adobados; los más grandes se seleccionan para hacerlos rellenos; en Xalapa, Puebla y el Distrito Federal se venden incluso los chiles desvenados. En Juchitán, Oaxaca, se preparan los *guiiña biixhi záa*. Los chipotles adobados o chipotles en

161

adobo, son tal vez la forma en que más se consume este chile, y grandes cantidades se venden enlatadas. En general los chiles se cuecen en agua con piloncillo, vinagre, clavo, canela, pimienta, mejorana, ajo y sal; el preparado a veces incluye también algún chile como el guajillo, que se muele para dar consistencia al adobo. Los chipotles en escabeche se preparan de forma similar, pero sin emplear chile molido. Últimamente se ha hecho bastante popular saborizar la mayonesa con chile chipotle adobado, e incluso ya se fabrica de manera industrial.

Conocido también como:
◇ chipotle

Conocido en Veracruz como:
◇ chile ahumado
◇ chile de mole o chile mole (totonacas de la costa)

→ chile meco

CHILE CHOCOLATE ◆ chile mulato

CHILE COLA DE RATA ◆ chile de árbol

CHILE COLMILLO DE ELEFANTE ◆ chile puya

CHILE COLOR ◆ chile ancho

CHILE COLORADO

Chile seco muy utilizado en las cocinas de los estados del norte del país, que se deja madurar y secar. Su cáscara es delgada con un intenso tono rojo cobrizo, y presenta arrugas irregulares, pues está fruncida alrededor de la base del tallo. Mide entre 12 y 15 cm de largo y unos 3 de ancho y suele ser de sabor suave. Con él se colorean las salsas rojas de chilaquiles y enchiladas; es habitual que se mezcle con harina de trigo para espesar salsas como las que se usan en la carne con chile, y en general en guisos de carne y otros platillos norteños. En Jalisco se utiliza para salsas de enchiladas y birria. En los estados del norte, cuando el chile está verde se deja madurar, se ensarta en un mecate y se cuelga para dejarlo secar, por eso lo llaman también chile de sarta. Se dice que con esta técnica se obtiene un chile con mejor sabor que el secado en horno. En cualquiera de los estados mencionados suele mezclarse con otros chiles como el chile ancho para dar más color y textura a las salsas o preparados. En Chihuahua se usa para preparar chorizo. Es notable su uso también en los tamales norteños, y en guisos como los tacos potosinos o los tacos colorados.

Conocido también como:
◇ chile Anaheim
◇ chile chilacate (Jalisco, Colima)
◇ chile colorado de la tierra (Chihuahua)
◇ chile de la tierra (Chihuahua)
◇ chile de sarta
◇ chile largo colorado (Sonora)
◇ chile Magdalena
◇ chile seco colorado (Chihuahua)
◇ chile seco del norte (Sonora)
◇ chile verde del norte

→ chile ancho

CHILE COMAPEÑO

Chile pequeño que se consume fresco o seco; cuando está inmaduro es verde y al madurar se vuelve anaranjado. Es de uso exclusivo en Huatusco y otras

áreas cercanas de Veracruz, donde se utiliza para hacer salsas picantes como la salsa macha. En Orizaba se considera único de la región y es muy buscado por su sabor que, a juicio de los lugareños, es único. Se utiliza también en la elaboración del chileatole con elotes, el chileatole verde de pollo, en el tlatonil y para hacer la salsa macha.

CHILE CON AJONJOLÍ

Tacos con ajonjolí y chile seco tostado con sal que se consumen como botana para abrir el apetito. Esta mezcla se acostumbra en la región de Totonacapan, Veracruz.

CHILE CON QUESO

Platillo elaborado a base de queso fundido que se prepara friendo chiles verdes del norte o chilacas en rajas, con cebolla y ajo, después se cuecen con leche y jitomate picado, se dejan hervir para que espesen y se les añaden trozos de queso Chihuahua, menonita o asadero para que se fundan. Se sirve inmediatamente y se come con tortillas de harina. Es típico de Chihuahua y Sonora, aunque se hace también en Texas. En algunas comunidades rurales de Chihuahua se emplean unas bayas chicas color amarillo de una planta llamada trompillo para cuajar la leche mientras hierve y dar más consistencia al preparado. Es un guiso casero que se come a cualquier hora del día; por ejemplo, en Chihuahua acompaña por las mañanas los huevos estrellados. También es parte del almuerzo, al mediodía es acompañante de casi cualquier carne asada o guisado y por las noches se acompaña con tortillas de harina. En los restaurantes de la región suele servirse como entremés o acompañante de carnes asadas.

CHILE CON XOCONOSTLE

Chiles verdes molidos con xoconostles asados, cilantro y cebolla picada. Es tradicional de Guanajuato. Otra versión contiene los mismos ingredientes pero se le añaden tomates verdes o jitomate y debido a que el xoconostle es un fruto muy importante en la cocina guanajuatense, al platillo que resulta de esta variante suele llamársele xoconostle con chile o salsa de xoconostle.

→ chile verde con xoconostle

CHILE CORA

Chile de cultivo tradicional y típico de Nayarit. Se conocía como chile Acaponeta, ya que se producía en esa localidad. De forma ovada y de piel dura o cueruda, se consume seco. Casi toda la producción se destina a la elaboración industrial de salsas embotelladas, aunque también se prepara una salsa de mesa. Su cultivo es tradicional de Nayarit. También es conocido como chile tequilita.

CHILE COSTEÑO

Término con el cual se identifica a cualquier chile que crezca cerca de algunas de las dos grandes costas de México. El nombre puede resultar arbitrario; sin embargo, en diferentes lugares se encuentran chiles típicos a los que llaman chiles costeños. En Chiapas se puede referir al chile serrano. En Oaxaca, en la región costera de Jamiltepec, llaman chile costeño amarillo a un chile seco de ese color; es de 7 cm de largo por 3 en su parte más ancha, de forma triangular, piel delgada y sabor muy picante. En la misma región se conoce otro chile seco llamado chile costeño rojo, de medidas y características similares al anterior

pero de color rojo. Ambos se utilizan para preparar salsas y moles. El chile costeño se cultiva y se utiliza ampliamente en la región de la Mixteca de Oaxaca, y se incluye en el pozole mixteco, ndutenduchi y guisos y moles de la región como el chileajo y el chilate. En los mercados del Distrito Federal se encuentra un chile llamado costeño de forma cónica aplastada y tono amarillo-naranja, su picor es moderado. Se utiliza para preparar varios estilos de salsas. Se cree que viene de alguna costa aunque nadie parece saber de cuál. En Cuajinicuilapa, Guerrero, se conocen dos tipos de chile costeño, uno llamado chiltepe o colorado y el otro, bojo o fofo. Este último se caracteriza por tener pocas semillas y picor moderado. Ambos se emplean para hacer salsas y moles regionales; cuando está seco le llaman chile bandeño.

→ chile serrano

CHILE COTLAXTLA ◆ chile serrano

CHILE COXCLE ◆ chile chilcostle

CHILE CRIOLLO

Nombre con el que se denominan varios chiles híbridos, generalmente de cultivo y uso regional.

CHILE CRISTAL ◆ chile amarillento

CHILE CUACHALERO ◆ chile guajillo

CHILE CUARESMEÑO ◆ chile jalapeño

CHILE CUERNILLO ◆ chile chilaca

CHILE CUERUDO

Chile fresco que, como su nombre lo indica, se trata de un chile con una piel muy gruesa. Se utiliza para la elaboración de salsas en la zona de Chinantla, Oaxaca.

CHILE DE AGUA

Chile fresco cónico, alargado, color verde claro que cuando madura se vuelve naranja brillante. Mide en promedio de 12 a 15 cm de largo y unos 5 en su parte más ancha. Raramente se usa seco y es muy picoso. Se utiliza principalmente en Oaxaca, donde su uso es regional y casi nunca se vende fuera de la entidad, pero a veces se encuentra en los mercados populares del Distrito Federal y en tiendas de productos oaxaqueños, debido a que en la capital del país viven muchos oaxaqueños. En la cocina regional de Oaxaca se asan y pelan como los poblanos y se hacen en rajas curtidas en limón para poner sobre el mole amarillo o el chichilo negro. Se preparan también en salsas picantes, encurtidos y rellenos de picadillo o queso, servidos en caldillo de jitomate. Este chile casi siempre se vende por pieza o por montoncitos, no por kilo.

CHILE DE AMOR

Término usado en las casas, sobre todo en el Distrito Federal, cuando no hay una salsa picante en la mesa; generalmente se pregunta: ¿tienes un chile de amor?, e inmediatamente se ofrece un chile serrano crudo o toreado que se pone a un lado del plato y se va mordiendo alternando la comida. Se llama de amor porque se come a-mor-didas.

CHILE DE ÁRBOL

Chile alargado y delgado que mide en promedio 7 cm de largo y 1 de ancho. Cuando es fresco es de color verde y al madurar se torna rojo; de esta manera se puede conseguir

en los mercados populares, específicamente en los puestos de verduras. De sabor picante, con cierta similitud a un chile serrano picoso. El chile de árbol seco es de color rojo brillante y muy picante, ésta es la forma en que más se consume. La planta que lo produce es más alta que otras variedades, mas no es un árbol. Existe también una variedad muy larga llamada cola de rata. Se emplea para dar picor a diversos guisos; cuando se hace en salsa no se retiran sus semillas ni sus venas. Es muy común especialmente para salsas de mesa. Es conocido en San Luis Potosí como chile bravo.

CHILE DE BOLA

Bolas de chile chipotle o morita en pasta, mezcladas con pepita de calabaza y ajonjolí. Tradicionalmente los ingredientes se muelen en metate hasta formar una pasta suave. Las bolas se envuelven en hojas de maíz y se conservan unos días. Esta pasta se come untada en tortillas, y es típica de Misantla, Veracruz.

CHILE DE CHORRO

Chile fresco color verde oscuro, de forma cónica, alargada, aplanada y con ondulaciones. Su tamaño varía según la época del año: puede alcanzar hasta 15 cm de largo y 8 en su parte más ancha, aunque en ciertas temporadas son más chicos. Se cultiva en Guanajuato y Durango. En el área de Dolores Hidalgo, Guanajuato, los chiles que se cosechan en la época de lluvias (en julio y agosto) se llaman chiles verdes o anchos; los mismos chiles, cuando las plantas se cultivan fuera de la temporada de lluvias, requieren de riego constante y entonces los llaman chiles de chorro. Frescos y rellenos es la forma más común de consumirlos, pero en algunas rancherías de la región dejan madurar el chile y lo cuelgan para secarlo y consumirlo también relleno, en salsas o guisos. No muchos lugares gustan de este chile seco, porque se torna dulzón.

CHILE DE CIRUELA

Platillo de carne de cerdo guisada en salsa de chile guajillo, ajo y la pulpa de una variedad de ciruela tropical que crece en la región de Iguala, Guerrero. A veces a la salsa se le añade chile verde. Este guiso se acostumbra de abril a junio, cuando la ciruela abunda. Es típico también de toda la zona norte de Guerrero. Se conoce también como chile con ciruela.

CHILE DE GATO ◆ bushná

CHILE DE GUAJE

Salsa martajada en molcajete, elaborada con semillas de guaje fritas en aceite, jitomate, chile de árbol verde, cebolla y ajo, que se suele servir caliente. Se prepara en Jalisco.

CHILE DE LA TIERRA ◆ chile colorado

CHILE DE MOLE ◆ chile chipotle

CHILE DE MONTE ◆ chile piquín

CHILE DE ONZA

Chile seco de tonalidades que van del amarillo al rojizo, de piel delgada. Mide aproximadamente 5 cm de largo y 1.5 de ancho, y es bastante picante. Es un chile regional oaxaqueño que se cultiva en la sierra de Juárez. Se conoce también como chile onza amarillo.

CHILE DE PERRO ◆ chile piquín

CHILE DE QUESO

Guiso a base de queso fundido que usualmente incluye granos de elote, rajas de chile poblano, leche, crema, mantequilla, cebolla y queso asadero o Chihuahua. Se acostumbra en el norte del país.

CHILE DE SARTA ◆ chile colorado

CHILE DE UÑA

Salsa elaborada con jitomate, chiles verdes, tomatillos verdes y morados, ajo, cebolla y cilantro, además de jugo de naranja y orégano seco. Se acostumbra comerla en Jalisco con tostadas raspadas. El origen del nombre se debe a que se menciona que la receta requiere picar todos los elementos de una manera tan fina que es usual rebanarse las uñas y que éstas caigan accidentalmente en el preparado.

CHILE DIENTE DE TLACUACHE ◆ chile piquín

CHILE DULCE

Término usado generalmente para nombrar a cualquier variedad de chile que no pique. En caso de que en una receta se encuentre el término chile dulce casi siempre se refiere al pimiento morrón. En los estados de la península de Yucatán, Tabasco y ciertas partes de Chiapas, el chile dulce es una variedad específica de chile que no pica y que por lo general se consume cuando tiene color verde, aunque puede ser también rojo. Se utiliza en escabeches, picadillos y casi cualquier guiso de la región. Tiene la apariencia de un pimiento morrón chico, pero si se observa con cuidado da la impresión de ser un chile de forma irregular, un tanto retorcido en algunas partes. En Tabasco se agrega rebanado al arroz blanco, porque le da un sabor y un aroma muy especiales. Se incluye también en algunos preparados de pescado como el moné.

→ pimiento morrón

CHILE EN NOGADA

Chile poblano relleno de picadillo de cerdo, bañado con salsa de nogada y adornado con perejil y granada roja. Es una especialidad de la cocina de Puebla que se considera platillo nacional. Los ingredientes de la presentación forman los colores de la bandera mexicana. El chile poblano se pela y se desvena para rellenarlo; puede estar capeado o no, pero según las recetas antiguas sí se capea. La carne de cerdo se usa picada, deshebrada finamente o molida. Se guisa con manzana, durazno, plátano macho, almendras, piñones, tomate, pasas, cebolla, perejil, clavo, canela y acitrón, entre otros ingredientes. La nogada de las recetas originales se hace únicamente con nuez de Castilla fresca, agua o leche, queso fresco de cabra y a veces almendras. Sobre esta base se ha desarrollado un sinnúmero de recetas que pueden incluir azúcar, jerez y algún otro tipo de queso fresco. La consistencia debe ser siempre espesa. Se sirve comúnmente a temperatura ambiente, algo frío o a veces tibio; esto depende de las costumbres familiares. Una leyenda popular muy difundida cuenta que Agustín de Iturbide, después de firmar los Tratados de Córdoba que consumaron la independencia de México en 1821, marchó rumbo a la capital del país. Al llegar a Puebla el 28 de agosto, día de su santo, se le ofreció una comida en su honor, confeccionada con las más exquisitas viandas de la ya famosa cocina del convento de Santa Mónica. A pesar de ello, don Agustín no se dignó a probarlas, aduciendo molestias estomacales. En realidad temía ser envenenado por los españoles, que lo consideraban traidor o por los insurgentes, que ya lo imaginaban a favor de una monarquía encabezada por él. Al presentarle los chiles en nogada, sin embargo, no pudo resistir la tentación, ya que a propósito se escogieron los ingredientes para resaltar los colores de la bandera trigarante. Y a partir de esta fecha empieza la gran fama de los chiles en nogada. Claro que, independientemente de esta historia, se conservan recetas que demuestran la existencia de los chiles antes de la fecha indicada; no obstante la leyenda es muy bella. Para muchos mexicanos que viven en Puebla, Distrito Federal y áreas cercanas, este platillo es motivo de festejo en septiembre, el llamado mes de la Patria. En muchos hogares se reúnen amigos y familias para comerlos cualquier día de este mes, o por lo menos se aseguran de saborearlos en algún restaurante donde especialmente se preparan durante agosto y septiembre. La mejor época para comerlos va de julio a principios de octubre, cuando las frutas del picadillo, la nuez y la granada se consiguen de mejor calidad. Aunque muchos restaurantes ofrecen en su menú chiles en nogada todo el año, esto no debe tomarse en serio, porque se empiezan a sustituir los ingredientes que son de temporada, especialmente la nuez, que es la que brinda el toque especial de la nogada. La salsa hecha con la nuez pacana o con nuez de Castilla seca desmerece mucho.

CHILE ENANO ◆ chile piquín

CHILE ESPINALTECO ◆ chile jalapeño

CHILE ESTILO HAWAI

Chile poblano relleno de queso Oaxaca y piña en almíbar bañado con una crema ácida saborizada con el almíbar de la piña y jarabe de granadina roja, que la pinta de color rosado. Al parecer es una receta casera que se ha ido popularizando en la región de Comitán, Chiapas.

CHILE FLOR

Máxima categoría que alcanzan los chiles secos, especialmente los chiles mulatos, pasilla y los anchos.

→ chile ancho flor

164

CHILE FRESNO ◆ chile caribe

CHILE GACHUPÍN ◆ chile piquín

CHILE GORDO ◆ chile poblano

CHILE GUAJILLO

Chile seco color café rojizo, de piel tersa y brillante, forma triangular alargada; mide en promedio 10 cm de largo y cuatro en su parte más ancha. Es muy utilizado porque da color rojo y consistencia a los guisos, moles y salsas. Cuando está fresco se llama chile mirasol. De éste se obtiene una variedad más picosa que se conoce como chile travieso. El ancho y el guajillo son tal vez los dos chiles más usados en el país. Se le encuentra en todos los mercados y no es caro. Es empleado en todo tipo de guisos de cerdo, pollo, res o cualquier otra carne, y forma parte de moles, adobos, salsas picantes y muchas otras recetas. Rara vez se utiliza solo; generalmente se mezcla con otros chiles como el ancho, porque solo no produce una buena salsa. El chile guajillo también se utiliza para sustituir los chiles chilhuacles de Oaxaca. En particular, cuando sustituye al chilhuacle negro, debe tatemarse en el comal hasta que alcance el tono negro, y luego remojarse en agua fría para retirar algo del sabor amargo que adquiere en el quemado. En Jalisco y Colima el chile guajillo es ampliamente utilizado para hacer la cuachala, y a veces se ocupa en la birria. El guajillo, al ser tan común, recibe diferentes nombres regionales y existen algunas variedades difíciles de distinguir entre unas y otras.

Conocido también como:

◇ chile cascabel (Bajío, Chihuahua, huastecas)
◇ chile chilaca roja ancha (Estado de México)
◇ chile cuachalero (Colima, Jalisco)
◇ chile guajillo dulce (Distrito Federal)
◇ chile guajillo que no pica (Distrito Federal)
◇ chile guajío (San Luis Potosí)
◇ chile guajón (San Luis Potosí, Zacatecas)
◇ chile mirasol (Jalisco)
◇ chile travieso
◇ chile tres venas (San Luis Potosí)

→ chile mirasol

CHILE GUAJÍO o **CHILE GUAJÓN** ◆ chile guajillo

CHILE GÜERO

Nombre genérico que se aplica a cualquier chile fresco de color amarillo, rubio o verde amarillento. En diferentes regiones de México se tienen chiles güeros totalmente distintos en forma, tamaño, sabor, intensidad de picor y uso. Cada uno se describe de manera individual.

→ chile amarillento, chile bola, chile caribe, chile carricillo, chile xcatik

CHILE HABANERO (*Capsicum chinense*)

Chile fresco de color verde claro cuando joven, que se vuelve amarillo y más tarde anaranjado en su etapa madura. Tiene textura suave y forma globosa. Mide 4 cm de largo y tres de ancho, y se considera el chile más picoso de todo el país. Es el chile clásico de la comida yucateca. De manera reciente se le otorgó la denominación de origen llamándole Chile Habanero de Yucatán. Originario de la zona del Caribe, la

región costera de Sudamérica y Yucatán, no se ha podido comprobar que sea originario de Cuba La gran mayoría prefiere usarlo cuando es de color verde o amarillo, sin embargo cuando se torna color naranja desarrolla otras características y aromas, e incluso se piensa que se vuelve más sofisticado. Se come fresco, crudo, asado o cocido; seco o deshidratado casi no se usa. Se pica crudo para hacer la salsa xnipec, se mezcla con rebanadas de cebolla y jugo de limón, se muele para salsas muy picantes como la salsa tamulada; asados y enteros se incluyen en la salsa de jitomate o chiltomate sólo para que aporten aroma y sabor ya que esta salsa no es picante, por lo que siempre se pone cuidado que los chiles no estén reventados; aunque a veces el chile crudo o asado se rompe y se pasa simplemente por la salsa para que deje apenas algo de su picor. Hace algunas décadas sólo se consumía en

los estados de la península de Yucatán, algunos lugares de Tabasco, Chiapas y Veracruz; actualmente se extiende hasta el centro del país, donde ya es muy fácil de conseguir.

CHILE HUACHINANGO ◆ chile jalapeño

CHILE HÚNGARO ◆ chile Caribe, chile mirasol

CHILE IXCATIC o **CHILE IXKATIK** ◆ chile xcatik

CHILE JALAPEÑO

Chile fresco color verde claro u oscuro, de forma cónica alargada, con terminación chata. Es carnoso con piel brillante y mide en promedio unos 6 cm de largo y 3 de ancho. Puede ser moderadamente picante o muy picante. El chile jalapeño se vuelve color rojo intenso cuando madura, y se usa indistintamente como el verde, aunque la gran mayoría ocupa el de color verde y casi nadie busca los chiles rojos. Del chile jalapeño existen también algunas variedades regionales. En

el puerto de Veracruz se encuentra en los mercados el llamado chile gordo, que es un jalapeño más corto y más grueso. El chile jarocho es más chico que el común y se encuentra sólo en Veracruz. El chile Papaloapan es otra variedad de jalapeño chico que crece cerca del río Papaloapan. El chile rayado y el acorchado son chiles jalapeños que presentan venas o rayas en la superficie de la piel; a veces pueden tener la forma típica del jalapeño original, pero también se puede encontrar otra variedad cónica y alargada de unos 2 cm en su parte más gruesa y unos 10 de largo con todo y la punta. Entre algunas personas mayores de Xalapa se conoce un chile llamado chile alegría, que tiene la forma típica de un jalapeño grande y presenta algunas venas o rayas, pero no tantas como los anteriores; son muy picosos y se dice que el comerlo causa alegría, es decir, que el que se enchila "hasta brincos pega". En Oaxaca y partes de Puebla se cultiva el llamado chile huachinango, es un jalapeño grande que mide hasta 12 cm de largo y 4 de ancho. El jalapeño es muy utilizado, al igual que el serrano, en diferentes regiones de México. Crudo o cocido, da picor a diferentes salsas verdes o de jitomate para guisos o para mesa. Con él se hacen los famosos jalapeños rellenos. Es ampliamente cultivado en diferentes regiones del país, por lo que se le conoce con varios nombres locales aunque el nombre de chile jalapeño es el más común en todo el país; su razón de ser es que, según se dice, antiguamente se cultivaba en Xalapa, desde donde se comercializaba a otras partes. Actualmente ya no se cultiva en el estado, pero es un chile muy famoso de la cocina regional veracruzana. Este chile es muy importante en su versión seca y ahumada, pues entonces se convierte en chile chipotle. En el Distrito Federal lo llaman chile cuaresmeño, porque antiguamente sólo lo llevaban a la capital durante la época de la cuaresma; por lo mismo, era un chile especial para rellenar con queso o atún. Aunque este tipo de rellenos ya no son tan populares, el chile sigue siendo un picante muy común. Tornachile o tornachil es un nombre muy antiguo de este chile, con el que se encuentra mencionado en varios recetarios antiguos, la palabra deriva del náhuatl *tonalchilli*, *tonalli*, calor de sol y *chilli*, chile. Los totonacas de la costa de Veracruz y en la sierra de Puebla lo llaman chilchote, del náhuatl *chilchotl*, de *chilli*, chile y *chota*, derivado de *choctia*, hacer llorar, chile picante que hace llorar.

Conocido también como:

- ◇ chile acorchado
- ◇ chile alegría
- ◇ chile cuaresmeño (Distrito Federal)
- ◇ chile espinalteco
- ◇ chile jarocho
- ◇ chile peludo
- ◇ chile pinalteco
- ◇ chile pinaltecu
- ◇ chile san Andrés
- ◇ chile xalapeño
- ◇ jalapeño o xalapeño

→ chile chipotle

CHILE JAROCHO ◆ chile jalapeño

CHILE JOTO

1. Término aplicado a cualquier variedad de chile que no pica lo que debería.
2. En Aguascalientes se le llama así a una variedad de chile poblano que no pica.

CHILE KUT

Término que refiere a un chile asado hecho en salsa. *Kut* es vocablo maya que significa tamular o martajar. Una de las tantas variantes de kut se prepara con los chiles secos de Yucatán tostados y martajados con jugo de naranja agria y sal. También se hace chile kut con otros chiles como el habanero.

CHILE LARGO ◆ chile carricillo

CHILE LARGO COLORADO ◆ chile colorado

CHILE LIMÓN

Salsa ácida a base de chiles serranos picados con cebolla, sal y una pizca de azúcar, esta mezcla se deja marinar en limón y agua. En Catemaco, Veracruz, se utilizan para acompañar la tilapia asada, y para marinar diversos pescados y mariscos.

CHILE LOCO

Nombre que se le da a los chiles que se obtienen de injertos o híbridos, que por lo general muestran deformaciones, formas caprichosas y arrugas extrañas y nunca son iguales a la variedad de donde fueron obtenidos. Generalmente son muy picantes. En San Martín Texmelucan, Puebla, se le llama así a un tipo de chile chilaca más corto, con extrañas ru-

gosidades en la piel, muy picoso; en la zona de la Mixteca del mismo estado llaman chile loco a una variedad de chile muy picosa que crece casi "parado" en la mata; por ello, también se le llama chile parado. En Milpa Alta, Distrito Federal, es un chile muy parecido al manzano, que es extremadamente picoso. En Tlaxcala llaman así a un chile verde alargado de cáscara gruesa, con rayas blancuzcas que se siembra en mayo y junio y se cosecha en agosto.

CHILE MACHO

Salsa de chile chilaca tostado, pelado, cortado en cuadritos y mezclado con jitomate, cebolla, ajo y cilantro; si se desea más picosa se le añade chile jalapeño; se come con tortillas durante las comidas. Su nombre se debe al fuerte picor que por lo general tiene. Es tradicional de Chihuahua. En la sierra de Puebla es una salsa tradicional muy espesa que se utiliza en pequeñas cantidades en diversos antojitos regionales. Contiene chile serrano, ajo, cilantro y sal molidos juntos en el molcajete y mezclados con agua.

→ chile amaxito

CHILE MANZANO (*Capsicum pubescens*)

Chile fresco, carnoso, bulboso, con forma semicónica, piel brillante color amarillo intenso. Mide en promedio 5 cm de largo y 3 en su parte más ancha. Es extremadamente picoso, tanto que rivaliza con el chile habanero en cuanto a intensidad de picor de todo el país. Existen dos tipos de este chile: los que son verdes y maduran en tono amarillo y los que maduran en tono rojo; la gran mayoría prefiere los amarillos, porque se dice que son más picosos. En Michoacán se hacen encurtidos y en escabeches; en el Estado de México se rellenan. En el Distrito Federal se rebanan finamente y se mezclan con cebolla rebanada para acompañar tacos. En muchos otros lugares se utilizan para salsas muy picosas.

Conocido también como:

- ◇ chile canario (Oaxaca, centro del país)
- ◇ chile Caribe (Sonora)
- ◇ chile cera (Veracruz)
- ◇ chile perón (Michoacán)

CHILE MECO

Chile jalapeño seco, sin ahumar. Al secarse adquiere un color café claro y es muy picoso. No hay que confundirlo con el chipotle meco que es el mismo pero ahumado. Se utiliza en salsas, adobos y vinagretas, igual que el chipotle. Al parecer el nombre meco viene de una referencia al color rojizo-bermejo. Otro posible origen es el maya *mek*, chueco. Hay chiles mecos a los que se les llama zambos, que pueden referirse también al color oscuro o a lo chueco. Se conoce en Xalapa y otras regiones de Veracruz como chile seco.

→ chile chipotle, chile mora, chile morita

CHILE MIAHUATECO

Chile seco muy similar al chile mulato pero de mayor tamaño. Es difícil de encontrar fuera de la región de Miahuatlán,

Puebla, de donde toma su nombre y donde se usa en el mole miahuateco.

CHILE MILKAHUAL

Chile fresco pequeño, de 5 milímetros de largo que se usan verdes o rojos al madurar. Se preparan en salsa en la región de la Huasteca hidalguense.

CHILE MIRASOL

Chile fresco cuyo nombre proviene del hecho que cuando los chiles están en la planta las puntas se dirigen hacia el sol. Seco se le llama guajillo. Se utiliza en ciertos guisos y salsas regionales de Aguascalientes.

Conocido también como:

◇ chile húngaro (Querétaro)
◇ chile mira pa'l cielo
◇ chile miracielo
◇ chile parado
◇ chile puya
◇ chile real mirasol

→ chile guajillo

CHILE MIXE ◆ chile pasilla oaxaqueño

CHILE MOLE ◆ chile chipotle

CHILE MOLIDO

Término que puede referirse a cualquier chile seco o fresco molido que se va a utilizar en un guiso o salsa, por lo general se refiere específicamente al chile piquín seco y molido. Este chile es el que da picor a los elotes cocidos que se venden en la calle, esquites y frutas como naranjas, jícamas y muchas otras. Normalmente se vende ya molido con este nombre.

CHILE MORA

Chile seco ahumado de color morado, de ahí su nombre; es muy picante, mide unos 5 cm de largo. Es en realidad un chile chipotle, pero por sus características, tamaño, sabor, se le identifica de forma distinta, aunque se emplea de la misma manera. En Hidalgo es muy utilizado en salsas picantes. Se conoce en Veracruz y Puebla como chipotle mora.

→ chile chipotle, chile meco, chile morita

CHILE MORELIA

Variedad de chile ancho picosa y muy oscura, de sabor perfumado y dulce que se produce y consume en Querétaro y Michoacán. Se utiliza en muchos guisos regionales, salsas, rellenos, adobos, enchiladas y moles. Se cultiva durante julio y agosto. Se dice que las originales enchiladas placeras y el pollo placero se hacen con este chile. Se conoce también como chile negro.

CHILE MORITA

Chile seco ahumado, más pequeño que el chile mora pero muy parecido a éste. Su cáscara es tersa, brillante, de color morado. Mide en promedio 3 cm de largo y 2 de ancho. Se obtiene de una variedad pequeña de chile jalapeño. Es muy picante pero con cierta dulzura y se utiliza igual que el mora y el chipotle, aunque algunos entendidos dicen que es más sabroso. Principalmen-

te se utiliza en algunas partes de Veracruz, Puebla, Distrito Federal y áreas cercanas. Con éste se hacen sobre todo salsas picantes. También se añade a guisos de carne de res, pollo o cerdo para dar picor y sabor, y se hacen encurtidos o adobados. El chile chilaile es una variedad de morita de tono café rojizo que se consigue en Veracruz.

→ chile chipotle, chile jalapeño, chile mora

CHILE MORRÓN ◆ pimiento morrón

CHILE MOSQUITO ◆ chile piquín

CHILE MULATO

Chile seco color café negruzco, de piel gruesa y cuerpo carnoso, con forma y color parecidos a los del chile ancho. De sabor dulzón, con notas de chocolate, suave y sólo algunas veces picoso. Mide en promedio 12 cm de largo por 7 de ancho, o sea, que es más grande que el ancho. Se obtiene de un tipo de chile poblano muy oscuro que casi nunca sale a la venta cuando está fresco, pues los agricultores lo conservan para secarlo y venderlo como chile mulato. En Escuintla, Chiapas, se encuentra un chile mulato muy oscuro al que llaman chile chocolate. Es muy importante en la preparación de los moles, especialmente en el poblano. Aunque es muy parecido al chile ancho, no se puede sustituir por éste, pues sus sabores son muy diferentes. Es fácil confundir el chile mulato con el chile ancho, para distinguirlos se deberán abrir y mirarse a trasluz: el ancho se verá color rojo y el mulato, café. Se conoce en Oaxaca como chile ancho negro.

CHILE NEGRO ◆ chile Morelia, chile pasilla

CHILE PÁJARO ◆ chile piquín

CHILE PÁNUCO ◆ chile serrano

CHILE PAPALOAPAN ◆ chile jalapeño

CHILE PARA DESHEBRAR ◆ chile chilaca

CHILE PARA GUISAR ◆ chile ancho

CHILE PARADO ◆ chile bravo, chile loco, chile mirasol, chile piquín

CHILE PASADO

Técnica desarrollada principalmente en Chihuahua para preservar los chiles. Los chiles frescos y verdes se asan sobre el comal hasta tostarlos, se meten en una bolsa de plástico para que suden y se pelan; después se cuelgan en lazos bajo un techo ventilado o al sol, para que se deshidraten totalmente. Una vez secos se deben guardar en costales o bolsas de papel, donde no haya humedad, ya que pueden ser atacados por polillas u hongos. Este método de conservación es una manera de aprovechar los chiles fuera de su temporada, que inicia en julio. De un kilo de chile fresco se obtienen unos 200 g de chile pasado. Tradicionalmente se ha utilizado sobre todo el chile verde del norte y ocasionalmente lo llaman chile verde pasado, pero actualmente el chile más ocupado en Chihuahua es el chile chilaca. También se pueden encontrar chiles poblanos pasados que típicamente se consumen en el centro y norte del país y se comercian en los mercados de Chihuahua y Durango. Cualquier chile pasado debe remojarse para hidratarlo antes de cocinarse; después se pica o se muele para incorporarlo a los guisos. Se debe aclarar que existen muchos guisos que se hacen con este chile, principalmente en Chihuahua, y que por ello reciben también el nombre de chile pasado. Puede ser un guiso de carne de cerdo o de queso con salsa de chiles pasados; los quesos más comunes son menonita o Chihuahua. Estos guisos suelen acompañarse con tortillas de harina.

Chile pasilla

Chile seco de forma alargada, de 15 a 20 cm de largo y de 2 a 3 de ancho, de color café negruzco, superficie brillante y arrugada, se dice que su nombre se debe a que se arruga como la uva pasa. Es moderadamente picante, y cuando está fresco es el chile chilaca. Se utiliza para hacer muchas salsas como la borracha, en diferentes moles y adobos, en el revoltijo y en varios guisos de carne de res, cerdo y pollo. En rodajitas y frito es una guarnición clásica de la sopa de tortilla que se acostumbra en el Distrito Federal. En algunos guisos regionales de los estados del centro del país se usan las semillas y las venas tostadas, para dar más sabor y picor.

Conocido también como:
◇ chile achocolatado
◇ chile negro (Michoacán, Baja California)
◇ chile pasilla mexicano (Oaxaca)
◇ chile pasilla de México (Oaxaca)
◇ chile prieto (Veracruz)

Cabe aclarar que en Colima llaman chile pasilla, pasilla verde o pasilla fresco al chile poblano, y chile pasilla seco al chile ancho. En Oaxaca existe un chile muy diferente que se conoce como chile pasilla oaxaqueño.

→ chile chilaca

Chile pasilla oaxaqueño

Chile seco ahumado de cáscara brillante y arrugada, de forma triangular alargada, color rojo oscuro, cuyo sabor recuerda al chile mora. Su picor es variable: a veces puede resultar inofensivo y dulzón y otras veces ferozmente picante. Es un chile de la región mixe que sólo se comercializa en Oaxaca, partes de Puebla y algunas tiendas de productos oaxaqueños en el Distrito Federal. Este chile tan especial se cultiva en la región de la sierra Mixe de Oaxaca, en varios pueblos cercanos a Santa María Tlahuitoltepec. Muchos conocedores lo consideran como el chile más sofisticado del país por ser muy aromático y ahumado, cualidad que se obtiene porque los cultivadores los ahúman en hornos de adobe sobre maderas aromáticas para darle ese sabor único. Debido a que muchos días en la sierra son nublados, este chile no se seca al sol totalmente, de ahí que su ahumado en horno sea prolongado para conseguir ese sabor tan buscado en el paladar oaxaqueño; es un chile muy típico de la región donde se cultiva, una inmensa cantidad de él se envía a los mercados de la región de los Valles Centrales de Oaxaca, donde es muy utilizado en el chintestle y la salsa de chile pasilla oaxaqueño de la que existen muchas variedades, además de que se incluye en pequeñas cantidades en diferentes salsas para dar picor y sabor ahumado. En la ciudad de Oaxaca puede ser difícil de conseguir, en los mercados populares se debe buscar a los vendedores de chile pasilla oaxaqueño que vienen directamente de la sierra Mixe; generalmente se clasifica por tamaño y se vende por

pieza o por ciento. Los vendedores los tienen separados por su clasificación: llaman primera a los más grandes, que son especiales para rellenar; en promedio miden unos 12 cm de largo por 4 de ancho, aunque pueden ser más grandes. Los de segunda son más pequeños y baratos que los anteriores y se emplean en encurtidos o para salsas. La tercera es la clase más barata; son pequeños y lucen irregulares, sólo se utilizan para hacer salsas. Cabe aclarar que la clasificación de este chile no consiste en la calidad sino en el tamaño.

Conocido también como:
◇ chile mixe
◇ chile pasilla de Oaxaca

Chile pasilla verde ◆ chile chilaca, chile poblano

Chile pastor

1. Chile fresco típico de la región de Los Tuxtlas, en el estado de Veracruz, donde se consume en diversas recetas.
2. Salsa elaborada con chiles serranos asados, ajo, cebolla, barbas de cebollina y jugo de limón.

Chile peludo ◆ chile jalapeño

Chile perón ◆ chile manzano

Chile pico de pájaro

Nombre con el que se conoce en varias regiones del estado de Veracruz, sobre todo en Totonacapan, al chile serrano seco. Se utiliza para elaborar diversos guisos como el armadillo ahumado o los tamales de carne de res entre otros.

→ chile piquín, chile serrano

Chile pico de paloma

Chile fresco que mide 2 o 3 cm de largo y 1 de ancho como máximo. Inmaduro es de color verde, y suele dejarse en la planta para que madure y adquiera un color rojo intenso. Se produce principalmente en Chiapas y algunas partes de Tabasco, donde se ocupa para hacer salsas picantes, o en usos similares a los del chile amaxito. Es una variedad de chile piquín.

→ chile piquín

Chile pimiento ◆ chile piquín

Chile pinalteco ◆ chile jalapeño

Chile piquín o chile chiltepín

Bajo este nombre se alberga un sinnúmero de chiles pequeños muy apreciados en la cocina mexicana, que son muy picantes, sean frescos o secos, y se distinguen por ser ovalados y ligeramente cónicos, de color verde cuando están inmaduros, rojos al madurar y casi siempre rojo sepia al secarse. El segundo nombre más utilizado en México para denominar a este tipo de chiles es chiltepín, del náhuatl *chiltecpin*, de *chilli*, chile y *tecpintli*, pulga. Estos chiles crecen en arbustos y generalmente miden de 1 a 2 cm de largo y medio centímetro o menos de ancho. Es un chile que se distribuye de manera amplia desde el norte del país hasta Sudamérica. Existen cultivos comerciales, pero la gran mayoría de las variedades crecen espontáneamente en diferentes terrenos, ya que los pájaros al comerlos distribuyen sus semillas vía excremento, donde el cambio de terreno o de clima genera diferencias entre ellos. Casi todos los chiles piquines se dejan secar y luego se muelen; de esta manera es muy fácil comprarlos en los mercados con el nombre de chile molido. El proceso de secado de estos chiles es complejo y demanda bastante atención, pues se dice que al ser un chile caliente, los chiles se deben secar lejos unos de otros pues de lo contrario se queman y se ponen negros, echándose a perder; sin embargo, no es tan fácil encontrar chile piquín puro molido ya que en muchas ocasiones se mezcla con otros chiles o con colorante vegetal en polvo para hacerlo más atractivo; también hay quienes le añaden sal y jugo de limón en polvo. Aunque estas combinaciones se pueden utilizar muy bien con naranjas y jícamas para botana, no sirven para hacer salsas; lamentablemente los comerciantes no siempre aclaran que han mezclado el chile piquín con otros ingredientes. Sus nombres refieren a su forma, su tamaño y su picor. Este chile es muy usado para acompañar diferentes guisos, se consume fresco verde, en salmuera y maduro rojo en salsas diversas. Se utiliza también para curar la cruda de borracho, preparando el agua de gallo o caldillo macho. En estado verde o seco, se emplea para elaborar tamales, y para sazonar caldos, sopas y guisos. La salsa tradicional que se prepara con este chile lleva también cebollina con todo y rabitos, cilantro y tomate. Los nombres que se le dan al piquín en las diferentes partes de México, en todos los casos, son derivados de otros y hacen referencia a su tamaño, su forma, al lugar donde crecen o a sus propiedades. Varios nombres se refieren exactamente al mismo chile e incluso los nombres se confunden entre sí, porque aunque todos son piquines, en algunos casos existen pequeñas diferencias.

Conocido en otras lenguas como:
- *juya kokori* (mayo)
- *kokoim* (yaqui)
- *kookol* (pima)

Conocido en Chiapas como:
- chile amachito, chile amashito o chile amaxito
- chile amash o chile amax
- chile amomo o chile amomom
- chile chilpaya
- chile chiltepec
- chile de monte
- chile diente de tlacuache
- chile mosquito
- chile pájaro
- chile parado
- chile pico de pájaro
- chile pico de paloma
- chile siete caldos
- chile totocuitlatl
- chile ululte
- chiltepillo
- chiltepín
- milchilli
- tlilchilli

Conocido en Puebla como:
- chile chiltepec
- chile criollo
- chile tepín
- chiltipiquín (Mixteca)

Conocido en Oaxaca como:
- chile chigoleo o chile xigole
- chiltepec (Huautla de Jiménez)

Conocido también como:
- chile ansaucho

- chile Chiapas
- chile chiltepe
- chile chiltepi
- chile chiltepín
- chile chiltipiquín
- chile de perro
- chile enano
- chile gachupín
- chile machito
- chile macho
- chile max
- chile pimiento
- chile pulga
- chile quimiche
- chile silvestre
- chile ticushi
- chile timpinchile
- chile Tuxtla
- chilillo
- chilito
- cuachile
- guachile
- tempechile o tempichile
- timpinchile

CHILE POBLANO

Chile fresco carnoso, de tamaño grande, de forma cónica aplanada con algunas ondulaciones. Generalmente es verde oscuro con piel brillante, aunque algunas variedades pueden ser más claras. Tiene un sabor particular que no se considera muy picante. El poblano de primera mide en promedio 12 cm de largo y 6 en su parte más ancha. Casi siempre se utiliza verde, al madurar torna a color rojo intenso, dejándolo secar se vuelve chile ancho. El chile mulato también se obtiene de una variedad de poblano que es color verde muy oscuro cuando está fresco. Es el chile más utilizado en todo el país, y del que más hectáreas se siembran, además de ser un clásico en las cocinas de los estados del centro del país. Entero es muy utilizado para rellenarlo, un ejemplo son los célebres chiles en nogada. Es muy común hacerlo en rajas, que se comen solas, en tacos, con papas o con crema y se añaden a salsas de jitomate para hacer guisos de carne de cerdo o huevos en rabo de mestiza. Se emplea también como complemento de sopas, sobre el arroz y molido con crema o salsa blanca para hacer  la llamada salsa poblana que se acostumbra servir sobre las crepas de cuitlacoche. Para rellenar o usarlo en guisos se debe pelar; para esto se asa directamente al fuego para que se tueste la piel, se deja sudar dentro de una bolsa de plástico unos 20 minutos, después se le retira la piel chamuscada, se abre el chile y se le sacan las semillas para dejarlo listo para cualquier propósito. El chile poblano recibe distintos nombres regionales. Se dice que los primeros cultivos formales de este chile comenzaron en el valle de Puebla, de ahí su nombre más común. En Aguascalientes existe una variedad picosa de chile poblano de color verde un poco más pálido de lo normal, llamada chile verdeño que se ocupa en la cocina regional y que si no pica es llamado chile joto.

Conocido también como:
- chile ancho (Baja California)
- chile esmeralda
- chile gordo
- chile jaral (Estado de México)
- chile joto (Aguascalientes)
- chile miahuateco
- chile para rellenar
- chile pasilla fresco (Colima)

169

◇ chile pasilla verde (Colima)
◇ chile verdeño (Aguascalientes)

→ chile en nogada

CHILE POPOSO ◆ chilpoposo

CHILE PRIETO ◆ chile pasilla

CHILE PUYA

Chile seco que mide normalmente 10 cm de largo y 2 de ancho. Es muy parecido al guajillo, pero más delgado, chico y mucho más picante. Existen muchas salsas y guisos rojos hechos con este chile, sin embargo en la cocina del Distrito Federal y alrededores, casi siempre se utiliza mezclado con el chile guajillo, de hecho hay cocineras que los consideran hermanos pues muchas veces van juntos en los guisos, aunque uno no sustituye al otro.

Conocido también como:

◇ chile colmillo de elefante
◇ chile guajillo del que pica
◇ chile guajillo puya

→ chile mirasol

CHILE RAYADO ◆ chile jalapeño, chile xojchile

CHILE SAN ANDRÉS ◆ chile jalapeño

CHILE SANTA MARÍA ◆ chile serrano

CHILE SECO

1. Término genérico que se utiliza para un gran número de chiles que se dejan madurar y deshidratar y son muy utilizados en la cocina mexicana. Entre los más conocidos encontramos el chile ancho, el mulato y el guajillo. Algunos chiles además de secos son ahumados, como el chile chipotle, el mora y el morita. En algunas regiones con el nombre de chile seco se trata de un chile específico y local. El chile colorado recibe a veces el nombre de chile seco del norte, además de los chiles que específicamente se llaman secos, como el yucateco y el de Veracruz.

2. Variedad de chile color naranja rojizo de unos 5 cm de largo y 1 de ancho, del que se dice ser aromático y afrutado, en las regiones de Tuxtepec y Ojotitlán. En esa misma región lo llaman también chile chiltepec.

3. Chile jalapeño seco que no se ahúma, por esto no es chipotle, aunque tiene apariencia similar y de hecho se usa como éste, en el área de Xalapa. Es un chile regional con el que se hace una salsa muy popular llamada salsa de chile seco, que se usa para preparar gorditas típicas para el desayuno y para dar picor a varios alimentos.

→ hongo gachupín negro

CHILE SECO DEL NORTE ◆ chile colorado

CHILE SECO YUCATECO

Chile seco de color naranja dorado, brillante, transparente, de cáscara dura. Mide 5 cm de largo y 2 de ancho. Se obtiene del chile verde yucateco, que se deja madurar y secar. Su sabor es especial y muy picoso. Generalmente se hace polvo y se utiliza como condimento. También se tuesta en un comal hasta que se vuelve negro, y se muele y mezcla con otras especias para hacer recados que sirven para preparar guisos como el chilmole y el relleno negro. Es difícil de conseguir

fuera de la península de Yucatán. Se conoce también como chile seco.

CHILE SERRANO

Chile fresco pequeño de forma cilíndrica, terminado en punta. Mide en promedio de 3 a 5 cm de largo y 1 de diámetro. En su gran mayoría se consume inmaduro, es decir, color verde, aunque al madurar se vuelve rojo y se utiliza de la misma manera. Se considera picoso y generalmente se ocupa con sus semillas y venas, también muy picosas. Posee cáscara tersa y brillante, nunca opaca o arrugada. El nombre de este chile se debe a que se empezó a cultivar en la sierra de Puebla, Hidalgo y Estado de México. También llamado chile verde; de hecho, cuando las recetas no mencionan el tipo de chile o simplemente dicen chile verde se sobrentiende que se trata del serrano. Es uno de los chiles más cultivados y ampliamente utilizados en casi todo el país. Se come crudo, cocido, asado o frito. Cuando se usa crudo generalmente se pica y se mezcla con otros ingredientes para hacer diferentes salsas, entre ellas la llamada salsa mexicana o el guacamole. En muchas familias se acostumbra todavía ponerlos enteros en la mesa, de manera que el comensal lo toma y va mordiéndolo poco a poco, alternándolo con bocados de comida; cuando se come así suele llamarse chile de amor, porque se come a-mor-didas. También se acostumbra molerlos para hacer salsas como la salsa verde cruda. Cocido también es muy utilizado; habitualmente se cuece en agua con los demás ingredientes del guiso y luego se muele para hacer salsas como la ranchera o la verde cocida. Se añade entero al arroz a la mexicana, asados, caldos de pollo y muchos guisos, que al servirlos, se les añade el chile entero que se coció en el preparado, y el comensal lo come según su gusto por el picante. También se asan en comal o a la plancha y luego se machacan junto con otros ingredientes para hacer salsas asadas. Suelen utilizarse también para preparar los chiles toreados. Un alto porcentaje de chiles serranos verdes enteros o cortados en rajas se enlatan y pueden encontrarse con los nombres de serranos en escabeche, serranos encurtidos, serranos en rajas y otros; de esta manera se añaden a tortas, sándwiches y huevos estrellados o para dar picor a verduras encurtidas. Menos común es el serrano seco, que se puede utilizar entero o molido, y se le conoce en Veracruz como chile pico de pájaro o chile santa María.

Conocido también como:

◇ chile Altamira (Tamaulipas)
◇ chile cotlaxtla
◇ chile costeño
◇ chile Pánuco (Cotaxtla, Veracruz)
◇ chile serrano tampiqueño
◇ chile tampiqueño (sierra de Puebla)

CHILE SIETE CALDOS ◆ chile piquín

CHILE SILVESTRE ◆ chile piquín

CHILE SIMOJOVEL

Chile fresco pequeño muy picante, de color rojo y forma cónica. Mide 2 cm de largo y 2.5 en su parte más ancha. Se usa de forma regional, en Simojovel, Chiapas, en guisos como el ciguamonte y el tamal de bola, además de varias salsas picantes.

CHILE SOLTERITO

Chile fresco de color verde oscuro de forma alargada, ligeramente cónica, que mide de 3 a 4 cm de largo y 0.5 cm en su parte más ancha. Puede describirse como un pequeño chile serrano o chile de árbol verde, debido a que guarda mucha similitud en color, sabor, picor y usos. Principalmente se usa para preparar salsas de mesa en la ciudad de Oaxaca y sus alrededores.

CHILE TABICHE

GRAF. chile taviche. Chile de forma triangular que se consume verde o seco, llamándole chile tabiche seco. Es difícil de encontrar ya que es de uso regional en Oaxaca, donde se utiliza fresco en salsas y para la preparación del mole verde. Seco se utiliza en la salsa macha y para la salsa que acompaña a los higaditos de fandango. En Miahuatlán se usa para hacer coloradito y amarillo para empanadas. En Ejutla se usa para hacer mole.

CHILE TAMPIQUEÑO ◆ chile serrano

CHILE TAVICHE ◆ chile tabiche

CHILE TEQUILITA ◆ chile cora

CHILE TICUSHI ◆ chile piquín

CHILE TIMPINCHILE ◆ chile piquín

CHILE TORNACHILE ◆ chile jalapeño

CHILE TRAVIESO

1. Nombre que se aplica a cualquier chile que supuestamente no debería ser picoso y resulta muy picante; entonces se dice "es un chile travieso" o "salieron traviesos algunos chiles".
2. Variedad de chile guajillo.

CHILE TRES VENAS ◆ chile guajillo

CHILE TROMPITA ◆ chile bola

CHILE TUXTA O CHILE TUSTA

Chile pequeño de unos 5 a 6 cm de largo y 1 de ancho, de color verde oscuro y no muy picante. Se cultiva en la región de la costa, en Oaxaca.

CHILE TUXTLA ◆ chile piquín

CHILE ULULTE ◆ chile piquín

CHILE VERDE

Término que designa en general todos los chiles que se comen frescos y en su mayoría inmaduros, los cuales se prefieren de color verde, aunque casi todos al madurar cambian a color rojo y se ocupan de igual manera. En el centro del país, cuando se habla de chile verde, se refiere invariablemente al chile serrano, que también se conoce con ese nombre; cuando no hay serrano, casi automáticamente se usa el chile jalapeño o el chile de árbol verde en su lugar. En algunos estados del norte del país, como Chihuahua y Sonora, llaman chile verde

al que también se conoce como chile verde del norte. En Yucatán, el chile verde es una variedad local.

CHILE VERDE CON XOCONOSTLE

Nombre que recibe un guiso preparado con salsa verde y chicharrón, xoconostle y cilantro. Se considera un platillo principal para la comida del mediodía y se come con tortillas de maíz. Forma parte de la cocina típica de Guanajuato.

CHILE VERDE DEL NORTE

Chile fresco color verde claro, de forma triangular y alargada, moderadamente picoso. Mide 16 cm de largo y 6 en su parte más ancha. Como su nombre lo indica, se utiliza en el norte del país y en el sur de Estados Unidos, y en distintas ciudades de la región recibe diversos nombres. Generalmente se asan, se pelan, se desvenan y se dejan enteros, igual que los chiles poblanos, para hacer chiles rellenos. También se cortan en rajas para incluirse en salsas de jitomate. Con él se hace además, el famoso chile con queso, y en general cualquier guiso del norte del país que requiera chile verde. Al madurar se vuelve rojo y se convierte en el llamado chile colorado o chile seco del norte. De él también se obtienen chiles pasados. En varios lugares de la región lo llaman simplemente chile verde. En Chihuahua y Sonora suelen llamarlo chile Magdalena, como el pueblo sonorense, cerca del cual se cultiva este chile a gran escala.

Conocido también como:
  ◇ california *chili pepper* (California, Estados Unidos)
  ◇ chile Anaheim
  ◇ chile California (Nuevo México, sur de Estados Unidos)
  ◇ chile *californian* (California, Estados Unidos)
  ◇ chile Magdalena (Chihuahua, Sonora)
  ◇ chile verde

CHILE VERDE YUCATECO

Chile fresco de color verde claro que mide 5 cm de largo y 2 de ancho; en Yucatán se le suele llamar simplemente chile verde, pero en otros lugares se le llama chile verde yucateco, para diferenciarlo de los demás chiles verdes. Seco, se llama chile seco yucateco

→ chile seco yucateco

CHILE VERDEÑO ◆ chile poblano

CHILE XALAPEÑO ◆ chile jalapeño

CHILE XCATIK

GRAF. chile ixcatic, chile ixcatik, chile ixkatik, chile x-cat-ik, chile xkat-ik, o chile xkatik. Chile fresco regional de la península de Yucatán, de color amarillo pálido, delgado, puntiagudo, de forma cónica alargada y algo ondulada. Mide normalmente 11 cm de largo y entre 2 y 3 en su parte más ancha. Puede ser moderadamente picoso o muy picoso. Por lo general se utiliza fresco, asado, entero y sin pelar; forma parte de escabeches de pescados o mariscos y de guisos

de aves como pavo o pollo. Los ejemplares más grandes se suelen rellenar con algún guiso de la región como: cochinita pibil, escabeche oriental o cazón, entre otros, sirviéndose capeados o sin capear, acompañados de salsa de chiltomate. Dependiendo de la naturaleza del relleno pue-

171

den comerse fríos o calientes. En Tabasco se utiliza esporá- dicamente en algunas preparaciones a base de pescados y guisos de carnes rojas. El nombre de este chile en maya significa rubio. Conocido también como chile güero.

→ chile güero

CHILE XIGOLE ◆ chile piquín

CHILE XOJCHILE

Chile seco y delgado, mide 13 cm y es similar a un chile gua- jillo, con rayas longitudinales. Se cultiva en la Huasteca hi- dalguense, donde se emplea para hacer salsas.

Se conoce también como:
  ◇ chile rayado
  ◇ xojchile

CHILEAJILLO ◆ chileajo

CHILEAJO

Guiso de verduras o carnes preparadas con chiles y ajo, es típico de Guerrero y Oaxaca, aunque en cada estado ad- quiere formas diferentes. En Guerrero suele ser un guiso de carne de cerdo cocinada en salsa de chiles, pero en el área de Chilapa es también un guiso de carne de pollo preparada en salsa de chile ancho, chile guajillo, pimienta, clavo, cane- la, cebolla y ajo. También se llama chileajo o chiliajo a un guiso de carne de pollo preparada en una salsa similar al que se agregan trozos de piña, plátano macho frito y pasitas. En la zona de Iguala preparan guisos similares a los descri- tos, pero a veces los hacen con carne de conejo, de pichón u otra ave. En todos los casos son preparaciones caseras que se acostumbran en la comida del mediodía. En Morelos se registran también guisos de chileajo, como el conejo, iguana o tlacuache en chileajo. Estos guisos son similares a los que se preparan en Guerrero, sólo la carne utilizada es diferente. En Oaxaca presenta diversas variantes según la región o las costumbres familiares. En general, se trata siempre de una salsa hecha de diversos chiles con ajo, especias y vinagre, que sirve para condimentar y conservar alimentos. El llama- do chileajo o chileajo de verduras consiste en verduras como papa, zanahoria, ejotes, coliflor y chícharos, marinadas en una salsa muy picante compuesta de ajo, orégano, vinagre de frutas, chiles chicostle y guajillo, hierbas de olor y sal; se adorna con queso fresco y cebolla picada y se come con pan amarillo o con tostadas untadas de frijoles refritos, que se conocen como tostadas de chileajo. Se prepara principal- mente durante la cuaresma. También se acostumbran las verdolagas preparadas con carne de cerdo en un chileajo compuesto por chile guajillo, ajo, orégano, clavo, comino, jitomate y miltomate, que se sirve con cebollas curadas. Este mismo guiso a veces lo llaman chileajo de cerdo. En Juchi- tán, el chileajo que se acostumbra con el relleno del istmo es una salsa de chile guajillo, chile ancho, ajo, pimienta, clavo, canela, orégano, comino, jitomate, achiote, hojas de laurel, pan de yema, azúcar y vinagre; no incluye verduras, como en otras partes de Oaxaca, y su sabor dulzón lo obtiene del pan de yema que se le muele e incluso a veces tiene torrejas. Se acostumbra en bodas, cumpleaños y bautizos, como acom- pañante del pollo horneado, del picadillo y del puré de pa- pas. En la región de la Mixteca, en Puebla y Oaxaca, el chileajo es muy común y suele acompañarse con frijoles lavados. En Huajuapan de León se elabora con costilla y pier- na de cerdo, preparadas en una salsa de ajonjolí, chile costeño y ajo, jitomate, tomate verde, tomillo y orégano. En la región norte del estado de Veracruz, los nahuas preparan un chileajo con carne de cerdo guisada en una salsa de chile

verde y tomate, ajo, comino, laurel y canela; este preparado se cuece al vapor envuelto en hojas de maíz. En la región de la costa de ese estado, los totonacas lo preparan con una salsa espesa de jitomate, ajo y chile chiltepín fresco o seco; también se registra el uso de chiles jalapeño, pico de pájaro y de árbol. La carne de jaiba es la que más se emplea para este guiso, el cual también se conoce como chileajillo.

Conocido también como:
  ◇ chileajillo (Veracruz)
  ◇ chiliajo (Guerrero)

CHILEATOLE O CHILEATOL

GRAF. chilatol o chilatole. Del náhuatl *chilli*, chile y *atolli*, ato- le. En sentido estricto, como su nombre lo indica, es un ato- le con chile, que muchas comunidades y pueblos originarios lo consumen con gran arraigo desde la época prehispánica. Para muchos mexicanos, sin embargo, el chileatole es reco- nocido como un guiso de carne de pollo, cerdo o res, con verduras y hortalizas, espesado con maíz y condimentado con chile. En cada región se prepara de maneras diferentes.

• En Michoacán contiene masa de maíz, chile cascabel, pi- loncillo y sal, además de una hierba silvestre llamada nurite; se acostumbra tomar en el desayuno y en la cena y puede encontrarse todo el año, pero su uso se intensifica en el invierno y en septiembre, cuando se acompaña con unas gorditas llamadas toqueras. Con esta bebida se alimenta a las mujeres después del parto. Existe otro chileatole al cual se le llama *cahuax kamata*. En Uruapan se prepara simple- mente con granos de elote, agua y chiles serranos. En gene- ral, el chileatole es conocido como kamata.

• En la Mixteca oaxaqueña se prepara con granos de elo- te, chile de árbol, piloncillo, epazote, sal y agua. También se prepara el chilatole de po- llo con ajo, cebolla, calaba- zas, elotes, zanahorias, papas, col y una salsa de chile chi- potle y miltomate; se aromati- za con cilantro. Asimismo se prepara el chinequatole. En Tamazulapan se elabora con granos de elote, flores de ca- labaza, masa de maíz, chiles costeños tostados y molidos.

Chileatole verde

En el área de Tehuantepec se hace un chileatole con elote blanco molido, sazonado con sal, epazote, azúcar y chile ja- lapeño, de manera que es picante y dulzón. Tradicionalmen- te se sirve con trozos de mazorca de elote fresco del mismo del que está hecho el chileatole. En la zona de la Chinantla en Tuxtepec, se hace con trozos de elote tierno, granos de elote, epazote y chiles secos. Se acostumbra en el tiempo de la cosecha de los elotes.

• En Puebla, especialmente en el valle de Puebla, se prepara con masa de maíz, granos de elote, chiles verdes o rojos, guías de calabaza y epazote, sin carne. En otras partes del estado el chileatole puede ser un guiso de carne de cerdo o pollo coci- nada con chile ancho, epazote y elote; se espesa con masa y a veces se acompaña con rebanadas de queso fresco. También el xocoatole puede considerarse un tipo de chileatole. En Ciu- dad Serdán se prepara cociendo en agua pollo, granos de elotes y chiles chipotles y anchos molidos; se espesa con un poco de masa y se aromatiza y sazona con epazote.

• En Tlaxcala existen muchas preparaciones similares, casi siempre se trata de un guiso de granos de elote con tomate verde, sin carne. Aunque se consume como atole, es también un platillo importante por sí solo. En algunas comunidades rurales es una sopa muy consistente que se bebe, hecha de granos de elote, masa, sal, agua, epazote y chile serrano. Cuando es temporada, se agregan hojas tiernas de calabaza y chayote, así como las guías y retoños tiernos de ambas plantas. Con esta misma base, en lugares como San Miguel del Milagro y otras comunidades se suelen hacer chileatoles con carne de pollo o cerdo, que se consumen como comida principal del día. En Tlaxco se prepara con masa de maíz, elotes tiernos, piloncillo, chiles anchos molidos, leche y epazote; se sirve con queso de aro en cubitos.

• En Veracruz, dependiendo de la región cambia el concepto que se tiene de este platillo. En Xalapa y sus alrededores preparan guisos caldosos que se toman como plato fuerte, los cuales se hacen con algún tipo de carne. También se prepara el chileatole de flor de izote, que incluye una salsa de chile guajillo, jitomate o tomate verde, cebolla y ajo; a esta salsa se le agrega agua y se le incorporan los pétalos cocidos de la flor, algunas bolas de masa de maíz, y en ocasiones también se le añade pollo. Otro chileatole se hace con elotes desgranados y molidos que se agregan a una olla con bastante agua, trozos de elote y piloncillo; la mezcla se cuece y después se le añade chile comapeño y epazote. Una versión más se elabora con salsa de chile seco, cebolla y ajo a la que se le incorporan trozos de papa y verdolagas; se acostumbra condimentar con bastante pimienta. En Altotonga se prepara este platillo con pollo y diferentes verduras, sazonado con chile chipotle y jitomate; para quitarle lo picoso, ya servido en el plato se le añade leche; esto se hace especialmente para los niños. En Orizaba y comunidades cercanas se prepara un chileatole verde de pollo, en un caldo espeso de elote, pollo, masa, epazote, chile serrano, guías y hojas de chayote; se acompaña con chile comapeño y tortillas. En la región de Acatlán se prepara el chileatole de lengua de vaca, es un caldo con consistencia de mole aguado, condimentado con chile ancho y el chile seco de la región, jitomate, ajo, epazote, habas tiernas o verdes, hojas de lengua de vaca y huevo; es un platillo común durante la vigilia. En Huatusco y áreas cercanas se hace un chileatole de pollo o cerdo condimentado con chile ancho, chile comapeño y jitomate; suele llevar bolitas de masa y hongos amarillos. En Naolinco y sus alrededores sobresale el chileatole de res, que normalmente contiene elote, zanahoria, chayote y ejotes, y se condimenta con chile ancho y chile seco. En Xico se prepara el chileatole de elote, que es de sabor dulce, elaborado con leche, elote, chile ancho, chile seco, epazote y queso de cabra. También es común el chileatole de cazuela, de consistencia similar a un mole aguado, hecho de res, cerdo o pollo y condimentado con chile ancho, chile seco, tomate verde, jitomate, clavo, comino, orégano, anís y cebolla. Se acompaña con tamal de pata de mula. Los totonacas que habitan a lo largo de la costa norte del estado lo preparan con masa de maíz, ajonjolí y chile chipotle molido.

CHILECALDO

Guiso de carnes de res y de cerdo, aunque algunas personas le añaden pollo y borrego, cocidas con jitomate, cebolla y ajo picados. Se aromatiza con cilantro e incluye calabaza tamala o de Castilla y chiles chilhuacles frescos y a veces frijo-

les mayesos. En Cuicatlán, Oaxaca, acostumbran este guiso festivo sobre todo para celebrar la cosecha de chiles chilhuacles. El guiso que elaboran los mazatecos es también un caldo conmemorativo para las fiestas de mayordomía y bodas. Se prepara con carne de res, chayote y col, se condimenta con una salsa de chiles chiltepes, achiote, ajo y cilantro. Conocido también como chilecaldo cuicatleco.

→ chilcaldo

CHILEHUATE

Tamal veracruzano de masa de maíz relleno de frijoles refritos con cebollín, chile serrano, cacahuates y calabacitas picadas, que se envuelve en hojas de maíz para acompañar el mole o la carne enchilada. Es una preparación común en Altotonga, Veracruz, y lugares húmedos donde crece el cebollín.

CHILES CAPONES

Término que se aplica a cualquier chile al que se le han quitado semillas y venas, y que se vuelven menos picosos. Existen varias recetas de chiles capones rellenos. En Puebla se trata de chiles poblanos sin semillas ni venas rellenos de queso de cabra poblano. En la zona central de Guerrero le dan este nombre a los chiles cuaresmeños cocidos y rellenos de queso fresco y cebollas en vinagre; se sirven como botana para el pozole blanco o el pozole verde.

CHILES CURADOS O CHILES CURTIDOS ◆ chiles encurtidos

CHILES DE AGOSTO

Chiles poblanos rellenos de calabacitas con natas que se hornean bañados con nata y queso rallado. Estas preparaciones son comunes en agosto entre las familias antiguas de Toluca y partes del Estado de México.

CHILES EN ESCABECHE ◆ chiles encurtidos

CHILES ENCURTIDOS O CHILES EN VINAGRE

Preparación de chiles enteros o en rajas cocinados en vinagre con agua, hierbas, hortalizas y especias, para conservarlos por largo tiempo y utilizarlos como condimento o picante. Los chiles más utilizados son el serrano y el jalapeño. Generalmente se ocupa vinagre de caña o de manzana. Las hierbas aromáticas y especias más frecuentes son orégano, laurel, tomillo, mejorana, pimienta negra, pimienta gorda y ajo. La zanahoria y la cebolla son las hortalizas más frecuentes. En el Distrito Federal y estados vecinos, además de los chiles se les añaden varias verduras como ejotes, papas, calabazas,  zanahorias, chayotes, coliflores, nopales y hongos. A veces se llama al conjunto verduras encurtidas. En Querétaro se distinguen los chiles güeros enteros encurtidos, que son muy picosos. En el estado de Veracruz se hacen de chile jalapeño, con hierbas y especias diversas. Tradicionalmente los chiles enteros se pican con tenedor o con cuchillo, para que el vinagre entre y el preparado tenga más sabor. Los chipotles también se hacen de esta forma. Cabe mencionar que la gran mayoría de estas recetas originalmente eran caseras, pero actualmente la gran mayoría los compra en lata.

Conocidos también como:

◇ chiles curados
◇ chiles curtidos
◇ chiles en escabeche

→ chiles enlatados

CHILES ENLATADOS

Término utilizado para nombrar a una preparación de chiles serranos o jalapeños encurtidos, enteros o en rajas, conservados en vinagre con hierbas aromáticas y especias, que se venden enlatados. Es común que las latas incluyan también rebanadas de zanahoria. Los chiles chipotles también se enlatan; su presentación más común es en adobo, aunque también se hacen en escabeche. Los primeros chiles que se enlataron fueron los jalapeños, en la empacadora La Jalapeña, ubicada originalmente en la calle de Juárez, en el centro antiguo de la ciudad de Xalapa. En esta fábrica todavía se siguen enlatando los chiles jalapeños en rajas, enteros o rellenos de picadillo, atún y queso. Actualmente existen compañías muy importantes que se dedican a enlatar chiles en un sinnúmero de presentaciones.

→ chiles encurtidos

CHILES PASADOS CON CARNE SECA

Platillo de carne de res seca guisada con chiles pasados, cebolla, ajo y jitomate. Se sirve con frijoles refritos y tortillas de harina. Este platillo resume gran parte de la cocina de las tierras secas y semiáridas del norte del país. Concentra tanto el sabor de la carne como el del chile, que son altamente consumidos en esta amplia región.

CHILES RELLENOS

Especialidad de la comida mexicana que consiste en un chile, generalmente poblano, relleno de picadillo, queso o casi cualquier otro alimento, capeado o sin capear, frío o caliente, y servido con caldillo de jitomate. En distintas regiones de México se rellenan diferentes tipos de chile. Cuando sólo se menciona chile relleno, en el centro del país se refiere casi siempre al chile poblano relleno con picadillo o queso, que generalmente se capea y se sirve en bastante caldillo de jitomate. El chile poblano es el que más se utiliza para rellenar en otras regiones. En diferentes partes de México está muy arraigada a la práctica de controlar el picor de los chiles, pues éstos no deben ser picosos en exceso. Se cuecen en ocasiones los chiles con agua sola, para conservar su picor natural. En otros casos, se hierven varias veces en agua con azúcar o piloncillo; a veces incluso los chiles resultan dulces y el relleno salado. Cuando se sirven en la mesa sus acompañantes más frecuentes son el arroz rojo o blanco y los frijoles negros; cuando se compran en las calles suelen comerse envueltos en tortilla de maíz como tacos. Los principales chiles rellenos en el país son:

Chiles jalapeños rellenos

• En los estados del norte se acostumbra rellenar el llamado chile verde del norte; se prepara de forma similar a los chiles poblanos.

• En el área de Dolores Hidalgo, Guanajuato, los chiles de chorro rellenos son una especialidad que se acostumbra especialmente en julio y agosto; se rellenan de picadillo, queso o frijol, se capean y se sirven en caldillo de jitomate.

• En Oaxaca se acostumbra rellenar los chiles de agua o los pasilla oaxaqueños ya sea con picadillo o queso, verduras como papas, zanahorias, ejotes o chícharos, y con sardinas. Generalmente se capean y pueden servirse con caldillo de jitomate o frijoles negros. Antiguamente se consideraba la comida idónea para el domingo. En Juchitán se hacen chiles chipotles rellenos de un picadillo de carne de cerdo con plátano macho, papas, piña, cebolla, pasitas, almendra, pimienta y clavo. En los Valles Centrales el chile que más se rellena es el pasilla oaxaqueño o chile mixe, cuyo sabor recuerda a un chipotle; el relleno más usual es de carne de res o de cerdo deshebrada con ajo, jitomate, cebolla, pasas, aceitunas y alcaparras. El chile está capeado con huevo y generalmente se sirve con caldillo de jitomate.

• En Puebla son famosos los poblanos rellenos de queso y picadillo, además de los chiles ancho y pasilla rellenos de queso, capeados y servidos en caldillo de jitomate. Los chiles huejos son pares de chiles pasilla, uno relleno de queso y el otro de picadillo, también capeados y en caldillo. El chile relleno más famoso de todo el país es el chile en nogada, platillo nacional y orgullo de la cocina poblana.

• En Tlaxcala, el Distrito Federal y otros estados del centro se estilan los chiles anchos rellenos, casi siempre de picadillo, capeados y servidos en caldillo de jitomate. También se acostumbran rellenos de una mezcla de calabacitas con granos de elote, zanahoria, flor de calabaza, epazote y queso fresco; pueden estar capeados u horneados. Son recetas de origen campesino que se acostumbran en Tlaxcala y Puebla. El chile ancho relleno de picadillo o queso panela se prepara de manera muy similar al poblano; se puede servir capeado o sin capear, solo o en caldillo. Se acostumbran principalmente en Puebla y un poco menos en el Distrito Federal. En los restaurantes también se hacen los chiles anchos rellenos de mariscos o solamente de camarones; los mariscos se cocinan casi siempre con ajo, cebolla y jitomate, igual que un picadillo. Se pueden servir fríos o calientes. Con frecuencia se sirven fríos porque se acostumbran en la época de la cuaresma y Semana Santa, y en temporada de calor. En el Distrito Federal y el Estado de México, los chiles jalapeños rellenos se hacen de forma análoga a los que se hacen en Xalapa, como plato fuerte o entremés, servidos calientes o a temperatura ambiente.

• Los chiles jalapeños rellenos son habituales en el área de Xalapa, donde usualmente los llaman sólo chiles rellenos, pues los lugareños dan por entendido que se trata invariablemente de chile jalapeño; de hecho, no existen ahí recetas de otros chiles rellenos. Se prefieren los chiles grandes, verdes, brillantes y firmes; por lo que en los puestos de los mercados populares de Xalapa se tienen por separado los más grandes "para rellenar". En general, los chiles se desvenan haciéndoles un corte en forma de letra "T" y se escarban con la punta del cuchillo para sacar las venas y semillas del interior, que se guardan para hacer las tortas de venas. Entre los rellenos más notables está el de picadillo de carne de cerdo molida, picada o deshebrada; usualmente el chile se capea, pero sólo a veces se sirve con caldillo. Se sirve caliente o a temperatura ambiente y es plato principal de las comidas del mediodía. Mucha gente los vende preparados para comer en el lugar o para llevar. Se acompañan con arroz rojo. El chile relleno de pollo se hace igual que el de picadillo, pero en este caso se sustituye la carne de cerdo por pollo. El chile relleno de atún, por su parte, se hace con atún preparado con cebolla, ajo, jitomate, aceitunas, alcaparras y pasas. No se capea y se come frío o a temperatura ambiente. Este chile también se acostumbra más durante la cuaresma. El jalapeño relleno de queso se hace de la misma forma que el de picadillo, sustituyendo la carne por queso fresco, panela o de cabra; se capea y se sirve de la misma forma que el otro. Los rellenos de queso no son tan buscados y por ende son menos frecuentes, pero se acostumbran los viernes y los días de cuaresma. Los chiles jalapeños rellenos siempre han sido un platillo regional de Xalapa; alcanzaron su fama y popularidad a partir de que, desde la estación de ferrocarriles de la ciudad, se comercializaban y enviaban a diferentes partes del país, además de que la fábrica y empacadora de chiles enlatados La Jalapeña los empezó a comercializar rellenos. Actualmente son tan buscados que muchas personas los mandan a hacer por encargo. En cuanto a los chipotles, en Naolinco y la región de Xalapa se rellenan con picadillo de cerdo y se capean. Se acompañan con arroz rojo o arroz colorado, frijoles negros y tortillas.

• En Yucatán los chiles que generalmente se rellenan son los xcatik. El relleno más común es el de picadillo de cerdo, muy similar al picadillo de queso relleno. Se bañan con salsa de kool, salsa de jitomate y se acompañan con arroz blanco. También pueden estar rellenos con queso holandés o cazón frito; los chiles suelen estar capeados con huevo, bañados con salsa de kool y salsa de jitomate y se acompañan con arroz blanco. En maya, los chiles rellenos se conocen como: *xbuth ik*, de *buth*, relleno e *ik*, chile.

• En Zacatecas se hacen chiles poblanos rellenos de queso, capeados y con caldillo como en el resto del país; pero en este caso la peculiaridad es que se preparan con queso menonita. Se hacen todo el año como parte de las comidas diarias del mediodía y en especial para la cuaresma.

→ chiles capones

Chile relleno de carne

CHILES RELLENOS NORTEÑOS
Chiles poblanos rellenos de un picadillo de carne de res y a veces cerdo, con cebolla, ajo, papas, zanahoria, comino, sal y pimienta. Generalmente son capeados y bañados con un caldillo de jitomate a veces sazonado con comino. Pueden ser servidos con queso Chihuahua o tipo manchego sobre el chile. Es un platillo típicamente neoleonés.

CHILES TOREADOS
1. Chile serrano o jalapeño que se aplasta suavemente con las manos y se rueda con la palma, para que las semillas y venas del interior liberen el picor que contienen y resulte más picoso. Un chile toreado puede comerse crudo; en casa muchas personas acostumbran tener su chile toreado al lado del plato y comerlo a mordidas, alternadamente con sus alimentos.

2. En el ámbito restaurantero son chiles asados en la plancha con un poco de aceite hasta que se ampollan y servidos solos o con cebollas preparadas de la misma forma. Se les pone sal y jugo de limón. En los restaurantes de comida asiática, ya sea japonesa o china, a veces se sirven los chiles toreados de forma similar a los mencionados, pero se les añaden gotas de salsa de soya para darles un toque asiático.

CHILES VENTILLA
Platillo elaborado con chiles chinos o chiles color, rellenos de queso fresco o fresco regional, bañados con crema, leche condensada y horneados en cazuela de barro. Es una especialidad que se sirve en restaurantes, y es común comerlo en bautizos y bodas. Popularmente se mete dentro de un bolillo junto con un bistec de carne asada de res, como si fuera una torta y luego se baña con salsa de chile. Se considera representativo de la capital de San Luis Potosí. También se les llama así a la variedad de chiles secos con los que se prepara este platillo. El nombre hace referencia a la hacienda La Ventilla, ubicada en Villa de Reyes, San Luis Potosí, donde se cultivaban los chiles poblanos que se secaban al sol sobre petates para poder preparar este platillo. Hay datos de que el cultivo de este chile en la región inicia en el siglo XVI, época en la que la hacienda contaba con suficiente agua para riego y mano de obra indígena calificada para realizar esta labor. Este chile ha sido muy comercializado en Aguascalientes, Guanajuato, Jalisco, Querétaro y Zacatecas. Otras haciendas zacatecanas como la de Santiago o de Bledos reclaman su origen, sin embargo todos los datos históricos apuntan a que los chiles fueron inventados en la hacienda La Ventilla.

CHILES XCATIK RELLENOS DE CAZÓN
Preparación elaborada con chiles xcatik asados y desvenados rellenos de cazón frito. Se capean con huevo, sal y harina para luego freírlos en aceite. Se sirven con salsa de chiltomate o de escabeche. Son originarios de Campeche.

CHILEVINAGRE
Preparación que contiene cebolla, zanahoria, chile y, si se consigue, también palmito y jilote, todos ellos partidos en rodajas. A éstos se les agrega tomillo, orégano, pimienta gorda, sal, azúcar o piloncillo. Finalmente se le agrega vinagre de piña o manzana y se deja curtir uno o dos días. Es usual en Comitán, Chiapas.

CHILHUACLE ◆ chile ancho, chile chilhuacle

CHILHUAQUE ◆ chile ancho

CHILILLO (*Polygonum punctatum*)
Planta herbácea de la familia de las poligonáceas, que produce hojas de sabor picante. Se comen en el Estado de México y en Michoacán. Conocido también como venadillo.

→ chile piquín, macabí

CHILINDRINA

Pan de dulce de forma circular que presenta en su superficie costras de masa de color claro, sobre las cuales hay azúcar en granos gruesos; es suave, esponjado y de color café claro. En el Istmo de Tehuantepec, Oaxaca, se utiliza para espesar, en ocasiones, una variedad de estofado.

CHILITO

1. Nombre común del fruto de las biznagas de los géneros *Mammillaria*, *Ferocactus* y *Echinocactus*, que en general son bayas carnosas con pulpa dulce y a veces ligeramente agrias cuando maduran. Su forma recuerda ciertos chiles, de ahí su nombre; pueden ser amarillas, verdes, rojas o moradas, dependiendo de su grado de madurez o de la variedad. Miden en promedio de 2 a 3 cm de largo por medio de ancho. Se acostumbran como fruta de mesa y se comen crudos, cocidos, secados al sol, en conservas o en mermelada. En general todos los chilitos de estas cactáceas se venden en los mercados de las zonas áridas y semiáridas durante la primavera y en su mayoría son frutos de consumo local. Las biznagas que son más utilizadas por sus chilitos son la *Mammillaria heyderi* y la *Mammillaria magnimamma*, conocidas popularmente como biznagas de chilitos; son propias de clima semicálido o cálido. Hay que hacer notar que no son las únicas: en diferentes regiones hay biznagas de otros géneros que producen chilitos similares.

2. Salsa de chile pasilla con chiles jalapeños, zanahoria y col, todos encurtidos en vinagre de piña con ajo, orégano y sal. Suele ser un aderezo para las garnachas que se preparan en Juchitán, Oaxaca.

→ chile piquín

CHILMOL

Salsa sencilla de jitomate, cebolla, ajo y sal, que se utiliza para acompañar tamales y antojitos. Se elabora en Chiapas.

CHILMOLE

GRAF. chilmol, chimole, chirmol o chirmole. Del náhuatl *chilli*, chile, y *molli* o *mulli*, guiso, mezcla o salsa. Guiso de carne de ave, cuya salsa oscura completamente negra incluye ingredientes quemados para dar sabor y color al preparado. Se acostumbra en los estados de la península de Yucatán, Tabasco y Chiapas, donde existen variantes de gran interés, aunque es preciso mencionar que en Oaxaca se prepara la carne de puerco en chilmole, que es una salsa de jitomate, chile verde y ajo en la cual se guisa la carne, que se acompaña con papas empanizadas. El chilmole se ha dividido, para mejor entendimiento del lector, como chilmole chiapaneco, chilmole tabasqueño y chilmole yucateco.

• En Chiapas, existen diferentes recetas de guiso. Suelen hacerse de pato o de cualquier otra ave. Los ingredientes principales de las recetas antiguas son jitomate, chile, pepita de calabaza, ajo, cebolla, cilantro y epazote. En la entidad, el término también puede referirse a una salsa sencilla de jitomate, cebolla, ajo y sal, que se utiliza para acompañar tamales y antojitos.

• El chilmole tabasqueño suele hacerse con pato o guajolote; la salsa está compuesta por chile ancho, cebolla, ajo, tortilla, pepitas de calabaza, caldo de la carne del ave, achiote tabasqueño, orégano, epazote y a veces chile dulce. Todos los ingredientes se muelen para lograr una salsa tersa, en la que se terminan de cocer la carne y, si es el caso, las bolitas de masa. Tradicionalmente el ave se asa a las brasas, se cuece en agua con cebolla y ajo y después se condimenta con los demás ingredientes para obtener la salsa del guiso. De forma similar se hace el pejelagarto en chilmole; a la salsa con más o menos los mismos ingredientes se le añade carne de pejelargarto asado. Como sucede con todas las recetas regionales, puede presentar cambios. Algunos, por ejemplo, acostumbran tostar o quemar ligeramente la tortilla. Además, no siempre se incluyen las bolitas de masa.

• El chilmole yucateco clásico se hace con pavo cocido en agua con una mezcla de especias a la que se denomina recado negro, además de epazote y jitomate; el guiso se espesa con masa de maíz o harina de trigo. El preparado da la impresión de ser una sopa muy espesa que se sirve con piezas de ave, huevo cocido rebanado y a veces el picadillo llamado but. Este guiso tiene un extraordinario parecido con el relleno negro y con frecuencia se usan los nombres como sinónimos, pero en sentido estricto, en el relleno negro el pavo se rellena. En la mesa se puede acompañar con arroz blanco, jugo de limón o chile habanero al gusto.

• A todo lo largo y ancho de la península yucateca se hacen diversos chilmoles con diferentes carnes: se pueden encontrar de pato, pollo, cerdo, res, venado o camarón. Todas las recetas usan los mismos ingredientes, es decir la mezcla de diferentes especias con el chile quemado; siempre se espesan con masa de maíz o harina de trigo, pero esto depende de las costumbres familiares. No debe extrañar que algunas recetas incluyan tortillas quemadas o pepitas de calabaza tostadas. Regularmente estos chilmoles no contienen el but. En Campeche y Quintana Roo se hacen de manera similar. En Quintana Roo se hace un chilmole de carácter regional preparado en pib con carne de pavo, gallina y carne de cerdo, misma que se unta con una pasta de chile quemado, ajo y cebollas cocidas, pimienta, sal, clavo y canela. La carne se cuece en pib y se ofrece, junto con saka´ a los dueños de la tierra en una ceremonia que se realiza en ofrenda a la milpa y que en lengua maya se denomina wajil kool, es decir, el pan de la milpa. La comida se pone como ofrenda en el altar y después se sirve a los participantes de la ceremonia, la cual suele acompañarse con balché. También se hace otro chilmole de frijol negro, que se prepara con chilmole de chile rojo seco quemado, ajo, pimienta y orégano. Esta pasta se añade al caldo de frijoles negros. Se acostumbra acompañar con tortillas de maíz. El chilmole de bagre asado es preparado con una salsa que contiene cebolla, jitomate, chile dulce, chile x-catik, ajo y recado negro.

→ recado negro

CHILMOLERA

1. GRAF. chirmolera. Utensilio de cocina que hace la función del molcajete. Sirve para moles y alimentos, especialmente para preparar chilmole o salsas. Por lo general, se elabora con barro y se pueden moler ingredientes suaves. Conocido también como molcajete de barro.

2. Término usado en Tabasco y estados del sureste, para nombrar a la persona que hace o vende chilmol.

CHILNANACATE ◆ hongo enchilado

CHILNANAGAME ◆ hongo panza agria

CHILNECUALTOLE

Del náhuatl *chilli*, chile, *necuatl*, aguamiel y *atolli*, atole. Bebida peculiar que prepara igual que un atole blanco pero contiene chile amarillo. La consumen algunas personas del campo. Su origen se remonta a épocas prehispánicas.

CHILOCLE

GRAF. chilotle. Del náhuatl *chilli*, chile, y *octli*, nombre utilizado para designar al pulque. Bebida de uso doméstico y a veces ritual que se acostumbra en algunos estados de la costa del Pacífico. En Guerrero suele ser una mezcla de pulque, chile ancho, epazote, sal y ajo. En otros estados, como Jalisco y Colima, puede estar hecho con tuba o tepache preparados de la misma forma. Como pulque curado con chile ancho y epazote, se acostumbra en el Estado de México, Puebla, Tlaxcala y Guanajuato; en esta última entidad se prepara con cebada fermentada y bicarbonato de sodio. Su consumo es casero y ritual. En Guerrero se hace de igual forma, con chile ancho, epazote y ajo; el pulque puede sustituirse por tuba, tepache o cualquier bebida embriagante. También se considera una bebida típica muy diferente cuando se prepara con jugo de caña de azúcar fermentado y maíz tostado. Es conocido en Guerrero como chilote.

CHILORIO

Guiso rojo de carne de cerdo cocinada en una salsa de chiles colorados o pasilla, ajo, orégano, comino, pimienta y vinagre; la carne queda suave y se deshebra, para después comerse en tacos con tortillas de maíz,  acompañada con frijoles refritos y/o cebollas curtidas con limón. Es también relleno de burritas y chivichangas o se consume revuelto con huevo. Es muy sabroso y tal vez sea el platillo más famoso de Sinaloa; es tradicional de poblaciones como Mocorito, Guamúchil, Culiacán y, en general, el resto del estado y las entidades vecinas. Supuestamente el nombre se debe a que el guiso está hecho a base de chiles, es decir, es un guiso enchilado, aunque en realidad no es picante. Se hace en casa o se vende ya preparado en los mercados. En el mercado de Culiacán se venden grandes cantidades de chilorio preparado para llevar a casa. También se encuentra enlatado. En otras regiones de México existen preparaciones semejantes al chilorio conocidas como adobo de cerdo.

CHILORIO DE ARMADILLO

Guiso de carne de armadillo cocida en una salsa de chiles pasilla, vinagre de manzana, comino, orégano, ajo, sal y pimienta, hasta que se deshebre la carne. Este preparado se sirve en tortilla de maíz caliente con lechuga picada, pepinos y rábanos. Es típico de Sinaloa.

CHILOTE ◆ chilocle

CHILPACHOLE

Caldo de jaiba condimentado con epazote, chile chipotle, jitomate y masa de maíz como espesante. Tradicionalmente se sirve en grandes tazones o platos hondos con jaibas cocidas dentro del mismo caldo; suele comerse como plato fuerte. Originalmente se utilizaba jaiba azul de las aguas del Golfo. Es un guiso propio de toda la región del Sotavento, Veracruz, que además se hace en otros lugares del estado y en Tamaulipas. También puede utilizarse camarón o pescado en sustitución de la jaiba. Según Francisco J. Santamaría,

la palabra viene del náhuatl *chilli*, chile, y *patzolli*, cosa enmarañada o revuelta.

Conocido también como:
◇ chilpachol de jaiba
◇ jaibas en chilpachole

CHILPAN

Preparación en crudo hecha con chiles anchos, pimienta, ajonjolí, mezclada con carne de cerdo cruda. Suele usarse como relleno de los tamales de cerdo en Chilpan, Tamaulipas.

→ hongo enchilado

CHILPAYA ◆ chile piquín

CHILPOCITO

Caldo de verduras que por lo general lleva elotes, papas, calabacitas y chayotes partidos en trozos, además de verdolagas. Al caldo se le añade una salsa de chiles guajillos asados, cebolla y jitomate. En ocasiones se le agrega una rama de hierbabuena. Se acostumbra preparar en la región de Perote, Veracruz.

CHILPOPOSO

Guiso de verduras y charales preparados en una salsa de jitomate y chile chipotle espesada con masa de maíz. Las verduras pueden ser papas, flores de calabaza y calabacitas. Sirve de plato fuerte en las comidas del mediodía. También se hace de carne de cerdo o de pollo y el caldo se condimenta con chile chipotle, jitomate y epazote e incluye hongos y verduras. Es un platillo típico de algunas partes de Puebla y Tlaxcala, donde existen varios caldos similares a los que se les llama chile poposo o chipozonte.

→ chilposontle, chilpozontle

CHILPOSOLE

Caldo de frijol y quelites silvestres saborizados con chile chipotle. Este guiso es caldoso y un tanto espeso debido a la masa de maíz que se le agrega, además de algunas verduras. Platillo que usualmente elaboran los totonacas de la costa norte de Veracruz.

CHILPOSONTLE

Guiso elaborado de caldo de carne de pollo al que se le añade salsa de chile chipotle, jitomate y epazote en rama. Su nombre parece derivar del chile chipotle. Se conoce también como chipozonte.

→ chilpoposo, chilpozontle

CHILPOTLE ◆ chile chipotle

CHILPOZO

Guiso que se prepara con caldo de res, salsa de jitomate y cebolla, el cual puede llevar verduras como chayote, elote, calabaza tierna y ejotes. Otras veces se le añade epazote o cilantro en rama. Se acostumbra también agregarle chile chipotle hervido y cortado en rajas, sin semillas o entero. Los totonacas de la costa norte de Veracruz preparan este guiso de varias maneras. Otra versión es con carne de pollo o con camarones frescos.

CHILPOZONTLE

Sopa o guiso que por lo general, contiene guías de chayote, quelite lengua de vaca, alverjón y nopales y suele condimentarse con chile guajillo, epazote, cebolla y sal. Se acostumbra en Naupan en la sierra Norte de Puebla.

177

CHILTATIS

Nombre que se le da al polvo de semillas de ajonjolí, pepitas y cacahuates, las cuales se tuestan y sazonan con chile y sal. Se espolvorean sobre tortillas, frijoles e incluso ensaladas.

CHILTEPEC O CHILTEPÍN ◆ chile piquín

CHILTEPINERO

1. Mortero elaborado para moler chiltepines. Se fabrica con madera de palo fierro; es originario del estado de Sonora.
2. Vendedor de chiltepines.

→ chile piquín

CHILTOMATE

Del náhuatl *chilli*, chile, y *tomatl*, tomate. Salsa de jitomate, de la que existen muchas variantes en términos de textura y forma de cocción; pero casi siempre se trata de una salsa de jitomate con chile habanero entero, cebolla, sal y a veces cilantro. En ningún caso la salsa es picosa, pues el chile se deja entero para que simplemente nade en la salsa. En las recetas originales los jitomates, la cebolla y el chile se asan y se muelen en un mortero llamado *cocoic*; pero actualmente los ingredientes se pueden encontrar preparados de diversas formas. Normalmente se muele todo junto; los jitomates pueden estar asados en comal o cocidos en agua. La cebolla puede estar asada o salteada en aceite, molida con el jitomate, bien picada o rebanada e incorporada en la salsa. En ocasiones la salsa se sirve justo después de molerla, o se fríe ligeramente en un poco de aceite. Cuando contiene cilantro, regularmente es crudo y puede estar picado, machacado o molido en la salsa. Se acostumbra en la península de Yucatán. En Campeche, la salsa es el resultado de un cocido suave de jitomates y chiles verdes. El cocimiento se deja reposar y los chiles se dejan enteros. En ocasiones contiene cebolla rebanada. Esta salsa es muy importante porque tiene múltiples usos, se emplea en papadzules, huevos motuleños, *pocchuc* y muchos otros platillos yucatecos. A veces el nombre de chiltomate se omite y se le llama salsa de tomate.

CHIMANGOS

Frituras de harina de trigo y de maíz en forma de rombos o cuadros chicos; es un dulce similar a un buñuelo que puede espolvorearse con canela y azúcar o bañarse con miel. Son típicos de Baja California Sur.

CHIMBOMBÓ (*Abelmoschus esculentus*)

Planta malvácea introducida a México, originaria de África, que se desarrolla solamente en climas cálidos ya que es sensible a temperaturas por debajo de los 15 grados. Su fruto es una cápsula de forma que algunos describen similar a un espárrago y otros como un chile, empleada como verdura. Sus semillas maduras, tostadas, se utilizan como aditivo o sustituto del café. Se registra su cultivo en Puebla, y sobre todo en el norte de Tamaulipas.

Conocido en Chiapas también como:

◇ chimbombo, kimbombó, quimbombo o quimbombó
◇ gombo

Conocida en Tamaulipas como:

◇ ocra u okra

CHIMBOROTE

Panecillos de masa de harina de trigo, huevo y azúcar. La mezcla se pone en un molde y se hornea; luego se remojan los panes en miel de piloncillo o azúcar, se escurren y se secan antes de comer. Típicos de San Cristóbal de Las Casas, Chiapas. Por la gran cantidad de huevo que se ocupa en la receta, a veces también les dicen huevos chimbos o chimbós. En Comitán, Chiapas, los conocen como chimbos en caldo debido a la cantidad de miel que contienen.

→ chile chimborote, huevos chimbos

CHIMECO

Pasta elaborada a partir de un polvo compuesto de frijoles, hojas de aguacate, pepitas de calabaza y chiles costeños. Todos los ingredientes se tuestan por separado, para después molerse en seco, añadiendo un poco de agua para aglutinar y crear una pasta que se puede usar para hacer una sopa o para untarse en tortillas calientes.

CHIMICHANGA ◆ chivichanga

CHIMICUIL ◆ gusano rojo de maguey

CHIMISCLÁN

Cocol sin barniz de huevo y sin ajonjolí espolvoreado en la superficie. Aunque es raro que se hagan diferencias entre ambos panes (los encalados y los barnizados) suele llamarse a ambos cocol. También puede referirse a un cocol hecho de salvado o a un cocol mal hecho.

CHIMOLE ◆ chilmole

CHIMPA

1. Guiso de carne de cerdo en salsa de tomates verdes, ajonjolí, pepitas de calabaza y especias; en el último hervor se le añaden hojas de lengua de vaca. Preparación típica del Estado de México.
2. Guiso festivo que se acostumbra en la región de Tierra Caliente, Guerrero, y que se puede describir como un mole verde; suele acompañarse con tamales nejos.
3. Salsa molida y frita con pepitas de calabaza, jitomate, cebolla y ajo. Se sirve caliente y es consumida en Michoacán.

CHINACA

1. *Cirsium mexicanum*. Planta herbácea de la familia de las astaráceas, de hojas radicales y cuyo tallo es una especie de quiote. Los tarahumaras consumen sus hojas y su quiote. Asan un poco las hojas para poder retirar las espinas, después las salan y las comen con esquites. El quiote tierno se asa y se consume como verdura. Existe la creencia de que comer grandes cantidades de estas hojas conserva la dentadura en buen estado durante mucho tiempo. Los tarahumaras tostaban las hojas y las usaban como sal.

Conocida también como:

◇ cardo
◇ cardo bronco
◇ cardo santo

Conocida en algunas lenguas como:

◇ *chacámecua* o *cheremecua* (purépecha)
◇ *chiná* (tarahumara)
◇ *guia-dana, guie tana* o *guie-tope* (zapoteco)
◇ *omil* (maya)
◇ *quijetope* (zapoteco)

Conocido en Huajuapan de León, Oaxaca como:
◇ espino de sol

2. *Stygmaphyllon lindenianum.* Arbusto trepador de hojas opuestas, enteras o lobadas, pubescentes abajo, flores completas amarillas de 9 a 11 mm. Sus frutos comestibles son sámaras de 2 a 3 cm. También se le conoce como hoja de chayote.

CHINCATANA ◆ hormiga chicatana

CHINCHAYOTE (*Sechium edule*)

Del náhuatl *tzintli,* lo de abajo, y *chayotli,* chayote: lo que está debajo del chayote o raíz de chayote. Raíz de la planta del chayote, tubérculo rico en fécula, de piel café clara y pulpa blanca y firme, similar a la de la jícama. El tamaño varía; algunos chinchayotes pueden ser muy gruesos y largos, que rebasan los 12 cm de diámetro y los 40 de largo; estos suelen ser los más buscados y caros, aunque también existen chinchayotes pequeños que son fáciles de manipular y más baratos. Una planta puede producir hasta 25 kilos. Pasada la cosecha de otoño, se extraen algunas partes de las raíces de la planta, cuidando de no cortar demasiado la raíz, de lo contrario la planta podría morir. Es utilizada en varias cocinas regionales de México. La forma más común de consumirla es capeada y servida en caldillo de jitomate; es decir, la raíz se rebana y se rellena con queso para hacer una especie de empanada capeada con huevo, frita y luego sumergida en la salsa. Las recetas y los nombres de estos guisos varían ligeramente de un lugar a otro, pues son aprovechados los quesos que se producen localmente y el caldillo contiene alguno de los chiles regionales. En San Cristóbal de Las Casas, Chiapas, se llama cueza capeada; en Veracruz, tortitas de chinchayote, acompañadas de arroz y frijoles negros. En ese mismo estado, otra forma de hacer el chinchayote es en salsa de epazote; el chinchayote se cuece, se rebana y se capea, para después guisarse en una salsa de jitomate, ajo, cebolla, cilantro y epazote. Se come con tortillas y pan, es común en cuaresma y vigilia en ciertas regiones de Veracruz. En San Cristóbal, el chinchayote también se emplea como verdura en albóndigas y pucheros. En Sahagún, Michoacán, se pela y se muele para hacer una harina que tiene un almidón muy usado para espesar guisos y atoles. Es un platillo tradicional y principal de las comidas diarias del mediodía, además de ser un plato especial durante la cuaresma en una gran región de Veracruz que abarca desde Orizaba hasta Xalapa, donde también se consume en sopas, ensaladas y de la misma forma que el chayote. Uno de sus sinónimos es chayotextle, que proviene de *chayotli,* chayote, y de *textli,* harina o polvo.

Conocida en algunas regiones como:
◇ chayocamote (Oaxaca)
◇ coeza o cueza (Tabasco, Chiapas)

Conocida en el Estado de México, Distrito Federal y Veracruz como:
◇ chanchayote
◇ chayotestle o chayotextle
◇ raíz de chayote

CHINCHE DE MEZQUITE ◆ xamue

CHINCHILLA ◆ pepita menuda

CHINCHULINES

Platillo elaborado con costillas de cabra o carnero que se doran lentamente por tiempo prolongado y generalmente se acompañan con salsa de tomate verde y chile guajillo; el origen de esta preparación probablemente son los llamados chicharrones de vieja. Este término puede referirse también a las tripas de res fritas que se comen en una salsa similar a la anterior. Es originario de Zacatecas.

→ chicharrones de vieja

CHINCOYOTE O XINCOYOTE (*Sceloporus spinosus*)

Del otomí, *xin* y el nahuatlismo coyote. Variedad de lagartija que habita en la región del Valle del Mezquital, Hidalgo. Los otomíes hacen un platillo llamado chincoyote horneado, que consiste en chincoyotes limpios y rellenos con una mezcla de chiles, cebolla, ajo y orégano, envueltos en pencas de maguey y cocidos en  horno de tierra. Suelen acompañarse con salsa de cacahuate o de nuez.

CHINCUA ◆ ilama

CHINCUIL ◆ gusano rojo de maguey

CHINCULHOA O CHINCULGUAJES

Tortilla de maíz rellena de frijoles negros o bayos cocidos, cilantro y chile verde. Son típicas de Chiapas. En Las Margaritas se ha preservado su elaboración desde tiempos remotos; a la fecha se prepara la receta original, ya que en otros lugares suelen variar los ingredientes. En Comitán se conocen como chinculguajes, los cuales se fríen y se bañan con chilmole. El nombre original es tojolabal y se escribe *chenk' ulwáj,* que a su vez es una palabra compuesta de *chenek,* frijol, *kulantu,* cilantro, y quizá *Ixim,* maíz, e *ich,* chile. Conocido también como chilculguajes.

CHINCUYA ◆ ilama

CHINDATA ◆ acacia

CHINECUATOLE O CHINEQUATOLE

GRAF. chilnecuatoli o chilnecuatolli. Del náhuatl *chilnecuatolli: chilli,* chile; *necuhtli,* miel; *atolli,* atole. Atole festivo que se prepara para festejar el crecimiento de la milpa, se hace con masa y las primeras mazorcas de la cosecha. Es una bebida tradicional de Oaxaca y su receta es muy similar al chileatole.

CHINESCA

Barrio chino de la ciudad de Mexicali, Baja California. En este lugar se inició la tradición restaurantera de la comida china. Actualmente, en diferentes partes de esa ciudad existen restaurantes de gran tamaño por la popularidad de este tipo de comida.

CHINGADITOS

Postre elaborado con camotes asoleados durante cinco días y luego cocidos en horno de leña para que generen su propia miel, al final se bañan con un poco más de miel de piloncillo. Antiguamente se envolvían en hojas de coyol, platanillo u hojas de papel de estraza. Se pueden encontrar en el mercado Escobedo que está en la ciudad de Querétaro.

CHINÍ (*Gossypium herbaceum*)

Planta de la familia de las malváceas. Variedad de algodón de flores amarillas o moradas empleadas como alimento. Los rarámuris la consumen hervida.

CHINICUIL ◆ gusano rojo de maguey

CHINÍN (*Persea schiedeana*)
Árbol frutal de la familia de las lauráceas, del cual se obtiene una variedad de aguacate silvestre que se considera antecesor del aguacate común. Es alargado y ligeramente curvo, de epidermis delgada y correosa; según la variedad, puede ser verde claro, verde oscuro, morado o negro. La pulpa varía de café claro a grisáceo y tiene consistencia semejante a la mantequilla y un sabor suave, en el que apenas se percibe un lejano matiz dulce anisado. Entre su pulpa se encuentran varias fibras color café fáciles de retirar. Es muy común en Chiapas, Tabasco y Veracruz, donde se acostumbra comer el chinín en tacos untando la pulpa en una tortilla y agregándole sal. También tiene otros usos similares al aguacate, con excepción del guacamole.

Conocido también como:
◇ chinene, chinine o chinini

Conocido en maya como:
◇ *koyó* o *koyokté*

CHINTEXTLE
GRAF. chintesle o chintexle. Pasta de chile molido, muy utilizada en Oaxaca para comer untada en tortillas. Existen muchas variedades del chintextle, todas coinciden en la utilización del chile pasilla oaxaqueño o chile mixe, molido en metate. El chintextle puede ser únicamente de chile molido con agua; con esta base nacen las otras variedades que pueden contener camarón seco, hojas de aguacate asadas, ajo, chile pasilla, vinagre y aceite. Existen además otras que incluyen pepitas de calabaza, nuez, almendra, chile guajillo y frijol negro. Antiguamente era muy utilizado el vinagre de piña en esta pasta de chile. Los habitantes de la sierra del estado la untan en tlayudas. Se dice que esta comida les da fuerza para aguantar las largas jornadas de trabajo en el campo, o en peregrinaciones. Se acostumbra comer al mediodía, en ocasiones con huevo cocido, tasajo o queso fresco. En la región de los Valles Centrales es una pasta de chile, muy común, que se unta en tortillas blandas; con ellas se preparan las verduras en chintextle especiales para la cuaresma. En Teotitlán del Valle la pasta contiene chile pasilla oaxaqueño, chile guajillo, ajo, tomate verde y a veces camarón seco. En la región de la sierra de Juárez puede estar hecha de chiles de onza rojos secos, pimienta, clavo, comino, cebolla y ajo.

CHIOTILLA ◆ jiotilla

CHIPIL O CHEPIL (*Crotalaria* spp.)
Nombre de algunas plantas del género *Crotalaria*, de la familia de las leguminosas, cuyas hojas maduras y retoños tiernos se utilizan como quelites o como hierbas de olor. En general son hojas menudas, simples o trifoliadas, de pecíolo corto y forma elíptica; tienen color verde claro y son olorosas y de sabor agradable. Existen hasta nueve o diez variedades, cuyas características producen cambios notorios en el sabor y aroma de los guisos. Las especies cultivadas en Oaxaca se llaman chepil, y las producidas en Chiapas y Tabasco se conocen principalmente como chipilín, y se emplean en el pochitoque en verde y en tamales, así como en varios guisos y pucheros, especialmente en la famosa sopa de chipilín o chipilín con bolitas. Estas plantas son abundantes en forma silvestre en tiempos de lluvia, tanto en laderas como en riberas y campos de cultivos, y se comercializan sólo en las grandes ciudades del Sureste, pues en las zonas rurales cada familia tiene una planta para su abasto particular. Las plantas

más utilizadas son: *Crotalaria longirostrata*. Sus retoños o flores son comestibles; en especial los totonacas de la costa de Veracruz lo consumen como cualquier otra flor. Otras especies son *Crotalaria incana*, *Crotalaria vitellina*, *Crotalaria maypurensis*, *Crotalaria pumila*.

Conocida también como:
◇ al-a-ju (*Crotalaria longirostrata*)
◇ bichi (*Crotalaria longirostrata*)
◇ cascabel (*Crotalaria longirostrata*)
◇ cascabel de víbora (*Crotalaria longirostrata*)
◇ cascabelillo (*Crotalaria incana*)
◇ chapul-max (*Crotalaria pumila*)
◇ chipila (*Crotalaria incana*, *Crotalaria longirostrata*)
◇ chipilín (*Crotalaria longirostrata*)
◇ chipilín cimarrón (*Crotalaria vitellina*, *Crotalaria maypurensis*)
◇ garbancillo (*Crotalaria longirostrata*)
◇ hierba del cuervo (*Crotalaria pumila*)
◇ sonadora (*Crotalaria pumila*)
◇ sonaja (*Crotalaria incana*)
◇ tronador (*Crotalaria incana*, *Crotalaria vitellina*, *Crotalaria longirostrata*)
◇ tronadora (*Crotalaria pumila*)
◇ vichi (*Crotalaria longirostrata*)

→ quelites

CHIPILÍN ◆ chipil

CHIPILÍN CON BOLITAS ◆ sopa de chipilín

CHIPIONA
Bebida fresca de ralladura de limón, que se deslía en agua con azúcar y hielo picado, de un color verde intenso. Se acostumbra en los viernes de cuaresma, y algunas versiones incluyen chía. Se prepara en varias regiones de Oaxaca, sobre todo en la costa.

CHIPOCLE ◆ chile chipotle

CHIPOTLE ◆ chile chipotle, hongo pancita

CHIPOTLES ADOBADOS O CHIPOTLES EN ADOBO ◆ chile chipotle

CHIPOZONTE ◆ chilposontle

CHIQUIHUITE
GRAF. chichihuite o chiquigüite. Del náhuatl *chiquihuitl*, cesto o canastita. Cesto sin asas hecho de palma, carrizo, mimbre o tule, del cual existen diferentes tamaños. Hace la función, como el taxcal, de una canasta o recipiente de cocina para poner alimentos como tamales, tortillas, frutas, o bien para guardar granos como maíz o frijol. En algunas partes del centro del país donde se llevan a cabo fiestas o celebraciones, como las bodas, es típico que se regale a los asistentes, una vez que se retiran, un chiquihuite con el itacate, aunque esta costumbre ahora haya cambiado por palanganas o recipientes de plástico.

Conocido también como:
◇ tanate
◇ tenate

CHIQUILICHIS
Del náhuatl *chiquilizintli*, cigarra. Insectos que se consumen en su estado larvario y crisálido en la zona de la Mixteca po-

blana. Se preparan en caldo. Una vez cocidos, se les agrega salsa verde y ramas de epazote.

CHIQUINTE (*Pleurotus albidus*)

Hongo comestible que se vende por lo general en el mercado de Huatla. Aunque no es un hongo que se cultive de manera profesional, algunos pobladores derriban a propósito árboles de jonote antes de la época de lluvia para propiciar la proliferación del hongo. Se consume en la zona de la Huasteca hidalguense. Se utiliza en adobo o mole como ingrediente principal, mezclado con carne de pollo o como relleno de tamales envueltos en hoja de papatla, en tlapanil.

Conocido también como:

- ◇ hongo blanco
- ◇ hongo blanco de chaca
- ◇ hongo blanco de pata
- ◇ hongo chiquinte
- ◇ hongo de jonote
- ◇ hongo patón
- ◇ *iztacnanacatl* (náhuatl)

CHIQUITA

Restos de carne que quedan en el fondo del cazo en la cocción de las carnitas. Se vende en el Distrito Federal, en ciertos lugares donde venden carnitas para preparar tacos. También se conoce como achicalada.

CHIQUITO

Bebida fermentada hecha de tuna cardona. Se acostumbra en San Luis Potosí.

CHIRIMOLE (*Renealmia alpinia*)

GRAF. cherimole. Frutos y hojas de diversas plantas que son utilizados, sobre todo en ciertas zonas de Oaxaca, para la elaboración de una variedad de mole amarillo. En la sierra Norte de Puebla sus hojas son utilizadas para envolver tamales. Los totonacas acostumbran hacer con los frutos molidos en metate (sin semilla) una especie de masa que consumen con tortillas de maíz. Sus hojas, sobre todo en Puebla y Oaxaca, tienen mucho perfume y son utilizadas para envolver tamales, algunos señalan que los frutos y las hojas aportan cierto picor.

Conocido también como:

- ◇ guasmole o guaxmole
- ◇ wilimole

Conocido en totonaco como:

- ◇ *ixquihit*

→ hoja de bexo

CHIRIMOYA (*Annona cherimola*)

Del quechua *chirimoya*, semillas frías. Fruto del árbol del mismo nombre, que pertenece a la familia de las anonáceas. Es de forma acorazonada o globosa, de tamaño grande de 10 a 20 cm, con cáscara lisa, delgada y frágil y con protuberancias redondeadas poco marcadas en forma de "U". Es de color verde que cambia a pardo negruzco al sobremadurar. La pulpa es blanca, carnosa, agridulce, jugosa, fina y delicada; sus semillas son lisas, duras, negras y brillantes. Su temporada es desde marzo hasta septiembre. Es originaria de la región tropical de América. La chirimoya es un fruto muy delicado y requiere de especial cuidado desde el corte hasta su transportación; incluso la refrigeración puede alterar sus características. Se come como fruta fresca y es utilizada en nieves, aguas frescas, raspados, dulces regionales, mermeladas y ates, entre otros. Debe consumirse en plena madurez, pues cuando está sobremadura su sabor puede ser desagradable. Por esta razón, su consumo es casi regional. En México se utilizó desde épocas ancestrales; incluso se sabe que se consumía en una bebida que incluía piña y miel. Desde entonces se le reconoce como uno de los frutos más exquisitos del país. Hay que advertir que chirimoya es un nombre común que a veces se utiliza regionalmente para nombrar otros frutos de la familia de las anonáceas. En Veracruz, se prepara un postre con rebanadas de esta fruta a la que se agrega jugo de naranja y un poco de azúcar. En el México prehispánico se le conoció como *cuauhtzapotl*, que en náhuatl significa árbol frutal. También es conocido como chirimoyo.

→ anona

CHIRMOL o CHIRMOLE ◆ chilmole

CHISH DE CHICHARRÓN ◆ asientos de chicharrón

CHITA

Bolsa o morral donde se guarda el itacate.

CHITARRA

Libélulas de hasta 5 cm de longitud, de color brillante metálico con cuatro alas membranosas. Se acostumbra capturarlas y enjuagarlas en agua con sal para después tostarlas, retirarles las alas y comerlas como botana. Otra forma de comerlas es en una salsa de chiles secos, sal y agua, la cual se unta en tortillas. Comunes en Chinantla, Oaxaca.

CHITLACOCHE ◆ cuitlacoche

CHITO

Carne seca y salada de chivo que se consume en Puebla y Veracruz. Su olor es algo fuerte y no es una carne barata. Son pequeñas piezas de carne que dan la impresión de ser hueso con algo de carne adherida. En Cholula, Puebla, es tradición dejar a los animales sin comer ni beber durante cierto tiempo para obtener una carne más pegada al hueso a la hora de sacrificarlos. Antiguamente, estos animales acabados de sacrificar se hacían rodar cerro abajo, para que la carne se golpeara, lo cual ayudaba a que terminara de adherirse la carne al hueso y se suavizara un poco más. Especialmente en Cholula y Tehuacán, Puebla, en Orizaba, Veracruz, y zonas aledañas, se prepara un guiso en salsa con esta carne, el cual recibe diferentes nombres dependiendo de la región. A la persona especializada en la elaboración del chito se le llama chitero.

→ mole de chito, texmole

CHIVATILLO ◆ papaloquelite

CHIVATITOS ◆ chivitos

CHIVATO (*Upeneus parvus*)

Pez que debe sus nombres regionales a sus barbas oscuras parecidas a las del chivo. Su tamaño es pequeño, de gran

181

colorido anaranjado rojizo y de unos 20 cm de largo. Se pesca fortuitamente en el norte del Golfo de México y su carne se define como semirroja, ideal para freír. También se consume la variedad *Pseudupeneus grandisquamis*.

Conocido también como:

◇ barbón
◇ chivito
◇ chivo
◇ chivo escamoso (*Pseudupeneus grandisquamis*)
◇ salmonete
◇ salmonete chico (*Pseudupeneus grandisquamis*)

CHIVATOS ◆ chivitos

CHIVICHANGA O CHIMICHANGA

Antojito típico del estado de Sonora que consiste en un taco de carne con frijoles o queso, envuelto en tortilla de harina y frito en aceite. Se puede decir que es un burrito frito. Tradicionalmente, en Sonora se rellenan de frijoles, queso o carne seca, o machaca con o sin huevo. En algunos casos se sirven con lechuga picada, jitomate y salsa picante. Por su cercanía con ese estado, en Sinaloa también se comen, aunque el relleno favorito es el chilorio.

CHIVICHANGA DE OSTIÓN

Tortillas de maíz rellenas de ostiones guisados en cebolla, jitomate y chile jalapeño, enrolladas y fritas en aceite. Se acostumbran en los estados de las costas del Pacífico, como Nayarit y Sinaloa.

CHIVIRI

Palo o carrizo largo con pico y paleta atados a la punta, utilizado para ensartar y cortar el fruto de la pitahaya.

CHIVIRITO ◆ mezquite

CHIVISCOYO O CHIVIZCOYO

Ave de la familia *Odontophoridae,* según la clasificación A.O.U., que incluye a los guajolotes, codornices, perdices y faisanes. Existen diversas variedades como la *Dendrortyx macroura*, una ave de entre 22 y 28 cm, muy similar al pollo, pero con la garganta negra y las patas, el pico y los ojos rojos. La especie *Dendrortyx barbatus*, de entre 25 y 30 cm, tiene la garganta gris y el pecho y vientre de un color que varía del café claro al café rojizo. Actualmente se encuentra en peligro de extinción por lo que su consumo ha disminuido. La especie *Dendrortyx leucothrys* es de entre 30 y 35 cm con la garganta blanquecina y el pico negro. La especie *Dactylortyx thoracicus* es de entre 20 y 23 cm, de color café y la cola muy corta. El macho de esta especie tiene la garganta color naranja intenso y la raya encima del ojo, mientras que la hembra tiene el rostro y la garganta gris opaco o blanquecino. Todas estas variedades son comestibles y se cocinan asadas o en salsas.

Conocida también como:

◇ codorniz silbadora (*Dactylortyx thoracicus*)
◇ gallina de monte o gallina de la montaña (*Dendrortyx macroura*)
◇ perdiz centroamericana (*Dendrortyx leucothrys*)
◇ perdiz de los volcanes (*Dendrortyx macroura*)
◇ perdiz mexicana (*Dendrortyx macroura*)

◇ perdiz veracruzana (*Dendrortyx barbatus*)

→ gallina de monte, codorniz

CHIVITOS (*Calandrinia micrantha*)

Planta silvestre de la familia Portulacácea, nativa de México. Mide 10 cm de altura y crece en las orillas de campos de cultivo y en los caminos. Se utiliza como alimento principalmente en comunidades rurales del centro del país. De mayo a septiembre, se le encuentra en los mercados populares de las ciudades donde se vende por montones. Se aprovecha toda la planta, excepto la raíz, y se consume cocida o cruda, como quelite. Su sabor es más fuerte si se come cruda, por lo que se prefiere acompañar con otras verduras o en ensaladas.

Conocida también como:

◇ chivatitos
◇ chivatos
◇ lengua de pájaro

CHIVO O CABRA (*Capra hircus*)

Mamífero de la familia de los bóvidos que posee cuernos helicoidales y se reconoce fácilmente por el mechón de pelo que cuelga de su mandíbula inferior. La raza que se cría en México es la denominada criolla, cuyo color varía de tonalidades. Desde su introducción al país ha sido aprovechada para la producción de leche, con la cual se elaboran queso de cabra y cajeta. Su carne se emplea en varias preparaciones como mole de caderas, mole de chivo, mole de chito, chivo tapado, birria de chivo. La carne se conserva seca y salada en forma de chito. Son muy cotizados los brazuelos, caderas y espinazos, pues son indispensables para el mole de cadera y algunos huaxmoles. En Tehuacán, Puebla, el sacrificio de los chivos, previamente cebados durante cuatro meses en los montes de la Mixteca de Puebla, Oaxaca y Guerrero comienza a finales de octubre y termina en noviembre. Los animales se llevan en grandes rebaños a algunos ranchos del sur de Tehuacán, donde existen matanceros profesionales y fritangueros que los despojan de la piel y el sebo. Generalmente se le llama cabrito a la cría que aún se amamanta de la madre hasta los seis meses de edad; chivo, cuando el animal ya no se alimenta de leche y hasta que llega a la edad reproductiva, y cabra al animal adulto.

→ cabrito, chivato

CHIVO TAPADO O CHIVO TAPEADO

Platillo elaborado con carne de chivo cortada en piezas y untada con una salsa compuesta de chile ancho, guajillo, cebolla, orégano, canela, comino y vinagre. La carne se pone en una olla de barro, a la que previamente se le colocó una cama de hojas de maíz como base, después se tapa con más hojas y se sella con masa de maíz. La olla se pone al fuego hasta lograr que la carne se cueza en su propio jugo. Es un guiso típico de Querétaro, en especial de Peñamiller.

CHIX DE CHICHARRÓN ◆ asientos de chicharrón

CHOCH ◆ morcilla

CHOCHA

1. Pez muy similar a la mojarra, de cuerpo muy robusto. Se puede encontrar principalmente a lo largo del río Balsas.

2. Flor de izote en San Luis Potosí, utilizada en un guiso de carne de cerdo, jitomate, ajo y cebolla.

→ flor de izote

Chocho

1. Caramelo muy pequeño que suele hacerse de anís.

2. Nombre que se le da a la flor del izote porque, se dice, recuerda las barbas de los ancianos o chochos, como popularmente se les dice a los viejos en México.

3. Nombre con el que también se llama el jurel *Hemicaranx zelotes*.

→ gragea

Chochogo (*Vitis tiliifolia*)

GRAF. xoxogo. Uva silvestre y muy jugosa. Crece en racimos pequeños. Típica de la región de Los Tuxtlas, Veracruz, pero se encuentra desde Sinaloa hasta San Luis Potosí, Tabasco y Chiapas. Con ella se elabora un tipo de agua fresca endulzada con azúcar que se conoce como chochogo que se prepara a partir del fruto, fresco o fermentado. En algunos lugares se emplea para preparar un licor.

Chochollones o chochoyones ◆ bodoques de plátano, bolitas de masa

Chochollotes, chochoyotes o chocholos ◆ bolitas de masa

Chocolate

Bebida de origen prehispánico hecha a base de cacao disuelto en agua o leche, que se sirve caliente con bastante espuma. En la época prehispánica el cacao se molía y se mezclaba con vainilla y flores, como la flor de mayo y la flor de oreja. Con el paso de los siglos y la fusión de ingredientes autóctonos con los de otras latitudes, el cacao se convirtió en lo que hoy se conoce como chocolate. Actualmente la combinación más común es la de cacao, azúcar, canela, almendra y vainilla. Acerca del origen de la palabra existen diversas interpretaciones. La más difundida dice que deriva del náhuatl *xococ*, agrio, o *xocolia*, agriar, y *atl*, agua, o sea bebida agria. También suponen algunos que puede derivar del maya *chokol*, caliente y agua. De cualquier manera, el nombre siempre refiere a una bebida hecha con cacao que se le llamaba *chocolatl* o *xocolat*. Desde la época prehispánica hasta nuestros días, los habitantes del mundo entero han quedado fascinados con el chocolate. Existen muchos datos históricos, anécdotas, historias y leyendas en torno a su sabor y efectos. En tiempos precolombinos la bebida se tomaba a temperatura ambiente, era espumosa y se bebía principalmente con fines rituales. Entre los mexicas, sólo los nobles y los grandes guerreros tenían derecho a consumirla sin permiso alguno, mientras que el resto de la población sólo la tomaba en ciertas ceremonias, pues ingerirla sin licencia podía costarles la vida. Por eso se llamaba *yollotlieztli*, que quiere decir precio de sangre y corazón. Era una bebida sumamente importante porque proporcionaba energía sin embriagar. La forma de prepararlo era tostando las semillas y moliéndolas en el metate previamente calentado con brasas; posteriormente se le agregaba vainilla y se diluía una porción en agua, batiéndola hasta que se enfriaba. Se endulzaba con miel de abeja pipiola. Cuando Hernán Cortés, en 1528, llevó el chocolate a España, se guardó el secreto durante un siglo. Pero en 1606 un florentino volvió de España con tablillas de chocolate, entonces, de Italia pasó a Austria y en 1615 Luis XIII lo llevó a Francia. A mediados del siglo XVII, María Teresa de Austria, consorte de Luis XIV, puso de moda la bebida en Europa. En 1650 comenzaron a aparecer chocolaterías en Holanda y Alemania y en 1697 apareció la primera en Londres, instalada por un francés. En 1700 se agregó leche a la bebida. En 1728 apareció en Bristol, Inglaterra, la primera fábrica chocolatera; poco después seguirían Francia y Alemania. En 1828, en Holanda, se fabricó por primera vez el chocolate en polvo y en 1876 se mezcló con leche. En 1882 Van Houten inventó una máquina que extraía el aceite color ambarino (manteca de cacao) y un polvo que pronto se conocería con el nombre de cocoa. En 1902, en Suiza, se aplicó el viejo principio maya que dice que "entre más molido, más suave" y se inventó una máquina a base de rodillos que permitían moler el cacao por más de 12 horas sin parar. Con ello, resultaba una pasta sedosa y casi líquida, la cual conocemos hoy en sus diferentes formas. Desde tiempos prehispánicos, el chocolate se ha considerado como "el oro dulce del mundo". De regreso a nuestro continente, durante la Colonia se generalizó su consumo y se convirtió en la bebida predilecta de frailes y damas de la sociedad, quienes inventaron las mancerinas para beberlo, las cuales eran tazas pegadas a un plato pequeño. Las mancerinas debían su nombre al virrey marqués de Mancera. El chocolate también se tomaba en los conventos, razón por la que en esa época muchas mujeres y hombres del pueblo tomaban los votos de la Iglesia con tal de poder disfrutar tan deliciosa bebida. Cuando las autoridades eclesiásticas prohibieron su consumo por lo caro que resultaba, hubo una gran deserción conventual. También durante esta época en Chiapas, las mujeres bebían jícaras de chocolate argumentando que eran muy largas las misas y ellas eran débiles para aguantar todo el rito. El obispo Bernardino Salazar prohibió esta costumbre y las protestas no se hicieron esperar; criollos y españoles por igual iban a misa a los conventos, donde sí podían beberlo, hasta que el obispo obligó a todos a asistir a la catedral. Pero unos días después, Salazar enfermó de repente y murió ocho días después, presumiblemente envenenado con una taza de chocolate puro. Las descripciones de esta bebida fueron un tema recurrente entre los cronistas novohispanos. En los archivos de la Real Hacienda de Oaxaca se conservan documentos que prueban que, desde el siglo XVII, el chocolate se manufacturaba y se empacaba de manera comercial para ser enviado a Europa. Todo parece indicar que éste fue el primer producto que México exportó con carácter comercial. Es importante aclarar que en México el chocolate siempre se concibió como una bebida y no como golosina; ésta es una de las razones por la cual en nuestro país nunca se desarrolló un buen chocolate como golosina, además de que la técnica para transformarlo se perfeccionó en tierras europeas. En la actualidad, en Oaxaca se prepara primordialmente con agua. Este estado es el gran heredero de esta bebida y conserva mayor tradición en su manufactura y consumo. Se hace por igual artesanalmente en metate o en molinos eléctricos con engranajes de piedra. No se bebe en jarro; el agua caliente se mete en una jarra de barro junto con el chocolate quebrado, lue-

go se bate con molinillo para lograr mezclar y generar espuma. El chocolate con abundante espuma se trasiega a recipientes muy particulares que son tazones de cerámicas boquianchos, ligeramente cónicos, hechos expresamente para poder sopear el pan. Los panes más comunes son el pan de yema, pan resobado y marquesote. El primero se consume principalmente en la región de los Valles Centrales. Muchas comunidades indígenas todavía siguen utilizando las flores de mayo y la guie xoba o de istalsúchitl para perfumar y aumentar la espuma de la bebida; sin embargo, actualmente la mezcla más común de la bebida consiste en cacao, azúcar, almendra y canela. Técnicamente la mezcla es: 1 kilo de cacao por 2 de azúcar, 150 gramos de almendra y un poco de canela aunque, al gusto del comprador, las proporciones pueden cambiar debido a que la gran mayoría del chocolate que se expende se mezcla en el momento o por encargo. No es extraño que el comprador lleve a su casa el chocolate todavía líquido y caliente, donde decidirá qué forma le dará para conservarlo: en una sola pieza para partirlo poco a poco, en bolitas de unos 3 cm de diámetro o barritas de 10 cm de largo por 1 de ancho aproximadamente. Cada bolita o barrita corresponde a la porción exacta de una taza individual. Se consume con agua, pero los preparados con leche no son extraños. Hasta épocas recientes existía la costumbre de tomar chocolate a media tarde, preparado con agua, bien espeso y acompañado con pan de manteca. Antaño era común beberlo en tertulias, bailes y tardeadas. El anfitrión solía servirlo acompañado de soletas, bizcochos y copitas de algún licor dulce como las mistelas de anís, de cereza o de rosa. En Chilapa, Guerrero, tiene forma de barra o puro; la mezcla incluye cacao, azúcar, canela, almendra, pan fino, yemas de huevo y azúcar. En Tabasco suele incluir cacao, azúcar, canela y, a veces, almendras. Se pueden encontrar barras de muchas formas, desde tubulares y pastillas hasta pequeños tabiques. Casi siempre es muy aromático. Es importante recordar que en Comalcalco, al igual que en varias regiones de Chiapas, se encuentran las principales productoras de cacao. De hecho, todo el cacao que se consume en Oaxaca para hacer chocolate proviene de estas dos entidades. En Michoacán existe también una gran tradición de manufactura y consumo de chocolate. La forma de prepararse es similar a la oaxaqueña aunque hay una marcada preferencia por utilizar el cacao tostado y pelado, debido a que la cáscara es muy preciada para hacer otra bebida a la que llaman atole de cascarilla o chaqueta. Pero en ciudades de diferentes partes del país hay una marcada preferencia del chocolate con leche; de hecho el preparado con agua es casi inexistente. Se conocen varios estilos de preparar chocolate. Principalmente en cenadurías y churrerías se ofrece el chocolate a la española, a la francesa y a la mexicana. Casi siempre se utiliza el chocolate de metate o en tablilla para su elaboración. Es una pasta de consistencia muy firme en la que está mezclado el cacao tostado y molido (tradicionalmente en el metate) con ingredientes como azúcar, canela y almendra, que varían según la región. Lo mismo ocurre con las formas de presentarlo, que pueden ser pastillas redondas, puros, bolas o pequeños tabiques, aunque las más frecuentes son las dos primeras. Actualmente la forma de pastillas se produce en las compañías chocolateras para la venta de chocolate macizo, pero gozan también de gran fama las que se fabrican de manera artesanal en Tabasco, Oaxaca, Chiapas y Michoacán, entre otros estados. También son conocidas como barras de chocolate, chocolate para atole, pastillas de chocolate y chocolate macizo. En cualquiera de los casos, los ingredientes siempre se muelen finamente y se diluyen en agua o leche para preparar bebidas.

→ chocolate-atole, mancerina

CHOCOLATE A LA ESPAÑOLA

Bebida caliente que se prepara con tablillas de chocolate diluidas en agua con leche, azúcar y fécula de maíz, que sirve como espesante. Todos los ingredientes se ponen al fuego hasta que se cuece y espesa.

CHOCOLATE A LA FRANCESA

Bebida caliente preparada con tablillas de chocolate, leche y azúcar. Todos los ingredientes se calientan en una olla hasta que se cuece la bebida, luego se vacía a la chocolatera, se bate con el molinillo y se sirve en tazas, procurando poner la espuma sobre la superficie. El nombre lo recibe porque se ocupa leche. Por el contrario, hay otros que se elaboran con agua y con fécula, pero en realidad no existe una relación directa con lo francés. Como se nota, la técnica sigue siendo la misma que se utilizaba en la época prehispánica, salvo por la leche. De las tres formas básicas que existen de preparar la bebida (a la española, a la francesa y a la mexicana), la que lleva leche es la que más se acostumbra; de hecho, cuando una receta no aclara si debe prepararse con agua o leche, casi invariablemente se trata de chocolate a la francesa. En varios restaurantes y cafeterías suele venderse por taza individual, pero en churrerías tradicionales se vende como parte inseparable de una orden de churros, igual que el chocolate a la española.

Conocido también como:
◇ chocolate con leche
◇ chocolate de leche

CHOCOLATE A LA MEXICANA

Bebida caliente preparada con tablillas de chocolate, agua y azúcar. Todos los ingredientes se ponen a cocer y cuando han hervido se sacan de la olla, se pasan a la chocolatera y se baten con el molinillo. Después, se sirven en una taza con mucha espuma. Esta forma de prepararlo podría ser la más parecida a la que se elaboraba en la época prehispánica. Es una bebida muy gustada para el desayuno, la merienda o la cena. Para muchos mexicanos esta bebida es muy especial y la llaman simplemente chocolate con agua, chocolate de agua o chocolate en agua.

CHOCOLATE ALMENDRADO ◆ chocolate mexicano

CHOCOLATE CALIENTE

Término para diferenciar a la bebida de la golosina. La bebida de chocolate originalmente se preparaba con chocolate de metate y agua. Poco a poco, la leche fue ganando terreno hasta que hoy en día es más común encontrar el chocolate con leche.

CHOCOLATE CON AGUA O CHOCOLATE DE AGUA ◆
chocolate a la mexicana

CHOCOLATE CON LECHE O CHOCOLATE DE LECHE ◆
chocolate a la francesa

CHOCOLATE DE CANELA

Preparación de cacao tostado y molido con canela, azúcar, almendras y yemas de huevo, todo cocido y tostado hasta quedar hecho polvo. Con esta molienda se hacen tablillas que posteriormente se disuelven en agua o leche hirviendo para preparar una bebida típica de Tabasco.

CHOCOLATE DE ESPUMA ◆ chocolate-atole

CHOCOLATE DE METATE ◆ chocolate mexicano

CHOCOLATE DE PIMIENTA

Preparación de cacao tostado y molido con pimienta de Tabasco para formar barras que posteriormente se podrán disolver en agua para hacer una bebida caliente, amarga o endulzada al gusto. Esta preparación se acostumbra en el estado de Tabasco.

CHOCOLATE DE PINOL

Bebida hecha de cacao tostado y pelado, molido con canela y pinole. Con esta mezcla se forman barras de chocolate, las cuales se emplean en preparaciones con agua o leche y endulzadas al gusto. Es una bebida típica de Tabasco.

CHOCOLATE DE TABLILLA o CHOCOLATE DE VAINILLA ◆ chocolate mexicano

CHOCOLATE EN AGUA ◆ chocolate a la mexicana

CHOCOLATE EXPRESSO

Bebida caliente que contiene chocolate amargo y semiamargo, café expresso en polvo, leche, azúcar, cáscara de limón y, al momento de servir, se incorpora anís. Es preparado en Comitán, Chiapas.

CHOCOLATE HUASTECO

Tablillas de chocolate elaboradas con cacao, canela, almendras y yemas de huevo, todo cocido y mezclado con azúcar molida. Se acostumbran en las huastecas.

CHOCOLATE MEXICANO

Preparación de granos de cacao secos y tostados, molidos en metate y mezclados con un poco de azúcar, canela y almendra. En el pasado se utilizó la rosita de cacao y la vainilla para perfumarlo. Primero se muele la almendra y la canela, después se retira del metate y se empieza a moler el cacao. Antes de moler el cacao, es indispensable colocar una vela bajo el metate para que caliente previamente la piedra, de esta forma el cacao se muele y derrite al mismo tiempo. Cuando el cacao está totalmente líquido, se añade el azúcar, la canela y las almendras; todo toma forma de masa homogénea muy suave y caliente. Mientras se enfría, poco a poco se hacen las tablillas o bolas de chocolate, que al enfriarse totalmente estarán duras y solamente se podrán derretir al mezclarse con agua o leche caliente. Una bola de 3 cm de diámetro rinde para una taza de la bebida. Una tablilla suele estar compuesta por 4 o 6 bastones de chocolate pegado uno con otro; cada bastón rinde una taza y así se venden en los mercados populares. El chocolate que se prepara para consumo casero suele ser una pieza grande como

una roca de un kilo aproximadamente, la cual se va rompiendo según se vaya necesitando. Estrictamente se le llama chocolate de metate al que se elabora con el procedimiento anterior. Cuando el chocolate se prepara con los mismos ingredientes, pero se muele en máquina eléctrica, tiene que llamarse pastilla de chocolate o chocolate de tablilla. Actualmente, el chocolate de metate es difícil de encontrar, pero todavía se manufactura artesanalmente en Tabasco, Chiapas y especialmente en los Valles Centrales de Oaxaca, por lo cual también se le llama chocolate oaxaqueño. El metate que se utiliza para moler el chocolate no se puede emplear para otros usos en la cocina; éste debe ser exclusivo para el chocolate, de lo contrario puede adquirir otros sabores como de chiles o especias. Cuando la mezcla tiene un porcentaje elevado de almendras se le llama chocolate almendrado, y cuando contiene vainilla se le llama chocolate de vainilla. Este chocolate generalmente se encuentra en forma de barras, bolitas o pastillas, es duro y granuloso, y no es un chocolate para comer como golosina. Se emplea exclusivamente para preparar chocolate a la mexicana, a la española o a la francesa.

CHOCOLATE OAXAQUEÑO ◆ chocolate mexicano

CHOCOLATE-ATOLE

Bebida hecha con atole blanco al que, al momento de servirlo, se le pone encima espuma espesa de cacao. El atole se prepara con maíz blanco, agua y a veces azúcar; la espuma se obtiene de la mezcla de cacao, cacao blanco (pataxte) o fermentado, trigo entero, tostado y molido, azúcar y canela. Esta mezcla suele hacerse con días o meses de antelación. A todos los ingredientes tostados y molidos se les agrega agua y se forma una pasta que con el tiempo se vuelve seca y dura. Ésta es una forma de conservarla por tiempo indefinido para disponer de ella cuando se requiera en días de fiesta, como bodas o bautizos. Tan sólida y dura como una piedra, la mezcla debe romperse o tratar de pulverizarse en el metate; una vez conseguida la textura de polvo se procede a agregar un poco de agua para lograr una pasta; se continua agregando agua hasta conseguir una especie de atole frío ligero, el cual se bate enérgicamente con un molinillo hasta obtener abundante espuma. Una vez lograda la espuma, ésta se mantiene así por varios minutos, no se baja rápidamente. Durante los días de fiesta varias mujeres baten esta mezcla de forma individual o simultánea, mientras que otras únicamente se dedican a recoger la espuma lograda por las demás compañeras. Finalmente, la bebida se sirve colocando atole blanco en el fondo de la jícara o tazón y abundante espuma. En el pasado, esta bebida también se elaboraba sin azúcar. Para los zapotecos de los Valles Centrales de Oaxaca, se considera muy importante en el desayuno y fechas especiales. Tradicionalmente, quien lo bebe empuja la espuma hacia la boca con la ayuda de un alcahuete, para poder beber también el líquido ya que la espuma suele ser muy espesa. A veces se reparte pan de yema para acompañar. En Tehuantepec, esta bebida se endulza con piloncillo y se condimenta con flores como la flor de mayo e istalsúchitl. Se bebe sola o acompañada con marquesotes o panes resobados. Existen muchas variantes de esta bebida y dependen de la población donde se prepara. En Juchitán, el atole blanco se sirve caliente, coronándose con la espuma preparada con cacao rojo, flores secas y otras frescas de cacalosúchitl. Se acostumbra por las tardes, muy cerca de la noche, y durante las Velas.

185

Conocido en Juchitán y Tehuantepec, Oaxaca, como:

◇ bichicña buupu
◇ bu'pu
◇ chocolate de espuma
◇ espuma

→ champurrado

CHOCOLATERA

Jarra o vasija en la cual se introduce el molinillo para batir el chocolate y obtener abundante espuma. Tiene la peculiaridad de ser algo estrecha y de poca capacidad. Se procura que no quepa más que el equivalente a tres tazas, pues el chocolate caliente debe batirse hasta obtener suficiente espuma para cada porción, que luego debe servirse inmediatamente. En cantidades grandes sería imposible obtener espuma para todos, por ello se debe hacer poco a poco. En Oaxaca, las jarras chocolateras suelen ser de barro natural o pintadas de verde con la forma del jarrito típico, pero más alargadas y grandes. En Tabasco se hacen de madera tallada en una sola pieza de 20 cm de alto por 11 de diámetro en su parte más ancha. Conseguir este utensilio se ha vuelto una misión difícil, debido al trabajo que significa elaborarlo y al desuso que ha sufrido en todo el país. Por lo menos en las dos últimas décadas, las jarras chocolateras se han dejado de utilizar, pues adicionalmente la costumbre de batir el chocolate está casi perdida. De hecho, las nuevas generaciones han olvidado que antiguamente el chocolate se hervía en una olla, se pasaba a la chocolatera, se batía con el molinillo y se servía.

CHOCOLATERÍA

Local donde se expende chocolate en su versión bebida y en algunos casos productos derivados del mismo. Se daba también este nombre a las mesas cercanas al mostrador en las que se servían desayunos dentro de las panaderías de Yucatán. Es un tipo de cafetería que se desarrolló en ese estado y que actualmente ha desaparecido. En el Distrito Federal están asociadas casi siempre a churros o panes y diversos antojitos como quesadillas o tortas.

CHOCOLOMO

Puchero de lomo de res y sus vísceras como hígado, sesos, corazón, riñones y lengua, los cuales se cuecen y condimentan con jitomate, ajo, pimienta, orégano, cebolla, cilantro, comino, hierbabuena, clavo, jugo de naranja agria y sal. Ya cocido, se decora con rebanadas de lima. Dependiendo de las costumbres familiares se puede acompañar en la mesa con la salsa llamada salpicón, chiltomate, salsa xnipec y rebanadas de lima, limón y lechuga. La forma de acompañarlo o servirlo es al gusto, pero lo más común es que se sirva un plato sólo con la carne, y por separado el caldo y las verduras. En otros casos, se sirve el caldo con carne y las verduras por separado. Para acompañar este platillo, se prefiere el agua de frutas y la cerveza. La carne es preparada antes del cocimiento; ésta se lava varias veces con abundante jugo de limón y agua. La carne es cocida con agua, sal, chile dulce y chile xcatic. Posteriormente se integran los demás ingredientes. Si la carne no lleva esta preparación previa, el guiso entonces se llama dzanchac. El nombre deriva de la palabra híbrida maya choko (chakaw) que significa caliente y lomo. Es un caldo que se acostumbra en toda la península de Yucatán y, al igual que la pancita del centro del país, se trata de un tónico para las personas con resaca, ya que asienta el estómago. Algunos investigadores mencionan que este platillo se trata en realidad de un trasplante de raíces y tradiciones. Al no poder sacrificar el venado, los antiguos mayas comenzaron a sacrificar las reses que llegaron a la península, específicamente a Campeche en 1543. En la actualidad, es un guiso con carácter festivo sobre todo cuando se elabora con carne de toro lidiado durante las tradicionales fiestas yucatecas llamadas vaquerías. También es una comida común para los fines de semana, ya que se acostumbra servir chocolomo los sábados durante el almuerzo.

→ chac op, dzanchac

CHOJÍN O CHOJÉN

Salsa chiapaneca similar al pico de gallo del centro del país, hecha de jitomate, cebolla, chile verde, cilantro picado, trocitos de chicharrón y jugo de limón o naranja agria. Se utiliza para acompañar unos tamales llamados pixques. En San Cristóbal de las Casas sustituyen el chicharrón por panza de res cocida, y suelen llamarle chojén. Muchos lo consumen como botana.

→ pixque

CHOJOL ◆ pique

CHOLLA

Variedad de cactáceas utilizadas por los tarahumaras. El i'chulí (*Mammillaria sp.*) lo aprovechan de la misma manera que una biznaga; lo cuecen para mezclarlo con la masa de maíz con la cual elaboran las tortillas. Las hojas redondas y tiernas del *Ulibecha (opuntia sp.)* se consumen de igual forma que los nopales.

CH'OM ◆ aguama

CHOMPIPE ◆ guajolote

CHONDATA ◆ acacia

CHONE ◆ tejate

CHONEGUE O CHONEGUI ◆ xonequi

CHONGOS

Postre hecho de pan de dulce esponjoso rebanado, bañado con almíbar de azúcar, mantequilla y yemas de huevo, y espolvoreado con queso rallado y canela. El postre entonces se hornea y se sirve caliente o frío. Es tradicional del estado de Durango.

CHONGOS ZAMORANOS

Postre con forma de nudos o chongos de leche cuajada preparada con almíbar. La leche bronca se pone a calentar, se le añade cuajo en pastilla y se deja cuajar; luego se corta en triángulos o cuadros que se cuecen a fuego bajo. Se dejan enfriar y se sumergen o empapan de almíbar de azúcar morena, agua y canela. Pueden almacenarse por mucho tiempo. Se sirven fríos en platos hondos con bastante  almíbar. El origen de la palabra proviene del náhuatl tzontli, cabellos, y hace referencia a la leche que se corta al cuajar y luego se cuece nuevamente, lo que hace que los trozos se retuerzan un poco y tomen la forma de los nudos o moños similares a los que se hacen las mujeres de cabello largo. También, chongo significa moño o copete. No se sabe con exactitud cuándo y por quién fueron inventados. *El Gran Larousse de la Cocina* lo registra solamente como postre mexicano. Todo indica que los primeros se hicieron con el calostro de la vaca, que es la primera leche que se obtiene después del parto, la cual se cuaja naturalmente. Es típico de Michoacán, especialmente de Zamora. Es un postre considerado exquisito, por lo cual, muchas compañías lo elaboran industrialmente y lo comercian enlatado. Para preparar los chongos zamoranos debe utilizarse leche entera de vaca, de lo contrario el chongo no se formará bien. La pastilla para cuajar debe ser usada con moderación, de lo contrario los chongos rechinarán mucho al masticarlos. Este rechinido no es aceptado entre los conocedores de los chongos, y se dice que observando ese hecho se puede saber si están bien preparados o no. Algunas personas añaden fécula de maíz o yemas de huevo para evitar el rechinido, aunque esto no es muy común. Actualmente se hacen chongos en muchos estados del país, aunque los zamoranos, que son considerados popularmente como los originales, son los más famosos y, para muchos, también los más sabrosos.

CHOPA

Nombre para designar a varios peces de agua salada parecidos a la mojarra. Entre ellos se encuentran *Abudefduf saxatilis*, *Kyphosus analogus*, *Kyphosus elegans* y *Sectator ocyurus*. Por lo general miden 15 cm, pero se han encontrado hasta de 20 cm. De carne blanca y calidad comparable al robalo, se dice que los ejemplares más grandes tienen mejor sabor. Abundan todo el año en ambas costas del país, especialmente de noviembre a junio en el Pacífico y de junio a agosto en el Golfo de México. Se cocinan en sopas, al horno y frito y son ideales para asar.

Conocido también como:

◇ chopa de Cortés (*Kyphosus elegans*)
◇ chopa gris (*Kyphosus elegans*)
◇ chopa rayada (*Kyphosus analogus*)
◇ chopa salema (*Sectator ocyurus*)
◇ jaqueta
◇ mojarra rayada
◇ pintano
◇ zulema (*Sectator ocyurus*)

→ mojarra

CHOPITO

Queso fresco de tamaño pequeño, acostumbrado en Baja California.

CHOPONTIL O CHOPONTILE ◆ tortuga

CHOPO ◆ tamal chopo

CHOQUÍA O CHOQUIYA

Del náhuatl *xoquializtli*, apestoso, mal oloroso. Término para designar al mal olor que despiden los trastes o cubiertos cuando están mal lavados. Por lo general se recomienda lavar el pollo o pescado lejos de los trastes, de lo contrario estos muy probablemente olerán a choquía. De igual forma, cuando se utilice huevo deberá ponerse especial cuidado en lavar los trastes utilizados.

CHORAS

Gorditas de maíz elaboradas con masa de elotes macizos, canela, huevo y azúcar; las gordas se cuecen en comal de barro. Son típicas de Zapopan, Jalisco.

CHORIZO

Embutido de carne de cerdo picada y condimentada con diferentes especies, chiles y vinagre. Este embutido de origen español sufrió muchas modificaciones al llegar a tierras mexicanas; dos de las más importantes fueron el uso de chile como ingrediente principal hasta darle su color característico actual, y el maíz como alimento para el cerdo, lo que modificó sustancialmente el sabor final del chorizo. Estos dos elementos propiciaron nuevas maneras de preparar este embutido. A esto hay que añadir que el gusto del mexicano incidió en la variedad de preparaciones. Hoy los chorizos de México no se parecen al chorizo español de aquellos tiempos, ni al actual. México aportó el pimentón a los actuales chorizos españoles. Por lo general, los chorizos mexicanos no se guardan por periodos prolongados, son de textura suave y la gran mayoría de las veces no se ahúman ni se comen en rebanadas como los chorizos españoles, porque nunca son tan duros. Hay que recalcar que dependiendo de la región de México, el chorizo cambia de tamaño, sabor y color; aunque en general la carne de cerdo se pica finamente, se mezcla con algo de unto, especias, chiles molidos y vinagre. Se deja reposar y luego se embute en una tripa delgada de cerdo (es decir, el intestino delgado), se cuelga y se deja orear por uno o dos días. El chorizo llegó a México tras la Conquista, pues los españoles ya habían desarrollado la técnica de hacerlo. La historia del chorizo en nuestro país comienza en el valle de Toluca, cuando Hernán Cortés introdujo en esa zona los primeros cerdos para criarlos, especialmente para producir chorizo. En aquellos tiempos había un encargado de hacer correr a los cerdos para que no engordaran demasiado y obtener chorizos de buena carne, desde entonces, la elaboración del chorizo ha sido una actividad importante en la región. Ésta es una tradición que no feneció y ha continuado hasta la actualidad debido a que existe una gran producción artesanal e industrial. En México existen muchos estilos para prepararlo.

• En Baja California Sur se hace un chorizo similar a los del centro del país; allí se emplea el chile pasilla para dar color.

• En Chihuahua, el chorizo es de carne de cerdo molida condimentada con chile colorado, ajo, vinagre y orégano. Tradicionalmente se deja orear durante dos semanas y se puede comer solo, con frijoles o con huevo y se acompaña con tortillas de harina.

• En Campeche, los chorizos son de carne de cerdo, la cual se marina con achiote que aporta color y sabor al preparado, además de pimienta de Castilla, ajo, comino, orégano y jugo de naranja agria.

• En Chiapas se prepara el llamado chorizo coleto y el chorizo tipo español.

• En Coahuila, los chorizos caseros suelen ser de carne de cerdo molida, mezclada con ajo picado, pimentón dulce molido, vinagre, canela, orégano, clavo y pimienta.

• En Durango se hace de forma similar que en Sonora y Sinaloa; se emplea de la misma manera y es famoso como relleno para pambazos.

• En Huetamo y la región de Tierra Caliente, en Michoacán, el chorizo suele ser de carne de cerdo molida, marinada en una mezcla tersa de chile guajillo, chile puya, vinagre, ajo, laurel, mejorana, tomillo, orégano, pimienta negra, pimienta gorda y sal.

• En Oaxaca, la carne de cerdo con grasa se muele y se condimenta con chile ancho y pasilla, clavo, pimienta, canela, orégano, laurel, mejorana, tomillo, sal y vinagre; luego se deja reposar por dos días, se embute y se orea tres días más. Tiene la peculiaridad de amarrarse en pequeños segmentos de unos 4 cm de largo.

• En Xicotepec de Juárez, Puebla, y en general en la región de la sierra, el chorizo se hace con carne de cerdo macerada en una mezcla de chile ancho, ajo, sal, comino, pimienta y vinagre.

• En Sinaloa, el chorizo tiene gran relevancia; se acostumbra cocinarlo en desayunos o cenas, con huevo, solo, en tacos, en las llamadas enchiladas del suelo y en los frijoles cerdos. La carne de cerdo se marina en una mezcla de vinagre, comino, orégano, pimienta, ajo, chile pasilla y semillas de cilantro. Es particularmente famoso el chorizo de Mocorito.

• En Sonora se elabora de manera muy similar que en Coahuila: carne de cerdo molida con ajo, sal, pimienta negra, canela, orégano, clavo y vinagre de manzana o de vino tinto; su tono rojo se lo dan el pimentón en polvo y el chile colorado. Este chorizo se utiliza mezclado con papas; es un platillo muy popular que se acostumbra en todo el estado.

• En todo Veracruz existen regionalmente diferentes tipos de chorizo: en la Huasteca, especialmente en Tantoyuca, es famoso el chorizo de lomo de cerdo, de intenso color rojo, entintado con chile ancho, guajillo o chino y condimentado con diferentes especias, entre las que sobresale el comino; tiene la peculiaridad de estar amarrado cada 5 cm. De esta misma forma se hace el chorizo de res.

• En la península de Yucatán, el chorizo se distingue de los del resto del país porque la carne de cerdo se marina en una mezcla de recado rojo, pimienta de Castilla, ajo, comino, orégano, sal y jugo de naranja agria o vinagre.

• En Zacatecas y San Luis Potosí, el chorizo suele estar condimentado con pimienta, pimentón, comino, clavo, tomillo, mejorana, ajo, chile colorado o cascabel y vinagre de yema. En Zacatecas, al que se hace en Jerez lo llaman chorizo jerezano y es famoso por su buena calidad. La longaniza se prepara allí de forma similar, pero la carne se deja marinar con los ingredientes por más tiempo.

No obstante la manufactura regional de los chorizos, existen algunos términos comunes que se emplean en los mercados y que es importante conocer. El chorizo de lomo es considerado de gran calidad porque está elaborado de lomo de cerdo, aunque requiere algo del unto o grasa del cerdo porque el lomo es muy magro, y sin unto el chorizo resultaría reseco o duro. El término chorizo de primera se refiere a un chorizo de buena calidad; en muchos supermercados y mercados populares hay chorizos de distintos precios, cuya diferencia recae en la calidad y la cantidad de carne que contenga el embutido. La capital del Estado de México es por antonomasia la capital del chorizo, incluso, varios autores la han llamado Toluca del Chorizo. Allí destacan el llamado chorizo toluqueño y el chorizo verde; el primero se consume de forma local y regional en los estados vecinos, y el segundo es prácticamente exclusivo de Toluca

y sus alrededores, pero de gran fama; de ambos existen muchas calidades. El chorizo toluqueño es color rojo. Para hacerlo, normalmente se mezcla la carne de cerdo con algo de grasa y con un preparado hecho con chile ancho, chile guajillo, semillas de cilantro, pimienta negra, clavo, vinagre, pimentón, ajo, nuez moscada y jengibre; a veces se utiliza también chile pasilla, pimienta gorda, orégano, comino, pimienta, canela y sal de nitro como conservador. Tradicionalmente se mezcla la carne con todos los ingredientes, se deja reposar unas horas, se mete a la tripa y se deja orear por lo menos un día, aunque no es un chorizo que se deje secar como el chorizo tipo español. Mención especial merece el llamado chorizo especial o chorizo de primera, que se hace de forma similar al anterior, pero incluye en su preparación piñones y almendras, además de vino blanco seco, del cual se dice le da mayor sutileza al preparado. A veces se vende con el nombre de chorizo almendrado. El chorizo verde es único en su estilo. Se dice que se empezó a hacer al inicio de los años sesenta en los pueblos de los alrededores de Toluca, tal vez por el aumento de precio que sufrieron los chiles y el pimentón; hoy el chorizo verde es muy buscado en el Estado de México. La carne se marina en una mezcla de

Chorizo verde

chile poblano, cilantro, perejil y acelga; suele incluir ajo, comino, orégano, laurel, pimienta, clavo, semillas de cilantro y sal. En los chorizos de calidad no se utilizan colorantes artificiales; la carne y el unto de cerdo se marinan en una mezcla de ingredientes molidos entre los que se incluyen ajo, orégano, laurel, clavo, pimienta, sal, comino, semillas de cilantro, chiles poblanos, cilantro, perejil, acelgas y vinagre.

CHORIZO DE ABULÓN

Embutido de abulón cortado en trocitos y mezclado con el mismo condimento que se utiliza para hacer el chorizo de cerdo de origen español que se prepara en muchas regiones de México, a base de chiles rojos y pimentón. Este chorizo no se embute. Es típico de Isla de Cedros y Ensenada, Baja California. Hace unas décadas el abulón fue muy abundante en Ensenada, donde existieron empacadoras que lo seleccionaban y lo enlataban; con los recortes se empezó a preparar este platillo que era una excelente forma de aprovecharlos. Durante los años en que fue abundante era muy fácil encontrarlo en el mercado de pescados y mariscos llamado Mercado Negro (su nombre se debe a que en alguna época se vendían en él algunas especies cuya captura y consumo no eran precisamente legales). Cabe aclarar que entre los años de 1945 y 1965, Isla de Cedros recibía sus bienes sólo por barco que en ocasiones no llegaba a tiempo, lo que propició que el abulón fuera preservado en varias formas, como el chorizo, cuyo alto índice de vinagre hace que se conserve de manera adecuada, sin refrigeración. Hoy en día, se debe pedir con anticipación, porque la escasez del abulón es muy alarmante, además de que el molusco es muy caro y no se tiene a la venta inmediata. El chorizo de abulón se acostumbra principalmente en los desayunos mezclado con huevo revuelto, aunque también se puede comer solo o en tacos. Únicamente se encuentra en las cartas de los restaurantes finos. Debido a la escasez mencionada, en su lugar se ha empezado a hacer el chorizo de calamar.

CHORIZO DE CALAMAR

Preparado muy similar al chorizo de abulón, en el que el calamar cortado en trozos y cocido se deja marinar en un licuado de laurel, clavos de olor, orégano, cebolla, chile ancho o pasilla y vinagre. Puede freírse con papa, huevo, verduras al gusto o trocitos de tortilla. Es muy acostumbrado en el estado de Sonora.

CHORIZO EN MASITA

Preparación que consiste en una especie de atole de masa de maíz, orégano, consomé y chorizo frito. Es muy acostumbrado en el estado de Tamaulipas

CHORO ◆ mejillón

CHOROTE

Pozol que contiene maíz y cacao tostado, ambos molidos, mezclados y desleídos en agua. A veces contiene azúcar. Se procura servir fresco o frío. En Tabasco es el estilo de pozol más común en toda la región centro, especialmente en Comalcalco, pues ahí existe una gran producción de cacao. Se considera una de las más sabrosas de todas las variedades de pozol que se hacen en el estado. Es común que no se prepare con azúcar, pues se acostumbra beber mientras se comen dulces como la oreja de mico o alguna conserva.

Conocido también como:
◇ pozol con cacao
◇ pozol con chorote

CHORREADA

1. Gordita de masa de maíz revuelta con frijoles viejos que elaboran los totonacas de la costa Norte de Veracruz. La masa de maíz se revuelve con frijoles y caldo, de tal forma que la masa quede "chorreada". Se cuecen en comal y se rellenan de queso y salsa de chile. En caso de llevarse a la milpa para comer durante la jornada, éstas se cuecen un poco más de tiempo y no se rellenan.

2. Pan en forma de cemita, salpicado de piloncillo. Es tradicional en Querétaro durante el desayuno.

CHORREADO

Bebidas elaboradas a base de chocolate que se toman en diversos estados, sobre todo en Morelos, Distrito Federal y Guerrero. Por lo general, el chocolate se cuece en leche con azúcar y yemas de huevo para que espese, se retira del fuego y se añade aguardiente de caña al gusto. En los estados del sureste es una bebida espesa hecha de chocolate que se sirve fría y se acostumbra como refresco. En Campeche es una bebida similar a la horchata de arroz, el cual se remoja previamente y se muele. Al agua resultante se le añade chocolate, anís y azúcar, la mezcla se cuece y su consistencia debe ser ligera. Se acostumbra para acompañar pibipollos. En Guerrero es una bebida de chocolate desleído en agua o leche y se sirve fría, pues se considera muy refrescante; en ocasiones suele incluir también huevo y mezcal. Es típico de la región de Tierra Caliente.

CHOTA (*Jatropha curcas*)

Semilla de forma similar a un piñón de cáscara leñosa, de unos 2 cm de largo. En su interior alberga un pequeño fruto de carne blanca cuyo sabor recuerda al de las avellanas y los piñones. En la sierra de Puebla se utilizan para sustituir las pepitas de calabaza en guisos como el pipián y en la masa de algunos tamales. En todos los casos, la chota debe tostarse muy bien para que pierda sus propiedades tóxicas, pues cruda es dañina. También es conocida como piñoncillo.

CHOTE (*Parmentiera aculeata*)

Fruto verde o amarillo pálido, carnoso, mucilaginoso, de forma cilíndrica y algo curvo, con costillas longitudinales. Mide de 12 a 16 cm de largo y de dos a cuatro de diámetro. El árbol se encuentra de forma silvestre o cultivado en huertos familiares. Común en los estados de Sinaloa a Chiapas y de Tamaulipas a la Península de Yucatán. Durante todo el año los frutos se comen fritos, cocidos, encurtidos, en dulces y en guisos.

CHUAL

Tamal de masa de maíz y frijol, endulzado con piloncillo; se tatema en rescoldos de ceniza o se cuece al horno. Es típico del estado de Zacatecas.

CHUCAHUALA ◆ cachora

CHÚCATA ◆ mezquite

CHUCHILITA ◆ hierbamora

CHUCHO CON RABIA ◆ aguardiente de caña

CHUCHULUCOS

Del náhuatl *chocholoqui*, loco o sin juicio. Golosinas o dulces. Nombre para designar a los dulces a granel de formas variadas. También se aplica la palabra chuchulucos a alimentos dulces.

CHUCUM BLANCO ◆ guamúchil

CHUCUMITE

Nombre genérico dado a los robalos jóvenes, de carne blanca, suave y grasosa. Es un pez muy popular en Tabasco y en Alvarado, Veracruz, donde su hueva también es muy apreciada. Se vende fresco y se utiliza para preparar muchos guisos regionales con diferentes salsas rojas y verdes, adobos, sopas y caldos; se hace también en postas, capeado y frito. Su nombre probablemente proviene del náhuatl *xococ*, agrio y *omitl*, hueso.

CHUINA

1. Nombre que dan al venado las comunidades tarahumaras en Chihuahua y otras regiones del noroeste del país como Sonora y Sinaloa.
2. Guiso festivo cora que se elabora con carne de venado o de res cocida durante largo tiempo en agua con masa de maíz. Es de consistencia espesa.
3. Tamal típico de los tepehuanes, compuesto de carne de venado y maíz cocido.
4. Guisos hechos con venado entre los tepehuanes del norte de Durango y en algunas regiones de Sinaloa y Nayarit.

CHUITSISHA ◆ capulín

CHULA ◆ bonito, salmonete

CHULETA

Corte de carne de cerdo que contiene una costilla y la carne que va pegada a ella. Aunque el corte no es grueso y rara vez rebasa el medio centímetro, de ella se obtiene una buena cantidad de carne. Una característica de la chuleta estriba en que contiene una cantidad moderada de grasa que al cocerse se mezcla con la carne, lo que la vuelve muy sabrosa al gusto del paladar mexicano. Esto sin contar que la carne de cerdo es suave y se considera exquisita por sí sola. En términos de cocina tradicional en el centro del país, a este mismo corte, pero de carne de res, prefieren llamarlo costilla. De tal manera que, en la carnicería, cuando se pide chuletas se sobrentiende que son de cerdo y que las costillas son de res. Aunque la costilla de cerdo no siempre es sinónimo de chuleta, pues no incluye necesariamente tanta carne. Se prepara adobada, encebollada, enjitomatada, en salsa verde o frita. En el Distrito Federal son favoritos los tacos de chuleta. Otro platillo muy común es la chuleta asada al carbón, a la plancha o al comal. Por lo regular, se salpimenta y se unta con algo de aceite solo o con ajo picado. Se sirve con rebanadas de aguacate o guacamole, ensalada de lechuga, frijoles, arroz o alguna guarnición. Es un platillo típico en las fondas y restaurantes de comida económica del Distrito Federal. La chuleta es ahumada en la mayoría de los casos. De hecho, es una costumbre cada vez más arraigada servirlo en platones ovalados para que la chuleta quepa junto con las guarniciones.

CHULETA AHUMADA

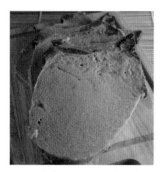

Chuleta de cerdo que se vende ahumada y se distingue por su color rosa semejante al jamón. En general, suele prepararse con salsas agridulces de piña, puré de manzana y col o salsas agridulces a base de tomate. Puede acompañarse con puré de papa. Es un platillo típico en las fondas y restaurantes de comida económica del Distrito Federal.

CHULIBUL

GRAF. chulibuul. Su nombre deriva de *chul*, guisado de frijoles con chile y masa, y *bu'ul*, frijoles pequeños. Platillo que consiste en frijoles tiernos recién cosechados, desenvainados, cocidos y preparados en una salsa espesa hecha de masa de maíz, cebolla, epazote y ajo; se sirve espolvoreado con pepitas de calabaza tostadas. Este guiso maya es originario de la península de Yucatán. Como todos los guisos regionales, presenta variaciones. La salsa de masa de maíz puede incluir algo de pepita molida. En la temporada en que se consigue elote fresco, la masa se sustituye por granos de elote molidos y cocidos hasta que el guiso adquiere una consistencia espesa. Se acompaña con salsa de jitomate.

CHULMUL ◆ chumul

CHÚMATA

1. Del purépecha *xúmate*. Ciruela que se produce en Guerrero.
2. Dulce elaborado con leche y ciruelas cocidas y molidas, al que se le añade piloncillo o azúcar. Es originario de Tierra Caliente.

CHUMIATE

Licor hecho con alcohol de caña en el que se maceran hierbas como tabaquillo, prodigiosa, té limón, hierbabuena, pericón, hojas de nogal, anís de campo y manzanilla. Esta bebida se acostumbra en el Estado de México. Todavía en algunos pueblos de la entidad existen tiendas de abarrotes donde se vende por copeo en un pequeño mostrador separado del resto de la tienda, para que el comprador pueda beberlo ahí sin ser visto.

CHUMIGUÁ

Tortilla de masa de maíz mezclada con pulpa de calabaza, untada con frijoles en pasta; se dobla como una empanada y se cuece en comal. Es típica de Tila, Chiapas. También se le conoce como tortilla de calabaza.

CHUMPIPE ◆ guajolote

CHUMUL O CHULMUL

GRAF. xumul. Preparación hecha con trozos de pescado (robalo, mojarra o bagre) con rebanadas de jitomate, cebolla, ajo y ramitas de epazote o hierba santa. Todo se envuelve en hojas de plátano, como un tamal, y se asa o cuece al vapor. Es un platillo típico de Chiapas. Conocido también como pescado envuelto.

CHUNI ◆ caimito

CHUNPANCLE ◆ colorín

CHUPANDILLA O CHUPANDÍA (*Cyrtocarpa procera*)

Árbol de 6 a 7 metros de altura, frondoso, de flores blancas, que crece en zonas de Tierra Caliente. Su fruto es esférico, de pulpa resinosa amarilla, de sabor ácido que algunos definen como agridulce; cuando está maduro su cáscara es amarilla. Se consume fresco y su hueso, ovalado y café, alberga en su interior una semilla de sabor semejante al coco; el hueso sirve de forraje. Su consumo es abundante en Oaxaca, Guerrero, Jalisco, Morelos y regiones de Puebla, donde el fruto se come fresco, en conserva y mermelada, o bien, se utiliza para preparar salsas y licores. Es común encontrarlo en regiones donde abundan los árboles de copal.

Conocido también como:
◇ árbol de chupandía
◇ baricoca
◇ chupundía
◇ copalcocote o copaljocote
◇ machocote
◇ palo de chupandía

Conocido en náhuatl como:
◇ *copalxocotl* (de *copalli*, resina y *xocotl*, fruta ácida)
◇ *maxocote* (de *mazatl*, venado y *xocotl*, fruta ácida)

CHUPAR

Forma popular de referirse a la acción de tomar bebidas alcohólicas a las que también se les denomina chupes.

CHUPE

Término con el que se puede designar de forma coloquial a cualquier bebida alcohólica.

CHUPIPI O CHUPIPE (*Gonolobus edulis*)

Planta trepadora de la familia de las Asclepiadáceas, que abunda en la costa del Sotavento de Veracruz. La raíz se utiliza para preparar la bebida llamada popo.

CHUQUI ◆ aguama

CHÚRIPO

Deriva del purépecha *churhípu*. Caldo que se cocina con carne de res, chiles rojos, xoconostle y diferentes verduras, como col, garbanzo, papas o zanahorias. Existen muchas versiones y se puede hacer combinando varias carnes como res, cerdo y gallina.

Su preparación recuerda al mole de olla. Es un platillo especial y de fiesta para los purépechas de Michoacán.

CHURRA ◆ lisa

CHURRERÍA

Establecimiento donde se venden churros. Generalmente no hay otra cosa en el menú, y en caso de que exista algo, los alimentos son muy sencillos, como tortas o tamales. La bebida con la que tradicionalmente se acompañan los churros es el chocolate en cualquiera de sus estilos, es decir, a la mexicana, a la francesa o a la española. En algunos lugares existen algunas churrerías muy famosas. En el Distrito Federal, por ejemplo, El Moro es un establecimiento de gran tradición; llevar a los niños a esta churrería por lo menos una vez durante su infancia es una tradición. Allí es todo un espectáculo ver la gran tira en forma de espiral que se hace

con la masa del churro mientras se fríe, y que alcanza a medir varios metros de largo. Los churros se van friendo conforme llegue la clientela; es decir, se hacen al momento. Recién salidos de la fritura, los churros se cortan, se revuelcan en azúcar y se sirven calientes; aunque mucha gente los lleva a su casa. En las mesas se sirve la orden de cuatro churros con una taza de chocolate caliente a la mexicana, a la francesa o a la española. Esta churrería abrió sus puertas en 1935 en el Eje Central Lázaro Cárdenas, Centro Histórico. En tanto, Xalapa tiene la famosa Churrería del Recuerdo, de gran tradición, que originalmente estuvo ubicada entre las empedradas calles de la parte antigua del centro de la ciudad, y aunque se ha movido de dirección un par de ocasiones, no ha perdido su clientela. Actualmente el nombre ha cambiado por el de Cenaduría Torres, y han incluido en el menú otros antojitos populares, pero la gente antigua de Xalapa sabe que es la misma churrería de antaño. Por supuesto, junto con los churros se ofrece el chocolate a la mexicana, a la francesa o a la española.

CHURRO

Fritura de origen español, de forma alargada, hecha con una masa de harina de trigo similar a la de los buñuelos. La masa se mete en una especie de jeringa metálica que tiene en su salida una duya rizada que da forma al churro; conforme se ejerce presión va saliendo la masa, que se fríe inmediatamente. Después de frito, el churro se revuelca en azúcar. En México

los churros se comen como antojo a cualquier hora del día o acompañados con chocolate en la merienda o la cena, pero son más requeridos en el desayuno. Vendedores y puestos ambulantes los venden por las calles a manera de golosina, existen vendedores y puestos ambulantes, y también se hacen en las panaderías (aunque en realidad no pueden considerarse una forma de pan de dulce). Se considera que los mejores son siempre los que se venden en las churrerías.

CHUTI ◆ shuti

CHUVII ◆ gusano chuvii

CICUAS O CUICAS

Venas de la hoja de plátano que se extraen como tiras o hilos para amarrar tamales en el estado de Colima.

CIDRA ◆ limón, sidra, toronja

CIGARRA

Insectos hemípteros y homópteros. Miden en promedio de 15 a 16.5 mm de largo. Se consumen asados y fritos en entidades como el Estado de México, Puebla e Hidalgo, sobre todo en las zonas rurales.

→ chicharra, zatz

CIGUAMONTE, CIGUAMUT O CIHUAMONTE

GRAF. siguamonte, tzihuamonte, ziguamonte, zihuamonte o zihuamut. Guiso que cambia de nombre según la región donde lo preparan. Tradicionalmente se ha elaborado en comunidades indígenas con carne de animales monteses o silvestres como venado, jabalí, mono o tlacuache; sin embargo, debido a la escasez de estas especies o a la prohibición de su consumo, se elabora con más frecuencia con chivo, res o conejo. El procedimiento es muy similar en todos los casos: primero se asan las carnes y luego se guisan con condimentos. Es un platillo típico de Chiapas. En Jiquipilas, el ciguamonte suele cocinarse con carne de venado o res, con jitomate, chile guajillo, cebolla, hierba santa, ajo y epazote. En San Cristóbal de las Casas, el ciguamut, como también se le conoce, suele prepararse con ijar, jitomate, ajo, cebolla, achiote, epazote, chile Simojovel, papas y zanahorias, entre otras verduras. Una variedad llamada postoma se espesa con masa batida. En varios lugares la carne se cocina con jitomates y mucho epazote. En algunos casos, este guiso se puede parecer al chocolomo de Yucatán.

Conocido también como:
◇ chiguamonte
◇ chiva del monte

CILANTRO (*Coriandrum sativum*)

Hierba aromática de la familia de las apiáceas, de hojas verdes, partidas, largas, con pecíolo muy corto, de forma poco triangular. Sus semillas se ocupan como especia. En todas las regiones de México se utiliza fresco. En los puestos de muchos mercados populares, los marchantes regalan a sus clientes pequeñas cantidades, lo que ellos consideran que necesitan para guisar en un día; si el cliente pide más, se cobra por separado, pero su costo es muy bajo. Suele utilizarse casi toda la rama, debido a que tiene mucho sabor. Se pica y se agrega a un sinnúmero de salsas cocidas y crudas, o se utiliza como adorno en sopes, tlacoyos, chilaquiles, cocteles o cebiches de mariscos. Cocido y molido forma parte de diversas salsas y guisos. El arroz blanco, los caldos de pollos

191

y los frijoles se aromatizan a menudo con cilantro. Las semillas de cilantro, no son tan utilizadas en la cocina mexicana, excepto en algunas regiones donde se emplean en moles, salsas, adobos, escabeches y en el chorizo de Toluca. El cilantro fue traído a México por los españoles y desde entonces se utiliza ampliamente en nuestra cocina; incluso, junto con el perejil y el epazote, es una de las hierbas aromáticas más empleadas en las cocinas mexicanas.

Conocido también como:

◇ coriandro
◇ culantro

→ perejil ranchero

CILANTRO EXTRANJERO O CILANTRO HABANERO
◆ perejil ranchero

CILANTRO SILVESTRE (*Coriandrum sativum*)
Nombre con el que se conoce al cilantro que no está cultivado, pues crece salvajemente. Es muy usado por las comunidades indígenas del norte del país.

CILANTRÓN ◆ perejil ranchero

CIMARRÓN
Adjetivo que se le da a las plantas silvestres de cuyo nombre o especie hay otra cultivada; o a los animales salvajes no domesticados o que huyen al campo y se hacen montaraces.

CIMATE
Raíz del frijol ayocote. Se utiliza como potencializador del pulque, pues le aporta viscosidad y consistencia. Conocido en náhuatl como *címatl*.

→ ayocote

CIMPUAL ◆ cempasúchil

CINA ◆ sina

CINCOLOTE ◆ cencolote

CINCOQUELITE (*Cyclanthera langaei*)
Planta de hojas verdes agrupadas de cinco en cinco, de ahí su nombre. Su consumo y cultivo se acostumbra en la sierra Norte de Puebla. En Naupan, Puebla, se hace el cincoquelite en caldo, una especie de sopa sencilla en la que se cuecen las hojas en agua y sal. Suelen acompañarse con tortillas de maíz y salsa picante. Conocido en náhuatl y totonaco como *macuilquilit*.

CINTILLA (*Trichiurus lepturus*)
Pez de agua salada, de cuerpo alargado y comprimido, sin escamas, con cola terminada en punta y sin aleta caudal. Es de color plateado. Mide hasta 1 metro de largo. Se distribuye en todo el Atlántico desde Estados Unidos hasta Argentina. Se pesca todo el año y se encuentra en el mercado fresco,  entero, congelado, ahumado y desmenuzado. Su carne es firme y de sabor suave, por lo que puede prepararse en caldo, asado, a la plancha, en quesadillas o rebozado.

Conocido también como:

◇ cinta
◇ pez cinta
◇ pez cintilla

CIRICOTE (*Cordia dodecandra*)
GRAF. siricote. Fruto carnoso de la familia de las boragináceas, de unos 5 cm de diámetro. Cuando está inmaduro es verde pálido y de sabor ácido, pero al madurar se torna amarillo y dulce. Abunda durante junio y julio. Existen diferentes variedades de *Cordia*, entre ellos *Cordia alliodora* y *Cordia dentata*, que se consumen también como frutos frescos. En Chiapas se elaboran dulces con su fruto. En el sureste del país este fruto se prepara en almíbares, conservas y jarabes; entre sus usos sobresale el dulce de ciricote que se acostumbra en Yucatán. Cuando está cocido, su sabor recuerda al del durazno.

Conocido también como:

◇ chakopté
◇ cópte o kopté
◇ matzú

Conocido en algunas regiones como:

◇ cópite o copito (Veracruz)
◇ cupapé (Chiapas)
◇ trompillo (Veracruz)

Conocido en maya como:

◇ k'an-ko'pte

→ matzú

CIRUELA
1. Del tagalo *sirihuelas*, y pasó al español como ciruela. Frutos anacardiáceos del mismo género nativos de América, sumamente parecidos en forma, color y tamaño, también llamados jobos. Entre las variedades más conocidas destacan la *Spondias mombin*, y la *Spondias purpurea*. Ambas especies se localizan principalmente en Veracruz, Tabasco, Yucatán y Oaxaca. Se comen como golosina con sal y chile cuando están verdes. Al madurar se consumen como fruta fresca. En los climas calientes se disfruta especialmente chupando su pulpa y hueso. En muchos lugares se cuecen en agua con azúcar para hacer el dulce de ciruela. El jocote, como también se le conoce, varía en forma y tamaño; su piel es gruesa y en la mayoría de los casos amarilla, aunque puede ser también roja. En Campeche, para elaborar el dulce de tuxpana las ciruelas se remojan en agua con jugo de limón bastante ácido y se cuecen en almíbar de azúcar. En la Huasteca veracruzana es muy popular el agua de ciruela o de jobo, con la que también se preparan paletas heladas y atoles. En Guerrero se hace el atole de ciruela. En la Huasteca potosina se elabora un licor llamado jobito. En muchos estados del país se maceran en aguardiente o ron y las llaman ciruelas curtidas; el alcohol que se obtiene después de macerarlas se denomina licor de jobo, licor de ciruela o mistela de ciruela. En el Istmo de Tehuantepec, Oaxaca, son famosas las ciruelas encurtidas o en dulce, las cuales se maceran en aguardiente hasta por dos años cuando todavía están verdes. Son famosas en toda la región del sureste porque existen vendedoras en casi todas las ciudades, se les puede ver con una batea llena de ciruelas maceradas en licor. De la misma forma se preparan en algunas partes de Tabasco y Chiapas. El jarabe producido por la maceración se mezcla con aguardiente de caña, para producir un licor muy apreciado. El nombre de jocote deriva por su parte del náhuatl *xocotl*, palabra para identificar los productos agrios.

Conocido también como:

◇ ciruela agria (*Spondias mombin*)
◇ ciruela colorada (*Spondias mombin*)

◇ ciruela de México (*Spondias mombin*)
◇ ciruela roja (*Spondias mombin*)
◇ *cuaxocotl* (*Spondias mombin*, *Spondias purpurea*)
◇ hobo o jobo (*Spondias mombin*, *Spondias purpurea*)
◇ jocote (*Spondias mombin*)
◇ jovo (*Spondias purpurea*)
◇ ovo (*Spondias mombin*)
◇ xobo (*Spondias mombin*)

Conocido en algunas regiones como:

◇ chiabal (*Spondias mombin*, Yucatán)
◇ ciruela campechana (*Spondias purpurea*, Veracruz)
◇ ciruela tuxpana (*Spondias purpurea*, Tabasco, Yucatán)
◇ jocote (*Spondias mombin*, Morelos, Guerrero, Oaxaca y Veracruz)

2. Frutos del género Prunus, sobre todo de la especie *Prunus domestica*, que son las llamadas ciruelas negras europeas. Aunque se comen frescas, la mayoría se emplean para deshidratarse y consumirse como ciruela pasa.

CIRUELA DE PALOMA ◆ icaco

CIRUELA PASA

Ciruela negra deshidratada y arrugada, de sabor dulce. Se consume principalmente en la Navidad y las fiestas de fin de año como golosina y es parte de los rellenos de pavos horneados y los ponches de Navidad. Durante estas épocas es interesante ver en los mercados populares como resaltan en los puestos que las venden, pues tienen grandes cantidades de ellas. También se venden mezcladas con orejones de chabacano y manzana, para ofrecer como botana en las reu-

niones, o bien para ponerlas en pequeñas canastas que sirven de regalo. En Comitán, Chiapas, se prepara el postre de ciruela pasa, que contiene leche, azúcar, canela, coco rallado y ciruela. Todo lo anterior se hierve hasta quedar espeso.

CIRUELAS CURTIDAS

Preparación de ciruelas coloradas *Spondias mombin*, que cuando están inmaduras se ponen a macerar en aguardiente de caña o ron blanco por tiempo indefinido —por lo menos un año— hasta que el fruto queda totalmente cocido o curtido por el alcohol. Se comen como golosina o postre. De manera similar se curten nanches y mangos, y a veces se mezclan incluso varias frutas. Se venden tradicionalmente en las plazas, parques y atrios de las iglesias, en los estados de Veracruz, Oaxaca, Chiapas, Tabasco y Campeche, donde existe la costumbre de encurtir este fruto de forma casera. Sin embargo, son las tehuanas las encargadas de la venta en lugares públicos de las también llamadas ciruelas en dulce. De esta manera los compradores suelen asociar las ciruelas con el estado de Oaxaca.

CIRUELAS EN VINAGRE

Preparación de ciruelas verdes maceradas en pulque blanco, agua, cáscaras de piña, manzanas, piloncillo, cebolla,

chile pasilla, chile de árbol y sal. Son tradicionales del estado de Oaxaca. Las ciruelas pueden sustituirse por membrillos, manzanas o mangos verdes; la fruta se consume cuando está suave.

CIRUELILLO O CIRUELO ◆ nanche

CIUDAD DE MÉXICO ◆ Distrito Federal

CLACHIQUE ◆ aguamiel

CLACOYO ◆ tlacoyo

CLANEPAQUELITE ◆ hierba santa

CLARINETE ◆ hongo amarillo, hongo corneta

CLAVEL DE ORO ◆ caléndula

CLAVELLINA BLANCA ◆ apompo

CLAVETEADA

Preparación elaborada con un trozo de carne de res, generalmente lomo, palomilla o pulpa negra que se clavetea, es decir, se mecha con aceitunas, alcaparras, pasitas, almendras, zanahoria, jamón y pedacitos de tocino. En Tabasco la carne se unta con una mezcla de pimienta, clavo, orégano, ajo y sal, sellándola hasta quedar dorada. Enseguida se hace una salsa molida bastante líquida a base de chile ancho, chile guajillo, cebolla y ajo, en ella se cuece la carne para luego cortarla en pedazos más pequeños y pasarla al horno donde se continúa cociendo hasta que la salsa espesa y la carne se suaviza. Se sirve con bastante salsa y se acompaña de arroz blanco. En Puebla, al igual que en Oaxaca, se trata de un guiso casero importante; el cuete se mecha con zanahoria y tocino, se dora con aceite, después se cuece con agua con cebolla, ajo y vinagre y se sirve rebanado con salsa verde acompañado de verduras. Es un platillo especial de bautizos, bodas o cumpleaños. En el Distrito Federal, este mismo guiso es un platillo festivo que se acostumbra sobre todo en la época navideña y Año Nuevo.

CLAVETEAR

Enterrar unos clavos de olor en una carne, fruta o verdura para que al momento de la cocción suelte todo su aroma pero no se pierda en el preparado.

→ mechar

CLAVITO ◆ hongo clavito, hongo escobeta

CLAVITO GRANDE ◆ hongo clavito

CLAVO (*Syzygium aromaticum*)

Especia de la familia de las mirtáceas que produce el árbol del mismo nombre. Es un botón floral recogido antes de que se abra y puesto a secar. Contiene una gran cantidad de aceite esencial, por ello es muy aromático y astringente; se debe utilizar en pequeñas cantidades, pues su sabor es muy penetrante, intenso y picante. Mide 12 mm de longitud con un sombrerete de 4 mm de diámetro; por esta forma es similar al clavo que usan los carpinteros. Originario de Indonesia y especialmente de las

Molucas. En la cocina mexicana es muy utilizado para condimentar alimentos salados y dulces. Es muy importante en guisos salados; se incluye entero o molido en moles, adobos, escabeches y otros platillos. En cuanto a los postres, se emplea sobre todo en almíbares de frutas como el dulce de guayaba.

Conocido también como:

◇ clavo de comer
◇ clavo de especia
◇ clavo de olor

CLAYUDA ◆ tlayuda

CLECUIL ◆ tlecuil

CLEMOLE

Del náhuatl *tetl*, fuego, *y molli*, mole, que derivó en *tlemole* y de ahí pasó a clemole. Guiso o caldo condimentado con chile y tomate que generalmente incluye diversas verduras y carne. Este platillo se emplea como plato principal de la comida del mediodía en los estados del centro del país; es una especie de puchero muy condimentado. En la región central de Guerrero es un caldo condimentado con chile rojo, ejotes, chayotes y elotes en trozos, que se acompaña con morisqueta. En el norte de la entidad se le llama con su nombre náhuatl *tlemolli* y suele hacerse con huilotas. También en esta entidad se prepara la ardilla en clemole de epazote. En Morelos es un guiso ordinario que se hace con frecuencia en las casas; los hay de varios tipos de carne, pero lo más común es que se utilice res, cerdo o huilota guisados en salsa de tomate o jitomate con chile verde, epazote y cebolla. Menos común es el clemole de bagre u otro pescado. En Oaxaca se designa con este nombre un guiso de carne de cerdo, chorizo y gallina en una salsa de cilantro, ajo, clavo, pimienta, canela, chile ancho o pasilla y ajonjolí. De acuerdo con los estudiosos de las tradiciones en Oaxaca, el clemole es un guiso muy antiguo que sirvió de base para lo que hoy se conoce como mole colorado. En el supuesto manuscrito de Sor Juana Inés de la Cruz aparece este guiso bajo el nombre de clemole oaxaqueño. En Puebla también lo llaman tlemole o en diminutivo, clemolito. Existen muchas variantes que recuerdan en apariencia un mole de olla. La carne de cerdo o pollo se cuece en agua con cebolla y ajo, condimentada con tomate, chile serrano y cilantro molidos y se le agregan verduras como elote, calabacitas y ejotes. Por sus ingredientes, es un platillo de tonalidades verdes. A veces se acompaña con salsa de rábanos picados, cebolla y chiles poblanos, todos marinados en jugo de limón.

COA

Instrumento de labranza prehispánico que sirve para cavar. Es una pieza más o menos triangular a modo de pala plana o ligeramente acanalada, de hierro grueso y con filo en la base; tiene además un mango largo y pesado para manejarla estando de pie. En el México antiguo la coa era símbolo de la clase campesina.

COA DE CORTE

Instrumento agrícola de hierro, con un extremo circular, calzado de acero y mango de madera que se emplea en algunas regiones pulqueras.

COACHALA ◆ cuachala

COAHUILA

Estado ubicado en la parte central del norte del país; colinda al norte con el estado de Texas, al este con Nuevo León, al sur con Zacatecas y Durango y al oeste con Chihuahua. Se fundó el 7 de mayo de 1824, se divide en 38 municipios y su capital es Saltillo. Las etnias que habitaron la zona antes de la llegada de los españoles eran tribus nómadas que no dejaron registros; el único pueblo originario que habita actualmente la zona en una localidad llamada El Nacimiento son los kikapúes, provenientes de lo que ahora son Wisconsin, Texas, Arkansas y Oklahoma, que se establecieron en territorio mexicano en 1824. La cacería es la actividad principal de la comunidad kikapú, con la que se abastecen de carne y pieles, mientras que la agricultura es una actividad secundaria; por ello existen únicamente algunas parcelas con cultivos de trigo, avena, maíz, cebada, frijol y calabaza. La comunidad mascoga, vecina de los kikapúes habita en la misma localidad; los integrantes de este grupo son descendientes de una comunidad afromestiza (afroamericanos y seminoles de Florida) proveniente de los Estados Unidos, la cual se instaló en Coahuila en 1850. La alimentación de los mascogos de Coahuila resulta de la mezcla de costumbres alimentarias afroseminoles con las del noroeste del país; así, algunos ingredientes presentes en su dieta son la papa, el camote, el maíz, la carne seca y el chile piquín. Debido a que ambos grupos son relativamente independientes, la influencia de sus costumbres alimentarias en la cocina de Coahuila es mínima, aunque no inexistente, algunos ejemplos de platillos mascogos son el borrego al ataúd, los chicales, el chicharrón de vísceras, el macho, la patagorría y el soske (atole de maíz). Coahuila es uno de los estados más industrializados del país, únicamente el 6.2% de la población ocupada trabaja en el sector primario, por lo que sólo el 10% de su población habita en zonas rurales. Los sectores de la industria manufacturera (transformación automotriz, textil y metal) y el comercio aportan más de la mitad de PIB estatal; además, debido a su extensión territorial, es el primer productor a nivel nacional de leche y carne de caprino en canal y segundo productor de leche de bovino, manzanas, nueces y nopal forrajero. El estado comparte con sus estados vecinos algunas de las especialidades culinarias que se preparan a la usanza del norte. Entre la comida tradicional y los antojitos de esta entidad están los almendrados, los asados de bodas y de cerdo, la barbacoa, la carne con chile colorado, la carne asada, el cortadillo de res, el chorizo, las enchiladas rojas y de olla, los frijoles charros, la lobina negra frita, la machaca, el menudo, las quesadillas, los tacos laguneros. El cabrito se come en diferentes modalidades: asado, al horno, al pastor, en caldillo, enchilado y fritada (cabrito en su sangre). La comida de cuaresma forma parte importante de las tradiciones religiosas; incluye albóndigas de camarón, bichicoris (orejones), chicales, chicos, nopales con chile, pipián con nopales, tortitas de camarón, de flores de izote y de papa. Algunos dulces y postres se preparan únicamente en ciertas temporadas y otros como los ates de membrillo y de perón, los buñuelos, la capirotada, los dulces de leche (jamoncillos), las frutas cubiertas (destaca el higo), las mermeladas y las torrejas se

Iglesia de San Ignacio de Loyola, Parras

encuentran todo el año. Mención especial merecen los postres y dulces que se elaboran a base de nuez, como el dulce de nuez, las empanadas de nuez con piloncillo, la marqueta de nuez, las nueces garapiñadas, la palanqueta y los rollos de nuez. Además, las tortillas de harina no solamente se hacen saladas, sino también existen las tortillas dulces de harina. Existen panes y tamales regionales como cemitas de pulque, coyotas, gorditas

Reserva de la Biósfera Cuatro Ciénegas

de harina, hechizos, rancheritas de trigo, hojarascas, polvorones de harina de maíz, tamales con almendra, de venado y norteños (tamalitos rojos). La ciudad de Parras de la Fuente es reconocida por la elaboración casera e industrial de vinos de mesa, es en esta ciudad donde se encuentra Casa Madero, la primera casa vinícola fundada en Latinoamérica y donde se celebra, desde 1946, la Feria de la uva y el vino.

COAJITOS

Guiso de carne de cordero o carnero cortado en trozos, cocinado con manteca de cerdo, jitomate, ajo, cebolla, chile serrano, la propia sangre del animal o sangre de res y orégano. Se prepara en Nuevo León.

COAMIL

Forma rudimentaria de cultivo de maíz que consiste en agujeros cavados con coa por laderas fragosas de los cerros, lugares inasequibles para el arado. Esta práctica la realizan los huicholes.

COATÍ ◆ tejón

COBIA ◆ esmedregal

COCADA

Dulce hecho de coco rallado o molido, cocido con azúcar o piloncillo que, según la región, puede tener más ingredientes y distintas formas y texturas. En los términos

más puristas, la cocada es únicamente un dulce de coco cocido en su agua con azúcar o piloncillo, en forma de tambor o redondo; sin embargo, existen muchas variantes a lo largo y ancho de nuestro territorio. El dulce de pulpa de coco rallada, cocida con azúcar o piloncillo y agua de coco o agua natural, se acostumbra en todas las regiones costeras de México, incluso donde no existen cocos. Se encuentra en diferentes modalidades y colores. No hay una regla fija para elaborar este dulce; a veces es de tono blanco si se pela la pulpa y se usa azúcar blanca, o de tono oscuro si tiene la cáscara café de la pulpa y está cocida en piloncillo. En algunos lugares es un dulce muy suave y en otros más duro o hasta crujiente. Las principales variedades por región son: En San Cristóbal de las Casas, Chiapas, se prepara la cocada horneada; el coco rallado se cuece en leche con yemas de huevo, azúcar y canela, hasta que adquiere consistencia. Luego se añade brandy, se coloca en un platón y se hornea.

• En Colima es muy popular y es posible encontrar la cocada en muchas modalidades, hecha únicamente de coco o

con más ingredientes. Por lo general, se prepara con pulpa de coco rallada o molida con miel de azúcar, leche y yemas de huevo. Las cocadas con consistencia firme se llaman alfajores y, dependiendo de la forma en que se corten, se pueden conocer como mosaicos, bocadillos, barras, discos, tortillas o volcanes; a cualquiera de estos se puede añadir indistintamente en el preparado cacahuates, almendras, pasas, dátiles, ciruelas pasas o piñones. Existen asimismo las llamadas cocadas de leche quemada; la leche se quema para enriquecer el sabor y también se le pueden añadir almendras, pasas o piñones. Otro uso de los dulces de coco en la entidad es para rellenar empanadas dulces y frutas como limones o naranjas.

• Aunque el Estado de México no está ubicado en la costa ni es productor de coco, las cocadas son un dulce de gran arraigo; incluso se utilizan de forma más variada que en los estados en donde crece la fruta. Las hay blancas, grises, amarillas, cafés, envinadas, mezcladas con diferentes frutas, de consistencia suave o dura, hechas con azúcar blanca, morena o piloncillo; también se utilizan en los limones rellenos. En el centro de Toluca existen muchas dulcerías que las venden, pues son muy populares.

• En Nayarit, al igual que en otros estados costeros, las cocadas son de múltiples formas y se hacen mezcladas con frutas como piña o limón, entre otras.

• En Oaxaca se prepara la cocada horneada; es un dulce de platón hecho de coco rallado, agua de coco, azúcar, leche, yemas de huevo y ron. Se prepara de forma similar a las otras, cuidando que quede con textura suave; luego se pone en un platón y se hornea. Suele adornarse con almendras, pasas y canela.

• En San Luis Potosí se prepara una especie de cocada con azúcar y vainilla, llamada croquimol.

• En Tabasco existen cocadas de muchos tipos, llamadas dulces de coco. Las blancas se hacen quitándole al coco por completo la cáscara café y utilizando azúcar blanca. Las cocadas de tono gris tienen azúcar morena y algo de la cáscara del coco, al igual que en otros lugares de México. Pero el dulce clásico de coco es el que se mezcla con otras frutas, como piña, camote o ambas. Es de consistencia firme y suave y sabor muy agradable. La masa suele extenderse en una tabla para luego cortarla en rombos. También se hace el dulce de coco mezclado con pulpa de piña: se cuece todo junto, se extiende y se corta en rombos de 12 cm de largo. Se hace de forma casera, pero se vende en los mercados populares, o de casa en casa.

• En Veracruz se prepara a base de coco rallado que se pone a hervir en su propia agua junto con azúcar y rajas de canela, se agregan yemas hasta quedar pastoso, se hornea y al momento de servir se adorna con pasitas. Se acompaña con café caliente. Se le conoce como dulce de coco.

• En Yucatán el dulce de coco es también muy tradicional. Se encuentra blanco cocido en azúcar blanca, y oscuro preparado con piloncillo o azúcar morena; normalmente tiene forma de rombos.

• En Jerez, Zacatecas, se elabora una cocada que en el resto del estado llaman cocada jerezana; lleva coco rallado cocido en almíbar de azúcar, leche y yemas de huevo. Ya hecha se pone en un comal sobre brasas para dorar la superficie. La cocada es conocida también como:

◇ alfajor

◇ cocada horneada

◇ coche
◇ dulce de coco
◇ greñuda
◇ rompemuelas

COCHEL ◆ cerdo

COCHI

Nombre que designa a diferentes especies de pescado. *Balistes polylepis* es un pez de color verde con forma semejante a un comal. Tiene boca pequeña y una gran mandíbula que le sirve para triturar ostras con las que se alimenta. Su estructura ósea es de una sola vértebra, por lo que no tiene espinas. Carece de escamas y cuenta con dos aletas, una en la parte superior y otra en la inferior. Su peso varía de 2 a 3 kilos. Especie muy preciada para hacer cebiche en las entidades que rodean el Mar de Cortés.

Conocido también como:

◇ bota
◇ cochito
◇ pejepuerco

Conocido en algunas regiones como:

◇ cochinito (Veracruz)
◇ comal (Baja California)
◇ escochín (Caribe mexicano)
◇ pistolas (Culiacán, Sinaloa)

→ cerdo, pez puerco

COCHI DE MONTE ◆ jabalí de collar

COCHIMÍ

Grupo étnico asentado en la parte norte de Baja California. De acuerdo con el Censo de Población y Vivenda 2010, se registra un total de 88 hablantes de cochimí. Ocupan las mesetas costeras de los municipios de Tecate, Tijuana y Ensenada; sus principales

Artesanía cochimí

núcleos de población están en las localidades de la Huerta, Ojos Negros y Peña Blanca. El clima de la región es seco y extremoso. En la costa, la altitud oscila entre los 0 y 500 metros sobre el nivel del mar, en tanto que en la serranía llega a alcanzar hasta 2 000 metros. El suelo es árido y semiárido con una vegetación en donde predominan los matorrales dispersos. En la actualidad, las tradiciones ancestrales siguen constituyendo parte de la alimentación; el consumo de la flora y semillas como piñón, jojoba, bellotas, torote, palo fierro, biznaga y otros cactus forman el grupo de los alimentos cotidianos. Entre los platillos típicos de los cochimíes está el atole de bellota.

COCHINILLA ◆ grana cochinilla, marranilla

COCHINITA

1. Cerdo tierno o lechal, específicamente hembra, aunque este término puede ser confuso, porque actualmente cualquier lechón macho también se utiliza para cocinarlo. En el pasado, muchos platillos se hicieron con auténtica cochinita, por ello fueron bautizados como tal. Hoy en día se siguen cocinando estos preparados sin que necesariamente sean de lechón. De hecho, la mayoría de estos platillos se cocinan con cerdos totalmente desarrollados.

2. Guiso que, de acuerdo con la región, varía en sus ingredientes. En Morelos es un guiso de carne de cerdo cocido en una salsa de chiles secos criollos, jitomates, ajo, pimienta, clavo y comino. La cochinita guerrerense es típica de Tepecuacuilco. Se hace macerando trozos de carne en una salsa de chiles. Todo se pone crudo dentro de una cazuela de barro para que se cuezan juntos, pero no se dejan de mover hasta que la salsa está totalmente cocida y la carne suave. Este proceso requiere de varias horas debido a que se prepara en grandes cantidades porque es un platillo especial para grandes fiestas. La salsa contiene chile ancho, chile guajillo, clavo, pimienta gorda y comino entre otros ingredientes.

COCHINITA DE LA MAR EN SALPICÓN ◆ salpicón

COCHINITA PIBIL

Platillo preparado con carne de lechón o cerdo condimentada con recado rojo, desleído en jugo de naranja agria con otras especias como comino y pimienta de Tabasco y envuelta en hojas de plátano. Antiguamente se horneaba en pib, del que tomó el nombre y que todavía se sigue utilizando en la península de Yucatán. En la actualidad la mayoría de las veces se cocina en un horno convencional o se cuece al vapor. Generalmente la carne se sirve deshebrada para comerse en tacos con tortillas de maíz, acompañada con cebollas moradas curtidas o salsa xnipec. Antaño la carne de la cochinita también se preparaba mezclada con pezuñas, hígado y orejas del animal. En la actualidad se prefiere hacerla de carne maciza o pierna. Este platillo está considerado como el más representativo de la cocina yucateca y es sin duda una de sus máximas glorias. Encuentra sus orígenes en la época prehispánica, en la que originalmente se hacía con venado y otros animales. Cuando se utilizaba venado se llamaba *pibil keh, y* cuando era de pavo de monte, *pibil kuts.*

Los verdaderos conocedores de la cochinita pibil prefieren la que se prepara con todas las partes del animal, pues hay más sabor; sin embargo, es difícil de encontrar. En Yaxunah, Yucatán, a unos 20 kilómetros de Chichén Itzá, todavía se sigue preparando con pecarí de criadero, una de las carnes originales como se hacía en la época prehispánica.

COCHINITO ◆ cochito, grana cochinilla, marranito

COCHINITO A LA CUBANA

Platillo típico para ocasiones especiales. Los cerdos de 3 o 4 meses se cortan en canal y se cocinan enteros a la leña durante varias horas; al final, la piel del animal queda crujiente y la carne totalmente cocida. Es servido en rebanadas con un mojo preparado con abundante ajo, cebolla, vinagre, jugo de limón, pimienta y clavo. Se acompaña con frijoles negros, y las vísceras suelen comerse con aguacate y jugo de limón. De esta misma forma se preparan pollos. Es un platillo que se acostumbra en la región de La Chinantla en Oaxaca (Tuxtepec y Chiltepec) y en las localidades de influencia africana en Veracruz (Yanga). Durante mucho tiempo llegaron a esas regiones esclavos negros, y a finales de XIX también muchos cubanos que emprendieron el negocio del tabaco, de modo que su nombre deriva de esa influencia africana-cubana.

COCHINO ◆ cerdo

COCHITO

1. Forma de nombrar al cochinito o cochino lechal en diversos estados de la república mexicana como en Sonora y Oaxaca. Su nombre proviene del náhuatl *cochi*, que significa dormilón.

2. En México, los pescadores designan con el nombre de cochito, cochi o pez puerco a diferentes especies marinas que supuestamente se parecen a dicho animal.

→ cochi, pez puerco

COCHITO AL HORNO

Guiso hecho de carne de lechón. El cochito al horno es una receta muy tradicional y forma parte de las llamadas comidas grandes de Chiapas. Existen diferentes formas de prepararlo. En Tuxtla Gutiérrez, el cochino entero y sin vísceras se marina en jugo de naranja agria, se cocina en horno de leña y se sirve acompañado de frijoles negros refritos. Las vísceras cocidas se guisan con jitomate, cebolla, chile, cilantro y limón, y suelen servirse como botana, con tostadas, antes de comer el cochito. En Chiapa de Corzo tradicionalmente se unta el lechón con un recado de jitomate, cebolla, ajo, chiles anchos, vinagre, pimienta gorda, canela y tomillo. Se deja reposar una noche y se cocina en horno de adobe. El cochito se pone en un platón y se adorna con ensalada de lechuga y cebollas rebanadas y chile tempinchile, uno de los más usados. En Simojovel es un guiso de carne de cerdo cortada en porciones y cocida en agua con sal para incorporarla a un guiso hecho con chiles guajillo y ancho, vinagre de piña, pimienta negra, clavo, jitomate, tomate, cebolla, ajo, nuez moscada, tomillo, orégano y canela. Se deja hervir, se le añaden hojas de arrayán y luego se hornea. En San Cristóbal de las Casas es un preparado de espinazo y pierna de cerdo adobada desde un día antes. Al día siguiente se cuece con agua y se hornea hasta que queda seco. Al momento de servirlo se adorna con lechuga y rabanitos picados finamente. Cochi es el nombre en tseltal que recibe el cerdo; mientras que el lechón o cerdito se llama cochito. Este platillo también es conocido como cochinito horneado.

COCIDO

Caldos o pucheros en los que se cuecen diversos tipos de carne y verduras. En el sureste se le conoce como puchero y en el norte y la región del pacífico lo llaman cocido, aunque significan lo mismo. Algunas variedades regionales son:

• En Comitán, Chiapas, el cocido está hecho de carne de res maciza cortada en trozos, huesos porosos o huesos de tuétano cocidos con ajo, cebolla y sal. A este preparado se le agregan verduras como chayote, zanahoria, elote, jilote, papa, calabacitas tiernas y frutas como plátano macho, manzana, durazno y membrillo. Finalmente se añade tomate verde o jitomate, pimienta de Castilla, achiote, cilantro y hierbabuena.

• En Chihuahua se le conoce como puchero y se trata de una preparación casera que se acostumbra todo el año, especialmente durante los días fríos del invierno. Su arraigo en Chihuahua es tan grande que hasta en los restaurantes de carnes acostumbran servir un plato de cocido antes del corte de carne. Es muy común su preparación con carne de aguayón, retazo, costilla, chamberete, cola y tuétano de res. Las verduras más utilizadas son zanahoria, papas, repollo, calabaza y elotes, todos cocidos en agua con cebolla, ajo y cilantro. Algunas familias acostumbran poner bastante carne o chamberete para picarlo por separado y hacer taquitos de tortillas suaves o doradas en aceite. Esta carne puede estar sofrita sola o guisada con cebolla, ajo, chile y papa. El tuétano es muy apreciado y se unta sobre una tortilla caliente de maíz para hacer un taco que se completa con sal y salsa.

• En Michoacán suele hacerse de carne de res, tuétano y ubre. Entre las hortalizas que contiene están el chayote, jícama, zanahoria, col, papa, calabacitas, ejotes y elotes, los cuales se cuecen con ajo, cebolla y hierbabuena. Se sirven generosas porciones en platos hondos ya que hace la función de plato principal y se acompaña con salsa picante y tortillas de maíz.

• En Oaxaca es una comida tradicional para el sábado y su preparación varía dependiendo de la familia. Se considera que es un "buen cocido" cuando incluye carne de res, cerdo y pollo, y en ocasiones carnero. Las verduras que se le agregan son elote, ejote, garbanzo, zanahoria, chayote, papa, calabacitas y col. Se acompaña con arroz blanco, arroz con azafrán, salsa de chile pasilla oaxaqueño, jugo de limón y rajas de chile de agua. Si el preparado sólo lleva carne, entonces se aromatiza con hierbabuena, y si es con carne de cerdo lleva orégano fresco. Tradicionalmente se sirve primero el caldo, después el arroz blanco, luego las verduras e inmediatamente la carne, que se deshebra para comerla con tortillas de maíz en forma de tacos. La carne que sobra del cocido se fríe con ajo y se come en forma de tacos, que son denominados tesupos, acompañados con salsa de chile pasilla oaxaqueño.

• En Sonora, las recetas pueden contener faldilla y cola de res cocidas con ajo y cebolla. Entre los muchos elementos que puede contener están los elotes tiernos, garbanzo, jitomate, camote, papa, ejote, calabacita, membrillo, calabaza, chorizo y cilantro.

COCIDO DE CARNAVAL

Guiso de costilla y maciza de res cocido con jitomate, cebolla, elotes, chayotes y col. Esta comida forma parte de los acontecimientos del día martes del Carnaval de San Fernando, Chiapas.

COCIDO DE TRES CARNES

Puchero que antaño era uno de los platos principales más comunes en la comida del mediodía entre las familias de altos recursos económicos. Actualmente es un plato muy popular, aunque es común que se haga con una sola carne para reducir su costo. Es tradicional de Aguascalientes, Zacatecas y San Luis Potosí. En Zacatecas, originalmente se preparaba con res, carnero, pollo, calabacitas, ejotes, garbanzos, elote, arroz, cebolla, ajo y azafrán; se servían en la mesa separando las verduras, el caldo y una salsa de chile colorado. Actualmente el caldo puede estar hecho de tres carnes o sólo una. Las más empleadas son las de res, pollo y cerdo. En San Luis Potosí, Aguascalientes y Jalisco se prepara de manera similar.

Conocido también como:

◇ caldo de tres carnes
◇ puchero de tres carnes

COCIDO DE VENADO

Cocido de huesos de venado con calabacitas tiernas, garbanzo, elotes tiernos, ejotes, zanahorias, repollo, cilantro, jitomate, cebolla blanca, chiles anchos, ajo, sal y pimienta. Este preparado es típico de Sinaloa.

COCINA DE COLES

Sopa que contiene chorizo y tocino, condimentada con jitomate, ajo y cebolla; incluye también garbanzos, col y perejil, todo cocido en caldo de pollo o de res. Se acostumbra en los Valles Centrales de Oaxaca.

COCINERO ◆ charrito, jurel

COCO (*Cocos nucifera*)

Fruto del cocotero o palma de coco, de la familia de las arecáceas. El cocotero es un árbol tropical que mide entre 20 y 24 metros de altura y da sus frutos a partir de los siete años

de edad. Los cocos maduran entre los 10 y 12 meses siguientes a la polinización. Una palma produce de 50 a 120 frutos por año. Cada uno pesa en promedio un kilo y medio y tiene 30 cm de diámetro; es la semilla más grande de todas las palmas que crecen en los trópicos. Los investigadores parecen estar de acuerdo en que es originario del sureste de Asia, de donde se extendió a diferentes partes del mundo. El coco es una fruta muy apreciada en México por su carne y su agua. En muchos lugares de la costa existen puestos que venden el agua de coco, y en las carreteras se pueden ver los letreros que anuncian cocos fríos; tradicionalmente la gente se detiene a beber el agua y después los abre para comer la pulpa. El comprador puede pedir de diferentes tipos de cocos. Llaman cocos tiernos, por ejemplo, a aquellos cuya carne gelatinosa se come con cuchara o con una cuña hecha con la cáscara del fruto. El coco con carne, por su parte, tiene la pulpa bien formada y suave; la carne se come con chile y limón. Cuando el coco es viejo y le ha salido un primer retoño, su agua y su carne ya no sirven, pero en cambio desarrolla en su interior una esponja muy dulce llamada manzana de coco. Aunque es muy consumido, casi nadie lo compra para comer en casa, porque pelarlo es trabajoso; es un fruto que se consume como golosina cuando se viaja a las costas o se vive en ellas. El coco es muy gustado en dulce. En todo el país se hacen diferentes tipos de dulces de coco: alfajores, cocadas, limones rellenos de coco; en Colima se hace la tuba y el vinagre de tuba. En las calles de las ciudades se venden pedazos de carne de coco con chile y limón. En los estados de la península de Yucatán se hace todo tipo de dulces de coco: suaves, duros, cortados en cuadros o rombos. Es notable que en Campeche y Quintana Roo se hagan algunos platillos de camarón o pes-

cado en salsa de coco; estas recetas fueron traídas por algunos inmigrantes de Belice avecindados en estos estados del país. Para hacer pulpa de coco rallada, ésta se pasa por un rallador manual o industrial. El coco rallado que se vende comercialmente es endulzado y deshidratado. Regionalmente se rallan grandes cantidades de coco para hacer dulces. Existen diversas teorías sobre su llegada a tierras americanas. Una establece que los cocos flotaron en el mar y llegaron ayudados por las corrientes marinas, lo cual es posible por su capacidad de flotación y resistencia. La otra sugiere que hubo relaciones prehistóricas intercontinentales entre América y su lugar de origen. Se piensa que cuando los españoles llegaron a México ya existían palmeras de coco en la costa del Pacífico, aunque no se sabe que fueran consumidos por los naturales. Desde 1571, los filipinos lo utilizaron para la elaboración del *lambanog,* lo que se llamó en México vino de coco, que es en realidad un licor obtenido a partir de la destilación de la savia que se extrae de los vástagos de la palma. Fue tal la producción de este vino, que en 1612 la Real Audiencia de la Nueva España ordenó talar todas las palmas de coco porque veían en peligro los intereses económicos de los productores de alcohol de España.

COCOA ◆ cacao

COCOHUITE ◆ flor de cocohuite

COCOIC

Mortero que se usa para moler o martajar salsas como el chiltomate, la de chile habanero y la de chile amaxito. Es un utensilio elaborado de madera, utilizado en la zona maya.

COCOITE ◆ flor de cocohuite

COCOL

Del náhuatl, *cocolli.* Pan de dulce en forma de rombo que puede estar o no cubierto con ajonjolí. El cocol típico de las regiones de Tlaxcala, Hidalgo y el Estado de México es de masa de harina de trigo con piloncillo y un fuerte sabor a anís; puede incluir trozos de piloncillo o nuez. Tradicionalmente se vende como pan de diario o para consumirse acompañado de café negro o de olla. En Tlaxcala existe otra variedad que se elabora con la masa del pan de fiesta. En Veracruz es un pan para el desayuno y la cena, típico en Perote. Hay dos tipos de cocoles: los de queso y los comunes.

→ chimisclán

COCOL DE QUESO

Cocol relleno de queso de cabra, queso añejo o queso panela. El relleno también puede llevar mantequilla y azúcar. Es típico de la ciudad de Perote, Veracruz, donde es muy famoso.

COCOLMECA

Del náhuatl *cozolmecatl.* Término para designar al menos a dos variedades de plantas: *Smilax domingensis* y *Smilax spinosa.* Planta de la familia de las liláceas, según el sistema Dahlgren, Clifford & Yeo, 1985. Con hojas ovaladas, flores amarillas, cuyos frutos son similares a bayas pequeñas. Sus puntas y hojas tiernas (bejucos) se aprovechan para la elaboración del popo, el pozonque y la cerveza de zarzaparrilla. En la región del sur de Veracruz se prepara un pilte moliendo la raíz con chile verde y hojas de aguacatillo; se coloca la mezcla en hojas de plátano asadas, se envuelven y se ponen a cocer en cenizas calientes. Los mazatecos de Oaxaca utilizan las puntas o partes tiernas del bejuco para la elaboración del popo

Raíz de cocolmeca

y elaboran piltes con los retoños de la planta. En Usila se utiliza como relleno de una especie de empanada, elaborada con masa de maíz a la cual se agrega hierba santa, el cocolmeca machacado y otra hoja de hierba santa, luego la tortilla se dobla y se deja dorar en comal.

Conocido también como:
◇ cocolmecatl o cozolmeca
◇ zarzaparrilla

→ hoja de cocolmeca

COCOMUITE ◆ flor de cocohuite

COCONACO ◆ pargo

CÓCONO ◆ guajolote

COCOTAZO

Pan salado semirredondo con el centro un poco duro. Se acostumbra en los estados de la península de Yucatán. En Campeche la masa se elabora con huevo, mantequilla, harina, sal, levadura y agua; la mezcla se vacía en moldes pequeños o se corta en cuadros antes de hornearse.

COCOYOL ◆ coyol

COCTEL

Preparación alcohólica resultante de la mezcla de dos o más tipos de bebida. Su nombre proviene del inglés *cock,* gallo y *tail,* cola, por la costumbre de decorar estas bebidas con largas plumas de las colas de los gallos o con una rama de alguna planta que asemejaba a tales. En México también se llama de esta forma a la mezcla de dos o más tipos de frutas o mariscos. En su origen consistía en una bebida alcohólica compuesta de una mezcla de licores a la que se añaden otros ingredientes, como jugos de frutas, jarabe y aromatizantes. Los cocteles con alcohol nacieron en Estados Unidos hacia finales del siglo XIX, cuando comenzaron a embotellarse licores y aguardientes de calidad. Hicieron su aparición en París en la década de 1880, pero tuvieron un gran auge en el periodo de entreguerras, época en la que se abrieron bares célebres en todas las capitales europeas. También se le conoce así a las reuniones donde se consumían estas bebidas acompañadas de bocadillos o canapés.

→ margarita

COCTEL CAMPECHANO

Término con el que se designa a cualquier coctel de mariscos que por lo menos incluye dos variedades. Los más comunes son el camarón pacotilla y el ostión, pero puede tener pulpo, caracoles, jaiba, entre otros.

COCTEL DE CAMARÓN

Preparación a base de camarones generalmente crudos, aliñados o macerados en una mezcla de aceite de oliva o maíz, puré de jitomate o salsa catsup, cebolla picada y cilantro. A veces se le añade salsa picante y jugo de limón o naranja. Suele acompañarse con rebanadas de aguacate, limón y galletas saladas. Es una preparación muy popular en todas las costas y marisquerías de todo el país.

→ coctel de mariscos

COCTEL DE FRUTAS

Mezcla de diferentes frutas cortadas en trocitos y endulzadas con azúcar, que casi siempre se sirven en una copa o plato pequeño. Las frutas más frecuentes son sandía, melón, papaya, piña, naranja, fresa y, en algunas ocasiones, lleva manzana y plátano. Generalmente se endulza con azúcar, pero a veces es sustituida por miel de abeja, miel de maíz o granadina. Algunos gustan añadir jugo de naranja que se mezcla con el que sueltan las demás frutas. El coctel de frutas suele ofrecerse en desayunos y se sirve en las cafeterías. En los mercados y juguerías del Distrito Federal se venden cocteles en platitos redondos o cuadrados que no rebasan los 15 cm de diámetro, pero se presentan colmados de frutas cortadas en trozos de unos 2 o 3 cm; al comprador se le entrega una verdadera montaña de fruta. Al gusto del comensal se añade miel de abeja, granola o crema batida. Es un desayuno completo que muchas veces se compra para compartir. También existe otro tipo de coctel que contiene jícama, betabel y zanahoria; estos tres últimos ingredientes suelen ir crudos y rallados. La mezcla se adereza con jugo de limón, sal y a veces chile molido. Resulta ser típica entrada de las comidas corridas y también puede servirse como postre. También conocido como ensalada de frutas.

COCTEL DE MARISCOS

Plato frío hecho con uno o varios tipos de mariscos, crudos o cocidos, condimentados con diversas salsas. Los cocteles más populares son el de almeja y el de camarón y puede tener pulpo, caracoles, jaiba, entre otros. El de almeja consiste en almejas crudas marinadas en jugo de limón y mezcladas con cebolla, jitomate y cilantro picados, además de salsa catsup y unas gotas de salsa Tabasco®. Este coctel se consume con regularidad en Ensenada, Baja California, y es muy fácil de encontrar en las carretas de mariscos que se ven por las principales calles de la ciudad. Se acostumbra comerlo en las mañanas o al mediodía. El coctel de camarones consiste en camarones pacotilla cocidos y fríos, mezclados con un poco de caldo de camarón, salsa catsup, jugo de limón, aceite de oliva, chile verde, cilantro y cebolla picada. Los ingredientes pueden variar según la región; por ejemplo, en Campeche y Yucatán suelen ponerle un poquito de chile habanero; en Veracruz, gotas de la salsa que se obtiene de los chiles chipotles preparados, y en otros lugares, cualquier chile verde como el serrano finamente picado. En los estados costeros las porciones suelen ser tan generosas que pueden constituir un almuerzo completo. Tradicionalmente se venden en las coctelerías. En muchos lugares del país lo consumen como entremés o primer tiempo de una comida, y lo acompañan con tostadas o galletas saladas.

COCTELERÍA

Establecimiento de alimentos que se dedica exclusivamente a vender todo tipo de cocteles de mariscos. Las coctelerías se establecen en las ciudades costeras de México, aunque también pueden encontrarse en ciudades que no están ubicadas en la costa, como el Distrito Federal. Los establecimientos abren por las mañanas para el almuerzo o comida, pero no trabajan por las noches, pues los cocteles sólo se acostumbran durante el día.

COCTZÁN ◆ jinicuil

COCUITE O COCUITLE ◆ flor de cocohuite

CODORNIZ

Aves pequeñas de la familia *Odontophoridae*, según A.O.U. Diferentes variedades habitan en todo el territorio de México, pero pese a su gran distribución en el país su consumo no está tan arraigado, tal vez porque popularmente se dice que casi no tienen carne. Entre algunas variedades importantes se encuentran la *Callipepla californica, Callipepla gambelii, Callipepla douglasii, Callipepla squamata, Colinus virginianus,*

Colinos nigrogularis, Cyrtonyx montezumae, Dactylortyx thoracicus, Oreortyx pictus y *Philortyx fasciatus*. Las codornices de criaderos son vendidas a restaurantes especializados, en tanto, las que son cazadas en las comunidades rurales son destinadas al consumo familiar. Se preparan asadas o en cualquier salsa de chile o mole. En el norte de Veracruz, los nahuas las preparan en una salsa de tomate verde de milpa, ajo, xonacate, comino, clavo, pimienta, laurel, canela y tomillo. En el estado de Nayarit se guisan con cebolla y pepitas de calabaza molida.

Conocida también como:

◇ chiviscoyo o chivizcoyo (*Dactylortyx thoracicus* Gambel)
◇ codorniz californiana (*Callipepla californica*)
◇ codorniz chiquirí (*Callipepla gambelii*)
◇ codorniz común (*Colinus virginianus*)
◇ codorniz de Douglas (*Callipepla douglasii*)
◇ codorniz de montaña (*Oreortyx pictus*)
◇ codorniz de Yucatán (*Colinos nigrogularis*)
◇ codorniz escamosa (*Callipepla squamata*)
◇ codorniz listada (*Philortyx fasciatus*)
◇ codorniz pinta (*Cyrtonyx montezumae*)

Conocida en maya como:

◇ *bech* (Yucatán)

Conocida en algunas regiones como:

◇ godorniz (mayos, Sonora)
◇ turiri (Nayarit)

→ hongo codorniz

CODZITO

Del maya *kots'*, que significa taquito enrollado relleno. Taco frito relleno de picadillo de cerdo, cubierto con salsa de jitomate y queso sopero. Es un antojito popular en la península de Yucatán. Se trata de tacos pequeños, enrollados y fritos que pueden estar rellenos de diferentes guisos y tener distintas presentaciones. En Campeche se rellenan de cazón asado o frito y se sirven con salsa de chiltomate. También es conocido como kots'ito.

COEZA ◆ chinchayote

COHUAYOTE ◆ cahuayote

200

COHUITE ◆ quiote

COJINICUIL ◆ jinicuil

COJINUDA

Pez de la misma familia del jurel y de características similares. El *Caranx crysos* tiene el color de su dorso verde azulado oscuro o verde olivo claro y su vientre va de dorado a gris plateado. Se mueve en cardúmenes a gran velocidad y se pesca todo el año en el Golfo de México; comúnmente mide 35 cm. De joven tiene siete varas oscuras en el cuerpo que desaparecen con la edad; sus escamas son pequeñas y finas. Por su parte, el *Caranx ruber,* semejante al anterior, presenta manchas en el dorso hasta la aleta caudal; su carne fresca es muy apreciada por grasosa y firme y por tener pocas espinas, lo que lo hace ideal para cortes en filete.

Conocido también como:

◇ cojinera (*Caranx crysos*)
◇ jurel (*Caranx crysos*)

COJOLITE (*Penelope purpurascens*)

Del náhuatl *coxolitli*. Ave de plumaje verde olivo, copete negruzco con rayas blancas, pico negruzco, papada roja, cola muy larga, patas y piernas púrpura, mide entre 65 y 90 cm y pesa de 1.6 a 2.4 kg. Se alimenta de frutas y semillas y su carne es de sabor agradable. Debido a que su caza no está controlada está en peligro de extinción. Se

encuentra en Sinaloa, Tamaulipas, Michoacán, Guerrero, Oaxaca, Chiapas y la península de Yucatán. Se consume mayormente en comunidades rurales.

Conocida en Guerrero como:

◇ ajol
◇ ajolite
◇ faisán
◇ faisán gritón
◇ faisán real
◇ guajolote silvestre
◇ pava cojolita

COL O REPOLLO (*Brassica oleracea*)

Hortaliza de la familia de las brasicáceas. Tiene hojas radicales muy anchas, comprimidas y abrazadas, que entre todas forman una especie de cabeza redonda, cuya forma recuerda la de una lechuga. Normalmente es de tono blanco y se le llama entonces col blanca o repollo, aunque existen también moradas. En la cocina mexicana se utiliza cruda, rebanada finamente sobre tacos, tostadas y empanadas; cocida se utiliza en sopas y caldos. En los estados del Golfo de México se prepara una ensalada de col muy sencilla con jugo de limón, gotas de vinagre y sal, que se emplea para acompañar el pescado frito. En la

región del istmo, en Oaxaca, se pone a macerar para acompañar el pollo garnachero. Por otra parte, la col morada se encuentra fácilmente en los mercados, pero no figura en recetas clásicas, excepto en Baja California y Baja California Sur, donde se ocupa como parte del relleno de los tacos de pescado. Conocida también como berza.

→ kool

COLA DE DIABLO

Nombre que recibe la cola de res entomatada. Es un platillo festivo de Morelos.

COLA DE IGUANA ◆ bainoro

COLA DE MACHO

Dulce preparado con leche cortada cocida en piloncillo, muy similar a los chongos zamoranos. Se prepara en Comitán, Chiapas.

COLA DE RES

Terminación de la columna vertebral de los bovinos muy codiciada en los estados del centro del país, debido a su intenso sabor. Es ideal para caldos y sopas. Se vende sin piel y cortada en rebanadas gruesas, con el hueso en el centro. La carne es oscura, y cuando está bien cocinada es muy suave y sabrosa. Algunos comensales acostumbran chupar los huesos, por su gran sabor. En algunos hogares del Distrito Federal, se preparan guisos de cola de res muy caldosos con salsa de chile pasilla. De forma muy similar se preparan también en Querétaro. En Guanajuato se cocina con xoconostle y salsa de chile ancho, cebolla, ajo y pimienta. Se acompaña con cebollita cambray cocida y xoconostles picados. En muchas partes del país se elabora el caldo de cola de res, que generalmente incluye verduras y puede ser claro o condimentado con jitomate y algún chile seco como el pasilla. La cola suele añadirse como base del caldo de res para intensificar el sabor, aunque a veces no se sirva a los comensales.

→ cola de diablo

COLACHE

Del yaqui *colachi*. Guiso de calabazas con chile poblano, ajo y cebolla. Es un platillo regional que se puede encontrar con ligeras diferencias en Sonora, Sinaloa, Baja California y por extensión en Jalisco.

COLACIÓN

Dulces multicolores que se preparan y venden principalmente durante fiestas navideñas y de fin de año. Los colores más comunes son amarillo, rosa, azul, verde y blanco. Con cobertura lisa o rugosa, hechas de azúcar glass y fécula de maíz, albergan en su interior trocitos de cáscara de naranja, limón, lima, canela o cacahuate. Colación es el nombre de una comida ligera que los católicos toman los días de ayuno. Proviene del latín *collatio*, que entre otras cosas es el nombre que recibía una reunión piadosa de monjes al final de la cual se tomaba algún alimento. El Diccionario de la Lengua Española incluye entre sus definiciones las siguientes: 1) Porción de cascajos, dulces, frutas u otras cosas de comer que se daba a los criados durante el día de Nochebuena. 2) Refacción de dulces, pastas y a veces fiambres, con que se obsequia a un huésped o se celebra algún suceso. Cualquiera de estos significados justifica el nombre de los dulces de colación, pues en realidad son dulces que se regalan en las fiestas religiosas de la Navidad. Existen varios términos referentes a ellos. La colación rugosa es la que presenta pequeñas bolitas o verruguitas en su superficie. Se hacen de dos tamaños; las más grandes pueden estar rellenas de cualquier fruta, pero las más pequeñas son, por lo regular, de anís. La colación lisa tiene forma redonda u ovalada y normalmente está rellena de cacahuate o cáscara de naranja o limón. En ocasiones también se rellenan de canela. Existe la colación surtida, mezcla de lisa y rugosa, y la colación fina que no es tan común; es lisa y el nombre se le da por sus rellenos más caros como piñón, nuez, avellana y almendra. La colación se reparte entre los invitados a las posadas; pueden estar en canastitas que se regalan a los niños, o dentro de piñatas que se rompen en la fiesta. Desde los primeros días de diciembre estos dulces empiezan a encontrarse en los mercados populares; llaman la atención por sus colores y por la manera tan atractiva como se arreglan los puestos. Allí se venden dulces de varios tipos, piñatas, luces de Bengala y todo lo que se necesita para celebrar una posada. Se les conoce en algunas regiones como dulces de colación.

COLCAMECA ◆ hoja de colcameca

COLEXO

Caldo de carne de chivo con azafrán y col. Es un platillo festivo de la Mixteca poblana, en especial en las bodas nahuas de la sierra, donde los recién casados suelen comer del mismo plato. Al parecer se trata de una tradición de origen prehispánico, aunque los ingredientes han cambiado.

COLIFLOR (*Brassica oleracea*)

Variedad de col de la familia de las brasicáceas que se caracteriza por producir un solo tallo con una gran inflorescencia hinchada y redondeada, que forma una masa compacta de yemas de flores no desarrolladas de tono blanco o crema. Esta inflorescencia está envuelta en hojas verdes circundantes. En los mercados de México se vende libre de hojas, o sólo con unas pocas que sirven para proteger la parte blanca, la cual no debe presentar manchas o imperfecciones. Se le encuentra todo el año y es el ingrediente principal de las llamadas tortitas de coliflor y de la coliflor capeada, que forman parte del plato fuerte en las comidas diarias. Además se utiliza en sopas, cremas, ensaladas y escabeches, junto con zanahorias, nopalitos y chiles. Para prepararla capeada, se corta la coliflor en pequeños ramilletes antes de capearla y servirla en caldillo de jitomate. A veces este platillo se anuncia en las cartas de las fondas y restaurantes como coliflor rellena; en este caso, se le incrustan unos bastones o trozos de queso que quedan entre las ramas; luego se capean y se sirven igual. Es un guiso casero de las comidas familiares del mediodía y se sirve en restaurantes económicos y fondas. Se acostumbra prácticamente en todo el país. Se prepara cualquier día de la semana, pero cobra especial importancia los viernes y los días de la cuaresma.

→ hongo coliflor

COLIMA

Estado ubicado en la región occidental del país. Colinda al este con el estado de Jalisco y Michoacán, al norte también colinda con Jalisco y al sur con el océano Pacífico. El estado, fundado el 9 de diciembre de 1856, está dividido en 10 municipios: Armería, Colima (capital), Comala, Coquimatlán, Cuauhtémoc, Ixtlahuacán, Minatitlán, Tecomán y Villa de Álvarez. En Colima, el 88% de la población es urbana y únicamente el 12% de la población económicamente activa trabaja en el sector primario; así, el sector agropecuario, silvicultor y pesquero representan únicamente el 4.9% del PIB en el estado. No obstante, Colima es el primer productor de limón a nivel nacional y ocupa los primeros lugares en la captura de atún, barrilete y bonito. La gastronomía del estado tiene influencia de indígenas mexicanos, de españoles, de esclavos africanos y de comerciantes asiáticos que desembarcaban de la Nao de China en la costa de Colima antes de llegar al

Volcán de Fuego

puerto de Acapulco. Entre sus guisos tradicionales más representativos, algunos de los cuales comparte con Jalisco y Michoacán, están la birria, la chanfaina, las cebollas curadas, el chilayo, el chilaxtle, el cuachala, los frijoles puercos, guisados con iguana, el menudo, el mixiote de nopales con pollo, la morisqueta, el pipián, el pozole de camarón, la sopa de pan, el tatemado de puerco, la torta morisca, la salsa de suegra y la salsa de uña. Durante la temporada de cuaresma la producción de nopal es importante, por lo que los colimeños consumen varios guisos cuyo ingrediente principal es el nopal; algunos ejemplos son los nopales en penca a la jurica, nopales navegantes, nopales rancheros, nopales rellenos, xoletes y las novias al balcón. La comida a base de pescados y mariscos también es muy importante y hay un sinnúmero de preparaciones que se hacen de forma similar a sus estados vecinos; pero los hay únicos en su estilo, como el caldo de chacales, los chacales en adobo, el cebiche y los sopes de ostión. Los sopitos son un antojito muy popular en la entidad, al igual que las enchiladas y una gran variedad de tamales como el mezcatamal, los tamales colados, dulces de nopal, de frijol, de nopalitos, regios y tapatíos. En Colima se han desarrollado versiones únicas de ante, capirotada, camote achicalado, dulce de manzana de coco, dulce de nopalitos, frutas para la leche, miel de tuna, obleas y pinole. Entre todos ellos merecen mención especial los dulces hechos a base de coco, cuya preparación es muy común en las costas, así existe una gran variedad de alfajores y cocadas. Los panes regionales se hacen a partir de una misma masa, a base de trigo y huevo; los más representativos son la fruta horneada, los picones, las cemitas, el pan de Comala y el pan de nopal. Entre las bebidas de mayor importancia se encuentran los atoles de cascarilla, de maíz negro o jocoatole, de nopal, de piña y de tamarindo, además del bate, el chilocle, las horchatas de arroz, de coco y de almendra, el ponche de granada, el tesgüino, la tuba, el tuxca y el vino de Tuxpan.

COLITEMBLÓN (*Spermophilus adocetus*)

Mamífero roedor grisáceo, similar a la ardilla. Vive en el suelo, donde excava sus madrigueras. Trepa con facilidad a los árboles y arbustos; puede domesticarse fácilmente. Vive en Baja California, Sonora, Chihuahua, Coahuila, Tamaulipas y Guerrero. En la antigüedad, pueblos nómadas, como los chichimecas, solían comerlo y hasta comerciarlo. En la actualidad, se puede consumir como cualquier ardilla, asada o frita.

Conocido en algunas regiones como:
  ◇ ardilla de tierra
  ◇ cuínique

COLMENA ◆ hongo pancita

COLOMO ◆ mafafa

COLOMO ANONA ◆ malanga

COLONCHE

Licor de tuna cardona o pitahayas fermentadas al sol en una olla de barro. En su preparación, las tunas se cuecen en agua y se exprimen para obtener el jugo que se mezcla con alcohol y canela y se deja macerar; algunas personas incorporan en ocasiones hojas de higo a la mezcla. Si se desea un licor dulce se añade azúcar; al servirlo puede agregarse un poco de canela molida. Su consumo es común en las fiestas patronales de San Luis Potosí y también en Guanajuato, Aguascalientes y Zacatecas, principalmente. En menor volumen se toma también en Chihuahua y Sonora. Los orígenes de esta bebida se remontan a la época prehispánica, aunque la técnica de preparación ha cambiado mucho desde entonces. Es considerada una bebida ritual elaborada para celebrar las cosechas de agosto y septiembre. Se dice que es excelente para curar la tisis y otros problemas pulmonares.

COLORADITO ◆ mole coloradito

COLORADO ◆ hongo enchilado, mole colorado

COLORÍN

Término para designar a varios árboles del género *Erythrina*, de la familia de las leguminosas. Presentan espinas, hojas trifoliadas y anchas, con flores rojas y angostas en grupos vistosos que aparecen cuando la planta no tiene hojas. El fruto suele ser una vaina con semillas rojas y negras. Se consumen sus flores rojas y en algunas regiones se registra el consumo de sus hojas tiernas. La variedad *Erythrina caribaea* se consume en la sierra Norte de Puebla. Las hojas tiernas se cuecen en agua con sal caliza y se agregan a un guiso de frijoles con chile. La variedad *Erythrina americana* es la más consumida en México. Las variedades *Erythrina herbacea* y *Erythrina leptorhiza* se consumen en San Luis Potosí. Los términos colorín y machete se deben respectivamente al color y a la forma de sus brotes florales y aluden tanto a connotaciones míticas y sagradas como a descripciones de su inflorescencia. Este árbol originario de México fue sagrado para los mayas y las culturas del centro del país. Para preparar las flores, se desprenden las anteras y el pistilo y sólo se utilizan los pétalos que se preparan de diversas formas. Se trata de una comida rural, sin embargo, se vende por montoncitos en los mercados populares de las ciudades, especialmente los días de cuaresma. En Tuxpan, Veracruz, se preparan pichocos con huevo; es decir, colorines guisados con jitomate, cebolla y ajo revueltos con huevo. También se preparan con frijoles y se forman tortitas. En la región nahua se consumen cocidas o fritas, revueltas con huevo, mezcladas con una salsa de chile, ajo y epazote; también se acompañan con frijoles y se saborizan con rajas de chile verde y cilantro. Además se preparan en huatape. En la Mixteca poblana se elaboran en pipián.

Conocido también como:
  ◇ chunpancle
  ◇ flor de pita
  ◇ flor de pitillo
  ◇ flor de xompantli
  ◇ gasparo o gasparito (*Erythrina caribaea*)
  ◇ machete

◇ patol (*Erythrina leptorhiza*)
◇ pemuche o pemuchi
◇ pichocho o pichoco (totonacas de Veracruz)
◇ pito
◇ pitillo
◇ sompancle, sompantle o zompantle

Conocido en algunas lenguas como:

◇ *tlalhne* (totonaco)
◇ *tzompantli* (náhuatl)
◇ *xoyo* (maya)

COLOTE ◆ cencolote

COMAL

Del náhuatl *comalli*. Utensilio básico en la cocina mexicana con forma de disco, hecho originalmente de barro sin vidriar, aunque en la actualidad se fabrican de metal o lámina. Se le conoció con el nombre de comal en la época prehispánica, sobre todo en el centro del país, aunque se usa en toda la república mexicana. No obstante, el comal tradicional es el de barro, por lo que su superficie debe mojarse con agua de cal para que las tortillas no se peguen. Es un comal muy frágil y difícil de encontrar en la actualidad. Por esto el comal de lámina de metal es cada vez más frecuente, especialmente porque no se quiebra y es más fácil de transportar. En ocasiones puede sustituirse por una plancha de metal o un sartén de fondo grueso. Sea de barro o metal, el comal puede colo-

carse sobre leña, carbón o sobre los quemadores de la estufa de gas. De hecho, algunos diseños de estufas que se fabrican en México integran una plancha o comal; pero de cualquier manera, muchos cocineros prefieren tener un comal por separado y ponerlo sobre el quemador, pues a menudo los resultados son mejores. Se usa principalmente para cocer las tortillas de maíz, tostar distintas semillas o asar chiles. Debido a la importancia de sus usos diversos, el comal es un utensilio tradicional e imprescindible en la cocina mexicana. Los mayas le llaman *xamach*.

→ cochi

COMAL DE ROÑA

Comal de barro que presenta una serie de ranuras o rayas que se marcan en las tortillas al cocerse. Se utiliza en la comunidad chinanteca de Oaxaca para elaborar las tortillas raspadas.

COMBA ◆ epatlaxtli, pataxete

COME Y CALLA

Antigua receta que es una especie de salchichón, hecho de carne de res, jamón crudo y pierna de cerdo, condimentada con pimienta negra, orégano y clavo. Se mezcla con huevo, se envuelve en hoja de plátano, y se cuece a baño María. Se sirve rebanado, espolvoreado con perejil fresco picado, acompañado de papas fritas. Se acostumbra en la actualidad en Yucatán.

COMIDA COLETA

Comida tradicional de San Cristobal de la Casas, Chiapas. Algunos de sus platillos típicos son el asado de puerco, los tamales de azafrán y el lomo regional, entre otros.

COMIDA CORRIDA

Comida que se acostumbra al mediodía, principalmente en las grandes ciudades donde existe un gran número de trabajadores que necesitan comer fuera de casa. La comida corrida es muy buscada por ser económica y rápida. Tal vez el motivo por el que se le llama corrida es que todos los tiempos se sirven uno tras otro, según va terminando el comensal. Los empleados que normalmente asisten a los restaurantes o fondas para consumir la comida corrida cuentan con tiempo limitado para llegar al establecimiento, comer y regresar a su trabajo. La comida corrida consta de sopa aguada, arroz, guisado o plato fuerte y algún postre sencillo. En algunas fondas añaden un entremés, café y, a veces, agua fresca sin incrementar el costo de manera considerable. El entremés se sirve raramente; en todo caso se sirve un antojito sencillo, como quesadilla, sopecito, doblada de papa o algo similar. A diario se ofrecen por lo menos dos tipos de sopa aguada, por muy modesta que sea la fonda; es decir, siempre hay caldo o consomé de pollo, la sopa de verduras y de pasta. El siguiente plato que se sirve es de sopa seca, nombre que recibe la pasta o el arroz. La pasta casi siempre es espagueti rojo, a la mantequilla o a la crema, con queso rallado espolvoreado. El arroz predominante es el rojo, que puede pedirse, por un costo extra, con un huevo frito montado, o bien con rebanadas de plátano macho frito o plátano Tabasco fresco. El guisado generalmente es algún tipo de carne cocinada en salsa. Al igual que la sopa, en la comida corrida se ofrece por lo menos dos tipos de guisados, y son los mismos que se acostumbran en las casas, como asado de res, albóndigas, croquetas de atún, tortitas de papa, pollo en salsa verde o roja y mole de olla, entre muchos otros. Si el cliente desea una pechuga de pollo o una milanesa especial, se le sirven por un costo extra. Los frijoles casi siempre son de la olla o refritos y se sirven para acompañar el guiso; además, los frijoles forman parte del menú, por lo que el comensal debe pedirlos. Otro elemento infaltable son las salsas de mesa, llamadas así porque siempre están en la mesa y son complemento de la comida. Existen salsas de dos tipos: verde y roja. Se dice que la salsa verde siempre es más picosa. Los comensales ponen salsa sobre las tortillas, el arroz, los frijoles y prácticamente sobre cualquier alimento. Normalmente se sirve un bolillo o tres tortillas de maíz por comensal, aunque se puede pedir una pieza extra sin costo adicional. Por lo común, las aguas frescas están incluidas en el precio; se preparan de cualquier tipo de fruta barata o de temporada. El refresco embotellado no está incluido y siempre se paga aparte. Los postres son sumamente sencillos. Los más frecuentes son natillas, arroz con leche, gelatinas, plátanos o fresas con crema y frutas en almíbar. No debe extrañar que a veces sólo se ofrezca algún caramelo de azúcar. El café, al igual que el entremés, no siempre se sirve. En caso de que lo incluya el menú, siempre será café americano o de olla. Con frecuencia en estos lugares no se deja propina; a veces se dejan unos cuantos pesos o una cantidad a la semana o a la quincena, pues la gente come casi a diario en el mismo establecimiento y es atendido por las mismas personas. Algunos restaurantes de más categoría han copiado este sistema, al que llaman menú turístico, menú del día o menú ejecutivo.

→ comida del mediodía

COMIDA DE CUARESMA ◆ comida de vigilia

COMIDA DE LOS APÓSTOLES

Comida que se sirve a los actores que representan a los apóstoles dentro de la escenificación de la Pasión de Cristo durante la Semana Santa. Esta tradición se lleva a cabo en Chiapas, y algunas regiones de Veracruz. Entre los platillos más representativos de esta comida se encuentran tamales de frijol, caldo de chompipe, comida grande, caldo de shuti o caldo de xotes, xote con pepita, atole agrio, memelitas de frijol, huevos con chilmole y puerco con arroz. En otras comunidades indígenas también se elaboran platillos especiales para las distintas representaciones de la Semana Mayor. En Zongolica, Veracruz, se cocina el adobo de tempesquistles, atole de ceniza y xocobatol, entre otros alimentos.

COMIDA DE MAYORDOMÍA

Comidas y platillos que se incluyen durante las festividades de las mayordomías en los pueblos donde éstas se realizan. Los platillos típicos son moles, arroces y otras especialidades como el taxoguil del sur del estado de Veracruz, o los moles de matuma o de ladrillo de Tlaxcala.

COMIDA DE VELORIOS

Comida que se ofrece a los invitados que asisten a los velorios. En muchas regiones de México, cuando el velorio es de noche se reparte entre los asistentes un poco de café negro y pan de dulce. A veces el café se sirve con "piquete", es decir, con alguna bebida alcohólica, lo cual es una costumbre muy arraigada entre las familias humildes y comunidades rurales. En ocasiones, los amigos de la familia regalan el café y el pan al momento de dar el pésame, para que sirva de alimento a los asistentes. En los estados del centro del país, después del velorio se reparte, entre los familiares y personas allegadas al difunto, una comida que generalmente consiste en un mole casi siempre negro que se acompaña con arroz, tortillas o tamales simples de masa blanca o azul. Esta comida sirve para agradecer a la gente que asistió ya sea al velorio, al sepelio o al novenario o rosario. En algunas poblaciones, como en la Costa Chica de Guerrero, se cree que la calidad y abundancia de la comida preparada después del velorio, refleja el prestigio del finado. En Santa María Aztahuacán, Distrito Federal, después de la comida, preparada con pollo con mole o únicamente la salsa del mole con tortillas, se acostumbra dar un "taco" o itacate al final del evento. Para ello, se compran cazuelitas y jarros de barro donde se pone la comida para llevar.

COMIDA DE VIGILIA

Platillos elaborados con pescados, mariscos o verduras, que no incluyen carnes rojas o de cerdo, y que se acostumbran comer en la época de vigilia. En Chiapas es un guiso de carácter festivo y religioso que se prepara en la Semana Santa, hecho de frijoles cocidos y machacados, pepita de calabaza molida, camarones secos y hojas de hierba santa; todos los ingredientes se cuecen lentamente. En Tuxtla Gutiérrez preparan un guiso de colorín llamado pito con huevo, al cual también lo nombran comida de vigilia. Conocida en algunas regiones como comida de cuaresma.

COMIDA DEL MEDIODÍA

Término que se utiliza para hablar de la comida más importante y la más tradicional de todas. Dependiendo de la región del país, la hora de la comida cambia: en los estados del sureste algunas familias hacen la comida del mediodía a la una de la tarde; en otros lugares entre las dos y tres. En el Distrito Federal hay restaurantes que abren hasta las tres o cuatro de la tarde. Los fines de semana estos horarios llegan a retrasarse más. Existe una comida del mediodía que es muy sencilla debido a que la gente tiene solamente una o dos horas para comer. Se consume un menú, llamado comida corrida, que consiste en algún antojito de maíz, como quesadilla, memela o sope, una sopa aguada, casi siempre de pasta corta italiana con caldillo de jitomate o sopa de verduras de muchos tipos. Le sigue la sopa seca que, de forma general es arroz rojo, blanco o verde, el cual se come solo o acompañado de algún huevo frito o rebanadas de plátano fresco o plátano macho frito. El plato principal es alguna carne de res, cerdo o pollo, bistec o hígado encebollado, entre otros, que se acompaña con frijoles y tortillas de maíz o bolillo. El postre, en el caso de que exista, es muy sencillo: gelatina, arroz con leche y flan, entre otros. Esta comida suele ser muy económica. La comida del mediodía, entre la gente que no está limitada de tiempo, consiste en una sopa, un plato fuerte y un postre, pero más elaborado y con productos generalmente más costosos, como pipián, moles, adobos, etcétera, e incluso existen bebidas alcohólicas como cerveza o vino. Muchas veces se bebe tequila como aperitivo. Las comidas de fiesta organizadas en casa suelen tener muchos tiempos, diferentes tipos de alimentos, vino y cerveza. Muchas de estas comidas que comienzan alrededor de las dos de la tarde pueden prolongarse debido a la sobremesa, plática y convivio, al grado que se puede llegar a ligar con el horario de servicio de la cena. Las comidas dominicales en restaurante o en casa suelen tener connotación de fiesta, de hecho mucha gente celebra cumpleaños y fiestas importantes a la hora de la comida y con la familia o amigos. En este tipo de celebraciones es cuando aparecen los moles y los guisos tradicionales de México. Cuando se invita a algún amigo a comer suele hacerse en la comida del mediodía. Cabe aclarar que el concepto de invitar o celebrar a la hora de la cena es muy reciente y sólo se da en las grandes ciudades. De forma tradicional, la comida del mediodía es la más importante del día, no sólo como necesidad fisiológica sino como convivencia y cultura gastronómica. En provincia, las comidas suelen hacerse más temprano que en las ciudades; todavía existen muchos pueblos y ciudades en donde cierran los establecimientos a la hora de la comida, pues los habitantes prefieren comer en casa. Según las tradiciones de nuestro país, éste es el momento en que la familia se reúne para comer; una gran mayoría de los mexicanos hace verdaderos esfuerzos para llegar a casa y comer con su familia, lo cual representa un compromiso de los padres con los hijos y viceversa. En caso de recibir a un invitado especial en casa, se acostumbra citarlo al mediodía, a la hora de la comida. En las grandes ciudades, como el Distrito Federal, donde el tiempo para comer es limitado y la actividad comercial no se detiene, un alto porcentaje de personas co-

Trabajadores en un puesto de comida, ca. 1950

men en fondas. También, es a esta hora cuando amigos, compañeros y familiares se reúnen en cantinas para comer. Aunque parezca que esta costumbre se pierde poco a poco, la realidad es que está vigente, pese a que en las últimas décadas la influencia de la cena elegante como acontecimiento social ha ganado terreno, la comida del mediodía sigue siendo la más importante. Aun cuando se vaya a asistir a una cena, la comida del mediodía con sopa, arroz, guisado y postre no puede faltar.

→ comida corrida

COMIDA GRANDE

Guisos muy elaborados o festivos que se sirven para celebrar las grandes ocasiones. Este término es común en Chiapas. En Chiapa de Corzo se trata de una comida muy tradicional y de gran renombre preparada durante las fiestas de San Sebastián del 20 al 22 de enero. Entre los platillos más importantes encontramos pepita con tasajo, puerco con arroz y nacapitú. En Tuxtla Gutiérrez una comida grande puede ser, por ejemplo, el cochito al horno.

COMIDA PARA LA SIEMBRA

Comidas que diversos grupos étnicos de todo el país elaboran y que están relacionadas especialmente con la época de la siembra. La complejidad o sencillez de los platillos depende de las necesidades y recursos de cada grupo. Dentro del sincretismo religioso, es muy común observar la elaboración de estas comidas acompañadas de rezos y oraciones católicas. La comida puede ser consumida o no por los que la prepararon. En ocasiones se ofrenda a los "dueños de la tierra" (deidades diversas con antecedentes prehispánicos y concebidas en ocasiones de forma sincrética) para quienes se elaboran diferentes platillos. La comida se entierra o se deja en medio de los terrenos que serán sembrados hasta el día siguiente de la ceremonia; a veces se deja un plato y se come en el terreno como especie de comunión con los "dueños de la tierra" y los campesinos. Este tipo de comidas tienen sus antecedentes en la época prehispánica, cuando también se ofrecían viandas a diferentes deidades relacionadas con la agricultura. En la región norte de Veracruz, los nahuas elaboran un guiso espeso de pollo en salsa de chiles chipotles, cebollinas o xonacates y hierbabuena. A la salsa se le adiciona masa de maíz para aportar consistencia al preparado. Los mixes de Oaxaca acostumbran preparar la comida en la milpa misma, lo que implica el traslado del fogón y utensilios. Preparan caldo de pollo y tamales de frijol cocido. A las personas que siembran la milpa se les ofrece caldo de pollo o guajolote, con carne y huevo cocido; esto como símbolo de respeto y agradecimiento en el tequio de la milpa. Como ritual para la siembra, en otras comunidades de ese mismo grupo se consume pozol de masa agria desleído en tepache, tamales de frijol o tamales blancos, mezcal, aguardiente o tepache.

COMIDERA

En Oaxaca, máximo rango que una mujer puede alcanzar en la cocina. Este puesto es exclusivo para mujeres, es honorífico y prácticamente se otorga por elección popular. Muchas mujeres experimentadas desean ser comideras y nunca lo logran; este lugar se reserva para las mujeres adultas que tienen más experiencia. Deben tener un altísimo grado de organización, además del conocimiento de la cocina regional. Un fandango o boda en los Valles Centrales de Oaxaca y específicamente en Teotitlán del Valle, es imposible llevarlo a cabo sin la intervención de este personaje. Al fandango llegan miles de huevos para hacer los higaditos de fandango, costales de chiles para el mole, kilos de cacao para el chocolate-atole, azúcar, canela y un sinnúmero de ingredientes que se deben organizar y administrar durante los días de la fiesta. Cabe hacer notar que en un fandango participan varios miles de personas o la comunidad entera. La comidera también debe administrar el recurso humano, pues existen varios puestos en la cocina, como las tortilleras, las batidoras de chocolate, las moledoras de chiles, las moledoras de especias, las ayudantas de cocina, las matadoras de animales, como pavos y gallinas. Es importante aclarar que los puestos no se intercambian y que un grupo no ayuda a otro, cada una tiene una tarea que realizar.

COMINO (*Cuminum cyminum*)

Semilla de la planta del mismo nombre, muy utilizada como especia en México. Las semillas son oblongas, muy pequeñas, de unos 5 mm de largo, de color pardo y muy aromáticas. Es originario de Egipto y de la región mediterránea. Se emplea como condimento en adobos, moles y guisos de carne de cerdo, res o pollo, especialmente los que son muy condimentados. También forma parte de los distintos recaudos (o recados, como allí se llaman) que se hacen en la península de Yucatán. Llegó a México a través de las Islas Canarias.

COMISCAL

GRAF. comizcal. Olla especial de dos bocas y paredes perforadas que se utiliza en la región del Istmo de Tehuantepec y otras partes de Oaxaca, para elaborar *gueta bi'ngui'*, totopos, totopitos o totopostes; el comiscal oaxaqueño hace la labor de un comal. Se pone al nivel del suelo o en una base enterrada, se prende leña en su interior y, cuando el barro está caliente, las tortilleras se remojan los brazos para sostener las grandes tortillas y transportarlas a alguna parte de la pared exterior. Las perforaciones provocan que la tortilla sea crujiente y que no solamente se cueza. También conocida en algunas partes de Oaxaca como comixcal.

COMITECO

Mezcal elaborado con *Agave atrovirens*, que se produce en la región de Comitán, Chiapas, con características únicas debido a las condiciones climáticas específicas del lugar. La bebida se elabora para consumo casi exclusivo en la región. Existen básicamente dos variedades que los conocedores saben distinguir: la de cordón abierto y la de cordón cerrado. El término cordón se refiere a la densidad de las burbujas que se producen en el cuello de la botella cuando se agita. Actualmente, debido a un interés por dinamizar su producción, se elaboran las variedades blanco natural, blanco limón dulce, añejo, reserva especial y añejos dulces de níspero, de durazno, de nanche y de zarzamora. Con la caña de azúcar se elabora un aguardiente con el mismo nombre, sin embargo, este es de inferior calidad y no es el producto original.

COMPOTA

Preparación espesa similar a una jalea dulce. Se elabora con frutas secas o frescas cocidas enteras o en trozos con un almíbar poco concentrado. A veces se aromatiza con vainilla, cáscara de limón o naranja, canela, clavo o coco. La diferencia con la jalea es que la compota tiene frutas enteras o en trozos, en tanto, la mermelada es un poco más espesa y sólida.

Compota de manzana

COMPUESTO

Nombre que los totonacas de la costa de Veracruz dan a los aguardientes que preparan macerando diversas frutas con hierbas, cortezas y raíces. Por lo general, la fruta se machaca, se retiran las semillas y se deja macerar en alcohol, usualmente de caña. Los licores más comunes son el de mamey de Santo Domingo, ciruelas, jobo, naranja de azúcar, naranja de cucho, plátano, capulín, chaya, guayaba, piña, tamarindo, guapilla, vainilla, pericón, anís, canela, jengibre y otros.

COMUNQUE

Término que se le da a la fruta que aún no madura. Es utilizado en Guerrero.

CONCHA

Pan de dulce muy popular, tal vez el más común de todos. Tiene forma de media esfera y se decora con pasta para conchas. Esta pasta de sabor dulce cubre la superficie del pan y se dibujan en ella las líneas que le dan la

apariencia de una concha marina, de ahí su nombre. La concha clásica es color café claro, con pasta blanca; después aparecieron las conchas de chocolate, cuya masa es la misma que la anterior, pero la pasta con la que se decora contiene cocoa. Las conchas de chocolate actualmente están desplazando a las clásicas conchas blancas. Una concha típica mide entre 8 y 10 cm de diámetro, pero actualmente las panaderías las realizan de diversos tamaños. La llamadas conchitas pueden medir de 4 a 6 cm; se ocupan para los desayunos en restaurantes y hoteles, donde las colocan en canastas chicas sobre la mesa o en canastos grandes para bufet. Las panaderías también están produciendo las llamadas conchas grandes, que pueden medir 15 cm o incluso más. En Sotavento, Veracruz, la concha es conocida como bomba.

CONCHA LAPA *(Megathura crenulata)*

Molusco del que se consume su pie o callo que es color amarillo. Se consume fresco o enlatado en cebiches, empanizado o rebosado. Su concha se caracteriza por tener una abertura en forma oval en la parte superior; sus bordes presentan estrías verticales, los anillos de crecimiento son concéntricos, el interior de la concha es blanco, puede alcanzar hasta 12 cm de longitud y 8 cm de altura. Habita en aguas relativamente someras, fondos rocosos, se distribuye en la zona de entre mareas, se le encuentra desde punta Abreojos, Baja California Sur, hasta punta Concepción, California, Estados Unidos. Abunda todo el año y se captura por medio de buceo. En algunos países como Chile se enlata bajo el nombre de abulón. Conocido también como abulón de la India.

CONDOCHES

Gorditas a base de masa de maíz batida con manteca de cerdo y jocoque, que se cuecen en horno y pueden acompañarse con frijoles. Su sabor es un poco ácido. En Aguascalientes se acostumbra comerlas como botana y se pueden adquirir en puestos ambulantes. En Zacatecas son de maíz nuevo mezclado con canela, leche, azúcar y vainilla. En algunas regiones se les conoce como gorditas de horno.

CONDÚA ◆ cahuayote

CONDUJ ◆ uva de monte

CONDUMBIO

GRAF. condumio. Dulce similar a una palanqueta, hecho con miel de piloncillo y nueces o cualquier otra fruta seca, que se acostumbra en Oaxaca y en muchas regiones del país. En Hidalgo se hacen los condumbios de cacahuate. Se prepara un dulce que contiene leche de vaca, azúcar y bicarbonato, todo perfumado con cáscara de naranja. Estos ingredientes se cuecen hasta que la mezcla se reduce y espesa; luego se añaden los cacahuates y la pasta resultante se extiende y se corta en cuadros. En Michoacán llaman así a una palanqueta de cacahuate simple hecha con piloncillo.

CONEJILLO

Pan de dulce que se hace de la misma forma que la hojaldra de los Valles Centrales de Oaxaca, sólo que éste tiene la forma del animal. Ambos panes se consideran muy sabrosos. Se acostumbra en el valle de Etla, Oaxaca.

CONEJO

1. Mamífero lagomorfo de la familia de los lepóridos y el género *Sylvilagus*. El tamaño del cuerpo, la cola y las orejas varía según la especie, pero en general es de tamaño mediano con orejas alargadas de unos 6 cm, cola corta que puede ser blanca, gris o amarilla y un poco esponjada. Pesa entre 1 y 2.5 kg; habita en todo el territorio nacional. Junto con la liebre, es uno de los mamíferos de caza deportiva y para alimento más importantes en México. En el país hay ocho especies, unas desertícolas y otras de zonas boscosas; entre ellas están *Sylvilagus floridanus*, *Sylvilagus cunicularius*, *Sylvilagus audubonii*, *Sylvilagus brasiliensis* y *Sylvilagus bachmani*. Todos ellos reciben diferentes nombres regionales y a su vez son llamados indistintamente conejos. En la actualidad existen criaderos para la explotación de su carne, que se consume de diversas formas, según la región. Los mexicas y los mayas asociaban al conejo con la luna. Los mexicas utilizaban el glifo del conejo para el octavo día de la semana y se le relacionaba con el sur. El dios conejo *ometochtli* era la divinidad de la embriaguez y de quienes producían y vendían pulque. Ha sido muy apreciado por su carne y pelo. En muchos estados y regiones de México la carne del conejo se cuece con ajo, cebolla, laurel y varias hierbas aromáticas para quitarle el mal olor y dejar la carne suave; después se cocina en diferentes salsas de chiles. A veces se encuentra como conejo enchilado, conejo en chile pasilla, en chile ancho o en adobo; de cada lugar depende el uso de diferentes mezclas de chiles, hierbas y especias. Por lo general se marina por varias horas antes de asarlo u hornearlo. Suele prepararse también en diferentes tipos de mole, adobos, pipianes y mixiotes. En todos los casos se trata de platillos rurales que casi no se acostumbran en las ciudades. Sólo se enlistan aquí algunos de los ejemplos más específicos.

• El conejo enchilado de Culhuacán, Distrito Federal, se prepara con ajo, hierbas de olor, chile pasilla, jugo de naranja y sal. En el centro del país también se prepara el conejo con chile pasilla, vinagre, ajo, cebolla, comino y sal: se desflema la carne, se marina en vinagre, se fríe y posteriormente se sazona con la salsa de chile. En muchas comunidades rurales del centro del país se acostumbra cocinar el conejo en mole; frecuentemente se hace con la carne de conejo sola o mezclada con gallina, pollo o guajolote.

• Entre los guisos tradicionales del Estado de México se encuentra el picadillo de conejo; la carne se cuece, se deshebra y se guisa con jitomate, ajo, pimienta y clavo. Es un guiso campirano que se acompaña con tortillas. También se prepara el conejo enchilado; la carne se desflema con vinagre y rabos de cebolla, después se guisa en salsa de tomate verde y chile serrano. El conejo en pulque se guisa de manera similar al pollo en pulque, esto es, macerando la carne en pulque y guisándola en una salsa picante. Asimismo, de conejo en adobo existen muchas variantes. Se elabora de igual manera que los adobos de cerdo: las salsas pueden ser rojas (de chile ancho) u oscuras (de chile pasilla).

• En Hidalgo, los otomíes del Valle del Mezquital preparan el conejo en chile rojo, guisado en salsa de chile guajillo, condimentado con cebolla, comino, ajo, epazote y xocoyol. En otras partes del estado se guisa el conejo en chile, cocido con sal, vino, laurel, tomillo, mejorana y cebolla. Tras la cocción se descarta el agua y se dora la carne en manteca de cerdo; luego se incorpora a una salsa de chile guajillo y pasilla, jitomate, ajo, comino, orégano, mejorana, tomillo, laurel, sal y pimienta, y se sirve como un adobo. Otras preparaciones son los mixiotes de conejo, que consisten en pequeñas porciones de esta carne envueltas con las mismas técnicas e ingredientes de los mixiotes de otros rellenos; también se hace en barbacoa.

• En las zonas campestres de Morelos se elabora un conejo en chileajo, cocinado en salsa de chile guajillo con ajo, vinagre y cebolla.

• En Juchitán, Oaxaca, se prepara el conejo en achiote, para lo cual se cuece en agua el conejo en trozos con cebolla, ajo y sal. Una vez cocido, las piezas se untan con ajos molidos en molcajete y se fríen con un preparado de jitomate, cebolla y achiote. En Huautla de Jiménez, Oaxaca, los mazatecos lo preparan con texmole.

• El conejo ranchero de Querétaro se prepara marinando la carne del animal con una mezcla molida de ajo, laurel, vinagre y agua; se unta con una salsa de chiles anchos, comino en polvo, sal y pimienta, acompañado con verduras como poro y aceitunas.

• En Sinaloa se prepara el conejo sinaloense, el cual se unta con limón y sal, y se deja reposar con una mezcla de mayonesa, crema, salsa inglesa y agua perfumada con orégano, comino y pimienta. Esta preparación suele hacerse a las brasas o en horno y se sirve con una ensalada.

• Un guiso tradicional en Tamaulipas es el conejo en chile rojo. La carne se cocina en una salsa roja espesa de chile ancho, cebolla, ajo, pimienta gorda, chile guajillo y jitomate.

• En San Andrés Tuxtla, Veracruz, es típico el conejo adobado, que es un guiso de conejo frito con salsa de chile ancho, chipotle, tortilla frita, jitomate, cacahuates, comino y vinagre. Se acompaña con arroz blanco. En la región norte del estado se prepara el conejo ahumado; los nahuas maceran la carne en jugo de naranja agria y después la ahúman; terminada la cocción le untan salsa de chile chiltepín con ajo y sal. En las comunidades indígenas del sur del mismo estado, la carne se prepara en caldo junto con una salsa de jitomate, cebollín y cebolla. Se acompaña con chile de mata.

• En Zacatecas y parte de San Luis Potosí, la carne de conejo se vende especialmente los domingos. En ambos estados y regiones aledañas se preparan varios guisos con conejo: en pulque, en amarillo, en rojo y en pipián. El conejo en amarillo debe su color y sabor al azafrán y la pimienta. El conejo en pipián se prepara con pepita de calabaza, chile guajillo y maíz pinto. Para hacer el conejo en pulque, el animal se marina y se cuece en pulque y luego se fríe en manteca de cerdo o aceite. Por último, el conejo en rojo es preparado en salsa de chile colorado, chile guajillo y comino; el guiso se espesa con masa de maíz.

El conejo es conocido también como:
◇ conejo de Audubon (*Sylvilagus audubonii*)
◇ conejo del bosque tropical (*Sylvilagus brasiliensis*)
◇ conejo del este (*Sylvilagus floridanus*)
◇ conejo matorralero (*Sylvilagus bachmani*)
◇ conejo mexicano (*Sylvilagus cunicularius*)

El conejo es conocido en otras lenguas como:
◇ juá (otomí)
◇ taabu (cahita)
◇ tochi o tochtli (náhuatl)
◇ t'ul (maya)

2. *Lagocephalus laevigatus.* Pez de dorso gris oscuro, costados grises claros y vientre plateado; habita en áreas cercanas a las costas y gusta de los fondos arenosos o lodosos. Nada en pequeños grupos, pero normalmente es independiente y solitario. Mide aproximadamente 60 cm de largo. También se consume la especie *Caulolatilus affinis*. Se encuentra incidentalmente todo el año en el Golfo de México. Su carne es blanca, magra y firme, con espinas fáciles de deshacer; por su tamaño se corta en rebanadas y se acostumbra freír y acompañar con ensalada. Por sus características se puede utilizar también en diferentes guisados, platillos al horno y en mantequilla; su cabeza se utiliza para dar sabor a sopas de pescado.

Conocido también como:
◇ blanquillo (*Caulolatilus affinis*)
◇ mondeque
◇ tambor o tamboril
◇ salmón (*Caulolatilus affinis*)

CONFITAR
Acción que consiste en cocer y/o bañar en azúcar ciertos productos como frutos secos, frutos frescos, cáscaras de fru-

tos, entre otros. Es una técnica muy utilizada en la dulcería mexicana en diversas partes de la república.

CONFITE

Pasta de azúcar que cubre alguna semilla o fruta (piñones, acitrón), presentada en forma de esferas o similares, parte de los tradicionales aguinaldos que se regalan en las posadas y celebraciones navideñas. Poco a poco, estos dulces han sido sustituidos por dulces contemporáneos de diversas manufacturas. También se le llama colación.

→ colación

CONI ◆ guajolote

CONIBARE ◆ chan

CONO DE LECHECILLA

Pan de dulce que consiste en una pasta tipo hojaldrada en forma de cono rellena con lechecilla. También se considera una golosina, por ello se encuentra tanto en panaderías como en tiendas de abarrotes, dulcerías y en las calles. Es de origen oaxaqueño, pero se consume en otros lugares.

Conocido en algunas regiones como:

◇ cuerno
◇ cuerno relleno
◇ cuerno relleno de crema pastelera

CONSERVA

Término genérico utilizado en México, que puede designar diferentes preparados como dulces, mermeladas, jaleas o alimentos en almíbar. En todos los casos, el ingrediente principal se cuece con azúcar, piloncillo o algún otro endulzante, que a la vez sirve como conservador natural. Se elaboran conservas de cuantos frutos o verduras se piense; entre los más destacados están el mango, la guayaba, el chabacano, las ciruelas, la ca-

Duraznnos en conserva

labaza, los tejocotes, el capulín, la fresa, el durazno, el jitomate, el nopal y muchos otros. En cada región del país se preparan diferentes tipos de conservas. El término también es sinónimo de licor. En algunos casos puede ser simplemente un alimento enlatado salado o dulce.

CONSERVA DE CLAVEL

Preparación con sabor a clavel hecha con azúcar de caña, agua, almendra molida, jarabe rojo o granadina y pétalos de clavel rojo cocido. Tradicional de Oaxaca.

CONSERVA DE NARANJA

Dulce hecho con cáscaras o pulpa de naranja. En Tabasco, suele llamarse conserva de naranja o dulce de naranja y se consume como golosina. En Nuevo León es un dulce muy apreciado. Su proceso consiste en hervir las cáscaras de las naranjas con sal hasta que se suavizan, después se enjuagan varias veces para quitar el sabor amargo, y al final se vuelven a cocer en jugo de naranja, azúcar y agua hasta que estén casi melosas y cristalizadas. En restaurantes tradicionales suelen servirse solas y en algunas ocasiones adornadas con hojas de naranja y hojas de azahar, además de rebanadas de queso o ate.

CONSERVA DE PASCUA

Dulce de chilacayote cocido en agua con piloncillo, canela y hojas de naranja. El chilacayote se corta, se despulpa y se cuece en tequesquite antes de terminar de cocinarlo en la miel. Es tradicional en los días de Pascua, en la Sierra Gorda de Querétaro.

CONSERVA DE TORNO LARGO

Término con el que se conocen varios dulces hechos en Torno Largo, Tabasco. Este pueblo se hizo famoso por sus dulces, pues ahí siempre ha existido una producción importante de azúcar, de donde se originó su tradición dulcera. Inicialmente se hacían sólo para Semana Santa y el día de Muertos, pero ahora se preparan todo el año, y una buena parte de la producción se envía a los mercados de Villahermosa. Los tabasqueños están familiarizados con el nombre, pero muchos fuereños piensan que lo lleva por tratarse de un dulce que torna bien o no se echa a perder por largo tiempo; en realidad dura unos seis meses sin pudrirse. Cuando un dulce lleva el nombre de Torno Largo, se entiende que es de alta calidad. Su preparación es muy lenta y se hace con la toronja agria o limón real (que en otros lugares se conoce como sidra). Dicho fruto tiene una capa blanca, esponjosa y muy gruesa entre la piel y la pulpa, que alcanza a medir varios centímetros cuando se extiende. Tiene la textura de un algodón muy denso. Se corta en tiras, se remoja en agua caliente por varias horas, o de un día para otro, para quitarle lo amargo. Luego se exprime y se vuelve a remojar nuevamente. Se repite este paso dos veces más, hasta lograr retirar cualquier sabor amargo. El proceso puede tomar hasta cuatro días. La piel en remojo puede exprimirse como un trapo, pues es muy resistente. Después del proceso de remojo, se pasa por agua de cal para que se le forme una especie de piel. Luego se enjuaga y se deja cocer a fuego lento por varias horas en un almíbar hecho de piloncillo o azúcar, hasta que la piel se carameliza y se pone translúcida; para entonces habrá adoptado el tono de la miel. Como ya se dijo, actualmente se produce en varias partes de Tabasco, pero las familias antiguas cuentan que originalmente este dulce empezó a ser elaborado en Jalpa de Méndez y en Nacajuca. Es un dulce regional muy apreciado, considerado como uno de los más finos de todos los que se preparan en la entidad. También son inconfundibles porque se presentan en forma de bolas de unos 8 cm de diámetro envueltas en hojas de maíz. En los puestos del mercado Pino Suárez los tienen colgados en grandes montones.

Conocido en Tabasco como:

◇ conserva
◇ conserva de limón real
◇ conserva de toronja

CONSOMÉ

Caldo de alguna carne, principalmente de pollo. También se utiliza gallina, borrego, chivo y res. Un ejemplo es el consomé de barbacoa, que es el jugo o caldo concentrado color café que se obtiene del borrego cuando se cuece en barbacoa u horno de tierra. Se bebe antes de comer los tacos de carne de barbacoa. Se sirve caliente en tazón o vaso y, por lo general, contiene garbanzos o arroz cocido. Se complementa con cebolla, chile verde y cilantro picados, además de jugo de limón. Se puede encontrar en los lugares donde venden carne de barbacoa. A veces, en dichos puestos regalan un vaso de caldo siempre y cuando no vaya preparado, es decir, sin verduras. Se cobra como platillo cuando contiene carne desmenuzada que puede ser maciza o de pancita de barbacoa.

→ caldo de camarón, caldo de pollo, caldo ranchero

CONSOMÉ DE CAMARÓN ◆ caldo de camarón

CONSTANTINO ◆ robalo

COOL ◆ kool

COPA
Término para designar una porción de alguna bebida alcohólica o el ofrecimiento de la misma. En las reuniones es común escuchar "me tomé una copa" o "te ofrezco una copita".

COPA NEVADA
Postre que consiste en un merengue suave de clara de huevo espolvoreado con canela molida, flotando sobre una salsa de yema de huevo. Invariablemente se sirve en una copa larga o aflautada. El comensal debe tomar al mismo tiempo un bocado del merengue con un poco de la salsa, de lo contrario no se puede percibir la delicadeza del postre. Para obtener el merengue, se baten  claras de huevo con azúcar y ralladura de limón. La salsa de yema es una crema inglesa muy ligera, contiene leche, azúcar, canela y yemas. Se trata de un postre muy sutil y ligero, pero como todas las recetas de postres que circulan de familia en familia, va tornándose más complicada. Es típico de Tabasco.

COPALCOCOTE ◆ chupandilla

COPALILLO ◆ quiote

COPALJOCOTE ◆ chupandilla

COPALOCLE
Bebida fermentada a base de pulque o tlachique y frutilla de pirul o copaljocote. En Tlaxcala y Otumba, Estado de México, se emplea como remedio contra enfermedades venéreas.

COPIL
Armado de madera parecido a una parrilla o cama de tablas, que sirve para ahumar chiles.

COPITAS DE CHICOZAPOTE
Preparación cremosa hecha a base de harina cernida, azúcar, yemas de huevo, canela, leche y chicozapotes. Se pone a hervir la mezcla hasta el punto de crema, se retira y ya fría se vacía en copitas y se cubre con merengue hecho de claras y azúcar. Se adorna con naranja cristalizada picada finamente. Dulce veracruzano de la región del Sotavento.

COQUITO DE ACEITE ◆ corozo, coyol

CORAL ◆ hongo clavito, hongo escobeta, hongo pata de pájaro

CORAZÓN
Órgano principal encargado de la circulación de la sangre de los animales, que forma parte de las vísceras comestibles y es empleado en diversos platillos. En México los corazones de res, cerdo, borrego, pollo y otros animales se comen en asadura y otros guisos. El corazón de cerdo forma parte de las carnitas. El corazón de pollo se sirve en caldo con menundencias o en arroz blanco. El corazón de res es de consistencia dura por lo que puede venderse en bisteces o picado; es grasoso y llega a sobrepasar el kilo y medio de peso. También se emplea para hacer tacos.

→ piña de maguey

CORCHOLATA
Nombre con que se conoce a las garnachas en la región de Los Tuxtlas, Veracruz.

CORDERO ◆ borrego

CORDONCILLO ◆ hierba santa

CORICO O CORITO
Galleta hecha de harina de maíz y de trigo, manteca de cerdo, huevo, vainilla, canela, azúcar y sal; a veces la harina de maíz puede sustituirse por pinole. Para su presentación, se le da forma de herradura, aunque también puede estar cortada en círculo, rectángulo o cuadro. Es típica de Chihuahua. Estas galletas se hacen en ciudades, pueblos y rancherías del estado, principalmente durante la Semana Santa. El nombre viene del término cahíta coricochi. También se acostumbra en otros estados, como Jalisco. En Sinaloa se conoce una galleta similar conocida como tacuarín.

→ tacuarín

CORNETA ◆ hongo amarillo, hongo corneta, hongo enchilado, hongo tejamanilero

CORNETILLA ◆ hongo amarillo, hongo corneta

CORNEZUELO O CORNIZUELO ◆ acacia

CORNUDA (Sphyrna zygaena)
Pez con la cabeza en forma de martillo o pala. El resto de su cuerpo es similar al de un tiburón, color verde olivo o café y su dorso tiene sombras grises y pálidas en los costados. Comúnmente alcanza un metro de largo. Se encuentra en las superficies de aguas tropicales cerca de las costas y en alta mar; se pesca todo el año en el Golfo de California y en Mazatlán. Se vende fresco, congelado o seco y salado.

Conocido en algunas regiones como:

◇ cabeza de pala
◇ cornuda de corona
◇ pez martillo

COROZO

Fruto que se obtiene de dos especies de palma diferentes, *Orbygnia cohune* y *Scheelea liebmannii*; que contiene unas almendras aceitosas, las cuales se aprovechan para la producción de aceite comestible. Según investigaciones, su aceite contiene propiedades similares a las del aceite de cártamo y maíz. Se utiliza en la preparación del cuala de jocuixtle. Con sus semillas también se produce harina. Sus flores son de color amarillo pálido, de aroma agradable, las cuales se hierven y capean como casi todas las flores.

Conocido también como:
◇ coquito de aceite
◇ coyol

→ coyol

CORRALITO ◆ hongo cemita, hongo pancita

CORREOSA

Variedad de tortilla muy dura consumida en la Mixteca oaxaqueña.

CORRIMIENTO ◆ hierba santa

CORTADILLO

1. Carne de res marinada en vinagre con ajo y comino. En Nuevo León suele ser frita y guisada con tomate verde, cebolla y chile serrano.
2. Dulce que consiste simplemente en duraznos frescos cocidos en almíbar. Es tradicional de Sonora, y también llamado dulce de durazno. La preparación también puede incluir trocitos de membrillo. En Pátzcuaro, Michoacán, se prepara de la misma manera el cortadillo de chilacayote.

→ cortadillo de res, palmilla

CORTADILLO DE RES

Nombre que reciben las puntas de filete o la pulpa de res en trocitos. Técnicamente el cortadillo es carne cortada en trozos pequeños, por lo que a veces su preparación se asemeja al picadillo. La carne se prepara en salsa de jitomate, encebollada, a la mexicana o en casi cualquier guiso, muy similar a los asados de res del centro del país. Es común en Nuevo León y Coahuila. En Nuevo León la carne de res puede estar cocinada con ajo, jitomate, chiles morrones, comino, sal y pimienta; con este preparado se rellenan los empalmes. En Tamaulipas también se prepara y a veces se hace con carne de cerdo.

CORUNDA

Tamal hecho con una masa de maíz blanca, mezclada y batida con manteca de cerdo, leche o agua y sal; se envuelve en hojas de caña del maíz. La peculiaridad de este tamal consiste en su forma triangular, que se consigue poniendo un poco de masa en un extremo de la hoja, que se cubre poco a poco y se enrolla hasta conseguir que la corunda tenga seis lados y cinco puntas. Durante la época en que no hay hojas de caña de maíz, se sustituyen por hojas de carrizo, aunque son más delgadas. La corunda es de origen purépecha, y en esa lengua se le conoce como *khurhúnda*. Originalmente el maíz se cuece en cenizas para que suelte el hollejo que lo cubre, y luego se muele para formar la masa, aunque actualmente muchos cuecen el maíz en cal. Los días normales se comen las corundas acompañadas de chúripo o atole. También suelen consumirse bañadas con bastante salsa verde o roja, queso Cotija o añejo y, a veces, crema y rajas de chile pobla-

no o chilaca; a esta forma de prepararlas se le llama *atapakua khurhúnda*, que en purépecha significa corundas preparadas en salsa o mole. Este estilo también se acostumbra mucho entre la población mestiza de Michoacán, en especial para el desayuno; de hecho, es una de las formas en que más se consume en el estado. Para los días de fiesta, tanto los indígenas como los mestizos preparan las corundas rellenas de carne de cerdo o pollo guisados. Se consideran muy especiales pues la corunda regularmente no contiene carne. Menos frecuentes son las que se hacen con frijoles o verduras. Cabe aclarar que, aun cuando la población indígena lo consume siempre como un tamal sencillo, entre los mestizos se pueden encontrar corundas prácticamente de cualquier cosa, pues ellos también han continuado la tradición y esto ha producido diferentes variedades. Incluso hay platillos como la sopa seca y la sopa aguada de corundas. Conocida también como curinda.

CORVINA

Proviene del latín *curvinos*: corvino o parecido al cuervo. Nombre utilizado para designar diferentes especies de peces que nadan en aguas mexicanas. En el Golfo de México y el Caribe se pescan a pequeña escala cuatro especies y en el Pacífico otras cinco, todas del género *Cynoscion*. Existe otra más que se explota comercialmente: *Roncador stearnsii* Steindachneer. Bajo el nombre de corvinas se encuentran también la especie *Cynoscion parvipinnis*, *Cynoscion squamipinnis*, *Cynoscion xanthulus*, *Cynoscion nannus*, *Cynoscion albus*, *Cynoscion stolzmanni*, *Cynoscion othonopterus*, *Cynoscion reticulatus*.

• *Atractoscion nobilis*
Es un pez que habita en la zona del Pacífico, también llamada corvina blanca o corvina rayada de coloración verde que va al azul oscuro, gris en la porción dorsal y plateado en el vientre. Llega a medir hasta 1.5 metros y pesar hasta 38 kilos. Se consume fresco en filetes.

• *Bairdiella chrysoura*
Tiene un dorso que varía en tonalidades de verde olivo a gris azulado, su vientre y costados inferiores son plateados brillantes y sus aletas amarillo oscuro; gusta de fondos arenosos y lodosos cerca de las costas. Se pesca todo el año, especialmente en Campeche y Yucatán; comúnmente mide 20 cm de largo. Su carne se compara con la del robalo: blanca, firme y deliciosa, con poca grasa y espinas fáciles de desprender, esta característica la hace ideal para freír, hornear, asar o hervir. También se prepara en sopas. La cabeza y la cola se emplean para dar sabor a varios caldos.

• *Genyonemus lineatus*
Es un pez de color café rojizo o amarillo oscuro en el dorso y plateado en la porción ventral. La boca es grande y no cuenta con "barbas", se le encuentra en cardúmenes en fondos arenosos. Los adultos alcanzan hasta los 35.5 cm de largo y llegan a pesar hasta 10 kg. Se consume fresco fileteado y en ocasiones se ahúma, sobre todo en Baja California.

• *Menticirrhus undulatus*
Tiene una barbilla en la mandíbula inferior. Su dorso es gris azul acero, su vientre y costados son grises y todo su cuerpo está cubierto de manchas negras con reflejos metálicos. Mide unos 60 cm de largo y pesa 3 kg. Vive solitario o en

grupos pequeños, en fondos arenosos y lodosos cercanos a las costas. Se alimenta principalmente de cangrejos y almejas. Se pesca todo el año en las costas de Baja California y las zonas central y meridional del Pacífico, especialmente en Oaxaca, Sinaloa y Sonora. Se vende fresco, en filetes y se consigue también congelado. Su carne es blanca, magra y de sabor suave. Se puede guisar de cualquier manera tradicional, al mojo de ajo, al horno o en distintos escabeches, entre otros estilos. Además, la cabeza y la cola dan excelente sabor a diversos caldos.

La corvina es conocida también como:

◇ berrugata (*Menticirrhus undulatus, Genyonemus lineatus*)
◇ boca dulce (*Menticirrhus undulatus*)
◇ charrito (*Bairdiella chrysoura*)
◇ corbina o corvina aleta corta (*Cynoscion parvipinnis*)
◇ corvina azul (*Cynoscion parvipinnis*)
◇ corvina blanca (*Genyonemus lineatus, Roncador stearnsii*)
◇ corvina blanda (*Cynoscion squamipinnis*)
◇ corvina boca anaranjada (*Cynoscion xanthulus*)
◇ corvina chiapaneca (*Cynoscion albus*)
◇ corvina coliamarilla (*Cynoscion stolzmanni*)
◇ corvina de aleta manchada (*Roncador stearnsii*)
◇ corvina de California (*Mentihirrhus undulatus*)
◇ corvina enana (*Cynoscion nannus*)
◇ corvina golfita (*Cynoscion othonopterus*)
◇ corvina rayada (*Cynoscion reticulatus*)
◇ corvineta (*Bairdiella chrysoura*)
◇ curbina o gurrubata (*Bairdiella chrysoura, Menticirrhus undulatus*)
◇ roncacho (*Roncador stearnsii*)
◇ roncadina (*Menticirrhus undulatus*)
◇ roncador (*Genyonemus lineatus, Bairdiella chrysoura*)

→ berrugata, corvineta

CORVINETA

Especies de peces emparentadas y semejantes a las corvinas. Algunas de las variedades son *Bairdiella armata*, *Ophioscion strabo*, *Larimus acclivis* y *Bairdiella icistia*.

Conocida también como:

◇ corvineta armada (*Bairdiella armata*)
◇ corvineta bizca (*Ophioscion strabo*)
◇ corvineta boquinete (*Larimus acclivis*)
◇ corvineta ronco (*Bairdiella icistia*)

COSAHUICO O COZAHUICO ◆ tempesquistle

COSCOATL

Tamales de masa de maíz, cacahuate, piloncillo y canela que se cuecen al vapor. Son típicos de Jalisco.

COSCOMATE ◆ cuescomate

COSOL (*Atya scabra*)

GRAF. cozol. Camarón de agua dulce consumido en diversas comunidades indígenas del norte de Veracruz, como en el municipio de Chalma, en la Huasteca Alta, y en Río Pescados, Jalcomulco, donde los preparan en chilpoposo. Conocido también como burrito de río.

COSTILLA

Pieza de huesos largos y curvos que nacen del espinazo y van hacia el pecho, formando la caja torácica. Las más utilizadas son las costillas de cerdo, res y cordero.

COSTILLAS AHUMADAS DE CERDO CON AJONJOLÍ

Costillas que se ahúman durante tres días con leña de guacima y se cocinan con ajonjolí tostado y molido, chile verde, tomate, cebollina y cilantro. En Totonacapan, Veracruz, de donde es este platillo, suelen consumirlo acompañado con tortillas calientes.

COSTOMATE ◆ miltomate

COSTRADA

Pastel salado hecho con capas alternadas de masa de pan de manteca y picadillo de cerdo, de pollo o de distintos guisos de pescados y mariscos. Otra versión está elaborada de alcaparrado de pollo. Es un platillo muy antiguo de Yucatán que se sigue consumiendo en la actualidad.

COSTRAS

Nombre que recibe una variedad sencilla de pan de manteca que se acostumbra en Oaxaca.

COTOPE BLANCO ◆ jinicuil

COYOL (*Acrocomia aculeata*)

GRAF. coyul o cuyul. Fruto globoso de la familia de las arecáceas. Mide 4 cm de diámetro, de piel amarilla verdosa, da la impresión de ser un coco en miniatura. Tiene pulpa pegajosa, algo dulce y de notable viscosidad; posee una gran semilla leñosa que alberga una almendra de muy buen sabor a la cual popularmente llaman coquito. La palma que lo produce mide de 10 a 20 metros de alto. Cuando está fresco, se le retira la piel y se chupa o simplemente se golpea contra una piedra para sacar el coquito; sin embargo, la gran mayoría se destina para hacer un dulce, un tanto empalagoso. Para su elaboración, se pelan y cuecen en agua con azúcar morena o piloncillo, pues en la cocción el fruto pierde la textura babosa. Tiene una particularidad, pues, por más que se chupe, a este fruto parece no acabársele nunca el sabor. Es muy popular entre los niños que viven en las costas donde crece la planta. En el norte de Veracruz, los nahuas preparan el atole de coyol. Los cogollos tiernos de la planta son consumidos en el sur de Veracruz en diversas formas, cocidos o asados a las brasas y también como botana aderezados con limón y sal. Como sustituto de la carne se preparan en moles con masa de maíz, achiote o acuyo. También se elabora agua fresca con este fruto. Los coyoles son utilizados como instrumento musical a manera de cascabeles por los que practican danza de origen prehispánico.

Conocido también como:

◇ cocoyol
◇ coquito baboso
◇ coquito de aceite
◇ coyol baboso

→ corozo

COYOTA

Panecillo de masa de harina de trigo, manteca de cerdo, levadura y piloncillo en forma de tortilla gruesa, de unos 13 cm de diámetro, y relleno con trocitos de piloncillo. Su color es amarillo dorado, supuestamente del mismo color de los coyotes, de ahí toma su nombre. Son originarias de Villa de Seris, pueblo de Sonora en donde se han hecho desde la época virreinal; por esto también se les llama coyotas del pueblo. Se comen como postre en Sonora. Aunque las originales siempre se rellenan de piloncillo, actualmente se encuentran variedades rellenas con cajeta, jamoncillo o nuez.

211

En Todos Santos, Baja California Sur, se prepara una coyota poco distinta de las originales de Sonora; de hecho, los habitantes de Todos Santos conocen las diferencias de su receta con la original sonorense, por eso suelen llamarlas coyotas de Todos Santos. A diferencia de las originales éstas son empanadas grandes, crujientes, muy infladas, en forma de media luna de unos 13 cm de largo, hechas de pasta de harina y rellenas de piloncillo. En Coahuila también se llama coyota a una empanada de masa de harina rellena de piloncillo, de sabor similar a la coyota de Sonora. En el Distrito Federal se pueden encontrar en algunas panificadoras de estilo artesanal que reproducen panes típicos de otros estados. Existen algunas en el centro de Coyoacán.

COYOTE

Bebida preparada con pulque, miel y palo de timbre que se acostumbra en Puebla.

COYUL ◆ coyol

COZOL ◆ cosol

COZÓN

Rata de campo del género *Neotoma*, del tamaño de una rata de casa, pero con cuerpo relativamente más grueso, las orejas más grandes, las patas blancas, la cola más corta y, en general, de coloración grisácea o castaño rojiza. Las especies más comunes de este género son *Neotoma mexicana*, que habitan a lo largo de la Sierra Madre, desde Chiapas hasta el norte; la *Neotoma albigula*, en la parte desértica y semidesértica del altiplano y norte del país; la *Neotoma lepida*, en la península de Baja California; la *Neotoma micropus*, en los estados del noroeste; y la *Hodomys alleni*, que es la de mayor tamaño, llega a medir hasta 40 cm y vive en Sinaloa y Oaxaca. Esta rata es consumida asada o frita, principalmente por grupos indígenas.

El cozón es conocido también como:

◇ rata cambista
◇ rata de montaña
◇ rata magueyera
◇ rata mezcalera

CREMA

1. Sustancia grasa que se obtiene de la leche, también conocida como crema de leche. Con ésta se elabora la llamada crema dulce que se emplea en repostería, también conocida como crema chantilly. En los mercados populares de Michoacán se puede encontrar una crema espesa de gran calidad con un sabor muy especial. En este estado la crema es más que un mero ingrediente común, pues tiene un papel importante en infinidad de antojitos y platillos típicos, como las corundas, los chilaquiles, los uchepos (solos o con carne de cerdo) y muchos otros. Una buena parte de esta crema proviene del norte de la entidad que colinda con Jalisco. En esta región también se prepara una crema mas ácida con el nombre de jocoque (diferente al jocoque árabe). Un volumen igualmente considerable se produce en la parte oriental, por los rumbos que limitan con el Estado de México. En estos lugares todavía persiste la costumbre de vender la crema en jarritos de barro, pues en otros sitios se ha perdido. La crema auténtica se obtiene dejando reposar la leche bronca por varias horas, hasta que flota en su superficie una especie de nata densa; ésta se separa del resto de la leche, se deja reposar por una noche para que se acidifique ligeramente y se añade sal. En algunos lugares se deja por más de una noche o hasta por varios días, para hacerla un poco más agria, pero nunca es tan ácida como la llamada crema agria. En los mercados populares de casi todo el país se vende con nombres que aluden a su calidad: crema espesa, crema de rancho, crema especial, crema de primera o crema de la mejor. Tradicionalmente se vende suelta por kilo o en jarritos o vasos de diferentes tamaños. En los mercados populares existen diferentes tipos de cremas menos espesas que la descritas, algunas de ellas son bastante líquidas y de calidad inferior. En los supermercados se encuentran cremas de diferentes marcas, que se obtienen procesando la leche en máquinas descremadoras que logran separar totalmente la leche y la crema; eso hace que su consistencia y sabor sea diferente a la crema de rancho. La crema es sumamente importante en la cocina mexicana, pues se utiliza como adorno y complemento de toda clase de chilaquiles, enchiladas, entomatadas, enfrijoladas, flautas, tostadas, tacos fritos, sopas, salsas de guisos y otros antojitos. En Toluca y otras ciudades del Estado de México, es parte esencial del relleno de las tortas.

2. Nombre que reciben aquellas sopas que contienen leche o crema, generalmente licuadas con el ingrediente principal que da nombre al platillo. En México son muy populares las cremas de aguacate, elote, flor de calabaza, frijol, zanahoria, papa, queso, calabaza y chile poblano, entre otras.

• La crema de aguacate es una sopa fría de consistencia tersa y cremosa. Además de pulpa de aguacate y crema contiene pollo, sal, pimienta, cilantro, ajo y cebolla; todos los ingredientes se licuan hasta obtener una mezcla muy tersa. Es una receta contemporánea que se encuentra en días calurosos principalmente en restaurantes especiales de cocina mexicana. Puede servirse adornada con un manchón de crema espesa, pimentón y cilantro picado.

• La crema de chipilín chiapaneca se prepara con hojas de chipilín enteras o licuadas, crema, mantequilla y leche; casi siempre incluye granitos de elote y calabacitas tiernas. Esta crema se acostumbra mucho en las comidas familiares, aunque no es una receta tan popular como la sopa de chipilín con bolitas de masa que también se prepara en la entidad.

• La crema de elote es una sopa espesa a base de leche o crema, a la que se agregan granos tiernos de elote molidos. A veces se trata de cremas muy tersas y en otras ocasiones los granos están solamente martajados en lugar de molidos, y dan otra  consistencia. Las recetas varían según la región o la familia, pues se elaboran tanto en las casas como en los restaurantes de todo el país. Puede estar acompañada con rajas de chile poblano y galletitas saladas o en ocasiones de tiritas de tortilla fritas.

• La crema de flor de calabaza, es muy gustada en los restaurantes del Distrito Federal y en general del centro del país. Se saltean las flores con ajo, cebolla y epazote, se muelen y se añaden a una base de caldo de pollo y crema de leche; a veces también se les agrega salsa bechamel. Suele acompañarse con rajas de chile poblano, granitos de elote, flores de calabaza y crutones de pan, entre otras cosas. Se considera una sopa muy sofisticada y tuvo un gran auge desde finales de los años setenta; actualmente es un verdadero clásico contemporáneo.

• La **crema de frijol** es una sopa muy común en todo el país. Se prepara y se sirve de forma similar a la sopa de frijol del centro del país: se muelen los frijoles cocidos y se condimentan al gusto, pero se añade leche en el momento de moler los frijoles. El tipo de frijol varía dependiendo de la región. En el centro se utiliza frijol bayo o flor de mayo y en los estados del golfo y del sur del país se utiliza más el frijol negro.

• La **crema de queso** se hace normalmente con queso chihuahua o menonita, leche, sal, pimienta y harina de trigo. También puede incluir caldo de pollo para espesar. Es una sopa común en Chihuahua, y se dice que su origen es menonita.

• En Comitán, Chiapas, es común la **crema de habas**, que incluye chiles de árbol.

• La **crema poblana** se prepara con chile poblano molido sobre una base compuesta de leche, harina de trigo, mantequilla, ajo y cebolla. En realidad no hay una regla tradicional, pues el nombre del platillo fue inventado en los restaurantes y fondas simplemente para aludir al chile poblano.

3. Nombre que reciben regionalmente ciertos licores de frutas u otros ingredientes que se hacen de manera artesanal en muchos lugares, como las cremas de nanche, de cacao, de guanábana, de mezcal, entre otras.

Crema de café

4. Grasa o jugo de un fruto, como la crema de coco, que se utiliza para hacer postres, dulces o bebidas. Algunas de estas cremas se pueden conseguir en lata.

CREMA CHANTILLY ♦ crema

CREMA DE CASTAÑAS

Dulce típico de Durango elaborado con castañas molidas, leche, vainilla, yemas de huevo, azúcar y harina; todo se cuece y se coloca en un recipiente. Un postre similar llamado postre de castañas se realiza en Veracruz. Éste se cuece a baño María y se sirve en un platón.

CREMA DE MANGO

Postre hecho con mango, leche condensada, crema y jugo de limón. Se licuan el mango y la leche condensada, aparte se bate la crema hasta que esponje y luego se mezclan ambos preparados. Se refrigera y se sirve en copas. Se prepara en Comitán, Chiapas.

CREMA DE MEZCAL

Mezcal que se destila con otros ingredientes para obtener sabores, entre ellos, cáscaras de naranja, manzana, café y almendras. No siempre se trata de una bebida dulce; es decir, sigue teniendo el potente sabor a mezcal con un toque de cualquiera de los sabores mencionados.

CREMA IMPERIAL

Postre hecho a base de panes de huevo. En un platón se coloca una capa de pan de huevo remojado en miel y coñac, después una salsa de yemas y al final una capa de azúcar. Se parte en cuadros para servir. Este postre se acostumbra en Pátzcuaro, Michoacán.

CREMOR TÁRTARO

Ácido tartárico o bitartrato de potasio que se halla en la uva, en el tamarindo y en otros frutos. En pastelería y confitería se usa el cremor tártaro extraído de forma industrial para impedir la cristalización del azúcar, para aumentar el volumen de masas y preparaciones, y para estabilizar las claras de huevo.

CREPA

Preparación de origen francés con aspecto de tortilla, elaborada con masa de harina de trigo, huevo batido y leche, cocida en sartén y rellena con ingredientes dulces o salados. Las crepas con cajeta son un postre caliente hecho con crepas dobladas en triángulos bañadas con cajeta, flameadas y decoradas con nuez. Este postre se considera muy sofisticado y es muy requerido en los restaurantes de México. Se acostumbra flamearlas en la mesa frente al comensal; para ello se utiliza ron, brandy, coñac o tequila. El baño de la crepa puede ser de cajeta pura o de alguna salsa a base de este dulce. Suelen prepararse crepas para dos personas y servirse tres crepas por comensal, aunque esto no es de ninguna manera una regla.

Las crepas de cuitlacoche son crepas rellenas con cuitlacoche preparado, bañadas en salsa de chile poblano y gratinadas con queso. La salsa se elabora licuando chile poblano con crema, o bien, se emplea una especie de salsa bechamel con chile poblano. Los quesos que se utilizan en este platillo son aquellos que pueden gratinarse, como el Chihuahua o manchego. Es una receta contemporánea, típica del Distrito Federal; se sirve en los restaurantes de comida mexicana especialmente en la época de lluvias, de mayo a septiembre, que es cuando el cuitlacoche abunda, aunque hay restaurantes y cafeterías que las preparan todo el año. Dependiendo del tamaño de la ración se toma como entremés o plato fuerte en la comida o la cena, o como plato principal del desayuno o almuerzo. Para los mexicanos de hoy, las crepas son muy solicitadas, pues forman parte de la llamada nueva cocina mexicana, además de que el cuitlacoche ha alcanzado gran prestigio y valoración en las últimas décadas. Las crepas poblanas son similares a las crepas de cuitlacoche, se preparan con salsa bechamel y chile poblano. Las crepas poblanas de pollo están rellenas de pollo cocido deshebrado, mezclado con rajas de chile poblano y granos de elote. Se sirven igual que las anteriores. Todas estas recetas son de cafetería o restaurante y no se preparan en el ámbito casero. El adjetivo poblano se debe al hecho de utilizar abundante chile poblano, pues el platillo no es originario de Puebla. Las crepas de chaya, que se hacen en la península de Yucatán están rellenas de chaya, cocinada con cebolla y mantequilla, se bañan con crema o crema licuada con un poco de hojas de chaya cocidas, y se gratinan con queso manchego.

CRIADILLAS

Testículos de los animales. Las criadillas del toro se reservan cuando se capan o bien al terminar una lidia. En ciertos lugares del país, las criadillas de toro y cerdo son algo muy apreciado. En el Distrito Federal, muchos restaurantes de comida típica, cantinas y bares las sirven al mojo de ajo, empanizadas, a la mexicana, enchipotladas o de diferentes formas. Son causa de grandes controversias, pues algunos mexicanos las consideran algo repugnante y para otros es una delicadeza. Para algunos consumidores la ingesta de testículos de toro o cerdo reafirma su virilidad. En Chihuahua, comer criadillas es una tradición muy arraigada entre los vaqueros; después de castrar los toros, los testículos se limpian y se asan en un fuego a base de boñiga.

CRIOLLO

1. Término que se refiere a productos agrícolas, frutas o verduras que se cultivan en una región y que son típicos del lugar. En muchos casos se trata de productos nativos de México que se siguen cultivando de la misma manera que lo hacían las civilizaciones prehispánicas. Tal vez los dos ejemplos más representativos sean el maíz y el cacao, de los cuales hay criollo y otras variedades que fueron traídas. Lo criollo también implica variedades de frutos que fueron traídos a México y que se aclimataron a nuestros microclimas y dieron como resultado un fruto diferente que ahora se considera criollo o típico de México, es el caso del durazno amarillo que después de muchas generaciones se ha vuelto un fruto pequeñito, amarillo, muy crocante y muy dulce que casi no se parece en nada a los duraznos o melocotones de otras partes del mundo.

2. Alimentos de los que no existen grandes cultivos y que se han mantenido de alguna manera "vírgenes" para no modificar su tamaño o color. Debido a la pureza de los productos criollos, actualmente muchos de ellos se están volviendo orgánicos, sobre todo aquellos que pertenecen a cultivadores que desean obtener la certificación de sus productos.

CRISTALIZAR

Técnica de cocción lenta en agua y azúcar de frutas o verduras. Tras este proceso, la fruta adquiere una apariencia traslúcida.

→ frutas cristalizadas

CROQUETAS DE ATÚN

Preparación hecha a base de atún enlatado mezclado con vegetales, como zanahoria, puré de papa y huevos, en forma cilíndrica generalmente, empanizadas y fritas. También tienen forma de gorditas.
Se sirven en casi todo el país acompañadas con ensaladas.

CROQUIMOL ◆ cocada

CRUCETA (Acanthocereus tetragonus)

Cactácea de tallos trepadores. Mide 3 metros de altura aproximadamente y tiene de 3 a 5 aristas con espinas. Se consume en varios estados, como Guerrero, Chiapas, Tamaulipas y Veracruz. Varios grupos étnicos como los huicholes y los tarahumaras la han consumido ancestralmente de diversas formas. Las espinas se retiran para consumir los tallos como verdura, de manera muy similar al nopal. Su nombre se debe al hecho de que al rebanarlas los cortes quedan en forma de una cruz.

CRUDA

Malestar causado al siguiente día por el consumo excesivo de alcohol o por una prolongada desvelada. En la tradición popular existen distintos remedios para "curar" la cruda o resaca, también llamada cruda de borracho. Se trata de platillos reconstituyentes como caldos o sopas preparados con mucho chile, entre los que se encuentran: caldo de camarón, consomé, agua chile, agua de gallo, caldillo macho y pancita, entre otros. También se acostumbra beber micheladas.

214

CUACAMOJTLI ◆ yuca

CUACHALA

GRAF. coachala. Guiso caldoso de gallina que es condimentado con chile guajillo o chile ancho y espesado con masa de maíz. Su peculiaridad consiste en que la carne del animal, incluyendo la piel (con excepción de la pechuga), se muele dentro del preparado, para darle una consistencia espesa y particularmente rica en sabor. De ella existen muchas versiones; la gran mayoría contienen gallina o pollo, cebolla, tomillo, perejil, laurel, chile guajillo o chile cuachalero, ajo, tomate, masa de maíz y manteca de cerdo. Aunque la cuachala es primordialmente de ave, también pude contener o ser sólo de carne de cerdo. Se piensa que el platillo y nombre son originarios de Colima y que significa tazón lleno de sopa. Esta sopa espesa es muy importante para los estados de Jalisco y Colima. En Tuxpan, Jalisco, es un guiso muy antiguo que se acostumbra en los bautizos y velorios y forma parte del menú de las bodas junto con el mole y el pozole. En el procedimiento se cuece la gallina o pollo en agua con ajo, orégano y cebolla; el caldo se condimenta con salsa de tomate, chile de árbol, chile chilacate, masa de maíz desleída y la carne molida. La pechuga se reserva, se deshebra y se añade al guiso, se suele servir con tostadas. En Colima se prepara la cuachala de forma similar a la de Jalisco. El guiso a veces se condimenta con comino, ajo y chile pasilla seco, y se da consistencia a la salsa con pepitas de calabaza, ajonjolí y maíz tostado. Conocido también como cuxala en Tuxpan, Jalisco.

CUACHEPIL

GRAF. guachepil. Flor que se consume cocida y frita con frijoles y cebollas. Denominada así entre los chatinos de Oaxaca. En Sola de Vega se comen cocidas y guisadas con huevo en una salsa de chile Tuxtla, jitomate y cebolla.

CUACHILE ◆ chile piquín

CUACHOCHOCO

Animal con aspecto semejante a una gacela con pequeños cuernos. Su carne es parecida a la del venado. Es consumido entre los habitantes del norte de Veracruz, quienes lo cazan para cocinarlo en forma similar al venado.

CUAGUAYOTE ◆ cahuayote

CUAHLOTE (Guazuma ulmifolia)

Proviene del náhuatl cuahuitl, árbol, y olotl, olote. Fruto tropical de la familia de las esterculiáceas. Tiene una forma globosa y capsular, es leñoso, de 2 a 4 cm de largo y cubierto por gran número de espinas que le dan un aspecto erizado. Cuando está inmaduro es de color verde y al madurar es negro; su pulpa es mucilaginosa y tiene un sabor dulce. Se puede comer crudo o cocido. Su jugo se emplea para clarificar las melazas en la elaboración del azúcar. En la época prehispánica se preparaba una bebida nutritiva poniendo a remojar estos frutos.

CUAHUAYOTLI ◆ cahuayote

CUAHULOTE ◆ guacima

CUAJADA

1. Leche coagulada por fermentación natural o por la acción de un cuajo. Esta es la fase inicial de la fabricación del queso. En muchos lugares de México también se conoce como requesón, aunque no es lo mismo.

2. Parte grasa de la leche que se separa por la acción del calor o de algún ácido.

3. En San Luis Potosí y Zacatecas, tipo de queso de leche de cabra con el que se hacen preparaciones regionales, como las gorditas de cuajada, panes de dulce y postres. En Jalisco también se utiliza para hacer el pan de cuajada. En Guerrero, la cuajada se utiliza para las gorditas de cuajada y en Jalisco para los tamales de cuajada.

→ jocoque, requesón

CUAJAR

Transformar una sustancia líquida en una masa sólida o pastosa. Un ejemplo, es la leche que se puede transformar en cuajada que da lugar al queso.

→ cuajo

CUAJILOTE O CUAJILOTILLO ◆ pepino kat

CUAJINICUIL ◆ jinicuil

CUAJITOS

Preparación que se elabora a partir de rellenar los cuajos del becerro con una mezcla de carnes troceadas de pierna y paleta, del mismo animal. Se maceran previamente en una mezcla de jitomate, cebolla, chile rojo, pimiento morrón, orégano, pimienta, comino, ajo, sangre y puré de tomate. Una vez rellenos se amarran con un hilo y se van colocando en una olla, que se tapa y se introduce tradicionalmente en hornos de leña, dejándose cocer con sus propios jugos por alrededor de dos horas. También puede haber rellenos de vísceras del mismo animal. Las recetas tradicionales mencionan que es importante que los cuajos conserven algo de la leche del becerro. Esta receta es típica de Nuevo León y su creación es disputada por Cadereyta, Marín y otras localidades del estado.

CUAJO

1. Fermento o enzima que existe principalmente en la mucosa del estómago de los mamíferos en el periodo de lactancia y sirve para coagular o cuajar la proteína de la leche llamada caseína. Esta sustancia también se puede obtener de manera industrial en polvo o en pastilla; se utiliza para gelatinizar, es decir cuajar, la leche para la elaboración de quesos. Tradicionalmente en algunos ranchos del país se corta un trozo de cuajar o cuajo de cuerito y se pone en la leche para hacer queso. Actualmente son más comunes las pastillas a base de enzimas para cuajar. También se utilizan ciertas plantas o ácidos como el ácido acético o ácido cítrico.

2. Una de las cuatro cavidades o bolsas en las que se divide el estómago de los rumiantes. Esta cavidad es rica en la enzima o fermento llamado cuajo. En el área del Istmo de Tehuantepec es ingrediente clave de la gallina de res. También es conocido como cuajar.

CUAJO DE CUERITO

Trozo extraído de uno de los cuatro estómagos de animales rumiantes lactantes, el cual se sala y se deja secar. Cuando se desea utilizarlo, se remoja en salmuera o jugo de limón. Muy apreciado en la industria quesera artesanal.

CUALA DE JOCUIXTLE

Atole de masa de maíz morado, jocuistles y coquitos de aceite. Tiene un pronunciado sabor ácido. Es típico de Jalisco y se puede tomar caliente o frío.

CUAMUCHE O CUAMÚCHIL ◆ guamúchil

CUANEXTLE

GRAF. cuanestle. Maíz cocido en ceniza de fogón en los Valles Centrales, Oaxaca y no con cal como usualmente se hace la nixtamalización.

→ ceniza

CUAÑO ◆ ardilla

CUAPINOL (*Hymenaea courbaril*)

GRAF. guapinol o cuapinole. Del náhuatl *cuáhuitl*, árbol, y *pinolli*, polvillo o harina, es decir, harina de árbol. Árbol de la familia de las leguminosas, de 25 a 40 metros de altura, con corteza gris y flores blancas o moradas. Los frutos son vainas de forma oblonga, gruesas, leñosas y muy duras; en el interior albergan unas semillas rodeadas de una pulpa dulzona, que se convierte en polvo al secarse. Se distribuye en la vertiente del golfo en el sur de Veracruz, Tabasco, norte y depresión central de Chiapas y Campeche. Abundante en la vertiente del Pacífico desde Nayarit hasta Chiapas. En Veracruz, Tabasco y Chiapas se registra su consumo como fruta fresca y para la elaboración de bebidas refrescantes y atoles. En algunas ocasiones las semillas se tuestan para obtener un polvo dulce.

Conocido también como:

◇ cuapile

Conocido en algunas regiones como:

◇ nere (Oaxaca)
◇ pacuy (Chiapas)
◇ pakai o pakay (Chiapas)

CUARESMA

Lapso de 46 días, que abarca desde el Miércoles de Ceniza hasta el Domingo de Resurrección. Es el tiempo en que la Iglesia Católica y otras religiones cristianas procuran el ayuno y la abstinencia en memoria de los cuarenta días que ayunó Jesucristo en el desierto. En México se preparan muchas comidas especiales que se denominan comidas de cuaresma o comidas cuaresmales; especialmente los viernes se evitan las carnes rojas. Durante los días del Duelo y la Pasión, la dieta se basa en platillos de pescados, mariscos y verduras. Existen guisos clásicos como el revoltijo, el bacalao, la sopa de habas, los huauzontles, los peneques, los chiles rellenos de queso, las tortitas de papa y de coliflor, los nopales, los ejotes con huevo y la capirotada, entre muchos otros. En el pasado, se traían chiles jalapeños al Distrito Federal y estados vecinos sólo por esas fechas para rellenarlos de queso y atún y comerse el Viernes Santo; de ahí que uno de los nombres con que aún hoy se les conoce sea chiles cuaresmeños. En Oaxaca se acostumbraban en esta época del año las cajetas de rosa, los turrones con miel virgen, las tortas de damas, tortas de nueces y tortas de cielo, los suspiros dulces, las soletillas, el sol dorado, el requilorio, los manjares reales, la lechecilla, la capirotada, las torrejas, el arroz con leche, los bocadillos de garbanzo y los antes de almendra y de chicozapote. En Zaachila, Oaxaca, persiste la tradición de cenar guajolote en caldo el Martes Santo. El Miércoles Santo se come frijol en mole y pescado seco envuelto en huevo, y el Viernes Santo, chilacayote en miel con nicoatole de maíz.

→ altar de dolores, comida de los apóstoles, comida de vigilia, Semana Santa

CUARESMEÑA ◆ flor de izote

CUARESMEÑO ◆ chile jalapeño, hongo clavito

CUARTILLA ◆ hoja de xoco

CUARTILLO

Unidad de medida tradicional que se utiliza para medir cantidades de maíz, frijol, chiles y otros. Por lo general son cajones de madera con cierta capacidad que se rellenan de la semilla o el alimento en cuestión. Es utilizado en las comunidades rurales e indígenas como medida.

→ almud

CUATALADA
Tortitas de maíz con huevo, que se prepara en Morelos.

CUATATAPA MOLE
Guiso de frijoles quebrados cocidos con nopal, epazote y cebolla acitronada. Se acostumbra en la delegación Milpa Alta del Distrito Federal.

CUATETE ◆ bagre

CUAUHCAMOTLI ◆ yuca

CUAUHTUZAN ◆ tuza

CUAUMÍCHITL O CUAUMÓCHITL ◆ guamúchil

CUBA

Coctel de brandy o ron mezclado con refresco de cola y hielo. Es una de las bebidas más populares que se sirven en restaurantes, bares, discotecas y fiestas en toda la república mexicana; en esta forma es como más se consume el brandy o el ron en México. La cuba es una bebida tan arraigada en nuestro país que algunas personas de alto nivel económico combinan brandy añejo importado con refresco de cola. De la cuba derivan otras bebidas como la cuba libre, que es exactamente el mismo coctel pero con un gotas de jugo y cáscara de limón. La cuba campechana consiste en brandy o ron mezclado con agua mineral y refresco de cola, con o sin jugo de limón. Por último, la cuba pintada o pintadita es el brandy o ron con agua mineral y sólo un chorrito de refresco de cola, que apenas alcanza a pintar o dar color a la bebida.

CUBERA ◆ pargo

CUBIERTA DE JEREZ PARA PANQUÉ
Rebanadas de panqué comercial remojadas en jerez cubiertas de claras de huevo batidas a punto de turrón, endulzadas con azúcar y perfumadas con vainilla; se hornea en un molde cuyo fondo se cubre con un jarabe hecho con agua, azúcar y canela, hasta que el merengue se dora. Es una preparación de herencia española. Ésta es una manera fácil y sencilla de preparar un postre de un pan o panqué comercial.

CUBIERTOS
Dulce de biznaga o calabaza remojada por una noche en agua con ceniza, y cocida en agua con canela y azúcar. Este postre se prepara entre los chocholtecos de Oaxaca.

CUBILETE

1. Pan de dulce similar a un pay, elaborado con una costra de pan gruesa, y relleno con queso y piña. Mide unos 5 cm de alto y 8 cm de ancho. Para preparar el relleno de queso se utiliza una mezcla de queso fresco con azúcar, y para el de piña se confeccio-

na una mermelada cociendo piña natural con azúcar y canela. Es típico del centro del país, específicamente en el Distrito Federal donde se vende en puestos callejeros.

2. Postre hecho con yemas y claras de huevo batidas, mezcladas con almendra y horneadas en moldecitos. Ya cocidos se bañan en almíbar de azúcar con canela y coñac; se sirven con bastante almíbar y almendras. Es típico de Yucatán.

CUBURI
Tortilla elaborada por los indígenas sinaloenses a base de cogollo tierno de mezcal molido con masa de maíz. El cogollo tierno del mezcal es dulce y blando, por lo que el sabor de esta tortilla es ligeramente dulce.

CUCAPÁ

Grupo étnico que se ubica en la parte norte de Baja California, específicamente en los municipios de Ensenada, Tecate y Mexicali. Los cucapá se autonombran espei. Existen otras dos áreas territoriales de menor importancia poblacional: una en la Poza de Arvizu, municipio de San Luis Río Colorado, en Sonora, y otra en

Artesanía cucapá

las reservas de Somerton, Estados Unidos. En el Censo de Población y Vivienda 2010 se registró un total de 145 hablantes de esta lengua. El clima de la región es seco y extremoso. En la costa, la altitud oscila entre 0 y 500 metros sobre el nivel del mar, mientras que en la serranía llega a alcanzar hasta 2 000 m. El suelo es árido y semiárido con una vegetación en donde predominan los matorrales dispersos. El consumo de plantas y semillas como piñón, jojoba, bellotas, torote, palo fierro, biznaga y otros cactus, forman el grupo de los alimentos cotidianos, que además conservan una relación con las tradiciones ancestrales de este grupo indígena. Practican el cultivo de frijol, sandías, melones y una amplia variedad de calabazas que, además de consumir, intercambiaban con otros pueblos durante las fiestas y ceremonias. Entre los platillos representativos se encuentran el atole de bellota, atole de pescado, atole de semillas de quelite, atole de trigo gentil, atole de vaina de mezquite, cachora en barbacoa, cecina de pescado, pescado al disco y pescado oreado, entre otros.

CUCARACHA
Coctel a base de tequila y licor de café. Ambas bebidas se mezclan, se colocan en una copa para coñac, se calientan y se flamean. Ésta es una forma divertida de tomar en los bares y en las discotecas; el mesero trae la mezcla preparada para calentarla y flamearla enfrente del cliente que tiene un popote corto y debe absorber la bebida rápidamente antes que se apague el fuego. Todo esto pasa entre los aplausos, las bromas y la admiración de los que acompañan al que se atreve. Es común que después de un bebedor siga otro hasta haber bebido todos los presentes en la mesa.

CUCARACHA DE MAR *(Chiton laevigatus)*
Molusco de caparazón oscuro, casi negruzco. De este animal se obtiene poca carne en comparación con un camarón. En la costa de Oaxaca se cuece en agua con cebolla, laurel y sal y se consume como botana, bañado de salsa de chile pasilla y ajo asados.

CUCHE, CUCHEL O CUCHI ◆ cerdo

CUCHUBAQUI

Proviene del mayo *cuchu*, pescado y *caqui*, cocido. Caldo de mero preparado con pescado hervido en agua con sal.

CUCHUNUC ◆ flor de cocohuite

CUCULITO DEL AGUA

Proviene del náhuatl *cuculin,* que significa impureza del agua. Alga con apariencia de espuma que crece en el agua. Algunas variedades de algas conocidas con este nombre son: *Chroococcus turgidus* y *Phormidium limosum.* Los mexicas comieron esta alga que ocupaba prósperamente las aguas del lago de Texcoco y otros depósitos de agua de la cuenca del Valle de México. Desde esa época se acostumbra recolectar el cuculito en canastas hasta obtener una gran cantidad que se lavan y se muelen con epazote, sal y chile seco. Con esta mezcla se forma una masa que se unta en hojas de maíz para obtener una especie de tamal conocido como tamal de cocol de lodo, que se cuece al vapor. En Santa María Tonanitla, Estado de México, aún es posible conseguir estos tamales.

Conocido también como:
◇ acocol
◇ cocol
◇ cocol del lodo
◇ cuculín

CUENCO DE CALABAZA ◆ cajete

CUERÉTARO ◆ bainoro

CUERITO

1. Piel fresca del cerdo frita en la misma manteca de cerdo donde se hacen las carnitas. Generalmente se corta en tiritas o en cuadro para comerse en tacos. Su textura es algo gelatinosa y suele mezclarse junto con los otros cortes de carne de las carnitas especialmente cuando los tacos son mixtos.

2. Dulce de pulpa de frutas también conocido como rollito, de grosor delgado similar a una hoja. Puede ser de guayaba, membrillo, pera, manzana y otras frutas; en ocasiones se le añade colores y sabores artificiales. Es parte de los dulces tradicionales de Jalisco y se prepara para consumirlo durante las fiestas patronales.

3. Trozos de uno de los estómagos de rumiantes lactantes que se salan y se usan para cuajar la leche en la elaboración de queso. Se le llama también cuajo de cuerito.

CUERITOS

Botana que se prepara con la piel del cerdo, cocida y marinada en vinagre con hierbas de olor. Pueden servirse solos como botana o para acompañar los chicharrones de harina preparados con crema, salsa, cueritos, aguacate y a veces col picada. En Jalisco, las tostadas de cueritos se acompañan con lechuga y se bañan con salsa dulce. Se consiguen por kilo o en bolsas con vinagre.

CUERNITO DE VENADO ◆ hongo escobeta

CUERNITOS ◆ acacia

CUERNO

Pan de dulce proveniente del *croissant* francés, cuya forma semeja un cuerno. En las panaderías de México se encuentran de diferentes tipos. El más común es el que se prepara con una pasta similar a la hojaldrada. El cuerno es una de las formas más socorridas de la panadería mexicana. Se encuentra prácticamente en cualquier expendio de pan. En muchos pueblos y lugares de la provincia, la masa se prepara con manteca de cerdo, por ello se les llama cuernos de manteca. Al cuerno de nuez, que se elabora parecido a los otros estilos, no se les retuerce las puntas y lleva nuez picada entre capa y capa. Existe también otro cuerno que se prepara con pasta de galletas y presenta un punto grande de mermelada en el centro, y otro hecho con la masa del llamado pan español o pan de agua. En Oaxaca, la masa es de harina con agua; son típicos en el pueblo de San Antonio, cerca de Ocotlán en la región de los Valles Centrales. Con esta misma masa se hacen las patitas y los borregos. Aunque se consumen formalmente como pan de dulce, se puede rellenar también con jamón y queso o con alguna ensalada. Los cuernitos pequeños se acostumbran como tentempiés.

CUERNO DE TORO ◆ acacia

CUERNO DEL DIABLO

Hierba de hojas anchas y espinudas de la región chinanteca de Oaxaca. Los retoños tiernos son comestibles.

CUERNO RELLENO ◆ cono de lechecilla

CUERO ◆ chicharrón, cuerito

CUESCO DE LOBO ◆ hongo trompa de venado

CUESCOMATE

GRAF. cuescamate, coscomate o cuexcomate. Del náhuatl *cuezcomatl; cuez,* adobe de barro y *comitl,* olla. El nombre significa troje o almacén de pan. Troje o almacén de granos de maíz que es grande y de forma circular. Son construcciones indígenas que se encuentran en el centro del país, sobre todo en Morelos; en otros estados se caracterizan por ser largos y en forma rectangular. Se construyen para proteger el maíz de la lluvia, la humedad y el ataque de roedores como ratas y tuzas.

→ cencolote

CUETE

Corte de carne que se obtiene del muslo de la res. Es un corte muy apreciado en algunas partes de México. En Oaxaca se prepara el cuete mechado; en otras regiones se utiliza para obtener bisteces. En Mazatlán, Sinaloa, se utiliza en el asado mazatleco.

CUETE MECHADO

Guiso de carne de res, por lo general cuete, mechado con almendras y tocino, bañado con una salsa de chile ancho, canela, tomillo, ajo, mejorana, orégano, pimienta y vinagre; además, el guiso incluye papas. Es típico en Oaxaca y de otras partes del país.

Conocido en Oaxaca como:
◇ carne claveteada
◇ metlapil

CUETLA (*Arsenura armida*)

Larvas de mariposas que crecen y se desarrollan en el árbol llamado pochote. Estos gusanos se recolectan cuando alcanzan de 10 a 12 cm de largo y se acostumbra seleccionar los más grandes. Su consumo es típico de la región mixteca. Se exprimen para vaciar su tubo di-

gestivo, luego se cuecen en agua con sal para después freírlas o asarlas. Es común secar las larvas para utilizarlas posteriormente.

CUEZA ◆ chinchayote

CUICAS ◆ cicuas

CUICHI ◆ chachalaca

CUICHI EN CALDO
Arroz frito con ajo, chachalaca en trozos, papas, cebolla, jitomate y comino. Se cuece con agua hasta que el arroz esté en su punto. Este preparado puede encontrarse en Sonora y Sinaloa.

CUICO ◆ pargo

CUIL DE AGUA ◆ jinicuil

CUILCHE ◆ hongo oreja de ratón

CUINICHO O KUINICHO
Pan de harina de trigo en forma de animales, figuras humanas o flores que se elabora para la fiesta del *Corpus Christi* llamada también Fiesta de las Aguas. En esa época comienza también el periodo de lluvias de finales de mayo hasta principios de junio. También son panes típicos durante el mes de noviembre sobre todo para las ofrendas del día de Muertos. Este pan forma parte de los platillos tradicionales de los purépechas de Michoacán.

CUÍNIQUE ◆ colitemblón

CUINO ◆ cerdo

CUIRIPETA HAUACUCATA
Tamal de carne típico entre los purépechas.

CUIRIPETA MASCUNI
Platillo purépecha de maíz con carne.

CUITLACOCHE O HUITLACOCHE (*Ustilago maydis*)
GRAF. güitlacoche. Deriva del náhuatl *cuitlatl*, excremento, y *cochtli*, dormido; es decir, excremento dormido. Hongo parásito que se desarrolla sobre las mazorcas tiernas del maíz. Aparece como un tumor de forma globosa, que infecta los granos de la mazorca, y es grisáceo por fuera y negro en su interior. Abunda de julio a septiembre en la temporada de lluvias en el centro del país. El cuitlacoche es uno de los hongos más gustados para los mexicanos del centro del país, tal vez el más importante también. Se considera un ingrediente muy sofisticado. En los mercados populares se venden las mazorcas enteras por pieza o kilo para desgranar los hongos formados en ellas. También se venden los granos, debido a que los hongos están maduros y los comerciantes prefieren rebanarlos para venderlos por kilo. Aunque hoy parezca extraño nombrar a un alimento excremento dormido, para los antiguos mexicanos el excremento no era un desecho, sino un destilado de los alimentos y por lo tanto, podía considerarse una materia preciosa. En Chiapas se utiliza en una bebida llamada esmoloc. En Tlaxcala acostumbran deshidratar el cuitlacoche para después emplearlo en el llamado mole prieto. En la actualidad, en algunos restaurantes se hacen también sopas y crepas de cuitlacoche, las cuales son muy famosas. Dentro de la llamada "nueva cocina mexicana", el cuitlacoche ha gozado de un nuevo auge como relleno para pechugas de pollo, ternera, escalopas de cerdo, filetes de pescado y crepas. Con el hongo se hacen también salsas para bañar diversos tipos de carnes. Para hacer el cuitlacoche preparado, primero se saltean los hongos en aceite o manteca de cerdo con cebolla, ajo, chile serrano fresco picado y epazote. Ésta es la forma más común de prepararlo en el Distrito Federal, Hi-

dalgo, Michoacán, Tlaxcala, Puebla y en todo el centro del país donde se utiliza como relleno de quesadillas, empanadas, antojitos, en sopas y en las famosas crepas. En los puestos donde se venden antojitos siempre se ofrece el cuitlacoche preparado. Los nahuas del norte de Veracruz lo preparan con hierbabuena en lugar de epazote.

Conocido también como:
◇ caviar mexicano
Conocido en algunas lenguas como:
◇ *chitlacoche*
◇ *kokochitse* (náhuatl)
◇ *kuitlacoche*
◇ *papiotl*
◇ *pupoiol*
◇ *sosokitl* (náhuatl)
Conocido en algunas regiones como:
◇ hongo del maíz (Zongolica, Veracruz)
◇ *nanahuate* o *nanahuatl* (Chiapas)

CULANTRO ◆ cilantro, perejil ranchero

CULEBRA ◆ víbora

CUNINA ◆ sierra

CUÑÁ ◆ ashenté

CUÑETE
Barril pequeño que se emplea para guardar aceitunas, vinagres y aceites, principalmente. Las aceitunas y el vinagre que se guardan en cuñete se utilizan para hacer diferentes preparaciones que llevan el nombre de cuñete, como el pollo en cuñete.

CUPAPÉ ◆ ciricote

CUPICHE ◆ gusano cupiche

CURADO ◆ pulque curado

CURAR
1. Método que consiste en mezclar pulque, mezcal o algún otro aguardiente con alguna fruta o una planta para atenuar su efecto embriagante o para mejorar su sabor.
2. Proceso aplicado a algunos utensilios de cocina, sobre todo los de cocción, previo a su utilización, para que los alimentos no se peguen o que dichos utensilios no suelten sabores extraños. En el caso de las cazuelas de barro, el curado es principalmente para sellar los poros con el fin de que los alimentos no sepan a arcilla. Hay varias técnicas; una de ellas es llenar la cazuela con agua y un diente de ajo y ponerla al fuego hasta que el agua evapore en su totalidad. Otra técnica es cubrir la superficie de la olla con una pasta de cal, aceite o grasa vegetal, que se deja calentar hasta que humee ligeramente. Esta técnica también es aplicable a los comales. El curado con grasa se realiza también en sartenes de aluminio, de acero o con teflón para evitar que los alimentos se peguen.
→ pulque curado

CURBINA ◆ corvina

CURINDA ◆ corunda

CURISMA ◆ lisa

CURTIDO O CURTIR ◆ encurtido

CURUCHA HAUACUCATA
Tamal de pescado típico entre los purépechas.

CUSTICNANÁCATL ◆ hongo amarillo, hongo enchilado

CUSUCO ◆ armadillo

DAMIANA

1. *Turnera diffusa.* Planta de la familia de las turneráceas, con hojas de 1 a 2 cm de largo, fragantes y de sabor agradable;  contiene un aceite volátil, con olor a alcanfor, de propiedades curativas con el que se preparan infusiones y un licor del mismo nombre. Es originaria de América. En Baja California Sur y Sinaloa.

2. Bebida popular de color verde claro a la que se le atribuyen propiedades afrodisiacas; se obtiene de la maceración de las hojas de damiana en alcohol. En algunos restaurantes del Distrito Federal lo sirven como digestivo. Las crónicas del siglo XVI de los misioneros en California reportan que las hojas fueron usadas por los indígenas del norte del pais desde tiempos inmemoriales, quienes las maceraban en agua para tomarlas como infusión. Esta bebida servía contra la debilidad muscular o nerviosa y para reponer energía. En la actualidad mucha gente toma la infusión de damiana para obtener potencia sexual. Conocida también como licor de damiana.

DÁTIL (*Phoenix dactylifera*)

Fruto de la palma de dátil con forma de drupa elipsoidal prolongada que alcanza 4 cm de largo y 2 de grueso, tiene una sola semilla cilíndrica. Al madurar adquiere color amarillo o rojo; su pulpa blanquecina es gruesa, dulce, suave y, dependiendo de la variedad, es algo gomosa o seca y dura. Es originario del norte de África y de Asia occidental, los misioneros españoles introdujeron su cultivo en México en el siglo XVII. Se cultiva en Baja California Sur, especialmente en Loreto y San Ignacio; el dátil es muy utilizado para hacer dulces, solo o con nuez. En muchas casas y restaurantes de La Paz, Baja California Sur, se preparan el filete de res y los camarones en salsa de dátil. En la actualidad su producción se ha extendido al estado de Jalisco. Habitualmente, en los estados ubicados en el Pacífico norte se come como fruta fresca o seca, en jaleas, bebidas alcohólicas, dulces regionales y pasteles diversos. En el centro del país, el fruto del izote del género yuca se conoce también como dátil, pero en realidad se trata de una baya carnosa con

numerosas semillas aplanadas de color negro con un alto contenido de azúcares, con las que se producen diversas bebidas alcohólicas. También con el nombre de dátil se conoce al fruto de la palmilla, planta de la familia de las liliáceas.

DATILILLO, DÁTIL CIMARRÓN O DÁTIL DE PALMILLA (*Yucca valida*)

Planta de la familia de las agaváceas, de 10 a 12 metros de altura, con aspecto de palmera, hojas rígidas y agudas. Las flores son blancas en grandes panículas y el fruto oval es dulce. Crece en Baja California.

DEDITO ◆ hongo amarillo

DEDOS DE CHARRO

Preparación de rollos elaborados con masa de maíz, rellenos de lomo de cerdo guisado en un mole elaborado con chiles pasilla, mulato y ancho, y espesado con tortilla y ajonjolí; los rollos se fríen y bañan con crema espesa y queso adobera para después hornearse. Se suelen servir con frijoles caldosos y jocoque. Esta preparación es originaria de Jalisco.

DELICIA DE PLÁTANOS

Postre preparado con plátanos horneados con su cáscara; se les hace una incisión a lo largo y se cubren con azúcar, mantequilla y canela. Después de horneados se bañan con crema. Es una preparación originaria de Comitán, Chiapas.

DENOMINACIÓN DE ORIGEN

Término que, según el artículo 156 de la Ley de la Propiedad Industrial, indica "[...] el nombre de una región geográfica del país que sirva para designar un producto originario de la misma, y cuya calidad o característica se deban exclusivamente al medio geográfico, comprendidos en éste los factores naturales y los humanos". Los productos comestibles que tienen esta protección son: Bacanora, Café de Chiapas, Café de Ve-

Fábrica de tequila en el estado de Jalisco

racruz, Charanda, Chile habanero de la Península de Yucatán, Mango ataúlfo del Soconusco de Chiapas, Mezcal, Sotol, Tequila y Vainilla de Papantla. La denominación de origen protege el nombre y regula los componentes y los procesos de producción o elaboración de ciertos productos; no obstante, existen opiniones antagónicas que sostienen que estas regulaciones limitan la producción. Hay que aclarar que la denominación de origen no es un certificado de calidad superior, y que pueden existir productos con características idénticas o superiores no contempladas dentro de la denominación.

DENTROS ◆ vísceras

DESAYUNO

Término utilizado para designar al primer alimento del día; significa romper el ayuno de toda la noche. Su constitución depende mucho del grupo cultural, la región y el poder adquisitivo; sin embargo, existen características que se pueden observar en casi todo el país. En comunidades rurales del sureste, las personas se levantan a las 4 o 5 de la mañana, por lo que toman simplemente un café con o sin leche y pan; a veces a esta primera comida le llaman puntal. Un par de horas después ingieren una comida más sustanciosa a la que nombran desayuno; si por alguna razón se hace más tarde o llegase a ser más copiosa de lo común, se llama almuerzo, por lo que desayuno y almuerzo muchas veces se emplean como sinónimos. En otros lugares el desayuno puede ser pan de dulce con café o chocolate caliente y también puede incluir algún tipo de platillo a base de huevo o tortilla, como los chilaquiles. Sin embargo, el tradicional desayuno mexicano casero contiene jugo, fruta, pan de dulce, algún plato principal, café y mermelada. Cabe aclarar que un desayuno ideal en México es una comida muy sustanciosa y, tal vez, los desayunos mexicanos son los más abundantes en el mundo. En algunas partes del Distrito Federal, como en Tláhuac, el término desayuno se aplica a las infusiones de hojas de naranjo, canela o té de limón que se beben por la mañana. En todo el país se vende el llamado desayuno de paquete, éste lo crearon las cadenas de cafeterías y restaurantes independientes o de hoteles; incluyen jugo de fruta, un plato de fruta, café y un platillo principal que da nombre al desayuno; el jugo de fruta más popular es el de naranja, pero también hay de toronja, zanahoria o combinado; las frutas más comunes son melón, papaya, sandía y piña; el plato principal es generalmente huevo preparado al gusto, o algún platillo a base de tortillas como chilaquiles o enchiladas, se incluyen una o varias tazas de café o té, pan tostado o bolillos y mermelada; está inspirado en la forma tradicional de desayunar en casa, por lo anterior tiene tanta popularidad y para muchos mexicanos es la forma usual de desayunar en cafeterías o restaurantes. Es también el desayuno ideal, pues contiene todos los componentes tradicionales del desayuno y es más barato para el cliente que pagar cada platillo o bebida por separado. El desayuno mexicano incluye huevos revueltos a la mexicana; el norteño, huevos revueltos con machaca; el oaxaqueño está compuesto por huevos cocinados a la oaxaqueña, que con frecuencia son simplemente huevos en salsa roja; el ranchero tiene como platillo principal huevos rancheros; y pensando en los

Huevos rancheros

estudiantes se creó el desayuno universitario o estudiantil que lleva molletes.

DESFLEMAR

Técnica que consiste en quitarle el sabor fuerte a un alimento. En México tal vez lo que más se desflema son las cebollas, pasándolas por agua corriente o agua caliente, o curtiéndolas en vinagre, jugo de limón o naranja agria. Con técnicas similares se desfleman riñones, nopales, chiles, berenjenas y otros alimentos.

DESGRANADORA ◆ olotera

DESGRANAR

Acción de separar el grano de una mazorca, por lo general se deja secar el maíz durante mucho tiempo y se almacena seco. Las familias que viven en comunidades rurales y cultivan su propio maíz van desgranando la cantidad que necesitan, es una labor que se realiza por las tardes en la que todos los integrantes de la familia intervienen mientras platican o ven la televisión, tallando fuertemente dos mazorcas o utilizando una olotera. Existen también las desgranadoras industriales, que se utilizan para grandes volúmenes de granos de maíz que se envían a las ciudades. Además del maíz, en México se desgrana también el cacao.

DESLEÍR

Técnica que consiste en disolver un ingrediente en agua o algún otro líquido. Se deslíe la masa de maíz para hacer atoles o espesar caldos, las bolas de pozol, la pasta de achiote, el polvo de pinole, entre otros productos.

DESMOLE

Guiso que se prepara con pollo guisado con hierba santa, chile seco y achiote, se espesa con masa de maíz desleída. Es tradicional de la comunidad mazateca de Oaxaca. Existen variantes como la que se elabora con carne de cerdo, hojas secas de aguacate, chile seco, achiote y masa de maíz como espesante; y la que se prepara con carne de cerdo y hierba santa, usando masa de yuca cocida como espesante.

→ texmole

DESPICADO

Polvorón preparado con harina de maíz, azúcar, canela, manteca de cerdo y sal. Es originario de Nuevo León.

DESPICAR

Sinónimo de deshebrar. En las cocinas del sureste, sobre todo en Tabasco y Chiapas, donde el pollo o la carne de res cocidos que sobran de algún puchero o guiso se preparan de manera despicada. En un sentido estricto, las cosas que se despican con las manos pueden tener un terminado burdo, debido a que ciertos tipos de carne no se deshebran apropiadamente como es el caso del pejelagarto y el chamberete, entre otros. Una vez despicada cualquier tipo de carne, por lo general se mezcla con otros ingredientes.

DESTILAR

Separar una sustancia volátil de otras más fijas por medio de calor y en alambiques u otros vasos, enfriando el vapor producido para que se vuelva líquido de nuevo. Muchos al-

Destiladora de mezcal en una fábrica del estado de Oaxaca

coholes se obtienen por el proceso de destilación, entre los más destacados en México se encuentran el tequila, el mezcal, el bacanora, la raicilla, el sotol y muchos más. La técnica del destilado la trajeron a México los filipinos que se establecieron en Colima y producían vino de coco; esta técnica se empleó a finales del siglo XVI para comenzar a destilar el alcohol que se producía con los agaves. Existen evidencias del uso de la fermentación como método para producir bebidas alcohólicas como el pulque, el balché y otras dentro de las culturas prehispánicas, no así del uso de la destilación. Según investigadores, debido al bajo costo y la relativa manera sencilla de construir el destilador tipo filipino, éste fue el primero que se utilizó en México en el siglo XVI, después le dio paso al destilador árabe o alambique traído por los españoles quienes lo conocieron de los árabes y se utilizó para elaborar alcohol de caña a principios del siglo XVII. Al igual que el vino, los licores obtenidos por destilación fueron prohibidos en México por la Corona española. La legalización de los mismos se promulgó en el siglo XIX con el tequila.

DÍA DE LA CANDELARIA

Fiesta religiosa que se celebra el 2 de febrero de cada año en honor a la virgen de la Candelaria; en este mismo día junto con las festividades de la virgen, se celebra el levantamiento del niño Jesús del nacimiento. También es la fecha en que las personas que encontraron los muñecos en la rosca de reyes del 6 de enero hacen la fiesta a la que se vieron comprometidos. En muchos lugares de México es una festividad religiosa importante. En cada lugar existen maneras diferentes de celebrarla y distintos alimentos que se elaboran para este día, ya sea para convivir o regalar. Por ejemplo, en Acahuato, Michoacán, se preparan los achicaladitos, en el Distrito Federal se acostumbra ofrecer tamales y chocolate con leche.

DÍA DE LAS ÁNIMAS BENDITAS ◆ día de Muertos

DÍA DE LOS FIELES DIFUNTOS ◆ día de Muertos

DÍA DE MERCADO

Término ampliamente utilizado en pueblos, rancherías y especialmente en comunidades indígenas para designar al día más importante de la semana del mercado popular, también llamado día de plaza o día de tianguis. Este día varía de acuerdo con los usos y costumbres de cada comunidad y, aunque no es una regla, el más importante suele ser el domingo, seguido del sábado. Lo importante del día de mercado es que llegan innumerables vendedores que rebasan el territorio normal del mercado, se instalan en las plazas y calles aledañas convirtiéndose todo en un enorme mercado ambulante o tianguis. En este día se pueden comprar ali-

Día de mercado en el estado de Chiapas

mentos por mayoreo, sobre todo se pueden adquirir cosas que no se encuentran en el resto de la semana. La importancia de este día es en ocasiones tan notoria que cuando no es día de mercado la comunidad puede parecer desértica y desolada. Otro aspecto importante es que en este día llegan vendedores de lugares distantes y compradores de los pueblos aledaños. Hay algunos mercados que debido a su tamaño, representatividad u originalidad son muy reconocidos nacionalmente, algunos ejemplos son: la Central de Abasto de la ciudad de Oaxaca que es en día sábado, o el domingo en Tlacolula, este último en particular tiene una gran tradición indígena; en San Cristóbal de las Casas, Chiapas, el colorido puede ser abrumador; en la Huasteca veracruzana el pueblo de Tantoyuca lo realiza en domingo; el pueblo de Cuetzalan, Puebla, lo hace en fin de semana.

DÍA DE MUERTOS

Festividad religiosa, de profundas raíces prehispánicas, que celebra la visita de los difuntos que, según la creencia, regresan del más allá a comer y convivir con los vivos. Esta creencia data de tiempos prehispánicos y ha sido adaptada y modificada por la religión católica. En diferentes regiones de México toma nombres distintos: día de los Fieles Difuntos, Fieles Difuntos, los Fieles Difuntos, fiesta de Todos Santos, fiesta de Todos los Santos, Todos Santos, día de las Ánimas Benditas, *Xantolo* o *Chantolo*, y *Hanal Pixan*. Se celebra los días 1 y 2 de noviembre; por lo general el primer día se dedica a los niños y el segundo a los adultos, pero hay quienes festejan desde el 31 de octubre, cuando llegan las almas que se encuentran en el limbo. En estas fechas, lo tradicional es hacer los famosos altares de muertos (llamados en náhuatl *huentle* o *huentli*), donde se colocan los alimentos y bebidas favoritos de las ánimas. Cuando se acerca el día, en los mercados se vende una gran cantidad de cempasúchil y garra de león o moco de pavo (flor del amaranto), que son las flores tradicionales de los altares; así como velas, veladoras y

Día de Muertos en Ihuatzio, Michoacán

221

calaveras de azúcar. La visita a los panteones es obligatoria en estas fechas y ocurre a cualquier hora del día. En algunos lugares, los familiares de los difuntos pasan la noche en el panteón orando y prendiendo velas; en este sentido la isla de Janitzio en el lago de Pátzcuaro, Michoacán, y Mixquic, en el Distrito Federal, son especialmente famosos. En otras regiones la gente lleva su comida al panteón y come alrededor de la tumba; esto se acostumbra en la Huasteca veracruzana, donde también se realiza una gran festividad de baile y música a la que llaman *Xantolo*. Las cuadrillas o comparsas de baile se forman por barrio y únicamente los hombres pueden bailar. Se representan también personajes mitológicos o de oficio, nunca falta un sacerdote, un diablo, un ángel, un electricista, un médico, una enfermera o una dama de sociedad. Varios hombres caracterizan los papeles femeninos. Esta fiesta toma especial vitalidad en Tantoyuca y Tempoal. En Tabasco y los estados de la península de Yucatán se festeja con el nombre de día de las Ánimas o *Hanal Pixan*. En Tabasco se celebra con especial fervor este día; una de las bebidas más importantes es el *pozol* en todas sus presentaciones, y de los alimentos, el tamal de masa colada y algunos dulces como la oreja de mico y el dulce de papaya y de guapaque. Para algunos grupos indígenas el *uliche* es muy importante.

DÍA DE PLAZA O DÍA DE TIANGUIS

Término popular que designa a un día de la semana en el que puestos ambulantes se dedican a la venta de productos frescos como verduras, fruta y carnes en algún pueblo o colonia. Generalmente se establecen en las plazas públicas, una calle principal o cerca de algún mercado fijo. Este término ha trascendido a los supermercados, donde se trata de recrear un ambiente de mercado popular y en donde suelen bajar el precio de algunos productos frescos.

DIABLA, A LA

Término que designa a varios guisos muy picosos por la relación que existe del sabor del chile con el fuego y con el color rojo de las salsas. Para lograr las salsas picosas se utilizan distintos tipos de chiles según la región. La salsa más común es de chile pasilla, pero también se acostumbra combinar varios tipos de chiles para lograr salsas muy picantes. En la península de Baja California, Sinaloa y Nayarit es tradicional que la salsa tenga como base ajo, salsa cátsup y salsa embotellada de chile cascabel. Algunos restaurantes distinguen entre a la diabla y muy a la diabla; se entiende que entre más a la diabla será más picosa. De esta manera se preparan muchos pescados y mariscos, entre los que sobresalen los camarones a la diabla, que se cocinan fritos o a la plancha bañados con salsa picante, o cocidos en ella. Los huevos a la diabla son huevos estrellados bañados con salsa de chile pasilla, montados a veces sobre una tortilla de maíz con jamón.

DIENTE DE COYOTE ESPINOSO

Hierba que recolectan cerca de los arroyos los kiliwas del norte de Baja California. Con ésta suelen preparar un caldo con hueso de venado o de borrego y cebollines silvestres.

DIENTE DE TLACUACHE ◆ chile piquín

DINAMOS

Área ubicada en las laderas del volcán Ajusco, en la delegación Magdalena Contreras del Distrito Federal, donde se venden quesadillas y antojitos. A partir del edificio administrativo de la delegación, sobre la calle que va cerro arriba, hay cuatro dinamos, que son máquinas que se encargan de bombear agua. Entre uno y otro hay lugares que venden todo tipo de antojitos; en total forman un corredor de puestos de un par de kilómetros. Para los estudiantes de clase media alta y algunos habitantes del Distrito Federal, éste es otro lugar que tiene características similares a los paraderos como La Marquesa y Tres Marías.

DINI KUÑU

Larva, parecida a un escarabajo, la cual los mixtecos tuestan en comal, le añaden sal y la comen como botana.

DISCADA

Platillo campesino que consiste en trocitos de carne asada y guisada con ajo, cebolla, cilantro y chile jalapeño sobre un disco metálico de unos 60 cm de diámetro, al cual debe su nombre; existen variantes de este guiso al que se le puede agregar chile colorado molido, frijoles grandes enteros o trocitos de tocino o chorizo, a veces la carne puede ir molida. Terminada la cocción, el preparado se come en tacos de tortilla de maíz o de  harina. Del arado se usaba un disco del que una vez desgastadas sus puntas o por maltratado se desechaba y servía como comal para calentar tortillas, burritas o gorditas. Cuentan que un día a alguien se le ocurrió tapar los agujeros del centro, pulir la soldadura y lavar el disco para cocinar sobre él, lo que resultó en una sartén ideal para guisar. Este guiso es típico de Chihuahua. Uno de los primeros platillos cocinados en estos discos que se hizo famoso fue la chatarra, consistente en una mezcla de trocitos de riñón, corazón, hígado de res, guisados con cebolla, ajo y sal. Esta preparación es, a su vez, una variante de un guiso llamado pepena originario de Valle de Allende, Chihuahua. Actualmente las discadas tienden a ser principalmente de carne de res o cerdo picadas, pero cabe aclarar que sobre estos discos se cocina prácticamente cualquier alimento, incluso pescados.

DISCO

Utensilio de cocina cuyas características y usos se asemejan al comal de barro tradicional. Con él también nace otra forma de asar o cocer los alimentos y el término al disco. Los discos metálicos que se  utilizan para cocinar se obtuvieron originalmente de los discos de arado de los tractores que resultaron ser excelentes comales de cocción. A partir de este utensilio se origina una serie de platillos, principalmente en el norte del país, como las discadas, chatarra, pepena y pescado al disco.

DISCO, AL

Preparaciones elaboradas en un disco metálico, específicamente en Baja California, donde se cocinan platillos preparados como el pescado al disco. Existen otros guisos que también se preparan al disco pero que fueron bautizados con otros nombres como la discada.

DISTRITO FEDERAL

El Distrito Federal se localiza en el centro de la república mexicana; colinda al norte, este y oeste con el Estado de

México y al sur con Morelos. El 18 de noviembre de 1824 se eligió como capital del país y sede de los poderes de la federación. El Distrito Federal representa únicamente 0.1% del territorio nacional y en él habitan casi 9 millones de personas, lo que lo coloca en la segunda entidad más poblada del país, después del Estado de México; se divide en 16 delegaciones, sin embargo, debido al rápido crecimiento demográfico desde la década de 1970, algunos municipios del Estado de México quedaron comprendidos en la zona urbana del Distrito Federal, formando un área metropolitana. La Zona Metropolitana del Valle de México, está formada por las 16 delegaciones del Distrito Federal, los 59 municipios del Estado de México y uno del estado de Hidalgo. La economía del Distrito Federal es la más sólida y desarrollada del país y la que más aporta al producto interno bruto (PIB) nacional; las principales actividades económicas de la entidad son los servicios comunales, personales y financieros y el comercio; además, al representar la población urbana un 99.5% del total de habitantes, las actividades del sector primario en el PIB es muy baja, aunque sigue practicándose en algunas delegaciones al sur de la ciudad al cultivar flores de ornato y algunas verduras como brócoli y nopales. La población del Distrito Federal en su mayoría es mestiza y está conformada por personas nacidas en la entidad; por migrantes provenientes de toda la república, mestizos e indígenas, sobre todo del Estado de México, Veracruz, Puebla, Oaxaca e Hidalgo; por migrantes extranjeros: españoles, estadounidenses, argentinos, colombianos, franceses, alemanes y libaneses y por comunidades indígenas nahuas, mixtecas, otomíes y mazatecas, las cuales representan menos de 1% de la población total, siendo la población nahua la más representativa. La diversidad de la población explica la variedad y la cantidad de alimentos y establecimientos, así como la complejidad de las costumbres alimentarias de los habitantes de toda la Zona Metropolitana. La oferta de alimentos comienza desde la mañana; los puestos ambulantes se instalan en la madrugada en lugares estratégicos de gran afluencia, como afuera de las estaciones del metro o en paraderos de autobuses, así como en zonas donde haya fábricas u oficinas. En estos sitios callejeros se pueden encontrar a la venta bebidas como atoles, café de olla, jugos de fruta (naranja, zanahoria, toronja, vampiros y demás combinaciones), licuados (de fresa, mamey, plátano y algunas semillas) y alimentos como cocteles de fruta con miel y granola, flautas, fruta, gelatinas, guajolotas, pan de dulce, tacos de canasta, de carne asada, de guisado o sudados, tamales, tortas y yogures embotellados. Muchos de estos puestos terminan su venta alrededor de las 11 de la mañana; usualmente son frecuentados por personas que no

Palacio de Bellas Artes

tienen tiempo de desayunar en sus hogares o en lugares establecidos y que buscan alimentos económicos que puedan ingerir rápidamente o llevar a su destino. No obstante, existen también establecimientos especializados en servir desayunos como: las loncherías donde se ofrecen antojitos como quesadillas de comal y fritas, tacos, tortas y tostadas; los cafés de chinos cuya especialidad es el café con leche y el pan de dulce, aunque también se sirven platillos de desayuno; y las cadenas de cafeterías que ofrecen paquetes de desayuno que incluyen platillos preparados con huevos y chilaquiles o enchiladas, frijoles, café y jugo. Algunas personas frecuentan también los mercados, donde encuentran barbacoa, carnitas, consomé, gorditas y caldo de gallina o de pollo, sopa de médula y pancita. Durante la hora de la comida las personas cuentan con varias opciones para comer como fondas, cantinas o puestos en el mercado (que son lugares económicos), así como cafeterías y restaurantes de cocina internacional. Las fondas comienzan sus actividades a partir de la una de la tarde; en estos establecimientos se ofrecen menús económicos con alimentos sencillos; usualmente las comidas corridas, que es como se les llama a estos menús, incluyen alguna sopa de pasta, de verduras o consomé; un plato con arroz, espagueti o ensalada; un plato con guisado del día, del que generalmente hay tres o cuatro opciones y agua fresca; en algunos establecimientos el menú incluye un postre muy pequeño y sencillo. En las cantinas, por lo general ubicadas en el Centro Histórico, se ofrece una gran variedad de botanas y platillos de cocina típica mexicana; antes, en las cantinas del Distrito Federal, era muy común que con cierto consumo de bebidas alcohólicas, el menú del día o las botanas eran gratuitas. Es tradicional encontrar fuera de estos establecimientos vendedores de dulces típicos en canastas que ofrecen dulces de leche, frutas confitadas, limones rellenos, pepitorias

Vista aérea de la ciudad

Catedral Metropolitana

y obleas; así como vendedores de botanas tostadas, saladas y enchiladas de pepitas de calabaza, cacahuates, huesitos de capulín y habas. Es habitual que las personas cenen en sus hogares, la mayor parte de las veces se consume lo que se guardó del guisado de la tarde o algún antojito; la cena se puede complementar con algún atole, café, pan de dulce y tamales, alimentos que se pueden preparar en casa o comprar en puestos callejeros, por ejemplo, afuera de las panaderías o supermercados se venden elotes, esquites, patitas de pollo, quesadillas y sopes. Durante los fines de semana, la oferta de comida en las calles no es tan grande, debido a que es usual reunirse con la familia para comer, ya sea en restaurantes o en casa, en este último caso si no se prepara comida casera, es posible comprar barbacoa, carnitas, pancita, pozole o alguna otra preparación para llevar a casa. Como sucede en el resto del país la comida festiva cambia dependiendo de la celebración: el día de Reyes (6 de enero) se sirve a la hora de la cena rosca de reyes con chocolate caliente o atole; el día de la Candelaria (2 de febrero) se sirven también en la cena tamales y atole; durante la Semana Santa, época de cuaresma (marzo-abril), se consumen una gran cantidad de platillos a base de pescado, mariscos y verduras, los más representativos son: el bacalao, los chiles rellenos, los ejotes con huevo, los nopalitos en salsa verde, los romeritos y postres como buñuelos y capirotada; durante septiembre se celebra la Independencia de México, por lo que es fácil encontrar en los restaurantes alimentos típicos como chiles en nogada, pozole, tamales y tostadas; para celebrar el día de Muertos (1 y 2 de noviembre) se preparan, además de los platillos a ofrendar, postres y dulces como calabaza en tacha, calaveritas de azúcar y pan de muerto; finalmente, en la época navideña se celebran posadas en las que se sirven guisos como el bacalao, romeritos, pavo horneado y ponche, y se rompen piñatas que se llenan con caña de azúcar, jícamas, mandarinas y manzanas. En las celebraciones religiosas como bautizos y bodas se sirve también comida específica. Por ejemplo, los bautizos se celebran por la mañana, por lo que se sirven atoles, chocolate caliente, marinas, pambazos, tamales y tortas pequeñas, y en las bodas, que se celebran con grandes fiestas, se ofrece barbacoa, carnitas, mole o pozole y tamales. Los mercados del Distrito Federal son surtidos por la Central de Abasto, y en ellos se pueden encontrar productos de todo tipo, calidades y precios. Existen algunos que se especializan en la venta de algunos productos en especial, por ejemplo, el de Jamaica se especializa en la venta de flores y elotes; en el de Xochimilco se pueden encontrar productos de origen prehispánico; el de la Viga se especializa en la venta de pescados y mariscos frescos; en el de San Juan se vende una gran variedad de productos alimenticios que en otros lugares no son fáciles de encontrar; el de Medellín se caracteriza por vender productos de origen sudamericano o del sureste del país, en el de Argentina existen muchos puestos de barbacoa y el de Coyoacán es famoso por sus puestos de comida, sobre todo por las tostadas. Existen algunos establecimientos muy antiguos y célebres en el Distrito Federal donde es posible degustar comida típica de la entidad, por ejemplo, el Café Tacuba donde se sirven desayunos y cenas tradicionales; la cafetería Sanborn's donde se inventaron las enchiladas suizas; la churrería El Moro; el restaurante Hostería de Santo Domingo que se especializa en preparaciones antiguas; la panadería Ideal es una de las más grandes y antiguas de la ciudad; la Dulcería de Celaya que se caracteriza por vender dulces típicos de muy buena calidad, y el restaurante El Rey

del Pavo lugar famoso por sus preparaciones a base de carne de pavo, de las que destacan las tortas de chicharrón de pavo.

DOBLADA

Antojito de tortilla de maíz doblada y rellena; se acostumbra en algunas regiones de México y los rellenos cambian según el lugar. La tortilla es de unos 15 o 18 cm de diámetro. El relleno más utilizado es papa cocida, aunque puede ser de cualquier ingrediente; una vez rellenas se fríen en aceite de maíz o cártamo o se doran en un comal o sartén; se comen con salsa picante al gusto y a veces se les agregan crema y queso. Se preparan en el ámbito casero como desayuno o cena y ocasionalmente se venden por las calles, a manera de antojito.

Dobladas de camarón

DOBLADOR ◆ totomoxtle

DONA

Pan de dulce elaborado con masa para bizcocho o apastelada que se prepara en todo el país en pequeñas panaderías y de manera industrial. Es de forma circular con un orificio en el centro; para elaborarla se extiende la masa y se le da forma con un cortador especial. Para el gusto mexicano, las más clásicas son fritas en abundante aceite y después espolvoreadas con azúcar o cubiertas de chocolate. También las hay cubiertas con glaseado, grageas, nueces y otros ingredientes, o rellenas con mermelada de fruta o crema pastelera.

DORADO O DORADILLA (*Coryphaena hippurus*)

Pez de dorso color azul metálico brillante cuando está vivo y costados plateados con tonos dorados que pierde al morir, entonces se vuelve gris con matices verdes. Por lo general

mide 1 metro de largo y pesa entre 12 y 18 kg. Se pesca en el Golfo de México y el Pacífico, especialmente de octubre a mayo. Se exporta con el nombre hawaiano *mahi mahi*, pues en otras latitudes se considera exótico y de carne fina. Su carne es gris azulada y contiene poca grasa, su pulpa es muy firme y con mucho sabor. Del mismo género, el *Coryphaena equiselis* tiene las mismas características que el anterior, sólo que es más pequeño: mide aproximadamente 75 cm de largo. Fresco es ideal para cebiches y para elaborarse horneado, asado a la parrilla y en diferentes guisados.

Conocido también como:

◇ delfín
◇ lampuga

DORAR

Freír un alimento en aceite, manteca de cerdo o mantequilla, hasta que tome un tono color café, que también se denomina como dorado. Este término se utiliza principalmente para los tacos, tortillas, tostadas y muchos

alimentos fritos; su textura es casi siempre crujiente. Los alimentos dorados son los que pasan más tiempo en el aceite; antes de este punto existen otros dos pasos previos, que son pasar por aceite y freír suave. También cuando se hornea algún alimento se dora, pero para ello, debe alcanzar ese tono café claro característico de dicho proceso.

DORMILÓN ◆ popoyote

DSIC, DSICK O DSIK ◆ tsi'ik

DULCE

Término que se emplea como sinónimo de postre, y que incluye pasteles, pays y tartas, entre otros. También se refiere a toda una familia de frutos cocidos en azúcar o piloncillo, como la calabaza en tacha, postre nacional que a su vez recibe varios nombres; o el dulce de tejocote, muy común en las entidades del centro del país. Por dulce también se conoce a las preparaciones hechas en pasta, por ejemplo, los jamoncillos o el dulce de pepita y calabaza, que a su vez reciben varios nombres regionales y se combinan con otros frutos. En este grupo también se pueden mencionar los dulces de camote o las cocadas. Igualmente, se trata de caramelos macizos hechos de azúcar de caña o de piloncillo como el pirulí, la trompada y la charamusca. Para los niños, dulce es sinónimo de cualquier golosina. Muchos de los dulces que se acostumbran actualmente en México encuentran sus orígenes en la época prehispánica; en aquellos tiempos se cocían en miel de maguey muy espesa, dulce y oscura, pero el piloncillo fue sustituyendo poco a poco esa miel. Otras mieles que se utilizaban para endulzar eran la de la hormiga mielera, la de caña de la planta del maíz y la de *abeja pipiola*, entre otras. De esas fechas data, por ejemplo, el *tzoalli* o *suale*, ahora llamado alegría. En los años que siguieron a la Conquista, se introdujo en México la caña de azúcar para hacer miel de caña, piloncillo y azúcar, mismas que desplazaron a los otros endulzantes, pues el azúcar de caña era más fácil de obtener. Otros de los dulces

que hoy son tradicionales llegaron desde España durante la época virreinal, de esa época datan los famosos dulces conventuales. Varios de estos dulces no se han modificado y su preparación se conserva casi intacta hasta nuestros días, es notable que las recetas españolas que requerían frutos se adaptaron a la disponibilidad de ingredientes de producción regional, tal es el caso de los dulces y ates de guayaba, tejocote y muchas otras frutas. Durante el siglo XIX, México recibió una influencia francesa muy importante, la cual, en el siglo XX, se reflejó en los diferentes tipos de postres de origen europeo, de los que se crearon nuevas versiones de las recetas originales; en ese sentido, el flan originario de Europa es un perfecto ejemplo, actualmente se preparan flanes de vainilla, de café, de limón, de naranja y de queso, entre muchos otros. Otro caso es la isla flotante que se sigue haciendo como en Europa, pero que en muchos lugares del país se prepara con ligeras variantes y se conoce como merengón, paloma, tambor, pan flotante, merengue horneado o flan blanco. Asimismo, hay muchos dulces relacionados con las tradiciones religiosas como el buñuelo o la capirotada que poseen sus propias versiones mexicanas. En los estados del centro del país existe una rica tradición dulcera herencia del pasado colonial. La lista comienza con Puebla con su tradicional camote poblano, seguida muy de cerca por Tlaxcala, Querétaro, el Estado de México, el Distrito Federal e Hidalgo. Pero éstos no son los únicos casos, también en Oaxaca y en Yucatán existieron importantes conventos donde se desarrolló la dulcería típica. En todas estas entidades abundan los dulces de leche, los limones rellenos de coco, las palanquetas, el acitrón, las frutas cubiertas y las cocadas. En otros estados, como Michoacán, se consumen los chongos zamoranos, el ate de varias frutas y las morelianas, en Guanajuato, la cajeta, uno de los dulces más famosos del país que se elabora industrialmente para su distribución nacional e internacional. También hay que mencionar los dulces de Todos Santos, Baja California Sur; el alfajor de Colima y Nayarit; las conservas de naranja y la de Torno Largo; la oreja de mico y el dulce de leche de Tabasco; el queso de tuna potosino y los jamoncillos veracruzanos. Además deben incluirse los dulces elaborados con frutas o ingredientes regionales como los dulces de tamarindo, también llamados tarugos. La lista de dulces del país es interminable, pues no se tiene un registro exacto de muchos de los dulces que elaboran los indígenas que habitan en el país.

DULCES TÍPICOS MEXICANOS					
Nombre	Ingredientes básicos	Lugar de consumo	Nombre	Ingredientes básicos	Lugar de consumo
acitrón	biznaga, azúcar	todo el país	algodón de azúcar	azúcar, colorante vegetal	centro del país
acitrón de naranja	cáscara de naranja, azúcar	Hidalgo	alfeñique	azúcar, colorante vegetal	todo el país
alegría	amaranto, miel de piloncillo, frutos secos	centro del país	atropellado	camote, coco, azúcar	Yucatán
aleluya	leche, almendra	centro del país	batarete	piloncillo, pinole	Sonora
alfajor	coco, azúcar	Colima, Guerrero, Puebla, Yucatán, costas de México	batidos de miel	miel	Tzimol, Chiapas

(continúa)

DULCES TÍPICOS MEXICANOS

Nombre	Ingredientes básicos	Lugar de consumo	Nombre	Ingredientes básicos	Lugar de consumo
besito	leche, yemas de huevo, nuez	todo el país	confite	azúcar, frutos secos	todo el país
besos de ángel	nuez, leche condensada, brandy	Chiapas	conserva de Torno Largo	limón real, azúcar	Torno Largo, Tabasco
boca de dama	avellana, almendra, huevo, azúcar	Durango	conserva de naranja	naranja, azúcar	todo el país
borreguito	azúcar glass, jugo de limón	Estado de México	conserva de Pascua	chilacayote, piloncillo, hojas de naranja	Sierra Gorda de Querétaro
burritos	maíz cacahuacentle, piloncillo	Hidalgo, Querétaro, Tlaxcala	copitas de chicozapote	chicozapote, harina de trigo, huevo	Sotavento, Veracruz
cabellos de ángel	chilacayote, azúcar	Distrito Federal, Estado de México, Puebla, Tlaxcala	cortadillo	duraznos, azúcar	Sonora
			crema de castañas	castañas, leche, huevo, azúcar	Durango
cajeta	leche de cabra, azúcar	todo el país	cubiertos	biznaga, canela, azúcar	Oaxaca
calabaza en conserva	calabaza, piloncillo	todo el país	cuerito	fruta	Jalisco
calabaza en tacha	calabaza, piloncillo	centro del país	dulce de agosto	fruta, canela, azúcar, pimienta gorda	Estado de México
calabazate	calabaza, azúcar	Jalisco, Tlaxcala	dulce de almendra	almendra, azúcar, canela, colorante vegetal	Oaxaca
calavera de azúcar	azúcar	todo el país			
camote achicalado	camote blanco, azúcar, limón	Guanajuato, Querétaro	dulce de anís	anís, azúcar	Yucatán
camote de mala mujer	camote o raíz de mala mujer, piloncillo	Querétaro	dulce de cacahuate	cacahuate, piloncillo	Chiapas
camote poblano	camote, azúcar	Puebla	dulce de calabaza	calabaza de Castilla, piloncillo, canela	Colima, Distrito Federal, Guanajuato, Oaxaca, Querétaro, Veracruz
camote tatemado	camote	Michoacán			
chancaquilla	pepita de calabaza, piloncillo, anís	Querétaro, San Luis Potosí	dulce de camote	camote, azúcar	Colima, Michoacán, Nayarit, Tabasco, Oaxaca, Veracruz
charamusca	piloncillo	Guanajuato, Jalisco, San Luis Potosí, Veracruz, Zacatecas	dulce de camote, coco y piña	camote, coco, piña	Oaxaca, Tabasco
chicloso	leche	todo el país	dulce de chayote	chayote, almendra, azúcar	Estado de México, Tabasco, Veracruz
chimangos	harina de trigo, harina de maíz, azúcar	Baja California Sur	dulce de ciricote	ciricote, azúcar, hoja de higo	Campeche, Yucatán
chocho	anís	todo el país			
chúmata	ciruela, leche, piloncillo	Tierra Caliente	dulce de coco	coco, yema de huevo	Veracruz
ciruelas curtidas	ciruela, aguardiente de caña	Campeche, Chiapas, Oaxaca, Tabasco, Veracruz	dulce de coyol	coyol, azúcar o piloncillo	Chiapas, Tabasco, Veracruz
cocada	coco, azúcar o piloncillo	costas de México	dulce de dátil y nuez	dátil, nuez, leche, miel de maíz, azúcar	Baja California Sur
colación	azúcar glass, fécula de maíz	todo el país	dulce de frijol	frijol, leche, jerez, azúcar	Baja California, Chihuahua, Nayarit, Nuevo León, Sinaloa, Sonora
cola de macho	leche, piloncillo	Comitán, Chiapas			
condumbio	piloncillo, nueces o frutos secos	Oaxaca	dulce de gagallito	flor de cocohuite, piloncillo	Veracruz

DULCES TÍPICOS MEXICANOS

Nombre	Ingredientes básicos	Lugar de consumo	Nombre	Ingredientes básicos	Lugar de consumo
dulce de guapaque	guapaque, azúcar o piloncillo	Chiapas, Tabasco	dulce de tamarindo	tamarindo, azúcar, chile, sal	todo el país
dulce de guayaba	guayaba, canela, azúcar	centro del país	dulce de tejocote	tejocote, piloncillo	centro del país, Chiapas, Oaxaca
dulce de huachal	huachal, piloncillo	Jalisco	dulce de vaina de palo fierro	vaina de palo fierro, miel	Baja California
dulce de igualama	igualamilla, piloncillo	Sonora	dulce de xoconostle	xoconostle, azúcar	centro del país, Guanajuato
dulce de leche	leche, azúcar, canela	todo el país	dulce de yuca	yuca, miel o azúcar o piloncillo	Oaxaca, Veracruz, Yucatán
dulce de leche con chocolate	leche, chocolate	Tabasco	dulce de zapote prieto	zapote, jugo de naranja, azúcar	Estado de México
dulce de leche quemada	leche, chocolate, azúcar		dulces melados	melaza de azúcar de caña, fruta	Yucatán
dulce de limón de coco	coco, limón, azúcar	Oaxaca	duquesa	coco, dulce de leche	Estado de México; Los Tuxtlas, Veracruz
dulce de maíz	maíz azul, canela, azúcar	Nayarit	duraznos con almendra	durazno, azúcar, pasta de almendra	Oaxaca
dulce de mamey	mamey, leche, azúcar	Tabasco	duraznos prensados	durazno, azúcar	centro del país, Puebla
dulce de mango	mango, piloncillo	Oaxaca	duraznos secos	durazno, azúcar	Estado de México
dulce de manzana de coco	manzana de coco, azúcar	Colima, Tabasco	espuma de mar	mantequilla, nuez, huevo	Sonora
dulce de marañón	marañón, azúcar	Campeche, Tabasco	figuritas de pasta de almendra	almendra, azúcar glass, clara de huevo	Puebla
dulce de nanche	nanche, piloncillo o azúcar	Campeche, Chiapas, Tabasco, Yucatán	frutas cristalizadas	fruta, azúcar	Distrito Federal
dulce de naranja	naranja agria, azúcar	Tabasco	frutas cubiertas	fruta, azúcar	todo el país
dulce de nopalitos	nopal, azúcar, canela, anís	Colima	garbanzos en miel	garbanzo, bicarbonato de sodio, piloncillo	Oaxaca
dulce de nuez	leche, nuez, yemas, azúcar	Coahuila, Nuevo León	gaznate	harina de trigo, clara de huevo, azúcar	
dulce de papaya	papaya, piloncillo	Baja California Sur, Chiapas, Tabasco, Yucatán	gloria	leche, nuez, azúcar	Nuevo León
			gollorías	nuez, azúcar	Oaxaca
			gragea	azúcar	todo el país
dulce de pataxte	pataxte, piloncillo	Tabasco	guayaizote	flor de izote, guayaba, azúcar	Guerrero, Hidalgo
dulce de pepita	pepita de calabaza, azúcar	Campeche, Tlaxcala, Veracruz	huesitos	leche, nuez, canela, azúcar	Estado de México
			jamoncillo	leche, frutos secos	todo el país
dulce de sandía	cáscara de sandía, azúcar o piloncillo	Chiapas	lechecilla	leche, fécula de maíz, yema de huevo, azúcar	Oaxaca
dulce de sidra	manzana verde, azúcar, hoja de higo	Tabasco	maganza	biznaga, chayote, calabaza, piloncillo	Santa María Begoña, Querétaro

(continúa)

227

DULCES TÍPICOS MEXICANOS

Nombre	Ingredientes básicos	Lugar de consumo	Nombre	Ingredientes básicos	Lugar de consumo
mangate	mango, azúcar	Baja California Sur	ponteduro	maíz, azúcar o miel de abeja	Estado de México, Guerrero, Jalisco, Querétaro, Tamaulipas, Veracruz, Yucatán
margarita	coco, fécula de maíz, azúcar	Estado de México			
marqueta de nuez	nuez, leche, mantequilla, azúcar		postre de guayaba	guayaba, yema, leche, azúcar	Durango
mazapán	almendra, pepita de calabaza, cacahuate, azúcar	centro y norte del país, Estado de México, Veracruz, Yucatán	puc paak	pepita de calabaza	Chiapas
			punche	maíz, azúcar, leche	Puebla, Tlaxcala
			puxinú	maíz, piloncillo	Chiapas
mejido	mujú, pan, yema de huevo, azúcar	Chiapas	queso de almendra	almendra, yema, jerez, azúcar	San Luis Potosí
melcocha	piloncillo o azúcar, jugo de limón	Chiapas, San Luis Potosí, Tabasco	queso de tuna	tuna cardona	Aguascalientes, Guanajuato, Querétaro, San Luis Potosí, Zacatecas
moreliana	obleas, cajeta	Michoacán			
muégano	harina de trigo	todo el país			
naranja rellena de coco	naranja, coco, azúcar	Sotavento, Veracruz	rabia	plátano macho, yuca, calabaza, azúcar	Tabasco
			rollo de guayaba	guayaba, leche	Bajío
nenguanitos	harina de trigo, manteca de cerdo, levadura	Oaxaca	rollo de nuez y dátil	nuez, dátil, leche, azúcar	Chihuahua
nicuatole	maíz, leche, azúcar	Oaxaca	tenesnelo	calabaza de Castilla, canela, piloncillo	Veracruz
nogada	nuez, azúcar	Nuevo León			
nogate	ate de guayaba, cajeta, nuez	Nuevo León	tlatoquil	plátano manzano, piloncillo	Morelos
nuégados	harina de trigo, manteca de cerdo, azúcar	Chiapas	torlito	maíz, huevo, anís, miel de piloncillo	Baja California Sur
oreja de mico	papaya, piloncillo, hoja de higo	Tabasco	tortitas de santa Clara	harina de trigo, huevo, azúcar glass	Puebla
ovos en dulce	ovo, tequila, piloncillo	Jalisco	trompada	piloncillo, cacahuate	Chiapas
palanqueta	cacahuate, azúcar, frutos secos	todo el país	turrón	clara de huevo	Michoacán, Puebla, Oaxaca,
panochita	leche, frutas	Jalisco, Zacatecas	uvate	uva, azúcar, canela	San Luis Potosí
pepitoria	obleas, pepita de calabaza, miel de piloncillo	centro del país	viejitos de Lerdo	higo	Durango
pintadera	azúcar, bulbo de orquídea, jugo de limón	La Petaca, Guanajuato	yemitas	leche, almendra, yema de huevo, azúcar	Estado de México, Oaxaca
plátano evaporado	plátano Tabasco, piloncillo	Chiapas, península de Yucatán, Tabasco, Veracruz	zorrillo	leche, jugo de limón, piloncillo, azúcar	Baja California Sur

DULCE COLA DE MACHO
Postre chiapaneco preparado con leche cortada con jugo de limón y cocida en agua con piloncillo y canela. Se asemeja mucho a los chongos zamoranos. Suelen prepararlo los coletos de San Cristóbal de las Casas, Chiapas.

DULCE CUBIERTO ◆ frutas cubiertas

DULCE DE AGOSTO
Compota de frutas que incluye manzanas, peras, membrillos, mangos, ciruelas, higos, duraznos y guayabas, todas partidas en trozos, con canela, pimienta gorda y azúcar. Su nombre se debe a que en este mes es cuando se encuentran frescas las frutas mencionadas. Es típico del área de Toluca y otras partes del Estado de México. En general, la forma de preparar este postre es semejante en otros estados del centro del país, aunque regularmente se prepara con una sola fruta.

DULCE DE ALMENDRA
Preparación hecha a base de almendras cocidas en una miel hecha con agua, azúcar, canela y colorante vegetal. Se acostumbra en Juchitán, Oaxaca.

DULCE DE ANÍS

Grageas preparadas con azúcar y granos de anís que se elaboran en el estado de Yucatán. Antiguamente se vendían envueltas en cucuruchos de papel adornados con flores del mismo material.

DULCE DE BIZNAGA ◆ acitrón

DULCE DE CACAHUATE

Elaboración de cacahuate molido y cocido en miel de piloncillo; esta mezcla se extiende, se deja enfriar y se corta en rectángulos o rombos. Cuando los trozos también se empanizan con cacahuate molido suelen llamarse empanizados de cacahuate. Hay que aclarar que este dulce es diferente a la palanqueta. Es un dulce popular en el área de Comitán, Chiapas. En Pátzcuaro, Michoacán, es un postre preparado con cacahuate y azúcar licuados a los que se les agregan yemas de huevo, leche, harina y canela. El preparado se cuece en una cacerola y se vacía en un platón. Se adorna con canela en polvo y pasas.

DULCE DE CALABAZA

Preparación hecha a base de calabaza de Castilla cocida en miel de piloncillo y por lo general con rajas de canela. Es tal vez el dulce más importante en las festividades del día de Muertos. En cada región de nuestro país se preparan diferentes modalidades y tiene varios nombres. La calabaza puede estar entera o cortada en grandes trozos, puede incluir o no sus propias semillas. A veces el dulce se sirve con mucha miel y otras es casi seco; esto depende de la región y de las costumbres de quien lo prepare. En el Distrito Federal solía prepararse en los hogares e incluir otras frutas como guayaba y caña de azúcar, pero actualmente pocas personas lo elaboran en casa, es más común comprarlo en los mercados populares por trozos, por kilo o la pieza completa. Quienes preparan este dulce para su venta, hacen algunas incisiones en la calabaza y la sumergen entera en la miel de piloncillo, de esta manera toda la fruta queda caramelizada. En Colima es un plato que se acostumbra comer en el desayuno, se acompaña con leche y su venta es igual a la del dulce de camote. Los otomíes de Guanajuato preparan también un dulce con calabazas cocidas en miel de piloncillo. En la región norte de Veracruz se remojan los pedazos de calabaza en agua de cal, esto permite que la calabaza adquiera una consistencia un poco más sólida. El dulce se prepara cociendo la calabaza con panela o azúcar. También se elabora el *tenesnelo*. En Oaxaca es habitual en el día de Muertos. Se prepara con calabaza amarilla pasada por agua de cal y cocida con agua, piloncillo, canela y hojas de higo. A veces incluye tejocotes y trocitos de caña. En Querétaro la fruta se cuece con piloncillo de manera muy similar a como se prepara en el resto del país, pero algunas personas añaden guayabas al dulce; tradicionalmente se acompaña con atole de puzcua. En Tabasco también se elabora para el día de Muertos, la calabaza de Castilla se corta en trozos grandes y se cuece con piloncillo y poca agua. En Chiapas son trozos de calabaza, panela, con cáscara de naranja y canela como aromatizantes.

Conocido también como:

◇ calabaza en conserva
◇ calabaza en dulce

Conocido en algunas regiones como:

◇ calabaza de Todos Santos (Oaxaca)
◇ calabaza en tacha (Distrito Federal, estados del centro)
◇ conserva de calabaza (Querétaro)
◇ fruta para la leche (Colima)

→ tacha

DULCE DE CAMOTE

Preparación de camote cocido y endulzado. Se acostumbra en Colima y Nayarit. En Colima, el camote se compra entero o en pedazos grandes; lo singular en este estado es su venta ambulante por las mañanas, pues es habitual en el desayuno y aunque se llega a servir en una cena sencilla, no se vende por las noches. De igual manera se vende el dulce de calabaza. También se preparan otros dulces de camote molido a manera de pasta en los que se combina el tubérculo con coco o piña. En Nayarit se acostumbra como desayuno o cena y se acompaña con leche, mientras que en el resto del país es una golosina que se come prácticamente a cualquier hora. En Tabasco se prepara con camote cocido en agua con azúcar, coco fresco y piña molida llamándose dulce de camote, coco y piña; otras variantes de este dulce son las que llevan guanábana, naranja o piña. En Oaxaca es usual el dulce de camote en ruedas, piña en cuadritos y jitomate rebanado cocidos en una miel de azúcar, agua y canela. En Pátzcuaro, Michoacán, este dulce se prepara con camote cocido sin cáscara y picado finamente, se le añade papaya picada, jugo de naranja, coco rallado y azúcar. Todo lo anterior se cuece hasta espesar. Para servirlo se adorna con pasitas. En Veracruz se le añade guayaba al dulce de camote. En la región totonaca de Veracruz estos dulces sólo contienen camote y azúcar. Después de hervidos en agua se elabora una masa y se forman puros con papel encerado similares a los camotes poblanos; se acostumbra calentarlos a baño María durante algunos minutos para evitar que se agrien.

→ camote poblano

DULCE DE CHAYOTE

Preparación con consistencia de puré elaborado con chayotes que se cuecen, machacan y se mezclan con almendras molidas y azúcar; se continúa su cocción hasta que adquieran textura de mermelada suave. Es un dulce que se consume en el Estado de México. En Orizaba, Veracruz, el dulce se prepara con una mezcla de pulpa de chayote blanco, mantequilla, canela, azúcar, pasitas y galleta María molida, con esta mezcla se rellenan cáscaras de chayote y en seguida se espolvorean con galleta o pan molido y mantequilla horneándolas hasta dorarse. En el norte del mismo estado se cuecen los chayotes junto con piloncillo y canela y se consumen fríos o calientes. En la región de Comalcalco, Tabasco, es elaborado de la misma manera que en Veracruz, se buscan los chayotes duros para que la piel resista el horneado; de hecho, en los mercados populares es fácil encontrar chayotes de piel dura para este propósito.

DULCE DE CIRICOTE

Ciricotes cocidos con agua y ceniza, se les quita la cáscara con un rallador para remojarlos en agua de limón; se enjuagan y se cuecen en almíbar de azúcar con jugo de limón y hojas de higo. En ocasiones se añade también alcohol. Se acostumbra en Yucatán y Campeche. Conocido también como ciricotes en conserva.

DULCE DE CIRUELA ◆ ciruela

DULCE DE COCO ◆ cocada

DULCE DE CONSERVA DE TORNO LARGO

Postre típico de Torno Largo, Tabasco, que se prepara con limón real hervido en agua y lavado para quitarle el sabor amargo, se cuece en agua con piloncillo, azúcar y un chorrito de limón agrio hasta que se forma una miel espesa. Se deja enfriar y se come como golosina.

DULCE DE COYOL

Coyoles pelados y hervidos durante bastante tiempo en agua con piloncillo o azúcar hasta que se suavizan. En algunos casos el preparado incluye trocitos de coco. El comensal recibe un coyol enmielado que chupa por tiempo prolongado dado que las fibras del fruto sueltan poco a poco el sabor. Una vez que se ha retirado toda la pulpa, muchos acostumbran romper la semilla con una piedra para sacar el llamado coquito de su interior, que asemeja el sabor y la textura del coco común. Es un dulce que se acostumbra en Veracruz, Tabasco, Chiapas y otras partes del sur del país.

DULCE DE DÁTIL Y NUEZ

Postre de consistencia pastosa, firme y suave, elaborado con dátil, nuez pacana, leche, miel de maíz, azúcar, sal, mantequilla y vainilla. Los ingredientes se cuecen hasta ver el fondo del cazo, se dejan enfriar, el dulce preparado se extiende y se corta en cuadros. Es tradicional de Baja California Sur.

DULCE DE DÍA DE MUERTOS ◆ calavera de azúcar

DULCE DE DURAZNO ◆ cortadillo

DULCE DE FLOR DE PALMA ◆ guayaizote

DULCE DE FRIJOL

Preparación que consiste en frijoles cocidos en agua, licuados con leche y vueltos a cocinar con azúcar, vainilla, jerez, y en ocasiones, canela y yemas de huevo. Del proceso resulta una mezcla de consistencia pastosa muy suave. Se consume en los estados del norte del país. En los estados ubicados en el Pacífico norte existen recetas familiares de dulce de frijoles cocidos, molidos y vueltos a cocer con piloncillo y canela. En algunas ciudades se incluye clavo, ron o yemas de huevo. En Nuevo León se elabora con frijoles cocidos y molidos, canela, jugo y ralladura de naranja y azúcar. Cuando la mezcla se espesa, se vacía en un platón y se adorna con pasitas o nuez. Otra versión contiene mantequilla, frijol, leche, azúcar, huevo y se adorna con nueces y canela en polvo. En Sinaloa y Sonora se prepara con frijol, piloncillo, canela y clavo; se consume como dulce y también como relleno de los tamales de frijol. Algunas familias sonorenses lo elaboran también con garbanzo. En Nayarit se elabora con frijol, leche, azúcar, yemas de huevo y vainilla.

Conocido en algunas regiones como:

◇ cajeta de frijol (Nayarit)
◇ postre de frijol (Chihuahua)

DULCE DE GAGALLITO

Flor de cocohuite o gagallito, cocida en almíbar de piloncillo y canela. Se acostumbra preparar en San Andrés Tuxtla, Veracruz.

DULCE DE GARBANZO

Postre de consistencia de pasta suave o jamoncillo, elaborado con garbanzos cocidos, molidos y vueltos a cocer con azúcar, leche y vainilla, se trata de un dulce de platón que se acostumbra en Sinaloa y en Sonora. En San Luis Potosí existe una variante, los garbanzos cocidos y molidos se hierven con leche, azúcar y canela hasta que la mezcla espese; el dulce

se adorna con pasas y canela molida. Algunas familias lo acostumbran consumir durante la cuaresma.

DULCE DE GROSELLA

Grosellas cocidas con agua y bicarbonato, enjuagadas y escurridas varias veces; se agregan a un almíbar de agua y azúcar y se cuecen a fuego lento hasta que tengan consistencia de mermelada o compota. Este dulce se acostumbra en la península de Yucatán y en Tabasco.

DULCE DE GUAPAQUE

Guapaque pelado y cocido en agua con azúcar o piloncillo y canela; su consistencia es pastosa y su sabor recuerda al tamarindo. Se come frío o a temperatura ambiente.

DULCE DE GUAYABA

Guayabas cocidas en un almíbar de agua con canela y azúcar; muchas veces el almíbar también contiene clavos. Dependiendo de quien las prepare, las guayabas pueden usarse enteras o partidas por la mitad, con o sin semillas. Se sirve en platitos hondos con bastante almíbar, se elabora en el ámbito casero y en restaurantes de comida típica y fondas. Es uno de los postres más tradicionales del centro del país.

Conocido también como:

◇ guayabas en almíbar
◇ guayabas en miel

DULCE DE HUACHAL

Garapiñado de huachales revueltos con piloncillo. Este dulce es típico de Zapopan, Jalisco.

DULCE DE ICACOS ◆ icacos en dulce

DULCE DE IGUALAMA

Dulce que se prepara cociendo el fruto de la igualamilla en agua con piloncillo. Se acostumbra entre los yaquis de Sonora.

DULCE DE LECHE

Dulce de consumo habitual en todo el país. Se hierve leche a fuego lento con azúcar y canela, moviendo constantemente hasta lograr una pasta suave. El dulce caliente se puede extender en una tabla para que se enfríe y se corta en cuadritos, rectángulos o rombos. También se mete en una manga pastelera y se le da forma de churrito o se coloca la pasta en moldes. En muchos lugares la preparan únicamente con leche o leche ahumada a la cual le añaden también vino, cajeta, nuez o piñones, entre otros complementos. Debido a la diversidad de maneras de elaboración e ingredientes que puede contener este dulce, puede cambiar de nombre en gran parte por la forma que adquieren. En muchas regiones del país a este dulce se le llama simplemente jamoncillo. En Baja California Sur los dulces de leche son el jamoncillo, el dulce de queso y el zorrillo. En La Trinidad, Chiapas, se prepara con leche, azúcar, huevo y licor. Con la masa se hacen bolitas que se envuelven en

cuadritos de papel de china de colores. En Coahuila y Nuevo León se elabora de la misma manera que el tradicional y le agregan otros ingredientes para obtener los jamoncillos de coco, de nuez y el de piñón. En todos los casos se trata de una pasta de leche suave con textura ligeramente terrosa. En los Altos de Jalisco el dulce de leche es muy popular, incluso para muchas familias su elaboración representa un ingreso económico importante porque lo venden en ferias y fiestas regionales. En Tabasco, el dulce de leche se prepara en casa, porque contiene únicamente leche y azúcar que se dejan reducir mientras hierven, hasta que la mezcla adquiere un tono café claro y esté espesa. Cuando la mezcla todavía está caliente y líquida se extiende sobre una tabla, se deja cuajar y antes de que enfríe se corta en rombos de unos 6 cm. Algunos lo llaman cortadillo porque se trata de un dulce que se corta en tablillas con forma de rombos. Este dulce se tiene en casa para comer en cualquier momento. Otra variante es el llamado dulce de leche con chocolate. En Veracruz, en la región del Sotavento, se preparan dulces de leche con limón, cacahuate, coco o almendra. La diferencia es que al momento de hervir la leche y el azúcar se les añade el complemento. Con la masa se acostumbra confeccionar palomitas, rombos o cuadritos. Con la variante de coco se elabora una especie de pera rellena con marquesote remojado en vino jerez y espolvoreada con canela.

→ jamoncillo

DULCE DE LECHE CON CHOCOLATE

Preparación dulce que contiene leche, azúcar y chocolate, se elabora de la misma manera que el dulce de leche. Cuando el dulce está casi espeso, se le agrega chocolate semiamargo, amargo o tablillas de chocolate; luego se extiende y se corta en forma de pequeños cuadros o rombos. Algunas familias acostumbran tostar los granos de cacao, para luego molerlos con leche y azúcar cociéndolos a fuego lento hasta conseguir una consistencia similar al dulce de leche. Este dulce se prepara en Tabasco. Se conoce también como dulce de cacao.

DULCE DE LECHE QUEMADA

Postre de dulce de leche que una vez terminado se espolvorea con azúcar y se hornea para quemar ligeramente la superficie. Su sabor es ahumado o quemado. También se prepara con leche previamente ahumada.

DULCE DE LIMÓN CON COCO

Postre similar a los limones rellenos. Se prepara cociendo limones secos y huecos en una miel de azúcar y canela. El coco rallado, que en este caso se sirve a un lado, se prepara cocido en una miel similar a la anterior. Se prepara en Juchitán, Oaxaca.

DULCE DE MAÍZ

Masa de maíz azul molido y cocido en agua con canela y azúcar. Con la mezcla resultante se pueden preparar tamalitos, que se envuelven en hojas de maíz y se tatéman en un pozo fabricado ex profeso en la tierra. Los huicholes de Nayarit lo sirven en algunas de sus fiestas, a los participantes les cuelgan un collar de estos tamalitos que normalmente son de 6 a 8 cm. Se conoce también como *kariyari*.

DULCE DE MAMEY

Postre hecho a base de pulpa de mamey colorado licuada con leche, azúcar y canela. La mezcla se hierve a fuego lento hasta que espesa, luego se extiende en una mesa y ya fría se corta en rombos. De la misma manera se prepara otro dulce con los mismos ingredientes pero con agua en lugar de leche. En cualquiera de los casos se cuece hasta que el dulce espese y al enfriar quede con una consistencia de pasta muy suave. Para distinguir uno de otro, a veces llaman al primero dulce de mamey con leche. Este dulce se elabora especialmente cuando la producción del mamey es muy grande y ya no se puede comer como fruta fresca; el mamey fresco es muy apreciado como fruta y solo se considera un excelente postre. Este dulce es típico de Tabasco y estados vecinos.

DULCE DE MANGO

Mangos petacones maduros cocidos en miel de piloncillo o panela, con canela; para que los mangos no se desbaraten se sumergen brevemente en agua de cal. Se acostumbra servir un mango bañado con miel por persona. Se prepara en Cuicatlán, Oaxaca; cabe mencionar que este postre es una rareza ya que el mango se prefiere comer fresco. En Juchitán, Oaxaca, es un dulce preparado con mangos criollos maduros que se dejan reposar en agua con sal y se vierten en agua hervida con canela, chile de árbol seco, azúcar y colorante artificial.

DULCE DE MANZANA DE COCO

Preparación dulce elaborada con la manzana de coco. Las manzanas de coco se cuecen brevemente en agua, se exprimen con las manos sin romperlas y con el líquido obtenido se elabora un almíbar de azúcar; luego se sumergen en él las manzanas para que se cubran de miel. Es un dulce originario de Colima, de sabor delicado. En Tabasco se prepara de manera similar, las manzanas de coco se sumergen brevemente en agua caliente y se ponen a hervir en un almíbar de agua y miel; se procura dejar las manzanas enteras. Algunas personas añaden también hojas de higo y rajas de canela a la cocción.

DULCE DE MARAÑÓN

Marañón cocido en agua con azúcar hasta formar un almíbar espeso. Es un postre típico de Tabasco, aunque se prepara también en Campeche, donde se le agrega limón.

DULCE DE NANCHE O DULCE DE NANCE

Nanches maduros cocidos en agua con piloncillo o azúcar. Dependiendo de las costumbres de los cocineros, los nanches se pueden dejar enteros para que queden como frutas en almíbar o durante la cocción se pueden machacar un poco para obtener una pasta o mermelada; este último procedimiento parece ser el más usual. En muchos lugares este dulce se come cuando se bebe pozol. Se prepara en diversos estados de la república, pero en especial gusta mucho en los estados del sureste del país, especialmente en Tabasco, Chiapas, Campeche y Yucatán. En Chiapas se machaca el fruto y se cuece en agua con azúcar y canela hasta que la preparación se reduce y se obtiene una miel llamada nanche o nandú.

231

DULCE DE NARANJA

Preparación elaborada con naranjas agrias peladas, cortadas y remojadas en agua caliente para quitarle lo agrio a la pulpa y las semillas, y lo amargo a la cáscara blanca; este paso se repite varias veces, hasta quitarle el mal sabor que pueda tener. Luego se exprime y se machaca o muele para hacer una especie de masa que se cuece con azúcar o piloncillo; el resultado es una pasta suave y sabrosa que se llama sencillamente dulce de naranja. Se preparan varios sabores al mezclar la base descrita con pulpa de piña, camote, guanábana o coco. En este caso, el dulce toma el nombre del ingrediente, por ejemplo, le llaman dulce de camote si tiene camote. En caso de tener varias frutas combinadas, el dulce toma el nombre de la pulpa de la fruta que se use en mayor proporción. Sin importar el sabor del dulce, todos se envuelven en hojas de maíz amarradas en los extremos en forma de esferas que se cuelgan para su venta en los puestos de los mercados populares o en las tiendas de abarrotes. Este dulce es originario de Jalapa, Tabasco, donde se produce para enviarlo a los mercados regionales, especialmente a Villahermosa. También se elabora en el área de Macuspana. Especialmente en Villahermosa, el dulce tiene mucha demanda pues se considera uno de los más finos. Para distinguir de qué sabor es cada uno, se utilizan diferentes colores de hilo que cambian según el proveedor. Una manera casera de este dulce de naranja agria se acostumbra en Sonora; la cáscara de la fruta se ralla, la pulpa se corta por la mitad, se hierve en sal o bicarbonato de sodio, se enjuaga varias veces para eliminar el sabor amargo y después se cuece por bastante tiempo en agua con azúcar. Dependiendo de las costumbres, este dulce puede contener algo de la pulpa de la naranja o llevar solamente la cáscara.

DULCE DE NOPALITOS

Nopalitos cocidos en agua con azúcar, canela y anís. Es un excelente postre, muy nutritivo que ayuda también a la digestión. Se acostumbra en Colima.

DULCE DE NUEZ

Mezcla de leche de vaca o de cabra, azúcar, yemas de huevo, vainilla, fécula de maíz, nuez troceada y ron o brandy. Los ingredientes se cuecen hasta que espesan, se vacían en un platón y luego la preparación se corta en cuadritos. Uno de sus nombres es nogada, pero no hay que confundirla con la de los chiles. Es un postre tradicional en Coahuila y Nuevo León. En los estados del norte del país este dulce se prepara en diferentes formas y pre-  sentaciones comerciales, se encuentran en ferias, tiendas y dulcerías; incluso hay varios tipos que se han hecho famosos como el rollo de nuez o nogate, la cajeta de nuez, la marqueta de nuez, las palanquetas y las glorias.

DULCE DE PAPAYA

Postre hecho con papaya, que se elabora en diferentes estados del país. En Baja California Sur es un dulce tradicional de Todos Santos, se prepara con papaya verde. El fruto pelado, limpio y cortado, se remoja en agua con cal, se enjuaga y se asolea para después cocerlo en agua con un poco de piloncillo. El primer almíbar se tira, porque puede tener algo de cal, y la fruta se vuelve a cocer con más agua y piloncillo hasta que la papaya está cocida y melosa. Los trozos de este dulce se venden en bolsas con la miel. En Chiapas y Tabasco este dulce es preparado con papaya verde cortada en trozos, remojada en agua de cal, hervida en agua con azúcar o piloncillo, canela y a veces hojas de higo. Una variante de este dulce recibe el nombre de oreja de mico. En los estados de la península de Yucatán se elabora de manera semejante al dulce tabasqueño, sólo que, a veces, el almíbar incluye jugo y ralladura de limón. También se prepara el dulce de papaya madura, la papaya pelada se corta en trozos y es cocida en agua solamente con azúcar y canela. Suele emplearse una variedad de papaya roja que le da color al postre.

DULCE DE PATAXTE

Pataxte molido cocido en agua con piloncillo hasta formar un turrón, se deja enfriar mientras se sigue moviendo, después se extiende para cortarse. Este dulce es típico de Tabasco.

DULCE DE PEPITA

Pasta dulce de pepita de calabaza. Se elabora con pepitas de calabaza lavadas en agua de ceniza para retirarles la cascarilla verde, luego se muelen en metate para obtener una masa blanca que se cuece con jarabe de azúcar hasta formar una pasta suave que se trabaja con las manos cuando está fría. Una porción se colorea con rojo para resaltar algunas partes de las figuras de animalitos que se hacen con ella (pajaritos, toritos, gallitos, perritos, etcétera). Es típica de Tlaxcala. Antiguamente se preparaba con almendras y se llamaba fruta de almendra.

Conocido en algunas regiones como:

◇ dulce de pepita para Todos Santos
◇ dulce de pepita de calabaza (Campeche)
◇ dulce de pipián
◇ jamoncillo (Xalapa, Veracruz)

DULCE DE PIPIÁN ◆ dulce de pepita

DULCE DE PLATÓN

Manera de servir dulces o postres; por lo regular, se trata de dulces como los de camote, leche o garbanzo que tienen consistencia pastosa y suave. Después de cocerlos, se vierten sobre platones grandes para que se enfríen y así se presentan en la mesa; es frecuente que una vez fríos se adornen con almendras, trocitos de coco, nueces o pasas, según el dulce de que se trate. Este tipo de presentación se estila desde tiempos de la Colonia; de hecho, el origen de estas preparaciones es conventual. En la actualidad no es fácil encontrar dulces servidos así, pero muchos de los dulces que hoy se consumen en cuadritos o barras encuentran su origen en los dulces de platón.

DULCE DE SANDÍA

Preparación dulce elaborada con piel de sandía. La cáscara verde y la parte blanca de la sandía se cortan en trozos y se remojan en agua de cal por varias horas para que endurezcan; luego se enjuagan y cuecen con azúcar o piloncillo. Este dulce se prepara habitualmente en el área de Huehuetán, Chiapas, pues la variedad de sandía local tiene la piel suave y la parte blanca muy gruesa.

DULCE DE SIDRA

Manzanas verdes peladas remojadas en cal y cocidas en agua con azúcar y hojas de higo hasta producir una miel. Este postre se acostumbra en Tabasco.

DULCE DE TAMARINDO

Pulpa de tamarindo mezclada con otros ingredientes como azúcar, chile piquín en polvo y sal. Este dulce se prepara de diferentes formas y presentaciones de acuerdo con la región.

Se puede encontrar envuelto en papel celofán, en jarritos de barro, en hojas de maíz o de forma cilíndrica o esférica. En ocasiones incluye las semillas. Se consume en todo el país, aunque es más común en las costas.

DULCE DE TEJOCOTE

Preparación elaborada con tejocotes pelados y cocidos en una miel de azúcar o piloncillo, canela y a veces clavos. Es un postre tradicional muy común en los estados del centro del país. Se prepara especialmente en los últimos meses del año, cuando el fruto abunda. Este dulce está ligado a las fiestas del día de Muertos y a las celebraciones navideñas como las posadas. En Oaxaca se prefiere usar azúcar en vez de piloncillo, para la miel con canela.

Conocido en algunas regiones como:
◇ manzanilla (San Cristóbal, Chiapas)
◇ manzanita (Comitán, Chiapas)
◇ tejocotes en miel (Oaxaca)

DULCE DE TUXPANA ◆ ciruela

DULCE DE VAINA DE PALO FIERRO

Vainas de palo fierro previamente remojadas durante un día; se muelen en metate para mezclar la pulpa con miel. Lo preparan las comunidades originarias del norte de Baja California.

DULCE DE XOCONOSTLE

Término que se utiliza para nombrar las preparaciones que incluyen xoconostles en almíbar. El fruto a veces está picado o

rebanado, por lo general pelado y sin semillas. Son elaboraciones esporádicas en los estados de centro del país. En Guanajuato existe una gran tradición del dulce de xoconostle; se pueden encontrar mermeladas, compotas y xoconostles en almíbar.

DULCE DE YUCA

Yuca cortada en trozos, cocida en agua y bañada con miel de abeja; de esta manera se prepara en el estado de Yucatán. En la Huasteca veracruzana se prepara igual, pero la miel a veces se sustituye por azúcar o piloncillo. En San Pedro Ixcatlán, Oaxaca, y alrededores, la yuca se cuece con piloncillo y canela.

DULCE DE ZAPOTE PRIETO

Pulpa de zapote mezclada con jugo de naranja, azúcar y a veces ron o anís; algunas personas lo adornan con gajos de naranja o rebanadas de plátano. Es conocido en el Estado de México como zapotada.

DULCERÍA

Tienda o expendio de dulces. En bastantes lugares de México existen todavía dulcerías tradicionales que venden dul-

ces artesanales. En el Distrito Federal es famosa la Dulcería de Celaya y en Toluca, la dulcería El Socio, ésta última ubicada en el portal Madero 204-A, propiedad de Justo Guadarrama Mendoza.

DULCERÍA DE CELAYA

Dulcería tradicional que desde 1874 se ha encargado de difundir los dulces tradicionales de México. En ella se expenden todo tipo de dulces como el jamoncillo, el dulce de leche, los limones rellenos de coco, el queso de tuna, las cocadas, las frutas cubiertas, el chocolate de metate y los mazapanes, entre otros. Esta dulcería ha mantenido una calidad irreprochable, ya que debido a la industrialización, cada vez es más difícil encontrar leche auténtica de vaca, al igual que algunos productos regionales como la tuna para el queso de tuna o los piñones rosas para el jamoncillo de piñón. En teoría, los dulces tradicionales que venden no contienen colorantes ni sabores artificiales, por ello tienen un costo hasta tres o cuatro veces mayor que en otras dulcerías; muchos de estos dulces se preparan en el lugar. El establecimiento es una joya por sí misma porque desde la calle se pueden ver dos grandes vitrinas antiguas con varias repisas y charolas con los dulces presentados de manera muy delicada y creativa. El interior conserva los estilos arquitectónicos de la época en que abrió sus puertas, la decoración del techo es de yesería estilo neoclásica con candelabros y espejos antiguos, todos con marcos de madera tallada que cubren todas las paredes del local. Los dulces cambian según la temporada por lo que todo el tiempo

ofrece una gran diversidad. Para muchos, ésta es la mejor dulcería del Distrito Federal. Está ubicada en la calle 5 de Mayo, número 39, en el Centro Histórico de la Ciudad de México y cuenta con una sucursal en la colonia Roma.

DULCES EN ALMÍBAR

Término utilizado para cualquier preparación de fruta cocida en agua con piloncillo o azúcar, canela y a veces hojas de higo para aromatizar. Son dulces elaborados en casa en los que se usan frutas regionales como calabaza de Castilla, cidra, ciricote, ciruela, coyol, grosella, guanábana, higo, icaco, limón, marañón, naranja, nanche, papaya o piña. Todos estos dulces tienen la característica de contener bastante miel o almíbar en el que fueron cocidos. Este término se conoce en Yucatán simplemente como dulces.

DULCES MELADOS

Trozos de calabazas, pulpa de coco, piñas o camotes sumergidos en melaza de azúcar de caña hervida. Son tradicionales de Yucatán.

Conocidos también como:
◇ dulces de melado
◇ melados
→ melado

DUQUESA

1. Dulce de coco rallado teñido de amarillo con el que se elabora una tortilla de unos 6 cm de diámetro, se dobla como una quesadilla para rellenarla con un dulce de leche de textura similar a la cajeta. En ocasiones se decora con una pasita en el centro. Es especialmente popular entre la mercancía exhibida en diversas dulcerías del centro de Toluca.

2. Empanada rellena con merengue de coco que contiene yemas de huevo, harina y almendras. Se consume en la región de Los Tuxtlas, Veracruz.

DURANGO

Centro histórico de Durango

Estado ubicado en el norte de la república mexicana; colinda al norte con Chihuahua, al noreste con Coahuila, al sureste con Zacatecas, al sur con Nayarit y Jalisco y al oeste con Sinaloa. Durango fue proclamado como estado independiente y soberano el 25 de mayo de 1824, se divide en 39 municipios y su capital es la ciudad de Durango. Los primeros pobladores de la región fueron indígenas seminómadas huicholes, coras, tepehuanes y tarahumaras, entre otros grupos que subsistían con el producto de la caza y de la recolección de nopales, órganos, mezquite y algunas hierbas, posteriormente empezaron a cultivar maíz, frijol y chile, lo que propició su sedentarización, actualmente estas etnias siguen habitando en el estado, siendo la población tepehua la más representativa. De la misma manera que en Chihuahua, se preparaban alimentos secos debido a los climas extremos y a que sólo se daban cosechas anuales, por lo que hoy se siguen preparando los chiles pasados, la carne seca, el chorizo, los chuales, el pinole y los tornachiles. El sector agropecuario representa 13.1% del PIB del estado, se siembra tabaco, maíz, chile, frijol y calabaza, además de muchos árboles frutales, como granada, membrillo, durazno, chabacano, perón y manzana. También se crían cerdos y ganado vacuno y lanar, Durango es el segundo productor de leche de caprino nacional y tercero en producción de leche de bovino y carne de canal. Algunas de sus preparaciones típicas las comparte con sus estados vecinos, como las albóndigas de venado, las arracheras, el arroz rojo, el asado de bodas, el asado de cerdo, el asado de venado, la cabeza de res a la olla, el cabrito

Presa Guadalupe Victoria, Durango

al horno, el caldillo duranguense, el caldillo de machaca, el caldillo de cerdo, las cazuelas, los chiles pasados, la fritada, el menudo y el infaltable chorizo. Otros guisos tradicionales de la entidad son las albóndigas de res, las enchiladas de leche o enchiladas campechanas (empanada), la gallina borracha, las habas en salsa verde, la lobina negra frita, el lomo de cerdo borracho, los patoles y el pescado en jitomate. Se preparan tamales de chile co-

Templo de San Agustín

lorado, de cazuela con mole, de ceniza, de chile verde, de frijol, laguneros, de pinole (Tepehuanes), de cerdo y tamales tepehuanos. Las comidas se acompañan por igual con tortillas de maíz o de harina de trigo. En el estado se usan diferentes tipos de queso para complementar platillos y antojitos, como las gorditas, que forman parte del lonche y los pambazos de pan negro, entre otros. Se consume con regularidad el queso menonita que se elabora en la región, así como los quesos asadero y el de Tepehuanes. Entre los dulces y postres se disfrutan la boca de dama, la cajeta (ate), la capirotada, la crema de castañas, los chongos (no confundir con los chongos zamoranos), los mostachones, el postre de huevo y el de guayaba, las tortillas dulces de harina y los viejitos de Lerdo. Las bebidas alcohólicas más representativas son el mezcal, el licor de durazno, el sotol y el tesgüino.

DURAZNILLO ◆ hongo amarillo, hongo corneta

DURAZNO (*Prunus persica*)

Fruto de un árbol con el mismo nombre, de la familia de las rosáceas. Fue introducido a México en el siglo XVIII y su nombre proviene del latín *duracinus*, que se aplica a frutos de carne fuertemente adherida a la semilla, o a los de piel dura. Deriva de *durus*, duro, y *acinus*, fruto. El durazno típico, y más importante en México, es el llamado durazno amarillo o criollo. Es más pequeño que los producidos en otras partes del mundo, mide aproximadamente 5 cm de largo por 4 de diámetro. Su pulpa madura es firme, dulce y jugosa, de color amarillo mostaza; está cubierto por una piel aterciopelada color amarillo intenso, de ahí su nombre. Su temporada es de mayo a septiembre. Se consume como fruta fresca, pero un gran porcentaje se destina para prepararse en almíbar; elaborados de esta manera son uno de los postres más usuales en todo el país; se comen a temperatura ambiente o fríos, solos o con crema. También se utiliza para los picadillos de los chiles en nogada, porque su pulpa firme resiste el cocimiento sin deshacerse. En Chihuahua existe una gran producción de este fruto, al igual que en Durango, donde se prepara un licor con duraznos macerados en alcohol, jarabe de azúcar y vainilla.

DURAZNOS CON ALMENDRA

Postre oaxaqueño que se elabora con duraznos amarillos cocidos en miel de azúcar, canela y agua, se colocan sobre un platón y se sirven con pasta de almendras. La pasta se prepara con almendras peladas, molidas con leche y luego cocidas en el almíbar de los duraznos.

DURAZNOS EN ALMÍBAR

Postre que se prepara con duraznos amarillos, escalfados y cocidos en un almíbar claro de azúcar y canela. Tradicionalmente se usan duraznos amarillos, aunque ahora se utiliza la variedad llamada melocotón, que es más grande, y se vende enlatado. Por lo general se enfrían tras la cocción y se comen solos o se les añade crema, nieve de vainilla o mermelada.

DURAZNOS PRENSADOS

Duraznos amarillos cocidos en agua y deshidratados con azúcar lentamente hasta que la pulpa se encoge, la semilla sobresale y el azúcar queda incrustada en la pulpa de la fruta. El dulce tiene un tono amarillo fuerte y textura dura pero agradable. El proceso de elaboración toma varias semanas. Es un dulce muy antiguo de Puebla y en general del centro del país.

DURAZNOS SECOS

Dulce que se prepara sumergiendo duraznos amarillos en agua con cal por una noche, enjuagándolos y cociéndolos en agua con azúcar hasta que el agua se consume y los duraznos quedan cristalizados. Son típicos de Toluca y otras partes del Estado de México.

DURITOS DE PUERCO

Preparación en la cual la piel del cerdo se calienta a fuego bajo en un cazo de cobre con la grasa que se utilizó para hacer los chicharrones; a continuación se sancocha el cuero del cerdo, previamente limpio y lavado para suavizarlo y que suelte la grasa; hecho esto, se sacan los cueros del cazo y se cuelgan en un lazo con la finalidad de que escurra el exceso de grasa. Después de realizado el proceso anterior se lleva

la grasa a punto de hervor. Para terminar, cuando se considera que los cueros ya escurrieron la suficiente grasa y la del cazo llegó al punto deseado se añaden los cueros en raciones, para que adquieran mayor volumen y una menor consistencia en comparación con los chicharrones. Estos duritos son utilizados como una especie de tostadas, pueden comerse solos, con alguna ensalada o salsa. También son usados para guisos en salsa verde, salsa roja o con huevo, etc. Son consumidos en Guanajuato y se pueden encontrar en los estados del norte de la república.

DÚSAKAS

Término utilizado por los purépechas de Michoacán, para designar a las salsas elaboradas con xoconostle.

DZANCHAC

Guiso sencillo que se prepara con carne de res cocida en sancocho. Este plato se elabora en la península de Yucatán.

→ chocolomo

DZIC, DZICK O DZIK ◆ tsi'ik

DZOTOBICHAY

GRAF. soltovichay, sotobichay, ts'otob chay, ts'otobilchay o tzotobilchay. Tamal de aproximadamente 6 cm de largo por 4 de ancho, de masa de maíz mezclada con manteca de cerdo y a veces chaya cocida y picada. Se rellena con huevo duro rebanado o picado y pepitas de calabaza tostadas, y se envuelve en hoja de chaya para cocerlo al vapor. Se sirve bañado con salsa de jitomate y en ocasiones pepitas de calabaza tostadas. Su peculiaridad consiste precisamente en la hoja de chaya, ya que es el único tamal de México que se come con su propia envoltura. Es un plato originario de la península de Yucatán.

→ tamal de chaya

ÉBANO (*Ebenopsis ebano*)

Vaina cuya semilla recuerda el sabor de las almendras. Cuando está tierna, se cuece en agua y se come como verdura; las semillas se tuestan para utilizarse como sustituto de café o para hacerlo rendir. El árbol es pariente del guamúchil y otras leguminosas comestibles aprovechadas de manera similar; se encuentra en Tamaulipas, el sureste de San Luis Potosí, el extremo norte de Veracruz y Nuevo León.

Conocido también como:
◇ maguacata o mahuacata
◇ maguata
◇ semillas de ébano

→ guamúchil

ECHO ◆ cardón

EJOTE (*Phaseolus vulgaris*)

Del náhuatl *exotl*. Nombre que recibe la vaina del frijol cuando está tierna y las semillas que alberga no se han desarrollado. Forma parte de la familia de las leguminosas. Se agrega a consomés de res, sopas de verduras, pucheros, moles de olla y caldos tlalpeños. Particularmente en Oaxaca

es un ingrediente importante de guisos como el chichilo y el mole amarillo. Los ejotes con huevo son ejotes cocidos y cortados en trocitos para incorporarlos con el huevo revuelto; a veces la preparación incluye también cebolla picada. Es un platillo muy económico que se acostumbra como plato principal en el desayuno o comida, especialmente los viernes o los días de vigilia. Los ejotes con pepita se preparan con ejotes cocidos y una salsa que se elabora con chilmole y pepitas de calabaza molidas; este guiso se acostumbra comer en Venustiano Carranza, Chiapas.

EJOTES CON AJONJOLÍ

Guiso que se prepara con ejotes cortados en trozos pequeños, ajonjolí tostado, chiles chipotles frescos o secos, chiles color, ajo, cilantro, cebollinas en rodajitas, manteca de cerdo y sal. Es un platillo que acostumbran preparar los totonacas de la costa veracruzana.

EJOTILLO ◆ tépari

EL REY DEL PAVO ◆ Rey del Pavo, El

EL SOCIO ◆ dulcería

ELAMA O ELAMAJETL ◆ frijol elamajetl

ELEL ◆ agrios

ELISQUIATE

Bebida variante del esquiate, que se elabora con maíz remojado y molido al que se le agrega agua, piloncillo y chile; es una bebida que sirve para acompañar las comidas.

ELOPOZOLE

Preparación caldosa guerrerense que se acostumbra comer al mediodía, principalmente durante la época de cosecha del maíz. Se prepara con granos de elote cocidos con calabacitas tiernas y epazote o una hierba aromática llamada tlatlahuacate. En todos los casos se acompaña con gotas de jugo de limón. En el área de Chilapa suele condimentarse con anís y chile guajillo; en ocasiones puede añadírsele carne de pollo, de cerdo o ambas. En el área de Chilpancingo se elabora con granos de elote, pollo, espinazo, chile guajillo, epazote, cebolla, ajo y chiles verdes, la verdura que más comúnmente se le agrega son calabacitas; se sirve en ollas de barro acompañado con cebolla, chile picado y unas gotas de limón. En cualquiera de los casos mencionados suelen acompañarse con chiles capones. En otros lugares pueden encontrarse variantes; incluso hay quien lo prepara con camarón seco. El pozole de elote presenta variantes de este preparado.

ELOTADA ◆ elotiza

ELOTAMAL

Tamal preparado con granos de elote molidos con manteca de cerdo, azúcar y sal. Sobre dos hojas de maíz encontradas con las puntas hacia afuera se coloca un poco de masa, se le añade un trozo de carne de cerdo, salsa de chile chipotle y hierba santa. Se envuelven y atan con tiritas de hoja de elote para cocerse al vapor. Se acostumbran en todo el Sotavento de Veracruz. En Chilpancingo, Guerrero, se elabora otra variedad con granos de elote, leche, huevo y azúcar para acompañar el chilatequile.

→ tamal de elote

ELOTE (*Zea mays*)

Del náhuatl *elotl*. Mazorca tierna del maíz, que tiene múltiples usos en la cocina mexicana: se acostumbra pelarlo y cortarlo

en trozos para añadirlo a caldos de res, pucheros y moles de olla, entre otros guisos. También se rebana a lo largo para obtener los granos que se emplean de múltiples maneras: pueden añadirse al arroz blanco, a la mexicana o a la jardinera, y forman parte de varias sopas de verduras, diferentes caldos, esquites y atoles. Con los granos molidos se preparan los tamales de elote y la torta de elote. Los elotes cocidos y asados se venden por las calles de México y son muy populares. Conocido también como maíz nuevo.

→ elote camahua, hongo pancita, jilote

ELOTE ASADO

Elote pelado y crudo que se asa sobre una parrilla colocada en un anafre alimentado con carbón; se debe voltear constantemente hasta que quede con un color café oscuro o negruzco; se come solo o con limón, sal y chile piquín en polvo. Es muy apreciado en el Distrito Federal y otras áreas del centro del país.

ELOTE CAMAHUA

GRAF. elote camagua. Nombre que recibe en Guerrero el elote muy maduro, que es más firme y fuerte que el elote fresco común. Es un elote que empieza a convertirse en maíz más seco, sin que haya perdido toda su humedad. Con él se preparan algunas especialidades del estado y se le busca por su sabor particular, es indispensable para preparar el pozole de frijol y para una variedad de tlaxcales llamados tlaxcalecamahuas.

Conocido también como:
◇ elote chamagua o elote sazón
◇ sazón

ELOTE COCIDO

Forma común y tradicional de comer los elotes. De región a región las técnicas cambian ligeramente, por lo regular se cuecen en agua con todo y hoja y un poco de sal; en el centro del país se le agrega tequesquite al agua; en otros casos bicarbonato de sodio o ramas de pericón. Cualquiera de estos tres elementos sirve para que el grano se agrande y quede más jugoso. Es fácil

saber cuando se utiliza tequesquite, ya que el grano se vuelve muy amarillo, que es como se venden en mercados, parques y otras áreas públicas. Se pueden comer solos o con sal, jugo de limón y chile piquín, forma en la que se han degustado desde hace muchos años; sin embargo, existe otra versión más reciente en la que los elotes se untan con mayonesa o crema y se espolvorean con queso rallado y chile piquín en polvo. Para algunos esta combinación es deliciosa; otros en cambio, piensan que es una forma de echar a perder el elote.

ELOTITO ◆ hongo morilla, hongo pancita

ELOTIZA

Celebración que se lleva a cabo en la milpa para festejar la cosecha de los elotes. Durante la fiesta se comen elotes asados o cocidos en agua con sus hojas. Conocida también como elotada.

EMBREAR O EMBRIAR

Técnica que se utiliza en Jalisco para sellar con masa de maíz las ollas donde se prepara la birria, el pollo al cuñete o la gallina embriada.

EMBUTIDOS

Tripa rellena con carne picada, generalmente de cerdo o de alguna carne semejante. En particular, en Chiapas la tradición de los embutidos data desde los inicios del Virreinato, la forma de prepararlos tiene una marcada influencia francesa y alemana, desde entonces se elaboran en San Cristóbal de Las Casas, donde está muy arraigado su consumo, así como en Teopisca, Comitán y Ocosingo. En la preparación de algunos embutidos se utiliza el arrayán, que les da un toque local; así se preparan butifarras, chorizo, longaniza, moronga, queso de puerco e incluso salchichas estilo francés, jamones serranos, mortadelas y chorizos tipo español.

EMPALME

Platillo de origen campesino que se prepara con tres tortillas de maíz: sobre un plato se coloca una tortilla untada con frijoles refritos, sobre ésta se pone otra tortilla con algún relleno, finalmente se cubre todo con otra tortilla más. Generalmente los rellenos pueden ser cortadillo de res o asado de puerco. Se acostumbra comer entre los pobladores de Montemorelos, Nuevo León.

EMPANADA

Preparación a base de masa de harina de trigo o de maíz extendida en forma de disco o tortilla, rellena con algún alimento, doblada para que quede en forma de media luna, sellada y horneada o frita. Su nombre proviene del hecho de envolver el relleno en una masa de pan. En México se elaboran diferentes tipos de empanadas, y hay al menos tres formas de clasificarlas: por el tipo de masa, por la técnica de cocción o por los rellenos. Por el tipo de masa hay dos tipos de empanadas: las de masa de harina de trigo y las de masa de maíz (estas últimas más conocidas como quesadillas en muchos lugares del país). Por la forma de cocción tenemos las empanadas horneadas y las empanadas fritas. La forma más difícil de clasificarlas es por el tipo de relleno, pues para ello se emplea casi cualquier alimento. Por poner sólo un ejemplo, lo que se conoce genéricamente como empanada de carne puede estar rellena de carne de res o de cerdo, deshebrada, molida o en picadillo, pero todas comparten el nombre. En las empanadas de masa de harina de trigo que se hornean, la masa usada con más frecuencia es la de hojaldre, y en cada región se realizan de diferentes formas. Por lo

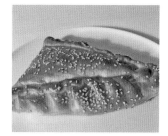

Empanada dulce

general las orillas de estas empanadas se adornan o se retuercen para hacerlas más atractivas. Se conocen también como empanadas de panadería, porque muchas de ellas se elaboran en las panaderías, o empanadas horneadas, aludiendo a su forma de cocción. Muchas panaderías hacen empanadas por encargo, aunque en el establecimiento no las vendan normalmente, la gente las puede pedir para ocasiones especiales. No existen pequeños puestos callejeros que las preparen como en el caso de las quesadillas, porque su preparación no lo permite. También se elaboran en forma casera. Muchas de estas empanadas horneadas se conocen con otros nombres locales, por ejemplo, los pastes de Hidalgo, los turcos de Nuevo León o los volovanes del sur del país. Cabe aclarar que en diferentes estados del país existen otras preparaciones que se pueden considerar empanadas, sin embargo, se utiliza su nombre regional para nombrarlas.

• En Baja California Sur se preparan las empanaditas dulces.

• En Coahuila se acostumbran las empanadas de nuez con piloncillo que suelen venderse a la entrada de los panteones durante la celebración de día de Muertos.

• En todo el estado de Chihuahua hay una gran diversidad de empanadas elaboradas con masa de harina de trigo, manteca de cerdo, levadura, azúcar, sal, huevo, leche o agua. Cuando llevan relleno dulce se comen como golosina y cuando lo llevan salado, como antojito; entre ellas están las empanadas de calabaza cocida con piloncillo condimentada con canela y clavo, o las empanadas fritas con carne seca también frita y condimentada con clavo, canela, azúcar y sal o las empanadas de orejones de calabaza, que se cocinan igual que el relleno de las empanadas de calabaza mencionadas.

• En Guanajuato se acostumbra comer en el almuerzo unas empanadas horneadas elaboradas con una pasta similar a la de hojaldre, rellenas de carne de res guisada o picadillo de cerdo. La pasta es de harina de trigo, polvo para hornear, sal, manteca de cerdo, huevo y agua, la carne guisada se prepara con cebolla, chile serrano, jitomate y cilantro. A veces también se rellenan con chicharrón guisado en salsa verde o roja. En Salamanca, especialmente durante el día de Muertos, las preparan de picadillo.

• En Oaxaca son típicas las empanadas de nanacate, las de Corpus también conocidas como empanadas de lechecilla y las de amarillo, también llamadas empanadas de San Antonino. En Sola de Vega se elaboran unas empanadas típicas para días festivos como bodas y bautizos, con harina de trigo y rellenas con picadillo de carne de res, se acompañan con cebollas rebanadas, queso y perejil, en ocasiones se bañan o calientan en una salsa de jitomate.

• En Nuevo León, la masa suele ser de harina de trigo, azúcar, mantequilla y huevo, existen varios rellenos dulces, el de calabaza contiene pulpa cocida, azúcar, canela, anís y nuez, otra variante es el de almendra preparada con azúcar, mantequilla y vainilla.

• En Veracruz se elaboran diferentes tipos de empanadas con masa de harina de trigo y masa de maíz. En la región del Sotavento preparan de jaiba, camarón o cazón guisados con jitomate, aceitunas, alcaparras, perejil, ajo y cebolla; con este mismo relleno se producen otras empanadas horneadas con masa de harina de trigo u hojaldre. Las empanadas de vigilia, de masa de harina de trigo, manteca de cerdo, agua, sal y huevo, rellenas de pescado guisado con jitomate, perejil, pimienta, sal, cebolla, aceitunas y alcaparras; dobladas, pegadas con clara de huevo y fritas en aceite, se comen, precisamente, en la época de vigilia. Las empanadas de guayaba son dulces y se cocinan con pasta de harina de trigo y rellenas de puré de guayaba con melaza, piloncillo o azúcar; son típicas en Alvara-

do. En toda la región del Sotavento se preparan también de piña, manzana o queso; en todos los casos, es un producto de panadería que puede venderse en las calles como golosina.

• En Yucatán se elaboran unas empanadas de pasta de hojaldre, en forma de media luna y horneadas. Los rellenos son variados: puede tratarse de picadillo de carne, dulce de coco, camote o cidra, entre otros.

Empanadas de mariscos

→ molote, paste, quesadilla, turco, volován

EMPANADA DE AMARILLO

Preparación que se elabora con una tortilla cruda de forma ovalada, aproximadamente de 20 cm de largo y 12 cm en su parte más ancha. Se cuece en comal de un lado y luego se voltea, cuando el otro lado está casi cocido, se rellena con pollo deshebrado, mucha salsa espesa de mole amarillo y una rama grande de cilantro. Con mucha habilidad se dobla la tortilla para que quede en forma de media luna y con los dedos se van presionando y pellizcando las orillas para que selle cuando se termine de cocer. Dependiendo de quién lo prepare, el relleno puede contener un pedazo de hierba santa fresca. Las empanadas de amarillo se acostumbra comerlas en el desayuno, en las fiestas y ferias populares donde hay puestos que las venden. También pueden servirse al mediodía y en la cena como antojito. Son tradicionales de los Valles Centrales de Oaxaca. Existen otras empanadas de mole verde también conocidas como empanadas de verde.

EMPANADA DE CAMARÓN

Empanada elaborada con camarón fresco guisado en una salsa de jitomate; puede servir como entrada o como alimento principal en la comida del mediodía. Se acompaña con salsa de chile cora. Se acostumbra en Nayarit, Sinaloa y en otros estados de las costas del Pacífico.

EMPANADA DE CORPUS

Empanada en forma de media luna rellena con lechecilla. Su masa está preparada con harina de trigo, yemas de huevo, manteca de cerdo y sal; es muy similar a la pasta de hojaldre. En algunos casos se hornea y en otros se fríe. Las que son horneadas también pueden llevar como relleno mermelada o coco rallado, generalmente se espolvorean con azúcar pues es postre o golosina, se acostumbra comerlas acompañadas con chocolate. El día de *Corpus Christi* se vende en la calle. Conocida también como empanada de lechecilla.

EMPANADA DE FLOR DE MAYO

Empanada elaborada con masa de maíz en forma de tortilla que se rellena con flores de mayo guisadas con chile guajillo, tomate, ajo, cebolla y orégano. Tradicional de La Esperanza, Comaltepec, Oaxaca.

EMPANADA DE LECHECILLA ◆ empanada de Corpus

EMPANADA DE NANACATES

Empanada que mide por lo menos 15 cm de largo y 6 cm de ancho; se rellena con hongos nanacates cocinados con ajo y epazote; a veces incluye quesillo. Es costumbre preparar esta empanada en época de lluvias, pues es cuando se consiguen los hongos nanacates en la sierra que rodea los Valles Centrales en Oaxaca.

EMPANADA DE QUELITE

Tortilla de maíz rellena con varios tipos de quelites como el quelite blanco, hierbamora, retoños de chayote, entre otros. Se cuece en comal. Estas empanadas las preparan los mixes de Oaxaca.

EMPANADA DE SANTA RITA

Empanada elaborada con harina de trigo, levadura, azúcar, sal, huevo, leche o agua, harina, manteca de cerdo y tequesquite. El relleno es de carne de cerdo molida guisada con cebolla, jitomate y condimentada con clavo y canela; puede incluir trocitos de papa cambray, chícharo, pasas y almendras. La empanada se fríe y se cubre con azúcar. Es típica de Chihuahua.

EMPANADA DE VERDE

Empanada hecha con masa de maíz rellena con mole verde espeso, carne de pollo deshebrada o cerdo. Su forma, tamaño y manera de prepararse es idéntica a la empanada de mole amarillo; de hecho, se hacen en el mismo comal una junto a la otra, ya que ambas empanadas son tradicionales de los Valles Centrales. También se conoce como empanada de mole verde.

EMPANADAS DE PLÁTANO ◆ plátanos rellenos

EMPANADA DEL RAYO

Empanada rellena de picadillo o de piloncillo con trozos de nuez, esta empanada tiene una historia peculiar. Hacia 1940 se hicieron obras de beneficio para arreglar el templo del Rayo en Parral Chihuahua; durante ese tiempo se vendieron las empanadas y pronto adquirieron el nombre de la iglesia. Conocida también como empanada de picadillo.

EMPANADITA DULCE

Empanada elaborada con masa de harina de trigo en forma de media luna, de unos 5 cm de largo, muy inflada, crujiente, rellena con pasta de frutas; se cuecen en el horno. En Todos Santos son típicas y únicas en su estilo las empanaditas rellenas de mango, con una pasta muy similar al mangate. Son tradicionales de Baja California Sur.

EMPANIZADOS DE CACAHUATE ◆ dulce de cacahuate

EMPANIZAR

Cubrir con pan molido un alimento para freírlo. Esta técnica se utiliza mucho en la cocina mexicana: se empanizan

bisteces, pechugas de pollo, filetes de pescado, camarones y algunas verduras. Los bisteces empanizados también se llaman milanesas; cuando no se aclara qué tipo de carne es, invariablemente se refieren a la carne de res, de lo contrario, se menciona de que animal es la carne. En general, la carne se salpimienta y se marina en leche, se escurre, se remoja en huevo, después se recubre con pan molido y se fríe. Las pechugas o las verduras no se marinan, pasan directamente por el huevo y después por el pan. Todos estos preparados son muy comunes en las casas y las fondas, donde forman parte

de las comidas diarias. En los restaurantes se estila meter los pescados y camarones brevemente en jugo de limón, luego en harina de trigo, después en huevo batido y finalmente en el pan; de esta forma quedan con una costra más gruesa y crujiente.

EMPAREDADOS

Gorditas de maíz que, a media cocción, se rellenan con arroz cocido y frijoles refritos, una vez terminadas de cocer se sirven calientes con salsa y queso rallado.

EMPEDRADA

Antojito de forma triangular elaborado con masa de maíz azul martajado, mezclado con alverjones o garbanzos enteros cocidos. Cada lado mide unos 8 cm de largo. Se cuecen en el comal a fuego lento. Este antojito suele comerse recién hecho y no se acompaña con salsa ni con otros condimentos. Su nombre se debe a que los granos de garbanzo o alverjones quedan incrustados en la masa, simulando una calle empedrada y al hecho de que, pasados algunos días, se endurece como una piedra. Se prepara en Tlaxcala.

EMPIPIANADA

Preparación a base de tortillas de maíz remojadas en pipián verde elaborado con pepitas de calabaza, chile verde y manteca de cerdo. En Tuxpan se acostumbra comerlas dobladas en el desayuno o la cena, en los restaurantes suelen servirlas junto con las fuentes de mariscos o para acompañar cualquier marisco guisado, como si fueran tortillas. El nombre de empipianadas es más común en Papantla. En el área de Córdoba se elaboran las empipianadas de chiltepín, la salsa se prepara con chiltepín hervido y pepita de calabaza tostada molidos con jitomate, cebolla, ajos y hierbas de olor. Las tortillas que se utilizan deben estar recién hechas, se pasan por aceite y se remojan en la salsa, luego se enrollan y se sirven.

EMPIPIANADO CON FLOR DE IZOTE

Guiso que se prepara licuando tomate asado con ajo y cebolla, luego se sazona y se le agrega un poco de caldo de carne y carne de pollo o cerdo, pipián molido (pepitas de calabaza pipiana), epazote y flores de izote previamente cocidas en agua con sal. Este guiso se prepara entre mayo y junio, cuando la flor de izote crece en Totonacapan, Veracruz.

ENCACAHUATADO

Platillo de carne en salsa de cacahuate condimentada con chiles secos y especias; los ingredientes de la salsa se muelen y cuecen. Los chiles varían según la región, los más usados son el ancho, el chipotle y el guajillo. Casi siempre la salsa contiene por lo menos dos de ellos, uno para dar color y otro para dar picor. La textura de la salsa también varía: en algunos casos es muy tersa, en otras tiene pequeñas partículas de cacahuate o incluso es granulosa, esto depende de las costumbres regionales. Los encacahuatados son por lo general guisos festivos, se preparan para algún cumpleaños o fecha especial. Por la complejidad de la salsa y su exquisitez, se valoran casi tan alto como el mole poblano. La carne más utilizada es el pollo, por lo que este guiso puede encontrarse como pollo encacahuatado, pollo en salsa de cacahuate o encacahuatado de pollo. Se puede hacer con cualquier otra ave o con carne de cerdo, aunque el uso del pollo es el que se prefiere. En Oaxaca es un guiso tradicional que

Encacahuatado de cerdo

se sirve familiarmente en las comidas del mediodía. Casi siempre se hace con pollo salpimentado, rociado con jugo de limón y frito; luego se termina de cocer en una salsa de cacahuate con ajo, cebolla, canela, clavo, pimienta negra, chile chipotle y jitomate. En la parte central de Veracruz (Xalapa, Córdoba y Orizaba) el encacahuatado es un guiso muy común, regularmente se sirve en festejos o fechas especiales, aunque también puede ser comida familiar en los días normales. Casi siempre se prepara con cerdo y sólo en ocasiones con pollo. Existen muchas variantes de la salsa, algunas tienen tono beige tímidamente rojizo, otros, muy encendidos, alcanzan el color del pipián rojo. En Orizaba, en particular, se prepara un encacahuatado de consistencia ligera con pollo o cerdo, la salsa incluye cacahuates tostados y molidos, chiles serranos, ajonjolí, jitomate, clavo y canela. A veces puede tener también papas en trozos y se acompaña con arroz blanco.

ENCALADA

1. Pan de dulce con sabor a anís que se acostumbra comer en el centro del país.
2. Tortilla de harina de trigo que se consume en Tamazulapan, región de la Mixteca Alta en Oaxaca.

ENCEBOLLADO

Término que hace referencia a preparaciones que incluyen abundantes rebanadas de cebolla frita. Generalmente, el bistec o la carne encebollada se sirven con bastante cebolla cocinada, uno de los más populares es el bistec de hígado de res, a veces la mezcla incluye ajo picado. Estas preparaciones son de tipo casero o de fonda.

ENCHANCACADA

Pan elaborado con chancaca que se acostumbra comer en Hidalgo.

ENCHILADAS

Especialidad mexicana que se prepara con tortillas de maíz untadas con salsa de chile y enrolladas o dobladas; por lo general están rellenas de algún alimento. Existen muchos tipos de enchiladas en todo el país; es uno de los platillos

más populares de México, las recetas varían de una región a otra y se adornan con cebolla, crema, queso u otros ingredientes. Lo común es servir tres por persona. En términos de salsas y colores, las más comunes son las enchiladas de mole, las verdes y las rojas; las verdes son las más comunes en los estados del centro del país. La técnica de enchilar la tortilla varía dependiendo del lugar; en los estados del centro del país, primero se fríe la tortilla y luego se baña con salsa; en el norte, por el contrario, el procedimiento normal es enchilar la tortilla y luego freírla; en los estados del Sureste no suelen freír la tortilla, sólo la empapan con la salsa. En el Distrito Federal se preparan especialmente las enchiladas suizas. En Durango son típicas las enchiladas de leche o chiapanecas. En Guanajuato se preparan las enchiladas mineras, de las cuales existen diferentes variantes como las enchiladas ilustradas. En Guerrero son típicas las enchiladas calentadas. En Hidalgo, las enchiladas se elaboran con salsa de chiles poblanos y cacahuate para bañar las tortillas y se rellenan con queso rallado y pechuga de pollo deshebrada; se adornan con queso, rebanadas de rábano y lechuga. En Jalisco se hacen diferentes tipos de enchiladas que, en general, consisten en tortillas bañadas con una salsa roja de chile guajillo o cascabel, se adornan con papa y zanahorias cocidas, lechuga rallada, chiles en vinagre, crema, aguacate y rábanos. Se venden en fiestas y ferias regionales. Entre las más tradicionales en el ámbito casero están las enchiladas rellenas de picadillo de carne de res o cerdo con verduras en escabeche (calabacita, zanahoria, papa, etc.); las tortillas bañadas en salsa de chile guajillo se rellenan y enrollan, se acomodan en un recipiente para hornearlas y se sirven espolvoreadas con queso, cebolla, lechuga, rábanos y chiles encurtidos. Otra versión exige que las tortillas se mojen en la salsa y luego se frían, pues se dice que el sabor cambia de manera notoria. En Oaxaca se preparan las enchiladas estilo Totolapam, también llamadas de coloradito y las de mole negro. Los cuicatecos hacen unas con tortillas de maíz, pasadas por aceite, remojadas en una salsa de jitomate y mole coloradito y se sirven espolvoreadas con queso fresco, perejil y cebolla, a un lado de ellas una pieza de pollo frita, lechuga orejona y rábanos. En Puebla, tradicionalmente, en los restaurantes de comida típica las enchiladas se anunciaban como "envueltos", pero debido a la influencia de otros lugares del país, el término enchilada ha ganado terreno en la entidad. Parece que Puebla es el único estado del país donde utilizan otra palabra y esto desorienta a los visitantes. Las enchiladas más importantes son las de mole. En Toluca, Estado de México, se elaboran con tortillas fritas remojadas en una salsa elaborada con chiles anchos y mulatos, se rellenan con queso, aguacate y chile chipotle, se adornan con queso y se hornean. En la región de las huastecas se consumen las enchiladas huastecas potosinas. Las enchiladas de pixtle se consumen en Xicotepec de Juárez, Puebla; se acostumbra comerlas en el almuerzo y, de vez en cuando, se acompañan con cecina. A nivel casero, se elaboran las enchiladas de nata. Conocidas en Puebla como envuelto.

→ enfrijoladas, enjitomadas, entomatadas

ENCHILADAS AMARILLAS

Tortillas bañadas con mole amarillo que suelen rellenarse con pollo. Este platillo se sirve en Oaxaca.

ENCHILADAS CALENTADAS

Platillo preparado con tortillas remojadas en un mole de chiles anchos; se fríen y rellenan con chorizo frito; se montan sobre hojas de lechuga y se adornan con queso revuelto con orégano, rajas de chile poblano, ruedas de cebolla, rábanos y crema. Éstas son típicas de Guerrero.

ENCHILADAS CHIAPANECAS

Tortillas remojadas en una salsa de chiles mulato y ancho, leche y huevos crudos, fritas en manteca de cerdo; se sirven en un platón. A veces se adornan con lechuga picada y queso espolvoreado. Conocidas también como enchiladas de leche.

ENCHILADAS COLIMENSES

Preparación de tortillas chicas recién cocidas que se remojan en un mole dulce elaborado con chiles guajillos y anchos rellenas de un guiso de carne de cerdo molida con papa, zanahoria, chícharos, ejotes, pasas y almendras; se adornan con queso rallado, rabanitos y lechuga.

ENCHILADAS CON SARDINA

Platillo elaborado con tortillas remojadas en una salsa de chile ancho, se fríen en manteca de cerdo y se rellenan con sardinas desmenuzadas, papas cocidas guisadas con cebolla y jitomate picado, sal y pimienta; se colocan en un platón de manera que quede una capa de enchiladas, otra de queso y otra de mantequilla; se meten a dorar en el horno y se sirven calientes, se adornan con crema. Se acostumbra comerlas en Veracruz y Tabasco.

ENCHILADAS DE AJONJOLÍ

Platillo elaborado con tortillas de maíz pasadas por una salsa roja de ajonjolí, chile ancho o chiles chinos, la salsa puede llevar cilantro. No llevan relleno, sólo queso fresco espolvoreado. Se acostumbra comerlas en el desayuno o la cena. Son típicas de la Huasteca veracruzana y especialmente de Tantoyuca, Veracruz.

ENCHILADAS DE AMECA

Platillo elaborado con tortillas de maíz fritas remojadas en una salsa de chile ancho con nuez moscada, clavo, canela, pimienta y tomillo, se rellenan con un guiso de chorizo frito, lomo de cerdo cocido deshebrado y frito, queso rallado, aceitunas, alcaparras, cebollas, chiles jalapeños en vinagre y perejil finamente picado; se adornan con queso, aceitunas y alcaparras.

ENCHILADAS DE ATÚN

Platillo elaborado con tortillas de harina o de maíz rellenas de atún de lata, salsa de chile chipotle adobado, queso Chi-

huahua y jamón; bañadas con puré de tomate sazonado con orégano y sal; se cubren con más queso y se hornean en un refractario engrasado. Se pueden encontrar en las costas de Sonora.

ENCHILADAS DE BAUTIZO DE TRES CARNES

Enchiladas elaboradas con tortillas de maíz rellenas con un guisado de carne de cerdo, carne de res, pollo con cebolla, ajo, jitomate, pimienta, tomillo, mejorana, orégano, laurel, pasitas, almendras, alcaparras y aceitunas. Se bañan con mole coloradito y se adornan con queso fresco y cebolla finamente rebanada. Estas enchiladas son una exquisitez debido a su complejo relleno y por el mole coloradito que las acompaña. Se acostumbra comerlas en los Valles Centrales de Oaxaca.

ENCHILADAS DE CHILE PASILLA

Platillo preparado con tortillas pasadas por una salsa elaborada con chile pasilla, jitomate y cebolla, fritas y rellenas con chorizo; se sirven adornadas con calabacitas cocidas al vapor, queso fresco y cebolla picada y desflemada. Se acostumbra comerlas en varios estados de la república.

ENCHILADAS DE CHILE SECO

Platillo elaborado con tortillas que se untan con una salsa sencilla de chiles secos (chile chipotle rallado) con o sin jitomate, ajo, sal y cebolla, se doblan y se sirven sin ningún relleno o guarnición. Estas enchiladas se acostumbra comerlas en la Huasteca hidalguense.

ENCHILADAS DE CHIPOTLE

Platillo elaborado con tortillas pasadas por una salsa preparada con chipotles en vinagre, jitomate, cebolla, ajo, huevo y hierbas de olor; se rellenan con lomo de cerdo, queso desmoronado y se fríen en manteca de cerdo; se sirven calientes sobre hojas de lechuga y se adornan con queso desmoronado.

ENCHILADAS DE CHORRO

Platillo elaborado con tortillas preparadas con masa de maíz mezclada con huevo, sal, polvo para hornear y agua, se fríen en manteca de cerdo y se bañan con una salsa espesa (hecha con manteca de cerdo y harina) y chile seco molido; se adornan con queso rallado mezclado con orégano, aceitunas picadas, cebolla desflemada con jugo de limón y lechuga picada.

ENCHILADAS DE COLORADITO

Platillo preparado con tor-

tillas de maíz ligeramente fritas en aceite, bañadas con mole coloradito, rellenas de picadillo de pollo, enrolladas y adornadas con queso, cebolla y perejil. Son típicas el pueblo de Totolapam, en los Valles Centrales de Oaxaca, por lo que también son conocidas como enchiladas de o al estilo Totolapam. El picadillo elaborado con pollo o gallina se condimenta con ajo, cebolla, jitomate, clavo, pimienta, canela, almendras, pasas y perejil. La salsa de coloradito contiene chile guajillo, chile ancho, tomate, ajo, jitomate, cebolla, plátano macho, pan de yemas, almendras, clavo, ajonjolí, pimienta negra y orégano. Por tradición se rellena la tortilla, se sirven varias en un platón bañadas con coloradito y se adornan con queso fresco y hojas de perejil. En todas las comunidades de los Valles Centrales de Oaxaca hay variantes a partir de éstas, incluso, algunas no van rellenas.

ENCHILADAS DE DOÑA CUCA

Tortillas de maíz que se remojan en una salsa que se elabora con chile colorado, ajo y comino; se fríen en manteca de cerdo y se rellenan con queso y cebolla picada. Reciben ese nombre porque en la calle del Rayo, en un extremo del puente Calicanto de Parral, Chihuahua, una señora llamada doña Cuca vendía estas enchiladas que alcanzaron gran popularidad y ahora se consideran típicas del estado.

ENCHILADAS DE LECHE ◆ enchiladas chiapanecas

ENCHILADAS DE MOLE

Preparación hecha con tortillas de maíz bañadas con mole. Cuando no especifica el tipo de mole, generalmente es poblano y están rellenas de pollo deshebrado. En Puebla, las enchiladas de mole por tradición se llaman "envueltos de mole". La forma más popular de hacerlas es con tortillas de maíz que se remojan en mole poblano, se rellenan con pollo y se adornan con queso añejo y rodajas de cebolla; también pueden llevar lechuga y rábanos como guarnición. Antiguamente, en las cartas de los restaurantes de comida típica no se encontraba la palabra enchilada, se les llamaba envueltos, pero los visitantes de otras ciudades no los conocían con ese nombre, así que poco a poco se ha generalizado el

empleo del término enchilada; actualmente en las cartas cuando aparece el término enchilada se refieren a las de mole poblano rellenas de pollo, de lo contrario, se especifica de qué están rellenas y con qué salsa se bañan. En la ciudad de Oaxaca son tradicionales las enchiladas de mole negro. Las enchiladas amarillas se preparan con mole amarillo. Prácticamente con cualquier mole de Oaxaca se pueden hacer enchiladas, pero las dos mencionadas son las más famosas. En Tabasco, las enchiladas de mole son únicas en su estilo, las rellenan con picadillo. Las tortillas no se fríen, sólo se calientan para untarlas con mole poblano; luego se enrollan y se adornan con queso doble crema y cebolla rebanada. Estas enchiladas se preparan principalmente cuando sobra mole de alguna fiesta (por ejemplo, de algún cumpleaños). A menudo se sirven como plato principal de la comida del mediodía. El picadillo es lo que las hace especiales; puede ser de carne de res o cerdo molida, ligeramente sofrita en aceite con cebolla, ajo, jitomate, pasitas, aceitunas, almendras y plátano macho. Cuando el picadillo está preparado, muchos acostumbran añadirle una pequeña cantidad del mole con que se va a untar la tortilla, de esta manera se intensifica el sabor de la salsa. Conocidas también como enmoladas.

ENCHILADAS DE MOLE NEGRO o ENCHILADAS DE MOLE OAXAQUEÑAS

Tortillas de maíz bañadas con salsa de mole negro, generalmente rellenas de pollo y adornadas con cebolla rebanada y queso fresco desmoronado. Estas enchiladas son muy populares en fondas y puestos de los mercados en los Valles Centrales de Oaxaca. Conocidas en otras regiones fuera de Oaxaca como enchiladas oaxaqueñas.

ENCHILADAS DE MOLE VERDE

Enchiladas rellenas de pollo, carne de cerdo o huevo, bañadas con mole verde. Se acompañan con cebolla, crema y queso. Pueden encontrarse en muchos estados del centro y sur del país.

ENCHILADAS DE NATA

Platillo que consiste en tortillas de maíz untadas con una salsa elaborada con chile ancho y natas de leche de vaca, se doblan por la mitad y se espolvorean con queso. Son tradicionales en el área de Tuxpan y Poza Rica, Veracruz, donde se acostumbra comerlas en casa. En Xico, Veracruz, se prepara con tortillas que se fríen ligeramente en aceite y se remojan en una salsa guisada de chile verde, tomate verde, ajo y cebolla, a la cual se le añade nata fresca. En Pátzcuaro, Michoacán, las tortillas rellenas con pollo se bañan con una salsa de chile pasilla, huevos, natas, ajos, cebolla y sal; se adornan con lechuga y queso. En Zacatecas, las enchiladas de nata se preparan en casa; las tortillas se rellenan con carne de cerdo cocido, se bañan con salsa de chile poblano y nata y se sirven con lechuga y queso. Otra variante se prepara con tortillas remojadas en una salsa de chile cuaresmeño, natas y huevo, se fríen en manteca de cerdo, se rellenan con queso fresco y se adornan con cebolla blanca rebanada.

ENCHILADAS DE OLLA

Enchiladas elaboradas a base de masa de maíz mezclada con chiles colorados, con la cual se elaboran tortillas que se rellenan con queso rallado y rajas de chile poblano, se doblan como quesadillas y se fríen en manteca de cerdo; posteriormente se acomodan en capas en una olla con queso rallado y chile poblano o chile verde del norte, hasta llenar el recipiente; luego, se tapa la olla y se hornean a baño María hasta que las enchiladas están suaves; se sirven con hojas de lechuga, rabanitos y crema. Se acostumbra comerlas en Saltillo y se venden en las ferias de dicha ciudad, así como en Torreón y Parras.

ENCHILADAS DE PAPAS Y CALABACITAS

Platillo elaborado con tortillas remojadas en adobo y fritas; se cubren con papas, zanahoria, calabacitas y rajas con queso.

ENCHILADAS DE PICADILLO

Guiso elaborado con tortillas remojadas en una salsa de chile, fritas y rellenas con picadillo; se sirven con queso, lechuga y rábanos. Se pueden encontrar en Jalisco. En Tabasco estas enchiladas se empapan con salsa de mole estilo poblano y se rellenan con picadillo.

ENCHILADAS DE PIÑÓN

Guiso preparado con tortillas pequeñas recién salidas del comal que se remojan en una salsa elaborada con piñón, chile verde y cebollina molidos. Es un platillo típico de los nahuas del norte de Veracruz.

ENCHILADAS DE PIXTLE

Platillo elaborado con tortillas que se remojan en una salsa de pixtle, chile mora, agua y sal y se sirven solas; en algunos casos se les añade ajonjolí. Para poder utilizar el pixtle es necesario suavizarlo cociéndolo por dos días en agua con cal, luego se enjuaga, se le quita la baba y se deja cocer por dos días más. Se acostumbra comerlas en Puebla.

→ enchiladas de zapote mamey

ENCHILADAS DE PLAZA

Preparación a base de tortillas fritas previamente en aceite que se remojan en una salsa elaborada con chile ancho, plátano macho y leche; no se rellenan, sólo se espolvorean con queso añejo. Son típicas de Poza Rica y algunas partes de la Huasteca veracruzana.

ENCHILADAS DE POLLO

Enchiladas rellenas de queso y cebolla servidas con una pieza de pollo a un lado. La salsa generalmente es de chile colorado, ajo, cebolla y jitomate; se adornan con chiles en vinagre, zanahoria, lechuga y papa. Son típicas de Guanajuato.

ENCHILADAS DE PULQUE

Platillo que se elabora con tortillas bañadas con salsa de chiles pasilla, mulato y ancho, pulque, cebolla, queso y huevo; se adornan con chorizo frito, queso y lechuga. Se acostumbra comerlas en el estado de Hidalgo.

ENCHILADAS DE PULQUERÍA

Enchiladas elaboradas con tortillas, que al momento de freírlas en manteca de cerdo, se les añade: una cucharada de salsa de tomate, chile serrano y ajo, un poco de cebolla picada, lomo cocido y deshebrado y queso rallado. Luego se sacan y se colocan en un platón, se cubren con más queso y se adornan con hojas de lechuga y rábanos rebanados. Se consumen en el centro de la república.

ENCHILADAS DE SEMILLAS DE TEPEJILOTE

Preparación a base de tortillas sumergidas en una salsa preparada con semillas de tepejilote. La salsa se elabora con las semillas secas tostadas en el comal, después se le anexan chícharos verdes asados y fritos en manteca de cerdo con cebolla. Es una preparación de los totonacas de la región norte de la costa de Veracruz.

ENCHILADAS DE SONORA

Platillo preparado con tortillas fritas de 8 cm de diámetro y ½ cm de grueso, elaboradas con masa de maíz, polvo para hornear, sal y queso rallado, se montan sobre lechuga en capas con queso y cebolla rallados, se rocían con vinagre o jugo de limón y se adornan con aceitunas.

→ enchiladas del suelo

ENCHILADAS DE TOTOLAPAM ◆ enchiladas de coloradito

ENCHILADAS DE ZAPOTE MAMEY

Platillo preparado con tortillas de maíz bañadas en una salsa de pixtle, chile verde, cebolla, manteca de cerdo y sal. A los pixtles se les quita la cáscara gruesa y se ponen a secar al sol previamente raspados, después se tuestan en un comal y se muelen con el chile. Esta preparación se fríe en manteca de cerdo con sal. Lo acostumbran comer los totonacas de la costa veracruzana.

ENCHILADAS DEL CALVARIO

Enchiladas elaboradas con una tortilla enrollada (que no se pasa por aceite), bañada con salsa roja picante y adornada con col rallada y queso fresco o de cabra. Es típico ver a las vendedoras en la calle con una cazuela llena de tortillas enrolladas, apiladas en forma de pirámide para poder empaparlas de salsa según las vayan vendiendo. Estas enchiladas son típicas de Xalapa, y su nombre se debe a que las venden junto a la iglesia del mismo nombre.

ENCHILADAS DEL SUELO

Preparación a base de tortillas frotadas con salsa de chile colorado, condimentadas con orégano y comino, pasadas por manteca de cerdo, rellenas de chorizo y adornadas con lechuga, rábano, calabacitas y papas cocidas y fritas. Son tra-

dicionales en Culiacán, Sinaloa, donde se venden en puestos y en el mercado Juan Izábal por las tardes, para la cena. También se pueden encontrar en otras ciudades del estado como Mazatlán. En Sonora, sin embargo, se dice que antiguamente las enchiladas del suelo se consumían en las haciendas de esa entidad. Son tortillas fritas previamente empapadas con una salsa de chile colorado, se les añade longaniza, papas picadas y encima otra tortilla; luego se cubren con salsa de jitomate y se espolvorean con queso. En otra versión, la masa se prepara con polvo para hornear, sal y queso, para que se obtengan tortillitas gruesas, éstas se bañan en salsa de chile colorado, se adornan con queso, cebolla y lechuga, se acomodan en capas rociándolas con vinagre y por último se les colocan aceitunas.

ENCHILADAS EMBARRADAS

Término utilizado entre los totonacas de la costa norte de Veracruz, para denominar a las enchiladas cuyas tortillas se pasan por grasa caliente y luego por la salsa. Existen varios tipos de salsa para hacer estas enchiladas.

ENCHILADAS ESPECIALES ◆ enchiladas estilo Pachuca

ENCHILADAS ESTILO PACHUCA

Preparación de tortillas fritas rellenas con queso fresco y pollo deshebrado, se bañan en una salsa elaborada con chiles poblanos licuados con cebolla que se fríe con manteca de cerdo

y se le añade cacahuates molidos y pan blanco o de telera, previamente remojado en leche, y crema. Se adornan con queso rallado, lechuga, rabanitos y cebolla picada. Conocidas también como enchiladas especiales.

ENCHILADAS ESTILO SAN LUIS

Platillo elaborado con tortillas embebidas en una salsa de chile ancho, canela, ajo y sal, se fríen en manteca de cerdo y se rellenan con queso fresco rallado y cebolla picada; se hornean en un molde engrasado y se adornan con crema o nata. Se acostumbra comerlas en San Luis Potosí.

ENCHILADAS FRITAS

Preparación a base de tortillas fritas o pasadas por aceite caliente antes de empaparlas o bañarlas con la salsa. También se pueden remojar las tortillas en la salsa e inmediatamente freírlas en aceite. Ambas maneras pueden considerarse como enchiladas fritas, esto depende de la región en la que se preparen y no necesariamente reciben ese nombre, ya que, en realidad, lo que les da el nombre es la salsa o el relleno, sin embargo, en algunos lugares del país se registran otras recetas con el nombre de enchiladas fritas. Es un platillo que se elabora en el norte de Veracruz. Los nahuas de este estado llaman específicamente enchiladas fritas a las que se elaboran con tortillas chicas, de aproximadamente 10 cm de diámetro, que se bañan en salsa de chiles anchos y chipotles, se fríen brevemente en aceite, se doblan y adornan con frijoles refritos, chorizo frito, carne de pollo, queso, chayotes cocidos, cilantro y chiles en vinagre. Es muy probable que les llamen así debido a que existe un gran número de enchiladas que no se fríen, es decir, aquellas que se elaboran con tortillas de maíz recién salidas del comal y se empapan con salsa. Los totonacas de la costa norte de Veracruz llaman así a las enchiladas que se preparan con tortillas fritas que se sumergen en salsa y luego se sirven. En la Huasteca hidalguense humedecen las tortillas en una salsa de chiles anchos y chinos, las acompañan con pollo frito o cecina, frijoles refritos, chorizo, chayotes, papa cocida y lechuga.

ENCHILADAS HUASTECAS ◆ enchiladas rojas

ENCHILADAS HUASTECAS POTOSINAS

Guiso tradicional que consiste en remojar tortillas en una salsa de chile ancho, ajo, comino y jitomate; se fríen y rellenan con queso fresco, se enrollan como taquitos, y se montan sobre lechuga fresca, se acompañan con cecina de ternera huasteca en trozos, que se lava previamente en agua tibia para quitarle el exceso de sal, piezas de pollo cocidas con cebolla y sal, sardinas en aceite y frijoles refritos; todo se adorna con papas y zanahorias cocidas y sazonadas con sal y pimienta; por último todo se baña con un poco más de salsa y se cubren con queso rallado. Generalmente se hacen con tortillas recién salidas del comal.

ENCHILADAS ILUSTRADAS

Platillo elaborado con tortillas de maíz bañadas con salsa de chile ancho y adornadas con queso rallado, cebolla y lechuga rebanada. También suelen rellenarse con carne de cerdo. Son una variante de las enchiladas mineras, se pueden encontrar prácticamente en todas las fiestas populares de Guanajuato.

ENCHILADAS MINERAS

Platillo preparado con tortillas de maíz pasadas por una salsa de chile guajillo; se fríen en manteca de cerdo, se rellenan con queso ranchero desmoronado y cebolla picada, se adornan con lechuga picada, queso rallado, rajas de chiles en escabeche, zanahoria y papas en trozos. Las zanahorias y las papas se cuecen y luego se fríen en la manteca donde se frieron las tortillas. En Guanajuato son muy famosas y consideradas el antojito más típico, se venden principalmente por las noches. Debido a que es un antojito muy popular, existen muchas variantes; en los restaurantes y en las cenadurías improvisadas en las calles para los días de fiesta suelen incluir una pieza de pollo cocida y frita en la misma manteca donde se fríen las enchiladas. El origen de estas enchiladas no se conoce, sin embargo, se piensa que su creación es reciente, puesto que algunos lugareños aseguran que una señora comenzó a venderlas en las noches en la puerta de su casa, donde se extendió el gusto por ellas; así mismo, aseveran que el relleno original de estas enchiladas eran frijoles refritos. En diferentes regiones del estado se preparan otras enchiladas similares a las descritas, denominadas enchiladas rojas o simplemente enchiladas. En Celaya, por ejemplo, el pollo se puede sustituir por carne de cerdo dorada y deshebrada que se coloca sobre las enchiladas. Es común adornarla con rábanos y chiles en escabeche.

ENCHILADAS NO TE RAJES

Preparación elaborada con tortillas rellenas de pollo cocido deshebrado, bañadas con salsa de jitomate, ajo, cebolla y chile chipotle en vinagre, horneadas y adornadas con queso añejo.

ENCHILADAS NORTEÑAS

Preparación elaborada a base de masa de maíz mezclada con chile colorado con la cual se elaboran tortillas que se fríen ligeramente en manteca de cerdo, se aderezan con una salsa del mismo chile, se rellenan con queso rallado y lechuga picada, se doblan y adornan con crema y más lechuga. Se acostumbran en Chihuahua. En Nuevo León consisten en masa de maíz coloreada con chile ancho molido que se fríe en forma de tortillas y se doblan para adornarlas con papas, queso y cebolla picada.

ENCHILADAS OAXAQUEÑAS

Variedad de enchiladas preparadas con salsa de mole negro. Este término se utiliza fuera de Oaxaca para designar este platillo. En ese estado se preparan una gran variedad de enchiladas con diferentes tipos de mole que no necesariamente se llaman oaxaqueñas.

ENCHILADAS PLACERAS

Tortillas pasadas por una salsa que contiene chile guajillo, chile ancho, ajo y cebolla; las enchiladas se fríen en manteca de cerdo y se rellenan o espolvorean con queso añejo. Se acompañan con trozos de papas y zanahorias cocidas que se acomodan en el plato junto con piezas de pollo placero. Se acostumbran en el estado de Michoacán.

ENCHILADAS POTOSINAS

Platillo elaborado con tortillas hechas de masa coloreada con chile ancho o colorado que se rellenan en crudo con queso fresco, cebolla y salsa del mismo chile; se cierran como quesadillas, se cuecen sobre el comal y después se fríen. Tradicionalmente se acomodan varias en un platón, se

espolvorean con cebolla picada y a veces con queso, crema y lechuga rebanada; también se pueden acompañar con alguna otra salsa o frijoles de la olla, guisados o molidos y con guacamole. Se acostumbra comerlas en el desayuno en casa, en puestos de mercados e incluso en los buféts para desayuno de los restaurantes y hoteles del estado. También las tiendas de autoservicio venden las enchiladas congeladas y algunas personas las elaboran para entregar a domicilio.

ENCHILADAS RELLENAS DE HUEVO

Platillo que consiste en tortillas bañadas con salsa elaborada con chiles poblanos molidos con tomate cocido, crema y huevo, fritas y rellenas con chorizo, lomo cocido desmenuzado y huevo revuelto; se adornan con rebanadas de queso y hojas de lechuga.

ENCHILADAS RELLENAS DE PATO

Platillo elaborado con tortillas humedecidas en salsa de chiles anchos, se fríen y se rellenan con pato desflemado en agua con ceniza, cocido con xoconostles y cebolla, finamente deshebrado y frito en manteca de cerdo; se adornan con hojas de lechuga y rábanos.

ENCHILADAS RIOVERDENSES

Variedad de enchiladas preparadas con tortillas hechas con una masa igual a la de las enchiladas potosinas, untadas con frijoles refritos y rellenas de papas y zanahorias guisadas con chorizo, salsa de jitomate y queso; se adornan con rebanadas de jitomate, cebolla, aguacate y en ocasiones cueritos en vinagre. Son típicas de Río Verde, San Luis Potosí.

ENCHILADAS ROJAS

Enchiladas bañadas con alguna salsa roja. Generalmente se pueden encontrar desde el centro del país hacia el norte. Las enchiladas rojas se hacen con una salsa elaborada con jitomate o algún chile seco como el ancho o el guajillo; se acostumbran en varias regiones de México, especialmente en Zacatecas, Guanajuato y Aguascalientes.

• Las enchiladas rojas que se preparan en Coahuila son muy comunes en la ciudad de Saltillo y se preparan con masa de harina de maíz, harina de trigo y chile ancho, de tal manera que la tortilla es roja; doblada se fríe brevemente, se rellena y se adorna con col rebanada y crema; los rellenos más comunes son queso y cebolla, papa o picadillo.

• En Colima se les retira la parte delgada a las tortillas, se untan con una salsa de chile guajillo, se fríen y rellenan con un picadillo de carne de cerdo que puede tener papas, chícharos, ejotes, zanahorias, pasitas, almendras y aceitunas; se adornan con queso rallado, rabanitos y lechuga; es un antojito popular fácil de encontrar en fiestas y ferias regionales acompañadas de tuba almendrada.

• En la sierra de Puebla se preparan unas enchiladas rojas simples; las tortillas se bañan con salsa roja, se rellenan con carne de res deshebrada o frijoles negros refritos, se adornan con cebolla picada y queso añejo espolvoreado.

• En Tamaulipas, las enchiladas generalmente son rojas y hechas con diferentes salsas; con frecuencia se comen solas en el desayuno, la cena o sirven para acompañar alguna cecina de res o carne, las tortillas de maíz se untan con salsa de chile ancho y se espolvorean con queso rallado, se adornan con rebanadas de cebolla; no se rellenan y en ocasiones se acompañan con lechuga.

• En la Huasteca veracruzana se preparan también las enchiladas rojas huastecas. En San Luis Potosí, las enchiladas rojas son de tortilla de maíz con salsa de chile colorado, rellenas con queso y salsa de chile verde; se fríen con chorizo y se espolvorean con cebolla y queso. En ocasiones estas mismas enchiladas están rellenas con rajas o papas, pueden adornarse con lechuga y rabanitos. Se sirven solas como un antojito, o bien, pueden ir con pollo frito, cecina asada, sardinas o frijoles refritos; se acompañan con café de olla, su venta es similar a la de las enchiladas zacatecanas comunes.

• Las enchiladas rojas de Aguascalientes son similares a las placeras; consisten en tortillas que se meten brevemente en aceite caliente y luego se enrollan; el pollo se marina en una salsa de chiles anchos y se dora; se adornan con papas, cebolla, crema agria, queso añejo, rajas de chile jalapeño en escabeche y se acompañan con pollo.

• Las enchiladas rojas huastecas, preparadas en esa región, son tortillas bañadas con salsa de jitomate con chile verde que, por lo regular, no van rellenas; se doblan en lugar de enrollarlas, se adornan con queso fresco y cebolla. La tortilla es muy grande, por lo que es frecuente que se sirvan solamente dos por comensal. Es costumbre que acompañen la cecina y, de hecho, se venden juntas con los nombres de "enchiladas con cecina" o "cecina con enchiladas", difícilmente se venden separadas.

→ enjitomatadas, entomatadas

ENCHILADAS ROJAS DE AGUASCALIENTES ◆ enchiladas rojas

ENCHILADAS SUIZAS

Platillo elaborado con tortillas de maíz rellenas con pollo, bañadas con salsa verde y gratinadas con queso manchego. La salsa verde se prepara con algo de ajonjolí y crema; tradicionalmente se

sirven tres con abundante salsa en un plato metálico o cualquier plato hondo para gratinar. El adjetivo suizas se les aplica porque el platillo contiene crema y mucho queso, y Suiza es famosa por sus quesos y productos lácteos. Estas enchiladas fueron inventadas a principios del siglo XX en la famosa cadena de cafeterías Sanborns, cuya primera tienda todavía está en la calle de Madero número 4, en el Centro Histórico del Distrito Federal, en el famoso edificio conocido por los capitalinos como "el Sanborns de los Azulejos" o "la Casa de los Azulejos".

ENCHILADAS TAMAULIPECAS

Preparación elaborada con tortillas fritas empapadas en salsa de chiles anchos y clavos de olor, se rellenan con queso rallado y cebolla picada, y se adornan con queso, rodajas de cebolla y hojas de lechuga. Son originarias del estado de Tamaulipas.

ENCHILADAS TULTECAS

Platillo preparado con tortillas elaboradas con masa de maíz mezclada con chile cascabel; se fríen y se sirven con una guarnición de papa, chorizo, zanahorias, cebolla, queso, lechuga, chícharos, pollo deshebrado y aguacate. Se elaboran en el estado de Tamaulipas.

ENCHILADAS VEGETARIANAS

Platillo que consiste en tortillas remojadas en salsa de chile ancho, fritas y rellenas con cebolla picada, zanahoria cocida y cortada en rodajas, calabacitas cocidas partidas a lo largo, queso desmoronado y papa cocida en cuadritos; se adornan con cebolla picada y queso; suelen acompañarse con frijoles.

ENCHILADAS VERDES

Enchiladas preparadas con salsa de tomate. Pueden ir gratinadas con uno o varios quesos, rellenas con verduras o algún tipo de carne y suelen adornarse con crema, nata, cebolla y queso. En la Huasteca hidalguense se elabora una salsa con chiles jalapeños, ajo y cebolla, que

se utiliza para bañar las tortillas que no contienen relleno ni guarniciones.

ENCHILADAS ZACATECANAS

Platillo elaborado con tortillas ligeramente fritas en manteca de cerdo caliente, remojadas en una salsa preparada con chiles poblanos molidos mezclados con nata y queso desmoronado. Las enchiladas se rellenan con lomo de cerdo cocido, deshebrado y frito y se sirven con un poco más de salsa, hojas tiernas de lechuga y rebanadas de queso. En algunos casos se hacen con tortillas humedecidas en una salsa de chiles cuaresmeños, cebolla, nata, huevo y sal; se fríen y se rellenan con queso asadero; se acompañan con rodajas de cebolla. Son típicas del estado de Zacatecas. Otra versión de estas enchiladas consiste en tortillas que se remojan en una salsa de chile guajillo y se fríen; luego, se rellenan con queso rallado, cebolla y col o lechuga picadas y se espolvorean con queso. De manera muy similar se venden en las diferentes ferias del estado. En la ciudad de Zacatecas, durante el festival cultural que se realiza en Semana Santa, es común ver en las calles peatonales (los callejones típicos aledaños a la catedral) grandes puestos que venden estas enchiladas; los paseantes las comen en las mesas montadas en cada puesto y éstas llegan a medir varios metros de largo. En Zacatecas las llaman simplemente enchiladas, y fuera del estado se les denomina zacatecanas para especificar su origen.

ENCHILADAS ZAMPADAS

Preparación elaborada con tortillas recién hechas que se sumergen en cualquier salsa picante, se deben comer de inmediato. Este platillo lo preparan los totonacas de la costa norte de Veracruz.

ENCHILADO

Término que sirve para designar aquellos alimentos que se bañan, esparcen, cuecen o sumergen en chile, polvo de chiles, salsas picantes, etc. Por ejemplo, el queso enchilado y varias carnes como: cecina, pescado, res, pollo y cerdo.

→ hongo amarillo, hongo enchilado

ENCHILAR

Acción de aderezar o untar con chile.

ENCHILTEPINADO

Guiso de carne de pollo preparado con abundante chile chiltepín. Es un platillo de la sierra Norte de Puebla.

ENCHIPOTLADAS ◆ albóndiga

ENCHIPOTLADO O ENCHIPOCLADO

Término utilizado para designar cualquier platillo que se prepare con chile chipotle. Generalmente se utiliza como adjetivo después del platillo principal, como los camarones enchipotlados.

ENCINILLO (Quercus striatula)

Árbol de la familia de las fagáceas, pero de menor tamaño, que produce una bellota más pequeña que la de éstos. Los yumanos la preparan de la misma manera que la bellota, mientras que los kiliwas del norte de Baja California la utilizan para preparar café.

ENCINO

Árbol de gran tamaño que puede medir hasta 20 metros de altura, en forma columnar. Diversas partes de las variedades de encino que existen se utilizan como alimento o se les da algún uso culinario, sobre todo entre los grupos indígenas. En los encinos también crecen diversas variedades de hongos que son alimenticios. Sus hojas se emplean como los quelites hervidos para envolver tamales (Quercus candicans). La corteza de Quercus crassifolia sirve también para potenciar cierto tipo de tesgüino. En el Estado de México se consumen las agallas, pequeñas deformaciones que se producen en los árboles Quercus laurina y Quercus obtusata por picaduras de insectos que originan pequeños tumores en el encino. Los otomíes del Estado de México cuecen las flores de Quercus crassipes para comerlas capeadas. Lo que más se emplea son sus frutos o bellotas que se comen al natural, pero también tostadas con sal como botanas y molidas para producir harina con la que se elaboran o adicionan tortillas, café, atoles y chocolate, sobre todo entre tepehuanes y rarámuris.

ENCUBIERTO ◆ armadillo

ENCURTIDO

1. Preparación que consiste en dejar macerando en vinagre ciertos frutos o legumbres para que se conserven; también es el nombre que recibe el proceso de conservación. Entre los alimentos encurtidos que se consumen en la dieta diaria, los más comunes son los chiles. Los encurtidos o curtidos de

frutas también se llaman frutas en escabeche; igualmente, cuando las verduras y hortalizas se encurten en vinagre se llaman, a menudo, escabeches.

2. Proceso de maceración de frutas en alcohol de caña, ron, brandy o algún otro aguardiente. En Chiapa de Corzo, Chiapas, la tradición de los encurtidos es una de las más antiguas del país, allí

Chiles güeros encurtidos

se encurten en aguardiente de caña los jocotes (una variedad local de ciruelas), nanches y mangos verdes. En los últimos años también se han preparado de la misma forma membrillos, duraznos y grosellas. Desde hace mucho tiempo bastantes familias se han dedicado a encurtir frutas en alcarrazas; es normal que se dejen macerar por lo menos durante un año. Las alcarrazas fueron sustituidas por barriles de madera, después por vitroleras y, en la actualidad, por garrafones de plástico. Se come la fruta encurtida y el licor resultante, llamado mistela, queda impregnado del sabor de la fruta y se bebe por separado. En Campeche producen de forma regional nanches encurtidos, reconocidos en todo el mercado del sureste por su alta calidad. A este proceso se le conoce también como curtir.

ENELDO ◆ hinojo

ENFRIJOLADAS

Platillo elaborado con tortillas de maíz que se sumergen en un caldillo espeso de frijoles molidos, enrolladas o dobladas, se sirven en un plato, con queso, cebolla y crema. Dependiendo de la región del país se sirven en el desayuno, el almuerzo o la cena. La cebolla puede estar picada o rebanada; el queso, espolvoreado o rallado. En algunos lugares también le añaden natas de leche. Machacar los frijoles cocidos en agua es la forma tradicional de obtener el caldillo espeso de este platillo, pero en la actualidad casi siempre se licúan. En el pasado, las enfrijoladas fueron un alimento humilde, pero ahora, en muchos lugares se han vuelto más elaboradas y se sirven rellenas de queso, pollo deshebrado o jamón. En los estados del sur y sureste del país suelen prepararse con frijol negro; en el Distrito Federal y sus alrededores, por el contrario, se emplea frijol bayo o flor de mayo. En el Distrito Federal, las cafeterías y los comedores ejecutivos sirven unas enfrijoladas rellenas con huevo revuelto solo o a la mexicana, bañadas con abundante salsa de frijol y decoradas con crema, queso y cebolla rebanada. Éste es un platillo creado en los restaurantes, también llamado enfrijoladas veracruzanas o huevos a la veracruzana por el hecho de usar salsa de frijol negro. Es importante señalar que el frijol negro que llega al Distrito Federal es de Veracruz; de hecho, en

los mercados populares todavía se anuncia en los costales "frijol negro de Veracruz" o "frijol Veracruz" y en los supermercados y mercados organizados, a los frijoles negros que no son de Veracruz se les adjudica el nombre del estado en el que fueron cultivados. En Jalisco se preparan con frijol bayo o

peruano, las tortillas fritas ligeramente en manteca de longaniza se rellenan con longaniza, pedazos pequeños de chicharrón y salsa de jitomate con queso, se empapan en salsa de frijol y se sirven con rebanadas de aguacate, lechuga y rábano. En otra versión se sirven adornadas con nata o crema y rebanadas de cebolla morada. En Oaxaca las preparan con frijoles negros molidos con hojas de aguacate y chile verde, pasilla oaxaqueño o de árbol. Después de meter brevemente en aceite las tortillas, se sumergen en el caldillo de frijol y se doblan en cuatro para que queden como triángulos; luego se colocan en un platón y se adornan con cebolla, queso y perejil. Se acostumbra servirlas en el almuerzo, solas o acompañadas con cecina enchilada, tasajo de hebra o pollo con orégano. Su peculiaridad consiste en que los frijoles negros molidos en ocasiones tienen un fuerte sabor a hoja de aguacate asado. En Veracruz las preparan con frijol negro molido, las tortillas por lo general se doblan por la mitad y, en ocasiones, se rellenan con pollo, chorizo o huevo revuelto. Suelen espolvorearse con queso, cebolla y crema; se sirven en el desayuno o la cena. En Orizaba se rellenan con chorizo y se acompañan con salsa macha.

ENJITOMATADAS

Platillo elaborado con tortilla doblada y pasada por aceite caliente que se empapa en una salsa de jitomate, que en general no pica. Se sirve con abundante salsa, acompañada de queso, cebolla, en ocasiones crema, cilantro o perejil picado. Sobre esta base existen muchas variedades. En Tampico suelen adornarse con lechuga, rábano y, de vez en cuando, se rellenan con pollo. En Oaxaca son muy populares para el almuerzo, se comen solas como plato principal o se sirven como guarnición de la cecina o del tasajo, la carne asada o el pollo frito. Las tortillas se fríen ligeramente en aceite y luego se remojan en una salsa preparada con jitomate, ajo, cebolla, chiles de agua o serranos y sal; luego se doblan y adornan con queso, cebolla y perejil. Debido al tamaño de la tortilla, por lo regular se da una por comensal. Debido a que en muchas regiones del país al jitomate rojo lo llaman tomate o tomate rojo, este mismo platillo se puede encontrar con el nombre de entomatadas.

ENJOCOCADAS

Preparación que consiste en tortillas que se sumergen en jocoque, por lo regular se rellenan con algún alimento y se hornean; la forma en que se preparan recuerda a la de las enchiladas. Cabe aclarar que el jocoque es una crema ácida, también se le llama crema de jocoque. En general, las tortillas se sumergen en jocoque reducido; en ocasiones se acompañan con salsa verde o alguna otra salsa picante, pero hay quienes acostumbran hacer la salsa, verde o roja, y le añaden abundante jocoque para después empapar las tortillas en ella. Pueden estar rellenas de queso añejo con cebolla, pollo deshebrado o chorizo. Se sirven como primer tiempo o entremés en las comidas del mediodía. Estas recetas familiares son difíciles de encontrar en restaurantes regionales. Este platillo se prepara en el norte de Michoacán. Otra variante se prepara con tortillas rellenas de queso con cebolla y chorizo, se bañan con jocoque, se hornean o calientan a baño María y se acompañan con salsa de jitomate

con chorizo. Algunas se rellenan con queso, cebolla y chile poblano, se acomodan en un platón y se bañan totalmente con jocoque, se espolvorean con queso y se hornean; algunas personas las tapan con hojas de maíz para que el queso no se dore. En Jalisco se prepara pollo enjococado.

ENJOLOCHAR
Envolver un alimento en joloches, es decir, en hojas de maíz. Este término es empleado sobre todo en Tabasco y en la península de Yucatán, donde guardan de esa forma conservas y piezas de piloncillo, entre otros productos.
→ totomoxtle

ENMOLADAS ◆ enchiladas de mole

ENMOLAR
Bañar de mole o sumergir algún ingrediente en él, sobre todo tortillas.

ENREDADOS ◆ ilacas

ENSALADA
Platillo frío compuesto por una mezcla de verduras generalmente crudas, partidas y aderezadas. En México las ensaladas, por lo regular, son muy sencillas. Una de las más comunes es la de lechuga aderezada con jugo de limón y sal o, en ocasiones, con una vinagreta sencilla. En el centro del país se preparan también ensaladas de nopales y de habas verdes; en los restaurantes se encuentran combinaciones muy simples de lechuga y algún otro ingrediente, con nombres como ensalada mixta o verde. Uno de los motivos por el que las ensaladas no son tan populares en México, es porque la lechuga y la col suelen comerse con más frecuencia picadas sobre muchos antojitos como enchiladas, tacos, tostadas y pozoles. Además, muchos guisos como los caldos, pucheros o cocidos contienen una buena cantidad de verduras.

ENSALADA CÉSAR
Platillo frío elaborado con lechuga y pan tostado, aderezado con una mezcla de ajo, aceite de oliva, anchoas, huevo duro y queso parmesano. Existen diversas historias acerca de su origen: la mayoría atribuye su paternidad a César y Álex Cardini, ya que esta receta se popularizó en el restaurante de su propiedad en Tijuana, Baja California. Reconocidos chefs tienen su propia receta y muchos afirman poseer la original, e incluso cuentan historias personales sobre cómo preguntaron a los autores la forma de prepararla. La Cámara Nacional de la Industria Restaurantera y de Alimentos Condimentados (Canirac) refiere que durante la Primera Guerra Mundial (1914-1918) la ciudad austriaca de Braunau, en la frontera con Baviera, sirvió de albergue a miles de refugiados y una de las familias que allí estuvieron fue la de apellido Santini, que permaneció por más de tres años oculta en el cuarto de cocina de un establo. Ahí Beatriz Namor de Santini preparaba a sus hijos una ensalada con los pocos ingredientes disponibles: huevos de gallina, algunas verduras (especialmente lechuga romana), ajo, pan duro y aceite de oliva. En 1925 Libio, uno de sus hijos, llegó a Tijuana y encontró empleo como ayudante de cocinero en el Restaurante César, que estaba ubicado en la calle Segunda, cerca de la avenida Revolución (casi esquina con Constitución, por el área del Callejón del Travieso). Libio contaba con 19 años y, en recuerdo de la ensalada que su madre hacía, él preparaba una muy similar y la comía en sus descansos. Un día, una clienta indiscreta entró hasta la cocina justo cuando Libio comía su ensalada y quiso probarla. Ella era Susy Sullivan, millonaria

residente de la isla de Coronado, California; propietaria del rancho de azúcar más grande de Cuba, quien a partir de entonces se convirtió en la promotora de esta ensalada entre artistas de cine, empresarios y políticos de Estados Unidos y otros países. Primero se le llamó "ensalada de la casa" y después "ensalada César", por el nombre del restaurante donde trabajaba Libio, cuyos propietarios eran los hermanos Álex y César Cardini. Actualmente la ensalada se vende en casi todos los restaurantes importantes de comida internacional, y aunque muchos consideran a César Cardini y a su hermano como los inventores, en realidad sólo eran los dueños del restaurante y quienes la impulsaron. Esta ensalada es el orgullo de Tijuana, hasta el grado de que la Canirac realiza cada 30 de noviembre el Festival de la Ensalada César. Tal vez la receta original no sea similar a la que hoy conoce la mayoría de la gente. De acuerdo con Diana Kennedy, quien conoció a Álex Cardini y recogió la receta que él preparaba, se hace con rebanadas de pan tostadas en el horno y después untadas con una mezcla de ajo machacado con anchoas y aceite de oliva; las hojas enteras de lechuga romana se mezclan con yema de huevo pasada por agua caliente, jugo de limón, salsa Inglesa, queso parmesano rallado, sal y pimienta, y todo se mezcla hasta que queda bien integrado. En los restaurantes de México esta ensalada se prepara por lo general para dos personas, frente a los comensales; aunque las recetas varían; lo usual es untar con ajo la ensaladera y preparar ahí el aderezo con anchoas, yemas de huevo crudas, jugo de limón, sal, pimienta, jugo sazonador, salsa inglesa y, en ocasiones, mostaza. Con este aderezo se mezclan las hojas enteras de lechuga orejona, luego se sirven en el plato acomodadas longitudinalmente, se adornan con crutones tipo Melba y se espolvorean con queso parmesano. Aunque los ingredientes y cantidades varían, el servicio de la ensalada César no presenta grandes cambios.

ENSALADA CHOJEN

Tipo de pico de gallo elaborado con cebolla, jitomate, rábanos tiernos, naranjas agrias, chiles verdes, panza de res cocida y sal. Todo se pica, se mezcla bien y se sirve. Esta ensalada la preparan los coletos de San Cristóbal de las Casas, Chiapas.

ENSALADA DE AGUA

Agua fresca de flor de Jamaica con jugo de limón, azúcar, lechuga, plátano, guayaba, naranja, almendras y tiritas de betabel. Es tradicional durante las festividades de la virgen de Dolores en Zacatecas (un viernes antes de la Semana Santa), en esos días hace mucho calor, y de ahí la importancia de que el dueño de la casa regale agua fresca a los que visitan su altar; asimismo, se dice que el color del agua representa la sangre del corazón de la virgen María, atravesado por siete espadas de dolor.

ENSALADA DE ALMEJA

Especie de coctel de almeja con mayonesa, ejotes, chícharos, papas, pimienta, sal y chiles jalapeños encurtidos. Es una manera tradicional de preparar las almejas, muy seme-

jante a la ensalada de langosta. Es originaria de los pueblos pesqueros de Baja California Sur.

ENSALADA DE BERENJENA

Preparación con trozos de berenjena asados y sazonados con cebolla, chile serrano, ajo, jugo de limón, cilantro y perejil. Se sirve fría o a temperatura ambiente. Se prepara en la región de La Cañada, Oaxaca, que colinda con el estado de Puebla donde existen extensos cultivos de este fruto.

ENSALADA DE BERROS

Platillo frío que contiene gran cantidad de berro y por lo regular se utiliza en preparaciones muy sencillas. En Naupan, en la sierra Norte de Puebla, se prepara con berros, rabanitos, cebolla y jitomate rebanado, se adereza con jugo de limón y sal.

ENSALADA DE BETABEL

1. Postre de betabel con frutas que se prepara por lo regular en las fiestas de Navidad y Año Nuevo. Igual que muchas

otras ensaladas tradicionales de estas fechas, se prepara con una gran cantidad de fruta; además de los betabeles, se le puede añadir naranja, jícama, lima, plátano, caña de azúcar y cacahuates o nueces. Esta ensalada es conocida en Baja California como ensalada de Nochebuena.

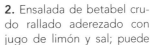

2. Ensalada de betabel crudo rallado aderezado con jugo de limón y sal; puede llevar únicamente ese tubérculo o mezclarse con jícama y zanahoria, ambas también crudas y ralladas. No es una ensalada servida comúnmente en la mesa, pues se considera más bien un antojo; de hecho, se vende en las juguerías y en carritos de fruta callejeros.

→ ensalada navideña

ENSALADA DE BODAS

Col cristalizada (col rebanada y cocida en agua hasta que queda transparente), rábanos, rajas de chile serrano fresco, vinagre, ajo y aceite de oliva. Se sirve en las bodas en Baja California, aunque también se consume el día de Muertos. Conocida también como ensalada de Todos los Santos.

ENSALADA DE CARACOLES

Caracoles purgados y cocidos, mezclados con jitomate, cilantro y cebolla picados, aderezados con aceite y sal; en ocasiones se le agregan nopales. Es una ensalada fría que se acostumbra servir durante la cuaresma. Esta ensalada se prepara en la región del Valle del Mezquital, Hidalgo.

ENSALADA DE CHICHARRÓN

Platillo elaborado con chicharrón en trozos al que se le añade tomate, cilantro, cebolla, chile serrano fresco y xoconostles, todos los ingredientes picados o rebanados, se aderezan con jugo de limón y sal, y se adorna con semillas de guaje y rebanadas de aguacate. Tradicionalmente se sirve un tazón de frijoles en caldo a cada comensal y un platón con la ensalada en el centro para que cada quien se prepare tacos de ensalada con tortillas de maíz. Es una receta tradicional del Distrito Federal y estados circunvecinos.

ENSALADA DE CHILE POBLANO ◆ rajas

ENSALADA DE FRUTAS ◆ coctel de frutas

ENSALADA DE HABAS

Preparación de habas verdes cocidas y aderezadas con jugo de limón, vinagre, aceite de oliva, orégano, sal y cilantro; se suelen mezclar con rebanadas de jitomate y cebolla, ocasionalmente pueden llevar también chiles jalapeños en escabeche. Se acostumbra vender en los puestos de verduras de los mercados, por lo regular junto a la ensalada de nopales. Aunque es muy popular, pocas personas la preparan en casa, pues casi siempre se compra hecha, especialmente los domingos para complementar el menú de la comida del mediodía, los tacos de carnitas o la barbacoa. Es una ensalada típica del Distrito Federal y otras regiones del centro del país.

ENSALADA DE LANGOSTA

Ensalada preparada con carne de langosta cocida, mezclada con apio, chícharo, aceitunas, zanahoria y lechuga, y aderezada con mayonesa. Se consume en Baja California. En Baja California Sur existe otra versión que se elabora de forma similar a la ensalada de almeja, sólo que en lugar de consumirse cualquier día del año, la de langosta sólo se prepara en fechas especiales, por ejemplo las bodas en las comunidades pesqueras.

ENSALADA DE LECHUGA

Platillo frío que se elabora con lechuga orejona o romana, rebanadas de jitomate y cebolla aderezada con una vinagreta preparada con aceite de maíz o de oliva, vinagre blanco y sal, o simplemente con limón y sal. Esta ensalada, en porciones generosas o pequeñas, es la más común de todas las elaboradas en el país; sirve para acompañar carne asada, pescado frito, tacos, pollo frito o asado, tortitas de papa y enchiladas, entre muchos otros platillos y antojitos.

ENSALADA DE MANZANA

Manzanas cortadas en trozos, mezcladas con nueces, pasas, crema y leche condensada; en ocasiones se le añaden cerezas o piñones. Es una ensalada típica del Distrito Federal que, por lo general, se acostumbra consumir en la época navideña. En muchos lugares fuera del Distrito Federal suele prepararse con trozos de otras frutas como piña o melón. Aunque lleva la palabra ensalada en su nombre, en el Distrito Federal todos saben que se trata de un postre. Es tal su aceptación, que se vende en los puestos de las ferias y en los de cocteles de frutas de los mercados, donde también se venden duraznos en almíbar, fresas con crema o flanes. Se sirve en charolas pequeñas de unicel, acompañada con galletas Marías. Se le puede agregar cajeta, mermelada, chochitos o canutillo de chocolate, si el cliente es especialmente antojadizo.

ENSALADA DE MARISCOS

Platillo frío elaborado con pulpo (cocido en agua, cerveza y cebolla), caracol (cocido en agua), jaiba, camarón cocido y pelado, jitomate, cebolla y chile verde. Todo se mezcla con gotas de limón, sal, mayonesa, mostaza y cilantro. Se acostumbra preparar en la región del Sotavento, en Veracruz.

ENSALADA DE NOCHEBUENA ◆ ensalada de betabel, ensalada navideña

ENSALADA DE NOPALES

Nopales tiernos cortados en tiras o cuadritos, cocidos, bien escurridos (para eliminar la baba) y aderezados con vinagre blanco, aceite de oliva, cebolla, sal, orégano y cilantro picado. Por lo regular se adorna con rebanadas de jitomate, queso panela y, si se desea, chiles en escabeche; algunas personas le añaden gotas de jugo de limón. Esta ensalada

es la más común de las que se preparan en el Distrito Federal y estados circunvecinos. Se acostumbra comer sola, en tacos o para acompañar cualquier carne asada o cecina en la comida del mediodía. Pero no sólo se prepara en casa, también se vende en los mercados populares del centro del país y en fondas y restaurantes de comida típica donde, en ocasiones, se sirve junto con chicharrón, carnitas o en el entremés ranchero.

ENSALADA DE PULPO

Pulpo cocido y cortado en trozos, mezclado con jitomate picado, cebolla blanca en rodajas, chile jalapeño, ajo y cilantro picados, jugo de limón, sal y pimienta. Se sirve fría en tostadas de tortilla de maíz o en tacos, acompañada con lechuga, rebanadas de aguacate y limones verdes. Suele acompañarse con guacamole. Esta ensalada se acostumbra en las costas de Oaxaca.

ENSALADA DE XOCONOSTLE

Botana elaborada con xoconostles cocidos, cortados y mezclados con otros ingredientes como chile asado, cebolla picada, orégano, pimienta negra y sal, entre muchos más. Es originaria de Guanajuato, lugar en el que el uso del xoconostle en las ensaladas es muy frecuente y donde existen muchas variantes. En Dolores, Hidalgo, se prepara con xoconostle, jícama, queso fresco, naranja y chile piquín verde. Otra versión contiene xoconostle, jícama, naranja, queso Chihuahua, queso manchego, chile guajillo molido, jugo de limón y sal. Existe una ensalada muy sencilla, que incluye xoconostle, chile serrano, ajo, cilantro, cebolla y sal y se sirve como relleno para tacos de tortilla de maíz. El pico de gallo también podría considerarse un tipo de ensalada de xoconostle. Conocida también como ensalada de tuna.

→ ensalada guanajuatense

ENSALADA GUANAJUATENSE

Preparación fría que se acostumbra en el estado de Guanajuato, cuyo ingrediente distintivo es el xoconostle. Generalmente se elabora con jícama, cebolla, chile serrano, orégano, jugo de limón y sal. Se sirve como botana para picar con tenedor o palillos de madera.

→ ensalada de xoconostle

ENSALADA MIXTA

1. Platillo frío elaborado con lechuga y jitomate en rodajas; en algunas ocasiones se le añade aguacate rebanado, zanahoria y alguna otra verdura. Es una ensalada extremadamente sencilla, que se encuentra con facilidad en los restaurantes de México. En el Distrito Federal se sirve con casi cualquier aderezo, a elección del comensal.

2. Ensalada que se sirve en un platón, compuesta por papas, jitomates, pimiento, col, berros y huevo cocido, todos cortados en rodajas; al centro se le colocan camarones, jamón y pollo o únicamente una de las tres carnes. Se baña con una salsa preparada con crema, salsa catsup, perejil, aceite, salsa de soya y pimienta. Es típica de Comitán, Chiapas.

ENSALADA NAVIDEÑA
Preparación a base de jícama, betabel, piña, piñones, nueces, cacahuates y pasitas. La mezcla se revuelve con aceite de oliva, sal y miel de abeja. Se acostumbra en Veracruz durante la época navideña.

ENSALADA PRIMAVERA
Mezcla de zanahoria, apio, cebollitas y pimientos que se dejan macerar con salsa inglesa y vinagre durante cuatro horas; luego se agregan lechugas escarola y romanita, pepino y la mezcla donde se maceraron las verduras. Se prepara en Comitán, Chiapas.

ENSALADA TURULA
Camarones cocidos sin cáscara a los cuales se les añaden jitomate, cebolla, chiles y pepinos finamente picados, limón y sal. Se acompañan con tostadas o galletas saladas. Es típica de la región del Soconusco, en Chiapas.

ENTOMATADAS
Platillo popular que se elabora con tortillas fritas, dobladas o enrolladas, que se empapan con salsa de tomate o jitomate y por lo regular se adornan con queso rallado, cebolla y crema. Dependiendo de la región, las entomatadas pueden ser de salsa verde o roja, estas últimas reciben el nombre de enjitomatadas en el centro del país, debido a que en muchas regiones de México llaman tomate o tomate rojo a lo que en el centro recibe el nombre de jitomate. En todos los casos se trata de salsas que no son picosas; de lo contrario dejan de ser entomatadas y se convierten en enchiladas. En general, las entomatadas no se rellenan y se acostumbra co-

merlas en el desayuno, el almuerzo o la cena. En los estados del centro del país, las entomatadas se preparan casi siempre con salsa verde, con frecuencia perfumada con epazote; su elaboración y sabor recuerdan a las enchiladas verdes; en el caso de que contengan relleno, el más común es la carne de pollo deshebrada. En ocasiones las tortillas se sirven enrolladas y en otras, dobladas en triángulos. Se adornan con cebolla rebanada o picada, queso fresco rallado y crema. En los estados del sureste las entomatadas se cocinan con salsa roja de jitomate, ya que en esa región llaman tomate al jitomate, y tomate verde al tomate. En Tabasco, las tortillas de maíz se doblan en cuatro para que queden en forma de triángulo, enseguida se fríen y se empapan con salsa de jitomate; se sirven cuatro tortillas por persona para formar en el plato un círculo completo adornado con queso doble crema y cebolla rebanada. La salsa se prepara por lo regular con jitomate maduro, cebolla, ajo y chile serrano o *amaxito*; todos los ingredientes se cuecen en agua, se licúan y se cuelan.

→ enjitomatadas

ENTOMATADO
Guiso elaborado con salsa verde de tomate, carne de cerdo o chicharrón. En las fondas del centro del país es frecuente que sirvan a mediodía el entomatado de carne de cerdo, que se prepara con trozos de esa carne guisados en una salsa verde sencilla. En Guerrero es un guiso casero, que se acostumbra comer a mediodía, sobre todo

en Chilapa y en el área central del estado. Lo elaboran con carne de cerdo dorada que se introduce en una salsa de tomates verdes cocidos, chiles serranos, pimienta, clavo, ajo, cebolla y canela.

ENTREMÉS RANCHERO
Platillo que generalmente se sirve como botana; contiene carnitas, chicharrón, guacamole, trozos de longaniza o chorizo y

ensalada de nopales, en ocasiones con rebanadas de queso panela o queso fresco. Por lo regular se coloca en el centro de la mesa y, por separado, tortillas de maíz y salsas picosas. Es un entremés muy común en los restaurantes de comida mexicana del centro del país. Las porciones son generosas, pues está pensado para que se comparta. Cada comensal hace sus propios tacos, de acuerdo con su preferencia.

ENVUELTOS
Término que se agrega al nombre de diversos alimentos envueltos en algún ingrediente o preparación, principalmente en diferentes tipos de hojas. En Veracruz se elabora el envuelto de acuyo, que son hojas de acuyo rellenas con un guiso de granos de elote preparados con orégano, sal y pimienta. Las hojas se amarran y los envueltos se cuecen al vapor. El niño envuelto es un pan típico de la zona centro del país. En Puebla, envuelto es sinónimo de enchilada.

→ ilacas

Envueltos de verdura y carne

EPATLAXTLI
GRAF. apatlaxtli, yapatlaxtli o yepatlaxtli. Vainas frescas o inmaduras (ejotes) de frijol *pataxete* que se emplean en diferentes guisos. Su nombre deriva del náhuatl *epauaxtli*, compuesto de *etl*, frijol, y *pauaci*, cocido, es decir frijol cocido. El guiso llamado epatlaxtli en especie o especia, está elaborado con epatlaxtlis cocidos en un caldillo de jitomate con huevos ahogados. El epatlaxtli en adobo se prepara con epatlaxtlis cocidos y guisados en una salsa de adobo compuesta por chile guajillo, clavo, pimienta, canela, ajo y cebolla, guiso casero que se acostumbra comer en Puebla. Conocido también como *epatachte*.

EPAZOTE (*Chenopodium ambrosioides*)

Hierba aromática de la familia de las quenopodiáceas, nativa de Mesoamérica, empleada como tal desde la época prehispánica. La planta es ramosa, de hojas alternas color verde claro, alargadas, elípticas y lanceoladas, irregularmente aserradas y ligeramente pecioladas. Su nombre deriva del náhuatl *epazotl*, de *epatl*, zorrillo y *tzotl*, suciedad, o sea suciedad del zorrillo. Esta denominación se debe a su olor cuando está crudo, que para muchos es desagradable. En realidad, su aroma tan especial no es notorio cuando se recolecta y sólo al cocerse y mezclarse con otros ingredientes se aprecia a plenitud. Actualmente es muy utilizada en la cocina del centro, sur y sureste del país. Considerada la hierba aromática mexicana por excelencia, brinda un sabor peculiar a los guisos; de hecho, hay muchos platillos que no se pueden concebir sin ella. En el Distrito Federal y estados del centro del país existe una variedad de color morado, ambas tienen sabor similar, aunque es difícil determinar cuál de los dos sabe mejor; algunas personas aseguran que el epazote morado es más fino; otras, que el verde es mejor. Ambos se pueden encontrar frescos todo el año, por lo que su costo es bajo y casi siempre se utiliza fresco, aunque también se puede dejar secar. El epazote tiene infinidad de usos en la cocina mexicana; es indispensable en guisos como los frijoles de olla, los caldos de gallina, el caldo tlalpeño, los moles verde y de olla, el chilpachole de jaiba, las sopas de tortilla y de elote, los papadzules, los esquites, las salsas verdes, las enchiladas, los chilaquiles y en innumerables variedades de tamales, entre otros muchos. En la sierra Norte de Puebla se utiliza constantemente para elaborar diversos guisos como los frijoles con epazote, los huevos epazoteados y los tamales con epazote.

Conocido también como:

◇ apazote
◇ pazote
◇ *yepazotl* (náhuatl)

EPAZOTE DE MULA ◆ amaranto

EQUIMOLE

Caldo de guajolote o pollo que contiene un polvo de maíz rojo muy tostado y las menudencias del ave. Se acostumbra preparar en Zongolica, Veracruz.

→ esquimol

ESCABECHE

Adobo que sirve para macerar diversos alimentos con el fin de conservarlos por largo tiempo. Por lo regular se elabora con vinagre, agua, hierbas, especias y el alimento que se desea conservar. Actualmente en México esta técnica se utiliza sobre todo para preparar verduras y son especialmente famosos los chiles en escabeche. Aunque algunos afirman que el nombre deriva de la palabra descabezar, pues para conservar los pescados en el adobo se descabezaban, existe la referencia más sólida del vocablo árabe *sakbay*, que significa guiso de carne en vinagre. Se supone que este tipo de preparaciones se inventaron (o perfeccionaron) en España, por lo que esta forma de conservar los alimentos llegó por medio de los conquistadores. En México se escabechan muy pocos pescados y mariscos, sin embargo, destacan algunos como el de ostiones que se acostumbra en Sinaloa. En la pe-

nínsula de Yucatán se preparan varios guisos llamados escabeches como el escabeche oriental o el rojo, pavo o pescado en escabeche y escabeche de cerdo. En las costas del Pacífico se cocinan varios tipos de camarones en escabeche que se elabora con vinagre, hierbas y especias, es frecuente que se le agregue algún chile seco como ancho o guajillo. Los chiles en escabeche son un verdadero clásico de la cocina mexicana. Los chiles enteros o rebanados se cuecen en vinagre con laurel, tomillo, clavo, pimienta negra y sal, entre otros condimentos. Suelen contener zanahoria y cebolla. Son tan importantes, que actualmente existe más de un par de empresas muy famosas por sus chiles en escabeche enlatados, que han perfeccionado la técnica de enlatar estos chiles a tal grado que casi nadie los prepara ya en casa. El chile más utilizado es el jalapeño, seguido del serrano. De manera muy similar se preparan diversas verduras, como zanahoria, calabacitas, papa, coliflor, nopales y cebollitas cambray. Otro platillo destacable son las patitas de puerco (o manitas) en escabeche, que se preparan más o menos con los mismos ingredientes de los chiles en escabeche. Se acostumbra comerlas en todo el centro del país, sobre todo en el Distrito Federal, donde se sirven como entremés en los restaurantes, solas o con tostadas. El pollo en escabeche es un platillo que se acostumbra comer en casi todo el país; se guisa cociendo el pollo con vinagre, especias, hierbas de olor y verduras. En Michoacán y varios estados del bajío existe una variante llamada pollo en cuñete, que se prepara en una olla de barro sellada. En Pochutla, Oaxaca, se produce el escabeche de barrilete, con barrilete horneado, que se guisa en una salsa de jitomate, ajo, cebolla, chiles costeños, vinagre y laurel, se le añaden aceitunas y chícharos, es frecuente comerlo como botana en tostadas.

ESCABECHE DE OSTIONES

Ostiones marinados en un escabeche elaborado con vinagre blanco y aceite de oliva, por lo general se le agrega cebolla, ajo y zanahoria. Con este preparado se hacen también escabeches con camarones o pescados como el marlín que pueden prepararse con otras verduras. Este guiso es típico de Sinaloa y se acostumbra comer como entremés.

ESCABECHE DE PESCADO

Pescado marinado en jugo de limón, sal y agua, que se seca y fríe ligeramente en aceite; después se marina en un escabeche elaborado con especias molidas, por ejemplo pimientas negra y gorda, semillas de cilantro, comino, canela, ajo, orégano, vinagre, hojas enteras de laurel, chile *xcatik* entero y asado, y cebollas curadas; el pescado que más se utiliza es la sierra. Es conveniente prepararlo con varias horas de anticipación. Esta especialidad es típica de Yucatán.

ESCABECHE DE PUERCO

Carne de cerdo preparada en recado de escabeche, ajos asados, jugo de naranja agria, servido con cebollas curadas en vinagre con ajo, pimienta y chile *xcatik* asado entero; se acostumbra servirlo acompañado con frijoles colados o *nach*. Es común que la carne se deshebre para comerse en tacos con tortillas de maíz. Este platillo se acostumbra en la península de Yucatán.

ESCABECHE DE PULPO

Pulpos cocidos en agua, por lo regular cortados en trocitos y cocidos en una combinación de vinagre, aceite de oliva, pimienta, comino, laurel, chile *xcatik* y cebolla, entre otros muchos ingredientes. De forma análoga se preparan también los calamares en escabeche. Esta preparación es típica de la península de Yucatán.

ESCABECHE ORIENTAL

Carne de pollo, gallina o pavo untada con recado de escabeche, ajo, orégano seco, sal y jugo de naranja agria o vinagre. Se le agrega cebolla blanca en rodajas con pimienta negra, chile *xcatik* asado, ajo asado y vinagre. Se sirven las piezas enteras o desmenuzadas con bastante caldo del guiso y cebollas, acompañadas con frijoles refritos o arroz blanco. En ocasiones la carne sobrante se deshebra y se utiliza como relleno de salbutes y panuchos. Se llama oriental porque se supone que las recetas originales vinieron de la ciudad de Valladolid, ubicada al oriente de Mérida, Yucatán. Antiguamente este escabeche se preparaba con faisán o venado.

ESCABECHE ROJO

Pollo o pavo marinado en una mezcla de recado rojo, ajo, sal y jugo de naranja; todo se deja reposar y luego se cuece en agua con chile *xcatik* asado, ajo y orégano; la carne se retira del caldo y se asa al calor de las brasas; se acostumbra servir con algo del caldo en el que se coció, acompañado con cebollas en escabeche. Es una especialidad yucateca, y aunque el más común es el de ave, también pueden encontrarse en la entidad escabeches rojos hechos con pescado.

ESCAMOLES

Del náhuatl *azcamolli*, de *azcatl*, hormiga y *mulli*, guiso o mole. Huevos, larvas y pupas de hormigas de las especies *Liometopum apiculatum* y *Liometopum occidentale*; su color es blanco cremoso y por su apariencia se asemejan al arroz inflado. Se extraen del suelo donde las hormigas hacen sus nidos y sólo se pueden adquirir entre marzo y abril. En muchos sitios se consideran de fino sabor y tienen un alto valor proteico. Se acostumbra comerlos en torta de huevos de guajolote y en mixiote; también se prepara el *ascamulli* o mole de hormiga: en una salsa de chile se cuecen los escamoles, se agregan nopales cocidos en tiritas y se le da sabor con epazote. En el estado de Hidalgo son muy apreciados; la

gente de las ciudades los reconoce como un alimento muy especial y exquisito, por lo que un alto porcentaje de la producción de la entidad se envía a los restaurantes del Distrito Federal. Para la gente del campo es también un alimento importante, llega a ser el plato principal de la comida, acompañado con tortillas y salsa o guacamole. En el Valle del Mezquital existen muchas recetas tradicionales que se preparan con escamoles, por ejemplo tamales, salsas, caldos, escamoles horneados, tunas y xoconostles rellenos, escamoles con nopales o tortas de flor de garambullo. Otra de las más frecuentes consiste en escamoles ligeramente fritos en manteca de cerdo mezclada con epazote picado; se acostumbra comerlos en tacos con salsa al gusto. Los escamoles con nopales son un guiso que se elabora con nopales cocidos que se añaden a una salsa preparada con chiles pasilla y guajillo, cebolla, ajo, jitomate, clavo, pimienta y comino, además de los escamoles; se acostumbra comerlos con tortillas de maíz y generalmente se sirve alguna sopa antes de comerlos, como

sopa de flor de izote (conocida en la región como flor de palma). Los escamoles horneados se mezclan en una salsa cocida de chile guajillo con jitomate, ajonjolí, clavo, pimienta y comino, se colocan sobre una penca de maguey para cocerlos en horno de tierra durante medio día; esta es la misma técnica de horneado que se emplea para la barbacoa. Suelen comerse en tacos con tortillas de maíz y nopales asados. En Tlaxcala, los escamoles se sofríen en mantequilla o manteca de cerdo con cebolla, chiles serranos y epazote picados.

Conocidos también como:

◇ caviar mexicano
◇ hueva de hormiga
◇ maicitos

Conocidos en algunas regiones como:

◇ guijes (Estado de México)
◇ iujis (Michoacán)

ESCANOL ◆ acacia

ESCARABAJO

Insecto de la orden de los coleópteros. La mayoría se consumen en estado larvario; las pupas y los adultos también se comen, aunque en menor grado. Dependiendo de la región se consumen asados, crudos, en tacos o en salsas. Cambian de nombre de acuerdo con la fase de vida en que se consuman; por lo general, las larvas de estos insectos se llaman gusanos de los palos. En Chiapas, una variedad de larva de escarabajo se conoce como gallinita ciega. Se consume curado en salmuera y luego frito. Este tipo de escarabajo abarca varias especies que se comen por lo general asados, revueltos con huevo o fritos.

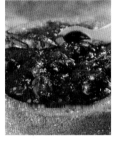

ESCARCHAR

Acto de poner sal en la orilla del vaso, tarro o copa. Este término se emplea en los bares y cantinas del país. Primero se pasa una rodaja de limón por la orilla del vaso para humedecerlo; luego, la boca del vaso se hunde en un plato con sal, lo que deja un arillo de sal alrededor del borde. Esto se utiliza en particular para el coctel margarita y la cerveza servida como michelada. En otros países de habla hispana este procedimiento se conoce como incrustar. Cabe aclarar que en otros lugares escarchar significa hacer pasar una copa por el hielo para que se enfríe, se opaque y tenga algo de escarcha de hielo; los mexicanos llaman a este acto enfriar, aunque no se acostumbra hacerlo en nuestro país, pues se prefiere meter los tarros y los vasos en el congelador.

ESCOBETA ◆ hongo clavito, hongo escobeta, pipicha

ESCOBETILLA ◆ hongo escobeta

ESCOBETITA ◆ hongo clavito

ESCOBITAS

Huazontles rellenos de queso, amarrados entre ellos, capeados y fritos, se bañan con una salsa de chile pasilla. Se acostumbra prepararlos en el estado de Morelos.

ESCOCHÍN ◆ cochi

ESCOMITE ◆ tépari

ESCOTAFÍ

Pan de origen conventual, tradicional de Yucatán. Actualmente la masa suele elaborarse con huevo, azúcar, harina de trigo, fécula de maíz, jugo de limón y polvo para hornear, lo que produce un pan esponjoso. Sin embargo, es posible que la receta haya sido diferente en el pasado. En Campeche se prepara el escotafí de agua de azahar, al que se le añade ralladura de limón. Con una masa muy similar se preparan las panetelas y las bizcotelas.

ESCUMITE ◆ tépari

ESMEDREGAL (*Seriola zonata*)

Pez de dorso azul verdoso con el vientre y los costados más claros, plateados y hasta blancos. Por lo general mide 47 cm de largo y pesa 1.5 kg. Se encuentra en el Pacífico, Golfo de México y península de Yucatán. Cuando es joven se puede pescar todo el año en aguas costeras del Golfo de México; siendo adulto, emigra a alta mar. Se vende fresco y sólo en ocasiones seco y salado. Su carne es suave y fina, en la región donde se captura se acostumbra comer frito (entero o en rebanadas) y es muy apreciado en filetes porque casi no tiene espinas. Se utiliza para preparar pescado en verde, sobre todo en la península de Yucatán, así como en varios guisos con salsas, hierbas de olor o en escabeche. También

se llama esmedregal a *Rachycentron canadum*, pez de otra familia y de características distintas a las descritas, al que se le llama también cobia, y se captura de manera incidental ya que se produce por acuacultivo. Conocido también como guaimeove.

Conocido en algunas regiones como:

◇ coronado (Yucatán)
◇ medregal (zona del Pacífico)

ESMEDREGAL EN SALSA VERDE O ESMEDREGAL EN VERDE ◆ pescado en verde

ESMERALDA

Coctel elaborado con tequila mezclado con menta verde y refresco gaseoso de limón servido en un vaso alto con hielos. Es una bebida que se acostumbra tomar principalmente en bares o clubes nocturnos.

ESMOLOC

Bebida refrescante, que se elabora con granos frescos de cuitlacoche desleídos en agua, tradicional del grupo mochó en Chiapas. Conocido también como smoloc.

ESPADILLA O ESPADÍN ◆ agave, bacanora

ESPECIA DE POLLO

Guiso casero que consiste en carne de pollo cocinada con trozos de plátano macho y piña, en una salsa de jitomate con ajo, cebolla, azafrán, pimienta y clavo; se adorna con chiles en vinagre. Es un platillo tradicional del estado de Puebla.

ESPECIE MIXTECA

Guiso elaborado con arroz frito en manteca de cerdo con cebolla, ajo, jitomate, canela, orégano y clavo molidos; también se le añade consomé de pollo para que tenga consistencia caldosa; se acostumbra servirlo con chiles en vinagre; por lo regular no se le añade carne. Es típico de la región mixteca de Oaxaca.

ESPELÓN

GRAF. expelón, xpéeron, xpéelón o x'pelón. Del maya *x'pelón*, con este nombre se designa al frijol negro de Yucatán y, en general, en toda la península; se conocen dos variedades: *Vigna unguiculata* y *Vigna sinensis*. En la península de Yucatán se utiliza especialmente pequeño y tierno, como en los tamalitos de espelón, cuya preparación tiene un carácter ritual, aunque se consumen de forma cotidiana. En Campeche se elabora el *chay-uah*. En los mercados de Mérida existen vendedoras dedicadas únicamente al comercio de los espelones, donde se pueden comprar en vaina o pelados. Las vainas son bastante largas, miden unos 20 cm de largo. Los frijoles son pintos, de color negro o púrpura. Se pueden encontrar a finales y principios de año. La *Vigna sinensis* tiene una pequeña variante de color pardo o arenoso conocida como frijol barroso.

Conocido también como:

◇ barroso

Conocido en otras regiones como:

◇ chícharo de vaca (norte de Tamaulipas)
◇ frijol chino (sur de Veracruz)

Conocido en el norte del país como:

◇ frijol yorimón
◇ yorimún o yorimuni

ESPERANZAS

Ninfas y adultos de los insectos del orden de los ortópteros, especies *Petaloptera zandala*, *Stilpnochlora thoracica* y *Stilpnochlora azteca*. Familiares directos de los comúnmente llamados saltamontes, langostas y grillos, fácilmente reconocidos por sus fémures posteriores agrandados, perfectos para brincar. Las antenas son siempre filiformes, pero pueden ser cortas o largas (como las de los grillos). La mayoría de las especies poseen cuatro alas, de las que las posteriores usualmente están dobladas. Se registra su consumo como insecto en el Estado de México.

ESPINAZO

Columna vertebral de la res y del cerdo, que es muy utilizada por su sabor en la elaboración de ciertos guisos, sobre todo en la región centro del país. En ocasiones, si no se menciona de qué animal es el espinazo, es casi seguro que se refiera al de cerdo, sobre todo en el área de Jalisco, donde se prepara de diversas formas.

Espinazo de cerdo

ESPINAZO DE CERDO

Espinazo de cerdo cocido con sal, cebolla, ajo y tomillo; se le agrega chayote, papa, zanahoria y hojas de chaya y es acompañado con arroz frito, tomate y pimienta. Este plato se prepara en Comitán, Chiapas.

ESPINO ◆ acacia

ESPINO DE SOL ◆ chinaca

ESPIRULINA ◆ alga espirulina

ESPONJITA ◆ hongo cemita

ESPULGAR
Retirar cáscaras, basuras y piedras, sobre todo en el caso de las leguminosas, antes de ponerlas a cocinar.

ESPUMA ◆ chocolate-atole

ESPUMA DE MAR
Dulce que consiste en dos barritas horneadas: una elaborada con mantequilla batida con azúcar, polvo para hornear y nuez picada; la otra preparada con huevo, azúcar, miel de maíz y jarabe de maple. Es típico de Cananea, Sonora.

ESQUIATE
GRAF. hesquiate, hisquiate, isquiate o izquiate. Maíz tostado y molido con el que los tarahumaras realizan el pinole o atole; en ocasiones se elabora con maíz tierno. Cuando ya está tostado se le retira la cáscara, se muele ligeramente y se avienta varias veces al aire para que el viento se la lleve. El atole que se prepara con este maíz molido, llamado esquiate, se consume como sopa o guiso, en ocasiones se le añaden diferentes hierbas, entre ellas las flores de fresno y de sauce, así como hojas de nabo que le dan un color verdoso. Cuando no lleva hierbas suele tomarse con *sotol*. También es común acompañarlo con queso o pencas de maguey asadas. En algunas ocasiones para preparar esquiate se sustituye el maíz por frijol tecómare.

> Conocido también como:
> ◇ esquite o hesquite
> Conocido en tarahumara como:
> ◇ *sunu' gue' hualí*

ESQUIMOL
Caldo de cerdo al que le agregan polvo de maíz tostado y molido, epazote y cilantro. Es un guiso festivo que se prepara principalmente para fiestas, bodas y bautizos, tradicional de Zongolica, Veracruz. Otra versión se prepara con vísceras de pollo y se saboriza con hierba santa.

ESQUITES
Del náhuatl *izquitl*, de *ihcequi*, tostar maíz. Granos de elote preparados, que se comen como antojito o golosina y se venden en puestos callejeros y/o ambulantes. Lo más frecuente es que se cuezan los granos del elote tierno con agua, sal y epazote; a gusto del comprador se les agrega jugo de limón, chile piquín en polvo y, ocasionalmente, queso fresco rallado y mayonesa. Se venden por las calles en las ciudades del centro del país, especialmente en el Distrito Federal; los puestos que los expenden casi siempre venden  también elote cocido. Se venden por lo regular en las noches, en las esquinas, a las salidas de las panaderías, cines, estaciones del metro, estadios y otros lugares concurridos. En la sierra de Hidalgo se preparan los esquites borrachos: los granos de elote se fríen en aceite con cebolla y después se cuecen en pulque con sal, chile serrano picado y epazote.

En Hermosillo, Sonora, los esquites son dulces, los granos de maíz se cuecen en una miel de melcocha de panela. En Tlaxcala los granos de elote se asan y luego se saltean con epazote y rajas de chile loco. Conocidos en San Luis Potosí como trolelotes.
→ esquiate

ESTADO DE MÉXICO
Estado localizado en el centro de la república mexicana; colinda al norte con el estado de Hidalgo, al este con Tlaxcala y Puebla, al sur con el Distrito Federal, Morelos y Guerrero, al oeste con Michoacán y al noroeste con Querétaro. Se divide en 125 municipios, mismos que están agrupados en 16 regiones socioeconómicas. El Estado de México fue la primera entidad a la que se le reconoció como independiente en marzo de 1824; su capital es la ciudad de Toluca. Es un gran productor de flores de ornato, tiene el primer lugar a nivel nacional de captura de trucha y carpa, así como en la producción de carne de ovino en canal. Los pueblos indígenas que habitan actualmente la región son matlazincas, mazahuas, nahuas, otomíes y tlahuicas. Debido a su cercanía

Templo y exconvento de san Agustín, Acolman

con la capital del país, en muchas ocasiones los integrantes de estos grupos buscan empleo fuera de su comunidad en zonas urbanas. La base de su alimentación es el maíz, el frijol y algunos quelites y hongos, aunque también cultivan para venta y para autoconsumo: papa, chícharo, avena, trigo, cebada, habas y zanahorias; la producción pecuaria es mínima, así como su consumo de proteína animal, la cual proviene de gallos, gallinas, guajolotes, huevo y, en ocasiones, cerdo. Las preparaciones y costumbres alimentarias del Estado de México son similares a las de sus estados vecinos, particularmente a las del Distrito Federal, Hidalgo y Querétaro, de tal manera que a veces no se puede precisar con exactitud en qué estado se originaron guisos que se consideran típicos en la región, como: barbacoa, carnitas, manitas de puerco (patas de cerdo), mixiotes, pancita, pozole (pozole de trigo) o el revoltijo. Los platillos que se preparan cotidianamente son un verdadero festín, muchos de ellos tienen origen rural o indígena; entre los ingredientes y las preparaciones más representativas encontramos: las albóndigas en chipotle, los ayocotes con mole, el cerdo con verdolagas, la cecina, los charales, el chilapazón, los chiles de agosto, los chiles jalapeños rellenos de queso, la chimpa, los chorizos almendrado, toluqueño y verde, el conejo guisado en adobo, enchilado, en picadillo o en pulque, la crema de frijol, los escamoles, la flor de izote capeada, la flor de nabo en tortitas, los frijoles quebrados con flor de garambullo, los frijoles caldosos, las

255

Zona arqueológica de Calixtlahuaca, Toluca

habitas empulcadas, los huevos rancheros, los juanes, la longaniza, los machitos, el menudo, el michmole, los mixiotes de cerdo, rojos y en verde, el mole de hongos, el mole de olla, el mole de Tonatico, el pato cocido en barro, el pepeto, el pipián rojo, el pollo preparado en cuñete, en penca, en pipián, en pulque, enlodado y estilo Jiquipilco, la pollocoa, el queso de cabra, el queso de epazote, el queso de letras, el

queso de puerco, el queso refregado, los quintoniles, la rana, el remole, la rellena, las sopas de ajo, de fideo, de frijol, de haba seca, de lentejas, de malvas, de nopales y de tortilla, el texmole, los tlacoyos, los tlatoniles, las tortas de huauzontle, la trucha empapelada y, para cerrar con broche de oro, diversas clases de quesadillas. Los tacos son un antojito muy popular; se venden especialmente los tacos placeros, además de tacos de barbacoa, carnitas, lon-

Zona arqueológica de Teotihuacan

ganiza y carne asada, entre otros. En la entidad son especialmente importantes los tacos preparados con diferentes vísceras, como cabeza, sesos, moronga y el embutido llamado obispo. Durante la época de lluvias, de julio a septiembre, se consumen grandes cantidades de hongos; existe una gran variedad de ellos, como añiles, cazahuates u hongos de maguey, cemitas, clavitos, duraznillo, enchilados u hongo amarillo, gachupines, galambos, hongos de ocote, hongos de oyamel, jicarita u hongo tecomate, negritos, pancitas, patas de pájaro, nichtamananácatl, tejamanilero, tostomite, yemita, y cuitlacoche, entre otros. Se preparan en deliciosas sopas y escabeches, salteados y guisados para rellenos de quesadillas, además de que se incluyen en diversos guisos. Muchos de los hongos que se recolectan en la entidad se venden en Toluca, en otras localidades grandes y en el Distrito Federal. Algunos de los ingredientes típicos tienen su origen en la época prehispánica, en su mayoría insectos. Encontramos acociles, ahuautle, ajolote, ancas de rana, aneneztli, armadillo, avispas, botijas, cigarras, chapulines, esperanzas, gusanos cupiche, elotero, de maguey y de nopal, hormiga mielera, jumiles, mariposa monarca, moscas acuática, de mayo y de la virgen, tantarrias y xamues. Se preparan también muchas salsas de mesa para acompañar todo tipo de alimentos como la borracha, de chile de árbol, de chile morita, de chile pasilla, de guacamole, de gusanos de

maguey, de jumiles o verde. Los tamales se consumen por lo general en el desayuno y la cena, aunque se preparan también algunos especiales para la cuaresma, la Navidad y otras festividades; los más representativos son los mextlapiques, los tamales de atole, de capulín, de carpa, de cocol de lodo (cuculito del agua), de charales, de chile, de elote, de frijol, de hongos, de Judas, de pingüica, de rana, de sesos, nejos, tamales para mole y totomoches. Compañeros casi inseparables de los tamales son los atoles, de los que existe una gran variedad. Algunos son el de amaranto, de aguamiel, de arrayán, de masa, de zarzamora, el chacualole y el pinole. Se preparan también otras bebidas no alcohólicas o con poco contenido alcohólico como la garapiña, el pulque, el tepache, el sendi y el zendechó, estas últimas de origen mazahua. En todo el estado existe una gran tradición panadera; en las panaderías se elabora pan de sal y una gran variedad de pan de dulce, como en el Distrito Federal; el pan de Jilotepec es especialmente conocido: destacan los cocoles, las mestizas y las rosquitas. La variedad de dulces que se preparan es realmente asombrosa: existen diferentes ingredientes, colores y texturas y aunque se fabrican en muchos lugares, merecen mención especial las dulcerías de To-

Cosmovitral, Toluca

luca, entre ellas la famosa dulcería El Socio, donde se expenden dulces como alegrías, alfeñiques, barquillos de cajeta, borreguitos, cabellos de ángel, cocadas, dulces de agosto, dulces de chayote, tejocotes, de xoconostles y de zapote prieto, duquesas, duraznos secos, flan imperial, frutas de horno, huesitos, jamoncillos, limones rellenos, mantecados, margaritas, mazapanes, ponteduros y yemitas. Es importante añadir que algunos de los dulces mencionados se preparan sólo en forma casera, por lo que, la costumbre de elaborarlos comienza a perderse. Existe una amplia variedad de licores elaborados con diferentes frutas y hierbas como capulín, limón, nanche y zarzamora. Se producen también licores únicos en su estilo como el amargo, el chilocle, el chorreado, el chumiate, la garañona, el nevado, el tecui, los toritos, el vino de manzana y los famosos moscos.

ESTAFIATE ♦ hierba maestra

ESTOFADO
Guiso elaborado con carne cocida a fuego lento en salsa o jugo, en una olla tapada por varias horas. A veces se le añade una pequeña cantidad de vinagre para suavizar un poco las carnes. El nombre de este guiso proviene del francés *étoufée*, que significa asfixiado, porque estas preparaciones se elaboran en recipientes cerrados que impiden la salida del aire, lo que contribuye a que el alimento absorba todo el aroma de los condimentos, así como la cocción prolongada a fuego lento. En él se combinan carnes, verduras y especias. En México los estofados son muy popu-

lares: los hay de res, cerdo, pollo, lengua, almendra, etc. Se debe advertir que aunque existe cierta relación con el nombre del platillo y la técnica de preparación, los estofados mexicanos no guardan similitud con los franceses, pues aquí se desarrollaron guisos con características propias, de acuerdo con los ingredientes típicos de cada región. El estofado de lengua se prepara en varios lugares del país. Según algunas recetas, la lengua se cuece en agua con vinagre, especias y hierbas de olor; la receta puede incluir aceitunas, alcaparras, papas y zanahorias. Se sirve rebanada con verduras y un poco del caldillo que se obtiene del guiso. En algunos lugares le añaden algún tipo de chile molido para enrojecer el platillo. Los más utilizados son ancho, pasilla y guajillo. En algunas regiones se preparan de la siguiente forma:

• En Escuintla, Chiapas, es común el estofado de pollo, platillo guisado con jitomate, cebolla, ajo, chayote, zanahorias y papas, todos troceados, condimentado con pimienta, clavo, laurel, orégano, tomillo, canela, azúcar y vinagre, espesado con pan y adornado con aceitunas, chile dulce y perejil picados. En La Trinitaria, Chiapas, se prepara el estofado de borrego con cebolla, ajo, clavo, pimienta, tomillo, orégano y perejil licuados que se ponen a cocer junto con la carne de borrego con hueso; después, a la carne se le añade achiote y pan licuado con jitomate y cebolla. Al momento de servir se le agrega perejil y huevo cocido finamente picado.

• En las comunidades rurales de Guerrero se elabora el estofado de huilota: la carne se cuece en agua con cebolla y luego se guisa en una salsa de chile guajillo, pimientas negra y gorda y ajo. El estofado de res elaborado en las costas de Guerrero contiene chambarete o alguna otra carne con hueso que se guisa en salsa de jitomate, chile guajillo, cebolla y ajo; se le añade papa, calabaza, ejotes y chícharos.

• En Oaxaca los estofados son guisos de carne que por lo general se cocinan en salsa de jitomate y se les añaden distintos tipos de verduras, según la región. El estofado de almendra es de pollo frito y luego guisado en una salsa de jitomate con almendras, pan de yema, ajo, cebolla, clavo, pimienta, orégano y canela, todos ellos molidos; también se le agregan pasas, alcaparras y aceitunas enteras. En San José Río Manso, Oaxaca, el estofado de pescado incluye jitomate, pimienta, clavo, laurel, aceitunas, alcaparras, pasitas, ajo, papas, cebolla y comino; los pescados más empleados son: mojarra, jolote, guavina o robalito y se suele acompañar con arroz blanco. En el Istmo de Tehuantepec, Oaxaca, se prepara con maciza y costilla de res, chile ancho, pimienta negra, laurel, mejorana, tomillo, orégano, canela, achiote, vinagre, cebolla, ajo, jitomate, piña fresca y plátano macho y se espesa con chilindrina o bollo; éste es un guiso que se acostumbra dar en las bodas en Ixtaltepec y Espinal, Oaxaca.

• En Sinaloa es común el estofado de venado.

• En Tabasco, por el contrario, el pollo se sancocha e incorpora a una salsa con aceitunas, pasitas, almendras, plátano macho, zanahoria y papa, se le añade algo del caldo de la carne y vinagre para cocerlo a fuego lento. Se sirve con arroz blanco como parte de las comidas familiares del mediodía. El resultado final es semejante al pollo en cuñete del centro del país. El estofado más común es el de pollo, pero también se guisa con carne de gallina, guajolote, res, pato y cerdo.

ESTOFADO DE BODAS

Caldo elaborado con carne, cebolla, ajo, jitomate, pasitas, almendras, aceitunas y chiles jalapeños; todos los ingredientes van picados o troceados dentro del caldo, además se le añaden especias molidas como orégano, pimienta, clavo y canela. Al final se le agregan papas en rodajas, plátano macho y rebanadas de piña. Es un platillo poco común, por eso se elabora sólo para bodas en Pinotepa Nacional, Oaxaca. En Ixtepec, Istmo de Tehuantepec, Oaxaca, se elabora un guiso festivo típico de bodas y mayordomías que se prepara en grandes ollas denominadas palanganas, se cuece carne de res condimentada con clavos, pimienta, canela, laurel, tomillo y achiote. La salsa también incluye chiles ancho y guajillo, jitomate, cebolla y ajo y se espesa con pan desmoronado; el guiso puede incluir plátano macho, manzana y piña en trozos. Se acostumbra acompañarlo con una guarnición de verduras cocidas y en algunos casos coliflor, zanahoria, brócoli, chayote, ejotes, calabacitas y papas. Esta guarnición se adereza con vinagre, aceite de oliva, tomillo, chiles en escabeche y sal.

ESTOFADO DE IGUANA

Iguana en trozos que se deja reposar en vinagre de manzana y agua, para luego guisarla con papas, chile, jitomate, cebolla, ajo, sal y pimienta. Se acostumbra en Juchitán, Oaxaca.

ESTOFADO DE VENADO

Venado guisado con zanahorias, papas y pimiento morrón, cocidos en un caldillo de jitomate, ajo y cebolla. Por último se perfuma con laurel.

ESTÓMAGO

Panza de diferentes animales que se utiliza para elaborar diversos platillos.

Conocido también como:

◇ buche (cerdo)
◇ pancita de barbacoa (borrego)

→ panza de res

ESTORREJA ◆ torrejas

ESTREBE

Tripié de acero utilizado como base para sostener las ollas o cazuelas de barro mientras se cocina.

ESTRELLITA ◆ piojo

ETAMAL

Del náhuatl *etl*, frijol y *tamalli*, tamal. Es un tamal de frijol que se prepara en las regiones del centro del país, sobre todo en lugares donde radican comunidades nahuas. En el área de Córdoba, Veracruz, se prepara con frijol negro y masa de maíz con hoja de aguacate, envueltos en hoja de maíz; por lo regular se sirven para acompañar moles o barbacoa de pollo. En Zongolica, Veracruz, se elaboran con una variedad de frijol local llamada elama o *elamajetl*, el tamal se prepara con masa de frijol y masa de maíz, se coloca una sobre la otra y se enrollan; se toman porciones que se envuelven en hojas de aguacate y de maíz y se cuecen al vapor. Se comen solos, con trozos de chicharrón o para acompañar el mole de guajolote, como si fueran tortillas. Se acostumbra prepararlos principalmente para bautizos, ofrendas, bodas y velorios. Se le conoce también como eyotamal.

ETCHO (*Pachycereus pecten-aboriginum*)

Cactácea que da frutos en forma de bola con muchas agujas filosas que antiguamente se utilizaban como peines. Los mayos de Sonora elaboran con los frutos una miel que consumen con las biznagas, así como una jalea que emplean para las tortillas, para el pinol o para consumirla sola. Asimismo, con las semillas del fruto preparan un pinole que se revuelve con agua, se cuela y se añade al frijol o al garbanzo; también con éste elaboran un atole con masa de maíz y piloncillo. Los yaquis de Sonora utilizan este fruto de forma similar. Conocido también como cardón.

ETEPEYA

Guiso de frijol o chícharos secos, tostados y molidos. El polvo, resultado de la molienda, se disuelve en agua y se cuece con hojas de aguacate que le aportan un sabor muy especial; también puede llevar ramas de cilantro. Se acostumbra servir en tazones junto con rajas de chile verde asadas o salsa macha de chile seco. Es tradicional de Zongolica, Veracruz.

ETL TOLONTZI

De *etl*, frijol. Es una comida tradicional de temporal, típica de Zongolica, Veracruz. Se elabora con chícharos tiernos cocidos en agua con cebolla, epazote y sal. Se acostumbra comer durante la temporada de cosecha, en los meses de mayo y junio. Se acompaña con tortillas, chiles verdes y una taza de café.

ETLATOLLI ◆ atole de frijol negro

ETZALE

Platillo elaborado con elotes cocidos (unos desgranados y otros cortados en ruedas) sal, tomatillo, epazote y agua; se acompaña con salsa de chiles verdes molidos, jugo de limón y totopostes. Se acostumbra comer en las comunidades rurales, después de las jornadas de trabajo, de Los Tuxtlas, Veracruz. El origen de esta preparación es el *etzalli* prehispánico, comida preparada con maíz y frijol que se acostumbraba comer en todas las casas durante la celebración al dios Tláloc, en el mes de *etzacualiztli*.

EXPELÓN ◆ espelón

EXQUIQUILIT ◆ mafafa

EXTRACTO

Concentrado que se elabora con hierbas o especias que se utilizan en la cocina para aromatizar un platillo o reforzar el sabor de algún alimento; en muchas ocasiones se prepara con sabores artificiales. En la cocina mexicana no son muy utilizados, aunque el extracto de vainilla es común. Éste originalmente se preparaba sólo de forma natural. Todavía se elabora así, pero la mayor parte de los productos disponibles en los supermercados son artificiales. En México lo normal es que a los postres y dulces se les añada extracto de vainilla; casi nadie ocupa las vainas, pues es más fácil utilizar el extracto. Éste se añade a las preparaciones a gotas o a cucharaditas, según indique la receta. Para la elaboración del extracto de vainilla, las vainas fermentadas de ésta se maceran en alcohol y agua; el alcohol se evapora poco a poco, hasta que únicamente queda el agua con el color y olor de la vainilla. Los indígenas papantecos de Veracruz venden un extracto más puro de lo usual, su color es más oscuro, el líquido más denso y el aroma es casi tres veces más fuerte que el de cualquier marca. Otro extracto es el de café, que se obtiene de los granos de esa planta y se utiliza en el llamado café con leche que se expende en los cafés de chinos.

EXTRANJERO ◆ guavina

EYOTAMAL ◆ etamal

FAISÁN (*Meleagris ocellata*)

Ave que presenta un plumaje de tono verde o bronce, brillante y ocelado, es decir con manchas redondas; la cola está moteada de blanco y negro y cada pluma tiene en la punta bandas bronceadas; la cabeza está desnuda y es de color azul brillante con verrugas anaranjadas y un apéndice carnoso colgando de la frente, las patas son de color rojo brillante con espolones largos y agudos; el macho pesa alrededor de 5 kg y las hembras 3 kg, éstas son similares al macho, pero más oscuras, sin espolones ni verrugas. Es un ave de caza muy apreciada por el sabor de su carne, que se considera sutil y alcanza un alto valor comercial. Habita en la península de Yucatán, Chiapas y Tabasco; junto con el venado forma el dueto de las carnes más finas de Yucatán, por ello la península es conocida como la "tierra del faisán y del venado". Ambos se preparaban al pibil, en pipián y en escabeche oriental; sin embargo, actualmente son especies en peligro de extinción.

Conocido también como:

◊ guajolote de monte
◊ guajolote de Yucatán
◊ guajolote ocelado
◊ guajolote silvestre
◊ pavo de monte
◊ pavo ocelado

Conocido en maya como:

◊ *kutz*

→ guajolote

FAJO

Término que en Tabasco se aplica a la acción de tomar aguardiente de caña.

FALDA

Parte trasera de la barriga de la res, sin hueso y con mucha pulpa, ubicada detrás de las agujas. Es suave y contiene una buena cantidad de grasa. Se emplea para prepararla deshebrada, molida, en bisteces y muchas otras formas. Se utiliza para hacer cocidos, gallina pinta y huacavaque.

Conocida en algunas regiones como:

◊ aldilla (Sonora)
◊ presada (centro del país)

FALSA CALABAZA ◆ cahuayote

FANDANGO

Nombre que recibe en los Valles Centrales de Oaxaca una gran boda donde se realizan numerosas festividades y platillos como parte de la celebración. Tradicionalmente hay tres formas de casarse: "raptando" a la novia o la huida acordada entre los novios, en la que no existe ningún festejo; la boda común que puede llegar a ser una fiesta, que no es espectacular, y casarse en fandango o hacer fandango. Esta última es una fiesta importante, que dura varios días y prácticamente requiere de la participación de todas las mujeres del pueblo. Pueden ser decenas o cientos de cocineras las que preparen las comidas que se realizan a diferentes horas del día, así como la participación económica de toda la comunidad por un acuerdo existente entre los zapotecas llamado *guelaguetza*. En términos generales, la *guelaguetza* consiste en aportar algo (algún ingrediente para los platillos o trabajando en la preparación de los mismos) para que cuando se case el hijo o la hija del que aporta, le sea devuelto lo mismo; por ello casi todos procuran ser sumamente generosos. Los que se casan en fandango tienen el deseo de hacerlo, ya que ellos y sus familiares aportan poco dinero y el pueblo es el que paga la fiesta. Como parte de los festejos, mientras un grupo de mujeres elaboran tlayudas, otro se dedica a preparar el chocolate-atole, el mole de Castilla o mole negro y los higaditos de fandango que son tal vez los platillos más importantes; toda esta organización requiere de una comidera, mujer muy experimentada en la cocina que es la "gran jefa". El mole no sólo debe ser suficiente

Fiesta de la Guelaguetza, Oaxaca

259

para todos los invitados, sino que necesariamente tiene que sobrar porque cada familia regresa a casa con una cazuela o jarro de barro lleno de mole. Durante el fandango se reparten ramas de poleo a todos los invitados, especialmente a los hombres, para que lo beban en infusión, y de esta forma, eviten la resaca que provoca el consumo excesivo de mezcal; a esta acción se le conoce como poleada.

FARANGOYO
Caldo de chiles costeños, cebolla, ajo y epazote con huevos ahogados, que se acostumbra en la región de la costa de Oaxaca. Originalmente los huevos eran de tortuga, pero a causa de la prohibición de su consumo, actualmente se sustituyen por huevos de gallina.

FÉCULA DE MAÍZ
Almidón obtenido del maíz que se usa como espesante en atoles, natillas, salsas, etcétera. La fécula de maíz desplazó a otras féculas que eran muy utilizadas en la cocina tradicional, como la de yuca. La marca más conocida que comercializa la fécula de maíz es Maizena®, que incluso ha sustituido al nombre genérico. Conocida también como:

◇ almidón de maíz
◇ maicena o Maizena®

FÉCULA DE YUCA
Almidón de la yuca. Para obtenerlo, la yuca fresca y cruda se pela y se muele o se raya para que quede muy fina, se agrega agua y se deja reposar. Por decantación se separa el agua, la masa de la raíz y la fécula, que es el asiento que queda en el fondo. Se usa como espesante igual que la fécula de maíz.

FERMENTADO
Alimento o bebida que deriva de la fermentación, es decir, de un proceso bioquímico que involucra la presencia de microorganismos que transforman sustancias orgánicas en energía. Los alimentos y las bebidas se fermentan con la finalidad de conservarlos o modificar sus propiedades y sabor. La fermentación alcohólica resulta de la transformación de azúcares en alcohol o etanol y dióxido de carbono. Para que este proceso pueda llevarse a cabo es necesaria la presencia de agua, azúcar y levaduras; estas últimas son las que permiten separar las moléculas de glucosa para producir el etanol y el dióxido de carbono. Algunos ejemplos son: tepache, balché, tesgüino, pulque y tuba, así como los mezcales que previo a la destilación de su jugo son fermentados. Otro tipo de fermentaciones son la láctica y la acética, de las cuales se obtienen alimentos como el jocoque y los vinagres.

FIAMBRE
Platón con carnes frías y verduras aderezadas con una vinagreta de aceite de oliva, vinagre y especias, que se sirve con hojas de lechuga; sin embargo, en su preparación varían los ingredientes según el estado de la república donde se prepare. Es un platillo festivo que se consume como botana o entremés en San Luis Potosí, las carnes más utilizadas son patas de cerdo, pollo, lengua de ternera o res; puede contener una, dos o todas juntas; éstas se cuecen por separado en agua con laurel, pimienta, cebolla, ajo, tomillo y mejorana. Las verduras más usadas son zanahoria, papa, calabacita, chícharos y ejotes; ya cocidas se mezclan con las carnes, se ade-

rezan con la vinagreta y se dejan reposar. Por su parte, la vinagreta puede contener aceite, vinagre de cualquier tipo, el vinagre de chiles encurtidos, mostaza, pimienta, ajo, perejil y yema de huevo cocida y molida. Cuando se elabora únicamente con patas de cerdo suele llamársele fiambre de patitas o patitas de cerdo en escabeche. En Guanajuato el fiambre toma otras características, casi siempre es una combinación de carne de pollo, patas de cerdo, queso de puerco, lengua de res y, a veces, chorizo, todo cocinado con vinagre y hierbas de olor. Se le añaden trozos o rebanadas de manzana, naranja, chiles en vinagre, guayaba y aguacate y se sirve sobre lechuga en grandes platones. Especialmente el 1 de noviembre, día de Todos los Santos, en San Miguel de Allende, Guanajuato, se acostumbra hacer este mismo preparado con más ingredientes; puede incluir lima, plátano, jícama, betabel, aceitunas y cacahuates. De manera similar se elabora en Salamanca. En Guerrero se prepara con carne de res, patas de cerdo en vinagre, costilla de res asada, pollo y chorizo fritos, frijoles y queso fresco espolvoreado; se adorna con hojas de lechuga, aceitunas, rábanos, papas cocidas y fritas, chiles en vinagre y totopos de tortilla de maíz. Es un platillo festivo que se acostumbra en la zona central del estado durante la Navidad y otras grandes fiestas. En la región de Chilapa se agregan además calabacitas, ejotes, zanahorias y jugo de lima agria; se come con pan. En Puebla el fiambre se elabora con pollo, patitas de cerdo y carne de res, preparados en un vinagre que contiene laurel, cebolla, pimientas, rodajas de limón, chiles en vinagre, calabacitas, zanahoria y azúcar; se sirve en platones con hojas de lechuga, rabanitos y limones. También se acostumbra en Zacatecas y Jalisco. Es conocido en San Luis Potosí como fiambre potosino.

FIDEO
Pasta italiana que se asemeja a un espagueti muy delgado. Entre ellos se reconoce el llamado pelo de ángel, que es el más fino de todos, y el fideo normal, que puede tener 1 o 2 mm de ancho. Existen las sopas de fideo seco y las de fideo aguada; de ellas se deriva una gran variedad de sopas. Es una pasta muy utilizada en la cocina mexicana, en la que los fideos no se consumen largos; de hecho, los fabricantes elaboran el fideo siempre corto, que no rebasa los 3 cm de largo, independientemente de que éste sea delgado o grueso, debido a que se emplea para sopa, por lo tanto, debe caber en una cuchara, porque si es más grande se resbala y cae. Aunque también existe el fideo largo que viene enrollado en madeja, es menos común y es necesario quebrarlo.

FIELES DIFUNTOS ◆ día de Muertos

FIESTA DE TODOS LOS SANTOS ◆ día de Muertos

FIFIA DE CARNERO
Asadura de carnero cocida en agua con ajo y sal, freída con cebolla y chile verde, sazonada con especias, chile rojo y tomate cocidos y molidos. Todo se termina de cocer con un poco de caldo donde se cocinó la asadura.

FIGADETE
Antojito preparado con trocitos de chicharrón mezclados con cebolla, vinagre, aceite de oliva, sal, orégano, chiles encurtidos y queso; se puede acompañar con arroz a la mexicana, frijoles y tortillas de maíz. Es tradicional en Jerez,

Zacatecas, y también se acostumbra en las fiestas de la Purísima Concepción. Puede servirse como botana y se acompaña con salsa brava. Es conocido en Zacatecas como figadete jerezano.

FIGURITAS DE EJUTLA
Confites de azúcar rellenos con una mielecilla envinada. Se hacen en forma de liras, zapatos, sombreros y corazones y se adornan con hojas y flores. Se acostumbran en Oaxaca durante el día de Muertos.

FIGURITAS DE PASTA DE ALMENDRA ◆ pasta de almendra

FILETE
1. Parte de la res que se encuentra entre el aguayón y el entrecot, muy codiciada y de alto valor comercial. Es de extrema suavidad y no se obtiene gran cantidad de cada animal: en promedio pesa de 2 a 3 kg. De él se pueden obtener bisteces y varios cortes como escalopas, milanesas y brochetas. Son especialmente famosas las sábanas y la carne a la tampiqueña que se preparan con el filete. En muchas carnicerías la venta está condicionada a la pieza completa, pues cuando se vende por kilo, la gente quiere la parte que se conoce como caña, que es el centro de la pieza y desprecian las puntas, aunque en suavidad y sabor son prácticamente iguales.

2. Cortes laterales que se practican en los pescados, muy apreciados porque al cortar se procura que la carne no tenga espinas. Si son de pescados pequeños se les llama filetitos de pescado.

Filete de pescado

FILETE CHEMITA
Corazón de filete de res asado que, según relata un capitán de meseros que trabajó en el famoso restaurante Prendes, en el Distrito Federal, pedía un cliente asiduo a quien todo mundo llamaba cariñosamente "el señor Chemita". Él mismo aderezaba la carne. Lo solicitaba con tanta frecuencia, que en la cocina se pedía "el filete del señor Chemita", hasta que todos identificaron con su nombre a esta especialidad. El restaurante ha cambiado de dueño y de personal, por lo que no se ha podido rescatar la receta original, pero es seguro que el señor Chemita siempre se refería a un trozo de caña de filete. Actualmente diferentes restaurantes ofrecen su

propia versión y todas incluyen queso y una salsa oscura.

FILETE DE PESCADO RELLENO DE MARISCOS
Filete de robalo o mero enrollado y relleno con un sofrito de camarones, ostiones, jitomate, cebolla, ajo, aceitunas y perejil. Se cuece en un caldo de puchero de pollo y finalmente se hornea junto con chile morrón y un licuado de queso manchego y mayonesa. Esta receta proviene de la región del Sotavento, en Veracruz.

FILETE DE RES EN SALSA DE DÁTIL
Filete de res que se acompaña con una salsa similar a la que se utiliza para los camarones al tamarindo, esto es, con dátil, cebolla, caldo de pollo o ternera, fécula de maíz y pimienta. Se prepara en La Paz y otras ciudades de Baja California Sur.

FLAMENCO ◆ pargo

FLAN
Postre popular que se consume en diferentes países con muchísimas variantes locales. De acuerdo con el *Larousse gastronomique*, el flan europeo es una especie de tarta salada o dulce, bañada con un líquido que puede ser una salsa de frutas o una crema de huevo, y se pueden añadir frutas, pasas, menudencias de aves o mariscos. Se puede servir como entrada si es salado, o como postre si es dulce. La palabra flan pro-

viene de la voz francesa *flan*, derivada a su vez del alto alemán antiguo *flado*, que significaba torta u objeto plano. Los flanes se conocen y disfrutan desde la época medieval, aunque han tenido variaciones a través de los siglos. Llegaron a México de España. En nuestro país la preparación más común se elabora combinando leche, azúcar y yemas de huevo, horneando esta mezcla en baño María y bañándola con caramelo. En México hay una gran diversidad de flanes.

• El flan a la antigua se prepara con leche de vaca, sin polvos ni leche enlatada, con sal, azúcar y vainilla; todos los ingredientes se ponen al fuego y se mueven hasta que la mezcla se reduce, posteriormente se deja entibiar y se añaden yemas y huevos enteros previamente batidos; en seguida se cuela todo y se vierte en los moldes que contienen caramelo; se hornean en baño María y se sirven fríos; normalmente se procura tener preparado un poco de miel o caramelo extra para bañar más el flan. Para preparar el caramelo en los moldes, se ponen éstos sobre la lumbre con el azúcar para que se derrita y adquiera un color oscuro, es una exigencia mexicana que el caramelo sea muy oscuro pues el sabor amargo contrasta de manera agradable con la dulzura del flan. Esta variedad también se conoce como flan horneado.

• El flan napolitano es, sin lugar a dudas, uno de los más solicitados en fiestas, reuniones y restaurantes; en las últimas tres décadas ha ganado gran popularidad por su buen sabor, su apreciada consistencia y su fácil preparación. Por lo general se licúan de seis a ocho huevos, una lata de leche evaporada y una de leche condensada; la mezcla se vierte sobre un molde solo o con caramelo y se hornea en baño María o se cuece en olla de presión. En ocasiones se le agrega ralladura de naranja o de limón, café, vainilla, queso o algún otro ingrediente para darle sabor. Antiguamente era un postre más delicado: se preparaba con leche, azúcar, claras y a veces almendras; actualmente se trata de un flan denso. En los estados del centro del país es muy apreciado, siendo un postre que se consume prácticamente todos los días.

• El flan de frutas se elabora en Comitán, Chiapas; contiene jugo de naranja, acitrón picado, pasitas y cerezas en mitades, además de leche condensada, huevos y caramelo de azúcar.

• El flan imperial es un postre antiguo, consumido en el Estado de México, muy similar a otros flanes antiguos elaborados con leche, azúcar, bicarbonato de sodio, hojas de naranjo, canela y yemas, cubiertos con azúcar caramelizada. Cuenta la historia que en los últimos días de octubre de 1864, el emperador Maximiliano se reunió con la emperatriz Carlota en Toluca. La pareja imperial se hospedó durante tres días en el Portal del Risco, ubicado en la calle Real, propiedad de la señora Soledad Pliego y Albarrán. Entre los muchos postres ofrecidos, el emperador eligió sin titubear un flan que desde entonces se llama flan imperial.

• El queso de Nápoles se elabora en Jalisco, particularmente entre las familias antiguas de Tequila. Es un postre muy similar a un flan napolitano con almendras molidas.

• El flan de naranja se acostumbra entre las familias antiguas de Tehuacán, Puebla. Contiene leche, jugo de naranja, huevo y azúcar.

• En todo el estado de Puebla se acostumbra el flan típico de vainilla, de notable herencia conventual. Cotiene leche, azúcar, huevo y vainilla.

• El queso de almendra o queso napolitano se acostumbra en Oaxaca; es un flan con almendras molidas. Una preparación similar se consume en Yucatán.

Aunque mucha gente todavía prepara los deliciosos flanes tradicionales antes descritos, se debe advertir que muchas personas elaboran el flan instantáneo, también llamado flan de caja o de paquete, que sólo exige calentar leche, agregarle el polvo que se compra empaquetado y refrigerarlo.

→ jericalla, papín

FLAN BLANCO ◆ isla flotante

FLANERA

Utensilio de cocina tradicional para hornear flan, también conocido como molde para flan. Hechas de lámina, las flaneras son especiales para cocer a baño María en el horno o en la olla de presión. También se utilizan para este fin recipientes pequeños de vidrio en forma de cono truncado.

FLAUTA

Taco frito de carne, muy delgado, generalmente del doble de largo de un taco normal: por lo menos mide 20 cm de largo y en algunos casos puede alcanzar hasta 40 cm. Su forma y longitud recuerdan el instrumento musical del mismo nombre. Se consume como antojito o comida completa los fines de semana y, aunque a veces se prepara en casa, normalmente se compra en los puestos de barbacoa o taquerías especializadas. Debido a su tamaño, se usa una tortilla especial de forma ovalada que venden en muchos mercados populares de las regiones donde se prepara, o simplemente se juntan dos tortillas de tamaño normal. Se considera típica de los estados del norte del país, aunque también se acostumbran en el Distrito Federal y otros sitios del centro del país. Un tipo de flauta muy popular es la rellena de barbacoa, servida con crema, queso rallado y, a elección del comensal, salsa borracha o verde. En Jalisco, y en

especial en Guadalajara, las flautas son muy populares en el ámbito casero y como antojito callejero. Casi siempre son tacos delgados de 20 cm de largo que se doran y se sirven con lechuga y rábanos rebanados, además de salsa de jitomate picante. Los rellenos más comunes son la carne de pollo deshebrada, picadillo de carne de res, rajas de chile poblano y papas cocidas. En Nuevo León se preparan en casa las flautas de pollo servidas con jitomate, cebolla, crema, aguacate, lechuga y salsa o chiles en vinagre. Otra versión pueden ser las rellenas de carne molida de cerdo cocida con jitomate, cebolla, pasas, almendras, clavo y canela; pueden acompañarse con papas, perejil y queso.

→ paloma

FLEYMAN

Pan de sal típico de Guadalajara, Jalisco, parecido al bolillo, de textura suave y costra crujiente e intenso aroma a levadura, característica de la que según algunos investigadores derivó su nombre, pues para su elaboración se utilizaba especialmente la marca de levadura Fleischmann®. Conocido también como bolillo fleiman o bolillo fleyman.

FLOR

1. Órgano reproductor de las plantas que da origen al fruto; dentro del fruto se encuentran las semillas, parte de la planta capaz de germinar y continuar la especie. Entre las flores son ampliamente utilizadas en la cocina mexicana, están la flor de calabaza, de colorín, de maguey, de Jamaica, de cacao, de azahar, rosas, etc. La mayoría de las flores comestibles se consumen en el centro del país. Para prepararlas se sumergen brevemente en agua caliente para quitarles el sabor amargo, se escurren y se preparan revueltas con huevo, en tortitas o capeadas, y se sirven en caldillo de jitomate o en alguna otra salsa. En Oaxaca se utilizan los pétalos de rosa en la preparación de nieves; las flores de frijol, en mole; las de calabaza, en empanadas; las de cacao, para el tejate; las flores de mayo, en el atole; los claveles, en conserva y las gardenias, en la horchata.

2. Término utilizado para hablar de lo más selecto de algún producto, por ello en los mercados populares a los chiles escogidos y seleccionados se les llama flor. En el mercado de La Merced, del Distrito Federal, se venden los chiles pasilla, mulato y el chile ancho flor, que son de una calidad más alta.

3. Nombre con el que se denomina a la espuma que se obtiene del tejate.

4. Harina fina o seleccionada. Por ende, al pan que se elabora con ella se le llama pan de flor.

→ hongo amarillo

FLOR CACALOSÚCHIL ◆ flor de mayo

FLOR DE ARETE (*Fuchsia fulgens*)

Flor colgante de color rosa profundo que pende como un arete, de donde deriva su nombre; se desarrolla sobre todo en lugares húmedos. Sus frutos son bayas pequeñas, de color negro y por lo general se preparan y consumen en la temporada de cuaresma en los estados de Puebla, Veracruz y Michoacán. Conocida también como arete.

FLOR DE AYOCOTE O FLOR DE BÓTIL ◆ flor de frijol

FLOR DE CACAO (*Theobroma cacao*)

Flor de la familia de las esterculiáceas, que nace del árbol del cacao. La flores, de 0.5 a 1 cm de diámetro y 2 a 2.5 cm de largo, en forma de estrella de color rosa, púrpura y blanca, crecen agrupadas en racimos a lo largo del tronco en ramas pequeñas. Son abundantes en Chiapas, Veracruz, Puebla y Oaxaca. Se utilizan para preparar diversas bebidas. En Guerrero y Oaxaca se mezclan con cacao para preparar el pozonque, en el Istmo de Tehuantepec, Oaxaca, se usan para elaborar el tejate y el *bu'pu*; en la cuenca del Papaloapan y en Minatitlán, al sur de Veracruz, se emplean para confeccionar el popo; y en Tabasco se utiliza para preparar el pozol. Las flores que se venden en la región de los Valles Centrales de Oaxaca y, especialmente en el valle de Etla, provienen de San Andrés Huayapan.

Conocida también como:

◇ cacalosúchil, cacalosúchitl o cacaloxochitl
◇ florecita de cacao
◇ jacalosúchil
◇ rosita de cacao

FLOR DE CALABAZA

Flor de la familia de las cucurbitáceas, producida por la planta de la calabaza; tiene forma de trompeta con cáliz monosépalo color amarillo o naranja. Las flores, unisexuales, crecen de manera aislada en las axilas de las hojas. La planta posee flores masculinas y femeninas; las femeninas dejan de crecer para que se produzcan las calabazas, y las masculinas son las que se cortan para consumirse. Existen muchos platillos ela-

borados con flores de calabaza, las cuales se consumen crudas o guisadas. La flor se limpia retirando los tallos. No se les deben quitar los cálices bulbosos, pues dan más sabor y una textura agradable a los guisos, aunque muchas personas retiran el cáliz y los estambres, porque piensan erróneamente que amargan el platillo. Se deben comprar el mismo día que se van a preparar, pues se marchitan fácilmente. Actualmente en los estados del centro de la república se acostumbra preparar las quesadillas rellenas de flor de calabaza, con o sin queso, y sopas de flor de calabaza. Para los habitantes de la región son un alimento especial y muy fino, mientras que en muchas regiones del norte y del sur apenas se conocen gastronómicamente. La sopa de flor de calabaza puede tener diferentes modalidades: las flores se guisan con algo de epazote y se agregan a un caldo de pollo o agua; de esta misma forma se elaboran muchos tipos de sopa de flor de calabaza, por ejemplo: la sopa de hongos y flor de calabaza, la sopa de milpa o la sopa de cuitlacoche con flor de calabaza, y de ésta, a su vez, existen muchas versiones.

Las indias vestidas son flores de calabaza rellenas de queso fresco o queso panela, capeadas o empanizadas, que se sirven como entremés. En los restaurantes del Distrito Federal donde se ofrece cocina mexicana contemporánea, se cocinan pechugas de pollo rellenas con flor de calabaza, bañadas de diferentes salsas como la de chiles poblanos, la de flor de calabaza, la de cuitlacoche, etc. Las crepas rellenas de flores, y especialmente la crema de flor de calabaza, son muy apreciadas. Al parecer, el consumo de estas flores data de la época prehispánica, cuando se comían picadas en tortillas y se incluían en sopas y otros guisos. Son fáciles de encontrar todo el año en los mercados populares de los estados del centro del país y abundan especialmente de junio a octubre. Se expenden en manojos o ramos, casi siempre atadas por docenas: un manojo puede tener de una a cuatro docenas. También se llegan a vender por kilo, lo que no siempre es conveniente dado que suelen pesarse con todo y tallo. En Oaxaca es conocida también como gualla.

→ hongo amarillo

FLOR DE CARDÓN ◆ cardón

FLOR DE CEMPASÚCHIL ◆ cempasúchil

FLOR DE CHAPAYA ◆ chapaya

FLOR DE CHAYA ◆ chaya

FLOR DE CHIBEL ◆ flor de sábila

FLOR DE CHILE ◆ bushná

FLOR DE CHINÍ ◆ chiní

FLOR DE CHONDATA ◆ acacia

FLOR DE COCOHUITE O FLOR DE SAN JOSÉ (*Gliricidia sepium*)

Flor de la familia de las leguminosas (procedente del árbol del mismo nombre), mide de 2 a 3 cm, blanca, rosada o lila con una mancha amarillenta, es perfumada y su forma recuerda a la de una mariposa. Crece en épocas de lluvia, agrupada en racimos de 10 a 15 cm de largo entre las axilas de las hojas del árbol que mide hasta 15 metros. La flor se recolecta a media mañana para obtener aquellas que abrieron recientemente; si se recolectan después de abiertas, se marchitan muy rápido. En Chiapas se usan en el *putznic* y como relleno de tamales. En Oaxaca se utilizan para dar aroma y dulzura al chocolate. En la región de Los Tuxtlas, Veracruz, se utilizan en el dulce de gagallito. En la región norte del mismo estado, se consumen cocidas y freídas en manteca, por lo general revueltas con huevo, durante la Semana Santa. El nombre del árbol proviene quizá del náhuatl *cuacuahuitl*, árbol de los cuernos. Otras formas de llamar al árbol son: cacahuananche, cacahuainanche o cacahuanano, del náhuatl *cacahuatl*, cacao, y *nantli*, madre, es decir, madre del cacao, debido a que es el encargado de dar sombra a ésta planta; matarratón o matarrata, debido a que las hojas, corteza y semillas de este árbol son venenosas para los roedores. Otros sinónimos son: en Chiapas, cocoite, cocomuite o chanté; en el Estado de México, frijolillo; en El Tajín, Veracruz, cocuitle, muites o muiti; en Los Tuxtlas, Veracruz, gagallito; en Oaxaca, cocuite; en Quintana Roo, madre cacao; en San Luis Potosí, jelelte o palo de corral; en Veracruz, palo de Sol, y en el Soconusco, yaité. Conocido en otras lenguas como: en chontal, *lipa-ca-sui-la*; en maya, *sakyab*, *sayab*, *sayauıab* o *xab-yaab*; en mixteco, *tunduti*; en tzeltal, *ujcum*; en zapoteco *aga-le*, *guie niiza*; en zoque, *cuchunuc*.

FLOR DE COLORÍN ◆ colorín

FLOR DE DURAZNO ◆ hongo amarillo

FLOR DE ENCINO NAPACO (*Quercus arizonica*)

Flor del encino napaco, de la familia de las fagáceas. Las flores tiernas, que los tarahumaras utilizan ampliamente, se cuecen varias veces para quitarles el sabor amargo y se mezclan con nixtamal para elaborar tortillas. El árbol es conocido en Sonora como encino azul o encino blanco, y en Chihuahua como mapaco.

FLOR DE FRESNO (*Fraxinus papillosa*)

Flores y semillas comestibles del fresno, de la familia de las oleáceas. Las flores se cuecen en agua y se revuelven con masa de nixtamal para hacer tortillas que se comen con queso o frijoles. También las muelen y las mezclan con el esquiate, que en Chihuahua los tarahumaras la llaman *elé*.

FLOR DE FRIJOL (*Phaseolus vulgaris*)

Flor de la familia de las leguminosas que es consumida en diversas partes de México, sobre todo por los pueblos originarios en Chiapas, Oaxaca, Veracruz y en las regiones colindantes con este estado. Su elaboración es muy similar a la de casi todas las flores: se cuecen en agua, se preparan en tortitas con huevo batido, se fríen y se comen con frijoles refritos. En Oaxaca, sobre todo en el grupo mazateco, las consumen en texmole. En la región de Zongolica, Veracruz, se prepara un guiso con flores de frijol y carne de res; se utiliza también cerdo o costilla, chiles anchos, jitomate, ajo y cebolla.

Conocida también como:
◇ flor de ayocote
◇ flor de bótil (Chiapas)

FLOR DE GARAMBULLO ◆ garambullo

FLOR DE GIGANTE ◆ tetecha

FLOR DE GUAJE (*Leucaena esculenta*)

Flor del árbol del guaje del que se aprovechan los frutos y sus semillas. Son por lo general amarillentas o verdosas. Se consumen cocidas, guisadas en tortitas y revueltas con huevo. En la Mixteca poblana, los botones se separan de sus bases y se muelen con chile verde y sal, para preparar una salsa, que se acostumbra hacer granulosa.

FLOR DE GUALUMBO ◆ flor de maguey

FLOR DE HUEVO ◆ berenjena

FLOR DE IZOTE (*Yucca filifera*)

Izote deriva del náhuatl *izotl*. Es una flor de color blanco verdoso o cremoso, carnosa, brillante, frágil y vistosa, producida por una gran variedad de plantas del género *yuca*, de la familia de las agaváceas. Crece agrupada en racimos grandes, tupidos, de forma cónica, que rebasan fácilmente los 30 cm. Algunas variedades producen unos frutos llamados dátiles, que no deben confundirse con el fruto de la palma del mismo nombre. Se trata de bayas carnosas con numerosas semillas aplanadas de color negro que tienen un alto contenido de

azúcar, con las que se producen bebidas alcohólicas por fermentación. En muchas zonas rurales del centro del país, las flores son muy apreciadas como alimento, tradición que data de la época prehispánica. En los mercados populares se venden los racimos enteros. Se procura comerlas cuando están tiernas, porque después se vuelven amargas. En esta región por lo general se preparan capeadas, en tortitas de huevo, y se sirven solas o con caldillo de jitomate; también se consumen revueltas con huevo o guisadas en salsa de chile verde. En Coahuila y Nuevo León se recoge en el desierto para elaborar tortitas de huevo en caldillo de jitomate durante la cuaresma. Para estas fechas es un alimento muy apreciado, que los pobladores de ambas entidades consideran delicioso. En Chiapas se preparan capeadas (o, como se dice en el estado, "baldadas") y se sirven en caldillo de jitomate. En el Estado de México se cuecen y se fríen con chorizo para comerse en tacos. En Guerrero es típico un postre con flores de izote y guayaba llamado guayaizote. En Hidalgo se elaboran en tortitas servidas en salsa picante; también se confecciona el llamado dulce de flor de palma o guayaizote, la sopa de flor de izote y las flores de izote con huevo. Esta última forma de guisarlas consiste en huevos revueltos cocinados en salsa de chile guajillo, jitomate, cebolla, ajo y comino, a los que al final se les añaden las flores de izote previamente cocidas. Se acostumbran sobre todo en la región del Valle del Mezquital. En las áreas rurales de San Luis Potosí se guisan en salsa de jitomate con ajo. En Tamaulipas se pican y fríen en aceite para cocinarlas con jitomate y cebolla; se preparan también en tortitas de huevo, con huevo revuelto o en salsa de chile verde. En Orizaba y Córdoba, Veracruz, se incluyen en texmoles, se combinan con frijoles y se hacen en tamales y tortitas de huevo. En la región de Los Tuxtlas se conocen como chochos, nombre que reciben porque dicen que recuerdan la barba de un anciano; se acostumbra comerlas durante la cuaresma, por lo que también se les conoce como cuaresmeñas. En este lugar se corta el ramo entero y se asan al carbón hasta que el tronco que las sostiene expulsa una espuma natural; entonces las flores quedan chamuscadas y listas para utilizarse en guisos como el frijol con chochos o los chochos en tomachile. En la costa, los totonacas las conocen como flor de pito por la forma de la base de su corola; consumen únicamente los pétalos y las cortan maduras; acostumbran comerlas en mole y, si es posible, le agregan camaroncitos de mar o de río, además de que preparan el empipianado con flor de izote.

Conocida en algunas regiones como:
◇ chocha (Tamaulipas, San Luis Potosí)
◇ chocho (Veracruz)
◇ cuaresmeña (Veracruz)
◇ flor de palma (Hidalgo, San Luis Potosí)
◇ flor de pito (Veracruz)
◇ flor de yuca (Veracruz)
◇ guayas (Veracruz)

Conocida en totonaco como:
◇ *akgalukut*

FLOR DE JACUBE ◆ jacobo

FLOR DE JAMAICA ◆ Jamaica

FLOR DE JIOTE ◆ quiote, flor de maguey

FLOR DE JUNCO ◆ junco

FLOR DE KARDUM ◆ cardón

FLOR DE LAS ÁNIMAS (*Laelia autumnalis*)

Orquídea parásita con flores en grandes racimos de color morado, rosado o púrpura, con un labelo blanco en la parte inferior que produce una savia mucilaginosa. Florece durante octubre y noviembre, cuando es el día de Todos los Santos, por esto en Michoacán la llaman flor de las ánimas o flor de los santos. En Guanajuato, con los bulbos secos de la planta se elaboran los alfeñiques; es un ingrediente muy importante, pues sin él no se podría aglutinar la pasta.

Conocida también como:
◇ ahuasúchil
◇ diego
◇ flor de muerto
◇ lirio de san Francisco

Conocida en náhuatl como:
◇ *ahoatlxóchitl*
◇ *petzcuaxochitl* (flor brillante)

FLOR DE LECHUGUILLA ◆ lechuguilla

FLOR DE MAGUEY (*Agave spp.*)

Flor de color amarillo verdoso, de la familia de las agaváceas, que mide hasta 10 cm de largo. Nace del tallo llamado quiote que brota del maguey que tiene una edad de 6 a 12 años. Se consume en el Estado de México, Hidalgo, Nayarit, Morelos, Puebla y Tlaxcala, donde se puede comprar por montoncitos o manojos. Deben consumirse cuando están en botón, porque ya maduras tienen sabor amargo. Es recomendable desflemarlas, hirviéndolas en agua, escurriéndolas y desechando el agua para quitarles las sustancias irritantes. También se tateman y se les retira el pistilo y los estambres, pues son de sabor amargo. En Tlaxcala, Morelos y Puebla, principalmente, se preparan tatemadas, revueltas con huevo, en mixiote y en tortitas capeadas y sumergidas en una salsa de chile verde. En Hidalgo son comunes las flores de la especie de maguey *Agave atrovirens*, que crece en barrancas y tiene un quiote espinoso; las flores son de color amarillo claro. Se comen fritas, asadas o en tortitas servidas en salsa de tomate o caldillo de jitomate; previamente asadas o cocidas; también las guisan en salsa de jitomate o verde. En Nayarit se comen cocidas en agua con sal, fritas en manteca de cerdo con jitomate y cebolla. En Oaxaca los ixcatecos asan las flores, pues aseguran que su sabor es similar al de la jícama.

Conocida también como:
◇ flor de jiote
◇ flor de mezcal
◇ flor de pitol

◇ flor de quiote
◇ golumbo, gualumbo o hualumbo
◇ pata de gallina de cerro

Conocida en algunas regiones como:
◇ bayusa (Sinaloa, Sonora)
◇ cacaya (mixtecos y popolocas de Veracruz y Oaxaca)
◇ flor de sotol (Hidalgo)
◇ huexote (Tlaxcala)
◇ machete (Hidalgo)
◇ xhivery (huicholes de Nayarit)

FLOR DE MAYO (*Plumeria rubra*)

Flor de origen mexicano, de la familia de las apocináceas, que crece de marzo a septiembre. Son flores tubulares, monopétalas y emiten un perfume extraordinariamente agradable. Cuando crecen en forma silvestre su color es blanco y cuando se cultivan son rosas o púrpura. Durante mayo se pueden comprar en el mercado de Tuxtla Gutiérrez, Chiapas. Actualmente se consumen en los estados de Guerrero, Oaxaca y Chiapas. Se utilizan las flores en ensaladas o en conservas que se preparan lavando las corolas y sumergiéndolas en agua hirviendo; se sacan para refrescarlas en agua fría. El agua donde se cocieron se endulza con miel y se hierve hasta formar un jarabe en el que se agregan las flores. En Oaxaca se utiliza para elaborar el *bu'pu*, y se prepara asimismo en atole. En el Istmo de Tehuantepec se prepara el chocolate-atole, conocido como *bichicña buupu*. Según la mitología maya, Ixchel, diosa mayor y patrona del tejido, se disfraza de flor de mayo para ser cortejada y fecundada por el colibrí, dios solar, por lo que las flores guardan un simbolismo sexual y de amor. Para los mexicas fue signo de nobleza.

Conocida también como:
◇ flor del cuervo
◇ lengua de toro

Conocida en algunas regiones como:
◇ cacalosúchil (Yucatán)
◇ flor guia chachi, flor guie chachi o flor guie´ chaachi (Istmo de Tehuantepec, Oaxaca)
◇ jacalúschil (Yucatán)

Conocida en algunas lenguas como:
◇ *ayotectli* (náhuatl, vaso de calabaza)
◇ *cacaloxochitl* (náhuatl)
◇ *chak nikte'* (maya, flor roja)
◇ *guiecha'chi* (zapoteco, flor del cuervo)
◇ *huiloicxitl* (náhuatl, pata de paloma)
◇ *nikte' ch'om* (maya, flor del cuervo)
◇ *sak nikte'* (maya, flor blanca)
◇ *tizalxóchitl* (náhuatl, flor gris)
◇ *tlapalticcacaloxochitl* (náhuatl, flor roja del cuervo)
◇ *tlauhquecholxochitl* (náhuatl, flor color del pájaro cuchara)

→ flor de cacao, frijol bayo

FLOR DE MEZCAL ◆ flor de maguey

FLOR DE MEZQUITE ◆ mezquite

FLOR DE MUERTO ◆ cempasúchil, flor de las ánimas

FLOR DE NABO (*Brassica rapa*)

Flor pequeña de la familia de las brasicáceas. Tiene cuatro pétalos color amarillo brillante. Estas flores miden entre 8 y 9 mm de largo y están agrupadas en racimos sobre un tallo robusto que sale de la parte central entre las hojas de la planta del nabo. Se recolectan cuidadosamente por su exquisito sabor y se venden en manojos en los mercados populares del Distrito Federal, el Estado de México e Hidalgo. Para su consumo, las flores se cuecen en agua por poco tiempo, se escurren y se guisan en tortitas o con cebolla, ajo y huevo. Siempre se encuentran junto a

otras hierbas que se venden en mercados o tianguis, pero muchas veces pasan inadvertidas porque mucha gente no sabe que son comestibles y cree que es alimento de pájaros.

FLOR DE NOPAL (*Opuntia spp.*)

Flor de la familia de las cactáceas, que nace en la parte superior de las areolas de los tallos de los nopales. Según la especie de que se trate, el color de las flores varía, pueden ser amarillas, rosas, rojas, anaranjadas o verdes; los tamaños también varían y algunas alcanzan hasta 10 cm de diámetro cuando están abiertas. No tienen olor. En la región del Valle del Mezquital se emplean en la elaboración de la sopa de flor de nopal. Los otomíes de Querétaro usan en guisos

los ovarios de la flor de la especie *Opuntia auberi*, de manera similar a los nopales. Los seris, por su parte, comen las flores del *Cylindropuntia versicolor*. En Tlaxcala las cuecen con los frijoles de la olla. En general, las flores de otras especies de nopal se comen como cualquier verdura, mezcladas en los guisos de diferentes regiones. Se conoce en Hidalgo como flor de tuna.

FLOR DE OREJA (*Cymbopetalum penduliflorum*)

Flor aromática de la familia de las anonáceas. Tiene seis pétalos y es de color verdoso con interior púrpura. Crece colgando en forma similar a las orejas humanas, de donde deriva su nombre. La planta florece de agosto a septiembre y en esa época se recolecta y se deja secar para que su perfume se concentre. En Chiapas, las flores se muelen junto con el cacao para enriquecer el aroma y el sabor del chocolate, uso que data de la época prehispánica. Es conocida en náhuatl como *xochinacaztl* (de *xochitl*, flor y *nacaztli*, oreja).

FLOR DE OREJONA

Flor de la familia de las cactáceas, del género *Cereus*. Es de color amarillo pálido, de unos 15 cm de largo. En la región de La Cañada, Oaxaca, se prepara una sencilla sopa con estas flores sin sus pistilos, cebolla blanca, ajo, agua, epazote y sal. Conocida también como orejona.

FLOR DE ORTIGA (*Urtica dioica*)

Flor blanca que proviene de varias plantas que tienen vellosidades rígidas que producen urticaria y comezón; en algunos casos el contacto con sus vellosidades puede causar fiebre. Estas plantas pertenecen en su mayoría al género

Urtica, *Urera* y *Cnidoscolus*. En el norte de Veracruz, durante Semana Santa, el grupo nahua consume las flores blancas del género *Cnidoscolus* cocidas, freídas en manteca de cerdo y revueltas con huevo y xonacate. Los totonacas de la costa al norte de Veracruz las preparan revueltas y cocidas con frijoles de la olla o freídas con cebolla y en tortitas con huevo. Las semillas se utilizan para elaborar algunas salsas. Conocida también como ortiga.

→ mala mujer

FLOR DE PACAYA ◆ pacaya

FLOR DE PALMA ◆ flor de izote

FLOR DE PALO BLANCO (*Ipomoea arborescens*)

Flor blanca de la familia de las convolvuláceas, monopétala y mide de 5 a 6 cm. La consumen especialmente los tarahumaras. Por las mañanas a estas flores les brota una miel que los niños extraen con popotes; además, se pueden comer crudas o molerse para incorporarlas a la masa de maíz que se emplea para hacer tortillas. Cuando el arbusto que las produce es pequeño, se aprovecha su raíz comestible.

El arbusto es conocido como:

◇ cazahuate
◇ ozote
◇ palo bobo
◇ palo cabra
◇ palo del muerto
◇ palo santo amarillo

Conocido en náhuatl como:

◇ *cuanhzdhuatl* (de *cuahuitl*, árbol y *zahuatic*, sarnoso)

FLOR DE PATA DE VACA (*Cercis canadensis*)

Flor de la familia de las leguminosas, de color rosado a morado, que florece de febrero a abril. Se consume como cualquier flor de manera regional. Es originaria de Tamaulipas y Querétaro. Se le encuentra desde Canadá hasta Puebla, especialmente en microclimas de Chihuahua, Coahuila y Nuevo León.

FLOR DE PICHOCHO ◆ colorín

FLOR DE PITA ◆ colorín

FLOR DE PITAHAYA ◆ pitahaya

FLOR DE PITILLO O FLOR DE PITO ◆ colorín

FLOR DE PITOL ◆ flor de maguey

FLOR DE PLÁTANO (*Musa spp.*)

Flor que produce la planta macho del plátano. Aunque no es muy usual, su consumo se registra por lo menos entre los chontales de Tabasco y los nahuas del norte de Veracruz. Estos últimos la conocen como bellota del plátano y la comen partida en trozos y cocida en agua con panela.

FLOR DE QUIOTE ◆ flor de maguey, quiote

FLOR DE SÁBILA (*Aloe barbadensis*)

Flor tubular de la familia *Asphodelaceae* (según el sistema de Dahlgren, Clifford & Yeo, 1985) con tonalidades rojizas o amarillentas, que crece en la punta del quiote de la planta de la sábila. Estas flores son consumidas por varios pueblos originarios, sobre todo en la región del centro del país. Se cuecen en agua y se preparan en tortitas o revueltas con huevo. En Hidalgo se elaboran las gorditas de flor de sábila. En la Mixteca poblana se prepara con huevo. De la misma forma se consume en San Luis Potosí.

Conocida también como:

◇ chibel (Huasteca)
◇ flor de chibel

FLOR DE SAL

Sal de muy alta calidad formada por los cristales que se forman en la superficie de la sal marina que se encuentra en depósitos para este fin. En México se produce flor de sal en Guerrero Negro, Baja California, y en otros estados del Pacífico mexicano.

FLOR DE SAN JOSÉ ◆ flor de cocohuite

FLOR DE SAUCE (*Salix alba*)

Flor unisexuada de la familia de las salicáceas, espigada, sin cáliz ni corola, que brota en febrero y marzo. Los tarahumaras cuecen las flores tiernas para elaborar el esquiate.

FLOR DE SEDA ◆ amaranto

FLOR DE SOTOL ◆ flor de maguey

FLOR DE SUCHIPALLI ◆ suchipal

FLOR DE TIGRE (*Tigridia pavonia*)

Deriva del náhuatl *oceloxochitl*, de *ocelotl*, jaguar y *xochitl*, flor. Planta de la familia de las iridáceas, cuyo nombre se debe a la apariencia de su flor con manchas, semejante a la piel de un tigre. La flor no es comestible; las raíces o bulbos

de la planta se cuecen en agua y se comen como verdura entre diversos pueblos originarios, como los kiliwas de Baja California que las preparan enterrándolas en un pozo con piedras al rojo vivo que se cubre con pencas de maguey para que se cuezan. Se encuentra en Sonora, Chihuahua, Nuevo León, Tamaulipas, Veracruz y Chiapas; crece en forma silvestre, aunque a veces se cultiva.

Conocida también como:

◇ cacomite
◇ ocelosúchil

Conocida en algunas regiones como:

◇ jahuique (Michoacán, Guanajuato)
◇ lirio azteca (Veracruz)
◇ rodilla de Cristo (Hidalgo)
◇ trinitaria (Oaxaca)
◇ xahuique (Michoacán, Guanajuato)

FLOR DE TUNA ◆ flor de nopal

FLOR DE TZITZÚN ◆ chapaya

FLOR DE XOMPANTLI ◆ colorín

FLOR DE YUCA ◆ flor de izote

FLOR DEL CUERVO ◆ flor de mayo

FLOR GUIA CHACHI, FLOR GUIE CHACHI O FLOR GUIÉ CHAACHI ◆ flor de mayo

FLOR GUIA XOBA, FLOR GUIÉ XHUBA O FLOR GUIE XOBA ◆ guie xoba

FLOR ISTALSÚCHITL ◆ guie xoba

FONDA

Establecimiento o restaurante pequeño destinado para comer de manera económica y cuya carta cuenta con los platillos populares de cada lugar. Principalmente dan servicio al mediodía para la comida y a veces sirven almuerzos. Las fondas pueden ser negocios independientes o estar dentro de los mercados. En los estados del centro del país se ofrece un menú completo conocido como comida corrida.

FREÍR

Cocer un alimento en alguna materia grasa a alta temperatura. En la cocina mexicana existen muchas formas de freír, según el tipo de alimento y la textura que se desee. Freír en poco aceite es poner unas cuantas gotas o cuando mucho un chorrito de aceite en una sartén o cazuela para dorar un alimento, por ejemplo la carne para los bistecs encebollados, a la mexicana o entomatados. Pasar por aceite o por manteca de cerdo es deslizar rápidamente un alimento por aceite o manteca de cerdo caliente para suavizarlo, calentarlo, hacerlo flexible y poder utilizarlo en alguna preparación. Tal vez el caso más frecuente sea el de la tortilla; de esta forma quedan suaves y se pueden enrollar fácilmente, para después bañarlas con salsa y preparar enchiladas, entre otros antojitos. Se debe tener cuidado de no freírlas demasiado, porque entonces las orillas se endurecen y se quiebran al tratar de enrollarlas. Muchos antojitos como las garnachas de Veracruz se pasan por manteca de cerdo para recalentarlas y darles mejor sabor. Freír suave o sin dorar es sumergir por poco tiempo un alimento en aceite o manteca de cerdo, para que tome mejor sabor, sin que quede dorado. Esta técnica se ocupa frecuentemente para elaborar los tacos fritos. En ese caso, el comensal pide flautas o tacos fritos suaves, dando a entender que no los quiere crujientes. Fritura profunda es cocer completamente un alimento en una materia grasa con el fin de deshidratar su superficie para que adquiera un color dorado, como el pescado rebozado y las tostadas.

FRESA

Plantas herbáceas de la familia de las rosáceas, de las especies *Fragaria vesca* y *Fragaria ananassa*, cuyo fruto es color rojo brillante, de forma cónica o esférica, jugoso, carnoso y de sabor agridulce. En su parte exterior se alojan numerosas semillas. Algunas especies son originarias de Chile, otras de Norteamérica y otras más de Europa. Las fresas se consumen de diversas formas. Como fruta fresca son muy populares y con crema se consumen como postre, además, muchas personas acostumbran por las mañanas el licuado de fresa como parte del desayuno. Las fresas también se emplean en muchos alimentos procesados, como la mermelada de fresa que es el sabor más popular de todos, al grado de que prácticamente en cada casa hay siempre un frasco. El yogur de fresa es también muy popular entre todos los yogures de fruta. El helado, la nieve y el agua de fresa son muy apreciados en varias regiones, así como el atole de fresa que se prepara en Guanajuato. El cultivo de la fresa en México se introdujo a mediados del siglo XIX desde Europa; los primeros plantíos estuvieron en Guanajuato y en Michoacán, regiones que siguen siendo las principales productoras. A finales del siglo XIX, el cultivo de la fresa fue muy importante en la cuenca del Valle de México, y sobresalieron

por ello los poblados de Mixcoac, San Ángel y San Jerónimo, al sur del Distrito Federal. México es un gran productor y consumidor de fresas. Se pueden conseguir frescas todo el año, aunque a veces escaseen y se encarezcan. Son pocos los días en que no se ven en los mercados populares. Destacan en su producción Zamora, Michoacán e Irapuato, Guanajuato; este último es tan famoso por sus fresas, que muchas veces en los mercados se anuncian como fresas de Irapuato, provengan o no de allí.

FRESADILLA ◆ tomate

FRIJOL (*Phaseolus vulgaris*)

Semilla de la familia de las leguminosas de diversas especies y variedades que se cultiva de las plantas herbáceas más o menos trepadoras cuyo fruto son vainas. Se conocen alrededor de 470 razas, entre híbridos, tipos, ecotipos y variedades que se cultivan o se encuentran de forma silvestre en todo el país. La gran mayoría de los frijoles pertenecen a la especie *Phaseolus vulgaris*. Otras especies son *Phaseolus acutifolius* (tépari); *Phaseolus coccineus* (ayocote); *Phaseolus lunatus* (ibe); *Mucuna deeringiana*, (nescafé o frijol mucuna); *Vigna sinensis* (espelón) y *Vigna unguiculata* (espelón y frijol chipo), por mencionar algunas. El frijol es originario de América y fue domesticado en Mesoamérica hace aproximadamente siete mil años. Es un alimento muy importante desde la época prehispánica, que formaba parte del tributo que les otor-

gaban a los mexicas los pueblos conquistados. Recibió diversos nombres, de acuerdo con sus características, agregando la raíz náhuatl *etl*, que significa frijol. Los españoles les llamaron judías, por su parecido a una variedad de frijoles orientales que tienen el mismo nombre. Los italianos lo llamaron *fieso-*

Frijol en vaina

le, nombre que derivó en *frijole* y en la Nueva España terminó adaptándose a frijol, cayendo en desuso el nombre náhuatl. No existe una clasificación definida para cada variedad, sin embargo, se les agrupa de acuerdo con sus características más evidentes. Entre los grupos más comunes están los frijoles bayos, negros, pintos, amarillos, manchados, moros y blancos. Algunas variedades de frijoles se clasifican por sus nombres regionales o por el lugar donde crecen, como el frijol comba, pataxete, bótil, yegua, ayocote, patol, tépari, ibe, espelón y elamajetl, entre otros. El frijol *wa'pah* es una variedad de frijol silvestre. Muchas variedades de frijoles son regionales y, por lo regular, el que se utiliza en una región no se emplea en otra. El frijol negro, que es tan común en Veracruz, Tabasco, Campeche, Yucatán y Oaxaca, se consume poco en el centro del país y en menos cantidad en los del norte. Lo mismo sucede con el bayo o flor de mayo, que son comunes en el centro del país y poco conocidos en la región del Golfo de México, el sur y el sureste de la república. En general, los frijoles más utilizados son los bayos y los negros, aunque algunas variedades son color mostaza o amarillos. Entre ellos se encuentran los frijoles azufrado, garbancillo amarillo y Jalisco, canario y mantequilla, que en el Distrito Federal se consumen en grandes cantidades. Se trata de un alimento de gran importancia en la cocina mexicana. Dependiendo de la preparación, pueden emplearse como guarnición, tomarse como sopa o como plato fuerte. Se deben espulgar antes de cocerse, es decir, limpiarlos y retirar cualquier basura o insecto que puedan tener. En los mercados populares se venden por kilo y en muchos tianguis regionales se pueden comprar también por litro, cuartillo y otras medidas. Existen diferentes formas de prepararlos, entre las que destacan los frijoles cocidos, hervidos caldosos, fritos y refritos, chinos, guisados, colados, borrachos, puercos con chipilín, puercos, charros, maneados o bien, en dulce. En ocasiones son un ingrediente esencial, sobre todo en antojitos como tlacoyos, gorditas, sopes, enfrijoladas, tostadas, tortas y tamales. En Coahuila se acostumbran los bayos para preparar frijoles con huevo, charros o refritos. Los molidos, refritos o charros se acostumbran por la noche, y a veces también por la mañana. En Sinaloa, Sonora, Baja California y Baja California Sur, además de consumirse como guarnición o para acompañar carnes y guisos, también se prepara el dulce o cajeta de frijol. En Veracruz, el que más se utiliza

Frijol peruano

es el frijol negro, con el que se elaboran casi todos los guisos regionales. Se preparan caldosos y refritos y son un acompañante indispensable de varios guisos. En esta región existe un frijol criollo llamado majayam. Existen diversas variedades de frijol que los rarámuris consumen en diferentes preparaciones. El azufrado es una variedad de frijol de tamaño regular, color amarillo que crece en el monte o en cultivos preparados; también es llamado *muni´rohuímini*. El barroso es conocido también como frijol pardo, su color se considera desagradable, por lo cual no se siembra con frecuencia; su sabor es similar al frijol azufrado y también se le conoce como *muní rosabóchame*. El blanco se consume mucho, pues se aprovecha toda la planta, ya que las hojas tiernas se comen como quelites, los ejotes tiernos como verdura y la semilla seca para algunas preparaciones; se le llama *muní o´tosácame* en rarámuri. El frijol canelo es de color ligeramente colorado, un poco más grande que el azufrado, se recolecta antes de las heladas y se aprovechan sus ejotes y el grano bien formado; también se le llama frijol huevo de pájaro y en rarámuri se le conoce como *muní ga´huala*. El frijol chícharo tiene forma de bolita y color ligeramente amarillento, es considerado de gran sabor y se siembra en tierra caliente y tierra fría durante diciembre, para cosecharlo en mayo; su siembra y cosecha coincide con la del trigo y se le llama *muní chícharo* en rarámuri. El frijol chirotero es una variedad de frijol del que se consumen los ejotes tiernos como verduras y se siembra entre el maíz, pues se enreda con facilidad y tarda en cosecharse el mismo tiempo que el maíz; se le conoce como *muní gusímini* en rarámuri. El frijol color sangre se siembra junto al maíz, la cosecha puede ser abundante y por lo general se guarda para consumo propio; también se le llama *muní elámuni*. El frijol mantequilla es de color crema y se siembra principalmente en el monte de Tierra Caliente, es uno de los frijoles que más se vende regionalmente; en rarámuri se le conoce como *muní matiquía*. El frijol ojo de cabra es de color pardo y es poco cultivado; se prepara con carne o huesos de venado y en guisos de verdura con nopales. El frijol pájaro carpintero es blanco y negro, crece con facilidad en cualquier tipo de terreno, aunque no se cultiva tanto y se considera de buen sabor. El frijol tecómare se consume principalmente tostado en seco, se utiliza para preparar el esquiate; se siembra a finales de junio y también se le llama *muní recamoli*. El frijol yorimúni o *muní o´limun* es negro o blanco, de tamaño pequeño y fácil cocción; se siembra en la temporada de lluvias en todo tipo de terrenos, especialmente entre los sembradíos de sandía. El frijol es conocido en zapoteco como *bizaá*.

FRIJOL ANCHO ◆ pataxete

FRIJOL ANDADOR
Variedad de frijol que se utiliza en la región de la Mixteca Alta, Oaxaca. Suelen utilizarse sus vainas secas y enteras en la preparación de un guiso llamado ticondichi.

FRIJOL AYOCOTE ◆ ayocote

FRIJOL AZUFRADO ◆ frijol

FRIJOL BARROSO ◆ espelón, frijol

FRIJOL BAYO (*Phaseolus vulgaris*)
Variedad de frijol que puede tener tonos desde café claro hasta café oscuro. Algunos tipos de bayos son: acerado, apetito, blanco, garrapato, gordo, grullo, jarocho, maduro, mexicano, panza de puerco, parraleño, perlita rata y zavaleta. Se come de muchas formas: hervido, frito, machacado y como relleno. Es uno de los más utilizados en el país, especialmente en el Distrito Federal y en otros estados del centro. En muchas regiones se utiliza como sustituto de cualquier otro frijol. Como su nombre lo indica, la testa de

Frijol acerado

los frijoles manchados presenta puntos de distintos colores; entre los más importantes están el canelo claro, el canelo oscuro, el rebocero, el vaquita y, en especial, el flor de mayo. Este último es muy utilizado en el Distrito Federal y otros estados del centro del país, de hecho, muchas personas afirman que su sabor es mejor que el de otras variedades de frijol bayo. El flor de mayo tiende a ser de tono rosa, pero al cocerse adquiere un color café claro. Es conocido también como frijol café.

FRIJOL BLANCO ◆ alubia, frijol

FRIJOL BLANCO CON CAMARÓN
Platillo que consiste en cocer frijol blanco o alubias, con camarones sin cabeza. Ya cocidos se les agrega un sofrito de tomate, cebolla, ajo, pimienta gorda, chile ancho, comino, las cabezas de camarón y epazote. Es típico de Comitán, Chiapas.

FRIJOL BÓTIL ◆ ayocote

FRIJOL CANELO ◆ frijol

FRIJOL CHÍCHARO ◆ frijol

FRIJOL CHIMALAPA (*Phaseolus vulgaris*)
Variedad de frijol que se usa para diversos guisos, como el mole de frijol. Se consume en el Istmo de Tehuantepec.

FRIJOL CHIPO O FRIJOL CHINO (*Vigna unguiculata*)
Variedad de frijol de la familia de las leguminosas. Es una semilla pequeña, menor a 1 cm, blanco o blanco amarillento y con una mancha negra en su costado. Se utiliza en el sur del estado de Veracruz para preparar los tamales de tigre.

Conocido en algunas regiones como:
◇ frijol de Castilla (Chiapas)
◇ frijol pelón (Tabasco)
◇ frijol tripa de pollo (Veracruz)
◇ frijol tripa de tuza (Veracruz)

FRIJOL CHIROTERO ◆ frijol

FRIJOL COLOR SANGRE ◆ frijol

FRIJOL COMBA ◆ pataxete

FRIJOL CON HOJAS DE CHILACAYOTE
Frijoles cocidos y condimentados con epazote, chile serrano, ajo, papa y hojas de chilacayote; se espesa con masa de maíz. Lo consumen los mixes de Oaxaca.

FRIJOL CON PUERCO
Especialidad de la península de Yucatán que por lo general se prepara cada lunes. El frijol negro se cuece con carne de cerdo, cilantro o epazote y cebolla. Es un platillo muy caldoso en el que los frijoles y los trozos de carne se sumergen en el caldo del guiso. Se acompaña con arroz blanco y salsa de salpicón o xnipec. Otras guarniciones son aguacate, limón, chile habanero, tortillas de maíz, chiltomate o arroz negro.

FRIJOL DE ÁRBOL ◆ chícharo gandul

FRIJOL DE LA MILPA
Variedad de frijol que se recolecta y crece asociado a la milpa. Es típico de Yucatán. Se utiliza de forma similar a cualquier frijol, es decir, como guarnición, tamales, caldos, entre otros. Es conocido en maya como *xkooli bu'ul*.

FRIJOL DE RATÓN ◆ pataxete

FRIJOL ELAMAJETL
GRAF. frijol ilamajetl. Variedad de ayocote que se consume en la región de Zongolica, Veracruz. Cuando es ejote se come con todo y cáscara. Con él se preparan tamales de frijol. Conocido también como frijol elama.
→ etamal

FRIJOL ESCUMITE ◆ tépari

FRIJOL ESPELÓN O FRIJOL EXPELÓN ◆ espelón

FRIJOL FLOR DE MAYO ◆ frijol bayo

FRIJOL HUEVO DE PÁJARO ◆ frijol

FRIJOL KABAX O FRIJOLES KABAX
Preparación de frijoles cocidos o sancochados que sirven de base para hacer otros platillos como los frijoles colados o los frijoles refritos. Los frijoles negros se cuecen en agua con sal y cebolla y son tan importantes que pueden ser sustituto de las tortillas; también se sirven acompañados con arroz blanco, cebolla, cilantro y rábanos picados, chile habanero y limón al gusto. Se usan para acompañar el poc chuc y otros platillos que se sirven en la península de Yucatán.
→ kabax

FRIJOL LIMA ◆ pataxete

FRIJOL MANTEQUILLA ◆ frijol

FRIJOL MAYESO
Variedad de frijol que se utiliza comúnmente en vaina o en ejote como ingrediente principal del chilecaldo. Se acostumbran en la región de La Cañada, en Cuicatlán, Oaxaca.

FRIJOL MENUDO
Variedad de frijol de talla más pequeña que el común. Se consume en la Huasteca hidalguense. Conocido también como frijol surco y en náhuatl como *pitzájetl* (*pitzactic*, menudo o delgado, y *etl*, frijol).

FRIJOL MORO
Variedad de frijol de la familia de los ayocotes, entre los cuales éste es el más grande. Su cáscara es firme, gruesa y de buen sabor. Por su tamaño se procura molerlos, martajarlos o prepararlos refritos. Existen muchos tipos y colores identificados como ayocote morado, morado de agua, moro, morita chico, rosita castaño, rosita nacional y sangre de toro. En Morelos, Puebla, Querétaro,

Estado de México y algunos lugares del Distrito Federal como Xochimilco y Milpa Alta, se considera un frijol de gran calidad que se utiliza en fechas y fiestas especiales, pues su

precio es elevado. Se considera una guarnición ideal para acompañar moles.

FRIJOL MUCUNA ◆ nescafé

FRIJOL NEGRO (*Phaseolus vulgaris*)
Variedad de frijol que tiene una cáscara negra brillante. Es el más popular en los estados del Golfo de México y del sur y sureste del país. Entre las variedades que más se cultivan de este frijol negro se encuentran el Arriaga, el canario, el Querétaro, el Puebla, el Veracruz y el jamapa. Se utiliza machacado o entero en numerosos platillos como caldos, relleno de tamales, etc. En la actualidad se cosechan en varias regiones del país y se envían a los estados donde se consumen. En el Golfo de México el frijol negro se acostumbra vender a granel en los mercados populares. El frijol negro veracruzano es conocido por su calidad y mucha gente procura hacer uso de esta variedad que se reconoce por ser más pequeño y redondo que otros. El frijol proveniente de Querétaro es más grande y algo aplanado. Es un frijol de gran calidad que no suelta tanta tinta negra al cocerse. Es conocido entre los rarámuris de Chihuahua como *muní o´chócame*.

FRIJOL OJO DE CABRA ◆ frijol

FRIJOL PÁJARO CARPINTERO ◆ frijol

FRIJOL PATACHETE, FRIJOL PATASHETE O FRIJOL PATAXETE ◆ pataxete

FRIJOL PINTO (*Phaseolus vulgaris*)
Variedad de frijol con tonos que van del rojo al vino y de grano grande. Se consume en varios estados de la república.
Conocido también como:
◇ frijol cacahuate
◇ frijol cacahuate bola
◇ frijol cócona bola
◇ frijol higuerillo
◇ frijol ojo de cabra
◇ frijol ojo de liebre
◇ frijol pinto español
◇ frijol pinto nacional

FRIJOL RATÓN ◆ pataxete

FRIJOL SURCO ◆ frijol menudo

FRIJOL TECÓMARE ◆ frijol

FRIJOL TÉPARI ◆ tépari

FRIJOL YORIMÓN O FRIJOL YORIMUNI ◆ espelón, frijol

FRIJOLES
Platillo que contiene caldo de frijoles negros cocidos y otros ingredientes. En los estados del sureste del país se emplea como comida principal del mediodía. Por lo general, los frijoles negros se cuecen con ajo, cebolla, sal y alguna hierba de olor como epazote o cilantro, hasta que estén suaves; se les añade la carne de cerdo para que se cueza en el caldo. Se sirven en platos hondos porciones de granos, trozos de carne y caldo. Cada comensal añade sus condimentos favoritos,

que varían según la entidad. También se sirve arroz blanco para completar la comida. Es originario de Yucatán, donde lo acompañan con una salsa llamada salpicón. Es tradicional prepararlos los lunes, para que de esta manera se logre tener frijoles cocidos para el resto de la semana, que después se preparan colados o refritos. De forma análoga se guisan en Campeche y Quintana Roo. En Tabasco también es un platillo muy importante que se acompaña con chile amaxito machacado en jugo de limón. Otra variante es el frijol con carne salada, que se guisa y se come igual que los frijoles con puerco. Se cocina cualquier día de la semana. No menos notable es este platillo en Chiapas, donde se prepara de manera similar a como se elabora en Tabasco, y donde además existen variantes como el ijar con frijoles y la olla podrida. En Guanajuato se acostumbran los frijoles con xoconostle.

FRIJOLES A LA CHARRA ◆ frijoles charros

FRIJOLES A LA GUANAJUATENSE ◆ frijoles con xoconostle

FRIJOLES ADOBADOS

Guiso de frijoles cocidos y refritos en manteca de cerdo junto con un recaudo de chipotles, chile color, xonacates, comino, pimienta, clavo, orégano y canela. El espesor del guiso dependerá de quien cocina la receta. Se acostumbra comer con tortillas de maíz y se considera comida principal del día. Es habitual en la región nahua del norte de Veracruz.

FRIJOLES BORRACHOS

Guiso que se prepara en algunas regiones del país y que consiste en frijoles preparados con chile, jitomate, cebolla, ajo, cilantro, tocino y cerveza. En distintos lugares cambia la variedad del frijol y del chile que se utilizan; por ejemplo, en Baja California Sur se prefiere usar frijol blanco y chile verde del norte.

FRIJOLES CALDOSOS ◆ frijoles de la olla

FRIJOLES CHARROS

Frijoles caldosos preparados con cebolla, chile picado, jitomate, tocino y cilantro; aunque son muy sustanciosos para comerse como plato fuerte, por lo general sirven de guarnición o para acompañar carnes asadas, arracheras y tacos al pastor. Es un platillo muy gustado entre la gente del norte, y con frecuencia se ofrece en los restaurantes donde se  sirven platillos norteños. Sin embargo, debe aclararse que existen muchas recetas distintas, y que de un estado a otro pueden encontrarse algunas diferencias. En Coahuila se utilizan frijoles bayos o flor de mayo, además de chile serrano, cebolla, ajo, tocino, chorizo, salchicha, jitomate y cilantro. Todos los ingredientes van picados y pueden agregarse a los frijoles al natural o sofritos con antelación. A veces se les añade chicharrón o cerveza. En Nuevo León se usa con frecuencia el frijol canario, al que cocido en su caldo se le agrega cebolla, chile y jitomate freídos, y posteriormente cueritos de cerdo y cilantro. En Tamaulipas se guisan de forma similar. Son conocidos también como frijoles a la charra.

FRIJOLES CHINOS

Sinónimo de frijoles refritos. Este término se utiliza especialmente en las fondas del Distrito Federal.

FRIJOLES COLADOS

Frijoles *kabax* que se preparan en los estados de la península de Yucatán. Su peculiaridad consiste en que se machacan y se pasan a través de un cedazo para que estén colados, quedando como si fuera una crema espesa de frijol. El proceso del colado se facilita licuando previamente los frijoles. Se sirven en pequeños tazones para acompañar muchas especialidades de la península de Yucatán.

FRIJOLES CON AJONJOLÍ

Caldo de frijol al que se le añade una pasta de ajonjolí, chiles verdes, cebollina y chayote cortado en trozos. Se trata de un platillo que es considerado muy fino. Lo preparan los totonacas que habitan en la costa de Veracruz.
→ pascal

FRIJOLES CON CHICHARRÓN

Preparación de los estados del sur y sureste del país, que consiste en frijoles negros caldosos con trocitos de chicharrón, los cuales se ablandan dentro del caldo y le da sabor. Se acompañan con arroz blanco, tortillas de maíz y salsa picante. Este platillo es muy parecido a los frijoles con  puerco de Yucatán. Suelen servirse como plato fuerte en las comunidades rurales, o en comidas sencillas del mediodía. En Oaxaca los frijoles negros se preparan con cebolla, ajo, sal, chicharrón, chile pasilla oaxaqueño molido y epazote, a los que luego se añade el chicharrón.

FRIJOLES CON CHIPILÍN

Preparación de consistencia pastosa que se elabora con frijoles refritos con manteca de cerdo, cebolla y hojas de chipilín; en muchas ocasiones llevan queso fresco espolvoreado. Sirven para acompañar algunos platos fuertes en varias regiones de Chiapas. Es típico de Chiapa de Corzo, Tuxtla Gutiérrez y Tapachula. Es conocido también como *soc socpojin*.

FRIJOLES CON COLORÍN

Frijoles bayos cocidos en agua con epazote y flores de colorín; suelen servirse con cebolla picada, chile verde picado y jugo de limón. Se acostumbran como sopa de frijol o como preparado para acompañar otros platillos. Es un guiso casero habitual en Guerrero. Los totonacas de la costa norte de Veracruz preparan los colorines con caldo de frijol, agregando chile verde molido, cebolla y cilantro.

FRIJOLES CON GASPARITOS ◆ frijoles enchilados

FRIJOLES CON HIERBA DE CONEJO

Frijoles negros cocidos con hierba de conejo, cebolla cambray, ajo, sal y chile pasilla oaxaqueño; se le agregan bolitas de masa. Se acostumbran en Oaxaca para el desayuno.

FRIJOLES CON HOJAS DE GÁSPARO ◆ frijoles enchilados

FRIJOLES CON MASA

Caldo de frijoles al que se le añade una salsa de un chile de la Mixteca poblana llamado chile cambray, cebolla y hierba santa y se espesa con masa de maíz. Se acostumbra comer con tortillas. Se consume en la zona de la Mixteca poblana.

FRIJOLES CON MOLE

Caldo de frijoles al que se le añaden unas cucharadas de mole preparado con chile guajillo, ajonjolí, canela, tomate, ajo y clavo. Se le agregan cuadros de tortitas de camarón seco molido, capeadas y freídas en manteca de cerdo. Es un guiso tradicional que se ofrece a los colaboradores en las celebraciones de mayordomía en la zona de la Mixteca poblana.

FRIJOLES CON OREJITAS DE PIPIÁN

Caldo de frijoles al que se le añaden una salsa de jitomate con cebolla y bolas pequeñas preparadas con pepitas de calabaza, llamadas orejitas de pipián. Es elaborado por los totonacas que habitan en la costa norte de Veracruz.

FRIJOLES CON PATAS

Guiso que se prepara con las patas de chivos o cerdos y frijoles, cocidos. Se le añade una salsa de chile de árbol y epazote. Es conocido también como patitas de puerco con frijoles.

FRIJOLES CON PEMUCHES

Frijoles negros cocidos en agua con cilantro, chile verde y sal, a los que se les añade una cantidad generosa de pemuches. Es una receta usual entre los nahuas del norte de Veracruz.

FRIJOLES CON PEPITA

Caldo de frijoles con pepita de calabaza molida y saborizado con hierba santa. Se consume en la Mixteca poblana.
→ frijoles con orejitas de pipián

FRIJOLES CON QUELITES ◆ frijoles con xonequi, quelites con frijoles

FRIJOLES CON XOCONOSTLES

Frijoles caldosos fritos con cebolla, cilantro y chile verde; se les añaden xoconostles picados finamente y algunas veces se decoran con tiritas de chile pasilla fritas. También se les puede agregar tocino, ajo y cilantro. Son típicos de Guanajuato.

Conocidos también como:
  ◇ frijoles a la guanajuatense
  ◇ frijoles puercos con xoconostle

FRIJOLES CON XOCOYOLES

Guiso de ayocotes tiernos o secos cocidos en agua, a los que se les añade chile piquín, ajonjolí tostado y molido y *xocoyol* cocido con cal o ceniza. Se comen en el almuerzo acompañados de tortillas y café. Es un guiso típico de Cuetzalan, Puebla. Se conoce también como frijoles gordos en xocoyol.

FRIJOLES CON XONEQUI

Frijoles negros cocidos en agua, a los que se les agrega una gran porción de hojas de *xonequi*. Es típico de la región de Xico, Veracruz. Es conocido también como xonequi.

FRIJOLES CON YENTEQUILITL

Frijoles germinados cocidos en agua con cebolla, epazote y un quelite llamado *yentequilitl*. Se acostumbran en la zona norte de Morelos.

FRIJOLES DE ARRIERO

Frijoles rojos cocidos con carne de cerdo, tradicionales de Puebla. El caldo se condimenta con chile guajillo molido, ajo y epazote; la mezcla se cuece hasta que el caldo se reduzca y el preparado tenga una consistencia espesa; es una receta que se prepara de forma casera en Puebla. En la región mixteca del mismo estado, son frijoles tostados en el comal y molidos en metate. El polvo resultante acompañaba a los arrieros en sus travesías. Se preparan con el polvo de frijol, agua, cebolla, chile verde y epazote, para dar más sabor al guiso. En Guerrero, se trata de un guiso de frijoles canarios o colorados, cocidos en agua con espinazo de cerdo o cecina, que se condimentan con epazote, chile serrano y cebolla. Se sirve caliente, acompañado de jugo de limón.

FRIJOLES DE CASTIDAD ◆ frijoles tiernos

FRIJOLES DE LA OLLA

Frijoles bayos o flor de mayo cocidos en agua con cebolla, ajo, manteca de cerdo, sal y hierbas de olor; los frijoles quedan enteros o ligeramente reventados, y el caldo es de consistencia algo espesa y abundante. Se acostumbra emplear una olla de barro para cocerlos, hecho del que deriva su nombre. Se consumen principalmente en los estados del centro del país. Las hierbas de olor cambian según la región; las más usuales son epazote, cilantro o perejil. Algunas personas acostumbran martajar algunos granos del frijol, para que el guiso quede más espeso. Suelen servirse para acompañar platillos de la comida del mediodía. En algunos estados del norte del país, como Sonora, los frijoles caldosos casi no se consumen y son considerados de baja calidad, de modo que se prefieren refritos. En Veracruz, Tabasco y otras entidades del Golfo de México, sur y sureste del país, los frijoles que se utilizan son negros y pueden sustituir a la sopa del día. A veces se acompañan con jugo de limón, cebolla, chile serrano, cilantro picado y queso desmoronado, como en el Istmo de Tehuantepec, en Oaxaca.

Conocidos también como:
  ◇ apozonque (Guerrero)
  ◇ apozonquis (Chilpancingo, Tixtla, Guerrero)
  ◇ frijoles caldosos

FRIJOLES DE NOVIOS

Frijoles rojos, canarios, rosita o bayos refritos y mezclados con cebolla acitronada, chorizo, alguna clase de adobo y orégano. Se preparan de forma casera en Chilapa, Guerrero. Su nombre se debe a que se acostumbraba servirlos en las bodas. Actualmente es común que se consuman todos los días. Son conocidos también como frijoles adobados.

FRIJOLES EN ACHUCHUTL O FRIJOLES EN AGUA
  ◆ achuchutl

FRIJOLES EN GUATAPE

Platillo preparado con frijoles caldosos, al que se le agrega chile chipotle tostado, jitomate molido, masa desleída en agua y hojas de aguacate; se acompaña con tortillas. Existe otra versión, llamada frijoles en pozole, cuya única diferencia es que el caldo no incluye jitomate. Lo preparan los totonacas que habitan en la costa norte de Veracruz. Conocidos también como guatape con frijoles o huatape con frijoles.

FRIJOLES EN POZOLE ◆ frijoles en guatape

FRIJOLES ENCHILADOS

Frijoles negros cocidos y caldosos que se cuecen con tallos de xocoyoli, hojas y retoños tiernos de gasparito, cilantro, chile serrano fresco o seco, sal caliza y un poco de manteca de cerdo. Este guiso o potaje se sirve caliente con abundante caldo, frijoles y los diferentes quelites que lo componen. Se acompaña con tortillas de maíz. Es una especialidad de la región de la sierra Norte de Puebla, preparada por los totonacas de Tuxtla, municipios de Zapotitlán y Naupan. Se considera comida principal en las comunidades rurales. En otras localidades de la misma región, como en Naupan, se agrega crudo, justo antes de comer, otra variedad de quelite que se conoce como agrio o *xocoyoli*.

Conocido también como:

◇ frijoles con gasparitos
◇ frijoles con hojas de gásparo

FRIJOLES FRITOS ◆ frijoles refritos

FRIJOLES GORDOS EN XOCOYOL ◆ frijoles con xocoyoles

FRIJOLES IBES ◆ ibe

FRIJOLES INTRIGADOS

Preparación que consiste en frijoles cocidos en agua con granos de trigo; una vez cocidos, se les añade epazote, rajas de chile manzano y cebolla. Se acomodan en un totomoxtle y se colocan en el rescoldo de las brasas, para que se cuezan. Al final se abre el totomoxtle y se añaden rebanadas de tomate. Es una preparación típica del norte de Morelos.

FRIJOLES KABAX ◆ frijol kabax

FRIJOLES LAVADOS

Guiso de frijoles martajados en metate para retirarles la cáscara, el resultado es una pasta muy tersa. Se sirve para acompañar guisos como el chileajo. Se acostumbra en la Mixteca Baja, en Oaxaca.

FRIJOLES LOCOS

Caldo de frijoles que contiene chile jalapeño y cebolla en trozos; se les añade manteca de cerdo quemada y se sirven con cilantro picado. Se prepara en la Mixteca poblana.

FRIJOLES MACHACADOS ◆ frijoles refritos

FRIJOLES MANEADOS

GRAF. frijoles meneados. Frijoles refritos con manteca de cerdo o aceite y mezclados con queso asadero o Chihuahua. Los frijoles se "manean" aplastándolos en la cazuela para machacarlos y refreírlos. Existen variantes a las que se les agregan chorizo o longaniza; se sirven con algún chile y con tortillas de harina. Son típicos de los estados del norte del país, en especial de Sonora y Chihuahua. Se comen solos o acompañados con huevos revueltos, machaca y carne asada,

entre otros platillos. Es la forma en que más se consume frijol en la región. En Sonora, algunas recetas incluyen cebolla, aceite, leche, chile colorado y quesillo, queso asadero o Chihuahua. Por lo regular, a los frijoles refritos con queso se les llaman frijoles refritos sonorenses o de Sonora; cuando tienen chile reciben el nombre de frijoles adobados.

FRIJOLES MARTAJADOS COSTEÑOS

Preparación que consiste en frijoles cocidos brevemente en agua, sin que se cuezan por completo, se martajan en metate y se remojan en agua para que suelten todo el hollejo; éste se retira y los frijoles se hierven con agua, ajo, sal y hojas de aguacate asadas. Se añaden bolitas de masa previamente mezcladas con ajo y chile costeño molido. Es típico de las costas de Oaxaca y se trata de una técnica de preparación diferente a la del resto del país.

FRIJOLES MOLIDOS

Frijoles tostados y pulverizados en molino que después se cuecen en agua con rodajas de cebolla y salsa de un chile de la Mixteca poblana llamado chile cambray. Los mixes de Oaxaca tuestan los frijoles, los muelen, se deslíen en agua y se cuecen; el preparado es espeso y a esta base se le puede añadir otros ingredientes o masa para hacer cualquier otro guiso o tamales.

FRIJOLES NACH

Término utilizado en la península de Yucatán para denominar a los frijoles refritos. Proviene del maya *nach*, que significa refrito o recalentado.

FRIJOLES NEGROS CON PEPITA Y HIERBA SANTA

Frijoles negros caldosos, elaborados con pepita de calabaza molida y tostada, cebolla, chile serrano, hierba santa y sal. Se considera un platillo muy nutritivo. Es típico de Apazapan, Veracruz.

FRIJOLES PARADOS

Término utilizado en Oaxaca para designar a los frijoles de la olla preparados con epazote, ajo, sal, cebolla y muy poca agua. Con frecuencia se sirven sin caldo para acompañar a los tacos de cecina, las memelas, la salsa de huevo o las tlayudas. En la sierra Norte de Puebla se conoce así a los frijoles cocidos de manera sencilla, que se preparan diariamente.

FRIJOLES PEGADOS ◆ frijoles viejos

FRIJOLES PUERCOS

Frijoles bayos cocidos, machacados y refritos con manteca de cerdo, tocino y chorizo. Algunas variantes contienen queso Chihuahua, chiles jalapeños en escabeche y otros ingredientes según la región donde se elaboren. Es una receta muy popular en Sinaloa y se preparan diariamente para acompañar casi cualquier carne o guiso. En Colima se preparan con frijoles bayos refritos en manteca de cerdo, carne de cerdo deshebrada, verduras en escabeche y queso añejo. Tienen una consistencia de pasta y se adornan con cebolla, zanahoria cocida y rebanada, col rallada y chiles serranos o cascabel dorados y desmoronados. Se sirven para acompañar platillos como el tatemado de puerco. También suelen estar

273

refritos con chorizo, longaniza, cebolla, jitomate, queso, chile guajillo, aceitunas y sardinas de lata; se comen solos o acompañados con verduras en vinagre, chiles de árbol secos y fritos, queso y totopos. En Guanajuato son frijoles refritos guisados con cebolla, jitomate, chile serrano, trocitos de tocino, salchicha, chorizo y jamón. También se acostumbran los frijoles preparados con chiles pasilla y guajillo, chorizo y xoconostle. En Guerrero se conocen muchas formas de prepararlos, la más usual son los frijoles refritos mezclados con chorizo y acompañados con queso; pueden incluir trocitos de chicharrón o algún otro ingrediente. En Jalisco se preparan los frijoles flor de mayo o bayos refritos con chorizo, tocino, aceitunas verdes y chiles jalapeños en escabeche, y tienen consistencia de pasta suave. Se espolvorean con queso ranchero y se acompañan con tostadas o totopos. Es habitual servirlos como botana para acompañar el tequila o la cerveza. En Michoacán se elaboran con frijoles bayos, canarios o flor de mayo refritos, mezclados con chorizo, tocino, chile jalapeño en escabeche, queso añejo y chicharrón. Se comen con totopitos de tortilla de maíz y sirven para acompañar el desayuno o como complemento de la comida. En Nayarit se conoce una variedad regional de frijoles llamados azufrados que se utilizan para preparar este guiso. Los frijoles cocidos se fríen en manteca de cerdo con chile de árbol y chorizo; se les añade queso añejo o Cotija y se sirven con tostadas o totopitos de maíz. En la zona costera del estado suelen incluirse sardinas en el preparado.

Conocidos en Guanajuato como:

◇ frijoles guanajuatenses
◇ frijoles puercos con xoconostle

FRIJOLES PUERCOS CON XOCONOSTLE ◆ frijoles puercos

FRIJOLES QUEBRADOS

Sopa espesa de frijoles crudos molidos en el metate, hervidos, condimentados con chiles secos, cebolla, ajo, hojas de aguacate y comino, y molidos por segunda ocasión con los demás ingredientes. Se les añaden flores de garambullo o xoconostle. Se preparan en la región del Valle del Mezquital, Hidalgo. En la Mixteca poblana se elaboran los frijoles quebrados con ciruela, donde los frijoles que se quebraron en el metate se hierven, cuelan y devuelven al caldo que ha sido previamente colado para quitarle la cáscara del frijol. Por separado se hierven las ciruelas evitando que se revienten. Las ciruelas se colocan en un plato en el centro de la mesa y se agregan a los frijoles al momento de servir. Tradicionalmente se acompañan con salsa macha. En el estado de Morelos se acostumbra cocer el frijol amarillo, conocido también como frijol saldadillo, con flores de colorín y epazote; se acompañan con tortillas y chiles manzanos cortados en rajas y curtidos con cebolla, limón y sal. En Milpa Alta, Distrito Federal, se acostumbran los frijoles quebrados con xoconostle, que consiste en frijoles quebrados cocidos en agua con xoconostle, nopales, cebolla, epazote, ajo, manteca de cerdo y sal.

FRIJOLES QUEBRADOS CON XOCONOSTLE ◆ frijoles quebrados

FRIJOLES RARÁMURIS ◆ frijol

FRIJOLES REFRITOS

Frijoles cocidos, machacados o licuados que se fríen con manteca de cerdo o aceite hasta que el caldo se ha evaporado y quede una pasta firme y suave que durante la cocción permita ver el fondo del sartén y la pasta se despegue con facilidad y forme una especie de bolillo o pan al sacarla de ahí. Es una de las formas más importantes y habituales de cocinar los frijoles en México, pues muchas familias suelen comerlos tres veces al día, ya que acompañan el desayuno, en el mediodía acompañan casi cualquier platillo, y por las noches se untan y acompañan diversos antojitos como tostadas, tortas, pambazos, cemitas, gorditas y panuchos, entre muchos otros. En Veracruz se les llama frijoles machacados a aquellos que se trituran con el machacador de frijoles, para diferenciarlos de los que se licúan y después se refríen. Se dice que para elaborar unos frijoles refritos "perfectos" se deben freír los frijoles enteros e ir machacándolos de manera constante hasta que el aceite se incorpora a la pasta de los frijoles reventados y se obtenga una masa de pasta suave. En algunas partes del estado se incorporan hojas de aguacate y chile chipotle. En Sonora siempre se sirven frijoles refritos; ya que los frijoles caldosos son considerados de mala calidad. En Oaxaca los frijoles negros se utilizan para esta preparación, los granos se muelen en metate o se machacan a mano para que queden molidos, se refríen con manteca de cerdo y con hojas de aguacate asadas y molidas. Estos frijoles deben quedar impregnados con el aroma de la hoja de aguacate asada y molida para obtener un sabor anisado y se conocen como frijoles fritos. Otra hierba utilizada para saborizar los frijoles, es la hierba de conejo. Son conocidos en Yucatán como frijoles *nach*.

FRIJOLES SANCOCHADOS ◆ kabax

FRIJOLES SAZONADOS

Variedad de frijoles de la olla que se preparan friendo por separado cebolla y ajo picados, en manteca de cerdo; cuando la cebolla está ligeramente negra, se añaden los frijoles caldosos y se machacan algunos granos con una cuchara para que el caldo tome un poco más de consistencia. Tradicionalmente los frijoles de la olla se cuecen en agua con sal y alguna hierba de olor. Se consumen en Veracruz, donde también sirven de base para otros platillos con frijol.

FRIJOLES TIERNOS

Frijoles en vaina, completamente desarrollados y frescos. No se trata del ejote, pues éstos se encuentran listos para cosecharse. En algunos guisos el frijol se desvaina para incluirlo en los guisos, pero en ocasiones se deja en la vaina y se cocina así. En muchas regiones los frijoles tiernos se utilizan para guisos y tamales tradicionales. Son famosos los tamales de frijol tierno que se preparan en Chiapas y otros estados durante el día de Muertos. En Chiapas también se elabora un tipo de tamal llamado pitaúl. En Tlaxcala se consumen en texmole, y son conocidos como xolotitos. En la Huasteca veracruzana se emplean para hacer tamales y son conocidos como frijoles de castidad.

FRIJOLES VIEJOS

Término utilizado por los totonacas de la costa norte de Veracruz para designar a los últimos frijoles que quedan en la olla y que por lo general son muy espesos y salados. Se acostumbra comerlos con tortillas tostadas en el rescoldo del fogón. Son conocidos también como frijoles pegados.

FRIJOLILLO

Término utilizado para reconocer a varias leguminosas que se usan de manera similar a los frijoles.

→ flor de cocohuite

FRIJOLÓN (*Canavalia ensiformis*)

Variedad de frijol de la familia de las leguminosas. Se consumen sus hojas tiernas a manera de quelite; la semilla es comestible aunque tóxica, por lo que debe pasar por un proceso de malteado (germinado y posterior secado) para eliminar su toxicidad. Se consume en el estado de Oaxaca. Es conocido en Chiapas como haba blanca.

→ ayocote

FRITADA ◆ cabrito en su sangre

FRITANGA

Término con que se designa a los antojitos mexicanos que se cuecen o fríen en abundante manteca de cerdo o aceite. Entre ellos están gorditas, chalupas, sopes, empanadas, quesadillas, etcétera.

Gorditas y molotes

FRITANGA DE TOMATE

Salsa yucateca que contiene jitomates, cebollas, chiles dulces, chile *xcatik*, aceitunas, alcaparras, pasitas, almendras y pimienta, en la cual los ingredientes están rebanados o en trozos. Es complemento de la salsa *kool* y se utiliza en diversos platillos como el queso relleno o el pebre.

FRITO

Guiso de carne de res o cerdo que se cuece en agua con cebolla y chiles; una vez que la carne está cocida se le añade jitomate en trozos. La preparación es de consistencia caldosa y no lleva ningún tipo de grasa para freír. Se prepara en el área del Istmo de Tehuantepec, Oaxaca. Es habitual que se sirva como forma de agradecimiento al apoyo que las personas dan para la preparación de fiestas.

FRITURAS DE MANZANA

Manzanas descorazonadas y cortadas en aros, rebozadas con una mezcla de huevo, harina y agua mineral con gas, fritas en aceite y espolvoreadas con azúcar y canela en polvo. Se acostumbran en Comitán, Chiapas, como postre o botana callejera.

FRUTA DE ALMENDRA ◆ dulce de pepita

FRUTA DE HORNO

Galleta de harina de maíz o pinole, manteca de cerdo y piloncillo o azúcar que se hornea. Según la región puede tener forma redonda, ovalada, de rosca o de letra "S", entre otras. Se llaman así porque tradicionalmente se dice que son un fruto o regalo que sale del horno. Estas galletas pueden encontrarse en Aguascalientes, Colima, Estado de México, Guanajuato, Hidalgo, Michoacán, Querétaro, San Luis Potosí, Veracruz y Zacatecas. Suelen acompañarse con café de olla en la merienda, y se venden casi siempre en las ferias populares. En el Estado de México se preparan con harina de trigo, maíz tostado, piloncillo y manteca de cerdo; su forma es redonda, ovalada o de moño sencillo. Son famosas en las dulcerías de Toluca, donde se venden en cajitas de cartón blanco. En Oaxaca son panecitos de harina de trigo en forma de estrellas, hojitas, gusanitos, polvorones, patitos o flores, que se acostumbran en ocasiones especiales como bautizos o comidas solemnes. En el norte de Veracruz se preparan de diversas formas, entre ellas flores, chiles, corazones y memelas. Conocidos en Oaxaca como refresquitos.

FRUTADA ◆ aguas frescas

FRUTAS CRISTALIZADAS

Frutas que se someten a un largo proceso de cocción con caramelo. La fruta se torna translúcida, es decir, cristalizada. Las frutas más usadas son piña, pera, manzana, durazno, limón, naranja, tuna, chilacayote y camote; pueden presentarse muy brillantes o revolcadas en azúcar de grano grueso. Es común que se vendan durante la época de Navidad y Año Nuevo. Son famosas las de Santa Cruz Acalpixca, en Xochimilco.

FRUTAS CUBIERTAS

Cáscaras de cítricos o trozos de pulpa de fruta que se cuecen a fuego lento en almíbar de azúcar, hasta que se cristalizan y quedan cubiertas con una capa de azúcar transparente. Algunas de las frutas que más se utilizan son la naranja, el chilacayote y la biznaga. En Coahuila existe una gran tradición familiar para su elaboración y venta. Las frutas más empleadas son pera, durazno, membrillo, higo y chabacano. En Oaxaca se utilizan piña, naranja, calabaza y camote; también son comunes los limones rellenos. Conocidas también como dulce cubierto.

FRUTAS CURTIDAS O FRUTAS ENCURTIDAS ◆ encurtido

FRUTAS EN TACHA

Frutas curadas durante una noche en una solución de cal y posteriormente cocidas en agua con piloncillo o azúcar hasta obtener un almíbar espeso. En Zitácuaro, Michoacán, se venden en puestos callejeros, durante la Semana Santa, teleras rellenas con estas frutas; también forman parte del desayuno de la mayoría de las familias de esa entidad.

FRUTAS EN VINAGRE

Preparación de diversas frutas o verduras que se maceran en vinagre de piña y agua. Algunas de ellas son ajos, cebollitas de cambray, zanahorias, elotes, coliflor, jícama, papa cambray, chiles de árbol, pepinos, etc. Son típicas de varios estados de la república, en especial de Jalisco, donde se comen como botana. En Guanajuato es popular el consumo de cacahuates en vinagre.

FRUTAS PARA LA LECHE

Preparación a base de calabaza, camote y plátano macho, cocidos en miel de piloncillo con canela, se sirve acompaña-

da con un vaso de leche. Se acostumbran en el estado de Colima, donde se comen generalmente en el desayuno aunque también se consumen en la merienda. Las venden por las mañanas comerciantes ambulantes y también se expenden en los mercados.

FRUTILLA ◆ capulín

FUCHILA ◆ hongo amarillo

GABABILLO ◆ capulín

GACHUPÍN BLANCO ◆ hongo oreja de ratón

GACHUPÍN GRANDE ◆ hongo gachupín grande

GACHUPÍN NEGRO ◆ hongo gachupín negro

GAGALLITO ◆ flor de cocohuite

GAJOS

Porción en forma de media luna en que está dividida una fruta en su interior, en especial los cítricos. Son muy utilizados en las ensaladas y cocteles de frutas. Por extensión varios frutos, como el jitomate, se cortan en gajos para utilizarse en ensaladas y otras preparaciones.

GALABERA ◆ matzú

GALAMBO o GALAMBO BUENO ◆ hongo hongorado

GALANTINA

Preparación de pavo relleno que se come en frío. El pavo sin huesos y sin vísceras se marina en jugo de naranja agria y se rellena con un guiso de carne de cerdo con lomo de res, jamón, aceitunas, pimiento morrón, nuez moscada, pimienta de Castilla, pimienta de Tabasco y huevo cocido. Se cierra el pavo y se envuelve en una manta para cocerse al vapor durante varias horas. Se sirve en rebanadas y se acompaña con ensalada. Es una preparación típica de Campeche.

GALLARETA (*Fulica americana*)

Ave de la familia de los rállidos del tamaño de un pollo pequeño. Tiene el cuerpo cubierto de plumas grises oscuras, y en la parte inferior de la cola, de plumas blancas. La cabeza y el cuello son negros, el pico es blanco, con una mancha rojiza en la punta y un escudo pardo rojizo en la parte superior y en la frente. Sus patas son largas y amarillas. Se trata de un ave migratoria que habita en las costas de México, y en los panta-

nos y lagos interiores del Estado de México, cohabitando en grupos pequeños, sobre todo en Baja California y en el eje neovolcánico. Se captura en Pátzcuaro, Michoacán, y es consumida en mayor cantidad que el pato. Las preparaciones con esta ave son caseras, aunque también se venden en los mercados regionales.

Conocida también como:

◇ ave zancuda
◇ axocote
◇ faja
◇ fúlica
◇ gallareta gris
◇ gallina de agua
◇ gallina de lodo
◇ gallina de Moctezuma
◇ garreta
◇ negreta
◇ negreta americana
◇ negreta viuda
◇ tanate

GALLETAS DE ANIMALITOS

Galletas pequeñas con formas de diversos animales, fabricadas de manera industrial. Son de baja calidad y muy consumidas, sobre todo por los niños. Se utilizan como espesante en algunas recetas de mole, sobre todo en la región del centro del país. Era común encontrarlas dentro de las piñatas, junto con dulces y frutas.

GALLETAS DE CAMINO

Galletas horneadas que se elaboran con huevo, azúcar, mantequilla, nuez moscada, leche y harina. Su nombre hace referencia al hecho de que se comían durante los viajes, pues se conservan durante varios días. Son típicas de Jalisco.

GALLETAS DE OJO DE BUEY

Galletas elaboradas con masa de galletas rayadas, con la diferencia de que la masa de chocolate se enrolla en forma cilíndrica y se envuelve con la masa de vainilla. Tienen forma de ojo y son típicas de Comitán, Chiapas.

GALLETAS DULCES ◆ muñeco de muerto

GALLETAS GÜERITAS

Galletas preparadas a base de fécula de maíz, harina, azúcar glass y margarina. Con la masa se hacen bolitas y con un tenedor se rayan en cruz. Suelen acompañarse con café, y se elaboran en Chiapas.

GALLETAS MARÍAS

Galletas muy utilizadas para la elaboración de postres en México. Están hechas a base de harina de trigo, azúcar, sal y mantequilla o aceites vegetales. En la actualidad se les agregan estabilizantes, colorantes y saborizantes artificiales. Son muy consumidas, pues se utilizan como base para tartas y para dar textura y sabor a diversos pasteles. Pueden encontrarse en casi cualquier tienda de abarrotes o supermercado. Son originarias de España.

GALLETAS RAYADAS

Galletas elaboradas con harina, mantequilla, azúcar y vainilla. La masa se divide en dos porciones y a una de ellas se le incorpora cocoa; se extienden en rectángulos que se intercalan para obtener galletas de capas claras y oscuras que se cortan en la forma deseada. Son comunes en Comitán, Chiapas.

GALLINA BORRACHA

Platillo que consiste en una gallina preparada en salsa de jitomate con jerez, jamón, chorizo, especias, pasas, almendras y pan molido para espesar. Se elabora en Durango, en el área de la Comarca Lagunera.

GALLINA DE MONTE

Nombre que reciben algunas especies de aves primitivas emparentadas con las avestruces. Tienen el aspecto de una gallina de cabeza pequeña, pico cónico, débil y corto, alas pequeñas y redondeadas y patas fuertes. La coloración de la mayoría de las especies es de tono ocre opaco, barrada de café oscuro, por lo que se mimetizan fácilmente en las zonas boscosas o selváticas que habitan. Se alimentan de frutas, semillas e insectos y se consumen como cualquier otra ave: asada, en caldos y en guisos.

• *Tinamus major*
Mide de 37 a 45 cm. Su principal característica gastronómica es su pechuga, de gran tamaño en proporción con su cuerpo; su carne blanca se considera deliciosa. Habita en los bosques húmedos desde Veracruz y Oaxaca hacia el sur.

• *Dendrortyx macroura*
Es la más grande de las que existen en México. Tiene una cola bastante larga de color castaño, vientre pardo claro, patas y pico negros; se caza poco por la dificultad de su captura, pues habita en las partes altas de la Sierra Madre del Sur. Estas características son compartidas con las especies *Dendrortyx barbatus* y *Dendrortyx leucophrys*.
La gallina de monte es conocida también como:
◇ charando (*Dendrortyx macroura*)
◇ codorniz (*Dendrortyx macroura*)
◇ francolina (*Tinamus major*)
◇ gallina de la montaña (*Dendrortyx macroura*)
◇ gallinita (*Dendrortyx macroura*)
◇ gran tinamú (*Tinamus major*)
◇ mancolola grande (*Tinamus major*)
◇ paloma sin cola (*Tinamus major*)
◇ perdiz (*Tinamus major*)
◇ perdiz grande (*Tinamus major*)
◇ perdiz real (*Tinamus major*)
◇ pollo de bosque (*Dendrortyx macroura*)
◇ tinamú oliváceo (*Tinamus major*)
◇ tinamú robusto (*Tinamus major*)

→ pajuil

278

GALLINA DE RES

Platillo a base de cuajo de res macerado en jugo de limón. Se rellena con un picadillo de carne de res, papa, jitomate, aceituna, cebolla, chiles en vinagre y ajo. Se cuece en agua junto con chiles guajillos y hierbas de olor; después se rebana y se sirve con chile picado, arroz o puré de papa juchiteco, o como botana con tortillas. Es un guiso tradicional de Juchitán, Oaxaca, y suele servirse en las fiestas de cumpleaños.

GALLINA EN CHILE ANCHO

Gallina guisada en una salsa de chile ancho con ajo, comino, clavo y, en algunas ocasiones, se le agrega ajonjolí. La salsa tiene sabor a comino muy pronunciado, característico de los adobos huastecos. La carne de gallina es muy apreciada para hacer estos guisos. Se acostumbra en Tamaulipas, con mayor frecuencia en el sur del estado.

GALLINA EN NOGADA

Guiso navideño que se acostumbra en Veracruz. La carne de gallina se cuece en una salsa de nuez pacana con jitomate, la salsa se fríe en aceite con ajo y suele llevar vino blanco y perejil picado.

GALLINA EN RELLENO BLANCO ◆ relleno blanco

GALLINA PINTA

Variedad de pozole o puchero campesino compuesto de carne de res o cerdo, maíz, frijol y chile colorado o verde del norte. Su nombre se debe a la apariencia que forman los granos blancos del maíz al mezclarse con el tono café del frijol. Se consume principalmente en el norte de Sonora a la hora del almuerzo o como plato principal de la comida del mediodía. Los yaquis le añaden chichiquelite, y, al servirlo, algunas personas le agregan salsa de jitomate, chiltepín o queso rebanado.

GALLINA RELLENA

Platillo que se prepara con una gallina entera untada por dentro y por fuera con una pasta de chiles guajillo y ancho remojados y molidos en molcajete con sal, hierbas de olor y ajo. Se rellena con un picadillo de carne molida de res, ajo, cebolla, jitomate, pasitas, aceitunas, almendras y plátano macho. Se cuece en olla de presión con poca agua, y se hornea para terminar su cocción. Se acompaña con chileajo y puré juchiteco. Es tradicional de Juchitán, Oaxaca.

GALLINETA (*Pomacanthus arcuatus*)

Pez de agua salada, de forma aplanada y gran colorido. Mide aproximadamente 45 cm de largo. Abunda de mayo a agosto en el Golfo de México. Su carne es blanca y firme; se fríe entero o se corta en filetes para empanizar.
Conocida también como:
◇ cachama blanca
◇ chirivita

⬦ gallineta café

⬦ mariposa

⬦ payaso

GALLINITA CIEGA ◆ gusano de los palos

GALLITOS

Chiles jalapeños curados en jugo de limón. Los chiles se cortan en rajas o rebanadas, se cuecen en agua y después se marinan en jugo de limón con sal. En Morelos se utiliza como sustituto de salsa picante en los tlacoyos.

GALLO PINTO

Guiso caldoso de carne de res con arroz, papas y verduras. Recibe este nombre por la relación con los puntos blancos y oscuros que dejan la carne y el arroz en el guiso. Se prepara en Baja California.

GANCHINES ◆ huevera

GANDINGA

GRAF. candinga o mandinga. Término de origen africano, utilizado en la región del Sotavento, Veracruz, para denominar a las vísceras de chivo. También se le llama así a un platillo elaborado con estas vísceras cocidas con zanahoria, apio, tomate, cebolla, hierbabuena, cilantro y chile jalapeño. La palabra deriva del congolés *njinga,* que significa entrañas de animal.

GANDUL ◆ chícharo gandul

GANSO

Ave migratoria del orden de los anseriformes y la familia de los anátidos. Se diferencia del pato por la forma y tamaño de su pico, que es aguzado, con un perfil más alto hacia la base y redondeado en el extremo. Sus plumas suelen ser blancas, grisáceas o rosadas. La mayoría de los gansos que llegan a México provienen del norte de América. Todos los gansos reciben diferentes nombres regionales. Se preparan igual que los patos y se prefiere consumir las aves jóvenes.

• *Anser Albifrons*

Ganso de frente blanca. Abunda en el norte y centro de la república y, en menor proporción, en Tabasco, Oaxaca y Chiapas. Es el más abundante de los gansos mexicanos; se parece al ganso doméstico y su carne es suave y dulce.

• *Branta canadensis*

Ganso de Canadá. De color pardo grisáceo.

• *Chen caerulescens*

Ganso nevado o ganso blanco. Tiene las puntas de las alas negras y el resto del plumaje grisáceo.

• *Chen rossii*

Ganso de Ross. De plumaje blanco.

El ganso es conocido también como:

⬦ *atlalalaca* (náhuatl)

⬦ borrado

⬦ pato grullo

⬦ *sibarou* (cahíta)

GARABATO BLANCO ◆ bainoro

GARAMBULLO (*Myrtillocactus geometrizans*)

GRAF. garambuyo. Planta de la familia de las cactáceas, espinosa, con forma de candelabro y ramas encorvadas. Sus flores miden 2 cm, son muy aromáticas, de color blanco ligeramente verdoso y forma estrellada. En los mercados del país se les conoce como claveles de garambullo. Crece en el Estado de México, Querétaro, Hidalgo y San Luis Potosí, donde sus frutos se emplean para preparar refrescos, mermeladas y helados; también se dejan secar para comerlos como orejones. Las ramas de la planta se cortan en forma de estrella, se untan con tinturas vegetales y sirven como sellos para decorar las llamadas tortillas pintadas. Sus flores se consumen como verdura, capeadas con huevo o cristalizadas. En el Estado de México se cuecen y se utilizan en tostadas, tamales, tortitas y en los frijoles quebrados con flor de garambullo. En Querétaro se prepara el mole de flor de garambullo. Conocido en San Luis Potosí como garbancillo.

GARAÑONA

Bebida alcohólica elaborada con alcohol de caña y distintas hierbas que se ponen a macerar. Se prepara en Metepec, Estado de México. Su creación se atribuye a Herón Pineda, quien la preparó utilizando 14 hierbas diferentes en el bar de la comunidad llamado 2 de Abril.

GARAPACHO

1. Tortilla de maíz martajado con manteca de cerdo y sal o azúcar. Se elabora en San Luis Potosí y Tamaulipas.

2. Tipo de galletita o rosquita horneada elaborada con harina de maíz, manteca de cerdo, azúcar, huevo, leche y polvo para hornear. Se prepara en Tamaulipas.

3. Panecillos hechos con masa de maíz, manteca de cerdo y sal. Se elaboran después de hornear pan o gorditas de horno, principalmente con la masa restante; el horno se apaga y los panecillos se cuecen durante toda la noche con el calor restante. Son típicos de Querétaro. Se conocen también como tostados.

4. Guiso antiguo y muy apreciado que se prepara acomodando en un molde varias capas de carne de res y huevo batido. Se cuece todo a fuego lento o se hornea. Se elabora en Tlacotalpan, Veracruz. Antes se preparaba el garapacho de tortuga y de pollo.

GARAPIÑA

Bebida similar al tepache, pero con un sabor más suave y tono más claro. Se prepara con pulpa de piña mezclada con azúcar y agua que se deja fermentar durante varios días. Su origen data de 1928, cuando el señor Lorenzo Pérez Salgado la vendía frente al palacio municipal de Toluca, Estado de México. En la actualidad se vende en el portal Belisario Domínguez, donde existe un puesto propiedad de su hijo. Sin embargo, también se consume en otros lugares. En Pátzcuaro, Michoacán, se prepara con piña, piloncillo, tamarindo, limón y canela. Se sirve con un pedacito de piña y hielo, o con una pizca de bicarbonato de sodio y se agita con una cuchara.

GARAPIÑADO

Técnica de caramelizado de frutos secos como cacahuates, nueces o almendras, entre otros. Consiste en preparar un caramelo en un cazo de cobre, añadir los frutos y mover constantemente hasta lograr una cobertura crujiente. Estos garapiñados suelen encontrarse en muchas esquinas o estaciones del metro, en el Distrito Federal, donde se come como golosina.

GARBANCILLO ◆ chipil, garambullo

GARBANZO (*Cicer arietinum*)

Semilla de color amarillo, de la familia de las leguminosas. Tiene superficie ligeramente rugosa y mide hasta 1 cm de diámetro. Es de origen turco y su consumo se ha extendido mundialmente. A la fecha existen 40 especies de garbanzos. En Latinoamérica la mayoría del cultivo se produce en México. Se utiliza con mayor frecuencia en caldos de pollo o de gallina, en sopas o en el mondongo de Tabasco; pero también se prepara en dulces como los garbanzos en miel, o se comen como botana tostados, salados y con chile. Su preparación se ha extendido a nivel industrial. Tradicionalmente se remojan en agua para retirarles la piel o el hollejo (que resulta desagradable para el paladar) y para que aumenten de tamaño. Otra forma, más rápida, es cocerlos poco tiempo para poder pelarlos. En los mercados del Distrito Federal y algunas otras ciudades del centro del país se venden ya remojados en pequeñas bolsitas. En los mercados de Oaxaca es común encontrar el garbanzo tostado y hecho polvo para los diversos guisos regionales, como el caldo de garbanzo. Hace algunos años era común que las familias tostaran el garbanzo con el café y los molieran juntos; de esta manera el café rendía más y su sabor no era tan fuerte. También se utilizaba para hacer tortillas. Esta tradición perdura todavía en algunas comunidades rurales donde el café es muy caro y escaso. En Veracruz es utilizado en varias preparaciones como guisado en una salsa de jitomate, cebolla, ajo y laurel, generalmente se acompaña con unas gotas de aceite de oliva para favorecer su digestión. En Sinaloa se consumen los brotes tiernos de la planta como cualquier otro quelite.

GARBANZOS EN MIEL O GARBANZOS ENMIELADOS

Dulce de garbanzos cocidos en agua con bicarbonato de sodio y bañados con una miel de piloncillo, canela, trocitos de piña y anís. Son típicos de Oaxaca. Se comen solos o acompañados de arroz con leche.

GARIBALDI ◆ panqué

GARNACHA

Antojito muy popular que se consume en diferentes estados del país. Se sirve durante el desayuno o la cena, y la mayoría de las veces se vende en puestos ambulantes.

• En Oaxaca se preparan con unas tortillas pequeñas y gruesas especiales para garnachas, de masa de maíz mezclada con manteca de cerdo y sal. Una vez cocidas en un comal, se abren por la mitad, se rellenan con carne de cerdo deshebrada y cebolla picada, se fríen y encima se les pone

col en vinagre, queso fresco y salsa picante de jitomate. En Juchitán son tortillitas de maíz cocidas en comal, fritas y servidas con cuete desmenuzado, se aderezan con la salsa llamada chilito, se espolvorean con queso añejo y son típicas en la cena. Se acompañan con col en vinagre que también es la guarnición del pollo garnachero. En Salina Cruz y Tehuantepec, Oaxaca, las tortillitas miden unos 6 cm de diámetro, se cuecen en el comal y se rellenan con carne molida de res preparada con cebolla y ajo; se pasan por aceite caliente y se adornan con queso, crema y un poco de col en vinagre. En otras versiones la carne de res deshebrada se coloca encima de las tortillitas, que se fríen en abundante manteca de cerdo y se acompañan con una salsa de chile pasilla.

• Las garnachas de Puebla son tortillas de maíz de unos 13 cm de diámetro rellenas de carne de cerdo, se doblan por la mitad y se les ensartan palillos para que se mantengan dobladas, mientras se fríen. Después se bañan con salsa verde caliente.

• En Veracruz la garnacha se prepara en la región que comprende Rinconada, Orizaba, Xalapa y pueblos vecinos. Se trata de una tortilla pequeña de maíz untada con salsa, pasada por manteca de cerdo y adornada con carne de cerdo, queso rallado y cebolla picada. En Rinconada, cerca de la carretera de Xalapa-Veracruz, cada casa tiene un puesto de garnachas que permanece abierto las 24 horas del día. Actualmente sólo se emplea carne de cerdo, y de res en unas cuantas ocasiones. Las garnachas de Orizaba son similares a las de Rinconada, pero hechas con pollo deshebrado y papa cocida cortada en trozos; la tortilla suele ser más grande, y por lo pesado de su relleno es común que se doblen. En el norte del estado, los nahuas las preparan con la tortilla untada con frijoles y una mezcla de carne de pollo deshebrada, chayotes cocidos, cilantro, cebollinas picadas y queso y luego se bañan en salsa. En la región de Los Tuxtlas se les conoce como corcholata. Se preparan con tortillas pequeñas y gruesas, con una división que separa los dos rellenos típicos: frijoles negros refritos y picadillo de carne de res. Se sirven espolvoreadas con queso seco rallado y tomachile.

• En Yucatán se preparan con tortillas de maíz de unos 8 cm de diámetro, algo gruesas y con el borde ligeramente levantado. Se fríen, se untan con pasta de frijoles colados y se rellenan con algo de picadillo, salsa de jitomate y queso rallado.

GARRETÓN ◆ charrito

GARRITO ◆ buñuelo

GARROBO ◆ iguana

GARROSO

Término empleado para hablar de una fruta que no está madura y que al comerse revela sabor ácido y astringente, por lo que es incomible.

GASEOSA ◆ refresco

GASPARITO O GÁSPARO ◆ colorín

GATO ◆ abadejo

GAVIA (*Acacia farnesiana*)
GRAF. gabia. Arbusto espinoso de la familia de las leguminosas, de flores amarillas y aromáticas. Sus frutos son vainas cilíndricas y oscuras. Su corteza es utilizada para potenciar la fermentación de algunas variedades de tepache, sobre todo en Durango.

GAVILÁN ◆ hongo codorniz

GAZNATE

Dulce popular de forma cilíndrica, elaborado con una pasta de harina de trigo similar a la de los buñuelos, que se fríe y se rellena con merengue. Se consume en los estados del centro del país y en Oaxaca. Su venta es ambulante, aunque también se encuentra con frecuencia en las dulcerías. Recibe este nombre por su forma, ya que la tráquea también es conocida como gaznate.

GAZPACHO

Salsa elaborada con jitomate, cebolla, chile verde y aguacate; todos los ingredientes se pican y se aderezan con aceite de oliva y vinagre. Se elabora en Oaxaca.

GELATINA

Preparación hecha a base de agua o leche con grenetina. Aunque en otras cocinas existen gelatinas saladas y dulces, en México no se preparan las primeras, de modo que cualquier referencia a ellas tiene que ver únicamente con las de sabor dulce que se comen como postre. Son muy populares las gelatinas de sabores artificiales, que se preparan en poco tiempo, aunque muchas personas preparan otras más elaboradas para ocasiones especiales. En diciembre se elabora la gelatina de Navidad, que es grande y se prepara con un molde en forma de rosca o de panqué, con una parte transparente y otra color blanco; la mitad transparente se decora con rebanadas de piña, ciruelas pasas y nuez, y la blanca está preparada con leche condensada. La gelatina mosaico se prepara con cubitos de varios sabores mezclados en un molde y cubiertos con una gelatina blanca de leche; al retirarla del molde y cortarla se pueden ver los cuadros multicolores. La gelatina de leche se prepara con leche fresca o condensada. Generalmente es blanca, pero también puede ser de colores en caso de utilizar frutas. La gelatina de fruta consiste en una gelatina a la que se añaden generosas cantidades de frutas cortadas en trozos. Existe libertad y variedad en la elección de los ingredientes, pues el uso de una u otra fruta depende de

la temporada y de las costumbres familiares. La gelatina batida se prepara cuando está casi cuajada, y al batirla queda muy espumosa, casi con la consistencia de un *mousse*. Algunos cocineros elaboran gelatinas artísticas, preparadas con los mismos ingredientes de las gelatinas tradicionales, entintadas y vertidas en moldes diversos. En Jalisco, es tradicional y típica para celebraciones la gelatina de vino tinto y agua de Jamaica. En el Distrito Federal se comen también a diario, aunque con formas más sencillas. En las tiendas de abarrotes se dispone sobre el mostrador una charola con gelatinas de tamaño individual de varios sabores; se venden a la hora del recreo en muchas escuelas y también a la salida de clases, y en ocasiones se sirven en las fondas como postre de la comida corrida. En algunos barrios existen también gelatinerías, pequeñas tiendas dedicadas a vender únicamente gelatinas de sabores. También es fácil encontrar en sitios concurridos a algún vendedor callejero de gelatinas de sabores que las expende en una pequeña vitrina de vidrio.

Conocida también como:
◇ jalatina (Oaxaca)
◇ jaletina

GIGANTILLO ◆ acacia

GIRASOL (*Helianthus annuus*)
Planta de tallo erguido de hasta 2 metros de altura de la familia de las asteráceas, que termina en una gran flor con forma de margarita, que puede medir hasta 30 cm de diámetro. La flor desarrolla en el centro unas semillas oleaginosas de forma aplanada, color negro lustroso, grisáceas y blanco amarillento con rayas blancas longitudinales. Cada

semilla pelada mide 10 × 5 mm aproximadamente y es comestible. Su nombre se debe a que la flor se mueve siguiendo la luz del sol. Es originaria del sur de Estados Unidos y el norte del país. En la época prehispánica fue cultivada por sus semillas, y hoy en día se produce principalmente en el norte del país. Las semillas se tuestan, se salan y se comen como botana. También se utilizan para elaborar algunas recetas como el atole de semillas de girasol o el atole de maíz de teja. Su mayor importancia radica en el aceite extraído de las semillas, que en México es muy utilizado para freír.

Conocido también como:
◇ chimalacate
◇ *chimalacatl, chimalatl* o *chimalte* (náhuatl)
◇ flor de sol
◇ gigantón
◇ lampote
◇ maíz de teja
◇ maíz de Texas
◇ *xaricámata* (purépecha)

GLORIA

Dulce preparado con leche de cabra, azúcar, vainilla, miel de maíz, nuez pacana y bicarbonato de sodio. Todo se cuece en un cazo de cobre hasta que la mezcla espesa,

se deja enfriar y con ella se hacen bolitas que se envuelven en papel celofán rojo. Es el dulce más famoso de Nuevo León, y se elabora en Linares.

GODORNIZ ◆ codorniz

GOGOL ◆ tegogolo

GOLLORÍA

Dulce de nuez, azúcar y agua que se prepara en un cazo de cobre, cociendo el azúcar con el agua hasta obtener una miel espesa y oscura que se extiende sobre papel encerado y se cubre con nueces peladas enteras. Tiene la apariencia de una palanqueta redonda. Es un dulce tradicional de Oaxaca.

GORDAS ESTRELLADAS

Especialidad elaborada con masa de maíz en forma de tortilla gruesa, rellena de huevos estrellados y pepitas de calabaza. Se acostumbra servirlas calientes, con salsa verde y frijoles. Se consumen en Jalisco.

GORDITA

Preparación de masa de maíz en forma de tortilla gruesa. En algunos estados se acostumbra rellenarla con frijoles o carne, freírla en manteca de cerdo o aceite y acompañarla con salsa verde o roja. También existen muchas gorditas dulces. En cada estado o región existen variantes notables, a veces con denominaciones locales diferentes.

• En los puestos ambulantes del Distrito Federal las gorditas son de masa de maíz, manteca de cerdo, anís y sal y su relleno es de chicharrón prensado o frijoles refritos; en Hidalgo se pueden encontrar unas gorditas similares.

• En Hidalgo se hacen diferentes tipos, como las gorditas de pinole y las de flor de sábila.

• En Jalisco, se elaboran las gorditas de cuajada, que son de masa de maíz dulce y se hornean.

• En Michoacán, los purépechas preparan varios tipos de gorditas de maíz mezcladas con diferentes ingredientes. La *yururichúskuta* es de masa de maíz mezclada con piloncillo, y cocida en comal. La *ichúskuta* es una pequeña tortilla gruesa rellena de frijoles, cuyo nombre significa tortilla o pan. Existen gorditas dulces elaboradas, en su mayoría, de harina de trigo o maíz tierno molido que se mezclan con azúcar, canela, huevo, leche y en ocasiones nata; la masa se moldea y se cuece en el horno.

• En Morelos se preparan con masa de maíz blanco, rellenas de pasta de frijol bayo o requesón que puede ir solo o preparado con otros ingredientes como epazote, chile serrano y cebolla picados.

• En Nuevo León se elaboran las gorditas de harina y las gorditas de piloncillo.

• En Cholula, Puebla, se elaboran unas gorditas delgadas, de 30 × 20 cm, muy similares a las orejas de elefante. Se rellenan de frijoles cocidos en pasta, se calientan en el comal untadas con manteca de cerdo, se bañan con salsa roja o verde y se espolvorean con queso rallado. Son muy populares para el desayuno y el almuerzo.

• En Querétaro se acostumbran las gorditas de maíz quebrado, con diversos rellenos.

• En San Luis Potosí existe una gran diversidad de gorditas que se preparan de forma casera o para su venta en puestos callejeros. Las gorditas chinas son horneadas de masa de maíz, rellenas de mole, queso o rajas.

• En Veracruz, el término gordita se refiere a diversas preparaciones muy distintas entre ellas. En el puerto se prepara una gordita de masa de maíz blanco, de unos 12 cm de diámetro; se rellena de frijoles negros refritos, se fríe y se baña con salsa de jitomate; se espolvorea con queso y se acompaña con col rallada. En Xalapa, la gordita es una tortilla de unos 7 cm de diámetro, con las orillas pellizcadas; se rellenan de salsa, queso, cebolla picada, frijoles molidos o trocitos de papa cocida; se acompaña con salsa de chile seco. Otras gorditas del estado son la de frijol, las de plátano de Castilla, y las de elote.

• En Zacatecas se consumen las gorditas de cuajada. La gordita es conocida también como gorda.

→ condoches, mimingue

GORDITAS DE CUAJADA

Gorditas dulces, elaboradas con masa de maíz y horneadas. En San Luis Potosí, son de masa de maíz, cuajada, leche, canela, azúcar y pulque; antes de hornearlas se espolvorean con trocitos de piloncillo, mientras que en Zacatecas la masa puede estar mezclada con cuajada, mantequilla, azúcar, huevos y sal. De forma similar se preparan en Querétaro. También son típicas en Tierra Caliente, Guerrero, donde se elaboran con cuajada, harina de maíz y piloncillo. También se les conoce como gorditas de horno.

GORDITAS DE EL SAUCITO

Gorditas elaboradas con masa de maíz martajado mezclada con manteca de cerdo y sal; se rellenan de rajas, huevo con chile, papas, frijoles, chicharrón o nopalitos, y se cuecen en horno de piedra. Su nombre se debe a que se preparan en la localidad del mismo nombre, en San Luis Potosí.

GORDITAS DE ELOTE

Panecillos redondos preparados con elote, sal, canela, polvo para hornear y azúcar. Existen dulces y saladas. En el primer caso, pueden contener azúcar, piloncillo, una pizca de sal, elote, mantequilla, azúcar, canela y pasas. Se cuecen en comal o en horno. Se les considera postre o golosina. En la región del Totonacapan también se les llama *xámil*; se hacen tortitas con masa de elote y se calientan en comal.

GORDITAS DE FLOR DE SÁBILA

Preparación similar a las tortitas de flor de garambullo; las flores de sábila se cuecen en agua y se capean. Son tradicionales en el Valle del Mezquital, en Hidalgo. También se les llama tortitas de flor de sábila.

GORDITAS DE FRIJOL

Gorditas de masa de maíz, con 6.5 cm de diámetro y 1 cm de espesor, con relleno de pasta de frijol negro aromatizado con hojas de aguacate. Se fríen y se pueden comer solas o acompañadas con salsa picante. Son tradicionales de

Xalapa, Veracruz, y zonas aledañas. En la capital del mismo estado, se preparan mezclando el frijol negro refrito con la masa.

GORDITAS DE HARINA

Nombre que se le da a diversas variedades de gorditas, elaboradas con harina de trigo que se preparan en diversos estados. En Jalisco se elaboran con manteca vegetal, manteca de cerdo, mantequilla, nata, harina, huevo y azúcar; los tres tipos de grasas contribuyen a crear un gran sabor y la textura crujiente. En Nuevo León la masa contiene harina de trigo, polvo para hornear, leche, yema de huevo, anís y azúcar; se cuece al comal con manteca de cerdo. En Hermosillo, Sonora, son gorditas de unos 12 cm de diámetro y 0.5 cm de grueso, que se comen como antojito y pueden llevar encima casi cualquier ingrediente; su peculiaridad es que se doblan y se utilizan para preparar quesadillas.

GORDITAS DE HORNO

Preparación con diversas variantes en el país. En Valle de Allende, Chihuahua, son de masa de maíz martajado, leche agria, manteca de cerdo, sal, queso y polvo para hornear; se cuecen en horno de adobe. Se conservan por mucho tiempo en buenas condiciones. Su consumo comenzó con el inicio de las haciendas agrícolas y ganaderas del estado; es decir, las mujeres las preparaban para los hombres que iban a trabajar al campo. Se recalientan para comerse acompañadas con leche, café o carne seca. En Durango se trata de pequeñas tortillas gruesas de maíz, cocidas por ambos lados y rellenas con diversas preparaciones como frijoles con queso, picadillos de carne, rajas, chicharrón y nopales. Es un antojito muy popular, fácil de encontrar en los lugares públicos. Forma parte del desayuno y almuerzo de albañiles, obreros, campesinos y demás trabajadores en los pueblos de la entidad. En Santa María Acapulco, San Luis Potosí, son elaboradas con masa de nixtamal mezclada con piloncillo, queso fresco, canela, leche, jugo de limón, bicarbonato de sodio y vinagre. Se forman tamborcitos o figuras de animales, estrellas, lunas, etc. Se cuecen sobre el comal y luego se hornean para ser colgadas sobre los arcos de carrizo que forman el altar de ofrendas.

→ gorditas de cuajada

GORDITAS DE LA VILLA

Gorditas dulces que se elaboran con harina de maíz cacahuacentle, piloncillo, manteca de cerdo y yema de huevo. Son gruesas y su tamaño varía entre los 3 y 6 cm de diámetro. Se preparan en los alrededores de la Villa de Guadalupe, en el Distrito Federal, donde está asentada la basílica. De ahí deriva su nombre.

GORDITAS DE MAÍZ

Gorditas rellenas de frijol molido con chile ancho. Se elaboran en Zacatecas, y también se les conoce como gorditas de Plateros, por el santuario de esa localidad que está situado a 70 km al noreste de la capital, al que llegan muchos peregrinos que las comen durante su visita.

GORDITAS DE MAÍZ QUEBRADO

Gorditas rellenas de frijoles refritos, nopales, queso o flor de calabaza, queso de cabra y salsa de chiles. Se preparan especialmente el 12 de diciembre acompañadas de atole de

piloncillo y cáscara de cacao, son típicas del barrio de Tierras Negras en Celaya, Guanajuato y también se les conoce como gorditas de Tierras Negras. La leyenda dice que en un festejo a la virgen de Guadalupe una niña y su madre comenzaron a repartirlas entre los peregrinos, la creencia señalaba que la niña era la virgen María en compañía de su madre, santa Ana. En San Luis Potosí, son discos gruesos de masa de maíz mezclada con manteca de cerdo y sal; se rellenan con picadillo de carne, papa cocida, rajas de chile, frijoles, nopalitos, chicharrón, moronga o huevo.

GORDITAS DE MANTECA

Tortillitas gruesas preparadas con masa de maíz mezclada con manteca de res o cerdo; se cuecen en el comal y se sirven untadas con frijoles negros refritos, aguacate y salsa. Son un antojito popular en Tamaulipas.

GORDITAS DE MIGAJAS

Gorditas que se preparan con asientos de chicharrón, se fríen en manteca de cerdo y se sirven acompañadas de salsa picante verde o roja. Se consumen en el desayuno o en la cena y son un antojito popular en Querétaro.

GORDITAS DE NATA

Gorditas dulces elaboradas con harina de trigo, nata, azúcar y canela. Son gruesas y su tamaño varía entre los 4 y 12 cm de diámetro. Son consumidas en el centro del país.

GORDITAS DE PILONCILLO

Tortillas gruesas de masa de maíz mezclada con trozos de piloncillo que se desbaratan al cocerse. Se acostumbran en varios estados de la república para el desayuno y la cena. Pueden llevar otro ingrediente como queso rallado, en el caso de la zona de Los Tuxtlas en Veracruz. En Nuevo León se preparan con queso fresco, piloncillo, masa de maíz, harina de trigo y manteca de cerdo.

GORDITAS DE PINOLE

Tipo de galletas gruesas horneadas, preparadas con masa de pinole, piloncillo, canela, huevo, azúcar y nata. Se consumen en el estado de Hidalgo.

GORDITAS DE PLÁTANO DE CASTILLA

Gorditas eleboradas con plátano de Castilla mezclado con manteca de cerdo y sal, que se cuecen en comal; también se preparan fritas en manteca de cerdo, y en este caso, la masa no lleva manteca. Son tradicionales del norte de Veracruz.

GORDITAS DE QUESILLO

Tortillas gruesas con la orilla levantada, se untan con asiento de chicharrón y se les añade frijol molido y queso Oaxaca.

GORDITAS DE QUESO Y PILONCILLO

Gorditas elaboradas con masa de maíz mezclada con trocitos de piloncillo, queso añejo y canela; cuando se fríen en manteca de cerdo, el queso y el piloncillo se derriten y quedan melosas y gratinadas. Son típicas de Tlaxcala.

GORDITAS DE RES

Tortillas gruesas de maíz acompañadas de carne de res guisada en salsa de jitomate, chiles ancho y guajillo y cebolla. En el interior llevan frijoles refritos, col y queso.

GORDITAS DULCES

Gorditas que se preparan de diversas maneras en el país. En Veracruz, la masa se mezcla con piloncillo y anís, se fríen en manteca de cerdo o aceite, se sirven calientes y se acompañan con café o leche. En Querétaro, son discos gruesos de unos 12 cm de diámetro, elaborados con trigo martajado con todo y cáscara, piloncillo, canela y anís; antiguamente se cocían sobre piedras de hormiguero, pero ahora se cuecen en comales de metal o barro encalados. Se les unta nata, mantequilla, cajeta o mermelada de fresa, chabacano o piña y se acompañan con café de olla. En Zacatecas, son elaboradas con masa de maíz o elote molido con azúcar, piloncillo, queso y canela, se hornean sobre hoja de maíz, a las cinco de la mañana, para venderse en los hogares de las familias que lo fabrican o en las calles; son las más populares de la capital del estado.

GORDITAS DULCES DE HORNO
Variedad de gorditas preparadas con masa de maíz revuelta con queso panela, queso adobera, requesón, mantequilla y azúcar, las cuales se cuecen sobre hojas de roble en horno de piedra. Típicas de Jalisco.

GORDITAS RELLENAS
Gorditas hechas con masa de maíz mezclada con manteca de cerdo y sal; se fríen en aceite hasta dorarlas y se abren para rellenarlas de queso preparado con jitomate, chile jalapeño, ajo y cebolla; también se rellenan con moronga guisada con ajo, orégano, chile, jalapeño, jitomate y cilantro. Son típicas en el mercado de San Luisito de Monterrey, Nuevo León.

GORDURITAS ◆ asientos de chicharrón

GRAGEA
Dulce con forma de perla pequeña que se elabora de distintos colores. Las grageas se utilizan como adorno de muchos panes y pasteles mexicanos como cubiletes, donas y pasteles de cumpleaños, entre otros. En el Distrito Federal se venden como golosina infantil en bolsitas o tubos de plástico y se llaman chochos o chochitos. En Oaxaca suele llamársele gragea o polilla al azúcar granulada, teñida de rojo. En Comitán, Chiapas, se llama así al azúcar coloreada.

GRAN CAFÉ DE LA PARROQUIA
Antiguo establecimiento de café y restaurante considerado el más importante y tradicional del puerto de Veracruz. Sus especialidades son platillos tradicionales para el desayuno, comida y cena, tales como los huevos tirados, huevos a la veracruzana, platillos voladores (tipo de sándwiches), panes de dulce y otros. Pero la estrella del lugar es el servicio de su famoso café lechero. El servicio es peculiar debido a que un mesero toma la orden de los alimentos y otro se encarga exclusivamente de servir el café lechero para lo cual se presenta en la mesa con dos jarras: una con café concentrado y la otra con leche caliente. Primero sirve la cantidad de café que el cliente solicita y luego deja caer la leche desde una buena altura con tal precisión que logra llenar al ras el vaso sin derramar el café. Cuando el cliente solicita más café, basta con golpear el vaso con la cuchara a manera de campana para que el mesero repita la operación. Por lo general, el servicio es más rápido cuando se solicita el café a través del sonido que de manera verbal. Como lugar de encuentro, aquí se dan cita poetas, políticos, artistas, jóvenes, ancianos y es frecuente ver cámaras de televisión que constantemente realizan reportajes del famoso lugar. Ahí se han tomado importantes decisiones relacionadas con temas políticos, planificación de la ciudad y actividades culturales como el Carnaval de Veracruz. Por ello es famosa la frase que dice: "el que no conoce La Parroquia, no conoce Veracruz". En la actualidad existen diversos cafés inspirados en el original y primer establecimiento que se ubicaba frente a la catedral del puerto, antes la *Parroquia del puerto*, de donde tomó su nombre. Posteriormente se inauguró una sucursal sobre el malecón cuando cerró el establecimiento del zócalo. La actual Parroquia sigue manteniendo el mismo servicio, las recetas no han cambiado durante décadas y la calidad de su café es incuestionable.

GRANA COCHINILLA (*Dactylopius coccus*)
Insecto hemíptero de la familia de los dactilópidos, del tamaño de una chinche. Su cuerpo arrugado está cubierto con una cera blancuzca; su cabeza es cónica con antenas cortas y trompa filiforme. Es originario de Oaxaca y se utiliza para teñir telas y colorear algunos dulces, tortillas y masa de tamales de dulce. Durante la época prehispánica, el principal centro de producción de grana cochinilla fue Oaxaca, de donde se exportaba al resto de Mesoamérica. Se comercializaba en los tianguis, en forma de pan de grana, al cual se le denominaba *nocheztlitlaxcalli*. Después de la Conquista, y hasta 1850, ocupó el tercer lugar en las exportaciones de México (después del oro y la plata) hacia España, la India y Jamaica. Se utilizaba como colorante rojizo para pintar telas, códices, adornos para el cuerpo o como colorete para el rostro. En la actualidad, esos usos han desaparecido casi por completo, debido al descubrimiento de los extractos minerales colorantes.

Conocida también como:

◇ cochinilla
◇ cochinito
◇ grana

Conocida en náhuatl como:

◇ *nocheztli* (*nochtli*, tuna y *eztli*, sangre; sangre de tuna)
◇ *nochiztli*

GRANADA (*Punica granatum*)

Fruto de forma esférica de la familia de las punicáceas, de 8 a 10 cm de diámetro, cáscara gruesa y color amarillento rojizo muy brillante, coronado por un cáliz. En su interior alberga numerosas semillas cubiertas por una pulpa roja con sabor agridulce. Se cultiva en varias zonas del país y se cosecha de julio a octubre. Es originaria de Asia. Fue introducida por los cartagineses al

Mediterráneo europeo y de allí pasó a América, donde se difundió con rapidez en zonas tropicales y subtropicales. Es común que durante su temporada las granadas se vendan caladas en los mercados, es decir, con una abertura hecha en su cáscara con un cuchillo, para que el comprador se asegure de que las semillas están maduras. Pasada la temporada el fruto puede conservarse por varios meses si las granadas que no están maltratadas se colocan dentro de una canasta en un lugar fresco, oscuro y bien ventilado. Con el tiempo la cáscara adquiere un color café leñoso, pero los granos permanecen en buen estado hasta por un año. Es un fruto muy apreciado en México como fruta fresca; se utiliza en la elaboración de jarabes como la granadina y es una guarnición básica de los chiles en nogada.

GRANADA CHINA (*Passiflora ligularis*)

Fruto ovalado de la familia de las pasifloráceas, de cáscara lisa y dura de color amarillo o naranja; en su interior alberga

numerosas semillas comestibles envueltas en una pulpa acuosa, agridulce y grisácea. Se cultiva en diversas partes del país. Es originaria de la región tropical de América; era común en la época prehispánica desde nuestro territorio hasta lo que actualmente es el Perú. La fruta se come sola, cruda, con todo y semillas; también se prepara en aguas frescas o nieves. Los españoles la llamaron granadilla por su similitud con la granada ibérica. Los misioneros utilizaron la flor para explicar la Pasión de Cristo a los indígenas, pues los colores rojo y morado de la flor coinciden con los tonos de luto de Semana Santa y la sangre de Jesucristo; la corona floral llena de filigrana representa la corona de espinas, los tres estigmas son los tres clavos, las cinco anteras simbolizan las cinco llagas de Jesucristo, los zarcillos de la planta representan los azotes y el fruto, el mundo que vino a redimir. A pesar de compartir algunos sinónimos con el maracuyá, no deben confundirse estos frutos.

Conocida también como:

◇ fruta de la Pasión
◇ pasiflora
◇ pasionaria

GRANJENA BLANCA ◆ bainoro

GRANOLA

Mezcla de cereales o granos que deriva de la popularización de una marca comercial que existió en los Estados Unidos desde fines del siglo XIX. Consistía básicamente en maíz integral tostado. Hoy se puede conseguir como una mezcla de

hojuelas de avena tostadas, en algunos casos con otros granos como trigo, y acompañadas con pasas o frutas secas, nueces, almendras y endulzada con miel. En otras partes existe un producto similar conocido como muesli, de origen suizo.

GRATINAR

Cocer o terminar de cocer una preparación en el horno, a fin de que presente en su superficie una corteza dorada. El estilo de gratinar en México consiste en dejar el plato en el horno hasta que el queso o pan empiecen a dorarse y mos-

trar puntos oscuros, es decir, pequeñas quemaduras. El procedimiento se emplea en diversos platillos como las enchiladas suizas y las crepas.

GRAVEL ◆ matzú

GRENETINA

Sustancia sólida, inodora e incolora que se extrae de la cocción de huesos y cartílagos de distintos animales, principalmente pescado. Se puede obtener tras un largo proceso de cocimiento de los huesos, aunque actualmente se vende grenetina en polvo y empaquetada que basta mezclar con agua para utilizarla en distintas preparaciones.

→ gelatina

GREÑUDA

Cocada de forma irregular hecha con piloncillo, típica de la Sierra Gorda de Querétaro. También es llamada greñuda de coco.

GRINGA

Antojito popular que se sirve en las taquerías. Consiste en una tortilla de maíz caliente donde se colocan porciones de carne al pastor con quesos manchego y Oaxaca; se tapa con otra tortilla, se calienta en el comal y se sirve cuando el queso se ha derretido. Otra versión lleva tortilla de harina de trigo y se le añade piña, igual que en los tacos al pastor. Se consume en el Distrito Federal.

GROSELLA ◆ tomate de palo

GRULLA (*Grus canadensis*)

Ave zancuda de cuello largo, muy parecida a una garza grande. Tiene la cara desnuda y la piel de la frente rojiza; su cuerpo es gris pardusco y sus piernas y patas oscuras. En invierno emigra del norte de Estados Unidos, Canadá y Alaska hacia el centro y norte de México, donde se establece en pantanos y campos abiertos. Su carne es muy parecida a la del ganso. Se consume en las regiones donde emigra y se cocina de forma similar al pato.

Conocida también como:

◇ grulla cenicienta
◇ grulla gris

GRUÑÓN ◆ pejerrey

GUAB

1. GRAF. *huab* o *wab*. Término utilizado por la comunidad mochó que significa "comer algo hecho a base de maíz".
2. Palabra para designar a una tortilla que se acompaña con chile en la comunidad mochó.

GUACAL ◆ huacal

GUACAMAYA

Torta hecha con un bolillo partido por la mitad y relleno de chicharrón de cerdo; a veces se añaden cueritos, salsa roja picante, jugo de limón, jitomate y cebolla picada. Es un antojito popular de León, Guanajuato, donde son especialmente famosas las del barrio de San Juan de Dios.

GUACAMOLE

Del náhuatl *ahuacamulli*, de *ahuacatl*, aguacate y *mulli*, mole o salsa. Salsa de aguacates maduros, machacados y mezclados con chile verde, jitomate, cebolla y cilantro. Se prepara en todo el país y es originario de Tlaxcala, Pue-

bla, Morelos, Guanajuato y Zacatecas. Los chiles más utilizados son el serrano y el jalapeño. En ocasiones se agregan al preparado gotas de jugo de limón para detener la oxidación del aguacate. En Tlaxcala y Puebla se le añaden rajas de chile poblano, hojas de aguacate y pipicha. En Morelos se le agregan jumiles. En Comonfort, Guanajuato, se prepara con cebolla, chiles serranos, duraznos, uva granada, jugo de limón y sal. En Jerez, Zacatecas, lo preparan con aguacate, crema, tomate, chiles poblano y serrano, cebolla y cilantro. El guacamole es muy importante en la cocina mexicana, porque se consume como acompañante o salsa en prácticamente cualquier tipo de tacos, como los de carne asada, carnitas, barbacoa, al pastor, chicharrón, chuleta y otros. También sirve de guarnición en las comidas del mediodía, especialmente para el arroz y los frijoles. Es una botana clásica que se acompaña con totopos fritos de tortilla de maíz.

→ salsa de guacamole

GUACAMOTE *(Manihot esculenta)*
Del náhuatl *cuauhcamohtli*, camote de palo. Tubérculo de la familia de las euforbiáceas. La raíz es feculenta y comestible. Es semejante a la yuca, pero de menor tamaño. Con ella se elabora la tapioca.

GUACAVAQUI ◆ huacavaque

GUACHO ◆ guapaque

GUACHEPIL ◆ cuachepil

GUACHILE ◆ chile piquín

GUACHINANGO ◆ huachinango

GUACHOCOTE ◆ nanche

GUACIMA *(Guazuma ulmifolia)*
Árbol de la familia de las esterculiáceas, de hasta 20 metros de altura, con hojas oblongas y ovadas. El fruto es oval y leñoso, con una longitud de 2 a 4 cm y la superficie cubierta de puntas cortas. En Veracruz ahúman carne con la leña de este árbol para preparar las costillas ahumadas de cerdo con ajonjolí; también lo hacen con otros tipos de carne.

Conocida también como:
◇ aquiche
◇ cuahulote
◇ guazumo o guazuma
◇ majagua de toro
◇ palote negro
◇ tablote

GUACTA ◆ apompo

GUADALUPANAS ◆ pachola

GUAJE
1. GRAF. huaje. *Leucaena esculenta, Leucaena leucocephala.* Fruto en forma de vaina de color café o verde pálido que mide de 10 a 30 cm de largo y de 2 a 3 cm de ancho; contiene semillas comestibles de olor fuerte, que tienen forma de gota aplanada y miden unos 0.5 cm de diámetro. En comunidades rurales e indígenas se consumen sus semillas crudas, cocidas, tostadas o molidas; también se utiliza para dar consistencia y sabor al *huaxmole*. Las vainas se

Guajes. Códice Florentino, lib. XI, fo. 123 v.

venden en los mercados populares del centro del país, en pequeños montoncitos o en rollos. En el estado de Morelos las semillas crudas son también muy populares como golosina y se preparan las tortitas de guaje. Las semillas secas se emplean molidas para dar volumen a las tortas de camarón seco de vigilia. Las hojas o retoños tiernos de guaje crudo, llamados *huaxquelite*, se comen en tortilla de maíz con sal y chile piquín asado o en salsa. En Nayarit, los huicholes los consumen frescos, molidos con chile silvestre y sal, como salsa.

Conocido también como:
◇ cascahuite
◇ guash o huash
◇ guashi o guaxi
◇ huasi
◇ oaxe

Conocido en otras regiones como:
◇ almendra de guaje (Sinaloa, *Leucaena leucocephala*)
◇ cacala (Zacualpan de Amilpas, Morelos)

Conocido en la sierra Norte de Puebla como:
◇ *huaxi* (nahuas)
◇ *lakak* (totonacas)
◇ *liliac* (totonacas)

Conocido en Chiapas como:
◇ casi (*Leucaena leucocephala*)
◇ chajal (*Leucaena leucocephala*)
◇ chjlib (*Leucaena leucocephala*)
◇ guaje de Castilla (*Leucaena leucocephala*)
◇ huashi (*Leucaena esculenta, Leucaena leucocephala*)
◇ pacapaca (*Leucaena esculenta, Leucaena leucocephala*)
◇ uaxi (*Leucaena leucocephala*)

Conocido en otras lenguas como:
◇ *guaxiquilitl* (náhuatl)
◇ *huaxin* (náhuatl)
◇ *kuata* (huichol)

2. *Lagenaria siceraria.* Fruto que, una vez seco, se utiliza como contenedor y recipiente para almacenamiento de líquidos y productos diversos. Las formas varían de acuerdo al fruto, ya sea esférica, ovalada o alargada. Para las faenas agrícolas y grandes travesías en las comunidades rurales, aún se utiliza el guaje con dos protuberancias esféricas, con una abertura en la parte superior, para transportar líquidos (agua, pulque, aguamiel, entre otros) y beberlos durante el camino para mitigar la sed. En la península de Yucatán se utiliza para guardar y conservar las tortillas calientes, y es conocido con el nombre de lek.

Conocido también como:
◇ bule

→ cajete, jicalpestle, jícara

GUAJILLO ◆ acacia, chile guajillo, jitomate

GUAJINICUIL ◆ jinicuil

GUAJOLOTA
Torta de tamal que se prepara con bolillo o telera rellena de un tamal. En muchos puestos se acostumbra freír los tamales

del día anterior en manteca de cerdo o aceite antes de rellenar el pan. Es típica del Distrito Federal. Los tamales más solicitados como relleno son los de salsa roja y verde, mole y rajas. Se vende por las mañanas en puestos establecidos de tamales y atoles, a la salida de las estaciones del metro, paradas de autobús, jardines, parques y sitios concurridos. Para muchos capitalinos, el día comienza con esta torta sustanciosa que se convierte en su desayuno y almuerzo. Se prepara al momento en que se pide, se entrega al comensal envuelta a medias en un cuadro de papel de estraza, pues casi todos las comen junto al puesto o mientras caminan hacia su destino.

GUAJOLOTE

Del náhuatl *hueyxolotl: huey*, grande y *xolotl*, monstruoso, debido a que cuando el ave hincha sus plumas se ve más

feroz de lo que es. Más tarde, *xolotl* pasó a significar juguete o bufón. El nombre puede significar gran monstruo, gran juguete o gran bufón. Es el ave mexicana que más se conoce en el mundo. Su plumaje es negruzco con reflejos broncíneos, excepto en la cabeza, que está desnuda y cubierta de carúnculas rojizas y azuladas. El macho mide 1.20 metros y pesa de 5 a 10 kg; la hembra mide poco menos de 1 metro y pesa de 3 a 5 kg. La mayoría de los guajolotes que hay en el país se encuentran domesticados, aunque también existen en estado silvestre, en los bosques de los estados del norte. Las dos especies de guajolotes conocidas en México son el doméstico o norteño (*Meleagris gallopavo*) y el faisán (*Meleagris ocellata*). En la actualidad se crían diferentes razas con fines comerciales, como el gigante bronceado, cuyo macho pesa unos 18 kg, y la hembra 10 kg. El borbón rojo tiene el cuerpo color castaño y es más chico que los anteriores. El guajolote negro es común en nuestro país; sin embargo, en Inglaterra, donde es conocido como pavo de Norfolk, se cría y consume en mayor cantidad. En los mercados se venden guajolotes llamados de doble pechuga, nombre que da a entender que tienen más carne que un pavo normal o de rancho. El guajolote se come como plato principal en los menús de varias festividades importantes. Se acostumbra en moles, pipián, rellenos, en diversas salsas de chile, al vino, horneado y muchas otras presentaciones. Muchas comunidades rurales consumen los huevos que producen las hembras. En Nayarit los huicholes los preparan en caldo. En la región de la Chinantla, Oaxaca, es común ahumar su carne para elaborar un caldo condimentado con hojas de aguacate, achiote, chiles cuerudos, ajo y cebollines que se acompaña con tortillas. En Juchitán, Oaxaca, se prepara el guajolote relleno de picadillo, típico en la época navideña, lo mismo que en muchas regiones de México. En la época prehispánica era muy apreciado como alimento. Los animales se criaban en

los patios de las casas para engordarlos especialmente, ya que se guisaban en los días de fiesta. En la mitología náhuatl se le asoció con el fuego. Antaño, el valle de Toluca fue famoso por la gran cantidad de guajolotes silvestres que producía; se

Guajolote. Códice Florentino, lib. XI, fo. 56 v.

sabe que durante el sitio de Tenochtitlan, los conquistadores se abastecieron de guajolotes matlatzincas para su alimentación. El ave llamó poderosamente la atención de los conquistadores y Gonzalo Fernández de Oviedo la llevó a Europa en 1523. En Italia, su alto costo hizo que el Consejo de Venecia decretara que su carne quedaba reservada sólo para la mesa de los grandes señores. Como respuesta pronto se establecieron criaderos, lo que permitió que en pocos años se abaratara su carne.

Conocido también como:

◇ chompipe o chumpipe
◇ choncho
◇ cócono
◇ coni o cono
◇ gallo de la tierra
◇ gallo de papada
◇ güilo o huilo
◇ jolote
◇ palache o palachi
◇ pavo
◇ pípila
◇ totol
◇ totol, totola o totole

Conocido entre los huicholes de Nayarit como:

◇ aru

Conocido en náhuatl como:

◇ *palaxtli* (costra o tumor)

→ faisán, pambazo

GUAJOLOTE RELLENO DE PICADILLO

Guiso elaborado para la celebración de Navidad. El relleno incluye carne molida de res y de cerdo guisada con papa, jitomate, cebolla, plátano macho, pasitas, aceitunas, hierbas de olor, almendras, sal y pimienta. El guajolote se unta con mantequilla, chiles guajillo y ancho molidos en molcajete. Una vez horneado se sirve acompañado de arroz blanco, puré de papa juchiteco y dulces. Este guiso se prepara en Juchitán, Oaxaca.

GUALACAMOTE (*Dioscorea remotiflora*)

Planta trepadora de la familia de las dioscoreáceas que produce un tubérculo que se consume de diferentes formas. Se recolecta en los montes de la isla María Madre, unas de las Islas Marías, en Nayarit, así como en Jalisco, Oaxaca, Veracruz y Tabasco. Los huicholes elaboran una sopa con esta planta.

Conocido en algunas regiones como:

◇ bejuco de canasta (Tabasco)
◇ camote amarillo (El Tajín, Veracruz)
◇ camote de cerro (Jalisco)
◇ camote de monte (Oaxaca)

Conocido en algunas lenguas como:

◇ *di-io-ia* (totonaco)
◇ *ishila-kamani* (totonaco)
◇ *looba-beroo* (zapoteco)
◇ *nacú liso* (totonaco)

◇ *nami-ñuu* (mixteco)
◇ *quentamacni* (totonaco)
◇ *yoho-yami-nuju* (totonaco)

GUALAJE ◆ robalo

GUALLA ◆ flor de calabaza

GUALUMBO ◆ flor de maguey

GUAMACHE O GUAMOCHE ◆ guamúchil

GUÁMARA ◆ aguama

GUAMÚCHIL O HUAMÚCHIL (*Pithecellobium dulce*)
Del náhuatl *cuauhmochitl*, de *cuahuitl*, árbol y *mochitl*. Árbol espinoso de la familia de las leguminosas, de 25 metros de altura, con flores blancoverdosas o amarillentas. Su fruto es una vaina angosta, larga, encorvada o enrollada en espiral, con pulpa blanca, rosa o rojiza, de sabor agradable; ésta envuelve unas semillas negras también comestibles. Crece en los litorales de las costas y en las regiones calientes del interior del país durante junio. Se come como fruta fresca y se usa para elaborar aguas frescas. Cuando está seca se utiliza molida para hacer tortillas.
Conocido también como:
◇ chucum blanco
◇ cuamuche o huamuche
◇ cuamúchil
◇ cuaumíchitl
◇ cuaumóchitl
◇ guamache, guamoche, guamuche o huamuche
◇ guaymachile
◇ humo
◇ macochín
◇ muchite
◇ pinzán
→ ébano

GUAN
Hojas de una planta parecida al plátano que se cultiva en las regiones cercanas a Ocosingo, Chiapas. Se utiliza para hacer el pozol agrio.

GUANÁBANA, O (*Annona muricata*)
De la lengua taína de Haití, *wanabán*. Fruto tropical de la familia de las anonáceas, de forma ovoide o acorazonada, con piel verde y espinas grandes, muy burdas, gruesas e inofensivas. Por lo general mide entre 20 y 25 cm de largo y posee un aroma exquisito. La pulpa es blanca, carnosa, fibrosa, jugosa y de sabor agridulce, con muchas semillas negras lustrosas. Debe consumirse madura. La guanábana es originaria de México y la América tropical. En la actualidad se cultiva en todo el sur y sureste del país, además de Jalisco. Al igual que la chirimoya y la anona, se trata de un fruto delicado que debe transportarse con cuidado, pues se estropea fácilmente. Abunda de octubre a diciembre, aunque puede encontrarse en los mercados casi todo el año. En la mayor parte de la república es muy gustada como fruta fresca, en especial en las regiones cálidas; con su pulpa se preparan aguas frescas, nieves, raspados, licuados e incluso gelatinas; también se pueden preparar mermeladas o ates. En la época prehispánica quizás era conocida como *ilamatzapotl*, del náhuatl *ila-*matl, anciana y *tzapotl*, zapote. El nombre náhuatl se perdió cuando la fruta fue rebautizada por los españoles, quienes ya la habían conocido en las islas del Caribe antes de llegar al territorio mexicano.
Conocida también como:
◇ anona amarilla (Tabasco)
◇ *polvox* (maya)

GUANACASTE (*Enterolobium cyclocarpum*)
Fruto en forma de vaina, de la familia de las leguminosas, con textura leñosa, color café oscuro, cuya forma ancha, dura, plana y curva forma un círculo ondulado e irregular, de 8 a 12 cm de diámetro que alberga unas semillas comestibles de 1cm de diámetro. Se produce en Sinaloa, Tamaulipas, Veracruz, Tabasco, Jalisco, Guerrero, Chiapas, Yucatán y Quintana Roo. Las vainas tiernas y sus semillas tostadas fueron muy consumidas por diversos grupos indígenas previo a la llegada de los españoles; incluso se comían tanto como el maíz o el frijol. En la actualidad su consumo es común en localidades rurales e indígenas, a manera de frijoles, cocidas o como parte de sopas y salsas. En Campeche se muelen junto con el maíz para preparar harina. En Jalisco se comen las semillas cocidas en agua y freídas en aceite, guisadas en una salsa de chiles serranos, cebollas, jitomates y huevo. En Yucatán se fríen en manteca de cerdo, se acompañan con tortillas y jugo de limón o naranja agria.

Conocido en algunas regiones como:
◇ aguacastle o ahuacashle (Oaxaca)
◇ cascabel (Tamaulipas)
◇ cascabel sonaja (Tamaulipas)
◇ cuanacaztle, cuanacaztli o cuaunacaztli (Oaxaca)
◇ huanacaxtle, huienacaztle, huinacaxtle o huinecaxtli (Oaxaca)
◇ nacashe (Oaxaca)
◇ nacastillo (Oaxaca)
◇ nacastle o nacaztle (Oaxaca)
◇ nacaxtle (Veracruz)
◇ nanacaste (Oaxaca)
◇ orejón (Veracruz)
◇ parota (Jalisco; Michoacán)
◇ *pich* (península de Yucatán)

GUANAJUATENSE, A LA
Término que se aplica principalmente a platillos que contengan xoconostle, debido a que este fruto se produce en abundancia en el estado de Guanajuato y es muy utilizado en la cocina antigua de la entidad. Algunos platillos son la ensalada guanajuatense, el pico de gallo, etcétera.

GUANAJUATO
Estado situado en el centro occidente de la república mexicana. Colinda al norte con San Luis Potosí, al este con Querétaro, al sur con Michoacán y al oeste con Jalisco; se divide en 46 municipios y en cinco regiones geográficas con tres diferentes tipos de clima: semiseco, templado y semicálido. A la llegada de los españoles, el territorio que en la actualidad ocupa Guanajuato era habitado por grupos indígenas chichimecas y otomíes. Hoy en día, los chichimecas jonaz habitan en una comunidad rural, en una zona semidesértica, por lo que su alimentación a base de maíz y frijol se complementa con productos de la planta del maguey como el aguamiel y el quiote, nopales, mezquites, biznagas, cactos,

Ciudad de Guanajuato

chollas, garambullos, palmas, quelites y cardones. Es común encontrar este tipo de ingredientes en las preparaciones típicas del estado. En el siglo XVI los españoles descubrieron abundantes yacimientos de plata y oro, y convirtieron a la ciudad de Guanajuato, actual capital del estado, en el centro minero más importante de la Nueva España. Al día de hoy, la actividad minera aporta sólo 0.1% del producto interno bruto (PIB) estatal. El sur del estado presenta un desarrollo agrícola y textil importante; los cultivos de cebada, trigo y sorgo representan el segundo lugar de producción nacional y Guanajuato es el primer productor de fresa y brócoli. La cocina típica del estado está conformada por platillos de origen español que han sido modificados con ingredientes regionales, por algunas preparaciones que comparte con sus estados vecinos y por guisos de origen indígena. Entre ellos encontramos las alcachofas de la hacienda, la barbacoa, el cabrito al horno y en su sangre, el caldo michi, los chilaquiles, los chiles de chorro rellenos (chiles rellenos), las empanadas, las enchiladas rojas, ilustradas y mineras, el fiambre, los frijoles puercos, las gorditas de maíz quebrado, las guacamayas, el menudo, la mojarra empanizada, los nopales con chile guajillo, los nopales rellenos, las pacharelas, el pollo en cuñete, el puchero, las quesadillas o empanadas de carnitas, el revoltijo (romeritos), la sopa de ajo, los tacos de nata y los mineros, los tamales de ceniza y de garbanzo, el tamalón de acelga, las tostadas de cueritos, el totoposte y los uchepos de sal y de leche. En cuanto a las preparaciones indígenas, las más representativas de origen otomí son el dulce de calabaza con piloncillo, las pacholas, las pintaderas, la sopa de tamal y las tortitas pintadas. El uso del xoconostle es característico de la cocina guanajuatense; su producción es abundante y es posible encontrarlo durante todo el año. Algunas preparaciones con este fruto son: el caldo de camarón, el capón, el chile verde con xoconostle, la cola de res con xoconostle, el chile con

xoconostle, el chile verde con xoconostle, la ensalada de xoconostle o ensalada guanajuatense, los frijoles con xoconostle, el pico de gallo, el pipián con xoconostle, la sopa de médula y de verduras y algunas salsas como la salsa borracha con xoconostle, la salsa de xoconostles y el xocochile. La producción de la fresa es muy importante en Irapuato; un alto porcentaje de ella se destina a la exportación y se envía al resto del país. Con esta fruta se preparan atoles, mermeladas y postres como fresas con crema y tamales. En el estado se elaboran muchos dulces y postres tradicionales de la región del bajío, los más representativos en la entidad son los alfeñiques, el amerengado, el arroz con leche, los ates, los buñuelos en capirotada, la cajeta (en especial la de Celaya), los camotes achicalados o achicaladitos, las charamuscas, el dulce o compota de xoconostle, las célebres nieves de Guanajuato (de chicharrón, elote, aguacate, frijol y mole), la fruta de horno, el pan de Acámbaro, el queso de tuna, el requesón batido y los tumbagones. Por último, no se puede dejar de mencionar las bebidas tradicionales como las aguas de betabel, de lima y de xoconostle, los atoles de guayaba, de mezquite y de puzcua, la cebadita, el colonche, el chilocle y la sangre de conejo.

GUANTE ◆ amaranto

GUANZONTLE ◆ huauzontle

GUAO ◆ tortuga

GUAPAQUE (*Dialium guianense*)
Fruto en forma de vaina de la familia de las leguminosas, de 2 a 3 cm de largo, con cáscara color café claro, frágil y quebradiza, alberga una pulpa de color pardo, afelpado, adiposo y agridulce; su sabor y color recuerdan al tamarindo. Madura entre marzo y junio, cuando se come como fruta fresca o golosina. También se emplea para prepararse en dulce con piloncillo y para elaborar agua en Veracruz, Tabasco, Chiapas y Campeche.
Conocido también en Yucatán como:
◇ tamarindo silvestre
Conocido en el sur del país como:
◇ guacho o guash
◇ huapaque o huapake
◇ palo lacandón
◇ paque o paquí

GUAPILLA ◆ aguama, huapilla

GUAPINOL ◆ cuapinol

GUARACHE ◆ huarache

GUARAPO
1. Término con el que se designa al jugo de caña de azúcar que se puede beber o se reserva para ser procesado y extraer el azúcar.
2. Bebida alcohólica que se obtiene al fermentar cáscaras de piña o jugo de caña. Se acostumbra en Veracruz y Tabasco. Su nombre proviene del quechua *huarapu*.

GUARÍN ◆ hongo hongorado

GUARNICIÓN
Término que se emplea para designar cualquier alimento que sirve para acompañar un guiso o un plato de carne. Algunos platillos que contienen una guarnición son la carne asada a la tampiqueña y el mole poblano; el primero se

Teatro Juárez, Guanajuato

acompaña de una enchilada verde, frijoles caldosos, rajas de chile poblano, queso asado y en ocasiones un tamalito. En muchas partes el mole se sirve con arroz, aunque en regiones del centro del país se come con tamales y en otras, con ayocotes.

GUAROMI

Calabaza en trozos que se orea y se utiliza de manera similar a los bichicoris. El nombre proviene de los vocablos tarahumaras *huaró*, marchitarse, y *mi*, aquello; es decir, "lo que se marchita". Es típico de Sonora.

GUASHMOLE

Salsa espesa de chile costeño, ajo, semillas de guaje y sal molidos hasta obtener una pasta. Su nombre deriva de *guash*, guaje y *molli*, mole o salsa. Es típico entre los chocholtecas de Oaxaca.
Conocido también como:
◇ guash
◇ salsa de guajes

GUASHÓ (*Senna fruticosa*)

Hojas tiernas de una planta de la familia de las leguminosas que en algunas partes del país se consumen como quelites. En Chiapas se llama así al guiso de las hojas tiernas cocidas y revueltas con frijol. En Sinaloa se conocen como biche y se consumen de igual manera que en Chiapas.

GUASMOLE ◆ chirimole, huaxmole

GUATAPE ◆ huatape

GUATOMATE

Variedad de tomate que crece en Izúcar de Matamoros, Puebla, con el que se elabora salsa de guatomate.

GUATOPE ◆ jinicuil

GUATUZA ◆ tuza

GUAUTE ◆ amaranto

GUAVINA

Nombre genérico de peces de agua dulce y salada que se consumen frescos y son muy apreciados por su carne.

• *Diplectrum euryplectrum*
Tiene cuerpo café oscuro y vientre claro que va de amarillo a dorado. Mide aproximadamente 17 cm de longitud y pesa unos 0.5 kg; abunda de diciembre a mayo en las costas del Pacífico. Su carne blanca y suave se considera fina, comparable a la del llamado pescado blanco. También se le llama extranjero, debido a que en ocasiones se traslada a cuerpos de agua dulce.

• *Gobiomorus maculatus*
Habita en el Pacífico. También conocido como dormilón manchado o guavina manchada.

• *Guavina guavina*
Se encuentra en los manglares de Veracruz y en la cuenca del río Coatzacoalcos. También conocida como guabina.

GUAXIMOLE ◆ huaxmole

GUAXIQUILITL ◆ guaje

GUAXMOLE ◆ chirimole, huaxmole

GUAYA

1. GRAF. huaya. *Melicoccus bijugatus*. Fruto con forma de baya redonda, de unos 2 cm de diámetro, cáscara verde amarillenta que se desprende fácilmente al contacto con los dedos. Posee una pulpa rosada, carnosa, jugosa, suave, de olor y sabor dulce y fresco que cubre una semilla globosa de 1 cm de diámetro. Se encuentra en la península de Yucatán, Veracruz y Tabasco. Se expende en montoncitos o en bolsas pequeñas; es un fruto muy gustado y popular. En Coatzacoalcos, Veracruz, es típica su venta a las puertas de la parroquia o en el parque principal. En Tabasco se puede encontrar en el mercado Pino Suárez, de Villahermosa. En Yucatán se consume la guaya de Mérida, que es de mayor tamaño. También se consigue en Campeche.
Conocida en algunas regiones como:
◇ guaya cubana (Campeche)
◇ *waaya*, *wayam* o *wayuum* (Yucatán)
2. Nombre que en algunas partes de Oaxaca se le da a la flor de calabaza.

GUAYA DE CERRO

Palmeras pequeñas de serranía, cuya inflorescencia está envuelta en una vaina con forma de huso que en su interior alberga un fruto similar a un espárrago. Se encuentra en Tabasco, Veracruz y Chiapas. Las variedades que se consumen son *Chamaedorea pinnatifrons*, *Chamaedorea cataractarum*, y *Chamaedorea alternans*. En Veracruz se consume el fruto de todas las variedades, que se cuece en agua con sal para quitarle el sabor amargo, después se pela para comerse cocido en ensalada, frito o revuelto con huevo. En Chiapas y Tabasco se consume la flor. Conocida también como guaya en Tabasco.

→ pacaya, tepejilote

GUAYABA (*Psidium guajava*)

De la lengua taína del Caribe, *guava*. Fruto de la familia de las mirtáceas, de forma redonda u ovalada, de entre 3 y 7 cm de diámetro. Posee una cáscara amarillenta que se cubre de puntos color café oscuro poco después de haber madurado. La pulpa es blanca amarillenta, con una textura suave y cremosa, de sabor dulce y un poco ácido, posee abundantes semillas duras y pequeñas, y es muy aromática; el centro de algunas variedades es rosa. Abunda en los mercados en especial de octubre a marzo, aunque es posible encontrarla todo el año. Se piensa que es originaria de América tropical, donde se encuentra en estado silvestre hasta el presente. En náhuatl se conocía como *xalxocotl*, que significa fruto arenoso. Se

Guayabas en almíbar

consume como fruta fresca cuando está completamente madura en los estados del centro del país, donde un gran porcentaje de su producción se destina para preparar el dulce de guayaba, guayabas en almíbar o ate de guayaba o guayabate. También se prepara en licores de excelente aroma y calidad que se acostumbran en el centro del país y Michoacán. En Tabasco, parte de Chiapas y Campeche, se consume una variedad de guayaba de color verde pálido y más grande que las del centro del país. Mide entre 8 y 10 cm de diámetro, es muy carnosa, crujiente, con muchas semillas en el centro y se come verde o inmadura con sal. Se le conoce en la Sierra Gorda de Querétaro como guayabilla.

GUAYABATE ◆ ate

GUAYABILLO, A ◆ arrayán, guayaba

GUAYAIZOTE
Dulce preparado a base de flores de izote desflemadas en agua de cal y después hervidas en agua, mezcladas con guayabas cocidas en almíbar de azúcar. Se prepara en Guerrero e Hidalgo. En este último se le conoce como dulce de flor de palma.

GUAYALOTE ◆ acacia

GUAYMACHILE ◆ guamúchil

GUAZMOLE ◆ huaxmole

GUAZUMO, A ◆ guacima

GUCHE GUIÑA
Guiso caldoso de retazo de res con hueso y maciza, ejotes, chayote y zanahoria, sazonado con una salsa de jitomate y chiles guajillos, espesado ligeramente con masa de maíz y saborizado con epazote. Se prepara en la región del istmo en Oaxaca.

GUELAGUETZA ◆ fandango

GUERRERO
Estado situado en la región meridional de la república mexicana; limita al norte con el Estado de México y Morelos, al norte y este con Puebla, al este y sureste con Oaxaca, al sur y oeste con el océano Pacífico, y al oeste y norte con Michoacán. Guerrero fue constituido como estado el 27 de octubre de 1849 y lo conforman 7 regiones en las que se concentran 81 municipios; éstas son Acapulco, Centro, Norte, Tierra Caliente, Costa Chica, Costa Grande y la región de la Montaña. Los principales sectores de actividad son el de servicios y turismo; no obstante, la agricultura es la actividad económica más importante. A nivel nacional, Guerrero es el primer productor de Jamaica y mango, pero se cultivan también con éxito múltiples variedades de maíz, cocoteros, café, sandía, ajonjolí, arroz, cacahuate, frijol, sorgo de grano, durazno y aguacate. En la zona conviven grupos indígenas mixtecos, nahuas, amuzgos y tlapanecos que comparten la tierra con una importante cantidad de mestizos y grupos de descendencia africana. En la región de la Montaña habita la mayoría de los indígenas nahuas, mixtecos y tlapanecos, quienes tienen como base de su alimentación el maíz, el frijol, la calabaza, el jitomate, el tomate, chiles, hierbas, quelites regionales y algunas frutas como melón, plátano, piña y tamarindo. Los amuzgos y afromestizos se encuentran en la Costa Chica, donde abundan cultivos de frutas como plátano macho, papaya, tamarindo, coco, ciruela, limón, zapote, mango, lima, naranja, caña de azúcar y café. Algunos de los platillos guerrerenses cuyo origen proviene de estos grupos son el aporreado, el apozole, el chilate, el chilatequile, las conservas de calabaza, la morisqueta, varios de tipos de atoles, moles, guisos a base de iguana y tamales como los de ejote, de frijol y los nejos. Es común que en México se asocie el nombre de Guerrero con hermosas playas, sobre todo las de Ixtapa Zihuatanejo y Acapulco, donde los pescados y ma-

Grutas de Cacahuamilpa

riscos son característica principal de la cocina típica. Se consumen en innumerables palapas y restaurantes pequeños ubicados a lo largo de la costa; cerca de Acapulco existe un lugar llamado Barra Vieja, famoso por sus preparaciones a base de productos marinos. En estos lugares se sirven platillos como cebiches de pescado y de camarón, tiritas de pescado, pescado a la talla y los célebres camarones Barra Vieja. En la entidad se utilizan algunos ingredientes únicos como la cuajada, el elote camahua, el epatlaxtli, el frijol comba (pataxete), la flor de yuca (flor de izote) y algunos insectos como avispas, chapulines, hormigas chicatanas, gusano de palos y jumiles; también se preparan guisados con huilotas, lengua de vaca, longaniza, pescado seco, el pusumiche y el queso criollo. Se preparan también antojitos y botanas únicas como las cazuelitas, el chacualole, las chalupitas, los chiles capones, las pescadillas, las picadas, las quesadillas de verduras, los tlaxcales, las tlaxcalecamahuas, las tortas de relleno y las exquisitas gorditas toqueras. En preparaciones de sopas con productos marinos y con verduras, destacan el caldo de cabezas de pescado, el caldo de camarón, el caldo de pescado seco y la sopa de bolita. Los platillos regionales más representativos son los adobos de cerdo y de iguana, el ajiaco de pollo, el albondigón, las almejas en su concha, la aporreada, el apozole, el apozonque (frijoles de la olla), el arroz a la jardinera, el arroz con frijoles, el ayomole, el baila con tu mujer, la barbacoa, la carpa adobada, la carne enchilada, la chanfaina o montalayo, el chilate, el chilatequile, el chileajo, el chile de ciruela, la chimpa, las cemitas rellenas de camote, el clemole, la cochinita guerrerense, las enchiladas calentadas, el entomatado, los estofados de huilota y de res, los fiambres, el guinatán, el huaxmole, los huitoles, el linogao, el lomo relleno, el menudo, la morisqueta, las patas de puerco, los pipianes, el socorrido, los tlatoniles, las tortas de colorín o gasparitos y el zambaripao. La carne de iguana es muy apreciada y existen muchos guisos con esa carne, como la iguana a la mexicana y diversos moles, huaxmoles y adobos. Además, hay una gran variedad de moles, por ejemplo, el mole campesino, el de Chilapa, de queso, de pimienta, de revuelto, el mole verde y el manchamanteles. Considerada la tierra del pozole, Guerrero tiene magníficas variedades de pozole, como el elopozole, el pozole blanco, el verde y el de frijol. En la entidad se preparan dife-

La Costera, Acapulco

rentes tipos de tamales dulces como los de ciruela, de cuajada, los nacatamales y los tamales xatos; y de tamales salados, que en algunos casos se emplean para acompañar ciertos guisos regionales; entre ellos se encuentran el elotamal, el nacatamal, los tamales camahua, de bola, de ejote, de frijol, de pescado, los tamales nejos, los tamales tololoches y los uchepos. Los frijoles

Taxco

son muy utilizados en la cocina guerrerense; los más comunes son los bayos, canarios, comba y rosita (frijoles moros); con los que se preparan guisos como frijoles con colorín, frijoles de novios, frijoles de arriero y frijoles puercos, además de mezclarlos con chorizo, diferentes chiles y especias. Para acompañar sus platillos se prepara una gran variedad de salsas locales y caseras, de las que se pueden mencionar la salsa costeña, la salsa de dedos y la salsa de guajes. Algunos de los dulces que hoy se consumen en Guerrero son de origen conventual o indígena; entre ellos destacan el alfajor, el bienmesabes, los buñuelos en capirotada, la conserva de tamalayota o calabaza de Castilla, la chúmata, el dulce o conserva de camote, las gorditas de cuajada, el guayaizote, la manácata, los marquesotes, la nieve de huevo, las nieves de mamey, melón, nanche, cacahuate y elote, el dulce de pachayota, los ponteduros, la sopa de vino y las torrejas. En las panaderías regionales se ofrecen el pan de huevo, el pan fino, las cajitas, el chamuco, el muñeco de muerto y las semitas. Es necesario mencionar las bebidas típicas como atoles de aguamiel, de ciruela, de fiesta, el atole xoco y champurrado y aguas y bebidas refrescantes como el cacalopinole, el chilate, el chite, el piznate, el ponche de frutas (aguas frescas) y el macán. Las bebidas alcohólicas más representativas son el anís, el charape, la chicha, el chilocle o chilote, el chorreado, el licor con semillas de mezquite, la sangre de Baco, el tecui, la tuba, el zacualpan (aguardiente de caña), además cuenta con una gran variedad de mezcales, como el amargo o amarguito, el chichihualco, el mezcal de Chilapa, las petaquillas y el torito (mezcal curado).

GUETA

Sinónimo de tortilla, en zapoteco del istmo. Por lo regular antecede al nombre de algunos platillos para especificar que están hechos con masa de maíz.

GUETA BI´NGUI´

Tipo de volován pequeño o gordita ovalada de masa de maíz martajado, condimentada con chiles guajillo y ancho y manteca de cerdo. Contiene camarón seco, pepitas de calabaza y achiote de la región. Todos los ingredientes se mezclan y cuecen en el comiscal. La masa puede contener asiento. Platillo de origen huave que también acostumbran los zapotecos del Istmo de Tehuantepec, Oaxaca, en especial en Juchitán. Conocido también como mengue.

→ tamal estabingüi

GUETABACHE

Tortillas de masa de maíz mezcladas con hierba santa, que se envuelven en hojas de milpa y se cuecen al vapor. Son típicas de los Valles Centrales de Oaxaca.

GUIA-DANA ◆ chinaca

GUÍAS

Tallos tiernos o puntas de las ramas de diversas plantas como la calabaza y el chayote. Las hojas tiernas se aprovechan como verdura y como quelite. De las ramas se cortan los últimos 40 cm, mientras que las partes más gruesas se pelan para retirarles la cutícula. En ocasiones contienen pequeñas calabazas en etapa de formación o con retoños de flores que se cocinan junto con las guías. En la época prehispánica, las guías se comían preparadas con granos de elote,

Guías de chayote

gusanos de maguey y chile chipotle. En la actualidad se les encuentra en los mercados populares del centro del país, donde se venden en manojos. En Oaxaca, sobre todo en los Valles Centrales, se consiguen casi todo el año para preparar la sopa de guías con la calabaza güichi. En la sierra Norte de Puebla se utilizan las guías de chayote y las guías de calabaza. En Tuxtla y Naupan se cocinan las guías de chayote en caldo, y también se preparan con huevo. En Naupan se utilizan para preparar el *chilpozontle*. En Tuxtla preparan quelites y guías con carne de cerdo. Entre julio y septiembre, los mixe de Oaxaca utilizan las guías tiernas o retoños del chayote, que se cocinan con agua y achiote o en sopa con caldo de pollo. También se preparan en mole, con masa y achiote. En Tlaxcala se ocupan las guías de calabaza en el caldo de guías, en chileatoles y como relleno de quesadillas.

Las guías de calabaza son conocidas en la sierra Norte de Puebla como:

◇ *ayoquilit* (náhuatl)
◇ *nix´pi* (totonaco)

Las guías de chayote son conocidas en la sierra Norte de Puebla como:

◇ *chayoquilitl* (náhuatl)
◇ *macampu* (totonaco)

GÜICHI ◆ calabaza güichi, guías, sopa de guías

GUIE

Voz zapoteca utilizada en el Istmo de Tehuantepec, Oaxaca, para designar a las flores.

GUIE´ CHAACHI O GUIE CHACHI ◆ flor de mayo

GUIE NIIZA ◆ flor de cocohuite

GUIE TANA O GUIE TOPE ◆ chinaca

GUIE XOBA (*Bourreria huanita*)

Flor blanca de la familia de las boragináceas, monopétala, de 3 a 4 cm de diámetro, con cinco lóbulos. El árbol que la produce alcanza hasta 25 metros de altura. Se encuentra en Tehuantepec, Oaxaca; Michoacán, Chiapas y Tabasco. En el Istmo de Tehuantepec, Oaxaca, se combina con el flor de mayo para hacer la espuma del chocolate-atole.

Conocida también como:

◇ flor guia xoba
◇ flor guie xoba

Conocida en otras lenguas como:

◇ *guié xhuba* (zapoteco)
◇ *istalsuchitl* (náhuatl)

GUÍIÑA

Voz zapoteca utilizada en el Istmo de Tehuantepec, Oaxaca, para designar al chile y a los moles preparados que contienen chile.

GUÍIÑA BIDXHI ZÁA

Chiles chipotles rellenos de carne de cerdo cocida y preparada con jitomate, ajo, cebolla, hierbas de olor, pimienta, clavo, achiote, sal, piña, plátano macho, papas, almendras y pasas. Se capean y se sirven con tortillas. Son típicos de Juchitán, Oaxaca.

GUÍIÑA DOO BIDXIÑA ◆ mole amarillo

GUÍIÑA DOO BIZAÁ DXIMÁ ◆ mole de frijol

GUÍIÑA DOO GARBANZO ◆ mole de garbanzo

GUÍIÑA DOO PANZA ◆ mole amarillo

GUÍIÑA DOO XHUBA ◆ mole de guíiña doo xhuba

GUILIBA HUASOLÍ ◆ quintonil

GUINATÁN

Guiso de pescado cocido en leche de coco con especias y chile; se prepara en las costas de Guerrero. Es un platillo de origen filipino que originalmente se consideraba postre.

GUINEO (*Musa acuminata*)

Variedad de plátano amarillo de la familia de las musáceas, de sabor muy dulce y que al madurar se torna pinto, pero no ennegrece. Se come como fruta fresca y tiene una dulzura peculiar, que lo hace de mejor sabor que otras variedades de plátano. Se dice que se trajo de Guinea, de donde deriva su nombre. Se encuentra en Tabasco, Chiapas y Veracruz.

Conocido en algunas regiones como:

◇ guineito (Tabasco)
◇ plátano roatán (Veracruz)
◇ plátano Tabasco (centro del país)

GUIÑADÚ ◆ hierba de conejo

GÜIRO (*Crescentia alata*)

Fruto globoso, de corteza dura con una pulpa blanca con semillas negras que crece en un árbol tropical que mide de 4 a 5 metros de altura. Se utiliza para hacer recipientes con diferentes usos.

→ jícara

GUISO BORRACHO ◆ caldo borracho

GUISADO o GUISO

Platillo elaborado con una salsa cocida, compuesta de chiles, tomate o jitomate, especias y hierbas de olor, en la que también se cocinan trozos de carne y verduras. Por lo común, se trata de un plato principal de la comida del mediodía. Los chiles, especias y hierbas con las que se prepara cambian de acuerdo con el tipo de carne, la región y las costumbres familiares. La textura de la salsa puede variar desde martajada hasta muy

Guisado de cerdo

tersa. Las carnes más utilizadas son la de cerdo, res y pollo; mientras que las verduras más comunes son la papa, la zanahoria, el chayote, la calabacita y los chícharos.

GUISADO DE CAGUAMA NEGRA

Carne de caguama negra guisada en una salsa de jitomate con cebolla, ajo, chiles verdes, acompañada con zanahoria, aceitunas, chiles jalapeños y chícharos. Es un preparado que se consumía en las costas y cercanías de Sinaloa.

GUISADO DE FANDANGO

Platillo de carne de guajolote o gallina, y cerdo cocidas con jitomate, miltomate, ajo y cebolla picados; se condimenta con comino, clavo, pimienta, orégano y azafrán, y suele espesarse con pan. Se come acompañado con tortillas de maíz. Es un platillo típico de Tlacolula, Oaxaca, donde forma parte de los guisados que se ofrecen en los fandangos.

GUISADO DE FLOR DE RUDA

Flores de ruda cocidas y fritas en manteca de cerdo con salsa de jitomate, chile y ajo. Se acompaña con tortillas de harina. Este platillo es típico entre los kumiais de Baja California.

GUISADO DE RES

Guiso festivo que se prepara con maciza y costillas de res en salsa de chile guajillo, jitomate, cebolla, cebollines, tomillo, pimienta negra, canela y ajo; el guiso incluye trozos de piña, plátano macho, manzana, aceitunas, alcaparras, pasitas y chiles jalapeños enteros en escabeche. Es típico de la región del istmo de Oaxaca.

GUISADO DE SÁBILA

Flores de sábila guisadas en salsa de jitomate frita. Es común entre los chocholtecos de Oaxaca.

GUISADO DE TEJÓN

Carne de tejón preparada con ajo y salsa de chile ancho, orégano, comino, sal y pimienta. Esta preparación puede encontrarse en Sinaloa.

GUISO ◆ guisado

GUISO DE BORRACHO

Preparado de cecina, chivo, chorizo, pollo y costillas de cerdo, frito con cebolla, ajo, chile chino, chiles en vinagre, jitomate, orégano, pimienta negra y clavos. Se cuece en pulque y cerveza con papa, zanahoria, calabaza, chayote, ejotes, nopal, repollo, manzana, plátano, elote y ciruela pasa. Por lo regular se prepara para bodas o bautizos. Se elabora en el municipio de Ciudad del Maíz, en San Luis Potosí.

GUITARRA ◆ mantarraya

GÜITLACOCHE ◆ cuitlacoche

GUIZACHE ◆ acacia

GULABER ◆ matzú

GUNHI ◆ uva de monte

GURRUBATA

Nombre que se aplica a varias especies de peces de agua salada de los géneros *Micropogonias* y *Menticirrhus*. Todos son similares y comparten la característica de ser roncadores.

• *Micropogonias undulatus, Micropogonias furnieri*
Tienen el dorso y la parte superior de los costados de color negruzco. Miden alrededor de 30 cm de longitud y se pescan de septiembre a abril en aguas del Golfo de México y la península de Yucatán. Su carne es color crema y de sabor fino; resulta ex-

293

celente frita, asada o bañada con alguna salsa y horneada. Son conocidas también como croata y rocadina.

• *Menticirrhus saxatilis, Menticirrhus littoralis, Menticirrhus americanus*
Se pescan en el Golfo de México y se consideran mejores las que se capturan en Tamiahua, Veracruz.

• *Menticirrhus elongatus, Menticirrhus panamensis*
Se pescan en el océano Pacífico.

GUSANILLO ◆ gusano barrenador

GUSANO

Animal invertebrado de cuerpo blando y alargado, sin extremidades, que se mueve encogiendo y estirando el cuerpo; vive bajo tierra, en el agua o como parásito de otros animales o de plantas. Desde la época prehispánica, diferentes tipos de gusanos se han utilizado como alimento en diversas zonas del país. Su consumo es importante en varias comunidades indígenas, mientras que en las ciudades se considera un producto de consumo fino. Algunos de mayor consumo son los gusanos barrenadores, cupiches y de maguey, además de los chimicuiles, los palos, los cuetla, los ticocos, los padrecitos, los tenanas y el *zatz*.

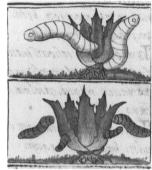

Gusanos de maguey. Códice Florentino, lib. XI, fo. 104 r.

GUSANO BARRENADOR

Larva de una mariposa barrenadora de árboles de la familia *Hepialidae*. Su cuerpo es rojo con rayas transversales amarillas. Se encuentra en Jamiltepec, Oaxaca. En San Juan Coatzospan, Oaxaca, se comen preparados en salsa, tostados y molidos con sal, chile costeño y agua. También se conoce como gusanillo.

GUSANO BLANCO DE MAGUEY (*Acentrocneme hesperiaris*)

Larva de una mariposa que se desarrolla en las pencas de maguey. Es de color blanco, con excepción de su cabeza y extremidades que son de color café. Mide entre 5 y 7 cm y habita en las pencas inferiores del maguey. La temporada de producción y consumo es de abril a mayo, principalmente en las zonas pulqueras de Hidalgo, Tlaxcala y el Estado de México. También se comen en Querétaro, San Luis Potosí, Oaxaca, Jalisco, Puebla y el Distrito Federal. Cuando se capturan se envuelven en hojas de mixiote; se tuestan o fríen hasta que quedan crujientes y dorados y se sirven en tacos con tortillas untadas de guacamole. Su sabor se asemeja al del chicharrón de cerdo.

Conocido también como:
◇ champoloco
◇ palomilla del maguey
◇ peca

Conocido en náhuatl como:
◇ *meocuil* o *meocutli*

GUSANO CHUVII

Gusano del árbol de jonote. Es de color verde amarillo, negro y naranja; aparecen en los tiempos de lluvia. Se acostumbra comerlos en Xalapa de Díaz, Oaxaca. Antes de cocinarlos se maceran en agua, jugo de limón y ajo para, posteriormente, freírlos y consumirlos en tortillas con salsa picante. Conocido también como chuvii.

GUSANO CUETLA ◆ cuetla

GUSANO CUPICHE (*Eucheira socialis*)

Larva de una mariposa de la familia de los piéridos. Es de color pardo, vellosa y suave; vive en conjunto dentro de un capullo o bolsa de seda, llamada también bolsa de madroño, de donde sale por las noches para alimentarse de las hojas, mientras que en el día permanece encerrada. Se encuentran desde finales de enero hasta mayo. Se consumen en Chihuahua, Distrito Federal, Hidalgo, Michoacán (sobre todo en Pátzcuaro), Apoala, Nochixtlán, Tlaxiaco y San Juan Epatlán, en Oaxaca; Río Hondito, Estado de México, y en Puebla. Se tuestan en un comal para comerse en tacos, acompañados de una salsa picante. En Oaxaca se prefiere frito. En Chihuahua se cuecen en una olla de barro y se muelen en metate.

Conocido también como:
◇ conducha
◇ gusano del madroño
◇ huenche

Conocido en algunas regiones como:
◇ chama o ñama (Oaxaca)
◇ gusano verde de la Huasteca (Hidalgo)
◇ sanángata (Michoacán)

GUSANO DE LOS PALOS

Larva de escarabajo de las especies *Trichoderes pini, Arhopalus rusticus* y *Callipogon barbatum*, que habita en los troncos caídos de algunos árboles, principalmente sauces, tepozanes, pinos, capulines y madroños. Se consume principalmente en los estados de Guerrero, Puebla y Estado de México. Se tuestan en comal y se consumen asados, fritos o revueltos con huevo.

Conocido también como:
◇ *dini kuñu* (Mixteca poblana)
◇ gallinita ciega (Chiapas)
◇ gusano ticoco
◇ peshol (Chiapas)

GUSANO DE MAGUEY ◆ gusano blanco de maguey, gusano rojo de maguey

GUSANO DE NOPAL (*Metamasius spinolae*)

Gusano parásito de la planta del nopal. Se consume en la región del Valle del Mezquital, Hidalgo y en el Estado de México. Se cocinan en horno de tierra con cebolla y chile picados, sal y orégano, además se envuelven en hojas de maíz. A veces se acompañan con salsa de chile chipotle o alguna otra salsa picante y se comen con tortillas de maíz. Con este gusano también se prepara salsa. Lo podemos encontrar con el nombre de picudo del nopal.

GUSANO DE REMPOBOTA

Larva de una variedad de mariposa, mide 2 cm de largo y 1 cm de diámetro. Los mixtecos del estado de Puebla lo recolectan en las matas de rempobota y lo consumen como botana asado o tostado con sal.

GUSANO DE TABAQUILLO

Gusano que habita en el árbol de tabaquillo. Es de cuerpo anaranjado y cabeza negra; mide hasta 20 cm de largo. Se consume en la región de Joloapan, Veracruz. Para prepararlos se les corta la cabeza y se lavan hasta que el agua sale limpia. Se asan en comal con sal y se comen en tacos con cualquier tipo de salsa.

GUSANO ELOTERO (*Heliothis zea*)
Larva de color verde o pajizo de una mariposa que habita en el elote, del cual se alimenta. Se consume en el Estado de México, Puebla, Hidalgo y el Distrito Federal. Se tuesta o fríe en manteca de cerdo o aceite para hacer tacos con salsa. Su sabor es similar al elote cocido.

Conocido también como:

- atetepitz
- cinocuil
- cuile
- piral del maíz

GUSANO PEXJOL
Proviene del tsotsil *pex*, pato y *jol*, cabeza. Variedad de gusano que se desarrolla en los troncos viejos y podridos de los árboles de naranjo. Se consume en el norte de Chiapas. Se recolectan y se purgan en agua con jugo de limón; se asan en comal o se fríen en manteca de cerdo. Se comen en tacos con salsa de distintos chiles.

GUSANO ROJO DE MAGUEY O CHINICUIL (*Hypopta agavis*)
Del náhuatl *chilocuilin*, que significa gusano de chile. Variedad de larva de una mariposa que mide entre 2 y 3 cm, que se cría en la base de la penca del maguey. Se considera de mejor sabor y más aromático que el gusano blanco, sin em-

bargo, es más barato. Se recolecta en los estados del centro del país, donde abundan los magueyes. Se consumen en tacos, fritos o asados en el comal. En los mercados se venden secos, ensartados en hilos o vivos. En Oaxaca se utilizan para elaborar la sal de gusano; es también costumbre que el mezcal lleve un gusano rojo flotando en la botella para garantizar que se trata de la auténtica bebida y algunas personas lo llaman mezcal de gusano. En Hidalgo los venden vivos y en grandes cantidades a las afueras de Pachuca; también se venden en Tlaxcala y en el Estado de México. Frescos se pueden conservar congelados, o secos por tiempo indefinido.

Conocido también como:

- chilincual
- chilocuil
- chimicuil, chincuil o chinicuil
- gusano colorado
- tecol

GUSANO TICOCO ◆ gusano de los palos

HA-MUNG ◆ hierbamora

HA´ SIKIL P´AAK ◆ sikil pak

HAAKU ◆ langosta de río

HABA (*Vicia faba*)
Semilla comestible de la familia de las fabáceas, de tamaño grande y forma ligeramente ovalada. Cuando está fresca es verde y se vende en vaina; al secarse se torna amarillo mostaza y se vende desvainada. Es originaria del Medio Oriente. En el Distrito Federal y otras regiones del centro del país, las habas verdes en vaina son muy comunes en los mercados populares y se utilizan para hacer sopas o ensaladas. Las habas secas se usan para hacer potajes o sopas, a menudo espesas; a veces se incluyen en caldos o consomés de pollo. Se cuecen, se muelen y se hacen en pasta para rellenar tlacoyos. Las habas tostadas se condimentan con chile en polvo, sal y limón y se venden en los puestos de dulces como golosina, o se sirven como botana picante en algunas cantinas. En Durango son comunes las habas enteras guisadas en salsa verde molida de tomate, chile poblano y cebolla y se sirven con crema. En Oaxaca se prepara la sopa de habas frescas.

HABA BLANCA ◆ frijolón

HABAS GUISADAS ◆ siete potajes

HABANERO
Aguardiente de caña típico de Tabasco, aunque también se acostumbra en el sur de Veracruz y en la península de Yucatán. Su nombre proviene de La Habana, Cuba, pues en ese país el cultivo de la caña de azúcar, ingrediente fundamental para la elaboración de este aguardiente, ha sido muy importante históricamente. En Tabasco se elabora un aguardiente de uva mezclado con aguardiente de caña. Su consumo es local, especialmente entre la gente del campo. El habanero hecho en la península se almacena en barricas y se utiliza para macerar nanches, lo que produce un licor dulce conocido localmente como habanero de nanche o licor de nanche, muy famoso en la región.
→ chile habanero

HABITAS EMPULCADAS
Platillo elaborado con habas verdes fritas en manteca de cerdo con cebolla, ajo y venas de chile, y posteriormente hervidas en pulque. Se preparan en el Estado de México. Se emplean para acompañar guisos en la comida del mediodía, igual que otras verduras cocidas.

HAGUAC
GRAF. hawak. Nombre que recibe una tortilla seca y dura, elaborada con maíz nixtamalizado pasado de cocción; la tortilla se cuece en el comal solamente de un lado. Generalmente se almacena para consumirse por las noches. Es típica de las comunidades motlozinca y mochó en Chiapas.

HAKÚTSIXA
Sopa o potaje a base de akushirra cocida en agua, polvo de pepitas de calabaza y maíz tostado. Se acompaña con chile verde. Es típico entre los huicholes de Nayarit.

HAMBURGUESA DE PESCADO
Platillo elaborado con un disco grueso de atún enlatado mezclado con cebolla, apio, pepinillos encurtidos y mayonesa; se mete entre dos panes para hamburguesa con queso en rebanadas y se envuelve todo en papel aluminio para hornearla o asarla al carbón. Se elabora en las costas de Sonora.

HAMUITSI
Atole de maíz con ciruelas pasa previamente cocidas, que se desechan al final de la preparación. Es típico de los huicholes de Nayarit.

HANAL PIXAN ◆ altares de muertos

HARINA DE MAÍZ
Maíz nixtamalizado y molido, reducido a polvo. Se le llama harina fresca de maíz o harina fresca para tamales a la que se utiliza recién molida; su color es regularmente blanco y, si no se utiliza de inmediato, es necesario dejarla orear un poco y refrigerarla para que no se acidifique, ya que su tiempo de vida es de sólo un par de días. Por el contrario, la harina de maíz se produce de forma industrial, es de color amarillo y se conserva por más tiempo que la harina fresca de maíz. Ésta última es la que regularmente utilizan muchas tortillerías del país.

→ harina de maíz para tamales

HARINA DE MAÍZ PARA TAMALES O HARINA PARA TAMALES
Harina de maíz utilizada para elaborar tamales. Es típica del Distrito Federal y otros lugares del centro del país. El maíz se cuece en cal y se deja reposar durante 24 horas; se lava para retirar el hollejo del maíz y la cal; luego se escurre para quitar

el exceso de agua. Se muele en seco en un molino y se cierne para retirar la cabeza de maíz. Se utiliza para preparar tamales, mezclando la harina con manteca de cerdo, caldo, sal y tequesquite o polvo para hornear. La manteca se bate con sal y se incorpora la harina con el polvo para hornear, añadiendo el caldo poco a poco. Para saber si está lista, se coloca una bolita de masa en un vaso con agua: si flota, la masa está lista. Si los tamales son dulces, se sustituye la sal por azúcar y el caldo por jugo de fruta o agua de anís.

HARINILLAS

Galletas preparadas con masa de harina de maíz, manteca de cerdo, manteca de res, huevo, miel de piloncillo, anís y sal que se bate hasta lograr una pasta uniforme. Se hornea en forma de rueditas, cuadros u otras figuras. Son típicas de Chihuahua.

HAWAIANA (*Alpinia purpurata*)

Planta de la familia de las zingiberáceas, con raíz tuberculosa y aromática. Las hojas se utilizan en Chiapas para envolver tamales.

HECHIZO

Pan de dulce casero elaborado con la masa de hojarascas y levadura. Es tradicional en la fiesta de Año Nuevo en Coahuila y Nuevo León.

HECHO ◆ cardón

HELADO

Preparación elaborada con leche, azúcar, huevo y un ingrediente que le aporte sabor. Su elaboración y consumo son

similares a los de la nieve; es común que se vendan en el mismo lugar. Un ejemplo es el helado de elote que contiene leche, elote, canela, azúcar y yemas de huevo, y en algunos casos crema; existen muchas versiones en el centro del país.

HELADO DE CREMA MORISCA

Helado tradicional que se elabora con leche, azúcar, fécula de maíz, jerez dulce, yemas de huevo, crema batida, ciruelas pasa picadas y vainilla. Se prepara en Campeche. Se vende durante las noches cerca de la plaza de San Francisco.

HERIBERTA

Bebida popular preparada con agua, alcohol, ácido tartárico, ácido sulfúrico, colores y sabores artificiales. Se elabora en Zacatecas.

HÉSEN ◆ palo fierro

HESQUIATE O HESQUITE ◆ esquiate

HICACO ◆ icaco

HICOTEA (*Trachemis scripta*)

GRAF. jicotea. Tortuga de agua dulce que se encuentra en peligro de extinción. Anteriormente se consumía en Tabasco. Mide entre 30 y 40 cm de largo, su caparazón es amarillo con tonos cafés y su carne oscura. Se preparaba en su sangre, lampreada, y de una forma a la que se le denominaba "en verde". Los huevos de esta tortuga eran ingrediente de sopas y guisos tabasqueños típicos. La hicotea en su sangre se preparaba con la sangre, el hígado, los intestinos y pedacitos de carne pegados a la concha de la tortuga, picados finamente, colocados en la concha de la hicotea y cocidos en poca agua. También se añadía plátano macho verde, yuca, macal, cebolla, chile dulce, ajo, cilantro, perejil ranchero y cebollín. La concha se ponía a cocer a fuego lento, tapada con la parte de abajo del caparazón. Esta preparación también se llamaba tortuga en su concha.

HIDALGO

Estado ubicado en el centro oriental del país; colinda al norte con San Luis Potosí, al noreste con Veracruz, al este con Puebla y Veracruz, al sureste con Tlaxcala, al sur y suroeste con el Estado de México y al oeste con Querétaro. Hidalgo fue fundado el 16 de enero de 1869. Actualmente se divide en 84 municipios y su capital es la ciudad de Pachuca. En el estado habitan grupos indígenas de origen nahua, otomí y tepehua, los cuales presentan una notable afinidad cultural; a pesar de que cada pueblo conserva su propio idioma, se mantiene con mucha pureza una tradición común. La alimentación de los tepehuas se basa en el consumo de maíz, frijol, haba, quelites y algunos pescados como mojarras, bagre, acocil y acamayas. Los tepehuas cultivan caña de azúcar y café para comercializar. Por otro lado se encuentran los nahuas, que habitan la región de la Huasteca hidalguense. Este pueblo originario cultiva maíz, frijol, chile, ajonjolí, yuca, frutas como mango, ciruela, mamey y cítricos. Además consumen algunos animales de caza: tejones, mapaches, conejos, tlacuaches, huilotas e iguanas. En cuanto al pueblo otomí del Valle del Mezquital, su alimentación se basa en el maíz, insectos, pequeños mamíferos y el pulque. En algunos lugares, además de la milpa, producen ciertos cultivos comerciales como trigo, cebada, cacahuate, café, jitomate y garbanzo. El Valle del Mezquital es la región hidalguense donde se han conservado con mayor éxito las recetas de origen indígena; su cocina está basada en productos de origen animal y vegetal propios de la región. Destacan preparaciones elaboradas a base de escamoles, caracoles y una gran variedad de insectos. Los escamoles se preparan en caldos, horneados, en salsas, tamales y como relleno de tunas y xoconostles, mientras que los caracoles se preparan en ensalada y en vinagre. Los insectos juegan un papel importante en la alimentación de los otomíes, quienes han influido en la forma de cocinar de los mestizos. Así, se consumen con frecuencia chacas, chicharras, gusanos blancos de maguey, gusanos cupiches, gusanos eloteros, gusanos rojos de maguey,

Hacienda de Chimalpa

gusanos de nopal, xamues y tantarrias. Otros animales que se consumen son los renacuajos o atepocates, que se comen fritos, asados o en mixiote. Los ajolotes antiguamente se preparaban en mextlapiques y en mole de pasilla; las ardillas se guisan en mole de olla o en mixiote, y los conejos se preparan en adobo, enchilados, en mixiote, y en barbacoa. Los guisos de origen indígena que más se acostumbran son la barbacoa (se considera que Hidalgo es la cuna de este platillo mexicano), los diferentes tipos de mixiotes, el mormollo, el pipián, la tlalapa, el xagis, la xala y los nopales en salsa de xoconostles. Destacan también el asado al pastor, el ajocomino, el chincoyote horneado, las indias vestidas, la lagartija en barbacoa o en caldo, el menudo y los tecocos. En la Huasteca se acostumbra el adobo de cerdo, el ajocomino de chachalaca, los bocoles, el caldo loco, los chichicuilotes asados y guisados con hongos, el chilahuil, los chiles atekayote, milkahual y xojchile; además, las enchiladas de ajonjolí, de chile seco, fritas y verdes, los frijoles con pemuches, las huilotas almendradas, el pascal, el queso de guaje, los moles de boda, de nopales, el indio, el tlapanil y el xocojatole. Otros platillos importantes son los moles de olla, de menudo y el mole poblano, además del adobo de pescado, las ancas de rana, los ayocotes con mole, el caldo de habas, la carne de cerdo con verdolagas, los frijoles quebrados, la longaniza, la moronga, las sopas de ajo, de haba seca, de malvas y de milpa, las tortitas de epazote y las tostadas curadas. Existe una gran variedad de salsas que se emplean para acompañar platillos, algunas de ellas son la de ajonjolí, borracha, de chile de árbol seco, de chile pasilla, de gusanos de maguey y de nopal, de huevecillos de avispa, milcahual, de tuna, de xoconostle y xojchile. Entre los antojitos destacan los bocoles, las enchiladas huastecas, los esquites borrachos, las gor-

Acueducto del padre Tembleque, Santiago Tepeyahualco

ditas de pinole, los quesos de tenate, los mimingues, los molotes, los pastes, los pemoles, los tacos mineros, los tapabocas y los tecocos. Forman parte importante de la cocina hidalguense algunos frutos, flores y hierbas; algunas de ellas son el acachul, la biznaga, las flores de izote, de nabo, de sábila, de tigre y de tuna (flor de nopal), el garambullo, los quintoniles, el nopal y los xoconostles. Mención especial merece el maguey, del que se consumen la penca tierna o xito y las flores. Con estos ingredientes se preparan platos y bebidas como atole de gualumbo, cebollas rellenas de nopales, gorditas de flor de sábila, flores de izote con huevo, licor de acachul, nopales en salsa verde, pulque, quintoniles en salsa de xoconostle, sopa de flor de nopal, tortitas de flor de garambullo, xoconostles en picadillo. En esta región de la Huasteca existe una gran variedad de tamales, como patlaches, piltamales, tamales de chantolo, de chayotes, de

Los atlantes de la antigua ciudad de Tula

chile frito y de picadillo, xámitl, xojol y zacahuil. En el estado también se pueden encontrar tamales de chícharo verde, de flor de garambullo, de frijol con tequelites, de pescado, de zarzamora, serranos y los tamales de origen otomí: trabucos y unguis. Se preparan panes y galletas como cocoles, enchancacada, fruta de horno, marranitos, pan de pulque y pan de muerto. Entre las bebidas más consumidas están los atoles agrio (xocoatole), de aguamiel, de calabaza (ayojatoli), de capulín, (atoliapule), de grano, de mezquite, de piña, de puzcua y el atole duro. Durante el Porfiriato proliferó la producción de pulque en las haciendas pulqueras; hoy en día, Hidalgo es el primer productor de aguamiel a nivel nacional y existen varias preparaciones regionales que utilizan como base esta bebida. Además del pulque, entre las bebidas alcohólicas encontramos el achocol, el achocote, el aguamiel, el aguamiel curado, el jobito y el tepache. Por último, de los dulces y postres que se elaboran en el estado podemos mencionar el acitrón de naranja, el amerengado, los burritos, los condumios, el guayaizote, los limones rellenos, la mermelada de nopal, las palanquetas, las pepitorias y el pinole.

HIELO FRAPÉ
Hielo triturado en forma de granizo que se utiliza para preparar cocteles y otras bebidas. El adjetivo francés *frappé* significa golpeado, pues antiguamente se tenían que meter cubos de hielo en una servilleta y golpearlos para triturarlos.

HIERBA BINTUH (*Cyperus esculenti*)
Planta herbácea de la familia de las ciperáceas, de tallo ramoso y hojas angostas, agudas y lineales. Mide 30 cm de largo y se encuentra en riberas, lagos, pantanos y otros sitios muy húmedos. Se utiliza en la elaboración del punzuque dentro de la comunidad mochó, en Chiapas. Su tubérculo es conocido como chufa y se utiliza para elaborar horchata.

HIERBA DE BORRACHO ◆ nurite

HIERBA DE CONEJO (*Tridax coronopifolia*)
Planta de la familia de las asteráceas con hojas ovaladas y alargadas, de color verde claro, que miden de 3 a 4 cm de largo. Se encuentra en la región de los Valles Centrales de Oaxaca y crece de forma espontánea durante la temporada de lluvias, de agosto a octubre. Existen dos variedades, una con flores amarillas y otra con flores blancas. En Oaxaca se utiliza para condimentar el arroz, los frijoles negros y otros guisos. Aporta un sabor ligeramente ácido, pero agradable. Ayuda a suavizar los frijoles y a hacerlos más digestivos. Las hojas se muelen y se añaden al guiso. Es conocida también como *guiñadú*.

HIERBA DE TEMAZCAL (*Rhus terebinthifolia*)

Arbusto de la familia de las anacardiáceas, de hojas alternas, pinadas y oblongas de 2 a 6 cm. Se utiliza en la comunidad mochó de Chiapas para condimentar caldos de carne de res. En otra época estas preparaciones se cocían en un horno subterráneo llamado *k'en*.

HIERBA DEL CUERVO ◆ chipil

HIERBA DULCE (*Phyla scaberrima*)

Arbusto de 50 cm de alto con hojas ovales, aceradas y agudas, de sabor dulce. Los nahuas del norte de Veracruz utilizan esta hierba para endulzar algunas bebidas como el achocote.

HIERBA LENGUA DE TORO ◆ lengua de toro

HIERBA MAESTRA (*Artemisia klotzchiana*)

Planta herbácea de la familia de las asteráceas. Mide un metro de alto, tiene hojas linear-pinnatífidas, olorosas, de color cenizo y flores amarillentas en cabezuelas. Los chocholtecos de Oaxaca maceran esta planta en aguardiente para preparar una bebida amarga.

Conocido también como:
◇ ajenjo
◇ estafiate

HIERBA SANTA, ACUYO, HOJA SANTA, MOMO O TLANEPA (*Piper sanctum*)

Planta aromática de la familia de las piperáceas. Sus hojas son verdes, tienen forma acorazonada, textura suave, delgada, brillante en la cara superior y opaca en la inferior. Su tamaño varía, dependiendo del lugar donde crezca: pueden  alcanzar entre los 12 y los 25 cm de diámetro. Crece en lugares húmedos, de forma silvestre; también se cultiva en huertos familiares. Su aroma y sabor recuerdan al anís. Es originaria de México. Los mexicas la utilizaron para aromatizar el chocolate. Actualmente se utiliza para dar sabor a varias preparaciones como tamales, caldos, guisos de res, cerdo, pollo y pescado. También se emplea como condimento en Chiapas, Oaxaca, Tabasco y Veracruz. En Chiapas se ocupa para la barbacoa, el bosto, el cerdo en momo, el ciguamonte, el chumul, la iguana con pepita, el *mut memut*, el xote con momo y en tamales como el *caumomon*, el pitaúl, el juacané, el noloche y los tamales de hoja de santa María y de iguana. En Oaxaca se utiliza en el mole amarillo; en Puebla, en el pipián verde; en Tabasco, en el potze y el moné; en Veracruz se usa para dar sabor a la barbacoa, el pámpano, la pepesca, el pescado en salsa verde, el pipián, los tamales de cazuela y de pepita, los pulacles, el *tamoxonec* y el tapiste; especialmente en Orizaba se usa en el mole verde y en el texmole de flor de izote.

Conocida también como:
◇ acoyo
◇ clanepaquelite
◇ cordoncillo
◇ corrimiento
◇ hoja de acuyo
◇ hoja de anís
◇ hoja de santa María
◇ mumu
◇ omequelite
◇ rama de queso
◇ santilla de comer
◇ tlamapaquelite
◇ tlamipa
◇ tlampa
◇ tlanepaquelite

Conocida en algunas regiones como:
◇ aham (Veracruz)
◇ hoja de acoyo (Querétaro)
◇ hoja de aján (Veracruz)
◇ jaco (Chiapas, Tabasco)
◇ jeco (Tuxtla Gutiérrez, Chiapas)
◇ momón (Chiapas, Yucatán)
◇ mumo (Chiapas)
◇ mumum (Tabasco, Veracruz)
◇ palo de zanate (Oaxaca)
◇ tapa cántaro (San Luis Potosí)
◇ tlanipa (Guerrero)

Conocida en algunas lenguas como:
◇ *ibacó* (cuicatleco)
◇ *lacap-uxcue* (huasteco)
◇ *lalustú* (chontal)
◇ *le-lus-tu* (chontal)
◇ *necaxochitl* (náhuatl)
◇ *uo* (mixe)
◇ *tlanepaquelitl* (náhuatl)
◇ *x-mak'ulan* (maya)

HIERBA VINAGRERA ◆ lengua de vaca

HIERBABUENA

GRAF. yerbabuena. Hierba originaria del Mediterráneo, de la familia de las labiadas, las variedades más utilizadas en México son: *Mentha arvensis*, *Mentha sativa* y *Mentha spictata*. Es de color verde pálido, muy aromática, con hojas apuntadas y aserradas. Su sabor y olor son semejantes a la menta. Se utiliza en caldos, guisos y sopas, tanto para perfumarlos como por sus cualidades digestivas, por las cuales adquiere su nombre. En muchos lugares se añade hierbabuena a la moronga antes de embutirla. En Oaxaca se emplea para cocer el pollo y las albóndigas, los chinantecos de Usila, Oaxaca, la agrega al mole. En la península de Yucatán suelen añadirla a los frijoles. También se procesa para extraer su esencia y elaborar el licor llamado hierbabuena, elaborado con aguardiente y una maceración de las hojas.

HIERBAMORA

GRAF. yerbamora. Planta silvestre de la familia de las solanáceas. En México se consumen las variedades *Solanum americanum*, *Solanum nigrum* y *Solanum nigrescens*. Mide un metro de altura, tiene flores en umbela, pequeñas y blancas, y fruto globoso negro dulzón que también llaman uva de hierbamora. Sus hojas son verdes con envés morado, pecioladas y ovadas, con borde dentado de forma irregular; miden de 3 a 6 cm de largo. *Solanum nigrum* es originaria de Europa y fue adoptada en México. Abunda en los lugares húmedos de clima templado; florece en los meses de septiembre y octubre y se encuentra cerca de los cultivos de maíz. Se emplean sus hojas y frutos. Con el fruto, los kiliwas del norte de Baja California preparan agua para beber. En Socoltenango, Chiapas, se emplea en caldos de pollo, hervida en agua con sal caliza. En Chihuahua, los tarahumaras consumen el fruto tierno, frito en manteca de cerdo. En Guerrero y en el Valle de México se utiliza de forma similar a cualquier quelite. En Oaxaca se usa como quelite y se come cocida. Crece en diferentes partes del estado y es muy utilizada en Tuxtepec. Se fríe en aceite con cebolla y ajo y se come en tacos acompañados con chiles verdes o salsa de chile. También se prepara con huevo o se añade a los frijoles negros cocidos que son comunes en el desayuno. Además se prepara una salsa martajada de jitomates con chiles serranos, cebolla, ajo, cilantro y sal, a la que se le añaden cantidades generosas de hojas de hierbamora. En San Pedro Ixcatlán, Oaxaca, se prepara la hierbamora con pollo, que incluye jitomate, ajo y cebolla. En Usila, Oaxaca, se elabora el caldo de hierbamora con jitomate, cebollín, cilantro y chile. En la sierra Norte de Puebla, la variedad *Solanum americanum* se consume en Naupan y Tuxtla. La hierbamora se prepara en caldo, sopa sencilla en la que se cuece esta hierba en agua con sal caliza. En Veracruz se consume como quelite, guisada con frijoles con chile, con huevos o con ajonjolí.

Conocida también como:

◇ chichiquelite
◇ quelite de hierbamora

Conocida en otras regiones como:

◇ chuchilita (Sonora)
◇ hierva mora (Oaxaca)
◇ itztonchichitzi (*Solanum americanum*, norte de Puebla)
◇ ixcapul (Puebla)
◇ pahalka (Yucatán)
◇ tojonchichi (Oaxaca)
◇ tojonechichi (Morelos)
◇ tonchichi (Oaxaca)
◇ toniche (Oaxaca)
◇ tucupachexacua (Michoacán)

Conocida en otras lenguas como:

◇ *baha-kan* (maya)
◇ *bahalkan* (maya)
◇ *bi-tache* (zapoteco)
◇ *chichiquilitl* (náhuatl)
◇ *ha-mung* (chinanteco)
◇ *ichamal* (huasteca)
◇ *ich-kan* (maya)
◇ *la-bithoxi* (zapoteco)
◇ *mambia* (guarijio)
◇ *maniloche* (guarijio)
◇ *mustulu* (totonaco)
◇ *mutztututi* (totonaco)
◇ *pak'al-kan* (maya)
◇ *pettoxe* (zapoteco)
◇ *pitoxe* (zapoteco)
◇ *pitoxi* (zapoteco)

◇ *tomatquilitl* (náhuatl)
◇ *tzopilotlacuatl* (náhuatl)
◇ *vishate* (zapoteco)

HIERBANÍS ◆ anisillo

HIERBAS DE OLOR

Conjunto de hojas de laurel, tomillo y mejorana utilizadas en el centro del país. En los mercados se compran ramos frescos de estas hierbas y pueden utilizarse así o dejarse secar. Por lo regular se pueden desatar para utilizar la cantidad necesaria, de acuerdo con la preparación que se realiza.

HIERBAS SURTIDAS

Combinación de hierbabuena, cilantro, perejil, orégano local y cebollín blanco que forman un ramo atado. Es común en la región de Los Tuxtlas, Veracruz. Se utiliza en la cocción de carnes, caldos y otros guisos.

HIGADITOS DE FANDANGO o HIGADITOS DE MAYORDOMÍA

Platillo elaborado con huevo, caldo y carne de gallina o guajolote. Se le añade al caldo donde se coció la carne del ave, ajo, cebolla, jitomate, miltomate, pimienta, clavo, comino, azafrán molido, carne de pavo, los higaditos y las mollejas del ave. Cuando el caldo está caliente se agrega una gran cantidad de huevos batidos, éstos se cuecen en la superficie de la cazuela y forman una gran tortilla de huevo; ya cocidos se cortan con la cuchara pedazos de huevo que se sirven en los platos hondos con abundante caldo. En la mesa se le añade salsa picante al gusto y se acompaña con tortillas; en algunas regiones se acompaña con salsa de chile tabiche. Este guiso es popular en Oaxaca; prepararlo requiere la experiencia de una comidera. Se acostumbra en días de fiesta, empleando el caldo que se ocupó para preparar el mole y suele cocinarse en grandes cantidades, ya que es el desayuno para todos los invitados que ayudan en los preparativos de una boda, bautizo o fandango, de donde deriva su nombre.

HÍGADO

Órgano ubicado en la parte derecha del abdomen. En los mamíferos tiene forma irregular y es rojo oscuro. Es común que se consuman los hígados de res, cerdo, pollo, carnero y venado. Los hígados de borrego, chivo y otros, forman parte de la barbacoa o la asadura. El hígado de cerdo forma parte de las carnitas y es muy apreciado.

HÍGADO DE POLLO

Víscera del pollo, de carne muy suave y pastosa al cocerse, que pesa entre 30 y 50 gramos. Se emplea en sopas, comidas para bebés y enfermos. Se prepara frito o cocido. En algunos estados se regala cuando se compran ciertas partes del pollo, mientras que en el Distrito Federal se compra por separado.

HÍGADO DE RES

Víscera de la res ubicada en la parte derecha del abdomen. El hígado puede rebanarse en pequeños bisteces para freírlos en una sartén con un poco de aceite, ajo, cebolla o algún otro ingrediente. También se prepara el hígado encebollado que es un bistec delgado que se fríe hasta quedar dorado por ambos lados; después se añade cebolla en rebanadas para que se fría en el mismo aceite y se cueza en parte del jugo del hígado. En el Distrito Federal es fácil encontrarlo encebollado en las fondas donde se vende comida corrida aunque también se prepara en las casas. En Oaxaca, los zapotecos del Istmo de Tehuantepec lo cocinan hervido con una salsa de chile cuaresmeño que se deja reducir un poco para que el guiso espese. En Sonora, el hígado suele untarse con ajo molido antes de freírse. En Tabasco, mientras el hígado se cuece, es untado con una salsa preparada con ajo machacado, sal, aceite de maíz y jugo de limón o de naranja agria; al servirlo se vuelve a rociar con el mismo aderezo. En Yucatán, el hígado encebollado se guisa marinándolo con recado de bistec y vinagre. En Zacatecas es tradicional el hígado de res en salsa de vino tinto y se acompaña con papas fritas.

HIGO (*Ficus carica*)

Fruto de la higuera, de la familia de las moráceas. Tiene forma piriforme u ovoide. Cuando está inmaduro su piel es verde, y al madurar adquiere un tono negro o morado oscuro. Su pulpa llena de pequeñas semillas, es rojiza y blanca, con textura firme y suave; tiene sabor dulce. Los higos verdes se destinan para elaborar dulce y se consumen en el centro del país. También se venden maduros en los mercados para comerlos como fruta fresca.

→ hoja de higo

HIGUERILLA ◆ pata de guajolote

HILAMA ◆ ilama

HINOJO (*Foeniculum vulgare*)

Planta herbácea de la familia de las apiáceas, de tallo hueco. Sus hojas están divididas con segmentos delgados, filiformes; sus flores son amarillentas y sus frutos crecen en pares. La planta produce un aroma similar al anís. Es una planta de origen europeo, cultivada en hortalizas y huertas. Se utiliza como hierba aromática. En El Tajín, Veracruz, es conocido como anís, y en Yucatán es conocido como eneldo.

Conocido en la región zapoteca de Oaxaca como:
- ◇ *becho-gueza-rote*
- ◇ *gue-za-rotextilla*
- ◇ *pecho-queza-totoe-Castilla*

HISQUIATE ◆ esquiate

HOBO ◆ ciruela

HOCOFAISÁN (*Crax rubra*)

Ave de la familia de los crácidos y del orden galliformes, del tamaño de un guajolote; su cuerpo mide unos 95 cm. El macho es negro con reflejos verdosos o azules, tiene una cresta con plumas rizadas y una protuberancia carnosa sobre el pico amarillo. La hembra es color rojizo pardo en el dorso, salvo la cola y el cuello que son negros con rayas blancas; su vientre es ocre, tiene una cola larga y el

pico negro, sin la protuberancia que presentan los machos. Las piernas y las patas de machos y hembras son color café. El macho pesa de 3.5 a 5 kg, y la hembra de 3 a 4 kg. Se encuentra en bosques tropicales del este y sur del país, Tamaulipas, San Luis Potosí, Chiapas y la península de Yucatán. Actualmente su consumo está prohibido pues se encuentra en peligro de extinción por la caza excesiva y el exterminio de su hábitat. Su carne es de color claro y sabor agradable. En la época prehispánica, el hocofaisán estuvo vinculado con el agua, la fertilidad y el maíz.

Conocido también como:
- ◇ choncho
- ◇ faisán americano
- ◇ faisán real
- ◇ guaco
- ◇ hoco
- ◇ *k'anbul*
- ◇ pajuil
- ◇ pavo de monte
- ◇ pavo negro
- ◇ tepetotol
- ◇ tutule

HOJA BLANCA ◆ hoja de berijao, hoja de tó

HOJA DE ACOYO u HOJA DE ACUYO ◆ hierba santa

HOJA DE AGUACATE (*Persea americana*)
Hoja del árbol de aguacate, de la familia de las lauráceas. Tiene forma oval y mide unos 12 cm de largo; es lisa, de color verde oscuro brillante y de sabor algo anisado. Dependiendo del guiso se utiliza fresca o seca, al natural o asada y entera o molida. En Chiapas se emplea para preparar barbacoa. En los estados del centro del país suele utilizarse en los mixiotes y en los frijoles refritos o de la olla. En Oaxaca, la hoja asada se muele para incluirla en el mole negro, el chichilo y el mole amarillo, y en varios guisos y caldos regionales. En Veracruz se utiliza en la barbacoa, la carne en quilaguacate, el frijol con chochos y los tamales de frijol. Conocida en Veracruz como quilaguacate, del náhuatl *quilitl*, hierba, y *ahuacatl*, testículo.

HOJA DE AGUACATILLO ◆ aguacate

HOJA DE AJÁN ◆ hierba santa

HOJA DE ANÍS ◆ hierba santa

HOJA DE BERIJAO (*Calathea crotalifera*)
Planta de la familia de las marantáceas, de hojas grandes, lanceoladas y elípticas, similares a la hoja del plátano. Se utiliza en Veracruz y Tabasco para envolver tamales, en especial el tetamal.

Conocida también como:
- ◇ hoja blanca
- ◇ hoja de tamal

Conocida en algunas regiones como:
- ◇ hoja de sope (Chiapas, península de Yucatán)
- ◇ quequexte de puerco (sur de la península de Yucatán)

→ hoja de tó

HOJA DE BEXO

Nombre con el que se conoce a dos plantas comestibles del género *Renealmia*. La *Renealmia mexicana* es una hoja de apariencia similar a la del plátano. La *Renealmia alpinia* es una planta herbácea que alcanza hasta 4 metros de altura, con hojas envainadas de hasta un metro de largo. Ambas variedades son de la familia de las zingiberáceas. Se utiliza en la sierra de Juárez y en Usila, Oaxaca, para envolver tamales y piltes.

Conocida también como:

◇ guaxmole (*Renealmia alpinia*, Oaxaca)
◇ güirimul (*Renealmia alpinia*, Chiapas)
◇ hoja de cherimole (*Renealmia alpinia*, Oaxaca)
◇ hoja de huasmole u hoja de huaxmole
◇ huasmole
◇ huaxmole (*Renealmia alpinia*, Oaxaca)
◇ ixquihit (*Renealmia alpinia*, sierra Norte de Puebla)

→ chirimole

HOJA DE CABALLERO ◆ hoja de xoco

HOJA DE CALABAZA (*Cucurbita pepo*)

Hoja de la planta de la calabaza, de color verde. En Michoacán la hoja tierna se muele para añadirla al atole de grano y al atole de granillo. La hoja aporta consistencia y un tono verde al preparado.

HOJA DE CAMPO ◆ hoja de queso

HOJA DE CAMXÓCHITL ◆ camxochitl

HOJA DE CANAKE ◆ canake

HOJA DE CAÑA DE AZÚCAR (*Saccharum officinarum*)

Hoja de la planta productora de caña de azúcar. Es de color verde, delgada y de forma alargada. Los mixe de Oaxaca y otros grupos étnicos utilizan esta hoja para envolver tamales.

HOJA DE CARRIZO ◆ carrizo

HOJA DE CHACHALACA (*Citharexylum affine*)

Hoja de una planta de la familia de las verbenáceas, ovalada o ligeramente romboidal que se utiliza en Veracruz para envolver tamales.

HOJA DE CHAYOTE ◆ chinaca

HOJA DE CHILALAGA (*Canna indica*)

Hoja de una planta de la familia de las cannáceas, de forma oval, que puede medir hasta 50 cm de largo; y con forma similar a la hoja de plátano. Es originaria de las Antillas y América del Sur, donde se emplea como planta ornamental. Algunas comunidades indígenas del centro del país la utilizan para envolver tamales. Conocida también como hoja de platanillo.

HOJA DE CHILE (*Capsicum annuum*)

Hoja de la planta del chile que se utiliza en algunos guisos y se retira al momento de servir o se muelen para dar algo de sabor. Su uso se registra en Chiapas y Tabasco, en platillos como el pejelagarto y la panza en verde.

HOJA DE CHOCO ◆ hoja de xoco

HOJA DE COLCAMECA (*Aristolochia laxiflora*)

Enredadera tropical que se utiliza en Tuxtepec y Yalalag, Oaxaca, para preparar el popo. La hoja se utiliza tierna para generar más espuma en el preparado.

→ cocolmeca

HOJA DE CUERVO ◆ papatla

HOJA DE ELOTE (*Zea mays*)

Hoja fresca de color verde claro, algo rugosa, flexible y tierna, que cubre la mazorca tierna del maíz. Cuando se cosechan los elotes, se escogen y retiran las hojas en mejor estado para envolver tamales. Cuando están secas, se les llama hojas de maíz o *totomoxtle*.

HOJA DE ENCINO

Hoja del árbol de encino que se utiliza como quelite y, en Orizaba, Veracruz, para envolver tamales. En Jalisco se revuelven las hojas cocidas con la masa de maíz para elaborar tortillas. Los tepehuanes utilizan las hojas y corteza del árbol *Quercus crassifolia* para elaborar una variedad de tesgüino.

Conocida también como:

◇ canake
◇ tamaláhuatl (*Quercus candicans*)

→ encino

HOJA DE GÁSPARO U **HOJA DE GASPARITO** (*Erythrina caribaea*)

Hoja tierna del colorín que se consume como quelite. En la sierra Norte de Puebla se utiliza para preparar los frijoles con hojas de gásparo y los frijoles enchilados.

HOJA DE HIGO (*Ficus carica*)

Hoja del árbol de la higuera, de la familia de las moráceas. En Tabasco y Chiapas, estas hojas se utilizan para perfumar dulces, como los de papaya, sandía, manzana y coco, entre otros. Se colocan enteras, de modo que cubran el preparado durante la cocción; se retiran antes de servir el dulce.

HOJA DE HUAXMOLE ◆ hoja de bexo

HOJA DE HUICHICATA ◆ mafafa

HOJA DE JOLOCHE ◆ totomoxtle

HOJA DE LAGUNA ◆ hoja de queso

HOJA DE LAUREL ◆ laurel

HOJA DE MAÍZ ◆ totomoxtle

HOJA DE MANTO ◆ manto

HOJA DE MILPA (*Zea mays*)

Hoja de color verde oscuro que crece en la caña de la planta del maíz cuando está totalmente desarrollada. Tiene forma de espada angosta y alargada, es flexible y alcanza los 50 cm de largo y 8 cm de ancho. La hoja transmite un sabor delicado y suave a la masa de tamales.

En Michoacán se utiliza para envolver las corundas. En algunas partes de Oaxaca se utilizan secas para envolver algunos tamales de frijol.

HOJA DE MOSTE (*Clerodendrum ligustrinum*)

Hoja verde y pequeña de una planta de la familia de las verbenáceas, de forma ovalada y con punta en la parte inferior; mide de 4 a 10 cm de largo. Se encuentra en Tamaulipas, Veracruz, Yucatán, Campeche, Tabasco, Tlaxcala, Puebla y Oaxaca. Se utiliza para envolver tamales y otros alimentos. En Oaxaca tuestan las hojas para preparar la salsa con la que se elabora el pescado en moste. En Tlaxcala se emplea en el pescado envuelto y en Veracruz y Tabasco para preparar guisos de iguana. En Veracruz, los popolucas la utilizan en la elaboración del mole amarillo y del pescado en mole verde.

Conocida en Tabasco como:

◇ hoja de moxtle
◇ moste o moxtle
◇ muste

HOJA DE NABO (*Brassica napus*)

Hoja verde de la planta del nabo, de la familia de las brassicáceas, que se consume como quelite. Mide unos 25 cm de largo. Se consigue principalmente de julio a septiembre, en la temporada de lluvias. Se introdujo a México como maleza en los cultivos de grano europeo. Las hojas tiernas se emplean como quelites en diversas comunidades rurales. Se cuecen al vapor o guisadas con cebolla y ajo, y a veces se preparan en caldillo de jitomate. Los tarahumaras las comen con esquiate.

Conocida también como:

◇ *guiliba a'ldsini* (tarahumara)
◇ quelite mostaza (Chihuahua)

HOJA DE PAPA ◆ papa

HOJA DE PAPATLA ◆ papatla

HOJA DE PIEDRA ◆ suco

HOJA DE PIMIENTA (*Pimenta dioica*)

Hoja del árbol de la pimienta de Tabasco, de la familia de las mirtáceas. Se utiliza en algunas regiones de Tabasco en guisos como el tepezcuintle a la pimienta.

HOJA DE PLATANILLO ◆ hoja de chilalaga, hoja de tanay

HOJA DE PLÁTANO (*Musa* spp.)

Hoja del árbol del plátano, de la familia de las musáceas. Es de gran tamaño, verde claro u oscuro, forma ovada con una costilla gruesa en el centro. Después de cortarla, se le retira la costilla y se emplea para envolver diferentes alimentos, especialmente tamales. Antes de utilizarla se pasa sobre un

comal, parrilla o quemador caliente para suavizarla; en ocasiones se hierve en agua para obtener el mismo resultado. En los mercados regionales se venden enrolladas, por peso o por número de hojas, y en ocasiones ya asadas o cocidas.

HOJA DE POZOL U HOJA DE POZOLE ◆ hoja de tó

HOJA DE QUESO (*Thalia geniculata*)

Hoja de una planta que crece en orillas de lagunas o popales de Tabasco, Veracruz y Chiapas. En Veracruz se utiliza para envolver un queso crema típico de la región, y en otras zonas para envolver tamales.

Conocida en Tabasco como:

◇ banderilla
◇ bojillo de popal
◇ caracolillo
◇ chantó
◇ hoja de campo
◇ hojal
◇ hojilla
◇ kentó
◇ platanillo
◇ pojillo de popal
◇ popai
◇ popal
◇ quenlo
◇ quentó

Conocida en Chiapas como:

◇ hoja de laguna

HOJA DE RÁBANO ◆ rábano

HOJA DE SANTA MARÍA ◆ hierba santa

HOJA DE SIYO ◆ manto

HOJA DE SOYO

Hoja similar a la de plátano, pero más delgada y pequeña. Es típica de la Huasteca hidalguense. Se utiliza para condimentar platillos como el tlapanile de frijol. Conocida también como soyo.

HOJA DE TAMAL

Hoja utilizada para envolver tamales en Totontepec, en la sierra de Oaxaca.

→ hoja de berijao

HOJA DE TANAY (*Heliconia bihai*)

Hoja grande de una planta de la familia de las heliconiáceas; mide hasta dos metros de largo con nervaduras paralelas, semejante a la hoja de plátano y de papatla. En Veracruz, Puebla, Tabasco y Chiapas se utiliza para envolver tamales y otros alimentos.

Conocida también como:

◇ hoja de platanillo
◇ pico de gorrión
◇ tanay colorado

→ hoja de chilalaga

HOJA DE TÓ (*Calathea lutea*)

Hoja de una planta de la familia de las marantáceas, de gran tamaño, forma elíptica, de color verde y envés blanquecino, semejante a la hoja de plátano aunque más pequeña y resistente. Se encuentra en selvas húmedas, pantanos, cacaotales y entre acahuales y milpas. Su nombre deriva del vocablo maya *to'*, que significa envoltura, aunque también alude al sonido que se escucha al cortar las hojas con un machete. Se utiliza desde la época prehispánica para guardar la masa del pozol. Hoy en día se emplea también para envolver carnes y tamales en Tabasco y Chiapas.

Conocida también como:

◇ hoja blanca

◇ hoja de chombo
◇ hoja de pozol u hoja de pozole (Oaxaca, Tabasco)
◇ hoja de sal
→ hoja de berijao

HOJA DE XOCO

GRAF. hoja de choco. Hoja gruesa y brillante de forma triangular y tamaño grande que conserva su forma una vez doblada. Se utiliza para elaborar los xocos, tamales típicos de Veracruz.

Conocida también como:

◇ cuartilla
◇ hoja de caballero
◇ xoco

HOJA ELEGANTE ◆ mafafa

HOJA PARA TAMAL

Término para designar a las hojas utilizadas para elaborar tamales. No sólo cumplen la tarea de contener el alimento para su cocción, sino que además le dan sabores y estilos diferentes a los tamales, según el tipo de hoja que se utilice en cada región. Entre las más comunes están las de elote, maíz, milpa, plátano, carrizo, chaya, hierba santa, chilalaga, tó, moste, papatla, berijao, bexo, chachalacas y caña de azúcar.

Hoja seca de maíz

HOJA SANTA ◆ hierba santa

HOJAL ◆ hoja de queso

HOJALDRA

Pan regional dulce o salado, que se elabora de diversas formas en varias zonas del país. En el Distrito Federal se trata

de un pan redondo o con forma similar a una media esfera, esponjoso y suave, de color café oscuro. Mide de 10 a 12 cm de diámetro. En ocasiones se come sola, pero casi siempre se corta por la mitad y se rellena como torta. En Oaxaca se prepara con harina de trigo, sal, levadura, azúcar, agua y manteca de cerdo. Tiene forma de volcán, se le unta manteca de cerdo, se espolvorea con azúcar roja y azúcar blanca y se hornea; el pan queda pintado de rojo. Su textura es suave y con el exterior crocante, como si fuera una galleta. En Apizaco, Tlaxcala, se llama así al pan de muerto, y se elabora durante todo el año. Es de tamaño pequeño o individual y en su masa suelen incluir pedacitos de nuez y anís como aromatizante. En gran parte de México se trata de un pan elaborado con pasta de hojaldre con azúcar que tiene forma rectangular, cuadrada o redonda.

→ marina

HOJALDRE

Pasta o masa de harina de trigo, que se utiliza para elaborar panes. La masa de harina de trigo se extiende con un rodillo,

Empanada de hojaldre

se le añade un poco de mantequilla y más harina entre los dobleces hasta obtener varias capas u hojas. Se utiliza mucho en el país, aunque existen variantes. En algunos lugares se trata de una pasta que al hornearse presenta varias capas; en otros es una masa esponjosa de textura suave; en algunas regiones se sustituye la mantequilla por manteca de cerdo o vegetal. En Yucatán es una pasta que se emplea para elaborar empanadas, pasteles y varios panes regionales, que se espolvorean con azúcar. El hojaldre relleno forma parte de los almuerzos tradicionales. En Campeche se come el hojaldre relleno de jamón y queso amarillo. También conocida como masa feité.

→ pan de dulce

HOJARASCAS

Tipo de panecillos o galletas de pasta seca y frágil. En Coahuila se acostumbra colocar en las mesas de las bodas a manera de entremés. La tradición establece que los parientes o amigos de la novia sean los encargados de prepararlas con varios días de anticipación. En Pátzcuaro, Michoacán, la masa se prepara con harina, yemas, mantequilla, manteca de cerdo y miel de piloncillo perfumado con clavo, canela y anís. En Nuevo León se trata de un tipo de polvorón elaborado con azúcar, canela, harinas de trigo y maíz, manteca vegetal, huevo, vainilla y leche. Una vez horneados se revuelcan en azúcar y canela molida.

HOJILLA ◆ hoja de queso

HOJUELAS ◆ buñuelo

HOJUELAS DE ROSA

Buñuelos chiapanecos elaborados con huevo, azúcar, leche y harina. La masa resultante se forma en tiras que después se enrollan y se sumergen en manteca de cerdo caliente y una vez dorados son espolvoreados con canela y azúcar morena. Son típicos entre los coletos de San Cristóbal de las Casas, Chiapas.

HOLCATZÍN

Licor de capulines macerados en aguardiente de caña. Se consume en Campeche y Yucatán.

Conocido también como:

◇ holgatzín (Campeche, Yucatán)
◇ licor de capulín

HOLOCH U HOLOCHE ◆ totomoxtle

HOMBRECITO DE OYAMEL ◆ hongo amarillo

HONGO

Organismo sin flores y sin clorofila, que crece en lugares húmedos, ricos en materia orgánica y poco iluminados, del que existen cerca de 250 000 especies. Se reproduce por medio de esporas. Suele ser parásito o vivir sobre materias orgánicas en descomposición. Se desarrolla en zonas muy húmedas y crece en temporada de lluvias. Está constituido por el sombrero y el pie; además, pueden presentarse otras estructuras accesorias como el anillo o las laminillas. Los hongos comestibles utilizados actualmente pueden ser cultivados o silvestres; algunas variedades se venden en mercados, sobre todo en época de lluvias, que es cuando más abundan. Su uso más común y sencillo consiste en trocearlos, saltearlos con un poco de aceite o mantequilla y sazonarlos con ajo y cebolla para agregarlos posteriormente a caldos, sopas, tamales o guisos. En la época prehispánica se utilizaba con fines culinarios y religiosos. Los otomíes lo llamaron *cho*, los mayas lo llamaron *kuxum* y *xikinche'*, los toltecas fueron los primeros en acumular un acervo importante de referencias al respecto. Los mexicas lo llamaron *nanacatl*, quizá por reduplicación de la primera sílaba de *nácatl*, que significa carne. Su deidad era Nanacatzin, el señor de los hongos, uno de los cuatro dioses moradores de Metztitlán, el lugar de la Luna, pues los hongos, que en general brotan durante la noche, pueden haber sido considerados como hijos de la Luna.

Por su color, los hongos comestibles recibían los nombres de *iztacnanacame* (hongos blancos, de *íztac*, blanco) y *tlapalnanacame* (hongos rojos, de *tlapalli*, tinte o color). También existían términos como *cuauhnanacame* (hongos de árbol, que se crían en la corteza de los árboles, de *cuáhuitl*, árbol), *zacananacame* (hongos de la pradera o zacate, de *zácatl*, hierba o zacate), *tlazolnanacame* (hongos de la basura, de *tiazolli*, basura o estiércol), *teonanacame* (alimento de los dioses, de *téotl*, dios) y *teiuinti nanacame* (de *teiuinti*, embriagante). Estos dos últimos términos se empleaban para los hongos alucinógenos usados en ofrendas, ceremonias religiosas y rituales de adivinación.

HONGOS

Nombre	Nombre científico	Sinónimos
champiñón	*Agaricus campestris*	excremento de burro, excremento de caballo, hongo blanco, *kabai pbich*, llanerito, llanero, *paj-tereko*, *pbur pbich*, *sakerátare*, *sakilátare*, sanjuanero
cuitlacoche	*Ustilago maydis*	caviar mexicano, güitlacoche, hongo del maíz, huitlacoche, *kokochitse*, kuitlacoche, nanahuate, nanahuatl, *papiotl*, pupoiol
hongo amarillo	*Amanita caesarea*	hongo tecomate
	Armillaria luteovirens	hongo bizcocho
	Cantharellus cibarius	hongo corneta, hongo duraznillo, hongo fuchila, hongo membrillo
	Gomphus floccosus	custicnanacatl, hongo clarinete, hongo corneta, hongo cornetilla, hongo enchilado, hongo flor de calabaza, hongo trompa, hongo trompeta, hongo trompetilla, *tunuruku terekua*
	Clavaria truncata	hongo dedito, hongo hombrecito de oyamel, hongo mujercita amarilla, hongo niñito, hongo tampón
	Hygrophoropsis aurantiaca	hongo de santa María, hongo duraznillo, hongo enchilado, hongo flor, hongo flor de durazno, hongo membrillo
	Hygrophorus chrysodon	
	Russula brevipes	hongo trompa de puerco
hongo azul	*Lactarius indigo*	hongo añil, hongo oreja azul, hongo oreja de puerco azul
hongo blanco	*Agaricus arvensis*	champiñón grande
	Agaricus bisporus	champiñón
	Agaricus campestris	champiñón, champiñón de campo, hongo blanco de ocote, hongo blanco de pino, hongo de ocote, hongo de rayo, hongo de san Juan, hongo llanerito, hongo sanjuanero
hongo campanita	*Cantharellula umbonata*	
hongo canario	*Tricholoma equestre*	hongo calandria, hongo calandrita, hongo nejo, hongo palomita, hongo tigrillo, hongo yema de huevo
hongo carnita	*Hygrophorus russula*	
hongo carnita de res	*Gomphidius rutilus*	hongo tambor
hongo cazahuate	*Amarillaria mellea*	hongo babosito, hongo palomita, hongo supitza
	Pleurotus excavatus	hongo ayohxonotl, hongo carne blanca, hongo carne de árbol, hongo cazaguate, hongo de cazahuate, hongo de chaca, hongo de encino, hongo de jonote, hongo de maguey, hongo jonote, hongo negro, hongo oreja blanca, hongo oreja de cazahuate, *istaxonot*, nanakaxonokovitl, seta de olmo
	Pleurotus ostreatoroseus	

HONGOS

Nombre	Nombre científico	Sinónimos
hongo cemita	Boletus aurantiacus	hongo pancita
	Boletus aureus	hongo pambazo
	Boletus edulis	hongo cepa, hongo corralito, hongo de pan, hongo esponjita, hongo mazayel, hongo pambazo, hongo panadero, hongo panadero de encino, hongo pancita, hongo pancita blanca, hongo panza, hongo panza de buey, hongo poposito
	Boletus luridus	hongo hongorado, hongo pancita azul
	Suillus brevipes	hongo pegajoso
	Suillus granulatus	hongo pancita
	Tylopilus felleus	hongo pancita
hongo clavito	Lepista irina	
	Lyophyllum decastes	amontonado, clavito, clavito grande, hongo amontonado, hongo clavito grande, hongo cuaresmeño, hongo jolete, hongo jolete de encino, hongo montecito, hongo tejamanilero, hongo xolete, moloche, montoncito, paxakua, tejamanilero, tzenso, uachita, xolote
	Psathyrella spadicea	hongo xolete
	Ramaria botrytis	escobeta, hongo coral, hongo escobeta, hongo manita, hongo pata de pájaro
	Ramaria stricta	escobetita, hongo escobetita, hongo pata de pájaro, hongo patita de pájaro mala, pata de pájaro
	Tephrocybe atrata	
hongo codorniz	Agaricus augustus	
	Agaricus silvaticus	
	Macrolepiota procera	hongo agulilla, hongo gavilán, hongo paragüitas
hongo coliflor	Sparassis crispa	
hongo corneta	Cantharellus cibarius	hongo amarillo, hongo duraznillo, hongo membrillo
	Clitocybe gibba	hongo campanita, hongo oreja, hongo señorita, hongo tejamanilero, hongo trompeta
	Clitocybe infundibuliformis	hongo tejamanilero
	Gomphus floccosus	hongo amarillo, hongo clarinete, hongo cornetilla, hongo enchilado, hongo flor de calabaza, hongo trompa de puerco, hongo trompeta, hongo trompetilla
hongo de encino	Boletus aurantiacus	hongo oreja de encino, hongo pambazo, hongo pancita
	Entoloma clypeatum	hongo cabezona, hongo cabezoncita, hongo jolete
	Entoloma prunuloides	hongo cabezona, hongo cabezoncita, hongo jolete
hongo de ocote	Tricholoma magnivelare	iarin
hongo de oyamel	Fomitopsis pinicola	hongo de palo
hongo enchilado	Cantharellus cibarius	hongo amarillo, hongo corneta, hongo custicnanacatl, hongo trompa, hongo trompeta
	Hypomyces lactifluorum	hongo barroso, hongo chilnanacate, hongo colorado, hongo oreja de borrego, hongo oreja de Judas, hongo oreja de puerco, hongo trompa, hongo trompa de puerco, hongo trompeta
	Hypomyces macrosporus	hongo chilnanacate, hongo oreja de Judas, hongo oreja de puerco
	Lactarius deliciosus	hongo chilpán, hongo enchilado de ocote, hongo rubellón

(continúa)

	HONGOS	
Nombre	Nombre científico	Sinónimos
hongo enchilado *(continuación)*	*Lactarius salmonicolor*	hongo chilpán, hongo de leche, hongo enchilado de ocote, hongo rubellón
	Russula brevipes	hongo borrega, hongo borrego blanco, hongo oreja blanca, hongo oreja de puerco, hongo taza, hongo trompa de cochi, hongo trompa de puerco
hongo escobeta	*Clavulina cinerea*	
	Ramaria aurea	hongo escobetilla
	Ramaria botrytis	hongo clavito, hongo coral, hongo cuernito de venado, hongo manita, hongo manita amarilla, hongo pata de gallo, hongo pata de pájaro
	Ramaria flava	hongo coral, hongo manita, hongo manita amarilla, hongo mano de dios, hongo pata de gallo, hongo patita de pájaro, hongo patita de pájaro buena, hongo uña de rata
	Ramaria formosa	hongo pata de pájaro
hongo gachupín grande	*Helvella infula*	hongo calzoncillo, hongo calzonera, hongo oreja de ratón borracha, hongo pantalonudo
hongo gachupín negro	*Helvella lacunosa*	hongo catrín, hongo charamusquita, hongo chile seco, hongo negrito, hongo oreja de conejo, hongo oreja de ratón negro
hongo hongorado	*Boletus appendiculatus*	hongo guarín, hongo panadero de oyamel
	Boletus erythropus	
	Boletus luridus	hongo cemita, hongo galambo, hongo galambo bueno, hongo pancita azul
hongo iztacnanacatl	*Russula delica*	hongo de venado, hongo oreja de puerco, hongo quexque, hongo taza blanca, hongo totopixtle, hongo trompa, hongo trompa blanca, hongo trompa de cochi, hongo trompa de puerco, hongo trompeta
hongo mantecoso	*Amanita rubescens*	hongo de Juan Diego, hongo Juan Diego, hongo mantecado, hongo mantequera, hongo tzenzo, hongo venado
	Melanoleuca melaleuca	hongo de venado, hongo mantequilla, hongo tejamanilero, hongo trigueño
hongo mazayel	*Agaricus augustus*	champiñón de bosque, champiñón grande
	Boletus edulis	hongo cemita, hongo pancita
	Boletus pinicola	hongo pambazo
	Suillus brevipes	hongo pegajoso
hongo morilla	*Morchella esculenta*	hongo elotito, hongo mazorquita, hongo pancita
hongo nanacate de tuza	*Hebeloma fastibile*	hongo jolete, hongo jolete de ocote, jolote de ocote
hongo nichtamananacatl	*Hygrophorus chrysodon*	
hongo oreja de árbol	*Pleurotus smithii*	
hongo oreja de ratón	*Helvella crispa*	hongo chile seco, hongo cuilche, hongo gachupín blanco, hongo oreja de conejo, hongo oreja de ratón blanco
	Helvella elastica	hongo borracha, hongo cemita, hongo charamusquita, hongo oreja de ratón borracha, hongo pantalonudo, hongo sonajita
hongo pambazo	*Boletus aurantiacus*	hongo pancita
	Boletus aureus	hongo cemita
	Boletus edulis	hongo cemita
	Boletus pinicola	hongo cemita, hongo cepa, hongo mazayel, hongo pancita blanca
	Boletus reticulatus	hongo panadero

HONGOS		
Nombre	Nombre científico	Sinónimos
hongo panadero	*Boletus reticulatus*	hongo cemita, hongo cepa, hongo pambazo
hongo pancita	*Boletus aurantiacus*	hongo cemita, hongo de encino, hongo poposo, hongo pambazo
	Boletus edulis	hongo cemita, hongo cepa, hongo corralito, hongo mazayel, hongo panadero de encino, hongo pancita blanca, hongo poposito, pambazo
	Boletus pinicola	hongo pambazo
	Morchella elata	
	Morchella esculenta	hongo chipotle, hongo colmena, hongo elote, hongo elotito, hongo mazorca, hongo mazorquita, hongo morilla, hongo olote, hongo tripas
	Suillus granulatus	hongo cemita, hongo cemita pegajoso, hongo pantereco, hongo panza pegajosa, hongo pegajoso
	Tylopilus felleus	hongo cemita, hongo chana
hongo panza agria	*Boletus frostii*	chilnanagame, hongo de madroño, hongo de pantereco, hongo panadero de madroño, hongo pane, hongo pantereco
hongo pata de pájaro	*Ramaria botrytis*	hongo clavito, hongo coral, hongo escobeta, hongo manita
	Ramaria formosa	hongo escobeta
hongo pegajoso	*Suillus brevipes*	hongo cemita, hongo mazayel
	Suillus granulatus	hongo pancita
hongo santiaguero	*Russula alutacea*	hongo champeado
hongo tecomate	*Amanita caesarea*	*cucuchikua terekua*, hongo ahuevado, hongo amarillo, hongo chichimán, hongo de tiempo de aguas, hongo jicarita, hongo jiná, hongo rojo, hongo sochi, hongo xochi, hongo yema, hongo yema de huevo, hongo yemita, hongo yuyo, *micouii*, *sochinanacatl*, *xochinanacatl*, yullo
hongo tejamanilero	*Clitocybe gibba*	hongo señorita
	Clitocybe infundibuliformis	hongo corneta, hongo oreja, hongo señorita, hongo tejamanil
	Clitocybe squamulosa	hongo corneta, hongo oreja, hongo señorita, hongo tejamanil
	Gymnopus dryophilus	
	Gymnopus fusipes	
	Laccaria laccata	hongo carda, hongo manzana, hongo manzanilla, hongo manzanita, hongo socoyol, hongo *tzenso*, hongo xocoyol
	Lyophyllum decastes	hongo clavito, hongo jolete, hongo jolote
	Melanoleuca melaleuca	hongo mantecoso
hongo ternerilla de llano	*Calvatia lilacina*	hongo bola, hongo morandaña, hongo negro
hongo tostomite	*Lycoperdon fuscum*	
hongo totolcozcatl	*Entoloma abortivum*	totolcozcatl de encino

(continúa)

HONGOS		
Nombre	Nombre científico	Sinónimos
hongo trompa de venado	*Lycoperdon perlatum*	bolita de hongo, hongo bola, hongo bolita de conejo, hongo bolita de san Juan, hongo bomba reventadora, hongo cuesco de lobo, hongo ojo de venado, hongo panza, hongo pedo de coyote, hongo pedo de lobo, hongo ternerita, hongo ternerita de monte, hongo trompita de venado
	Lycoperdon umbrinum	hongo cagada de burro, hongo pedo de lobo, hongo ternerita, hongo ternerita del bosque
hongo tuza	*Amanita calyptroderma*	hongo venadito, hongo *xical* blanco
	Amanita tuza	hongo *auica*
seta	*Pleurotus ostreatus*	cemita, hongo blanco de mayo, hongo de tocones, hongo oreja de árbol, hongo San Isidro Labrador, oreja de osote, oreja de patancán, seta tasnara

HONGO AGUILILLA ◆ hongo codorniz

HONGO AHUEVADO ◆ hongo tecomate

HONGO AIUCA ◆ hongo tuza

HONGO AMARILLO

Nombre que reciben varios hongos que tienen en común su color ámbar. Suelen encontrarse en los encinales.

• *Armillaria luteovirens*
Hongo de sombrero abombado o semiplano que mide entre 3 y 10 cm de diámetro. Está cubierto con escamas pequeñas, fibrilosas o granulosas en el centro. Su color es amarillo o anaranjado, con el borde de color más oscuro. Crece en el suelo de los bosques de encinos y abetos; aparece a mediados del mes de julio y en agosto. Cuando es todavía joven, sus laminillas están cubiertas por un velo similar a una telaraña. Su pie es delgado, corto, ligeramente bulboso en la base y blanquecino al igual que su carne, de olor y sabor agradables.

• *Cantharellus cibarius*
Hongo con el sombrero en forma de trompeta, con el margen ondulado y de color amarillento anaranjado. Su pie es de 4 a 8 cm, delgado, liso, cilíndrico y angostado hacia la base. Es común en los bosques de pinos donde forma grandes conjuntos. Se recolecta en agosto y septiembre. Su carne es amarillenta, de olor y sabor parecido al durazno.

• *Clavaria truncata*
Hongo con forma similar a una columna, dedo, rama, trompeta angosta o embudo. Mide entre 5 y 10 cm de alto y 1 cm de ancho, puede estar truncado o redondeado en la parte superior. La superficie externa del hongo es lisa o finamente arrugada, con surcos mal definidos en la parte de arriba y en los lados. Es de color anaranjado rojizo en la punta, oscuro y blanquecino o amarillo pálido en la base y a veces se tiñe de púrpura. La parte interna del hongo es compacta en su etapa joven; en su madurez es blanda y esponjosa, blanca

y de sabor agradable. Crece en el suelo, solo o en grupos pequeños, en los bosques de abetos; se encuentra a mediados del mes de agosto y parte de septiembre.

• *Gomphus floccosus*
Hongo con forma de corneta o embudo de 4 a 20 cm de diámetro y con una hendidura en el centro. Es alto y cilíndrico; su margen es ondulado o dividido en partes poco profundas. Su superficie es ligeramente pegajosa con escamas, de color amarillo anaranjado o rojizo anaranjado. Crece en el suelo, solitario o en grupos unidos por la base del pie, de agosto a septiembre en los mantillos de los bosques de abetos y pinabetes.

• *Hygrophoropsis aurantiaca*
Hongo con sombrero en forma de trompeta, mide de 3 a 5 cm de diámetro, es de color anaranjado claro o café anaranjado. Tiene laminillas anaranjadas extendidas al pie, divididas en dos en el margen del sombrero. Su pie es delgado y se estrecha en la base. Crece en forma de grupos sobre el suelo de

bosques de encino, pinabete, pino y mixto. Abunda a partir de julio y hasta septiembre. Su carne es anaranjada pálida, sin olor ni sabor muy notables.

• *Hygrophorus chrysodon*
Hongo de base blanca, con el borde del sombrero y la parte superior del pie amarillos. Es común que crezca en el mantillo de los bosques de pinos y de abetos donde llega a formar los grupos circulares llamados anillos de brujas, anillos de hadas o tejamanileros. También se conoce con este nombre a las variedades *Amanita caesarea* y *Russula brevipes*.

El hongo amarillo es conocido también como:

◇ hongo bizcocho (*Armillaria luteovirens*)
◇ hongo canario (*Armillaria luteovirens*)
◇ hongo corneta (*Cantharellus cibarius*)
◇ hongo de santa María (*Hygrophoropsis aurantiaca*)
◇ hongo duraznillo (*Hygrophoropsis aurantiaca*)
◇ hongo enchilado (*Hygrophoropsis aurantiaca*)
◇ hongo membrillo (*Hygrophoropsis aurantiaca*)

◇ hongo tecomate (*Amanita caesarea*)

◇ hongo trompa (*Gomphus floccosus*)

◇ hongo trompa de puerco *(Russula brevipes)*

El hongo amarillo es conocido en algunas regiones como:

◇ custicnanacatl (*Gomphus floccosus*, Tenango del Valle, Estado de México)

◇ hongo clarinete (*Gomphus floccosus*, Michoacán*)*

◇ hongo corneta (*Gomphus floccosus*, El Zarco, Estado de México)

◇ hongo cornetilla (*Gomphus floccosus*, Michoacán)

◇ hongo dedito (*Clavaria truncata*, Tenango del Valle, Estado de México; Michoacán)

◇ hongo duraznillo (*Cantharellus cibarius*, Distrito Federal; Estado de México)

◇ hongo enchilado (*Gomphus floccosus*, Distrito Federal; lagunas de Zempoala, Morelos)

◇ hongo flor (*Hygrophoropsis aurantiaca*, Michoacán)

◇ hongo flor de calabaza (*Gomphus floccosus*, Michoacán)

◇ hongo flor de durazno (*Hygrophoropsis aurantiaca*, Michoacán)

◇ hongo fuchila (*Cantharellus cibarius*, Distrito Federal; Estado de México)

◇ hongo hombrecito de oyamel (*Clavaria truncata*, Tenango del Valle, Estado de México)

◇ hongo membrillo (*Cantharellus cibarius*, Hidalgo)

◇ hongo mujercita amarilla (*Clavaria truncata*, Tenango del Valle, Estado de México)

◇ hongo niñito (*Clavaria truncata*, Tenango del Valle, Estado de México)

◇ hongo tampón (*Clavaria truncata*, Toluca, Estado de México; Michoacán)

◇ hongo trompa de cochi (*Russula brevipes*)

◇ hongo trompa de puerco (*Russula brevipes*)

◇ hongo trompeta (*Gomphus floccosus*, Valle de México)

◇ hongo trompetilla (*Gomphus floccosus*, Michoacán)

◇ tunuruku terekua (*Gomphus floccosus*, Michoacán)

→ hongo enchilado, hongo tecomate

HONGO AMONTONADO ◆ hongo clavito

HONGO AÑIL ◆ hongo azul

HONGO AYOHXONOTL ◆ hongo cazahuate

HONGO AZUL (*Lactarius indigo*)

Hongo de sombrero abombado con forma de trompeta. Mide de 4 a 10 cm de diámetro, es de color azul índigo con líneas plateadas concéntricas, pie cilíndrico y corto de color azul verdoso o pálido. Cuando se parte el hongo, escurre un látex de color azul. Al secar-

se se decolora y se vuelve grisáceo. Su carne es blanca, de olor y sabor agradables que lo hacen muy popular. Crece en el suelo en grupos, en los bosques de pinos y encinos. Aparece a partir del mes de agosto en el Estado de México y Michoacán.

Conocido también como:

◇ hongo añil

◇ hongo oreja azul

◇ hongo oreja de puerco azul

→ añil

HONGO BABOSITO ◆ hongo cazahuate

HONGO BARROSO ◆ hongo enchilado

HONGO BIZCOCHO ◆ hongo amarillo

HONGO BLANCO

Nombre con el que se conocen varias especies de hongos del género *Agaricus*, muy utilizados en la alimentación.

• *Agaricus arvensis*

Hongo de las mismas características que el *Agaricus campestris*. Es más robusto y crece entre el pasto de los caminos.

• *Agaricus bisporus*

Hongo con las mismas características que el *Agaricus campestris*. Es más blanco y carnoso.

• *Agaricus campestris*

Hongo con un sombrero que va de abombado a casi plano y de liso a subescamoso. Mide de 3 a 8 cm de diámetro. Su pie es corto, liso, blanco, robusto, con un anillo membranoso, colgante y delicado que se retira fácilmente. Es un hongo muy popular por su olor y sabor agradables. Tiene una amplia distribución y se le puede identificar fácilmente. Es de carne blanca, más o menos gruesa. Crece en el suelo, sobre todo en llanos y potreros, con las primeras lluvias desde finales de mayo hasta agosto.

El hongo blanco es conocido también como:

◇ champiñón (*Agaricus campestris*, *Agaricus bisporus*)

◇ champiñón de campo (*Agaricus campestris*)

◇ champiñón grande (*Agaricus arvensis*)

◇ hongo blanco de ocote

◇ hongo blanco de pino

◇ hongo de ocote

◇ hongo de rayo (*Agaricus campestris*)

◇ hongo de san Juan (*Agaricus campestris*, Michoacán)

◇ hongo llanerito (*Agaricus campestris*)

◇ hongo sanjuanero (*Agaricus campestris*)

HONGO BOLA ◆ hongo ternerilla de llano

HONGO BOLITA DE CONEJO ◆ hongo trompa de venado

HONGO BOLITA DE SAN JUAN ◆ hongo trompa de venado

HONGO BOMBA REVENTADORA ◆ hongo trompa de venado

HONGO BORRACHA ◆ hongo oreja de ratón

HONGO BORREGA ◆ hongo enchilado

HONGO BORREGO BLANCO ◆ hongo enchilado

HONGO CABEZONA U **HONGO CABEZONCITA** ◆ hongo de encino

HONGO CAGADA DE BURRO ◆ hongo trompa de venado

HONGO CALANDRIA ◆ hongo canario

HONGO CALANDRITA ◆ hongo canario

HONGO CALZONCILLO ◆ hongo gachupín grande

HONGO CALZONERA ◆ hongo gachupín grande

HONGO CAMPANITA (*Cantharellula umbonata*)

Hongo con un sombrero de 2 a 4 cm de diámetro, con forma cónica o de embudo y con una hendidura bien definida. Es de color pardo amarillento o pardo grisáceo. Su pie mide de 4 a 7 cm, es pardo blanquecino cubierto de vellosidades y adelgazado en la base. Puede encontrarse en San Cayetano, Estado de México.

HONGO CANARIO (*Tricholoma equestre*)

Hongo que se caracteriza por su sombrero cónico. Cuando es joven es de color amarillo con pequeñas escamas de color café. Se encuentra en el suelo de los bosques de pinos y abetos.

Conocido también como:

◇ hongo calandria
◇ hongo calandrita
◇ hongo nejo
◇ hongo palomita
◇ hongo tigrillo
◇ hongo yema de huevo

HONGO CARDA ◆ hongo tejamanilero

HONGO CARNE BLANCA ◆ hongo cazahuate

HONGO CARNE DE ÁRBOL ◆ hongo cazahuate

HONGO CARNITA (*Hygrophorus russula*)

Hongo con un sombrero de 5 a 10 cm de diámetro. Tiene forma de embudo y es rojo purpúreo o pardo rojizo, con granulaciones oscuras; el pie mide de 8 a 15 cm, es blanco con manchas rojas y tiene sabor dulce y un poco amargo. Conocido también como carnita.

HONGO CARNITA DE RES (*Gomphidius rutilus*)

Hongo de la familia *Gomphidiaceae*, con un sombrero de 6 a 10 cm con forma de campana cónica o hemisférica, con el centro pardo rojizo; el pie mide de 5 a 10 cm y es de forma cilíndrica. Conocido también como hongo tambor.

HONGO CATRÍN ◆ hongo gachupín negro

HONGO CAZAHUATE U HONGO CAZAGUATE

Diversas variedades de hongos que tienen características parecidas.

• *Armillaria mellea*

Hongo parásito de diversos árboles como cazahuate, pino, encino y manzano. Crece en el suelo formando grandes conjuntos en forma de cordones blancos al pie de los troncos, de donde se extiende a los árboles y parasita la madera. Se caracteriza por tener el sombrero pegajoso y cubierto de escamas. El cuerpo es amarillo miel o pardo rojizo. La carne es blanca, de sabor un poco amargo. Se encuentra en el Estado de México, Hidalgo, Puebla, Oaxaca, Chiapas y Baja California. Los nahuas del norte de Veracruz los recolectan en la época de lluvia. Se mezclan con rajas de chile verde, epazote y sal; se envuelven en hojas de plátano o papatla, como si fueran tamales y se cuecen en comal.

• *Pleurotus excavatus*

Hongo con un sombrero en forma de oreja irregular o semicircular que crece a un lado del tronco de los árboles; su forma asemeja a una ostra u ostión. Mide de 5 a 20 cm, su margen está ligeramente enrollado hacia adentro u ondulado. Es liso, blanco grisáceo o café grisáceo con tonalidades pardo-

negruscas o amarillentas. Es muy carnoso y tiene un pie muy pequeño, apenas visible. Es parásito del árbol del cazahuate. También brota de las pencas inferiores del agave o crece en los árboles secos de chaca y jonote. Crece en la región de Tierra Caliente, en Guerrero y Michoacán. Es muy fácil de preparar, cocido o frito. La carne de los hongos viejos es dura y fibrosa; por ello se muelen en el metate después de un ligero hervor para utilizarlos en purés, tortas o quesadillas. En Morelos se consume guisado en mole rojo, mole verde, sopas, cremas, quesadillas, sudados, con carne de cerdo y en tamales. En Tlaxcala se prepara en sopa, hervido en agua con epazote, papas y chile chipotle. En la zona norte del estado de Veracruz se consume cocido en hojas de plátano, aderezado con epazote y chile verde.

• *Pleurotus ostreatoroseus*

Hongo con forma de abanico. Es delgado y frágil, y mide entre 2 y 6 cm de diámetro. Tiene la superficie lisa, de color rosa pálido a rosa salmón, láminas del mismo color, delgadas y apretadas. Su pie es corto, fibroso y de tono blanquecino a rosa pálido.

El hongo cazahuate es conocido también como:

◇ hongo ayohxonotl (*Pleurotus excavatus*)
◇ hongo babosito (*Armillaria mellea*)
◇ hongo carne blanca (*Pleurotus excavatus*)
◇ hongo carne de árbol (*Pleurotus excavatus*)
◇ hongo de cazahuate (*Pleurotus excavatus*)
◇ hongo de chaca (*Pleurotus excavatus*)
◇ hongo de encino (*Pleurotus excavatus*)
◇ hongo de jonote (*Pleurotus excavatus*)
◇ hongo de maguey (*Pleurotus excavatus*)
◇ hongo jonote (*Pleurotus excavatus*)
◇ hongo negro (*Pleurotus excavatus*)
◇ hongo oreja blanca (*Pleurotus excavatus*)
◇ hongo oreja de cazahuate (*Pleurotus excavatus*)
◇ hongo palomita (*Armillaria mellea*)
◇ hongo sopitza (*Armillaria mellea*)
◇ seta de olmo (*Pleurotus excavatus*)

El hongo cazahuate es conocido en náhuatl como:

◇ *istaxonot* (*Pleurotus excavatus*)
◇ *nanakaxonokovitl* (*Pleurotus excavatus*)

HONGO CEMITA

Nombre con el que se conocen distintos tipos de hongos que por sus características macro y microscópicas varían ligeramente. En general se trata de un hongo liso de color crema, café pálido o canela, con casco de 8 a 30 cm de diámetro, que a simple vista parece una galleta. Su pie es grueso, bulboso en la base, con la superficie reticulada, blanca o de color café canela pálido. Su carne es blanquecina o amarillenta y no cambia de color si se estruja o se rompe. Su olor es muy agradable cuando está fresco, y cuando está seco huele ligeramente a nuez. Su sabor es dulce, sobre todo en los ejemplares tiernos. Se recomienda retirar la piel del sombrero antes de guisarse, pues puede dar un ligero sabor amargo. Crece en el suelo, solitario, en los bosques de encino, pino y mixtos. Aparece desde finales de junio hasta septiembre.

• *Boletus aurantiacus*
Hongo con un sombrero de color rojo anaranjado, convexo, grueso, carnoso y de 5 a 10 cm de diámetro. El pie es cilíndrico, grisáceo, de consistencia dura, tiene asperezas o rugosidades blanquecinas y mide de 8 a 12 cm. Su carne cambia de color al aire, tomando un color lila o violáceo. Es frecuente bajo árboles, en las hojas secas.

• *Boletus aureus*
Hongo de sombrero café oscuro; su pie es amarillento o rosado, con carne rojiza y compacta.

• *Boletus edulis*
Hongo con sombrero de 6 a 16 cm de diámetro, es hemisférico y liso de color café claro o amarillento. El pie mide de 4 a 8 cm, es cilíndrico y ensanchado en la base o bulboso. Su carne es gruesa, blanca o algo café.
El hongo cemita es conocido también como:
◇ hongo cepa (*Boletus edulis*)
◇ hongo corralito (*Boletus edulis*)
◇ hongo de pan (*Boletus edulis*)
◇ hongo esponjita (*Boletus edulis*)
◇ hongo hongorado (*Boletus luridus*)
◇ hongo mazayel (*Boletus edulis*)
◇ hongo pambazo (*Boletus aureus, Boletus edulis*)
◇ hongo panadero (*Boletus edulis*)
◇ hongo panadero de encino (*Boletus edulis*)
◇ hongo pancita (*Boletus aurantiacus, Boletus edulis, Tylopilus felleus, Suillus granulatus*)
◇ hongo pancita azul (*Boletus luridus*)
◇ hongo pancita blanca (*Boletus edulis*)
◇ hongo panza (*Boletus edulis*)
◇ hongo panza de buey (*Boletus edulis*)
◇ hongo pegajoso (*Suillus brevipes*)
◇ hongo poposito (*Boletus edulis*)
◇ seta (*Boletus edulis*)
→ hongo hongorado, hongo pancita, hongo pegajoso

HONGO CEMITA PEGAJOSO ◆ hongo pancita

HONGO CEPA ◆ hongo cemita, hongo pambazo, hongo panadero, hongo pancita

HONGO CERITA ◆ hongo oreja de ratón

HONGO CHAMPEADO ◆ hongo santiaguero

HONGO CHANA ◆ hongo pancita

HONGO CHARAMUSQUITA ◆ hongo gachupín negro, hongo oreja de ratón

HONGO CHICHIMÁN ◆ hongo tecomate

HONGO CHILE SECO ◆ hongo gachupín negro, hongo oreja de ratón blanco

HONGO CHILNANACATE ◆ hongo enchilado

HONGO CHILPÁN ◆ hongo enchilado

HONGO CHIPOTLE ◆ hongo pancita

HONGO CHIQUINTE ◆ chiquinte

HONGO CLARINETE ◆ hongo amarillo

HONGO CLAVITO
Nombre con el que se conocen diversas variedades de hongos que tienen características parecidas.

• *Lepista irina*
Hongo con un sombrero de 5 a 20 cm, de forma cónica y tono pardo rojizo brillante; el pie es fibroso, blanco o amarillento. Su carne es picante, aromática y de sabor amargo. Puede encontrarse en Río Frío, Puebla y Desierto de los Leones, Distrito Federal.

• *Lyophyllum decastes*
Hongo caracterizado por crecer en grandes conjuntos unidos por la base. El sombrero mide de 2 a 10 cm de diámetro y puede ser abombado o plano liso y hundido en el centro. Los bordes son ondulados e irregulares con rayas finas. La superficie es color pardo rojizo, café claro, grisáceo, amarillo o blanco. El pie es cilíndrico, de consistencia fibrosa, blanquecino, con una base redonda y carnosa de la cual nacen pequeños hongos. Crece en el suelo, dentro de los bosques de encino, sobre las hojas secas que han caído de las plantas. Aparece desde marzo hasta agosto. Su carne es blanquecina, de sabor y olor agradables y suaves. Se encuentra en Veracruz, Michoacán, Distrito Federal, Estado de México, Hidalgo, Puebla y en Tlaxcala donde se consume de manera local para preparar el teschinole.

• *Psathyrella spadicea*
Hongo de sombrero y laminillas violáceas oscuras. El sombrero es café claro cuando comienza a crecer.

• *Ramaria botrytis*
Hongo con forma de coliflor; mide hasta 18 cm de alto, de pie corto, grueso, carnoso y blanquecino. Tiene las puntas rosadas o rojizas que se abren en pequeños picos o dientes con aspecto de crestas pequeñas. La carne es de sabor dulce y olor agradable, sin embargo, deben descartarse los ejemplares oscuros o totalmente blancos (sin los tintes rojizos en la punta), ya que tienen un sabor amargo que persiste aún después de cocerlos. Crece en el suelo, en bosques de encino y mixtos. Se recolecta al inicio de la temporada de lluvias. Puede encontrarse en Hidalgo, Estado de México y Distrito Federal.

• *Ramaria stricta*
Hongo de cuerpo ramificado, dividido en dos partes. Mide de 5 a 10 cm, es amarillo y de sabor picante y amargo. Puede encontrarse en el Valle de México, Tres Marías, Morelos y Distrito Federal.

• *Tephrocybe atrata*
Hongo con sombrero de 1 a 7 cm de diámetro, delgado, redondo y hundido en el centro. Sus laminillas son muy finas cuando está tierno, su carne es rosa cuando está húmedo y rojiza cuando está seco. El pie es cilíndrico y fibroso, con el tiempo se vuelve curvo y comprimido. Su aroma es afrutado, su carne es blanquecina y su sabor es dulce. Puede encontrarse en Morelos. Se consume guisado o cocido con limón.
El hongo clavito es conocido también como:
◇ hongo amontonado (*Lyophyllum decastes*)
◇ hongo clavito grande (*Lyophyllum decastes*)
◇ hongo coral (*Ramaria botrytis*)
◇ hongo cuaresmeño (*Lyophyllum decastes*)
◇ hongo jolete (*Lyophyllum decastes*)

313

◇ hongo jolete de encino (*Lyophyllum decastes*)
◇ hongo manita (*Ramaria botrytis*)
◇ hongo montecito (*Lyophyllum decastes*)
◇ hongo pata de pájaro (*Ramaria botrytis*)
◇ hongo tejamanilero (*Lyophyllum decastes*)
◇ hongo xolcte (*Lyophyllurn decastes*)
◇ hongo xolote (*Psathyrella spadicea*)

El hongo clavito es conocido en algunas regiones como:

◇ amontonado (*Lyophyllum decastes*, Distrito Federal; El Zarco, Estado de México)
◇ clavito (*Lyophyllum decastes*, Distrito Federal; El Zarco, Estado de México)
◇ clavito grande (*Lyophyllum decastes*, Toluca, Estado de México)
◇ escobeta (*Ramaria botrytis*, Distrito Federal; Tenango del Valle, Estado de México)
◇ escobetita (*Ramaria stricta*, Distrito Federal; Tenango del Valle, Estado de México)
◇ hongo escobeta (*Ramaria botrytis*, Distrito Federal; Tenango del Valle, Estado de México)
◇ hongo escobetita (*Ramaria stricta*, Distrito Federal; Tenango del Valle, Estado de México)
◇ hongo pata de pájaro (*Ramaria stricta*, Valle de México; Tres Marías, Morelos)
◇ hongo patita de pájaro mala (*Ramaria stricta*, Valle de México)
◇ moloche (*Lyophyllum decastes*, Pachuca, Hidalgo)
◇ montoncito (*Lyophyllum decastes*, Michoacán)
◇ pata de pájaro (*Ramaria stricta*, Valle de México)
◇ *paxakua* (*Lyophyllum decastes*, Michoacán)
◇ tejamanilero (*Lyophyllum decastes*, Valle de México)
◇ tzenso (*Lyophyllum decastes*, Teziutlán, Puebla)
◇ uachita (*Lyophyllum decastes*, Michoacán)
◇ *xolote* (*Lyophyllum decastes*, Amecameca, Estado de México)

HONGO CODORNIZ (*Macrolepiota procera*)
Hongo con un sombrero de forma globosa; conforme madura se abre para quedar como una sombrilla acampanada. Mide de 8 a 20 cm de diámetro y tiene una protuberancia en el centro. Su carne es blanca, tierna en el sombrero y compacta en el pie. Es de color café rojizo y tiene laminillas en su superficie. Crece en el suelo de los bosques mixtos y de encinos; aparece durante julio y agosto. Con este nombre también se conoce a las especies *Agaricus augustus* y *Agaricus silvaticus*.

Conocido también como:
◇ hongo aguililla
◇ hongo gavilán
◇ hongo paragüitas
→ hongo mazayel

HONGO COLIFLOR (*Sparassis crispa*)
Hongo blanco cremoso que mide de 10 a 50 cm de ancho; es muy ramificado.

HONGO COLMENA ◆ hongo pancita

HONGO COLORADO ◆ hongo enchilado

HONGO CORAL ◆ hongo clavito, hongo escobeta, hongo pata de pájaro

HONGO CORNETA
Variedades de hongos con sombrero en forma de trompeta.
• *Cantharellus cibarius*
Hongo con sombrero de trompeta, margen ondulado y de color amarillento anaranjado. Su pie es de 4 a 8 cm, delgado, liso, cilíndrico y angostado hacia la base. Es común en los bosques de pinos donde forma grandes conjuntos. Se recolecta en agosto y septiembre. Su carne es amarillenta y de olor y sabor parecido al durazno.

Gomphus floccosus

• *Clitocybe gibba*
Hongo que mide de 3 a 7 cm de alto, con el sombrero en forma de embudo, de superficie lisa y color café claro. El pie es del color del sombrero o un poco más claro, hueco. Crece en el suelo y es una de las especies comestibles que más abundan en los bosques de pino, encino, pinabete y en lugares reforestados con cedro. Su carne es inodora y de consistencia correosa. Una buena parte de estos hongos se dejan secar, pues su sabor, normalmente muy sutil, mejora bastante a través de este proceso.

El hongo corneta es conocido también como:
◇ hongo amarillo (*Cantharellus cibarius*; *Gomphus floccosus*)
◇ hongo campanita (*Clitocybe gibba*)
◇ hongo clarinete (*Gomphus floccosus*)
◇ hongo cornetilla (*Gomphus floccosus*)
◇ hongo duraznillo (*Cantharellus cibarius*, *Gomphus cibarius*)
◇ hongo enchilado (*Gomphus floccosus*)
◇ hongo flor de calabaza (*Gomphus floccosus*)
◇ hongo membrillo (*Cantharellus cibarius*)
◇ hongo oreja (*Clitocybe gibba*)
◇ hongo señorita (*Clitocybe gibba*)
◇ hongo tejamanilero (*Clitocybe gibba*, *Clitocybe infundibuliformis*)
◇ hongo trompa de puerco (*Gomphus floccosus*)
◇ hongo trompeta (*Gomphus floccosus*, *Clitocybe gibba*)
◇ hongo trompetilla (*Gomphus floccosus*)
→ hongo amarillo, hongo tejamanilero

HONGO CORNETILLA ◆ hongo amarillo

HONGO CORRALITO ◆ hongo cemita, hongo pancita

HONGO CUARESMEÑO ◆ hongo clavito

HONGO CUESCO DE LOBO ◆ hongo trompa de venado

HONGO CUILCHE ◆ hongo oreja de ratón

HONGO CUSTICNANACATL ◆ hongo amarillo

HONGO DE CAZAHUATE ◆ hongo cazahuate

HONGO DE CHACA ◆ hongo cazahuate

HONGO DE ENCINO

Variedades de hongos que crecen en los bosques de encino, pinabete y otros.

• *Boletus aurantiacus*

Hongo con un sombrero de color rojo anaranjado, convexo, grueso, carnoso y de 5 a 10 cm de diámetro. El pie es cilíndrico, grisáceo, de consistencia dura, tiene asperezas o rugosidades blanquecinas y mide de 8 a 12 cm. Su carne cambia de color al aire, tomando un color lila o violáceo. Es frecuente bajo árboles, en las hojas secas.

• *Entoloma clypeatum*

Hongo de sombrero abombado o acampanado, de 4 a 8 cm de diámetro, con una pequeña protuberancia central. Su superficie es rayada y de color pardo grisáceo, con el margen poco enrollado. El pie es blanco, cilíndrico, algo bulboso en la base. Crece en el suelo de forma solitaria o en grupos en los bosques de encino, pinabete, pino y mixtos. Aparece desde julio hasta septiembre. Su carne es blanca, de sabor suave y con ligero olor a moho. También se conoce con este nombre a la variedad *Entoloma prunuloides*.

El hongo de encino es conocido también como:

◇ hongo cabezona (*Entoloma clypeatum, Entoloma prunuloides*)
◇ hongo cabezoncita (*Entoloma clypeatum, Entoloma prunuloides*)
◇ hongo jolete (*Entoloma clypeatum, Entoloma prunuloides*)
◇ hongo oreja de encino (*Boletus aurantiacus*)
◇ hongo pambazo (*Boletus aurantiacus*)
◇ hongo pancita (*Boletus aurantiacus*)

→ hongo cazahuate

HONGO DE JONOTE ◆ hongo cazahuate

HONGO DE JUAN DIEGO ◆ hongo mantecoso

HONGO DE LA SIERRA

Hongo similar al champiñón, crece en árboles caídos de roble o encino que generalmente están podridos. Los huicholes de Nayarit lo muelen en metate y lo cuecen en agua con sal para obtener un masa y servirlos como mole. Conocido por los huicholes de Nayarit como *yekua*.

HONGO DE LECHE ◆ hongo enchilado

HONGO DE MADROÑO ◆ hongo panza agria

HONGO DE MAGUEY ◆ hongo cazahuate

HONGO DE OCOTE (*Tricholoma magnivelare*)

Hongo con un sombrero de 4 a 15 cm de diámetro, abombado, aplanado o algo deprimido en el centro. Es de color blanco amarillento con superficie quebradiza y laminillas café rojizas. Su pie es robusto, duro y está cubierto de escamas blancas o de color café por abajo del anillo. Su carne es blanca, tiene consistencia subcorreosa con olor a madera. Abunda sobre los palos de pino o de  ocote. Se puede encontrar en San Cayetano y en regiones cercanas al Popocatépetl, Estado de México; Chilpancingo, Guerrero y en la región lacustre de Pátzcuaro, Michoacán. Conocido en purépecha como *iarin* (hongo que crece sobre el corazón del pino).

→ hongo blanco

HONGO DE OYAMEL (*Fomitopsis pinicola*)

Hongo de consistencia leñosa que pesa hasta 2 kg. Se desarrolla en los troncos de pinos y oyameles. Conocido también como hongo de palo.

HONGO DE PAN ◆ hongo cemita

HONGO DE RAYO ◆ hongo blanco

HONGO DE SAN JUAN ◆ hongo blanco

HONGO DE SANTA MARÍA ◆ hongo amarillo

HONGO DE VENADO ◆ hongo iztacnanacatl

HONGO DEDITO ◆ hongo amarillo

HONGO DURAZNILLO ◆ hongo amarillo, hongo corneta

HONGO ELOTE ◆ hongo pancita

HONGO ELOTITO ◆ hongo morilla, hongo pancita

HONGO ENCHILADO

Variedades de hongos que tienen color anaranjado.

• *Cantharellus cibarius*

Hongo con el sombrero en forma de trompeta, con el margen ondulado y de color amarillento anaranjado. Su pie es de 4 a 8 cm, delgado, liso, cilíndrico y angostado hacia la base. Es común en los bosques de pinos donde forma grandes conjuntos. Se recolecta en agosto y septiembre. Su carne es amarillenta y de olor y sabor parecido al durazno.

• *Hypomyces lactifluorum*

Hongo en forma de trompeta o semejante a una oreja, de tamaño grande y carnoso. Mide de 2 a 5 cm de largo. Es de color anaranjado o rojo anaranjado. Es un parásito de otros hongos a los que cubre totalmente pues  se desarrolla en forma de costra. Crece en los bosques de encino, pino y mixtos, a partir de julio hasta octubre.

• *Hypomyces macrosporus*

Hongo de color blanco pardo o negruzco.

• *Lactarius deliciosus*

Hongo de sombrero abombado a plano. Mide de 4 a 12 centímetros de diámetro y tiene el margen ligeramente enrollado, es de color anaranjado con anillos gris plateado,  sus laminillas se prolongan hasta el pie y son de color anaranjado pálido. El pie o estípite es cilíndrico hueco, anaranjado pálido y algunas veces presenta pequeñas manchas u orificios en la superficie. Su carne es dura y blanquecina que cambia al anaranjado; tiene aroma y sabor agradables. Crece en bosques de pino y encino. Se encuentra sobre todo en el Desierto de los Leones, el Popocatépetl, Nevado de Toluca, Los Azufres, Michoacán, la sierra de Pachuca, Hidalgo y en la sierra de San Luis Potosí.

• *Lactarius salmonicolor*

Hongo con sombrero abombado, ligeramente hundido en el centro. Mide de 5 a 14 cm de diámetro y es de color anaranjado rojizo. Su pie es cilíndrico, corto y hueco, y de color anaranjado rojizo. Su carne es también anaranjada rojiza, sin olor y de sabor agradable. Crece en el suelo en forma abundante y de manera aislada en bosques de pinabete u ocote. Aparece desde julio hasta octubre.

- *Russula brevipes*

Hongo con sombrero en forma de trompeta, que mide entre 5 y 15 cm de diámetro. Tiene un hundimiento en el centro y el margen poco enrollado. Es blanco y en la madurez se vuelve algo amarillento y se mancha de café. Crece en el suelo cubierto de hojas de los bosques de encino, pinabete, pino y mixtos; aparece durante agosto y septiembre.

El hongo enchilado es conocido también como:

- hongo amarillo (*Cantharellus cibarius*)
- hongo barroso (*Hypomyces lactifluorum*)
- hongo borrega (*Russula brevipes*)
- hongo borrego blanco (*Russula brevipes*)
- hongo chilnanacate (*Hypomyces lactifluorum, Hypomyces macrosporus*)
- hongo chilpán (*Lactarius deliciosus; Lactarius salmonicolor*)
- hongo colorado (*Hypomyces lactifluorum*)
- hongo corneta (*Cantharellus cibarius*)
- hongo custicnanacatl (*Cantharellus cibarius*)
- hongo de leche (*Lactarius salmonicolor*)
- hongo enchilado de ocote (*Lactarius deliciosus, Lactarius salmonicolor*)
- hongo oreja blanca (*Russula brevipes*)
- hongo oreja de borrego (*Hypomyces lactifluorum*)
- hongo oreja de Judas (*Hypomyces lactifluorum, Hypomyces macrosporus*)
- hongo oreja de puerco (*Hypomyces lactifluorum, Hypomyces macrosporus, Russula brevipes*)
- hongo rubellón (*Lactarius deliciosus, Lactarius salmonicolor*)
- hongo taza (*Russula brevipes*)
- hongo trompa (*Cantharellus cibarius, Hypomyces lactifluorum*)
- hongo trompa de cochi (*Russula brevipes*)
- hongo trompa de puerco (*Hypomyces lactifluorum, Russula brevipes*)
- hongo trompeta (*Cantharellus cibarius, Hypomyces lactifluorum*)

Hongo escobeta

Diversos hongos del género Clavaria o Ramaria

- *Clavulina cinerea*

Hongo que mide de 7 a 8 cm de altura. Crece bajo árboles de hojas planas y de coníferas. Se presenta a partir del verano y puede encontrarse hasta fines del otoño. Se encuentra en los montes del valle del Estado de México.

- *Ramaria aurea*

Hongo de crecimiento ramificado, de color amarillo. Su carne es blanca y puede resultar ligeramente laxante.

- *Ramaria botrytis*

Hongo con forma de coliflor; mide hasta 18 cm de alto, de pie corto, grueso, carnoso y blanquecino. Tiene las puntas rosadas o rojizas que se abren en pequeños picos o dientes con aspecto de crestas peque-

ñas. La carne es de sabor dulce y olor agradable, sin embargo, deben descartarse los ejemplares oscuros o totalmente blancos (sin los tintes rojizos en la punta), ya que tienen un sabor amargo que persiste aún después de cocerlos. Crece en el suelo, en bosques de encino y mixtos. Se recolecta al inicio de la temporada de lluvias. Puede encontrarse en Hidalgo, Estado de México y Distrito Federal. En la costa de Oaxaca se utiliza para preparar el mole de hongos.

- *Ramaria flava*

Hongo semejante a una escobeta. Mide de 7 a 12 cm de alto, con diversas ramificaciones, la base es gruesa, atenuada, carnosa y blanca, de la cual emergen numerosas ramificaciones cortas amarillas o amarillas anaranjadas. Su carne es blanca, tierna, con olor a moho y de buen sabor. Crece en el suelo de los bosques de encino, pinabete, pino y mixtos; aparece desde agosto hasta octubre.

El hongo escobeta conocido también como:

- hongo clavito (*Ramaria botrytis*)
- hongo coral (*Ramaria botrytis, Ramaria flava*)
- hongo cuernito de venado (*Ramaria botrytis*, costa de Oaxaca)
- hongo escobetilla
- hongo manita (*Ramaria botrytis, Ramaria flava*)
- hongo manita amarilla (*Ramaria botrytis, Ramaria flava*)
- hongo mano de Dios (*Ramaria flava*)
- hongo pata de gallo (*Ramaria botrytis, Ramaria flava*)
- hongo pata de pájaro (*Ramaria botrytis, Ramaria formosa*)
- hongo patita de pájaro (*Ramaria flava*)
- hongo patita de pájaro buena (*Ramaria flava*)
- hongo uña de rata (*Ramaria flava*)

→ hongo pata de pájaro

Hongo escobetilla ◆ hongo escobeta

Hongo escobetita ◆ hongo clavito

Hongo esponjita ◆ hongo cemita

Hongo flor ◆ hongo amarillo

Hongo flor de calabaza ◆ hongo amarillo

Hongo flor de durazno ◆ hongo amarillo

Hongo fuchila ◆ hongo amarillo

Hongo gachupín blanco ◆ hongo oreja de ratón

Hongo gachupín grande (*Helvella infula*)

Hongo con un sombrero en forma de boina o silla de montar con pliegues irregulares, semejante a un cerebro. Mide de 6 a 8 cm de ancho con bordes y parcialmente adheridos al pie de color café rojizo o café oscuro. El pie es semicilíndrico, de 4 a 6 cm de alto. Es hueco y de textura lisa, de color café o rosado amarillento. Crece en forma solitaria en el suelo de los bosques de pino o sobre la madera podrida. Este hongo es comestible únicamente después de hervirse, y el agua de la cocción debe desecharse. Conocido en purépecha como *sirat angants kauicha*.

Conocido también como:
- hongo calzoncillo
- hongo calzonera

◇ hongo oreja de ratón borracha
◇ hongo pantalonudo

HONGO GACHUPÍN NEGRO (*Helvella lacunosa*)

Hongo cuyo sombrero puede ser subgloboso, semejante a una silla de montar o a un cerebro. Mide de 1 a 3 cm de ancho, es delgado con los bordes parcialmente hendidos y casi siempre adheridos al pie. Es negro y la parte inferior es lisa o finamente rugosa de color gris o café claro. El pie mide unos 9 cm de alto, es cilíndrico, ensanchado en la base, color blanco grisáceo o café oscuro. Crece en conjuntos sobre el suelo de bosques de pino, abeto y encino. Este hongo es comestible únicamente después de cocerse, ya que crudo es tóxico.

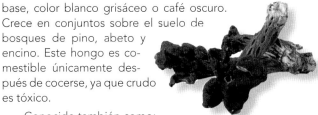

Conocido también como:

◇ hongo catrin
◇ hongo charamusquita
◇ hongo chile seco
◇ hongo negrito
◇ hongo oreja de conejo
◇ hongo oreja de ratón negro

HONGO GALAMBO ◆ hongo hongorado

HONGO GALAMBO BUENO ◆ hongo hongorado

HONGO GAVILÁN ◆ hongo codorniz

HONGO GUARÍN ◆ hongo hongorado

HONGO HOMBRECITO DE OYAMEL ◆ hongo amarillo

HONGO HONGORADO

Variedades de hongos que son de color café, dorado y morado. Hongorado es la contracción de las palabras hongo, dorado y morado.

Boletus erythropus

• *Boletus appendiculatus*

Hongo que puede llegar a medir hasta 20 cm. Tiene un sombrero de 5 a 14 cm de color amarillo rojizo y un pie cilíndrico de 4 a 8 cm de color café. Tiene olor a avellana y sabor dulce. Su carne es amarillenta con tintes rosados, que se vuelven azules al cortarlo.

• *Boletus erythropus*

Hongo de sombrero café, de forma hemisférica que mide hasta 20 cm de diámetro. Tiene un olor suave y un sabor dulce.

• *Boletus luridus*

Hongo de color café claro o rojizo con tubos amarillos o verdosos que se vuelven azules o morados al tocarlos o al rebanarlos. El pie es cilíndrico, adelgazado hacia la punta y rojo en la base. Se encuentra en Real del Monte, Hidalgo, y Río Frío, Puebla.

El hongo hongorado es conocido también como:

◇ hongo cemita (*Boletus luridus*)
◇ hongo galambo (*Boletus luridus*)
◇ hongo galambo bueno (*Boletus luridus*)
◇ hongo guarín (*Boletus appendiculatus*)
◇ hongo panadero de oyamel (*Boletus appendiculatus*)
◇ hongo pancita azul (*Boletus luridus*)

HONGO IZTACNANACATL
(*Russula delica*)

Del náhuatl *iztac*, blanco, y *nanacate*, hongo; hongo blanco. Hongo con sombrero en forma de embudo de 5 a 17 cm de diámetro. Su superficie es escamosa, de tonalidad blanca. El pie es corto y blanco. Su carne es dura.

Conocido también como:

◇ hongo de venado
◇ hongo oreja de puerco
◇ hongo quexque
◇ hongo taza blanca
◇ hongo totopixtle
◇ hongo trompa
◇ hongo trompa blanca
◇ hongo trompa de cochi
◇ hongo trompa de puerco
◇ hongo trompeta

HONGO JICARITA ◆ hongo tecomate

HONGO JINÁ ◆ hongo tecomate

HONGO JOLETE ◆ hongo clavito, hongo de encino, hongo nanacate de tuza, hongo tejamanilero

HONGO JOLETE DE OCOTE ◆ hongo nanacate de tuza

HONGO JOLOTE ◆ hongo tejamanilero

HONGO JONOTE ◆ hongo cazahuate

HONGO JUAN DIEGO ◆ hongo mantecoso

HONGO LLANERITO ◆ hongo blanco

HONGO MANITA ◆ hongo clavito, hongo escobeta, hongo pata de pájaro

HONGO MANITA AMARILLA ◆ hongo escobeta

HONGO MANO DE DIOS ◆ hongo escobeta

HONGO MANTECADO ◆ hongo mantecoso

HONGO MANTECOSO

Variedades de hongos que crecen en los bosques de encino, pino u otros.

• *Amanita rubescens*

Variedad de hongo que tiene un sombrero subglobo o casi plano que mide de 5 a 13 cm de diámetro. Su superficie es aceitosa, lisa y de color café amarillento a rosa vináceo o gris rojizo, con escamas planas e irregulares, blanquecinas, grisáceas o del mismo color que el sombrero. Crece en el suelo, solitario o en grupos, en los bosques de encino, pino y mixtos; aparece desde julio hasta septiembre. Su carne es blanquecina, sin olor y de sabor agradable. Se le considera como uno de los hongos comestibles de mejor calidad.

• *Melanoleuca melaleuca*

Hongo con sombrero convexo a plano de 3 a 8 cm de diámetro, de coloración parda dorada o grisácea, a veces con reflejos metálicos. Su pie mide de 8 a 10 cm. Su carne es blanca y con ligero sabor a frutas. Crece en el suelo de los bosques de abetos y puede encontrarse en las montañas del Valle y Estado de México y en Río Frío, Puebla.

El hongo mantecoso es conocido también como:

◇ Hongo de Juan Diego (*Amanita rubescens*)
◇ hongo de venado (*Melanoleuca melaleuca*)
◇ hongo Juan Diego (*Amanita rubescens*)
◇ hongo mantecado (*Amanita rubescens*)
◇ hongo mantequera (*Amanita rubescens*)
◇ hongo mantequilla (*Melanoleuca melaleuca*)
◇ hongo tejamanilero (*Melanoleuca melaleuca*)
◇ hongo trigueño (*Melanoleuca melaleuca*)
◇ hongo tzenso (*Amanita rubescens*)
◇ hongo venado (*Amanita rubescens*)

HONGO MANTEQUERA ◆ hongo mantecoso

HONGO MANTEQUILLA ◆ hongo mantecoso

HONGO MANZANA ◆ hongo tejamanilero

HONGO MANZANILLA ◆ hongo tejamanilero

HONGO MANZANITA ◆ hongo tejamanilero

HONGO MAZAYEL (*Agaricus augustus*)
Hongo que se caracteriza por tener un sombrero de unos 25 cm de diámetro. Tiene forma semirredonda y superficie escamosa, de color pardo rojizo a amarillento y con el centro más oscuro. El pie es grueso, de unos 3 cm de diámetro. Es bulboso en la base, con la superficie sedosa y blanca. Su carne es blanca y de olor agradable. Crece solitario sobre el suelo del bosque mixto de abetos y de pinabete. Aparece a partir de agosto hasta septiembre.

Conocido también como:

◇ champiñón de bosque (*Agaricus augustus*)
◇ champiñón grande (*Agaricus augustus*)
◇ hongo cemita (*Boletus edulis*)
◇ hongo pambazo (*Boletus pinicola*)
◇ hongo pancita (*Boletus edulis*)
◇ hongo pegajoso (*Suillus brevipes*)

→ hongo cemita, hongo pambazo, hongo pegajoso

HONGO MAZORCA ◆ hongo pancita

HONGO MAZORQUITA ◆ hongo morilla, hongo pancita

HONGO MEMBRILLO ◆ hongo amarillo, hongo corneta

HONGO MICOUII ◆ hongo tecomate

HONGO MONÍ
Hongo que se recolecta y consume en las localidades zoques de Chiapas. Es blanco o negro y se consume únicamente en la temporada de lluvias, cocinado de diversas formas: hervido, entomatado o envuelto en hojas de elote y asado al comal.

HONGO MONTECITO ◆ hongo clavito

HONGO MONTONCITO ◆ hongo clavito

HONGO MORANDAÑA ◆ hongo ternerilla de llano

HONGO MORILLA (*Morchella esculenta*)
Hongo semejante a una mazorca de maíz, que mide entre 8 y 15 cm de alto. Se caracteriza por su aspecto puntiagudo y por un gran número de alveolos sobre su superficie. Es de color gris oscuro o café amarillento; su pie es corto, ancho, hueco y blanquecino, con finas costillas granulares y orificios en la unión con el sombrero.

Crece en forma solitaria en el suelo de los bosques de pinabete, donde abunda desde fines del mes de agosto hasta octubre.

Conocido también como:

◇ hongo elotito
◇ hongo mazorquita
◇ hongo pancita

HONGO MUJERCITA AMARILLA ◆ hongo amarillo

HONGO NANACATE DE TUZA (*Hebeloma fastibile*)
Variedad de hongo que tiene un sombrero de 5 a 8 cm de diámetro, con un ligero hundimiento al centro. Es pardo oscuro, pero se decolora con facilidad. El pie es fibroso y más oscuro que el sombrero. Su carne tiene un sabor ligeramente agrio y un aroma harinoso.

Conocido también como:

◇ hongo jolete
◇ hongo jolete de ocote
◇ jolote de ocote

HONGO NEGRITO ◆ hongo gachupín negro

HONGO NEGRO ◆ hongo cazahuate, hongo ternerilla de llano

HONGO NEJO ◆ hongo canario

HONGO NICHTAMANANACATL (*Hygrophorus chrysodon*)
Hongo con sombrero en forma de embudo, blanco con manchas amarillas. Su pie mide de 5 a 10 cm. Se puede encontrar en las montañas del Estado de México, en las lagunas de Zempoala y en Tres Marías, Morelos.

HONGO NIÑITO ◆ hongo amarillo

HONGO OJO DE VENADO ◆ hongo trompa de venado

HONGO OLOTE ◆ hongo pancita

HONGO OREJA ◆ hongo corneta, hongo tejamanilero

HONGO OREJA AZUL ◆ hongo azul

HONGO OREJA BLANCA ◆ hongo cazahuate, hongo enchilado

HONGO OREJA DE ÁRBOL (*Pleurotus smithii*)
Hongo parásito que crece sobre álamos y pirules secos. Mide unos 30 cm de diámetro. El sombrero tiene una superficie blanquecina y está cubierto de escamas color café. Se consumen en el Distrito Federal.

HONGO OREJA DE CAZAHUATE ◆ hongo cazahuate

HONGO OREJA DE CONEJO ◆ hongo gachupín negro, hongo oreja de ratón

HONGO OREJA DE ENCINO ◆ hongo de encino

HONGO OREJA DE JUDAS ◆ hongo enchilado

HONGO OREJA DE PUERCO ◆ hongo enchilado, hongo iztacnacatl

HONGO OREJA DE PUERCO AZUL ◆ hongo azul

HONGO OREJA DE RATÓN
Nombre con el que se le conoce a dos variedades de hongos del género *Helvella*.

• *Helvella crispa*
Hongo con sombrero en forma de boina o de silla de montar a manera de membrana delgada. Presenta pliegues irregulares de 2 cm de ancho, su parte inferior es lisa. El pie, que puede medir de 5 a 7 cm de largo es quebradizo, con profundos surcos

o canales que se unen de forma irregular formando los pliegues reticulares a lo largo. Todo el cuerpo fructífero es blanco amarillento. Crece de forma abundante en el suelo formando grandes grupos en el mantillo de los bosques de pino, encino y pinabete. Aparece desde agosto hasta octubre. Su consistencia es similar a la del hule. Cuando está crudo es tóxico, por lo que debe cocerse.

• *Helvella elastica*
Hongo con el sombrero en forma de boina o silla de montar que mide de 1 a 3 cm de ancho, color café oscuro o café gris a casi negro. Su pie mide de 5 a 8 cm de largo, es cilíndrico, liso, hueco, elástico y blanco. Crece en el suelo de forma gregárea o solitaria en los bosques de pinabete. Cuando está crudo es tóxico, por lo que debe cocerse.
Sombrero con forma de boina o de silla de montar, de 5 cm de ancho y es de color blanquecino o blanco crema. Su pie es de color blanco y mide unos 10 cm. Cuando está crudo es tóxico, por lo que debe cocerse.
El hongo oreja de ratón es conocido también como:

◇ hongo borracha (*Helvella elastica*)
◇ hongo cerita (*Helvella elastica*)
◇ hongo charamusquita (*Helvella elastica*)
◇ hongo chile seco (*Helvella crispa*)
◇ hongo cuilche (*Helvella crispa*)
◇ hongo gachupín blanco (*Helvella crispa*)
◇ hongo oreja de conejo (*Helvella crispa*)
◇ hongo oreja de ratón blanco (*Helvella crispa*)
◇ hongo oreja de ratón borracha (*Helvella elastica*)
◇ hongo pantalonudo (*Helvella elastica*)
◇ hongo sonajita (*Helvella elastica*)

HONGO OREJA DE RATÓN BLANCO ◆ hongo oreja de ratón

HONGO OREJA DE RATÓN BORRACHA ◆ hongo gachupín grande, hongo oreja de ratón

HONGO OREJA DE RATÓN NEGRO ◆ hongo gachupín negro

HONGO PALOMITA ◆ hongo canario

HONGO PAMBAZO (*Boletus pinicola*)
Hongo de color rojizo y consistencia grasosa en el sombrero, el cual mide hasta 25 cm de diámetro. Los poros amarillos y el pie blanquecino, tenuemente estriado y alveolado hacia arriba, caracterizan a esta especie muy carnosa y apetecible. Es abundante en los bosques de encino y abeto, ya sea solitario o en conjuntos. Se asocia con las raíces de los árboles.

Conocido también como:

◇ hongo cemita (*Boletus aureus, Boletus edulis, Boletus pinicola*)
◇ hongo cepa (*Boletus pinicola*)
◇ hongo mazayel (*Boletus pinicola*)
◇ hongo panadero (*Boletus reticulatus*)
◇ hongo pancita (*Boletus aurantiacus*)
◇ hongo pancita blanca (*Boletus pinicola*)

→ hongo cemita, hongo panadero, hongo pancita

HONGO PANADERO (*Boletus reticulatus*)
Hongo que tiene un sombrero grueso de entre 6 y 18 cm de diámetro y es de color pardo amarillento. El pie es blanquecino y reticulado. Su carne es blanca, compacta y dulzona.
Conocido también como:

◇ hongo cemita
◇ hongo cepa
◇ hongo pambazo

HONGO PANADERO DE ENCINO ◆ hongo cemita, hongo pancita

HONGO PANADERO DE MADROÑO ◆ hongo panza agria

HONGO PANADERO DE OYAMEL ◆ hongo hongorado

HONGO PANCITA
Variedades de hongos de color amarillo o anaranjado.

• *Boletus aurantiacus*
Hongo con un sombrero de color rojo anaranjado, convexo, grueso, carnoso y de 5 a 10 cm de diámetro. El pie es cilíndrico, grisáceo, de consistencia dura, tiene asperezas o rugosidades blanquecinas y mide de 8 a 12 cm. Su carne cambia de color

al aire, tomando un color lila o violáceo. Es frecuente bajo árboles, en las hojas secas.

• *Morchella elata*
Hongo de forma cónica, semejante a una mazorca de maíz, color café amarillento con tonos anaranjados. Mide unos 6 cm de alto. Su pie es cilíndrico, hueco, ensanchado en la parte superior y está cubierto por escamas diminutas de apariencia granulosa del color del sombrero. Crece en el suelo de los bosques de pinabete. Es abundante desde fines del mes de agosto hasta octubre.

- *Morchella esculenta*

Hongo semejante a una mazorca de maíz, que mide entre 8 y 15 cm de alto. Se caracteriza por su aspecto puntiagudo y por un gran número de alveolos sobre su superficie. Es de color gris oscuro o café amarillento; su pie es corto, ancho, hueco y blanquecino, con finas costillas granulares y orificios en la unión con el sombrero. Crece en forma solitaria en el suelo de los bosques de pinabete, donde abunda desde fines del mes de agosto hasta octubre.

- *Suillus granulatus*

Hongo de sombrero abombado que mide de 4 a 10 cm de diámetro. Tiene la superficie pegajosa o gelatinosa, algunas veces con fibrillas de color amarillo a café amarillento, casi metálico. Su pie es blanquecino o amarillento, con granos de color café oscuro. Crece en el suelo de bosques de pino y encino, y en lugares abiertos; por lo general se encuentra al pie de los pinos desde julio hasta octubre. Su carne tiene consistencia compacta, blanca o amarillenta; es inodora y de sabor dulce, por lo que siempre ha sido muy apreciada en Michoacán, en las regiones de habla purépecha.

- *Tylopilus felleus*

Hongo con un sombrero de 14 a 18 cm de largo, convexo o aplanado, de color amarillento. Su pie es cilíndrico adelgazado. La carne es blanca y amarga. Se puede encontrar en Amecameca, Villa del Carbón y San Cayetano, Estado de México; Tres Marías y Tepoztlán, Morelos; y en Los Azufres, Michoacán.

El hongo pancita es conocido también como:

◇ hongo cemita (*Boletus aurantiacus, Boletus edulis, Tylopilus felleus, Suillus granulatus*)
◇ hongo cemita pegajoso (*Suillus granulatus*)
◇ hongo cepa (*Boletus edulis*)
◇ hongo chana (*Tylopilus felleus*)
◇ hongo chipotle (*Morchella esculenta*)
◇ hongo colmena (*Morchella esculenta*)
◇ hongo corralito (*Boletus edulis*)
◇ hongo de encino (*Boletus aurantiacus*)
◇ hongo elote (*Morchella esculenta*)
◇ hongo elotito (*Morchella esculenta*)
◇ hongo mazayel (*Boletus edulis*)
◇ hongo mazorca (*Morchella esculenta*)
◇ hongo mazorquita (*Morchella esculenta*)
◇ hongo morilla (*Morchella esculenta*)
◇ hongo olote (*Morchella esculenta*)
◇ hongo pambazo (*Boletus aurantiacus, Boletus edulis, Boletus pinicola*)
◇ hongo panadero de encino (*Boletus edulis*)
◇ hongo pancita blanca (*Boletus edulis*)
◇ hongo pantereco (*Suillus granulatus*)
◇ hongo panza pegajosa (*Suillus granulatus*)
◇ hongo pegajoso (*Suillus granulatus*)
◇ hongo poposito (*Boletus edulis*)
◇ hongo poposo (*Boletus aurantiacus*)
◇ hongo tripas (*Morchella esculenta*)

→ hongo cemita, hongo pambazo

HONGO PANCITA AZUL ◆ hongo hongorado

HONGO PANE ◆ hongo panza agria

HONGO PANTALONUDO ◆ hongo gachupín grande, hongo oreja de ratón

HONGO PANTERECO ◆ hongo pancita, hongo panza agria

HONGO PANZA ◆ hongo cemita, hongo trompa de venado

HONGO PANZA AGRIA (*Boletus frostii*)

Hongo de sombrero abombado o globoso que mide entre 6 y 20 cm de diámetro. Su superficie es pegajosa y lisa, de color rojo o rosado oscuro y brillante. En la cara inferior presenta una serie de poros de color café amarillento u oliváceo, que se manchan de azul verdoso al tocarlos o cortarlos. El pie es bulboso con la superficie muy prominente y reticulada. Crece en el suelo, en forma solitaria o formando grupos pequeños, en bosques de encino y mixtos. Aparece desde el mes de agosto hasta principios de septiembre. En el Valle de México es particularmente abundante al norte de Pachuca, donde es un producto importante de venta durante el verano en el mercado de la capital hidalguense. En Hueyapan, Morelos, se prepara hervido y se adereza con chiles manzanos. Su sabor es agrio, parecido al del limón. Se consume asado o preparado en diferentes guisos.

Conocido también como:

◇ hongo de madroño
◇ hongo panadero de madroño
◇ hongo pane
◇ hongo pantereco

Conocido en algunas regiones como:

◇ chilnanagame (Hueyapan, Morelos)
◇ hongo de pantereco (zona purépecha)

HONGO PANZA DE BUEY ◆ hongo cemita

HONGO PANZA PEGAJOSA ◆ hongo pancita

HONGO PARAGÜITAS ◆ hongo codorniz

HONGO PATA DE GALLO ◆ hongo escobeta

HONGO PATA DE PÁJARO

Variedad de hongos de la familia Ramaria.

- *Ramaria botrytis*

Hongo con forma de coliflor; mide hasta 18 cm de alto, de pie corto, grueso, carnoso y blanquecino. Tiene las puntas rosadas o rojizas que se abren en pequeños picos o dientes con aspecto de crestas pequeñas. La carne es de sabor dulce y olor agradable, sin embargo, deben descartarse  los ejemplares oscuros o totalmente blancos (sin los tintes rojizos en la punta), ya que tienen un sabor amargo que persiste aún después de cocerlos. Crece en el suelo, en bosques de encino y mixtos. Se recolecta al inicio de la temporada de lluvias. Puede encontrarse en Hidalgo, Estado de México y Distrito Federal.

- *Ramaria formosa*

Hongo que mide entre 10 y 15 cm de altura y presenta numerosas ramas sobre su centro. Las ramas terminan en una pequeña cresta con dos o tres dientes. La superficie del hongo es color azafrán, sus crestas terminales tienen una tonalidad roja, casi bermellón y sus esporas son de color ocre. Su carne es blanca y compacta; brota en los bosques a flor de tierra. Se utiliza especialmente frito en manteca de cerdo, aceite o mantequilla. También se seca para conservarse como provisión de invierno.

El hongo pata de pájaro es conocido también como:

◇ hongo clavito (*Ramaria botrytis*)
◇ hongo coral (*Ramaria botrytis*)

◇ hongo escobeta (*Ramaria botrytis, Ramaria formosa*)

◇ hongo manita (*Ramaria botrytis*)

HONGO PATITA DE PÁJARO ◆ hongo escobeta

HONGO PATITA DE PÁJARO BUENA ◆ hongo escobeta

HONGO PATITA DE PÁJARO MALA ◆ hongo clavito

HONGO PEDO DE COYOTE ◆ hongo trompa de venado

HONGO PEDO DE LOBO ◆ hongo trompa de venado

HONGO PEGAJOSO (*Suillus brevipes*)

Hongo que tiene un sombrero de 4 a 8 cm de diámetro, circular y casi aplanado, liso y de color café claro. Su pie mide de 2 a 4 cm, es subcilíndrico, blanco pardusco o amarillento en la base; su carne es blanca o amarillenta. Se encuentra en regiones de mucha humedad, especialmente en Tenango del Valle, San Pedro Tlanixco, San Cayetano y a las faldas del Iztaccíhuatl, Estado de México.

Conocido también como:

◇ hongo cemita (*Suillus brevipes*)

◇ hongo mazayel (*Suillus brevipes*)

◇ hongo pancita (*Suillus granulatus*)

→ hongo pancita

HONGO POPOSITO ◆ hongo cemita, hongo pancita

HONGO POPOSO ◆ hongo pancita

HONGO QUEXQUE ◆ hongo iztacnanacatl

HONGO ROJO ◆ hongo tecomate

HONGO RUBELLÓN ◆ hongo enchilado

HONGO SANJUANERO ◆ hongo blanco

HONGO SANTIAGUERO (*Russula alutacea*)

Hongo esbelto y muy llamativo por su sombrero de color rojizo. Es muy común en el mantillo de los bosques de abetos y pinos. Conocido también como hongo champeado.

HONGO SEÑORITA ◆ hongo corneta, hongo tejamanilero

HONGO SETA ◆ seta

HONGO SOCHI ◆ hongo tecomate

HONGO SOCHINANACATL ◆ hongo tecomate

HONGO SOCOYOL ◆ hongo tejamanilero

HONGO SONAJITA ◆ hongo oreja de ratón

HONGO SOPITZA ◆ hongo cazahuate

HONGO TAMBOR ◆ hongo carnita de res

HONGO TAMPÓN ◆ hongo amarillo

HONGO TASHO

Hongo silvestre que se desarrolla en clima frío. Se consume de preferencia en caldos, en San Cristóbal de las Casas, Chiapas.

HONGO TAZA ◆ hongo enchilado

HONGO TAZA BLANCA ◆ hongo iztacnanacatl

HONGO TECOMATE (*Amanita caesarea*)

Hongo de sombrero globoso a plano que mide de 10 a 15 cm de diámetro. Es liso y ligeramente pegajoso. Sus láminas son gruesas, separadas entre sí, de tono blanco amarillento. El pie es un poco más angosto en la unión con el sombrero, es hueco, liso y amarillento. Crece sobre el suelo de lugares

con abundante hojarasca, como en bosques de pino y encino. Abunda a partir de julio hasta septiembre. Su carne es blanca, con sabor y olor muy agradables. Se consume en Pátzcuaro, Michoacán, Estado de México y Distrito Federal.

Conocido también como:

◇ hongo ahuevado
◇ hongo amarillo
◇ hongo chichimán
◇ hongo de tiempo de aguas (oeste de Chihuahua)
◇ hongo jicarita
◇ hongo jiná
◇ hongo rojo
◇ hongo sochi
◇ hongo xochi
◇ hongo yema
◇ hongo yema de huevo
◇ hongo yemita
◇ hongo yuyo
◇ yullo

Conocido en otras lenguas como:

◇ *cucuchikua terekua* (purépecha)
◇ *micouii* (tarahumara)
◇ *sochinanacatl* (náhuatl)
◇ *xochinanacatl* (náhuatl)

HONGO TEJAMANILERO

Con este nombre se conoce a algunas variedades de hongos.

• *Clitocybe infundibuliformis*

Hongo con un sombrero en forma de embudo amarillento o rojizo que mide de 3 a 6 cm El pie mide 10 cm, es cilíndrico, elástico y de sabor poco amargo. Puede encontrase en los montes del Estado de México y en la región del Valle de México.

• *Gymnopus dryophilus*

Hongo con el sombrero redondo o plano, de color parduzco rojizo o amarillento. Su pie cilíndrico mide de 3 a 6 cm y es de color rojizo. Se encuentra sobre todo en el Desierto de los Leones, en el Distrito Federal.

• *Gymnopus fusipes*

Hongo de sombrero convexo que mide de 4 a 10 cm, de color pardo rojizo o pardo amarillento. Su pie es duro con zurcos y fibras longitudinales y consistencia correosa.

• *Laccaria laccata*

Hongo de sombrero abombado de 2 a 5 cm de diámetro, con un hundimiento en el centro y laminillas muy separadas entre sí. Fresco es color rosa carne y seco es café rojizo. El pie es fibroso, del mismo color que el sombrero, y de consistencia un poco elástica. Crece sobre el suelo, de forma gregaria, en bosques de encino, pinabete, pino y mixtos, en donde forma "anillos de hadas", "anillos de brujas", o "tejamanileras", por crecer en el suelo formando círculos. Muchas veces se encuentra en orillas de caminos y lugares abiertos. Aparece desde principios de julio hasta fines de septiembre.

• *Lyophyllum decastes*

Hongo caracterizado por crecer en grandes conjuntos unidos por la base. El sombrero mide de 2 a 10 cm de diámetro y puede ser abombado o plano liso y hundido en el centro. Los bordes son ondulados e irregulares con rayas finas. La superficie es color pardo rojizo, café claro, grisáceo, amarillo o blanco. El pie es cilíndrico, de consistencia fibrosa, blanquecino, con una base redonda y carnosa de la cual nacen pequeños hongos. Crece en el suelo, dentro de los bosques de encino, sobre las hojas secas que han caído de las plantas. Aparece desde marzo hasta agosto. Su carne es blanquecina, de sabor y olor agradables y suave. Se encuentra en Veracruz, Michoacán, Distrito Federal, Estado de México, Hidalgo, Puebla y en Tlaxcala donde se consume de manera local para preparar el teschinole.

• *Melanoleuca melaleuca*
Hongo con sombrero convexo a plano de 3 a 8 cm de diámetro, de coloración parda dorada o grisácea, a veces con reflejos metálicos. Su pie mide de 8 a 10 cm. Su carne es blanca y con ligero sabor a frutas. Crece en el suelo de los bosques de abetos y puede encontrarse en las montañas del Valle y Estado de México y en Río Frío, Puebla.

El hongo tejamanilero es conocido también como:
◇ hongo carda (*Laccaria laccata*)
◇ hongo clavito (*Lyophyllum decastes*)
◇ hongo jolete (*Lyophyllum decastes*)
◇ hongo jolote (*Lyophyllum decastes*)
◇ hongo mantecoso (*Melanoleuca melaleuca*)
◇ hongo manzana (*Laccaria laccata*)
◇ hongo manzanilla (*Laccaria laccata*)
◇ hongo manzanita (*Laccaria laccata*)
◇ hongo señorita (*Clitocybe gibba*)
◇ socoyol (*Laccaria laccata*)
◇ tzenso (*Laccaria laccata*)
◇ xocoyol (*Laccaria laccata*)

El hongo tejamanilero es conocido en algunas regiones como:
◇ hongo corneta (*Clitocybe infundibuliformis, Clitocybe squamulosa*, Amecameca, Estado de México)
◇ hongo oreja (*Clitocybe infundibuliformis, Clitocybe squamulosa*, Amecameca, Estado de México)
◇ hongo señorita (*Clitocybe infundibuliformis, Clitocybe squamulosa*, Amecameca, Estado de México, Distrito Federal)
◇ hongo tejamanil (*Clitocybe infundibuliformis, Clitocybe squamulosa*, Toluca, Estado de México)
→ hongo corneta

HONGO TERNERILLA DE LLANO (*Calvatia lilacina*)
Hongo comestible con sombrero oscuro. Se abre por grietas irregulares. Puede encontrarse en el Distrito Federal, Toluca y faldas del Nevado de Toluca, Estado de México, y en Taxco, Guerrero.
Conocido también como:
◇ hongo bola
◇ hongo morandaña
◇ hongo negro

HONGO TERNERITA ◆ hongo trompa de venado

HONGO TERNERITA DE MONTE ◆ hongo trompa de venado

HONGO TERNERITA DEL BOSQUE ◆ hongo trompa de venado

HONGO TIGRILLO ◆ hongo canario

HONGO TOSTOMITE (*Lycoperdon fuscum*)
Hongo que mide de 2 a 5 cm y tiene forma globosa o periforme. Su pie mide hasta 3 cm y es de color café rojizo o dorado. Puede encontrarse en Salazar y Tenango del Valle, Estado de México.

HONGO TOTOLCOZCATL (*Entoloma abortivum*)
Hongo comestible con fructificaciones globosas y regulares, de color blanco-grisáceas o rosadas. Su pie es pequeño. Conocido también como totolcozcatl de encino.

HONGO TOTOPIXTLE ◆ hongo iztacnanacatl

HONGO TRIGUEÑO ◆ hongo mantecoso

HONGO TRIPAS ◆ hongo pancita

HONGO TROMPA ◆ hongo amarillo, hongo enchilado, hongo iztacnanacatl

HONGO TROMPA BLANCA ◆ hongo iztacnanacatl

HONGO TROMPA DE COCHI ◆ hongo enchilado, hongo iztacnanacatl

HONGO TROMPA DE PUERCO ◆ hongo amarillo, hongo enchilado, hongo iztacnanacatl

HONGO TROMPA DE VENADO
Hongos comestibles, globosos y blancos.

• *Lycoperdon perlatum*
Hongo subgloboso en forma de pera que mide de 3 a 5 cm de diámetro con el pie muy corto, ancho y finamente granuloso. Es de color blanco amarillento con la superficie de espinas cónicas rodeadas de granulaciones que al caer dejan huellas circulares. Sólo es comestible cuando está tierno. Crece en el suelo de los bosques de encino, pinabete y pino.

• *Lycoperdon umbrinum*
Hongo subgloboso que mide entre 2 y 4 cm de diámetro, sin pie definido y con cordones blancos en su base. Es blanco amarillento con la superficie cubierta de pequeñas granulaciones color café. Es comestible en su etapa joven, mientras su carne es blanca y carnosa. Crece en bosques de pino y pinabete.

El hongo trompa de venado es conocido también como:
◇ bolita de hongo (*Lycoperdon perlatum*)
◇ hongo bola (*Lycoperdon perlatum*)
◇ hongo bolita de conejo (*Lycoperdon perlatum*)
◇ hongo bolita de san Juan (*Lycoperdon perlatum*)
◇ hongo bomba reventadora (*Lycoperdon perlatum*)
◇ hongo cagada de burro (*Lycoperdon umbrinum*)
◇ hongo cuesco de lobo (*Lycoperdon perlatum*)
◇ hongo ojo de venado (*Lycoperdon perlatum*)
◇ hongo panza (*Lycoperdon perlatum*)
◇ hongo pedo de coyote (*Lycoperdon perlatum*)
◇ hongo pedo de lobo (*Lycoperdon perlatum, Lycoperdon umbrinum*)
◇ hongo ternerita (*Lycoperdon perlatum, Lycoperdon umbrinum*)
◇ hongo ternerita de monte (*Lycoperdon perlatum*)
◇ hongo ternerita del bosque (*Lycoperdon umbrinum*)
◇ hongo trompita de venado (*Lycoperdon perlatum*)

HONGO TROMPETA ◆ hongo amarillo, hongo corneta, hongo enchilado, hongo iztacnanacatl

HONGO TROMPETILLA ◆ hongo amarillo

HONGO TROMPITA DE VENADO ◆ hongo trompa de venado

HONGO TUZA

Variedad de hongos que tienen la superficie pegajosa y de color blanco.

• *Amanita calyptroderma*

Hongo con sombrero de 5 a 8 cm, de forma convexa achatada o casi plano, grisáceo o amarillento. Su pie tiene de 8 a 15 cm de alto con forma cilíndrica; es hueco y blanco.

• *Amanita tuza*

Hongo de sombrero globoso que mide de 7 a 12 cm de diámetro. Tiene una superficie pegajosa y su margen presenta finas estrías. El pie es blanco con un anillo membranoso. En su base se encuentra una vulva grande, gruesa y blanca. Se encuentra solitario o en grupos pequeños en los bosques de pino o a orillas de los caminos, durante julio y septiembre.

Conocido también como:

◇ hongo *aiuca* (*Amanita tuza*)
◇ hongo *venadito* (*Amanita calyptroderma*)
◇ hongo *xical* blanco (*Amanita calyptroderma*)

HONGO TZENSO ◆ hongo tejamanilero

HONGO UÑA DE RATA ◆ hongo escobeta

HONGO VENADITO ◆ hongo tuza

HONGO VENADO ◆ hongo mantecoso

HONGO XICAL BLANCO ◆ hongo tuza

HONGO XOCHI ◆ hongo tecomate

HONGO XOCOYOL ◆ hongo tejamanilero

HONGO XOLETE ◆ hongo clavito

HONGO XOLOTE ◆ hongo clavito

HONGO YEMA ◆ hongo tecomate

HONGO YEMA DE HUEVO ◆ hongo canario, hongo tecomate

HONGO YEMITA ◆ hongo tecomate

HONGO YOORRA

Hongos que crecen entre abril y mayo junto a los pinos. Para consumirlos, se cortan, se lavan y se cuecen en agua; también se pueden moler y freír con cebolla y ajo. Los tepehuanes del sur de Chihuahua los consumen con tortilla de maíz.

HONGO YULLO ◆ hongo tecomate

HONGO YUYO ◆ hongo tecomate

HONGORADO ◆ hongo hongorado

HONGOS CON VINO

Guiso elaborado con hongos enteros y frescos dispuestos en un refractario con el tallo hacia arriba, espolvoreados con sal, pimienta, perejil y ajo molido disuelto en vino. Después, se tapan con papel aluminio y se hornean durante media hora. Es un platillo típico de Pátzcuaro, Michoacán.

HONGOS EN ESCABECHE

Preparación hecha con hongos silvestres macerados en un escabeche que está compuesto de ajo, aceite, cebolla, canela, clavo, pimienta gorda, tomillo, orégano, laurel y vinagre. Es muy común durante la época de lluvias en Puebla. Esta preparación se vende en frascos de manera artesanal; también se encuentran enlatados.

HORCHATA

Agua fresca que en México se prepara normalmente con granos de arroz remojados en agua que después se muelen y se mezclan con agua endulzada, al final se aromatiza con canela. Es una preparación originaria del Mediterráneo. Llegó a México a través de los españoles. Según una leyenda catalana o valenciana, el nombre se debe a una ocasión en que una joven campesina ofreció al rey Jaime I de Aragón un vaso de horchata. Proviene del latín *hordiatam*, de *hordia*, cebada. En muchos lugares de México se le añade leche de vaca y, ocasionalmente, otros ingredientes. En varias partes de Veracruz, Tabasco y Campeche, además de la horchata de arroz, se elabora la horchata de coco, que contiene arroz molido y licuado con leche, canela y azúcar. A esta mezcla se agrega el jugo que se obtiene licuando el agua con la pulpa de coco, a veces también se adiciona un poco de pulpa a la bebida. El jugo de coco y la leche dan mucho cuerpo y sabor a la bebida, por esta razón, muchos consideran esta horchata la más sabrosa de las costas de México.

• En Comitán, Chiapas, se prepara la horchata de pepita de melón, que incluye semillas secas de melón, almendras, canela y azúcar. También se prepara la horchata de almendra con arroz, almendras, canela, azúcar, cáscara de naranja y canela. En la comunidad mochó chiapaneca se acostumbra una horchata común de arroz y canela para la fiesta de la Santa Cruz.

• En Colima se prepara la horchata de almendras. Las almendras se remojan, se pelan y se muelen para extraerles todo el jugo; luego se mezclan con agua y azúcar. También se prepara la horchata de avena molida en agua, colada y endulzada con azúcar, se aderaza con ralladura de limón o canela y se debe mover constantemente para evitar que se asiente. Algunos acostumbran agregarle jugo de naranja o limón al momento de beberla.

• En Oaxaca tienen diferentes preparaciones, la mayoría elaboradas a base de arroz y el líquido puede ser agua, leche o ambos. La horchata de almendra incluye arroz molido con almendra, canela, agua y azúcar y se sirve con cáscaras de limón. Durante abril y mayo, a la horchata de arroz o de almendra se le agrega jiotilla molida o en trocitos que le da un tono rosado, además de cubitos de melón, nuez moscada o nuez tostada picada. Es clásica de los Valles Centrales de Oaxaca, particularmente en Teotitlán del Valle y en la capital. En otras partes del estado también se prepara la horchata de arroz y la de semilla de melón, esta última elaborada con una mezcla de arroz molido con semillas de melón secas, almendras, canela, agua y azúcar, que a veces se sirve con trozos de melón o ralladura de limón verde y nueces picadas.

• En Querétaro, la horchata de arroz se obsequia como agua fresca a los peregrinos que visitan los altares de Dolores.

• En Tabasco se prepara horchata de avena, con avena hervida en agua y canela, luego se añade leche, hervida de nuevo, y la mezcla se muele con vainilla.

• En Veracruz, los totonacas de la costa Norte elaboran distintas horchatas, como la de semillas de melón, o la de coyol; ambas suelen aromatizarse con vainilla.

→ bajicopo

323

HORDE ◆ tamal de cuchunuc

HORMIGA ALADA ◆ hormiga chicatana

HORMIGA ARRIERA ◆ hormiga chicatana

HORMIGA CABEZONA ◆ hormiga chicatana

HORMIGA CHANCHARRA ◆ hormiga chicatana

HORMIGA CHÍCALA ◆ hormiga chicatana

HORMIGA CHICATANA

Hormiga grande de color café oscuro o rojizo. Es una de las más abundantes en el país, donde se reconocen las variedades *Atta mexicana, Atta cephalotes*. Las obreras son conocidas como arrieras, mientras que el resto de las hormigas, machos o hembras, son conocidas como chicatanas. Sus hormigueros ocupan varios metros cuadrados de superficie y tienen de uno a dos metros de profundidad. Abundan en mayo, junio y julio. Están distribuidas a lo largo y ancho de todo el país, sobre todo en Veracruz, Oaxaca, Chiapas, Guerrero, Guanajuato, Puebla, Morelos y Estado de México. Su captura se lleva a cabo durante el vuelo nupcial, que es cuando las hormigas limpian el exterior de su hormiguero, ensanchando la entrada y colocando hojas verdes. Cuando son atrapadas, se colocan en ollas de barro con agua para que mueran y después se tuestan para evitar su descomposición. Para comerlas se les quitan las patas, las alas y la cabeza. Su sabor recuerda al del cacahuate. En Tuxtla Gutiérrez, Chiapas, se le llama *nucú* a un guiso preparado con las hormigas, las cuales se lavan en agua con sal, se tuestan en el comal o se fríen para comerlas en tacos con tortillas de maíz acompañadas de salsa picante. También se comen en chilmole o como botana para acompañar el *pox*. En Guerrero son un alimento importante en la dieta de los pueblos de la montaña. Por lo regular se asan para comerlas en tacos, también es muy común hacer una salsa de hormigas asadas y molidas con chile rojo y ajo. Otra forma de prepararlas es en caldo. La comunidad zoque de Jamiltepec, Oaxaca, las prepara en salsa de chile de árbol. En Pinotepa Nacional se remojan en sal y se preparan moliéndolas en el metate junto con chiles costeños para obtener una salsa. En la Mixteca poblana se preparan en salsa roja, moliéndolas con chiles guajillos y costeños hervidos. En Veracruz se muelen con chile de árbol para elaborar una salsa llamada *tlatonile*. En Huatusco, Coscomatepec y municipios aledaños se prepara una

salsa de chicatanas tostadas y molidas con chile serrano, ajo, sal y agua.

Conocida también como:
◇ arriera
◇ chicatana
◇ chicatana arriera
◇ chincatana
◇ hormiga alada
◇ hormiga arriera
◇ hormiga cabezona
◇ hormiga chancharra
◇ hormiga chícala
◇ hormiga chicatera
◇ hormiga chichatana
◇ hormiga cortadora de hojas
◇ hormiga cuatalata
◇ hormiga mochomo
◇ hormiga mucú
◇ hormiga nacasmá
◇ hormiga nucú
◇ hormiga parasol
◇ hormiga sanjuanera
◇ hormiga sompopa
◇ hormiga talata
◇ titzin

Conocido en algunas lenguas como:
◇ *mucuc* (maya, Chiapas)
◇ *nuca* (zoque)
◇ *nuhcul* (tseltal, Chiapas)
◇ *sakal* (maya)
◇ *soy* (maya)
◇ *tuntoco* (mixteco)
◇ *tzicatera* (náhuatl)
◇ *tzi'sim* (tojolabal, Chiapas)
◇ *xulab* (maya)

HORMIGA CHICATERA ◆ hormiga chicatana

HORMIGA CHICHIMECA ◆ hormiga roja

HORMIGA CORTADORA DE HOJAS ◆ hormiga chicatana

HORMIGA CUATALATA ◆ hormiga chicatana

HORMIGA DE FUEGO ◆ hormiga roja

HORMIGA MIELERA (*Myrmecocystus mexicanus*)
Variedad de hormiga que en su vientre tiene un receptáculo donde almacena miel para su alimentación. Se desarrolla en lugares donde la comida puede faltar por las condiciones climáticas. Se consume en el Estado de México y en San Luis Potosí. Para obtener su miel se pincha el receptáculo; a pesar de ello la hormiga no muere. Una vez extraída su miel, la hormiga regresa al hormiguero e inicia la regeneración de su membrana. Esta técnica data de la época prehispánica.

HORMIGA MOCHOMO ◆ hormiga chicatana

HORMIGA MUCÚ ◆ hormiga chicatana

HORMIGA NACASMÁ ◆ hormiga chicatana

HORMIGA NUCÚ ◆ hormiga chicatana

HORMIGA PARASOL ◆ hormiga chicatana

HORMIGA ROJA (*Formica rufa*)
Variedad de hormiga que se consume durante septiembre en la región pame de San Luis Potosí y Querétaro. Se recolecta con pinzas de madera y se tuesta viva sobre el comal. Se consume con tortillas con sal y chile.

Conocida también como:
◇ hormiga chichimeca
◇ hormiga de fuego

HORMIGA SANJUANERA ◆ hormiga chicatana

HORMIGA SOMPOPA ◆ hormiga chicatana

HORMIGA TALATA ◆ hormiga chicatana

HORMIGUERO

Persona especializada en la recolección de escamoles.

HORMIGUILLO (*Cordia alliodora*)

Árbol que mide 40 metros de altura, nativo de América central. Sus frutos son drupas de 3 cm de largo por 4 cm de ancho con una semilla. Abunda desde abril hasta septiembre. Se encuentra en San Luis Potosí, desde el Golfo de México hasta Quintana Roo y en el Pacífico, desde Sinaloa hasta Chiapas.

Conocido también como:

◇ aguardientillo
◇ anacahuite del Istmo
◇ nopotapeste
◇ pajarito
◇ palo de hormiga
◇ palo de rosa
◇ prieto
◇ rosadillo
◇ solería
◇ suchicahue o suchicuague
◇ uchicuaugua

Conocido en algunas regiones como:

◇ amapa (Sinaloa)
◇ amapa boba (Sinaloa)
◇ amapa prieta (Sinaloa)
◇ bojón (Chiapas y Tabasco)
◇ bojón blanco (Chiapas, Tabasco)
◇ bojón prieto (Chiapas, Tabasco)
◇ hormiguero (Michoacán, Guerrero, Oaxaca)
◇ solerillo (Veracruz)
◇ tepesuchi (Veracruz)
◇ *xochicuahuitl* (Veracruz)

HORNO DE TIERRA

Horno que se construye cavando un hueco en la tierra, recubriendo su fondo y sus paredes con piedras o tabiques y colocando en su interior leña para quemar. Una vez que el horno está caliente se colocan dentro los alimentos envueltos en pencas de maguey u hojas de plátano, luego se tapa el horno y se dejan cocer los alimentos durante 12 horas. En Hidalgo existen muchos platillos que se preparan en horno de tierra. En el Valle del Mezquital se preparan chicharras con nopales, gusanos

de nopal y escamoles horneados, entre otros guisos. En la península de Yucatán, el horno de tierra tiene 60 cm de profundidad y 50 cm de circunferencia. Sus paredes se alisan con barro o tabiques y en el fondo se colocan piedras para retener el calor de la leña. Se enciende formando una hoguera que es necesario alimentar por lo menos durante cuatro horas hasta lograr que el hoyo esté muy caliente. Cuando las piedras alcanzan un tono rojizo se extraen algunas de ellas junto con una parte de las brasas calientes, que servirán para cubrir, dentro del horno, la olla de carne envuelta perfectamente con hojas de plátano. Al final, el hoyo se cubre con tierra, lámina o madera y se espera por lo menos seis horas para que la carne se cueza.

Conocido también como:

◇ horno de barbacoa
◇ *texcal* (Huasteca)

Conocido en maya como:

◇ *pib*

→ barbacoa

HOSTERÍA DE SANTO DOMINGO

Restaurante tradicional que abrió sus puertas en 1860 y desde entonces ha servido cocina tradicional mexicana. Está ubicado en Belisario Domínguez 72, cerca de la Plaza de Santo Domingo, en el Centro Histórico de la Ciudad de México.

El tequila de la casa es de Jalisco, blanco o reposado, de producción limitada y vendido en pocos lugares. También se encuentran la sopa de flor de calabaza, mole poblano, pipián, rajas poblanas, huevos reales, entre otras especialidades. Durante los meses de julio a septiembre se preparan chiles en nogada. Uno de los platillos que se ha mantenido durante muchos años es el pollo con natas, cocinado en una salsa de chile pasilla con natas. Se prepara exclusivamente los domingos, pues las natas se recolectan durante la semana y se reservan para esta especialidad de la casa.

HUACACHTORO

Guiso caldoso que se prepara en Guerrero con carne y panza de res, calabacitas, ejote y col; se condimenta con clavo, cilantro, hierbabuena, chile guajillo, cebolla y ajo. Se acompaña con tamales tololoches.

HUACAL O GUACAL

1. Parte trasera de una ave que consiste en la espaldilla unida por el esternón. Este corte se considera de segunda y, junto con las alas y patas, se vende como retazos para hacer caldos, principalmente de pollo.

2. Caja hecha de láminas de madera o varas que sirven para transportar o almacenar frutas y verduras. Del náhuatl *huacalli*, de *huacqui*, seco, y *calli*, casa, casa hueca, vacía.

HUACAMOLE ◆ cabeza de negro

HUACAMOTE O HUACAMOTL ◆ yuca

HUACAVAQUE

GRAF. guacabaque, guacavaqui, huacabaque, huacabaqui, uacabaqui o wakabaki. Proviene del mayo y significa cocido de vaca. Guiso festivo que se prepara con machaca, garbanzos, elote, calabaza y ejotes, todos cocidos en caldo. Se trata de un potaje o puchero de carne con algún grano o verdura. Es de origen yaqui y mayo. Es un platillo tradicional que comparten varios pueblos de Sinaloa y Sonora. En Sonora puede contener cola, espinazo, huesos, aldilla, pecho de res, col, elote, zanahoria, cebolla, ajo, chile verde, jitomate, ejote, garbanzo, calabaza, raíz de saya y cilantro. Es una tradición entre los yaquis de Sonora y por lo regular se prepara en las grandes fiestas como el día de Muertos, novenarios, bautizos, bodas y Semana Santa. En Sinaloa es muy apreciado por sus cualidades reconstituyentes. Se trata de un platillo de características ceremoniales que se come durante las fiestas, lo que dura varios días. Por sus características, el platillo es altamente nutritivo y apreciado. Actualmente se prepara con carne de res, en especial cola o retazo con hueso, también se acostumbra con costilla de res salada, junto con garbanzo, ajo, hierbas de olor, papa, calabaza y zanahoria en trozos; se acompaña con abundante jugo de limón, aguacate, salsa picante y tortillas de maíz. En el pasado se elaboraba con carnes de venado, jabalí, pescado, gallina o ratón de campo.

Conocido también como:

◇ acabaqui
◇ baquetén
◇ guacacaqui

HUACHACOTE ♦ nanche

HUACHAL

Elotes sazones cocidos al vapor con todas sus hojas; una vez cocidos se recogen sus hojas hacia atrás y se cuelgan para asolearlos; cuando están bien secos se desgranan y se muelen en metate o molino. Este proceso de conservación se acostumbra en Jalisco y Zacatecas. Se preparan los huachales guisados con chile ancho y cebolla, se sirven con lechuga picada y limón. Los huachales dulces se preparan con los granos enteros cocidos en agua con azúcar y canela; se comen fríos o calientes y en algunos casos tienen pasitas. En Jalisco se consume el mole de huachal y las tortitas de huachal, hechas con harina de huachal mezclada con huevo, fritas en aceite y servidas con salsa de jitomate o con frijoles de la olla; también se sirve el postre de huachal.

→ chacales

HUACHINANGO

GRAF. guachinango, guauchinango o huauchinango. Proviene del náhuatl *cuachilnacatl*, de *cuaitl*, cabeza, *chichiltic*, rojo, y *nacatl*, carne. Nombre genérico que se aplica a algunas especies de peces con características similares.

• *Lutjanus campechanus*
Pez marino de carne muy apreciada. Mide unos 60 cm y su piel es color rojo uniforme; pesa al menos un kilo. Se vende fresco, entero o cortado en filetes. Su carne es magra y blanca con tonalidades rojas, a la cual se considera muy fina. Se prepara de múltiples formas: frito, empapelado, asado, al mojo de ajo y en cualquier salsa o guiso; con él se elabora, por supuesto, el célebre huachinango a la veracruzana. Su

cabeza y aletas también son muy apreciadas porque dan buen sabor a los caldos.

• *Lutjanus purpureus*
Pez marino con el dorso color rojo intenso, y los lados inferiores y el vientre color rosa. Comúnmente mide de 35 a 45 cm de largo y pesa de 1 a 3 kilos. Se captura todo el año en el Golfo de México y el Caribe, sobre todo de octubre a mayo. Otras especies conocidas como huachinango son *Lutjanus colorado*, *Lutjanus jordani*, *Lutjanus griseus* y *Lutjanus peru*.

El huachinango es conocido también como:

◇ huachinango del Caribe (*Lutjanus purpureus*)
◇ huachinango del Pacífico (*Lutjanus colorado, Lutjanus peru*)
◇ pargo (*Lutjanus peru*)
◇ pargo colmillón (*Lutjanus jordani*)
◇ pargo colorado (*Lutjanus colorado, Lutjanus purpureus*)
◇ pargo del golfo (*Lutjanus campechanus*)
◇ pargo rojo (*Lutjanus peru*)
◇ pata (*Lutjanus purpureus*)

→ pargo

HUACHINANGO A LA VERACRUZANA

Preparación a base de huachinango entero o rebanado cocido en una salsa espesa de jitomate con cebolla, ajo, laurel,

orégano, aceitunas verdes, alcaparras, chiles jalapeños, pasitas y papas cambray. Es una tradición presentar este platillo con el pescado bañado en abundante salsa, adornado con chiles güeros y arroz blanco como guarnición. Este platillo es originario de la región de Sotavento, en Veracruz. Se debe preparar únicamente con huachinango, debido a la fineza de la carne de este pescado.

HUACLE ♦ amaranto

HUAJE ♦ guaje

HUAJILLO ♦ acacia

HUALUMBO ♦ flor de maguey

HUAMISHE ♦ biznaga

HUAMUCHE O HUAMÚCHIL ♦ guamúchil

HUAPAQUE ♦ guapaque

HUAPILLA (*Bromelia pinguin*)

Fruto subgloboso de la familia de las bromelias, de color amarillento, de 2 a 5 cm de diámetro, con un sabor agridulce que recuerda la piña. En Tamaulipas se emplea para hacer agua fresca; en Nayarit se prepara en dulce, cociéndolo en almíbar de piloncillo. En Veracruz, los totonacas de la costa Norte elaboran tepache con ella.

Conocido en algunas regiones como:

◇ guapilla (Tabasco, Veracruz)
◇ jocuistle (Nayarit)
◇ piña de perro (Tabasco, Veracruz)
◇ piñuela (Tabasco, Veracruz)
◇ timbiriche (Tabasco, Veracruz)

→ jocuistle

HUAQUILITL ♦ amaranto

HUARACHE

GRAF. guarache. Antojito de maíz similar al tlacoyo pero más grande y alargado, que se acostumbra servir con una gran variedad de ingredientes o guisados encima, como carnes de cerdo, res o pollo, huevo, tinga, longaniza, chorizo, nopales y mole, entre otros. Es común acompañarlo con aguacate, queso fresco desmoronado, crema y salsa. Se cuenta que el 19 de mayo de 1935, la señora Carmen Gómez decidió establecer un puesto de tlacoyos a la orilla del embarcadero del gran Canal Nacional (hoy calzada de La Viga, en el Distrito Federal). En esos días doña Carmelita, como era conocida por todos, iniciaba su labor diaria con la molienda del nixtamal y del frijol en metate de piedra negra y con la preparación de las tradicionales salsas verde y roja molidas en molcajete. En 1938 se entubó el canal y se construyó el mercado de Jamaica, donde doña Carmelita adquirió un local. A partir de entonces, los tlacoyos adoptaron el nombre de huaraches, debido a su forma y tamaño, similares a los huaraches que se utilizaban antiguamente.

→ lenguado

HUASMOLE ◆ hoja de bexo, huaxmole

HUASOLI ◆ quintonil

HUASTECO

Grupo étnico que se ubica en una área del noreste de San Luis Potosí y otra área del noreste del estado de Veracruz, ambas en la región conocida como La Huasteca, además de algunas regiones de Hidalgo, Tamaulipas, parte de la Sierra Gorda de Querétaro y Puebla. Este grupo étnico se llama a sí mismo *teenek*, que deriva de la contracción *te'inik de te'*, "aquí", e *inik* "hombre", significa literalmente "los hombres de aquí". En el Censo de Población y Vivienda 2010, se registraron 167 041 hablantes de huasteco a nivel nacional. Los municipios potosinos que concentran a la población huasteca son: Aquismón, Tanlajás, Ciudad Valles, Huehuetlán, Tancanhuitz de Santos, San Antonio, Tampamolón Corona y San Vicente Tancuayalab. En Veracruz destacan Tantoyuca, Chontla, Chinampa de Gorostiza, Tempoal y Tantima. El clima es cálido húmedo. El área está cubierta por una red fluvial compuesta por una gran cantidad de arroyos estacionales que alimentan a diversos ríos, en donde predominan los bosques tropicales. Las comunidades huastecas cuentan con una jerarquía de cargos que constituyen el gobierno comunal y a cuya cabeza se encuentra un consejo de ancianos conocido como los "principales", quienes son consultados en los asuntos más importantes de orden colectivo. Se trata de un pueblo agricultor, que además del maíz y frijol produce algunos cultivos comerciales como la caña de azúcar, el café en pequeña escala, el ajonjolí, el arroz y el cacahuate, y frutales como la naranja, el plátano, la piña y el mango. Algunos de los platillos representativos son el atole agrio, atole duro, calabaza con camarones, caldo huasteco, mole de nopales, mole indio, tamal cuitones, tamal de calabaza, tamal huasteco, zacahuil, entre otros.

HUATA

Arbusto que crece en las sierras desérticas y que produce un fruto morado muy dulce. Crece en el norte de Baja California. Es usado por los kiliwas para preparar agua.

HUATAPE

GRAF. guatape. Preparación caldosa a base de agua con chiles molidos, espesada con maíz, y contiene mariscos, pesca-

do, pollo, carne, e incluso vegetales o quelites. En general se trata de una sopa espesada con masa de maíz y una base de camarón fresco o salado, condimentado con epazote, chile ancho, jitomate, cebolla y ajo. Se prepara en el sur de Tamaulipas y en el norte de Veracruz. Es un guiso muy consistente que hace la función de plato principal, mientras que en las ciudades y restaurantes se concibe como una sopa, entrada o plato fuerte, dependiendo del tamaño de la porción. El huatape verde se prepara con epazote, chile verde y tomate; es un guiso espeso y suele incluir chile chipotle. Los nahuas del norte de Veracruz elaboran huatapes de langostinos, acamayas, cosoles y de diversos mariscos o pescados. También preparan huatape de pollo y de tortitas de pemuches. Entre los totonacas de la costa norte de Veracruz, se elaboran huatapes de carne de cerdo: al caldo se le agrega salsa de chile chipotle con jitomate y masa de maíz desleída; si se desea más espeso suele incluir papas en trozos pequeños para que se deshagan en el guiso. También se consume con frijoles. Conocido también como michitlacuali.

HUATE ◆ amaranto

HUAUCHINANGO ◆ huachinango

HUAUHTLI, HUAUTE O HUAUTLE ◆ amaranto

HUAUZONTLE (*Chenopodium nuttalliae*)

GRAF. guanzontle, guasontle, huausontle, huauzontle o huazontle. Proviene del náhuatl *huauhtzontli*, de *huauhtli*, bledo, y *tzontli*, cabello; esto es, cabello o maleza del bledo, *nombre que deriva de su forma ramificada*. Planta de hojas alternas, ovadas, con flores verdes comestibles muy pequeñas, que forman largos ramilletes; es considerada un quelite. Se encuentra de marzo a septiembre. Es originaria de México. Desde tiempos prehispánicos se han aprovechado sus flores como alimento. Menos frecuente es la utilización de las hojas tiernas de la planta, que se comen como el quelite cenizo, debido a que su sabor es similar.

→ tortitas de huauzontle

HUAXMOLE

GRAF. guasmole, guaximole, guaxmole, guazmole, huasmol, huasmole, huaxmoli o huazmole. Diversos guisos preparados con las semillas del guaje. Aunque tienen en común que son moles aguados, presentan diferencias en sus formas de preparación. Es típico de los estados del centro del país.

• En Guerrero es un platillo muy común, especialmente en la zona norte del estado y en Chilapa; se trata de un guiso espeso elaborado con semillas de guaje, jitomate, chile y carne. Existe una marcada preferencia por prepararlo con costillas y carne maciza de cerdo, aunque en algunos lugares también se utiliza carne de iguana.

• En Morelos se acompaña con carne de cerdo o de pollo. El guiso contiene jitomate, ajo, cebolla, guajes, chile serrano y cilantro, todos ellos se muelen para obtener una salsa que se fríe en manteca de cerdo antes de añadir la carne previamente cocida. En Cuernavaca la salsa se prepara con chile chipotle y tomate.

• En Oaxaca, en la Mixteca, los chocholtecos lo preparan con guaje, chiles costeños, ajo y sal, se acompaña con frijoles y le llaman guacamole.

• En Puebla se elaboran varios tipos de huaxmoles, tienen mayor preferencia en Tehuacán y la sierra. Las semillas se emplean crudas o tostadas y las carnes preferidas son las de cerdo y de pollo. En la Mixteca el huaxmole se prepara con carne de res y la salsa es de semillas que se asan junto con chile guajillo y se aromatiza con hojas de aguacate.

• En Tlaxcala se prepara con carne de chito o espinazo de cerdo, en una salsa de chile chipotle, jitomate, epazote y guajes.

• En Orizaba y otras ciudades de Veracruz es un guiso caldoso de res u otra carne, con frijoles tiernos, caldo de frijol y una salsa de jitomate, chile y guajes; el guiso puede incluir bolitas de masa de maíz.

Conocido también como mole de guaje.

HUAXQUELITE (*Leucaena leucocephala*)
Hoja tierna del guaje que se utiliza como quelite.

HUAYA ◆ guaya

HUCHEPO ◆ uchepo

HUEE'E ◆ amaranto

HUEJAS
Término utilizado por los tarahumaras de Chihuahua para denominar a las vasijas.

HUELE DE NOCHE (*Cestrum nocturnum*)
Arbusto que mide hasta 4 m de altura. Tiene flores blancas muy aromáticas y su aroma es más fuerte durante la noche. Es originario de México. Las hojas tiernas tienen un sabor ligero a esencia; los chinantecos las consumen en diversas bebidas como atoles.

HUENTLE ◆ día de Muertos

HUESITOS
Dulces de leche con consistencia de pasta suave con nuez o avellana, espolvoreados con canela y con forma de huesos humanos. Son típicos de Toluca, Estado de México.

HUESITOS DE CAPULÍN
Semillas de capulín puestas a secar al sol, después tostadas en el comal y rociadas con agua con sal. Los compradores chupan los huesitos para disfrutar su sabor salado, también los muerden para quebrarlos y comer la pequeña almendra que contienen en su interior. Se comen en el Distrito Federal y diferentes lugares del centro del país.

HUESO ASADO
Cocido que incluye hueso asado con ajo, cebolla, sal, chayote, papa, chinchayote, elote y jilotes. Al preparado se le añade tomate, chile ancho, pimienta, cominos, una tortilla molida y epazote. Se elabora en Comitán, Chiapas.

HUESOS
Guiso preparado con huesos de cerdo con un poco de carne que se cuecen en agua con sal, tomillo, pimienta gorda y

laurel. Se sirven calientes con salsa roja, pickles, lechuga, rábanos y tostadas. Es un platillo preparado especialmente para las fiestas de agosto de Comitán, Chiapas.

HUESOS REVENTADOS
Huesos de cerdo asados en leña de guayabo, después se hierven en agua hasta obtener un caldo al que se le agrega ajo, chiles molidos y hierba santa. Se elaboran en la región de Los Tuxtlas, Veracruz.

HUET BLANCO ◆ pataxete

HUEVA
Masa comestible de huevos de diversos peces.

• La hueva de esmedregal se utiliza para preparar un platillo en el cual ésta se coloca en un lienzo de tela y se cuece en agua con sal. Una vez cocida se le quita el pellejo y se desmenuza. Se guisa en una salsa de jitomate, cebolla y ajo que se sazona con orégano, pimienta y, a veces, chile. El guiso se deja reducir hasta quedar casi seco. Se come untado en galletas o con pan.

• La hueva de lisa es de color amarillo mostaza y con forma de dos cilindros unidos. Es común encontrarla en los mercados populares y en los menús de los restaurantes de mariscos. En las costas de Chiapas se come en tacos, horneada o frita. En Veracruz se come frita con salsa picante. En Tamaulipas y Tuxpan, así como en el Sotavento veracruzano, son comunes las tortas de hueva de lisa. En otros lugares se acostumbra guisarla a la mexicana y mezclarla con huevo. Conocida también como caviar campechano o caviar mexicano.

• La hueva del pez carpa, muy apreciada en Jalisco. Es conocida también como caviar de Chapala.

→ iarhata, pusumiche

HUEVERA
Huevos en proceso de formación de un animal, como los de iguana, que están dentro de la hembra al momento de sacrificarla. Se utilizan para elaborar diferentes preparaciones, por lo general junto con la carne del animal que los produce, como iguanas y gallinas, entre otros. En Tabasco y Chiapas son muy apreciados; los más comunes son los de gallina e iguana que se incluyen en guisados o sopas elaborados con las mismas carnes. Conocida en Tabasco y Chiapas como ganchines.

HUEVOS A LA DIABLA
Preparación con huevos estrellados bañados con salsa de chile pasilla, montados a veces sobre una tortilla de maíz y jamón.

HUEVOS A LA MEXICANA
Preparación de huevos con jitomate picado, cebolla y chile verde que se fríen en poco aceite. El jitomate puede quedar parcialmente crudo o cocido por completo; el chile puede ser serrano o jalapeño. Deben su nombre a los ingredientes, porque tienen los colores de la bandera mexicana.

HUEVOS A LA OAXAQUEÑA ◆ huevos en salsa

HUEVOS A LA VERACRUZANA

Huevos preparados con frijoles negros. Es un término con el que se conocen fuera de Veracruz a los huevos tirados. En Veracruz son huevos revueltos con frijoles negros caldosos. En los restaurantes del Distrito Federal son huevos revueltos envueltos en una tortilla y bañados con salsa de frijol negro que aparentan ser enchiladas de frijol o enfrijoladas.

→ huevos tirados

HUEVOS AHOGADOS

Preparación de huevos que se sirven remojados con abundante salsa, donde se cuecen. Existe una variante en la que los huevos cocidos enteros se sumergen en una salsa y, al momento de servirlos, se parten por la mitad. En muchos estados del sur se acostumbra comerlos al mediodía, agregándoles a la salsa trocitos de jamón, chícharos y otras verduras. Se acompañan con arroz blanco o frijoles. También reciben este nombre los huevos añadidos a algún caldo de pollo, sopa o guiso para que se cuezan. En los estados del centro del país es común añadir huevos a una sopa con base de caldillo de jitomate y nopalitos cocidos, de modo que se les ve nadando en el caldo.

HUEVOS AL ALBAÑIL

Preparación de huevos revueltos con salsa servidos para el desayuno en los estados del centro del país. El tipo de salsa varía según la región; se acompañan con frijoles y tortillas. En el Distrito Federal se utiliza salsa verde. En Oaxaca se prepara una tortilla de huevo bañada con salsa de chile verde o chile de agua, ajo, cebolla y jitomate y todo se perfuma con epazote.

HUEVOS CHIMBOS

Postre que se prepara con yemas de huevo batidas, horneadas a baño María, luego empapadas y cocidas con miel de azúcar y canela con pasitas. Es típico de Campeche.

HUEVOS COCIDOS

Huevos cocidos con su cascarón. Se utilizan en ensaladas, guisos, arroces y sopas. Conocidos también como huevos duros.

HUEVOS CON CHILMOLE

Tortilla de huevo elaborada con huevos de gallina y bañada con chilmole. En la región de Venustiano Carranza, Chiapas, forma parte de la Comida de los Apóstoles. La tortilla se divide en doce porciones y se da un triángulo a cada apóstol. Se acompañan con tortillas, atole agrio y memelitas de frijol. Se conocen también como huevos con chilmol.

HUEVOS CON CHORIZO

Preparación de huevos, muy común en todo el país. El chorizo se trocea, luego se fríe en su misma grasa, se mezcla con huevo y se termina de cocer. Este platillo es un clásico para el desayuno. Es común acompañarlos con frijoles refritos o caldosos; en algunas regiones también le agregan queso rallado o que-so fresco espolvoreado al momento de servirlo. También se preparan revueltos con chorizo y papas.

HUEVOS CON MASA

Tortilla de huevo batido que se le agrega masa de maíz y se cuece en comal. Es un alimento servido en el almuerzo, sobre todo en comunidades rurales. Se prepara en el estado de Morelos.

HUEVOS DE VIGILIA

Huevos duros guisados con pepita de calabaza molida, jitomate, cebolla y epazote. Es típico entre los coletos de San Cristóbal de las Casas, Chiapas, durante los viernes de cuaresma y Semana Santa.

HUEVOS DIVORCIADOS

Platillo similar a los huevos rancheros, que incluye dos huevos. Uno de los huevos se baña con salsa verde y el otro con salsa roja. Es común que se dividan las salsas con un molotito o una cucharada de frijoles refritos. Es una especialidad muy común en el Distrito Federal, fácil de encontrar en las cafeterías y restaurantes donde sirven desayunos.

HUEVOS DUROS ◆ huevos cocidos

HUEVOS EN COBIJA

Preparación a base de una tortilla frita de maíz cubierta con pasta de frijoles refritos, se le pone encima un huevo frito o estrellado y se tapa con otra tortilla. Se baña con salsa roja, se gratina con queso manchego o Chihuahua. El término "cobija" hace referencia a que el huevo está cubierto con otra tortilla y parece estar en una cama o cuna.

HUEVOS EN SALSA

Huevos revueltos o huevo en torta guisados en alguna salsa verde o roja. La salsa cambia en cada región del país y a veces se le añaden trozos de queso o jamón. En Oaxaca se prepara una torta de huevo bañada de una salsa de chile verde o chile de agua, ajo, cebolla y jitomate, y se aromatiza con epazote.

Conocido también como:

◇ huevos a la oaxaqueña
◇ huevos oaxaqueños

HUEVOS EN TORTA ◆ tortilla de huevo

HUEVOS EPAZOTEADOS

Preparación de huevos, típica en la sierra Norte de Puebla. Los huevos se revuelven y guisan en una salsa de jitomate, cebolla y chiles verdes o jalapeños y epazote.

HUEVOS ESTRELLADOS

Huevos que se fríen con aceite sobre una sartén. Se utiliza una pala para arrojar aceite caliente sobre la yema y lograr cocerla ligeramente. El huevo puede quedar tierno, cocido, bien cocido y volteado, que es cuando el huevo se voltea por completo para que la yema se cueza bien sobre la sartén. El huevo estrellado puede acompañarse con arroz o utilizarse como base de los huevos rancheros, motuleños y divorciados.

HUEVOS MOTULEÑOS

Huevos estrellados montados en una tortilla frita untada con frijoles refritos y bañados con salsa de jitomate, luego es adornado con jamón picado, chícharos y queso rallado. Es una especialidad para el desayuno en Motul de Carrillo Puerto, Yucatán. A veces incluye rebanadas fritas de plátano macho. Se sirven de forma similar a los huevos rancheros del centro del país.

HUEVOS NEVADOS ◆ isla flotante

HUEVOS NORTEÑOS

Término que se utiliza principalmente en las cafeterías del centro del país para denominar a los huevos revueltos con machaca.

HUEVOS OAXAQUEÑOS

Huevos revueltos con una salsa de jitomate, ajo, cebolla, chile de agua o serrano y epazote, que se incorporan en el último hervor a la salsa. Se sirven con nopales en tiras.

HUEVOS RANCHEROS

Preparación a base de un par de huevos estrellados, montados sobre una tortilla de maíz pasada por aceite y bañados en salsa roja picante de jitomate. Son muy populares en el Distrito Federal y el centro del país. En algunas regiones se prefiere añadir frijoles refritos entre la tortilla y el huevo; también se pueden añadir rajas de chile poblano y queso fresco desmoronado. En los estados del golfo y del sur, se acompañan con rebanadas fritas de plátano macho.

HUEVOS REALES

Postre elaborado a base de yemas de huevo batidas con agua de sal y cocidas en baño María, de las que se obtiene una esponja de textura muy suave y delicada que se corta en triángulos o cuadros y se empapa con un almíbar de azúcar con canela y ron o jerez dulce. Al servirlos se adornan con almendras, pasitas, piñones y nueces. Es de origen español y portugués. Actualmente se prepara en Puebla, Oaxaca, Tlaxcala y el Distrito Federal.

HUEVOS REVUELTOS

Término genérico para designar huevos cuya yema se ha mezclado con la clara antes de cocinarlos; esto se puede hacer en una sartén durante la cocción, o en un plato hondo antes de verterlos. De acuerdo con la manera de batirse los huevos, el resultado puede ser una mezcla totalmente homogénea o separada. También pueden quedar en trozos grandes o muy pequeños.

HUEVOS TIRADOS

Huevos mezclados con frijoles negros refritos; tienen la apariencia de una tortilla de huevo u omelette untada y rellena con frijoles. Se acompañan con tortillas de maíz o bolillos, salsa roja de jitomate y chiles jalapeños encurtidos. Es una especialidad del Sotavento de Veracruz. En el puerto de Veracruz son famosos los huevos tirados del Gran Café de la Parroquia y del Café Catedral.

HUEVOS ZAPATEROS

Huevos ahogados en una salsa de chiles chiltepes, jitomates y epazote. Es una preparación típica de Huautla de Jiménez, Oaxaca.

HUEXOTE ◆ flor de maguey

HUICHICATA ◆ mafafa

HUICHIMILES

Vainas secas de frijoles que se cocinan enteras con falda de res salada y oreada en una salsa de chile costeño, ajo, clavo, pimienta, orégano, cilantro y hierbabuena. Son típicas de Juquila, Oaxaca, en la región de la sierra del Sur.

HUICHOL

Grupo étnico que habita al norte del estado de Jalisco en los municipios de Mezquitic y Bolaños; en el estado de Nayarit en La Yesca y El Nayar y hay grupos minoritarios en los estados de Zacatecas y Durango. Los huicholes se llaman a sí mismos *wirrárika*, o su plural, *wirraritari*. Según el Censo de Población y Vivienda 2010 el número de hablantes de huichol es de 47 659 a nivel nacional. La región que habitan, llamada por ellos Huicot, es atravesada por la Sierra Madre Occidental, cuenta con elevaciones que van de los 1 000 a los 3 000 metros sobre el nivel del mar, encontrándose profundas barrancas, que hacen del territorio una zona de difícil acceso. Debido a estas condiciones orográficas, las vías de comunicación terrestre son escasas; no existen carreteras pavimentadas, por lo que la comercialización es difícil; en su territorio, las superficies aptas para el cultivo son escasas debido a que predominan los terrenos inclinados. Una de las fiestas más importantes es la del maíz tostado que se lleva a cabo durante el desmonte y quema de los terrenos, en este ritual se manifiesta la unión de los tres elementos centrales de su religión: el maíz, el venado y el peyote. Su mitología en general hace referencia a estos elementos, por lo que los rituales, las fiestas, la organización material y temporal de la vida gira muchas veces en torno a dichos elementos. Las actividades productivas que se realizan son principalmente

para el autoconsumo: agricultura, pesca y caza. Los cultivos básicos son el maíz, calabaza, amaranto, frijol, chile y algunos frutos. Algunos de los platillos representativos son el atole agrio, atole de maíz, dulce de maíz, tamales de maíz, tesgüino, entre otros.

HUILOTA

Nombre con el que se denomina a dos especies de palomas que se consumen en el país. No se comercializan; su consumo es estrictamente regional.

• *Zenaida asiatica*
Paloma silvestre parecida a la *Zenaida macroura* pero de mayor tamaño. Se localiza en espinales, bosques tropicales y, en menor cantidad, en zonas semiáridas. En Hidalgo es común prepararlas almendradas, guisándolas en una salsa de almendras, jitomate, cebolla, ajo, canela, clavos y yemas de huevo. En Nayarit, la carne se asa en brasas y se acompaña con una salsa de molcajete y tortillas. Se le conoce como *weurai*.

• *Zenaida macroura*
Paloma silvestre migratoria de la familia *columbidae*. Mide unos 30 cm y presenta una cola larga y puntiaguda con plumas grises. Sus patas y piernas son rojas. Pesa de 100 a 130 gramos; las hembras son de menor tamaño y más oscuras que los machos. Se encuentra en el centro y norte del país, así como en el sur de la península de Baja California; durante el invierno llega de Estados Unidos a Guerrero, Oaxaca y Chiapas. En Guerrero se preparan estofadas.

La huilota es conocida también como:
◇ chicalotera
◇ huilota costeña
◇ montera
◇ paloma huertera
◇ paloma huilota
◇ paloma triguera
◇ pichón
◇ torcaza
◇ tórtola
→ paloma

HUISQUIL ◆ chayote

HUITLACOCHE ◆ cuitlacoche

HUITOLES
Elotes cocidos y guisados con chile. Se preparan en la región de Tierra Caliente de Guerrero.

HUITUMBILLO ◆ capulín

HUIZACHE ◆ acacia

HUIZILACATE ◆ tempesquistle

HUIZLÁN (*Muntingia calabura*)
Fruto de forma globosa de la familia de las eleocarpáceas, de color anaranjado o café claro y pulpa con abundantes semillas. Mide aproximadamente 1 cm de diámetro. Se cultiva en regiones cálidas desde Nayarit y San Luis Potosí hasta Chiapas y la península de Yucatán, donde se consume como fruta fresca.

HUJC UY ◆ pozol

HUJE O HUJI ◆ ojite

HUMO ◆ guamúchil

HUUPA ◆ mezquite

IARHATA

Término purépecha con que se denomina a la hueva de pescado.

IBACÓ ◆ hierba santa

IBE (*Phaseolus lunatus*)

GRAF. ib o ibi. Variedad de frijol que se cultiva en la península de Yucatán. La palabra ibe proviene del maya *iib* y designa variedades locales de frijol. Crece también de forma silvestre en enredadera. Estos frijoles se cuecen y pueden comerse como cualquier otra variedad. Algunas de las especialidades yucatecas que se preparan con ellos son los polcanes, el potaje de ibes, los ibes en caldo, los ibes en tocsel, el *tzanchac* y los ibes en pipián. Estos últimos se preparan con ibes cocidos en caldo, a los que después se añade un pipián de pepita de calabaza, masa de maíz, jitomate y achiote. Los ibes en caldo se consumen de manera cotidiana; durante los velorios son ofrecidos hasta dos veces al día, pues se tiene la creencia que así se contribuye a que el alma del muerto encuentre la pureza, esto por el color blanco de los frijoles.

Conocido también como:
◇ frijol blanco
◇ pallar

Conocido en maya como:
◇ *xbu'ul iib*

IBES EN TOCSEL

Guiso elaborado en la península de Yucatán; consta de ibes cocidos en agua y epazote, mezclados con pepitas de calabaza molida y servidos con chile molido al gusto; el nombre maya del guiso es *toksel.*

IBES GUISADOS

Preparación tradicional de la península de Yucatán que consiste en ibes guisados en un caldo de achiote, cebolla y epazote, a los que se le añaden col rallada y huevo. Los huevos suelen incorporarse de uno en uno para que cuajen por separado y puedan servirse de forma individual.

ICACO (*Chrysobalanus icaco*)

GRAF. hicaco, jicaco o xicaco. Fruto de la familia de las crisobalanáceas, de forma globosa, de 2 a 4 cm de diámetro, con cáscara rugosa blanca, rosa o morada y pulpa blanca, cremosa, jugosa y dulce, que contiene una semilla también comestible. Se encuentra en las costas del Golfo de México, Guerrero, Oaxaca y Chiapas. Se consume fresco de manera regional, cuando el fruto es blanco, porque cuando es de color rosa o morado el sabor es insípido. En Campeche y en Veracruz se preparan los icacos en dulce.

Conocido también como:
◇ caco
◇ ciruela de paloma

ICACOS EN DULCE

Preparación dulce elaborada con icacos, que se hierven en agua con azúcar hasta que se forma un almíbar. En algunas regiones del Istmo de Tehuantepec se le agrega colorante rojo. Se prepara en Campeche, Oaxaca y Veracruz. También conocido como dulce de icacos.

ICHAMAL O ICH-KAN ◆ hierbamora

IGUALAMA O IGUALAMILLA (*Eriosema grandiflorum*)

Arbusto de la familia de las leguminosas que mide de 1 a 2 metros de altura, de hojas con vellosidades de 4 a 9 cm de largo; sus flores son amarillas con forma de mariposa que miden 1.5 cm y crecen en racimos; sus frutos son vainas comprimidas que por lo general contienen dos semillas. Los yaquis de Sonora preparan un dulce con el fruto. Conocido también como jarilla de la sierra.

IGUANA (*Iguana iguana*)

Reptil de la familia de los iguánidos, cuya piel y cola son casi lisas; puede medir 60 cm de longitud, sin contar la cola, que llega a ser dos o tres veces mayor que el cuerpo. Su color va del verde olivo al verde brillante, con bandas oscuras transversales en el dorso y la cola. Algunos machos viejos adquieren un color gris, pardo o rojizo. En náhuatl se identifica con los términos *acuetzpalin* o *acuecuetzpalin*, de *atl*, agua y *cuetzpalin*, lagartija. Se localiza en las vertientes del Golfo de México y del Pacífico; aunque también se ha encontrado en algunos estados del interior como Durango, Puebla y Morelos. Esta especie es muy codiciada por su carne y sus huevos, por lo que la caza inmoderada la ha puesto en riesgo de extinción. En algunas regiones rurales de Oaxaca, Chiapas, Colima y Guerrero, su carne se sigue consumiendo; por lo general es blanca de sabor parecido al del pollo. Su consumo está rodeado por una serie de tradiciones y creencias muy especiales. Se dice, por ejemplo, que por cada iguana que coma una persona, tendrá un año más de vida, pues el ani-

mal tiene mucha energía y es longevo; se dice también que la cola de un cometa o una estrella fugaz es la de una iguana y se considera un alimento afrodisiaco, por lo que en muchas poblaciones se consume al contraer nupcias. Algunos usos regionales son:

• En Chiapas se aprecia mucho su carne y, sobre todo, su huevera, de modo que en la actualidad todavía se encuentran en los mercados populares de Tuxtla Gutiérrez. En Huehuetán se prepara la iguana en estofado, de preferencia en enero, que es cuando las hembras aún tienen huevos: se guisa en una salsa de pepita de calabaza, achiote, pimienta, epazote, ajo, ajonjolí, masa de maíz y jitomate. También se prepara la iguana con pepita: se asa la carne y luego se cuece en agua con sal, ajo y a veces jugo de limón para quitarle el mal olor; después se añade a un guiso de recaudo elaborado con chile ancho, hierba santa, pimienta negra, pepita de calabaza, clavo, comino, achiote, hojas de laurel y masa de maíz para espesar; se guisa en Tonalá y es una de las formas más comunes de comerla. Este platillo se utiliza como base para el relleno del tamal de iguana. En la región del Soconusco se elabora la iguana en adobos, entomatados y moles.

• En Colima y Guerrero se prepara igual que cualquier otro guiso de carne de pollo o de cerdo, por ejemplo el huaxmole de iguana, que se elabora igual que el de cerdo. En Guerrero se acostumbra la iguana a la mexicana que consiste en iguana guisada en un picado de jitomate, cebolla y chile. En el puerto de Acapulco todavía se vende viva; para matarla se le dobla la cabeza hasta desnucarla o se le clava una pequeña estaca en la cabeza para evitar que el animal produzca tanta adrenalina que pueda afectar el sabor de la carne. Para quitarle las escamas se tatema un poco y después se raspa la piel, se lava y se talla con una escobeta. Se le cortan las patas, las cabeza, la cola y una especie de botones que presenta en los muslos traseros, los cuales indican la edad del animal. A la hembra se le hace una cuidadosa incisión que va de la garganta hasta la cola, para no dañar la huevera que se come aparte con sal.

• En Morelos se prepara la iguana a la mexicana, en barbacoa, en caldo, en chileajo o en pipián; de manera tradicional su sangre se consume mezclada con refresco de cola al momento de matarla y se da de beber a los niños desnutridos. Es usual que la carne se lave con jugo de limón antes de cocinarla para que quede blanca. En Cuentepec se prepara la iguana frita, guiso que consiste en iguana troceada y frita en aceite. El clemole de iguana se elabora con el caldo en el que se coció la iguana, la cual se parte en trozos y se añaden al caldo epazote, jitomate y chile costeño, además de una bola de masa de maíz para darle consistencia.

• Es tradición entre los indígenas huaves de Oaxaca salir en busca de iguanas en la temporada de invierno, actividad que recibe el nombre tradicional de iguanar; cuando encuentran una, la amarran de las patas y le cierran la boca con un bejuco para que no muerda. En el Istmo de Tehuantepec la iguana se cuece con cebolla y hierbas de olor; después, la carne se acitrona con cebolla y se le añade una salsa de jitomate, chile guajillo o jalapeño, achiote y sal; se acompaña con tortillas calientes. Para el día de Muertos se prepara un tamal con masa de maíz revuelta con pepitas de calabaza molida y relleno de carne de iguana.

• En Sinaloa puede prepararse asada, en caldo, en mole, en machaca, tatemada, a las brasas, en estofado, o simplemente guisada.

• En la región de Los Tuxtlas, Veracruz, se prepara la iguana en moste con chiles molidos y una salsa espesada con masa de maíz; se acompaña con totopostes.

La iguana es conocida también como:

◇ cachora
◇ garrobo (iguana macho)
◇ gorache
◇ huele
◇ huico
◇ jiota
◇ tepanche

IGUANA DEL DESIERTO ♦ cachora

IGUANA EN MOLE

Elaboración hecha a base de iguana en trozos, cocida y guisada en cualquier tipo de mole. En Sinaloa, donde es común esta preparación, el mole puede estar elaborado simplemente con chiles anchos o mulatos, cebolla, jitomate, comino, pimienta y clavo.

IJAR

Nombre que recibe, en Chiapas, un corte de carne de res ubicado cerca de la costilla y el pecho. Igual que la cecina, se vende seco y se ocupa en diferentes guisos regionales como ciguamonte y el ijar con frijoles: guiso caldoso de frijoles negros cocidos con ijar, jitomate, cebolla, epazote, jamón, chorizo, salchicha y chiles serranos. En otras partes de México lo llaman suadero, aunque no es exactamente lo mismo, pues el suadero vendido en las taquerías del centro del país suele ser más grasoso.

ILACAS O ILAKAS

Especie de tortilla elaborada con masa de maíz revuelta con una salsa de tomate de milpa, ajo y sal. La mezcla se coloca en pequeños trozos de hoja de plátano, se envuelve y cuece al calor del comal. Se consume en el norte de Veracruz, sobre todo durante la Semana Santa. En la región de Totonacapan se conoce como tamal de tomatito de milpa, ya que lo cuecen en ollas para tamales.

Conocidas también como:

◇ enredados
◇ envueltos

ILAMA (*Annona diversifolia*) GRAF. hilama. Del náhuatl *ilamatzapotl*, de *ilama*, mujer anciana y *tzapotl*, zapote, como se le designaba antiguamente. Fruto de la familia de las anonáceas, de forma ovoide, que alcanza hasta 12 cm de longitud; su cáscara puede ser de color verde o rojo cenizo, según la variedad. La pulpa puede ser blanca, rosada o rojiza, y su textura se describe como pastosa y jugosa, de sabor muy dulce y aromático. Es un fruto muy resistente a las plagas. Es originario de México y se encuentra en Veracruz y otras regiones del sureste del país, así como en Centroamérica. Se consume como fruta fresca, en agua y dulce; su cultivo es de autoconsumo.

Conocida también como:

◇ cabeza de ilama
◇ cabeza de negro
◇ chincua o chincuya
◇ ilamatzapotl
◇ zapote ilama

ILAMAJETL ◆ frijol elamajetl

INDIAS VESTIDAS

Preparación a base de un alimento relleno, generalmente flor de calabaza, capeado o empanizado, que se consume como antojito o entremés. Es un platillo de creación reciente que

se puede encontrar en diversos restaurantes. En Hidalgo, por ejemplo, puede ser un triángulo de tortilla de maíz doblada, rellena de queso, capeada, frita y bañada en caldillo de jitomate. En los restaurantes del Distrito Federal suelen ser flores de calabaza rellenas de queso y epazote, capeadas o empanizadas y fritas, que se sirven acompañadas de una salsa picante. Conocida también como indios vestidos.

INDIO LUCERO (*Paranthias furcifer*)

Pez de cuerpo y cabeza rojos, de aproximadamente 20 cm de largo. Se captura incidentalmente durante todo el año en el Golfo de México. Su carne es blanca, sin espinas y de buen sabor, se asa o fríe entero o en postas.

Conocido también como:

◇ cunaro de piedra
◇ indio
◇ rabirrubia de Los Altos
◇ rabirrubia del Golfo

INFUSIÓN

Bebida que se obtiene al introducir en agua hirviendo diversos frutos o hierbas aromáticas, como té, café o manzanilla, para extraerles sustancias solubles en agua. En México a las infusiones se les conoce con el nombre genérico "té" y por lo general su función es medicinal; se preparan con hierbas, flores, raíces, cortezas, cáscaras y hojas, y se recomiendan para un sinnúmero de tratamientos. En algunas zonas rurales lo único que se consume en las mañanas es una infusión acompañada por un pedazo de pan o de tortilla seca, así como antes de ir a dormir. Los ingredientes más utilizados son anís, anisillo, canela, flores de azahar, flores de buganvilia, hierbabuena, hojas de guayaba, hojas de limón, hojas de naranjo, manzanilla, pelos de elote, pericón y tila. Cuando las infusiones se beben frías se les llama agua de tiempo.

INGÁLAN COLORADO ◆ capulín

INSECTOS

Animales invertebrados del tipo artrópodos, cuyo cuerpo se divide en cabeza, tórax y abdomen, con un par de antenas y tres de patas; algunos tienen uno o dos pares de alas y sufren metamorfosis durante su desarrollo. Se consumen diversas órdenes de insectos, entre las que destacan: odonata, orthoptera, coleóptero, hemíptero, lepidóptero y díptera. Desde la época prehispánica formaban parte fundamental de la dieta. Hoy en día se consumen de forma cotidiana prin-

cipalmente en comunidades rurales e indígenas; en las ciudades se consideran ingredientes refinados o exóticos, por lo que tienden a ser caros y difíciles de encontrar. Se sirven en restaurantes de especialidades. Se cuentan hasta 500 especies comestibles en el país y casi todas se aprovechan en sus fases larvarias, pupas y ninfas. Por cuestiones de gusto, es poco frecuente que se coman en la fase adulta. Oaxaca es el estado donde más insectos se consumen, aunque la entomofagia, se practica también en Campeche, Chiapas, Estado de México, Guanajuato, Guerrero, Hidalgo, Jalisco, Michoacán, Morelos, Puebla, Querétaro, Tabasco y Veracruz. Por lo general los insectos se asan, fríen en aceite o en mantequilla, se muelen en salsa con sal, se hierven y se secan. En algunos casos se buscan para consumir los productos que generan, por ejemplo, la miel de abejas, avispas y hormigas mieleras. Algunos de los insectos más consumidos en el país son: ahuautle, aneneztli, avispa, botija, chapulín, chicharra, cuetla, escamol, esperanza, gusano blanco de maguey, gusano cupiche, gusano de los palos, gusano de nopal, gusano elotero, gusano pexjol, gusano rojo de maguey, hormiga mielera, hormiga chicatana, jumil, libélula, mariposa monarca, mosca acuática, mosca de la virgen, mosca de mayo, padrecito, tantarria, tenana, ticoco, xamue y zatz.

INTESTINOS ◆ tripas de res

ISGUÁ ◆ ixguá

ISHJUÁ ◆ lengua de vaca

ISHUAJE ◆ ixguá

ISHUET ◆ pataxete

ISLA FLOTANTE

Preparación dulce a base de merengue o pan que flota en una salsa dulce de la que existen muchas variantes. La isla flotante más acostumbrada se prepara con claras de huevo batidas con sal, cremor tártaro, azúcar y vainilla; la mezcla se vacía en un molde en forma de rosca, previamente caramelizado y se hornea; se sirve acompañada con una salsa preparada con yemas de huevo, similar a la crema inglesa, un poco del caramelo y almendras tostadas. En los restaurantes del Distrito Federal fueron muy populares, durante las décadas de 1960 a 1980; de clara influencia francesa, las islas flotantes eran grandes copos ovoides de merengue ligeramente dorados, que se colocaban sobre una gran cantidad de salsa de yemas. Hoy en día en algunas panaderías se venden con forma de rosca y se cortan en rebanadas, como un pastel, como se preparaban antiguamente en Sonora. En Oaxaca, las claras batidas se moldean como bolas ligeramente ovaladas, se cuecen en leche hervida con canela, se retiran y con la misma leche se prepara una salsa de yemas de huevo con azúcar; las bolas se sirven con la salsa y se adornan con cáscaras de limón y rajas de canela. Se preparan de modo similar en Aguascalientes y Jalisco.

En Tabasco, la isla flotante es un pan muy ligero horneado sobre leche hervida. El pan se elabora con harina de trigo, huevo, azúcar y canela; se vierte sobre leche hervida con azúcar y canela y se hornea; se sirve en rebanadas, ya sea fría o a temperatura ambiente. Por lo general el postre se prepara en los hogares; en lugar de harina de trigo, antes se utilizaba pinole para preparar el pan.

Conocida también como:

◇ merengue horneado
◇ pan flotante

Conocida en algunas regiones como:

◇ flan blanco (Chihuahua)
◇ huevos nevados (Oaxaca)
◇ merengón (Distrito Federal)
◇ paloma (Aguascalientes y Jalisco)
◇ tambor (Distrito Federal)

ISLAYA O ISLAY (*Prunus ilicifolia*)

Planta o arbusto de 2 metros de altura; sus hojas verdes son redondas, con pequeñas espinas a las orillas, sus flores crecen en racimos y su fruto, comestible, es una drupa rojiza o amarillo-rojiza de 1.5 cm de diámetro. Crece en Baja California en los cerros y abunda en los caminos. El fruto es de sabor dulce, con muy poca pulpa, semejante a la ciruela de Castilla pero de menor tamaño, es muy apreciado por los pueblos originarios de Baja California para elaborar atole de islaya que se prepara con semillas molidas que se obtienen del fruto.

ISQUIATE ◆ esquiate

ISTALSUCHITL ◆ guie xoba

ISTAXONOT ◆ hongo cazahuate

ISWÁH ◆ ixguá

ISWATL ◆ papatla

ITACASACNA ◆ papatla

ITACATE

Nombre con que se designa a los alimentos que se llevan u otorgan para el viaje, del náhuatl *ihtacatl*; por extensión son alimentos que se consumen durante las jornadas de siembra en las milpas. En algunas regiones del centro de la república es habitual obsequiar alimentos a quienes han asistido a una celebración por bautizo, boda, primera comunión o a una ceremonia de funeral; por lo general son piezas de pollo con mole, arroz y tortillas. En las ofrendas de día de Muertos los alimentos se colocan dentro de canastos o tenates para que las almas puedan transportarlos y, una vez que se recoge la ofrenda, se preparan también itacates. Los itacates de frijol son gorditas de maíz martajado con frijol molido; se elaboran en los estados del centro del país y se comen fríos durante la jornada en la siembra; de esta misma forma se consumen, a manera de itacate, en el sur del país las bolas de pozol desleídas en agua. En Tepoztlán, Morelos, son típicos los itacates de masa de maíz, redondos o triangulares, acompañados de salsa y queso. En el norte los chacales desempeñan la fun-

ción del itacate. En Zongolica, Veracruz, se le conoce como tlacahuile.

➡ tlaxcal

ITZTONCHICHITZI ◆ hierbamora

IXCAPUL ◆ hierbamora

IXGUÁ

GRAF. isguá, sisguá o zisguá. Especie de panqué o tortita de elote molido elaborado en los estados de la península de Yucatán y Tabasco, donde el elote fresco se conoce como maíz nuevo. La torta puede ser de elote y sal; de elote, azúcar y sal o de elote con azúcar, sal y manteca de cerdo. La proporción de ingredientes varía, por lo que puede ser una preparación salada o dulce. El origen de esta torta es maya; la palabra proviene de *iis*, camote y *waaj*, tortilla, esto es, pan de camote. El ixguá se preparaba después de hacer las tortillas y los guisos del día, antes de terminar de cocer todos los alimentos se separaban algunas brasas (se utilizaba leña del árbol de tinte o alguna otra madera recia cuyas brasas duran más tiempo calientes), sobre éstas se colocaba un tenamaste, cuyo interior se forraba con hojas de plátano para colocar ahí los ingredientes del ixguá; se tapaba y se dejaba cocer hasta que la superficie, los lados y el fondo del ixguá quedaban dorados. Esta técnica de cocción ya no se utiliza, porque ahora se prefiere realizar la cocción en hornos de gas. Tabasco es el estado dónde más se comen, por lo que existen variantes preparadas con nata, mantequilla o crema de leche de vaca. Originalmente el ixguá era salado y se le añadía chile *amaxito*, *xcatik* o habanero molido; actualmente, es raro encontrarlo de esta forma, ya que se prefiere prepararlo dulce.

Conocido también como:

◇ ishuaje

Conocido en maya como:

◇ *iswáh*
◇ *xisguá*

IXJUÁ ◆ lengua de vaca

IXNEPEC, IXNIPEC O IXNIPEK ◆ salsa *xnipec*

IXUCARI

Guiso de maíz preparado por los huicholes de Jalisco y Zacatecas. Las mazorcas de elote se cuelgan y dejan secar para utilizarlas en el invierno; se desgranan y el maíz se fríe en manteca de cerdo para luego cocerse en agua con sal, chile, cebolla, tomate y ajo.

IZOTE ◆ flor de izote

IZQUIATE ◆ esquiate

IZTACNANACATL ◆ hongo iztacnanacatl

IZTAQUILIT ◆ quintonil

JABALÍ DE COLLAR (*Pecari tajacu*)

Mamífero semejante al cerdo, de cuerpo rechoncho, cabeza grande, patas cortas y delgadas y vientre gris pálido. Debe su nombre a una franja que cruza de forma diagonal sus hombros, desde la espalda hasta el pecho. Cuando se siente amenazado exuda una sustancia grasosa de olor muy intenso conocida como almizcle. En los estados del sureste mexicano, sobre todo en Chiapas, se consume cocinado en adobo o a las brasas, salando la carne previamente. En Yucatán existen criaderos especializados, ya que su carne es apreciada para cocinarla a la manera de cochinita pibil. Actualmente su consumo está controlado, ya que es una especie protegida.

Conocido también como:

◊ báquira
◊ cochi de monte
◊ coyamel
◊ pecarí de collar
◊ puerco de monte
◊ saíno
◊ tamborillo

Conocido en náhuatl como:

◊ coyamaetl

JABONERA (*Phytolacca icosandra*)

Planta herbácea de la familia de las fitoláceas. Tiene tallo subleñoso en la parte inferior y posee hojas opuestas, ovales y agudas. Se consume como quelite en los estados de Veracruz y Oaxaca, donde sus hojas tiernas se hierven por lo menos dos veces, ya que tienen cierta toxicidad. Recibe este nombre porque en las zonas rurales se utilizan sus raíces para lavar.

Conocida también como:

◊ amole
◊ carricillo
◊ cóngara, congarami o congarán
◊ cónguera, conguerán o conguerani
◊ conguerama
◊ cónguira
◊ góngora
◊ mazorquilla
◊ mora
◊ namole o ñamole

JABONERO

Nombre con el que se designa a varias especies de peces, de las que la más común en México es *Rypticus saponaceus*. Mide unos 25 cm de largo, es de color café grisáceo y habita en aguas poco profundas. Al tocarlo, o cuando se agita, despide una mucosidad con apariencia semejante a la espuma del jabón, de donde deriva su nombre. Se captura incidentalmente en el Golfo de México y en el Caribe. Es necesario marinarlo en jugo de limón, naranja agria o agua con vinagre una hora antes de cocinarlo; se consume sobre todo asado o frito.

Conocido también como:

◊ jabón
◊ jaboncillo
◊ pez jabón

JACA ◆ árbol del pan

JACANICUIL ◆ jinicuil

JACO ◆ hierba santa

JACOBO (*Acanthocereus pentagonus*)

GRAF. jacove, jacovo o jacubo. Planta rastrera de la familia de las cactáceas, con ramificaciones que miden de 2 a 3 metros de largo; presenta de tres a cinco costillas anguladas, con espinas radiales. Se emplea en las cocinas de los estados de Querétaro, Tamaulipas, Veracruz y San Luis Potosí. En este último estado se explota de forma comercial. La manera de prepararla es muy sencilla, pues una vez retiradas las espinas, se cortan en forma transversal, lo que produce rodajas en forma de estrellas, y se cuecen como los nopales. Si los tallos son un poco gruesos, se les retira el recubrimiento que tienen para poder cocinarlos. Por lo general se guisan con huevo revuelto y carne. En Querétaro se utiliza como molde para decorar tortillas; asimismo, las flores se comen guisadas con cebolla, ajo y comino o con huevo y frijoles. En Veracruz, los jacobos se preparan cocidos y revueltos con huevo y cebollina o xonacate. En la región de Totonacapan se preparan los jacuves con adobo, éstos contienen chiles chipotle y ancho, ajo y cebolla; se comen con tortillas calientes, acompañados de arroz y frijoles.

Conocido por los nahuas del norte de Veracruz como:

◇ jacube
◇ jacuve

→ pitahaya

JAGUA O JAHUA (*Genipa americana*)

GRAF. shagua, xagua o xahua. Del náhuatl *xahualli*, que significa adorno, debido a que con su jugo se produce un tinte negruzco que se utilizaba en la época prehispánica para pintarse la piel. Fruto globoso que produce una planta de la familia de las rubiáceas, de piel color café pajizo, con apariencia similar a un mamey; mide en promedio 10 cm de diámetro y posee pulpa de sabor agridulce, astringente, carnosa, jugosa y con numerosas semillas. En Chiapas y Tabasco es muy apreciado y se come fresco como golosina, pero una buena parte de la producción se elabora en dulce, hirviendo los trozos de fruta con agua y azúcar o piloncillo; también se curte en aguardiente. Conocido también como jagua azul.

Conocido en algunas regiones como:

◇ jagua blanca (Tabasco)
◇ lluale (Oaxaca)
◇ maluco (Chiapas)
◇ tejoroso (Oaxaca)
◇ tejoruco (Guerrero)
◇ yaguare (Chiapas)
◇ yoale (Chiapas)

JAIBA (*Callinectes sapidus*)

Cangrejo marino cuyo color varía según la edad, de gris a azul y verde con sombras o tintes oscuros. Por lo general habitan en estuarios y litorales poco profundos, arenosos o lodosos. Pesan alrededor de 100 gramos y miden 20 cm de largo, aunque los machos pueden ser ligeramente mayores que las hembras; cuando superan estas medidas se les llama jaibones. Su hueva amarillo-anaranjada es comestible y muy sabrosa; a menudo se incluye en los preparados junto con la pulpa, pues enriquece el sabor del platillo. Con la jaiba se preparan muchos guisos mexicanos de justa fama; además de las inolvidables jaibas rellenas y el excelente chilpachole, se elaboran salpicones, cocteles, ceviches y caldos, entre otros. En Pátzcuaro, Michoacán, preparan aguacates rellenos con carne de la jaiba frita con jitomate, pimiento morrón, aceitunas y alcaparras; se sazona con sal y pimienta, y al final se espolvorea con pan molido. Su pesca comercial, durante la primavera y el verano, es una actividad importante en los estados de Tamaulipas, Veracruz, Tabasco y Campeche. Los

habitantes de la costa del Golfo de México las atrapan como deporte usando tripas de pollo como carnada. Es común que se vendan vivas, amarradas unas sobre otras y sujetas de las tenazas; en las pescaderías se encuentran enteras o sólo la pulpa, que suele traer mezcladas muchas astillas o pedacitos de caparazón, por lo que debe limpiarse a mano minuciosamente. También es conocida como cangrejo azul.

JAIBAS RELLENAS

Guiso preparado con caparazones de jaiba rellenos con un picadillo de pulpa de jaiba guisada con jitomate, cebolla, chile, aceitunas, alcaparras y pasitas; una vez rellenos, se gratinan con queso rallado al que suele agregársele pan molido como parte del gratinado para que se dore, aunque algunas personas empanizan totalmente el caparazón. Se prepara en Tamaulipas, el norte y el Sotavento de Veracruz. Sin lugar a dudas es, junto con el chilpachole, uno de los dos mejores platillos elaborados con jaiba, siendo un verdadero clásico de la cocina del Golfo de México.

JAKSAPUO ◆ ojite

JALAPEÑO ◆ chile jalapeño

JALATZI

Planta arvense parecida a la malva, de 40 cm de altura con flores moradas. En algunas zonas rurales de Tlaxcala se consume como quelite: se cuece y acompaña con calabacitas y habas verdes.

JALEA

Preparación dulce que consiste en jugos de frutas hervidos con azúcar hasta obtener una especie de gelatina suave o gel casi translúcido. Se elabora con frutas con alto contenido en pectina, que permite obtener su gelificación pero en algunos casos se añaden cáscaras de frutas que tienen alto contenido de ésta o pectina industrializada.

JALEA DE ETCHO

Miel o mermelada espesa que se obtiene de la cocción de la pulpa del etcho; se emplea para las tortillas, el pinol o para comerse sola. Se acostumbra entre los mayos de Sonora.

JALEB ◆ tepezcuintle

JALES ◆ asientos de chicharrón

JALETINA ◆ gelatina

JALISCO

Estado situado en el occidente de la república mexicana; colinda al norte con el estado de Durango, Zacatecas y Aguascalientes, al noreste con San Luis Potosí, al este con Guanajuato, al sur con Michoacán y Colima, y al oeste con Nayarit y el océano Pacífico. Jalisco fue fundado el 23 de diciembre de 1823, su capital es la ciudad de Guadalajara y cuenta con 125 municipios, los cuales se distribuyen en 12 regiones. El estado ocupa el primer lugar en la aportación al producto interno bruto (PIB) nacional dentro del sector primario; se distingue por el cultivo de agave, maíz, frambuesa, caña de azúcar, tomate y sandía; es el primer productor a nivel nacional de huevo y leche de bovino; su principal actividad pesquera se realiza en el lago de Chapala y en la costa, donde se capturan principalmente charal, huachinango y pargo. Los grupos indígenas con mayor representatividad son los nahuas, quienes habitan al sur del estado, y los huicholes, quienes son más numerosos, y se localizan en la Sierra Madre Occidental al norte del estado. Las actividades productivas de los huicholes son básicamente para el auto-consumo: los cultivos principales son el maíz, la calabaza, el amaranto, el frijol y el chile; capturan bagres y cauques; cazan ardillas, iguanas, jabalíes, y para rituales el venado cola blanca; para complementar su alimentación recolectan hongos, raíces, frutos e insectos. Jalisco es conocida como la tierra del tequila, el pozole y la birria, aunque cuenta con otros platillos representativos que se acostumbran tanto para fechas especiales como para la comida cotidiana, entre ellos el adobo de cerdo, el amilote, distintas preparaciones de bagre y de carpa, la hueva de carpa preparada, que se considera el caviar de Chapala, el bote, el bote de río, el budín azteca, la carne en chile, la carne en pulque, la carne rosa, la carne de cerdo con verdolagas, la camita con chile (carne con chile colorado), el colache, la cuachala, el chilayo, el *ixucari*, los lechones bañados, el lomo de cerdo, los lonches bañados, el manchamanteles, la morisqueta, las guadalupanas o pacholas, el menudo, el minguichi, el pescado capeado, el pipián, el pollo en cuñete, el pollo enjococado, el pozolillo, el mole de huachal, el mole verde, el revoltijo y el taxihuili; mención especial merece el mole de arroz de Lagos de Moreno. Para comenzar las comidas se preparan varios antojitos y caldos como: el caldo de camarón, el caldo michi, los chilaquiles, las choras, las enchiladas de picadillo, las enfrijoladas, el fiambre potosino, las flautas, las frutas en vinagre, las gorditas de cuajada, las gorditas estrelladas, los lonches, la longaniza, las papas chirrionas, las patas de puerco en escabeche (manitas de puerco), el pico de gallo, las raspadas, los sopes, los sopes de ostión, los tacos de asada, los tacos de nata, la torta pajihueca, las tortas ahogadas, las tortas del Santuario, las tostadas de cueritos, las tostadas de pollo, las tortillas pintadas y los turcos. Para acompañar estos platillos se preparan salsas como el chile de guaje, el chile de uña, la salsa de chile de árbol seco y la salsa puya. Se consumen varios tamales como: coscóatl, tamales colados, tamales de acelgas, de ceniza, de gallina, tamales tapatíos y tamales verdes. Durante la cuaresma se hace pozole de camarón y tortitas de papa, de charales, de coliflor y de camarón seco, a veces servidas en caldillo de jitomate, acompañadas de arroz blanco. Así como en el resto del país, los frijoles son muy importantes; los que más se utilizan son el bayo, el peruano y el flor de mayo, para comerse cocidos, refritos o como frijoles puercos. Postres típicos de Jalisco son el arroz con leche y la capirotada; sin embargo, en todo el estado se acostumbran diferentes dulces como buñuelos de cuajada, cajeta, calabazate, charamuscas, cocadas, cueritos, dulce de biznaga, dulce de huachal, dulce de leche, gelatinas, islas flotantes o palomas, jamoncillos, jericallas, ovos en dulce, panochitas de limón y

Paisaje de agaves azules en Tequila

Puerto Vallarta

de leche, ponteduro y queso de nápoles (flan); todos ellos se pueden encontrar en las ferias que se hacen a lo largo del año y durante las navidades. En Todos Santos se hacen buñuelos, ates, jaleas y conservas de varias frutas. Los panes y galletas tradicionales, como birotes, fleyman, galletas de camino, gorditas dulces de horno, gorditas de harina, pan de cuajada, pan de nata, panochitas, panqué de seda, picones, tachihuales y tortas de garbanzo, se consumen durante el desayuno o la cena y en algunas celebraciones; mención especial merece el pan de tierra, ligado a las creencias religiosas de sitios como San Juan de los Lagos. Tanto en las costas como tierra adentro se acostumbran bebidas únicas de la región, como el atole de cascarilla para el desayuno, el bate y el cuala de jocuixtle; el chilocle, el mezcal, el ponche de granada y de tamarindo, el pulque curado, la raicilla, la sangrita para acompañar el tequila, el tepache, el tesgüino o tejuino, la tuba, la tuxca y el vino de coco y el vino de Tuxpan.

JALTOMATE (*Jaltomata procumbens*)

Del náhuatl *xaltomatl*, de *xalli*, arena y *tomatl*, tomate, esto es, tomate de arena. Fruto silvestre minúsculo de forma esférica, perteneciente a la familia de las solanáceas. Es de color verde cuando no ha madurado, y rojo ligero, rojo intenso o morado azuloso cuando madura. Por lo general mide 1 cm y sólo cuando es muy grande alcanza los 2 cm. No hay que confundirlo con el jitomate cereza ni con el miltomate. El jaltomate tiene cáscara gruesa, mucho jugo

y numerosas semillas que recuerdan a la arena, de donde deriva su nombre. Se encuentra en diferentes lugares de México, pero se usa especialmente en las cocinas regionales de Oaxaca, Tlaxcala, Veracruz, Tamaulipas y Jalisco para preparar salsas. Casi nunca se encuentra en los mercados populares, y si lo hay, será sólo en pequeñas cantidades.

Conocido también como:

◇ cachimbo
◇ tinguara
◇ tinguaraque o tunguaraque
◇ tomatillo
◇ tomatillo de monte

Conocido en Tlaxcala como:

◇ cinco negritos
◇ citlali
◇ cuatomate
◇ ojo de venado
◇ pepizco

JAMACUQUIACA ◆ cacaté

JAMAICA (*Hibiscus sabdariffa*)

Flor malvácea con cinco pétalos, de sabor ácido y color rojo oscuro cuando está seca. Es originaria de África. Se utiliza

deshidratada para preparar una infusión con la que se elabora el agua de Jamaica, una de las aguas frescas que más se consumen en todo el país. En el Distrito Federal añaden Jamaica al ponche de Navidad. Se cultiva en Jalisco, Michoacán, Oaxaca, San Luis Potosí y Puebla. Se vende a granel en los mercados y empaquetada en los supermercados de todo el país.

JAMÁN ◆ yahá

JAMONCILLO

Nombre que reciben diferentes tipos de dulces que comparten las características de ser pastas firmes y suaves, casi siempre cortadas en bloques o barritas. En los estados del centro y sur del país, es común elaborarlo con pepita de calabaza molida y azúcar, a la que a veces le agregan nueces o piñones molidos o enteros, mientras que en los estados del norte es normalmente un dulce de leche solo o combinado con un sinnúmero de ingredientes como nueces y almendras. Ambos requieren un largo proceso de cocción. Para el jamoncillo de leche se hierve leche a fuego lento con azúcar y canela, moviendo constantemente hasta obtener una pasta suave. También se le puede añadir vino o cajeta. El dulce caliente se puede extender en una tabla para que solidifique y se corte en cuadritos, rectángulos o rombos. También se le puede dar forma con una manga pastelera o con moldes. Para hacer el jamoncillo o dulce de leche quemada, una vez que se ha terminado el proceso normal se espolvorea con azúcar y se hornea para que el azúcar se queme ligeramente; también se prepara con leche ahumada. Antiguamente se preparaban sólo en el ámbito casero, pero hoy en día suelen comprarse en dulcerías o ferias y todavía existen muchos conventos donde se elaboran para vender ahí mismo o para que las monjas salgan a venderlo a las calles. En Baja California Sur se prepara un jamoncillo llamado zorrillo. En Chihuahua se le da sabor con canela o vainilla; se distingue porque se hace en grandes bloques y cuando se seca lo cortan en cubitos o barras; a veces lo adornan con nuez, gracias a la abundancia de este fruto en el estado. En Coahuila y Nuevo León se le añaden otros ingredientes como coco o piñón. En el Estado de México, especialmente en Toluca, se prepara una base de leche con azúcar y canela para preparar muchas variantes; se le añaden pasas, almendras, piñones, fresas o nueces. En Jalisco se prepara con forma de barras, rombos y figuras diversas. En Lagos de Moreno lleva leche, azúcar, vainilla, bicarbonato de sodio, yemas de huevo y almendras molidas; puede colorearse con cocoa o pintura vegetal e incluir trocitos de fruta cubierta. En Los Altos es muy popular y se vende en ferias y fiestas regionales. En Oaxaca son famosos los jamoncillos de Juxtlahuaca, preparados con pepitas de calabaza y azúcar; suelen llamarlo jamoncillo con pepita. En la región de Juquila el jamoncillo es de coco con piloncillo. En Tabasco se prepara de forma casera, únicamente con leche y azúcar; la mezcla se deja reducir hasta que se torna espesa y adquiere un color café claro; una vez extendida la pasta se deja cuajar y, antes de que se enfríe totalmente, se corta en rombos de 6 cm de largo; por esa razón algunos lo llaman cortadillo. Otra variante es el llamado jamoncillo o dulce de leche con chocolate: cuando el dulce ya casi está espeso, se le agrega chocolate semiamargo, amargo o de metate y se extiende y corta en cuadros o rombos. También se conoce como dulce de cacao. En ocasiones se tuestan los granos del cacao para molerlos con leche y azúcar, y se cuecen a fuego lento hasta lograr la consistencia del jamoncillo. En Xalapa y otras localidades de Veracruz se prepara un jamoncillo al que también llaman dulce de pipián, hecho con pepitas de calabaza de cascarilla verde, que se pelan tallándolas con ceniza o cal para retirar la cascarilla que las cubre y así obtener una pasta blanca que luego se colorea. En las calles y dulcerías se venden barritas de diferentes tamaños que presentan una línea rosa en su centro. También son famosos los dulces de jamoncillo que elaboran las monjas del convento ubicado en la calle 20 de Noviembre, que con gran habilidad logran formas y figuras muy detalladas de diferentes frutas y animales, rellenas con una especie de turrón suave envinado. En Zacatecas, Guanajuato y San Luis Potosí los jamoncillos son una golosina muy popular en ferias y fiestas patronales. El jamoncillo de leche suele llevar una cubierta de obleas y se adorna con nueces o cualquier fruta seca. En la región también se hacen otros dulces de consistencia pastosa con almendras u otros frutos secos llamados dulces o quesos de almendra.

→ mazapán, zorrillo

JAMONCILLO CON PEPITA ◆ jamoncillo

JAQUETÓN ◆ cazón

JARABE

Del árabe *sarab*, bebida. Almíbar o concentrado dulce de frutas, por lo general rojas como cereza, frambuesa o grosella, aunque también existen jarabes de anís, menta o cítricos. Los jarabes pueden ser claros u oscuros, muy fluidos o densos; se utilizan en repostería y a veces también para endulzar bebidas preparadas.

JARILLA DE LA SIERRA ◆ igualamilla

JAROCHITOS

Preparación a base de masa de maíz rellena de cazón asado frito, envuelta en hojas de tamal. Se pueden cocer al vapor o en un caldo y suelen acompañarse con un caldo de frijol sazonado con cebolla, epazote y chile habanero. Jarochito es diminutivo de jarocho, forma cariñosa de referirse a la gente que nace o vive en el puerto de Veracruz.

JECO ◆ hierba santa

JELELTE ◆ flor de cocohuite

JERICALLA

Postre similar a un flan, compuesto de leche, huevo, azúcar y vainilla; todos los ingredientes se mezclan y se vierten en un molde o flanera para hornearlos a baño María; la superficie casi siempre queda dorada. Se prepara en los estados del Bajío y del centro del país. En Jalisco se prepara con azúcar, huevo, leche, canela y vainilla; la mezcla se coloca en un molde con o sin caramelo para cocerse a baño María. En Tequila antiguamente se preparaba con le-

che bronca y recibía el nombre de natilla, pero no debe confundirse con la natilla española. Es común ver a las mujeres vendiendo este postre casero a las afueras de las iglesias o durante las ferias y fiestas patronales. En los mercados populares del Distrito Federal, las jericallas se venden junto con los flanes. También es un postre común en Nayarit y Puebla. Se dice que su nombre evoca a la ciudad valenciana de Jérica, de donde supuestamente provino este postre para arraigarse en México a partir del siglo XVIII.

Conocido también como:

◇ natilla
◇ papín

→ flan

JICACO ◆ icaco, pomarrosa

JICALETA

Rebanada un poco gruesa de jícama ensartada en un palito de madera, como si fuera una paleta; la bañan con jugo de limón o con chamoy y la revuelcan en chile piquín. Son famosas en el Distrito Federal, y su venta se realiza a la salida de muchas escuelas o en parques.

JICALPESTLE O JICALPEXTLE

GRAF. xicalpestle o xicalpextle. Del náhuatl *xicalli*, jícara, y *petztli*, cosa pulida. Nombre que recibe en el Istmo de Tehuantepec, Oaxaca, una jícara que puede ser de diferentes tamaños, pintada con diseño de flores multicolores. Sirve para contener fruta, tortillas y otras cosas. Es tradicional que en el jicalpestle se pongan los regalos que se darán en las regadas de las Velas del Istmo.

→ jícara

JÍCAMA (*Pachyrhizus erosus*)

GRAF. xícama. Del náhuatl *xicamatl*, jícama. Tubérculo de forma ovalada, de la familia de las leguminosas. Mide de 10 a 20 cm de diámetro en su parte más ancha. Por fuera es de un tono amarillento y por dentro es jugoso, de carne blanca con mucho almidón, textura crujiente y de poco sabor, ligeramente dulzón. Es originaria de Centroamérica y se conoce en México desde la época prehispánica. Se consume como golosina, cortada en rebanadas o bastones y bañada con jugo de limón, sal y chile en polvo; se sirve en platoncitos como botana o se vende en puestos o carritos callejeros; también se utiliza en el pico de gallo o como verdura en encurtidos de chiles o ensaladas. Con sus rebanadas ensartadas en palitos de madera y cubiertas de chamoy o jugo de limón, chile y sal se hacen las jicaletas. En diciembre se vende una variedad de jícama muy pequeña, de unos 5 cm de diámetro, con la que rellenan las piñatas para las posadas. Conocida en maya como *ch'ikam*.

JÍCAMA CON LECHE

Postre elaborado con jícama rallada finamente, a la que se le agrega ralladura y jugo de limón y se cuece a fuego lento con leche condensada. Se sirve frío decorado con pasitas y piñones. Es originario de Comitán, Chiapas.

JÍCARA (*Crescentia alata*)

Del náhuatl *xicalli*. Fruto esférico utilizado desde la época prehispánica como vaso o vasija. Existen dos variedades: una de 8 a 15 cm que crece desde Baja California y Sonora hasta Chiapas, y otra de 15 a 30 cm que se encuentra en los estados del Golfo de México. El fruto se corta por la mitad, se le quita la pulpa y se deja secar, con lo que se obtienen dos jícaras con forma de media naranja utilizadas sobre todo en las comunidades rurales para tomar agua, chocolate, pozol, pulque y tejate, entre otras bebidas. La jícara necesita de una base llamada rodete o yagual, hecha de carrizo o madera, para poderse sostener. En la región central de Oaxaca se pintan de colores rojo, azul y blanco, generalmente con motivos de aves acuáticas. En Tabasco, las jícaras se ahúman para cerrar los poros y utilizarlas como vasos; para este proceso, se cuelgan del techo de las cocinas que cuentan con quemadores de leña hasta que quedan totalmente negras;

se lavan y cuando han perdido su tono quemado se regresan al techo para ahumarlas nuevamente. En otros lugares se ahúman utilizando un enrejado llamado tapesco. Actualmente también tienen un valor artesanal importante. En Jalpa de Méndez se hacen jícaras labradas para ornato, pero en la entidad es todavía un recipiente para beber el pozol o el polvillo.

→ cajete, guaje, güiro, jicalpestle

JICARITA ◆ hongo tecomate

JICUILE ◆ jinicuil

JIGOTE

GRAF. gigote. Menudencias (mollejas, hígado y riñones) y sangre de gallina o de guajolote, guisadas con aceitunas, alcaparras, pasitas, almendras, jitomate, cebolla, ajo y achiote; se le agregan rebanadas de huevo cocido al momento de servirlo. Además de esos ingredientes, a otras variantes se les agrega jamón, tocino, perejil, clavo y chile verde; se sirven con gotas de jugo de limón. Es un guiso muy gustado en Tabasco, donde es común para aprovechar por completo las aves domésticas; antiguamente era más usual tener aves en las casas y emplearlas de esta manera. La palabra proviene del francés *gigot*, que designa una pierna de carnero, cordero o cabrito cortada para servirla a la mesa. En español puede referirse a cualquier platillo de carne picada y guisada en manteca de cerdo, pero en nuestro país se trata especialmente del guiso de menudencias descrito.

JIGUAGUA ◆ salmonete

JILOTE

GRAF. xilote. Del náhuatl *xilotl*. Nombre con el que se designa a la mazorca de maíz apenas en formación. De la punta salen pelos amarillos muy característicos, de modo que es motivo de fiesta el que las milpas estén "jiloteando". En esta etapa el maíz es apreciado para ciertos guisos.

JILOTEAR

GRAF. xilotear. Término utilizado para designar el momento en el que comienzan a desarrollarse los jilotes en la milpa. Conocido en Guerrero como muñequear.

JIMADOR

Persona que se dedica a jimar.

JIMAR

Del náhuatl *xima*, rasurar. Cortar las pencas al maguey para poder asar las piñas y fabricar el mezcal o tequila. Este proceso se realiza cuando la planta se ha desarrollado lo suficiente y alcanza su tamaño ideal. Dependiendo de la clase de maguey o agave, los tiempos varían para la maduración de las hojas y, por ende, del corte de las mismas.

JINA ◆ hongo jina

JINICUIL O CUAJINICUIL (*Inga spp.*)

GRAF. cajinicuil, cojinicuil, guajinicuil, jinicuile o sinicuil. Del náhuatl *cuahuxinicuile* y *xonecuille*, que derivan de *cuauhicxi necuilli*, de *cuahuitl*, árbol; *icxitl*, pie y *necuilli*, torcido, pie torcido, que alude a lo torcido de la vaina que contiene los frutos. Fruto en forma de vaina, de la familia de las leguminosas, de color verde, de 30 cm o más de largo. Alberga en su interior semillas verdes ovaladas, parecidas a las habas, rodeadas por una especie de algodón aterciopelado muy dulce que se come como golosina. Se encuentra en regiones cálidas de México; de consumo regional, sobre todo en los estados de Veracruz, Chiapas, Oaxaca, Tabasco, Morelos, Guerrero, San Luis Potosí, Michoacán y Sinaloa; en varios de ellos se utiliza como árbol madre para dar sombra a los arbustos del café. Se vende en los mercados en atados de varias vainas. La especie más conocida es *Inga jinicuil*; diversas variedades se consumen de forma similar, por ejemplo: *Inga spuria, Inga edulis, Inga eriocarpa, Inga leptoloba, Inga lindeniana, Inga pavoniana, Inga pinetorum, Inga punctata, Inga spuria, Inga vera*. En la zona centro de Veracruz y en

otros estados, las semillas verdes se cuecen en agua con sal para comerlas como botana o se muelen y con el puré se rellenan tacos o enchiladas; se utiliza también para dar consistencia a guisos de calabacitas o verdolagas. Las semillas se tuestan para comerlas como golosina con sal y chile molido; en ocasiones son utilizadas secas y tostadas para elaborar mole en la región que habitan los totonacas de la costa de Veracruz. A veces se incluyen verdes como verdura en caldos de res.

Conocido también como:

◇ acontope
◇ agapote
◇ algodoncillo
◇ cola de zorro
◇ jacanicuil

Conocido en Chiapas como:

◇ bitze
◇ caspirol (*Inga leptoloba*)
◇ caspirol blanco
◇ caspirol negro
◇ chalahuite (*Inga edulis*)
◇ chalum

◇ chalum colorado
◇ chelel o chelele (*Inga leptoloba*)
◇ coajinicuil de rayo (*Inga leptoloba*)
◇ coctzán
◇ cuajinicuil machetón
◇ cuil de agua
◇ cuil machetón
◇ huitz
◇ machetón
◇ paterna o paterno
◇ san
◇ tzelele

Conocido en Oaxaca como:

◇ acotopillo
◇ acotopillo de montaña
◇ agotope (*Inga eriocarpa*)
◇ aguatope
◇ caginicuil
◇ carnequile
◇ cotope blanco
◇ cotote (*Inga eriocarpa*)
◇ ocotope

Conocido en Veracruz como:

◇ acatote
◇ acotope (*Inga leptoloba*)
◇ atotope
◇ chalahuite (*Inga leptoloba*)
◇ chelele
◇ ocotope
◇ talacha
◇ timbre

Conocido en otras regiones como:

◇ bitze (Tabasco)
◇ chelele (Tabasco)
◇ cuajinicuil (Morelos)
◇ guatope (Tabasco)
◇ jicuile (Guerrero)
◇ jinicuile (Guerrero)
◇ salamite o salahuite (*Inga edulis*, San Luis Potosí)
◇ vainillo (*Inga eriocarpa*, Michoacán)

JINÍGUARO ◆ burro

JIOTE O JIOTE COLORADO ◆ quiote

JIOTILLA (*Escontria chiotilla*)

GRAF. chiotilla o quiotilla. Fruto de una planta de la familia de las cactáceas, que mide 5 cm, con escamas imbricadas y cáscara color café purpúreo cuando madura. Su forma semeja la de una pequeña tuna. La pulpa es roja oscura de sabor dulce con muchas semillas; se asemeja a la pitahaya roja. Abunda en la Mixteca oaxaqueña y partes de Guerrero

donde se come como fruta fresca, cruda, cocida o secada al sol. Especialmente en Oaxaca se utiliza para preparar cremas, gelatinas, lechecilla, aguas, nieves y la torta de almendra y jiotilla; se suele agregar a la horchata para volverla color rosa.

Conocida también como:

◇ pitahaya de agua
◇ tunilla

JIPOKO O JIPOKORI

Agua de pinole de trigo molido, azúcar y sal, utilizada como bebida tradicional por los mayos de Sonora.

→ bajicopo

JITO (*Forchammeria watsonii*)

Árbol que mide 8 metros, o más, de la familia de las caparidáceas, con hojas elípticas. Sus flores son pequeñas sin corola, en racimos cortos con numerosos estambres y su fruto tiene una forma ovoide de 7 a 12 mm. Los indígenas de Sonora comen el fruto cocido en agua porque de ella se obtiene un sabor dulce.

Conocido también como:

⬦ palo de san Juan
⬦ palo jito

JITOMATE (*Lycopersicon esculentum*)

GRAF. xitomate. Del náhuatl *xitomatl*, de *xictli*, ombligo, y *tomatl*, tomate, esto es, tomate con ombligo. Fruto globoso de forma esférica u ovoide, de la familia de las solanáceas, de co-

lor verde cuando no está maduro y rojo cuando madura. Su pulpa, jugosa y con numerosas semillas, tiene sabor ácido y algo dulzón. Su nombre lo recibió por la cicatriz que deja el pedúnculo al momento de desprenderse de la planta. En los mercados se conocen dos variedades: el jitomate bola, que como su nombre lo indica es redondo, y el jitomate guaje o guajillo, que tiene forma ovalada, algo alargada, de menor tamaño que el anterior. Dependiendo de la región se prefiere uno u otro y es motivo de verdadera controversia entre los cocineros decidir cuál tiene mejor sabor. La utilización del jitomate en la cocina mexicana es infinita: con él se prepara todo tipo de salsas rojas, caldillos, guisos y moles, se come crudo en rebanadas, asado o cocido, etc. Sin duda es uno de los pilares de nuestra cocina. Es de origen americano y fue muy cultivado y difundido a lo largo de Mesoamérica antes de la llegada de los españoles, quienes lo introdujeron a Europa con gran éxito en el siglo XVI.

Conocido también como:

⬦ tomate (estados del Golfo de México, norte y sureste del país)
⬦ tomate rojo

Conocido en maya como:

⬦ p'aak

JITOMATE AVERIADO

Jitomate muy maduro que presenta ligeros golpecitos, o averías, y que a veces está reventado por haber sido maltratado durante su transportación o porque no se vendió a tiempo. En los puestos de mercados populares, esta clase de jitomates se exponen por separado de variedades más frescas. No se trata de jitomates podridos o pasados, porque pese a su sobremaduración, están en perfecto estado para preparar salsa guisada. Con frecuencia, este tipo de jitomate lo compran propietarios de fondas y restaurantes por su bajo precio.

JITOMATE BOLA ◆ jitomate

JITOMATE CRIOLLO

Jitomate que adquiere diferentes formas, a veces como riñón y otras como un gajo, y en el mejor de los casos parece un tomate deforme. Es muy apreciado en los mercados de los Valles Centrales de Oaxaca y del Istmo de Tehuantepec. De sabor exquisito y delicado, es muy jugoso y rojo, y se utiliza como el jitomate común.

JITOMATE GUAJE O GUAJILLO ◆ jitomate

JOBITO

Bebida alcohólica, también llamada jobo, elaborada de pulpa de jobo macerada en aguardiente con azúcar o piloncillo. Tradicionalmente la fruta se machaca y se incluye en el preparado con todo y su gran semilla; puede servirse con pulpa o únicamente la mistela. Se prepara en la Huasteca veracruzana, hidalguense y potosina.

JOBO ◆ ciruela, jobito

JOCOATOLE O JOCOATOL

GRAF. xocojatole o xucuatole. Del náhuatl *xocotl*, agrio, y *atolli*, atole. Atole agrio que se prepara en varios estados del país con nombres muy similares. En todos los casos son diferentes tipos de atole agrio. Los huastecos de Hidalgo lo elaboran con masa de maíz agrio con frijoles cocidos con epazote y cilantro; se sirve con salsa de chile verde o roja. En Puebla se preparan varios tipos de jocoatole. En Santa Ana Atoyac es una preparación con maíz negro fermentado que se cuece durante un día y una noche, para ser molido en metate y cocer la masa obtenida en agua con sal hasta adquirir una consistencia de atole aguado; se sirve en jícara con una cucharada de ayocotes cocidos, acompañado de salsa de chile verde; es muy refrescante cuando hace calor y muy reconfortante cuando hace frío. En la Mixteca del mismo estado se elabora con maíz rojo martajado y agriado en una olla con agua, para después cocerse; se sirve frío con frijoles cocidos y resulta refrescante. En Tabasco se prepara un atole agrio de maíz blanco al que se le añade cacao y pixtle tostados y molidos. En otros lugares del país el atole agrio usualmente se prepara con masa agria, agua y azúcar o panela.

Conocido también como:

⬦ atol agrio
⬦ atole agrio
⬦ xocojatole (Hidalgo)

JOCONOL O JOCONOSTLE ◆ xoconostle

JOCOQUE

Del náhuatl *xococ*, agrio. Producto elaborado a base de leche bronca de vaca que sufre una fermentación ligera y hace que su sabor sea agrio. Dependiendo de la región puede tratarse de:

1. Crema espesa de sabor ácido que se emplea para elaborar las enjococadas y el pollo enjococado en Michoacán y Jalisco. Se obtiene de la superficie de la leche cruda que se deja toda la noche a temperatura ambiente para que acidifique; después se junta con el jocoque de días anteriores para guardarlo en jarritos de barro. En Valle de Juárez, Jalisco, y los municipios cercanos que colindan con Michoacán, la gente gusta mucho de él y lo incluye en tostadas, antojitos regionales, sopas y panes. Conocido también como jocoqui.

2. Tipo de queso fresco de sabor ácido. Es untable debido a su consistencia intermedia entre lo líquido y lo sólido. Se acostumbra en Jalisco. Conocido también como cuajada.

JOCOQUI ◆ jocoque

JOCOSÚCHIL ◆ pimienta de Tabasco

JOCOTE ◆ ciruela

JOCOYOL O JOCOYOLI ◆ agrios, xocoyol

JOCUISTLE (*Bromelia karatas*)
GRAF. jocuiste o jocuixtle. Del náhuatl *xocoichtli*, de *xococ*, agrio e *ichtli*, ixtle. Fruto silvestre de 5 a 8 cm de largo, de la familia de las bromeliáceas. Tiene sabor ácido y es de color rojo, ligeramente purpúreo. Crece en una planta cuyas ramas alcanzan hasta 2 metros de largo. Se prepara en dulce con almíbar de piloncillo en las regiones cálidas de Jalisco y Nayarit. Conocido en Nayarit como huapilla.
→ aguama, cuala de jocuixtle, huapilla

JOJOBA (*Simmondsia chinensis*)
Arbusto de hasta 5 metros de altura. Sus frutos son cápsulas que varían notablemente en tamaño, forma y color. Sus semillas son de color café oscuro, y también varían en tamaño y forma. Es originario del desierto de Sonora, y se le encuentra también en la península de Baja California. Fue introducida en varios países y regiones, donde se cultiva por sus semillas que producen un aceite muy apreciado. En México se han utilizado las semillas tostadas y/o molidas para preparar bebidas como atoles con agua o leche y azúcar con harina de maíz, que pueden recibir nombres como atole de joroba, jojoatole o champurrado. Su harina también se utiliza para elaborar galletas o panes. Otro uso que recibe es como sustituto del café, o para hacer rendir el cacao. Si se comen crudas pueden ser indigestas y en algunas ocasiones purgantes. Conocida en seri como *pnaocl*.
→ atole de nuez de jojoba

JOLCHOC ◆ pico de gallo

JOLETE ◆ hongo clavito, hongo de encino, hongo nanacate de tuza

JOLETE DE ENCINO ◆ hongo clavito

JOLETE DE OCOTE O JOLOTE DE OCOTE ◆ hongo nanacate de tuza

JOLOCH O JOLOCHE ◆ totomoxtle

JOLOTE
Variedad de pescado de agua dulce que se captura en la región de Los Tuxtlas, Veracruz. Con él se elaboran caldos y otros platillos como el jolote en tapacuyo o el jolote en acuyo, que se trata de postas de pescado aderezadas con cebolla y jitomate, que se envuelven en hojas de acuyo y se cuecen al vapor.
Conocido también como:
◇ bagre
◇ bobo
→ guajolote, hongo tejamanilero, tapado

344

JONGUILLO
Término utilizado para referirse a los hongos en algunas regiones de Chiapas. Deriva de la palabra *honguillo*.

JONOTE ◆ capulín

JOROBADO (*Selene spp.*)
Nombre con que se designa a diferentes especies de peces de cuerpo plano y piel plateada con destellos dorados, que  por lo general miden 25 cm de longitud y se pescan en cardúmenes durante todo el año en aguas poco profundas de zonas tropicales, especialmente en abril y mayo. Su carne se considera deliciosa, sobre todo si se fríe el pescado entero. En el océano Pacífico se encuentran las variedades: *Selene brevoortii*, *Selene orstedii* y *Selene peruviana*. En el Golfo de México se encuentran: *Selene vomer*, *Selene setapinnis*, *Selene spixii* y *Selene peruviana*.
Conocido también como:
◇ archabelito o archabelita
◇ caballita (*Selene brevoortii*)
◇ chabelita (*Selene brevoortii*)
◇ chanaleta (*Selene orstedii, Selene peruviana*)
◇ chancla (*Selene orstedii, Selene peruviana*)
◇ chancleta (*Selene brevoortii*)
◇ chapeta (*Selene brevoortii*)
◇ jorobado carite (*Selene orstedii, Selene peruviana*)
◇ jorobado espejo (*Selene peruviana*)
◇ jorobado mexicano (*Selene brevoortii*)
◇ palometa jorobada (*Selene brevoortii*)
◇ papelillo (*Selene peruviana, Selene setapinnis, Selene spizii, Selene vomer*)
◇ pez luna (*Selene brevoortii*)
◇ tostón (*Selene brevoortii*)
◇ viejo (*Selene brevoortii*)

JOROCH'BIL LOOL ◆ joroches

JOROCHES
1. Bolas de masa de maíz, por lo general mezcladas con manteca de cerdo y sal, rellenas y cocidas en caldo. Son típicos de la península de Yucatán, donde los más comunes son los de cazón guisado, cocidos en caldo de frijol negro que se preparan en Campeche. También conocidas como *joroch*. Existe otra variedad rellena de flor de calabaza y calabacitas llamada *joroch'bil lool*.
2. Tamales de cazón guisado con cebolla rebanada, trozos de jitomate y hojas de epazote. Se envuelven en hojas de maíz, y se cuecen al vapor. Se consumen en Campeche.

JOVO ◆ ciruela

JUACANÉ ◆ tamal de juacané

JUAN
Raíz que se prepara en ensalada o en guisos igual que otras verduras. Se acostumbra comer los domingos, cuando se encuentra en los mercados regionales de Atlacomulco y otros municipios del Estado de México, donde la venden los mazahuas.

JUAN DIEGO ◆ hongo mantecoso

JUECHE ◆ armadillo

JUGO

Producto líquido natural que se obtiene de diversas frutas y verduras con un alto contenido de agua, como naranja, betabel, manzana, limón, toronja o caña de azúcar, por mencionar algunos. Para muchos mexicanos el día comienza con un vaso grande de jugo que se puede elaborar en casa o comprar en

alguno de los puestos callejeros o juguerías que se especializan en su venta. Uno de los más consumidos en el país es el de la naranja; al menos en el centro del país y en el Distrito Federal se puede comprar en las mañanas, a mediodía y por las tardes. Se sirve en vasos de 400 ml. Es tan apreciado, que se han inventado muchas bebidas como el licuado de naranja con papaya, el vampiro o la polla.

JUILE O JUIL

Del náhuatl *xohuilin*, juil. Nombre genérico para designar a diversas especies de pescados de agua dulce, similares al bagre, que se consumen por lo general en caldo, tamales o

Rhamdia guatemalensis

guisos regionales. Existen dos variedades: *Algansea tincella*, conocida también como pupo del valle, que se captura en el lago de Chapala, Jalisco; y la

Rhamdia guatemalensis, que se captura en el lago de Cuitzeo, Michoacán.

JUJO (*Pasiflora ambigua*)

Planta trepadora de la familia de las pasifloráceas, con flores rosadas y fruto ovoide y hueco del tamaño de una naranja, de color amarillo con pequeñas manchas verdes; su cáscara es gruesa y brillante. Del fruto se obtiene un jugo de amplio uso en la cocina de la sierra tabasqueña.

JUMIL (*Euschisitius lineatus*)

GRAF. xumil. Nombre que reciben varias especies de chinches de campo o de monte de la familia *Pentatomidae* y el orden *Hemiptera*; uno de los más conocidos es *Euschisitius lineatus*. Miden poco menos de 1 cm; los machos son ligeramente más pequeños que las hembras. La coloración del dorso varía de amarillenta a verdosa, con pequeñas manchas pardas. Su cabeza es prominente, con dos ojos y dos antenas; poseen cuerpo cuadrangular, con alas transparentes. En el abdomen tienen nueve segmentos y en el costado externo de cada uno hay un poro glandular que exuda un líquido aceitoso y fétido muy característico. Viven entre los tallos y sobre las hojas de varias especies de encinos. Se cree que la palabra jumil deriva del náhuatl *xotlimilli*, nombre que se utiliza para distinguir los insectos que viven al pie de los cultivos, de *xotl*, pie y *milli*, tierra labrada. En el Estado de

México y en Morelos se prepara la salsa de jumiles; los insectos se asan y machacan en molcajete con tomates asados y chiles verdes. También se añaden al guacamole y al arroz o se comen en tacos con tortillas de maíz. Especialmente en Cuautla, Amilcingo y Jumiltepec, Morelos, es muy fácil encontrarlos vivos en los mercados populares; de hecho, el nombre de Jumiltepec significa "cerro del jumil". También se consumen en Puebla, Oaxaca y el Distrito Federal, pero es en el estado de Guerrero donde tienen un papel muy importante en la dieta de diversas comunidades indígenas, en especial en la zona de Taxco y sus alrededores, donde está más arraigado su consumo y se encuentran más formas de prepararlos. Se recolectan de octubre a enero, e incluso existe una celebración llamada día del Jumil o feria del Jumil, celebrada el lunes siguiente al día de Muertos en el cerro del Huixteco, en Taxco de Alarcón. Se tienen noticias de esta festividad desde 1943. En cuanto a su uso culinario, se comen vivos o tostados en tacos de tortilla de maíz con salsa picante o frijoles; también se fríen y aderezan con jugo de limón, sal, chile molido, perejil y cebolla, o se preparan en salsa de chile verde y tomate o jitomate con ajo, fritos y molidos con los demás ingredientes; a esta receta se le llama chile de jumil. En algunos lugares se comen con huevo revuelto, o se añaden fritos o asados a la salsa de guajes y al huaxmole. También pueden estar presentes en el arroz, frijoles con chorizo, mole de olla, guisados de cerdo o en la mesa para acompañar cecina o costillas saladas. En la época prehispánica se preparaban especialmente para las celebraciones en honor a los difuntos, pues existía la creencia de que eran almas que regresaban a compartir con los comensales. Hoy en día muchos los consumen vivos, pues existe la creencia de que en tales condiciones constituyen un remedio eficaz contra el reumatismo, la dispepsia y las erupciones de la piel, además de que se les atribuyen virtudes afrodisiacas. Conocido también en Guerrero como:

⋄ xumilín

JUNCO

1. Nombre común aplicado a diversas plantas del género *Juncus*, que son carnosas de tallos espinosos, trepadores o rastreros, principalmente de la familia de las cactáceas.
2. *Parkinsonia aculeata*. Arbusto espinoso de la familia de las leguminosas, de hojas pinadas con 30 a 40 pares de hojuelas ovales de 3.8 mm. Las flores se comen cocidas o guisadas, igual que otras variedades de flores en Guanajuato y San Luis Potosí.

JUPALA ◆ mezquite

JUREL

Nombre con que se conocen varias especies de peces marinos de la familia *Carangidae*. En las costas de México se capturan por lo menos siete especies. En el Pacífico se encuentran: *Caranx otrynter*, *Caranx caballus*, *Caranx caninus*, *Caranx sexfasciatus*, *Caranx vinctus*, *Chloroscombrus orqueta*. En el Golfo de México se encuentran: *Caranx latus*, *Caranx lugubris*, *Carangoides bartholomaei*, *Hemicaranx zelotes*. Cada uno tiene características particulares. Otra especie también llamado jurel es la *Seriola lalandi*, que habita desde

Cabo San Lucas, Baja California, hasta Monterey Bay, California (EU). De color café olivo en la parte dorsal, amarillo en los costados y blanco en el vientre. Se vende fresco, enlatado, ahumado y horneado. Otro jurel, más común, es el *Caranx hippos*. De cuerpo aplanado, su dorso es negro azulado, el vientre dorado y la cabeza gris; se pesca principalmente de marzo a mayo y de agosto a octubre en ambas costas. El del golfo mide unos 40 cm y pesa 900 gramos, mientras que el del Pacífico alcanza hasta 1 metro de largo y 25 kg de peso. Su carne oscura, grasosa y de buen sabor se prepara en minilla, frita, seca o en harina.

Conocido también como:

◇ caballa (*Caranx hippos*)
◇ casabe (*Caranx otrynter*)
◇ chicuaca (*Caranx otrynter*)
◇ chocho (*Hemicaranx zelotes*)
◇ cocinero (*Caranx caballus*, *Caranx otrynter*)
◇ jigagua (*Caranx hippos*)
◇ jurel bonito (*Caranx caballus*)
◇ jurel de Castilla (*Caranx orqueta*)
◇ jurel de hebra (*Caranx otrynter*)
◇ jurel negro (*Caranx latus*, *Caranx lugubris*)
◇ jurel ojón (*Caranx latus*)
◇ jurel toro (*Caranx caninus*)
◇ jurel voraz (*Caranx sexfasciatus*)
◇ ojo de perra (*Caranx sexfasciatus*)
◇ toro (*Caranx hippos*)
◇ tona (*Caranx hippos*)

→ cojinuda, macarela

JUTE ◆ shuti

JÚ'UPA ◆ mezquite

JUUYUB

Utensilio de cocina de origen maya que hace la función de un removedor o una cuchara de aproximadamente 50 cm de largo. Elaborado en madera, se utiliza comúnmente para mezclar los alimentos y especialmente para mover el fondo de la olla, con esto se busca que no se peguen los preparados como atoles.

KAB IK, KABIK O KAVIK

GRAF. cabic. Vocablo de origen maya que significa guiso de chile. Actualmente este nombre designa distintas preparaciones de la península de Yucatán. Se trata de un guiso caldoso que incluye chile y achiote; en algunas ocasiones se espesa ligeramente con masa de maíz. Al servirlo muchos acostumbran aderezarlo con una salsa llamada salpicón u otro condimento. También se prepara con carne de cerdo salada o fresca, hojas de chaya y diversos condimentos. La carne de cerdo se sustituye o acompaña en ocasiones con tuétano, carne de venado, espinazo de res o panza de res; este último es muy popular y se conoce como mondongo en kabik.

KABAX O K´ABAX

GRAF. cabax. Vocablo de origen maya que significa comida sancochada, sin condimento o sin sazón, aunque también puede ser la acepción de algo más elaborado. El kabax suele ser un platillo cocinado o asado sin mayor preparación. Por lo general, se utiliza para designar frijoles cocidos en agua sin ningún condimento, es decir, los kabax son frijoles sancochados; se acostumbra comerlos con tortillas y chile tamulado o como acompañantes de la cochinita pibil. Es una comida típica del campesino durante la jornada laboral en la milpa. Conocido también como frijoles kabax.

KAKAPOTÉ

Especie de chorote elaborado con pinole, cacao tostado y molido, disuelto en agua o leche con azúcar. A veces lleva canela. Lo consumen los zoques de Chiapas.

KAKATÉ ◆ cacaté

KAKUT MAKAL ◆ malanga

KAMATA

GRAF. camata. Palabra purépecha que literalmente significa atole. Para este grupo originario es una bebida muy importante. La gente de las ciudades y pueblos de Michoacán también acostumbra beberlo, y sólo lo nombran atole. Existen muchas variedades de kamata. El kamata urapiti es un atole blanco elaborado con maíz blanco cocido, molido y vuelto a cocer en agua. Tradicionalmente se bebe entre marzo y mayo. Se toma solo o acompañado de trocitos de piloncillo o con mezcal. Esta bebida se considera un atole de aguamiel porque se prepara con

aguamiel hervido hasta espesar añadiéndole harina de maíz blanco tostado y agua para terminar la cocción. El te kamata es un atole de cáscara de cacao y maíz blanco endulzado con piloncillo; su textura y sabor recuerdan al atole de cascarilla. El tri kamata es un atole de trigo sazonado con epazote y chile. El cahuax kamata es una variedad de chileatole donde el maíz se muele con nurite y chile cascabel, la mezcla se deslíe en agua, se cuece y se sazona con azúcar y sal; se consume principalmente entre diciembre y enero, ya que debido a sus ingredientes produce calor para soportar el frío de esos meses. El kamata charhikuarhu y el kamata tekueri son atoles a base de aguamiel. El kamata ependa es un atole de jilote. El kamata josh se prepara con haba fresca. El kamata tokereri es un atole duro, sazonado con nurhíteni y picante. El kamata turhipiti es un atole negro elaborado con cáscara de cacao, cabello de elote o cáscara de coco. El shari kamata es una variedad de atole agrio elaborado con maíz morado. Por último, el nurhiten kamáta, es un atole que se prepara a base de nurite.

KANDOÓ ◆ pitiona

KARDUM ◆ cardón

KARIYARI ◆ dulce de maíz

KATZIMELK ◆ mezquite

KAVIK ◆ kab ik

KEHIL UAH

Tamales de masa de maíz rellenos con carne de venado sancochada con recado de pimienta, ajo, clavo de olor, orégano, tomate, cebolla, achiote y epazote; se envuelven en hojas de plátano, se amarran con cordeles extraídos de la corteza del árbol mahahua, y se cuecen al vapor.

KELITE ◆ quelite

KENTÓ ◆ hoja de queso

KERY

Planta similar a la verdolaga, que se diferencia de ésta por tener las hojas más grandes. Los huicholes muelen las hojas en metate hasta que obtienen una pasta; posteriormente la cuecen en agua con sal, meneándola hasta que toma color amarillo. Esta preparación se consume como sopa.

KIBE O KIVI

GRAF. kibi, kive o quivi. Preparación con forma de rollo semihueco de carne molida de res o cerdo, mezclada con trigo molido y frito. Se vende especialmente en las playas de la península de Yucatán como antojito; los vendedores la transportan en vitrinas portátiles, y lo abren frente al consumidor para agregarle salsa *xnipek*. El origen de este preparado es libanés, aunque actualmente está totalmente adaptado al gusto de la gastronomía mexicana. En Campeche, la carne es de res mezclada con cebolla, hierbabuena, chile dulce, trigo; se fríe en aceite de oliva y se sirve con cebolla picada marinada en naranja agria.

KILIWA

Grupo étnico que se ubica en la parte norte de Baja California, específicamente en los municipios de Ensenada, Tecate y Mexicali. El clima de la región es seco y extremoso. En la costa la altitud va de 0 a 500 metros sobre el nivel del mar, en tanto que en la serranía llega hasta los 2 000 metros. El suelo es árido y semiárido con una vegetación en la que predominan los matorrales dispersos. En el Censo de Población y Vivienda 2010 se reportaron 46 hablantes de kiliwa, la mayoría de los cuales se encuentra en Baja California. Las actividades productivas de la población indígena originaria de la entidad dependen, por un lado, de las condiciones del terreno ocupado y los recursos naturales que les proporciona su entorno y, por otro, del desarrollo de las actividades agropecuarias e industriales en tierras o poblados vecinos. En general, todos se dedican a las labores agrícolas y ganaderas dentro de sus propios terrenos o contratándose como jornaleros en los pueblos cercanos. El cultivo de maíz, frijol, cebada y trigo, así como la recolección de frutos silvestres, son para autoconsumo en todos los grupos. La recolección de berros, quelites, guajes, hongos, flores de palmilla, uvas, cerezas, frambuesas silvestres, pitaya, islaya y lechuguilla, son importantes en su dieta, así como la gran variedad de roedores, perdices, codornices, cachoras, conejos y venados. Con estos productos encontramos preparaciones como agua de hierbamora, agua de huata, atoles de bellota amarga, de dátil de palmilla, de frijol, de hongo de álamo con chile colorado, de maíz con frijol, de biznaga, cafés de chícharo, de bellota, de encinillo, pinol de piñón, cacomites, ardilla en caldo, caldo de dientes de coyote espinoso, cachorones tatemados, mapache tatemado y rata mezcalera tatemada.

Artesanía kiliwa

KIMBOMBÓ ◆ chimbombo

K'ITOM ◆ atole k'ítom

KOKOCHITSE ◆ cuitlacoche

KOOL, COOL O KOL

Salsa espesa utilizada en las cocinas de los estados de la península de Yucatán; de ella existen muchas variantes y diferentes usos. La palabra proviene del maya *k'ol*, que también se puede encontrar escrita *k'ool*. El kool puede ser un relleno de tamales, la salsa que acompaña un platillo o formar parte de un guiso; el empleado como relleno de tama-

les es por lo general muy espeso, pues se elabora con un poco de la misma masa de los tamales a la que se le añade caldo, diferentes especias, condimentos y carne, de manera que queda como un guiso consistente. Este kool suele ser rojizo porque muchos lo condimentan con recado rojo; se utiliza como relleno de chanchamitos, muc bil pollo, tamales de masa colada y tamales de boda, entre otros. Cuando el kool se emplea dentro de un guiso de carne, el kool es menos espeso, y en general está preparado con caldo de carne al que se le añade recado rojo o algún otro, además de otras especias. Una vez bien condimentado el caldo, se le añade algo de manteca de cerdo y masa para que espese. En cada plato se sirve la carne, encima el kool y se acompaña con salsa de tomate. Antiguamente este tipo de platillo se solía adornar con gotas de la grasa de la carne, separada durante la cocción. Estos guisos se sirven como plato fuerte. Entre los más famosos están el kool de venado y el kool de pollo, pero actualmente se elabora con casi cualquier tipo de carne. Algunas especialidades yucatecas como el queso relleno llevan una salsa también llamada kool, que no es tan densa y que por lo general se espesa con harina de trigo y no con masa de maíz, como en la mayoría de los casos.

KOOL DE PAVO

Platillo de carne de pavo bañado con salsa de kool. En la península de Yucatán existen variantes de este guiso. En Campeche suele marinarse la carne en una mezcla de pimienta negra, pimienta gorda, ajo y achiote, se dora en manteca de cerdo y se cuece en agua con hierbabuena; con el caldo obtenido se hace el kool espesado con masa de maíz y chiles ixcatik enteros y asados. La carne se sirve con bastante salsa y se adorna con otra de chiltomate. En Yucatán suele untarse la carne con recado de chilaquil, se deja reposar y se cuece en agua con hierbabuena; del caldo obtenido se hace el kool que se espesa con masa de maíz. La carne se sirve con bastante salsa de kool y salsa de tomate. De forma similar se preparan el kool de venado y el kool de pollo. También se conoce como pavo en kool.

KOTS'ITO ◆ codzito

KUARRA ◆ quelite

KUATA ◆ guaje

KUAXA ◆ pata de guajolote

KUINICHO ◆ cuinicho

KUITAPI ◆ chachalaca

KUITLACOCHE ◆ cuitlacoche

KUMIAI

Grupo étnico congregado en San José de Tecate y Juntas de Nejí, municipio de Tecate, y San José de la Zorra, municipio de Ensenada. Los kumiai poseen tierras dentro del régimen de ejido colectivo, como una ampliación de El Porvenir. De acuerdo con el Censo de Población y Vivienda 2010, existen 293 hablantes de kumiai en la república. Se caracteriza por compartir cultura y tradiciones con sus comunidades vecinas, entre los que encontramos los kiliwa y los paipai. Siembran trigo de temporal y hortalizas de riego por bombeo, cuyos productos venden en Tijuana. También recolectan miel durante el verano, así como bellotas en noviembre y diciembre. Entre sus platillos más representativos encontramos los atoles de bellota, de nuez de jojoba, de piñón, de islaya, la cecina de venado, la machaca de venado, el pinole de piñón, la salsa de guajes y el vino de uvamonte, entre otros.

LA MARQUESA ◆ Marquesa, La

LA-BITHOXI ◆ hierbamora

LÁATIRO ◆ palmilla

LAGARTIJA

Reptil similar al lagarto pero de menor tamaño; lo consumen los habitantes de zonas desérticas o semidesérticas, como los paipais, en Baja California y los otomíes en el Valle del Mezquital, en Hidalgo. Las lagartijas se limpian, se asan y se cuecen en barbacoa o en caldo, dependiendo de la talla y el gusto de quien la prepara.

→ cachora

LAGARTO *(Crocodylus moreletii)*

Reptil que puede crecer hasta los 3 metros de longitud, cuerpo alargado cubierto de escamas y cola larga, que por lo general vive en lugares cálidos y secos. Se consume en algunas comunidades indígenas del sur de Veracruz. La carne se corta en trozos, se sala y se deja orear tres o cuatro días; después se asa y se come con jugo de limón. Su sabor es similar al del pescado salado.

LAMPAZ ◆ mafafa

LAMPIMA

Tortilla grande y muy gruesa que se elabora en la región chontal de Oaxaca.

LAMPREAR ◆ capear

LANGOSTA

1. Crustáceo decápodo de la familia de los palinúridos, que mide hasta medio metro de longitud, tiene pinzas en todas las patas, cuatro antenas y una cola larga y gruesa con una carne que se considera deliciosa. En las aguas de México existen varias especies. En las costas del Pacífico se encuentra la *Panulirus inflatus*; desde Sinaloa hasta Oaxaca se captura la *Panulirus gracilis*; en Baja California se captura la *Panulirus interruptus*, y en las Islas Revillagigedo la *Panulirus penicillatus*. En Yucatán y Quintana Roo es posible encontrar las especies *Panulirus argus, Panulirus guttatus* y *Panulirus*

laevicauda. Las más importantes de uso culinario son: *Panulirus argus* y *Panulirus interruptus*. La primera tiene cuerpo púrpura y verdoso, con motas bronceadas o color café rojizo; mide unos 28 cm, abunda de julio a marzo, especialmente en agosto y septiembre. La langosta que se captura en Baja California, *Panulirus interruptus* tiene un caparazón que varía del café rojizo al naranja, con ligeros tonos amarillos o rojo ladrillo, mide unos 20 cm sin contar las antenas. Su carne se considera de buena calidad; debido a la fineza de su sabor es la famosa langosta que se come en Puerto Nuevo y Rosarito. Mucha gente de Ensenada, Mexicali y San Diego, California, viaja a estos lugares exclusivamente a comerlas, ya que en los restaurantes las tienen vivas y se pueden escoger. En las costas es muy

común comerlas frescas, pero en las ciudades del interior se consiguen cocidas y congeladas; es fácil de distinguir entre ambas: cuando la pulpa se encuentra pegada al caparazón y es difícil desprenderla, es signo de que ha sido cocida y congelada. Se prepara de la misma forma que otros crustáceos: al mojo de ajo, al ajillo, a la mantequilla, asada, frita y en sopas; casi siempre se acompaña con tortillas de maíz o de harina, dependiendo de la región. En los restaurantes de pescados y mariscos del norte de Baja California es común encontrar machaca de langosta, ensalada de langosta y el platillo más célebre, la langosta Puerto Nuevo.

Conocida también como:

◇ caballón *(Panulirus interruptus)*
◇ langosta azul de roca *(Panulirus inflatus)*
◇ langosta burro *(Panulirus argus)*
◇ langosta de California *(Panulirus interruptus)*
◇ langosta del Caribe *(Panulirus laevicauda)*
◇ langosta del golfo *(Panulirus argus)*
◇ langosta moteada *(Panulirus guttatus)*
◇ langosta roja burro *(Panulirus interruptus)*
◇ langosta roja del Pacífico *(Panulirus interruptus)*
◇ langosta verde *(Panulirus gracilis)*

2. *Schistocerca piccifrons.* Insecto ortóptero que habita en zonas tropicales, ya que se reproduce en lugares húmedos. En México se acostumbra comerlas desde la época prehispánica; en la actualidad se consumen en los estados de

Oaxaca, Puebla, Veracruz y Yucatán. Para su preparación se les retiran las alas y se asan o fríen; se sirven en tacos, acompañadas con alguna salsa picante.

LANGOSTA DE RÍO

Término utilizado para denominar cualquier crustáceo de río o aguas interiores como la acamaya, el acocil, el chacal y la pigua, entre otros. En Nayarit se le captura de febrero a mayo. Conocida en huichol como *haaku*.

LANGOSTA PUERTO NUEVO

Platillo elaborado con langosta. Tradicionalmente ésta se sacrifica sumergiéndola en agua caliente hasta que se pone roja, se parte por la mitad y se fríe con mantequilla. Se sirve con frijoles refritos, arroz rojo y tortillas de harina. Esta preparación es típica de Puerto Nuevo, localidad ubicada entre Ensenada y Tijuana, donde existen todo tipo de establecimientos dedicados a su venta.

LANGOSTÍN ◆ acocil

LANGOSTINO (*Macrobrachium spp.*)

Término utilizado para designar a los camarones de agua dulce del género *Macrobrachium*, del que existen 11 especies en México; viven en ríos de corrientes rápidas y, en ocasiones, en aguas tranquilas de lagunas costeras. Las especies *Macrobrachium americanum* y *Macrobrachium rosembergii* son las más importantes a nivel comercial. La primera tiene caparazón grisáceo café; el macho posee tenazas más robustas y es más grande que la hembra; miden en promedio 20 cm y pesan de 30 a 40 gramos. Se encuentran en ríos, lagos y estanques de cultivo en la región del Pacífico, y abundan de julio a diciembre. La especie *Macrobrachium rosembergii* es de origen asiático, se ha  adaptado a las aguas de las vertientes del Golfo de México y del océano Pacífico. De color gris azulado, el macho es más grande que la hembra; por lo regular los ejemplares que se venden miden 20 cm. Su cultivo en estanque es muy exitoso, por lo que se puede encontrar todo el año. Su carne es blanca, como la de las acamayas y las piguas, y su sabor similar al de la langosta. Al comprarla se puede detectar su frescura si sus caparazones están brillantes. Se considera que los langostinos medianos son los de mejor sabor; se preparan asados, al mojo de ajo, al ajillo, a la mexicana, en caldos y sopas, enchipotlados, en salsa verde, fritos o gratinados; además se incluyen en parrilladas o en mariscadas.

Conocido también como:
◇ acamaya
◇ camarón de agua dulce
◇ camarón de Castilla
◇ moyas
Conocido en algunas regiones como:
◇ camarón moya (Nayarit)
◇ cauque (Sinaloa y Sonora)

LAPA DE AGUA DULCE ◆ shuti

LARVAS

Insectos en estado de desarrollo, es decir, cuando ha eclosionado el huevo y es capaz de nutrirse por sí mismo, pero aún no es adulto. En esta etapa se consideran perfectos para su consumo, pues su sabor y consistencia es mucho más agradable al gusto.

LARVAS DE AVISPAS ◆ avispa

LAUREL (*Laurus nobilis*)

Hoja aromática mediterránea de la familia de las lauráceas, de color verde oscuro en el haz y amarillento pálido en el envés, de forma ovalada y puntiaguda; mide unos 6 cm de largo y 3 cm en su parte más ancha. En preparaciones típicas de la cocina mexicana se utiliza en caldos y sopas de pescado, de mariscos, de pollo y diversos guisos de carne de res o cerdo; generalmente se añaden sólo una o dos hojas al preparado, pues tiene un fuerte aroma. En los mercados populares del centro del país se vende junto con el tomillo y la mejorana bajo el nombre de hierbas de olor.

→ capulín

LEBRANCHA (*Mugil curema*)

Pez de la familia de los mugílidos. Su dorso es color verde de oliva oscuro, con matices azulados y vientre plateado;  mide unos 30 cm de longitud y pesa medio kilo. Habita en estuarios, manglares y lagunas costeras del Golfo de México, donde se puede pescar todo el año. Su carne es ligeramente oscura, se prepara de forma similar a la lisa: ahumada, al mojo de ajo, asada, capeada, frita y tatemada. Su hueva es muy apreciada y se vende fresca o salada.

Conocida también como:
◇ lisa blanca
◇ liseta

LECHE BRONCA O LECHE CRUDA

Leche recién ordeñada o que no se ha hervido o pasteurizado. En México se consume desde que se cría ganado bovino; los encargados de ordeñar las vacas solían tomarla frecuentemente como parte del desayuno. Con ella preparaban flanes o natillas, pero actualmente casi toda se destina para elaborar quesos artesanales, debido a que la práctica de comprar leche bronca para hervirla en los hogares ha desaparecido en las ciudades y sólo se conserva en los ranchos ganaderos.

LECHE DE ARROZ ◆ arroz con leche

LECHE DE CABRA

Secreción nutritiva de tono blanquecino opaco producida por las glándulas mamarias de las cabras. En México se elaboran con ella el queso de cabra y la cajeta, principalmente.

LECHE DE COCO

Jugo de la carne del coco que se obtiene rallando la fruta y luego exprimiéndola con vigor hasta sacar todo el líquido que contiene. El pescado con leche de coco, también llamado sere de pescado, es muy famoso en Belice y se prepara en Quintana Roo. En México prácticamente sólo se utiliza en Campeche, Guerrero y Quintana Roo.

LECHECILLA

1. Dulce oaxaqueño similar a una natilla elaborado con leche, azúcar, canela, fécula de maíz y yemas de huevo. Dependiendo del uso que se le dé varía su consistencia: puede ser muy espesa o más o menos líquida; por ejemplo, se utiliza para remojar el budín de chicozapote, para rellenar las empanadas de Corpus y los conos de lechecilla, o para comer con diversas frutas cubiertas.

2. Látex que brota de algunas plantas o troncos, como el del árbol de chicozapote que se convierte en chicle.

LECHONES BAÑADOS

Especialidad de Guadalajara, Jalisco, que consiste en birotes chicos partidos por la mitad rellenos de carne de cerdo y bañados con una salsa elaborada con puré de tomate y chiles chipotles adobados. Se sirven varios birotes en un plato y se acompañan con la salsa, mayonesa y cebolla.

LECHUGA (*Lactuca sativa*)

Planta herbácea de la familia de las asteráceas, originaria de Asia Menor. Sus hojas se agrupan en rosetas y tienen textura suave y crujiente al paladar. Existen muchas variedades, pero en México las dos que más se utilizan son la romana y la orejona; la primera es de forma redonda, color verde pálido y muy crujiente, y la orejona tiene hojas ovaladas y alargadas con una costilla central; las hojas exteriores son color verde y las más tiernas del centro, amarillentas. En México las lechugas se emplean en ensaladas verdes, mixtas o en la ensalada César; aunque se utilizan más rebanadas sobre antojitos como sopes, tostadas, tortas, empanadas, tacos y flautas.

LECHUGUILLA

Término con el que se conoce a algunas variedades de la familia de las agaváceas con la que se elaboran distintos tipos de mezcal.

• *Agave maximiliana*. Llega a medir 1.5 metros de ancho y 80 cm de alto; sus hojas son lanceoladas y anchas de color verde claro, habita en pendientes rocosas en la zona de la Sierra Madre Occidental y en los estados de Jalisco, Sinaloa y Durango. Ésta es la variedad de agave más común con la que se elabora una bebida llamada raicilla. Conocida también como:

◇ maguey manso

◇ maguey tecolote

• *Agave lechuguilla*. Mide entre 50 y 60 cm y tiene un rizoma grueso sobre el cual nace un tronco corto del que brotan hojas carnosas, gruesas, algo cóncavas hacia dentro y con bordes provistos de espinas. Crece de forma silvestre en lugares áridos y pedregosos en San Luis Potosí, Coahuila, Chihuahua, Durango, Zacatecas, Nuevo León y Tamaulipas. Con esta variedad se elabora en Chihuahua y Sonora un mezcal llamado lechuguilla; en Querétaro se consumen las flores guisadas con ajo y cebolla. El *Agave inaequidens* es también una variedad de lechuguilla.

→ quelite de cristiano

LEGUMINOSAS

Hierbas, arbustos o árboles pertenecientes al orden de las fabales que se caracterizan por tener vainas como fruto y en su interior albergan semillas. Muchas de ellas se siembran en la milpa, ya que tienen la capacidad de fijar el nitrógeno atmosférico al suelo, beneficiando así a los cultivos de maíz. De varias especies se consumen sus frutos tiernos como en los casos de los ejotes, los chícharos, las habas y los guajes. Algunas se consumen verdes o maduras, y se denominan de forma distinta (ejote-frijol o chícharo-alverjón); otras se consumen únicamente secas, como las lentejas. En el caso del jinicul y del cuapinol se consume una especie de algodón que recubre las semillas; es muy apreciado por su sabor dulce. En algunos lugares se comen también las flores y las hojas, a manera de quelites, como las flores de frijol o las de cocohuite; existen algunas variedades cuyos frutos son tóxicos, pero las flores no los son, como ocurre con el colorín. Las leguminosas que más se consumen en el país, de manera local, regional y nacional son: alverjón, arí, ayocote, balché, cacahuate, chícharo, chipilín, colorín, cuapinol, ébano, ejote, flor de cocohuite, flor pata de vaca, frijol, garbanzo, gavia, guaje, guamúchil, guanacaste, guapaque, guashó, haba, jícama, jinicuil, junco, lenteja, mezquite, palo fierro, pataxete, sipariqui, talayote de costilla y tépari.

Guajes

LEK ◆ guaje

LENGUA (*Symphurus plagiusa*)

Pez de cuerpo aplanado; su nombre hace alusión a su forma, que es similar a un lenguado chico. Mide aproximadamente 15 cm de longitud y el color de su piel varía; su carne es blanca, con pocas espinas, de sabor suave y textura firme. Habita en las aguas del norte del Golfo de México, donde su pesca es incidental. Por lo general se consume frito en una sola pieza. Conocido también como lengüita.

→ lengua de res, lengua de vaca

LENGUA DE PÁJARO ◆ chivitos

LENGUA DE RES

Pieza anatómica de la res muy apreciada en la cocina mexicana. Hace unas décadas era muy barata, pero actualmente su precio se ha incrementado. Para prepararla se hierve en agua con ajo, cebolla y laurel hasta que se suavice un poco; luego se le retira la

capa de piel que la cubre y se vuelve a cocer con los mismos ingredientes hasta que quede muy suave; posteriormente se rebana y se guisa al gusto. En Comitán, Chiapas, la lengua entomatada se cuece con cebolla, ajo, jitomate, orégano, tomillo y sal, luego se corta en ruedas y se fríe sobre un sofrito de cebolla, jitomate, chile morrón o poblano; se sirve con perejil picado. En los mercados populares del Distrito Federal se vende cocida y pelada para hacer los famosos tacos de lengua, que son los más caros de todos los tacos de cabeza. Aunque también es frecuente encontrarla guisada en salsa verde con habas, capeada con caldillo de jitomate o a la veracruzana. Este último platillo se elabora con lengua cocida y rebanada, bañada con salsa a la veracruzana. En la ciudad de Oaxaca se prepara la lengua entomatada, que se cuece y se condimenta con una salsa que contiene jitomate, cebolla, ajo, clavo, pimienta, orégano y canela, que se fríe en aceite de oliva; al guiso se le añaden garbanzos, pasas, almendras, aceitunas y epazote, y se sirve con chiles en vinagre. En el Istmo de Tehuantepec se come en un platillo que incluye salsa de jitomate, cebolla, chayote cocido y picado, orégano, laurel, aceitunas, ciruelas pasas y plátano macho. En Tabasco se prepara la lengua estofada tabasqueña, un guiso caldoso con jitomate, muy similar al asado de pollo y también la lengua lampreada con caldillo de jitomate y arroz blanco. En Veracruz se prepara la lengua en frío con lengua de res cocida con hierbas de olor, la cual, una vez fría, se corta en rebanadas y se sirve con una ensalada de la preferencia de la familia que la consume; se acostumbra en la época navideña en Veracruz. En Zacatecas se prepara la lengua en salsa de jitomate con jerez.

LENGUA DE TORO (*Salvia misella*)

Planta herbácea de la familia de las labiadas, muy viscosa, con los tallos cuadrangulares y hojas opuestas ovadas, las flores son bilabiadas y azules. Se consume en algunas comunidades como quelite.

Conocida también como:

◇ hierba lengua de toro
◇ quelite lengua de toro

LENGUA DE VACA

Nombre que designa varias especies del género *Rumex*, de la familia de las poligonáceas. Son hierbas, a veces muy robustas, con raíces fuertes y bien desarrolla-

das; sus hojas son simples, extensas, pecioladas, ovaladas y con forma de lanza; son propias de lugares húmedos y, dependiendo de la especie, algunas miden 18 cm de largo y otras alcanzan hasta 90 cm; su fruto es una nuez triangular. Las variedades que más se consumen en México son *Rumex acetosa*, *Rumex crispus* y *Rumex hymenosepalus*. Se emplean como condimento por su sabor agrio y un poco amargo; en el centro del país se utilizan para dar sabor al caldo del mole de olla moliendo los tallos y las hojas; también se emplean en ensaladas y salsas: se cuecen al vapor o se guisan en caldillo de jitomate. En Culhuacán y Xochimilco, en el Distrito Federal, se añaden a guisos de pato con chile guajillo, epazote, cilantro y ajo; se preparan también en mixmole con charales y pepitas de calabaza; se utilizan para acompañar diversos tacos; se acostumbra mezclarlas con las venas

de chiles mulato, guajillo y pasilla para hacer una salsa picante. En Guerrero la lengua de vaca se utiliza en varios guisos, especialmente en el pozole verde de Chilapa y el tlatonile. En Naupan, en la sierra Norte de Puebla, se guisan con manteca de cerdo, cebolla y sal, y se consumen calientes en tacos. En Tuxtla se prepara un platillo con papas fritas y lengua de vaca, que posteriormente se cuecen en salsa de jitomate, cebolla, ajo, chiles chipotles y sal; el guiso se come caliente, acompañado de tortillas. También se prepara la lengua de vaca con carne de cerdo, que consiste en una salsa de jitomate, chiles chipotles, cebolla, ajo, canela en raja, clavo y sal en donde se cuece la carne de cerdo y al final se agrega la lengua de vaca. Se come caliente, con salsa y tortillas de maíz. En Acatlán, Veracruz, se prepara el chileatole de lengua de vaca.

Conocida también como:

◇ acedera
◇ acederilla
◇ agrilla
◇ amamashtlatl o amamastla
◇ hierba vinagrera
◇ mamaxtl
◇ maxtla
◇ quelite de amamashtlatl o quelite de amamastla
◇ xocoyolpapatla o xoxoyolpapatla

Conocida en Guerrero como:

◇ asochoc o axococo

Conocida en la sierra Norte de Puebla como:

◇ pasimaʹkak (*Rumex crispus*, totonaco)
◇ scocnakak (*Rumex crispus*, totonaco)
◇ xocoquilit (*Rumex crispus*, náhuatl)

Conocida en otomí como:

◇ ishjuá o ixjuá

LENGUA EN PEBRE

Lengua de res cocida servida con una salsa llamada pebre, elaborada con diversos ingredientes como canela, tomillo, orégano, azafrán, jitomate, cebolla y pan. Es tradicional de Chiapas.

LENGUA FINGIDA

Nombre que se le da a un guiso elaborado con carne de res y de cerdo molida en metate. La mezcla se extiende para agregar pimienta y en ocasiones vino, después se envuelve en manta de cielo y se mete a cocer en agua. Se suele servir en rebanadas bañadas con salsa roja de jitomate y chile ancho y con perejil picado.

LENGUA LAMPREADA ◆ lengua de res

LENGUADO

Nombre con el que se designa a varias especies de peces del orden pleuronectiformes. Su cuerpo es plano, oblongo y comprimido, con ambos ojos de un solo lado de la cabeza. Al nacer nadan verticalmente, con un ojo de cada lado como otros peces, pero a medida que se desarrollan, uno de sus ojos se mueve a la parte superior hasta quedar junto al otro. Este lado presenta diferentes colores dependiendo de la especie; el inferior es pálido o blanco. Su carne es blanca, de textura suave y se considera muy fina; la piel, en cambio, es dura y se debe retirar antes de cocinar. Se fríen, hornean o rebozan. En México, el lenguado de California, *Paralichthys californicus*, tiene el lado superior grisáceo o café verdoso;

habita en los fondos arenosos de las costas del océano Pacífico y el Golfo de California, donde se pesca todo el año, especialmente en mayo y junio; mide entre 35 y 60 cm de longitud y pesa cerca de 2 kg. En la misma zona de Baja California se captura y consume el lenguado alón *Citharichthys xanthostigma*, el cual es muy apreciado. El lenguado del golfo, *Paralichthys lethostigma*, tiene el dorso café verde olivo y mide en promedio medio metro de longitud; se pesca todo el año en el Golfo de México, especialmente en Tamaulipas. En el Pacífico se capturan y consumen el lenguado alón *Citharichthys xanthostigma*; el lenguado bocón *Hippoglossina stomata*; el lenguado cola de abanico *Xystreurys liolepis*; el lenguado cuatro ojos *Hippoglossina tetrophthalmus*; el lenguado de Cortés *Paralichthys aestuarius*; el lenguado diamante *Hypsopsetta guttulata*; el lenguado huarache *Paralichthys woolmani* y el lenguado resbaloso *Microstomus pacificus*.

Conocido también como:

◇ alabato (*Paralichthys californicus*)
◇ bocado de Dios (*Paralichthys californicus, Paralichthys lethostigma*)
◇ huarache (*Paralichthys californicus, Paralichthys lethostigma*)
◇ lengua (*Paralichthys lethostigma*)
◇ lenguado alabato (*Paralichthys californicus*)
◇ lenguado californiano (*Paralichthys californicus*)
◇ lenguado sureño (*Paralichthys lethostigma*)
◇ rodaballo (*Paralichthys lethostigma*)
◇ sol (*Paralichthys lethostigma*)
◇ soya escurridiza (*Microstomus pacificus*)
◇ tepalcate (*Paralichthys lethostigma*)

LENTEJA (*Lens culinaris*)

Semilla de la familia de las leguminosas en forma de disco y convexa en ambos lados; mide de 3 a 9 mm de diámetro. Es originaria del sureste asiático y fue introducida a México por los españoles. En México se emplea, principalmente, para preparar sopas y diferentes potajes. En Oaxaca se preparan las lentejas con frutas, es una preparación o sopa un poco dulce elaborada con lentejas, piña, plátano macho, tocino, longaniza, cebolla, ajo, cebollitas cambray, chuleta de cerdo y morcilla. En Puebla se preparan las lentejas en adobo, éstas se cuecen en una salsa o adobo elaborado con chile ancho, jitomate, ajo, orégano y canela; en ocasiones se les agrega, como a las oaxaqueñas, trozos de plátano macho maduro y piña.

→ chícharo gandul

LENTEJAS CON FRUTAS ◆ sopa de lentejas

LEÑA

Madera que se utiliza para encender un fuego donde se cocerán alimentos. El fuego se puede hacer en el suelo, en cuyo caso la leña se coloca entre tres piedras que conforman el tlecuil, o en una estufa de leña que tiene un espacio abajo

del comal o de las hornillas donde se colocan poco a poco los trozos de leña. Actualmente en México existen muchas casas que tienen dos cocinas: una adentro de la casa, equipada con una estufa de gas, y la otra equipada con estufa de leña, que por lo general es una pequeña construcción ubicada a unos cuantos metros de la casa, debido a que la combustión de la leña produce mucho humo; también en ella se asan chiles para evitar que el olor entre a la casa.

LIBÉLULA

Insecto del orden de los odonatos, de cuerpo largo, esbelto y de colores llamativos, con ojos muy grandes, antenas cortas y dos pares de alas reticulares. Se acostumbra comerlos en Sonora y el Estado de México. Por lo general se asan para retirar fácilmente las patas y las alas, y el cuerpo se fríe; se comen en tacos con salsa.

LIBRO ◆ panza de res

LICHI (*Litchi chinensis*)

Fruto de la familia de las sapindáceas, de cáscara roja y piel escamosa, alberga en su interior una gran semilla de aspecto leñoso y brillante cubierta por una pulpa blanca de sabor muy agradable, por lo que se considera fruta fresca. Su temporada es muy corta: sólo se encuentra en julio y agosto. Es un fruto de origen asiático; su cultivo en México se debe principalmente a la inmigración oriental, en especial durante el siglo XX. Existen pequeñas plantaciones de árboles de lichi, principalmente en Sinaloa y Sonora, donde se considera fruta típica; sin embargo, la mayor parte de los lichis comercializados en el Distrito Federal y sus alrededores proceden del estado de Puebla.

LICOR

Bebida producida con alcohol, casi siempre aguardiente de caña o agave, en el que se maceran frutas, cortezas, cáscaras, flores, semillas, especias o raíces. Cabe mencionar que en México es común que los términos licor, aguardiente, destilado o incluso vino, se usen indistintamente para referirse a bebidas alcohólicas, con independencia de su origen o proceso de elaboración. Muchos de los licores de frutas son producidos de manera regional y artesanal, por lo que gran

Licor de tejocote

cantidad de ellos se conocen únicamente en el lugar donde se elaboran. Además, existen lugares donde se producen licores de varios tipos a los que llaman de diferentes formas: compuesto, crema, licor, vino, conserva, mistela o mosco.

En el Estado de México, en especial en los municipios de Donato Guerra, Tenancingo y Villa de Allende, se preparan diversos licores de forma casera, como el amargo, el chumiate y los licores de capulín, naranja, membrillo, zarza y durazno; en general, todos ellos se elaboran macerando la pulpa de la fruta o distintas hierbas en alcohol de caña. En la capital, Toluca, se elaboran los llamados licores de Toluca y los célebres moscos. En Jilotepec, los más representativos son los licores de capulín, uva y manzana. En Tenango se prepara un licor de manzana al que llaman vino de manzana. En todo el estado se fabrican licores únicos en su estilo, debido a sus ingredientes o a su método de elaboración, como el nevado, el chilocle, la garañona, el tecui, los toritos, el zendechó y el licor de nanche. En Acaxochitlán, Hidalgo, es tradicional el licor de acáchul, cuya elaboración data de la época prehispánica y se ha ido transformando a través de los siglos. En la actualidad, el licor se mezcla con otras frutas como: zarzamora, manzana, limón, naranja y guayaba. En Puebla, se prepara con las frutas y flores del árbol; en ambos casos el resultado es un licor dulce con perfume delicado, muy apreciado localmente. En San Luis Potosí, Puebla y Tlaxcala se acostumbra un licor de nombre revoltijo. En el municipio de Comalcalco, Tabasco, se produce un licor de sabor dulce y baja graduación alcohólica con la fruta fresca del cacao; su consumo es estrictamente local. En Tlaxcala preparan el licor de capulín, que se elabora con capulines maduros hervidos hasta que la pulpa se deshace, se cuelan y se vuelven a cocer en agua con azúcar hasta obtener un jarabe que se mezcla con alcohol de 96°. Se prepara también un licor casero de tejocote que se obtiene después de dejar este fruto un largo tiempo macerándose en alcohol o mezcal, al que se le agrega azúcar, según el gusto familiar. Las botellas de éste suelen taparse con pedazos de olote. En Veracruz se fabrican muchos licores regionales, como el jobito huasteco. En Xico se elaboran licores de diferentes frutas como naranja, zarzamora y café; sobresale entre ellos el verde de Xico. En Coatepec son famosos los licores de diferentes frutas como naranja, nanche, durazno, entre otros; el más famoso es el licor de café, que se produce macerando los granos de café tostados en aguardiente o en ron con azúcar; por lo general la maceración dura varios meses. En muchos otros lugares de México el licor de café es un producto regional y se prepara de manera artesanal; se acostumbra beberlo como digestivo. Los totonacas de la costa de Veracruz preparan una serie de licores que llaman compuestos, mediante la maceración de diversas hierbas y frutas como mamey, zapotes blanco y negro, ciruelas, naranja, plátano, canela, timbiriche, vainilla, pericón y jengibre. En el sureste del país además, se consumen muchos licores como el holcatzín, el habanero, el xtabentún, el verdín y el de marañón.

LICUADO

Nombre que recibe una bebida preparada con leche, azúcar, gotas de vainilla y pulpa de fruta. Todos los ingredientes se licúan hasta obtener una bebida homogénea y tersa que se sirve en un vaso alto; en ocasiones se espolvorea con canela molida. Es posible elaborar un licuado prácticamente con cualquier fruta, pero los más comunes son plátano, mamey, fresa, guayaba y papaya; a este último en Tabasco lo llaman papaya con leche. El de plátano se prepara con plátano Ta-

Licuado de mamey

basco, azúcar, leche, gotas de vainilla y a veces huevo; esta combinación es popular en el centro del país. Existen también licuados sin fruta hechos con semillas como avena, nuez, salvado o amaranto que, al gusto del consumidor se sirven colados o sin colar. Muchas personas comienzan el día con un licuado para complementar el desayuno y, en ocasiones, como sustituto de éste. Se preparan en las casas, aunque también son fáciles de encontrar en puestos callejeros o en pequeños establecimientos que se dedican a venderlos por las mañanas.

LIEBRE

Mamífero roedor del género *lepus*, de pelaje suave y espeso, con hocico estrecho y orejas muy largas. Su aspecto general es semejante al del conejo, pero es más grande; las patas, brazos y orejas son mucho más largos; de acuerdo con

la especie, su coloración es gris, más o menos oscura. Son de hábitat desértico y habitan principalmente en las porciones áridas de la altiplanicie mexicana y de la península de Baja California, en las praderas periféricas a la Sierra Madre Occidental y en las llanuras costeras del Istmo de Tehuantepec. Así como otros animales de caza, el consumo de la liebre en México es poco común y generalmente sólo se prepara en comunidades rurales. Existen cinco especies en territorio mexicano. La liebre antílope *Lepus alleni*, es la especie más grande y habita en las colinas de poco declive en Sinaloa, Nayarit, Sonora y Chihuahua, les gusta mucho a los yaquis de Sonora, quienes la preparan en barbacoa. La liebre de cola negra *Lepus californicus*, junto con el conejo, es uno de los mamíferos que más se caza en México, pues su carne es muy apreciada, se encuentra en Baja California, Sonora, Chihuahua, Tamaulipas, Hidalgo y Querétaro, con frecuencia puede convertirse en una plaga para los pastizales y zonas de cultivo. La liebre torda *Lepus callotis*, de dorso gris claro, flancos y partes inferiores blancos, orejas largas con las orillas y punta blancas, se localiza en toda la altiplanicie mexicana, desde la frontera norte hasta Puebla y Oaxaca. Antiguamente fue una de las especies que más se cazaba para comer; se vendía mucho en los mercados de ciudades grandes y pequeñas poblaciones; sin embargo, actualmente su comercio es ilegal. Dos de las cinco especies se encuentran en riesgo de extinción: la *Lepus flavigularis*, habita en el Istmo de Tehuantepec y es única en el mundo; se distingue por una mancha amarillenta en la garganta. La *Lepus insularis*, vive en la isla Espíritu Santo, en Baja California Sur. En el noroeste del país se le conoce como tochi, del náhuatl *tochtli*, conejo.

LIMA

1. (*Citrus aurantifolia*)
Cítrico de la familia de las rutáceas, de origen asiático, tiene forma globosa, es verde cuando está inmaduro y se vuelve amarillento al madurar. Posee una protuberancia saliente en la base, su pulpa es verde, de sabor ácido algo amargo y dulzón, y es muy aromática. Mide alrededor de 6 cm de diáme-

tro. Abunda a finales de año y es posible encontrarla durante todo el invierno. En Yucatán con esta fruta se prepara la famosa sopa de lima, uno de los platillos más interesantes de la península. En los estados del centro del país, es muy frecuente que se utilice para rellenar piñatas en las fiestas de Navidad. En Tabasco y Chiapas se prepara el agua de lima y en muchos otros lugares se consume como fruta fresca.

2. Pan tradicional de Oaxaca cuya forma y textura imitan al cítrico del mismo nombre. Por lo regular se come acompañado con chocolate.

LIMÉ-GUIBANÉ ◆ ayocote

LIMÓN (*Citrus aurantifolia*)

Cítrico de la familia de las rutáceas, de sabor agrio y piel color verde, cuyo tamaño depende de la variedad. Las flores blancas del árbol, de cuatro a ocho pétalos carnosos, se conocen también como azahares, aunque propiamente el azahar sea la flor del naranjo. Se produce en los estados de Guerrero, Colima, Oaxaca, Veracruz, Tabasco, Michoacán y Jalisco. Su jugo tiene múltiples usos en la cocina mexicana; se usa tanto, que muchas personas tienen sus propios árboles en sus jardines o patios. En los mercados del país se encuentran diversos tipos de limones. El limón chico, también conocido como limón de Colima o limoncito, es pequeño y redondo; mide unos 2.5 cm; su cáscara es verde cuando está inmaduro o listo para consumirse y se vuelve amarilla cuando ha madurado de más; contiene muchas semillas y su sabor es muy ácido. Por su parte, el limón grande, también conocido como limón de injerto o limón sin semilla, es más grande que el limón chico, más barato, no tiene semillas y de él se obtiene más jugo, por lo que algunas personas lo prefieren; sin embargo, su maduración no es tan rápida. La presencia del limón en la cocina de México es notoria; con él se prepara el agua de limón o limonada, el agua de chía y es indispensable para la elaboración del cebiche; además, su jugo se utiliza para aderezar sopas, frutas como la papaya o la jícama, ensaladas de lechuga, carnes asadas, milanesas y combinándolo con sal y chile en polvo se agrega sobre cualquier verdura o fruta, como en los elotes cocidos, el mango y los pepinos. La ralladura de la cáscara se emplea en postres, merengues y pasteles; a veces la flor se utiliza como sustituto de la flor de azahar. En el sureste del país se consume el limón real, variedad conocida como sidra o cidra (*Citrus medica*). Los frutos se utilizan para fabricar confituras y licores, y por lo general su cáscara se emplea confitada en repostería.

LIMONES RELLENOS

Dulce preparado con limones verdes chicos, endulzados y rellenos con cocada. Es uno de los dulces más representativos de la dulcería mexicana; se consume con frecuencia en los estados del centro del país como Puebla, Distrito Federal, Hidalgo y el Estado de México. Para la elaboración de los limones rellenos se retira toda su pulpa y las cás-caras se cuecen en almíbar hasta que se reblandecen, para después rellenarlos con cocada blanca. El color de los limones rellenos es verde brillante, pues antes de introducirlos en el almíbar, se cuecen con bicarbonato de sodio; de lo contrario, la cáscara tiene una tonalidad muy oscura.

→ dulce de limón con coco

LINOGAO

Preparación similar a la morisqueta que se elabora con arroz cocido en agua y piloncillo. El platillo es de origen oriental y en México se consume en la Costa Chica de Guerrero.

LIPA-CA-SUI-LA ◆ flor de cocohuite

LISA

Nombre aplicado a diversas especies de peces de la familia de los mugílidos, con características similares; las principales son *Mugil cephalus*, *Mugil curema* y *Mugil haspes*. Son peces de cuerpo alargado, ojos grandes, lomo color verde olivo y costados plateados; habitan en los fondos arenosos y lodosos del Golfo de México y el océano Pacífico, donde se puede pescar todo el año. La especie más conocida y apreciada en el país es la *Mugil cephalus*, se vende fresca, ahumada o seca y salada; su carne es oscura, de sabor fuerte, con muchas espinas, por lo que en general se come frita. En la isla de Mexcaltitán, Nayarit, la lisa salada es el pescado que más se consume, además de que forma parte de la dieta básica de los habitantes de la región. Es común encontrar en las cocinas de los hogares lisas colgadas, y en las aceras de las calles lisas abiertas por la mitad, puestas a secar al sol. Las lisas se asolean durante un día y después se comen asadas o fritas en manteca de cerdo; en ocasiones se dejan secar durante dos o tres días para conservarlas y consumirlas en tiempos de escasez, en este caso se pueden comer guisadas en salsa de tomate, asadas o fritas. En Oaxaca, se preparan capeadas con huevo, en salsa de

miltomate o jitomate. En diversos estados de la república como Campeche, Tamaulipas y Veracruz, la hueva de lisa es muy apreciada; se come fresca, semiseca o seca y salada y existen varias formas de prepararla: frita, capeada, empanizada, mezclada con huevo o guisada con chile, tomate y cebolla para tacos o tostadas.

Conocida también como:

◇ cabezona o cabezuda (*Mugil cephalus*)
◇ churra (*Mugil cephalus*)
◇ curisma (*Mugil cephalus*)
◇ lebrancha (*Mugil curema*)
◇ lisa blanca (*Mugil curema*)
◇ lisa cabezona (*Mugil cephalus*)
◇ lisa hospe (*Mugil hospes*)
◇ lisa macho (*Mugil cephalus*)
◇ lisa rayada (*Mugil cephalus*)
◇ liseta (*Mugil curema*)

LITSOKNI ◆ apompo

LLANERITO ◆ hongo blanco

LLIGUE

Preparación elaborada con granos de maíz remojados, limpios y molidos, que forman una especie de pozol; posteriormente se mezcla con una salsa preparada con chiles costeños y guajillos. El lligue sirve de base para preparar el consomé de la barbacoa que se elabora en Tezoatlán, Oaxaca, región de la Mixteca Baja.

LLUALE ◆ jagua

LOBINA NEGRA (*Micropterus salmoides*)

Pez de agua dulce, carnívoro y voraz, cuyo nombre deriva de lobo. Su cuerpo es color gris verdoso, con escamas suaves, robusto, fusiforme y comprimido; comúnmente mide 1.5 metros de longitud. Se encuentra todo el año en diferentes regiones del país, especialmente en el lago de Pátzcuaro, la laguna de Tacámbaro, en Michoacán, y en el río de Culiacán, Sinaloa. Cabe mencionar que en algunas regiones llaman lobina a un robalo, pese a que son especies totalmente diferentes. Su carne es blanca y con pocas espinas; suele marinarse en jugo de limón, naranja agria o vinagre, para eliminar el sabor a humedad. Por lo general se utiliza para preparar sopas o se corta en filetes o postas para freír o guisar con cualquier salsa regional. En Culiacán se prepara un cebiche llamado callo de lobina. En Durango y Coahuila es frecuente su consumo: se prepara frita en aceite, previamente rociada con jugo de limón, sal y pimienta.

Conocida también como:

◇ fino
◇ huro
◇ robalo de aguas dulces
◇ trucha de Pátzcuaro

LOMITOS DE VALLADOLID

Platillo elaborado con trozos de lomo de cerdo guisados en una salsa espesa y martajada de jitomate, orégano, chile verde o seco y chile habanero entero. Es típico de la ciudad de Valladolid, Yucatán, de donde toma su nombre, aunque también es frecuente que lo preparen en Mérida. A la base anterior se le puede agregar recado rojo, ya sea en la salsa o untado en la carne. En ocasiones se sirve con rebanadas de huevo cocido y se come en tacos a la hora del almuerzo, acompañado con ibes, frijoles colados o penchuques.

LOMO DE CERDO

Corte de carne de cerdo en forma de caña; se considera un corte fino, apreciado por su suavidad, pero es un poco seco. Por lo regular se hornea y se sirve rebanado, aunque existen muchas preparaciones con lomo de cerdo, por ejemplo el lomo adobado, borracho, enchilado, mechado o claveteado, queretano, relleno y los lomitos de Valladolid. En Comitán, Chiapas, se prepara el lomo de cerdo en salsa de ciruela pasa. Al lomo se le introducen almendras peladas y ciruelas pasas y se baña con una salsa que contiene ciruelas, tomillo, mejorana, laurel, vino blanco, azúcar y cebolla. En Jalisco se prepara al tequila, en salsa de cacahuate o envuelto en penca de maguey.

LOMO DE CERDO ADOBADO ◆ adobo de cerdo

LOMO DE CERDO BORRACHO

Preparación tradicional de Durango elaborada con lomo de cerdo dorado y guisado en salsa de jitomate, cebolla, ajo, pulque, papas cambray doradas con ajo y chile verde; suele servirse rebanado con la salsa y una guarnición.

LOMO QUERETANO

Preparación tradicional de Querétaro elaborada con lomo de cerdo untado con sal, pimienta y pimentón; se dora en mantequilla con cebolla, ajo, chiles jalapeños y ciruelas pasas picadas o enteras y luego se le añade agua, se tapa y se cuece; suele acompañarse con verduras. Es conocido también como lomo negro.

LOMO RELLENO

Bisteces de lomo de cerdo rellenos o lomo de cerdo entero y mechado; dependiendo de la región de México donde se consuma. En Chilapa, Guerrero, es una preparación muy compleja: los bisteces de lomo de cerdo se colocan sobre una manta de cielo para formar una especie de tapete; sobre los bisteces se colocan tiras de tocino, rebanadas de huevo cocido, almendras picadas, pasas, tiras de chile chipotle y un picadillo de carne de cerdo condimentado con jitomate, cebolla, ajo, clavo, pimienta, canela, trozos pequeños de piña y plátano macho. Todo se envuelve, se amarra y se cuece en agua con tomillo, mejorana, laurel, ajo, cebolla, pimienta, clavo, canela y sal. Una vez cocida la carne, se retira la manta de cielo, se rebana el rollo de carne y se acompaña con una ensalada de verduras cocidas y picadas como calabacitas, ejotes, zanahorias y cebolla; además se le agrega lechuga picada, rábanos, cebolla en rodajas y rajas de chile jalapeño fritas. En Comitán, Chiapas, los bisteces de lomo de cerdo se condimentan con consomé en polvo, pimienta y ajo picado; sobre ellos se coloca jamón, rajas de pimiento verde y rojo y cebolla; se enrollan y amarran con hilo de cáñamo, se introducen en agua para cocerlos y posteriormente se envuelven en papel aluminio y se hornean. Por último, el rollo se baña con una salsa preparada con crema, almendras y el jugo de la carne licuados y se vuelve a hornear. El platillo se acompaña con rebanadas de huevo cocido y perejil chino.

LONCHE

Palabra que deriva del inglés *lunch* y que se refiere a los alimentos que se llevan a los lugares de trabajo. Se emplea como sinónimo la palabra itacate (del náhuatl *itacatl*). En México, la costumbre de transportar alimentos durante los viajes o a los lugares de trabajo es muy antigua. La comida que incluyen los lonches varía dependiendo de las costumbres alimentarias de la región. Por ejemplo, en el Distrito Federal el lonche puede ser una torta, un tamal o una torta de tamal; en Durango son diferentes tipos de gorditas de maíz; en Chihuahua son los burritos; en el sur de Veracruz y Tabasco, en particular para las personas que trabajan en los complejos petroquímicos, puede ser un bistec o guiso con frijoles negros o plátanos machos fritos; en Jalisco son las tortas de carnes frías o queso. Por extensión, en los estados del norte "lonchear" es sinónimo de comer y es común escuchar expresiones como: "vamos a lonchear", "estamos loncheando en el mercado" y "es la hora de lonchear".

→ torta

LONCHERÍA

Establecimiento donde se venden lonches. Dependiendo de la región, los alimentos o lonches que se venden en las loncherías varían. En el Distrito Federal son negocios donde generalmente se venden tacos fritos, tortas, tostadas y, en ocasiones, ensaladas de frutas. El servicio comienza desde la hora del almuerzo y termina a la hora de la merienda; en muchas ocasiones los clientes piden sus alimentos para llevar a casa. Hace algunas décadas fueron muy comunes y populares, sin embargo, actualmente existen pocas loncherías. En Jalisco, Coahuila y Colima, lonchería puede ser sinónimo de tortería, ya que en esos estados a las tortas se les llama lonches. En el sur de Veracruz las loncherías abren desde las cuatro de la mañana, ya que generalmente los clientes son trabajadores de la industria petroquímica, cuyas jornadas laborales comienzan a las seis o siete de la mañana.

LONCHES BAÑADOS

Torta originaria de Guadalajara, Jalisco, preparada con birotes chicos partidos por la mitad, rellenos de pierna de cerdo y bañados con una salsa elaborada con caldo de carne, puré de tomate y chiles chipotles adobados. Para prepararlas se lleva el pan a la mesa en platos hondos y cada comensal unta sus panes con una mezcla de crema y mostaza; agrega la carne, la baña con la salsa caliente y finaliza agregando cebolla picada. Este tipo de pan de costra dura sólo se encuentra en Jalisco y es básico para preparar la torta y que no se deshaga al bañarla con la salsa; es por ello que se dice que no es posible cocinarlas fuera del estado.

LONGANIZA

Embutido largo y delgado elaborado con carne de cerdo adobada y picada; es similar al chorizo, aunque más delgada y no se amarra en segmentos. Se asa o se fríe para comer en tacos, con huevo, frijoles, o como relleno de diversos antojitos. Su nombre proviene del latín vulgar *lucanicia*, como se llamaba a las salchichas de Lucania (hoy Basilicata), quizá deformado por influencia del adjetivo *longum*, que significa largo. Para su elaboración, la carne de cerdo se macera por lo menos una noche en un adobo. Las tripas de cerdo se lavan, se inflan, se tienden y se dejan secar al sol; después se remojan para hacerlas suaves y se rellenan con la carne. Por último, las longanizas ya embutidas se vuelven a colgar para secarlas y en ocasiones se ahúman. Este embutido llegó a México a través de España, aunque aquí tomó características particulares al integrar ingredientes nativos en su preparación; actualmente es posible encontrar muchas recetas populares y regionales. En Ocosingo, Chiapas, se prepara con carne de res maciza con grasa y carne de cerdo y el adobo se elabora con pimienta negra molida y ajo; se distingue de las del resto del país porque no lleva chile. En Chilapa, Guerrero, la longaniza se cocina con pierna o lomo de cerdo molido y condimentado con una mezcla de chile guajillo, vinagre, laurel, clavo y sal. En Actopan, Hidalgo, la carne se macera en una preparación tersa de chile ancho, vinagre, ajo, comino, pimienta negra y orégano. En Cocula, Jalisco, lleva chile chilacate (colorado), pimienta, comino, canela, clavo, orégano, ajo, vinagre, jugo de limón y jugo de naranja. En el Estado de México se utiliza espaldilla, a la que se le añade más de 15% de grasa o unto y menos condimento que al chorizo, por lo que en esa entidad la longaniza es un producto de menor calidad que el chorizo. En general, en todos los estados del sureste se utiliza achiote para dar color a la longaniza, lo que no implica que la carne sea de calidad inferior. En Emiliano Zapata, Tabasco, y otros sitios del estado, el adobo para la carne se compone de ajo, sal, pimienta de Tabasco, comino, pasta de achiote tabasqueño y jugo de naranja agria; las longanizas se dejan secar al sol durante tres días. En Teapa se prepara una longaniza ahumada que recibe el nombre de enjamonada. En Xalapa, Veracruz, se prepara con carne maciza, unto de cerdo, chile ancho, ajo, comino, orégano, sal y vinagre. La longaniza que se vende en los mercados populares por lo regular procede de las localidades de Banderilla, Naolinco o Perote y se utiliza como botana o se guisa con frijoles; también se come acompañada con tortillas, rebanadas de aguacate y salsa de chile seco. En Banderilla la longaniza se ahúma a fuego lento de leña hasta que el adobo se seca y la carne queda medio cocida. Es una guarnición típica de la carne salada y los frijoles negros refritos. En Yucatán se condimenta con un recado rojo que casi siempre incluye semillas de achiote, pimientas negra y gorda, clavo, orégano, sal, cebolla y ajo finamente picados. En los mercados de Mérida y varios sitios de Yucatán se vende la llamada longaniza de Valladolid, la cual se ahúma durante 12 horas con leña verde. Antiguamente se elaboraba con carne de venado, y hoy gozan de gran prestigio la longaniza de Valladolid y la de Hoctún. En Zacatecas y San Luis Potosí la longaniza se adoba con pimienta, pimentón, comino, clavo, tomillo, mejorana, ajo, chile colorado o cascabel y vinagre de yema.

LOOBABI CHULI ◆ uva de monte

LORO

Nombre que se aplica a varias especies de peces de la familia de los escáridos. Son peces de cuerpo robusto, oblongo y algo comprimido. Estos animales de gran colorido son capturados de forma incidental en las aguas saladas de México. En el Golfo de México se capturan *Scarus coeruleus*, *Sparisoma chrysopterum*, *Scarus guacamaia*, *Sparisoma axillare*, *Nicholsina usta*, y en el océano Pacífico *Scarus perrico*. La especie más importante para el consumo es *Scarus guacamaia*, que se pesca en el Mar Caribe. Tiene cabeza verde y cuerpo café anaranjado; mide unos 70 cm de longitud. Su carne blanca y jugosa se corta en filetes o trozos para asar, freír u hornear.

Conocido también como:

◇ guacamaya
◇ vieja lora

LUCERO ◆ cabrilla

LUNAREJO ◆ pargo

M

MA´ACH
Guiso ancestral y ceremonial de Tamazulapan, en la sierra Mixe de Oaxaca. Se acostumbra preparar el 1 de agosto de cada año, un mes antes del inicio de la cosecha, como parte del ritual para asegurar abundancia. En él, todos se sientan alrededor de la olla a comer el *ma´ach*. El platillo contiene maíz, frijol y calabaza, que desde tiempos ancestrales han sido la base de la dieta de los mexicanos. Actualmente existen versiones no tan diferentes a las del pasado, una de ellas se prepara con salsa de jitomate y chile pasilla que se vierte sobre pedazos de tortilla, ya sean de maíz o de maíz mezclado con papa cruda molida. El platillo caldoso se sirve en tazones con guías de calabaza cocidas. Este platillo también se elabora para festejar algún nacimiento.

MACABÍ O MACHETE (*Elops saurus*)
Pez de forma alargada, de 60 cm de largo, dorso verde azulado y costados plateados. Se pesca de manera ocasional en el Golfo de México. Su carne es suave, roja y esponjosa con muchas espinas y se emplea para preparar albóndigas.

Conocido también como:

⋄ chilillo
⋄ chiro
⋄ lisa francesa
⋄ malacho
⋄ matejuelo real
⋄ piojo

MACAL ◆ malanga

MACÁN
Agua fresca elaborada con arroz crudo remojado, piña, canela y azúcar. Es típica de Cuajinicuilapa y la Costa Chica de Guerrero.

MACARELA
Nombre que reciben algunas especies de peces, las más importantes son: *Decapterus muroadsi, Elagatis bipinnulata y Scomber japonicus*. Sus cuerpos son fusiformes, alargados, con dorso azul metálico y vientre plateado; miden entre 30 y 60 cm de longitud y pesan alrededor de 3 kg. Es posible pescarlos con las sardinas, de junio a septiembre, en los litorales de la península de Baja California, las costas de Sonora y en el Pacífico. Su carne se clasifica como azul, es decir, oscura y grasosa. En general se vende enlatada o ahumada y se acostumbra desmenuzarla para preparar tostadas o ensaladas. Cuando se consigue fresca se hornea o se fríe, pero principalmente se prepara en cebiche.

Conocida también como:

⋄ caballa
⋄ cachorreta
⋄ jurel mexicano (*Decapterus muroadsi*)
⋄ macarela de altura (*Elegatis bipinnulata*)
⋄ macarela del Pacífico (*Scomber japonicus*)
⋄ macarela estornio
⋄ macarela salmón (*Elegatis bipinnulata*)
⋄ plátano (*Decapterus muroadsi*)
⋄ salmonete (*Elegatis bipinnulata*)

→ charrito

MACARRÓN ◆ mostachón

MACHACA
Carne de res salada, secada al sol y machacada, típica del norte del país; puede ser gruesa o fina como pelusa. La machaca de calidad se elabora con lomo de res y no debe presentar nervios o pedazos grandes de grasa; la que se prepara con pulpa negra o aguayón es de inferior calidad, pero con muy buen sabor. En algunos lugares de prestigio la machaca se selecciona dependiendo del tipo de carne que se utilice. Su nombre proviene de la acción de machacar la carne con una piedra o palo, en lugar de cortarla, molerla o hacerla picadillo. Se machaca (según el uso más tradicional) sobre un tronco de mezquite con un marro de madera del mismo árbol hasta lograr el grueso deseado y de nuevo se deja secar. Por lo regular la carne se sala y se deja secar, después se dora en las brasas, se remoja en agua para rehidratarla, retirarle el exceso de sal y ablandarla. Después de remojarla se exprime fuertemente y luego se fríe para prepararla en cualquier guiso. Según algunos autores, la machaca se ha elaborado en el norte de nuestro país desde el siglo XVIII, con el fin de conservar la carne para su consumo diario durante largos periodos. En los estados del norte se puede comprar la carne en pedazos para machacar-

la en casa; de hecho, en varias cocinas de Sonora y Sinaloa es frecuente ver una piedra negra aplanada por un lado y curva por otro que sirve para esto. La machaca con huevo (o machacado con huevo o huevos revueltos con machaca) es una de las maneras más populares para preparar esta carne; se acostumbra comer en el desayuno o la cena, acompañada con tortillas de harina de trigo, frijoles y café. Con ella se rellenan las burritas o chivichangas. Aunque los habitantes de los estados del centro del país ven este platillo como la única forma de comer la machaca, pues es muy popular en casas y restaurantes por igual, en el norte del país existen muchas otras recetas. Se puede guisar con ajo, cebolla, jitomate, chile y, en ocasiones, trocitos de papa y con huevo. Según ciertos recetarios antiguos se debe agregar poco huevo, pues solamente sirve para unir todos los ingredientes. Se acompaña con tortillas de harina de trigo y frijoles. Es habitual que en los restaurantes de Baja California Sur sirvan la machaca de res con cebolla fileteada y rajas delgadas de chile poblano, sola o revuelta con huevo en el desayuno. En Coahuila, la machaca se elabora poniendo el bloque de carne en el horno o en el comal para que se caliente, se suavice y pueda desmenuzarse en el molcajete o con la mano del metate; después se fríe con manteca de cerdo, cebolla, ajo, chile poblano o ancho y jitomates asados martajados; se cuece hasta que la carne se suavice y se obtenga un guiso caldoso que se come con tortillas de harina de trigo; en ocasiones se mezcla también con huevo. En Chihuahua y Durango es usual el caldillo de carne seca o de machaca. En Nuevo León suelen guisarla con jitomate, cebolla, ajo, chile serrano, revuelta con huevo, de forma similar a la que preparan en Coahuila. En San Luis Potosí, por su parte, la condimentan con chile colorado y la preparan con huevo. En Sonora la machaca se sirve en el desayuno, la comida o la cena; al mediodía se acostumbra comer en asados, sopas, caldos y diferentes guisos como la machaca con verduras, guisada con papas, chile verde, tomate y cebolla. A su vez, de la machaca derivan los mochomos. En la península de Baja California, Sonora y Sinaloa se elaboran también machacas de pescados y mariscos que no se salan ni se secan al sol; son, por el contrario, alimentos frescos, cocidos, desmenuzados y guisados que semejan alimentos machacados. Así, está la machaca de atún o algún otro pescado, de langosta o de camarón; se guisan con cebolla, ajo, jitomate y chile verde del norte o serrano. En Sinaloa se consumen especialmente como botana las machacas de camarón y de pescado, en otros estados también se usan como relleno de tacos, burritos o algún otro antojito. La machaca de langosta en ocasiones puede incluir trocitos de papa; se acostumbra comer a cualquier hora del día, sola o como relleno de burritas.

Conocida también como:

◇ carne machaca (Sonora)
◇ machacada
◇ machacado (Nuevo León)

MACHACA DE IGUANA

Carne de iguana desmenuzada, guisada con una salsa de chile ancho, ajo, sal y pimienta. Es típica de Sonora.

MACHACA DE MANTARRAYA

Carne seca de mantarraya cocida, desmenuzada y marinada en jugo de limón con pimienta y sal. Se guisa con cebolla, ajo, ejotes, zanahoria, chile jalapeño, puré de jitomate, cerveza y laurel. Este platillo puede encontrase en las costas de Sonora, donde es común la raya conocida como mantarraya.

MACHACA DE VENADO

Carne seca de venado elaborada con el mismo procedimiento que se utiliza para la de res. Suele guisarse con chile guajillo, ajo y sal; se sirve acompañada con frijoles y tortillas de harina de trigo. Es un platillo típico de la comunidad kumiai.

MACHACA DE VÍBORA

Carne de víbora de cascabel seca y deshebrada, guisada con salsa verde, aunque puede prepararse con otro tipo de salsa. Se elabora en Sinaloa.

MACHACADO ◆ machaca

MACHACADO DE SANDÍA

Agua fresca elaborada con agua, azúcar y sandía machacada. Su nombre se debe a los trocitos de sandía que flotan en el agua. Es tradicional del puerto de Veracruz entre las familias antiguas, aunque lentamente ha caído en el olvido pues hoy la mayoría de la gente prefiere licuar los ingredientes.

MACHACADOR DE FRIJOLES

Utensilio fabricado con madera o metal que consta de un mango en cuya punta se encuentra una plancha con agujeros. Es indispensable para preparar los frijoles refritos, pues con él se pueden martajar durante el proceso de fritura. Actualmente se utiliza cada vez más el machacador de papa, que tiene los agujeros más grandes, que hace un trabajo muy similar, así como la licuadora que muele los frijoles pero les cambia la textura.

MACHETE

1. Cuchillo grande de diversas formas que sirve para cortar, es un instrumento indispensable para el campesino. En la cocina se emplea para cortar piezas grandes o duras como los cocos, la caña de azúcar, las hojas de plátano, pescados de gran tamaño, huesos de animales y diversos tipos de pencas.
2. Quesadilla elaborada con tortilla de masa de maíz de forma muy alargada que rebasa los 30 cm de largo; por sus proporciones y forma recibe este nombre, dada su semejanza con el instrumento de trabajo. Debido a su gran tamaño, puede estar rellena de hasta dos tipos diferentes de guisado. Este tipo de quesadilla parece ser única de la colonia Guerrero, en la delegación Cuauhtémoc del Distrito Federal.

→ colorín, macabí

MACHETÓN ◆ jinicuil

MACHI (*Cyperus esculentus*)

Hierba silvestre de la familia de las ciperáceas, cuya raíz contiene una bolita pequeña. Los tarahumaras acostumbran recolectarla durante abril para comerla cruda.

MACHIGUIS

GRAF. machigua, machigue, machiguix, machihue, machihuile, machihuix o machihuy. Palabra proveniente del náhuatl *maitl*, mano y *chihua*, hacer; hacer algo con las manos. Término con el que se conoce el agua con que las tortilleras se enjuagan y mojan las manos al elaborar las tortillas de maíz. Se utiliza en las regiones de habla náhuatl del centro del país.

Machín ◆ robalo

Machitos

1. Entramado del intestino delgado o tripa de leche de la res. Dependiendo del lugar, se preparan de distintos tamaños; se cuecen, se fríen y se sirven picados o simplemente cortados por la mitad para comer en tacos; se acostumbra acompañarlos con salsa picante o guacamole. En los restaurantes típicos y en las cantinas se sirven como entremés.

2. Mezcla de vísceras de cabrito para asar, que se elabora con el hígado, el corazón y las partes grasosas del intestino, todos ellos picados y envueltos en la tela del estómago y con la tripa se amarra el envuelto. Cuando está crudo mide unos 20 cm de largo y 8 de diámetro; al cocerse (por una hora, aproximadamente) queda de 15 por 6 cm. Es la forma más suave de todos los machitos. Otro machito se prepara de la misma forma que el asado, se cuece en agua y se fríe antes de servir; es más chico, crudo mide 15 por 7 cm y cocido 10 por 5 cm; por lo general se rebana o pica para comerse en tacos. Se acostumbra prepararlos en Nuevo León. Otros machitos son los elaborados con las vísceras del borrego, pero la diferencia con los anteriores es que éstos últimos son más delgados. Después de cocerse se sacan del recipiente para asarlos en plancha; antes de servirlos en tacos requieren de por lo menos dos horas de cocción. Crudos miden 20 por 8 cm y cocidos unos 10 por 4 cm.

3. Nombre con el que se conoce en el Estado de México al prepucio del carnero o del cordero; se come cuando se sacrifican los animales.

Macho

Vísceras y partes internas del cabrito (corazón, bofe, hígado y riñón) embutidas en morcón y horneadas. Lo acostumbran consumir los mascogos de Coahuila.

Machuc

Preparación elaborada con hígado de cazón que se macera en jugo de limón, se lava y se coloca entre el rescoldo del fogón, envuelto en hojas de plátano.Una vez cocido, el hígado se machaca y se come en tacos con salsa de chile habanero. Es típico de la isla de Holbox, en Quintana Roo.

Machuca de plátano ◆ machuco

Machucadas

Tortillas de maíz recién preparadas que en la Mixteca Alta se sirven bañadas en manteca de cerdo requemada, salsa de ajo y queso fresco. Reciben ese nombre porque la masa fresca se machuca.

Machucado

Comida que se sirve a los músicos de una banda, como una forma de agradecimiento después de que tocaron en algún evento. Se sirve también al inicio del estiaje. Se elabora con memelas que, una vez cocidas, se machucan en el metate, se regresan al comal y sobre ellas se esparce una salsa preparada con chile, jitomate, ajo, cebolla y hojas de aguacate, frijol amarillo o pepita de calabaza molida. Al añadir la salsa, ésta hierve, cocinándose junto con las memelas machucadas que se sirven acompañadas con quelites hervidos, carne seca salada y asada o chilacayote cocido. Es costumbre que todos los invitados se sienten a comer alrededor del comal. Esta preparación es típica de los mixes de Oaxaca.

Machuco o machuca de plátano

Platillo elaborado con plátanos de Castilla, verdes y a medio madurar, molidos en metate, fritos con manteca de cerdo, cebolla, chile verde y ajo; tiene apariencia de sopa espesa o pasta suave. Se sirve acompañado con frijoles de la olla, camarones cocidos, chicharrón de cerdo o chile seco molido. Es un platillo afromestizo que se prepara en diversas zonas del estado de Veracruz. En la zona norte del mismo estado el guiso sólo se cocina con plátano, manteca de cerdo y sal; se le llama machuco de plátano de Castilla.

→ mogo mogo, molotes de plátano

Maciza

Término que se emplea para denominar a la carne firme sin hueso, que no contiene grandes vetas de grasa. Principalmente hace referencia a las carnitas de cerdo, en particular a piezas como la pierna o la falda. A pesar de ser muy apreciada, suele mezclarse picada con otros cortes para preparar las carnitas mixtas y comerse en tacos.

Macochín ◆ guamúchil

Macum

GRAF. makum o mac cum. Del maya *mak*, tapa y *kum*, olla, olla tapada. Nombre que reciben distintas clases de guisos de carne de pescado cocinada a fuego lento con diversas especias en una olla de barro. En la península de Yucatán es una preparación tradicional. Por lo general el pescado se corta en rebanadas o postas, se unta con recado rojo de achiote diluido en jugo de naranja agria, se deja marinar para después cocerse a fuego lento en una salsa elaborada con jitomate, cebolla, ajo, comino, orégano, clavo, chile dulce y *xcatic*, orégano y perejil. Todo se envuelve en hojas de plátano para conservar los jugos y aromas. Entre los pescados más comunes para preparar este guiso se encuentran el mero, el robalo, la cherna, el huachinago y el pámpano. Se acostumbra comer como platillo principal en las comidas del mediodía, acompañado con arroz blanco y frijoles colados. Con esta misma técnica se pueden encontrar guisos preparados con un recado diferente, como el macum negro, que sustituye el recado rojo por recado negro.

Macús

GRAF. macuse. Palma que crece en Chiapas, de la que se aprovechan sus frutos carnosos empleados en diversos guisos de la región del Soconusco; se añade como verdura en caldos de res; se capea y se sirve con caldillo de jitomate, o se revuelve con huevo. Sus semillas dulces se comen frescas. También se acostumbra comer la flor amarilla capeada, sola, con caldillo de jitomate o en recado de azafrán.

Madre

Nombre con el que se conoce a la colonia de bacterias que aparece en el proceso de fermentación del vinagre como el de piña, plátano o cualquier otro; es la base para producir más vinagre. Cuando inicia el proceso de preparación se espera a que éste fermente y madure el tiempo suficiente (varios meses) hasta que se desarrolla la madre; a partir de este momento se puede retirar todo el vinagre que se haya producido y se deja la madre en el mismo recipiente para después añadirle agua con algún elemento dulce disuelto en ella y realizar de nuevo el mismo proceso. El tiempo de preparación del vinagre depende del clima y de la acidez e intensidad de sabor que se desee obtener en el producto. Por lo general, el vinagre de piña y el de plátano son de sabores muy suaves; los de vino o caña son más intensos. Existen algunas familias que todavía preparan su propio vinagre, cuyas madres tienen más de 50 o 70 años; incluso muchas veces las madres se heredan y cuando son muy grandes se dividen en porciones para regalarlas a vecinos o a diferentes miembros de la familia para que produzcan su vinagre.

→ asiento de pulque

MADRE CACAO ◆ flor de cocohuite

MADROÑO ◆ hongo panza agria

MAFAFA (*Xanthosoma robustum*)
Planta ribereña, acaule, con hojas ovaladas de hasta 1.5 metros, con inflorescencia columnar protegida por una espata. En Chiapas se come cocida como verdura; se emplea para preparar atoles y sus hojas tiernas se consumen como quelites. En Tuxtla y Zapotitlán, Puebla, con sus hojas se prepara el *paxnikak*. En la Mixteca oaxaqueña y la región del istmo se usan sus hojas para envolver los quesos de hoja.También se usan como jícara para tomar agua y, por su gran

tamaño, para transportar otros quelites. Para preparse como quelites hervidos, a las hojas, de gusto picante, se les arranca la vena, pues es la parte de sabor más fuerte. Existe la creencia de que si la persona que la recolecta es noble, ésta no picará, y si la persona es enojona o corajuda picará más. Las hojas también se pueden mezclar con masa de maíz para hacer memelas. Varios tubérculos de la especie *Xanthosoma* también se consumen en diferentes estados; un ejemplo es el tepexquelite, con el cual en Veracruz se realiza un atole.

Conocida también como:
◇ camote de huichicata
◇ camote macal
◇ huichicata
◇ macal o makal
◇ malanga
◇ tequexquelite

Conocida en otras lenguas como:
◇ *cacalacacaxtli* (Veracruz)
◇ *exquiquilit* (náhuatl, Puebla)
◇ *pa'xni'ca'ca* (totonaco, San Luis Potosí)
◇ *paxnikak* (totonaco, sierra Norte de Puebla)
◇ *pitzoquilit* (náhuatl, sierra Norte de Puebla)

Conocida en otras regiones como:
◇ arámicua (Michoacán)
◇ capote (Chiapas)
◇ caramicua (Michoacán)

◇ colomo (Sinaloa)
◇ hoja de huichicata (Mixteca oaxaqueña, Istmo de Tehuantepec)
◇ hoja de la comezón (Mixteca oaxaqueña, Istmo de Tehuantepec)
◇ hoja elegante (Estado de México)
◇ lampaz (Estado de México)
◇ quelite de la comezón (Mixteca oaxaqueña, Istmo de Tehuantepec)
◇ rejalgar (San Luis Potosí)
◇ tarabundi (Oaxaca)

→ malanga

MAGANZA
Dulce de biznaga, chayote y calabaza. Se desconocen su origen y el significado del término, sin embargo, es popular su preparación familiar que inicia tradicionalmente el Miércoles Santo, cuando hombres, mujeres, niños y ancianos participan en descortezar las biznagas, extraerles el duro corazón, además de separar las partes golpeadas y podridas; las mejores porciones se colocan en una enorme tina con agua de cal durante toda la noche. El Jueves Santo se hierve la biznaga, la calabaza y el chilacayote en agua con piloncillo y canela. Cuando está listo, el Viernes Santo las mujeres concurren a la iglesia con el dulce, el cual se reparte después del *via crucis* en el atrio del templo. Especialmente se da a los niños que se arremolinan alrededor de la maganza. Los niños acostumbran decir "vamos a la maganza" cada Viernes Santo. Este dulce es originario de Santa María Begoña, en Querétaro.

MAGUACATA ◆ ébano

MAGUEY
Nombre con el que comúnmente se conocen diversas plantas del género *Agave*. Con estas plantas se fabrican aguamiel, mezcal, tequila y pulque, entre otros productos. Conocido en náhuatl como *metl*.

→ agave, hongo cazahuate

MAGUEY AGUAMIELERO, MAGUEY BRONCO, MAGUEY CIMARRÓN, MAGUEY MANSO, MAGUEY PULQUERO o MAGUEY VERDE ◆ agave, pulque

MAGUEY ANCHO, MAGUEY DE MEZCAL, MAGUEY PAPALOTE o MAGUEY PAPALOMETL ◆ agave

MAGUEY DE CAMPO, MAGUEY ESPADILLA, MAGUEY ESPADÍN o MAGUEY DE FLOR ◆ agave, bacanora

MAGUEY TECOLOTE ◆ agave, lechuguilla

MAGUEY TOBALÁ ◆ agave, mezcal

MAHUACATA ◆ ébano

MAICILLO ◆ bushná

MAÍL ◆ chilacayote

MAÍZ (*Zea mays*)
Planta de la familia *Poaceae* (según *MOTOB*, 2011), base de la alimentación del mexicano, de la cual se tienen registradas en la actualidad hasta 305 diferentes especies. De manera general se puede describir como una planta de tallo cilíndrico que mide entre 1.5 y 3 metros de altura, o más en algunas variedades. Sus hojas, de forma alargada, nacen a lo largo del tallo, del cual surgen las mazorcas. Si bien su origen sigue siendo un tanto incierto, se han identificado como sus antecesores especies de *Tripsacum*. Varios autores coinciden en que procede de alguna región de Mesoamérica; algunos piensan que su cuna es el valle de Tehuacán, en el actual estado de Puebla; otras teorías lo sitúan en el valle de Oaxaca y ubican ahí mismo el sitio donde comenzó la domesticación y cultivo del maíz

Maíz. Códice Florentino, lib. II, fo. 28 r.

actual. En cualquier caso, es un hecho que México fue su cuna, más allá del área geográfica exacta donde originó. La planta que hoy se conoce como maíz necesita para su cultivo la mano del hombre, pues al estar protegidos sus granos con hojas, su dispersión debe hacerse de forma manual. Al lugar donde se desarrolla el maíz se le denomina milpa. Existen diversas variedades de maíz conocidas como criollas, que son las más utilizadas, en especial para elaborar tortillas. El conocimiento del uso adecuado de cada una de las variedades es fruto de la experiencia de miles de años y patrimonio de toda la humanidad, que se ha puesto en riesgo debido al desarrollo de variedades genéticamente modificadas. Entre las principales variedades de maíces criollos existen diferencias dramáticas entre el tamaño de las plantas y sus mazorcas, que pueden ir de los 7 cm (arrocillo amarillo) hasta los 32 cm (comiteco) de longitud. Entre las especies con más usos se encuentran: arrocillo amarillo, azul, blanco, blando de Sonora, bolita, cacahuacentle, camagua, celaya, chalqueño, chapalote, comiteco, conejo, cónico, cónico norteño, cuarenteño, cuatero, dulcillo del noreste, harinoso, jala, maíz dulce, mushito, nalte, olotillo, olotón, onaveño, palomero, pepitilla, reventador, sapo, serrano de Jalisco, tabloncillo, tehua, tepecintle, tuxpeño, vandeño, zamorano amarillo, zapalote y zapalote grande. El maíz amarillo es de grano mediano o grande y tono amarillo pálido; al cocerse con cal se vuelve más amarillo y produce una masa de este color; se emplea para elaborar tortillas, especialmente en el centro del país. El maíz azul es un nombre genérico aplicado a variedades de maíz color azul marino, negro, gris oscuro o verde oscuro, todos producen una masa color azul oscuro; se emplea para elaborar tortillas y quesadillas principalmente en el Distrito Federal, el Estado de México, Hidalgo, Morelos y Puebla, pues es muy apreciado por su color y sabor. El maíz blanco se utiliza también para elaborar tortillas en los estados que colindan con el Golfo de México, el sureste y también el centro del país. En la actualidad, en casi todos los pueblos indígenas de México se acostumbra ofrendar diversos ritos y fiestas a la planta antes de la siembra y durante todo su desarrollo. Entre las ofrendas más habituales se en-

cuentran el aguardiente, el café y las flores, diversos rezos y cantos específicos. Asimismo, se realizan fiestas como la de san Isidro Labrador en Metepec, Estado de México, donde se agradece al patrono la buena cosecha.

Maíz morado

Conocido en náhuatl como:

◇ *centli*
◇ *sentli*
◇ *sintli*

MAÍZ ACHEGUADO
Nombre que se da al maíz blando producto del exceso de cocción. Este término se utiliza principalmente en Tabasco.

MAÍZ AJO
Variedad de maíz en el que cada semilla tiene una cáscara muy similar a la del ajo. A los tarahumaras de Chihuahua, donde se conoce este maíz, no les gusta utilizarlo por el trabajo que requiere limpiarlo. Actualmente es difícil de encontrar pues, por la dificultad para prepararlo, dejó de cultivarse. Conocido también como áhuisi.

MAÍZ ANCHO ◆ maíz cacahuacentle

MAÍZ CACAHUACENTLE O MAÍZ POZOLERO
GRAF. maíz cacaguacincle, maíz cacahuacentli, maíz cacahuacincle, maíz cacahuacintle, maíz cacahuancencle, maíz cacahuancentle, maíz cacahuancentli, maíz cacahuancintle, maíz cacahuancintli, maíz cacahuatzintle o maíz cacahuazintli. Nombre que proviene del náhuatl *cacahuacintli*, de *cacahuatl*, cacao y *centli*, maíz. Maíz parecido al cacao; recibe este nombre debido al tamaño de sus granos. Maíz que produce mazorcas grandes con muchas hileras de granos blandos, anchos, redondeados y harinosos. En Tlaxcala se utiliza para preparar pinole, tamales y una golosina con piloncillo que se conoce como burritos. En Hidalgo se elabora con este maíz una bebida llamada achocote. Su uso más popular es para preparar pozole. Conocido también como maíz ancho.

MAÍZ DE GUINEO ◆ sorgo

MAÍZ DE TEJA ◆ girasol

MAÍZ DESCABEZADO
Nombre que hace referencia a los granos de maíz que les quitaron el centro o cabeza, por lo general con la uña del dedo pulgar, para lo cual es preciso cocer y lavar muy bien el maíz. Tras este laborioso proceso, los granos se vuelven a cocer, esta vez por mucho tiempo, hasta que florean. Este maíz se utiliza para preparar pozole.

MAÍZ MALPACHE ◆ malpache

MAÍZ NIXTAMALIZADO ◆ nixtamal

MAÍZ PALOMERO
Variedad de maíz con granos pequeños, color amarillo intenso como naranja que revientan con el calor y por ello se emplea para preparar las famosas palomitas de maíz.

MAÍZ POPOYOTE
Nombre que se le da en Jalisco al maíz que entra en proceso de putrefacción.

MAÍZ POZOLERO ◆ maíz cacahuacentle

MAÍZ PRIETO

Nombre que reciben algunas variedades de maíz de grano azul, verde, gris, morado o negro. Debido a que los colores no están totalmente definidos, se les denomina genéricamente como prietos. Aun cuando los granos posean un tono particular, al cocerlos pierden su tono natural y adquieren matices grises u oscuros, hecho por el que todos reciben el nombre de prietos. Se utiliza como cualquier otro maíz: en algunos lugares es muy apreciado por sus colores y con él se elaboran atoles, chileatoles, tortillas y postres como el punche.

MAÍZ REFREGADO ◆ refregar

MAÍZ SANCOCHADO

Maíz que se cuece en agua (sin cal), y se deja reposar hasta que se enfría, se enjuaga, se cuela y se muele fino en un molino. Con esta base se pueden elaborar diversos platillos, entre ellos los tamales colados.

MAÍZ TOQUERO

Nombre con el que se designa a los elotes desarollados o sazones (un poco antes de que maduren). Se utilizan para preparar las toqueras.

MAÍZ ZAPALOTE

Variedad de maíz que se emplea para elaborar algunos platillos, sobre todo en Oaxaca; suele ser un poco duro.

MAIZAL

Terreno destinado únicamente al cultivo de maíz. No debe confundirse con la milpa, ya que el maizal es un monocultivo y la milpa es un sistema agrícola destinado a la producción de diferentes especies.

MAIZENA® O MAICENA ◆ fécula de maíz

MAJADERA

Lugar donde se machacan, maceran o trituran las piñas de maguey cocido para sacarles el jugo, fermentarlo y producir un destilado. Este término se emplea sólo en algunas regiones del país.

MAJAGUA DE TORO ◆ guacima

MAJÉ ◆ mezquite

MAKAL ◆ malanga

MAKCHE ◆ nanche

MAKUM ◆ macum

MALA MUJER (*Cnidoscolus tehuacanensis*)
Planta herbácea que mide de 50 cm hasta 4 metros de altura. Posee tallos suculentos, amarillentos, cubiertos con nu-

merosos pelillos urticantes y flores blancas agrupadas. Se utiliza como cuajo natural para preparar requesón y quesos en la zona del valle de Tehuacán, Puebla y en Cuicatlán, Oaxaca. En San Luis Potosí y Querétaro los pames acostumbran preparar las flores y las hojas tiernas en tortitas con ajo y cebolla, y fritas en manteca de cerdo o aceite. Se suelen acompañar con salsas de nuez o de chile piquín y tortillas de maíz. Con su raíz o camote los pames de Querétaro elaboran un dulce con piloncillo. En Tamaulipas se guisan sus flores en salsa.

MALACOTE (*Hydrocotyle ranunculoides*)

Quelite acuático con hojas en forma de riñón. En el Estado de México se comen sus hojas y tallos al natural en forma de ensalada; se vende en los mercados populares de la entidad.

MALANGA O MAKAL

Bajo este nombre se reconocen varias plantas, la mayoría pertenecientes al género *Xanthosoma* y una al género *Colocasia*.

• *Colocasia esculenta*
Tubérculo originario de Asia que crece en regiones anegadas. Puede ser usado como camote, papa o yuca, dependiendo de la técnica de cocción. Su uso es muy variado en todo el estado de Veracruz en un sinnúmero de platillos, sopas, guisos, ensaladas, panes, pasteles, galletas, atoles, etc.; también se acostumbra comerla en Tabasco, donde se prepara de forma similar. De la planta que la produce se utiliza por lo regular su raíz o tubérculo, cocido, horneado, frito en manteca de cerdo o aceite. En ciertas zonas de Veracruz también acostumbran comer sus hojas tiernas como quelite. Su raíz es color café leñoso en su exterior y su pulpa es blanca grisácea con tonos púrpuras. Hirviéndola y deshidratándola se puede obtener harina. Los tubérculos tienen un gran contenido de almidón y su sabor recuerda al del camote de pulpa blanca. Existe registro de que las múltiples variedades de malanga se emplean en diversas preparaciones, casi todas ellas entre los grupos indígenas de los estados mencionados, aunque también se sabe que la consume la población mestiza de dichas localidades. Entre los platillos que se elaboran están la malanga frita, revolcada en ajo molido y sal que después se fríe; se come como botana en la mañana o en la noche. Mezclada con azúcar y frita se consume como pan o postre, acompañada con café u otra bebida. Cabe destacar que la malanga puede sustituir a la yuca o viceversa. Para preparar las hojas como quelite se necesita cierta destreza, pues la técnica requiere que se tengan las manos limpias y libres de rasguños (el jugo de las hojas produce ardor); si se rompe la hoja al separarla de la nervadura, es mejor tirarla, pues se amargarán irremediablemente. Una vez juntas las hojas se cuecen en agua con sal, por dos ocasiones, se tira después el agua del cocimiento. Las hojas cocidas por lo general se consumen en una salsa frita de pipián y ajonjolí con cebolla y manteca de cer-

do; la mezcla produce una especie de puré color verde, que se sirve en platos y se acompaña con jugo de limón, chiltepín seco molido y tortillas o tostadas. En La Esperanza, Santiago Comaltepec, Oaxaca, se guisa en amarillo.

Las variedades más utilizadas pertenecientes al género *Xanthosoma* son:

• *Xanthosoma sagittifolium*

Planta de hojas radicales cordado-ovadas grandes que salen de un rizoma, miden entre 30 y 60 cm de largo. Su inflorescencia es cilíndrica, protegida por una espata de color crema, y el rizoma o tubérculo es comestible. Se puede encontrar en lugares cálidos y húmedos, principalmente en Tabasco, Oaxaca, Yucatán, Chiapas, Jalisco y Veracruz.

• *Xanthosoma violaceum*

Planta tropical sin tallos, de hojas ovado-cordadas; mide entre 8 y 16 cm de largo de color violáceo oscuro, parte de un rizoma grueso, su inflorescencia se encuentra en espigas protegidas por una espata en forma de cucurucho. Puede encontrarse a las orillas de los lagos en Oaxaca, Chiapas y Yucatán. Entre los indígenas tzotziles, tseltales y zoques acostumbran comer su camote o raíz hervido como verdura.

• *Xanthosoma yucatanense*

Planta cuyo tubérculo se utiliza con frecuencia para aumentar y hacer rendir la masa de maíz para hacer atoles, tortitas, etc. Los chinantecos de Oaxaca la utilizan como hortaliza o la preparan en dulce con azúcar y panela.

La malanga es conocida también como:

◇ anona (*Xanthosoma sagittifolium*, Tabasco)
◇ apish (*Xanthosoma violaceum*)
◇ camote malango, a (*Colocasia esculenta*)
◇ capote de jardín (*Xanthosoma violaceum*)
◇ colomo anona
◇ macal (*Xanthosoma sagittifolium*, *Xanthosoma yucatanense*, península de Yucatán)
◇ malango
◇ manto de la reina (*Xanthosoma sagittifolium*)
◇ manul (*Xanthosoma violaceum*)
◇ pishi o pixi (*Xanthosoma sagittifolium*)
◇ quelite de cobija (*Colocasia esculenta*, Oaxaca)
◇ quelite de tarabundín (*Colocasia esculenta*, Oaxaca)
◇ tarabundi (*Xanthosoma sagittifolium*, Oaxaca)
◇ tequescamote (*Xanthosoma violaceum*)

La malanga es conocida en otras lenguas como:

◇ kakut makal (*Colocasia esculenta*)
◇ kukut makal (*Xanthosoma yucatanense*, península de Yucatán)
◇ x-makal (*Xanthosoma yucatanense*, península de Yucatán)

→ mafafa

MALPACHE

Nombre que los tarahumaras dan a una variedad de maíz que es muy duro y crece en las barrancas.

Conocido también como:

◇ chapalote
◇ maíz
◇ mal pache
◇ mayobachi

MALUCO ◆ jagua

MALVA (*Malva parviflora*)

Planta de la familia de las malváceas que mide entre 30 y 40 cm de alto, con hojas en forma de riñón, de 3 a 8 cm centímetros de diámetro, color verde oscuro. Es un alimento de los habitantes de las zonas rurales en los estados del centro del país. Sus hojas se consumen como quelite. Se preparan al vapor, fritas, en sopas, guisadas en salsa, o se añaden a guisos de cerdo o de res. Nunca se comen crudas pues son difíciles de digerir. Fue introducida por los conquistadores españoles a México. No se cultiva, sino que crece de forma espontánea en los huertos y en el campo. Se encuentra en los mercados populares regionales donde se vende por manojo a bajo costo. Conocida en el centro del país como malva de quesitos.

MALVARÓN

Quelite propio de las comunidades serranas del Totonacapan, al norte de Veracruz. Se consume como cualquier otro quelite y en un guiso llamado malvarón con ajonjolí que se prepara con hojas de malvarón, ajonjolí tostado, chile verde, jugo de limón y hojas de aguacate.

MALVAVISCO O BOMBÓN

Golosina elaborada con azúcar, claras, saborizantes y grenetina, cubierta con azúcar glass y almidón, lo que le da un aspecto polvoriento. Los colores tradicionales son el blanco y el rosa, aunque en los últimos años ya se producen con otros colores. Al parecer, la forma que se conoce deriva de una variedad muy popular en los países anglosajones. Algunas personas los ensartan en tenedores o palitos y los que man ligeramente en el fuego hasta que se doran y se suavizan. Con la misma masa que se emplea para elaborar el malvavisco se producen paletas cubiertas de chocolate, que gustan mucho a los niños.

MAMANXA

Gordita de maíz crudo y molido que se mezcla con queso rallado, bicarbonato de sodio, canela y piloncillo. Se cuece en comal sobre hojas de plátano o en piedras de hormiguero y se acostumbra comer como golosina en algunas regiones del estado de Querétaro.

→ memanxás

MAMAXTL ◆ lengua de vaca

MAMEY COLORADO (*Pouteria sapota*)

Fruto ovoide de la familia de las zapotáceas, que mide entre 8 y 20 cm de largo; su cáscara es de color pardo a moreno rojizo, es dura, quebradiza y áspera. Su pulpa es blanda, rojiza o rosada; tiene sabor muy dulce y delicado, y alberga una o dos semillas llamadas pixtles, que tienen forma elipsoidal, negro brillante y miden de 5 a 10 cm de largo, así como una notoria banda blanca o amarillenta en el centro. Es originario de Mesoamérica, quizá de las selvas de Chiapas o de Tabasco y Veracruz, donde todavía se encuentran en forma silvestre, aunque hoy predominan los cultivos extensos. Su nombre náhuatl *tetzontzapotl* significa zapote color de tezontle. El mamey es muy apreciado como fruta fresca, para hacer licuados con leche, helados, nieves o dulces con consistencia de mermelada. Es un fruto que se consume mucho como postre cuando se come solo.

Conocido también como:

◇ mamey
◇ zapote colorado (Chiapas, Tabasco, Veracruz)
◇ zapote mamey (Chiapas, Tabasco, Veracruz)

MAMEY DE SANTO DOMINGO (*Mammea americana*)

Fruto globoso y ovoide de 10 a 20 cm de diámetro, con cáscara gruesa color café pajizo y una o dos semillas muy grandes de textura leñosa que casi ocupan la totalidad de su interior. Su pulpa perfumada y carnosa es de color amarillo mostaza, de textura firme y crujiente cuando está madura, único estado en que se puede consumir como fruta fresca. Es un fruto de origen antillano muy apreciado en Tabasco, Chiapas y algunas partes de Veracruz, que es donde se cultiva. En la época prehispánica se empleaba para preparar un dulce que se elaboraba con pulque y miel de maguey mezclados en el molcajete.

Conocido también como:

◇ mamey (Tabasco)
◇ mamey amarillo (sureste del país)
◇ zapote domingo (Veracruz)

MAMÓN ◆ marquesote

MANÁCATA

Dulce de calabaza de Castilla o tamalayota cortada en trozos y cocida con piloncillo, anís y maíz cacahuacentle cocido, entero o molido. Es típico de la región de Tierra Caliente, Guerrero.

MANATÍ (*Trichechus manatus*)

Mamífero acuático de aguas dulces, cuerpo fusiforme, cara grande con belfos colgantes, ojos pequeños y cola en forma de remo redondeado. Llega a pesar hasta 600 kg y mide más de cuatro metros de longitud. Habita en Chiapas, Tabasco, Quintana Roo, Campeche y Veracruz. Es una especie en peligro de extinción, protegida por las leyes mexicanas, por lo que está prohibida para el consumo humano. Su población ha disminuido debido a la cacería indiscriminada en busca de su carne, que es considerada de alta calidad, grasa y piel, además de la contaminación de las aguas donde habita y la desecación de pantanos y lagunas. En el pasado fue un alimento para ocasiones especiales entre las comunidades indígenas cercanas a su hábitat.

Conocido también como:

◇ baclán
◇ pejebuey
◇ pejejudío
◇ vaca de agua
◇ vaca marina

MANCERINA

Utensilio compuesto por una taza y un plato unidos por la base de la taza, que se utilizó en la época colonial para beber chocolate. Se fabricaban con diversos metales o de cerámica. Su invención se atribuye al virrey Antonio Sebastián

de Toledo, marqués de Mancera, que gobernó la Nueva España de 1664 a 1673. Se dice que al virrey le temblaban mucho las manos y si la taza no estaba pegada al plato podía tirar el chocolate.

MANCHAMANTELES

Mole espeso de sabor dulce, elaborado con carne de cerdo preparada con chile ancho, clavo, pimienta, canela, cebolla, almendra, tomillo, orégano y ajo molidos. La peculiaridad de este mole está en que a la salsa se le añaden trozos de frutas tropicales como piña y plátano macho. El manchamanteles siempre ha sido considerado un guiso festivo típico de Puebla y Oaxaca, de donde se supone son originarias las recetas. En esos estados existe un gran arraigo a su consumo, aunque también se acostumbra comer en otros lugares.

• En el Distrito Federal, entre las familias antiguas que habitaban en la capital solía ser un platillo muy especial para el día de *Corpus Christi*, se preparaba con pollo o, en ocasiones, cerdo y pollo. La salsa se elaboraba con almendras, canela, ajonjolí, chile ancho, jitomate, piña, plátano macho y, en ciertos casos, jícama en cubos. También se encuentra con otras recetas, pues en la capital viven familias de todo el país.

• En el área de Chilapa, Guerrero, suele guisarse con carne de pollo o gallina en una salsa similar a las descritas, pero tiene la peculiaridad de que se le añaden jitomates asados y chile guajillo.

• En Jalisco se prepara con carne de cerdo o de guajolote; la salsa se elabora con chiles ancho y pasilla, vinagre, jitomate, almendras, especias, ajo, azúcar, trozos de chorizo y las frutas mencionadas. Se acostumbra servir con chiles en vinagre.

• El manchamanteles oaxaqueño es, con justicia, uno de los más célebres y uno de los "siete moles de Oaxaca". La salsa generalmente se elabora con chiles guajillo y ancho, jitomate, ajonjolí, cebolla, almendra, nuez, pasas, ajo, clavo, pimienta negra y gorda, canela y orégano, a la que se añaden trozos de plátano macho maduro y piña. A diferencia de otros, es más fácil encontrarlo con carne de pollo que de cerdo. En algunas recetas se le añade un chile muy particular y regional, el pasilla oaxaqueño, que le da un toque más picante y ahumado.

• Por el lado de la cocina poblana, las recetas antiguas de manchamanteles indican que la salsa se prepara con chile ancho, jitomate, cebolla, clavo, canela, comino, orégano y azúcar; en épocas pasadas se le agregaba carne de cerdo y de pollo mezcladas, pero actualmente por lo regular sólo se emplea una. Además de la piña y el plátano, también puede llevar camote y manzana. En el área de Huejotzingo es un mole festivo, especial para bodas; la salsa puede llevar chiles ancho y mulato, y freírse en poca manteca de cerdo. Las frutas que se le añaden suelen ser durazno amarillo, pera, manzana y plátano macho, todas cocidas dentro de la salsa.

→ siete moles oaxaqueños

MANCUERNA

Nombre que recibe un par de piezas de piloncillo. Antiguamente el piloncillo se vendía y se pedía así, y aún hoy en ciertas zonas rurales lo comercian de esta forma, aunque por lo general en los mercados populares de las ciudades se venden de forma individual.

MANDARINA (*Citrus reticulata*)

Cítrico agridulce con apariencia semejante a la de la naranja, con forma esférica ligeramente aplastada, cáscara anaranjada lisa o algo rugosa, floja y fácil de pelar. Es de origen asiático y se cultiva en regiones de clima cálido o semicálido; abunda de octubre a febrero, aunque se puede encontrar algunos meses antes y después. Las primeras cosechas de mandarina son muy ácidas, pero conforme avanza la temporada son más dulzonas, tanto, que al final de la temporada llegan a

Mandarina común

serlo más que las naranjas dulces. En estos últimos meses también se cosechan mandarinas de cáscara arrugada que parecen desinfladas y suelen tener los gajos resecos, por lo que su costo es muy bajo. La mandarina es un fruto muy popular que se pela con las manos y se come gajo a gajo como antojo. Es una fruta importante en los altares de muertos y, de hecho, cuando empiezan a venderse en los mercados, la gente sabe que se acerca el día de Muertos. En el centro del país, cuando es la temporada, se elabora con frecuencia el jugo de mandarina en juguerías y casas por igual. En los mercados populares existen distintas variedades:

• La mandarina común mide 7 cm de diámetro, se encuentra toda la temporada y es la más barata de todas.

• La mandarina Mónica se parece a la reina, pero la cáscara es color naranja en su totalidad. Tiende a ser ligeramente más pequeña y más uniforme en tamaño; es la variedad más dulce de todas.

• La mandarina miñola es semejante en su aspecto a la común, pero es más jugosa y casi no contiene semillas.

• La mandarina reina es de cáscara gruesa, verrugosa, color verde oscuro; tiene muchas semillas y grandes gajos (que la hace muy popular) y fácilmente rebasa los 10 cm de diámetro. Es muy dulce y se encuentra de noviembre a marzo. Es muy parecida a la mandarina Mónica, por lo que en ocasiones la gente compra indistintamente una y otra.

MANEA

Tamal elaborado con masa de maíz martajado mezclada con carne deshebrada, caldo y manteca de cerdo, de tal manera que la carne se encuentra distribuida en todo el tamal y no en el centro, como ocurre con la mayoría de los tamales en México. Es típico del estado de Tabasco y, en menor medida, de Chiapas. A la preparación clásica se le condimenta con cilantro picado y chile amaxito molido, pero se procura que no quede picante. La masa no se bate, como la de otros tamales, y es un poco seca. Se acostumbra acompañarla con salsa de tomate y queso doble crema, y todo se mezcla mientras se come. Normalmente mide 25 por 10 cm. Se envuelve en hoja de tó y suele servirse cortada en trozos. El día que se prepara se come fresca, pero también se puede comer en los siguientes días frita, asada o ahumada, y aunque se reseca, a decir de muchos, su sabor mejora. De la misma forma se prepara la manea de cerdo, a la que en ocasiones se le agrega cabeza de cerdo picada finamente y mezclada con la carne. En la misma entidad, las maneas de pejelagarto se cocinan mezclando masa de maíz con carne de pejelagarto asado, todo condimentado con achiote. En algunas regiones a estas maneas les llaman simplemente tamales de pejelagarto. En Ixtacomitán, Chiapas, las maneas se elaboran con masa de maíz mezclada con carne de cabeza y manteca de cerdo, condimentado con una salsa de jitomate, cebolla morada, cebollín, chile amaxito y chile dulce; se envuelven con hojas de plátano.

MANGATE

Dulce o pasta de mango similar al ate de membrillo o de guayaba, de donde deriva su nombre. Es un dulce tradicional y muy popular en Todos Santos, Baja California Sur, donde se utiliza como relleno de las famosas empanaditas dulces de la región. A diferencia de los ates que se elaboran en el centro del país, no se deja orear antes de venderse.

MANGO (*Mangifera indica*)

Nombre genérico que reciben alrededor de 50 variedades de frutas, de una gran diversidad de formas. En general tienen forma ovoide, redonda o algo puntiaguda; cuando están maduros la cáscara es amarilla, al igual que la pulpa. Originario de Sri Lanka, la India y el archipiélago malayo, fue traído a México a fines del siglo XVII y su cultivo se extendió muy pronto hasta adquirir gran importancia en el siglo XIX. Se consume principalmente como fruta fresca; por su dulzura se cuenta como un buen postre; también se encurte en aguardiente, se prepara en almíbar y se utiliza para diferentes dulces. En la cultura mexicana se le relaciona con todo lo que tenga que ver con lo dulce, sabroso, hermoso y seductor; es, quizá, la fruta favorita de muchos mexicanos. Entre las variedades que se encuentran en diferentes regiones del país están:

• El mango ataúlfo es de pulpa dulce y agradable, de calidad inferior al mango Manila debido a su pulpa fibrosa y a que no es tan perfumado. Algunos comerciantes poco honestos lo tratan de vender como si fuera de Manila; actualmente México cuenta con la denominación de origen del "mango ataúlfo del Soconusco, Chiapas".

• El mango cocoyo se encuentra en lugares semimontañosos; su árbol alcanza hasta 20 o 25 metros de altura y es de clima cálido húmedo; la recolección del fruto se realiza entre julio y agosto. Con este mango los nahuas del norte de Veracruz preparan un atole de mango.

• El mango criollo es pequeño, de 8 cm de largo, su piel es amarilla con tonalidades verdes; aunque tiene buen sabor y es dulce, se considera un mango de baja calidad porque su pulpa es muy fibrosa. En algunas regiones de Oaxaca y el sur de Veracruz se come verde (inmaduro) con chile, sal y limón; así se encurte también en aguardiente.

• El mango Manila es considerado el más fino y sabroso de todos; de pulpa muy suave, abundante, dulce, perfumada, casi no es fibroso. Normalmente mide unos 15 cm de largo por 8 en su parte más ancha, aunque los tamaños varían.

• El mango niño es el de Manila que no alcanza a desarrollarse o que se cosecha cuando aún es pequeño; mide entre 5 y 7cm de largo.

• El mango oro, de forma alargada, mide hasta 16 cm de largo, tiene cáscara verde oscura con grandes manchas rojas y a veces amarillas. Con frecuencia su pulpa es algo insípida. Cuando está maduro, pero aún firme, suele pelarse y se ensarta en un palo de paleta; en seguida se le hacen unos cortes transversales entrecruzados que le dan la apariencia de una cáscara de piña y se condimenta con chile en polvo, sal y limón para venderse como golosina en calles y

parques públicos. Muchos gustan de licuarlo para hacer agua de mango.

• El mango panameño, de forma ovalada casi redonda, mide 8 cm de diámetro y su cáscara verde presenta también manchas amarillas. Se vende en el centro del país y es de sabor dulce.

• El mango paraíso es una variedad de mango petacón.

• El mango petacón tiene forma casi esférica, el color de su piel varía ligeramente según la región; por lo regular es amarilla con grandes manchas verdes o rojas. Su nombre se debe a su gran tamaño y peso: fácilmente alcanza los 15 o 18 cm de diámetro y 700 gramos de peso, aunque los que se encuentran en los mercados miden en promedio 12 cm.

Su pulpa es firme, jugosa, carnosa y dulce; aunque es muy diferente al Manila, casi goza de la misma popularidad.

• El mango piña es regional de Tonalá, Chiapas, su piel es verde con tonalidades amarillas y pulpa acuosa. Por esto último no se corta en rebanadas, sino que se chupa, es decir, se le abre un hueco en la punta y se oprime con las manos mientras se succiona toda la pulpa con la boca. Su nombre se debe a que su sabor y el color de la pulpa recuerdan un poco los de la piña.

• El mango plátano se encuentra en ciertas partes de Tabasco; de forma muy alargada, casi cilíndrica, color amarillo intenso, su textura y el sabor de su pulpa se parecen al plátano.

• El mango rosa es una variedad redonda y aplanada, de cáscara verde oscura. Los más grandes miden 6 cm de diámetro y 2 cm de grueso, su semilla es totalmente plana. Es un mango escaso que apenas se comercializa en los mercados de Xalapa, Veracruz y, en general, del centro de ese estado. Su pulpa es muy dulce, por lo que a menudo se come como golosina.

MANITA ✦ hongo clavito, hongo escobeta, hongo pata de pájaro

MANITA AMARILLA ✦ hongo escobeta

MANITAS DE PUERCO ✦ escabeche

MANJAR

Postre de leche de origen español, que originalmente era salado. Se preparaba con pechugas de pollo cocidas, azúcar, leche y harina de arroz, cuyo resultado final era de sabor dulce; fue popular en el siglo XVIII. Más adelante en su manufactura desapareció la pechuga, la harina de arroz se sustituyó por fécula de maíz y, al final, se convirtió en un postre elaborado sólo con leche y harina. En la actualidad, esta preparación se parece más a una natilla. En Tabasco el manjar blanco se elabora con leche, azúcar, canela y fécula de maíz. Se adorna con pasitas y se espolvorea con canela molida. Tradicionalmente se sirve en copas o platitos hondos. Es un postre casero de las familias antiguas de Tabasco, al que también suelen llamar sólo manjar. El manjar real oaxaqueño es una variedad muy antigua de ante, actualmente casi desapa-

recida, que se cocinaba en los conventos con pechugas de pollo cocidas y molidas. Se le agregaban marquesotes empapados con almíbar, canela molida y pollo molido; el día viernes se preparaba sin pollo. Según algunos investigadores, el manjar real es el predecesor del ante. En Campeche el manjar blanco se elabora con leche de coco y arroz molido cocidos con canela en rajas; se espesa con masa y fécula de maíz, se aromatiza con agua de azahar, se vacía en un molde, se decora con canela molida y se sirve frío. En Chiapas se cocina el tamal de manjar, además del tradicional manjar que se produce con leche, azúcar, huevos, canela y maicena. En la zona centro del estado de Veracruz es una natilla de maicena y azúcar, se come como postre y se utiliza para rellenar panes y tamales. En Yucatán existen versiones muy similares a la campechana, en las que se utiliza leche de vaca con la pulpa de coco molida junto con su agua para incorporarlos al preparado. También existe un manjar de maíz azul o maíz morado.

MANJÚA (*Anchoa mitchilli*)

Pez que mide unos 8 cm de longitud, es translúcido con una línea plateada a lo largo de su cuerpo. Se pesca todo el año de manera informal en el Golfo de México, donde forma grandes cardúmenes. Su carne es blanca con muchas espinas que son comestibles. Regionalmente se consume como botana, frito, enharinado o empanizado, en tacos acompañados con limón y salsa picante o en tortitas fritas con caldillo de jitomate.

Conocido también como:

◇ anchoa
◇ pez rey

MANO

Sistema de medida que se utiliza en los mercados para vender los alimentos por grupos de cinco en una cantidad considerable; su nombre se debe a los cinco dedos de la mano. Los productos que más se venden por manos son el elote, la naranja y el aguacate criollo. Este tipo de venta se da principalmente en los tianguis y mercados rurales o a la orilla de los ríos en el sur de Veracruz, Tabasco y Chiapas, a donde llegan las canoas o pequeñas embarcaciones con los productos de áreas cercanas. Cuando se desean 10 o 20 piezas, se piden dos o cuatro manos, respectivamente, y así va aumentando hasta llegar a 79 manos, pues 80 manos forman un *tzonte*.

→ metlapil

MANO DE DIOS ✦ hongo escobeta

MANO DE METATE ✦ metlapil

MANOJO

Cantidad de hierbas en rama que se pueden coger con la mano. Las que más se venden por manojos en los mercados de México son las de epazote, cilantro, perejil, espinacas, cebollitas de cambray y romeros, entre otras.

Manojo de cebollitas de cambray

MANTA ✦ mantarraya, raya

MANTARRAYA

Nombre genérico para diversas especies de peces que se capturan y se consumen, sobre todo en las costas del Pacífico. Algunas que se acostumbra comer de manera regional en formas similares son: *Dasyatis longus*, *Manta birostris*, *Narcine entemedor*, *Rhinobatos glaucostigma*, *Rhinobatos leucorhynchus, Rhinobatos productus, Rhinoptera steinda-chneri* y *Zapteryx exasperata*. Se aprovechan para su consumo las aletas preparadas de forma tradicional en machaca de mantarraya, carne salada, en caldo, a la mexicana y en caguamanta. En Tamaulipas se pueden encontrar hamburguesas y jamones elaborados con su carne, y algunas preparaciones como mantarraya al pibil, tortas de mantarraya y dobladas de manta. En Baja California Sur se preparan los tacos de mantarraya con carne desmenuzada frita con ajo, cebolla, jitomate, chiles verdes y orégano. Se sirven acompañados con lechuga, salsa, rabanitos picados y crema fresca. A algunas especies se les conoce como guitarra, porque su forma recuerda a la del instrumento musical.

Conocida también como:
◇ guitarra eléctrica (*Narcine entemedor*)
◇ guitarra punteada (*Rhinobatos glaucostigma*, Jalisco, Sinaloa)
◇ guitarra rayada (*Zapteryx exasperata*)
◇ guitarra trompa blanca (*Rhinobatos leucorhynchus*)
◇ manta
◇ manta gavilán (*Rhinobatos steindachneri*)
◇ mantarraya gigante (*Manta birostris*)
◇ payaso (*Rhinobatos productus*)
◇ payaso pinto (*Rhinobatos glaucostigma*, Jalisco, Sinaloa)
◇ raya

→ raya

MANTECA

Materia grasa que se obtiene de los animales, especialmente del cerdo y la res, y de algunos compuestos vegetales como el cacao. La manteca de res se utiliza igual que la de cerdo, aunque es menos común en la cocina mexicana. La manteca vegetal se obtiene a partir de una mezcla de aceites vegetales y se utiliza principalmente en la panadería. Otro tipo de manteca se obtiene del cacao y se emplea en chocolatería y preparaciones de la cocina contemporánea.

MANTECA DE CERDO

Grasa que se obtiene picando el unto del cerdo y poniéndolo a fuego bajo hasta que la mayor parte se derrite, entonces se filtra la grasa líquida y caliente del unto y se obtiene la manteca que, una vez fría, se solidifica. En los pueblos y ciudades de México se producen dos tipos: la oscura y la blanca. Esta última es más clara y por ello se expende más cara. Se vende por kilo en las tiendas de abarrotes o en las carnicerías, y algunas compañías la ofrecen empacada. Como sustituto se emplea también manteca vegetal. En ocasiones la manteca de cerdo es muy blanca debido a que le añaden una pastilla que la tiñe. Se utiliza mucho en la cocina tradicional mexicana para freír gran cantidad de antojitos como quesadillas, tacos, flautas, empanadas, garnachas y muchos más. Es también indispensable en la preparación de panes tradicionales, para preparar la masa de tamales y para dar un sabor muy característico a distintos moles, pipianes y otros guisos típicos. En los lugares donde preparan carnitas se obtiene mucha manteca de cerdo y los pedacitos que quedan de la fritura se conocen como asientos de chicharrón.

MANTECA QUEMADA

Nombre que recibe la manteca de cerdo que se coloca en un pocillo o sartén y se deja quemar hasta que se ennegrece. En el centro del país, en los puestos de quesadillas y tlacoyos hay una lata encima del mismo comal donde se preparan estos antojitos, de la que la cocinera constantemente saca cucharaditas de manteca quemada para añadirlas a las quesadillas y los tlacoyos, lo que les confiere más sabor y una textura más crujiente. La manteca de cerdo que se vende en los mercados tiene otros usos, pero se considera que está cruda cuando se trata de preparar quesadillas, por eso es necesario quemarla. Contrariamente a lo que podría pensarse, no tiene sabor desagradable ni es amarga.

MANTECADA ◆ panquecito

MANTECADA DE PAPEL ◆ panqué

MANTECADO

GRAF. amantecado. Nombre que recibe en Veracruz y en otros estados la nieve o helado de vainilla o cacahuate. En el más estricto de los sentidos, es una mezcla entre la nieve y el helado, es decir, contiene agua y leche. Esta última se hierve con yemas de huevo y azúcar para dar mayor consistencia a la preparación. En ocasiones se añade colorante artificial amarillo, aunque se prefiere al natural. En el Estado de México se elabora con leche, yemas de huevo, vainilla, canela y azúcar; igual que otras nieves, se sirve sobre barquillos. En la península de Yucatán la mezcla del mantecado contiene leche, huevo, mantequilla, azúcar y harina de trigo.

→ hongo mantecoso

MANTECOSO, MANTEQUERA O MANTEQUILLA ◆ hongo mantecoso

MANTEQUITAS ◆ asientos de chicharrón

MANTO

Nombre que se aplica a varias especies herbáceas trepadoras del género *Ipomea*, cuyo tallo es voluble y sus hojas anchas, ovadas y cordadas; las flores monopétalas son de varios colores: morado, blanco, rojo y azul. Las variedades más comunes son: *Ipomoea indica, Ipomoea purpurea* e *Ipomoea volacea*. El nombre de manto proviene del hecho que la planta puede cubrir parcialmente el tallo de un árbol, una parte de éste o una sección de tierra. En Tuxtla Gutiérrez, Chiapas, se cocina el manto en caldo, una sopa sencilla de mantos cocidos en agua con sal caliza. Se sirve tibia acompañada con tortillas.

Conocido también como:
◇ hoja de manto
Conocido en la sierra Norte de Puebla como:
◇ hoja de siyo (totonaco)
◇ *isioquilitl* (náhuatl)
◇ siyo (totonaco)

MANTO DE LA REINA O MANUL ◆ malanga

MANZANA

1. *Malus pumila*. Fruto de la familia de las rosáceas que, probablemente, es el más cultivado en el mundo. La manzana es originaria de las montañas del Cáucaso, desde el mar Caspio hasta el mar Negro, llegó a los campos de cultivo mexicanos gracias a las semillas españolas. En Chihuahua existe una gran producción de este fruto, que se utiliza en muchas preparaciones regionales como pasteles, tartas, torrejas, al horno, chapeteadas o cubiertas. Además de comerse como fruta fresca en el país, durante la Navidad se prepara la ensalada de manzana. En Puebla, Tlaxcala y Veracruz se emplea su jugo para la producción de sidra. En los mercados de México se pueden encontrar diferentes clases, algunas producidas en nuestras tierras y otras importadas. La manzana panochera es una variedad que se utiliza para guisos

Manzana panochera

mexicanos. Es de tamaño pequeño, sabor agridulce y piel roja y verde. Se cultiva exclusivamente en Puebla y es difícil de conseguir fuera de la región apenas se comercializa en Tlaxcala y sólo en ocasiones la llevan a los mercados del Distrito Federal. Con frecuencia se corta en cubitos y se incluye en el picadillo de los chiles en nogada, pues no se despedaza y resiste la cocción. Existen algunas subvariedades de cáscara amarilla rojiza y pulpa muy dulce. La manzana criolla es regional de Tlaxcala, de sabor agridulce, tamaño mediano, forma casi redonda, cáscara amarilla pálida y textura muy acuosa. Se cosecha durante agosto y septiembre. Entre otras variedades de manzana están la de san Juan, la de san Miguel, la agria, la fina y la dulce.

2. Nombre que recibe una de las partes de la panza de res.

→ hongo tejamanilero

Manzana de coco

Órgano blando, esponjoso, de forma esférica y color crema, que crece dentro del coco. Es de sabor dulce y tiene textura de algodón. El tamaño ideal para apreciar su sabor es entre 3 y 15 cm de diámetro; puede crecer más, pero entonces se vuelve menos dulce. La manzana del coco es un privilegio que muy pocas personas pueden disfrutar, pues se necesita tener cocotales y dejar envejecer el coco por varios meses para que crezca. Casi siempre se consume al natural, aunque en algunos lugares se elabora también el dulce de manzana de coco.

Manzana de san Juan (*Malus baccata*)

Variedad de manzana pequeña que consumen mucho los tarahumaras de Chihuahua. Conocida también como sajuani.

Manzana de san Miguel (*Malus silvestris*)

Variedad de manzana, de sabor muy ácido, que sólo se consume cuando está muy madura. Se encuentra en Chihuaha, donde la consumen los tarahumaras. Conocida también como sho'coasi.

Manzana fina (*Malus silvestris*)

Variedad de manzana que consumen mucho los tarahumaras, en Chihuahua. Es roja cuando está madura a diferencia de la "manzana corriente" que es de color amarillo claro.

Manzanas al horno

Postre de manzanas enteras a las que se les retira el centro sin perforarlas completamente. Éstas se colocan en un refractario, se rellenan con mantequilla, un poco de miel y una raja de canela. Se hornean y se sirven con crema batida. Se acostumbra comerlas en Chihuahua.

Manzanas caramelizadas

Golosina muy popular en muchas regiones de México, que consiste en manzanas barnizadas o bañadas con caramelo teñido de rojo y ensartadas en un palito. Se venden por las calles para comerse como

una paleta. De la misma forma se preparan también los tejocotes.

Conocidas en Chihuahua como:

◇ chapeteadas
◇ manzanas cubiertas

Manzanilla (*Matricaria recutita*)

Hierba aromática de la familia de la asteráceas, con tallo de color verde pálido ramificado con flores similares a las margaritas, de pétalos blancos y centro amarillo. Es originaria de Europa y Asia. En México se vende fresca

por manojos en los mercados populares de casi todo el país y se dejan secar en casa para su uso posterior. Fresca o seca se prepara en infusión; en ocasiones, en el centro del país se añade al ponche de Navidad. En San Cristóbal de las Casas, Chiapas, también se conoce así al dulce de tejocote. Conocida en náhuatl como *xochipotonale*.

→ hongo tejamanilero

Manzanita

Nombre con el que se conoce al tejocote en Oaxaca y algunas regiones de Chiapas; por extensión, en Comitán, Chiapas, también se conoce así el dulce de tejocote.

→ nanche, hongo tejamanilero

Manzanita de almendra

Dulce elaborado con pasta de almendras a la que se le da forma de manzanas pequeñas, adornadas en la parte de arriba con un clavo de olor a manera de rabito. Se preparan en Comitán, Chiapas.

Mapache (*Procyon lotor*)

Del náhuatl *mapachtli*, de *maitl*, mano y *pachtli*, heno; o del verbo *mapachoa*, oprimir o estrujar algo con la mano. Mamífero de cuerpo rechoncho, pelaje largo, denso y suave de tono gris pálido que se oscurece hasta ser casi negro en el espinazo; tiene una especie de antifaz negro que rodea sus ojos. En la cola presenta anillos negros y blancos alternados; sus manos y pies son negros, con cinco dedos. La cabeza y el cuerpo miden de 45 a 60 cm, su cola de 25 a 32 cm; llega a pesar hasta 4 kg. Habita en casi todo el país. Es una especie protegida, pero en comunidades rurales de tradiciones centenarias se sigue consumiendo. En Rincón, Guerrero, se cazaba con frecuencia por su carne. En Tecololutla, Veracruz, los pescadores lo cazan durante el invierno para guisarlo en salsa verde, acompañado con ensalada de repollo y tortillas.

Los nahuas del norte de Veracruz lo cazan en la orilla de los ríos y en las milpas, pues se alimenta de peces y de maíz. Lo preparan en adobo, de forma similar al adobo de cerdo. Los indígenas de la tribu kiliwa, del norte de Baja California, preparan el mapache tatemado, aunque también lo consumen cocido en caldo, guisado o en barbacoa.

Conocido también como:

◇ lavador
◇ mapachito

◇ maxtlatón
◇ maxtle
◇ osito chico
◇ oso lavandero
◇ ratón lavandero
◇ tejón solitario

Conocido en otras lenguas como:

◇ *choopaaru* (cahíta)
◇ *k'ulu'* (maya)

MAPACHE EN ADOBO

Platillo que se elabora con mapache entero y limpio, untado con limón y con una pasta de chiles anchos, comino, orégano, sal y pimienta. Suele cocinarse a las brasas y servirse con ensalada de lechugas, rábanos y tortillas calientes. Esta exótica preparación puede encontrarse en algunas regiones de Sinaloa y Veracruz.

MAPACHE TATEMADO

Platillo que se elabora con mapache limpio y untado con manteca de cerdo y sal para cocerlo o tatemarlo en un hoyo de tierra con piedras al rojo vivo, cubierto con pencas de maguey. Este guiso es muy usual entre los kiliwas del norte de Baja California.

MARACUYÁ (*Passiflora edulis*)

Fruto del árbol del maracuyá perteneciente a la familia de las pasifloráceas, originario de la amazonia brasileña. Es de forma esférica u ovalada, mide hasta 10 cm de diámetro y es de color amarillo o purpúreo; su pulpa es muy aromática y contiene cerca de 250 semillas pequeñas de color café oscuro, cada una rodeada por una membrana mucilaginosa color amarillo. En México se cultiva principalmente en los estados de Veracruz, Oaxaca, Guerrero y Morelos. Se consume como fruta fresca y su pulpa se utiliza para la elaboración de mermeladas, dulces, licores, helados, entre otras preparaciones. Conocida también como fruta de la Pasión.

MAR Y TIERRA

Término con el que se conoce a infinidad de platillos que combinan productos del mar y animales terrestres, es decir, pescados y mariscos combinados con carne de res, cerdo, pollo, armadillo o iguana, entre otros.

MARAÑÓN (*Anacardium occidentale*)

Fruto carnoso de la familia de las anacardiáceas, de sabor agridulce, con la forma y el tamaño de una pera. Su piel es amarilla o roja. De la parte inferior del fruto cuelga una especie de almendra en forma de riñón, tan grande como una castaña, de donde se extrae la llamada nuez de la India. Es originario del Amazonas y se le conoce como *acaiu* en la lengua tupí del noreste del Brasil. En castellano se le denominó marañón, en referencia a la zona geográfica de la cuenca del río Marañón, de donde es natural el árbol. En México crece de forma silvestre a lo largo del litoral de los estados de Chiapas, Tabasco, Campeche y Yucatán, y se cultiva en las costas de ambas vertientes, especialmente en Guerrero, Campeche y Tabasco, donde se consume como fruta fresca y se licúa con azúcar y agua para hacer agua fresca. En Campeche, los frutos se deshidratan y también se preparan en conserva y licores macerándolos en alcohol. La nuez de la India gusta mucho como fruto seco; se come como golosina, igual que los pistaches o cacahuates.

→ dulce de marañón

MARCHANTE

Término que se utiliza en los mercados populares y es sinónimo, indistintamente, de vendedor o cliente. Por lo general el que vende, después de mencionar lo que se ofrece le dice "marchante" o "marchantito" al comprador potencial o real, para darle mayor confianza. El comprador, a su vez, pregunta el precio de algo utilizando el mismo término para obtener un mejor precio. Al parecer el nombre proviene del francés *marchand*, que quiere decir mercader.

MARGARITA

1. Coctel que es considerado el más conocido en México, muy solicitado en bares y restaurantes donde se sirve como aperitivo. Su invento se atribuye a una cantina de Chihuahua donde se empezó a preparar en 1942. Un margarita original se sirve en una copa para coctel escarchada con sal; la mezcla se prepara con tequila, jugo de limón, jarabe natural y triple seco o Controy®. Para servir, se adorna la copa con una rodaja de naranja o de limón. La popularidad de este coctel ha hecho que distintos fabricantes diseñen copas especiales para él y que en otros países se elaboren margaritas de sabores, naturales o a punto de nieve. Tal vez la más empleada sea la de fresa, tanto en México como en el extranjero, pero también se utilizan muchas otras frutas como tamarindo o mango.
2. Dulce típico de Toluca elaborado con coco teñido de amarillo. El dulce se rellena con una mezcla de fécula de maíz, agua y azúcar. Como no dura mucho tiempo fresco, sólo se prepara los fines de semana, que es cuando se consume en gran cantidad, junto con los demás dulces célebres de la capital mexiquense.
3. Dulce antiguo yucateco elaborado con pasta de almendra, cuya forma semeja la de una margarita. La pasta se prepara con almendras molidas y cocidas en miel de azúcar; se procura que queden en forma de vasitos muy pequeños, se cortan las orillas como pétalos, el centro se rellena con cocada y se adorna con grageas de colores.
4. Variedad de pan oaxaqueño a cuya masa de harina de trigo se le añade algo de manteca de cerdo y por ello forma parte del gran grupo de los llamados panes de manteca.

MARÍA GORDA

Postre jalisciense típico de Zapopan, preparado con una mezcla tersa de leche, elotes, azúcar y canela. La mezcla se cuece en una cazuela de barro hasta espesar y se sirve en pequeños moldes. Otra versión es un atole de maíz que se deja espesar antes de añadirle azúcar, leche, canela y vainilla. La mezcla se deja enfriar para que cuaje y se pueda cortar en cuadros o rebanadas, como el nicuatole.

MARILÓPEZ ◆ caléndula

MARINA

Pan redondo o con forma de media esfera, esponjoso y suave, de color café oscuro, que casi siempre se corta por la mitad y se rellena como torta. Los rellenos que más se utilizan son el de jamón y queso o el de pollo con mole. A diferencia de lo que ocurre con las tortas, no se le pone mayonesa, crema, frijoles ni otro relleno. Por extensión, a esta preparación también se le conoce como marina. Se elabora especialmente para las kermeses que organizan las iglesias, las posadas o fiestas de cumpleaños. En las primeras comuniones se preparan marinas más chicas de lo normal, de entre 6 y 8 cm de diámetro, pues está claro que una buena parte de los invitados son niños.

→ hojaldra

MARIPOSA MONARCA (*Danaus plexippus*)

Insecto que abunda en el Estado de México y Michoacán durante el invierno, proveniente de Canadá y Estados Unidos.

Los habitantes de la región recogen las mariposas recién muertas que encuentran en el suelo, les retiran las alas y las tateman para comerlas en tacos con salsa.

MARISCOS

Nombre con el que se denomina cualquier animal marino invertebrado comestible, esto es, todo tipo de moluscos y crustáceos como camarones, almejas, langostas, langostinos, calamares, acamayas, abulones y ostiones, entre otros. Entre los mariscos que más alta estima encuentran por parte del paladar mexicano, están los camarones y los ostiones, que se comen por igual en cocteles, cebiches, sopas o caldos, fritos o asados. Existen establecimientos dedicados en forma exclusiva a la venta de mariscos preparados a los que se les denomina coctelerías o marisquerías. Las hay de muchos tipos, desde las más sencillas, donde únicamente se venden unos cuantos tipos de cocteles, hasta las que cuentan con toda una carta digna del más exigente sibarita. Las ins-

talaciones pueden ir desde puestos improvisados en los mercados o en las aceras de las calles, hasta restaurantes bien establecidos. Como es lógico suponer, es en las costas mexicanas donde está más arraigado el consumo cotidiano de mariscos. Sería interminable mencionar todos los puertos o lugares que son famosos por sus especialidades en ambos litorales del país, como las jaibas de Tampico, el camarón de Campeche o de Mazatlán, los ostiones de Nayarit y Sonora, el abulón y la langosta de Ensenada y otras partes de Baja California, así como los diversos mariscos de Veracruz.

MARLÍN

Nombre que reciben varias especies de peces de la familia de los istiofóridos. Todos ellos nadan a gran velocidad, por lo que es importante su pesca deportiva. En general su carne, fresca o congelada, es roja y muy firme; se rebana en filetes para asar, freír o rebozar. También se consigue ahumada. En Nayarit la carne del marlín rayado es muy apreciada, se come en filetes y son típicos los tacos y las tostadas. En Sinaloa, especialmente en Mazatlán, su carne es

altamente valorada y consumida; por lo regular se venden las lonjas de la carne deshebrada, previamente ahumada con madera de mangle; se suele servir para botanear, aderezado con la salsa picante. Es típico con salsa de soya y jugo de limón, guisado en arroz y también es frecuente que se

coma en el desayuno guisado como la machaca de res. En México se consumen las siguientes especies:

• Marlín azul (*Makaira nigricans*)
Con dorso azulado, costados pardos y vientre blanco, además de que en todo su cuerpo tiene barras verticales color azul pálido. Mide de 3 a 4 metros de longitud y pesa 250 kg. Habita en el Golfo de México, donde se pesca todo el año.
 Conocido también como:
  ◊ aguja azul
  ◊ marlín negro

• Marlín blanco (*Kajikia albida*)
Posee características similares a las del azul, pero con costados de color uniforme. Habita en el Golfo de México y se puede pescar todo el año.

• Marlín rayado (*Kajikia audax*)
Tiene dorso azul oscuro, aleta dorsal de forma triangular, vientre plateado y bandas azules en los costados. Mide en promedio 1.6 metros de longitud y se pesca principalmente de mayo a octubre en Cabo San Lucas, La Paz y otros sitios de Baja California Sur.

MARQUESA, LA

Poblado que se ubica en el Estado de México, asentado en el cerro de La Marquesa. Forma parte de la sierra de Las Cruces que separa la cuenca de México del valle de Toluca. El poblado de La Marquesa es famoso porque en ambos lados de la autopista México-Toluca se establecen puestos de alimentos donde preparan quesadillas y otros antojitos, por lo que es un excelente punto de reunión y una buena opción para desayunar y cenar. Las quesadillas se preparan con masa de maíz azul, aunque también se pueden encontrar de maíz blanco; las tortillas son ovaladas y se rellenan con una gran variedad de guisos; el chorizo verde es típico de Toluca, por lo que se venden tacos con este relleno. Al salir de la autopista, por los caminos que conducen al cerro, se encuentran varios restaurantes especializados en la venta de trucha. Los fines de se-

mana el lugar es visitado por familias y parejas, y de lunes a viernes es frecuente encontrar estudiantes que se toman el día para ir a desayunar quesadillas.

MARQUESOTE O MAMÓN

Pan de dulce de color amarillo, de masa sumamente porosa y crujiente. Suele venderse rebanado. En general para prepararlo se baten claras de huevo a punto de turrón y se les añaden las yemas (que aportan el color amarillo), azúcar y harina de trigo. Se hornean en moldes, redondos o cuadrados, que se forran con papel de estraza para que el pan no se pegue. En algunos casos la harina de trigo se reemplaza

por fécula de maíz o pinole.
Se dice que en Oaxaca llamaron marquesote a este pan en honor a Hernán Cortés, quien fuera el marqués del Valle de Oaxaca. También se conoce como mamón, debido al hecho de que el pan mama o chupa el almíbar de piloncillo o azúcar con el que a veces se prepara. Se come como cualquier otro pan, pero es especial para hacer postres como los antes. En el Istmo de Tehuantepec suele servirse con chocolate-atole. También suelen decorarlos con turrón formando cruces o los nombres de los novios en caso de una boda, o con un merengue que se elabora con clara de huevo, azúcar y color rojo. En Chiapas es un pan típico que se elabora con claras de huevo, harina y yemas. En el Distrito Federal por lo general lleva azúcar en la superficie. En Chilapa, Guerrero, se utiliza para preparar la sopa de vino y los marquesotes en torrejas. En Veracruz se conoce principalmente en la cuenca del Papaloapan y en el sur del estado se come acompañado con leche, café o cualquier otra bebida, a la hora del desayuno o de la cena. También es base de postres regionales como la sopa borracha.

Conocido como:

◇ marquezote (Veracruz)
◇ sequillo (Distrito Federal)

MARQUETA

Nombre que recibe el bloque cuadrado de algún alimento cuyo tamaño, medida y peso varían. En México el coco, el tamarindo, el chocolate, el amaranto, el piloncillo, los camarones y el queso son algunos de los productos que suelen venderse por marqueta. La forma puede dar nombre al alimento como es el caso del queso de marqueta. Un caso especial es la marqueta de camarón, que siempre contiene cuatro libras de camarones seleccionados por su tamaño; en los supermercados llevan para su clasificación la letra U y alguna cifra para señalar cuántas unidades caben en una libra. Esto es, caben 12 camarones U 12 en una libra (48 en una marqueta).

MARQUETA DE NUEZ

Dulce de nuez en forma de barra o marqueta; la pasta se elabora con leche, azúcar, bicarbonato de sodio, glucosa y mantequilla. Se adorna con nueces enteras y se envuelve con papel celofán. Es tradicional del estado de Coahuila.

MARRANILLA

Alcohol adulterado o de pésima calidad. Es importante verificar que las etiquetas de las botellas de tequila, mezcales y otros alcoholes estén certificadas por los mecanismos reguladores de las mismas.

Conocido también como:

◇ alcohol marranilla
◇ cochinilla

MARRANITO

Galleta que se elabora en diferentes lugares de México. Su nombre se debe a la forma de cerdo en que se corta la masa. Tiene un fuerte sabor a piloncillo. En todas las regiones se elaboran con una masa hecha con harina de  trigo y endulzada con piloncillo, que se extiende con un palote, se corta y se hornea. En la mayoría de los sitios se venden en bolsitas de 3, 6 o 12 piezas. En Todos Santos, Baja California Sur, con la misma receta de la masa se preparan unas galletas redondas o en forma de estrella que se llaman arepas. En Chiapas, la masa contiene harina de trigo, piloncillo, manteca de cerdo, bicarbonato de sodio y sal; se corta en forma de cerditos o caballitos. Aunque se produce en varias regiones del estado, se dice que estos panecillos originalmente se preparaban en Suchiapa. En las panaderías del Distrito Federal la masa se prepara con harina de trigo, huevo, piloncillo, canela, bicarbonato de sodio y polvo para hornear; en ocasiones se barnizan con huevo y se les hace un adorno en zigzag con las uñas en toda la superficie. Son de consistencia suave. En las panaderías tradicionales de Hidalgo son muy socorridos y también los venden cerca de las casetas de cobro de las autopistas. En Veracruz son galletas de harina de maíz con piloncillo, muy duras y crujientes; en Xalapa se venden en las tradicionales tiendas de abarrotes y son asimismo muy comunes en Perote. Es fácil encontrarlos en puestos instalados a la orilla de la carretera México-Xalapa.

Conocido también como:

◇ cochinito
◇ marranitos de piloncillo
◇ puerquitos

MARRANO ◆ cerdo

MARRUBIO O MANRUBIO (Marrubium vulgare)

Planta herbácea de hojas opuestas, rugosas, ovales, blanco-lanosas. Se encuentra principalmente en la Meseta Central, donde se utiliza para la elaboración del amargo y el mezcal curado, entre otras preparaciones.

Conocido también como:

◇ uitsicua (Michoacán)
◇ uitzacua

MARTAJADAS

Nombre con el que se conoce a las tortillas gruesas que se rompen en pedazos para prepararlas en un guiso igual a los chilaquiles. Conocidas también como gorditas martajadas.

MARTAJAR

Acción de quebrar o moler un alimento a medias. Tal vez uno de los usos más frecuentes del término es para designar el acto de martajar el maíz. Para obtener maíz martajado se muele el grano, pero se dejan algunas partes pequeñas o granitos sin moler.  Es muy frecuente que en ciertas regiones de México se elaboren tortillas o masa para tamales de maíz martajado. Se conjetura que en algunos casos se podía deber a la prisa o a que no se podía moler muy finamente, pero lo cierto es que actualmente se deja el maíz en este estado a propósito. En la manufactura de salsas también se emplea la palabra. Para hacer una salsa martajada los ingredientes se muelen o se machacan en el molcajete hasta que quedan medio molidos, con trozos de jitomate o tomate. Es una textura muy socorrida, que se prefiere a las salsas totalmente molidas. Un ejemplo es el aguacate del guacamole que, por lo regular, se martaja sin molerse del todo. Actualmente hay quienes utilizan la licuadora de tal forma que los alimentos ahí procesados les queden únicamente martajados y no licuados.

MASA

Mezcla que resulta de la incorporación de diversos ingredientes; de textura suave y maleable que sirve para elaborar diversas preparaciones. En el país se utilizan básicamente tres tipos de masa. La masa de maíz se hace mezclando el maíz molido cocido previamente con agua y cal; en algunos casos se la añade harina de trigo. Se utiliza para hacer tortillas, antojitos y bolitas de masa. Puede incluir diversos elementos como hierbas, flores o chile. La masa de harina de trigo se utiliza para las tortillas de harina; para elaborarla, se mezclan agua, harina y manteca de cerdo, se amasa y se deja reposar para después bolearse y palotearse en forma de tortillas. Finalmente, la masa de trigo para pan de dulce y de sal se elabora con harina de trigo, algún líquido como agua o leche y generalmente un elemento graso como manteca vegetal, manteca de cerdo, aceite, margarina, mantequilla u otro; en ocasiones se deja fermentar y se vuelve a amasar antes de hacer figuras para ser horneadas. Otra preparación a la cual también se le denomina masa es la masa para tamales.

MASA COLADA

Masa que se utiliza para preparar tamales, principalmente en Chiapas, Campeche, Tabasco y Yucatán. Se llama así porque la masa se obtiene tras moler el maíz, colarlo y después cocerlo con agua o caldo y manteca de cerdo; aunque en cada estado se encuentran ligeras variantes, en todos es la masa más fina de todas las que se emplean para elaborar tamales. En Tabasco se cuece un poco el maíz en agua hirviendo y cuando la orilla de los granos se siente algo cocida se tira el agua. Acto seguido se lava el maíz, se muele con agua, se pasa por un colador grande primero y después por una manta de cielo, para atrapar cualquier residuo, llamado *xix*. Luego, se deja reposar para poder eliminar el exceso de agua, se le añaden manteca de cerdo y sal, y se pone a cocer con agua sin dejar de mover hasta que espesa y al hervir, revienta en grandes burbujas. Al enfriarse la masa se hace más sólida, pero siempre es muy suave. De la misma forma se prepara en Chiapas y en Campeche. En Yucatán la técnica es muy similar, pero el maíz se cuece con algo de cal. En algunos lugares de Chiapas y Tabasco el *xix* de maíz se ocupa para hacer un tamal llamado socuco.

MASA DE AGUA

Masa elaborada con harina de trigo mezclada con agua, que en ocasiones contiene azúcar o sal, dependiendo del tipo de pan que se vaya a preparar. Ésta es una de las formas más sencillas de preparar pan y una de las primeras en las que se empezó a producir en el Virreinato. Introducido por los españoles, suele ser un pan a base de agua, por lo que se le denomina también pan de agua o pan español. En realidad, este término se emplea popularmente para diferenciar a los panes que se confeccionan con masa de agua a los de masa de manteca. En México nadie necesita explicar que la masa de manteca de cerdo, que se emplea para preparar diversas variedades de pan de dulce, es mucho más sabrosa.

MASA DE MAÍZ O MASA PARA TORTILLAS

Masa que se utiliza para preparar las tortillas de maíz en todo el país. El maíz se cuece en agua con cal, se deja reposar toda la noche, se enjuaga y se muele en molino; en algunos lugares agregan sal o un poco más de cal a la masa. Esta última sirve para que no se eche a perder tan pronto, aunque se torna más amarilla. Cuando el efecto de la cal ha pasado, la masa tiende a blanquearse nuevamente. Esta masa también se utiliza para elaborar tamales, mezclándola con manteca de cerdo, sal y el caldo de la carne con que se rellene. Para que la masa esponje se le agrega tequesquite o polvo de hornear y se bate. De cualquier manera, esta masa es más pesada que la llamada masa colada. Cabe mencionar que en el norte del país la masa para preparar tortillas o masa de tortillas está hecha de harina de trigo.

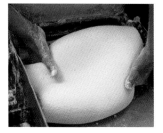

MASA DE MANTECA

Término que en panadería hace referencia a masas de harina de trigo que por lo regular están endulzadas con azúcar o piloncillo, mezcladas con manteca de cerdo, que es la que le da un toque especial y un sabor exquisito. En sus inicios, hablar de pan de masa de manteca o pan de manteca era un símbolo de refinamiento o solvencia económica debido a que la manteca de cerdo, durante mucho tiempo, fue escasa y costosa. Con ella se prepara una gran variedad de panes en todo el país, tan sólo en los Valles Centrales de Oaxaca se pueden encontrar: azucenas, borregos, canillas, finos, orejas, patitas, rejillas, tacos, limas, costras y cuernos, entre muchos otros.

MASA DE PAN DE DULCE ◆ hojaldre, pan de dulce

MASA DESLEÍDA

Bebida que los mayas de Quintana Roo preparan con masa de maíz desleída en agua. La textura espesa de la misma dependerá estrictamente del gusto del que la prepara, al final se le agrega azúcar o miel de abeja melipona. Se dice que no es bueno tomar esta bebida si estuvo mucho tiempo expuesta al sol, ya que puede provocar cólicos.

MASA FEITÉ ◆ hojaldre, pan de dulce

MASA MADRE ◆ siembra

MASA MARTAJADA

Masa de maíz en la que los granos procesados quedan un tanto granulosos o quebrados; la masa se deja deliberadamente con esta textura para preparar tamales y antojitos. Conocida también como masa refregada.

MASA PARA TORTILLAS ◆ masa de maíz

MASA RESOBADA

Término que en panadería se utiliza como sinónimo de una masa de harina de trigo que ha sido reamasada.
→ resobar

MASA ROYAL ◆ pan de dulce

MASA-HARINA

Nombre que recibe la harina para tamal de marca comercial. Su origen es la harina para tamal o la harina de maíz recién hecha que se utiliza para preparar tamales. Los fabricantes la designan como masa instantánea de nixtamal.

MASAFINAS

Variedad de panecillo o tortilla de masa de maíz. La masa con la que se elaboran se muele en metate y se deja secar al sol para luego volverse a moler junto con panela. La masa se coloca en círculos de hojas de maíz, se cubren con otros círculos de la misma hoja, se aplastan y se cuecen en comal.

MASAN

Nombre genérico aplicado a crustáceos de agua dulce. También se le puede encontrar escrito como mazan, sobre todo en Tabasco y otros estados del sureste mexicano.

→ acocil

MÁSCUTA

Palabra que proviene del purépecha *máskuta*. Variedad purépecha de pozole que preparan los habitantes de las riberas del lago de Pátzcuaro. Se prepara con maíz rojo, frijoles cocidos, cilantro y chile. Es un platillo festivo que se elabora principalmente en julio, durante las fiestas de Santiago.

MASU ◆ matzú

MATALÍ (*Tradescantia zebrina*)

GRAF. matal o matalín. Planta rastrera que mide de 20 cm a 1 metro de altura. Posee hojas ovaladas con terminación en punta, color verde con el envés morado o púrpura con rayas. Pueden medir de 3 a 7 cm. Se emplea en Tabasco para preparar agua fresca. Conocida también como cucaracha.

MATALISGUATE ◆ mocoque

MATANCERO

Nombre con que se designa al encargado de la matanza y destace de la res.

→ caldo matancero

MATANZA ◆ quelite de llovizna

MATARRATA O MATARRATÓN ◆ flor de cocohuite

MATIADO

En la región de la Huasteca hidalguense se denomina así al sembradío de maíz o frijol.

MATSOC ◆ sagú

MATZÚ (*Cordia dentata*)

Árbol que llega a medir hasta 10 metros de altura, de abundantes flores color blanco cremoso; produce frutos de forma globosa color blanco translúcido en estado maduro, con textura mucilaginosa que se consumen frescos.

Conocido en Chiapas también como:

◇ gulaber
◇ masu
◇ nanguipo

Conocido en Oaxaca también como:

◇ calavera
◇ galabera
◇ gulabere blanco
◇ gulavere
◇ moquillo
◇ sasnil
◇ zazamil

◇ Conocido en Veracruz también como
◇ baboso
◇ gravel
◇ gulaber
◇ moquillo
◇ olavere
◇ zazamil

→ ciricote

MAXA ◆ venado

MAXOCOTE ◆ chupandilla

MAXTLA ◆ lengua de vaca

MAYACASTE

GRAF. mayacate o mayacaxte. Palabra que proviene del náhuatl *maitl*, mano y *yacatl*, nariz. Camarón típico del sur del estado de Veracruz. Existen dos variedades: el mayacaste chico (*Macrobrachium acanthurus*) y el mayacaste grande (*Macrobrachium carcinus*). Ambas variedades se consumen igual que los camarones.

→ acamaya, chacal

MAYA

Grupo étnico que se concentra en los estados de Campeche, Yucatán y Quintana Roo. Se caracteriza por ser numeroso y culturalmente homogéneo, además de que representa la mayor concentración de indígenas en una sola región. De acuerdo con el Censo de Población y Vivienda 2010, habitaban el país un total de 796 405 hablantes de lengua maya. Las zonas agrícolas maiceras presentan los porcentajes más altos de población monolingüe de maya. Las mujeres emplean más la lengua maya que los hombres, y las nuevas generaciones hablan más el español. Los mayas basan su visión del mundo en el cultivo del maíz. En algunos lugares aún se rinde culto a deidades mayas prehispánicas como los *cháak-es*, o dioses de la lluvia, a quienes se les ofrecen ceremonias anuales denominadas *ch'a cháak* con objeto de atraer las lluvias y obtener buenas cosechas en las milpas. La principal actividad de subsistencia de los campesinos mayas es la agricultura que se practica con la técnica de roza, tumba y quema, en un suelo muy delgado y pedregoso. Cultivan hortalizas, árboles frutales y crían aves y cerdos. La apicultura es una fuente importante de ingresos, lo mismo que la extracción del látex del chicozapote para elaborar el chicle y la pesca de langosta en Quintana Roo. Algunos productos característicos de los mayas son: achiote, colorín, chicozapote, chile amaxito, ojite, pámpano, pepita de calabaza y venado, entre

otros. Entre sus platillos más representativos están el atole de maíz remojado, *chac col*, *chac op*, *chak wuaj*, chulibul, panuchos, papadzul, *pox*, pozol, *sac col*, *saká* y tanchucuá, entre otros.

MAYO

Grupo étnico asentado en el noroeste del país, entre los estados de Sonora y Sinaloa. Actualmente representan la población indígena más numerosa de Sonora. En Sinaloa las comunidades mayos se localizan en los municipios de El Fuerte, Choix, Guasave, Sinaloa de Leyva y Ahome, mientras que en Sonora se encuentran en los municipios de Álamos, Quiriego, Navojoa, Etchojoa y Huatabampo. Se calcula que antes de la llegada de los españoles vivían alrededor de 30 mil personas a las orillas de los ríos Fuerte y Mayo. Gracias a la labor de los jesuitas, a lo largo de la segunda mitad del siglo XVI inició el proceso de concentración de las comunidades mayo. Actualmente en buena parte de los ejidos de los mayos participan los mestizos como ejidatarios. Éste es un aspecto de gran relevancia, ya que a diferencia de otros grupos indígenas que han podido mantener una delimitación territorial, los mayos no lo han hecho debido a la gran penetración de la población no indígena en toda la comarca. Para el pueblo mayo la naturaleza es el ser proveedor del mundo; así, en la danza del *Venado* y la de *Pascola* le cantan a las flores, a las aves y a los venados. La cocina de los mayos, como espacio físico, se ubica a un lado de sus viviendas, con el fogón en el suelo y al centro el *chiname*, que es como se conoce un cercado de carrizo que puede ser pared o cerco solar. Siempre habrá en la cocina un trípode (orqueta triple) de madera, que se utiliza para colocar una olla de barro con comida caliente. La cocina mayo es sencilla pero digna de probarse. En ella no existen platillos sofisticados, pero sí una gama de sabores que resultan de la combinación de maíz, trigo, frijol blanco y otros vegetales propios de la región, así como carne y pescado. Entre las frutas con que se alimentan están el mezquite, la tuna, la pitahaya y el guamúchil.

MAYONESA CON CHIPOTLE

Aderezo que se elabora licuando mayonesa con chiles chipotles. Se consume untada sobre pan o tostadas de maíz y como acompañamiento de pescados y mariscos empanizados o capeados. En algunas marisquerías en Baja California Sur la utilizan para aderezar el atún enlatado. Conocida también como mayonesa de chipotle.

MAYORDOMÍA

1. Fiesta tradicional en México. La mayordomía es un cargo honorario que en muchos casos se adquiere con varios años de anticipación, para el ofrecimiento de ofrendas, co-

Cambio de mayordomía en el Istmo de Tehuantepec, Oaxaca

midas, elaboración y gastos que implica una fiesta. Existe un sinnúmero de mayordomías en muchos lugares de México y múltiples guisos asociados a estos eventos. Los moles de mayordomía son por lo general de grandes proporciones y se elaboran en días y fechas específicas.
2. Cargo y empleo de mayordomo o administrador.

MAZAMORRA

Especie de papilla muy espesa, de consistencia pastosa, elaborada con granos de elote cocidos con leche o caldo, a la que se le añaden habas verdes cocidas y huevos. Es tradicional en varias poblaciones de Querétaro donde se acostumbra especialmente para el Jueves y Viernes Santos. Conocida también como mazamorra de elote.

MAZAN ◆ masan

MAZAPÁN

Dulce cocido en horno, elaborado con pasta de almendras molidas con azúcar. Es un producto de origen español, que en México ha tomado un sinnúmero de modalidades. En Toluca se prepara con pepita de calabaza, en lugar de almendra, y se moldea para obtener figuras de palomas, patos o cochinitos. En Yucatán existen varios tipos de mazapanes de origen conventual, que no son fáciles de encontrar actualmente; el mazapán de almendra es una mezcla de almendras molidas y almíbar que se cuecen hasta formar una pasta suave, que en ocasiones se perfuma con esencia de rosas. Pueden elaborarse figuras de frutas o animales. En Tlacotalpan, Veracruz, el mazapán de almendra se combina con una pasta de mamey, azúcar y miel. Sobre un papel encerado se extiende con un rodillo la pasta almendrada, se cubre con el puré de mamey y se enrolla, luego se envuelve para que se conserve suave. Para servirlo se rebanan rodajas de unos 2 cm de grueso. El mazapán de pepitas de calabaza se prepara con la misma técnica, pero sustituyendo las almendras por pepitas de calabaza. Puede llevar agua de azahar y se corta en rombos; suele fabricarse en dos colores (rosa y blanco). Estos dulces guardan mucho parecido con los jamoncillos del centro y norte del país. Con la masa de cualquiera de los dos tipos de mazapanes se elaboran las bolas de huevo y los zapotitos. A la masa de las primeras se le agregan más yemas de huevo (para teñirla de amarillo) y con ella se hacen pequeñas bolitas. Para los zapotitos la masa del mazapán se moldea en forma de un mamey en miniatura y se revuelca en canela molida para imitar el color de la piel del fruto. En todo el país se vende también un dulce de marca comercial, que es quizás el más popular de todos, fabricado con cacahuate molido y azúcar, pero no se cuece: se conoce como mazapán de cacahuate.

Mazapán de cacahuate

MAZATE

Mamífero cuya apariencia es semejante a la del venado con manchas blancas en el lomo. Los mazatecos acostumbraban comer su carne.

MAZATECO

Grupo étnico originario del estado de Oaxaca, en las regiones de La Cañada y el valle del Papaloapan-Tuxtepec que abarcan tres regiones ecológicas: la tierra caliente, la tierra

templada y la tierra fría. El territorio comprende una parte alta enclavada en los contrafuertes de la Sierra Madre Oriental y una parte baja ubicada en la cuenca del Papaloapan. El Censo de Población y Vivienda 2010 reportó 230 229 hablantes de mazateco en todo el país. Destacan por su concentración de población mazateca los municipios de Huautla de Jiménez, Nuevo Soyaltepec, Santa María Chilchotla, San José Tenango y San Felipe Jalapa de Díaz en Oaxaca, y Playa Vicente en Veracruz. La pesca y la agricultura son las actividades económicas más importantes. La agricultura de autoconsumo cada día está más desplazada por la tecnificada de cultivos de caña de azúcar y de café, y por las actividades pecuarias para la producción de carne. La actividad forestal, controlada por compañías papeleras desde hace mucho tiempo, no aporta beneficios a la región. En las actividades productivas se utilizan técnicas tradicionales, mezcladas con técnicas modernas, en el caso del cultivo del café y la pesca. Entre sus platillos más representativos se encuentran el atole de granillo, caldo de guías de chayote, mole amarillo, tamal de capa, tamal de tesmole y texmole, entre otros.

MAZAYEL ◆ hongo mazayel, hongo pambazo, hongo pancita, hongo pegajoso

MAZORCA

Nombre que recibe el fruto entero y seco del maíz.

→ hongo pancita

MAZORQUITA (*Phytolacca icosandra*)

Planta de la familia de las fitolacáceas, de tallo subleñoso, hojas opuestas, ovales y agudas, con raíz venenosa. Sus tallos tiernos se asan y se consumen como quelite.

→ hongo morilla, hongo pancita

ME-EQUITE ◆ mezquite

MECAPAL

1. Gusano de agua dulce que se recolecta, se limpia y se fríe en manteca de cerdo para comerse en tacos; también se mezcla con huevo de gallina. Es un alimento de las comunidades rurales de Tlaxcala.
2. Faja de cuero con dos cuerdas en los extremos que, aplicada a la frente, sirve para llevar carga a cuestas.

MECHAR

Procedimiento que consiste en introducir trozos de algún alimento o condimento en la carne que se va a guisar. Se hace una incisión con un cuchillo en el trozo de carne y se rellena con aceitunas, alcaparras, pasitas, pimienta gorda, zanahorias y tocino, entre otros ingredientes. La idea es que al rebanar la carne se vean los elementos mechados, además de dar sabor. En México esta técnica se emplea sobre todo en los famosos cuete y lomo mechados.

→ clavetear

MECUASARE

Nombre que reciben los quelites en Chihuahua. También se denomina así a los quelites guisados, solos o con carne de cerdo.

MECUATE

Palabra proveniente del náhuatl *metl*, maguey y *coatl*, serpiente o mellizo. Brote o "hijo" del maguey que nace a su alrededor cuando éste ya está en su última fase de vida. Es la forma en que lleva a cabo su reproducción asexual.

MEDIA MANTECA

Tipo de galleta redonda y gruesa que se elabora con la masa del pan de manteca. Es tradicional del estado de Yucatán.

MEDREGAL ◆ esmedregal

MÉDULA DE RES

Grasa blanquecina y gelatinosa que se encuentra dentro de la espina dorsal de la res, desde el cuello y hasta la cola. Aunque se obtiene muy poca cantidad de médula por cada res (menos de un kilo), es relativamente barata, sobre todo si se consideran las dificultades para sacarla y limpiarla. Antes de utilizarla en cualquier guiso, es necesario cocerla en agua con cebolla, ajo y epazote, hasta que adquiera un tono blanco, reduzca su tamaño y tome consistencia, proceso que tarda alrededor de una hora. En la Ciudad de México se acostumbra especialmente la famosa sopa de médula, muy apreciada en las cantinas por ser sustanciosa y sabrosa.

MEJENGUE

Bebida alcohólica elaborada con pulque, maíz prieto, piña, plátano, hojas de maíz, piloncillo y canela. Tiene sabor fuerte y se bebe durante las festividades que se realizan en Querétaro; se dice que es el acompañante perfecto del mole. Para su preparación, el piloncillo se diluye en agua, se le agrega el pulque, el maíz prieto quebrado y las hojas de maíz cortadas en tiras; la mezcla se deja fermentar por tres días en un lugar caliente y después se le agrega plátano, piña y canela, y se deja reposar por 24 horas más antes de servirse.

MEJIDO

Dulce chiapaneco, de consistencia similar a la de la cajeta, elaborado con yemas de huevo, azúcar, pan, canela y un fruto local llamado mujú. Se acostumbra en San Cristóbal de las Casas, Chiapas.

MEJILLÓN

Molusco marino bivalvo perteneciente a la familia *Mytilidae* que habita en los dos litorales mexicanos. Antes de prepararlo se debe lavar con una escobetilla para retirar las barbas y la arena, y cortarle con un cuchillo la orilla negra que corre alrededor de la carne. Se prepara en sopa, con arroz,

a la mantequilla, ahumado o enlatado con agua o aceite. En México se consumen más de 12 especies, entre las que destacan las siguientes:

• *Geukensia demissa*

Tiene una concha alargada color negro brillante de 8 cm de largo. Se encuentra todo el año en el noreste del Golfo de México.

• *Modiolus americanus*

Tiene una concha de 8 cm de largo y se encuentra todo el año a lo largo del litoral de la península de Baja California y las costas de Sonora.

• *Mytilus californianus*

También conocido como choro, posee una concha café oscura o negra que alcanza hasta 20 cm de largo. Se le encuentra en costas rocosas, hasta unos 30 metros de profundidad en Bahía Magdalena, Baja California Sur. Durante todo el año se recolecta manualmente con barreta o espátula.

• *Mytilus edulis*

También conocido como choro, tiene concha en forma de cuña color café y alcanza hasta 10 cm. Su parte interna es de color azul oscuro y se consume principalmente crudo. Se le encuentra todo el año desde Cabo San Lucas, Baja California Sur, hasta Alaska.

MEJORALES

Platillo elaborado con carne de cerdo con frijoles, tomate, chile serrano, cebolla y queso espolvoreado. Se consume en Puebla.

MEJORANA (*Origanum majorana*)

Planta herbácea de la familia de las labiadas. Mide de 30 a 60 cm de alto, es perenne y de hojas ovaladas. Sus flores son moradas o blanquecinas agrupadas en espigas. Es una planta de origen europeo que se cultiva en México, cuyas hojas se utilizan como condimento.

Conocido también como:

◇ almoraduz
◇ orégano

MELADO

Jarabe o pasta que se obtiene de la evaporación del jugo de caña purificado en los ingenios, antes de concentrarlo en los tachos. En Nayarit lo conocen como miel de caña cocida y suelen consumirlo con requesón.

→ dulces melados

MELAZA

Residuo no cristalizable de la fabricación del azúcar de caña o de remolacha, que se presenta como una sustancia oscura, viscosa y densa. La melaza de primera extracción es pálida y muy dulce. En la siguiente extracción es más oscura y menos dulce. En la última extracción es negra, muy nutritiva con un sabor acre. Cuando el jugo dulce se calienta varias veces y se concentra, se separa el azúcar cristalizado de la melaza, que es aproximadamente el 50% de su peso, así como agua, sales minerales y materias nitrogenadas. Sólo la melaza de caña, llamada melaza negra, se vende para usos domésticos. Ésta es además uno de los soportes de la fermentación alcohólica para la fabricación de ron, en cambio, la obtenida de la remolacha sirve, de forma análoga, a la producción de alcohol industrial.

MELCOCHA

Dulce elaborado con piloncillo o azúcar, muy poca agua y el jugo de algún cítrico, por ejemplo limón. Todo se deja hervir hasta que alcanza una temperatura alta y luego se extiende sobre una superficie de madera donde se deja enfriar ligeramente y se trabaja con las manos estirando y formando figuras hasta que se solidifica. En Chiapas se les da forma de bolitas, rellenas con cacahuate molido, o bien, de trenzas o remolinos. En Tabasco, antes que la pasta endurezca totalmente se hacen tiras en forma de letra "S" y se colocan sobre hojas de naranja. Es una golosina que preparan de forma casera las familias nativas de la entidad. En San Luis Potosí se fabrica, de manera especial, la melcocha de tuna con jugo de tuna cardona, que se hierve en un cazo de cobre por 12 horas hasta que espesa; es de consistencia más suave que las otras melcochas y si se continúa trabajando se convierte en el queso de tuna. En Hermosillo, se preparan esquites en melcocha de panela (granos de elote cocidos, revueltos con melcocha).

→ trompada

MELCOCHA DE PATAXTE

Dulce elaborado con pataxte tostado y molido cocido en agua con piloncillo y jugo de limón. Se mueve hasta que se enfría para que no se pegue y, finalmente, se deja caer en espiral sobre hojas de naranjo. Se acostumbra comer en Tabasco.

MELINDRE

1. Pasta elaborada con azúcar, harina y huevos, con la que se forman bocaditos en forma de rosquillas o corazones, muy similares a los mamones, salvo en forma y tamaño. En ocasiones se preparan sin harina.

2. Tipo de buñuelo pequeño y delicado. Es un nombre antiguo que ha caído en desuso.

MELOCOTÓN

1. Nombre con que se conoce a la calabaza melón en muchos estados del sureste y el Golfo de México.

2. Término que se emplea en muchos sitios de habla hispana para designar al fruto que en México llamamos durazno.

MELÓN (*Cucumis melo*)

Fruto elipsoidal de la familia de las cucurbitáceas; mide 20 cm de largo, tiene cáscara blanca, amarilla o verde, según la variedad y en ocasiones presenta costillas longitudinales. Su carne es muy aromática, abundante, dulce, blanda, acuosa, de color amarillo, anaranjado o verde. En su interior alberga muchas semillas o pepitas. Es originario de Asia y África, y fue introducido en México por los españoles. Existen principalmente dos tipos:

• Melón chino

También llamado melón rosa, de cáscara rugosa y tono pajizo, con pulpa rosácea. Es la variedad de melón más común, por lo que su consumo es también el más extendido y variado. En muchas regiones de México sólo existe este tipo, por lo que se le llama simplemente melón. Se consume como fruta fresca o en agua. Muchos guardan sus semillas para preparar horchata, y en diversas regiones cálidas de la república la nieve de melón es un sabor muy popular. En Querétaro, algunos añaden sus semillas molidas a las salsas picantes. En Michoacán se prepara la sopa de melón, las semillas se tuestan y muelen con chile y otros ingredientes para hacer salsas picantes.

• Melón verde
También llamado melón gota de miel o melón valenciano, es más grande que el chino, de cáscara lisa color verde pálido y pulpa color verde más intenso, muy dulce. Se come como fruta fresca.

MELONCILLO ◆ chilacayote

MELVA ◆ bonito

MEMANXÁS
Vocablo otomí que significa maíz tierno. Hace referencia a unas gorditas de garbanzo, canela, azúcar y anís cocidas en comal de barro, que los lugareños de San Joaquín en la Sierra Gorda de Querétaro preparan en las fiestas de Todos Santos. En algunos casos se le agrega queso y se cuece en piedra de hormiguero.

→ mamanxa

MEMBRILLO (*Cydonia oblonga*)

Fruto de forma redonda, color amarillo verdoso y cubierto de una fina pelusa. Su pulpa es algodonosa, dura y algo indigesta, de sabor agrio, a veces un poco dulzona. Es originaria del oeste de Asia, incluido el territorio de Irán, donde todavía crece en forma silvestre. En México, la mayor parte se destina a la preparación del famoso ate de membrillo, pero también se consume fresco, solo o con chile, limón y sal. Es muy popular por su sabor agridulce.

→ hongo amarillo, hongo corneta

MEMELA
Tortilla alargada de forma elíptica. Su nombre proviene de una reducción del término náhuatl *tlaxcalmimilli*, de *tlaxcalli*, tortilla y *mimilli*, largo, que designaba a una tortilla grande y alargada, que se reservaba normalmente para el consumo de la clase gobernante. Su preparación y rellenos varían dependiendo de la región donde se elabore.

• En Chiapas, las memelitas de frijol son un antojito especial que se prepara con una tortilla cruda de masa de maíz doblada como quesadilla, se rellena de pasta de frijol negro y se cuece en un comal. En Venustiano Carranza se acostumbra prepararlas para las celebraciones de la Santa Cruz, la virgen del Carmen, san Bartolo y san Pedro y las bodas de pueblo, además de que forma parte del menú llamado comida de los apóstoles.

• En Oaxaca se preparan memelas pequeñas, circulares, de unos 10 cm de largo y 1 cm de grosor; no son tan grandes como las de otros estados, de modo que también se llaman memelitas de masa; están elaboradas con masa de maíz mezclada con asiento, se presionan sus bordes para formar un cerco, se untan con asiento y se regresan al comal hasta

que la grasa se derrite. También existen otras memelitas del tamaño y forma ya descrita, cuya masa no contiene asientos; cuando se terminan de cocer en el comal o se recalientan se untan con asiento de manteca de cerdo y se sirven con queso fresco y salsa de chile pasilla oaxaqueño o salsa roja picante con jitomate. En los Valles Centrales de Oaxaca actualmente se acostumbra prepararlas para el desayuno, como antojito a cualquier hora del día, como primer tiempo en la comida del mediodía o como cena sencilla. Los mazatecos de Xalapa de Díaz la preparan con una tortilla de maíz rellena de frijoles, y existe otra variedad llamada tetela.

• En Puebla, las memelas son un antojito muy típico; de hecho, mucha gente vive convencida de que las auténticas son las de esta entidad. Tradicionalmente se elabora con una tortilla ovalada de masa de maíz de unos 20 cm de largo por 12 cm de ancho, que se pone en un comal para cocerla por un lado. Luego se voltea para que se cocine del otro lado; mientras esto sucede, se le pone encima el relleno que se va a utilizar y se dobla igual que una quesadilla. En muchos lugares simplemente se recalientan las tortillas para las memelas, pues ya se tiene la tortilla hecha. El relleno es salsa roja o verde, sobre la que puede ir cuitlacoche guisado, flor de calabaza, rajas o quesillo, entre otros; todos ellos se preparan como los rellenos de quesadillas famosos en el Distrito Federal. En la sierra de Puebla se llaman memeles y se preparan con quelites. En la Mixteca de ese mismo estado, región que comparte con Oaxaca, se les llama tetelas.

• En Tlaxcala, donde se nombran más seguido en diminutivo, memelitas, es una tortilla ovalada de 1 cm de grosor y de 12 cm largo por 8 cm de ancho, que se fríe en manteca de cerdo y se cubre con salsa verde, cebolla picada y queso fresco desmoronado.

• En Veracruz son tortillas gruesas, frescas, que se comen con salsa o solas para acompañar las comidas. En Zongolica, se prepara un tipo de memela dulce llamada tzopa.

→ pellizcada, picada, sope

MENGUE ◆ gueta bi´nguí

MENTA (*Mentha spp.*)

Nombre que designa varias plantas del género *Mentha*, que pertenecen a la familia de las labiadas. Son de tallo cuadrangular y hojas opuestas, oblongas y aserradas, de color verde. Tienen flores espigadas de color blanco, lila o púrpura, con sabor y aroma refrescantes, picantes y ligeramente amargos. Las más importantes son *Mentha spicata*, mejor conocida como hierbabuena, y la *Mentha piperita*. La *Mentha* en México se utiliza principalmente para preparar infusiones y es parte de algunos licores regionales como el Verde de Xico.

→ hierbabuena

MENUDENCIAS ◆ vísceras

MENUDENCIAS DE CHICHARRÓN ◆ asientos de chicharrón

MENUDO

Nombre que comparten diversos guisos elaborados con la panza de res. Salvo algunas excepciones, en los estados del norte del país prefieren llamarlo menudo; en el centro pancita o mole de panza, y en el sur y península de Yucatán, mondongo. Existe un platillo en España muy similar a nuestro menudo, los famosos callos a la madrileña, que seguramente fueron el origen del guiso que conocemos aunque en territorio mexicano, como era de esperarse, inmediatamente se le agregó chile. Consiste en un caldo preparado con la panza de res, que se condimenta con diferentes chiles y hierbas. En algunos lugares le añaden hoja de hierbabuena, ya que existe la creencia de que así no caerá tan pesado al estómago. En otros sitios se acostumbra agregar, además de esos ingredientes, maíz, a la manera de un pozole. En ciertos casos el menudo es muy caldoso y en otros se sirve casi seco.

• En Baja California el menudo se acostumbra comer en la cena y presenta características similares a los demás que se guisan en el norte, esto es, se prepara con panza y patas de res, granos de maíz, hierbabuena y semillas de cilantro. Se sirve con cebolla picada y limón.

• En Chihuahua se cocina con maíz reventado y panza de res cortada en cuadritos y cocida previamente con ajo y cebolla. El caldo se enriquece con patas de res, se condimenta con chile colorado y se sirve bien caliente, con cebolla finamente picada, orégano y jugo de limón.

• En Coahuila es un guiso blanco de panza de res y maíz cacahuacentle hervidos en agua; suelen añadirle patas y huesos de res, ajo y cebolla para darle sabor al caldo, y ya en la mesa, el comensal le agrega cilantro y cebolla picados, chile piquín, orégano y limón al gusto.

• En Colima, la panza se desflema con jugo de limón para quitarle el mal olor, se enjuaga y se cuece en agua con rabos de cebolla, ajo y hierbabuena; su peculiaridad consiste en que se condimenta con azafrán, se espesa con arroz remojado y molido, y suelen añadirse chiles verdes enteros como mirasol o serrano. Se sirve con cebolla picada y jugo de limón.

• En Durango se utilizan las partes de la panza llamadas cuajo, callo y libro, además de patas de res para dar sabor al caldo condimentado con salsa de jitomate, chile guajillo y ajo. Como en otros casos, en la mesa se condimenta con orégano, cebolla, limón y sal.

• Los habitantes del Estado de México acostumbran comer menudo por lo regular los domingos. No siempre se prepara con panza de res, en ocasiones se utiliza panza de borrego. El caldo lleva chile pasilla y chilaca, además de ajo y epazote. Se sirve con cebolla picada, limón y orégano.

• En Guanajuato es especialmente famoso el de León, que se prepara con vísceras fritas con cebolla, ajo y hierbas de olor, cocidas con jugo de naranja, vino tinto, aceitunas, pasas, almendra y orégano. Se trata de un guiso espeso.

• En Guerrero se preparan la panza y las patas de la res con salsa de chiles guajillo y puya, cebolla y ajo.

• En Hidalgo, una vez cocida la pancita en agua se le agrega una salsa de chiles ancho y guajillo, canela, ajo, cebolla, xoconostles en rajas, epazote y sal. También se elaboran las célebres quesadillas de pancita, con tortillas de masa de maíz revuelta con queso fresco, rellenas con un guiso de panza e hígado de carnero en salsa de jitomate, ajo, cebolla y chiles verdes picados.

• En Jalisco la panza se cuece en agua con ajo, cebolla y orégano, a veces también con manitas de ternera; el caldo se condimenta con salsa de jitomate y cebolla asados; se sirve en platos hondos con cebolla picada, orégano, rodajas de limón y salsa de chile de árbol. Es un platillo muy solicitado en la entidad, especialmente por las mañanas, para el almuerzo. Se prepara tanto de forma casera como para su venta en los mercados; de hecho, el mercado de San Juan de Dios, en Guadalajara, es particularmente famoso por su menudo. Mucha gente acostumbra acompañarlo con un vaso de tesgüino.

• En Nuevo León al caldo le añaden chile ancho para que tome un color rojo; existen muchas versiones, algunos preparan el caldo con patas de res y huesos con tuétano, cuadritos de pancita, maíz cacahuacentle, todo hervido con ajo y cebolla; ya en la mesa se puede acompañar con orégano, chile picado, limones y sal. Se le conoce como menudo de la frontera.

• En Oaxaca se cuece con hierbas de olor, ajo y cebolla; ya cocido, se fríe en aceite o manteca de cerdo con ajo, orégano y sal, se le agrega un poco de agua y se acompaña con salsa de miltomate o de chile pasilla. Este guiso también se conoce como callos a la oaxaqueña o pancita oaxaqueña. En ocasiones la pancita cocida y picada finamente se fríe con abundante orégano y ajo, ambas versiones se encuentran por lo regular en la ciudad de Oaxaca. Otra variedad puede estar elaborada con menudencias de chivo, panza, asadura y patas, al caldo se le añaden verduras como chayotes, zanahorias, ejotes, garbanzos, y se condimenta con cilantro y hierbabuena.

• En San Luis Potosí y Zacatecas suele venderse en locales que se dedican exclusivamente a su venta, denominados menuderías, así como en los mercados; se acostumbra comerlo los fines de semana. Su peculiaridad es que el caldo se tiñe con chiles rojos, generalmente chile colorado o guajillo. En este último estado forma parte de las comidas que se acostumbran vender en casi todas las ferias y fiestas regionales.

• En Sinaloa es un guiso sencillo de panza y patas de res cocidas en agua con cebolla, sal, laurel y maíz; al servirse se acompaña con chile y lechuga rallada.

• En Sonora se le llama menudo con pata, porque se prepara con panza y patas de res, maíz cacahuacentle, ajo, cebolla, cilantro y chile verde del norte; este último se utiliza principalmente en la zona del desierto. Es un platillo similar, en apariencia, al pozole blanco del centro del país. En las antiguas familias sonorenses se servía únicamente el caldo con todos sus ingredientes por separado y ocasionalmente con chile piquín molido; por influencia de los estados del sur, hoy en día es común que en las mesas se ponga chiltepín, cebolla picada, cilantro y limón, para que cada comensal lo condimente a su gusto.

• En Tamaulipas se puede encontrar el menudo rojo, coloreado con chile ancho, en ocasiones tiene un pronunciado sabor a comino.

• En Tlaxcala se le conoce como mole de panza o molito de panza.

• En el Sotavento de Veracruz se prepara con panza, jamón, garbanzo, vinagre y chorizo; toda la mezcla se condimenta con salsa de chile ancho, jitomate y comino. Se sirve acompañada con limón, cebolla picada y orégano.

El menudo es conocido también como:

◇ caldo de panza
◇ mole de panza
◇ mondongo
◇ pancita

→ mondongo, panza de res

MENYUL

Licores mexicanos que retoman la elaboración del coctel *mint jelup*. En Córdoba, Veracruz, se elabora con vermut, manzanilla, whisky, amargo de angostura y hojas de yerbabuena, se sirve con hielo picado. En Huautla de Jiménez, Oaxaca, se prepara con hojas de hierbabuena que se muelen en una chilmolera con aguardiente de caña. Esta mezcla se revuelve con jugo de frutas ácidas (limón, naranja, piña, guanábana), se cuela y se deja reposar al menos por 24 horas.

MERCADO

Sitio público destinado permanentemente o sólo en días específicos para la compra y venta de alimentos y otros productos. En un mercado siempre existe la sección o el pasillo de frutas, flores, carnicerías, abarrotes, puestos de comida, utensilios de cocina, ropa, zapatos, hierbas y puestos donde arreglan licuadoras, televisores y otros aparatos electrodomésticos. Los llamados mercados ambulantes, que se establecen en espacios al aire libre, son la versión moderna del tianguis prehispánico, pues la distribución de los puestos sigue siendo la misma. Otro nombre para designar los mercados es el de plazas, y es común hablar del día de tianguis o día de plaza, pues hay muchos mercados que sólo se instalan un día a la semana. Puede suceder también que, en un día en especial, varios vendedores de la región ocupen las calles y plazas aledañas al mercado establecido. En muchos pueblos y ciudades de México el mercado se encuentra junto a la plaza pública o parque central, que se ocupa como una extensión del mercado una vez a la semana o en alguna temporada importante como Navidad o día de Muertos. Muchos mercados están siendo desplazados por los supermercados, pues estos sitios tienen mejores estacionamientos y carritos para transportar los alimentos, además de que las frutas y verduras se pueden escoger al gusto del cliente y no es necesario llevar dinero en efectivo, pues se puede pagar con tarjeta bancaria o vales de despensa. Sin embargo, la mayoría de los mercados populares todavía guardan el sabor y el ambiente de la variedad y las costumbres que los han caracterizado desde siempre: clientes y marchantes regatean el precio y siempre se tiene la ventaja de probar la fruta que se va a adquirir para comprobar que está dulce y

Mercado de La Merced de tres niveles o pisos.

Mujer vendiendo frutas y verduras en un mercado, 1951

madura. La fruta se tiene seleccionada como inmadura, madura, lista para comer o sobremadura, y sus precios varían de acuerdo con su grado de maduración y también dependiendo de si el comprador es cliente recurrente. Es común escuchar entre los compradores frases como: "quiero manzanas para hoy", "deme un melón que aguante", "¿tiene naranjas para mañana o para el miércoles?", pues siempre existe la garantía de que lo que se compra estará justo como se quiere. Por ejemplo, un caso en el que el supermercado nunca superará al mercado popular es el del aguacate, ni siquiera los supermercados que tienen grandes secciones de frutas especializadas logran tener los aguacates en el punto exacto de maduración. También podemos mencionar los jitomates, pues en los mercados tienen separados los verdes, inmaduros, maduros, muy maduros e incluso los jitomates magullados. El jitomate maduro se compra para ensaladas, el muy maduro, para guisos, pues da mucho color y sabor, y el magullado se busca para preparar salsas molidas. Algo similar ocurre con otros ingredientes regionales o de alto consumo, como las tortillas hechas a mano. En el Distrito Federal existen muchos mercados famosos por uno u otro productos (como el mercado Argentina, famoso por su barbacoa), algunos de los cuales se mencionarán a continuación.

• El mercado de La Merced, ubicado en el barrio del mismo nombre, en el centro del Distrito Federal, es el mercado tradicional más grande de la ciudad. En él se pueden adquirir productos al menudeo y al mayoreo, y en muchas ocasiones los precios de la compra al menudeo son tan bajos como si se comprara al mayoreo. Se trata del más completo de los mercados de la capital, tan grande que sorprende a todos sus visitantes, mexicanos; existe una gran sección de chiles secos y frescos, verduras, frutas, hojas para tamal, pencas de maguey, pescados, mariscos, aves, antojitos, canastas. Cada sección es por sí sola como un mercado entero. Una de las formas más convenientes de llegar a este mercado es por la Línea 1 del metro, que precisamente tiene la estación Merced, con un acceso directo desde y hacia el interior del mercado. En las zonas aledañas existen otros mercados que también son importantes y que se especializan en otros productos.

• El mercado Ampudia, por ejemplo, más conocido como el mercado de Dulces, está ubicado desde 1950 en Anillo de Circunvalación número 40. Como su nombre lo indica, la gran mayoría de sus puestos se dedica a la venta de dulces regionales como cocadas, tamarindos, borrachitos, charamuscas, palanquetas, alegrías y muchos más, así como gran cantidad de caramelos de marca que se venden por bolsa o a granel.

• El mercado de Sonora se encuentra en la esquina de Fray Servando Teresa de Mier y San Nicolás, a unas cuadras del mercado de La Merced. Fundado en 1957, en él todavía se pueden comprar patos, guajolotes, pollos y gallinas vivas, además de huevos de rancho de cualquiera de estas aves. Aunque las secciones de juguetes y las hierbas de uso medicinal y religioso han ganado terreno, todavía existen puestos donde se pueden comprar platos de barro de Michoacán, platos para pozole o loza barata.

• El de la Viga es, por antonomasia, el mercado capitalino de pescados y mariscos. Existen dos "versiones": la primera se ubicó sobre la Calzada de La Viga, en la delegación Venustiano Carranza, mientras que el Nuevo Mercado de la Viga se ubica dentro de la Central de Abasto, en la delegación Iztapalapa, donde cuenta con instalaciones más modernas. En él se comercializan casi todas las especies de peces, crustáceos y moluscos que se pescan en las costas del país. En caso de que aquí no se encuentre algún producto de los mares mexicanos, difícilmente se podrá encontrar en otro mercado, pues en La Viga existen las bodegas más grandes, y aunque mucha gente va a comprar al menudeo, también se vende al mayoreo, muchas pescaderías pequeñas independientes, o de otros mercados de la ciudad, compran aquí para revender.

• El mercado de San Juan se encuentra en Ernesto Pugibet 21, en el Centro Histórico de la Ciudad de México. Durante muchos años se consideró el paraíso de los cocineros, un sitio especializado donde se podían comprar productos de gran calidad y especialmente muchos tipos de carnes, frutas y verduras que no llegaban a otros mercados o supermercados por ser muy caros, como ciertas clases de hongos o diversos productos de importación como conejo, venado, faisán, pato, pescados como el buri o cola amarilla e infinidad de hierbas aromáticas frescas como estragón y salvia, además de frutas y verduras como frambuesas, zarzamoras, kiwis y achicorias, entre otras. Actualmente, muchos de estos productos se encuentran también en otros mercados, pero el de San Juan no deja de tener su encanto. Se debe mirar con atención la dirección de este mercado, pues a unas cuadras de la estación del metro Salto del Agua, se encuentra otro más pequeño al que también le llaman mercado de San Juan.

• El mercado de Jamaica, en avenida Congreso de la Unión y Guillermo Prieto, es el más famoso de todos por su venta de flores al mayoreo. A un costado del mercado se encuentra un pasillo dedicado a la venta de elote entero, razón que atrae a buena parte de los compradores. También existe una importante área de frutas y tiendas de abarrotes a la vuelta del mercado. Se puede llegar por metro, pues existe la estación Jamaica, en la Línea 4.

• El mercado de Medellín se ubica en la colonia Roma, en la esquina de Medellín y Campeche, donde todavía se puede apreciar la magnificencia de los mercados limpios, sus grandes pasillos, su sección de aves, carnes, tiendas de abarrotes, y flores. En este mercado existen puestos que se dedican a vender productos de Tabasco, Yucatán y Oaxaca; es el lugar ideal para encontrar chile dulce, chaya, chipilín, chile pasilla de Oaxaca, achiote y otros ingredientes. También tiene un gran surtido de productos sudamericanos.

• Los mercados de San Pedro de los Pinos y el de Mixcoac llevan el nombre de la colonia donde se ubican, que para muchos capitalinos marcan el comienzo de mercados al sur de la ciudad. Ambos son tradicionales y cuentan con los consabidos puestos de frutas y verduras, pero se distinguen por sus puestos de pescados y mariscos, de los que existen dos tipos, en unos se compran los productos crudos para preparar en casa y en otros se comen caldos de pescado y de mariscos, pescado frito y otros platillos.

• El mercado de Xochimilco es el más importante de la delegación del mismo nombre, al sur de la ciudad. Además de su gran magnitud, lo que asombra a sus visitantes es el hecho de que se pueden comprar algunos productos de origen prehispánico, como los acociles, jumiles, ahuautle y gusanos diversos, así como muchos productos que se traen del estado de Hidalgo, como ayocotes y otros que se producen todavía en las chinampas. Este mercado no se debe confundir con otro de productos de artesanía y cerámica barata, ni con el mercado de flores de Xochimilco, de justa fama.

• Muy famoso es también el mercado de Coyoacán, en Xicoténcatl y Allende, pues sus puestos de frutas y verduras siempre tienen productos de gran calidad. Son particularmente célebres las tostadas, existe todo un pasillo dedicado a su venta, desde las de pollo y picadillo, hasta las famosas tostadas de pata.

• La Central de Abasto es el mercado de mayoreo por excelencia. Aquí se encuentran todas las tiendas y bodegas que venden frutas y verduras a todos los demás comerciantes que los revenden en otros mercados. Aunque es el más grande del país y uno de los más grandes del mundo, no hay productos especiales que lo distingan, como los otros hasta aquí citados.

• El mercado de San Camilito, situado a un costado de la plaza de Garibaldi, está dedicado a la venta de alimentos preparados, todos ellos de carácter popular: tostadas, pozole, birria, menudo, barbacoa, sopes, quesadillas, mole y demás guisos y antojitos que hacen vivir casi a diario un ambiente de fiesta, especialmente por las noches, que es cuando llega la gente a cenar, antes o después de pasear y escuchar a los mariachis en la plaza.

• El mercado Martínez de la Torre es de grandes dimensiones, tal vez el más popular de las colonias del centro de la capital del país, pues está ubicado en la legendaria colonia Guerrero, en la esquina de Mosqueta y Zarco. Ocupa en su totalidad una gran cuadra y tiene puestos de tacos, carnicerías, flores, comida preparada y abarrotes. También existe el mercado anexo que se dedica a la venta de ropa.

• En la calle de Beethoven, en la colonia Peralvillo, al norte de la ciudad, se encuentra el mercado del mismo nombre. Es de gran tradición, de características similares a las del Martínez de la Torre.

Es casi un hecho que en cada población será posible encontrar un mercado, por lo que incluso un extenso desglose, estado por estado, sería incompleto. Sin embargo, se mencionan a continuación algunos de los principales mercados de los estados, famosos por una u otra singularidad.

• El mercado de pescados y mariscos ubicado en el centro antiguo de la ciudad de Ensenada, Baja California, que se llama Mercado Negro; se distingue porque únicamente se dedica a la venta de productos del mar y en él se encuentran todas las variedades de pescados y mariscos de la región, seleccionadas por tamaño y calidad. El nombre del mercado se debe a que hace años se vendían ilegalmente productos como abulón o caguama, los cuales requerían un permiso especial. Actualmente todo está legalizado y los vendedores cuentan con los permisos correspondientes, por lo que ya es

imposible conseguir aquí especies en peligro de extinción. Además de tener productos de gran calidad, se distingue porque en él pueden encontrarse la combinación de mariscos para el caldo siete mares y los chorizos de abulón y de calamar. Afuera del mercado existen puestos establecidos que se dedican a vender exclusivamente platillos costeros típicos de la región.

• En el Estado de México, la dimensión de los mercados puede ser tan grande que los puestos llegan a extenderse hacia la plaza del lugar; entre los más notorios están los de Chalco, Ozumba, Santiago Tianguistenco y Amecameca.

• Los mercados de Guadalajara y otras ciudades de Jalisco están llenos de visitantes ávidos de tortas ahogadas, birria, pozole y caldo michi.

• En la capital de Oaxaca, por su parte, están el mercado Juárez y la llamada Central de Abasto, donde se pueden comprar chiles únicos de la entidad, como los chilhuacles, el pasilla oaxaqueño, el chilcostle y muchos otros. Existen también fondas, puestos de frutas, pan de yema, aguas frescas, chocolate, tejate, chocolate-atole e infinidad de productos.

Puesto de verduras en Tlacolula de Matamoros, Oaxaca

• En Villahermosa está el mercado Pino Suárez, donde se encuentran todos los alimentos de la cocina tabasqueña como achiote, yuca, macal, chaya, dulces, pejelagarto y un sinnúmero de productos regionales.

• En Mérida se encuentra el mercado Grande, construido en su forma moderna en 1905, pero que en realidad data de la época colonial. En él se pueden encontrar todo tipo de pastas de achiotes, recaudos, chile *xcatic*, dulce y habanero, espelón, ibes, naranja agria y todo lo que caracteriza a la comida yucateca.

• El mercado Principal de la ciudad de Campeche se encuentra justo a las afueras de la muralla, por la Puerta de Tierra.

En muchas regiones del país destacan también varios mercados indígenas, donde se venden muchos productos regionales, como en Cuetzalan, Puebla, o Tantoyuca, Veracruz, entre muchísimos más ejemplos.

→ tianguis

MERCADO AMBULANTE ◆ tianguis

MERCURIAL ◆ piojo

MERENGÓN ◆ isla flotante

MERENGUE

Espuma ligera elaborada con clara de huevo batida con azúcar a punto de nieve o a punto de turrón. Es una técnica europea importada a México. Hasta el siglo XIX los merengues se cocían en horno y se moldeaban con cuchara; pos-

teriormente se utilizaron mangas pasteleras. En el país hay dos formas básicas de merengue: el que se emplea para decorar pasteles y los merengues horneados. El merengue con el que se cubre la superficie de los pasteles se prepara con claras batidas con azúcar y con frecuencia se le añade ralladura de limón, para aromatizarlo. En algunas regiones le añaden almíbar caliente para que el merengue quede más denso y resistente. Para producir merengues que se comen como golosina, a la base descrita se le da la forma deseada, que puede ser de volcán, redonda, alargada o de caracol, y luego se hornea. Se pueden dejar en su color blanco natural o pintarse de rosa. Son muy populares en casi todo el país y se venden por las calles. En Comalcalco, Tabasco, algunas personas le añaden pulpa de guanábana.

→ suspiro

MERENGUE DE PIÑA

Merengue elaborado con claras de huevo y cremor tártaro batidas a punto de turrón, mezclado con piña picada y azúcar. Se preparan para las celebraciones por la Independencia nacional en septiembre, en Comitán, Chiapas.

MERENGUE HORNEADO ◆ isla flotante

MERIENDA CAMPECHANA ◆ pan de negros

MERLUZA

Nombre con que se conocen varias especies de peces de agua salada, con cuerpo alargado, esbelto y comprimido. Forman grandes cardúmenes y nadan a grandes profundidades; es común encontrarlos a 400 metros bajo el mar, y algunas especies bajan hasta 4000 metros. Su carne es blanca, magra y suave, ideal para hornear, freír, cocer al vapor o preparar albóndigas, filetes, cebiche o escabeche. No existen recetas regionales específicas para este pez, se come como cualquier otro. Entre las especies capturadas en las costas mexicanas se encuentran:

• *Merluccius albidus*
Tiene lomo gris azulado, costados plateados y vientre blanco iridiscente. Por lo regular mide unos 35 cm de longitud y pesa 3 kg; se pesca principalmente en marzo, mayo y agosto en el Golfo de México.

• *Merluccius productus*
Tiene dorso oscuro metálico o gris plateado y vientre plateado. Por lo común miden menos de un metro de largo y pesan 3 kg; se pesca de enero a abril en las costas de la península de Baja California.

MERMELADA

Conserva de frutas cocidas con azúcar, con textura de puré. Entre las más especiales de México se puede mencionar la mermelada de nopal, elaborada con nopales molidos y cocidos con azúcar, agua y hoja de higo molida, se acostumbra prepararla en la región del Valle del Mezquital,

Hidalgo; y la mermelada de xoconostle, que se elabora en Guanajuato. En Coahuila existe una tradición muy arraigada de producir mermeladas caseras, prácticamente de cualquier fruta; algunas de ellas se envasan para su venta a nivel regional. Tradicionalmente es en julio, agosto y septiembre cuando se fabrica gran cantidad de ellas.

MERO

Nombre con que se conocen diferentes especies de peces carnívoros en todo el mundo; en general son de cuerpo robusto o moderadamente esbelto y alargado, con cabeza y boca grandes. Algunos alcanzan hasta 3 metros de longitud y rebasan los 200 kg. En general, el mero es un pez que gusta mucho en México. Su carne es fina, blanca, abundante, ligeramente grasosa y de muy buen sabor. Se come entero, en rebanadas o filetes, frito, empanizado, capeado, con salsas de

jitomate o tomate y en caldos; existen muchas preparaciones y guisos regionales como el pescado en verde; se puede comparar con el huachinango (de hecho, sus filetes se llegan a vender fraudulentamente como tal). Aunque es posible encontrarlo salado o congelado, siempre se prefiere fresco. Entre las especies que se pescan en México encontramos:

• Mero (*Epinephelus morio*)
Tiene lomo café rojizo y vientre rosado con manchas en los costados. Es uno de los que más se consumen y se pesca de marzo a diciembre en el Golfo de México y en especial en las costas de la península de Yucatán.

• Mero del Caribe (*Epinephelus striatus*)
Tiene cuerpo color pardo oscuro con bandas transversales y manchas. Habita en el Golfo de México.

• Mero pescada (*Stereolepis gigas*)
Puede medir hasta 2 metros de largo y pesar más de 200 kg. Es de color pardo, con dorso oscuro y manchas negras. Habita prácticamente en toda la costa del Pacífico mexicano.
El mero es conocido también como:
◇ cherna
◇ cherna americana (*Epinephelus morio*)
◇ cherna de arribazón
◇ cherna yucateca
◇ garropa
◇ mero gigante (*Stereolepis gigas*)
◇ mero guasa (*Stereolepis gigas*)
◇ mero paracamo
→ cabrilla

MERO EN SALSA VERDE O MERO EN VERDE ◆ pescado en verde

MERO NEGRO ◆ abadejo

MESATLAPIQUE ◆ mextlapique

MESTIZA ◆ pan de Jilotepec

MESTLAPIQUE ◆ mextlapique

METATE

Del náhuatl *metlatl*. Piedra rectangular sostenida por tres patas, una delantera y dos traseras, aunque en ocasiones se apoya en un tronco tallado y a una altura superior, como un lavadero. Se utiliza para moler ayudándose con una piedra cilíndrica llamada *metlapil* o mano de metate. Aunque a simple vista todos los metates son iguales y sirven para lo mismo, en realidad existen de diferentes formas y grosores; por ejemplo, entre los indígenas bajacalifornianos este utensilio no se parece al utilizado por los pueblos de tradición mesoamericana, manufacturado en piedra, sino que es una piedra plana cualquiera y la mano del metate es otra piedra más o menos esférica que se ajusta a la forma de la mano. Estrictamente existe un metate para cada tipo de ingrediente, el cual no es intercambiable, debido a que se podrían contaminar los sabores, por ejemplo, el picor del chile puede cortar la grasa del chocolate y hacerlo picoso, por eso existe un metate para cada una de las preparaciones: uno para maíz, uno para chiles, uno para especias y otro para chocolate; en el caso del que se emplea para este último, su plancha suele ser mucho más delgada que los demás, debido a que suele meterse una veladora o carbón prendido debajo del metate para que la piedra esté caliente y con la fricción del molido el cacao se derrita. Se ha utilizado desde la época prehispánica, pero actualmente en la cocina moderna se utiliza poco, debido a que lo están desplazando rápidamente los molinos eléctricos y manuales, los procesadores de alimentos y las licuadoras. Sin embargo, es motivo de orgullo y prueba de casta culinaria, tanto que cuando se utiliza para moler los ingredientes de los platillos, se suele insistir en que se hicieron con él, y aún en la actualidad es imprescindible para preparar pacholas y chocolate. Una conseja tarahumara dice que cuando se transporta un metate a otro lugar, al llegar a su nuevo destino se debe rociar con agua el suelo donde se va a colocar. También se deben mojar la cabeza y la espalda de la persona que lo transporta, de lo contrario sufrirá un mal irreparable, que le paralizará la mitad del cuerpo, de la cintura para abajo. Como esta parálisis es supuestamente incurable, para acelerar la muerte del afectado se debe voltear el metate hacia arriba. El metate suele ser tan apreciado para las cocineras indígenas, que éste puede ser uno de los regalos más especiales en una boda o una de las cosas que se desean heredar de la abuela o de la madre; es común que, en vida, la persona lo herede verbalmente.

METLAPIL

Del náhuatl *metlapilli*, de *metlatl*, metate y *pilli*, hijo. Especie de rodillo que sirve para moler en el metate. Está elaborado con el mismo tipo de piedra volcánica que el metate. El nombre se ha perdido a través del tiempo y actualmente es más conocido como mano de metate. En la ciudad de Oaxaca también se conocen con el nombre de metlapil preparaciones como el cuete mechado o carne claveteada, debido a su forma.

METZONTETE O METZOTE ◆ piña de maguey

MEXICANA, A LA

Preparaciones elaboradas con chile verde, cebolla y jitomate cocidos o crudos. Es probable que la expresión provenga de los colores de los ingredientes que recuerdan a los de la bandera mexicana. En el centro del país es habitual añadir cilantro a los tres ingredientes básicos. Entre los platillos más degustados están los huevos a la mexicana, los bisteces a la mexicana y las puntas de filete a la mexicana. Con la salsa cocida se preparan también guisos de pollo, camarón, pescado, mariscos u otros alimentos, como la hueva de lisa a la mexicana. Todos estos guisos se acompañan casi siempre con arroz y frijoles.

MEXIOTE ◆ mixiote

MEXTLAPIQUE

1. GRAF. mesatlapique, mestlapique o meztlapique. *Girardinichthys viviparus*. Pez vivíparo; las hembras son amarillas y los machos negros. En la antigüedad abundaba en los lagos del Valle de México y desde la época prehispánica se ha empleado como alimento; los mexicas hacían con él una especie de mole que llamaban *michmulli* (de *michin*, pescado, y *mulli*, mole, es el michmole actual), además, lo comían tostado (*michtlaxquitl*, de *tlaxquitl*, asado a las brasas). Los más pequeños se envolvían en hojas de maíz tras condimentarlos con chile seco, epazote y nopales picados; luego se asaban en el comal o entre las brasas; todavía se preparan de la misma forma.

2. GRAF. mestlapique o meztlapique. Del náhuatl *michin*, pescado, y *tlapictli*, envuelto en hojas de maíz. Especie de tamal sin masa, relleno de pescados de talla pequeña como los mextlapiques (que le dan su nombre), charales, pescados blancos, chucumites u otros productos como ancas de rana renacuajos mezclados con rajas de chile, nopales, cebolla y alguna hierba o condimento como epazote. El tamal se envuelve en hojas de maíz y luego se pone sobre el comal volteándolo constantemente para que se cueza por completo; entonces el relleno suda y empieza a gotear: cuando este goteo cesa, el tamal ya está cocido. Las hojas exteriores suelen quedar quemadas o al menos muy chamuscadas. Los mextlapiques son tamales rurales típicos de la zona lacustre de los valles de México y Toluca; se pueden encontrar en los mercados populares de las ciudades de México, Toluca y zonas aledañas. Los ejemplos que siguen se elaboran en Culhuacán, en el Distrito Federal, pero también hay formas similares en el Estado de México e Hidalgo. El mextlapique de ajolote está cocinado con cebolla, tomate, chile pasilla y cilantro; el de hueva de pescado con cilantro, epazote, cebollitas cambray, chiles verdes y maíz; el de nopales no lleva pescado, está guisado con jitomate, epazote, cilantro, xoconostles y chile de árbol; el de pescado blanco lleva cebolla, cilantro o epazote, xoconostle, venas de chile y sal. Otros que siguen el mismo proceso de preparación, pero están alejados de la forma original del tamal de pescados, son los mextlapiques de sesos con nopales y xoconostles; de testículos de cerdo con cebolla, cilantro y venas de chile; y de tripas de pollo, pato o guajolote con mollejas e hígados del ave, nopales, tomate, cilantro, epazote, cebolla cambray, xoconostles y chile de árbol o venas de cualquier otro chile. Estos dos últimos, junto con el clásico mextlapique de charales con chile

chilaca, epazote, cebolla y ajo, y el de rana o ancas de rana, son los que aún se encuentran en los mercados de Milpa Alta, Xochimilco y Tláhuac en el Distrito Federal.

MEYOLOTE ◆ quiote

MEZCAL

GRAF. mescal o mexcal. Nombre genérico que identifica a diversas bebidas alcohólicas destiladas obtenidas a través de la cocción, sancochado o tatemado de las piñas de diferentes magueyes y la posterior fermentación y destilación de los jugos de las mismas. Algunas de ellas cuentan con denominación de origen, tal es el caso del tequila, mezcal y bacanora. Para obtener las bebidas se seleccionan los magueyes, se jiman y se transportan las piñas al lugar de producción, para cocerlas en hornos rústicos o modernos autoclaves. La piña se desbarata y por molienda se le extrae el jugo color ambarino que se fermenta y destila en alambiques rústicos o industriales. Dependiendo de la variedad de agave, del productor y otros factores, su graduación alcohólica va de los 45° a 60°, si se considera que el índice de alcohol no es suficiente, la bebida obtenida vuelve a destilarse. Debido a la denominación de origen (DO) con la que cuenta, el nombre mezcal oficialmente se refiere a las bebidas producidas en Durango, Guanajuato, Guerrero, Oaxaca, San Luis Potosí, Tamaulipas y Zacatecas. Sin embargo muchas de ellas se denominan mezcal sin pertenecer a las delimitaciones de la DO. La palabra mezcal deriva del náhuatl *mexcalli*, de *metl*, maguey, e *ixca*, cocer u hornear, esto es, maguey cocido u horneado. Otra variante de este nombre es *mexcatl* o *mezcatl*. Hay mezcales jóvenes, reposados o añejos; algunos se maceran a menudo con frutas o cáscaras de frutas, para obtener mezcales de sabores o licores de frutas. Uno de los más conocidos se elabora con cáscara de naranja.

• En Guerrero se hacen el chichihualco, el mezcal curado, la petaquilla y es famoso el mezcal de Chilapa; en este estado se utiliza principalmente la variedad *Agave cupreata*. En Jalisco, además del tequila, se elaboran diversos destilados que reciben diferentes nombres como el mezcal de Tonaya y la raicilla, entre otros.

Método tradicional para la molienda de piñas de maguey, Hierve el Agua, Oaxaca

• En Oaxaca se elaboran a partir de distintas variedades de agave entre las que destacan *Agave Angustifolia*, *Agave karwinskii* y *Agave potatorum*, todas ellas producen un mezcal con un pronunciado sabor ahumado, producto de la cocción de las piñas en hornos de tierra. El *Agave potatorum* es llamado maguey de Tobalá, nombre proveniente del zapoteco *toba* o *doba*, maguey y *la*, caliente, maguey caliente o aromático; es una variedad de agave apreciada, que llega a medir hasta 1 metro de ancho y 70 cm de altura con hojas de color verde a blancuzco. Las botellas de mezcal producidas a partir de este agave se numeran debido a la limitada producción y tienen alrededor de 48° de alcohol; este maguey también se conoce como maguey de monte, tobalá y *papalometl*. En el mismo estado, entre los más famosos mezcales se encuentra el mezcal de gusano, llamado así pues en el interior de cada botella se pone un gusano de maguey rojo o blanco como testimonio de autenticidad. El denominado mezcal de olla se envasa en una olla o ánfora esférica de barro negro o pintada de negro con flores de colores. Generalmente se bebe acompañado con la sal de gusano, y es una de las formas más tradicionales. Uno de los mezcales más refinados en el estado es el llamado tobalá cuyo nombre significa en zapoteco "maguey que crece como huésped", pues crece de forma silvestre bajo la sombra de un árbol, por lo que es muy escaso. Por su rareza, alcanza un precio muy alto en el mercado. En fechas recientes a ciertos mezcales se les pone un escorpión, estrategia de mercado similar a la que se utilizó con el gusano de maguey.

Mezcal de olla

• En Tamaulipas el mezcal, también llamado vino-mezcal, o simplemente vino, se elabora a partir de *Agave funkiana*, *Agave lophanta*, *Agave sp.* y *Agave americana*. En este estado los lugares que producen el mezcal o vino-mezcal se denominan vinatas; éstas elaboran una variedad de mezcal llamada vino campanilla o flor, que alcanza más de 70° de alcohol, otra variedad denominada ordinario y, por último, el refinado. El mezcal San Carlos es una combinación de flor y refinado, tiene una graduación de hasta 60° de alcohol.

• En Zacatecas existen dos municipios que se distinguen por la elaboración del mezcal: en Sain Alto se produce el mezcal de marca Huitzila®, que en la región casi ha sustituido al nombre de mezcal; en las fiestas y ferias patronales se consume el mezcal del municipio de Pinos; también se emplea, entre otras cosas, para elaborar el ponche pineno; en esta área utilizan principalmente las variedades *Agave salmiana* var. *crassispina* y *Agave asperrima*.

→ bacanora, lechuguilla, sisal

MEZCAL CURADO

Mezcal que se mezcla con otros ingredientes para darle sabor. En Guerrero se preparan varias clases; cuando se cura con chile verde, chile rojo, cebolla, sal y jitomate se le llama torito; a veces se le añade queso. Otra variante es la que se prepara con marrubio, canela en raja, pasas, jugo de naranja agria y azúcar.

MEZCALEAR

Acción de beber mezcal.

MEZCALERÍA

Término que se utiliza para nombrar al lugar donde se venden mezcales, para llevar o beber allí, o al lugar donde se elaboran.

MEZCATAMAL

Tamal colimeño de extracción indígena, preparado con maíz tostado, molido y mezclado con miel de caña de maíz; se rellena de frijol y se acompaña con jocoatole. Es conocido también como mezcal tamal.

MEZONTETE O MEZONTLE   ◆ piña de maguey

MEZQUITAMAL

1. Bloque de pinol elaborado con la harina resultante de la molienda de las vainas secas del mezquite. Con el tiempo se comprime y se seca hasta que queda tan duro que es necesario cortarlo con machete. En Querétaro se obtiene del reposo de hasta tres años de la harina de pinol de mezquite. Resulta muy nutritivo y no pierde sus propiedades con el tiempo. Se utiliza disuelto en agua o leche con un poco de masa para preparar un atole.
2. Tamal preparado con las semillas molidas del mezquite y envuelto en hojas de maíz. Se consume en San Luis Potosí.

MEZQUITATOLE   ◆ atole de mezquite

MEZQUITE (*Prosopis juliflora*)

Del náhuatl *mizquicuahuitl*, árbol del mezquite, *mizquitl*, mezquite y *cuahuitl*, árbol. Árbol de la familia de las leguminosas, de hasta 15 metros de altura, de corteza parda y agrietada; ramas con espinas fuertes y duras; hojas bipinadas y flores comestibles de color amarillo-verdoso. Su fruto es una vaina de forma torcida en espiral de 10 a 20 cm de

largo, de color moreno amarillento, sabor dulce o amargo. En Baja California y Guerrero se acostumbra preparar conservas, atole y licor con las semillas. En Hidalgo de la planta se obtienen los chatas y los gusanos de mezquite, que se preparan en salsa. Las flores se preparan como cualquier otra, en tortitas o hervidas; en Sonora les llaman chivirito. Con las vainas secas y molidas se elabora el atole llamado mezquitatole, tradicional en Guanajuato, Hidalgo, San Luis Potosí y Zacatecas. En las zonas campesinas se acostumbra masticarlo como golosina, por su sabor dulzón. Las vainas secas se preparan en pasta para los mezquitamales; con la masa también se prepara el llamado queso de mezquite, que se vende en los mercados de Matehuala, en San Luis Potosí. El mezquite produce una goma color ámbar parecida a la arábiga, que se va acumulando en las rugosidades de la corteza, especialmente en los árboles adultos; en algunos lugares de Sonora se disuelve la goma en agua, se le agrega azúcar y se toma como refresco; también se emplea para hacer golosinas. La goma en náhuatl se llama *mizquicopalli*, de *mizquitl*, mezquite, y *copalli*, copal. Las semillas tostadas y molidas se usan mezcladas con el café o como sustituto de éste. De los frutos molidos se obtiene una harina que se disuelve en agua para elaborar una bebida refrescante. Por último, las vainas también se cuecen, se les exprime la savia y se le agrega agua para preparar otra bebida refrescante. En algunas partes de México llaman miel de mezquite a la que producen las abejas que se alimentan de las flores de estas plantas.

Conocido también como:

- ◇ algarroba (Colima)
- ◇ amezquite
- ◇ chácata
- ◇ chachaca (Michoacán)
- ◇ chúcata (Michoacán)
- ◇ huupa (Sinaloa)
- ◇ jupala
- ◇ katzimelk (Chihuahua, Sonora)
- ◇ mezquite amarillo
- ◇ mezquite blanco
- ◇ mezquite chino
- ◇ mezquite colorado
- ◇ mimisquicuabitl (Morelos)
- ◇ mimisquitl (Morelos)
- ◇ pechita
- ◇ tsirisicua

Conocido en otras lenguas como:

- ◇ *biia* (zapoteco)
- ◇ *haas utuh* (huasteco)
- ◇ *jú'upa* (mayo)
- ◇ *majé* (otomí)
- ◇ *me-equite* (huichol)
- ◇ *mizquitl* (náhuatl)
- ◇ *t'ahí, tai* o *taj* (otomí)
- ◇ *toji* (otomí)
- ◇ *tzirizecua* (purépecha)
- ◇ *uejoue* (tarahumara)
- ◇ *utuh* (huasteco)
- ◇ *yaga-bü* (zapoteco)

MEZTLAPIQUE ◆ mextlapique

MICHA

Pieza de pan blanco que recibe en Veracruz este nombre y que en otros sitios del país lo llaman bolillo. El nombre proviene del francés *miche*, que significa hogaza.

MICHELADA

Bebida que se prepara con cerveza clara u oscura, el vaso en el que se sirve se escarcha con jugo de limón, sal y chile en polvo. Algunas recetas añaden jugo Maggi®, salsa inglesa, chile en polvo, salsa y jugo de limón a la cerveza. Consumido entre los jóvenes y como supuesto remedio para curar la cruda, también es acostumbrada en las playas.

MICHI ◆ caldo michi

MICHMOLE

GRAF. michimole. Del náhuatl *michmolli*, de *michin*, pescado, y *molli* o *mulli*, salsa o mole. Platillo preparado con ancas de rana, pescado (carpa, bagre o pescado blanco), acociles y nopales, todo guisado en una salsa verde de tomate con cebolla, ajo y epazote. A veces esta salsa se sustituye por otra elaborada con jitomate y chile guajillo. Se solía incluir ajolote en su elaboración, pero en la actualidad no se utiliza debido a que está en peligro de extinción. Se prepara en el Estado de México y en Michoacán.

MICHOACÁN

Estado ubicado al oeste de la república mexicana; limita al norte con Jalisco y Guanajuato, al noreste con Querétaro, al este con el Estado de México y Guerrero, al sur con Guerrero y el océano Pacífico y al oeste con Colima, Jalisco y el océano Pacífico. Michoacán fue fundado el 22 de diciembre de 1823 y su capital es la ciudad de Morelia; se encuentra dividido en 113 municpios, los cuales se pueden agrupar en seis regiones: Costa, Sierra Madre del Sur, Tierra Caliente, Balcones, Eje Volcánico y Bajío. Una de sus características más destacables es su diversidad natural, que se traduce en una amplia variedad de climas, vegetación, fauna y calidades de suelo que influyen en la gran variedad de actividades económicas, particularmente las agrícolas, industriales, comerciales, turísticas y pesqueras, así como en la alimentación. Cabe destacar que los sectores agropecuario y pesquero contribuyen con 11% al producto interno bruto (PIB) estatal, y ocupan a 37% de la población económicamente activa (PEA). Entre los principales cultivos de la zona y en los que la entidad ocupa los primeros lugares de producción nacional están: el aguacate Hass, el melón, la guayaba, la fresa, el limón, la cebolla y el jitomate. En cuanto al sector pesquero, tiene el primer lugar nacional en la captura de charal, y se encuentra entre los primeros lugares en captura de mojarra y carpa. Las tradiciones y costumbres populares michoacanas son producto de la convivencia de las culturas purépecha, nahua, mazahua y mestiza, esta última desarrollada con una fuerte influencia española, y con aportaciones africanas y asiáticas. En la actualidad habitan en la región nahuas, otomíes, mazahuas y purépechas; siendo estos últimos los más importantes de acuerdo con el número de habitantes. Michoacán es conocido como la tierra de los purépechas, y efectivamente su presencia ha sido siempre de gran importancia en la cocina del estado, junto con elementos de la actual cocina mestiza: muchos de los nombres, usos e ingredientes purépechas originales sobreviven y gozan de un gran arraigo entre la población. Algunos ejemplos de platillos y preparaciones de origen purépecha son: *acahpatas*, atápacua, chanducatal, chúripo, cuinichos, cuiripeta mascuni, máscuta, minguichi y *urhite*; en cuanto al de los tamales tenemos: aguacatas, chapatas, charicurindas, *cuiripeta hauacucata* y tamales de zarzamora. Las gorditas purépechas, *ichúscutas*, toqueras y *yururichúskutas* son un alimento importante para comenzar el día, así como la gran variedad de atoles, llamados kamata en lengua purépecha, entre los que encontramos el *cahuax kamata*, el *kamata urápiti*, el *kamata charhíkuarh*, el *kamata turhípiti* y el *sharhí kamata*, entre otros. Por otro lado, se puede mencionar una serie de ingredientes que caracterizan la cocina michoacana

Maruata

387

Lago de Pátzcuaro e isla de Janitzio

como el acúmara, el ajolote, el capulín, los chacales o chicales, los charales, el chile Morelia, el chocolate, el chorizo, la crema y el jocoque, que se elaboran en los ranchos, la gallareta, el pescado blanco, el queso Cotija, adobera y sierra, el nurite y el zapote prieto; además del aguacate, el limón y el melón, que se producen para consumo nacional y para exportar. Se consumen además varios insectos como las avispas, el chapulín, el gusano cupiche y la mariposa Monarca. En la entidad se prepara una gran diversidad de antojitos y platillos regionales: como los aguacates rellenos de jaiba, el ajiaco, la aporreada, la carne apache, la carne de cerdo con uchepos, el cabrito en su sangre, una gran variedad de chilaquiles, las enchiladas de nata, las enjococadas, los frijoles puercos, las gorditas dulces, los hongos con vino, el michmole, la morisqueta, la moronga y la rellena de pollo, las pacholas, las patas de puerco, los peroncitos de la emperatriz, el pipián, el pollo en cuñete, el pollo placero acompañado con enchiladas placeras, las quesadillas de camarón, las raspadas, el revoltijo, los tacos chinacos, los tacos de flor de calabaza, el tatemado, las verduras en escabeche y el *xembechakua*. No se puede dejar de mencionar las famosas carnitas, que compiten con las mejores de otras regiones de México. Como en otras entidades, en Michoacán los moles son platillos festivos. En distintas comunidades se preparan con salsas complejas, espesas y oscuras, o de tono más rojizo, en las que se combinan diferentes tipos de chiles y especias; se consume también con frecuencia el mole verde. Entre los caldos y sopas que se preparan en Michoacán destacan especialmente la birria, el bote, el caldo de acúmara, el caldo de camarón seco, el caldo michi, la chegua, la olla

Catedral de Morelia

podrida, el puchero, la sopa de hongos, la sopa de uchepos, la sopa seca de corundas y la sopa tarasca. Los pozoles también son importantes; los más representativos son el pozole de elote, el pozole rojo, el de trigo y el pozolillo. Las corundas y los uchepos son tamales muy famosos, pero no son los únicos: entre los tamales dulces y salados del estado encontramos corundas de ceniza (tamales de ceniza), tamales agrios, canarios, de

acelgas, de almendra, de cazuela, de cazuela de elote, de elote y miel, de espiga, de flor de calabaza, de harina y nacatamales de carne y de dulce. Las salsas son indispensables como acompañantes de muchos platillos, se preparan cotidianamente con todo tipo de chiles y otros ingredientes como la chimpa, la salsa de chile de árbol seco, la salsa de chile pasilla y la salsa verde. Michoacán es un estado donde se consumen múltiples variedades de atoles, además de los de origen purépecha mencionados, algunos son el atole agrio, prieto, de anisillo, de cajeta, de cascarilla o de chaqueta, de elote, de granillo o de grano, de guayaba, de mezquite, de puzcua, de zarza, de zarzamora, de sagú, de tamarindo y el chileatole. Las bebidas que se acostumbran diariamente o durante los festejos son el aguamiel natural y curado, el aguardiente de caña, el amargo, la charanda, el charape, la garapiña, el tepache, el urapi, el zendechó y varios tipos de vino de frutas. Existen muchos dulces y postres tradicionales, como los achicaladitos, el alfajor, el ate, los buñuelos, la cajeta, la cajeta de requesón, el camote tatemado, la capirotada, los chongos zamoranos, el condumio, el cortadillo, la crema imperial, el dulce de cacahuate y de camote, las frutas en tacha, las michoacanas, las morelianas, la palanqueta, el pastel de almendras y limón, las peras alegría, la piña quemada, las toreadas de piña y leche, los torreznos, el turrón de frutas secas y las yaguatas. Mención especial merecen las nieves, de las que existen una gran variedad de sabores como: guanábana, melón, pasta, zapote prieto, y de prácticamente cualquier otra fruta. Por último, es importante mencionar que en la entidad se prepara una gran variedad de panes típicos, dulces y salados, así como panes caseros como las frutas de horno, las hojarascas, los polvorones de fruta de horno, los kuinichos y el pan de natas.

MICHOACANA
Galleta redonda, quebradiza, color marrón claro con orillas color café oscuro.

MICHTAMAL
Tamal de pescado que se denomina con este nombre en varias partes de la república, sobre todo en las comunidades indígenas donde se habla náhuatl.

MICOUII ◆ hongo tecomate

MIEL DE ABEJA
Sustancia viscosa y dulce de color que varía del amarillo pálido al ámbar oscuro. La producen las abejas *Apis mellifera* a partir del néctar de las flores que liban y que transforman en sus estómagos regurgitándola y almacenándola en los panales de sus colmenas. Se compone principalmente de agua y sacarosa, y contiene también

minerales, vitaminas, ácidos orgánicos y aminoácidos, entre otros componentes. En México la miel se utiliza con frecuencia para endulzar frutas en el desayuno o para complementar el pan tostado y los *hot cakes* del desayuno. Mucha gente la come sola a cucharadas, o con jugo de limón como remedio para los males de la garganta o simplemente por su sabor. En los mercados populares se encuentran mieles de abejas obtenidas de diferentes flores de donde toman sus características; raras veces las mieles se clasifican por el tipo de flor de donde se obtuvo, aunque esta última característica sea primordial entre otros factores (época de cosecha y producción suelos) para determinar el sabor, aroma y otras características de la miel. La de monte es una miel de abeja que, como su nombre lo indica, se recolecta de panales silvestres en el monte; con frecuencia es más oscura, densa y de sabor complejo, y no es fácil de encontrar. En la península de Yucatán se emplea desde la época prehispánica la miel que producen las abejas de la tribu meliponini, las cuales se caracterizan por no tener aguijón y entre las que destacan las especies: *Melipona beecheii*, *Melipona yucatanica* y *Trigonisca pipioli*, entre otras. Esta miel fue cayendo en desuso por la introducción de la caña de azucar y de la abeja europea. En la actualidad hay diversas iniciativas para su rescate y apreciación, que dan lugar a clasificaciones específicas de cada tipo de miel, dependiendo de la flor de la que se haya obtenido. Quizá la miel más conocida sea la producida por las abejas a partir de la flor Xtabentun *(Turbina corymbosa)*, oscura, de color fuerte y con alto contenido de humedad, por lo que puede fermentar muy rápido; otros ejemplos son la miel de la península de Yucatán (mezcla de mieles multiflorales), la miel multifloral de la selva de Calakmul, las mieles de tajonal (de la flor tajonal *Viguiera dentata*) que tienden a cristalizar rápidamente, la miel de ts its ilche (a partir de la flor ts its ilche *Gymnopodium floribundum*) con mucho cuerpo y aromáticas, la miel de chakah (de la flor *Bursera simaruba*) y otras. La miel virgen es cualquiera que no ha sufrido ningún proceso de industrialización, y se utiliza tal y como se extrae de la colmena. En México existen tantos apicultores que nuestro país es reconocido como uno de los principales productores en el mundo. Cabe resaltar que existen otros endulzantes a los que también se les llama miel, aunque no sean los producidos por las abejas.

MIEL DE CAÑA

Miel obtenida de la primera cocción del jugo de caña de azúcar; es una melaza suave y ligera que gustan comer en muchos lugares con buñuelos o con bolillo y se usa para preparar diversas frutas en almíbar.

MIEL DE MAGUEY ◆ aguamiel

MIEL DE MAÍZ

Miel obtenida a partir de la conversión del almidón en azúcar. Es cristalina y transparente. Se utiliza como edulcorante, sobre todo para bebés o personas que no pueden ingerir miel de abeja.

MIEL DE PILONCILLO

Miel preparada con piloncillo derretido en agua junto con canela y otras especias como anís o clavo. Se utiliza para preparar dulces de frutas que se cuecen en ella como los tejocotes en miel de piloncillo o la calabaza en tacha. También se agrega a buñuelos, servida caliente, y se usa también en la elaboración de tamales, atoles, gorditas, galletas y panes.

MIEL DE TUNA

1. Miel obtenida mediante el proceso de la pulpa de la tuna cardona. Ésta se cuece hasta que se deshace, se cuela y se regresa al fuego hasta que alcanza una consistencia similar a la miel de abeja. Tradicionalmente se vacía en vasijas de barro vidriado u hojas de lata para que se enfríe y cuaje. Es típica de San Luis Potosí y Zacatecas.
2. Dulce de tunas taponas y plátanos Tabasco cocidos en agua con canela, clavo, azúcar y pimienta hasta que adquieren la consistencia de miel, entonces se cuela y se deja en-

friar. Se puede untar sobre pan a manera de jalea o en tortillas con queso panela. Es típico de Colima.

MIGADA

Gordita de masa de maíz, dorada en comal con un poco de manteca de cerdo, acompañada de salsa ranchera. Se preparan y consumen en Tamaulipas.

MIGAJAS ◆ asientos de chicharrón

MIGAS

1. Término que en el centro del país puede referirse a las migajas de pan.
2. Sopa o guiso casero, cuya elaboración varía dependiendo de la región donde se prepare.

• En Hidalgo y Morelos, así como en algunos lugares del centro del país, suele contener mucho ajo picado, longaniza o chorizo, huevo batido, rebanadas de pan viejo, tostado o frito; todo lo anterior se cuece en caldo y se completa con rajas de chile poblano o trocitos de chile ancho, queso añejo, Cotija o fresco, y a veces orégano y un chorrito de aceite de oliva.

• En Nuevo León las migas pueden contener huevo, tocino, totopitos de tortilla de maíz, cebolla, ajo, chile jalapeño, jitomate, comino y algún queso regional. Se asemejan a los huevos revueltos con tortillas o chilaquiles revueltos con huevo.

• En Oaxaca es un platillo de huevo con tortilla frita, cebolla, tomate y chile.

• En Tlaxcala y algunas partes de Puebla, consiste en trozos de pan viejo cocinados en un caldo con cebolla, epazote, venas o rajitas de chile loco o chile rayado.
3. Dulce de platón que contiene agua, piloncillo, azúcar y masa, que recuerda al nicuatole. Es típico de Sinaloa.

→ asientos de chicharrón

MILANESA

Preparación elaborada con un bistec de carne de res o pollo, en ocasiones de cerdo, empanizado y frito. En general, la carne se salpimenta y marina en leche de vaca para suavizarla; luego se escurre, se pasa por huevo, después por pan molido y se fríe. De manera habitual se acompaña con puré de papa o papas fritas. Se trata de una de las formas más populares de preparar bisteces, tanto en las casas como en fondas y restaurantes. Aparte de comerse solas durante el mediodía, con ellas se preparan las famosas tortas de milanesa. Conocido también como bistec empanizado.

MILANESA DE CALAMAR ◆ calamar

MILCAHUAL

1. Del náhuatl *milli*, sembradío y *cahualli*, dejado. Término con el que se conocen a las tierras propias para sembrar, en las que se da bien la milpa. También se aplica este nombre al sembradío de maíz a punto de cosecharse.
2. Salsa elaborada con elementos que se dan en la milpa. Puede incluir chile chiltepin, tomate y cilantro. Se acostumbra en la zona de la Huasteca hidalguense.
Conocida también como:
◇ salsa de milcahual
◇ salsa de milpa

→ chile milkahual

MILPA

Del náhuatl *milli*, tierra cultivada, y *pan*, es decir, en la tierra cultivada. Sistema agrícola de origen mesoamericano que alberga varios tipos de productos comestibles, del cual el maíz es el eje principal, otorgando protección de los depredadores y de las inclemencias del clima a los otros productos. En la milpa se desarrollan frutos y verduras como jitomate, miltomate, calabazas, chiles, quelites y frijoles, así como insectos y pequeños animales de campo que se aprovechan como alimento.

Generalmente, las fases de trabajo en la milpa son: medición de terreno, brechado, tumba, quema, siembra, chapeo, cosecha y dobla. La milpa da nombre a algunas preparaciones como la sopa de milpa y la salsa de milpa.

→ tamal de hoja de milpa, tamal de milpa

MILTOMATE

Del náhuatl, *miltomatl*; de *milli*, sembradío de maíz y *tomatl*, tomate. Nombre con el que se conoce a varios frutos de la familia de las solanáceas, las dos variedades principales de México son *Physalis ixocarpa* y *Physalis pubescens*. El fruto es de forma globosa, color verde, piel lisa, pegajosa y tierna; mide unos 2 cm de diámetro y su pulpa tiene sabor ácido, con muchas semillas. Estrictamente es la variedad de tomate verde que crece en las milpas; es más pequeño que el tomate verde común, y tiene más sabor, por lo que se considera más fino que el tomate de cultivo.

La variedad criolla, que es la auténtica, tiene la cáscara color café oscura o negruzca; ya pelado es difícil distinguirlo de otra variedad llamada miltomate de cultivo, que tiene la cáscara color café claro. Entre los indígenas zapotecos el miltomate criollo es muy valorado ya que en Oaxaca se utiliza mucho para preparar distintos moles y salsas regionales. En los estados del centro del país también es muy solicitado, aunque es más caro. Con el miltomate se prepara todo tipo de salsas verdes crudas, cocidas o asadas, guisos entomatados y moles verdes. En la antigüedad se tenía muy clara la diferencia entre el miltomate y el tomate verde cultivado, pero pocos miembros de las nuevas generaciones conocen que el miltomate tiene mejor sabor.

Conocido también como:

◇ costomate
◇ tomate de milpa
◇ tomate milpero
◇ tomatillo
◇ tomatito verde

MIMILO

Variedad de tamales de elote que recibe este nombre. Los granos de elote tierno se muelen y baten con leche y manteca de cerdo; si se quieren dulces se agrega azúcar y canela a la mezcla. Una vez lista la masa se envuelven en hojas de elote y se cuecen al vapor. Por lo general son pequeños y no pasan de 10 cm de largo por 4 de ancho. Se sirven calientes y se acompañan con café negro para el desayuno o la cena en el área de Santiago Tuxtla, Veracruz.

MIMINGUE

Gordita de masa de maíz con frijol, que se acostumbra servir en los velorios de las comunidades nahuas en los estados de Hidalgo y Puebla.

MIMINQUE ◆ tamal miminque

MIMISQUICUABITL ◆ mezquite

MIMISQUITL ◆ mezquite

MINGUICHI

Platillo que consiste en un queso fundido de consistencia ligera con chile. Por lo general se prepara con queso Cotija, alguna variedad de chile y en ocasiones con otro ingrediente para sazonar. Suele comerse con tortillas o acompañarse con frijoles o corundas, y aunque casi siempre contiene chile, se acompaña con una salsa picante. Es una receta de origen purépecha que en Jalisco se elabora con jocoque, rajas de chile poblano, cebolla, fécula de maíz y pimienta.

MINILLA

Guiso de pescado típico de Veracruz, del que existen dos versiones notablemente diferentes. En el norte del estado se trata de un pescado en tiras o trocitos, salteado en aceite de oliva con cebolla y ajo, al que se añaden chiles jalapeños en escabeche, aceitunas, alcaparras, jitomate picado y jugo de limón. Se sirve frío o a temperatura ambiente como botana, acompañado de totopos. En el Sotavento se fríe jitomate, cebolla y ajo hasta que están totalmente cocidos, y se les añade en seguida el pescado desmenuzado junto con otros ingredientes como aceitunas, alcaparras, pasitas, orégano, perejil y papa en cuadritos: el resultado es una especie de picadillo de pescado. Si se acompaña con arroz puede ser el plato fuerte de la comida del mediodía, aunque también sirve de botana, acompañado con totopitos de tortilla de maíz. Asimismo se usa para rellenar empanadas o chiles jalapeños. Se puede comer frío, a temperatura ambiente o caliente, dependiendo de las preferencias familiares. Aunque no es tan usual, se prepara la minilla de camarón. En las costas del norte del de Veracruz, se preparan guisos similares a las que llaman *zaragayas*. En Campeche se elabora otra

variante, con pulpa de sábalo, cebolla, aceitunas, alcaparras, pimienta negra, orégano, chile dulce, jitomate, aceite, achiote y vinagre.

MISHCAL

Dulce que se elabora con el quiote cocido del maguey. Se consume en Chiapas.

MISTELA

Licor que se obtiene de la maceración en aguardiente de caña, de frutas como ciruela, nanche, durazno, pera, guayaba, mora, mango, piña, nuez, almendra, manzana, membrillo, naranja, limón; de hierbas y especias como canela y menta o de otros compuestos orgánicos. Una vez curtida o macerada la fruta, semilla, raíz o especia, se retira dejando en el aguardiente su sabor y esencia; en el caso de las frutas, éstas se consumen. En la antigüedad se conservaban en alcarrazas, pero hoy se emplean recipientes de barro y de vidrio. Las mistelas son típicas de Chiapas, aunque también se acostumbran en Campeche, Oaxaca, Tabasco y Yucatán, estados donde existe una tradición muy arraigada de curtir diferentes tipos de frutas en aguardiente. En Oaxaca, sobre todo en el Istmo de Tehuantepec, se preparan mistelas de frutas como nanche, mango y ciruela, maceradas en alcohol de 96° y agua; en este caso tiene mayor importancia el fruto que la bebida alcohólica que se obtiene por maceración. Cualquiera de estos frutos se vende por pieza y se consume ampliamente como golosina o postre. En la ciudad de Oaxaca y en los Valles Centrales, las mistelas son licores dulces regionales que solían servise durante las tertulias, reuniones, bailes o tardeadas después del chocolate, aunque la tradición se ha perdido un poco; eran usuales las mistelas de anís, cereza y rosa. En este caso se conciben más como una bebida de gusto o digestiva. En Yucatán se elabora la mistela de naranja, con cáscaras de naranja y anís, y una mistela especial de hierbabuena llamada verdín.

MIXE

Grupo etnico asentado en la serranía del Zempoaltépetl, al noreste de Oaxaca. Colinda al noroeste con los ex distritos de Villa Alta; al norte con Choapam y con Veracruz; al sur con Yautepec y al sureste con Juchitán y Tehuantepec. De acuerdo con el Censo de Población y Vivienda 2010, había 136 802 hablantes de mixe en el país. La lengua que hablan es ayuuk, o ayook, nombre con que históricamente se conoce al grupo. La topografía de la serranía donde viven es accidentada, por lo que se pueden encontrar varios microclimas en un espacio geográfico reducido. Abarca 19 municipios en tres zonas climáticas: alta o fría con altitudes superiores a los 1 800 metros sobre el nivel del mar; la media o templada con alturas de 1 300 a 1 800 metros y la baja o caliente que comprende de los 35 a los 1 000 metros. El territorio mixe es rico en recursos forestales, con productos como el ocote y el pino, que existen en abundancia, y en menor proporción el cedro, la caoba, el fresno y el ciprés. En la región se practica una agricultura de subsistencia. En las zonas altas y frías se siembra papa, maíz, frijol y calabaza; en las zonas templadas y cálidas, maíz, frijol, camote, caña de azúcar y chile; en la zona central y baja, se cosechan cítricos y café. Este último producto es el de mayor comercialización. Dentro de los platillos representativos se encuentran el caldo de res, frijoles con hojas de chilacayote, mole de hierbamora, tamales de amarillo, tamales de pescado y verduras en chintextle, entre otros.

MIXIOTE

1. GRAF. mexiote. Del náhuatl *mexiotl*. Epidermis de la penca del maguey que se separa cuidadosamente de la planta para obtener una membrana amplia, translúcida y delgada. Se deja secar y se enrolla para su venta en los mercados. Antes de utilizarlo se remoja en agua para que esté flexible. Existe una gran variedad de preparados elaborados con diferentes carnes, salsas y otros ingredientes, que se envuelven en el mixiote y se cuecen al vapor; el guiso resultante

también recibe el nombre de mixiote. Conocido también como oblea de maguey.

2. Preparación que, de forma general, consiste en los trocitos de la carne que va a emplearse marinados en una mezcla de chiles guajillo y pasilla, pulque, comino, orégano, tomillo, mejorana, clavo, laurel, ajo y hoja de aguacate; luego se colocan en un cuadro de mixiote y se amarran con hilaza para cocerse al vapor. Se sirven desatados en un plato hondo, ya que el guiso tiende a ser caldoso. Los mixiotes son muy solicitados en los mercados del centro del país para almuerzos y comidas, especialmente los domingos. Debido a la frecuencia de su uso en la cocina, se ha prohibido su venta en ciertos lugares, pues el proceso por el que se obtienen daña terriblemente las pencas del maguey, e imposibilita su empleo para hacer pulque. Por ello, ahora se sustituyen con bolsas de plástico o papel aluminio, aunque obviamente, el sabor no es el mismo.

• El mixiote es un platillo típico en Hidalgo que por extensión se elabora en los estados vecinos con algunas variantes. En este estado los que más se consumen son los de carnero, chivo o conejo, y suelen ser muy similares los que se encuentran en los estados vecinos. En las comunidades rurales también se elaboran mixiotes de otras carnes como carpa, bagre, ardilla o pollo. Cualquiera de estas carnes se marina en una salsa de chiles y especias y se envuelve en mixiote para cocinarse al vapor. El mixiote de ardilla se prepara con salsa de chile guajillo, ajo, comino, pimienta y clavo. El de pollo puede ir con la salsa clásica, o prepararse únicamente con rebanadas de nopales, jitomate, habas, chícharo, epazote y chile. En algunas regiones de Hidalgo los mixiotes se preparan con renacuajos. En el Valle del Mezquital se prepara el mixiote de nopales tiernos, cortados en cuadritos y mezclados con cebolla; ambos ingredientes se fríen en poca manteca de cerdo y se les añade chiles chipotles, laurel, tomillo y orégano antes de envolverse y cocerse.

• En el Estado de México se elaboran muchas clases de mixiotes, todas ellas muy populares. Son especialmente famosos los de Texcoco y Chalco. Para preparar mixiotes de cerdo, la carne se guisa con tomates verdes, chiles verdes, cebolla, nopales y epazote. Los mixiotes rojos pueden ser de carne de cerdo o de pollo con salsa de chile guajillo, comino, clavo, e incluyen también trozos de nopales, xoconostles y ramas de epazote. De forma similar se prepara el mixiote en verde, con tomate y chile verde.

• En Tlaxcala se preparan principalmente de pollo o de conejo; la carne se adoba por todo un día en una salsa cocida de chile guajillo, chile ancho, comino, ajo, clavo, pimienta, canela, orégano, tomillo, cebolla, hojas de aguacate, agua, vinagre y sal, se envuelve y se cuece al vapor. En las comunidades rurales muy apartadas se acostumbran también los mixiotes de tlacuache, zorrillo o conejo de campo, con salsas de chiles más sencillas; los mixiotes que se elaboran con estos animales se preparan de forma tradicional y sólo de mayo a agosto pues pasados esos meses, en época de sequía, los animales suelen estar parasitados por lombrices. En todos los casos se acompañan con lechuga, rábanos, tortillas, arroz blanco y salsa verde.

391

MIXIOTE DE CONEJO

Mixiotes preparados con carne de conejo previamente cocida en una olla cubierta con hojas de aguacate. La carne cocida se destaza y se coloca en piezas de totomoxtle o en hojas de mixiote aderezada con una salsa de chile guajillo, ajo, hierba santa, comino, clavo y canela; se cuece al vapor y se acompaña con frijoles y arroz. Se consume de forma cotidiana en Hueyapan, Morelos.

MIXIOTE DE NOPALES CON POLLO

Guiso de nopalitos y pollo con ajo, cebolla, xoconostles, chiles morita y epazote envueltos en hojas de mixiote. Se acostumbran en Colima.

MIXTECO

Grupo étnico asentado entre los estados de Oaxaca, Guerrero y Puebla. Los mixtecos se autonombran ñuu savi, que significa pueblo de la lluvia. En el Censo de Población y Vivienda 2010, se registraron en el país 494 674 hablantes de mixteco. Por sus características geográficas y de altitud con respecto al nivel del mar se le ha divido en Mixteca Alta, Mixteca Baja y la Mixteca de la Costa. Además, debido a los distintos climas que existen entre las regiones, los productos que se consumen varían; mientras la Mixteca Alta es seca y fría, la Mixteca Baja es templada y la Mixteca de la Costa es cálida. La agricultura es la actividad económica básica; se cultivan superficies menores a las dos hectáreas, generalmente de temporal, muy erosionadas y poco propicias para cultivo. Los principales productos que se obtienen son maíz, frijol, trigo, ajo, tomate y cebolla. Los recursos forestales se explotan de forma individual y limitada pues la tala inmoderada ha llevado a deforestar grandes extensiones de tierra en la región. La ganadería extensiva es de especies menores (cabras y ovejas) e igualmente pobre. La minería prácticamente está en receso, pues en la actualidad no se explotan los recursos minerales. La explotación pesquera enfrenta problemas legales; sin embargo, se consumen especies locales, cuya pesca se realiza de forma rudimentaria. Algunos de los platillos representativos son el atole de trigo, atole xoco, atolillo de res, chileajo, frijoles con masa, mole de hierbabuena, sopa de guías y xocoatole, entre otros.

MIZQUITL ◆ mezquite

MOCAS

Panes elaborados con mantequilla, huevo, harina y agua. Se rellenan de una crema preparada con vainilla, huevo, azúcar glass, Maizena®, azúcar y leche. Suelen elaborarse en San Cristóbal de las Casas.

MOCHO OB

Tortilla grande y gruesa de maíz que lleva huesos y patas de pollo en su masa, su preparación está asociada a la del *chak wuaj*. La elaboran los mayas de Quintana Roo.

MOCHOMOS

Platillo preparado con carne seca o machaca frita; la carne tiene una apariencia de hormigas arrieras, que en lengua cahíta llaman mochomos. Es un guiso popular en los estados del norte del país. En Sinaloa, la carne se fríe con cebolla y ajo y sirve de relleno para tacos y burritos, sola o revuelta con huevo; también se acompaña con frijoles refritos y salsa de jitomate. En Chihuahua es simplemente carne de res o cerdo deshebrada y frita en manteca de cerdo. En Sonora la carne se machaca finamente con ajo, se fríe con poca mante-

ca de cerdo y se sazona con chile colorado o pimentón; es habitual en la cena.

→ hormiga chicatana

MOCO DE PAVO ◆ amaranto

MOCOQUE (*Tabebuia rosea*)

Árbol de hasta 25 metros de altura con hojas opuestas que llegan a medir 20 cm; sus flores son monopétalas blancas o rosadas-púrpuras de 7 a 10 cm. Sus frutos miden entre 20 y 35 cm de largo por 12 cm de grueso y el sabor de las semillas recuerda a las de la calabaza. En la Sierra Gorda de Querétaro con las semillas del fruto se prepara la salsa de mocoque. En Tamaulipas éstas se preparan con huevo y se guisan también con chorizo, camarones o al gusto. Conocido también como matalisguate.

MOGO MOGO

Plátanos machos verdes, cocidos y machacados, fritos con manteca de cerdo, ajo, sal y azúcar. Se acompañan de chocolate caliente o café en el desayuno o la cena; también se pueden preparar con plátano macho maduro. Se acostumbran en la región de Los Tuxtlas, Veracruz. Hacia el sur del estado se nombra así a una mezcla de plátanos machos maduros, machacados con manteca de cerdo o mantequilla, dulzones o salados, que se utiliza para preparar los plátanos rellenos. Es conocido también como machuco.

→ machuco, molotes de plátano

MOJARRA

Nombre común que reciben diferentes especies de peces de cuerpo alto, comprimido, de talla pequeña (por lo general menos de 40 cm) y cabeza grande con boca chica. Habitan en fondos poco profundos de aguas costeras, así como en ríos, riachuelos y lagunas. Es el pescado más popular de México, debido a su bajo costo. Se prepara entera, frita en aceite, al mojo de ajo, en tamales, en diferentes tipos de salsas, caldos o sopas, y con arroz. Aunque se puede encontrar congelada o salada, se prefiere fresca; de hecho, en muchos mercados regionales se compran cuando todavía están vivas en cubetas o recién pescadas. En los mercados populares de Cuernavaca, las indígenas las venden envueltas en papel periódico, con las agallas expuestas como símbolo de frescura. En el mercado de Villahermosa son muy populares, especialmente las que se venden fritas para llevar a casa. En casi todo el país se salan y se marinan en jugo de limón para quitarles el sabor a humedad. Normalmente se acompaña con tortilla, condimentada en la mesa con sal y limón. En al-

gunas regiones del país se come con salsa picante, y en los estados del Golfo de México, la península de Yucatán, Chiapas y ciertas partes de Oaxaca, se machacan chiles verdes como el habanero o el amaxito y se mezclan con jugo de limón y sal para acompañar las mojarras fritas. En Salamanca, Guanajuato, se acostumbran durante la Semana Santa las mojarras empanizadas con pan molido y fritas, acompañadas con ensalada de lechuga. En el Sotavento veracruzano se preparan aderezadas con mayonesa, jugo de limón, queso blanco, cebolla y chiles jalapeños, envueltas en papel aluminio y cocinadas a la plancha, al carbón o a las brasas. En Veracruz se elabora la mojarra empapelada: la mojarra limpia se baña en limón y sal, se coloca en cuadros de papel aluminio, se adereza con mayonesa, un sofrito de mantequilla, cebolla y chiles verdes jalapeños, rodajas de limón y queso blanco fresco. Se cierra el papel y se cuece al horno. También se puede cocinar a la plancha, al carbón o a las brasas. En Tierra Colorada Ismate, en el municipio de Macuspana y lugares cercanos de Tabasco, las mojarras frescas se salan ligeramente, se cuelgan en un cordón procurando que no queden tan juntas para que se asoleen bien, y se dejan varias horas al sol hasta que su piel se reseca, después se untan con manteca de cerdo o unto y se asan, volteándolas constantemente y agregando un poco más de unto según sea necesario. Al servirse se puede rociar con un poco más de unto, al gusto del comensal. Las mojarras de agua dulce están representadas por más de 40 especies. Se encuentran en ríos y lagos del interior del país. Cabe mencionar que solamente en la cuenca del Grijalva y el Usimacinta hay 23 diferentes especies, de las cuales 10 son endémicas. En las aguas interiores del norte del país encontramos la mojarra orejona (*Lepomis megalotis*), la mojarra de agallas azules (*Lepomis macrochirus*) y la mojarra verde (*Lepomis cyanellus*). Las tres se consumen regionalmente. Las mojarras de agua salada que se pescan todo el año son:

• Mojarra o chopa medialuna (*Medialuna californiensis*)
De color azul oscuro en el dorso y blanco en el vientre, llega a medir 48 cm y pesa hasta 3 kilos. Se pesca abundantemente en las costas de Baja California.

• Mojarra blanca (*Diapterus auratus*)
Tiene cuerpo plateado, ovalado y comprimido; habita en las aguas del Golfo de México, por lo general mide 25 cm de longitud y pesa 150 gramos.

• Mojarra plateada (*Gerres cinereus*)
Tiene cuerpo plateado, ligeramente más oscuro en el dorso y los costados, con manchas débiles color azul grisáceo y 7 u 8 barras verticales azules. Mide 28 cm y pesa 400 gramos Se le encuentra en el norte del Golfo de México y en las costas del Pacífico mexicano.

• Mojarra rayada (*Eugerres plumieri*)
Se caracteriza por su lomo azul verdoso con costados plateados y por presentar una mancha oscura sobre el ojo y líneas café oscuro en los costados. Comúnmente mide 30 cm y pesa 400 gramos; se pesca en el Golfo de México.

Las mojarras de agua salada se conocen también como:
◇ cabucha (*Diapterus auratus, Eugerres plumieri*)
◇ chaveta (*Gerres cinereus*)
◇ malacapa (*Eugerres plumieri*)
◇ mojarra bandera (*Gerres cinereus*)
◇ mojarra china (*Eugerres plumieri*)
◇ mojarra de casta (*Gerres cinereus*)
◇ munama (*Gerres cinereus*)

◇ patao (*Diapterus auratus*)
◇ tsaapa (Nayarit)
Las mojarras de agua dulce se conocen también como:
◇ chopa
◇ colorada
◇ guapota
◇ paleta
◇ tenhuayaca (*Petenia splendida*)
◇ zacatera
→ tilapia, chopa

MOJEPE ◆ saguaro

MOJO ◆ ojite

MOJO DE AJO, AL
Tipo de preparación muy utilizado para pescados y mariscos en todo el país, especialmente en los restaurantes de las costas. Consiste en cocinar o freír el alimento en abundantes cantidades de ajo picado con aceite, de tal manera que el alimento queda remojado, ahogado, empapado o bañado en ajo. A veces se añade jugo de limón, pimienta y cebolla finamente picada, esta última para aumentar el volumen de la preparación. El aceite con ajo es sumamente importante en el platillo; de hecho cuando se termina el pescado o marisco se acostumbra comer el aceite con pan o tortilla de maíz.

MOJOTE ◆ ojite

MOK AY ANÉ ◆ tamal de hoja de milpa

MOLCAJETE
Del náhuatl *molcaxitl*, de *molli*, salsa y *caxitl*, taza, escudilla o cajete. Utensilio de origen prehispánico parecido a un mortero con tres patas cortas, fabricado de piedra o barro. Se utiliza para moler distintos ingredientes y especialmente para preparar salsas, las cuales en ocasiones se sirven en este mismo recipiente. Al aditamento con el que se muelen los ingredientes se llama mano de molcajete o tejolote, y a los alimentos molidos en él se les denomina molcajeteados o tamulados. A la acción de utilizar el molcajete se denomina molcajetear.

Conocido también como:
◇ tamul (Yucatán)
◇ tecajete (de *tetl*, piedra, y *caxitl*, plato)
→ chilmolera

MOLCAJETE DE BARRO ◆ chilmolera

MOLCAJETEAR
Acción y efecto de moler algo en molcajete.

MOLCOL ◆ nanche

MOLE
Del náhuatl *mulli*, salsa o guiso. Término que designa una infinidad de guisos complejos, por lo regular elaborados con una salsa espesa. El más conocido es un mole oscuro que en todo el país se conoce como mole poblano, aunque es importante aclarar que en el país se elaboran moles de colores, sabores y texturas diferentes, que son tan auténticos como el de la angélica ciudad. También define a sopas sustanciosas, como el mole de panza en Tlaxcala, el mole de olla o el michmole. Es sabido que en la época prehispánica se preparaban diversas salsas molidas y complejas, que al paso

de los años y siglos se fueron modificando, refinando y adaptando a los nuevos ingredientes y técnicas culinarias.

• En Comitán, Chiapas, el mole se prepara con chile ancho, pepitoria, ajonjolí, chocolate, tomillo, orégano, clavo, pimienta de Castilla, tomates rojo y verde, plátano, salvadillo, cebolla y almendras.

Mole en pasta

• En San Pedro Actocpan, Distrito Federal, se realiza año tras año la famosa feria del mole.

• En Hidalgo se acostumbran los ajolotes en mole de chile pasilla.

• En Morelos existen varios moles regionales, de entre los cuales los más representativos son quizás el verde y el ranchero; aunque también se elaboran moles de olla con distintas carnes, y uno muy especial conocido como mole estilo Morelos.

• Oaxaca es famoso por sus siete moles oaxaqueños: el chichilo, el manchamanteles, los moles amarillo, coloradito, colorado, negro y verde. Sin embargo, existen muchos más; en Teotitlán del Valle se acostumbra el mole de Castilla. En el Istmo de Tehuantepec se prepara el molito rojo; los chatinos

de la sierra del Sur acostumbran un mole altamente especiado a base de chile de árbol y guajillo tostado, pepitas de calabaza, almendra, cacahuate, orégano, nuez, ajonjolí, clavo, tomillo, pimienta negra, comino, ajo, cebolla, jitomate y manteca de cerdo, las carnes que más se utilizan son el pollo y el cerdo, y el acompañamiento más usual es el arroz blanco. En la región de la costa se elabora un mole de hongos cocidos y molidos, preparados en una salsa de chiles.

Mole en polvo

• Puebla es, por supuesto, la tierra del mole poblano, pero también hay otros guisos muy importantes y sabrosos como los moles verde, prieto, de olla, de caderas y de chito, y los no menos notables huaxmole, pipián y manchamanteles.

• En Querétaro el mole es un guiso muy especial para celebraciones, que cuenta entre sus ingredientes principales los chiles mulato y ancho, canela, ajonjolí, chocolate y jitomate; algunos le añaden semillas de melón para darle una consistencia muy notoria. Aunque la mayoría de la gente lo prepara con pollo, el guiso gana en distinción cuando se cocina con guajolote.

• En San Luis Potosí y Zacatecas, el mole es una salsa compleja y espesa, al que por lo general se le llama simplemente rojo. Por tradición debe ser dulzón y no incluye ajo, cebolla, plátano, ni otras frutas como los moles rojos del centro del

MOLES			
Nombre	Salsa, principales ingredientes	Otros ingredientes	Lugar de consumo
ayomole	chile guajillo, calabaza pipiana, epazote, tomate	cecina, jumiles, frijoles	Guerrero, Mixteca poblana
chichilo	chile chilhuacle negro, chile mulato, chile pasilla, tortilla quemada, especias, hoja de aguacate	res, chochoyones, chayote, ejote, papa, calabacita	Oaxaca
chilmole	**Chiapas:** chile de pepita de calabaza, cilantro, epazote	pato	península de Yucatán, sureste del país
chilmole	**Península de Yucatán:** recado negro, epazote, jitomate, masa de maíz o harina de trigo	guajolote, but, huevo	península de Yucatán, sureste del país
chilmole	**Tabasco:** chile ancho, tortilla, pepita de calabaza, achiote tabasqueño, epazote, chile dulce	pato, guajolote, pejelagarto, bolitas de masa	península de Yucatán, sureste del país
clemole	**Guerrero:** chile rojo, cebolla, ajo	huilota, ardilla, ejote, chayote, elote	Guerrero, Morelos, Oaxaca, Puebla
clemole	**Morelos:** chile verde, tomate o jitomate, epazote, cebolla	res, cerdo, huilota, bagre	Guerrero, Morelos, Oaxaca, Puebla
clemole	**Oaxaca:** chile ancho, cilantro, clavo, canela, ajonjolí	cerdo, chorizo, gallina	Guerrero, Morelos, Oaxaca, Puebla
clemole	**Puebla:** chile serrano, tomate, cilantro, cebolla	cerdo, pollo, elote, calabacita, ejote	Guerrero, Morelos, Oaxaca, Puebla
desmole	chile seco, achiote, masa de maíz, hierba santa, hoja de aguacate	pollo, cerdo	Oaxaca
encacahuatado	chiles secos o frescos, cacahuate, especias	cerdo, pollo	Oaxaca, Veracruz

MOLES			
Nombre	Salsa, principales ingredientes	Otros ingredientes	Lugar de consumo
huaxmole	**Morelos:** chile serrano, jitomate, guaje, cilantro	cerdo, pollo	Guerrero, Morelos, Oaxaca, Puebla, Tlaxcala, Veracruz
	Guerrero: chile, guaje, jitomate	iguana, costillas de cerdo	
	Puebla: chile guajillo, guaje, hojas de aguacate	cerdo, pollo, res	
	Oaxaca: chile costeño, guaje, ajo	frijoles	
	Tlaxcala: chile chipotle, guaje, jitomate, epazote	chito, espinazo de cerdo	
	Veracruz: chile, chochoyotes, guaje, jitomate	res, frijoles	
manchamanteles	**Oaxaca:** chile ancho, chile guajillo, jitomate, ajonjolí, almendra, nuez, pasitas, especias, plátano macho, piña	pollo, cerdo	Distrito Federal, Guerrero, Jalisco, Oaxaca, Puebla
	Puebla: chile ancho, jitomate, especias, oregano, almendra, ajonjolí, piña, plátano macho, camote, manzana.	cerdo, pollo	
michmole	chile verde, tomate, epazote	ancas de rana, pescado, acociles, nopales	Estado de México, Michoacán
mole aguado	chile ancho, chile mirasol, clavo, canela, cilantro	pollo, cerdo	sierra Norte de Puebla
mole amarillo	chile ancho, chile chilcostle, chile chilhuacle amarillo, chile costeño amarillo, chile guajillo, masa de maíz, hierba santa, hoja de aguacate, pitiona, cilantro, chepil, epazote	pollo, venado, cerdo, res, camarón, conejo, nopales, huevo, hongos, ejotes, chayote, papa, calabacita, chochoyones	Oaxaca
mole campesino	chile ancho, chile mulato, almendra, pepita de calabaza, cacahuate, cacao, ajonjolí, pasitas, plátano macho, tortillas, especias	pollo, cerdo	Chilapa, Guerrero
mole coloradito	chile ancho, chile chilcostle, chile guajillo, ajonjolí, almendra, plátano macho, pan de yema, especias, hierbas aromáticas, chocolate	pollo, cerdo, papa	Oaxaca
mole colorado	chile ancho, chile chilhuacle rojo, chile costeño rojo, especias, orégano, hoja de aguacate, ajonjolí, almendra, chocolate, masa de maíz	cerdo, pollo, gallina, guajolote, tamal de milpa, frijoles, nopales	Morelos, Oaxaca
mole corriente	chile pasilla, canela, clavo	carne	norte de Veracruz
mole costeño	chile ancho, chile costeño, chile guajillo, orégano, almendra, pasitas, plátano macho, especias	iguana, pollo	costas de Oaxaca
mole de arroz	chile ancho, chile mulato, especias, ajonjolí, chocolate	espinazo de cerdo, arroz	Lagos de Moreno, Jalisco
mole de boda	chile ancho, cilantro, especias, xonacate	guajolote	Huasteca hidalguense
mole de cacahuate	chile criollo, cacahuate, ajonjolí, pimienta, clavo, comino	pollo	Morelos
mole de caderas	chile costeño, chile guajillo, chile serrano, hoja de aguacate, cilantro	cadera de chivo, ejote, guaje	Cholula y Tehuacán, Puebla
mole de Castilla	chile ancho, chile guajillo, orégano, ajo, comino, pimienta, clavo	guajolote, pan de trigo	Valles Centrales, Oaxaca
mole de Chilapa	chile ancho, chile mulato, chile pasilla, plátano macho, almendra, avellana, ciruela pasa, pasitas, pepita de calabaza, ajonjolí, especias, bolillo, tortilla de maíz, semillas de chile, chocolate	pollo, cerdo	Chilapa, Guerrero

(continúa)

MOLES			
Nombre	Salsa, principales ingredientes	Otros ingredientes	Lugar de consumo
mole de chito	chile chipotle, tomate	chito, papa	Orizaba, Veracruz
mole de chivo	**Puebla:** chile guajillo, guaje, hoja de aguacate **Oaxaca:** chile costeño, jitomate, guaje, pepicha	chivo	Mixtecas poblana y oaxaqueña
mole de compromiso	chile mulato, chile pasilla, pan, tortilla, plátano, especias, galleta, chocolate, jitomate	guajolote, gallina, pollo, cerdo, pato, pescado ahumado	norte de Veracruz, sierra Norte de Puebla
mole de coyol	achiote, masa de maíz, hierba santa	coyol	sur de Veracruz
mole de frijol	**Veracruz:** chile chipotle, chile color, especias	frijol negro	Oaxaca, Veracruz
	Juchitán: frijol negro, chile peruano	chochoyones, huevo, queso fresco	
	chile verde, plátano verde, poleo	frijol negro	
	Tehuantepec: frijol negro, achiote, epazote, masa de maíz	huevo	
mole de garambullo	chile guajillo, comino, pimienta, clavo, ajo	flor de garambullo	Querétaro
mole de garbanzo	garbanzo, epazote, jitomate	huevo, queso fresco	Juchitán, Oaxaca
mole de guajolote	chile ancho, chocolate, almendra, canela, pasitas, galletas	guajolote	Pinola, Chiapas y sierra Norte de Puebla
mole de guíiña doo xhuba	chile jalapeño, jitomate, pasta de achiote, granos de maíz, epazote	costillas de cerdo	Istmo de Tehuantepec, Oaxaca
mole de hierbabuena	chile guajillo, jitomate, tomate, hierbabuena	res	Santa Ana Tepejillo, Mixteca poblana
mole de hierbamora	hierbamora, masa de maíz		Oaxaca
mole de huachal	chile de árbol, chile ancho, jitomate, masa de maíz	huachal, pollo, res, cerdo	Jalisco
mole de Huajuapan	chile ancho, chile guajillo, chile pasilla, ajonjolí, especias, semillas de cilantro, orégano, tomillo, pasitas, almendra, tortilla, chocolate, mil tomate	guajolote, gallina	Huajuapan, Oaxaca
mole de iguana	chile chilaca, chile guajillo, chile pasilla, ajonjolí, galletas Marías, especias, orégano, plátano macho	iguana	Guerrero
mole de ladrillo	chile guajillo, semillas de cilantro, especias, masa de maíz	res	Tlaxcala
mole de masa	jitomate, hierba santa, cebollín, chile, masa de maíz	tepezcuintle, venado, tejón, armadillo, serete, res	Usila, Oaxaca
mole de menudo	chile de árbol, chile guajillo, tomate, epazote, chile ancho	panza, tripas e hígado de borrego	sierra de Hidalgo
mole de nopales	chile ancho, chile chino, chile chiltepín, masa de maíz, epazote, comino	nopales, huevo	Huasteca hidalguense
mole de olla	chile guajillo, chile pasilla, chile ancho, ejotes, elote, chayote, calabaza, papa, xoconostle, epazote	res, cerdo	Distrito Federal, estados del centro del país
mole de pasilla	chile pasilla, chile guajillo, cebolla cambray, pimienta gorda, gusanos rojos de maguey	nopales, quelites, epazote	Jilotepec, Hidalgo
mole de pata de res	chile guajillo, chile de árbol, chile costeño, jitomate	pata y panza de res	Orizaba, Veracruz
mole de pescado	achiote, masa de maíz	pescado, camarón	Oaxaca

	MOLES		
Nombre	Salsa, principales ingredientes	Otros ingredientes	Lugar de consumo
mole de pimienta	chile guajillo, pimienta, tomate, ajonjolí, canela, clavo	cerdo, guajolote, pollo	Guerrero
mole de quelite	jitomate, masa de maíz	quelites, frijoles, rajas de chile	Veracruz
mole de queso	jitomate, chile verde	queso	Chilapa, Guerrero
mole de res	jitomate, achiote, ajo, masa de maíz	carne y costillas de res, chile chipotle	Juchitán, Oaxaca
mole de revuelto	chile ancho, chile chipotle, chile mulato, chile pasilla, especias, chocolate, cacahuate, almendra, nuez, pepita de calabaza, ajonjolí, pasitas	vísceras de res, vísceras de cerdo	Ometepec, Costa Chica de Guerrero
mole de Tonatico	chile mulato, almendra, nuez, avellana, piñón, especias, hierbas aromáticas, plátano macho, chocolate, cacahuate, pan tostado, ajonjolí, pasitas, jengibre	tamal de frijol	Tonatico, Estado de México
mole de venado	chile costeño, chile guajillo, especias, hoja de aguacate, orégano	venado	Costa de Oaxaca
mole de Xico	chile ancho, chile mulato, chile pasilla, tortilla, pasitas, ciruela pasa, avellanas, nuez, ajonjolí, cacahuates, almendra, piñones, pepita de calabaza, plátano macho, chocolate, piloncillo, especias	pollo, guajolote	Xico, Veracruz
mole estilo Morelos	chile pasilla, tomate, cebolla, epazote, masa de maíz	cerdo, carnero, ternera, cecina, xoconostle	Morelos
mole indio	chile ancho, chile chino, chile criollo, comino, masa de maíz, epazote	guajolote, pollo	Huasteca hidalguense
mole jarocho	chile ancho, chile mulato, chile pasilla, plátano, tortilla, bolillo, manzana, cacahuate, almendra, pasitas, ciruelas, piloncillo	enchiladas	Veracruz
mole miahuateco	chiles miahuatecos, plátano macho, pasitas, pan de huevo, almendra, ajonjolí, hojas de aguacate, especias, chocolate	guajolote	Miahuatlán, Puebla
mole mixteco	chile costeño, miltomate, especias, pan de dulce, orégano, ajonjolí, ajo	gallina, cerdo	Mixteca oaxaqueña
mole negro	chile chilhuacle negro, chile chilhuacle rojo, chile mulato, chile pasilla oaxaqueño, pan de yema, plátano macho, ajonjolí, cacahuates, nueces, almendra, pepita de calabaza, pasitas, especias, hoja de aguacate, chocolate, miltomate	guajolote, pollo	Oaxaca
mole poblano	chile ancho, chile chipotle, chile mulato, chile pasilla, especias, chocolate, cacahuate, almendra, nuez, pepita de calabaza, ajonjolí, pasitas, jitomate, tomate	guajolote, pollo	Puebla
mole prieto	chile chipotle, chile guajillo, chile ancho, chile pasilla, chile mulato, especias, cuitlacoche, masa de maíz	cerdo, pollo	Oaxaca, Tlaxcala
mole ranchero	**Morelos:** chile ancho, chile pasilla, tomate, ajo	res	todo el país
	Veracruz: chile chipotle, chile ancho, plátano de Castilla, tortilla, clavo, pimienta, canela	guajolote, gallina	

(continúa)

MOLES

Nombre	Salsa, principales ingredientes	Otros ingredientes	Lugar de consumo
mole rojo	**Guerrero:** chile ancho, chile mulato, chile pasilla, chile guajillo, especias, plátano, perón, ajonjolí, pasitas	cerdo	Guerrero, Oaxaca, Morelos
	Oaxaca: chile ancho, galletas, cacahuates, chocolate, especias, hierbas aromáticas, ajonjolí, almendras, pasillas, hojas de aguacate		
	Morelos: chile pasilla, chile ancho, chile criollo, ajonjolí, cacahuate, telera, tortilla, pepitas de calabaza, especias, hierbas aromáticas	pollo	
mole tehuipanguense	chile ancho, chile guajillo, chile pasilla, galletas de animalitos, pasitas, plátano macho, ajonjolí, especias, hierbabuena, bolillo	guajolote	Tehuipango, Veracruz
mole vaquero	jitomate, epazote, cebolla, ajo, masa de maíz	costilla de res, chayotes	norte del país
mole verde	chile verde, pepita de calabaza, tomate o miltomate, especias, hierbas aromáticas de color verde	pollo, cerdo, verduras	Distrito Federal, Guerrero, Jalisco, Michoacán, Morelos, Oaxaca, Puebla, Tlaxcala, Veracruz
molito de camarón	chiles jalapeños, camarones secos, pepita de calabaza, crema, jitomate, achiote, masa de maíz, epazote	huevo	Oaxaca
molito rojo	chile guajillo, pasta de achiote, pimienta negra, jitomate, piloncillo, galletas de animalitos, orégano, tomillo	pollo, puerco horneado	Istmo de Tehuantepec, Oaxaca
pascal	chiles secos, ajonjolí, pepita de calabaza, masa de maíz	pollo, gallina, verduras, res, frijoles	huastecas
pipián	chiles frescos o secos, pepita de calabaza, tomate o jitomate, especias, hierbas aromáticas, ajonjolí	pollo, gallina, guajolote, cerdo, conejo, res, verduras	Chihuahua, Coahuila, Colima, Distrito Federal, Estado de México, Guanajuato, Guerrero, Hidalgo, Jalisco, Michoacán, Morelos, Nuevo León
remole	chile seco	elote, calabaza, chilacayote, ejote	sur del Estado de México
texmole	**Oaxaca:** chile guajillo, chile chiltepec, jitomate, masa de maíz, hojas de aguacate	pollo, pavo, conejo, res	Estado de México, Oaxaca, Puebla, Tlaxcala, Veracruz
	Puebla y Tlaxcala: chile chipotle, jitomate, epazote, masa de maíz	chito	
	Veracruz: chile chipotle, chile verde, tubérculo, epazote, hierba santa, flor de calabaza, flor de izote	pollo, conejo, ardilla, verduras, res, cerdo	

país, y está elaborado con chile colorado, chocolate, canela, masa de maíz y comino; tomando como base estos ingredientes, quienes lo preparan añaden en ocasiones otros más, por ejemplo cáscaras de naranja, chile pasilla, cascabel o chino, pimienta, clavo, tomillo, mejorana, laurel, canela, ajonjolí, pepitas de calabaza, pan blanco, cacahuate, nuez o almendra. Por lo regular lleva carne de gallina, pollo o guajolote, y sólo en algunos casos cerdo o conejo. Igual que ocurre en el resto del país, los moles potosino y zacatecano son platillos ligados a ocasiones festivas.

• En Tlaxcala se preparan diferentes tipos de moles similares a los de Puebla, entre los que destacan especialmente los moles prieto y de ladrillo.

• En Veracruz existen varios, entre ellos el llamado mole de Xico o mole xiqueño y el mole ranchero que preparan los nahuas del norte del estado. Los totonacas de la costa norte tienen varios moles que, dependiendo del grado de complejidad en preparación y el número de ingredientes, así como del motivo por el que fueron preparados, reciben la categoría de mole corriente y mole de compromiso. En ambos casos las salsas son muy picantes.

→ ayomole, chileajo, chilmole, clemole, desmole, enchiladas de mole, equimole, guacamole, remole, siete moles oaxaqueños, texmole

Variedad de moles

MOLE AGUADO

Serie de guisos con salsas ligeras elaboradas principalmente con chile ancho y/o chile mirasol, clavos de olor, canela y cilantro; la carne más empleada es la de pollo, pero también se utiliza la de cerdo. Se prepara en la sierra Norte de Puebla especialmente para la ceremonia de la siembra del maíz y los entierros.

MOLE AMARILLO, AMARILLO O AMARILLITO

Familia de moles color amarillo en distintos tonos en los que coinciden ciertos chiles, hierbas de olor y verduras. Es un guiso de consistencia caldosa y espesa, con salsa de tono amarillo, a veces casi rojo. Se llama así porque en la salsa se utilizan chiles como el chilhuacle amarillo y al compararlo con los moles negro o colorado éste se ve amarillo. La salsa tersa puede prepararse con chile ancho, guajillo, costeño amarillo, chilhuacle amarillo o chilcostle, además de jitomate, miltomate, clavo, pimienta, comino, ajo, orégano y masa de maíz para espesar. El mole incluye carne de cerdo o de

pollo, y verduras como ejotes, chayotes, calabacitas y papas; también puede contener bolitas de masa o chochoyones. Se sirve con cebollas curadas y rajas de chiles de agua. Es uno de los siete moles de Oaxaca. Se cocina con más frecuencia que otros moles, e incluso puede ser parte de las comidas diarias, por lo que se acostumbra preparar con diferentes tipos de carnes; incluso dependiendo de la carne que se utilice, se suele cambiar la hierba aromática que define el sabor de la salsa; cuando el mole está guisado con carne de pollo, casi siempre se utiliza hierba santa, mientras que si se elabora con carne de cerdo, suele contener cilantro; cuando es de carne de res, se prefiere una hierba llamada pitiona, y cuando no contiene carne suele emplearse chepil. En términos generales, para todos los moles se cuecen primero las carnes en agua y después se añaden todos los chiles y condimentos crudos para que se cuezan en el caldo; casi todos se espesan con masa de maíz, en algunos casos la consistencia es de sopa y en otros francamente son espesos como un atole.

• En las poblaciones de la región de los Valles Centrales de Oaxaca, en especial en la ciudad capital, el mole amarillo puede tener cualesquiera de las modalidades descritas antes.

• En Teotitlán del Valle, es un mole de color rojizo muy espeso que esencialmente contiene chile guajillo, pollo y masa de maíz para espesar la salsa, que es bastante espesa y por lo general no contiene verduras. Con esta misma salsa se preparan rellenos de empanadas y una variedad de tamales de mole amarillo.

• En la sierra de Juárez es muy importante el mole amarillo de hongos silvestres que se recolectan en las montañas. Es un mole vegetariano en el que los hongos sustituyen a la carne; su preparación o apariencia puede ser similar a cualquiera de las versiones ya descritas de la ciudad de Oaxaca o de los Valles Centrales.

• En Miahuatlán se prepara amarillito con chile tabiche para elaborar empanadas.

• En el Istmo de Tehuantepec prefieren llamarlo amarillo. En Juchitán la salsa contiene chile ancho, jitomates, miltomates, clavo, pimienta, comino, masa para espesar, hierba santa, pitiona u hoja de aguacate, cebolla y ajo y se sirve con venado. Se acompaña también con rebanadas de limón y cebolla. En fechas recientes se ha empezado a sustituir la carne de venado por la de cerdo. El nombre original de este guiso en zapoteco de Juchitán es *guíiña doo bidxiña*. En esta región también se prepara el amarillo de panza de res, cuya salsa contiene jitomate, tomate verde, cebolla, ajo, achiote, masa de maíz para espesar la sopa y epazote; cada comensal debe añadir al gusto cebolla picada y limón. El nombre original de este guiso en el zapoteco de Juchitán es *guíiña doo panza*. Otro mole de tono amarillo es el que se conoce como mole de garbanzo.

• En la región de la costa se prepara con camarón y con la hierba aromática candor.

• En la región de la Mixteca, en pueblos como Juxtlahuaca y Coixtlahuaca, el amarillo de res se cocina con chile costeño amarillo, la salsa suele ser más pálida (por esto lo llaman amarillito), el mole está condimentado con hierba santa, espesado con maíz y contiene chochoyones; con la salsa de este mole también se prepara el llamado pozole mixteco.

• Los chocholtecos preparan el amarillo de conejo, con hojas de aguacate, ajo, masa y chile costeño, entre ellos el amarillo de res; contiene chile pasilla oaxaqueño, chile costeño, ajo, orégano y cebolla y se espesa con masa de maíz.

• El amarillo de nopales es una especie de plato de verduras, preparado con chile costeño, canela, orégano y comino.

• El amarillo de pollo contiene chiles costeños, ajo, orégano, cebolla y la hierba distintiva es el epazote.

• Los chinantecos, popolucas y mazatecos elaboran un mole que originalmente se preparaba con carne de tortuga o armadillo, pero que ahora utiliza carne de cerdo, res, pollo o huevos ahogados en el mole, espesado con masa de maíz, jitomate, especias, chayote, moste, hierba santa, cebolla, chiles anchos, achiote y pimienta. Su consumo es tradicional en la zona sur de Veracruz y partes de Oaxaca.

• Los mazatecos que habitan en la Sierra Madre Oriental, en el extremo norte de Oaxaca, guisan por lo menos dos tipos de mole amarillo diferentes a los ya mencionados, en los que utilizan chile seco y achiote para darles sabor. Es importante mencionar que el achiote de Oaxaca tiende a ser más amarillo, a diferencia de los de Tabasco o Yucatán que son más rojos.

• En San Pedro Ixcatlán cocinan el mole amarillo de huesos asados de cerdo. Los huesos se cuecen en agua con hojas de aguacatillo, se condimentan con chile seco molido y achiote y se espesan con masa de maíz. También en San Pedro Ixcatlán existe el llamado mole amarillo para rituales o mole amarillo de convite que, como su nombre lo indica, es una comida especial para los rituales. Debe prepararlo una sola persona de la comunidad, a quien se le exige abstinencia sexual por cuatro días antes de prepararlo. Este mole debe ser de pollo alimentado únicamente con maíz, cocido en agua; la salsa se termina con hierba santa, chile seco, achiote y se espesa con masa de maíz; se sirve con una pasta de hierbas santas molidas en molcajete.

• En Usila, Oaxaca, la comunidad chinanteca lo prepara con carne, masa de maíz, sal, chile ancho, chile seco y hierba santa; es un platillo para fiestas o para algún acontecimiento familiar importante.

• En La Esperanza, Santiago Comaltepec, Oaxaca, los chinantecos preparan al menos dos variedades de mole amarillo: el de carne de guajolote cocinado con masa de maíz amarillo, hierba santa, ajo, cebolla y chile piquín, especial para bodas y el de pollo condimentado con trigo, hojas de aguacatillo, chile guajillo y cebolla.

• El amarillo con carne de res está espesado con masa de maíz, contiene chile guajillo y se aromatiza con hojas de aguacatillo, ajo y cebolla.

• El mole amarillo de carne de temasate contiene maíz tostado, hojas de aguacatillo, ajo, chile guajillo y cebolla.

• El mole amarillo de tepejilote contiene chile guajillo, masa de maíz, ajo, cebolla y hojas de aguacate.

• El mole de chirimole se elabora con masa, hierba santa, cebolla, chile guajillo y pulpa de chirimole.

• En San Jose Río Manso se cocina otro mole amarillo de pollo espesado con masa de maíz, jitomate, chile ancho, ajo, cebolla y hierba santa. Se acompaña con tortillas de yuca. Con la salsa que sobra suelen prepararse las famosas empanadas de amarillo, tamales de amarillo y chilaquiles amarillos.

→ siete moles oaxaqueños, tortilla de yuca

MOLE BUENO ◆ mole de Huajuapan

MOLE CAMPESINO

Guiso preparado con ingredientes diversos como chile ancho, chile mulato, ajonjolí, pasitas, almendras, cacahuate, cacao, pepitas de calabaza, plátano macho, tortillas fritas, pan blanco, pimienta, jitomate, tomate, clavo, canela, cebolla y ajonjolí. Todos los componentes del mole se asan, se muelen y se fríen en un poco de manteca de cerdo; al cocerse la salsa, se le añade caldo y carne de pollo o de cerdo. Se elabora en Chilapa, Guerrero.

MOLE CHICHILO ◆ chichilo

MOLE COLORADITO O COLORADITO

Guiso elaborado con chile ancho, chilcostle o guajillo, jitomate, ajo, ajonjolí, cebolla, plátano macho, pan de yema, canela, clavo, pimienta gorda, comino, orégano, tomillo, mejorana, laurel, sal, azúcar, chocolate y caldo de pollo. Se sirve con carne de pollo o de cerdo y papas cocidas, y se acompaña con frijoles refritos y arroz. Es uno de los siete moles oaxaqueños de la región de los Valles Centrales. Debido a que existen muchas variedades, las salsas pueden contener ajonjolí, almendras, nuez pacana, pasitas y chocolate, a veces se espesan con pan de yema. Este mole tiende a ser dulzón,

pero en ocasiones se utiliza chile pasilla oaxaqueño para hacerlo ligeramente picante. Su nombre se refiere al color de su salsa, aunque en diminutivo, ya que era necesario distinguirlo del mole colorado que es totalmente diferente. Con la salsa de este mole es común preparar enchiladas, tamales y, durante la época de vigilia, ayocotes en coloradito.

→ enchiladas de coloradito, siete moles oaxaqueõs

MOLE COLORADO O COLORADO

Guiso elaborado con chile ancho, chile chilhuacle rojo, pimienta negra y gorda, clavo, orégano, jitomate, cebolla, ajo, ajonjolí, almendra, caldo y carne, generalmente de cerdo. A veces puede incluir chocolate, para hacerlo menos picante. Se acostumbra servir en los días de fiesta. Es el más picoso de los llamados siete moles oaxaqueños. De acuerdo con algunos historiadores, el mole colorado deriva de un guiso muy antiguo, conocido como clemole. En la Mixteca se elabora el mole con frijoles cocidos, al que se le agregan chiles costeños rojos, nopales en tiritas o trozos, espesados con masa de maíz y aromatizados con hoja de aguacate. Entre los zapotecos del Istmo de Tehuantepec es un platillo preparado con chile, ajo, canela, jitomate, cebolla, pimienta, clavo y achiote, todos los ingredientes son molidos; la salsa se espesa con un poco de masa de maíz, sirve para comerse con pollo, gallina o guajolote y también para preparar enchiladas. En Morelos es una salsa de chiles pasilla, mulato y ancho, así como ajonjolí, almendra, clavo, comino, canela, anís, cacahuate, semilla de cilantro, pasitas, ajo, cebolla, almendra, pepita de calabaza, tortilla y pan tostado molido como espesante; suele acompañarse con tamales de milpa. En Oaxaca la salsa del mole colorado se emplea con frecuencia para preparar enchiladas o el llamado pozole mixteco.

Conocido también como:
◇ mole rojo
◇ rojo

→ mole rojo, siete moles oaxaqueños

MOLE CORRIENTE O MOLE COMÚN

Mole de preparación ordinaria cuyos ingredientes son chile pasilla, canela, clavo de olor y carne; se elabora cotidianamente y sin ningún propósito específico. Es una preparación originaria de los totonacas de la costa norte de Veracruz. No es un término peyorativo, ya que también se le conoce como mole común; tampoco es un término exclusivo de este grupo indígena. Tomando como base este mole se prepara el mole de compromiso.

MOLE COSTEÑO

Guiso preparado con chiles anchos, costeños y guajillos, clavo, ajo, pimienta, canela, orégano, almendras, pasas, plátano macho y jitomate. Típicamente este mole se sirve con iguana, aunque hoy en día se utiliza más pollo. Se acostumbra en las costas de Oaxaca.

MOLE DE ARROZ

Guiso de espinazo de cerdo en agua con ajo y cebolla, al que se le añade arroz medio cocido, hasta quedar caldoso. La salsa lleva chiles ancho y mulato, clavos, pimienta, canela, comino, ajonjolí, jitomates, chocolate y azúcar; se muele, se fríe en manteca de cerdo y se mezcla con el caldo de cerdo para obtener un mole espeso con los granos de arroz cocidos y enteros. Se acompaña con hojas de lechuga romana que se emplean como cuchara para llevar el alimento a la boca. Este mole es originario de Lagos de Moreno y rancherías aledañas como San Isidro, San Bernardo, Granadillas, Ojuelos, Rancho Colorado y La Estancia, en Jalisco. Es tradicional para los días de bodas. En estas fiestas todas las hojas de lechuga se ponen en el centro colocadas verticalmente dentro de un recipiente y lucen como si fueran arreglos florales.

MOLE DE BODA

Mole más elaborado que el que se prepara de manera cotidiana, con el propósito de realzar su carácter ceremonial. En la Huasteca hidalguense es un caldo de guajolote al que se le añade una salsa elaborada con chile ancho, cilantro, clavo, pimienta, comino y xonacate. Se sirve en platos hondos junto con piezas de guajolote. Suele acompañarse con tortillas y aguardiente de la región. En Oaxaca el mole de Castilla es un mole de boda. En Puebla y muchos estados del centro del país se celebra la boda con el famoso mole poblano.

MOLE DE CACAHUATE

Salsa preparada con chiles criollos, molidos con cacahuate y ajonjolí, ajo, pimienta, clavo y comino. La carne que más se utiliza es la de pollo. También conocido como axial, este mole es tradicional de Morelos.

→ encacahuatado

MOLE DE CADERAS

Guiso tradicional que lleva como ingredientes distintivos la cadera y el espinazo del chivo. La salsa se elabora con chiles guajillo, costeño y serrano, tomate, jitomate, hoja de aguacate, cilantro y un ejote típico de la región. Las caderas se cuecen en agua con cebolla, ajo y sal; los chiles se tuestan y se preparan en salsa, y ésta se incorpora al caldo junto con hojas tostadas de aguacate; los ejotes se añaden cuando la carne está cocida. Es típico del estado de Puebla, sobre todo en la capital, en Cholula y en Tehuacán. Algunos añaden guajes crudos molidos y cilantro, y lo convierten en huaxmole de caderas, aunque no se use este nombre para designarlo. Esta forma de huaxmole también se come en Oaxaca. En los restaurantes tradicionales de Puebla se anuncia con especial insistencia cuando se prepara este mole, ya que para muchos es muy especial, al grado que un plato de mole de caderas es más caro que el mole poblano. Se elabora donde se celebra una fiesta anual, durante la época de la matanza de chivos, esto es, de octubre a diciembre. El 20 de octubre de cada año se lleva a cabo en Tehuacán el festival de la Matanza, en la que hay bailes y danzas como la denominada *danza de la Matanza*, donde literalmente se baila a un cabrón macho para sacrificarlo al final con un tiro en la frente. Con esta celebración da inicio la matanza, no sin antes ofrecer una ceremonia por parte de los matanceros en un altar donde se pide para que la matanza sea buena, igual o mejor que la del año pasado. Los matanceros dan paso a los chiteros y éstos, a su vez, a los fritangueros de vísceras. Todo el animal es aprovechado: el espinazo y caderas son lo más cotizado por la cocina tradicional de la zona; los huesos se venden para acompañar platillos también asociados con la temporada, como el guasmole o el tesmole; las vísceras se consumen en asadura y con la piel se prepara chicharrón de chivo. El mole por lo general es platillo único y se acompaña con tortillas de maíz. Se conoce también como mole de chivo, aunque éste refiere a un guiso tradicional, pero más usual. Las referencias históricas señalan como fecha probable del inicio de la elaboración de este mole el año de 1800, época en la que hubo un aumento sin precedente en las cabezas de ganado caprino.

→ huaxmole

MOLE DE CAMARÓN O MOLE DE CAMARÓN SECO
◆ molito de camarón

MOLE DE CASTILLA

Guiso preparado por lo general con carne de guajolote. La salsa suele incluir chiles ancho y guajillo tostados, orégano, comino, ajo, pimienta gorda y clavo. La gran peculiaridad de este mole consiste en que es caldoso, se sirve en grandes tazones con trozos de pan de trigo previamente tostados, que se mezclan con la salsa; se sirve adornándose con rebanadas de aguacate y se acompaña con blandas. Éste es un mole muy importante para la cultura zapoteca en Teotitlán del Valle, en la zona de los Valles Centrales, de Oaxaca. Se acostumbra para el día de Muertos y para las grandes celebraciones como bodas y mayordomías.

MOLE DE CHILAPA

Platillo cuya salsa suele contener chiles ancho, mulato y pasilla, tomate, canela, pimienta, clavo, plátano macho, cebolla, almendras, avellanas, ciruelas pasas, pasitas, pepitas de calabaza, ajo, ajonjolí, bolillo, tortilla de maíz, las semillas de los chiles y chocolate. Todos los ingredientes se fríen poco a poco en manteca de cerdo, se escurren, se muelen y se vuelven a freír con manteca de cerdo. Luego se diluye un poco con caldo de carne. Las carnes más utilizadas con que se come son pollo y cerdo; se acostumbra, como su nombre lo indica, en Chilapa, Guerrero y alrededores.

MOLE DE CHIRIMOLE ◆ mole amarillo

MOLE DE CHITO

Guiso caldoso de chito con papas, condimentado con salsa de chile chipotle y tomate. Se sirve caliente y acompañado con arroz blanco. Se consume en poblaciones como Orizaba y sus alrededores, que son cercanas a la colindancia de Veracruz y Puebla. La carne normalmente se transporta de Tehuacán, Puebla, a los mercados populares de Veracruz. Es muy parecido al mole de caderas; la única diferencia sustancial es la carne que se utiliza.

MOLE DE CHIVO

Guiso tradicional a base de carne de chivo. Es costumbre que el animal se sacrifique una semana antes y la carne se sale y se seque al sol. Un día antes de prepararse se pone a remojar para desalarlo un poco, luego se cuece la carne. Ésta se guisa en un mole de semillas de guaje y chile guajillo, tostadas y molidas y hojas de aguacate. Es típico de la Mixteca poblana, donde se acostumbra para las fiestas de Todos los Santos. En la Mixteca oaxaqueña es un mole que se elabora con cadera y espinazo de chivo; todos los ingredientes de la salsa están molidos o martajados e incluyen jitomate, chiles costeños, ajo, guajes, pepicha y sal. Cabe aclarar que los guajes molidos se deben añadir al final de la salsa, porque si hierven en ella se amarga el preparado.

→ huaxmole, mole de caderas

MOLE DE COMPROMISO

Platillo de carácter festivo mucho más elaborado que el llamado mole corriente por incluir en su salsa trozos de pan o tortilla tostados, plátano macho o de Castilla, jitomate, galleta y chocolate, además de chiles mulato y pasilla y pimienta. Las carnes que se utilizan para este guiso son guajolote, gallina, pollo, cerdo, en ocasiones pato, así como carne de pescado ahumado. Lo preparan los indígenas totonacas de la costa norte de Veracruz y por influencia los totonacas de la sierra Norte de Puebla. Este mole se utiliza para celebrar en diferentes ceremonias civiles y religiosas, fiestas familiares, bautizos, cumpleaños, bodas, velorios, fiestas patronales, día de Reyes, día de Muertos, Navidad, Cabo de Año (fin de año); y también como parte del pago en el trabajo comunitario. Por lo general es ofrendado en el altar familiar antes de consumirse. Entre este grupo persiste, al igual que en muchas comunidades indígenas, la creencia de que el mole deberá elaborarse en las condiciones máximas de higiene y quien lo prepare deberá estar de buen humor para que no se "voltee", es decir, para que no se corte; tampoco deberá estar enojado, ya que de lo contrario saldrá tan picoso que no se podrá comer.

MOLE DE COYOL

Salsa a base de maíz y achiote desleídos en agua, donde se guisan los cogollos previamente cocidos. Se acostumbra en el sur de Veracruz, donde las recetas pueden variar y tener hierba santa en vez de achiote.

MOLE DE CUITLACOCHE ◆ mole prieto

MOLE DE FIESTA ◆ mole de Huajuapan

MOLE DE FRIJOL

Guiso preparado a base de frijoles cocidos en una salsa sencilla de chile de mole (chipotle), chile color, canela, ajo, pimienta, clavo, y cebolla. Se acostumbra en la región de la costa norte de Veracruz, entre los totonacas y en el estado de Oaxaca donde existen muchas variedades regionales.

• En Juchitán, Oaxaca, es una preparación más similar a un mole de olla que se prepara con frijol negro tostado y molido disuelto en agua, bolitas de masa elaboradas con epazote, manteca de cerdo, chiles serranos molidos y harina de maíz para tortillas, y huevos ligeramente revueltos que se añaden al caldo de frijol. Se sirve por lo general con queso fresco. En zapoteco se le conoce como *guíiña doo bizaá dximá* que deriva de *bizaá*, frijol y *dximá* proveniente de Chimalapa, ya que este frijol se llama también frijol Chimalapa, porque se siembra en esta zona.

• En La Esperanza, Santiago Comaltepec, Oaxaca, es un guiso importante de frijoles caldosos cuyo líquido se espesa con plátano verde molido, ajo, cebolla, chile verde y poleo. El plátano suele ser perón, macho o de Castilla.

• En el Istmo de Tehuantepec, Oaxaca, se prepara con frijoles tostados y molidos; el guiso espesado con masa de maíz incluye achiote y epazote; por último se agregan huevos batidos que se dejan cocer en el preparado.

• Los mixes de Oaxaca lo elaboran con frijol molido hervido en agua con sal y epazote; al final le ponen huevo para que se cueza en la salsa.

MOLE DE GARAMBULLO

Guiso a base de chile guajillo, ajo, comino, pimienta y clavos que incluyen flores de garambullo enteras y/o molidas en la salsa y previamente fritas en aceite o manteca de cerdo. Es tradicional de Querétaro.

MOLE DE GARBANZO

Mole festivo a base de garbanzos tostados y molidos, mezclados con epazote, jitomate y agua. Cuando la salsa está terminada y espesa, antes de servir, se agregan huevos batidos para que se cuezan. Se lleva a la mesa adornado con queso fresco espolvoreado. Es tradicional de Juchitán, Oaxaca, donde su nombre en zapoteco es *guíiña doo garbanzo*, aunque también se le llama molito de garbanzo.

MOLE DE GUAJE ◆ huaxmole

MOLE DE GUAJOLOTE

Platillo festivo elaborado con chile ancho, chocolate, almendra, canela, pasas, galletas, caldo y piezas de guajolote. Es tradicional de la sierra Norte de Puebla, donde en las ceremonias y rituales tradicionales se consume hasta el segundo día después de su preparación. Si es una fiesta ritual, el mole se acompaña con tamalitos de frijol molido envueltos en hoja de plátano y tortillas de maíz hechas a mano. También se acostumbra en Pinola, Chiapas, para las fiestas patronales en mayo.

MOLE DE GUÍIÑA DOO XHUBA

Guiso elaborado a base de cebolla, ajo, jitomate, chile jalapeño, pasta de achiote, granos de maíz y epazote. Se sirve con costillitas de cerdo. Es un platillo típico del Istmo de Tehuantepec, y aunque su nombre es difícil de pronunciar, es un mole muy fácil de preparar y muy sabroso.

MOLE DE HIERBABUENA

Platillo preparado a base de chile guajillo, jitomate, tomate y abundante hierbabuena. Se sirve con carne de res. Guiso típico y de carácter ceremonial en Santa Ana Tepejillo, poblado de la Mixteca poblana. Se sirve en bodas, bautizos, cumpleaños y otras celebraciones.

MOLE DE HIERBAMORA

Platillo a base de hierbamora cocida y revuelta con masa de maíz, que acostumbran los mixes de Oaxaca. De esta misma forma se preparan los moles de epazote, de chayote, de guías de chayote y el de guías de calabaza.

MOLE DE HONGOS

Guisos con diversas salsas espesas o aguadas que llevan como ingrediente principal varios hongos frescos o deshidratados. Se consumen principalmente en época de lluvias en diversos estados de la república como el Estado de México, Oaxaca, Tlaxcala e incluso en zonas rurales del Distrito Federal.

→ teschinole

MOLE DE HUACHAL

Guiso elaborado a base de jitomate, chile de árbol, chile ancho, ajo y masa de maíz como espesante. A la salsa se le añaden granos de huachales fritos en aceite, y se acostumbra servir con carne deshebrada de pollo, res o cerdo. Es un platillo que se acostumbra en Jalisco.

MOLE DE HUAJUAPAN

Platillo preparado con chiles ancho, pasilla y guajillo, ajonjolí, clavo, pimienta, canela, semilla de cilantro, orégano, tomillo, semillas de anís, jitomate, miltomate, pasitas, almendras, tortillas para espesar, manteca de cerdo, chocolate, azúcar y sal. Se acostumbra servir con guajolote y gallina. Es un guiso tradicional de Huajuapan, Oaxaca, donde se consume en fechas y fiestas importantes.

    Conocido también como:

        ◇ mole bueno

        ◇ mole de fiesta

MOLE DE IGUANA

Platillo elaborado con carne de iguana cortada en trozos y cocida en agua. La salsa suele contener ajonjolí, galletas Marías, chiles pasilla, guajillo y chilaca, ajo, clavo, pimienta, orégano, plátano macho, cebolla y caldo de iguana. Se puede preparar con iguana verde o iguana negra. Se consume en Guerrero.

MOLE DE LADRILLO

Guiso preparado con chile guajillo, semillas de cilantro, canela, clavo, masa de maíz desleída en agua y carne de res. Se acompaña con tamales largos o tortillas. También se le conoce como mole de matuma, y es tradicional de la región otomí de Tlaxcala; especialmente se acostumbra en las fiestas del poblado de San Juan Ixtenco.

MOLE DE MASA

Guiso elaborado con caldo de tepezcuintle al que se le añade masa. Es tradicional en Usila, Oaxaca.

→ caldo de tepezcuintle

MOLE DE MATUMA ◆ mole de ladrillo

MOLE DE MENUDO

Platillo preparado con panza, tripas e hígado de borrego, guisados en una salsa de chiles guajillo y de árbol, tomate, ajo, cebolla y epazote. Se sirve con cebolla picada y jugo de limón. Es típico de la sierra de Hidalgo.

MOLE DE NOPALES

Salsa elaborada con chiles anchos, chinos y chiltepín, ajo, espesada con masa de maíz, aromatizada con epazote y comino, en ella nadan trocitos de nopales y también huevos que se estrellan en la salsa para que se cuezan allí. Es típico de la Huasteca hidalguense.

MOLE DE NOVIA ◆ mole de Xico

MOLE DE OAXACA

Término utilizado fuera de Oaxaca para referirse casi siempre al mole oaxaqueño más famoso: el mole negro.

→ mole negro, siete moles oaxaqueños

MOLE DE OLLA

Caldo de carne de res con diferentes chiles y verduras. Suele usarse carne de res con hueso, como chambarete, aunque también se utiliza cerdo. Las verduras más comunes son ejotes, elote, chayote, calabaza, papa y xoconostle; también se usan distintas hierbas aromáticas, sobre todo epazote. Sirve de plato principal y único de la comida del mediodía, acompañado con arroz y tortillas. Es típico del Distrito Federal y centro del país. Este platillo es tan popular que en las fondas es habitual servir primero la sopa aguada o sopa seca y como plato principal el mole de olla. Algunas de las variantes son:

• El mole de olla más típico del Estado de México es el que se elabora con carne de res, calabaza, ejote, flor de calabaza, elote y xoconostle, condimentado con epazote, cebolla, chiles pasilla, chilaca y ancho. Menos frecuente, pero también preferido, es el mole de olla verde con espinazo de cerdo, tomate verde, chile jalapeño y serrano, elote, calabacitas, ejotes, garbanzos, epazote y flor de calabaza.

• En Hidalgo hay tantas versiones, que afirmar que prácticamente cada familia tiene una receta distinta de mole de olla es exagerar sólo un poco. Entre los más comunes está el mole de olla con xoconostle, que lleva carne de res, xoconostles en trozos, calabaza y elotes; el caldo se condimenta con chiles guajillo, ancho y pasilla, además del ajo y la cebolla que son indispensables; se aromatiza con epazote y se espesa ligeramente con masa de maíz. En la zona de la sierra en Hidalgo, el mole de olla es de res o suadero: el caldo se condimenta con chiles ancho y guajillo, cilantro, tomate, ajo y cebolla, y además contiene bolitas de masa de maíz, calabacitas, habas y nopales. En la región del Valle del Mezquital todavía se prepara la ardilla en mole de olla, con chile guajillo, cebolla, ajo, masa para espesar, hojas de xocoyol y comino.

• En Morelos, el mole de olla es un platillo casero muy socorrido como plato principal de la comida del mediodía. Una de sus formas más frecuentes es la que se prepara con carne de cerdo, aunque también los hay de carne de res y, menos comunes, de ternera, carnero y pescado. Como en otros casos, el caldo se condimenta con chile y contiene varias verduras. En Zacualpan de Amilpas, algunas familias lo preparan con cecina.

• En el mercado de Izúcar de Matamoros, Puebla, se sirve para el almuerzo un mole de olla muy popular que contiene carne de res cocida en agua con cebolla, epazote, xoconostle y ajo. El caldo se colorea con chiles ancho y pasilla molidos, y lleva elote, zanahoria, calabacitas, chambarete, costillas, agujas, tuétanos y huesos de res. En la mesa el comensal añade a su gusto cebolla cruda picada y jugo de limón.

• En San Luis Potosí puede contener cuete o chambarete de res, xoconostle, elote y calabacitas; el caldo se condimenta con chile ancho, ajo y cebolla.

• En Tlaxcala se prepara con carne de pollo y se condimenta con chile chipotle, jitomate y epazote. Su nombre suele confundir a algunos habitantes del sur y el norte del país, pues evoca imágenes de un mole poblano aguado o hecho en una olla profunda; sin embargo, en realidad este platillo guarda más similitud con los cocidos o pucheros, pues sus ingredientes son básicamente los mismos; la gran diferencia estriba en que el caldo se condimenta y colorea con algún tipo de chile seco como el morita, el chipotle y el pasilla, entre otros.

MOLE DE PANZA ◆ menudo

MOLE DE PASILLA

Platillo preparado con chiles pasilla y guajillo, cebolla cambray, jitomate, ajo y pimienta gorda, todos molidos y licuados; en ocasiones se le agregan gusanos rojos de maguey enteros o molidos; el preparado incluye nopalitos en trozos, hojas de quelite y ramas de epazote. Se consume en Jilotepec, Hidalgo, donde con esta misma base se preparaban los ajolotes en mole de pasilla.

MOLE DE PASTA

Pasta que tiene todos los ingredientes del mole; se elabora moliendo los ingredientes en seco y añadiéndoles algo de manteca de cerdo para que los amalgame y conserve; de modo que el comprador sólo diluye la pasta en caldo, con lo que prácticamente puede preparar un mole instantáneo. También se le conoce como pasta de mole. En los mercados populares hay varios tipos de moles. Si el comprador sólo pide mole, a secas, le darán de seguro un mole poblano económico. Pero la variedad no se detiene ahí. El nombre de mole poblano bueno, por ejemplo, se aplica a un mole de mejor calidad, ya que contiene más especias y mayor cantidad de chiles. El mole con ajonjolí es de sabor fuerte, tiene ajonjolí entero mezclado con la pasta, y el mole almendrado es un mole poblano que contiene un alto porcentaje de almendras. El mole de especias es otro que se considera de gran calidad por el alto porcentaje de especias que contiene. Pero el mole especial es sin duda el mejor de todos, porque en él se utilizan los mejores chiles y no tiene ingredientes artificiales; por el contrario, tiene bastantes especias, cacahuate, almendra, ajonjolí y otros elementos que quienes lo preparan no siempre comparten con el curioso.

Mole almendrado

Hablar de moles de pasta es hacerlo de San Pedro Atocpan, Milpa Alta, en el Distrito Federal, una comunidad que basa buena parte de su economía en la manufactura de los moles de pasta. Muchos de los moles que se expenden en los mercados populares del Distrito Federal y estados circunvecinos provienen de allí, y en algunos puestos se vende como mole de Atocpan. También existen pastas de mole verde, pero nunca son tantas ni tan variadas como las de mole poblano. Los moles de pasta desempeñan un papel muy importante en la preparación de los moles, ya que mucha gente los compra para prepararlos en casa y ahorrarse la complejísima elaboración que exige. En algunos puestos se puede notar que hay diferencias de calidad entre un mole y otro, y que por esto el precio de una pasta puede ser incluso el doble o el triple que el de otra. Encontrar los puestos que venden las pastas de mejor calidad es parte de la mágica experiencia de comprar en el mercado. En general se expenden en grandes bandejas y todos se venden por peso. Muchas veces ya se tienen preparadas las bolsitas de 250, 500 gramos o 1 kg. En teoría, con 250 gramos de pasta se pueden preparar de 6 a 8 porciones de mole muy generosas. Salvo raras excepciones, el mole que se vende en restaurantes, cafeterías y fondas es de pasta. Algunas familias que son más tradicionalistas muelen en casa el chile y las especias, pero toman como base un poquito de pasta de mole. Por supuesto que el mole que se elabora sin pasta, preparando todo desde el principio, resulta siempre más satisfactorio y especial. Aunque algunos fabricantes ponen interés en elaborar pastas de mole con calidad, sin duda no se puede asegurar esto, pues la mayoría incluyen chiles que presentan roturas o decoloraciones, lo que es sinónimo de menor calidad; también muelen los rabos del chile y emplean especias que no son de lo mejor, e incluso muchos añaden harina para que en el momento de diluir la pasta en el caldo el mole tenga consistencia más espesa. En resumen, aunque las pastas pueden producir grandes resulta-

404

dos, si se desea un auténtico mole de la más alta categoría, deberá prepararse todo en casa.

MOLE DE PATA DE RES

Guiso de consistencia espesa, elaborado con jitomate, chiles guajillo, de árbol y costeño, además de carne de patas o panza de res. Se sirve acompañado de tamales de frijol y arroz blanco. Es consumido en Orizaba, Veracruz.

MOLE DE PEPITA ◆ pipián

MOLE DE PESCADO

Guiso elaborado con masa de maíz, achiote y trozos de pescado, o algunas veces camarón. Es popular entre los mixes de Oaxaca. De la misma forma se preparaba el mole de tortuga.

→ michmole

MOLE DE PIMIENTA

Platillo preparado con una salsa de chile guajillo, pimienta, tomate, ajonjolí, canela, ajo, clavo y cebolla, al que se le agrega carne de cerdo, guajolote o pollo. Es típico de Guerrero y con frecuencia se sirve en los velorios, aunque no es exclusivo de esos eventos. En algunos lugares, como en Chilapa, las carnes se sustituyen por tortitas de camarón, de colorín o de papa.

MOLE DE PIPIÁN ◆ pipián

MOLE DE QUELITE

Preparación hecha a base de masa de maíz, jitomate molido frito, se añaden frijoles cocidos, quelites y rajas de chile. Se prepara en el sur de Veracruz. Con esta misma base se prepara el mole de chayote y el mole de hongo.

MOLE DE QUESO

Guiso casero y sencillo que consiste en trozos de queso seco o añejo, fritos en manteca de cerdo y después guisados en salsa de jitomate y chile verde. Se prepara en Chilapa, Guerrero.

MOLE DE RES

Guiso caldoso preparado con carne magra y costillas de res en una salsa hecha con jitomate, ajo, achiote, masa de maíz, agua y sal. Al final se le agregan chipotles dorados enteros para que naden dentro de la salsa. Se acompaña con plátanos y frijoles refritos. Este mole es típico de Juchitán, Oaxaca, y en zapoteco se llama *ucheé guíiña*.

MOLE DE REVUELTO

Salsa prácticamente igual al mole poblano, cuya peculiaridad consiste en que la carne que lleva son vísceras de res o de cerdo. Se prepara en Ometepec, en la región de la Costa Chica de Guerrero.

MOLE DE TONATICO

Platillo preparado con chile mulato, almendras, nuez, avellana, piñón, plátano macho, chocolate, cacahuate, ajo, pan tostado, ajonjolí, pasas, clavo, pimienta, canela, tomillo, laurel, mejorana, tortilla, azúcar y jengibre. Se caracteriza por tener un inseparable compañero, el tamal de frijol, que en este caso es tan importante como la carne de cualquier otro mole. Se prepara en el poblado de Tonatico, Estado de México.

MOLE DE VENADO

Platillo elaborado a base de chiles costeños, chile guajillo, ajo, cebolla, clavo, pimienta, hoja de aguacate tostada, orégano seco y jitomate. Se sirve con carne de venado. Este guiso se puede encontrar en la costa de Oaxaca, especialmente en Puerto Escondido, donde todavía se consume la carne de animales silvestres.

MOLE DE XICO

Guiso de color negro y sabor dulzón, cuyos principales ingredientes son chiles ancho, mulato y pasilla, manteca de cerdo, ajo, cebolla, tortilla, bolillo, pasitas, ciruelas pasas, avellanas, nueces, ajonjolí, cacahuates, almendras, piñones, pepitas de calabaza, plátano macho, jitomate, chocolate, anís, canela, pimienta, orégano y azúcar o piloncillo. Se sirve con piezas de pollo o guajolote, acompañado en ocasiones de arroz con camarón seco. Es típico de Xico, Veracruz, donde antes se le conocía como mole de novia.

MOLE ESTILO MORELOS

Mole de carnes de cerdo, carnero, ternera y cecina cocinadas en una salsa de chile pasilla (con todo y semillas), tomate, cebolla, epazote y masa de maíz, todo ello molido; también contiene xoconostles rebanados. Es un mole antiguo, que en la actualidad puede ser difícil de encontrar con todas sus carnes originales.

MOLE INDIO

Guiso elaborado a base de chiles chino, ancho y criollo, ajo, cebolla y comino; se fríe en aceite y se le añade un poco de caldo de pollo para incrementar su sabor. Se espesa con masa de maíz fresca y se condimenta con epazote. La carne que suele agregarse es de pollo o guajolote. Se prepara en la Huasteca hidalguense.

MOLE JAROCHO

Preparación elaborada con plátanos pelados y cortados en rebanadas, tortillas, bolillos y manzanas en cuarterones, cada elemento frito en manteca de cerdo por separado; cacahuate, almendras peladas, pasitas y ciruelas sofritas en ajo y cebolla, así como chiles ancho, mulato y pasilla freídos ligeramente y molidos. Cuando se tienen todos los productos se muelen en metate hasta quedar una pasta espesa que se deslíe en caldo de pollo condimentado con piloncillo y sal. Se prepara en Veracruz y se utiliza para hacer enchiladas entre otros platillos.

MOLE MANCHAMANTELES ◆ manchamanteles

MOLE MIAHUATECO

Platillo preparado a base chiles miahuatecos, de donde deriva su nombre, plátano macho, pasitas, pan de huevo, almendras, ajonjolí, cebolla, ajo, hojas de aguacate, anís, semillas de cilantro, canela y chocolate de metate. Se sirve con guajolote.

MOLE MIXTECO

Platillo festivo elaborado con carnes de gallina y cerdo guisadas en una salsa de chile costeño, miltomate, ajo asado, pan de dulce, clavo, canela, orégano, manteca de cerdo y ajonjolí. Es originario de la Mixteca oaxaqueña.

MOLE NEGRO

Salsa compleja, moderadamente picante o incluso dulzona. Entre sus principales ingredientes encontramos chiles chilhuacle negro, chilhuacle rojo, mulato, pasilla oaxaqueño y pasilla de México, tortilla quemada, cebolla, ajo, pan de yema, plátano macho, ajonjolí, cacahuates, nueces, nuez moscada, almendras, pepitas de calabaza, pasitas, jitomate, miltomate, canela, orégano, tomillo, mejorana, anís, comino, clavo, pimienta gorda, azúcar, hoja de aguacate, chocolate de metate y manteca de cerdo. Tradicionalmente se sirve con carne de guajolote y bastante salsa, acompañado con tortillas

Mole negro en pasta

o tlayudas. A diferencia de otros moles, por lo regular no se come con arroz o frijoles. El tono negro de la salsa es una de las cosas que más llama la atención, esto se debe a la utilización de los chiles ya mencionados, pero en especial a dos técnicas muy precisas: quemar los chiles guajillos, sus semillas y las tortillas de maíz hasta que se incendien, después se someten a un largo proceso de oreado y remojado para quitarles el sabor amargo, finalmente se muelen y se ocupan como tinta negra en la salsa, además de aportar el sabor terroso y ceniciento que es lo que lo hace mágico. No menos importantes son las hojas de aguacate, frescas o secas, que se asan; pueden dejarse enteras y retirarlas al momento de servir o molerlas para que se mezclen con la salsa. Es uno de los siete moles de Oaxaca que se prepara principalmente en la región de los Valles Centrales; fuera del estado se conoce como mole oaxaqueño. Su origen es muy antiguo, de hecho existe otro mole que se conocía como mole prieto que fue totalmente sustituido por el mole negro; la gran diferencia entre uno y otro recae en que la técnica del quemado de chiles y tortillas para teñirlo de negro se perfeccionó en el siglo XX. Existen algunos pueblos de los Valles Centrales; se conoce fuera del estado como mole oaxaqueño que son grandes productores de este mole, como Santa María del Tule. Algunas de las variantes de este mole son:

• Para los mazatecos de San Pedro Ixcatlán este mole es una salsa más ligera que contiene chile ancho, ajo, cebolla, pimienta, clavo, plátano macho, pan tostado, ajonjolí, canela, chocolate y jitomate, y generalmente se prepara con guajolote.

• En la región de la costa el mole contiene chiles costeño, guajillo y ancho, pasitas, ajonjolí, ajo, cebolla, clavo, pimienta, canela, jitomate, plátano macho, manteca de cerdo, azúcar y primordialmente se elabora con carne de pollo.

• En el Istmo de Tehuantepec, Oaxaca, la salsa contiene chiles ancho, mulato y pasilla, chocolate, ajonjolí, cacahuate, ajo, pimienta negra, clavo, jitomate, bolillo, manteca de cerdo, laurel, hojas de aguacate, tomillo, mejorana, canela y orégano. Con la salsa de este mole también se elaboran tamales y enchiladas. Mucha gente lo considera el rey de los moles oaxaqueños. Cuando este mole se prepara para el fandango es necesario hacer tal cantidad que no sólo alcance para servir a todos los invitados, sino que debe calcularse una cantidad extra que cada invitado se llevará a su casa como recuerdo de la fiesta. Es un mole que se reserva para fechas muy especiales, como grandes fiestas y bodas, y uno de los guisos que con más frecuencia se pone en los altares de muertos. Por ser un guiso de preparación muy laboriosa, siempre que se cocina se requiere que varias personas intervengan. Es tanto el arraigo que este mole tiene en la cultura oaxaqueña que incluso ha desplazado a otros moles, por ejemplo en Teotitlán del Valle el mole típico para el fandango es el mole de Castilla, sin embargo muchas bodas que se realizan actualmente se hacen ya con mole negro.

→ siete moles oaxaqueños

MOLE POBLANO

Guiso más conocido y famoso en México, del que existen muchas variantes en diferentes regiones, aunque en todos los casos se trata de una mezcla de diferentes chiles secos, especias, chocolate y caldo de carne. De la combinación de los ingredientes resulta una salsa molida, color café oscuro, brillante, espesa y muy aromática. Entre los chiles más utilizados se cuentan el ancho, el mulato, el pasilla y el chipotle; entre las especias el clavo, las pimientas negra y gorda, el comino, la canela y el anís, además del chocolate. También lleva cacahuate, almendra, nuez pacana, pepitas de calabaza, ajonjolí, pasas, jitomate, tomate, ajo y cebolla. La técnica de preparación cambia de acuerdo con el lugar en que se elabore. En algunas preparaciones se asan los chiles, se remojan, se muelen y luego se fríen; en otras se fríen en crudo, se muelen y se mezclan con los demás ingredientes. Las especias se pueden moler al natural o asadas; lo mismo pasa con el jitomate y los demás frutos. Las recetas coinciden en que al final todos los ingredientes se mezclan dentro de una gran cazuela de barro y se cuecen a fuego lento por varias horas, hasta que la grasa de los ingredientes flota en la superficie: entonces se sabe que ya se coció el mole. En la antigüedad se preparaba de manera exclusiva con guajolote, pero en los últimos años el pollo ha sustituido casi en su totalidad a nuestra ave más tradicional. El mole poblano es sin duda un platillo con historia, alrededor del cual se han tejido muchas leyendas. El relato más difundido es el que afirma que el mole fue inventado por accidente en uno de los conventos de Puebla; en todas las variantes de esta narración se sugiere que el singular platillo fue producto de apuros en la cocina e improvisaciones fortuitas. Pero estudiando las recetas con más seriedad, se puede concluir que el mole que hoy conocemos se tuvo que desarrollar con paciencia, durante muchos años, para llegar al grado de perfección que hoy detenta, pues es evidente que se necesitó mano indígena experta en el conocimiento de los chiles, en las formas ideales de molerlos y mezclarlos con otros ingredientes, además de la gran habilidad para pulverizar las almendras y las especias. Y fue también necesario que las monjas permitieran poco a poco a los indígenas añadir ingredientes autóctonos o mezclar los chiles con los productos europeos. El mole es, pues, un platillo donde se unió la cocina indígena de México con la española de aquella época. Además de Puebla, existen otros lugares famosos por sus moles del mismo estilo que el que aquí nos ocupa. En el área de Acayuca, Hidalgo, por ejemplo, la salsa del mole suele contener chiles mulato, ancho y pasilla, nueces, piñones, avellanas, almendras, pan, tortillas, ajonjolí, pasas, plátano macho, cebolla, ajo, comino, clavo, pimienta, chocolate y jitomate. Se prepara con carne de guajolote. También es notorio el mole michoacano; la salsa puede contener chiles

Mole poblano en pasta

pasilla, mulato y Morelia (todos ellos con sus semillas), bolillo, ajo, almendras, nueces, pasas, cebolla, tomate, chocolate, tortillas o galletas saladas, ajonjolí, jengibre, pimienta negra y gorda, clavo y comino. Por lo regular la carne es de pollo o guajolote. El mole poblano es considerado el platillo nacional por excelencia. Hablar de mole poblano es hablar de grandes fiestas, bodas y acontecimientos importantes. También se le llama mole de guajolote, o simplemente mole, pues cuando se dice mole y no se especifica de cuál se trata, para la inmensa mayoría de los mexicanos queda sobreentendido que es mole poblano, considerado entre los mexicanos como el más delicioso. Pero no sólo es un gran platillo festivo, sino algo mayor y de usos aún más ricos, pues pasada la fiesta se hacen con él las enchiladas de mole, además de que mucha gente gusta de comer los huevos estrellados bañados con mole, o servir el arroz rojo con una buena cucharada de mole. Todo ello, sin olvidar las hojaldras con mole, o los chilaquiles de mole.

MOLE PRIETO

Variante de mole negro, de apariencia similar, pero con ingredientes distintos. Se prepara en varios pueblos de Tlaxcala, que son cuna de moles sorprendentes, en especial Tetla, San Bernardino Contla y Santa Ana Chiautempan.

• En Tetla, la salsa del mole prieto contiene chiles guajillo y chipotle, ajo, cebolla, canela, clavo, cuitlacoche deshidratado y caldo de carne o agua; todo se muele y se fríe en poca manteca de cerdo, después se le añade más caldo, hojas de laurel y masa de maíz para espesar la salsa. Entonces se agrega la carne al mole, normalmente cerdo o pollo cocidos en agua con ajo y cebolla. Es un mole que parece extraño a muchos mexicanos, debido a la peculiaridad de que en Tlaxcala se usa el cuitlacoche deshidratado y no fresco como en el centro del país. Para diferenciarlo de los otros moles, a veces lo llaman mole de cuitlacoche.

• En Santa Ana Chiautempan, el mole prieto, también llamado con el nombre náhuatl *tlilmolli*, de *tlilli*, negro, es un mole festivo en el que participan muchos cocineros y ayudantes, debido a las enormes cantidades que se cocinan; se elabora para varios cientos de personas y su preparación empieza tres días antes del banquete. La salsa contiene chiles chipotle meco y ancho molidos y fritos en unto de cerdo; a esto se le añade carne molida de cerdo y caldo, y cuando está cocido se espesa con masa de maíz desleída en agua o caldo. El mole se sirve con trozos de carne de cerdo.

• En San Bernardino Contla, el mole prieto se prepara para las festividades del santo del lugar, en el mes de noviembre. Como el mole debe estar listo para el día cinco, se empiezan a cocer la carne y los ingredientes desde el día anterior, los chiles se tuestan con varios días de anticipación. Al igual que en el caso anterior, gran parte de la comunidad tiene que participar en su elaboración, pues lo llegan a consumir más de dos mil personas. Se utilizan varias cazuelas metálicas cuyas dimensiones rebasan los 1.5 metros de diámetro. Para cocer la carne se parte el cerdo en medio canal y se amarra en troncos que atraviesan la olla, para que no se pierda en el caldo y no cueste trabajo sacar la carne cuando esté cocida.

Los grandes trozos de la carne se cuecen con todo y piel; después, para comprobar que esté bien cocida, se le ensarta un palo; si escurre sangre todavía está cruda y hay que devolverla a la cocción. Cuando ya se coció la carne, se retira del caldo, y se añaden los demás ingredientes del mole, todos previamente molidos. La salsa se espesa con masa de maíz azul desleída en agua. Entre los ingredientes se encuentran los consabidos chiles ancho, pasilla y mulato (se reservan las venas para usarlas también), además de canela, clavo y ajonjolí. Cuando se termina de preparar el mole en la madrugada, se reparte entre toda la comunidad. Este platillo tiene un acompañante indispensable, que son los tamales de agua.

• En Oaxaca es un mole muy antiguo de color cenizo, casi negro, antecedente del mole negro y que actualmente está casi en el olvido debido a que la técnica de quemar los chiles y las semillas para hacer más negra la salsa se ha perfeccionado y todo el mundo prefiere el mole negro.

MOLE RANCHERO

Término que designa a cualquier mole elaborado en rancherías, pueblos muy pequeños o comunidades indígenas; son preparaciones vernáculas que no incluyen muchos ingredientes o por lo menos son más sencillos. No existe una norma específica en cuanto a ingredientes, como se observa en los ejemplos. En Morelos se utiliza carne de res cocida y deshebrada, guisada en salsa de chiles ancho y pasilla, tomate verde y ajo. Se sirve con gotas de jugo de limón y rebanadas de cebolla. En Veracruz, en el norte del estado, los nahuas preparan un mole ranchero de guajolote elaborado con ajo, pimienta, clavo, plátano de Castilla, chiles chipotles y anchos, semillas de los chiles, tortillas, canela y manteca de cerdo, cuya salsa recuerda al mole estilo poblano. Esta preparación también puede hacerse con carne de gallina en lugar del guajolote. Se consume acompañado de arroz. Este nombre incluye cualquier cantidad de moles que se hacen regionalmente en todo el país. En este caso, los moles rancheros son muy apreciados en los pueblos grandes o ciudades, a tal grado que cuando se dice que es mole ranchero, queda implícito el orgullo por las cosas originales y el origen de las personas o del guiso. Cabe insistir que en diferentes comunidades de distintos estados existen moles rancheros.

MOLE ROJO

Término que designa a cualquier mole cuya salsa sea roja, rojiza o café clara. Incluso el mole poblano y moles similares pueden considerarse mole rojo, debido a que existen moles de colores muy oscuros como el mole negro de Oaxaca o el mole de Xico de Veracruz. Mole colorado es otro nombre que se le da al mole rojo. En Oaxaca se elabora el mole colorado o mole rojo, así como otro llamado molito rojo. En Guerrero se prepara principalmente de carne de cerdo con hueso; la salsa incluye chiles ancho, mulato, pasilla y guajillo, manteca de cerdo, ajo, cebolla, pimienta, clavo, canela, plátano perón, ajonjolí, tortilla y pasas. Se adorna con ajonjolí y se acompaña con tamales de frijol. Los mixes de Oaxaca lo preparan con chile ancho, azúcar, galletas, cebolla, cacahuate, ajo, chocolate, canela, ajonjolí, almendra, orégano, comino, pimienta, clavo, laurel, hojas de aguacate y pasitas. En Morelos la salsa se elabora con chiles pasilla, ancho y criollo, ajonjolí, cacahuate, tomates, jitomates, telera y tortilla doradas como espesantes, pipián tostado y pimienta, comino, clavo, tomillo, mejorana y ajo. Otras recetas incluyen chile guajillo o mulato y otras especias como mejorana, anís y pa-

sas. La carne más empleada para guisarse en las salsas es la de pollo, pero pueden utilizarse también tortitas de camarón, carne de cerdo, nopales, entre otros ingredientes.

→ mole coloradito, mole colorado

MOLE TEHUIPANGUENSE

Platillo elaborado con chiles ancho, guajillo y pasilla, galletas de animalitos, pasas, bolillo, porciones de plátano macho frito, comino, ajo, ajonjolí, clavo y hierbabuena. Se sirve con carne de guajolote y se acostumbra en las bodas en Tehuipango, municipio de Veracruz. Es un mole que lentamente ha caído en el olvido.

MOLE VAQUERO

Caldo de costilla de res asada, que se cuece junto con chayotes en una salsa de jitomate, epazote, cebolla y ajo; el caldo se espesa con masa de maíz. Se acostumbra en el norte del país.

MOLE VERDE O VERDE

Guiso complejo de color verde, cuyos ingredientes varían dependiendo de la región o de las costumbres familiares. El mole verde es el más importante después del mole poblano y el mole colorado; por lo general se prepara con pepita de calabaza, chiles verdes, especias y algunas hierbas aromáticas verdes. En los estados del centro del país también se le conoce como pipián verde y puede tratarse de guisos de consistencia densa en algunas ocasiones, o de preparaciones más ligeras, de textura tersa o granulosa en otras; a veces tiene un ligero sabor a nuez debido al uso abundante de la pepita o el ajonjolí, y en otras presenta más bien un sabor herbáceo. El mole verde es uno de los célebres siete moles de Oaxaca. Por lo regular la salsa es espesa y se elabora con miltomate, chile de agua o serrano, ajo, clavo, pimienta, perejil, cilantro, epazote, hierba santa y masa de maíz; a veces incluye verduras en trozos como ejotes y chayotes. Las carnes más utilizadas son las de cerdo y pollo.

Mole verde en pasta

• En Chilapa, Guerrero, la salsa se prepara con chile jalapeño, epazote, hierba santa, lengua de vaca, pepitas de calabaza y tomate verde; por lo general se utiliza carne de cerdo o costillas. Al igual que en Oaxaca, se sirve con cebolla rebanada, blanca o morada y cada comensal agrega a su gusto gotitas de limón. Por los ingredientes que contiene todo el preparado, el guiso es agradablemente ácido. De forma muy parecida al anterior, se elabora en el área de Chilpancingo y Tixtla, donde se acompaña con tamales tololoche.

• En Jalisco se prepara de pepita de calabaza, ajonjolí, ajo, comino, tomatillos verdes, hojas de lechuga, chiles poblanos y cilantro; la carne que se utiliza es de pollo y se sirve con arroz y tortillas. Es típico de Cocula.

• En Michoacán tiene cierta similitud con los pipianes verdes de textura granulosa. El color de la salsa se obtiene del chile poblano, perejil, cilantro, acelga, lechuga, tomate verde y chile serrano, todos molidos; se espesa con ajonjolí y pepita molidos. Las especias más usadas son: pimienta gorda, clavo y pimienta negra. Por lo general se guisa con carne de pollo o de cerdo.

• En Morelos es el mole más común y la salsa es más parecida a un pipián que se elabora con pepita de calabaza tostada y molida, chile verde, epazote y caldo de pollo. Puede incluir también tomate verde y la carne que más se usa es la de pollo. Se trata de una comida ritual que se ofrece en fiestas patronales.

• En la región de la Mixteca, en Yucanama, Oaxaca, el mole verde tradicional suele ser de pollo; la salsa contiene ajonjolí, pepitas de calabaza, tomates verdes, chile jalapeño, cebolla, ajo, cilantro, rábano, perejil, epazote, lechuga y hierba santa. En la región de los Valles Centrales de Oaxaca técnicamente existen dos variedades de mole verde, elaborados principalmente con carne de cerdo o de pollo; la salsa es similar a la descrita y una variedad contiene frijoles blancos y otra chochollones. Se prefiere utilizar espinazo o codillo de cerdo para darle más sabor; en términos generales la salsa contiene ajos, cebolla, miltomates, chile de agua, pimienta clavo, perejil, epazote y hierba santa. Al momento de servirlo, suele acompañarse con cebolla blanca rebanada y gotas de jugo de limón que cada comensal añadirá a su gusto. Aunque no hay una regla, algunos tradicionalistas piensan que cuando el mole verde se prepara con cerdo se acompaña con frijoles blancos, mientras que el de pollo con chochollones.

• En Puebla se elaboran varios tipos de mole verde. En muchos casos se cocina con hierba santa, cebolla, ajo y chile serrano molidos en el caldo de la carne; la salsa se espesa ligeramente con masa de maíz y a veces contiene también bolitas de la misma masa. Las carnes más socorridas, también en este caso, son la de cerdo y pollo.

• En las comunidades rurales de Tlaxcala suele tratarse de un mole sencillo, una salsa de tomate con ajo, chile serrano y cilantro que incluye habas verdes, chilacayote, alguna otra verdura y sólo a veces carne.

• En Orizaba, Veracruz, es un guiso caldoso hecho con hierba santa, tomate, perejil ranchero, epazote, lechuga, cilantro y chiles verdes; se incluyen varias verduras verdes en trozos, como chayote, ejote y calabaza. La carne es de cerdo o pollo. Es usual que lo llamen molito verde; se trata de una comida del mediodía o almuerzo que se vende en los mercados populares. Este mole tiene la apariencia de ser una sopa o guiso de verduras con carne.

→ siete moles oaxaqueños

MOLERA ◆ cazuela

MOLES DE MAYORDOMÍA
Término para referirse a moles que por lo general son de grandes proporciones, elaborados en días y fechas específicas para las fiestas en Oaxaca.

→ mayordomía

MOLES DE OAXACA O MOLES OAXAQUEÑOS ◆ siete moles oaxaqueños

MOLINILLO
Del náhuatl *moliniani*, que significa mover o menear. Instrumento de madera, de forma compleja de unos 30 cm de largo. Se emplea para sacar espuma al chocolate, por lo que también se le llama batidor de chocolate. Se talla en una sola

pieza con múltiples adornos, varios anillos giratorios y una esfera acanalada en la punta, todo con el propósito de producir la mayor espuma posible mientras se agita el chocolate caliente. Para que el efecto sea mejor, se requiere usar una jarra de las llamadas chocolateras. A falta del molinillo, diferentes culturas han encontrado sustitutos para lograr la espuma, como la raíz llamada tepejilote, utilizada en la región de El Tajín, en Veracruz. Por otra parte, en Oaxaca se ha utilizado desde tiempos antiguos el amaxocóatl, del que se dice es precursor del molinillo.

MOLINO
Término que se emplea para denominar a la máquina que muele alimentos y también al establecimiento donde se realiza dicho trabajo. A partir de la Conquista se comenzaron a utilizar los molinos en sustitución del metate, y aunque este último no ha desaparecido, los molinos manuales han ganado mucho terreno. Constan de varias partes y se empotran en la orilla de la tabla o mesa donde se va a moler. Aunque físicamente son parecidos, existen molinos de carne y de maíz con diferencias importantes en su mecanismo. A su vez, los molinos manuales también han empezado a sustituirse por los molinos eléctricos, que son más rápidos. Los molinos eléctricos funcionan con un motor cuyas bandas hacen girar a dos piedras encontradas entre sí, por donde pasan los alimentos que se van a moler. Las piedras tienen forma de discos muy gruesos y están cinceladas para que, al rozarse una con otra, dando vuelta en sentidos opuestos, muelan el alimento. Hay dos tipos de molinos: uno es especial para moler en seco y se ocupa generalmente para moler chiles, y el otro se utiliza para moler alimentos húmedos, por lo general maíz. Hay que señalar, sin embargo, que muchos molinos de hoy tienen piedras intercambiables que permiten moler ingredientes secos o húmedos. Por su parte, los establecimientos llamados molinos son pequeños locales donde la gente va a moler chiles, especias y maíz, si no tienen forma (o tiempo) de hacerlo en casa; los clientes pueden llevar sus propios ingredientes, o comprar ahí mismo chiles o maíz para que se los muelan. La peculiaridad de estos lugares consiste en que cada cliente solicita su molido exactamente como lo necesita, es decir, martajado, grueso o fino. Muchas personas ocupan los molinos cuando van a preparar gran cantidad de tamales o moles. En el molino de chiles únicamente se muelen chiles y especias. Se pueden moler en seco o en húmedo, para lo cual se dispone de dos piedras moledoras diferentes. Si el cliente pide molido en seco, el servicio es más caro porque la piedra se gasta más y hay que cincelarla con más frecuencia. En el establecimiento es común que el maíz se muela en seco, ya que el molido húmedo se puede solicitar en cualquier tortillería.

MOLITO
Término para designar a varios moles que se preparan cotidianamente en varias partes del país. Es una forma genérica de referirse a salsas simples con uno o dos chiles, jitomate y otros ingredientes. El nombre del mole puede darse a partir del elemento o ingrediente principal, como molito de camarón, molito de hongos, molito de quelite, molito con masa, molito de frijol y otros.

MOLITO DE CAMARÓN

Variedad de mole preparado con camarones secos, pepita de calabaza, crema, jitomate, achiote, masa de maíz, chiles jalapeños, epazote, huevo y sal. Las pepitas que se utilizan crecen en la región de Juchitán, Oaxaca; tienen un borde café claro y las llaman pepitas corrientes. En la región del Sotavento se prepara el mole de camarón con plátano verde, chiles anchos asados y molidos, y cebolla que se sofríen junto con epazote, sal y agua hasta que espese. Por lo regular se elabora este mole en la temporada de lluvias. Es conocido también como mole de camarón seco.

MOLITO DE PANZA ◆ menudo

MOLITO ROJO

Variedad de mole rojo que contiene chile guajillo, cebolla, orégano, pasta de achiote oaxaqueño, ajo, tomillo, pimienta negra, jitomate, piloncillo y se espesa con galletas de animalitos molidos. Suele comerse con pollo, o para acompañar otros preparados como el cerdo horneado. Se elabora en el Istmo de Tehuantepec, Oaxaca.

MOLITO VERDE ◆ mole verde

MOLLEJA DE POLLO

Estómago del pollo, que pesa entre 50 y 80 gramos; igual que el hígado, se compra por separado y su costo es muy bajo. Una vez limpio, se corta finamente y se agrega a caldos, sopas y arroces.

MOLLEJA DE RES

Glándula o timo de las terneras, novillos y reses que no han llegado a la edad adulta. Se consume asada, frita o cocida.

MOLLETE

1. Bolillo o telera partido por la mitad; a cada parte se le untan frijoles refritos, se les agrega queso y se meten por separado en el horno, para que se gratinen. En la mesa, el comensal le añade a su gusto salsa mexicana, chiles en rajas o cualquier otra salsa de su preferencia. Es común encontrarlo en los estados del centro del país. En las cafeterías del Distrito Federal se sirven para comer durante el almuerzo o una cena sencilla, y desde hace algunos años se ofrecen variantes como los molletes con chorizo frito desmenuzado, con jamón picado y con rajas de chile poblano, entre otros.

2. Pan oaxaqueño de harina de trigo, cuya masa contiene piloncillo, anís y ajonjolí.

→ pan amarillo

MOLOCHE ◆ hongo clavito

MOLONQUEAR

Acción de moler, estrujar o golpear algo.

MOLONQUI

Del náhuatl *molonqui,* que significa cosa deshecha, hecha polvo o seca. Mazorca de maíz, seca o malformada.

MOLOTE

Del náhuatl *moloctic.* Antojito de masa fresca de maíz, muy parecido a una quesadilla frita; el relleno y la salsa que llevan dependen de la región. Los molotes siempre se venden en la calle o en las antojerías y por lo general se sirven por las noches.

• En algunas partes de Hidalgo son de forma cilíndrica; se rellenan con carne de pollo o res y queso, se fríen y se acompañan con salsa y lechuga picada.

• En Oaxaca se elaboran con una tortilla pequeña hecha con masa de maíz, manteca de cerdo y sal, que se rellena de chorizo con papas y se enrolla para formar un molote oblicuo; se fríe en manteca de cerdo y se sirve sobre una hoja de lechuga; se acompaña con frijoles negros refritos aromatizados con hojas de aguacate, o bien con salsa de frijol, queso fresco desmoronado y rábanos. En Juchitán se preparan los molotes de plátano.

• En Puebla y Tlaxcala son similares a las empanadas o quesadillas freídas de Veracruz o del Distrito Federal. En la capital de Puebla se elaboran con una tortilla cruda de masa de maíz rellena de papa cocida, queso de cabra, sesos, tinga poblana o papas con longaniza, entre otros guisos, doblada en forma de media luna y freída en manteca de cerdo o aceite; miden unos 12 cm de largo y 6 de ancho.

• En San Luis Potosí la masa de maíz se muele con queso para elaborar unas gorditas que se rellenan de picadillos preparados con jitomate cocinado con pasas, almendras y acitrón; tienen formas de croquetas y se sirven con lechuga picada sazonada con aceite, vinagre y sal.

• En Tlaxcala son de masa de maíz, en forma de óvalo puntiagudo, rellenos de papa con queso o tinga.

• En Xalapa, Veracruz, son empanadas o quesadillas pequeñas; lo único que las diferencia son los rellenos; los más comunes son papa y queso y siempre se acompañan con salsa. En la zona norte del estado se preparan rellenos de chorizo, la masa de maíz mezclada con chile ancho o chile color; la forma típica de estos molotes es como de un puro. En Huatusco se rellenan de sardina o carne molida con papa y se acompañan con salsa de jitomate y col rallada.

MOLOTES DE PLÁTANO

Preparación de plátanos machos cocidos y machacados hasta obtener una especie de masa que se puede rellenar de una pasta suave de queso panela y crema; se revuelcan en harina y se fríen. Es una preparación de Juchitán, Oaxaca, similar al mogo mogo.

MOMO O MOMÓN ◆ hierba santa

MONDEQUE ◆ conejo

MONDONGO

Guisos o preparados cuyos ingredientes varían según la región donde se preparen, generalmente son caldosos elaborados con panza de res, condimentados con chile y otras especias. Dependiendo de la región del país y de los diferentes ingredientes que contenga, puede llamarse pancita.

• En el Istmo de Tehuantepec, Oaxaca, se prepara con panza y patas de res cocinadas con jitomate, cebolla y ajo; el caldo contiene garbanzo.

• En Tabasco es un platillo menos caldoso que incluye garbanzos enteros, zanahoria y papa. El caldillo se cocina con chile ancho, jitomate, cebolla, ajo, orégano, perejil ranchero y epazote o cilantro. Se acostumbra comer al medio día y se acompaña con salsa de chile amaxito o con jugo de limón y sal, al gusto.

• En la región del Sotavento, en Veracruz, se denomina así al conjunto de vísceras de res (panza, tripas, bofe e hígado), así como a un platillo preparado con las vísceras asadas a la parrilla, previamente revolcadas en ajo molido, sal, pimienta y aceite de oliva; también se conoce como mondongo al caldo cuando dichas vísceras se preparan en guiso. En la zona de Los Tuxtlas, se prepara el mondongo en acuyo; las vísceras se lavan en agua con ceniza y limón hasta quedar blancas para después cocerse en agua junto con masa de maíz y acuyo. Una forma más de elaborarlo es en mole amarillo; el mondongo se lava y asa a las brasas con sal y luego se cuece en un caldo junto con hojas de aguacatillo, chile seco asado y molido, masa de maíz como espesante y achiote.

• En la península de Yucatán lo llaman mondongo en *kab ik*, término maya que designa diversos guisos con chile y achiote. Antes de cocerse, la panza se marina en jugo de naranja agria para quitarle el mal sabor; se prefiere utilizar la parte de la panza llamada toalla. Se guisa en una salsa de jitomate, cebolla, chile verde, chile dulce y epazote, todos picados, y se condimenta con recado rojo; el caldo suele complementarse con patas de res, para darle más sabor. Cada comensal debe añadir a su gusto jugo de limón, chile habanero o chile kut, rábanos, cilantro, cebolla y cebollín picados y a veces arroz blanco.

MONÉ

Preparación hecha a base de pescado empapelado en hojas de hierba santa, envuelto como si fuera un tamal en hojas de plátano o de tó y asado a las brasas. Aunque ésta es la forma más tradicional de cocinarlo, en la actualidad muchos lo hornean o lo cuecen al vapor. El tipo de pescado varía según el poder adquisitivo y las costumbres familiares; puede ser bobo, mojarra, robalo o huachinango. El pescado puede salpimentarse, rociarse con jugo de limón y cubrirse con una salsa preparada con cebolla rebanada, ajo picado, chile dulce rebanado, jitomate picado, zanahorias y calabacitas cocidas y rebanadas. Es una preparación típica de Tabasco, donde hay muchas versiones del platillo; sin embargo, el sabor y el aroma característico siempre los proporciona la hierba santa, que en la región se llama *mumu*, donde existe el término *monear*, que significa amarrar algo, en especial las puntas de las plantas de caña que hay que atar para protegerlas de las heladas; ésta podría ser la razón del nombre del guiso, pues aparece en muchas recetas tradicionales, ya que después de envolver el pescado se amarra con hilo o mecate delgado. Una de las versiones consiste en postas salpimentadas que se acomodan sobre las hojas de hierba santa con rebanadas de plátano macho, jitomate, cebolla, chile dulce, ajo picado y ramas de cilantro, todo envuelto en hojas

Moné de robalo

de plátano. Por lo general, el pescado se envuelve con una gran cantidad de hierba santa, aunque también se presentan las hojas por separado, incluidas dentro de la salsa. En Chiapas se elabora un platillo similar llamado chumul. La preparación puede tomar el nombre del pescado con el que se hizo, por ejemplo, moné de mojarra, o bien, el nombre que se le dé regionalmente a la hierba santa donde se prepare, por ejemplo pescado en acuyo.

Conocido también como:

◊ pescado empapelado
◊ pescado en moné
◊ pescado tapado

MONÍ ◆ hongo moní

MONO

Nombre genérico con que se designa a cualquiera de los animales del suborden de los simios. En México únicamente dos especies son comestibles. Aunque en la época prehispánica se consumían regularmente diversas especies de mono, hoy en día sólo en algunas comunidades indígenas se registra su uso para la alimentación, y aun en esos casos es muy esporádico. En la región de Los Tuxtlas, en Veracruz, se coloca el mono directamente al fuego para que se pueda retirar la piel con facilidad; la carne se corta en trozos y se cuece en un atole ligero de masa de maíz. En Catemaco, Veracruz, se vende una preparación llamada carne de chango, aunque en realidad se trata de carne de cerdo guisada como se preparaba la carne del mono hace muchas décadas; es decir, condimentada con achiote y jugo de naranja, y ahumada.

• El mono saraguato (*Alouatta palliata*) es de color negro lustroso o café oscuro; habita y se consume en los bosques lluviosos y nublados del sur de Veracruz, Chiapas y toda la península de Yucatán. Se cazan tanto por su piel como por su carne. Los lacandones de Chiapas lo asan y lo comen al pastor o ahumado en caldo de ciguamonte; la carne también se sala y ahúma, y en ocasiones, se prepara en una especie de barbacoa; sus sesos son muy apreciados.

Conocido también como:

◊ aullador
◊ araguato
◊ *baats'* (maya)
◊ congo
◊ mono chillón
◊ saraguate

• El mono araña (*Ateles geoffroyi*), posee un pelaje de color castaño, negro, grisáceo o rojizo, y se encuentra en Tabasco, Chiapas, Campeche, Quintana Roo, el sur de Veracruz, Oaxaca y Jalisco. Los habitantes de esa región consideran su carne deliciosa, incluso mejor que la del mono saraguato. Su temporada de caza es de noviembre a febrero.

Conocido también como:

◊ macaco
◊ *ma'ax* (maya)
◊ mico araña (*Ateles geoffroyi*)
◊ mono colorado (*Ateles geoffroyi*)
◊ mono zambo
◊ *ozomatli* (náhuatl)

MONTALAYO

1. Corte de carne muy barato, popular en el estado de Guerrero.

2. Guiso de vísceras de res o de cerdo que se prepara en Querétaro, Guerrero y otros estados.

3. Preparación similar a las carnitas de cerdo, que se come como antojito en Veracruz.

→ chanfaina

MONTECITO ◆ hongo clavito

MÓPET

GRAF. muppet. Coctel preparado con tequila y refresco gaseoso de limón. Ambas bebidas se ponen en un caballito de tequila que se tapa con una servilleta, se le da un golpe fuerte, con lo que de inmediato hace efervescencia, y debe tomarse en ese instante. Es una bebida que se prepara en las fiestas, donde por lo regular todo invitado que llega debe beber un mópet antes de integrarse a la reunión. Se sirve también en los bares y discotecas, donde en ocasiones se organizan competencias para ver quién puede tomar mayor cantidad de mópets en el menor tiempo posible. El nombre de la bebida se debe a las famosas marionetas de Jim Henson. En sitios turísticos, como Acapulco o Cancún, se vende a los turistas como aperitivo con el nombre de *slammers*.

MOQUILLO (*Saurauia spp.*)

Nombre de varios frutos pertenecientes al género *Saurauia* que consumen grupos indígenas. Las especies *Saurauia cana* y *Saurauia scabrida*, distribuidas en la zona del bajío de México, producen frutos subglobosos de 5 a 7 mm de diámetro, inicialmente verdes y rojos en la madurez. En la parte noreste de Oaxaca la especie *Saurauia aspera*, es muy común y abundante. El fruto es dulce y mucilaginoso; lo consumen mucho los grupos indígenas de esta región. Se comen frescos y cocidos y también se secan y almacenan para su uso posterior.

    La especie *Saurauia scabrida* es conocida también como:
- ◇ acaluma
- ◇ almendrillo
- ◇ calama
- ◇ cerbatana
- ◇ *ixtlahuatl*
- ◇ mameycillo o mameyito
- ◇ moco blanco
- ◇ nistamalillo
- ◇ pipicho
- ◇ zapotillo

    La especie *Saurauia cana* es conocida también como:
- ◇ moco blanco
- ◇ xtlahuatl

→ matzú

MORA ◆ apuri

MORANDAÑA ◆ hongo ternerilla de llano

MORCÍA ◆ morcilla

MORCILLA

Trozo de tripa de cerdo, carnero o vaca, rellena de sangre cocida, que se sazona con especias y otros condimentos. Se prepara principalmente en Tabasco y, en general, en el sureste del país. En Campeche la sangre del cerdo se mezcla con sesos del mismo animal, chile verde asado, laurel, pimienta de Tabasco, pimienta de Castilla, hierbabuena y jugo de naranja agria. La mezcla se introduce en una tripa gorda y se cuece. Ya preparada, se acostumbra cocinar frita en aceite y guisada en salsa de jitomate, cebolla, chile dulce y jugo de naranja agria.

    Conocida también como:
- ◇ choch (maya)
- ◇ morcía (región zoque de Chiapas)
- ◇ moronga
- ◇ rellena

→ moronga

MORCÓN

1. Nombre del embutido hecho del intestino ciego o parte más gruesa del animal.

2. Tripa gruesa de algunos animales que se utiliza para hacer embutidos.

MORELIANA ◆ oblea

MORELOS

Estado ubicado en el centro del país. Colinda al norte con el Distrito Federal y el Estado de México; al este y sureste con Puebla; al sur y suroeste con Guerrero, y al oeste con el Estado de México. Morelos fue declarado Estado Libre y Soberano el 16 de abril de 1869. Se divide en 33 municipios y su capital es la ciudad de Cuernavaca. Los nahuas son el grupo indígena con mayor presencia, descendientes de

Tepoztlán

tribus que han habitado la región desde hace más de 1000 años. Su principal actividad económica es la agricultura, para la cual se emplean varios agroquímicos y en algunas comunidades se trabaja con una tecnología mecanizada combinada con tracción animal; por ello, algunos cultivos se destinan al autoconsumo y otros se comercializan, por ejemplo, algunas hortalizas, peras, duraznos, tejocotes, aguacates, membrillos, jitomates y caña de azúcar. Morelos ocupa los primeros lugares a nivel nacional en la producción de guajes, nopales, ejotes, durazno y aguacate. La dieta tradicional de las comunidades nahuas se sustenta principalmente en el maíz, frijol, chile, calabaza y chilacayote, además de la recolección de hierbas y flores comestibles como verdolagas, flor de calabaza, papatlas, quelites, alaches, quintoniles y hongos. Morelos es un estado con abundantes recursos hidrológicos y un subsuelo rico en manantiales y agua artesiana, por lo que los nahuas capturan en ríos, pozos y estanques naturales tortugas, ranas, atolocates y pescado; complementan su alimentación con la caza de conejos, iguanas, armadillos, codornices y tejones y en épocas de austeridad sacrifican a sus animales de traspatio: pollos, guajolotes, cerdos y borregos. Las costumbres alimenticias nahuas forman parte importante de la cocina del estado. Entre las preparaciones más representativas están el agua con hojas de limón, el atole de calabaza, de masa y el atole negro, los alaches con habas y calabacitas, el caldo de ajolote o atolocates, el cal-

Templo de la Serpiente Emplumada, Xochicalco

do de iguana, el chacualole, los hongos cazahuate en caldos, sopas, quesadillas y tamales, el huaxmole, los mixiotes de conejo, el mole colorado con pollo, el mole de cacahuate, la papatla con carne de res, el pescado en salsa de ciruela, las ranas capeadas, la sangre de cerdo frita y en salsa de tomate, los tlatoquiles y una gran variedad de tamales, por ejemplo, los de atolocates con salsa de ciruela, de calabaza, de hoja de aguacate, de milpa y con hojas de milpa. En Morelos se emplean algunos productos regionales, animales, flores e insectos que dan características especiales a la comida del estado como los ajolotes, los alaches, los chacales, los chapulines, la chupandilla, los cuetlas, la flor de maguey, los gusanos rojos de maguey, los hongos, los jumiles, el papaloquelite, el queso de cincho y el queso criollo. Los guajes se aprovechan de diferentes formas: con ellos se prepara el huaxmole, la salsa y las tortitas de guajes. Los antojitos más populares son las quesadillas de comal o fritas, ambas con diferentes rellenos, e igualmente importantes son las gorditas, los itacates, los tlacoyos y los tacos acorazados. Aunque el platillo más conocido fuera del estado es la famosa cecina, existen muchos otros guisos representativos como los ayocotes en mole, la barbacoa, la barbacoa de iguana, la carne de cerdo con ciruela, la carne de cerdo con verdolagas, la cecina de ví-

Ex convento de san Juan Bautista, Tlayacapan

bora, el clemole, la cochinita, la cola de diablo, el conejo en chileajo, la cuatalada, las escobitas, los frijoles quebrados, los huevos con masa, los gallitos, la iguana en chileajo, las migas, el pepeto, la salsa de flor de guaje, de ciruela y de jumiles, la sopa de lentejas, la sopa de nopales, las tortitas de epazote y de colorín, la vitualla y el zorrillo frito. Morelos cuenta con sus propias versiones de moles, entre los que están el colorado, el de olla, el ranchero, el rojo, el verde y el estilo Morelos. Los tamales se elaboran con ingredientes regionales. Destacan los canarios, con frijol camagua, de capulín, de nopal, de mojarra, de oreja, de pescado a la mantequilla, de pescado bagre, de pollo, tamales nejos, tamal grande de chaya, mextlapiques de ajolote y xocotamales. Las bebidas tradicionales son el chorreado, el tecui, el torito, los toros y el zacualpan (aguardiente de caña), así como una gran variedad de atoles como el atole con calabaza recia, con masa de maíz, de anís, de frijol, de masa de canela, de maíz, de maíz negro, de nanche y de tamarindo.

MORILLA ◆ hongo morilla, hongo pancita

MORISQUETA

Guiso hecho con arroz blanco cocido en agua con o sin sal, de textura similar al arroz al vapor, pues no se fríe. Se acostumbra en Colima, Michoacán y las costas de Jalisco. A pesar del nombre, el platillo no es de influencia morisca, se cree más bien que tiene que ver con el arroz del lejano Oriente que llegó gracias a la Nao de China, que arribaba a la costa del Pacífico con mercancías e ingredientes de Asia; por ejemplo, de esta forma también llegaron a las costas la tuba y los mangos. La morisqueta se emplea como cualquier otro arroz blanco para acompañar sopas, caldos y guisos diversos, entre los que se encuentran el chilatequile y el chila-

yo. También se mezcla con otros ingredientes para preparar distintos platillos regionales, como la morisqueta con chorizo. En las costas de Guerrero, especialmente en la Costa Chica, la morisqueta acompaña desde guisos de mariscos hasta cerdo en chilmole; en muchos casos llega incluso a sustituir al pan o a la tortilla. Asimismo se acostumbran platillos derivados de la morisqueta como el zambaripao y el linogao, ambos de origen oriental. La morisqueta michoacana es una especialidad de las costas y de la región de Tierra Caliente, donde se come en diferentes preparaciones. Sirve como arroz blanco, para acompañar cualquier platillo o puede combinarse con frijoles, con carne de cerdo o con chorizo guisado con jitomate y cebolla.

MORMOLLO
Moronga elaborada con sangre de borrego o cabrito, preparada con verduras, chile cascabel y hierbas de olor que se prepara en Hidalgo.

MORONGA
Tripa rellena de sangre de cerdo mezclada con grasa, condimentos y especias. Por lo general, la moronga se rompe por completo o se corta en rebanadas delgadas o gruesas y se fríe en poco aceite. Se come en tacos, sola o acompañada de alguna salsa. Es uno de los embutidos más conocidos en México, proveniente de España, donde la preparación original se modificó según los ingredientes regionales donde se elaboraba.

• En Chihuahua la sangre se condimenta con hierbabuena, cebolla y sal y se acostumbra guisar con chile serrano, cilantro y cebolla, para comer en tacos o con frijoles.

• En el Distrito Federal, especialmente en las fondas del mercado de La Merced, la moronga se sirve sólo a clientes selectos.

• En el Estado de México se prepara con menta o hierbabuena, cebolla, orégano, cebollino o rabos de cebolla y un poco de grasa; se acostumbra guisarla en salsa verde. Buena parte de la moronga que se produce en la entidad se vende en los mercados del Distrito Federal y otros estados del centro del país.

• En Hidalgo, especialmente en las partes que colindan con Nanacamilpa, Tlaxcala, se prepara la moronga de borrego o de chivo, debido a la gran cantidad de animales que se sacrifican para hacer barbacoa o mixiotes.

• En Michoacán se elabora la rellena de pollo, que no se embute en ninguna tripa y en Zitácuaro se prepara con sangre y trocitos de tripas guisados en una salsa de cebolla, ajo, tomate, chile serrano, hierbabuena, comino y pimienta.

• En Juchitán, Oaxaca, se elabora la moronga con cebolla y chile piquín y se acostumbra comerla con tortillas blandas; se prepara también con huevos revueltos, cebolla y chile.

• En Tabasco existen diferentes tipos de morcilla. La más usual contiene sangre de cerdo, chile amaxito, chile dulce, perejil o perejil ranchero, cebollino y grasa de cerdo. Todos los ingredientes son picados. Otro estilo es el que contiene sangre de cerdo, grasa, perejil o perejil ranchero, cebolla, hierbabuena, chile dulce y trocitos de plátano macho. En el municipio de Macuspana preparan una morcilla a la que se incorpora arroz cocido: la llaman morcilla con arroz.

• En Yucatán la sangre de cerdo se mezcla con sesos, jitomate y cebollino picados.

La moronga es conocida en algunas regiones como:

◇ morcilla de puerco (Chihuahua)
◇ rellena (centro de país)
◇ sangre de res (Oaxaca)
◇ zoricua (Michoacán)

La moronga es conocida en el sur y sureste del país como:

◇ morcilla
◇ mormollo
→ morcilla

MORONGA DE CAGUAMA

Preparación hecha a base de sangre de caguama negra cocida con cebolla, jitomate, chiles pasilla y ancho molidos, sazonada con cilantro, orégano seco, sal y pimienta. Esta preparación, típica de las costas de Sinaloa, difícilmente se encuentra en la actualidad debido a que la especie está en peligro de extinción.

MOROS Y CRISTIANOS

Mezcla de arroz blanco y frijoles negros cocidos. Se sirve como guarnición o para completar la comida. Esta preparación se acostumbra servirla sola o con plátanos machos fritos. Es uno de los platillos más famosos en Cuba. El nombre se debe al contraste de color entre el blanco y el negro de los ingredientes. Se consume mucho en la región de Los Tuxtlas, Veracruz, aunque se prepara en casi todos los estados del sur y sureste del país.

Conocido también como:

◇ arroz con frijoles
◇ casamiento
◇ moros con cristianos

MOSCA ACUÁTICA

Insecto de la familia de los múscidos, comestible en sus estados adulto, larvario y de pupa. Adultas tienen dos pares de alas, tres de patas y uno de antenas pequeñas; la larva es de tono blanco amarillento, con ocho pares de patas pequeñas provistas de uñas diminutas; en la base de la cola tiene dos apéndices retráctiles. Habita en zonas lacustres, sobre el agua o plantas acuáticas, aunque actualmente se cría para alimentar peces. Las larvas se conocen como gusano blanco, del náhuatl *ocuilin*, gusano, e *iztac*, blanco; se consumen cocidas con sal y chile o tostadas. En Santa Isabel Ixtapan, Estado de México, se preparan en mextlapiques: las larvas se condimentan con sal, chile de árbol y epazote molidos, se envuelven en hojas de maíz y se cuecen en el comal. La pupa es curva y rojiza, se encuentra flotando en el agua o adherida a algunas plantas; se recoge en canastas, se seca y se prepara un tamal con ella. Las pupas se tallan con la mano para retirar la textura áspera, se muelen, se amasan con agua y sal, se les da forma de metlapil o de puro, se envuelven en hojas de maíz y se cuecen al vapor.

Conocidas también como:

◇ gusano lagunero (larva)
◇ izcahuil (larva)
◇ larva lagunera (larva)
◇ ocuiliste (larva)
◇ poxi o puxi (pupa)

Conocida en náhuatl como:

◇ *amoyot* (mosca adulta)
◇ *izcahuitli* (larva)
◇ *moyotl* o *muyutl* (mosca adulta)
◇ *ocuiliztac* (larva)

MOSCA DE LA VIRGEN *(Scaptotrigona mexicana)*

Insecto perteneciente a la orden hymenoptera. Es una abeja nativa de México, a la que se conoce con este nombre en el Estado de México. Se consumen la miel que produce, sus larvas y pupas, así como el panal asado.

MOSCA DE MAYO

Insectos del orden ephemeroptera, de los que se consumen dos especies *Ephemera sp.* y *Baetis sp.* Se comen mientras son ninfas en el Estado de México y Veracruz, principalmente fritas y revueltas con huevo.

MOSCO DE AGUA

Insecto hemíptero que habita en la zona lacustre del Valle de México. Es una chinche acuática de la que se obtiene el ahuautle. Posee ojos grandes y prominentes, seis patas y alas largas; pasa la mayor parte de su vida en el agua, donde nada casi siempre boca abajo y en línea recta. Aunque su consumo fue muy extendido en la época prehispánica, actualmente se utiliza casi de manera exclusiva como alimento para pájaros. Se le conoce también como axayacate, del náhuatl *atl*, agua, y *xayacatl*, rostro o máscara; éste era también el nombre del sexto tlatoani de los mexicas, padre de Moctezuma II. Con este nombre se conocen varias especies de las familias *Corixidae* y *Notonectidae*, entre ellas *Corisella mercenaria*, *Corisella texcocana*, *Krizousacorixa azteca*, *Krizousacorixa femorata* y *Notonecta unifasciata*. Es conocido también como mosco.

Conocido también como:

◇ axayácatl
◇ chinche de agua
◇ mosca de ciénegas

→ ahuautle

MOSCOS®

Licor fabricado en el Estado de México a base de cáscaras de naranja maceradas en aguardiente, endulzado con miel de colmena. Debido a su gran popularidad, se comenzaron a elaborar licores con otras frutas y por extensión a éstos se les conoce también como moscos. El licor fue registrado por Adolfo P. Almazán, en 1927. Los hay de diferentes grados de alcohol, por lo que en la etiqueta se marcan como sigue: A, para damas, Al para jóvenes, ALM para señoras y ALMA para suegras. Como puede observarse, las letras son las primeras del apellido de su creador; entre más letras tiene la etiqueta, más alta es la graduación de alcohol, la cual puede llegar hasta los 40 grados. Actualmente existen varias empresas que fabrican este licor que utilizan números del 1 al 4, en lugar de letras para indicar el grado de alcohol.

Conocidos también como:

◇ moscos de Toluca
◇ mosquitos

MOSMOCHOS

Trozos pequeños de chicharrón que se asientan en el aceite o en la manteca de cerdo después de la fritura y que son utilizados para elaborar los chocholos. Se consumen en la zona de Los Tuxtlas en Veracruz.

→ asientos de chicharrón

MOSQUILLA *(Trigona spp.)*

Variedad de abeja sin aguijón nativa de México que habita en las áreas tropicales y subtropicales de América. De ella se consume la miel que produce. Se encuentra en varios estados de la república mexicana, principalmente en localidades de Guerrero y en la región de Los Tuxtlas, en Veracruz.

MOSTACHÓN

Dulce de origen español y criollo. El término mostachón se utiliza actualmente de forma indistinta para denominar varios dulces; sin embargo en su origen estos términos designaban preparaciones diferentes. Los originales mostachos españoles eran pastelillos típicos de Cuenca, en Castilla-La Mancha, elaborados con yemas de huevo batidas con azúcar, harina, canela y clara de huevo batida a punto de turrón, horneados hasta que quedaban dorados. Los mostachones se preparan en la región del Maestrazgo, entre Aragón y Valencia. Son bizcochos elaborados con clara de huevo batida y mezclada con harina tamizada, servidos en bodas y bautizos. En Sevilla se preparan también mostachones horneados con clara de huevo a punto de nieve, azúcar, yemas, harina tamizada y canela. En el siglo XIX, el *Nuevo cocinero mexicano* define los mostachones como un tipo de mazapanes, por lo regular hechos con almendras, azúcar y especias, moldeados con formas diferentes; cita además variantes como los mostachones a la italiana o a la española, mostachones de avellana, de harina, de almendras y yemas o de almendras o natas. Precisa que los mostachos, también llamados bigotes

dulces, son dulces complejos, elaborados con pasas, bizcochos, tuétano de vaca, yemas de huevo cocido y acitrón; la pasta obtenida podía moldearse en forma de puritos, o bien hacerse en bolitas para freír en manteca de cerdo o mantequilla y servir en almíbar. Actualmente los mostachos y mostachones pueden ser varios tipos de dulces o postres. Una de las recetas más antiguas son galletas duras hechas con pasta de almendras, harina y miel, horneadas y bañadas con almíbar; se cortan en forma de rectángulos terminados en dos puntas, semejantes a un bigote. También puede tratarse de merengues ligeros y frágiles, confeccionados con claras batidas a punto de turrón y nueces. Una variante más es una pasta elaborada con leche, azúcar, miel, vainilla, mantequilla y bicarbonato de sodio, a la que en ocasiones se le agrega nuez o piñones, trabajada a fuego lento hasta lograr una pasta suave; se coloca dentro de una manga con duya y se le da la forma circular. Cuando a esta misma pasta se le da forma cilíndrica o de churro se le llama macarrón. En Durango y Zacatecas es un merengue horneado al que se le pueden incluir nueces picadas; se acostumbran comer solos o para acompañar helados u otros postres, como la crema de castañas. En Oaxaca se llama así a unos dulces de coco.

MOSTAZA

Planta de la familia de las Brasicáceas, de la cual se distinguen tres variedades: *Brassica nigra* y *Sinapis alba subsp. alba* son variedades europeas que se utilizan para preparar el aderezo del mismo nombre, mientras que *Sisym-*

brium auriculatum es un planta de hojas partidas y abrazadoras; sus flores son amarillas con cuatro pétalos y su fruto es una silicua linear. Crece por lo general en la región de Bacatete, Sonora, en época de lluvias; las comunidades yaquis la consumen como quelite.

MOSTE ◆ hoja de moste

MOZOTE *(Bidens odorata)*

Planta perteneciente a la familia de las asteráceas, que mide unos 80 cm de alto, con hojas verdes opuestas, enteras, dentadas o partidas; se le encuentra en varios estados del país. Su nombre proviene del náhuatl *motzotl*, del verbo *motzoloa*, asirse con fuerza. Se le conoce también como acahual, del náhuatl *acahualli*, de *atl*, agua y *cahualli*, dejado o abandonado, esto es, lo que deja el agua; debido a que es una planta que crece en parcelas de cultivo abandonadas o como maleza en las orillas de caminos y muy rara vez se cultiva. El nombre designa también de manera genérica a otras plantas espontáneas que crecen en los campos después de la época de lluvias o de riego. No se comercializan y sólo se encuentran en agosto y septiembre. El mozote blanco *(Bidens pilosa)* mide entre 30 y 60 cm de altura, y crece en barbechos y en el monte. Se consumen sus tallos y hojas tiernas como quelites, se preparan generalmente al vapor o salteados en aceite. En la sierra Norte de Puebla, en Tuxtla y Zapotitlán, se prepara el mozote en caldo, sopa sencilla de mozotes cocidos en agua con sal caliza; se sirve caliente y se acompaña con tortillas de maíz. Los tarahumaras consumen el mozote blanco tierno, porque es cuando tiene mejor sabor, lo cuecen con agua y sal y lo acompañan con esquiate, esquites y tortillas.

Conocido también como:

◊ acahual blanco
◊ aceitilla
◊ rosatilla

MUC BIL POLLO

GRAF. mucbil pollo. Del maya *mukbil*, término maya que significa enterrado. Tamal elaborado con masa de maíz, manteca de cerdo y caldo de carne. Se acomoda dentro de un molde forrado con hojas de plátano, se cubre con una capa gruesa de masa todo el fondo y las pa-

redes del molde; se rellena con carne de pollo y de cerdo preparadas en un guiso de semillas de achiote, ajo, comino, pimienta negra y gorda, epazote, cebolla rebanada, chile dulce en trozos y chile habanero; a veces se le agrega salsa kool. El molde se termina de rellenar con otra capa de masa de maíz y todo se cubre con las orillas de las hojas del plátano, que se amarran utilizando sus costillas como hilos. El molde se coloca en un horno de tierra llamado pib y se tapa con rescoldos de leña; finalmente se sella el hoyo para cocer el tamal y se desentierra para comerlo. En las ciudades donde no existen hornos de tierra, el muc bil pollo se cuece en la estufa. Se consume en la península de Yucatán, en especial por las comunidades indígenas de Campeche y Yucatán. Durante los días de Todos los Santos lo colocan en los altares de muertos. Por tradición, en Yucatán se acompaña con chocolate de agua o leche caliente y batido; después de comer el tamal se consume el *xeek* como postre.

Conocido también como:

⋄ mucbi pollos
⋄ pibipollo

MUCHITE ◆ guamúchil

MUÉGANO

Dulce preparado con una masa similar a la de los buñuelos, del que existen diversas versiones en algunos estados de la república mexicana. En el Distrito Federal y centro del país, los muéganos son unas bolas de cerca de 10 cm de diámetro, fabricadas con cuadros pequeños de pasta de harina de trigo, cubiertos con caramelo y pegados unos con otros. La masa se elabora como la de los buñuelos, se estira, se corta en cuadros  de poco más de 1 cm de lado y se fríen en manteca de cerdo hasta que se inflan y se doran; se escurren y se mezclan con un almíbar de piloncillo caliente, se forman las bolas y se dejan secar. Es un dulce muy popular que se vende en las calles. En San Luis Potosí se preparan muéganos parecidos a los del centro del país y es habitual que se vendan en la calle. Existe otro muégano elaborado con masa de maíz mezclada con queso, polvo de hornear, sal y leche; con la masa se forma una bola de 2 cm de diámetro y se oprime en el centro para darle una forma similar a una dona, pero sin hoyo; se fríe en manteca de cerdo y se baña con miel de piloncillo. En Huamantla, Tlaxcala, los llamados muéganos huamantlecos son únicos en su estilo. Se trata de panecillos rectangulares de unos 5 cm de largo  por 10 de ancho, y 2 de grueso, fabricados con harina de trigo, anís, manteca de cerdo, sal y canela, horneados y bañados en un jarabe espeso de piloncillo y canela. Cuando están casi secos, pero todavía algo melosos, se colocan sobre obleas de colores que cubren una de sus superficies.

MUERDEDURO ◆ ponteduro

MUERTITO

1. Pan amarillo que se prepara en la región de los Valles Centrales, en Oaxaca.

2. Pan que se elabora especialmente para los días 1 y 2 de noviembre; recibe este nombre por su forma humana.

MUITES O MUITI ◆ flor de cocohuite

MUJERCITA AMARILLA ◆ hongo amarillo

MUJU O MUJÚ ◆ ojite

MULATO ◆ tepetaca

MULITA

Tamal de masa colada sin relleno que se consume en Tabasco. Se prepara con la masa sobrante de los tamales de masa colada, cuando la carne del relleno se ha terminado.

MUME

Preparación de origen huichol elaborada con frijoles cocidos en agua con sal y pepita de calabaza molida.

MUMO O MUMU ◆ hierba santa

MUNI

Término con el que designan al frijol los mayos de Sinaloa, los yaquis de Sonora y los tarahumaras de Chihuahua.

MUÑECO DE MUERTO

Galleta elaborada con harina de trigo, manteca de cerdo, levadura y miel de piloncillo. La masa obtenida con esos ingredientes se moldea en forma de muñeco y se hornea. La galleta, que semeja un cuerpo humano, se decora con azúcar roja. Se prepara en la zona central de Guerrero. En muchos lugares del mismo estado, y en especial en el distrito de Álvarez, se hacen una serie de preparaciones similares denominadas galletas dulces; tienen forma de animales, personas, plantas y animales fantásticos, y también se decoran con azúcar roja.

MUÑEQUEAR ◆ jilotear

MUPPET ◆ mópet

MUT MEMUT

Guiso festivo de caldo de gallina de origen tseltal. La gallina se cuece en agua con cebolla, jitomate y hierba santa; el guiso incluye a veces chayotes, papas o col y se acompaña con chile, tortillas y *pox*. Se acostumbra en Oxchuc, Chiapas. El nombre maya de la preparación proviene de *mut* pollo, y *memut*, gallina. De manera similar se elabora el *yalelmut*, caldo de pollo, y el *yalel beket*, caldo de carne, lo mismo que otros guisos festivos.

MUTZTUTUTI ◆ hierbamora

MUXBI SIKIL ◆ sikil pak

NAAKARY ◆ nopal

NABACHI

Bebida fermentada elaborada con maíz que acostumbran consumir los tepehuanes de Chihuahua durante sus celebraciones y fiestas.

NABO (*Brassica napus*)

Planta de la familia de las brasicáceas, originaria de Europa, que mide aproximadamente 1 metro de altura. Con el nombre de nabo se conoce también a su raíz, que es un tubérculo grueso, blanco, carnoso y globoso. En el Distrito Federal se acostumbra prepararlo empanizado o capeado y se sirve con caldillo de jitomate. En el poblado de San Andrés Tomatlán lo guisan en salsa de chile cascabel. En el centro del país se acostumbra comer también las hojas de nabo a manera de quelite, así como las flores de nabo. En los estados del centro del país se conoce como nabo blanco.

NACAPITÚ

Gordita o tamal preparado con masa de maíz reventado y manteca de cerdo; se acostumbra rellenarla con frijoles pataxetes cocidos y dorarla en el horno. Se prepara en Tuxtla Gutiérrez, Chiapa de Corzo y en otras localidades de Chiapas. Este guiso forma parte de la "comida grande"; aunque actualmente pocas personas lo preparan, es posible encontrarlo, por las tardes, con algunas vendedoras del mercado viejo de Tuxtla Gutiérrez. Se acostumbra comerlo durante la cena y acompañarlo con café caliente. Conocido también como tamal de patashete.

NACASMÁ ◆ hormiga chicatana

NACATAMAL

Del náhuatl *nacatl*, carne y *tamalli*, tamal, es decir, tamal de carne. Tamal elaborado con masa de maíz relleno con carne de cerdo guisada con chile rojo o verde; se envuelve en hojas de maíz o de plátano. Se consume principalmente en Michoacán y Guerrero, aunque también se prepara en Zongolica, Veracruz. Actualmente existen variedades del nacatamal: los hay blancos sin relleno, o dulces, rellenos con acitrón y pasitas. En Michoacán se preparan especialmente para la fiesta del 6 de enero; durante la época de lluvias (julio y agosto) se rellenan con hongos regionales, en lugar de carne. En ese estado, el nacatamal de dulce se prepara con masa de maíz mezclada con canela y azúcar morena. En todos estos casos son tamales pequeños envueltos en hojas de maíz. En Zongolica, Veracruz, el nacatamal se prepara con masa de maíz, se rellena con carne de cerdo guisada en una salsa de jitomate, chile ancho, cebolla, comino, clavos, pasitas y galletas de animalitos molidas como espesante; se envuelve en hojas de maíz o de platanillo y se cuece al vapor. Se acostumbra comerlo principalmente en festividades religiosas.

NACATEAR

Del náhuatl *nacatl*, carne. Acción de destazar una res, un cerdo o cualquier otro animal.

NACHOS

Botana originaria del norte de México y sur de Estados Unidos que consiste en totopitos de tortilla de maíz fritos, bañados con queso manchego o amarillo derretido. Se acompañan con rodajas de chile serrano y jitomate y cebolla picada. Se sirve por lo regular en las cantinas de los estados del norte del país, aunque también es posible encontrarla en restaurantes u hoteles en zonas turísticas de todo México.

NACIDO ◆ sina

NAHUA

Comunidad lingüística compuesta por una serie de grupos que hablan la lengua náhuatl y que, herederos de las grandes culturas del altiplano central, llegaron a dominar la cuenca de México y la región mesoamericana en la época prehispánica. En la actualidad los pueblos nahuas están distribuidos en el territorio nacional desde Durango hasta el sur de Tabasco. Se encuentran en mayor número en Puebla, Veracruz, Hidalgo, San Luis Potosí y Guerrero y, en menor proporción, en el Estado de México, Distrito Federal, Tlaxcala, Morelos, Oaxaca, Tabasco, Tamaulipas, Michoacán, Jalisco, Durango y Nayarit. En el Censo de Población y Vivienda 2010, se registraron 1 587 501 hablantes de náhuatl a nivel nacional, lo que la ubica como la segunda lengua más hablada en el país, después del español. Los nahuas son pueblos agricultores que tienen un profundo respeto por la naturaleza, expresado en su trabajo, ceremonias rituales y fiestas. Sus productos artesanales están destinados a cubrir necesidades cotidianas. Así, encontramos pueblos alfareros, herreros o dedicados a producir objetos rituales como las ceras, el papel picado, las máscaras o la pirotecnia. Su alimentación está basada en los productos que obtienen de la milpa como maíz, chile, frijol, calabaza y jitomate, entre otros. Además, se suma el conocimiento de hierbas comestibles genéricamente conocidas como quelites, entre los que están el acedillo, agrios, berro, cincoquelite, lengua de vaca, mafafa, papaloquelite, quelite cenizo y de cristiano, quintonil y verdolaga, entre otros. Algunos de los platillos representativos son el atole agrio, atole de chícharos, atole de masa martajada, enchiladas de piñón, frijoles adobados, pescado asado, pescado en guatape, pollo cimarrón en mole de olla, teporingo en mole de olla, entre otros. Los tamales forman parte importante de la comida nahua, entre los que destacan los tamales de carne de res, de carpa con xoconostle, de ceremonia, de especie, de hongos clavito en salsa verde, de hongos panes o panzas, y de tuza con chile guajillo, entre otros.

NAHUÁ ◆ nawá

NANA

Útero o matriz de la hembra del cerdo, que se acostumbra comer en tacos. A la combinación de nana y buche se le llama nenepil.

→ berenjena

NANACATE

Nombre genérico que se aplica a diversos hongos y que deriva del náhuatl *nanacatl*, hongo, que a su vez proviene de *nacatl*, carne.

NANACATE DE TUZA ◆ hongo nanacate de tuza

NANAHUATE O NANAHUATL ◆ cuitlacoche

NANAKAXONOKOVITL ◆ hongo cazahuate

NANCHE O NANCE

Del náhuatl *nantzin*, forma reverencial de *nantli*, madre. Con este nombre se conocen varios frutos de características similares que pertenecen a la misma familia, así como otros de distintas familias:

• *Byrsonima crassifolia*
Árbol de la familia de las malpigiáceas que mide de 4 a 8 metros de altura con la copa irregular; sus flores son de color amarillo anaranjado y miden de 1 a 1.5 cm; su fruto es una drupa globosa de aproximadamente 2 cm de diámetro, de color amarillo intenso, que contiene una semilla dura. Se puede encontrar de Sinaloa a Chiapas y de Veracruz a Yucatán. El fruto se debe consumir cuando está maduro, pues verde es amargo; es común encontrarlo en los mercados durante los meses de septiembre y octubre. Se come como fruta fresca, en dulces, encurtidos, aguas frescas, nieves, atoles y licores. En los estados del sureste se prepara el dulce de nanche, el licor de nanche y los nanches encurtidos en aguardiente; estas dos últimas preparaciones se pueden encontrar también en Nayarit. En Chiapas se prepara un dulce de nan-

che llamado nanche o nandú. En Colima se come la fruta fresca, preparada con chile piquín en polvo y sal de grano y se vende en las calles como golosina. En Oaxaca se hacen encurtidos en aguardiente, especialmente en el Istmo de Tehuantepec, pues las tehuanas los venden en grandes cantidades dentro y fuera del estado. En Morelos se acostumbra consumir el atole de nanche con masa de maíz. En algunos lugares del Estado de México se prepara un licor de nanche similar al que se elabora en el sureste, al que se le agrega chile ancho y epazote.

• *Malpighia mexicana*
Árbol originario de México, los frutos son verdes cuando están tiernos y amarillos al madurar, y se consumen como fruta fresca.

• *Ximenia americana*
El fruto es una drupa de color amarillo-verdoso; se sabe que es comestible aunque su sabor es un tanto amargo. Se encuentra en la península de Yucatán.

• *Ximenia parviflora*
Fruto es una drupa globosa de color rojizo o amarillento que se consume como fruta fresca. Una especie más es *Vitex pyramidata*.

El nanche es conocido también como:

◇ nanche agrio (*Byrsonima crassifolia*)
◇ nanche amarillo (*Byrsonima crassifolia*)
◇ nanche del perro (*Byrsonima crassifolia*)
◇ nanche dulce (*Byrsonima crassifolia*)
◇ nanchi o nanci (*Byrsonima crassifolia*)

El nanche es conocido en Chiapas como:

◇ *molcol* (*Ximenia americana*)
◇ *nancerol* (*Malpighia mexicana*)
◇ *nanchicacao* (*Ximenia americana*)
◇ *poonish* (*Ximenia americana*)

El nanche es conocido en Guanajuato como:

◇ ciruelillo (*Ximenia parviflora*)
◇ ciruelo (*Ximenia parviflora*)

El nanche es conocido en Jalisco como:

◇ manzanito o manzanita (*Malpighia mexicana*)

El nanche es conocido en Michoacán como:

◇ changungo o changunga (*Byrsonima crassifolia*)
◇ chengua (*Byrsonima crassifolia*)

El nanche es conocido en Morelos como:

◇ canelillo (*Vitex pyramidata*)
◇ guachocote o huachacote (*Malpighia mexicana*)
◇ querengue (*Vitex pyramidata*)

El nanche es conocido en Yucatán como:

◇ *makche* (*Ximenia americana*)
◇ *tkuk-che* (*Ximenia americana*)

El nanche es conocido en otras regiones como:

◇ ciruelillo (*Ximenia americana*, Veracruz)
◇ nanche de monte (*Malpighia mexicana*, Oaxaca)

→ bainoro

NANDÚ ◆ dulce de nanche

NANGUIPO ◆ matzú

NAPALACHICLE

1. Ensalada elaborada con las pencas maduras del nopal partidas en tiras, mezcladas con tomate, jitomate, cebolla y limón, y bañadas con aceite de oliva.
2. Nombre que recibe en Tlaxcala el corazón del nopal.

Naranja (*Citrus sinensis*)

Fruto esférico del naranjo, de la familia de las rutáceas; su cáscara es lisa o rugosa, algo aplanada en los extremos, color anaranjado. Mide en promedio unos 8 cm de diámetro y su pulpa muy jugosa es del mismo color que la cáscara. Algunas naranjas de México son de piel verde y muy dulces por dentro; no es necesario esperar a que su cáscara se ponga anaranjada para poder comerlas. El origen de la planta se sitúa en Asia, probablemente en la antigua Cochinchina (sur del actual Vietnam), India o China; en este último país se cultiva desde varios siglos antes de nuestra era y fue hasta el siglo XV que los españoles la introdujeron a América. Colón la llevó a Haití en su segundo viaje, en 1493 y en el transcurso del siglo XVI se diseminó por todo el continente. En 1739 nació la industria de la naranja, cuando los misioneros la empezaron a cultivar a lo largo de la península de Baja California. Antiguamente, en los mercados populares era común la venta de naranjas por docenas, manos o costales, pero hoy en día se comercian por pieza, bolsa o kilo. En varias partes de México, principalmente en el Distrito Federal, muchas personas inician su día bebiendo un vaso de jugo de naranja. Este jugo es tan popular, que es frecuente que en los puestos callejeros lo vendan en grandes vasos de 400 ml o 1 litro; también se acostumbra consumir en ayunas las famosas pollas (jugo de naranja con yemas de huevo y jerez) y en las cafeterías y restaurantes los desayunos siempre incluyen jugo de naranja. Existen otras bebidas que se preparan con jugo de naranja, como el licuado de naranja con papaya, el vampiro, que es jugo de naranja y betabel, y la naranjada, que es una de las aguas frescas que más se toman en todo el país. Las naranjas también se consumen como fruta fresca, por lo que es usual que a la salida de las escuelas primarias y secundarias vendan naranjas peladas con sal y chile en polvo; en repostería se utiliza el jugo y la ralladura de su cáscara para dar sabor a panqués y galletas. En regiones cálidas de México, al pico de gallo y a los cocteles de fruta se les añade naranja en los altares de muertos y de dolores se acostumbra ponerlas como ofrenda.

Conocida también como:
- naranja de azúcar
- naranja dulce

Naranja agria o naranja de cucho (*Citrus aurantium*)

Fruto de la familia de las rutáceas de sabor agrio, ligeramente más pequeña que la naranja común, de piel rugosa; tiene muchas semillas y es poco jugosa. Es originaria del sur de China y, al igual que la naranja común, llegó a tierras americanas en el siglo XVI. Esta naranja con frecuencia se utiliza cuando está verde. En la cocina de los estados del sureste del país y la península de Yucatán se utilizan con frecuencia su jugo para marinar carnes de cerdo, venado o armadillo, pues les da sabor, las suaviza y elimina olores fuertes; también se emplea en muchos guisos de pescados y mariscos y para preparar aguas frescas. En la Huasteca veracruzana se utiliza para elaborar aguas y atoles. En Tabasco se consume el dulce de naranja agria. En Chiapas también se le conoce como naranja de cochi, debido a que en otra época las cáscaras se destinaban para alimentar a los cerdos a los que suelen llamar cochis. Su jugo es muy apreciado en la cocina. Conocida también en la Huasteca potosina como naranja cucha.

Naranja rellena de coco

Dulce tradicional preparado con naranjas enteras a las que se les retira una pequeña rebanada de uno de sus extremos y lo que queda se hierve con todo y cáscara; ya frías, se les retira toda la pulpa y se ponen a hervir nuevamente en una miel de azúcar. Se rellenan con cocada o dulce de coco; al servirlas se bañan con la miel sobrante. Se preparan en el Sotavento veracruzano.

Naranja-lima

Fruto que resulta de injertar un brazo de naranja en un árbol de lima; la primera vez que la planta injertada da el fruto, éste es igual a la naranja, pero para la quinta o sexta vez cambia y da un fruto similar a la lima; posterior a eso, sembrando su semilla se produce la naranja-lima. Este procedimiento y el consumo del fruto son muy comunes entre los tarahumaras.

Naranjada

Agua fresca preparada con jugo de naranja, agua y azúcar. Es una de las bebidas que más se consumen en los hogares del país. En los restaurantes, cafeterías, bares, cantinas y otros establecimientos se elabora con jugo de naranja natural, agua mineral y jarabe natural.

Nata

Grasa que se encuentra emulsionada en la leche bronca o cruda; al dejar reposar la leche durante cierto tiempo, la grasa se separa de la leche y flota en la superficie; de esta forma se obtiene la nata, que se utiliza en varias regiones de México como ingrediente para preparar un sinnúmero de panes, galletas, gorditas y postres, o bien, se bate con sal para elaborar mantequilla. En ocasiones, sirve como complemento para los frijoles, plátanos machos fritos o untada en pan. Hasta la década de 1980 era común que la leche bronca se entregara diariamente a la puerta de las casas, donde se hervía para obtener la nata. Esta práctica ya casi desapareció, sobre todo de las ciudades, debido al aumento en el consumo de leche pasteurizada. En algunas partes de Morelos se le dice nata a un tipo de crema ácida y a la nata de la leche se le llama natitas.

Natilla

Postre de origen español preparado con leche, vainilla, azúcar y yemas de huevo; la mezcla se cuece a fuego bajo hasta que espesa y adquiere la consistencia de una crema. Su sabor recuerda a la crema inglesa. En algunos casos, la vainilla puede sustituirse por ramas de canela o cáscaras de naranja. Tradicionalmente se sirve en platitos hondos o flaneras. Se acostumbra cocinar de forma casera en muchas regiones de

México y también es fácil de encontrar en restaurantes de comida típica y fondas.

→ jericalla

NATILLA DE UVAS

Postre similar a la natilla española, que se prepara en Comitán, Chiapas. Se cuece una mezcla de leche, fécula de maíz y azúcar, a la que se le agrega colorante vegetal verde, yogur y uvas cocidas con azúcar. Se sirve fría decorada con uvas alrededor.

NATITAS ◆ nata

NAWÁ

GRAF. nahuá. Bebida fermentada que se elabora con maíz amarillo nuevo. El maíz germinado y molido se hierve y se deja fermentar durante una noche. Acostumbran consumirla los huicholes durante las fiestas del tambor, del esquite, del quemado de hoja y otras celebraciones, así como en la ceremonia del cambio de autoridades tradicionales.

→ tesgüino

NAYARIT

Estado ubicado en el noroeste de la república mexicana, que colinda al norte con los estados de Durango y Sinaloa, al este con Zacatecas y Jalisco, al sur con Jalisco, y al oeste con el océano Pacífico. Nayarit se constituyó como estado el 5 de febrero de 1917 y está dividido en 20 municipios; su capital es la ciudad de Tepic. Las actividades económicas más

Parque Nacional La Tovara

importantes del estado son los servicios y el turismo, no obstante, la actividad agropecuaria, la pesca y la silvicultura representan 10% del PIB estatal. A nivel nacional Nayarit es el primer productor de tabaco y jícama, ocupa los primeros lugares en la producción de aguacate y mango y en la captura de ostión y lisa. Los grupos originarios cora, huichol, tepehuano y mexicanero que habitan en el estado comparten territorio en la porción noreste. Los huicholes y los coras son los más numerosos. Es habitual que estos grupos migren de manera temporal hacia la costa para trabajar en el corte del tabaco y de la caña o en la pizca de maíz, con el fin de completar el ingreso familiar. La mayor parte de los coras se asientan en tierra caliente, donde practican una agricultura y ganadería de subsistencia; además de basar su alimentación en el maíz, el frijol, la calabaza y el chile, la complementan con ciruela amarilla, papaya, mango, aguacate, cacahuate, pitaya, guaje, nopal y vainas de mezquite; también crían bovinos, ovinos, caprinos, porcinos, abejas, gallinas y guajolotes y consumen algunos animales silvestres como la chachalaca, el conejo y el jabalí. La alimentación de los huicholes es similar a la de los coras y sus principales cultivos son maíz, calabaza, amaranto, frijol y chile; complementan su nutrición con quelites, verdolagas, nopales, guajes, hongos de la sierra y animales domésticos y de caza como ardilla, armadillo, guajolote, huilota, chachalaca, codorniz, langostas de río, jabalí y venado, este último exclusivo para rituales. Algunos guisos de estos grupos originarios que se acostumbran en el estado son la ardilla asada, el ashisarre, el atole de ciruela y de maíz, el caldo de ru (guajolote), la chui-

na, el dulce de jocuistle y de maíz, la *hakútsixa*, la huilota asada, el mole de hongo de la sierra, la salsa de chile cora y la de guajes, la sopa de gualacamote, el tamal de maíz o *tetzu*, la temachaca, el *tsinari* y la *xhivery*. En la comida de todo el estado predominan las especialidades de pescados y mariscos, que se pueden encontrar preparados al mojo de ajo, a la diabla, asados, fritos o en escabeches; entre ellos sobresalen el chicharrón de pescado, el pescado tatemado y el zarandeado y las tostadas de marlín. Los ostiones, que pueden ser muy grandes, se comen principalmente al natural, en chivichangas, en sopes y en caldos. El camarón también es muy abundante, y se consume con arroz, en caldos, cebiches, empanadas, pozole, quesadillas y tamales, entre otras preparaciones. En la isla de Mexcaltitán se ha desarrollado también una cocina basada en productos del mar, en la que se pueden encontrar las recetas con camarón citadas antes, otros guisos con lisa y, de manera especial, las albóndigas de camarón y el taxtihuili. Asimismo, en la ciudad de Tepic existe un sinnúmero de restaurantes de pescados y mariscos para todas las economías, en los que se sirven porciones generosas en grandes platones ovalados para compartir. Además de la comida con productos del mar, en Nayarit existen diferentes platillos regionales como el asado de ternera, la birria, los bollitos de plátano, los frijoles puercos, las tortillas de harina, las raspadas, los sopes y los tamales barbones, cilíndricos, colorados, de ceniza, de elote, de piña y los de puerco estilo Nayarit. También existen muchos dulces, panes y postres regionales como el alfajor, el ante, el arrayán cubierto, las cañas asadas, el camote achicalado, la capirotada de agua, las cocadas, el dulce de frijol (cajeta de frijol), la jericalla, los melados, los nanches curtidos, el pan de plátano, el plátano pancle, el picón y las torrejas. Las bebidas refrescantes son muy solicitadas debido al clima caluroso de la región, son especialmente populares el agua de cebada (agua fresca) y de nanche, el piznate y los raspados; aunque en la temporada invernal se preparan atoles como el de piña que es especialmente popular. Entre las bebidas alcohólicas están el bate, el licor de nanche, el nawá, el tepache, el tequila y la cerveza, esta última indispensable para acompañar toda la comida de mar.

NAZARENO ◆ ojite

NDUTEMINO

Guiso elaborado con pescado seco y nopales gruesos, sazonado con chile costeño, hojas de aguacate secas y tostadas y epazote. Se acostumbra preparar en la región de la Mixteca Alta de Oaxaca.

NDUTENDUCHI

Guiso caldoso elaborado con frijoles negros y nopales. Se sazona con salsa de chile costeño. Este platillo es típico de la región de la Mixteca Alta de Oaxaca.

NECAXOCHITL ◆ hierba santa

NÉCTAR

Licor que se obtiene al dejar macerar diversas frutas en aguardiente por un mínimo de dos años. De esta forma se llama en San Luis Potosí a lo que en otros lugares se denomina licor.

→ miel de abeja

NECUATL

De *necutli*, miel y *atl*, agua. Nombre náhuatl que se utiliza para designar a la miel de maguey o aguamiel.

NECUATOLE O NECUATOLLI ◆ nicuatole

NECUTAMALLI

De *necuatl*, aguamiel y *tamalli*, tamal. Tamal elaborado con masa de maíz y miel de maguey que tiene su origen en la época prehispánica. Se prepara en Jalisco, especialmente en la zona que circunda al lago de Chapala y en Quitupan, al sureste del estado.

NEGRILLO ◆ abadejo

NEGRITO

Antojito típico de Campeche que se elabora con masa de maíz, pasta de frijoles colados, manteca de cerdo y sal; todo se mezcla para elaborar una tortilla que se fríe y se sirve con alguna salsa regional o cebolla encurtida. A los salbutes que se preparan con esta misma masa se les llama también negritos.

→ hongo gachupín negro

NEGRO ◆ hongo cazahuate, hongo ternerilla de llano

NEJAS ◆ tortilla neja

NEJAYOTE O NIJAYOTE

Del náhuatl *nexayotl*, de *nextli*, ceniza y *ayotl*, caldo. Agua con residuos de cal o ceniza y hollejos de granos de maíz que quedan después del proceso de nixtamalización. Esta agua se aprovecha para preparar algunos alimentos como los tamales de trigo de Michoacán. Asimismo se emplea para matar hormigas.

NEJO ◆ hongo canario

NENEPIL

Del náhuatl *nenepilli*, lengua. Nombre que se utiliza en el Distrito Federal para designar a la combinación de nana y buche de cerdo con la que se elaboran tacos. Aunque el origen de la palabra alude a la lengua, los tacos de nenepil no se elaboran con ella.

NENGUANITOS

Dulce típico de Oaxaca; se prepara con una masa elaborada con harina de trigo, manteca de cerdo, bicarbonato de sodio, levadura y agua; con esta masa se forma un rollo alargado que después se corta en rectángulos pequeños que se aplastan con el dedo y se hornean hasta que se doran. Una vez fríos, se fríen en manteca de cerdo o aceite y se pegan de cinco en cinco sumergiéndolos en una miel de azúcar y agua. Se venden en los portales de las plazas y mercados del estado.

NERE ◆ cuapinol

NESCAFÉ

Planta de origen asiático de la familia de las leguminosas de las que se conocen las variedades *Mucuna deeringiana* y *Mucuna pruriens*. Se siembra en Veracruz, Chiapas y Tabasco como una alternativa para impedir que otras hierbas invadan el terreno de cultivo. En algunas

comunidades indígenas del sur de Veracruz y en las comunidades chontales de Tabasco se tuestan y muelen las semillas de su vaina como sustituto de café o para hacerlo rendir más. Conocido también como:

◇ frijol mucuna
◇ pica pica mansa

NEUTLE O NEUCLE

Del náhuatl *necuatl*, miel o *neutli*, aguamiel. Nombre con que los nahuas del centro del país denominan al aguamiel o el pulque de manera indistinta.

NEVADO

1. Bebida alcohólica que resulta de mezclar licor de fruta y aguardiente de caña. Se consume en el Estado de México y Puebla, donde se producen una gran variedad de licores regionales. En el Estado de México llaman Nevado de Toluca a esta misma preparación pero con unas gotas de limón.

2. Tortilla de granos de elotes tiernos y suaves, mezclados con azúcar que se prepara en Chiapas.

→ pan nevado

NEXCÓMITL ◆ niscómil

NICH

Nombre que se da al aguardiente de caña en algunas regiones de Chiapas.

NICHTAMANANACATL ◆ hongo nichtamananacatl

NICUANEXTLE O NICUANESTLE

Método utilizado en Oaxaca y Michoacán para nixtamalizar el maíz, en el que al agua se le agrega ceniza del fogón en lugar de cal. La masa de maíz obtenida mediante este proceso es muy apreciada para preparar platillos específicos. Se utiliza para el tejate de Oaxaca. En Michoacán, las corundas elaboradas con este proceso se llaman corundas de ceniza, para diferenciarlas de las corundas cocinadas con maíz nixtamalizado con cal.

→ nixtamalización, tlaciahual

NICUATOLE

GRAF. necuatole, necuatolli o nicoatole. Del náhuatl *necuatl* o *necutli*, que significa miel, y que en este caso se refería a la miel del maguey, y *atolli*, atole. Dulce de consistencia similar a una natilla o flan, que se elabora con maíz criollo cocido en agua, leche, azúcar o piloncillo y canela; existen muchas variedades de esta receta. El origen de este postre es pre-

hispánico, y seguramente para prepararlo se utilizaba miel de maguey en lugar de azúcar de caña. El *necuatolli* era un atole elaborado con aguamiel que se tomaba con chile verde. Al atole elaborado con chile amarillo se le llamaba *chinecuatolli*. Tradicionalmente se vierte la mezcla caliente dentro de un apaste de barro verde y se espolvorea la superficie con azúcar roja. En el pasado, a esta azúcar roja se le daba dicho color con grana cochinilla. En algunos casos se le añaden hojas de limón o de naranjo. Existen otras variantes elaboradas con agua, leche o ambos, a las que se les pueden agregar canela, vainilla o almendra para aromatizar; también se les puede adicionar tuna o coco rallado. Una de las variedades más recientes es amarilla porque contiene yemas de huevo; todas las demás preparaciones son blancas. El nicuatole que se prepara en Jalpa de Díaz sólo contiene maíz, leche y azúcar. En los mercados populares de Oaxaca se vende cortado en cuadros sobre hojas de plátano, hojas de chirimoya o capacillos.

Conocido también como:

◇ atole de molde
◇ nicostole

NIDO

1. Pan de dulce en forma de cubilete preparado con una masa esponjosa color café claro, relleno de crema chantilly y decorado con grageas multicolores, que se prepara en el Distrito Federal.

2. Buñuelo que tiene forma helicoidal producida con un instrumento elaborado, ex profeso, por un herrero. En Chihuahua se elaboran con harina de trigo, huevo y leche. En la mezcla se introduce el molde previamente sumergido en aceite muy caliente para que la masa se fije en él y se desprenda cuando aquél nuevamente se vuelva a introducir en el aceite. Cuando el buñuelo está listo se saca del aceite, se escurre y se espolvorea con azúcar y canela.

Conocido también como:

◇ buñuelo de aire
◇ buñuelo de viento

NIEVE

Postre congelado elaborado con agua, azúcar y un ingrediente que le da sabor, normalmente una fruta. La diferencia entre la nieve y el helado es que este último se prepara con leche o crema en lugar de agua, aunque en todo el país se usan ambos nombres de forma indistinta. En Campeche hay nieves de muchos sabores: son típicas las de coco, mamey y guanábana, y el helado de crema morisca que se puede disfrutar en los portales de San Francisco, en la capital del estado. En Dolores Hidalgo, Guanajuato, son especialmente famosas las nieves de sabores inusuales como chicharrón, elote, aguacate, frijol o mole. Se popularizaron en la década de 1980 y ahora es prácticamente obligatorio probarlas cuando se visita la ciudad. En Chilapa, Guerrero, se prepara la nieve de huevo con leche de vaca, canela, azúcar, yemas y jerez. En Chilpancingo, Guerrero, son típicos los sabores de mamey, melón, nanche, cacahuate y elote. En Michoacán son tradicionales las nieves de frutas de diversos sabores; en casi todos los parques y playas públicas de diversas localidades se pueden encontrar puestos callejeros o locales establecidos donde se venden. Para muchos turistas mexicanos la visita a Pátzcuaro incluye la plaza central, para tomar nieves, especialmente en la nevería La Pacanda, fundada en 1905 y asociada a la historia de esa ciudad. Entre los muchos sabores que venden destaca la nieve de pasta, creación de Agapito Villegas, quien trasmitió su conocimiento a su ahijado Francisco Contreras M. y quien, a su vez, inició negocios

Nevería "La Especial" ca. 1920

de venta de nieve en Zacapu; la nieve de pasta se elabora con vainilla, huevo, leche y azúcar; por mucho tiempo fue receta secreta y está asociada a la figura de la señora María de la Salud Medina de Contreras, a quien se le conocía más como "Saludita", y quien se encargó de hacerla famosa más allá de las fronteras michoacanas. Muy buscada es la nieve de zapote prieto de la entidad. Hay que recordar que las nieves del estado han alcanzado tanta

fama, que es común ver en todo el país neverías con el nombre "La Michoacana", donde se venden nieves elaboradas al estilo de esa entidad. En Oaxaca la preparación de nieves es tan antigua que se llevaba el granizo de la sierra para almacenarlo en grandes pozos. Durante la Revolución Mexicana se interrumpió su venta, pues no había quién vendiera grani-

Nieve de fresa

zo; a principios del siglo XX se estableció la primera fábrica de hielo llamada La Mascota. Actualmente, entre las nieves que se venden en el centro de la ciudad destacan las de durazno, jiotilla, tuna, limón verde, el sorbete, la famosa nieve de leche quemada y la nieve de rosas; la mayor parte de ellas se preparan moliendo la fruta en agua con azúcar. La nieve de sorbete es un sabor que contiene leche, azúcar, vainilla, bicarbonato de sodio y yemas de huevo. La nieve de jiotilla es única en su estilo, pues esa fruta sólo se encuentra en el estado de Oaxaca; la pulpa sin semillas se mezcla con agua, azúcar y jugo de limón, lo que le da un toque muy especial. De todas las nieves oaxaqueñas, la más representativa es la de leche quemada: la leche se deja ahumar o quemar ligeramente, se hierve con azúcar y canela para después enfriarla y elaborar la nieve de forma tradicional. La nieve de rosas, también llamada nieve de pétalos de rosa, es uno de los sabores más antiguos, de hecho, a inicios del siglo XX se preparaba una nieve de almendras a la que se le añadía esencia de rosas, colorante, seguramente grana cochinilla, y se servía con pétalos de rosa. El sabor cayó en desuso y ahora se vuelve a fabricar en distintas partes del país como un sabor nuevo. Actualmente, en la ciudad de Oaxaca se venden nieves en muchos parques, la plaza del templo de La Soledad es un punto obligado para propios y extraños que gustan de las nieves. En el puerto de Veracruz son muy famosas las nieves del Malecón, precedidas siempre por el grito de los vendedores que las anuncian; hay de jobo, nanche, guanábana, fresa, cacahuate y mango. En el parque central de Coatepec se venden exquisitas nieves que han alcanzado fama regional por su gran calidad, pues no utilizan azúcar en exceso y, sobre todo, se producen sin colores ni sabores artificiales. Un ejemplo es la nieve de melón que tiene un tono rosa muy pálido, casi blanco, y la nieve de cacahuate. Esas nieves suelen acompañarse con galletitas preparadas especialmente con este fin. Si se compran en Coatepec, se llaman "las nieves del parque" o "nieves del quiosco", pero en Xalapa todo el mundo las conoce como "nieves de Coatepec". En Mérida, Yucatán, las nieves se conocen como sorbetes, son famosas las que se expenden en los portales, a un costado de la catedral. Tradicionalmente se sirven porciones generosas en copitas de vidrio, acompañadas con galletas o polvorones. Los sabores varían, pero son especialmente famosas las nieves de guanábana (con agua o con leche) y chicozapote, pero se elaboran casi de cualquier fruta tropical.

→ mantecado, sorbete

NIHUIJUTI O NINGÜIJUTI

Guiso elaborado con carne de cerdo, pimienta, ajo, chile chimborote rojo, jitomate y masa de maíz para espesar; empleado como relleno para tamales o como plato fuerte; se sirve en un plato hondo colocando dos tortillas de maíz que forman una especie de concha y sobre ellas el guiso muy caliente. Lo preparan en las comunidades zoques de Chiapas. Conocido también como puerco con molito.

NIJAYOTE ◆ nejayote

NIK UTS ◆ bushná

NIÑITO ◆ hongo amarillo

NIÑO ENVUELTO

Pan de dulce en forma de rollo. Se elabora con una lámina de pan hecho con una masa preparada con huevo batido, harina, azúcar y mantequilla, untada con mermelada, enrollada y cortada en rebanadas. Éstas quedan en forma de espiral o caracol; con frecuencia la parte exterior del pan se baña con miel o chocolate y se adorna con coco rallado. Es muy popular, por lo que las rebanadas se venden en panaderías y pastelerías en diversas regiones de México.

→ albondigón

NISCÓMIL O NIXCÓMITL

GRAF. nescómitl, nexcómitl, niscome, niscómel, nixcome, nixcómel, nixcómetl o nixcómil. Del náhuatl *nextli*, que a su vez es un acortamiento de *tenextli*, cal y *comitl*, olla.

1. Olla de barro donde se cuece el maíz con cal para elaborar el nixtamal. Conocido en la Huasteca y entre los totonacas de Veracruz como nixcón.

2. Por extensión, también se conoce así al resultado de cocer el maíz con cal, es decir, al maíz nixtamalizado o nixtamal.

NISIABA´BUPU ◆ atole de espuma

NÍSPERO (*Eriobotrya japonica*)

Árbol de la familia de las rosáceas, que mide de 6 a 9 metros de altura, de copa redondeada; tiene tronco muy corto que ramifica a muy baja altura. Sus flores son blancas y con intenso olor a vainilla; el fruto de piel aterciopelada, posee una pulpa comestible anaranjada, muy aromática, carnosa y con un intenso sabor dulce, aunque algo ácido. Tiene un número variable de semillas, de dos a cuatro, de gran tamaño, que ocupan aproximadamente la mitad del diámetro del fruto. Es originario de China y crece en climas tropicales húmedos, por lo que en México se pueden encontrar en el sureste del país. El fruto se consume como fruta fresca y en Chiapas se utiliza para preparar un vino.

NITALLATOS

Tortita oaxaqueña elaborada con elotes tiernos molidos con piloncillo, de forma triangular y del tamaño de una tortilla chica. Se cuece en comal.

NIXCÁN

Maíz cocido en cal, lavado varias veces y luego molido.

NIXTAMAL O MAÍZ NIXTAMALIZADO

GRAF. nistamal. Producto resultante del proceso de nixtamalización.

NIXTAMALIZACIÓN

Del náhuatl *nextli*, que es un acortamiento de *tenextli*, cal y *tamalli*, tamal. Proceso que consiste en cocer maíz en agua con alguna sustancia alcalina (cal o ceniza del fogón, entre otros) para ablandar el grano y retirarle la cáscara antes de molerlo. Los granos se ponen a cocer con agua fría y cal hasta que el agua hierve durante cinco minutos, aproximadamente; se retira del fuego y se deja reposar en el agua toda la noche. Al día siguiente se enjuaga y entonces se encuentra listo para moler y hacer la masa. En muchos lugares acostumbran enjuagar parcialmente el maíz, para que conserve la cal y la masa dure más tiempo. Es importante señalar que con este proceso de nixtamalización el maíz se vuelve mucho más nutritivo, ya que las proteínas del grano sólo se pueden asimilar una vez transformadas por la sustancia alcalina. Entre más se lava el maíz, más blanco se pone, pero también la masa se vuelve más delicada y es muy fácil que se torne agria; por ello, la masa de maíz de las tortillerías es muy amarilla y resistente. En algunos lugares le añaden más cal mientras se muele el maíz. El agua resultante del proceso de nixtamalización se llama nejayote.

NIXTEME

Atole elaborado con maíz rosa que se deja remojando durante una semana para posteriormente secarlo. Se cuece con agua hasta que espesa y se endulza al gusto.

NOCHE DE RÁBANOS

Gran fiesta que se celebra en la ciudad de Oaxaca cada 23 de diciembre, en la que el rábano es el protagonista y, aunque no se come, se considera una fiesta gastronómica. Los rábanos se siembran con antelación para que alcancen el tamaño adecuado que permita tallarlos y elaborar esculturas y formas asimétricas. Así consiguen hacer vírgenes de Guadalupe, danzantes, viejitos, borrachos, flores, catrinas y animalitos de todo tipo. Se organiza un concurso en el que, al final, se premia el mejor diseño. En la actualidad la fiesta ha alcanzado grandes proporciones, al grado que se destina todo el parque central o plaza principal de la ciudad para que los artesanos expongan sus piezas ahí.

NOCHEZTLI ◆ grana cochinilla

NOCHOTLE

GRAF. nochocle o nochote. Del náhuatl *nochtli*, tuna y *octli*, pulque. Bebida elaborada con tuna cardona machacada en agua, colada y mezclada con pulque. Es decir, es un curado de pulque con tuna. Se elabora en la Mixteca de Puebla y en San Luis Potosí.

NOGADA

1. Salsa elaborada con nuez, queso, especias y algún vino tinto, jerez o vinagre, que originalmente servía para acompañar pescados. En la actualidad existen variantes en la receta y se utiliza casi exclusivamente para bañar los chiles en nogada.

2. Dulce de nuez del que existen muchas variantes. Una de ellas contiene agua, azúcar, piloncillo, cremor tártaro y nuez. La llamada nogada blanca contiene azúcar, leche, nuez y canela; se prepara en Nuevo León.

→ nogate

NOGATE

Dulce tradicional de Monterrey; consiste en un rollo elaborado con una lámina de ate de guayaba rellena de cajeta de leche y nuez pacana picada. Para su venta la pasta se envuelve en papel celofán y en piezas individuales. Conocido también como rollo de nuez.

NOLOCHE

Del náhuatl *noloa*, doblar o enrollar. Tamal elaborado con masa de maíz mezclada con frijoles refritos, enrollada en hierba santa y envuelta en hoja de plátano. Se prepara en el área de Sabanilla, Sitalá y Tila, en Chiapas. Se le conoce también como tamal noloche o tamal de mumu, ya que en esta región a la hierba santa se le conoce con ese nombre.

NOPAL (*Opuntia spp.*)

Nombre genérico que se emplea para designar diversas plantas del género *Opuntia*, originarias del continente americano. Son cactáceas con tallos o pencas tiernas, de forma ovalada, carnosas, aplanadas, delgadas, con espinas y un líquido mucilaginoso que se conoce como baba. La fruta que produce se llama tuna (si es dulce) y xoconostle (si es ácida). Actualmente, además de las variedades silvestres, se cultivan otras a las que se les llama nopales mansos e híbridos. En México se han clasificado entre 65 y 100 especies, entre silvestres y domesticadas. Entre las variedades domesticadas destacan: *Opuntia megacantha* y *Opuntia ficus-indica*, que es la variedad más utilizada para preparar los llamados nopalitos. El nopal cambray, es de penca muy pequeña (de unos 8 o 10 cm de largo); se prefiere porque su carne es tierna y tiene poca baba, pero es más caro. Siempre se procura eliminar la baba cociendo el nopal en abundante agua, al vapor, con limón o con cáscaras de tomate. En muchos mercados populares, las marchantas los venden mientras retiran hábilmente las espinas; los nopales de mayor calidad son perfectamente ovalados, uniformes, delgados y de color verde pálido brillante, se pueden comprar hasta con dos días de anticipación, pues no se oxidan fácilmente. El nopal en México es tan importante que puede usarse en cualquier preparación dulce o salada. Puede cocinarse en sopas, ensaladas, moles, quesadillas, antojitos, rellenos, con huevo, capeados, con carnes, en guisados, tamales, etc., e incluso puede usarse en preparaciones dulces como mermeladas, pasteles, pays, gelatinas, galletas, nieves, helados, ates, mieles, nicuatole, tortillas y panes, entre otras; no hay que olvidar que se puede preparar en agua, jugo o atole. Se utilizan sus pencas, sus frutos y sus flores; por ejemplo, en Querétaro se comen las flores hervidas o guisadas, al igual que otras inflorescencias del nopal lengua de vaca (que por sus características para algunos botánicos forma un género distinto: el *nopalea*). La delegación Milpa Alta, en el Distrito Federal, produce tal cantidad de nopales, que son la base de la economía de muchas familias del lugar. Es célebre la "Feria del Nopal" que se realiza durante junio, donde se comercializan diversos productos elaborados con nopales. En general, en los estados del centro del país se consume de manera abundante; se preparan ensaladas, tacos, tamales y mextlapiques; se asan en comal y se comen solos o en tacos con sal y limón, o bien, se consumen como guarnición de la carne asada. En el Distrito Federal y alrededores los nopales se comen con salsa verde o encurtidos; así como el jugo de nopal con naranja que sirve para adelgazar. En Tlaxcala se utilizan en una ensalada llamada napalachicle. En Hidalgo se preparan con pulque, en mixiote, en mermelada y en las cebollas rellenas de nopales. En los estados de Tamaulipas, Coahuila, Nuevo León, Durango, Zacatecas y San Luis Potosí, es frecuente el uso de los nopales. Se preparan en diferentes tipos de ensaladas, asados, en escabeches, revueltos con huevo, en caldillo de jitomate, guisados con longaniza o chorizo, con papas, chicharrón, en tortitas de camarón; se incluyen cocidos y cortados en tiras pequeñas en muchos guisos regionales. Muchas de estas preparaciones tienen un lugar especial durante la cuaresma, pero se consumen todo el año. También en la cuaresma, en Chihuahua se preparan los nopales guisados en una salsa de chile colorado y ajo, que forman parte de los llamados siete potajes; en ocasiones llevan tortitas de camarón. En Sonora se comen asados como guarnición y se cuecen para incluirlos en sopas de lentejas, de habas, en tortitas, en ensaladas y en tamales, o para hacer guisados con huevo. En Nayarit los huicholes los cuecen en agua con sal y los consumen como sopa. El nopal fue un alimento importante para diversas culturas mesoamericanas, así como una planta sagrada que aparece en la leyenda de la fundación de México-Tenochtitlan: en ella se relata que el águila devorando a una serpiente, se posó sobre un nopal, signo que los aztecas buscaban para fundar su ciudad. Hoy la imagen es parte del escudo nacional mexicano. Además de sus usos gastronómicos, el nopal también se utiliza para elaborar productos de limpieza o cuidado personal como jabones, cremas y champús. También se extrae la fibra para producir cápsulas o complejos que ayudan al correcto funcionamiento del sistema digestivo.

Conocido también como:
- ◇ nopal de Castilla (*Opuntia ficus-indica*)
- ◇ nopal diamante (*Opuntia ficus-indica*)
- ◇ nopal fafayuca (*Opuntia megacantha*)
- ◇ nopal Milpa Alta (*Opuntia ficus-indica*)
- ◇ nopal rojo pelón (*Opuntia ficus-indica*)
- ◇ nopal tuna amarilla (*Opuntia megacantha*)

Conocido en huichol como:
- ◇ *naakary* (Nayarit)

NOPALERA

Plantación o zona con abundantes nopales.

NOPALES CON CHILCUÁN

Platillo tradicional de Querétaro que se elabora con nopales cocidos y luego guisados con chiles verdes, cebollas, ajo, cilantro y raíces molidas de chilcuán.

NOPALES CON CHILE

Platillo que consiste en nopales guisados con chile guajillo o colorado y cilantro; se comen solos o se sirven para acompañar otros alimentos como frijoles, huevos revueltos o estrellados, camarones o tortitas de camarón. Se preparan principalmente en Coahuila y Nuevo León durante la cuaresma; el resto del año se le añade carne de cerdo al guiso. En Salamanca, Guanajuato, se preparan especialmente durante la Semana Santa. Puede ser un guiso muy sencillo que incluya sólo nopales guisados en salsa de chile guajillo o incluir trozos de papa cocida, huevo cocido y camarones secos.

NOPALES CON HUEVO

Nopales cocidos, cortados en tiras pequeñas o cuadros y mezclados con huevo batido que después se guisan como cualquier preparación de huevos revueltos. Los nopales pueden cocerse solos o bien guisarse con jitomate, cebolla y chile. Es un platillo que se elabora frecuentemente en los estados del centro del país y puede presentar variantes. Aunque hay quien lo cocina para el desayuno, es más común encontrarlo como plato principal del mediodía los viernes o cualquier día de la cuaresma. También lo consume la gente que habita en el campo.

NOPALES EN PENCA A LA JURICA

Preparación típica de Colima que consiste en una penca de nopal rellena con nopales cortados en tiras pequeñas, además de cebolla rebanada, ajo, chiles guajillo y serrano, cilantro y orégano. Se cuece a las brasas o al horno.

NOPALES EN PULQUE

Guiso espeso cuya salsa contiene nopales molidos, masa de maíz, chiles ancho y guajillo, ajo, cebolla, pimienta, clavos y pulque. Una vez terminada la salsa se añaden más nopales cortados en trozos. Puede servirse con carne de pollo o de cerdo, y comerse con tostadas o tortilla de maíz. Se acostumbra comerlo en los estados del centro del país.

NOPALES EN SALSA DE XOCONOSTLE

Nopales guisados en una salsa de chile verde, ajo, cebolla y xoconostles. Es un guiso casero que se prepara en el altiplano y en la región del Valle del Mezquital, Hidalgo.

NOPALES EN SALSA VERDE

Guiso de nopales cortados en tiras pequeñas y cocidos en salsa verde. Es un platillo muy famoso en Hidalgo, Puebla, Tlaxcala y el Distrito Federal. Se consume todo el año como plato principal, acompañado con frijoles, arroz y tortillas. Es un platillo sencillo de extracción humilde que algunas personas preparan especialmente los viernes o durante la cuaresma. Existen variantes de este platillo a las que se le añaden tortitas de camarón o huevos crudos para que se cuezan dentro de la salsa.

NOPALES NAVEGANTES

Nopales cortados, cocidos y fritos en manteca de cerdo; se terminan de cocer en un caldo de chile pasilla y epazote hasta que el preparado queda un poco seco. Se elaboran en Colima.

NOPALES RANCHEROS

Preparación típica de Colima, elaborada con soya texturizada remojada, colada y frita en aceite con ajo, cebolla y jitomate; se añade un poco de agua, nopales, orégano y sal, y se deja cocer.

NOPALES RELLENOS

Con este nombre se conocen distintas preparaciones que varían dependiendo de la región donde se elaboren. En Guanajuato los nopales se rellenan con una mezcla de xoconostles, nopalitos, chiles jalapeños, cebolla y ajo; se asan al comal por ambos lados y se sirven con tortillas para preparar tacos con salsa picante. En Milpa Alta, Distrito Federal, los nopales pequeños se rellenan con queso manchego o panela; luego se capean y se fríen por ambos lados. Estos nopalitos se sirven con mole, salsa verde, roja, de pasilla o en ensaladas. En Colima se preparan con dos nopales cocidos, uno sobre otro; en medio se coloca queso, cebolla y rajas de chile; se aseguran con palillos y se fríen en aceite hasta que el queso se derrite; al servirlos se espolvorean con orégano.

→ novias al balcón

NOPALES XOLETES

Platillo elaborado con nopales cocidos, chícharos, papa y chiles poblanos, fritos con cebolla y chile chipotle y aromatizados con epazote. Es típico de Colima.

NOPALITOS

Nombre que se utiliza para designar a las tiras de nopal fritas o asadas que se agregan a diferentes guisos.

NOPOTAPESTE ◆ hormiguillo

NOVIAS AL BALCÓN

Platillo elaborado con nopales rellenos, típico del estado de Colima. Consiste en dos nopales empalmados, rellenos de queso, capeados y servidos en un caldillo de jitomate.

NUCA ◆ hormiga chicatana

NUCÚ ◆ hormiga chicatana

NUÉGADOS

Dulce típico chiapaneco que se elabora con bolas pequeñas de masa de harina de trigo fritas en manteca de cerdo y bañadas con miel de azúcar con la que se pegan en grupos de dos o de tres; en ocasiones se espolvorean con azúcar roja. Existe otra variedad en la que la masa toma la forma de canillas o huesos, en vez de bolas. Conocido también como dulce de nuégado.

NUEVO LEÓN

Estado situado en el noreste de la república mexicana. Colinda al norte con los estados de Coahuila, Tamaulipas y Texas (EU); al suroeste con San Luis Potosí y Zacatecas; al oeste con Coahuila, y al este con Tamaulipas. Está dividido en 51 municipios, que a su vez se agrupan en cinco regiones: Periférica, Citrícola, Norte, Sur y el Área metropolitana de Monterrey. Es en esta última donde se encuentra Monterrey, capital del estado y la tercera ciudad más poblada del país. La economía de la entidad es una de las más desarrolladas del país y es la tercera en contribuir con el producto interno

Parque Fundidora, en Monterrey

bruto (PIB) nacional. Nuevo León es uno de los estados con mayor infraestructura para la industria y el comercio. Cabe mencionar la importancia y dinamismo de empresas cerveceras, embotelladoras de bebidas gaseosas y de alimentos procesados. El sector agrícola representa únicamente el 1.2 % del PIB estatal, por lo que sólo el 6% de la población es rural; no obstante, produce importantes volúmenes de papa, naranja, mandarina y toronja y ocupa el tercer lugar a nivel nacional en la producción de huevo. Muchos de los platillos típicos del estado se preparan con carne de res, de cabra y leche, debido a que la agricultura se desarrolló después que la ganadería; otros ingredientes importantes son el maíz y el trigo. La cocina neoleonesa tiene su origen en las cocinas católica y judía españolas y la de los indígenas tlaxcaltecas que llegaron del centro del país; estos últimos utilizaban la técnica de secado para conservar los alimentos, debido al clima extremadamente caluroso y a la infertilidad de la tierra. Es por ello que el prestigio gastronómico de esta entidad reside principalmente en los cortes de carne de res de alta calidad que se venden en los restaurantes, como las agujas y la arrachera, y en varios platillos típicos del estado como los alambres y el cortadillo de res, que tradicionalmente se acompaña con frijoles charros, salsa de jitomate o borracha y tortillas de harina de trigo. Los platillos elaborados con cabrito son de origen judío y actualmente se preparan, en especial el cabrito asado o al horno, en caldillo y en su sangre. El estado cuenta con varios guisos caseros tradicionales, que al mismo tiempo son festivos como las albóndigas de camarón, el asado de cerdo, el caldillo de carne seca, los cabuches de biznaga, las cazuelitas, las chalupas, los chiles rellenos norteños, los coajitos, los empalmes, las enchiladas norteñas, las flautas de pollo y de carne de cerdo, las gorditas de harina, de piloncillo y con varios rellenos, la flor de izote en tortitas, la machaca, la machaca con huevo, el menudo, las migas, los nopales con chile, el pipián con nopales, las quesadillas de queso asadero, los tamales colorados, de frijoles, de elote a la crema y norteños, las tortillas dulces de harina, las tortitas de camarón y de papa, la sangrita de puerco y los nachos, por influencia estadounidense. Nuevo León se distingue por su variedad de dulces fabricados con nuez pacana, pues este fruto seco abunda en la región; es común encontrar en dulcerías, ferias y en los hogares, glorias, nogadas, nogates, nueces garapiñadas y palanquetas. Además se preparan conservas de naranja, dulces de leche o jamoncillo, dulce de frijol y postres especiales para la cuaresma como buñuelos, capirotada y torrejas. Algunos de los panes más representativos son: el despicado, el hechizo,

las hojarascas, las empanadas de almendra y de calabaza, el pan de agua, el pan de maíz al pastor, las rosquitas, las semitas de anís y el turco. Por último, hay que mencionar entre las bebidas típicas el atole de mezquite, el champurrado y la cerveza, indispensable para acompañar las carnes y guisos regionales.

NUEZ

Nombre genérico con el que se conoce a las semillas comestibles de varias especies de árboles de los géneros *Juglans* y *Carya*, en el país se consumen principalmente dos variedades:

• La nuez de Castilla (*Juglans regia*) es una drupa globosa, verde y lisa, con una semilla cerebriforme, redondeada y oleaginosa, con una cáscara morena o amarillenta que alberga la pulpa de lo que llamamos propiamente nuez; esta especie es originaria de Europa y Asia y se cultiva en zonas de clima templado. La temporada de la nuez fresca comienza a finales de junio y termina a principios de octubre; aunque se consume fresca como botana, su uso más común es para preparar la salsa de los chiles en nogada. Debe pelarse completamente, porque la piel pegada a la pulpa es amarga y puede echar a perder el guiso. Pelar la nuez fresca es un trabajo muy laborioso; 50 nueces requieren por lo menos de una hora, de modo que para ahorrarse el trabajo en muchos mercados del Distrito Federal se pueden comprar peladas. Para que no se oxiden, deben ponerse a remojar en agua o leche. También secas se comen como botana en la época de Navidad; casi todas se venden con su cáscara, pues parte de su encanto consiste en quebrar la nuez para comerla.

• La nuez pacana (*Carya illinoinensis*) es lisa, oblonga y puntiaguda, con cáscara café oscura y delgada; su almendra es cerebriforme y comprimida, de cáscara color café, con sabor dulce y aroma suave. Originaria de México y el sureste de los Estados Unidos, es la nuez más utilizada todo el año. Se conoce también como nuez cáscara de papel, por su piel delgada y fácil de retirar, o como nuez larga, pues la de Castilla es redonda. Únicamente se come seca y se ocupa en dulces y postres. Cuando en México se ofrece pastel, pay o dulce de nuez, se entiende que están elaborados con nuez pacana. En el país se venden principalmente enteras con su cáscara, peladas y partidas por la mitad, o picadas. Para muchos mexicanos es grato pelar la nuez mientras la comen, igual que ocurre con la nuez de Castilla, los cacahuates o los pistaches. En Coahuila y Nuevo León se utiliza ampliamente para preparar postres y dulces como rollos de nuez, palanquetas, empanadas de nuez, nueces garapiñadas y glorias. Se utilizan también en platillos salados como la sopa de nuez. En Chihuahua se produce en grandes cantidades y regionalmente se preparan postres notables como la nuez encaramelada, el pay y el pastel de nuez y diversos dulces. Conocida también como nuez encarcelada.

NUEZ DE LA INDIA ◆ marañón

NUEZ GARAPIÑADA O NUEZ ENCARAMELADA

Dulce que se prepara revolcando nueces pacanas partidas a la mitad en un jarabe caliente de azúcar que al enfriar se carameliza. Se prepara en muchas regiones de México, aunque es muy común en Chihuahua, Coahuila y Nuevo León.

NURITE (*Satureja macrostema*)

Arbusto de la familia de las labiadas que puede medir hasta 3 metros de altura; sus hojas son alargadas, ovaladas y puntiagudas. En el anverso son color verde oscuro y en el reverso verde pálido con muchos pelos; florea al inicio del año y sus flores son de color rosa-amarillento. Es originaria de México y está asociada a climas cálidos, templados y a regiones boscosas. Sus hojas, que recuerdan al sabor de la menta, se utilizan como condimento y en infusión como digestivo o para curar la resaca. Los purépechas de Michoacán emplean las hojas para preparar atoles como el *cahuax kamata* y el nurite *kamata*. En Oaxaca los indígenas zapotecos se reparten los manojos para la poleada del fandango o de cualquier otra fiesta y en la región de la Mixteca se agrega a los frijoles para aromatizarlos y elaborar con ellos unos tamales de frijol.

Conocido también como
- ◊ hierba de borracho (Oaxaca)
- ◊ nurhíteni (Michoacán)
- ◊ poleo (Michoacán, Oaxaca)
- ◊ té de monte (Oaxaca)
- ◊ té nurite (Michoacán)

Conocido en otras lenguas como:
- ◊ *guie-zaa* (zapoteco, Oaxaca)
- ◊ *te-guishi* (zapoteco, Oaxaca)

NUXI ◆ atolillo de res

Ñ

ÑAME (*Dioscorea alata*)

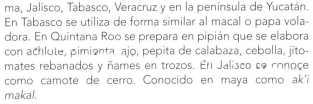

Tubérculo de la familia de las dioscoreáceas, originario del sureste asiático; de forma ovalada y alargada, con pequeños surcos color café en la piel y pulpa blanca. Se cultiva en climas cálidos como los que predominan en Oaxaca, Colima, Jalisco, Tabasco, Veracruz y en la península de Yucatán. En Tabasco se utiliza de forma similar al macal o papa voladora. En Quintana Roo se prepara en pipián que se elabora con achiote, pimienta, ajo, pepita de calabaza, cebolla, jitomates rebanados y ñames en trozos. En Jalisco se conoce como camote de cerro. Conocido en maya como *ak'i makal*.

→ cabeza de negro, papa voladora

OAXACA

Estado ubicado en el suroeste de la república mexicana. Limita al norte con los estados de Veracruz y Puebla; al sur con el océano Pacífico; al este con Chiapas, y al oeste con Guerrero. Está dividido en 570 municipios, los cuales se agrupan en ocho regiones socio-culturales: la Costa, la sierra Norte, la sierra del Sur, el Istmo de Tehuantepec, La Cañada, la Mixteca, la cuenca del Papaloapan y los Valles Centrales. La entidad fue formada el 21 de diciembre de 1823 y su capital es la ciudad de Oaxaca de Juárez. Aproximadamente un tercio de la población económicamente activa (PEA) trabaja en el sector primario. El estado ocupa los primeros lugares nacionales en la producción de agave mezcalero, mango, piña, ajonjolí y papaya, y tiene el segundo lugar en la producción de carne de caprino en canal. Oaxaca es el estado con mayor diversidad biológica y cultural en México, lo que explica su riqueza culinaria; algunos platillos y especialidades muy populares son el adobo de cerdo, de conejo y de iguana, las albóndigas oaxaqueñas en salsa de pasilla, el alcaparrado, el asado de venado, la asadura, los ayocotes en coloradito, la barbacoa, el bistec a la cazuela, la carne claveteada, la carne de cerdo con chilmole o chilhuacle, las cebollas rellenas, la cecina enchilada, el clemole, los chayotes rellenos, los chilaquiles de amarillo, de chile guajillo y rojos, el chilate, el chileajo, los chiles rellenos, las empanadas de nanacates, el encacahuatado, las enchiladas amarillas, de mole negro y de coloradito, las enfrijoladas, las enjitomatadas, las entomatadas, los estofados, el guisado de fandango, el guisado de sábila, los higaditos de fandango, los huevos al albañil, en salsa o a la oaxaqueña y los zapateros, el huaxmole, la lengua entomatada, las lentejas con frutas, el ma'ach, el menudo, las migas, las papas en escabeche, el pastel de Sola de Vega, los piltes, el pipián, el pízotl, el pollo almendrado, el pollo con orégano, los pozoles, el quesillo en salsa, el relleno del istmo, el revoltijo, la sal de gusano, la salsa de huevo, los sesos, el socorrido, el tapado, el tapiste, el tasajo, el texmole, el ticondichi, las tortitas de camarón y de papa, las tostadas de chintextle, las verduras en chintextle y la yuca al mojo de ajo. Los frijoles, especialmente los negros, se consumen en todo el estado en diferentes formas: con hierba de conejo, con chicharrón, con hojas de chilacayote, con pa-

Agaves en el Centro Histórico de la Ciudad de Oaxaca

tas, lavados, martajados costeños, parados y refritos. El arroz rojo o blanco se prepara diariamente en los hogares; además, existen algunos platillos para fechas festivas, y otros únicos en su estilo, como el arroz con azafrán, con chepil o con menudencias, el arroz guisado de fiesta y el negro. Es obligado mencionar el mole, el guiso festivo por antonomasia. Los más célebres son los que forman el grupo de los siete moles oaxaqueños; sin embargo, existen otros no menos importantes como los moles de hongos, de masa, de mayordomía, de venado y el mole prieto. Se acostumbra consumir los caldos y sopas diariamente al mediodía, aunque también existen algunos que se elaboran en fechas especiales, por ejemplo para la cuaresma o para la época de lluvias. Algunos ejemplos son: el caldillo de nopales, los caldos de garbanzo, de gato y de paisano, el cocido o puchero, la cocina de coles, el chileatole, el chilecaldo, la especie mixteca y las sopas de arroz costeña, de calabacitas, de fideo con caldo de frijol, de flor de calabaza, de frijol con tortillas, de garbanzo, de guías, de habas frescas y de mariscos. Oaxaca es, junto con el Valle del Mezquital hidalguense, una de las regiones donde más insectos se comen. Son muy famosos los chapulines, que se pueden comer en los bares como botana, además de otros insectos como la chicharra, la chitarra, los gusanos barrenadores, cupiche y de maguey, y la hormiga chicatana. Generalmente los antojitos oaxaqueños se consumen por las noches; los más representativos son: empanadas de amarillo y de verde, garnachas, memelas, molotes, quesadillas, piedrazos, tesupos, tetelas y tlayudas con asiento y tostadas. Al igual que en muchos otros estados, se acostumbra preparar diferentes tipos de salsas picantes y guarniciones, entre ellas las cebollas curadas, las

Danzantes en Oaxaca

429

Zona arqueológica de Monte Albán

ciruelas en vinagre, el chilito, el chintextle, el huaxmole, el pico de gallo, las salsas borracha, campesina, de cardón, de chile bravo, de chile guajillo, de chile pasilla, de coyul, de gusanos de maguey, endiablada, oaxaqueña y verde. El sabor peculiar de las salsas y moles se debe, en buena medida, a la gran variedad de chiles regionales que se utilizan. Entre ellos se pueden mencionar: chilcostle, chilhuacle, costeño, de agua, de onza, parado y pasilla oaxaqueño. También existe una gran variedad de tamales; destacan el pastel chatino, los tamales de amarillo, de camarones, de chepil, de coloradito, de *cuchunuc*, de elote, de frijol, de guajolote, en hoja de milpa, pata de burro, rosados (tamales de dulce) y siete cueros. En cada región se consume un tipo de tortilla especial; por ejemplo, en el Valle Central son representativas las tlayudas y en el Itsmo de Tehuantepec los totopos; además, en otros lugares se elaboran tortillas amarillas, blandas, chinantecas, de plátano, de trigo, encaladas, *guetabache*, lampimas, machucadas, nitallatos, raspadas y totopitos. Existe una gran tradición de pan de dulce, de los que tal vez el más famoso es el de yema. Santo Domingo Tomaltepec es un pueblo cercano a la ciudad de Oaxaca y es reconocido por la elaboración de panes de yema y resobados. Otros panes y galletas regionales son los conejillos, la duquesa, la hojaldra, el marquesote, el nevado, los panes bollo, de muerto, de pulque, de san Antonio y de trigo, las polcas, las puchas, la quesadilla de arroz, los rosquetes, los shatos y la torta o pan de nata. En los Valles Centrales son famosos los molletes, los muertitos, el pan amarillo, los diferentes tipos de pan de manteca, las pelonas, los tarazones, las tortitas y las roscas de yema. El domingo es día de mercado en Tlacolula y ahí se puede encontrar el pan de cazuela y el de lata. En Miahuatlán se elabora el pan de cuatro picos y en San Antonio, los domingos hornean cuernos, borregos y patitas. En Juchitán preparan la fruta de horno o refresquitos, el pan de Chiapas y la torta *záa*. Los postres también son muy importantes y algunos son similares a los de otros estados; por ejemplo, el arroz con leche, los ates, los buñuelos, la calabaza de Todos los Santos o calabaza en conserva, las cocadas, el dulce de tejocote, los huevos reales, las islas flotantes o huevos nevados y los jamoncillos. Otros, por el contrario, son exclusivos de Oaxaca como el ante, que se prepara con diferentes frutas, el bizcocho envinado, los bocadillos, los borrachitos, el budín de chicozapote, la capirotada, los carlitos de coco, los casquitos, las ciruelas curtidas, los condumbios, los conos de lechecilla, los cubiertos, los dulces de almendra, de camote con piña y jitomate, de camote, coco y piña, el dulce de mango, los du-

raznos con almendra, las empanadas de Corpus, las frutas cubiertas, las figuritas de Ejutla, los garbanzos en miel, el gaznate, las gollorías, la lechecilla, el manjar real, los mostachones, los nenguanitos, el nicuatole, el nicostle, la nieve de jiotilla y de leche quemada, el pastel de piña, las pepitorias, los plátanos rellenos, el queso de almendra (flan), el sorbete, los suspiros, las ticutas, la torta de almendra y jiotilla, las tostadas de coco, el turrón, las trompadas y las yemitas. Existe una gran variedad de aguas frescas y bebidas refrescantes, como las elaboradas con maíz, el agua de chilacayote, de guanábana, de hojas de limón, de limón rallado y de zapote negro, la horchata, la platanada, el popo, el pozol, el pozonque y el tejate. Se consumen también varios atoles, por ejemplo el atole colorado, de arroz, de granillo, de grano, de quintonil, de trigo, el champurrado, el chinecuatole, el chocolate-atole y varios más preparados con maíz. Por último, entre las bebidas alcohólicas se distinguen el amargo, la cerveza de piña, la chicha, el mezcal, el menyul, las mistelas, la taberna, el tepache, el tesgüino y el zacualpan. Los primeros pobladores que ocuparon el territorio de lo que actualmente es el estado de Oaxaca fueron los mixtecos, los zapotecos, los mixes y los chinantecos. Hoy en día, 2.1 millones de indígenas, que representan más de la mitad de la población oaxaqueña, habitan el estado y lo convierten en la entidad con mayor número de habitantes de lenguas originarias. Así, el estado es la entidad con mayor diversidad de grupos originarios, ya que cuenta con la presencia de 16 de los 56 grupos reconocidos a nivel nacional, a saber: amuzgos, cuicatecos, chatinos, chinantecos, chochos, chontales, huaves, ixcatecos, mazatecos, mixes, mixtecos, nahuas, tacuates, triquis, zapotecos y zoques. La gastronomía de la entidad se encuentra influenciada por las costumbres y tradiciones alimentarias de esos grupos, y la convierten en una de las más ricas y diversas del país. A continuación se mencionan algunos ejemplos de preparaciones representativas de ciertas regiones culturales y grupos originarios. La cultura mazateca que habita en la Sierra Madre Oriental, en las regiones de La Cañada y la cuenca del Papaloapan tiene sus propios guisos, así como sus propias versiones de bebidas y alimentos como: atole agrio, bolitas de yuca en caldo de frijol, caldo de chivo, caldo de guías de chayote, desmole, dulce de yuca, gusanos chuvii fritos, hierbamora con pollo, memelas de frijol, mole amarillo, palanqueta, piltes, pinole, tamales de capa, de cazuela, de tesmole, de yuca, tepejilotes con huevo y texmole de yuca. En las costas de Oaxaca habitan grupos afromestizos y huaves, zona en la que existe un sinfín de platillos preparados con pescados y mariscos.

Destacan las acamayas en adobo, el caldillo de vigilia, el caldo de camarón, de nopales, de pescado y de tichinda, los camarones secos con frijoles blancos, la cucaracha de mar en chile pasilla, la ensalada de pulpo, el escabeche de barrilete, el pescado a la talla, adobado y ahumado, las pescadillas, las quesadillas de barrilete, los tamales de camarón y los tamales de tichinda; también existen otras especialidades como el agua de chipiona, el atole de iguana,

Mercado de la ciudad de Oaxaca

el caldo de cavío, el farangoyo, el mole costeño, el pollo enlodado y los tamales de carne cruda. En el Istmo de Tehuantepec la cocina es muy variada; en esta región conviven los grupos zapotecos, mixes, huaves, y zoques. Son platillos representativos de esta región el armadillo, el arroz con camarón y con lomo, el *biaxigui*, los caldos de camarón seco, de res y matancero, la carne suelta, el cebiche de camarón seco, las cemitas, el conejo en achiote, el estofado de res, el frito, la gallina de res, la gallina rellena, el guajolote relleno de picadillo, el *gueta bi'ngui'*, el *guche guiña*, el *guiiña biikxhi záa*, el guisado de res, los moles de camarón seco, de Castilla, de frijol y de garbanzo, el molito de camarón, el molito rojo, el mondongo, el pescado baldado y el tapado, el picle, el pollo enchilado y el garnachero, el picadillo, el pimpo, el cerdo horneado, el puré de papa juchiteco, el relleno de cerdo, la sangre de res (moronga), los tamales costeños, de camarón seco, de cambray, de pescado y de res y la torta compuesta. Algunas bebidas y postres famosos en esta región son el atole de elote, el atole de espuma, el budín de elote, el *bu'pu*, las ciruelas en dulce, el dulce de limón con coco, el ponche y las torrijas, además de toda una familia de dulces o postres en el que prácticamente cualquier fruto regional se hierve en agua de azúcar o panela. En la sierra Norte habitan los chinantecos, entre cuyos platillos principales están: los caldos de piedra, de res y de tepezcuintle, cochinito a la cubana, chancletas, empanada de flor de mayo, estofado de pescado, tamal cabeza de tigre, tamal de hongos, tortillas de yuca y varios atoles como el champurrado, de maíz, de masa, de plátano, de semillas de quiltonil y de trigo. Los mixe de Oaxaca que habitan en la región de la sierra Norte, han desarrollado una cocina típica en la cual se encuentra una gran presencia prehispánica, por lo que los guisos principales contienen poca grasa si no es que ausente por completo; entre los muchos guisos regionales están: los caldos mixe y de res, varios elaborados con frijol como el frijol molido, el puñete de frijol y el mole de frijol. Consumen también diferentes tipos de quelites con los que preparan tacos o empanadas, entre los que encontramos hierba santa, hierbamora, guías de chayote y de calabaza, hojas de chaya, nopales y yuca, así como diferentes tipos de hongos que recolectan, como el hongo oreja. Los mixes preparan moles muy sencillos con quelites y masa de maíz como espesante, chile, sal y algún otro condimento; algunos ejemplos son el mole de hierbamora, de pescado y el mole rojo. También están los tamales como el tamalón y tamales de chayote, de hongo, de papa, de pescado y de muerto; para envolverlos utilizan principalmente la hoja de milpa y la de caña de azúcar. Sus bebidas más representativas son el pozol y el pinol. Además, destaca el gran consumo de café endulzado con piloncillo y una gran variedad de atoles de maíz. También se preparan muchos tipos de dulce, los cuales simplemente se cuecen en azúcar y en ocasiones con canela. Igual que muchos grupos indígenas, los de Oaxaca realizan ceremonias para ofrecer ciertos platillos, por ejemplo la llamada comida para la siembra, que tiene como finalidad obtener buenas cosechas. Durante la celebración de la fiesta de Todos los Santos se ofrecen a las almas de los seres queridos carne de jabalí, tejón o venado; se acostumbra comer sólo la maciza salada y secada al sol o en el fogón. Durante las bodas o bautizos se elaboran tamales que se comparten con los invitados o compadres, según sea el caso. Al tomar o dejar cargos de encomienda se acostumbra agradecer por el buen desempeño en el mismo ofreciendo comida ritual que puede o no ser consumida. Durante estas fiestas se acostumbra servir el machucado, como muestra de agradecimiento a los músicos.

OBISPO

1. Embutido de panza de cerdo rellena con vísceras del mismo animal, fritas y picadas finamente, condimentadas con hierbas de olor. Se acostumbra comer en tacos con tortillas de maíz y salsa picante al gusto. Es típico del Estado de México. Recibe su nombre por el color morado rojizo que adquiere el alimento, que recuerda los colores de las sotanas que visten los obispos y cardenales de la Iglesia Católica.

2. Preparación que consiste en el estómago del borrego o chivo, mezclado con diferentes especias y condimentos, guisado y horneado con la barbacoa de borrego.

→ pancita de barbacoa

OBLEA

Hoja delgada y quebradiza elaborada con harina de trigo y agua; se consume como golosina en diversos sitios de México. Su tamaño puede variar: en el centro del país se elaboran de diversos colores, miden unos 5 cm de diámetro y se venden por las calles en pequeños paquetes. Existen otras obleas que miden de 15 a 20 cm de diámetro, que se utilizan para elaborar las pepitorias. Las obleas se venden junto con las alegrías, cocadas, jamoncillos y otros dulces que por lo regular ofrecen vendedores ambulantes. En Colima se preparan con miel de abeja, cacahuates y pepitas de calabaza tostadas; se acostumbra comerlas en fiestas populares y verbenas. En Michoacán elaboran las morelianas con dos obleas rellenas de cajeta. En algunos estados las obleas se utilizan para cubrir un lado de algunos dulces como los jamoncillos.

OBRADOR

Lugar donde se procesa la carne de cerdo.

OCELOTE (*Leopardus pardalis*)

Mamífero carnívoro que mide 65 cm de longitud. Tiene el pelaje grisáceo con manchas rojizas rodeadas de negro, cuerpo robusto y patas cortas. La carne se consumía hace tiempo en ciertas comunidades, pero hoy este animal se encuentra en peligro de extinción. Se comía con cierta frecuencia, asado o cocido, pues se consideraba medicinal y se creía que era necesario que los hombres lo comieran para ser fuertes.

OCOTE

Diversas especies de pinos que producen abundante resina; entre ellos se reconocen las especies *Pinus oocarpa*, *Pinus pseudostrobus* y *Pinus teocote*. Las cortezas se utilizan para prender fogatas, ya que su resina ayuda a la combustión.

OCOTOPE ◆ jinicuil

OCRA ◆ chimbombo

OCUAGUAYOTE ◆ cahuayote

OJITE

1. (*Brosimum alicastrum*). Fruto globoso comestible de la familia de las moráceas, que mide 2 cm de diámetro y es de color amarillo o anaranjado. Crece en un árbol grande que

431

produce un jugo lechoso y hojas ovales. Se encuentra en los bosques tropicales de México. Las semillas molidas se utilizan para preparar atole y tamales; hervidas tienen un sabor que recuerda a la castaña o al chocolate. Las bayas se tuestan para preparar una bebida llamada café de capomo. Para utilizar la pulpa en la elaboración de atoles o para consumirse como botana, el fruto se cuece en agua con ceniza o cal. También se utiliza para aumentar el rendimiento de la masa de maíz. En Tamaulipas es utilizado como alimento y medicina. En la costa de Jalisco se produce harina de ojite que se utiliza para preparar café, panecillos y tortitas. En el estado de Veracruz los totonacas preparan el atole de ojite. En Tuxtla Gutiérrez, Chiapas, se utiliza para elaborar el mejido. También se come con sal, en dulce y en gorditas fritas.

Conocido también como:

◇ capomo
◇ juchapú
◇ ramón
◇ ramón blanco
◇ ramón colorado
◇ ramón de hoja ancha

Conocido en algunas regiones como:

◇ *a-agl* (Durango)
◇ *ajash* (Chiapas)
◇ *apomo* (Sinaloa)
◇ *ash* (Chiapas)
◇ *ax* (Tabasco, Veracruz)
◇ *capomo* (Colima, Jalisco, Michoacán)
◇ *huje o huji* (Michoacán)
◇ *jaksapuo* (Veracruz)
◇ *mojo* (Chiapas)
◇ *mojo rechinador* (Chiapas)
◇ *mojote* (Colima)
◇ *moju, muju o mujú* (Chiapas)
◇ *nazareno* (Oaxaca)
◇ *ojoche* (Veracruz)
◇ *ojosh* (San Luis Potosí)
◇ *oshté* (San Luis Potosí)
◇ *oxitle* (San Luis Potosí)
◇ *samaritán o samaritano* (Oaxaca)
◇ *tunumi-taján* (San Luis Potosí)

Conocido en otras lenguas como:

◇ *jushapu* (totonaco)
◇ *oox* (maya)
◇ *tlatlacotic* (náhuatl)

2. Planta acuática parecida al camote, cuya raíz se encuentra en el fondo de las lagunas y sobre el agua flotan las flores. La raíz se cuece en agua con sal y ceniza y se sirve con leche. Se consume en Escuinapa, Sinaloa.

OJO DE BUEY
Pan de dulce elaborado con una masa apastelada, rellena de panqué, que simula la forma de un ojo.

OJO DE VENADO ◆ hongo trompa de venado

OJO DE VÍBORA ◆ xia-xiu

OJOCHE U OJOSH ◆ ojite

OJOTÓN ◆ salmonete

OKRA ◆ chimbombo

OLAVERE ◆ matzú

OLLA DE PULQUE
Utensilio especial para pulque. Su forma es cónica, con el cuello alargado. Se fabrica en Guanajuato con barro poroso, de color verde brillante.

OLLA MOLERA ◆ cazuela

OLLA PODRIDA
Platillo que se elabora con frijoles cocidos, chorizo, longaniza, cecina y chicharrón. El caldo está condimentado con chiles guajillo y serrano, epazote, jitomate y ajo. Es tradicional de Las Margaritas, Chiapas. Una versión di-

ferente es la que se realiza en el sur de Michoacán; contiene carnes de pollo, res y cerdo, cocidas en agua con pulque, aguamiel o cerveza. Al caldo se le añaden zanahoria, col, calabacitas, papas, ejotes, habas frescas, chícharos y cebolla; además, se le puede agregar aceitunas y xoconostles; se condimenta con una mezcla de jitomate, chiles pasilla y jalapeño, ajo, mejorana y tomillo. Se sirve en grandes tazones.

→ caldo de olla

OLLA TAMALERA ◆ tamalera

OLLA TAPADA
Guiso elaborado con pollo, verduras y especias. Se cuece a fuego lento en una olla o cazuela honda con tapadera, vinagre o vino blanco. Las verduras que más se utilizan son papa, chayote y zanahoria; en ocasiones puede llevar cebolla, jitomate, pasas, aceitunas y almendras. Con frecuencia se utilizan laurel, hojas de arrayán, canela y tomillo para perfumar el guiso. Este platillo se elabora en Chiapas.

→ macum, tapado

OLLA VAPORERA ◆ tamalera

OLORES
Término utilizado para denominar a la mezcla de hierbas de olor y especias que varían dependiendo del cocinero. Las más importantes son: ajo, clavo, jengibre, comino, pimienta, laurel, tomillo, mejorana, orégano y canela. Es común en Jalisco. Las mezclas de olores se utilizan para condimentar las marinadas y salsas de las birrias.

OLOTE
Del náhuatl *olotl*. Parte central de la mazorca, de donde se desprenden los granos. Se utiliza como combustible, para elaborar desgranadoras de maíz y como alimento para animales.

→ hongo pancita

OLOTERA
Utensilio hecho con varios olotes amarrados. Es utilizado para desgranar mazorcas, por lo que también se le conoce como desgranadora.

→ desgranar

OLOTILLO ◆ bushná

OMEQUELITE ◆ hierba santa

OMIL ◆ chinaca

OQUITE ◆ quintonil

OREAR

Acción de exponer un alimento al aire libre para eliminar su humedad. El término también se utiliza para exponer al aire algún alimento para retirar olores desagradables que hayan adquirido por contaminación. En la cocina mexicana se orean diversos alimentos, como la cecina, los chacales (elotes cocidos y secos) los quesos, algunos pescados y, en general, todo aquel alimento al que se le quiere eliminar el exceso de humedad. Los borregos utilizados en las barbacoas se dejan orear para que la carne se endurezca, no se deshaga durante la cocción y pierda el olor a humedad.

Pescado oreado

ORÉGANO

Hierba aromática de la que existen varias especies pertenecientes a cuatro diferentes familias botánicas (labiadas, verbenáceas, leguminosas y asteráceas) que provienen de Europa y México. Existen más de 35 especies; entre las más importantes se encuentran:

• *Lippia berlandieri*
Orégano más comercializado, de color verde pálido, se envasa y se encuentra en casi todos los mercados de los estados del centro. Es común incluir las florecillas blancas o brotes además de las hojas. Se encuentra en Coahuila, Durango, Guanajuato, Jalisco, Oaxaca, Querétaro, San Luis Potosí y Veracruz. Una variedad de orégano originaria de Baja California Sur tiene hojas pequeñas verdes, es oloroso y muy socorrido; otra, también en Baja California Sur, crece en forma silvestre y tiene hoja grande y color verde claro. El orégano se emplea siempre seco como condimento en adobos, caldos de todo tipo, consomés, sopas, pozoles, guisos de pollo, pato, cerdo o res, escabeches, cebollas encurtidas, salsas, caldos y guisos de pescado.

• *Dalea greggii*
Variedad de orégano también conocido como orégano cimarrón, orégano de campo, orégano de cerro, orégano de monte y orégano de sierra.

• *Origanum onites*
Variedad de orégano proveniente de Turquía, Siria y el sureste de Europa.

• *Origanum vulgare*
Orégano originario del este europeo y el centro de Asia. Conocido también como orégano europeo.

→ oreganón

ORÉGANO COYOTE (*Monarda austromontana*)

Planta de la familia de las labiadas, de hojas opuestas, un poco más grandes que las del orégano común, aromáticas y picantes. Se encuentra en Chihuahua. Los tarahumaras lo acostumbran consumir como quelite, cocido en agua, acompañado con tortillas. Conocido también como napá o 'cogame.

OREGANÓN (*Lippia graveolens*)

Hoja aromática de forma acorazonada, gruesa, con orillas aserradas y textura aterciopelada y quebradiza. Es de color verde limón y se caracteriza por un fuerte aroma, similar al del orégano. Las hojas miden entre 4 y 10 cm de diámetro. Su nombre se debe a su gran tamaño. Se utiliza para preparar algunos platillos en la península de Yucatán. En Tabasco sirve para dar aroma a los caldos de gallina y al pato con arroz. En el sur del estado de Veracruz se emplea en caldos, platos de pescado, arroz y guisos de carne.

Conocido también como:
◇ orégano de Yucatán
◇ orégano del desierto
◇ orégano del monte
◇ orégano extranjero
◇ orégano grande
◇ orégano grueso
◇ orégano yucateco
◇ orejuda

OREJA

1. Pan o galleta de los más consumidos en el país. Actualmente es común verla en cajas de galletas o empaquetada para su venta individual. Se prepara a partir de la masa de bizcocho o pasta hojaldre, la cual se espolvorea con azúcar que se carameliza cuando entra al horno. En Oaxaca elaboran una variedad de pan de manteca con forma de oreja.
2. En la Huasteca hidalguense se nombra así a las bolas de masa de maíz que se cuecen añadiéndolas a guisos como el *tlapanile*; la masa de las bolitas suele mezclarse con hojas de soyo, chile verde o rojo picado y hojas de aguacate; una vez elaboradas se aplastan para semejar una oreja humana.

→ hongo corneta, hongo tejamanilero

OREJA AZUL ◆ hongo azul

OREJA BLANCA ◆ hongo cazahuate, hongo enchilado

OREJA DE ÁRBOL ◆ hongo oreja de árbol

OREJA DE BURRO (*Arctium lappa*)

Planta trepadora que crece y se desarrolla sobre piedras y árboles; tiene hojas acorazonadas y oscuras, cuyo sabor agradable recuerda ligeramente al cilantro. Se utiliza en los tamales de vigilia en la sierra de Xicotepec de Juárez, Puebla.

Conocido también como:
◇ causasa
◇ cilantro de monte
◇ tequelite

OREJA DE CAZAHUATE ◆ hongo cazahuate

OREJA DE CONEJO ◆ hongo gachupín negro, hongo oreja de ratón

OREJA DE ELEFANTE

1. Quesadilla de gran tamaño. Es una tortilla de maíz blanco o azul, ovalada, que mide unos 30 cm, se dobla y se rellena con flor de calabaza, hongos, cuitlacoche u otro guiso de los empleados para preparar quesadillas. Se vende en el mercado de Cholula, Puebla.
2. Milanesa de carne de res de gran tamaño, que se sirve con ensalada de lechuga, pepinos y salsa. Es típica del Distrito Federal.

Milanesa oreja de elefante

OREJA DE ENCINO ◆ hongo de encino

OREJA DE JUDAS ◆ hongo enchilado

OREJA DE MICO

Dulce de papaya que se prepara con una variedad del fruto llamada oreja de mico. La papaya verde se pela, se corta por la mitad, se le retiran las semillas, se pasa por agua con cal, se enjuaga y se cuece en poca agua con azúcar o piloncillo. Se cubre con hojas de higuera y se deja cocer a fuego lento hasta que la fruta se caramelize. El dulce se sirve frío o a temperatura ambiente, como postre o para acompañar el pozol. Es típico de Tabasco.

OREJA DE PUERCO ◆ hongo enchilado, hongo iztacnanacatl

OREJA DE PUERCO AZUL ◆ hongo azul

OREJA DE RATÓN ◆ hongo oreja de ratón

OREJA DE RATÓN BLANCO ◆ hongo oreja de ratón

OREJA DE RATÓN BORRACHA ◆ hongo gachupín grande, hongo oreja de ratón

OREJA DE RATÓN NEGRO ◆ hongo gachupín negro

OREJITA DE PIPIÁN

Preparación elaborada con una pasta de pepitas de calabaza a la que se le da forma de orejitas para incluirlas en algunos guisos como el *achuchutl* o los frijoles con orejitas de pipián. Se muelen las pepitas de calabaza para extraer el aceite y obtener una pasta maleable. El nombre se debe a que a la pepita de calabaza se le conoce como pipián entre los totonacas de la costa norte de Veracruz. Conocida también como bolitas de pipián.

OREJÓN

Fruta en trozo que se deja secar al sol. Forma parte de varias preparaciones navideñas como el ponche. Los más comunes son los de manzana y durazno. Se acostumbra comerlos durante todo el año, pero especialmente en noviembre y diciembre.

→ guanacaste

OREJONA ◆ flor de orejona

ORRURAS

Tortillas que en su masa tienen asientos de chicharrón. Son típicas de Sinaloa.

ORTIGA ◆ flor de ortiga

OSHTÉ ◆ ojite

OSTIÓN

Diversas especies de moluscos bivalvos que habitan en estuarios, bahías, lagunas costeras y en mar poco profundo. Una de las formas más habituales de comer ostiones es en su concha, abiertos y servidos al natural para ingerirlos crudos; es tradicional abrirlos al momento que se sirven al comensal, generalmente por docena, en platos grandes. La forma de condimentarlos en la mesa depende de quien los come: hay quienes gustan simplemente de sorber el molus-

co con todo y su jugo, mientras que otros añaden sal, limón, cebolla y cilantro picados o salsa picante. En Tabasco se preparan los ostiones al tapesco con leña y hojas de palma de coco. Los mariscos se colocan tapados con hojas de plátano sobre un tapesco o camilla de varas, dispuesto a un metro de altura sobre el suelo, y se ahúman; se sirven calientes o tibios; ya servidos en la mesa, muchos los aderezan con salsa de chile amaxito. Es una receta típica de Centla y Puerto Ceiba; en esta última localidad también se preparan los ostiones en escabeche igual que en Guaymas y las costas de Sonora, donde suelen agregarles verduras como zanahoria, ejote, chícharos o coliflor. En Pajapan, Veracruz, los ostiones se preparan en crudo con jugo de limón, chile chilpaya y sal; también se cuecen al calor del fogón y se comen con sal, jugo de limón y chile. También se elabora con ellos un caldo espesado con masa de maíz, salsa de chile y jitomate. En la región del Sotavento se guisan los ostiones gratinados con una salsa blanca elaborada con mantequilla, harina, leche,

pimienta, sal y nuez moscada; luego se espolvorean con queso parmesano, pan molido y un trocito de mantequilla; se hornean por 30 minutos y se sirven con chile chipotle. En Sonora se acostumbra comerlos horneados con una salsa cocida preparada con jitomate, cebolla, ajo y cilantro. En ocasiones se le añade pan molido o queso. En Nayarit se consumen al natural, en caldo, en escabeche y en sopes.

• Ostión de roca (*Crassostrea iridescens*)
Variedad que habita en las costas del Pacífico. Su concha es pesada, gruesa, escamosa de color café; se encuentra pegado a las rocas donde rompe el oleaje, se recolecta de septiembre a mayo, mide unos 8 cm de largo y se vende fresco para comerlo al natural o en cocteles preparados con chile, cebolla y limón.

• Ostión del Golfo (*Crassostrea virginica*)
Variedad de ostión que habita en las aguas del Golfo de México. Su concha es alargada y su cuerpo ovalado y grisáceo. Mide 16 cm de largo y se consigue todo el año, excepto en mayo y junio. Gusta mucho, especialmente entre quienes prefieren comerlo crudo. Es fácil de conseguir en pescaderías y coctelerías del sur y centro del país; se come en su concha, en cocteles como el vuelve a la vida, sopas, escabeches y como parte de los rellenos de pescados.

• Ostión gigante (*Crassostrea gigas*)
Especie introducida de Japón, que se cultiva comercialmente en Bahía Falsa, San Quintín, Baja California Sur y en el interior del Golfo de California. Puede medir hasta 25 cm.

OSTOCHE

Palabra derivada del náhuatl *ostoc*, cueva, y *tochtli*, conejo, que es el animal asociado a las bebidas embriagantes, en especial el pulque. Es una bebida de origen prehispánico que consiste en el jugo de la caña de maíz fermentado. Se prepara en ciertas regiones de Puebla. En la época prehispánica se potenciaba con raíz de palo de timbre. Posteriormente se comenzó a fermentar el jugo de caña de azúcar.

OTOMÍ

Grupo originario que habita en los altiplanos y en las zonas de tierra fría y templada del centro de la república mexicana: la sierra de Las Cruces, la meseta de Ixtlahuaca-Toluca, la escarpa occidental de la Mesa Central, los valles de Querétaro e Hidalgo, la Sierra Gorda, el valle del río Laja, los valles de Guanajuato, la sierra de Puebla y algunos lugares

del estado de Michoacán y Tlaxcala. En el Censo de Población y Vivienda 2010 se registraron 288 225 hablantes de otomí en todo el país. En el Valle del Mezquital se autodenominan como *hñä hñu*. Son un pueblo agrícola cuya alimentación se basa en el maíz y el pulque, bebida fermentada que obtienen de la planta del maguey. En algunos lugares producen, además de los cultivos de la milpa, ciertos cultivos comerciales como el trigo, la cebada, el cacahuate, el café, el jitomate y el garbanzo. Dentro de los platillos representativos de los otomíes están el atole de mezquite, el dulce de calabaza, el mole de ladrillo, las pacholas, la sopa de tamal, las tortillas pintadas, entre otros.

OVO ◆ ciruela

OVOS EN DULCE

Dulce que se prepara con la pulpa y las cáscaras de ovos molidos y colados; a la mezcla resultante se le agrega piloncillo, azúcar, agua y tequila; después de que se cocina se deja enfriar para servirlo cuajado. Se elabora en Jalisco, especialmente en Guadalajara y Tequila.

OXIDACIÓN

Transformación química que sufre un cuerpo al tener contacto con el oxígeno o con otro oxidante. El término se emplea con frecuencia para hablar de las frutas y verduras que se oscurecen al partirlas y quedar expuestas al aire, por ejemplo el aguacate, la manzana y la papa.

OXITLE ◆ ojite

435

P

P´AAK ◆ jitomate

PA'XNI'CA'CA ◆ mafafa

PACA ◆ tepezcuintle

PACAYA (*Chamaedorea pinnatifrons*)
GRAF. pakaya. Palma de 2 a 3 metros de altura, productora de flores ramificadas y carnosas, conocidas también como pacayas, comestibles cuando están tiernas. Su nombre proviene de las voces *pakaxa* o *pakaxan*, palma de huerta o plantío. En el Soconusco, Chiapas, se come la pacaya baldada, es un guiso tradicional que se elabora con pacayas cocidas en agua con sal, se capean con huevo y se sirven en caldillo de jitomate. En los estados del sureste del país se consumen dos especies de la misma familia llamadas guaya de cerro y tepejilote.

Conocida también como:
◇ tepejilote (Veracruz)
◇ tzitzú (Chiapas)
Conocida en otras lenguas como:
◇ *gueecho-guiaroo* (zapoteco, Oaxaca)
◇ *joma* (zoque, Chipas)

PACHARELAS
Antojito que se elabora con una tortilla de maíz rellena con tripas doradas, chicharrón, nopales y salsa; este taco se acostumbra comer en Guanajuato.

PACHAYOTA
Fruto muy parecido a la calabaza con forma de sandía rayada que se cosecha en noviembre en Chilpancingo, Guerrero. Se utiliza para preparar un dulce del mismo nombre que se elabora con pedazos de pachayota remojados en agua con cal y cocidos en agua con piloncillo.

PACHICHE O PACHICHI
Del náhuatl *pahua-chichin*; de *pahuatl*, fruta y *chichina*, chupar, fruta chupada. Término con el que se identifica a las frutas y verduras que están pasadas, magulladas o golpeadas, secas y muy maduras; se utiliza sobre todo  en el centro del país. Conocido también como pilinque, del náhuatl *pilinqui*, marchito.

PACHITA ◆ pajuil

PACHOL ◆ totoposte

PACHOLA
Bistec delgado de carne molida que se elabora en un metate. Los bisteces de carne molida o de metate se preparan poniendo carne molida y especias en el metate para incorporar los ingredientes con el metlapil y la carne se muela aún más; el proceso requiere de gran habilidad. En  el centro del país generalmente se fríen en una sartén con poco aceite y se acompañan con arroz, frijoles, papas fritas, guacamole y tortillas de maíz. En Guanajuato se acostumbra consumirlas al medio día, en general se producen con carne de res molida, chiles anchos cocidos y molidos, canela, clavo, orégano, pan y leche, se acompañan con frijoles o puré de papas. Las consumen mucho los otomíes que habitan en el estado. También en Jalisco son muy populares; la mezcla contiene carne de res y de cerdo, cebolla, ajo, perejil y sal; se sirven acompañadas o bañadas con salsa picante. En esta entidad existen diferentes variedades, pueden ser de aguayón de res y lomo de cerdo, con una salsa de chile ancho, cebolla, bolillo, vinagre blanco, orégano y pimienta. Algunas personas los llaman guadalupanas (por su forma parecida a la silueta de la imagen tradicional de la virgen de Guadalupe), éstas se dejan orear y se fríen, se sirven sobre hojas de lechuga y rebanadas de naranja. Por lo general la salsa con la que se comen es dulce. Otra variante se prepara con un toque ligero de especias: chile ancho, ajo, pimienta, comino, clavo y orégano. A esta última preparación se le conoce como pachola dulce cuando no se le añade chile para que la puedan consumir los niños. En Michoacán se preparan las pacholas de formas similares a las de otros estados. Algunos acostumbran mezclar la carne de cerdo y de res con chile ancho, ajo, orégano, pimienta, clavo, comino, galletas de sal molidas y huevo. Se fríen en manteca de cerdo y suelen acompañarse con ensalada de lechuga y alguna salsa picante. En Landa de Matamoros y la Sierra Gorda, Querétaro, además de los bisteces de metate, se elaboran otras pacholas de masa de maíz mezclada con manteca de cerdo, azúcar, canela y yemas de huevo cocidas; se mezclan en el metate y se cuecen en comal de barro. En Zacatecas se elaboran con carne molida de res y de cerdo, clara de huevo, ajo y pan molido; en ocasiones también se le añade chile colorado o ancho a la carne.

Conocida también como:
◇ bistec de metate
◇ pacholi
→ raspada

PACHOLI ◆ pachola

PACUY ◆ cuapinol

PADRECITOS

Ninfas de insectos del orden odonata, pertenecientes a la familia *Aeschnidae*. Con este nombre se designa a las especies *Aeschna sp.* y *Anax sp.* Son gusanos comestibles que se recolectan en las lagunas de Tlaxcala y el Estado de México y se acostumbra comerlos fritos en tacos o guisados en salsa de jitomate.

PADZITO

GRAF. padzi, patzi o patzito. Tamal elaborado con masa de maíz endulzada con azúcar y mezclada con canela y pasas; se envuelve en hoja de piedra y se cuece en agua o al vapor. Este tamal se prepara en la región zoque del estado de Chiapas. En Comitán suelen rellenarse con manjar, en cuyo caso se llaman padzitos de manjar, o tamal de manjar, mientras que en el rumbo de San Cristóbal de las Casas, a veces se colorean con pintura vegetal rosa y se envuelven en hojas de maíz.

PAGUA O PAHUA (*Persea schiedeana*)

Variedad de aguacate, de forma ovoide, de unos 16 cm de longitud, color verde purpúreo y cáscara rugosa. La textura de su pulpa es más fibrosa que la de otros aguacates, aunque de sabor similar; no es una fruta de consumo masivo. En el Distrito Federal se utiliza principalmente rebanado en tortas y cocteles, aunque en esta entidad es mucho más común el consumo del aguacate Hass. En Papantla, Veracruz, se acostumbra comer durante la comida del medio día, se parte por la mitad y en la misma cáscara se agrega salsa verde o de chiltepín, se revuelve y se come con tortillas calientes. Conocido como kukatli en Papantla, Veracruz.

PAHALKA ◆ hierbamora

PAIPAI

Grupo étnico asentado en las sierras de Juárez y San Pedro Mártir, en el municipio de Ensenada, Baja California, con tres localidades importantes: Santa Catarina, Jamao y San Isidro. En el Censo de Población y Vivienda 2010 se reportaron 200 hablantes de paipai a nivel nacional. El clima de la región es seco y extremoso. En la costa, la altitud oscila entre los 0 y los 500 metros sobre el nivel del mar, en tanto que en la serranía llega a alcanzar hasta 2000 metros. El suelo es árido y semiárido con una vegetación en la que predominan los matorrales dispersos. Entre la flora encontramos gobernadora, palo verde, torote, jojoba, palo fierro, biznaga y otros cactos. En la sierra hay bosques de pino enano. Entre los plati-

Cerámica paipai

llos típicos están la rata en agua, la rata asada, el tejón en agua, el tejón tatemado, la torta de tuna, el agua de ojo de víbora, el atole de trigo, el atole de bellota y el pinole de trigo, entre otros.

PAJAL UL ◆ atole agrio

PAJARILLO

Páncreas de la res, de color rojo oscuro y de consistencia muy suave. Por lo regular se utiliza como alimento para mascotas, aunque también se prepara en bisteces para consumo humano.

PAJARITO

Pez de la familia *Hemiramphidae*, de cuerpo delgado y alargado, color verde o azul en el dorso y blanco o plateado del vientre. Debe su nombre a su boca, que es parecida al pico de una ave de color azul. En promedio mide 35 cm de longitud y se puede capturar durante todo el año. En el litoral del Golfo de México se encuentran el *Hemiramphus balao*, el *Hemiramphus brasiliensis* y el *Hyporhamphus unifasciatus*, este último también vive en el océano Pacífico, al igual que el *Euleptorhamphu viridis*, *Hyporhamphus rosae*, *Hyporhamphus snyderi* e *Hyporhamphus gilli*. Su carne es blanca, suave y jugosa, se prepara frito para comer como botana, en tacos, con salsa picante al gusto.

Conocido también como:

◇ agujeta
◇ balajú
◇ balao
◇ checa
◇ escribano
◇ marao fósforo

Algunas variedades también son conocidas como:

◇ pajarito blanco (*Hemiramphus unifasciatus*)
◇ pajarito californiano (*Hemiramphus rosae*)
◇ pajarito choca (*Hemiramphus snyderi*)
◇ pajarito choelo (*Hemiramphus gilli*)

→ hormiguillo

PAJPATLA ◆ papatla

PAJUIL O PAJUOL (*Penelopina nigra*)

Ave de 60 cm de longitud, con cola larga, garganta sin plumas, cresta baja y compacta. Los machos son negros, con piernas, patas, papada y pico anaranjados; las hembras y los machos jóvenes tienen un color café densamente manchado de negro, y piernas, patas, papada y pico rojos. En la edad adulta llega a pesar hasta 800 gramos; se alimenta de bayas y frutos carnosos. Habita en parques montañosos y húmedos de Chiapas y al este de Oaxaca y actualmente es una especie en peligro de extinción. Su

carne es blanca y de buen sabor, se considera incluso mejor que la del hocofaisán.

Conocida también como:

◇ gallina de monte
◇ pachita

PAK'AL-KAN ◆ hierbamora

PAKAY ◆ cuapinol

PALACHE O PALACHI ◆ guajolote

PALANQUETA

Del náhuatl *palanqui* o *pilinque*, podrido o marchito. Dulce elaborado con frutos cubiertos de caramelo, que se prepara en diferentes regiones de México. Los ingredientes que más se utilizan son cacahuate, nuez, amaranto, pepita de calabaza y piñón. La palanqueta más popular es la de cacahuate. Para

elaborarla, los cacahuates pelados se mezclan con una miel que al enfriar se endurece y permite amalgamar el ingrediente; se acomoda en bastidores para luego cortarlos en cuadros o rectángulos de diferentes tamaños y, en ocasiones, envolverlos en papel celofán. En Coahuila y Nuevo León es tradicional la palanqueta de nuez, ya que en esos estados son típicos los dulces fabricados con nuez pecana. En Hidalgo se producen de nuez, pepitas de calabaza o cacahuates mezclados con miel de piloncillo caramelizada. En Jalpa de Díaz, Oaxaca, los mazatecos preparan la palanqueta con panela y ajonjolí tostado.

→ condumbio

PALANQUETA DE PLÁTANO

Dulce elaborado con plátano verde finamente picado, que se fríe y se baña con miel de piloncillo, se hierve hasta que espesa y se corta como palanqueta, de donde toma su nombre. Es un dulce de origen afromestizo que se consume en la región del Sotavento, en Veracruz.

PALETA HELADA

Dulce congelado en forma de pala, elaborado con agua o leche. Lleva en la base un palito de madera o de plástico que sirve como mango. Por lo general se elaboran con aguas frescas regionales, aunque también existen otros sabores; son comunes las de

limón, melón, tamarindo, grosella, guanábana, horchata, nanche, etc. Las paletas preparadas con leche pueden estar también cubiertas con chocolate oscuro o blanco, además de algún otro ingrediente que se adhiere a la cubierta de chocolate, por ejemplo nuez, cacahuate o coco. Se venden en heladerías o en carritos de helados ambulantes en todo el país.

PALMA DE DÁTILES (*Yucca treculeana*)

Planta de la familia de las agaváceas que mide entre dos y cinco metros de altura, con aspecto de palma poco ramificada, tronco ensanchado en la base, hojas de 50 cm a 1.3 metros de largo y de 5 a 10 cm de ancho, algo ensanchadas hacia su parte media y con una espina de más o menos un centímetro en una extremidad. Sus flores llegan a medir entre 2 y 4 cm y son de color crema o blanco. Su fruto, llamado dátil, es comestible y tiene una dimensión de 5 a 12 cm. Crece en Nuevo León, Coahuila, Chihuahua, Tamaulipas y algunos estados colindantes. No se debe confundir con la

Phoenix dactylifera, que es la palma de dátiles proveniente de África.

→ palmilla

PALMA REAL ◆ palmito

PALMILLA

Nombre con el que comúnmente se conoce en el norte del país a la mayoría de las especies del género *Yucca* pertenecientes a la familia de las agaváceas. Tienen aspecto de palma con el tronco simple o ramificado; poseen hojas largas y angostas, rígidas y de punta aguda; sus flores comestibles son blancas y se acostumbra comer también sus frutos, conocidos como dátiles. En-

tre las variedades conocidas se encuentran la *Yucca elata*, la *Yucca thompsoniana* y la *Yucca valida*.

Conocida también como:

⋄ cortadillo (*Yucca elata*)
⋄ dátil cimarrón (*Yucca thompsoniana*, *Yucca valida*)
⋄ datilillo (*Yucca thompsoniana*, *Yucca valida*, Baja California)
⋄ palmito soyate (*Yucca elata*, Coahuila)

Conocida en otras lenguas como:

⋄ *láatiro* (mayo, Sonora)

PALMITO (*Sabal mexicana*)

Palma que llega a medir hasta 20 metros de alto, que posee hojas de hasta 2 metros de largo. Los brotes tiernos del tallo son comestibles y se les conoce como palmito. Se utiliza como verdura en ensaladas y también se puede comer solo como botana, de forma similar a la jícama, pues es crocante. Para obtener el palmito se deben retirar las palmas de la punta de la planta, hasta que queda una especie de corazón o centro blanco, al que se le llama palmito; éste se conserva varios días a temperatura ambiente, tapado con una manta o bolsa de plástico. Con frecuencia se emplea en la comida regional de San Luis

Potosí, donde se come con limón y chile piquín; también se acostumbra acompañarlo con una vinagreta elaborada con aceite de oliva o de maíz y vinagre blanco. Se prepara también en salsa de chile ancho, solo o con carne de cerdo, se añade a guisos de carne de cerdo preparados con jitomate, cebolla y ajo, así como a carne seca guisada con salsa de chile ancho; también se prepara como postre con leche y azúcar. En Veracruz, se consume principalmente en las poblaciones del norte del estado habitadas por los nahuas, quienes cuecen el palmito en salsa de tomates verdes con clavo, pimienta, cebolla, ajo y chile seco; al guiso se le puede añadir carne de cerdo. En la Huasteca se comen en caldillo de jitomate y chile, ocasionalmente con carne de cerdo; en ese caso se agrega una rama de papaya para acelerar la cocción. En Tuxpan, se cocina el palmito en escabeche con zanahoria, cebolla, aceite, vinagre de frutas, chiles jalapeños, laurel y sal; se sirven fríos como entrada o entremés. En Tantoyuca se prepara una ensalada de palmitos cocidos, aderezados con aceite de oliva, vinagre, cebolla rebanada y orégano en polvo. En Chiapas también se consume el palmito de la palma de coyol, y se sirve en ensalada con vinagre de piña o panela y aceite de oliva o curtidos en vinagre. En el Soconusco se prepara el palmito de fiesta que se elabora con el corazón de la palma partido en cuadros; luego se cuece en agua con ajos machacados y sal. Aparte se prepara una salsa de jitomate, cebolla, pimienta, comino, rajas de canela y masa de maíz, que se fríe en aceite y se sazona con sal y azúcar. Por último se agregan los cuadritos de palmito cocidos y se deja hervir hasta que espese.

Conocido también como:

◇ ápatz
◇ palma apachite
◇ palma de míchero
◇ palma real
◇ palma redonda

PALO AMARILLO (*Berberis longipes*)

Árbol perteneciente a la familia de las berberidáceas que mide de 8 a 9 metros de altura, da sus frutos durante el mes de mayo. Produce una baya blanca de sabor dulce que consumen los tarahumaras a la que también llaman *o'losi*.

PALO COLORADO ◆ bellota de encino

PALO DE AGUA (*Sinclairia glabra*)

Arbusto de la familia *Asteraceae*. En las comunidades indígenas de Chiapas se acostumbra comer sus hojas tiernas y tallos como quelites, a los que les llaman quelite tsuy.

→ apompo

PALO DE CANELA ◆ caimito

PALO DE CORRAL ◆ flor de cocohuite

PALO DE HIERRO ◆ palo fierro

PALO DE PULQUE ◆ palo de timbre

PALO DE SAN JUAN ◆ jito

PALO DE SOL ◆ flor de cocohuite

PALO DE TIMBRE (*Acacia angustissima*)

Arbusto de la familia de las leguminosas que mide de 3 a 4 metros de alto. Sus hojas son como plumas, las flores son de tono blanco-verdoso y los frutos alargados, planos y de color guinda-verdoso. Es originario del sur de los Estados Unidos, México y Costa Rica. Tanto su raíz como su fruto y corteza son ampliamente utilizados para potenciar y acelerar la fermentación de bebidas de baja graduación alcohólica. Su uso se registra principalmente en comunidades indígenas y, por extensión, en regiones cercanas a ellas. Su raíz se utiliza para elaborar la bebida caxtila en Zongolica, Veracruz, y su corteza para el coyote, en Puebla, así como en ciertas variedades de tepache en Oaxaca. La fermentación del pulque también se fortalece con la corteza o raíz, por lo que uno de los nombres con que se identifica a esta bebida es palo de pulque.

Conocido también como:

◇ ángel
◇ barba de chivo
◇ guajillo

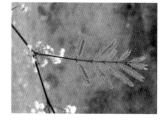

◇ ixtlaxóchitl
◇ jicarillo
◇ mezquite o mezquitillo
◇ palo de pulque
◇ tepachillo
◇ tiemben
◇ timbre

PALO DE ZANATE ◆ hierba santa

PALO FIERRO (*Olneya tesota*)

Arbusto o arbolillo espinoso de la familia de las leguminosas que llega a medir 10 metros de altura, de hojas pinadas, flores de color blanco-purpúreas en racimos cortos, de madera dura y quebradiza. Sus frutos son vainas con una o dos semillas de forma oval de unos 8 mm y tienen un sabor que recuerda al cacahuate. En Sonora los indígenas las tuestan y las muelen para preparar pinole; mientras que en el norte de Baja California los indígenas la remojan y la muelen para mezclarlas con miel y preparar un dulce.

Conocido también como:

◇ árbol de hierro
◇ hésen o tesén
◇ palo de hierro
◇ tésota
◇ uña de gato

PALO JIOTE, PALO MULATO O PALO RETINTO ◆ quiote

PALO LACANDÓN ◆ guapaque

PALO SANTO

Planta de tallo leñoso que llega a medir hasta 3 metros de altura; se encuentra en la Mixteca de Puebla, donde consumen sus brotes. Crece en plena temporada de sequía al inicio de la cuaresma.

→ quelite santo

PALOMA

1. Ave de cuerpo alargado, cola mediana, patas pequeñas y delgadas, alas largas y puntiagudas, y pico corto y débil, con abultamientos dérmicos en la base de la parte superior del pico, denominada "cera", que está más desarrollada en los machos. Pertenecen al orden columbiformes y a la familia *Columbidae*; en México existen 24 especies, entre las que destacan la paloma codorniz (*Geotrygon albifacies*), la paloma montañera (*Geotrygon montana*), la paloma de alas blancas (*Zenaida asiatica*), la paloma de collar (*Patagioenas fasciata*), la paloma escamosa (*Patagioenas speciosa*), la paloma pico negro (*Patagioenas nigrirostris*) y la paloma suelera (*Leptotila verreauxi*). Se cazan muy poco debido a la dificultad que representa su captura, por lo que se acostumbra comerlas sólo en algunas regiones. Se preparan en diversos estados en guisos como la paloma en pipián de guaje, paloma rellena y paloma torcaza asada.

Conocida también como:

◇ chicalotera
◇ huilota
◇ huilota costeña
◇ montera
◇ paloma huertera
◇ paloma huilota
◇ paloma triguera
◇ pichón
◇ torcaza
◇ tórtola

→ huilota

2. Antojito semejante a una flauta que se elabora con tortillas de harina.

3. Coctel preparado con tequila mezclado con refresco de toronja y jugo de limón, servido en un vaso escarchado con sal. Se ofrece en cantinas y bares.

→ isla flotante, triángulo

PALOMA EN PIPIÁN DE GUAJE

Platillo elaborado con paloma guisada y cocida en un mole preparado con guaje y caldo de pollo o aves. Puede encontrarse en algunas regiones de Sinaloa.

PALOMA RELLENA

Platillo elaborado con paloma limpia, bañada con vino blanco, que se rellena con una preparación de chorizo, zanahorias, ejotes, chile verde, aceitunas, pasas, laurel y canela. En Sinaloa es frecuente encontrar diversos guisos de aves preparados como el pato relleno o el baizano relleno.

PALOMA TORCAZA ASADA

Preparación elaborada con paloma de monte que se aliña y después se asa al carbón. Cuando la carne está cocida, se deshebra y se le agrega jugo de naranja agria, cebolla picada, sal y chile al gusto. Se acostumbra consumirla en Campeche.

PALOMETA

Peces del género *Peprilus*, de cuerpo comprimido, miden entre 18 y 30 cm de largo y son de color gris azulado o verdoso en el dorso, con vientre y costados plateados. En las costas del océano Pacífico se encuentran las especies *Peprilus medius* y *Peprilus simillimus*, en el Golfo de México y el Caribe se encuentran *Peprilus paru*, y en la península de Yucatán *Peprilus burti*. Su carne blanca, firme y magra es muy apreciada; se prepara principalmente frito y empapelado. En la península de Baja California se conocen como pámpanos o pampanitos, pero no hay que confundirlos con los del género *Trachinotus*.

PALOMETA JOROBADA ◆ jorobado

PALOMILLA

1. Corte de la parte trasera de la res de donde se obtienen bisteces suaves.
2. Término con el que se conoce al lomo de res en Juchitán, Oaxaca.
3. Término con el que se identifica a varios insectos que plagan diversas plantas, por ejemplo al gusano blanco del maguey al que también se le conoce como palomilla del maguey.

PALOMITA ◆ hongo canario, hongo cazahuate

PALOMITAS DE MAÍZ

Botana elaborada a base de maíz palomero que se calienta con aceite y sal, el grano revienta y se vuelve blanco y esponjoso. Se acostumbra comerlas como golosina en el cine o en algunos bares. Esta variedad de maíz se ha consumido en México desde la época prehispánica; los mexicas lo llamaban *momocatli*. Lo ponían en un comal para que los granos reventaran y en ocasiones los endulzaban con miel de maguey. Actualmente todavía se puede encontrar en algunas comunidades indígenas un dulce similar a un muégano elaborado con palomitas amalgamadas con miel. En Chiapas se prepara también un dulce llamado *puxinú*.

PALOTE NEGRO ◆ guacima

PALOTEAR

Acción de aplanar una masa con un palote o rodillo. Las masas de harina de trigo para tortillas o pan se palotean para estirarlas y poder darles las formas y grosores deseados. En muchas panaderías y casas en lugar de rodillos se utilizan palotes, también conocidos como palitos, que suelen ser trozos de madera torneada y que por lo regular se cortan de los palos de escoba.

PAMBAZO

1. Pan salado del que existen algunas variedades dependiendo de la región donde se prepare. El pan puede ser ovalado, esponjado, con grietas en la parte superior, de color marrón claro; es una de las recetas más antiguas del pan español. También puede ser un pan esponjado, con forma de media luna, espolvoreado con harina; es una receta tradicional del centro del país. Otro muy similar, pero con una pequeña tetilla en la superficie, se encuentra en algunas panaderías del sur de Veracruz y el sureste del país. En Xalapa se elaboran unos suaves y otros crujientes o tostados; estos últimos miden aproximadamente 5 cm de diámetro, se venden en bolsas y con frecuencia se comen acompañados con café. El suave suele medir de 5 a 8 cm, la masa contiene harina, agua, levadura, sal, azúcar, manteca de cerdo y leche.
2. Antojito similar a una torta que se prepara con el pan del mismo nombre; el relleno varía dependiendo de la región donde se prepare. En Veracruz por lo regular los rellenan con frijol, mayonesa, jamón, pollo deshebrado, chorizo, lechuga, cebolla y chile chipotle adobado. Son típicos para las fiestas infantiles, reuniones o tardeadas. En el Distrito Federal los pambazos se venden en puestos callejeros; el pan se unta con salsa de chile rojo; el relleno más popular es el de frijoles, papas con chorizo y lechuga rallada; se calienta en el comal con manteca de cerdo y se le añade crema y queso rallado. En Durango son famosos los pambazos de pan negro, por lo general relle-

nos de carne de cerdo o chorizo. En Querétaro se conocen como guajolotes.

→ hongo cemita, hongo pambazo, hongo panadero

PAME

Grupo étnico que habita en la región montañosa y desértica de la Sierra Madre Oriental de San Luis Potosí y una pequeña fracción del norte de Querétaro, la región pame, también conocida como Pamería. En San Luis Potosí, la zona *xi'ui* comprende cinco municipios: Ciudad del Maíz, Alaquines, Tamasopo, Rayón y Santa Catarina. En el estado de Querétaro se ubican principalmente en los municipios de Jalpan de Serra y Arroyo Seco. El territorio presenta variaciones altitudinales que van de los 350 a los 1 640 metros sobre el nivel del mar, con tres tipos contrastantes de vegetación: una boscosa de encino y pino en las zonas más elevadas; otra tropical de hojas perennes, con abundancia de palo mulato, cedro rojo, encino y roble en el municipio de Tamasopo y al este de Ciudad del Maíz y, finalmente, una vegetación de tipo matorral submontano con huizache, mezquite, cactus y agaves en los municipios de Ciudad del Maíz y Alaquines. El Censo de Población y Vivienda 2010 registró 11 627 hablantes de pame a nivel nacional. El maíz, el frijol, el chile y la calabaza son los principales productos que se cultivan en la Pamería. También existe el cultivo de café, calabaza y garbanzo para el autoconsumo. Algunos de los platillos típicos son atole de semillas de patol, atole de maíz de teja, atole de puzcua, bolim, camote de mala mujer, salsa de nuez, tamal de chamal, venado asado y en caldo, entre otros.

PÁMPANO

Peces del género *Trachinotus*, perteneciente a la familia *Caragindae*, de cuerpo robusto, corto, alto y comprimido, dorso oscuro, cuerpo plateado o gris metálico y vientre blanco. Miden en promedio 35 cm de largo, pesan aproximadamente 1 kg y se pescan de octubre a mayo en ambas costas de México. Son peces muy cotizados en el mercado nacional, pues su carne oscura tiene muy buen sabor. En el Golfo de México habitan el pámpano amarillo *Trachinotus carolinus* y el pámpano rayado *Trachinotus goodei*; en el océano Pacífico se encuentran el pámpano fino *Trachinotus rhodopus*, el pámpano paloma *Trachinotus paitensis* y el pámpano plateado *Trachinotus kennedyi*. Con ellos se prepara un sinnúmero de guisos regionales; en el Golfo de México se guisan rellenos con camarones o mariscos, empapelados, fritos enteros, en filetes al mojo de ajo, capeados o rebozados. La cabeza y algunas partes del cuerpo se emplean para preparar caldos. En Campeche las preparaciones más populares son el pescado en verde y empapelado. En la región

del Sotavento, Veracruz, se baña en salsa verde, se envuelve en hierba santa y se cuece en hoja de plátano en el comal, a la plancha o al horno; se sirve en su misma envoltura. De manera similar se cocina el pámpano en acuyo, el pescado se baña con una salsa de hojas de acuyo, cebolla, ajo, chile jalapeño, tomate, cilantro, perejil y sal y se envuelve en papel aluminio. En Yucatán se prepara una especialidad que consiste en un pámpano cocido en un escabeche elaborado con aceite de oliva, cebolla rebanada, ajo, chile *xcatik*, chile dulce, pimienta, canela, laurel, clavo, comino, jugo de naranja agria y vinagre; se sirve como plato principal con abundante escabeche.

→ palometa

PÁMPANO EN VERDE ◆ pescado en verde

PÁMPANO POC CHUC

Platillo preparado con pámpano fresco, limpio y con piel, cubierto con un adobo preparado con pimientas de Castilla, ajo molido, sal y jugo de naranja agria. Se cuece en una parrilla de alambre o a las brasas; suele servirse con salpicón, salsa al gusto o chiltomate. Es muy popular en las regiones mayas del sureste del país.

PAMPLEMUSA ◆ toronja

PAN

Alimento que se obtiene mediante el horneado de una masa o pasta que generalmente se amasa y se fermenta, aunque en ocasiones uno o ambos procedimientos se omiten. Los ingredientes básicos son harina y agua; generalmente se añaden levadura y sal. En México tradicionalmente se hornean en hornos de piedra o de barro, aunque en la actualidad se utilizan sobre todo hornos industriales. La panadería mexicana se divide en dos grandes grupos: los panes de dulce y los de sal. Con la llegada de los españoles al territorio mexicano, también llegaron el trigo y la tradición de producir pan. Los frailes empezaron a fabricar hogazas planas similares a tortillas muy gruesas; con el tiempo se comenzaron a hornear bolillos, cocoles y pan de agua o pan español; tiempo después nació la gran variedad de pan de dulce que ahora existe. La historia de la introducción del trigo en México es un tanto confusa: una de las versiones indica que pudo haber llegado en los envíos que se mandaban de España como parte de la respuesta a una petición que hizo Cortés a la Corona española en 1525; otra versión refiere que algunos soldados españoles encontraron en sus navíos granos de trigo y los sembraron, y una más atribuida al cronista Fran-

Panadero cargando una canasta con bolillos en la calle, ca. 1930

442

cisco López de Gómara relata que un esclavo africano de Cortés encontró tres granos de trigo, los sembró en el huerto de la casa (hoy ubicada en la calle de Ribera de San Cosme número 66) y que de ahí obtuvo una cosecha de 136 granos. Los primeros cultivos formales de trigo se localizaron en poblados aledaños a la Ciudad de México. El despojo de tierras y la imposición de la siembra de trigo fue una constante en la época virreinal, debido a que los indígenas se negaban a sembrar el grano de trigo y sólo sembraban maíz. En el último tercio del siglo XVI, en México ya se producían dos tipos diferentes de panes de trigo: el pambazo, confeccionado con la llamada harina de moyuelo (salvado bien molido), y el pan floreado, hecho con harina más blanca y fina. Al final de ese siglo existían reglamentos que prohibían el uso de dos harinas diferentes en la elaboración del pan. Más tarde surgieron decretos que controlaban los precios, tamaños y formas de vender el pan. Como ejemplo podemos citar la prohibición de venderlo en las pulquerías. A través de los años, poco a poco México adquirió una cultura panadera propia, que se enriqueció ampliamente con las aportaciones de extranjeros, en especial franceses, españoles e italianos que instalaron panaderías familiares en distintos poblados y ciudades de Méxi-

co. A esta influencia se agregó el ingenio y la habilidad de los mexicanos, quienes inventaron formas nuevas, así como nombres peculiares para cada pan, con lo que lograron la gran diversidad de panes que conocemos hoy en día. La forma de trabajar la masa no cambió mucho en varios siglos y fue hasta 1920 cuando se empezaron a utilizar las amasadoras mecánicas, lo que facilitó el trabajo y diversificó la producción. Tradicionalmente las panaderías estaban equipadas con un horno hecho de adobe o de ladrillos, que era alimentado con leña. Trabajaban tres maestros panaderos: uno de pan blanco, otro de pan de dulce y un pastelero, todos ellos con sus segundos oficiales y medios oficiales. En la actualidad, en diversos pueblos y comunidades e incluso en la Ciudad de México, existen todavía panaderías rústicas que conservan elementos y formas de elaboración similares a las que se practicaban hace 200 años, por ejemplo las mesas para el amasado, para palotear la masa y para el corte y formado del pan, así como el uso de hornos de tabique. No obstante, a causa del crecimiento demográfico el pan comenzó a elaborarse en panaderías grandes e industrializadas, por lo que se han dejado de preparar algunas variedades. En todas las regiones de México se elaboran diferentes tipos de pan, así como panes típicos. Existen panes que se elaboran y consumen de forma cotidiana como las conchas, las orejas, las corbatas, las hojaldras, los cuernos y los cocoles, así como panes de fiesta especiales para las fiestas patronales, como el pan de fiesta de San Juan Totolac, Tlaxcala, o para celebraciones específicas como el pan de muerto y la rosca de reyes.

→ hongo cemita

PANES		
Nombre	Descripción	Lugar de consumo
adelaida	pan de dulce cuadrado y esponjoso, decorado con coco rallado	Distrito Federal
africano	pan de dulce, horneado en moldes pequeños	Trinitaria y Comitán, Chiapas
aguácata de piloncillo	pan de dulce ovalado, elaborado con una masa gruesa pesada, adornado con una figura en forma de caracol hecha con una pasta de harina	Distrito Federal
	pan de dulce redondo, de consistencia maciza y esponjada; su superficie se decora con trocitos de piloncillo	Distrito Federal
alamar	pan de dulce en forma de moño, elaborado con masa para galletas y decorado con azúcar granulada	centro del país
alcatraz de canela	pan de dulce con forma de flor, decorado con pasta de concha y espolvoreado con azúcar	centro del país
apretado	galleta de piloncillo y pinole	Hidalgo
azucena	pan de dulce de manteca de cerdo, adornado con azúcar	Oaxaca
banderilla	pan de dulce hecho con hojaldre con forma de barra larga, decorado con clara de huevo y azúcar caramelizados	todo el país
birote	pan de sal, de sabor agrio y consistencia flexible	Jalisco
bizcocho	pan de dulce, de masa suave y esponjosa, del que existen muchas variantes regionales	todo el país
bizcocho envinado	pan de dulce, bañado con un almíbar envinado	Oaxaca
bizcochuelo	marquesote en rebanadas y tostado	Sotavento, Veracruz
bizcotela	pan de dulce de consistencia rígida y quebradiza	Yucatán

(continúa)

PANES		
Nombre	Descripción	Lugar de consumo
bolillo	pan de sal elaborado con una masa de harina de trigo, agua, levadura y sal; es suave por dentro y crujiente por fuera	todo el país
bonete	pan de dulce de forma oblonga o circular, decorado con ajonjolí	todo el país
borrachito	pan de dulce en forma de cubilete con pasitas, bañado en un almíbar envinado	Distrito Federal
borrego	pan de dulce hecho con masa de harina de trigo y agua con forma de borrego; se elabora los domingos	Valles Centrales, Oaxaca
budín	pan de dulce elaborado con pan de dulce viejo, leche, azúcar, mantequilla, canela y pasas; existen muchas variantes dependiendo de la región donde se prepare	todo el país
cajita	pan de dulce cuya masa contiene queso; se hornea en cajitas de papel	Teloloapan, Guerrero
cajita de arroz	pan de dulce hecho con harina de arroz; se hornea en cajitas de papel	Morelos
campechana	pan de dulce, cuya consistencia es similar a un hojaldre, es decir, crujiente y quebradiza	centro y sureste del país
canilla	pan de dulce de textura crujiente, con forma de canilla	Veracruz
	pan de dulce con forma de canilla	Valles Centrales, Oaxaca
carlitos	pan de dulce de consistencia suave y esponjosa, con forma de volcán y untado con un dulce de coco en la parte inferior	Oaxaca
cazueleja	pan de fiesta, de masa esponjosa y suave, la cual contiene queso seco rallado; se espolvorea con azúcar y canela	Chiapas
cemita	pan de sal redondo, similar al pambazo	Puebla
	pan de dulce con manteca y panela	Oaxaca
	pan de dulce, decorado con biznaga, coco, nuez o pasitas, espolvoreado con azúcar	Zacatecas
	pan de dulce fermentado con tesgüino	Chihuahua
	pan de sal fermentado con pulque	Coahuila
	pan de dulce cuya masa contiene huevo y miel de piloncillo, del que existen muchas variedades	Colima
chamuco	pan de dulce esponjado, cuya masa contiene piloncillo	Chilpancingo, Guerrero
chancla	pan de sal fermentado con pulque, con forma de chancla, de consistencia similar al pan árabe que se rellena como una torta o cemita	Puebla
chanclacuda	galleta cuadrada y pequeña hecha a base de harina de trigo, panela, huevo y manteca de cerdo	Veracruz
	galleta hecha con harina de maíz, cocida en comal y espolvoreada con panela molida	Veracruz
chavacanes	galleta o totopo elaborado con harina de maíz, manteca de cerdo y piloncillo; se cuece en comal	Veracruz
chichimbré	galleta de forma cuadrada hecha con manteca de cerdo, huevo, bicarbonato de sodio y miel de piloncillo	Tamaulipas
chilindrina	pan de dulce de forma circular y consistencia esponjosa, con azúcar en grano grueso en la superficie	centro y sur del país
chimborote	pan de dulce a base de huevo batido, bañado con almíbar de piloncillo	San Cristóbal de las Casas, Chiapas
chimisclán	cocol sin barnizar y sin ajonjolí	Tlaxcala, Hidalgo, Estado de México, Distrito Federal
chorreada	pan en forma de cemita, con piloncillo en la superficie	Querétaro
cocol	pan de dulce con forma de rombo, fuerte sabor anisado, barnizado con huevo y cubierto con ajonjolí, del que existen muchas variedades	Tlaxcala, Hidalgo, Estado de México, Distrito Federal

PANES

Nombre	Descripción	Lugar de consumo
cocol de queso	cocol relleno de queso de cabra, queso añejo o queso panela	Perote, Veracruz
cocotazo	pan de sal semicircular con el centro duro	península de Yucatán
concha	pan de dulce con forma de media esfera, cuya superficie se decora con pasta para conchas	todo el país
conejillo	pan de dulce similar a la hojaldra de los Valles Centrales, con forma de conejo	Valle de Etla, Oaxaca
cono de lechecilla	pan de dulce en forma de cono hecho con una masa similar al hojaldre, relleno de lechecilla	Oaxaca, centro del país
corico	galleta de harina de maíz o pinole, manteca de cerdo y canela con forma de herradura	Chihuahua
cubilete	pan de dulce de masa esponjosa que se baña con licor y en ocasiones está relleno	Distrito Federal
cuerno	pan de dulce de forma similar a un cuerno; deriva del *croissant* francés	todo el país
cuerno de nuez	cuerno con forma de bigote, cuya masa contiene nuez troceada	todo el país
cuinicho	pan de harina de trigo con forma de animales o figuras humanas que se elabora para la fiesta de Corpus Christi	Michoacán
despicado	polvorón hecho con harina de maíz, canela y manteca de cerdo	Nuevo León
dona	pan de dulce frito hecho con masa de bizcocho en forma circular, con un orificio en el centro y cubierto con diferentes ingredientes	todo el país
duquesa	empanada rellena con merengue de coco y almendra	Los Tuxtlas, Veracruz
empanada de almendra	empanada rellena de dulce de almendra	Nuevo León
empanada de calabaza	empanada rellena de dulce de calabaza y nuez	Nuevo León
empanada de guayaba	empanada rellena de dulce de guayaba	Veracruz
encalada	pan de dulce con sabor a anís	centro del país
enchancacada	pan hecho a base de chancaca	Hidalgo
escotafí	pan de dulce de masa esponjosa, de origen conventual	Yucatán, Campeche
fleyman	pan de sal de costra crujiente, con aroma a levadura	Guadalajara, Jalisco
fruta de horno	galleta de harina de maíz o pinole con manteca de cerdo y piloncillo; la forma que se da a las galletas depende de la región donde se elaboren	Aguascalientes, Colima, Estado de México, Guanajuato, Hidalgo, Michoacán, Querétaro, San Luis Potosí, Veracruz, Zacatecas
galleta de animalitos	galleta sencilla, pequeña, muy económica, en forma de animales	todo el país
galleta de camino	galleta que se acostumbra llevar a los viajes, ya que tiene un tiempo de vida largo	Jalisco
galleta de ojo de buey	galleta en forma de espiral, bicolor, de sabor vainilla con chocolate	Comitán, Chiapas
galleta güerita	galletas de consistencia suave y arenosa, en forma de bolita con una cruz en la superficie	Comitán, Chiapas
galleta María	galleta de origen español, muy económica y popular	todo el país
galleta rayada	galletas de consistencia suave y arenosa, de forma rectangular, bicolores, sabor chocolate y vainilla	Comitán, Chiapas
garapacho	pan de sal pequeño hecho con masa de maíz y manteca de cerdo	Querétaro
	galleta o rosquita dulce cuya masa contiene harina de maíz, manteca de cerdo y polvo para hornear	Tamaulipas

(continúa)

PANES

Nombre	Descripción	Lugar de consumo
gordita de elote	pan de dulce redondo y pequeño, elaborados a base de elote, polvo para hornear, canela y mantequilla	todo el país
gordita de pinole	galleta gruesa a base de pinole, piloncillo, canela y nata	Hidalgo
harinilla	galleta cuya masa contiene harina de maíz, manteca de cerdo, piloncillo y anís	Chihuahua
hechizo	pan de dulce a base de hojarascas y levadura	Coahuila, Nuevo León
hojaldra	pan de dulce hecho con masa de manteca de cerdo, con forma de volcán y espolvoreados con azúcar roja y blanca	Oaxaca
	pan de dulce cuya masa contiene nuez y anís; se consume como pan de muerto	Tlaxcala
	pan hecho con pasta de hojaldre	todo el país
	pan de sal, redondo, de consistencia esponjosa y suave que se rellena como torta	Distrito Federal
hojarasca	galleta seca y frágil, cuya masa contiene manteca de cerdo, harina y canela	Coahuila, Michoacán, Nuevo León
ixguá	panqué de elote, dulce o salado	península de Yucatán, Tabasco
lima	pan de dulce de forma similar a un cítrico	Oaxaca
margarita	pan de dulce cuya masa se elabora con manteca de cerdo y harina de trigo	Oaxaca
marquesote	pan de dulce hecho con una masa porosa, a base de huevo batido, azúcar y harina de trigo	Oaxaca, Chiapas, Guerrero, Veracruz
marranito	galleta de consistencia dura con sabor intenso a piloncillo y forma de cerdo o marrano	Baja California Sur, Chiapas, Oaxaca, Veracruz
	pan suave con sabor intenso a piloncillo y forma de cerdo o marrano	Distrito Federal, Hidalgo
media manteca	pan de dulce redondo, elaborado con masa de manteca de cerdo y con consistencia de galleta	Yucatán
mestiza	pan con forma de corazón, adornado en su orilla con una trenza igual que el pan	Jilotepec, Estado de México
michoacana	galleta redonda y quebradiza	Michoacán
mollete	pan de dulce hecho con masa de pan amarillo, anís y ajonjolí	Oaxaca
moca	pan de dulce pequeño elaborado con mantequilla, huevo y harina, que se rellena con una crema de vainilla	San Cristóbal de las Casas, Chiapas
muertito	pan de dulce hecho con masa de pan amarillo	Oaxaca
muñeco de muerto	galleta con sabor a piloncillo, forma de cuerpo humano y espolvoreada con azúcar roja	Guerrero
niño envuelto	pan de dulce elaborado con una masa esponjosa, relleno con mermelada y enrollado; se corta en rebanadas que toman la forma de una espiral	todo el país
oreja	pan de dulce hecho con hojaldre, espolvoreado con azúcar que al momento de hornearse se carameliza	todo el país
pambazo	variedad de pan salado cuya masa se origina en el pan español, del que existen muchas variedades dependiendo de la región donde se prepare	Centro y sur del país
pan amarillo	variedad de panes de dulce cuya masa se prepara a base de yemas de huevo y trigo boludo; el nombre del pan cambia dependiendo de la forma que se le da	Oaxaca
pan bollo	pan de manteca horneado en cazuelas y después fraccionado	Juchitán, Oaxaca
pan de Acámbaro	pan de dulce de gran calidad cuya masa puede incluir leche y especias	Acámbaro, Guanajuato
pan de agua	pan de dulce con forma de rosquilla	Campeche
	pan de dulce con forma de rollo espolvoreado con azúcar y canela	Nuevo León

PANES		
Nombre	Descripción	Lugar de consumo
pan de burro	pan de dulce o de sal con un tiempo de vida largo que se transportaba en burro	San José Miahuatlán, Puebla
pan de caja	pan de sal horneado en moldes rectangulares de consistencia suave y esponjosa	todo el país
pan de cazuela	pan de dulce cuya masa contiene trozos de chocolate, horneado en cazuela de barro	Tlacolula, Oaxaca
pan de Chiapas	pan de dulce elaborado con harina de baja calidad, levadura y piloncillo, con forma de concha hueca y en ocasiones se rellena con queso seco	Juchitán, Oaxaca
pan de Comala	pan de huevo; tiene forma de volcán y la superficie se adorna con pasta para conchas	Comala, Colima
pan de Copainalá	variedad de panes de dulce elaborados en Copainalá	Chiapas
pan de cuatro picos	pan de dulce hecho con masa de manteca de cerdo con canela	Miahuatlán, Oaxaca
pan de elote	pan de dulce elaborado con granos de elote, huevo, mantequilla, polvo para hornear, azúcar y harina; sus ingredientes y presentación dependen de la región donde se elabore	todo el país
pan de fiesta	pan de dulce que se vende durante las fiestas patronales	Tlaxcala, Puebla
	pan de huevo, de forma alargada, adornado con ajonjolí	San Juan Huactzinco, San Juan Totolac, Tlaxcala
pan de granillo	pan de dulce al que se le pueden dar diversas formas, adornado con ajonjolí	Xico, Veracruz
pan de huevo	pan de dulce elaborado con una masa a base de huevo y harina de trigo, del que existen muchas variedades regionales	Campeche, Oaxaca, Tlaxcala, Colima, Veracruz, Guerrero
pan de indio	pan de dulce color rojo, elaborado de manera artesanal y con un largo tiempo de vida	San Cristóbal de las Casas, Chiapas
pan de Jilotepec	variedad de panes de dulce elaborados en la región de Jilotepec	Estado de México
pan de maíz	variedad de panes de dulce cuya masa se elabora con una mezcla de harina de maíz, harina trigo y otros ingredientes que varían, dependiendo quien los prepare o de la región	todo el país
pan de maíz al pastor	pan de dulce elaborado con harina de maíz y leche que se cuece en un acero caliente a las brasas	Nuevo León
pan de manteca	variedad de panes de dulce cuya masa contiene manteca de cerdo; existen muchas variedades, dependiendo quien lo prepare y de la región	todo el país
	pan de dulce elaborado con manteca de cerdo, harina de trigo, levadura y canela; el nombre cambia dependiendo de la forma del pan	Oaxaca
pan de muerto	variedad de panes de dulce elaborados exclusivamente para celebrar el día de Muertos. Las formas e ingredientes varían, dependiendo la región	todo el país
pan de nata	pan de dulce cuya masa se elabora a base de natas de leche de vaca; se hace de forma casera o en panaderías pequeñas; los ingredientes y forma varían, dependiendo de la región donde se elabore	varias regiones del país
pan de negros	pan similar a un tamal hecho con masa de maíz, frijol espelón y otros condimentos; se envuelve en hojas de plátano y se hornea en un molde; se rebana y se consume como pan salado	Campeche
pan de nopal	pan de dulce similar a un marquesote, cuya masa contiene nopal	Colima
pan de plátano	panqué elaborado con plátano macho maduro	Nayarit
pan de pulque	variedad de panes de dulce a cuya masa, a base de harina, huevo y leche o agua, se le añade pulque para que fermente; la forma del pan y los demás ingredientes varían, dependiendo de la región	Hidalgo, Querétaro, Tlaxcala, Puebla, Distrito Federal

(continúa)

PANES		
Nombre	Descripción	Lugar de consumo
pan de quesadilla	pan de dulce elaborado con mantequilla batida, harina, huevos y queso	San Cristóbal de las Casas, Chiapas
pan de queso	variedad de panes de dulce cuya masa contiene queso en grandes cantidades; los ingredientes y la forma de los panes varían según quien los prepare	todo el país
pan de sal	panes cuya masa no contiene azúcar, y se agrega sal y levadura para que fermente; el sabor resultante del pan es neutro	todo el país
pan de San Cristóbal	pan elaborado con una masa a base de harina de trigo, huevo, levadura y queso seco	San Cristóbal de las Casas, Chiapas
pan de tierra	pan de forma rectangular elaborado con tierra, grabado con la imagen de la virgen del santuario de Nuestra Señora de San Juan de los Lagos	San Juan de los Lagos, Jalisco
pan de trigo	pan de dulce elaborado con trigo boludo	Valles Centrales, Oaxaca
pan de yema	pan de sal cuya masa lleva una gran cantidad de yemas de huevo; se utiliza como regalo en celebraciones importantes	Valles Centrales, Oaxaca
pan español	pan de sal elaborado con masa de harina de trigo, agua, sal o azúcar	todo el país
pan fino	pan de dulce que se elabora con masa de buena calidad	Chilapa, Guerrero
	pan elaborado con una masa a base de huevo, mantequilla y harina; la masa no contiene ningún líquido, por lo que consigue la humedad únicamente con el huevo; el resultado es una masa de consistencia muy fina	Distrito Federal
pan francés	nombre con el que se le conoce al bolillo y a los panes que se elaboran con la misma masa	Península de Yucatán, Chiapas, Tabasco.
	pan blanco elaborado con harina de trigo, levadura, leche, clara de huevo y sal, que se consume para acompañar otros alimentos	San Cristóbal de las Casas, Chiapas
pan menonita	pan de dulce elaborado con crema, huevo y harina de trigo; es redondo y esponjoso y se barniza con huevo	Chihuahua
pan nevado	variedad de pan de dulce cuya superficie se cubre con merengue o glaseado blanco	todo el país
pan resobado	variedad de panes de dulce cuya masa se amasa varias veces; la forma del pan y los ingredientes de la masa dependen de donde se preparen	Oaxaca, Veracruz
panecito de queso	pan de dulce elaborado con una masa que contiene una gran cantidad de queso; se utilizan latas en lugar de moldes para hornearlos en horno de leña	San Luis Potosí
panitel	pan de dulce elaborado con yemas de huevo, almidón de yuca, fécula de maíz y polvo para hornear	San Cristóbal de las Casas, Chiapas
panocha de trigo	gordita elaborada con harina de trigo, leche y canela, cocida en comal, de la que existen variedades	Zacatecas
panqué	variedad de panes de dulce elaborados con una masa de harina de trigo, mantequilla, huevo y azúcar; la masa del pan es muy esponjosa y suave; la forma y algunos ingredientes varían dependiendo de la región y quien los prepare	todo el país
panquecito	panqué circular con la superficie en forma de media esfera y horneado en capacillos de color rojo	todo el país
pata	pan de dulce cuya masa incluye agua de azahar y queso amarillo; tiene forma de pata	Yucatán
pay	pan de dulce en forma de cubilete relleno con una mezcla de queso	todo el país
pellizcada	pan de dulce de masa esponjosa y con la superficie cubierta con una pasta de harina	todo el país
pelona	pan de dulce hecho con masa de pan amarillo con forma de media esfera	Valles Centrales, Oaxaca

PANES		
Nombre	Descripción	Lugar de consumo
pemol	galleta elaborada a base de harina de maíz, pinole, manteca de cerdo y piloncillo; se cuece en horno de barro y la consistencia es arenosa y seca; los ingredientes y forma varían dependiendo de la región donde se preparen	huastecas
picón	pan de dulce con forma de cono y tres picos en la punta, cubierto por una pasta de huevo, manteca de cerdo y azúcar	Colima, Jalisco, Aguascalientes, Nayarit
pimpo	pan de dulce con forma de rosquilla, elaborado con harina de maíz, manteca de cerdo, panela y canela; se hornea en horno de leña	Juchitán, Oaxaca
polvorón	galleta dura y quebradiza de consistencia arenosa, espolvoreada con azúcar granulada; la forma y sabores varían dependiendo de la región donde se prepare	todo el país
pucha	pan de dulce creado por monjas en los conventos de la ciudad de Oaxaca	Oaxaca
quesadilla de arroz	pan de dulce elaborado con harina de arroz, manteca de cerdo, queso seco y canela, horneado en molde	Istmo de Tehuantepec, Oaxaca
rancherita de trigo	pan de dulce elaborado con harina de trigo, canela, manteca de cerdo, polvo para hornear, huevo y leche; se consume en fiestas regionales	Torreón, Parras y otras poblaciones de Coahuila
ratón	panqué con dos pasitas que simulan los ojos del ratón	centro del país
rayada	pan de dulce elaborado con una masa de harina de trigo, manteca de cerdo, salvado y miel de piloncillo; es de forma ovalada con una línea blanca hecha de masa de harina al centro del pan	Parral, Chihuahua
rebanada	variedad de panes de dulce que se rebanan para venderse; los más utilizados son panqués y bizcochos	todo el país
regañada	galleta elaborada con una masa de harina de trigo, manteca de cerdo, mantequilla y huevo, espolvoreada con azúcar y canela antes de hornear	Puebla, Oaxaca
	pan de dulce hecho con masa de harina, manteca de cerdo y azúcar, en forma de óvalo; la superficie se cubre con manteca de cerdo y se espolvorea con azúcar roja	Valles Centrales, Oaxaca
rehilete	pan de dulce con forma de rehilete hecho con masa de pan danés, con mermelada o crema pastelera al centro	todo el país
	pan de dulce hecho con masa de bizcocho en forma de caracol y azúcar granulada en la superficie	todo el país
	galleta con forma de rosca, espolvoreada con azúcar	todo el país
reina	pan de dulce redondo color blanco, cubierto al centro con una corona hecha con la misma masa del pan	centro del país
reja de manteca	pan de dulce, de sabor un poco salado, que se elabora con manteca de cerdo y harina de trigo; se le da forma de reja o malla	centro del país y Oaxaca
riel	pan de dulce elaborado con masa feité, en forma de rollo y relleno de mermelada	todo el país
	pan de dulce elaborado con masa para galletas de forma rectangular y con dos líneas de mermelada a lo largo	todo el país
riñón	pan de dulce, con sabor a anís, cuya masa se trenza antes de cocer y se le da forma de riñón	Campeche
rosa	pan de dulce elaborado con masa feité, con forma de flor y decorado con coco rallado	Distrito Federal
rosca	variedad de pan de dulce con forma circular y un orificio en el centro, o bien con forma de caracol, cuya masa varía dependiendo de la región donde se prepare	todo el país
rosca de reyes	pan de dulce con forma de rosca, decorado con frutas cristalizadas y acitrón; dentro del pan se esconden muñecos pequeños; se elabora para celebrar el día de reyes y la masa varía dependiendo de la región	todo el país

(continúa)

PANES		
Nombre	Descripción	Lugar de consumo
rosca de yema	pan de dulce con forma de rosca pequeña elaborado con harina, tequesquite, mezcal y yemas de huevo; una vez horneada se baña con un almíbar	Oaxaca
rosca nevada	galletas fritas en forma de rosca que se espolvorean con azúcar y canela o con merengue	Yucatán
rosquilla de maíz	galletas elaboradas con maíz cacahuacentle, azúcar y canela; se preparan de diversas formas	Veracruz
rosquilla de san Juan	pan blanco elaborado únicamente para la fiesta de san Juan y otras celebraciones importantes	San Cristóbal de las Casas, Chiapas
rosquita	galleta hecha con harina, azúcar y leche	Nuevo León
salvadillo	pan de sal cuya masa contiene salvado	Comitán, Chiapas
semita	pan de dulce elaborado con harina, manteca de cerdo, queso rallado, requesón y piloncillo; se cubre con una pasta de harina y manteca de cerdo	Chilpancingo y Tixtla, Guerrero
	pan de dulce de harina de trigo, manteca de cerdo, piloncillo e infusión de anís	Nuevo León
shato	galleta triangular hecha con masa de maíz, canela y piloncillo	Juxtlahuaca, Oaxaca
sheca	pan de dulce similar a una semita, que se acostumbra consumir durante la noche	Comitán, Chiapas
suspiro	galleta hecha con manteca de cerdo, harina de trigo y anís	Campeche
tachihual	pan de dulce en forma de hogaza, elaborado para bodas y como reserva para los viajes	San Juan Cosalá, Jalisco
tacuarín	galleta en forma de rosca hecha con harina de maíz, piloncillo, anís y huevo	Sinaloa
tapado	pan de dulce similar a una concha, cuya superficie se cubre con pasta para conchas, a la cual se le marcan cuadros pequeños	centro del país
tarazón	pan elaborado con masa de pan amarillo, de forma alargada	Oaxaca
tecuta	empanada rellena con dulce de chilacayote o coco	Oaxaca
tejamanil	pan de manteca de cerdo, con forma semirrectangular	todo el país
telera	pan blanco de harina de trigo, con forma ovalada y dos incisiones a lo largo de su superficie	todo el país
tijera de manteca	pan de manteca de cerdo, con forma de tijera	Distrito Federal
timbre	pan de dulce formado con dos bolas de masa	todo el país
tintines	polvorón hecho con harina de maíz, anís y piloncillo	Veracruz
	galleta con forma de puro, de harina de trigo, azúcar, leche, agua y vainilla	Veracruz
torcido	pan de dulce que se enreda hasta obtener una trenza	centro y sur del país
tornillo	pan de dulce hecho con masa de bisquet en forma de trenza	Distrito Federal
	pan de dulce hecho con masa feité, jarabe y coco rallado en forma enroscada	Distrito Federal
torta de garbanzo	panqué dulce o salado, cuya masa contiene garbanzo molido	Sinaloa
	panqué dulce horneado en molde, cuya masa contiene garbanzo molido, leche, aguardiente de tuna y huevos batidos	Jalisco
torta záa	pan de dulce elaborado a base de harina, huevo, manteca de cerdo y queso seco; es un pan de fiesta	Oaxaca
tortitas	pan de dulce pequeño elaborado con la masa del pan amarillo	Oaxaca
trenza	pan de dulce en forma de trenza	todo el país
turuletes	galleta elaborada con masa de maíz, piloncillo, manteca de cerdo y huevo con forma de rombo	Chiapas

PAN AMARILLO

1. Variedad de panes elaborados con una masa preparada con yemas de huevo y harina de trigo boludo, lo que resulta en una masa de color amarillo muy oscura, de donde deriva su nombre. Es muy popular en la ciudad de Oaxaca y en la región de los Valles Centrales; se le conoce también como pan de la Villa debido a que originalmente se elaboraba en la Villa de Etla, poblado cercano a la ciudad de Oaxaca. La masa de pan amarillo se utiliza para confeccionar panes con diferentes formas, como los muertitos, tortitas, tarazones o molletes.

2. Pan elaborado con una masa preparada con harina de trigo, manteca de cerdo, levadura y azúcar. Al pan se le da forma de media luna y se le hacen tres cortes a la superficie, la cual se cubre con ajonjolí. Se prepara en Ixtlán, en la sierra de Juárez de Oaxaca.

PAN BIMBO® ◆ pan de caja

PAN BLANCO ◆ pan de caja, pan de sal

PAN BOLLO

Pan elaborado con una masa preparada con harina, manteca de cerdo, levadura y huevo. La masa se vierte en cazuelas de 40 cm de largo por 25 de ancho. Se le hacen dos cortes verticales y dos horizontales, de tal forma que queden marcados nueve bollos; luego se hornea. El bollo es típico de Juchitán, Oaxaca, se ofrece durante las bodas y en la fiesta de las Velas para corresponder con las limosnas o cooperaciones. Se utiliza también para elaborar las torrejas que se comen como postre el 24 de diciembre.

PAN COMPUESTO

Tortitas que se preparan con pan francés partido por la mitad al que se le untan frijoles refritos y/o mayonesa, carne de cerdo deshebrada, zanahorias cocidas y chile en vinagre; en algunas ocasiones se les agrega lechuga picada. Se prepara en Chiapas.

PAN DE ACÁMBARO

Pan elaborado con una masa preparada con harina de buena calidad, huevo fresco, azúcar, agua, sal y aceite; a veces la masa puede llevar leche o especias. Es un pan célebre, típico de Acámbaro, Guanajuato.

PAN DE AGUA

Variedad de panes cuya masa lleva agua como ingrediente principal. En Campeche es un pan con forma de rosquilla, cuya masa se elabora con harina de trigo, agua, huevo, sal y aceite vegetal. En Nuevo León es un pan que contiene agua, yemas de huevo y manteca de cerdo, tiene forma de rollito y se revuelca en azúcar con canela en polvo.

→ masa de agua

PAN DE BURRO

Pan de dulce o de sal que se produce en San José Miahuatlán, Puebla. Por lo regular es redondo y dura fresco varios días. Antiguamente se transportaba en burro (hecho del que deriva su nombre) desde las panaderías hasta los mercados cercanos y a Tehuacán. Conocido también como pan de aparejo.

PAN DE CAJA O PAN BLANCO

Pan elaborado con masa de harina blanca o integral que se hornea en un molde rectangular, a diferencia de panes como

el bolillo o la telera a los que se les da forma con las manos y se hornean en charola; algunas variedades pueden llevar en la masa granos o semillas. El que más se consume en México es el pan Bimbo®, por lo que en ocasiones se utiliza el nombre de esta marca para designar a todos los panes de caja, sean o no elaborados por esa empresa. El pan de caja comercial se vende rebanado, sin embargo, en algunas panaderías aún es posible encontrar hogazas de una sola pieza.

PAN DE CAZÓN

Preparación típica de la península de Yucatán que consiste en tres tortillas de maíz apiladas, untadas con frijoles negros refritos y rellenas de cazón frito. La preparación se baña generosamente con salsa de jitomate y se sirve con rebanadas de aguacate y chile habanero. La salsa puede ser chiltomate o una de jitomate con cebolla y chile habanero asado y entero, pasada por el tamul; no es una salsa picante. Es uno de los platillos más representativos de Campeche y en muchos lugares se acostumbra como entrada, aunque también puede ser el plato fuerte de una comida.

PAN DE CAZUELA

Pan de dulce elaborado con una masa esponjosa preparada

con harina, manteca de cerdo y canela; ésta se extiende y se le unta una capa muy delgada de chocolate de metate, se enrolla y se introduce en un molde. Se acostumbra acompañar con chocolate caliente. Es típico de Tlacolula, Oaxaca, donde se vende específicamente el día de mercado, por lo que es difícil encontrarlo en un día normal. Su nombre se debe a que originalmente la masa se introducía y cocía en unas cazuelas de barro de forma ovalada, por lo que el pan resultante tomaba la forma de la cazuela. La forma y tamaño de las latas de sardinas se asemeja a esas cazuelas, de modo que actualmente se utilizan para elaborar el pan, que en este caso se llama pan de lata.

PAN DE CHIAPAS

Pan elaborado con harina de baja calidad, levadura y agua de piloncillo hervido; con la masa se preparan panes huecos con la forma y el tamaño de las conchas; en ocasiones se rellenan con queso seco. Se produce en Juchitán, Oaxaca y se come durante la cena acompañado con café. Se prepara también el pan de Chiapas de los fuereños, un pan muy sencillo cuya masa lleva únicamente harina de baja calidad, sal y agua; también tiene forma de concha.

Conocido también como:

◇ pan *dxiapa* (pan de Chiapas)
◇ pan *dxiapa dxuú* (pan de Chiapas de los fuereños)

PAN DE COMALA

Pan de color café dorado, con forma de volcán, que se cubre y adorna con pasta para conchas. En promedio mide 8 cm de diámetro, aunque esto puede variar. Es el pan más representativo del estado de Colima, originario del pueblo de Comala. Se vende por las calles, sobre todo por las tardes y noches; en la ciudad de Colima es común encontrar camionetas que lo venden y distribuyen, ya que son muy pocas las panaderías que lo preparan.

Conocido también como:

◇ pan de huevo
◇ pan de pueblo

PAN DE COPAINALÁ

Término que designa a las variedades de pan que se prepara en el municipio de Copainalá, Chiapas. En esta localidad no se conoció el pan de trigo hasta principios del siglo XX, dado que antes sólo se consumía una forma de totoposte con miel silvestre, acompañado con atole. Posteriormente los totopostes empezaron a sustituirse por el pan de San Cristóbal, que era traído por los comerciantes, en especial durante las ferias y fiestas patronales. Tiempo después algunas mujeres fueron a San Cristóbal para aprender a elaborarlo y así fue como empezó a producirse el pan en Copainalá.

PAN DE CUAJADA

Preparación similar a un tamal, elaborada con masa de maíz batida con queso rallado, cuajada o jocoque, canela molida y leche. La mezcla se divide en porciones, se envuelve en hojas de maíz y se hornea. Es típico de Jalisco. Conocido también como tamal de cuajada.

PAN DE CUATRO PICOS

Pan elaborado con masa, manteca de cerdo y canela típico de Miahuatlán, Oaxaca.

PAN DE DULCE

Término que designa una gran variedad de panes cuya masa se elabora con azúcar o algún otro agente edulcorante. Es notoria la cantidad de nombres y formas que puede recibir el pan, así como la variedad de masas con que se fabrica. La masa de bizcocho, también conocida como apastelada, se elabora mezclando harina, azúcar, sal, agua, grasa y levadura; la masa se extiende y se dobla tres veces. Se utiliza para hacer bizcochos como cojines, almohadas, ojos de buey, plumas, campechanas, palomas, donas, orejas, tacos, roscas, corbatas, mariposas, mordidas, novias, nueces y rebanadas de chocolate, entre otros. La masa de panqué se prepara con harina, mantequilla o margarina, huevo y azúcar; por lo regular se utiliza batidora ya que la mezcla debe quedar homogénea y esponjada. La característica de los panes confeccionados con esta masa es que son suaves y esponjosos; con frecuencia su color es amarillo y poseen un pronunciado sabor a vainilla. Con esta masa se preparan almejas, adelaidas, besos, volcanes, pellizcadas, garibaldis, nidos y ratones. La masa royal debe su nombre a la marca

comercial de este polvo para hornear; ésta contiene, además del polvo para hornear, harina de trigo, grasa, azúcar, agua o leche y a veces huevos. Con ella se producen alcatraces, barritas, bolas, camarones, polvorones, espejos, cocoles, huaraches, chivitos, cuernos, puros y trenzas. La masa paloteada se elabora con harina, agua, sal, cremor tártaro, levadura y manteca vegetal o mantequilla. Se trabaja de la misma forma que el hojaldre y con ella se elaboran banderillas, corbatas, barquillos, almohadas, regañadas, condes, madrileñas, tornillos y otros panes. La masa feité u hojaldre se transforma en corbatas, empanadas, barquillos de chantilly, condes, coronas de mantequilla, cuernos de nuez, duques de coco, empanadas, madrileñas, mariposas, moños, plumas, puros de nuez, rieles, rollos, rosas, tartaletas, tornillos, triángulos, trenzas de coco, gusanos y muchos otros panes.

→ pan de manteca

PAN DE ELOTE

Pan elaborado con granos de elote, huevo, mantequilla, polvo para hornear, azúcar y harina. Dependiendo de la región donde se prepare, los ingredientes y la presentación, puede variar. En las panaderías es común encontrar piezas redondas u ovaladas de unos 8 o 10 cm de largo; existen también panes con forma de pastel o panqué que se pueden vender enteros o por rebanadas.

Conocido también como:

◇ budín de elote
◇ panqué de elote

→ torta de elote

PAN DE FIESTA

Nombre con que se designa una gran variedad de panes que se venden o consumen en fiestas o celebraciones y cuya presentación final depende de la región donde se preparen. En los estados de Tlaxcala y Puebla es un pan que se vende en las fiestas patronales, afuera de las iglesias o en los puestos instalados en las calles durante las ferias. Se conserva fresco por varios días, por lo que muchos viajeros lo compran para llevar a casa. En San Juan Huactzinco y San Juan Totolac, Tlaxcala, son panes elaborados con una masa preparada con harina de trigo y huevo; tienen forma alargada, son bastante grandes, miden más de 30 cm de largo y 10 cm de ancho y se decoran con estrías atravesadas a lo ancho y

con ajonjolí. En Juchitán, Oaxaca, la torta *záa* se elabora para ofrecerla a los padrinos durante las fiestas.

PAN DE GRANILLO

Pan elaborado con harina de trigo, manteca vegetal, azúcar, huevo, leche y mantequilla; son de diferentes formas y se adornan con ajonjolí, de donde deriva su nombre. Es tradicional de Xico, Veracruz.

PAN DE HUEVO

Pan elaborado con harina de trigo cuya masa contiene cantidades importantes de huevo entero o yemas de huevo; suele tener mucho sabor, lo que lo hace muy apreciado. En Campeche preparan un pan de huevo casero y sencillo que se elabora con harina de trigo, mantequilla, leche, azúcar y huevo. En Xico, Veracruz, es tradicional un pan de huevo elaborado con harina de trigo, una gran cantidad de yemas de huevo, azúcar y canela. Con esta masa se producen panes de muchas formas, como cocoles de ajonjolí (a veces rellenos de requesón) o conchas. Tradicionalmente se cuece en horno de leña; se acostumbra comerlo en el desayuno y la cena, acompañado con café o chocolate. En Guerrero el pan de huevo se elabora con manteca de cerdo, harina de trigo, huevo, leche tibia, piloncillo, azúcar, sal y levadura. En Oaxaca es famoso el pan de yema, en Tlaxcala el pan de fiesta y en Colima el pan de Comala. En muchas regiones el pan de huevo se utiliza para preparar capirotada. Conocido también como pan de muerto en Xico, Veracruz.

PAN DE INDIO

Pan elaborado de forma artesanal con harina, levadura, azúcar y colorante rojo. Tiene la característica de que se conserva durante mas tiempo gracias a su estructura compacta. Es un pan típico entre los coletos de San Cristóbal de las Casas, Chiapas.

PAN DE JILOTEPEC

Término con que se designa a la variedad de panes de dulce que se preparan en Jilotepec, Estado de México. Son muy famosos por su calidad y buen sabor. Los más representativos son las mestizas y las rosquitas de Jilotepec. Las primeras tienen forma de corazón y la orilla se adorna con una trenza hecha con la misma masa del pan. Históricamente formaba parte de la dote que el novio tenía que llevar a la casa de la novia cuando pedía su mano; el tamaño del pan evidenciaba la posición económica del futuro esposo. En la actualidad se decoran con inscripciones o leyendas. Las rosquitas eran tradicionales durante la Semana Santa; antiguamente se servían con nieve y se vendían en puestos de madera que se instalaban frente al atrio de las iglesias. Los habitantes del lugar informan que la tradición panadera de Jilotepec comenzó en el año de 1825, cuando unos inmigrantes españoles enseñaron a la gente del lugar a elaborar panes, entre ellos los cocoles; se acostumbraba comerlos después de ordeñar las vacas, por lo que se acompañaban siempre con leche tibia. Se dieron a conocer aún más a partir de que se empezaron a vender en la parada del tren que hacía el recorrido México-Querétaro.

PAN DE LA VILLA ◆ pan amarillo

PAN DE LATA ◆ pan de cazuela

PAN DE MAÍZ

Pan que se elabora con una mezcla de maíz martajado, harina de trigo y azúcar; además, dependiendo de la región donde se prepare se le agregan otros ingredientes como

canela y se les da forma redonda, oblicua o circular; en algunos casos más parecen galletas. Los españoles llamaban erróneamente a los *tlaxcallis* pan de maíz; posteriormente, por la influencia del español a los *tlaxcallis* se les denominó como tortilla en todo el país. Debido a esta clasificación se comparaba a las tortillas con el pan europeo, por lo que en muchos escritos de la época se describía al pan de maíz como insípido. Esto se puede comprobar en las descripciones de Claudio Linati en 1828 y en las memorias de la marquesa de Calderón de la Barca (1804–1882).

PAN DE MAÍZ AL PASTOR

Pan tradicional del estado de Nuevo León, que se prepara mezclando harina de maíz con sal y leche hasta que queda una pasta suave. Se coloca un acero sobre las brasas y, una vez caliente, se vierte la pasta sobre éste, se agrega una cucharada de manteca de res, se revuelve y se tapa. Sobre la tapa se ponen brasas calientes y se deja dorar. Se consume comúnmente en los ranchos, donde se sirve como merienda por las tardes. Suele servirse acompañado con frijoles de la olla y un vaso de leche.

PAN DE MANTECA

Pan elaborado con masa de manteca de cerdo preparada con harina de trigo, levadura, manteca de cerdo, sal, mantequilla, canela, azúcar y agua. En todo el país existe una gran variedad de panes fabricados con masa de manteca de cerdo que reciben nombres regionales y que adquieren formas, figuras y tamaños distintos. Los

Variedad de pan de manteca

panes elaborados con masa de manteca de cerdo son muy apreciados porque con ella se intensifica el sabor de los ingredientes y también los conserva durante más tiempo. Con la masa se producen panes de diversas formas, a los que se les llama roscas de ajonjolí, canillas, costras, finos, limas, orejas, polcas, rejas, tacos, cuernos, puros, regañadas, capotes, margaritas o azucenas. Se acostumbra mucho en Oaxaca cuando se bebe chocolate. El pan de manteca de Yucatán era conocido como pan de polvo. Su masa no requiere levadura, contiene manteca de cerdo, harina de trigo, azúcar y muy poca agua. Con esta masa se elaboran panes y galletas como: polvorones, arepas, costradas, medias mantecas y alfajores.

PAN DE MUERTO

Término con el que se designa a distintos panes de dulce de diferentes masas y formas que se elaboran para conmemorar el día de Muertos o de Todos los Santos. Se trata de un estilo de pan de carácter ceremonial que se coloca en los altares dispuestos para honrar la memoria de los seres queridos. Dependiendo de la región, varían las masas y las formas del pan: de seres humanos, muñecos o medias lunas, o redondos decorados con huesos hechos con trozos de masa. En términos generales las masas

453

del pan de muerto que se elaboran en el centro del país contienen harina, sal, azúcar levadura, agua, mantequilla, huevo y, en ocasiones, semillas de anís o ralladura de naranja. En el Distrito Federal, es tradicional el que tiene la forma de un montículo de tierra con el que se cubre el féretro, del que sobresalen la tapa de un supuesto cráneo (la mollera) y los huesos largos de brazos y piernas (las canillas); con frecuencia, la superficie se espolvorea con azúcar o ajonjolí. Se vende uno o dos días antes y después del 1 de noviembre en todas las panaderías. Es costumbre que la gente lo compre aunque no celebre el día. Otras versiones indican que lo que siempre se ha creído que son huesos, son más bien adornos o pétalos de flores. De hecho, el pan de muerto se coloca como adorno en el altar y una canasta llena de panes con esta figura se considera como un arreglo de flores. Existen en el centro del país otros panes tradicionales que tienen forma de dona aplanada, decorados con azúcar blanca, y otros en forma de moño plano, decorados con azúcar roja (en el México prehispánico a los muertos ilustres se les sepultaba cubiertos de polvo rojo de cinabrio o sulfato de mercurio). En la Huasteca hidalguense se elaboran panes con formas antropomorfas decorados, o no, con azúcar roja; algunos lugareños afirman que representan a sus seres queridos que han fallecido. En el Valle del Mezquital suelen hacerse panes más decorados, a veces con pastillaje. Por su parte, en Oaxaca este pan se elabora con masa de pan de yema: es un pan redondo esponjoso, con una cortada en medio que hace que al hornearlo tome forma de corazón; alcanza los 30 cm de diámetro y se decora con ajonjolí. Antiguamente se decoraba con mascaritas en forma de calavera o muñecos de cerámica, pero actualmente casi siempre se hacen muñecos con una especie de pastillaje de azúcar o alfeñique. En el estado de Tlaxcala, especialmente en la ciudad de Apizaco, se conoce como hojaldra al mismo pan que en el Distrito Federal se conoce como pan de muerto. La hojaldra de Tlaxcala es un pan redondo en forma de media esfera, adornado con tiras de la misma masa en forma de cruz; lleva una boca en el centro y otras en los extremos de las tiras; se barniza con huevo y se decora con ajonjolí y, aunque forma parte del altar de muertos, se encuentra todo el año. La masa se elabora con harina de trigo, huevo, manteca de cerdo, sal, cal, canela, anís y leche, y se fermenta con levadura y pulque. En Huactzinco se produce el pan de muerto con la misma masa del pan de fiesta, en forma de cuerpos humanos. En todo el estado se elaboran panes de diversas masas y formas, como animales decorados con azúcar roja.

→ pan de huevo

PAN DE NATA

Pan elaborado con harina de trigo, huevo, leche, azúcar y vainilla. Antes de hornearlo se agrega a la mezcla una generosa porción de natas de leche de vaca. A la masa se le pueden añadir nueces o pasas; en Jalisco le añaden ralladura de cáscaras de limón  o de naranja. El pan de nata se prepara en muchas regiones de México donde abunda la cría de bovino y por ende la leche. Generalmente son recetas caseras, aunque se puede encontrar en panaderías locales. Pese a su nombre, casi siempre es un panqué, aunque también puede encontrarse en forma de pan de dulce; se consume durante el desayuno o la cena, acompañado con leche, café o café con leche. De la misma forma se elaboran las galletas de nata. Conocido en Oaxaca como torta de nata.

PAN DE NEGROS

Pan elaborado con masa de maíz, frijol espelón entero, jitomate, cebolla, manteca de cerdo, asientos de chicharrón, achiote y sal; todo se mezcla y se envuelve en hojas de plátano colocadas dentro de un molde y se hornea, se deja enfriar y se rebana. Es una preparación similar a un tamal y es tradicional de Campeche. Debe su nombre a que era el alimento que acostumbraban los esclavos negros y los sirvientes de las grandes casas durante la época virreinal. Conocido también como merienda campechana.

PAN DE NOPAL

Pan similar a un marquesote, cuyo proceso de elaboración consiste en acremar mantequilla con azúcar, añadir yemas de huevo, nopales licuados y claras batidas a punto de turrón y hornear. Se acostumbra comer en el estado de Colima.

PAN DE PAN

Tipo de pan elaborado con recortes de pan blanco o de caja, principalmente las orillas, horneadas con una mezcla de leche, mantequilla, frutas de temporada, azúcar, pasas y/o nueces. Esta receta es de origen casero y el pan puede encontrarse envuelto en papel celofán en las panaderías populares. Se acostumbra en Matamoros, Tamaulipas.

→ budín

PAN DE PLÁTANO

Pan elaborado con plátano macho maduro, machacado e incorporado a una mezcla de mantequilla, azúcar, huevo, harina de trigo y vainilla. Es un tipo de panqué casero que se acostumbra comer en Nayarit.

PAN DE POBRE ◆ árbol del pan

PAN DE POLVO ◆ pan de manteca

PAN DE PULQUE

Pan elaborado con una masa hecha con harina de trigo, huevo, leche o agua y a veces manteca de cerdo, a la que se le añade pulque para fermentar; se producen de muchas formas, tamaños y figuras. Antiguamente era muy popular, ya que el pulque era prácticamente el único agente con el que se podían fermentar las masas. Con la desaparición de las haciendas pulqueras y por ello la reducción del consumo de pulque, la elaboración de este pan decreció y en la actualidad se  elabora únicamente en pueblos, de forma artesanal en las casas y se expende ahí mismo. Aunque se come todos los días, cobra especial importancia en las fiestas o ferias de pueblo. Es típico de los estados del centro del país donde se producía pulque, es decir, Hidalgo, Querétaro, Tlaxcala, Puebla y ciertas partes del Distrito Federal. En Hidalgo el pan de pulque es tradicional, se preparan panes de dulce y salados como bolillos, cocoles de anís, pambazos, conchas, cuernos, chilindrinas, espinazos, ojos de pancha, pechugas y trenzas. A veces, en lugar de pulque se prefiere utilizar el asiento del pulque, que es más concentrado y fermenta las masas en menos tiempo. Conocido por los chocholtecos de la región de la Mixteca en Oaxaca como torta de pulque.

PAN DE QUESADILLA O PAN QUESADILLA

Pan de dulce elaborado con mantequilla batida, harina de trigo, polvo para hornear, huevos, queso y azúcar morena; acostumbran comerlo los coletos de San Cristóbal de las Casas. Conocido también como quesadilla.

→ pan de queso

PAN DE QUESO

Término con el que se designa en diversas regiones a cualquier pan que incluya queso en su elaboración. Los tamaños, formas e ingredientes varían dependiendo de la región donde se prepare.

Conocido también como:
◇ pan de quesadilla o pan quesadilla
◇ quesadilla

PAN DE SAL

Término que designa panes cuya masa no contiene azúcar, por ejemplo el bolillo, la micha, el birote y la cemita. Su sabor no es necesariamente salado; sin embargo, se emplea un poco de sal para ayudar a fermentar la masa, además de la levadura de cerveza. Son panes de sabor neutro, lo que los hace ideales para acompañar las comidas.

Conocido también como:
◇ pan blanco
◇ telera

PAN DE SAN ANTONINO

Pan con forma de borrego que se acostumbra en los días de fiesta en la región de los Valles de Oaxaca.

→ borrego

PAN DE SAN BENITO

Pan de trigo amasado a mano y horneado en horno de leña que se elabora en la localidad de San Benito, en Oaxaca. Un alto porcentaje del pan que se produce se vende en los mercados regionales de los Valles Centrales de Oaxaca. Existe una gran competencia entre diferentes pueblos en la venta de pan de calidad, por lo que es muy importante identificarlo con el nombre de la localidad donde se prepara, para que quien lo consume sepa de dónde procede. Así, el lugar de elaboración es sinónimo de calidad.

PAN DE SAN CRISTÓBAL

Pan elaborado con harina de trigo, levadura, huevo y queso seco molido. Es típico de San Cristóbal de las Casas, Chiapas.

PAN DE TIERRA

Preparado que se elabora en el santuario de Nuestra Señora de San Juan de los Lagos, Jalisco; la tierra se moldea de forma rectangular y en relieve, se graba la imagen de la virgen o del templo. Se elaboran panes de color natural, que se consumen poco a poco en un acto de fe para mitigar las penas o curar las enfermedades; y otros coloreados que los visitantes compran como recuerdo.

PAN DE TRIGO

Término con que se designa a un tipo de pan especial que se elabora con una variedad de trigo que se considera único llamado trigo boludo. Se prepara específicamente en la ciudad de Oaxaca y en la región de los Valles Centrales.

PAN DE YEMA

Pan de dulce típico de Oaxaca. Se cree que es originario de Santo Domingo Tomaltepec, localidad ubicada en la región de los Valles Centrales, donde se elabora mucho pan de yema para venta y consumo en toda la región. La masa no requiere ningún líquido para formarla, sino únicamente las yemas y el huevo entero. La masa se trabaja en recipientes de madera y se bate de forma manual hasta que adquiere el punto o consistencia que el panadero busca. Se hornea artesanalmente en hornos de adobe y ladrillo. Aunque hoy en día mucho de este pan se prepara con amasadora automática y de forma más industrial, el pan original sigue siendo muy solicitado para fechas especiales, por lo que los compradores están dispuestos a pagar su alto precio. La masa con la que se elabora lleva harina de trigo, levadura, azúcar, mantequilla, sal, agua, yemas de huevo en gran cantidad y huevo entero; en ocasiones, se agrega pulque en vez de levadura. El tamaño tradicional es una media esfera de entre 10 y 12 cm de diámetro y de 8 a 10 cm de alto, con una hendidura en el centro de la superficie. Se acostumbra consumir todo el año, sobre todo en el mes de noviembre para la celebración de día de Muertos y de Todos los Santos. Durante esta época los panes se venden con una carita de alfeñique ensartada en una orilla del pan, como pan de muerto. Es costumbre que cada familia compre varias docenas que acomodan en los altares en hileras o montañas; entre los zapotecos existe la costumbre de visitar a los vecinos, familiares o compadres durante estos días y los dueños de la casa regalan una o varias piezas de este pan a cada visitante. Por eso es importante comprar muchas piezas. Se acompaña con chocolate o café; a veces se rebana y se emplea para dar consistencia a algunos guisos como el mole, o bien para capearlo o freírlo para preparar capirotada. Durante el día de mercado en la Central de Abasto de la ciudad de Oaxaca, muchos pasillos se destinan a la venta del pan de yema, en los que se puede encontrar pan de yema de todos tamaños, desde pequeños de unos 5 cm de diámetro, hasta algunos que rebasan los 30 cm. En muchos lugares se vende un pan de yema falso, es decir, uno cuya masa no lleva las yemas necesarias y se colorea con pintura vegetal para que simule el color de éstas, sin embargo, el sabor es insípido por lo que es fácil reconocer la imitación. Es un pan muy importante para la cultura de los pueblos de los Valles Centrales de Oaxaca, debido a que no sólo es un alimento. Así, en fechas importantes como bodas, bautizos y compromisos matrimoniales se utiliza como regalo; en este último caso, la familia del novio lo ofrece a la familia de la novia en forma de pago, en el caso de que el novio rapte a la novia o ésta huya. La familia del novio hace llegar a la casa de la familia de la novia docenas o cientos de piezas de pan de yema, así como otros alimentos, por ejemplo frutas, animales y mezcal, con el propósito de congraciarse con ella y así restablecer los lazos familiares y de amistad.

PAN ESPAÑOL ◆ masa de agua

PAN FINO

1. Pan que se elabora en Chilapa, Guerrero. Por lo general es de dulce, elaborado con masa de buena calidad, que se acostumbra comer solo. En ocasiones se muele y se añade a las tablillas de chocolate que se producen en este lugar.
2. Pan elaborado con una masa antigua llamada masa fina, preparada con harina de trigo, huevo, mantequilla, leche y otros ingredientes. La humedad de la masa se obtiene del líquido del huevo y una pequeña cantidad de leche. Se prepara en el Distrito Federal, aunque actualmente es difícil de encontrar.

PAN FLOTANTE ◆ isla flotante

PAN FRANCÉS

1. Término con el que antiguamente se conocía al bolillo, lo cual se debe a que la receta para elaborar la *baguette* francesa se transformó en nuestro país y derivó en el bolillo y la telera. En la actualidad este término se sigue usando en los estados de la península de Yucatán, Chiapas y Tabasco. Los coletos de San Cristóbal de las Casas lo consumen en la noche, solo o con mermelada de manzana, y también lo utilizan en algunos recados y tamales. Es

muy famoso el pan francés de Santa Rosalía, Baja California Sur; tradicionalmente se prepara con el mismo tipo de utensilios y métodos que los franceses trajeron consigo en el siglo XIX. Es un pan blanco elaborado con harina de trigo, levadura, leche, clara de huevo y sal.
2. Rebanadas de pan de caja remojadas en una mezcla de huevo y leche, doradas en mantequilla. Se acompaña con miel o azúcar y canela. Se acostumbra en el Distrito Federal.

PAN MENONITA

Pan elaborado con una masa preparada con harina de trigo, crema, azúcar, huevo, polvo para hornear, bicarbonato de sodio y sal; se barniza con huevo y se hornea. Es de forma redonda y se prepara en la comunidad menonita de Chihuahua. Debido a la calidad de sus ingredientes tiene mucha demanda. Se puede comprar por las calles del estado de Chihuahua o en las ciudades del país donde los menonitas llegan a venderlo.

PAN NEVADO

Pan de dulce que puede tener diferentes formas. Por lo general se decora la superficie con merengue blanco de clara de huevo y azúcar glass, lo que recuerda a la nieve, de donde deriva su nombre. Conocido también como nevado.

PAN QUESADILLA ◆ pan de quesadilla

PAN RESOBADO

1. Pan tradicional de Oaxaca cuya pasta se amasa más de lo normal; suele acompañarse con chocolate.
2. Pan artesanal de gran calidad, cuya masa se trabaja o amasa a mano varias veces hasta que el panadero consi-

dera que está en su punto; sus formas y tamaños varían de región a región. En Coatepec, Veracruz, existe la panadería "La Resobada", actualmente dirigida por una cooperativa, donde todo el pan de dulce que producen (conchas, cocoles, chilindrinas o laureles) se elaboran con masa resobada a mano. La panadería trabaja las 24 horas del día, antes de que el pan se termine de hornear ya está todo vendido. Se reparte en bicicleta principalmente en el pueblo, aunque una buena cantidad se envía a Xalapa y algo más a otros pueblos cercanos.

PANADERÍA

Establecimiento donde se elabora y se vende el pan. En casi todos los pueblos y ciudades del país existe una o más panaderías típicas que, invariablemente, gozan de gran fama. Desde hace tres décadas existen las superpanaderías, que

son establecimientos más grandes en los que se produce un amplio surtido de pan de sal o de dulce. Ahí almacenan pan congelado, cuya masa está adicionada con conservadores. El pan se hornea de acuerdo con la demanda. Aunque el sistema de autoservicio ha agilizado la compra, una bendición para quien vive en el estrés de las ciudades, también ha tenido una consecuencia desfavorable, y es que al hacer innecesario que el cliente pida el pan al panadero, se han olvidado muchos de los nombres tradicionales de los panes. Conocida también como panificadora.

PANADERO

1. Persona que elabora y/o vende pan.
2. Pan redondo, macizo y grueso, color café dorado. La superficie se cubre con una pasta de harina, a la que se le marcan algunas incisiones.
→ hongo cemita, hongo panadero

PANADERO DE ENCINO ◆ hongo cemita

PANADERO DE MADROÑO ◆ hongo panza agria

PANADERO DE OYAMEL ◆ hongo hongorado

PANAL

1. Conjunto de celdillas prismáticas hexagonales de cera, colocadas en series paralelas, fabricado y habitado por abejas o avispas. Estos panales se consumen sobre todo en la costa de Oaxaca, asados y con las larvas en el interior; con ellos se elaboran salsas con diversos chiles, principalmente costeño, y ajo. Se acostumbra untar esta salsa en tortillas.

Los tepehuanes del sur de Chihuahua recolectan panales de abeja que contengan crías y miel; las crías se muelen en el metate con agua y sal y se guisan con salsa de tomatillo silvestre.
2. Nombre que se da a una parte de la panza de res que se utiliza para elaborar la pancita. Conocida también como cacarizo.

PANAL DE AZÚCAR

Dulce yucateco similar a los merengues del centro del país elaborado con claras de huevo batidas con azúcar y agua de rosas. Se hornean en un molde ovalado, por lo que al desmoldarlos quedan esponjados y con forma similar a un panal de abejas. Se producen de colores blanco o rosa y antiguamente se les conocía como marquesotes.

PANCITA ◆ hongo cemita, hongo pancita, menudo, panza de res

PANCITA AZUL ◆ hongo hongorado

PANCITA BLANCA ◆ hongo cemita, hongo pambazo

PANCITA DE BARBACOA o PANCITA DE BORREGO

Preparación a base de estómago de borrego relleno con menudencias del mismo animal, aderezadas con hierbas de olor, cebolla y ajo; por lo regular todo se cuece al mismo tiempo con la carne de la barbacoa y en el mismo horno de tierra. Es muy popular, pues no se preparan gran-

des cantidades; los aficionados a la barbacoa suelen comer uno o dos tacos de pancita antes de seguir con los tacos de barbacoa.

→ panza de borrego

PANCITA RELLENA

Preparación que consiste en una panza de carnero rellena, que se consume en varias regiones de México. Existen varios tipos de rellenos, por ejemplo, en Aguascalientes puede estar preparada con los riñones del carnero, chorizo, jamón, clavo, pimienta, cebolla, ajo, hígado, chiles, hierbas de olor, vinagre y aceitunas.

PANCOLOTE ◆ cahuayote

PANE ◆ hongo panza agria

PANECITO DE QUESO

Pan elaborado con una masa preparada con harina de trigo, azúcar, leche, manteca de cerdo, huevo y mucho queso; se utilizan latas en lugar de moldes para hornearlos en horno de leña. En San Luis Potosí tradicionalmente se hornea para el día de Muertos.

PANELA

Edulcorante elaborado con jugo de caña de azúcar, deshidratado y solidificado, similar al piloncillo pero más oscuro, más dulce y más puro. Se le da forma de tortas redondas que miden 25 cm de diámetro; las partes más gruesas pueden alcanzar de 5 a 7 cm, o bien como bloques de 20 cm de largo. Los tamaños pueden variar dependiendo de la región. En Tabasco antiguamente se producían como cilindros de 10 cm de ancho y 25 cm de alto. Existen dos tipos de panela, la clara y la oscura, esta última tiene un tono café oscuro y es mucho más dulce. Con la panela y el piloncillo se hacen muchos dulces como las charamuscas, condumios, palanquetas, trompadas, pepitorias, calabaza en tacha, dulce de chilacayote, miel de piloncillo y capirotada.

→ queso panela

PANETELA

Pan de dulce elaborado con claras de huevo batidas con azúcar, a las que se les añade harina de trigo y yemas. Es un pan muy suave y esponjoso que se considera fino y muy delicioso. Se prepara en Tabasco y en la península de Yucatán, con las correspondientes variantes en cada estado. En Campeche, a la masa del pan se le adiciona ralladura de cáscara de limón o de naranja; el pan se espolvorea con azúcar granulada, azúcar glass o canela. En Tabasco son famosas las panetelas del municipio de Emiliano Zapata, un pan artesanal que producen únicamente una o dos familias que se encargan de distribuirlas en toda la región. La masa lleva ralladuras de cáscara de naranja y en ocasiones vainilla; lo elaboran con forma de tambor de unos 8 cm de diámetro y 3 cm de alto; siempre es amarillo, pues la masa lleva mucho huevo. Se acostumbra comer durante el desayuno o la cena, acompañado con café con leche o un vaso de leche fría. En Yucatán la masa de las panetelas antiguas solía contener huevo, harina, levadura, trigo, azúcar, almendra y, a veces, anís o nuez moscada.

PANITEL

Pan elaborado con una masa hecha con yemas de huevo, azúcar, harina de trigo, fécula de maíz, almidón de yuca y polvo para hornear; en ocasiones se le añaden almendras, y en este caso se considera un pan fino. Es tradicional de San Cristóbal de las Casas, Chiapas.

PANOCHA ◆ piloncillo

PANOCHA DE TRIGO

Gordita elaborada con harina de trigo, leche, canela y azúcar; en ocasiones, a la masa se le puede añadir huevo, mantequilla o natas, manteca de cerdo, polvo para hornear y pasas. Se cuece en comal. Es una preparación típica de Zacatecas.

PANOCHITA

Dulce de leche de forma cónica y pequeña, típico de Jalisco y Zacatecas; antiguamente fue un dulce muy popular. Se elabora de diferentes sabores, por ejemplo coco, limón, naranja o camote.

PANQUÉ

Variedad de panes de dulce elaborados con masa de panqué de los que existen diferentes tamaños y formas; se preparan en muchas regiones de la república. El panqué chino es un pan de dulce que se vende por lo regular en las panaderías. Es un panqué alto, color marrón, con depresiones en sus contornos; la masa se coloca sobre un papel dentro del molde donde se va a hornear y se vende con el papel adherido, por lo que también se conoce como mantecada de papel. El panqué de chocolate es en forma de cubilete y se sirve bañado con chocolate; presenta en el centro un adorno de crema chantilly o mantequilla batida y encima un trozo de cereza. El garibaldi es un panqué café claro que se decora con miel y grageas. El panqué de migajón tiene la forma de una calabaza redonda y puede llevar encima coco rallado o grageas. El panqué de panadería es cuadrado o rectangular, de pasta suave color café y se hornea en un molde forrado con papel. El panqué envinado tiene forma de cubilete: se baña con jarabe envinado y en la superficie lleva un adorno en forma de flor elaborado con mantequilla y harina. Es común que se preparen panqués caseros de distintos sabores. Los más populares son vainilla, naranja y limón; cuando la masa se divide en moldes pequeños se les llama panquecitos, y cuando se les agrega mermelada o alguna decoración, se consideran pasteles.

→ pan de elote, torta de elote

PANQUECITO

Pan de dulce elaborado con masa de harina de trigo, huevo, leche y/o agua, mantequilla y/o manteca de cerdo; en ocasiones suele incluir pasitas y la superficie se adorna con nuez picada. Por lo regular es una barra pequeña de unos 10 cm de largo por 6 cm de ancho, esponjado en el centro y se puede encontrar en muchas panaderías de todo el país. Puede referirse a un panqué pequeño que se hornea en capacillos de color rojo, por lo que adopta una forma similar a la de un champiñón.

PANTALONUDO ◆ hongo gachupín grande, hongo oreja de ratón

PANTERECO ◆ hongo pancita, hongo panza agria

PANUCHO

Antojito elaborado con una tortilla pequeña de maíz, la cual se infla al cocerse en el comal. Se le hace cuidadosamente un corte horizontal para hacer una especie de bolsa y separar la parte delgada de la parte gruesa de la tortilla. Sobre la parte gruesa se unta un poco de frijoles colados y se pone una rebanada de huevo cocido; se procura juntar bien las orillas y se fríe en manteca de cerdo. Sobre cada panucho se pone algún relleno como carne de pollo, guajolote en escabeche oriental o escabeche rojo, o bien cochinita pibil deshebrada, además de cebolla morada curtida en limón. Se dice que el nombre proviene de su creador "Don Ucho", que se deformó a "pan de Ucho", para quedar finalmente como "panucho". En maya se le conoce como *uah ixi m y etel bu uul*, que significa "pan de maíz con frijol". Se consume en toda la península de Yucatán, aunque se considera al yucateco como el original. Actualmente existen muchas variedades, por ejemplo, es común omitir las rebanadas de huevo cocido dentro de la tortilla; además de la cebolla se pueden añadir chiles jalapeños encurtidos o salsa *xnipec* y hay quienes prefieren no freír la tortilla en manteca de cerdo y en su lugar usar aceite de maíz o cártamo. En Campeche, además de los panuchos que se elaboran igual que en Yucatán, son célebres los panuchos de cazón. Se elaboran con dos tortillas de maíz crudas: sobre una se pone un poco de cazón frito, se cubre con la otra tortilla y se sellan las orillas. Luego se fríe hasta que se infla, se escurre y se adornan con cebollitas curtidas o salsa roja de jitomate. Las versiones antiguas del panucho campechano incluían, además del pescado, frijoles negros colados. El panucho tabasqueño se prepara con masa de maíz que se trabaja con bastante harina de trigo, agua y sal, para que se infle bien al momento de freírlo. Se confeccionan dos tortillas delgadas, se coloca el relleno en el centro, se unen las dos tortillas y se fríen hasta dorar. Los rellenos más frecuentes son carne molida de res y atún y se acompañan con col rallada y salsa roja de jitomate. Se pueden encontrar en el mercado de Pino Suárez, en Villahermosa y en Emiliano Zapata, con ligeras diferencias.

PANZA ◆ hongo cemita, hongo trompa de venado, menudo, panza de res

PANZA AGRIA ◆ hongo panza agria

PANZA DE BORREGO

Estómago del borrego preparado de forma similar al menudo de panza de res. En Hidalgo, especialmente en el área que colinda con Tlaxcala, se prepara la panza de borrego guisada en salsa verde, llamada panza en verde.

PANZA DE BUEY ◆ hongo cemita

PANZA DE RES

Estómago de res que se vende en los mercados populares crudo o cocido. Con la panza se preparan el menudo, el mondongo, el mole de panza y la pancita. Recibe diferentes nombres, dependiendo de la parte de los estómagos de la res de la que se trate. Los rumiantes tienen un sistema estomacal compuesto por cuatro secciones: la primera y más grande se localiza inmediatamente después del esófago: es el capote, bonete o panza y tiene forma de una gran bolsa.

Del otro lado hay un área con hexágonos, llamada por ello panal; una tripa conduce al libro, que recibe este nombre pues tiene muchas membranas, una tras otra, como si fueran hojas de papel. Sigue otra bolsa alargada y con dos abultamientos: el primero se llama manzana y el segundo cuajo o cuajar; con esta parte de estómago se elabora el cuajo de cuerito y del cuajo sale la tripa de leche con la que se hacen los machitos. Por último se encuentra la tripa gorda. En Tabasco, popularmente se preparan diversos guisos de panza, pues en el estado se consume mucho la carne de res. Así, se prepara el ajiaco, la panza asada, marinada en jugo de naranja con sal, ajo, manteca de cerdo y asada a las brasas, la panza estofada, guisada en caldillo de jitomate con ajo, orégano y cebolla, además de aceitunas, pasitas, alcaparras, almendras y chile dulce, la panza en mole poblano y la panza en verde.

Pancita

PANZA EN PIPIÁN ◆ panza en verde

PANZA EN VERDE

Preparación hecha a base de la panza de un animal guisada en salsa verde. En el Distrito Federal y áreas circunvecinas se trata de panza de res cortada en tiras o cuadros pequeños, guisada en una salsa elaborada con chile serrano, tomate, cilantro, ajo y cebolla. En Hidalgo, especialmente en el área que colinda con Nanacamilpa, Tlaxcala, se prepara la panza de borrego en una salsa similar a la del Distrito Federal, y se conoce como panza de borrego. En Tabasco, de la panza de res normalmente se utiliza la parte llamada libro y se cocina en una salsa a la que llaman verde. En Salto de Agua, Chiapas, es un guiso de panza de res, tomate, cebolla, ajo, chipilín, chaya, perejil, hojas de chile amaxito, cilantro y orégano. En Xicotepec de Juárez, Puebla, la panza en pipián es panza de res cocida y cortada que se guisa con una salsa molida de ajo, cilantro, chile serrano y pepitas de calabaza. Esta misma preparación, pero sin las pepitas de calabaza, se consume en la ciudad de Puebla, así como en los estados de Hidalgo y Tlaxcala.

PANZA PEGAJOSA ◆ hongo pancita

PANZAJE

Preparación elaborada con carne de res cocida con cebolla, tomate, papas, sangre de res, rajas de chiles serranos, pimienta, comino, ajo y sal. Todo se pone en una olla untada con manteca de cerdo, la cual se introduce en hoyo de barbacoa durante seis horas para una lenta cocción. Se consume en Tamaulipas.

PAPA (*Solanum tuberosum*)

Del quechua *papa*, término utilizado para designar cualquier tubérculo. Planta de la familia de las solanáceas, ampliamente cultivada en las zonas templadas y frías de México. El consumo de su tubérculo se extendió en el mundo occidental a partir de

la llegada de los españoles a tierras de lo que hoy es el Perú, de donde es originaria. Se emplea mucho en la cocina mexicana para preparar sopas, caldos, cremas, guisos, purés, antojitos, tortitas y, por supuesto, papas fritas. Las hojas de la papa se consumen como quelites en varias partes de la república y los tepehuanes de Chihuahua las preparan en pinole, esquiate y atole blanco. En México se conocen principalmente tres variedades.

• La papa blanca es la que se encuentra con más frecuencia y la más barata. Se puede cocer en agua con sal para comerse en trozos dentro de la salsa de diversos guisos, o bien para pelarse y machacarse. Así se elaboran las tortitas de papa, rellenos de molotes, empanadas, tacos fritos, chiles rellenos o quesadillas. Una forma muy popular de consumirla es frita, principalmente para acompañar la carne asada. Con frecuencia se corta en forma de barras y se come como papas a la francesa, aunque también es muy común la papa frita en rebanadas gruesas, que en algunas regiones se rocían con jugo de limón y sal. Otro platillo que agrada mucho son las papas con chorizo, la papa blanca cocida o cruda se corta en cuadros, se fríe con un poco de la grasa del chorizo y luego se mezcla con chorizo desmenuzado, freído previamente. De manera similar se guisan las papas con longaniza. Esta preparación se utiliza como relleno de molotes en el estado de Puebla. La papa rosa tiene piel rojiza, es ligeramente más cara y se utiliza de igual manera, aunque en menor cantidad.

• La papa cambray se distingue por ser muy pequeña; en los mercados del centro del país se pueden encontrar dos tipos: unas que miden en promedio 3 cm de diámetro y otras de 1 o 2 cm. Estas papas se pelan y se incluyen enteras o partidas por la mitad en guisos como el huachinango a la veracruzana, el revoltijo y el bacalao a la vizcaína.

• La papa de monte es una papa regional muy pequeña, que seguramente existió en forma silvestre desde la época prehispánica; se puede comprar en los mercados regionales de San Luis Potosí, Aguascalientes, Zacatecas y Monterrey, donde la llaman papa Galeana, por el nombre del municipio del que es originario. Es de pulpa amarillenta y se puede comer pelada o con todo y cáscara; es muy apreciada, por lo que puede alcanzar precios muy altos y no se encuentra todo el año. Se acostumbra cocinar en escabeche, como botana, o en moles como guarnición.

PAPA CHIRRIONA
Preparación a base de trozos de papa cocidos y fritos mezclados con huevo y guisados con una salsa de chile pasilla. Se acostumbra comerlos en el estado de Jalisco.

PAPA EXTRANJERA (*Oxalis tuberosa*)
Tubérculo dulce de la planta llamada oca, originaria de Sudamérica. Se consume cruda con sal, chile y limón, o en forma de atole. Se le puede encontrar en algunas regiones de Morelos, Puebla y Veracruz.
Conocida también como:
◇ papa de milpa
◇ papa loca

PAPA HORNEADA ◆ relleno de papas

PAPA LOCA ◆ papa extranjera

PAPA VOLADORA (*Dioscorea bulbifera*)
Planta tropical de origen africano y asiático, perteneciente a la familia de las dioscoreáceas y al género dioscorea, del cual 12 de las 600 especies identificadas son comestibles. Los investigadores señalan que fue introducida a América en la época virreinal. Produce tubérculos amargos similares a la papa, que se aprovechan y se consumen en Yucatán y algunos estados del sureste del país. En algunas regiones de Oaxaca se guisa con frijol y aguacatillo.
Conocida también como:
◇ camote volador (Oaxaca)
◇ ñame (Tabasco)

PAPACHI (*Randia echinocarpa*)
Árbol de la familia de las rubiáceas que puede medir de 3 a 5 metros de alto. Sus flores son blancas o amarillas y despiden un olor agradable; sus frutos son verdes, de forma globosa, miden de 4 a 9 cm de diámetro con pulpa negra y cáscara verde o amarilla. Es originaria de México y se puede encontrar en los estados de Chihuahua, Sonora, Guerrero y Veracruz. Los tarahumaras acostumbran comer el fruto asado cuando aún está un poco verde, pero pueden provocar vómito y dolor de cabeza a quienes no están acostumbrados a consumirlo.

PAPACLA ◆ papatla

PAPADZUL
GRAF. papa-dzul, papak-sul, papak-tsul, papasul o papatzul. Término de origen maya que proviene de *papak*, muy untado y *zul*, empapar o remojar (también significa banquete), o de *papa*, que significa comida, y *dzul*, caballero, es decir comida de caballero o comida de los señores. Es un antojito que consiste en pequeñas tortillas de maíz remojadas en una salsa elaborada con pepita de calabaza, rellenas con huevo cocido picado, enrolladas como tacos y bañadas con más salsa de pepita y un poco de salsa de jitomate. Tradicionalmente este platillo se rocía con gotas de aceite de la misma pepita de calabaza que se extrae antes de preparar la salsa, pero actualmente ha dejado de utilizarse. Se prepara en la península de Yucatán. Existe la creencia de que en tiempos prehispánicos se rellenaban con huevos de codorniz o de alguna gallina de monte. Existen también los papadzules negros, aunque son poco comunes, en los que se sustituye la salsa de pepita de calabaza por frijoles colados.
→ yek

PÁPALO ◆ papaloquelite

PÁPALO CHEPICHA O PÁPALO PEPICHA ◆ pipicha

PAPALOMÉ
Preparación elaborada con penca de maguey cocida en agua con coyol, hasta que suaviza y toma un color oscuro. Puede endulzarse con panela. Lo preparan los chocholtecos del estado de Oaxaca.

PAPALOMETL ◆ agave, mezcal

PAPALOQUELITE O PÁPALO (*Porophyllum macrocephalum*)
Nombre que deriva del náhuatl *papalotl,* mariposa y *quilitl,*
quelite o hierba comestible. Planta perteneciente al orden
asterales, que puede medir hasta 1.5 metros de alto; comienza a ramificarse casi desde la base, sus hojas son ovadas, casi circulares, de hasta 5 cm de largo. Crece de forma
silvestre y espontánea en los cultivos de clima cálido de toda
la república mexicana, aunque también se cultiva abundantemente en el centro del país, pues goza de gran demanda.
Sus hojas se consumen como queli-
te, son muy aromáticas y de
sabor fuerte y se emplean mucho en las cocinas del centro
del país. En el Distrito Federal,
Puebla y Tlaxcala se añade picada en las salsas verdes y en los guacamoles, así como en tacos de barbacoa,
en carnitas, en chicharrones y en tacos placeros. En muchas taquerías se tiene al alcance de los comensales para que cada quien agregue la
cantidad que desee. En la sierra Norte de Puebla se consume crudo, envuelto en tortillas de maíz con sal, para acompañar el caldo de frijol negro cocido. Juntos pueden ser la
comida principal del día.
Conocido también como:

◇ chapahuate
◇ chivatillo (Michoacán)

Conocido en otras lenguas como:

◇ *chapahua* (totonaco, costa de Veracruz)
◇ *chapahuate* (totonaco, costa de Veracruz)
◇ *papaloquilit* (nahua, sierra Norte de Puebla)
◇ *puksnankaka* (totonacas, sierra Norte de Puebla)

PAPAS EN ESCABECHE
Preparación hecha a base de papas y zanahorias maceradas
en un escabeche elaborado con vinagre, ajo, cebolla blanca,
chile pasilla, pimienta negra, pimienta gorda, clavos, sal,
azúcar, orégano y tomillo. Se deja macerar por lo menos durante un día. Es típica de varias regiones de Oaxaca y de los
Valles Centrales, donde se acostumbra servirla para acompañar el piedrazo.

PAPATLA (*Heliconia schiedeana*)
Del náhuatl *papatlahuac,* que significa cosa ancha y espacio-
sa. Planta herbácea de la familia de las heliconiáceas, que
crece erecta y mide de uno a tres metros de alto. Su tronco
es delgado, llega a medir hasta 4 cm de diámetro, sus hojas
son grandes, de color verde oscuro, con forma ovalada hasta de 1.5 metros de largo y 50 cm de ancho. Las hojas se
utilizan para envolver tamales, pescados y otros alimentos.
En muchas comunidades es tan importante como la hoja de
plátano y se emplea de la misma forma. En Morelos se tiene
registro de que se consume como quelite.
Conocida en algunas regiones como:

◇ hoja de cuervo (sierra Norte, Puebla)
◇ pajpatla (sureste de San Luis Potosí)
◇ papacla (norte de Veracruz)
◇ papatlilla o papatliya (sureste de San Luis Potosí)
◇ platanillo (Chiapas, Oaxaca)
◇ poupacla (Morelos)

Conocido en otras lenguas como:

◇ *iswatl* (náhuatl, Veracruz)
◇ *itacasacna* o *itacatseacna* (totonaco, región del Tajín, Veracruz)

◇ *papatliya* (náhuatl, norte de Veracruz)
◇ *stacatsecna* (totonaco, región del Tajín, Veracruz)
◇ *thúlub* (huasteco, San Luis Potosí)
◇ *tzumtzum* (huasteco, San Luis Potosí)

PAPATLA CON RES
Guiso elaborado con hojas de papatla cocidas en agua con
tequesquite hasta que se deshacen por completo. Se logra
una especie de masa a la que se le agregan trozos de carne
de res o cerdo cocida, cebolla, ajo y una gran cantidad de
cilantro picado. Se acostumbra comer en Tetelcingo, Morelos.

PAPATLILLA O PAPATLIYA ◆ papatla

PAPAYA (*Carica papaya*)
Fruto del árbol del papayo, perteneciente a la familia de
las caricáceas; su forma es ovoide, oblonga o elíptica y, dependiendo de la variedad, puede medir de 30 a 50 cm de
largo. Su piel puede ser verde o amarilla y las hay de pulpa
amarilla o anaranjada. Su interior es hueco, con numerosas
semillas negras. Es originaria del sur del país a Nicaragua; su
nombre es de origen antillano y en la
actualidad se cultiva en todas
las regiones tropicales de
América, desde México
hasta Argentina, así como
en África y Asia. La papaya
amarilla adquiere varias tonalidades, dependiendo de la región: pue-
de ir del amarillo pálido hasta el naranja amarillento y llega
a pesar hasta 2 kg. Se puede encontrar casi todo el año. Por
lo general se corta del árbol cuando está aún verde. Si ha
madurado demasiado debe pelarse y guardarse dentro de
un recipiente tapado en el refrigerador. La papaya serrana
Vasconcella pubescens debe cocerse antes de comerla, de
manera que la mayor parte de su producción se destina para
preparar mermeladas. Una de las ventajas agrícolas que tiene es que puede cultivarse fuera de los climas tropicales. La
papaya del monte o papaya chilpayita, *Carica cauliflora,* es
la especie más pequeña de todas: no sobrepasa el tamaño
de una naranja y su pulpa es amarilla brillante. Crece de forma silvestre en Tabasco y Chiapas y su consumo es regional;
se utiliza especialmente para elaborar el dulce llamado oreja
de mico, por lo que algunos la llaman papaya de oreja de
mico. La papaya zapote, papaya roja o papaya colorada es
color mamey y su sabor recuerda el del mamey colorado. Es
más dulce que la papaya amarilla y puede pesar hasta 10 kg,
aunque normalmente no se deja crecer tanto para facilitar
su comercio. La papaya hawaiana se cultiva en el famoso
archipiélago del Pacífico y su sabor es muy similar al de la
papaya roja. No mide más de 20 cm y es la más cara de todas. Su piel es amarilla verdosa y ligeramente pinta. Desde
la época prehispánica fue muy apreciada por los pueblos
americanos. Sus semillas molidas se utilizaban como ablan-
dador y existe la creencia de que las mujeres las comían
para provocarse el aborto. Actualmente es muy común consumir la fruta madura en el desayuno, cortada en trozos o
licuada con agua o leche. También se acostumbra prepararla verde o inmadura en dulce, que es muy popular en Chiapas y Tabasco.

PAPAYÁN
Antojito que se elabora con masa de maíz mezclada con frijoles cocidos sin caldo y molidos, piloncillo, manteca de res
y sal. Con esta masa se prepara una tortilla de aproxima-

damente 8 cm de diámetro, la cual se trabaja en hoja de plátano o en un plástico para cocerse en comal. El sabor final del papayán es algo dulce y se acostumbra acompañarlo con café negro o atole. Es un antojito típico de la región de Los Tuxtlas, en el sur de Veracruz. Conocido también como borreque.

PAPAZUELA ◆ tamalito de acelga

PAPELILLO ◆ jorobado

PAPÍN

Postre tabasqueño elaborado con leche, huevo, canela y azúcar, cocido a baño María. Una vez cuajado, se ralla la superficie con la punta de un cuchillo para que suelte suero, el cual sirve como almíbar. Su consistencia y sabor recuerdan los de la jericalla o el flan.

PAPIOTL ◆ cuitlacoche

PAPULLO O PAPUYUT ◆ cahuayote

PAQUE O PAQUÍ ◆ guapaque

PAQUES

Término que en Comitán, Chiapas, designa a las tortillas pequeñas dobladas por la mitad.

PAQUITO SUDADO

Antojito similar a los tacos de canasta que se elabora con tortillas de maíz ración hechas, rellenas con carne maciza de cerdo cocida con chiles ancho y pasilla, cebolla, ajo, cacahuates tostados, sal y pimienta. Cada paquito se acomoda en una vaporera tapada o canasta de mimbre para que suden. Se venden en las calles durante las fiestas de agosto en Comitán, Chiapas. Existe una variedad de paquitos sudados estilo Comitán, los cuales se rellenan con chorizo revuelto con huevo, papas con rajas, frijoles refritos y molidos. Conocido también como paquito.

PARADERO

Lugar en la carretera donde la gente se detiene a comer. Hay algunos paraderos cercanos al Distrito Federal que son especialmente famosos por sus antojitos, entre ellos La Marquesa, Tres Marías y el mirador de Xochimilco.

PARAGÜITAS ◆ hongo codorniz

PARGO

Nombre genérico que reciben diversas especies de peces de la familia *lutjanidae*. Algunos de ellos son conocidos tam-

bién como huachinangos, debido a que tienen características similares. En el océano Pacífico se encuentran las especies *Lutjanus aratus*, *Lutjanus argentiventris*, *Lutjanus colorado*, *Lutjanus griseus*, *Lutjanus guttatus*, *Lutjanus inermis*, *Lutjanus jordani*, *Lutjanus novemfasciatus*, *Lutjanus peru*, *Lutjanus viridis* y *Hoplopagrus guentherii*. Son peces de carne blanca, firme y de pocas espinas, por lo que son ideales para cocinarse enteros, ya sea al horno, asados o fritos. Los pargos tienen mucha demanda, de modo que se encuentran todo

tipo de cortes con ellos; se cocinan de muchas formas, igual que el huachinango: en filetes, postas o bisteces fritos, empanizados y se guisan al mojo de ajo o al ajillo. La cabeza se agrega a los caldos de pescado para intensificar su sabor.

Conocido también como:

◇ barbirrubia (*Lutjanus inermis*)
◇ boca fuerte (*Lutjanus novemfasciatus*)
◇ caballero (*Lutjanus griseus*)
◇ canchio (*Lutjanus griseus*)
◇ coconaco (*Hoplopagrus guentherii*)
◇ cubera (*Lutjanus griseus*)
◇ cuevero (*Lutjanus novemfasciatus*)
◇ cuico (*Lutjanus viridis*)
◇ flamenco (*Lutjanus guttatus*)
◇ huachinango (*Lutjanus jordani, Lutjanus peru*)
◇ huachinango del Pacífico (*Lutjanus colorado*)
◇ lunarejo (*Lutjanus guttatus*)
◇ pargo alazán (*Lutjanus argentiventris*)
◇ pargo amarillo (*Lutjanus argentiventris*)
◇ pargo azul-dorado (*Lutjanus viridis*)
◇ pargo chivato (*Lutjanus guttatus*)
◇ pargo coconaco (*Hoplopagrus guentherii*)
◇ pargo colmillón (*Lutjanus jordani*)
◇ pargo colorado (*Lutjanus colorado, Lutjanus peru*)
◇ pargo coyotillo (*Lutjanus argentiventris*)
◇ pargo de manglar (*Lutjanus argentiventris, Lutjanus aratus*)
◇ pargo dientón (*Lutjanus griseus, Lutjanus novemfasciatus*)
◇ pargo flamenco (*Lutjanus guttatus*)
◇ pargo listoncillo (*Lutjanus colorado*)
◇ pargo lunarejo (*Lutjanus guttatus*)
◇ pargo moreno (*Lutjanus novemfasciatus*)
◇ pargo mulato (*Lutjanus griseus, Lutjanus novemfasciatus*)
◇ pargo negro (*Lutjanus novemfasciatus*)
◇ pargo ñanguero (*Lutjanus jordani*)
◇ pargo prieto (*Lutjanus griseus, Lutjanus novemfasciatus*)
◇ pargo rabirrubia (*Lutjanus inermis*)
◇ pargo raicero (*Lutjanus aratus, Hoplopagrus guentherii*)
◇ pargo rayado (*Lutjanus viridis, Lutjanus aratus*)
◇ pargo rojo (*Lutjanus jordani, Lutjanus peru*)
◇ pargo tecomate (*Hoplopagrus guentherii*)
◇ parguito (*Lutjanus griseus*)
◇ rabirrubia (*Lutjanus inermis*)
◇ rayito (*Lutjanus viridis*)
◇ rubia (*Lutjanus inermis*)
◇ sol de china (*Lutjanus viridis*)
◇ tecomate (*Hoplopagrus guentherii*)

Pargo prieto

461

PAROTA ◆ guanacaste

PARRA BRINCADORA O PARRA SILVESTRE ◆ uva de monte

PARRILLADA

Plato metálico que se pone directamente sobre el fuego o sobre una parrilla para asar carnes, por ejemplo de res, borrego, pollo y mariscos, entre otras. La peculiaridad de las parrilladas es que este mismo plato se lleva a los comensales sobre una base de madera; el plato se conserva tan caliente, que sirve para terminar de cocer y mantener la temperatura de las carnes. Algunos restaurantes de comida mexicana incluyen también machitos y criadillas en sus parrilladas. Se sirven acompañados con tortillas, salsas, cebollitas cambray y, en ocasiones, con guacamole y frijoles charros, de la olla o refritos. Muchas veces este plato metálico se sustituye por un anafre al centro de la mesa, que cumple la misma función.

PASA, PASITA O UVA PASA

Uva deshidratada al sol o de manera artificial con aire caliente. Se obtiene a partir de variedades de uvas muy dulces que casi no contienen semi-  llas. Es un alimento con un alto aporte energético (324 kilocalorías/100 gramos) y alta concentración de azúcares (75 gramos /100 gramos). En México se consume sola o se utiliza, tanto para preparaciones dulces como saladas, por ejemplo, se incluye en picadillos que servirán como rellenos, así como la salsa de algunos moles.

PASAR

Técnica de deshidratación que consiste en dejar los alimentos bajo el sol durante cierto tiempo hasta que se sequen. La técnica varía ligeramente dependiendo del tipo de alimento. En el caso de los ejotes, quelites y coles, primero se cuecen y luego se ponen a secar al sol; en el caso de algunas frutas, se pelan, se cortan crudas en rodajas y se dejan secar. A partir de estos alimentos se elabora un sinnúmero de platillos regionales, rehidratándolos antes de cocinarlos. Cuando se secan al sol rebanadas de frutas como durazno, manzana y membrillo, se denominan orejones. Debido al clima extremadamente caluroso y seco, en Chihuahua se acostumbran pasar muchos alimentos para poder utilizarlos en cualquier época del año; los más utilizados son chiles, ejotes, calabaza, col, elote, quelites y carne. Esta técnica de conservación se originó en las comunidades indígenas tarahumara y tepehua y ahora se ha extendido a todo el estado. En estas comunidades los alimentos pasados forman parte de la comida típica, aunque se acostumbra consumirlos principalmente durante la cuaresma.

→ carne seca, chacales, chiles pasados

PASAR POR ACEITE

Acción de sumergir un alimento en aceite caliente y retirarlo rápidamente, para que se suavice, absorba aceite y se haga flexible de modo que pueda utilizarse en alguna preparación. Antes de utilizarlo se debe dejar reposar sobre un papel absorbente, para retirar el exceso de grasa. El alimento que más se somete a esta acción es la tortilla, por ejemplo, para preparar tacos o enchiladas: se pasa por aceite para poder enrollarla con mayor facilidad. Se debe tener cuidado de no freírla demasiado, ya que de lo contrario se endurece y se rompe al tratar de enrollarla. Muchos antojitos, como las

garnachas de Veracruz, se pasan por manteca de cerdo para recalentarlas y darles un mejor sabor.

PASCAL

GRAF. paskal, paskali, paxcal o pazcal. Platillo de origen huasteco elaborado con carne de pollo o gallina, guisada en una salsa de ajonjolí con algún chile seco. En ocasiones se le  agregan verduras en trozos. En Hidalgo existen muchas variantes. Una de las más populares es el pascal de pollo guisado en una salsa preparada con ajonjolí tostado y molido, chile piquín o ancho, masa de maíz y hierbabuena. En ocasiones se le agregan también chayotes en trozo y puede espesarse

Pascal de frijol con izote

con pepitas de calabaza y con masa de maíz; cada plato se sirve con un huevo cocido. Otra variante se guisa con costilla de res, en salsa de ajonjolí y chile chino con chayotes, saborizados con cilantro. Los pascales que no contienen carne se cocinan con frijoles tiernos cocidos y el guiso lleva ajonjolí tostado y molido, masa de maíz, chayotes, flores de izote, cilantro y hierbabuena. En Veracruz el pascal es un platillo festivo que se acostumbra preparar para bautizos, bodas, fiestas e incluso para velorios. Es un guiso espeso que se sirve en platos hondos o cazuelitas, como sopa. Se elabora con gallina guisada en salsa de ajonjolí tostado y molido y chile ancho. Es típico de Tantoyuca, y en general de toda la Huasteca veracruzana. En las comunidades nahuas que habitan al norte del estado, la salsa se prepara con ajonjolí, chile color, chile chipotle y cilantro, y la carne se sustituye por frijoles negros. En la sierra Norte de Puebla se cocina de manera similar a la de Veracruz. Por lo regular se sustituye el ajonjolí por pepitas de calabaza, la salsa lleva chile mora seco o ancho y pollo o frijol. En ocasiones se le pueden agregar bolas pequeñas de pasta de pepitas y servirse con gotas de aceite de pepita; en este caso se asemeja a un pipián. Por lo general se elabora de manera ordinaria, aunque para fiestas es comida de clausura, es decir, es la última comida que se sirve en una celebración.

PASITA

Licor elaborado con pasitas maceradas en aguardiente, tradicional de la ciudad de Puebla. El único lugar donde se vende es en el bar La Pasita, ubicado en una de las esquinas del Callejón del Sapo. Se puede comprar embotellado para llevar o para tomar en el lugar, ya que no hay dónde sentarse y es común que haya muchas gente esperando afuera del local. Se sirve una  onza en un caballito de tequila y en la boca del vaso se coloca un palillo con un cuadro pequeño de queso de cabra o queso añejo y una pasa; se bebe el trago y se refresca en seguida el paladar con el queso y la pasita. En el mismo bar se venden también otros cocteles, pero casi nadie los pide, pues el atractivo principal es probar el licor del lugar.

→ pasa

PASKAL O **PASKALI** ◆ pascal

PASTA

Masa rica en gluten elaborada con la parte exterior del trigo, con la que se elaboran figuras que se dejan endurecer para comerse cocidas. Esta técnica es de origen chino y fue llevada por Marco Polo a Italia, donde hoy es parte fundamental de su cocina. En México se comenzó a usar mucho durante el Porfiriato, debido a la gran influencia que tuvo la cocina europea en la época. La mayor parte de las pastas que se elaboran en México se destinan para hacer sopa de pasta: las hay con formas de fideos, estrellas, letras, caracoles, coditos, macarrones y municiones, entre otras. Por lo regular el espagueti y los macarrones se preparan con salsa de jitomate o con crema y queso rallado.

PASTA AMARILLA

Pasta para conchas mezclada con yema de huevo que se utiliza como adorno de muchos panes de dulce como las chilindrinas.

PASTA DE ALMENDRA

Dulce poblano elaborado con almendras, azúcar glass, clara de huevo y extracto de almendra, todo molido y mezclado hasta obtener una pasta. Con ésta se confeccionan figuras pequeñas con forma de frutas, de gallos o pollos; la pasta se puede colorear con colorante vegetal para hacer los detalles de las figuras. Se venden en dulcerías tradicionales y por las calles de Puebla.

PASTA DE CAMARÓN

Preparación típica de la región del Sotavento, en Veracruz. En una cacerola con manteca de cerdo se pone cebolla, ajo, jitomate, chile ancho desvenado, tostado y molido, orégano, cilantro, cominos, camarones frescos y pelados; se cuece hasta que forma una pasta. Se acostumbra comerla como botana o a la hora de la cena, untada en tostadas fritas adornadas con lechuga rebanada finamente.

PASTA DE FRUTAS

Dulces elaborados con pulpa de fruta cocida con azúcar. La pasta resultante se corta en cuadros o rombos; en ocasiones se le agrega grenetina para que el dulce tenga una consistencia más sólida. Las frutas más utilizadas son guayaba, guanábana, chicozapote, mamey y mango. Existen también combinadas como la pasta de camote con coco; se elaboran en la península de Yucatán, principalmente en Campeche.

PASTA DE MOLE ◆ mole de pasta

PASTA PARA CONCHAS

Pasta suave elaborada con azúcar glass, mantequilla, manteca vegetal y harina que se utiliza para decorar las conchas. En ocasiones se le agrega cocoa para formar conchas de chocolate.

PASTE

Empanada horneada elaborada con masa de harina de trigo, en forma de media luna, rellena con carne de res, papa, poro,

cebolla, perejil y rajas de chile verde. La masa se fermenta ligeramente con pulque y contiene sal, huevo, manteca de cerdo y leche. El origen de este antojito, típico de Hidalgo, se remonta al año 1824, cuando llegaron de Inglaterra los primeros mineros británicos al mando del capitán John Vetch, para explotar las minas de plata de Pachuca y Real del Monte. Las esposas de aquellos mineros preparaban a sus esposos unas empanadas que servían como *lunch* mientras trabajaban en las minas, según una receta de Cornualles conocida como *cornish pastry* (*pastry* es el nombre genérico inglés para las pastas de panadería). La receta inglesa de la masa contenía harina de trigo, manteca de cerdo, sal y agua, y el relleno, carne de res picada, papa, perejil, pimienta, estragón y sal. En México, la receta sufrió modificaciones: desapareció el estragón y en su lugar se le añadieron cebolla, rajas de chile verde y poro. Aunque los pastes originales son los rellenos de carne de res, en la actualidad se rellenan de casi cualquier cosa, por ejemplo pollo con mole, papa o frijoles y, en algunos casos, preparaciones dulces, por ejemplo, piña, y se acostumbra comerlos como postre. Se preparan en los hogares, en las panaderías y en los restaurantes de comida típica; en la capital del estado es frecuente encontrar por las calles vendedores que los transportan en canastas.

PASTEL

Postre elaborado con masa de harina de trigo horneada y otros ingredientes o preparaciones. El resultado es un pan que puede rellenarse o cubrirse con crema, merengue, frutas, cajeta, mermeladas o chocolate. Los pasteles son empleados en México para festejar cumpleaños, bodas, XV años y, en pocas ocasiones, como postre, lo que explica que no existan muchos pasteles regionales. También se le denomina pastel a ciertos platillos salados como el pastel azteca o el pastel de carne.

PASTEL AZTECA ◆ budín azteca

PASTEL CHATINO

Tamal de masa de maíz, de gran tamaño, que se elabora en Sola de Vega, Oaxaca; se acostumbra preparar para bodas y bautizos. En un trapo extendido se colocan hojas de plátano asadas, se cubren con hojas de hierba santa y sobre éstas se pone una capa de masa, se rellena con una preparación elaborada con menudencias de pollo (hígados y mollejas) guisadas en una salsa de chiles guajillos, costeños, ajo, pimienta y comino, el tamal se envuelve y se cuece al vapor.

PASTEL DE ALMENDRAS Y LIMÓN

Postre elaborado con yemas de huevo batidas a las que se les añade azúcar, almendras peladas y molidas, ralladura de cáscara de limón y, por último, claras de huevo batidas. Se hornea y se decora. Es típico de Pátzcuaro, Michoacán.

PASTEL DE CARNE ✦ torta morisca

PASTEL DE ELOTE ✦ torta de elote

PASTEL DE FRIJOL

Preparación elaborada con dos purés, uno de plátanos machos maduros cocidos con azúcar y canela, y otro de frijoles refritos cocidos con un poco de azúcar, chocolate semiamargo rallado y canela. Se coloca una capa de puré de plátanos en un molde para hornear y se cubre con una capa de puré dulce de frijoles; se hornea y se decora con rodajas de plátano macho fritas. Es típica de Comitán, Chiapas.

PASTEL DE LUJO

Pastel salado elaborado con arroz cocido y picadillo de carne. Para su elaboración se mezcla arroz cocido con elotes molidos, leche, huevo, mantequilla y azúcar. Con esta mezcla se cubre el fondo de un molde y ésta se cubre con un picadillo que contiene carne molida de cerdo y pollo guisadas con jitomate, chile dulce, aceitunas, alcaparras, pasitas, pimienta negra, pimienta de Tabasco, clavos, ajo, canela, vinagre y jerez. Finalmente se cubre el picadillo con una última capa de la mezcla de arroz, se espolvorea con pan molido y se hornea. El origen de este platillo, que se acostumbra comer frío o caliente, en Campeche y Yucatán, es la sopa cubierta.

PASTEL DE MAÍZ ✦ pastel de Sola de Vega

PASTEL DE MANZANA

Postre chiapaneco elaborado con rebanadas de pan de yema que se colocan en un refractario con pedazos pequeños de margarina, azúcar y canela en polvo. Sobre esa primera capa se pone otra con rebanadas delgadas de manzanas peladas, cubiertas con azúcar y canela; se repiten las capas hasta cubrir todo el molde; por último, se licúan leche condensada y huevos y con este licuado se baña el molde. Se hornea y se sirve.

PASTEL DE PIÑA

Postre cuya masa se elabora con harina de trigo, polvo para hornear, mantequilla, panela o piloncillo, huevo y leche. Se hornea y se rellena con una mezcla (similar a una mermelada) de pulpa de piña, coco y limón rallados, se cubre con un merengue italiano y se adorna con nuez pacana. Se acostumbra comer en Tuxtepec, Oaxaca, donde los pasteles de piña son muy populares debido a que ese estado es un gran productor de piña.

PASTEL DE POLLO ✦ pastel de Sola de Vega

PASTEL DE SOLA DE VEGA

Pastel salado, similar a un tamal de cazuela, elaborado con masa de maíz amarillo y picadillo de pollo. Se acostumbra preparar para las bodas en Sola de Vega, Oaxaca. La masa se prepara mezclando masa de maíz amarillo, manteca de cerdo, yemas de huevo y canela; el picadillo por lo regular es de carne de gallina o pollo, mezclada con carne de cerdo, se guisa con cebolla, ajo, jitomate, claras de huevo, pasas y almendras picadas, pimienta, clavo, canela, azafrán y azúcar. Para elaborar el pastel se cubre el fondo y las paredes de una cazuela o un molde para horno con la masa y sobre ésta se coloca el picadillo, se vuelve a cubrir con masa y se repite la operación hasta llenar la cazuela.

Conocido también como:

◇ pastel de maíz
◇ pastel de pollo

PASTEL DE TAMAL ✦ tamal de cazuela

PASTEL DE TORTILLA ✦ budín azteca

PASTEL DE TRES LECHES

Postre elaborado con un pan bañado en una salsa de leche. El pan contiene harina de trigo, azúcar, esencia de vainilla y huevo; una vez horneado y frío, se baña con una mezcla de tres leches: condensada, evaporada y entera (aunque esta última se sustituye en algunos casos por crema). El pastel se decora con merengue, crema chantilly o se cubre con chocolate; el resultado es un

postre, frío, húmedo y muy dulce. Es uno de los pasteles más gustados y populares en México, por lo que puede encontrarse fácilmente en pastelerías, entero o en rebanadas, y por lo general se consume en reuniones y fiestas.

PASTEL DE ZANAHORIA

Postre preparado con un pan hecho con zanahoria rallada, harina, azúcar, canela, clavo de olor y nuez moscada molidos, huevos, aceite y pasitas. El pastel se decora con una crema elaborada a base de queso crema, crema para batir, azúcar glass, ralladura de naranja, canela y jugo de naranja. Es muy popular en Comitán, Chiapas.

PASTEL INDIO ✦ budín azteca

PASTILLA DE CHOCOLATE

Nombre comercial que reciben las tablillas redondas de chocolate, elaboradas con cacao, azúcar, canela y almendra. Es una versión moderna del chocolate de metate. Dependiendo de la marca, una pastilla rinde para 4 o 6 tazas de chocolate caliente.

En el pasado las tablillas siempre fueron rectangulares o en forma de bolas.

PATA

1. Término que designa al pie y pierna de los animales. En México se consumen las patas de la res, del cerdo, del venado y del pollo. Conocida también como patita.

→ mole de pata de res, pata de pollo, tostadas de pata

2. Pan de dulce elaborado con una masa hecha a base de agua de azahar y pedazos de queso amarillo. Tiene forma de pata y es tradicional de Yucatán.

PATA DE CABRA O PERCEBE (*Zirfaea pilsbryi*)

Molusco bivalvo perteneciente a la familia *Pholadidae*. Es similar a una almeja, con las valvas implantadas en la parte superior, alargadas y de tono blanquecino; puede medir hasta 14 cm de largo. Se consume fresco en Baja California.

PATA DE GALLINA DE CERRO ✦ flor de maguey

PATA DE GALLO (*Tinantia erecta*)

Hierba erecta o ascendente, en ocasiones ramificada desde la base; sus hojas son ovaladas, puntiagudas y con pelillos. Pueden medir hasta 16 cm de largo por 6 cm de ancho; las flores tienen tres pétalos y su color va del azul al rosadopúrpura o morado; el fruto es una cápsula de hasta 12 mm de largo por 6 mm de ancho. Es originaria del territorio que abarca desde México hasta Venezuela. Las hojas se consumen como quelite en la sierra Norte de Puebla. En Zapotitlán se preparan las gorditas de pata de gallo; las hojas se mezclan con masa de maíz, manteca de cerdo y sal y se elaboran

unas tortillas de 0.5 cm de espesor por 12 cm de diámetro, En esta última región y en Naupan, en el mismo estado, se consumen los quelites asados.

Conocido en otras lenguas como:
- ◇ *ixtac* (totonaco)
- ◇ *ohuaquilit* (náhuatl)

→ quelites asados

PATA DE GUAJOLOTE

Planta comestible, utilizada como quelite. Los huicholes de Nayarit la cortan fresca, la limpian, la lavan y la muelen en molcajete. Posteriormente la ponen a cocer, la escurren y la sirven con tortillas recién hechas, acompañadas de chiles silvestres.

Conocida también como:
- ◇ higuerilla (Nayarit)
- ◇ kuaxa (huichol)

PATA DE PÁJARO ◆ hongo clavito, hongo pata de pájaro

PATA DE POLLO

Extremidad posterior del pollo que se emplea de diferentes maneras. Se agrega a caldos o sopas para que potencien el sabor de la preparación. También puede consumirse junto con los esquites, o bien, como botana con salsa picante y jugo de limón.

PATA DE PUERCO

Pie y pierna del cerdo. Es un ingrediente que gusta mucho, debido a su sabor y consistencia. Existen muchas formas de prepararla, y en todos los casos primero se rasuran muy bien, se les limpian las pezuñas, se cuecen en agua y se les retira cualquier exceso de grasa o impureza. En todo el país se preparan las patitas o manitas en escabeche: las patas se cuecen con agua, vinagre, cebolla, hierbas de olor (laurel, tomillo y mejorana), orégano, sal, pimienta, en ocasiones chile jalapeño y otras especias. El producto que se obtiene es un escabeche o encurtido al que se le agrega zanahoria, chiles verdes en escabeche o cualquier otra verdura, por ejemplo en Milpa Alta, Distrito Federal, es habitual agregar nopales cortados en tiras, ya que es una verdura que abunda en la región. En la zona oriente de Michoacán puede incluir calabacitas, zanahorias o papas, y en los estados del sur y sureste del país casi nunca se agregan verduras al escabeche, por lo que éste adquiere un sabor pronunciado a orégano y vinagre. El escabeche se deja reposar para potenciar el sabor de todos los ingredientes y se conserva a temperatura ambiente durante varios días. Se acostumbra comer frío como

botana, acompañado de lechuga, rebanadas de jitomate, cebolla y aguacate a manera de ensalada. En Chilapa, Guerrero, las patas ya cocidas se capean y se sirven en salsa de jitomate. En Oaxaca se prepara un guiso caldoso llamado manitas de puerco con frijoles negros, que se cuecen con ajo, cebolla de cambray, sal, epazote y se agrega la carne de las patas de cerdo. En el Estado de México se consumen frecuentemente en vinagreta, asimismo se elaboran capeadas y bañadas en caldillo de jitomate o en adobo. En Jalisco las patas de cerdo se preparan en escabeche y rebozadas, aderezadas con mayonesa y huevo duro. Otras preparaciones muy populares son las tostadas de pata y el fiambre de patitas.

Conocido también como:
- ◇ manitas de cerdo
- ◇ manitas de puerco
- ◇ patas de cerdo
- ◇ patitas de cerdo
- ◇ patitas de puerco

PATA PALOMA (*Rivina humilis*)

Planta originaria de América tropical que crece en las orillas de los caminos. Sus ramas miden de 70 a 90 cm de altura, las hojas son alargadas y puntiagudas, las flores blancas crecen en las puntas de las ramas y agrupadas en racimos. Los frutos no son comestibles y van desde verde hasta rojo brillante. Crudas o cocidas, las hojas de esta planta se consumen en algunos lugares de Chiapas.

Conocida también como:
- ◇ baja tripa
- ◇ colorines
- ◇ coral
- ◇ coral xilacuaro
- ◇ coralilla
- ◇ cuachalalacua
- ◇ flor de disipela
- ◇ hierba de la víbora
- ◇ hierba del susto
- ◇ hierba roja
- ◇ jalatripa
- ◇ pajarera
- ◇ raja tripa
- ◇ solimán
- ◇ venenillo
- ◇ zorrillo

PATACHETE ◆ pataxte

PATADA DE MULA

Preparación que consiste en chiles perones cortados por la parte del tallo, a los que se les retiran las venas y las semillas para, después, curarlos en agua con sal. Se escarchan con limón y sal y se llenan de mezcal o tequila. Suelen servirlos como aperitivo en Pátzcuaro, Michoacán.

PATAGORRÍA

Guiso elaborado con vísceras de cabrito freídas en manteca de cerdo con sangre coagulada y quebrada, comino y orégano que acostumbran consumir los mascogos de Coahuila.

PATAISTE O PATAIXETE ◆ pataxte

PATAS DE MULA GUISADAS CON VERDURA

Patas de mula cortadas en trozos, cocidas a las brasas y guisadas en aceite con cebolla morada, jitomate y sal. Esta preparación es de origen yaqui.

465

PATASTE, PATASTLE O PATATLE ◆ pataxte

PATAXETE (*Phaseolus lunatus*)

GRAF. patashete o patashtle. Leguminosa o frijol grande y plano, blanco, moreno o rojo, contorno reniforme o algo romboidal, con líneas variadas que difieren en forma y color. Es muy utilizado en la zona de Tierra Caliente, en Guerrero y en Chiapas. Se consumen como cualquier frijol, cocidos en agua con sal y epazote; guisados con cebolla acitronada y a veces con chile y como complemento de las comidas caseras. En Tierra Caliente, Guerrero, suelen añadirle calabaza y acompañarlo con queso asadero; en este caso se considera una comida para ocasiones especiales. En Chiapas suele usarse una variedad pequeña de color morado que se acostumbra guisar con pepitas de calabaza y en nacapitú. En Chilapa, Guerrero, cuando está fresco, como ejote, se le llama *yapaxtli* y en otras regiones *epatlaxili*.

Conocido también como:
◇ ayocote
◇ comba (región del Balsas, Guerrero)
◇ combac
◇ frijol ancho (región del Tajín, Veracruz)
◇ frijol comba
◇ pecta o pe´ta (Guerrero)

Conocido en Chiapas como:
◇ huet blanco
◇ ishuet
◇ patashete

Conocido en Ahualulco, Jalisco como:
◇ frijol de ratón
◇ frijol lima
◇ frijol patachete
◇ frijol ratón

Conocido en totonaco, en la región del Tajín, Veracruz, como:
◇ shiquin tzu
◇ shiumuin, shiuyumin o shuyumin

PATAXTE O CACAO BLANCO (*Theobroma bicolor*)

GRAF. patachete, pataiste, pataixete, pataste, patastle, patatle, patlaxle, patlaxte, patlaxtle o patlalte. Variedad de cacao circular grueso, aplanado, de pulpa café claro y más grande que el cacao común. Tiene poca teobromina, pero se explota por la enorme cantidad de grasa de buena calidad que contiene y por su aroma penetrante. Se cultiva principalmente en Chiapas y Tabasco. De las tres variedades principales que se cultivan en México, se considera la de menor calidad para producir chocolate, por lo que para su venta  se mezcla con el cacao común (*Theobroma cacao*) y con el cacao del Soconusco (*Theobroma angustifolium*). El cacao termentado es muy apreciado en Oaxaca, donde alcanza precios muy altos; los granos secos y fermentados se entierran por uno o dos años; al desenterrarse tienen un aspecto y textura de polvorón blanquecino y ceniciento. Por lo anterior también se le llama cacao blanco, además de que entre todas las variedades, su pulpa es de tono más claro. Se vende por pieza y debe manipularse con cuidado porque se deshace con mucha facilidad, mientras que en polvo su precio se reduce ligeramente. Por lo regular se vende con todo y su cáscara, que después del proceso de fermentación alcanza un tono marcadamente negro. Es indispensable para elaborar bebidas como el chorote, el chocolate-atole y el tejate, porque produce gran cantidad de espuma. En Tabasco se utiliza en dulce con piloncillo, y cuando está fresco se chupa la pulpa blanquecina que recubre la semilla. Conocido en Chiapas y Tabasco como cacao blanco.

PATERNA ◆ jinicuil

PATITA DE PÁJARO BUENA ◆ hongo escobeta

PATITA DE PÁJARO MALA ◆ hongo clavito

PATITAS ◆ pata

PATITAS DE PÁJARO (*Calandrinia micrantha*)

Hierba nativa de México, que mide entre 5 y 30 cm de largo; es muy ramificada en su base, sus hojas comestibles son verdes alargadas de hasta 5 cm de largo, las flores color rosa crecen solitarias en las axilas de las hojas y el fruto es una cápsula de hasta 6 mm de diámetro. En Naupan, en la sierra Norte de Puebla, se prepara la patita de pájaro en caldo, sopa sencilla en la que las hojas se hierven con agua y sal. Se sirve caliente. Conocida en náhuatl como *ixitotol*.

→ hongo escobeta

PATITAS DE PUERCO ◆ escabeche

PATITAS DE PUERCO CON FRIJOLES ◆ frijoles con patas

PATLACHE

Probablemente derivado del náhuatl *patlachtic*, que significa largo, extendido o grande. Tamal elaborado con masa de maíz quebrado, mezclada con manteca de cerdo y chile, el tamal se rellena con gallina, guajolote o cerdo bañados en una salsa de chile ancho con especias; se envuelve en hojas de plátano o papatla y se cuece en horno de leña. Se prepara en San Luis Potosí, Querétaro e Hidalgo, donde algunas personas lo describen como un zacahuil chico. Se acostumbra en festividades y peticiones matrimoniales, así como en la fiesta del día de Muertos, que en la región se conoce como chantolo o xantolo.

Conocido en la Huasteca potosina e hidalguense como:
◇ bolim o bolín
◇ tamal patlache

PATLAXLE O PATLAXTLE ◆ pataxte

PATO

Término que designa a varios géneros de aves acuáticas migratorias de la familia *Anatidae*. Se caracterizan por tener el cuerpo rechoncho, las patas cortas y palmeadas y el pico aplanado. Algunas especies se cazan por su carne. En México, los patos se dividen en silbadores, del género *Dendrocygna*; trepadores, del género *Cairinini*; buceadores, del género *Aythya*; marinos, del género *Mergus* y de cola tiesa, del género *Oxyura*. En la época prehispánica, los cazadores se sumergían en el agua, excepto la cabeza, que cubrían con una calabaza ahuecada y con agujeros, y esperaban pacientemente hasta que un pato se acercara o tratara de picar la calabaza; entonces sacaban la mano y los atrapaban. Los matlatzincas del sur del valle de Toluca usaban redes para cazarlos, por lo que algunos cronistas españoles del siglo XVI los llamaron "los hombres de la red". Durante el siglo XVIII se acostumbraba comer pato en salsa de chile verde; había mujeres que

recorrían la ciudad vendiendo este guiso, que se envolvía en hojas de maíz para mantenerlo caliente. En la actualidad, el consumo del ave ha disminuido en las ciudades grandes; los platillos que en épocas anteriores se preparaban con esta ave, como el pato en mole de olla, en mole verde, enlodado o en pipián, se preparan ahora con carne de pollo o de res. En pequeñas comunidades, pueblos y rancherías se guisan al estilo y con los ingredientes de la región. En muchas regiones del país, una preparación muy popular es asada: se limpia al animal, se marina en jugo de naranja agria, ajo, sal y pimienta y se asa en leña o carbón. En Los Reyes Culhuacán, Distrito Federal, el pato se cocina con quelite lenguas de vaca: se cuece el ave en agua con cebolla, ajo, lengua de vaca, chiles guajillos y anchos desvenados. El pato en mixmole, por otra parte, se cuece en agua con ajo, cebolla, cilantro y xoconostle y se guisa en una salsa de ajonjolí, cacahuate, pepita de calabaza, chiles ancho y mulato. En el Estado de México se guisa el pato en mole de capulín cocido en barro, preparado con todo y plumas, de la misma forma que el pollo enlodado. El sureste es la región donde más se consume; su carne tiene un sabor inconfundible, algo húmedo, por lo que es común que en muchos casos se marine previamente en jugo de naranja agria o vinagre para atenuar

Pato en salsa de capulín

este sabor; los platillos elaborados con pato se consumen en la comida del medio día. En Chiapas es típico guisar el pato asado en chilmole: la carne se corta en trozos, se asa y se baña con una salsa de chilmole preparada con jitomate, cebolla, ajo, pepita de calabaza, arroz cocido, tortilla fresca y epazote. En Tabasco, partes de Chiapas y Campeche, se cocina el pato con arroz. Se trata de un guiso caldoso de pato cocido con ajo, cebolla y arroz, condimentado con achiote y oreganón. En estos estados es muy común que se críen patos junto con los pollos o gallinas. Es conocido en náhuatl como *canauhtli*.

PATO ENLODADO O PATO AL LODO

Preparación de origen prehispánico que consistía en cubrir un pato con plumas con una capa gruesa de lodo o de barro; se horneaba en horno de tierra y posteriormente se retiraba el lodo, al cual se le adhería las plumas del pato dejándolo listo para comer. Actualmente, en el estado de Guanajuato se puede encontrar una preparación similar y en algunas entidades se prepara sustituyendo el pato por pollo.

→ pollo enlodado

PATO RELLENO AL HORNO

Pato bañado con vino blanco y relleno con un preparado de chorizo, zanahoria, papas, cebolla, aceitunas, manzana, pi-

miento morrón, pasas y laurel, y horneado. Este preparado sinaloense es similar al baisano relleno.

PATOL

Frijol blanco grande o alubia, conocido con el nombre de patol con el que se le conoce en los estados del norte, en particular Chihuahua y Durango. En ambos estados suele cocerse con cerveza, chorizo, jamón y tocino fritos; se sirven con chiles largos en escabeche o chiles jalapeños.

→ ayocote, colorín

PATUDO (*Thunnus obesus*)

Pez de la familia del atún, cuyo dorso es azul metálico, los lados violeta o amarillo y el vientre blancuzco; mide aproximadamente 1.80 metros y pesa 80 kg, por lo que se vende en postas o lonjas, fresco, congelado o enlatado. Se pesca en el Golfo de México, en los meses de mayo a agosto. Su carne es roja y grasosa y se prepara de numerosas formas, similares a las que se elaboran con atún, o bien se desmenuza y se hace en albóndigas, se fríe en rebandas al mojo de ajo o únicamente en aceite.

Conocido también como:
◇ atún obeso
◇ atún ojigrande
◇ atún ojo grande

PATZI O PATZITO ◆ padzito

PAVA COJOLITA (*Penelope purpurascens*)

Ave de bosque, de la familia *Cracidae*, igual que las chachalacas, mide entre 85 y 90 cm. Parece un guajolote pequeño, debido a que posee una cola larga de color café olivo oscuro y las plumas de la región ventral bordeadas con blanco. Su garganta es roja, con la piel floja y erizada; en la cabeza posee una cresta roja pequeña, pero abundante y sus patas son color rojo. Se le puede encontrar desde el sur de Sinaloa hasta Tamaulipas y en la península de Yucatán. En la época prehispánica se consumía como el guajolote; en la actualidad es una especie en peligro de extinción, por lo que ya no se consume. Conocida también como cojolite.

PAVO ◆ guajolote

PAVO CHABELA

Pavo relleno y horneado. La mezcla del relleno se prepara con castañas, bolillo remojado en leche, ciruelas pasas, manzana, pasitas, piñones, nueces y avellanas, además de carne de cerdo molida y vino de Jerez. El pavo se unta con una salsa frita de jitomate, cebolla y ajo; se hornea mientras se baña con vino blanco. Se consume en la época navideña, en el puerto de Veracruz.

PAVO EN ESCABECHE

Pavo asado y cocido en vinagre; se prepara al estilo campechano antiguo. El pavo se marina con especias como ajo, comino, orégano y achiote; después se asa al carbón y se vuelve a cocer en vinagre con zanahorias, cebolla, ajo, comino, laurel y pimienta negra. Se sirve en platones, deshebrado con cebollas y zanahoria, rajas de chile jalapeño y chiles xcatik asados.

PAVO EN KOOL ◆ kool de pavo

PAVO EN RELLENO BLANCO ◆ relleno blanco

PAVO EN RELLENO NEGRO ◆ relleno negro

PAVO PRENSADO
Pavo deshuesado y relleno con una mezcla de carne molida de res, pimiento morrón picado, cebolla de rabo, ajo, almendras, nuez moscada, vinagre y vino dulce. El pavo se unta con tomillo, orégano, sal y pimienta, se hornea y se prensa. Lo consumen los coletos de San Cristóbal de las Casas, Chiapas, acompañado con rabanitos, lechuga y salsa roja.

PAXAKUA ◆ hongo clavito

PAXCAL ◆ pascal

PAXNIKAK
Nombre totonaco que recibe la mafafa, con la que se prepara un guiso de consistencia pastosa del mismo nombre. Para prepararlo se cuecen en agua hojas de *paxnikak* y acedillo y se muelen con chiles serranos y ajonjolí tostado; esta mezcla se cuece con hojas de aguacate y se sirve con tortillas de maíz en tacos o sobre tostadas. Se elabora en Tuxtla y Zapotitlán, en la sierra Norte de Puebla.

PAY
Tarta dulce mexicana, variante de la de Estados Unidos llamada *pie*. Se elabora a base de huevos, leche, azúcar y algún otro ingrediente para darle mayor consistencia como queso, elote, piña, etc. Se hornea con una costra de pan o galleta en moldes de más de 20 cm de diámetro; se vende por rebanadas.
→ cubilete

PAYANAR
Del náhuatl *payana*, que significa quebrar o triturar. Técnica de triturar el nixtamal, sin molerlo por completo; así se logra una especie de martajado. El término se utiliza en varios estados, pero principalmente en Tabasco, donde se payana el maíz para preparar el pozol.

PAYASO PINTO ◆ mantarraya

PAZCAL ◆ pascal

PE-HUI-JNA-CASTILLA ◆ toronja

PE´TA ◆ pataxete

PEBRE
1. Especialidad yucateca que consiste en lomo y chuleta de cerdo cocidos con orégano y ajo, que después se maceran en una pasta preparada con recado de bistec, ajos asados y jugo de naranja. Se asa a la parrilla y se sirve con salsa kool, fritanga de tomate, chiltomate y, a veces, chiles habaneros asados al gusto.
2. Salsa chiapaneca espesa, elaborada con diversas especias como canela, tomillo, orégano, azafrán, jitomate, cebolla y pan. Se usa como base para guisos como la lengua en pebre y la gallina o pollo en pebre.

PECARÍ DE COLLAR ◆ jabalí de collar

PECHITA ◆ mezquite

PECTA ◆ pataxete

PEDO DE COYOTE O PEDO DE LOBO ◆ hongo trompa de venado

PEGAJOSO ◆ hongo pegajoso

PEJELAGARTO (*Atractosteus tropicus*)

Pez de agua dulce, de cuerpo cilíndrico, hocico alargado y puntiagudo semejante a un lagarto, lo que explica su nombre. Se puede pescar todo el año, y abunda especialmente en el mes de junio. Mide en promedio unos 60 cm de largo y 10 cm de ancho. Su carne blanca, consistente y abundante, se considera exquisita. Es un alimento indispensable en la cocina típica de Tabasco y Chiapas. La forma más común de prepararlo es asado a las brasas sobre una parrilla, volteándolo de vez en vez para que se cueza parejo. Se sabe que está listo cuando deja de salir sangre y la piel tiene color dorado. Para comerlo, debe retirarse la piel, y la carne se acompaña con tortillas y salsa de chile amaxito o jugo de limón y sal; el sabor de la carne se disfruta más cuando está caliente y tiene sal suficiente. El pejelagarto asado es un platillo muy popular en Tabasco, hasta el grado de que muchas familias tienen en los patios de sus casas un pequeño asador para este propósito. Los asadores cuentan con una parrilla y un lugar donde depositar la leña; antiguamente la parrilla se fabricaba con varas o ramas de árboles de maderas muy resistentes al calor, pero hoy casi todas son metálicas. En algunos lugares se cocina el pejelagarto en chilmole: consiste en un pejelagarto asado al que se le quita la piel, se deshebra la carne y se incorpora a una salsa molida, preparada de pepitas de calabaza, tortillas, chiles, ajo, cebolla, masa de maíz, agua, sal, pimienta y epazote. El tamal de pejelagarto es otra de las formas más comunes de consumirlo, así como el pejelagarto en verde chiapaneco, que consiste en pejelagarto deshebrado y guisado en una salsa elaborada con chile amaxito, chipilín, chaya, tomate, chile dulce, hojas de moste, ajo, cebolla y masa de maíz para espesar; el preparado incluye plátano macho verde y se acompaña con arroz blanco. En el mercado Pino Suárez, de Villahermosa, Tabasco, se venden ensartados en una vara, asados o crudos. Esta vara es ideal para transportarlos y manipularlos fácilmente en el asador. En los restaurantes de esa ciudad se preparan ensaladas con varios tipos de lechugas, rodajas de cebollas y otras verduras, además del pejelagarto asado, deshebrado y aderezado con aceite de oliva y vinagre. También se preparan las tortitas de pejelagarto, sobre todo en Catazajá, Chiapas. Se le conoce como catán en Tamaulipas.

PEJEPUERCO ◆ cochi, pez puerco

PEJERREY (*Atherinopsis californiensis*)
Pez de cuerpo azuloso en el dorso y plateado en el vientre, que puede medir hasta 50 cm de largo. Se localiza en áreas someras, desde la bahía de San Quintín, en México, hasta el estado de Oregon, en Estados Unidos. Se consume fresco, fileteado, en Baja California. Conocido también como gruñón.

PELLIZCADA
1. Antojito de masa de maíz moldeada como tortilla, con las orillas y el centro pellizcados hacia arriba. Se unta con manteca de cerdo y se le agrega sal; pueden añadírsele asientos de chicharrón y salsa. Se consume sola o se utiliza para acompañar las comidas en Catemaco, Veracruz. En otras re-

giones del país se puede encontrar esta preparación con algunas variantes.

→ memela, sope, picada

2. Pan de dulce redondo y esponjado, cubierto con una pasta de harina en forma de corona, por lo que también se llama corona y se espolvorea con azúcar.

PELO DE ÁNGEL ◆ fideo

PELONA

Pan con forma de media esfera, elaborado con masa de pan amarillo. Su nombre se debe a que, a diferencia de la mayoría de los panes de dulce, su superficie no se cubre con ninguna pasta o glaseado, ni con ninguna decoración. Es un pan tradicional de los Valles Centrales de Oaxaca y también es posible encontrarlo en la ciudad de Oaxaca.

PEMOL

Galleta o polvorón reseco, de harina de maíz tostada, pinole, manteca de cerdo o res y piloncillo, típico de las huastecas; en ocasiones la masa puede incluir ajonjolí y yemas de huevo. Se corta en forma de círculos, cuadrado, rombos, o diversas formas y suele cocerse en horno de barro. En Hidalgo se preparan con maíz fresco mezclado con manteca de cerdo y tienen forma de rombo con estrías. En Querétaro se elaboran con masa de maíz, manteca de cerdo, café de olla y piloncillo y suelen tener forma cuadrada o de rosquilla; se preparan principalmente para las ofrendas de Todos los Santos. En San Luis Potosí son panecillos de masa de harina de maíz o pinole mezclada con yema de huevo, manteca de cerdo, azúcar y canela; se cuecen en comal y a veces se espolvorean con ajonjolí; suelen ser de forma triangular o rectangular. En Tamaulipas, la masa incluye harina de maíz, queso añejo, manteca de cerdo y de res, leche, piloncillo y, en ocasiones, café molido. En Veracruz se trata de un pan horneado, cuadrado o con forma de rombo, cuya masa está elaborada con harina de maíz y de trigo, agua, yemas de huevo, manteca de cerdo, anís y piloncillo. Los totonacas de la costa de Veracruz los elaboran con masa de maíz, miel de caña de azúcar y panela; la masa se cuece en comal y se corta en forma de rombos. Una vez cortados se tuestan en el comal o se hornean; se acompañan con café por las mañanas o tardes. Los nahuas del norte del estado por lo regular lo preparan con nixtamal, panela y manteca de cerdo.

PEMUCHE O PEMUCHI ◆ colorín

PENCA

1. Hojas de los agaves que se utilizan para recubrir los hornos de tierra donde se preparan la barbacoa y la birria, para cubrir alimentos antes de cocerlos como ajolotes, chicharras y escamoles, así como para otras preparaciones como el papalomé, el pollo en penca, el ximbó y el mapache tatemado. De ellas se obtiene el mixiote y los gusanos de maguey.

2. Tallo del nopal, que se utiliza en algunas preparaciones como el pescado en penca fontana y los nopales en penca a la jurica, debido a que son mucho más gruesas y resistentes que los nopales.

PENCHUQUE

GRAF. penchunque. Del maya *pen*, cosa gorda y *chuuc*, carbón o brasa. Tortilla de masa de maíz, que mide 30 cm de diámetro y no más de 1 cm de grosor; un lado de la tortilla es más grueso que el otro; se cuecen en comal sin grasa o directamente sobre las brasas, y suelen comerse recién cocidas. La masa por lo regular se prepara con maíz blanco solo o mezclado con yuca cruda y molida. Existe también un penchuque elaborado con masa de maíz nuevo, se confecciona con elotes recios y no tiernos, que se cuecen brevemente en agua con mucha cal antes de molerse y mezclarse con sal. A estos dos tipos de masa se les pueden agregar asientos de chicharrón y frijoles negros cocidos o coco fresco molido. Es común que una persona coma sólo un penchuque para acompañar los alimentos, ya que es muy grande; se puede comer también como antojito preparado al mojo de ajo, relleno o gratinado. En la península de Yucatán se utiliza para acompañar los lomitos de Valladolid y el chanchac. El término penchuque se utiliza sólo en Macuspana y en otras regiones de Tabasco; en otras partes de la península de Yucatán se le conoce sólo como tortilla gruesa.

PENEQUE

Preparación parecida a una quesadilla de masa de maíz rellena y capeada, servida en caldillo de jitomate; tanto la quesadilla sin rellenar como el platillo reciben el mismo nombre. Para prepararlo se elabora una tortilla ovalada de 10 cm de

largo; se cuece por un lado en el comal, se voltea e inmediatamente se dobla por la mitad. Se presionan las orillas para pegarlas, dejando un pequeño espacio abierto por el que se rellena. El relleno varía dependiendo de la región donde se prepare. Los que más se comen son de frijoles refritos, habas molidas y queso fresco. Se consume en el Distrito Federal y otros estados del centro del país como plato fuerte en la comida del mediodía; se acostumbran todo el año, aunque se prefieren especialmente durante la Semana Santa, para guardar la vigilia. En los mercados populares se pueden comprar los peneques ya preparados, listos para rellenar y capear.

PEPECHTLE ◆ pepextle

PEPENA

Del náhuatl *pepena*, que significa escoger, recoger, levantar o recolectar los alimentos de la tierra para después utilizarlos en un preparado. Conjunto de ciertas vísceras de algunos animales, sobre todo las tripas que se escogen para lavarlas y rellenarlas para elaborar embutidos como longanizas o chorizos, o bien para abrirlas, cortarlas en trozos y guisarlas o freírlas como sustituto de la carne en tacos o guisos. El término puede referirse también a una mezcla de varias verduras con carnes y/o vísceras. Con el paso del tiempo la pepena se ha convertido en un platillo más elaborado al que actualmente se prefiere llamar discada.

PEPESCA (*Bramocharax caballeroi*)

Pez endémico del lago de Catemaco, Veracruz, perteneciente a la familia *Characidae*, similar a una sardina. En esa localidad y sus alrededores se acostumbra preparar

en tapiste, acompañado de totopostes o pellizcadas.

PEPESCLE O PEPESTLE ◆ pepextle

PEPETACA ◆ árbol del pan, tepetaca

PEPETO

Caldo de carne de cerdo y pollo con habas, granos de elote, chilacayotes o calabacitas, chile manzano y epazote. Es típico de Tonatico, Estado de México. En Morelos es un caldo más sencillo que sólo incluye calabaza de Castilla, cocida en caldo con epazote.

PEPEXTLE

GRAF. pepechtle, pepescle o pepestle. Del náhuatl *pehpechtli,* que significa colchón. Capa de hojas de maíz que se colocan en el fondo de la olla en la que se cocerán tamales. Sirve para separar los tamales del agua y evitar que se mojen. El término es utilizado por las comunidades nahuas que habitan en el centro del país y, en menor medida, en el Distrito Federal.

PEPIÁN ◆ pepita de calabaza, pipián

PEPICHA ◆ pipicha

PEPINO (*Cucumis sativus*)

Fruto oblongo perteneciente a la familia de las cucurbitáceas, originario de Asia. Es color verde oscuro o amarillento, de piel lisa o rugosa y tamaño variable, de 10 a 20 cm de largo y 5 cm de diámetro aproximadamente.

Su pulpa carnosa, color verde pálido, tiene en su centro varias semillas aplanadas. Generalmente se come crudo en rodajas, en bastones o rallado, con chile piquín molido, sal y jugo de limón. También se incluye en algunas ensaladas o en agua fresca.

PEPINO KAT (*Parmentiera aculeata*)

Árbol perteneciente a la familia de las bignoniáceas, que mide entre 4 y 9 metros y en algunos casos alcanza hasta 15 metros de altura; posee tronco grueso y leñoso, y numerosas ramas. Sus hojas son color verde claro y en la base de cada una tiene dos espinas. Las flores son color crema verdoso y crecen directamente del tronco o en las terminaciones de las ramas. Los frutos miden de 20 a 30 cm de largo y son similares a un pepino alargado, de color verde amarillento, jugoso y con sabor dulce. El árbol es una especie nativa, originaria de México y Guatemala que se cultiva en huertos familiares, calles o aceras. En Chiapas se consume el fruto asado y cocido. En Yucatán se pela y se cuece con azúcar y canela para preparar un dulce. También se consume en salpicones o se come como verdura en ensaladas con sal y pimienta.

Conocido también como:

◇ chachi
◇ chote
◇ cuachilote, cuajilote, cuajilotillo o cuauxílotl
◇ guajilote o huajilote
◇ gueto-xiga
◇ *kaat* (maya)
◇ pepino de árbol
◇ pepino de ardilla
◇ turí
◇ tzutzu

PEPINO SILVESTRE (*Parmentiera aculeata*)

Árbol de 3 a 15 metros de altura y hasta 30 cm de ancho. Sus flores son color crema verdoso, con estriaciones color púr-

pura. Su fruto es una baya color verde amarillenta cilíndrica de 10 a 16 cm de largo y de 2 a 6.5 cm de ancho; la pulpa es blanca con semillas negras. Se distribuye del sur del país a Guatemala y se cultiva muy poco fuera de su lugar de origen, de modo que su consumo es regional. Se come de forma similar a un pepino, ya que el sabor y consistencia son similares. En algunos casos puede medir hasta 40 cm o más, aunque no es frecuente; cuando alcanzan este tamaño es necesario pelarlos, ya que el sabor de la cáscara resulta amargo y se acostumbra quitarles las semillas.

Conocido también como:
◇ pepino criollo
◇ pepino de ardilla
◇ tzote

PEPITA

Semilla de algunos frutos, como la calabaza, el chilacayote, la uva y el melón, entre otros.

PEPITA CHINCHILLA ◆ pepita menuda

PEPITA CON TASAJO

Platillo elaborado con cecina de res, guisada con pepita de calabaza, jitomate, ajo, cebolla, achiote y chile, espesado con arroz cocido y molido. Es un guisado tradicional de Chiapa de Corzo, Chiapas. Se acompaña con tortillas y pozol o chucho con rabia. Es uno de los guisos que se sirven como parte de la Comida Grande. Se prepara para las fiestas de san Sebastián y san Antonio, en las que hay cuadrillas de danzantes que bailan durante varias horas. Alrededor de las 2 de la tarde la junta del pueblo da de comer a los danzantes guisos como éste.

PEPITA DE CALABAZA

Semillas desarrolladas por completo de diversas variedades de calabaza que se recolectan del centro del fruto maduro y se dejan secar al sol. Existen semillas de varios tamaños, dependiendo de la variedad; su consumo, sea con cáscara o sin ella, data de la época prehispánica. Con la pepita se elaboran moles, pipianes y dulces. Son tan importantes en la cocina mexicana, que muchas especies de calabaza se cultivan sólo por las pepitas, aunque esto no significa que el fruto no se aproveche. En el Distrito Federal, y en general en los estados del centro del país, se utiliza la pepita verde, que es la semilla pelada; su color es verde claro, de forma ovalada y algo puntiaguda. Las pepitas que se consideran de buena calidad miden unos 2 cm de largo y hasta 8 mm en su parte más ancha, y no deben estar rotas. Por lo general se tuestan ligeramente en comal y luego se muelen para preparar pipián. En muchos mercados y recauderías la venden molida, pero no es muy recomendable comprarla así, porque es frecuente que la muelan con todo y cáscara, y en algunos casos hasta pueden agregarle pintura vegetal para intensificar el color; en este caso la pepita adquiere una consistencia granulosa o terrosa que se siente en el paladar. Esta misma semilla puede venderse sin pelar, y entonces es más barata. En muchos lugares del centro del país se venden pepitas tostadas con sal, sin pelar, de cáscara blanca, que se comen como botana; se venden sobre todo en las calles, solas o con chile en polvo o jugo de limón. Se pueden consumir con todo y cáscara, o bien, pelarlas en la boca para retirar toda la sal de la cáscara y sólo comer las pepitas. En Xalapa, Veracruz, se expende una semilla muy grande a la que llaman pipián, ya que se utiliza para preparar ese guiso; de hecho, la calabaza que la produce se llama calabaza pipiana. Es muy común el dulce de pepita llamado jamoncillo; para prepararlo se talla la pepita con ceniza para retirarle la cascarilla color verde y de esta forma la pasta del dulce queda blanca. En Yucatán se utiliza una variedad de pepitas de calabaza pequeñas a las que llaman pepitas menudas. En Juchitán, Oaxaca, se utiliza una variedad llamada pepita corriente, para preparar el molito de camarón.

Conocida en la región totonaca de la costa norte de Veracruz como:

◇ pepián
◇ pipián

→ aceite de pepita de calabaza, pipián

PEPITA MENUDA O PEPITA CHINCHILLA

Término con el que se designa en la península de Yucatán a cierta pepita de calabaza de tamaño pequeño o menudo. Es difícil encontrarla entera, pues casi siempre se vende en los mercados populares ya molida con un poco de sal, lista para elaborar el sikil pak. Conocida también como chinchilla.

PEPITA MOLIDA

Pepita de calabaza tostada, molida finamente con sal. Los mayas de la península de Yucatán la llevan como provisión durante viajes o para el trabajo en la milpa y la consumen en tacos. Se dice que debe dársele a los niños pequeños para que tengan buena memoria. Conocida en maya como *muxbi sikil*.

PEPITA MOLIDA CON JITOMATE SANCOCHADO ◆ sikil pak

PEPITORIA

Nombre que reciben diferentes dulces regionales, elaborados a partir de distintas variedades de semillas o nueces como cacahuate, ajonjolí y piñón, aunque las originales son las que se elaboran con pepita de calabaza. Éstas se mezclan con una miel que se obtiene calentando panela o piloncillo y, una vez que se enfría el preparado, se elaboran en formas de círculos, cuadros o en bolitas. Pueden ser de un solo ingrediente o incluir varias semillas. En Oaxaca es un dulce de piloncillo y pepitas de calabaza, similar a una palanqueta de cacahuate. En la región norte de Veracruz es un dulce hecho con panela derretida, mezclada con ajonjolí tostado. La composición se coloca caliente en hojas de maíz seco, para dejarse secar, por lo que también se le llama ajonjolitoria. En Actopan, Hidalgo, se preparan con pepita de calaba-

za pelada, tostada y mezclada con miel caramelizada y azúcar. En el Distrito Federal y estados circunvecinos, la pepitoria es una oblea de harina de arroz doblada por la mitad, que en su interior alberga hilos de miel de piloncillo muy espesa; su borde está adornado con pepitas dispuestas a manera de espinas. Además de ser demasiado frágiles, las obleas suelen ser de colores muy llamativos como rosa, azul, amarillo, blanco o verde.

PERA (*Pyrus communis*)

Fruto del peral perteneciente a la familia de las rosáceas, originario de Asia Menor, del que se cultivan muchas varie-

dades. En México se consume como fruta fresca, pero es también común en almíbar y picada en picadillos. En los mercados regionales de los estados del centro del país se encuentran diferentes peras que se producen localmente, en especial en Tlaxcala y Puebla.

• La pera de san Juan, que crece en junio, es la primera de la temporada y no es fácil encontrarla fuera de algunas regiones de Puebla, donde se produce. Puede ser pequeña, de color amarillo claro o verde, y dulzona. Se consume fresca y en almíbar y se usa como ingrediente del relleno de los chiles en nogada.

• La pera de agua o pera del Carmen se cosecha en julio y se puede encontrar con más facilidad en los mercados de los estados del centro del país. Es de pulpa acuosa, como su nombre lo indica, y por lo general se come como fruta fresca.

• La pera blanca se consigue en julio y agosto; es grande, de cáscara verde amarillenta y carne blanca, algo insípida cuando madura.

• La pera zapota se cosecha a finales de septiembre; tiene cáscara café oscura y un sabor dulce algo diferente al de las otras variedades. Se le conoce también como pera campana o pera de San Miguel.

• La pera de leche se distribuye en muchas partes del país; es café verdosa con pulpa dura y muy dulce cuando está madura.

• La pera parda se cosecha a finales de septiembre y principios de octubre; se consume como fruta fresca porque se considera que tiene buen sabor.

• La pera piña es un injerto de pera y membrillo que se encuentra en septiembre y octubre; su cáscara es color amarillo chapeado, la pulpa es amarillenta y tiene una textura crujiente que recuerda a la jícama.

PERAS AL TEQUILA

Postre elaborado con peras peladas y cocidas en almíbar, el cual se obtiene hirviendo agua con piloncillo, canela y tequila hasta que se logra la consistencia. Antes de introducirlas al almíbar, las peras se remojan en agua con jugo de limón para evitar que se deshagan al momento de cocerse. Es un postre típico de Comitán, Chiapas, que también se puede preparar con manzanas.

PERAS ALEGRÍA

Postre típico de Pátzcuaro, Michoacán, elaborado con peras peladas y descorazonadas hervidas a fuego lento con agua de rosas, azúcar, canela y cáscara de limón.

PERCEBE ◆ pata de cabra

PERDIZ ◆ gallina de monte

PEREJIL (*Petroselinum hortense*)

Hierba aromática perteneciente a la familia de las umbelíferas, originaria del sureste de Europa. Tiene hojas brillantes, color verde oscuro y por lo regular crece de forma espontánea hasta alcanzar 70 cm de altura; el perejil cultivado se deja crecer hasta unos 30 cm antes de cosecharse. El más común en México es el perejil lacio o italiano, que tiene hojas planas y se emplea en todo tipo de caldos, sopas y arroces;

en ocasiones se mezcla con cilantro para hacer estas preparaciones. En los puestos de ciertos mercados populares algunos vendedores regalan a sus clientes pequeñas porciones para utilizar en la comida del día, ya que es barato. El perejil chino es de hoja rizada y se encuentra en los mercados de los estados del centro del país; casi no se emplea para cocinar, sino como elemento decorativo en los platos.

PEREJIL DE HOJA ANCHA o PEREJIL HABANERO
◆ perejil ranchero

PEREJIL RANCHERO (*Eryngium foetidum*)

Hierba aromática perteneciente a la familia de las umbelíferas que principalmente se utiliza en los estados de Chiapas, Oaxaca, Tabasco y Veracruz. Es muy olorosa, de sabor más

pronunciado que el del cilantro común; sus hojas son color verde oscuro, alargadas y aserradas, miden entre 8 y 10 cm de largo y de 1 a 2 cm de ancho, aunque a veces se desarrollan más; sus flores son un poco espinosas y cuando la planta es pequeña tiene forma de maguey. Se emplea igual que el perejil para cocer carnes de sabor fuerte o condimentar

caldos y pucheros, y en la región del Pánuco y áreas cercanas de Veracruz se utiliza en guisos como el mole verde. En Chiapas y Tabasco se acostumbra vender la planta entera, con todo y raíz, para que los compradores la conserven en agua y le arranquen las hojas según las necesiten. En estos estados, el perejil ranchero se utiliza más que el perejil lacio, muy común en el centro del país, debido a que es más aromático y sólo se requiere de un par de hojas para condimentar los alimentos; es por ello que en los recetarios locales cuando se menciona perejil o cilantro, se refieren al perejil ranchero.

Conocido también como:

◇ alcapate

◇ cilantro cimarrón o cilantro silvestre

◇ coyote

◇ culantro

◇ culantro extranjero

◇ culantro real

◇ escorzonera

◇ hierba de olor (Oaxaca)

◇ hipoton

◇ perejil habanero

◇ samat o xamat

Conocido en Chiapas como:

◇ cilantro

◇ cilantro extranjero

◇ cilantro habanero

Conocido en Tabasco como:

◇ cilantro

◇ perejil

◇ perejil de hoja ancha

Conocido en Veracruz como:

◇ cilantrón

◇ pericón

◇ tlipotón

PERICÓN ◆ anisillo

PERÓN (*Pyrus malus*)

Fruto perteneciente a la familia de las rosáceas, semejante a una manzana; es de forma redonda, consistencia firme, cáscara delgada de color verde

o amarillo, la pulpa es de color amarillo verdoso o amarillo claro, con sabor agridulce y olor fresco y suave. Se pueden encontrar diferentes variedades que pueden ser gruesas, aplanadas y algunas con tonalidades pardas o cafés. Se consumen como fruta fresca o en postres.

PERONCITOS A LA EMPERATRIZ

Preparación elaborada con chiles perones grandes, rellenos con un picadillo elaborado con carne de res molida, pequeños trozos de biznaga, higo, pasitas y almendras. Los chiles se cubren con una salsa de almendras, queso fresco, azúcar y sal. La salsa suele prepararse casi al momento de servir porque con el tiempo se pone oscura. Es un platillo que se sirve frío, originario de Pátzcuaro, Michoacán.

PERRO PELÓN (*Canis familiaris*)

Raza de perro de talla grande, piel lisa y suave, sin pelo, excepto en la punta de la cola, el copete y los dedos, por lo regular sin premolares. Se le conoce también como xoloizcuintle, del náhuatl *xolotl*, monstruo, e *izcuintli*, perro. A diferencia de otras razas de perro, el xoloizcuintle transpira por la piel, de modo que casi nunca saca la lengua para jadear. En la época prehispánica los mexicas, mayas y purépechas comían carne de diferentes variedades de perros, los cuales cebaban para sacrificarlos y cocinar su carne, entre ellos el xoloizcuintle. Hoy en día no se consume y el perro es únicamente de compañía; son animales que alcanzan un alto costo como mascotas. Se le representa también en diversas expresiones artísticas, como las estatuillas de los perros de Colima.

PESCADILLA

1. *Sphyraena guachancho*. Pez de cuerpo alargado, boca grande y dorso color plateado con tonos verde olivo. Mide

60 cm de largo y habita en el Golfo de México, donde se pesca todo el año. Su carne es grisácea y muy suave, y se recomienda cocinarla con todo y piel. Se prepara frita, empanizada, rebozada o al mojo de ajo.

Conocido también como:

◇ barracuda picuda
◇ guachenche
◇ pelón
◇ picuallista amarilla
◇ picuda

2. Antojito similar a una quesadilla, preparado con una tortilla de maíz doblada, rellena de pescado guisado y freída en aceite; se acompaña con salsa picante. El pescado guisado se prepara con cebolla, ajo, chile, jitomate, aceituna, comino, laurel y canela. Se consume en las costas de los estados del océano Pacífico como en Guerrero, Oaxaca y Sinaloa.

Su nombre se debe a que, por lo general, es una quesadilla rellena de pescado, aunque existen variantes. En Salina Cruz, Oaxaca, se preparan las pescadillas rellenas de un picadillo de cazón; el pescado se cocina con una mezcla de jitomate, ajo, chile chipotle, cebolla, pimienta negra, clavo, perejil, laurel, tomillo y orégano. Para servirla, en un platón se colocan jitomate, cebolla, zanahoria, pepino, jícama y mango rebanados; las pescadillas se colocan en el centro y se decoran con rebanadas de aguacate, chiles jalapeños en escabeche, limones y perejil.

PESCADO

Pez comestible, sacado del agua por cualquiera de los procedimientos de pesca. México es un país que cuenta con un extenso litoral: 17 de los 32 estados cuentan con costas, además de un gran número de ríos, entre caudalosos y pequeños, así como lagunas y zonas lacustres muy importantes donde vive la gran mayoría de las especies de peces que habitan en el país. En las aguas interiores existen 47 familias de peces que agrupan cerca de 500 especies; la cuarta parte es de agua salada y el resto de agua dulce. De estas últimas aproximadamente la mitad también puede nadar ocasionalmente en agua salada. Por eso la cocina a base de pescados y mariscos es tan variada y llena de matices regionales. El pescado ha sido un alimento muy común desde la época prehispánica; recordemos que la cultura mexica se desarrolló en una zona lacustre muy extensa, territorio que hoy ocupa la capital del país. De aquella gran cuenca sólo existe algo del lago de Texcoco, los canales de Xochimilco y Tláhuac y parte del lago de Chalco. En la historia contemporánea de México, cuando se menciona el Gran Lago de México, se refiere a la parte donde se erigió México-Tenochtitlan, capital mexica, gobernada en su último periodo de esplendor por Moctezuma II, quien además de consumir los peces del lago, mandaba traer desde las costas diferentes pescados y mariscos a la ciudad. Los peces se capturaban en esas costas apenas entrada la madrugada, se envolvían en hojas de plantas y se enviaban con un corredor

a campo traviesa; existía una ruta específica y lugares donde el corredor debía entregar el pescado a otro, y así sucesivamente hasta llegar a Tenochtitlan para servirlo en la mesa del tlatoani. Los pobladores tenían amplios conocimientos sobre los peces que habitaban los ríos, lagos e inclusive el mar; prueba de ello son los nombres que les otorgaban dependiendo de sus características. De acuerdo con Francisco Hernández, llamaron *huitzitzilmichin* a un pez blanco marino que él compara con las merluzas; el *tlacomichin* era el robalo, las mojarras eran *papalomichin* y *cacatomichin*, y existía también el *coyamemichin*, al que los criollos llamaron puerco. De las preparaciones de aquella época quedan algunos guisos como los mextlapiques y los tamales de pescado. Antes de los mexicas otras culturas, como la maya, desarrollaron diversas formas de guisarlos. Existen vestigios como el tikin xik de pescado maya, los platillos purépechas preparados con el pescado blanco y el caldo michi, además de otros preparados de origen indígena como el moné de Tabasco o el chumul de Chiapas. En la actualidad, el pescado se consume todo el año en México, pero adquiere mayor importancia los días de cuaresma, los fines de semana y, en algunas familias, los viernes. Por otro lado, el pescado seco y salado es muy importante durante la época de cuaresma y en Navidad. En el país se prefiere comerlos fritos, aunque en cada región presenta ligeras diferencias. Se consumen también cebiches y escabeches de pescado en todas las regiones de México,

PESCADOS MÁS CONSUMIDOS EN MÉXICO

albacora	cornuda	pámpano
anchoveta	corvina	pargo
angelito	dorado	patudo
armado	oomadragal	pejelagarto
atún	gallineta	pescadilla
bagre	guavina	pescado blanco
baqueta	gurrubata	peto
barracuda	huachinango	pez espada
barrilete	indio lucero	pez gallo
berrugata	jabonero	pez puerco
besugo	jorobado	pez sable
bonito	jurel	pez vela
botete	lebrancha	rabirrubia
burro	lengua	raya
cabaicucho	lenguado	robalo
cabrilla	lisa	sábalo
carpa	lobina negra	sardina
cazón	loro	sargo
charal	macabí	serrano arenero
charrito	macarela	sierra
cherna	manjúa	tambor
chile	marlín	tiburón
chivato	merluza	tilapia
chucumite	mero	totoaba
cintilla	mojarra	trucha
cojinuda	pajarito	villajaiba
conejo	palometa	zapatero

así como en los restaurantes, fondas y hogares; es habitual preparar, sobre todo, los filetes de pescado, al mojo de ajo, al ajillo, empanizados o rebozados. Muchas regiones son conocidas por algunos platillos o preparaciones específicas; por ejemplo, en Ensenada, Baja California, es muy conocido el Mercado Negro, donde se venden pescados frescos de la región, y a los alrededores se localizan establecimientos donde se venden tacos de pescado. En La Paz, Baja California Sur, se preparan también tacos de pescado, ligeramente diferentes, que se consumen en el desayuno. En las costas de Sinaloa y Nayarit es muy popular el pescado zarandeado, el cual se vende en los restaurantes e incluso en las carreteras a lo largo de la costa. En Michoacán, sobre todo en la isla de Janitzio o los alrededores del lago de Pátzcuaro, se consumen el pescado blanco y los charales fritos. En Puerto Ángel, Puerto Escondido y Zipolite, Oaxaca, se venden en las playas unas deliciosas quesadillas de barrilete. Las ciudades de Tampico, Tamaulipas, y Tamiahua, Veracruz, son reconocidas debido a la variedad de guisos elaborados con pescado; así como el puerto de Veracruz, Boca del Río, Mandinga, Alvarado y Tlacotalpan, donde es especialmente famoso el huachinango a la veracruzana. En Tabasco, el robalo se considera el pescado con mejor sabor y se preparan muchos platillos con él, entre los cuales son especialmente famosas las postas de robalo fritas; pero el pescado que más utilizan los tabasqueños es el pejelagarto, que se come asado o preparado con achiote. Por último, la península de Yucatán es conocida por preparaciones como el pan de cazón y el tikin xik.

PESCADO A LA TALLA

Pescado cocinado al carbón o a las brasas, que se abre en mariposa; previamente se unta con una salsa roja a base de chile guajillo y/o chile ancho y otros condimentos. El pescado se vende por peso o medida, es decir, a la talla; por lo regular se compran porciones grandes para compartir el guiso con la familia o entre amigos. Son muy populares las preparaciones que se hacen en las palapas y en los restaurantes a la orilla del mar en los estados del océano Pacífico, especialmente en Barra Vieja y Pie de la Cuesta, en Guerrero. En las costas de Oaxaca la salsa del pescado a la talla incluye chile puya, ajo, pimienta, clavo, orégano y mayonesa.

PESCADO ADOBADO O PESCADO EN ADOBO

Guiso de pescado, que se prepara con robalo cortado en postas y cocido con hierbas de olor, sal y pimienta. Se escurre y se coloca en una cazuela de barro y se cubre con un adobo de chile ancho, vinagre, ajo, orégano y aceite de oliva; los filetes se sirven con lechuga y rebanadas de cebolla. Esta preparación, típica de las costas de Oaxaca, permite conservar el pescado en buen estado por varios días.

→ adobo de pescado

PESCADO AHUMADO

Pescados preparados con la técnica del ahumado. Elaboración típica del Istmo de Tehuantepec, Oaxaca, que consiste en acomodar pescado, previamente espolvoreado con sal, dentro de un comiscal que se calienta con carbones y olotes, se tapa y se deja cocer y ahumar. De esta forma el pescado se conserva por varios días; las especies que más se utilizan son la lisa y la trucha. La técnica que se practica en las costas de Oaxaca es un poco diferente: los pescados se salan y se orean al sol, después se combina carbón con olotes y se ahúman. Cuando los pescados están recién cocidos, suelen comerse acompañados de una salsa de cebolla picada, chiles jalapeños, ajo, jugo de limón y sal, o bien se utilizan para

preparar el caldo de vigilia. Este mismo pescado se envía a diferentes partes del estado para comerse los viernes o durante la vigilia.

PESCADO AL DISCO

Preparación a bse de corvina limpia, partida por la mitad y untada con ajo y sal. Se deja reposar y orear en tendedero por varias horas y posteriormente se cuece en un disco metálico. Es un platillo típico entre los cucapá, en Baja California.

→ pescado oreado

PESCADO AL VAPOR

Platillo tradicional de Macuspana, Tabasco, preparado con pescado, cebolla rebanada, ajo, hoja de moste, chile dulce, manteca de cerdo y sal; se envuelve en dos hojas de plátano y se cuece en el comal; la doble hoja sirve para que resista la cocción y para que se genere el vapor con el que se cuece el pescado. Los pescados más utilizados para esta preparación son mojarra, bobo o guavina; se acompaña con arroz blanco y penchuques. En el estado existen varias versiones de este platillo. Una de ellas consiste en pescado salpimentado, sellado en aceite con ajo, que se coloca sobre una salsa cocida, se tapa y se cuece la mezcla; la salsa contiene cebolla rebanada, ajo, chile dulce rebanado, laurel, cilantro y perejil lacio o ranchero. En Chiapas el pescado al vapor se elabora con pescado marinado en una salsa confeccionada con jitomate, cebolla, ajo, orégano, clavo, canela y achiote tabasqueño; se envuelve en hoja de plátano y luego en hoja de tó para asarse en comal, o bien se coloca el envuelto en una olla, se agrega un poco de agua para que suelte vapor, se tapa y se deja cocer. Se acompaña con arroz blanco y penchuque. Conocido también como pescado sudado.

PESCADO ASADO

Preparación de pescado cocido sobre una parrilla al calor de las brasas de madera o carbón; existen muchas variantes. Por ejemplo, en las costas del Pacífico se prepara el pescado zarandeado, en el centro del país los mextlapiques de pescado; en Veracruz, los nahuas del norte del estado envuelven el pescado en hojas de maíz y lo cuecen al comal, mientras que en Yucatán se hace el pescado tikin xik.

PESCADO BALDADO

Guiso elaborado con trozos de lisa seca remojada por una noche, los trozos se baldan o capean y se fríen; se acompañan con un recaudo de pan frito, jitomate, cebolla, ajo, canela y tomillo. Los acostumbran

los coletos de San Cristóbal de las Casas, Chiapas. En Juchitán, Oaxaca, se utiliza corbina, robalo o lisa. Es una preparación que se consume el 24 de diciembre, al mediodía; se acompaña con frijoles refritos, ensalada de lechuga y salsa de jitomate.

PESCADO BLANCO (*Menidia estor*)

Pez endémico del lago de Pátzcuaro, Michoacán, perteneciente a la familia *Atherinopsidae*. Conocido también como pescado blanco de Pátzcuaro. Todos los miembros del género Menidia son especies de agua dulce pero que tienen similitudes con peces marinos, ya que poseen ancestros comunes. Su cuerpo y carne son tan blancos que llegan a verse translúcidos; mide 20 cm de largo en promedio y su piel tiene una línea plateada que corre a todo lo largo de sus costados. Su temporada de pesca es de septiembre a diciembre; sin embargo, en la actualidad se encuentra en peligro de extinción. Además del lago de Pátzcuaro, también habita en los lagos de Cuitzeo y Zirahuén, en el mismo estado, y en el lago de Chapala, Jalisco. El pescado blanco está íntimamente ligado a las costumbres alimentarias purépechas y es el más reconocido de Michoacán, considerado como exquisito, sutil y fino. En Michoacán existen varias recetas tradicionales; sin embargo, la preparación más conocida consiste en abrir el pescado, sin espinas, en mariposa, capearlo con huevo batido y freírlo; se acompaña con jugo de limón, ensalada de lechuga, rebanadas de aguacate, rábanos rebanados, tortillas y alguna salsa picante, o bien se baña con un caldillo de jitomate. Es tradicional que antes de consumir este platillo se coman unos tacos de charales.

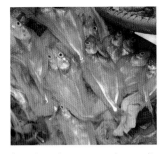

PESCADO CAPEADO

Preparación típica de Jalisco que se elabora con filete de bagre, lisa, mojarra o cazón, capeado con huevo batido y frito; se acompaña con ensalada de lechuga o de col y salsa picante, por ejemplo, de chile de árbol. Este guiso se puede encontrar de manera semejante en algunas regiones del resto del país.

PESCADO EMPANIZADO

Preparación de filete de pescado pasado por huevo, empanizado con pan molido y frito. Se sirve con una ensalada sencilla o puré de papa. El comensal añade jugo de limón y sal al gusto. Es una de las formas más comunes de comer el pescado en México, por lo que se prepara en casas, fondas y restaurantes. El filete puede ser de cualquier tipo de pescado, según la preferencia y el poder adquisitivo.

PESCADO EMPAPELADO

Preparación elaborada con un pescado entero cocido, marinado y envuelto en hojas o papel aluminio. Por lo general es un pescado de cualquier especie que se cuece sobre un comal, en el horno o en una vaporera. En todo el país, sobre todo en los estados de las costas, existen variantes de esta preparación. En Campeche se elabora con un pescado entero, eviscerado, bañado con una salsa confeccionada con achiote, cominos y otras especies y cocido al horno envuelto en hojas de plátano; el más popular es el pámpano empapelado, que en muchas ciudades se cuece en papel aluminio y no en hojas de plátano, lo que demerita el sabor. En ocasiones también se elabora con trucha.

PESCADO EN ACUYO ◆ moné

PESCADO EN ADOBO ◆ pescado adobado

PESCADO EN ESCABECHE

Preparación de pescado marinado en escabeche o encurtido. En Campeche suele elaborarse con aceite de oliva, cebolla, ajo, chiles xcatik y chile dulce, hierbas de olor, pimienta negra, canela, orégano, laurel, clavo, comino, jugo de naranja agria y/o vinagre. El pescado se puede asar antes de sumergirlo en el escabeche o agregarse crudo. Uno de los pescados más utilizados es el pámpano; con más o menos ingredientes se prepara de forma similar en Yucatán y Quintana Roo. En Chiapas, para elaborar el guiso se licúa chile morrón, tomate, ajo, cebolla y se le agrega pimienta de Castilla, clavo y canela. Este licuado se sofríe y se le agrega algún pescado seco, por ejemplo bacalao, un poco de brandy, aceitunas, pasas y rajas de chile morrón. En Xalapa, Veracruz, el escabeche contiene cebolla, ajo, laurel, tomillo, mejorana, clavo, pimienta negra, canela, vinagre y sal; se prefiere utilizar robalo. Se sirve caliente o frío adornado con rajas de chile jalapeño y se acompaña con arroz blanco.

PESCADO EN GUATAPE

Pescado cocido en una salsa de tomate, chiles chipotles tostados, ajo, epazote y sal que se espesa con masa de maíz. Es una preparación que acostumbran los nahuas del norte del estado de Veracruz.

PESCADO EN JITOMATE

Pescado sancochado en aceite con ajo, al que se le añade una salsa de jitomate, cebolla y ajo. Es una forma común de preparar el pescado en el estado de Durango, donde existe una gran producción de pescados en criaderos, a pesar de que no tiene costa; son comunes la lobina, la carpa de Israel, la trucha y la tilapia.

PESCADO EN MOSTE VERDE

Guiso aguado, preparado con robalo y una salsa hecha con cebolla, ajo, laurel y hojas de moste molidas con chile verde, se espesa con masa de maíz y se fríe en manteca de cerdo; es un platillo parecido a un molito, originario de la región del Sotavento, Veracruz. Se acompaña con arroz blanco y tortillas.

PESCADO EN PENCA FONTANA

Platillo hecho a base de pencas de nopal rellenas de carpa, champiñones, cebolla, chiles serranos, epazote y jugo de limón. Se cuece a las brasas o al horno. Este platillo se acostumbra en Colima.

PESCADO EN SALSA DE CIRUELA

Platillo a base de carne de bagre o mojarra. La carne del pescado se cocina en una salsa de ciruelas con epazote. Para elaborar la salsa, la pulpa de las ciruelas se deslíe en agua con tequesquite y chiles serranos asados y molidos en metate. Esta preparación es típica de Xoxocotla, Morelos.

PESCADO EN VERDE

Pescado cocinado entero, en filetes o postas en salsa verde. Se prepara con pámpano, mero o esmedregal y una salsa de tomate, cilantro o perejil, chiles serrano y dulce, cebolla, ajo, pimienta, orégano y comino; puede añadirse pimiento verde y orégano, ya que algunos ingredientes pueden variar a gusto de quien lo prepare; se acompaña con arroz blanco. Antiguamente el pescado se marinaba en una mezcla de ajo, pimienta, orégano, comino y jugo de limón antes de cocinarse en la salsa. En los restaurantes de Campeche el guiso tiene el nombre del pescado con el que se prepare, por ejemplo pámpano en verde o mero en salsa verde. Por extensión se acostumbra de manera semejante en Yucatán y Quintana Roo. En Veracruz se prepara una versión diferente a la campechana, a la que se le llama pescado en salsa verde. Se sirve en muchos restaurantes del puerto de Veracruz y la cuenca del Papaloapan, acompañado de frijoles negros refritos.

PESCADO ENCHILADO

Platillo preparado con pescado untado con una salsa de chiles ancho y piquín, ajo, sal y vinagre y asado; el más empleado es el sargo. Se acostumbra en Tamiahua, Veracruz, donde se sirve caliente acompañado de tortillas.

PESCADO ENVUELTO

Pescado cubierto con hojas de plátano o maíz. Se cocina con distintas hierbas aromáticas, según la región. En todo el país existen muchas preparaciones de pescado envuelto que reciben diferentes nombres como moné, bosto, mextlapique, chumul, pescado empapelado o tamal de pescado; de este último debe aclararse que pueden ser tamales de masa de maíz con carne de pescado o pescados envueltos en una hoja sin masa, como un tamal.

PESCADO FRITO

Pescado frito en aceite. Es una de las maneras más comunes de consumir el pescado en México, sobre todo en la temporada de cuaresma. El pescado puede ser de agua dulce o sa-

lada; se le añade sal y pimenta antes de freírlo, o bien se unta con ajo o se rocía con jugo de limón. Antes de la cocción, el pescado se seca y enharina, para que la piel no se despegue al momento de freírlo y después se sumerge en abundante aceite con el fin de dorar toda su superficie; se prefiere freír los pescados pequeños enteros, como las mojarras, y cortar los pescados grandes en filetes o postas. La forma más común de acompañar los pescados fritos es con jugo de limón, tortillas y salsa. Sin embargo, hay quienes los acompañan con arroz rojo o blanco, o con ensalada de lechuga, rebanadas de pepino, jitomate o col rallada; se puede aderezar también con mayonesa, limón y sal.

PESCADO OREADO

Preparación a base de corvina o lisa salpimentada y oreada. El pescado se cuelga en un tendedero y se deja orear durante unas horas, posteriormente suele cocerse en parrilla o a las brasas. Se elabora en la comunidad cucapá de Baja California.

→ pescado al disco

PESCADO SECO

Pescado fresco que se sala y se deja deshidratar al sol. Con este proceso se logra conservar durante mucho tiempo; los pescados más utilizados son el bacalao y la cherna. Antes de cocerlo, el pescado debe rehidratarse para eliminar el exceso de sal. Por lo general se emplea para preparar croquetas o tortitas de pescado; se comen solas con ensalada de lechuga, o bien se bañan con caldillos de jitomate, tomate o chile pasilla. La manera de prepararlo varía dependiendo de la región; por ejemplo, en la zona norte de Guerrero el pescado seco se capea y se sumerge en un caldillo de jitomate; también se guisa con cebolla, cilantro, epazote y chile verde; sin embargo, el platillo preferido en todo el país es el bacalao a la vizcaína. Cabe mencionar que durante muchos años México importó grandes cantidades de bacalao noruego seco y salado, en la actualidad esta importación continúa, aunque muchos pescados nacionales se secan y salan para consumirse de manera similar al bacalao.

PESCADO SUDADO ◆ pescado al vapor

PESCADO TAPADO

Pescado cortado en trozos que se mezclan con cebolla, jitomate, papa, chile jalapeño y epazote. Esta preparación se cuece en una olla y se sirve con arroz. Es originario del Istmo de Tehuantepec, Oaxaca.

PESCADO TATEMADO

Pescado salado y asado, que se elabora en una hoguera de leña verde de mangle. El pescado que más se utiliza es la lisa. Es una preparación típica y única de San Blas, Nayarit.

PESCADO TIKIN XIK ◆ tikin xik

PESCADO ZARANDEADO

Pescado asado en una rejilla de madera de mangle, llamada zaranda, de donde deriva su nombre. Es la forma más popular de preparar el pescado en Nayarit, originaria de la isla de Mexcaltitán. En los restaurantes de la entidad por lo regular se utiliza pargo, se sirve entero, abierto a la mitad, condimentado con jugo de limón, sal, pimienta y salsa de soya; se acompaña con salsa picante y tortillas de maíz. El precio del platillo varía dependiendo del peso del pescado. En Sinaloa se prepara en el puerto de Mazatlán, donde se considera una especialidad regional y se cocina al estilo nayarita.

PESHOL

Variedad de una larva de gusano de los palos. Se consume en Chiapas, asada o freída en manteca de cerdo. En este último caso, la manteca se aprovecha de nuevo para refreír frijoles o huevos, pues el sabor del gusano es muy apreciado.

PETACA ◆ árbol del pan, tepetaca

PETACÓN

Término que designa a los frutos abultados, en especial a una variedad de mango.

PETAQUILLA

Variedad de mezcal casero. Se produce y consume de forma casera en Guerrero. Suele mezclarse con jugo de naranja y canela.

PETO (*Acanthocybium solandri*)

Pez de agua salada, de cuerpo alargado y comprimido, con el dorso manchado de amarillo opaco. Mide 70 cm de largo y pesa por lo general 36 kg. Su carne es grisácea, con franjas oscuras y grasosas. Se pesca de marzo a agosto en el Golfo de México. Se utiliza para preparar cebiches y como sustituto del pez sierra.

Conocido también como:
◇ caballa
◇ carite o carito
◇ lucio
◇ serrucho

PETTOXE ◆ hierbamora

PEZ BLANCO ◆ blanquillo

PEZ CHILE

Nombre que se aplica a varias especies de peces.

• *Synodus foetens* y *Synodus intermedius* se pescan en el Golfo de México y miden de 15 a 50 cm de largo.

• *Synodus lacertinus* y *Synodus scituliceps* se pescan en el Pacífico y miden de 15 a 50 cm de largo.

• *Albula vulpes*. Pez de dorso de color verdeazulado y costados plateados. Habita en costas poco profundas, estuarios y bahías lodosas y arenosas. Se captura incidentalmente en todo el Pacífico y el Golfo de México. Por lo general mide unos 35 cm y pesa 500 gramos, aproximadamente; su carne es blanca, suave y magra. Tiene muchas espinas y se acostumbra freír.

El pez chile es conocido también como:

◇ chile
◇ lisa francesa
◇ macabí
◇ pez señorita
◇ piojo o quiojo
◇ ratón

PEZ ESPADA (*Xiphias gladius*)

Pez de cuerpo grande, robusto, alargado y fusiforme. Su dorso es muy oscuro y varía de color café a negro, mientras que su vientre es café claro. Mide unos 5 metros y llega a pesar 300 kg. Nada a gran velocidad, es muy agresivo y con su espada golpea a peces más pequeños para alimentarse de ellos. Puede encontrarse en las costas del Golfo de México y en el Pacífico. Su carne es dura, magra, con pocas espinas. Se utiliza en filetes, así como en sopas. No debe confundirse con el pez vela.

Conocido también como:

◇ emperador
◇ espadón
◇ estandarte
◇ palagar

PEZ GALLO (*Nematistius pectoralis*)

Pez de espinas dorsales muy prolongadas y vistosas, semejantes a la cresta de un gallo. Se pesca incidentalmente todo el año. Mide unos 90 cm y en promedio pesa 40 kg. Habita en las costas de la península de Baja California. Su carne es oscura, parecida a la del pámpa-no, y muy apreciada por el sabor que da a los caldos de pescado.

Conocido también como:

◇ bagre de mar
◇ papagayo
◇ peje chino

PEZ GATO ◆ bagre

PEZ LUNA ◆ jorobado

PEZ PUERCO

Especies de peces cuyas bocas se asemejan al hocico de un cerdo, algunas de las que se consumen en México son: *Balistes capriscus*, *Balistes polylepis*, *Balistes vertula*, *Canthidermis maculata* y *Pseudobalistes naufragium*.

• Cochino prieto (*Balistes capriscus*)
Pez cuyo cuerpo generalmente es grisáceo con tonos verdes, manchas oscuras y barras cruzadas; abunda de junio a agosto. Mide 20 cm de largo. Habita en las costas del Golfo de México. Su piel es muy dura y debe retirarse antes de cocinar; su carne blanca, grasosa, con muchas espinas, se desmenuza para emplearse en sopas, albóndigas y croquetas. Se le conoce tambiñen como pez ballesta.

El pez puerco es conocido también como:

◇ cochi
◇ cochi naranja
◇ cochino
◇ cochito
◇ pejepuerco
◇ pez bota

→ cochi

PEZ SABLE (*Trichiurus lepturus*)

Pez de cuerpo muy largo y comprimido. Su nombre deriva de su color azul acerado o plateado uniforme. Mide de 70 cm a 1.50 metros. Se captura todo el año en el Golfo de México. Su carne es blanca, magra y de sabor suave. Se utiliza en cebiches o escabeches.

PEZ VELA

Nombre con el que se conoce al menos a dos especies de la familia *Istiophoridae*: *Istiophorus albicans* e *Istiophorus platypterus*. Pez con aleta dorsal azul y grande, semejante a la vela de un barco cuando está completamente extendida. Su dorso es color azul y su vientre blanco plateado; en general mide unos 3 metros de largo, y pesa 30 kg, aproximadamente. Se pesca todo el año en el Golfo de México. Su carne es roja y magra. Se corta en postas y se cocina en salsa de jitomate. No debe confundirse con el pez espada.

Conocido también como:

◇ aguja de abanico
◇ aguja voladora

PIB

Del maya *píib*. Horno fabricado bajo tierra, similar al que se utiliza en el centro de la república para preparar la barbacoa. Se usa en toda la península de Yucatán. Por extensión se llama así a los alimentos que se cocieron en él.

PIBIL

Alimentos horneados en el pib. Proviene del maya *píib*. Es una técnica de cocción que se empleaba para preparar el venado y el faisán. Actualmente se aplica este nombre a los alimentos condimentados con achiote o recado rojo.

Chilapitas de cochinita pibil

PIBIPOLLO

Guiso de pollo que se cuece en el pib. Es un platillo similar a un tamal o pan. Las piezas de pollo se colocan en un molde forrado con hojas de plátano y masa de maíz. Sobre ellas se colocan las piezas de pollo sin hueso, guisadas en un recado de achiote, pimientas de Castilla y Tabasco, ajo, epazote, jitomate y chile habanero. Se tapa con más masa de maíz, hojas de plátano y se cuece en el pib. Este guiso es tradicional del día de Muertos. Se acostumbra acompañar con atole nuevo, chocolate o chorreado, y tanchucuá. Se prepara en Campeche y Yucatán. Conocido también como pibil pollo.

PIBITOS ◆ bolitas de masa

PICA PICA MANSA ◆ nescafé

PICADA

Antojito a base de tortillas pequeñas de maíz. Se elabora en Guerrero y Veracruz. En Puerto Marqués, Guerrero, las tortillas miden 6 cm de diámetro. Éstas se fríen en aceite y se untan con frijoles refritos; se acompañan con salsa de molcajete, crema, queso y cebolla picada. En Veracruz se utilizan tortillas de 8 cm de diámetro, cocidas en comal; cuando todavía están calientes, se les pellizcan las orillas para formar un borde, se sumergen brevemente por aceite, se bañan con salsa, se espolvorean con queso fresco y cebolla picada. Se sirven calientes en el desayuno y pueden acompañarse con frijoles negros y huevos revueltos. Dependiendo de la región puede llevar pollo deshebrado o carne de cerdo.

Conocido también como:

◇ garnacha
◇ gordita
◇ picadita

→ memela, pellizcada, sope

PICADA A CABALLO

Picada que se acompaña de huevo estrellado. Es típica del puerto de Veracruz.

PICADILLO

Guiso con carne de cerdo o de res picada o molida. Se le agregan cebolla, ajo, jitomate, perejil, pasas, almendras y aceitunas y otros ingredientes. Se come solo o acompañado de arroz o frijoles; de manera habitual se utiliza para rellenar empanadas, quesadillas, enchiladas, tamales, chiles, calabacitas, chayotes o quesos. El modo original de

prepararlo comprendía comprar el trozo de carne, cocerlo y picarlo finamente con un cuchillo o desmenuzarlo con las manos, para después guisarlo con los demás ingredientes. En Comitán, Chiapas, el picadillo se prepara con carne de res, chayote, zanahoria, elote, jilote, papa, palmito, repollo y calabacitas tiernas cortadas en cuadritos de tamaño regular. En los Valles Centrales de Oaxaca, el picadillo se elabora con carne de cerdo deshebrada y guisada con jitomate, cebolla, ajo, tomillo, canela, mejorana, laurel, plátano macho, aceitunas, alcaparras, pasitas y almendras. Se utiliza para rellenar chiles pasilla oaxaqueños y chiles de agua. En el Istmo de Tehuantepec se prepara de forma muy similar al de los Valles Centrales, se le agrega achiote y con él se rellenan chiles y enchiladas; es acompañante del chileajo. En Tabasco se utiliza como relleno de enchiladas, chiles rellenos o como plato principal, acompañado de arroz blanco y frijoles negros. La carne de res molida se cocina con ajo, cebolla y jitomate picado, a los que se añaden pasitas, aceitunas, almendras y alcaparras, todos picados. A veces se le anexan

papa, manzana y plátano macho en cuadritos. Conocido también como carne molida. En Zacatecas es un guiso casero de carne de res o cerdo picada o molida, preparada con chiles colorado y piquín o verde, jitomate, cebolla, ajo, comino y azafrán; lleva zanahorias, ejotes, papas y chícharos.

PICADILLO DE CONEJO

Platillo elaborado con conejo limpio, destazado y picado. Se unta con limón y se deja reposar durante dos horas; posteriormente se cuece, se desmenuza y se fríe en una salsa de chiles secos, ajo, orégano, comino, pimienta y Maizena®, acompañado de zanahorias, papas, aceitunas, pasas y elotes tiernos. Con este picadillo se preparan los tamales de conejo. Este guiso es típico de algunas regiones de Sinaloa.

PICADILLO DE MENUDO

Platillo elaborado con carne de res y menudencias picadas. Las menudencias pueden ser hígado y bofe, preparadas con jitomate, cebolla, ajo, achiote, pimientas gorda y negra, clavo y hierbabuena. Se acostumbra en la región de Chiapa de Corzo, Chiapas, durante algunas festividades patronales.

PICH ◆ guanacaste

PICHANCHA

Olla de barro perforada con hoyos muy pequeños, usada para lavar el nixtamal y retirarle la cal. Se utiliza en Chiapas y en el Istmo de Tehuantepec, Oaxaca. Conocido en tseltal como pichachab, de pin, olla y chachab, colador.

PICHICHE (Dendrocygna autumnalis)

GRAF. pichichi. Ave de la familia de las anátidas, semejante a un pato pequeño y delgado, de unos 50 cm de alto, con plumaje rojizo achocolatado y manchas cenizas en el pecho. Se prepara igual que el pato en los lugares donde

lo consumen, y aunque es un ave de caza también se domestica. Su carne se considera muy sabrosa.

Conocido en Tabasco y el sur de Veracruz como:
◇ pijije
◇ pixixilli (náhuatl)

PICHOCHO O PICHOCO ◆ colorín

PICHOL O PICHOLO ◆ uva de monte

PICHÓN ◆ huilota, paloma

PICKLES

Platillo parecido a una ensalada de verduras. Contiene zanahoria, chile cuaresmeño y coliflor, mismos que se agregan a cebollas acitronadas en aceite de oliva y cocidas a fuego lento con vinagre, tomillo, orégano, hojas de laurel, pimienta gorda, canela, sal y un poco de azúcar. Es típico de Comitán, Chiapas. Se prepara de manera especial para las fiestas patronales en agosto.

PICLE

Ensalada a base de verduras cocidas y horneadas. Se prepara con papas, zanahorias, chícharos, chiles jalapeños, cebolla, ajo, mostaza y perejil. Este platillo sirve como acompañante de moles en la región del Istmo de Tehuantepec, Oaxaca.

PICO DE GALLO

Tipo de preparación parecida a una ensalada de frutas. Se puede comer como golosina, botana, guarnición de pescados o como ensalada. En Campeche, Yucatán y Quintana Roo se prepara con jícama y naranja cortadas en trocitos, jugo de naranja agria, cilantro y chile molido. En los estados del norte del país por lo general se elabora con gajos de naranja, jugo de limón, cebolla picada, chile serrano y, a veces, jitomate. En Jalisco se elabora con jícama, orégano, pepino, piña, naranja, mango, xoconostle, jugo de limón, sal y chiles serranos; algunas personas prefieren el chile piquín. Se acostumbra como botana mientras se bebe cerveza o tequila; algunas familias suelen servirlo como postre, sin chile. En Guanajuato existen muchas variedades a las que se les agrega xoconostle. El pico de gallo clásico contiene chicharrón, chiles guajillo y verde, cebolla, cilantro, ajo y xoconostle. En ocasiones incluye jícama, naranja, pepino, lima, sal, limón, chile piquín y xoconostles. Algunas variedades se preparan con xoconostle, cebolla, ajo, chile serrano y jugo de limón u otra versión con xoconostles, cebolla, cilantro, chiles serrano y guajillo, chicharrón y sal. En algunos casos contiene col, tomate, chile de árbol, papa, cebolla, ajo, jitomate cocido, sal y xoconostle; se acompaña con rebanadas de aguacate y chicharrón. En Oaxaca se trata de gajos de toronja bañados con una salsa de chiles pasilla oaxaqueños asados y molidos con ajo y sal; se come como botana cuando se bebe mezcal. En Tabasco se elabora con gajos de naranja troceados, sal y chile molido; a veces se añade jícama y se le conoce como sarampico. En Zacatecas se prepara con tuna roja, chile, limón, cebolla, jitomate, cilantro y sal. Es conocida también como salsa mexicana cruda.

Conocida en maya como:

◇ jolchoc
◇ xeh
◇ xol-chon

→ capón, salsa mexicana

PICO DE PÁJARO o PICO DE PALOMA ◆ chile pico de pájaro, chile piquín

PICÓN

1. Pan de dulce elaborado con harina de trigo, huevo y azúcar; su forma es cónica, con picos en la punta, de donde deriva su nombre. Es tradicional de Jalisco, Colima, Aguascalientes y Nayarit. Es el pan de dulce tradicional de Comala, Colima; está cubierto con un betún de huevo, azúcar y manteca vegetal que forma una costra sobre la que se hacen incisiones y dibujos. Son famosas las panaderías La Guadalupana y La Trinidad por hacerlos de excelente calidad. En Guadalajara, Jalisco, la masa de harina de trigo se prepara con leche, canela, anís y levadura; se deja fermentar, se forma el pan y se corta de la parte de arriba con una tijera, para que queden tres picos. Se barniza con leche y se hornea.
2. Dulce de camote en forma de concha.

PICTE ◆ tamal picte

PICUDA ◆ pescadilla

PIEDRA

Pan de dulce que se elabora en las panaderías con el pan sobrante, éste se muele y se mezcla con leche, piloncillo, huevo y anís. Se hornea hasta que queda duro como una piedra.

PIEDRA DE MOLCAJETE ◆ tejolote

PIEDRAZO

Antojito preparado con pan de harina. La harina se llama morena, contiene 85% del grano de trigo, al que se le retira el salvado y se conserva el germen. El pan se hornea y antes de que esté totalmente cocido se corta en cuatro partes y se vuelve a hornear para su completa cocción, con lo que queda como una piedra. El pan se sumerge en un preparado de chile pasilla con papas, hierbas de olor, cebolla y ajos macerados en vinagre de piña. Cuando el pan está remojado, se rellena con el chile pasilla, la papa y la cebolla del vinagre, además de queso fresco. Se puede sustituir el pan por teleras cortadas por la mitad y horneadas hasta que endurezcan. Es típico de Oaxaca. Otra versión más sencilla consiste en remojar el pan en salsa de chile pasilla oaxaqueño y rellenarlo con un trozo de queso fresco. Es un antojito típico que las personas que caminan por el centro histórico de la ciudad de Oaxaca suelen comprar en puestos ambulantes.

PIERNA ◆ blanquillo

PIERNA DE CERDO

Extremidad posterior del cerdo, un corte apreciado que se prepara en las cenas de Navidad, Año Nuevo o cualquier fecha importante. La pierna se prepara sobre todo adobada y horneada, se corta en rebanadas y con ella se elaboran tacos o tortas.

PIERNA DE VENADO COSTEÑA

Pierna de venado marinada en agua y vinagre. Se cuece en horno y se baña con consomé, vinagre, sal, laurel y pimienta. Se acompaña con rodajas de cebolla, chile morrón, piña en almíbar, manzana en cuadros y ciruelas pasas. Es un platillo típico de Sinaloa.

PIGUA

Nombre con el que se le conoce a varios crustáceos de río de forma similar al camarón que habitan en el Golfo de México, como *Macrobrachium acantharus*, *Macrobrachium carcinus* y *Atya scabra*. En Tabasco se sirve como especialidad en los restaurantes de comida típica. Se prepara al mojo de ajo, a la mantequilla y a la plancha, y se acompaña con tortillas, frijoles negros refritos y plátano prensado.

→ acamaya

PIJIJE ◆ pichiche

PILDE ◆ pilte

PILICO

1. Condimento elaborado con cal viva, sal de Ixtapa, chile parado, tabaco y pepitas de calabaza. Todo se muele y a veces se agrega una flor llamada flor de azufre. Es un polvo de color verde que los indígenas chamulas transportan en un guaje. Se consume en compañía de posh. Es típico de Chiapas.
2. Preparación que consiste en una salsa de pepita de calabaza molida, chile simojovel y huevo cocido en rebanadas, espesada con fécula de maíz. Cuando no es época de vigilia es común que el guiso se elabore con carne de res o cerdo.

PILINQUE ◆ pachiche

PILONCILLO, PANELA O PANOCHA

Edulcorante elaborado a base de melcocha prieta o miel de azúcar no clarificada en forma de cono truncado. Los indígenas de la sierra de Puebla exprimen la caña de azúcar en trapiches de madera o metal, cuecen el jugo por varias horas; cuando está espeso lo baten y lo vacían en moldes de barro con forma de triángulo truncado; una vez endurecido lo envuelven en hojas de caña para conservarlo. Es un endulzante fácil de encontrar en los mercados populares. Se utiliza en la mayoría de los dulces regionales de México, pues con él se endulzan la calabaza en tacha, los camotes, las melcochas, las charamuscas y decenas de dulces y postres más. Además de usarlo como endulzante normal, se utiliza también como jarabe para remojar chiles como el chile meco, y así suavizarlos, darles algo de sabor y restarles el picor.

Conocido también como:

◇ azúcar de piloncillo
◇ chancaca
◇ chanchas
◇ coquecho
◇ pilón
◇ tacha

PILTAMAL

Del náhuatl *pilli*, hijo y *tamalli*, tamal, es decir tamalito, en alusión a su tamaño. Tamal pequeño, del que existen variedades dulces y saladas. Es típico de la Huasteca hidalguense. Los dulces están elaborados con masa de maíz mezclada con coco rallado, mantequilla, manteca de cerdo, azúcar y pasitas y se envuelven en hojas de maíz. Los salados se preparan con masa de maíz que se mezcla con cilantro, chile verde, manteca de res y de cerdo; pueden rellenarse con picadillo de carne de res, cerdo o pollo, se envuelven en hojas de plátano y se cuecen al vapor.

PILTE

GRAF. pilde o piltre. Guiso que semeja un tamal sin masa de maíz. La carne de res, pollo, pescado o verduras, se condimenta con sal y diferentes especias, se envuelve en hojas de plátano y se coloca sobre cenizas para que se cueza. Los más comunes son los de pescado; también existen piltes de verduras o de rajas de chiles. Es típico del sur del estado de Veracruz y de algunas poblaciones de Oaxaca, principalmente Chiltepec y Usila. En Huautla de Jiménez, Oaxaca, el pollo se marina con una mezcla de chile piquín, cebolla, sal, ajo y todo se envuelve en hojas de plátano y hierba santa y se cuece al vapor; en ocasiones se envuelve en hojas de platanillo o pozol. En esa misma localidad se preparan también los piltes de chile canario, que suelen incluir rajas de cebolla; se envuelven en hojas de plátano, platanillo o pozol. En la región de Tuxtepec, en el área de Ojitlán, se prepara con pollo marinado en salsa de chiles guajillo y ancho, cebolla, ajo, laurel y pimienta. Antes de envolver el pollo en hojas de plátano se adicionan rebanadas de cebolla y jitomate; también contiene hojas de aguacate que perfuman el preparado; se cuecen al vapor como si fueran tamales. En San Pedro Ixcatlán, Oaxaca, los mazatecos cocinan un pilte con piezas de pollo envueltas en hierba santa, todo se envuelve con hojas de pozol y se cocinan sobre el comal. En San Felipe, Jalpa de Díaz, Oaxaca, se elabora con cocolmeca, jitomate cebolla, chile y sal, todo envuelto en hojas de pozol, cocido sobre el comal. Es un guiso tradicional que se prepara especialmente en mayo, cuando los retoños de la planta están tiernos. También se elabora a con mojarra, epazote, jitomate, chile y sal; la mojarra tilapia se envuelve en hojas de pozol. El pilte de pollo contiene jitomate, chiles ancho y guajillo, ajo, cebolla y acuyo, todo envuelto en hojas de pozol y se cuece al vapor. En La Esperanza, Santiago Comaltepec, Oaxaca, se prepara el pilte de temolocates envueltos con hierbabuena, ajo, cebolla, epazote y chile verde; todo se envuelve con hojas de pozol y se cocina en los rescoldos de las cenizas. También se elabora el pilte de hongos, se utiliza el hongo de jonote y se guisa con ajo, cebolla y hierba santa; se envuelve con varias capas de hoja de pozol. En San José Río Manso, Usila, Oaxaca, se consumen varios piltes de pescados que se preparan con mojarra, jolote, guavina, robalo o pepescas. Al pescado se le añade jitomate, ajo, cebolla y epazote. La envoltura más usada es con hoja de pozol, y se cuece en los rescoldos de leña. Conocido también como pilte de barbacoa.

PIMBÓ

Tipo de esquites que se preparan con hojas de chipilín. Es común entre los zoques de Chiapas.

PIMIENTA DE TABASCO, PIMIENTA GORDA O PIMIENTA DE JAMAICA (*Pimenta dioica*)

Especia mexicana, de la familia de las mirtáceas, que se utiliza como condimento. Es una baya parda oscura, aromática,

globosa y carnosa del árbol pimentero, que se recolecta manualmente; se seca al sol y se hornea. La mayoría de sus nombres aluden a que es más grande que la pimienta negra. Crece en el área de la vertiente del Golfo de México, desde el norte del estado de Veracruz hasta la península de Yucatán. Se emplea mucho en la cocina mexicana, en todo tipo de caldos, guisos y moles.

Conocida también como:

◇ jocosúchil
◇ pimienta de la tierra
◇ pimienta grande
◇ pimienta gruesa
◇ pimienta inglesa

Conocida en náhuatl como:

◇ *xocosuchil*

PIMIENTA NEGRA (*Piper nigrum*)

Especia de la familia de las piperáceas. Crece en espigas largas y colgantes de la planta trepadora del mismo nombre. La baya aromática es carnosa, verrugosa y de sabor picante; se corta cuando está tierna y se deja secar al sol o en horno hasta que adquiere su tono negro. En México se ocupa en sopas, caldos, guisos, adobos y platillos en general.

PIMIENTO MORRÓN (*Capsicum annuum*)

Chile fresco sin picor, de color verde oscuro, rojo, amarillo, anaranjado o morado. Es de gran tamaño, lustroso y carnoso. Es fácil de encontrar en los mercados populares; se emplea

como decoración y se usa en ensaladas. También se utiliza como sustituto del chile dulce que se ocupa en la península de Yucatán.

Conocido también como:
◇ chile morrón
◇ chile pimiento morrón

PIMITO

Tortilla gruesa de masa de maíz con sal. Se utiliza como acompañante de los lomitos de Valladolid, guisos de carne de cerdo o ibes colados. Se acostumbra en la península de Yucatán. Algunas veces se le unta manteca de cerdo o mantequilla y chile seco molido.

PIMPO

Rosquilla elaborada con masa fina de maíz, piloncillo, sal, canela y manteca de cerdo, se cuece en horno de leña y es típica de Juchitán, Oaxaca. En la antigüedad se usaba grasa de tuétano de res. Se vende en bolsas que contienen entre 4 y 5 rosquillas. En Reforma de Pineda, Oaxaca, se acostumbra comerla con cuajada. Conocidas también como rosquillas de tuétano.

PINGÜICA (*Arctostaphylos pungens*)

Fruto en forma de drupa. Pertenece a la familia de las ericáceas; mide entre 5 y 8 mm de diámetro. La pingüica es lisa, de color rojo oscuro o rojo amarillento y sabor agridulce; crece en un arbusto que mide entre 2 y 4 metros de altura. Se consume en el centro del país cuando está seca. Con ella se prepara el agua de pingüica, que se vende en los puestos callejeros de jugos y licuados o dentro de los mercados populares. En el Estado de México se usa para elaborar tamales. En Chihuahua, los tarahumaras preparan con ella una variedad de tesgüino. Conocido también como manzanita.

PINOL

Harina de vainas de mezquite maduras que se secan al sol durante tres días y se muelen en mortero o en piedras de los peñascos; el producto obtenido recuerda al pinole.

→ pinole

PINOL DE PIÑÓN

Pasta suave preparada con piñón tostado y molido. Esta pasta se endulza con miel. Se acompaña con café de bellota, encinillo o trigo. Es típica entre los kiliwas del norte de Baja California.

PINOLATE

Del náhuatl *pinolli*, pinole y *atl*, agua. Bebida producida a partir de desleír pinole en agua y que a veces contiene azúcar.

PINOLE

Del náhuatl *pinolli*, pinole. Harina de maíz tostado que se endulza con piloncillo y se mezcla con canela. Se prepara de diversas formas. En Baja California se acostumbra diluido en agua como bebida; también se

prepara en galletas. En la capital de Colima es típico su consumo como golosina; el pinole combinado con anís se acostumbra en novenarios y verbenas. En Chiapas se mezcla con agua y se bebe como refresco; en ocasiones sustituye al café o al atole. Los tarahumaras de Chihuahua separan el mejor maíz de su cosecha para elaborar el pinole. Se lavan los granos de maíz, se cuecen en agua y se dejan secar al sol, después se tuestan en un comal o en una cazuela. Los granos tostados se muelen y diluyen en agua para elaborar una bebida que se llama esquiate. Con el pinole molido preparan una bebida que se llama *watónali*. En las comunidades rurales se consume al natural, mientras que en las ciudades le agregan azúcar y canela, todo ello bien molido; la mezcla puede incluir anís. Este polvo puede disolverse en agua o en algún otro líquido para tomarse frío como refresco o caliente como atole. En el Estado de México se acostumbra tostar el maíz y molerlo con canela, azúcar, cáscaras de naranja secas y chocolate; la mezcla puede incluir anís. En Huautla de Jiménez, Oaxaca, los mazatecos lo preparan con maíz tostado mezclado con azúcar y canela. Se utiliza para elaborar agua fresca o se come en polvo. Los mixes de Oaxaca lo preparan con maíz tostado y molido que se diluye en agua. En el Istmo de Tehuantepec, Oaxaca, se confecciona con maíz granillo, azúcar y canela molida. Los mayos de Sonora preparan el pinole con maíz cocido en agua, tostado y tallado para quitarle la cascarilla, molido con cáscaras de naranja, anís, piloncillo y jengibre. También elaboran un pinole con mezquite, al que llaman pinole de pechita. En Tabasco se prepara con maíz tostado y molido, mezclado con canela y avena; también puede incluir chocolate. Se diluye en agua fría, con o sin azúcar, para elaborar una bebida refrescante. Los mayas de Yucatán lo preparan con maíz tostado y molido con cacao, pimienta gorda y otras especias y le dan color con achiote; a esta variante se le llama pinole colorado. En Quintana Roo la mezcla del polvo contiene maíz seco y tostado, canela, anís y rara vez pimienta gorda. Se deslíe en agua para beberse frío o se hierve para tomarlo como un atole caliente; se endulza con azúcar o miel de abeja. Existen diversos polvos que también se conocen como pinoles, aunque en su elaboración no contengan maíz. El pinole de chía se utiliza para hacer aguas o atoles. También se le conoce como chiampinole o chianpinole. El pinole de garbanzo se elabora con harina de garbanzo, endulzada con piloncillo y acompañada con canela. Se prepara en el norte del país, debido a la escasez de maíz. Se mezcla con agua para preparar diversas bebidas. El pinole de pepitas de calabaza es una preparación que consiste en pepitas de calabaza tostadas y molidas con canela o piloncillo. Es típico de Sonora, donde los indígenas lo diluyen con agua para elaborar una bebida. El pinole de semillas de etcho se confecciona con semillas de etcho tostadas y molidas que se recolectan antes de las lluvias para evitar que adquiera humedad. Se prepara con agua y azúcar. Lo elaboran los yaquis de Sonora. El pinole de semillas de girasol es una variedad que se prepara con semillas de girasol. Es común en los estados del norte del país donde escasea el maíz. El pinole de semillas de sandía se elabora con semillas de sandía secadas al sol, tostadas en comal y molidas en metate. Los indígenas yaquis de Sonora suelen tomarlo con agua o leche fría o caliente y azúcar al gusto. Existe un pinole que se prepara con trigo, como sustituto de maíz. Es común en los estados del norte del país. Los tarahumaras lo emplean para elaborar el atole de trigo. Las comunidades indígenas de Baja California lo mezclan con azúcar para consumirlo.

Conocido en algunas regiones como:

◇ cacalopinole (norte de Guerrero)
◇ pinol (Oaxaca)
◇ pooté (región zoque, Chiapas)

Conocido en algunas lenguas como:

◇ *gue'ze'* (zapoteco)
◇ *k'ah* (maya)
◇ *kobisi* (tarahumara)

PINTADERA

Dulce otomí de azúcar, de forma ovalada con dibujos pintados. El azúcar se mezcla con bulbos de orquídea molidos con jugo de limón. Se prepara en el poblado La Petaca, Guanajuato. Se utiliza como ornamento en la puerta de la casa de los novios durante las bodas y forman parte de la ofrenda del día de Muertos y ciertos ritos de la siembra. Al final de las celebraciones, se ofrece como regalo a los invitados.

PINTADO ◆ sierra

PINTO

Antojito preparado a base de masa de maíz, que se mezcla con frijoles negros enteros y manteca de cerdo. Con las manos se forma una gordita de unos 8 cm de diámetro; se cuece en comal y se sirve con salsa de tomate, queso y cebolla picada. Se elabora en la sierra de Puebla. Su nombre se debe a que la masa queda pinta o moteada por lo blanco del maíz y la cáscara negra de los frijoles.

→ tamal pinto

PINZÁN ◆ guamúchil

PIÑA (*Ananas comosus*)

Fruto de la familia de las bromeliáceas. Tiene forma elipsoidal y terminación en flor de hojas, llamada corona o penacho; mide de 15 a 40 cm de largo. Su pulpa es carnosa, jugosa y fibrosa. Su sabor es dulce y a veces muy ácido. La cáscara tiene tonos que van del verde al amarillo, de acuerdo con el grado de maduración que presente el fruto. Es originaria de la zona tropical de América, quizá de Brasil, Perú o Paraguay, donde los nativos la llamaban *ananás*, voz guaraní que significa fruta excelente. Los mexicas la denominaban *matzatli*. Los españoles la llamaron piña, por su semejanza con el fruto del pino piñonero. La piña es un fruto muy importante en México. La economía de muchas poblaciones de Veracruz y Oaxaca depende de este fruto, pues se produce a gran escala; en esos sitios son muy comunes el jugo y los tamales de piña; en otros lugares más fríos es famoso el atole de piña. Se consume como fruta fresca cortada en rebanadas o en trozos, sola o como parte del coctel de frutas. Las mermeladas de piña, la piña en almíbar, el dulce de piña y el agua de piña son muy gustadas entre los mexicanos. Con la piña se elabora el tepache y la garapiña. En Oaxaca se le agrega piña a las lentejas. En muchas regiones de México se preparan dulces como el de camote con piña o la cocada con piña.

PIÑA DE MAGUEY

Tronco corto y grueso del maguey que después del corte de las pencas semeja la cáscara y forma de una piña. Se cuece para extraer un jugo que se fermenta y destila para obtener diferentes tipos de mezcal.

Conocido también como:

◇ cabeza de maguey
◇ corazón
◇ corazón de maguey
◇ metzote (del náhuatl *metl*, maguey, *tzolop*, apretado)
◇ metzontete o mezontete (del náhuatl *metl*, maguey, *tzontli*, cabello, *tetl*, piedra; centro del país)
◇ mezontle

PIÑA QUEMADA

Postre de piña. Se prepara hirviendo miel con yemas batidas a punto de listón y almendras molidas; cuando espesa se le agrega jugo de piña y se decora con piñones. Se consume en Pátzcuaro, Michoacán.

PIÑA RANCHERA

Postre preparado con trozos pequeños de piña. Los trozos, que se obtienen de la piña sin corazón, se colocan dentro de una olla de barro y se bañan con miel de piloncillo. Al momento de servir se espolvorea queso añejo desmoronado. Es típico de Comitán, Chiapas.

PIÑANONA (*Monstera deliciosa*)

Flor blanca que crece en el centro de una planta trepadora de la familia de las aráceas. Presenta muchos hexágonos concatenados, que recuerdan la forma de la piel de una piña y mide entre 15 y 20 cm de largo. Es nativa de México y Centroamérica. Cuando está madura es comestible. Se hierve y se come sola o revuelta con huevo. También se exprime en una manta de cielo para sacarle el jugo. Su sabor es una mezcla de piña, plátano y mango. Se conoce también como cerimán.

PIÑÓN (*Pinus cembroides*)

Semilla comestible producida por el pino piñonero. Los piñones son las semillas de los árboles que los producen y se encuentran dentro de los conos subglobosos o "piñas", cuando éstas han alcanzado su máximo desarrollo. Las semillas se encuentran cubiertas por una capa dura, la cual se rompe para extraer la parte comestible, que puede ser de color rosa, marfil y amarillo. En México, el piñón que más se consume es el de color rosa, mientras que el piñón blanco o piñón común apenas se conoce. Los árboles que producen los piñones están distribuidos principalmente en el norte del país. Se considera un alimento muy nutritivo y llega a alcanzar precios altos. El piñón se utiliza para elaborar jamoncillos, natillas, flanes, helados y dulces de leche, es parte de los picadillos y rellenos de chiles en el centro del país, y se come como fruta seca.

PIÑUELA ◆ aguama, huapilla

PIOCHA ◆ quiote

PIOJO (*Galinsoga parviflora*)

Planta herbácea anual. Posee hojas opuestas y de forma lanceolada; sus flores son cabezuelas blancas con centro amarillo. Es una hierba aromática utilizada en los Valles Centrales de Oaxaca para dar sabor y aromatizar sopas, especialmente la famosa sopa de guías; también se agrega en el arroz como sustituto del chepil. Se vende en los mercados populares fresco o seco.

Conocido también como:

◇ estrellita
◇ mercurial
◇ piojito

PIPIÁN O PEPIÁN

Guiso de carne con una salsa hecha a base de pepitas de calabaza tostadas y molidas. Por lo general se utiliza carne de ave, aunque a veces se acompaña con carne de cerdo, res o conejo. Su consumo es tal, que al igual que el mole

Pipián verde en pasta

también se vende en polvo o en pasta para añadirle caldo y preparar el guiso. De acuerdo con la región del país se puede encontrar pipián verde, blanco y rojo. Es una salsa espesa y en algunas regiones tiene consistencia de sopa espesa. Se acostumbra desde la época prehispánica. Los mexicas usaban salsas de pepitas de calabaza y chile para comer pescados o animales de caza. En los conventos virreinales, las monjas enriquecieron las salsas con hierbas aromáticas, especias, cerdo y pollo, para obtener el guiso que hoy conocemos.

• En Chihuahua se prepara con carne de cerdo, res o pollo; la salsa incluye chile colorado, pepitas de calabaza, ajo y comino.

• En Coahuila y algunas partes de Nuevo León se prepara el pipián con nopales para la cuaresma.

• En Colima es un guiso muy común al mediodía. Se elabora con carne de pollo, pero también se acompaña con guajolote o cerdo. La salsa incluye pepitas de calabaza, cebolla, ajo, chile pasilla o guajillo; se espesa con maíz nuevo tostado en el comal, o bien con masa de maíz.

• En el Distrito Federal, se acostumbra preparar el pipián de semillas de chiles secos.

• En el Estado de México suele prepararse con tomates, pepitas de calabaza, chile poblano, perejil, cilantro, epazote, ajo, clavo, pimienta, lechuga y chiles verdes; se elabora principalmente con pollo, aunque se puede encontrar también con guajolote y cerdo. En otros tiempos fue común el de pato. Otro pipián del estado se prepara con lomo de cerdo, cuya salsa está hecha con chile pasilla y chilaca, además de ajonjolí, clavo, cebolla, ajo y chilacayote en trozos.

• En Guanajuato se prepara el pipián con xoconostle que contiene pepita de calabaza con cáscara, chile guajillo, cebolla, hierbas de olor y ajo; se acompaña con pollo o carne de cerdo y contiene xoconostles picados. El pipián verde se elabora con pepita de calabaza pelada, rabos de cebolla cambray, hojas de rábano, hojas de lechuga, ajos y cebolla; contiene xoconostles y pollo o conejo como carne principal.

• En Guerrero el pipián se prepara con tomate, chile verde, comino, pimienta, clavo, orégano, ajo y pepitas de calabaza; además se acompaña con pollo.

• En Hidalgo se preparan pipianes verdes y colorados, por lo regular con carne de cerdo. La salsa del pipián con chilacayote contiene pepitas de calabaza, pan, chile ancho, pimienta, comino, ajo, cebolla, tortilla y trozos de chilacayote, mientras que el pipián verde se elabora con tomate, chiles serranos, pepitas de calabaza y hierba santa.

• En Jalisco también se le llama pepián y contiene pepita de calabaza, ajonjolí, chile ancho, tomillo y, a veces, bolillo

para dar consistencia a la salsa. También se elabora un guiso casero con carne de pollo o cerdo; la salsa incluye pepitas de calabaza, chile chilacate, chile de árbol, caldo de la carne y maíz tostado o masa de maíz para espesar. Este guiso se prepara de forma similar en el estado de Aguascalientes.

• En Michoacán, en la parte oriental, es un guiso de consistencia espesa y salsa no muy tersa, que contiene chile poblano, tomate, chile serrano, ajonjolí, pepitas de calabaza, clavo, pimienta negra, pimienta de Tabasco, lechuga, acelga, cilantro, perejil y ajo; se acompaña con carne de pollo o cerdo.

• En Morelos el pipián se cocina con guajolote o gallina, carne de cerdo o res; el guiso es una salsa molida de tomate y chile verde, rabos de cebolla, cilantro, lechuga, ajo y pepita de calabaza. Se acompaña con tamales nejos y frijoles.

• En Oaxaca, durante la cuaresma, se acostumbra preparar el pipián de viernes o pipián de vigilia. La salsa contiene pepitas de calabaza, chile chilhuacle, ancho y guajillo, ajo y masa de maíz. El guiso incluye ejotes, alverjones, chícharos, papas, nopales cocidos, huevos, epazote y camarones secos. Cuando no es vigilia se elabora con pollo en lugar de los camarones. Se acostumbra servirlo como desayuno al día siguiente de una fiesta, o como guiso del mediodía. En la región de los Valles Centrales la salsa se elabora con chile ancho, ajo, cebolla, jitomate, comino, canela y ajonjolí; al igual que en muchas otras regiones el pipián no siempre lleva pepita de calabaza, en esta región se sustituye por ajonjolí. Generalmente se prepara con pollo y el guiso puede incluir verduras como papa y ejotes.

• En Puebla se elabora el pipián verde con pepita de calabaza tostada, tomate, chile serrano, hierba santa, cilantro, epazote, cebolla y caldo; todos los ingredientes se muelen y se sirven, en la mayoría de los casos, con pollo o carne de cerdo. El pipián rojo contiene chile pasilla, clavo, pimienta, ajonjolí, tortillas tostadas, jitomate asado y el caldo de la carne. Normalmente es de cerdo, pero también puede servirse con pollo.

• En Quintana Roo el preparado es de origen maya y existen varias formas de hacerlo. La salsa contiene pepita de calabaza, achiote, pimienta, ajo, masa de maíz, cebolla, orégano y jitomate. El pescado en pipián es difícil de encontrar. Antaño se acostumbraba comer en la Semana Santa, con una salsa que a veces contiene ciruelas tiernas. La panza de venado en pipián contiene pimientas gordas, chile *chawwa ik* y ciruelas verdes. La carne de venado seca y ahumada en pipián incluye hojas de chaya, ciruela y chile habanero. De forma similar estas recetas se encuentran en Campeche y Yucatán. Otra versión del pipián de venado es el que se prepara con pierna o brazo de venado cocido, pepitas de calabaza, epazote, jitomate y se espesa con masa de maíz. Se sirve la carne con salsa y se adorna con el aceite que soltó la pepita, previamente reservado.

• En Tabasco contiene, además de pepitas de calabaza, achiote, pimienta negra, pimienta de Tabasco, ajo, jitomate asado, cebolla y masa de maíz para darle consistencia. Se sirve con huevos cocidos bañados con la salsa, o con carne de ave.

• En Tlaxcala, en San Esteban Tizatlán, es un guiso es-

Pescado en pipián

peso con salsa de pepitas de calabaza, ajonjolí, cacahuate, chile guajillo, chile ancho, anís, ajo y canela; se combina con carne de cerdo, guajolote o gallina.

• En Veracruz el pipián verde se prepara con pepita de calabaza, ajonjolí, ajo, canela, epazote, hierba santa, cilantro, lechuga, cebolla, tomate y chile verde; se acompaña con carne de pollo o cerdo y papas en trozos. En Xalapa y zonas cercanas, la salsa lleva chile ancho o chipotle y se prepara con flor de izote; se utiliza la pepita de calabaza pipiana.

• En Yucatán, y demás estados de la península, los pipianes se elaboran con diferentes carnes; en el pasado fueron muy comunes los de venado, pavo de monte o faisán, pero en la actualidad se preparan principalmente con carne de cerdo, gallina o pollo. La salsa está hecha con pepitas de calabaza molidas con achiote, chile seco, orégano, ajo, jitomate, epazote y masa de maíz para espesar; se procura utilizar una variedad local de pepita de calabaza llamada chinchilla. El pipián rojo se consigue coloreando el guiso con achiote. Tradicionalmente se guisaba con venado y se cocía en pib, por lo que también se llama pipián de venado pibil. En la actualidad se elabora con cualquier tipo de carne cocida en agua.

• En Zacatecas es una salsa de pepita de calabaza con chiles guajillo y ancho, ajo, pan frito y especias. Durante la cuaresma se agregan orejones de calabaza seca o con tortitas de camarón seco y molido.

Conocido también como:

◊ mole de pipián
◊ mole de pepita
→ pepita de calabaza

PIPICHA *(Porophyllum tagetoides)*

Quelite cuyo sabor recuerda el del papaloquelite y se utiliza de la misma forma. En el valle de Puebla y en Tlaxcala se utiliza como complemento para los tacos de chicharrón y carnitas; se pica y se mezcla con el guacamole, además de ser parte del relleno de la cemita compuesta. En Oaxaca se emplea en la sopa de guías y, en ocasiones, acompaña antojitos regionales y guisos como el mole de chivo. En ocasiones se utiliza como ingrediente de salsas verdes.

Conocido en algunas regiones como:

◊ chepicha o chepiche (Oaxaca, Guerrero)
◊ escobeta (Chilapa, Guerrero)
◊ pápalo (Oaxaca, Guerrero)
◊ pápalo chepicha o pápalo pepicha (Oaxaca, Guerrero)
◊ pepicha (Oaxaca, Guerrero)
◊ pipitza, pipizca o pipitzca (Tlaxcala, Puebla)
◊ tepicha (Oaxaca, Guerrero)

PÍPILA ◆ guajolote

PIPIOLA O PIPIYOLLI ◆ abeja pipiola

PIPIZCO

Fruto azuloso, semejante en tamaño y forma a un tomate pequeño, de sabor dulce. La planta de la que crece se encuentra a las orillas de los sembradíos formales de maíz o de otros cultivos. Se consume en Tlaxcala, de manera casera y rural.

PIQUE

1. Tamal dulce color café oscuro, que se consume como postre. Está elaborado con masa de maíz, piloncillo y manteca de cerdo. Tradicionalmente se hornea al lado del zacahuil. Ya cocido se corta en cuadros o se rebana. Suele comerse caliente o tibio; también se acostumbra recalentarlo en el comal para el desayuno o la cena. Es típico de la región totonaca y en la Huasteca, especialmente la veracruzana. En fechas importantes como Año Nuevo, se prepara con pasas, piña molida y coco rallado. También se acostumbra en el día de Muertos. En la región totonaca se acostumbra ofrecer después del nacimiento de un niño: se pone en una mesa o altar con café, botellas de refino, flores y pan.

Conocido en algunas regiones como:

◊ chojol (Veracruz)
◊ cuitón de dulce (región totonaca, Veracruz)

2. Variedad de pescado asado que se acostumbra comer en el centro del país. Su nombre es una simplificación de mextlapiques.

PIQUETE

Término utilizado para denominar una cantidad pequeña de alcohol que se añade a una bebida sin alcohol. Es común que se agregue a bebidas como el ponche, al cual se le incorpora principalmente ron, brandy o tequila. También se acostumbra el café con whisky o brandy.

PIQUÍN ◆ chile piquín

PIRUL *(Schinus molle)*

Árbol de hojas verdes de la familia de las anacardiáceas. Mide de 8 a 15 metros de altura; de tronco frecuentemente tortuoso, con las ramillas colgantes y hojas compuestas. Las  flores son de color blanco; el fruto rojo, globuloso, con una sola semilla del tamaño y sabor de un grano de pimienta, por lo que se usa para adulterar esa especia. Florece de marzo a mayo y es originario de América del Sur. Los frutos y las semillas se utilizan para preparar diversas bebidas como el atole de pirul o el copalocle, en Ciudad del Maíz, San Luis Potosí.

PIRULÍ

Paleta de caramelo macizo en forma cónica que se distingue por ser de diversos colores.

PISCAR ◆ pizcar

PISHI ◆ malanga

PISTEAR

Acción de tomar alguna bebida embriagante o pisto. Echarse un pisto es también sinónimo de dormir un poco, quizás haciendo referencia al efecto relajante de tomar una bebida.

PISTO

Nombre popular para denominar las bebidas embriagantes.

PISTOLAS ◆ cochi

PISTÓN

Tortilla pequeña y gruesa elaborada con masa de maíz. Tiene la peculiaridad de resistir en buen estado varios días, de modo que la llevan los trabajadores del campo en viajes largos. Se consume por el grupo mochó de Chiapas.

PITAHAYA O PITAYA

GRAF. pitajaya o pitayo. Nombre que reciben varios frutos que crecen en cactáceas. Pueden ser de color rojo, rosa, púrpura, naranja, amarillo o blanco y se consumen como fruta fresca, en agua, dulces o nieves; sus flores se pueden consumir fritas, asadas o revueltas con huevo. Aunque generalmente puede designarse a la llamada fruta del dragón como pitahaya, y a las que están cubiertas de espinas como pitaya, esto no es una regla. La palabra pitahaya, de origen antillano, significa fruta escamosa. Entre los frutos llamados pitahaya o pitaya encontramos las siguientes variedades:

- *Hylocereus undatus*

Fruto nativo de la zona tropical de América, que comprende parte de los estados del sureste mexicano. Tiene forma ovoide y mide 12 cm de largo; lo produce una cactácea trepadora que se desarrolla sobre los árboles. La cáscara es de color rosa intenso o magenta y presenta grandes escamas; su pulpa es blanca, suave y de sabor tenue, con numerosas semillas negras pequeñas y comestibles. Madura entre junio y agosto. Se le conoce también como fruta del dragón.

- *Machaerocereus gummosus*

Variedad que se consume en la península de Baja California y Sonora. Sus frutos se encuentran entre julio y agosto. Se le conoce como pitahaya agria.

- *Stenocereus queretaroensis*

Variedad que se cultiva en Zacoalco y Sayula, Jalisco, y se recolecta de forma silvestre en Autlán, Teocotlán y otras poblaciones del mismo estado. Se vende comúnmente en los mercados populares y se come fresca o en dulces.

- *Stenocereus stellatus*

Variedad de pulpa roja, blanca, rosa, púrpura, amarilla o anaranjada con cáscara verde, amarilla o roja. El sabor varía de ácido a dulce, dependiendo de la variedad. Es endémica del centro de México y abunda especialmente en los estados de Morelos, Guerrero, Puebla y en la Mixteca oaxaqueña. Se le conoce también como pitahaya de agosto o xoconochtli.

- *Stenocereus thuberi*

Variedad que se produce principalmente en la península de Baja California, Sonora y Sinaloa. La planta alcanza hasta 3 m de altura y sus frutos maduran a finales del verano y en otoño. Se le conoce como pitahaya común o pitahaya dulce.

Las especies *Acanthocereus pentagonus* y *Stenocereus dumortieri* son también conocidas como pitahayas. A las pitahayas también se les conoce como chaco.

→ jacobo

PITAHAYA DE AGUA ◆ jiotilla

PITARRILLA
Bebida elaborada a base de maíz, similar a la chicha.

→ balché

PITAÚL ◆ tamal pitaúl

PITAYAQUI
Postre que se elabora con pitahaya congelada, rebanada y espolvoreada con azúcar; se baña con vino blanco. Es típico de Jalisco. Conocido también como pitayo.

PITAYO, A ◆ pitahaya

PITILLO ◆ colorín

PITILLO CON HUEVO ◆ pito con huevo

PITIONA (*Lippia alba*)
Arbusto de la familia de las verbenáceas, de dos metros de altura, aromático y con una superficie cubierta de vellosidades suaves. Posee hojas opuestas, ovadas u ovado-oblongas, que miden de 2 a 7 cm de largo. Es típica de Oaxaca. Se utiliza como hierba para el mole amarillo, tanto en la costa como en los Valles Centrales de Oaxaca. Cuando está seca se utiliza como planta medicinal para tratar diarreas o como digestivo.

Conocido también como:
◊ candó, candor o kandóo
◊ prontoalivio

PITO ◆ colorín

PITO CON HUEVO
Preparación de colorín cocido y revuelto con huevo, cebolla, jitomate, cilantro y chile. Se acompaña con una salsa de molcajete similar a un chilmole. En Tuxtla Gutiérrez, Chiapas, se prepara como comida de vigilia. Conocido también como pitillo con huevo.

PITOL ◆ sotol

PITÓN ◆ apompo

PITOXE O PITOXI ◆ hierbamora

PITZÁJETL ◆ frijol menudo

PIXCAR ◆ pizcar

PIXI ◆ malanga

PIXQUE
Tamal sencillo de masa de maíz con manteca de cerdo y sal; mide unos 40 cm de largo y se envuelve en hoja de plátano o tela de manta. Es típico de la región del Soconusco en Chiapas. Suele comerse en rebanadas, acompañado de salsa chojín.

PIXTAMAL
Tamal de origen prehispánico y ritual que antiguamente se preparaba para el día de Muertos, aunque hoy se puede elaborar en cualquier fecha. Los huesos de mamey o pixtles secos se remojan en agua, se cuecen en dos ocasiones hasta que se deshacen y se pueda hacer una pasta con facilidad. Se extiende una capa de masa de maíz y sobre ella se pone la pasta de hueso de mamey. Mientras se enrolla se añade hierba santa seca y pulverizada, y a veces chile ancho tostado y desmoronado. El tamal se corta en rodajas que se envuelven en hojas de milpa y se cuecen en horno de tierra. Se acostumbra en San José Miahuatlán, Tehuacán, Puebla. Antiguamente se preparaba con un fruto conocido como tliyapo.

PIXTEAR
Acción de agregar pixtle al pozol.

PIXTLE
GRAF. piscle, pistle, pixcle, pixle, pixte, pixtli o pizcle. Del náhuatl *pitztli*, que significa hueso o semilla. Semilla del mamey colorado de forma elipsoidal, de 5 a 10 cm de largo, negro brillante y una notoria banda blanca o amarillenta en el centro. En la sierra de Puebla se hierve, se ahúma, se corta en trozos con forma de cuña y se ensarta en collares que se venden para prepararlos en enchiladas y pixtamales. Las semillas tostadas y molidas se mezclan con cacao para provo-

car más espuma al chocolate. En Oaxaca se tuestan y se muelen para elaborar el tejate. En Tabasco se emplea en un tipo de pozol y en el atole agrio. En Guerrero se emplea en el atole de fiesta.

Conocido también como:
◇ almendra de mamey
◇ piste o pizte.

PIZCADOR

1. Instrumento que sirve para abrir el maíz y retirar las hojas.
2. Persona que se encarga de la pizca o recolección.

PIZCADORES

Cesto grande de carrizo utilizado para pizcar. Se utiliza para guardar o transportar las verduras o el maíz hasta el momento de su venta.

PIZCAR

GRAF. piscar o pixcar. Del náhuatl *pixquitl*, cosecha. Acción de recolectar frutos, especialmente el maíz.

PIZNATE

Bebida hecha de maíz cocido, tostado, molido, desleído en agua y endulzado con piloncillo; en ocasiones lleva canela. Es una bebida tradicional en Nayarit y Guerrero.

PÍZOTL

Platillo que se prepara con lomo de cerdo, camarón seco, chile pasilla, ancho, mulato y chipotle, ajonjolí y crema agria. Es típico del Valle de México y Oaxaca.

PLANCHA ◆ comal

PLANCHA, A LA

Alimentos asados sobre una plancha metálica. Con frecuencia se trata de bisteces de res o pechugas de pollo para preparar tacos. Este término se utiliza en algunos restaurantes y fondas como sustituto de asado, para dar a entender que se utiliza poca grasa. Existen también las tortas a la plancha, principalmente en el Distrito Federal.

PLATANADA

Licuado de plátano Tabasco maduro, leche, azúcar y vainilla. Se sirve espolvoreado con canela. Se acostumbra en Oaxaca.

PLATANILLO ◆ hoja de queso, papatla, sagú

PLÁTANO

Plátano Tabasco

Nombre común que designa diversos tipos de plantas herbáceas gigantes del género *Musa*. Las plantas miden de 2 a 9 metros de alto y producen un racimo que tiene de 5 a 20 manos, cada una con 10 a 20 plátanos. El fruto es alargado y carnoso, de piel verde cuando no ha madurado y amarillo al madurar. En la actualidad Veracruz es el mayor productor, seguido de Chiapas, Tabasco, Campeche, Oaxaca y Guerrero. La variedad *Musa paradisiaca* es un fruto grande que mide entre 25 y 30 cm de largo y tiene poco sabor. Un ejemplo es el plátano macho. La variedad *Musa x paradisiaca* es un fruto mediano o corto, con pulpa dulce. En México se conocen distintas variedades de plátano.

• Los plátanos dominicos son los más pequeños de todos y de ellos existen dos tamaños. El más común es el grande, que mide alrededor de 6 cm de largo. El dominico chico mide unos 3 cm de largo y es menos común. Ambos son muy dulces y se comen como golosina.

• El plátano macho es el más grande de todos; se ocupa inmaduro, maduro y muy maduro. Cuando está inmaduro es verde claro y al madurar se torna amarillo; en este punto es

normal que la piel presente manchas negras. Cuando se empieza a pasar de maduro, la piel puede ponerse totalmente negra. Mide unos 30 cm de largo. Se come crudo, frito o cocido. También se utiliza para hacer los tostones y los plátanos prensados, comunes en los estados del Golfo de México. En estos lugares también se agrega como ingrediente en algunos pucheros, caldos o guisos salados. Es conocido también como chapalote o zapalote.

• El plátano manzano es pequeño, mide unos 10 cm de largo. Es de sabor dulce y su pulpa tiene un ligero sabor a manzana madura combinada con plátano, de donde deriva su nombre. Se consume como fruta fresca o golosina. Es conocido también como plátano enano.

• El plátano morado tiene piel roja, oscura o color vino. Mide unos 15 cm de largo y es muy grueso. Su pulpa es muy amarilla y recuerda el sabor del plátano macho pero un poco más dulce.

• El plátano perón mide unos 15 cm de largo y tiene una apariencia gorda y corta. Cuando está maduro su piel es amarilla mostaza y se ennegrece cuando está muy maduro; presenta cuatro lados anchos y uno muy delgado. Cuando está maduro, se utiliza de la misma forma que el plátano macho; como fruta fresca es muy sabroso.

• El plátano Tabasco se produce en el estado del mismo nombre. Es muy dulce y se come fresco, solo o rebanado sobre el cereal, el arroz o en las lentejas. Es conocido también como plátano roatán.

• El plátano tuno es pequeño, menos dulce que las variedades comunes; crece en Pichucalco, Chiapas.

• El plátano verde maduro se encuentra en Tabasco y nunca sale de los lugares donde se produce. Se llama así porque su cáscara se conserva verde pálida aunque el plátano esté maduro. Se come como fruta fresca; es dulce, con una cierta acidez que recuerda la piña. Los nahuas del norte de Veracruz y los chontales de Tabasco consumen las flores de la planta. En Comitán, Chiapas, es conocido como guineo.

→ macarela

PLÁTANO APLASTADITO ◆ torta de plátano

PLÁTANO EVAPORADO

Dulce preparado con plátano Tabasco maduro que se deja bajo el sol durante varios días hasta que se deshidrata, se vuelve oscuro y se encoge; se cuece con piloncillo. Su sabor es muy dulce, sin ser empalagoso. Se acostumbra en el sur de Veracruz, Tabasco, Chiapas y los estados de la península de Yucatán. En los mercados populares puede encontrarse en paquetes de papel celofán para comerse como golosina.

Conocido también como:
◇ plátano pancle
◇ plátanos deshidratados

PLÁTANO MACHUCO ◆ plátano prensado

PLÁTANO PRENSADO

Hojuelas fritas de plátano macho verde. Se elaboran con rebanadas gruesas de plátano macho verde, que se sumergen en agua salada, se fríen ligeramente y después se aplastan con una tortilladora manual o con las manos, para que se estiren. Se rocían con más agua salada o sólo con sal, y se vuelven a freír hasta quedar ligeramente doradas. Se acostumbran en Tabasco y Veracruz, donde son más gruesos y de diámetro menor. Las hojuelas suelen medir unos 10 cm de diámetro. Para lograr estos tamaños, se colocan tres o cuatro rebanadas en la tortilladora y después de la primera fritura se prensan al mismo tiempo, para que queden unidas y se puedan volver a freír como una sola pieza. Se sirven como botana en los bares o restaurantes, o para acompañar frijoles negros o refritos.

Conocido también como:
◇ machuco
◇ plátano machacado
◇ plátano machuco
◇ plátano verde frito
◇ tostones

PLÁTANO ROATÁN ◆ plátano

PLÁTANOS COCIDOS

Plátanos macho maduros cocidos al vapor. Al servirse se les agrega sal o azúcar y se acompañan de nata o crema fresca. Se acostumbran en Alvarado, Veracruz y en Tabasco. Conocido también como plátanos hervidos.

PLÁTANOS CON CREMA

Postre sencillo que se prepara con rebanadas gruesas de plátano Tabasco, mezcladas con crema y azúcar; se sirve en pequeños platones, solos o espolvoreados con canela.

PLÁTANOS FRITOS

Plátanos machos maduros, rebanados y fritos en aceite o manteca de cerdo, que se emplean como guarnición o postre. Se sirven para acompa-
ñar carnes o guisos diversos. En los estados del Golfo de México es muy común que se sirvan sobre los frijoles refritos o el arroz. También se emplean para acompañar huevos, carnes saladas, ce-

cinas y guisos de pescados y mariscos. Cuando se trata de un postre se les agrega azúcar, crema y, a veces, queso.

PLÁTANOS MELADOS

Plátanos machos fritos y sumergidos en miel de azúcar, agua y vinagre. Se acostumbran en Chiapas.

PLÁTANOS RELLENOS

Plátanos machos cocidos y machacados, que se utilizan para elaborar pequeñas tortillas que se rellenan, se envuelven y se fríen. En Chiapas se rellenan de queso fresco o de frijoles refritos; después de freírlos se espolvorean con azúcar para aumentar el dulzor natural del plátano. Se elaboran en la región del Soconusco. En Nayarit son bollitos ovalados de plátano, rellenos de frijoles refritos o queso, fritos y acompañados con crema, lechuga y rabanitos o salsa de jitomate picante. Son tradicionales en San Blas y otras comunidades del estado. En Tlacotalpan, Veracruz, se rellenan con queso fresco, se acostumbra comerlos durante la cua-

resma. También pueden rellenarse de picadillo, frijoles negros refritos, camarón o jaiba guisada. Se acompañan con salsa de jitomate, crema o queso. En Tuxtepec, Oaxaca, son muy comunes y similares a los que se preparan en Veracruz. Los más populares son los rellenos de queso fresco, servidos con crema fresca y queso espolvoreado. En Tabasco se rellenan de frijol, carne molida o queso y se fríen. Se sirven solos, con salsa de jitomate, queso doble crema, crema o natas. Son parte del desayuno, la comida del mediodía o la cena. En Campeche se elaboran versiones muy similares a las de Tabasco y Veracruz.

Conocido también como:
◇ bollitos de plátano macho
◇ mogomogo relleno
◇ molotes de plátano

Conocido en algunas regiones como:
◇ empanadas de plátano (Tabasco, Veracruz)
◇ puritos (Veracruz)
◇ rellenitos de plátano macho (Comitán, Chiapas)
◇ tortitas de plátano (Chiapas)

PLAZA

Sinónimo de mercado o tianguis. En muchas ocasiones el día de mercado se realiza en la plaza pública o cívica de la comunidad.

PLUMA EN SALSA VERDE

Platillo que consiste en una pasta seca mezclada con un sofrito de tomates, chiles verdes, cebolla y ajo. Al momento de servir se le agrega crema. Es típica de Comitán, Chiapas.

POBLANA, A LA

Término restaurantero para designar platillos en los que se utiliza chile poblano. Éste puede estar en rajas o molido dentro de la salsa que compone el preparado. Con frecuencia se incluyen también granos de elote. Entre los platillos más comunes se encuentran el arroz a la poblana, pollo con salsa poblana y las crepas poblanas.

Pollo a la poblana

POC CHUC

GRAF. poc-chuc, poh chuc o pook chuuk. Del maya *pok*, asar o tostar, y *chuc*, carbón, es decir, asar al carbón. Bisteces de carne de cerdo, de pierna o de lomo que se maceran en jugo de naranja agria, pimienta negra y ajos asados y tamulados; se asan al carbón y se acompañan con chiltomate, frijoles colados, tortillas de maíz, naranja agria, chile habanero tamulado, cebolla morada asada y cilantro picado. En el restaurante Los Almendros, de Mérida, Yucatán, se elaboró la primera receta de *poc chuc* en 1962, que consistió

Pescado poc chuc

487

en carne salada de cerdo acompañada de frijoles kabax y chiltomate. La receta surgió porque a pesar del sabor del chiltomate que se le añadió, la sal de la carne se imponía, por lo que se sirvió además una salsa a base de cebolla morada asada picada y rociada con jugo de naranja agria y un poco de vinagre. En la actualidad se pueden encontrar recetas de *poc chuc* servidos con salsa *xnipec* o salsa tamulada, como la lisa en *poc chuc*. También se prepara con boquinete, robalo, rayada o lisa.

POCHITOQUE (*Kinosternon acutum*)

Tortuga que tiene un caparazón abultado, liso y de forma oblonga; mide 12 cm de largo. Se localiza en Tabasco. Era utilizada para preparar diversos platillos típicos. En la actualidad se encuentran en peligro de extinción. El pochitoque en mole verde se guisaba en una salsa de chipilín con hojas de chaya, hierba santa, chile dulce, chile amaxito y a veces se espesaba con masa de maíz. Se acompañaba con verduras. Los caparazones se incluían en el guiso para darle más sabor; se servían en el plato junto con la carne, la salsa y las verduras del guiso.

POCHOCUILES

Del náhuatl *pochotl*, pochote, y *ocuillin*, gusano, es decir, gusano del pochote. Gusanos comestibles que habitan en el árbol del pochote y se consumen durante septiembre y octubre. Se encuentran en el valle de Tehuacán, Puebla, y en algunas zonas de Oaxaca. Se comen fritos.

POCHOTE

Nombre con el que se conoce a *Ceiba pentandra* y *Ceiba parvifolia*. Proviene del náhuatl *pochotl* o *puchotl* que significa padre, madre, jefe, gobernante o protector. Árbol que mide hasta 40 metros de altura y posee espinas en el tronco y en las ramas. Los frutos que produce son cápsulas leñosas de 15 a 18 cm, llenas de fibras lanudas, con semillas redondas, oscuras y olorosas. Es originario de América central. Se distribuye ampliamente en las riberas de los ríos, aunque crece en múltiples terrenos. Se localiza en Campeche, Chiapas, Guerrero, Jalisco, Nayarit, Oaxaca, Puebla, Quintana Roo, Sonora, Tamaulipas, Veracruz y Yucatán. Fue considerado un árbol sagrado, en especial por los mayas. Los tarahumaras comen los frutos tiernos y asados; también consumen la raíz tierna que es de sabor dulce. El aceite que producen las semillas es comestible y de forma industrial se utiliza para hacer margarinas, entre otros productos. Los huicholes de Nayarit suelen comer las semillas sobre tortillas o guisarlas en aceite con un poco de masa. Se acompaña con atole blanco. En este árbol habitan unos gusanos comestibles llamados pochocuiles.

Conocido también como:

◇ amapola blanca
◇ ceiba
◇ ceibo clavelina
◇ mokote

Conocido en algunas lenguas como:

◇ *pochotl* (náhuatl)
◇ *puchuti* (totonaco)
◇ *tunuum* (mixteco)
◇ *unup* (huasteco)
◇ *yaga-xeni* (zapoteco)

POHCHUC ◆ poc chuc
POJILLO DE POPAL ◆ hoja de queso
POLCÁN

1. Antojito que consiste en una tortilla de masa de maíz, rellena de pepitas de calabaza tostadas, cebolla picada e ibes cocidos; se juntan las orillas de la tortilla hacia adentro, de tal manera que queden con la forma de una cabeza de serpiente; se fríen hasta dorar y se sirven con chiltomate y repollo marinado en vinagre y sal. Es típico de Yucatán.

2. Tamal de masa de maíz que se coloca sobre hojas de maíz. Se rellena con una mezcla de ibes, pepitas de calabaza y chile seco molido, se envuelve y se cuece al vapor. Se elabora en Yucatán.

POLEO ◆ nurite

POLILLA

Nombre que en Oaxaca reciben las grageas de azúcar de colores que sirven para decorar panes y pasteles.

POLLA

Bebida hecha con jugo de naranja, yemas de huevo y jerez dulce que se acostumbra tomar por las mañanas. Es típica del Distrito Federal y estados del centro del país. En Campeche se prepara con leche evaporada, chocolate en polvo, hielo, vainilla, licor de caña, licor de betabel, brandy y jerez dulce. Se licúa y se sirve frío. Se prepara en el puesto El Conquistador, propiedad del señor  Orlando Pérez, ubicado en el mercado Alonso Felipe de Andrade.

POLLO

Cría de un ave, en especial de una gallina. Es una de las aves de mayor consumo en el país, empleada en caldos y guisos diversos. En México el color de los pollos es, generalmente, más amarillo que en otros países, ya que son alimentados con flores de caléndula o cempasúchil, que son de color amarillo y le otorgan al ave esta característica. Casi todas las partes del pollo se utilizan para consumo humano. El huacal es la parte que queda del pollo cuando se han quitando las piernas, muslos, pechuga y rabadilla; es decir, el espinazo, que a veces incluye las alas. Su costo es bajo y, aunque contiene carne, casi siempre se usa en caldos y sopas para darles sabor. El muslo, conocido como pospierna en el sureste, es una de las piezas más gustadas del ave. A veces no se separa de la pierna, sino que se venden como una sola pieza. Las patas se emplean para dar sabor a los caldos. Contienen muchas vitaminas, no tienen grasa y su costo es muy bajo. La pechuga es la parte más codiciada y cara del pollo, ya que contiene más carne, aunque resulta seca e inclusive algo desabrida. Dependiendo de la región se vende entera, deshuesada, en bisteces o aplanada. Se utiliza en platos fuertes como moles, adobos, empanizada, frita o asada. Una buena parte del pollo se deshebra para emplearse como relleno de tacos, enchiladas y otros antojitos.

El pescuezo puede venderse junto con la cabeza, a la cual sólo se le corta el pico y la cresta. Se incluye en caldos y sopas para dar sabor y su costo es bajo. En las rosticerías populares de México se venden también los pescuezos asados. La pierna es una carne oscura muy sabrosa, que al cocerse queda muy suave. Se emplea en cocidos, caldos, guisos o empanizada. La rabadilla es la parte trasera o cola; contiene mucho hueso y grasa. Se utiliza para darle sabor a los caldos y sopas. Las vísceras del ave son muy solicitadas, ya que sirven para completar caldos y sopas, incluirse en el arroz o hacer tacos; el corazón se pone en sopas y caldos, igual que el hígado, las mollejas y las tripas.

POLLO A LA CUBANA ◆ cochinito a la cubana

POLLO A LA VALENTINA

Platillo elaborado con piezas de pollo cocidas y pasadas por una salsa de jitomates asados, cebolla, ajo, vinagre blanco y vinagre de chiles jalapeños. Las piezas se fríen y se sirven acompañadas de papas cocidas y fritas, rajas de chiles jalapeños en vinagre y hojas de lechuga. Se come típicamente con birote y es una preparación típica de Guadalajara, Jalisco. Se trata de una receta original de la fonda donde cocinaba Valentina Santos Oropeza, a principios del siglo XX.

POLLO A LAS BRASAS

Pollo abierto en forma de mariposa, marinado en jugo de naranja con ajo, tomillo, orégano, laurel, sal y pimienta y asado al carbón. Una vez cocido se corta en piezas y se sirve acompañado con salsa mexicana, tortillas, cebollas cambray asadas y frijoles charros o maneados. Se acostumbra en muchas comunidades de Sinaloa y Sonora.

Conocido también como:
◇ pollo estilo Sinaloa
◇ pollo estilo Sonora
◇ pollo sinaloense

POLLO ADOBADO ◆ adobo de pollo

POLLO AHOGADO EN NATAS

Pollo guisado en una salsa elaborada con chile guajillo, jitomate, natas, ajo, clavo de olor, pimienta y sal.

POLLO AL BARRO ◆ pollo enlodado

POLLO AL HARAGÁN

Platillo que se elabora colocando en una cacerola piezas de pollo a las que se les añade una capa de jamón y otra de tocino, jitomate y cebolla picados. Se agrega encima un poco de harina disuelta en agua fría y crema. Se deja cocer a fuego lento y se sirve. Se prepara en Comitán, Chiapas.

POLLO ALMENDRADO

Platillo elaborado con piezas de pollo fritas o cocidas, guisadas en una salsa o mole hecho con jitomate, pasitas, almendras, ajo, cebolla, plátano macho, pan de huevo, canela, clavo de olor y pimienta. Es un guiso tradicional de Querétaro. En Oaxaca, el almendrado o salsa de almendrado es un mole.

POLLO CAMINERO

Preparación elaborada con pollo entero sin cabeza, vísceras ni patas; se cuece con cebolla, ajo, tomillo, orégano, laurel y sal

al gusto. El pollo ya cocido se unta con chirmole y se rellena con huevos duros; se adorna con verduras cocidas y se acompaña con taquitos sudados. Es típico de Comitán, Chiapas.

POLLO CIMARRÓN EN MOLE DE OLLA

Pollo salvaje cocido en mole de olla preparado con calabacitas, xoconostle, comino y chile guajillo. Es tradicional entre los nahuas de Milpa Alta, en el Distrito Federal.

POLLO CON ORÉGANO

Pollo cocido y marinado con ajo y orégano, frito y servido con verduras, arroz blanco o enfrijoladas. Se acostumbra como platillo del mediodía en Oaxaca. En las zonas cercanas al estado de Puebla se prepara un pollo con orégano similar al de Oaxaca, que incluye miltomates, chiles pasilla oaxaqueño o chipotles y un poco de piloncillo.

POLLO DE CANELA

Tipo de pan de dulce elaborado con pasta para preparar galletas de mantequilla, con forma de una paloma aplanada. El ojo está hecho con un punto de mermelada y toda la pieza se espolvorea con azúcar.

POLLO DE OLLA

Platillo elaborado con piezas de pollo que se guisan en una salsa de jitomate, chile ancho, chile seco, canela, cebolla, ajo, hojas de aguacate y laurel. Se acostumbra en la época navideña en Veracruz.

POLLO DE PLAZA

Pollo cocido y frito, servido con papas fritas, calabacitas, lechuga rebanada, salsa de jitomate, cebollas curtidas, rebanadas de aguacate y queso espolvoreado. Es un platillo popular que se encuentra en los comedores de los mercados de Sinaloa.

Conocido también como:
◇ pollo a la plaza
◇ pollo estilo Sinaloa
→ pollo placero

POLLO EN ADOBO ◆ adobo de pollo

POLLO EN AJOCOMINO

Preparación elaborada con piezas de pollo doradas en aceite y cocidas en una salsa de chile ancho, pimienta, clavo, gran cantidad de ajo y comino. Se acompaña con tortillas calientes y frijoles o arroz. Es típico de las Huastecas, en especial de la potosina.

POLLO EN CUÑETE

Platillo que consiste en un pollo frito en aceite de oliva, al que se le añade agua, vinagre blanco, vino, sal, tomillo, mejorana, orégano fresco, laurel, clavo, pimienta de Tabasco, pasas, almendras, cebolla, ajo, zanahoria y papa. La olla se sella con masa y se deja cocer todo junto. Se acostumbra en Guanajuato, Jalisco, Michoacán, Querétaro y Estado de México.

POLLO EN PEBRE ◆ pebre

POLLO EN PENCA

Platillo que se elabora acomodando pencas de maguey en una olla y dentro de ellas un pollo marinado con chile guajillo, chile ancho, ajo y pimienta. El pollo se tapa con las pencas y se cuece en su mismo jugo. Es típico del Estado de México.

POLLO EN PULQUE

Preparación de pollo macerado en una salsa que incluye hierbas de olor y chiles secos o frescos, y luego se deja reposar en pulque. Otra variedad consiste en freír el pollo y terminar la cocción en pulque.

POLLO ENCACAHUATADO

Pollo frito y cocido en una salsa de chile guajillo, jitomate, cacahuate, comino, cebolla, ajo, agua y sal. La salsa es muy espesa y de color anaranjado pálido.

POLLO ENCHILADO

Variedades de preparados a base de pollo, cuya salsa es una mezcla de chile con especias. En Orizaba, Veracruz, la salsa contiene chile guajillo y comino; se come al mediodía. En el Istmo de Tehuantepec, Oaxaca, el pollo se marina en salsa de chile guajillo con orégano, tomillo, pimienta, canela y sal y se hornea en una cazuela de barro.

POLLO ENJOCOCADO

Platillo que consiste en pollo guisado en una salsa de tomate con jocoque; el preparado es algo ácido y se adorna con frutas, como la granada. Es típico de Jalisco.

POLLO ENLODADO O POLLO AL BARRO

Variante del pato enlodado, la cual consiste en cubrir con lodo o barro un pollo, hornearlo y después retirar la capa de lodo que lo cubre para quitarle las plumas. Se acostumbra en algunos lugares del centro del país, especialmente en el norte del valle de Cuautitlán, Texcoco, Estado de México. En la región costeña de Oaxaca el pollo se coloca en una charola, se baña con una salsa de chile guajillo, orégano, tomillo, pimienta, ajo y sal y se cubre con una manta o papel aluminio; se cubre con barro y se cuece en horno de leña.

→ pato enlodado

POLLO ESTILO JIQUIPILCO

Preparación que consiste en piezas de pollo doradas en manteca de cerdo, a las que se añaden hierbas de olor y una salsa de jitomate con cebolla, ajo, pimienta, clavo y pulque. Se deja cocer a fuego lento en olla tapada y se sirve con rajas de chiles en vinagre. Se acostumbra en Jiquipilco, Estado de México. En otra época era un guiso cotidiano, pero en la actualidad se trata de un platillo típico en las festividades del lugar.

POLLO GARNACHERO

Pollo cocido y frito servido en piezas junto con una guarnición de papas cocidas y col curada para las garnachas. Se baña con una salsa caliente de jitomate, chiles morita y chipotle, ajo y sal. Es típico de Juchitán, Oaxaca, donde se acostumbra en las cenas. Se llama pollo garnachero porque se acompaña con la col que se prepara para las garnachas.

POLLO MOTULEÑO

Platillo que consiste en piezas de pollo cocidas y montadas sobre tortilla frita y bañadas con una salsa de jitomate, chile ancho, chile serrano, orégano, comino, pimienta, cebolla y sal; se acompaña con chícharos, jamón y frijoles cocidos. Es un platillo típico de Yucatán.

490

POLLO NAVIDEÑO

Guiso de pollo sin piel untado con mantequilla, sal y pimienta que se meten al horno; a la mitad de la cocción se saca para agregar el puré de tomate, salsa catsup y vinagre. Se vuelve a hornear hasta que la carne se suaviza. Se acompaña con papas cocidas, horneadas o fritas en tiras. Es un platillo típico de Chiapas.

POLLO PIBIL

Platillo similar a la cochinita pibil que se elabora con pollo. La carne del ave se marina en una mezcla de pasta de achiote, jugo de naranja agria, comino y ajo, rebanadas de jitomate, cebolla, epazote y manteca de cerdo; se envuelve en hojas de plátano como un tamal y se cuece en horno de tierra. Se sirve con tortillas de maíz y cebollas curtidas. También se puede preparar condimentando el ave con recado rojo, se envuelve en hoja de plátano con cebolla y jitomate en rebanadas y epazote, luego se cuece en horno de tierra o al vapor. Se acompaña con tortillas y salsa xnipec.

POLLO PLACERO

Platillo que consiste en pollo frito acompañado de enchiladas con guarnición de papas y zanahorias en trozos, lechuga y cebolla rebanada. Las enchiladas se mojan en salsa de chile guajillo, chile ancho, ajo y cebolla, se fríen en manteca de cerdo, se rellenan o se espolvorean con queso y se pasan al plato; después se fríe el pollo previamente cocido en la manteca de cerdo que ha quedado de las enchiladas. Finalmente se fríen las papas y las zanahorias y se acomodan en el plato junto con el pollo y las enchiladas. Se acostumbra prepararlo en Michoacán. El nombre del platillo se debe a que usualmente se vende en las noches, en las plazas públicas o parques donde existen puestos de comida. Conocido también como pollo de plaza.

POLLO QUERETANO

Pollo cortado en piezas y cocinado con cebolla, jitomate, ejotes, calabacitas, pan blanco dorado, clavo y pimienta molida y trozos de peras, manzanas y duraznos. Se acostumbra en el estado de Querétaro. Conocido también como pollo en huerto.

POLLO TICULEÑO

Guiso que se prepara con pollo marinado con recado rojo y varias especias; incluye chícharos, trozos de jamón y chile dulce. Se acompaña con queso rallado, plátano macho frito, chiles en escabeche, lechuga y papas. Se prepara en Ticul, Yucatán, de donde toma su nombre. Aunque es más común cocinarlo con pollo, también se prepara con guajolote. Conocido también como pollo Ticul.

POLLOCOA

Preparación que consiste en pollo cocinado con pencas de maguey en horno de tierra, igual que la barbacoa de borrego. El pollo se condimenta con salsas de chile mulato o ancho y especias. Es tradicional de Querétaro y otros estados del Valle de México. En el Estado de México se elabora con salsa de chile chilaca, jitomate y sal, y se cuece en el horno con rodajas de cebolla y hierbas de olor.

POLVILLO

Mezcla de maíz y cacao tostados y molidos disueltos en agua para preparar una bebida refrescante. Se elabora en Tabasco.

POLVO DE AGUACATE

Polvo que se extrae del fruto del mismo nombre. Su apariencia es como el de una harina color verde pálido. Se utiliza espolvoreado en ensaladas o para aumentar el sabor del guacamole.

POLVO DE FRIJOL

Polvo de frijoles negros o bayos secos, tostados y molidos en metate. Se utiliza para elaborar la sopa de frijol tradicional de los Valles Centrales de Oaxaca.

POLVO DE GARBANZO

Garbanzos maduros, secos, tostados y molidos en metate que se utiliza para hacer sopas. El polvo se prepara con días o semanas de antelación, a fin de emplearlo cualquier día de la semana en una sopa rápida en la que el polvo se disuelve en agua o caldo. Esta tradición es muy antigua entre las comunidades de los Valles Centrales de Oaxaca, donde es típica la sopa de garbanzo.

POLVOJUAN

Polvo muy fino hecho a base de tostadas doradas, chile crespo dorado y seco y sal. En Comitán, Chiapas, acostumbran cubrir con este polvo los elotes hervidos que se venden en los parques. Este condimento también se espolvorea en frutas como mangos o jícamas.

POLVORÓN

Panecillo o galleta dura, quebradiza. En ocasiones su masa es muy suave y en otras crujiente. Su origen es morisco y llegó a México después de la Conquista. En México existen muchas variedades. Puede ser una galleta gruesa de pasta blanca, rosa, amarilla, café, marrón claro, chocolate o bicolor; su superficie se espolvorea con azúcar glass. La forma también varía y puede ser redonda o romboide. Tiene color cacahuate, con grietas en la superficie y está espolvoreado con azúcar granulada. Existen distintos tipos de polvorones: pueden ser redondos y macizos, de color café claro, con un punto de mermelada en el centro; cuadrados, con las orillas dentadas y espolvoreados con azúcar glass; en forma de estrella; redondos y blancos, hechos con pasta de nuez, envueltos en papel de China rojo o de otros colores, y untados, romboidales, color café claro y barnizados con huevo para darles brillo. Existen diversos polvorones regionales, que se elaboran con otros ingredientes como almendra, cacahuate, canela, naranja, limón y otros sabores. Entre ellos tenemos el polvorón de fruta de horno que se prepara en Pátzcuaro, Michoacán, preparado con harina, manteca vegetal, azúcar y canela. El polvorón de cacahuate se elabora con harina de trigo, manteca de cerdo y cacahuate molido; es redondo y se espolvorea con azúcar. En Coahuila se elaboran con harina de maíz, yemas y huevos enteros, azúcar, manteca de cerdo, harina de trigo, leche, sal

y polvo para hornear y se espolvorean con azúcar y canela molida. En Xalapa, Veracruz, se elaboran los polvorones de naranja a los que se les agrega ralladura de naranja. Tienen forma redonda y se espolvorean con azúcar glass. Los polvorones de Yucatán están hechos con masa de pan de manteca y son galletas redondas y gruesas.

POMARROSA *(Syzygium jambos)*

Fruto con forma de baya globosa comestible que crece de un arbusto tropical que mide de 7 a 9 metros de alto. Es similar a una manzana pequeña, de color amarillento con partes rosadas. Tiene sabor dulce y suave, y su aroma es similar al de la rosa. Contiene de una a tres semillas libres en un hueco del interior. Es originaria de la India y se come como fruta fresca. En el Istmo de Tehuantepec, Oaxaca, el fruto se cuece en azúcar y agua para prepararlo en dulce; a veces se le añade colorante vegetal rojo.

Conocido también como:

◇ guayaba pomarrosa
◇ icaco o jicaco

POMELA ♦ toronja

PONCHE

Bebida caliente que se elabora con varias frutas cocidas en agua, canela y piloncillo. En el Distrito Federal se prepara con tejocotes, caña de azúcar cortada en trozos, manzanas, guayabas, piña y ciruela pasa; todas las frutas se cuecen en agua con piloncillo, azúcar y canela. Puede incluir otras frutas como rebanadas de naranja o lima, lo que le aporta un sabor más ácido; también se puede añadir orejones, los cuales se hidratan en la misma bebida. En ocasiones se le agrega flor de Jamaica, tamarindo, manzanilla y anís, para darle más sabor. Los adultos toman el llamado ponche con piquete, al que se añade ron, aguardiente o brandy. En Colima se preparan ponches fríos con frutas como guayaba, tamarindo y piña; la pulpa de la fruta se hierve con agua y azúcar. La bebida se deja enfriar y se mezcla con algún aguardiente de caña o con tuxca. Son especialmente famosos el ponche de coco y el de granada. En Chihuahua incluye guayabas, tejocotes, manzanas, cañas, ciruelas pasas, nueces, canela, azúcar y, a veces, flor de Jamaica. Se toma a menudo con ron, brandy o sotol. En Guerrero se prepara el ponche de frutas con papaya, piña, sandía, jugo de naranja y azúcar. En Jalisco se prepara el ponche de tamarindo con agua, tamarindo, flor de Jamaica, azúcar y mezcal. En el Istmo de Tehuantepec, Oaxaca, es una bebida preparada con leche, huevo, canela y azúcar, que se acostumbra beber mientras se comen las garnachas. En Querétaro incluye ciruelas pasas, pasitas, canela, trocitos de caña, tejocotes, guayabas y cáscaras de naranja y limón.

Conocido también como:
◇ ponche de frutas
◇ ponche de Navidad
◇ ponche navideño
◇ té de frutas

PONCHE DE GRANADA

Bebida preparada con jugo y semillas de granada agria, canela, azúcar y mezcal, tuxca o tequila. Es una bebida regional de Zacoalco y Tuxpan, Jalisco. En Colima se le agrega sal, chiles en vinagre picados, nuez picada y piñones; se acostumbra en bodas, novenarios y otras fiestas populares.

PONCHE DE PIÑA

Ponche preparado con piña molida con agua, tuxca, azúcar, canela, pimienta gorda y jengibre. A la hora de servirse se le agregan trozos pequeños de marquesote y un poco de brandy. Es común entre los coletos de San Cristóbal de las Casas, Chiapas, en días de fiesta.

PONCHE PINENO

Bebida hecha con mezcal de Pinos, Zacatecas, mezclado con granada roja, manzana, esencia de grosella y rodajas de durazno. Se prepara en la capital del estado, en especial el 27 de agosto, durante las festividades del día de la Morisma. En Chalchihuites, Zacatecas, se acostumbra para el Viernes Santo. En Huanusco, Zacatecas, se elabora durante las ferias y fiestas patronales.

PONCHE TROPICAL

Bebida que incluye tamarindo, clavos de olor, cáscara y hojas de naranja, piña, vaina de vainilla y azúcar. Se hierve y se deja enfriar. Al momento de servir se le agregan hielos, ron y agua mineral. Se adorna con fresas picadas. Es típico de Comitán, Chiapas.

PONGOLOTE o PONGOLOLOTE ◆ cahuayote

PONTEDURO

Dulce de maíz que se elabora en varios estados. Su nombre se debe a que el dulce se endurece después de unos días. En el Estado de México está hecho de pinole apelmazado con miel de abeja o azúcar y cortado en forma de barras. En Chilapa, Guerrero, se elabora a base de garbanzo seco y molido con piloncillo; tiene forma de cuadritos y se acostumbra comerlo acompañado de atole blanco. En la Sierra Gorda de Querétaro, su preparación incluye maíz tostado y molido con canela; se mezcla con miel de abeja o piloncillo y se deja reposar hasta que endurece un poco. En Zapopan, Jalisco, se elabora con cacahuates, pepita de calabaza y maíz, revueltos con piloncillo derretido y moldeado en bolitas. En la región de Los Tuxtlas, en Veracruz, es un dulce de pinole, pimienta y canela molida que tiene forma de rombo. En Yucatán es un dulce cilíndrico del tamaño de un cigarro, hecho con la misma pasta del alfeñique. En Tamaulipas es una especie de turrón de forma rectangular que mide unos 10 cm. Se elabora con maíz tostado y se mezcla con piloncillo y pepitas de calabaza peladas. El ponteduro también es conocido como muerdeduro.

POOK CHUUK ◆ poc chuc

POONISH ◆ nanche

POPAI o POPAL ◆ hoja de queso

POPO

Bebida espumosa y refrescante preparada con una base de cacao y maíz. Se acostumbra en Tlacotalpan, Acayucan y varias partes del sur de Veracruz. Dependiendo de la región en donde se elabore, puede contener azúcar, raíz de chupipi, azquiote, arroz y canela. Los ingredientes se muelen, se diluyen en agua y se baten enérgicamente con un molinillo hasta obtener abundante espuma, que es producida por el chupipi. Se sirve en jícaras o vasos y se bebe a cucharadas para poder tomar toda la espuma. Se toma en la merienda para acompañar tamales. Los chinantecos de Oaxaca acostumbran beberlo durante las bodas y fiestas especiales, o en Navidad. Se elabora con maíz, cacao, piloncillo y hojas tiernas de cocolmeca. También se trata de una bebida con atole

blanco de sabor neutro que se asienta sobre la jícara donde se sirve espuma de chocolate. En Ojotitlán, región de Tuxtepec, Oaxaca, es una bebida antigua y tradicional en bodas y bautizos. Contiene cacao criollo, hojas de cocolmeca, maíz amarillo, azúcar y agua. En San Pedro Ixcatlán, Oaxaca, los mazatecos preparan una pasta con cacao, arroz, masa de maíz y hojas de cocolmeca que después se diluye en agua hasta crear una espuma. En Usila, Oaxaca, se elabora un atole blanco que se sirve en jícara, el cual se llena a tope con una mezcla espumosa a base de cacao, hojas de cocolmeca, maíz, arroz y canela molidos. Es una bebida muy importante el día de Muertos, en bodas o bautizos.

POPOSITO ◆ hongo cemita, hongo pancita

POPOSO ◆ hongo pancita

POPOTE

Del náhuatl *popotl*. Tubo delgado que sirve para absorber líquidos. Está hecho de diversos materiales como papel, fibras naturales o plástico, que es el material más común a utilizar. Su nombre proviene de su similitud con una planta que se llama popotillo.

POPOYOTE

Pez endémico de San Cristóbal de las Casas, Chiapas, del cual se conocen dos variedades. Está en grave riesgo de extinción, debido a la destrucción de su hábitat natural por contaminación y por la expansión urbana de San Cristóbal.

• *Dormitator latifrons*
Habita en las costas del Pacífico; se caracteriza por adaptarse rápidamente a bajos niveles de oxígeno en las aguas donde vive, así como a cambios bruscos de salinidad. Su carne se consume frita o forma parte del relleno de empanadas, o se prepara en cebiche.

• *Profundulus hildebrandi*
Variedad de origen marino que, debido a causas geológicas, quedó distribuido en la región de San Cristóbal de las Casas, Chiapas. Su existencia se calcula entre 5 y 23 millones de años, por lo cual se considera un fósil viviente. Mide 12 cm de largo en etapa adulta y es de color grisáceo con tonos verdes y aletas amarillas.

Conocido también como:
◇ dormilón (*Dormitator latifrons*)
◇ puyeki o puyeque

→ topote

POPUYO ◆ cahuayote

POSADA

Festividad mexicana que se celebra durante los nueve días anteriores a la Navidad. Fue introducida por los misioneros españoles durante el Virreinato, para enseñar a los indígenas la historia del nacimiento de Cristo, pues en las posadas se escenifica la peregrinación de la Sagrada Familia en busca de un lugar donde pasar la noche, antes de su llegada a Belén. En la actualidad se trata de

celebraciones para pasar el tiempo y beber en compañía de conocidos y familiares. Se han vuelto tan populares que ahora existen las llamadas "preposadas", que no son otra cosa que la misma fiesta adelantada en el calendario. Debido a la época del año en que se realizan, son una ocasión magnífica para beber ponche; también se sirven buñuelos y dulces de tejocote, se rompen piñatas llenas de fruta y dulce y se reparte colación entre los presentes.

POSCHUQUE

Variedad de mojarra de carne blanca que habita en lugares pedregosos de los tributarios del río Usumacinta, especialmente en la comunidad de Tenosique, Tabasco. También se encuentra en Emiliano Zapata y Balancán, Tabasco. Se utiliza para preparar un platillo del mismo nombre, que consiste en el pescado asado, marinado en jugo de naranja agria con sal.

POSH ◆ pox

POSOL ◆ pozol

POSTA

Rodaja gruesa de carne de un pescado de talla grande. Se utiliza para freír, asar o preparar con salsas.

POSTOMA ◆ ciguamote

POSTRE

Término utilizado para designar algún preparado dulce que por lo general se sirve al final de la comida. En México existen muchos dulces o pastas de frutas que sirven para finalizar una comida. Los pasteles se emplean como postres durante bodas, bautizos o cumpleaños. Sin embargo, no son muy comunes en la comida diaria.

POSTRE DE CASTAÑAS ◆ crema de castañas

POSTRE DE GUAYABA

Dulce de pasta suave, preparado con guayabas molidas, yemas de huevo, fécula de maíz, leche, azúcar y bicarbonato de sodio; se cuece a fuego lento, se sirve en copas y se adorna con tiritas de higo cubierto con azúcar. Se acostumbra en Durango.

POSTRE DE HUEVO

Tipo de pudín suave, horneado, elaborado con migas de pan de dulce, leche y huevo; se baña con almíbar y se adorna con grageas de dulce. Es tradicional en Durango.

POTAJE

Guiso elaborado a base de legumbres secas, verduras y otros ingredientes que se cuecen durante largo tiempo. El potaje de lentejas se consume en varios estados de la república. A veces se le llama sopa de lentejas. En Yucatán se prepara con frijol colado, carne de cerdo, jamón crudo, tocineta, chorizo, longaniza de Valladolid, calabaza, papas, repollo, zanahoria, jitomate, chile dulce, epazote y recado para potajes. Se acompaña con arroz blanco, pan francés, aceite de oliva, aguacate, limón y chile habanero al gusto. De forma muy parecida también se elabora el potaje de garbanzo.

POTAJE DE IBES

Sopa de ibes cocidos en agua con carne de cerdo, jitomate, cebolla, ajo, chile dulce, chile xcatik y recado rojo. Se acompaña con tortillas de maíz y salsa picante. Se sirve como platillo principal en las comidas de mediodía de la península de Yucatán.

POTZE

Preparación a base de carne de res o cerdo mezclada con hierba santa y otros ingredientes que se envuelve en hoja de tó para cocinarlo. Antiguamente se cocía a las brasas, pero ahora hay quienes lo cuecen al horno o al vapor como un tamal. Es típico de Tabasco. En algunos casos se prepara mezclando carne de cerdo con jitomate, chile dulce, chile güero, cebolla, manteca de cerdo, sal y hierba santa; en otros casos suele llevar carne de res o cerdo con menudencias, arroz y hierba santa. También se puede preparar con las verduras y la carne que sobran del puchero, a las cuales se añade un poco de hierba santa antes de cocerlas.

Conocido también como:
◇ poxe
◇ putzé

POX

GRAF. posh. Aguardiente de caña de origen maya. En la época prehispánica se preparaba con el aguamiel obtenido de una variedad de agave de regiones templadas y no se destilaba. En la actualidad se prepara con caña de azúcar y su consumo se ha generalizado en todo el país. Se acostumbra en Chiapas.

POXCO ◆ apoxcahuado

POZOL

GRAF. posol. Del náhuatl *pozolli*, y éste a su vez de *tlapozonalli*, hervido o espumoso. Bebida refrescante elaborada a base de maíz, que forma parte de la alimentación diaria entre los habitantes de los estados de Tabasco, Chiapas, Veracruz, Oaxaca y la península de Yucatán. Se elabora con

nixtamal, vuelto a cocer y molido. A veces se le añade y mezcla otros ingredientes. Con la pasta que se obtiene se forman bolas que se deslíen en agua al momento en que se va a beber. Originalmente no se endulzaba, pero hoy en día es común que se le agregue azúcar o sal y chile. Por tradición, las bolas se envuelven en hojas de pozol. Para los campesinos el día empieza con una jícara de pozol preparado. Antiguamente era común que el trabajador llevara su jícara, la bola de pozol y él mismo se preparaba la bebida mientras trabajaba en el campo. El pozol blanco está hecho con masa de maíz blanco, cocido y molido. Es el más común y se mezcla con otros ingredientes para obtener las distintas variedades. El pozol con cacao, también llamado pozol con chorote o sencillamente chorote, se mezcla con granos de cacao tostados y molidos. Es muy popular, especialmente en Comalcalco, Tabasco. El pozol con coco se prepara con pulpa de coco que se disuelve en agua fría y se le añade azúcar. El pozol agrio se envuelve en hoja de tó y se deja agriar. En Ocosingo, Chiapas, el pozol agrio se deja fermentar en hojas de una planta especial parecida al plátano que se llama guan y que sólo se cultiva en esa región. El pozol de nambimbo es una mezcla de maíz, cacao, chile chimborote, piloncillo y sal; su nombre proviene de que anteriormente se le agregaba una fruta llamada nambimbo, que le hacía producir espuma. Es típico de Suchiapa, Chiapas. El pozol con pixtle se elabora con hueso de mamey molido para que produzca espuma, a éste se le llama zapoyol. El pozol con tiste se prepara con tostada molida con cacao tostado, azúcar y canela. En Oaxaca es una bebida refrescante que forma parte de la dieta diaria, pues los zapotecos del istmo, Santiago Choapam y Yalalag, así como los mazatecos, lo consumen de forma cotidiana. Los más comunes son el pozol blanco y el pozol agrio. En Juchitán se consume el pozol con hueso de mamey, el cual contiene hueso de mamey tostados y molidos a los que se les agrega piloncillo rallado; se mezcla con el pozol y se sirve en platos de barro hondos. Es típico en las bodas de la región. Los mazatecos de San Pedro Ixcatlán preparan una variedad con maíz reventado, agua y azúcar. Es conocido como pozole. Para los mixes de Oaxaca es una bebida de maíz, agua, azúcar o panela.

Conocido en algunas lenguas como:

◇ *hujc uy* (zoque)
◇ *k'eyen* (maya)

→ xix

POZOLE

Del náhuatl *pozolli*, y éste a su vez de *tlapozonalli*, hervido o espumoso. Platillo que consiste en una sopa de gran tamaño que contiene carne de cerdo y porciones generosas de maíz cacahuacentle cocido y reventado; se sirve en un plato especial muy hondo llamado plato pozolero. En la mesa se condimenta con jugo de limón, sal, salsa picante o chile piquín molido, lechuga y rábanos rebanados, cebolla picada y orégano molido. Es una preparación de origen prehispánico. Fray Bernardino de Sahagún tenía registros de que Moctezuma recibía un pozole con el muslo de algún muchacho prisionero y sacrificado, durante los festejos en honor a Tonatiuh. La forma de elaboración que hoy se utiliza data del siglo XVIII. Con el tiempo surgieron variantes de la receta original y se difundieron en distintas regiones del país. Hoy es uno de los platillos más populares y representativos de la cocina mexicana. Los tres tipos de pozole más populares son el blanco, el rojo y el verde; no obstante, existen otros de gran tradición que también pueden enlistarse. Con el nombre de pozole blanco se identifica en casi todo el país al pozole común, también llamado pozole de cerdo, hecho con carne de cerdo y maíz cacahuacentle. Para prepararlo se cuece la carne de cerdo en agua con cebolla y ajo. Se procura incluir carne con hueso, costillas y cabeza, para que el caldo quede muy consistente. Por separado se cuece el maíz cacahuacentle en agua con cal, se lava para retirar la cal y el hollejo amarillo, luego se "descabeza". Cuando la carne está cocida, se retira del caldo y se agrega el maíz, se cuece por varias horas hasta que revienta o "florea". Mientras el maíz se termina de cocer, la carne se deshebra y se tiene lista para ponerla en los platos pozoleros cuando se sirvan los granos con caldo. Dependiendo de la región, el comensal condimenta en la mesa el pozole a su gusto con orégano, jugo de limón, sal, salsa picante, lechuga rallada, rábanos rebanados y cebolla picada. En la mesa se ponen tostadas y crema para untar, que se comen alternadamente con la sopa.

• En Baja California Sur el caldo del pozole blanco se colorea con chile pasilla, ya sea durante la preparación o en la mesa.

• En Colima se prepara con carne maciza y cabeza de cerdo con maíz cacahuacentle. Se deja cocinar hasta que se consume el caldo. Se acompaña con cebolla picada, rodajas de rábano y salsa de chile cascabel o de árbol.

• En Guerrero el pozole blanco contiene carne de cerdo cocida en agua con el maíz; se acompaña en la mesa con cebolla picada, jugo de limón, chicharrón en trozos, chile piquín, orégano molido y tostadas de tortilla de maíz.

Algunos acostumbran agregar huevos crudos para que se cuezan en el caldo. En Acapulco se le añade huevo cocido picado o trozos de sardina en aceite de lata; la costumbre de emplear sardina también es común en muchos lugares de la costa y otras regiones del estado. El pozole verde se prepara en

Pozole blanco

la zona central de Guerrero y algunos lugares como Chilapa. Se trata de un pozole blanco al que se le agrega una salsa verde molida y frita que contiene tomates, chiles verdes, pepitas de calabaza y epazote; la salsa se añade al pozole ya cocinado, en seguida se deja hervir un poco más para que el cocido se sazone. En la mesa suele condimentarse con cebolla y chile verde picados, orégano molido, jugo de limón, aguacate y chicharrón. Existen otras preparaciones. El pozole de elote se cocina con carne de cerdo, chiles poblano y serrano, tomate, ajo y granos de elote. En la mesa se condimenta con cebolla picada, jugo de limón, rábano, orégano, col rallada y chile de árbol molido.

• En Jalisco es un platillo que, junto con la birria, son representativos del estado. El blanco se prepara con lomo, cabeza, espinazo y pierna de cerdo, y se sirve acompañado de salsa de chile de árbol, cebolla picada, rábanos rebanados, lechuga y limón. También se elabora el pozole de camarón, con maíz cacahuacentle,

Pozole rojo

494

caldo de camarón, polvo de camarón seco, chiles de árbol, ajo, cebolla y vinagre blanco, se sirve al igual que todos y se acompaña con tostadas. El pozole rojo se elabora de la misma forma que el blanco, pero coloreado con algún chile rojo molido que puede ser chile ancho, guajillo, puya o de árbol. Se sirve en la mesa de la misma forma que el pozole blanco. También se elabora en otros estados. El pozole verde de Jalisco es típico de Tecalitlán. Contiene carne de cerdo y se elabora con granos de elote y una salsa de chile chilaca, chiles verdes serranos, tomatillo y ajo. Se sirve igual que todos.

• En Pátzcuaro, Michoacán, el pozole rojo incluye granos de maíz rojo, carne de cerdo y se acompaña con los mismos ingredientes que el pozole blanco.

• En Oaxaca se acostumbra servirlo con sardinas y condimentarlo con limón, orégano, chile seco molido, cebolla picada y tostadas fritas. El pozole mixteco es un pozole blanco de carne de cerdo cocida con ajo, cebolla, hierba santa y a veces carne de pollo; al servir se mezcla con mole colorado. En San Juan Bautista Coixtlahuaca se prepara el pozole de maíz reventado que se acompaña con mole oaxaqueño. En la región de la Mixteca se elabora un pozole de maíz grande machacado y cocido con hierba santa, que al momento de servirse se acompaña de un guisado de mole de cerdo, hecho con chiles costeño y guajillo. Los chocoltecos prepa-

ran el pozole martajado con barbacoa, que adquiere sabor con la grasa del borrego y chile guajillo, luego su cocción se lleva a término en el horno donde se coció la barbacoa. Se conoce también como pozole de horno. También se prepara el pozole de olla, el cual incluye carne de cerdo y es saborizado con hierba santa, ajo, orégano, pimienta y clavo.

Pozole verde vegetariano

• En San Luis Potosí y Zacatecas se emplean chiles colorado, mulato y guajillo molidos.

POZOLE BATIDO
Pozole que se elabora dejando cocer los granos de maíz hasta que prácticamente se desintegran. El guiso es muy espeso y se sirve con cebolla picada, lechuga, rábanos, orégano y chile en polvo.

POZOLE DE CAMARÓN
Pozole que se elabora con granos de maíz y camarón seco; al final se le incorpora camarón fresco. Se prepara en las costas de Colima y Jalisco. Se acostumbra durante la cuaresma. En Nayarit se prepara un pozole de camarón con maíz cacahuacentle reventado, ajo, orégano, chile chilacate y pimienta.

POZOLE DE ELOTE
Pozole que contiene granos de elote cocidos en caldo y carne de cerdo; se acompaña con lechuga, limón y cebolla picada. En Michoacán se prepara con carne de cerdo, granos de elote, pollo y chile poblano; el caldo se condimenta con lechuga, cilantro, ajo, cebolla y tomate. Se sirve con lechuga picada, cebolla, limón, orégano y salsa picante. En Jalisco se prepara con tomatillo, cilantro y cebolla, y a veces incluye chile verde. Las carnes más usadas son las de pollo o cerdo.

Conocido también como:
◇ elopozole
◇ pozolillo (Jalisco, Michoacán)

POZOLE DE FRIJOL
Pozole elaborado con granos de elote fresco, maduro o seco, y frijoles cocidos. Se cuece en caldo de frijol con ajo, cebolla y manteca quemada de res o cerdo. El comensal condimenta su pozole de frijol con orégano, cebolla, chile piquín molido y jugo de limón. Es tradicional de Acatlán y Chilapa, Guerrero. En Sonora se prepara el pozole de tépari, que consiste en un guiso con caldo de frijol tépari, cola de res, chile ancho, ajo, orégano, vinagre y sal.

POZOLE DE JABALÍ
Preparación de jabalí cocido en agua con nixtamal, aderezado con una salsa de chile ancho con orégano, comino pimienta y sal. El pozole se acompaña con col o lechuga, cebolla, cilantro, jugo de limón y tostadas. Se consume en Sinaloa.

POZOLE DE TRIGO
Pozole en el cual se sustituyen los granos de maíz por trigo. Incluye carne de cerdo cocida, chile guajillo, ajo y laurel. Se acompaña con cebolla picada, jugo de limón y orégano. Se acostumbra en la región oriente de Michoacán. En el Estado de México se prepara chamuscando las espigas de trigo, posteriormente se revuelcan en el metate para obtener los granos, que se cuecen en agua con cebolla, sal, epazote y cabeza de cerdo. Luego se agrega a la cocción una salsa de chile guajillo, cebolla, sal y ajo; se sirve con cebolla picada y jugo de limón. En Hermosillo, Sonora, se prepara con trigo en grano, haba, garbanzo, zanahoria, rábano, calabaza, amaranto, nopal, cebolla, ajo, quelite blanco, verdolaga, cilantro, chile verde y cola de res. Otra variante incluye costilla, carne maciza y pecho de res o cerdo, elote, calabaza, camote, papa, repollo, zanahoria, cebolla, verdolagas, jitomate y chile poblano. Se acostumbra en la región del sur de la sierra. Los yaquis de Sonora lo preparan con cebolla y jitomate guisados en manteca de cerdo, trigo molido, frijol y cilantro.

POZOLE JALISCIENSE ♦ pozole

POZOLE PARA TODOS SANTOS
Variedad de pozole elaborado en la región de la Mixteca poblana. Se trata de una especie de mole espeso donde el maíz pozolero se cuece y se muele, desliéndose dentro de una cazuela grande con un poco agua, a la que se agrega hierba santa pulverizada, pasta de pepita de calabaza y chile guajillo. La mezcla se deja al fuego hasta que se deshidrata.

POZOLE ROJO ♦ pozole

POZOLE VERDE ♦ pozole

POZOLERA
Olla donde se prepara el pozole.

POZOLERÍA
Expendio especializado en la venta de pozoles donde también se venden tostadas y otros antojitos, como chalupas, tacos dorados, pambazos o quesadillas.

POZOLERO
Persona que vende pozole.

POZOLILLO ◆ capulín, pozole de elote

POZONGA ◆ pozonque

POZONQUE

GRAF. puzonque o pzonque. Bebida de maíz cocido en cal o ceniza, quebrado y mezclado con cacao tostado, bejuco y hojas tiernas de cocolmeca. Todos los ingredientes quedan en forma de masa, con la que se hacen bolas para disolverlas en agua y servir la bebida en jícaras. Se acostumbra en Oaxaca, donde se sirve en los casamientos y festividades de la Mixteca de Guerrero y Oaxaca. También se vende en los días de plaza. En la época prehispánica se utilizaba como ofrenda.

Conocido también como:
◇ atole pozonque
◇ pozonga (San Bartolomé Zoogocho, Oaxaca)
◇ pozontle (Villa Hidalgo, Yalalag, Oaxaca)

→ puzunque

PRENSADOR DE TORTILLAS ◆ tortillera

PRESA

Término utilizado para designar una pieza de algún animal o un corte de carne; se usa en el sur de Veracruz y en Tabasco, donde también es sinónimo de carne.

PRESADA ◆ falda

PRINCIPIO

Arroz preparado con jitomate, pimienta y comino, acompañado con espinazo de carnero y garbanzo cocido. Esta comida del siglo XIX es típica de Nuevo León.

PRISCO *(Prunus persica)*

Variedad de durazno pequeño de la familia de las rosáceas; se considera de menor calidad que el durazno común. Abunda en Puebla y Tlaxcala. Su sabor tiende a ser más ácido y su pulpa más suave. Se vende en mercados populares por pequeños montones o en porciones medidas con una lata.

PUC PAAK

Dulce de pepita de calabaza tostada muy similar a una palanqueta. Lo ofrecen los cohuinás durante las fiestas de carnaval en Ocozocoautla, Chiapas.

PUCAXÉ ◆ chanfaina

PUCHA

Variedad de pan de dulce en forma de rosca cubierto con un glaseado blanco. Es tradicional de Oaxaca y se elabora en panaderías. Antiguamente las monjas de los conventos de la ciudad de Oaxaca eran quienes más lo preparaban.

PUCHERO

Caldo elaborado con carne y verduras. El término puchero se utiliza en el sureste del país, y el de cocido en el norte y la región del Pacífico. Antiguamente se preparaban en un recipiente de barro vidriado o sin vidriar, de panza abultada, cuello ancho, con una sola asa y asiento pequeño. Hoy en día se utiliza cualquier olla grande.

• En Baja California incluye carne en trozos, zanahoria, ejote, calabaza, elote, papa, garbanzo y cualquier verdura de temporada. Es un platillo familiar que se acompaña con arroz.

• En Campeche, el puchero antiguo se elabora con carne de res, huesos de res, carne de cerdo, codillo de cerdo, gallina, calabaza, chayote, zanahoria, colinabo, camote, papa, repollo, elote y garbanzos. Se aromatiza con cilantro, hierbabuena, ajo, cebolla, chile xcatik, pimienta de Tabasco, pimienta negra y, a veces, azafrán. Se acompaña con arroz blanco y en ocasiones salsa xnipec.

• En Chiapas se prepara con carne de pollo o gallina, chayotes, zanahorias, papas, ejotes y chinchayotes; el caldo se condimenta con jitomate, cebolla, ajo, tomillo, orégano, hierbabuena y sal. Se acompaña con arroz y es típico de Tuxtla Gutiérrez y Comitán. El puchero de espinazo de cerdo se elabora con chayote, papa, chaya y achiote.

• En Chihuahua es un platillo casero típico que se elabora todo el año, sobre todo en días fríos de invierno. Se prepara con aguayón, retazo, costilla, chambarete, cola y tuétano de res, zanahoria, papa, col, calabaza y elotes. Se cuecen todos los ingredientes en agua con cebolla, ajo y cilantro. El tuétano es tan apreciado que se unta sobre una tortilla caliente de maíz para hacerse un taco con sal y salsa.

• En Guanajuato incluye alubias, chambarete, tocino, jamón, chorizo y morcilla.

• En Michoacán suele prepararse con carne, tuétano y ubre de res, chayote, jícama, zanahoria, col, papa, calabacitas, ejotes y elotes, todo cocido con ajo, cebolla y hierbabuena. Se acompaña con salsa picante y tortillas de maíz.

• En Oaxaca se prepara con carne de res, cerdo o pollo, elote, ejote, garbanzo, zanahoria, chayote, papa, calabacitas y col. Se acompaña con arroz con azafrán o blanco, salsa de chile pasilla, jugo de limón y rajas de chile de agua. Si se prepara sólo con carne de res, se aromatiza con hierbabuena, y si se utiliza carne de cerdo, con orégano fresco. Con la carne sobrante del puchero se elabora el tesupo. En Juchitán le agregan plátano macho.

• En Sonora se trata de un caldo de carne de res cocido con garbanzos, elotes, ejotes, calabacita, zanahoria, col y papas; algunas variantes pueden incluir chorizo, membrillo, calabaza y camote.

• En Tabasco se prepara con carne, hueso y tuétanos de res, cocido en agua con ajo y cebolla; se le agregan chayotes recios, calabaza criolla, yuca, macal, camote, elote, zanahoria y papa, entre otras verduras. Las hierbas aromáticas más usadas son el perejil ranchero y el cilantro, pero algunos añaden orégano, col y chaya. Se acompaña con arroz blanco.

• En la península de Yucatán existen de varios tipos de carne, que normalmente se acompañan con salpicón. El puchero vaquero se cocina con carne de res salada, ubre, cilantro, recado rojo, chayote, calabaza, plátano macho, arroz, fideos y chaya. Se acompaña con limas, cilantro, rábano, chile habanero y jugo de naranja agria. Al puchero de gallina se le agregan garbanzos, papa, plátano macho maduro, camote, repollo, calabaza, elote, chayote, colinabo, arroz o fideos. A veces se le añade carne o cola de cerdo para darle más sabor al caldo. El puchero de carne está hecho con carne y huesos de res, carne de cerdo, calabaza, chayote, camote, plátano macho y papa. Puede incluir arroz, garbanzos y fideos. El caldo se condimenta con cebolla, ajo, hierbabuena, canela y azafrán.

→ bote, cocido de tres carnes, gallina pinta

PUEBLA

Estado situado en el centro de la república mexicana. Limita al norte y este con Veracruz; al oeste con Hidalgo, Tlaxcala, Estado de México y Morelos, y al sur con Guerrero y Oaxaca. Fue fundado el 21 de diciembre de 1823 y se divide en 217 municipios, los cuales se agrupan en siete regiones: sierra Norte, sierra Nororiental, Angelópolis, Valle de Atlixco y Matamoros, Valle de Serdán, región mixteca y Tehuacán, y Sierra Negra. El principal sector de actividad económica es

Catedral de la ciudad de Puebla

la industria manufacturera, es decir, la fabricación de productos metálicos, maquinaria y equipo y maquila textil. Existen varias poblaciones rurales que dependen económicamente de las actividades agrícolas, aunque esta actividad represente únicamente el 3.9% del PIB estatal, debido a las condiciones adversas que enfrenta el sector a nivel nacional. Puebla ocupa los primeros lugares a nivel nacional en la producción de elote, cereza de café, tuna, zanahoria, calabacita, huevo y carne de cerdo y ovino en canal, así como en la captura de trucha y carpa. Por otro lado, un símbolo distintivo del estado a nivel nacional es la producción de talavera, que actualmente cuenta con denominación de origen, la cual regula los materiales y colores que se utilizarán de acuerdo con el procedimiento tradicional. La capital del estado es Puebla, ciudad colonial cuya arquitectura es tan notable que ha inspirado el mito de que fue trazada por una legión de ángeles, por ello es llamada Puebla de los Ángeles. En sus calles se encuentran muchos ex conventos que florecieron en el Virreinato, en los que se originaron muchos de los platillos más característicos de la cocina mexicana, entre ellos el mole poblano y los chiles en nogada, ambos considerados como platillos simbólicos del país. Puebla es también reconocido por su dulcería. El dulce más conocido y apreciado en el país es el camote poblano. Cuando visitan la ciudad, los turistas acostumbran comprar por tradición cajas de camotes para obsequiar a vecinos y amigos. Existen otros dulces y postres poblanos que también gozan de gran prestigio como el alfajor, los antes, la arequipa, el bienmesabes, los borrachitos, los cabellos de ángel, la cajeta, los duraznos prensados, las figuritas de pasta de almendra, los flanes, los huevos reales, las jericallas, los limones rellenos, la pasta de almendra, el punche, las regañadas, las torrejas, las tortitas de santa Clara y el turrón. Los platillos tradicionales del estado fueron creados y perfeccionados durante la época barroca. Algunos de ellos son los adobos de cerdo, el almendrado, el huaxmole, el pipián rojo y el verde, el manchamanteles, los moles de caderas, de

Cuetzalan

chito y el verde, el revoltijo, además de los ya mencionados chiles en nogada y mole poblano. Las preparaciones rurales, así como platillos que se acostumbraron en las antiguas haciendas agrícolas o pulqueras, son también representativos de la cocina poblana. Algunos de ellos son: la barbacoa de hoyo, el caldo de habas y de garbanzo, el clemole o tlemole, el colexo, el chileatole, el chito, las enchiladas de pixtle, el epatlaxtli en adobo, los frijoles de arriero y con xocoyol, el mole de olla, los panes de burro, de fiesta, de huevo y de pulque, la panza en verde, el pascal, el pixtamal y la salsa de guatomate. Las preparaciones que se consumen cotidianamente en las ciudades poblanas son el arroz verde, los ayocotes con mole, la carne de cerdo con verdolagas, la cecina de cerdo, cerdo en salsa verde, la claveteada, los chacales (camarones de río), los chayotes rellenos, el chicharrón en escabeche, los chiles rellenos, el chilpoposo, el chorizo, la crema poblana, las enchiladas de mole y rojas, la especia de pollo, el fiambre, las habas verdes fritas, los hongos en escabeche, las lentejas en adobo, los mejorales, el mole de Miahutlán, los nopales en salsa verde, las papas con longaniza, el pozole, los púlacles, el queso botanero, el rabo de mestiza, las rajas de chile poblano con pollo y en ensalada, los sesos guisados, las sopas de flor de calabaza, de lentejas, de milpa, de

Iglesia de Nuestra Señora de los Remedios, Cholula

nopales y de tortilla, los tamales de frijol y de vigilia, el texmole, la tinga y la tlalapa. Igualmente están las salsas borracha, de chile pasilla, de gusanos de maguey, verde, el chile macho y el guacamole. Muchos antojitos poblanos son en verdad únicos en su estilo, como las cemitas, las chalupas, las chanclas, las garnachas, las gorditas, las memelas, los molotes, los mimingues, las orejas de elefante, los tlacoyos, los tlaxcales y las tostadas de tinga. Por último, es importante mencionar algunas bebidas que se preparan en la entidad como los atoles agrio, de aguamiel, de amaranto y blanco, los ponches, el cachol, el coyote, el chilocle, el licor de acachul, el ostoche, el nevado, el nochotle, las pasitas, el revoltijo, el rompope, las sidras y el tepache. Puebla es el cuarto estado con mayor presencia indígena y donde vive el mayor número de nahuas en México, de ahí la importancia de la cocina indígena en la gastronomía estatal. La población indígena se concentra principalmente en tres regiones: la sierra Norte en donde conviven pueblos nahuas, otomíes y totonacas; la región de la Sierra Negra y Tehuacán, al sureste del estado, donde habitan popolacas, nahuas y mazatecos; y la región de la Mixteca, al suroeste. En la sierra Norte se registran 182 especies de plantas comestibles, de las cuales 80 corresponden a los

497

quelites, con los que se preparan diversos platillos, entre los cuales los más comunes son caldos o sopas con carne de cerdo, con frijoles, en tortilla de huevo o tamales y fritos en tacos. Los quelites que más se consumen son agrios, berros, cincoquelite, guías de calabaza y de chayote, guaje, hierbamora, hojas de rábano, lenguas de vaca, manto, mozote, papaloquelite, quelite cenizo de cristiano, de llovizna y de venado, quintoniles, tomatillo y verdolagas. Otras preparaciones típicas de la región son los atoles de cacahuate y de elote, los burritos de río en caldo, el chilpozontle, el enchiltepinado, los frijoles enchilados y parados, las gorditas de pata de gallo, los huevos epazoteados, los itacates con frijol, la lengua de vaca con papas, los moles aguado, de compromiso y de guajolote, la patita de pájaro en caldo, el paxnikak, el pipián de chota, los pintos, los quelites asados, los tamales canastle, de bola, de elote, de epazote, de frijol negro, de frijoles con tequelites, de mora, miminques y rodados y el xonacate en torta de huevo. La región de la Mixteca es extremadamente árida, por lo que su vegetación se compone de cactáceas. La falta de lluvia provoca que la población se alimente de insectos, flores, hojas, tallos y semillas. Los insectos que más se consumen son chapulines, larvas, gusanos, hormigas y langostas; debido a su alto valor nutritivo y buen sabor tienen una gran demanda y se consumen sólo en temporada de lluvias, en verano, ya que se deben comer frescos y se preparan asados, en caldo, en salsa, en tortilla de huevo y fritos. Algunos ejemplos de preparaciones con insectos son las chicatanas en salsa roja, los chiquilichis en caldo y las larvas de avispa asadas. Las semillas se usan como complemento, igual que la pepita para los pipianes. En cuanto a los animales del monte, todavía pueden cazarse la paloma blanca, el conejo y algunos venados. La carne se considera un lujo, por ejemplo en Todos Santos, el festejo más importante de la comunidad, todas las familias tratan de tener un chivo para preparar el mole de chivo, ofrenda principal de la celebración. Algunos ingredientes y preparaciones de los mixtecos poblanos son agua de almendra de mamey o pixtle, alaches en caldo, el atole xoco, atolillo de res, ayomole, chilate de chayote, cuaguayotes en chilate, flor de colorín en pipián, flor de gigante, flor de sábila con huevo, frijoles con masa, con patas, con pepitas, locos, molidos, quebrados con ciruela, huaxmole, mole de hierbabuena, palo santo, salsa de flor de guaje, pozole para Todos Santos, semillas de meloncillo, tempesquistle en adobo de pepita de calabaza y con frijoles martajados, tetelas y xatos.

PUERCO ◆ cerdo

PUERCO CON ARROZ

Platillo elaborado con carne de cerdo y arroz rojo. Es típico de Chiapas. En Chiapa de Corzo se acostumbra comerlo, en especial el 15 de enero, fiesta del señor de Esquipulas, cuyo santuario está en la contigua Guatemala. Se prepara con arroz coloreado y condimentado con jitomate, achiote, cebolla, ajo, canela, clavo y trozos de carne de cerdo previamente cocida. En el área de Venustiano Carranza se prepara la carne de cerdo cocida en agua y dorada en aceite con cebolla; se acompaña con arroz blanco. Forma parte de la llamada Comida de los Apóstoles y se acompaña con tortillas, memelas de frijol y atole agrio. Conocido también como puerco con molito.

PUERCO CON MOLITO ◆ puerco con arroz, nihuijuti

PUERCO CON PALMITO

Guiso de carne de cerdo con palmitos cocido en salsa de jitomate, cebolla y ajo. Es una preparación tradicional en la Huasteca potosina.

PUERCO EN ADOBO ◆ adobo de cerdo

PUERCO EN COCA COLA®

Platillo elaborado con trozos de cerdo cocidos en una salsa de chiles ancho o guajillo, jitomate, cebolla y refresco de cola. A veces se acompaña con papas, zanahoria o verduras. Se prepara en Sinaloa y el Distrito Federal.

PUERCO HORNEADO

Cerdo entero preparado con todo y piel. Se unta con ajo, pimienta, jugo de limón y sal y se deja reposar; se vuelve a untar con otra mezcla hecha de chiles ancho y guajillo, pasta de achiote oaxaqueño, tomillo, clavo, pimienta gorda, orégano y cebolla. Se hornea por varias horas en horno de leña. Se sirven los trozos de carne con relleno de papas y molito rojo. Es típico de la región del istmo, en Oaxaca. Se prepara para grandes fiestas u ocasiones especiales y también puede comprarse los domingos en algunos mercados regionales.

PUESTO

Nombre con que se reconoce a un lugar o un local donde se expende comida, fruta, carne y tamales, entre otros productos. Algunos se especializan en un producto que sólo ellos tienen, y otros cuentan con mayor variedad. Por lo general se localizan dentro de los mercados populares, aunque en ocasiones existen puestos en las banquetas o en plazas públicas a los que se les denomina ambulantes o callejeros. El puesto de frutas se especializa en una gran variedad de frutas de temporada y frutas regionales que están en óptimo estado de maduración para consumirse el mismo día o al siguiente. El puesto de pescados y mariscos tiene una gran variedad de pescados que se capturan en el día y se venden enteros o en porciones, según la petición del comprador, o se limpia para cortarlo en filetes, trozos o postas; también se pueden comprar colas y cabezas para emplearlas en sopas. El puesto de verduras se especializa en verduras locales o regionales o de temporada, además de las verduras comunes.

PUESTO DE TACOS

Establecimiento fijo o ambulante donde se vende una gran variedad de tacos. Cuando el puesto se ubica dentro de un mercado, el relleno se prepara para servir directamente o recalentar, sobre todo en el caso de los tacos de barbacoa, de cochinita pibil o los tacos de guisados. Estos puestos tienen la peculiaridad de trabajar en horas específicas y, una

vez acabado sus productos, se cierra y el puesto queda vacío hasta el día siguiente. Algunos locales sólo abren el fin de semana, y tal vez los de barbacoa sean el caso más frecuente. Otros puestos de tacos terminan de cocinar en el local; ejemplo de ello son los tacos al pastor, de carne asada y de suadero, entre otros.

PUESTO DE TAMALES Y ATOLES

Puestos ambulantes que venden tamales y atoles y se colocan en esquinas, afuera de iglesias, paradas de autobús o plazas públicas. Por lo regular aparecen muy temprano por la mañana y al anochecer. La variedad de tamales que se encuentra en los puestos es vasta, entre ellos están los tamales de mole, verdes, de rajas, dulces y rojos. En casos especiales ofrecen tamales oaxaqueños, que son más grandes, envueltos en hoja de plátano. Junto a los tamales están las ollas de atole, cada puesto tiene por lo menos dos o tres sabores diferentes. Casi siempre hay atole de arroz con leche, champurrado y todos los días hay un tercer sabor diferente. Los vendedores varían los sabores todos los días debido a que muchos compradores son asiduos, de modo que es normal que un cliente compre varios días de la semana atole. Algunos puestos de tamales y atoles también venden tamales fritos, guajolotas y pan de dulce.

PUESTO DE VERDURAS ◆ puesto

PÚLACLE

Tamalito de masa de maíz relleno de verdura cocida y picada finamente, guisada en una salsa de jitomate, ajonjolí molido, pepita de calabaza, piñón, chiles jalapeño y chiltepín; puede incluir frijol negro, calabaza, calabacita y chayote, cilantro o hierba santa. Se envuelve en hoja de plátano o papatla y se cuece al vapor. Es de especial importancia entre los totonacas, quienes lo conocen también como púlacla, aunque lo elaboran diversos grupos étnicos de Veracruz. Es de carácter ceremonial y se consume durante la Semana Santa, los días de Muertos y de reyes, fiestas patronales, o en los días de cosecha o siembra, cuando lo ofrecen para guardar vigilia, para las nanitas o durante las ceremonias de siembra y cosecha. En Puebla se llama así a un tamal de masa de maíz blanco batida con manteca de cerdo, relleno con un guiso de calabacitas con cebolla y ajo picado, ajonjolí tostado y molido y frijoles negros, enteros y cocidos.

PULCATA

Sinónimo de pulquería. Término utilizado principalmente en el Distrito Federal y en los estados del centro del país.

PULIQUE

Platillo elaborado con carne de res guisada en una salsa de achiote, epazote, ajo y chile, espesada con tortilla molida o masa de maíz. Se acompaña con tamales de masa blanca. Sus orígenes datan de la época prehispánica, cuando se preparaba con carne de venado; actualmente se usa res o pollo. Es típico de la sierra y región fronteriza de Chiapas.

PULMONES ◆ bofe

PULPA

Término utilizado en cocina para referirse a la carne animal sin hueso ni grasa, o para frutas o verduras sin semilla ni cáscara.

PULPO

Molusco cefalópodo del género *Octopus*. Tiene el cuerpo redondeado con ocho tentáculos provistos de dos filas de ventosas; su carne es blanca, pero suele mancharse con la

piel al cocerse. Regularmente es dura, por lo cual es recomendable comprar los ejemplares más pequeños y cocerlos brevemente. Antes de la cocción se debe retirar la piedra y la bolsa de la tinta; esta última se reserva y se diluye en vinagre o vino blanco para usarse después. El pulpo se cuece en agua con cebolla, laurel, ajo y sal. Una técnica para que los tentáculos no se retuerzan demasiado durante la cocción es meterlo al agua caliente sin dejarlo caer; se sumerge lentamente en el agua, se vuelve a sacar y se repite la operación un par de veces. El pulpo se utiliza en diversas recetas como cocteles, sopas de mariscos y pulpos a la plancha, al mojo de ajo, empanizados, salteados con mantequilla o al vino blanco. En ambas costas es muy común preparar pulpos en su tinta, en escabeche y a la criolla. También se prepara una mezcla de pulpo con otros mariscos para rellenar chiles, pescados enteros o filetes de pescado. Las dos especies más consumidas en México son las siguientes:

• *Octopus maya*
Variedad que habita en las costas de Campeche y Yucatán; su temporada de pesca es de agosto a diciembre. Es de color rojizo y cambia de tono si se siente amenazado. Mide 80 cm.

• *Octopus vulgaris*
Pulpo semejante al anterior, pero con la cabeza más grande. Su color es muy variado, aunque por lo general es café moteado, blanco y canela. Mide alrededor de medio metro y se captura todo el año en el Golfo de México y el mar Caribe.

PULPO A LA CRIOLLA

Pulpo cocido y sazonado con cebolla, ajo y salsa de jitomate con chipotle; se acompaña con arroz blanco y pan blanco. Se acostumbra en Alvarado, Veracruz.

PULPO ALMENDRADO

Platillo de pulpo cocido y partido en trozos pequeños, sofrito con aceite de oliva, cebolla, ajo, jitomate, hojas de laurel, jerez, alcaparras, aceitunas, almendras picadas, chiles en vinagre y sal. Se sirve en un platón grande y se acompaña con arroz blanco. Se prepara en Alvarado, Veracruz.

PULPO EN ESCABECHE ◆ escabeche de pulpo

PULPO EN SU TINTA

Pulpo cocido y guisado en una salsa hecha con jitomate, ajo y cebolla, aceite de oliva, hierbas de olor, vino y la tinta del pulpo mezclada con vinagre o agua. Así también se preparan los calamares. Se acostumbra en el Golfo de México. Se sirve con arroz blanco, acompañado con pan blanco o tortillas de maíz. Se puede servir en pequeñas cantidades como entremés o botana, o como plato fuerte en porciones generosas. En Veracruz, las hierbas más utilizadas son laurel, tomillo y orégano; se emplea vino tinto y puede incluir aceitunas verdes y chiles jalapeños en vinagre. En Tamaulipas se asa el ajo y el jitomate y se agrega vino blanco. En Tabasco se utiliza epazote. En la península de Yucatán se emplea perejil, laurel, comino, orégano y chile dulce y no incluye vino.

499

PULQUE

Del náhuatl *poliuhqui* o *puliuhqui, polihui,* que significa corromperse, destruirse. Bebida que se obtiene de la fermentación del aguamiel producida por el *Agave salmiana,* también conocido como maguey pulquero, maguey aguamielero, maguey cimarrón, maguey manso, maguey verde o maguey bronco. El pulque contiene entre 7° y 15° de

alcohol; para elaborarlo se selecciona un maguey de entre 10 y 12 años, se capa y se raspa para estimular a la planta a que produzca aguamiel. El maguey producirá de 3 a 4 litros diarios durante seis meses. El tlachiquero lo extrae con un acocote y lo lleva al tinacal. El aguamiel se vacía en unos cueros de res montados en madera llamados toros, que con el paso de los años se sustituyeron por tinajas de madera o de plástico; la fermentación del aguamiel comienza casi de inmediato. Antes de verter el aguamiel en el toro, el tlachiquero se persigna o reza al momento de vaciar el aguamiel a la tinaja, ya que se cree que el tiempo que dura la oración es el tiempo justo para vaciarlo. Además hay una superstición que impide a las mujeres el acceso a los tinacales o fábricas de pulque, ya que se dice que su presencia puede afectar la calidad. Para acelerar el proceso de fermentación se utilizan los residuos que quedan en la tina de fermentación o se usa una hierba llamada medicina del pulque. Es una bebida de origen prehispánico, que tenía un carácter ritual, de modo que estaba prohibida para la mayoría de la población, su consumo sólo estaba autorizado a los sacerdotes o a las personas de edad muy avanzada. Transgredir esta prohibición que sólo se levantaba en ciertas celebraciones era un delito que se castigaba hasta con la muerte. Su carácter sagrado se manifestaba en las diversas ceremonias religiosas donde era ofrecido a los dioses, principalmente a la diosa Mayahuel, quien era la principal deidad relacionada con el pulque. Entre las deidades asociadas con el pulque destacan los dioses Ometochtli y Tepoztécatl. En náhuatl, el pulque se llamaba *octli,* y el aguamiel *neutli.* El nombre se lo dieron los españoles. Tras la Conquista continuó la prohibición, aunque con el paso del tiempo se establecieron aduanas específicas para el paso del pulque al Distrito Federal. La industria pulquera floreció a finales del siglo XIX y principios del XX, sobre todo en la región central de los valles de Hidalgo y Tlaxcala, conocida como los llanos de Apan, donde aún hoy se encuentran haciendas productoras. Aunque el pulque se acostumbra tomar solo o natural, es decir blanco, también gozan de gran popularidad los de sabores, conocidos popularmente como pulques curados. Debido a sus características químicas su industrialización es difícil, lo que contribuye al riesgo de eliminación de esta bebida. El pulque tiene muchas propiedades: posee numerosas

Burrito aguamielero, Estado de México

vitaminas y proteínas, es diurético y remedio en caso de diarrea. También se utiliza para preparar diversos platillos como la gallina borracha, la salsa borracha o el pan de pulque.

Conocido también como:

◇ tlachicotón
◇ tlapehue

PULQUE CURADO

Pulque natural o blanco al que se añade pulpa licuada de algún fruto o una hierba o especia para darle sabor y nombre. Es una forma muy tradicional de beber el pulque en las pulquerías del Distrito Federal. Se utilizan diversos ingredientes como almendra, betabel, cacahuate, ciruela pasa, fresa, jitomate, nuez, clavo, pimienta, canela, etc. Dependiendo del ingrediente, el pulque curado modifica su nombre, como es el caso de sangre de conejo o techalote. En Zacoalco, Jalisco, se bebe el pulque almendrado en las bodas. Conocido también como curado.

PULQUE DE MAÍZ ◆ sendithä

PULQUE DEL MUNDIAL

Bebida elaborada con jengibre machacado, pulpa de tamarindo y jugo de limón hervidos en agua; se deja reposar durante cinco días hasta que fermenta. Se le agrega azúcar, se cuela y se sirve con hielos. Se elabora entre los coletos de San Cristóbal de las Casas, Chiapas.

PULQUERÍA

Lugar donde se vende pulque. Por lo general están ubicadas en los barrios más antiguos de las ciudades. Las pulquerías se cuentan entre los establecimientos más típicos de México, aunque últimamente se han vuelto muy escasas y han perdido mucha popularidad, lo que propicia que sean lugares pequeños con muebles muy antiguos, lo que les da una sensación de poca limpieza. En ellos se esparce en el piso aserrín o viruta de madera para evitar

Pulquería en un barrio popular, ca. 1910

resbalones. Por lo regular la clientela está integrada por personas de edad avanzada. Es común ver junto a la puerta un anuncio que prohíbe la entrada "a militares, policías, mujeres y niños". Para las mujeres se tiene un espacio aparte donde pueden consumir la bebida. Se cuenta que cuando un cliente llega por primera vez al local, el pulque que se le sirve es el sobrante de los vasos de las demás personas, como símbolo de bienvenida.

PULQUERO

1. Término relativo al pulque, como maguey pulquero, hacienda pulquera, etcétera.
2. Persona que vende pulque.

PULUL (*Nelumbo lutea*)

Hierba acuática de la familia de las nelumbonáceas, de hojas circulares. Se puede localizar flotando en las lagunas de agua dulce de Jalisco, Nayarit y Yucatán. La especie está en peligro de extinción, ya que es susceptible a los cambios de salinidad de las aguas donde habita; asimismo ha sido perjudicada por otros efectos, entre los que se cuenta la recolección desmedida, tanto de la planta como de sus semillas. En Tamaulipas se tiene registro del consumo de estas últimas, las cuales se comen crudas después de madurar. Se pueden almacenar por periodos muy largos, sin que se descompongan por efecto de los hongos.

Conocida también como:

◇ loto americano
◇ pan de manteca

PULUNCHE

Bebida refrescante elaborada con pulpa de las semillas frescas de cacao molida en agua con azúcar y hielo, similar a la cacahuada de Tabasco. Es típica de la región del Soconusco, en Chiapas.

PUNCHE

GRAF. punchi. Dulce de consistencia pastosa elaborado con maíz azul o cacahuacentle, azúcar, agua, leche y canela o vainilla. El maíz se remoja, se muele, se mezcla con los demás ingredientes y se cuece hasta que espesa; se coloca en un molde y se corta en varias porciones. Cuando se enfría adquiere la consistencia de una gelatina densa, parecida al nicuatole. Es un dulce tradicional en las comunidades indígenas de Puebla y Tlaxcala, donde se prepara para las festividades de día de Muertos. Conocido también como punche de maíz.

PUNCHI

Postre elaborado con claras de huevo batidas a punto de turrón, mezcladas con yemas de huevo, azúcar y *pox*. Este postre se acostumbra entre los coletos de San Cristóbal de las Casas, Chiapas.

PUNTAL

Sinónimo de tentempié. En Tabasco este término se utiliza para designar un alimento pequeño o una bebida que se come antes de empezar las labores del día.

PUNTAS DE FILETE

Extremos del filete de res. Por lo regular, tanto en los restaurantes como en las carnicerías se extraen las partes centrales del filete para venderlas como corte selecto, y las puntas se apartan para cocinarlas de diversas formas. Se cortan en cubos y se les retira el exceso de grasa. Se cocinan ence-

bolladas o en salsas de tomate, jitomate, chile morita o rancheras, u otras maneras. Una de las formas más populares son las puntas de filete a la mexicana, guisadas en salsa de jitomate, cebolla y chile. Se acostumbran en Chihuahua, donde abunda la carne de res.

PUNTAS DE METATE

Nombre que reciben unas tortillas de masa de maíz que se ponen a asolear y se mezclan con manteca de res, anís y piloncillo. Se consumen en la región de Los Tuxtlas, en Veracruz.

PUNTO

Término que indica la textura ideal que debe alcanzar un batido para lograr que un pan, merengue, pastel o postre quede con la consistencia deseada al hornearlo, mezclarlo, refrigerarlo o congelarlo, según sea el caso. Existen diferentes tipos de batido. En el caso de una crema o claras de huevo se utiliza la misma definición. El punto de cordón se obtiene batiendo las yemas de huevo hasta conseguir que, al levantar la mezcla con una cuchara o batidor, caiga rápidamente formando un cordón. Se utiliza principalmente en algunas recetas para pasteles. El punto de listón se obtiene cuando las yemas caen lentamente en forma de cinta o listón. Se utiliza en postres como los huevos reales. Batir a punto de nieve es batir claras de huevo hasta que adquieran un tono blanco, espesen suavemente, estén batidas sin pasarse y, al sacar las aspas o el batidor, éste forme un cono. Por lo general después de que se logra el punto de nieve se añaden poco a poco las yemas, para hacer el capeado. El punto de turrón se logra al batir las claras hasta que logran un tono blanco opaco y que, al voltear el tazón donde se baten, queden adheridas sin resbalarse o caer. Es muy similar al punto de nieve, aunque el punto de turrón queda ligeramente más firme.

PUÑETE

Tamal grande y duro que recuerda la forma de un puño cerrado. Lo acostumbran especialmente los zapotecas de Yalalag y los mixes de Ayutla, en Oaxaca. Se preparan diversos puñetes de frijol molido y entero. Otra versión es el puñete de huesos de jinicuil, los cuales se cuecen en agua con sal, se muelen en metate con chiles, ajo y nurite; el guiso se coloca en una especie de tortilla de maíz que se cierra y asa en comal.

PUPOIOL ◆ cuitlacoche

PURÉ

Preparación obtenida del prensado de algún alimento, por lo general cocido, como papas, jitomates o manzanas, que da como resultado una textura tersa y suave.

PURÉ DE PAPA JUCHITECO

Preparación a base de papas y zanahorias cocidas, mezcladas con queso doble crema tropical, huevo, sal, pimienta y mostaza. Sirve para acompañar platillos como la gallina rellena. Es típico de Juchitán, Oaxaca.

PURÉPECHA

Grupo étnico que habita en la región lacustre y montañosa del centro de Michoacán. Aunque también se les ha denominado tarascos, ellos se nombran purépechas, que en su lengua significa *gente, persona*. El Censo de Población y Vivienda 2010 reportó la existencia de 128 398 hablantes de purépecha a nivel nacional. El territorio purépecha se extiende alrededor de 6 000 km, a una altura que oscila entre los 1 600 y 2 600 metros sobre el nivel del mar, sobre el eje neovolcánico. Es un área de relieve accidentado donde abundan los conos truncos y planos rellenos de arena, en cuya mesa es costumbre sembrar maíz. Se le ha subdividido en cuatro regiones: el lago, la cañada de los once pueblos, la meseta y la ciénega. La economía de los purépechas es diversificada, ha estado sustentada en actividades primarias como la agricultura, la pesca, la recolección y la cacería. Es común que la cocina de las viviendas indígenas esté separada del resto de la casa y que se siembren huertas de cultivo familiar. Debido a la cercanía con la región lacustre, el consumo de alimentos asociados a la misma es muy común (pescado, ranas, aves). Animales como ardilla, tuza, tejón, zorrillo,

patos, peces blancos, sardinas, charales, trucha y carpas, son parte de la dieta cotidiana en menor medida. El consumo de atoles es destacable, entre ellos están el atole blanco, de elote y de tamarindo, así como diversos atoles medicinales. Algunos de los platillos representativos son el atole de sagú, atole kámata, cuiripeta mascuni, shari kámata, tamal de zarzamora y uchepos, entre otros.

PURITO

Preparaciones que tienen como característica la forma de un puro chico, es decir un purito. Los totonacas de la costa norte de Veracruz preparan unas tortillas recién hechas, rellenas de sal o queso, las cuales se enrollan al instante; las comen los niños. También en Tlacotalpan, Veracruz y algunos lugares del Sotavento se denomina así a los plátanos rellenos. En Pátzcuaro, Michoacán, se llama así a un guiso que contiene tortillas o cecina de cerdo rellenas de longaniza o verdura, éstas se amarran y se fríen añadiendo jitomate y jerez. Se dejan en el fuego hasta que quedan secas y se sirven con una salsa al gusto. Se les conoce como purito de indio.

PURO ◆ pan de manteca

PUSCUA ◆ atole de puzcua, puzcua

PUSUMICHE

Término utilizado para denominar a la hueva de pescado en la costa Grande de Guerrero. Conocido también como musulmiche.

PUTZAZE ◆ chanfaina

PUTZNIC

Torta de huevo hecha con flor de cocohuite, cebolla, pepitas de calabaza, jitomate picado y chile. Es de origen zoque y se acostumbra en Chiapas.

PUXINÚ

Dulce de maíz tostado y reventado, revuelto con miel de piloncillo y cortado en trozos cuadrangulares. Es tradicional de Tuxtla Gutiérrez y Chiapa de Corzo, Chiapas. Se acostumbra durante las festividades de san Sebastián.

PUYEKI ◆ popoyote

PUYEKTAMALI

Tamal de masa blanca y simple. Se envuelve en hojas de tamal y se cuece al vapor. Se ofrece durante mayordomías y fiestas en Zongolica, Veracruz.

PUZCUA O PUSCUA

Voz indígena que refiere al maíz cocido con cal y reventado que sirve para hacer tortillas o atole.

PUZUNQUE

GRAF. punzuque. Bebida ceremonial o festiva que se prepara con harina de trigo tostada, jengibre, hierba bintuh, anís, pimienta, cacao, flor de pericón y masa de maíz. Se sirve en jícaras, batiéndose con molinillo para producir espuma. Lo consumen los mochó de Chiapas.

→ pozonque

PZONQUE ◆ pozonque

QUAUHCAMOTLI ◆ yuca

QUELITE

Del náhuatl *quilitl,* que significa hierba comestible. Nombre genérico utilizado para referirse a las hojas y tallos comestibles de un gran número de hierbas y plantas. Actualmente se considera como quelite a distintas variedades de plantas, cualquier verdura tierna, hojas, plantas jóvenes, brotes, retoños de árbol y hasta algunas flores. Su consumo es mayor en la época de lluvias, cuando se recolectan en las comunidades rurales. No son muy co-

Quelites. Códice Florentino, lib. XI, fo. 134 r.

munes los cultivos en forma, a excepción de los romeritos, el epazote, el papaloquelite y algunas otras plantas, sobre todo las que se introdujeron después de la Conquista como los berros. Muchos quelites se utilizan sólo en algunos guisos y son consumidos por ciertos grupos originarios, quienes por generaciones han trasmitido su importancia a los miembros de su comunidad y con ello han preservado el conocimiento y usos culinarios de estas plantas. En Nayarit, los huicholes consumen una variedad llamada *kuarra,* también conocida como *kelite.* Expertos mencionan que alrededor de 500 especies de plantas son consideradas quelites en un sentido amplio, pero muy pocas de ellas se comen en medios urbanos debido a que no se conocen. Los quelites se utilizan indistintamente como ingrediente principal (como el caso de los romeritos en el revoltijo) o secundario (como en el cerdo con verdolagas). Por lo general se acostumbra comerlos crudos, frescos o cocidos, hervidos en agua con sal o tequesquite, que resalta su color verde tornándolo intenso; otros más se fríen, como las guías de calabaza que también se preparan en sopas o caldos, o los huauzontles; el epazote es importante en la cocina mexicana para aportar sabor y aroma, así como el papaloquelite, la hierba santa o la pipicha. El consumo de quelites es mayor antes y durante la Semana Santa, debido a las restricciones de consumo de carne que establece la Iglesia Católica, y porque coincide con el inicio de las lluvias, que propicia los brotes de quelites.

PRINCIPALES QUELITES	
acederilla	mozote
alache	orégano coyote
amaranto	oreja de burro
berro	papaloquelite
berro de palmita	papatla
chapulquelite	quelite cenizo
chaya	quelite de chícharo
chipil	quelite de cristiano
chivitos	quelite de garbanzo
chondata	quelite de invierno
cincoquelite	quelite de llovizna
guías	quelite de venado
hierba santa	quelite fraile
hierbamora	quelite pamita
hoja de nabo	quelite pata de cuervo
hojas de rábano	quelite santo
huauzontle	quintonil
huaxquelite	romerito
huizache	tepejilote
jabonera	tomaquelite
jalatzi	tomatillo
lengua de toro	verdolaga
lengua de vaca	x'culum
malacote	xocoyol
malva	xonacate
malvarón	xonequi
mazorquita	zacate de gujugue

QUELITE BLANCO ◆ amaranto, quintonil

QUELITE CENIZO *(Chenopodium album)*

Planta robusta que puede alcanzar hasta 1 m de altura. Su tallo y sus ramas son estriadas y sus hojas ovadas, con los bordes ligeramente dentados y cubiertas de un polvo blanquecino al que debe su nombre. Se consume en el centro del país, donde crece espontáneamente en los caminos y campos de cultivo, aunque existen algunos cultivos dedi-

503

cados a él, ya que goza de preferencia durante la cuaresma. Aun cuando su nombre es muy popular, es más lo que se dice de él, que lo que se consume; de hecho, en muchas regiones donde crece no se conoce como alimento. En los mercados se encuentra en manojos, de febrero a noviembre, y su venta se incrementa de julio a septiembre. Casi siempre las hojas y tallos tiernos se cuecen al vapor, se fríen y se consumen como los demás quelites, en salsas o ensaladas. En Naupan, Puebla, se prepara guisado con manteca de cerdo o aceite, cebolla, chile serrano, tequesquite y sal; se acostumbra comer caliente en tacos. También se cocina mezclado con huevo.

Conocido también como:

◇ bledo
◇ quelite

Conocido en náhuatl de la sierra Norte de Puebla como:

◇ *nexuaquili* o *nexuaquilitl*
◇ *nexuaug*

QUELITE DE AGUA ◆ amaranto, quintonil

QUELITE DE AMAMASHTLATL O QUELITE DE AMAMAS-TLA ◆ lengua de vaca

QUELITE DE CHÍCHARO (*Pisum sativum*)
Hojas de la planta del chícharo. Los tepehuanes del sur de Chihuahua las preparan fritas en manteca de cerdo.

QUELITE DE COBIJA ◆ malanga

QUELITE DE COCHINO ◆ amaranto, quintonil

QUELITE DE CRISTIANO (*Sonchus oleraceus*)
Planta herbácea de tallos huecos, con jugo lechoso; sus hojas son de color verde intenso y mide aproximadamente 10 cm de largo o más; su forma recuerda a las hojas de la lechuga achicoria o al diente de león; tiene flores de cabezuelas amarillas. Se consume fresco y crudo, como si fueran hojas de lechuga, o envuelto en tortillas de maíz con sal y chile verde o salsa picante.

Conocido también como:

◇ *lechuguilla*

Conocido en otras lenguas como:

◇ *caxta'lan kak* (totonaco, sierra Norte de Puebla)
◇ *quistianoquilit* (náhuatl, sierra Norte de Puebla)

QUELITE DE CUCHI ◆ quintonil

QUELITE DE GARBANZO (*Cicer arietinum*)
Planta del garbanzo que en Sinaloa se consume como cualquier otro quelite.

QUELITE DE HIERBAMORA ◆ hierbamora

QUELITE DE INVIERNO (*Jacobina candicans*)
Planta que mide unos 3 metros de altura en promedio. Tiene flores rojas y hojas ovadas, agudas o acuminadas. En Chihuahua los tarahumaras consumen la flor cuando está en botón o un poco abierta. Se acostumbra cocerla para comerla en tacos o con esquiate.

Conocido también como:

◇ espuela de caballero (Sinaloa)

Conocido en otras lenguas como:

◇ *sehuáchili* (tarahumara)

QUELITE DE LAS AGUAS ◆ quintonil

QUELITE DE LLOVIZNA (*Stellaria ovata*)
Planta herbácea pequeña, de flores blanquecinas y hojas verdes opuestas que son comestibles cuando están tiernas. En Naupan, Puebla, se prepara en caldo o una sopa sencilla en la que las hojas se cuecen en agua con sal.

Conocido también como:

◇ matanza (Tajín, Veracruz)

Conocido en otras lenguas como:

◇ *ahuechquilit* (náhuatl, sierra Norte de Puebla)
◇ *sca'ma* (totonaco, sierra Norte de Puebla)

QUELITE DE TARABUNDÍN ◆ malanga

QUELITE DE VENADO
(*Peperomia lenticularis*)
Planta de hojas verdes lisas, ligeramente acorazonadas. En Naupan, Puebla, se acostumbra comerlo fresco y crudo envuelto en tortillas de maíz con sal, chile serrano o alguna salsa picante.

Conocido en otras lenguas como:

◇ *cuc'sazan* (totonaco, sierra Norte de Puebla)
◇ *tancharapo* (náhuatl, sierra Norte de Puebla)

QUELITE FRAILE (*Euphorbia graminea*)
Planta con hojas de forma oblonga, que miden de 2 a 3 cm de largo por 2 a 5 mm de ancho. Los mixtecos acostumbran prepararlo igual que todos los quelites, hervido o al vapor, y la comen en tacos.

Conocido en otras lenguas como:

◇ *onob-kax* (maya)
◇ *yiwa xuxa* (mixteco)

QUELITE LENGUA DE TORO ◆ lengua de toro

QUELITE MOSTAZA ◆ hoja de nabo

QUELITE PAMITA
Planta herbácea de hojas alternadas y flores amarillas. Los tarahumaras en Chihuahua acostumbran prepararlo cocido con agua y sal; también se puede lavar para retirarle el sabor amargo que tienen y freírlo con manteca de cerdo.

Conocido también como:

◇ pamita

Conocido en otras lenguas como:

◇ *guliba huasa* (tarahumara)

QUELITE PATA DE CUERVO
(*Lepidium virginicum*)
Planta herbácea de la familia de las brasicáceas que mide de 30 a 60 cm de altura, con hojas aserradas y flores blancas muy pequeñas. Abunda durante los meses de lluvias. Los tarahumaras en Chihuahua acostumbran prepararlo cocido y comerlo en tacos o con esquiate; su sabor es un poco amargo.

Conocido también como:

◇ comida de pájaro (Jalisco)
◇ lentejilla (Distrito Federal)
◇ *mixixi* (Puebla)

Conocido en otras lenguas como:

◇ *mixixquilitl* (náhuatl)
◇ *put-ka* o *putxiu* (maya)
◇ *so'chili* (tarahumara)
◇ *xixinda* (náhuatl)

QUELITE SANTO

Brotes de palo santo que, después de ser recolectados, se envuelven en pencas de maguey y se cuecen en horno de tierra durante dos horas. Este estilo de cocción tiene gran demanda en la Mixteca poblana.

→ palo santo

QUELITE TSUY ◆ palo de agua, tsuy

QUELITES ASADOS

Platillo que se elabora con diferentes variedades de quelites; puede contener quelite blanco, pata de gallo y mozote. Los quelites se asan ligeramente en comal y se dejan cocer en su propio líquido con un poco de sal; en la sierra Norte de Puebla, en Zapotitlán y Naupan, se acostumbra comerlos en tortillas de maíz con salsa picante.

QUELITES CON CARNE DE PUERCO

Guiso elaborado con carne de cerdo hervida en agua, frita y vuelta a cocer en una salsa de guías de chayote espinoso y guías de calabaza cocidas en agua con sal caliza, a la que se le agrega una salsa preparada con chiles serranos asados, ajonjolí tostado, cilantro y sal. Se sirve caliente y se acompaña con tortillas de maíz. Es un plato principal para la comida del mediodía en la sierra Norte de Puebla.

QUELITES CON FRIJOLES

Guiso hecho con cualquier tipo de frijol, generalmente cocido, al que se le añaden diversos tipos de quelites, los cuales cambian según la región. En Tuxtla, en la sierra Norte de Puebla, se preparan con frijoles negros cocidos en agua, a los que se les añaden cuatro tipos de quelites en pedazos: flor de mala mujer, hojas de gásparo, hojas de siyo o manto y hojas de *x'culum*. Bajo este mismo nombre también podemos encontrar cualquier otro guiso de frijoles cocidos a los que se les añade cualquier hoja comestible. En Xico, Veracruz, son famosos los frijoles con xonequi. En la región norte del estado los nahuas cocinan los frijoles con pemuches. En la región del Totonacapan se prepara el quelite con frijol chilposo, que se elabora con quelite de bejuco, frijol, chiles de mole (chile capón) y masa de maíz para espesar. Conocido también como frijoles con quelites.

QUELITES DE AMAMASHTLATL ASADOS

Guiso que se elabora con quelites de amamashtlatl asados en comal y cocidos en su propio vapor, cubriéndolos con una tapa de barro. Se acostumbra servirlos en tortillas calientes con rajas de pimiento y gotas de jugo de limón.

QUENLO O QUENTÓ ◆ hoja de queso

QUENTO ◆ sagú

QUEQUEXTE DE PUERCO ◆ hoja de berijao

QUEREMBA, QUEREMBE O QUERENGUE ◆ capulín

QUERÉTARO

Estado situado en la meseta central de la república mexicana; limita al norte y al noreste con San Luis Potosí, al este con Hidalgo, al sureste con el Estado de México, al sur con Michoacán y al suroeste, oeste y noroeste con Guanajuato. Fue fundado el 23 de diciembre de 1823; está dividido en 18 municipios y su capital es la ciudad colonial de Santiago de Querétaro. La industria manufacturera es la principal actividad económica del estado, factor que en los últimos años ha atraído mano de obra proveniente de otras regiones. El turismo también es una de las principales actividades, sobre todo el cultural, así como el ecoturismo. Un atractivo muy importante es la feria del queso y del vino que se celebra en Tequisquiapan a principios del mes de julio, debido a que el estado cuenta actualmente con tres casas vinícolas destacadas que se ubican fuera de la franja geográfica de producción de vino. La agricultura aporta muy poco a la economía estatal, no obstante, Querétaro destaca por la producción de jitomate para exportación, chile seco, cebada en grano y alfalfa. Como sucede en la mayoría de los estados, la cocina queretana está conformada por algunos platillos que comparte con los estados circunvecinos y por los propios. De ellos, los más representativos son los ayocotes con carne de cerdo, la barbacoa, el cabrito al horno, el caldo de habas, la carne de cerdo con verdolagas, las carnitas, la cola de res en salsa, el conejo ranchero, los chacas o xamues tostados o en salsa, los chiles encurtidos, las enfrijoladas, las gorditas de cuajada, de maíz quebrado y de migajas, los jacobos guisados, el lomo queretano, la mamanxa, la mazamorra, el mezquitamal, el mole de garambullo, los nopales con chilcuán, el montalayo, los pambazos o guajolotes, el pollo almendrado, en cuñete y el queretano, la pollocoa, las salsas de chile de árbol y de xoconostle, las sopas de ajo, de lentejas y de nopales, y los tacos de carnitas y de nata. Existen en la entidad muchos guisos que se preparan con verduras, por ejemplo, los tacos de revoltijo, las tostadas de arriero y guisos con calabacitas, hongos y chilacayotes. Se preparan dulces tradicionales como alfeñiques, amerengado, arequipas, burritos, cabellos de ángel, cajeta, camotes achicalados, chancaquillas, chingaditos, dulce de calabaza, gorditas dulces, greñudas, ponteduros, queso de tuna y rellenos queretanos, además de panes como chorreadas, frutas de horno, garapachos, pan de pulque y pemoles. Por último, en el rubro de las bebidas encontramos bebidas alcohólicas como el amargo, el mejengue y la sangría de naranja, así como bebidas refrescantes, entre ellas aguas de betabel, limón con chía y horchata. Además, para los días fríos y festividades se acostumbra preparar ponche y atoles de aguamiel, de cascarilla, de higo, de puzcua o de semillas de patol. La Sierra Gorda queretana se encuentra al noreste del estado. En esta pequeña región se presentan grandes contrastes naturales, que se traducen en un clima y paisajes variados y que determinan la alimentación de sus habitantes. Al llegar ahí se encuentra la región del semidesierto, seguida por una zona montañosa en la que se pueden encontrar diferentes tipos de bosque y que funciona como barrera natural para los valles enclavados dentro de la sierra. En esta región conviven con mestizos los grupos étnicos otomí y pame, sobre todo en los municipios de Arroyo Seco y

San Sebastián Bernal

505

Acueducto de la ciudad de Querétaro

Jalpan de Serra, cuyas costumbres alimentarias tienen una clara influencia en la cocina de la región. Algunas de las preparaciones más representativas son el acoyo, el bolin, el camote de mala mujer, el chicharrón de res, el chivo tapado, las gorditas de horno, las hormigas rojas asadas, la mala mujer en tortitas, la maganza, memanxás, las pacholas, las salsas de chile piquín, de escamoles y de nuez, los tacos viajeros, el tamal de cacahuate, las tantarrias fritas, asadas o crudas y el huamishe (biznaga) de diferentes maneras. Mención especial merecen las tortillas pintadas que preparan los otomíes para las ocasiones especiales, además de algunas de las especialidades con influencia huasteca como el zacahuil y las enchiladas huastecas. Las bebidas que más se consumen son atoles de cacahuate, de guayabilla, de los cuarenta días, de mezquite, de maíz de teja y de pirul, charape y *sendithä*; también se elaboran licores de frutas maceradas en aguardiente de caña, mezcal o ron, como los de membrillo, uva y zarzamora.

QUESADILLA

Antojito que consiste en una tortilla de masa de maíz doblada a la mitad en forma de media luna, rellena con queso fresco para derretir o algún otro guiso (tinga, papa, hongos, picadillo, ropa vieja, cuitlacoche, rajas, etc.) y cocida en comal o frita. En algunas regiones, especialmente en el norte del país, se pone a la quesadilla básica queso amarillo o queso Chihuahua y, en lugar de tortilla de maíz, se utiliza

Quesadillas con tortilla de harina

tortilla de harina de trigo. En el centro, por el contrario, el queso más común es el quesillo, en ocasiones mezclado con hojas de epazote. También se conoce como empanada (o empanada frita) en algunas regiones de México, pero no hay que confundirlas con las empanadas de masa de harina de trigo. En los estados del sur y sureste del país, el término quesadilla se reserva exclusivamente para las rellenas de queso; las demás siempre se llaman empanadas. Algunas de ellas también se llaman molotes, sobre todo en Puebla, donde se rellenan con sesos. La masa de maíz para quesadillas se mezcla con un poco de agua, sal y harina de trigo, pues de lo contrario, al freírse pueden quedar un poco tiesas y no inflarse bien. En algunos lugares son muy estrictos y dicen que no se debe añadir nada a la masa de maíz, pero en otros aseguran que es indispensable agregarle harina de trigo. Esto depende, como tantas cosas en cuestiones culinarias, de las costumbres de cada lugar, o incluso de cada familia.

• En Coahuila se elaboran con tortilla de harina, rellenas de queso Chihuahua; también se les añaden rajas de chile poblano o chorizo. En el Estado de México se preparan con tortillas ovaladas y un sinnúmero de rellenos, tantos y tan variados como en el Distrito Federal.

• En el Distrito Federal se preparan dos tipos de quesadillas, las llamadas de comal y las fritas. En la colonia Guerrero, muy cerca del Centro Histórico, se registra una quesadilla de forma muy alargada a la que llaman machete. Aunque el nombre quesadilla se debe a que el relleno principal y original es el queso, la variedad de guisos con los que hoy se preparan es enorme. Las de carne, por ejemplo, pueden prepararse con carne de res, o cerdo en picadillo, o deshebrada, guisada en forma muy sencilla con ajo, cebolla, jitomate y a veces algún otro ingrediente como papa. Se sirven solas o se abren para ponerles queso rallado, crema, lechuga rebanada, cebolla picada, rajas o salsa. También se preparan con

Quesadillas de hongos

tinga de pollo o de cerdo y en el sureste les añaden col rallada. El cuitlacoche, por su parte, se fríe en aceite o manteca de cerdo con cebolla, ajo, chile verde picado y epazote; también se preparan rellenos de hongos (por lo regular blancos), de flor de calabaza y de quelites; pueden llevar queso o no. El requesón puede ir solo o mezclado con cebolla, ajo y epazote crudo. El chicharrón prensado suele ir guisado, principalmente con jitomate, chile ancho, ajo y cebolla. La pancita de res se cuece con cebolla, se corta en cuadritos o tiritas, se fríe ligeramente y se le añade epazote. La papa se cuece en agua, se pela y se machaca, y las rajas de chile poblano se fríen ligeramente en aceite con cebolla fileteada y ajo picado; en ocasiones se les agrega crema. En esta lista de rellenos podemos incluir también los frijoles refritos, los nopales y muchos otros ingredientes más.

• En el Estado de México, son famosas las quesadillas de La Marquesa y los locales que se encuentran ubicados a ambos lados de la autopista México-Toluca, a la altura del kilómetro 30. Aunque se llegan a elaborar con tortillas de maíz blanco, las típicas son las de maíz azul.

• En San Miguel de Allende, Guanajuato, cocinan las empanadas de carnitas con masa de maíz, puré de papa y harina, rellenas de carnitas de cerdo, fritas y acompañadas con lechuga y rábano picados.

• En Pátzcuaro, Michoacán, también se preparan las quesadillas de camarón fritas en aceite, rellenas con un guiso de camarón, cebolla, jitomate, laurel, tomillo, mejorana, sal y pimienta; se sirven acompañadas con chiles en vinagre.

• Tres Marías, Morelos, sobre la autopista México-Cuernavaca, es un lugar muy famoso por sus quesadillas. Se venden fritas y de comal, de masa de maíz blanco o azul. Además, se sirve café de olla, atoles de muchos sabores y refrescos embotellados. En el área de Tlayacapan se preparan unas más sencillas, rellenas de pasta de alverjón cocido, así como de frijoles bayos refritos o ayocotes. Se acompañan con salsa picante. En el área de Xoxocotla elaboran las quesadillas de comal con carne de rana guisada con rajas de chiles serranos, cebolla y epazote.

• En Nayarit las más populares son las de camarón cocido, pelado, picado y guisado con chile ancho; los caparazones y

Quesadilla de Oaxaca

las cabezas se muelen para preparar un jugo con el que se hidrata la masa de maíz para las quesadillas, a la que también se les puede añadir chile ancho. Se fríen y se acompañan con alguna salsa picante.

• En Oaxaca se pueden encontrar de quesillo con una raja de chile y epazote; se frien en manteca de cerdo y, una vez cocidas, se abren y se rellenan de col rallada y rábanos y se bañan con salsa picante. Asimismo, en sitios como Ocotlán hay empanadas de amarillo, elaboradas con masa de maíz, rellenas de pollo desmenuzado, salsa de mole amarillo y hojas de aguacate o hierba santa y se cuecen en comal.

• En Quintana Roo son populares las quesadillas fritas de cazón, preparadas con masa de maíz con harina de trigo, polvo para hornear, agua y sal. El cazón va cocido, desmenuzado y guisado con cebolla, jitomate, ajo y hierbas de olor.

• En San Luis Potosí las quesadillas potosinas se preparan mezclando la masa de maíz con chile ancho, sal y polvo para hornear; se forman las tortillas, se rellenan, se doblan a la mitad en forma de media luna y se fríen en grasa de chorizo; se acompañan con una gran variedad de complementos, entre los cuales están queso añejo rallado, chorizo, hojas de lechuga, rabanitos, cebolla blanca fileteada y aguacate.

• En Tabasco son un antojito muy popular en el desayuno o en la cena. Siempre se elaboran con masa de maíz mezclada con un poco de harina de trigo para que la masa se infle al freírlas en abundante aceite. Son típicas las de atún, carne, pejelagarto y queso; las primeras llevan atún enlatado, col rallada y salsa roja. Las de carne llevan un guiso sencillo de carne molida de res o de cerdo, y se cuecen con ajo y cebolla picada; se sirven con salsa roja o con col finamente picada. Aunque normalmente se cocinan en casa, son comunes en los mercados populares y puestos callejeros. No son muy grandes: suelen medir unos 10 cm de largo. Las de pejelagarto son emblemáticas de la entidad, la masa puede llevar un poco de achiote tabasqueño, se rellenan con carne de pejelagarto asado y se sirven con salsa de chile amaxito. Por último, las de queso llevan queso doble crema desmoronado y mezclado con azúcar, pero no se comen como postre. También se acostumbran en algunas regiones de Chiapas y el sur de Veracruz.

• En Tamaulipas se preparan con tortilla de maíz, con distintos pescados o mariscos. La carne de pescado, camarón, cazón o jaiba se cocina con jitomate, chile verde, pimienta, cebolla y en algunos casos con pasitas, almendras y aceitunas. Pueden servirse solas o con salsa picante. En Veracruz, se elaboran con masa de maíz mezclada con harina de trigo. En el Sotavento las cocinan con camarón, cazón o jaiba guisada con jitomate, aceitunas, alcaparras, perejil, ajo y cebolla; se sirven con col rallada y salsa picante.

→ pan de quesadilla, quesadilla de pan

QUESADILLA DE ARROZ

Pan de dulce elaborado con harina de arroz, manteca de cerdo, azúcar, huevo, mantequilla, polvo para hornear, queso seco molido y canela molida; todo se amasa bien, se deja fermentar y se hornea en un molde. Es tradicional del Istmo de Tehuantepec y se le conoce también como quesadilla del Istmo.

QUESADILLA DE COMAL

Quesadillas de quelites y requesón

Nombre que por lo general se aplica en el Distrito Federal y estados circunvecinos a la quesadilla hecha en comal. Se prepara con una tortilla ovalada y alargada de entre 22 cm de largo y 12 cm de ancho. Se cuece en comal y, una vez cocida, se coloca el relleno en el centro, se dobla la tortilla a lo largo, dándole forma alargada y delgada. Se mantiene sobre el fuego hasta que el relleno se calienta. De acuerdo con el gusto del comensal, se le pueden poner al comal unas cuantas gotas de manteca de cerdo quemada para que la absorba la tortilla y adquiera mejor sabor. Ésta es la quesadilla clásica de la Ciudad de México, el Estado de México y áreas circunvecinas. Los rellenos más populares son queso, cuitlacoche, hongos, chicharrón prensado, picadillo, flor de calabaza, carne deshebrada, tinga y papa cocida.

QUESADILLA DE PAN

Tipo de pan de dulce cuya preparación incluye generosas porciones de queso, de lo que deriva el nombre quesadilla. Se elabora en diferentes regiones del país. Este término puede ser confuso porque la mayor parte de los mexicanos conocen como quesadilla al antojito que se prepara con masa de maíz relleno de queso.

QUESADILLA DEL ISTMO ◆ quesadilla de arroz

QUESADILLA FRITA

Nombre que en el centro del país hace referencia a una quesadilla que se elabora a partir de una tortilla cruda de masa de maíz y un poco de harina de trigo, de unos 15 cm de diámetro. El relleno se coloca en el centro, se dobla la tortilla formando una media luna, uniendo y sellando las orillas para que no se salga el relleno. Se sumerge en manteca de cerdo o en aceite hirviendo, hasta que se dora y se infla y se sirve de inmediato. Al gusto del comensal se abre y se le agrega

lechuga, crema, queso y salsa. Los rellenos son los mismos que los de las quesadillas de comal. Este estilo de quesadilla se debe comer recién salida del aceite, porque al enfriarse se endurece y su sabor desmerece. No se recomienda recalentarla, porque entonces la masa absorbe más aceite y queda muy grasosa. Originalmente sólo se freían en manteca de cerdo, pero al paso del tiempo se ha sustituido por aceite, por lo general de maíz o cártamo, aunque muchos combinan aceite y manteca de cerdo, para darle mejor sabor a la masa. Este estilo de quesadilla se acostumbra comer en el Distrito Federal y estados cercanos como Hidalgo, Estado de México y Morelos.

Conocida en otras regiones también como:

◇ empanada (Veracruz)
◇ molote (Puebla)

QUESADILLAS DE VERDURAS

Tortilla de masa de maíz rellena con verduras cocidas, entre las que se pueden mencionar: zanahoria, chayote, cebolla, ejote, calabacita, elote y chiles serranos. Estas quesadillas se fríen y se sirven sobre una cama de lechuga, acompañadas con salsa verde y queso fresco desmoronado. Se acostumbra comerlas por la mañana. Son tradicionales de Chilapa, Guerrero.

QUESADILLO

Nombre que recibe un queso típico sonorense con sabor a crema ácida, que se desmenuza y se derrite fácilmente. Se le conoce también como queso de Sonora y se utiliza en la elaboración de quesadillas, frijoles maneados y caldo de queso.

QUESILLO

Nombre de un tipo de queso elaborado con leche bronca o pasteurizada entera de vaca; es blanco, fresco y de sabor suave. Tan pronto la leche cuaja, se estira para formar tiras  que se enrollan juntas hasta formar una bola que pueden variar en tamaño y peso. Es un queso que se prepara de manera artesanal con cuajo natural del estómago de las vacas y que, preferentemente, se compra el día de mercado. En varios estados lo producen de forma industrial. Es originario del municipio de Etla, Oaxaca, especialmente de la población Los Reyes. Se deshebra y se funde fácilmente, por lo que se utiliza con frecuencia para preparar quesadillas en el centro del país, y muchos antojitos regionales en Oaxaca. También se utiliza como botana o para gratinar diversos platillos.

Conocido también como:

◇ quesillo de Oaxaca
◇ queso de bola
◇ queso de hebra
◇ queso Oaxaca
◇ queso oaxaqueño
◇ queso para deshebrar
◇ queso trenzado
◇ queso tropical

QUESILLO EN SALSA

Platillo que consiste en quesillo o queso fresco preparado en salsa de jitomate y chile de agua, aromatizado con epazote. Los trozos de queso se sirven bañados con bastante salsa. Se acostumbra prepararlo en el estado de Oaxaca para el desayuno o el almuerzo. Los ingredientes de la salsa pueden variar según la región donde se prepare. Es tradicional de Etla y de los Valles Centrales, donde también se le conoce como salsa de queso o queso en salsa.

QUESO

Producto que resulta de la maduración de la cuajada de la leche de vaca, cabra, oveja y, en ocasiones, yegua. En México casi todos los quesos típicos son los denominados quesos frescos, es decir, aquellos que se consumen recién elaborados o a los pocos días, generalmente son de sabor suave y tienen alto contenido de agua. Salvo raras excepciones, todos los quesos se preparan con leche de vaca de diferentes razas. De-

Elaboración de queso en Monte Escobedo, Zacatecas

bido a que el clima del país es favorable para consumir frutos y verduras frescas, también lo es para los quesos; no existe la costumbre de añejar o preservar ciertos alimentos, como ocurre en otras latitudes, además de que el sabor fuerte de los quesos añejos no es tan apreciado en México. Los pocos ejemplos que existen de estos quesos datan de siglos atrás, cuando no existía la refrigeración y se utilizaba la cobertura de pastas de chile o la adición de abundante sal. Un ejemplo de estos quesos añejos, también conocidos como madurados o secos, es el queso Cotija. Por la forma de su pasta se clasifican como de pasta hilada, como el quesillo y asadero; de pasta prensada, el Chihuahua; de pasta fresca o blanda, el panela y el queso crema tropical; dura, el Cotija; semidura, el sierra y el queso tipo manchego; o prensada y molida, el adobera. En la producción de ciertos quesos tradicionales, la leche se cuaja con las bayas de una planta silvestre llamada trompillo. En el caso de quesos industrializados y de gran comercialización (panela, tipo manchego, Chihuahua, quesillo) se trata de quesos elaborados con leche pasteurizada. La mayoría de los quesos artesanales se elaboran con leche bronca o cruda. Aunque por lo general son de forma circular (de cincho, de aro), los hay rectangulares, de madeja (quesillo) y otros como el de guaje y el panela que reciben el nombre por su forma. Cuando son de gran peso se venden a granel. Su uso en platillos salados y dulces es muy variado: como relleno en quesadillas, panes, en guisos como los chiles rellenos, diferentes tortitas, tortas, sándwiches, refrigerios, burritos, agregado sobre enchiladas, tacos dorados, chilaquiles, enmoladas, enjococadas, diferentes tipos de garnachas, sopes, picaditas, o se incluye en la elaboración de postres como la capirotada, flanes y pasteles.

QUESO ADOBERA

Queso elaborado con leche cruda de vaca. Se caracteriza por ser fresco, de pasta blanda y por fundirse fácilmente. Tiene forma rectangular que recuerda a un adobe o ladrillo, de donde deriva su nombre, y puede pesar hasta un kilo. Se puede añejar, aunque esto no es muy común. Algunos investigadores lo ubican como originario de Jalisco, aunque existe en otros estados como Aguascalientes, Guanajuato, Hidalgo, Michoacán, Nuevo León y Zacatecas. Suele comerse en quesadillas o espolvoreado en guisos diversos. En Michoacán es un queso fresco blanco, de forma rectangular; se encuentra en Uruapan, San Juan Nuevo y algunos otros lugares donde se acostumbra comerlo ligeramente asado en el comal sin que se derrita del todo. En Nuevo León es un queso que al ponerlo a orear adquiere un color amarillo, textura cremosa y sabor fuerte. Se acostumbra fundirlo, prepararlo en quesadillas y comerlo con chilorio.

QUESO AHUMADO

Queso de pasta de maduración ligera, elaborado con leche bronca de vaca. Tiene forma cilíndrica y aplanada de hasta 20 cm de diámetro; llega a pesar hasta un kilo. Una vez elaborado se ahúma con leña de encino, lo que le da un color café oscuro. Es típico de la localidad de La Joya, municipio de Acajete, Veracruz, ubicado entre Perote y Xalapa. En esa localidad se producen otras variedades de queso, que también se conocen como quesos de La Joya.

QUESO AMARILLO O QUESO TIPO AMERICANO

Queso poco tradicional en México, aunque muy consumido, que se vende en los supermercados. Por su sabor, algunos son similares al *Monterey Jack cheese*.

Queso	Sinónimos	Lugar de origen
	QUESOS	
quesillo	quesillo de Oaxaca queso de bola queso de hebra queso Oaxaca queso oaxaqueño queso para deshebrar queso trenzado queso tropical	Etla, Oaxaca
queso adobera		Jalisco
queso ahumado	queso de La Joya	La Joya, Veracruz
queso amarillo	queso americano	
queso añejo	queso madurado queso seco	todo el país
queso asadero	quesillo trompillo	norte del país
queso bola de Ocosingo	queso de bola	Ocosingo, Chiapas
queso botanero		centro del país
queso canasta	queso de canasta	centro del país
queso Chapingo	queso de Chapingo queso tipo Chapingo	Chapingo, Estado de México
queso Chihuahua	queso de rueda queso menonita queso rueda	Chihuahua
queso cocido	panela panelita	Sonora
queso Cotija	queso añejo queso tipo Cotija	Cotija, Michoacán
queso crema		Estados Unidos
queso crema tropical	queso chiapaneco queso Chiapas queso crema queso crema de Chiapas queso de Chiapas queso de mantequilla queso doble crema queso tipo Chiapas	Chiapas, Tabasco
queso criollo	queso asadero	Chiapas, Guerrero, Morelos
queso de apoyo		Baja California
queso de cabra		Bajío, centro del país
queso de cincho	queso de aro	Morelos
queso de epazote	queso con epazote	Estado de México
queso de guaje	queso de bola	Huasteca
queso de hoja		centro de Veracruz; Istmo de Tehuantepec, Oaxaca
queso de letras	queso molido queso ranchero queso toluqueño	Estado de México
queso de morral		Hidalgo, Jalisco, San Luis Potosí

(Continúa)

QUESOS		
Queso	Sinónimos	Lugar de origen
queso de poro	queso de Balancán	Balancán y Tenosique, Tabasco
queso de sal		Chiapas, Tabasco, Tlaxcala
queso de tenate	queso de tanate	centro del país
queso de Tepehuanes		Tepehuanes, Durango
queso de tetilla		Rosamorada, Nayarit
queso envinado		Chipilo, Puebla
queso jarocho	queso de marqueta	centro de Veracruz
queso menonita	queso chester queso menona queso menonita de Chihuahua	Chihuahua
queso panela	queso asadera queso blanco queso canasta queso de canasta	todo el país
queso ranchero	queso de aro queso molido queso torteado	todo el país
queso refregado	queso añejo queso molido	Zacazonapan, Estado de México
queso sierra		Bajío
queso tipo manchego		todo el país
quesos de Chiautla		Chiautla, Puebla
quesos de Chipilo		Chipilo, Puebla
quesos de Etla		Etla, Oaxaca

QUESO ANÁLOGO

Término que identifica a quesos que se elaboran con leche no líquida (en polvo, grasa o vegetal).

→ queso de imitación

QUESO AÑEJO

Denominación genérica para los quesos madurados. Su consistencia por lo general es dura y su sabor concentrado y salado. Es común que a algunos quesos añejos se les encuentre enchilados, es decir, cubiertos con una pasta de chiles guajillo y/o ancho con vinagre, lo que le ayuda a conservarse, y son más reconocidos por esta cubierta que por su tiempo de añejamiento. Se trata de uno de los quesos más añejados que se registran en México, pues se pueden encontrar piezas de hasta dos años de maduración. Son elaborados a partir de leche de vaca y sus formas y peso pueden variar; se les encuentra en el municipio de Monte Escobedo. En Zacatecas se elaboran quesos artesanales que gustan mucho a los migrantes en Estados Unidos. Otros quesos que se dejan añejar son Cotija, algunos enchilados, sierra, de sal, Chapingo, menonita, refregado y de Chiautla. Se acostumbran rallados sobre diversos platillos, siempre a gusto del comensal, o en trozos.

Conocido también como:

◇ queso madurado
◇ queso seco

QUESO ASADERO

En general se denomina así a un queso fresco que se funde y sirve para asar en planchas o sartenes. Son famosos los que se elaboran en Parral, Chihuahua, con leche fresca y agria. Las leches se entibian, se sacan del fuego y se les añade la pastilla de cuajo; luego se dejan reposar cerca del calor y se vuelven a calentar mezclando suavemente la parte cuajada con el suero. Por último se retira todo del fuego, se escurre para desechar el suero, se sala la leche cuajada, se vuelve a calentar para sacar más suero, se escurre una vez más y se cuela antes de pasarse a un traste. En seguida se hacen tiras para formar los asaderos. Antiguamente se utilizaba el trompillo para cuajar la leche. Debido a que su pasta hilada se hace bolas o madejas, puede ser confundido o sustituido por el quesillo. Es típico de Chihuahua y se produce también en Coahuila, Durango, Aguascalientes, Jalisco y Guanajuato. Se consume ampliamente como queso asado, en quesadillas, burritos montados, chile con queso, en salsa de chile pasilla y chiles rellenos, entre otros.

Conocido también como:

◇ quesillo
◇ trompillo

QUESO BOLA DE OCOSINGO

Queso en forma de bola que puede pesar 1 kg. La bola está formada por una costra de queso de leche descremada, que

alberga en el interior un queso con una maduración de por lo menos 20 días. Entre más pasa el tiempo, la costra se endurece más, lo que preserva el queso al interior. Es típico de Ocosingo, Chiapas, donde su proceso de producción nació a partir de la necesidad de su conservación debido a las condiciones geográficas que imperan en la región. Su interior se come desmoronado o untado y la costra, si se asa o fríe, también se puede consumir. En la actualidad se le ubica como un queso de alta calidad, con características únicas por las condiciones geográficas en las que se fabrica, aunque prácticamente es desconocido para el resto del país. También se le llama queso de bola.

QUESO BOTANERO

Término que se refiere a una variedad de quesos blancos suaves similares al queso panela, elaborados con leche cruda de vaca. Por lo general contienen rajas de chiles jalapeños verdes o en escabeche o chipotles en escabeche. En algunos lugares se les agregan semillas como cacahuate o ajonjolí. Como lo indica su nombre, es una botana que se sirve en las mesas de las casas o cantinas.

Son típicos de los estados del centro del país, aunque también se le encuentra en Xalapa y otras poblaciones de Veracruz. En Chipilo, Puebla, se elabora un queso fresco elaborado con leche bronca de vaca; la cuajada se mezcla con rajas de chiles chipotles adobados, jalapeños en escabeche y epazote. Conocido también como queso con hierbas.

QUESO CANASTA

Queso cuyo proceso de elaboración tradicional consiste en colocar la leche cuajada en una canasta especial confeccionada con palma o carrizo, que sirve para sostener la pasta y dejar salir el suero. En la superficie del queso queda marcado el tejido de la canasta a la que debe su nombre. Es uno de los quesos más buscados en el centro del país.

Conocido también como:
   ◇ queso de canasta
   ◇ queso panela
→ queso panela

QUESO CHAPINGO

Queso de pasta semidura color amarillo, elaborado con leche pasteurizada entera de vaca. Tiene forma cilíndrica y peso variable de hasta 5 kg por pieza; suele madurarse. Por muchos años se elaboró de forma empírica en la Escuela Nacional de Agricultura, actualmente Universidad Autónoma de Chapingo, hasta que se estandarizó su producción en la década de 1980.

Conocido también como:
   ◇ queso de Chapingo
   ◇ queso tipo Chapingo

QUESO CHESTER ◆ queso menonita

QUESO CHIAPANECO ◆ queso crema tropical

QUESO CHIHUAHUA

Queso de pasta semidura elaborado con leche de vaca pasteurizada, no cocida. Tiene forma circular aplanada y un peso variable de 1 hasta 10 kg, de sabor y aroma delicado, color amarillo y consistencia que permite fundirlo fácilmente. Por lo general se vende en trozos pequeños que se obtienen de las grandes piezas redondas o de ladrillos. Puede también elaborarse en forma de bolas, aunque esto no es muy común. Sus características, forma y elaboración proceden de los menonitas emigrados de Canadá. Se produce principalmente en Chihuahua.

Conocido también como:
   ◇ queso de rueda
   ◇ queso menonita
   ◇ queso rueda
→ queso menonita

QUESO COCIDO

Queso fresco de pasta blanda elaborado con leche bronca de vaca. Es típico de varios municipios de Sonora, principalmente de Trincheras, conocido como la tierra del queso. Se le puede encontrar mezclado con chile chiltepín o con rajas de chiles en vinagre. Se utiliza para los frijoles maneados, para preparar quesadillas y como botana. Es de consumo local, aunque debido a la migración de los lugareños se registra su uso en otras regiones del país e incluso en Estados Unidos.

Conocido también como:
   ◇ panela
   ◇ panelita

QUESO COTIJA

Queso seco madurado de pasta dura, elaborado con leche bronca de vaca, que se alimenta con pastos que crecen de manera natural, sal y cuajo. Es de corteza rugosa y gruesa de color amarillo, sabor fuerte, salado y aroma refinado. Tradicionalmente se elabora con forma cilíndrica que puede pesar hasta 20 kg. Para que pueda venderse, debe tener al menos tres meses de añejamiento, aunque puede madurar hasta un año y entonces se le llama queso rendido. En algunas ocasiones se cubre con una pasta de chile. Dependiendo de las características que se observen al rebanarlo, se denomina de tajo, cuando no se desmorona, y de grano cuando se desmorona. Este queso no se funde; por lo regular se compra en trozos pequeños y se ralla para ponerlo sobre antojitos, enchiladas o sopas. Desde el siglo XVI lo elaboraban los españoles, criollos e indígenas que se asentaron en el valle de Cotixa, Michoacán, nombre que derivó al del actual municipio de Cotija de la Paz, Michoacán. Está reconocido como patrimonio cultural de la sierra de Xalmich. Cuenta con la protección del uso de una marca colectiva desde el año 2005. Se le conoce también como queso añejo. Por extensión se elabora en el vecino estado de Jalisco, además de Veracruz, Chiapas y Tabasco, aunque en este caso se le conoce más como queso tipo Cotija.

QUESO CREMA

Queso fresco y cremoso que se elabora de manera industrial a nivel internacional con leche entera de vaca, pasteurizada.

511

Es de origen estadounidense y en México se utiliza para untar o para mezclar con otros quesos en botanas informales. Se emplea también para elaborar cremas, hacer algunos pays caseros o como relleno de panecillos. Es muy empleado por su textura cremosa y se puede mezclar con mayonesa o mantequilla. En Chiapas y Tabasco también se elabora de forma tradicional una variedad de queso crema, conocido también como queso doble crema o queso crema tropical.

→ queso crema tropical, queso doble crema

QUESO CREMA TROPICAL

Queso elaborado con leche bronca de vaca, en forma de ladrillo. Su pasta suave y quebradiza es blanca o amarillenta, de sabor ligeramente ácido, y conforme pasa el tiempo se acentúa su sabor salado. Se vende envuelto en tres capas de papel: encerado, papel aluminio y finalmente plástico celofán color amarillo o rojo; llega a pesar hasta 1 kg. Es típico de Chiapas y Tabasco, aunque también se produce, en menor proporción en Oaxaca; fuera de estos estados se encuentra en áreas cercanas y en algunas tiendas del Distrito Federal donde se venden productos de esas entidades. Se emplea casi en su totalidad para espolvorear sobre antojitos, tamales y sopas.

Conocido también como:

◇ queso chiapaneco
◇ queso Chiapas
◇ queso crema
◇ queso crema de Chiapas
◇ queso de Chiapas
◇ queso de mantequilla
◇ queso doble crema
◇ queso sopero (Yucatán)
◇ queso tipo Chiapas

→ queso doble crema, queso crema

QUESO CRIOLLO

Queso semimaduro que se elabora con leche bronca de vaca. Una vez confeccionado se pueden encontrar las marquetas de hasta 10 kg, cubiertas de pasta de chile guajillo. Se elabora en Guerrero y Morelos. En Chiapas es un queso fresco preparado con leche entera de vaca, que incluye en su pasta jugo de tomate, chile jalapeño y cebolla. Es conocido también como asadero, pues se funde muy bien.

→ queso asadero

QUESO DE ALMENDRA

1. Dulce navideño similar al jamoncillo. Para elaborarlo se cuece azúcar a punto de bola suave, se retira del fuego, se agregan almendras peladas y molidas, yemas de huevo y jerez dulce. La mezcla se regresa al fuego y se bate hasta que se despega de la olla; posteriormente se coloca en un aro de lata para que tome forma de queso; al enfriar se saca del molde y se espolvorea con canela. De forma similar se preparan quesos de piñón o de nuez. Es un dulce tradicional de San Luis Potosí.

2. Dulce de platón antiguo elaborado con leche, azúcar, almendras y clara de huevo. La mezcla se hornea a baño María. Consumido en Oaxaca.

QUESO DE APOYO

Nombre que recibe un queso seco elaborado con leche de vaca, típico de Baja California. Se utiliza para rallar.

QUESO DE ARO ♦ queso de cincho, queso ranchero, quesos de Etla

QUESO DE BALANCÁN ♦ queso de poro

QUESO DE BOLA ♦ quesillo, queso bola de Ocosingo, queso de guaje, queso holandés

QUESO DE CABRA

Queso blanco redondo, en forma de pastilla, elaborado con leche de cabra. Los hay de dos tamaños: el pequeño mide en promedio 8 cm de diámetro por 1 cm de grueso, y el grande alcanza hasta 12 cm de diámetro y 2 cm de ancho. Los moldes donde se colocan tienen por lo regular los sellos del rancho, la finca o la hacienda donde se producen. Se vende en los mercados populares y de manera ambulante. Se acostumbra en las regiones de México donde abunda el ganado caprino. En el Estado de México se pueden encontrar diferentes variedades de quesos elaborados con leche de cabra: quesos tipo feta, tipo manchego de cabra, cubierto con ceniza y tipo *boursin* de varios sabores. Cuando está fresco se puede comer solo o añadirse en muchas preparaciones, como la célebre nogada de los chiles, molotes de queso de cabra con epazote y rajas crudas de chile serrano. Tiene la consistencia de un queso panela con sabor sustancioso. Sin embargo, también se puede dejar secar, para rallarlo, aunque se vuelve muy salado, por lo que debe usarse de forma moderada. Su sabor recuerda al de un muy buen queso añejo.

QUESO DE CHIAPAS ♦ queso crema tropical

QUESO DE CINCHO

Queso fresco de pasta blanda elaborado con leche bronca de vaca, semidescremada. Tiene forma cilíndrica y su peso varía entre 2 y 8 kg. Es blanco y de sabor ácido-salado. El nombre de cincho deriva del molde o aro en el que se vacía, que se usa a manera de cinturón o cincho, para sostener la pasta. En ocasiones se vende añejado, aunque no es lo más común. Es típico de Morelos. También se le llama queso de aro.

→ queso ranchero, quesos de Etla

QUESO DE EPAZOTE

Queso fresco tipo panela, mezclado con epazote, típico del Estado de México aunque también se produce en estados vecinos. Se le añade una ramita de epazote, debido a que en algunos lugares agregan una ramita de esta hierba aromática a las quesadillas de queso. Se le conoce también como queso con epazote.

QUESO DE FIESTA ♦ quesos de Chiautla

QUESO DE GUAJE

Queso fresco elaborado con leche bronca de vaca, con forma de bola o guaje, de donde deriva su nombre. Su tamaño y peso pueden variar llegando hasta 1 kg. Una vez que la pasta está preparada, el molde se rellena para formar los quesos, sumergirse en una salmuera y posteriormente dejarse orear. En ocasiones se le encuentra relleno con chiles en vinagre. Es típico de la Huasteca potosina y, por extensión, de las Huastecas hidalguense y veracruzana. También se conoce como queso de bola.

QUESO DE HEBRA ◆ quesillo

QUESO DE HOJA

Queso fresco de pasta blanda elaborado con leche bronca de vaca, entera o parcialmente descremada, que se produce en pequeñas piezas de forma cilíndrica y plana. Su nombre se debe a que se vende envuelto en hojas de una planta que popularmente se llama hoja de queso. Es típico del centro de Veracruz. En el Istmo de Tehuantepec, Oaxaca, es un queso blanco fresco, de pasta blanda y sabor suave, elaborado con leche bronca de vaca. Se produce principalmente en tiempo de lluvias, pues las vacas producen más leche al abundar lugares dónde pastar. Se acostumbra utilizarlo desmoronado sobre diversos platillos como tostadas, tamales, enchiladas y en rebanadas; también se come como botana. Se utiliza la hoja de huichicata para envolver los quesos de forma redonda que llegan a pesar hasta 500 gramos.

QUESO DE IMITACIÓN

Término con el que se diferencia a los quesos que tienen leche y se adicionan con grasa vegetal y otros elementos o aquellos en los que la leche se sustituye por grasa vegetal, caseinatos o harinas. Es técnicamente un queso falso, de gran demanda y de relativo bajo costo. Se le llama también queso rellenado.

→ queso análogo

QUESO DE LA JOYA ◆ queso ahumado

QUESO DE LETRAS

Queso fresco elaborado con leche entera de vaca, de consistencia granulada que hace que se desmorone fácilmente al contacto con las manos; esto se debe a que la leche tiene un porcentaje muy bajo de cuajada y el queso sólo logra tomar consistencia apretándolo. Es muy apreciado en el Estado de México, donde se emplea en quesadillas, con nopales, frijoles o como botana.

Conocido también como:

◇ queso molido (Toluca)
◇ queso ranchero (Toluca)
◇ queso toluqueño

QUESO DE MANTEQUILLA ◆ queso crema tropical

QUESO DE MARQUETA

Nombre genérico que reciben los quesos frescos de gran tamaño elaborados en forma de marqueta que se venden a granel.

→ queso jarocho

QUESO DE MORRAL

Queso fresco blanco de pasta suave, elaborado con leche pasteurizada de vaca y que guarda cierto parecido con el queso panela. Debe su nombre a que la leche cuajada se coloca en una cesta que puede estar hecha de manta de cielo o de ixtle y hace la función de un morral, es decir, sostiene la leche coagulada y deja salir el suero para formar el queso en una sola pieza, de tal forma que queda marcada la pasta por la cuadrícula del tejido del morral, como ocurre con el queso canasta. Se elabora en Hidalgo, Jalisco y San Luis Potosí, y se utiliza como cualquier otro queso fresco:

para rellenar chiles, espolvorear capirotadas o frijoles refritos, etcétera.

QUESO DE PORO

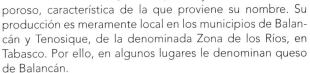

Queso fresco de pasta blanda elaborado con leche bronca de vaca. Posee forma rectangular y pesa entre 150 gramos y 1 kg. Se vende cubierto con cera transparente y envuelto en papel celofán color amarillo; cuando se deja madurar se desmorona fácilmente, es decir, es muy poroso, característica de la que proviene su nombre. Su producción es meramente local en los municipios de Balancán y Tenosique, de la denominada Zona de los Ríos, en Tabasco. Por ello, en algunos lugares le denominan queso de Balancán.

QUESO DE PUERCO

Embutido elaborado con la carne de la cabeza del cerdo. Se acostumbra preparar en los estados del centro del país. Las recetas varían, pero por lo regular la cabeza del cerdo se cuece en agua con cebolla, ajo, pimienta negra, clavo, tomillo, mejorana y sal; una vez cocida se deja enfriar para separar la piel de los huesos. La carne se pica en trocitos pequeños y se cuece nuevamente a fuego lento con vinagre, ajo, orégano, laurel, pimienta, clavo, tomillo y mejorana. Cuando todo se ha cocido perfectamente, se retira del fuego para que se enfríe y la mezcla se  mete en un tompeate para escurrir el exceso de líquido. Se deja en un lugar fresco por lo menos un día, para comerlo en rebanadas o en trozos. Pasados algunos días adquiere mejor sabor. Se dice que el original es el que se elabora en el Estado de México, donde existe una verdadera industria y un gran consumo. En Chiapas, sobre todo en San Cristóbal de Las Casas, es un preparado muy antiguo; la cabeza de cerdo se cuece con sal, tomillo, orégano, laurel y hojas de arrayán. Luego se le retira la grasa y se pica finamente, también se incluyen las orejas y la lengua y se fríe todo con sal, pimienta y nuez moscada. La mezcla se mete en una manta, se le da forma redonda, se aprieta y se prensa para drenar toda la grasa.

QUESO DE RUEDA ◆ queso Chihuahua

QUESO DE SAL

Nombre con el cual se conocen a dos tipos de quesos que se producen en dos estados diferentes de la república. En Chiapas, y por extensión en Tabasco, es un queso fresco de pasta blanda, elaborado con leche bronca de vaca y un alto contenido de sal, pues era un método de conservación en tiempos en que no había formas de refrigeración. Hasta la fecha permanece en el gusto de los consumidores. Por lo regular es rectangular y con diferentes pesos. Si se deja madurar se le llama queso de sal añejo. En Santa Cruz Aquiahuac, Tlaxcala, es un queso fresco que se sumerge en salmuera durante 24 horas. Después se deja orear y comienza un proceso de añejamiento por el cual el queso adquiere un color amarillento.

QUESO DE SONORA ◆ quesadillo

513

QUESO DE TENATE

Nombre que reciben varios quesos frescos de leche de vaca o cabra producidos en el centro del país. Casi siempre son sencillos, pero los hay también mezclados con rajas de chile y otros ingredientes. Una variante es el queso botanero. La leche cuajada se vacía en un tenate que separa la leche del suero; esto ayuda a conservar la frescura del queso, le da un gusto particular y es un medio de conservación, sobre todo en lugares donde no se cuenta

con refrigeración. El hecho de que se produzcan, se conserven y se vendan en un tenate les da un sello y un sabor característicos de rancho. Son típicos de la región de Tulancingo, Hidalgo. En Tlaxcala, sobre todo en Tlaxco, es un queso fresco elaborado con leche bronca de vaca, de sabor salado por efecto del canasto y la sal añadida; se puede conservar hasta por una semana y se acostumbra comer espolvoreado en diversos platillos. Abunda en la época de lluvias. Se le conoce también como queso de tanate.

QUESO DE TEPEHUANES

Queso artesanal elaborado con leche bronca de vaca que se acostumbra cuajar con cuajo de cuerito. Por lo general tiene forma redonda. Suele dejarse madurar de 1 a 3 meses y enchilarse con una pasta de chile rojo, para su preservación. Se produce en Tepehuanes, Durango (no debe confundirse con un queso que produce el grupo étnico del mismo nombre). Se acostumbra combinarlo con diversos alimentos, por ejemplo, gratinado con frijoles o chorizo.

QUESO DE TETILLA

Queso fresco artesanal que recibe este nombre por la forma tronco-cónica con que se moldea a mano y que recuerda a una teta. Puede pesar 1 kg, y se produce durante la época de lluvias. Se acostumbra desmoronarlo fresco sobre frijoles o comerlo en tacos. Aunque no es muy común, se le puede encontrar madurado, con lo cual su sabor se intensifica; para evitar su descomposición durante la maduración, se acostumbra cubrirlo con una pasta de chile rojo. Es típico del municipio de Rosamorada, Nayarit. No confundir con el queso español de origen gallego llamado queso tetilla, que cuenta con denominación de origen.

QUESO DE TUNA

Dulce elaborado con jugo de tuna cardona hervido a fuego alto; cuando el jugo ha reducido y espesado, se retira del fuego y se amasa o se golpea sobre una piedra lisa hasta que adquiere un color amarillento; mientras más se trabaja, más claro queda. Se coloca en moldes para formar placas y

se deja orear para que reafirme su consistencia; en ocasiones se adorna con frutas secas. Es un dulce tradicional que comparten varios estados del centro-norte del país: Querétaro, Guanajuato, San Luis Potosí, Aguascalientes y Zacatecas. En las dulcerías regionales de estos estados pueden verse grandes bloques de queso de tuna que, a gusto del comprador, se venden en trozos o enteros. En San Luis Potosí y Zacatecas suelen elaborarlos en forma redonda como tortitas, rellenos de nueces, piñones, cacahuates o almendras.

QUESO DOBLE CREMA

Queso de pasta suave elaborado con leche de vaca. Se emplea en la preparación de panes y postres y para espolvorearlo sobre antojitos.

→ queso crema, queso crema tropical

QUESO EN SALSA ◆ quesillo en salsa

QUESO ENCHILADO

Queso que en la superficie lleva una pasta de chiles secos rojos que en algunos casos contiene vinagre y ajo. La técnica preserva el queso, le ayuda a no sufrir los ataques de hongos y bacterias, y contribuye a su añejamiento, además de que le aporta

características y sabor únicos. No se debe confundir con los quesos botaneros, que llevan rajas de chiles frescos, en vinagre o secos en su elaboración y tienen como objetivo mezclar los chiles con la pasta del queso en su totalidad. Algunos quesos que pueden encontrarse con la técnica del enchilado son queso criollo, queso de Tepehuanes, queso de tetilla, queso sierra, queso refregado, entre otros.

QUESO ENVINADO

Queso fresco elaborado principalmente con leche bronca de vaca, añejado durante un mes, para después sumergirlo en vino tinto por tres o cuatro días, de modo que la corteza del queso queda impregnada de vino. Se elabora en Chipilo, Puebla.

QUESO FRESCO

Término con el que se denomina a los quesos que no pasan por gran maduración o añejamiento. La mayoría de los quesos en en el país son frescos. Por lo general tienen consistencia firme y sabor y textura suaves. Se acostumbra emplearlos rallados o desmenuzados sobre diferentes antojitos y sirven para rellenar chiles, quesadillas, gorditas y capeados.

QUESO FUNDIDO

Preparación que consiste en queso derretido servido en cazuelitas de barro o en platos metálicos calientes, acompañado con tortillas de maíz o de harina de trigo. Es común que se sirva solo, pero muchos prefieren mezclarlo con otros ingredientes como chorizo (para formar el llamado choriqueso) o con rajas de chile poblano. En algunas regiones de Jalisco se prepara el queso con orégano, especialmente con adobera para fundir; en Oaxaca se elabora el queso en salsa, que se prepara con queso fundido mezclado con una salsa de jitomate, cebolla, epazote y chile de agua; se acompaña con frijoles de la olla. En Chihuahua se prepara el chile con queso y en

otras regiones el queso con champiñones rebanados o con epazote. El queso fundido se puede servir como entremés, guarnición de carne asada o cecina, o para acompañar tacos; se sirve bien caliente. Los quesos más utilizados son el menonita o Chihuahua, el asadero, el Oaxaca y el tipo manchego, debido a que son los que se funden mejor. Casi nunca se mezclan dos tipos de quesos. La manera de fundirlo no es la misma en todos los lugares; se puede calentar el queso en un plato o cazuela sobre la lumbre hasta que se funda, o poner el queso directamente en la plancha o comal y acomodarlo ya derretido con una espátula en un recipiente para presentarlo en la mesa. Otros acostumbran hornearlo y gratinarlo.

Conocido también como:

⬧ queso asado
⬧ queso derretido
⬧ queso flameado

QUESO GENUINO

Término que se utiliza para denominar a aquellos quesos que no contienen o casi no contienen colorantes u otros elementos químicos. Por lo general son quesos regionales, artesanales, de autoconsumo o de comercialización muy limitada. Se conocen también como queso natural o queso puro.

QUESO HOLANDÉS O QUESO DE BOLA

Nombre que recibe en el sureste del país un queso redondo de origen holandés, generalmente queso Edam. Uno de éstos, que es el más conocido, se produce envuelto en una capa gruesa de cera roja y lleva en su etiqueta la estampa de un gallo, por lo que también se conoce popularmente como queso del gallo. Por su precio razonable se volvió muy popular en la península de Yucatán, donde se come en trozos, en quesadillas y en sopas, además de que es el principal ingrediente de una especialidad regional que se llama queso relleno. Originalmente este queso llegaba y se comercializaba desde el puerto de Chetumal, por lo

que fuera de Quintana Roo algunas personas lo llaman queso de Chetumal. Durante años sólo llegó a esta ciudad. Desde ahí se enviaba a los demás estados del sureste y centro del país. Durante las décadas de 1950 a 1980 era el regalo ideal que los turistas nacionales buscaban para llevar a casa cuando visitaban esa entidad. Actualmente se encuentra en todo el país, sobre todo desde que se han abierto las importaciones a muchos productos.

QUESO JAROCHO

Variedad de queso fresco con forma de marqueta, que se produce con leche bronca de vaca. Por lo regular se vende a granel, ya que las marquetas llegan a pesar hasta 12 kg. Se producen en la parte central de Veracruz, donde las distintas variedades se denominan genéricamente como queso jarocho. Se comen esparcidos sobre antojitos como picaditas, garnachas y sopas de pasta, o bien como relleno de tortitas. En el municipio de Tlalixcoyan es tradición que se elabore año con año el "queso más grande del mundo", para romper récord. A este queso se le conoce también como queso de marqueta.

→ queso de marqueta

QUESO MADURADO ◆ queso añejo

QUESO MENONITA

Queso elaborado con leche pasteurizada, de pasta firme y suave, color amarillo pálido, que se derrite con facilidad. Lo produce la comunidad menonita de origen holandés y alemán, que emigró a Canadá y se estableció en Chihuahua

alrededor de 1920. Se producían con forma de grandes ruedas que se sellaban con el nombre de la comunidad, igual que algunos quesos europeos. En la actualidad, lo elaboran principalmente en bloques. Además muchas compañías se encargan de fabricarlo a gran escala con el nombre de queso Chihuahua. Es muy popular en casi todos los estados del norte del país. Se emplea para fundir, preparar quesadillas, acompañar frijoles y otros alimentos, rellenar chiles y guisar frijoles maneados, entre otros guisos. En Zacatecas lo ocupan especialmente para rellenar chiles y calabacitas durante la cuaresma. En la actualidad las comunidades menonitas se han extendido a otros estados como Durango, donde lo siguen produciendo. Ellos mismos se encargan de venderlo en lugares especializados y por las calles de diferentes ciudades del país; son inconfundibles por su aspecto físico y su vestimenta, que consiste en overoles de mezclilla, camisas a cuadros y sombrero.

Conocido también como:

⬧ queso chester (menonitas)
⬧ queso menona (Zacatecas)
⬧ queso menonita de Chihuahua

QUESO MOLIDO ◆ queso de letras, queso ranchero

QUESO NAPOLITANO ◆ flan

QUESO NATURAL ◆ queso genuino

QUESO OAXACA O QUESO OAXAQUEÑO ◆ quesillo

QUESO PANELA

Queso fresco elaborado con leche de vaca pasteurizada, aunque también se produce con una mezcla de leche de vaca y cabra. Es blanco, con textura porosa, suave y esponjosa. Se elabora en piezas de hasta 2 kg, por lo cual no se compra entero sino en porciones. Su porcentaje graso es bajo y es muy popular en los estados del centro del país. Para su elaboración, la leche se escurre en canastas especiales que dejan la marca del tejido en la superficie del queso. El nombre de panela presumiblemente se debe a la forma tronco-cónica que adquiere al fabricarse, por lo que recuerda a la panela o piloncillo. Se come como botana y se usa para relleno de chiles o verduras. Son famosas las calabacitas con queso panela; también se desmorona sobre tacos, tostadas, quesadillas, ensaladas y frijoles. En Jalisco es muy apreciado, por lo que se utiliza para acompañar diversos guisos. También es popular como postre, servido con ate.

Conocido también como:

⬧ asadera (Sinaloa)
⬧ queso asadera
⬧ queso blanco
⬧ queso canasta
⬧ queso de canasta

→ queso asadero

515

QUESO PARA DESHEBRAR ◆ quesillo

QUESO PURO ◆ queso genuino

QUESO RALLADO

Queso blanco rallado que se utiliza ampliamente en la cocina mexicana para acompañar un sinnúmero de antojitos como enchiladas, tacos, quesadillas y tostadas. Muchos acostumbran comprarlo rallado, a granel, en las cremerías y supermercados. Debido a que no se utiliza para cocinar ni fundir, sino sólo para darle un toque final a los antojitos, su sabor es neutro e insípido y, aunque no es malo, no se puede considerar de gran calidad. Muchas personas acostumbran, por el contrario, comprar el queso en trozo para rallarlo en casa, a fin de tener la certeza de qué tipo de queso utilizan, ya que el que se compra rallado puede ser de cualquier tipo.

QUESO RANCHERO

Nombre genérico que se aplica a quesos frescos elaborados prácticamente en todo el país. Existen tantos tipos de quesos rancheros, como ranchos productores de leche o quesos hay en el país. Casi siempre se trata de un queso fresco del estilo del panela o similar.

Se elabora con leche de vaca, principalmente, aunque también se produce con leche de cabra o una mezcla de ambas. En Chihuahua se produce con leche recién ordeñada que se deja enfriar y se le añade cuajada. Como prueba de que está listo se entierra un palo en el centro y si se queda quieto, se procede a cortarlo. Se coloca en un cedazo y se exprime para retirar todo el suero posible; se le añade sal y se bate o muele con las manos para mezclarlo bien y que no queden grumos. La cuajada resultante se pone en un recipiente y se aprieta con las manos para que se compacte, se prensa con una pesa o tabla para que termine de salir todo el suero y se deja reposar un día. También se puede moldear en aros de metal, madera o plástico. El queso resultante se ventila y se termina de secar durante el tiempo deseado.

Conocido también como:
◇ queso de aro
◇ queso molido
◇ queso torteado

→ queso de cincho, queso de letras, quesos de Etla

QUESO REFREGADO

Variedad de queso elaborado principalmente con leche bronca de vaca, que suele dejarse orear y añejar. Se le llama molido o refregado porque la cuajada se refriega (muele) a mano o, en menor cantidad, en metate, lo que le da una textura muy especial. Se le considera oreado al queso madurado hasta por un mes y añejado cuando tiene más de un mes. Se le puede encontrar en forma de ladrillos rectangulares o en forma cilíndrica. Pesan hasta 12 kilos. Por lo general se cubre con un capa de chile guajillo que le ayuda a preservarse y a madurar o añejarse. Es típico del municipio de Zacazonapan, Estado de México, donde suele emplearse desmoronado en diversos platillos.

Conocido también como:
◇ queso añejo
◇ queso molido

→ queso añejo

QUESO RELLENADO ◆ queso de imitación

QUESO RELLENO

Platillo que consiste en un queso holandés (Edam) relleno de picadillo de cerdo, bañado en salsa de jitomate o fritanga de tomate y una salsa regional llamada kool. Es el plato principal de una comida o cena tradicional elegante. El queso se compra entero, se le quita una

capa de cera y en el extremo superior se corta una rebanada gruesa de aproximadamente 2 cm, que será la tapa del queso por rellenar. Por esta parte se extraen poco a poco pedazos de queso hasta que queda completamente hueco; se procura que quede una capa de por lo menos 1 cm de grueso. Debe estar seco para que resista la preparación. El picadillo generalmente se elabora con carne de cerdo o res picada o molida guisada con cebolla, ajo, clavo, pimienta negra, canela, alcaparras, pasitas y claras de huevo cocidas y picadas. Con este picadillo se rellena el queso hasta la mitad; luego, se colocan yemas cocidas y se termina de rellenar con el picadillo. Entonces se tapa, se cubre con un paño de tela para que no se deforme mientras se cuece al vapor, y se hornea o se sumerge casi totalmente en caldo, para que se suavice. Normalmente se lleva a la mesa el queso entero y cada comensal se sirve en su plato el kool. En seguida se corta el queso y se reparten las rebanadas, que se sirven sobre el kool y se bañan con la salsa de jitomate. Con frecuencia el relleno que está dentro del queso no es suficiente para todos, por lo que se pasa también un platón con más relleno para completar. Se acompaña con tortillas de maíz. Es una especialidad que comparten los estados de la península de Yucatán. Entre las familias antiguas de la región se acostumbra quitar la tapa a los quesos y comerlos durante el año hasta quedar vacíos y, una vez ahuecados, se guardan por varias semanas o incluso meses, para rellenarlos y comerlos en la cena de Navidad o Año Nuevo. Durante el año, los miembros de la familia pueden comer la cantidad de queso que quieran cuando tengan hambre o pasen por la cocina, pero nunca cortar la bola, ya que se necesita la costra del queso para rellenarla.

QUESO RUEDA ◆ queso Chihuahua

QUESO SECO

Término que puede referirse a cualquier queso madurado o añejado, que no sea fresco. Tiene la característica de haber perdido todo su suero, ser más compacto, de sabor más salado y con mayor porcentaje de grasa. Casi siempre es de leche de vaca, aunque existen también de leche de cabra.

→ queso añejo

QUESO SIERRA

Queso fresco elaborado con leche de vaca bronca o pasteurizada. Es blanco y de forma cilíndrica que llega a pesar hasta 2 kg, por lo cual es frecuente comprarlo a granel. Suele cubrirse con una pasta de chile ancho, ajo y sal, que le sirve como protección contra las bacterias y hongos. La técnica del enchilado permite al queso madurarse y añejarse, en cuyo caso se le conoce como queso sierra añejo. Se elabora en el Bajío mexicano, en los estados de Jalisco, Guanajuato y Michoacán.

QUESO SOPERO

Término utilizado en Yucatán para nombrar al queso fresco rallado o queso crema tropical que se produce en Tabasco y se utiliza para esparcir sobre antojitos como los codzitos.

QUESO TIPO CHIPILO

Queso fresco de pasta suave elaborada con leche bronca de vaca. Si el queso se deja madurar, un mes por lo general, adquiere un color amarillo.

→ quesos de Chipilo

QUESO TIPO COTIJA ♦ queso Cotija

QUESO TIPO MANCHEGO

Queso elaborado con leche de vaca pasteurizada, de textura suave y firme. Tiene color amarillo pálido y forma cilíndrica aplanada o rectangular. Una pieza puede pesar entre 2 y 5 kg. Su sabor recuerda al queso menonita o queso Chihuahua. En México se utiliza mucho por-que se derrite fácilmente; con él se preparan las enchiladas suizas, el queso fundido, etc. No se debe pensar en el original queso manchego, que se produce en la región española de La Mancha, pues su textura y sabor son muy distintos, ya que éste último se elabora con leche de oveja.

QUESO TOLUQUEÑO ♦ queso de letras

QUESO TORTEADO ♦ queso ranchero

QUESO TRENZADO ♦ quesillo

QUESO TROPICAL

Denominación con la cual se identifica a los quesos que se producen en zonas tropicales o costeñas de ambos litorales en Chiapas, Oaxaca, Veracruz, Tabasco, o muy calientes como en las huastecas y Morelos. Por lo general se elaboran con leche bronca y la mayoría son de autoconsumo, artesanales y no conocidos fuera del área de producción. Estos quesos datan de épocas en que no existía la refrigeración y el transporte se destinaba a animales, de modo que varios de ellos se preparan con altas concentraciones de sal y la cantidad de agua es limitada, con excepción del quesillo. Como quesos tropicales se clasifican los siguientes:

– quesillo (Oaxaca)
– queso crema tropical (Chiapas)
– queso de cincho (Morelos)
– queso de guaje (huastecas)
– queso de hoja (Veracruz)
– queso de poro (Tabasco)
– queso de sal (Chiapas)

QUESOS DE CHIAUTLA

Quesos frescos producidos en el municipio de Chiautla, en la Mixteca Baja de Puebla, reconocidos como producto de gran calidad en diferentes ciudades del estado; son conocidos también como quesos de fiesta en el tianguis de San Pedro Cholula. Se pueden encontrar las siguientes variedades:

• Queso añejo
Elaborado con la misma cuajada salada del queso fresco. Se deja orear una semana para amasarlo otra vez adicionando crema en el proceso; después se deja madurar por un mes.

Se enchila con un adobo de chile guajillo y se acostumbra desmoronar sobre diversos platillos.

• Queso fresco
Elaborado con leche bronca descremada de vaca. Es de textura porosa por el amasado que sufre la cuajada que se elabora con cuajo de cuerito. Se prefiere salar con sal de San Pedro Ocotlán, Puebla. Abunda en tiempo de lluvias, aunque se produce todo el año.

• Requesón
Mezclado con sal y epazote, al ser deshidratado se usa como sustituto económico de un queso madurado. Suele usarse en la elaboración de quesadillas.

QUESOS DE CHIPILO

Quesos típicos producidos en el poblado de Chipilo, entre los que se pueden mencionar el queso envinado y el tipo Chipilo. Chipilo fue fundada por inmigrantes italianos en 1882 y es una ciudad pequeña que pertenece al municipio de San Gregorio Atzompa, Puebla. Los inmigrantes provenían de la región italiana del Véneto y sus descendientes lograron consolidar una gran tradición de productos lácteos (quesos, cremas, helados) en la región, además de expandir el consumo de café estilo italiano en Puebla y Tlaxcala, donde abundan heladerías y cafeterías que sirven esos productos, los cuales gozan de gran tradición en todo el país.

QUESOS DE ETLA

Quesos producidos en Los Reyes y La Soledad, poblaciones del municipio de Etla, Oaxaca, ambas regiones famosas por ello. Es también famoso el queso de aro que allí se produce. Se trata de un queso fresco elaborado con leche bronca de vaca, con forma cilíndrica y peso variado que va de los 200 gramos a 1 kg. Se le llama "de aro" pues es común que el queso se venda con su molde circular de madera o petate, por lo que también se le llama queso de cincho. Se usa desmoronado para acompañar enchiladas, tlayudas, totopos y frijoles.

→ queso de aro, queso de cincho

QUEXQUE ♦ hongo iztacnanacatl

QUIJETOPE ♦ chinaca

QUIJOTE

Guiso elaborado con picadillo de carne de res y cerdo, verduras y jitomate, espesado con plátano Tabasco y pan molido, tradicional en Chiapas. La palabra deriva de *jigote*, un guiso antiguo de origen español del cual se prepara en la actualidad una variante en Tabasco.

→ jigote

QUILAGUACATE ♦ hoja de aguacate

QUILTAMAL

Del náhuatl *quilitl*, quelite y *tamalli*, tamal. Término que se aplica a cualquier tamal relleno con alguna hierba comestible o quelite.

QUILTONIL ♦ amaranto, quintonil

QUIMBOMBO ♦ chimbombo

QUINSANTO

Nombre con el que se conoce a las golosinas elaboradas en la temporada de día de Muertos en Comitán, Chiapas. Ejemplos de éstas son calabaza, camote o yuca con panela, chayotes y elotes hervidos, jocotes de corona y rosquillas chujas, entre otros.

QUINTAL

Medida de peso arcaica equivalente a 46 kilogramos.

QUINTANA ROO

Estado situado al sureste de la república mexicana, en la parte oriental de la península de Yucatán; colinda al norte con el Golfo de México y Yucatán, al sur con Belice y Guatemala, al este con el mar Caribe y al oeste con Campeche. Está dividido en 10 municipios y es el estado más joven de México, creado el 8 de octubre de 1974. Antes de esa fecha Campeche, Yucatán y Quintana Roo formaban una unidad política. El comercio y los servicios son las principales actividades económicas del estado, principalmente aquellas relacionadas con el turismo y la infraestructura. El auge turístico que ha tenido en las últimas décadas ha provocado la migración de muchas familias provenientes de otros estados en busca de oportunidades laborales. Por eso en los centros turísticos se pueden encontrar establecimientos de venta de tacos al estilo del Distrito Federal, por ejemplo, de carne asada, al pastor o fritos, así como pequeños restaurantes donde se ofrece comida regional oaxaqueña o típica del centro del país. Otra actividad económica importante es la producción maderera: debido a que es la entidad con mayor cantidad de selva del país, la producción de maderas es el sustento de muchas comunidades rurales. El sector terciario representa únicamente 1% del producto interno bruto (PIB) estatal, sin embargo, Quintana Roo ocupa el tercer lugar a nivel nacional en la captura de mero, langosta y mojarra. Desde antes de la Conquista el territorio que ocupa la península de Yucatán se encontraba habitado por el pueblo maya. Actualmente es el segundo estado, después de Yucatán, con mayor número de habitantes procedentes de este grupo; es posible encontrar en menor número comunidades jacaltecas, kanjobales y mames. La principal actividad de subsistencia de los campesinos pertenecientes a estos pueblos originarios es la agricultura. Su alimentación se basa en el consumo de maíz, frijol, calabaza y chile; cultivan hortalizas, árboles frutales como plátano, guayaba y lima y complementan su dieta con la pesca de algunas especies que capturan en lagos y ríos cercanos, y con la cría de aves y cerdos. Otra fuente de ingresos es el cultivo comercial de café, cacao, cacahuate, jitomate y caña de azúcar, además de la apicultura, la explotación de maderas y la extracción del látex del chicozapote para elaborar el chicle. En las comunidades mayas cultivan en huertos hortalizas como chiles, cebollina, plátano, repollo, cilantro, rábanos, epazote, hierbabuena, chaya, frijol espelón, camote, jícama, calabaza y tomates, entre otras plantas comestibles. Algunas preparaciones mayas representativas de Quintana Roo son la ardilla frita, la carne seca y ahumada de venado en pipián, el *chak wuaj*, el chilmole de frijol y de carne, el frijol con puerco y en pipián, los frijoles y frijoles nach, las gorditas de tuza, el mono araña, el ñame en pipián, la panza de venado en pipián, las

Cancún

Parque Nacional Tulum

quesadillas fritas de cazón, la semilla frita de parota, el tamal de hoja santa y el tikin pat. En la isla de Holbox, ubicada al norte del estado, se preparan el but negro de caracol, chilmole de bagre, *che' chak* de picuda, machuc, mero en tikin xik y tzacol de langosta. Entre sus bebidas más tradicionales se encuentran los atoles de calabaza, de camote, de masa, de maíz nuevo, maíz remojado y maíz sancochado, de pepita y de sagú, el balché, la masa desleída, el pinole, el pozol y el saká. La cocina está evidentemente influenciada por las costumbres alimentarias de los grupos originarios, sobre todo del maya, y es por ello que comparte especialidades con Campeche y Yucatán; algunas de estas preparaciones son el sac col, el chocolomo, el chulibul, las cebollas curadas, los cocotazos, la cochinita pibil, las crepas de chaya, los dulces de grosella y de papaya, las empanadas de cazón, el hígado de venado en salpicón, el ixguá, los joroches, los panuchos, los papadzules, los pescados en escabeche y en verde, el pico de gallo, el plátano evaporado, el pollo pibil, los pucheros, el mantecado, los recados, el refresco de chaya, los salbutes, el salpicón, las salsas de chile habanero e xnipec, el sikil pak, el tamal colado, de chaya y el tamalito de espelón. La capital del estado es el puerto de Chetumal, al que desde hace ya varias décadas han llegado barcos provenientes de Europa con productos como embutidos, jamones y chorizos; lácteos, quesos, cremas y mantequillas y enlatados de pescados, angulas, pulpos y calmares; de hecho, en épocas pasadas la gente del sur y sureste del país encargaba estos alimentos a quienes viajaban a Chetumal. Los productos de importación modificaron inevitablemente la cocina regional y generaron la invención de nuevos platillos. Un ejemplo de esto es el queso relleno que se elabora con queso holandés y que en la actualidad es una preparación típica de la península de Yucatán. Del país vecino Belice se adoptaron platillos con influencia caribeña, como el *rice and beans* y el uso de leche de coco para preparar varios platillos. En el estado se originaron platillos especiales como las empanadas de cazón y de hojaldre, los kibis, el sere y los tamalitos de elote tierno, además, el caracol se prepara en bisteces, al mojo de ajo, en cebiche o empanizado. Estos platillos se pueden consumir especialmente en los restaurantes o palapas que se encuentran a la orilla del mar, sobre todo en Cozumel. Es importante mencionar que en Cozumel y en la zona hotelera de Cancún existe una gran variedad de restaurantes y hoteles en los que se ofrece comida internacional; es desafortunado que en este gran centro turístico no se le dé un lugar significativo a la cocina mexicana.

518

QUINTONIL

Del náhuatl *quiltonilli*, que deriva de *quilitl*, hierba comestible y *tlatotonill*, cosa asoleada o calentada al sol. Nombre que reciben varias especies de quelites en distintos sitios del país. Son hierbas anuales, erectas y rojizas que miden en promedio 70 cm de altura, con hojas alternas pecioladas de forma ovada y borde liso. Son de bajo costo, crecen en los caminos de México y como ma-

leza en los campos de cultivo, aunque algunas especies llegan a cultivarse. Son utilizadas ampliamente en las comunidades rurales del centro del país como alimento, donde se les tiene gran aprecio. En comunidades del norte o del sur no son muy apreciados y su consumo es bajo porque se consideran maleza. Abundan de marzo a noviembre, y de su comercialización se encargan indígenas que los venden en montones, manojos o en bolsas. Todas las especies son muy parecidas entre ellas y las más comunes son: *Amaranthus hybridus* (centro), *Amaranthus palmeri* (noreste), *Amaranthus retroflexus* y *Amaranthus blitoides* (norte y centro) y *Amaranthus cruentus* (centro y sur). En la sierra Norte de Puebla se consumen principalmente sus tallos y hojas tiernas que se comen crudos, fritos, en caldillo, al vapor y en diferentes guisos para tacos. También sirven para acompañar otras comidas. En esta región se le llama quintonil blanco (aunque es de color verde) para diferenciarlo del quintonil rojo (*Amaranthus hypochondriacus*) que es el mismo, pero de tonalidad roja o purpúrea y del quintonil pinto, que presenta manchas rojas o purpúreas. En Oaxaca se utiliza para preparar empanadas de quelite. En La Esperanza, Santiago Comaltepec, para la elaboración de atole se utiliza una variedad roja llamada quiltonil. En Chihuahua, los tarahumaras los cuecen en agua y los fríen en manteca de cerdo; en ocasiones los añaden a la masa para elaborar tamales o los revuelven con el nixtamal para elaborar tortillas de un intenso color verde. En el Estado de México, Distrito Federal e Hidalgo, casi siempre se preparan al vapor o se fríen en poca manteca de cerdo con cebolla y ajo picados; por lo regular se comen solos en tacos o con alguna salsa, pedacitos de chicharrón, algún guiso de cerdo o queso fresco. En la región hidalguense del Valle del Mezquital se guisan en salsa de xoconostle y en hojas de maíz. En el primer caso, se añaden a una salsa de xoconostles molidos, fritos y condimentados con chile verde y cebolla picados. Los segundos son quintoniles salteados en manteca de cerdo con ajo y cebolla, envueltos en hojas de maíz y cocidos en comal. En Tuxtla y Naupan se preparan los quintoniles en caldo, que es una sopa sencilla de quintoniles cocidos en agua con sal caliza y sal de mar, que se sirve caliente acompañada con tortillas de maíz y salsa picante. En Tuxtla y Naupan también se cocina el quintonil frito; se cuece previamente en agua con sal caliza y sal marina, se escurren y se guisan en manteca de cerdo con jitomate, cebolla y chile serrano, picados. En Naupan preparan los quintoniles con carne de cerdo, también llamado carne de puerco con quintoniles. Las semillas de esta planta también son comestibles y se conocen como alegría o amaranto.

Conocido también como:

◇ bledo

◇ cani

◇ oquite

◇ quelite blanco (Coahuila; Oaxaca; sierra Norte de Puebla; Veracruz)

◇ quelite de agua

◇ quelite de cochino

◇ quelite de cuchi

◇ quelite de las aguas

◇ quiltonil

Conocido en otras lenguas como:

◇ *ba-llaa* (zapoteco)

◇ *ca'ara'i* (cora)

◇ *caltunit* (totonaco, sierra Norte de Puebla)

◇ *chacua* (purépecha)

◇ *chichilquilit* (náhuatl), sierra Norte de Puebla

◇ *guiliba huasolí* (tarahumara)

◇ *huasoli* (tarahumara)

◇ *iztaquilit* (náhuatl, sierra Norte de Puebla)

◇ *sava-halsoco, sava-sacaca* o *tsava* (totonaco)

◇ *tsaya* (totonaco)

◇ *xacua* (purépecha)

→ amaranto

QUIOTE

GRAF. jiote. Del náhuatl *quiotl*. Tallo floral estriado que sale en el centro de la planta del maguey cuando inicia su floración. Se eleva hasta 4 o 5 metros. Se acostumbra comer cocido y asado, igual que las flores del maguey. En Hidalgo, Tlaxcala, Estado de México y en general en el centro del país se elabora con él una golosina asándolo y cortándolo en rebanadas. Posee sabor dulce y color café claro o intenso, dependiendo de la cantidad de azúcar que tenga. Es típico que se venda en carritos o expendios, ya sea en rebanadas o picado en bolsitas de plástico. Se chupa todo el jugo y se desecha lo que queda. De igual manera, en San Luis Potosí se consume cocido en

horno, pelado y rebanado en rodajas. En Chiapas se prepara de la misma manera. Las flores del quiote, también llamadas flores de jiote, pueden prepararse casi de cualquier manera que se desee: en dulce, con huevo en torta, capeadas, o simplemente fritas o guisadas.

Conocido también como:

◇ chaca, chacaj o chakah

◇ chachah

◇ chicohuiste, chocogüite o chocohuite

◇ cohuite

◇ copalillo

◇ *huk'up*

◇ jiote colorado

◇ meyolote

◇ mezcal

◇ mishcal (Chiapas)

◇ palo colorado

◇ palo jiote

◇ palo mulato

◇ palo retinto
◇ piocha
◇ suchicopal (Tabasco)
◇ *tsun*
◇ *tzaca*

QUIOTILLA ◆ jiotilla

QUISHTÁN (*Solanum wendlandii*)
Planta trepadora espinosa cuyas hojas se utilizan cocidas como condimento de algunos platillos en ciertas regiones de Chiapas.

QUIVI ◆ kibe

QUYCHE ◆ apompo

RÁBANO (*Raphanus sativus*)

Planta herbácea anual de la familia de las brasicáceas originaria de Asia. Produce un bulbo de piel roja y forma ovalada
que se come entero. Su pulpa es blanca con textura crujiente y sabor fuerte y picante. Además, las hojas se muelen para
dar color y sabor a los pipianes y moles verdes del centro del
país. Es precisamente en el centro del país donde más se
consumen los rábanos; se venden en los mercados populares por manojos a bajo precio. Para comerlos se cortan en
dos o en cuatro partes y se rocían con jugo de limón y sal;
también se rebanan y se añaden a ensaladas de lechuga y
tostadas. En muchas regiones de México son parte de las
guarniciones para el pozole. En Puebla, las enchiladas se
adornan con rabanitos rebanados y en la sierra Norte del
estado las hojas se consumen como quelite. En Naupan se
preparan las hojas fritas en manteca de cerdo o aceite con
cebolla, una pizca de bicarbonato de sodio y sal, se acos-

tumbre comerlas calientes en
tacos, con salsa picante de
la preferencia del comensal.
También existe el llamado rábano largo, de pulpa, piel y
sabor similares. Es de forma
cilíndrica alargada y rebasa fácilmente los 25 cm de largo.
Gusta menos, pues la gente
prefiere el de forma ovalada.
También es conocido como
rabanito, y en náhuatl de la
sierra Norte de Puebla como
rabanosquilitl.

RABIA

Dulce que se prepara cociendo camote, plátano macho
maduro, yuca, calabaza y coco cortados en cubos, en agua
con piloncillo, canela y hojas de higo. Normalmente se
cuecen primero el camote, el coco y la calabaza con el piloncillo y, por separado, la yuca, que se incorpora al término de la cocción, junto con el plátano. Hacia el final del
proceso se aromatiza con canela y hojas de higo. Se acostumbra elaborar para el día de Muertos y otras fiestas en
Emiliano Zapata, Tabasco.

RABIRRUBIA (*Ocyurus chrysurus*)

Pez de la familia de los pargos. Su dorso y lados superiores
son color verde olivo o azulado, con manchas amarillas des-
iguales; sus lados inferiores y vientre tienen líneas amarillas y
rojizas. Presenta asimismo una línea lateral amarilla que co-

rre a lo largo de su cuerpo. Por lo regular mide 40 cm de
largo y pesa 800 gramos. Se puede pescar todo el año en el
Golfo de México. Su carne blanca, magra, firme y de sabor
suave, se come frita o asada.

Conocido también como:
⋄ colirrubio
⋄ ganané
⋄ pargo
⋄ rubia

→ pargo

RABO

Con este nombre se denomina al pedúnculo de los chiles y
cebollas. Por lo general éste se retira al momento de usar el
ingrediente, sobre todo en el caso de los chiles. En ocasiones los rabos de las cebollitas de cambray se utilizan en diversas preparaciones y se acostumbra comerlos.

RABO DE IGUANA ◆ chichicamote

RABO DE MESTIZA

Forma tradicional de preparar los huevos para el almuerzo
que se acostumbra en distintos estados de la república. Por

lo regular se guisa una salsa
de jitomate a la que se le añaden huevos estrellados para
que se cuezan en ella; es común agregarle rajas de chile.
En Puebla y San Luis Potosí
se les pone queso fresco o
ranchero y en ocasiones se
sirven con crema fresca. En
Yucatán, la salsa de jitomate
contiene rajas de chile dulce
o xcatic; los huevos se sirven espolvoreados con queso fresco o pepita de calabaza molida y se acostumbra prepararlos
para los viernes de la cuaresma.

RAICILLA

Mezcal producido en la serranía del occidente de Jalisco a
partir del *Agave maximiliana*, *Agave inaequidens* y *Agave
hookeri.*

→ lechuguilla

RAÍZ DE CHAYOTE ◆ chinchayote

RAÍZ DE SAYA ◆ saya

RAJAS

Chile cortado en tiras. Cuando en México se habla de rajas,
casi siempre se hace referencia a las de chile poblano, pero

también existen las de chilaca, jalapeño y chile de agua. El proceso de elaboración y los usos varían dependiendo del chile y de la región.

• Para guisar rajas de chile poblano, los chiles se tateman, se dejan sudar, se pelan y se cortan; con esta base se hace un sinnúmero de preparaciones. En general son fritas simplemente en aceite o manteca de cerdo, se les añade ajo, cebolla, papa, granos de elote y crema; el guiso puede contener cualquiera de los ingredientes mencionados o todos. En el Distrito Federal es muy común encontrarlas en tacos, quesadillas o como guarnición de alguna carne asada o pollo frito. Se sirve por igual en puestos callejeros o restaurantes. En Puebla son tan versátiles como en el Distrito Federal. La ensalada de chile poblano consiste en rajas aderezadas con vinagre, sal, aceite de oliva, ajo y orégano. Se come fría, caliente o a temperatura ambiente como guarnición de varios platillos. También se cocinan las rajas con pollo deshebrado y granos de elote que se utilizan, principalmente en las cafeterías y restaurantes, como relleno de las llamadas crepas poblanas; este mismo guiso con crema se utiliza como plato fuerte en las comidas del mediodía; se incluye con frecuencia en las taquizas. Especialmente en Tlaxcala y Puebla, las rajas se añaden a guacamoles, caldos de pollo y sopas de flor de calabaza o cuitlacoche. Otra preparación muy popular son las rajas curtidas, que van crudas, marinadas en jugo de limón con rodajas de cebolla. Con ellas se preparan tacos, acompañados con rebanadas de queso panela o queso fresco, aguacate y frijoles en caldo.

• En el caso de las rajas de chilaca, el chile se tatema, se deja sudar y se pela para porteriormente cortarlos en rajas; se utilizan en preparaciones más sencillas, de hecho, por lo regular, sólo se añaden a otros guisos. Tambien se preparan con huevo revuelto y en algunos casos se utilizan igual que las poblanas, aunque no son tan populares. En Michoacán son adorno de la carne de cerdo con uchepos y las corundas; en el Distrito Federal se le añaden a algunos guisos con caldillo de jitomate.

• Las rajas de chile de agua se acostumbran en Oaxaca. El chile se asa, se pela, se corta en tiras a lo largo y se marina en jugo de limón, sal y orégano; se emplean como picante en la mesa y para acompañar el mole amarillo y el chichilo negro.

• En el caso de las rajas de chile jalapeño o serrano, los chiles asados o crudos se desvenan y se cortan en tiras para incluirse en los tamales de rajas, tan comunes en Tlaxcala, Distrito Federal y, en general, en el centro del país. Se pueden comer solas para acompañar otros guisos, pero cuando se usan para tamales, se mezclan con jitomate y rodajas de cebolla. En el Distrito Federal, las familias antiguas también acostumbran hacer rajas de jalapeño con chile pasilla, que son más picosas que las de poblano. Los chiles encurtidos que se cocinan de forma casera o industrial suelen cortarse en rajas con o sin semillas.

• En el Distrito Federal y estados vecinos se elaboran los chiles serranos en rajas, que son la excepción en el sentido de que no se asan, desvenan o pelan.

RALLAR

Raspar en el rallador o con una máquina especial algún alimento. Se utiliza en particular para la cáscara de la naranja o el limón, el queso, la col y algunos otros ingredientes.

RAMA DE QUESO ◆ hierba santa

RAMÓN ◆ ojite

RANA

Nombre común que se aplica a varios anfibios del orden *Anura* y la familia *Ranidae*. Viven en aguas corrientes y estancadas, en bosques húmedos hasta casi desérticos y semiáridos. En general estos batracios tienen lomo verde con manchas negras; su piel es lisa, húmeda y casi desprovista de las acumulaciones de glándulas tan comunes en los sapos. El desarrollo de sus extremidades les permite saltar

Rana toro

grandes distancias. Su larva, llamada renacuajo o atepocate, también es comestible y tiene varios usos gastronómicos. Las ranas son apreciadas por los conocedores y aficionados a las ancas de rana, que son en realidad lo que se aprovecha como alimento. Su carne es blanca, delicada y de fácil digestión, pues contiene poca grasa. Como tiene un ligero olor a humedad, antes de prepararse se marina en leche por una hora, o en agua con jugo de limón por 10 minutos. Su consumo en tiempos antiguos fue muy importante; en la época prehispánica los habitantes del Valle de México la consumían ampliamente y muchas preparaciones subsisten hasta nuestros días, como los tamales y los mextlapiques. Aunque no tienen gran demanda, las ranas vivas se siguen comercializando en algunos mercados del Distrito Federal y en el mercado de Zumpango, en el Estado de México. Los martes de septiembre se expenden en el mercado de Santiago Tianguistenco; también se siguen consumiendo por la gente que vive en los alrededores de la zona lacustre de los valles de México y Toluca. Buena parte de los mexicanos modernos y citadinos ven con desprecio a este animal, aunque algunos lo consideran un alimento exótico y exquisito. En algunos restaurantes de cocina mexicana, especialmente los que proclaman vender comida prehispánica, la preparan en salsa verde, al mojo de ajo, empanizada, en pipianes, capeada en caldillos o diferentes salsas. Se considera principalmente botana o entremés. En el mundo existen muchas especies de ranas comestibles, de las cuales en México viven dos muy importantes en el campo alimenticio.

• La rana leopardo (*Lithobates montezumae*) es típica de los valles de México, Toluca y Puebla. Por lo regular mide 20 cm y se consigue todo el año, en especial durante la época de lluvias, es decir, de julio a septiembre. Desde tiempos prehispánicos ha sido ampliamente consumida. Se le conoce también como rana tigre o rana verde.

• La rana toro (*Lithobates catesbeianus*) es originaria de Carolina del Sur (EU), se encuentra en la frontera norte del país, en la cuenca del río Bravo y en Sinaloa y Sonora. Sin embargo, casi toda la que se consume es de ranicultura, porque crece idealmente en cultivo artificial. Se encuentra todo el año, mide de 20 a 25 cm, y su cría se ha incrementado debido a su gran tamaño. En Sinaloa, antes de consumirlas se dejan reposar en agua con vinagre, se untan con mantequilla, sal y pimienta y se rostizan o se cuecen a las brasas. Se acompañan con diversos tipos de salsa.

→ ancas de rana, renacuajo

RANAS CAPEADAS

Preparación que consiste en ranas asadas en comal o cocidas en agua y capeadas con claras de huevo batidas a punto de turrón con harina y una pizca de sal. Se acompañan con caldillo de jitomate o salsa ranchera. Son tradicionales en Morelos y Sinaloa.

RANCHERA, A LA
Preparaciones elaboradas con una salsa de jitomate, chile y cebolla, cocidos, molidos o martajados. En general las carnes se cuecen o se fríen antes de bañarse con la salsa y se sirven acompañadas con frijoles. Los bisteces a la ranchera o rancheros son muy populares en los almuerzos y comidas corridas que se sirven en las fondas del centro del país. Dependiendo de la región, la carne puede presentarse entera o cortada en cuadritos con abundante salsa.

→ huevos rancheros, queso ranchero

RANCHERITA DE TRIGO
Panecillo con forma de cemita elaborado con harina de trigo, azúcar, canela molida, manteca de cerdo, polvo para hornear, huevo y leche. Se acostumbra prepararlo para las fiestas regionales de Torreón, Parras y otras poblaciones de Coahuila.

RANCIO
Término dado al alimento cuyo contenido graso se ha oxidado por el paso del tiempo y ha adquirido un sabor desagradable y un olor más fuerte de lo habitual. Frutos como el coco y las nueces con facilidad se vuelven rancios.

RASCA LA VIEJA ◆ yahá

RASPA ◆ raspado

RASPADA
Tortilla de maíz de forma ovalada, de unos 15 cm de diámetro, que se cuece por un lado y se raspa para desechar la parte cruda; de esta manera, la tortilla queda delgada y se termina de cocer hasta quedar como tostada; en ocasiones se fríe. Se come caliente como tostada o para acompañar cualquier comida. También se unta con limón y sal y se come como botana. Se acostumbra en Jalisco, Colima, Nayarit y noreste de Michoacán. Muchas familias la preparan para venderla y enviarla a restaurantes de Guadalajara. En Tequila, donde es muy popular, suele llamársele pachola.

→ pachola, tortilla raspada

RASPADO
Nombre que recibe el hielo raspado que se coloca en un vaso y se baña con jarabe de diferentes sabores. Forma parte de la tradición de los alimentos que se venden por las calles de los pueblos y ciudades. Generalmente el raspero va empujando su carrito de raspados, con un gran bloque de hielo cubierto con una manta. El hielo se raspa con un instrumento metálico, llamado raspadora. Una parte importante del

carrito son los jarabes, que pueden estar en botellas, vitroleras o pequeñas cubetas. Algunos carritos incluso tienen adaptada una bicicleta. Su venta es de pregón, ya que con frecuencia se anuncian por las calles. Los sabores varían de acuerdo con la región, pero casi nunca faltan los de guanábana, tamarindo, grosella, mango, limón y piña. Los jarabes son muy dulces, por lo que se usan en pequeñas cantidades; algunos contienen trocitos de fruta. En muchas ocasiones, al momento de servir, se da al comprador una cucharita o un popote para que le resulte más fácil comerlo. Es común en las zonas cálidas de México para aliviar la sed. En Tepic y otros sitios de Nayarit son muy famosos; los sabores más populares son leche, vainilla, tejocote, ciruela, mango y piña. En la Huasteca potosina y, en general, en San Luis Potosí, se elaboran con el hielo bañado con leche condensada y canela en polvo, y sobre esta base se añade miel de azúcar con sabores de frutas como tamarindo, vainilla, frambuesa o grosella. De vez en cuando se ponen al final trocitos de duraznos, guayaba o piña en almíbar.

Conocido también como:

◇ granizo
◇ raspa (Huasteca, Oaxaca)
◇ yaguata (Michoacán)

RASTRO
Lugar donde se sacrifica al ganado. Cuando se desea conseguir carne muy fresca, o alguna parte específica del animal, se acostumbra ir al rastro, sobre todo en las comunidades del interior de la república, aunque no es una práctica muy frecuente.

RATA ASADA
Preparación elaborada con rata de campo limpia, untada con manteca de cerdo y sal, y atravesada con una vara que se asa a las brasas o sobre una lumbrada o fogata. Es un platillo común entre los paipais de Santa Catarina, Baja California.

RATA CAMBISTA ◆ cozón, rata de campo

RATA DE CAMPO
Con este nombre se agrupa a una gran cantidad de animales, 18 géneros y 114 especies, la mayoría de ellas sin nombre definido, o bien, éste es tan general que se puede aplicar a otro género de un grupo diferente de ratones; a diferencia de los ratones con abazones, éstos no presentan bolsas a los lados de los cachetes. El tamaño y forma, tanto del cuerpo como de la cola, es muy variable, los hay desde 9 hasta 45 cm. Las orejas varían en forma y tamaño

también entre cada especie. Los ratones de campo más ampliamente distribuidos y abundantes en México pertenecen a dos géneros: *Reithrodontomys*, semejante a un ratón común, y *Peromyscus*, que es el género del que más especies se encuentran en México (48). Los roedores de campo se pueden identificar por su nombre común: rata cambista, rata cañera o jabalina, meteorito o chincolo, cozón, guaqueque, puercoespín y tepezcuintle. Las ratas de campo se alimentan de insectos y vegetales, y con frecuencia se convierten en verdaderas plagas para los sembradíos, por lo que su consumo se incrementa cuando esto ocurre. En varias comunidades rurales e indígenas del país se acostumbra comer la rata de campo en caldo, asada, frita, en mole y en salsa. En Chiapas se cazan a gran escala; se desollan y se guisan o en ocasiones se asan a fuego lento, untadas con sal para comerlas con jugo de limón. Se prepara el caldo de ciguamonte con ellas y también se come su carne en caldo con chipil.

→ cozón

RATA DE MONTAÑA ◆ cozón

RATA EN AGUA

Platillo que se prepara con rata de campo cocida en agua, sal y quelites. Lo comen los paipais de Santa Catarina, Baja California.

RATA MAGUEYERA o RATA MEZCALERA ◆ cozón

RATA MEZCALERA TATEMADA

Preparación que se elabora con rata mezcalera limpia, untada con manteca de cerdo y sal y tatemada en una lumbrada o a las brasas. Es un alimento usual entre los kiliwas, en Baja California.

RATÓN

Pan de dulce color café claro elaborado con masa de panqué; dos pasitas simulan los ojos del fingido ratón sin cola.

RAYA

Nombre con el que se conoce a diferentes especies de peces. Se caracterizan por tener un cuerpo plano, con aletas pectorales grandes y triangulares unidas en la cabeza, con una cola delgada. Su carne generalmente es oscura, grasosa y dura; sólo se comen las aletas pectorales, que se preparan en escabeche, cebiche, sopas y en filetes capeados o empanizados. En el Golfo se consume la raya tigre (*Raja texana*). En Baja California se consumen frescas o saladas las siguientes especies: *Aetobatus narinari*, tecolote (*Myliobatis californica*), raya águila picuda (*Myliobatis longirostris*), raya chillona (*Raja velezi*), raya coluda del Pacífico (*Himantura pacifica*), raya de California o bruja (*Raja inornata*), raya gris de espina (*Urotrygon rogersi*), raya látigo común (*Dasyatis brevis*), raya lija de espina (*Urobatis maculatus*), raya mariposa o aletilla (*Gymnura crebripunctata*); raya mariposa californiana (*Gymnura marmorata*) y raya moteada de espina (*Urobatis halleri*).

Las rayas son conocidas también como:

◇ manta
◇ mantarraya

La especie *Aetobatus narinari* también es conocida como:

◇ águila real
◇ chucho
◇ chucho pintado
◇ raya águila
◇ raya azul
◇ raya gavilán
◇ raya pinta

→ caguamanta, machaca de mantarraya

RAYADA

Pan de forma oval color café claro, que presenta en el centro una raya blanca que corre a todo lo largo, característica de la que deriva su nombre. La parte oscura es una masa de harina de trigo fermentada con levadura, mezclada con manteca de cerdo, azúcar, salvado, sal y miel de piloncillo con anís. La raya blanca que se pone de adorno es una masa de harina de trigo con agua. Es un pan típico de Parral, Chihuahua, y se encuentra en muchos otros lugares del estado. La receta es muy antigua, y aunque no se sabe con exactitud desde cuándo se prepara, se cuenta que Pancho Villa la comió a su paso por Parral.

RAYITO ◆ pargo

RAYO ◆ hongo blanco

REBANADA

Nombre de distintos panes que expenden las panaderías mexicanas. Por lo regular es una rebanada de un pan grande que se corta para su venta en porciones individuales. La

rebanada de chocolate es un pan amarillo de masa de bizcocho, en forma de semicírculo, bañado con chocolate. La de mantequilla puede ser de masa suave, ligeramente esponjada, con forma ovalada, untada con mantequilla y espolvoreada con azúcar; o de masa dura, cuadrangular, horneada, para que quede tostada y crujiente; se unta con mantequilla y se espolvorea con azúcar, igual que la anterior. La rebanada dominó se elabora con masa de panqué; tiene forma rectangular, es muy esponjada y se baña con chocolate. Por último, la rebanada de plátano lleva una pasta de harina amarilla en la superficie, como si fuera una cáscara de plátano; el pan tiene forma de una rebanada ovalada muy alargada, aplanada y esponjosa.

REBANAR

Cortar o dividir un alimento de una parte a otra en lonjas delgadas o gruesas.

REBOZAR

Cubrir algún alimento, como carne o vegetal, con una mezcla elaborada con huevo, harina y algún líquido, como leche, cerveza o agua mineral, o bien solamente con huevo batido, para posteriormente freírlo. También es sinónimo de capear.

RECADO o RECAUDO

Nombre que recibe una mezcla de especias e ingredientes aromáticos molidos que se utilizan como sazonadores de guisos y platillos. El resultado son pastas o polvos indispensables en la cocina de varias regiones del país, principalmente en la península de Yucatán. Muchos recados se pueden comprar preparados en puestos especiales en los mercados populares. Existen diferentes tipos, como el recado rojo, negro o de especia, de alcaparrado, de adobo blanco o puchero, colorado para asados, de chilaquil, de chilmole, de relleno negro y de salpimentado; los mayas llaman *kuux al* recado para las comidas. Hace algunas décadas todavía existían las recauderías, tiendas donde se vendían diferentes especias, que en algunas regiones de México equivalen a los puestos de mercado donde se venden chiles y especias molidas. En Jalisco existen los recaudos rojos, verdes y mixtos y de consistencias espesa, mediana o aguada. El rojo se

Recado negro

prepara con jitomates, cebolla y ajo. El verde lleva tomatillo en lugar de jitomate y el mixto lleva los dos ingredientes. En la gastronomía de los estados del sur y sureste del país existe un dicho representativo: "recaudo hace comida".

RECADO BLANCO ◆ recado de puchero

RECADO COLORADO ◆ recado rojo

RECADO DE ADOBO BLANCO ◆ recado de puchero

RECADO DE ALCAPARRADO

Mezcla de pimienta de Castilla, ajo, orégano, comino, canela, clavo y semilla de cilantro, que se muele con vinagre blanco; la pasta se guisa con cebolla acitronada, laurel, jitomate, chile dulce, aceitunas, alcaparras, pasitas, chile xcatik, un poco de vino y bizcocho como espesante. Es un sazonador tradicional en Campeche, donde por lo general las carnes que más se guisan con este recado son pollo, cerdo, res o venado.

→ alcaparrado

RECADO DE BISTEC O RECADO PARA BISTEC

Mezcla elaborada con pi-
mientas de Tabasco y negra,
clavo, ajo, canela, orégano,
semillas de cilantro, comino,
sal y vinagre. Como su nombre lo indica, se utiliza para
cocinar los bisteces en la península de Yucatán y para
otras preparaciones como el
ajiaco o el but.

RECADO DE CHILAQUIL

Mezcla que en Campeche se elabora con pimienta de Castilla, ajo, orégano, epazote, comino, achiote y jugo de naranja. Se utiliza este recado para elaborar tamales y forma parte
del kool de pavo o venado. En Yucatán suele contener pimienta negra, ajo, orégano, epazote, comino, recado rojo y
naranja agria. Se le conoce también como chilaquil.

RECADO DE CHILMOLE ◆ recado negro

RECADO DE COCHINITA PIBIL ◆ recado rojo

RECADO DE ESCABECHE

Mezcla elaborada con pimientas negra y de Tabasco, canela,
clavo y comino. Se utiliza para las preparaciones en escabeche como el escabeche oriental de la península de Yucatán.

RECADO DE ESPECIA

Pasta de orégano, clavo, canela, pimienta negra, sal, ajo y jugo
de naranja agria, acostumbrada en la península de Yucatán. Se
utiliza en ciertas preparaciones como el relleno blanco.

RECADO DE PAN BLANCO

Mezcla elaborada con tomate, pan blanco, canela, tomillo,
orégano, pimienta y achiote molidos. En algunos casos se le
puede añadir clavo. Se acostumbra en Chiapas.

RECADO DE PUCHERO

Pasta elaborada con orégano, ajo, pimienta negra, clavo, comino y canela, a la que se le puede añadir semillas de cilantro, sal y jugo de naranja agria. Se acostumbra en la
península de Yucatán, como su nombre lo indica, para condimentar pucheros y aves. También se le llama recado blanco o recado de adobo blanco.

RECADO DE SALPIMENTADO

Mezcla de pimienta de Castilla, clavo, ajo crudo, orégano,
canela, semillas de cilantro, cebolla y perejil. Se utiliza en la
península de Yucatán y especialmente en Campeche para
preparar el salpimentado.

RECADO DE TODA CLASE

Mezcla elaborada con pimientas negra y de Tabasco, clavo,
canela y orégano yucateco, y en ocasiones comino, molidos
con agua, para obtener una pasta suave. Se acostumbra en
la península de Yucatán para preparar diferentes guisos con
cualquier tipo de carne. También sirve como base para elaborar otros recados, como el recado rojo.

RECADO NEGRO O RECADO DE CHILMOLE

Mezcla elaborada con tortilla de maíz quemada, pimientas
de Castilla y Tabasco, ajo, achiote, orégano, comino, epazote y una variedad de chile colorado seco llamado localmente
de Campeche o yucateco, que se carboniza, se remoja para
quitarle lo amargo y se muele con los demás ingredientes. El
chile y la tortilla quemados son los que le dan el color característico a este recado. Con él se prepara el famoso relleno
negro. También se conoce como recado de chilmole, pues

es la base del chilmole yucateco. Con frecuencia se compra
en los mercados, porque quemar los chiles es molesto para
la nariz y ojos, aunque a pesar de ello muchas personas lo
hacen en casa.

RECADO ROJO O RECADO COLORADO

Mezcla elaborada con semillas de achiote, sal, ajo, pimientas
negra y de Tabasco, clavo, canela, comino, orégano yucateco, semillas de cilantro y jugo de naranja agria. Se vende en
los mercados de la península de Yucatán y algunas compañías lo distribuyen en el resto del país. Sirve para preparar
platillos como el escabeche rojo, la cochi-
nita pibil, los tamales colados y los tamales costeños.

Conocido también como:

◇ achiote
◇ pasta de achiote
◇ recado de cochinita pibil

RECAMOLI O RECÓMARI ◆ ayocote

RECAUDO ◆ recado

REFINO

Nombre genérico que se aplica a los aguardientes, con especial relevancia al de caña, sobre todo en comunidades
indígenas del centro y sur del país.

REFREGAR

1. Término culinario que consiste en frotar o pasar entre las
manos el nixtamal para que pierda el hollejo o piel, y así quede limpio, lavado y muy blanco, para luego molerlo y conver-
tirlo en masa. La masa de maíz refregado es una masa más
delicada que se puede fermentar en pocas horas; sin embargo, es más blanca y de mejor calidad por lo que es indispensable para las codiciadas tortillas blancas. Las masas que son
muy amarillas deben su coloración a que están elaboradas
con maíz 100% amarillo, pero en la mayoría de los casos se
trata de nixtamal sin refregar, que contiene los hollejos y un
alto porcentaje de cal. Ambos elementos dan el tono a la
masa y la convierten en una masa difícil de fermentar.
2. Acción de refregar también es amasar y volver a amasar
algo; algunas carnes, quesos y pastas se refriegan.

→ queso refregado, resobar

REFRESCO

Con este nombre se conoce a una
infinidad de bebidas saborizadas
con frutas frescas o con saborizantes
artificiales. Hace tiempo se designaba así a las aguas frescas, pero con el
paso del tiempo y con la industrialización ahora se refiere a casi todas la
bebidas gaseosas embotelladas que
en algunas regiones se conocen como gaseosas.

→ aguas frescas

REFRESCO DE CHAYA

Bebida de chaya, de la que por lo menos existen dos versiones. La primera se prepara con hojas de chaya licuadas en
agua con azúcar y jugo de limón, la otra con hojas de chaya
y pulpa de piña, licuadas en agua con azúcar. Se consumen
en Tabasco y en la península de Yucatán. También se le llama
agua de chaya.

REFRESCO DE MAÍL ◆ chilacayote

REFRESCO DE MARAÑÓN

Agua fresca preparada con pulpa de marañón molida en agua con azúcar y jugo de limón. Se acostumbra tomar en Campeche.

REFRESQUERAS

Término para referirse a las mujeres que elaboran aguas frescas en Juchitán, Oaxaca.

REFRESQUERÍA

Lugar donde se venden aguas frescas en la península de Yucatán.

REFRESQUITOS ◆ fruta de horno

REGAÑADA

Nombre que reciben distintas variedades de pan dulce. Pueden elaborarse con masa paloteada y tener consistencia de galleta, de color café dorado, cubiertas de azúcar y de forma triangular, ligeramente redondeadas en las esquinas. También puede tratarse de un pan preparado con masa de pastel muy delgado y crujiente que se espolvorea con azúcar antes de hornearlo, para que se dore; tiene forma triangular u oval. En Puebla y Oaxaca se llaman así a unas galletitas elaboradas con masa de harina de trigo, huevo, azúcar, manteca de cerdo, mantequilla y sal; se revuelcan en azúcar con canela antes de hornearlas; pueden medir unos 6 cm. En los Valles Centrales de Oaxaca también entra en esta acepción un pan que se prepara con harina de trigo, sal, azúcar y manteca de cerdo. Es un óvalo grande de unos 20 cm de largo por 10 cm en su parte más ancha. La superficie se baña con manteca de cerdo y se espolvorea con azúcar para que se caramelice. En el área de Juchitán son panes típicos de los días previos a la Semana Santa.

REHILETE

Nombre que reciben distintas formas de pan de dulce. Puede estar elaborado con masa para galleta color café claro y tener forma de rosca floreada con el centro espolvoreado con azúcar. También puede ser un pan en forma de rehilete que se prepara con masa para pan danés, se decora con brillo café oscuro y un punto de crema pastelera o mermelada en el centro; o uno redondo, simulando un caracol, color café, con brillo, y azúcar granulada en la superficie, elaborado con masa para bizcocho esponjado.

REINA

Pan de dulce de forma redonda, ligeramente esponjado, blanco, espolvoreado con harina; en la superficie central presenta una pequeña coronita elaborada con la misma masa.

REJA DE MANTECA

Pan de color café claro y sabor algo salado que, sin embargo, se considera pan de dulce. Se elabora con masa de trigo y manteca de cerdo. La masa se trabaja para formar unas tiras que luego se entrelazan para formar una especie de rejilla o malla. Es un pan muy popular en las panaderías del Distrito Federal y el centro del país. En los Valles Centrales de Oaxaca también se acostumbra comerlo y se le llama rejita.

REJALGAR

1. *Thevetia ovata*. Planta venenosa que los pames de Querétaro han adoptado para su dieta cotidiana. Sólo recolectan las hojas tiernas a las que les quitan las venas principales que contienen la mayor cantidad de veneno, después las pican y las hierven para guisarlas. También se le llama ayoyote o ajojote.
→ mafafa

REJCHISA (*Tillandsia* sp.)

Planta de hojas arrosetadas, acuminadas y angostas, de la familia de las bromelias. Los tarahumaras comen las hojas centrales crudas, que son tiernas. También se aprovechan las flores del quiote como cualquier otra flor, cuando están tiernas.

Conocida en la Huasteca potosina como:
◇ tecolumate
◇ tziquinte

Conocida en zoque como:
◇ *tonjoyó*

REJITA ◆ reja de manteca

RELLENA ◆ moronga

RELLENITOS DE PLÁTANO MACHO ◆ plátanos rellenos

RELLENO

Mezcla o preparación que sirve para rellenar un sinnúmero de alimentos, de los cuales tradicionalmente existe toda una familia en cada uno de ellos. Un grupo muy grande lo forman los rellenos de carne o picadillos que pueden ser muy sencillos o complejos, sirven principalmente para los famosos chiles rellenos. Otro grupo, no menos importante, es el de los quesos con los que se rellenan calabacitas, chiles o tacos. Una enorme familia es la de los rellenos para quesadillas, y en ocasiones tacos, generalmente de verduras como las rajas de poblano, el cuitlacoche, las flores de calabazas guisadas, hongos preparados, etc. Otro gran grupo lo conforman los guisos o preparaciones para rellenar tacos para taquizas como son las papas con chorizo, la tinga de pollo y el chicharrón en salsa verde, entre otros. De mucha tradición son los rellenos elaborados con carnes con verduras y frutas que se preparan específicamente para rellenar pavo y pollo para las cenas de Navidad y Año Nuevo. En ocasiones el relleno es tan importante, que de él deriva el nombre del platillo, por ejemplo chile relleno de picadillo o las especialidades yucatecas conocidas como relleno negro y relleno blanco.

Cuitlacoche para rellenar quesadillas

RELLENO BLANCO

Preparación elaborada con pavo o gallina rellena con picadillo de cerdo, bañada en salsa blanca o kool y salsa de jitomate. El picadillo o but del relleno es de carne de cerdo guisada

526

con jitomate, aceitunas, alcaparras, pasitas y chile dulce picado, todo condimentado con recado de especias. La carne se deja enfriar y se mezcla con huevo crudo para que adquiera consistencia durante el cocido. En seguida se rellena el ave, se cose con aguja e hilo cáñamo para cerrarla, y se cuece en agua con sal y orégano; ya cocida, se saca del agua y se hornea para que se dore la piel. Con el caldo en el que se coció la gallina se prepara una salsa blanca llamada *kool* a la que se le agrega un poco de azafrán y harina de trigo para que espese. Por separado se elabora una salsa espesa con jitomates picados, cebolla rebanada, chile dulce rebanado, aceitunas, alcaparras, pasas y chile xcatic. En los platos se sirve *kool*, encima pedazos de carne con algo de picadillo y por último la salsa de jitomate. Es una especialidad yucateca que se conoce también como pavo o gallina en relleno blanco.

RELLENO DE PAPAS

Especialidad del Istmo de Tehuantepec de la que existen muchas variedades. En numerosas ocasiones son papas rebanadas, horneadas con mostaza y perejil; en otras, las mezclas pueden contener papa, zanahoria o chícharo, revueltas, con crema, ajo, cebolla, huevo, mostaza, mayonesa, e incluir aceitunas enteras, perejil picado y chiles jalapeños. Cuando es una mezcla suele hornearse en cazuela de barro y se colocan en el fondo hojas de plátano para que la mezcla no se pegue al fondo. Por lo general se utiliza para acompañar platillos de fiesta; se vende en mercados populares para el almuerzo de los domingos. Conocido también como papas horneadas.

RELLENO DE PUERCO

Guiso elaborado con carne de cerdo untada con una mezcla de chiles guajillo, ajo, clavo, pimienta, vinagre, hierbas de olor y achiote. Se acompaña con una guarnición de papa, piña y cebollas picadas y se hornea en una cazuela de barro tapada con aluminio. Es un platillo típico de Juchitán, Oaxaca.

RELLENO DEL ISTMO

Platillo que se elabora con una gallina horneada y rellena con verduras. Generalmente se emplea una gallina grande y se unta con una mezcla de ajo, canela, pimienta, clavo, hierbas de olor, jugo de limón y sal. El relleno contiene papas, cebolla, perejil, pimienta, hierbas de olor, crema, huevos crudos y pepinos picados. Se sirve con una salsa especial llamada chileajo que se elabora con chiles guajillo y ancho, ajo, pimienta, aceite, jitomate, pan molido, azúcar, sal y vinagre. Es una especialidad del Istmo de Tehuantepec, Oaxaca.

RELLENO NEGRO

Platillo elaborado con picadillo de carne de cerdo guisado con jitomate, epazote y claras de huevo cocidas y picadas. Todo se condimenta con recado negro y se mezcla con claras de huevo crudas para que adquiera consistencia de pasta mientras se cocina. Este relleno se llama but. Se mete en el pavo, que luego se cose con aguja e hilo cáñamo para cerrarlo, y se cuece en agua con más recado negro hasta que esté suave. Luego se retira del agua y con el cal-

do negro restante se prepara una salsa kool, que se sirve con pedazos de pavo y parte del relleno negro. Muchas veces el *but* del interior del pavo no es suficiente, por lo que con los mismos ingredientes se elabora otro en forma de salchichón o rollo envuelto en manta de cielo; se cuece en agua o caldo y se sirve rebanado junto con la carne de pavo. Actualmente muchas personas sólo cuecen el ave sin rellenarla y prefieren hacer el but en forma de salchichón, porque es más fácil de preparar y servir. Es una especialidad de la península de Yucatán, también llamada pavo en relleno negro.

→ but

RELLENOS QUERETANOS

Panecillos rellenos con chilacayote deshebrado, rebozados en huevo, fritos en aceite, bañados con miel y espolvoreados con ajonjolí. Son tradicionales de Querétaro y se preparan especialmente el 3 de mayo, día de la Santa Cruz. También se les llama panes rellenos.

REMOLACHA ◆ betabel

REMOLE

Mole preparado con algún chile seco, elote, calabaza, chilacayote y ejote. Se acostumbra en el sur del Estado de México.

RENACUAJO

Larva o cría de la rana. Se acostumbra en México desde tiempos prehispánicos en pilte y mextlapique. La costumbre de su consumo, igual que el de la rana, casi ha desaparecido. En Tulancingo, Hidalgo, los preparan fritos con cebolla, chile verde y epazote. En los mercados se pueden encontrar asados, envueltos en hojas de maíz. En algunos lugares también los preparan en mixiote. En cualquiera de las preparaciones mencionadas pueden cocinarse solos o mezclados con acociles o charales (se usaban también ajolotes, pero hoy están prohibidos porque están en peligro de extinción). Los chinantecos de La Esperanza, Santiago Comaltepec, Oaxaca, lo acostumbran comer en forma de pilte durante marzo, abril y mayo.

Conocido también como:

◇ atepocate, atepocote o atolocate
◇ temolocate

REPOLLO ◆ col

REPOLLO EN VINAGRE

Preparación que consiste en repollo cortado en tiras finas que se maceran en vinagre, agua, sal, azúcar, orégano y, en ocasiones, puede añadírsele un poco de zanahoria rebanada y chiles jalapeños. Todo se deja macerar por lo menos una hora y se puede mantener en buen estado por varios días en un frasco de vidrio. Esta preparación es muy popular en el Istmo de Tehuantepec y se acostumbra agregarlo a las garnachas y al pollo garnachero de la región.

REQUESÓN

Cuajada que se saca de los residuos del suero después de producido el queso. Se vende en las cremerías o queserías de los mercados populares. Al ser un producto económico es muy solicitado y se emplea en diversas preparaciones, incluso como sustituto del queso. Se acostumbra comer en casi todo el país y se procura que esté fresco, ya que se descompone con rapidez. En México se utiliza igual que el queso fresco y se usa como relleno en gorditas, quesadillas, tlacoyos, empanadas, muchos postres, pasteles, panes y galletas; también se come con miel o mermelada. El requesón batido es un dulce tradicional de Guanajuato que se prepara con un jarábe de azúcar y miel virgen, y se bate enérgicamente hasta que se pone blancuzco y endurece.

REQUESÓN DE SEMILLAS DE CALABAZA

Preparación elaborada con pepitas de calabaza secadas al sol, molidas y cocidas en agua hasta que sueltan una especie de cuajo que se les retira. Las semillas restantes se escurren y se fríen en manteca de cerdo con cebolla, cilantro y sal. Esta preparación es común entre los mayos de Sonora.

RES (Bos taurus)

Mamífero de la familia de los bóvidos. En México existen dos subespecies principales: *Bos taurus*, de origen europeo y *Bos taurus indicus*, llamado también cebú, de origen asiático. Miden unos 2 metros de largo por 1.5 de altura y pesan en promedio 750 kg. *Bos taurus indicus* se distingue por poseer una joroba. Ambas variedades se crían para obtener carne, leche y piel. La carne de res se aprovecha en un sinnúmero de cortes y especialidades de la cocina mexicana. La res se conoció en México a partir de la Conquista y gracias a las condiciones climatológicas del país se desarrolló con gran

éxito, de modo que desde los inicios de la época virreinal, en el Valle de México y otros sitios las carnes de res, cerdo, cordero y cabrito fueron muy baratas y por ello accesibles para las clases populares. En la actualidad, existen muchas regiones ganaderas en el país, es especialmente famosa la carne del norte, pero también la que se produce en algunos estados del centro del país, además de Chiapas y Tabasco.

• Entre los principales cortes se encuentra el aguayón, que se localiza después del filete, en los glúteos del animal; contiene muy poca grasa y es firme y suave a la vez; tiene mucha demanda porque se corta en bisteces. Las agujas están en la barriga del animal, debajo del entrecot y entre la falda y el pecho; se utilizan con mucha frecuencia, ya que contienen poco hueso y bastante grasa y carne suave con mucho sabor; se utilizan para pucheros y caldos o se asan. El chambarete se obtiene de las patas delanteras y traseras del animal, casi siempre se vende rebanado con trozos de hueso, lo que

Pulpa de res

lo hace ideal para caldos. La cola o rabo tiene mucho hueso y poca carne oscura y suave; se emplea para condimentar caldos y prepararse en adobo, en salsa y en sopa. Es difícil de encontrar, ya que muchas veces no la surten a las carnicerías, pues los rastros la venden sobre todo a los encargados de comercializar vísceras. El cuete es una pieza grande de la pierna del animal, de carne firme y poca grasa. Por lo regular se vende sin hueso, ya

que se acostumbra comprar entera para mechar, aunque también se vende en trozos. El diezmillo forma parte del lomo, es muy suave y tiene poco hueso y grasa, por lo que tiene mucha demanda; se emplea para obtener bisteces, brochetas y carne maciza. El entrecot es la parte que queda entre el pescuezo y el filete, es decir, las costillas de la res, con mucho hueso, grasa moderada y carne suave, y aunque se pueden sacar varios cortes, casi todo se destina para bisteces. La falda es la parte trasera de la barriga, después de las agujas, contiene una buena cantidad de grasa, nada de hueso y mucha pulpa suave. El filete es la parte más codiciada y cara, debido a su extrema suavidad y a que no se obtiene gran cantidad (en promedio llega a pesar de 2 a 3 kg). En muchas carnicerías su venta está condicionada a la pieza completa, debido a que cuando se vende por kilo, todos quieren la parte que se conoce como caña y desprecian las puntas; está entre el aguayón y el entrecot y de él se obtienen escalopas, milanesas, bisteces, tampiqueñas, brochetas y sábanas. El pecho es la parte frontal del animal, muy cercana a las patas delanteras. Tiene poco hueso y poca grasa y es muy suave; es muy demandado para caldos, para deshebrar y para bisteces. La arrachera es el diafragma de la res; es una pieza codiciada especialmente para asar, pero por su dureza debe pasar antes de cocinarse por un proceso de tenderización. El pescuezo o cuello tiene carne algo dura, presenta nervios y tiene una cantidad moderada de grasa; se muele o se usa en caldos. El cachete tiene carne suave y con poca grasa que se emplea para tacos. La trompa es muy solicitada para tacos por su suavidad. También se consumen la palomilla, la pulpa de palomilla y el brazuelo.

• Las vísceras de la res también se consumen. Los intestinos o tripas (que se emplean también para tacos), se obtienen de aproximadamente 15 metros del intestino delgado o tripa de leche y de 15 metros del grueso o tripa gorda. El hígado es una de las vísceras más codiciadas; por lo regular se compra en bisteces para prepararlos encebollados, asados o empanizados. La cabeza de res con sus diferentes partes se utiliza mucho, sobre todo para los famosos tacos de cabeza de res, así como la lengua. El bofe no se acostumbra tanto para consumo humano, aunque se prepara en diversos guisos. Los riñones, los sesos, el corazón y las criadillas, son otras de las vísceras que se consumen.

• Para elaborar caldos se prefieren carnes que tengan hueso, para que aporten sabor y al mismo tiempo se aproveche la carne; es el caso del chambarete, el pescuezo, la cola, las agujas, el diezmillo, la espaldilla, el pecho, la costilla y el hueso de cadera, de las que se saca lo que se conoce en los mercados como retazo con hueso. En cambio, para carnes asadas, se prefieren los bisteces de aguayón, filete, entrecot, diezmillo o falda, y se asan también la aguja, el pecho y la arrachera. Por tradición, las carnes se asan a las brasas o al carbón, aunque también a la plancha, en sartén o incluso en comal. Por lo regular sólo se les pone sal y pimienta, pero esporádicamente se llegan a marinar o a condimentar de otras formas. Cuando se trata de preparar guisos de cocción prolongada, se ocupa cuete, bola, aguayón, pulpa negra o lomo. La carne deshebrada, principalmente de falda y tapa de pecho, se emplea para tacos y quesadillas, guisos con caldillo y tortitas. Y la carne molida se utiliza para albóndigas, diferentes rellenos y picadillos. Normalmente se muele el pescuezo, brazuelo, pecho y cualquier otro corte que tenga una cantidad moderada de grasa.

RESCOLDO ◆ ceniza

RESOBAR

Término culinario que en panadería significa volver a amasar una masa de harina de trigo fermentada antes de preparar cualquiera de las formas de pan de dulce tradicional. En las buenas panaderías el maestro panadero resoba la masa manualmente hasta el punto en que considera que está lista. Dependiendo del tipo de pan de dulce que realizará, puede resobar la masa una o varias veces, procurando que la superficie en la que trabaja siempre sea de madera.

→ masa resobada, pan resobado

REVOLTIJO

1. Platillo tradicional de romeritos que se acostumbra preparar en varios estados de la república con algunas variantes para celebrar la Semana Santa y la Navidad. También se le llama romeritos con camarón.

• En el Estado de México, al igual que en el Distrito Federal, es un guiso muy importante. La receta antigua de la salsa del revoltijo se elabora con una mezcla de chiles mulato y pasilla, almendra, ajo, cebolla, ajonjolí, polvo de camarón, plátano macho, bolillo, tortilla, chocolate amargo, clavo, pimienta, cacahuate y canela, todo frito en manteca de cerdo. A este mole se le añaden romeritos previamente cocidos y tortitas de camarón. También se prepara el revoltijo verde con ajonjolí, pimienta, clavo, canela, cebolla, ajo, tomate, chile jalapeño o serrano y polvo de camarón; terminada la salsa se le añaden verduras como habas verdes, chícharos, nopales y papas, además de los romeritos.

• En Guanajuato, en Semana Santa, los romeritos se preparan en una especie de pipián caldoso con papas; en Navidad se preparan con carne de cerdo.

• En Jalisco es una preparación de nopales cocidos, xoconostles y papas que se cuecen en una salsa de tomatillo, cebolla, ajos, chile de árbol y cilantro; se mezcla con chicharrón duro troceado.

• En Michoacán se elabora de manera similar al del Estado de México. Algunas familias de la parte oriental de Michoacán acostumbran elaborar este guiso sin romeritos; por lo regular tiene nopalitos, chícharos, habas verdes y tortitas de camarón, todo guisado en salsa de chile pasilla y algo de polvo de camarón. Es un platillo muy especial que se cocina para la cuaresma y cada familia puede agregar o quitar cualquier ingrediente al preparado de acuerdo con su gusto.

• Entre los chocholtecos de Oaxaca, el revoltijo se elabora con romeritos, papas y nopales guisados en un mole preparado con chiles ancho y guajillo, ajonjolí, canela, comino, orégano, cebolla, cabeza de ajo, clavos, pimientos, tortilla de maíz, bolillo, pasas y almendras.

• En Puebla también se acostumbra cocinar romeritos para Navidad. Les agregan tortitas de camarón y tiras de nopales, todo mezclado con mole poblano.

• En San Luis Potosí y Zacatecas las recetas guardan similitud con las del centro del país.

2. Licor elaborado con tuna cardona, corteza de palo de timbre y mezcal. Se acostumbra preparar en San Luis Potosí, Puebla y Tlaxcala.

REY DEL PAVO, EL

Una de las torterías más famosas y antiguas de la Ciudad de México, localizada en la calle de Gante en el Centro Histórico. Este establecimiento abrió sus puertas en 1912 y desde entonces, la calidad y el estilo de sus tortas no ha variado. Se trata de una tortería sencilla, sin pretensiones donde la atención se centra en el horneado del pavo. La gran especialidad son las tortas de pavo porque sus porciones son generosas. Una torta especial es la llamada torta de chicharrón de pavo, cuyos ingredientes son los mismos que una torta tradicional sólo que se le agregan pedacitos de chicharrón de pavo. Son de llamar la atención los grandes barriles en donde se conservan las rajas de chiles, cebolla y zanahoria curadas en vinagre, que ellos elaboran.

RICE AND BEANS

Platillo elaborado con arroz y frijoles cocidos en leche de coco; se sirve con pollo adobado, salsa de jitomate y plátanos machos fritos. Es de origen beliceño, que por extensión se prepara en Quintana Roo.

RICO

Término que se utiliza en México para calificar a un alimento o guiso que es delicioso o sabroso. También es muy aceptado el superlativo "riquísimo", con el que se da a entender que el platillo es extraordinariamente sabroso o delicioso.

RIEL

Con este nombre se identifican por lo menos tres diferentes panes de dulce. Uno de ellos es elaborado con masa feité en forma de rollo relleno de mermelada, también es conocido como rollo de ferrocarril; otro tiene forma de vara aplanada, color café claro y está preparado con masa para galletas; se decora con dos líneas de mermelada a lo largo, característica de la que proviene su nombre. El riel también llamado cuadros o plancha, tiene dos líneas de mermelada. Se debe advertir que aunque se encuentran en las panaderías tradicionales, en ocasiones los nombres de esos panes se han perdido o modificado, ya que los propios vendedores de panes no los conocen.

RIÑÓN

1. Pan elaborado con harina de trigo, huevo, azúcar, mantequilla, levadura y anís. Recibe este nombre porque, antes de hornearse, la masa se trenza y queda en forma de riñón. Es tradicional de Campeche.

2. Órgano excretor de la orina de los animales vertebrados. En México se consumen principalmente los riñones de cerdo

y de res, aunque estos últimos son tal vez los más populares. Se pueden adquirir en las carnicerías y supermercados. Bien preparados se consideran un platillo exquisito. Deben desflemarse bien, para lo cual primero se les retira la grasa blanca que tienen en el centro y que une a todas las partes, después se cuecen en agua con cebolla, ajo y sal, y se tira el agua. Este paso debe repetirse al menos dos veces para que no quede ningún mal olor. Después se pueden cocinar en la forma deseada. En muchas carnicerías del Distrito Federal con frecuencia los rebanan, supuestamente para facilitar su cocción, pero en realidad esto impide la limpieza escrupulosa que requieren antes de consumirlos. En Tabasco se guisan en una salsa elaborada con jitomate, ajo, cebolla y chile verde y se acompañan con arroz blanco; es un guiso casero que se sirve como plato fuerte en la comida del mediodía. El riñón de cerdo por lo regular se fríe para comerse en tacos o se guisa en diferentes platillos elaborados con otras vísceras; aunque se aprovecha como carne de consumo, no es tan popular.

ROBALO

Nombre genérico que se aplica a los peces del género *Centropomus* que se capturan en ambas costas de México, siendo los del Golfo los más apreciados y famosos. En general son de cuerpo alargado, cubierto de escamas ásperas al tacto, dorso color café amarillento a café verdoso, costados plateados y vientre blanquecino. Por todo su cuerpo corre

una línea lateral negra; habita en las aguas costeras, esteros y puede penetrar a las aguas dulces. Se considera el más fino de los pescados, de modo que tiene gran demanda. Se vende principalmente fresco y congelado; también se comercia seco o ahumado, aunque para muchos resulta un sacrilegio. En el Golfo de México son famosas las postas de robalo, fritas, asadas, al mojo de ajo o en cualquier preparación; también se obtienen filetes para prepararse en cualquier tipo de salsa, para empanizar o en cualquier estilo. En las cocinas regionales se guisa de múltiples formas. En los restaurantes se anuncia y sirve como especialidad. Cuando está fresco es tan valorado que se guisa en sopa o caldo; aunque se combine con otros pescados en la misma sopa, se nombra sopa de robalo en honor a éste. Algunas especies de robalo que habitan en el Pacífico son: *Centropomus armatus*, *Centropomus viridis*, *Centropomus nigrescens*, *Centropomus medius*. En las aguas mexicanas encontramos las siguientes variedades:

• Robalito (*Centropomus robalito*). Habita en el Pacífico y mide unos 35 cm de largo, es decir, es pequeño comparado con sus parientes.

• Robalo blanco (*Centropomus undecimalis*). Se pesca todo el año en el sureste del Golfo de México. Mide unos 50 cm de largo y pesa 2.2 kg. De carne blanca, grasosa, suave y jugosa, es considerado el más fino de los robalos y se envía a muchos mercados del país, donde se vende en cortes finos.

• Robalo prieto (*Centropomus poeyi*). Su nombre alude al color de su carne, ya que es ligeramente más oscura que el anterior. Mide unos 45 cm de largo y pesa 1.8 kg. Se pesca

todo el año en las costas de Tampico y los estuarios del Golfo de México. Gastronómicamente su carne se considera grasosa, jugosa y de sabor suave.

El robalo es conocido también como:
◊ chucumite (*Centropomus undecimalis*)
◊ constantino (*Centropomus robalito*)
◊ gualaje (*Centropomus armatus*, *Centropomus medius*, *Centropomus robalito*)
◊ machín (*Centropomus poeyi*)
◊ robalo aleta amarilla (*Centropomus robalito*)
◊ robalo aleta prieta (*Centropomus medius*)
◊ robalo armado (*Centropomus armatus*)
◊ robalo blanco (*Centropomus vidris*)
◊ robalo de aleta negra (*Centropomus medius*)
◊ robalo del Pacífico (*Centropomus medius*)
◊ robalo espina larga (*Centropomus armatus*)
◊ robalo garabato (*Centropomus vidris*)
◊ robalo paleta (*Centropomus medius*)
◊ robalo pequeño (*Centropomus robalito*)
◊ robalo piedra (*Centropomus nigrescens*)
◊ robalo plateado (*Centropomus vidris*)
◊ robalo prieto (*Centropomus nigrescens*)
◊ tacamichín (*Centropomus nigrescens*)

ROCOTE

Nombre de diversas variedades de pescados que se consumen frescos y fileteados en el área de Ensenada, Baja California. Entre ellas se pueden mencionar: *Sebastes atrovirens*, *Sebastes chrysomelas*, *Sebastes constellatus*, *Sebastes goodei*, *Sebastes miniatus*, *Sebastes mystinus*, *Sebastes paucispinis*, *Sebastes rastrelliger*, *Sebastes rosaceus*, *Sebastes rubrivinctus* y *Sebastes serranoides*.

RODETE ◆ yagual

RODILLO

Utensilio de cocina con forma de tubo con manijas a los lados. Los hay de madera o plástico y se emplean para aplanar la masa de las tortillas de harina o la masa del pan de dulce. Muchos cocineros lo sustituyen por un trozo de palo de escoba.

ROJO ◆ hongo tecomate, mole colorado

ROLLITOS DE ESPINACAS

Preparación de hojas de espinacas capeadas en forma de rollo que en el centro llevan queso y chile rojo en escabeche. Se acostumbra prepararlos en Comitán, Chiapas.

ROLLO DE FRIJOLES

Preparación que consiste en un rollo de frijoles refritos que en su interior contiene aguacate y queso; éste se corta en rebanadas y se acompaña con chiles en vinagre. Para darle forma es necesario usar papel encerado. Es un platillo típico de Comitán, Chiapas.

ROLLO DE GUAYABA

Dulce en forma de rollo, elaborado con guayaba y dulce de leche. Se prepara extendiendo una pasta de guayabas cocidas con azúcar, muy similar al ate, sobre una superficie espolvoreada con azúcar; después, se coloca encima un dulce de leche condensada espeso y untable, que previamente se calentó y se redujo sobre el fuego. Posteriormente, el dulce se enrolla sobre sí mismo para formar un cilindro. De forma tradicional el rollo se envuelve en papel de estraza y en papel encerado, aunque también ya es común encontrarlo envuelto en papel celofán. Es típico del Bajío.

ROLLO DE NUEZ ◆ nogate

ROLLO DE NUEZ Y DÁTIL

Dulce en forma cilíndrica, elaborado con leche y azúcar, de unos 4 cm de diámetro que, por lo general, se cuece hasta que la mezcla espesa para añadirle dátiles o nueces y se enrolla con ayuda de una tela de manta de cielo húmeda. Es un dulce típico de Camargo, Chihuahua.

ROMERITO (*Suaeda torreyana*)

Quelite de tallos y hojas tiernas. Crece en suelos salinos como maleza en el norte y centro del país, donde abunda todo el año. Se cultiva ampliamente por la gran demanda durante la cuaresma, Semana Santa y época decembrina. Los romeritos son muy populares en la cocina del Distrito Federal y estados circunvecinos. A diferencia de otros quelites, éste no se come crudo, sino que debe cocerse primero en agua con tequesquite, para luego añadirlo a salsas o guisos. En la cuaresma, Navidad y Año Nuevo, se prepara con ellos un guiso muy importante llamado romeritos o revoltijo. En los mercados populares se compran por kilo o por grandes manojos. El que se vende en gran manojo o a granel, es un romerito sucio que trae raíz y muchas partes que deben retirarse cuidadosamente. En ocasiones el que venden por kilo es conocido también como romerito limpio, y por ello es más caro. Siempre son retoños tiernos muy limpios, a los cuales no hay que retirarles partes. Es importante no confundir el romerito con la hierba aromática de origen extranjero llamada romero.

ROMPOPE

Bebida elaborada con ron o aguardiente de caña, azúcar, leche, yema y especias. En términos generales, la leche con azúcar, canela, clavo, nuez moscada y bicarbonato de sodio se pone a hervir. Se retira del fuego y se deja enfriar. Se pone al fuego nuevamente y sin dejar de mover se añaden las yemas batidas para, a continuación, dejarlo espesar. En el último hervor o cuando ya se ha retirado del fuego se añade el ron o aguardiente de caña y el agua de azahar. Los ingredientes y sus cantidades pueden variarse e incluso algunos omitirse, por ejemplo la vainilla, la nuez moscada o el agua de azahar. Además del rompope tradicional, en Puebla también se elabora con almendras molidas y se le conoce como rompope de almendra. En Comitán, Chiapas, también lo preparan con almendras y lo conocen como rompope fácil. Se supone que el rompope tradicional es el que se produce desde hace mucho tiempo en los conventos de Puebla, aunque ahora también se fabrica en casa.

RON

Aguardiente de origen caribeño que se obtiene por destilación del jugo fermentado de la caña de azúcar. Existen algunos aguardientes de caña de producción local que no se denominan rones, como la charanda de Michoacán. Por su precio accesible se consumen popularmente mezclados con refresco, dando lugar a bebidas como la cuba. También se utiliza para preparar postres como los borrachitos, o para saborizar ciertos panes. En México, a raíz de la introducción de la caña de azúcar por los españoles, comenzó la producción de aguardiente de caña o ron, a principios del siglo XVII, mediante la destilación en alambique.

RONCACHO (*Roncador stearnsii*)

Pez de coloración plateada a gris en el dorso y blanco en el vientre, que puede medir unos 40 cm de largo; vive a lo largo de las playas y en bahías someras de Baja California y se le encuentra especialmente en Ensenada. Por lo general se consume fresco fileteado.

Conocido también como:
◇ corvina de aleta manchada
◇ roncador

RONCO CHANO ◆ burro

ROPA VIEJA

Guiso que casi siempre se acostumbra preparar a partir de un cocido, caldo o puchero; el nombre sugiere que se utiliza la carne sobrante y otras verduras de estos platillos, que se ocupan para la cena del mismo día, el desayuno o almuerzo del día siguiente. Según la región del país, puede prepararse de diversas formas. En el Distrito Federal, para algunas familias antiguas esta preparación es una especie de salpicón en el que se utiliza la carne de res cocida, aderezada con aceite, vinagre, orégano y cebolla rebanada; se deja reposar y, al momento de servir, se mezcla o adorna con rebanadas de jitomate, aguacate, hojas de lechuga y rabanitos. En Tabasco, se elabora con los vegetales y carne de res que sobran del puchero. En términos generales la carne se deshebra y se fríe con un poco de grasa; en caso de tener tuétano, éste también se agrega. A la carne frita se le añaden todas las verduras que se tengan picadas y se cuece hasta que todo esté bien mezclado. En ocasiones puede llevar arroz blanco o huevo. Se sirve en el desayuno o la cena. En el área del Sotavento, Veracruz, es carne de res deshebrada, guisada con jitomate, chile jalapeño, cilantro y hierbabuena, revuelta con huevo. Se acompaña con plátano macho frito y tortillas de maíz; se acostumbra preparar para la cena. En Yucatán se utiliza carne de puchero o *kab ik*, y se cocina con jitomate, cebolla, chile dulce, epazote y jugo de naranja agria; la carne deshebrada se come sola o en tacos, acompañada con frijoles colados o frijoles nach, o se usa como relleno de empanadas.

ROSA

Pan de dulce elaborado con masa feité, simulando una flor. El centro se decora con coco rallado. Es un pan que se prepara en el Distrito Federal.

ROSATILLA ◆ mozote

ROSCA

Nombre que reciben varias formas de pan de dulce, en las panaderías del Distrito Federal y diferentes lugares del país. Las roscas en general tienen forma circular, con un orificio al centro, algunas de las más representativas son:

• La rosca árabe se elabora con una masa que se trabaja de tal manera que queda torcida y con consistencia de galleta de color café claro. Se decora con ajonjolí.

• La rosca de bolsa tal vez deba su nombre a la bolsa o manga pastelera en la que se mete la masa para trabajarla con duya y lograr una forma de rosca aplanada, estirada, de color amarillo y bordes dorados.

• La rosca de canela, de color café claro, es muy popular; la masa puede estar plana, retorcida, trenzada o estriada, y la superficie puede presentarse espolvoreada con azúcar o bañada de chocolate derretido.

• La rosca de gragea está elaborada con masa para galleta y aplanada, cubierta con grageas color rosa mexicano o multicolores.

• La rosca de laurel se prepara con masa para pastel en forma de tiritas, semejando un espiral o caracol, sin orificio en el centro; es color café claro y va espolvoreada con azúcar granulada.

• La rosca de limón es de color café claro, más esponjada que las demás roscas y va espolvoreada con azúcar.

• La rosca de manteca tiene consistencia de galleta y es de forma circular, no tiene agujero central, pero la forma en que está trabajada la masa hace ver un centro y una orilla; el centro es un enrejado café claro. La rosca doble de manteca, en cambio, tiene forma de espiral o caracol, es de color café claro con estrías en la superficie y tiene un pequeño orificio central.

• La rosca de níquel es una rosca de borde delgado, color café claro y decorada con azúcar granulada.

• La masa de la rosca de vainilla, se trabaja para trenzarla y después formar las roscas color café claro y oscuro, barnizadas con huevo; se distingue su sabor a vainilla pura.

• La rosca san Isidro es gruesa, de masa esponjosa, presenta estrías en la superficie, se unta con jarabe y se espolvorea con azúcar granulada.

Debe advertirse que muchas de estas roscas son difíciles de encontrar: la mayoría de ellas fueron tradicionales en las panaderías del Distrito Federal, pero ya no se producen tanto como antes. Los nombres pueden resultar un problema, pues los mismos vendedores de las panaderías los han olvidado y no los conocen.

ROSCA DE REYES

Pan elaborado con masa dulce en forma de rosca, adornado con frutas cristalizadas, principalmente higo, acitrón y ate color rojo. A la rosca se le introducen muñequitos de plástico con forma de bebé (antiguamente eran de cerámica) que representan al niño Dios. Se acostumbra comer acompañada con chocolate, atole o ponche. Familiares y amigos se reúnen para partir la rosca en la tarde o noche del 6 de enero, día en que, según la Iglesia Católica, los Reyes Magos visitaron al niño Jesús. Actualmente este rito también se lleva a cabo en muchos centros de trabajo y oficinas. Cada persona

corta su rebanada y a quienes les toca un muñequito en su pedazo, quedan comprometidos para hacer otra fiesta o reunión el 2 de febrero, día de la Candelaria del niño. En ocasiones el día de la rosca sólo se le hacen bromas al que le tocó el muñeco, pues cada vez es más común que no se cumpla con el compromiso de hacer la siguiente fiesta. En esa fecha, y antes de ella, las panaderías y centros comerciales reducen la producción de pan de dulce y blanco y las vitrinas se llenan de roscas. Se producen de diferentes tamaños, a elección del comprador. En los estados del centro del país la masa con la que se prepara la rosca suele ser la misma o muy similar a la del pan de muerto. En cuanto a su tamaño, se elaboran pequeñas y redondas, en tanto que las más grandes son ovaladas. Actualmente hay quienes las rellenan con crema batida, queso o nata. Otras variantes menos comunes contienen trozos de higo revueltos con la masa. En el sur de Veracruz y Tabasco la rosca se hornea en molde de rosca y semeja más un panqué de naranja. Por lo general no lleva adornos de frutas cristalizadas. En la península de Yucatán la rosca suele ser redonda y sin adornos.

ROSCA DE YEMA

Rosquita elaborada con harina de trigo, tequesquite, mezcal y yemas; se baña con un almíbar de azúcar, agua y jugo de limón. Es típica de Oaxaca.

ROSCA NEVADA

Galleta en forma de rosca, también llamada rosquilla de canela. Se prepara con la misma masa que se utiliza para la bizcotela y se fríe en aceite, se espolvorea con azúcar y canela molida o se le añade una capa de merengue. Se puede encontrar blanca o rosa. Se acostumbra en Yucatán.

ROSITA DE CACAO ◆ flor de cacao

ROSQUILLA DE CANELA ◆ rosca nevada

ROSQUILLAS DE MAÍZ

Galletitas horneadas elaboradas con harina de maíz cacahucentle tostado, azúcar y canela en polvo; se preparan con diferentes figuras en el área donde colindan los estados de Veracruz y Tlaxcala.

ROSQUILLAS DE SAN JUAN

Panes blancos y frágiles que sólo se preparan durante la fiesta de san Juan para festejos como primera comunión, bautizos y bodas en San Cristóbal de las Casas. Por lo general, se elaboran por encargo.

ROSQUILLAS DE TUÉTANO ◆ pimpo

ROSQUITAS

Especie de galletitas que contienen harina, azúcar y leche. Se acostumbran en Nuevo León.

ROYAL®

Marca comercial con la que se conoce en México al polvo para hornear.

RUBELLÓN ◆ hongo enchilado

RUBIA ◆ pargo

SAAYA NAAWA ◆ saya, atole de sayas

SÁBALO (*Megalops atlanticus*)
Pez de cuerpo alargado, comprimido y moderadamente alto, con dorso gris azulado y vientre plateado. Se encuentra en aguas costeras, estuarios, ríos y lagunas de México. Mide aproximadamente 1.30 metros y pesa alrededor de 40 kg. Su carne es oscura, grasosa y de sabor suave. Su pesca se realiza durante todo el año en el Golfo de México, y abunda de junio a diciembre. Se consume asado, frito o empanizado, entre otras preparaciones. En el norte de Veracruz es muy apreciado para hacer la minilla. La hueva se considera exquisita y se prepara frita o guisada en diferentes salsas de tomate o jitomate.
Conocido también como:
◊ camarupín
◊ sabanilla
◊ tarpón

SÁBANA DE RES
Especialidad restaurantera que consiste en un filete de res aplanado con forma de sábana o lámina de más de 30 cm de largo y 20 cm de ancho. Se cuece a la plancha y se acompaña con frijoles refritos, salsa arriera o cualquier otra salsa picante, rodajas de limón y tortillas de maíz. También se utiliza para otras preparaciones.

SÁBILA ◆ flor de sábila

SAC COL
Guiso parecido al *kool*, de consistencia muy densa, preparado con pollo y harina de trigo o de maíz. Es de origen maya, típico de la península de Yucatán.

SAGÚ (*Maranta arundinacea*)
Planta herbácea de la familia de las amarantáceas, con raíz tuberosa y feculenta; hojas ovado-oblongas, acuminadas, con peciolo largo; las superiores sésiles; sus flores son blancas con corola tubulosa. Su nombre proviene de los nativos caribeños *arawak*, quienes la denominaban *aru-aru* (comida de comidas). Es originaria de la isla de Cozumel, Quintana Roo y se encuentra en Michoacán, Yucatán, Tabasco, Veracruz y Chiapas. Con la fécula que contiene la raíz, en la península de Yucatán se elabora una harina que se emplea para preparar atole y polvorones. Como casi todos los tubérculos, se utiliza en la elaboración de sopas, ensaladas y guisados en diversas salsas, así como en algunos postres. Molida es útil para elaborar atoles y se adiciona a la masa de maíz para hacer tortillas, panecillos, tortitas y galletas, entre otros productos.

Conocido también como:
◊ quento
◊ sagú cimarrón
◊ yuquilla silvestre
Conocido en algunas regiones como:
◊ perritos (Veracruz)
◊ platanillo (Sinaloa)
◊ sagú de monte (Yucatán)
Conocido en otras lenguas como:
◊ *chaak* (maya)
◊ *matsoc* o *motsoc* (totonaco)

SAHÁ ◆ yahá

SAGUARO (*Carnegiea gigantea*)
Cactácea que mide de 12 a 15 metros. Tiene forma de candelabro, con pocas ramificaciones y posee de 12 a 14 costillas y espinas tubuladas, la mayor de 6 a 7 cm; flores de 10 a 12 cm de tono blanco verdoso; fruto rojo o morado de 6 a 9 cm y de sabor dulce. Se encuentra en el norte de Sonora y Chihuahua. La población indígena de Sonora y Baja California utilizan la pulpa de los frutos, ya sea fresca, deshidratada o seca y de ella se extrae un producto azucarado muy nutritivo.

Conocido también como:
◊ mojepe
◊ suaharo
◊ suguaro
◊ suwarro o suwarrow

SAKÁ
Bebida sagrada maya elaborada a base de maíz nixtamalizado medio cocido, que se endulza con miel de abeja o azúcar. Es típica de la península de Yucatán. Se prepara como ofrenda para Chaac, dios maya de la lluvia, y se coloca sobre una mesa en la milpa después de varios ritos. Se dice que los hollejos son las "alas" que llevarán volando la bebida a los dioses, para agradecer y pedir una buena siembra y cosecha. El saká se relaciona en esencia con el agua, el dios Chaac y el maíz. En Quintana Roo el saká cotidiano incluye en su elabo-

ración sólo maíz y agua. Conocido también como pozol sagrado.

SAKYAB ◆ flor de cocohuite

SAL

Sustancia cristalina, soluble e inodora, de sabor punzante, empleada como condimento y agente de conservación. Es el condimento más utilizado en todo el mundo, único del reino mineral. Se obtiene a través de la evaporación natural del agua de mar, exponiéndola al sol en parcelas. También existen minas de sal cercanas a los océanos o lagos salados; esta sal es la única que reúne las mejores condiciones para la alimentación, por su contenido de yodo y otras sales, además del cloruro de sodio. Según el grosor del grano, recibe nombres como sal gruesa, sal fina y sal extrafina. Además de ser indispensable para la salud, tiene poder conservador y deshidratador. Existen diversas localidades donde se produce sal de lagos interiores, como San Andrés Tuxtla, Ixtahuehue, Tapazulapan y Soconusco, Veracruz. Esta sal tiene un ligero color rosa y su sabor no es tan fuerte como la sal de mar, por lo que se requieren cantidades mayores para salar la comida. En Pinotepa Nacional, Oaxaca, se elaboran tamales de sal mezclados con ceniza para consumo de los viajeros. La sal de San Pedro Ocotlán, Puebla, en el municipio de Chila de la Sal, es apreciada y usada en la elaboración de los quesos de Chiautla.

SAL DE GUSANO

Mezcla de sal con polvo de gusano de maguey rojo, tostado. El gusano se mezcla con sal, se tuesta en un comal y luego se muele. En algunos casos contiene pequeñas porciones de chile seco molido. Se utiliza en Oaxaca para acompañar el mezcal; se acostumbra alternar tragos pequeños de mezcal y pizcas de sal, y a veces también limón.

SALADO ◆ birote

SALAHUITE ◆ jinicuil

SALBUTE

Del maya sáal, ligero y buth, relleno, es decir de relleno ligero o poco relleno. Antojito elaborado con una tortilla de masa de maíz, de unos 8 cm de diámetro, que se cuece ligeramente en el comal y se fríe en aceite para que esponje y quede crujiente y suave. Encima de cada tortilla inflada se pone una rebanada delgada de jitomate, col, cebolla curada y carne de pollo, pavo, venado o cerdo. Estas carnes por lo regular se preparan en escabeche rojo, oriental o pibil. Cada comensal añade a su gusto salsa xnipec. Se acostumbra en la península de Yucatán.

→ negrito

SALITRE

Sal natural que aflora especialmente en tierra y paredes.

→ tequesquite

SALMONETE

Nombre con el que se conoce a las especies de peces Mullus barbatus y Mullus surmuletus. Pez de tono azul grisáceo, con los costados más claros y plateados. Tiene una línea amarilla a lo largo del cuerpo sobre los costados de aletas amarillas y el cuerpo alargado. Se encuentra en el Pacífico, desde Cabo San Lucas, Baja California Sur, hasta Perú. Se prepara asado o frito.

Conocido también como:

◇ chula
◇ jiguagua
◇ ojotón
◇ sol cola de abanico

→ macarela

SALMUERA

Solución salina en la que se sumergen carnes, pescados o verduras para conservarlos. A veces se completa con sal nitro (nitrato), azúcar y diversos aromatizantes. La salmuera se inyecta en los músculos o en las venas de las carnes antes de la inmersión. Para los jamones cocidos se utiliza una salmuera vieja, concentrada mediante la adición de sal y nitrato, o bien una salmuera fresca mezclada con un "pie de cuba" (resto de salmuera vieja).

SALPICÓN

Preparación a base de rábano, cebolla, cilantro y chile habanero picados y marinados en jugo de naranja agria y sal. Se utiliza como salsa para acompañar el puchero o antojitos como los salbutes. Se prepara en la península de Yucatán. Se llama salpicón porque los ingredientes se marinan con naranja agria, igual que la carne del salpicón de venado. Se puede hacer con jugo de naranja y chile habanero o cilantro, sin los otros ingredientes. Preparación que se consume fría, elaborada con carne de res, venado pescado o marisco mezclada con verduras picadas, condimentadas con hierbas aromáticas y limón o vinagre. Los ingredientes y formas de consumo varían según la región donde se elabore.

• En Campeche se prepara la cochinita de la mar en salpicón con jugo de naranja. La carne y el hígado del pescado se parten en trocitos y se les agrega cilantro, cebolla verde, polvo de chile seco, sal y naranja agria.

• En Comitán, Chiapas, se prepara el salpicón de res igual que el salpicón de venado.

Salpicón de res de Comitán

• En el Distrito Federal es un guiso a base de carne de res cocida y deshebrada, mezclada con vinagre blanco y rebanadas de jitomate; puede incluir rábanos, pepino, cebolla, rajas de chiles jalapeños en vinagre, lechuga y queso fresco. Se acostumbra en los meses de calor y se acompaña con tostadas de maíz.

• En la región del Soconusco, Veracruz, se prepara el salpicón de pejelagarto, éste se asa a las brasas y se le quita el caparazón para dejar sólo la carne, la cual se pica junto con cebolla, chile verde, jitomate y cilantro; se mezcla todo y se sazona con sal, pimienta y limón al gusto. Acostumbran comerlo en taquitos.

• En Tabasco se prepara el salpicón tabasqueño, de carne de res cocida y picada, mezclada con cilantro, cebollín, cebolla y perejil. Al final se adereza con jugo de limón, sal y pimienta. Se acostumbra comer seco y frío, acompañado con arroz blanco.

• En Tamaulipas se prepara el salpicón de jaiba sofriendo pulpa de jaiba con cebolla, apio y chile serrano; al final se incorpora cilantro y sal; se come en tacos. El salpicón de venado cocido y deshebrado aderezado con jugo de limón, chile serrano, cebolla rebanada y sal, se sirve con hojas de lechuga orejona y rabanitos.

→ ropa vieja

SALPICÓN DE CONEJO

Carne de conejo deshebrada y reposada con limón, cocida en agua con sal y ajo. Se mezcla con ejotes, calabacita, zanahoria, papa, pepino cortado en tiras, vinagre, sal y pimienta. Es típico de Sinaloa, donde se sirve en tostadas con lechuga picada, queso fresco y rebanadas de aguacate.

SALPICÓN DE JAIBA

Platillo elaborado con pulpa de jaiba sofrita con cebolla, apio, chile serrano; al final se incorpora cilantro y sal. Se consume en Tamaulipas en forma de tacos.

SALPICÓN DE VENADO

Carne de venado cocida, deshebrada y mezclada con cebolla, perejil, cebollino y chile dulce. Se adereza con jugo de limón y se acompaña con totopostes. En algunos casos se sirve con hojas de lechuga orejona y rábanos. Se prepara en Chiapas. En Campeche se utiliza carne de venado deshebrada, marinada con naranja agria y mezclada con cilantro, cebolla, chile y rábanos.

→ ts'ik

SALPIMENTADO

Platillo caldoso, típico de Yucatán que se elabora con pavo o gallina y, a veces, carne de cerdo; se condimenta con recado de salpimentado. Se añaden verduras como calabaza, chayote, papa, zanahoria, camote o jícama, entre otros. Las verduras se sirven por separado, condimentadas con sal, pimienta, jugo de naranja agria y cebollas rebanadas; el caldo se sirve en platos hondos, y se acompaña con jugo de lima, chile habanero y cilantro picado El caldo se utiliza como base de otros guisos o sopas. En Campeche contiene camote, papa, elote, calabaza, plátano y pepino kat.

SALPIMENTAR

Acción de condimentar con sal y pimienta algún alimento.

SALSA

Preparación que consiste en una mezcla de algún fruto o verdura, hierbas de olor, especias y casi invariablemente algún tipo de chile, que se emplea para cocinar o acompañar un platillo. En México las salsas de mesa son las diversas preparaciones picantes con las que se aderezan los alimentos al momento de consumirlos. Se preparan con chiles martajados, picados o molidos, frescos o secos, asados, ahumados, cocidos o crudos y, por lo general, mezclados con tomate o jitomate, ajo y cebolla. Las hierbas aromáticas que más se utilizan son epazote y cilantro. Entre las especias con las que se condimentan están la pimienta negra y la de Tabasco, el comino y el clavo. En algunos casos puede llevar frutas, verduras, semillas, quesos o cualquier ingrediente que le dé su característica peculiar. Algunas de las salsas más peculiares de la cocina mexicana son las de ajonjolí, de charales y de coyul. Otras variedades pueden distinguirse por su método de cocción, por ejemplo la salsa verde cruda, cocida o frita. En las comunidades rurales, un antojito puede ser una tortilla untada con salsa, y una comida puede ser un plato de frijoles y arroz acompañados con tortillas y salsa. Las salsas también se usan como base para platillos principales, como en las enchiladas verdes o rojas, los chilaquiles, el chicharrón en salsa verde o cualquier cárnico o verdura guisados.

SALSA ARRIERA

Salsa de mesa muy picosa y concentrada, preparada a base de chiles serranos, jugo de limón y sal.

SALSA BORRACHA

Salsa de chile pasilla, ajo, cebolla y pulque. Su consistencia es espesa y su textura puede ser tersa o martajada; se sirve con queso añejo, rebanado o espolvoreado y cebolla picada. Es muy común en Tlaxcala, Puebla, Hidalgo, Morelos, Distrito Federal y Estado de México. En Guanajuato la salsa borracha contiene xoconostles asados, ajo, chile guajillo o puya, cebolla y cilantro picado; se sirve con rebanadas de aguacate. En Hidalgo se prepara moliendo chile pasilla, ajo, aceite de oliva y pulque; la mezcla se coloca en un molcajete y se decora con chiles serranos en vinagre, queso fresco espolvoreado y cebolla picada. También se elabora una salsa borracha con duraznos inmaduros, chile morita o chipotle y pulque; otra variante se elabora con xoconostle, chile morita o chipotle y pulque. En el norte del país se conoce como salsa borracha a la que se prepara con jitomate, cebolla y chile mezclada con cerveza. En Nuevo León es una salsa cocida con jitomate, cebolla, chile serrano y cerveza; a veces se le añade queso fresco. En Oaxaca se prepara con chile guajillo, jitomate, pulque y ajo molido; al final se añade cebolla picada.

SALSA BRAVA

Salsa roja preparada con chile guajillo, piquín o de árbol. La clase de chiles que se utiliza depende de las costumbres familiares y del picor deseado. Incluye ajo, pimienta, cebolla, vinagre, sal y cilantro picado. Se utiliza para acompañar la barbacoa, las yescas o el figadete.

SALSA CAMPESINA

Salsa parecida a la salsa mexicana que se prepara con jitomate, cebolla, chile verde o chile de agua, cilantro y aguacates picados; al final se le agrega jugo de limón, orégano y sal. Se consume en el estado de Oaxaca.

SALSA CÁTSUP

Salsa a base de jitomate, de sabor dulce. Contiene vinagre, azúcar, sal y diferentes especias. Los antecedentes de esta salsa se remontan al siglo XVII, cuando en China se crearon varios tipos de salsas preparadas principalmente a base de pescado. En algunos platillos mexicanos se incluye la salsa cátsup como un ingrediente de salsas picantes para espesarlas y reducir su picor. Se utiliza mucho en cocteles de mariscos y sirve para acompañar las papas a la francesa, milanesas de res y pollo.

SALSA CHOJÍN

Salsa elaborada con jitomate, cebolla, chile y naranja agria. Sirve para acompañar al pixque. Se elabora en Chiapas.

SALSA CON AGRIOS

Salsa preparada con agrios que se cuecen y se muelen en molcajete con chile chiltepín y sal. Es tradicional de la sierra Norte de Puebla.

SALSA COSTEÑA

Salsa típica de Guerrero, elaborada con chiles localmente llamados costeños, asados y molidos con ajo y tomates previamente asados y cocidos, cebolla y cilantro picados y sal.

SALSA CRUDA ◆ salsa verde

SALSA DE ACAMAYA

Salsa de jitomate, chiles jalapeños, aceite de oliva y sal a la que se le añade carne picada de acamayas. Se consume como botana untada en tortillas o tostadas de maíz.

SALSA DE AGUACATE ◆ salsa de guacamole

SALSA DE AJONJOLÍ

Salsa que por lo general contiene pimiento morrón y jitomate asados, ajonjolí tostado y ajo. Por tradición se muele en molcajete. Se acostumbra en la región del Valle del Mezquital, Hidalgo.

SALSA DE ALBAÑIL

Nombre que reciben distintas clases de salsas. Puede ser una salsa verde cruda, a la que se le añaden aguacates picados y queso fresco o panela como adorno; también se conoce así a una salsa cocida, verde o roja, muy picosas. Se come con tacos, antojitos, tortillas de huevo o como botana al principio de la comida. Es típica del Distrito Federal.

SALSA DE CACAHUATE

Salsa preparada con chile ancho, cacahuates, chile pasilla, chile de árbol o alguna de las variedades de chile costeño, ajo y cebolla. Todos los ingredientes se muelen y se fríen en aceite. Se utiliza como acompañante de carnes, huevos o arroz. Existe otra variante elaborada con jitomate, ajonjolí, chile chipotle y cacahuates, todos molidos en molcajete con sal y pimienta. Es típica del estado de Veracruz.

SALSA DE CARDÓN

Salsa elaborada con semillas de cardón secadas al sol y tostadas, mezcladas con chiles achilitos secos y hojas de aguacate asados y sal. Todo se muele en metate y se diluye en agua. Se prepara por lo regular después de que se ha elaborado el tepache de cardón. Es típica de Cuicatlán, Oaxaca.

SALSA DE CHILE AMAXITO

Elaboración a base de chile amaxito martajado con sal, jugo de limón o naranja agria. En Tabasco muchos comensales separan el chile machacado con una cuchara para obtener solamente el jugo. Se emplea para acompañar cualquier comida. Una variante se prepara asando el chile y agregando cebolla. En el invierno el chile amaxito suele escasear y se encarece, por lo que se sustituye por chile habanero o serrano.

SALSA DE CHILE BRAVO

Salsa cruda de chile rojo o verde oscuro, que se prepara con jitomate, ajo, sal y gotas de jugo de limón. Se martaja y se utiliza para acompañar muchos platillos como la sopa de guías. Es típica de Oaxaca.

SALSA DE CHILE CHIPOTLE

Término utilizado para denominar a cualquier salsa que tenga un pronunciado sabor a chile chipotle. Por lo general son salsas con jitomate o tomate a las que se les añade chipotle molido. Se utiliza para guisos como albóndigas o caldo tlalpeño.

SALSA DE CHILE COLORADO

Salsa espesa hecha con chiles colorados asados, remojados y molidos, a los que se les añaden distintas especias. Además del chile colorado, a veces contiene algún otro tipo de chile rojo como morita, trompito, guajillo, puya y de árbol, que sirven para fortalecer el color y dar sabor a la salsa. Se utiliza para diversos guisos con nopales, carne de cerdo, palmito, cabuches, entre otros. Se prepara en San Luis Potosí y Zacatecas.

SALSA DE CHILE CORA

Salsa de mesa que se elabora con chiles cora secos y fritos, tomate, ajo, agua y sal. Se utiliza para acompañar las empanadas de camarón. Es típica de Nayarit.

SALSA DE CHILE DE ÁRBOL SECO

Salsa roja de chile de árbol seco, que contiene tomates, ajo, sal y agua. Los chiles y los tomates pueden ir asados, cocidos o fritos. Se muele en molcajete o licuadora, por lo que la textura puede ser muy tersa o poco martajada. Es una salsa picosa que se acostumbra en gran cantidad de antojitos y alimentos. Es muy común en los estados del centro del país como Morelos, Distrito Federal, Hidalgo, Estado de México, Michoacán y Querétaro. En Jalisco la salsa contiene chile  de árbol seco, ajonjolí, clavo, vinagre, mejorana y sal, con ellas se preparan las tortas ahogadas. En el Distrito Federal se utiliza para acompañar los tacos al pastor y de suadero. Es conocida también como salsa taquera.

SALSA DE CHILE GUAJILLO

Salsa de chile guajillo, ajo, sal y agua. En Oaxaca sirve para acompañar diversos platillos; también se puede servir con chicharrón en trozos y quesillo. En el centro del país se prepara friendo el chile o cociéndolo en agua caliente; se utiliza para acompañar antojitos.

SALSA DE CHILE HABANERO

Preparación elaborada con chiles habaneros al natural o asados, tamulados o martajados con sal y jugo de naranja agria. Una variante puede contener ajo. Es muy utilizada en la península de Yucatán.

→ salpicón, salsa ranchera, salsa xnipec

SALSA DE CHILE PASILLA

Salsa elaborada con chiles pasilla asados y cocidos en agua caliente con ajo y cebolla. Todo se muele y, a veces, se le agregan tomates. La salsa puede ser licuada o martajada. Se usa ampliamente para acompañar tacos y antojitos y sirve como base para guisos con carne de res, bisteces, huevos revueltos, albóndigas, lengua de res, chicharrón y muchos otros. Es muy popular en los estados del centro del país, como Michoacán, Estado de México, Distrito Federal, Tlaxcala, Hidalgo y Puebla. En Michoacán consiste en una salsa de mesa cocida, frita y molida con textura tersa, que se acostumbra para dar picor a casi cualquier alimento.

SALSA DE CHILE PASILLA OAXAQUEÑO

Variedad de salsas en las que el chile pasilla oaxaqueño va asado y molido. La versión tradicional consiste en chile molido con agua, ajo asado y sal. A otra variedad se le añaden tomates cocidos o asados. En los Valles Centrales se combina el chile pasilla oaxaqueño con el chile de onza, ajo, agua y sal. Se ocupa para acompañar antojitos, higaditos de fandango, menudo, frijoles, carnes asadas y sopas. Es típica de Oaxaca.

→ chintextle

SALSA DE CHILE PASTOR

Salsa que se elabora con chiles serranos asados, ajo, cebolla, cebollina y jugo de limón o naranja. Se le agrega sal y un poco de agua caliente. Se prepara en Comitán, Chiapas.

SALSA DE CHILE PIQUÍN

Término utilizado para denominar a cualquier salsa elaborada con alguna variedad de chile piquín. Entre los pames que habitan San Luis Potosí y Querétaro, la salsa contiene chile piquín, jitomate, tomate, cilantro, agua y sal; se acostumbra para acompañar todo tipo de platillos en la región.

→ milcahual

SALSA DE CHILE SECO

Salsa de color oscuro y muy picosa que se prepara con una variedad de chile jalapeño, tostado, desvenado y molido con ajo y agua. Se fríe y se utiliza como base de diferentes guisos o para acompañar pescados y mariscos. También se utiliza en antojitos como gorditas y garnachas. Se elabora en Veracruz.

SALSA DE CIRUELA

Salsa típica para acompañar o guisar diversas carnes y preparaciones. Se prepara con ciruelas agrias que se cuecen en agua con tequesquite y se muelen en metate junto con chiles serranos tostados. Es tradicional de Morelos.

SALSA DE COYUL

Salsa hecha a base de coyul y chiles costeños asados, molidos con ajo y sal. Esta salsa puede encontrarse entre los chochos de Oaxaca.

SALSA DE DEDOS

Salsa cruda que se elabora con jitomate, agua, sal, limón, chile verde, cebolla y cilantro que se machacan con los dedos. Es común para acompañar chicharrón y tamales de frijol. Típica de Chilapa, Guerrero.

SALSA DE ESCAMOLES

Preparación que contiene chile morita, escamoles, ajo y sal, todo molido en molcajete. Se come en tacos con tortillas de maíz en la región del Valle del Mezquital, Hidalgo. En la zona del semidesierto de Querétaro se preparan escamoles con chile serrano y sal.

SALSA DE GUACAMOLE

Salsa verde cruda a la que se le añade aguacate maduro martajado o totalmente molido. Se utiliza principalmente en el centro del país para acompañar todo tipo de tacos o antojitos. A menudo se usa este nombre para distin-

guirla del guacamole común, que por lo general lleva más aguacate y pocos chiles picados. Conocida también como salsa de aguacate.

SALSA DE GUAJES

Salsa picante elaborada con guajes frescos, asados y molidos con sal y una variedad de chile verde llamada mochiteco, típica de Chilapa, Guerrero. Se utiliza para condimentar o acompañar algunos platillos. En Baja California, los kumiais de Peña Blanca la preparan con las semillas del guaje secas, molidas con chiles serranos, sal y un poco de agua. En San Cristóbal de las Casas, Chiapas, se prepara con guajes crudos, chiles morita y guajillo, y cebolla picada. En Morelos contiene guajes frescos, ajo, chile serrano, agua y sal. Se prepara una salsa similar con flores de guaje, chiles serranos o manzanos, jitomate y cilantro martajada en molcajete. Es una receta casera que se acostumbra en el estado como cualquier otra salsa picante y es especial para acompañar antojitos como tacos o tostadas.

SALSA DE GUATOMATE

Salsa molida o martajada de guatomate asado, chile chiltepín, cilantro y sal. Es una salsa picante de mesa que se acostumbra en Izúcar de Matamoros, Puebla.

SALSA DE GUSANOS DE MAGUEY

Preparación que contiene gusanos de maguey, jitomate y chiles chipotles asados; se muele en molcajete con ajo y sal. Es común en el área del Valle del Mezquital, Hidalgo, aunque se prepara también en otros estados donde existe el maguey pulquero, por ejemplo Puebla, Tlaxcala, Estado de México y algunas partes del Distrito Federal. En los Valles Centrales de Oaxaca se prepara moliendo ajo, chile pasilla oaxaqueño, miltomates asados o cocidos y gusanos rojos de maguey. Sirve para acompañar diversos guisos como las tlayudas con asientos o la sopa de guías de calabaza.

Conocida también como:

◇ salsa de gusanitos
◇ salsa de gusanos

SALSA DE GUSANOS DE NOPAL

Salsa molida que se elabora con gusanos de nopal asados, chile mora, ajo, jitomate y agua. Se utiliza para acompañar diversos platillos como los escamoles horneados, los caracoles y las tortitas de flor de garambullo. También se puede comer untada en tortillas de maíz. Se consume en el Valle del Mezquital, Hidalgo.

SALSA DE HUEVECILLOS DE AVISPA

Salsa picante que se prepara con huevecillos de avispa, chile mora, jitomate y ajo asados y molidos en molcajete. Es tradicional de la región del Valle del Mezquital, Hidalgo.

SALSA DE HUEVO

Preparación elaborada con huevos batidos y fritos en manteca de cerdo con salsa de jitomate, chiles jalapeños, cebolla y sal. Se prepara en Oaxaca, donde se acostumbra comerla en el desayuno con frijoles parados.

SALSA DE JITOMATE

Término que designa a una variedad de salsa, cuyo ingrediente principal es el jitomate; se le conoce también como salsa roja. En el norte del país se elabora con jitomate asado hecho puré, mezclado con cilantro y cebolla fina-

mente picados y chiles verdes del norte cortados en rajas. Se utiliza para acompañar carne asada, mariscos, gallina pinta, huevos fritos, frijoles y burritos. En Tabasco se conoce como salsa de tomate rojo y se elabora cociendo los jitomates en agua con ajo y cebolla, se licuan y se cuelan o se muelen en molcajete sin colarlos. Sirve para acompañar diversos platillos como las maneas y los tamales de chaya o chipilín.

→ chiltomate, salsa ranchera

SALSA DE LIMA AGRIA

Salsa elaborada con jugo y pulpa de lima, toronja, vinagre de piña, cebolla, orégano, chiles jalapeños en escabeche, pepino y azúcar. Es una salsa refrescante y un poco ácida que se utiliza para acompañar pacholas.

SALSA DE MILPA ◆ milcahual

SALSA DE MILTOMATE

Salsa verde de miltomates o tomatillos. En el centro del país se considera muy fina. Sirve como acompañamiento de carnes, huevos o diversos guisos.

SALSA DE MOCOQUE

Salsa de semillas de mocoque tostadas y molidas con ajo, cebolla, sal y chile cascabel. Se elabora en la Sierra Gorda de Querétaro.

SALSA DE NUEZ

Preparación que se elabora con nuez picada, chiles mora y guajillo, ajo, cebolla y jitomate, los ingredientes se muelen hasta obtener una consistencia tersa. Es tradicional en la región del Valle del Mezquital, Hidalgo, donde se acostumbra para acompañar el chincoyote horneado. En San Luis Potosí y Querétaro, los pames preparan una salsa de nuez con chile piquín, agua y sal. Todos los ingredientes se muelen en molcajete y se utiliza para comer con flores guisadas.

SALSA DE PANAL ◆ avispas, panal

SALSA DE QUESO ◆ quesillo en salsa

SALSA DE SALPICÓN ◆ salpicón

SALSA DE SUEGRA

Salsa cruda que se prepara con tomates, jitomates inmaduros, rabos de cebolla, chile serrano, cilantro y sal. Su consistencia es burda y gruesa; se utiliza para acompañar frijoles, arroz o carne asada. Es tradicional de Colima.

SALSA DE TANTARRIA

Salsa elaborada con tantarrias molidas, chile verde, jitomate, ajo asado y sal. Se prepara en Hidalgo y Querétaro.

SALSA DE TOMATE

Salsa molida hecha con jitomate, cebolla, chile dulce y, a veces, chile habanero. Se prepara en la península de Yucatán.

→ chiltomate, salsa verde

SALSA DE TOMATE ROJO ◆ salsa de jitomate

SALSA DE TUNA CARDONA

Salsa picante elaborada con tuna cardona cocida, chile de árbol y chile guajillo asados y molidos; al final se le añade cebolla y cilantro picados. Se acostumbra para acompañar la barbacoa en el Valle del Mezquital, Hidalgo.

SALSA DE UÑA

Salsa de mesa preparada con tomate, rábano, cebolla, chile serrano y cilantro picados y mezclados con sal. Se prepara con anticipación para que los ingredientes se maceren. Es tradicional de Colima.

SALSA DE XOCONOSTLE

Salsa de xoconostles asados, martajados o molidos con chile morita o chipotle mora, agua, ajo y sal. Se acostumbra en el centro del país, sobre todo en Hidalgo y Guanajuato.

→ chile con xoconostle, salsa borracha, xocochile

SALSA ENDIABLADA

Salsa hecha con chile de onza, ajo, pimienta, clavo, hierbas de olor y vinagre. Los chiles se fríen en aceite con los ajos y se mezclan con el resto de los ingredientes. Se elabora en Oaxaca.

SALSA GÜERA

Salsa a base de chile caribe, cebolla y jitomate. Una variante de esta preparación no incluye jitomate. Es típica de Hermosillo, Sonora.

SALSA IXNIPEK ◆ salsa xnipec

SALSA MACHA

Salsa casera con consistencia de pasta, hecha con chiles serrano y morita fritos, molidos en el molcajete con ajo y sal. A veces se le agrega cacahuate frito y molido en molcajete, y se acostumbra comer untada en tortilla o pan. Se prepara en el estado de Veracruz, principalmente en Orizaba. Se encuentra en pasta y líquida; esta última contiene además aceite de oliva. Después de mezclarlos, la salsa se separa y la pasta de chiles se asienta. Es posible utilizar solamente el aceite coloreado o revolver todo y usar la salsa más espesa.

SALSA MEXICANA

Salsa cruda preparada con chile, jitomate, cebolla y cilantro picados, sazonados con sal y a veces jugo de limón. El chile serrano es el más utilizado, pero en ocasiones se sustituye por chile jalapeño. Se acostumbra en varios estados del centro del país. En Jerez, Zacatecas, se elabora con chiles poblano, jalapeño, güero, serrano, cebolla, jitomate, jugo de limón, orégano y sal. Se le conoce con este nombre debido a que los ingredientes tienen los colores patrios: verde, blanco y rojo. Se utiliza en algunos platillos como almeja asada, carne a la tampiqueña, molletes, pollo a las brasas y tegogolo, entre otros.

SALSA MILCAHUAL ◆ milcahual

SALSA MOLCAJETEADA

Término aplicado para designar a las salsas que se elaboran directamente en el molcajete y generalmente se sirven en él.

SALSA OAXAQUEÑA

Salsa picante que se elabora con rajas de chile de agua asado, ajo, jitomate y cebolla; al final se le agrega cilantro y se muele. Es típica del estado de Oaxaca.

SALSA PARA BIRRIA

Salsa de color rojo intenso, elaborada con chile de árbol, vinagre de piña, orégano y ajo molidos, condimentados con pimienta y sal. Se usa para acompañar la birria.

SALSA PUYA

Salsa tersa hecha con chiles puya asados, remojados en agua caliente y molidos con vinagre, cebolla, orégano y sal. Se utiliza en Jalisco para acompañar antojitos regionales como tostadas; también es el ingrediente principal de la sangrita.

SALSA RANCHERA

Salsa roja de mesa muy común en los estados del centro del país, hecha con jitomate, chile serrano, ajo, cebolla y sal. Los ingredientes pueden molerse crudos o previamente cocidos en agua; después se fríen con un poco de aceite para que se sazonen. Es una salsa indispensable para los huevos rancheros, y se utiliza en tacos, tostadas y otros antojitos. Es base de guisos como los chilaquiles rojos y enchiladas rojas. En Veracruz se prepara con chile habanero, jitomate, cebolla y ajo; al momento de servir se le añade cilantro picado.

SALSA ROJA ◆ salsa de jitomate, salsa ranchera

SALSA TAMULADA

Término que se aplica a las salsas molidas en tamul. Con este nombre también se conoce a la salsa de chile habanero.

SALSA TAQUERA ◆ salsa de chile de árbol seco

SALSA VERDE

Nombre que reciben distintas salsas de color verde, hechas por lo general con tomate, ajo, cebolla, chile verde y cilantro. Puede ser cruda, cocida o asada. Se preparan en el Estado de México, Distrito Federal, Tlaxcala, Puebla, Hidalgo, Michoacán y Morelos, entre otras entidades. La salsa verde cruda se elabora licuando o moliendo todos los ingredientes crudos. Puede ser tersa o martajada. En Puebla y Tlaxcala esta salsa puede incluir pipicha o papaloquelite picado. En Oaxaca se prepara con ajo, chile verde y miltomate, molidos en una chilmolera y mezclados con cilantro y cebolla picados. La salsa verde cocida se prepara cociendo en agua los ingredientes para después molerlos; al final se puede añadir epazote picado. Se utiliza como salsa de mesa y sirve como base para las enchiladas verdes,

chilaquiles verdes y entomatados. En ocasiones, esta salsa se fríe en aceite o manteca de cerdo. La salsa verde asada se prepara asando los ingredientes en el comal para después molerlos en el molcajete. Es una salsa muy peculiar, porque los ingredientes no están completamente cocidos. Es muy gustada en los estados del centro del país por el sabor ahumado que adquiere el tomate al asarse.

SALSA XNIPEC

GRAF. salsa ixnepec, salsa ixnipec, salsa ixnipek o salsa xnipec. Del maya *ni*, nariz y *peek*, perro, es decir, nariz de perro, pues la salsa es tan picosa que hace sudar la nariz, como sucede con los perros. Esta preparación contiene jitomate, cebolla morada, cilantro y chile habanero, todo picado y mezclado con jugo de naranja agria y sal. Se utiliza en la península de Yucatán para acompañar el chocolomo, el frijol con puerco, el salpicón, el puchero, el poc chuc y el tikin xic, entre otros platillos. Conocido también como xnipec.

SALSA XOJCHILE

Salsa martajada elaborada con chile xojchile consumida en la Huasteca hidalguense.

SALSERA

Recipiente utilizado para servir las salsas de mesa; puede estar hecho de barro, piedra, cerámica, vidrio o madera. Muchas veces se utiliza como salsera el mismo molcajete donde se preparó la salsa.

SALVADILLO

Pan blanco que contiene un poco de salvado en la base. Es conocido en Comitán, Chiapas.

SALVADO

Cáscara del grano de los cereales, que se separa de la harina haciéndolo pasar por diferentes cedazos durante la molienda. Se utiliza principalmente en licuados o para añadir a los cocteles de frutas o yogures que se venden, por lo general, en puestos fijos o semifijos.

SAMALAYOTA ◆ calabaza de Castilla

SAMARITÁN O SAMARITANO ◆ ojite

SAN LUIS POTOSÍ

Estado situado al sur de la región norte de la república mexicana; colinda al norte con Coahuila; al noreste con Nuevo León y Tamaulipas; al este con Veracruz; al sureste con Querétaro e Hidalgo, al suroeste con Guanajuato y Jalisco y al oeste con Zacatecas. Fue fundado el 22 de diciembre de 1823 y su capital es la ciudad de San Luis Potosí; se divide en 58 municipios reagrupados en cuatro zonas geográficas: la región Huasteca, la región Media, la región Centro y el Altiplano potosino. La principal actividad económica del estado es la industria metalúrgica y manufacturera, debido a su

Cascada de Minas Viejas, El Naranjo, San Luis Potosí

Jardín surrealista de Sir Edward James, San Luis Potosí

riqueza minera; sus principales productos son el zinc, el cobre y la fluorita. El sector terciario (servicio y turismo) ocupa a un poco más de la mitad de la población y aunque el sector primario aporta un pequeño porcentaje al producto interno bruto (PIB) del estado, San Luis Potosí ocupa los primeros lugares en el cultivo de caña de azúcar, elote, soya, tuna, café y naranja. En la época prehispánica, la Huasteca contaba con la presencia de varios pueblos indígenas como los huastecos, nahuas, pames, totonacas, chichimecas y tepehuas. Actualmente los grupos étnicos con mayor representatividad en el estado son los *teenek* o huastecos y los nahuas que viven en la región de la Huasteca, al oriente del estado, así como los chichimecas jonaz; por su parte, los pames se encuentran en la región media, zona montañosa y desértica. La base económica de estos pueblos es la agricultura, que complementan con ingresos de familiares migrantes y trabajando como jornaleros en rancherías o localidades más grandes. Las costumbres alimentarias de estos pueblos y los ingredientes nativos de la región tienen una influencia directa en la gastronomía del estado. Por ejemplo, algunos de los platillos más representativos del estado originarios de la Huasteca son el adobo de cerdo, los bocoles, los caldos borracho y loco, la cecina, el chocolate huasteco, el dulce de garbanzo, las enchiladas huastecas potosinas, el jobito, el patlache, los pemoles, el pollo en ajocomino, los tamales huastecos y el zacahuil. La tuna cardona se disfruta como fruta fresca y sobre todo en colonche, chiquito, melcocha, miel de tuna, nochotle, queso de tuna y revoltijo. Comparte con sus estados vecinos platillos como el asado de bodas, la barbacoa, el cabrito al horno y en su sangre, el cocido de tres carnes, la chanfaina, el chorizo, la longaniza, la machaca y el menudo. Algunas de sus preparaciones más representativas son el albondigón, el conejo en amarillo, en pipián, en pulque y en rojo, los chiles Ventilla, las chochas con carne de cerdo, el pozole, el garapacho, el cerdo con palmito, el quiote horneado, el mole rojo y de olla, las salsas de chile colorado y de chile ancho, rabo de mestiza, tapado y varios guisos hechos con nopales. Muchos antojitos regionales han alcanzando popularidad fuera del estado. Algunos de ellos son el bocol, los chicharrones de cerdo y de res, las enchiladas potosinas, rioverdenses y rojas, el fiambre, las gorditas chinas, de cuajada, de horno, de maíz quebrado y del saucito, los molotes, las quesadillas potosinas, los tacos colorados, potosinos y de Camila. Durante la cuaresma se consume el bagre con chile colorado, la ensalada de lechuga, el revoltijo y las

Catedral Metropolitana de San Luis Rey

tortitas de camarón y de charales. Como en otras entidades, en San Luis Potosí también se preparan tamales regionales, entre ellos los de cazuela, dulces, perdidos, rellenos de carne de cerdo, mezquitamales y uchepos. Existen algunas plantas, insectos e ingredientes que se consumen en la región como avispas, azafrancillo, biznaga, cabuches o borrachitos, flores de izote, palma y sábila, garambullo, gusano blanco de maguey, hormiga mielera y roja, jacube, mezquite, naranja agria, palmito, papa loca, queso de morral, vinagre de yema y xamues. Existe una variedad de dulces, postres y panes, tales como el acitrón, el amerengado, los buñuelos, la cajeta, la calabaza en tacha, la capirotada, las chancaquillas, las charamuscas, el croquimol, la fruta de horno, las gorditas dulces, el jamoncillo de leche y de pepita, los muéganos, los panecitos de queso, el postre de palmito, el queso de almendra, las raspas, el tepopoztle y el uvate; también están la biznaga, el camote, el chilacayote y la calabaza cristalizados. La comida se acompaña con aguas frescas, cerveza, pulque, mezcal o sangre de conejo. Se consumen también licores hechos a base de frutas maceradas en mezcal o algún otro aguardiente que regionalmente llaman néctar. Los hay de ciruela, membrillo y nuez. También existe el licor de capulín y el jobito. Los atoles son muy populares. Se preparan el agrio, el de elote tierno, el de masa con epazote, el de mezquite, el de pirul y el de semillas de patol.

SAN PASCUAL BAILÓN

Religioso franciscano originario de Zaragoza, España, que entre otras cosas cocinaba y repartía comida a los pobres. Es considerado santo patrón de los cocineros. Se dice que era tal su fervor que se la pasaba rezando, por lo que descuidaba los platillos que cocinaba y los ángeles terminaban los guisos por él. Existe la creencia de que cuando algo pasa en la cocina, hay que encomendarse a él con versos y frases como: "San Pascualito Bailón, báilame en este fogón. Tú me pones la sazón y yo te bailo un danzón".

SANCOCHAR

Técnica que consiste en hervir alguna carne en agua con sal, a veces con alguna hierba aromática o especia, para después meterla en alguna salsa o guiso. Se utiliza en las cocinas del sur y sureste del país. En el resto del país sancochar significa cocer a medias un alimento. También conocida como sancocho.

→ kabax

SANDÍA (*Citrullus lanatus*)

Fruto de la familia de las cucurbitáceas, de forma elipsoidal o esférica, con cáscara verde oscura y pulpa roja y dulce. Contiene muchas semillas negras. El fruto puede pesar varios kilos, razón por la cual es común que se venda por mitades o cuartos y hasta en rebanadas. Aparece en los mercados a principios de mayo y hasta octubre. Se consume como fruta fresca en rebanadas y cocteles de frutas, así como en agua fresca. En Veracruz se prepara el machacado de sandía, y en Chiapas el dulce de sandía.

SANGRE

Fluido rojo que circula por los vasos sanguíneos de los vertebrados y transporta los elementos nutritivos y los residuos de todas las células del organismo. Se utiliza en México para elaborar platillos y la famosa rellena. En varios pueblos la sangre de los animales de corral recién sacrificados se considera como un alimento muy nutritivo. En Michoacán se elabora la rellena de pollo. En Morelos se prepara un guiso de sangre de cerdo frita con cebolla, chile serrano y hierbabuena. También se guisa con una salsa de jitomate, hierbabuena y chiles serranos.

→ cabrito en su sangre, coajitos, jigote, morcilla, moronga, sangrita de puerco, tortuga

SANGRE DE BACO

Bebida fermentada elaborada con jugo de uvas silvestres que se produce en el estado de Guerrero.

SANGRE DE CONEJO

1. Nombre que recibe una clase de aguardiente de caña que se produce en San Luis Potosí y Guanajuato.
2. Pulque curado con tuna roja que se acostumbra en el centro del país.
3. Bebida elaborada con jugo de tuna roja fermentada.

SANGRE DE CRISTO

Ensalada de betabel rallado, cacahuates ligeramente tostados, lechuga orejona, naranja, manzana rallada, vino tinto y azúcar. Se prepara en Páztcuaro, Michoacán.

SANGRE DE RES ◆ moronga

SANGRE DE TOTOL

Preparación elaborada con sangre de quajolote que se fríe con cebolla, orégano, hierbabuena y chile jalapeño. Se acostumbra en Veracruz, durante la temporada navideña.

SANGRE EN TOMATE

Preparación elaborada con sangre de cerdo que se cuece en agua y se sancocha con chile serrano, cebolla y hierbabuena picados hasta que quede dorada. Esta preparación es típica de Tetelcingo, Morelos. Otra versión se elabora con la sangre cocida en una salsa hecha de tomate verde, chile serrano, ajo y hierbabuena.

SANGRÍA

1. Bebida refrescante elaborada a base de vino tinto, agua mineral, jugo de limón y jarabe para endulzar. Es de origen español. De la sangría de vino tinto deriva otra que es la sangría de frutas o clericot, a la que se añaden manzana, pera, melón y sandía. La sangría de naranja se prepara con jugo de naranja, azúcar y vino tinto; se sirve espolvoreada con canela molida y clavo. Es típica del estado de Querétaro.
2. Refresco gaseoso embotellado hecho de concentrados de jugo de uva.

SANGRITA

Bebida de color rojo que sirve como acompañamiento del tequila. Originalmente se preparaba con jugo de naranja agria y licor de granadas. En la actualidad es una combinación de jugo de naranja, salsa puya y jarabe de granadina; otra versión se prepara con jugo de naranja dulce o agria, jarabe de granadina, sal y chile piquín en polvo, o bien, con jugo de tomate, limón y naranja, granadina, salsa inglesa, salsa Tabasco® y sal de ajo o de apio, entre otros ingredientes. La sangrita se utiliza como base para preparar varios cocteles como el vampiro y el *Bloody Mary*.

SANGRITA DE PUERCO

Preparado de asadura y espinazo de cerdo cocido en agua con cebolla hasta que el agua reduce totalmente y la carne se dora en su propia grasa. Se le añade sangre de cerdo cocida en agua con sal y molida con pimienta, comino, ajo y orégano y chiles en rajas; posteriormente se deja hervir con un poco de agua o caldo hasta que espesa. Se consume en Nuevo León.

SANJUANERO ◆ hongo blanco

SANTILLA DE COMER ◆ hierba santa

SANTA MARÍA ◆ hierba santa, hongo amarillo

SAPITO

Antojito preparado a base de una tortilla frita inflada, que nada en un caldo espeso de frijoles negros licuados. Es típico de Veracruz.

SARAGALLA ◆ zaragaya

SARAMPICO ◆ pico de gallo

SARAMULLO, A (*Annona squamosa*)

GRAF. zaramullo. Fruto de la familia de las anonáceas, de forma globosa o codiforme, con la superficie tuberculada, pulpa blanca y comestible. La planta que la produce es un árbol que mide hasta 6 metros, tiene hojas alternas, lanceoladas u oblongas. Sus flores son amarillo verdosas, con una mancha rojiza en la base de los pétalos. Se cultiva en climas cálidos. Se consume como fruta fresca.

Conocido en algunas regiones como:
◇ ahata (Jalisco)
◇ anona blanca (Chiapas)
Conocido en otras lenguas como:
◇ *quauhtzapotl* (náhuatl)
◇ *texalpotl* (náhuatl)
◇ *tzalmuy* (maya)

→ anona

SARDINA

Nombre que se aplica a varias especies de peces de agua salada y dulce, que se caracterizan por tener cuerpo comprimido con colores metálicos y manchas, y por formar grandes cardúmenes. Entre ellas se encuentran: boquerón (*Cetengraulis mysticetus*), sardina bocona (*Cetengraulis mysticetus*), sardina crinuda (*Opisthonema libertate*), sardina crinuda azul (*Opisthonema bulleri*), sardina crinuda machete (*Opisthonema medirastre*), sardina del noroeste (*Sardinops sagax*) y sardina piña (*Opisthonema refulgens*). Las sardinas de agua dulce son peces neotropicales muy abundantes; prácticamente se encuentran en todos los ríos y lagunas del país. Las

sardinas de agua salada son de color azul oscuro o verdoso en el dorso, y se pescan principalmente en ambas costas de la península de Baja California y a lo largo de las costas del Pacífico mexicano. La mayor parte de especies que se pescan se enlatan en aceite o en salsa de jitomate. Se come sola o acompañada de arroz o frijoles, se guisa con verduras y se emplea en tortas. En algunos estados del Pacífico se incluyen en los frijoles puercos, se mezclan con huevo para el almuerzo, o se comen como plato fuerte durante la vigilia. Cuando está fresca se fríe o asa en cualquier salsa de tomate o jitomate; algunos gustan de prepararla en escabeche o en cebiche. En Guerrero se agrega a una variedad de pozole.

Conocida también como:
◇ sardina del Pacífico (*Sardinops sagax*)
◇ sardina Monterrey (*Sardinops sagax*)

→ anchoveta

SARDINITA

Variedad de sardinas de talla pequeña que habita en las costas del Pacífico. Algunas variedades son: sardinita banda plateada (*Lile stolifera*), sardinita de agua dulce (*Lile gracilis*) y sardinita plumilla (*Harengula thrissina*).

SARGO

Nombre con el que se conoce al menos a dos especies: *Anisotremus davidsonii* y *Archosargus probatocephalus*. El sargo es un pez de cuerpo plano y figura oval, parecido a la carpa. Su cuerpo tiene bandas verticales oscuras.

Mide 35 cm de largo y pesa en promedio 300 gramos. Se pesca todo el año en las costas del Golfo de México. Se consume principalmente fresco, en sopas, albóndigas o frito; su carne es blanca, de sabor suave y con textura no muy firme; se deshebra con facilidad.

Conocido también como:

◇ majarro
◇ mojarra de mar
◇ mojarra piedra
◇ pez convito
◇ pez rayado
◇ sargo rayado

SASNIL ◆ matzú

SATUMALI

Tortilla elaborada con una masa de pinole y agua, cocida sobre las brasas. La preparan los tarahumaras.

SAUA-SACACA O SAUA-SHASOCO ◆ amaranto

SAÚCO (*Sambucus mexicana*)

Árbol de la familia de las caprifoliáceas que mide hasta 10 metros de altura. Tiene hojas grandes pinadas con hojuelas ovadas, ovales u ovado-lanceoladas, acuminadas y aserradas de hasta 12 cm. Produce unas flores blancas pequeñas y aromáticas en densos grupos. Sus frutos son negros o rosados y miden unos 6 mm de ancho. Las flores y los frutos son utilizados por los paipais de Baja California para preparar diversas bebidas de consumo local.

SAVA-SACACA O SAVA-HALSOCO ◆ quintonil

SAWA BAN´NAIM ◆ atole de sayas

SAYA (*Amorouxia palmatifida*)

GRAF. saiya o zaya. Raíz de una planta que mide hasta 25 cm. Crece en época de lluvia, de junio a septiembre en las faldas de los cerros, en los márgenes de los arroyos y en las zonas serranas. Los mayos de Sonora la utilizan para preparar atoles y en la elaboración del huacavaque. También preparan la *saaya naawa*, una especie de guiso o atole en el que se cuece la raíz pelada con leche, azúcar y un poco de sal hasta que la saya está totalmente suave. Conocida también como raíz de saya.

SAYÁ ◆ yahá

SAYAB O SAYAUIAB ◆ flor de cocohuite

SAZÓN

1. Gusto o sabor que se percibe en los alimentos. Decir de alguien que tiene buena sazón significa que la persona cocina muy bien y que da sabor a los platillos que prepara.
2. Punto o madurez de las cosas.
3. Término para denominar al elote camahua muy maduro. Se utiliza en Guerrero.

SEGUEZA

Guiso muy caldoso y consistente, que se cocina con chiles chilcostle o guajillo, jitomate, ajo, pimienta, clavos molidos, hierba santa y algún tipo de carne como pollo, cerdo, res o conejo. Se espesa con maíz seco, tostado y martajado en metate. Se prepara en los Valles Centrales de Oaxaca. Una versión vegetariana se elabora con frijolones o ayocotes.

SELE ◆ sotol

SEMANA SANTA

Festividad anual cristiana que celebra la Pasión, Muerte y Resurrección de Jesucristo, también conocida como Semana Mayor. Igual que el día de Muertos y la Navidad, son fechas de tradiciones gastronómicas específicas, ante la prohibición religiosa de comer carnes rojas o de cerdo, por lo que se privilegia la elaboración de platillos con verduras y pescados, por ejemplo romeritos, moles, tortitas de papa, de flores como calabaza, colorín, y otras más; arroz, atún, calabacita y otros ingredientes en caldillos verdes o rojos; aguas frescas, nopalitos y capirotadas. En cada estado de la república se elaboran platillos típicos de gran tradición. Algunas preparaciones elaboradas durante la Semana Santa son: adobo de tempesquistles, aguácata, alcaparrado, atole de fiesta, caldo de vigilia, comida de los apóstoles, comida de vigilia, ensalada de agua, frutas en tacha, huevos de vigilia, huevos con chilmole, ilacas, mojarra, nopales con chile, revoltijo, tamales con tomate, tamales de Judas, tortilla pintada y tostadas de chintextle.

→ altares de dolores, cuaresma, flor de ortiga, shuti

SEMILLAS DE CALABAZA ◆ calabaza, pepita de calabaza, pipián

SEMILLAS DE CHILE

Semillas del interior de los chiles que, por lo regular, se desechan. En algunas regiones se emplean frescas o secas. En el Distrito Federal, especialmente en Xochimilco, Milpa Alta y Tláhuac, el pipián se prepara con semillas de chile ancho y guajillo tostadas y molidas con los demás ingredientes. En Oaxaca, las semillas secas del chilhuacle negro y otros chiles se tuestan hasta quemarse y se utilizan para dar un tono más oscuro a las salsas del mole negro y el chichilo. Se tuestan hasta que se incendian, se apagan, se remojan en agua fría y se cambia el agua varias veces, para que no se amarguen. Después se muelen y se añaden a los guisos. En Xalapa, Veracruz, las semillas y venas frescas de los chiles jalapeños se emplean en las tortitas de venas.

SEMILLAS DE CILANTRO ◆ cilantro

SEMILLAS DE ÉBANO ◆ ébano

SEMILLAS DE ETCHO ◆ etcho

SEMILLAS DE GIRASOL ◆ girasol

SEMILLAS DE MOCOQUE ◆ mocoque

SEMITA

Pan de dulce elaborado con harina de trigo, polvo para hornear, sal, piloncillo rallado, manteca de cerdo, infusión de anís y azúcar. Se elabora en Nuevo León. En Chilpancingo y Tixtla, Guerrero, es un pan de harina de trigo con azúcar, manteca de cerdo, huevo, queso rallado, requesón, piloncillo y levadura; el pan se cubre con una capa llamada "cara", hecha con harina de trigo, azúcar, sal, levadura y manteca de cerdo.

→ cemita

SEMZCHO ◆ sierra

SENDI

Bebida elaborada con maíz negro seco y molido, que se hierve con chile y piloncillo. Es típica del carnaval y de algunas festividades importantes en el municipio de Donato Guerra, Estado de México y algunas poblaciones de Querétaro.

SENDITHÄ

Del otomí, *sei*, pulque, y *dethä*, maíz. Bebida de maíz mezclada con chiles cascabel, chile negro y pulque. Se elabora en Mexquititlán, Querétaro. Es una bebida ritual que se acostumbra beber el día de san Isidro Labrador, el de Corpus Christi, el de la virgen de Guadalupe y el de Santiago apóstol, además de bautizos y otras festividades. Conocido también como pulque de maíz.

SENTLI ◆ maíz

SEÑORITA ◆ hongo corneta, hongo tejamanilero

SEQUILLOS

Merengues horneados que se elaboran con azúcar, mantequilla, claras de huevo y nuez picada. Se acostumbran en Papantla, Veracruz.

SERE

Guiso de pescado o camarón cuya salsa se prepara con jitomate, cebolla, recado rojo, leche de coco, chile xcatik y, a veces, plátano macho verde. Es un platillo preparado por inmigrantes beliceños que habitan en Campeche y Quintana Roo.

SERRANO ARENERO (*Diplectrum formosum*)

Pez de cuerpo alargado y comprimido, con dorso color café rojizo y vientre ligeramente plateado; en la parte superior de su cuerpo tiene 7 u 8 bandas verticales de color azul oscuro. Mide unos 20 cm de largo y se pesca incidentalmente todo el año en las costas del Golfo de México. Su carne es blanca, magra y con muchas espinas. Se fríe o se prepara en escabeches u horneado. Es conocido también como serrano.

SESOS

Masa de tejido nervioso contenida en la cavidad del cráneo de los animales; en la cocina es una forma de referirse al cerebro. En México los sesos de res y de cerdo se utilizan principalmente en el centro del país para preparar quesadillas, sopas y algunos guisos. En Puebla son muy comunes como relleno de molotes: se cuecen en agua con sal y luego se pican, por separado se acitrona cebolla, ajo, perejil y epazote y se añaden los sesos, que después de cocerse un par de minutos quedan con una consistencia de masa con la que rellenan los molotes. En La Chinantla, Oaxaca, los sesos de res se guisan con chiles verdes, ajo, cebolla y jitomate picados; se colocan en hojas de pozol o de plátano y hierba santa, se envuelven y se cuecen en comal. En el país también se comen los sesos del carnero.

SETA (*Pleurotus ostreatus*)

Variedad de hongo que se desarrolla en los bosques de encino y pino en los estados de Chihuahua, Durango, Guerrero, Jalisco, Michoacán, Oaxaca y Veracruz. La forma de su sombrero, que mide de 4 a 14 cm de diámetro, recuerda a la concha de las ostras, de donde deriva su nombre científico. Su color es blancuzco y suele ser consumido en sopas o como relleno para quesadillas. En los últimos años su cultivo se ha industrializado en diversas regiones del país, de modo que su consumo es cada vez mayor.

Conocido también como:

    ◇ cemita
    ◇ hongo blanco de mayo
    ◇ hongo de tocones
    ◇ hongo oreja de árbol
    ◇ hongo san Isidro Labrador
    ◇ hongo seta
    ◇ oreja de osote
    ◇ oreja de patancán
    ◇ *seta tsanara* (tepehuano)

SETA DE OLMO ◆ hongo cazahuate

SHACUA ◆ amaranto

SHAGUA ◆ jagua

SHARI KAMÁTA ◆ kamata

SHATO
GRAF. xato. Galleta triangular elaborada con masa de maíz, canela y piloncillo, típica de Juxtlahuaca, Oaxaca.

SHECA
Pan parecido a la cemita que se prepara en Comitán, Chiapas. Se acostumbra comer en las noches acompañada con un vaso de leche, justo antes de dormir.

SHIQUIN TZU, SHIUMUIN O SHIUYUMIN ◆ pataxete

SHOTE ◆ shuti

SHUCO ◆ suco

SHUCOATOLE ◆ atole agrio

SHUTI
GRAF. chuti o xuti. Nombre con el que se conoce a varias especies de la familia *Pachychilidae*. Caracol de agua dulce que se desarrolla principalmente en riachuelos y lagunas de Chiapas y Tabasco. Se encuentran fácilmente en época de sequías, especialmente en primavera cuando salen a la orilla para pegar su hueva en las paredes de los cayucos. En las regiones tropicales se encuentra todo el año, pero en las regiones altas sólo en la temporada de Semana Santa. De concha negra y gran tamaño, puede medir hasta 15 cm de diámetro o más; son apreciados por la cantidad de carne que contienen. En Chiapas se acostumbra consumirlos en diferentes partes, como en Venustiano Carranza, donde es típico durante la Semana Santa. Con este caracol se elaboran varios guisos, entre los que destacan el caldo de shutis, elaborado con caracoles cocidos en un caldo condimentado con tomate verde, cebolla, epazote y espesado con una tostada dorada en manteca de cerdo. El shuti con momo es un guiso de shutis cocidos en agua con hojas de momo y masa de maíz como espesante; se acompaña con salsa de chilmole en Palenque y Catazajá. El shuti con pepita, también llamado caracol con pepita, es especial para la Semana Santa y la Comida de los Apóstoles; es un guiso caldoso de salsa de pepita de calabaza, jitomate, cebolla, cilantro y achiote, en el que se cuece el shuti.
Conocido también como:
◇ jute
◇ lapa de agua dulce
◇ shote o shute
◇ xote o xute
◇ xuti
◇ zoquinomó (zoque)

SHUYUMIN ◆ pataxete

SICK ◆ ts'ik

SIDRA
1. Bebida alcohólica de color ambarino, que se obtiene fermentando el jugo de manzana. De origen europeo y de gran tradición en España; en México se acostumbra para brindar en las fiestas de Navidad y Año Nuevo. En Puebla, Tlaxcala y Veracruz varias casas fabrican la sidra de manzana de forma artesanal.

2. *Citrus medica*. Arbusto de 3 m de altura que produce frutos alargados de entre 10 y 20 cm de largo, con piel gruesa. Es originario de Asia. En el sureste del país, los frutos se utilizan para fabricar confituras y licores; su cáscara se emplea confitada en repostería.
Conocido también como:
◇ azahar
◇ cidra
◇ limón, limón grande o limón real
◇ palo de cidra
◇ toronja agria

SIEMBRA
Masa fermentada que se agrega a otras masas, para acelerar su proceso de fermentación. Se prepara mezclando levadura, agua, azúcar y harina hasta quedar uniforme, firme, ligeramente pegajosa y tersa. Se deja fermentar toda la noche para producir un nuevo pan al día siguiente. La masa de los bolillos acelerada con esta siembra tarda sólo media hora en "subir" o fermentar por vez primera, y más o menos el mismo tiempo en fermentar por segunda ocasión. Cuando no se utiliza la siembra, la primera "subida" tarda unas ocho horas y la segunda por lo menos tres. La masa del pan de dulce también se puede preparar con siembra, aunque muchas panaderías no lo necesitan debido a que su producción es siempre menor a la del bolillo.
Conocida también como:
◇ empiezo
◇ masa madre

SIERRA (*Scomberomorus maculatus*)
Pez de cuerpo con coloraciones azules, dorso verde azulado, costados plateados y numerosas manchas que van del amarillo al bronce; tiene muchos dientes finos y filosos en forma de sierra, de donde deriva su nombre. Mide entre 50 y 70 cm de largo y puede pesar de 800 gramos hasta casi 5 kg. Se pesca en el Golfo de México y en el Pacífico, de marzo a mayo y de octubre a diciembre. Posee carne oscura de sabor fuerte que se come fresca en cebiches o filetes. También se consigue ahumado, seco y salado. En aguas mexicanas también se encuentran las especies sierra del Golfo (*Scomberomorus concolor*) y sierra del Pacífico (*Scomberomorus sierra*).

Conocido también como:
◇ caballa
◇ charrito
◇ cochito (Sonora)
◇ cunina (Sonora)
◇ macarela
◇ peto
◇ pintado
◇ semzcho
◇ vato

SIETE MOLES OAXAQUEÑOS O SIETE MOLES DE OAXACA
Nombre tradicional con que se agrupan los moles más representativos de Oaxaca, estado que es conocido como la tierra de los siete moles que son el colorado, el manchamanteles, el chichilo, el verde, el amarillo, el coloradito y el negro. Esta clasificación es la más antigua registrada, pero otras listas también registran el mole almendrado, más conocido como

almendrado, en sustitución del manchamanteles. La clasificación corresponde a varios hechos. Se dice que un mole representa alguna región del estado, que está dividido así: la Costa, las sierras Norte y Sur (que antes eran una sola), el Istmo de Tehuantepec, La Cañada, la Mixteca, la cuenca del Papaloapan y los Valles Centrales. Cada una de ellas posee sus propias raíces gastronómicas. Otra versión es que cada mole es para cada día de la semana y una más refiere que existen siete culturas. En realidad, cualquiera de tales versiones tiene relación directa con la vida y costumbres de los habitantes de Oaxaca y cada uno de los siete moles tiene variedades y subvariedades. Incluso con ellos se preparan otras especialidades culinarias. Así, por ejemplo, tenemos el mole amarillo que adquiere una gran variedad de modalidades y a veces da la impresión de ser más un plato de verduras que un mole. En algunos pueblos la salsa es sumamente espesa, mientras que en otros muy líquida. Con la salsa de este mole se elaboran especialidades como los tamales y las empanadas de amarillo, por mencionar sólo dos ejemplos. Por último, es importante puntualizar que en Oaxaca se preparan muchos más moles.

Conocidos también como:
◇ moles de Oaxaca
◇ moles oaxaqueños

SIETE POTAJES

Nombre que reciben en Chihuahua siete guisos que se acostumbran durante la cuaresma (que no son necesariamente sopas o potajes propiamente dichos): sopa de lentejas, habas guisadas, chacales, nopales en chile colorado, pipián, torrejas de camarón y capirotada. La tradición de los siete potajes está muy arraigada entre las familias antiguas del estado, en pueblos como Santo Tomás Guerrero. En Jueves y Viernes Santos, así como el Sábado de Gloria, se ayuna y se procura no trabajar para asistir a la oración o reflexión y a partir de mediodía se sirve la comida, que consiste en los siete platillos mencionados. Los tres días se come lo mismo, aunque el sábado después del mediodía ya se puede comer cualquier cosa.

SIGUAMONTE ◆ ciguamonte

SIKIL PAK

Del maya *ha'-sikil-p'aak*, de *ha'*, agua, *sikil*, pepitas de calabaza, y *p'aak*, jitomate. Salsa espesa preparada con jitomate, chile habanero, cilantro, ajo, cebollín, sal y una variedad de pepita de calabaza denominada chinchilla. La mezcla se utiliza como unto de tortillas o tostadas para comer como botana. Es tradicional de la península de Yucatán. Existen versiones muy similares conocidas como *muxbi sikil, sikilbil p'aak y ha' sikil p'aak*. Estas versiones se elaboran con una base de pepita molida, agua y sal y posteriormente se les puede agregar jitomate sancochado o asado, chiles, cebolla, cebollina y/o cilantro. También conocida como pepita molida con jitomate sancochado.

→ zaquil

SINA (*Rathbunia alamosensis*)

GRAF. cina. Planta carnosa espinosa, de la familia de las cactáceas, que mide entre 2 y 4 metros de altura, con tallos de 8 cm de grueso. Posee de 5 a 8 costillas y espinas blanquecinas, así como flores de color rojo escarlata de 4 a 10 cm. Su fruto es rojo y globoso de 3 a 4 cm de diámetro. Lo acostumbran los pueblos originarios de Sonora, Sinaloa y Nayarit.

Conocida también como:
◇ nacido
◇ tasajo

SINALOA

Estado ubicado en la costa norte del océano Pacífico; limita al norte con Sonora y Chihuahua, al este con Durango, al sur con Nayarit y al oeste con el Golfo de California. Se fundó el 14 de octubre de 1830, y está dividido en 18 municipios. Su capital es la ciudad de Culiacán. Antes de la Conquista, el territorio que ocupa se encontraba habitado por varios grupos étnicos, pero actualmente sólo los mayos habitan al norte del estado y en muchos casos comparten su territorio con mestizos, de modo que sus costumbres alimentarias y el uso de ciertos ingredientes han influido la cocina sinaloense. Algunos ejemplos de platillos son: el cozón, el huacavaque, los mochomos, el atole de pechita o mezquite y el champurro. Sinaloa, conocido como "el granero de México", es uno de los mayores generadores de productos del campo: cuenta con un sector primario que representa 12% del producto interno bruto (PIB) del estado, por lo que la industria procesadora de alimentos es la más importante del país. A nivel nacional también ocupa los primeros lugares en el cultivo de garbanzo, tomate, pepino, maíz, jitomate, chile verde, mango, papa, sandía, frijol y sorgo. Gracias al extenso litoral que posee a nivel nacional ocupa el primer lugar en la captura de barrilete, atún, bonito, jaiba y tiburón, y el segundo en la captura de sardina, lisa y camarón. No resulta extraño que la cocina sinaloense sea muy variada y rica en preparaciones a base de pescados y mariscos; por ejemplo, los camarones de todos tamaños se preparan a la diabla, al mojo de ajo, ahumados, en cocteles, en escabeche y en empanadas. Se preparan también algunas especialidades como aguachile o cebiche de camarón, albóndigas de camarón, camarones rellenos y tamales de camarón. Se consume una gran cantidad de pescados al mojo de ajo, fritos y, especialmente, el pescado zarandeado. En los restaurantes que se ubican en las playas es posible encontrar chivichangas y escabeches de ostión, así como escabeches de diversos pescados y mariscos, mientras que en las carretas de mariscos que recorren las calles se venden cocteles, cebiches, machaca de camarón o pescado y callo de lobina. En los municipios del centro existen muchos guisos tradicionales que comparten con las entidades vecinas, por ejemplo las burritas, los caldillos de machaca y venado, el chilorio, el chorizo, las chivichangas, los frijoles puercos, el menudo, el pollo a las brasas o de plaza y los tamales de ejote o de cerdo. Por las noches, en los merenderos y cenadurías son típicos el asado placero y las enchiladas del suelo, además de pozoles, quesadillas y tacos dorados. Entre otras preparaciones representativas del estado encontramos arroz con quelite de garbanzo, asado mazatleco, baizano relleno, biche o guashó con frijol, cal-

Mazatlán

545

do de oso, cazuelas, chicharrones de armadillo, chilorio de armadillo, chuina, cocido de venado, colache, conejo sinaloense, cuchubaqui, cuichi en caldo, guisado de tejón, hamburguesa de avestruz, machaca de víbora, mapache en adobo, orrura, paloma en pipián de guaje, palomas rellenas, pato relleno al horno, picadillo de conejo, pozole de jabalí, puerco en Coca Cola®, rana toro a las brasas y capeada, salpicón de conejo, sopa marinera, tortillas de cuburi y de harina, tejón en chile colorado, testihuil, tlacuache amargo yorique. En la entidad se prepara una gran variedad de tamales únicos como el tamal barbón, de cazuela, de ceniza, de conejo, de frijol, de puerco con frutas y verduras, de puerco enchilado, tamal nixcoco y tamal tatoyo. Es difícil encontrar algunos platillos típicos de Sinaloa, debido a que se utilizaban animales en peligro de extinción como la caguama (con la que se elaboraba la caguamanta, el guisado de caguama negra, moronga de caguama y la sopa de caguamanta), el venado (se

Catedral de San Miguel Arcángel, Culiacán

preparaba en barbacoa, en caldillo, estofado y la pierna de venado costeña) y la iguana (con ella se elaboraba el estofado de iguana, la iguana en caldo, la iguana en mole y la machaca de iguana en salsa verde). Los dulces y postres que se preparan en la entidad son únicos, por ejemplo aguamas enmieladas, coritos o tacuarines, dulces de camote, coco y piña, de frijol y de garbanzo, guamúchil en almíbar, migas, ojite cocido con leche, sayas enmieladas y tortas de garbanzo. El agua de cebada y la horchata se consumen en los días calurosos, así como la cerveza que acompaña preparaciones de pescados y mariscos y prácticamente cualquier guiso. En el estado se produce la cerveza Pacífico®. Otras bebidas populares son el atole de guamúchil, el esquiate y el licor de damiana, el tequila y la raicilla.

SINCRONIZADA

Antojito formado por dos tortillas entre las que se pone jamón y queso. Se calienta en una plancha hasta que la superficie se dora un poco y el queso se derrite. Comúnmente se utilizan tortillas de harina y el queso puede ser Oaxaca, amarillo o manchego. Se acostumbra servirlas con pico de gallo. Cuando se preparan con tortillas de maíz, suelen freírse en aceite. Esta preparación se consume en diversas partes de México.

SINCRONIZADO

Antojito hecho de tortillas que, al inflarse mientras se cuecen en el comal, se les levanta la capa delgada y se rellenan de frijoles negros refritos. Luego se fríen en manteca de cerdo

hasta que se endurecen y se les pone encima carne de guajolote desmenuzada, cebolla morada o col marinada en jugo de naranja agria y chile habanero picado. Su elaboración es muy similar a la de los panuchos, pero en este caso la tortilla queda dorada y crujiente como una tostada. Algunas veces se acompaña con horchata. Suelen servirse por la noche en algunas cenadurías de la capital de Campeche.

SINICUIL ◆ jinicuil

SINTLI ◆ maíz

SIPARIQUI (*Eysenhardtia polystachya*)
Árbol de la familia de las leguminosas que alcanza hasta 8 metros de altura. Sus hojas se secan y se cuecen con agua de cenizas de encino y jugo de limón para comerse en tacos o preparar atole. Los rarámuris de Sonora y Chihuahua las consumen de esta forma.

SIRICOTE ◆ ciricote

SISAL
Aguardiente hecho a partir de las piñas de maguey henequenero (*Agave fourcroydes*), siguiendo el mismo proceso de elaboración del mezcal. Es tradicional en Yucatán.
→ mezcal

SISGUÁ ◆ ixguá

SISH ◆ asientos de chicharrón

SIVIRI (*Opuntia arbuscula*)
Cactácea que mide entre 1 y 3 metros de altura, con tallos largos, flores amarillentas de 3 a 4 cm y fruto ovoide, amarillo o rojizo, de 2 a 3 cm de longitud. Crece en el noroeste de la república, sobre todo en Sinaloa, donde sus flores y frutas son altamente consumidas por los mayos.

SIX ◆ asientos de chicharrón

SIYO ◆ manto

SMOLOC ◆ esmoloc

S'NUCUT ◆ uva de monte

SOASAR
Acción de asar ligeramente un alimento que, por lo general, tendrá una segunda cocción. El término se refiere casi siempre a la técnica que se utiliza para las hojas de plátano que se emplearán para envolver tamales. También se emplea para designar la acción de asar ligeramente las carnes.

SOCHINANACATL ◆ hongo tecomate

SOCOIZTLE ◆ aguama

SOCONOSCLE o **SOCONOSTLE** ◆ xoconostle

SOCORRIDO
Torta de huevo ahogada en salsa de jitomate asado con chile verde. A veces el huevo se mezcla con pepita de calabaza tostada y molida, y entonces se llama socorrido de pepita. Es un platillo que se acostumbra en Chilapa, Guerrero. En

Oaxaca es una torta de huevo con chicharrón, chorizo frito y queso en trozos; todo se cocina en una salsa de chile guajillo, jitomate, ajo y cebolla. Se consume durante el almuerzo.

SOCOYOL ◆ agrios, hongo tejamanilero, xocoyol

SOCOYOLI ◆ agrios

SOCUCO

Tamal hecho con los sobrantes del colado de la masa blanca utilizada para la elaboración del tamal colado y el sobrante del rojo (guiso de tamal); esto se mezcla con caldo, chile molido, manteca de cerdo y chicharrón en pedacitos hasta quedar integrados en una masa homogénea que se envuelve en hoja de tó para cocerse al vapor. El socuco mide aproximadamente 20 cm de largo por 8 cm de ancho y, ya cocido, presenta un color anaranjado intenso. Para comerlo se sirve en rebanadas gruesas o trozos grandes. Se come solo o con gotas de salsa de chile amaxito. Recién hecho es suave y al día siguiente se reafirma su consistencia; la gente gusta entonces recalentarlo en un comal sin grasa para comerlo acompañado con café negro o con leche. Hace mucho tiempo este tamal se hacía solamente cuando sobraba rojo, pero hoy en día se hace mayor cantidad de guiso rojo para que sobre y con él preparar socucos. El chile molido varía según la temporada; puede ser habanero, amaxito o pico de paloma y se utiliza para que el tamal sea picoso. Para obtener el color se emplea achiote, principalmente, o chile ancho. Se consume en Emiliano Zapata, Tabasco.

SOFREÍR

Cocer en un cuerpo graso, lentamente, uno o varios alimentos, a menudo cortados en trozos pequeños, para que suelten parte o toda su agua natural sin llegar a dorarse.

SOK ANÉ ◆ tamal de frijol

SOLERILLO ◆ hormiguillo

SOLETA

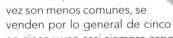

Galleta porosa de forma oblonga, color marrón claro, que se hornea y se coloca sobre un rectángulo de papel de estraza. En las panaderías del Distrito Federal, donde cada vez son menos comunes, se venden por lo general de cinco en cinco y van casi siempre espolvoreadas con azúcar glass; se acostumbran para el café o el té, por lo cual muchas compañías las fabrican para venderlas en cajas o latas. Envasadas suelen ser más crujientes; además, se ofrecen de diferentes sabores como vainilla, coco, champaña o nuez.

SOLTOVICHAY ◆ dzotobichay

SOMPANTLE ◆ colorín

SONADORA O SONAJA ◆ chipil

SONAJITA ◆ hongo oreja de ratón

SONORA

Estado ubicado en el noroeste de la república mexicana; limita al norte con Arizona y Nuevo México (EU), al este con Chihuahua; al sur con Sinaloa; al oeste con el Golfo de California y al noroeste con Baja California. La entidad fue fundada el 10 de enero de 1824, su capital es la ciudad de Hermosillo y se divide en 72 municipios agrupados en 4 zonas fisiográficas; la Sierra Madre Occidental, el desierto, la costa del Golfo de California y las sierras y valles Paralelos. Su economía es una de las más estables de todo el país y está sustentada en actividades como el comercio y los servicios. Debido a que es un estado portuario y fronterizo con los Estados Unidos, tiene una excelente infraestructura de transporte y una gran diversidad de industrias. En el sector agrícola destaca por ocupar los primeros lugares nacionales en la producción de dátil, espárrago, uva, trigo, papa, sandía, garbanzo, calabacita, nuez y melón. En cuanto a la industria acuícola y pesquera, ocupa el primer lugar en la captura de sardina, anchoveta, corvina, sierra y camarón, y el segundo en la captura de calamar, berrugata y jaiba; además es el primer lugar en la cría de canal de carne de bovino. En la actualidad el prestigio gastronómico del estado está en los cortes finos de carne de res: en diferentes ciudades de la entidad existen restaurantes que venden cortes de carne selectos estilo americano, así como preparaciones nacionales como machaca o arrachera y carne asada, las cuales se acompañan con frijoles maneados y tortillas de harina. Al igual que en muchos estados costeros, los guisos de caguama y totoaba en Sonora fueron muy comunes en épocas pasadas, pero hoy ya no se consumen debido a que son especies en peligro de extinción. En las costas del estado se consume una gran variedad de pescados y mariscos. Los más representativos son las almejas, el atún, los camarones, el calamar, la mantarraya, la mojarra y los ostiones. Es muy común encontrarlos a la diabla, al mojo de ajo, en caldos, en cebiche, en cocteles, en escabeche, en machaca, empanizados, horneados y fritos. También existen preparaciones específicas, por ejemplo las almejas se hacen al mojo de ajo, en salsa de cerveza y rellenas; con el atún se hacen brochetas, croquetas, empanadas, enchiladas, hamburguesas y jitomates rellenos; con el calamar se prepara chorizo, estofado y milanesa; la mantarraya se cocina a la plancha; la mojarra se prepara en salsa de cilantro, de chile rojo y en tamales, y los ostiones se preparan al horno y en escabeche. Otras preparaciones típicas son las albóndigas de jaiba y de pescado, los camarones a la diabla, la fritada de pescados y mariscos, el pescado relleno, la sardina con habas verdes y la sopa de sierra con verduras. Se preparan también guisos que no contienen pescados ni mariscos, entre ellos el agua de gallo, las albóndigas de res, las cabeza de res a la olla, el caldo de queso (que es la sopa más popular del estado), el chile con queso, las cazuelas, las enchiladas de Sonora, el pollo a las brasas, el puchero, el queso cocido, la salsa güe-

Desierto de Sonora

Aguador en Guaymas, Sonora. Grabado del siglo XIX

ra, los tacos caramelo y lorenzas, los turcos y varios guisos a base de nopales. Los antojitos más consumidos son las burritas y las chivichangas y los chiles colorado y verde del norte, que se utilizan en la salsa de jitomate y en la carne con chile colorado. En otras épocas, el venado se consumía asado, en albóndigas y en guisos de chile colorado. En la actualidad habitan en varias regiones guarijíos, mayos, pápagos, pimas seris, tarahumaras y yaquis. Las costumbres alimentarias de estos grupos varían dependiendo de la región donde se localicen, por ejemplo, las comunidades pápagos y seris, que habitan la zona desértica de la costa, tienen dificultades para cultivar y criar ganado debido al clima extremadamente seco que ahí predomina, por lo que la base de su alimentación son los pescados y mariscos. Debido a esto, muchos pápagos prefieren migrar dentro del estado o a los Estados Unidos para emplearse como jornaleros. Por su parte, los pimas y guarijíos se localizan en la frontera con el estado de Chihuahua en pequeñas rancherías o a las afueras de ciudades grandes, donde el clima es menos seco. El ejercicio de la agricultura en estas comunidades es de subsistencia y de temporal; los pimas cultivan maíz, trigo y papa, asimismo algunas hortalizas como tomate, chícharo, chiles, cebolla y ajo; tienen árboles frutales como el manzano, la pera y el durazno, y complementan su alimentación con la cría de animales domésticos. En las comunidades guarijías siembran maíz y frijol y eventualmente comercializan ajonjolí y chile chiltepín, además de que los hombres trabajan como jornaleros en la pizca del algodón y tomate. Las costumbres alimentarias y preparaciones de los grupos étnicos que habitan en el territorio tienen una influencia directa con la cocina sonorense, específicamente las de los mayos y yaquis. Las preparaciones más representativas de los mayos son agua de jito, asado de codorniz, atol de garbanzo, de harina, de maíz, de pinol de trigo y de semillas de etcho, atole de pechita, caldo de iguana, champurro, jalea de etcho, jipoko, pinol de garbanzo, pinoles de maíz, de palo fierro, de pechita y de pepitas de calabaza, requesón de pepitas de calabaza, tamales de carne, de frijol yorimuni, de piloncillo, de pitahaya al sol y largos y tortillas de garbanzo. Por su parte, los yaquis preparan albóndigas de liebre, atole de barchata, de bledo, de calabaza, de elote, de garambullo y de sayas, barbacoa de liebre, café de trigo, colache, dulce de igualama, patas de mula guisadas con verdura, pinole de garbanzo, de semilla de echo y de semilla de sandía, pozole de elote, quelite de mostaza, sopa de iguana con codorniz, tamales de elote, tortilla de cardón, de guamúchil y de semillas de bledo y tréboles guisados. Muchos de los guisos que

Vista del kiosko y la Parroquia de la Purísima Concepción, Álamos

actualmente se consideran típicos o regionales encuentran su origen en preparaciones indígenas que se modificaron con el mestizaje, tales como los bichicoris, el bistec ranchero, el cabrito en su sangre, los cocidos, los chicos, el chicharrón de res, el chorizo con papas, el cuichi en caldo, las enchiladas del suelo, la gallina pinta, el gallo pinto, las gorditas de harina, el guaromi, el hígado encebollado, el huacavaque, el menudo, los mochomos, los pozoles de frijol tépari y de trigo, la tatema, los tamales de garbanzo y norteños, los tamalitos norteños rojos, el tépari con aldilla y la tortilla de elote. Entre los dulces y postres que se consumen en la entidad encontramos arroz con leche, buñuelos, camotes enmielados o achicaldos, cajeta (ate) de membrillo, cortadillo, coyotas, dulces de frijol, de garbanzo y de naranja agria, espuma de mar, esquites y tamales de frijol dulce. Por último, entre las bebidas que más se consumen encontramos agua de mezquite, bacanora, bajicopo, batarete, cerveza, colonche, lechuguilla, mezcal, sotol, tecuín, tepache y el tesgüino.

SOPA

Plato caliente o frío, más o menos líquido, que se prepara cociendo diversos ingredientes como carne, arroz y verduras en un caldo. En algunas partes de México, el término sopa no se refiere sólo a una preparación líquida; puede ser un caldo, una crema, un arroz o una pasta seca o aguada, que por lo general antecede al plato fuerte. En distintas regiones del país se utilizan indistintamente los términos sopa y potaje.

SOPA AGUADA

Término que designa una sopa líquida, conocida también como sopa caldosa. Es sinónimo, en muchas ocasiones, de sopa de pasta. Según las tradiciones culinarias del centro del país, la comida empieza con algún entremés o antojito en caso de que se sirvan, después una sopa aguada (generalmente de pasta o de verduras), luego una sopa seca (casi siempre arroz blanco o rojo) y finalmente el platillo o guiso principal; así se acostumbra en las comidas caseras y en las fondas que ofrecen comida corrida.

→ sopa de pasta

SOPA AZTECA ◆ sopa de tortilla

SOPA BORRACHA

Postre hecho con marquesotes bañados en miel envinada con jerez o ron, ingrediente que le da nombre. Los marquesotes empapados se colocan en un molde o platón formando capas y entre éstas se agregan pasitas, coco rallado, almendras, piñones o cualquier fruta seca y se deja reposar. Finalmente se decora la superficie con los mismos ingredientes. Es un postre clásico en la comida, en el Sotavento de Veracruz. En Alvarado y Tlacotalpan suelen adornar la superficie con merengue y hornearlo poco tiempo para darle color.

SOPA CALDOSA ◆ sopa aguada

SOPA CUBIERTA

Platillo de arroz amarillo con apariencia de pastel. Se prepara colocando en un molde una capa de arroz cocido, coloreado con azafrán, colorante o mostaza, seguida de un picadillo de carne de cerdo con pedazos de huevo cocido, chile, pimiento dulce, aceitunas, pasas, alcaparras y almendras. Luego se coloca otra capa de arroz encima y se hornea. Es un preparado muy antiguo, originario de Santo Domingo, importado y popularizado en Yucatán por la familia Rocha, oriunda de aquella isla. Algunos yucatecos conocen este platillo como pastel de lujo.

SOPA DE AJO

Sopa de origen español, propia de los estados del centro del país. En algunos lugares se sigue preparando a la antigua y en otros se han añadido ingredientes mexicanos como chile y epazote. En la mayoría de los casos son sopas que se acostumbran en el seno familiar como comida de mediodía; casi nunca se ven en restaurantes y sólo a veces se sirven en fondas. Los dientes de ajo se fríen en aceite de oliva, se muelen y se cuecen en caldo de pollo; luego se añaden huevos batidos para que cuajen, y en seguida migas de pan o pan rallado. La sopa suele servirse sola o con rebanadas de pan dorado con mantequilla. Es común que el caldo de la sopa presente ajos finamente picados y fritos. Se dice que en la ciudad de Guanajuato, en el siglo XVII, se servía sopa de ajo al conde de La Valenciana, propietario de la mina de plata más grande de México. Algunas familias cuecen, muelen y cuelan los dientes de ajo, antes de freírlos. En el Estado de México a veces se incluye epazote y venas o rajas de chile. En Hidalgo suele servirse con venas de chile pasilla ligeramente tostadas y cubos de pan dorados. En Querétaro se elabora de forma similar a la de los otros estados.

→ sopa de migas

SOPA DE ARROZ COSTEÑA

Variedad de arroz rojo, un poco caldoso, cocido con mollejas, hígados de pollo y huevos en salsa de jitomate, ajo y cebolla. Se consume en Pinotepa Nacional, Oaxaca, y es tradicional en bodas, XV años, novenarios y aniversarios de difuntos.

SOPA DE BOBO

Preparación elaborada con bobo desmenuzado cocido en agua con sal y cebolla. Al caldo se le añade un sofrito de jitomate, cebolla y harina para espesar. Se sirve con el pescado desmenuzado, gotas de vinagre y orégano.

SOPA DE BODA ◆ sopa de pan

SOPA DE BOLITA

Sopa elaborada con una base de caldo de pollo sazonado con jitomate molido, ajo y cebolla, al que se añaden verduras como zanahoria y calabacitas en cuadritos, col rallada, chícharo y perejil; se sirve con bolitas fritas de puré de papa, queso molido y huevo. Es una sopa festiva de Chilapa, Guerrero, donde se acostumbra servir en las bodas, santos, fiestas de XV años y cumpleaños en general. En Veracruz también se prepara la sopa de bolitas de bacalao y la sopa de bolitas de pechuga de pollo. La primera contiene bolitas fritas de 1.5 cm de diámetro, hechas de bacalao cocido en agua y luego desmenuzado, un sofrito de jitomate, cebolla, perejil y huevo batido. Las bolitas se agregan al caldo donde se preparó el bacalao junto con un sofrito de jitomate, cebolla y perejil. La sopa de bolitas de pechuga de pollo se prepara con caldo de pollo, mantequilla, harina, perejil y papa cortada en cuadritos; las bolitas contienen carne de pollo, almendras, nuez moscada, sal, pimienta, huevo y pan remojado en leche.

SOPA DE CAFÉ CON TORTILLA

Bebida hecha a base de café de olla al que se le añade tortilla de maíz frita o totopos. Resulta algo espeso y se acostumbra endulzar. Se consume entre los coletos de San Cristóbal de las Casas, Chiapas.

SOPA DE CAGUAMANTA

Sopa de aleta de mantarraya sin piel cocida con zanahorias, chícharos y aceitunas, y sazonada con jitomate, chile pasilla verde, pimiento morrón, cebolla, sal y pimienta. Este exótico preparado se consume en Sinaloa acompañado de limón. El nombre de caguamanta proviene de la conjunción de manta y caguama, pues antes de que esta especie de tortuga estuviera protegida, se utilizaba para elaborar esta preparación.

SOPA DE CALABAZA

Preparación elaborada con consomé de costilla de cerdo o lomo de res y un sofrito de calabacitas criollas, jitomates, cebolla, plátano macho, piña, chayote, ajo y achiote. Típica en Juchitán, Oaxaca. En la región de Los Tuxtlas, Veracruz, la sopa contiene calabaza de Castilla molida y un sofrito de cebolla, ajo y tomate picados. A este preparado se le añade caldo de res o de pollo y se condimenta con cilantro y hierbabuena. Se acostumbra acompañar con tortillita o cuadritos de pan fritos. En el norte de Veracruz los nahuas la preparan con calabaza en trozos guisada con cebollina, jitomate, comino y ajo. Al final de la cocción se añaden cosoles pelados. Los totonacas veracruzanos preparan la sopa de calabaza tierna de pipián. Se sofríe en aceite tomate molido, cebolla y calabacitas picadas, y tapan el recipiente para que se cuezan en su jugo. Se considera un alimento frío y se consume con salsa y tortillas calientes.

SOPA DE CHIPILÍN

Sopa que contiene cantidades abundantes de chipilín y textales (bolitas de masa), por lo que también se conoce como sopa de chipilín con bolitas. Su preparación va de lo más sencillo hasta lo más complicado: puede estar hecha con agua o caldo de pollo, y estar espesada con algo de masa. Es la sopa chiapaneca por excelencia. Otra versión contiene jitomate molido y las bolitas de masa que pueden estar rellenas del queso producido en la región donde se elabore. En cualquier época del año, pero en especial en la cuaresma, se añaden a la sopa camarones secos salados o tortitas de camarón.

SOPA DE CIELO

Postre hecho con almendras peladas, molidas y hervidas en agua junto con azúcar. La mitad de la almendra se mezcla con almíbar y se bañan marquesotes que luego se colocan en un platón; el resto de la almendra se cuece hasta espesar y luego se vacía en la parte superior de los marquesotes que se adornan con ciruelas pasas cortadas en tiras y las almendras peladas. Es un postre típico del Sotavento, en Veracruz, que muchos acompañan con café caliente.

SOPA DE CORUNDAS

Preparación elaborada con caldo de pollo, al que se le agregan corundas rebanadas o en trozos, fritas o al natural y a veces verduras. Es una sopa casera a la que se le pueden añadir rajas de chile chilaca, crema o queso. Se prepara principalmente con las corundas que sobraron del día anterior; existen múltiples variantes, según la región y las costumbres de cada persona. Es típica de Michoacán.

→ sopa seca de corundas

SOPA DE CUEZA

Platillo hecho con cueza frita en manteca de cerdo con cebolla, ajo, jitomate y chile jalapeño cocida con caldo de gallina. Es una sopa que se consume cotidianamente entre los coletos de San Cristóbal de las Casas, Chiapas.

SOPA DE CUITLACOCHE

Sopa hecha con cuitlacoche preparado en caldo de pollo o agua, y en ocasiones otras verduras como granos de elote o flor de calabaza. La sopa suele ser caldosa, con trozos de cuitlacoche flotando en la superficie. En muchos restaurantes y fondas se prepara de la misma forma, pero a veces muelen el cuitlacoche y queda con textura de puré o crema, e incluso le añaden leche. A veces lleva también distintos tipos de hongos. Se acostumbra principalmente en el centro del país.

SOPA DE ELOTE

Preparación elaborada con granos de elote cocidos en un caldillo de miltomate, comino, ajo y cebolla o cebollina. Es típica de la región del Totonacapan, Veracruz, y por extensión también se prepara en Puebla.

SOPA DE FIDEO

Sopa elaborada con fideos fritos, escurridos y hervidos en un caldillo de jitomate preparado con agua o caldo de pollo, cebolla, ajo y jitomate molido; si la sopa queda muy líquida entonces se clasifica dentro de la gran familia de las sopas aguadas que forman parte de las comidas del mediodía o del

menú de las comidas corridas. La sopa de fideo seca se prepara utilizando poco caldo para obtener una sopa similar a un preparado de pasta italiana. Ambas se sirven antes del plato fuerte. La sopa de fideo seco o sopa seca puede tener chile ancho u otro chile para que la pasta sea más roja y con más sabor; puede servirse adornada con queso rallado o picado, cebolla rebanada y crema. Estas preparaciones son típicas del centro del país, y también son conocidas como sopa seca. En los Valles Centrales de Oaxaca es típica la sopa de fideo con frijol, en el que se sustituye el caldillo de jitomate por caldo espeso de frijol negro.

→ sopa de pasta, sopa seca

SOPA DE FIESTA ◆ sopa de pan

SOPA DE FLOR DE CALABAZA

Sopa clara de caldo de pollo en el que se cuecen abundantes cantidades de flores de calabaza previamente salteadas con cebolla, ajo y epazote. Se prepara en casas y restaurantes del centro del país, en especial en el Distrito Federal, Tlaxcala y Puebla. Puede agregársele hongos, queso o cuitlacoche para hacerla más variada. En Oaxaca se conoce como sopa

de guayas, pues así se conoce a la flor de calabaza en el estado; incluye elotes, calabacitas, chile costeño molido, epazote

o pipicha y masa de maíz para espesar. En los restaurantes también es muy importante la crema de flor de calabaza.

→ sopa de milpa

SOPA DE FLOR DE NOPAL

Sopa preparada a base de caldillo de jitomate con flores de nopal fritas. Es típica de la región del Valle del Mezquital, Hidalgo, pero también se pueden encontrar recetas similares en los estados vecinos donde también abunda el nopal.

SOPA DE FRIJOL

Variedad de sopas elaboradas con una base de frijoles cocidos con su caldo, muy común en las comidas caseras de todo el país. El frijol que se utiliza depende de la región y generalmente su presentación es sencilla: apenas se acompaña con cebolla picada, gotas de jugo de limón, frijoles enteros y en ocasiones queso o tiras de tortillas fritas. En los estados del centro del país se hace con frijoles flor de mayo o bayos previamente cocidos, que suelen molerse y luego condimentarse con cebolla, jitomate y ajo. Dependiendo de la región y las costumbres, suele servirse sola o acompañada de rebanadas de pan dorado, galletas saladas, nopalitos cocidos o tiras de tortillas de maíz fritas. En el Golfo de México, sur y sureste del país, se utiliza el frijol negro y también se conoce como caldo de frijol. El caldo se consume solo o con algunos granos de elote y se sirve con jugo de limón, cebolla, chile verde y cilantro picados. En Oaxaca se prepara con frijoles negros cocidos en agua con hojas de aguacate y cebolla; se sirve caliente, adornada con tiras de tortillas fritas y queso fresco. Existe una sopa muy tradicional que se prepara con polvo de frijol. Otras sopas muy sabrosas elaboradas a base de frijol son la sopa tarasca o la crema de frijol.

→ sopa de gato

SOPA DE GARBANZO

Variedad de sopas que contienen garbanzos enteros o molidos. Las versiones con garbanzo entero casi siempre llevan otras verduras como chayotes, calabacitas y nopales, aunque varía dependiendo de la región del país donde se prepare. Las versiones con garbanzos molidos suelen tener consistencia de crema y una textura espesa. También existen las sopas con garbanzos secos enteros, similares a las versiones anteriores, y suelen contener cebolla y ajo picados, menta o hierbabuena, pimienta, agua y a veces caldo de pollo. En ocasiones incluye rebanadas de pan tostado. En Oaxaca se prepara una sopa con polvo de garbanzo.

SOPA DE GATO

Sopa preparada con caldo de frijoles de la olla sazonados con cebolla y ajo, acompañada con queso y tortillas fritas. Es de consumo tradicional entre los coletos de San Cristóbal de las Casas, Chiapas.

SOPA DE GOTAS

Sopa elaborada a base de verduras, chícharos, ejotes y zanahorias cocidas en caldo de pollo. Al momento de servir se adorna con gotas de harina. Estas últimas se preparan previamente batiendo harina, huevo, leche, sal y azúcar; luego se dejan caer gotas de la pasta en una sartén con aceite y se fríen hasta que toman un color dorado. Es un platillo típico de Comitán y San Cristóbal de las Casas, Chiapas.

SOPA DE GUAYAS ◆ sopa de flor de calabaza

SOPA DE GUÍAS

Sopa hecha con guías de calabaza, calabacitas tiernas y flores de calabaza cocidas en agua. Puede incluir elote en trozos, hojas de chepil o pipicha y chochoyones. La particularidad de esta sopa consiste en utilizar los retoños o partes tiernas de la planta de la calabaza, que se consiguen en temporada de lluvias. Por tradición las guías de la calabaza que se utilizan son de una variedad que se reconoce como calabaza güichi. En la región de los Valles Centrales de Oaxaca a veces se agrega una hierba aromática llamada piojo; se sirve acompañada de salsa de chile pasilla o salsa de gusanos de maguey y jugo de limón. En la región de la Mixteca la sopa es muy similar a la de los Valles Centrales, aunque no utilizan piojo y sustituyen la salsa de chile pasilla por la salsa de chile bravo. En la sierra Norte de Puebla se preparan las guías de chayote en caldo, éstas se cuecen en agua con sal caliza y sal de mar; se sirve caliente con tortillas de maíz y salsa picante. De la misma forma se prepara la sopa de guías de calabaza.

SOPA DE HABA SECA

Sopa de haba amarilla seca sin cáscara, condimentada con cebolla, chile serrano, ajo, comino y hierbabuena. Al final se añaden nopales cocidos para evitar perder el color amarillo natural de la sopa. Las habas suelen desmoronarse un poco y proporcionan consistencia a la sopa, pero no deben estar demasiado machacadas, porque la idea es masticarlas y que se deshagan en la boca. Suele servirse durante la cuaresma en Hidalgo y el centro del país.

→ caldo de habas

SOPA DE HABAS FRESCAS

Sopa que se elabora con habas frescas cocidas en agua con cebolla, hierbabuena y ajo, el caldo se condimenta con cilantro y jitomate. Es típica de los Valles Centrales de Oaxaca. Es una sopa tradicional para los días de cuaresma, en especial el Miércoles de Ceniza, Jueves y Viernes Santos. También es típica de la región de La Cañada y en otras partes del estado.

SOPA DE HONGOS

Preparación elaborada con hongos partidos en trozos o rebanados, salteados en aceite, manteca de cerdo o mantequilla con cebolla, ajo y epazote picados, cocidos en agua o caldo de pollo, muy común en los estados del centro del país. La sopa se sirve con abundantes trozos de hongos, y es común incluir además flores de calabaza o alguna otra verdura como calabacitas, rajas de chile poblano o chile chilaca.

El hongo más utilizado es el blanco o champiñón cultivado, puesto que es un hongo común y relativamente barato en los mercados del centro del país. En las zonas rurales del Estado de México y Michoacán existen muchos hongos silvestres que se ocupan para esta sopa típica del verano, de julio a septiembre, es decir, durante la época de lluvias, cuando los hongos abundan. Se usan hongos que en las ciudades son extremadamente raros, como morillas, patitas de pájaro, hongos de maguey o clavitos. En algunos lugares del Estado de México el caldo es muy condimentado y suele ser de color rojo, porque se prepara con chile guajillo o chile ancho molido.

SOPA DE HUEVO EN CALDO DE BOBO

Caldo de bobo aromatizado con laurel, tomillo, orégano, perejil y vinagre de manzana; en él se cuecen papas y cebolla cortadas en cuarterones. Una vez cocidas las papas se agregan los huevos crudos que se ahogan en el caldo. Es un platillo que se acostumbra en Veracruz, para la época de la cuaresma.

SOPA DE IGUANA CON CODORNIZ

Sopa preparada con carne de iguana limpia y asada (para retirarle la piel) y codorniz. Las carnes se fríen en manteca de cerdo y se condimentan con jitomate, cebolla, ajo, orégano y sal. Es una sopa altamente nutritiva y proteica, que preparan los yaquis de Sonora.

SOPA DE LENTEJAS

Variedad de sopas hechas a base de lentejas cocidas en agua o caldo, a las que se añaden varios ingredientes según la región; puede ser una sopa muy sencilla como parte de la comida del mediodía o incluso el plato principal. También se le conoce como caldo de lentejas.

• En Comitán, Chiapas, se acompaña con chorizo frito y al servirse se le agrega plátano frito.

• En Chihuahua es una sopa sencilla que se acostumbra durante la cuaresma y es uno de los llamados siete potajes. Las lentejas se cuecen en agua con ajo y cebolla, se les añade tocino y se licuan. La sopa resultante no es muy espesa, y suele servirse con trozos de pan dorado o queso rallado.

• En estados del centro del país como Querétaro, Estado de México, Distrito Federal, Puebla, Tlaxcala y Morelos, se elabora cociendo las lentejas en agua o en caldo de pollo con ajo, cebolla, cilantro y jitomate molidos o picados. Se le puede agregar también nopales cocidos y cortados en cuadritos, salchichas o tocino.

• En Oaxaca la preparación suele llamarse lentejas con frutas, porque la sopa incluye plátano macho y piña, además de tocino, chuleta ahumada, longaniza o cualquier otro embutido. El caldo se condimenta con cebolla y ajo. En la región de Tuxtepec la sopa contiene lentejas, cebolla y ajo picados, laurel y carne de cerdo; todo condimentado con canela, jitomate, pimienta negra, comino, clavo, pimienta gorda, tomillo y orégano, además de que se le agregan trozos de frutas como piña y plátano macho.

• En Tabasco se conoce también como potaje de lentejas. Éstas se cuecen en agua con ajo, cebolla y jitomate picados, y se les añade jamón, mortadela, tocino, salchicha y chorizo cortados en cuadritos; puede contener también calabacitas y zanahorias en cubitos, y se sirve en grandes platos hondos. En la mesa el comensal añade a su elección papa o plátano macho maduro cortados y fritos. También se acompaña con arroz blanco.

• En Zacatecas suele acompañarse con queso fresco.

SOPA DE LIMA

Sopa típica de Yucatán que se prepara con caldo de pollo al que se le añade jitomate, chile dulce y cebolla picados y sofritos en aceite. El caldo se deja hervir para concentrar los sabores, y se sirve en porciones generosas con gotas de jugo de lima, rebanadas de lima, carne de pollo desmenuzada, higadi-

tos de pollo y tiritas de tortilla frita. Algunos suelen utilizar como base un caldo preparado que llaman caldo salpimentado, o bien, un caldo condimentado con recado de puchero, u otro muy similar al que llaman, precisamente, recado de sopa de lima. Es considerada la sopa más representativa de Yucatán y una de las más refinadas del país. Muchos afirman que la inventó en 1946 el maestro Katun, antiguo restaurantero de Mérida.

SOPA DE MALVAS

Sopa de origen rural que consta de malvas cocidas en caldo de pollo o agua con cebolla, ajo y jitomate. Se acostumbra en el Estado de México y en Hidalgo.

SOPA DE MARISCOS

Variedad de sopas que se preparan cociendo combinaciones distintas de mariscos en caldo, condimentadas con jitomate o chile. Se elabora y consume a lo largo de ambos litorales de la república. En las costas de Oaxaca, por ejemplo, la sopa se hace con camarón fresco, almejas en su concha y jaiba; se condimenta con jitomate molido con ajo, cebolla, pimienta, sal y clavo, además de perejil y chiles pasilla enteros. Se sirve con cebolla picada y jugo de limón. En Alvarado, Veracruz, se prepara con camarones frescos, pulpa de jaiba, pulpa de cangrejo, ostiones frescos sin concha, calamar y robalo u otro pescado. Éstos se cuecen en un caldo que contiene chile guajillo, jitomate, cebolla, ajo, aceitunas, alcaparras, chiles encurtidos, laurel, tomillo y sal. Al momento de servir se le añade un poco de vino blanco y se adereza con jugo de limón.

→ caldo siete mares, sopa marinera

SOPA DE MÉDULA

Sopa que se elabora con médula de res cocida en agua; el caldo se condimenta con una salsa molida y frita de jitomate, chile chipotle, ajo, cebolla y comino y se le añaden ramas de epazote. Es muy común en el Distrito Federal; principalmente se vende en fondas y restaurantes de comida típica, aunque existen muchos lugares que se especializan en su venta. En Guanajuato suele contener xoconostle.

SOPA DE MIGAS

Sopa sustanciosa en la que se aprovechan las migas o rebanadas de pan viejo. Las migas se incorporan poco a poco a un caldo de pollo y posteriormente se agrega huevo crudo. El caldo puede ir también condimentado con jitomate. Se acostumbra en los estados del centro del país, donde hace un par de décadas era muy común, pero poco a poco las familias y las fondas han dejado de prepararla. En Morelos aún existen algunas variantes: puede tratarse, por ejemplo, de una sopa de pan, ajo, longaniza frita, caldo de res o pollo y chile. Cuando el caldo hierve se le añade huevo crudo y se

sirve con queso. A esta sopa también se le puede llamar simplemente migas.

→ sopa de ajo

SOPA DE MILPA

Sopa muy común de origen campesino que se acostumbra en Puebla, Tlaxcala, Distrito Federal, Hidalgo y, en general, en el centro del país. Se le llama así en restaurantes porque en ella se utilizan productos cosechados en la milpa: granos de elote, epazote, flores y guías de calabaza, calabacitas, chiles poblanos, cebolla y ajo cocidos en agua o caldo de pollo. Además de los ingredientes básicos citados, se le pueden agregar habas verdes, cuitlacoche, ejotes o nopales. Es una sopa muy antigua, tal vez de origen prehispánico. Actualmente se encuentra todo el año, pero antaño era típica de temporada de lluvias, que es cuando abundan las flores de calabaza y el cuitlacoche y se cosecha el elote.

SOPA DE NOPALES

Sopa a base de nopales cocidos en agua, colados y vueltos a cocer en agua o caldo de pollo con epazote o cilantro. El caldo se condimenta con chile, tomate y cebolla picados o molidos. Puede colorearse con casi cualquier chile, como ancho, pasilla, mulato o guajillo, y puede incluir otras verduras como zanahoria, calabacitas y chayotes (siempre en menor cantidad que los nopales). Generalmente se sirve sola, aunque es posible añadirle huevo cocido o crudo (que se cuece en el caldo) o queso fresco. Es una sopa casera tradicional, muy común en Querétaro, Distrito Federal, Estado de México, Puebla, Tlaxcala, Morelos, partes de Veracruz y San Luis Potosí.

SOPA DE PAN

Sopa de la cual existen dos versiones. En Colima es una preparación muy antigua llamada también sopa de fiesta o sopa de boda porque se acostumbra para esas ocasiones. Se forra el fondo de una cazuela con una capa de tortillas para evitar que los

otros ingredientes se quemen durante la cocción. Encima se acomodan alternadamente rebanadas de pan frito y pan tostado, trozos de carne de gallina cocida, garbanzos, zanahoria, papa, chícharo, ejotes, chorizo frito, rebanadas de plátano macho frito, aceitunas, almendras, pasas, vinagre de fruta y rebanadas de huevo cocido. Todo se ahoga con el caldo en el que se coció la gallina, condimentado con jitomate, semillas de cilantro y jugo de naranja agria. Se coloca en el fuego y se deja hervir. El resultado es una sopa seca, pues el pan absorbe casi todo el líquido que se sirve en tazones grandes. En Chiapas la sopa de pan tiene gran arraigo como sopa festiva, sobre todo en San Cristóbal de Las Casas, donde originalmente se acostumbraba prepararla en la cuaresma. Es una sopa muy sustanciosa que se elabora de manera similar a la versión de Colima. Tiene como base caldo de elote y se alternan rebanadas de pan francés estilo coleto frito, con una mezcla de zanahorias, papas, ejotes, calabacitas, chícharos, plátano macho frito rebanado, pasitas, alcaparras, aceitunas y almendras, condimentada con cebolla, jitomate, ajo, tomillo, orégano, canela y azafrán. Algunas de sus variantes incluyen pimienta, achiote o vino. Suele servirse con queso y rebanadas de huevo cocido.

SOPA DE PASTA

Nombre que designa a una gran variedad de sopas elaboradas con pastas de harina de trigo. El nombre de este platillo cambia según la forma o figura de la pasta; puede ser sopa de macarrones, de fideos, de letras, etc. La pasta se fríe en aceite hasta dorar y luego se añade a un caldillo de jitomate, casi siempre preparado con caldo de pollo o de res, para que se cueza lentamente; se sirve acompañada con rodajas de limón, por si el comensal desea añadirlo. Aunque se come en muchas partes de México, esta sopa es la más común del centro del país, y se sirve casi a diario en casas y fondas. Algunos le agregan rebanadas de aguacate o queso fresco espolvoreado, e incluso espinaca o acelga picada al caldillo. Cuando se sirve sin caldo se llama sopa seca de pasta.

SOPA DE PESCADO

Variedad de sopas o caldos que por lo regular tienen como base un caldillo hecho con cebolla, jitomate y caldo de pescado, a veces aromatizado con orégano, laurel y/o perejil; se sazona con diferentes chiles, según la región, y se le añaden trozos de pescado, o en algunos casos mariscos, además de zanahoria y papa. El plato se sirve con limones partidos para exprimir y chiles picados o cualquier salsa para que el comensal los agregue al gusto. Se prepara comúnmente en ambas costas de México. En especial en la región del Sotavento, en Veracruz, se utilizan pescados como robalo, huachinango, negrillo o chema.

SOPA DE PLÁTANO MACHO

Sopa elaborada con caldo de pollo al que se le agregan rebanadas gruesas de plátano macho y plátano macho molido, así como jugo de naranja agria o vinagre. Se prepara en Cosamaloapan, Veracruz.

SOPA DE POLLO Y PAPAS

Sopa a base de caldo de pollo al que se le agrega papa rallada, champiñones y pimiento previamente fritos en mantequilla. Justo al servir, se agrega perejil picado y pollo cocido. Es un platillo que se consume en Comitán, Chiapas.

SOPA DE QUESO

Variedad de sopas que se consumen en distintos lugares de México, elaboradas a base de consomé de pollo, verduras y queso derretido de la variedad que se produzca en cada región. En Comitán, Chiapas, se le agrega brócoli. En Sonora preparan una sopa de queso única en su estilo que representa un verdadero orgullo para el estado. Es muy sustanciosa y con la consistencia de una crema; en su preparación se utiliza caldo de pollo, leche, crema, fécula de maíz, chile poblano, chile verde del norte, pimiento morrón verde, jitomate, papa y cebolla picada. Una vez terminada la cocción, se sirve la sopa muy caliente sobre cuadritos de jitomate y queso Chihuahua. Conocida también como caldo de queso.

SOPA DE SESOS

Preparación elaborada con sesos y caldo de res condimentado con jitomate, ajo, cebolla, acelgas, papas y macarrones, tradicional de Oaxaca.

SOPA DE TAMAL

Sopa elaborada con tamales rebanados y fritos, ahogados en caldillo de jitomate con chile ancho; algunas veces se le añade crema y queso. Este preparado de origen otomí se acostumbra en Guanajuato.

→ sopa de corundas, sopa de uchepos

SOPA DE TORTILLA O SOPA AZTECA

Sopa representativa del centro del país, muy consumida en casas y restaurantes por su delicioso sabor, de la que existen muchas variantes. Se sirve por igual en un menú sencillo de fonda o cafetería, que en un restaurante de lujo o cena elegante. Consta normalmente de caldo de pollo con epazote, condimentado con jitomate o chiles secos como pasilla o ancho, al que se añade tiras de tortilla de maíz fritas. A esta base se pueden añadir otros ingredientes, como queso panela o ranchero, tiras de chile pasilla fritas, aguacate, pollo desmenuzado, crema, cilantro picado, cebolla picada, jugo de limón, trozos de chicharrón y rajas de chile poblano, entre otros. En muchos lugares se sirve únicamente el caldo con la tortilla y se trae por separado toda la guarnición, para que el comensal condimente la sopa a su gusto. En el Estado de México las sopas rurales suelen ser caldos de pollo con venas de chile, jitomate, cebolla, epazote y tiras de tortilla fritas. En Puebla, algunas versiones caseras pueden ser de caldo de pollo con abundantes tortillas fritas, longaniza, tocino y queso.

SOPA DE TORTITA DE CAMARÓN FRESCO ◆ tortitas de camarón

SOPA DE UCHEPOS

Sopa casera que se prepara usualmente con los uchepos sobrantes del día anterior. En algunos casos sólo se despedazan un par de uchepos en un tazón, se mezclan con mantequilla de rancho y salsa verde o roja, y se come a cucharadas. Otra variante consiste en uchepos horneados con rebanadas de cebolla y rajas de chiles chilaca ligeramente fritas, además de crema y queso fresco. Es típica de Michoacán.

SOPA DE VERDURAS

Sopa compuesta por diversas verduras y hortalizas, todas cortadas en pequeños cubos y cocidas en caldo de pollo o agua. Las verduras más utilizadas son calabacitas, acelgas o espinacas, zanahorias, papas, chícharos, granos de elote y chayotes. El caldo, suele contener ajo y cebolla y se colorea con jitomate licuado y frito. Cuando se cuece con agua en lugar de caldo, se le añade consomé de pollo en polvo. Es una de las sopas más comunes en todo el país. En algunas fondas se anuncia como sopa juliana, y entonces las verduras están cortadas en tiras delgadas. A veces se le añade pasta. En los mercados del centro del país es muy común comprar en los puestos de verduras la llamada bolsa de verduras, en la que ya están cortados y mezclados todos los ingredientes de la sopa. En Guanajuato se le añade xoconostle.

SOPA DE VINO

Postre elaborado con rebanadas de marquesotes ahogadas en almíbar elaborado con azúcar, canela, agua y jerez; se sirven adornadas con pasas, almendras y piñones. Es un postre que se acostumbra sobre todo en el día de Corpus Christi, en Chilapa, Guerrero.

SOPA JULIANA ◆ sopa de verduras

SOPA MARINERA

Sopa preparada típicamente con diversos mariscos, camarón, pescado, pulpo y caracol, se acompaña en ocasiones con rebanadas de pan. Es tradicional en el puerto de Mazatlán, Sinaloa.

SOPA PARA VIGILIA

Caldo sazonado con jitomate y cebolla molidos, aromatizado con orégano y perejil. Se le agregan yemas de huevo cocidas, y suele servirse con rebanadas de pan y de huevo cocido. Se acostumbra en Veracruz durante la cuaresma.

SOPA RANCHERA ◆ caldo ranchero

SOPA REINA

Sopa preparada a base de caldo de guajolote o pollo, al que se le añade una fritura de harina de trigo y huevo. La fritura se cuece junto con verduras como zanahoria, papas, ejotes, calabacitas y chícharos. En Chiapas se considera una sopa cotidiana que puede servirse todos los días.

SOPA SECA

Término empleado en el Distrito Federal y áreas circunvecinas para referirse al arroz rojo, arroz blanco o la sopa de fideo seca que se sirven en la comida del mediodía. Se llama sopa seca porque se sirve después de la sopa aguada o líquida. Es parte de la comida corrida de las fondas.

→ sopa de fideo

SOPA SECA DE CORUNDAS

Preparación elaborada con corundas rebanadas o partidas en trozos y freídas ligeramente en mantequilla; después, se colocan en un molde y se bañan con salsa de jitomate, crema, queso y rajas de chile chilaca. Al final se hornean y se sirven calientes como sopa seca. Es una forma tradicional de aprovechar las corundas restantes del día anterior en Michoacán.

SOPA TARASCA

Sopa parecida a la de tortilla, hecha de caldo de pollo que se condimenta con una salsa molida y frita de jitomate, a la que a veces se le agrega epazote y orégano. Se sirve con tiras de tortilla, y de chile ancho fritas y queso rallado. Otra versión, menos frecuente, es una sopa similar a una crema de frijoles, es decir, los frijoles bayos o rosados se cuecen, se muelen y se condimentan con una salsa molida y frita de jitomate, ajo y cebolla, a la que también se añade caldo de cerdo o pollo. Se sirve con queso, crema y tiras de chile ancho y de tortilla fritas. Es una de las sopas más representativas de Michoacán.

SOPAIPILLAS

GRAF. sopalpillas. Del mozarabe que significa masa frita. Buñuelitos cortados en triángulos o medias lunas, espolvoreados con azúcar glass y canela o bañados con miel de piloncillo. La masa se prepara igual que la de las tortillas de harina, se forman pequeñas tortillas, se cortan en la forma deseada y se fríen en aceite. En algunos lugares del país, como Valle de Allende, Chihuahua, el agua de la masa se sustituye por jarabe de piloncillo y queda más oscura. En otros estados la masa puede incluir huevo, anís o queso. Se

consume como golosina en Chihuahua y, por extensión, en estados circunvecinos de México y Estados Unidos.

→ buñuelo

SOPE

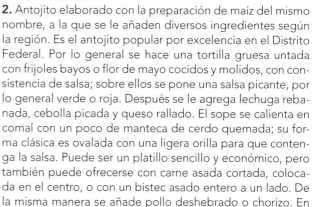

1. Tortilla de maíz gruesa y con el borde levantado o "pellizcado", con el objetivo de que contenga dentro diversos ingredientes. El diámetro del sope varía de acuerdo con la región. Se utiliza para elaborar el antojito del mismo nombre.

2. Antojito elaborado con la preparación de maíz del mismo nombre, a la que se le añaden diversos ingredientes según la región. Es el antojito popular por excelencia en el Distrito Federal. Por lo general se hace una tortilla gruesa untada con frijoles bayos o flor de mayo cocidos y molidos, con consistencia de salsa; sobre ellos se pone una salsa picante, por lo general verde o roja. Después se le agrega lechuga rebanada, cebolla picada y queso rallado. El sope se calienta en comal con un poco de manteca de cerdo quemada; su forma clásica es ovalada con una ligera orilla para que contenga la salsa. Puede ser un platillo sencillo y económico, pero también puede ofrecerse con carne asada cortada, colocada en el centro, o con un bistec asado entero a un lado. De la misma manera se añade pollo deshebrado o chorizo. En

Jalisco es una tortilla pequeña con el borde pellizcado, pasada por manteca de cerdo, rellena con frijoles, picadillo, chorizo o papa, lechuga rebanada y queso. En Nayarit las tortillas se pasan por una salsa de chile ancho y aceite, y se rellenan con frijoles, papa, lechuga rebanada, cebolla, queso, rabanitos y salsa de jitomate. En San Blas, Nayarit, son típicos los sopes de ostión.

→ memela, pellizcada, picada

SOPEAR

Sumergir o remojar un alimento seco en otro líquido. Se usa sobre todo para designar el acto de remojar pan o galletas en chocolate, café, atole o leche.

SOPES DE OSTIÓN

Sopes hechos a base de masa de maíz mezclada con jugo de ostión y manteca de cerdo en forma de tortilla gruesa de unos 9 cm de diámetro, cocida al comal y pellizcada de la orilla para formar un pequeño borde. Se rellena con frijoles bayos, ostiones, zanahoria, papa, lechuga, cebolla, salsa y queso añejo. Se acostumbran en las costas de Jalisco, Colima y San Blas, Nayarit.

SOPITOS

Sopes pequeños que se elaboran en Colima, originarios de Villa de Álvarez, antes San Francisco Almoloyan. Miden 6 cm de diámetro, por lo que se sirven varios en un plato grande. Se rellenan de carne de cerdo mezclada

con cebolla, pimienta, clavo y ajo, cocido todo en agua. Algunos acostumbran hacer bolas con la carne para cocerla, porque así resulta más fácil retirar la carne y conservar el caldo con el que se prepara una salsa de consistencia ligera, con tomate, jitomate y chile cascabel o de árbol. Es tradicional servirlos con repollo rebanado, queso añejo y un poco de la salsa.

Conocidos también como

◇ sopes de La Villa
◇ sopitos picados

SOPITZA ◆ hongo cazahuate

SOPLADOR

Abanico utilizado para avivar el fuego de un anafre. Los hay tejidos con tule o palmas; los zapotecos lo hacían con plumas de guajolote. Se le llama también aventador.

SORBETE O SORBE

Nombre que en épocas antiguas se daba a los sombreros de copa, y que pronto se acuñó para designar a las nieves. En Oaxaca es un sabor de nieve que se elabora con leche, canela o vainilla, azúcar, yemas de huevo y bicarbonato de sodio. Con este nombre también se conoce a las nieves en la península de Yucatán. En Campeche los sabores más populares de sorbete son guanábana, marañón, mamey rojo y mantecado.

→ nieve

SORGO (*Sorghum bicolor*)

Planta herbácea de la familia de las gramíneas, que mide hasta 5 metros de altura. Posee una flor terminal en panícula densa. Sus semillas se tuestan y se revientan de manera similar a las palomitas de maíz; se utilizan para preparar un dulce revolcándolas con piloncillo. Esta planta también es conocida en Chiapas como maíz de guineo.

SORRAPA ◆ asientos de chicharrón

SOSOKITL ◆ cuitlacoche

SOTOBICHAY ◆ dzotobichay

SOTOL

1. GRAF. xotol. Del náhuatl *zotolin*, palma. Nombre con el que se conoce a varias especies del género *Dasylirion*, muy comunes en regiones semidesérticas. Son plantas de tallo corto o sin tallo, hojas arrosetadas con espinas en los bordes y una púa terminal; muchas tienen aspecto de maguey, pero las hojas son delgadas, aplanadas, más angostas, y no son carnosas. Sus flores se producen en un eje largo y se consumen en tortitas, tamales y guisos. Abunda en los estados de Durango, Coahuila y Chihuahua. Los rarámuris conocen el quiote de la planta como *balila* o *sele*. Se corta cuando está tierno, pues cuando se desarrolla se endurece. Una vez cortado se guisa con chile, clavo, ajo, pimienta y sal, o se elaboran tortitas. Conocido también como pitol.

2. GRAF. xotol. Nombre que identifica a un mezcal con denominación de origen, producido a partir de varias especies de *Dasylirion*. Se elabora en los estados de Chihuahua, Durango y Coahuila de manera similar a otros mezcales del país; los cogollos y pencas de la planta se asan, se fermentan y luego se destila el líquido resultante con técnicas similares a las del mezcal. Hay aproximadamente 16 especies silvestres en México, por ejemplo, *Dasylirion texanum* en Coahuila y Chihuahua; *Dasylirion palmeri* y *Dasylirion heteracanthum* en Coahuila y Durango.

SOYO ◆ hoja de soyo

STACATSECNA ◆ papatla

SUADERO

Nombre que recibe la carne grasa de res que se encuentra pegada a la parte interior de la piel, y que contiene finas capas de carne. Es muy apreciada, pues con ella se preparan los famosos tacos de suadero, de consumo generalizado en casi todo el país.

SUAHARO ◆ saguaro

SUCHICAHUE ◆ hormiguillo

SUCHICOPAL ◆ quiote

SUCHIPAL O SUCHIPATE (*Cosmos sulphureus*)

GRAF. sochipal, suchipalli o xochipal. Planta herbácea de hojas partido-lobuladas con los lóbulos angostos y flores en cabezuelas anaranjadas. El uso de la flor es bastante común, sobre todo en la cuenca del río Balsas, en Guerrero, donde se preparan tamales nejos con flor de suchipal.

Conocida también como:

◇ acetillo
◇ cempual
◇ chochopali
◇ ecaxtli (Puebla)
◇ flor de san Francisco
◇ girasol amarillo
◇ mirasol amarillo
◇ rosilla amarilla
◇ san Miguel (Sinaloa)
◇ sempual
◇ shinul
◇ ximula (Michoacán)
◇ xinula (Guerrero)
◇ zempual

→ tamal nejo

SUCO (*Calathea macrosepala*)

GRAF. shuco o xuco. Planta que llega a medir hasta 1.20 metros de altura, con raíces rizomatosas que miden hasta 7 cm de largo. La planta tiene hojas largas y angostas, con forma oblonga, de tono verde en el haz y blanquecino en el envés. Sus flores son amarillas. En Chiapas y Tabasco se utilizan sus hojas como envoltura de tamales y otros alimentos, al igual que otras variedades de *Calathea*, como la hoja de tó. Las flores se consumen cocidas y capeadas o revueltas con frijoles; sus rizomas, que abundan de enero a marzo, se comen a manera de verdura con carne. Conocida también como hoja de piedra

SUGUARO ◆ saguaro

SUIZA, A LA

Término que se aplica a cualquier guiso que contenga abundante queso, por lo regular derretido o gratinado. Los quesos más utilizados para gratinar son el tipo manchego, Chihuahua y en ocasiones quesillo. A veces aparece únicamente el adjetivo suizo, como en el caso de enchiladas suizas o torta suiza.

SUQUIÍ

Nombre con el que se identifica a un horno de adobe, en el que se preparan panes, tamales y totopos en Juchitán, Oaxaca.

SUSPIRO

Nombre que designa distintos postres o dulces.

• En Campeche es una galletita horneada, redonda, preparada con harina de trigo, manteca de cerdo, azúcar y anís; en ocasiones se le añade yemas de huevo, canela en polvo y bicarbonato de sodio.

• En Chiapas es una bolita de pasta de yuca cocida y molida, mezclada con huevo y azúcar; se fríe en manteca de cerdo; se sumerge en un almíbar de azúcar y se deja secar a la intemperie. Es popular en Chiapa de Corzo. Otra es una especie de merengue de yema de huevo y azúcar que se espolvorea con azúcar y canela.

• En Chihuahua es una golosina de merengue que se acostumbra en las bodas de los ranchos; se dice que su nombre se debe a su gran suavidad, y a que desaparecen en la boca como un suspiro. Se elaboran con claras de huevo batidas a punto de turrón, azúcar, jugo de limón y vainilla; la mezcla se cuece en baño María y se coloca en una manga pastelera para formar rueditas que se hornean. Pueden pintarse con cualquier colorante vegetal.

• En Oaxaca el suspiro se prepara con masa de harina de trigo, mantequilla, agua y yemas de huevo; se fríe en aceite hasta quedar como tortita, y luego se pasa a un almíbar hecho de azúcar, miel de abeja, agua y canela. También se le conoce como suspiro de la madre Celestina, debido a que muchos de estos postres eran preparados por las monjas de los conventos.

SUSTITUTO DE CAFÉ

Semillas, sobre todo de leguminosas como el garbanzo, el chícharo o el frijol mucuna, que son tostadas y adicionadas al café para hacerlo rendir más. En ocasiones lo sustituye por completo. Esta práctica es común de varias zonas rurales del país.

SUTS'KEYEN O SUTS'KEYMIL ◆ agrios

SUWARRO O SUWARROW ◆ saguaro

T CON A

Coctel elaborado con tequila y licor de anís, en cantidades iguales, servido sobre hielo en vaso *old fashioned*, o sin hielo en una copa para coñac. El anís puede ser dulce o seco, al gusto de quien lo pida.

TABASCO

Estado situado en el sureste del país; limita al norte con el Golfo de México, al este con el estado de Campeche, al sureste con Guatemala, al sur con Chiapas y al oeste con Veracruz. Se fundó el 7 de febrero de 1824 y está dividido en 17 municipios; su capital es la ciudad de Villahermosa. El territorio que actualmente ocupa estuvo habitado por la cultura olmeca, primera civilización en asentarse en la región del Golfo de México, y posteriormente la maya, que fue influida en muchos aspectos por los olmecas; durante los siglos VII y VIII se desarrolló la etnia chontal maya. Actualmente en la entidad habitan etnias chontales, descendientes de la maya y diferentes a los chontales que habitan en Oaxaca, y etnias nahuas. Sus actividades tradicionales son la agricultura, la recolección, la caza y la pesca, que complementan con los ingresos de los jóvenes chontales que se emplean en los trabajos derivados de la explotación petrolera. La cocina regional tabasqueña tiene una fuerte influencia de las culturas maya y chontal y se caracteriza por el uso de ingredientes regionales, sobre todo frutas, hierbas y especies marinas, así como algunos animales de caza que abundan en la región gracias al clima y a la geografía local. Tabasco es uno de los estados con mayor porcentaje de comunidades rurales: casi la mitad de la población es rural y una gran cantidad se emplea en actividades primarias, ya que el territorio presenta condiciones ideales para su desarrollo. Los principales cultivos son el cacao, la yuca, el plátano y la piña; la captura pesquera ocupa los primeros lugares a nivel nacional en la pesca de cintilla, bandera, robalo, ostión y mojarra. La ganadería bovina es también una actividad muy importante, con cerca de dos millones de cabezas. En las tres últimas décadas la cocina tabasqueña ha sufrido modificaciones, pues muchos de los animales que se consumían se encuentran en peligro de extinción, por ejemplo el faisán, la iguana, el jabalí de collar, el pichiche, el tepezcuintle, el tapir, la tuza, el venado y algunas tortugas como el guao, la hicotea y el pochitoque. Aunque su caza está prohibida, se comercia con ellos de forma clandestina. Algunas preparaciones, que fueron muy comunes antes de su prohibición, eran la tortuga en sangre, en verde o lampreada, el tepezcuintle adobado y el pochitoque en verde. De todas las especies nativas de la región, la única que subsiste es el pejelagarto. Muchas familias crían en sus patios o huertos familiares guajolotes, pollos, gallinas y patos. Este último tiene un lugar importante en la dieta de los tabasqueños: se preparan tamales y el arroz con pato. En la entidad existen varias hierbas aromáticas como la chaya, el chipilín, la hierba santa, el orégano y el perejil ranchero, que dan su carácter distintivo a la comida del estado y con las que se prepara una gran variedad de platillos. También se pueden encontrar frutas y verduras nativas como el caimito, el chinín, el guapaque, la guaya y la guaya de cerro, el guineo, el jinicuil, la jagua, la malanga, el mamey de santo Domingo y el colorado, el mango, el matalí, el ñame, la pomarrosa, la yuca y diferentes variedades de anonas. Además del cacao y del plátano, que son productos de exportación, existe una importante producción de café, coco, sandía y pimienta de Tabasco. Otros elementos indispensables en la comida tabasqueña son el achiote, que se utiliza para dar color y sabor a varios platillos del estado y los chiles amaxito, dulce, pico de paloma y *xcatik* que se utilizan para hacer salsas picosas. Cuando no se dispone de chile amaxito, es común que se sustituya por habanero. Entre los guisos y platillos que forman parte de la dieta diaria están el ajiaco, el albondigón o niño envuelto, el alcaparrado, el arroz con menudencias, el arroz rojo, el asado de plátano, el bacalao a la vizcaína, las calabacitas rellenas, los calamares rellenos, los caldos de gallina y de pescado, la carne asada untada, la carne con chaya, la carne molida, la carne salada, la chaya con huevo, los chayotes rellenos, el chilmole, la cochinita pibil, los embutidos como butifarras, longaniza, mondongo, morcilla y moronga, la ensalada de betabel, las entomatadas, el estofado de pollo, el frijol con cerdo, los frijoles de la

Zona arqueológica de La Venta, Huimanguillo

Pantanos de Centla

olla, el hígado de res, el jigote, la lengua estofada tabasqueña, la mojarra asada, la panza de res y en verde, el pastel de
lujo, el penchunque, el pescado al vapor, el pibipollo, los
picadillos, el pico de gallo, las piguas, el pipián, los plátanos
cocidos, prensados y rellenos, el poschuque, los pucheros,
el pulpo en su tinta, los riñones, la ropa vieja, el salpicón, la
salsa de jitomate, la sopa de lentejas, los tacos de armadillo,
la tortilla al mojo de ajo, la gratinada y la rellena, la tortilla de
yuca, las tortitas de yuca, las tortillas rellenas de camarón al
mojo de ajo y los totopostes. Algunas preparaciones especiales son la carne claveteada, el ixgua, el moné, el potze, los
ostiones al tapesco y en escabeche y el uliche; se consumen
también antojitos como chilaquiles, enchiladas de mole y de
picadillo, quesadillas rellenas de atún, carne, pejelagarto y
queso y panuchos. Asimismo se consume una gran variedad
de tamales, por ejemplo los chanchamitos, las maneas (que
se preparan únicamente en el estado), las mulitas, los socucos, los de chaya que se acompañan con salsa de jitomate y
queso crema tropical, los de chipilín, colados, costeños, de
cola de lagarto, de elote, de pejelagarto, de pato y de pavo
y los tamalitos de fiesta y de maíz nuevo. También goza de
gran arraigo en la entidad la dulcería: basta ir a los mercados
regionales y especialmente al mercado Pino Suárez de Villahermosa, para ver a las vendedoras que ofrecen grandes
cantidades de dulces regionales, todos colocados en bandejas para vender en pequeñas porciones o grandes cantidades. Muchos dulces que se ofrecen ahí se elaboran en
almíbar o miel de piloncillo y se consumen mientras se bebe
pozol; se preparan con una gran variedad de frutas como
calabaza, ciruela, camote, chayote, coyol, grosella, guapaque, mamey, manzana, marañón, nanche, naranja, papaya y
cidra. Algunos de los dulces más populares son la conserva
de torno largo y la oreja de mico. Se ofrecen también dulces
como ciruelas curtidas, cocadas, conservas de naranja, dulce
de pataxte, jamoncillo, manjar, melcocha de pataxte, merengue, plátano evaporado, rabia y turuletes. Para celebraciones o fechas importantes se elaboran postres como arroz
con leche, budín de calabaza, buñuelos, copa nevada, papín
y torrejas de yuca. Los panes tabasqueños son muy sencillos,
pero la panetela de Emiliano Zapata destaca como un pan
muy especial. Debido al clima extremadamente caluroso y
húmedo que predomina en el estado existe una gran variedad de aguas frescas que se elaboran con frutas e ingredientes regionales. Algunas de ellas son de avena con chocolate,
de chaya, de lima de matalí, de naranja, de naranja agria, de
toronja, la cacahuada, el chocolate de pimienta y de pinol, el
chorote, la horchata, la horchata de avena, la platanada y

el polvillo. En las mañanas se beben, además del pozol, atoles como el de camote, de plátano y de piña, el jocoatole, el
pinole, el tanchucuá y el xochistle. Las bebidas alcohólicas
únicamente se consumen durante la comida en fechas especiales en las que se acostumbran el licor de cacao, el fajo, el
guarapo, el habanero, las mistelas y el zorro. El balché también se prepara en la región con fines rituales.

TABASQUEÑA

Pan de dulce de color café, de forma redonda, tostado y
aplanado, cuya superficie presenta pequeñas incisiones. Se
decora con azúcar granulada.

TABERNA

1. Lugar donde se venden y se consumen bebidas alcohólicas.
2. Bebida, parecida a la tuba, que se obtiene de la fermentación del jugo que se extrae de la palma de coyol. Se acostumbra rebajarla con agua. Es típica de San Cristóbal de las
Casas, Chiapas y del Istmo de Tehuantepec, Oaxaca.
3. Término utilizado por los españoles para denominar a los
lugares donde se destilaba el alcohol producido por diferentes agaves. Actualmente en Colima y Jalisco se les denomina taberna o tabernilla.

TABLOTE ◆ guacima

TACAZONTE ◆ bagre

TACHA

Caldero grande, ancho y poco profundo, fabricado por lo
general de cobre, en el que se cuecen alimentos, sobre todo
dulce de calabaza con piloncillo o calabaza en tacha.

TACHIHUAL

Pan con forma de hogaza elaborado con harina de trigo, levadura seca, azúcar y agua. Es típico de San Juan Cosalá,
Jalisco. Conocido también como pan de boda porque es
clásico en las bodas de los pueblos y rancherías cercanas a
San Juan Cosalá, donde una familia de apellidos Rentería
Morales lo ha elaborado por muchas generaciones. Se dice
que su nombre pudo ser de origen náhuatl, de *tlahucal*, bas-
timento de camino, pues se acostumbra llevar este pan durante los viajes y se exporta a los Estados Unidos.

TACHILHUIL

Palabra de origen náhuatl que significa "guiso hecho a
mano". Guiso de vísceras de cerdo cocidas con especias,
recado rojo y jitomate; se espesa con maíz tostado y molido
y se puede servir frío o caliente. Se acostumbra en San Cristóbal de las Casas, Chiapas, donde también puede encontrarse con el nombre de tachihuil.

TACHO

Recipiente grande de metal, de forma redonda y con poca
profundidad, donde se termina de cocer el melado hasta
volverse azúcar. Se utiliza en los ingenios azucareros.

TACHOGOGUI

GRAF. taxogohui. Guiso tipo picadillo elaborado con carne
de res o de cerdo que se cuece en crudo con jugo de limón,
chiles y ajos. Es típico de Coacotla, Veracruz. Otra versión se
elabora con retazos de cerdo, de preferencia cadera o cua-
dril, que se cuecen y se guisan en una salsa de cebollina, jitomate, ajo y chile ancho.

TACO

1. Antojito que se prepara con una tortilla de maíz o de harina de trigo, rellena con algún alimento y doblada o enrollada. Se come solo o acompañado por alguna salsa. Es el antojito de mayor consumo en México. Por lo

general, su nombre se relaciona con su relleno, su textura o por la forma de prepararlo o presentarlo a la venta.

2. Pan de dulce de forma alargada o enrollada. Es típico del Distrito Federal. Se trata de una masa que se extiende, se rellena con mermelada de manzana o piña y se enrolla antes de hornear. Otra variedad es el taco de canela, que está preparado con una pasta en forma de taco, espolvoreada con azúcar y canela en polvo.

TACO DE MANTECA

Tortilla de maíz que se calienta en el comal y se unta con un poco de manteca de cerdo y sal. Se come para mitigar el hambre entre comidas.

TACO DE NADA

Preparación que consiste en una tortilla de maíz que se enrolla como un taco, pero sin relleno. Se sirve al natural o frito, bañado con salsa y espolvoreado con queso, cebolla picada, col o lechuga rallada. Su venta es común en muchas escuelas y campos deportivos.

TACO DE SAL

Tortilla de maíz recién hecha, espolvoreada con sal y enrollada para comerse en ese momento con el fin de mitigar el hambre entre comidas. En muchas tortillerías del país tienen un salero para que el cliente se prepare un taco de sal y, en algunos casos, de alguna salsa.

TACOS ACORAZADOS

Tacos de guisado que se preparan con tortillas de maíz que, por lo general, se acompañan con arroz rojo, guisados y salsa verde. Se acostumbran en el estado de Morelos.

TACOS AHOGADOS

Preparación elaborada con tortillas remojadas en una salsa de chiles secos y rellenos de queso o carne de cerdo. Conocidos también como tacos potosinos.

→ tacos de Camila, tacos potosinos

TACOS AL CARBÓN

Tortillas de maíz rellenas con bistec de carne de res o de cerdo asado al carbón. Una vez asada la carne, se pica finamente en una tabla y se forma el taco para que el comensal lo condimente a su gusto. La cocción al carbón transmite a la carne un sabor ahumado y quema ligeramente partes diminutas del relleno. Se acostumbra condimentarlo con jugo de limón, cebollas curadas, cilantro y salsa picante. Se le puede añadir quesillo, nopales asados o fritos, o longaniza frita. Se sirven con una o dos tortillas.

TACOS AL PASTOR

Tortilla de maíz rellena con carne de cerdo condimentada con una salsa de especias y chiles secos. La carne se ensarta en una espada o pastor que se gira manual-

mente mientras se cuece. Se cortan rebanadas delgadas de la carne dorada, que se coloca en el centro de la tortilla; se sirve con rebanadas pequeñas de piña asada, cilantro y cebolla picados. Se acompaña con salsa de chile de árbol y, a veces, con limón. Conocidos en Monterrey como tacos de trompo.

TACOS ÁRABES

Pan árabe relleno con carne de cerdo condimentada y cocida de manera similar a la carne de los tacos al pastor. Se sirven calientes y el comensal añade salsa picante y jugo de limón; en algunos lugares le agregan crema ácida. Se acostumbra comerlos en Puebla.

TACOS CARAMELO

Tacos elaborados con tortilla sobaquera, rellenos de carne de res, queso y chile verde. Se preparan en Sonora. Conocidos también como caramelo.

TACOS CHINACOS

Preparación que consiste en tres tacos dorados rellenos de frijoles negros cocidos y molidos con leche. Cada taco se cubre con diferentes elementos: el primero con una salsa de tomate con chile serrano, cilantro, jugo de limón y sal; el segundo con queso fresco y cebolla picada finamente; el tercero con una salsa espesa elaborada con jitomate y chile perón. Todo el platillo se acompaña con rábanos y lechuga. Se acostumbran en Pátzcuaro, Michoacán.

TACOS COLORADOS

Enchiladas elaboradas con tortillas de maíz pasadas por manteca de cerdo y remojadas en una salsa de chile colorado mezclada con salsa verde, crema o nata. Se rellenan con queso fresco o chorizo y se acompañan con papas, zanahorias y ejotes fritos, mezclados con chorizo. Se acostumbran en Zacatecas y San Luis Potosí. Se utilizan para acompañar al pollo frito.

TACOS CON JARDÍN

Tacos dorados de tortilla de maíz, rellenos con papa cocida y carne de cerdo deshebrada. Se sirven sobre un jardín, una preparación que consiste en una cama de lechuga, zanahorias y betabel cocidos. Son típicos de San Cristóbal de las Casas, Chiapas.

TACOS DE ASADA

Tortillas de maíz pequeñas, rellenas con carne de res asada al carbón. Se sirven acompañados de frijoles de la olla y col picada. Son típicos de Puerto Vallarta. La carne y la guarnición sobrante se comen con tostadas.

TACOS DE BARBACOA ♦ barbacoa

TACOS DE CABEZA DE RES

Tortillas de maíz que se rellenan de trompa, cachete, lengua, nervio, paladar, sesos y ojos de la cabeza de res. Son originarios de la región del Bajío. La carne se cuece al vapor, las tortillas de maíz se

calientan en la misma vaporera y se cubren con un plástico que conserva el vapor. En el Distrito Federal se acostumbra comerlos en la mañana y en la noche. Se acompañan con cilantro y cebolla picados finamente y jugo de limón. La salsa verde martajada es la que más se utiliza y más gusta. La tortilla es pequeña. Para acompañarlos, en ocasiones se sirve un poco de caldo picoso o consomé. Conocidos también como tacos sudados.

→ tacos de lengua de res

TACOS DE CAMARÓN SECO

Preparación que se elabora con tortillas pasadas por una salsa frita de jitomate y tomate a la que se le agrega polvo de camarón seco o camarones pequeños y secos y chile cascabel frito. Se sirven con queso añejo espolvoreado y se acostumbra prepararlos durante la cuaresma, en el estado de Veracruz.

TACOS DE CAMILA

Tacos fritos de tortilla de maíz remojada en salsa de jitomate y rellenos de queso. Se colocan en un plato sobre una cama de lechuga picada y se cubren con papas y zanahorias cocidas y queso; se acompañan con cueritos, manitas de cerdo o chiles en vinagre. Son muy populares en San Luis Potosí. Deben su nombre a la dueña de una cenaduría del barrio de Tequisquiapan. Su origen proviene de los tacos potosinos.

TACOS DE CANASTA

Tortillas de maíz rellenas con algún guisado, que se acomodan en una canasta para mantenerlas calientes. La canasta se cubre con un plástico grueso o un mantel de tela para que conserven la

temperatura y se humedezcan ligeramente. Además, de esta forma se mantienen a buena temperatura durante varias horas. Los rellenos más comunes son papa cocida, longaniza, adobo, chicharrón y frijoles refritos. Se acompañan con salsa picante. En el Distrito Federal, vendedores ambulantes los transportan en bicicleta. A diferencia de los tacos sudados, se humedecen con su propio vapor. Conocidos en Chiapas como paquitos sudados.

TACOS DE CARNITAS

Tacos elaborados con tortillas fritas, bañadas en una salsa de chile pasilla, leche y ajo, rellenas con carnitas deshebradas y espolvoreadas con ajonjolí tostado. Se adornan con papas fritas, hojas de lechuga y rábanos. Son tradicionales en San Juan del Río, Querétaro.

TACOS DE CAZUELA ◆ tacos de guisado

TACOS DE CHICHARRÓN

Preparación a base de chicharrón cortado en trozos irregulares y envuelto en tortilla de maíz. El comensal añade salsa, cebolla, cilantro, queso, rebanadas de aguacate o jugo de limón y sal. Es una de las formas más populares de consumir el chicharrón en el país.

TACOS DE FLOR DE CALABAZA

Tortilla rellena con flor de calabaza sofrita con cebolla y chile verde. Los tacos se colocan en un refractario engrasado con mantequilla, luego se bañan con una salsa de jitomate con leche y mantequilla, al final se coloca una capa de queso Chihuahua. Se hornean y se sirven inmediatamente. Se elaboran en Pátzcuaro, Michoacán.

TACOS DE GUISADO

Tacos elaborados con tortilla de maíz rellena de distintos guisados, un poco caldosos. Los más acostumbrados son de mole verde, cochinita pibil, rajas y mole poblano. Son típicos del Distrito Federal, donde mucha gente los busca para la comida del mediodía. Los guisos se colocan en cazuelas de barro para que los comensales se sirvan a su gusto en la mesa. Conocidos también como tacos de cazuela.

TACOS DE LENGUA DE RES

Tortillas de maíz rellenas con lengua cocida al vapor; se sirven con cilantro y cebolla picados finamente. Se acompañan con salsa verde o roja cocida. Por lo general se venden junto con los tacos de cabeza de res y son de mayor precio que el resto de la cabeza.

TACOS DE NATA

Tortilla de maíz rellena con pollo, queso o rajas de chile poblano bañada en salsa de nata con jitomate, cebolla y ajo; se adornan con queso rallado, asadero o panela y se hornean. Se acostumbra prepararlos en Guanajuato, Jalisco y Querétaro. En ocasiones se acompañan con chiles en vinagre, lechuga o frijoles refritos o de la olla.

TACOS DE PESCADO

Antojito que consiste en una tortilla de maíz rellena de pescado rebozado y frito. El rebozado o capeado se prepara con harina de trigo, polvo para hornear, huevo, sal, pimienta, agua, cerveza y, a veces, mostaza. Son típicos de los estados de la península de Baja California. Por lo general, los tacos se van haciendo conforme el comensal los pide. Son muy populares para el desayuno, el almuerzo o la comida del mediodía. En La Paz, Baja California, los tacos se acompañan con col rallada, salsa roja, mexicana, de chile de árbol, verde o de soya, cebollas rebanadas con salsa de soya o mayonesa, chiles güeros tatemados con salsa de soya, además de ensaladas de lechuga o rajas de chile verde del norte o poblano. El pescado que más se utiliza es el robalo, aunque también los hay de camarón, calamar, mantarraya y ostiones. En Ensenada se preparan de forma similar, principalmente de pescado y camarón; el pescado que más utilizan es el angelito o cazón.

TACOS DE POLLO

Tacos fritos de tortilla de maíz, rellenos de pollo cocido y deshebrado. Se bañan con crema, salsa y queso. En los estados del Golfo de México se acompañan con col rallada o mayonesa. Se acostumbra comerlos en el desayuno, la comida o la cena.

TACOS DE REVOLTILLO

Tacos de tortilla de maíz rellenos de un guiso de huevo revuelto con jitomate y chile cascabel. Se consumen en Querétaro.

TACOS DE SUADERO

Tortilla de maíz rellena de suadero picado. Las tortillas son generalmente pequeñas y se conocen como tortillas taqueras. El suadero se cuece en un comal metálico redondo, que tiene en el centro una especie de cúpula y alrededor una franja contenedora acanalada. En ella se pone el suadero cortado en trozos y sumergido en un poco de su misma grasa, además de un poco de caldo o agua, de manera que siempre esté caliente. Antes de servir los tacos se saca un pedazo de carne, se pone sobre la cúpula caliente para que se dore ligeramente, se pica y con ella se rellenan las tortillas. Se acompañan con cebolla y cilantro picados y salsa de chile de árbol.

TACOS DE TROMPO ◆ tacos al pastor

TACOS DORADOS

Variedad de tacos rellenos de pollo, barbacoa, carne de res o papa. Se acompañan con cebolla, salsa, col o lechuga, crema y queso. En Sinaloa se elaboran con tortilla de maíz, rellenos de con frijoles refritos y carne deshebrada, que se fríen y se sirven con caldillo de jitomate y lechuga.

TACOS LAGUNEROS

Tortillas de maíz pasadas por manteca de cerdo, rellenas con cebolla, rajas de chile poblano y jitomate. Se acomodan en platones o moldes y se bañan con crema y queso rallado, se hornean y se sirven calientes. Se acostumbran en Coahuila.

TACOS LORENZAS

Tacos elaborados con tortillas de maíz, rellenos con carne de res, frijol y queso. Son típicos de Hermosillo, Sonora.

TACOS MINEROS

Nombre que reciben distintos tipos de tacos en Aguascalientes, Guanajuato, Hidalgo y Zacatecas. En realidad puede tratarse de cualquier taco de guisado, pero deben su nombre a que en esos estados se consumían durante el auge de las minas.

TACOS PLACEROS

Tacos de tortilla de maíz rellenos con varios ingredientes como chicharrón, queso panela, cecina y nopales; se acompañan con salsa picante, limón, rábanos, frijoles cocidos y cilantro. Se colocan en la mesa todos los ingredientes por separado y cada comensal coloca en la tortilla lo que desee. Son típicos de los estados del centro del país. En el Estado de México se preparan con una ensalada elaborada con nopales picados y cocidos, jitomates, papas, chiles verdes, chicharrón, charales, papaloquelite, cilantro, queso fresco, manitas de cerdo, aguacate y, a veces, barbacoa, todo eso aderezado con algo de aceite y vinagre. En Tlaxcala se acompañan con queso, requesón, aguacate, chicharrón, barbacoa, acociles, papaloquelite, pipicha, cilantro y chiles al gusto. También llamados tacos de plaza.

TACOS POTOSINOS

Preparación elaborada con tortillas remojadas en salsa de chile colorado o de jitomate, rellenas con pollo o queso. Se fríen y se sirven cubiertos con ejotes, papas y zanahorias cocidas y queso desmoronado; se les puede agregar salsa de chile verde o rojo. Es un antojito típico de San Luis Potosí. Se adornan con hojas de lechuga orejona, rebanadas de jitomate, aguacate y crema.

→ tacos de Camila

TACOS SUDADOS

Tacos similares a los de canasta, con la diferencia de que éstos se pasan rápidamente por aceite caliente antes de rellenarlos y se ponen a calentar en una vaporera antes de ponerlos en la canasta, por lo que se humedecen un poco. Se acompañan con salsa picante. Con este nombre también se conoce a los tacos de cabeza.

TACOS VIAJEROS

Tacos de tortilla de maíz rellenos con un guiso de claras de huevo, chile ancho molido, sal y comino. Son tradicionales de la Sierra Gorda de Querétaro.

TACUARÍN

Del cahíta *tacarin*, pan de maíz, o del mayo *tájcarim*, tortilla. Galleta horneada en forma de rosquita elaborada con harina de maíz, azúcar, piloncillo, anís y huevo. Se prepara en Sinaloa. Se cuenta que a principios del siglo XX estas galletas se vendían en el ferrocarril que iba de Culiacán a Altata, llamado popularmente tren Tacuarinero.

TAI O TAJ ◆ mezquite

TAKGSWAYAJUN

Platillo que se elabora con caldo de frijoles negros con trozos de carne de cerdo cocida y frita, espolvoreado con chile chiltepín seco y molido y saborizado con epazote. Lo preparan los totonacas de la costa norte de Veracruz. Si bien es un guiso muy sencillo, encierra la cosmovisión de los totonacas que lo producen. Es un platillo de origen ritual que simboliza la creación y visión del Universo entre este grupo, de modo que la olla de barro donde se cuecen los frijoles representa al Universo; los frijoles, la Tierra; los trozos de carne de cerdo a los hombres y el caldo al cielo lleno de estrellas representadas por el polvo de chile chiltepín molido. Lo anterior explica su nombre en totonaco: "el gavilán que espolvorea las estrellas sobre el mundo", ya que la leyenda cuenta que cuando no había estrellas un gavilán que se compadeció de los hombres las trajo desde lejos y las esparció aleteando sus alas. Varios platillos de esta comunidad indígena tienen un trasfondo religioso prehispánico.

TALAYOTE DE COSTILLA (*Canavalia villosa*)

Planta trepadora de la familia de las leguminosas, parecida al frijol. Su fruto es una vaina de unos 15 cm, de forma aplanada y pilosa, con una costilla en cada valva que los tarahumaras consumen asada.

→ cahuayote

TALLA, A LA

Término que designa un asado típico de las comunidades rurales del estado de Guerrero, para el que acostumbran utilizar animales de caza como la codorniz. Esta preparación, considerada una de las grandes delicadezas guerrerenses, consiste en marinar y untar un ave, un pescado u otra carne con una salsa de chile ancho (a veces combinado con guajillo), jitomate, ajo, clavo, cebolla, vinagre, tomillo, canela, orégano, mejorana y pimienta. Se asan a las brasas o a la parrilla. Entre todos los animales que se preparan así, es especialmente famoso el pescado a la talla, salpimentado y rociado con jugo de limón unos minutos antes de untarlo con la salsa; se asa a las brasas y se sirve acompañado con ensalada de lechuga. En palapas y restaurantes a la orilla del mar en Barra Vieja, cerca de Acapulco, Guerrero, suele ofrecerse el pescado entero, sobre todo el famoso huachinango que el comensal escoge crudo y compra la pieza entera por kilo. Ésta se unta y se prepara en el momento. En Ixtapa Zihuatanejo en ocasiones se unta el pescado con salsa de tomate.

TALTUZA ◆ tuza

TAMAL

Del náhuatl *tamalli*. Preparación de origen prehispánico elaborada con masa de maíz batida; se rellena con salsa, algún tipo de carne, o sola; generalmente se envuelve en hojas de maíz o plátano, y se cuece al vapor. También se preparan tamales dulces. La masa de maíz se bate con manteca de cerdo, agua o caldo, agua de tequesquite, de

TAMALES DE MAÍZ

Nombre	Nombre	Nombre	Nombre
aguácata	puyektamal	tamal de camarón	tamal de cuchara
bolim	quiltamal	tamal de cambray	tamal de cuchunuc
bollito	socuco	tamal de canané largo	tamal de dulce
brazo de mestiza	tamal agrio	tamal de capa	tamal de dulce de elote
brazo de reina	tamal al estilo Campeche	tamal de capulín	tamal de ejote
buulil ua	tamal barbón	tamal de carne	tamal de elote
capitas	tamal blanco	tamal de carne cruda	tamal de elote a la crema
cau	tamal cabeza de tigre	tamal de carne de cerdo	tamal de elote de cazuela
chak wuaj	tamal camahua	tamal de carne de res	tamal de elote martajado
chanchamitos	tamal canario	tamal de carne seca	tamal de elote y carne de puerco
chancleta	tamal canastle	tamal de cazuela	tamal de elote y miel
chapata	tamal cernido	tamal de cazuela con mole	tamal de epazote
charicurinda	tamal chiapaneco	tamal de cazuela de elote	tamal de especie
chay-uah	tamal chopo	tamal de cazuela de fiestas patrias	tamal de espiga
chilehuate	tamal cilíndrico		tamal de espinaca
chual	tamal colado	tamal de cazuela estilo oaxaqueño	tamal de fiesta
chuina	tamal colorado		tamal de flor de calabaza
corunda	tamal con almendra	tamal de cazuela veracruzano	tamal de flor de calabaza, requesón y longaniza
coscoatl	tamal con arroz	tamal de ceniza	
dzotobichay	tamal con atún	tamal de cerdo con salsa de chile colorado	tamal de fresa
elotamal	tamal con frijol camagua		tamal de frijol
etamal	tamal con frijoles	tamal de chamal	tamal de frijol dulce
ilacas	tamal con hueso asado	tamal de chantolo	tamal de frijol negro
jarochitos	tamal con huevo	tamal de chaya	tamal de frijol tierno
joroches	tamal con huevo cernido	tamal de chayote	tamal de frijol yorimuni
kehil uah	tamal con tomate	tamal de chepil	tamal de frijoles con tequelites
manea	tamal costeño	tamal de chícharo verde	
mezcatamal	tamal cuitón	tamal de chicharrón	tamal de gallina
mimilo	tamal de acelga	tamal de chicharrón, lomo y patitas en salsa verde	tamal de gallina colado
muc bil pollo	tamal de almendra		tamal de garbanzo
mulita	tamal de alverjón		tamal de guajolote
nacapitú	tamal de amarillo	tamal de chihuilín	tamal de guajolote entero
nacatamal	tamal de anís	tamal de chile	tamal de guías de calabaza
necutamalli	tamal de arroz	tamal de chile frito	
noloche	tamal de atole	tamal de chile verde	tamal de harina
padzito	tamal de azafrán	tamal de chile verde con queso	tamal de hierba santa
pastel chatino	tamal de biznaga		tamal de hoja de aguacate
pastel de Sola de Vega	tamal de boda	tamal de chileajo	tamal de hoja de milpa
patlache	tamal de bola	tamal de chipilín	tamal de hongos
piltamal	tamal de caballito	tamal de chipilín con camarón	tamal de hongos clavitos en salsa verde
pique	tamal de cacahuate	tamal de ciruela	
pixque	tamal de calabaza	tamal de coco	tamal de huevo
pixtamal	tamal de calabaza amarilla	tamal de cola de lagarto	tamal de iguana
polcán	tamal de calabaza con camarón	tamal de coloradito	tamal de iniciación de curandero
púlacle		tamal de conejo	tamal de ixtecocotl
puñete	tamal de calabaza tierna	tamal de cuajada	tamal de izote

TAMALES DE MAÍZ

Nombre	Nombre	Nombre	Nombre
tamal de juacané	tamal de puerco con frutas y verduras	tamal largo	tamal verde
tamal de Judas		tamal miminque	tamal zacatecano
tamal de maíz	tamal de puerco en chilpán	tamal morado	tamalito al vapor
tamal de maíz negro	tamal de puerco en joloche	tamal nejo	tamalito de acelga
tamal de masa	tamal de puerco estilo Nayarit	tamal nixcoco	tamalito de camarones
tamal de masa cruda		tamal norteño	tamalito de cazón
tamal de milpa	tamal de queso	tamal oaxaqueño	tamalito de elote huasteco
tamal de mole	tamal de queso con chile	tamal papanteco	tamalito de elote tierno
tamal de mole con carne de cerdo	tamal de rajas	tamal para ceremonia	tamalito de espelón
	tamal de res	tamal para mole	tamalito de fiesta
tamal de mole negro	tamal de sal	tamal pata de burro	tamalito de frijol con aguacate
tamal de mora	tamal de salsa verde	tamal perdido	tamalito de frijol negro
tamal de mosmocho y miel de panela	tamal de texmole	tamal picte	tamalito de masa de maíz
	tamal de tichinda	tamal pinto	tamalito de tismiche
tamal de muerto	tamal de tigre	tamal pitaúl	tamalito de tortilla
tamal de naranja	tamal de tortilla	tamal ranchero	tamalito norteño rojo
tamal de ombligo	tamal de untado	tamal ranchero con verduras	tamalón
tamal de orejas	tamal de untado con azafrán	tamal ranchero de masa cocida	tamalón de acelgas
tamal de pámpano	tamal de venado		tamos
tamal de pan expelón	tamal de verdolaga	tamal regio	tecoco
tamal de papa	tamal de verduras	tamal regio de avellana	tetamal
tamal de pata de mula	tamal de vigilia	tamal regio de gallina en estofado	tobil
tamal de pato	tamal de xala		totomoche
tamal de pavo	tamal de zaragaya	tamal rodado	trabuco
tamal de pejelagarto	tamal de zarzamora	tamal rojo con salsa de guajillo	tzopoané
tamal de pepita y frijol con chile	tamal dulce		uchepo
	tamal dulce de nopal	tamal rosado	ungui
tamal de pescado	tamal estabingüi	tamal sencillo	vaporcito
tamal de pescado fresco	tamal estilo Campeche	tamal serrano	xámitl
tamal de pescado salado	tamal estilo Yucatán	tamal siete cueros	xascul
tamal de pescado seco	tamal grande de chaya	tamal tapatío	xato
tamal de picadillo	tamal guisado	tamal tatoyo	xoco
tamal de piloncillo		tamal tepehuano	xocotamal
tamal de piña	tamal huasteco	tamal tololoche	xojol
tamal de pipián y ayocote	tamal huasteco de calabaza y camarón	tamal untado	zacahuil
tamal de presa		tamal vegetariano	zokpitú
tamal de puerco	tamal lagunero	tamal veracruzano	

TAMALES (OTROS)

Nombre	Nombre	Nombre	Nombre
bosto	mezquitamal	pan de negros	tamal de bagre
chancleta	michtamal	pilte	tamal de carpa con xoconostle
		tamal de ajolote	
dulce de maíz	nacapitú		tamal de cebolla
		tamal de atolocates con salsa de ciruela	
mextlapique	pan de cuajada		tamal de charales

(Continúa)

Nombre	Nombre	Nombre	Nombre
tamal de escamoles	tamal de nopal con menudencias	tamal de nopalitos	tamal de pitahaya al sol
tamal de flor de garambullo		tamal de pámpano	tamal de pollo
tamal de hongos panes o panzas	tamal de nopal con quesos	tamal de pechuga de pollo con nopales	tamal de sesos
	tamal de nopal y pescado		tamal de trucha
tamal de mojarra	tamal de nopales	tamal de pescado a la mantequilla	tamal de tuza con chile guajillo
tamal de nopal	tamal de nopales con sesos		
tamal de nopal con achiote		tamal de pescado bagre	tamal de yuca

TAMALES (OTROS)

cáscara de tomate o polvo para hornear. Las carnes más utilizadas como relleno son las de cerdo, pollo, res, guajolote o pato. También se rellena con queso fresco, frijoles, verduras o frutas. La salsa que se utiliza para el relleno puede ser verde, roja o mole. Se utilizan hojas de maíz y plátano para envolverlos, aunque también se emplean otras como la hoja de carrizo, de planta del maíz, hojas de tó, hojas de papatla y hierba santa. La forma de envolverlo varía, aunque predomina la alargada y gruesa con hoja de maíz, y la rectangular o cuadrada en hoja de plátano. También los hay triangulares, como las corundas, o largos y muy gruesos, como el zacahuil. Numerosos dichos y creencias falsas han surgido en torno al tamal. Se dice que si varias veces se cambia el sentido del batido de la masa, se cortará o no esponjará, o que si la persona que elabora los tamales está de mal humor, no se cocerán. También se le llama tamal a las preparaciones que se envuelven en hojas de maíz o plátano.

→ guajolota

TAMAL AGRIO

Tamal que se prepara dejando agriar la masa durante un día en una olla al calor de la estufa; se extiende sobre tela y se rellena con pasta de frijol con chiles anchos molidos y queso Cotija. Se enrolla todo hasta obtener un cilindro que se corta en rebanadas de unos 10 cm. Se coloca cada rebanada en una hoja de maíz y se cuece al vapor. Se acostumbra en Michoacán y Guanajuato.

TAMAL AL ESTILO CAMPECHE

Tamal elaborado con masa de nixtamal, manteca de cerdo batida, chiles anchos molidos y sal, envuelta en hoja de chaya. Se acompaña con una salsa de pepita de calabaza molida y tomate verde.

TAMAL BALDADO ◆ tamal untado

TAMAL BARBÓN

Platillo que consiste en masa de maíz rellena de camarones enteros con cabeza y barbas. Se procura que las barbas salgan de las hojas. Es popular en Nayarit y Sinaloa, especialmente en la isla de Mexcaltitán y en Escuinapa.

TAMAL BLANCO

Platillo elaborado con masa de maíz que no contiene carne o condimento, se utiliza como tortilla para acompañar diversos guisos como moles, pipianes, etc. En ocasiones tiene un carácter ritual, pues forma parte de la comida para la siembra; se ofrece en la comida de velorios o se coloca en las ofrendas de día de Muertos.

Conocido también como:

◇ tamal simple
◇ tamal tonto

TAMAL CABEZA DE TIGRE

Tamal de masa de maíz, relleno de frijol entero y envuelto en hoja de papatla o de pozol. Es típico de Oaxaca. Los mazatecos revuelven la masa con frijoles y la envuelven con un tipo de hoja local llamada masmole. Los frijoles quedan enteros y se ven como manchas o pecas que asemejan las manchas o rayas del tigre.

TAMAL CAMAHUA

Tamal que se prepara con elote muy maduro, mantequilla, leche y sal o azúcar, según se desee dulce o salado. Se envuelve en hojas de elote. Se prepara en Chilapa, Guerrero. En la Costa Chica se le agregan migajas de chicharrón.

TAMAL CANARIO

Tamal pequeño de color amarillo, cuya masa contiene harina de arroz, mantequilla, polvo para hornear, azúcar, yemas, leche y pasas; se envuelve en hojas de maíz frescas o secas. Sólo se elabora en la región oriente de Michoacán para fiestas y se acompaña con atole o chocolate. En otras regiones se llegan a encontrar tamales parecidos con el nombre de tamales de arroz. De manera similar se preparan en el estado de Querétaro. En Morelos se confeccionan con harina de trigo. En la región mixteca de Oaxaca, específicamente en Huajuapan de León, se elaboran con harina de arroz, mantequilla, azúcar, huevo, leche y ron; se rellenan con pasas, almendras, nueces y una natilla hecha con leche, yemas, azúcar, canela y fécula de maíz. Se envuelven en hojas de maíz y se comen como postre.

TAMAL CANASTLE

Tamal elaborado con masa de maíz con frijoles o alverjones hervidos; con la masa se hacen bolas que se envuelven en hoja de papatla y se cuecen al vapor. Son típicos de la sierra Norte de Puebla, donde se acostumbra comerlos sobre todo en el día de Muertos para acompañar el pascal o el mole.

TAMAL CAU ◆ cau

TAMAL CERNIDO

Tamal elaborado con harina que se cierne una o dos veces para retirar cualquier cabeza de grano de maíz o gránulos grandes; de esta forma se consigue que la masa sea más fina y esponjosa, los rellenos pueden variar.

TAMAL CHIAPANECO

Término utilizado en el Distrito Federal y estados del centro del país para referirse a un tamal rectangular que se envuelve en hoja de plátano. Está elaborado con una masa fina de maíz, relleno de alguna carne y un guiso de pepita de calabaza o mole.

TAMAL CHOPO

Variedad de tamal que se elabora en Chihuahua y Veracruz. En Chihuahua se prepara con masa de maíz mezclada con azúcar, pasitas, trozos pequeños de ate de membrillo y nueces; se envuelve con hojas de maíz, en forma de bolita. Por lo general este tamal se elabora después de los tamales de chile, con la masa sobrante. En Xalapa y Actopan, Veracruz, se prepara con masa de maíz, sal y manteca de cerdo; se envuelve con hoja de xoco, en forma triangular alargada. Se utiliza para acompañar guisos como el mole o el pipián.

Conocido también como:

◇ chopo
◇ tamal de xoco

TAMAL CHUAL ◆ chual

TAMAL CILÍNDRICO

Tamal preparado con masa de maíz condimentada con caldo de camarón y relleno con un guiso de camarones con chiles ancho y guajillo, jitomate, comino, pimienta y ajo; se envuelve en hojas de maíz y se amarra por uno o ambos extremos antes de meterlos en la vaporera. Son típicos de Nayarit donde el camarón es fácil de conseguir.

TAMAL COLADO

Tamal elaborado con una masa muy fina. El maíz se cuece sólo con agua, se deja reposar durante la noche y se escurre; se enjuaga y se muele en seco. El resultado es un polvo similar a una masa que se disuelve en agua y se trabaja con las manos para deshacer los grumos. Se pasa por un colador y luego por una tela, hasta que se obtiene un agua blanca similar a una horchata; se cuece sin dejar de mover hasta que espesa y se logra ver el fondo de la olla. Se añade un poco de caldo y manteca de cerdo, se deja espesar de nuevo. La masa es tan fina que si se abre el tamal cuando se acaba de cocer, la masa se ve líquida, como si no hubiera cuajado. Se debe dejar enfriar y volver a calentarlo antes de comerlo. En el centro del tamal se coloca una pieza de ave como guajolote, pato o gallina, y se cubre con una salsa llamada rojo que se elabora con comino, ajo y achiote; se envuelve en hoja de plátano y se cuece al vapor. El tamal mide 15 cm y se sirve uno por persona. Es un tamal especial para fiestas, velorios y día de Muertos. Conocido también como tamal de masa colada. Es un tamal típico de Tabasco, Chiapas, Campeche, Yucatán y Quintana Roo. En Campeche se prefiere elaborar con carne de gallina. En Tabasco la masa se prepara con manteca de cerdo, agua o caldo y sal; el rojo contiene pepita de calabaza tostada, tortilla o totoposte frito, recado rojo, orégano y comino; se muele, se cuela y se espesa con un poco de masa que quedó de la segunda colada, y se vuelve a moler. Se coloca en la masa, sobre la carne. Se envuelve en hoja de plátano y se cuece al vapor. En Yucatán el rojo contiene ajo, orégano yucateco, recado rojo, jugo de naranja, pimienta negra, sal y piezas de pollo, rebanadas de jitomate, hojas de epazote, rodajas de cebolla morada y se envuelve en hoja de plátano. Se cuece al vapor. En Yucatán se rellena con kool, que contiene masa de maíz, harina, caldo de pollo

y achiote. Además se le coloca una pieza de pollo, rebanadas de jitomate, hojas de epazote y cebolla morada rebanada; se cuecen al vapor. En Colima se producen con nixtamal que se lava, se muele en agua, se cuela y se deja asentar. Se retira el agua y se agrega manteca de cerdo y sal, se pone al fuego y se bate constantemente hasta que se cuece. Se retira del fuego y se continúa batiendo hasta que se enfría y se forman los tamales que se rellenan con picadillo o con dulce. En Jalisco es un tamal de masa de maíz dulce preparado con leche condensada, clavos de olor, canela y sal; al momento de confeccionarse se le agregan nueces y cacahuates picados; se envuelve en hoja de maíz son típicos de Tapalpa. En Nuevo León es un tamal, pequeño y delgado que se envuelve en hoja de maíz.

→ mulita, socuco

TAMAL COLORADO

Tamal elaborado con masa de maíz que se rellena con carne de cerdo guisada en una salsa de chile ancho; la masa se mezcla con el chile, de modo que queda colorada. Es un tamal pequeño y delgado que se envuelve en hoja de maíz. Se prepara en Nuevo León y Nayarit.

TAMAL CON ALMENDRA

Tamal que se elabora con una masa de arroz remojado y molido, mezclada con almendras molidas, manteca de cerdo, azúcar, leche y canela. Se envuelve con hojas de maíz y es típico de Coahuila.

TAMAL CON ARROZ

Tamal elaborado con mantequilla batida, arroz molido o harina de arroz, azúcar y polvo para hornear. Se envuelve en hoja de maíz y se cuece al vapor. Es típico de Chiapas.

TAMAL CON ATÚN

Tamal que se elabora con masa de maíz mezclada con atún de lata, chiles verdes, cebolla, jitomate, manteca de cerdo y una pasta de chile pasilla, ajo, orégano y pimienta. Se envuelve en hoja de maíz y se cuece al vapor. Se acompaña con frijoles cerdos. Se prepara en Baja California.

TAMAL CON FRIJOL CAMAGUA

Tamal elaborado con masa de maíz, manteca de cerdo batida y frijol gordo. Se envuelve en hoja de maíz y se cuece al vapor. Se acostumbra comerlo en el estado de Morelos.

TAMAL CON FRIJOLES

Tamal que se prepara con manteca de cerdo, masa de maíz, sal, polvo para hornear, agua, frijoles cocidos y chicharrón en trozos; todo se mezcla, se envuelve en hoja de maíz y se cuece al vapor. Típico de Nuevo León.

TAMAL CON HUESO ASADO

Platillo elaborado con masa de maíz, rellena con hueso de res asado a las brasas y hervido con hojas de aguacate, masa de maíz y una salsa de chile seco asado y molido; se envuelve en hojas de plátano y se cuece al vapor. Se prepara en Veracruz.

TAMAL CON HUEVO

Masa de maíz rellena de pollo deshebrado, mole rojo, aceitunas, ciruelas, almendras y rebanadas de huevo cocido; se envuelve en hoja de plátano en forma rectangular y se cuece al vapor. Es tradicional del estado de Chiapas.

TAMAL CON HUEVO CERNIDO

Tamal dulce preparado con masa maíz, manteca de cerdo, yemas de huevo, azúcar, canela y agua, relleno con una pasta de pasas, almendras, piñones, nuez de Castilla y ajonjolí tostado; se envuelve en hoja de maíz y se cuece al vapor.

TAMAL CON TOMATE

Masa de maíz rellena con salsa de tomate, ajo, comino, pimienta, clavo y cebollina; se envuelve en hoja de plátano y se cuece al vapor. Es de tamaño pequeño y se elabora en el norte de Veracruz. Los nahuas lo preparan para Semana Santa.

TAMAL COSTEÑO

Término utilizado para denominar diferentes tamales que se elaboran en las costas del país. En el Istmo de Tehuantepec, Oaxaca, se prepara con masa de maíz, manteca de cerdo y tequesquite, se rellena con pescado salado y secado al sol, guisado con una salsa de pepita de calabaza, jitomate, chile jalapeño, cebolla y masa de maíz. Se envuelve en hojas de plátano o maíz. En el sur del estado de Veracruz se prepara con masa de maíz, manteca de cerdo, sal y achiote. Se rellena con pollo o camarones guisados con jitomate, cebolla, aceitunas, sal y pimienta; se envuelve en hojas de plátano y se cuece al vapor.

TAMAL CUITÓN

Tamal elaborado con masa de maíz mezclada con frijol tierno o recién cosechado, se envuelve en hoja de maíz y se cuece al vapor. Es típico de la Huasteca veracruzana, especialmente para el día de Muertos.

TAMAL DE ACELGA

Masa de maíz rellena con un preparado de carne de cerdo deshebrada, guisada con manteca de cerdo, ajo, cebolla, jitomate, almendras, chiles serranos en escabeche y el jugo de los chiles. Se envuelve en hojas de acelga previamente suavizadas en agua hirviendo y se cuece al vapor. Se encuentra al oriente de Michoacán. En Tapalpa, Jalisco, es un tamal relleno de acelgas y queso añejo, envuelto en hoja de maíz; se sirve con una salsa de chile guajillo.

TAMAL DE AGUA ◆ tamal largo

TAMAL DE AJOLOTE

Tamal elaborado con ajolotes guisados con rajas de chile guajillo, chile verde y nopales. Se envuelve en hojas de maíz y se cuece al vapor. Es típico de Tlaxcala.

TAMAL DE ALMENDRA

Tamal elaborado con una masa preparada con mantequilla batida, almendras molidas, leche, harina de maíz, harina de arroz, azúcar y polvo para hornear; se rellena con un tipo de crema pastelera preparada con yemas, azúcar, harina de trigo, leche y canela. Se envuelve en hojas de maíz y se cuece al vapor. Se acostumbra prepararlo en Zacatecas. En Pátzcuaro, Michoacán, a la masa se le agrega manteca de cerdo, harina de maíz, harina de arroz, mantequilla, extracto de vainilla, huevo, leche condensada, azúcar y almendras.

TAMAL DE ALVERJÓN

Tamal que se prepara con masa de maíz rellena de alverjón o frijol cocido y hojas de epazote; se envuelve con hojas de maíz y se cuece al vapor. Es típico de Tlaxcala.

TAMAL DE AMARILLO

Tamal que contiene mole amarillo. Es típico de Oaxaca y existen diferentes versiones. En Teotitlán del Valle, Oaxaca, es un tamal delgado que se envuelve en hojas de milpa. Se unta una capa ligera de masa batida sin manteca de cerdo, de 12

cm de largo sobre la hoja, y se coloca un poco de mole amarillo y pollo deshebrado, se dobla la hoja y con el resto de ella se envuelve. También se elabora un tamal en el que se mezcla el mole con la masa; su consistencia es muy suave, casi gelatinosa. Generalmente no contiene carne, se distingue de los demás porque la preparación se pone en una hoja de maíz seca, previamente doblada en forma de barquito o cayuco, se rellena hasta los bordes y no se tapa completamente, es decir, el tamal queda abierto como en forma de media luna; se cuece al vapor. Es especial para los días de fiesta. En la región mixe del estado se rellena con mole amarillo y es de forma rectangular. Se prepara para día de Muertos. En otras regiones del estado es un tamal con una capa de masa blanca, otra de mole amarillo y alguna carne como pollo o cerdo. Otra versión es con los mismos ingredientes, pero la masa de maíz va mezclada con mole amarillo; casi siempre es de forma cilíndrica y se envuelve en hoja de maíz. Conocido también como tamal de mole amarillo.

TAMAL DE ANÍS

Tamal preparado con masa de maíz y anís, del cual existen diferentes versiones. En Tlaxcala se elabora con masa de maíz sin cernir mezclada con manteca de cerdo, agua de cáscara de tomate, sal y anís; se envuelve en hojas de maíz para cocerlo al vapor. En Veracruz se prepara con masa de maíz mezclada con chicharrón molido, piloncillo y agua de anís. Se envuelve en hoja de maíz y se cuece al vapor. Conocido también como bollito de anís.

TAMAL DE ARROZ

Tamal elaborado con arroz blanco molido o harina de arroz con mantequilla batida, azúcar, agua y polvo para hornear. Se envuelve en hoja de maíz y se cuece al vapor. Se elabora entre los coletos de San Cristóbal de las Casas, Chiapas.

TAMAL DE ATOLE

Tamal que se prepara con un atole de masa de maíz, agua, leche, azúcar y canela, que se cuece hasta que espesa, se muele, se deja asentar y se cuela hasta obtener una masa que se mezcla con manteca de cerdo batida. Se rellena con una pasta de coco y se cuece al vapor. Se elabora en el Distrito Federal y el Estado de México.

TAMAL DE ATOLOCATES CON SALSA DE CIRUELA

Preparación elaborada con atolocates guisados con epazote y una salsa de ciruela agria, ajo y chiles serranos envueltos en hojas de maíz. Se cuece en comal hasta que las hojas se queman y se ponen negras. Se acostumbra en el estado de Morelos.

TAMAL DE AZAFRÁN

Masa de maíz batida con manteca de cerdo y caldo de pollo o pavo, rellenos con almendra pelada, ciruela pasa, rajas de pimiento morrón y carne de pollo o pavo guisada con jitomate, azafrán, cebolla, ajo, clavo, canela, pimienta gorda y salvado de trigo tostado y molido. Se envuelve en hoja de plátano y se cuece al vapor. Es típico de Comitán, Chiapas.

TAMAL DE BAGRE

Preparación de bagre con rajas de chile guajillo o chile verde y nopales en hoja de maíz. Se cuece al vapor. Se prepara en el estado de Tlaxcala.

TAMAL DE BIZNAGA

Tamal elaborado con masa de maíz, canela, pasas y trozos de biznaga confitada; se envuelve en hojas de maíz. Se consume en Querétaro.

TAMAL DE BODA

Tamal elaborado especialmente para bodas. Es rectangular y grueso, con masa de maíz disuelta en agua, colada, mezclada con manteca de cerdo y caldo de carne. Se rellena con carne de gallina y de cerdo guisada con recado rojo, un poco de kool, rebanadas de jitomate y hojas de epazote; se envuelve con hojas de plátano y se cuece al vapor. En ocasiones se rellena con guajolote o pato. Es tradicional del estado de Yucatán.

Conocido también como:
- ◇ tamal de cuchara
- ◇ tamal de novia

TAMAL DE BOLA

Variedad de tamal que se caracteriza por tener forma redonda o de bola. En Chiapas es un tamal relleno con carne de cerdo guisada en salsa de jitomate con especias y un chile Simojovel entero y frito. Se envuelve con hojas de maíz y se amarra por ambos extremos con tiras de la misma hoja para formar una pelota. En ocasiones se le agrega chicharrón molido. Se acostumbra prepararlo en el área de San Cristóbal de Las Casas y Comitán, Chiapas. En Guerrero la masa de maíz se mezcla con asientos de chicharrón, se acostumbra comerlos en la Costa Chica. En la sierra Norte de Puebla, específicamente en Naupan, es un tamal elaborado con masa de maíz relleno con un guiso de carne de cerdo con chile ancho, chile guajillo, canela, clavo y quintoniles; se envuelve en hoja de maíz y se cuece al vapor.

TAMAL DE CABALLITO

Tamal elaborado con masa de maíz y frijol. Los granos de maíz se dejan remojar en agua con canela y tequesquite; la mezcla se muele y se le añade piloncillo o azúcar. Se envuelve en hoja de maíz. Es típico de Morelos.

TAMAL DE CACAHUATE

Preparación dulce elaborada con manteca de cerdo batida, masa de maíz, polvo para hornear, miel de piloncillo, canela, cacahuates molidos, azúcar, leche evaporada y queso de cabra. Se envuelve en hoja de maíz y se cuece al vapor. Se prepara en la Sierra Gorda de Querétaro.

TAMAL DE CALABAZA

Variedad de tamal que se elabora en diversos estados. En la Huasteca veracruzana, en Tamiahua, se prepara con masa de maíz y se rellena con un guiso de calabacitas en salsa de jitomate con camarones, cebolla, comino, chile verde y pimienta. Se envuelve en hoja de plátano y se cuece al vapor. En la región del Sotavento son dulces y se confeccionan con masa de maíz mezclada con pulpa de calabaza de Castilla, cocida y molida, y piloncillo en trozos pequeños. Se envuelve en hojas de maíz, se cuece al vapor. En Morelos se hace con calabaza de Castilla que se cuece en agua, se le añade harina de maíz azul, azúcar, se envuelve en hojas de maíz y se cuece al vapor.

TAMAL DE CALABAZA AMARILLA

Tamal elaborado con maíz azul que se muele en metate. La calabaza amarilla se cuece sin semillas ni hebras y, una vez cocida, se revuelve con el maíz y con azúcar. Se envuelve en hojas de maíz y se cuece al vapor. Es típico de Hueyapan, Morelos.

TAMAL DE CALABAZA CON CAMARÓN

Masa de maíz rellena con un guiso de calabaza, camarón seco, chiles en vinagre, jitomate, cebolla, alcaparras, aceitunas, almendras, pasas, ajo, sal y pimienta; se envuelve en hojas de plátano y se cuece al vapor. Es un tamal muy tradicional que se acostumbra en diferentes partes de Tamaulipas, especialmente para ferias y fiestas patronales. En la Huasteca veracruzana se prepara con un guiso de calabaza de Castilla con camarones.

TAMAL DE CALABAZA TIERNA

Tamal a base de masa de maíz batida, mezclada con calabacitas cocidas, camarones y ajonjolí tostado, se envuelve en hojas de plátano y se cuece al vapor. Lo preparan los totonacas de la costa norte del estado de Veracruz.

TAMAL DE CAMARÓN

Variedad de tamal que se prepara en las regiones donde la pesca del camarón es importante. En Nayarit se elabora con camarón fresco. La masa de maíz se condimenta con caldo de camarón y se rellena con un guiso de camarones preparados con chiles ancho y guajillo, jitomate, comino, pimienta y ajo. Otra variante se elabora con masa de maíz, manteca de cerdo, chile colorado molido y polvo de camarón seco. En las costas de Oaxaca se confecciona con camarones secos, la masa se mezcla con una salsa de chiles guajillo y ancho y achiote. En el Istmo de Tehuantepec la masa de maíz se mezcla con manteca de cerdo, asientos de chicharrón y epazote; el relleno se cocina con cabezas de camarones molidos, jitomate, achiote y pepitas de calabaza. En Sinaloa, la masa de maíz se prepara con caldo de camarón o de pescado y se rellena con camarones, chícharos y rajas de chile.

→ tamal barbón

TAMAL DE CAMBRAY

Tamal elaborado con masa de maíz rellena con papa, zanahoria, chicharrón, huevo cocido, pasitas y carne, de cerdo o pollo, y salsa de chile mulato, ancho y pasilla; se envuelve en hojas de plátano, amarrándolo en los extremos. Es típico de Tuxtla Gutiérrez, Chiapas. En Mapastepec, Chiapas, se preparan de forma similar y se envuelven con hojas de maíz. En Juchitán, Oaxaca, se rellena con carne de pollo y huevos cocidos, papa, aceitunas, alcaparras, almendras, plátano macho y pasitas, se le agrega una salsa de chile chipotle con cebolla, canela, orégano, pimienta negra, ajo, tomillo, chocolate, azúcar y jitomate. La masa de maíz se extiende sobre cua-

dros de hoja de plátano, se coloca la salsa y el relleno, se enrolla para obtener una forma de cilindro y se amarran los extremos con tiras de hoja de maíz. Es típico para las bodas de la región.

TAMAL DE CANANÉ LARGO

Masa de maíz mezclada con frijol molido, envuelta en hojas de elote y cocida en el horno. Se prepara en Chiapas.

TAMAL DE CAPA

Tamal elaborado con masa de nixtamal, manteca de cerdo y frijoles cocidos con chile seco y hojas de aguacatillo; se envuelve en hojas de masmole y se enrolla poco a poco hasta obtener capas. Lo acostumbran preparar los mazatecos de San Pedro Ixcatlán, Oaxaca.

TAMAL DE CAPITA ◆ capitas

TAMAL DE CAPULÍN

Tamal elaborado con masa de maíz mezclada con capulines cocidos, azúcar y canela. Se envuelve en hoja de maíz y se cuece al vapor. Se acostumbra preparar en el centro del país. Conocido también como calpultamal o capultamal.

TAMAL DE CARNE

Preparación a base de masa de maíz rellena con papa y carne deshebrada, guisada con jitomate, chile y pimienta. Es típico entre los mayos de Sonora.

TAMAL DE CARNE CRUDA

Variedad de tamal que se prepara en diversas regiones del país. En el centro del país es un tamal de masa de maíz relleno con carne cruda, por lo general cerdo, una salsa o mole. Se envuelve en hoja de maíz y se cuece al vapor. La carne se cocina en el interior de la masa, haciéndola más jugosa. En Pinotepa Nacional, Oaxaca, en la región de la Costa, puede ser un tamal de masa de maíz preparado con salsa de chiles costeños y guajillos, jitomates, cebolla, ajo, clavo, pimienta, orégano, rellenos con carne cruda de cerdo marinada con vinagre y sal, envueltos en hoja de plátano, cocinados al vapor.

TAMAL DE CARNE DE CERDO

Tamal elaborado con masa de maíz rellena con carne de cerdo guisada en salsa de chiles ancho y chipotle, jitomate, clavo de olor, chocolate, galletas y canela, envuelto en hojas de maíz y cocido al vapor. Es típico entre los totonacas de la costa norte del estado de Veracruz.

TAMAL DE CARNE DE RES

Tamal elaborado con masa de maíz rellena de carne de res salada y ejotes guisados en salsa de ajonjolí con chiles color y pico de pájaro, y cilantro; se envuelve en hojas de maíz y se cuece al vapor. Lo preparan los nahuas del norte de Veracruz.

TAMAL DE CARNE SECA

Tamal elaborado con manteca de res batida y mezclada con manteca vegetal y masa para tortillas, relleno de carne seca de res guisada en manteca de res con chile ancho, ajo, pimienta y tomate; se envuelve en hoja de maíz y se cuece al vapor. Típico de Tamaulipas.

TAMAL DE CARPA CON XOCONOSTLE

Platillo que consiste en carpa sazonada con epazote, xoconostle y chiles serranos; envuelta en hojas de maíz y cocida en comal. Lo preparan los nahuas de Milpa Alta, Distrito Federal.

TAMAL DE CAZUELA

Variedad de tamal que se elabora en un molde para pastel o cazuela de barro extendida en donde se coloca una capa de masa, otra de relleno, otra de salsa y una última de masa para obtener un tamal similar a un pastel. Se cuece en pib, horno de tierra, horno de leña o casero. Para servirlo se corta en rebanadas triangulares o rectangulares, según la forma del molde. Se puede comer solo o acompañado con frijoles negros caldosos o refritos. Su origen es el muc bil pollo de la península de Yucatán. En el Distrito Federal se prepara con

una pasta elaborada con masa de maíz, manteca de cerdo batida y polvo para hornear; se rellena con mole de guajolote o carne de cerdo con chile. En Michoacán, la masa se mezcla con leche cuajada y se rellena con jitomate picado, queso en tiras y chiles fritos sazonados. En San Pedro Ixcatlán, Oaxaca, los mazatecos lo preparan con yuca molida, no contiene masa de maíz, se rellena con pollo en salsa de chile seco y hierba santa. En San Luis Potosí se rellena con lomo de cerdo cocido en agua con ajo y hierbas de olor y una salsa de chiles ancho, cascabel y pasilla y el mismo caldo de la cocción del lomo. En Sinaloa se rellena con jitomate, cebolla, calabacitas y fruta en vinagre, todo frito en manteca de cerdo. En Tamaulipas se prepara con carne de cerdo guisada con chícharos y zanahorias en salsa de chile ancho y diversas especies; a veces se le añade hierba santa al relleno. En Veracruz la masa se cuece con carne de cerdo, manteca de cerdo, hierba santa, caldo de carne y una pasta frita de chile ancho, clavo, canela y pimienta. Todo se mezcla hasta obtener una especie de atole que se vacía en un molde engrasado para hornearlo. La masa se puede saborizar o aromatizar con chiles, hierbas y especies. En la región del Sotavento la masa se prepara con elote molido e incluye hierba santa o epazote.

Conocido también como:

◇ budín de tamal
◇ pastel de tamal
◇ tamal de molde
◇ tamal de olla

TAMAL DE CAZUELA CON MOLE

Variedad de tamal que se elabora con masa de maíz, manteca de cerdo batida, agua de cáscaras de tomate, caldo de cerdo, polvo para hornear y sal, relleno con un mole preparado con chiles ancho, mulato y pasilla, tortilla, pan, cacahuate, ajonjolí, jitomate, tomate, chocolate de metate, azúcar, clavo, pimienta, canela, caldo y lomo de cerdo, vinagre y sal. Se prepara en el estado de Durango.

TAMAL DE CAZUELA DE ELOTE

Tamal elaborado con granos de elote molidos, colados y cocidos con caldo, manteca de cerdo, sal y azúcar; se extiende la mitad de la masa en un refractario, se rellena con mole, carne de cerdo o rajas de chile al gusto y se tapa con la masa restante; se cuece en horno y se sirve en rebanadas. Es típico de Michoacán.

TAMAL DE CAZUELA DE FIESTAS PATRIAS

Tamal de cazuela elaborado con masa de maíz relleno de carne de cerdo guisada en una salsa de chiles chipotle, pasilla, ancho, mulato y hierba santa; se hornea.

TAMAL DE CAZUELA ESTILO OAXAQUEÑO

Tamal de cazuela elaborado con masa de maíz, manteca de cerdo y chicharrón molido, relleno con carne de cerdo o pollo guisado en un mole aromatizado con hierba santa; se hornea. Se prepara en Oaxaca.

TAMAL DE CAZUELA VERACRUZANO

Tamal de cazuela elaborado con masa de harina de maíz mezclada con manteca de cerdo, polvo para hornear, caldo de robalo y hierba santa; se rellena con robalo guisado en una salsa de chiles ancho, mulato, pasilla, jitomate, cebolla, manteca de cerdo y hierba santa; se hornea. Es típico de Veracruz.

TAMAL DE CEBOLLA

Tamal elaborado con cebolla rebanada, mantequilla, epazote, chile de árbol; todo se envuelve en hojas de maíz o papel aluminio y se cuece en comal. Se elabora en Morelos y en Querétaro, especialmente en Tequisquiapan.

TAMAL DE CENIZA

Término aplicado para denominar cualquier tamal que esté elaborado con masa de maíz cocido con ceniza, como sustituto de la cal. En Durango se prepara con masa de maíz con un colorante obtenido del palo de Brasil. De esta forma también se producen en Nayarit y Sinaloa. En Jalisco se confecciona con masa de nixtamal y ceniza, manteca de cerdo y sal. En Michoacán se elaboran corundas de ceniza. En la región de Zongolica, Veracruz, se prepara el día de san Juan Bautista (24 de junio), con la creencia de que así se evitará el hambre durante el periodo de julio a octubre. El maíz se hierve con ceniza de fogón, se envuelve en hojas de maíz y se cuece al vapor; sirve para acompañar al esquimol o chilcaldo.

TAMAL DE CERDO CON SALSA DE CHILE COLORADO

Tamal de masa de maíz batida con manteca de cerdo y el caldo donde se coció la carne. Se rellena con carne de cerdo guisada en salsa de chile colorado, se envuelve en hojas de maíz y se cuece al vapor. Es típico de San Luis Potosí.

TAMAL DE CHAMAL

Tamal elaborado con semillas de chamal cocidas en agua con cal y molidas. Pequeñas porciones de masa se envuelven en hoja de mocoque o encino y se cuecen al vapor o en agua hirviendo. Es típico entre los pames de la Sierra Gorda de Querétaro y San Luis Potosí.

TAMAL DE CHANTOLO

GRAF. tamal de xantolo. Tamal elaborado con masa de maíz, relleno con carne de pollo y cerdo guisados en salsa de chile chino. Se envuelve en hojas de plátano y se cuece al vapor. Se elabora en Hidalgo para el día de Muertos, especialmente en la Huasteca.

TAMAL DE CHARALES

Platillo elaborado con ajo, cebolla, cilantro y chile jalapeño, mezclado con charales sin cabeza que se unen hasta formar una pasta que se envuelve en ocho hojas de maíz y se aprieta para cocerse al vapor. Se elabora en el Distrito Federal.

TAMAL DE CHAYA

Diferentes variedades de tamal de chaya que se elabora sobre todo en el sur y sureste del país. En Campeche la masa se revuelve con la chaya y se rellena con un picadillo de carne de cerdo con jitomate, aceitunas, alcaparras, cebolla, ajo y pasitas; se sirve con una salsa de jitomate y pepitas de calabaza tostadas y molidas. Otra versión se prepara con masa de maíz rellena con huevo duro y pepita de calabaza molida, envuelto con hojas de chaya, cocido al vapor y servido con salsa de jitomate. En Chiapas la masa de maíz se mezcla con manteca de cerdo y hojas de chaya picadas; se rellena con carne de cerdo, se envuelve en hoja de plátano y se sirve bañado con una salsa de jitomate, cebolla y chile; se les espolvorea queso crema tropical. Es típico de Catazajá. En Tabasco la masa lleva hoja de chaya, ajo, cilantro y chile amaxito; se envuelve con hoja de plátano y se acompaña con salsa de jitomate y queso crema tropical. En Yucatán se elabora con hoja de chaya cocida, picada y mezclada con masa de maíz; se envuelve en hojas de plátano y se sirve solo o con chiltomate, en ocasiones con queso espolvoreado. En Quintana Roo se prepara de la misma manera.

→ brazo de mestiza, chay-uah, dzotobichay

TAMAL DE CHAYOTE

Tamal elaborado con masa de maíz, relleno con trozos de chayotes o calabaza de Castilla, guisados en una salsa de chiles chipotles, ajonjolí y xonacate; se envuelve en hojas de papatla o plátano y se cuece al vapor. Los mixes de Oaxaca lo preparan con chayote cocido y molido, masa de maíz, carne de res, ajo, chile y cebolla.

TAMAL DE CHEPIL

Tamal elaborado con masa de maíz, manteca de cerdo batida, caldo de res o pollo y hojas de chepil mezclados; se envuelve en hojas de maíz. Se cuece al vapor y se sirve con salsa de chile pasilla oaxaqueño. En los Valles Centrales de Oaxaca se elabora con hojas frescas de chepil durante la primavera y el verano, que es cuando se consigue la hoja fresca. Estas hojas se ponen a secar para utilizarlas cuando escasean.

TAMAL DE CHÍCHARO VERDE

Tamal elaborado con harina de maíz mezclada con manteca de cerdo batida, caldo tibio y sal, rellenos con un mole preparado con chile ancho, tomate, hierbabuena y bolillo con guarnición de carne de cerdo y chícharos; se envuelve en hojas de maíz y se cuece al vapor. Se elabora en Tianguistengo, Hidalgo.

TAMAL DE CHICHARRÓN

Masa de maíz mezclada con chicharrón molido, harina de trigo y levadura; se rellena con frijoles refritos, se enrolla, se corta en rebanadas de 3 cm que se envuelven en hojas de maíz para cocer al vapor. Se prepara en Veracruz.

TAMAL DE CHICHARRÓN, LOMO Y PATITAS EN SALSA VERDE

Tamal elaborado con harina de maíz y de arroz, chicharrón molido, manteca de cerdo, relleno de lomo y patas de cerdo guisadas con manteca de cerdo, cebolla, chile poblano, jitomate y aceitunas; se envuelve en hojas de maíz y se cuece al vapor.

TAMAL DE CHIHUILÍN

Tamal elaborado con masa de maíz batida con manteca de cerdo, relleno de chihuilín y salsa de chile guajillo; se envuelve en hojas de plátano. Se prepara en Coahuila.

TAMAL DE CHILE

Tamal elaborado con masa de maíz, relleno con carne de cerdo o pollo guisada en salsa de chiles serranos, tomate y ajo. Se acostumbra prepararlos en el Estado de México y en Hidalgo.

TAMAL DE CHILE COLORADO ◆ tamal norteño

TAMAL DE CHILE FRITO

Tamal elaborado con masa de maíz que se rellena con carne de pollo guisada en una salsa de chiles ancho y chino, cebolla, clavos, pimienta, canela y jitomates; se envuelve en hojas de plátano y se cuece al vapor. Se prepara en la región de la Huasteca hidalguense.

TAMAL DE CHILE VERDE

Tamal elaborado con masa de maíz, manteca de cerdo, agua de tequesquite y caldo de cerdo. Se rellena con carne de cerdo en salsa de tomate con chile verde y se envuelve con hojas de maíz. Es típico de Durango.

TAMAL DE CHILE VERDE CON QUESO

Tamal elaborado con harina de maíz cacahuancentle mezclada con manteca de cerdo batida, polvo para hornear, cremor tártaro y agua de cáscara de tomate; se rellena de queso fresco y una salsa preparada con rajas de chiles poblanos, cebolla fileteada, tomate y consomé de pollo; se envuelve en hojas de maíz y se cuece al vapor.

TAMAL DE CHILEAJO

Tamal elaborado con masa de maíz, relleno con costillas de cerdo crudas, bañadas en salsa de ajo, comino, clavo, pimienta, orégano, cebolla, jitomate, chile guajillo y chiles costeños. Se envuelve en hoja de plátano y se cuece al vapor. Es típico de Guerrero y Oaxaca.

TAMAL DE CHIPILÍN

Variedad de tamal que se acostumbra en los estados del sureste del país y presenta versiones estatales. En Tabasco se elabora con masa colada, mezclada con hojas de chipilín, caldo y manteca de cerdo, envueltos en hoja de plátano; se acompaña con salsa de jitomate y se espolvorea con queso crema tropical. Mide 10 cm de largo, aproximadamente. En Quintana Roo se prepara de manera similar. En Chiapas se elabora con masa colada, manteca de cerdo y caldo de cerdo o res, mezclada con hojas de chipilín y sal. Se sirve bañado con salsa de jitomate y queso crema tropical. Es un tamal rectangular, envuelto en hoja de plátano y, en ocasiones, de maíz.

Conocido también como:

◇ tamal de chipil
◇ tamalito de chipilín

TAMAL DE CHIPILÍN CON CAMARÓN

Tamal elaborado con masa de maíz con arroz cocido y molido, caldo de pollo y hojas de chipilín picadas. Se rellena con camarones secos guisados en una salsa de cabezas de ca-

marón, jitomate, ajo, comino y cebolla, se envuelve en hojas de plátano en forma rectangular y se cuece al vapor. Es típico de Chiapas.

TAMAL DE CIRUELA

Masa de harina de maíz mezclada con agua de tequesquite y cáscaras de tomate, azúcar, piloncillo, bicarbonato de sodio y manteca de cerdo, todo batido hasta obtener una masa esponjosa. La masa se rellena con ciruelas cocidas con piloncillo rallado, se envuelve en hojas de maíz y se cuece al vapor. Se prepara en Guerrero. Otra versión se elabora con masa de harina de maíz, manteca de cerdo, azúcar, leche y polvo para hornear; se rellena con una mermelada casera de ciruela pasa, se envuelve en hoja de maíz y se cuece al vapor.

TAMAL DE COCO

Tamal dulce al que se le incluye coco en la masa. En Chiapas la masa se elabora con manteca de cerdo batida, harina de trigo cernida, azúcar, leche y coco rallado. Se envuelve en hoja de maíz y se cuece al vapor. En Xico, Veracruz, se prepara mezclando masa de maíz blanco o prieto con manteca de cerdo, queso o requesón, azúcar o piloncillo y agua de cáscara de tomate. Se envuelve de forma triangular en hoja de xoco y se cuece al vapor. En la región del Sotavento, a la masa del tamal se le agrega nata, coco, leche y azúcar. Se acompaña con chocolate o café caliente. En Zacatecas se confecciona con manteca de cerdo batida, azúcar, harina de maíz, harina de arroz, polvo para hornear, leche, coco rallado, pasas y frutas cubiertas.

TAMAL DE COLA DE LAGARTO

Tamal elaborado con masa de maíz colada y cocida, relleno de cola de lagarto picada, untada con recado rojo y salsa roja; se envuelve en hoja de plátano y se cuece al vapor. Se prepara en Tabasco; es un platillo que ha caído en desuso.

TAMAL DE COLORADITO

Masa de maíz rellena con mole coloradito y carne de cerdo o pollo, envuelta en hoja de plátano y cocida al vapor. Es típico de Oaxaca. Durante la cuaresma se rellena con verduras. En los Valles Centrales puede encontrarse en cualquier época del año.

TAMAL DE CONEJO

Tamal elaborado con masa de maíz, relleno con picadillo de conejo, envuelto en hoja de maíz y cocido al vapor. Se prepara en Sinaloa.

TAMAL DE CUAJADA

Tamal elaborado con masa de maíz y cuajada, yemas, queso, mantequilla y piloncillo. Se envuelve en hojas de maíz. Se prepara en Guerrero.

→ pan de cuajada

TAMAL DE CUCHARA

Tamal de masa preparada de manera similar a la masa colada, relleno con kool, carne de pollo y cerdo, con rebanadas de jitomate y epazote, envuelto en hojas de plátano y cocido al vapor. Se sirve caliente, bañado con salsa de jitomate. Se acostumbra comer en la península de Yucatán. El nombre de tamal de cuchara es porque la cantidad de masa que se pone sobre la hoja de plátano es el contenido de una cuchara grande.

Conocido también como:

◇ tamal de boda
◇ tamal de novia

TAMAL DE CUCHUNUC

Tamal elaborado con masa de maíz mezclada con manteca de cerdo y sal. Se forma una bola que se ahueca y se rellena con una mezcla de cabeza de camarón en pasta, jitomate, chile, pepita de calabaza y flor cuchunuc, se envuelve en hojas de maíz. En ocasiones los ingredientes se cuecen en un molde, sin necesidad de las hojas, pero siempre al vapor. Es típico de Tuxtla y Tapachula, Chiapas. Otra variante, consumida por los zoques de Chiapas y Oaxaca, se rellena con *putznic* y se conoce como *horde*, en zoque.

TAMAL DE DULCE

Tamal cuya masa contiene piloncillo rallado o azúcar. Se sirve en la merienda o en las fiestas infantiles, y en algunas reuniones como postre. En el centro del país se prepara con masa batida con manteca de cerdo, agua y piloncillo o azúcar; la masa se pinta de color rosa o rojo, color que en la antigüedad se obtenía de la grana cochinilla, y se le agregan pasas o trocitos de biznaga que se mezclan con la masa. Se envuelve en hojas de maíz y se cuece al vapor. En Xochimilco, Distrito Federal, y sus alrededores, cuando se rellenan con piña, no se colorean ni llevan pasitas. En otras regiones del Distrito Federal se prepara con manteca de cerdo batida, masa de maíz cacahuacentle y azúcar molida; se rellena con yemas cocidas, piñones, acitrón, canela y ajonjolí. También se elabora en Veracruz, Oaxaca y otros estados. Conocido también como tamal rosado.

→ tamal canario

TAMAL DE DULCE DE ELOTE

Tamal de masa que se prepara con granos de elote tierno, mezclados con mantequilla, azúcar, ralladura de naranja, harina de arroz y polvo para hornear; se envuelve en hoja de maíz y se cuece al vapor. Se prepara en Tamaulipas.

TAMAL DE EJOTE

Tamal elaborado con masa de maíz relleno con ejotes tiernos y envuelto en hoja de milpa o de maíz. En Sinaloa se prepara con masa de maíz, manteca de cerdo, piloncillo y ejotes en trozos pequeños; todos los ingredientes se mezclan y se envuelven en hojas de milpa. También se prepara en Guerrero y Jalisco.

TAMAL DE ELOTE

Tamal preparado con granos frescos de elote molidos y envuelto en hojas de elote. En Chiapas se conoce como picte y se prepara con masa de maíz, granos de elote, azúcar y manteca de cerdo; se envuelve en hoja de maíz y se cuece al vapor. En Milpa Alta, Distrito Federal, los nahuas lo elaboran con elote, azúcar y canela, molidos con un poco de agua. Se envuelve en hojas de elote y se cuece al vapor. En Guerrero contiene granos de elote tierno, yemas, leche, y azúcar, envuelto en hojas de elote y se cuece al vapor; se utiliza para acompañar el chilatequile. En Nayarit, la masa se prepara con elotes tiernos, calabacitas molidas, mantequilla, azúcar y polvo para hornear. En Oaxaca contiene elote martajado mezcla-

do con mantequilla, azúcar, polvo para hornear y canela en polvo; se envuelve en hojas de elote y se cuece al vapor. Es uno de los desayunos más tradicionales de Juchitán y se acompaña con crema y queso fresco. Los mazatecos de San Pedro Ixcatlán mezclan el elote con manteca de cerdo y azúcar, lo rellenan con carne de cerdo o pollo condimentado con chile seco y epazote; se envuelve con hoja de elote. En la sierra Norte de Puebla se prepara con granos de elote, bicarbonato de sodio, azúcar y sal. Los curanderos de la región lo preparan como ofrenda a la Madre Tierra. En Sonora se confecciona con calabacitas molidas, manteca de cerdo, mantequilla, requesón, nata, leche evaporada, polvo para hornear, elote molido, queso panela, queso seco, queso fresco, queso amarillo y rajas de chile poblano; todo se mezcla, se envuelve en hojas de elote y se cuece al vapor. Los indígenas mayos y yaquis lo elaboran con granos de elote molidos, piloncillo, azúcar, manteca de cerdo y sal. En Tabasco puede ser dulce, con elote, pasas, queso y mantequilla. También existe una gran variedad salada con carne de cerdo, jitomate y chile ancho. De la misma forma se cocina en varias regiones de Chiapas, Campeche y Veracruz. En Veracruz la masa se prepara con granos de elote, manteca de cerdo y azúcar; se rellena con chile ancho, jitomate, carne de cerdo frita y epazote, se envuelve en hoja de maíz y se cuece al vapor. En Zacatecas se rellena con rajas de chile poblano, lomo de cerdo cocido y deshebrado, jitomate molido y colado.

Conocido en algunas regiones como:

◇ elotamal (Guerrero, Veracruz)
◇ tamal de maíz nuevo o tamalito de maíz nuevo (Tabasco)
◇ tobil (Campeche)

TAMAL DE ELOTE A LA CREMA

Preparación que se elabora con tamales dulces de elote molidos y mezclados con crema y leche condensada. Se colocan capas de masa, piñones, biznaga en trocitos y pasas, se cubre con una capa de crema y se hornea. Se elabora en Nuevo León.

TAMAL DE ELOTE DE CAZUELA

Tamal de cazuela elaborado con capas intercaladas de granos de elote molidos y cocidos con caldo y manteca de cerdo y mole. Se rellena con cerdo, pollo o res guisados con salsa de chile ancho o guajillo, y se hornea.

TAMAL DE ELOTE MARTAJADO

Tamal de elote elaborado con granos de elote martajados y mezclados con piloncillo, se rellena con habas verdes. Se envuelve en hojas de elote y se cuece al vapor. Preparación que se acostumbra comer entre los nahuas de Milpa Alta, Distrito Federal.

TAMAL DE ELOTE Y CARNE DE CERDO

Preparación elaborada con granos de elote molidos y mezclados con manteca de cerdo, piloncillo y sal; se rellena con carne de cerdo cocida y una salsa de chile ancho, chile serrano y hierba santa; se envuelve en hojas de elote y se cuece al vapor. Es típico de Querétaro.

TAMAL DE ELOTE Y MIEL

Tamal que se elabora con granos de elote molidos, miel de abeja, canela, bicarbonato de sodio y anís; se envuelve en hojas de elote engrasadas con mantequilla y se cuece al vapor. Es originario de Coatepec de Morelos, Michoacán.

571

TAMAL DE EPAZOTE

Tamal elaborado con masa de maíz que se rellena con salsa de jitomate, chiles rojos y epazote picado, se envuelve en hojas de papatla o maíz y se cuece al vapor. Es típico de la sierra Norte de Puebla.

TAMAL DE ESCAMOLES

Tamal que se elabora con escamoles, ajo, cebolla, rajas de chile verde, orégano, nopales cortados en tiras, epazote y mantequilla o manteca de cerdo. Se envuelve en hojas de maíz y se cuece al vapor. Se acompaña con tortillas de maíz. Es típico de la región del Valle del Mezquital, Hidalgo.

TAMAL DE ESPECIE

Tamal a base de masa de maíz que se rellena con carne de cerdo deshebrada y guisada en salsa de jitomate, tomate, canela, tomillo, pimienta, clavo, comino, ajo, pasitas y chícharos. Se envuelve con hojas de maíz y se cuece al vapor. Lo preparan los nahuas del norte de Veracruz.

TAMAL DE ESPIGA

Tamal que se elabora con harina de maíz fermentada con pulque, espigas de maíz tostadas y molidas. Se endulza con piloncillo, se envuelve en hojas de maíz y se cuece al vapor. Se sirve tibio y se acompaña con leche o atole. Se acostumbra preparar en Michoacán para los festejos del 15 de septiembre. Las espigas se secan al sol y se envuelven en una tela; se repite el proceso durante dos días, volteando las espigas en la noche.

TAMAL DE ESPINACA

Tamal elaborado con masa de maíz mezclada con ajo dorado, espinacas picadas y manteca de cerdo; se rellena con pollo, carne de cerdo en trozos o molida, frijoles o rajas de chile con queso; se envuelve en una manta de cielo y se cuece al vapor. El tamal se corta en rebanadas y se adorna con crema. Se prepara en Chihuahua. Otra versión es con masa de maíz para tortillas mezclada con manteca de cerdo, queso añejo y sal, se rellena con carne molida de lomo de cerdo guisada con ajo, cebolla, jitomate, pasas y almendras; se envuelve en hoja de espinaca, se cuece al vapor y se sirve con salsa roja y queso fresco.

TAMAL DE FIESTA

Tamal elaborado con masa de maíz que se rellena con carne de cerdo o pollo mezclada con un mole que se elabora con masa colada, chile ancho, clavo, tomillo, orégano, ajo, canela, achiote y jitomate criollo. Se acostumbra preparar en Chiapas. Con este nombre también se conoce en todo el país al tamal que se ofrece en diversos festejos, mayordomías o fiestas patronales.

TAMAL DE FLOR DE CALABAZA

Tamal elaborado con manteca de cerdo batida y masa de maíz con caldo de pollo, queso añejo o fresco rallado, calabacitas, carne de cerdo cocida y deshebrada, flores de calabaza, hojas de epazote, chiles serranos, poblanos o chilacas y granos de elote. Se envuelve en hojas de maíz engrasadas con manteca de cerdo, se ata con hojas de elote y se cuece al vapor. Se prepara en Zitácuaro, Michoacán.

TAMAL DE FLOR DE CALABAZA, REQUESÓN Y LONGANIZA

Masa de maíz cacahuacentle nixtamalizado mezclada con elote tierno molido, mantequilla, manteca de cerdo, huevo, agua de anís y sal, se rellena con flores de calabaza, longaniza frita, salsa verde y requesón.

TAMAL DE FLOR DE GARAMBULLO

Flores de garambullo cocidas en salsa de chile guajillo, perejil, hierbabuena, cebolla, orégano, tomillo y mejorana; se envuelve en hojas de maíz y se cuece en comal. Es típico del estado de Hidalgo.

TAMAL DE FRESA

Tamal elaborado con masa de maíz mezclada con fresas, se envuelve en hoja de maíz y se cuece al vapor. Se acompaña con atole de puzcua o de garbanzo. Se acostumbra preparar en Guanajuato.

TAMAL DE FRIJOL

Variedad de tamal que está relleno o mezclado con frijoles.

• En Chiapas se elabora un tamal de frijol con camarón que se acostumbra comer en La Libertad, Tila, Tuxtla Gutiérrez y alrededores. Se prepara con masa de maíz y una pasta de frijol negro con pepita de calabaza y cabeza de camarón seco molida. Se envuelve con hierba santa y posteriormente con hojas de maíz, y se amarra por ambos extremos. Se le conoce como juacané o sok ané. En la región del Soconusco, Chiapas, se prepara el tamal de huet que consiste en masa de maíz rellena de una pasta de frijol grande mezclado con pepita de calabaza molida, jitomate, cebolla y chile. Se envuelve en hoja de plátano y se acompaña con chicharrón. También se prepara el tamal cheneculhua que es típico durante el carnaval de San Juan Chamula.

• En Colima se elabora con frijoles negros cocidos y molidos, chiles de árbol secos y tostados, mezclados con la masa de maíz y manteca de cerdo; se envuelve con hierba santa y posteriormente en hoja de maíz; se cuece al vapor.

• En el Distrito Federal, en Milpa Alta, se prepara un tamal de masa de maíz relleno de pasta de frijol, haba o alverjón cocidos. Se envuelve en hojas de maíz y se cuece al vapor.

• En Durango es de masa de maíz y relleno de frijoles cocidos, molidos y fritos con ajo, orégano y comino; se envuelve en hoja de maíz y se cuece al vapor.

• En el Estado de México se elabora extendiendo una capa de masa de maíz y otra de frijoles refritos; se enrolla y se corta en porciones que se envuelven en hojas de maíz; se utiliza para acompañar el mole rojo y es común en los velorios.

• En Guerrero la masa de maíz se extiende sobre hojas de maíz o de milpa, se agrega una capa de pasta de frijol; se enrolla, se corta en rebanadas y se envuelve en hojas de milpa o de maíz. Se acompaña con mole rojo, verde o tlatonil.

• En Oaxaca, el tamal de frijol negro se distingue por estar condimentado con hoja de aguacate o hierba santa. En los Valles Centrales se rellena con una pasta de frijoles refritos con manteca de cerdo, cebolla, chile pasilla oaxaqueño, hojas de aguacate, ajo y sal. Se envuelve en hoja de maíz o de plátano y se cuece al vapor. En ocasiones se corta en rebanadas gruesas y se fríe en aceite; se acompaña con una mezcla que contiene ajo y orégano molidos con agua. En el Istmo de Tehuantepec, la masa se adiciona con epazote, chile y chicharrón molidos, se rellena con pasta de frijol. En la sierra de Juárez es de forma alargada y se envuelve en hoja de bexo. En la Mixteca, la pasta de frijol que sirve como relleno del tamal se prepara con chile de árbol y con hojas de poleo u hojas de aguacate. Tradicionalmente la masa se extiende en una servilleta de tela a la que se le unta una capa de frijoles y se le agrega hierba santa, se enrolla poco a poco, se corta y se envuelve en hojas de maíz, se cuece al vapor. Conocido también como tamal de servilleta. En el área de San Pedro Coatlán, los mixes preparan un tamal de masa de maíz mezclado con puré de calabaza támala cocida con piloncillo y canela. Se rellena con una pasta suave de frijoles preparados con hojas de aguacate, chile pasilla y ajo. Se envuelve en hojas de maíz y se cuece al vapor. Los mazatecos de la Sierra Madre Oriental, en Huautla de Jiménez, preparan un tamal con una capa de masa de maíz y otra de frijol; lo enrollan procurando obtener siete capas. Se le añade hoja de aguacatillo y se envuelve en hojas de milpa. A este tamal se le conoce como tamal siete cueros. Los chinantecos en La Esperanza, Santiago Comaltepec, Oaxaca, preparan los frijoles con cebolla, hojas de poleo y chile piquín; la masa se rellena con los frijoles guisados y se envuelve en hojas de bexo.

• En Puebla es de masa de maíz mezclada con frijoles cocidos y molidos y sal; se envuelve en hoja de maíz y se cuece al vapor. En la sierra Norte de Puebla se elabora el tamal de frijol con huevo, que se prepara con masa de maíz rellena de una pasta de frijol, chile guajillo, canela y huevo cocido. Se envuelve en hoja de maíz y se cuece al vapor.

• En Sinaloa la masa se mezcla con piloncillo y manteca de cerdo batida; se rellena de frijol mezclado con piloncillo, clavo y canela; se envuelve en hoja de maíz y se cuece al vapor.

• En Veracruz, en Xico, se elabora con masa de maíz, manteca de cerdo y se rellena con una pasta de frijoles con pepita de calabaza molida, ajonjolí, polvo de hoja de aguacate y frijoles molidos; se envuelve en hojas de maíz y se cuece al vapor. En otras partes del estado se mezcla la masa con frijoles cocidos.

→ tamal siete cueros

TAMAL DE FRIJOL DULCE

Preparación elaborada con masa de maíz blanco, rellena con pasta de frijoles molidos, piloncillo o azúcar. Se envuelve con hojas de maíz y se cuece al vapor. Originario del estado de Sonora.

TAMAL DE FRIJOL NEGRO

Tamal de masa de maíz relleno de frijoles negros con calabaza de Castilla, ajonjolí y chile mora. Se envuelve en hoja de plátano y se cuece al vapor. Se elabora para celebrar algún ritual casero, fiestas tradicionales, casamientos o ceremonias importantes en la sierra Norte de Puebla. Para la elaboración del tamal se realiza una ceremonia que se acompaña con música, bebidas alcohólicas y se realiza ayuno.

TAMAL DE FRIJOL TIERNO

Tamal preparado con masa de maíz, manteca de cerdo, frijoles tiernos y en ocasiones chipilín; se envuelve en hojas de maíz y se cuece al vapor. Se prepara en Tapachula, Chiapas. Conocido en zoque como *pitu' ane*.

TAMAL DE FRIJOL YORIMUNI

Preparación a base de masa de nixtamal batida con manteca vegetal y polvo para hornear. Se rellena con pasta de frijoles yorimuni guisados y rajas de chiles verdes, se envuelve en hojas de maíz y se cuece al vapor. Es típico del estado de Sonora. Conocido también como tamal de yorimuni.

TAMAL DE FRIJOLES CON TEQUELITES

Tamal preparado con masa de maíz; se rellena con frijoles guisados con chiles serranos y tequelites; se envuelve en hoja de maíz y se cuece al vapor. Se elabora en Tuxtla, Puebla.

TAMAL DE GALLINA

Tamal elaborado con masa de maíz batida con caldo de gallina y manteca de cerdo, relleno con carne de gallina guisada con jitomate, cebolla, verduras, pasas, almendras, aceitunas, frutas en vinagre, rebanadas de huevo cocido y plátano macho frito; se envuelve en hojas de plátano, amarrado con venas de las mismas hojas. Es originario de Jalisco.

TAMAL DE GALLINA COLADO

Tamal hecho a base de masa de maíz, relleno con un guisado de gallina, pierna de cerdo, achiote, ajo, pimienta de Castilla, jitomate, epazote y sal. En ocasiones se le agrega una salsa que contiene chile habanero, jugo de naranja agria o dulce, vinagre, sal y ajo. Se prepara en Campeche.

TAMAL DE GARBANZO

Variedad de tamal que se prepara con masa de maíz negro nixtamalizado, molido y mezclado con agua de cáscara de tomate, manteca de cerdo batida y caldo; la masa se extiende sobre una tela, se agrega una capa de pasta de garbanzo y chiles anchos molidos, y queso desmoronado. Se enrolla y se corta en rebanadas para envolverse en hojas de maíz; se cuece al vapor. Se prepara en Guanajuato. En Sonora, se confecciona con masa de maíz, manteca vegetal, azúcar, canela y garbanzo molido; se envuelve en hoja de maíz y se cuece al vapor.

TAMAL DE GUAJOLOTE

Tamal elaborado con masa de maíz rellena con trozos de carne de guajolote previamente guisada en una salsa que contiene chiles seco y color, tortilla, plátano macho frito, clavo, pimienta, canela, ajo, semillas de chile color y ajo. Se envuelve en hojas de plátano y se cuece al vapor. Lo acostumbran comer los nahuas del norte de Veracruz. En Oaxaca se prepara con masa de maíz batida con manteca de cerdo y caldo de guajolote; se rellena con mole guisado con guajolote tierno, espinazo de cerdo, chiles chilhuacles negros, mulatos, almendras, hoja de aguacate, nuez, cacahuate, tortilla, ajonjolí, pasas, chocolate, pan blanco, jitomate, clavo, canela, pimienta, orégano y sal. Se envuelve en hoja de plátano y se cuece al vapor. En Puebla, Tlaxcala, Estado de México y Distrito Federal, el tamal se elabora con masa de maíz cacahuacentle nixtamalizado mezclado con manteca de cerdo requemada, sal y caldo; se rellena con mole cocinado con guajolote, chiles mulato, ancho, pasilla y chipotle, jitomate, ajonjolí, almendras, pasas, cacahuates, pan blanco, pimienta, clavo, anís, canela, cebolla, tortilla dorada y chocolate.

TAMAL DE GUAJOLOTE ENTERO

Tamal grande que se prepara con masa de maíz martajado y extendida sobre hojas de plátano; se coloca un guajolote entero bañado con salsa de chile seco, comino y ajo y se cuece al vapor sobre una cama de olotes. Lo preparan los nahuas de Veracruz.

TAMAL DE GUÍAS DE CALABAZA

Preparación hecha con masa de maíz batida con agua y sal, rellena con un guiso de frijoles negros con chiles serranos y guías de calabaza; se envuelve en hojas de maíz y se cuece al vapor. Es típico de la sierra Norte de Puebla, específicamente en Tuxtla.

TAMAL DE HARINA

Tamal que se prepara con harina de trigo, agua, sal y levadura. La masa se deja reposar, se envuelve en hoja de maíz y se cuece al vapor. Se acompaña con atole de tamarindo. Es típico del estado de Michoacán.

TAMAL DE HIERBA SANTA

Tamal que se prepara con masa de maíz y se rellena con un guiso de pepita de calabaza, jitomate, cebolla y ajo. Se envuelve en hierba santa y en hojas de plátano y se cuece al vapor. Se acostumbra comer en el estado de Chiapas. En el sureste del país, la hierba santa se utiliza para envolver diversos tamales. Conocido también como tamal de santa María.

TAMAL DE HOJA DE AGUACATE

Tamal elaborado con masa de maíz mezclada con hojas de aguacate; se envuelve en hojas de maíz y se cuece al vapor. Es típico del estado de Morelos

TAMAL DE HOJA DE MILPA

Tamal que se prepara con masa de maíz; se rellena con carne de cerdo curtida en limón y mezclada con una salsa de jitomate, chiles chimborotes y un poco de masa. Se envuelve en hojas de milpa y se cuece al vapor. Se sirve acompañado de jocote y se acostumbra comer en Tuxtla Gutiérrez, Chiapas. En Morelos se prepara con masa de maíz con sal, envueltos en hojas de milpa. Se coloca una espiga en el fondo de la vaporera cuando se cuecen. En Oaxaca se prepara con masa de maíz; se rellena con carne y costilla de cerdo curtida en limón, mezclada con salsa roja de jitomate y chiles serranos; se envuelve en hojas de maíz y se cuece al vapor. Conocido también como *mok ay ané*.

TAMAL DE HOJA DE SANTA MARÍA ◆ tamal de hierba santa

TAMAL DE HONGOS

Tamal preparado con masa de maíz batida con manteca de cerdo, y agua de tequesquite y cáscaras de tomate; se rellena con diversos hongos guisados con cebolla, jitomate, epazote, chile jalapeño o chipotle. Se envuelve en hojas de maíz y se cuece al vapor. Se hace especialmente en temporada de lluvias, cuando abundan los hongos silvestres en las comunidades rurales del Estado de México. En La Esperanza, Santiago Comaltepec, Oaxaca, se prepara con masa de maíz, hongos silvestres cocinados con cebolla, ajo, chile guajillo, hierba santa, orégano y comino; se envuelve con unas hojas llamadas hojas de frutilla y se cuece al vapor. En la región mixe se prepara con hongos, masa de maíz, chile, ajo y cebolla, en-

vuelto en hoja maíz y se cuece al vapor. Otra versión se prepara con hongo amarillo revuelto con la masa y se rellena con mole.

TAMAL DE HONGOS CLAVITO EN SALSA VERDE

Tamal elaborado con masa de maíz, relleno de hongos clavitos guisados en salsa de tomate. Se envuelve en hoja de maíz y se cuece al vapor. Es típico entre los nahuas de Milpa Alta, Distrito Federal.

TAMAL DE HONGOS PANES O PANZAS

Tamal elaborado con hongos panes con sal, epazote y venas de chile pasilla; se envuelven en hoja de maíz y se cuecen en comal. Se acostumbra preparar entre los nahuas de Milpa Alta, Distrito Federal.

TAMAL DE HUET ◆ tamal de frijol

TAMAL DE HUEVO

Tamal dulce que se prepara con harina de maíz, mantequilla, huevo, azúcar, queso crema fresco desmoronado; se rellena con pasas, almendras y biznaga; se envuelve en hoja de maíz y se cuece al vapor.

TAMAL DE IGUANA

Tamal elaborado con masa de maíz, relleno de iguana. Se acostumbra comer en el sur y sureste del país; existen diferentes versiones. En Chiapas se prepara con masa de maíz batida con manteca de cerdo y agua; se rellena con carne de iguana y una salsa de pepita de calabaza. El tamal se coloca sobre un trozo de hierba santa y se envuelve con hojas de plátano. De igual manera se prepara en Oaxaca, donde al relleno se le agrega un huevo de iguana del saco de la huevera.

TAMAL DE INICIACIÓN DE CURANDERO

Tamal que se prepara con masa de maíz, relleno con un pollo entero bañado con una salsa de chile chipotle, ajo y comino; todo se envuelve, se amarra y se coloca dentro de una cazuela y se cuece al vapor. Se elabora en el norte de Veracruz. Es un tamal que los nahuas utilizan para rituales.

TAMAL DE IXTECOCOTL

Tamal elaborado con masa de maíz, relleno con ayocotes cocidos y una salsa espesa de chile chipotle con jitomate, ajo, clavo y canela; se envuelve en hojas de maíz y se cuece al vapor. Su nombre deriva del náhuatl *ixtli*, ojo, y *cocotl*, gaznate, pues la masa se bate hasta que se logre ver en ella ojos o huecos de aire. Se prepara en el estado de Tlaxcala.

TAMAL DE IZOTE

Tamal que se prepara con masa de maíz batida con manteca de cerdo y caldo, relleno con carne de cerdo, flor de izote, una salsa de chiles secos y miltomates; se envuelve en hoja de platanillo y se cuece al vapor. Se usa para acompañar el mole y frijoles. Es típico de las regiones de Córdoba y Orizaba, en Veracruz.

TAMAL DE JUACANÉ

Tamal de masa de maíz, relleno con una pasta de frijoles, cabezas de camarón doradas y pepita de calabaza; se envuelve primero en hierba santa y luego en hoja de maíz. Se acostumbra en Cintalapa y Jiquipilas, Chiapas.

→ tamal de frijol

TAMAL DE JUDAS

Tamal que se prepara con masa de maíz, cerdo molido mezclado con manteca de cerdo, agua de cáscaras de tomate, tequesquite y miel de piloncillo. La masa se coloca en hojas de maíz y se rellena con pasta de alverjón, haba o frijol mezclados con azúcar. Es típico del Estado de México, se acostumbra preparar durante la Semana Santa.

TAMAL DE LIBRO ◆ tamal de pata de mula

TAMAL DE MAÍZ

Tamal elaborado con masa de maíz morado nixtamalizado, relleno con frijoles guisados; se envuelve en hoja de maíz y se cuece al vapor. Es muy común entre los huicholes de Nayarit. Conocido también como *tetzu*.

TAMAL DE MAÍZ NEGRO

Tamal que se prepara con masa de maíz negro, que puede ser dulce o salado. En su versión dulce, la masa se bate con manteca de cerdo y azúcar, se le añade coco rallado y pasas; se envuelve en hojas de berijao y se cuece al vapor. Su versión salada se prepara con hierba santa revuelta en la masa; se envuelve en hojas de maíz y se cuece al vapor. Ambas versiones se preparan en Veracruz. Conocido en náhuatl como *tlilatolli*, de *tlilli*, negro y *atolli*, atole.

TAMAL DE MANJAR ◆ padzito

TAMAL DE MASA

Tamal elaborado con masa de maíz preparada con manteca y caldo de cerdo, relleno de carne de cerdo y salsa de miltomate con un chile piquín llamado chilpaya. Se envuelve en hojas de bexo y se cuece al vapor. Se elabora en la región de Los Tuxtlas, Veracruz.

TAMAL DE MASA COLADA ◆ tamal colado

TAMAL DE MASA CRUDA

Tamal que se prepara con masa de maíz batida con manteca de cerdo y sal; se rellena principalmente con carne de cerdo o pollo con alguna salsa. Se envuelve en hoja de plátano o maíz y se cuece al vapor. Es típico del área de Xalapa y Misantla, en Veracruz.

TAMAL DE MILPA

Tamal de masa de maíz revuelta con ayocotes cocidos; se envuelve en hoja de maíz y se cuece al vapor. Sirve para acompañar el mole colorado en Morelos.

TAMAL DE MOJARRA

Preparación a base de mojarras en salsa de chile verde y tomate, envueltas en hoja de maíz y cocidas en comal de barro. Es típico de Morelos, Sonora y Distrito Federal. En Morelos se acompaña con tortillas de maíz hechas a mano y frijoles chinos. En Sonora se prepara con filetes de mojarra con mantequilla, chiles en escabeche, epazote, sal y pimienta.

TAMAL DE MOLDE ◆ tamal de cazuela

TAMAL DE MOLE

1. Tamal elaborado con masa de maíz, relleno de pollo deshebrado y mole poblano, envuelto en hoja de maíz y cocido al vapor. Es típico del Distrito Federal y puede encontrarse en los puestos ambulantes de tamales.

2. Término utilizado para designar a cualquier tamal relleno de mole que se elabore en el país.

TAMAL DE MOLE AMARILLO ◆ tamal de amarillo

TAMAL DE MOLE CON CARNE DE CERDO

Tamal de masa de maíz batida con manteca de cerdo y sal, relleno con carne de cerdo deshebrada y un mole preparado con chiles pasilla, guajillo, mulato, anís, ajonjolí, plátano, pasas, galletas de animalitos molidas y canela. Se envuelve en hojas de maíz y se cuece al vapor. Se acostumbra en Tlaxcala.

TAMAL DE MOLE NEGRO

Tamal especial que contiene poca cantidad de masa de maíz, mole negro y relleno con pollo deshebrado, guajolote o carne de cerdo; se envuelve en hojas de plátano. Tradicionalmente se acompaña con chocolate con agua. En los Valles Centrales se unta una capa delgada de masa de maíz en la hoja de plátano, encima se añade el mole negro y sobre éste, cualquiera de las carnes mencionadas. La hoja se dobla hacia adentro, de tal manera que todo el tamal en sus diferentes capas tenga contacto con la hoja de plátano. Fuera del estado, especialmente en el Distrito Federal, este tamal se conoce como tamal oaxaqueño. En el Istmo de Tehuantepec la masa se prepara con manteca de cerdo, asientos de chicharrón, se rellena con pollo, mole negro, rebanadas de huevo, aceitunas y ciruelas pasas; se envuelve con hoja de plátano y se cuece al vapor. En Juchitán la masa lleva manteca de cerdo, se rellena con carne de pollo, aceituna, rebanadas de huevo cocido y ciruela pasa; por la cercanía con el estado son muy similares a los de Chiapas. Se envuelve en hojas de plátano y se cuece al vapor. Se acostumbra comerlo en la mañana del 25 de diciembre y 1° de enero, con torta *záa* y chocolate.

TAMAL DE MORA

Tamal que se prepara con masa de maíz y moras, molidas en metate; se envuelve en hojas de maíz y se cuece al vapor. Es típico de la región de la zona norte de Puebla. Se consume en celebraciones religiosas, civiles y rituales y se acompaña con aguardiente.

TAMAL DE MOSMOCHO Y MIEL DE PANELA

Tamal hecho con masa de maíz, asientos de chicharrón, pasas y miel de piloncillo; se envuelve en hojas de maíz u hojas de berijao y se cuece al vapor. Es típico del sur de Veracruz.

TAMAL DE MUERTO

Tamal elaborado con masa de maíz con salsa de amarillo preparada con hierba santa, cebollina, chiles de árbol y guajillo, clavo, ajo, pimienta y jitomate. Se rellena con pollo y se envuelve en hojas de plátano, de forma rectangular, y se cuece al vapor. Se prepara en Totontepec, Oaxaca. Otra variante se confecciona con masa de maíz prieto batida con manteca de cerdo; se rellena con salsa de chile ancho y queso. Se enrolla, se corta en rebanadas y cada porción se envuelve en hojas de maíz. Se cuece al vapor. Aunque se prepara para el día de Muertos, también se elabora para diferentes festividades populares. Es típico de Querétaro.

TAMAL DE MUMU ◆ noloche

TAMAL DE NARANJA

Tamal dulce preparado con masa de maíz, manteca de cerdo, polvo para hornear, leche y mermelada de naranja casera; se rellena con pasitas y almendras; se envuelve en hojas de maíz y se cuece al vapor.

TAMAL DE NOPAL

Tamal elaborado con nopales y mojarras cubiertos con una salsa de chiles verdes, tomate, ajo y epazote. Se envuelve en hoja de maíz y se cuece en comal a fuego lento. Se acostumbra en Morelos y Querétaro.

TAMAL DE NOPAL CON ACHIOTE

Preparación elaborada con nopales y carne de cerdo molida, adobados con achiote, pimienta y clavos molidos, acompañados con ajo, cebolla y jitomate picado; se envuelve en hoja de maíz y se cuece en comal. Es tradicional de Milpa Alta, Distrito Federal.

TAMAL DE NOPAL CON CARNE MOLIDA ◆ tlapique

TAMAL DE NOPAL CON MENUDENCIAS

Tamal elaborado con tiras de nopal mezcladas con menudencias picadas, jitomate, cebolla y ajo picados, chiles jalapeños en rajas, epazote picado, sal y pimienta; se envuelve todo en una hoja de maíz y se cuece en comal a fuego lento. Es tradicional de Milpa Alta, Distrito Federal.

TAMAL DE NOPAL CON QUESOS

Tamal elaborado con tiras de nopal mezcladas con quesos Cotija, manchego, quesillo, epazote, cebolla, manteca de cerdo, mantequilla y chile de árbol; se envuelve con hojas de maíz y se cuece al vapor. Se elabora en Milpa Alta, Distrito Federal.

TAMAL DE NOPAL Y PESCADO

Preparación elaborada con filetes de pescado acompañados de tiras de nopal, cebolla rebanada, tomate, ramas de epazote y venas de chile de árbol; se envuelve todo con hojas de maíz y se cuece en comal o al vapor. Se acostumbra en Milpa Alta, Distrito Federal.

TAMAL DE NOPALES

Preparación a base de ensalada de nopales con cebolla, epazote, chile de árbol, aceite de oliva, sal y nuez; se envuelve todo con hojas de maíz y se cuece en comal. Se prepara en Morelos y en los estados del centro del país.

TAMAL DE NOPALES CON SESOS

Platillo elaborado con nopales, sesos, tomate, cebolla, ajo, epazote y venas de chile de árbol; todo se envuelve en hojas de maíz y se cuece al vapor. Se consume en Milpa Alta, Distrito Federal.

TAMAL DE NOPALITOS

Preparación elaborada con nopales crudos que se envuelven en hoja de maíz que se unta con manteca de cerdo y se rellena con nopales, cebolla, epazote, chile morita o chipotle mora y sal. Se cuece en comal. Esta preparación se puede encontrar en muchos estados del país, entre ellos Colima.

TAMAL DE NOVIA ◆ tamal de boda, tamal de cuchara

TAMAL DE OMBLIGO

Tamal elaborado con masa de maíz batida con manteca de cerdo, sal, agua de cáscaras de tomate y anís; se rellena con una pasta de frijol o haba molidos y cocidos con hojas de aguacate; se envuelve en hojas de maíz y se cuece al vapor. Su nombre se debe a que en el momento de envolver el tamal, una de las puntas de la hoja se sume para formar un hueco en forma de ombligo. Se prepara en Tlaxcala.

TAMAL DE OREJAS

Tamal elaborado con masa de maíz, manteca de cerdo batida y sal, relleno de hongos oreja guisados con cebolla, chiles poblanos, jitomate y epazote. Se envuelve en hoja de maíz y se cuece al vapor. Se acostumbra en Morelos.

TAMAL DE PÁMPANO

1. Tamal elaborado con masa de maíz mezclada con achiote, relleno con pámpano guisado con cebolla, cilantro, jitomate, ajo, jugo de naranja, pimienta, achiote, comino y sal; se envuelve en hoja de plátano y se cuece al vapor. Se acostumbra preparar en Yucatán.

2. Platillo elaborado con postas pequeñas de pámpano guisadas en un recado con pimienta de Castilla, comino, ajo, orégano y achiote, desleído en jugo de naranja agria, con cebolla, jitomate y cilantro. Se envuelve en hojas de holoche y se cuece al vapor. Se prepara en Campeche.

TAMAL DE PAN EXPELÓN

Tamal que se prepara con masa de maíz mezclada con manteca de cerdo, chiles verdes cocidos, frijoles espelón y caldo. Con la masa se hace una tortilla que se envuelve en hojas de plátano y se cocina al vapor, se dora en parrilla hasta que las hojas y el tamal estén tostados. Se acompaña con café o chocolate y se prepara en la península de Yucatán.

TAMAL DE PAPA

Tamal elaborado con masa de maíz, se rellena con papa con carne o papa con salsa de chile verde, jitomate, cebolla y hierba santa. Se envuelve en hoja de maíz y se cuece al vapor. Lo acostumbran los mixes de Oaxaca.

TAMAL DE PATA DE MULA

Tamal que se prepara con masa de maíz, se rellena con frijoles negros cocidos y molidos, sal o azúcar. Se enrolla y se envuelve en hoja de plátano, se cuece al vapor. Es típico de Veracruz. Se elaboran y sirven diversos tamaños, grande en rebanadas y en porciones individuales. Se come solo o para acompañar el chileatole de cazuela. Conocido también como tamal de libro.

TAMAL DE PATASHETE ◆ nacapitu

TAMAL DE PATO

Tamal elaborado con masa colada, relleno con piezas de pato; se envuelve en hoja de maíz y se cuece al vapor. Se acostumbra comer en el estado de Tabasco.

TAMAL DE PAVO

Tamal cuya preparación incluye masa de maíz disuelta en agua, mezclada con manteca de cerdo, que se cuece hasta espesar; la masa caliente se extiende sobre una hoja de plátano y se rellena con un guiso de pavo, ajo, chiles dulces, jitomate y epazote, achiote y masa de maíz. Se envuelve con hoja de plátano y se cuece al vapor. Es típico de Tabasco.

TAMAL DE PECHUGA DE POLLO CON NOPALES

Tamal que se prepara con pechuga de pollo molida con nopales, epazote y chile de árbol. Se envuelve en hojas de maíz y se cuece al vapor. Es típico de Milpa Alta, Distrito Federal.

TAMAL DE PEJELAGARTO

Platillo típico de los estados del sur y sureste del país, que tiene diversas formas de elaborarse. En Chiapas, específicamente en Catazajá, se prepara con masa de maíz revuelta con manteca de cerdo y sal; se rellena con pejelagarto asado y deshebrado, guisado con jitomate, cebolla, chile dulce y epazote; se envuelve en hoja de plátano y se cuece al vapor. En Campeche y Tabasco se prepara de manera muy similar, la masa o el guiso de pescado pueden llevar achiote; se sirve con salsa de jitomate.

TAMAL DE PEPITA Y FRIJOL CON CHILE

Tamal elaborado con masa de maíz batida con manteca de cerdo, relleno con una mezcla de frijoles negros, pepita de calabaza, ajonjolí, semillas de chile y cilantro molidos; se coloca una pieza pequeña de hierba santa en cada tamal; se envuelve en hoja de platanillo y se cuece al vapor. Se elabora en Xico, Coscomatepec y Córdoba, en el estado de Veracruz.

TAMAL DE PESCADO

Tamal que se prepara con masa de maíz batida con manteca de cerdo; se rellena con trozos de pescado guisado con jitomate o tomate, chile, cebolla, epazote o hierba santa; se envuelve en hoja de plátano y se cuece al vapor. Se acostumbra preparar en Guerrero, donde también es conocido como tamalito de pescado. En Hidalgo consiste en pescado macerado en limón, jitomate, orégano, ajo, aceite de oliva, sal y pimienta; todo envuelto en hoja de maíz y cocido al vapor. En el Istmo de Tehuantepec, Oaxaca, se prepara con masa de maíz, manteca de cerdo, asientos de chicharrón y sal; se rellena con un guiso de pescado con jitomate, achiote, epazote, chile serrano y pepita de calabaza. En la región mixe de Oaxaca se confecciona un tamal de pescado seco con frijol, que se prepara cociendo los frijoles con el pescado y chile de árbol, epazote, cebollina; la masa se rellena con los frijoles y un trozo de pescado; se envuelve en hojas de plátano y se cuece al vapor. En Tamaulipas la masa de maíz se bate con manteca de cerdo y agua o caldo de pollo; se rellena con trozos de pescado guisado en salsa verde o roja, hierba santa o epazote. Se envuelve en hojas de plátano y se cuece al vapor. En Veracruz se cuece la de masa de maíz con agua, manteca de cerdo y sal hasta que espesa; se extiende en hojas de plátano y se rellena con pulpa de pescado frita y guisada con jitomate, cebolla, cilantro y chiles dulces. Se acompaña con frijoles refritos.

TAMAL DE PESCADO A LA MANTEQUILLA

Tamal preparado con bagre bañado con mantequilla derretida, chiles serranos, cebolla, epazote, sal y pimienta, envuelto con hoja de aluminio y cocido al horno. Se acostumbra preparar en Morelos.

TAMAL DE PESCADO BAGRE

Platillo que se elabora con pescado bagre sobre hojas de epazote, bañado con una salsa de chile guajillo y adornado con chile de árbol; se envuelve todo en hoja de maíz, se amarra con la misma hoja y se atan los extremos para darle forma de caramelo. Se cuece al vapor o sobre comal. Es típico de Morelos.

TAMAL DE PESCADO FRESCO

Tamal elaborado con masa de maíz; se rellena con carne de pescado guisado en salsa de chile verde pico de pájaro, pepita de calabaza y cilantro picado; se envuelve todo en hojas de maíz y se cuece al vapor. Lo elaboran los totonacas de la costa norte de Veracruz.

TAMAL DE PESCADO SALADO

Tamal que se prepara con masa de maíz, relleno con un guisado de pescado, chile seco, hierbas de olor molidas y manteca de cerdo. Se envuelve en hoja de plátano y se cuece al vapor. Se prepara en la región de Totonacapan, Veracruz.

TAMAL DE PESCADO SECO

Tamal de masa de maíz relleno de pescado seco salado, guisado en una salsa de chiles seco y ancho, comino, clavo de olor, pimienta, ajo y cebollina; se envuelve en hojas de maíz y se cuece al vapor. Lo acostumbran preparar los nahuas del norte de Veracruz.

TAMAL DE PICADILLO

Tamal cuya preparación requiere masa de maíz y va relleno de carne de res, pollo y cerdo guisados con ajo, cebolla y chile chino molido, chiles verdes encurtidos en rajas, aceitunas picadas, jitomate molido y pasitas. Se envuelve en hojas de plátano y se cuece al vapor. Se prepara en Hidalgo. Los totonacas de la costa norte del estado de Veracruz confeccionan este tamal con masa de maíz rellena de picadillo de carne de pollo, papa, zanahoria, pasitas, alcaparras, aceitunas, almendras o piñón, guisados en salsa de jitomate, hierbas de olor y pimienta.

TAMAL DE PILONCILLO

Tamal elaborado con masa de maíz nixtamalizada mezclada con piloncillo; se envuelve en hoja de maíz y se cuece al vapor. Lo acostumbran preparar los indígenas mayos de Sonora.

TAMAL DE PIÑA

Variedad de tamal relleno de piña que se prepara en diversos estados del país. En Aguascalientes se elabora con masa de maíz rellena con piña, se envuelve en hoja de elote y se cuece al vapor. A veces al relleno se le añade rompope. En Baja California se prepara con harina de maíz y de trigo, manteca de cerdo, azucar, polvo para hornear y jugo de frutas; se rellena con mermelada de piña y nuez, se envuelve en hoja de maíz y se cuece al vapor. En el área de Papantla, Veracruz, se elabora con masa de maíz con piña molida y manteca de cerdo; se rellena con piña y pasitas; se envuelve en hojas de maíz y se cuece al vapor. En Nayarit se prepara de manera similar que en Veracruz, pero el relleno no incluye pasitas.

TAMAL DE PIPIÁN Y AYOCOTE

Tamal elaborado con masa de maíz, relleno con un pipián que se prepara con pepita de calabaza, jitomate, chipotles y ayocotes enteros. Se envuelve en hoja de maíz y se cuece al vapor. Se acostumbra comer en la zona centro de Veracruz.

TAMAL DE PITAHAYA AL SOL

Preparación que se elabora con pitahayas secas. Las pitahayas se acomodan en un entarimado improvisado, se dejan orear durante tres días, se añaden más frutos y se dejan secar por ocho días más al sol. Posteriormente se amasan con un poco de agua y el puré se envuelve en hojas de maíz que se cuelgan en el techo de la casa. Se acostumbra preparar entre los mayos de Sonora.

TAMAL DE POLLO

Preparación que se elabora con pollo con epazote, cebolla rebanada y una salsa de chile criollo con ajo y tomate. Todo se envuelve en hoja de maíz y se cuece en comal. Se acompaña con frijoles y tortillas de maíz. Es típico de Baja California Sur y Morelos.

TAMAL DE PRESA

Tamal elaborado con masa de maíz, relleno con pollo o trozos de carne. Se envuelve en hoja de moste o de berijao y se cuece al vapor. Se acostumbra preparar en la región sur del estado de Veracruz.

TAMAL DE PUERCO

Variedad de tamal que se rellena con carne de cerdo, del que existen algunas versiones. En Campeche la masa contiene agua de tequesquite, achiote, sal y vinagre; se divide en pequeñas bolas que se rellenan con carne de cerdo y un poco de salsa elaborada con pimienta, comino, ajo, achiote, sal, jugo de naranja agria, jitomate y epazote. Se envuelve con hojas de maíz y se cuece al vapor. En Durango se elabora con masa de maíz y manteca de cerdo, se rellena con carne de cerdo y salsa de chile ancho; se envuelve en hoja de maíz y se cuece al vapor. En Sinaloa es de masa de maíz mezclada con chile ancho, se rellena con carne de cerdo deshebrada, papa, rajas de chile serrano, aceitunas y pasas; se envuelve en hoja de maíz, se amarra por los extremos y se cuece al vapor. Otra versión se rellena con carne sazonada en chile pasilla, ajo, comino, aceitunas y papa. Conocido también como tamal de puerco enchilado.

TAMAL DE PUERCO CON FRUTAS Y VERDURAS

Tamal elaborado con masa de maíz, se rellena con carne de cerdo, camote, papaya, calabacita, ejote, papas, chiles verdes, jitomate, cebolla y pasas; se envuelve en hojas de maíz y se cuece al vapor. Es típico de Sinaloa.

TAMAL DE PUERCO EN CHILPÁN

Tamal elaborado con masa de maíz martajado batida con sal y manteca de res y cerdo. Se rellena con hongos chilpán; se envuelve con hoja de maíz y se cuece al vapor. Se acostumbra preparar en Tamaulipas.

TAMAL DE PUERCO EN JOLOCHE

Tamal que se prepara con masa de maíz mezclada con achiote, se rellena con carne de cerdo guisada en un adobo de pimienta de Castilla, comino, ajo, jugo de naranja, epazote y jitomate. Se cuece al vapor y se envuelve con joloche. Se prepara en Campeche. Se utiliza carne de cerdo que tenga una gran cantidad de grasa pues el centro debe quedar muy grasoso.

TAMAL DE PUERCO ENCHILADO ◆ tamal de puerco

TAMAL DE PUERCO ESTILO NAYARIT

Tamal elaborado con masa de maíz, se rellena con carne de cerdo y mole de chile guajillo; se envuelve en hojas de maíz y se cuece al vapor. Se acostumbra preparar en Nayarit.

TAMAL DE QUESO

Tamal elaborado con masa de maíz, manteca de cerdo y sal, se rellena con queso fresco y una salsa de jitomate y epazote; se envuelve en hojas de plátano y se cuece al vapor. Es típico de Ocosingo, Chiapas.

TAMAL DE QUESO CON CHILE

Tamal que se elabora con masa de nixtamal, mezclada con agua de tequesquite y agua de cáscara de tomate. Ésta se extiende en el metate, se le unta chile ancho molido mezclado con queso de cabra; se enrolla y se corta en pequeñas porciones que se envuelven en hojas de maíz, se cuece al vapor. Se prepara en Querétaro.

TAMAL DE RAJAS

Variedad de tamal que se elabora en diversos estados del país. Conocido también como tamal de rajas con queso. En el Distrito Federal se prepara con masa de maíz batida con manteca de cerdo, sal, agua de tequesquite y caldo de pollo. Se rellena con salsa de jitomate, queso fresco y rajas de chile serrano o jalapeño. En Tlaxcala se confecciona con

masa de maíz batida con manteca de cerdo, polvo para hornear, agua de cáscaras de tomate y anís; se rellena con rajas de chile jalapeño, rebanadas de jitomate, queso panela y epazote; se envuelve en hojas de maíz y se cuece al vapor. En Zacatecas se prepara con masa de maíz, manteca de cerdo y caldo. Se rellena con rajas de chile poblano con tomate y cilantro, queso Chihuahua o fresco; se envuelve en hojas de maíz y se cuece al vapor.

TAMAL DE RES

Tamal elaborado con masa de maíz con epazote. Se rellena con carne de res y riñón. Se baña con una salsa de chiles serranos rojos y jitomate. Se envuelve con hojas de plátano y se cuece al vapor. Se prepara en Juchitán, Oaxaca.

TAMAL DE SAL

Tamal elaborado con masa de maíz mezclada con manteca de cerdo y sal. Se envuelve en hoja de maíz y se cuece al vapor. Sustituye a las tortillas durante la comida. Se sirve durante las fiestas rituales de la mayordomía zoque en Chiapas. Conocido también como canané.

TAMAL DE SALSA VERDE

Tamal que se prepara con masa de maíz, se rellena con carne de cerdo o pollo y salsa de tomate con chile verde. Se envuelve en hoja de maíz y se cuece al vapor. Es típico de Milpa Alta, Distrito Federal.

TAMAL DE SANTA MARÍA ◆ tamal de hierba santa

TAMAL DE SARAGALLA ◆ tamal de zaragaya

TAMAL DE SERVILLETA ◆ tamal de frijol

TAMAL DE SESOS

Tamal elaborado con sesos picados finamente que se cuecen con asientos de chicharrón. Se mezcla con chiles serranos, cebolla, epazote y carne de cerdo molida; se envuelve en hojas de maíz que se cortan por las puntas para amarrarse y se cuece al vapor. Es típico del Estado de México.

TAMAL DE TEXMOLE

Tamal elaborado con masa de maíz, se rellena con texmole que se elabora con chile piquín, hierba santa, jitomate, chile guajillo, ajo, cebolla y carne de cerdo. Se envuelve con hojas de pozol, se cuece a vapor y se sirve caliente; antes de comerlo se le añade jugo de limón. Típico de la comunidad mazateca de Huautla de Jiménez, Oaxaca.

TAMAL DE TICHINDA

Tamal que se prepara con masa de maíz, manteca de cerdo revuelta con tichindas y hierba santa; se rellena con una salsa de chile costeño con jitomate y ajo. Se envuelve con hojas de maíz y se cuece al vapor. Es típico de Pinotepa Nacional y Jamiltepec, en la costa de Oaxaca.

TAMAL DE TIGRE

Tamal elaborado con masa de maíz revuelta con manteca de cerdo y frijoles chipo; se envuelve con hojas de maíz y se cuece al vapor. Es típico de Sayula de Alemán, Veracruz.

TAMAL DE TISMICHE ◆ tamalito de tismiche

TAMAL DE TOMATITO DE MILPA ◆ ilacas

TAMAL DE TORTILLA

Tamal dulce que se prepara con masa de tortillas frías remojadas y molidas, se mezcla con manteca de cerdo batida, azúcar o piloncillo, canela o anís, agua de tequesquite y pasas; se envuelve en hojas de plátano y se cuece al vapor.

TAMAL DE TRUCHA

Tamal elaborado a base de trucha con rajas de chile guajillo o verde y nopales que se envuelve en hojas de maíz y se cuece al vapor. Se prepara en el estado de Tlaxcala.

TAMAL DE TUZA CON CHILE GUAJILLO

Preparación elaborada con tuza limpia, salada, oreada durante dos días y untada con una salsa de chile guajillo, cebolla, ajo, comino, y epazote. Se envuelve en hoja de maíz y se cuece al vapor. Es una preparación tradicional de Milpa Alta, Distrito Federal.

TAMAL DE UNTADO

Tamal que se prepara con masa de maíz y manteca de cerdo, relleno con guajolote guisado con cebolla, tomillo, orégano, chiles anchos, tomate, jitomate, ciruela pasa y almendra. Se envuelve en hoja de plátano y se cuece al vapor. Es común entre los coletos de San Cristóbal de las Casas, Chiapas.

TAMAL DE UNTADO CON AZAFRÁN

Tamal elaborado con masa de maíz y manteca de cerdo, relleno de ciruela pasa, almendra, rajas de pimiento morrón y pollo guisado en un recado preparado con pan francés, clavo, pimienta, canela, azafrán y chiles Simojovel. Se envuelve en hoja de plátano y se cuece al vapor. Lo preparan los coletos de San Cristóbal de las Casas, Chiapas.

TAMAL DE VENADO

Variedad de tamal que se preparaba con carne de venado. Se acostumbraba en la península de Yucatán, donde existía abundantemente dicha especie. En Campeche se preparaba con masa de maíz y se rellenaba con carne de venado al pibil. Se envolvía en hojas de plátano y su cocción era al vapor.

TAMAL DE VERDOLAGA

Tamal cuya preparación requiere de masa de maíz mezclada con piloncillo, canela y clavo de olor molidos, manteca de cerdo, polvo para hornear, sal y verdolagas cocidas; se envuelve en hojas de maíz y se cuece al vapor.

TAMAL DE VERDURAS

Tamal que se prepara con masa de maíz que se rellena de diferentes verduras como chayote, zanahoria, papa, ejote, granos de elote, calabacita, acelga y flor de calabaza, guisadas con jitomate. Se envuelve en hoja de maíz y se cuece al vapor. Es típico del estado de Hidalgo. En Chiapas se envuelve con hojas de plátano.

TAMAL DE VIGILIA

Tamal elaborado con masa de maíz batida con manteca de cerdo; se rellena con ayocotes frescos, calabacita, chayote, cacahuate tostado y una pasta de frijoles negros machacados con chile serrano, cilantro y tequelite. Se envuelve en hojas de plátano y se sirve solo o acompañado con salsa verde o un poco de crema espesa. Se acostumbra durante la cuaresma, en el estado de Puebla.

TAMAL DE XALA

Tamal que se prepara con masa de maíz, se rellena con carne de res salada y lavada con agua, y una salsa de ajonjolí, chiles ancho y serrano, cilantro y frijol tierno de vaina. Se envuelve en hojas de maíz amarrada por los extremos y se cuece al vapor. Se acostumbra preparar en la región del Totonacapan, Veracruz, durante las celebraciones del día de Muertos.

TAMAL DE X'PELÓN ◆ tamalito de espelón

TAMAL DE YORIMUNI ◆ tamal de frijol yorimuni

TAMAL DE YUCA

Variedad de tamal que se elabora con una masa de yuca molida. En San José Río Manso, Oaxaca, es de yuca molida con piloncillo y canela, envuelta en papatla; se cuece al vapor y se acompaña con champurrado o cualquier bebida caliente. En San Pedro Ixcatlán, Oaxaca, se prepara con yuca cruda molida, manteca de cerdo y sal; se rellena con pollo condimentado con chile seco y hierba santa; se envuelve con hojas de pozol y se cuece al vapor. En La Joya de Santa María Jacatepec, Oaxaca, se muele la yuca dejándola fermentar para después batirla y colarla. La masa se extiende y se corta en segmentos; se envuelve en hojas de pozol y se cuece al vapor. En ocasiones se rellena con pollo o carne de cerdo cocinados con achiote y hierba santa. En Ojotitlán, Oaxaca, se prepara con yuca molida y pasta de frijol negro, se rellena con carne de cerdo y una salsa de chiles serranitos o tabaqueros; se envuelve con hierba santa y hoja de pozol o plátano y se cuece al vapor. En el sur de Veracruz, se confecciona con una masa de yuca cocida, sal y manteca de cerdo, se rellena con costilla de res y salsa de chile tabaquero seco, se cubre con hierba santa, se envuelve con hojas de maíz y se cuece al vapor.

TAMAL DE ZARAGAYA

Tamal que se prepara con masa de maíz, se rellena con zaragaya; se envuelve en hojas de maíz y se cuece al vapor. Lo elaboran los totonacas de la costa norte de Veracruz. También conocido como tamal de saragalla.

TAMAL DE ZARZAMORA

Tamal elaborado con masa de maíz mezclada con azúcar y zarzamoras enteras o molidas; se envuelve en hoja de maíz y se cuece al vapor. Se acostumbra comer en Michoacán. Es de origen purépecha y se consume especialmente en 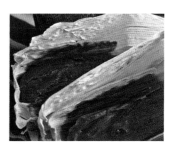 la época de calor. También se prepara en Hidalgo.

TAMAL DULCE

Variedad de tamal cuya característica principal es el sabor dulce de la masa; se preparan en todo el país. Entre los más comunes son los rellenos con guayaba, limón y coco, naranja con chilacayote, fresas con pasas y almendras, canela, chocolate y anís. En Sonora se elabora el tamal dulce de frijol. En Oaxaca se confecciona el tamal canario. En Chiapas se acostumbra el tamal de manjar. En Guerrero está el tamal xato, de cuajada, de ciruela y el nacatamal. En Michoacán destacan el tamal canario y de zarzamora, así como el naca-tamal de dulce, mientras que en Veracruz se acostumbra preparar los que están rellenos de coco rallado o piña.

TAMAL DULCE DE NOPAL

Tamal elaborado con harina fresca para tamal mezclada con nopales licuados, agua de cáscara de tomate, manteca de cerdo, azúcar y pasitas. Se envuelve en hojas de maíz y se cuece al vapor. Es típico del estado de Colima.

TAMAL DZOTOBICHAY ◆ dzotobichay

TAMAL ESTABINGÜI

Tamal que se prepara con masa de maíz revuelta con asientos de chicharrón y epazote. Se rellena con un mole preparado con pepita de calabaza tostada, cabezas de camarón seco, chile verde y achiote. Se cuece en el comiscal. Se acostumbra en Juchitán, Oaxaca. Conocido también como gueta bi'ngui'.

TAMAL ESTILO CAMPECHE

Tamal hecho con masa de maíz mezclada con agua infusionada con ajo, agua de cáscara de tomate, sal, anís y bicarbonato de sodio; se rellena con col cocida en agua con sal y anís, se envuelve en hojas de maíz y se cuece al vapor. Se acompaña con salsa de jitomate.

TAMAL ESTILO YUCATÁN

Tamal elaborado con una tortilla gruesa de masa de maíz, mezclada con canela, comino, orégano y clavo de olor molidos, achiote y manteca de cerdo; se rellena con gallina o pollo, carne de cerdo, rebanadas de cebolla, rebanadas de jitomate y epazote. Se baña con un atole preparado con chile serrano, sal, caldo, especias molidas, masa de maíz y fécula de maíz previamente disuelta en agua. La tortilla se dobla, procurando que el relleno no se derrame; se envuelve en hoja de plátano, se amarra con una tira de la misma y se cuece al vapor.

TAMAL GRANDE ◆ tamalón

TAMAL GRANDE DE CHAYA

Preparación elaborada con masa de maíz mezclada con aceite vegetal y hojas de chaya cocidas, rellena de pepita de calabaza molida, huevos cocidos y salsa de jitomate; se envuelve en hoja de plátano y se cuece al vapor. Es típico de Morelos.

TAMAL GUISADO

Tamal elaborado con masa de maíz, se rellena con carne de cerdo y un mole preparado con chiles ancho y chipotle, tomate, clavo de olor, pasas, galleta, chocolate y canela. Se envuelve en hojas de maíz y se cuece al vapor. Es típico de la región del Totonacapan en Veracruz.

TAMAL HUASTECO

Tamal cuya preparación incluye masa de maíz, que se rellena con carne de cerdo deshebrada, cocida en una salsa de chile ancho; se envuelve en hojas de plátano o de maíz y se cuece al vapor. Se prepara en San Luis Potosí. Otra variedad se rellena con palmito guisado en salsa picante, similar al zacahuil.

TAMAL HUASTECO DE CALABAZA Y CAMARÓN

Tamal elaborado con masa de maíz; y manteca de cerdo batida, relleno de pulpa de calabaza y pepita tostada y molida, camarón semiseco molido, aceitunas, pasitas y rajas de chiles en vinagre, mezclado con ajo, cebolla y jitomate; se envuelve en hoja de maíz y se cuece al vapor. Se prepara en Veracruz.

TAMAL JUACANÉ ◆ tamal de frijol, tamal de juacané

TAMAL LAGUNERO

Tamal que se prepara con masa de maíz, rellena con carne de cerdo guisada en salsa de chile ancho. Se envuelve en hoja de maíz y se cuece al vapor. Se llama así pues se elabora en la Comarca Lagunera, en el estado de Durango.

TAMAL LARGO

Tamal hecho a base de masa de maíz, agua y, en ocasiones, manteca de cerdo y sal; se envuelve en hojas de maíz y se cuece al vapor. Se elabora en Tlaxcala para acompañar el mole prieto. Su nombre se debe a que son muy delgados y la masa se extiende a lo largo de la hoja. También puede encontrarse entre los indígenas mayos del estado de Sonora.

Conocido también como:
◇ tamal de agua
◇ tamal tontito
◇ tamal tonto

TAMAL MIMINQUE

Tamal preparado con masa de maíz mezclada con quintoniles y manteca de cerdo, envuelto en hojas de papatla y cocido al vapor. Se acostumbra preparar en Naupan, en la sierra Norte de Puebla.

TAMAL MORADO

Tamal dulce que se elabora con masa de maíz morado o masa que se tiñe de este color, mezclada con azúcar, manteca de cerdo, leche, piloncillo y anís; se rellena con coco rallado o trozos de piña, se envuelve con hojas de berijao y se cuece al vapor. Se acompaña con café o chocolate. Es típico de la región de Los Tuxtlas, Veracruz.

TAMAL NEJO

Del náhuatl *nextli*, ceniza. Variedad de tamal que se elabora con masa de maíz que se coció con ceniza. Se acostumbra en los estados de México, Guerrero y Morelos, especialmente durante las festividades, para acompa-ñar algunos guisos o moles. En la región de Tierra Caliente, Guerrero, sirve para acompa-ñar la chimpa y el tlatonil; en la zona central de Guerrero se 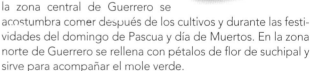 acostumbra comer después de los cultivos y durante las festividades del domingo de Pascua y día de Muertos. En la zona norte de Guerrero se rellena con pétalos de flor de suchipal y sirve para acompañar el mole verde.

Conocido también como:
◇ nejo
◇ tamal de ceniza
◇ tamal neco

TAMAL NIXCOCO

Tamal elaborado con masa de maíz batida con manteca de cerdo, consomé de pollo y sal; se envuelve en hoja de maíz y se cuece al vapor, añadiéndole a la vaporera unas varas de palo de Brasil. En ocasiones se rellena con colache de calabacitas o quelites. Es típico de Sinaloa.

TAMAL NOLOCHE ◆ noloche

TAMAL NORTEÑO

Tamal que se prepara con masa de maíz batida con manteca de cerdo, caldo, sal y polvo para hornear; se rellena con carne de cerdo cocinada en salsa de chile colorado, tomate, ajo, pimienta y comino. Se envuelve en hojas de maíz y se cuece al vapor. Se acostumbra preparar en los estados del norte del país, especialmente en Sonora, Chihuahua, Coahuila y Nuevo León. Una característica de este tamal es que contiene más carne que los tamales del centro del país, además de que son muy delgados. En San Luis Potosí se prepara un tamal de carne de cerdo deshebrada y guisada con salsa de chile colorado.

Conocido también como:
◇ tamal de chile colorado
◇ tamal de dedo

TAMAL OAXAQUEÑO

Término utilizado en el Distrito Federal y áreas cercanas para nombrar a casi cualquier tamal que esté envuelto en hojas de plátano; regularmente se prepara con masa de maíz, se rellena con mole o alguna otra salsa (verde o roja) y cerdo o pollo deshebrado; en ocasiones puede llevar una pieza de pollo completa.

→ tamal de mole negro

TAMAL PADZITO ◆ padzito

TAMAL PAPANTECO

Tamal elaborado con masa fina de maíz, batida con manteca de cerdo y relleno de carne de cerdo marinada en una salsa de jitomate, chiles y especias; se envuelve en hoja de plátano y se cuece al vapor. Se come en Papantla, Veracruz, solo o acompañado con frijoles negros caldosos o refritos.

TAMAL PARA CEREMONIA

Platillo que se prepara con masa de maíz batida con manteca de cerdo y sal, relleno de un guiso de carne de pollo con chile verde, comino y ajo; se envuelve en hoja de plátano y se cuece al vapor. Se acostumbra en Veracruz. Entre los nahuas del norte del estado, este tamal se ofrece como una ofrenda a la tierra y el viento, sobre todo cuando alguien ha caído enfermo.

TAMAL PARA MOLE

Preparación elaborada con masa de maíz batida con manteca de cerdo y agua de cáscaras de tomate; se envuelve en hojas de maíz y se cuece al vapor. Es típico del Estado de México y se prepara para acompañar cualquier mole, por lo que no lleva relleno.

TAMAL PATA DE BURRO

Tamal preparado con masa de maíz, agua y sal. Se envuelve en hoja de pozol, de tres en tres para cocerlos. Se prepara en Totontepec y Santiago Choapan, Oaxaca. El nombre proviene de la forma cilíndrica del tamal, semejante a la pata de un burro.

TAMAL PERDIDO

Tamal de cazuela elaborado con masa de maíz mezclada con manteca de cerdo y polvo para hornear; se rellena de cecina machacada y guisada con chiles anchos, chiles colorados, ajo, comino, sal y pimienta; se cuece al horno y se sirve en rebanadas como pastel y se acompaña con café negro. Se acostumbra en San Luis Potosí.

TAMAL PICTE

Platillo elaborado con granos martajados de elote, mezclados con azúcar, sal, crema o leche y canela. Se envuelve en hojas de maíz y se cuece al vapor. Se elabora en Chiapas, durante la temporada de cosecha del elote tierno.

Conocido también como:
◇ picte
◇ picte de elote
◇ pictle
◇ tamal de elote

TAMAL PINTO

Preparación elaborada con masa de maíz batida con manteca de cerdo, chile verde y cilantro, rellena con frijoles tiernos y ejotes; se envuelve en hojas de maíz, o papatla y se cuece al vapor. Se acostumbra en el municipio de Xico, Veracruz; se sirve con el mole de Xico. En el norte del estado acostumbran comerlo bañado en salsa. Entre los totonacas de la costa norte de Veracruz también se prepara con frijol o chícharos. Es una preparación de carácter ritual, que se ofrece en las celebraciones por el día de Muertos, fiestas patronales y para guardar vigilia en la cuaresma.

Conocido también como:
◇ pinto
◇ pique

TAMAL PIQUE ◆ pique

TAMAL PITAÚL

Preparación de masa de maíz batida con manteca de cerdo, caldo de pollo y sal. La masa se unta en hojas de plátano y se rellena con una mezcla de pimienta, clavo, canela, azafrán, chile Simojovel, bolillo tostado, jitomate y caldo de pollo; cada tamal lleva una almendra, una ciruela y una raja de chile dulce y se cuece al vapor. Es típico de Chiapas.

TAMAL PIXQUE ◆ pixque

TAMAL PÚLACLE ◆ púlacle

TAMAL RANCHERO

1 Preparación elaborada con masa de maíz batida con caldo y manteca de cerdo, rellena de carne de cerdo o pollo en salsa de chile ancho, salsa verde de tomate o mole y hierba santa. Se envuelve en hoja de maíz y se cuece al vapor. Se acostumbra en Tamaulipas.

2. Término para designar a los tamales que se preparan en rancherías.

TAMAL RANCHERO CON VERDURAS

Preparación elaborada con masa de maíz disuelta en caldo, cocida hasta espesar y mezclada con manteca de cerdo; se rellena de carne de cerdo deshebrada, un sofrito de jitomate con rajas de chile huachinango rojo y cebolla, calabacitas, ejotes y chícharos cocidos, y epazote. Se envuelve en hierba santa y posteriormente en hoja de plátano; se amarra con tiras de izote y se cuece al vapor.

TAMAL RANCHERO DE MASA COCIDA

Tamal de masa de maíz que se hierve con caldo de res hasta quedar como un atole aguado y finalmente se cuela. Se vuelve a hervir y se agrega manteca de cerdo, hasta que cuece. Se rellena de carne de cerdo, hierba santa y una salsa hecha con cebolla, chile ancho, jitomate, ajo, sal y pimienta; se envuelve en hojas de plátano y se cuece al vapor. Se acostumbra en Xalapa, Veracruz.

TAMAL REGIO

Preparación de masa de maíz con arroz, manteca de cerdo, polvo para hornear y sal; se envuelve en hojas de maíz y se amarra de los extremos para obtener una forma cilíndrica. Puede estar relleno de picadillo de res o de cerdo. Es típico de Colima. Otra forma de elaborarlo es dulce, con la masa mezclada con azúcar y rellena de frutas cubiertas, en almíbar o ciruelas pasa. Conocido también como tamal regio colimense.

TAMAL REGIO DE AVELLANA

Tamal dulce cuya masa se elabora con harina fresca para tamal y harina de arroz, manteca de cerdo, levadura o polvo para hornear, leche, cerezas y caramelo con avellanas tostadas; se envuelve en hojas de maíz y se cuece al vapor.

TAMAL REGIO DE GALLINA EN ESTOFADO

Platillo de masa de maíz rellena de un estofado de gallina con manteca de cerdo, jitomate, cebolla, almendra, ciruela pasa, yema cocida, jerez dulce, pasitas, chiles en vinagre, caldo, canela, clavo, hierbas de olor, sal y pimienta; se envuelve en hojas de maíz y se cuece al vapor. Se elabora en Coahuila.

TAMAL RODADO

Platillo que consiste en masa de maíz, sobre la que se coloca una capa de masa de alverjón o frijoles guisados con manteca de cerdo; la masa se rueda para formar un rollo y se corta en trozos que se envuelven en hoja de papatla y se cuecen al vapor. Es típico de la sierra Norte de Puebla y se elabora para el día de Muertos o en las mayordomías.

TAMAL ROJO CON SALSA DE GUAJILLO

Tamal de masa de maíz relleno de carne de cerdo adobada en una salsa de chile guajillo. Se envuelve en hoja de maíz y se cuece al vapor. Se elabora en Milpa Alta, Distrito Federal.

TAMAL ROSADO ◆ tamal de dulce

TAMAL SENCILLO

Término utilizado para denominar así a cualquier tamal de masa de maíz, relleno de cualquier carne y que sirve para acompañar el mole. Se envuelve en hoja de maíz y se cuece al vapor. Lo preparan los totonacas de la costa norte de Veracruz.

TAMAL SERRANO

Preparación de masa de maíz batida con agua de cáscaras de tomate, tequesquite y caldo de cerdo; se rellena de carne de pollo o queso fresco con mole y se envuelve en hojas de maíz o plátano. Se acostumbra en la sierra de Hidalgo.

TAMAL SIETE CUEROS

Tamal que se prepara con masa de maíz y una mezcla de frijol que se extiende sobre la masa de maíz; se coloca en una tela y se enrolla. Se corta el rollo a lo ancho para que quede dibujado un caracol de siete capas. Se acostumbra en diversos lugares de Oaxaca para Navidad y otras celebraciones. En San José Río Manso, Oaxaca, se agrega hoja de aguacatillo a la pasta de frijol y se envuelve con hoja de pozol.

→ tamal de frijol

TAMAL SIMPLE ◆ tamal blanco

TAMAL SOCUCO ◆ socuco

582

TAMAL TAPATÍO

Preparación de masa de maíz mezclada con arroz remojado y molido, manteca de cerdo, polvo para hornear, agua, azúcar y sal; se rellena con carne de cerdo o res molida y guisada con chile pasilla, ajo, comino, clavo, jitomate, cebolla, aceituna, almendras, pasas, verduras cocidas y frutas en vinagre. Se envuelve en hojas de maíz y se cuece al vapor. Se acostumbra en Jalisco.

TAMAL TATOYO

Preparación elaborada con masa de maíz y piloncillo molido, rellena de pasta de frijol endulzado con piloncillo y aromatizado con clavo y canela. Se envuelve en hoja de maíz y se cuece al vapor. Es típico de Sinaloa.

TAMAL TEPEHUANO

Preparación de masa de maíz mezclada con manteca de cerdo, frijoles cocidos y queso. Se envuelve en hoja de maíz y se cuece al vapor. Se acostumbra entre los tepehuanes del norte de Durango.

TAMAL TOBIL ◆ tobil

TAMAL TOLOLOCHE

Tamal elaborado con masa de maíz mezclada con manteca de cerdo y sal; se envuelve con hojas de milpa y se cuece al vapor. Es tradicional en Chilpancingo y Tuxtla, Guerrero, para acompañar el mole verde.

TAMAL TONTITO ◆ tamal largo

TAMAL TONTO ◆ tamal largo, tamal blanco

TAMAL UNGUI ◆ ungui

TAMAL UNTADO

Preparación de masa de maíz que se unta sobre una hoja de plátano y se rellena con carne de guajolote, pollo o cerdo y una salsa de pepita de calabaza con chiles y especias. A veces se rellena también con aceitunas, ciruelas pasas, pasitas, huevo duro, plátano macho frito y almendras. Se cuece al vapor. Se prepara en Comitán, Chiapas. Es conocido también como tamal baldado.

TAMAL VEGETARIANO

Tamal cuya masa se elabora con harina fresca para tamal, leche y mantequilla, se rellena de flores de calabaza, calabacitas, chiles poblanos, jitomate, cebolla, fritos en mantequilla y mezclados con queso crema y leche; se envuelve en hojas de maíz y se cuece al vapor.

TAMAL VERACRUZANO

Tamal cuya masa se elabora con granos de elote molidos con leche y mezclados con manteca de cerdo derretida; se rellena con carne de cerdo, mole de chile ancho y hojas de epazote y se envuelve en hojas de elote para cocerse al vapor.

TAMAL VERDE

Tamal de masa de maíz, relleno de pollo deshebrado y salsa verde. Se envuelve en hojas de maíz y se cuece al vapor. Es típico del Distrito Federal. En Jalisco, la masa de maíz se mezcla con arroz molido y se rellena con lomo de cerdo en salsa verde. En Baja California Sur se le conoce como tamal de pollo con salsa verde.

TAMAL YUCATECO

Término aplicado para designar a cualquier tamal que se prepare en Yucatán. Fuera del estado, se utiliza como sinónimo del tamal colado.

TAMAL ZACATECANO

Tamal elaborado con masa de maíz mezclada con caldo y rellena de carne de cerdo, salsa de chile guajillo o colorado, pepitas de calabaza, ajo y comino. Se envuelve en hoja de maíz y se cuece al vapor. Se acostumbra en Zacatecas.

TÁMALA ◆ calabaza de Castilla

TAMALADA

Término que se refiere a una fiesta o celebración en la que el alimento principal consiste en tamales; por ejemplo en bautizos, primeras comuniones, velorios y día de Reyes. Actualmente este término está en desuso. Se conoce también como tamaliza.

TAMALAYOTA O TAMALAYOTE ◆ calabaza de Castilla

TAMALERA

1. Olla grande que se utiliza para cocer tamales y otros alimentos al vapor. En la actualidad existen ollas fabricadas con diferentes materiales, tamaños y formas. La olla original para tamales es de barro, de apariencia similar a la olla de los frijoles, pero más grande y alargada. En el fondo, donde se deposita el agua, se  hace un tapesco para evitar que los tamales se mojen. La boca de la olla suele ser reducida y se tapa con hojas o con una servilleta de tela. Sobre la olla se coloca otra pequeña que contiene agua, la cual se calienta con el calor de la tamalera; esta agua sirve para agregarla a la tamalera, en el momento en que se acabe el agua en evaporación. Se puede improvisar también una tapa con un comal de barro. En las comunidades rurales, la tamalera se coloca sobre el tlecuil para cocer los tamales. Hoy en día, en el centro del país las tamaleras son ollas de lámina que funcionan como vaporeras, cuyo tamaño y capacidad varían, es decir, hay ollas para 100, 200 o más tamales. Constan de cuatro partes: la olla, la tapa, una rejilla que hace la función del tapesco y el separador o divisor, que justamente divide la olla verticalmente en tres espacios. Este tipo de olla es muy importante, ya que en el centro del país los tamales se envuelven principalmente con hojas de maíz y se colocan de forma vertical con el orificio hacia arriba, para que no se salga el relleno, por lo que el separador es muy importante para sostenerlos parados sin que se caigan de lado. En el sureste son ollas muy grandes que, aunque tienen rejilla, suele utilizarse el tapesco con las costillas de las hojas en que se envolvieron los tamales, ya sea con hoja de plátano u hoja de tó. Como las hojas que se usan en estas entidades son más duras y resistentes que las de maíz, no se requiere de un separador para sostener los tamales, éstos casi siempre se enciman, pues la resistencia de la hoja permite que no se aplasten. Por lo general se ponen unas hojas en la superficie antes de tapar la olla. Conocida también como vaporera.

2. Término que se refiere a la mujer que se especializa en hacer los tamales y que, usualmente, los lleva a vender en algún puesto de mercado o ambulante.

TAMALERÍA

Lugar donde se expenden tamales. Casi siempre son locales que abren por la mañana y por la noche. Existen franquicias establecidas dentro de centros comerciales y venden tamales todo el día.

TAMALITO AL VAPOR

Tamal pequeño que se prepara con masa colada, caldo de cerdo, manteca de cerdo, jitomate, epazote y achiote; se rellena con carne de cerdo y pollo, se envuelve en hojas de plátano y se cuece al vapor. Se come solo o con salsa de jitomate. Es típico de Yucatán.

TAMALITO DE ACELGA

Tamal que se elabora con masa de maíz rellena de carne de cerdo o pollo, pepita de calabaza molida y huevo cocido; se envuelve en hoja de acelga y se cuece al vapor. Se sirve con salsa de tomate. Es tradicional de Veracruz y también se le conoce como papazuela.

TAMALITO DE CAMARONES

Preparación de masa de maíz, manteca de cerdo, epazote y asientos de chicharrón. Se rellena con camarones y una salsa de achiote, jitomate y pepitas de calabaza. Se coloca en moldes y se cuece en horno caliente. Se elabora en Oaxaca.

TAMALITO DE CAZÓN

Tamal de masa de maíz relleno de cazón guisado en jitomate, cebolla y epazote; se envuelve con hojas de maíz o plátano y se cuece al vapor. Se acostumbra durante la cuaresma, en Campeche. En ocasiones se le agrega al relleno achiote y kool.

TAMALITO DE CHIPILÍN ◆ tamal de chipilín

TAMALITO DE ELOTE HUASTECO

Tamal de granos de elote molidos con manteca de cerdo, mantequilla y azúcar. Se envuelve con hoja de elote y se cuece al vapor. Se prepara en Veracruz.

TAMALITO DE ELOTE TIERNO

Preparación a base de granos de elote tiernos molidos, mantequilla, tocino y chiles habaneros. Se envuelve en hojas de elote y se cuece al vapor. Es originario de Quintana Roo.

TAMALITO DE ESPELÓN

Tamal que se elabora con masa de maíz revuelta con frijoles tiernos, previamente remojados en agua con sal, envuelto en hojas de plátano y cocido en pib. La tradición indica que los primeros tamales deberán ser ofrecidos a  los difuntos. Se prepara en la península de Yucatán. En Campeche, la masa de maíz se revuelve con frijol y el relleno se prepara con carne de pollo y de cerdo guisada con un recado de achiote, jitomate, cebolla, epazote, orégano y comino. Se envuelve en hojas de plátano y se cuece al vapor. Conocido también como tamal de x'pelón.

TAMALITO DE FIESTA

Tamal que se elabora para fiestas, principalmente infantiles, en el área de Emiliano Zapata, Tabasco. Mide unos 7 cm de largo, y es de masa de maíz batida con manteca de cerdo, sal y achiote. El relleno consiste en un guiso de carne de cerdo con salsa de chile ancho, jitomate, cebolla y ajo. Se envuelve en hojas de plátano y se cuece al vapor.

583

TAMALITO DE FRIJOL CON AGUACATE

Platillo preparado con masa de maíz, manteca de cerdo batida, caldo de cerdo, polvo para hornear y sal, relleno de una pasta de frijol cocido, molido y frito, mezclado con ajonjolí, hojas de aguacate y chiles tostados; se envuelve en hojas de maíz y se cuece al vapor.

TAMALITO DE FRIJOL NEGRO

Tamal hecho a base de masa de maíz batida con agua hasta formar un atole espeso, el cual se cuela y se coloca en hojas de plátano, se rellena con frijoles cocidos con cebolla, chile dulce, ajo y chicharrón, se envuelve en forma rectangular y se cuece al vapor.

TAMALITO DE JUACANÉ ◆ tamal de juacané

TAMALITO DE MAÍZ NUEVO ◆ tamal de elote

TAMALITO DE MASA DE MAÍZ

Masa de maíz rellena de picadillo de carne de res o de cerdo; se envuelve en hojas de maíz, que se amarra de los extremos con tiras de la misma hoja dándoles forma de caramelo. Se cuecen al vapor y se acostumbra en Acayucan, al sur de Veracruz.

TAMALITO DE TISMICHE

Tamal elaborado con masa de maíz que se bate con manteca de cerdo y sal. Se forma un rollo que se envuelve con una servilleta, se ata con un cordón y se pone a cocer en agua hirviendo hasta que espesa. Se rellena con tismiches guisados en manteca de cerdo con cebolla, jitomate, chile serrano, epazote y sal; se envuelve con hojas de plátano ligeramente asadas y cortadas en cuadros y se cuece al vapor. Es típico de Veracruz. Conocido también como tamal de tismiche.

TAMALITO DE TORTILLA

Preparación hecha con tortillas remojadas en leche, mezcladas con huevo y sal que se baten con manteca de cerdo, se envuelven en hojas de maíz y se cuecen al vapor.

TAMALITO NORTEÑO ROJO

Tamal elaborado con masa de maíz, manteca de cerdo batida, polvo para hornear, caldo y sal; se rellena de carne maciza de cerdo guisada en una salsa de chile ancho, se envuelve en hojas de maíz y se cuece al vapor. Es típico de Sonora, similar al tamal rojo del centro del país.

TAMALIZA ◆ tamalada

TAMALÓN

1. Tamal relleno de carne de res, pollo o cerdo y caracoles de río; se envuelve en hojas de platanillo. Se acostumbra en la región mixe de Oaxaca.
2. Término utilizado para referirse a un tamal de gran tamaño, que se prepara para festividades, rituales o ceremonias.

TAMALÓN DE ACELGAS

Tamal de gran tamaño que se elabora con masa de maíz revuelta con manteca de cerdo, polvo para hornear y acelgas; la mezcla se extiende sobre una toalla de tela húmeda, se rellena de queso y rajas de chile, se enrolla y se cuece al va-

por. Tradicionalmente se acompaña con frijoles o con carne de cerdo en salsa y es común durante algunas fiestas o ferias patronales en el estado de Guanajuato.

TAMARILLO ◆ tomate de palo

TAMARINDO (*Tamarindus indica*)

Árbol nativo del sur de Asia y del África tropical, perteneciente a la familia de las leguminosas. Mide hasta 15 metros de altura, posee muchas ramas, es de corteza áspera, café y sus flores agrupadas son amarillas con manchas rojas. El fruto comestible se conoce con el mismo nombre. Es de sabor agridulce, pulpa algo fibrosa, color café y crece en vainas de 5 a 14 cm de largo por 2 o 3 cm de ancho, con cáscara áspera y quebradiza, color café. Es muy común en todo el país, especialmente en las regiones cálidas donde se cultiva. El fruto se compra fresco para comerse como golosina por su sabor agridulce; también sirve para preparar agua de tamarindo, uno de los sabores más comunes de agua fresca en México. En muchos estados como Veracruz y Guerrero, la pulpa de tamarindo se vende a las orillas de las carreteras, empaquetada en bolas, con o sin semillas y mezclada con azúcar o chile. La pulpa dulce se utiliza para preparar agua fresca, y con ambos tipos de pulpa se elaboran dulces como los tarugos.

TAMARINDO SILVESTRE ◆ guapaque

TAMAULIPAS

Estado ubicado en el noreste de la república mexicana; colinda al norte con Texas (EU), al sur con Veracruz y San Luis Potosí, al este con el Golfo de México y al oeste con Nuevo León. Fue fundado el 7 de febrero de 1824, su capital es Ciudad Victoria y se divide en 43 municipios, agrupados en 6 regiones geográficas: Fronteriza, Valle de San Fernando, Centro, Altiplano, Mante y Sur. El clima y la vegetación del estado varían dependiendo de la región: el altiplano y las serranías son zonas muy secas, la zona del centro es semiseca, al sur se encuentra la región húmeda de la Huasteca y, finalmente, el este del estado lo recorre la costa. Las actividades económicas más importantes son el comercio y el turismo. En los puertos de Tampico y Altamira la captura pesquera de lisa, bagre, trucha, camarón, cazón y jaiba ocupa los primeros lugares a nivel nacional, y en la región agrícola de Mante los cultivos más importantes son de sábila, soya, sorgo, cebolla, naranja, toronja y mandarina. Los productos del mar y el consumo de carne son la fuente de alimentación de los tamaulipecos. Los ingredientes marinos

Altas Cimas, Reserva de la Biósfera El Cielo

584

más representativos de la cocina de la entidad son la jaiba, el camarón, el cazón y los ostiones. Las jaibas se preparan en cebiche, en chilpachole, en cocteles, en quesadillas y en salpicón; también son muy populares las jaibas rellenas. Los camarones se guisan al mojo de ajo, en albóndigas, en cebiche, en cocteles, en escabeche, en huatape, en pipián y en quesadillas. Los ostiones se preparan en cebiche y en escabeche y los pulpos en su tinta. La variedad de pescados que se capturan en el golfo se preparan en albóndigas, al mojo de ajo, en adobo, en quesadillas (sobre todo de cazón), en tamales y también fritos; las mantarrayas son también muy populares en la entidad: se comen al pibil, en dobladas, en hamburguesas y en tortas. En el estado se consumen muchos frutos, flores y hojas que crecen en la región como cabuches, chimbombo, chochas (flor de izote), jacobo, jaltomate, ojite, palma de dátil, pulul y mocoque. Asimismo se pueden encontrar muchos guisos regionales a base de carne y otros ingredientes como el adobo de cerdo y pollo, el asado de cerdo, el cabrito al horno y en su sangre, el chorizo en masita, el conejo en chile rojo, el cortadillo de res, los chilaquiles, las enchiladas rojas y tultecas, los frijoles charros, la gallina en chile ancho, las gorditas de manteca, la machaca, el menudo, la migada, el mocoque con chorizo y con huevo, el panzaje, la salsa de flores de mala mujer, las tortas de hueva de lisa, varios guisos a base de nopales y el salpicón de venado, que ya no se consume debido a que es una especie en peligro de extinción. Se preparan también tamales de calabaza con camarón, de carne seca, de cazuela, de dulce de elote, de cerdo con chilpan y rancheros. Al sur del estado habitan poblaciones nahuas y huastecas. Algunas de sus preparaciones, hoy en día, forman parte de la cocina tamaulipeca, por ejemplo los bocoles, las enchiladas rojas huastecas, los pemoles, la torta huasteca y el zacahuil. Otras preparaciones dulces y bebidas populares en la entidad son el agua de guapilla, el atole de maíz de teja, el dulce de talayote (cahuayote), chichimbré, el garapacho, el mezcal, el pan de pan y el tequila.

TAMBOR (*Pogonias cromis*)
Pez perteneciente a la familia *Sciaenidae*, de coloración variada, entre gris plateado y oscuro, con 4 o 5 rayas negras en los costados que desaparecen con la edad. Su cuerpo es corto, con dorso muy arqueado, de 50 cm a 1 metro de largo. Su boca tiene una barbilla en la parte inferior. Su carne es blanca amarillenta, magra y de sabor suave; los jóvenes tienen la carne más oscura. Por lo regular se preparan fritos o empapelados. Habita al norte y al este del Golfo de México, donde se captura todo el año, especialmente durante abril y mayo. Debido al sonido que emite el aire de su vejiga natatoria, también se le llama roncador.

Conocido también como:
◇ corvina azul
◇ corvina negra
◇ corvineta
◇ tontón

→ botete, conejo, hongo carnita de res, isla flotante

TAMBORIL ◆ conejo

TAMBORÍN ◆ botete

TAMOS
Tamal de masa de maíz, pollo, salsa de jitomate, clavo, cebolla, chile, orégano y cacao. Se acostumbra entre los motozintlecos de Chiapas.

TAMOXONEC
Caldo de res con bolitas de masa, hierba santa, achiote y manteca de cerdo. Se sirve acompañado de tortillas y tomachile. Se acostumbra en Catemaco y otras poblaciones de Veracruz.

TAMUL
Mortero, similar al molcajete, hecho con madera que se usa en la península de Yucatán para elaborar salsas, como la de chile tamulado o la de jitomate tamulado.
→ molcajete

TAMULAR
Término que se utiliza en la península de Yucatán para referirse a la acción de moler en tamul.
→ molcajetear

TANATE ◆ tenate

TANCHUCUÁ
Bebida de origen maya que se prepara con chocolate molido con masa de maíz nuevo; puede incluir anís. Se consume en la península de Yucatán y Tabasco para acompañar los pibipollos. Conocida también como atole de tanchucuá.

TANEXNELO ◆ tenesnelo

TANILULE
Postre chiapaneco hecho con duraznos criollos cocidos en agua con canela y azúcar hasta que se forma un jarabe o miel. Lo consumen los coletos de San Cristóbal de las Casas, Chiapas.

TANTARRIA ◆ xamue

TAPA CÁNTARO ◆ hierba santa

TAPACULO
Dulce de papaya silvestre que se elabora cociendo la fruta en agua y sumergiéndola en agua con cal; luego se hierve nuevamente con piloncillo. Se consume en la región de Los Tuxtlas, en Veracruz. También se le conoce con este nombre a la papaya silvestre con la que se elabora este dulce.

TAPADO
1. Guiso casero de pollo, cuya preparación es similar al pollo en cuñete o pollo en escabeche. Se prepara cociendo a fuego lento piezas de pollo condimentadas con diferentes especias, frutas, verduras, hierbas de olor, vinagre y vino. Su nombre se debe a que la olla en que se cuece permanece tapada durante toda la cocción. De esta forma se guisa en los estados del centro y centro norte del país. En Oaxaca se prepara un tapado colocando de forma alternada en una olla gruesa piezas de pollo con rebanadas de jitomate, cebolla, manzana, pera y papa; todo se condimenta con pimienta, clavo, canela, jerez seco, azúcar, ajo, vinagre, laurel, tomillo, orégano y aceite. La olla se hornea tapada, y un poco antes de terminar la cocción se añaden plátano macho y alcaparras; se acompaña con tortillas calientes y chiles en vinagre. Recetas similares se acostumbran en San Luis Potosí, Veracruz, Zacatecas y otros estados, pero casi siempre se cuece en estufa y no en horno. En Córdoba, Veracruz, consiste en pollo cocinado con jitomate, chayote, cebolla, plátano macho, aceitunas, alcaparras, pasitas, laurel, canela, agua, jerez, aceite y rajas de chiles curtidos. Todos los ingredientes se introducen en la olla, que se tapa y se agita de vez en cuando, sin destapar, para que el guiso no se pegue. Se acompaña de arroz blanco. En Xalapa se prepara el tapado

de robalo o jolote en acuyo, a base de capas colocadas en un refractario: la primera capa es de piezas de hierba santa enteras; la segunda de hierba santa molida con chile verde, sal y manteca de cerdo; la tercera con rebanadas de pescado crudas, y así sucesivamente. Se tapa el refractario y se cuece. No se agrega agua, basta con el jugo que suelta el pescado al hervir para que se cueza sin quedar muy seco. No se utiliza cuchara para revolver, sino que se toma la cacerola por las asas y se agita. El pescado y la salsa también pueden ser envueltos en hojas de plátano y presentarse como tamal.

2. Pan de dulce de forma redonda, elaborado con masa de bizcocho; el centro de su superficie se cubre con pasta para concha a la que se le hacen incisiones para formar un cuadriculado.

TAPAHUACHTEA

Acción de macerar o martajar en un molcajete o metate alguna fruta o semilla. Este término se utiliza en la Huasteca hidalguense.

TAPESCO

GRAF. tapezco.

1. Rejilla que se coloca en el fondo de una olla para cocer alimentos al vapor, como tamales y otros preparados. Puede estar confeccionada de carrizo, olotes, hojas de maíz o varas de hoja de plátano. En algunas alfarerías de Puebla (por ejemplo en el barrio de la Luz) se fabrican ollas con la rejilla de barro integrada, mientras que muchas vaporeras o tamaleras de aluminio o acero inoxidable traen también su rejilla incluida.

2. Del náhuatl *tlapechtli*. Emparrillado hecho con varas toscas, carrizo o madera, que se utiliza para ahumar ostiones o pescados. En Tabasco son célebres los ostiones ahumados al tapesco.

Los usos del instrumento y la técnica son muy arraigados; a ambos se les conoce también como:

◇ tapeaste
◇ tapechpli
◇ tapescle, tapestle, tapexcle, tapextle, tapezcle, tapeztle o tepestle
◇ tapeste, tapexte o tapezte
◇ tlapechtle, tlapechtli, tlapestle o tlapextle

TAPESTLE O TAPEZTLE ◆ tapesco

TAPICHE ◆ tapiste

TAPILTE O TAPIPILTE ◆ tapiste

TAPIR (*Tapirus bairdii*)

Mamífero perteneciente a la familia *Tapiridae*. Es un animal corpulento de piernas cortas y una pequeña trompa. Sus orejas son cortas y redondas con las orillas blancas, su cola corta y tiesa, tiene cuatro dedos en las patas delanteras y tres en las posteriores. Es color café opaco, más claro en su cara, cuello y pecho. Puede medir hasta 2 metros de largo y 1 metro de altura y pesar hasta 300 kg. Habita en lugares con abundante vegetación y evita los sitios descubiertos. El tapir es un animal manso y solitario que prefiere las zonas próximas a los cuerpos de agua para huir fácilmente de sus cazadores. Fue cazado excesivamente, debido a que su carne es abundante en grasa, en consecuencia, hoy es una especie en peligro de extinción. Aún habita en Tabasco, Chiapas y en la península de Yucatán.

Conocido también como:

◇ anteburro
◇ danta
◇ *tzimín* (maya)

TAPISPI ◆ tapiste

TAPISTE

GRAF. tapizte. Preparación a base de pescado o pollo envuelto que se elabora en los estados del sureste del país; consiste en postas de pescado, generalmente topotes, jolotes y bagres, rebanadas de cebolla, jitomate, tomate, chiles y hierba santa envueltos en hojas de berijao, hierba santa, moste, hoja blanca u hojas de plátano. Los ingredientes pueden variar ligeramente, dependiendo de quien lo prepare. En la región de Los Tuxtlas, en Veracruz, el platillo consiste en topotes cocidos al vapor con rebanadas de tomachile en hojas de plátano. En Catemaco se prepara con pepescas bañadas en tomachile, envueltas en hojas de berijao y hierba santa cocidas al vapor se sirve acompañado de totopostes y pellizcadas. En Oaxaca consiste en rebanadas de pescado untadas con una mezcla de ajo, cebolla, sal, tomate y chile serrano molido; se envuelve en hojas de plátano con hierba santa, y se cuece al vapor. En Alvarado, Veracruz, es un guiso de pollo untado en salsa de hierba santa y chile verde, con rodajas de plátano macho y yuca. Todo se envuelve en hojas de plátano a manera de tamal, se amarra y se cuece al vapor.

Conocido también como:

◇ tapiche
◇ tapilte o tapipilte
◇ tapispi

TAPÓN

Pan de dulce en forma de cubilete, con una protuberancia en la parte superior y bañado de chocolate.

TAQUERÍA

Establecimiento dedicado a la venta de tacos. Por lo regular, las taquerías venden un solo tipo de tacos; los más populares son al pastor, asados y de guisado. En las taquerías de Baja California venden de pescados y mariscos como camarón, calamar, mantarraya, ostión y almeja.

TAQUIZA

Término con el que se designa a una comida o reunión, en la que el alimento principal son tacos, ya sea de guisado o de carne. Cuando se sirven tacos de guisado es común que en una mesa estén dispuestas canastas con tortillas y ollas grandes que contienen guisados, esto con el fin de que cada comensal prepare sus tacos al gusto.

TARABUNDI ◆ mafafa, malanga

TARAHUMARA

Grupo originario que habita la parte de la Sierra Madre Occidental que atraviesa el estado de Chihuahua, el suroeste de Durango y Sonora. Comparten esta región con tepehua-

nes, pimas y mestizos. De los grupos originarios de la región es el más numeroso y habita un espacio más amplio que los demás, por lo que a su territorio también se le denomina sierra Tarahumara. Sus pobladores se concentran en 17 municipios, entre los que destacan por su alta densidad de población indígena Guachochi, Urique, Batopilas, Balleza, Carichí y Guazapares; también es significativa su presencia en Bocoyna, Guadalupe y Calvo, Guerrero, Maguarichi, Morelos, Nonoava, Cuauhtémoc e Hidalgo del Parral. El Censo de Población y Vivienda 2010 del Instituto Nacional de Estadística y Geografía (INEGI) registró 89 562 hablantes de tarahumara a nivel nacional. Los tarahumaras habitan en ranchos; su vivienda consiste en una casa habitación, un granero y un corral de madera. Las casas se construyen con madera, adobe, cantera o piedra, dependiendo de los materiales disponibles en la región. Las tierras susceptibles de cultivo se localizan en pequeñas laderas y mesetas donde las labores agrícolas se desarrollan en los meses de clima benigno, pues las bajas temperaturas, en algunos casos menores a los 10 °C, se presentan de octubre a marzo. Para los tarahumaras la principal actividad de subsistencia es el cultivo del maíz. Alrededor de ese cultivo se organiza la mayor parte de su vida cotidiana y ceremonial. Las tierras de cultivo se encuentran dispersas en pequeñas mesetas y laderas, lo que influye en la dispersión de los asentamientos que se organizan en rancherías. A los tradicionales cultivos de maíz, frijol y calabaza, se añadieron los de trigo, garbanzo, chícharo, papa, manzana, durazno y ciruela, entre otros. En la antigüedad se utilizaba el cañajote de palma molido, como sustituto de sal. La lista de platillos representativos de este grupo indígena incluye atoles como el de trigo, además de otros platillos como arí, chapore, esquiate, pinole de trigo, satumali, tesgüino y tortilla aleluya.

TARAZÓN

Pan de dulce alargado que se elabora con masa de pan amarillo. Se consume en Oaxaca.

TARTARITAS

Postre elaborado con una pasta hecha con manteca de cerdo, huevo, harina, polvo para hornear y agua. A la pasta se le da forma de cazuelitas y suelen rellenarse con turrón o dulce. Lo consumen los coletos de San Cristóbal de las Casas, Chiapas. Una variante de este postre, al que llaman tartaritas de vino, consiste en tartaritas rellenas de un marquesote desmoronado y mojado con jarabe de brandy y cubierto con un dulce cremoso preparado con harina, agua, azúcar y huevo. Se adorna con azúcar teñida de rojo.

TARUGO

Dulce elaborado con pulpa de tamarindo mezclada con azúcar y jugo de limón; otra versión es picante, a la que se le agrega chile piquín en polvo. A la mezcla se le da forma esférica de unos 8 cm

de diámetro y se revuelca en azúcar granulada si es dulce, o en chile piquín en polvo si es picante. Es común encontrarlo en las costas.

TASAJO ◆ cecina, sina

TASCAL ◆ tlaxcal

TASCALATE

GRAF. taxcalate. Del náhuatl *tlaxcalatl*, de *tlaxcalli*, tortilla y *atl*, agua, agua de tortilla. Bebida refrescante elaborada a base de maíz, cacao y tortillas tostadas y molidas. La mezcla se revuelve con achiote, canela y a veces azúcar. Todos los ingredientes se muelen en seco hasta quedar pulverizados y el polvo resultante se disuelve en agua, batiendo hasta formar una espuma. Se acostumbra beber en jícaras o vasos y es una de las bebidas más populares en Chiapas. Conocida también como tlascalote.

TASIAGUAL

GRAF. tatziagual. Del náhuatl *tlaulciaualli*, de *tlaolli*, maíz y *cioualli*, remojado. Maíz remojado en agua con el que se elaboran varios atoles en Chiapas.

TASTIHUIL ◆ taxtihuili

TASUCHI ◆ aguama

TATABIGUIYAYO

Caldo elaborado con carne de res, condimentado con comino, clavo, pimienta, miltomate, achiote o chile ancho molido, hierbabuena, cilantro, perejil, orégano, rabo de cebollín blanco y cebolla morada. Lo consumen en la región de Los Tuxtlas, Veracruz, como guiso típico de las fiestas de acarreo de niños Dios, bodas y mayordomías.

TATEMA

Guiso sonorense elaborado a base de carne de res preparada en un horno de tierra. Es un platillo similar a la barbacoa que se prepara en el centro del país. El origen de este platillo es indígena.

TATEMADO

Guiso elaborado a base de carne con alguna salsa picante o adobo, la cual se hornea. Existen muchas variantes en los estados del centro del país. En Michoacán, el guiso se prepara con carne de res que se coloca en una olla y se cubre con una salsa elaborada con

chile ancho, pasilla y mulato, cebolla, pimentón, pimienta, clavo y ajo; la olla se sella con una capa de masa antes de hornearse. En Zacatecas se utiliza carne de borrego: ésta se unta con un adobo de chile ancho, ajo, canela, pimienta, clavo, orégano chino, sal y azúcar, todo desflemado en jugo de naranja o vinagre. Se hornea en una cazuela hasta que se tatema. En esta entidad se acostumbra también preparar tatemado con cabeza de borrego, ambos guisos encuentran sus orígenes en los chicharrones de vieja. En Colima el tatemado se elabora con carne de cerdo, aunque antes se utilizaba venado; es uno de los guisos más representativos del estado, así como el mole lo es en los estados del centro del país; se consume en bautizos, bodas, celebraciones y festividades importantes. La carne se marina en vinagre blanco de caña o tuba, con ajo, sal y pimienta; se baña con una salsa tersa de chile ancho, guajillo o chilacate, tomillo, jengibre, a veces semillas de cilantro, comino, clavo y canela. El guiso se hornea y se sirve acompañado de cebollas curtidas, lechuga, rábanos y tortillas de maíz.

TATEMAR

Técnica de cocción principalmente utilizada en las comunidades rurales del centro del país. Consiste en poner los alimentos en las brasas o rescoldos, o sobre un comal para que se asen o cuezan parcialmente. Al parecer su nombre proviene de la mezcla de español y náhuatl: *tlatla*, arder y el español *quemar*. Se tateman principalmente las carnes, los chiles, algunos pescados, verduras e incluso frutos.

TATISHUILE O TATIXHUITL ◆ taxtihuili

TAXCAL O TAXCALI

Cesto hecho de carrizo que se emplea para guardar distintos alimentos, en especial tortillas y verduras.

→ chiquihuite

TAXCALATE ◆ tascalate

TAXOGOHUI ◆ tachogogui

TAXOGUIL

Caldo de frijoles de la olla con carne de cerdo que se acompaña de salsa de chile piquín, cebollina, jitomate y limón. Se consume en el sur de Veracruz y en Oaxaca, en las fiestas de mayordomía, tequios y bodas.

TAXTIHUILI

GRAF. tastihuil. Preparación a base de camarones guisados en una salsa espesa de chile ancho, ajo, orégano, comino, pimienta, jitomate y masa de maíz; el guiso se sirve en platos hondos con abundante salsa como una sopa, acompañado de limón. Es un guiso de origen prehispánico, típico de la isla de Mexcaltitán, Nayarit, donde se consume principalmente en la celebración de san Pablo y san Pedro, el 29 de junio. En Jalisco, la salsa se prepara con chile piquín, comino y masa de maíz; se acostumbra servir con tostadas de maíz. En Escuinapa, Sinaloa, se acompaña con tortillas de maíz y se consume, en ocasiones, para eliminar los efectos de la resaca.

Conocido también como:

◇ tatishuile o tatixhuitl
◇ testihuil (Sinaloa)
◇ *tlaxtihuili* (náhuatl)

TAZA ◆ hongo enchilado

TAZA BLANCA ◆ hongo iztacnanacatl

TÉ ◆ infusión

TÉ DE MONTE ◆ nurite

TÉ LIMÓN (*Cymbopogon citratus*)

Planta gramínea de hasta 2 metros de altura, de hojas color verde oscuro, amontonadas cerca de la base, lampiñas y alargadas que alcanzan hasta 1 metro de largo; son muy aromáticas y el olor recuerda a los cítricos, específicamente el limón. Las flores están agrupadas en espigas y se ven dobladas, al igual que las hojas. Es una de las plantas que más se utilizan para preparar infusiones de manera cotidiana.

Conocida también como:

◇ zacate
◇ zacate de limón
◇ zacate limón
◇ zacatillo

TÉ NURITE ◆ nurite

TECAJETE ◆ molcajete

TECAMATE ◆ uva de monte

TECHALOTE

Bebida alcohólica que consiste en pulque curado con ruda y chile verde, usado tradicionalmente en Tlaxcala para curar la resaca.

TECOCO

1. Gordita de masa de maíz mezclada con manteca de cerdo y sal. Con la masa se moldea una bola que se ahueca y se rellena con pasta de frijol o de alverjón; la masa se palmea para obtener una tortilla gruesa que luego se cuece en comal. La pasta de frijol o alverjón se prepara con los granos cocidos, molidos y mezclados con hierbabuena, cebolla y chiles verdes, todos finamente picados. Es un antojito de origen otomí y se consume en la sierra de Hidalgo. Una variante consiste en rellenar las gorditas con queso y chile ancho, pasta de chícharo o asientos de chicharrón con chile guajillo.
2. Tamal elaborado con masa de maíz molida en seco, a veces rellena de pasta de alverjón o frijoles. Se acostumbra en el estado de Hidalgo.

TECOMATE ◆ cajete, hongo tecomate, pargo

TECOYOTE

Galleta gruesa elaborada con masa de maíz, manteca de res y de cerdo, piloncillo, yemas cocidas y harina de trigo; es de forma cuadrada y mide unos 10 cm por lado; en ocasiones se condimenta con anís. Se consume en San Andrés Tuxtla, Veracruz.

TECUI

Bebida de frutas, similar al ponche. Se prepara hirviendo frutas como caña de azúcar, naranja, piña, guayaba, limón, manzana o pera en agua con azúcar o piloncillo, y al final se agrega alcohol o aguardiente de piloncillo. Se prepara en el Estado de México, Morelos y Guerrero.

TECUÍN

Bebida alcohólica elaborada a base de maíz prieto, tostado y molido, disuelto en agua con piloncillo. Esta mezcla se deja fermentar durante varios días. Lo consumen los yaquis y tarahumaras de Sonora y Chihuahua. Conocido también como tecuino.

→ nawá, tecui, tejuino, tesgüino

TECUITATE ◆ alga espirulina

TECUTA

Pan de dulce relleno con pasta de piloncillo y chilacayote o coco, que se acostumbra en diferentes partes de Oaxaca.

TEGOGOLO (*Pomacea patula*)

Gasterópodo originario del lago de Catemaco, Veracruz. Es un caracol negro de unos 3 cm de diámetro a su edad adulta, que al igual que otros caracoles de agua dulce puede ser cultivado, por lo que ha sido introducido con éxito en la costa del océano Pacífico. Las personas que viven cerca del lago, o que los visitan, pueden observarlos desde la orilla pegados a los embarcaderos, piedras y cayucos. Se sirven como botana en los restaurantes de la laguna, cocidos en agua y después mezclados con salsa mexicana. Su carne cruda se pica junto con jitomate, limón, sal, hierba santa, chile y cebolla. En cambio, si se prefieren cocidos se hierven con agua y hierba santa. Conocido también como gogol.

TEHUIZTLE ◆ acacia

TEJAMANIL

Pan de dulce color café, elaborado con masa de manteca de cerdo. Es de forma rectangular, largo, aplanado y curvado en los extremos.

→ hongo tejamanilero

TEJAMANILERO ◆ hongo tejamanilero

TEJATE

Del náhuatl *textli*, masa y *atl*, agua. Bebida espumosa ceremonial de origen prehispánico, elaborada a base de maíz y cacao. Las recetas antiguas consistían en cocer el maíz en forma de nicuanextle o tlaciahual; se molía con el cacao, rositas de cacao y pataxte; actualmente algunas recetas incluyen también pixtle. La mezcla se disuelve en agua, se coloca en un apaste, se bate con las manos para que haga espuma y se le agrega más agua, la cual se deja caer desde al menos 20 cm de altura, para que al golpear con la superficie de la bebida se forme espuma. La bebida puede contener azúcar y se sirve en jícaras tradicionalmente pintadas de rojo; siempre se procura servir una jícara rasa con algo de la espuma. Es una bebida tradicional de los Valles Centrales de Oaxaca que se vende en los mercados. En el siglo XIX se le llamó chone: la bebida contenía pixtle tostado y molido, achiote, cacao y azúcar, tiempo después se le agregó maíz y rosita de cacao. Desde la época prehispánica tuvo un gran valor ceremonial, pues sólo se bebía cuando iniciaba la siembra o en la cosecha del maíz. En la actualidad los campesinos de los Valles Centrales de

Oaxaca lo siguen consumiendo como una bebida refrescante y restauradora a media mañana. Los ingredientes pueden variar dependiendo de la región donde se prepare. En Teotitlán del Valle contiene flor de cacao, cacao y nuez criolla o pacana; así se obtiene una espuma más fina y menos grasosa, a la que llaman flor, debido a que por tradición se procura utilizar la menor cantidad de grasa posible para cualquier preparación. Las cocineras decanas dicen que la utilización del azúcar en esta bebida se remonta apenas a unos 50 años y no se utilizaba nuez. En Huayapan se emplean cantidades generosas de pixtle para obtener más espuma o flor más espesa y grasosa. En Tlacolula sustituyen el pixtle por coco, y se obtiene una bebida más grasosa y espumosa, como la prefieren en esta comunidad, pero no por ello consideran que sea de inferior calidad a las otras bebidas.

TEJATERA

Término que se refiere a la mujer que hace y vende tejate.

TEJOCOTE (*Crataegus pubescens*)

Del náhuatl *texocotl*, *tetl*, piedra o cosa dura y *xocotl*. Fruto globoso de origen mexicano perteneciente a la familia de las rosáceas: su cáscara es delgada y lisa, color amarillo verdoso o anaranjado con puntitos diminutos color café. Mide unos 3 o 4 cm de diámetro y su apariencia recuerda una manzana muy pequeña. La pulpa es carnosa, dura, color anaranjado amarillento y de sabor un poco ácido. Se cultiva desde San Luis Potosí hasta Jalisco y desde Veracruz hasta Chiapas, por lo regular en huertos familiares o a las orillas de los terrenos de cultivo. En general el fruto se consume cocido, pero si se come crudo éste debe estar maduro. Se utiliza tradicionalmente para preparar el ponche y, junto con otras frutas, para rellenar piñatas. Se prepara en dulce, cocido en agua con azúcar o piloncillo y canela, o en ate, cuyo sabor es uno de los más populares. También se preparan tejocotes caramelizados y ensartados en un palito de paleta, igual que las manzanas. Otro uso es en la elaboración de licores regionales. Conocido también como manzanita.

TEJOLOTE

Del náhuatl *tetl*, piedra y *xolotl*, muñeco. Piedra basáltica de forma cónica recortada, que se manipula con una mano en contra del molcajete para moler los ingredientes. Su uso es similar al del metlapil en el metate. Mide unos 8 cm de largo y de 5 a 7 cm de diámetro en su extremo más ancho; puede terminar en punta. En muchos lugares el tejolote se sustituye por una piedra de río. Actualmente el término está cayendo en desuso y se le conoce como piedra de molcajete.

TEJÓN O COATÍ (*Nasua narica*)

Mamífero perteneciente a la familia *Procyonidae*, originario de Centroamérica. Es omnívoro, de hocico y cola largos y puntiagudos; tiene orejas cortas y una sombra en la cara que parece un antifaz. Su cuerpo mide medio metro y pesa entre 3 y 5 kg. En el norte del país es de color pardo grisáceo, mientras que en el sur es más oscuro. Abunda en las costas y bosques de pinos. Se alimenta principalmente de insectos, pájaros, frutos, lagartijas, semillas y raíces; además se deja domesticar fácilmente. En comunidades rurales o indígenas lo consumen como otros animales silvestres y de caza. En los estados del sur y sureste, la carne de los tejones jóvenes es

suave y sabrosa, por lo regular se come asada o guisada en adobo, mientras que la de los adultos es un poco dura y de un sabor más concentrado. Los nahuas del norte de Veracruz preparan la carne asada y guisada en una salsa de chile asado con especias como clavo, pimienta, comino, ajo y xonacate. En el norte del país se consume el guisado de tejón, en chile colorado, tatemado o en agua.

TEJÓN EN AGUA

Preparación hecha a base de tejón limpio, cortado en trozos y cocido en agua con cebollines silvestres, sal y quelites. Lo acostumbran los paipai de Santa Catarina, Baja California.

TEJÓN EN CHILE COLORADO

Platillo elaborado con carne de tejón picada en cuadros y frita en aceite con sal y ajo; una vez cocida se sazona con una salsa de chile ancho, orégano, comino, sal, pimienta y harina. Se acompaña con papas cocidas y cortadas en cuadros y se sirve con arroz blanco cocido al vapor. Este platillo se consume en Sinaloa.

TEJÓN TATEMADO

Tejón limpio y untado con manteca de cerdo batida con salitre, el cual se deja tatemar en una lumbrada hasta que queda totalmente cocido. Lo consumen los indígenas paipai de Santa Catarina, Baja California.

TEJOROSO O TEJORUCO ◆ jagua

TEJUINO

Bebida refrescante cuya elaboración es similar al tesgüino, sólo que en este caso el maíz no se fermenta. Se prepara disolviendo piloncillo en agua caliente y se mezcla con masa de maíz, previamente desleída en agua. El resultado es un atole al que se le agrega jugo de limón y se deja reposar. Se sirve con hielos o nieve de limón. En San Francisco de Ixcatán, Jalisco, se elabora un tejuino especial para la fiesta de Año Nuevo,

con la principal característica de que se mueve durante 24 horas sin parar, lo que lo hace más claro, además de que se utiliza azúcar en lugar de piloncillo. Se sirve con hielo, jugo de limón y sal de grano.

TELERA

Pan de sal, blanco, elaborado con harina de trigo. Tiene forma ovalada con dos incisiones a lo largo de su superficie, por lo que parece formado por tres gajos. Es un pan esponjoso y suave por dentro, dorado

y crujiente por fuera. Se utiliza indistintamente en lugar del bolillo y es uno de los panes más comunes en todo el país. Se ocupa para acompañar la comida, en lugar de la tortilla, y

para hacer tortas. En muchos lugares se rebana y se fríe para hacer capirotada o budín. Su origen es un pan de trigo entero de calidad inferior que consumían los obreros andaluces, cuya receta se modificó en México y en la actualidad se prepara con la misma masa del bolillo.

TEMACHACA ◆ acacia

TEMAZATE ◆ venado

TEMOLOCATE ◆ renacuajo

TEMPECHILE ◆ chile piquín

TEMPECHKITLE ◆ tempesquistle

TEMPERANTE

Bebida refrescante que se elabora con agua, canela, miel virgen o azúcar y se pinta de rojo con colorante artificial. Se vende por las calles en puestos ambulantes, en Comitán, Chiapas.

TEMPESQUISTLE (*Sideroxylon palmeri*)

GRAF. tempesquiztle o tempezquixtle. Árbol de la familia de las sapotáceas. Mide entre 8 y 16 metros de alto y produce un fruto similar al aguacate, globoso, dulce y mucilaginoso, de 1.5 a 2 cm de largo, que contiene una semilla oscura, redonda y lustro-

sa. Se consume fresco o seco en Veracruz, en la Mixteca de Puebla y en Guerrero. Antes de madurar se prepara en conserva con sal y vinagre, como las aceitunas; además, con el jugo lechoso de las frutas y otras partes de las plantas se elabora una especie de chicle. En la región nahua del norte de Veracruz, el fruto se prepara en atole, mientras que en la zona de Zongolica se elabora un guiso tradicional de Semana Santa, conocido como adobo de tempesquistles. En la Mixteca poblana se prepara adobo de pipián; para ello se parte la fruta tierna a la mitad y se cuece previamente en agua para disminuir su viscosidad; el adobo está hecho con pepita de calabaza, chiles secos y epazote. También se preparan cocidos y revueltos con frijoles martajados, chiles picados y hojas de aguacate.

Conocido también como:

◇ capire o capiri
◇ cosahuico o cozahuico
◇ huizilacate
◇ tempechkitle (región nahua, Veracruz)
◇ tempisque, tempixque o tempixtle
◇ totozapotl

TEMPICHILE ◆ chile piquín

TENAMASTE

1. Recipiente de barro con tapadera que mide unos 45 cm de diámetro y 15 cm de alto. La tapa es ligeramente cóncava y tiene una asa en el centro. En Tabasco se utiliza especialmente para preparar el ixquá.

2. GRAF. tenamascle, tenamastle, tenamastli, tenamaxcle, tenamaxte, tenamaxtle, tenamazcle o tenamaztle. Del náhuatl *tenamaztli*, de *tetl*, piedra y *namictia*, igualar. Nombre que recibe cada una de las tres piedras

Tenamaste. Códice Florentino, lib. VII, fo. 21 r.

que forman el fogón o tlecuil, donde se colocan las ollas o comales para cocer alimentos.

TENANA

Gusanos de color gris claro, de 5 a 6 cm de largo, que se crían en los troncos viejos de algunos árboles. En Tlaxcala se preparan fritos con sal y se comen en tacos.

TENATE O TANATE

Del náhuatl *tanahtli*, cesto. Cesto tejido de palma, alto y estrecho, que hace la función de una pequeña canasta para guardar tortillas, granos o frutas. En Hidalgo y otros estados del centro del país se utiliza para elaborar el queso de tenate.

→ chiquihuite, tompeate

TENCOLOTE

Del náhuatl *tencolotl*, cesto resistente elaborado con bejuco y recubierto de madera. Se utiliza en comunidades indígenas y rurales de los estados del centro del país, para guardar maíz u otras semillas. Guarda cierta similitud con el cencolote y el cuescomate.

TENDAJÓN

Término con el que antiguamente se conocía a las tiendas de abarrotes; actualmente se sigue utilizando en varios lugares de la península de Yucatán, Oaxaca y Tabasco. En Oaxaca, en un tendajón se venden aguardientes, agujas, cohetes, chiles en vinagre, chorizo, cigarros, cuadernos, dulces, frutas encurtidas, hierbas aromáticas, hilos, manteca de cerdo, orégano, pan amarillo, papel, pasta para sopas, queso, salchichas, tabaco, totopos, trago, trompadas, velas y algunas comidas preparadas como piedrazos y tortas de chileajo.

TENEJAL

Del náhuatl *tenexalli*, *tenextle*, cal y *xalli*, arena. Cal en polvo utilizada para elaborar nixtamal.

TENESNELO

Dulce elaborado en la región de Los Tuxtlas, Veracruz, con calabaza de Castilla. A la calabaza se le quita la parte de arriba (como una tapa) y se pone a hervir en agua con panela y canela; una vez cocida la pulpa se raspa para separarla de la cáscara. En una variante, la calabaza se parte en trozos y se cuece en miel de piloncillo con trozos de caña de azúcar. Una vez cocida, se agrega un poco de anís a la pulpa desbaratada. Conocido también como tanexnelo.

TENTEMPIÉ

Alimento que se consume entre comidas "para mantenerse en pie", es decir, para mitigar el hambre. Puede tratarse de cualquier bocadillo, aunque los antojitos son el mejor ejemplo. En las comunidades rurales, por ejemplo, se consume un tamal y atole antes del desayuno o del almuerzo.

TEPACHE

De *tepiatl*, bebida de maíz que tomaban los desfallecidos; a su vez derivada del náhuatl *tepitl*, maíz tierno que se recolecta al cabo de 50 días y de *atl*, agua. Bebida elaborada a partir de la fermentación de frutas en agua. Se elabora en todo el país con cáscaras y pulpa de piña, remojadas en agua con piloncillo que se deja fermentar durante varios días. El resultado es una bebida de bajo contenido alcohólico. Se bebe al natural o se le puede añadir bicarbonato de sodio o azúcar, con el fin de potenciar el sabor y disminuir la acidez, o bien puede diluirse con agua. En la época prehispánica el tepache se elaboraba con maíz, costumbre arraigada de algunos grupos indígenas como chinantecos y triquis de Oaxaca, los pápagos de Sonora, y los totonacas de la costa de Veracruz, donde todavía se acostumbra hacer tepache de maíz. En la actualidad es una bebida muy refrescante que se prepara en forma casera y se vende en los mercados populares. En el centro del país es común ver barriles de tepache, el cual se vende en vasos o bolsas de plástico. En algún tiempo las tepacherías fueron muy populares en los mercados del Distrito Federal. En los estados ubicados en el Pacífico como Jalisco y Nayarit se elabora un tepache al que agregan clavo, pimienta de Tabasco y canela. En algunas regiones de Hidalgo y Puebla se prepara con pulque blanco mezclado con miel de piloncillo y anís. En Comitán, Chiapas, se prepara para celebrar las fiestas de agosto. En el Estado de México se elabora con cáscaras de piña, clavo, pimienta y salvado; en Toluca se hace una bebida similar de sabor más suave, llamada garapiña. En Pátzcuaro, Michoacán, se prepara con cáscara de piña, tamarindos, cáscaras de plátano, hojas de maíz tostadas, maíz resquebrajado en metate, piña molida, cebada y piloncillo güero; después de fermentar se le añaden rebanadas de piña, canela y clavos molidos. En Oaxaca existen muchos tipos de tepache: el básico se elabora con pulque o alguna fruta, o incluso sustituir la piña con diferentes frutas como manzana o cardón; en algunas poblaciones puede prepararse con maíz tostado y fermentarlo con fruta, y es común agregarle cebolla rebanada, chile verde, sal de gusano, pulque o alcohol de caña. El tepache que se elabora en los Valles Centrales se consume en bodas, mayordomías y otras festividades. Los cuicatecos preparan tres tipos de tepache: el más común tiene jugo de caña fermentado; otro contiene pulque, agua, piña y clavo, y el tercero contiene miel de abeja. A cualquiera de ellos se les pueden agregar otros condimentos como sal, y la corteza o raíz del árbol palo de timbre, que se utiliza para potenciar la fermentación y conseguir una bebida con mayor graduación alcohólica. Los chinantecos hacen el tepache de caña de maíz con corteza de mezquite, importante por sus efectos alucinógenos. En esta región, la receta original está hecha con pulque, en el cual se maceran las cáscaras de piña y la panela. Algunas versiones además utilizan manzanas, membrillo u otras frutas. En las costas de Oaxaca el tepache se elabora con maíz colorado, agua, panela, hojas de tabaco y cenizas; la bebida se sirve en las mayordomías o fiestas del pueblo y es tradicional de Santa María Nutío. Los mixes de Oaxaca lo preparan con piloncillo, pulque y agua y lo dejan reposar durante una semana dentro de una olla de barro. En San Isidro Huayapan el tepache se prepara con pulque, piloncillo y agua, se cubre con hojas de plátano y se deja fermentar; es una bebida de carácter ritual que antes de repartirse entre los invitados se ofrece a Dios y a la naturaleza; la bebida comienza a repartirse entre las personas mayores. En la región de Totontepec se elabora de caña de azúcar y azúcar adicional. En Cuicatlán, en la región de La Cañada, se prepara con la pulpa del fruto del cardón diluida en agua, luego se cuece y se deja fermentar en olla de barro. En Veracruz, los indígenas nahuas del norte del estado acostumbran preparar la bebida con cáscaras de piña que fermentan en agua con panela durante tres días, aproximadamente. Fortalecen el sabor adicionando carbonato. Esa comunidad también acostumbra preparar el tepache de zarza, el cual se produce a partir de la fermentación de trozos de raíz de zarza en agua con piloncillo, se deja fermentar por tres días y se adiciona carbonato. Los totonacas de la costa norte de Veracruz hacen varios tepaches, uno de ellos es el de elote tostado, hecho con granos de elote tostados a las brasas, los cuales se sumergen en agua con panela o azúcar y se dejan fermentar con el calor del rescoldo del fogón por espacio de 6 horas aproximadamente; una vez fermentada la bebida se le agregan hielos. Este mismo grupo elabora tepaches de diversas frutas de temporada y locales como guapilla, piña, capulín y tamarindo. En todos los casos la fruta se muele con su cáscara y semillas, se agrega agua y se endulza con panela y azúcar; la mezcla se deja fermentar en una olla de barro por uno o dos días; en caso de que resulte una bebida muy fuerte se rebaja con más agua. El tepache de caña de azúcar se obtiene a partir de la fermentación del jugo de la caña de azúcar y se bebe cuando el jugo está a medio fermentar. En Durango, algunas personas añaden gavia para potenciar el sabor del tepache. Otro origen de la palabra tepache es del náhuatl *tepachoa*, que significa prensar o machacar cosas con una piedra.

→ caxtila, cerveza de piña, charape

TEPACHERÍA

Establecimiento donde se vende tepache. Fueron comunes durante los primeros años del siglo XX; actualmente se pueden encontrar algunos locales dedicados a la venta de esta bebida en los mercados populares del Distrito Federal.

TÉPARI (*Phaseolus acutifolius*)

Variedad de frijol cuya vaina mide de 5 a 8 cm de largo. Cada vaina contiene de 2 a 7 semillas de diversos colores; es nativo del suroeste de Estados Unidos y del norte del país y es una de las especies de frijol que resisten mejor los climas secos y las temperaturas extremas. Se emplea para la preparación del caldo de tépari, del pozole de tépari y el tépari con aldilla de res, que consiste en aldilla cocida en agua, condimentada con ajo, cebolla, jitomate y chile verde del norte; puede incluir verduras como col, zanahoria y ejote. En Chiapas es común comerlo con chipilín.

Conocido también como:

◇ ejotillo
◇ escomite o escumite
◇ frijol escomite o frijol escumite

TEPEHUAJE (*Lysiloma acapulcense*)

GRAF. tepeguaje. Del náhuatl *tepetl*, cerro y *huaxin*, guaje, es decir, guaje del cerro. Árbol originario de México perteneciente a la familia de las leguminosas que alcanza hasta 15 metros de altura y su tronco tiene un diámetro de hasta 75 cm, pero comúnmente no alcanza más de 9 metros. Sus flores son pequeñas, con forma de estrella y de color crema verdoso. Su fruto es una vaina plana de 10 a 20 cm de largo y de 4.5 cm de ancho; produce numerosas semillas de 9 a 10 mm, planas, negras y brillantes con una marca en forma de "U". Es una especie silvestre común en Jalisco, Durango, Chihuahua, Guerrero, Oaxaca y Michoacán. Los tarahumaras consumen el fruto y acostumbran tostar las semillas para comerlas en tacos.

TEPEJILOTE (*Chamaedorea tepejilote*)

Del náhuatl *tepexilotl*, de *tepetl*, cerro y *xilotl*, mazorca de maíz tierno. Palma silvestre solitaria y erecta que alcanza hasta los 5 metros de altura; se distribuye desde el sureste del país hasta Panamá. Es probable que su nombre se deba a que su in-

florescencia comestible semeja un elote tierno; al abrirse los retoños de la planta se encuentran hilos gruesos que son la parte comestible de la palma. Cuando el tepejilote está tierno es blanquecino y apto para su consumo; una vez cortado, su sabor se volverá amargo cada día; al madurar cambia a tono verde y su sabor y consistencia se transforman. Hay tepejilotes macho y hembra, y en Zongolica, Veracruz, a algunos se les denomina *kohkotto*, que significa amputado o no completo y hace alusión a la homosexualidad. Existe un mito en el sentido de que que si un niño consume este tipo de planta se convertirá en homosexual o engendrará hijos homosexuales, por lo cual es rechazado por la comunidad nahua de la región de Zongolica; a pesar de que consumirlo no provoca ningun daño. En general, sus hojas sirven de ornato para arreglos florales, puestos de comida y para conservar el pan. En Veracruz, los indígenas totonacas de la región de la costa norte del estado preparan unas enchiladas con las semillas que producen los frutos de esta planta. Para ello, las semillas secas se tuestan en comal y se fríen en manteca de cerdo con cebolla y chiles verdes asados; se prepara la salsa y en ella se sumergen las tortillas. En Córdoba y Alvarado se acostumbra prepararlo en tortitas. El fruto cocido se junta con una rebanada de queso y para hacer las tortitas se revuelcan en harina y se capean; posteriormente se fríen y se sirven en caldillo de jitomate, acompañadas con arroz blanco y frijoles negros. En el sur de Veracruz los frutos se consumen asados o crudos en ensalada con sal y jugo de limón; también se comen en salsa, asados, pelados y molidos en molcajete con chiles asados. En Oaxaca, los mazatecos de San Pedro Ixcatlán cuecen los frutos y los guisan revueltos con huevo, chile seco, jitomate, cebolla y ajo; en esta región se consumen también cocidos, macerados suavemente en una mezcla de jugo de limón y chile canario. De manera similar lo consumen los chinantecos de Oaxaca, quienes también los comen en mole amarillo, cocidos en agua o asados en rescoldo o en comal. En algunas comunidades indígenas las hojas del tepejilote se consumen como quelites.

→ guaya de cerro, pacaya

TEPESCUINTLE ◆ tepezcuintle

TEPESTLE ◆ tapesco

TEPESUCHI ◆ hormiguillo

TEPETACA (*Sterculia apetala*)
Árbol de 30 a 40 metros de altura, con un tronco de hasta dos metros de diámetro; sus flores en forma de estrella miden 25 cm de largo y éstas, igual que las hojas, tienen un olor desagradable, de donde deriva su nombre en latín que significa excremento. Los frutos son color verde amarillento a pardusco y tienen unos pelillos altamente urticantes que se clavan en la piel, por lo que también se le conoce como pica-pica. Su manejo requiere precaución. Las semillas, del mismo nombre, son grandes, elipsoides, negras y brillantes, de 2.5 cm por 1.5 y tienen un alto contenido de grasa. El árbol se encuentra en Veracruz, Oaxaca, Tabasco y Chiapas. Las semillas se comen tostadas, su sabor recuerda al del cacahuate y se muelen con agua para preparar una bebida refrescante. Conocido también como árbol del pan.
    Conocido en Chiapas como:
        ◇ bellota
        ◇ castaña o castaño
        ◇ mulato
    Conocido en Oaxaca como:
        ◇ pepetaca
        ◇ petaca
    Conocido en Tabasco como:
        ◇ árbol del bellote
        ◇ bellota
→ árbol del pan

TEPEXTATE
Batea de madera que se utiliza para recolectar la masa de maíz, cacao o cualquier otro ingrediente que se muele en el metate.

TEPEZCUINTLE (*Cuniculus paca*)
GRAF. tepescuincle, tepescuintle, tepezcuincle o tepezcuinte. Del náhuatl *tepezcuintli*, de *tepetl*, cerro, e *itzcuintli*, perro, es decir, perro de cerro o de monte. Roedor herbívoro que mide entre 41 y 66 cm de longitud, tiene una cola desprovista de pelo de 1 a 3 cm de largo, orejas pequeñas, piernas cortas y delgadas y lomo café con manchas blanquecinas. Habita en cuevas de bosques tropicales, principalmente en San Luis Potosí, Veracruz, Chiapas y la península de Yucatán. Los tepezcuintles eran apreciados por su carne deliciosa, la cual se preparaba en texmole de chile ancho, asada, al pastor o en kool; su caza está prohibida dado que es una especie en peligro de extinción. En San Andrés Tuxtla, Veracruz, se preparaba al ajillo, con chile guajillo y ancho, ajo y pimienta, acompañado de frijoles refritos y tortillas. En Campeche su carne se maceraba en recado de chilaquil, se guisaba con jitomate, epazote y hierbabuena y se servía sobre una base de kool caliente, bañada de salsa de jitomate y chiles verdes. En Tabasco fue muy popular adobado o asado, igual que el armadillo. Para prepararlo a la pimienta se picaba con un cuchillo, se untaba con manteca de cerdo, se dejaba marinar

en una salsa tersa de pimienta de Tabasco, chile ancho, jitomate asado, cebolla, comino, orégano, tomillo, ajo y vinagre, y se horneaba con hojas de pimienta. Para prepararlo adobado, el animal se marinaba por varias horas en jugo de naranja agria y, antes de cocerse, se untaba con una mezcla de vinagre, cebolla, sal, achiote tabasqueño y pimienta de Tabasco. En Oaxaca se acostumbraba consumirlo con el mole de masa y los chinantecos lo preparaban en caldo.
    Conocido también como:
        ◇ paca
        ◇ tuza real (Hidalgo)
    Conocido en maya como:
        ◇ *jaleb*
        ◇ *tzub*

TEPICHA ◆ pipicha

TEPOPOZTLE
Tortilla gruesa y ovalada, elaborada con harina de maíz cacahuacentle, piloncillo, manteca de cerdo, canela y anís; la masa se termina de amasar sobre el metate, donde se le da forma y se cuece en comal. Se come acompañado de chocolate o leche.

TEPORINGO ◆ zacatuche

TEPORINGO EN MOLE DE OLLA
Preparación antigua que se elaboraba con teporingo limpio y cortado en trozos, cocido en mole de olla, preparado con chiles guajillos, comino, zanahoria, papas y epazote. Su consumo era muy popular entre los nahuas de Milpa Alta, Distrito Federal. Es una preparación en desuso, debido a que el teporingo se encuentra en peligro de extinción.

TEPORINGO EN SALSA DE JALTOMATE
Guiso que antiguamente consistía en teporingo guisado en una salsa de jaltomate, cebolla, xoconostle, acitrón y chivitos. Esta preparación fue muy popular hasta finales del siglo XX, debido a que el teporingo se encuentra en peligro de extinción.

TEPOZOL
Centro del maguey en descomposición; suele ser usado para extraer la savia o aguamiel del maguey.

TEQUELITE (*Peperomia nigropenctata*)
Planta de hojas color verde oscuro, de forma ovada, ligeramente acorazonada. En Naupan, Puebla, preparan los tamales de frijoles con tequelites. En Hidalgo, en el área de Huejutla y regiones colindantes con Veracruz, se utiliza de la misma forma.
    Conocido en otras lenguas como:
        ◇ *cuc'sazan* (totonaco)
        ◇ *nacastequilit* (náhuatl)
→ oreja de burro

TEQUESCAMOTE ◆ malanga

TEQUESQUITE
GRAF. tequexquite o tequezquite. Salitre o sal mineral compuesta por diversos minerales, principalmente cloruro y carbonato de sodio; utilizado para cocer alimentos y fermentar masas. Aparece durante la estación de sequía en las lagunas y lagos del Valle de México, donde se recolecta para uso culinario y se vende en piedra o molido. Desde la época prehispánica se conoce como *tequixquitl*, del náhuatl *tetl*, piedra, y *quixquitl*, brotante. Antes de la Conquista se

encargaban de su comercio los pobladores de lo que hoy es la delegación Iztapalapa, en el Distrito Federal, y se utilizaba como sustituto de sal. Ellos clasificaban el tequesquite dependiendo de su calidad en espumilla, confitillo, cascarilla y polvillo. El uso más importante del tequesquite en la comida mexicana es como levadura y aunque es muy utilizado en la cocina de los estados del centro del país, no es exclusivo de la zona. En esos estados se agrega tequesquite a la masa de los tamales para hacerla ligera y esponjosa, lo mismo que los buñuelos. Se utiliza también para fermentar masas: el tequesquite molido se mezcla con agua y cáscaras de tomate, se hierve, se deja enfriar, se cuela y se añade a la masa por fermentar. Otro uso muy importante que tiene es para ablandar granos de elote y de frijol; en estos casos se añade el polvo al agua donde se cuecen; por ejemplo, los elotes callejeros que se venden en el Distrito Federal se cuecen con tequesquite y por ello son muy amarillos y suaves. El maíz también se cuece con tequesquite, como sustituto de la cal para hacer el nixtamal. Mucha gente lo utiliza para cocer quelites, hierbas y nopales porque mantiene su color natural, los ablanda y ayuda a la digestión. En los nopales ayuda a disminuir la baba, y en zonas pulqueras se emplea para fabricar vinagre de pulque.

→ agua de tequesquite asentada

TEQUEXQUELITE ◆ mafafa

TEQUILA

Destilado obtenido del *Agave tequilana* variedad azul, que crece principalmente en el estado de Jalisco. Es una bebida que cuenta con denominación de origen, de modo que sólo puede producirse en esa entidad y en algunas partes de otros estados como Nayarit (8 municipios), Guanajuato (7 municipios), Tamaulipas (11 municipios) y Michoacán (30 municipios). Los mostos pueden ser enriquecidos y mezclados con otros azúcares hasta una proporción de 49%; si éste es el caso el tequila no puede ser llamado 100% agave. Si los azúcares añadidos provienen únicamente de la especie *Agave tequilana*, se le puede denominar 100% agave. El producto final no debe mezclarse con otros azúcares y el maguey debe ser cultivado en la zona que comprende la denominación de origen y envasado en la misma región. El vino mezcal de tequila, nombre con el que se conocía al tequila, comenzó a exportarse a finales del siglo XIX. Los tequilas se clasifican por sus características como blancos, jóvenes, reposados, añejos y extra añejos. Se beben solos o acompañados de sangrita, o bien se mezclan con otros ingredientes para obtener muchas bebidas y cocteles populares, para lo cual se procura utilizar un tequila blanco o reposado, pero nunca añejo. Entre los más comunes está el *tequila sour*, un coctel a base de tequila,

jugo de limón y jarabe natural batidos con hielo *frappé*, que se sirve en vaso alto, adornado con una cáscara de limón. El *tequila sunrise* incluye tequila, jugo de naranja y un toque de granadina, para darle el color del sol crepuscular al que alude su nombre. Se sirve en un vaso alargado y se adorna con alguna fruta. Otros cocteles muy gustados son la margarita, el charro negro, la paloma, la esmeralda, el vampiro, el t con a y la cucaracha.

→ caballito

TEQUILEAR

Acción de beber tequila.

TEQUIO

Del náhuatl *tequitl*, trabajo o tributo. Término con el que se denomina al trabajo comunitario que se realiza entre muchos habitantes, para beneficio de una persona o de la comunidad. Es una práctica muy arraigada en varias comunidades indígenas, sobre todo en Oaxaca, donde se acostumbra agradecer el trabajo o tequio con platillos preparados especialmente para la ocasión como el atole de iguana, el frito de res y el taxoguil.

→ comida para la siembra

TERNERILLA DEL LLANO ◆ hongo ternerilla de llano

TERNERITA, TERNERITA DE MONTE O TERNERITA DEL BOSQUE ◆ hongo trompa de venado

TESCALAMA ◆ capulín

TESCHINOLE

Del náhuatl *tezqui*, el que machaca algo sobre el metate. Guiso de cerdo condimentado con chile chipotle molido en metate, cilantro, masa de maíz, habas verdes y hongos xoletes. Es un platillo típico de Tlaxcala.

→ mole de hongos

TÉSEN ◆ palo fierro

TESGÜINO

GRAF. teshuino. Bebida alcohólica que se obtiene de granos de maíz germinados, molidos y fermentados. Lo consumen diferentes grupos étnicos como los yaquis y los pimas de Sonora; los

tarahumaras de Chihuahua; los guarijíos de Chihuahua y Sonora; los tepehuanes de Durango; los huicholes de Jalisco y Nayarit, y los zapotecos de Oaxaca; así como en Colima y en Aguascalientes. El procedimiento y los ingredientes para su elaboración varían según el grupo étnico que lo produce. Los tarahumaras desgranan el maíz, lo humedecen y lo guardan en una olla por tres días; luego lo entierran en un hoyo de unos 4 metros de profundidad que se tapa con ramas de pino o hierbas y lo dejan reposar para que germine. El maíz germinado se remoja en agua, se hierve todo un día hasta que el agua alcanza un tono amarillo y se deja enfriar; luego se cuela y se le agrega avena o algún tipo de musgo molido y crudo, para que ayude a la fermentación. Después de unos cuatro días el tesgüino está listo para beber. De la misma manera puede elaborarse germinando trigo, aunque también puede prepararse con trigo sin germinar. En la época de cosecha, cuando abundan las cañas frescas de maíz, se expri-

men y se elabora con su jugo, en lugar de los granos; entonces lo llaman *putcili*. Tomando como base la preparación anterior, existen tesgüinos preparados por diversos grupos indígenas que incluyen ingredientes diferentes, como el *baati*, *suguiki* o *navaitai*, hechos con granos de maíz; el *paciki* o *ma batari*, de jugo de cañas de maíz; el *urúbisi*, de frutas como la manzana y las bayas del madroño; el *tuiisi*, de durazno, y el *sugaiki*, de granos de trigo. Además de la avena se ocupan también otros ingredientes naturales de la región que sirven para reforzar o acelerar el proceso de fermentación, como cortezas de árboles, hojas de árboles como el encino y peyote; este último, por supuesto, produce reacciones alucinógenas. El tiempo de fermentación varía de 1 a 10 días, dependiendo del gusto de quien lo prepare. En las ciudades de los estados productores hay variantes modernas, muy consumidas entre la población no indígena, que no tienen la misma connotación religiosa, por ejemplo el tejuino. La bebida está íntimamente ligada a celebraciones especiales como la entrega de la novia al novio y las distintas fiestas nupciales, entre otras. Las tesgüinadas tarahumaras son acontecimientos sociales muy importantes en lo político, económico y religioso. También existen las llamadas tesgüinadas del trabajo, similares a un tequio, que reúnen a la comunidad para un bien común, como la construcción de una casa. Como su nombre lo indica, en ellas se reparte tesgüino durante la actividad. El origen de su nombre parece derivar del náhuatl *tecuin* o *tecuini*, corazón agitado, que es supuestamente el efecto que produce, o también de *tecuinia*, tropezar sin caer, por la embriaguez que produce. Otro probable origen también náhuatl es *textli*, masa e *ihuinti*, embriagarse, o bien la mezcla de español y náhuatl, *textli*, masa y vino.

Conocido también como:

◇ batari
◇ *imé suguí* (tarahumara)
◇ sugui
◇ suguiqui
◇ tesgüino de mezcal

→ nawá, tecuín

TESHUINO ◆ tesgüino

TESMOLE ◆ texmole

TESTÍCULOS ◆ criadillas

TESTIHUIL ◆ taxtihuili

TESUPO

Antojito que se elabora para la cena con carne y verduras fritas con ajo y orégano, que se ponen sobre una tortilla caliente y se rocían con salsa de chile pasilla oaxaqueño. Se utilizan la carne y las verduras sobrantes del guiso o cocido que se haya consumido durante la hora de la comida del medio día; también se pueden utilizar los sobrantes de la cocina de coles o el caldo de gato. Se consume en Oaxaca.

TETAMAL

Tamal elaborado con masa de maíz sin carne o relleno. La masa se saboriza con sal o azúcar dependiendo del gusto de la persona que lo prepare; se envuelve en hoja de berijao y se cuece al vapor. Se acostumbra comer caliente, pues si la grasa del tamal se enfría, puede hacerlo un tanto desagradable. El tamal se come acompañado de café o atoles en la región sur de Veracruz.

Conocido también como:

◇ tamal de campesino
◇ tamal de pobre

TETECHA (*Neobuxbaumia tetetzo*)

Cactácea que llega a medir hasta 11 metros de alto y presenta de 2 a 5 ramas, de tallo cilíndrico que puede medir 70 cm de diámetro. Habita en la Mixteca de Oaxaca y Puebla. Sus flores blancas aparecen durante la primavera y se abren durante la noche; éstas se conocen como flor de gigante y antes de que abran se les llama tetechas. Las tetechas se consumen hervidas y el fruto se come como fruta fresca. Conocido también como órgano.

TETELA

Antojito similar a una memela triangular, rellena de frijol, de unos 10 cm por lado, para lo cual se prepara una tortilla de masa de maíz, se ponen al centro los frijoles y se doblan hacia adentro tres partes para formar el triángulo y se cuece en comal. Los frijoles pueden ser cocidos y machacados a manera de puré, o estar condimentados con chile con cebolla, ajo y chile costeño como si fueran frijoles refritos. Debido a su forma es un antojito de maíz único en su estilo: casi en ninguna otra parte del país se registran antojitos de forma triangular a excepción de los tlaxcales. Se consumen en la Mixteca poblana y oaxaqueña, donde es un alimento muy importante; a veces forma parte de la comida principal del día o la cena y se comen simplemente con una salsa picante. Las tetelas son fáciles de encontrar durante las fiestas del pueblo en Tecomaxtlahuaca y Juxtlahuaca, Oaxaca, donde se consideran especiales. Una ligera variante en esta región es untarlas con crema fresca espesa y salsa de chile verde, preparada con tomate, chile serrano, cebolla, ajo y cilantro.

TETZU ◆ tamal de maíz

TEXCAL

Del náhuatl *tetl*, piedra y *xcalli*, cocido. Horno que se cava en la tierra para elaborar el zacahuil. El orificio en la tierra se cubre con piedras calientes, se coloca el zacahuil y se cubre con hojas de palma. Se utiliza en la zona de las huastecas. Es un horno similar al pib que data de la época prehispánica.

TEXMOLE

GRAF. tesmole o tezmole. Del náhuatl *textli*, harina o masa de maíz, y *mulli*, mole. Preparación caldosa elaborada con carne, verduras y condimentos, y espesada con masa de maíz o algún tubérculo. Se elabora en los estados del centro del país, especialmente en Puebla, Tlaxcala, Veracruz, Estado de México y Oaxaca, estado en el que, en los Valles Centrales, se prepara cotidianamente el tesmole de pollo. El platillo es

un guiso caldoso similar a un mole ligero de chiles guajillos, chiles chiltepec, cebolla, jitomate o ajo, todos molidos. El guiso incluye chochoyones de unos 4 cm de diámetro; en otras ocasiones en lugar de bolitas sólo se usa la masa de maíz como espesante. En esta región se elabora también un texmole especial con carne de pavo. En Santa María Chilchotla, al norte de Oaxaca y en los límites con Puebla, el texmole es más espeso porque contiene pepitas de calabaza; además, se agrega cebolla, ajo, semillas de chile de árbol o chiltepec y achiote oaxaqueño. Por lo general se prepara con pollo y hierba santa en trozos. Los habitantes de la sierra Mazateca preparan el tesmole de yuca o de chinchayote con carne de cerdo, acuyo y jitomate. En Huautla de Jiménez se elaboran varios tipos de tesmoles con diferentes carnes y ligeras variantes. El conejo en tesmole se aromatiza con hojas de aguacatillo, chile chiltepec, chile guajillo y se utiliza masa para espesar el preparado. En esa misma región se elabora el tesmole de pollo, aromatizado con hierba santa y suele utilizarse chile chiltepec y/o canario. También se guisa con carne y tasajo de res, hojas de aguacate tostadas, chile chiltepe y guajillo, sus ingredientes principales, además de la masa de maíz. Los mazatecos también acostumbran agregar flores de frijol a los tesmoles y preparan variedades similares con masa de maíz, como espesante, a los que llaman desmoles. En Puebla y Tlaxcala se prepara con carne de chito; el caldo se condimenta con chile chipotle, jitomate, epazote y masa de maíz; en ocasiones lleva bolitas de masa de maíz con epazote y manteca de cerdo. En esos mismos estados se preparan los xolotitos en texmole, que son frijoles tiernos de vaina en una salsa espesa de jitomate, chile guajillo, canela, clavo y masa de maíz. En Veracruz es un guiso muy caldoso hecho de cualquier tipo de carne (pollo, conejo, ardilla) con diversas verduras; el caldo se condimenta con varios chiles, hierbas y especias. Es típico de una extensa región que abarca ciudades como Orizaba, Córdoba y todas las comunidades aledañas. Se prepara con caldo de pollo, res o cerdo con flores de izote, chayote, elote, hierba santa, laurel, flor de calabaza, epazote, bolas de masa, ejotes, jitomate y chile chipotle. También se guisa con carne de cerdo o pollo y chinchayote en trozos, condimentado con jitomate, chile serrano o chipotle y epazote. Aunque no contenga masa de maíz como espesante, como el tesmole de papa, el tesmole de frijol negro o el tesmole de chícharo, el ingrediente principal ayuda a espesar el guiso. En la región de Zongolica, Veracruz, se preparan también con hongos, vísceras de borrego, de pollo y de ardilla; en tanto, los chiles que más se utilizan son chile cera, chile bola y chile verde, condimentados con epazote, cilantro, hojas de aguacate y hierba santa.

→ tamal de texmole

TEXTALES ◆ bolitas de masa

TEZMOLE ◆ texmole

THÚLUB ◆ papatla

TIANGUIS

Término que deriva del náhuatl *tianquiztli* con el que se designa a un mercado o una plaza situados al aire libre o de forma ambulante. Su origen es prehispánico. Existieron muchos tianguis famosos, los cuales se establecían durante periodos determinados en ciudades grandes, entre los que destaca el de Tlatelolco. Desde entonces el mercado estaba dividido por secciones, donde se expedían productos que llegaban de diversas regiones; las transacciones se efectuaban mediante el sistema de trueque o con semillas de cacao. Los productos se disponían sobre el piso o en petates, costumbre que se sigue observando, aunque ahora también se expenden en huacales, sacos de ixtle, manta o plástico, tablones de madera o más recientemente puestos de estructura metálica. Hoy en día, en el mercado ambulante o semifijo se comercian frutas, verduras, semillas, animales, todo tipo de utensilios de cocina y herramientas. Se ubican en días específicos a las orillas de los pueblos, alrededor de la plaza principal, o bien en las calles centrales de las colonias, pueblos o comunidades. En el ámbito rural es más co-

Tianguis de La Merced, 1951

mún que se instalen los sábados y domingos. Existen algunos mercados de gran arraigo que sólo se instalan los días martes y viernes, por ejemplo los de Chalco y Ozumba en el Estado de México, o el de Santa Ana Chiautempan, en Tlaxcala, así como el de San Martín Texmelucan, en Puebla.

→ mercado

TIBICOS

Colonia de bacterias y levaduras en forma de masas con apariencia gelatinosa y grumosa. Se alimentan con agua de piloncillo, que fermenta de un día para otro; en algunas comunidades indígenas esta agua se bebe con fines medicinales. En Puebla y Tlaxcala se utiliza a manera de madre para elaborar vinagre que también se utiliza con fines culinarios.

TIBURÓN

Pez del orden de los carcharhiniformes y lamniformes, de los cuales existen muchas variedades comestibles en México. En Baja California varias especies se consumen frescas, fileteadas o saladas, entre ellas el tiburón coludo o zorro (*Alopias vulpinus*), el tiburón bonito (*Isurus oxyrinchus*); el tiburón prieto o toro (*Carcharhinus leucas*); el tiburón azul (*Prionace glauca*); el tiburón leopardo (*Triakis semifasciata*) y el tiburón cornudo (*Sphyrna zygaena*). En el Golfo de México se captura todo el año el jaquetón (*Carcharhinus limbatus*) de cabeza ancha, hocico corto y redondeado, de color gris oscuro o azul negruzco con una franja oscura y vientre blanco con reflejos amarillos. Mide entre 1.5 y 2.5 metros de largo. Aunque en los estados del golfo se prefiere consumir el cazón, del jaquetón se aprovecha sobre todo el hígado, que es rico en vitamina A, la piel, las aletas se emplean para elaborar gelatinas, las vísceras para harinas de pescado y la carne para consumo, como la de otros pescados. La carne de este tiburón es blanca grisácea, magra y de consistencia firme; suele tener un vago olor a amoniaco, por lo que se marina en vino tinto o en agua con vinagre antes de cocinarlo.

El jaquetón es conocido también como:

◇ isala
◇ macuira
◇ peje blanco
◇ puntinegro
◇ sardinero
◇ tiburón chato
◇ tiburón curro
◇ tiburón volador
◇ volador

TICHINDA (*Mytella arciformis*)

Variedad de almeja de concha negra verdosa, cuyo interior es blanco brillante. Se captura en las lagunas de Chacahua y Manialtepec, Oaxaca y en los estuarios del océano Pacífico y lagunas costeras del mismo estado. Su callo es de tonalidad oscura, con el cual se elabora el caldo de tichinda y el tamal de tichinda.

TICONDICHI

Preparación hecha a base de caldo de frijoles negros y en ocasiones de vainas secas enteras de frijol andador, que se cuecen junto con bolitas de masa de maíz, aromatizadas con hojas de aguacate secas y tostadas. Al caldo se le agrega una salsa de chile rojo costeño, miltomates y ajo, todo tostado y molido en molcajete. Se consume en la región de la Mixteca Alta en Oaxaca.

TICUTA

Galleta elaborada a base de harina de trigo, manteca de cerdo, yemas de huevo, polvo para hornear, agua y sal. La masa se moldea en forma de tréboles de cuatro hojas, se rellena con dulce de coco y, una vez horneada, se espolvorea con azúcar roja; antes se utilizaba grana cochinilla para este fin. Se elabora en Juxtlahuaca, Oaxaca.

→ trébol

TIGRILLO ◆ hongo canario

TIJERA DE MANTECA

Pan de dulce preparado con masa de manteca de cerdo, de consistencia dura y color café dorado. La masa se trabaja torciéndola hasta lograr una forma de tijera. Se encuentra en panaderías del Distrito Federal.

TIKIN XIK

Del maya *tikin xiik,* donde *tikin* significa cosa seca y *xiik* ala, en este caso, aleta de pescado. Preparación hecha con pescado untado con pasta de achiote y especias, asado a las brasas. Por tradición se elabora con mero, huachinango, pámpano o boquinete enteros y con piel. El pescado se abre en mariposa, se le retiran las espinas y se untan con una

mezcla molida y tersa que por lo general incluye semillas de achiote, pimienta negra, comino, ajo, laurel, sal, orégano, chile seco y jugo de naranja agria. El pescado se deja reposar durante varias horas y se asa a las brasas por ambos lados. Es una preparación típica de la península de Yucatán. Una variedad consiste en marinar el pescado de forma similar a la descrita, envuelto con hojas de plátano; en ocasiones dentro del envuelto se incluyen rebanadas de jitomate, cebolla, chile dulce o xcatik y epazote; también se asa a las brasas. En esta versión el pescado queda cocido en su jugo. En las ciudades se acostumbra hornearlo, pues no todas las familias cuentan con un espacio para asar el pescado. Algunos lo acompañan en la mesa con cebollas curtidas, salsa xnipec, salsa tamulada de chile habanero y para completar la comida arroz blanco, frijoles colados y tortillas de maíz. En el pueblo de Chuburná, Yucatán, la pasta de achiote se deslíe en agua o jugo de naranja o aceite y se unta sobre la carne; posteriormente se cuece. En Dzilam Bravo, Yucatán, se mezclan jitomate, cebolla blanca, chile xcatik y achiote; todo se cuece como si fuera una salsa, se unta la mezcla al pescado y luego se asa. En este poblado los pescados más preciados son el pejerrey y la lisa, debido a que son carnes con textura suave como mantequilla. A los turistas se les sirve mero o huachinango, pues son peces más conocidos.

Conocido también como:

◇ tikin chick, tikin chik, tikin xiik' o tiquin xic

TIKINPAT

GRAF. tikinipat o tiquinipat. Del maya *tikin*, cosa seca, y *pat*, cazón. Guiso de cazón seco, salado, hidratado, desmenuzado y condimentado con chile seco y epazote, con el cual se elaboran tacos, empanadas o panuchos en los estados de la península de Yucatán.

TILAPIA

Variedad de peces de la familia *Cichlidae*. Las especies existentes pertenecen a los géneros *Oreochromis* y *Tilapia*. Son originarios de África, por lo que también se conocen como mojarras africanas. Su cuerpo es alargado y muy comprimido, de distintos colores, aunque por lo regular son de color gris plateado uniforme con cinco rayas verticales. Miden en promedio 20 cm de largo y pesan unos 300 gramos. Crecen muy rápido en lagunas, presas y estanques, y en la actualidad se encuentran en casi todas las regiones de México. La cría o cultivo de tilapia es una actividad económica muy importante por su fácil desarrollo y porque se producen todo el año. Su carne es blanca grisácea, grasosa con muchas espinas fáciles de quitar. Se comen sobre todo fritas, aunque también se cocinan en salsa roja de jitomate o verde de tomate y en caldo. Cabe aclarar que a las tilapias también se les conoce popularmente como mojarras, aunque sean dos especies distintas; en muchos restaurantes anuncian la venta de mojarras empapeladas, cuando en realidad se trata de tilapias. Lo anterior se debe a que la tilapia es más económica que la mojarra y suelen sustituirla por ésta. Sin embargo, el sabor de las tilapias es menos refinado que el de las mojarras, y en ocasiones tiene rastros de humedad.

TIMBIRICHE ◆ aguama, huapilla

TIMBRE

Pan de dulce formado por dos bolas de masa maciza, una más pequeña que la otra. La bola chica se coloca sobre la grande y se cubren con una pasta de harina horneada. El pan se espolvorea con azúcar granulada.

→ palo de timbre

TINACAL

Del castellano *tina*, recipiente, y del náhuatl *calli*, casa; es decir, "la casa de las tinas". Nombre que los indígenas daban a las bodegas, cuartos o espacios en las haciendas donde antiguamente se elaboraba el pulque. Se utilizaban tinas hechas de cuero de res o de madera y hoy en día son de plástico. En los tinacales se acostum-

Tlachiqueros orando ante un altar en el tinacal, ca.1930-1935

bra tener la imagen de un santo o una cruz a la que se le encarga y venera cantando mientras se vacía el aguamiel. Existieron haciendas que se dedicaban exclusivamente a la elaboración de pulque, por lo que los tinacales eran de grandes capacidades. En tiempos recientes la elaboración y la demanda del pulque ha disminuido. La riqueza generada por dichas haciendas aún puede apreciarse en los cascos y vestigios existentes. En la actualidad, en Hidalgo y Tlaxcala existen todavía importantes haciendas pulqueras.

TINAPASTE ◆ apaste

TINGA

Preparación con carne de pollo, jitomate, chipotle y cebolla. El origen de este platillo es poblano, pero actualmente se elabora en todos los estados del centro del país; por lo que existen diferentes versiones de este platillo dependiendo de la región y de quien lo prepare; por ejemplo se puede utilizar carne de pollo, cerdo, res o sardinas, pero el único ingrediente indispensable es el chile chipotle. En *La cocinera poblana*, de 1881, se encuentra la primera mención documentada de la tinga. Aparecen varias recetas, algunas de las cuales son:

• La tinga caliente, que se preparaba guisando las vísceras y la sangre del cerdo con chile chipotle, cebolla y jitomate, y se comía con queso fresco y aguacate.

• La tinga de chile meco con jitomate, cebolla, ajo, calabacitas, longaniza, costillas y chorizo; se adornaba con cebollas rebanadas, aguacate, lechuga, rábano, aceite y queso añejo.

• La tinga escandalosa de carne de cerdo con papa, longaniza, cebolla y chorizo; se servía fría con chiles chipotles, vinagre, aguacate y cebolla rebanada.

• La tinga sencilla de carne de cerdo con longaniza; se servían por separado cebollas, chipotles y rebanadas de queso fresco.

Actualmente, la tinga poblana es una preparación a base de carne de cerdo, carne de res o de pollo deshebrado (o la mezcla de ellas) previamente cocida, freída con jitomate y sazonada al gusto hasta que el caldillo que contiene se consuma un poco. Muchas personas la preparan con longaniza y cebolla finamente rebanada que le da un sabor especial. También se acostumbra utilizar chile chipotle, serrano o jalapeño para hacerla más picosa. La tinga se utiliza como relle-

no de quesadillas, molotes, tacos y tostadas, o bien se consume como platillo principal en la comida del mediodía. En Tlaxcala la tinga puede incluir longaniza o chorizo y trocitos de papa y se utiliza como relleno de molotes. En Morelos se prepara la tinga de hongo cazahuate como sustituto de la carne, salsa de jitomate, chiles chipotles, cebolla y ajo.

TINGÜICHE

Pez regional pequeño que se captura en algunos ríos de Oaxaca. En esta región suelen secarlo al sol con sal y se acostumbra prepararlo en caldillos, en tortitas con huevo que se guisan en salsa de jitomate, chile costeño, ajo y cebolla.

TINTINES

1. Galletas tipo polvorón elaboradas de masa de maíz molido con anís y panela. A la masa se le da forma redonda y gruesa de aproximadamente 3 cm de diámetro y se cuecen al comal; su sabor recuerda al pinole del centro del país. Se consumen en Veracruz y se acompañan con café.

2. Galletas en forma de puros o abanicos que se elaboran en Xalapa, Veracruz, y alrededores, a base de harina de trigo, azúcar, leche, agua y vainilla. La masa se cuece en planchas y se hacen galletas en forma de cilindros o abanicos que se consumen para acompañar nieves y helados. Las galletas se venden en las calles; mientras caminan, los vendedores tocan un instrumento de metal que produce el sonido "tin-tin", de donde deriva su nombre. Los totonacas de la costa veracruzana utilizan hojas de totomoxtle para darle forma a las galletas, para lo cual cortan tiritas de hojas de totomoxtle de 2 a 3 cm de ancho, las anudan por los extremos formando un círculo y las rellenan con la pasta apretando bien el contenido para que quede lo más compacto posible. Se cuecen en el comal y se les retiran las tiras de hojas de totomoxtle.

TIQUINIPAT ◆ tikinpat

TIRITAS DE PESCADO

Cebiche que por lo general se prepara con barrilete macerado en jugo de limón, con chile serrano, cebolla morada o blanca, sal, pimienta y orégano. Su nombre hace referencia a que el pescado se corta en tiritas delgadas, de unos 5 cm de largo por 0.5 cm de ancho, procurando que el chile y la cebolla también queden en tiritas. Se acostumbra como botana en

el estado de Guerrero, en especial en Playa de las Gatas.

TIRÚ

Variedad de pescado del lago de Pátzcuaro, Michoacán, que se encuentra en peligro de extinción. Su consumo es similar al del pescado blanco.

TISMICHE

GRAF. tizmiche. Nombre con el que se reconocen a las huevas de pescados, como el bobo, y crustáceos, como el camarón y el cangrejo. Las huevas se utilizan junto con los pececillos en estado larvario para preparar una serie de platillos como las tortitas de tismiche o el tismiche en estofado con jitomate, aceitunas y alcaparras. Es un término utilizado sobre todo en Tlacotalpan, Veracruz.

TISTE

Preparación elaborada a base de polvo de tostada molida con cacao también tostado, azúcar y canela. Se utiliza en Comitán, Chiapas, para espolvorear algunos panes de dulce como la cazueleja, o bien para preparar pozol con tiste.

TITZIN ◆ hormiga chicatana

TIXPETL

Recipiente de madera que se utiliza para vaciar poco a poco la masa que se prepara con nixtamal.

→ nixtamalización

TIZIAHUAL ◆ tlaciahual

TLACAHUILE ◆ itacate

TLACHICOTÓN ◆ pulque

TLACHILHUIL

Platillo hecho de menudencias, cabeza y manitas de cerdo cocidas en agua junto con hierbas de olor y sal. Una vez cocidas se fríen en manteca de cerdo junto con maíz amarillo y achiote molido en metate. Se sirve en cazuelas de barro hondas y se acompañan con tortillas blandas. Es una preparación tradicional en Venustiano Carranza, Chiapas.

TLACHIQUE ◆ aguamiel

TLACHIQUERO

Persona encargada de raspar el maguey para estimular la producción de aguamiel, misma que después se extrae mediante succión con la ayuda de un acocote.

→ pulque

TLACIAHUAL

GRAF. tiziahual. Maíz hervido en agua sin cal o ceniza adicional. En Oaxaca se utiliza para elaborar el tejate.

→ atole colorado, nicuanextle

TLACOYO

GRAF. clacoyo. Del náhuatl *nacatlaoyo*. Antojito elaborado con una tortilla gruesa de masa de maíz en forma oblonga, romboide o triangular que se rellena de pasta de haba, alverjón, asientos de chicharrón o frijol. Se cuece en comal y se adereza con salsa, nopales cocidos, cilantro y cebolla picados. Es una preparación de origen prehispánico, típica del centro del país, muy arraigada en las comunidades campesinas. En las grandes ciudades es un antojito que se vende principalmente para el desayuno. En Toluca y otros sitios del Estado de México son de forma ovalada, preparados por lo regular con masa de maíz azul. Se rellenan de pasta de habas, y después de cocerlos en el comal se les pone salsa, queso y cebolla. Es fácil encontrarlos por las calles y en los mercados. En Morelos, en el rumbo de Zacualpan de Amilpas, se elaboran con masa blanca, con forma oblicua. Se rellenan de requesón, papa cocida o chacales guisados en chile guajillo. Es típico que se sirvan adornados con chiles jalapeños rebanados y curados, a los que llaman gallitos. También en Puebla son muy comunes, y los

hay de varios tipos y formas. En San Martín Texmelucan se rellenan de pasta de alverjón cocido en agua con hojas de aguacate y tienen forma romboidal. Se sirven con salsa roja o verde, cebolla picada y queso. En Tlaxcala se prepara un tlacoyo similar al del Distrito Federal, pero también existe otro de forma triangular; su relleno suele ser de haba mezclada con chile ancho, chile chipotle y hoja de aguacate. También se preparan ovalados, rellenos de pasta de ayocotes, frijoles amarillos o alverjones; no se sirven con salsa. En en el norte del estado de Veracruz, los nahuas elaboran las capitas de frijol, que denominan tlacoyo.

Conocido también como:

◇ clatoyo, clatloyo o tlatoyo
◇ clayoyo o tlayoyo
◇ tayoyo
◇ tlatlaoyo o tlatloyo

TLACUACHE (*Didelphis marsupialis*)

Del náhuatl *tlacuatzin* o *tlacuatl*, comelón. Nombre con que se conoce cierta especie de marsupiales. Por lo general tiene una nariz larga y puntiaguda, orejas cortas y redondeadas y piernas cortas. Es de color grisáceo a negro y mide de 0.5 a 1 metro de largo; su peso varía de 2 a 4 kg. Son omnívoros y de hábitos nocturnos. Vive en las zonas cálidas y templadas de México, donde en ocasiones los campesinos lo

cazan para comerlo. Aunque su carne no es tan agradable, es una buena opción para cuando se carece de algo mejor. La carne que se prefiere es la del macho, pues se dice que la hembra tiene mucho almizcle. Se consume asado o guisado en mole. Se registra su preparación en mixiotes, en Tlaxcala.

Conocido también como:

◇ guasalo
◇ maritacaca
◇ mucamusa
◇ ratón tlacuache
◇ tacuatz
◇ tlacuachín
◇ zarigüeya
◇ zorra mochilera
◇ zorro
◇ zorro cola pelada
◇ zorro pelón

Conocido en otras lenguas como:

◇ *bizi* (zapoteco)
◇ *bok'ol ooch* (maya)
◇ *soco* (mixteco)
◇ *yá'usu* (cora)

→ ciguamonte

TLACUACHE AMARGO

Platillo hecho con carne de tlacuache guisada en aceite con ajo y una salsa de chile pasilla con orégano, comino, pimienta, sal y chichiquelites amargos. Es una preparación sinaloense.

TLACUALEAR

Del náhuatl *tlacualli*, comida. Término que se utiliza para referirse a la acción de llevar la comida a algún familiar al lugar donde trabaja. Esta práctica, casi desaparecida en las urbes, fue muy común en épocas pasadas, especialmente en las poblaciones rurales.

TLALAPA O TLATLAPAS

Del náhuatl *tlapana*, quebrar.

1. Sopa espesa elaborada con frijol amarillo, haba, alverjón o chícharos tostados en comal, molidos en metate y cocidos en agua con epazote y chile guajillo, chipotle o ancho. La sopa incluye nopalitos cocidos y se acostumbra agregarle tequesquite para ablandar más el frijol. Se acostumbra en Hidalgo, Puebla y Tlaxcala. Conocida también como tlatlapa.

2. Antojito a base de una tortilla de maíz remojada en un guiso, como una enchilada, que se sirve espolvoreada con queso fresco. Se acostumbra en Tlaxcala.

TLALHNE ◆ colorín

TLALITOS ◆ asientos de chicharrón

TLALPEÑO ◆ caldo tlalpeño

TLANEPA, TLANEPAQUELITE, TLAMAPAQUELITE, TLAMIPA O TLAMPA ◆ hierba santa

TLAPANIL O TLAPANILE

Guiso a base de frijol negro cocido y masa de maíz desleída en agua; la mezcla se cuece y sazona con hojas de aguacate y chile verde molido. Con ligeras variantes se le puede encontrar en las huastecas, sobre todo en la hidalguense, y en el norte de Veracruz. En la Huasteca hidalguense consiste en un caldo de chayotes troceados, condimentado con hojas de aguacate oloroso o epazote, y espesado con masa de maíz. Otra versión es la de un caldo de frijoles cocidos con hojas de soyo, al que se le añaden orejas o bolitas de masa de maíz revueltas con chiles chinos. Se sirve con chile verde rebanado. También puede contener varios tipos de frijol. Conocido también en la Huasteca hidalguense como tlapantle.

TLAPEHUE ◆ pulque

TLAPIQUE

Preparación hecha a base de tiras de nopal mezcladas con carne molida de cerdo y res, jitomate picado, cebolla picada, chiles cuaresmeños en rajas, epazote picado, sal y pimienta; todo se envuelve en una hoja de maíz y se cuece en comal a fuego lento hasta que los nopales queden tiernos. Es una preparación típica de Milpa Alta, Distrito Federal. Se le conoce también como tamal de nopal con carne molida.

TLATLACOTIC ◆ ojite

TLATLAHUACATE

Hierba aromática que se utiliza en la elaboración del elopozole.

TLATLAKATOL ◆ atole de maíz quemado

TLATLAPAS ◆ tlalapa

TLATONILE O TLATONIL

Del náhuatl *tlatonilli*, nombre del guiso que, en la época prehispánica, la madre del novio ofrecía en la boda. Guiso del que se encuentran diferentes variedades al menos en tres entidades del país. Consiste en salsas espesas que pueden o no llevar masa de maíz como espesante. Esto depende del ingrediente principal y del gusto de quien lo prepare. En el estado de Veracruz se trata de un guiso de carne de pollo o res con consistencia de pipián, cuya salsa se elabora con chile comapeño, chile ancho, ajonjolí y epazote y se encuentra a la venta en pasta. Suele acompañarse con arroz blanco. En la entidad recibe también este nombre una salsa hecha con hormigas chicatanas y chile de árbol molido. En Zongolica, en el mismo estado, se registran varios tlatoniles, que por lo general son caldos espesados con un poco de masa de maíz; la salsa que se adiciona suele ser de jitomate, miltomate, chile serrano, costeño y puya, sazonada con hierba santa o cilantro. La salsa adquiere el nombre del elemento principal, en la zona se elaboran tlatoniles de chícharo, de xochiquilitl (un quelite regional) con papas, de frijol, de ayocote, de chayote, de chinchayote y de chilacayote. En Guerrero también se elabora un platillo muy importante llamado tlatonile, muy diferente al descrito antes. En la zona central de la entidad es un guiso de consistencia espesa cuya salsa está elaborada a base de pepitas de calabaza, chiles verdes, tomate, epazote, hierba santa y una hierba regional llamada asochoc; se guisa con carne maciza o espinazo de cerdo, que a veces se sustituye por pollo. El guiso se sirve con cebolla y lima agria en rodajas y se acompaña con tamales nejos o de frijol. Es un platillo típico de la ofrenda del día de Muertos. En el Estado de México también es un guiso muy antiguo de pescado seco en salsa de chile verde molido con tomate, cebolla, sal y manteca de cerdo. Por ser un plato festivo se acompaña con pulque y tortillas de maíz.

TLATOQUIL

Dulce de plátano manzano cocido con agua y piloncillo. Se acostumbra en las comunidades rurales de Morelos.

TLAXCAL

GRAF. tascal, taxcal, tlascal o tlaxcale. Del náhuatl *tlaxcalli*, tortilla. Gordita triangular de masa de maíz molido con piloncillo, canela y a veces guayaba, cocida en comal, típica de Tlaxcala y Puebla. En Guerrero se prepara una variedad llamada tlaxcalecamahua. En Morelos son unos panecillos que contienen elote camahua, huevo, queso, azúcar, canela, polvo para hornear y leche. Tienen forma  triangular y son cocidos en comal; en otra variedad se elaboran con elotes maduros, guayabas, azúcar, canela, yemas de huevo y, en ocasiones, harina de trigo. En Puebla pueden ser redondos y de varios tipos. La masa puede elaborarse con elote camahua, azúcar, canela y ralladura de naranja, o bien puede ser de masa de maíz simple mezclada con elote recio, manteca de cerdo y azúcar. Miden aproximadamente 8 cm de diámetro y 0.5 cm de grosor.

→ itacate

TLAXCALA

Estado situado en el centro del país; colinda al norte con Hidalgo, al este y sur con Puebla y al noroeste con el Estado de México. Tlaxcala, fundado el 9 de diciembre de 1856, es el segundo estado más pequeño de la república. Está dividido en 60 municipios y su capital es la ciudad de Tlaxcala. Las principales actividades económicas son los servicios y la industria manufacturera, especialmente la de alimentos y bebidas, que representan la mitad de la aportación del producto interno bruto (PIB) del estado, mientras que el sector primario tiene una aportación mínima, sin embargo a nivel nacional ocupa los primeros lugares en la producción de maguey pulquero, hierbabuena, haba y cebada. Tlaxcala cuenta con una cocina única, pero comparte algunas de sus especialidades con sus estados vecinos y con el Distrito Federal. En la cocina tlaxcalteca se utilizan hierbas, frutas y otros ingredientes regionales como anisillo, calabaza, cilantro (del que se usan las hojas y las semillas), epazote, hongo cazahuate o de maguey, hongos clavitos o xolotes, huauzontles, guías, jalatzi, jaltomate, maíz cacahuacentle, nopales, papaloquelite, manzanas, peras, pipizcos, tunas, xoconostles, xocosúchil y zivicos. Los cereales que más se utilizan son frijol y maíz y el maguey se consume en barbacoa de hoyo y en mixiotes; las flores del maguey se preparan en tortitas, en mixiote y revueltas con huevo y de él se obtienen el aguamiel y el pulque. Es común el consumo de insectos como escamoles, gusanos blancos y rojos de maguey, mecapales, padrecitos, tenanas y toritos. Algunos de sus platillos más representativos son los moles de hongos, de ladrillo, de olla, prieto y verde y el pipián de guajolote. Por otro lado, las preparaciones caseras más populares que se consumen cotidianamente son el arroz con menudencias, los ayatitos de Juan Diego, los caldos de ajolote, de carpa, de guías de calabaza, de habas y de pollo, la carne de cerdo con verdolagas, los chayotes rellenos, el chileatole, los chiles rellenos de calabacitas y picadillo, el chilpoposo, las empedradas, los esquites, las flores de nopal guisadas, las gorditas de queso y piloncillo, el huaxmole, las memelas, el menudo o mole de panza, las migas, los molotes, la moronga de borrego, el napalachicle, los nopales en salsa verde, la panza en verde, el pescado envuelto en hoja de moste, las rajas curtidas, las salsas borracha, de chile pasilla, de gusanos de maguey y verde, las sopas de alverjón, de flor de calabaza, de lentejas, de milpa y de nopales, los tacos placeros, el teschinole, el texmole de chito y de xolotitos, la tinga, las tlatlapas, los tlacoyos, los tlaxcales, las tortillas azules y de alverjón y las tostadas curadas. Existe también una amplia variedad de tamales como los de alverjón, anís, bagre, ixtecococtl, mole con carne de cerdo, ombligo, rajas, trucha y largos. Todos se pueden acompañar con atoles como el agrio, el blanco, con ayocotes, de aguamiel, de amaranto, de pinole y el tascalate. Se beben aguas de betabel, el cacao, el ponche, el techalote y algunas bebidas alcohólicas como el copalocle, el chilocle, el licor de capulín y de tejocote, el verde de Tlaxcala, el revoltijo y la sidra. Se elaboran dulces únicos como burritos, cabellos de ángel, calabazates, chilacayotes cristalizados, dulces de capulín, de calabaza, de pepita y de quiote, huevos reales y punches. Los panes regionales más representativos son el cocol, la

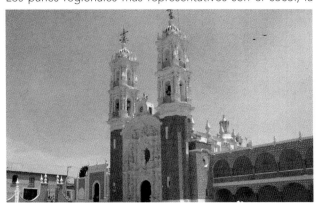

Catedral de Nuestra Señora de la Asunción, ciudad de Tlaxcala

hojaldra o pan de muerto, los muéganos, el pan de fiesta y el pan de pulque.

TLAXCALATE ◆ tascalate

TLAXCALECAMAHUA

Del náhuatl *tlaxcalli*, tortilla y *camahuac*, amarillo o casi maduro. Variedad de tlaxcal que se prepara con masa de elote amarillo, puede estar dorada y se acompaña con queso o ramitas de una hierba olorosa regional llamada chichihuachi. Se cuecen al comal, y se acostumbra en la zona central de Guerrero.

TLAXCALLI

Vocablo nahua con el que se designa a la tortilla o al pan elaborado con maíz.

TLAYUDA

GRAF. clayuda. Tortilla de maíz de unos 30 cm de diámetro o más, que se elabora con masa de maíz blanco. Se deja en el comal el tiempo suficiente para que el agua de la masa se evapore y, una vez cocida y con consistencia algo firme, se retira del comal y se pone a un lado de las brasas, apoyada en el comal. Es así como se termina de secar y queda quebradiza y correosa. Debido a la manera en que se cuece, puede conservarse por mucho tiempo; es la tortilla con la que se come prácticamente cualquier guiso en la región de los Valles Centrales de Oaxaca. Por las noches se come espolvoreada con azúcar cuando se bebe café. En los restaurantes de comida oaxaqueña se vende como antojito o botana mientras se bebe mezcal o cerveza, y se calienta con un poco de asientos de chicharrón. A esta base se le puede añadir queso, frijoles refritos, tasajo, cecina o chorizo. En la actualidad en los restaurantes de comida contemporánea oaxaqueña se sirven pedazos de tlayuda tostadas y crujientes como si fuera pan. Asimismo, las tlayudas viejas se utilizan para preparar chilaquiles.

TLECUIL O TLECUILE

GRAF. clecuil. Del náhuatl *tlecuil*, fogón. Brasero formado por tres piedras llamadas tenamastes, que sirven como base para colocar comales, ollas, vasijas o rejillas para  cocer los alimentos, que se ponen en el suelo en formación triangular para que en los espacios que quedan entre ellas se acomode leña, ocote o boñigas para prender el fuego. En la actualidad puede haber más de tres piedras en el tlecuil. Se utiliza desde la época prehispánica como el equivalente de la estufa actual u hoguera.

TLILATOLLI ◆ tamal de maíz negro

TLILMOLLI ◆ mole prieto

TLILSOCHIL, TLILSUCHIL O TLILXOCHITL ◆ vainilla

TLIPOTÓN ◆ perejil ranchero

TOBALÁ ◆ agave, mezcal

TOBIL

Del maya *toobil*, envuelto. Tamal que se elabora con masa hecha a base de nata de leche de vaca o mantequilla, azúcar, granos de elote molidos, huevos y sal. Se envuelve en hoja de elote y se cuece al vapor. Es típico de Campeche, donde también lo llaman tobilito.

→ tamal de elote

TOCHI ◆ armadillo, liebre

TOCHÓN ◆ tostada

TOCINO

Corte de carne y grasa que se obtiene de la falda del cerdo, que se cura o se ahúma sin piel. Por lo general se vende en rebanadas, y dado que posee un alto contenido de grasa antes de su consumo debe cocerse, freírse u hornearse y desgrasar un poco. Se consume en todo el país.

TODOS SANTOS ◆ día de Muertos

TOJI ◆ mezquite

TOJONECHICHI ◆ hierbamora

TOMACHILE

Salsa típica y básica de la región de Los Tuxtlas, Veracruz. Pueden variar sus ingredientes dependiendo de quien la prepare, pero básicamente contiene miltomate y chile piquín. Ambos ingredientes se hierven en agua ligeramente y se martajan en molcajete. Con esta salsa se guisan flores, carnes y huevas de pescado. Se utiliza para platillos como la pepesca, los chochos en tomachile y el caldo tamoxomec. Hay variantes que pueden llevar chile chilpaya verde, cebollín o cilantro.

TOMAQUELITE

Variedad de quelite que se come cocido en agua o en tortitas. Es de consumo regional en Los Tuxtlas, Veracruz, donde también se prepara en una variedad de caldo que se espesa con masa de maíz y se acompaña con tomachile.

TOMATE (*Physalis spp.*)

Del náhuatl *tomatl*. Nombre que se aplica a diversas plantas del género *Physalis*. El cáliz se desarrolla junto con el fruto, el cual queda envuelto con una cáscara. El fruto es globoso, color verde y amarillento o púrpura al madurar. Puede medir 2 cm de diámetro como el miltomate o hasta 6 cm como el tomate manzano; tiene numerosas semillas comestibles y un sabor agradable. Es originario de América, y entre las especies que se consumen encontramos *Physalis ixocarpa*, *Physalis peruviana*, *Physalis pubescens* y *Physalis nicandroides*. Es de uso muy variado en la cocina mexicana, e indispensable como base de las salsas verdes crudas, cocidas o asadas para usar en la mesa o preparar chilaquiles o enchiladas verdes. Se consume en todo el país, en especial en el centro, donde existen especialidades como el entomatado.

Conocido también como:

◇ guatomate
◇ miltomate (*Physalis ixocarpa*, *Physalis peruviana*, *Physalis pubescens*)
◇ tomate de bolsa
◇ tomate de cáscara (*Physalis peruviana*, *Physalis pubescens*)

◇ tomate de fresadilla (Coahuila)
◇ tomate manzano
◇ tomate verde
◇ tomatillo

→ guatomate, jaltomate, miltomate

TOMATE DE LA PAZ ◆ tomate de palo

TOMATE DE MILPA ◆ miltomate

TOMATE DE PALO (*Pachyphylla betaceum*)

Árbol de la familia de las solanáceas, de 2 a 3 m de altura, con hojas gruesas, pubescentes, cordado-ovadas y flores rosadas y olorosas que producen frutos de color rojo oscuro a naranja pálido, de sabor amargo dulzón. Es originario de América del Sur. En Chiapas se come como fruta fresca, así como para hacer agua, paletas de agua y en mermeladas. Se consume también en los estados de Jalisco, Michoacán y Veracruz.

Conocido también como:

◇ berenjena
◇ grosella (Uruapan, Michoacán)
◇ tamarillo (Xalapa, Veracruz)
◇ tomate de la paz (Jalisco)

TOMATE MANZANO ◆ tomate

TOMATE MILPERO ◆ miltomate

TOMATE TAMULADO

Salsa elaborada con jitomates pelados y asados al carbón que se tamulan con cilantro, cebollina y chile habanero asado. Es de consumo cotidiano en la península de Yucatán.

TOMATE VERDE ◆ tomate

TOMATILLO (*Physalis gracilis*)

Quelite de hojas planas ovadas, que alcanzan hasta 5 cm de largo y a simple vista parece un quintonil. En Tuxtla, Puebla, se prepara en un caldo con las hojas cocidas en agua con sal caliza, acompañado de tortillas de maíz y salsa picante.

Conocido en la sierra Norte de Puebla como:

◇ *chapuluh* (totonaco)
◇ *xahuaquilit* (náhuatl)

→ jaltomate, miltomate, tomate

TOMATITO VERDE ◆ miltomate

TOMILLO (*Thymus vulgaris*)

Hierba aromática, de hojas pequeñas color verde grisáceo, originaria del Mediterráneo y Asia Menor. Se emplea fresco o seco en adobos, escabeches y caldos. Por lo general se vende como parte de las llamadas hierbas de olor, junto con el laurel y la mejorana.

TOMPEATE O TOMPIATE

Del náhuatl *tompiatli*, cesto. Nombre de un cesto de palma que se utiliza para almacenar alimentos. Los hay de forma cilíndrica, con o sin alas y en diferentes tamaños. En el Estado de México se utilizan como moldes para la elaboración del queso de cerdo y del queso de tenate. Conocido también como tanate o tenate.

TONA ◆ jurel

TOPEN (*Belonesox belizanus*)
Pez pequeño de agua dulce, que alcanza hasta los 15 cm de longitud, y su sabor es similar al del charal. Se pesca en los ríos de Chiapas, Tabasco, Veracruz y la península de Yucatán. Se le conoce también como piquito.

→ topote

TOPO

1. (*Scapanus latimanus*) Mamífero de la familia *Talpidae*, con cuerpo cilíndrico y sin cuello manifiesto; sus ojos son pequeños y sus oídos no son visibles. Tiene pelos en el hocico y en la cola. Sus pa-
tas cortas y reforzadas están provistas de fuertes y grandes uñas que utiliza para escarbar galerías subterráneas que pueden alcanzar hasta 150 metros de longitud. Su cuerpo puede alcanzar una longitud promedio de 16 cm, aunque las hembras son más grandes que los machos. Su peso oscila entre 60 y 130 gr. Está presente en todo el hemisferio norte, donde habita bajo la tierra cavando agujeros; algunas especies son acuáticas o semiacuáticas. En la península de Baja California se prepara el topo tatemado. En México también se les conoce como topo a la tuza y a la musaraña. Se le conoce también como topo de manos anchas.
2. Medida equivalente a medio litro, utilizada en la Huasteca hidalguense.

TOPO TATEMADO
Topo limpio, untado con manteca de cerdo y salitre y cocinado a las brasas. Es una preparación que consumen las comunidades indígenas de la península de Baja California.

TOPOTE
GRAF. topota. Pez de talla pequeña, similar a la sardina, que habita en diferentes ríos o lagos del territorio nacional. Posee cuerpo gordo, abultado, piel café con partes plateadas, carne oscura y ligeramente dura. Se puede encontrar sólo cuando los ríos crecen, principalmente en la primera quincena de octubre que es cuando se recoge en canastos o redes especiales para peces chicos. Algunas variedades aptas para consumo son: topote del Pacífico (*Poecilia butleri*), topote del Tamesí (*Poecilia latipunctata*), topote de Catemaco (*Poecilia catemaconis*) y topote de Teapa (*Poecilia sulphuraria*). En Oaxaca preparan el caldo de topote y el topote capeado servido en salsa verde de tomate o miltomate. Se elaboran principalmente en el Istmo de Tehuantepec, donde es fácil encontrar el topote salado, mismo que debe desalarse antes de cocinarlo. En Catemaco se consumen envueltos en moste. En las márgenes del río Palizada, Campeche, se come frito en mantequilla (al igual que su hueva), y se acompaña con salsa de chile habanero. Estos tipos de peces se han consumido en México desde hace varios siglos; fray Bernardino de Sahagún ya se refería a un tipo de pez al que llamaban *topotli*. En las décadas de 1960 y 1970 eran comunes en el sur de Veracruz y en Tabasco, pero hoy son difíciles de encontrar y casi todas las especies de este pez se encuentran en riesgo de extinción.

Conocidos también como:
◇ nacarita (Veracruz)
◇ popoyote
◇ pupo

→ topen

TOQUERA
Del purépecha *thójkéri*, que designa un elote desarrollado o sazón. Gordita o tortilla gruesa que se elabora con maíz toquero molido y mezclado con piloncillo y bicarbonato de sodio. Se acostumbra en Michoacán y el norte de Guerrero. En la región guerrerense de Tierra Caliente las llaman también toqueres; contienen elote, manteca de cerdo, queso y sal. En la zona norte del mismo estado pueden estar preparadas con elote y sal. Entre la población mestiza de Michoacán se cocinan con elote, crema, natas, azúcar y miel.

TORCAZA ◆ huilota, paloma

TORCIDO
Pan de dulce con forma de trenza de dos hilos; la masa se trabaja en forma de un cordón que se enrosca en sí mismo. Se llama así en los estados del sureste, mientras que en el centro del país suelen llamarlo trenza. Mide unos 15 cm de largo por 5 o 6 cm de ancho. La masa es color amarillo, de textura esponjosa y suave, y se le da brillo con jarabe o miel.
→ trenza

TOREADA DE PIÑA Y LECHE
Postre que se elabora con coco rallado cocido en un almíbar de azúcar al que se le añade piña molida, se bate y se deja reposar hasta el día siguiente cuando se le agregan yemas de huevo batidas; se vuelve a cocer hasta ver el fondo del cazo, se vacía en platones y se cubre con más piña. Es un preparado típico de Pátzcuaro, Michoacán.

TOREAR
Frotar entre las palmas de las manos los chiles, especialmente verdes o serranos para hacerlos más picosos.
→ chiles toreados

TORITO
1. Bebida compuesta de tequila o aguardiente de caña mezclado con jugo de naranja, cebolla y chiles en vinagre. Se acostumbra en el Estado de México y Morelos. También se le llama toro.
2. Licuado de fruta con aguardiente, leche evaporada y azúcar o leche condensada, que se sirve en un vaso con mucho hielo. Los sabores más comunes son los toritos de cacahuate, guanábana, jobo y guayaba. Se acostumbra como coctel o aperitivo en el Sotavento, Veracruz, especialmente en los restaurantes de mariscos.
3. *Umbonia reclinata*. Insecto negro que se cría en las espinas de la planta del huizcolote o en las hojas del árbol del aguacate, del cual adquieren un pronunciado y fuerte sabor. Suelen rascar y lanzar la tierra hacia arriba, hecho al que deben su nombre. Se asan o se fríen para comerse en tacos acompañados de salsa en Tlaxcala y el Estado de México.
→ mezcal curado

TORLITO
Dulce con forma de gordita o galleta. La masa es de maíz, huevo, anís y sal; se fríe y se baña con miel de piloncillo. Es típico de Baja California Sur.

TORNABODA

Fiesta que se celebra al día siguiente de las bodas, principalmente en los ranchos, pueblos y comunidades indígenas como continuación de los festejos nupciales. En algunos lugares puede durar un día o más, por lo que la familia organizadora de la fiesta debe preparar suficiente comida para los invitados. En el Istmo de Tehuantepec y otros sitios de Oaxaca llaman lavado de olla a esta fiesta, pues se supone que la gente llega a terminarse la comida que sobró y ayudar a reordenar la casa. En el sur de Veracruz, es común que el pastel se corte hasta la tornaboda. En el Distrito Federal, varias casas de banquetes se encargan también de la tornaboda: cerca de las tres o cuatro de la mañana sirven chilaquiles o mole de olla picosos, para atenuar el exceso de alcohol y el hambre de los invitados.

→ asado de puerco

TORNACHILE ◆ chile jalapeño

TORNILLO

Nombre que reciben dos variedades de pan de dulce. Uno se prepara con masa de bisquet, en forma de trenza, con un orificio u ojo en uno de los extremos para semejar la cabeza de un tornillo. El otro se elabora de masa feité, en forma enroscada, como un tornillo sin cabeza, y se decora con jarabe y coco rallado. Se confeccionan en el Distrito Federal.

TORO ◆ jurel, torito

TORONJA (*Citrus maxima*)

Fruto del árbol del mismo nombre; éste tiene hojas ovales o elípticas, agudas y flores blancas con 20 a 25 estambres. Su fruto mide de 10 a 15 cm de diámetro, globoso, con cascara muy gruesa y con 11 a 14 segmentos, que van del rojo rosáceo al naranja amarillento. Se cultiva en climas cálidos. Con este cítrico, al igual que con la naranja, se preparan principalmente jugos para la hora del desayuno.

Conocida también como:

◇ cidra
◇ pamplemusa
◇ *pe-hui-jna-Castilla* (zapoteco)
◇ pomela

TORONJIL (*Agastache mexicana*)

Hierba aromática, de 40 a 60 cm de altura, con pocas ramas, tallo erguido y hojas ovales, lanceoladas, dentadas, casi lisas, de 4 a 6 cm de largo por 1 o 2 de ancho. Sus flores son de color violeta. Principalmente se utiliza para hacer infusiones y algunos licores como el verde de Xico.

TORPEDERO ◆ bizcochuelo

TORREJAS

Del verbo castellano *torrar*, tostar al fuego.

1. Postre elaborado con rebanadas de pan empapadas en vino o leche, rebozadas con huevo, fritas y endulzadas con azúcar o miel. Se acostumbra mucho en varias partes de Mé-

xico durante la cuaresma y en la época navideña. Es de origen español, y en aquel país se le conoce como torrija. En Chihuahua, las más comunes son las que se elaboran con rebanadas de pan capeadas con huevo y bañadas con miel de piloncillo, que en Chihuahua llaman torrejas de pan, y se pueden espolvorear con ajonjolí tostado; la miel se prepara con azúcar y no con piloncillo; de manera similar se preparan en Nayarit. En Chihuahua también se preparan las torrejas de manzana, que consisten en manzanas rebanadas, capeadas, revolcadas con azúcar y canela y bañadas con miel de abeja. Las torrejas de pinole se elaboran con pinole y huevo; se fríen y se bañan con miel de piloncillo, canela y clavo. Otras se preparan con pinole, huevo, harina de trigo, polvo para hornear y trocitos de queso; se fríen, se bañan en piloncillo y se adornan con cacahuates, nueces y pasas. En Comitán, Chiapas, se elaboran a base de pan de barra, leche, vino, huevo y miel. En Coahuila y Nuevo León se preparan con dos rebanadas de pan blanco con nata de leche o mantequilla, se capean con huevo y se bañan en miel de piloncillo con anís, canela y clavo. Se adornan con ajonjolí. En Chilapa, Guerrero, se elaboran con marquesotes rebanados, capeados y ahogados en un almíbar de azúcar, canela y *brandy*. En Chilpancigo y Tixtla suelen ser de pan de caja capeados con huevo y bañados con miel de piloncillo con canela. En Juchitán, Oaxaca, se conocen como torrijas o estorrejas y se preparan con pan capeado y bañado en miel de azúcar y canela; en esta región hay ciertos platillos de fuerte influencia chiapaneca, típicos de la temporada navideña. En Puebla, las rebanadas de pan se remojan en leche, se capean y se empapan con almíbar de azúcar, agua y ron. Tanto la leche como el almíbar pueden tener canela. En Tabasco se elaboran las torrejas de yuca, que se remojan en almíbar. En Zacatecas se trata de pan rebanado, capeado con huevo, rociado con jerez dulce y miel de piloncillo o maguey y adornado con piñones y pasas. Por último, las torrejas de plátano macho son un postre casero de la península de Yucatán, también conocido como tortitas de plátano macho. El plátano muy maduro se machaca y se mezcla con masa de maíz y azúcar para preparar pequeñas tortas que se fríen y se comen calientes.

2. Preparación salada, similar a las tortitas de camarón. En Chihuahua se destacan las torrejas de camarón, típicas de Santa Isabel. Se elaboran con polvo de camarón, pinole y huevo; se fríen y se bañan en caldillo de jitomate, igual que las tortitas de camarón de otros estados. Se acostumbran durante la cuaresma y en la Semana Santa. También se preparan unas torrejas de frijol saladas, pero a diferencia de todas las demás, éstas no se elaboran con pan, sino con frijoles guisados con consistencia de pasta que se rebosan o se capean con huevo y luego se fríen.

→ buñuelo, caballero pobre

TORREZNO

Del verbo castellano *torrar*, tostar al fuego. Tortita de maíz dorada, que acostumbran los purépechas de Michoacán. Entre los mestizos del mismo estado se trata de una tortita de pan de dulce molido con huevo, frita y luego bañada en miel de piloncillo.

TORRIJA ◆ torrejas

TORTA

Torta de pierna al horno

Bolillo, telera o algún otro pan blanco abierto por la mitad, untado de mayonesa, crema o frijoles y relleno de algún producto de origen animal y vegetales u otros ingredientes; su preparación recuerda la de un sándwich. Se elabora en distintos lugares del país, y algunas regiones tienen estilos de tortas muy famosas. Por ejemplo en Puebla se preparan las cemitas compuestas, en Guanajuato las guacamayas y en Jalisco las tortas ahogadas. También hay casos en los que la torta se distingue por el buen uso de un ingrediente particular de la región. Así, por ejemplo, las tortas del Estado de México suelen llevar una buena cucharada de crema de rancho espesa. En el Distrito Federal las tortas pueden ser el alimento más importante del día. Se confeccionan de muchos tipos, y destacan en especial las tortas de jamón, milanesa, pierna, salchicha, bacalao a la vizcaína, queso de cerdo, queso blanco o huevo. Cualquiera de ellas puede ir con queso o sin éste, pero en caso de pedirlo, se cobra un sobreprecio. La torta cubana, muy acostumbrada en el Distrito Federal, lleva jamón, pierna horneada, queso de cerdo, queso fresco, queso amarillo, milanesa y salchicha, con rebanadas de aguacate, cebolla, jitomate y rajas de chile jalapeño o chipotles en adobo, pero puede tener muchos otros ingredientes. Las tortas de bacalao a la vizcaína no contienen ningún otro ingrediente, pues el preparado tiene mucho sabor; en el Distrito Federal son muy comunes en el ámbito familiar, especialmente en la cuaresma y en la época navideña, que es cuando se prepara el bacalao; en esa temporada también se llegan a vender en las torterías. Muy socorrida es también la torta de jamón con aguacate, jitomate, queso, lechuga, cebolla y rajas de chiles en vinagre; la de jamón con una rebanada de piña en almíbar se llama torta hawaiana. La torta suiza del Distrito Federal puede llevar cualquier relleno, aunque predominan el jamón y la pierna adobada, con abundantes porciones de queso panela, Oaxaca o manchego gratinados; es habitual que se calienten en parrillas que doran o prácticamente queman el pan, lo que les da una consistencia crujiente por fuera y suave por dentro. En la costa de Guerrero es muy popular la torta de relleno; lleva carne de cerdo untada con un recaudo y horneada junto con verduras y frutas. La carne se desmenuza y se mezcla con un poco del resto de los ingredientes antes de formar las tortas. El recaudo se hace con vinagre blanco, semillas de cilantro, orégano, comino, clavo y ajo, y el relleno lleva además papas, zanahorias, chícharos, cebolla, piña, pasitas, almendras y plátano macho, picados; las verduras y frutas se ponen debajo de la carne mientras se hornea. Estas tortas se acostumbran para el desayuno o el almuerzo. En Jalisco, Coahuila y Colima se le conoce como lonche.

→ guajolota, tortita

TORTA A LA PLANCHA

Tortas con cualquier ingrediente tradicional calentadas a la plancha. Este término se empleó durante las décadas de 1970 y 1980 en muchos lugares del país para distinguir las tortas calientes de las frías. Como en ocasiones las parrillas o planchas se alimentan con energía eléctrica, en algunos lugares se les conoce como tortas eléctricas.

TORTA AHOGADA

Torta preparada con un birote relleno de carnitas, lomo o pierna de cerdo, sumergido en una salsa de jitomate y chile. Existen dos salsas para bañar la torta: se dice que la original es la de chile de árbol seco muy picosa y otra menos picante; ambas se comen indistintamente o combinadas. Por lo general, una parte de la torta se baña con la salsa y se sirve en un plato hondo, para que el comensal pueda sujetar la parte que no tiene salsa y a su vez añadir salsa de chile de árbol seco, al gusto. También puede servirse ya bañada con la salsa picante y, en ese caso, es común pedir la torta medio ahogada (parcialmente bañada) o ahogada completa (nadando en salsa), según el grado de picor que se prefiera. Es un antojito típico de Guadalajara, Jalisco; se comenzaron a vender a un costado del santuario de Guadalupe, pero en la actualidad se encuentran en puestos callejeros y mercados de toda la ciudad.

TORTA COMPUESTA

Torta rellena con un guiso de carne de res cocida y picada, mezclada con cebolla, sal y un poco de chile, en bolillos o teleras cortadas a la mitad. Se envuelve en papel de China o en una servilleta de papel y se reparte en la fiesta de las Velas o en las bodas como bocadillos en Juchitán, Oaxaca.

TORTA CUAUHTÉMOC ◆ budín azteca

TORTA DE ALMENDRA Y JIOTILLA

Postre de platón que se prepara con leche, azúcar, almendra molida y fécula de maíz, bañado en miel de jiotilla. Esta miel se prepara haciendo un almíbar espeso con agua, azúcar y jugo de limón; después se le agrega la pulpa molida de jiotilla, de lo que se obtiene un jarabe rojo muy denso. Es un postre muy antiguo en Oaxaca.

TORTA DE CALABACITA

Tipo de budín de calabacita con harina, polvo para hornear, huevo, azúcar y crema; la mezcla se coloca en un molde, se hornea y se corta en rebanadas como un pan. También se puede preparar con elote, chayote o cualquier otra verdura. Su origen es tabasqueño.

TORTA DE CIELO

Pastel de textura húmeda y suave, que se prepara con harina, mantequilla, almendras picadas, azúcar, polvo para hornear, huevo, *brandy* y extracto de almendra. Se espolvorea con azúcar glass. Es un pastel especial para bodas, cumpleaños y otras celebraciones en Mérida, Yucatán. Se dice que su popularidad comenzó cuando se empezó a vender en la casa Chilam Balam. Curiosamente no se hacía ahí, sino que la elaboraban unas ancianas que la vendían al hotel, pero pese a que guardaron la receta con gran celo, pronto empezaron a aparecer preparaciones similares en toda la ciudad.

TORTA DE ELOTE

Budín o pastel que se elabora con granos de elote fresco molido, mantequilla, polvo para hornear y sal; a esta base se agregan otros ingredientes como pasitas, huevo, canela, queso, azúcar y rajas de chile poblano; puede ser dulce o salado. La mezcla se acomoda en un molde y se hornea. Se acostumbra consumirla principalmente  en el desayuno y la cena, acompañada con leche, café o chocolate, o bien como postre o pan de dulce. Se cocina todo el año en casi todas las regiones de México, pero su preparación es más frecuente durante la cosecha del elote, que por lo general es de julio a septiembre. En algunos lugares del centro del país se sirve acompañada de crema y rajas guisadas en salsa de jitomate. Cabe mencionar que este preparado se puede encontrar en un sinnúmero de variantes.

Conocida también como:

◇ budín de elote
◇ pan de elote
◇ panqué de elote
◇ pastel de elote

→ pan de elote

TORTA DE GARBANZO

Panqué dulce o salado de garbanzos cocidos y molidos con mantequilla y huevo. En Sinaloa, las tortas saladas se acostumbran para acompañar las comidas, mientras que las dulces hacen las veces de postre y pueden incluir trocitos de acitrón, cáscaras de naranja cubierta, pasitas y canela. En Jalisco, por otra parte, se prepara con garbanzos cocidos y molidos con leche, azúcar y canela hasta lograr una consistencia de cajeta; después se mezcla con yemas de huevo, polvo para hornear, aguardiente de tuna y claras de huevo batidas, y se hornea en un molde. Suele espolvorearse con azúcar glass. Son tradicionales como postre y especialmente en las bodas de los pueblos del sur del estado.

TORTA DE HUACHAL

Platillo elaborado con huevos batidos a punto de turrón, mezclados con huachal molido y sal; se fríen en aceite y se sirven con mole o nopales en salsa de jitomate. Es una preparación típica de Jalisco.

TORTA DE HUEVO ◆ tortilla de huevo

TORTA DE MARISCOS

Tortilla de huevo mezclada con diferentes mariscos, cilantro y chile verde picado; incluye camarón, pulpo y jaiba. Todo se cuece por ambos lados en una sartén pequeña; la orilla o costra siempre es muy dorada y el interior suave. La tortilla mide unos 15 cm de diámetro por 2 cm de grosor. Es una especialidad en el norte de Veracruz y se sirve en casi todos los restaurantes de pescados y mariscos en Tuxpan y Tamiahua. Se acompaña con salsa picante y tortillas.

TORTA DE NATA

Preparación en la que se incluyen generosas porciones de nata de leche de vaca y, dependiendo de la región, puede tratarse de un platillo diferente. En muchas rancherías y pueblos, se prepara de forma casera una torta de natas que con-siste en bolillo blanco cortado por la mitad, se le unta nata y se le espolvorea azúcar o sal, dependiendo del gusto familiar. Esta preparación se sirve en el desayuno o en la cena, acompañada de café. En Oaxaca la torta de natas puede ser un pan de dulce que en otras regiones del país se conoce como pan de nata.

→ pan de nata

TORTA DE PLÁTANO

Tortita gruesa que se elabora con una masa de plátano macho cocido y molido, revuelto con huevo y pan molido; se fríe en aceite y se sirve con azúcar y canela molida espolvoreados encima. Es una preparación campechana. En Veracruz se prepara de manera similar con plátanos de Castilla pero sin huevo y pan molido, por lo que se debe tener mucho cuidado para no romperla. Se sirve sola, con mantequilla o crema durante la mañana o a la hora de la cena.

Conocida como:

◇ plátano aplastadito (Lerdo de Tejada, Veracruz)
◇ tortilla de plátano (San Andrés Tuxtla, Veracruz)
◇ tostones (San Andrés Tuxtla, Veracruz)

→ tortilla de plátano

TORTA DE PLÁTANO CON HUEVO

Tipo de budín o pastel, que se elabora con una mezcla de plátano macho maduro, frito y cortado en trocitos, huevo, sal y leche; se fríe en manteca de cerdo hasta que se cuece, y se sirve acompañado de frijoles negros. Es una preparación que se acostumbra en San Rafael y zonas aledañas en el estado de Veracruz.

TORTA DE PULQUE ◆ pan de pulque

TORTA DE TAMAL ◆ guajolota

TORTA DE TUNA

Preparación a base de tunas peladas y machacadas en un mortero, hasta formar una pasta con la cual se elaboran unas tortas que se colocan en una manta y se ponen a secar a la sombra hasta que están totalmente deshidratas. Las consumen acompañadas con café los habitantes de la comunidad indígena paipai en San Isidro, Baja California.

TORTA DEL SANTUARIO

Torta elaborada con birote cortado por la mitad a lo largo, untado con frijoles caldosos y relleno con lomo adobado de cerdo o lengua de res, lechuga, rábanos y cebollas rebanadas y bañada con salsa dulce. Su nombre se debe a que originalmente se vendían junto al santuario de la virgen de Guadalupe, en Guadalajara, Jalisco, y actualmente en las calles aledañas. Son típicas para la hora de la cena.

TORTA HUASTECA

Preparación elaborada con capas de tortillas de maíz; se colocan dentro de una cazuela y entre capa y capa se pone un guiso de carne de cerdo preparado con jitomate, ajo, cebolla, canela, clavo, huevos crudos, almendras, pasas y salsa de chiles pasilla y ancho; al final todo se hornea. Es un preparado tradicional de la Huasteca tamaulipeca.

TORTA MOCTEZUMA ◆ budín azteca

TORTA MORISCA

Tipo de pastel horneado que se prepara con arroz cocido en agua o leche con azúcar y canela mezclado con huevo batido y relleno de picadillo de cerdo o de res; el picadillo se elabora con carne, cebolla, sal, pimienta, comino, vinagre y frutas en vinagre. Es un preparado que casi ha desaparecido y su nombre hace referencia al uso de especias supuestamente moriscas. También se conoce como pastel de carne.

TORTA PAJIHUECA

Platillo elaborado con bolillos rebanados que se cubren con rodajas de huevo duro, calabacitas cocidas, garbanzos y cebolla rebanada; todo se baña con salsa de jitomate y se hornea. Es una preparación típica de Yahualica, Jalisco.

TORTA ZÁA

Pan de fiesta que se elabora con harina de trigo, huevo, azúcar, manteca de cerdo, canela molida y queso seco. Se acostumbra en las bodas de Juchitán, Oaxaca.

TORTADITAS

Tortitas fritas de carne de res molida, revueltas con cebolla, ajo y jitomate finamente picado, huevo y sal. Se sirven como hamburguesas en pan o con salsa de jitomate espesada con pan. Es una preparación típica de Comitán, Chiapas.

TORTEAR

Acción de estirar una masa con las manos hasta obtener la forma deseada. Este término se aplica por lo general a la masa de maíz para hacer tortillas.

TORTERÍA

Expendio de tortas. Puede tratarse de un sitio sencillo pero bien establecido o puesto ambulante. Por lo general ahí no venden otros productos, y es común que las preparen de diferentes tipos o rellenos, así como de una sola especialidad como las tortas ahogadas.

TORTILLA

Disco plano de masa cocida de nixtamal o de harina de trigo que se elabora a mano o en una máquina tortilladora. Es un elemento fundamental de la cocina mexicana. De origen prehispánico, los mexicas la denominaban *tlaxcalli*, preparándola de muy diversas formas y tamaños. Hoy en día la tortilla de tamaño estándar mide entre 12 y 18 cm de diámetro y pesa entre 30 y 40 gramos. Además de que sirven para acompañar casi cualquier comida, son la base de platillos como enchiladas, totopos, chilaquiles y, por supuesto, tacos. La manera de preparar las tortillas en máquina ha borrado un poco la imagen tradicional de las mujeres que tortean la masa: convierten una pequeña bola de masa de maíz en un disco delgado y redondo, que al tener contacto con el calor del comal se infla lentamente. Las tortillas poseen un derecho y un revés; el primero tiene adherida la piel, y el revés es el lugar donde se añaden los ingredientes y se reconoce por tener una piel delgada, desprendible y delicada. Aunque el tono amarillo que a veces presentan las tortillas algunos lo atribuyen al hecho de que hayan molido en la masa también los olotes, lo cierto es que en la mayoría de los casos se debe a que llevan una mayor cantidad de cal en su elaboración. Cuando la masa se enfría se vuelve más blanca, porque la cal pierde su potencia. En las tortillerías, algunos vendedores remojan las tortillas que no se vendieron el día anterior y las agregan a la masa nueva; cuando eso sucede, se pueden distinguir porque se observan en la tortilla pequeños trozos que reducen la calidad y el sabor. En casi todas las ciudades del país se venden por docenas las tortillas hechas

a mano; por lo general son más chicas y suaves que las de máquina y casi siempre de mejor sabor y calidad. En comunidades no muy grandes, hasta se entregan pedidos a domicilio. Otras tortillas que es menester mencionar son las elaboradas a base de harina de maíz comercial, que si bien son más nutritivas porque en su proceso de producción no se pierden tantos nutrientes como en el casero, su sabor no es tan bueno, ya que es una exigencia mexicana comer tortilla elaborada a base de nixtamal. Existen también ciertas variedades de tortillas que se acostumbran en muchas regiones de México: las tortillas correosas son una variedad de consistencia seca que se producen en la Mixteca oaxaqueña; las tortillas duritas de Colima son sacadas del comal y se dejan secar al sol para que adquieran la textura de una tostada; son muy solicitadas en los mercados populares, y para distinguirlas de las tortillas fritas se llaman blanditas; en Tabasco, Chiapas y la península de Yucatán, también se preparan los penchuques. Otra variante son las tortillas que presentan unas partes cocidas y otras no, llamadas tortillas pizcas. En Chihuahua se elabora la tortilla aleluya. En Jalisco se preparan las raspadas, también llamadas pacholas. En el estado de Oaxaca se comen diversos tipos de tortillas, como las tlayudas. En Villa Alta se preparan las tortillas amarillas grandes presionando la masa sobre una hoja de plátano. Las tortillas chinantecas son de masa de maíz blanco o amarillo, y pueden medir hasta 50 cm de diámetro, su textura es crujiente y se conservan durante varias semanas. En Montenegro se comen tortillas de maíz blanco cocidas en un comal plano llamado roñoso, que tiene una cuadrícula que marca las tortillas. En la región del Istmo de Tehuantepec existe toda una familia de tortillas llamadas totopos. En el valle de Oaxaca y otras zonas del estado las tortillas de maíz blanco delgadas y suaves se conocen como blanditas (o blandas)

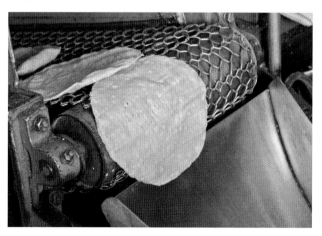

para diferenciarlas de las tlayudas. En la región chontal se prepara una tortilla gruesa y grande que abarca todo el comal y se conoce como lampima, que debe cocerse a fuego lento para que dore sin quemarse; debido a su grosor es necesario partirla en pedazos para poder comerla. Las tortillas suaves de San Mateo del Mar son pequeñas y muy gruesas. Los cuicatecos de La Cañada y los mixes de Cacalotepec, además, mezclan la masa de maíz con pasta de plátano. En Santa María Ixcatlán agregan el núcleo de la biznaga hervido y seco a la masa de maíz. En Matatlán, Tlacolula, Oaxaca, añaden los trozos dulces y cocidos del maguey que se ocupa para fabricar el mezcal; éste adquiere una consistencia pastosa por el prolongado horneado que recibe, sin embargo es fibroso y se debe moler muy bien antes de mezclarlo; la tortilla es de sabor dulce. En otros sitios del estado de Oaxaca se revuelve la masa con trocitos de yuca, pepita de calabaza, frijoles, coyol, masa de trigo, camote u hojas de aguacatillo. En Juxtlahuaca se prepara una tortilla a la que llaman correosa, típica de la región mixteca; también el totopo nuevo (el cual contiene maíz nuevo), totopo de sal, totopo dulce con azúcar de caña y el totopo de manteca de cerdo cuya masa se mezcla con manteca de cerdo; estos últimos suelen hacerse o encargarse para regalar a los conocidos. Se considera algo especial por el exquisito sabor que adquiere gracias a la manteca de cerdo. En Tlaxiaco se encuentran tortillas de maíz blanco, amarillo o morado, ligeramente más gruesas que las tlayudas y famosas porque el maíz se muele únicamente en metate y se evita utilizar el molino eléctrico. Los mazatecos de San Pedro Ixcatlán preparan la tortilla de yuca. En la zona de la Mixteca Alta, la masa de maíz se mezcla con diversas hierbas o quelites, de manera que la masa rinde más. Cuando escasea el maíz, los totonacas de la costa norte de Veracruz añaden ojite nixtamalizado a la masa de maíz para elaborar las tortillas. En el norte del país se acostumbran más las tortillas de harina, muy solicitadas para la carne asada o para preparar burritas.

TORTILLA AL MOJO DE AJO

Penchuque de maíz blanco (a veces con yuca o maíz nuevo) cocido y vuelto a calentar en comal; mientras se calienta se le añade aceite y ajo picado o rebanado para que adquiera sabor. Se acostumbra en muchos restaurantes de Tabasco.

TORTILLA ALELUYA

Tortilla de trigo muy molido, que preparan los tarahumaras del oeste de Chihuahua con una masa más aguada de lo común: la extienden con los dedos sobre un comal engrasado con cebo de cabra o manteca de cerdo, abarcan toda la extensión del comal para aprovechar la forma y obtener así una tortilla grande.

TORTILLA AZUL

Tortillas delgadas que presentan tonalidades grises, moradas, azules, negras o verde oscuro. El tono depende del maíz que se utilice pero, popularmente, todas se denominan azules, sin importar que haya diferencias en la tonalidad. Son

muy apreciadas entre la gente de las ciudades del centro del país por tener un sabor diferente al de las tortillas de maíz blanco. Además, siempre son más caras que las blancas.

TORTILLA BLANCA

Tortillas que se elaboran con maíz blanco, muy apreciadas por su sabor y por lo general se preparan a mano. Se consumen principalmente en el centro del país.

TORTILLA CHINANTECA

Tortilla muy grande, de hasta 50 cm de diámetro, que se elabora con masa de maíz que puede ir mezclada con frijoles cocidos, pepita de calabaza molida, coyol o harina de trigo. La preparan los chinantecos de Oaxaca. A esta tortilla se deben añadir otras que se acostumbran en Usila, cuya masa va mezclada con camote, elote molido, yuca o frijol cocido molido con chile y hoja de aguacate.

TORTILLA CON ASIENTO

Tortilla untada con asiento de chicharrón; se le añade salsa de chile pasilla oaxaqueño y queso fresco. Se sirve caliente como antojito popular en el estado de Oaxaca.

TORTILLA DE ALVERJÓN

Tortilla hecha a base de masa de nixtamal mezclada con alverjón tostado y molido. Se utiliza igual que la tortilla común. Es típica de Tlaxcala.

TORTILLA DE ATOLE ◆ atole duro

TORTILLA DE CAMAHUA

Tortilla que se elabora con masa de elotes camahuas. Se acostumbra en la región de Zongolica.

TORTILLA DE COLOR

Tortillas de maíz de cualquier color que no sea blanco. Es un término utilizado entre los huicholes de Nayarit, quienes utilizan principalmente el maíz azul aunque es más común entre ellos el consumo de tortilla blanca.

TORTILLA DE ELOTE

Tortillas triangulares con grosor de unos 3 cm. Las elaboran los nahuas de Milpa Alta, en el Distrito Federal, con masa de granos de elote molidos con anís, canela y agua de tequesquite. Entre los indígenas de Sonora son tortillas de granos de elote molidos con agua y cocidas en comal.

TORTILLA DE GARBANZO

Tortilla de garbanzo cocido, molido y mezclado con masa de maíz, que puede encontrarse en Sonora, entre los indígenas mayos.

TORTILLA DE GUAMÚCHIL

Tortillas que se preparan con masa de maíz y semilla de guamúchil molida. Son típicas entre los indígenas yaquis del estado de Sonora.

TORTILLA DE HARINA

Tortilla que se prepara con masa de harina de trigo, a la que se añade manteca de cerdo o vegetal, sal y agua; los ingredientes se mezclan hasta lograr una masa homogénea que se deja reposar algunos minutos y se divide en bolitas. Luego se estira hasta obtener los círculos medianos y grandes que se cuecen en el comal por ambos lados. Es la tortilla más utilizada en los estados del norte del país. Con ellas se elaboran todo tipo de

antojitos regionales como quesadillas, tacos o burritos. Sus orígenes se remontan al pan o tortilla árabe, que llegó a México a través de España y es probable que se hayan comenzado a preparar a finales del siglo XVI, justo después del arribo del trigo a tierras mexicanas en 1543. Los lugares donde más se arraigó no pertenecieron a la antigua Mesoamérica, donde la tortilla de maíz tenía un papel preponderante. La elaboración puede variar ligeramente, por ejemplo, después de hacer la tortilla se deja reposar unos segundos para que se encoja y se le da una segunda estirada antes de cocerla. Se debe tener cuidado de que el comal no esté excesivamente caliente, porque es una tortilla delicada y fácil de quemar. Tampoco se recomienda que se apilen cuando están todavía calientes; es mejor dejarlas orear un poco para que no se peguen. En los estados del norte del país es habitual que las preparen de forma casera. En la actualidad, en la península de Baja California, Nayarit, Sinaloa y Sonora se utiliza más la manteca vegetal que la de cerdo para hacer tortillas grandes, gruesas y muy resistentes. En el área de Puerto Nuevo, Baja California, la tortilla rebasa los 30 cm de diámetro y es muy delgada y suave; se prepara con harina de trigo, manteca de cerdo y manteca vegetal. En los restaurantes donde venden langostas se elaboran al momento. Las tortillas no caben en la tortillera que mide unos 18 cm de diámetro, pero aun así se colocan dentro de la tortillera. Es característico que la tortilla sea delgada, muy suave y resistente. En Coahuila son más pequeñas y gruesas que las de otros estados. También se preparan las tortillas dulces de harina. En Chihuahua se agrega polvo para hornear a la masa para que se inflen bien. A veces las llaman tortillas de harina para burritos. En Oaxaca se prepara una tortilla de harina de trigo integral más conocida como tortilla de trigo. En Sonora suelen ser muy delgadas y muy grandes: llegan a medir hasta 50 cm de diámetro. Una vez cocidas se doblan en cuatro para su venta. A veces se les llama tortillas de sobaco, o sobaqueras, pues la tortilla se pasa de brazo en brazo para trabajarla, y la orilla llega a alcanzar el sobaco o axila de quien las prepara. Son la base de las chivichangas, de los burros percherones, los tacos caramelo y los tacos lorenzas. Otras maneras de llamar a las tortillas de harina son tortillas de manteca, que se elaboran con manteca de cerdo, o tortillas de agua preparadas con manteca vegetal. Actualmente muchas personas ocupan el horno de microondas para recalentarlas, con lo que se obtienen buenos resultados, pero se deben comer inmediatamente, porque tan pronto se enfrían, las tortillas se vuelven correosas. En tiendas y supermercados de todo el país se encuentran las tortillas de harina de fábrica o de marca: pueden ser chicas, de alrededor de 15 cm de diámetro, o grandes, de casi el doble de tamaño. Menos comunes y nada tradicionales son las tortillas de harina de trigo integral.

TORTILLA DE HARINA CON QUESO

Tortillas de harina de maíz amasada con agua, queso, manteca de cerdo y sal, cocidas en comal.

TORTILLA DE HARINA Y HUEVO

Tortilla de harina de trigo capeada en huevo, frita y endulzada con miel de maguey. Es un postre tradicional de la época de cuaresma en Zacatecas.

TORTILLA DE HUEVO

Huevos batidos ligeramente y cocidos en una sartén con poco aceite para hacer una especie de tortilla, que por lo regular queda un poco dorada. Ya que está lista, se le pone encima queso, salsa o cualquier ingrediente y, a veces, se dobla. Se acostumbra mezclar el huevo con chile verde picado y cebolla rebanada o picada. También se le llama huevos en torta o torta de huevo, aunque los mexicanos en la actualidad tienden a suprimir el nombre de torta por el de *omelette*, imitando el uso francés. Ésta es una de las formas más tradicionales de preparar los huevos en México, y se sirven solos o con alguna salsa; también es la base para preparar los huevos al albañil, o la torta de huevo, que por lo general consiste en un bolillo o telera partido por la mitad, untado con frijoles y mayonesa y relleno de aguacate, chiles en rajas y la tortilla de huevo como relleno principal. En la sierra Norte de Puebla, específicamente en Tuxtla, se prepara una tortilla de huevo con xonacates, bulbo y rabos picados mezclados con huevo; se acompaña con tortillas de maíz y frijoles. De la misma manera se prepara la tortilla de huevo con quelites cenizos y cualquier otro quelite.

TORTILLA DE MANTECA DE RES

Tortilla que se prepara con masa de maíz revuelta con manteca de res; se cuecen al comal y se acostumbran en la región de Los Tuxtlas, en Veracruz.

TORTILLA DE NOPAL

Tortilla que se elabora a base de una mezcla de harina de maíz con harina de nopal deshidratado. En últimas fechas se han industrializado y su consumo va en aumento, por sus propiedades nutricionales y su alto contenido de fibra.

TORTILLA DE PLÁTANO

Nombre que designa a una diversa variedad de tortillas que se elaboran con diferentes tipos de plátano. En la Huasteca veracruzana se denomina así a una tortilla elaborada con una masa de plátano macho que se fríe en manteca de cerdo o aceite; se puede acompañar con crema o mantequilla. En la región del Sotavento existen al menos dos variedades: la tortilla de plátano verde, hecha de plátanos machos verdes, molidos en crudo y mezclados con harina para hacer tortillas que se cuecen al comal. La otra versión es con plátano macho tierno, molido en crudo, revuelto con masa de maíz y sal; las tortillas quedan gruesas y se cuecen en el comal hasta que quedan tostadas y se acompañan con café o leche. En la región norte, los nahuas preparan unas tortillas de masa de plátano de Castilla verde y masa de maíz, cocidas en comal. Estas tortillas se elaboran cuando el maíz escasea y se consumen igual que las tortillas comunes. En Tuxtepec, Usila y zonas aledañas de Oaxaca, se elaboran tortillas de plátano verde que pueden ser de masa de plátano o de masa de maíz mezclada con plátano, que suelen alcanzar los 30 cm de diámetro, se cuecen en comal y se acostumbra comerlas con salsa o cualquier otro alimento; se conservan en un chical. En el área de Totontepec Mixe, Oaxaca, se preparan también con plátano macho verde y masa de maíz, cocidas al comal. Con esta misma mezcla se elaboran unas bolitas que se emplean en el bodoke.

TORTILLA DE SEMILLAS DE BLEDO

Tortillas que se elaboran con semilla de bledo o amaranto. Para prepararlas primero se recolecta la parte de la planta que contenga la semilla del bledo en una sábana grande o en un mantel, se deja secar al sol durante un día, luego se amarra la sábana por las puntas y se garrotea con un palo de leña por unos minutos, después se desatan las puntas y se saca la basura, es decir, las plantas secas. Se sopla hasta que quede sólo la semilla y se deja secar otra vez al sol en la misma sábana durante tres días; posteriormente se muele tres veces en un metate liso, luego en una bandeja se pone la semilla de bledo molida, se agrega sal y un poco de agua caliente y se deja reposar. Con esta masa preparan las tortillas los yaquis del estado de Sonora.

TORTILLA DE TRIGO

Tortilla de harina de trigo integral que mide en promedio 30 cm de diámetro. Se consume en los Valles Centrales de Oaxaca, donde por lo general se vende por medias docenas en bolsas de plástico, casi siempre junto a las vendedoras de tlayudas y tortillas blandas. Aunque

Mujeres de Coixtlahuaca elaborando tortillas de trigo durante una mayordomía

en apariencia tiene mucha similitud con la tortilla de harina integral del norte del país, en realidad su sabor y textura no son similares.

TORTILLA DE YUCA

Tortilla que se prepara con base en una mezcla de masa de maíz con yuca cruda molida. Se acostumbra en el sur del estado de Veracruz y por extensión en Macuspana y otros municipios de Tabasco. En San Pedro Ixcatlán y en Usila, Oaxaca, se elaboran con masa de nixtamal, yuca molida, y se rellenan de frijoles condimentados con chile seco y hojas de aguacatillo. Las orillas de las tortillas se doblan hacia adentro hasta quedar de forma triangular y tradicionalmente se guardan en un chical o canasta. Este tipo de tortillas es especial para acompañar a los moles rojo, amarillo o a la asadura de cerdo.

TORTILLA DULCE DE HARINA

1. Tortilla de harina cuya masa se endulza con azúcar o piloncillo. Se elabora de forma casera para el desayuno o la merienda. Es tradicional en la ciudad de Durango y Santiago Papasquiaro, Durango, así como en Coahuila y Nuevo León. **2.** Pan de dulce con forma de tortilla, que se prepara con harina de trigo mezclada con canela molida, azúcar, manteca de cerdo, huevo y leche, y se cuece en comal. Se consume en Coahuila.

TORTILLA GRATINADA

Tortilla al mojo de ajo o tortilla rellena, a la que se añade queso en la superficie para gratinarla. Se consume en Tabasco.

TORTILLA GRECAZA ◆ tortilla pintada

TORTILLA GRUESA ◆ penchuque

TORTILLA NEJA

Del náhuatl *nextli*, ceniza. Tortilla cocida con exceso de cal, que por ello adquiere un color cenizo.

TORTILLA PARADA

Tortilla de masa de maíz revuelta con plátano verde, frijoles cocidos o elotes sazones; toma su nombre dependiendo del ingrediente: tortilla parada de plátano verde, tortilla parada de frijol o tortilla parada de elote. Las tortillas se cuecen en

comal y durante la cocción se les hacen algunos hoyos; una vez cocidas, se "paran" entre el rescoldo del fogón. Se llaman paradas pues quedan un poco tiesas al deshidratarse con consistencia de totopo. Son típicas de la zona sur del estado de Veracruz.

TORTILLA PINTADA

Tortilla de masa de maíz decorada con colores. Se emplean para festividades religiosas y otras fechas importantes entre los otomíes de Querétaro y Guanajuato. En este último se decoran con moldes de madera de mezquite pirograbados con dibujos de pájaros, animales, flores o elementos decorativos, con los que se marcan o sellan las tortillas. El color rojo se obtiene del betabel, el amarillo del cempasúchil, el morado del mixtle, el verde y el azul de pinturas vegetales. Se elaboran principalmente para bautizos, bolos, Año Nuevo, Semana Santa y día de Muertos. En el área de Comonfort, Guanajuato, le llaman tortilla grecaza porque los sellos se asemejan a grecas de dibujos prehispánicos. En las bodas de Zacoalco, Jalisco, se sirven unas tortillas unidas por la orilla como signo de la unión de la pareja, decoradas con dibujos de corazones y otros símbolos de amor. En Tolimán, Querétaro, los indígenas las acostumbran especialmente para las fiestas de san Miguel. Cuando la tortilla está a medio cocer se voltea y se decora con trozos de pencas de garambullo en forma de estrella y elotes delgados, que se meten a las tintas y se utilizan como sellos; otras también se preparan coloreando toda la tortilla. El tono morado se saca de las flores de hiedra, el amarillo del azafrancillo y el rojo de la cochinilla mezclada con jugo de xoconostle. Antaño se utilizaba también con frecuencia el añil para obtener un tono azul. En Villa Corregidora, Querétaro, las elaboran con figuras de la virgen de Guadalupe o flores; son predominantemente color morado y el sello se fabrica a veces con madera de sauce.

Conocida también como:
◊ tortilla de colores
◊ tortilla decorada
◊ tortilla sellada (Villa Corregidora, Querétaro)
◊ tortilla teñida

TORTILLA RASPADA

Tortilla que se prepara a mano y presenta ranuras o raspones, porque se elabora sobre el comal de roña. Se prepara en la comunidad chinanteca de Oaxaca.

TORTILLA RELLENA

Tortilla gruesa, rellena de camarones guisados con jitomate, cebolla, chile dulce y, a veces, queso para gratinar; se recalienta con manteca de cerdo o aceite. El aceite que se utiliza para recalentarla puede contener ajo. Es una especialidad que se sirve en los restaurantes de comida típica en Tabasco, especialmente en Villahermosa y Frontera.

TORTILLA SELLADA ◆ tortilla pintada

TORTILLA SOBAQUERA ◆ tortilla de harina

TORTILLAS RELLENAS DE CAMARÓN EN MOJO DE AJO

Preparación a base de dos tortillas de masa de maíz freídas en aceite con achiote, rellenas de pasta de frijol negro y camarones guisados. En algunos casos se usa otro marisco como la jaiba o el pulpo. Se acostumbra en el sur de Tabasco o en el norte de Veracruz, aunque puede encontrarse en muchas regiones aledañas.

TORTILLERA

1. Instrumento utilizado para hacer tortillas en casa, también conocido como prensador de tortillas. Está fabricado de tres piezas: la base, una tapa y la manigueta, que ayuda a que la tapa presione la masa y se forme la tortilla. Es necesario poner plástico en ambas partes, para que la masa no se quede pegada al prensador. Las más comunes son las de metal, pero existen también de madera y de tela de lona. En este último caso, en lugar de aplastar se da vuelta a la manigueta para que la tela circule y presione la masa. Menos usuales son las tortilleras de rodillo, en las que dos rodillos metálicos giratorios aplastan la bolita de masa.

2. Mujer que se dedica a hacer tortillas, sea en una tortillería con maquinaria especializada o a mano, de forma tradicional. La venta de estas tortillas se lleva a cabo de tres maneras: las personas llegan a comprar las tortillas directamente, o una vez listas, las tortillas se reparten a domicilio; todavía es una costumbre muy practicada en muchas comunidades de la provincia mexicana.

Vendedora de tortillas en el mercado de La Merced, ca. 1951

En las grandes ciudades colocan las tortillas en enormes canastos y las llevan a vender a los mercados populares, donde se venden por pieza o por docena. La venta dura sólo unas horas, porque las compradoras ya saben a qué hora llegan y hasta cuándo las pueden encontrar. Por lo general las vendedoras no llegan antes de las 11 de la mañana al mercado y son, tal vez, las primeras en desocupar sus puestos porque terminan su producto muy rápido.

3. Cesta o canasto de palma donde se mantienen las tortillas calientes para llevarlas a la mesa. En Yucatán existen las tortilleras que se fabrican con madera de huayacan, con una piedra en el interior, la cual se calienta para que mantenga las tortillas calientes; en el mismo estado se utiliza el lek. Existe también la tortillera elaborada con tela, que es como una bolsa redonda con una ranura por donde se meten las tortillas, o las que se fabrican con plástico que conserva el calor.

TORTILLERÍA

Fábrica de tortillas, donde éstas se venden recién hechas. Dependiendo del lugar, sus labores pueden comenzar en la madrugada o entrada la mañana; lo que es invariable es la hora de cerrar, por lo general después de la hora de la comida del mediodía. Con la modernidad y la gran explosión demográfica, resultó imposible cubrir la demanda con tortillas hechas a mano, de modo que se inventaron las máquinas automáticas en las que sólo se necesita poner la masa en un depósito y el aparato se encarga de hacer la tortilla, cocerla y sacarla. En las tortillerías es común que haya un salero cerca de la báscula para que los compradores que deseen puedan comer una tortilla con sal. Ahí mismo se venden salsas picantes, totopos, tostadas y algunos guisos como frijoles, arroz o chiles rellenos.

TORTITA

1. Preparación hecha a base de huevo batido mezclado con diversos ingredientes y generalmente freída. Aunque existen tortitas de carne, la gran mayoría son de verduras u hortalizas como calabacitas, brócoli, coliflor, y de flores como colorín e izote. Suelen servirse solas o bañadas con un caldillo rojo de jitomate, aunque también pueden estar servidas con salsa de tomate verde o algunas salsas rojas que se preparan con chiles guajillo o ancho, incluso otras oscuras a base de chile pasilla; en todos los casos se considera el plato fuerte de la comida del mediodía.

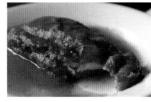

Tortita de calabaza

2. Variedad de pan de dulce pequeño que se prepara con la misma masa del llamado pan amarillo; se distingue por utilizar una variedad de trigo conocida como trigo boludo. Es típico de los Valles Centrales de Oaxaca.

→ torta

TORTITAS DE CAMARÓN

Tortitas fritas de camarón seco con huevo batido, que se acostumbran en varios estados del país durante la cuaresma. En Chihuahua, Coahuila y Nuevo León se baten las claras para después incorporarles las yemas

y el camarón seco molido; se fríen en pequeñas tortitas y se agregan a los nopales en chile colorado. En Jalisco se elaboran en una salsa de chile colorado, ajo y comino, que incluye camarón seco molido, masa de maíz, cilantro y nopales en tiritas. En Oaxaca se preparan con camarón seco molido y harina de maíz, se capean y se sirven en un caldillo de chiles ancho y guajillo, además de clavo, ajo, jitomate y miltomate; el guiso incluye nopalitos en tiras. En Juchitán también se preparan con huevo, camarones, masa de maíz, manteca de cerdo, jitomate, achiote, epazote, pepita de calabaza y chile verde. Con la masa se preparan tortitas que luego se hornean. Ahí se conocen también como *gueta bi'ngui'*, mientras que en algunos lugares de Oaxaca les llaman bocadillos de camarón. En San Luis Potosí y Zacatecas se elaboran con nopales, pipián verde o romeritos. En Veracruz se prepara la sopa de tortitas de camarón fresco: las tortitas se preparan con dos o tres camarones frescos que se capean en huevo y harina y luego se fríen en aceite hasta que doren. Éstas se agregan al caldo de pollo y camarón espesado con harina y se acompañan con salsa de chile seco. En Chiapas, durante la cuaresma las agregan a la sopa de chipilín. En los estados del centro del país se acostumbran agregar al revoltijo.

→ torrejas

TORTITAS DE CAZÓN

Platillo elaborado a base de cazón asado frito y capeado. El cazón se guisa con epazote, cebolla, jitomate, chiles habanero y de árbol y jugo de naranja; este preparado se capea y se sirve en un caldo de pasta de achiote, chiles xcatik, ajo, pimienta, epazote y pimiento. Es tradicional de la península de Yucatán.

TORTITAS DE CHARALES

Platillo elaborado con charales secos rehidratados mezclados con huevo batido; se moldean en tortitas y se fríen en manteca de cerdo. Se sirven en caldillo de jitomate con chile chipotle u otra variedad de chile. Son tradicionales en Jalisco durante la cuaresma, aunque también se comen en algunos lugares de San Luis Potosí y Zacatecas. En Campeche se conocen como tsaquitos o tortillas de charal y se sirven con cebolla morada en escabeche o salsa de tomate.

TORTITAS DE COCO

Tortitas de harina de trigo, yemas de huevo, manteca de cerdo y coco. La masa se corta en rebanadas, se le hacen pliegues en el borde para que queden en forma de platitos, se hornean y se rellenan con coco rallado y merengue. Se acostumbran en la ciudad de Oaxaca, donde los vendedores deambulan con charolas llenas de tortitas de coco. Se encuentran junto a los otros dulces regionales y en los últimos años le han agregado un poco de azúcar roja al merengue para hacer más llamativo al dulce.

TORTITAS DE COLIFLOR

Tortitas de coliflor cocida, capeadas y servidas en caldillo de jitomate. Algunas veces incluyen queso fresco. Es común dejar la coliflor en pequeños ramilletes para capearla, pero hay quienes la desmenuzan. Se sirven con bastante salsa, en ocasiones acompañadas de arroz blanco o frijoles caldosos. Son el plato principal en comidas caseras y fondas, especialmente en los estados del centro del país.

TORTITAS DE COLORÍN

Tortitas que se preparan con flores de colorín, queso fresco rallado y huevo, fritas y servidas en salsa de chile pasilla con tomate o jitomate, ajo y cebolla. Son típicas de Morelos. En Veracruz se guisan con colorín mezclado con cebolla y ajo, se capean y se sirven ahogadas en caldillo de jitomate y algunas veces se acompañan con plátano macho frito. En Chilapa, Guerrero, se elaboran con colorín cocido, mezclado con queso seco y huevo, servidas en caldillo de jitomate. también se les llama tortitas de pitos, de zontpantli o de gasparitos en Xalapa y otros sitios de Veracruz, nombres que dependen del que designe al colorín en cada lugar.

TORTITAS DE EPAZOTE

Tortitas de hojas de epazote rellenas; las hojas crudas o blanqueadas en agua caliente se moldean para hacer una tortita que se rellena con queso fresco o añejo. Se capean, se fríen y se sirven en caldillo. Se acompañan con frijoles, arroz rojo o blanco y tortillas de maíz. Se sirven como plato fuerte en las comidas caseras del mediodía en el centro del país, especialmente los viernes en caso de que las familias no coman carne. En el Distrito Federal y sus alrededores suelen servirse en caldillo de jitomate. En el Valle del Mezquital, Hidalgo, el caldillo tiene algunas veces un toque de comino y en algunos casos puede contener tiras de nopales cocidos. En el área de Zacualpan de Amilpas, Morelos, se sirven en caldillo de chile pasilla molido.

TORTITAS DE FLOR DE GARAMBULLO

Flores de garambullo cocidas en agua con sal, que se preparan en tortitas capeadas, fritas y servidas con caldillo de jitomate. Es un platillo principal en las comidas del mediodía en Hidalgo y Querétaro; en esos casos, la comida suele completarse con frijoles, salsa de gusano de nopal, arroz y torti-

llas de maíz. En la región hidalguense del Valle del Mezquital pueden incluir escamoles y servirse en salsa de chile chipotle, salsa verde, salsa roja o caldillo de jitomate. También se preparan en Chiapas, Coahuila y Nuevo León.

TORTITAS DE FLOR DE IZOTE

Flores de izote que se preparan en tortitas con huevo y aceitunas, alcaparras, chiles en vinagre y jitomate. Se hornean hasta dorar y se acompañan de aguacate y tortillas. Son típicas de Córdoba y otras ciudades veracruzanas.

TORTITAS DE GASPARITOS ◆ tortitas de colorín

TORTITAS DE GUAJE

Tortita preparada con semillas de guaje, cebolla picada, queso añejo y huevo; todo se mezcla, se fríe y se sirve en caldillo de jitomate condimentado con ajo, comino y cebolla. Es una receta casera del estado de Morelos.

TORTITAS DE HUAUZONTLE

Tortitas que se preparan con las inflorescencias del huauzontle cocidas en agua, que luego se rellenan con queso y se capean. Se acompañan con caldillo de jitomate, de chile pasilla o salsa verde. En los estados del centro del país es un alimento muy preciado, que se elabora para la comida del mediodía. En algunas partes de Puebla y Tlaxcala, los huauzontles se secan y se guardan para el tiempo de sequía o para la Semana Santa; después se hidratan antes de prepararlos.

TORTITAS DE HUEVA DE LISA

Tortitas de hueva de lisa, que puede utilizarse fresca, aunque es fácil encontrarla en los mercados ligeramente seca y salada. Se sofríe, se pela y se muele hasta que queda hecha polvo, para freírla con huevo, cilantro, cebolla y chile verde. Se forma una tortita de huevo gruesa y se acompaña en la mesa con chipotles adobados o salsa. Así se consume en Tuxpan, Veracruz. En el Sotavento, la hueva cocida y molida se mezcla con ajo y huevo, se fríe y se sumerge en una salsa de chile ancho con verduras como zanahoria, chayote, plátano macho rebanado y papa.

TORTITAS DE PAPA

Tortitas hechas con papa cocida y machacada, mezclada con huevo, leche, sal y queso. Se fríen en poco aceite hasta que se doran de ambos lados. Se acompañan con cualquier ensalada sencilla de lechuga, frijoles o arroz. Se preparan en casi todo el país, aunque se acostumbran más en los estados del centro del país, donde suele ser un plato principal en las comidas del mediodía, pues son sabrosas y baratas. Los viernes y en la cuaresma se sirven en casa y en fondas de comida corrida. En Coahuila y Nuevo León suelen servirse rellenas de queso y capeadas para la cuaresma. En Oaxaca se les llama bocadillos de papa.

TORTITAS DE PEJELAGARTO

Tortitas a base de carne de pejelagarto deshebrado y guisado con una salsa de jitomate, ajo, cebolla y epazote. La mezcla se revuelve con huevo batido para formar las tortitas, que se fríen y se acompañan con salsa al gusto. Son típicas de Catazajá, Chiapas.

TORTITAS DE SANTA CLARA

Galletitas hechas a base de masa de harina de trigo. Esta preparación lleva azúcar glass, agua, bicarbonato, yemas de huevo y manteca de cerdo. Antigua-mente sus adornos o rellenos solían ser de una pasta que se elaboraba con pepita de calabaza, agua y leche; hoy en día por lo general son sólo de azúcar glass. Son muy comu-nes en la ciudad de Puebla donde se venden en las dulcerías por paquetes, por docenas o sueltas. Las hay de dos tamaños: las pequeñas miden unos 6 cm de diámetro y las grandes 9 cm. En los restaurantes de comida típica se sirven como postre o para acompañar el café.

TORTITAS DE VENAS

Preparación de venas de chiles jalapeños combinadas con huevo batido y algunas veces con carne deshebrada. La mez-cla se fríe en porciones para prepararse en tortitas que se comen solas o en caldillo de jitomate, por lo general acom-pañadas con arroz y frijoles. Es una preparación muy antigua y típica de Xalapa, Veracruz, donde sólo se elaboran cuando se guisan chiles jalapeños rellenos, para aprovechar las venas que se retiran del chile. Son extremadamente picosas.

TORTITAS DE YUCA

Tortillas fritas, con masa preparada con yuca cruda molida con azúcar, harina de trigo, huevo, vainilla y canela. Por lo general son de unos 5 cm de diámetro y 0.5 cm de grosor. En Tabasco, el sur de Veracruz y partes de Chiapas y Oaxaca se acostumbran en el desayuno. También puede ser un antojito o la guarnición de algún quiso del mediodía, la cena o la merienda. Se comen calientes o a temperatura ambiente, solas o revolcadas en azúcar.

TÓRTOLA ◆ huilota, paloma

TORTUGA

Nombre con el que se desig-nan a los reptiles que tienen una armadura ósea o capa-razón que les cubre el cuer-po, excepto las extremidades y cabeza. En México viven 38 especies agrupadas en nue-ve familias; la mayoría tiene hábitos acuáticos y marinos

Tortuga golfina

y sólo dos especies son totalmente terrestres. En el pasado fue un alimento habitual entre las comunidades costeras y zonas lacustres, donde se guisaban de diferentes maneras. Todavía es famoso el recuerdo de los caldos de caguama o tortuga que se preparaban en los estados del Pacífico mexi-cano. Sin embargo, la caza inmoderada las llevó al borde de la extinción, de modo que en la actualidad está prohibida su caza y su consumo. Los huevos de casi todas las especies se hervían en agua, se abrían, se les ponía sal y se chupaban; también se utilizaban para el farangoyo. La tortuga en san-gre, o hicotea en sangre, fue quizás el guiso más representa-tivo de Tabasco, considerado como su especialidad más refinada. Dos décadas atrás todavía se solía comer una vez por semana entre las familias antiguas de la entidad, porque su carne era barata y su consumo legal. Se elaboraba tam-bién en algunas partes de Chiapas, y se incluían bolas de masa de maíz en el preparado. Otros platillos con tortuga son mole de pescado, mole amarillo, garapacho y tortuga

en salsa verde. Entre las especies más importantes de agua dulce encontramos el chopontil o chopontile, también lla-mada tortuga almizclera (*Claudius angustatus*), la jicotea o hicotea (*Trachemys scripta*), la tortuga blanca (*Dermatemys mawii*), el guao o guau (*Staurotypus triporcatus*) y el pochito-que (*Kinosternon leucostomum*). Entre las tortugas marinas, las más importantes son la tortuga, blanca o verde (*Chelonia mydas*) y la tortuga golfina (*Lepidochelys olivacea*).

TOSTADA

1. Antojito elaborado a partir de tortillas de maíz crujientes. Pueden comerse solas o con otros alimentos encima, por lo general frijoles, lechuga o col rallada, queso, crema, algún tipo de carne, chiles o salsa, aguacate y otros ingredientes. Las carnes que más se utilizan para preparar las tostadas son pollo o cerdo deshebrado, mientras que los picantes que más se utilizan son el chile jalapeño en escabeche y el chile chipotle en adobo. En el Distrito Federal también se prepa-ran las tostadas de pata de cerdo y en Hidalgo las tostadas curadas. En Jalisco se elaboran de varios tipos: las tostadas de pollo untadas con frijoles bayos o flor de mayo refritos, lechuga, pollo deshebrado, rebanadas de cebolla, aguacate y jitomate y copeteadas con crema espesa, queso fresco desmoronado y alguna salsa picante; en esta entidad tam-bién se preparan las tostadas de pata, pero con tortillas ras-padas. En Puebla se preparan las tostadas de tinga poblana. En Oaxaca son famosas las tostadas de chileajo con frijoles y queso desmoronado, y las de frijoles refritos con papa y cho-rizo. Las tostadas de arriero se acostumbran en Querétaro. En Tabasco se elaboran las tostadas de pozol. En la huasteca a la tostada le llama tochón.

Básicamente existen tres tipos de tostadas

• Tostadas de manteca. Casi siempre se venden sueltas o en paquetes; se distinguen por su tono amarillo. Para elabo-rarlas se trabaja la masa de maíz con abundante manteca de cerdo y se cuecen las tortillas hasta que quedan listas para usarse. Son muy crujientes y quebradizas.

• Tostadas oreadas. Sencillamente son tortillas frescas que se dejan orear y secar al sol para que se hagan duras o cru-jientes.

• Tostadas fritas. Son tostadas oreadas fritas en manteca de cerdo o aceite. Si se usan tortillas frescas, se procura picarlas con un cuchillo para que no absorban demasiado aceite. Son las más comunes en todo el país.

2. Nombre que reciben varios panes de dulce similares a ga-lletas. Por lo general son de forma aplanada y pueden ser de pasta de galleta con forma semicircular, triangular, ovalada,

Puesto de tostadas en un tianguis

613

aplanada, color café dorado y decoradas con azúcar en granos gruesos. En otros casos se incluye un poco de canela molida dentro de la masa, y se moldean en forma de un taco de zapato de caballero. Se acostumbran en el Distrito Federal.

TOSTADAS CURADAS

Tortillas de maíz cocidas, pasadas por pulque y puestas en comal para que se sequen y se tuesten. De unos 15 a 18 cm de diámetro, se utilizan para acompañar cualquier guiso o comida. Se acostumbran en el área colindante entre Hidalgo con Nanacamilpa, Tlaxcala, pues en esa región existe una abundante y añeja producción pulquera.

TOSTADAS DE ARRIERO

Tostadas de masa de maíz martajado con manteca de cerdo y sal cocidas de un solo lado; después se colocan a un lado del comal donde les llega el calor de las brasas para que se terminen de cocer y se doren. Se acostumbran en Querétaro.

TOSTADAS DE CARNE MOLIDA

Tostadas de maíz con carne de res molida, marinada en jugo de limón con cebolla, jitomate, cilantro, sal y pimienta. Son típicas de Comitán, Chiapas.

TOSTADAS DE CHINTEXTLE

Tlayudas fritas y doradas en aceite, con consistencia crocante, a las que se les unta frijoles negros refritos, se les agregan verduras en chintextle, queso fresco y cebolla blanca. Son típicas de la ciudad de Oaxaca y de la región de los Valles Centrales. Cobran especial importancia durante los días de cuaresma o Semana Santa cuando no se come carne. En estas fechas se preparan en casa, también se pueden encontrar en puestos improvisados o callejeros alrededor de los mercados y plazas públicas.

TOSTADAS DE COCO

Tostada dulce cocida al comal, preparada con masa de maíz, harina de trigo, agua, azúcar y coco fresco rallado. Pueden encontrarse los lunes, día de mercado de Pochutla y en algunos lugares como Puerto Ángel, Oaxaca.

TOSTADAS DE CUERITOS

Tostadas preparadas con tortilla de maíz frita, a las que se les pone encima col rallada, cueritos de cerdo rebanados, jitomate y salsa roja. Muchas veces el comensal añade a su gusto orégano molido o gotas de jugo de limón. Son típicas del estado de Guanajuato y se pueden encontrar en todo el estado, tanto caseras como en tiendas y puestos. Son famosas las que se expenden frente a la iglesia del Carmen, en la ciudad de Celaya.

TOSTADAS DE MARLÍN

Tortillas de maíz fritas y untadas con una mezcla de mayonesa y crema, cubiertas con carne de marlín cocida y desmenuzada. Es tradicional servir las tostadas en los restaurantes de mariscos en Tepic, Nayarit, donde se ofrecen como entremés o botana.

TOSTADAS DE PATA

Tostadas preparadas con pata de res. Es una de las más típicas del Distrito Federal, de las que existen diferentes variantes. Van aderezadas con vinagre, sal y orégano, deshuesadas

y picadas, colocadas sobre tortillas de maíz fritas. En algunos casos tienen como únicos ingredientes crema untada sobre la tortilla, pata picada, lechuga o col y queso desmoronado; otras veces pueden contener también frijoles refritos, aguacate, rabanitos, cebolla y chiles jalapeños en escabeche. Otra variante se prepara con patas de cerdo en escabeche, deshuesadas.

TOSTADAS DE POZOL

Tostadas que se elaboran con la masa del pozol blanco, es decir, maíz cocido en nixtamal y martajado. La tortilla cruda se fríe en manteca de cerdo; queda dorada y crujiente, y tiene fama de ser muy sabrosa. Son típicas del estado de Tabasco, donde se pueden comer solas como antojo o para acompañar cualquier otro alimento. Es habitual untarles frijoles negros refritos con queso doble crema, cebolla picada y salsa de jitomate.

TOSTADAS TURULAS

Tostaditas fritas servidas con una mezcla de camarón seco, jitomate, cebolla y chile, de unos 8 cm de diámetro. Son populares en Tonalá, Chiapas, donde se acostumbran como botana.

TOSTADOS ◆ garapacho

TOSTOMITE ◆ hongo tostomite

TOSTÓN ◆ jorobado

TOSTONES

Preparación elaborada con rebanadas gruesas de plátano de Castilla, fritas y sazonadas con sal; por lo general se elige un plátano verde o sazón para esta receta. Algunas veces el plátano, ya frito, se aplasta y se vuelve a freír. Se consumen en la región de Los Tuxtlas, Veracruz. También se les llama torta de plátano.

TOTOABA (*Totoaba macdonaldi*)

Pez grande de color dorado y dorso con reflejos azulosos. Mide entre 1.35 y 1.50 metros de longitud y pesa aproximadamente 50 kg. Cuando es joven se le llama machorro. Habita únicamente en el Golfo de California y su pesca se encuentra en veda total ya que es una especie en peligro de extinción. A principios del siglo XX se pescó con el único propósito de obtener su vejiga natatoria, llamada buche, que se consumía en sopas. Desde Guaymas, Sonora, se exportaba a San Francisco, California, y de ahí a China. Alrededor de 1935 empezaron los problemas de hábitat de la totoaba, resultado de la explotación del camarón y la construcción de presas. En 1975 se declaró su veda. Su carne blanca, magra y jugosa, se vendía en filetes. En Sonora se comía untada con limón, ajo y pimienta, enharinada y freída en aceite, acompañada con ensalada de lechuga.

TOTOL O TOTOLE ◆ guajolote

TOTOLCOZCATL O TOTOLCOZCATL DE ENCINO ◆ hongo totolcozcatl

TOTOMATE ◆ totomoxtle

TOTOMOCHCLE o **TOTOMOCHTLE** ◆ totomoxtle

TOTOMOCHE

Tamal que se elabora con masa de maíz rellena de ayocotes, epazote y rajas de chile poblano, típico de Zumpango, Estado de México. También se le conoce como tamal relleno.

TOTOMOCHI o **TOTOMOCHTLI** ◆ totomoxtle

TOTOMOITE ◆ totomoxtle

TOTOMOXTLE

GRAF. totomochcle, totomochtle, totomochtli, totomoscle, totomosle, totomoste, totomostle, totomoxte o totomoztle. Del náhuatl *totomochtli*. Hojas se-cas, rugosas y quebradizas que envuelven la mazorca del maíz. Por su resistencia se emplean para envolver tamales. Antes de usarse se deben remojar en agua, al menos por dos horas, para que se vuelvan flexibles. Se utilizan también para cubrir alimentos como la conserva de torno largo, achiote y piloncillo, entre otros. Su uso data de la época prehispánica. En la península de Yucatán se le conoce como joloch, del maya *ho'loch*, de ahí que envolver un tamal en dicha región se denomine enjolochar.

Conocido también como:

◇ doblador (Chiapas)
◇ totomate
◇ totomochi
◇ totomoite

Conocido en la península de Yucatán como:

◇ hoja de joloche
◇ holoch o holoche
◇ joloch, joloche o joroche

TOTONACA

Grupo étnico asentado en el estado de Puebla, desde el río Cazones al norte, hasta Jalacingo al sur, y desde Xicotepec de Juárez y Zacatlán hasta las costas del Golfo de México. Comprende dos áreas ecológicas: la sierra, en las pendientes orientales de la Sierra Madre Oriental, en Puebla, y la planicie costera. De acuerdo con el Censo de Población y Vivienda 2010, se registraron un total de 250 319 hablantes de totonaco. Los totonacas son

Mujer totonaca tejiendo con telar de cintura

agricultores. La mayoría de sus casas tienen una parte de jardín con plantas alimenticias y árboles frutales: naranjas, limas, limones y plátanos. En la milpa desarrollan sus cultivos de subsistencia: maíz, frijol, calabaza y chile; dentro de la milpa suelen tener un chilar, donde también cultivan otras plantas comestibles e incluso café para vender. Algunos platillos representativos de este grupo son las enchiladas de zapote, mamey, frijoles con colorín, sopa de calabaza, tamales de pescado fresco y tepache, entre otros.

TOTOPITOS

Tortilla de maíz cortada en triángulos que se fríen hasta quedar crujientes. Suelen comerse acompañados de frijoles refritos o guacamole. Estas tortillitas fritas, también llamadas totopos, se sirven en las cafeterías y restaurantes como adorno en los frijoles refritos o en cualquier platillo. Todo indica que la tradición de adornar con totopitos comenzó en el Distrito Federal, donde también se utilizan como cucharas para llevar salsa a la boca. También son la base de los chilaquiles. En la región del Istmo de Tehuantepec, Oaxaca, se trata de tortillas delgadas y crujientes de maíz martajado, que se caracterizan por tener hoyos, cocinarse en comiscal y conservarse por largo tiempo. En Juchitán se elaboran totopitos de camarón, totopitos de coyol y totopitos de frijol. Para los totonacas de la costa de Veracruz es una preparación de masa de maíz que se muele en metate con panela, anís y manteca de cerdo; una vez incorporados los ingredientes, se elaboran lajas finas con la masa, que son cocidas en comal en forma de cuadros grandes de 20 por 30 cm. Se van colocando sobre láminas de papel de estraza y así se conservan por un buen tiempo.

→ totopo

TOTOPITOS DE CAMARÓN, TOTOPITOS DE COYOL o **TOTOPITOS DE FRIJOL** ◆ totopo

TOTOPIXTLE ◆ hongo iztacnanacatl

TOTOPO

Del náhuatl *totopochtli*, tostado. Tortilla de maíz martajado, de textura crocante y con varios pequeños orificios en la parte central. Originario de la región de la sierra, la Mixteca y especialmente del Istmo de Tehuantepec, en Oaxaca. Actualmente se elabora en varios tamaños; se supone que el original mide más de 30 cm de diámetro, pero también se puede encontrar de 18, 12, 8 y hasta 3 cm de diámetro, casi siempre de maíz blanco o amarillo. Cabe destacar que la cocción de los totopos es diferente a la de la tortilla común y únicamente se registra en el Istmo de Tehuantepec. La masa del maíz martajado se forma en grandes tortillas y se pegan en una olla grande de barro, llamada comiscal, que hace la función de un horno. Se requiere una gran habilidad para hacerlas: es necesario remojarse el brazo para colocarlo en la tortilla y así poderlas incrustar a la olla. El movimiento debe ser preciso porque el totopo se cocina solamente por un lado. Existen también los totopos dulces con masa de maíz revuelta con panela y coco. En Juchitán, Oaxaca, las totoperas —mujeres que preparan los totopos— acostumbran preparar los totopos más pequeños, que a veces contienen otros ingredientes molidos como frijol, camarones, coco, coyol, calabaza, mantequilla y maíz nuevo; los totopos entonces se nombran de acuerdo al ingrediente con el que están elaborados. En la Mixteca Baja de Oaxaca se elaboran totopos de masa fina de maíz blanco revuelta con grasa de tuétano de res. Se tuestan en comal. En Huetamo, Michoacán, se preparan unas tortillas que se sacan directamente del metate y que contienen harina de maíz, maíz tostado, azúcar, polvo para hornear, bicarbonato, anís molido, canela, yemas de huevo cocidas, mantequilla, agua y manteca de cerdo; se cuecen en comal. En Tabasco se elabora una variedad llamada totoposte. En el Distrito Federal se le llaman totopos a los totopitos.

→ totopito

TOTOPOSTE

Del náhuatl *totopotza*, tostar o asar. Tortilla muy delgada de unos 30 cm de diámetro, o más, que se prepara con maíz mezclado con manteca de cerdo. Se come fría o caliente: cuando está fría es crujiente y al calentarse se suaviza. Se debe tener cuidado al calentarla, pues se quema con facilidad. Es típica de Tabasco y Chiapas. Hay muchas variantes, como el totoposte de chicharrón, que lleva en su masa asientos de chicharrón. En Tabasco se registran otras variedades donde la masa se mezcla con diferentes ingredientes. Así, hay de coco, de frijol, de camote y también de manteca de res. En Guanajuato es una tortilla dorada de masa fina que se come como galleta y para acompañar otros alimentos como los frijoles refritos. En Jalisco se elaboran las raspadas, que son similares a las anteriores. En la región de Los Tuxtlas, Veracruz, se confecciona el totoposte de viento, una tortilla mucho más delgada cuyo grosor se consigue raspando la tortilla con un pedazo de jícara cuando ya está en el comal. También conocido como pachol.

TOZAN ◆ tuza

TRABUCO

Tamal alargado de masa de maíz relleno de cacahuates molidos y mezclados con piloncillo. Son tradicionales en los festejos del día de Muertos. Junto con los tecocos son uno de los varios tipos de tamales que acostumbra la comunidad otomí de la región de Tenango de Doria, en la sierra de Hidalgo.

TRAGO

Término que identifica a las bebidas alcohólicas; sobre todo en varias partes del centro del país y en las comunidades rurales e indígenas. Decir "hubo trago" es sinónimo de que se consumieron bebidas alcohólicas.

TRAPICHE

Molino que se utiliza para extraer el jugo o el aceite de productos como la aceituna y especialmente la caña de azúcar. Son ingenios azucareros rústicos en los que algunas veces todo el producto se convierte en piloncillo o panela, que se vende de manera regional.

TRASEGAR

Trasladar una cosa de un sitio a otro, particularmente un líquido.

TRÉBOL

1. Plantas del género *trifolium*, de la familia de las leguminosas. Son plantas herbáceas, forrajeras, de hojas trifoliadas y flores papilionadas, blancas, amarillas o rojas. En Sonora los yaquis consumen las hojas y los tallos cocidos, molidos y guisados con jitomate, ajo, cebolla y sal.

2. Pan de dulce que se confecciona en forma de trébol, con tres bolas de masa de harina de trigo, barnizadas con huevo y espolvoreadas con ajonjolí; se decora con un punto de mermelada o crema pastelera en el centro. Se elabora en el Distrito Federal.

→ ticuta

TRENZA

Variedad de pan de dulce en forma de trenza. Puede ser de la misma masa que los cuernos o de los bisquets, con crema pastelera en el centro; es color café por el brillo de huevo con que se barniza. La trenza de canela se prepara con masa de galleta con sabor a canela y se decora con azúcar granulada, mientras que la trenza de coco se elabora con masa feité, se barniza con jarabe y se cubre con coco rallado.

→ torcido

TRES MARÍAS

1. Sitio muy popular ubicado sobre la autopista que comunica el Distrito Federal y Cuernavaca, donde muchos viajeros se detienen para desayunar, comer o cenar. A ambos lados de la autopista hay muchos establecimientos o puestos de venta de quesadillas y otros antojitos. Además hay café de olla, atoles de muchos sabores y refrescos embotellados.
2. Postre que consiste en tres bolas de helado de sabores diferentes: vainilla, chocolate y fresa. Se decora con galletas Marías y mermelada de fresa. En algunas ocasiones lleva chocolate líquido.

TRIÁNGULO

Pan de dulce triangular que se prepara con masa feité, de color café oscuro, decorado con azúcar horneada. También se le conoce como paloma.

TRIGO (*Triticum aestivum*)

Del latín *triticum*, triturado. Planta del género *Triticum*, de la familia de las gramíneas, originaria de Asia Menor, cuyo cultivo está extendido en todo el mundo. Es uno de los granos que más se consumen, junto con el maíz y el arroz. De los granos de trigo triturados se obtiene la harina con la que se elabora el pan blanco. Según un relato popular, su cultivo en América empezó cuando un esclavo negro de Hernán Cortés llamado Juan Guerrero encontró en Coyoacán tres granos de trigo mientras limpiaba un saco de arroz. De los tres granos sólo uno germinó, y existe la creencia de que de esa espiga salieron todos los granos con los que se inició su cultivo en México. Otras fuentes atribuyen a Juan Garrido, soldado de Cortés, la introducción de la gramínea a la Nueva España.

→ trigo boludo

TRIGO BOLUDO

Variedad de trigo que se cultiva en el valle de Etla, en la región de los Valles Centrales de Oaxaca. Se considera una variedad de trigo criollo, debido a que no se cultiva en otros estados; en realidad existen muy pocos lugares en el estado de Oaxaca donde se cultiva este trigo que es muy apreciado y suele utilizarse entero o integral. Con el trigo boludo se prepara una masa que da nombre a un tipo o familia de panes de dulce, el llamado pan amarillo, por lo oscuro de la masa y la yema de huevo que se emplea; a partir de esta masa se confeccionan panes tradicionales como los muertitos, tortitas, tarazones o molletes. Cabe mencionar que en Oaxaca la tradición del pan de dulce y pan de sal es muy grande y con frecuencia se utiliza harina de trigo traída de otras partes. Cuando se trata de panes que se elaboran con harina de trigo boludo, se hace énfasis en renombrar a esta variedad como pan amarillo o pan de trigo. Aunque pudiera pensarse que todos los panes se fabrican con trigo, en realidad lo que el vendedor trata de destacar es que el pan se preparó con el grano mencionado, el cual es inconfundible porque siempre es de tono más oscuro y su precio es por lo menos dos veces más alto que el del pan común. Este pan se separa de otros, aunque se puede conseguir todo el año, pero cobra importancia especial los días 1 y 2 de noviembre durante las fiestas de Todos los Santos, cuando los vendedores llegan con sus enormes canastos a los mercados populares; si el comprador pregunta el precio, el que se elabora con trigo boludo es el más costoso. El comprador debe saber el motivo de la diferencia del precio, ya que usualmente los vendedores suponen que el comprador sabe de lo que se trata y no dan mayores explicaciones. A raíz del trigo boludo nacen otros términos como pan de trigo que específicamente se trata de un pan que se prepara con trigo boludo o entero.

TRIGO GENTIL

Variedad de trigo silvestre, de granos muy pequeños, que crece en las zonas salitrosas. Es conocido y consumido por los pueblos nativos de Baja California, quienes lo utilizan para preparar atoles y otros alimentos.

TRIGO MARTAJADO

Término que designa a una especie de sopa espesa, que se prepara con trigo cocido en agua y que puede llevar algún chile y alguna hierba de olor como cilantro o epazote. Se consume en diversas comunidades rurales e indígenas del país en el desayuno o la cena.

TRIGUEÑO ◆ hongo mantecoso

TRIPAS ◆ hongo pancita

TRIPAS DE JUDAS ◆ uva de monte

TRIPAS DE POLLO

Guiso que se elabora con intestinos de pollo, que se come casi exclusivamente en el centro del país. Se acostumbra lavarlas y cortarlas en trozos pequeños para comerse en tacos y se emplean también para preparar la rellena de pollo y en el mextlapique de pollo.

TRIPAS DE RES

Parte del aparato digestivo que se extiende del estómago hasta el ano de la res. Recibe dos nombres diferentes: al intestino delgado se le llama tripa de leche y con éste se preparan los machitos, mientras que al grueso se le llama tripa gorda, y se utiliza para preparar tacos. En maya se conocen como *choch*.

TRIPAS DE VACA ◆ uva de monte

TROLELOTES ◆ esquites

TROMPA ◆ hongo enchilado, hongo iztacnanacatl, res

TROMPA BLANCA ◆ hongo iztacnanacatl

TROMPA DE COCHI ◆ hongo iztacnanacatl

TROMPA DE PUERCO ◆ hongo amarillo, hongo corneta, hongo enchilado, hongo iztacnanacatl

TROMPADA

Dulce típico que se elabora a base de miel de piloncillo, la cual se trabaja para preparar bolitas que se rellenan de cacahuate molido, coco o canela molida; son similares a las melcochas y se consumen tradicionalmente en Chiapas y Oaxaca.

TROMPETA ◆ hongo amarillo, hongo corneta, hongo enchilado, hongo iztacnanacatl

TROMPETILLA ◆ hongo amarillo, hongo corneta

TROMPILLO (*Solanum elaegnifolium*)

Planta herbácea de la familia de las solanáceas, de hojas alternas, elípticas, lobuladas y cenicientas que alcanzan entre 5 y 7 cm de longitud, con flores azules o moradas monopétalas que producen un fruto globoso de unos 7 mm. Estas bayas se utilizan como cuajo natural para elaborar quesos en Chihuahua, donde se machacan en agua caliente, se cuelan y se añaden a la leche. También crece en Coahuila, Durango, Puebla y Sonora.

   Conocida también como:

   ◇ buena mujer (Sonora)
   ◇ pera (Coahuila)
   ◇ tomatito de buena mujer (Sonora)

→ anacahuite, ciricote

TROMPITA DE VENADO ◆ hongo trompa de venado

TROMPO

1. Término que se aplica a la pila de carne que se ensarta en un tubo junto al fogón en las taquerías, para preparar los tacos al pastor o los tacos árabes.
2. Pan en forma de la mitad de un trompo de juguete de color café claro, preparado con masa royal.

Trompo de tacos al pastor

TRONADOR, RA ◆ chipil

TRONCO

Pan de dulce, alargado, rugoso y de forma irregular. Se prepara de masa de canela y se decora con chocolate y azúcar granulada.

TRUCHA

Con este nombre se designa a dos especies diferentes de peces.

• Trucha arco iris *(Oncorhynchus mykiss)*

Tiene cuerpo fusiforme, dorso gris acerado y azulado, y lados con franjas anaranjadas, con puntos negros y rojos. Mide entre 25 y 75 cm de largo, las más grandes alcanzan los 12 kg de peso. Se pescan en aguas dulces entre julio y septiembre. La distribución original de esta especie comprendía desde el sur de Alaska hasta California y Chihuahua, pero pronto se introdujo artificialmente en otros estados que cuentan con condiciones adecuadas para su crecimiento, especialmente Durango, Chihuahua, Chiapas, Michoacán, las zonas montañosas del Estado de México y Puebla, y la zona norte de Baja California. Aunque tiene muchas espinas, esta especie posee una carne blanca y jugosa, considerada de excelente calidad. Se prepara frita, ahumada, horneada o guisada en salsa de jitomate o tomate. En La Marquesa, Estado de México, es muy común en los restaurantes ubicados a las orillas de la carretera, que la anuncian como trucha viva, pues tienen sus pequeños estanques donde las pescan para cocinarlas al momento a las brasas, a la diabla, al mojo de ajo, a la mantequilla o empapeladas. Esta última forma es especialmente popular y es motivo de la visita al lugar de muchas familias del Distrito Federal y del Estado de México. La receta consiste en una trucha rellena de una mezcla de chile verde, epazote y cebolla blanca, salpimentada, cubierta de queso manchego, envuelta con papel aluminio y cocida en las brasas. En Tlaxcala se utiliza para preparar tamales. Conocida también como trucha cabeza de acero.

• Trucha de mar *(Cynoscion nebulosus)*

Posee cuerpo de color gris azulado, con dorso ligeramente café y vientre plateado. Mide en promedio 36 cm y pesa 800 gramos. Se pesca todo el año en el Golfo de México, especialmente entre febrero y abril. Su carne es blanca, jugosa y casi tan fina como la trucha arco iris. Sus usos son similares.

Conocida también como:
◇ corvina pinta
◇ trucha pinta

TSAAPA ◆ mojarra

TSAQUITOS ◆ tortitas de charales

TSAUA ◆ amaranto

TSAYA ◆ quintonil

TSI'IK O TSIK

GRAF. dsic, dsick, dsik, dzic, dzick, dzik, sick, tsick, tzic, tzick, tzik, zic o zik. Del maya *tsi'ik*, deshebrar carne. Salpicón que se elaboraba originalmente con carne de venado cocida en pib, deshebrada y mezclada con jugo de naranja agria, rabanitos en rebanadas, cebolla, cilantro picado, sal al gusto y a veces rebanadas de jitomate; se comía frío o fresco con tortillas de maíz. En la actualidad la carne de venado se sustituye por carne de res, y se cuece en agua hasta que esté suave, en lugar de usar el horno de tierra o pib. Es una especialidad de la península de Yucatán. Existe también una variante preparada con pescado, por lo general con jurel asado y desmenuzado, revuelto con cebolla, jitomate, rabanitos, cilantro, chile habanero, todo picado y revuelto con jugo de limón agrio.

→ salpicón de venado

TSIMUAKA ◆ ardilla

TSIRISICUA ◆ mezquite

TSUN ◆ quiote

TSUY *(Liabum glabrum)*

Arbusto que alcanza hasta 8 metros de altura. Posee ramas muy quebradizas, hojas lanceoladas que cuando están tiernas se consumen como quelite, hervidas y cocinadas con cebolla y jitomate. Cuando las hojas son más maduras se hierven, se muelen y se cuelan; el jugo obtenido se mezcla con masa de maíz y se cocina como atole, o se prepara una variedad de salsa con tomate y chile. Se consume en Chiapas y Oaxaca.

Conocido también como:
◇ kan he (Chiapas)
◇ palo de agua (Oaxaca)
◇ quelite tsuy (Chiapas)

TUBA

Bebida fermentada de baja graduación alcohólica, que se obtiene de la savia e inflorescencias de la palma del coco común *(Cocos nucifera)*. La savia parda y viscosa comienza a fermentar desde que se extrae y se torna blancuzca; el proceso toma de 1 a 2 días. Grupos de filipinos llegados en la *Nao* de China, en el siglo XVII enseñaron a los nativos de las costas de Colima, Jalisco y Guerrero a preparar esta bebida. En la actualidad es fácil ver en las playas de la región a los tuberos que portan un guaje grande y vasos o bolsas de plástico para vender la bebida a los transeúntes. La tuba natural se bebe sola o acompañada de un birote; de ella derivan otros productos como el vino de coco, el vinagre de tuba, la tuba compuesta y la tuba almendrada. El vino de coco se elabora con tuba natural destilada en alambique. El vinagre de tuba se obtiene de la tuba fermentada. Para preparar la tuba compuesta se endulza la tuba natural y se le agregan frutas como piña, limón o fresa; también se elabora con chile, cebolla, apio y canela. En Colima, una de las más gustadas es la tuba almendrada, que se prepara con azúcar, yemas de huevo, nuez moscada, mamones, almendras molidas y canela; todos los ingredientes se mezclan, se licúan y se cuelan, y se bebe fría. La tuba se consume en procesiones, novenarios y en verbenas populares; acompañan a las enchiladas y otros antojitos.

→ vino de Tuxpan

TUBA DE MAGUEY

Nombre que se le da a un destilado de agave, que se prepara en el área de Pueblo Juárez y Coquimatlán, Colima.

TUCHI

Bebida fermentada que se prepara a partir de magueyes tatemados. Para esto se realiza una excavación de 1 metro de diámetro por 70 cm de profundidad. Se colocan piedras y leña en el fondo del hoyo hasta calentarlo. Posteriormente se colocan pencas de maguey, que durante la noche se voltean de un lado a otro para que se tatemen, luego se sacan las pencas y se trituran con palo y piedra. El producto se vacía en un cuero de vaca preparado en forma de balón, llenándolo de agua. Se espera una semana hasta que el líquido fermente y posteriormente se deposita en un aro elevado con base, mismo que se puede sustituir con una lata vacía de 19 litros, colocando sólo el bagazo, zacate alrededor de éste y hojas de plátano por encima. El líquido se calienta para después vaciarlo en un cazo colocándole a éste un tubito hecho de carrizo, de modo que el vapor que se va formando se deposite en un recipiente. El líquido resultante es el tuchi. El pueblo indígena huichol lo utiliza por lo general en las festividades que cubren el ciclo agrícola.

TUCUPACHEXACUA ◆ hierbamora

TUÉTANO

Nombre que se le da a la grasa que se encuentra en el interior de los huesos, especialmente los de las patas de la res. Es una sustancia blanca, gelatinosa, de aspecto transparente, que se considera exquisita. Los clientes de las carnicerías piden el llamado hueso blanco o hueso con tuétano, que es el fémur de la res con tuétano abundante, el cual por lo regular se regala. También se obtiene tuétano de los pedazos de hueso que vienen con el chambarete. Los huesos se incluyen en caldos y pucheros para intensificar su sabor. El tuétano, por su parte, puede servirse junto con las verduras del puchero para comerse en tacos con sal. Es una costumbre extendida prácticamente en todo el país. Es muy codiciado, ya que en una olla de caldo a lo sumo hay uno o dos tuétanos. En Chiapas se acostumbra comerlo untado en la cecina. En Coahuila y Nuevo León también es muy apreciado: con él se preparan tacos y gorditas.

TUMBAGONES

De *tumbaga*, una aleación metálica muy quebradiza. Dulces similares a un gaznate vacío y espolvoreados con azúcar glass. La pasta para prepararlos incluye harina de trigo, yemas de huevo, y para hidratarse se utiliza agua en la que se hayan hervido tomates verdes y tequesquite, lo que les da una consistencia muy particular. La masa se extiende para hacer las piezas que se fríen, logrando una consistencia muy quebradiza que recuerda la textura de un buñuelo, por lo que se deben manipular con cuidado. Son considerados postres finos y delicados, tradicionales para fiestas como bautizos y primeras comuniones y se les puede encontrar en algunas tiendas, dulcerías y panaderías. Algunos considerados especiales se piden por encargo. Según sea el caso, se pueden considerar golosina, dulce o postre porque se comen solos o acompañados de café o té; en las fiestas suelen ser el postre o el segundo postre después del pastel. Son tradicionales en el estado de Guanajuato, particularmente en San Miguel de Allende.

TUNA

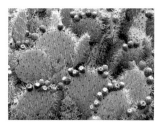

Fruto ovalado o periforme del nopal, con cáscara gruesa y pequeñas espinas que parecen una pelusa. Todo su interior está lleno de una pulpa carnosa, suave y dulce, con muchas semillas comestibles. Se consume como fruta fresca. En Puebla, el Estado de México, partes del Distrito Federal, Tlaxcala, Hidalgo, Guanajuato y San Luis Potosí, las tunas, en especial las verdes, son un alimento muy importante. Además de comerse solas, se preparan salsas con semillas de tuna que se dejan secar al sol, se tuestan o se utilizan crudas y se muelen para

mezclarse con chiles. Con las diferentes variedades de tuna se elaboran diversos productos y bebidas como el nochtle, la sangre de conejo, pulques curados, salsas y aguas frescas. Los españoles la llamaron higo chumbo, relacionándola con el higo por la cantidad de semillas que tienen ambas frutas. En Pátzcuaro, Michoacán, el agua de tuna se prepara con tuna roja machacada, azúcar, canela, pimienta y clavos de olor, todo se hierve hasta formar una miel espesa que se pasa a través de un cedazo. Para beberla se mezcla con agua y abundante hielo. En el Valle del Mezquital, Hidalgo, se cuecen las cáscaras en agua con ajo y bicarbonato de sodio, se rellenan de escamoles y luego se envuelven en pencas de maguey para comer igual que la barbacoa, es decir, en horno de tierra. Se acostumbra comerlas con tortillas de maíz en las comidas del mediodía. En Baja California, los kiliwas preparan un agua fresca machacando pulpa de tuna de monte y mezclándola con agua. Suele ser muy dulce y se consume en temporada de calor. Existen muchas variedades que se consumen en México, entre las que encontramos las siguientes:

- *Opuntia albicarpa*
La tuna reina es la más cultivada de todas. Tiene escasas semillas y agradable sabor.
- *Opuntia robusta*
La tuna tapona, tiene pulpa y piel de color rojo vino y en algunos casos morada. Es menos fácil de conseguir y en algunas regiones del país es totalmente desconocida. Se llama así por la gran cantidad de semillas que contiene.
- *Opuntia streptacantha*
La tuna cardona es de tamaño regular y de las que menos resisten el manejo después de cortada, porque se fermenta rápido al tener demasiada azúcar. Se vende principalmente cerca de donde se produce, sobre todo en el bajío, donde se come fresca y se utiliza para la elaboración de miel de tuna, el chiquito, el queso de tuna y el colonche.

Existen además otras variedades de tuna: amarilla miquihuana, amarilla diamante, amarilla plátano, blanca, burrona, camuesa, canela, copena torreoja, cristalina, chapeada, chavelona, chaveta, chodrona, colorada, cuija, duraznilla, enchilada, fafayucas, gregoriana, leonera, mansa, matildona, morada, naranjota, olorosa, pachona, palamita, pintadera, ranchera, teca, vinalera y zarca.

→ xoconostle

TUNA AGRIA ◆ xoconostle

TUNDUTI ◆ flor de cocohuite

TUNTOCO ◆ hormiga chicatana

TUNUMI-TAJÁN ◆ ojite

TUNURUKU TEREKUA ◆ hongo amarillo

TURA ◆ apompo

TURBANTE

Nombre que reciben ciertos alimentos moldeados en forma de rosca; puede tratarse de la natilla llamada manjar, cubierta de gelatina o arroz.

TURCO

Tipo de empanada, timbal o pastel de costra gruesa horneada rellena de picadillo de carne de cerdo. Puede ser dulce o salada. Su nombre proviene del hecho de que la carne se prepara con ingredientes y especias al estilo del Oriente Medio: el picadillo puede incluir papa, piloncillo, clavo, canela, anís, nuez pacana picada y pasas. La masa más usada se elabora con harina de trigo, polvo para hornear, manteca de cerdo o vegetal, azúcar, canela y anís, aunque también puede prepararse de elote, garbanzo o arroz. Entre las combinaciones para los rellenos se encuentran también los de carne de cerdo y aldilla, ajo, manteca de cerdo, cebolla, jitomate, comino, clavo, azúcar, pasas y nuez. Es tradicional de Nuevo León, donde se come como postre o golosina aunque contiene carne. También puede encontrarse en Sonora y Jalisco, donde es imprescindible para las bodas y bautizos.

TURE ◆ apompo

TURIRI ◆ codorniz

TURRÓN

Dulce de origen español que consiste en claras de huevo batidas hasta hacer un merengue firme, de donde proviene la expresión "batir a punto de turrón". Es muy acostumbrado en nuestro país, en especial para las fiestas navideñas. En algunos estados como Puebla y Oaxaca se elaboran postres con alguna fruta incorporada en el preparado, como el turrón de ciruela pasa o de almendra. Existen también turrones regionales con la consistencia de un merengue horneado, y otros parecidos a un *mousse* denso o pesado. En Pátzcuaro, Michoacán, se prepara el turrón de frutas secas: es un merengue horneado sobre una base de pan ahogado en una mezcla de leche, leche condensada, mantequilla y yemas de huevo; después se le añaden varias capas de nueces, pasitas, almendras y piñones, al final se colocan las claras a punto de turrón y se hornea.

TURULETE

Tipo de galletas de maíz cocidas y horneadas en forma de rombo. La masa se prepara con maíz molido y mezclado con piloncillo, azúcar, manteca de cerdo y huevo. Se acostumbran en el estado de Chiapas y son muy tradicionales especialmente en Tonalá; no hay que olvidar que a los tonaltecos se les llama en ocasiones turulos. Son asimismo comunes en otras partes del estado, como en Suchiapa. En Tabasco son de forma redonda u ovalada; se acostumbran en las fiestas de Navidad y Año Nuevo.

TUXCA

Aguardiente o mezcal que se obtiene del maguey del mismo nombre. Se utiliza en la preparación del ponche de granada, de piña o de guayaba. Abunda en una región localizada entre Jalisco y Colima. En particular se produce en Tuxcacuesco, Jalisco, de donde también tomó su nombre. En Colima es típica en las verbenas, ferias y novenarios.

TUZA

Roedores pertenecientes a la familia *Geomyidae*, cuyas especies comprenden a los géneros *Geomys*, *Thomomys* y *Pappogeomys*. Son herbívoros, rollizos, de patas cortas y robustas, con pelaje de textura sedosa y brillante, excepto en las especies tropicales, donde es áspero y ralo. Tienen cola corta, uñas muy desarrolladas, orejas pequeñas y redondas, ojos grandes y hocico corto. Las especies más grandes no rebasan los 40 cm de largo y pesan entre 150 gramos y 1 kg.

La mayoría de sus especies son montañesas, aunque algunas viven en tierras bajas, templadas y cálidas de todo el país. Su consumo está asociado a grupos indígenas y gente de campo. Para cocinarla por lo general se le cortan las manos y las patas, se le retiran las vísceras, se lava, se asa en las brasas con ajo y sal, se fríe y se le agrega chile. Se come acompañada de salsa picante de chile pasilla o de árbol. Los nahuas del norte del estado de Veracruz marinan la carne en jugo de naranja agria, la asan a las brasas y luego la guisan en una salsa de chile chipotle, ajo, comino y hierbabuena. Los mayas de la península de Yucatán registran diversos guisos, sobre todo en Quintana Roo, donde sus vísceras se tamulan con jugo de limón agrio, chile y sal. La mezcla se pone como relleno en gorditas de masa de maíz que se cuecen en comal. Otro estilo de preparación es poniéndole agua caliente o tatemándola para retirarle los pelos; una vez limpia se envuelve en hojas de plátano y se cuece en el rescoldo de las cenizas del fogón, o en pib, y se acompaña de jugo de limón agrio y chile habanero. En Milpa Alta, Distrito Federal, se preparan los tamales de tuza con salsa de chile guajillo y la carne de tuza frita.

Conocida también como:

◇ *bahba* (maya)
◇ *baj* (maya)
◇ cuauhtuzan
◇ guatuza
◇ taltuza
◇ topo
◇ tozan

→ hongo tuza

TUZA REAL ◆ tepezcuintle

TZACA ◆ quiote

TZACOL DE LANGOSTA

Platillo elaborado con carne de langosta guisada en salsa de jitomate, que se sirve con tzacol, una salsa espesa de masa de maíz que se cuece en agua junto con pimienta, orégano, ajo y sal. Se acompaña con chile tamulado, tortilla y jugo de limón agrio. Es un platillo tradicional de la isla de Holbox, Quintana Roo.

TZACUTLI (*Laelia autumnalis*)

Orquídea que se desarrolla sobre el mezquite, y de la cual se utilizaban antiguamente sus bulbos secos y molidos en la elaboración de algunos dulces como las pastillas de olor o los alfeñiques.

TZAJEB

GRAF. cejeb. Tortilla gruesa que se elabora con elote tierno, yemas de huevo, manteca de cerdo, azúcar, canela y un poco de sal. Esta preparación es de origen tojolabal, se cuece al comal y se consume para acompañar el pozol o el café en Las Margaritas, Chiapas.

Tzanchac

GRAF. ts'an chak o tsanchac. Del vocablo maya, que significa carne con poco cocimiento. Nombre que recibe un guiso caldoso de ibes que suele acompañarse con una salsa llamada salpicón. Se consume en la península yucateca, donde para muchas familias es un guiso de carne de res con verduras como calabacitas y elote, rociado con salpicón de chile habanero.

Tzelele ◆ jinicuil

Tzenso ◆ hongo clavito, hongo mantecoso, hongo tejamanilero

Tzic ◆ tsik

Tzicuitz ◆ aguama

Tzitzún ◆ chapaya

Tzompantli ◆ colorín

Tzonte

Medida equivalente a 80 manos, es decir, 400 piezas. Se emplea aún en ciertos mercados, en la compra de productos como elotes o naranjas. No se conoce el origen de la palabra; la raíz náhuatl *tzontli* quiere decir cabello, lo cual puede referirse a un número grande, como los cabellos de una cabeza. Se utiliza entre las comunidades indígenas del centro del país.

→ mano

Tzopa

Variedad pequeña de memela de dulce, elaborada con una masa a base de elotes recios mezclados con canela y azúcar. De esta masa se preparan pequeñas rueditas que se cuecen en comal. Se acostumbra durante septiembre en la región de Zongolica Veracruz.

Tzopilotlacuatl ◆ hierbamora

Tzopo

Sopa que se elabora con granos de elote frescos molidos, rabos de cebolla y hojas de chipil, todo cocido en agua con chochoyones rellenos de queso fresco. Es una preparación cotidiana muy popular en la región zoque de Tuxtla Gutiérrez, Chiapas.

Tzopoané

Tamal preparado con masa de maíz, manteca de cerdo, sal y hojas de chipilín; se rellena de queso de sal fresco o de crema y queso seco en polvo mezclado en salsa de jitomate, pudiendo en algunos casos llevar pollo deshebrado; se envuelve en hoja de maíz y se cuece al vapor. Se consume en la región zoque, en Chiapas.

Tzotobilchay ◆ dzotobichay

Tzub ◆ agutí, tepezcuintle

Tzumtzum ◆ papatla

Tzutzu ◆ pepino kat

UACABAQUI ◆ huacavaque

UACARES

Raíces negras con apariencia de hongo. Se cuecen con miel para comerlas como dulce entre los purépechas de Michoacán.

UACHACATA

Variedad de maíz que producen las mazorcas rojas o negras en la región purépecha. Se utilizan principalmente para hacer atoles o gorditas de piloncillo, y con ese fin lo cuecen y dejan secar durante dos meses, para poder conservarlo hasta por dos años. Para su uso debe remojarse durante 24 horas y cocerlo de nuevo.

UACHITA ◆ hongo clavito

UAUHQUILITL O UAUTLI ◆ amaranto

UBRE

Cada una de las glándulas mamarias de los mamíferos hembra. En México se consume la de vaca, cocida o empanizada.

UCHEÉ GIIÑÁ ◆ mole de res

UCHEPO

GRAF. huchepo o uchepu. Nombre purépecha con el que se conoce un tamal en hoja de elote fresca. Casi siempre pequeño, se prepara con granos de elote frescos, molidos y mezclados con leche, azúcar, nata o crema y sal. Aunque puede tener un sabor ligeramente dulce, no se considera tamal

dulce como la mayoría de los tamales de elote del resto del país. Se puede comer solo, pero con frecuencia se sirve con salsa de jitomate o tomate, crema y queso fresco; también se puede acompañar con rajas de chile poblano o chilaca. Es típico en la temporada de elotes tiernos en Michoacán, donde también se utilizan para preparar sopas, carne de puerco con uchepos, uchepos rellenos de carne de puerco guisada en salsa de jitomate o de picadillo de carne de res o cerdo. En Guanajuato se preparan los uchepos de leche con elotes tiernos, azúcar y canela, así como los uchepos de sal, de elotes tiernos molidos con sal y envueltos en hojas de maíz frescas. En Guerrero existen unos uchepos diferentes a los de Michoacán: son tamales triangulares (similares a las corundas), preparados a base de elote y sal, típicos de Tierra Ca-

liente. Se acostumbran comer con jocoque y salsa verde. En San Luis Potosí se elaboran con mantequilla y canela en polvo, además de los granos de elote, nata y azúcar.
→ tamal de elote

UEJOUE ◆ mezquite

UITSICUA O UITZACUA ◆ marrubio

UJCUM ◆ flor de cocohuite

UL ◆ atole

ULICHE

GRAF. ulich. Guiso de gallina o guajolote en el cual el caldo se espesa con masa de maíz, perejil, ajo, chile amaxito y manteca de cerdo. Suele servirse con semillas de calabaza tostadas y molidas. Es un guiso típico, muy importante durante los festejos del día de Muertos en Nacajuca, Tabasco, pero se cocina también en Comalcalco y otros municipios del estado.

UNGUI

Variedad de tamal preparado con masa de maíz endulzada con piloncillo y condimentada con canela y anís. Se cuece al vapor, envuelto en hojas de maíz. Es de origen otomí, y se acostumbra en el estado de Hidalgo.

UNTO

1. Combinación de sal, jugo de naranja agria o limón, grandes cantidades de ajo y manteca de cerdo, todo machacado en molcajete. Las familias antiguas de Tierra Colorada, en el municipio de Macuspana, Tabasco, lo utilizan para untar en diferentes carnes (antes de asarlas) como cerdo, res, pollo, hígado de res y mojarras, a manera de marinado.
2. Término utilizado en el sureste mexicano para nombrar a la manteca de cerdo.

UÑA DE GATO ◆ palo fierro

UÑA DE RATA ◆ hongo escobeta

UO ◆ hierba santa

URAPI ◆ aguamiel

URHITE

Término con el que se designa a una empanada de tamal típica entre los purépechas de Michoacán.

USABI (*Prunus gentryi*)
Fruta negra, ovoide, de 7 a 9 mm de largo, perteneciente a la familia de las rosáceas. Los tarahumaras la consumen madura y utilizan las hojas del árbol de manera similar a las pencas del maguey para hacer un preparado que recuerda a la barbacoa. Conocida también como uasiqui.

USUA ◆ atole usua

UTUH ◆ mezquite

UVA
Fruto de la vid, redondo u ovalado y jugoso que nace en racimos. Se consume como fruto fresco, o para elaborar vino o destilados. En América, antes de la llegada de los europeos existían algunas especies silvestres como *Vitis rupetris*, *Vitis labrusca*, y *Vitis berlandieri*, pero ninguna de ellas era adecuada para producir vino, como la *Vitis vinifera*. Desde 1524, Hernán Cortés ordenó que se plantaran en sus tierras mil vides por cada 100 naturales que vivieran en ellas. Asimismo, los misioneros fomentaron el cultivo de la vid en sus misiones y conventos, y fueron ellos los encargados de llevar la uva hasta el norte del país. Entre ellos, los más conocidos son el franciscano fray Junípero Serra y el jesuita Eusebio Francisco Kino. Así, el cultivo de la vid para producir vino cobró auge rápidamente en la Nueva España. En 1771 la Corona española prohibió la producción de vino en sus territorios americanos para proteger los vinos peninsulares. No obstante, continuaron produciendo en muy baja cantidad, principalmente en las misiones del norte, donde los frailes lograron conservar la uva misión, que después se llevó al cono sur del continente. La industria casi se perdió, y sólo empezó a recuperarse después de la Independencia. En la actualidad, para los mexicanos la uva es muy apreciada como fruta fresca y se come en cualquier época del año. Entre las variedades disponibles en el mercado, las más buscadas son las uvas sin semilla, de color verde, y las

uvas globo, que fácilmente rebasan los 2.5 cm de diámetro. Para la cena de fin de año se acostumbra comer 12 uvas; cada una representa un mes del próximo año, y al comerlas se pide un deseo. En seguida comienzan la cena y los festejos por el Año Nuevo.

UVA CIMARRONA ◆ capulín

UVA DE HIERBAMORA ◆ hierbamora

UVA DE MONTE (*Vitis tilifolia*)
Planta trepadora leñosa de hasta 30 metros de altura con hojas acorazonadas, anchamente cordadas de 7 a 18 cm; su fruto es esférico y jugoso, de sabor acre. De secciones del tallo puede obtenerse agua apta para beber; se le atribuyen propiedades diuréticas, además de que el cocimiento de las hojas se emplea como remedio contra la fiebre. Se distribuye en altitudes de 0 a 2 500 metros sobre el nivel del mar, prosperando en bosques tropicales perennifolios, subcaducifolios, en bosques mesófilos de montaña y en los de encino y coníferas más húmedos de casi todo el país. Con este fruto, los kumiais del norte de Baja California preparan el vino.

Conocida también como:

◇ bejuco de agua
◇ bejuco de cazadores
◇ parra silvestre

◇ sanalotodo
◇ tecamate
◇ tripas de Judas
◇ uva cimarrona
◇ uvilla cimarrona

Conocida en algunas regiones como:

◇ brincadora (Jalisco)
◇ parra brincadora (Jalisco)
◇ pichol o picholo (Oaxaca)
◇ tripas de vaca (Guanajuato)

Conocida en otras lenguas como:

◇ *conduj* (zoque)
◇ *gunhi* (zapoteco)
◇ *loobabi chuli* (zapoteco)
◇ *s'nucut* (totonaco)
◇ *xocomecatl* (náhuatl)

UVA PASA ◆ pasa

UVALAMA
Fruto globoso y carnoso de 1 cm de diámetro, negro y de sabor picante. El árbol crece en las regiones subtropicales del país, como Baja California Sur, Sonora y Chihuahua, hasta Morelos y Oaxaca; se reconocen las especies *Vitex mollis* y *Vitex pyramidata*. Se come como fruta fresca; los tarahumaras a veces lo cuecen con agua y después lo comen mezclado con leche.

Conocido también como:

◇ ahuilote
◇ canelillo (*Vitex pyramidata*)
◇ coyotomate
◇ querengue (*Vitex pyramidata*)

UVATE
Dulce de uvas peladas y cocidas en agua con azúcar y canela. Es una especie de ate, típico de San Luis Potosí.

UVERO
Fruto globoso y morado, similar a una uva de 1 o 2 cm de diámetro, de color verde cuando están inmaduras y rojo oscuro al madurar. El árbol que la produce mide hasta 18 metros de altura y tiene flores blancas. Existen dos variedades, *Coccoloba barbadensis* y *Coccoloba uvifera*. Se encuentra en las playas arenosas de los litorales del Atlántico, aunque también se puede encontrar en el Pacífico en menor cantidad. Su fruto, de sabor parecido a la frambuesa, tiene piel muy gruesa, hueso grande y poca pulpa; se consume como fruta fresca. Se utiliza también en la cocina contemporánea para elaborar salsas y acompañar pescados.

Coccoloba barbadensis es conocido también como:

◇ bobche (Yucatán)
◇ carnero (Oaxaca)
◇ carnero de la costa
◇ *napajquiui* (totonaco)
◇ polo de carnero
◇ roble de la costa (Sinaloa)
◇ tamulero (Michoacán)
◇ tepalcahuite
◇ *tutyeje* (mixteco)

Coccoloba uvifera es conocido también como:

◇ carnero (Sinaloa)
◇ *niiche* (maya yucateco)
◇ uva de la costa (Tabasco)
◇ uva de la playa o uva del mar
◇ uvero de la playa
◇ uvero del mar

UVILLA CIMARRONA ◆ uva de monte

VAINILLA (*Vanilla planifolia*)

Fruto de una orquídea trepadora originaria de México, de flores grandes y amarillas. Es una vaina verde a la que debe su nombre, la cual se corta cuando cumple mes y medio en la planta y alcanza los 15 o 20 cm; después se pasa por agua hirviendo, se seca y se envuelve para que sude y se seque; entonces se torna negra o café muy oscuro y se envuelve para que la esencia no se evapore. Su nombre en náhuatl es *tlilxochitl*, de *tlilli*, negro y *xochitl*, flor, es decir, flor negra; de este nombre derivan los sinónimos tlilsochil y tlilsuchil. Crece en bosques tropicales perennes y florece la mayor parte del año. La principal entidad productora en México es Veracruz, en especial Papantla, pues el clima ahí es idóneo para la planta. Gran parte de la producción nacional se utiliza para elaborar refresco de cola. En la repostería y pastelería mexicana se utiliza con todo y vaina en pasteles y panes regionales, bebidas alcohólicas, almíbares, dulces, licuados y aguas frescas. Abejas y colibríes eran, antiguamente, los encargados de polinizar la vainilla; hoy en día se hace de forma manual. Desde antes de la Conquista, el territorio mexicano era el único productor de vainilla en el mundo. Durante muchos años en Francia y Bélgica hubo intentos por producirla, pero resultaron infructuosos. Y no fue sino hasta después de muchos años, en 1841, que se logró la polinización artificial en la isla francesa de Reunión; de ahí el cultivo se extendió a Java, Brasil, las Islas Seychelles y Madagascar, donde se produce hoy en día 80% de la vainilla que se consume en todo el mundo. Mientras tanto, en Papantla decayó la producción al grado que dejó de ser rentable para terratenientes y campesinos. En la actualidad, autoridades de la entidad, la Universidad Veracruzana y diversas comunidades indígenas y asociaciones de cultivadores han reiniciado el cultivo de la vainilla, especialmente como vaina y extracto. En la época prehispánica la vainilla se mezclaba con cacao para elaborar chocolate.

Conocida en otras lenguas como:

◇ *bainii* (zapoteco)
◇ *piis'oxaanti* (tepehua)
◇ *siisbik, sisbik* o *zizbic* (maya)
◇ *sunti'xa'nat* (totonaco)
◇ *xuucy* (mixe)

VAINILLO ◆ jinicuil

VAMPIRO

1. Coctel que se prepara en bares y cantinas de México con tequila y sangrita.
2. Mezcla de jugos de betabel y naranja, que en algunas ocasiones puede incluir apio o jugo de zanahoria y de limón. Se vende en puestos callejeros.

VAPORCITO

Nombre con el que designa a un tamal en la península de Yucatán. El vaporcito de espelón es de masa de maíz, frijol espelón y manteca de cerdo; se envuelve en hojas de plátano y se sirve con salsa caliente de jitomate. Al vaporcito colorado también se le conoce como *chak wuaj*. Los vaporcitos con frijoles se conocen también como *buulil ua*.

VAPORERA ◆ tamalera

VAREAR

Término que se refiere a golpear o sacudir con un palo o vara las vainas del frijol en la región de la Huasteca hidalguense.

VASO TEQUILERO ◆ caballito

VENADITO ◆ hongo tuza

VENADO

Mamífero de la familia de los cérvidos. El venado se consume en diferentes partes de la república, especialmente cortado en bisteces, a veces marinado en vinagre o especias, y asado a las brasas igual que la carne de res. En épocas pasadas también se consumía la pierna de venado en mole o ahumada. En Yucatán se come en barbacoa desde la época prehispánica, cocido en horno de tierra o pib, en tsik, kool y pipián. Todavía se elaboran muchas recetas tradicionales como la longaniza de venado, embutido condimentado con achiote, asado a la leña y servido con lechuga y naranja agria. Para el venado en pebre se emplea la carne cocinada con un guiso espeso llamado pebre, muy similar al kool. La carne fresca o seca se prepara en pipián, con orégano, pimienta, ajo, achiote y masa de maíz como espesante. El hígado de venado se hornea y después se prepara en salpicón con cebolla, chile rojo molido y jugo de naranja agria; se come con tortillas calientes. La panza del venado se acostumbra preparada en pipián: el guiso incluye la panza, tráquea, pulmones, esófago y corazón. Las vísceras se cuecen en pib y se dejan ahumar en el fogón durante 10 días, se dejan reposar en

Venado cola blanca

agua, luego se cortan en pedazos y se guisan en una salsa de pepita molida y desleída en agua junto con pimienta, ajo y orégano; la salsa se espesa con masa de maíz y el guiso suele incluir ciruelas verdes. Existe la superstición de que este guiso, como el que se hace con hígado, sólo deben comerlo el cazador del venado y su familia, de lo contrario no tendrá buena caza en la siguiente jornada. En la península de Yucatán se prepara el salpicón o tsik de venado. En Tamaulipas se prepara con hojas de laurel, ajo, pimienta, limón y chile serrano, con los que se cuece la carne; posteriormente se deshebra y se mezcla con lechuga, rábanos, cebolla y sal. En Chiapas preparan el ciguamonte asando primero la carne, para cocerla después con epazote y jitomate. En los estados del norte se preparan las albóndigas de venado. En San Luis Potosí y Querétaro, los pames reportan su consumo haciendo el venado asado y el venado en caldo. En Sinaloa se puede preparar en barbacoa, caldillo, cocido o en estofado. La caza indiscriminada ha puesto ciertas variedades en peligro de extinción, de modo que su carne es cada vez más escasa y por esa razón se sustituye con carne de res o de conejo. Existen tres especies en la república mexicana:

• *Odocoileus hemionus*
Venado bura. Tiene orejas largas, cola corta y angosta y es el más corpulento de todos; mide de 1.5 a 2 metros; el macho pesa de 45 a 115 kilos y la hembra de 45 a 70 kilos. Su pelaje es gris o café con partes blancas; el macho posee además una corona negra. Vive en las montañas del norte del país. El nombre *bura* es tarahumara y significa mula.

Conocido también como:

◇ chuina (noroeste del país)
◇ venado cola negra
◇ venado mula

• *Odocoileus virginianus*
Venado cola blanca. Tiene, como su nombre lo indica, una cola blanca larga, además de cuerpo café grisáceo o rojizo y vientre blanco; la cabeza y el cuerpo juntos miden poco más de 1 metro y la cola de 18 a 27 centímetros. Los machos pesan de 36 a 100 kilos y las hembras de 27 a 45. Es de tierras frías y montañosas, de donde se ha extendido a todo tipo de regiones, excepto el desierto.

Conocido también como:

◇ *bidxina* (zapoteco)
◇ *ceh* (maya)
◇ *fantho* (otomí)
◇ *isu* (mixteco)
◇ *mazatl* (náhuatl)
◇ moa
◇ venado saltón

• *Mazama americana*
Venado temazate. Es de color café rojizo u opaco, cuello grisáceo con la parte inferior blanca, cola blanca abajo y café arriba. La cabeza y el cuerpo miden de 1 a 1.5 metros y la cola de 11 a 13 cm; su peso aproximado es de 40 kilos. Los machos poseen cuernos pequeños espigados de no más de 12 cm de largo. Habita en los bosques húmedos de la costa del Golfo de México.

Conocido también como:

◇ cabra
◇ *maxa* (huichol)
◇ mazate
◇ temazate
◇ venadito rojo
◇ venado cabrito
◇ venado de raza pequeña

→ chuina, hongo iztacnanacatl, hongo mantecoso

VENADO ASADO

Platillo de carne de venado en trozos, cocida con especias, cebolla y sal; se unta con una mezcla de jitomate, ajo y chile piquín para asarse sobre un comal con un poco de manteca de cerdo para dorarlo. En otras regiones del país, puede tratarse simplemente de la carne de venado al natural o marinada, rebanada en bisteces delgados asados a la leña o al carbón, acompañados con alguna salsa.

VENADO EN CALDO

Guiso que puede contener carne de venado, hígado y panza cocidos en agua con sal, cebolla, orégano y laurel. El caldo se condimenta con jitomates y chiles asados, molidos y fritos en manteca de cerdo o aceite. Lo consumen los pames en El Huizachal, región de La Palma, en San Luis Potosí.

VENADO EN SALPICÓN ◆ salpicón de venado

VENENCIA

Método realizado para observar la formación del "cordón" o "perlado" (pequeñas burbujas) que produce el mezcal, cuya persistencia indica la graduación alcohólica. En menor medida en el Distrito Federal se utiliza el "alcoholímetro", con el mismo propósito. La prueba del "cordón" también sirve para diferenciar los mezcales adulterados; se realiza con un carrizo ahuecado en su extremo inferior, a través del cual se succiona el mezcal con la boca para dejarlo caer en una jícara.

VENENILLO ◆ pata paloma

VERACRUZ

Estado ubicado al este del país, cuyo territorio ocupa la mayor parte de la costa del Golfo de México. Colinda al norte con Tamaulipas, al noroeste con San Luis Potosí, Hidalgo y Puebla, al suroeste con Oaxaca, al sur con Chiapas y al este con el Golfo de México y Tabasco. Se fundó el 22 de diciembre de 1823 y su capital es la ciudad de Xalapa; se divide en 212 municipios, que se agrupan en 10 regiones administrativas: Huasteca alta y baja, Totonaca, del Nautla, la Capital, de la Montañas, Sotavento, Papaloapan, de Los Tuxtlas y Olmeca. La primera población que establecieron los conquistadores españoles, se situó en el territorio que actualmente ocupa Veracruz; el puerto se convirtió entonces en punto de enlace e intercambio entre España y América, por lo que a este puerto llegaban mercancías como haba, alverjón, trigo, arroz y animales domésticos. En Veracruz, el mestizaje no sólo corresponde a indígenas y españoles; también incluye a la población negra que llegó de África durante la Conquista y a lo largo de la Colonia. En la actualidad, el estado cuenta con tres puertos marítimos comerciales de suma importancia para las actividades comerciales del país: Tuxpan, Veracruz y Coatzacoalcos. La actividad agropecuaria de la entidad ocupa los primeros lugares a nivel nacional en la producción de chayote, piña, caña de azúcar, arroz, papaya, naranja, jícama, limón, café y plátano, así como en la captura de lebrancha, ostión, almeja, sierra, jurel, jaiba y robalo, y es también un importante productor de carne de ave, de ovino y de bovino en canal. El territorio actual estaba poblado por grupos huastecos, totonacas y olmecas antes de la Conquista; en la actualidad lo habitan grupos nahuas, popolucas, tepehuas y totonacas, fuertemente influenciados por las culturas originales. Al norte de Veracruz conviven culturas totonacas, nahuas y tepehuas; la cultura y costumbres alimentarias nahuas son las más distintivas en la región; las plantas comestibles que utilizan en la elaboración de alimentos se cultivan tanto en los patios de las casas como en los terrenos destinados al cultivo, o bien se recolectan algunos como el cacahuate, el camote, la cebollina o xonacate, el chayote, el epazote, las flores de calabaza, de cocuite, de izote y de ortiga, la hierbabuena, el nopal, el pemuche, el piñón, la verdolaga y la yuca, además de algunos hongos como cuitlacoche, hongo de chaca y hongo de encino. Las frutas que más se consumen son el cuahuayote, el jobo, la lima, el mamey, el mango, la mandarina, el melón, el tamarindo y el zapote. Algunos animales silvestres se utilizan para elaborar guisos típicos como el armadillo, la codorniz, el cuachochoco, la paloma, el pato, el tejón y el tepezcuintle, además de animales domésticos como borrego, cerdo, conejo, guajolote y pollo. Todos se utilizan para elaborar platillos que, combinados con los chiles, las especias y hierbas de olor, le dan el buen sabor a la

Zona arqueológica de El Tajín

comida regional. De esta región son el ajocomino, bollitos de chicharrón y de frijol, el cahuayote en salsa de jitomate, los camarones adobados, las chancacadas de corral, las enchiladas de pipián y de chile piquín seco, los frijoles en achuchutl, el huatape de camarón, las jaibas rellenas, el palmito en escabeche o en ensalada, el pascal, los plátanos rellenos, los pemoles, los sequillos, los tamales papantecos y púlacles, las tortas de hueva y los atoles de ojite y de tequexquelite. Las preparaciones más representativas de los nahuas que habitan en la Huasteca veracruzana, situada al norte, son el achocote, el adobo de cerdo, el armadillo y el tejón ahumados, los bocoles, la comida para la siembra, las enchiladas de piñón, el envuelto de acuyo, los frijoles adobados, con ajonjolí y con pemuches, las garnachas, las gorditas de plátano de Castilla, el huatape de acamayas y cosoles, de pemuches, de pescado y de pollo, los jacuves y pemuches con huevo, el mapache en adobo, el mole ranchero de guajolote, los molotes, el pollo en adobo, la sopa de calabaza con cosoles y el tlapanil. Se elabora una gran variedad de tamales, entre ellos las capitas de frijol molido pintos, los tamales de carne de res, de iniciación de curandero, de especie, de guajolote, de pescado salado, con tomate, y para ceremonia y el zacahuil; también se consume todo tipo de atoles como: agrio de maíz, de amaranto, de calabaza, de camote malanga, de capulín, de ciruela campechana, de coyol, de elote, de frijol negro, de mango, de masa martajada, de semillas de girasol y

de tempechkistle; axocote, té limón, té de pericón, y tepache de piña. En estas comunidades es posible encontrar algunas preparaciones dulces como alfajores, buñuelos de yuca, charamuscas, chavacanes, conservas de cuaguayote y de papaya, machuco de plátano de Castilla, masafina y pemoles. En la región Centro existen importantes plantaciones de café de altura y se preparan licores de frutas regionales; en esta zona se prepara el arroz con camarón, la carne enchileanchada, los chapandongos, los chileatoles, los chiles chipotles y jalapeños rellenos, los chinchayotes capeados, los cocteles de mariscos, los encacahuatados, las enchiladas de chile seco, las enfrijoladas, el frijol con xonequi, las garnachas orizabeñas, los huaxmoles, la longaniza, los moles de chito, de panza, de pata de res y de Xico, los pambazos rellenos, el pipián verde, las sopas de chayote y de frijol, la salsa de hormigas chicatanas, el tapado de pollo, los tepejilotes capeados, los texmoles, las tortas de gasparitos y las tortitas de flor de izote. Además se elaboran tamales como chilehuate, pintos, tamales chopos, de izote, de pepita y de frijol; panes y dulces, dentro de los cuales encontramos cocoles naturales o rellenos de queso, jamoncillos, mantecados, pan de granillo, pan de huevo, y polvorones. En la región del Sotavento, ubicada en la parte central del estado y en la costa, se prepara la comida jarocha por excelencia a base de pescados y mariscos, por ejemplo, arroz a la tumbada con pescado blanco y plátano macho, calamares rellenos de camarón, camarones al mojo de ajo, chilpachole de jaiba, huachinango a la veracruzana, mojarra empapelada, pámpano relleno de mariscos y en acuyo, pulpos a la criolla o en su tinta, quesadillas de cazón o jaiba, tapistes y tortitas de hueva de lisa. En esta región también es posible encontrar gorditas dulces y de frijol, huevos tirados, mondongo, picadas, plátanos cocidos y prensados, ropa vieja, tamales de cazuela y de elote y tostones. Las preparaciones dulces y bebidas más representativas del Sotavento son el antojo del Papa, el atole de piña, el beso del duque, los buñuelos con miel de caña y de camote, las canillas, la horchata de coco, los marquesotes, la sopa borracha y los toritos. La cocina típica de la región de Los Tuxtlas, donde habitan comunidades popolucas, consiste en preparaciones elaboradas a base de ingredientes regionales. Entre sus preparaciones se distinguen el agua de chochogo, la carne de chango, los chanchamitos, el conejo en adobo, el dulce de gagallito, los frijoles con chochos (flor de izote), la fritada de cerdo, la iguana en moste, los mimilos, el mogo mogo, las pellizcadas, la pepesca y topote en tapiste, los tamales morados, el tamoxonec, el tatabiguiayo, los tecoyotes, los tegogolos y el tepezcuintle al ajillo. La región Olmeca, al sur de Veracruz, también conoci-

Plaza de la Constitución, Veracruz

627

Voladores de Papantla

da como Sontavento histórico, es profundamente rica en recursos naturales pues posee un reducto de selva tropical cuya flora y fauna son de las más variadas del mundo. Ahí es posible encontrar animales como armadillo, conejo, iguana, jabalí, lagarto, mono, tepezcuintle, venado y zanate. Además, en esta región conviven grupos indígenas nahuas, popolucas, mestizos y grupos migrantes provenientes del estado de Oaxaca como mixtecos, mazatecos, chinantecos y zapotecos. La diversidad natural y cultural se refleja en las preparaciones de la región; se elaboran distintos atoles, por ejemplo de calabaza, de elote, de masa y de plátano, así como caldos con animales nativos, de cerdo, pescado, pollo y res; guisos sencillos con base de camarón fresco y seco, cerdo, cangrejo, chapulines, huevo, mojarra, nopales, pejelagarto y tortuga; pescados y mariscos asados; distintos tipos de mole y una gran variedad de tamales, algunos de ellos son las capitas, los tamales con hueso asado, los de cazuela con yuca, de coco, de chipilín, de elote; de hongo encino, de pejelagarto, de pescado, de cerdo, de masa, de yuca, oaxaqueños y tetamales. En Veracruz, la costumbre de consumir pescados, mariscos, verduras y granos durante la época de la cuaresma sigue vigente, de modo que es común encontrar cerradas las carnicerías en los mercados y, en su lugar, ver pescaderías improvisadas en las calles donde se ofrecen bacalao noruego, boquerones, camarones secos y charales; los mercados se llenan de alverjones, gasparitos, habas secas, lentejas y nopales. Con estos ingredientes se preparan mariscos y pescados guisados en un mole de jitomate, chile ancho y chile seco, adobo de tempesquistles, chayotextle en salsa de epazote, enfrijoladas, entomatadas, hueva de topote, mole de camarón seco, mogo mogo, revoltijo parecido al que se prepara en el centro del país; sopas de bobo, de huevo en caldo bobo, de ostiones y de pescado, tacos de camarón, tortitas de colorín y yucas rellenas. Durante la época navideña se preparan guisos específicos, como por ejemplo buñuelos de jaiba, ensalada navideña, gallina en nogada, lengua en frío, pavo Chabela, pavo relleno, pollo de olla, revoltijo, sangre de totol y algunos postres como buñuelos de arroz, de molde, de piña y hervidos, campanas de Navidad, carlota rusa, copas nevadas y postre de castañas. Entre los preparados más representativos encontramos los bisteces rellenos de plátano, la calabaza con camarones, la carne de chango, el caldo de olla, el machuco, la malanga frita, el mondongo, los moros y cristianos, la sopa de calabaza, los tamales de calabaza con camarones, la torta de plátano, la tortilla de plátano, la yuca con carne de cerdo estofada, en chilpachole, guisada con carne y con pollo en especias. Entre las preparaciones dul-

ces están el budín de calabaza, los buñuelos de calabaza, de camote y de yuca, el dulce de yuca, las duquesas, los icacos en dulce, la palanqueta de plátano, los piques de piña y coco, los tamales de calabaza, el tenesnelo, los tetamales de anís y la horchata de coco.

VERACRUZANA, A LA

Preparaciones elaboradas a base de una salsa llamada a la veracruzana, que incluye jitomates maduros y picados, ajo, cebolla, laurel, orégano, perejil, aceitunas verdes y alcaparras; en algunas versiones se anexan pasitas. No es una salsa picante, sin embargo, puede incluir pimiento morrón rojo, chile jalapeño o una variedad de chile güero llamado chile carricillo. En términos generales, el pescado o la carne elaborados a la veracruzana se cuecen en la salsa y se sirven bañados con la misma. Existen platillos muy famosos preparados de este modo, como el huachinango a la veracruzana y la lengua a la veracruzana. En cuanto a los huevos a la veracruzana, son huevos revueltos mezclados con frijoles negros enteros y caldosos; a veces llevan chile jalapeño o serrano, picados. En Veracruz es muy común servirlos en los desayunos y cenas. Fuera del estado a los huevos tirados también se les llama huevos a la veracruzana.

VERDE

1. Salsa hecha con cilantro, chipilín, hojas de chile amaxito, hierba santa, chaya, cebolla, tomate verde, chile dulce y ajo. Todos los ingredientes se cuecen y se muelen hasta obtener una salsa tersa. Se usa como base para el pochitoque, el pejelagarto, la tortuga y la panza en verde, entre otros guisos. Es común que a estos platillos se les denomine "en verde".
2. Forma en la que le llaman al mole verde en el estado de Oaxaca.

VERDE DE TLAXCALA

Bebida preparada con aguamiel, hierbabuena y jugo de limón mezclados y colados, a los que se agrega mezcal y hielos. Es típica de Tlaxcala.

VERDE DE XICO

Licor de color verde, cuya receta es secreta aunque se puede detectar la presencia de toronjil, anís, hierbabuena y una planta llamada hierba del burro, todas maceradas en aguardiente. Se prepara en Xico, Veracruz, donde también se le conoce como licor verde. Su manufactura es artesanal, y es muy buscado entre los visitantes de la ciudad.

VERDILLO ◆ blanquillo

VERDÍN

Nombre de una bebida que se prepara en Veracruz y Yucatán con aguardiente, azúcar y hierbabuena.

VERDOLAGA (*Portulaca oleracea*)

Planta herbácea que mide en promedio de 15 a 50 cm de largo. Es suave, carnosa, jugosa y de sabor ácido. Se desarrolla en lugares húmedos como las riberas de los ríos o a las orillas de los caminos; crece de forma extendida y abarca mucho espacio, razón por la que cuando alguien pretende abarcar muchas cosas a la vez se le dice popularmente que "se extiende como la verdolaga". Se vende por peso o en manojos; al comprarlas se deben eliminar las raíces y seleccionar las más verdes y crujientes. Es recomendable también revisar los manojos, ya que ocurre con frecuencia que las del centro están podridas o deshidratadas. Se aprecia mucho como verdura, principalmente para elaborar guisos y caldos. En la cocina del centro del país son altamente apreciadas las verdolagas con carne de cerdo. En Tuxtla se preparan las verdolagas fritas, guisadas en manteca de cerdo con cebolla, chiles serranos y sal. Se sirven calientes, en tacos, acompañadas con salsa picante. Los huicholes de Nayarit las recolectan frescas y las cuecen en agua con sal. En el sureste del país no se aprovecha como alimento, pues por su aspecto parecido al de la maleza no se recolecta. Es recomendable cocerla en agua de tequesquite o bicarbonato de sodio para evitar posibles trastornos estomacales.

Conocida también como:

◇ *aurarra* (huichol, Nayarit)
◇ *itzmiquilitl* (náhuatl)
◇ *mixquilitl* (náhuatl, sierra Norte de Puebla)
◇ *xpulh* (totonaco, sierra Norte de Puebla)

VERDURAS EN CHINTEXTLE

Preparación hecha a base de verduras que se dejan reposar varias horas en chintextle para que tomen dicho sabor. Con este preparado se hacen las famosas tostadas de chintextle. Las verduras más empleadas para esta preparación son ejotes, chícharos, chayote, papa y zanahoria; en algunos casos puede contener coliflor y brócoli. Se acostumbran principalmente durante la cuaresma para sustituir la carne. El chintextle se elabora con chile pasilla oaxaqueño o chile mixe; no contiene camarón seco u otros ingredientes. Antiguamente este preparado sólo se hacía con vinagre de piña. Se acostumbra en la región de los Valles Centrales, en especial en la ciudad de Oaxaca.

VERDURAS EN ESCABECHE

Verduras cocidas en un preparado de vinagre con diferentes hierbas y especias. Por lo general se fríen las verduras ligeramente en aceite y después se cuecen en una mezcla de vinagre y agua con las hierbas de olor y las especias y se dejan macerar al menos un día. Se acostumbra comerlas a temperatura ambiente o frías, a manera de entremés o botana. Las verduras cambian según la región, temporada o costumbres familiares: entre ellas encontramos calabacitas, coliflor, ejotes, nopales, jícama, papa, zanahoria, chiles jalapeños y serranos; entre las hierbas que más se emplean están el laurel, el orégano y la mejorana. En el Estado de México, en especial durante la época de lluvias, se preparan los hongos silvestres en escabeche. En Milpa Alta, Distrito Federal, son famosos los nopalitos en escabeche. Conocidas también como verduras en vinagre.

VERRUGATA ◆ berrugata

VÍBORA

Reptil perteneciente al grupo de los ofidios, del cual se consumen diversas especies en México; por lo general en las comunidades indígenas y rurales. En el estado de Morelos es común que la carne se sale y se consuma como la cecina. En Chiapas se acostumbra cocer la víbora de cascabel en caldo con papas, laurel o epazote. En la región del Soconusco es costumbre guardar los huesos del animal para dorarlos en comal, molerlos en metate, y utilizarlos como condimento, añadiéndolos a caldos o espolvoreando a los frijoles refritos. Conocida también como culebra.

VÍBORA DE CASCABEL (*Crotalus spp.*)

Reptil de la familia de los vipéridos. Por lo general mide entre 1 y 1.5 metros de largo, y es de cuerpo robusto y grueso. Tiene la cabeza grande, triangular y algo aplanada, y el hocico achatado; presenta en el extremo de la cola unos anillos óseos, con los cuales genera un ruido de cascabeleo, de donde deriva su nombre. Se mueve con lentitud pero ataca con increíble rapidez para inyectar el veneno neurotóxico que posee y que puede ser mortal. Es una serpiente típica de México que habita en zonas tropicales del sur, en la sierra y en las zonas áridas del norte. Pese a su peligrosidad, desde muchos siglos atrás forma parte de la dieta de los yaquis de Sonora. Para prepararla se mide una cuarta de la mano, empezando por la cabeza, y se corta; esta parte se desecha y se sigue el mismo procedimiento con la cola; se le sacan las tripas y se pone a asar para quitarle la piel con facilidad, después se lava muy bien la carne y se corta en trozos. Se puede preparar en caldo o simplemente asada. Su sabor es semejante al del pescado. Además, su aceite es de uso curativo; los curanderos yaquis lo utilizan disuelto con otros medicamentos naturales. Mucha gente la seca al sol y la muele para usarla como condimento en las comidas.

VICHI ◆ chipil

VID ◆ uva

VIEJITOS ◆ cahuáyote

VIEJITOS DE LERDO

Dulce tradicional navideño de higos fermentados que se prepara en la Comarca Lagunera de Durango.

VIEJO ◆ jorobado

VIGILIA

Término utilizado para nombrar al periodo de abstinencia de carne roja, de res o cerdo, tradicional en el ritual católico durante los periodos de cuaresma y Semana Santa, y en menor medida los viernes. Durante este tiempo se consumen pescados, mariscos, verduras o pollo, principalmente. En algunas regiones del país también se acostumbra esta tradición durante los velorios. Comida de vigilia o comida de cuaresma son términos asociados a esta abstinencia.

VILLAJAIBA (*Lutjanus synagris*)

Pez de la familia de los pargos, con dorso y costados color rosa o rojo con matices verdes y barras verticales oscuras y difusas. Mide unos 25 cm de largo y se pesca todo el año en el Golfo de México. Su carne se considera de buena calidad: es oscura, grasosa, jugosa y de sabor suave. Por lo general se fríe entero, pero también se prepara en filetes rebosados con huevo o empanizados.

Conocida también como:

◇ huachinango
◇ machego
◇ pargo guanco
◇ pargo rubio
◇ vieja jaiba

VINAGRE

Líquido ácido y astringente, producido por la fermentación acética de cualquier líquido alcohólico, en la que intervienen distintas especies de bacterias. Su componente principal es el ácido acético. Por tradición, en México se utilizan vinagres suaves que no alcanzan un alto porcentaje de acidez, generalmente elaborados con sidra, manzana, cerveza de malta, piña, plátano y otros frutos. Se emplean frecuentemente en un sinnúmero de encurtidos de chiles, escabeches de todo tipo, cuñetes, algunas ensaladas de col o lechuga, adobos y marinados diversos.

VINAGRE BLANCO
Vinagre que se obtiene a partir de alcohol de caña, razón por la cual también se le llama vinagre de caña. Casi siempre contiene 5% de ácido acético y es totalmente transparente. Es uno de los que más se utilizan en México, casi siempre envasado bajo diversas marcas comerciales.

VINAGRE DE MANZANA
Vinagre que se obtiene de manzanas que, al oxidarse, proporcionan el tono café característico de la fruta. También se le llama vinagre oscuro. Contiene 5% de ácido acético, igual que el vinagre blanco, y también es común encontrarlo envasado, bajo diversas marcas comerciales.

VINAGRE DE OLLA ◆ vinagre de yema

VINAGRE DE PIÑA
Vinagre que se obtiene de la simple mezcla de agua con cáscaras de piña, azúcar, piloncillo y un poco de pulpa de piña. Esta preparación se guarda algunos días en un frasco bien tapado, que se procura dejar cerca del calor de la estufa o donde reciba directamente los rayos del sol, para su rápida conversión en vinagre. Su grado de acidez depende de la cantidad de cáscara que se utilice; por lo general se emplea poca, pues casi siempre se procura que sea suave. En el pasado, el vinagre de piña fue de los más utilizados pero casi todo se ha sustituido por el vinagre blanco de caña o el vinagre de manzana. En Oaxaca existen muchos encurtidos y guisos que se preparan con este vinagre, como el chintextle. En el Istmo de Tehuantepec se prepara con pulpa y cáscaras, agua, piloncillo y maíz cacahuacentle; se deja reposar en una olla de barro por dos o tres días. En el estado de Jalisco se utiliza mucho para elaborar el adobo y las salsas de las birrias. Igual que todos, en este vinagre se forma un concentrado de apariencia gelatinosa al que se le llama madre de vinagre, el cual se retira y se añade más agua con piloncillo para que con el tiempo se produzca más vinagre. En muchos pueblos o comunidades donde existe una verdadera tradición gastronómica, un solo proveedor surte de este vinagre a los vecinos del barrio. Es interesante saber que este vinagre se vende a un precio módico y muchas veces se regala a vecinos y amigos.

VINAGRE DE PLÁTANO
Vinagre popular en Tabasco, preparado a base de plátanos. La preparación tradicional requiere una bolsa de manta de forma cónica en la que se meten plátanos Tabasco sobremadurados. De manera natural el jugo se filtra y se recolecta en una vasija. Esto se efectúa durante varios días hasta que los plátanos dejan de escurrir. Se agrega un poco de agua y se deja reposar alrededor de dos meses hasta que aparece la madre del vinagre; en ese momento se le añade panela y más agua, y se deja reposar por tres días más para poder utilizarlo ya como vinagre. Se puede retirar todo el líquido y volver a añadir más panela y agua sobre la madre para producir mayor cantidad de vinagre. Este procedimiento se puede repetir cuantas veces se desee, siempre y cuando la madre esté en buen estado.

VINAGRE DE PULQUE
Vinagre que se obtiene de la fermentación de la mezcla del pulque y el tequesquite: el líquido se calienta sobre el fuego sin que hierva, se retira del calor y se deja fermentar por dos o tres días.

VINAGRE DE TÍBICOS
Vinagre que se obtiene diluyendo piloncillo en agua, al que se agrega un cultivo de bacterias llamado tíbicos y se deja reposar en un vitrolero durante varios días, tapado con manta de cielo. Es una forma muy antigua de hacer vinagre. No se debe confundir con el agua de tíbicos, que se prepara de la misma forma, pero que se bebe de un día para otro. Se elabora en el valle de Puebla-Tlaxcala.

VINAGRE DE TUBA
Vinagre que se obtiene de la tuba fermentada. Se emplea principalmente para marinar guisos regionales como el tatemado de puerco, salsas, embutidos y ensaladas.

VINAGRE DE TUNA
Vinagre que se obtiene de la fermentación de casi cualquier tuna, incluido el xoconostle o la pitahaya. Aunque hoy en día es difícil de encontrar, era muy común en épocas prehispánicas y en la Conquista.

VINAGRE DE YEMA
Vinagre que se elabora fermentando cáscaras de piña o plátano en agua con azúcar, durante 15 o 20 días. Se utiliza mucho en embutidos como la longaniza y el chorizo. Se dice que es un vinagre tan noble, que los embutidos preparados con él no son indigestos aunque estén muy condimentados. Es típico de los estados de Zacatecas y San Luis Potosí, donde también se le conoce como vinagre de olla.

VINAGRERITA O VINAGRITA ◆ acederilla

VINATERÍA
Tienda donde se expenden vinos, destilados y licores. Es común que en esos establecimientos también se vendan abarrotes y charcutería.

VINO
Bebida alcohólica producida por la fermentación del mosto de uva. Los tipos de vino dependen de la calidad de la cepa utilizada, de manera que las importantes industrias vitivinícolas del país tienen especial cuidado de lograr cultivos de plantas seleccionadas. El cultivo de la vid es uno de los más importantes de México. La uva fue introducida en México en el siglo XVI, y pronto se empezó a producir vino, sobre todo de consagrar. Sin embargo, por intereses económicos la Corona española prohibió la producción de vino durante la Colonia. En la década de 1990 se lanzaron al mercado diferentes casas productoras de vino, lo que incrementó de mane-

ra notable la difusión y cultura vitivinícola en el país. Las variedades que más se cultivan en México para la producción de vino son las uvas *cabernet sauvignon*, cariñena, *chenin blanc, fehrzago, colombard,* garnacha, Málaga, *malbec, merlot,* misión, *moscatel, nebbiolo,* palomino, *petit syrah, chardonnay, pinot noir, riesling,* salvador, *sauvignon blanc, semillon, ugni blanc* y *zinfandel.* Es notable mencionar que en el país existe la casa vinícola más antigua del continente americano, establecida en 1597, en Parras, Coahuila. Las regiones productoras de vino son:

- Baja California: Ensenada, Guadalupe, San Antonio de las Minas, San Vicente, Santo Tomás y Tecate.
- Chihuahua: Delicias.
- Coahuila: Cuatro Ciénegas, La Laguna y Parras.
- Durango: La Laguna.
- Guanajuato: Dolores Hidalgo y San Luis de la Paz.
- Querétaro: Ezequiel Montes, San Clemente, San Juan del Río y Tequisquiapan.
- Sonora: Caborca y Hermosillo.
- Zacatecas: Fresnillo-Calera, Luis Moya y valle de las Arcinas.

Hay casas productoras grandes medianas y pequeñas; y de acuerdo con algunas estadísticas, en 2008 entre todas elaboraban alrededor de 280 marcas distintas de vino con diferentes calidades y posicionamiento. En México la palabra vino también se usa en ocasiones para referirse a bebidas alcohólicas en general; así, cuando se dice que alguien bebe demasiado vino, se quiere decir que bebe mucho alcohol.

Bodega de añejamiento en Baja California

VINO DE AZAHAR

Bebida alcohólica preparada con flores del árbol del limón y del naranjo, azúcar y ron. Todo lo anterior se hierve hasta que adquiere consistencia de jarabe. Se sirve como aperitivo y como digestivo en Pátzcuaro, Michoacán.

VINO DE COCO

Bebida que se produce a partir de la destilación de la tuba. Una vez establecidos en el área de Colima y Jalisco, los filipinos traídos a la Nueva España, vía el galeón de Manila o *Nao* de China, se dedicaron a reproducir lo que ellos conocían como *lambanog* y que aquí recibió el nombre de vino de coco. Fue tanta su demanda y producción, que en 1603 y 1610 se decretó su prohibición, como ya ocurría con el vino de uva, el aceite de oliva, mezcales y aguardientes, pues la Corona española lo consideraba riesgoso para su economía. En 1612 se llegó al extremo de ordenar la tala total de los palmares de coco.

VINO DE DURAZNO

Bebida alcohólica que se prepara con duraznos sin semilla, machacados, que se dejan fermentar durante dos o tres semanas; después se cuelan y se mezclan con azúcar y aguardiente. Se deja fermentar otros 15 días, se vuelve a colar, se embotella y se reposa un mes. Es típico de Pátzcuaro, Michoacán.

VINO DE FRESAS

Bebida alcohólica elaborada con fresas machacadas, mezcladas con azúcar. Al día siguiente se ponen al fuego hasta que aclare, y se dejan fermentar por una semana. Después se filtra, se le agrega aguardiente y se deja fermentar por otras seis semanas. Es típico de Pátzcuaro, Michoacán.

VINO DE LIMÓN

Bebida alcohólica preparada a base de aguardiente de caña, jugo de limón, jarabe de azúcar y vainilla. Todo lo anterior se revuelve y al final se agrega azúcar caramelizada para darle color. Se produce en Chiapas, principalmente en Comitán.

VINO DE MEMBRILLO

Bebida alcohólica elaborada con membrillo, al cual se le extrae su jugo, se le añade azúcar y aguardiente, se envasa y se deja macerar al menos por tres meses. Es típico de Pátzcuaro, Michoacán.

VINO DE MORA

Bebida alcohólica preparada a base de moras maduras maceradas durante dos meses en aguardiente. Pasado este tiempo se retira la fruta y se endulza con jarabe, que se prepara previamente para dejar reposar la mezcla durante dos meses más. Lo acostumbran los coletos de San Cristóbal de las Casas, Chiapas.

VINO DE NARANJA

Bebida alcohólica preparada a base de jugo de naranja, que se deja reposar con cáscaras y azúcar durante un día; después se cuela y se le agrega aguardiente. Se deja fermentar durante 15 días, se cuela y se embotella. Se acostumbra en Pátzcuaro, Michoacán.

VINO DE NÍSPERO

Bebida a base del fruto del níspero macerado durante dos meses en aguardiente. Pasado este tiempo se retira la fruta y se endulza con jarabe, que se prepara previamente para dejar reposar la mezcla durante dos meses más. Lo acostumbran los coletos de San Cristóbal de las Casas, Chiapas.

VINO DE NOGAL

Nombre que recibe el licor preparado con cáscaras de nuez maceradas en aguardiente. Es típico del municipio de Genaro Codina, Zacatecas.

VINO DE PALMA

Bebida alcohólica que se obtiene del jugo del corazón de las palmas de coyol y marrachao. Es típico de la zona sur del estado de Veracruz.

VINO DE TUXPAN

Bebida destilada de agave que se acostumbra en las bodas y se produce en Tuxpan, Jalisco. También se conoce como tuba, pero no se debe confundir con la bebida del mismo nombre, que se elabora en las costas de Jalisco y Colima.

VINO DE UVAMONTE

Bebida alcohólica que se obtiene machacando los frutos de la uva de monte, y colando el jugo en una olla tapada para enterrarlo durante dos meses antes de ingerirlo. Lo acostumbran los kumiais que habitan en el norte de Baja California.

VINO EXCELSO

Bebida preparada con miel, vino tinto, clavos de olor y oporto. Todo lo anterior se calienta a fuego suave y antes que suelte el hervor se le agregan huevos batidos y agua. Se sirve caliente. Es típico de Pátzcuaro, Michoacán.

VINO MEZCAL DE TEQUILA ◆ tequila

VIÑATA
Nombre que se da al lugar donde se destila el jugo de las piñas del agave, en el estado de Jalisco. A estos lugares también se les conoce como tabernas.

VIOLETA DEL CAMPO ◆ alache

VIRE VIRA
Modo de preparar ciertas carnes, marinándolas en naranja agria con pimienta, orégano, ajo y sal. La carne se dora por ambos lados en una sartén muy caliente, sin que se cuezan por dentro; se retiran, se dejan enfriar y se vuelven a cocer con cebolla frita, de donde deriva su nombre. Se le conoce también como vuelta y vuelta.

→ bisteces de vuelta y vuelta

VÍSCERAS
Órganos contenidos en las cavidades de los animales como panza, corazón, riñones, pulmones, molleja, pescuezo, tripas, hígado, sesos, etc. Res, cerdo, borrego, venado, pollo, cabrito y chivo son algunos de los animales de los cuales se consumen sus vísceras en diferentes preparaciones. Cada una o en su conjunto forman platillos que reciben diferentes nombres. Algunas preparaciones elaboradas con vísceras son: ajiaco, arroz con menudencias, asadura, barbacoa, bofe, cabrito en su sangre, caldo matancero, carne suelta, chanfaina, chicharrón de vísceras, chocolomo, cochinito a la cubana, criadillas, discada, esquimol, gandinga, higaditos de fandango, hígado, machitos, menudo, mextlapique, mole de caderas, mole de revuelto, mollejas de pollo, mondongo, montalayo, obispo, pancita de barbacoa, patagorría, pepena, picadillo de menudo, riñón, sesos, tachilhuil, tacos de cabeza de res, tripas de pollo o tripas de res. Se les conoce también como menudencias o dentros.

VISHATE ◆ hierbamora

VITROLERO
Recipiente de cristal, transparente, por lo general de gran tamaño y de forma similar a la de un barril con tapa. Por tradición se utiliza en los puestos de aguas frescas o para curtir frutas en licor, chiles encurtidos o adobados, escabeches, etcétera.

VITUALLA
Preparación de garbanzo remojado y cocido revuelto con zanahoria y papa frita que se sazona con sal y comino. Se acostumbra en el estado de Morelos.

VOLOVÁN
Del francés *vol-au-vent*. Especie de empanada de harina de trigo muy acostumbrada en el sur del país. En Campeche, la pasta se corta en círculos de unos 8 cm que se rellenan de jamón picado, queso amarillo rallado y una raja de chile jalapeño. Luego se tapan con otro círculo de la misma pasta, se espolvorean con azúcar y se hornean hasta que estén dorados. Se acostumbran para la merienda.

VUELTA Y VUELTA ◆ vire vira

VUELVE A LA VIDA
Nombre que recibe un coctel de mariscos que puede incluir pulpo, caracol, pulpa de jaiba, trocitos de filetes de pescado, ostión y camarón; todo se mezcla con salsa de tomate, jugo de chiles chipotles adobados, aceite de oliva, cilantro y cebolla picada. Se come con galletas saladas o totopos de tortilla de maíz en el Sotavento, Veracruz, y por extensión en varios estados de la república mexicana. Su nombre hace referencia a que es un platillo altamente nutritivo y energético.

W

WAKABAKI ◆ huacavaque

WEURAI ◆ huilota

WILIMOLE ◆ chirimole

X'CULUM

Quelite con el que se preparan los quelites con frijoles, en la sierra Norte de Puebla.

X-MAKAL ◆ malanga

X-MAK'ULAN ◆ hierba santa

XAB-YAAB ◆ flor de cocohuite

XACUALOLE ◆ chacualole

XAGIS

GRAF. xaguis. Platillo de frijoles tiernos guisados con carne de cerdo, típico del Valle del Mezquital, Hidalgo.

XAGUA O XAHUA ◆ jagua

XALA

Preparacíon hecha a base de pollo cocido en agua, guisado en una salsa de pepita de calabaza, ajo, cebolla y cilantro. Al final de la cocción se agregan calabacitas y comino. Es un platillo típico de Metztitlán, Hidalgo.

XALAPEÑO ◆ chile jalapeño

XALITOS ◆ asientos de chicharrón

XAMACH ◆ comal

XÁMIL ◆ gorditas de elote

XÁMITL

Del náhuatl *xamitl*, ladrillo o adobe.
1. Tortillas semitostadas, de forma triangular, elaboradas con elote, piloncillo, canela y carbonato. Se acostumbran comer acompañadas de café en las huastecas.
2. Tamal elaborado con granos de elote, leche, mantequilla, nata y azúcar. La mezcla se licúa, se le agregan pasas y canela, se envuelve en hojas de elote fresco y se cuece al vapor. Es tradicional de la Huasteca hidalguense.

XAMUE (*Thasus gigas*)

Insecto del orden de los hemípteros, que se consume en su fase de ninfa, de entre 3 y 4 semanas de edad, ya que en su fase adulta tienen un sabor agrio y desagradable. Los xamues son parecidos a los jumiles, pero negros con manchas anaranjadas y blancas; se desarrollan en grandes colonias que cuelgan de las ramas del árbol de mezquite, donde se recogen con guantes, ya que al tocarlos orinan y pueden manchar manos y ropa de color amarillo. Se comen asados,

fritos o crudos vivos. Para prepararlos se ponen en una tina con agua con cal, se lavan y se secan. Después se tuestan sobre el comal y se comen calientes o fríos con sal y chile en tortillas calientes, o se utilizan para preparar salsas. Es un alimento muy apreciado en la zona otomí de Querétaro, mientras que en la región pame

solamente algunos ancianos de la región de Ciudad del Maíz lo valora. También se consumen de igual forma en el Estado de México y en Hidalgo, sobre todo en las zonas semidesérticas como el Valle del Mezquital.

Conocido también como:
◇ chaca
◇ chinche de mezquite
◇ gusano de mezquite
◇ tantarria
◇ xahue o xaue
◇ xohue o xonhue

XANDUKATA ◆ chanducata

XANTOLO ◆ día de Muertos

XARICÁMATA ◆ girasol

XASCUL

Tamal de masa de maíz con frijol (de preferencia frijoles tiernos) y sal, envuelto en una hoja de uso regional llamada de guahan, que le da un sabor muy característico. Es típico de Ocosingo, Chiapas.

Conocido también como:
◇ tamal de hoja de guahan
◇ tamal guahan

XATO

1. Tortilla hecha a base de masa de elote sazón molido burdamente con sal y canela; debe cocerse rápidamente o de lo contrario se vuelve amarga. Se consume en la Mixteca poblana.
2. Tamal preparado con maíz, manteca de cerdo y piloncillo. Se acostumbra en el estado de Guerrero.

→ shato

XAUE ◆ xamue

XCATIK O X-CAT-IK ◆ chile xcatik

XCUI-CHÉ ◆ apompo

XEEK

Del maya *xe'ek*, ensalada. Ensalada que se prepara con jícama, naranjas, mandarina,
cilantro, chile en polvo y sal.
Se sirve tradicionalmente en
pequeñas porciones des-
pués de que se ha comido el
muc bil pollo. Conocido también como check.

XEMBECHAKUA

Preparado que se elabora con charales, quelite lengua de
vaca, joconol, chile perón, jitomate, cebolla, cilantro y sal;
todo se cuece en agua hasta que ésta se evapora en su totalidad. Es típico de Pátzcuaro, Michoacán.

XHIVERY ◆ flor de maguey

XIA-XIU (*Evolvulus alsinoides*)

Planta herbácea pequeña de la familia de las convolvuláceas,
de hojas alternas, elípticas de 2 cm. Sus flores son azules,
monopétalas, de 6 mm. Se consume como cualquier quelite
en Durango, Nuevo León, Jalisco, Yucatán y el Valle de México. Los paipais utilizan su fruto, que es una uva blanca, para
preparar agua. Conocido también como ojo de víbora.

XICACO ◆ icaco

XICAL BLANCO ◆ hongo tuza

XICALPESTLE O XICALPEXTLE ◆ jicalpestle

XÍCAMA ◆ jícama

XILOTE ◆ jilote

XIMBÓ

GRAF. ximbón. Palabra con la que se designa la penca tierna
del maguey. Entre los otomíes en Hidalgo se utiliza para envolver alimentos y cocerlos en horno de tierra. Por extensión, también se designa así a una preparación envuelta en
penca de maguey. Conocida también como xito.

XINCOYOTE ◆ chincoyote

XINGA

Nombre que recibe la grasa de la iguana, muy apreciada por
su sabor. Se acostumbra incluir en la masa preparada de los
tamales de iguana, en Tonalá, Chiapas.

XISGUÁ ◆ ixguá

XISPOLA

GRAF. síspola. Preparación
de consistencia caldosa elaborada con carne de res en
trozos, garbanzo, jitomate,
col, cebolla y cilantro. Es un
platillo festivo en Tuxtla Gutiérrez y otros sitios de Chiapas, que se acostumbra
servir el 30 de enero. Conocido también como huacasis
caldu.

XITO ◆ ximbó

XITOMATE ◆ jitomate

XIX

Del maya *xix*. Sedimentos o partes no del todo molidas de
algún grano o semilla. Existen varios tipos de *xix* en el voca-
bulario culinario de Tabasco, y en general en todo el sureste
del país, donde esta palabra se utiliza mucho. Así, por ejemplo, el *xix* de chicharrón es lo que en otras partes llaman
asientos de chicharrón. También puede referirse a pequeños pedacitos de chicharrón quebrados a propósito, para
preparar tamales o algún otro alimento. El *xix* de pozol es el
sedimento de maíz y cacao de la bebida, que se asienta en
el fondo del vaso. Muchos mueven constantemente su vaso
en forma circular mientras beben el pozol, para ir consumiendo los sólidos junto con el agua; otros lo dejan asentar
y al final se lo comen con una cuchara. El *xix* de maíz son
todas las partes que no se muelen bien del grano, como los
hollejos y cabezas. Sirven para espesar el rojo de los tamales de masa colada o para hacer socuco. Se puede encontrar al colar masa de tamales. El *xix* de pan, por último, son
todas las migajas que quedan en la mesa o el mantel después de comer. Al *xix* se le conoce también como *puk k'eyen*.

XKATSIME

Nombre que reciben ollas o vasijas de barro de distintos tamaños y formas, destinadas para preparar alimentos. Cada
una tiene un uso diferente, es decir, una será para el nixtamal, otra para el frijol y algunas más para otros alimentos.
Habrá incluso algunas que se utilicen para carne con chile y
otras para hervir alimentos con dulce. Cada familia posee
varias. Otra olla que se emplea es la llamada huehueteca,
que es más panzona, con boca y orejas pequeñas.

XNIPEC ◆ salsa xnipec

XOBO ◆ ciruela

XOCHI O XOCHINANÁCATL ◆ hongo tecomate

XOCHIPOTONALE ◆ manzanilla

XOCHISTLE

Bebida preparada con cacao tostado y molido, mezclado
con achiote y azúcar, disuelto en agua fría y batido hasta que
espuma. Es típica del estado de Tabasco.

XOCO

Tamal de masa de maíz, envuelto en hoja de xoco. Esta hoja
le aporta un sabor agrio al tamal que suele acompañar al
mole en lugar de las tortillas, en Coatepec, Ixhuacán de los
Reyes y otros municipios del estado de Veracruz. En el municipio de Jilotepec se trata de un tamal de masa negra, manteca de cerdo y sal, envuelto en hojas de xoco y, de igual
manera, se elabora para acompañar el mole. Una variante es
el xoco de dulce, cuya masa lleva requesón con panela o
azúcar, y se acostumbra comer en la cena o desayuno con
café en Ixhuacán de los Reyes.

→ hoja de xoco, tamal chopo

XOCOATOLE O XOCOATOLI ◆ atole agrio, jocoatole

XOCOBATOL

Atole ceremonial preparado con masa de maíz rojo. Se considera un atole fresco y sencillo, y forma parte de la comida
de los apóstoles.

→ comida de los apóstoles

XOCOCHILE

Salsa en cuya preparación se incluyen xoconostles. Es típica del estado de Guanajuato. Puede estar elaborada con chile guajillo, ajo, cebolla, cilantro y xoconostles picados o martajados. No siempre las salsas con xoconostles se llaman xocochiles; también existen otras que se denominan chile con xoconostle o salsa de xoconostle.

XOCOCOV ◆ acedillo

XOCOJATOLE ◆ jocoatole

XOCOMECATL ◆ uva de monte

XOCONOCHTLE ◆ xoconostle

XOCONOCHTLI ◆ pitahaya

XOCONOSTLE

GRAF. joconostle, joconoscle, soconoscle, soconostle, xoconoscle o xoconochtle. Del náhuatl *xoco*, agrio y *nochtli*, tuna, es decir, tuna agria. Tuna semiseca, apreciada por su sabor ácido y consistencia firme, que se emplea como verdura en distintos guisos. Con este nombre se identifican principalmente a las variedades *Opuntia joconostle*, también conocida como duraznillo, y *Opuntia leucotricha*; ambas se usan en diversos guisos en diversas regiones del país. El xoconostle inmaduro es de color verde pálido y adquiere un color rosa o morado según va madurando. Puede permanecer en el nopal hasta por un año sin echarse a perder. A diferencia de lo que ocurre con otras tunas, todas sus semillas están concentradas en el centro del fruto y no se acostumbra comerlas. Se utiliza de manera preponderante en los estados del centro del país, donde forma parte del mole de olla. En Guanajuato y Querétaro a veces se añade a salsas picosas y caldos junto con las verduras. En esos estados se reconocen distintas variedades por sus características de color y sabor; existen xoconostles de tonos blanco, rojo, verde, amarillo, rosado-morado y anaranjado. Dependiendo de su color recibirá el nombre, es así que al xoconostle verde se le llama cuaresmeño; al rosa, como rosa de Castilla, y al rojo, sangre de toro. Se consigue todo el año debido a que puede enterrarse en la arena para conservarlo. Guanajuato presenta una gran utilización de este fruto en su gastronomía. En Ocampo se consigue una variedad pequeña que se produce y consume localmente. En Dolores Hidalgo se prepara una ensalada con xoconostle, jícama, naranja, queso y chile piquín verde. En Ciudad Victoria abunda el xoconostle; en Coroneo se cultiva y se consume mucho y desde ahí se envía a Querétaro y al Distrito Federal. Son incontables las variedades de salsa pico de gallo en las que se utiliza, igual que en las ensaladas, como la ensalada guanajuatense. Además se añade como verdura a la sopa de médula, al caldo de camarón, a los frijoles, al pipián verde y al pipián con xoconostle; con él se preparan diferentes especialidades como la penca de maguey rellena de xoconostle, xoconostle con papas y xoconostles en chile guajillo en carne de

res; salsas como xocochile, chile con xoconostle, chile molcajeteado con xoconostle, xoconostle con jitomate, xoconostle con chile verde y salsa borracha con xoconostle. Además se preparan dulces o postres como la compota de xoconostle, xoconostles en almíbar, mermelada de xoconostle, agua de xoconostle; el dulce de xoconostle que se elabora en Guanajuato puede considerarse una mermelada previamente remojados en cal y luego cocidos en agua con azúcar. En Hidalgo se emplean con frecuencia en mole de olla, en salsa para quintoniles, en conservas y en aguas frescas. Los llamados xoconostles en picadillo son una ensalada de tiras de nopales cocidos, xoconostles, chiles verdes y cebolla, todo ello rebanado y condimentado con sal y orégano. Se usa para acompañar otros platillos o se sirve con salsa de ajonjolí. Los xoconostles rellenos de escamoles, por su parte, consisten en xoconostles ahuecados, sin semillas, rellenos de escamoles cocidos, capeados y servidos en una salsa de chile ancho o guajillo; es una especialidad del Valle del Mezquital. En el Estado de México, además de incluirlo en varios guisos, se prepara en dulce cocido en agua con piloncillo o azúcar. En San Juan Teotihuacan, Estado de México, se produce más de 80% de la producción nacional de esta variedad de tuna. En Tlaxcala se incluye en el mole de olla y distintos caldos.

Conocido también como:

◇ duraznillo
◇ huevo de gato
◇ joconol
◇ tuna ácida
◇ tuna agria
◇ xoconostle amarillo
◇ xoconostle anaranjado

XOCOSÚCHIL

Hierba silvestre de aproximadamente 20 cm de altura, típica del norte de Tlaxcala, donde se utiliza para cocer habas verdes, elotes y papas horneadas.

→ pimienta de Tabasco

XOCOTAMAL

GRAF. xocotamale o xocotamali. Del náhuatl *xoco*, agrio y *tamalli*, tamal, es decir, tamal agrio. Tamal que se elabora con masa agria, de donde deriva su nombre, aunque esto no es una regla y puede ser de masa de maíz sin agriar. Por lo general son tamales de masa simple de maíz, sin ningún ingrediente extra, que se consumen a modo de tortillas para acompañar los moles o guisos festivos de diversas comunidades nahuas, en distintos lugares de México. Dependiendo de la región donde se elaboren, presentan sutiles diferencias. En el estado de Morelos es un tamal festivo preparado con masa de maíz azul y habas. En el estado de Veracruz, en la región de Zongolica, se elabora con masa de maíz agria, revuelta con grasa de borrego, que se obtiene de preparar el chilcaldo, se envuelve en tres tipos de hojas, la masa se coloca en una hoja denominada isbatamal, después en una hoja de encino y luego en una hoja de maíz y se cuece al vapor.

Conocido también como:

◇ tamal de masa agria
◇ tamal xoco
◇ xoco

→ xoco

XOCOTL ◆ ciruela

XOCOYOL (*Oxalis divergens*)

GRAF. jocoyol, jocoyoli o socoyol. Nombre que se aplica a diversas especies de *Oxalis*. Son plantas herbáceas de hojas radiales que parten de un pequeño rizoma; las hojas constan de varias hojuelas, sobre un pecíolo largo de sabor ácido. Es una maleza que florece de julio a septiembre desde el Valle de México hasta Michoacán, en Durango y Chihuahua. El tallo molido se agrega al mole de olla, y las hojas completas se ponen en el último hervor. En el área de Cuetzalan, Puebla, las varas se cuecen con cal o ceniza para suavizarlas y después se añaden a los frijoles. En el suroeste del Estado de México se consumen los tallos crudos en tacos con salsa macha, o como botana con sal. Con este nombre también se conoce al acedillo (*Arthrostemma ciliatum*).

Conocido también como:

◇ acedera o acederilla
◇ agrio o agrito

→ acedillo, agrios, hongo tejamanilero

XOCOYOL TIPO CHORIZO

Xocoyol guisado en una salsa de chile ancho, chile guajillo, ajo, clavo, tomillo, orégano, huevo y sal. Se consume en el estado de Puebla.

XOCOYOLI ◆ acedillo, agrios

XOCOYOLPAPATLA ◆ lengua de vaca

XOJCHILE ◆ chile xojchile

XOJOL

Tamal elaborado con masa de maíz martajada, piloncillo, canela y coco, que se envuelve en hojas de papatla. Se acostumbra para el desayuno, y en el ofrecimiento a Tlacatecólotl, "señor del bien y del mal", días antes de la Semana Santa en la Huasteca hidalguense.

XOL-CHON ◆ pico de gallo

XOLETE ◆ hongo clavito

XOLOTITOS ◆ frijoles tiernos

XONACATE

Del náhuatl *xonacatl*, cebolla. Cebollita silvestre, más pequeña que la cebollita de cambray, de sabor agradable, de la cual se reconocen las especies *Allium glandulosum* y *Allium neapolitanum*. Los xonacates se producen y consumen localmente, en la sierra Norte de Puebla, en las huastecas, en la región de Los Tuxtlas y en la zona norte del estado de Veracruz, donde se come cocida cuando está tierna. En la Huasteca veracruzana se prepara un guiso de carne enxonacatada y en la Huasteca hidalguense se utiliza para elaborar el chilahuil. En Tuxtla con él se prepara una tortilla de huevo en que se utilizan los bulbos y los rabos picados.

Conocida también como:

◇ *a'katzasna* (totonaco), sierra Norte de Puebla
◇ cebolla de monte

◇ cebollín o cebollina (Veracruz)
◇ *xonacatl* (náhuatl), norte de Veracruz, sierra Norte de Puebla

XONEQUI (*Ipomoea dumosa*)

Planta trepadora con hojas verdes de forma acorazonada, que miden 8 cm en su parte más ancha y aproximadamente 10 o 12 cm de largo. En Xico, Veracruz, se añaden generosas porciones de sus hojas a los frijoles negros; también suelen mezclarse en la masa de maíz para hacer bolas, e incluirlas en el mismo caldo de frijoles negros, llamado frijol con xonequi. Conocida también como chonegue o chonegui.

XONHUE ◆ xamue

XOPANMILLI

Cultivo de maíz que se siembra y se cosecha entre junio y octubre en la Huasteca hidalguense.

XOTE ◆ shuti

XOTOL ◆ sotol

XOXOCO

Planta comestible que se utiliza para sazonar el chilcaldo en Zongolica, Veracruz.

→ acedillo, chilcaldo

XOXOGO ◆ chochogo

XOXOYOLPAPATLA ◆ lengua de vaca

XOYO ◆ colorín

XPÉELÓN, XPÉERON O X'PELÓN ◆ espelón

XTA ◆ calabaza de Castilla

XTABENTÚN

Licor fabricado a base de ron de caña y semillas de anís, endulzado con miel de abeja pipiola. Este insecto se alimenta de una flor blanca llamada xtabentún, de donde toma su nombre el licor. Originalmente se comenzó a elaborar en Valladolid, Yucatán, por lo que muchos lo siguen llamando licor de Valladolid o crema de anís. Actualmente goza de gran prestigio en todo el país y suele tomarse como digestivo pues alcanza hasta 40° de alcohol.

XUCO ◆ suco

XUCUATOLE ◆ jocoatole

XUMIL O XUMILÍN ◆ jumil

XUTE ◆ shuti

XUYE ◆ armadillo

YACA ◆ árbol del pan

YAGA-BÜ ◆ mezquite

YAGÁLAN COLORADO ◆ capulín

YAGUAL
Del náhuatl *yahualli*. Rosca tejida con mimbre de bejuco, que sirve como base de las jícaras para poder tenerlas en la mesa sin que rueden ni derramen el líquido que contienen.
Conocido también como:
◇ ayahual
◇ rodete

YAGUARE ◆ jagua

YAGUATA ◆ raspado

YAHÁ (*Curatella americana*)
Árbol de la familia de las dileniáceas, que mide entre 3 y 6 metros de altura, con hojas ovales o elíptico-ovales de 12 a 30 cm, escotadas y ásperas; sus flores son blancas. Su fruto, que se consume como fruta fresca, contiene semillas negras, de 4 a 6 mm y olor desagradable, que se tuestan y se agregan al chocolate o al café para hacerlo rendir más.
Conocido en algunas regiones como:
◇ cacaito (Chiapas)
◇ caticón (Tabasco)
◇ hoja man (Chiapas, Oaxaca)
◇ jamán (Chiapas)
◇ rasca la vieja (Guerrero, Michoacán)
◇ sahá o sayá (Yucatán)
◇ tachicón (Chiapas, Jalisco, Tabasco, Veracruz)
◇ tlachicón (Oaxaca)

YAHELEL ◆ agrios

YAITÉ ◆ flor de cocohuite

YALACHEL, YALAELEL O YALEL ◆ agrios

YAQUI
Grupo étnico que habita en la región conocida como Valle del Yaqui, al oriente de Sonora en los municipios de Guaymas, Bácum, Cajeme y Empalme. Los pueblos tradicionales yaquis son ocho: Cócorit, Loma de Bácum, Tórim, Vícam, Pótam, Belem, Rahúm y Huirivis. De acuerdo con el Censo de Población y Vivienda 2010, hay 17 599 hablantes de yaqui en el país. Entre la flora silvestre de la zona baja abundan especies cactáceas, leguminosas y gramíneas. De las primeras hay pitahayas, saguaro, choa, sina, lactum, nopal y bizna-

ga, entre otras; de las segundas hay mezquite, álamos, carrizos y pasto. La fauna es rica en especies como venado, liebre, conejo y zorro. En la actualidad, la alimentación de la comunidad yaqui se basa en productos como frijol, pastas, tortillas de harina y de maíz, café, papas, aceite o manteca vegetal, chile, huevo y, en menor cantidad, carne de res y pollo, y pescado sólo esporádicamente; también alimentos enlatados y refrescos. Una de sus principales comidas tradicionales es el wakabaki, presente en todas sus fiestas tradicionales. Otros de sus platillos representativos son los atoles de barchata, de garambullo y de sayas, pozole de elote, sopa de iguana con codorniz y tortilla de guamúchil, entre otros.

YEGUA ◆ ayocote

YEK
Aceite natural que se extrae de la pepita de calabaza. Se obtiene añadiendo pequeñas cantidades de agua a la pepita molida, amasándola para extraerlo. Este aceite se rocía sobre los papadzules cuando están terminados. En el caso de los pipianes, el yek se obtiene una vez cocida la salsa, se añaden gotas de agua para que la grasa natural flote y entonces se separa y se guarda para servirse encima del pipián y la carne, al momento de presentar el platillo al comensal. Se acostumbra en la península de Yucatán.

YEKUA ◆ hongo de la sierra

YEMA ◆ hongo tecomate

YEMA DE HUEVO ◆ hongo canario, hongo tecomate

YEMITAS
Dulce elaborado a base yema de huevo, azúcar, vainilla, leche y almendras, todo cocido por tiempo prolongado. Cuan-

do adquiere una consistencia espesa, se elaboran las bolitas y se revuelcan en azúcar. Es típico del Estado de México. En Oaxaca se preparan con azúcar, leche, yemas de huevo y canela molida; la mezcla se espesa para formar bolitas, que se cubren de azúcar y se acomodan en canastitas de papel.

→ hongo tecomate

YEPAZOTL ◆ epazote

YERBABUENA ◆ hierbabuena

YERBAMORA ◆ hierbamora

YESCAS
Nombre que recibe la carne de caballo o burro seca, prensada, que se acostumbra acompañar con salsa brava en el estado de Zacatecas.

YOALE ◆ jagua

YOORRA ◆ hongo yoorra

YOPALQUELITE BORREGO ◆ acacia

YORIMÚN O YORIMUNI
Del yaqui *yori*, blanco y *muni*, frijol. Tipo de frijol utilizado para preparar los tamales de frijol de yorimuni en Sonora y Sinaloa.

→ espelón

YORIQUE
1. Maíz crudo, molido y cocido en agua para obtener un atole gelatinoso muy espeso. En algunos casos se cubre con nopales cocidos y licuados con arí; en otros con vinagre de manzana. Es típico de Sinaloa.
2. En Chihuahua se refiere a un compuesto de harina de maíz con carne de cabra.

YUCA (*Manihot esculenta*)
Tubérculo feculento de la familia de las euforbiáceas, de pulpa blanca y cáscara café, con forma cilíndrica delgada o gruesa. Su tamaño depende de la edad de la planta y puede medir de 15 a 30 cm de largo y de 5 a 10 cm de ancho. Su uso está muy arraigado en las comunidades rurales e indígenas de varios estados, entre los que destacan Chiapas, Oaxaca, Tabasco, Campeche, el sur de Veracruz y la península de Yucatán. Con la

yuca se preparan diversos platillos dulces y salados, caldos, sopas, moles, salsas o postres. Se utiliza frita, hervida en conserva o mezclada con masa de maíz para preparar tortitas dulces o saladas; su harina sirve para preparar atoles. El chilpachole de yuca se prepara con caldo de jitomate, ajo y epazote y se le adicionan pequeños trozos de yuca. En postres se utiliza para hacer tortitas que se bañan en miel de caña con canela; estas tortitas reciben el nombre de buñuelos de yuca. Existen muchas recetas para elaborar la yuca en dulce y la mezcla puede o no incluir huevos, leche, canela,

anís, panela y mantequilla. Las tortitas, dulces o saladas, se acostumbran fritas en manteca de cerdo o aceite. Suelen guisarse con diversos tipos de carne como res y cerdo, aunque también se utiliza el pollo. En Oaxaca se elaboran las bolitas de yuca, moliendo el tubérculo; se cuecen en caldo de frijol negro con hojas de aguacate. También en este estado los mazatecos preparan los tamales de yuca. En La Chinantla, en el área de Tuxtepec, las tortillas de yuca se elaboran con pulpa de yuca molida sin su jugo para que la tortilla se pueda formar; ahí también se cocina la yuca al mojo de ajo: son trocitos de yuca cocidos y guisados con ajo y aceite o manteca de cerdo, estos dos últimos preparados de forma similar en partes de Tabasco y Chiapas. En Tabasco se muele y se mezcla con masa de maíz para elaborar la tortilla de yuca. En estos estados se consigue siempre cruda, pero en el Distrito Federal casi siempre se vende cocida. En el estado de Veracruz se preparan las empanadas de yuca: son tortillas de maíz rellenas con la yuca sazonada con un poco de azúcar, sal y natas frescas. Por lo general se comen en el desayuno. Los totonacas de la costa veracruzana cortan pequeños trozos de yuca que enmielan con panela y las sirven frías o calientes. En la región del Sotavento también se prepara al vapor o frita; cuando es al vapor se sirve con natas o crema fresca, y cuando es frita se le unta ajo molido y sal después de cocerse; se acompaña con frijoles negros. En Yucatán se encuentra el dulce de yuca, el cual se prepara con yuca en trozos, cocida en agua y bañada con miel de abeja.
　　Conocida también como:
　　　◇ cuacamojtli o cuauhcamotli
　　　◇ guacamote, huacamote o huacamotl
　　　◇ quauhcamotli
　　　◇ *ts'iim* o *ts'iin* (península de Yucatán)
→ guacamote

YUCA CON CARNE DE PUERCO ESTOFADA
Guiso de carne de cerdo cocida y sofrita en jitomate, cebolla, hierbabuena, orégano, azúcar, pimienta, clavo y canela, adornado con rebanadas de yuca. Es una preparación de origen afromestizo que se acostumbra en el Sotavento, Veracruz.

YUCA CON POLLO EN ESPECIAS
Preparación de yuca cocida con carne de pollo, guisada en un sofrito de jitomate, cebolla, orégano, perejil, clavo, canela, ajo, semilla de cilantro, chile seco y pimienta. Es típico del Sotavento, Veracruz.

YUCA EN DULCE
Preparación a base de yuca cocida en agua con sal; después se elabora una miel de piloncillo con canela, a la cual se le añaden los trozos de yuca cocida. Se acostumbra en Chiapas.

YUCA FRITA EN LAJAS CON AJO
Preparación elaborada a base de yuca cortada en rebanadas, espolvoreadas con ajo y sal. Se consumen fritas a manera de botana o tentempié en el estado de Tabasco.

YUCA RELLENA
Preparación de yuca cocida y hecha puré, con el cual se hacen tortitas que se rellenan de queso fresco; después se capean y se fríen. Se acostumbran en Veracruz, sobre todo durante la cuaresma.

YUCAS ENVENENADAS

Preparación de yuca cocida en agua, que al momento de reventar por efectos de la cocción se le agrega manteca de cerdo. Se consume en Oaxaca.

YUCATÁN

Estado situado al sureste de la república mexicana, al norte de la península de Yucatán; colinda al norte con el Golfo de México, al este y sur con Quintana Roo y al oeste y sur con Campeche. El estado fue fundado el 23 de diciembre de 1823 y se divide en 106 municipios agrupados en 9 regiones geográficas; su capital es Mérida. Las principales actividades económicas del estado son los servicios y el turismo, el sector agropecuario representa menos de 5% del producto interno bruto (PIB) del estado; no obstante Yucatán se destaca por la producción de berenjena y henequén, así como por la captura de pulpo, mero, rabirrubia, peto, esmedregal y langosta; además, es el primer productor nacional de miel de abeja. El territorio que actualmente ocupa ha sido habitado por los mayas desde antes de la llegada de los españoles a México. Yucatán es uno de los estados más cálidos y biodiversos del país; debido a la pobreza del suelo, delgado y pedregoso, la actividad agrícola resulta difícil; no obstante, se han adaptado bien al territorio plantas como el frijol y las habas, que son capaces de fijar el nitrógeno del aire y no necesariamente de la tierra. La principal actividad de subsistencia de los campesinos mayas es la agricultura; el maíz es su principal cultivo, aunque también siembran hortalizas, árboles frutales y crían aves y cerdos. Por otra parte, una fuente importante de ingresos es la apicultura. Las costumbres alimentarias tienen raíces mayas, españolas, mestizas y libanesas; por otro lado, la cocina conventual dejó su huella en el terreno de los panes y los dulces. Yucatán es conocido como la "tierra del faisán y del venado", debido a la variedad de platillos que se elaboraban con la carne de estos animales; se preparaban en escabeche, pibil, pebre y salpicón. Hoy en día, el peligro de extinción al que están expuestos ha llevado a sustituir la carne de faisán por la de guajolote, gallina o pollo, y la de venado por carne de cerdo o res. En el estado se consume una gran cantidad de pescados que habitan en sus litorales; los más utilizados son el bagre, el cazón, el mero y el pámpano, así como algunos insectos que se aprovechan de manera directa o indirecta, como la avispa *ek* y las langostas, que se consumen tostadas, y la abeja pipiola, de la que se obtiene la miel. La cocina yucateca incluye una gran variedad de ingredientes y condimentos regionales como el achiote, la chaya, los chiles dulce, habanero, seco e xcatik, las chinchillas, el ciricote, el espelón, el ibe, el pepino kat, los recados y el yek. Los platillos de origen maya que aún se preparan en el estado son el *but*, el *chac col, el chac op*, el *chanchac*, el *chulibul*, el *dzan-*

Zona arqueológica de Chichén Itzá

Centro histórico de Mérida

chac, los ibes en tocsel, el *ixguá*, el *kab ik*, el *kool*, el *macum*, los papadzules, el penchuque, el *poc chuc*, los rellenos blanco y negro, el *sac col*, el *sikil pak*, el *tikinpat*, el *tikin xik*, el *tsik* y el *tzanchac*. La técnica de cocer el pib u horno de tierra es de origen maya; la cochinita pibil, el platillo más representativo del estado, se cuece de esta manera; así como el muc bil pollo. Existen algunas preparaciones caseras que se consideran también típicas de la cocina yucateca como el arroz con pollo, los escabeches de pulpo, rojo y oriental, el frijol con puerco, el puchero, la sopa de lima y algunos antojitos como los codzitos, los panuchos y los salbutes. Son también parte de la cocina yucateca el ajiaco, las albóndigas rojas y negras, el alcaparrado, el armadillo con achiote, el arroz negro, los bisteces adobados, encebollados y de vuelta y vuelta, el brazo de gitana, los calamares rellenos, los chiles xcatik rellenos, el chilmole, el chocolomo, la costrada, los frijoles colados, con chicharrón, kabax y nach, las garnachas, los huevos motuleños, los kivis, la longaniza de Valladolid, los lomitos de Valladolid, el mondongo, la moronga, el pastel de lujo o sopa cubierta, el pebre, el pescado en escabeche y en verde, el pimito, el pipián, el pollo ticuleño, el potaje de ibes, el pulpo en escabeche y en su tinta, el queso relleno, el rabo de mestiza, la ropa vieja y los volcanes. Los platillos yucatecos por lo general no son picosos, de modo que existe una gran variedad de salsas para complementarlos, entre ellas el chile kut, el chiltomate, el pico de gallo, las salsas de chile habanero, de jitomate, de tomate, tamulada e xnipec y el tomate tamulado. En la entidad consumen muchos tamales, algunos de ellos de origen maya, por ejemplo el brazo de mestiza y de reina, el *chak wuaj*, el chanchamito, el *chay-uah*, el dzotobichay, los joroches, el pibipollo, los tamales colados, de boda, de cazuela, de chaya, de pámpano, de venado y estilo Yucatán, los tamalitos al vapor y de espelón y los vaporcitos. La panadería y la dulcería yucateca tiene sus orígenes en los conventos; entre los panes que actualmente se siguen preparando encontramos arepas, bizcochuelos, bizcotelas, cafiroletas, cocotazo, cubilete, escotafís, hojaldres, medias mantecas, pan de manteca y pan francés, panales de azúcar, panetelas, patas, polvorones y roscas nevadas; aunque también existen pasteles típicos como el cake de festejo y la torta de cielo y, finalmente, entre la gran variedad de dulces y postres encontramos alfajores, alfeñiques, atropellado, caballero pobre, dulces de anís, de ciricote, de coco, de grosella, de nanche, de papaya y de yuca, dulces melados, flan, manjar, mantecados, margaritas, mazapanes, pastas de frutas, plátano evaporado, ponteduros, sorbetes y torrejas de plátano macho. En toda la península yucateca los indígenas beben el pozol y las bebidas sagradas balché y saká. Se beben también aguas frescas como horchatas y refresco de chaya, atoles de maíz nuevo, de maíz remojado, de pepita, de sagú y chorreado, champurrado y tanchucuá. Se preparan también licores como el habanero, el holcatzín, las mistelas, el sisal, el verdín y el xtabentún.

YUCATECA, A LA

Preparaciones a base de achiote o recado rojo, el condimento más famoso de Yucatán, con el que se preparan de manera habitual carnes como cerdo, pollo, camarones y pescados.

YULLO ◆ hongo tecomate

YUMÍ (*Dioscorea cymosula*)

Bejuco de raíces carnosas, fusiformes y amarillas. Cuando son tiernas, sus raíces son comestibles crudas, pero cuando maduran, es necesario cocerlas o asarlas en ceniza para su consumo. Abunda en los meses de febrero a mayo, en Chiapas. Se venden ya cocidas en los mercados populares. También conocido como ojob.

YUQUILLA SILVESTRE ◆ sagú

YUY (*Casimiroa tetrameria*)

Árbol de 6 a 15 metros de altura, de hojas palmeadas con cinco hojuelas ovadas o elípticas, muy vellosas de 5 a 14 cm de largo por 3 a 7 cm de ancho. Posee flores cuyo fruto de 2 cm de longitud se come frito o guisado entre los coletos de San Cristóbal, Chiapas.

Conocida también como:
  ◇ mata abejas
  ◇ yuuy (maya)
  ◇ zapote blanco

YUYO ◆ hongo tecomate

ZACAHUIL

Del náhuatl *zacahuili*, zacahuil, que significa zacate o con sabor a zacate. Tamal tradicional de las huastecas, de gran tamaño, preparado con masa de maíz martajada y manteca de cerdo, con carne de cerdo y pollo o guajolote, salsa de chile chino, chile cascabel y especias; todo se mezcla con la masa y en ella se colocan grandes trozos de carne de

ambos animales, se envuelve en varias capas de hojas de plátano y se cuece en horno de leña o en *texcal*. En los mercados populares se vende por porciones: las vendedoras van cortando el gran tamal para servir una abundante porción de masa con un poco de carne de cerdo o pollo, según el gusto del cliente. Ya en la mesa, el comensal puede añadir chiles verdes encurtidos para darle el toque final. Una buena parte se vende para llevar y comer en casa; se acostumbra que el comprador traiga sus propios platos, de no ser así, la vendedora tiene hojas de plátano listas para envolver las porciones. Debido a su gran tamaño, la masa que queda en la orilla del tamal se reseca y forma una costra muy doradita y con mucho sabor, tan agradable para los amantes del zacahuil, que llega a pedirse aparte con el nombre de pegado. Por lo general se consume los domingos, los días de plaza y en las bodas. De acuerdo con las vendedoras de Tantoyuca, Veracruz, el tamal se mete al horno a la una de la tarde y se saca a las cuatro de la mañana del día siguiente; entonces ellas abordan el autobús y lo llevan a vender a los pueblos cercanos. Las personas que preparan el zacahuil tienen por lo general su propio horno especial; otras llevan su zacahuil crudo a hornear con algún vecino. En los pueblos todos saben dónde se hornean zacahuiles. Su influencia llega hasta Tamiahua, Tuxpan y Poza Rica, además de todos los lugares donde existe población indígena huasteca. En la región norte de Veracruz, donde habitan grupos de origen nahua, la preparación del zacahuil es a base de carne de cerdo y la masa se revuelve con salsa de chile chiltepín y chile color; la cama de hojas de plátano se refuerza con hojas de palma de coyol y sobre ésta se coloca la masa. En la región de Totonacapan se elabora el zacahuil papanteco, cuyos ingredientes son masa de maíz martajada, chile ancho y pulpa

de cerdo con gordo (grasa que suple a la manteca). Se sirve con cucharón en un plato ya que su consistencia es aguada. La carne se deshebra sobre la masa cocida y se acompaña con chiles y zanahorias en vinagre. En Hidalgo, la preparación es muy similar a la de la Huasteca veracruzana. A veces se usa huilota en lugar de pollo o guajolote; abunda en Huejutla de Reyes. En Querétaro, lo venden los sábados en algunas comunidades de la Sierra Gorda. En San Luis Potosí y Tamaulipas, algunas veces se envuelve en hoja de papatla.

→ texcal

ZACATE DE GUJUGUE (*Cosmos parviflorus*)

Maleza que crece en suelos alcalinos, con una altura promedio de 30 a 50 cm. Se consume entre los tarahumaras como quelite, cocido en agua con sal cuando se encuentra en estado tierno.

Conocido también como:

◇ gasala
◇ gujugui
◇ zacate jihuite

ZACATECAS

Estado ubicado en la región centro norte del país; colinda al este con San Luis Potosí, al sur con Jalisco y Aguascalientes, al oeste con Durango y al norte con Coahuila. Se fundó el 23 de diciembre de 1823 y está dividido en 58 municipios. Antes de la llegada de los españoles, el territorio estuvo habitado por varios grupos étnicos como los zacatecos, tepecanos, pames, otomíes y caxcanes; hoy son pocas las comunidades indígenas huicholes, nahuas, tepuhuas y tlapanecas que viven en el estado. La ciudad de Zacatecas, capital del estado,

Acueducto "El Cubo", Zacatecas

Sierra de Órganos, Sombrerete

se fundó cuando se descubrieron ahí ricos yacimientos minerales; en la actualidad es el primer extractor de plata, zinc y plomo. Otra actividad muy importante es la agricultura: poco más de 40% de la población es rural; se cultiva principalmente frijol, chile seco y avena; ocupa los primeros lugares en la producción nacional de zanahoria, tuna, durazno, uva, tomate y guayaba. Algunas de las preparaciones típicas de la cocina zacatecana las comparte con sus estados vecinos, por ejemplo el adobo de cerdo, el asado de bodas, la barbacoa, la birria, el chorizo, el cocido de tres carnes, el fiambre, el menudo, el picadillo, el pico de gallo, el pipián, el pozole y el tapado. Otras preparaciones nativas del estado son el cabrito al horno, enchilado, guisado y en fritada, las calabacitas rellenas, el carnero gambusino, la chanfaina, los chicharrones de cerdo, de res y los de vieja, los chiles rellenos, los chiles Ventilla, los chinchulines, los condoches, el conejo en amarillo, en pipián, en pulque y en rojo, las enchiladas rojas y zacatecanas, las gorditas de maíz, el figadete, el hígado de res, la lengua de res, las pacholas, las papas locas, las salsas brava, de chile ancho, de chile colorado y mexicana, el rojo o mole colorado, los tacos colorados y mineros, los tamales de rajas y los zacatecanos, el tatemado y las yescas. Durante la cuaresma se consumen platillos especiales: varios tipos de ensalada de nopales, albóndigas de garbanzo, bagre en chile colorado, caldo de habas, capirotada, ensalada de agua, huachales, romeritos, sopa de lentejas, tortilla de harina y huevo y tortitas de camarón y de charales. En la cocina regional se utilizan varios quesos de vaca de fabricación local como el queso adobera, añejo, asadero y menonita y la cuajada se utiliza en la elaboración de gorditas de cuajada. Se consumen postres como el amerengado, las cemitas, las cocadas, las charamuscas, la fruta de horno, los jamoncillos, la miel de tuna, los mostachones, las panochitas, las panochas de trigo, el queso de tuna y las torrejas, así como tamales dulces de almendra, coco y elote y los chuales. Las comidas se acompañan con aguas frescas elaboradas con frutas naturales y a veces con bebidas alcohólicas como cerveza, mezcal o pulque. Se elaboran también licores, a los que se les llama vinos de frutas, producto de la maceración en mezcal o aguardiente de frutas como capulín, ciruela jobo, membrillo o nuez. También se acostumbran el colonche, la heriberta y el ponche pineno.

ZACATUCHE O TEPORINGO (*Romerolagus diazi*)

GRAF. sacatuche. Del náhuatl *zacatl*, zacate y *tochtli*, conejo, es decir, conejo del zacate. Conejo de talla muy pequeña, de 27 a 30 cm de largo, con orejas cortas y redondeadas, patas cortas y cola muy pequeña. El color de su cuerpo es pardo oscuro por arriba y gris parduzco por abajo y su peso máxi-

mo rara vez rebasa los 600 gramos. El nombre de teporingo viene del náhuatl *tepollinco*, de *tepetl*, monte, *ollin*, movimiento y *co*, locativo. Es una especie en peligro de extinción; los pocos ejemplares que quedan se localizan en una zona muy restringida del Valle de México, cerca de los volcanes, entre los 3 000 y los 3 700 metros de altitud. Uno de los preparados más comunes que se elaboraban con este conejo era el teporingo en salsa de jaltomate con chivatitos y nopales. En Milpa Alta, Distrito Federal, se elaboraba el teporingo en mole de olla.

Conocido también como:

◊ conejo de los volcanes
◊ conejo zacatuche
◊ tepoli o tepolito
◊ teporinco

ZAMBARIPAO

Morisqueta mezclada con frijoles cocidos. Se acostumbra como parte de las comidas diarias en la Costa Chica de Guerrero. Su nombre es de origen malayo.

ZANAHORIA (*Daucus carota*)

Hortaliza de la que se aprovecha su raíz carnosa, gruesa, alargada, de color anaranjado. Es originaria de Europa, Asia y el norte de África. Se come cruda como botana, rallada o rebanada, con chile, limón y sal. Cocida se incluye en todo tipo de caldos, pucheros y sopas de verduras. Forma parte de guisos de res, pollo y cerdo. También se consume mucho el jugo de zanahoria para el desayuno.

ZAPALOTE ◆ maiz zapalote, plátano

ZAPATERO (*Oligoplites saurus*)

Pez de dorso azulado, con lados y vientre plateados o blancos. Mide 27 cm y se le pesca todo el año en aguas del Golfo de México. Tiene la piel dura, y su carne es escasa, roja, grasosa y de sabor suave. Se encuentra fresco y seco en mercados regionales; cuando está fresco se fríe, se hace en caldo o se guisa con salsa de jitomate; seco y salado se emplea igual que el bacalao.

Conocido también como:

◊ chaqueta de cuero
◊ lejabín
◊ quiebracuchillos

ZAPOTADA ◆ dulce de zapote prieto

ZAPOTE

1. Del náhuatl *tzapotl*, fruta dulce. Nombre genérico que se aplica a todas las plantas de la familia de las sapotáceas.
2. Pan de dulce redondo y esponjado que se adorna con una franja de pasta de harina y azúcar granulada. Se elabora en el Distrito Federal.

ZAPOTE AMARILLO (*Pouteria campechiana*)

Fruto subgloboso, ovalado, de color amarillo cuando está maduro. Su pulpa amarilla, pegajosa y dulce contiene de 3 a 5 semillas ovoides, brillantes y de color marrón. Su pulpa

tiende a fermentarse muy rápido, lo que explica que también se le llame zapote borracho. Se consume como fruta fresca y se encuentra desde San Luis Potosí y el norte de Puebla hasta Chiapas y Yucatán.

Conocido también como:

◇ acamado
◇ *atzapotl* (náhuatl)
◇ cabeza de mico
◇ caca de niño (Chiapas, Veracruz)
◇ canistel
◇ *costiczapotl* o *custiczapotl* (náhuatl)
◇ guacamo
◇ guayabito de tinta
◇ *kan'iste, kanixte* o *kanizte* (maya)
◇ mante
◇ zapote borracho
◇ zapote de niño
◇ zapotillo
◇ zapotillo amarillo
◇ zapotillo de montaña

ZAPOTE BLANCO (*Casimiroa edulis*)

Fruto subgloboso de piel lisa y delgada, color verde; mide de 6 a 10 cm de diámetro. Su pulpa es blanca o algo amarillenta, de consistencia cremosa y sabor dulce y contiene 4 o 5 semillas. Se encuentra en varios estados del país donde se come fresco. Se conoció y cultivó desde tiempos prehispánicos. Los mexicas lo llamaron *iztactzapotl*, de *iztac*, blanco y *tzapotl*, zapote, y *cochitzapotl*, de *cochi*, dormir y *tzapotl*, zapote, esto es, zapote somnífero.

Conocido también como:

◇ matasano (debido a las propiedades tóxicas de sus semillas)
◇ zapote borracho

ZAPOTE BOBO ◆ apompo

ZAPOTE CAIMITO ◆ caimito

ZAPOTE COLORADO ◆ mamey colorado

ZAPOTE DE AGUA ◆ apompo

ZAPOTE ILAMA ◆ ilama

ZAPOTE PRIETO (*Diospyros digyna*)

En náhuatl se llamó *tlilzapotl* (zapote negro) o *totocuitla-tzapotl* (zapote de excremento de pájaro). Fruto globoso de cáscara verde brillante y frágil que mide de 5 a 7 cm de diámetro. Su pulpa es carnosa, de color marrón o negra en la madurez, de textura blanda, de sabor dulce y delicado. Posee semillas oscuras, resbalosas y brillantes. Sólo puede comerse cuando está maduro o sobremaduro; la cáscara debe estar muy suave, y de hecho puede dar la apariencia de que está echado a perder. Se consume su pulpa mezclada con jugo de naranja y azúcar para hacer el dulce de zapote o zapotada. También es usual preparar agua. En Pátzcuaro, Michoacán, se utiliza para hacer nieve. Se prefiere en los estados del centro del país como el Estado de México, Morelos, Michoacán y el Distrito Federal.

ZAPOTE REVENTADOR O ZAPOTE REVENTÓN ◆ apompo

ZAPOTECO

Grupo étnico que se concentra principalmente en el estado de Oaxaca, distribuido en cuatro áreas geográfico-culturales: el Istmo de Tehuantepec, los Valles Centrales, la sierra Norte de Oaxaca y la Sierra Madre del Sur. Son el grupo étnico más profuso de la entidad, y el tercer grupo indígena más numeroso del país. De acuerdo con el Censo de Población y Vivienda 2010, había 434 369 zapotecos en el país. La región zapoteca, vista en su conjunto, parece un corredor con orientación noreste-sureste, flanqueada por la sierra de Juárez al norte, y la sierra del Sur, al sur, que desemboca en el Istmo de Tehuantepec. Los tipos de vegetación cambian de bosque de coníferas, en las partes altas, al matorral xerófito en los Valles Centrales y bosque tropical deciduo y matorral halófito en el istmo. Ahí se siembra maíz intercalado con frijol, calabaza, chile y café. Para complementar sus ingresos, los campesinos zapotecas crían aves de corral o realizan otras actividades como la artesanal. En el istmo se siembra maíz para el autoconsumo, pero últimamente ha sido desplazado por cultivos comerciales como los del mango, el melón, la sandía y la caña de azúcar. En los Valles Centrales, conceden gran importancia al cultivo de hortalizas y frutales, destinados al mercado local que, junto con forrajes, son los principales productos que les permiten ingresos monetarios. Complemento de las labores agrícolas son la cría y venta de animales domésticos. El pastoreo de caprinos y bovinos se realiza dentro del régimen de libre pastoreo. La lista de platillos representativos de este grupo indígena incluye el caldo de res, gueta bi'ngui', mole de camarón seco, mole de garbanzo y tamales de camarón, entre otros.

ZAPOTILLO ◆ caimito

ZAPOTITOS ◆ mazapán

ZAPOTÓN ◆ apompo

ZAPOYOL ◆ pozol

ZAQUIL

Preparación similar al sikil pak, que se elabora con pepita de calabaza tostada y molida, mezclada con cilantro, chile seco tostado y molido, cebolla y jitomate previamente fritos y molidos con agua y epazote. Se come como salsa untado en tortillas, o bien con totopos en Comitán, Chiapas.

ZARAGAYA

Graf. saragalla. Preparación a base de pescado, casi siempre cazón, cuya carne se cuece, desmenuza y condimenta con comino, canela, semillas de cilantro, laurel, tomillo, mejorana, orégano, jitomate, cebolla, aceitunas verdes, alcaparras, pasitas y almendras. Es una especie de picadillo de pescado. Su nombre significa pedacitos de carbón, y se debe a que algunas partes de la carne del cazón son oscuras y, al desmenuzarse, parecen puntos o manchas negras. Se acompaña con arroz o se emplea para preparar quesadillas, tacos o tamales; es típica del norte de Veracruz. Entre los totonacas se conoce como saragalla y se elabora con peto o bonito. El pescado se cuece, desmenuza y guisa en una salsa de jitomate con chile color; se añaden pasas, aceitunas y alcaparras. Con el guiso se rellenan tamales, que se envuelven en hojas de totomoxtle. En las costas del centro y sur de Veracruz se hace un preparado muy similar al que llaman minilla.

ZARAMULLO ◆ saramullo

ZARANDA
Nombre que se da a una reja elaborada de vara utilizada para cocer o asar distintos alimentos, especialmente el famoso pescado zarandeado, en el estado de Sonora.

ZARZA
Bejuco que produce pequeños frutos agridulces parecidos a la uva. En la región nahua del norte de Veracruz su raíz es utilizada para elaborar el tepache de zarza; en Pátzcuaro, Michoacán, con el fruto se prepara el atole de zarza.

ZARZAMORA (Rubus fruticosus)
Arbusto espinoso cuyo fruto es una baya compuesta por numerosas drupas con semillas muy pequeñas, con forma similar a la uva. Es de color rojo intenso o negro. Aunque se come como fruta fresca, este tipo de consumo  no es muy frecuente; algunos las compran simplemente para hacer mermeladas caseras o licores regionales dulces. Se conocen muchas variedades en los diferentes estados del país. Los indígenas las llevan a los mercados populares para venderlas en montoncitos; entonces las colocan en el suelo sobre una hoja de higo o similar. A los supermercados llegan unas canastitas de zarzamoras de cultivo o de invernadero.

ZARZO
Cesta en forma de macetero o trapecio fabricada con palitos de carrizo unidos con ixtle. En Uruachic, Chihuahua, se utiliza como molde para orear el queso ranchero. Conocido también como zarzo de otate.

ZATZ
Larva de una chicharra, de unos 13 cm de largo. Es de color verde, con rayitas color café y amarillo. Las mejores se encuentran en los árboles de capulín o corcho. Se exprimen para sacarles la hierba que hubieran comido y las vísceras; después se lavan y se les quita una bolsita verde conocida como pancita. Luego se marinan con jugo de limón, chile Simojovel seco, sal y agua. En Simojovel, Chiapas, se comen fritas, como botana, en tacos o solas.

ZAZAMIL ◆ matzú

ZEMPOALXÓCHITL ◆ cempasúchil

ZENDECHÓ
Bebida alcohólica elaborada a base de germen de maíz y pulque. Para prepararla se hace un agujero en el suelo y se pone como base un poco de zacatón, y encima granos de maíz amarillo para germinarlo. Cada tercer día se rocían con agua tibia para acelerar la germinación de los granos. Después de 15 días se recoge el germen, se pone a secar al sol, se muele, se pulveriza y se mezcla con agua endulzada con piloncillo. Luego la mezcla se hierve, se deja enfriar, se le añade pulque fuerte y se deja fermentar cinco días. La acostumbran los mazahuas del noroeste del Estado de México y partes de Michoacán.

ZIC O ZIK ◆ ts'ik

ZIGUAMONTE, ZIHUAMONTE O ZIHUAMUT ◆ ciguamonte

ZISGUÁ ◆ ixguá

ZIVICOS
Semillas redondas de las vainas que produce el árbol del huizcolote. Se comen crudas, en tacos, con guacamole o salsa picante en el estado de Tlaxcala.

ZOCATA
Del náhuatl tzoactl, fruta arrugada. Término para designar a cualquier fruta ya madura, dañada o marchita, generalmente por una helada.

ZOKPITÚ
Tamales de masa de maíz, manteca de cerdo, sal y frijol negro. Se envuelven en hoja de plátano y se cuecen al vapor. Son tradicionales de Chiapas.

ZOMPANTLE ◆ colorín

ZOQUINOMÓ ◆ shuti

ZORRAPA O ZURRAPA ◆ asientos de chicharrón

ZORRILLO
1. Mamífero omnívoro de la familia de los mefítidos de color oscuro con franjas blancas. Tiene un par de glándulas anales que expelen una sustancia almizclada de olor muy fuerte cuando se siente atacado. Es de hábitos nocturnos, generalmente solitario; se reproduce a fines de primavera y principios de verano.  Se alimenta de insectos, arácnidos, pequeños reptiles, roedores, bayas silvestres, hojas y semillas. En México se acostumbra cazarlo y comerlo entre los meses de mayo y agosto, porque en las sequías los animales suelen tener lombrices. Se procura matarlo antes de que lance la sustancia que usa para defenderse; una vez muerto se le quitan las glándulas anales, se talla la carne con hojas de guayabo y se asa al pastor. En Tlaxcala se prepara en mixiote: la carne se orea durante dos días, se adoba con una salsa de chile guajillo, comino, cebolla y sal, se envuelve en hojas de mixiote, se cuece al vapor y se sirve acompañado de salsa verde o rabanitos. En Morelos lavan la carne con mucho jugo de limón y sal, y es común que se fría con abundante ajo.

Conocido también como:
  ◇ conepate
  ◇ epatl (náhuatl)
  ◇ itzquiepatl (náhuatl)
  ◇ juppa (cahíta)
  ◇ mapurite
  ◇ mofeta rayada
  ◇ otzoa
  ◇ pay
  ◇ sacpiboch (maya)
  ◇ zorro

2. Dulce de leche de consistencia pastosa, muy parecido al jamoncillo. Para elaborarlo, la leche se corta con jugo de limón y se cuece con piloncillo, azúcar y canela; se deja al fuego hasta que espesa y produce grumos. Es tradicional en Baja California Sur.

ZORRO
Nombre que recibe el aguardiente blanco de caña que toma la gente del campo en Tabasco.

ZULEMA ◆ chopa

ZUTTSKEYEM ◆ agrios

Bibliografía

Aguilera Madero, Rocío, *Recetario Totonaca de la costa de Veracruz*, Conaculta (Cocina indígena y popular, 44), México, 2000.

Almanza Rodríguez, Angelina, *Recetario guanajuatense del xoconostle*, Conaculta (Cocina indígena y popular, 5), México, 1999.

Álvarez, José Rogelio (ed.), *Diccionario Enciclopédico de Tabasco*, tomos 1 y 2, Gobierno del Estado de Tabasco, México, 1994.

Álvarez Solórzano, Ticul y Manuel González Escamilla, *Atlas Cultural de México, Fauna*, SEP/INAH/Grupo Editorial Planeta, México, 1987.

Andrews, Jean, *Peppers the domesticated capsicums*, University of Texas, EUA, 1995.

Aparicio Prudente, Francisca, *Recetario popular de Chilpancingo y Tixtla*, Conaculta (Cocina indígena y popular, 24), México, 2000.

Arias Rodríguez, Esperanza y Alfredo Delgado Calderón, *Recetario indígena del sur de Veracruz*, Conaculta (Cocina indígena y popular, 11), México, 2000.

Arjona, Atalia y Enrique Castro, *K'oben: los guisos que se sirvieron y se comen en las mesas yucatecas*, Krear de México, México, 2002.

Ávila Hernández, Dolores et al., *Atlas Cultural de México, Gastronomía*, SEP/INAH/Grupo Editorial Planeta, México, 1987.

Bañuelos, Noemí et al., "Etnobotánica del chiltepín. Pequeño gran señor en la cultura de los sonorenses", en *Estudios Sociales*, 32, julio-diciembre, año XVI, Universidad de Sonora, Hermosillo, Sonora, México, 2008.

Barrera Vázquez, Alfredo, *Diccionario maya-español, español-maya*, Porrúa, México, 1991.

Barrото, Leonor y María de la Madrid. *Libro completo de cocina*, México, 1988 (edición facsimilar).

Barros, Cristina y Marco Buenrostro, *Amaranto, fuente maravillosa de sabor y salud*, Grijalbo, México, 1997.

——, *Cocina prehispánica y colonial*, Conaculta (Tercer Milenio), México, 2000.

——, *El maravilloso Nopal*, Grijalbo, México, 1998.

——, *Itacate, la sorprendente comida mexicana*, Grijalbo, México, 1996.

Barros, Cristina y Marco Buenrostro (comps.), *Recetario del nopal de Milpa Alta, D.F. y Colima*, Conaculta (Cocina indígena y popular, 48), México, 2004.

Barros, Cristina y Marco Buenrostro (eds.), *Cocina Prehispánica, Recetario, Arqueología Mexicana especial 12*, Editorial Raíces, México.

Barros, Cristina y Mónica del Villar, *El santo olor de la panadería*, PFC/Fernández Cueto Editores, México, 1992.

Bayless, Rick, *Mexican Kitchen*, Scribner, EUA, 1996.

Bayless, Rick y Deann Groen Bayles, *Authentic Mexican*, William Morrow and Company, Nueva York, EUA, 1987.

Beas, Juan Carlos (ed.), *Los libros del maíz, cómo lo usamos*, Árbol Editorial, México, 1982.

Bedolla, Ana Graciela y E. Juan Vanegas, *La comida en el medio lacustre de Culhuacán*, Fideicomiso del Fondo de Participación Ciudadana para el Desarrollo Social en Iztapalapa/UAM-Iztapalapa/INAH, México, 1990.

Botella, Ofelia, *Recetario popular de Campeche*, Conaculta (Cocina indígena y popular, 14), México, 2000.

Bravo Mendoza, Mariana et al., "Tamaño de *Neobuxbaumia tetetzo* y longitud de sus espinas apicales en un gradiente de luz bajo *Mimosa luisana*, un arbusto nodriza", en *Acta botánica mexicana*, 79, abril, Instituto de Ecología A.C., México, 2007.

Bustamante Rábago, Fernando, *Recetario tuxteco*, Conaculta (Cocina indígena y popular, 18), México, 2000.

Caltzontzin Andrade, Teresa, *Recetario chocholteco de Oaxaca*, Conaculta (Cocina indígena y popular, 30), México, 2004.

Casas, Alejandro, "El manejo tradicional de una especie puede incrementar la diversidad biológica: el caso del xoconochtli", en *Biodiversitas*, *Boletín Bimestral de la Conabio*, 60, México, 2005.

Castelló Yturbe, Teresa (ed.), *Presencia de la comida prehispánica*, Fomento Cultural Banamex, México, 1987.

Castillo Aja, Horacio, *Recetario indígena de la Sierra Norte de Puebla*, Conaculta (Cocina indígena y popular, 6), México, 2000.

Castillo Negrín, Aracelly, *Así se come en Champotón*, s.e., México, 1997.

Castro Lara, Delia et al., *Recetario de quelites de la sierra Norte de puebla*, UNAM- Instituto de Biología/Conabio, México, 2005.

Cervantes Escoto, Fernando et al., *Los quesos mexicanos genuinos*, Mundi Prensa/Universidad Autónoma Chapingo/UAEM, México, 2008.

Chapa Martha, *Cocina Regia, su horizonte de sabores*, Frega, México, 2006.

Chapa, Martha y Martha Ortiz, *El real sabor de Hidalgo*, Gobierno del Estado de Hidalgo, México, 1998.

Chávez Quiñones, Evelia et al., "Plantas comestibles no convencionales en Chiapas", en *Revista de salud publica y nutrición*, 2, abril-junio, vol. 10, México, 2009.

Chemin Bassler, Heidi, *Recetario pame de San Luis Potosí y Querétaro*, Conaculta (Cocina indígena y popular, 26), México, 2000.

Coe D., Sophie, *Americas first cuisines*, University of Texas Press, EUA, 1994.

Colunga-García Marín, Patricia et al. (eds.), *En lo ancestral hay futuro: del tequila, los mezcales y otros agaves*, CICY/Conacyt/Conabio/Semarnat/INE, México, 2007.

Conabio, *Mezcales y Diversidad (mapa informativo)*, Conabio, México, 2006.

——, *Mieles Peninsulares y diversidad (mapa informativo)*, Corredor Biológico Mesoamericano-Conabio, México, 2008.

——, *Nopales, tunas y xoconoxtles (mapa informativo)*, Conabio/Red Nopal del Sistema Nacional de Recursos Filogenéticos de Sagarpa/Comentuna, México, 2008.

Cruz Díaz, Elpidia Elena, *Recetario nahua de Milpa Alta, D.F.*, Conaculta (Cocina indígena y popular, 19), México, 2000.

Dalton, Margarita, *Recetario de la costa de Oaxaca*, Conaculta (Cocina indígena y popular, 16), México, 2000.

Dávalos Hurtado, Eusebio, *Alimentos básicos e inventiva culinaria del mexicano*, SEP, México, 1966.

Davidson, Alan y Charlotte Knox, *Fruit: a connoisseur's guide and cookbook*, Simon & Schuster, Nueva York, EUA, 1991.

Dávila Aranda, Patricia, *La flora útil de dos comunidades indígenas del Valle de Tehuacán-Cuicatlán: Coxcatlán y Zapotitlán de las Salinas, Puebla*, UNAM-FES Iztacala, México, 2003.

De Guzmán, Dominga, *Recetario mexiquense: siglo XVIII*, Conaculta (Recetarios antiguos), México, 1997.

De la Rosa de Almazán, Ma. Teresa, *Gastronomía Mexiquense*, s.e., México, 1987.

De Landa, Diego, *Relación de las cosas de Yucatán*, Porrúa, México, 1986.

De León Pinelo, Antonio, *Question Moral, si el chocolate quebranta el ayuno eclesiástico*, Centro de Estudios de Historia de México/Condumex, 1994.

De Paola y Luna, Ana Rosaura, *Las recetas de la tía Rosaura*, Carteles Editores, México, 1994.

Del Moral, Paulina y Alicia Siller V., *Recetario mascogo de Coahuila*, Conaculta (Cocina indígena y popular, 51), México, 2000.

Díaz-Barriga, Horalia, *Hongos comestibles y venenosos de la cuenca del lago de Pátzcuaro Michoacán*, Universidad Michoacana de San Nicolás de Hidalgo/Centro de investigación y Desarrollo del Estado de Michoacán/Instituto de Ecología, A.C, México, 1992.

Echeverría, María Esther y Luz Elena Arroyo, *Recetario del maíz*, Conaculta (Cocina indígena y popular, 10), México, 2000.

Escobar Ledesma, Agustín, *Recetario del semidesierto de Querétaro*, Conaculta (Cocina indígena y popular, 8), México, 2000.

Esther Emilia, Catherine y Renpenning Semadeni, *Recetario menonita de Chihuahua*, Conaculta (Cocina indígena y popular, 27), México, 2000.

Farga, Amando, *Historia de la comida en México*, Litográfica México, México, 1980.

Fernández, Adela, *La tradicional cocina mexicana y sus mejores recetas*, Panorama Editorial, México, 1996.

Fernández L., Beatriz et al., *...Y la comida se hizo*, 9 vols., ISSSTE, México, 1984.

Ferrer García, José C., *Recetario mayo de Quintana Roo*, Conaculta (Cocina indígena y popular, 3), México, 1999.

Flores Estrada, Francisco. *Cocina exótica de Chiapas*, Conaculta (Cocina indígena y popular, 45), México, 2000.

Flores y Escalante, Jesús, *Brevísima historia de la comida mexicana: la mesa prehispánica, mestiza y criolla en el entorno de la música*, Asociación Mexicana de Estudios Fonográficos A.C./Conaculta, México, 1994.

Fraile, Ma. Eugenia et al., "Nutritivas y apetecibles: conozca de leguminosas comestibles, parte I: Hojas, vainas y semillas", en *Revista de educación en ciencias e ingeniería*, UAM-Iztapalapa, México, 2007.

Friscione de la Rosa, Rosa María, *El sabor de las plantas de Veracruz*, Conaculta (Cocina indígena y popular, 50), México, 2000.

Garcés Medina, Alma Rosa et al., *Medicina tradicional en Tabasco*, Gobierno del Estado de Tabasco/DIF, Tabasco, 1988.

García, Cornelio, *Recetario de la cuachala y la birria*, Conaculta (Cocina indígena y popular, 49), México, 2000.

Garcia-Mendoza, Abisaí J. et al. (coords.), *Biodiversidad de Oaxaca*, UNAM-Instituto de Biología/Fondo Oaxaqueño para la conservación de la naturaleza/World Wildlife Fund., México, 2004.

Garza Guajardo, Celso, *Aromas y sabores de Nuevo León*, Conaculta (Cocina indígena y popular, 29), México, 2000.

Gironella De'Angeli, Alicia y Jorge De'Angeli, *Gran Larousse de la Cocina Mexicana*, Ediciones Larousse, México, 1993.

González, Luis et al., *Michoacán a la mesa*, El Colegio de Michoacán/Gobierno del Estado de Michoacán/Universidad de Michoacán, México, 1995.

González Torres, Yolotl, *Diccionario de mitología y religión de Mesoamérica*, Ediciones Larousse, México, 1995.

González Villalobos, Santano (comp.), *Recetario indígena de Guerrero*, Conaculta (Cocina indígena y popular, 36), México, 2000.

Guerrero Ferrer, Adriana, *La Dulcería en Puebla*, Conaculta (Cocina indígena y popular, 21), México, 2000.

Guerrero Guerrero, Raúl, *El pulque*, Joaquín Mortiz/INAH, México, 1985.

Guzmán de Vásquez Colmenares, Ana María, *Tradiciones gastronómicas oaxaqueñas*, s.e., México, 1985.

———, *La cocina de Colima*, DIF/Estado de Colima, México, 1987.

Guzmán Gastón, *Hongos*, Limusa, México, 1989.

Harrison, S.G. et al., *Guía de las plantas comestibles*, Ediciones Omega, Barcelona, 1980.

Henestrosa Ríos de Webster, Cibeles, *Recetario zapoteco del Istmo*, Conaculta (Cocina indígena y popular, 33), México, 2000.

Hernández Cortes, Eduardo, *Recetario nahua de Morelos*, Conaculta (Cocina indígena y popular, 4), México, 1999.

Hernández, Idelfonso et al., *Recetario de la huasteca hidalguense*, Conaculta (Cocina indígena y popular, 54), México, 2000.

Hernández López, Josefina, *Recetario chinanteco de Oaxaca*, Conaculta (Cocina indígena y popular, 20), México, 2000.

Hernández Palacios. Esther, *Recetario Veracruzano de Cuaresma y Navidad*, Conaculta (Cocina indígena y popular, 12), México, 2000.

Huerta, Carlos, "Orégano mexicano, oro vegetal", en *Biodiversitas*, Boletín Bimestral de la Conabio, 15, México, 1997.

Iglesias, Sonia, *Los nombres del pan en la Ciudad de México*, Museo Nacional de las Culturas Populares/SEP, México, 1983.

Iglesias y Cabrera, Sonia, *El pan popular*, Fonart/SEP, México, 1986.

Iturriaga, José N., *De tacos, tamales y tortas*, Editorial Diana, México, 1987.

Javier Quero, Julio César, *Bebidas y dulces tradicionales de Tabasco*, Conaculta (Cocina indígena y popular, 23), México, 2000.

Juárez Jaimes, Verónica et al., *The art of mexican cooking*, Bantam Books, EUA, 1989.

Kennedy, Diana, *From my Mexican Kitchen, techniques and ingredients*, Clarkson Potter Publishers, EUA, Nueva York, EUA, 2003.

———, *México. Una odisea culinaria*, Plaza y Janés, México, 2001.

———, *Oaxaca al gusto, el mundo infinito de su gastronomía*, Plenus, México, 2008.

———, *The essential cuisines of Mexico*, Clarkson Potter Publishers, EUA, 2000.

Lascurain Rangel, Maite, *Flora de Veracruz: Marantaceae*, fascículo 89, Instituto de Ecología A.C./Universidad de California, Xalapa, Veracruz, octubre 1995.

Levín Kosberg, Larry (coord.), *Comida familiar en los estados de la República Mexicana*, Voluntariado Nacional/Banrural, México, 1987.

Linares, Edelmira y Judith Aguirre, *Los quelites, un tesoro culinario*, UNAM-Instituto de Biología/Instituto Nacional de la Nutrición Salvador Zubirán, México 1992.

Loewenfeld, Claire y Philippa Back, *Guía de las hierbas y especies*, Ediciones Omega, Barcelona, 1980.

Long-Solís, Janet, *Capsicum y cultura: La historia del Chilli*, FCE, México, 1998.

———, *Conquista y Comida, consecuencias del encuentro de dos mundos*, UNAM, México, 1997.

Long-Solís, Janet et al., *Alimentos de México*, Editorial Clío, México, 1999.

López Jiménez, Martha Elena, *Marthel en la cocina Chiapaneca*, G Impresos, México, 1993.

Luna Parra, Georgina y Laura B. de Caraza Campos, *Comida Campechana. Guía gastronómica México Desconocido*, Editorial Jilguero, México, 1995.

———, *Comida Chihuahuense. Guía gastronómica México Desconocido*, Editorial Jilguero, México, 1994.

———, *Comida de Nuevo León. Guía gastronómica México Desconocido*, Editorial Jilguero, México, 1995.

———, *Comida Guanajuatense. Guía gastronómica México Desconocido*, Editorial Jilguero, México. 1995.

———, *Comida Guerrerense. Guía gastronómica México Desconocido*, Editorial Jilguero, México, 1995.

———, *Comida Jalisciense. Guía gastronómica México Desconocido*, Editorial Jilguero, México, 1994.

———, *Comida Michoacana. Guía gastronómica México Desconocido*, Editorial Jilguero, México, 1994.

———, *Comida Oaxaqueña. Guía gastronómica México Desconocido*, Editorial Jilguero, México, 1994.

———, *Comida Sinaloense. Guía gastronómica México Desconocido*, Editorial Jilguero, México. 1995.

———, *Comida Tlaxcalteca. Guía gastronómica México Desconocido*, Editorial Jilguero, México, 1995.

———, *Comida Veracruzana. Guía gastronómica México Desconocido*, Editorial Jilguero, México, 1994.

Luna José, Azucena de Lourdes et al., "Los usos no leñosos de los encinos en México", en *Boletín de la Sociedad Botánica de México, 72*, junio, Sociedad Botánica de México, México, 2003.

Maldonado Castro, Roberto, *Recetario maya de estado de Yucatán*, Conaculta (Cocina indígena y popular, 17), México, 2000.

Mares Trías, Albino, *Comida de los tarahumaras*, Conaculta (Cocina indígena y popular, 7), México, 2000.

Martínez Campos, Gabriel y Esperanza Salazar Zenil, *Recetario colimense de la iguana*, Conaculta (Cocina indígena y popular, 25), México, 2000.

Martínez Márquez, Santos J. et al., *Recetario de las atápakuas purépechas*, Conaculta (Cocina indígena y popular, 39), México, 2000.

Martínez, Maximino, *Catálogo de nombres vulgares y científicos de plantas mexicanas*, FCE, México, 1991.

Mayorga Mayorga, Francisco, *Recetario popular coleto*, Conaculta (Cocina indígena y popular, 39), México, 2000.

Mayorga Mayorga, Francisco y Sergio De la Cruz, *Recetario zoque de Chiapas*, Conaculta (Cocina indígena y popular, 47), México, 2000.

Mayorga Mayorga, Francisco y Adriana Sánchez Fabiola, *Recetario indígena de Chiapas*, Conaculta (Cocina indígena y popular, 39), México, 2000.

Medina Ávila, José Rafael, *Recetario huichol de Nayarit*, Conaculta (Cocina indígena y popular, 46), México, 2000.

Mena Garza, Mario Horacio y Ramona Lourdes Córdoba Takashima (comps.), *Recetario de pescados y mariscos de Sonora*, Conaculta (Cocina indígena y popular, 28), México, 2000.

Méndez, María Rosalina y J. Santos Martínes (comps.), *Recetario de pescado, aves y otros animales de la región lacustre de Pátzcuaro, Michoacán*, Conaculta (Cocina indígena y popular, 55), México, 2000.

Merlín Arango, Roger y Josefina Hernández López, *Recetario mazateco de Oaxaca*, Conaculta (Cocina indígena y popular, 42), México, 2000.

Miller, Mark y John Harrison, *The great chile book*, Ten Speed Press, Korea,1991.

Montemayor, Carlos (coord.), *Diccionario del náhuatl, en el español de México*, UNAM/GDF, México, 2007.

Morales Barragán Federico, "Patrones de reestructuración económica en la industria chiapaneca de alimentos y bebidas", en *Liminar. Estudios Sociales y Humanísticos, 2*, año/vol. III, diciembre, Universidad de Ciencias y Artes de Chiapas, San Cristóbal de las Casas, Chiapas, México, 2005.

Musálem López, Amira, *Colores, olores y sabores festivos de Juchitán, Oaxaca*, Conaculta, México, 2002.

Museo Nacional de las Culturas Populares, *El maíz, fundamento de la cultura popular mexicana*, García Valadés Editores, México, 1984.

———, *Recetario mexicano del maíz*, Museo Nacional de las Culturas Populares/SEP, México, 1982.

Novo, Salvador, *Cocina Mexicana o Historia gastronómica de la Ciudad de México*, Porrúa, México, 1967.

Nuevo Cocinero Mexicano en forma de Diccionario, Porrúa, México, 1986 (edición facsimilar de la edición de Librería de Ch. Bouret, 1888).

Olaya Clara, Inés, *Frutas de América tropical y subtropical, historia y usos*, Editorial Norma, Colombia, 1991.

Ortiz Tirado, Tonantzin (coord.), *Cocina tradicional morelense*, Conaculta (Cocina indígena y popular, 43), México, 2000.

Palazuelos, Susana y Marilyn Tausend, *El gran libro de la cocina mexicana*, Editorial Patria, México, 1992.

Patronato de Promotores Voluntarios de Campeche, *La cocina Campechana en su mesa*, Patronato de Promotores Voluntarios de Campeche, México, 1988.

Peña Sánchez, Edith Yesenia y Lilia Hernández Albarrán, *Olores y sabores de la cocina hñahñu, Valle del Mezquital, Hidalgo*, INAH, México, 2009.

Pérez Castro, Engracia, *Recetario mixe de Oaxaca*, Conaculta (Cocina indígena y popular, 38), México, 2000.

Pérez San Vicente, Guadalupe, *Cocina y Cultura Mexicana. Comida familiar en la Ciudad de México*, Voluntariado Nacional-Banrural, México, 1987.

———, *Repertorio de tamales*, Conaculta (Cocina indígena y popular, 15), México, 2000.

Pineda Sánchez, Luz Olivia, *Sabores de Chiapas*, Gobierno del Estado de Chiapas, Chiapas, México, 1994.

Piñón Flores, Iraís, *Recetario indígena de Baja California*, Conaculta (Cocina indígena y popular, 34), México, 2000.

Ramírez Mar, Marina, *Recetario nahua del norte de Veracruz*, Conaculta (Cocina indígena y popular, 1), México, 1999,

Ramos Aguirre, Francisco, *Viejos sabores de Tamaulipas*, Conaculta (Cocina indígena y popular, 40), México, 2004.

Ramos Elorduy de Conconi, Julieta, *Los insectos como fuente de proteínas en el futuro*, Limusa, México, 1982.

Ramos Galicia, Yolanda, *Así se come en Tlaxcala*, INAH/Gobierno del Estado de Tlaxcala, México, 1993.

Rayas Aldana, Josefina, *Recetario exótico de Sinaloa*, Conaculta, México, 2000 (Cocina indígena y popular, 32).

Real Academia de la Lengua Española, *Diccionario de la Lengua Española*, Espasa-Calpe, España, 2001.

Rico Arce, María de Lourdes, "El género Acacia (leguminosae, mimosoideae) en el estado de Oaxaca, México (Parte A)", en *Anales del Jardín Botánico de Madrid, 2*, año/vol. 58, Consejo Superior de Investigaciones Científicas: "Real Jardín Botánico", Madrid, España, 2001, pp. 251-275.

Rivas Vega, Josefina et al., *Recetario tepehuano de Chihuahua y Durango*, Conaculta (Cocina indígena y popular, 53), México, 2000.

Romero Reyes, Alfonso y Eder Mendoza Gallegos, *La comida Mexicana*, Fonart/SEP, México, 1986.

Roshell, Juan Pablo y Elba Castro (eds.), *Cocinar en Jalisco*, Gobierno de Jalisco/Instituto Cultural Cabañas, México, 2003.

Rzedowski, Jerzy y Miguel Equihua, *Atlas Cultural de México, Flora*, SEP/INAH/Grupo Editorial Planeta, México, 1987.

Sahagún, Fray Bernardino de, *Historia general de las cosas de la Nueva España*, Porrúa (Sepan cuántos…), México, 1985.

Salazar Peralta, Ana María et al., *La producción cafetalera en México 1977-1988*, UNAM-Insti-